Rudolf Weyand
Praxiskommentar Vergaberecht

Herausgeber der IBR-Schriftenreihe
Dr. Alfons Schulze-Hagen

Praxiskommentar Vergaberecht

zu GWB, VgV, VOB/A, VOL/A, VOF

von

Rudolf Weyand

Leitender Regierungsdirektor, Saarbrücken

2. Auflage

Verlag C. H. Beck München 2007

Zitiervorschlag: Weyand § ... (Norm) Rn. ...

Verlag C. H. Beck im Internet:
beck.de

ISBN 978 3 406 55899 3

© 2007 Verlag C. H. Beck oHG
Wilhelmstraße 9, 80801 München

Druck: Kösel GmbH & Co KG
Am Buchweg 1, 87452 Altusried-Krugzell

Satz: Druckerei C. H. Beck Nördlingen
(Adresse wie Verlag)

Gedruckt auf säurefreiem, alterungsbeständigem Papier
(hergestellt aus chlorfrei gebleichtem Zellstoff)

Vorwort zur zweiten Auflage

Ein innovatives Konzept mit der Verknüpfung von Buch und Internet zur Kommentierung eines jungen und weiterhin ständig in der Entwicklung befindlichen Rechtsgebietes hat sich bewährt. Die Erstauflage des Praxiskommentars Vergaberecht war sehr rasch vergriffen; gleichzeitig gab und gibt es einen stetig steigenden Zugriff auf die Internetfassung des Kommentars in der Datenbank www.ibr-online.de.

Das neue Vergaberecht 2006 und die Fülle an Entscheidungen machen inhaltlich eine Neufassung notwendig. Wie in der ersten Auflage auch habe ich mich bemüht, schwerpunktmäßig die Rechtsprechung vor allem des Europäischen Gerichtshofs, des Bundesgerichtshofs, der Vergabesenate und der Vergabekammern darzustellen und aufzubereiten; in dem Kommentar sind nun weit mehr als 5 000 Beschlüsse und Urteile verarbeitet. Neu ist eine Übersicht der Literatur zu vergaberechtlichen Themenstellungen, die in die Kommentierung der jeweiligen Vorschriften integriert wurde.

Die grundsätzliche Zielrichtung des Kommentars, aus einer Hand eine möglichst umfassende und aktuelle Hilfe für den Praktiker – sei es bei der öffentlichen Verwaltung, den Rechtsprechungsinstitutionen oder den Rechtsanwälten – anzubieten, wurde konsequent beibehalten.

Ich bedanke mich

– bei allen Mitarbeitern des id-Verlages, Mannheim, insbesondere Herrn Dr. Alfons Schulze-Hagen und Herrn Oliver Garcia für eine immer tatkräftige inhaltliche und technische Unterstützung, ohne die eine ständige Aktualisierung und die rasche Neuauflage nicht möglich gewesen wäre

– bei allen Mitarbeitern der Vergabesenate und der Vergabekammern für die regelmäßige und schnelle Information über die Vergabeentscheidungen

– bei dem Beck-Verlag, München, insbesondere Herrn Gerald Fischer, für die stets freundliche und professionelle Unterstützung

– bei allen Lesern und Verwendern des Kommentars für zahlreiche Anregungen und Hinweise.

Ich bedanke mich besonders – um mit Ephraim Kishon zu sprechen – bei der besten aller Ehefrauen, die mit Geduld und Verständnis viele „durchschriebene" Abende und Wochenenden unterstützt hat.

Im März 2007   Rudolf Weyand

Vorwort des Herausgebers

Dieser Praxiskommentar beruht auf einem neuartigen Konzept. Möglicherweise scheint er sogar überflüssig, denn die Leserinnen und Leser können den gesamten Inhalt auch über die Datenbank www.ibr-online.de abrufen. Gleichwohl haben der Autor, der Herausgeber und die Verlage sich entschieden, den Praxiskommentar Vergaberecht auch als Buch herauszugeben, und zwar aus folgenden Gründen:

1. Das Medium Buch wird neben dem Medium Internet Bestand haben. Viele Menschen wollen eben auf das gut gebundene Buch, das sich griffig und kompakt in der Hand halten lässt und in dem man blättern kann, nicht verzichten. 100-seitige Ausdrucke oder zahllose Downloads werden das Buch und auch diesen Praxiskommentar nicht ersetzen.

2. Die Verzahnung von Online und Print ist das Kennzeichen dieses Praxiskommentars. Der Online-Bereich ist gleichsam die Werkstatt. Dort wurde er entwickelt, ständig aktualisiert und überarbeitet. Mit dem Stand vom 2. 1. 2007 hat er seinen Abschluss gefunden und ist nunmehr auch zitierfähig.

3. Das Print-Produkt steht in seiner zitierfähigen Fassung weiterhin in der Datenbank www.ibr-online.de. Dort wird es schon wieder aktualisiert, neuere Entscheidungen werden eingearbeitet. Der Leser des Buches und Nutzer von ibr-online hat also nicht nur die solide zitierfähige Fassung in den Händen, ihm wird gleichzeitig eine **Aktualität** geboten, die das Medium Buch alleine nicht leisten kann. Gerade im Vergaberecht als einem sehr jungen Rechtsgebiet, das durch die Rechtsprechung fortlaufend geprägt wird, ist das von sehr großer Bedeutung.

4. Neben der Aktualität liegt der weitere entscheidende Vorteil des Mediums Internet in der **Vernetzung** der Informationen. Alle zitierten Normen und Entscheidungen können Sie unter www.ibr-online.de über eine Linkverbindung aufrufen und parallel zum Text des Praxiskommentars lesen. Weder eine Gesetzes- noch eine Entscheidungssammlung kann so aktuell und vollständig wie eine Online-Datenbank sein, die tagesaktuell gepflegt wird.

5. Kritiker werden einwenden, durch die parallele Veröffentlichung als Print- und Onlinewerk soll am selben Text zweimal verdient werden. Das trifft nicht zu. Denn der Praxiskommentar Vergaberecht ist auch ohne Verbindung mit der Datenbank www.ibr-online.de ein volltaugliches Werk, wie alle bisher erschienenen Kommentare in Buchform. Und auch in seiner Online-Fassung ist er ohne Verbindung mit dem Buch ebenso wertvoll, wobei jedoch die typischen Online-Vorteile Aktualität und Vernetzung hinzukommen. Durch die parallele Veröffentlichung summieren sich lediglich die Vorteile.

Bereits die erste Auflage des Praxiskommentars ist gerade wegen der Verzahnung von Online und Print sehr gut aufgenommen worden. Wir sind sicher, dass sich unser neuartiges Konzept auch mit der zweiten Auflage durchsetzen wird.

Ich danke dem Autor, Herrn Rudolf Weyand, Leitender Regierungsdirektor, für seine unermüdliche Arbeit an diesem Kommentar sowie für seine Innovations- und Experimentierfreude. Ich danke meinem Kollegen, Herrn Oliver Garcia, nicht nur für die technische Realisierung dieses Projekts im Online-Bereich, sondern auch für maßgebliche Mitgestaltung dieses Konzepts. Ein großer Dank gilt auch dem Verlag C. H. Beck für das Vertrauen in die Kooperation mit dem id Verlag sowie für den Mut, sich auf dieses Experiment einer Parallelveröffentlichung einzulassen. Allen Leserinnen und Lesern wünsche ich, dass dieser Kommentar die Bedürfnisse der Praktiker im Vergaberecht erfüllt und sich auch mit der zweiten Auflage zu einem Standardwerk entwickelt.

Mannheim, im März 2007

Rechtsanwalt Dr. A. Schulze-Hagen
Herausgeber

Inhaltsübersicht

		Seite
Teil 1	Gesetz gegen Wettbewerbsbeschränkungen (GWB) – Vierter Teil	1
Teil 2	Vergabeverordnung (VgV)	593
Teil 3	Vergabe- und Vertragsordnung für Bauleistungen Teil A (VOB/A)	673
Teil 4	Verdingungsordnung für Leistungen Teil A (VOL/A)	1131
Teil 5	Verdingungsordnung für freiberufliche Leistungen (VOF)	1361
Sachverzeichnisse		1467
– GWB		1467
– VgV		1779
– VOB/A		1482
– VOL/A		1492
– VOF		1502

Teil 1
Gesetz gegen Wettbewerbsbeschränkungen (GWB) – Vierter Teil

Inhaltsverzeichnis

Die Angaben beziehen sich auf Seitenzahlen

1.	Vorbemerkung	29
2.	**Wirtschaftliche Bedeutung des Vergaberechts**	29
2.1	Europäische Gemeinschaften	29
2.2	**Bundesrepublik Deutschland**	30
2.2.1	Statistische Daten für den Baubereich für das Jahr 2000	30
2.2.1.1	Tabelle 1: Volumen der Bauaufträge	30
2.2.1.2	Tabelle 2: Aufschlüsselung nach Wertigkeit	30
2.2.2	Statistische Daten des Bundesministeriums für Wirtschaft und Technologie für die Jahre 2000 bis 2004	30
2.2.3	Literatur	30
2.3	Fazit	30
3.	**Entwicklung des neuen Vergaberechts**	31
3.1	**Europäisches Recht**	31
3.1.1	Bedeutung des Beschaffungsmarktes	31
3.1.2	Europäische Richtlinien	31
3.1.3	Umsetzung der Richtlinien über das Haushaltsrecht	32
3.1.4	Umsetzung der Richtlinien über das Vergaberechtsänderungsgesetz	32
4.	**Ausblick**	33
4.1	**Legislativpaket der Kommission**	33
4.1.1	Ziele des Legislativpakets	33
4.1.1.1	Allgemeines	33
4.1.1.2	Literatur	33
4.1.2	Richtlinie klassische Auftraggeber	33
4.1.3	Richtlinie Sektorenauftraggeber	34
4.1.4	Verabschiedung des Legislativpakets	34
4.1.5	Literatur	34
4.2	**Initiative Bürokratieabbau der Bundesregierung**	34
4.2.1	Allgemeines	34
4.2.2	Literatur	38
4.2.3	Entschließung des Bundesrats zum künftigen Vergaberecht	39
4.3	Begrenzung des Primärrechtsschutzes auf Vergaben ab den Schwellenwerten	39
4.4	Literatur	40
5.	**Aufbau des Vergaberechts**	40
5.1	**Vergaberecht ab den Schwellenwerten**	40
5.1.1	Schwellenwerte	40
5.1.2	Anzuwendende Vorschriften	40
5.2	**Vergaberecht unterhalb der Schwellenwerte**	41
5.2.1	Allgemeines	41
5.2.2	Mitteilung der Kommission zu Auslegungsfragen in Bezug auf das Gemeinschaftsrecht, das für die Vergabe öffentlicher Aufträge gilt, die nicht oder nur teilweise unter die Vergaberichtlinien fallen	41
5.3	Schlussfolgerungen aus der Statistik	42
5.4	Literatur	42
6.	**§ 97 GWB – Allgemeine Grundsätze**	43
6.1	**Einleitung**	43
6.1.1	Beschaffungsgrundsätze	43
6.1.2	Subjektives Recht auf Einhaltung der Vergabebestimmungen	43
6.1.3	Ermessen des Auftraggebers bei der allgemeinen Ausgestaltung des Vergabeverfahrens	43
6.1.4	Rechtfertigung von Beschränkungen des Berufsausübungsrechts (Art. 12 GG)	44
6.2	**Wettbewerbsprinzip (§ 97 Abs. 1)**	44
6.2.1	Inhalt und Reichweite	44
6.2.2	Konkrete Ausformung in VOB/VOL/VOF	45

6.2.3	Unzulässigkeit wettbewerbsbeschränkender und unlauterer Verhaltensweisen	45
6.2.3.1	Allgemeines	45
6.2.3.2	Konkrete Nachweispflicht	46
6.2.3.3	Pflicht der Vergabestelle zur Bekämpfung wettbewerbsbeschränkender Verhaltensweisen	47
6.2.3.4	Pflicht der Vergabestelle zu kartellrechtlichen Prüfungen	47
6.2.3.5	Unlautere Verhaltensweisen	47
6.2.3.6	Zeitpunkt der Wettbewerbsbeschränkung	47
6.2.3.7	Literatur	47
6.2.4	Wichtige Ausprägungen des Wettbewerbsprinzips in der Rechtsprechung	47
6.2.4.1	Parallele Beteiligung zweier Unternehmen mit identischer Geschäftsführung bzw. konzernverbundener bzw. über eine Holding verbundene Unternehmen am Wettbewerb	47
6.2.4.2	Parallele Beteiligung als Einzelbewerber und Mitglied einer Bewerbergemeinschaft	48
6.2.4.3	Parallele Beteiligung als Einzelbewerber und Nachunternehmer eines anderen Bieters	50
6.2.4.4	Literatur	50
6.2.4.5	Ausschluss des Angebots einer Bietergemeinschaft wegen Wettbewerbsbeschränkung?	50
6.2.4.6	Ausschluss eines Angebots wegen konkreter Anzeichen einer Wettbewerbsbeschränkung?	51
6.2.4.7	(Gebietsüberschreitende) Beteiligung eines kommunalen Unternehmens oder einer Kommune an einem Vergabeverfahren	51
6.2.4.8	Einkaufskooperationen öffentlicher Auftraggeber	55
6.2.4.9	Verbot der Beteiligung nicht erwerbswirtschaftlich orientierter Institutionen am Wettbewerb	56
6.2.4.10	Wettbewerbsabrede als Wettbewerbsbeschränkung	62
6.2.4.11	Berücksichtigung von staatlichen Beihilfen	62
6.2.4.12	Ausschließliche Verantwortung des Auftraggebers für das Vergabeverfahren	64
6.2.4.13	Fairer Wettbewerb	65
6.2.5	Pflicht zur aktiven Bekämpfung	65
6.2.6	Beispiele aus der Rechtsprechung	65
6.3	**Transparenzgebot (§ 97 Abs. 1)**	66
6.3.1	Inhalt und Reichweite	66
6.3.2	Ausformung in VOB/VOL/VOF	66
6.3.3	Wichtige Ausprägungen des Transparenzgebots in der Rechtsprechung	66
6.3.3.1	Dokumentationspflicht als Konkretisierung des Transparenzgebots	66
6.3.4	Beispiele aus der Rechtsprechung	75
6.4	**Gleichbehandlungsgebot (§ 97 Abs. 2)**	77
6.4.1	Inhalt und Reichweite	77
6.4.2	Ausformung in VOB/VOL/VOF	77
6.4.3	Wichtige Ausprägungen des Gleichbehandlungsgebots in der Rechtsprechung	77
6.4.3.1	Unzulässigkeit der ausschließlichen Berücksichtigung örtlicher Unternehmen	77
6.4.3.2	Literatur	78
6.4.4	Beispiele aus der Rechtsprechung	78
6.5	**Vertraulichkeitsgebot**	80
6.5.1	Allgemeines	80
6.5.2	Ausformung in VOB/VOL/VOF	81
6.5.3	Verwertung von Preisangaben aus abgeschlossenen Ausschreibungen für die Wertung einer laufenden Ausschreibung	81
6.5.4	Rechtsnatur einer geforderten Vertraulichkeitserklärung	81
6.5.5	Beispiele aus der Rechtsprechung	81
6.6	**Grundsatz von Treu und Glauben**	82
6.6.1	Treu und Glauben im Vergaberecht	82
6.6.2	Beispiele aus der Rechtsprechung	82
6.7	**Gebot der Berücksichtigung mittelständischer Interessen (§ 97 Abs. 3)**	83
6.7.1	Bieterschützende Vorschrift	83
6.7.2	Inhalt des § 97 Abs. 3	83
6.7.3	Sinn und Zweck der Losvergabe	84
6.7.4	Vorrang der Losvergabe	84
6.7.5	Kein Verstoß gegen europäisches Recht	85
6.7.6	Begriff des Teilloses und des Fachloses	85
6.7.6.1	Terminologie der VOB/A	85
6.7.6.2	Terminologie der VOL/A	86
6.7.7	Zahl und Größe der Lose	86
6.7.8	Kein Zwang zu gleichen Rahmenbedingungen für alle Lose	86
6.7.9	Eindeutige Bezeichnung der vorgesehenen Lose	86
6.7.10	Bekanntgabe der Absicht der losweisen Vergabe	87

Teil 1 Inhaltsverzeichnis

6.7.11	Mittelständische Interessen	87
6.7.11.1	Begriffsinhalte	87
6.7.11.2	Kleine und mittlere Unternehmen	87
6.7.11.4	Zulässigkeit einer Forderung, dass die Bieter nur Angebote auf alle Lose abgeben dürfen, eine losweise Vergabe jedoch vorbehalten bleibt	88
6.7.12	Sonstige Unternehmereinsatzformen	88
6.7.12.1	Generalunternehmer	88
6.7.12.2	Generalübernehmer	94
6.7.12.3	Übertragung der Eignungsanforderungen an Generalübernehmer auf Nachunternehmer	100
6.7.13	Konkrete Ausformung in VOB/VOL/VOF	101
6.7.14	Beispiele aus der Rechtsprechung	101
6.7.15	Praxishinweis	102
6.7.16	Losweise Vergabe im Nachprüfverfahren	102
6.7.16.1	Nachprüfung der Gründe für eine zusammengefasste Ausschreibung mehrerer Fachlose	102
6.7.16.2	Antrag auf Teilzuschlag bei fehlender losweiser Ausschreibung	103
6.7.17	Literatur	103
6.8	**Eignungskriterien und Eignungsprüfung (§ 97 Abs. 4)**	**103**
6.8.1	Die Eignungskriterien „Fachkunde, Leistungsfähigkeit, Zuverlässigkeit" (§ 97 Abs. 4 Halbsatz 1)	103
6.8.1.1	Inhalt	103
6.8.1.2	Rechtliche Bedeutung und Nachprüfbarkeit	104
6.8.1.3	Konkrete Ausformung der Eignungskriterien in VOB/VOL/VOF	105
6.8.1.4	Eignungskriterium „Fachkunde"	105
6.8.1.5	Eignungskriterium „Leistungsfähigkeit"	107
6.8.1.6	Eignungskriterium „Zuverlässigkeit"	111
6.8.1.7	Angabe der Gewichtung der Eignungskriterien	113
6.8.1.8	Feststellung der Eignung	115
6.8.1.10	Sonderfall: Berücksichtigung eines früheren vertragswidrigen oder positiven Verhaltens des Bieters	123
6.8.1.11	Sonderfall: Eignung eines Generalübernehmers	125
6.8.1.12	Sonderfall: Eignung von „Newcomern"	125
6.8.1.13	Sonderfall: Eignung einer Bietergemeinschaft	127
6.8.1.14	Sonderfall: mangelnde Eignung wegen der Einschaltung von Nachunternehmern	128
6.8.1.15	Sonderfall: Zertifizierung	128
6.8.1.16	Sonderfall: Eignung für Abschleppdienstleistungen	130
6.8.1.17	Sonderfall: Eignung für ÖPNV-Dienstleistungen	130
6.8.1.18	Sonderfall: Spekulationsangebot	130
6.8.1.19	Sonderfall: Eignung (Verfügbarkeit) im Fall der Rechtsnachfolge	130
6.8.1.20	Besondere zwingende Ausschlussgründe der VOB/VOL/VOF wegen mangelnder Eignung	131
6.8.1.21	Besondere fakultative Ausschlussgründe der VOB/VOL/VOF wegen mangelnder Eignung	131
6.8.1.22	Bindung des Auftraggebers an von ihm selbst aufgestellte Eignungskriterien	131
6.8.1.23	Pflicht der Vergabestelle zur Benachrichtigung der Bieter über die Eignungsentscheidung	132
6.8.1.24	Pflicht der Vergabestelle zur Anhörung der Bieter, die ausgeschlossen werden sollen	132
6.8.1.25	Eignungsprüfung im Teilnahmewettbewerb	132
6.8.1.26	Maßstab der Eignungsprüfung	132
6.8.1.27	Missverständliche Eignungskriterien	133
6.8.1.28	Regelung des HVA B-StB 03/2006 zu Rechenfehlern	133
6.8.1.29	Literatur	133
6.8.2	Andere oder weitergehende Eignungskriterien (§ 97 Abs. 4 Halbsatz 2)	133
6.8.2.1	Allgemeines	133
6.8.2.2	Zulässigkeit von Vergabe- bzw. Tariftreuegesetzen	133
6.8.2.3	Vergabegesetze der Bundesländer (Übersicht)	136
6.8.2.4	Vergabegesetz Sachsen-Anhalt	140
6.8.2.5	Tariftreuegesetze der Bundesländer	140
6.8.2.6	Diskussion in Mecklenburg-Vorpommern	141
6.8.2.7	Verwerfungskompetenz der Vergabekammern	142
6.8.2.8	Auswahl eines Tariftreue- bzw. Vergabegesetzes bei mehreren Möglichkeiten	142
6.8.2.9	Literatur	142
6.8.3	Sonstige Rechtsprechung zur Tariftreueverpflichtung	142
6.8.4	Richtlinien des Bundes für die Berücksichtigung von Werkstätten für Behinderte und Blindenwerkstätten bei der Vergabe öffentlicher Aufträge (Richtlinien Bevorzugte Bewerber)	142

6.9	Zuschlag auf das wirtschaftlichste Angebot (§ 97 Abs. 5)	142
6.9.1	Inhalt	142
6.9.2	Konkrete Ausformung in VOB/VOL/VOF	143
6.9.3	Prüfung des wirtschaftlichsten Angebots als eigene (4.) Wertungsstufe ...	143
6.9.4	Zuschlagskriterien	143
6.9.4.1	Keine abschließende Aufzählung	143
6.9.4.2	Allgemeine Anforderungen an Zuschlagskriterien	144
6.9.4.3	Verbot von nicht überprüfbaren Zuschlagskriterien	144
6.9.4.4	Verbot der Vermischung von Eignungs- und Zuschlagskriterien	144
6.9.4.5	Angabe der Gewichtung der Zuschlagskriterien	145
6.9.4.6	Verbot von vergabefremden Zuschlagskriterien	149
6.9.4.7	Das Zuschlagskriterium des „Preises"	151
6.9.4.8	Berücksichtigung von Umweltschutzkriterien	153
6.9.4.9	Soziale Kriterien als Zuschlagskriterien	154
6.9.4.10	Das Zuschlagskriterium „Wirtschaftlichkeit"	155
6.9.4.11	Das Zuschlagskriterium „Qualität"	156
6.9.4.12	Das Zuschlagskriterium „Einhaltung einer Kostenobergrenze"	156
6.9.4.13	Das Zuschlagskriterium „Besichtigungsmöglichkeit innerhalb eines Umkreises von 300 km"	156
6.9.4.14	Das Zuschlagskriterium „Zahl der Referenzen über die von den Bietern anderen Kunden angebotenen Produkte"	156
6.9.4.15	Das Zuschlagskriterium „mittelständisches Unternehmen"	156
6.9.4.16	Das Zuschlagskriterium „der besten technischen Lösung"	156
6.9.4.17	Das Zuschlagskriterium „gestalterische Zielsetzung"	157
6.9.4.18	Das Zuschlagskriterium „Wartungskosten"	157
6.9.4.19	Das Zuschlagskriterium „Lagerkapazität"	157
6.9.4.20	Das Zuschlagskriterium „Ortsnähe" bzw. „Standortnähe"	157
6.9.4.21	Das Zuschlagskriterium „Einbindung der Bieter in den regionalen Arbeitsmarkt"	158
6.9.4.22	Das Zuschlagskriterium „Servicedienstleistungen"	158
6.9.4.23	Das Zuschlagskriterium „Versicherungsumfang"	158
6.9.4.24	Das Zuschlagskriterium „Realisierungssicherheit einer noch zu errichtenden Entsorgungsanlage"	158
6.9.4.25	Das Zuschlagskriterium „Nutzwert der Nebenleistungen"	159
6.9.4.26	Das Zuschlagskriterium „Erklärung zur Gewährleistungsfrist"	159
6.9.4.27	Das Zuschlagskriterium „telefonische Erreichbarkeit"	159
6.9.4.28	Das Zuschlagskriterium „Nachlieferfristen"	159
6.9.4.29	Das Zuschlagskriterium „Lebenswegkosten"	159
6.9.4.30	Das Zuschlagskriterium „Durchschnittspreis aller im Wettbewerb abgegebenen und wertbaren Angebote"	160
6.9.4.31	Fehlende Zuschlagskriterien	160
6.9.4.32	Missverständliche Zuschlagskriterien	160
6.9.4.33	Zuschlagskriterien bei Einzellos- und Losgruppenvergabe	160
6.9.4.34	Bindung der ausschreibenden Stelle an die veröffentlichten Zuschlagskriterien	161
6.9.5	Wertung der Zuschlagskriterien	161
6.9.5.1	Wirtschaftlichstes Angebot	161
6.9.5.2	Organisation und Strukturierung der Wertung insgesamt	161
6.9.5.3	Festlegung der Bewertungsmethodik durch den Auftraggeber	161
6.9.5.4	Anforderungen an ein Bewertungssystem (Matrix)	162
6.9.5.5	Wertung aller Zuschlagskriterien	162
6.9.5.6	Zulässigkeit einer vergleichenden Wertung	162
6.9.5.7	Beurteilungs- und Ermessensspielraum	163
6.9.5.8	Überprüfung des Beurteilungs- und Ermessensspielraumes	163
6.9.5.9	Keine förmliche Angabe der Wertungskriterien bei Ausschreibungen unterhalb der Schwellenwerte	165
6.9.5.10	Anwendung einer Nutzwert-Matrix	166
6.9.5.11	Anwendung der UfAB-Formel	166
6.9.5.12	Anwendung der Barwertmethode	167
6.9.5.13	Anwendung eines Mittelwertverfahrens	167
6.9.5.14	Anwendung des Losverfahrens	167
6.9.5.15	Erfordernis einer Teststellung	168
6.9.5.16	Zuschlag auf Nachfolgemodelle	169
6.9.5.17	Berücksichtigung von Verwaltungsanweisungen bei der Wertung	169
6.9.5.18	Richtlinie des VHB 2002	169
6.9.5.19	Regelung des HVA B-StB 03/2006 zur technischen und wirtschaftlichen Prüfung und Wertung der Angebote	169

Teil 1 Inhaltsverzeichnis   Gesetz gegen Wettbewerbsbeschränkungen

6.9.6	Wertung einer Bedarfsposition	170
6.9.7	Wertung einer Wahlposition	170
6.9.7.1	Wertungsproblematik	170
6.9.7.2	Grundsatz	170
6.9.7.3	Beurteilungsspielraum und Nachprüfung	171
6.9.7.4	Wertung einer vergabeerheblichen Wahlposition nach einem Vergabenachprüfungsverfahren	171
6.9.7.5	Regelung des HVA B-StB 03/2006 zu Besonderheiten der Prüfung und Wertung von Grund- und Wahlpositionen	171
6.9.8	Wertung von angehängten Stundenlohnarbeiten	171
6.9.9	Wertung eines Koppelungsangebotes	172
6.9.9.1	Begriff	172
6.9.9.2	Zulässigkeit	172
6.9.9.3	Koppelungsangebote zur Lieferung preisgebundener und nicht preisgebundener Schulbücher	172
6.9.10	Wertung einer Parallelausschreibung	172
6.9.10.1	Allgemeines	173
6.9.10.2	Zusätzliche Leistungen eines Generalunternehmers	173
6.9.11	Wertung von versehentlich nicht in die Ausschreibung aufgenommenen Leistungen?	173
6.9.12	Wertung der ausgeschriebenen Mengen und Massen	173
6.9.13	Pflicht der Vergabestelle zur Prüfung von behaupteten gewerblichen Schutzrechten?	174
6.9.14	Wertung eines Irrtums	174
6.9.14.1	Kalkulationsirrtum eines Bieters	174
6.9.14.2	Erklärungsirrtum eines Bieters	175
6.9.14.3	Richtlinie des VHB 2002	175
6.9.14.4	Regelung des HVA B-StB 03/2006 zur Wertung eines Irrtums	176
6.9.15	Wertung von Eignungsüberlegungen („bekannt und bewährt")	176
6.9.16	Wertung einer funktionalen Leistungsbeschreibung	176
6.9.17	Wertung einer Lohngleitklausel	176
6.9.17.1	Richtlinie des VHB 2002 zur Wertung einer Lohngleitklausel	176
6.9.18	Wertung von Umsatzsteuersätzen	177
6.9.18.1	Allgemeines	177
6.9.18.2	Beispiele aus der Rechtsprechung	177
6.9.19	Nachträgliche Beseitigung von Wertungsfehlern des Auftraggebers	177
6.9.19.1	Grundsatz	177
6.9.19.2	Ausnahme für die nachträgliche Beseitigung von Wertungsfehlern bei der Eignung	178
6.9.19.3	Nebenangebote	178
6.9.20	Ausschließliche Verantwortung des Auftraggebers für das Vergabeverfahren	179
6.9.21	Literatur	179
6.10	**Ermächtigungsgrundlage zum Erlass der Vergabeverordnung (§ 97 Abs. 6)**	179
6.10.1	Fehlende Ermächtigungsgrundlage für § 4 Abs. 3 VgV?	179
6.10.2	Ausreichende Ermächtigungsgrundlage für § 13 VgV	179
6.11	**Anspruch der Unternehmen auf Einhaltung der Bestimmungen über das Vergabeverfahren (§ 97 Abs. 7)**	179
6.11.1	Sinn und Zweck der Regelung	179
6.11.2	Schutznormlehre	180
6.11.3	Bieterschützende Regelungen und Vorschriften (von der Rechtsprechung anerkannt)	180
6.11.4	Bieterschützende Vorschriften (in der Rechtsprechung umstritten)	184
6.11.5	Bieterschützende Vorschriften (von der Rechtsprechung abgelehnt)	185
6.12	**Pilotprojekt „Gläserne Vergabe"**	186
6.13	**Bindung der Vergabestelle an Entscheidungen anderer Behörden**	186
7.	**§ 98 GWB – Öffentliche Auftraggeber**	187
7.1	**Funktionaler Auftraggeberbegriff**	187
7.1.1	Rechtsprechung	187
7.1.2	Literatur	188
7.2	**Baukoordinierungsrichtlinie und Dienstleistungskoordinierungsrichtlinie/Vergabekoordinierungsrichtlinie**	188
7.2.1	Rechtsprechung	188
7.2.2	Literatur	188
7.3	**§ 98 Nr. 1**	189
7.3.1	Gebietskörperschaften	189
7.3.1.1	Grundsatz	189

7.3.1.2	Keine Differenzierung nach Art des Auftrags	189
7.3.1.3	Keine Differenzierung nach Art der zur Auftragsdurchführung verwendeten Mittel	189
7.3.2	Sondervermögen	189
7.3.3	Mittelbare Stellvertretung	189
7.4	**§ 98 Nr. 2**	**190**
7.4.1	Juristische Personen des öffentlichen Rechts	190
7.4.1.1	Allgemeines	190
7.4.1.2	Sonderfall: Durchführung von Baumaßnahmen des Bundes durch die Bauverwaltungen der Bundesländer	190
7.4.1.3	Sonderfall: Kirchen	190
7.4.1.4	Weitere Beispiele aus der Rechtsprechung	190
7.4.1.5	Literatur	191
7.4.2	Juristische Personen des privaten Rechts	191
7.4.2.1	Vorgesellschaft der GmbH	191
7.4.2.2	Dienstleistungsholding	191
7.4.2.3	altrechtlicher Verein	191
7.4.3	Personengesellschaften	191
7.4.4	Gründung zu dem besonderen Zweck, im Allgemeininteresse liegende Aufgaben zu erfüllen	191
7.4.5	Im Allgemeininteresse liegende Aufgaben	192
7.4.5.1	Begriffsinhalt	192
7.4.5.2	Beispiele aus der Rechtsprechung	192
7.4.6	Aufgaben nicht gewerblicher Art	194
7.4.6.1	Begriffsinhalt	194
7.4.6.2	Notwendiger Umfang der Aufgabenwahrnehmung	196
7.4.6.3	Tatsächliche Aufgabenwahrnehmung	196
7.4.6.4	Beispiele aus der Rechtsprechung	196
7.4.7	Überwiegende Finanzierung	197
7.4.8	Aufsicht über die Leitung	198
7.4.8.1	Rechtsprechung	198
7.4.8.2	Sonderfall: Öffentlich-rechtliche Rundfunkanstalten	199
7.4.9	Weitere Sonderfälle	200
7.4.9.1	DB Netz AG	200
7.4.9.2	Deutsche Post AG	201
7.4.9.3	Deutsche Postbank AG	201
7.4.9.4	Deutsche Telekom AG	201
7.4.9.5	Gemeinde-Unfallversicherungsträger	201
7.4.10	Kumulatives Vorliegen der Tatbestandsvoraussetzungen	201
7.4.11	Literatur	201
7.5	**§ 98 Nr. 3**	**202**
7.6	**§ 98 Nr. 4**	**202**
7.6.1	Sektorenrichtlinie	202
7.6.2	Nähere Bestimmung der Sektorenbereiche	203
7.6.3	Sektorenbereich Telekommunikation	203
7.6.4	Einräumung besonderer oder ausschließlicher Rechte	203
7.6.5	Beherrschender Einfluss	203
7.6.6	Rangverhältnis zwischen § 98 Nr. 2 und § 98 Nr. 4	204
7.6.6.1	Rechtsprechung	204
7.6.6.2	Literatur	204
7.6.7	Abgrenzung der Auftraggeber nach § 98 Nr. 2 und § 98 Nr. 4	204
7.6.8	Beispiele aus der Rechtsprechung	204
7.7	**§ 98 Nr. 5**	**205**
7.7.1	Sinn und Zweck der Regelung	205
7.7.2	Abschließende Auflistung der Baumaßnahmen, Dienstleistungen und Auslobungsverfahren	205
7.7.3	Erweiternde Auslegung der einzelnen Tatbestandsmerkmale des § 98 Nr. 5	205
7.7.3.1	Allgemeines	205
7.7.3.2	Errichtung von Krankenhäusern	205
7.7.3.3	Literatur	205
7.7.4	Begriff der Schulgebäude	206
7.7.5	Begriff der Finanzierung	206
7.7.6	Herkunft der Mittel ist entscheidend	206
7.7.7	Begriff der Tiefbaumaßnahmen	206
7.7.8	Körperschaften des öffentlichen Rechts	206
7.7.9	Beispiele aus der Rechtsprechung	206

Teil 1 Inhaltsverzeichnis — Gesetz gegen Wettbewerbsbeschränkungen

7.8	§ 98 Nr. 6	207
7.8.1	Allgemeines	207
7.8.2	Hinweise	207
7.8.3	Verhältnis zwischen § 98 Nr. 5 und § 98 Nr. 6	207
7.9	**Zusammenfassung: Beispiele, bei denen die Rechtsprechung die Eigenschaft als öffentlicher Auftraggeber bejaht hat**	207
7.10	**Zusammenfassung: Beispiele, bei denen die Rechtsprechung die Eigenschaft als öffentlicher Auftraggeber verneint hat**	208
7.11	**Sonstige Indizien für die Eigenschaft als öffentlicher Auftraggeber**	208
7.12	**Ausschreibungen von Nachunternehmerleistungen privater Hauptunternehmer im Rahmen eines öffentlichen Auftrages**	208
7.13	**Bestimmung des Auftraggebers im Sinn des Vergaberechts**	208
7.14	**Literatur**	208
8.	**§ 99 GWB – Öffentliche Aufträge**	209
8.1	**Verträge**	209
8.1.1	Gegenseitige vertragliche Bindung – Andienungsverfahren	209
8.1.2	Teilnahme des öffentlichen Auftraggebers am Markt	210
8.1.2.1	Grundsatz	210
8.1.2.2	Pflicht zum Einkauf von Leistungen am Markt?	210
8.1.2.3	Rettungsdienste	210
8.1.2.4	Trägerschaft eines Ambulanten-Hilfen-Zentrums (AHZ) und Übertragung der damit in Zusammenhang stehenden flächendeckenden Grundversorgung mit ambulanten Hilfen	211
8.1.2.5	Vergabe von Nachunternehmeraufträgen durch einen öffentlichen Auftraggeber als erfolgreicher Bieter eines anderen Vergabeverfahrens	211
8.1.2.6	(Kooperations-)Vereinbarungen zwischen Verwaltungen	211
8.1.2.7	Rekommunalisierung	214
8.1.3	Inhouse-Geschäfte	214
8.1.3.1	Rechtsprechung des EuGH zu Inhouse-Geschäften	214
8.1.3.2	Rechtsprechung des BGH zu Inhouse-Geschäften	217
8.1.3.3	Übertragbarkeit der Rechtsprechung des EuGH und des BGH	217
8.1.3.4	Voraussetzungen eines Inhouse-Geschäftes	217
8.1.3.5	Inhouse-Geschäfte und Kommunalverfassungsrecht	219
8.1.3.6	Inhouse-Geschäfte bei Beauftragung von Verwaltungseinheiten	220
8.1.3.8	Literatur	220
8.1.4	Laufende Verträge, Optionen und Vertragsänderungen	221
8.1.4.1	Nichtkündigung von laufenden Verträgen	221
8.1.4.2	Abänderungen bestehender Vertragsbeziehungen bei nicht unerheblicher Änderung des Vertragsinhalts	221
8.1.4.3	Modifikationen der Laufzeit bestehender Vertragsbeziehungen	221
8.1.4.4	Einvernehmliche Rücknahme einer rechtswirksam erklärten ordentlichen Kündigung	222
8.1.4.5	Optionen	222
8.1.4.6	Verhandlungen während eines Insolvenzverfahrens	222
8.1.5	Öffentlich-rechtliche Verträge	223
8.1.5.1	Allgemeines	223
8.1.5.2	Literatur	224
8.1.6	Verträge über Waren mit einer Preisbindung (Schulbücher)	224
8.1.7	Entgeltlichkeit	224
8.1.7.1	Rechtsprechung	224
8.1.7.2	Sponsoringverträge	226
8.1.7.3	Literatur	226
8.1.8	Beschaffungsbezug	226
8.1.8.1	Allgemeines	226
8.1.8.2	Sonderfall: isolierte Veräußerung von Gesellschaftsanteilen	227
8.1.8.3	Sonderfall: ausschreibungspflichtige Veräußerung von Gesellschaftsanteilen	227
8.1.8.4	Verwertung von Altpapier (PPK-Fraktion)	228
8.1.8.5	Leistungsaustauschvertrag bei der Erbringung von Sozialpädagogischer Familienhilfe gegenüber Dritten	229
8.1.8.6	Öffentlich Private Partnerschaften/Public-Private-Partnership	230
8.1.8.7	Reine ÖPNV- bzw. SPNV-Finanzierungsverträge	230
8.1.8.8	Literatur	230
8.1.9	Zulässigkeit unbefristeter Verträge oder von Verträgen mit nicht absehbarer Vertragsdauer	230
8.1.10	Verträge zugunsten Dritter	230

8.1.11	Abgrenzung zu Zuwendungsverhältnissen	231
8.1.12	Weitere Literatur	231
8.2	**Lieferaufträge (§ 99 Abs. 2)**	**231**
8.2.1	Allgemeines	231
8.2.2	Abgrenzung zum Bauauftrag	231
8.2.3	Literatur	231
8.3	**Bauaufträge (§ 99 Abs. 3)**	**231**
8.3.1	Verknüpfung zur Baukoordinierungsrichtlinie	232
8.3.2	Ausführung oder gleichzeitige Planung und Ausführung von Bauaufträgen	232
8.3.3	Begriff des Bauwerks	232
8.3.3.1	Allgemeines	232
8.3.3.2	Begriff der baulichen Anlage	234
8.3.3.3	Weite Auslegung	234
8.3.4	Bauleistungen	234
8.3.4.1	Grundsatz	234
8.3.4.2	Maschinelle und elektrotechnische/elektronische Anlagen und Anlagenteile	235
8.3.4.3	Lieferung und Einbau von Labormöbeln	235
8.3.4.4	Lieferung und Einbau von Küchengeräten	235
8.3.4.5	Montagearbeiten von Fenstern oder Türen	235
8.3.4.6	Baugeländevorarbeiten	235
8.3.4.7	Lieferung und Montage einer Solaranlage	235
8.3.4.8	Kampfmittelräumung	236
8.3.4.9	Winterdienst und Störungsbeseitigung	236
8.3.4.10	Gartenpflegearbeiten	236
8.3.5	Bauleistung durch Dritte gemäß den vom Auftraggeber genannten Erfordernissen	236
8.3.5.1	Allgemeines	236
8.3.5.2	Literatur	236
8.3.6	Baukonzessionen	237
8.3.6.1	Begriff	237
8.3.6.2	Einbeziehung in das Vergaberecht	237
8.3.6.3	Mitteilung der Kommission zu Auslegungsfragen im Bereich Konzessionen im Gemeinschaftsrecht	237
8.3.6.4	Ausschreibung und Vergabe von Baukonzessionen	238
8.3.6.5	Literatur	238
8.3.7	Abgrenzung zum Lieferauftrag mit baulichen Nebenleistungen	238
8.3.8	Abgrenzung bei Betreiberleistungen	238
8.3.9	Sonderfall: Energiesparcontracting	238
8.3.9.1	Rechtsprechung	238
8.3.9.2	Literatur	239
8.3.10	Sonstige Formen von Bauaufträgen	239
8.3.11	Beispiele aus der Rechtsprechung (Bauauftrag/Bauleistung bejaht)	239
8.3.12	Beispiele aus der Rechtsprechung (Bauauftrag/Bauleistung abgelehnt)	240
8.3.13	Abgrenzung zwischen Bau- und Dienstleistungsverträgen	240
8.4	**Dienstleistungsaufträge (§ 99 Abs. 4)**	**241**
8.4.1	Begriff der Dienstleistung (Auffangtatbestand)	241
8.4.2	Beispiele aus der Rechtsprechung	241
8.4.3	Dienstleistungsaufträge im Abfallbereich	242
8.4.4	Dienstleistungskonzession	242
8.4.4.1	Begriff der Dienstleistungskonzession	242
8.4.4.2	Beispiele aus der Rechtsprechung	244
8.4.4.3	Keine Einbeziehung der Dienstleistungskonzession in das Vergaberecht	245
8.4.4.4	Nachprüfbarkeit von Dienstleistungskonzessionen	246
8.4.4.5	Mitteilung der Kommission zu Auslegungsfragen im Bereich Konzessionen im Gemeinschaftsrecht	246
8.4.4.6	Literatur	246
8.4.5	Dauer von Dienstleistungsverträgen	247
8.4.6	Literatur	247
8.5	**Auslobungsverfahren (§ 99 Abs. 5)**	**247**
8.5.1	Allgemeines	247
8.5.2	Kooperative Workshopverfahren	247
8.6	**Gemischte Verträge (§ 99 Abs. 6)**	**248**
8.6.1	Änderung des § 99 GWB durch das ÖPP-Beschleunigungsgesetz	248
8.6.2	Beispiele aus der Rechtsprechung	248

8.6.3	Rechtsprechung bis zum Inkrafttreten des ÖPP-Beschleunigungsgesetzes	248
8.6.4	Vertragsgegenstände, die sowohl der Vergabekoordinierungsrichtlinie als auch der Sektorenrichtlinie unterfallen	249
8.7	**Verbindung von öffentlichen Aufträgen nach § 99 mit sonstigen Aufträgen**	**249**
8.8	**Rahmenvereinbarungen**	**250**
8.8.1	Zulässigkeit von Rahmenvereinbarungen	250
8.8.2	Notwendige Bestandteile von Rahmenvereinbarungen	250
8.8.3	Bindung an die vergaberechtlichen Grundsätze (Transparenzgebot, Dokumentationspflicht, Angebotswertung)	251
8.8.4	Beispiele aus der Rechtsprechung	251
8.8.5	Ab dem 1. 2. 2006 geltendes Recht für Rahmenvereinbarungen ab dem Schwellenwert	252
8.8.5.1	Rundschreiben des Bundesministeriums für Wirtschaft und Technologie	252
8.8.5.2	Rahmenvereinbarungen für Baumaßnahmen	252
8.8.5.3	Zeitliche Befristung	252
8.8.6	Zeitverträge nach der VOB/A	252
8.8.7	Erläuterungen der EU-Kommission	252
8.8.8	Literatur	252
8.9	**Public-Private-Partnership (PPP) – Öffentlich private Partnerschaften (ÖPP)**	**253**
8.9.1	Begriffsbestimmung	253
8.9.2	Literaturhinweise	253
8.10	**Begriff des Unternehmens**	**255**
8.10.1	Grundsatz	255
8.10.2	Beispiele aus der Rechtsprechung	255
8.11	**Vergabe eines Standplatzes nach § 70 GewO**	**255**
8.11.1	Abgrenzung zum Vergaberecht	255
8.11.2	Vergabekriterien nach der Rechtsprechung	255
9.	**§ 100 GWB – Anwendungsbereich**	**256**
9.1	**Schwellenwert**	**257**
9.1.1	Grundsätzliche Anwendbarkeit des GWB bei öffentlichen Aufträgen unterhalb der Schwellenwerte	257
9.1.1.1	Rechtsprechung in Deutschland	257
9.1.1.2	Rechtsprechung in Österreich	260
9.1.1.3	Reformansätze auf der Ebene der Bundesländer	260
9.1.1.4	Literatur	260
9.1.2	Anwendbarkeit des GWB bei einer europaweiten Ausschreibung öffentlicher Aufträge unterhalb der Schwellenwerte	261
9.1.3	Anwendbarkeit des GWB bei einer europaweiten Ausschreibung einer vergaberechtsfreien Beschaffung	262
9.1.4	Anwendbarkeit des GWB bei Erreichen des Schwellenwerts und fehlender europaweiter Ausschreibung	262
9.1.4.1	Grundsatz	262
9.1.4.2	Anwendbarkeit auch der den Bieter belastenden Regeln	262
9.1.5	Europaweite Ausschreibung eines Loses, das im Rahmen der Bagatellklausel des § 2 Nr. 7 VgV nicht europaweit ausgeschrieben werden müsste	262
9.1.6	Nachprüfungsverfahren hinsichtlich Dienstleistungen des Anhangs I B der DKR (Anhang I B der VOL/A)	263
9.1.6.1	Grundsatz	263
9.1.6.2	Bindung der ausschreibenden Stelle an die veröffentlichten Wertungskriterien	263
9.1.6.3	Prüfungsmaßstab	264
9.1.6.4	Beispiele aus der Rechtsprechung	264
9.1.7	Anwendbarkeit der VOF aufgrund einer ausdrücklichen freiwilligen Selbstbindung	264
9.2	**Anwendung für Aufträge, die nur von nationalen Bietern erfüllt werden können**	**264**
9.3	**Der Ausnahmenkatalog des § 100 Abs. 2**	**264**
9.3.1	Abschließende Aufzählung und enge Auslegung	264
9.3.2	Arbeitsverträge (§ 100 Abs. 2)	264
9.3.3	Beschaffungen für ausländische Truppen (§ 100 Abs. 2 Buchstabe a))	265
9.3.4	Geltendmachung besonderer Sicherheitsinteressen (§ 100 Abs. 2 Buchstabe d))	265
9.3.4.1	Allgemeines	265
9.3.4.2	Rechtsprechung des EuGH	265
9.3.4.3	Nationale Rechtsprechung	266
9.3.4.4	Literatur	268

Gesetz gegen Wettbewerbsbeschränkungen — Inhaltsverzeichnis Teil 1

9.3.5	Auf Gesetz oder Verordnung beruhendes ausschließliches Recht zur Erbringung der Leistung (§ 100 Abs. 2 Buchstabe g))	268
9.3.5.1	Grundsatz	268
9.3.5.2	Beispiele aus der Rechtsprechung	268
9.3.6	Immobilienbedarfsgeschäfte (§ 100 Abs. 2 Buchstabe h))	268
9.3.6.1	Anmietung eines noch zu erstellenden Gebäudes	269
9.3.6.2	Investorenauswahlverfahren	269
9.3.6.3	Literatur	269
9.3.7	Finanzielle Dienstleistungen (§ 100 Abs. 2 Buchstabe m))	269
9.3.7.1	Inhalt	269
9.3.7.2	Beispiele aus der Rechtsprechung	270
9.3.8	Telefondienstleistungen (§ 100 Abs. 2 Buchstabe k))	270
9.3.8.1	Inhalt	270
9.3.8.2	Beispiele aus der Rechtsprechung	271
9.3.8.3	Literatur	271
9.3.9	Forschungs- und Entwicklungsdienstleistungen (§ 100 Abs. 2 Buchstabe n))	271
9.3.9.1	Begriff der Forschung	271
9.3.9.2	Alleiniger Gebrauch des Auftraggebers	272
9.3.9.3	Restriktive Auslegung der Vorschrift	272
9.3.10	Rechtsfolge des Vorliegens eines Ausnahmetatbestands nach § 100 Abs. 2 GWB	272
9.4	**Rangverhältnis zwischen GWB und Allgemeinem Eisenbahngesetz (AEG)**	272
9.4.1	Rechtsprechung	272
9.4.2	Regelung in der Vergabeverordnung	274
9.4.2.1	Allgemeines	274
9.4.2.2	Rangverhältnis zwischen GWB und AEG nach der Änderung der VgV	274
9.4.2.3	Umfang der Prüfung bei einer entsprechenden Ermessensausübung	275
9.4.3	Literatur	275
9.5	**Vergabe von Leistungen nach §§ 93 f. BSHG**	276
9.5.1	Vergabe von Leistungen nach §§ 93 f. BSHG im Wettbewerb	276
9.5.2	Rangverhältnis zwischen §§ 93 f. BSHG und dem GWB	276
9.6	**Freiberufliche Aufträge von Sektorenauftraggebern**	276
9.7	**Neuer Vorschlag für eine Verordnung des Europäischen Parlaments und des Rates über öffentliche Personenverkehrsdienste auf Schiene und Straße**	277
9.7.1	Allgemeines	277
9.7.2	Literatur	277
10.	**§ 101 GWB – Arten der Vergabe**	277
10.1	**Änderung des § 101 durch das ÖPP-Beschleunigungsgesetz (§ 101 Abs. 1)**	278
10.2	**Bieterschützende Vorschrift**	278
10.3	**Offenes Verfahren (§ 101 Abs. 2)**	278
10.3.1	Allgemeines	278
10.3.2	Keine Entbehrlichkeit eines Offenen Verfahrens wegen einer am Ort der Leistungserbringung notwendigen Betriebsstätte	279
10.4	**Nichtoffenes Verfahren (§ 101 Abs. 3)**	279
10.4.1	Allgemeine Zulässigkeitsvoraussetzungen für das Nichtoffene Verfahren	279
10.4.2	Zulässigkeitsvoraussetzungen für das Nichtoffene Verfahren beim Vergleich der jeweiligen Verfahrensfristen	279
10.4.3	Teilnahmewettbewerb	279
10.4.3.1	Teilnahmewettbewerb als Teil des Vergabeverfahrens	279
10.4.3.2	Verbot der späteren Beteiligung nicht ausgewählter Bewerber	280
10.4.3.3	Bekanntmachung der Kriterien für die Auswahl der Teilnehmer	280
10.4.3.4	Bekanntmachung der Einsendefrist für die Anträge auf Teilnahme	280
10.4.3.5	Bekanntmachung der Zahl der Teilnehmer, die zur Angebotsabgabe aufgefordert werden?	280
10.4.3.6	Auswahl der Teilnehmer	281
10.4.3.7	Öffnung von Teilnahmeanträgen	282
10.5	**Verhandlungsverfahren (§ 101 Abs. 4)**	282
10.5.1	Inhalt und Ablauf	282
10.5.2	Geltung der wesentlichen Prinzipien des Vergaberechts	283
10.5.2.1	Gleichbehandlungsgebot	283
10.5.2.2	Bindung an Mindestbedingungen	284
10.5.2.3	Gebot der eindeutigen und erschöpfenden Leistungsbeschreibung	284
10.5.2.4	Keine Verpflichtung zu Verhandlungen mit allen Bietern	284
10.5.2.5	Verpflichtung zur zeitgleichen Einholung des letzten Angebots der verbliebenen Bieter	285

Teil 1 Inhaltsverzeichnis Gesetz gegen Wettbewerbsbeschränkungen

10.5.2.6	Verpflichtung zur Mitteilung des Verfahrensablaufes und Bindung hieran	285
10.5.2.7	Befugnis des Auftraggebers, Angebotsfristen im Verhandlungsverfahren als Ausschlussfristen zu setzen und Rechtsfolgen	285
10.5.2.8	Keine Nachverhandlungsmöglichkeit nach Ablauf der Angebotsabgabefrist	286
10.5.2.9	Verpflichtung zur Festlegung des zeitlichen Rahmens der Verhandlungen und des Zeitpunkts der Bewertung der Angebote	286
10.5.2.10	Unterschiedlich lange Verhandlungszeiträume mit unterschiedlichen Bietern	286
10.5.2.11	Verbot der Verhandlung über Preise nach einer entsprechenden Entscheidung der Vergabekammer	286
10.5.2.12	Verbot der Verhandlung über Preise, wenn Bieter die Preise anderer Bieter kennen	287
10.5.2.13	Keine substanzielle Änderung des Beschaffungsgegenstandes durch Abspaltung von Leistungsteilen	287
10.5.2.14	Keine fiktiven Preisaufschläge durch den Auftraggeber bei der Wertung	287
10.5.2.15	Grundsatz der Vertraulichkeit	287
10.5.2.16	Kein Anspruch auf Durchführung eines Verhandlungsverfahrens	287
10.5.2.17	Unzulässigkeit „vorsorglicher" Verhandlungen nach einem Bieterausschluss	288
10.5.2.18	Verpflichtung zu Nachverhandlungen mit allen Bietern	288
10.5.2.19	Verbot der Änderung der Vergabeunterlagen	288
10.5.2.20	Wettbewerbsgebot	288
10.5.2.21	Verpflichtung zur Aufhebung eines Verhandlungsverfahrens bei Mangelhaftigkeit aller Angebote?	288
10.5.2.22	Verpflichtung zur Abgabe eines schriftlichen Angebots im verschlossenen Umschlag	289
10.5.2.23	Beachtung der Zuschlagskriterien eines unmittelbar vorher aufgehobenen Offenen Verfahrens	289
10.5.2.24	Geltung der §§ 25 Nr. 1 Abs. 1 und 21 Nr. 1 Abs. 1 VOB/A	289
10.5.3	Teilnahmewettbewerb	289
10.5.4	Aufhebung eines Verhandlungsverfahrens	289
10.5.5	Literatur	290
10.6	**Wettbewerblicher Dialog (§ 101 Abs. 5)**	**290**
10.6.1	Gesetzliche Regelung	290
10.6.2	Literatur	290
10.7	**Vorrang des Offenen Verfahrens (§ 101 Abs. 6)**	**291**
10.8	**Arten der Vergabe für Sektorenauftraggeber (§ 101 Abs. 6)**	**292**
10.9	**Rechtliche Folgen der Wahl einer falschen Vergabeart**	**292**
10.9.1	Vergaberecht	292
10.9.2	Zuschussrecht	293
10.9.2.1	Grundsatz	293
10.9.2.2	Beispiele aus der Rechtsprechung	293
10.9.2.3	Literatur	293
10.9.3	Beitragsrecht	293
11.	**§ 102 GWB – Grundsatz**	**293**
11.1	**Inhalt**	**293**
11.2	**Vergabekammern**	**294**
11.3	**Nachprüfungsverfahren**	**294**
11.3.1	Primärrechtsschutz	294
11.3.2	Sekundärrechtsschutz	294
11.3.3	Literatur	295
11.4	**Weitere Möglichkeiten für die Überprüfung der Vergabe öffentlicher Aufträge** ...	**295**
11.4.1	Überprüfung durch Aufsichtsbehörden	295
11.4.1.1	Überprüfung durch Aufsichtsbehörden bei Aufträgen ab den Schwellenwerten	295
11.4.1.2	Überprüfung durch Aufsichtsbehörden bei Aufträgen unterhalb der Schwellenwerte	296
11.4.1.3	Rechtsweg für einen Anspruch auf Tätigwerden der Aufsichtsbehörden bei Aufträgen unterhalb der Schwellenwerte	296
11.4.2	Überprüfung durch Vergabeprüfstellen	296
11.4.3	Überprüfung durch ordentliche Gerichte	296
11.4.3.1	Allgemeines	296
11.4.3.2	Einstweilige Verfügungsverfahren nach der ZPO	296
11.4.4	Überprüfung durch die Verwaltungsgerichte	296
11.4.4.1	Rechtsprechung	296
11.4.4.2	Literatur	299
11.4.5	Befugnisse der Kartellbehörden	300
11.4.5.1	Allgemeines	300
11.4.5.2	Bedeutung für das Vergabenachprüfungsverfahren	300

11.5	Übersichtsschema zur Überprüfbarkeit der Vergabe öffentlicher Aufträge	301
11.6	Aussetzung des Vergabenachprüfungsverfahrens	303
12.	§ 103 GWB – Vergabeprüfstellen	304
12.1	Einleitung	304
12.2	Fakultative Einrichtung von Vergabeprüfstellen	304
12.3	Aufgaben	304
12.3.1	Überprüfung der Einhaltung der Vergabebestimmungen	304
12.3.2	Beratung und Streitschlichtung	304
12.4	Persönliche Einschränkung des Aufgabenbereichs	304
12.5	Entscheidungen der Vergabeprüfstelle	305
12.6	Rechtsschutz gegen die Entscheidung der Vergabeprüfstelle	305
12.7	Bedeutung der Vergabeprüfstellen in der Praxis	305
12.8	Rechtsprechung des Europäischen Gerichtshofes	305
13.	§ 104 GWB – Vergabekammern	305
13.1	Vergabekammern des Bundes und der Länder	306
13.1.1	Organisation der Vergabekammern des Bundes und der Länder	306
13.1.1.1	Übersicht der von Bund und Ländern eingerichteten Vergabekammern	306
13.1.1.2	Abgrenzung der Zuständigkeiten der Vergabekammern des Bundes und der Länder	307
13.2	Rechtsschutz im Vergabenachprüfungsverfahren nach den §§ 97 ff.	308
13.2.1	Notwendigkeit eines Vergabeverfahrens	308
13.2.1.1	Vorbeugender Primärrechtsschutz im Vergabeverfahren	308
13.2.1.2	Rechtsschutz im Vergabeverfahren nach einem wirksamen Zuschlag	311
13.2.1.3	Primärrechtsschutz gegen die Aufhebung einer Ausschreibung	313
13.2.1.4	Primärrechtsschutz gegen den Verzicht der Vergabe eines Auftrags nach der VOF	316
13.2.1.5	Primärrechtsschutz bereits in einem Planungswettbewerb (§ 25 VOF)	316
13.2.1.6	Primärrechtsschutz gegen eine temporäre Auftragssperre	316
13.2.1.7	Primärrechtsschutz gegen eine Verletzung der Vorschriften der §§ 93 f. BSHG	317
13.2.1.8	Primärrechtsschutz für einen Verbotsanspruch hinsichtlich einer Beteiligung an einem Vergabeverfahren	317
13.2.1.9	Primärrechtsschutz für allgemeine Kartellfragen	317
13.2.1.10	Weitere Beispiele aus der Rechtsprechung	317
13.2.2	Inhalt der Rechte aus § 97 Abs. 7 sowie sonstiger Ansprüche	318
13.2.2.1	Grundsatz	318
13.2.2.2	Beispiele aus der Rechtsprechung	318
14.	§ 105 GWB – Besetzung, Unabhängigkeit	318
14.1	Sachliche und persönliche Unabhängigkeit (§ 105 Abs. 1, Abs. 4)	319
14.2	Ausschluss wegen des Verdachtes der Befangenheit	319
14.2.1	Allgemeines	319
14.2.2	Beispiele aus der Rechtsprechung	320
14.3	Pflicht zur Neutralität	320
14.4	Entscheidung als Spruchkörper auch bei Kostengrundentscheidungen (§ 105 Abs. 2 Satz 1)	320
14.5	Amtszeit (§ 105 Abs. 4 Satz 1)	320
14.6	Widerruf der Bestellung	320
14.6.1	Anwendung des Verwaltungsverfahrensgesetzes	320
14.6.2	Beispiele aus der Rechtsprechung	321
15.	§ 106 GWB – Einrichtung, Organisation	321
15.1	Vergabekammern des Bundes	322
15.2	Vergabekammern der Länder	322
15.3	Gemeinsame Nachprüfungsbehörden	322
15.4	Literatur	322
16.	§ 107 GWB – Einleitung, Antrag	322
16.1	Bedeutung der Vorschrift für das Vergabenachprüfungsverfahren	322
16.2	Antrag (§ 107 Abs. 1)	323
16.2.1	Antragstellung nicht durch „Verweisung" eines anderen Gerichtes möglich	323
16.2.2	Einleitung eines Nachprüfungsverfahrens durch einen beigeladenen Bieter	323

Teil 1 Inhaltsverzeichnis Gesetz gegen Wettbewerbsbeschränkungen

16.2.3	Adressat des Antrages	323
16.2.4	Rechtsfolge: Beginn des Nachprüfungsverfahrens (Rechtshängigkeit)	323
16.2.5	Rücknahme	324
16.2.5.1	Spätester Zeitpunkt für die Rücknahme des Nachprüfungsantrags	324
16.2.5.2	Rücknahme und nachträgliche Erweiterung des Antrags	324
16.2.5.3	Rücknahme in der Beschwerdeinstanz	324
16.2.5.4	Literatur	325
16.2.6	Zeitliche Bedingungen für den Nachprüfungsantrag	325
16.2.6.1	Keine zeitliche Ausschlussfrist	325
16.2.6.2	Wartefrist zwischen der Erklärung der Rüge und der Einreichung des Nachprüfungsantrags	325
16.2.6.3	Keine Pflicht zu mehrfachen Rügen	326
16.2.7	Rechtshängigkeitssperre	326
16.2.8	Stufennachprüfungsverfahren	327
16.2.9	Antragsänderung	327
16.3	**Antragsbefugnis (§ 107 Abs. 2)**	**327**
16.3.1	Grundsätze	327
16.3.2	Antragsbefugtes Unternehmen	328
16.3.2.1	Begriff des Unternehmens	328
16.3.2.2	Antragsbefugnis einer Bietergemeinschaft	328
16.3.2.3	Antragsbefugnis für ein Rechtsnachfolgeunternehmen	330
16.3.2.4	Antragsbefugnis für einen Nachunternehmer?	330
16.3.2.5	Antragsbefugnis für einen Lieferanten?	330
16.3.2.6	Antragsbefugnis eines rechtmäßig gekündigten Auftragnehmers?	330
16.3.2.7	Antragsbefugnis eines Unternehmensverbandes	330
16.3.3	Interesse am Auftrag	331
16.3.3.1	Interesse am Auftrag bei unterlassenem Vergabeverfahren	331
16.3.3.2	Interesse am Auftrag durch Beteiligung an einem Teilnahmewettbewerb	331
16.3.3.3	Interesse am Auftrag auch bei nicht verlängerter Bindefrist	331
16.3.3.4	Interesse am Auftrag trotz Nichtabgabe eines Angebotes	332
16.3.3.5	Interesse am Auftrag bei der Vergabe eines „aliud" im Wege einer De-facto-Vergabe	332
16.3.3.6	Interesse am Auftrag bei Übergehen der Vergabeprüfstelle oder anderer fakultativer Instanzen	333
16.3.3.7	Interesse am Auftrag bei der Absicht, die Auftragsvergabe zu verhindern?	333
16.3.4	Geltendmachung der Verletzung in Rechten nach § 97 Abs. 7 durch Nichtbeachtung von Vergabevorschriften	333
16.3.4.1	Streitgegenstand des Nachprüfungsverfahrens	333
16.3.4.2	„Hineinwachsen" in eine Vergabeentscheidung nach § 97 Abs. 7	334
16.3.5	Drohender Schaden	334
16.3.5.1	Begriffsinhalt (Grundsatz)	334
16.3.5.2	Vereinbarkeit der Forderung des § 107 Abs. 2 nach einem Schaden mit europäischem Recht	336
16.3.5.3	Drohender Schaden bei fehlender Angebotsabgabe	336
16.3.5.4	Drohender Schaden bei fehlender Angebotsabgabe für ein Los	338
16.3.5.5	Drohender Schaden bei Angebotsabgabe für ein oder mehrere Lose	338
16.3.5.6	Drohender Schaden trotz Angebotsabgabe	338
16.3.5.7	Drohender Schaden bei einem aufgrund der Rangstelle chancenlosen Angebot	339
16.3.5.8	Drohender Schaden bei einem aufgrund formaler Angebotsfehler chancenlosen Angebot	340
16.3.5.9	Drohender Schaden bei Abgabe eines bewusst nicht zuschlagsfähigen Angebotes	344
16.3.5.10	Drohender Schaden, wenn eine erfolgreiche Rüge zur Ausschreibung der Aufhebung führt	344
16.3.5.11	Drohender Schaden bei der Rüge der fehlerhaften Verdingungsordnung	345
16.3.5.12	Drohender Schaden bei der Rüge der fehlerhaften Vergabeart	345
16.3.5.13	Drohender Schaden bei einem Teilnahmewettbewerb	346
16.3.5.14	Drohender Schaden bei losweiser Ausschreibung	346
16.3.5.15	Drohender Schaden bei einem VOL-Verfahren	347
16.3.5.16	Drohender Schaden und Information nach § 13 VgV	347
16.3.5.17	Drohender Schaden bei Verlängerung der Zuschlags- und Bindefrist	347
16.3.5.18	Drohender Schaden bei zu kurzen Angebotsfristen	347
16.3.5.19	Drohender Schaden bei Produktvorgabe	347
16.3.5.20	Drohender Schaden bei Verletzung der Dokumentationspflicht	348
16.3.5.21	Drohender Schaden bei nicht EU-weiter Bekanntmachung	348
16.3.5.22	Drohender Schaden bei nicht EU-weiter Ausschreibung	349
16.3.5.23	Drohender Schaden bei vorzeitiger Angebotsöffnung in einem Verhandlungsverfahren	349

16.3.5.24	Drohender Schaden bei einer Verdachtsrüge	349
16.3.5.25	Drohender Schaden bei Unmöglichkeit der Leistungserbringung durch den Bieter	350
16.3.5.26	Drohender Schaden bei Ankündigung des Auftraggebers, entsprechend dem Antrag eines Antragstellers zu verfahren	350
16.3.5.27	Drohender Schaden bei Forderung nach einer Tariftreueerklärung	350
16.3.5.28	Drohender Schaden bei Aufhebung der Ausschreibung und Beteiligung an einem anschließenden Vergabeverfahren	350
16.3.5.29	Drohender Schaden bei einer Preisgerichtsentscheidung im Sinn von § 661 Abs. 2 BGB	351
16.3.5.30	Drohender Schaden und begrenzte Akteneinsicht	351
16.3.5.31	Drohender Schaden bei der Möglichkeit, einen Auftrag im Verhandlungsverfahren zu vergeben	351
16.3.5.32	Drohender Schaden bei einem VOF-Verfahren	351
16.3.5.33	Drohender Schaden bei einem inhaltlich nicht ordnungsgemäßen Nachprüfungsantrag	351
16.3.6	Erledigung der Antragsbefugnis	352
16.3.7	Rechtsschutzinteresse	352
16.3.7.1	Fehlendes Rechtsschutzinteresse durch ein zweites anhängiges Verfahren	352
16.3.7.2	Fehlendes Rechtsschutzinteresse eines Antrags gegen eine Aufhebungsentscheidung nach einer neuen Ausschreibung	352
16.3.7.3	Wegfall des Rechtsschutzbedürfnisses im Nachprüfungsverfahren	353
16.3.7.4	Verwirkung des Rechtsschutzbedürfnisses für ein Nachprüfungsverfahren	353
16.3.7.5	Weitere Beispiele aus der Rechtsprechung	354
16.3.8	Antragsbefugnis auch bereits vor Erhalt der Information nach § 13 VgV	354
16.3.9	Antragsbefugnis bei mangelhafter Information nach § 13 VgV eines anderen Bieters?	354
16.3.10	Antragsbefugnis bei Zusage der Vergabestelle, den Zuschlag erst ab einem bestimmten Datum zu erteilen?	355
16.3.11	Literatur	355
16.4	**Rüge (§ 107 Abs. 3)**	355
16.4.1	Sinn und Zweck der Rüge	356
16.4.2	Vereinbarkeit einer Präklusionsregel mit dem EU-Recht	356
16.4.3	Unzulässigkeit von „vorsorglichen" Rügen	356
16.4.4	Entbehrlichkeit der Rüge	357
16.4.4.1	Aufhebung der Ausschreibung	357
16.4.4.2	Vergaberechtsverstöße, die während des laufenden Vergabenachprüfungsverfahrens bekannt werden	357
16.4.4.3	De-facto-Vergaben	359
16.4.4.4	Vergaben, die nicht nach dem rechtlich gebotenen Vergabeverfahren durchgeführt werden	359
16.4.4.5	Festhalten der Vergabestelle an der Entscheidung (Förmelei)	359
16.4.4.6	Festhalten der Vergabestelle an einem Verhalten (Förmelei)	360
16.4.4.7	Sukzessiv nachgeschobene Zuschlagsversagungsgründe	360
16.4.4.8	Drohender Verlust des Primärrechtsschutzes	360
16.4.4.9	Rügepflicht bei verschiedenen Verfahrensabschnitten	361
16.4.4.10	Erneute Rügepflicht bei Wiederholung von Verfahrensabschnitten	361
16.4.4.11	Ausschluss einer Spekulationsmöglichkeit des Bieters	361
16.4.4.12	Unverzügliche Geltendmachung im Rahmen eines laufenden Vergabeverfahrens?	361
16.4.4.13	Unmittelbar bevorstehender Zuschlag	361
16.4.4.14	Gefährdung kartellrechtlicher Ermittlungen	362
16.4.4.15	Vergabe in einem Verhandlungsverfahren ohne öffentliche Vergabebekanntmachung und ohne Beteiligung des betroffenen Bieters	362
16.4.4.16	Berufung eines Beschwerdeführers auf die ihm bekannte Rüge eines Dritten	362
16.4.4.17	Unzumutbare Forderungen des Auftraggebers	362
16.4.5	Zeitliche Abhängigkeiten zwischen der Erklärung der Rüge und der Einreichung des Nachprüfungsantrags?	362
16.4.6	Form der Rüge	363
16.4.6.1	Telefonische Rüge	363
16.4.6.2	Rüge per Fax	363
16.4.6.3	Mündliche Rüge	364
16.4.6.4	Rüge per E-Mail	364
16.4.6.5	Wahl des Versandweges der Rüge	364
16.4.6.6	Rüge durch Übersendung eines Nachprüfungsantrags an den Auftraggeber	364
16.4.6.7	Unterschriftserfordernis	365
16.4.7	Adressat der Rüge	365
16.4.7.1	Rüge durch Einreichung eines Nachprüfungsantrags bei der VK	365
16.4.7.2	Rüge durch Einreichung eines Nachprüfungsantrags bei der Vergabeprüfstelle	365

Teil 1 Inhaltsverzeichnis

Gesetz gegen Wettbewerbsbeschränkungen

16.4.7.3	Rüge mit nicht eindeutiger Bezeichnung des Adressaten	365
16.4.7.4	Vom Auftraggeber beauftragte Dritte	366
16.4.8	Anforderungen an die Person des Rügenden	366
16.4.8.1	Allgemeines	366
16.4.8.2	Rüge einer Bietergemeinschaft	367
16.4.9	Anforderungen an den Nachweis einer Bevollmächtigung	367
16.4.10	Notwendigkeit des Zugangs der Rüge	367
16.4.11	Positive Kenntnis des Rügenden von einem Verstoß gegen Vergabebestimmungen (§ 107 Abs. 3 Satz 1)	368
16.4.11.1	Grundsatz	368
16.4.11.2	Sonderfall: treuwidriges Sich-Verschließen vor der Erkenntnis eines Vergabeverstoßes	370
16.4.11.3	Positive Kenntnis durch eine Bearbeitung der Verdingungsunterlagen	371
16.4.11.4	Positive Kenntnis bei einem fachkundigen Unternehmen	372
16.4.11.5	Positive Kenntnis durch Rechtsrat	372
16.4.11.6	Beweislast und Umkehr der Beweislast für die Kenntnis	372
16.4.11.7	Positive Kenntnis bei einer mehrstufigen Vergabeentscheidung	373
16.4.11.8	Beispiele aus der Rechtsprechung	373
16.4.11.9	Literatur	373
16.4.12	Unverzüglichkeit der Rüge	373
16.4.12.1	Allgemeine Bestimmung des Merkmals der Unverzüglichkeit	373
16.4.12.2	Maximale (Regel-)Frist	377
16.4.12.3	Unverzüglichkeit bei einem fachkundigen Unternehmen bzw. Unternehmen mit Erfahrung in Nachprüfungsverfahren	377
16.4.12.4	Unverzüglichkeit bei eindeutiger Sach- und Rechtslage	378
16.4.12.5	Unverzüglichkeit bei widersprüchlichem Verhalten des Auftraggebers	378
16.4.12.6	Unverzüglichkeit bei anwaltlicher Vertretung des Bieters	378
16.4.12.7	Unverzüglichkeit bei Rügen aus einem anderen Nachprüfungsverfahren	378
16.4.12.8	Unverzüglichkeit bei behaupteten Fehlern in den Verdingungsunterlagen	379
16.4.12.9	Unverzüglichkeit bei behaupteter nicht produktneutraler Ausschreibung	380
16.4.12.10	Unverzüglichkeit bei behaupteten Verstößen wegen Bedarfspositionen	380
16.4.12.11	Unverzüglichkeit bei sich im Laufe des Vergabeverfahrens abzeichnenden eventuellen Vergabeverstößen	380
16.4.12.12	Unverzüglichkeit bei einer Präsentation im Rahmen eines VOF-Verfahrens	380
16.4.12.13	Unverzüglichkeit und Rücksicht auf Kundenbeziehungen	380
16.4.12.14	Unverzüglichkeit bei einem neuen Beschaffungskonzept und komplexen Verdingungsunterlagen	381
16.4.12.15	Unverzüglichkeit bei einer Verdachtsrüge	381
16.4.12.16	Unverzüglichkeit bei einem Gesprächsangebot des Auftraggebers	381
16.4.12.17	Unverzüglichkeit bei Zusage der Vergabe erst zu einem bestimmten Zeitpunkt	381
16.4.12.18	Berücksichtigung von Sonn- und Feiertagen	381
16.4.12.19	Begriff des schuldhaften Zögerns	382
16.4.13	Erkennbare Verstöße aus der Bekanntmachung (§ 107 Abs. 3 Satz 2)	382
16.4.13.1	Maßstab der Erkennbarkeit	382
16.4.13.2	Verfristete Rüge bei behaupteten Fehlern in der Bekanntmachung eines Teilnahmewettbewerbes	386
16.4.13.3	Spätester Zeitpunkt der Rüge	386
16.4.13.4	Rügezeitpunkt beim Teilnahmewettbewerb	386
16.4.13.5	Auswirkung der Verlängerung der Angebotsfrist	386
16.4.13.6	Beispiele aus der Rechtsprechung	387
16.4.13.7	Organisationsfehler des Antragstellers	387
16.4.13.8	„Aufdrängen" von Vergabefehlern	387
16.4.13.9	Begriff der Bekanntmachung	387
16.4.13.10	Vorrang des § 107 Abs. 3 Satz 1 GWB gegenüber § 107 Abs. 3 Satz 2 GWB bei gleichzeitigem Vorliegen der Voraussetzungen	388
16.4.14	Zurechnung der Kenntnis von eventuellen Vergabefehlern aus einem anderen Verfahren bei Personenidentität auf Seiten des Beschwerdeführers	388
16.4.15	Notwendiger Inhalt der Rüge	388
16.4.15.1	Allgemeines	388
16.4.15.2	„Forderung" nach einer Änderung der Vergabeentscheidung?	389
16.4.15.3	„Letzte Chance" für den Auftraggeber?	390
16.4.15.4	Androhung der Anrufung der Vergabekammer?	390
16.4.15.5	Ersetzung der Rüge durch Kenntnis der Vergabestelle von Vergabeverstößen	390
16.4.15.6	Anforderungen an die Rüge bei einem „nachprüfungserfahrenen" Bieter	390
16.4.15.7	Anforderungen an ein Erwiderungsschreiben des Bieters auf eine Antwort des Auftraggebers zu einer Rüge	390

16.4.16	Verdachtsrüge	391
16.4.17	Darlegungs- und Beweislast für die Erfüllung der Rügeobliegenheit	391
16.4.18	Antwort der Vergabestelle auf die Rüge	391
16.4.19	Rücknahme der Rüge	391
16.4.20	Literatur	391
16.5	**Verbindung von Nachprüfungsverfahren**	392
16.5.1	Allgemeines	392
16.5.2	Ermessen der Vergabekammer	392
16.6	**Objektive Antragshäufung**	392
16.7	**Zahlung eines Kostenvorschusses**	392
17.	**§ 108 GWB – Form**	392
17.1	**Schriftform**	393
17.2	**Unterschriftserfordernis**	393
17.3	**Unverzügliche Begründung (§ 108 Abs. 1)**	393
17.4	**Bestimmtes Begehren**	393
17.5	**Bezeichnung des Antragsgegners**	393
17.5.1	Berichtigung der Bezeichnung des Antragsgegners	393
17.5.2	Änderung des Antragsgegners	393
17.6	**Beschreibung der behaupteten Rechtsverletzung mit Sachverhaltsdarstellung**	394
17.6.1	Allgemeines	394
17.6.2	Beispiele aus der Rechtsprechung	394
17.6.3	Beschreibung der behaupteten Rechtsverletzung mit Sachverhaltsdarstellung in einem VOL-Verfahren	395
17.7	**Benennung der Rüge**	395
17.8	**Rüge gegenüber dem Auftraggeber**	395
17.9	**Erfüllung der Formvorschriften durch Bezugnahme auf einen zeitlich vorhergehenden Antrag**	395
17.10	**Weitere Konkretisierung der Darlegungen in späteren Schriftsätzen**	396
17.11	**Darlegung des Schadens und der Kausalität**	396
17.12	**Rechtsfolge einer unzureichenden Begründung**	396
18.	**§ 109 GWB – Verfahrensbeteiligte, Beiladung**	396
18.1	**Verfahrensbeteiligte**	396
18.2	**Beiladung**	397
18.2.1	Sinn und Zweck der Beiladung	397
18.2.2	Beiladung bei einer Parallelausschreibung	397
18.2.3	Kriterien des § 107 Abs. 2 als zusätzliche Beiladungsvoraussetzung	397
18.2.4	Abgabe eines ausschreibungskonformen Angebotes als zusätzliche Beiladungsvoraussetzung	397
18.2.5	Zeitpunkt der Beiladung	397
18.2.5.1	Spätester Zeitpunkt	397
18.2.5.2	Beiladung erst im Verfahren vor dem Vergabesenat	397
18.2.6	Beiladung vom Amts wegen und auf Antrag	398
18.2.7	Entscheidung über die Beiladung	398
18.2.8	Rechtshängigkeitssperre zu Lasten eines Beigeladenen	398
18.2.9	Unanfechtbarkeit der Entscheidung über die Beiladung	398
19.	**§ 110 GWB – Untersuchungsgrundsatz**	399
19.1	**Bedeutung des Untersuchungsgrundsatzes für die Praxis**	399
19.2	**Inhalt und Einschränkungen**	399
19.3	**Berücksichtigung nicht gerügter Beanstandungen**	400
19.4	**Berücksichtigung nur der Fehler, die zulässigerweise zum Gegenstand eines Nachprüfungsverfahrens gemacht werden können**	401
19.5	**Beispiele aus der Rechtsprechung**	401
19.6	**Schwellenwert**	402
19.7	**Bedeutung des Vergabevermerks für das Nachprüfungsverfahren**	402
19.8	**Offensichtliche Unzulässigkeit (§ 110 Abs. 2)**	403
19.9	**Offensichtliche Unbegründetheit**	403

Teil 1 Inhaltsverzeichnis

Gesetz gegen Wettbewerbsbeschränkungen

19.10	Offensichtliche Unzulässigkeit bzw. Unbegründetheit und evtl. Verlust des Primärrechtsschutzes	403
19.11	Beispiele aus der Rechtsprechung	404
19.12	Rechtsschutz gegen die Nichtzustellung	404
19.13	Zustellung	404
19.13.1	teilweise Zustellung des Nachprüfungsantrags	404
19.13.2	Zustellung des Nachprüfungsantrages nach dem Verwaltungszustellungsgesetz	405
19.13.3	Zustellung des Nachprüfungsantrages an den Auftraggeber per Fax	405
19.13.3.1	Grundsatz	405
19.13.3.2	Vereinfachte Zustellung an Behörden, Körperschaften, Anstalten und Stiftungen des öffentlichen Rechts, Rechtsanwälte u. a.	405
19.13.3.3	Vereinfachte Zustellung an andere Institutionen	405
19.13.3.4	Vereinfachte, aber unvollständige Zustellung	406
19.13.4	Zustellung eines Nachprüfungsantrages durch das Beschwerdegericht	406
19.13.5	Zustellung eines Nachprüfungsantrages an den Auftraggeber auch durch eine unzuständige Vergabekammer	406
19.13.6	Zustellung an Vertreter des Auftraggebers	406
19.13.7	„Sich-Verschließen" vor der Zustellung	407
19.13.8	Rechtsschutz gegen die Zustellung	407
19.14	Verpflichtung der Vergabekammer zur telefonischen Information über den Eingang eines Nachprüfungsantrages?	407
19.15	Entscheidung über einen unzulässigen oder unbegründeten Nachprüfungsantrag auch ohne dessen – wirksame – Zustellung an den Auftraggeber	408
19.16	Pflicht der Vergabekammer zur Anforderung der Vergabeakten	408
19.16.1	Allgemeines	408
19.16.2	Pflicht des Auftraggebers zur Vorlage der Original-Vergabeakten	408
19.16.3	Verzögerte Vorlage der Vergabeakten	408
19.16.4	Vorlage der Vergabeakten im Fall des Streites über die Anwendbarkeit des GWB	408
19.17	Pflicht der Vergabekammer zur Berücksichtigung eines Beweisantritts	408
19.18	Rückgabe der Vergabeakten	409
20.	§ 111 GWB – Akteneinsicht	409
20.1	Grundsatz	409
20.2	Einsichtnahme bzw. Aktenversendung	409
20.3	Allgemeine Voraussetzungen der Akteneinsicht	410
20.3.1	Zulässiges Vergabenachprüfungsverfahren	410
20.3.2	Begrenzung durch den Verfahrensgegenstand des Vergabenachprüfungsverfahrens	410
20.3.3	Beispiele aus der Rechtsprechung	410
20.4	Vergabeakten	411
20.4.1	Begriff	411
20.4.2	Antrag auf Vervollständigung der Vergabeakten	411
20.5	Versagung der Akteneinsicht aus wichtigem Grund (§ 111 Abs. 2)	411
20.5.1	Wahrung von Fabrikations-, Betriebs- oder Geschäftsgeheimnissen	411
20.5.2	Inhaber solcher Geheimnisse	411
20.5.3	Darlegungsumfang des Antragstellers	411
20.5.4	Prüfungsumfang der Vergabekammer	411
20.5.5	Keine Ermessensentscheidung	411
20.5.6	Umfang der Versagung der Akteneinsicht	412
20.5.7	Umfang der Akteneinsicht bei Dienstleistungsaufträgen	412
20.5.8	Umfang der Akteneinsicht bei Ausschreibungen nach der VOL/A	412
20.5.9	Beispiele aus der Rechtsprechung	412
20.6	Versagung der Akteneinsicht aus sonstigen Gründen	413
20.7	Kennzeichnungspflicht der Beteiligten (§ 111 Abs. 3)	413
20.8	Rechtsschutz gegen die Versagung der Akteneinsicht (§ 111 Abs. 4)	413
20.9	Literatur	413
21.	§ 112 GWB – Mündliche Verhandlung	414
21.1	Allgemeines	414
21.2	Grundsatz des rechtlichen Gehörs	414
21.2.1	Allgemeines	414
21.2.2	Auswirkungen	414

21.2.3	Folgen der Verletzung des Gebots des rechtlichen Gehörs	414
21.2.4	Beispiele aus der Rechtsprechung	415
21.2.5	Literatur	415
21.3	**Auswirkungen der mündlichen Verhandlung auf die Entscheidung**	415
21.4	**Entscheidung nach Lage der Akten**	415
21.4.1	Allgemeines	415
21.4.2	Entscheidung nach Lage der Akten bei Zustimmung der Beteiligten	415
21.4.3	Entscheidung nach Lage der Akten bei Unzulässigkeit	415
21.4.4	Entscheidung nach Lage der Akten bei offensichtlicher Unbegründetheit	416
21.4.5	Entscheidung nach Lage der Akten bei Auslegung einer bereits getroffenen Kostenentscheidung	416
21.4.6	Beispiele aus der Rechtsprechung	416
21.5	**Belehrungspflicht der Vergabekammer gegenüber einem Beigeladenen**	416
22.	**§ 113 GWB – Beschleunigung**	416
22.1	**Allgemeines**	417
22.2	**Verpflichtung zur Entscheidung innerhalb von fünf Wochen**	417
22.2.1	Keine Zustellung der Entscheidung innerhalb der Frist	417
22.2.2	Ordnungsgemäße Entscheidung der Vergabekammer	417
22.2.3	Schriftform der Entscheidung	417
22.3	**Verpflichtung zur Entscheidung innerhalb von fünf Wochen für Feststellungsanträge**	417
22.4	**Möglichkeit der Verlängerung der Frist (§ 113 Abs. 1 Satz 2)**	417
22.5	**Rechtsschutz gegen die Verlängerung der Frist**	418
22.6	**Mitwirkungspflicht der Beteiligten (§ 113 Abs. 2)**	418
22.6.1	Allgemeines	418
22.6.2	Beispiele aus der Rechtsprechung	418
22.6.3	Verhältnis zwischen der Mitwirkungspflicht und dem Untersuchungsgrundsatz	419
22.7	**Möglichkeit von Ausschlussfristen (§ 113 Abs. 2 Satz 2)**	420
22.8	**Literatur**	420
23.	**§ 114 GWB – Entscheidung der Vergabekammer**	421
23.1	**Grundsatz (§ 114 Abs. 1 Satz 1)**	421
23.2	**Arten der Entscheidung**	421
23.2.1	Aufhebung des Vergabeverfahrens	421
23.2.1.2	Beispiele aus der Rechtsprechung	422
23.2.2	Aufhebung einer Aufhebungsentscheidung des öffentlichen Auftraggebers	425
23.2.2.1	Grundsatz	425
23.2.2.2	Inhalt der Entscheidung der Aufhebung einer Aufhebung	425
23.2.3	Aussetzung	427
23.2.4	Aussetzung und Vorlage an den Europäischen Gerichtshof	428
23.2.5	Sachaufklärung und Entscheidung	428
23.2.6	Prüfung eines Teilnahmeantrages	428
23.2.7	Einräumung einer neuen Frist zur Stellung eines Teilnahmeantrages	428
23.2.8	Wahl einer anderen Vergabeart	428
23.2.9	Ausschluss eines Angebotes	429
23.2.10	Erneute Prüfung und Wertung	429
23.2.11	Zuschlag	430
23.2.11.1	Grundsätze	430
23.2.11.2	Beispiele aus der Rechtsprechung	430
23.2.12	Anwendung des Vergaberechts	430
23.2.13	Verpflichtung zur Neuausschreibung	430
23.2.14	Verweisung an die Zivilgerichte	430
23.2.15	Verweisung an die Verwaltungsgerichte	431
23.2.16	Abschluss eines Vergleiches	431
23.2.17	Anweisung, von den Vorgaben der Ausschreibung nicht abzuweichen	431
23.2.18	Untersagungsgebote und Feststellungsmaßnahmen	431
23.2.19	Entscheidung über die Eignung eines Bieters	432
23.2.20	Entscheidung bei Rücknahme	432
23.2.21	Einstellung des Vollstreckungsverfahrens	433
23.2.22	Entscheidung über den Vorabgestattungsantrag bei Erlass einer Hauptsacheentscheidung	433

Teil 1 Inhaltsverzeichnis

Gesetz gegen Wettbewerbsbeschränkungen

23.2.23	Weiterführung des Vergabeverfahrens nach VOF ab dem Zeitpunkt der Auswahl der Bewerber bzw. dem Eingang der Teilnahmeanträge	433
23.2.24	Verzicht auf Rückabwicklung nichtiger Verträge	433
23.2.25	Feststellung der Nichtigkeit eines Vertrages außerhalb eines Feststellungsverfahrens	434
23.2.26	Entscheidung über den Entzug der Präqualifikation	434
23.2.27	Verpflichtung zur Ermöglichung der Abgabe eines Angebotes	434
23.2.28	Kompetenz zur Verwerfung einer Tariftreueregelung?	434
23.2.29	Einsicht eines Bieters in Verträge eines Auftraggebers mit Dritten	435
23.2.30	Verpflichtung zur isolierten Erstellung einer Dokumentation	435
23.2.31	Verpflichtung zur Vertragskündigung nach Ablauf der Vertragslaufzeit	435
23.2.32	Verpflichtung zur Erstellung einer neuen Leistungsbeschreibung	435
23.2.33	Zurückversetzung des Verhandlungsverfahrens in den Stand vor einer letzten Verhandlungsrunde	435
23.2.34	Zurückversetzung des Teilnahmewettbewerbs auf den Zeitpunkt der Bekanntmachung	435
23.2.35	Erneute Vornahme des Verhandlungsverfahrens im Anschluss an einen Wettbewerb nach VOF	436
23.2.36	Verpflichtung zur Wiederholung der Prüfung der Angemessenheit der Preise	436
23.2.37	Verpflichtung zur erneuten und vergaberechtsfehlerfreien Festlegung der Eignungskriterien	436
23.3	**Keine Bindung an die Anträge (§ 114 Abs. 1 Satz 2)**	**436**
23.3.1	Grundsatz	436
23.3.2	Prüfung nur solcher Verstöße, die den Antragsteller in subjektiven Rechten verletzen	436
23.3.3	Prüfung nur solcher Verstöße, die nicht präkludiert sind	436
23.3.4	Prüfung von Verstößen bei einem unzulässigen Nachprüfungsantrag	437
23.3.5	Berücksichtigung anderer bestandskräftiger vergaberechtlicher Entscheidungen	437
23.3.6	Bindung an die Anträge im Beschwerdeverfahren?	437
23.4	**Keine Aufhebung eines Zuschlages (§ 114 Abs. 2 Satz 1)**	**437**
23.4.1	Grundsatz	437
23.4.2	Wirksamer Zuschlag	438
23.4.2.1	Begriff des Zuschlags	438
23.4.2.2	Inhalt des Zuschlags	439
23.4.2.3	Form des Zuschlags	439
23.4.2.4	Zugang der Zuschlagserklärung	439
23.4.2.5	Weitere Anforderungen an einen wirksamen Zuschlag	440
23.4.2.6	Unwirksamkeit eines Zuschlages nach § 138 BGB	440
23.4.2.7	Unwirksamkeit eines Zuschlages nach § 134 BGB	441
23.4.2.8	Sonderfall: Unwirksamkeit eines Zuschlages nach § 13 VgV	442
23.4.2.9	Unwirksamkeit wegen Nichteinhaltung von kommunalen Formvorschriften	442
23.4.3	Hinweis	442
23.4.4	Möglichkeit der Aufhebung der Aufhebung	442
23.5	**Feststellungsverfahren (§ 114 Abs. 2 Satz 2)**	**442**
23.5.1	Sinn und Zweck	442
23.5.2	Voraussetzungen	443
23.5.2.1	Feststellungsinteresse	443
23.5.2.3	Begründeter Nachprüfungsantrag	445
23.5.2.4	Keine Einleitung eines Feststellungsverfahrens allein mit dem Ziel von Schadenersatzansprüchen	445
23.5.2.5	Keine Einleitung eines Feststellungsverfahrens nach Vertragsschluss	445
23.5.2.6	Beginn des Nachprüfungsverfahrens	445
23.5.2.7	Erledigung des Nachprüfungsverfahrens	446
23.5.2.8	Unzulässigkeit eines Antrages auf Feststellung, dass die Durchführung des Verhandlungsverfahrens rechtmäßig war	448
23.5.2.9	Unzulässigkeit eines Antrages auf Feststellung einer eventuellen Vertragsnichtigkeit	448
23.5.2.10	Unzulässigkeit eines Antrages auf Feststellung einer bereits erfolgten Beauftragung	448
23.5.2.11	Zeitliche Befristung?	448
23.5.3	Inhalt des Feststellungsantrags	449
23.5.3.1	Vorliegen einer Rechtsverletzung	449
23.5.3.2	Beispiele aus der Rechtsprechung	449
23.5.4	Zwischenentscheidung über die Erledigung infolge Zuschlagserteilung bei einem Antrag auf Primärrechtsschutz	449
23.5.5	Sonstige Feststellungsanträge	449
23.5.6	Bindungswirkung	449
23.5.6.1	Grundsatz	449
23.5.6.2	Zulässigkeit zweier Entscheidungsträger	449

23.5.7	Literatur	449
23.5.8	Ablehnungsfiktion des § 116 Abs. 2 im Feststellungsverfahren (§ 114 Abs. 2 Satz 3)	450
23.5.9	Feststellung eines Verstoßes gegen den EG-Vertrag bei Feststellungsverfahren vor dem EuGH	450
23.5.10	Fortbestehen eines Verstoßes gegen das Ausschreibungsrecht bei Feststellungsverfahren vor dem EuGH	450
23.5.10.1	Rechtsprechung	450
23.5.10.2	Literatur	450
23.6	**Entscheidung der Vergabekammer durch Verwaltungsakt (§ 114 Abs. 3 Satz 1)**	450
23.6.1	Widerruf der Entscheidung der Vergabekammer	450
23.6.2	Verweisung eines Nachprüfungsantrages an die zuständige Vergabekammer	451
23.6.3	Auswirkungen der Rücknahme eines Nachprüfungsantrages nach einer Entscheidung der Vergabekammer	451
23.6.4	Rechtsschutz gegen die Entscheidung der Vergabekammer	451
23.6.5	Vollstreckung der Entscheidung der Vergabekammer (§ 114 Abs. 3 Satz 2)	451
23.6.5.1	Allgemeines	451
23.6.5.2	Vollstreckung nur auf Antrag	452
23.6.5.3	Verwirkung der Vollstreckung	452
23.6.6	Antrag auf Verlängerung der aufschiebenden Wirkung einer Beschwerde nach dem Vollstreckungsrecht	452
23.6.7	Unterschriftserfordernis (§ 114 Abs. 3 Satz 3)	453
23.6.7.1	Grundsatz	453
23.6.7.2	Unterschrift des/der Vorsitzenden	453
23.6.7.3	Unterschrift des ehrenamtlichen Beisitzers	453
23.6.8	Zustellung der Entscheidung der Vergabekammer (§ 114 Abs. 3 Satz 3)	453
23.6.8.1	Allgemeines	453
23.6.8.2	Zustellung per Fax?	453
23.6.9	Sonderfall: Wiedereinsetzung in den vorigen Stand	454
23.6.9.1	Frist des § 107 als Ausschlussfrist	454
23.6.9.2	Keine Frist für einen Nachprüfungsantrag	454
23.7	**Rechtskraft der Entscheidung**	454
23.7.1	Grundsatz	454
23.7.2	Vereinbarkeit der Rechtskraftwirkung mit europäischem bzw. deutschem Recht	454
23.7.3	Rechtskraftwirkung bei identischem Streitgegenstand	455
23.7.4	Rechtskraftwirkung bei Erledigung des Nachprüfungsverfahrens	455
23.7.5	Rechtskraftwirkung einer Kostenentscheidung	455
23.7.6	relative Rechtskraftwirkung	455
23.8	**Berichtigung des Rubrums der Entscheidung nach § 42 VwVfG**	456
23.9	**Literatur**	456
24.	**§ 115 GWB – Aussetzung des Vergabeverfahrens**	456
24.1	**Zuschlagsverbot (§ 115 Abs. 1)**	456
24.1.1	Grundsatz	456
24.1.2	Voraussetzung: Zustellung des Nachprüfungsantrags	457
24.1.3	Zuschlagsverbot durch den Vergabesenat bei einem durch die Vergabekammer nicht zugestellten Nachprüfungsantrag	458
24.1.4	Zuschlagsverbot durch den Vergabesenat ohne Entscheidung der Vergabekammer	458
24.1.5	Zuschlagsverbot bei einer teilweisen Ablehnung des Nachprüfungsantrags	458
24.1.6	Zuschlagsverbot bei einer Zurückverweisung durch den Vergabesenat	458
24.1.7	Zuschlagsverbot durch Wiedereinsetzung in den vorigen Stand	458
24.1.8	Sonstige Wirkung des Zuschlagsverbots	458
24.1.9	Literatur	459
24.2	**Beseitigung des Zuschlagsverbots**	459
24.2.1	Beseitigung des Zuschlagsverbots durch rückwirkende Genehmigung einer Willenserklärung	459
24.2.2	Beseitigung des Zuschlagsverbots durch Erfüllung der Vergabekammerentscheidung	459
24.3	**Vorzeitige Gestattung des Zuschlags (§ 115 Abs. 2)**	459
24.3.1	Allgemeines	460
24.3.2	Ermessensentscheidung	460
24.3.3	Voraussetzungen	460
24.3.3.1	Möglicherweise geschädigte Interessen und Interesse der Allgemeinheit	460
24.3.3.3	Rechtsschutzinteresse	464
24.3.3.4	Antrag des Auftraggebers	464

Teil 1 Inhaltsverzeichnis Gesetz gegen Wettbewerbsbeschränkungen

24.3.3.5	Antrag auf Gestattung des Zuschlags für einen Teil der Leistung	464
24.3.3.6	Auswirkung einer Mitteilung des Auftraggebers, den Zuschlag nicht vor Abschluss anhängiger Nachprüfungsverfahren zu erteilen	464
24.3.4	Kosten des Verfahrens auf Gestattung des Zuschlags	465
24.3.5	Rechtsschutz gegen Entscheidungen nach § 115 Abs. 2	465
24.3.6	Entscheidung über den Vorabgestattungsantrag bei Erlass einer Hauptsacheentscheidung	465
24.3.7	Literatur	465
24.4	**Weitere vorläufige Maßnahmen (§ 115 Abs. 3)**	465
24.4.1	Voraussetzungen	465
24.4.1.1	Gefährdung von Rechten eines Unternehmens aus § 97 Abs. 7	465
24.4.1.2	Rechtsschutzbedürfnis	465
24.4.2	Entscheidungsmaßstab des § 115 Abs. 2 Satz 1	466
24.4.3	Keine Anhörungspflicht	466
24.4.4	Beispiele aus der Rechtsprechung	466
24.5	**Feststellungsanträge über den Wortlaut der §§ 114, 115 hinaus**	468
24.5.1	Feststellungsantrag darauf, dass kein Zuschlagsverbot gilt	468
25.	**§ 116 GWB – Zulässigkeit, Zuständigkeit**	468
25.1	**Entscheidung der Vergabekammer (§ 116 Abs. 1 Satz 1)**	468
25.1.1	Endentscheidungen	468
25.1.1.1	„Materielle" Entscheidungen	468
25.1.1.2	Zurückweisung des Nachprüfungsantrags als offensichtlich unzulässig oder offensichtlich unbegründet	469
25.1.1.3	Kostenentscheidung der Vergabekammer	469
25.1.1.4	Nichtiger Kostenfestsetzungsbescheid	470
25.1.1.5	Gegenstandswertfestsetzungsbescheid	470
25.1.1.6	Entscheidung über die Nachfestsetzung von Kosten	470
25.1.1.7	Zwischenentscheidung über die Erledigung infolge Zuschlagsentscheidung	470
25.1.1.8	Entscheidung der Aussetzung des Verfahrens	470
25.1.2	Verfahrensleitende Zwischenentscheidungen	471
25.1.2.1	Keine Möglichkeit der Beschwerde nach den Regelungen des GWB	471
25.1.2.2	Anordnung der Zustellung des Nachprüfungsantrags	471
25.1.2.3	Verweisung an eine andere Vergabekammer	471
25.1.2.4	Weitere Beispiele aus der Rechtsprechung	472
25.1.3	Vollstreckungsentscheidungen	472
25.1.4	Sonderfälle	472
25.1.4.1	Statthaftigkeit einer sofortigen Beschwerde mit dem Ziel der Ergänzung eines lückenhaften Beschlusses der Vergabekammer	472
25.1.4.2	Statthaftigkeit einer unselbständigen Anschlussbeschwerde	472
25.1.4.3	Statthaftigkeit einer „Untätigkeitsbeschwerde"	473
25.1.4.4	Statthaftigkeit einer sofortigen Beschwerde wegen einer falschen Rechtsbehelfsbelehrung?	474
25.2	**Am Verfahren vor der Vergabekammer Beteiligte (§ 116 Abs. 1 Satz 2)**	474
25.3	**Beschwerdebefugnis**	474
25.3.1	Allgemeines	474
25.3.2	Beschwerdebefugnis des Beigeladenen	474
25.3.3	Beschwerdebefugnis des Auftraggebers eines Verfahrensbevollmächtigten	474
25.3.4	Sonstige Zulässigkeitsvoraussetzungen	474
25.4	**Ablehnungsfiktion (§ 116 Abs. 2)**	475
25.4.1	Allgemeines	475
25.4.2	Bestehen einer nach den gesetzlichen Vorschriften eingerichteten Vergabekammer	475
25.4.3	Unzulässigkeit in Kostensachen	475
25.4.4	Zeitpunkt der Entscheidung	475
25.4.5	Ablehnungsfiktion im Feststellungsverfahren	476
25.4.6	Fortsetzung des Vergabekammerverfahrens bei einer „Nichtentscheidung" der Vergabekammer?	476
25.4.7	Rechtsschutz gegen eine trotz der Ablehnungsfiktion ergangene Entscheidung der Vergabekammer	477
25.4.8	Zulässigkeit der sofortigen Beschwerde bei Nichtentscheidung der Vergabekammer infolge Aufhebung der Ausschreibung	477
25.4.9	Neues Nachprüfungsverfahren nach Eintritt der Ablehnungsfiktion	477
25.4.10	Rücknahme der sofortigen Beschwerde	478
25.4.10.1	Anzuwendende Regelungen	478
25.4.10.2	Wirksamkeit nach Stellung der Anträge in der mündlichen Verhandlung	478

25.5	**Sonderfall: Wiedereinsetzung in den vorigen Stand**	478
25.5.1	Grundsatz	478
25.5.2	Unanfechtbarkeit der Entscheidung über die Wiedereinsetzung	478
25.5.3	Frist für den Antrag auf Verlängerung der aufschiebenden Wirkung einer sofortigen Beschwerde	479
25.5.4	Beispiele aus der Rechtsprechung	479
25.6	**Zuständiges Oberlandesgericht (§ 116 Abs. 3)**	480
25.6.1	Übersicht der Vergabesenate	480
25.7	**Literatur**	481
26.	**§ 117 GWB – Frist, Form**	**481**
26.1	**Beschwerdefrist (§ 117 Abs. 1)**	481
26.1.1	Notfrist	481
26.1.2	Fehlende Zustellung des Beschlusses der Vergabekammer	481
26.1.3	Beschwerdefrist im Fall der Untätigkeitsklage	482
26.1.4	Berechnung der Frist	482
26.1.5	Schriftlichkeit	482
26.2	**Begründung (§ 117 Abs. 2)**	482
26.2.1	Allgemeines	482
26.2.2	Erklärung über die Reichweite der Anfechtung und Beantragung einer abweichenden Entscheidung (§ 117 Abs. 2 Satz 2 Nr. 1)	483
26.2.3	Angabe der Tatsachen und Beweismittel, auf die sich die Beschwerde stützt (§ 117 Abs. 2 Satz 2 Nr. 2)	483
26.2.4	Abschrift des angefochtenen Vergabekammerbeschlusses	484
26.2.5	Vorlage aller Schriftstücke des Vergabekammerverfahrens?	484
26.2.6	Rechtsfolge einer Verletzung des § 117 Abs. 2 Satz 2 Nr. 2	484
26.2.7	Folge einer Nachreichung der Beschwerdebegründung	484
26.3	**Unterrichtungspflicht (§ 117 Abs. 4)**	484
26.3.1	Allgemeines	484
26.3.2	Rechtsfolgen einer unterlassenen Unterrichtung	484
26.3.2.1	Unzulässigkeit der Beschwerde?	484
26.3.2.2	Verpflichtung der Vergabestelle zur Information über eventuell eingelegte Rechtsmittel?	485
26.4	**Unterzeichnung der Beschwerdeschrift (§ 117 Abs. 3)**	485
27.	**§ 118 GWB – Wirkung**	**486**
27.1	**Antrag auf Verlängerung der aufschiebenden Wirkung (§ 118 Abs. 1 Satz 3)**	486
27.1.1	Sinn und Zweck	486
27.1.2	Statthaftigkeit	487
27.1.2.1	Antrag mit dem Ziel der Auftragsausführung	487
27.1.2.2	Antrag gegen einen Kostenfestsetzungsbeschluss	487
27.1.2.3	Antrag mit dem Ziel der Geltendmachung der Unwirksamkeit des Zuschlags	487
27.1.2.4	Wirksame Auftragserteilung	487
27.1.2.5	Wirksame Aufhebung	487
27.1.3	Zulässigkeitsvoraussetzungen	487
27.1.3.1	Zuschlagsverbot	487
27.1.3.2	Sonderfall: Zuschlagsverbot durch den Vergabesenat bei einem durch die Vergabekammer nicht zugestellten Nachprüfungsantrag	488
27.1.3.3	Frist für die Einlegung der Beschwerde	488
27.1.4	Formale Antragsberechtigung	488
27.1.4.1	Antrag eines Auftraggebers	488
27.1.4.2	Antrag eines beigeladenen Bieters	489
27.1.5	Wegfall des Rechtsschutzinteresses	489
27.1.6	Entscheidung ohne mündliche Verhandlung	489
27.1.7	Feststellung der Wirkungslosigkeit einer nach § 118 Abs. 1 Satz 3 getroffenen Entscheidung	489
27.1.8	Rücknahme des Antrags	489
27.1.9	Analoge Anwendung von § 118 Abs. 1 Satz 3 für den Fall der Verpflichtung des Auftraggebers zur Aufhebung	490
27.2	**Dauer der aufschiebenden Wirkung der Beschwerde (§ 118 Abs. 1 Satz 2)**	490
27.3	**Entscheidungskriterien (§ 118 Abs. 2)**	490
27.3.1	Erfolgsaussichten der Beschwerde (§ 118 Abs. 2 Satz 1)	490
27.3.2	Abwägungsentscheidung (§ 118 Abs. 2 Satz 2)	491
27.3.3	Beispiele aus der Rechtsprechung	491

Teil 1 Inhaltsverzeichnis Gesetz gegen Wettbewerbsbeschränkungen

27.4	Wirkung der sofortigen Beschwerde bei Untersagung des sofortigen Zuschlags durch die Vergabekammer (§ 118 Abs. 3)	492
27.4.1	Schutz des Zuschlagsverbots	492
27.4.2	Schutz vergleichbarer Rechtspositionen des Bieters	492
27.4.3	Schutz des Zuschlagsverbots bei nur teilweiser Untersagung des Zuschlags	492
27.4.4	Zulässigkeit einer unselbständigen Anschlussbeschwerde bei fehlender Freigabe des Zuschlags	493
27.5	Anordnung weiterer vorläufiger Maßnahmen im Sinn von § 115 Abs. 3 Satz 1 GWB im Beschwerdeverfahren	493
27.6	Kosten des Verfahrens nach § 118 Abs. 1 Satz 3	493
27.6.1	Grundsatz	493
27.6.2	Kostenentscheidung im Falle eines ablehnenden Beschlusses	493
27.7	Sonderfall: Untersagung der Gestattung des Zuschlags nach § 940 ZPO?	494
27.8	Auswirkungen eines abschließenden Beschlusses in der Hauptsache	494
27.9	Literatur	494
28.	§ 119 GWB – Beteiligte am Beschwerdeverfahren	494
28.1	Allgemeines	494
28.2	Beiladung im Beschwerdeverfahren	494
28.3	Beiladung bei Verbindung von Beschwerdeverfahren	495
29.	§ 120 GWB – Verfahrensvorschriften	495
29.1	Anwaltszwang	495
29.1.1	Grundsatz	495
29.1.2	Ausnahme	495
29.2	Verweisung auf die Vorschriften der Zivilprozessordnung (§ 120 Abs. 2)	496
29.2.1	Notwendigkeit einer mündlichen Verhandlung	496
29.2.1.1	Zwischenentscheidung über die Erledigung infolge Zuschlagsentscheidung	496
29.2.1.2	Entscheidung über die Statthaftigkeit der Beschwerde	496
29.2.1.3	Verwerfung der sofortigen Beschwerde als unzulässig	496
29.2.1.4	Sofortige Beschwerde gegen die Kostenentscheidung	496
29.2.1.5	Antrag auf Akteneinsicht	496
29.2.1.6	Anordnung der Fortdauer der aufschiebenden Wirkung der sofortigen Beschwerde	496
29.2.1.7	Verwerfung eines Antrags auf Wiedereinsetzung	497
29.2.1.8	Verzicht auf eine mündliche Verhandlung	497
29.2.2	Verhandlung und Entscheidung trotz nicht ordnungsgemäßer Vertretung des Antragstellers	497
29.2.3	Reichweite des Untersuchungsgrundsatzes	497
29.2.4	Rechtsmittelbelehrung	497
29.2.5	Verbindung von Nachprüfungsverfahren	497
29.2.6	Wiederaufnahme der mündlichen Verhandlung	498
29.3	Unselbständige Anschlussbeschwerde	498
29.4	Wiedereinsetzung in den vorigen Stand	498
29.5	Grundsatz des rechtlichen Gehörs	498
30.	§ 121 GWB – Vorabentscheidung über den Zuschlag	498
30.1	Sinn und Zweck	498
30.2	Rechtmäßigkeit der Vorschrift	499
30.3	Frühester Zeitpunkt der Antragstellung	499
30.4	Ablehnung des Nachprüfungsantrages als Zulässigkeitsvoraussetzung	500
30.4.1	Grundsatz	500
30.4.2	Ausnahme	500
30.5	Antrag	500
30.5.1	Antragsbefugnis	500
30.5.2	Stellung des Antrages als Hilfsantrag	500
30.5.3	Wegfall des Rechtsschutzinteresses für den Antrag	500
30.6	Rechtsschutzbedürfnis auch nach Verlängerung der aufschiebenden Wirkung?	501
30.7	Berücksichtigung der Erfolgsaussichten der sofortigen Beschwerde (§ 121 Abs. 1 Satz 1)	501

30.8	**Abwägungsentscheidung (§ 121 Abs. 1 Satz 2)**	501
30.8.1	Allgemeines	501
30.8.2	Beispiele aus der Rechtsprechung	502
30.9	**Inhalt der Entscheidung (§ 121 Abs. 3 Satz 1)**	502
30.10	**Mündliche Verhandlung (§ 121 Abs. 3 Satz 2)**	502
30.11	**Kosten der Entscheidung nach § 121 Abs. 1**	502
30.12	**Rechtsmittel gegen eine Entscheidung nach § 121**	502
30.13	**Einseitige Erledigung des Antrags**	503
30.14	**Literatur**	503
31.	**§ 122 GWB – Ende des Vergabeverfahrens nach Entscheidung des Beschwerdegerichts**	503
31.1	**Allgemeines**	503
31.2	**Beendigungsfiktion**	503
32.	**§ 123 GWB – Beschwerdeentscheidung**	503
32.1	**Keine Bindung an die Anträge**	503
32.2	**Aufhebung bei Begründetheit der Beschwerde (§ 123 Satz 1)**	504
32.3	**Entscheidung des Beschwerdegerichts (§ 123 Satz 2)**	504
32.3.1	Entscheidung in der Sache selbst	505
32.3.1.1	Gestaltungsmöglichkeiten für den Vergabesenat bei eigener Entscheidung	505
32.3.1.2	Entscheidung in der Sache selbst bei Entscheidungsreife	505
32.3.1.3	Entscheidung in der Sache selbst trotz fehlender Entscheidung der Vergabekammer	505
32.3.1.4	Entscheidung in der Sache selbst trotz Zurückverweisungsantrag	505
32.3.1.5	Entscheidung in der Sache selbst durch Verurteilung zur Zuschlagserteilung	505
32.3.1.6	Entscheidung in der Sache selbst über die Eignung	506
32.3.1.7	Entscheidung in der Sache selbst und Verpflichtung des Auftraggebers zur Anwendung des Vergaberechts	506
32.3.1.8	Entscheidung in der Sache selbst bei etwaiger fehlerhafter Besetzung der Vergabekammer	506
32.3.1.9	Entscheidung in der Sache selbst durch Vergleich	506
32.3.1.10	Entscheidung in der Sache selbst durch Aufhebung der Ausschreibung	506
32.3.2	Zurückverweisung	506
32.3.2.1	Zurückversetzung des Vergabeverfahrens in das Stadium vor Angebotsabgabe	506
32.3.3	Vorabentscheidung über den zulässigen Rechtsweg	507
32.4	**Feststellung der Rechtswidrigkeit (§ 123 Satz 3)**	507
32.4.1	Zulässigkeitsvoraussetzungen	507
32.4.1.1	Stellen des Feststellungsantrags erstmals im Beschwerdeverfahren	507
32.4.1.2	Rechtsschutzinteresse	507
32.4.1.3	Erledigung des Nachprüfungsverfahrens	507
32.4.1.4	Feststellungsantrag	508
32.5	**Entscheidung bei Rücknahme des Nachprüfungsantrags**	508
32.6	**Aussetzung und Vorlage an den Europäischen Gerichtshof**	509
32.6.1	Grundsatz	509
32.6.2	Aussetzung und Vorlage bei bereits erfolgter Vorlage	509
32.6.3	Aussetzung und Vorlage bei aussichtsloser Beschwerde	509
32.6.4	Aussetzung und Vorlage bei Kostenfragen	509
32.7	**Entscheidung auch bei einem unwirksamen Vergabekammerbeschluss**	509
32.8	**Auswirkungen eines abschließenden Beschlusses in der Hauptsache auf eine Entscheidung nach § 118**	509
32.9	**Literatur**	510
33.	**§ 124 GWB – Bindungswirkung und Vorlagepflicht**	510
33.1	**Bindungswirkung (§ 124 Abs. 1)**	510
33.1.1	Allgemeines	510
33.1.2	Gegenstand der Bindungswirkung	510
33.1.3	Zulässigkeit zweier Entscheidungsträger	511
33.1.4	Bindungswirkung der Entscheidung von Vergabeprüfstellen bzw. eines Vergabeüberwachungsausschusses bzw. der Aufsichtsbehörde des öffentlichen Auftraggebers	511
33.1.5	Mittelbare Bindungswirkung	511
33.1.6	Bindungswirkung rechtskräftiger Entscheidungen von Verwaltungsgerichten	511

Teil 1 Inhaltsverzeichnis   Gesetz gegen Wettbewerbsbeschränkungen

33.2	**Vorlagepflicht (§ 124 Abs. 2)**	511
33.2.1	Allgemeines	511
33.2.2	Abweichende ergebnisrelevante Entscheidung	512
33.2.3	Abweichende Entscheidung in einem Vergabeverfahren	512
33.2.4	Abweichende Entscheidung in kostenrechtlichen Fragen	513
33.2.4.1	Streitwertfestsetzung	513
33.2.4.2	Kostentragungspflicht nach Rücknahme eines Nachprüfungsantrags	513
33.2.5	Vorlagepflicht im Eilverfahren nach § 118 Abs. 1 Satz 3	514
33.2.6	Vorlage einer konkret formulierten Rechtsfrage	514
33.2.7	Vorlage erst nach Gewährung rechtlichen Gehörs	514
33.3	**Entscheidung des Bundesgerichtshofs**	514
33.3.1	Allgemeines	514
33.3.2	Verfahren	514
33.3.3	Entscheidung über die Kosten des Nachprüfungsverfahrens	515
33.4	**Vorlagebeschlüsse an den BGH**	515
33.5	**Vorlage an den Europäischen Gerichtshof**	516
33.5.1	Allgemeines	516
33.5.2	Beispiele aus der Rechtsprechung	516
34.	**§ 125 GWB – Schadensersatz bei Rechtsmissbrauch**	516
34.1	**Allgemeines**	516
34.2	**Missbrauch**	517
34.3	**Versagung des Primärrechtsschutzes als Missbrauchsfolge**	517
34.4	**Literatur**	517
35.	**§ 126 GWB – Anspruch auf Ersatz des Vertrauensschadens**	517
35.1	**Allgemeines**	517
35.2	**§ 126 als Anspruchsgrundlage**	518
35.3	**Verstoß gegen eine bieterschützende Vorschrift**	518
35.4	**Echte Chance auf Erhalt des Zuschlags**	518
35.4.1	Begriff	518
35.4.2	Kausalität	518
35.4.3	Beispiele aus der Rechtsprechung	518
35.5	**Weitergehende Ansprüche auf Schadenersatz**	518
35.5.1	Anspruchsbegründende Umstände	519
35.5.1.1	Grundsatz	519
35.5.1.2	Enttäuschtes Vertrauen	519
35.5.1.3	Fehlerhafter Planungswettbewerb	520
35.5.1.4	Fehlerhafte Leistungsbeschreibung	520
35.5.1.5	Pflicht zur vergaberechtlichen Nachprüfung als Anspruchsvoraussetzung?	520
35.5.2	Höhe des Schadenersatzanspruches	520
35.5.2.1	Negatives Interesse	521
35.5.2.2	Positives Interesse	521
35.5.2.3	Sowohl positives als auch negatives Interesse?	521
35.5.3	Mitverschulden	522
35.5.4	Sonderfall: Schadenersatz des Auftraggebers bei Manipulationen	522
35.6	**Sonderfall: Vertragsverletzungsverfahren und daraus resultierende mögliche Zahlungsverpflichtungen**	522
35.7	**Weitere Beispiele aus der Rechtsprechung**	523
35.8	**Literatur**	523
35.9	**Schadenersatzansprüche wegen Verletzung der Pflicht zur öffentlichen Ausschreibung**	523
36.	**§ 127 GWB – Ermächtigungen**	524
36.1	**Allgemeines**	524
36.2	**Reichweite der Verordnungsermächtigung des § 127 Nr. 1**	524
37.	**§ 128 GWB – Kosten des Verfahrens vor der Vergabekammer**	525
37.1	**Anwendung des Verwaltungskostengesetzes (§ 128 Abs. 1 Satz 2)**	525
37.2	**Höhe der Gebühren (§ 128 Abs. 2)**	525
37.2.1	Ausgangspunkt (§ 128 Abs. 2 Satz 1)	525

Gesetz gegen Wettbewerbsbeschränkungen **Inhaltsverzeichnis Teil 1**

37.2.2	Betrag der Gebühr (§ 128 Abs. 2 Satz 2)	526
37.2.2.1	Grundsatz	526
37.2.2.2	Anwendung von Gebührenstaffeln	526
37.2.2.3	Ermäßigung der Gebühr im Fall der Verbindung von Nachprüfungsverfahren	528
37.2.2.4	Ermäßigung der Gebühr im Fall der Unzulässigkeit eines Nachprüfungsantrags	528
37.2.2.5	Ermäßigung der Gebühr im Fall mehrerer Nachprüfungsanträge	528
37.2.2.6	Ermäßigung der Gebühr bei unterdurchschnittlichem Aufwand der Vergabekammer	529
37.2.2.7	Erhöhung der Gebühr	529
37.2.2.8	Auswirkung des Zeitpunkts der Stellung des Nachprüfungsantrags auf die Höhe der Gebühr	529
37.2.2.9	Beispiele aus der Rechtsprechung	529
37.2.3	Gebühren für das Gestattungsverfahren vor der Vergabekammer	530
37.2.4	Überprüfbarkeit der Entscheidung der Vergabekammer über die Gebührenhöhe	530
37.2.5	Gebührenhöhe bei einem unzulässigen Antrag	530
37.3	**Kostentragungspflicht des unterliegenden Beteiligten im Verfahren (§ 128 Abs. 3 Satz 1)**	531
37.3.1	Kostengrundentscheidung	531
37.3.1.1	Grundsatz	531
37.3.1.2	Regelung der Kostengrundentscheidung durch Vergleich	531
37.3.1.3	Auswirkungen eines Vergleiches außerhalb des Nachprüfungsverfahrens	531
37.3.1.4	Fehlende Kostengrundentscheidung	532
37.3.2	Unterliegender Beteiligter	532
37.3.2.1	Grundsatz	532
37.3.2.2	Berücksichtigung von Billigkeitsgesichtspunkten?	533
37.3.2.3	Unterliegender Beteiligter (bei Erledigung)	535
37.3.2.4	Unterliegender Beteiligter (bei Erledigung eines Vollstreckungsverfahrens)	536
37.3.2.5	Unterliegender Beteiligter (bei Rücknahme)	536
37.3.2.6	Unterliegender Beteiligter (bei Verwerfung des Nachprüfungsantrags wegen Nichteröffnung des Vergaberegimes)	538
37.3.2.7	Unterliegender Beteiligter (Beigeladener)	538
37.3.2.8	Unterliegender Beteiligter (bei Erteilung des Auftrags an den Antragsteller)	538
37.3.2.9	Unterliegender Beteiligter (bei Eintritt der Ablehnungsfiktion des § 116 Abs. 2 GWB)	539
37.3.2.10	Beispiele aus der Rechtsprechung	539
37.3.3	Gebührenbefreiung nach dem Verwaltungskostengesetz?	539
37.4	**Gesamtschuldnerische Haftung mehrerer Kostenschuldner (§ 128 Abs. 3 Satz 2)**	540
37.4.1	Grundsatz	540
37.4.2	Berücksichtigung der Gebührenfreiheit des Auftraggebers bei gesamtschuldnerischer Haftung	540
37.4.3	Gebührenbefreiung gilt nicht für die in einem Vergleich übernommene hälftige Kostentragung	540
37.5	**Höhe der Gebühren bei Erledigung (§ 128 Abs. 3 Satz 3)**	541
37.6	**Absehen von der Erhebung von Gebühren (§ 128 Abs. 3 Satz 4)**	541
37.6.1	Grundsatz	541
37.6.2	Beispiele aus der Rechtsprechung	542
37.7	**Erstattung der notwendigen Aufwendungen (§ 128 Abs. 4)**	542
37.7.1	Erstattungspflicht bei erfolgreicher Anrufung der Vergabeprüfstelle (§ 128 Abs. 4 Satz 1)	542
37.7.2	Auslagen für die Hinzuziehung eines Rechtsanwaltes	543
37.7.2.1	Allgemeines	543
37.7.2.2	Orientierungsrichtlinien	543
37.7.2.3	Hinzuziehung eines Rechtsanwaltes durch den öffentlichen Auftraggeber	543
37.7.2.4	Hinzuziehung eines Projektsteuerungsbüros oder eines Vergabebetreuers durch den öffentlichen Auftraggeber	550
37.7.2.5	Hinzuziehung eines sachverständigen Ingenieurs durch die Vergabestelle	550
37.7.2.6	Hinzuziehung eines Rechtsanwaltes durch einen Bieter	551
37.7.2.7	Hinzuziehung eines Rechtsanwaltes durch einen Beigeladenen	553
37.7.2.8	Hinzuziehung eines Rechtsbeistandes	553
37.7.2.9	Vorsorgliche Prüfungs- bzw. Beratungskosten	554
37.7.2.10	Auslagen für die nur beratende Hinzuziehung eines Rechtsanwaltes	554
37.7.3	Notwendige Auslagen	554
37.7.3.1	Reisekosten des Rechtsanwalts für die Terminwahrnehmung	554
37.7.3.2	Hinzuziehung eines auswärtigen Rechtsanwaltes	554
37.7.3.3	Auslagen der Vergabestelle	555
37.7.3.4	Notwendige Auslagen eines Beigeladenen	556
37.7.3.5	Verdienstausfall und Fahrtkosten eines Parteivertreters neben einem Rechtsanwalt	560

Teil 1 Inhaltsverzeichnis Gesetz gegen Wettbewerbsbeschränkungen

37.7.3.6	Begriff des Antragsgegners	560
37.7.3.7	Erstattungsfähigkeit bei später Antragstellung und Ersichtlichkeit der Erfolgsaussicht?	560
37.7.4	Erstattung außergerichtlicher Kosten für den Fall der Rücknahme oder anderweitigen Erledigung des Nachprüfungsantrags	560
37.7.5	Antrag auf Kostenfestsetzung	562
37.7.5.1	Verfahren	562
37.7.5.2	Anfechtung des Kostenfestsetzungsbeschlusses	562
37.7.5.3	Vollstreckbare Ausfertigung eines Kostenfestsetzungsbeschlusses?	563
37.7.6	Gegenstandswert	563
37.7.6.1	Festsetzung	563
37.7.6.2	Höhe	564
37.7.6.3	Streitwertbemessung	564
37.7.6.4	Beispiele aus der Rechtsprechung	568
37.7.7	Verzinsung des Kostenerstattungsbetrages	568
37.7.7.1	Rechtsprechung	568
37.7.7.2	Literatur	570
37.7.8	Gebühren des Rechtsanwaltes	570
37.7.8.1	RVG	570
37.7.8.2	BRAGO (altes Recht)	578
37.7.9	Haftung nach Kopfteilen	581
37.7.10	Verjährung	581
37.8	**Kosten des Beschwerdeverfahrens**	**582**
37.8.1	Grundsatz	582
37.8.2	Zuständigkeit für die Kostenfestsetzung im Beschwerdeverfahren	582
37.8.3	Kostenverteilung nach dem Verhältnis des Obsiegens bzw. Unterliegens der Verfahrensbeteiligten	583
37.8.4	Geschäftswert für das Beschwerdeverfahren	583
37.8.5	Kosten bei Zurücknahme der sofortigen Beschwerde	584
37.8.6	Kosten bei Zurücknahme der sofortigen Beschwerde und Rücknahme des Nachprüfungsantrags	584
37.8.7	Erstattung der außergerichtlichen Auslagen eines Beigeladenen	584
37.8.7.1	Erstattung der außergerichtlichen Auslagen eines Beigeladenen bei aktiver Beteiligung	584
37.8.7.2	Erstattung der außergerichtlichen Auslagen eines Beigeladenen, der selbst kein Rechtsmittel eingelegt hat	584
37.8.8	Kostentragungspflicht eines Beigeladenen	585
37.8.9	Haftung nach Kopfteilen	585
37.8.10	Kosten des Kostenfestsetzungsverfahrens	585
37.8.11	Erinnerung gegen die Kostenfestsetzung	585
37.8.12	Kosten des Verfahrens nach § 118 Abs. 1 Satz 3	586
37.8.12.1	Grundsatz	586
37.8.12.2	Unterschiedlichkeit der Verfahren nach § 118 und Beschwerdeverfahren	586
37.8.12.3	Keine eigene Erörterungsgebühr für den Antrag nach § 118 Abs. 1 Satz 3	586
37.8.12.4	Anrechnung der Gebühr für den Antrag nach § 118 Abs. 1 Satz 3 auf die Verfahrensgebühr für das Beschwerdeverfahren	587
37.8.12.5	Berichtigende Auslegung der Gebührensätze im VV RVG Nr. 3300 und 3301	587
37.8.12.6	Kostenentscheidung im Falle eines ablehnenden Beschlusses	588
37.8.13	Kosten des Verfahrens nach § 121 Abs. 1	588
37.8.14	Kosten des Verfahrens nach § 115 Abs. 2 Satz 2	588
37.8.15	Erstattungsfähigkeit der Kosten so genannter Schutzschriften	588
37.9	**Kosten des Vollstreckungsverfahrens**	**588**
37.9.1	Grundsatz	588
37.9.2	Kostentragungspflicht	589
37.9.3	Gegenstandswert des Vollstreckungsverfahrens	589
37.10	**Zulässigkeit einer Vereinbarung über die Stellung von Kostenanträgen**	**589**
37.11	**Literatur**	**589**
38.	**§ 129 GWB – Kosten der Vergabeprüfstelle**	**590**
39.	**Einführung**	**590**
39.1	**Ermächtigungsgrundlage**	**590**
39.2	**Aktuelle Fassung und Änderungen**	**590**
39.3	**Literatur**	**591**

1. Vorbemerkung

Als **Vergaberecht wird die Gesamtheit der Normen bezeichnet, die ein Träger öffentlicher Verwaltung bei der Beschaffung von sachlichen Mitteln und Leistungen, die er zur Erfüllung von Verwaltungsaufgaben benötigt, zu beachten** hat (BVerfG, Urteil v. 13. 6. 2006 – Az.: 1 BvR 1160/03). 1

Das Vergaberecht ist **ein noch junges Rechtsgebiet.** Aufgrund europarechtlicher Vorgaben wurden spezielle vergabegesetzliche Regelungen in der Bundesrepublik Deutschland erstmals mit dem Vierten Teil (§§ 97 ff.) des Gesetzes gegen Wettbewerbsbeschränkungen **(GWB)** in der Fassung der Bekanntmachung vom 15. 7. 2005, zuletzt geändert durch Gesetz vom 31. 10. 2006, sowie der Vergabeverordnung **(VgV)** in der Fassung der Bekanntmachung vom 9. 1. 2001, zuletzt geändert durch Gesetz vom 23. 10. 2006, geschaffen. **Wesentliche Neuerung dieses Vergaberechts war die Verpflichtung der öffentlichen Auftraggeber, die Bestimmungen über das Vergabeverfahren einzuhalten** und – damit korrespondierend – die **Möglichkeit für Bieter, im Wege des Primärrechtsschutzes in ein laufendes Vergabeverfahren einzugreifen.** 2

In den folgenden Jahren wurde das Vergaberecht neben einer dogmatischen Weiterentwicklung im Wesentlichen durch die Rechtsprechung des Europäischen Gerichtshofes, des Bundesgerichtshofs sowie – besonders – der Vergabesenate bei den jeweiligen Oberlandesgerichten und die Entscheidungen der Vergabekammern geprägt. 3

Ziel dieses Kommentars ist es daher einmal, in knapper und prägnanter, aber umfassender Darstellung die wesentlichen Entscheidungen zum Vergaberecht und ihre Auswirkung auf die Praxis der öffentlichen Auftragsvergabe deutlich zu machen. 4

Weiteres Ziel ist es, Zusammenhänge und Abgrenzungen zwischen VOB/A, VOL/A und VOF deutlich zu machen. Im Wesentlichen erfolgt dies durch eine zusammenfassende Kommentierung – im Rahmen des GWB – zusammengehörender Aspekte etwa bei der Eignungsprüfung. 5

In der 2. Auflage wurde die wesentliche vergaberechtliche Begleitliteratur ab dem Jahr 2003 eingearbeitet. 6

In Kürze wird der Kommentar neben dieser Langfassung, die eher juristisch geprägt ist, auch in einer Kurzfassung, die eher für den nichtjuristischen Vergabepraktiker zusammengefasst ist, zur Verfügung stehen. 7

Der Kommentar zum Vergaberecht wird weiterhin ständig ergänzt und überarbeitet, um eine möglichst hohe Aktualität zu bieten. 8

2. Wirtschaftliche Bedeutung des Vergaberechts

2.1 Europäische Gemeinschaften

Nach Schätzungen der Kommission der Europäischen Union (Generaldirektion Binnenmarkt) liegt das Geschäftsvolumen der öffentlichen Aufträge in den Europäischen Gemeinschaften bei einem **Wert von jährlich 1500 Milliarden €; das sind 16% des gesamten Bruttoinlandsprodukts der EU.** Damit hat sich der Umsatz im Vergleich zur Veröffentlichung der Kommission vom 11. 3. 1998 (Das Öffentliche Auftragswesen in der Europäischen Union – KOM (98) 143), die von ca. 720 Milliarden € ausging, mehr als verdoppelt. Der Umfang der grenzüberschreitenden Vergaben hat sich von 6% im 1987 auf 10% in 1998 gesteigert. 9

Die Kommission geht – an Hand statistischer Untersuchungen – auch davon aus, dass die derzeit geltenden EU-Vergaberichtlinien den grenzüberschreitenden Wettbewerb auf den Beschaffungsmärkten verstärkt und die **Preise, die öffentliche Auftraggeber für Waren und Dienstleistungen zu zahlen haben, um etwa 30% gesenkt haben.** 10

Von 1995 bis 2002 hat sich die Zahl der veröffentlichten Ausschreibungen fast verdoppelt, von weniger als 55 000 auf über 106 000. Die Zahl der veröffentlichten Bekanntmachungen über vergebene Aufträge stieg von etwa 28 500 pro Jahr auf etwa 58 500. 11

Zwar bleibt das **Ausmaß der direkten grenzüberschreitenden Beschaffung** mit nur knapp 3% aller Angebote **bescheiden,** die indirekte grenzüberschreitende Beschaffung – z. B. 12

Teil 1 GWB

Gesetz gegen Wettbewerbsbeschränkungen

Aufträge an ausländische Firmen über deren Niederlassungen vor Ort – ist mit 30% aller Angebote – bezogen jeweils auf eine Stichprobe – aber deutlich höher.

2.2 Bundesrepublik Deutschland

13 Belastbare statistische Zahlen für die Bundesrepublik Deutschland, die den Gesamtbereich der öffentlichen Aufträge widerspiegeln, liegen nicht vor.

14 Nach Schätzungen des Bundesministeriums für Wirtschaft und Technologie beträgt der Anteil der Vergabestellen des Bundes am gesamten Vergabevolumen 19%, der Anteil der Kommunen 50%, der Anteil der Länder 26% und der Anteil der Sozialversicherungsträger 5%. Der Anteil der so genannten Sektorenauftraggeber ist hierbei nicht berücksichtigt.

2.2.1 Statistische Daten für den Baubereich für das Jahr 2000

15 Zwischenzeitlich hat das Bundesministerium für Verkehr, Bau- und Wohnungswesen Statistische Daten für den Baubereich für das Jahr 2000 veröffentlicht.

2.2.1.1 Tabelle 1: Volumen der Bauaufträge

16

Volumen der Bauaufträge insgesamt	533,00 Mrd DM	100%
Volumen der öffentlichen Bauaufträge	84,4 Mrd DM	ca. 15,8%
Volumen der Bauaufträge im Zuständigkeitsbereich des BMVBW	12,5 Mrd DM	ca. 2,3%
Volumen Bundeshochbau	4,9 Mrd DM	ca. 0,9%

2.2.1.2 Tabelle 2: Aufschlüsselung nach Wertigkeit

17

	Volumen	Anzahl	%
Zahl der Aufträge im Bundeshochbau insgesamt	4,9 Mrd DM	118 000	100%
Zahl der Aufträge im Bundeshochbau unter den Schwellenwerten	3,88 Mrd DM	?	79%
Zahl der Aufträge im Bundeshochbau unter 20 000 DM	?	90 000	76%

2.2.2 Statistische Daten des Bundesministeriums für Wirtschaft und Technologie für die Jahre 2000 bis 2004

18 Das Bundesministerium für Wirtschaft und Technologie hat ebenfalls einige statistische Daten über den Umfang öffentlicher Aufträge für die Jahre 2000 bis 2004 veröffentlicht. Die Aussagekraft dieser Daten ist zum jetzigen Zeitpunkt aus den verschiedensten Gründen heraus allerdings nicht sehr hoch, sodass sie zuerst evaluiert werden müssen.

2.2.3 Literatur

19 – Ruh, Erik, Begrenzter Absatzradius – Kleine und mittlere Unternehmen als Adressaten kommunaler Auftragsvergabe, Behörden Spiegel November 2005, S. 20

2.3 Fazit

20 Insgesamt handelt es sich bei dem Markt für öffentliche Aufträge um einen wirtschaftlich außerordentlich bedeutsamen Markt.

3. Entwicklung des neuen Vergaberechts

3.1 Europäisches Recht

3.1.1 Bedeutung des Beschaffungsmarktes

Die Europäische Gemeinschaft betrachtet angesichts der wirtschaftlichen Bedeutung den Beschaffungsmarkt als für den Erfolg des Binnenmarktes insgesamt von grundlegender Bedeutung. Im **Cecchini-Bericht** über die Kosten des Nicht-Europa werden die Einsparungen, mit denen bei größerer Transparenz und verstärkter Öffnung der Beschaffungsmärkte zu rechnen sei, auf circa 22 Milliarden ECU beziffert. Es ist allerdings bis zum heutigen Zeitpunkt nicht nachweisbar, dass im Zuge der Liberalisierung des Binnenmarktes tatsächlich Einspareffekte dieses Umfangs eingetreten sind. 21

Die **Grundlagen für die Vergabevorschriften der Gemeinschaft** finden sich im EG-Vertrag, namentlich in den Bestimmungen, die den freien Waren-, Dienstleistungs- und Kapitalverkehr garantieren, bestimmte Grundsätze festschreiben (Gleichbehandlung, Transparenz und gegenseitige Anerkennung) und jegliche Diskriminierung aus Gründen der Staatsangehörigkeit für unzulässig erklären. Um diese grundlegenden Vertragsbestimmungen zur Wirkung zu bringen, war ein **detailliertes Sekundärrecht (in Form von Richtlinien)** erforderlich. Diese Rechtsvorschriften regeln nicht nur die Vergabe von Bau-, Liefer- und Dienstleistungsaufträgen durch die öffentliche Hand (herkömmliche Sektoren) und die Auftraggeber in den Sektoren Wasser, Energie, Verkehr und Telekommunikation (besondere Sektoren), sondern sehen auch Rechtsmittel für die Unternehmen vor. 22

3.1.2 Europäische Richtlinien

Im Einzelnen handelt es sich um die 23

- **Richtlinie 2004/18/EG** des Europäischen Parlaments und des Rates vom 31. 3. 2004 über die Koordinierung der Verfahren zur Vergabe öffentlicher Bauaufträge, Lieferaufträge und Dienstleistungsaufträge, ABl. L 134 vom 30. 4. 2004 S. 114, berichtigt durch ABl. L 351 S. 44 vom 26. 11. 2004, **zuletzt geändert** durch die Verordnung (EG) Nr. 2083/2005 der Kommission vom 19. 12. 2005, ABl. L 333 S. 28 **(Vergabekoordinierungsrichtlinie)**
- **Richtlinie 2004/17/EG** des Europäischen Parlaments und des Rates vom 31. 3. 2004 zur Koordinierung der Zuschlagserteilung durch Auftraggeber im Bereich der Wasser-, Energie- und Verkehrsversorgung sowie der Postdienste, ABl. L 134 vom 30. 4. 2004, S. 1, berichtigt durch ABl. L 358 vom 3. 12. 2004, **zuletzt geändert** durch die Verordnung (EG) Nr. 2083/2005 der Kommission vom 19. 12. 2005, ABl. L 333 S. 28 **(Sektorenrichtlinie)**
- **Richtlinie 89/665/EWG** des Rates vom 21. Dezember 1989 zur Koordinierung der Rechts- und Verwaltungsvorschriften für die Anwendung der Nachprüfungsverfahren im Rahmen der Vergabe öffentlicher Liefer- und Bauaufträge (Amtsblatt Nr. L 395 vom 30. 12. 1989 S. 33 ff.), **zuletzt geändert** durch **Richtlinie 92/50/EWG** des Rates vom 18. Juni 1992 über die **Koordinierung der Verfahren zur Vergabe öffentlicher Dienstleistungsaufträge** (Amtsblatt Nr. L 209 vom 24. 7. 1992 S. 1 ff.),
- **Richtlinie 92/13/EWG** des Rates vom 25. Februar 1992 zur Koordinierung der Rechts- und Verwaltungsvorschriften für die Anwendung der Gemeinschaftsvorschriften über die Auftragsvergabe durch Auftraggeber im Bereich der Wasser-, Energie- und Verkehrsversorgung sowie im Telekommunikationssektor (Amtsblatt Nr. L 076 vom 23. 3. 1992 S. 14 ff.), **zuletzt angepasst** durch Beschluss 95/1/EG, Euratom, EGKS des Rates (Amtsblatt Nr. L 1 vom 1. 1. 1995, S. 1 ff.).

Die **Vergabekoordinierungsrichtlinie hat seit dem 1. 2. 2006 folgende Richtlinien ersetzt:** 24

- **Richtlinie 92/50/EWG** des Rates vom 18. Juni 1992 über die **Koordinierung der Verfahren zur Vergabe öffentlicher Dienstleistungsaufträge** (Amtsblatt Nr. L 209 vom 24. 7. 1992 S. 1 ff.), **zuletzt geändert** durch die **Richtlinie 97/52/EG** des Europäischen Parlaments und des Rates vom 13. Oktober 1997 zur Änderung der Richtlinien 92/50/EWG, 93/36/EWG und 93/37/EWG über die Koordinierung der Verfahren zur Vergabe öffentlicher Dienstleistungs-, Liefer- und Bauaufträge (Amtsblatt Nr. L 328 vom 28. 11. 1997 S. 1 ff.) und die **Richtlinie 2001/78/EG** der Kommission vom 13. September 2001 (Amts-

blatt der Europäischen Gemeinschaften L 285 vom 29. 10. 2001, **berichtigt** Amtsblatt der Europäischen Gemeinschaften L 214 vom 9. 8. 2002, S. 1 ff.)
- **Richtlinie 93/36/EWG** des Rates vom 14. Juni 1993 über die **Koordinierung der Verfahren zur Vergabe öffentlicher Lieferaufträge** (Amtsblatt Nr. L 199 vom 9. 8. 1993 S. 1 ff.), **zuletzt geändert** durch die **Richtlinie 97/52/EG** des Europäischen Parlaments und des Rates vom 13. Oktober 1997 zur Änderung der Richtlinien 92/50/EWG, 93/36/EWG und 93/37/EWG über die Koordinierung der Verfahren zur Vergabe öffentlicher Dienstleistungs-, Liefer- und Bauaufträge (Amtsblatt Nr. L 328 vom 28. 11. 1997 S. 1 ff.) und die **Richtlinie 2001/78/EG** der Kommission vom 13. September 2001 (Amtsblatt der Europäischen Gemeinschaften L 285 vom 29. 10. 2001, **berichtigt** Amtsblatt der Europäischen Gemeinschaften L 214 vom 9. 8. 2002, S. 1 ff.)
- **Richtlinie 93/37/EWG** des Rates vom 14. Juni 1993 zur **Koordinierung der Verfahren zur Vergabe öffentlicher Bauaufträge** (Amtsblatt Nr. L 199 vom 9. 8. 1993 S. 54 ff.), **zuletzt geändert** durch die **Richtlinie 97/52/EG** des Europäischen Parlaments und des Rates vom 13. Oktober 1997 zur Änderung der Richtlinien 92/50/EWG, 93/36/EWG und 93/37/EWG über die Koordinierung der Verfahren zur Vergabe öffentlicher Dienstleistungs-, Liefer- und Bauaufträge (Amtsblatt Nr. L 328 vom 28. 11. 1997 S. 1 ff.) und die **Richtlinie 2001/78/EG** der Kommission vom 13. September 2001 (Amtsblatt der Europäischen Gemeinschaften L 285 vom 29. 10. 2001, **berichtigt** Amtsblatt der Europäischen Gemeinschaften L 214 vom 9. 8. 2002, S. 1 ff.).

25 Die **Sektorenrichtlinie – neu –** hat seit dem 1. 2. 2006 folgende Richtlinie ersetzt:
- **Richtlinie 93/38/EWG** des Rates vom 14. Juni 1993 zur Koordinierung der Auftragsvergabe durch Auftraggeber im Bereich der Wasser-, Energie- und Verkehrsversorgung sowie im Telekommunikationssektor (Amtsblatt Nr. L 199 vom 9. 8. 1993 S. 84 ff.), **zuletzt geändert** durch **Richtlinie 98/4/EG** des Europäischen Parlaments und des Rates vom 16. Februar 1998 (Amtsblatt Nr. L 101 vom 1. 4. 1998 S. 1 ff.).

3.1.3 Umsetzung der Richtlinien über das Haushaltsrecht

26 Zur Umsetzung dieser Richtlinien hatte der deutsche Gesetzgeber den Weg über das Haushaltsrecht – die klassische Heimat des Vergaberechts – gewählt. Das **Zweite Gesetz zur Änderung des Haushaltsgrundsätzegesetzes** (HGrG) vom 26. 11. 1993 (BGBl. I S. 1928) und zwei darauf basierende Rechtsverordnungen, nämlich die **Vergabeverordnung (VgV)** vom 22. 2. 1994 (BGBl. I S. 321) und die **Nachprüfungsverordnung (NpV)** vom 22. 2. 1994 (BGBl. I S. 324), führten ein einheitliches Nachprüfungsverfahren für alle öffentlichen Auftraggeber und alle öffentlichen Aufträge ab den Schwellenwerten ein.

27 Diese haushaltsrechtliche Lösung hatte ausdrücklich zum Ziel, individuelle, einklagbare Rechtsansprüche der Bieter nicht entstehen zu lassen.

28 Es zeigte sich aber schon bald, dass dieser **haushaltsrechtliche Ansatz keinen Bestand** haben konnte. Die **EG-Kommission** rügte regelmäßig den Grundgedanken der Umsetzung, einklagbare Rechtsansprüche der Bieter nicht entstehen zu lassen. Auch der Europäische Gerichtshof brachte in einem Urteil vom 11. 8. 1995 (Az.: C-433/93) gegen die Bundesrepublik Deutschland zum Ausdruck, dass die europäischen Richtlinien Bewerbern und Bietern Rechtspositionen einräumen, die sich bei korrekter Umsetzung in deutsches Recht als subjektive Ansprüche darstellen würden. Diese Rechtsprechung wiederum führte zu mehreren Vertragsverletzungsverfahren gegen die Bundesrepublik.

3.1.4 Umsetzung der Richtlinien über das Vergaberechtsänderungsgesetz

29 Die Bundesregierung brachte dann den Entwurf eines Gesetzes zur Änderung der Rechtsgrundlagen für die Vergabe öffentlicher Aufträge (Vergaberechtsänderungsgesetz – VgRÄG) (Drucksache 646/97 vom 5. 9. 1997) ein. Die **wesentlichen Grundzüge** des Vergaberechtsänderungsgesetzes bestehen in
- der gesetzessystematischen **Verankerung** des Vergaberechtsänderungsgesetzes **im Gesetz gegen Wettbewerbsbeschränkungen (GWB),**
- der **Einräumung eines subjektiven Rechtes** von Bewerbern und Bietern auf Einhaltung der bieterschützenden Bestimmungen über das Vergabeverfahren durch die öffentlichen Auftraggeber (§ 97 Abs. 7, § 107 Abs. 2 GWB),

- der **Einrichtung eines Nachprüfungsverfahrens** in erster Instanz durch verwaltungsinterne Vergabekammern und in zweiter Instanz durch Vergabesenate bei den Oberlandesgerichten **(Primärrechtsschutz)** und
- der **Begrenzung des Bieterschutzes** auf öffentliche Aufträge ab einem bestimmten Schwellenwert (§ 100 Abs. 1 GWB in Verbindung mit § 2 VgV).

Nachdem der Gesetzentwurf im parlamentarischen Verfahren in einigen Punkten geändert wurde, ist das Vergaberechtsänderungsgesetz als Vierter Teil des Gesetzes gegen Wettbeschränkungen (BGBl. I S. 2546) am 1. 1. 1999 in Kraft getreten.

4. Ausblick

Die Entwicklung des Vergaberechts sowohl auf europäischer als auch nationaler Ebene hat gezeigt, dass insbesondere durch
- die Kommission der Europäischen Gemeinschaften,
- die nationale Gesetzgebung (sowohl auf Bundes- als auch auf Landesebene) und
- die Rechtsprechung

regelmäßig Änderungen des Vergaberechts initiiert werden. So hatte die Kommission der Europäischen Gemeinschaften ein **Legislativpaket zur Vereinfachung und Modernisierung** des rechtlichen Rahmens der öffentlichen Aufträge mit erheblichen Auswirkungen vorgelegt.

4.1 Legislativpaket der Kommission

Das Legislativpaket zur Vereinfachung und Modernisierung des rechtlichen Rahmens der öffentlichen Aufträge.

4.1.1 Ziele des Legislativpakets

4.1.1.1 Allgemeines

Am 10. 5. 2000 hat die Europäische Kommission ein Gesetzgebungspaket zur Vereinfachung und Modernisierung der Richtlinien im öffentlichen Auftragswesen verabschiedet, das der europäischen Politik in diesem Bereich neue Dynamik verschaffen soll (www.ibr-online.de/2007-2).

Das **Gesetzgebungspaket verfolgte ein zweifaches Ziel.** Einerseits geht es darum, die derzeitigen Gemeinschaftsrichtlinien zu vereinfachen und zu erläutern, andererseits darum, diese Richtlinien an die **Bedürfnisse einer modernen Verwaltung** in einem Wirtschaftsumfeld anzupassen, das sich infolge neuer Entwicklungen, wie etwa der Liberalisierung des Telekommunikationssektors oder des Übergangs zur neuen Wirtschaft, im Umbruch befindet. Im Hinblick auf eine erhöhte Transparenz beim Zuteilungsverfahren und die Bekämpfung von Korruption und organisiertem Verbrechen sieht das Gesetzgebungspaket auch **Maßnahmen zur Schaffung größerer Klarheit bei den Kriterien** vor, die zur Zuteilung eines Auftrags und zur Auswahl der Bewerber führen. Die vorgeschlagenen Maßnahmen basieren auf drei Prinzipien: Vereinfachung, Anpassung und Modernisierung.

4.1.1.2 Literatur
- Hailbronner, Kay/Kau, Marcel, Die Erreichung vergaberechtlicher Zielsetzungen in der Beschaffungspraxis – Rechtstatsächliche Untersuchung zu den Veränderungen im öffentlichen Auftragswesen durch europäisches und internationales Recht, NZBau 2006, 16
- Möller, Jutta, Vergaberecht 2006 – Auf welche Änderungen aus den EU-Richtlinien müssen wir uns einstellen, BauRB 2005, 376

4.1.2 Richtlinie klassische Auftraggeber

Der Binnenmarktrat der Europäischen Union hat am 21. 5. 2002 eine politische Einigung über eine neue Richtlinie für die einheitliche Vergabe öffentlicher Aufträge in der EU erreicht. Die neue Richtlinie regelt in Deutschland die Vergabe öffentlicher Bauaufträge, Lieferaufträge und Dienstleistungsaufträge von Bund, Ländern und Gemeinden (sog. klassische Auftraggeber).

Teil 1 GWB   Gesetz gegen Wettbewerbsbeschränkungen

36 Der für den Bereich der sog. klassischen Auftraggeber gefundene politische Kompromiss soll die Vergabevorschriften vereinfachen und zu mehr Flexibilität für die öffentlichen Auftraggeber führen. Insbesondere soll die neue Richtlinie zusätzliche Möglichkeiten zur Nutzung der elektronischen Medien schaffen, die es bislang für diesen Bereich nicht gab – wie inverse Auktionen und dynamische Beschaffungssysteme.

4.1.3 Richtlinie Sektorenauftraggeber

37 Der Rat hat sich am 23. 9. 2002 auch für die Bereiche der Daseinsvorsorge auf einen Kompromisstext für eine neue Richtlinie verständigt.

38 Der Kompromiss übernimmt zum einen die für den klassischen Bereich beschlossenen **Vereinfachungen und Modernisierungen der Vergabevorschriften.** Das betrifft insbesondere die neu eingeführten Möglichkeiten der Nutzung der neuen elektronischen Medien – wie inverse Auktionen und dynamische elektronische Beschaffungssysteme.

39 Zum anderen regelt er einige neue „sektorenspezifische" Besonderheiten. Neu ist z. B., dass der Postbereich als ein weiterer Sektor, neben der Trinkwasser-, Energie- und Verkehrsversorgung, aufgenommen wird.

40 **Wichtigste Neuerung** ist die Schaffung eines Verfahrens, das für die Sektorenauftraggeber zu einer Befreiung vom Vergaberecht führt, wenn Wettbewerb vorliegt. Damit wird der fortschreitenden Liberalisierung in diesen Bereichen der Daseinsvorsorge Rechnung getragen. Besteht ein freier Marktzugang und herrscht Wettbewerb, gibt es keine Veranlassung mehr, den Sektorenauftraggebern die Anwendung der Vergaberegeln aufzuerlegen. Die Mitgliedstaaten können Anträge mit entsprechenden Nachweisen des Vorliegens von Wettbewerb stellen, über die letztlich die Kommission entscheidet.

4.1.4 Verabschiedung des Legislativpakets

41 **EU-Ministerrat und das Europäische Parlament haben inzwischen das Gesetzgebungspaket verabschiedet,** mit dem die europäischen Vergaberichtlinien vereinfacht, modernisiert und an die Bedürfnisse einer modernen Verwaltung angepasst werden. Der Rat nahm den im Dezember 2003 in einem Vermittlungsverfahren mit dem Parlament vereinbarten Text formell an. Das Parlament verabschiedete den aus dem Vermittlungsverfahren hervorgegangenen Text am 29. 1. 2004 auf seiner Plenarsitzung in Brüssel.

42 Die geänderten Richtlinien sind im Amtsblatt L Nr. 134 vom 30. 4. 2004 der Europäischen Union veröffentlicht. Mit der neuen Vergabeverordnung, der VOB/A 2006, der VOL/A 2006 und der VOF 2006 sind sie in die nationalen Rechtsordnungen überführt worden.

4.1.5 Literatur

43 – Kullack, Andrea/Terner, Ralf, EU-Legislativpaket: Die neue „klassische" Vergabekoordinierungsrichtlinie – 1. Teil, ZfBR 2004, 244

– Kullack, Andrea/Terner, Ralf, EU-Legislativpaket: Die neue „klassische" Vergabekoordinierungsrichtlinie – 2. Teil, ZfBR 2004, 346

– Rechten, Stephan, Die Novelle des EU-Vergaberechts, NZBau 2004, 366

– Scherer-Leydecker, Christian, Das gilt jetzt direkt – Unmittelbar anzuwendende EU-Vorschriften, Behörden Spiegel Februar 2006, 21

4.2 Initiative Bürokratieabbau der Bundesregierung

4.2.1 Allgemeines

44 Im Rahmen der „Initiative Bürokratieabbau" hatte das Bundeskabinett – unter Federführung des Bundesministeriums für Wirtschaft und Technologie (BMWi) – auch über eine „Verschlankung des sehr verschachtelten Vergaberechts" nachgedacht. Das BMWi erwartete sich hiervon eine Vereinfachung und damit höhere Akzeptanz.

45 Eine Arbeitsgruppe hatte dann einen Bericht (mit Datum vom 5. 12. 2003) sowie verschiedene Anlagen vorgelegt. Danach lassen sich für die Struktur eines künftigen deutschen Vergaberechtes folgende Modelle zusammenfassen:

Gesetz gegen Wettbewerbsbeschränkungen GWB **Teil 1**

1) Modell Bundesvergabegesetz 46

Grundlage für Überlegungen dieser Art war das 190 Paragrafen umfassende **österreichische** 47 **Bundesvergabegesetz,** das einheitlich für alle Aufträge des Bundes, der Länder, Gemeinden und der Sektorenauftraggeber im „Ober- und Unterschwellenbereich" gilt und außerdem das Rechtsschutzverfahren für den Bundesbereich (einschließlich Schadenersatz, Ordnungswidrigkeiten) regelt. Es enthält keine Bagatellgrenzen für den Anwendungsbereich, sondern eine Auftragswertgrenze, unterhalb der eine freihändige Vergabe möglich, aber zu begründen ist. Diese Grenze beträgt bei Bauaufträgen 80 000 € und bei Liefer- und Dienstleistungsaufträgen 40 000 €. Bis 20 000 € können Aufträge ohne Begründung direkt vergeben werden. Der Aufbau der Regeln entspricht dem Ablauf des Verfahrens, allgemeinen Regeln folgen besondere Bestimmungen; manche Vorschriften gelten nur für den Ober-, manche nur für den Unterschwellenbereich.

2) Verschlankung im bestehenden System 48

Danach soll das GWB wie bisher die Grundsätze und den Rechtsschutz für die Aufträge oberhalb der EU-Schwellen regeln. VOB/A und VOL/A sollen wie bisher die erforderlichen materiellen Vergabeverfahrensregeln enthalten. Die VgV wird auf ein rechtstechnisches Scharnier zurückgeführt. Die Verschlankung besteht darin, dass 49

– die Regelungen für Liefer- und Dienstleistungsaufträge zu einer neuen VOL/A zusammengefasst,
– in der neuen VOL/A und der für Bauaufträge weiterhin geltenden VOB/A die vier Abschnitte in einen fortlaufenden Text übernommen (Wegfall der Schubladen) und so Wiederholungen im Normtext vermieden,
– die Vergabeverfahrensvorschriften um überflüssig gewordene Vorschriften bereinigt,
– die Begriffe durch Übernahme der EU-Begriffe harmonisiert werden und
– die Ländervergabegesetze entfallen.

3) Zwei-Stufen-Konzept 50

Danach sollen – wie in Variante b) – die Grundregeln für alle Aufträge und die Regeln über den Rechtsschutz im GWB enthalten sein. Die Vergabeverfahrensregeln für alle Aufträge und alle Auftragsarten sollen in einer Rechtsverordnung zusammengefasst werden. Die Landesvergabegesetze sollen danach ebenso entfallen wie die A-Teile der Verdingungsordnungen. 51

4) Varianten 52

a) Das Zwei-Stufen-Konzept könnte auf die Aufträge oberhalb der EU-Schwellenwerte begrenzt werden; unterhalb der EU-Schwellen würde dann das haushaltsrechtliche Prinzip und die Vergabe nach den insoweit fortbestehenden Verdingungsordnungen gelten. 53

b) Die Verschlankung im geltenden System könnte um den Aspekt ergänzt werden, dass das Vergaberecht auf der Ebene des Wettbewerbsrechts so vereinheitlicht wird, dass die Grundregeln unabhängig von den EU-Schwellenwerten und der Rechtsschutz für alle öffentlichen Aufträge im GWB stehen und die Landesvergabegesetze entfallen. 54

c) Alle Konzepte könnten – nach dem französischen Vorbild – mit relativ hohen Auftragswertgrenzen versehen werden, die sich zwischen 50 000 und 100 000 € bewegen könnten, unterhalb derer nur das allgemeine Prinzip der Transparenz und das Diskriminierungsverbot gilt, nicht aber ausformulierte Vergabevorschriften gelten. 55

Die Arbeitsgruppe konnte sich nicht auf eine einheitliche Empfehlung zu Gunsten eines Modells zur Verschlankung des Vergaberechts einigen. 56

Das **Bundeskabinett** hatte am 12. 5. 2004 29 Verfahrensregelungen zum Bürokratieabbau verabschiedet, darunter auch die **„Verschlankung des Vergaberechts". Oberhalb der** von der EU festgesetzten **Schwellenwerte** sollten die **Vergabeverfahren für alle Aufträge in einer einheitlichen Vergabeverordnung** geregelt werden. Auf Aufträge im Liefer- und Dienstleistungsbereich **unterhalb der Schwellenwerte** sollte die neue Vergabeverordnung entsprechend angewendet werden; im **Baubereich sollte es bei der Vergabe- und Vertragsordnung für Bauleistungen bleiben,** die allerdings erheblich entschlackt werden sollte. 57

Das neue Vergaberecht sollte zusammen mit der Umsetzung der EU-Richtlinien erarbeitet werden und ursprünglich im Februar 2006 in Kraft treten. **Aufgrund der vorzeitigen Auflösung des Bundestags und der Neuwahlen für den Bundestag ist das Gesetzgebungsverfahren beendet und muss durch den neuen Bundestag wieder von vorne begon-** 58

35

Teil 1 GWB   Gesetz gegen Wettbewerbsbeschränkungen

nen werden. Dies hat dazu geführt, dass die neuen EU-Vergaberichtlinien nicht fristgemäß umgesetzt wurden und ab dem 1. 2. 2006 unmittelbar geltendes Recht sind.

59 Das **Bundesministerium für Wirtschaft und Technologie** hat mit **Rundschreiben vom 26. 1. 2006** an die übrigen Ressorts des Bundes diese **Auffassung bestätigt** und mit gleichem Schreiben einige **Erläuterungen veröffentlicht,** dies es den Vergabestellen erleichtern sollen, in der täglichen Praxis für die Aufträge oberhalb der EU-Schwellenwerte die ab dem 1. 2. 2006 zu beachtenden und ggf. von den geltenden deutschen Vergaberegeln abweichenden europäischen Vergaberegeln **für den Bereich der Basisaufträge** anzuwenden. Das **Rundschreiben ist vorläufiger Natur.** Es gilt bis zu dem Inkrafttreten förmlicher Änderungen im Gesetz gegen Wettbewerbsbeschränkungen (GWB), in der Vergabeverordnung (VgV), den Verdingungsordnungen für Leistungen und Freiberuflichen Leistungen (VOL/A, VOF) und der Vergabe- und Vertragsordnung für Bauleistungen (VOB/A). Gleichzeitig hat der Bund die Länder und Kommunen gebeten, im Sinne dieses Rundschreibens zu verfahren.

60 Die **wichtigsten Hinweise des Rundschreibens** sind:
- die maßgeblichen **Schwellenwerte des § 2 VgV** gelten fort
- jede Bezugnahme auf technische Spezifikationen ist mit dem Zusatz „oder gleichwertig" zu versehen
- die öffentlichen Auftraggeber **geben in der Bekanntmachung an, ob Nebenangebote und Änderungsvorschläge zulässig sind; fehlt** eine entsprechende **Angabe,** so sind **keine Nebenangebote und Änderungsvorschläge** zugelassen
- lassen die öffentlichen Auftraggeber Nebenangebote und Änderungsvorschläge zu, so **nennen sie in den Verdingungsunterlagen die Mindestanforderungen, die Nebenangebote und Änderungsvorschläge erfüllen müssen,** und geben an, in welcher Art und Weise sie einzureichen sind; die öffentlichen Auftraggeber **berücksichtigen nur Nebenangebote und Änderungsvorschläge, die die von ihnen verlangten Mindestanforderungen erfüllen**
- die **Laufzeit von Rahmenvereinbarungen** im Sinn von § 3 Abs. 8 VgV darf **grundsätzlich vier Jahre nicht überschreiten; Rahmenvereinbarungen** können **mit einem oder mehreren Wirtschaftsteilnehmern abgeschlossen** werden; für den **letzteren Fall** enthalten die Richtlinie bzw. das **Rundschreiben Regelungen zur Abwicklung der Rahmenvereinbarung;** Art. 41 Abs. 1 und Abs. 2 der Richtlinie enthalten **Regelungen über die Benachrichtigung von Bietern und Bewerbern** (analog z. B. §§ 26a, 27a VOL/A)
- **jede Mitteilung sowie Übermittlung von Informationen kann** gemäß Art. 42 der Richtlinie **nach Wahl des öffentlichen Auftraggebers per Post, per Fax, auf elektronischem Wege** gemäß den Absätzen 4 und 5, **auf telefonischem Wege** in den in Absatz 6 genannten Fällen und unter den dort aufgeführten Bedingungen oder durch eine Kombination dieser Kommunikationsmittel erfolgen; durch die in Artikel 42 Abs. 1 geregelte Wahlmöglichkeit wird zwar der **Grundsatz der schriftlichen, papiergestützten öffentlichen Auftragsvergabe nach den Vorgänger-Richtlinien aufgegeben.** Dadurch wird eine ausschließliche elektronische Auftragsvergabe möglich, in denen auch nur elektronische Angebote angenommen werden dürfen. Allerdings **kann von diesem Ermessen nicht Gebrauch gemacht werden, wenn die deutschen Vergaberegeln dies nicht vorsehen (kein Recht auf Abgabe eines elektronischen Angebots)**
- Vergabevermerke (vgl. §§ 30, 33a VOB/A, §§ 30, 30a VOL/A und §§ 18, 19 VOF) sind **so anzufertigen, dass sie jedenfalls die in Art. 43 der Richtlinie 2004/18/EG aufgeführten Angaben enthalten;** notwendige Bestandteile sind u. a. die **Gründe für die Ablehnung von ungewöhnlich niedrigen Angeboten,** bei dem **wettbewerblichen Dialog** die in Artikel 29 genannten **Umstände, die die Anwendung dieses Verfahrens rechtfertigen,** gegebenenfalls die **Gründe,** aus denen der öffentliche Auftraggeber auf die Vergabe eines Auftrags, den Abschluss einer Rahmenvereinbarung oder die Einrichtung eines dynamischen Beschaffungssystems **verzichtet hat**
- das **Ermessen des Auftraggebers bei der Entscheidung über einen Ausschluss von Bewerbern und Bietern vom Vergabeverfahren wegen Unzuverlässigkeit nach den Regelungen von § 8 Nr. 5 VOB/A, § 7 Nr. 5 VOL/A und § 11 VOF** wird in den Fällen des Art. 45 Abs. 1 der Richtlinie **dahingehend eingeschränkt,** dass bei rechtskräftigen Verurteilungen von Einzelkaufleuten nach bestimmten, im Erläuterungsschreiben genannten Vorschriften von einem Ausschluss des Bewerbers bzw. Bieters nur abgesehen werden kann, wenn **zwingende Gründe des Allgemeininteresses vorliegen und andere Unternehmen die Leistung nicht angemessen erbringen können**

Gesetz gegen Wettbewerbsbeschränkungen GWB **Teil 1**

- der öffentliche **Auftraggeber gibt in der Bekanntmachung oder den Verdingungsunterlagen oder – beim wettbewerblichen Dialog – in der Beschreibung** an, wie er die einzelnen Kriterien gewichtet, um das wirtschaftlich günstigste Angebot zu ermitteln; diese **Gewichtung kann mittels einer Marge angegeben werden,** deren größte Bandbreite angemessen sein muss; kann nach Ansicht des öffentlichen Auftraggebers die Gewichtung aus nachvollziehbaren Gründen nicht angegeben werden, so gibt der öffentliche Auftraggeber in der Bekanntmachung oder in den Verdingungsunterlagen oder – beim wettbewerblichen Dialog – in der Beschreibung die **Kriterien in der absteigenden Reihenfolge ihrer Bedeutung an**
- bei **ungewöhnlich niedrigen Angeboten im Liefer- und Dienstleistungsbereich** gilt die Regelung des Artikels 55 Abs. 1 der Richtlinie 2004/18/EG, wonach bei Angeboten, die im Falle eines Auftrags den Eindruck erwecken, **im Verhältnis zur Leistung ungewöhnlich niedrig zu sein, der öffentliche Auftraggeber vor Ablehnung dieser Angebote schriftlich Aufklärung über die Einzelposten des Angebotes verlangen muss,** wo er dies für angezeigt hält
- für einen **Auftrag zur Durchführung mehrerer Tätigkeiten gelten die Vorschriften für die Tätigkeit, die den Hauptgegenstand darstellt**
- unterliegt eine der Tätigkeiten, die der Auftrag umfasst, der Richtlinie 2004/17/EG – Sektorenrichtlinie –, die andere Tätigkeit jedoch der genannten Richtlinie 2004/18/EG und **ist es objektiv nicht möglich, festzustellen, welche Tätigkeit den Hauptgegenstand des Auftrags darstellt, so ist der Auftrag gemäß den Bestimmungen der Richtlinie 2004/18/EG zu vergeben.**

Das **Bundesministerium für Wirtschaft und Technologie** hat mit **Rundschreiben vom 31. 1. 2006** an die übrigen Ressorts des Bundes die **Auffassung der unmittelbaren Geltung – auch für die Sektorenrichtlinie – bestätigt** und mit gleichem Schreiben einige **Erläuterungen veröffentlicht,** dies es den Vergabestellen erleichtern sollen, in der täglichen Praxis für die Aufträge oberhalb der EU-Schwellenwerte die ab dem 1. 2. 2006 zu beachtenden und ggf. von den geltenden deutschen Vergaberegeln abweichenden europäischen Vergaberegeln **für den Bereich der Sektorenaufträge** anzuwenden. Das **Rundschreiben ist vorläufiger Natur.** Es gilt bis zu dem Inkrafttreten förmlicher Änderungen im Gesetz gegen Wettbewerbsbeschränkungen (GWB), in der Vergabeverordnung (VgV), den Verdingungsordnungen für Leistungen und Freiberuflichen Leistungen (VOL/A, VOF) und der Vergabe- und Vertragsordnung für Bauleistungen (VOB/A). Gleichzeitig hat der Bund die Länder und Kommunen gebeten, im Sinne dieses Rundschreibens zu verfahren. 61

Die **wichtigsten Hinweise des Rundschreibens** sind: 62
- die maßgeblichen **Schwellenwerte des § 2 VgV gelten fort**
- jede Bezugnahme auf technische Spezifikationen ist mit dem Zusatz „oder gleichwertig" zu versehen
- bei Aufträgen, die nach dem **Kriterium des wirtschaftlich günstigsten Angebots** vergeben werden, **können die Auftraggeber von Bietern vorgelegte Nebenangebote und Änderungsvorschläge berücksichtigen,** die den von ihnen festgelegten Mindestanforderungen entsprechen; die **Auftraggeber geben in den Spezifikationen an,** ob sie Nebenangebote und Änderungsvorschläge zulassen, und **nennen** bei Zulässigkeit von Nebenangeboten und Änderungsvorschlägen die **Mindestanforderungen, die Nebenangebote und Änderungsvorschläge erfüllen müssen,** und geben an, in welcher Art und Weise sie einzureichen sind
- **jede Mitteilung sowie Übermittlung von Informationen kann** gemäß Art. 48 der Richtlinie **nach Wahl des öffentlichen Auftraggebers per Post, per Fax, auf elektronischem Wege** gemäß den Absätzen 4 und 5, **auf telefonischem Wege** in den in Absatz 6 genannten Fällen und unter den dort aufgeführten Bedingungen oder durch eine Kombination dieser Kommunikationsmittel erfolgen; durch die Artikel 42 Abs. 1 geregelte Wahlmöglichkeit wird zwar der **Grundsatz der schriftlichen, papiergestützten öffentlichen Auftragsvergabe nach den Vorgänger-Richtlinien aufgegeben.** Dadurch wird eine ausschließliche elektronische Auftragsvergabe möglich, in denen auch nur elektronische Angebote angenommen werden dürfen. Allerdings **kann von diesem Ermessen nicht Gebrauch gemacht werden, wenn die deutschen Vergaberegeln dies nicht vorsehen (kein Recht auf Abgabe eines elektronischen Angebots)**

Teil 1 GWB Gesetz gegen Wettbewerbsbeschränkungen

- das **Ermessen des Auftraggebers bei der Entscheidung über einen Ausschluss von Bewerbern und Bietern vom Vergabeverfahren wegen Unzuverlässigkeit nach den Regelungen von § 8 Nr. 5 VOB/A, § 7 Nr. 5 VOL/A und § 11 VOF** wird in den Fällen des Art. 45 Abs. 1 der Richtlinie **dahingehend eingeschränkt,** dass bei rechtskräftigen Verurteilungen von Einzelkaufleuten nach bestimmten, im Erläuterungsschreiben genannten Vorschriften von einem Ausschluss des Bewerbers bzw. Bieters nur abgesehen werden kann, wenn **zwingende Gründe des Allgemeininteresses vorliegen und andere Unternehmen die Leistung nicht angemessen erbringen können**
- der öffentliche **Auftraggeber gibt an, wie er die einzelnen Kriterien gewichtet, die er ausgewählt hat, um das wirtschaftlich günstigste Angebot zu ermitteln;** diese Gewichtung kann mittels einer Marge angegeben werden, deren größte Bandbreite angemessen sein muss; **kann** nach Ansicht des Auftraggebers die **Gewichtung aus nachvollziehbaren Gründen nicht angegeben werden, so gibt der Auftraggeber die Kriterien in der absteigenden Reihenfolge ihrer Bedeutung an;** die relative Gewichtung oder die nach der Bedeutung eingestufte Reihenfolge der Kriterien wird – soweit erforderlich – in der als Aufruf zum Wettbewerb verwendeten Bekanntmachung, in der Aufforderung zur Interessensbestätigung gemäß Artikel 47 Absatz 5, in der Aufforderung zur Angebotsabgabe oder zur Verhandlung oder in den Verdingungsunterlagen angegeben
- bei **ungewöhnlich niedrigen Angeboten** gilt die Regelung des Artikels 57 Abs. 1 Satz 1 der Richtlinie 2004/17/EG, wonach bei Angeboten, die im Falle eines Auftrags den Eindruck erwecken, **im Verhältnis zur Leistung ungewöhnlich niedrig zu sein, der öffentliche Auftraggeber vor Ablehnung dieser Angebote schriftlich Aufklärung über die Bestandteile des Angebotes verlangen muss, wo er dies für angezeigt hält**
- für einen **Auftrag zur Durchführung mehrerer Tätigkeiten gelten die Vorschriften für die Tätigkeit, die den Hauptgegenstand darstellt**
- unterliegt eine der Tätigkeiten, die der Auftrag umfasst, der Richtlinie 2004/17/EG – Sektorenrichtlinie –, die andere Tätigkeit jedoch der genannten Richtlinie 2004/18/EG – Vergabekoordinierungsrichtlinie – und **ist es objektiv nicht möglich, festzustellen, welche Tätigkeit den Hauptgegenstand des Auftrags darstellt, so ist der Auftrag gemäß den Bestimmungen der Richtlinie 2004/18/EG zu vergeben.**

63 Die **Rechtsprechung hatte inzwischen ebenfalls bestätigt, dass die neuen EU-Vergaberichtlinien unmittelbar gelten** (OLG München, B. v. 6. 11. 2006 – Az.: Verg 17/06; OLG Koblenz, B. v. 31. 5. 2006 – Az.: 1 Verg 3/06; VK Lüneburg, B. v. 21. 8. 2006 – Az.: VgK-18/2006; 1. VK Bund, B. v. 20. 4. 2006 – Az.: VK 1–19/06; VK Arnsberg, B. v. 21. 2. 2006 – Az.: VK 29/05).

64 Der Deutsche Vergabe- und Vertragsausschuss für Bauleistungen (DVA) hat mit Vorstandsbeschluss vom 29. 11. 2005 ein **„Sofortpaket" zur Anpassung der VOB/A an zwingende Änderungen durch neue EU-Vergaberichtlinien (2004/18/EG und 2004/17/EG) sowie das ÖPP-Beschleunigungsgesetz vorgelegt.** Dieses „Sofortpaket" ist mit der VOB/A 2006 umgesetzt worden.

65 **Für die weitere Gesetzgebung** ist es **auch nach der neuen Vergabekoordinierungsrichtlinie** dem **nationalen Gesetzgeber nicht untersagt, die Vergabe öffentlicher Aufträge in verschiedenen Verdingungsordnungen zu regeln,** solange **diese im Einklang mit den Grundsätzen der Richtlinie stehen.** Es mag **wünschenswert** sein und der Vermeidung von Missverständnissen und Abgrenzungsproblemen dienen, wenn der Gesetzgeber – wie zeitweise beabsichtigt – eine einheitliche Verdingungsordnung für die Vergabe aller Arten von Leistungen schaffen würde. **Vergaberechtlich zwingend ist dies allerdings nicht.** Die maßgeblichen Kriterien zur Abgrenzung einer Ausschreibung z. B. nach der VOF und der VOL/A entsprechen den Vorgaben der bisherigen und der neuen Richtlinie und sind in den wesentlichen Grundsätzen durch die Richtlinien vorgegeben (OLG München, B. v. 28. 4. 2006 – Az.: Verg 6/06).

4.2.2 Literatur

66 – Ax, Thomas/Telian, Guido/Terschüren, Kai, Welche Folgen drohen bei einer nicht rechtzeitigen Umsetzung der das deutsche Vergaberecht neu regelnden Richtlinie 2004/18/EG (KoordRL)?, ZfBR 2/2006, S. 123
- Düsterdiek, Bernd, Nur wenn unbedingt und bestimmt – Hinweise zur unmittelbaren Wirkung von EG-Richtlinien, Behörden Spiegel September 2005, S. 21

- Haak, Max, Generalnorm nicht berücksichtigt – Umwelt- und sozialpolitische Aspekte im neuen Vergaberecht, Behörden Spiegel April 2005, S. 21
- Ruthig, Josef, Vergaberechtsnovelle ohne Gesetzgeber – Zum GWB-Vergaberecht nach Ablauf der Umsetzungsfrist – Teil I, NZBau 2006, 137
- Ruthig, Josef, Vergaberechtsnovelle ohne Gesetzgeber – Zum deutschen Vergaberecht nach Ablauf der Umsetzungsfrist – Teil II, NZBau 2006, 208
- Steinberg, Philipp, Die Flexibilisierung des neuen europäischen Vergaberechts, NZBau 2005, 85

4.2.3 Entschließung des Bundesrats zum künftigen Vergaberecht

Der **Bundesrat** hat in seinem Beschluss vom 22. 9. 2006 zur Dritten Änderungsverordnung der Vergabeverordnung (Drucksache 476/06) **neben Änderungen im Detail** eine **Entschließung zur Vereinfachung des Vergaberechts im bestehenden System gefasst:** 67

Der Bundesrat begrüßt grundsätzlich die Absicht der Bundesregierung, das deutsche Vergaberecht im Rahmen des gegenwärtigen Systems bestehend aus: 68
- *dem Gesetz gegen Wettbewerbsbeschränkungen (GWB),*
- *der Vergabeverordnung (VgV) und*
- *den Verdingungs- und Vergabeordnungen*

zu modernisieren und zu vereinfachen. Durch eine transparentere, wettbewerbs-, investitions- und mittelstandsfreundlichere Ausgestaltung des Vergaberechts soll zum einen die wirtschaftliche und sparsame Beschaffung durch die öffentliche Hand sichergestellt, zum anderen öffentlichen Investitionen beschleunigt werden.

Der Bundesrat bittet die Bundesregierung, die Entbürokratisierung und Vereinfachung des Vergaberechts voranzutreiben und dabei insbesondere zu prüfen, ob im Hinblick auf die Anwendbarkeit der Vergaberegeln in der Praxis das materielle Vergaberecht nicht grundsätzlich in den Verdingungs- und Vergabeordnungen geregelt werden kann. In diesem Zusammenhang ist auch zu prüfen, ob die Vergabeverordnung dann überhaupt noch erforderlich ist.

Der Bundesrat bittet die Bundesregierung, die Vorgaben der EU-Vergaberichtlinien nur im notwendigen Umfang umzusetzen.

Der Bundesrat spricht sich hinsichtlich der Umsetzung der Vergabekoordinierungsrichtlinien 2004/17/ EG und 2004/18/EG des Europäischen Parlaments und des Rates vom 31. März 2004 dafür aus, die jeweils aktuellen EU-Schwellenwerte dauerhaft in das deutsche Vergaberecht zu übernehmen. Der Bundesrat bittet die Bundesregierung in diesem Zusammenhang zu prüfen, ob dies mit einer dynamischen Verweisung auf die entsprechenden Dokumente der EU geschehen kann.

Der Bundesrat bittet die Bundesregierung darauf hinzuwirken, dass die Verdingungs- und Vergabeordnungen (VOB/A, VOL/A, VOF) sprachlich vereinheitlicht werden. Für gleiche Inhalte sollten die gleichen Begriffe verwendet werden. Ebenso sollten die Rechtsbegriffe für vergleichbare Sachverhalte oberhalb und unterhalb der EU-Schwellenwerte vereinheitlicht werden.

Des Weiteren ist der Bundesrat der Auffassung, dass im Rahmen der anstehenden Vergaberechtsnovelle im Sinne einer Vereinfachung die Verfahrensvorschriften auf ihre strikte Erforderlichkeit hin überprüft werden sollten. Insgesamt sollten sie anwenderfreundlicher werden und zugleich der Korruptionsprävention dienen. Sonderregeln für Spezialfälle sollten künftig auf das unbedingt notwendige Maß beschränkt bleiben.

Der Bundesrat hält es für unumgänglich, die mittelstandsfreundliche Ausgestaltung des Vergaberechts, insbesondere die Aufteilung in Lose, neben der durch die Rechtsprechung eröffneten Möglichkeit von Vergaben an Generalunternehmer und Generalübernehmer beizubehalten.

Der Bundesrat fordert die Bundesregierung auf, die Vergaberechtsnovelle unter Berücksichtigung der hier geäußerten Positionen auf den Weg zu bringen.

4.3 Begrenzung des Primärrechtsschutzes auf Vergaben ab den Schwellenwerten

Wirtschaftspolitisch umstritten ist die Begrenzung des Primärrechtsschutzes über das GWB auf öffentliche Aufträge erst ab den Schwellenwerten (§ 100 Abs. 1 GWB in Verbindung mit § 2 VgV). Insbesondere die Verbandsvertretungen des Handwerks und der Verbände der Bauwirtschaft fordern grundsätzlich auch einen Primärrechtsschutz – eventuell etwas vereinfacht im 69

Teil 1 GWB Gesetz gegen Wettbewerbsbeschränkungen

Vergleich zum Rechtsschutz des GWB – bei öffentlichen Aufträgen auch unter den Schwellenwerten.

70 Zu den Einzelheiten der Diskussion über die Verfassungsgemäßheit der Beschränkung des Primärrechtsschutzes auf Vergaben ab den Schwellenwerten vgl. **RZ 1237**.

4.4 Literatur

71 – Wanninger, Rainer/Stolze, Simon-Finn/Kratzenberg, Rüdiger, Auswirkungen von Vergabenachprüfungsverfahren auf die Kosten öffentlicher Baumaßnahmen, NZBau 2006, 481

5. Aufbau des Vergaberechts

72 Welche Rechtsvorschriften bei der Vergabe öffentlicher Aufträge anzuwenden sind, bestimmt sich einmal danach, ob die nach europäischen Vorgaben bestimmten so genannten Schwellenwerte erreicht sind oder nicht und zum andern nach dem Gegenstand, der beschafft werden soll.

5.1 Vergaberecht ab den Schwellenwerten

5.1.1 Schwellenwerte

73 Die Schwellenwerte ergeben sich aus § 2 VgV. Sie betragen – etwas vereinfacht dargestellt – für:

Liefer- und Dienstleistungsaufträge im **Bereich der Trinkwasser- oder Energieversorgung oder im Verkehrsbereich**	400 000 Euro
für Liefer- und Dienstleistungsaufträge der **obersten oder oberen Bundesbehörden sowie vergleichbarer Bundeseinrichtungen** außer Forschungs- und Entwicklungs-Dienstleistungen und Dienstleistungen des Anhangs IB der Richtlinie 92/50/EWG:	130 000 Euro
für **alle anderen Liefer- und Dienstleistungsaufträge**	200 000 Euro
für **Bauaufträge**	5 000 000 Euro
für **Auslobungsverfahren,** die zu einem Dienstleistungsauftrag führen sollen	dessen Schwellenwert
für **die übrigen Auslobungsverfahren**	der Wert, der bei Dienstleistungsaufträgen gilt

5.1.2 Anzuwendende Vorschriften

74 Die **wichtigsten (nationalen) Rechtsquellen** des Rechts der öffentlichen Aufträge für Aufträge **ab den Schwellenwerten** sind
- das **Gesetz gegen Wettbewerbsbeschränkungen (GWB)**, in der Fassung der Bekanntmachung vom 15. 7. 2005 (BGBl. I S. 2114), zuletzt geändert durch Art. 132 des Gesetzes vom 31. 10. 2006 (BGBl. I S. 2407), und zwar die §§ 97 ff.
- die **Verordnung über die Vergabe öffentlicher Aufträge (VgV)**, in der Fassung der Bekanntmachung vom 9. 1. 2001 (BGBl. I S. 110), zuletzt geändert durch Art. 1 des Gesetzes vom 23. 10. 2006 (BGBl. I S. 2334)
- die Vergabe- und Vertragsordnungen:
    - die **Vergabe- und Vertragsordnung für Bauleistungen (VOB)**, in der Fassung der Bekanntmachung vom 20. 3. 2006, Bundesanzeiger Nr. 94 a vom 18. 5. 2006
    - die **Verdingungsordnung für Leistungen – ausgenommen Bauleistungen – (VOL)**, in der Fassung der Bekanntmachung vom 6. 4. 2006, Bundesanzeiger Nr. 100 a vom 30. 5. 2006

    und zwar jeweils die Abschnitte 2–4
    - die **Verdingungsordnung für freiberufliche Leistungen (VOF)**, in der Fassung der Bekanntmachung vom 16. 3. 2006, Bundesanzeiger Nr. 91 a vom 13. 5. 2006

Gesetz gegen Wettbewerbsbeschränkungen GWB **Teil 1**

Das GWB ist die gesetzliche Basis für die VgV (§ 97 Abs. 6, § 127 GWB). Die VgV wiederum verweist auf die Anwendbarkeit der Vergabe- und Vertragsordnungen (§§ 4–6 VgV). Deshalb werden diese aufeinander aufbauenden Rechtsquellen auch die „**Kaskade**" des Vergaberechts genannt. 75

Weitere Rechtsquellen, die aber in aller Regel nicht für alle öffentlichen Aufträge gelten, sind vor allem Gesetze, Verordnungen, Erlasse u. ä. des Bundes und der Bundesländer. 76

5.2 Vergaberecht unterhalb der Schwellenwerte

5.2.1 Allgemeines

Die wichtigsten Rechtsquellen **des Rechts der öffentlichen Aufträge für Aufträge** unterhalb der Schwellenwerte **sind** 77
– haushaltsrechtliche Regelungen des Bundes, der Länder und der Kommunen;
– die Vergabe- und Vertragsordnungen:
  – **die Vergabe- und Vertragsordnung für Bauleistungen (VOB),** in der Fassung der Bekanntmachung vom 20. 3. 2006, Bundesanzeiger Nr. 94a vom 18. 5. 2006
  – **die Verdingungsordnung für Leistungen – ausgenommen Bauleistungen – (VOL),** in der Fassung der Bekanntmachung vom 6. 4. 2006, Bundesanzeiger Nr. 100a vom 30. 5. 2006

und zwar jeweils die Vorschriften des ersten Abschnittes, die so genannten Basisparagrafen. 78

Inwieweit VOB und VOL angewendet werden müssen, obliegt der Entscheidung des öffentlichen Auftraggebers selbst. Man kann – vereinfachend ausgedrückt – sagen, dass die VOB für den Bund, die Länder und die Kommunen verpflichtend eingeführt ist; demgegenüber ist die VOL nur für den Bund, jedoch nicht für alle Bundesländer und alle Kommunen in allen Bundesländern verpflichtend eingeführt; sie hat insoweit nur den Charakter einer Empfehlung. 79

Die Verdingungsordnung für freiberufliche Leistungen (VOF) gilt nur für Aufträge über freiberufliche Leistungen ab den Schwellenwerten! 80

Weitere Rechtsquellen sind vor allem Gesetze, Verordnungen, Erlasse u. ä. des Bundes, der Bundesländer (z. B. spezielle Vergabegesetze) und der Kommunen (z. B. kommunale Vergabeordnungen). 81

Vergabestellen müssen **auch bei Vergaben unterhalb der Schwellenwerte das primäre Europarecht,** insbesondere die Gebote wie Gleichbehandlungs- und Transparenzgebot sowie auch das Diskriminierungsverbot, ebenfalls **beachten** (EuGH, Urteil vom 20. 10. 2005 – Az.: C-264/03; VK Lüneburg, B. v. 14. 10. 2002 – Az.: 22/02). 82

Die Kommission wird Deutschland beim Gerichtshof der Europäischen Gemeinschaften (EuGH) in einer Sache verklagen, die Kunsttransporte im Zusammenhang mit vorübergehenden Ausstellungen betrifft. Mehrere deutsche Museen vergeben regelmäßig unter Umgehung transparenter Vergabeverfahren Dienstleistungsaufträge an spezialisierte Transportunternehmen. **Deutschland vertritt nach wie vor die Auffassung, dass die besagten Verträge ohne öffentliche Ausschreibung vergeben werden dürfen, weil der Auftragswert die Anwendungsschwelle der EU-Vergaberichtlinie nicht übersteigt. Diese Auffassung steht im Widerspruch zu Grundprinzipien des Binnenmarkts.** „Kleine" öffentliche Aufträge können für viele Unternehmen im Binnenmarkt recht wichtig sein, besonders für den Mittelstand. Nach ständiger EuGH-Rechtsprechung müssen Behörden bei der Vergabe derartiger Aufträge dafür sorgen, dass die Aufträge in angemessener Weise bekannt gemacht werden, damit alle potenziellen Bieter eine faire Chance erhalten. Da eine solche Bekanntmachung nach der Praxis der deutschen Museen nicht erfolgt, hat die Kommission beschlossen, den Gerichtshof anzurufen (Pressemitteilung der EU-Kommission vom 15. 7. 2005, IP/05/949, www.ibr-online.de/2007-3). 83

5.2.2 Mitteilung der Kommission zu Auslegungsfragen in Bezug auf das Gemeinschaftsrecht, das für die Vergabe öffentlicher Aufträge gilt, die nicht oder nur teilweise unter die Vergaberichtlinien fallen

In einer **Mitteilung der Kommission zu Auslegungsfragen in Bezug auf das Gemeinschaftsrecht, das für die Vergabe öffentlicher Aufträge gilt, die nicht oder nur 84

Teil 1 GWB   Gesetz gegen Wettbewerbsbeschränkungen

teilweise unter die Vergaberichtlinien fallen (23. 6. 2006, www.ibr-online.de/2007-4) **erläutert die Kommission ihr Verständnis der Rechtsprechung des EuGH und stellt bewährte Verfahren vor,** um die Mitgliedstaaten darin zu unterstützen, die Möglichkeiten des Binnenmarkts voll ausschöpfen zu können. Diese **Mitteilung führt keine neuen rechtlichen Regeln ein.** Es ist jedoch zu beachten, dass die Auslegung des Gemeinschaftsrechts letztendlich in jedem Fall Sache des EuGH ist.

85   **Hintergrund der Mitteilung** ist, dass diese Aufträge bieten beachtliche Geschäftsmöglichkeiten, vor allem für KMU und Firmenneugründungen im Binnenmarkt. Auch können die öffentlichen Verwaltungen mit offenen, wettbewerbsorientierten Vergabeverfahren eine größere Zahl potenzieller Bieter ansprechen und damit interessantere Angebote erzielen. Angesichts der Haushaltsprobleme vieler Mitgliedstaaten kommt dem effizienten Einsatz öffentlicher Gelder eine ganz besondere Bedeutung zu. Ferner gilt es im Blick zu behalten, dass sich transparente Vergabeverfahren zur Abwehr von Korruption und Günstlingswirtschaft bewährt haben. **Solche Aufträge werden jedoch nach wie vor vielfach direkt an lokale Anbieter ohne jede Ausschreibung vergeben.**

86   Nach einer Pressemitteilung des Bundesministeriums für Wirtschaft und Technologie hat die **Bundesregierung am 14. 9. 2006 Klage beim EuGH erhoben gegen die Mitteilung der Europäischen Kommission zu Auftragsvergaben, die nicht von den europäischen Vergaberichtlinien erfasst werden.** Mit der Mitteilung errichtet die Europäische Kommission faktisch ein eigenes Vergaberegime insbesondere für die Vielzahl von Aufträgen unterhalb der Schwellenwerte der Vergaberichtlinien.

5.3 Schlussfolgerungen aus der Statistik

87   Das Bundesministerium für Verkehr, Bau- und Stadtentwicklung hat Zahlenmaterial zum Umfang der Auftragsvergaben veröffentlicht (vgl. RZ 11). Diese Zahlen machen deutlich, dass der Schwerpunkt öffentlicher Aufträge bei Vergaben unterhalb der Schwellenwerte liegt; damit dürfte auch die Diskussion um einen Primärrechtsschutz unterhalb der Schwellenwerte weiter auf der Tagesordnung bleiben.

5.4 Literatur

88   – Byok/Jaeger, Kommentar zum Vergaberecht (Erläuterungen zu den vergaberechtlichen Vorschriften des GWB), Verlag Recht und Wirtschaft, 2. Auflage, 2005
– Heiermann/Zeiss/Kullack/Blaufuß, juris Praxiskommentar, Vergaberecht, GWB-VgV-VOB/A, 1. Auflage, 2005
– Leinemann, Ralf, Die Vergabe öffentlicher Aufträge, Carl Heymanns Verlag, 3. Auflage, 2004
– Noch, Rainer, Vergaberecht kompakt, Werner-Verlag, 3. Auflage, 2005
– Reidt/Stickler/Glahs, Vergaberecht/Kommentar, Verlag Dr. Otto Schmidt, Köln, 2. Auflage, 2003
– Wagner, Volkmar/Steinkemper, Ursula, Zum Zusammenspiel von Kartellvergaberecht und Haushaltsvergaberecht, NZBau 2006, 550
– Ziekow, Jan/Siegel, Thorsten, Das Vergabeverfahren als Verwaltungsverfahren, ZfBR 2004, 30

6. § 97 GWB – Allgemeine Grundsätze

(1) **Öffentliche Auftraggeber beschaffen Waren, Bau- und Dienstleistungen nach Maßgabe der folgenden Vorschriften im Wettbewerb und im Wege transparenter Vergabeverfahren.**
(2) **Die Teilnehmer an einem Vergabeverfahren sind gleich zu behandeln, es sei denn, eine Benachteiligung ist auf Grund dieses Gesetzes ausdrücklich geboten oder gestattet.**
(3) **Mittelständische Interessen sind vornehmlich durch Teilung der Aufträge in Fach- und Teillose angemessen zu berücksichtigen.**
(4) **Aufträge werden an fachkundige, leistungsfähige und zuverlässige Unternehmen vergeben; andere oder weitergehende Anforderungen dürfen an Auftragnehmer nur gestellt werden, wenn dies durch Bundes- oder Landesgesetz vorgesehen ist.**
(5) **Der Zuschlag wird auf das wirtschaftlichste Angebot erteilt.**
(6) **Die Bundesregierung wird ermächtigt, durch Rechtsverordnung mit Zustimmung des Bundesrates nähere Bestimmungen über das bei der Vergabe einzuhaltende Verfahren zu treffen, insbesondere über die Bekanntmachung, den Ablauf und die Arten der Vergabe, über die Auswahl und Prüfung der Unternehmen und Angebote, über den Abschluss des Vertrages und sonstige Fragen des Vergabeverfahrens.**
(7) **Die Unternehmen haben Anspruch darauf, dass der Auftraggeber die Bestimmungen über das Vergabeverfahren einhält.**

6.1 Einleitung

6.1.1 Beschaffungsgrundsätze

§ 97 GWB bringt in den Abs. 1 bis 5 die grundlegenden Prinzipien, nach denen eine Beschaffung öffentlicher Auftraggeber erfolgen muss, zum Ausdruck. Es handelt sich um

– das Wettbewerbsgebot (§ 97 Abs. 1),
– das Transparenzgebot (§ 97 Abs. 1),
– das Gleichbehandlungsgebot (§ 97 Abs. 2),
– das Gebot der Berücksichtigung mittelständischer Interessen (§ 97 Abs. 3),
– das Gebot der Vergabe aufgrund leistungsbezogener Eignungskriterien (§ 97 Abs. 4),
– das Gebot der Vergabe auf das wirtschaftlichste Angebot (§ 97 Abs. 5).

Diese Prinzipien erfahren im Wesentlichen ihre konkrete Ausformung in einzelnen Regelungen der VOB, der VOL und der VOF.

6.1.2 Subjektives Recht auf Einhaltung der Vergabebestimmungen

Mit der Einführung eines subjektiven Rechtes der Bewerber und Bieter auf Einhaltung der Vergabebestimmungen hat der Gesetzgeber die notwendige Konsequenz aus der Rechtsprechung des Europäischen Gerichtshofes (grundlegend EuGH, Urteil vom 11. 8. 1995, Rechtssache C-433/93) und der Kritik der Kommission der Europäischen Gemeinschaften gezogen (vgl. im Einzelnen RZ 21). Bewerber und Bieter haben damit die Möglichkeit, im Wege des Primärrechtsschutzes unmittelbar auf ein laufendes Vergabeverfahren einzuwirken; sie sind nicht mehr nur auf Schadenersatzansprüche (= Sekundärrechtsschutz) verwiesen.

6.1.3 Ermessen des Auftraggebers bei der allgemeinen Ausgestaltung des Vergabeverfahrens

Die Bieter haben einen **Anspruch nach § 97 Abs. 7 GWB darauf, dass auch die Ausgestaltung des Verfahrens als solchem in Einklang steht mit den allgemeinen Grundsätzen des Vergaberechts,** insbesondere dem Diskriminierungsverbot sowie dem Transparenzgrundsatz. Wird der vergaberechtlich vorgegebene Auswahlprozess seitens des öffentlichen Auftraggebers in einer Weise organisiert, die gleichsam systemimmanent die Gefahr von Ungleichbehandlung oder Undurchschaubarkeit in sich birgt, so würde bereits das Verfahren als

Teil 1 GWB § 97 Gesetz gegen Wettbewerbsbeschränkungen

solches als Vergaberechtsverstoß zu qualifizieren sein. Allerdings gibt es nicht nur ein Verfahren, das vergaberechtskonform sein kann, sondern **dem öffentlichen Auftraggeber stehen hier vielfältige Varianten und Entscheidungsmöglichkeiten offen.** Nicht nur bei der Wertung im engeren Sinne, also bei der Auswertung der konkreten Angebotsinhalte anhand der vorgegebenen Wertungskriterien, sondern **auch bei der Festlegung des Procedere besteht damit ein Ermessensspielraum** des Auftraggebers. Der grundsätzliche Anspruch der Bieter auf ein ordnungsgemäßes Verfahren beinhaltet daher nicht, dass er dem Auftraggeber das aus seiner Sicht optimale Verfahren diktieren darf; der **Anspruch geht nur dahin, dass die geschilderten Grenzen des Ausgestaltungsermessens nicht überschritten werden dürfen.** Die Ausübung dieses Spielraums lässt innerhalb einer bestimmten Bandbreite mehrere vertretbare und daher hinzunehmende Entscheidungsergebnisse zu. Vor diesem Hintergrund ist die Vergabekammer lediglich befugt, die Einhaltung der Grenzen dieses Beurteilungsspielraums zu überprüfen. Die Nachprüfungsinstanzen dürfen ihre Vorstellungen über die Organisation des Wertungsvorgangs jedoch nicht an die Stelle der Vergabestelle setzen (3. VK Bund, B. v. 7. 9. 2005 – Az.: VK 3–115/05; B. v. 7. 9. 2005 – Az.: VK 3–112/05; B. v. 6. 9. 2005 – Az.: VK 3–109/05; B. v. 31. 8. 2005 – Az.: VK 3–106/05; B. v. 31. 8. 2005 – Az.: VK 3–103/05; B. v. 31. 8. 2005 – Az.: VK 3–100/05; B. v. 31. 8. 2005 – Az.: VK 3–97/05).

6.1.4 Rechtfertigung von Beschränkungen des Berufsausübungsrechts (Art. 12 GG)

93 Gemessen am Zweck der Wahrung der tragenden Vergaberechtsgrundsätze (Wettbewerbsprinzip, Gleichbehandlung, Transparenz) sind die mit einem Angebotsausschluss wegen eines unvollständigen Angebots verbundenen Beschränkungen des Berufsausübungsrechts (Art. 12 GG) nicht unverhältnismäßig. Die Wertung von z. B. unvollständigen Angeboten würde zu einer ungerechtfertigten Ungleichbehandlung anderer Bieter führen. Alle Unternehmen haben die Angebotsabgabefrist strikt zu beachten und bis dahin ihre Entscheidungen zu treffen, auch im Hinblick auf mögliche anderweitige Dispositionen. Bis zu diesem Zeitpunkt haben sie ein in jeder Hinsicht annehmbares und sie bindendes Angebot vorzulegen. Das sich **hieraus ergebende Zeitfenster wird bei einer Wertung verspäteter oder unvollständiger Angebote einseitig zu Gunsten eines Bieters verschoben.** Es ist denkbar, dass Mitbewerber gerade mit Blick auf den Abgabeendtermin geforderte Nachweise nicht vorlegen können oder sich sonst aus terminlichen Gründen gegen eine Bewerbung entscheiden. Der Grundsatz der Gleichbehandlung der Bieter bedeutet indessen auch, dass die Bieter schon zu dem Zeitpunkt, zu dem sie ihre Angebote vorbereiten, gleich behandelt werden müssen. Auch **eine allein der Sphäre eines Bieters zuzurechnende „Unternehmensumstrukturierung" kann es somit nicht rechtfertigen, ihr unter Verstoß gegen tragende Prinzipien des Vergaberechts eine Sonderbehandlung zuteil werden zu lassen.** Bei einer anderen Sicht der Dinge sind kaum zu verhindernde Missbräuche eröffnet. Konzernunternehmen oder befreundete (Gesellschafter-)Unternehmen können sich dann spekulativ an mehreren Ausschreibungen beteiligen und je nach Lukrativität des Auftrags ihre Bieterposition notfalls im Wege „kurzfristiger Umstrukturierungen" bestimmten anderen Unternehmen zuspielen. Ferner ist es Unternehmen noch nicht in ein spätes Stadium des Vergabeverfahrens möglich, in nicht hinnehmbarer Weise in den Vergabewettbewerb einzugreifen (OLG Düsseldorf, B. v. 16. 11. 2005 – Az.: VII – Verg 56/05; B. v. 6. 10. 2005 – Az.: VII – Verg 56/05).

6.2 Wettbewerbsprinzip (§ 97 Abs. 1)

6.2.1 Inhalt und Reichweite

94 Die wettbewerbliche Vergabe ist das tragende Prinzip und das zentrale Element bei der Beschaffungstätigkeit der öffentlichen Hand. Der Schutz der wettbewerblichen Vergabe ist denkbar weit und umfassend zu verstehen. Diese umfassend zu verstehende Durchsetzung des wettbewerblichen Prinzips bei der Bedarfsdeckung der öffentlichen Hand liegt nicht nur im Interesse des jeweiligen öffentlichen Auftraggebers, sondern auch des potentiellen Auftragnehmers (OLG Düsseldorf, B. v. 17. 6. 2002 – Az.: Verg 18/02).

95 § 97 Abs. 1 als Ausprägung des Wettbewerbsprinzips hat **bieterschützende Wirkung** (BGH, B. v. 1. 2. 2005 – Az.: X ZB 27/04; OLG Düsseldorf, B. v. 7. 7. 2004 – Az.: VII – Verg 15/04).

Gesetz gegen Wettbewerbsbeschränkungen GWB § 97 **Teil 1**

6.2.2 Konkrete Ausformung in VOB/VOL/VOF
Das Wettbewerbsprinzip ist auch konkreter Bestandteil von VOB/VOL/VOF: 96

	Wettbewerbsprinzip
VOB	§ 2 Nr. 1
VOL	§ 2 Nr. 1
VOF	§ 4 Abs. 1

6.2.3 Unzulässigkeit wettbewerbsbeschränkender und unlauterer Verhaltensweisen

6.2.3.1 Allgemeines

Unter „**wettbewerbsbeschränkenden Verhaltensweisen**" sind keineswegs nur die sowohl 97 in VOL wie auch VOB an anderer Stelle behandelten und schon nach dem GWB (§§ 1, 14) unzulässigen wettbewerbsbeschränkenden Absprachen oder gar der Ausschreibungsbetrug (§ 298 StGB) zu verstehen, sondern **ganz allgemein Verhaltensweisen der Bieter, aber auch der Auftraggeber, die den Wettbewerb beeinträchtigen** (OLG Düsseldorf, B. v. 22. 6. 2006 – Az.: VII – Verg 2/06; B. v. 27. 7. 2005 – Az.: VII – Verg 108/04; B. v. 16. 9. 2003 – Az.: VII – Verg 52/03; 1. VK Sachsen, B. v. 19. 7. 2006 – Az.: 1/SVK/060–06; B. v. 19. 7. 2006 – Az.: 1/SVK/059–06; VK Arnsberg, B. v. 2. 2. 2006 – Az.: VK 30/05; 2. VK Brandenburg, B. v. 19. 1. 2006 – Az.: 2 VK 76/05; VK Südbayern, B. v. 11. 8. 2005 – Az.: 35–07/05; 1. VK Sachsen, B. v. 23. 6. 2005 – Az.: 1/SVK/068–05, 068–05G; 1. VK Brandenburg, B. v. 25. 4. 2005 – Az.: VK 13/05; VK Schleswig-Holstein, B. v. 26. 10. 2004 – Az.: VK-SH 26/04; VK Münster, B. v. 10. 2. 2005 – Az.: VK 35/04; B. v. 21. 7. 2004 – Az.: VK 17/04; VK Baden-Württemberg, B. v. 12. 7. 2004, Az.: 1 VK 38/04, B. v. 3. 6. 2004 – Az.: 1 VK 29/04; VK Lüneburg, B. v. 7. 10. 2003 – Az.: 203-VgK-19/2003). Der Begriff ist **weit auszulegen** (OLG Düsseldorf, B. v. 22. 6. 2006 – Az.: VII – Verg 2/06; B. v. 27. 7. 2005 – Az.: VII – Verg 108/04; B. v. 23. 3. 2005 – Az.: VII – Verg 68/04; B. v. 16. 9. 2003 – Az.: VII – Verg 52/03; 1. VK Sachsen, B. v. 19. 7. 2006 – Az.: 1/SVK/060–06; B. v. 19. 7. 2006 – Az.: 1/SVK/059–06; 3. VK Bund, B. v. 4. 7. 2006 – Az.: VK 3–60/06; 1. VK Bund, B. v. 20. 4. 2006 – Az.: VK 1–19/06; 2. VK Brandenburg, B. v. 19. 1. 2006 – Az.: 2 VK 76/05; VK Rheinland-Pfalz, B. v. 14. 6. 2005 – Az.: VK 16/05; 1. VK Brandenburg, B. v. 25. 4. 2005 – Az.: VK 13/05; VK Schleswig-Holstein, B. v. 13. 7. 2006 – Az.: VK-SH 15/06; B. v. 2. 2. 2005 – Az.: VK-SH 01/05; 2. VK Bund, B. v. 24. 8. 2004 – Az.: VK 2–115/04; VK Münster, B. v. 10. 2. 2005 – Az.: VK 35/04; B. v. 21. 7. 2004 – Az.: VK 17/04; VK Baden-Württemberg, B. v. 12. 7. 2004, Az.: 1 VK 38/04, B. v. 3. 6. 2004 – Az.: 1 VK 29/04; 1. VK Saarland, B. v. 22. 12. 2003 – Az.: 1 VK 08/2003).

Das OLG Koblenz sieht noch weitergehend ein unzulässiges wettbewerbsbeschränkendes 98 Verhalten darin, wenn die **beteiligten Unternehmen einen gemeinsamen Zweck verfolgen und ihr abgestimmtes Verhalten geeignet ist, die Marktverhältnisse durch Beschränkung des Wettbewerbs zu beeinflussen** (OLG Koblenz, B. v. 26. 10. 2005 – Az.: 1 Verg 4/05; 1. VK Sachsen, B. v. 19. 7. 2006 – Az.: 1/SVK/060–06; B. v. 19. 7. 2006 – Az.: 1/SVK/059–06).

Unter „**unlauteren Verhaltensweisen**" im Sinne dieser Vorschrift sind zu verstehen unlau- 99 tere Handlungsweisen im engeren Sinne, die gegen die guten Sitten verstoßen und deshalb § 1 UWG verletzen, Wettbewerbshandlungen, die gegen Sondervorschriften des UWG verstoßen, Wettbewerbshandlungen, die nicht gegen UWG-Vorschriften, wohl aber gegen Vorschriften anderer Gesetze verstoßen (z. B. – seinerzeit – Verstöße gegen das Rabattgesetz) sowie Verhaltensweisen, die den ordentlichen Gepflogenheiten in Industrie, Handel und Handwerk zuwiderlaufen (VK Südbayern, B. v. 11. 8. 2005 – Az.: 35–07/05) wie z. B. irreführende Angaben gegenüber der Einkaufsdienststelle. Auf Seiten des Auftraggebers fällt z. B. eine Scheinausschreibung unter den Begriff der unlauteren Verhaltensweisen (VK Lüneburg, B. v. 7. 10. 2003 – Az.: 203-VgK-19/2003).

Ein Verhalten stellt auch **erst dann eine unlautere Begleiterscheinung** dar, wenn die 100 **Mitbewerber** durch die Vereinbarung von Ausschließlichkeitsrechten und darauf begründeter Monopolstellung **um ihre Chance gebracht werden,** im Leistungswettbewerb um den Auftrag zu kämpfen. Dazu gehören etwa unwahre, kreditschädigende Äußerungen über einen Mit-

45

bewerber ebenso wie herabsetzende Werturteile oder die Behinderung von Konkurrenten oder die Abwerbung von Arbeitskräften (1. VK Sachsen, B. v. 23. 6. 2005 – Az.: 1/SVK/068–05, 068–05G; B. v. 8. 7. 2004 – Az.: 1/SVK/044–04; B. v. 12. 3. 2003 – Az.: 1/SVK/010–03) oder
– **isoliert betrachtet legale – Verhaltensweisen, die den Wettbewerb beeinträchtigen,** wie etwa die Abwerbung von Arbeitnehmern zu dem Zweck, im Hinblick auf eine bestimmte Ausschreibung die Leistungsfähigkeit eines Konkurrenten zu beeinträchtigen (OLG Koblenz, B. v. 26. 10. 2005 – Az.: 1 Verg 4/05).

101 **Die gemeinsame Stellung eines Nachprüfungsantrags durch mehrere Bieter stellt kein wettbewerbsbeschränkendes Verhalten dar.** Der Wettbewerb findet im Vergabeverfahren, nicht im Nachprüfungsverfahren statt (3. VK Bund, B. v. 19. 7. 2005 – Az.: VK 3–58/05).

102 Der **Begriff der wettbewerbsbeschränkenden Abrede umfasst auch die Verletzung des Gebots des Geheimwettbewerbs** (OLG Düsseldorf, B. v. 22. 6. 2006 – Az.: VII – Verg 2/06; OLG Dresden, B. v. 28. 3. 2006 – Az.: WVerg 0004/06; 1. VK Sachsen, B. v. 19. 7. 2006 – Az.: 1/SVK/060–06; B. v. 19. 7. 2006 – Az.: 1/SVK/059–06; VK Arnsberg, B. v. 2. 2. 2006 – Az.: VK 30/05; 1. VK Bund, B. v. 20. 4. 2006 – Az.: VK 1–19/06 – instruktiver Fall –; 2. VK Brandenburg, B. v. 19. 1. 2006 – Az.: 2 VK 76/05; 1. VK Brandenburg, B. v. 25. 4. 2005 – Az.: VK 13/05). Vgl. zum Gebot des Geheimwettbewerbs die Kommentierung zu § 97 GWB RZ 118.

103 **Unlauter ist es auch, wenn ein Antragsteller ihm zugespielte Teile des Angebots anderer Bieter in das Nachprüfungsverfahren einführt.** Damit nutzt er im Wettbewerb bewusst fremdes – möglicherweise sogar strafrechtlich relevantes – Fehlverhalten aus; er verwendet Unterlagen, die nicht für ihn, sondern ausschließlich für den Auftraggeber bestimmt und von diesem geheim zu halten sind; ferner muss der Antragsteller damit rechnen, dass ihm die Unterlagen entweder von einem Mitarbeiter des anderen Bieters unter Verstoß gegen § 17 Abs. 1 UWG oder von einem Mitarbeiter des Auftraggebers unter Verstoß gegen § 17 Abs. 2 Nr. 1 und 2 UWG zugespielt worden sind. Diese Ausnutzung fremden Fehlverhaltens kann der Antragsteller auch nicht damit rechtfertigen, dass er mit ihm lediglich die ihm im Vergabeverfahren rechtmäßig zustehende, ihm vom Auftraggeber aber unter Verstoß gegen Vergaberegeln aberkannte Position wiederherstellen will. Aus diesem Grund **dürfen auch objektive Vergabefehler, die auf diesem Wege bekannt werden, nicht berücksichtigt werden** (OLG Brandenburg, B. v. 6. 10. 2005 – Az.: Verg W 7/05; 1. VK Brandenburg, B. v. 25. 4. 2005 – Az.: VK 13/05).

6.2.3.2 Konkrete Nachweispflicht

104 Voraussetzung für einen Angebotsausschluss als Folge einer unzulässigen Wettbewerbsbeschränkung ist der **konkrete Nachweis, dass eine derartige Abrede** in Bezug auf die konkrete Vergabe im Sinne und mit dem Zweck einer unzulässigen Wettbewerbsbeschränkung **getroffen worden** ist. Reine Vermutungen auf getroffene Abreden erfüllen diesen Tatbestand keinesfalls. Die Anforderungen sind anerkanntermaßen hoch (Saarländisches OLG, B. v. 5. 7. 2006 – Az.: 1 Verg 1/06; OLG Frankfurt am Main, B. v. 30. 3. 2004 – Az.: 11 Verg 4/04, 5/04; VK Südbayern, B. v. 11. 8. 2005 – Az.: 35–07/05; VK Arnsberg, B. v. 28. 6. 2005 – Az.: VK 8/2005; 3. VK Bund, B. v. 4. 5. 2005 – Az.: VK 3–22/05; VK Schleswig-Holstein, B. v. 13. 7. 2006 – Az.: VK-SH 15/06; B. v. 2. 2. 2005 – Az.: VK-SH 01/05; B. v. 26. 10. 2004 – Az.: VK-SH 26/04; 2. VK Bund, B. v. 20. 5. 2005 – Az.: VK 2–30/05; B. v. 24. 8. 2004 – Az.: VK 2–115/04; 1. VK Sachsen, B. v. 23. 6. 2005 – Az.: 1/SVK/068–05, 068–05G; B. v. 20. 1. 2005 – Az.: 1/SVK/127–04; B. v. 8. 7. 2004 – Az.: 1/SVK/044–04; B. v. 12. 3. 2003 – Az.: 1/SVK/010–03).

105 **Ausnahmsweise** kann nach Auswertung aller Unterlagen aber auch davon ausgegangen werden, dass es sich z.B. bei Firmen, die Angebote abgegeben haben, nicht um selbständig am Markt auftretende Unternehmen handelt, sondern um **Scheinfirmen,** die allein zu dem Zwecke gegründet oder z.B. für Schulbuchaufträge reaktiviert wurden, um bei der Vergabe im Wege einer Auslosung gegenüber den Mitkonkurrenten bessere Chancen zu haben (VK Münster, B. v. 21. 7. 2004 – Az.: VK 17/04; VK Düsseldorf, B. v. 29. 6. 2004 – Az.: VK – 21/2004-L; VK Baden-Württemberg, B. v. 12. 7. 2004, Az.: 1 VK 38/04, B. v. 3. 6. 2004 – Az.: 1 VK 29/04); zu einem **gegenteiligen Ergebnis für Schulbuchaufträge** vgl. VK Arnsberg, B. v. 28. 6. 2005 – Az.: VK 8/2005.

106 Auch die VK Schleswig-Holstein stellt unter Berücksichtigung von Art. 12 GG hohe **Anforderungen an Indizien.** Lässt man z.B. **Umstände wie Wohnsitz und Verwandtschaft** als

Indizien oder gar Beweise für wettbewerbswidriges Verhalten gelten, ist dies mit höherrangigem Recht, insbesondere dem Grundrecht auf freie Berufswahl und freie Berufsausübung nach **Artikel 12 GG nicht vereinbar** (VK Schleswig-Holstein, B. v. 13. 7. 2006 – Az.: VK-SH 15/06 – **Schulbuchbereich**).

Ein wettbewerbsbeschränkendes Verhalten kann sich auch aus einer **Häufung von Indizien ergeben, die vom Bieter nicht schlüssig widerlegt werden können** (VK Rheinland-Pfalz, B. v. 14. 6. 2005 – Az.: VK 16/05 – instruktiver Fall). 107

6.2.3.3 Pflicht der Vergabestelle zur Bekämpfung wettbewerbsbeschränkender Verhaltensweisen

Der **Vergabestelle steht hinsichtlich des „ob" der Prüfung des Vorliegens unlauterer Handlungsweisen kein Ermessens- oder Gestaltungsspielraum zu.** Die drittschützende Wirkung des Gebotes, unlautere Wettbewerbshandlungen zu bekämpfen, ist offensichtlich. Die Bekämpfung der Erlangung eines ungehörigen Wettbewerbsvorsprunges, z.B. durch „Schmieren", ist eine Hauptaufgabe des Wettbewerbsrechts (VK Düsseldorf, B. v. 6. 3. 2001 – Az.: VK – 4/2001 – L). 108

6.2.3.4 Pflicht der Vergabestelle zu kartellrechtlichen Prüfungen

Einem öffentlichen Auftraggeber kann nicht vorgeworfen werden, von eigenen kartellrechtlichen Prüfungen abzusehen, wenn die **zuständige Kartellbehörde nach expliziter Prüfung** (wenn auch unter Bedingungen) das mit dem Zuschlag verbundene Zusammenschlussvorhaben **als kartellrechtlich unbedenklich angesehen** hat (OLG Düsseldorf, B. v. 9. 4. 2003 – Az.: Verg 43/02). 109

6.2.3.5 Unlautere Verhaltensweisen

Zu den **unlauteren Verhaltensweisen** zählen auch Wettbewerbshandlungen, die nicht gegen UWG-Vorschriften, wohl aber gegen Vorschriften anderer Gesetze verstoßen. Das **Einräumen von Zahlungszielen ist mit dem Buchpreisbindungsgesetz nicht vereinbar.** Dies verbietet sich im Hinblick auf den Charakter fester Buchpreise als Barzahlungspreise. Dies stellt die Gewährung eines verbotenen Barzahlungsnachlasses dar. Auf ein entsprechendes Angebot darf kein Zuschlag erteilt werden (VK Baden-Württemberg, B. v. 22. 7. 2004, Az.: 1 VK 49/04). 110

6.2.3.6 Zeitpunkt der Wettbewerbsbeschränkung

Die Ausschlussbestimmung des § 25 Nr. 1 Abs. 1 lit. f) VOL/A erfasst nur den Fall von Angeboten, die in einer Ausschreibung abgegeben worden sind und deren Urheber – konkret auf die Vergabe bezogen – eine unzulässige wettbewerbsbeschränkende Abrede getroffen haben. Ist es **zu einer wettbewerbsbeschränkenden Vereinbarung vor Abgabe der Angebote gar nicht gekommen, kann die Vorschrift nicht angewendet** werden (2. VK Bund, B. v. 29. 3. 2006 – Az.: VK 2–11/06). 111

6.2.3.7 Literatur

– Alexander, Christian, Öffentliche Auftragsvergabe und unlauterer Wettbewerb – Zum Rechtsschutz des Bieters im fehlerhaften Vergabeverfahren nach vergaberecht und UWG, WRP 2004, 700 112
– Jansen, Nicola, Wettbewerbsbeschränkende Abreden im Vergabeverfahren, WuW 2005, 502

6.2.4 Wichtige Ausprägungen des Wettbewerbsprinzips in der Rechtsprechung

6.2.4.1 Parallele Beteiligung zweier Unternehmen mit identischer Geschäftsführung bzw. konzernverbundener bzw. über eine Holding verbundene Unternehmen am Wettbewerb

Die **Rechtsprechung** ist insoweit **nicht einheitlich.** 113

114 Eine **Beteiligung von konzernverbundenen oder personell verbundenen Bewerberfirmen an ein und demselben Vergabeverfahren muss möglich sein,** solange es sich um rechtlich selbständige juristische Personen handelt und **konkrete Anhaltspunkte für wettbewerbsbeschränkende oder unlautere Verhaltensweisen nicht ersichtlich** sind. Eine Ausweitung der Rechtsprechung des Oberlandesgerichts Düsseldorf (vgl. RZ 118) über die dort zugrunde liegende Konstellation (Parallelbeteiligung als Einzelfirma und im Rahmen einer Bietergemeinschaft) auf alle nur denkbaren, zivilrechtlich im Übrigen ja zulässigen Organisationsverbindungen von Bieterunternehmen würde faktisch zu einer Beschränkung des Wettbewerberkreises führen, die mit dem Ziel des Vergaberechtes nicht in Einklang zu bringen ist (3. VK Bund, B. v. 4. 7. 2006 – Az.: VK 3–60/06; 3. VK Saarland, B. v. 12. 12. 2005 – Az.: 3 VK 03/2005 und 3 VK 04/2005; VK Schleswig-Holstein, B. v. 2. 2. 2005 – Az.: VK-SH 01/05; VK Lüneburg, B. v. 8. 5. 2006 – Az.: VgK-07/2006; B. v. 7. 11. 2003 – Az.: 203-VgK-32/2003).

115 Soweit es um die Beteiligung am Wettbewerb selbst geht, hat der Auftraggeber lediglich Vorteile davon, wenn sich möglichst viele Unternehmen bewerben. Würden dabei konzernverbundene Unternehmen weitgehend ausgeschaltet, würde dies sowohl außer Acht lassen, dass **auch konzernverbundene Unternehmen sich überwiegend wirtschaftlich eigenständig bewegen und sogar in einem gewissen internen Konkurrenzkampf miteinander stehen** als auch zu einem **vom Vergaberecht nicht beabsichtigten pauschalen Schutz anderer Unternehmen vor Konkurrenz** führen (3. VK Bund, B. v. 4. 7. 2006 – Az.: VK 3–60/06; 3. VK Saarland, B. v. 12. 12. 2005 – Az.: 3 VK 03/2005 und 3 VK 04/2005; VK Schleswig-Holstein, B. v. 2. 2. 2005 – Az.: VK-SH 01/05; VK Düsseldorf, B. v. 21. 11. 2003 – Az.: VK – 33/2003 – L).

116 Nach einer anderen Auffassung ist zumindest dann, wenn **eindeutige Indizien** vorliegen, dass **formal selbständige Firmen** von einer Person oder einer Personengruppe **nur gegründet worden sind, um die Chancen in einem Vergabeverfahren** (z. B. Verlosung von Aufträgen über preisgebundene Bücher) **zu erhöhen, von einer Wettbewerbsbeschränkung auszugehen** (VK Baden-Württemberg, B. v. 3. 6. 2004 – Az.: 1 VK 29/04).

117 Eine **Vermutung für eine wettbewerbsbeschränkende Abrede** ist **nicht gerechtfertigt, wenn zwei bei Angebotsabgabe gesellschaftsrechtlich noch nicht wirksam über eine Holdinggesellschaft verbundene Bieter an der Ausschreibung teilnehmen.** In einem solchen Falle liegt eine wechselseitige oder einseitige Kenntnis vom Angebot des künftigen „Schwesterunternehmens" nicht auf der Hand, sondern **bedarf es des konkreten Nachweises** wettbewerbsbeschränkender Absprachen (OLG Dresden, B. v. 28. 3. 2006 – Az.: WVerg 0004/06).

6.2.4.2 Parallele Beteiligung als Einzelbewerber und Mitglied einer Bewerbergemeinschaft

118 **6.2.4.2.1 Grundsatz.** Eine **parallele Beteiligung** eines Unternehmens **als Einzelbieter und als Mitglied einer Bietergemeinschaft ist nicht zulässig.** Wesentliches und unverzichtbares Kennzeichen einer Auftragsvergabe im Wettbewerb ist nämlich die **Gewährleistung eines Geheimwettbewerbs** zwischen den an der Ausschreibung teilnehmenden Bietern. Nur dann, wenn jeder Bieter die ausgeschriebene Leistung in Unkenntnis der Angebote, Angebotsgrundlagen und Angebotskalkulation seiner Mitbewerber um den Zuschlag anbietet, ist ein echter Bieterwettbewerb möglich (OLG Düsseldorf, B. v. 22. 6. 2006 – Az.: VII – Verg 2/06; OLG Thüringen, B. v. 19. 4. 2004 – Az.: 6 Verg 3/04; 1. VK Sachsen, B. v. 19. 7. 2006 – Az.: 1/SVK/060–06; B. v. 19. 7. 2006 – Az.: 1/SVK/059–06; VK Münster, B. v. 5. 4. 2006 – Az.: VK 5/06; 1. VK Sachsen-Anhalt, B. v. 7. 3. 2006 – Az: 1 VK LVwA 01/06; VK Arnsberg, B. v. 2. 2. 2006 – Az.: VK 30/05; 2. VK Brandenburg, B. v. 19. 1. 2006 – Az.: 2 VK 76/05; VK Hamburg (FB), B. v. 17. 8. 2005 – Az.: VgK FB 6/05; B. v. 17. 8. 2005 – Az.: VgK FB 5/05; 1. VK Brandenburg, B. v. 25. 4. 2005 – Az.: VK 13/05; VK Schleswig-Holstein, B. v. 26. 10. 2004 – Az.: VK-SH 26/04). Gibt ein Bieter für die ausgeschriebene Leistung nicht nur ein eigenes Angebot ab, sondern bewirbt er sich daneben auch als Mitglied einer Bietergemeinschaft um den Zuschlag derselben Leistung, ist in aller Regel der Geheimwettbewerb in Bezug auf beide Angebote nicht mehr gewahrt. Denn im Allgemeinen wird sowohl das Einzelangebot wie auch das Angebot der Bietergemeinschaft in Kenntnis eines konkurrierenden Angebots abgegeben (OLG Naumburg, B. v. 30. 7. 2004 – Az.: 1 Verg 10/04; OLG Düsseldorf, B. v. 16. 9. 2003 – Az.: VII – Verg 52/03; VK Arnsberg, B. v. 2. 2. 2006 – Az.: VK 30/05; VK Hamburg (FB), B. v. 17. 8. 2005 – Az.: VgK FB 5/05; 1. VK Bund, B. v. 19. 8. 2003 – Az.: VK 1–69/03; VK Nordbayern, B. v. 5. 6. 2003 – Az.: 320.VK-3194–16/03).

Die Gewährleistung eines Geheimwettbewerbs zwingt aus den gleichen Überlegungen heraus 119
zum **Ausschluss von Angeboten von Bietern, die nach den Umständen die gegenseitige Kenntnis voraussetzen, ohne dass der Fall einer Bietergemeinschaft gegeben ist**
(OLG Thüringen, B. v. 19. 4. 2004 – Az.: 6 Verg 3/04).

Die Gewährleistung eines Geheimwettbewerbs zwingt aus den gleichen Überlegungen heraus 120
auch zum **Ausschluss von Angeboten von Bietern, die nach den Umständen eine verdeckte Bietergemeinschaft eingegangen sind** (VK Rheinland-Pfalz, B. v. 14. 6. 2005 – Az.: VK 16/05).

Das Gebot des Geheimwettbewerbs lässt es wegen der Publizitätspflichten des Postgesetzes 121
auch nicht zu, bei der **Ausschreibung von Zustellungsleistungen, für die eine Entgeltgenehmigung nach dem PostG erforderlich ist,** zu verlangen, dass die Bieter eine behördliche **Entgeltgenehmigung vor dem Zeitpunkt des Zuschlags vorlegen müssen** (OLG Schleswig-Holstein, B. v. 8. 9. 2006 – Az.: 1 Verg 6/06); vgl. dazu die Kommentierung zu § 8 VOL/A RZ 6687.

Der Geheimwettbewerb ist dadurch geprägt, **dass bei öffentlichen Ausschreibungen** 122
bzw. im Offenen Verfahren der Wettbewerb nicht an den Verhandlungstischen der Mitbewerber vorweggenommen wird und auch nicht über „vermittelnde Subunternehmer" verfälscht werden darf, sondern durch die Abgabe verschlossener Umschläge mit allen Beteiligten geheimem Inhalt stattfindet. Dass durch den Grundsatz des geheimen Wettbewerbs die Möglichkeit von Vorabsprachen zwischen den beteiligten Kreisen limitiert ist, mag aus unternehmerischer Sicht bisweilen als störend empfunden werden, liegt aber bei einem geheimen Wettbewerb in der Natur der Sache. Unmöglich gemacht werden solche Gespräche durch eine ausnahmslose Geltung des Verbots des Austauschs von Kalkulationsgrundlagen aber keineswegs, sondern ihnen werden **im Sinne eines vom Gesetzgeber so gewollten Geheimhaltungsgebots Grenzen gezogen.** Die Teilnehmer solcher Gespräche sind für das Vergabeverfahren dann insoweit durch die Vorabgespräche „verbrannt", als sie sich im Verlauf des Vergabeverfahrens nicht mehr als Mitbieter gegenüberstehen oder im Lager eines anderen Mitbieters stehen dürfen, sofern zuvor Angebotsgrundlagen, Kalkulationen oder Angebote für die in Frage stehende Auftragsvergabe besprochen oder gar ausgetauscht wurden (VK Rheinland-Pfalz, B. v. 14. 6. 2005 – Az.: VK 16/05).

Ein **Vergabeverfahren ist dann als eingeleitet zu betrachten – mit der Folge, dass** 123
der Schutz des Geheimwettbewerbs eingreift –, wenn sich der öffentliche Auftraggeber zur Deckung eines akuten Bedarfs, als zur Beschaffung von Waren, Bau- oder Dienstleistungen **entschlossen hat und mit organisatorischen und/oder planerischen Schritten** – insbesondere (aber nicht nur) mit Kontakten zu potentiellen Anbietern – **beginnt zu regeln,** auf welche Weise (insbesondere mit welcher Vergabeart) und mit welchen gegenständlichen Leistungsanforderungen das Beschaffungsvorhaben eingeleitet und durchgeführt und wie die Person oder der Personenkreis des oder der Leistenden ermittelt und dann mit dem Endziel eines verbindlichen Vertragsschlusses ausgewählt werden soll. Notwendig und ausreichend für ein wettbewerbswidriges Verhalten ist demnach ein vorwerfbares Verhalten im Bezug auf eine konkrete Ausschreibung bzw. Vergabe. Der Schutz der Rechte der anderen Bieter würde grundlos eingeschränkt, dürften sich konkurrierende Bieter im Hinblick auf eine z.B. durch Presseberichte oder politische Bekundungen absehbare und in engem zeitlichem Zusammenhang stehende Ausschreibung hin vor der Vergabebekanntmachung zusammen setzen und ohne jede Einschränkung gegenseitige Kalkulationsgrundlagen, Angebotskalkulationen oder Angebote austauschen (VK Rheinland-Pfalz, B. v. 14. 6. 2005 – Az.: VK 16/05).

6.2.4.2.2 Ausnahme für den VOF-Bereich. Während sich im Bereich der VOL/A oder 124
der VOB/A wegen der Gefahr der unzulässigen Abstimmung von Angeboten, die im Sinne des Wettbewerbs konkurrieren sollen, die Abgabe von Angeboten sowohl als Einzelbieter als auch innerhalb einer Bietergemeinschaft grundsätzlich verbietet, **bestehen bei VOF-Verfahren grundsätzlich keine durchgreifenden Bedenken gegen die Zulassung einer „Doppelbewerbung".** Zum einen **geht es nicht um einen Vergleich verschiedener Angebote zu einer bereits festgelegten, ausgeschriebenen Leistung, sondern um die Auswahl von Teilnehmern, mit denen in einem zweiten Schritt die Auftragsbedingungen verhandelt werden.** Dies insbesondere, wenn z.B. der Einzelbewerber in keiner echten Konkurrenz mit seiner eigenen Bewerbergemeinschaft steht, weil zwischen ihm und den übrigen Mitgliedern der Beratergemeinschaft eine klare Aufgabentrennung besteht. Die Gefahr einer vergaberechtlich unzulässigen Wettbewerbsverzerrung ist bei dieser Konstellation nicht gegeben (OLG München, B. v. 28. 4. 2006 – Az.: Verg 6/06).

6.2.4.3 Parallele Beteiligung als Einzelbewerber und Nachunternehmer eines anderen Bieters

125 Der **bloße Umstand, dass ein Bieter ein eigenes Angebot zum Vergabeverfahren einreicht und daneben gemäß einem anderen Angebot als Nachunternehmer eingesetzt werden soll, genügt nicht, die für einen Angebotsausschluss erforderliche Kenntnis beider Angebote und damit einen Verstoß gegen den Geheimwettbewerb festzustellen.** Dazu müssen weitere Tatsachen hinzukommen, die nach Art und Umfang des Nachunternehmereinsatzes sowie mit Rücksicht auf die Begleitumstände eine Kenntnis von dem zu derselben Ausschreibung abgegebenen Konkurrenzangebot annehmen lassen (OLG Düsseldorf, B. v. 28. 6. 2006 – Az.: VII – Verg 18/06; B. v. 13. 4. 2006 – Az.: VII – Verg 10/06; anderer Auffassung ist anscheinend 1. VK Sachsen-Anhalt, B. v. 7. 3. 2006 – Az.: 1 VK LVwA 01/06).

6.2.4.4 Literatur

126 – Kayser, Karsten, Die Mehrfachbeteiligung von Unternehmen in Vergabeverfahren – Mögliche Fallkonstellationen und deren Folgen, BB 2006, 283

6.2.4.5 Ausschluss des Angebots einer Bietergemeinschaft wegen Wettbewerbsbeschränkung?

127 **6.2.4.5.1 Grundsatz.** Eine Vereinbarung über die **Bildung einer Bietergemeinschaft ist nur ausnahmsweise unzulässig,** wenn sie eine **wettbewerbsbeschränkende Abrede im Sinne von § 1 GWB darstellt.** Gem. § 1 GWB ist eine Vereinbarung zwischen konkurrierenden Unternehmen einer Branche verboten, wenn sie geeignet ist, die Marktverhältnisse durch Beschränkung des Wettbewerbs spürbar einzuschränken (OLG Frankfurt am Main, B. v. 27. 6. 2003 – Az.: 11 Verg. 2/03; VK Münster, B. v. 10. 2. 2005 – Az.: VK 35/04; 1. VK Sachsen, B. v. 19. 7. 2006 – Az.: 1/SVK/060–06; B. v. 19. 7. 2006 – Az.: 1/SVK/059–06; B. v. 20. 1. 2005 – Az.: 1/SVK/127–04).

128 Die Frage stellt sich im Zusammenhang mit der Bildung von Bietergemeinschaften **vor allem dann, wenn sich Unternehmen zusammenschließen, die als Einzelunternehmen den Auftrag allein hätten ausführen können,** weil sie über die geforderten Kapazitäten, technischen Ausrüstungen und fachlichen Kenntnisse verfügen. Durch derartige Bietergemeinschaften kann es zu einer Einschränkung des Wettbewerbs durch eine Verringerung der Bewerberzahl und damit zu einer Einschränkung der Konkurrenz kommen. Ob die beteiligten Unternehmen **objektiv wirtschaftlich in der Lage wären, den Auftrag allein durchzuführen, ist allerdings nicht entscheidend.** Maßgeblich ist, ob ein Unternehmer bereit ist, sich allein um die Auftragsvergabe zu bewerben oder ob dem – selbst bei genereller Markteintrittsfähigkeit – Gründe entgegenstehen, etwa, dass seine „freien" Kapazitäten weit geringer sind und er nicht bereit ist, die durch andere Aufträge gebundenen Kapazitäten für den ausgeschriebenen Auftrag einzusetzen, dass er ein wettbewerbsgerechtes Angebot nur in Kooperation mit anderen Partnern abzugeben vermag oder aus Gründen der Risikostreuung nur zu einer Kooperation mit anderen Branchenunternehmen bereit ist. Dabei orientiert sich die Frage, was wirtschaftlich und kaufmännisch vernünftig ist, an objektiven Kriterien, ohne den in diesem Rahmen notwendigen unternehmerischen Beurteilungsspielraum der Beteiligten zu beschränken. Erweist sich **die unternehmerische Entscheidung gegen die Alleinbewerbung** nach diesem Maßstab **als nachvollziehbar, so ist von der Zulässigkeit einer Bewerbergemeinschaft auszugehen.** Dabei darf die Entscheidung angesichts des Regel-Ausnahme-Verhältnisses hinsichtlich der Zulässigkeit von Vereinbarungen über die Bildung von Bietergemeinschaften nicht über Gebühr mit dem Risiko anderweitiger Beurteilung im Vergabe- bzw. Vergabenachprüfungsverfahren belastet werden (OLG Koblenz, B. v. 29. 12. 2004 – Az.: 1 Verg 6/04; OLG Frankfurt am Main, B. v. 27. 6. 2003 – Az.: 11 Verg 2/03; 1. VK Sachsen, B. v. 19. 7. 2006 – Az.: 1/SVK/060–06; B. v. 19. 7. 2006 – Az.: 1/SVK/059–06; B. v. 20. 1. 2005 – Az.: 1/SVK/127–04; VK Schleswig-Holstein, B. v. 26. 10. 2004 – Az.: VK-SH 26/04; VK Lüneburg, B. v. 14. 5. 2004 – Az.: 203-VgK-13/2004, B. v. 12. 11. 2001 – Az.: 203-VgK-19/2001).

129 Kann also **erst durch die Kooperation mehrerer selbständiger Unternehmen und durch die Bündelung ihrer Leistungskraft bei gleichzeitiger Koordinierung ihres Auftretens gegenüber der anderen Seite eine am Markt nachgefragte Leistung erbracht werden, so ist § 1 GWB nicht betroffen.** Eine Kooperationsabsprache, die sich z.B. darauf erstreckt, sich an gemeinsamen Bildungsprojekten zu beteiligen und gemeinsame Ressourcen (Dozenten, Curricula und Räumlichkeiten, etc.) zu nutzen, ist kartellrechtlich unter dem Ge-

sichtspunkt der Arbeitsgemeinschaft nach § 1 GWB dann unbedenklich, wenn es ansonsten jedem Mitglied der Arbeitsgemeinschaft aus tatsächlichen oder wirtschaftlichen Gründen unmöglich oder jedenfalls kaufmännisch unvernünftig ist, sich als selbständiger Anbieter dem Wettbewerb zu stellen, während bei einem gemeinsamen Auftreten am Markt diese Hinderungsgründe entfallen. Dieser für eine Bietergemeinschaft aus mehreren Bauunternehmen entwickelte Gedanke **kann allgemein gelten, wenn erst durch eine Kooperation mehrerer selbständiger Unternehmen und eine Bündelung ihrer Leistungskraft unter gleichzeitiger Koordinierung ihres Auftretens gegenüber Nachfragern die Möglichkeit geschaffen wird, eine bestimmte am Markt nachgefragte Leistung zu erbringen.** Für eine solche Bietergemeinschaft ist es nicht erforderlich, dass jedes Mitglied unterschiedliche „Kompetenzen" in die Bietergemeinschaft einbringt (OLG Düsseldorf, B. v. 23. 3. 2005 – Az.: VII – Verg 68/04).

Anlass für eine kritische Prüfung besteht insbesondere dann, wenn wegen der Natur des 130 ausgeschriebenen Auftrags von vornherein **nur wenige (Spezial-)Unternehmen als geeignete Bieter in Frage kommen** und sich **ausgerechnet diejenigen zusammenschließen, denen prima facie das größte Leistungspotential zuzutrauen ist** (OLG Koblenz, B. v. 29. 12. 2004 – Az.: 1 Verg 6/04).

Voraussetzung für einen Ausschluss solcher Bietergemeinschaften ist also, dass der **konkrete** 131 **Nachweis** erbracht werden kann, dass eine wettbewerbsbeschränkende Absprache im Sinne und mit dem Zweck einer unzulässigen Wettbewerbsbeschränkung getroffen worden ist (VK Baden-Württemberg, B. v. 24. 11. 2003 – Az.: 1 VK 66/03, 1 VK 67/03; VK Nordbayern, B. v. 28. 7. 2003 – Az.: 320.VK-3194–26/03; ähnlich 1. VK Bund, B. v. 10. 9. 2003, Az.: VK 1–71/03; VK Lüneburg, B. v. 14. 5. 2004 – Az.: 203-VgK-13/2004, B. v. 10. 2. 2004 – Az.: 203-VgK-43/2003, B. v. 12. 11. 2001 – Az.: 203-VgK-19/2001; **eher zweifelnd** 2. VK Bund, B. v. 11. 11. 2002 – Az.: VK 2–82/02).

6.2.4.5.2 Anmelde- und Anzeigepflicht beim Bundeskartellamt. Eine **Anmelde-** 132 **und Anzeigepflicht besteht beim Bundeskartellamt** gem. § 39 GWB nur für Zusammenschlüsse im Sinne des § 36 GWB. Dieser wiederum betrifft nur Zusammenschlüsse, von denen zu erwarten ist, dass sie eine **marktbeherrschende Stellung** begründen oder verstärken. Davon kann bei einer Bietergemeinschaft, die sich zur Beteiligung an einem Vergabeverfahren zusammenschließt und ggf. nach Zuschlagserteilung eine Arbeitsgemeinschaft bildet, zur Abwicklung des einzelnen Auftrages, nicht ausgegangen werden. Bisweilen wird von Bietergemeinschaften unter **Berufung auf § 25 Nr. 1 Abs. 1 Buchstabe f) VOL/A der Landeskartellbehörde eine Unbedenklichkeitsbescheinigung zur Vorlage bei der Vergabestelle beantragt.** Eine solche ist indessen weder zwingend erforderlich noch allein ausreichend. Will eine Vergabestelle das Angebot einer Bietergemeinschaft von der weiteren Wertung ausschließen, so hat sie das Vorliegen der gesetzlichen Voraussetzungen für die kartellrechtliche Unzulässigkeit einer Vereinbarung zur Bildung einer Bietergemeinschaft konkret nachzuweisen (VK Lüneburg, B. v. 12. 11. 2001 – Az.: 203-VgK-19/2001).

6.2.4.6 Ausschluss eines Angebots wegen konkreter Anzeichen einer Wettbewerbsbeschränkung?

Besteht die **konkrete Möglichkeit für eine Manipulation des Wettbewerbs und gibt** 133 **es darüber hinaus weitere Aspekte, die das vergaberechtliche Wettbewerbsgebot gefährdet erscheinen lassen, kann ein Angebot ausgeschlossen werden.** Konkrete Anzeichen sind z. B. Personenidentitäten auf der Geschäftsführerebene, das steuernde Nachreichen von Unterlagen u. a. (1. VK Bund, B. v. 20. 4. 2006 – Az.: VK 1–19/06; 1. VK Saarland, B. v. 22. 12. 2003 – Az.: 1 VK 08/2003; im Ergebnis ebenso VK Hamburg (FB), B. v. 17. 8. 2005 – Az.: VgK FB 6/05; B. v. 17. 8. 2005 – Az.: VgK FB 5/05 – **instruktive Fälle**).

6.2.4.7 (Gebietsüberschreitende) Beteiligung eines kommunalen Unternehmens oder einer Kommune an einem Vergabeverfahren

6.2.4.7.1 Grundsatz. Die **Benachteiligung von Kommunalunternehmen allein auf-** 134 **grund ihrer Rechtsform als Anstalt des öffentlichen Rechts stellt eine grundsätzlich nicht mit § 97 Abs. 2 GWB zu vereinbarende Ungleichbehandlung** durch die Vergabestelle dar. Hätte der europäische Gesetzgeber die öffentlich-rechtliche Organisationsform als rechtfertigendes Kriterium für eine Ungleichbehandlung angesehen, so hätte er dies explizit normieren können. Zu einer solchen Regelung sah sich der Gemeinschaftsgesetzgeber bislang nicht veranlasst. Die Teilnahme eines Kommunalunternehmens an einem Vergabeverfahren steht

Teil 1 GWB § 97   Gesetz gegen Wettbewerbsbeschränkungen

§ 97 Abs. 2 GWB somit generell nicht entgegen (VK Brandenburg, B. v. 8. 12. 2003 – Az.: VK 75/03).

135 Gemäß § 97 Abs. 1 GWB müssen sich aber öffentliche Auftraggeber Lieferungen und Leistungen, sofern die Schwellenwerte erreicht sind (§ 100 Abs. 1 GWB), „im Wettbewerb" beschaffen.

136 Dieser positiven Aussage des Gesetzes entspricht die mit einer Negation arbeitende Formulierung, dass **öffentliche Auftraggeber Wettbewerbsverfälschungen oder „wettbewerbswidrige Vergabepraktiken" nicht zulassen und erst recht nicht ihnen Vorschub leisten dürfen.** Eine **Wettbewerbsverfälschung kann auch darin bestehen, dass ein Unternehmen der öffentlichen Hand** kraft gesetzlicher Anordnung **eine wirtschaftliche oder – mit anderen Worten – eine für den Wettbewerb relevante Tätigkeit auf einem bestimmten Markt gar nicht aufnehmen darf, es aber dennoch tut** und von einem anderen Unternehmen der öffentlichen Hand, dem Auftraggeber, darin durch die Auftragsvergabe noch unterstützt wird. Gewiss stellt es auch eine Wettbewerbswidrigkeit dar, wenn sich das öffentliche Unternehmen bei der Art und Weise der Durchführung eines ihm übertragenen Auftrags unlauter im Sinne des § 1 UWG verhält. Diese Erkenntnis hindert aber nicht, die Aufnahme der Tätigkeit am Markt selbst, also den Marktzutritt des öffentlichen Unternehmens, falls dieser dem öffentlichen Unternehmen durch eine Gesetzesvorschrift untersagt ist, ebenfalls als eine Wettbewerbswidrigkeit, wenn nicht sogar als die primär zu unterbindende Wettbewerbsverfälschung anzusehen. Denn ein (öffentliches) Unternehmen, das kraft gesetzlicher Anordnung gar nicht in den Wettbewerb eingreifen darf, stört oder (mit anderen Worten) verfälscht ganz massiv den Wettbewerb, wenn es dennoch in den Wettbewerb mit den anderen (zugelassenen) Wettbewerbsteilnehmern eintritt und diesen dann auch noch das konkrete Objekt des Wettbewerbs, den Auftrag des öffentlichen Auftraggebers, durch Auftragsübernahme entzieht.

137 Die schon aus § 97 Abs. 1 GWB abzuleitende Pflicht des öffentlichen Auftraggebers, derartige Wettbewerbsverfälschungen zu unterbinden, **ergibt sich auch aus den „Grundsätzen der Vergabe" in § 2 Nr. 1 VOL/A**, die für Aufträge oberhalb der Schwellenwerte (§ 100 Abs. 1 GWB) gemäß den §§ 1, 4 Abs. 1 VgV Rechtsnormqualität haben. Abs. 1 des § 2 Nr. 1 VOL/A entspricht § 97 Abs. 1 GWB: Leistungen sind in der Regel „im Wettbewerb" zu vergeben. Ergänzend und konkretisierend ordnet Abs. 2 der Vorschrift an, „wettbewerbsbeschränkende und unlautere Verhaltensweisen" seien „zu bekämpfen" (OLG Düsseldorf, B. v. 17. 6. 2002 – Az.: Verg 18/02; 3. VK Saarland, B. v. 12. 12. 2005 – Az.: 3 VK 03/2005 und 3 VK 04/2005; VK Münster, B. v. 10. 2. 2005 – Az.: VK 35/04).

138 **6.2.4.7.2 Niedersachsen.** In **Niedersachsen** müssen sich Art, Umfang und Grenzen einer wirtschaftlichen Betätigung der Kommunen an **§ 108 Niedersächsische Gemeindeordnung (NGO)**, der gemäß § 65 Niedersächsische Landkreisordnung (NLO) auch für eine entsprechende wirtschaftliche Betätigung der Landkreise gilt, messen lassen. Soweit die wirtschaftliche Betätigung einer Kommune gegen § 108 NGO verstößt, sind auch die Interessen privatwirtschaftlicher Unternehmen in den Schutzbereich dieser Vorschrift mit einbezogen. § 108 NGO gehört damit zu den Vorschriften im Sinne des § 97 Abs. 7 GWB, die im Vergabeverfahren einzuhalten sind. Dabei macht es keinen Unterschied, ob eine Gemeinde oder ein Landkreis sich unmittelbar mit einem Eigenbetrieb oder über eine von ihr gegründete, mehrheitlich oder völlig beherrschte GmbH am Wirtschaftsleben beteiligt (VK Lüneburg, B. v. 10. 2. 2004 – Az.: 203-VgK-43/2003, B. v. 7. 10. 2003 – Az.: 203-VgK-19/2003).

139 Die privatwirtschaftliche Betätigung z. B. eines Landkreises außerhalb seiner eigenen Kreisgrenzen ist keine **gewinnorientierte Annextätigkeit,** die ohne – dem Landkreis dienende – öffentlich-rechtliche Zwecksetzung nicht ausschließt. So kann z. B. auch eine gegenwärtige Überkapazität von kommunalen Einrichtungen privatwirtschaftliche Betätigung rechtfertigen (OLG Celle, B. v. 12. 2. 2001 – Az.: 13 Verg 2/01; VK Lüneburg, B. v. 10. 2. 2004 – Az.: 203-VgK-43/2003).

140 **6.2.4.7.3 Nordrhein-Westfalen.** Die **Rechtsprechung** hierzu ist **nicht einheitlich.**

141 **§ 107 GO NRW hat** (insgesamt) in der Gemengelage kommunalwirtschaftlicher und privatwirtschaftlicher Betätigung – nach dem Willen des Landesgesetzgebers – (auch) **eine den Wettbewerb regelnde Funktion.** Richtig und dem Sinn und Zweck des gesamten § 107 GO NRW entsprechend ist es auch, positiv zu verlangen, dass auch mit grenzüberschreitenden, nach § 107 Abs. 2 GO NRW privilegierten Tätigkeiten **der öffentliche Zweck der handelnden kommunalen „Einrichtung" erfüllt werden muss oder zumindest zur Erfüllung ihres öffentlichen Zwecks beigetragen werden muss.** Denn bei der gesamten Regelung des

§ 107 GO NRW geht es, was den Zweck der wirtschaftlichen und der so genannten nicht wirtschaftlichen Betätigung der jeweiligen Gemeinde anbelangt, um die „Erfüllung ihrer Aufgaben". Das ist in den Normtext des § 107 Abs. 1 GO NRW ausdrücklich aufgenommen worden und versteht sich in Anbetracht der Art der in § 107 Abs. 2 GO NRW aufgezählten „nicht wirtschaftlichen" Betätigungen für diese von selbst (OLG Düsseldorf, B. v. 29. 3. 2006 – Az.: VII – Verg 77/05). Demzufolge ist eine **die Grenzen des eigenen Gemeinde- oder Verbandsgebiets überschreitende Abfallentsorgungstätigkeit nur dann zulässig, wenn diese mit der gebietsbezogenen Erfüllung des öffentlichen Zwecks, zu dem die handelnde „Einrichtung" gegründet worden ist, zumindest in einem fördernden Zusammenhang steht.** Hinsichtlich des mindestens notwendigen fördernden Zusammenhangs zwischen der das eigene Gemeinde- oder Verbandsgebiet überschreitenden Tätigkeit und der gebietsbezogenen Erfüllung des originären öffentlichen Zwecks mag eine Einschätzungsprärogative der handelnden Gemeinde oder des handelnden Gemeindeverbands anzuerkennen sein. Wenn aber ein solcher fördernder Zusammenhang nicht ansatzweise dargelegt oder klar zu verneinen ist, ist die grenzüberschreitende Tätigkeit jedenfalls als unzulässig zu beurteilen (OLG Düsseldorf, B. v. 17. 6. 2002 – Az.: Verg 18/02; VK Münster, B. v. 29. 12. 2004 – VK 31/04).

Nach einer anderen Meinung geben für eine solche Interpretation der Wortlaut des Gesetzes und sein erkennbarer Zweck nichts her. Der Wortlaut des Gesetzes nimmt die Abfallentsorgung eindeutig vom Begriff der wirtschaftlichen Betätigung aus und unterwirft sie daher auch nicht deren Schranken, insbesondere nicht der Voraussetzung, dass ein öffentlicher Zweck die Betätigung erfordern muss. Der Zweck des Ausnahmekatalogs des § 107 Abs. 2 GO NRW besteht gerade darin, die dort genannten Tätigkeiten von den Bindungen des § 107 Abs. 1 GO NRW auszunehmen. Das ist schon seit der erstmaligen Einführung von Schranken wirtschaftlicher Betätigung durch § 67 Abs. 1 der Deutschen Gemeindeordnung vom 30. Januar 1935 so, der in Absatz 2 ebenfalls einen Negativkatalog von Betätigungen enthielt, die nicht als wirtschaftliche Unternehmen gelten sollten. Der Sinn des Ausnahmekataloges ist gerade die Freistellung der dort genannten Tätigkeiten von Beschränkungen, so dass in die Vorschrift keine – auch nur reduzierten – Schranken hineingelesen werden können (OVG Nordrhein-Westfalen, B. v. 12. 10. 2004 – Az.: 15 B 1889/04; B. v. 12. 10. 2004 – Az.: 15 B 1873/04). 142

Nach einer weiteren Auffassung darf außerdem ein **öffentlicher Zweck** im Sinne von § 107 Abs. 1 GO NW **nicht in der Absicht der Gewinnerzielung liegen** und es darf auch nicht darauf hinauslaufen, dass eine kommunale Einrichtung mit ihrer Teilnahme am Vergabeverfahren die Absicht verfolgt, ihre Unternehmenstätigkeit außerhalb des eigenen Gemeindegebietes räumlich auszuweiten, **um sich neue Geschäftsfelder zu erschließen, die dann zu einer bislang offensichtlich nicht vorhandenen Auslastung ihrer Kapazitäten führen sollen.** Dies ist mit dem öffentlichen Zweck im Sinne des § 107 Abs. 1 GO NW nicht vereinbar, der auf die unmittelbare oder mittelbare Förderung von der im öffentlichen Interesse gebotenen Versorgung der Bevölkerung zielt. Öffentlicher Zweck in diesem Sinne ist somit jede gemeinwohlorientierte, im öffentlichen Interesse der Einwohner liegende Zielsetzung, also die Wahrnehmung einer sozial-, gemeinwohl- und damit einer im Interesse der Bevölkerung liegenden Aufgabe. Der Begriff des öffentlichen Zweckes bringt insofern die Gemeinnützigkeit zum Ausdruck, der die Einrichtung dienen muss. Es ist ein Teil der Daseinsvorsorge für die Versorgung der Bevölkerung. Darüber hinaus hat der Gesetzgeber bei der Neufassung der Gemeindeordnung genau diese Voraussetzung nicht gestrichen und damit zum Ausdruck gebracht, dass die kommunalwirtschaftliche Betätigung grundsätzlich subsidiär bleiben soll (VK Münster, B. v. 4. 10. 2004 – Az.: VK 21/04). 143

Für den **Bereich des Schienenpersonennahverkehrs** bemisst sich die Zulässigkeit nach § 107 Abs. 3 GO NRW in Verbindung mit § 107 Abs. 1 Satz 1 Nr. 3 GO NRW, der für bestimmte dort genannte Versorgungsdienstleistungen, u. a. den Schienenpersonennahverkehr eine **Ausnahme von der grundsätzlichen Subsidiarität kommunaler wirtschaftlicher Betätigung** macht. Liegt auch ein öffentlicher Zweck vor, ist eine Betätigung über das eigene kommunale Gebiet zulässig (VK Münster, B. v. 10. 2. 2005 – Az.: VK 35/04). 144

Ob die bloße Mitgliedschaft von Kommunen in einem wirtschaftlichen Verein dem Begriff der wirtschaftlichen Betätigung der GO NRW unterfällt, ist von den Umständen des Einzelfalls abhängig zu machen. Dieses Verständnis ergibt sich nicht nur aus den die wirtschaftlichen Beteiligungen der Kommunen betreffenden Vorschriften der §§ 107, 108 GO NRW, sondern auch aus dem Wesen der Mitgliedschaft in einem auf Gegenseitigkeit angelegten Versicherungsverein. Die Verweisung in § 108 Abs. 1 S. 1 Nr. 1 GO NRW 145 auf § 107 Abs. 1 des Gesetzes macht deutlich, dass von der Beteiligung einer Kommune an einem Unternehmen nur gesprochen werden kann, sofern diese im Sinne der Legaldefinition in § 107 Abs. 1 S. 3 GO NRW bei wertungsmäßiger und funktionaler Betrachtung als eine wirtschaftliche Betätigung beim Betrieb des Unternehmens als Hersteller, Anbieter oder Verteiler von Waren und/oder Dienstleistungen erscheint. Davon kann im Verhältnis des Beigeladenen zu 1. und **allgemein eines Versicherungsvereins auf Gegenseitigkeit zu seinen (kommunalen) Mitgliedern nicht gesprochen werden** (OLG Düsseldorf, B. v. 29. 3. 2006 – Az.: VII – Verg 77/05).

146 6.2.4.7.4 **Bayern.** Definiert die Satzung eines öffentlichen Unternehmens den Gegenstand des Unternehmens im Hinblick auf die Vorschriften der Bayerischen Gemeindeordnung **als solche zur Erfüllung öffentlicher Zwecke** im Sinne des Art. 87 Abs. 1 Satz 1 Nr. 1 BayGO, **ist das Unternehmen** im Rahmen des Art. 92 Abs. 2 BayGO u. a. berechtigt, sämtliche Geschäfte und Maßnahmen zu betreiben, die zur Erreichung des Gesellschaftszwecks notwendig oder nützlich erscheinen (VK Thüringen, B. v. 14. 4. 2005 – Az.: 360–4003.20–017/05-G-S).

147 6.2.4.7.5 **Mecklenburg-Vorpommern.** Die **Vergabenachprüfungsinstanzen haben in geeigneten Fällen die Einhaltung der Bestimmungen der §§ 68 ff. KV MV zu prüfen.** Dies ergibt sich aus § 2 Nr. 1 Abs. 2 VOL/A, wonach unlautere Verhaltensweisen „zu bekämpfen" sind. Die §§ 68 ff. KV MV beschränken die wirtschaftliche Betätigung der Gemeinden. Eine **Wettbewerbsbeeinträchtigung im Sinne einer Verfälschung des Wettbewerbs kann auch darin begründet liegen, dass eine Gemeinde eine ihr rechtlich untersagte, für den Wettbewerb jedoch relevante Tätigkeit auf einem bestimmten Gebiet aufnimmt, und darin von einem öffentlichen Auftraggeber auch noch gefördert wird,** indem ihr der Auftrag erteilt werden soll. In diesem Fall ist der rechtlich unzulässige Marktzutritt der Gemeinde wettbewerbswidrig, mit der Folge, dass das Angebot der Gemeinde aus dem Vergabeverfahren auszuschließen ist. Eine unmittelbare wirtschaftliche Betätigung ist Gemeinden nur unter den in § 68 Abs. 1 KV MV genannten Voraussetzungen erlaubt. Als **wirtschaftliche Betätigung ist in der Regel die Errichtung und/oder der Betrieb eines Unternehmens oder eine Beteiligung hieran zu verstehen, das als Hersteller, Anbieter oder Verteiler von Gütern oder Dienstleistungen am Markt tätig wird, sofern die Leistung ihrer Art nach auch von einem Privaten mit der Absicht der Gewinnerzielung erbracht werden könnte. Die Mitgliedschaft von kommunalen Gebietskörperschaften bei einem privatrechtlichen Verein stellt keine wirtschaftliche Betätigung im Sinne der genannten Vorschriften dar.** Die Mitgliedschaft löst als solche in der Regel nur die Verpflichtung der kommunalen Körperschaft zur Zahlung finanzieller Beiträge aus; ferner verschafft sie dem Mitglied Stimmrechte, aktives und passives Wahlrecht (Organschaftsrechte) sowie Benutzungsrechte an den Einrichtungen des Vereins (Wertrechte). Sie ist aber keine wirtschaftliche Tätigkeit, denn seine Mitglieder treten nicht selbst oder vertreten durch ihren Verein (§ 164 BGB) am Markt der von der Antragsgegnerin nachgefragten Bildungsmaßnahmen als Anbieter auf. Wirtschaftlich – und zwar im eigenen Namen – Handelnder ist allein der rechtsfähige Verein. Ungeachtet dessen führt die bloße Mitgliedschaft von – im vorliegenden Fall vergleichsweise wenigen – Gemeinden nicht dazu, dass der Verein selbst im Rechtssinn zu einem kommunalen Unternehmen wird oder als solches zu behandeln ist, mit der Folge, dass für sein Handeln dieselben rechtlichen Maßstäbe gelten wie für die Gemeinden selbst. Die Mitgliedschaft einzelner Gemeinden bei einem privatrechtlichen Verein verstößt unter dem Gesichtspunkt einer Beteiligung an wirtschaftlichen Unternehmen **ebenso wenig gegen § 69 Abs. 1 KV MV.** Die Mitgliedschaft einer Gemeinde bei einem privatrechtlichen Verein ist im Rechtssinn nicht als eine „Beteiligung" nach § 69 Abs. 1 KV MV zu qualifizieren. Eine Beteiligung ist begrifflich in aller Regel mit einem Erwerb von Geschäftsanteilen und entsprechend gewichteten Stimmrechten in einer Gesellschafterversammlung verbunden. Hingegen verschafft die Vereinsmitgliedschaft einer Gemeinde weder eine Beteiligung am Vermögen des Vereins noch ein besonders zu wertendes Stimmrecht. Die kommunalen Mitglieder üben durch das Stimmrecht in der Mitgliederversammlung (§ 32 BGB) oder bei einer Satzungsänderung (§ 33 BGB) auf den Verein keinen beherrschenden Einfluss aus. Damit fehlt es an jeder Voraussetzung, den Beigeladenen den für gemeindliche Tochter- oder Enkel-Unternehmen geltenden Beschränkungen zu unterwerfen (OLG Düsseldorf, B. v. 23. 3. 2005 – Az.: VII – Verg 68/04).

148 6.2.4.7.6 **Hessen.** Hessen hat sowohl seine Gemeinde- als auch seine Landkreisordnung novelliert (Gesetz- und Verordnungsblatt für das Land Hessen vom 17. 3. 2005, S. 142 und S. 183). **In der Gemeindeordnung findet sich in § 121 Abs. 1 und Abs. 8 eine echte Subsidia-**

ritätsklausel für die wirtschaftliche Betätigung der öffentlichen Hand. Aus der Begründung zu dieser Vorschrift geht weiterhin hervor, dass private Dritte dann, wenn sie sich durch eine für rechtswidrig gehaltene wirtschaftliche Betätigung von Kommunen beeinträchtigt fühlen, die Verletzung eigener Rechte gegenüber der Gemeinde gerichtlich geltend machen können (VK Hessen, B. v. 30. 5. 2005 – Az.: 69 d VK – 10/2005). Hiermit bekommen private Firmen also zum ersten Mal einen effektiven Rechtsschutz gegen solche Kommunen, die mit ihren wirtschaftlichen Betätigungen die Grenzen des Gemeindewirtschaftrechts überschreiten.

6.2.4.7.7 **Saarland.** Die Unternehmen, insbesondere die Mitbieter haben nach § 97 Abs. 7 GWB einen Anspruch darauf, dass der öffentliche Auftraggeber die Bestimmungen über das Vergabeverfahren einhält. Nach § 2 Nr. 1 Abs. 1 VOL/A sind Leistungen in der Regel im Wettbewerb zu vergeben. Wettbewerbsbeschränkende und unlautere Verhaltensweisen sind zu bekämpfen (§ 2 Nr. 1 Abs. 2 VOL/A). Öffentliche Auftraggeber beschaffen Waren-, Bau- und Dienstleistungen im Wettbewerb und im Wege transparenter Vergabeverfahren (§ 97 Abs. 1 GWB). Die Teilnehmer an einem Vergabeverfahren sind gem. § 97 Abs. 2 GWB gleich zu behandeln, es sei denn, eine Benachteiligung ist aufgrund des Gesetzes ausdrücklich geboten oder gestattet. Die **Beteiligung eines kommunalen Unternehmens ist insbesondere dann unlauter im Sinne der vorerwähnten Vorschrift, wenn die Teilnahme am Wettbewerb nicht durch die jeweilige Gemeindeordnung (§ 108 KSVG) gedeckt ist.** 149

Ein **öffentlicher Zweck im Sinne von § 108 Abs. 1 KSVG darf nicht in der Absicht der Gewinnerzielung liegen** und es **darf auch nicht darauf hinaus laufen, dass eine kommunale Einrichtung mit ihrer Teilnahme am Vergabeverfahren die Absicht verfolgt, ihre Unternehmenstätigkeit außerhalb des eigenen Gemeindegebietes räumlich auszuweiten**, um sich neue Geschäftsfelder zu erschließen, die dann zu einer bislang offensichtlich nicht vorhandenen Auslastung ihrer Kapazitäten führen sollen; das ist **mit dem öffentlichen Zweck im Sinne des § 108 Abs. 1 KSVG, der auf die unmittelbare oder mittelbare Förderung von der im öffentlichen Interesse gebotenen Versorgung der Bevölkerung zielt, nicht nur nicht vereinbar, sondern sogar kontraproduktiv. Öffentlicher Zweck** in diesem Sinne ist **vielmehr jede Gemeinwohl orientierte, im öffentlichen Interesse der Einwohner liegende Zielsetzung;** diese liegt immer dann vor, wenn sich die Aktivitäten des kommunalen Unternehmens auf die Verpflichtung der Gemeinde zurückführen lassen, das gemeinsame Wohl ihrer Einwohnerschaft zu fördern. Das ist der Fall, wenn die **Lieferungen und Leistungen sachlich und räumlich grundsätzlich im gemeindlichen Wirkungskreis liegen** und dazu dienen, Bedürfnisse der Gemeindeeinwohner zu befriedigen. Die Ausdehnung der Abfallentsorgungsleistungen außerhalb des Gemeindegebietes eines Bieters dient weder den öffentlichen Interessen der Einwohner der an ihr beteiligten Kommunen, denn diese werden gerade nicht von den Abfallentsorgungsleistungen erfasst und ist **folglich nach § 108 Abs. 4 i. V. m. Abs. 1 Nr. 1 KSVG nicht zulässig.** Unter Gemeinwohl orientierten Gesichtspunkten hat die Bevölkerung von diesen Kommunen; die **Abfallentsorgung kann ohne Weiteres auch von einem privaten Unternehmer durchgeführt** werden (3. VK Saarland, B. v 12. 12. 2005 – Az.: 3 VK 03/2005 und 3 VK 04/2005). 150

6.2.4.7.8 Literatur 151

– Klein, Alexander, Die organisationsrechtlichen und materiellrechtlichen Grenzen und Vorgaben für eine konkurrenzwirtschaftliche Betätigung am Beispielsfall „Gelsengrün", Dissertation, München, 2005

6.2.4.8 **Einkaufskooperationen öffentlicher Auftraggeber**

6.2.4.8.1 **Rechtsprechung.** Auch öffentliche Auftraggeber gehen immer mehr dazu über, ihren Beschaffungsbedarf zu bündeln. Eine solche **Bündelung unterfällt nach der Rechtsprechung des Bundesgerichtshofes zwar dem Kartellverbot des § 1 GWB,** weil das Nachfrageverhalten abgestimmt und in einer (juristischen) Person gebündelt wird. Dies führt dann jedoch nicht zur Unzulässigkeit dieses Verhaltens, wenn die öffentlichen Auftraggeber **eine erlaubte Einkaufskooperation (§ 4 Abs. 2 GWB)** gebildet haben. Diese Vorschrift erlaubt kleinen und mittleren Unternehmen die Zusammenarbeit in solchen Einkaufskooperationen, damit sie vergleichbare Einkaufskonditionen wie Großunternehmen erzielen können. **Diese Bestimmung findet auch zugunsten kleiner und mittlerer Gemeinden Anwendung,** jedenfalls soweit sie als Nachfrager für bestimmte Geräte, z. B. Feuerwehrfahrzeuge, am Markt auftreten. Allerdings darf die Einkaufskooperation nicht ihrerseits eine so erhebliche Nachfrage- 152

Teil 1 GWB § 97 Gesetz gegen Wettbewerbsbeschränkungen

macht entwickeln, dass der Wettbewerb wesentlich beeinträchtigt wird (BGH, Urteil vom 12. 11. 2002 – Az.: KZR 11/01).

153   **6.2.4.8.2 Literatur**

– Kämper, Norbert/Heßhaus, Matthias, Möglichkeiten und Grenzen von Auftraggebergemeinschaften, NZBau 2003, 303

6.2.4.9 Verbot der Beteiligung nicht erwerbswirtschaftlich orientierter Institutionen am Wettbewerb

154   § 7 Nr. 6 VOL/A bzw. § 8 Nr. 6 VOB/A enthalten **im Gegensatz zur VOF** ein **Verbot der Beteiligung nicht erwerbswirtschaftlich orientierter Institutionen** (Justizvollzugsanstalten, Einrichtungen der Jugendhilfe, Aus- und Fortbildungsstätten oder ähnliche Einrichtungen sowie Betriebe der öffentlichen Hand und Verwaltungen) am Wettbewerb.

155   **6.2.4.9.1 Analoge Anwendung dieser Vorschriften auf die VOF.** Nach **Sinn und Zweck der Vergaberegelungen sollen sich keine Unterschiede bei der Anwendung der Normen ergeben.** Zwar ist der in § 7 Nr. 6 VOL/A genannte Kreis der ausgeschlossenen Bewerber enger gefasst als in § 8 Nr. 6 VOB/A, da bei der erstgenannten Regelung nicht auch „Betriebe der öffentlichen Hand und Verwaltungen" zu den ausgeschlossenen Bewerbern gezählt werden. Gleichwohl ist die Rechtsprechung der Auffassung, dass nach Sinn und Zweck der Regelungen keine Unterschiede zu machen sind (OLG Celle, B. v. 8. 11. 2001 – Az.: 13 Verg 9/01). Dann dürfte auch einer **analogen Anwendung auf die VOF nichts im Wege stehen** (anderer Auffassung für die analoge Anwendung des § 7 Nr. 6 VOL/A auf den VOB-Bereich: VK Brandenburg, B. v. 8. 12. 2003 – Az.: VK 75/03; VK Lüneburg, B. v. 7. 10. 2003 – Az.: 203-VgK-19/2003).

156   **6.2.4.9.2 Sinn und Zweck dieser Regelungen.** Hintergrund der Ausschlussvorschriften ist, dass die dort genannten Einrichtungen andere als erwerbswirtschaftliche Ziele verfolgen und häufig steuerliche Vorteile genießen oder öffentliche Zuschusszahlungen erhalten. Sie sind daher aufgrund dieser Vorteile in der Lage, **mit günstigeren Angeboten als private Konkurrenten in den Wettbewerb zu gehen und diese aufgrund ungleicher Wettbewerbsbedingungen zu verdrängen.** Diesen Effekt wollen die Ausschlussvorschriften verhindern (OLG Düsseldorf, B. v. 17. 11. 2004 – Az.: VII – Verg 46/04; B. v. 14. 7. 2004 – Az.: VII – Verg 33/04; B. v. 4. 3. 2004 – Az.: VII – Verg 8/04, B. v. 23. 12. 2003 – Az.: Verg 58/03; VK Lüneburg, B. v. 14. 6. 2005 – Az.: VgK-22/2005; VK Schleswig-Holstein, B. v. 26. 10. 2004 – Az.: VK-SH 26/04; 2. VK Bund, B. v. 28. 2. 2006 – Az.: VK 2–154/04; B. v. 17. 8. 2005 – Az.: VK 2–81/05; B. v. 11. 11. 2004 – Az.: VK 2–196/04; B. v. 24. 8. 2004 – Az.: VK 2–115/04; 3. VK Bund, B. v. 7. 7. 2004 – Az.: VK 3–68/04; B. v. 18. 5. 2004 – Az.: VK 3–50/04; 1. VK Bund, B. v. 23. 5. 2006 – Az.: VK 1–28/06; B. v. 13. 10. 2005 – Az.: VK 1–125/05; B. v. 13. 5. 2004 – Az.: VK 1–42/04; B. v. 7. 4. 2004 – Az.: VK 1–15/04, B. v. 30. 3. 2004 – Az.: VK 1–05/04, B. v. 17. 3. 2004 – Az.: VK 1–07/04, B. v. 19. 9. 2003 – Az.: VK 1–77/03; 2. VK Bund, B. v. 19. 5. 2004 – Az.: VK 2–52/04; VK Arnsberg, B. v. 29. 5. 2002 – Az.: VK 2–11/2002; VK Münster, B. v. 2. 7. 2004 – Az.: VK 13/04).

157   **6.2.4.9.3 Einschränkende Auslegung. 6.2.4.9.3.1 Grundsatz.** Die Rechtsprechung ist nicht einheitlich. Angesichts des **klaren Wortlauts des § 7 Nr. 6 VOL/A verbleibt kein Raum für eine einschränkende Auslegung der Norm.** Namentlich ist **nicht darauf abzustellen, ob sich die Gefahr, die dem Normzweck des § 7 Nr. 6 VOL/A zugrunde liegt, bezogen auf den konkreten Vergabewettbewerb, realisieren würde.** Die Bestimmung enthält eine obligatorische, abstrakt getroffene Ausschlussregelung, da anderenfalls ein echter Wettbewerb, der die Einhaltung gleicher Grundbedingungen für alle Bewerber erfordert, mangels Chancengleichheit nicht gegeben wäre oder zumindest diese Gefahr droht. Die Frage, von welchen öffentlichen Einrichtungen im Falle ihrer Zulassung zum Vergabewettbewerb eine Verdrängungsgefahr für private Unternehmen ausgehen würde, hat der Verordnungsgeber in § 4 VgV in Verbindung mit § 7 Nr. 6 VOL/A verbindlich entschieden. Die Vergabestelle hat daher nur zu prüfen, ob es sich bei dem Bieter um eine in § 7 Nr. 6 VOL/A ausdrücklich genannte oder ähnliche Einrichtung handelt. Dabei können im konkreten Vergabevorgang festgestellte Kalkulationsvorteile (oder deren Fehlen) nur indizielle Bedeutung haben. Eine **Pflicht zur Kalkulationskontrolle würde die Vergabestellen zudem meist überfordern** (OLG Düsseldorf, B. v. 17. 11. 2004 – Az.: VII – Verg 46/04; B. v. 23. 12. 2003 – Az.: Verg 58/03; VK Thüringen, B. v. 6. 12. 2005 – Az.: 360–4003.20–026/05-SLZ; 3. VK Bund, B. v. 7. 7. 2004 – Az.: VK 3–68/04; 2. VK Bund, B. v. 28. 2. 2006 – Az.: VK 2–154/04; B. v. 19. 5. 2004 – Az.:

Gesetz gegen Wettbewerbsbeschränkungen GWB § 97 **Teil 1**

VK 2–52/04; 1. VK Bund, B. v. 13. 5. 2004 – Az.: VK 1–42/04, B. v. 7. 4. 2004 – Az.: VK 1–15/04, B. v. 17. 3. 2004 – Az.: VK 1–07/04).

Demgegenüber hatte die VK des Bundes argumentiert, dass dann, wenn man alle Einrichtungen, die dem Ausschluss unterfallen, gänzlich und von vornherein von der Teilnahme am Wettbewerb um öffentliche Aufträge ausschließen will, dies in vielen Bereichen **zu einer erheblichen Reduzierung der Angebote** führen und damit den Wettbewerb stark einschränken würde, was wiederum vor das Hintergrund des Gebots zu einer Vergabe öffentlicher Aufträge im Wettbewerb problematisch wäre. Es würde **über den Schutzzweck der Norm hinausgehen,** diese Einrichtungen pauschal vom Wettbewerb auszuschließen; auch kann ein legitimes und damit schutzwürdiges Interesse privater Konkurrenten nur so weit gehen, als der Schutzzweck der Norm tangiert ist. Der Schutzzweck der Norm beinhaltet nicht eine Freistellung von Konkurrenz, deren Angebote ebenso wettbewerblich kalkuliert sind wie die eigenen. Eine Berücksichtigung sowohl des dem gesamten Vergaberecht zugrunde liegenden zentralen Wettbewerbsgrundsatzes als auch des nicht minder zentralen Gleichbehandlungsprinzips für alle Bieter ist im Sinne einer Herstellung praktischer Konkordanz beider Gesichtspunkte vor diesem Hintergrund möglich, indem die **Ausschlussregelungen einschränkend dahin auszulegen sind, dass es nicht auf die bloße abstrakte Gefahr, sondern auf deren Realisierung abzustellen ist.** Konkret bedeutet dies, dass es nicht darauf ankommt, ob es sich generell um eine Einrichtung im Sinne der Vorschrift handelt, sondern ob bezogen auf das konkrete Vergabeverfahren erkennbar ist, dass sich die denkbaren Wettbewerbsvorteile, die der Gesetzgeber im Auge gehabt hat, tatsächlich realisiert haben (1. VK Bund, B. v. 19. 9. 2003 – Az.: VK 1–77/03; aufgehoben durch OLG Düsseldorf, B. v. 23. 12. 2003 – Az.: Verg 58/03). **Ähnlich** argumentieren die VK Brandenburg (B. v. 8. 12. 2003 – Az.: VK 75/03) und die VK Münster (B. v. 2. 7. 2004 – Az.: VK 13/04). **158**

Aktuell stellt die Rechtsprechung für die Frage, ob es sich hier um eine „ähnliche Einrichtung" im Sinne des § 7 Nr. 6 VOL/A handelt, darauf ab, ob es sich **einerseits um eine Einrichtung zur Verfolgung sozialer Belange** handelt und **andererseits die öffentlich gewährten finanziellen Vorteile dieser Einrichtung so maßgeblich** sind, dass sie diesen Einrichtungen einen (zumindest abstrakten) finanziellen Wettbewerbsvorteil gegenüber gewerblichen Anbietern verschaffen. Nur unter diesen Voraussetzungen ist es vergaberechtlich gerechtfertigt, diese Einrichtungen vom Vergabewettbewerb auszunehmen und gemäß § 3 Nr. 4 lit. o) VOL/A im Wege der freihändigen Vergabe zu privilegieren. Zu der Frage, wann ein maßgeblicher Vorteil im Preiswettbewerb indiziert ist, gibt es **drei Kriterien, nämlich steuerliche Vorteile, die Gewährträgerschaft der öffentlichen Hand und finanzielle Zuschüsse der öffentlichen Hand** (OLG Düsseldorf, B. v. 17. 11. 2004 – Az.: VII – Verg 46/04; B. v. 14. 7. 2004 – Az.: VII – Verg 33/04; B. v. 4. 3. 2004 – Az.: VII – Verg 8/04; 2. VK Bund, B. v. 28. 2. 2006 – Az.: VK 2–154/04; VK Schleswig-Holstein, B. v. 26. 10. 2004 – Az.: VK-SH 26/04; 3. VK Bund, B. v. 7. 7. 2004 – Az.: VK 3–68/04; B. v. 18. 5. 2004 – Az.: VK 3–50/04; 1. VK Bund, B. v. 13. 10. 2005 – Az.: VK 1–125/05; B. v. 7. 4. 2004 – Az.: VK 1–15/04, B. v. 30. 3. 2004 – Az.: VK 1–05/04). **159**

Diese Indizien sind indes **nicht isoliert und losgelöst von den übrigen Tatbestandsmerkmalen des § 7 Nr. 6 VOL/A für einen Ausschluss vom Wettbewerb heranzuziehen.** Darauf, ob ein Wettbewerber z.B. Steuerbefreiungen genießt (wie eine gemeinnützige GmbH), kommt es für sich allein genommen nicht an, wenn er in dem vorhin dargestellten Sinn nicht zugleich eine öffentliche Einrichtung mit primär sozialpolitischer Zielsetzung ist (OLG Düsseldorf, B. v. 17. 11. 2004 – Az.: VII – Verg 46/04). **160**

Potentiell kalkulationserhebliche Unterschiede, die sich aus der Vielfalt privatrechtlicher Organisationsformen (wie Kapitalgesellschaft, Personengesellschaft oder Verein) **mit verschiedenen Steuerregeln ergeben, können mit dem Instrumentarium des Vergaberechts ebenso wenig beseitigt werden** wie standortabhängige Steuernachteile – z.B. wegen unterschiedlicher Hebesätze bei der Gewerbesteuer oder niedrigerer Besteuerung ausländischer Konkurrenten – (OLG Koblenz, B. v. 29. 12. 2004 – Az.: 1 Verg 6/04; B. v. 23. 11. 2004 – Az.: 1 Verg 6/04; 2. VK Bund, B. v. 17. 8. 2005 – Az.: VK 2–81/05). **161**

Bei der Frage, ob ein Wettbewerber unter den Begriff der „ähnlichen Einrichtung" zu fassen ist, ist der **Ausnahmecharakter der Vorschrift zu bedenken. Ausnahmevorschriften sind eng auszulegen und einer Analogie grundsätzlich nicht fähig** (OLG Düsseldorf, B. v. 22. 6. 2006 – Az.: VII – Verg 2/06; B. v. 29. 3. 2006 – Az.: VII – Verg 77/05; B. v. 23. 3. 2005 – Az.: VII – Verg 68/04; VK Münster, B. v. 5. 10. 2005 – Az.: VK 19/05; 2. VK Bund, B. v. 28. 2. 2006 – Az.: VK 2–154/04; B. v. 17. 8. 2005 – Az.: VK 2–81/05). So sollen Regiebe- **162**

Teil 1 GWB § 97   Gesetz gegen Wettbewerbsbeschränkungen

triebe (und Eigenbetriebe) der öffentlichen Hand (ausgegliederte Sondervermögen der Gemeinden ohne eigene Rechtspersönlichkeit) im Anwendungsbereich der VOL/A keinem Ausschluss vom Wettbewerb unterliegen (anders als im Anwendungsbereich von § 8 Nr. 6 VOB/A), weil sie nicht vergleichbare sozialpolitische Zwecke verfolgen wie die ausdrücklich genannten Einrichtungen, bei denen mit einer Verdrängung privater Unternehmen zu rechnen ist (OLG Düsseldorf, B. v. 17. 11. 2004 – Az.: VII – Verg 46/04).

163   Ein **privatrechtlicher Verein steht infolge der Vereinsmitgliedschaft einiger Kommunen** (Gebietskörperschaften des öffentlichen Rechts) **nicht in öffentlicher Trägerschaft,** insbesondere dann, wenn keinerlei Anhaltspunkt dafür zu erkennen ist, dass diese Kommunen, welche die Rechtsstellung gewöhnlicher Vereinsmitglieder haben, auf die Geschäftsführung des Beigeladenen, und zwar über die ihnen zustehenden Mitgliedsrechte hinaus, einen maßgebenden Einfluss ausüben (OLG Düsseldorf, B. v. 22. 6. 2006 – Az.: VII – Verg 2/06; B. v. 29. 3. 2006 – Az.: VII – Verg 77/05; B. v. 23. 3. 2005 – Az.: VII – Verg 68/04; VK Münster, B. v. 5. 10. 2005 – Az.: VK 19/05).

164   6.2.4.9.3.2 **Erheblichkeit der Wettbewerbsvorteile.** In einer neueren Entscheidung stellt die 2. VK des Bundes darauf ab, ob die **Wettbewerbsvorteile eine gewisse Erheblichkeit haben oder nicht.** Die **steuerliche Behandlung gemeinnütziger Unternehmen, die ansonsten im Wettbewerb stehen,** vermögen danach bei abstrakter Betrachtung jedenfalls **keinen erheblichen Wettbewerbsvorteil** gegenüber gewerblichen Unternehmen zu indizieren, der die Gefahr einer Verdrängung dieser Unternehmen begründen kann. Die **rein steuerlichen Vorteile einer gemeinnützigen GmbH,** die ansonsten im Wettbewerb steht, bedeuten **keinen erheblichen Wettbewerbsvorteil** im Sinn von § 7 Nr. 6 VOL/A (VK Schleswig-Holstein, B. v. 26. 10. 2004 – Az.: VK-SH 26/04; 2. VK Bund, B. v. 19. 5. 2004 – Az.: VK 2–52/04; 1. VK Bund, B. v. 13. 5. 2004 – Az.: VK 1–42/04).

165   Bestehen außerdem **im Zeitpunkt der Angebotskalkulation Unsicherheiten über die Möglichkeit, theoretisch gegebene steuerliche Vorteile auch tatsächlich realisieren zu können** (z. B. bei einer Unsicherheit darüber, ob die angebotene Tätigkeit dem steuerbegünstigten Zweckbetrieb oder einem steuerpflichtigen Geschäftsbetrieb zuzurechnen ist), so kann **nicht davon ausgegangen werden, dass die Kalkulation von Angebotspreisen im Rahmen eines Vergabeverfahrens maßgeblich hiervon beeinflusst wird** und somit eine Gefahr der Verdrängung gewerblicher Konkurrenten im Preiswettbewerb begründet. Es kann daher offen bleiben, ob die Befreiung von der Körperschaft- und Gewerbesteuer aufgrund der steuerrechtlich gebotenen Wettbewerbsneutralität der Besteuerung überhaupt einen Wettbewerbsvorteil darstellt, der die Nichtzulassung eines Bieters zum Wettbewerb gemäß § 7 Nr. 6 VOL/A rechtfertigt (3. VK Bund, B. v. 18. 5. 2004 – Az.: VK 3–50/04).

166   6.2.4.9.3.3 **Begriff der Aus- und Fortbildungsstätte im Sinne von § 7 Nr. 6 VOL/A.** Der Begriff der „Aus- und Fortbildungsstätte" im Sinne des § 7 Nr. 6 VOL/A ist ein unbestimmter Rechtsbegriff, welcher der Auslegung bedarf. Unter den **Begriff der „Aus- und Fortbildungsstätte" lassen sich dem Wortlaut nach zahllose Unternehmen bzw. Einrichtungen subsumieren,** beispielhaft seien nur Universitäten, Bildungsinstitute aller Art (Fremdsprachen, EDV, Kommunikationstraining etc.), Volkshochschulen sowie Ausbildungszentren von Industrieunternehmen genannt. Diese Aufzählung verdeutlicht, dass eine nur am Wortlaut des § 7 Nr. 6 VOL/A orientierte Auslegung den Kreis der nicht zum Vergabewettbewerb zuzulassenden Unternehmen ohne sachlichen Grund ins Uferlose ausdehnen würde. **Maßgeblich im Rahmen einer Auslegung des § 7 Nr. 6 VOL/A ist daher der Normzweck der Vorschrift** (2. VK Bund, B. v. 19. 5. 2004 – Az.: VK 2–52/04; 1. VK Bund, B. v. 13. 5. 2004 – Az.: VK 1–42/04).

167   Die Vorschrift des § 7 Nr. 6 VOL/A hat der **Deutsche Verdingungsausschuss für Leistungen (DVAL)** folgendermaßen erläutert:

Die genannten Einrichtungen verfolgen primär andere als erwerbswirtschaftliche Ziele. Aufgrund ihrer vielfach günstigeren Angebote ist damit zu rechnen, dass diese Einrichtungen im Falle einer wettbewerblichen Vergabe private Unternehmen verdrängen.

Unter den Begriff „ähnliche Einrichtungen" können folglich auch nur solche Institutionen gefasst werden, die eine vergleichbare sozialpolitische Zielsetzung verfolgen und bei denen mit einer Verdrängung privater Unternehmen gerechnet werden muss. Diese Voraussetzungen sind in der Regel bei Regiebetrieben nicht gegeben; sie sind daher dem Wettbewerb zu unterstellen.

Die Erläuterungen des DVAL bilden die **Begründung und zugleich eine authentische Interpretation der Vorschriften der VOL/A durch die Autoren dieses Bedingungs-

Gesetz gegen Wettbewerbsbeschränkungen GWB § 97 **Teil 1**

werks. Sie sind bei der Auslegung – auch von § 7 Nr. 6 VOL/A – nach allgemeinen Auslegungsgrundsätzen heranzuziehen (OLG Düsseldorf, B. v. 17. 11. 2004 – Az.: VII – Verg 46/04; 1. VK Bund, B. v. 23. 5. 2006 – Az.: VK 1–28/06).

Gemäß dem Wortlaut, den Motiven der Verfasser und dem Zweck der Norm sind von einem Ausschluss betroffen **nur öffentliche Einrichtungen, die rechtlich unselbständig in der Trägerschaft der öffentlichen Hand** (des Staates oder der Kommunen) stehen (OLG Düsseldorf, B. v. 17. 11. 2004 – Az.: VII – Verg 46/04; 1. VK Bund, B. v. 23. 5. 2006 – Az.: VK 1–28/06; 2. VK Bund, B. v. 17. 8. 2005 – Az.: VK 2–81/05; B. v. 11. 11. 2004 – Az.: VK 2–196/04), die zudem entweder **auf dem Gebiet der Jugendhilfe oder der Aus- und Fortbildung tätig sein oder als „ähnliche Einrichtung"** einem vergleichbaren sozialpolitischen Zweck dienen müssen (VK Münster, B. v. 4. 10. 2004 – Az.: VK 21/04). 168

6.2.4.9.3.4 Beispiele aus der Rechtsprechung 169

– Einrichtungen wie das in der Trägerschaft einer Kreishandwerkerschaft stehende **Berufsbildungszentrum unterfallen nicht dem Begriff der Aus- und Fortbildungsstätten** oder ähnlichen Einrichtungen, die gemäß § 7 Nr. 6 VOL/A zum Vergabeverfahren nicht zuzulassen sind. Nach dieser Vorschrift sind von einem Ausschluss **nur solche Einrichtungen betroffen sind, die – unmittelbar oder mittelbar – in staatlicher oder kommunaler Trägerschaft stehen.** Kreishandwerkerschaften i.S.d. §§ 86 ff. HandwO und deren Berufsbildungseinrichtungen unterliegen keiner derartigen Trägerschaft. **Kreishandwerkerschaften sind – genauso wie Handwerkskammern** – zwar **Körperschaften des öffentlichen Rechts, in der Sache aber Selbstverwaltungsorganisationen der privaten Wirtschaft.** Deshalb ist zum Beispiel die Berufsbildungseinrichtung einer Handwerkskammer vom Anwendungsbereich des § 7 Nr. 6 VOL/A ausgenommen (OLG Düsseldorf, B. v. 4. 3. 2004 – Az.: Verg 8/04). Für die Berufsbildungseinrichtung einer Kreishandwerkerschaft hat nichts anderes zu gelten (OLG Düsseldorf, B. v. 24. 5. 2006 – Az.: VII – Verg 16/06; 1. VK Bund, B. v. 23. 5. 2006 – Az.: VK 1–28/06; 2. VK Bund, B. v. 28. 2. 2006 – Az.: VK 2–154/04)

– gemessen an diesen Vorüberlegungen handelt es sich beim **Berufsbildungswerk** des Beigeladenen um eine der Aus- und Fortbildung gewidmete ähnliche Einrichtung im Sinn von § 7 Nr. 6 VOL/A. Das Berufsbildungswerk stellt einen rechtlich unselbständigen Zweig eines kommunalen Verbandes dar. Als Einrichtung der beruflichen Rehabilitation für Blinde und Sehbehinderte untersteht es einer vorrangigen sozialpolitischen Zielsetzung, die auch in der gesetzlichen Regelung des § 35 SGB IX Ausdruck findet. Die Einrichtung und Unterhaltung eines Berufsbildungswerks für Blinde und Sehbehinderte ist von ihrer Zwecksetzung her nicht erwerbswirtschaftlich ausgerichtet (OLG Düsseldorf, B. v. 17. 11. 2004 – Az.: VII – Verg 46/04)

– von den öffentlichen Einrichtungen nach § 7 Nr. 6 VOL/A sind z.B. die Berufsbildungseinrichtungen der Handwerkskammern zu unterscheiden. Bei den **Handwerkskammern** handelt es sich (trotz ihrer rechtlichen Natur als Körperschaften des öffentlichen Rechts, vgl. § 90 Abs. 1 HandwO) um Organisationen der Selbstverwaltung der privaten Wirtschaft, die sich aus den Beiträgen ihrer Mitglieder finanzieren. Auch die **Wohlfahrteinrichtungen** der (privatwirtschaftlich organisierten) Verbände der Caritas fallen nicht unter § 7 Nr. 6 VOL/A. Genauso wenig sind (private) gemeinnützige Kapitalgesellschaften als Einrichtungen im Sinne von § 7 Nr. 6 VOL/A anzusehen (OLG Düsseldorf, B. v. 24. 5. 2006 – Az.: VII – Verg 16/06; B. v. 17. 11. 2004 – Az.: VII – Verg 46/04)

– eine **Volkshochschule im Sinne des § 10 Abs. 4 in Verbindung mit Abs. 1 nwWbG ist eine Aus- und Fortbildungseinrichtung im Sinne des § 7 Nr. 6 VOL/A.** Nach Sinn und Zweck dieser Vorschrift wird sie hiervon erfasst, weil sie insgesamt eine Einrichtung darstellt, die gemäß den gesetzlich definierten allgemeinen Aufgaben der Weiterbildung in § 3 Abs. 1 nwWbG und der speziell durch die Volkshochschulen der Kommunen zu gewährleistenden Grundversorgung der Weiterbildung gemäß § 11 Abs. 2 nwWbG ausschließlich einen sozial- und kulturstaatlichen, mithin altruistisch-sozialpolitisch motivierten Zweck verfolgt. Erwerbswirtschaftliche Zielsetzungen sind einer solchen Einrichtung kraft des gesetzlich definierten Aufgabenrahmens für Volkshochschulen fremd (3. VK Bund, B. v. 18. 5. 2004 – Az.: VK 3–50/04)

– als selbständige Stiftung ist der Bieter eine **Ausgründung einer Kreishandwerkerschaft, Körperschaft des öffentlichen Rechts,** die durch das Stiftungsgeschäft mit eigenen finanziellen und sachlichen Mitteln ausgestattet worden ist und sich aus den Erträgen ihres Kapitals sowie ihrer wirtschaftlichen Aktivitäten trägt. Dass die Kreishandwerkerschaft als Körperschaft des öffentlichen Rechts als Stifterin gleichsam hinter dem Bieter steht, führt nicht dazu, eine finanzielle Gewährträgerschaft annehmen zu können. Eine hierfür in erster Linie erforderliche dauerhaft gesicherte Finanzierung wie z. B. im Fall einer sich aus allgemeinen Steuereinnahmen finanzierenden Gebietskörperschaft liegt bei ihr nicht vor. Hieran fehlt es bereits deshalb, weil es – anders als bei Handwerkskammern – an einer Rechtsgrundlage für eine Pflichtmitgliedschaft mit entsprechenden Pflichtbeiträgen der Mitglieder fehlt. Die **Kreishandwerkerschaft ist nach § 86 HandwO lediglich ein Zusammenschluss von Handwerksinnungen** im Sinne der §§ 52 ff. HandwO. Die Kreishandwerkerschaften finanzieren sich nach § 89 Abs. 1 Nr. 5 in Verbindung mit § 73 HandwO aus den Beiträgen ihrer Mitglieder. Entsprechendes gilt nach § 73 HandwO für die Handwerksinnungen. **Die Mitgliedschaft in den Innungen ist jedoch nach den gesetzlichen Vorschriften keine Pflichtmitgliedschaft** (3. VK Bund, B. v. 18. 5. 2004 – Az.: VK 3–50/04)

– die **Rechtsform des Regiebetriebs für eine Einrichtung führt nicht dazu, dass diese Einrichtung zum Wettbewerb mit gewerblichen Unternehmen zuzulassen ist.** Der Regiebetrieb kann sich insoweit nicht zu seinen Gunsten auf die Erläuterungen zu § 7 Nr. 6 VOL/A berufen, die den Hinweis enthalten, Regiebetriebe seien zum Wettbewerb zuzulassen, weil bei ihnen mit einer Verdrängung privater Unternehmen „in der Regel" nicht zu rechnen sei (vgl. die Fassung der Bekanntmachung der VOL/A vom 17. November 2002, BAnz Jahrgang 54, 2002, Nr. 216a). Grund für die grundsätzliche Ausnahme der Regiebetriebe aus dem Anwendungsbereich des § 7 Nr. 6 VOL/A war, dass ihre wirtschaftliche Struktur den Eintritt in den Wettbewerb erlauben soll. **Maßgebend für die Auslegung des § 7 Nr. 6 VOL/A ist jedoch der bereits festgestellte Sinn und Zweck der Vorschrift, wonach die Verdrängung privater Unternehmen durch Einrichtungen verhindert werden soll**, die aufgrund ihres fehlenden erwerbswirtschaftlichen Zwecks Kalkulations- und Wettbewerbsvorteile in Gestalt vielfältiger öffentlicher finanzieller und/oder institutioneller Förderung genießen (3. VK Bund, B. v. 7. 7. 2004 – Az.: VK 3–68/04)

– das **Berufsbildungswerk** ist eine Einrichtung, die sich ausschließlich mit der Aus- und Fortbildung blinder und sehbehinderter Personen befasst. Neben Förderlehrgängen für blinde und sehbehinderte Jugendliche zur Entscheidung der Berufswahl bzw. Vorbereitung auf eine berufliche Ausbildung bildet das Berufsbildungswerk in 16 anerkannten Ausbildungsberufen aus. Das **Berufsbildungswerk ist danach eine Einrichtung im Sinne des § 7 Nr. 6 VOL/A,** die aufgrund ihrer vorwiegend sozialpolitischen Motivation Kalkulations- und Wettbewerbsvorteile genießt, nach denen eine Verdrängung gewerblicher Unternehmen zu befürchten ist (3. VK Bund, B. v. 7. 7. 2004 – Az.: VK 3–68/04)

– bei **Verbänden in kirchlicher Trägerschaft** handelt es sich um vom Staat zu trennende Verbände, die zwar soziale Belange verfolgen, aber **nicht um eine öffentliche Einrichtung im Sinne von § 7 Nr. 6 VOL/A** (VK Münster, B. v. 28. 5. 2004 – Az.: VK 10/04)

– Bildungseinrichtungen im **Bereich der ausbildungsbegleitenden Hilfen für Jugendliche,** wo aus entwicklungshistorischen Gegebenheiten heraus häufig auch von öffentlichen Trägern getragene Einrichtungen am Wettbewerb teilnehmen (1. VK Bund, B. v. 19. 9. 2003 – Az.: VK 1–77/03; aufgehoben durch OLG Düsseldorf, B. v. 23. 12. 2003 – Az.: Verg 58/03)

– **Anstalten des öffentlichen Rechts** (OLG Celle, B. v. 8. 11. 2001 – Az.: 13 Verg 9/01)

– **kommunale Entsorgungsunternehmen** fallen nicht unter § 7 Nr. 6 VOL/A, weil unter den Begriff „ähnliche Einrichtungen" nur solche Institutionen gefasst werden können, die eine vergleichbare sozialpolitische Zielsetzung verfolgen und bei denen mit einer Verdrängung privater Unternehmen gerechnet werden muss. In diesem Fall **fehlt** es zum einen an der **vergleichbaren sozialpolitischen Zielsetzung,** zum anderen aber auch an der vom OLG Celle offenbar pauschal unterstellten **Gefahr einer Verdrängung privater Unternehmen allein durch das reduzierte Insolvenzrisiko** (VK Arnsberg, B. v. 29. 5. 2002 – Az.: VK 2–11/2002)

170 6.2.4.9.4 Öffentliche Institutionen. Vom Sinn und Zweck der Ausschlussregelungen her werden nur öffentliche Institutionen erfasst. Der **Ausschluss nur öffentlicher Einrichtungen vom Wettbewerb** macht auch aus einem weiteren Grund Sinn. Im Privatrecht ist es jedermann – unter Beachtung der jeweiligen Voraussetzungen – freigestellt, in welcher Rechtsform er sich organisiert, um gerade auch aus dieser Wahl wirtschaftliche Vorteile für seine Unternehmungen ziehen zu können. Es kann nicht Sinn und Zweck des Vergaberechts sein, der öffentlichen Vergabestelle aufzugeben, vermeintliche Vorteile einer privatrechtlichen Organisationsform einer anderen privatrechtlichen gegenüberzustellen, abzuwägen und letztlich nur wegen dieser vermeintlichen Vorteile vom Wettbewerb auszuschließen (OLG Düsseldorf, B. v. 29. 3. 2006 – Az.: VII – Verg 77/05; B. v. 14. 7. 2004 – Az.: VII – Verg 33/04; VK Thüringen, B. v. 6. 12. 2005 – Az.: 360–4003.20–026/05-SLZ; VK Baden-Württemberg, B. v. 7. 10. 2005 – Az.: 1 VK 56/05; 1. VK Bund, B. v. 13. 10. 2005 – Az.: VK 1–125/05; VK Schleswig-Holstein, B. v. 26. 10. 2004 – Az.: VK-SH 26/04; 2. VK Bund, B. v. 17. 8. 2005 – Az.: VK 2–81/05; B. v. 6. 10. 2003 – Az.: VK 2–94/03; VK Münster, B. v. 2. 7. 2004 – Az.: VK 13/04, B. v. 28. 5. 2004 – Az.: VK 10/04).

Der **Geltungsbereich** von § 7 Nr. 6 VOL/A ist in jedem Fall **auf Einrichtungen der öffentlichen Hand beschränkt; private Unternehmen unterfallen ihr von vornherein nicht.** Dass gemeinnützige Kapitalgesellschaften aufgrund ihrer Gemeinnützigkeit Steuerbefreiungen genießen sowie erwirtschaftete Gewinne nicht an ihre Gesellschafter ausschütten, spielt für § 7 Nr. 6 VOL/A keine Rolle. **Solche Gesellschaften sind auch nicht in analoger Anwendung des § 7 Nr. 6 VOL/A vom Bieterwettbewerb auszuschließen.** Als Ausnahmevorschrift ist § 7 Nr. 6 VOL/A 2. Abschnitt eng auszulegen und einer Analogie nicht zugänglich (OLG Düsseldorf, B. v. 29. 3. 2006 – Az.: VII – Verg 77/05; B. v. 8. 2. 2005 – Az.: VII – Verg 100/04; B. v. 14. 7. 2004 – Az.: VII – Verg 33/04; 1. VK Bund, B. v. 13. 10. 2005 – Az.: VK 1–125/05).

§ 7 Nr. 6 VOL/A **erfasst außerdem nur Institutionen, bei denen Produkte nicht gewerblich hergestellt werden. Erfasst werden nur öffentliche Einrichtungen, bei denen es um die Förderung eingegliederter Personen geht und bei denen im Rahmen der Förderung Produkte als sogenannte Nebenprodukte hergestellt** werden. Die Produkte werden hierbei nicht unter wirtschaftlichen Gesichtspunkten produziert. Es besteht deshalb die Gefahr, dass private gewerbliche Unternehmen, die wirtschaftlich zu kalkulieren haben, um am Markt bestehen zu können, von solchen öffentlichen Einrichtungen verdrängt werden (VK Baden-Württemberg, B. v. 7. 10. 2005 – Az.: 1 VK 56/05).

6.2.4.9.5 Privatrechtlich organisierte Unternehmen der öffentlichen Hand. Ist ein **Unternehmen der öffentlichen Hand z. B. als GmbH organisiert, ist seine Teilnahme an öffentlichen Ausschreibungen** auch außerhalb des eigenen Hoheitsbereichs seines kommunalen Trägers **grundsätzlich nicht zu beanstanden.** Für eine Übertragung des Verbots der Zulassung von Betrieben der öffentlichen Hand zum Wettbewerb gemäß § 8 Nr. 6 VOB/A auch auf Dienstleistungs-Vergabeverfahren gemäß VOF ist daher kein Raum, wenn die GmbH grundsätzlich dem gleichen Insolvenzrisiko ausgesetzt ist wie die anderen im Wettbewerb stehenden Unternehmen auch (VK Lüneburg, B. v. 10. 2. 2004 – Az.: 203-VgK-43/2003, B. v. 7. 10. 2003 – Az.: 203-VgK-19/2003).

Zur Zulässigkeit der gebietsüberschreitenden Tätigkeit kommunaler Unternehmen vgl. RZ 134.

6.2.4.9.6 Existenzgefährdung dieser Institutionen. Soweit argumentiert wird, entsprechende Institutionen wären in ihrer Existenz gefährdet, wenn sich ihre Träger nicht mehr an öffentlichen Ausschreibungen beteiligen dürften, oder wenn damit zu rechnen wäre, dass sich private Anbieter in größerem Umfange im Aufgabenbereich z. B. der Jugendhilfe betätigten, kann dieser **Gesichtspunkt vergaberechtlich keine Berücksichtigung finden, sondern ist einer politischen oder gesetzgeberischen Lösung anheim zu geben.** Zu denken wäre dabei an den Einsatz von Organisationsformen, mit Blick auf den (privaten) Bieterwettbewerb unbedenklich sind. Eine Erteilung von Aufträgen an die öffentlichen Einrichtungen des § 7 Nr. 6 VOL/A ist **im Übrigen nach geltendem Recht nicht durchweg ausgeschlossen.** Die Vorschrift verbietet nur die Auftragsvergabe im Wettbewerb, nicht aber die **Erteilung von Aufträgen im Wege der freihändigen Vergabe,** die in § 3 Nr. 4 lit. o) VOL/A als eine Privilegierung der in § 7 Nr. 6 VOL/A genannten Einrichtungen ausdrücklich vorgesehen ist. Im Falle der Durchführung eines förmlichen Vergabeverfahrens haben die privaten Bieter indes einen Anspruch auf die Einhaltung der Vergabebestimmungen (§ 97 Abs. 7 GWB) und damit auch, wie sich aus der Verweisung gemäß § 4 VgV ergibt, auf die Anwendung des (bieterschützenden) § 7 Nr. 6 VOL/A (OLG Düsseldorf, B. v. 23. 12. 2003 – Az.: Verg 58/03).

6.2.4.9.7 Bietergemeinschaften. Sinn und Zweck des § 7 Nr. 6 VOL/A gebieten die **Anwendung auch auf eine Bietergemeinschaft, an der eine Einrichtung im Sinne dieser Vorschrift beteiligt** ist. Eine andere Auslegung führt ansonsten zu einer Umgehung des § 7 Nr. 6 VOL/A, da der Bietergemeinschaft die Vorteile einer Einrichtung im Sinne dieser Vorschrift zugute kommen (1. VK Bund, B. v. 17. 3. 2004 – Az.: VK 1–07/04).

Teil 1 GWB § 97   Gesetz gegen Wettbewerbsbeschränkungen

177   **6.2.4.9.8 Verstoß gegen Art. 12 Abs. 1 Grundgesetz? § 7 Nr. 6 VOL/A verstößt nicht gegen das Grundrecht der Berufsfreiheit des Art. 12 Abs. 1 GG** – worauf sich im Rahmen einer erwerbswirtschaftlichen Tätigkeit ihrer Einrichtungen grundsätzlich auch die öffentliche Hand berufen kann –.

178   Die Vorschrift des **§ 7 Nr. 6 VOL/A trifft** für die öffentliche Hand, sofern sie sich erwerbswirtschaftlich betätigt, sowie für die in der Vorschrift genannten Einrichtungen **eine die Berufsausübung betreffende Regelung,** da hierdurch lediglich eine Modalität beruflichen Tätigwerdens ausgeschlossen wird. Regelungen solcher Art unterliegen nach Art. 12 Abs. 1 Satz 2 GG einem Vorbehalt „durch Gesetz oder auf Grund eines Gesetzes". Die Regelung des **§ 7 Nr. 6 VOL/A ist aufgrund eines Gesetzes ergangen, nämlich aufgrund von § 97 Abs. 6 GWB.** Diese Bestimmung ermächtigt die Bundesregierung, durch Rechtsverordnung nähere Bestimmungen über das bei der Vergabe einzuhaltende Verfahren zu treffen. Von dieser Ermächtigung hat die Bundesregierung durch § 4 VgV Gebrauch gemacht. Von ihr ist die Anordnung, bestimmte Wettbewerber von Vergabeverfahren auszunehmen, umfasst.

179   Bei der verfassungsrechtlichen Überprüfung der die Berufsausübung regelnden Entscheidungen des Gesetz- oder Verordnungsgebers ist **der diesem zu Gebote stehende erhebliche Beurteilungs- und Gestaltungsspielraum zu beachten,** dessen Grenzen im Rahmen wirtschafts- und wettbewerbspolitischer sowie sozialpolitischer Zielsetzungen tendenziell weit zu ziehen sind. **Berufsausübungsbeschränkungen der vorliegenden Art sind bei diesem Vorverständnis nicht zu beanstanden, sofern sie durch vernünftige Erwägungen des Gemeinwohls legitimiert sind.** Hierbei dürfen vom Gesetz- oder Verordnungsgeber auch Zweckmäßigkeitserwägungen angestellt werden. Er hat freilich auch den Grundsatz der Verhältnismäßigkeit zu wahren, aus dem folgt, dass – je höher die aus der getroffenen Regelung folgende Belastung für den hiervon Betroffenen ist – desto gewichtigere Gründe für das in der zu überprüfenden Regelung zur Geltung gebrachte Gemeinwohlinteresse (einschließlich der wirtschafts- oder sozialpolitischen Gründe im oben genannten Sinn) sprechen müssen.

180   Daran gemessen ist in der Regelung des § 7 Nr. 6 VOL/A ein Verstoß gegen das Grundrecht der Berufsausübungsfreiheit nicht zu erkennen. Die Vorschrift ist im Zusammenhang mit § 97 Abs. 1 GWB zu sehen und zu würdigen, die den Grundsatz des Wettbewerbs zu einem in Vergabeverfahren maßgebenden Prinzip erhebt. Hiervon ausgehend hat der Verordnungsgeber bestimmte in § 7 Nr. 6 VOL/A genannte öffentliche Einrichtungen zum Wettbewerb nicht zugelassen, weil ihre Zulassung aufgrund wirtschaftlicher Erfahrung dazu geeignet ist, den Wettbewerb zu verfälschen. Diese ordnungspolitische Zielsetzung der Norm ist nicht als unvernünftig zu beanstanden. Die dieser Vorstellung geltende Regelung greift auch nicht übermäßig in die Betätigungsmöglichkeiten solcher Einrichtungen der öffentlichen Hand ein, die dadurch vom Wettbewerb ausgenommen werden (OLG Düsseldorf, B. v. 17. 11. 2004 – Az.: VII – Verg 46/04).

181   **6.2.4.9.9 Literatur**
   – Zimmermann, Eric, Einfluss des § 7 Nr. 6 VOL/A auf § 8 Nr. 6 VOB/A, ZfBR 2006, 220

6.2.4.10 Wettbewerbsabrede als Wettbewerbsbeschränkung

182   Als wettbewerbsbeschränkende Verhaltensweisen im Sinne von § 25 Nr. 1 Abs. 1 Buchstabe c) VOB/A und § 25 Nr. 1 Abs. 1 Buchstabe f) VOL/A sind **insbesondere auch kartellrechtswidrige Vereinbarungen, wie ein gegen das Gesetz gegen Wettbewerbsbeschränkungen (GWB) verstoßendes Wettbewerbsverbot, erfasst.** Diese Regelung des § 25 VOB/A bzw. § 25 VOL/A verlangt einen engen sachlichen Zusammenhang zwischen der wettbewerbsbeschränkenden Vereinbarung und dem konkreten Vergabeverfahren, **beschränkt jedoch die Pflichten der Vergabestelle zur Bekämpfung wettbewerbsbeschränkender Verhaltensweisen keineswegs auf solche, die ausdrücklich aus konkretem Anlass der jeweiligen Vergabe unternommen werden.** Es wird zu Recht darauf hingewiesen, dass nach dem Sinn und Zweck dieser Vorschrift, der Förderung und Gewährleistung eines freien Wettbewerbs, **eine generell vereinbarte Wettbewerbsbeschränkung für das öffentliche Vergabewesen insgesamt wesentlich schädlicher** – und daher bekämpfenswerter – **ist als eine solche auf ein einzelnes Vergabeverfahren gerichtete Abrede** (OLG Naumburg, B. v. 15. 3. 2001 – Az.: 1 Verg 11/00).

6.2.4.11 Berücksichtigung von staatlichen Beihilfen

183   **6.2.4.11.1 Rechtsprechung.** Der Wettbewerbsgrundsatz verpflichtet den öffentlichen Auftraggeber, bei seiner Vergabeentscheidung die Grundsätze des fairen Wettbewerbs zu beach-

ten und Bieter, die sich im Vergabeverfahren wettbewerbswidrig verhalten oder die sich aufgrund wettbewerbswidriger Praktiken Vorteile im Vergabeverfahren verschaffen, auszuschließen. **Er umfasst aber nicht die Pflicht der Vergabestelle, ohne Rücksicht auf eine Wettbewerbswidrigkeit die Gewährung staatlicher Fördermittel auf ihre (formelle oder materielle) Europarechtskonformität zu überprüfen und im Falle der Europarechtswidrigkeit das Angebot von der Wertung auszuschließen oder die Beihilfegewährung durch eine Erhöhung des Angebotspreises zu korrigieren.** Für eine derart weitgehende Prüfungspflicht der Vergabestelle enthalten weder die Bestimmungen des Kartellvergaberechts (§§ 97 ff. GWB) noch die VOB bzw. die VOL irgendeinen Anhaltspunkt. Die bestehende Normlage, welche das Problem der nicht notifizierten Beihilfen ausschließlich im Zusammenhang mit der Befugnis des Auftraggebers erwähnt, Angebote mit einem ungewöhnlich niedrigen Preis auszuschließen, spricht vielmehr eindeutig für das Gegenteil. Es bestehen überdies auch grundsätzliche Bedenken gegen die Annahme, der Auftraggeber müsse nicht notifizierte Beihilfen durch eine Anhebung des Angebotspreises neutralisieren. Denn damit würde das Grundprinzip des Vergaberechts, dass der Bieter sein Angebot unterbreitet und der öffentliche Auftraggeber dieses Angebot ablehnen oder durch Zuschlag annehmen – es aber nicht inhaltlich verändern – kann, verlassen. Eine **derart gravierende Abweichung vom normierten Vergaberecht bedarf der ausdrücklichen Regelung und lässt sich nicht alleine daraus ableiten, dass der ausgeschriebene Auftrag gemäß § 97 Abs. 1 GWB im Wettbewerb der Bieter zu vergeben ist** (OLG Düsseldorf, B. v. 26. 7. 2002 – Az.: Verg 22/02).

Die Pflicht der Vergabestelle, nicht notifizierte Beihilfen durch eine Erhöhung des Angebotspreises zu neutralisieren, **kann ebenso wenig europarechtlichen Vorschriften entnommen werden.** Der Gerichtshof der Europäischen Gemeinschaften hat bereits entschieden, dass es nicht gegen den Grundsatz der Gleichbehandlung der Bieter verstößt, wenn ein öffentlicher Auftraggeber zu einem Vergabeverfahren Einrichtungen zulässt, die entweder von ihm selbst oder von anderen öffentlichen Auftraggebern Zuwendungen gleich welcher Art erhalten, die es ihnen ermöglichen, zu Preisen anzubieten, die erheblich unter denen ihrer Mitbewerber liegen, die solche Zuwendungen nicht erhalten. Zur Begründung hat er ausgeführt: Der Gemeinschaftsgesetzgeber habe in den Artikeln 23 und 29 bis 37 der „Richtlinie 92/50 EWG des Rates vom 18. Juni 1992 über die Koordinierung der Verfahren zur Vergabe öffentlicher Dienstleistungsaufträge" eingehend die Bedingungen für die Auswahl der zur Abgabe eines Angebots zugelassenen Dienstleistungserbringer und die Zuschlagsvoraussetzungen geregelt. In keiner dieser Bestimmungen sei vorgesehen; dass ein Bieter deshalb vom Vergabeverfahren auszuschließen sei, weil er öffentliche Mittel erhalte. Hätte der Gemeinschaftsgesetzgeber die öffentlichen Auftraggeber dazu verpflichten wollen, solche Bieter auszuschließen, so hätte er dies ausdrücklich angeordnet. Mit derselben Erwägung muss auch die Verpflichtung der Vergabestelle verneint werden, einen Bieter, der nicht notifizierte Beihilfen erhalten hat, von der Angebotswertung auszuschließen, oder die nicht notifizierte Beihilfe durch eine Anhebung des Angebotspreises zu neutralisieren. Das **Fehlen einer entsprechenden Regelung in der Dienstleistungsrichtlinie zwingt auch insoweit zu der Annahme, dass nach dem Willen des Gemeinschaftsgesetzgebers eine Verpflichtung des öffentlichen Auftraggebers zur Neutralisierung rechtswidriger Beihilfen nicht besteht.**

Auch aus dem im europäischen Beihilfenrecht normierten Durchführungsverbot ergibt sich nichts Gegenteiliges (OLG Düsseldorf, B. v. 26. 7. 2002 – Az.: Verg 22/02).

6.2.4.11.2 Literatur

– Bultmann, Peter, Beihilfenrecht und Vergaberecht: Beihilfen und öffentliche Aufträge als funktional äqivalente Instrumente der Wirtschaftslenkung; ein Leistungsvergleich, Habilitationsschrift, Tübingen, 2004
– Eilmansberger, Thomas, Überlegungen zum Zusammenspiel von Vergaberecht und Beihilferecht: kann die Vergabe aufgrund beschaffungsfremder Kriterien wirklich beihilferechtlich problematisch sein?, WuW 2005, 384
– Fischer, Hans-Georg: Öffentliche Aufträge im Spannungsfeld zwischen Vergaberecht und europäischem Beihilferecht, VergabeR 2004, 1
– Koenig, Christian, Beihilfenempfänger als Bieter im Vergabeverfahren, Tagungsband 7. Düsseldorfer Vergaberechtstag 2006, 77
– Koenig, Christian/Hentschel, Kristin, Beihilfenempfänger als Bieter im Vergabeverfahren, NZBau 2006, 289

- Lipka, Ron, Beihilfrechtliche Anforderungen an Vergabeverfahren: zur Einordnung staatlicher Aufträge als Beihilfen und zu den Rechtsschutzmöglichkeiten der Konkurrenten, Dissertation, Baden-Baden, 2005
- Middelschulte, Dirk, Öffentliche Aufträge als Gegenstand des EG-Beihilferechts: Voraussetzungen und Folgen der subventionsrechtlichen Kontrolle von vergaben und öffentlichen Aufträgen, Dissertation, Frankfurt am Main, 2004
- Tietjen, Maik, Die europäische Beihilfekontrolle im Vergaberecht und bei der Privatisierung, Dissertation, Bern, 2004

6.2.4.12 Ausschließliche Verantwortung des Auftraggebers für das Vergabeverfahren

187 Es gehört zu den Grundsätzen der Vergabe, dass Leistungen „unter ausschließlicher Verantwortung der Vergabestellen" zu vergeben sind (OLG Naumburg, B. v. 26. 2. 2004 – 1 Verg 17/03; OLG Düsseldorf, B. v. 18. 10. 2000 – Az.: Verg 3/00; 2. VK Brandenburg, B. v. 7. 4. 2006 – Az.: 2 VK 10/06; VK Südbayern, B. v. 21. 7. 2005 – Az.: 30–06/05; 3. VK Bund, B. v. 19. 7. 2005 – Az.: VK 3–58/05; VK Lüneburg, B. v. 26. 1. 2005 – Az.: 203-VgK-56/2004; VK Schleswig-Holstein, B. v. 17. 8. 2004 – Az.: VK-SH 20/04; VK Lüneburg, B. v. 11. 1. 2005 – Az.: 203-VgK-55/2004; B. v. 29. 4. 2004 – Az.: 203-VgK-11/2004, B. v. 26. 4. 2004 – Az.: 203-VgK-10/2004; VK Arnsberg, B. v. 28. 1. 2004 – Az.: VK 1–30/2003). Es handelt sich dabei um eine **(zwingende) Mussvorschrift für die Vergabestellen.** Das bedeutet, dass die **Vergabestelle die ausschließliche und unteilbare Verantwortung dafür trägt, dass die Grundsätze der Vergabe (z. B. in Bezug auf die Einhaltung der Einzelvorschriften der VOF) gewahrt werden.** Eine lediglich formale Befassung z. B. mit dem Auswertungsergebnis ohne eine zumindest ansatzweise erkennbare Auseinandersetzung mit dem Wertungsvorgang wird beispielsweise den Anforderungen des § 4 VOF nicht gerecht (VK Hessen, B. v. 29. 5. 2002 – Az. 69 d VK – 15/2002).

188 Die **Vergabestelle** kann sich zwar von Dritten Informationen zur Bewertung der Angebote verschaffen, die sie in die Lage versetzen, die Angebote zu beurteilen. Dieser Aufgabe kann sie sich jedoch nicht entziehen (1. VK Sachsen, B. v. 24. 7. 2002 – Az.: 1/SVK/063–02; VK Düsseldorf, B. v. 7. 6. 2001 – Az.: VK – 13/2001 – B). Eine Vergabestelle, die mit der Vorbereitung und Durchführung eines Vergabeverfahrens ganz oder teilweise eine dritte Stelle betraut, bleibt dennoch weiter in vollem Umfang für die Rechtmäßigkeit des Verfahrens verantwortlich. Sie **hat insofern das Handeln der eingeschalteten Stelle zu begleiten, zu überwachen und gegebenenfalls zu korrigieren** (VK Düsseldorf, B. v. 23. 1. 2001 – Az.: VK – 1/2001 – B). Die Vergabestelle **darf ihre Mitwirkung an dem Vergabeverfahren nicht auf das „Abnicken" beschränken.** Sie muss eigenverantwortlich das Vergabeverfahren durchführen, also auch die Angebote prüfen und eigenverantwortlich über mögliche Ausschlussgründe und den Zuschlag entscheiden (2. VK Brandenburg, B. v. 7. 4. 2006 – Az.: 2 VK 10/06).

189 Will sich z. B. der **Auftraggeber den Inhalt der gutachterlichen Äußerungen** eines besonderen Sachverständigen bei einer Entscheidung **zu eigen machen, so ist er verpflichtet, sich zuvor inhaltlich nochmals damit auseinander zu setzen.** Die Aufbereitung eines Sachverhalts durch einen Sachverständigen kann die Wertung des Auftraggebers nicht ersetzen. Aufgabe des Sachverständigen ist es (nur), durch schriftliche oder mündliche Äußerungen die Prüfung und Auswertung vorgegebener Tatsachen zu unterstützen, indem er auf Grund seines Fachwissens subjektive Wertungen, Schlussfolgerungen und Hypothesen bekundet (OLG München, B. v. 15. 7. 2005 – Az.: Verg 014/05; VK Südbayern, B. v. 21. 7. 2005 – Az.: 30–06/05; VK Lüneburg, B. v. 26. 1. 2005 – Az.: 203-VgK-56/2004; VK Schleswig-Holstein, B. v. 17. 8. 2004 – Az.: VK-SH 20/04; VK Lüneburg, B. v. 11. 1. 2005 – Az.: 203-VgK-55/2004; B. v. 23. 2. 2004 – Az.: 203-VgK-01/2004, B. v. 15. 9. 2003 – Az.: 203-VgK-22/2003).

190 Unter diesen Prämissen bestehen ebenso **gegen den beratenden Einbezug einer auch extern besetzten Jury keine vergaberechtlichen Bedenken** (3. VK Bund, B. v. 19. 7. 2005 – Az.: VK 3–58/05).

191 Auch wenn dies in der VOB/A im Gegensatz zur VOL/A (§ 2 Nr. 3 VOL/A) nicht speziell geregelt ist, handelt es sich hierbei um einen **tragenden Grundsatz, der auch bei der Vergabe von Bauleistungen zu beachten ist** (OLG München, B. v. 15. 7. 2005 – Az.: Verg 014/05; VK Lüneburg, B. v. 26. 1. 2005 – Az.: 203-VgK-56/2004; VK Lüneburg, B. v. 11. 1. 2005 – Az.: 203-VgK-55/2004; B. v. 23. 2. 2004 – Az.: 203-VgK-01/2004; VK Baden-Württemberg, B. v. 21. 5. 2001 – Az.: 1 VK 7/01).

Dies gilt auch, wenn beispielsweise eine **Vergabeprüfstelle gutachterlich tätig wird** oder 192
der Auftraggeber zumindest indirekt eine seine eigene Rechtsauffassung stützende Entscheidung
der VK anstrebt (VK Schleswig-Holstein, B. v. 17. 8. 2004 – Az.: VK-SH 20/04).

6.2.4.13 Fairer Wettbewerb

Beginnt ein öffentlicher Auftraggeber ein Vergabeverfahren nach bestimmten Regeln, z.B. 193
der VOL/A, kann er an diesem mit der eigenen Ausschreibung geschaffenen Rechtsrahmen
nichts dadurch ändern, dass er später in den Verdingungsunterlagen verlautbart, die Bieter hätten
umgekehrt keinen Anspruch auf Einhaltung der Bestimmungen z.B. der VOL/A durch den
Auftraggeber. Eine solche **Bestimmung ist auch inhaltlich nicht wirksam: Ein Auftraggeber kann nicht die Bieter auf die Beachtung dieser Vorschriften verpflichten und sie diesen gegenüber auch anwenden, sich selber davon aber in einer Weise frei zeichnen, die es ihm erlauben würde, zu jedem ihm geeignet erscheinenden Zeitpunkt aus dem Vergabeverfahren „auszusteigen".** Das ist mit den Grundsätzen eines fairen Wettbewerbs, dem sich der Auftraggeber (und sei es im Ansatz „freiwillig") einmal unterworfen hat, nicht vereinbar (OLG Dresden, Urteil vom 9. 3. 2004 – Az.: 20 U 1544/03).

6.2.5 Pflicht zur aktiven Bekämpfung

Die **Pflicht zur Bekämpfung wettbewerbswidriger Verhaltensweisen** begründet nicht 194
nur eine Verpflichtung der öffentlichen Auftraggeber, sich selbst wettbewerbskonform zu verhalten, sondern **enthält auch den Auftrag, aktiv gegen wettbewerbswidriges Verhalten anderer einzuschreiten. In welcher Art und Weise er tätig wird, ist dem Auftraggeber überlassen,** der hierbei über einen **Ermessensspielraum** verfügt. Ist ein fairer Wettbewerb auf andere Weise nicht (wieder-)herzustellen, kann er das Angebot eines sich grob wettbewerbswidrig verhaltenden Unternehmens in entsprechender Anwendung der §§ 25 Nr. 1 Abs. 1 lit. f) VOL/A, 25 Nr. 1 Abs. 1 lit. c) VOB/A ausschließen oder – als ultima ratio – die **Ausschreibung aufheben** (OLG Koblenz, B. v. 26. 10. 2005 – Az.: 1 Verg 4/05).

6.2.6 Beispiele aus der Rechtsprechung

Praktische Ausprägungen des Wettbewerbsprinzips sind: 195
- **Unbedenklichkeit von auf eine verbotene Submissionsabsprache abzielende Verhandlungen im Falle ihres Scheiterns** (OLG Koblenz, B. v. 26. 10. 2005 – Az.: 1 Verg 4/05)
- **Unbedenklichkeit von ergebnislosen Bewerbergesprächen im Vorfeld der Angebotsabgabe über eine Zusammenarbeit** (in Form einer Bietergemeinschaft oder im Verhältnis Hauptunternehmer – Nachunternehmer) mit einem Unternehmen, das sich dann unmittelbar als Konkurrent oder mittelbar als Nachunternehmer eines Konkurrenten am Wettbewerb beteiligt (OLG Koblenz, B. v. 26. 10. 2005 – Az.: 1 Verg 4/05)
- **beabsichtigt der Auftraggeber entweder, einen Bieter zu beauftragen und hierbei in nicht unerheblichem Umfang vom Ursprungsangebot abzuweichen oder will er zunächst den Zuschlag auf das Ursprungsangebot erteilen mit der Absicht, den Leistungsumfang anschließend entsprechend der mit der Beigeladenen getroffenen Absprache zu den ausgehandelten Konditionen wieder einzuschränken,** verstößt diese Vorgehensweise gegen der Wettbewerbsgrundsatz des § 97 Abs. 1 GWB (VK Baden-Württemberg, B. v. 15. 8. 2005 – Az.: 1 VK 47/05)
- **Bindung der Bieter und der Vergabestelle im Verhandlungsverfahren an die letzten Angebote und Unzulässigkeit der Änderung dieser Angebote nach Beginn der Wertung** (OLG Düsseldorf, B. v. 25. 7. 2002 – Az.: Verg 33/02)
- **ein Markteintrittsverbot kommunaler Gesellschaften** (OLG Düsseldorf, B. v. 17. 6. 2002 – Az.: Verg 18/02)
- **Zulässigkeit der exterritorialen Betätigung kommunaler Gesellschaften** (VK Lüneburg, B. v. 7. 10. 2003 – Az.: 203-VgK-19/2003)
- **das Verbot von Umgehungsgeschäften bzw. Umgehungsgesellschaften** (OLG Düsseldorf, B. v. 17. 6. 2002 – Az.: Verg 18/02)
- **das Verbot, einen im Wettbewerb unterlegenen Bieter im Wege der Beleihung zu beauftragen** (OLG Naumburg, B. v. 13. 5. 2003 – Az.: 1 Verg 2/03)

Teil 1 GWB § 97

- ein Preisnachlass für den Fall des nicht wirtschaftlichsten Angebots (BayObLG, B. v. 21. 8. 2002 – Az.: Verg 21/02)
- die Pflicht der Vergabestelle zur Festlegung von strategischen Zielen und Leistungsanforderungen im Leistungsverzeichnis (Notwendigkeit der Ausschreibungsreife) (OLG Naumburg, B. v. 16. 9. 2002 – Az.: 1 Verg 02/02)
- die Geltung des Wettbewerbsprinzips auch im Verhandlungsverfahren (OLG Frankfurt am Main, B. v. 10. 4. 2001 – Az.: 11 Verg. 1/01; 2. VK Bund, B. v. 20. 5. 2005 – Az.: VK 2–30/05)
- das Verbot der Überwälzung von Zahlungspflichten, die von einem Dritten zu erfüllen sind, auf den Bieter (OLG Celle, B. v. 1. 3. 2001 – Az.: 13 Verg 1/01)
- die grundsätzliche Unzulässigkeit von fehlenden Angaben in Angeboten (1. VK Bund, B. v. 27. 9. 2002 – VK 1–63/02)
- kein uneingeschränktes Verbot der Berücksichtigung des Wertungskriteriums „Ortsnähe" (VK Baden-Württemberg, B. v. 30. 8. 2002 – Az.: 1 VK 41/02); streitig – zumindest im Rahmen eines VOF-Verfahrens ist Ortsansässigkeit ein vergabefremdes Kriterium (2. VK Brandenburg, B. v. 17. 7. 2001 – Az.: 2 VK 56/01)
- die Pflicht der Vergabestelle zur Aufhebung einer Ausschreibung (VK Hamburg, B. v. 25. 7. 2002 – Az.: VgK FB 1/02)
- die Pflicht zur Beachtung bei der Entscheidung, ob nur ein Bieter zu einer Teststellung eingeladen wird (2. VK Bund, B. v. 10. 7. 2002 – Az.: VK 2–34/02)
- das Verbot von Änderungen an den Verdingungsunterlagen durch die Bieter (VK Nordbayern, B. v. 15. 2. 2002 – Az.: 320.VK-3194–02/02; ebenso 2. VK Bund, B. v. 17. 1. 2002 – Az.: VK 2–46/01)
- das Verbot der Wertung von bedingten Preisnachlässen, wenn die Erfüllung der gestellten Bedingung vom Bieter selbst mit abhängt (VK Nordbayern, B. v. 25. 4. 2001 – Az.: 320.VK-3194–05/01)
- die Grenzen des Gestaltungsspielraumes von Vergabestellen (VK Detmold, B. v. 5. 4. 2001 – Az.: VK.31–10/01)
- die Beachtung des Wettbewerbsprinzips bei der Auswahl von Bewerbern im Rahmen eines Teilnahmewettbewerbes (1. VK Bund, B. v. 25. 6. 2003 – VK 1–45/03)
- Beteiligungsverbot als Bieter oder Bewerber desjenigen, der den öffentlichen Auftraggeber sachverständig beraten und unterstützt hat, im nachfolgenden Vergabeverfahren (OLG Düsseldorf, B. v. 16. 10. 2003 – Az.: VII – Verg 57/03)

6.3 Transparenzgebot (§ 97 Abs. 1)

6.3.1 Inhalt und Reichweite

196 Vergleichbar mit dem Wettbewerbsprinzip ist das Transparenzgebot ein weiteres tragendes Prinzip bei der Beschaffungstätigkeit der öffentlichen Hand. Eine **besondere Ausprägung findet das Transparenzgebot bei allen Verfahrensprozessen, in denen Bewerber bzw. Bieter eingebunden sind und – besonders – bei der Dokumentation aller wesentlichen Entscheidungen des Ausschreibungs- und Vergabeprozesses.** Hierzu hat sich eine Rechtsprechung entwickelt, die weit über den Wortlaut der entsprechenden Regelungen (§ 30 VOB/A, § 30 VOL/A und § 18 VOF) hinausgeht (vgl. RZ 198).

6.3.2 Ausformung in VOB/VOL/VOF

197 Im Gegensatz zum Wettbewerbsprinzip ist das Transparenzgebot nicht ausdrücklich in der VOB/A, der VOL/A und der VOF erwähnt. Es ist aber jedenfalls über § 97 Abs. 1 GWB bei allen Beschaffungen zu beachten.

6.3.3 Wichtige Ausprägungen des Transparenzgebots in der Rechtsprechung

6.3.3.1 Dokumentationspflicht als Konkretisierung des Transparenzgebots

198 Es ist ein **Gebot der Transparenz des Vergabeverfahrens** (§ 97 Abs. 1 GWB), dass der öffentliche Auftraggeber die **wesentlichen Entscheidungen des Vergabeverfahrens** – und

damit namentlich auch die Angebotswertung – in den Vergabeakten dokumentiert. Die Dokumentation dient dem Ziel, die Entscheidungen der Vergabestelle transparent und sowohl für die Überprüfungsinstanzen (Vergabekammer und Vergabesenat) als auch für die Bieter überprüfbar zu machen (OLG Düsseldorf, B. v. 14. 8. 2003 – Az.: VII – Verg 46/03, B. v. 26. 7. 2002 – Az.: Verg 28/02; OLG München, B. v. 28. 4. 2006 – Az.: Verg 6/06; 1. VK Bund, B. v. 18. 8. 2006 – Az.: VK 1–82/06; 1. VK Sachsen-Anhalt, B. v. 25. 4. 2006 – Az.: 1 VK LVwA 08/06; B. v. 22. 2. 2005 – Az.: 1 VK LVwA 03/05; B. v. 16. 2. 2005 – Az: 1 VK LVwA 01/05; VK Düsseldorf, B. v. 13. 3. 2006 – Az.: VK – 08/2006 – L; VK Saarland, B. v. 23. 1. 2006 – Az.: 1 VK 06/2005; VK Sachsen, B. v. 28. 12. 2005 – Az.: 1/SVK/147–05; B. v. 24. 2. 2005 – Az.: 1/SVK/004–05; VK Arnsberg, B. v. 8. 8. 2006 – Az.: VK 21/06; B. v. 13. 6. 2006 – Az.: VK 15/06; B. v. 16. 8. 2005 – Az.: VK 13/2005; B. v. 16. 8. 2005 – Az.: VK 14/2005; VK Südbayern, B. v. 21. 7. 2005 – Az.: 30–06/05; B. v. 19. 5. 2005 – Az.: 18–04/05; VK Rheinland-Pfalz, B. v. 4. 5. 2005 – Az.: VK 20/05; VK Lüneburg, B. v. 22. 3. 2006 – Az.: VgK-05/2006; B. v. 20. 3. 2006 – Az.: VgK-04/2006; B. v. 15. 11. 2005 – Az.: VgK-48/2005; VK Lüneburg, B. v. 8. 5. 2006 – Az.: VgK-07/2006; B. v. 5. 7. 2005 – Az.: VgK-26/2005; B. v. 3. 5. 2005 – Az.: VgK-14/2005; B. v. 5. 11. 2004 – Az.: 203-VgK-48/2004; 3. VK Bund, B. v. 9. 6. 2005 – Az.: VK 3–49/05; B. v. 28. 9. 2004 – Az.: VK 3–107/04; 2. VK Bund, B. v. 20. 5. 2005 – Az.: VK 2–30/05; B. v. 15. 2. 2005 – Az.: VK 2–06/05).

Dementsprechend umfasst das Transparenzgebot nicht nur die vergaberechtlichen Vorgaben bezüglich der Bekanntmachungspflichten der öffentlichen Auftraggeber hinsichtlich ihrer Vorhaben, Bedingungen und den nachfolgenden Leistungen, sondern **auch die vergaberechtlichen Vorschriften, die in erster Linie der Ex-Post-Transparenz dienen,** wie z.B. § 18 VOF, § 30 VOB/A oder § 30 VOL/A (VK Arnsberg, B. v. 8. 8. 2006 – Az.: VK 21/06; B. v. 13. 6. 2006 – Az.: VK 15/06; VK Südbayern, B. v. 19. 5. 2005 – Az.: 18–04/05). Dementsprechend stellt die **Nichterfüllung** der in § 18 VOF, § 30 VOB/A bzw. § 30 VOL/A für die jeweiligen Vergabeverfahren konkretisierten Dokumentationspflicht durch die Vergabestelle **eine besonders schwerwiegende Verletzung des Transparenzgrundsatzes** dar. Kommt der öffentliche Auftraggeber seiner Dokumentationspflicht nicht oder nicht ordnungsgemäß nach, **kann darauf mit Erfolg ein Vergabenachprüfungsantrag gestützt werden.** Dokumentationsmängel führen im Ergebnis dazu, dass das Vergabeverfahren ab dem Zeitpunkt, in dem die Dokumentation unzureichend ist, fehlerbehaftet und es in diesem Umfang zu wiederholen ist (VK Rheinland-Pfalz, B. v. 4. 5. 2005 – Az.: VK 20/05).

6.3.3.1.1 Dokumentationspflicht für alle Verfahrensarten. Die Verpflichtung zur Erstellung eines Vergabevermerks **gilt für alle Verfahrensarten und zwar von Anfang des Verfahrens an** (VK Arnsberg, B. v. 29. 11. 2002 – Az.: VK 1–25/02), also auch für das **Nichtoffene Verfahren** (VK Hessen, B. v. 29. 5. 2002 – Az.: 69 d VK – 15/2002) und das **Verhandlungsverfahren mit vorgeschaltetem Teilnahmewettbewerb** (VK Brandenburg, B. v. 30. 7. 2002 – Az.: VK 38/02).

Gerade **im Rahmen eines Verhandlungsverfahrens,** in welchem nicht nur weniger formale Vorgaben bestehen sondern auch Inhalte verändert und verhandelt werden können, ist die **Dokumentation als Basisnachweis für die Einhaltung des Transparenzgebotes von außerordentlicher Bedeutung.** Nur auf dieser Grundlage kann der Bieter die Wertung seines Angebotes nachvollziehen bzw. mögliche Rechtsverletzungen erkennen und nur auf dieser Basis ist ein rechtssicheres Nachprüfungsverfahren durchführbar. Mängel in der Dokumentation gehen grundsätzlich zu Lasten des Auftraggebers. Aus diesem Grund ist **auf die Erstellung von Gesprächsprotokollen großer Wert zu legen;** sie sind den Beteiligten zur Kenntnis zu geben, damit sie die Möglichkeit haben die Dokumentation zu korrigieren oder zu ergänzen mit eigener Darstellung. Es ist auch zu empfehlen, – wenn irgend möglich – einheitliche Frageschemata vorzubereiten, um die Vergleichbarkeit der Erörterungen von Angeboten zu unterstützen (VK Arnsberg, B. v. 1. 9. 2004 – Az.: VK 2–16/2004).

Zwar **gilt § 18 VOF nicht unmittelbar,** wenn es um die Auswahl für die Teilnahme an einem Wettbewerb nach §§ 20, 25 VOF, nicht um ein Vergabeverfahren geht. Die **Pflicht, eine zeitnahe Dokumentation** der wesentlichen Verfahrensschritte und Entscheidungen einschließlich deren Begründungen in einem fortlaufend zu führenden Vermerk festzuhalten, ist jedoch **als eine Ausprägung des allgemeinen Transparenzgrundsatzes** anzusehen. Dieser **Grundsatz einschließlich der sich daraus ergebenden Dokumentationspflicht gilt auch für die Auswahl von Wettbewerbsteilnehmern nach §§ 20 Abs. 5, 25 VOF,** die ebenso wie Bewerber oder Bieter in einem Vergabeverfahren einen Anspruch darauf haben, die Gründe für ihre Nichtberücksichtigung zu erfahren und gegebenenfalls zur Überprüfung zu stellen. Ohne entsprechende Dokumentation ist es nicht möglich, zu kontrollieren, ob der Beurteilungsspielraum, der zweifelsohne auch bei der Bewerberauswahl nach §§ 20 Abs. 5, 25 VOF gegeben ist, fehlerfrei ausgeübt wurde (3. VK Bund, B. v. 26. 1. 2005 – Az.: VK 3–224/04).

203 **6.3.3.1.2 Pflicht zur verfahrensbegleitenden Dokumentation.** Es genügt nicht, dass der Vergabevermerk erst nach Abschluss des Vergabeverfahrens, und Zuschlagserteilung vorliegt. Vielmehr **muss die Dokumentation aus Gründen der Transparenz und Überprüfbarkeit laufend fortgeschrieben werden** (OLG Düsseldorf, B. v. 17. 3. 2004 – Az.: VII – Verg 1/04, B. v. 14. 8. 2003 – Az.: VII – Verg 46/03, B. v. 26. 7. 2002 – Az.: Verg 28/02; VK Arnsberg, B. v. 8. 8. 2006 – Az.: VK 21/06; B. v. 13. 6. 2006 – Az.: VK 15/06; VK Saarland, B. v. 23. 1. 2006 – Az.: 1 VK 06/2005; 3. VK Bund, B. v. 9. 6. 2005 – Az.: VK 3–49/05; 1. VK Sachsen, B. v. 21. 7. 2005 – Az.: 1/SVK/076–05; B. v. 31. 5. 2005 – Az.: 1/SVK/046–05; B. v. 24. 2. 2005 – Az.: 1/SVK/004–05; 2. VK Bund, B. v. 20. 5. 2005 – Az.: VK 2–30/05; B. v. 15. 2. 2005 – Az.: VK 2–06/05; 1. VK Sachsen-Anhalt, B. v. 22. 2. 2005 – Az.: 1 VK LVwA 03/05; B. v. 16. 2. 2005 – Az: 1 VK LVwA 01/05; VK Schleswig-Holstein, B. v. 13. 12. 2004 – Az.: VK-SH-33/04; VK Münster, B. v. 24. 9. 2004 – Az.: VK 24/04). Sie muss also **zeitnah zu den einzelnen Phasen eines Vergabeverfahrens** erfolgen (OLG Rostock, B. v. 20. 8. 2003 – Az.: 17 Verg 9/03; VK Saarland, B. v. 23. 1. 2006 – Az.: 1 VK 06/2005; 3. VK Bund, B. v. 9. 6. 2005 – Az.: VK 3–49/05; VK Südbayern, B. v. 19. 5. 2005 – Az.: 18–04/05; 1. VK Sachsen, B. v. 24. 2. 2005 – Az.: 1/SVK/004–05; 1. VK Sachsen-Anhalt, B. v. 22. 2. 2005 – Az.: 1 VK LVwA 03/05; B. v. 16. 2. 2005 – Az: 1 VK LVwA 01/05; 1. VK Bund, B. v. 26. 10. 2004 – Az.: VK 1–177/04; VK Düsseldorf, B. v. 9. 4. 2003 – Az.: VK – 8/2003-B; VK Arnsberg, B. v. 8. 8. 2006 – Az.: VK 21/06; B. v. 13. 6. 2006 – Az.: VK 15/06; B. v. 16. 8. 2005 – Az.: VK 13/2005; B. v. 16. 8. 2005 – Az.: VK 14/2005; B. v. 29. 11. 2002 – Az.: VK 1–25/02). Die Pflicht zur zeitnahen Erstellung des Vermerks ist **jedoch nicht gleichbedeutend mit „unverzüglich"** (OLG München, B. v. 28. 4. 2006 – Az.: Verg 6/06).

204 Für das **Verhandlungsverfahren nach VOF** bedeutet dies, dass **alle wesentlichen Zwischenentscheidungen** innerhalb des Vergabeverfahrens, die zum Ausscheiden oder zur Präqualifikation oder zur Aufnahme von Vertragsverhandlungen mit zunächst einem der im weiteren Vergabeverfahren noch befindlichen Bieter führten, zu dokumentieren sind (VK Lüneburg, B. v. 7. 6. 2004 – Az.: 203-VgK-16/2004; VK Südbayern, B. v. 31. 10. 2002 – Az.: 42–10/02).

205 **6.3.3.1.3 Anforderungen an den Inhalt der Dokumentation. 6.3.3.1.3.1 Grundsatz.** Eine ausreichende Dokumentation setzt voraus, dass **alle wesentlichen Verfahrensschritte mit ihrem entscheidungserheblichen Inhalten zeitnah dargestellt** werden (VK Lüneburg, B. v. 8. 5. 2006 – Az.: VgK-07/2006; B. v. 22. 3. 2006 – Az.: VgK-05/2006; B. v. 20. 3. 2006 – Az.: VgK-04/2006; B. v. 15. 11. 2005 – Az.: VgK-48/2005; B. v. 5. 7. 2005 – Az.: VgK-26/2005; B. v. 3. 5. 2005 – Az.: VgK-14/2005; B. v. 24. 9. 2004 – Az.: VK 24/04; B. v. 23. 2. 2004 – Az.: 203-VgK-01/2004; VK Saarland, B. v. 23. 1. 2006 – Az.: 1 VK 06/2005; 1. VK Sachsen, B. v. 21. 7. 2005 – Az.: 1/SVK/076–05; B. v. 31. 5. 2005 – Az.: 1/SVK/046–05; B. v. 24. 2. 2005 – Az.: 1/SVK/004–05; 1. VK Sachsen-Anhalt, B. v. 22. 2. 2005 – Az.: 1 VK LVwA 03/05; B. v. 16. 2. 2005 – Az: 1 VK LVwA 01/05; VK Düsseldorf, B. v. 9. 4. 2003 – Az.: VK – 8/2003 – B).

206 Die im Vergabevermerk enthaltenen Angaben und die in ihm mitgeteilten Gründe für getroffenen Entscheidungen müssen **so detailliert** sein, dass sie **für einen mit der Sachlage des jeweiligen Vergabeverfahrens vertrauten Leser nachvollziehbar** sind (VK Düsseldorf, B. v. 13. 3. 2006 – Az.: VK – 08/2006 – L). Das gilt insbesondere für die Darlegungen, mit denen die Auswahl des für den Zuschlag vorgesehenen Bieters gerechtfertigt wird. Hierzu müssen die Tatsachenumstände und Überlegungen, welche die in Aussicht genommene Zuschlagsentscheidung tragen, **vollständig, wahrheitsgemäß und verständlich mitgeteilt** werden (OLG Düsseldorf, B. v. 17. 3. 2004 – Az.: VII – Verg 1/04, B. v. 14. 8. 2003 – Az.: VII – Verg 46/03; 2. VK Bund, B. v. 20. 5. 2005 – Az.: VK 2–30/05; 3. VK Bund, B. v. 28. 9. 2004 – Az.: VK 3–107/04).

207 Das bedeutet auch, dass – außer beim offenen Verfahren – die **Wahl der Verfahrensart begründet** werden muss, dass die **gesamte Behandlung der Bieter** (Gespräche, Auskünfte, Aufklärungen) **und der Angebote** (alle Wertungsschritte mit ihren Ergebnissen) nachvollziehbar dargestellt werden müssen. Dazu bedarf es **keiner umfassenden Ausführlichkeit,** es muss jedoch ohne weitere Erläuterung nachvollziehbar sein, aus welchen Gründen der Auftraggeber sich für ein bestimmtes Angebot entschieden oder einen bestimmten Bieter für ungeeignet gehalten hat (1. VK Sachsen, B. v. 24. 2. 2005 – Az.: 1/SVK/004–05; VK Düsseldorf, B. v. 9. 4.

Gesetz gegen Wettbewerbsbeschränkungen GWB § 97 **Teil 1**

2003 – Az.: VK – 8/2003 – B; VK Lüneburg, B. v. 8. 5. 2006 – Az.: VgK-07/2006; B. v. 5. 7. 2005 – Az.: VgK-26/2005; B. v. 23. 2. 2004 – Az.: 203-VgK-01/2004, B. v. 10. 3. 2003 – Az.: 203-VgK-01/2003).

Dies bedeutet weiterhin, dass der **Auftraggeber die Prüfung und Wertung aller veröffentlichten Wertungskriterien ausreichend dokumentieren** muss (1. VK Sachsen-Anhalt, B. v. 25. 4. 2006 – Az.: 1 VK LVwA 08/06; VK Sachsen, B. v. 28. 12. 2005 – Az.: 1/SVK/147–05; 3. VK Bund, B. v. 19. 7. 2005 – Az.: VK 3–58/05; 1. VK Bund, B. v. 24. 3. 2005 – Az.: VK 1–14/05; VK Lüneburg B. v. 8. 5. 2006 – Az.: VgK-07/2006; B. v. 15. 11. 2005 – Az.: VgK-48/2005; B. v. 5. 7. 2005 – Az.: VgK-26/2005; B. v. 3. 5. 2005 – Az.: VgK-14/2005; B. v. 26. 1. 2005 – Az.: 203-VgK-56/2004). Dies beinhaltet auch eine **Darstellung, mit welchem Anteil die genannten Zuschlagskriterien Berücksichtigung finden sollen** (1. VK Sachsen, B. v. 28. 12. 2005 – Az.: 1/SVK/147–05). 208

Dies bedeutet weiterhin, dass ein **Auftraggeber im Vergabevermerk darlegen muss, warum sich im konkreten Fall das wirtschaftlichste Angebot letztlich ausschließlich über den Preis ermitteln lässt,** weil die Angebote hinsichtlich der übrigen Zuschlagskriterien möglicherweise keine Unterschiede aufwiesen oder keine entsprechenden Rückschlüsse zuließen (VK Lüneburg, B. v. 3. 2. 2004 – Az.: 203-VgK-41/2003). 209

Der Vergabevermerk ist **chronologisch zu fassen** und muss sich **dabei an der in der VOB, VOL bzw. VOF vorgeschriebenen Reihenfolge orientieren** (VK Lüneburg, B. v. 8. 5. 2006 – Az.: VgK-07/2006; B. v. 22. 3. 2006 – Az.: VgK-05/2006; B. v. 20. 3. 2006 – Az.: VgK-04/2006; B. v. 15. 11. 2005 – Az.: VgK-48/2005; B. v. 3. 5. 2005 – Az.: VgK-14/2005; B. v. 26. 1. 2005 – Az.: 203-VgK-56/2004; B. v. 11. 1. 2005 – Az.: 203-VgK-55/2004; B. v. 3. 2. 2004 – Az.: 203-VgK-41/2003, B. v. 10. 3. 2003 – Az.: 203-VgK-01/2003, B. v. 15. 9. 2003 – Az.: 203-VgK-22/2003; VK Düsseldorf, B. v. 16. 2. 2006 – Az.: VK – 02/2006 – L; 1. VK Sachsen, B. v. 24. 2. 2005 – Az.: 1/SVK/004–05;. 210

Die Rechtsprechung verkennt zwar nicht, dass die Durchführung von Architektenwettbewerben mit in der Regel mehreren Hundert Bewerbungen de facto noch handhabbar und damit in der Praxis durchführbar bleiben muss. Um diesem Gesichtspunkt Rechnung zu tragen, **darf die Anforderung an die Dokumentationspflicht nicht überspannt** werden. Auf der anderen Seite kann aber der legitime Anspruch der Bewerber darauf, zu erfahren, warum ihre Bewerbung nicht erfolgreich war, ebenso wenig negiert werden und nicht zur Gänze hinter die praktischen Probleme zurücktreten. In Anlehnung an § 13 VgV ist vermittelnd zwischen den genannten Interessen davon auszugehen, dass die Akte **schlagwortartig den tragenden Grund für die Nichtberücksichtigung wiedergeben** muss (3. VK Bund, B. v. 26. 1. 2005 – Az.: VK 3–224/04). 211

6.3.3.1.3.2 Regelmäßige Bestandteile der Dokumentation. 6.3.3.1.3.2.1 Dokumentation nach § 30 VOB/A. Gemäß § 30 Nr. 1 VOB/A ist über die Vergabe ein Vermerk zu fertigen, der die einzelnen Stufen des Verfahrens, die Maßnahmen, die Feststellung sowie die Begründung der einzelnen Entscheidungen enthält. Der Vergabevermerk ist chronologisch zu fassen und muss sich dabei an der in der VOB/A vorgeschriebenen Reihenfolge orientieren. Zu den materiellen Entscheidungen, die dokumentiert werden müssen, **zählen insbesondere:** 212

– Wahl der Verfahrensart,
– Ergebnis der Prüfung der Angebote,
– Angaben über Verhandlungen mit Bietern und deren Ergebnis,
– Ergebnis der Wertung der Angebote,
– Gründe für die Erteilung des Zuschlags auf das betreffende Angebot

(VK Lüneburg, B. v. 22. 3. 2006 – Az.: VgK-05/2006; B. v. 20. 3. 2006 – Az.: VgK-04/2006; B. v. 5. 7. 2005 – Az.: VgK-26/2005; B. v. 26. 1. 2005 – Az.: 203-VgK-56/2004; B. v. 11. 1. 2005 – Az.: 203-VgK-55/2004; B. v. 15. 9. 2003 – Az.: 203-VgK-22/2003; 1. VK Sachsen, B. v. 21. 7. 2005 – Az.: 1/SVK/076–05).

6.3.3.1.3.2.2 Dokumentation nach § 30 VOL/A. Der Vergabevermerk enthält **regelmäßig folgende Angaben:** 213

– Name und Anschrift des Auftraggebers;
– gewähltes Vergabeverfahren mit Begründung;
– Art und Umfang der vom Vertrag erfassten Leistung;
– Art und Umfang der einzelnen Lose, ggf. mit Begründung;

Teil 1 GWB § 97 Gesetz gegen Wettbewerbsbeschränkungen

- Wert des Auftrags bzw. der einzelnen Lose;
- Auskunft über die Erkundung des Bewerberkreises;
- einzelne Stufen des Vergabeverfahrens mit genauer Datumsangabe;
- Namen der in die Vergabe einbezogenen Bewerber oder Bieter mit Begründung;
- Namen der ausgeschlossenen Bewerber von der Teilnahme am Wettbewerb und die Gründe für ihren Ausschluss;
- Angabe zu den Gründen bzw. zur Höhe vereinbarter Vertragsstrafen und Sicherheitsleistungen;
- Angaben zu den Gründen für die Abweichung bei der Verjährung von Gewährleistungsansprüchen;
- Zahl der Änderungsvorschläge und Nebenangebote;
- Angaben der Grunde für ein Abweichen von einer angemessenen Angebots – bzw. Zuschlags- und Bindefrist;
- Namen der berücksichtigten Bieter und die Gründe für ihre Auswahl;
- Ergebnis der Prüfung der Angebote;
- Angaben über Verhandlungen mit Bietern und deren Ergebnis;
- Ergebnis der Wertung der Angebote;
- Name des Auftragnehmers und Gründe für die Erteilung des Zuschlags auf sein Angebot;
- ggf. Anteile der beabsichtigten Nachunternehmerleistungen;
- ggf. Angaben über die Ausfertigung einer Vertragsurkunde;
- Angaben und Begründung für eine Aufhebung der Ausschreibung

(VK Südbayern, B. v. 12. 5. 2001 – Az.: 20–06/01).

214 **6.3.3.1.3.2.3 Dokumentation nach § 18 VOF.** Aus § 19 Abs. 1 ergeben sich **bestimmte Mindestinhalte des Vergabevermerks:**

- Name und Anschrift des Auftraggebers,
- Art und Umfang der Leistung,
- Wert des Auftrages,
- Namen der berücksichtigten Bewerber und Gründe für ihre Auswahl,
- Name der ausgeschlossenen Bewerber und die Gründe für die Ablehnung,
- Name des erfolgreichen Bewerbers und die Gründe für die Auftragserteilung sowie – falls bekannt – der Anteil, den der erfolgreiche Bewerber an Dritte weiterzugeben beabsichtigt,
- Gründe für die Wahl des Verhandlungsverfahrens,
- Gründe für die Ausnahme von der Anwendung europäischer Spezifikationen (Anhang TS Nr. 2).

215 Der Regelinhalt des Vergabevermerks nach § 18 VOF ist daher umfassend angelegt. Im **Vergabevermerk muss das gesamte Verfahren auch in den Einzelheiten dokumentiert** sein, so dass der Vergabevermerk einen **erheblichen Detaillierungsgrad** aufzuweisen hat (2. VK Bund, B. v. 13. 7. 2005 – Az.: VK 2–75/05). Aufgrund dieser hohen inhaltlichen Anforderungen an die Dokumentation reichen insbesondere formelhafte Begründungen für die Entscheidungen des Auftraggebers nicht aus (VK Schleswig-Holstein, B. v. 11. 1. 2006 – Az.: VK-SH 28/05; VK Rheinland-Pfalz, B. v. 4. 5. 2005 – Az.: VK 20/05).

216 **6.3.3.1.3.3 Dokumentation der Fragen und Antworten der Bewerber.** Bei der Durchführung eines Verhandlungsverfahrens ist darauf zu achten, dass die **Fragen und Antworten der Bewerber festgehalten werden** und die Wertung nachvollziehbar dokumentiert wird (VK Nordbayern, B. v. 7. 6. 2002 – Az.: 320.VK-3194–15/02).

217 **6.3.3.1.3.4 Dokumentation der Auswahl von Bewerbern im Rahmen von Teilnahmeverfahren.** Die Vergabeunterlagen müssen nachvollziehbar erkennen lassen, auf der **Grundlage welcher wesentlichen Erwägungen** die Vergabestelle bzw. ein von ihr beauftragter Freischaffender **zu der Bewertung und Einstufung der Bewerbungsinhalte** im Rahmen von Teilnahmeverfahren insbesondere in Bezug zu Kriterien und Unterkriterien und damit zu der

Gesetz gegen Wettbewerbsbeschränkungen GWB § 97 **Teil 1**

Punkteverteilung gelangte, die dann für die Angebotsaufforderung entscheidend war (VK Schleswig-Holstein, B. v. 11. 1. 2006 – Az.: VK-SH 28/05; VK Hessen, B. v. 29. 5. 2002 – Az.: 69 d VK – 15/2002; im Ergebnis ebenso VK Rheinland-Pfalz, B. v. 4. 5. 2005 – Az.: VK 20/05).

6.3.3.1.3.5 Dokumentation von Ausschlussfristen. Es unterliegt wegen der einschneidenden Folgen der Versäumnis gesetzter Ausschlussfristen keinem Zweifel, dass sich die vergaberechtliche Dokumentationspflicht auch hierauf bezieht. **Im Zweifel** ist daher **davon auszugehen,** dass **eine nicht in den Vergabeakten dokumentierte Ausschlussfrist auch nicht gesetzt** wurde (OLG Thüringen, B. v. 14. 11. 2002 – Az.: 6 Verg 7/02). 218

6.3.3.1.3.6 Dokumentation der Gründe für eine losweise Ausschreibung. Dass der Vergabevermerk und die Vergabeakten **keine Begründung für die Aufteilung der Leistung in Lose enthielt, führt nicht zu der Verletzung des Transparenzgebotes.** Denn die Aufteilung der Leistung in Lose stellt eine Pflicht des Auftraggebers dar, die nicht nur auf Verordnungsebene, sondern durch § 97 Abs. 3 GWB auf Gesetzesebene geregelt ist. Aus dem Wortlaut des § 97 Abs. 3 GWB ergibt sich, dass die Aufteilung in Lose erfolgen muss; diesbezüglich gibt es keinen Ermessensspielraum des Auftraggebers. Lediglich z. B. § 5 Nr. 1 VOL/A bildet insofern eine Einschränkung, als dass bei Unzweckmäßigkeit der Losbildung und unwirtschaftlicher Zersplitterung eine Ausnahme von dem Grundsatz möglich ist. Damit gehen die gesetzlichen Grundlagen von einem **Regel-Ausnahme-Verhältnis aus, was zur Folge hat, dass lediglich die Ausnahme einer besonderen Begründung in den Vergabeakten, insbesondere in dem Vergabevermerk, bedurft hätte** (VK Hessen, B. v. 12. 9. 2001 – Az.: 69 d VK – 30/2001). 219

Dies gilt allerdings **nur dann,** wenn der **Auftraggeber von der größtmöglichen Anzahl der Lose abweicht** (OLG Düsseldorf, B. v. 17. 3. 2004 – Az.: VII – Verg 1/04; 1. VK Bund, B. v. 24. 3. 2004 – Az.: VK 1–135/03). 220

6.3.3.1.3.7 Dokumentation der Ergebnisse des Preisspiegels. Die Ergebnisse des Preisspiegels müssen sich im Vergabevermerk wieder finden (VK Lüneburg, B. v. 31. 5. 2002 – Az.: 203-VgK-09/2002). 221

6.3.3.1.3.8 Dokumentation der Überprüfung von Referenzen. Wie und in welchem Umfang der öffentliche Auftraggeber Referenzen prüft und wann er glaubt, ausreichende Erkenntnisse zur Beurteilung der Eignung zu haben, liegt in seiner Entscheidung. Insofern sind z. B. telefonische Nachfragen in Nachbargemeinden nicht zu beanstanden. Die Transparenz des Verfahrens erfordert jedoch die **Nachvollziehbarkeit solcher Prüfungsschritte aus der Vergabeakte.** Hierzu **reichen formlose Telefonvermerke,** aus denen Gesprächszeitpunkt, Gesprächspartner, stichwortartig der Gesprächsgegenstand und vor allem das Ergebnis der Nachfrage hervorgehen (VK Düsseldorf, B. v. 22. 7. 2002 – Az.: VK – 19/2002 – L). 222

Der Auftraggeber muss also dokumentieren, **welche Referenzen er in welcher Art und Weise überprüft hat** (VK Lüneburg, B. v. 5. 7. 2005 – Az.: VgK-26/2005). 223

6.3.3.1.3.9 Dokumentation des Ausschlusses von Bietern. Sowohl der **Ausschluss eines Bieters vom Bieterverfahren nach §§ 25 VOB/A bzw. VOL/A** als auch ein **Ausschluss eines Bieters vom Bieterverfahren nach § 24 Abs. 2 VOB/A bzw. VOL/A** sind wesentliche Entscheidungen, die in den Vergabeakten nicht nur als solche dokumentiert, sondern auch begründet werden müssen. Bei einer Entscheidung nach § 24 Abs. 2 VOB/A bzw. VOL/A trifft die Vergabestelle zudem eine gesteigerte Begründungspflicht, da es sich hier um eine Ermessensvorschrift handelt. Denn anhand der Vergabeakte muss sich nachvollziehen lassen, ob die Vergabestelle ihr Ermessen überhaupt ausgeübt hat und welche Erwägungen der Entscheidung zugrunde gelegen haben (VK A des Bundes beim Bundeskartellamt, B. v. 22. 11. 2002 – Az.: VK A – 02/01). 224

§ 30 Abs. 1 VOL/A schreibt insoweit vor, dass eine Entscheidung auch eine Begründung enthalten muss, die **so detailliert zu sein hat, dass sie für einen mit der Sachlage des jeweiligen Vergabeverfahrens vertrauten Leser nachvollziehbar** ist. Andernfalls sind die Entscheidungen der Vergabestelle nicht transparent und somit weder für die Nachprüfungsinstanzen noch für die Bieter überprüfbar (1. VK Bund, B. v. 26. 1. 2005 – Az.: VK 1–219/04). 225

6.3.3.1.3.10 Dokumentation der Gleichwertigkeit. Nach § 97 Abs. 1 GWB i. V. m. § 30 Nr. 1 VOL/A obliegt dem Auftraggeber die Verpflichtung, die einzelnen Stufen des Vergabeverfahrens einschließlich der Begründung der einzelnen Entscheidungen in den Vergabeakten zu dokumentieren. **Finden sich in der Verfahrensakte an keiner Stelle Ausführungen zur Frage der Gleichwertigkeit der angebotenen Leistungen,** erscheint das Ergebnis der Prü- 226

Teil 1 GWB § 97   Gesetz gegen Wettbewerbsbeschränkungen

fung und Wertung daher **willkürlich,** da sachlich nicht nachvollziehbar (1. VK Sachsen, B. v. 16. 12. 2003 – Az.: 1/SVK/146–03; VK Nordbayern, B. v. 3. 5. 2004 – Az.: 320.VK – 3194–11/04; VK Lüneburg, B. v. 3. 2. 2004 – Az.: 203-VgK-41/2003).

227 **6.3.3.1.3.11. Dokumentation der Wertungsentscheidung.** Die im Vergabevermerk enthaltenen Angaben und die in ihm mitgeteilten Gründe für getroffene Entscheidungen müssen so detailliert sein, dass sie für einen mit der Sachlage des jeweiligen Vergabeverfahrens vertrauten Leser nachvollziehbar sind. Das gilt **insbesondere für die Darlegungen, mit denen die Auswahl des für den Zuschlag vorgesehenen Bieters gerechtfertigt wird.** Hierzu müssen die Tatsachenumstände und Überlegungen, welche die in Aussicht genommene Zuschlagsentscheidung tragen, **vollständig, wahrheitsgemäß und verständlich** mitgeteilt werden (OLG Düsseldorf, B. v. 14. 8. 2003 – Az.: VII – Verg 46/03). Dies **gilt auch** für die zur Vergabeentscheidung führende **technische Prüfung und Wertung der Angebote** (VK Brandenburg, B. v. 26. 2. 2003 – Az.: VK 77/02; VK Nordbayern, B. v. 3. 5. 2004 – Az.: 320.VK – 3194–11/04; 3. VK Bund, B. v. 14. 4. 2004 – Az.: VK 3–41/04).

228 **6.3.3.1.3.12 Ergänzung der Dokumentation durch handschriftliche Notizen.** Eine Ergänzung der Vergabeakte durch eventuelle handschriftliche Notizen bedarf es nur, wenn aus der Dokumentation nicht hervorgehen würde, weshalb ein Antragsteller als bevorzugter Bewerber den Auftrag erhalten soll und weshalb die anderen Teilnehmer an dem Verhandlungsverfahren im Vergleich zu ihm bei der Bewertung ein schlechteres Ergebnis erzielt haben (VK Hessen, B. v. 1. 9. 2003 – Az.: 69 d VK – 44/2003).

229 **6.3.3.1.3.13 Verbalisierung einer Wertungsentscheidung bei Anwendung eines Punktsystems? 6.3.3.1.3.13.1 Grundsatz.** Festgehalten in der Vergabeakte wird nur die Bewertungsmatrix, aus der sich ausschließlich die Punktzahlen ergeben, die das jeweilige Angebot bei den einzelnen Vorgaben erzielt hat. Zusätzliche verbale Erklärungen, warum eine bestimmte Punktzahl erteilt wurde, sind dagegen nicht vorhanden. **§ 30 VOL/A verlangt aber nicht nur das Festhalten von Ergebnissen, z. B. der Zuschlagsentscheidung, sondern eben auch deren Begründung.** Die Nachvollziehbarkeit der Begründung ist insbesondere hinsichtlich der Wertung, bei der in der Regel ein Beurteilungsspielraum zugunsten des Auftraggebers besteht, von großer Wichtigkeit, um diese auch für den Bieter transparent zu machen. Diese Nachvollziehbarkeit muss unabhängig von der Präsenz der die Wertung durchführenden Person bzw. des Entscheidungsgremiums gewährleistet sein, wofür eine schriftliche Begründung der Entscheidungen ebenfalls von Bedeutung ist. Die Möglichkeit, den Anspruch auf fehlerfreie Wertung im Nachprüfungsverfahren auch tatsächlich durchsetzen zu können, hängt ebenfalls von der Nachvollziehbarkeit der Begründung ab. **Praktische Probleme** bestehen für einen Bieter jedoch insoweit, als die **Aufgabenbeschreibung und die sich darauf beziehende Wertung sehr komplex ist;** sollte der **gesamte Wertungsvorgang in Bezug auf mehrere Bieter zusätzlich zu der Bepunktung in verbalisierter Form festgehalten werden, so müsste zwangsläufig ein sehr umfangreicher Vergabevermerk** entstehen. Es könnte sich aufgrund dieser Zusammenhänge möglicherweise anbieten, die Aufgabenbeschreibung insgesamt zu vereinfachen und für alle Beteiligten praktikabler zu gestalten, was auch positiv auf den Wertungsvorgang und die praktische Möglichkeit der Dokumentation durchschlagen würde (1. VK Bund, B. v. 19. 9. 2003 – Az.: VK 1–77/03; 2. VK Bund, B. v. 24. 9. 2003 – Az.: VK 2–76/03).

230 Es **kann also erforderlich sein,** die **Wertungsentscheidung auch in verbalisierter Form darzustellen** (1. VK Bund, B. v. 14. 10. 2003 – Az.: VK 1–95/03; für den **Fall einer Bewertungsmatrix** im Ergebnis ebenso VK Schleswig-Holstein, B. v. 11. 1. 2006 – Az.: VK-SH 28/05; VK Lüneburg, B. v. 18. 11. 2004 – Az.: 203-VgK-49/2004; B. v. 5. 11. 2004 – Az.: 203-VgK-48/2004; B. v. 30. 9. 2004 – Az.: 203-VgK-44/2004 – für den Bereich der VOL/A; B. v. 7. 6. 2004 – Az.: 203-VgK-16/2004 – für den Bereich der VOF, B. v. 14. 1. 2002 – Az.: 203-VgK-22/2001). Entscheidend sind die **Umstände des Einzelfalls.**

231 Allerdings kann die **Dokumentationspflicht nicht so weit ausgedehnt** werden, dass der Auftraggeber **verbale Begründungen auch dann** machen muss, wenn das **Konzept eines Bieters zu einzelnen Wertungskriterien „den Anforderungen entspricht"** und somit entsprechend der Festlegung in den Vergabeunterlagen z. B. mit zwei Punkten bewertet wird. In einem solchen Fall wäre es **reine Förmelei und brächte keinen zusätzlichen Erkenntniswert,** eine Begründung in Form einer Wiederholung der Vorgaben der Vergabeunterlagen zu verlangen (1. VK Bund, B. v. 18. 8. 2006 – Az.: VK 1–82/06).

232 Etwas weiter geht die 3. VK des Bundes: der **Vergabeakte müssen zumindest in Kurzform die Gründe dafür zu entnehmen sein, warum ein Bieter eine bestimmte Punkt-

zahl erhalten hat (3. VK Bund, B. v. 19. 7. 2005 – Az.: VK 3–58/05; ebenso 2. VK Bund, B. v. 13. 7. 2005 – Az.: VK 2–75/05).

6.3.3.1.3.13.2 Begründung von Höchstpunktzahlen? Die Dokumentationspflicht kann in bestimmten Fällen nicht so weit ausgedehnt werden, dass die Vergabestelle Verbalausführungen zu ihrer Wertungsentscheidung auch dann machen muss, wenn sich aus der erzielten Punktzahl schon für sich genommen ergibt, dass das Angebot gut bewertet wurde. Es würde **zu weit gehen, auch bei einer guten Note bzw. einer Bestnote stets begründen zu müssen, warum diese Punktzahl erreicht** werden konnte. Ebenso kann von dem Auftraggeber auch nicht verlangt werden zu begründen, **warum andere Angebote ebenfalls die Höchstpunktzahl erreicht** haben (1. VK Bund, B. v. 14. 10. 2003 – Az.: VK 1–95/03). 233

6.3.3.1.3.14 Inhalt der Dokumentation bei Gremiumsentscheidungen. Befinden sich in der Vergabeakte die Bewertungsbögen, aus denen sich ergibt, mit welcher Punktzahl jedes einzelne Leistungsmerkmal bewertet worden ist, ist dies als ausreichend anzusehen. **Nicht erforderlich** erscheint es, **zu der Vergabeakte** auch die **Handzettel** zu nehmen, auf denen sich **die einzelnen an der Wertung beteiligten Personen** ihre jeweiligen Ergebnisse notieren. Damit würde die Dokumentationspflicht überspannt werden (3. VK Bund, B. v. 16. 12. 2004 – Az.: VK 3–212/04). Für die Wertung sind diese Einzelergebnisse auch ohne unmittelbare Bedeutung. Ausschlaggebend ist vielmehr der Mittelwert, d. h. zu welchem Ergebnis das mit der Wertung beauftragte Gremium gekommen ist (2. VK Bund, B. v. 5. 9. 2002 – Az.: VK 2–68/02). 234

6.3.3.1.3.15 Dokumentation der Gründe für die Auswahl des Leistungsortes. Grundsätzlich gilt für die Frage, welche Feststellungen bzw. Entscheidungen im Vergabeverfahren unter die Dokumentationspflicht fallen: je mehr von den Grundsätzen des Vergabeverfahrens abgewichen wird, desto eher ist eine explizite Begründung erforderlich. **Die Bedarfsermittlung und damit auch die Frage des Leistungsortes ist der eigentlichen Vergabe aber vorgelagert. Sie stellt die Grundlage für die Entscheidung der Vergabestelle dar, welche Leistung sie nachfragen will. Die Feststellung des Bedarfs unterfällt keinen besonderen Vorgaben durch die Verdingungsordnungen oder die VgV.** Der Auftraggeber ist daher nicht verpflichtet, seine Bedarfsermittlung in den Vergabevermerk einzubringen und zu dokumentieren. Es ist ausreichend, wenn der Auftraggeber erst im Nachprüfungsverfahren entsprechende Unterlagen, die den Streitgegenstand „Maßnahmeort" betreffen, einreicht (2. VK Bund, B. v. 6. 9. 2005 – Az.: VK 2–105/05). 235

6.3.3.1.3.16 Datum und Unterschrift. Der Vergabevermerk muss die Anforderungen erfüllen, die im Rechtsverkehr an einen Aktenvermerk gestellt werden. **Dazu gehören Datum und Unterschrift des Ausstellers.** Ohne diesen Inhalt entbehrt der Vergabevermerk seiner Verbindlichkeit als Urkunde, die Beweisfunktion haben soll. Der Vergabevermerk dient als Nachweis gegenüber Bewerbern, Aufsichtsinstanzen, Rechnungsprüfungsbehörden und der Europäischen Kommission gegebenenfalls zur Übermittlung bestimmter Angaben (1. VK Brandenburg, B. v. 19. 9. 2001 – Az.: 1 VK 85/01; VK Münster, B. v. 10. 7. 2001 – Az.: VK 15/01). 236

6.3.3.1.3.17 § 30 a VOB/A. In den 2. Abschnitt der VOB/A ist im Zuge der VOB/A 2006 ein neuer **§ 30 a – Vergabevermerk eingefügt worden,** wonach über die Vergabe zeitnah ein Vermerk zu fertigen ist, der die einzelnen Stufen des Verfahrens, die maßgebenden Feststellungen sowie die Begründung der einzelnen Entscheidungen enthält. Dieser muss bestimmte Mindestangaben enthalten. Diese **Regelung entspricht im Wesentlichen der Vorschrift des Art. 43 der Vergabekoordinierungsrichtlinie.** 237

Der **Inhalt des § 30 a gilt auch für Vergabeverfahren nach der VOL/A und der VOF.** 238

Nach **§ 30 a VOB/A muss der Vergabevermerk mindestens folgende Angaben** enthalten: 239

a) Namen und Anschrift des öffentlichen Auftraggebers,

b) Art und Umfang der Leistung,

c) Wert des Auftrags,

d) Namen der berücksichtigten Bewerber oder Bieter und Gründe für ihre Auswahl,

e) Namen der nicht berücksichtigten Bewerber oder Bieter und die Gründe für die Ablehnung,

f) Gründe für die Ablehnung von ungewöhnlich niedrigen Angeboten,

g) Name des Auftragnehmers und Gründe für die Erteilung des Zuschlags auf sein Angebot,

h) Anteil der beabsichtigten Unteraufträge, soweit bekannt,

i) beim Nichtoffenen Verfahren, Verhandlungsverfahren oder Wettbewerblichen Dialog Gründe für die Wahl des jeweiligen Verfahrens,

j) gegebenenfalls die Gründe, aus denen der öffentliche Auftraggeber auf die Vergabe eines Auftrags verzichtet hat.

240 Der Auftraggeber muss auch **geeignete Maßnahmen treffen, um den Ablauf der mit elektronischen Mitteln durchgeführten Vergabeverfahren zu dokumentieren.**

241 **6.3.3.1.4 Anforderungen an die Form der Dokumentation. 6.3.3.1.4.1 Dokumentation durch separate Schriftstücke.** Durch eine kontinuierliche Fortschreibung der Vergabeunterlagen erfüllt die Vergabestelle ihre Dokumentationspflicht. Anhand der Unterlagen müssen die einzelnen Schritte, insbesondere die Entwicklungen im Laufe des Verfahrens, ersichtlich sein. Es ist darüber hinaus notwendig, zu erkennen, auf welcher Grundlage die Vergabestelle ihre wesentlichen Entscheidungen getroffen hat. In diesem Zusammenhang ist entscheidend, dass sie die Wertungsmatrix entsprechend dem Verhandlungsfortschritt weiterführt und alle Angebote auf der Grundlage derselben Kriterien bewertet. Dass der Vergabevermerk selbst nicht die einzelnen Stufen des Verfahrens enthält, ist nicht relevant. Die Pflicht, einen Vermerk zu fertigen, der die einzelnen Stufen des Verfahrens, die maßgebenden Feststellungen sowie die Begründung der einzelnen Entscheidungen enthält, ist nämlich dahingehend auszulegen, dass das Vergabeverfahren und alle maßgeblichen Entscheidungen laufend und in nachvollziehbarer Weise zu dokumentieren sind. Es muss nicht nur ein Vermerk vorliegen, sondern es **ist ausreichend – und entspricht auch der Praxis – wenn eine durchgängige Dokumentation durch separate Schriftstücke erfolgt** (1. VK Sachsen, B. v. 21. 7. 2005 – Az.: 1/SVK/076–05; VK Hessen, B. v. 25. 7. 2003 – Az.: 69 d – VK – 31/2003; offen gelassen VK Thüringen, B. v. 10. 12. 2001 – Az.: 216–402.20–081/01-GTH).

242 **6.3.3.1.5 Eigene Dokumentation des Auftraggebers.** Eine **Vergabestelle kann sich** bei der Fertigung des Vergabevermerks **der Hilfe eines Dritten bedienen.** Es muss jedoch **deutlich werden, inwieweit die Vergabestelle dem Vergabevorschlag eines Dritten folgt** und in welchem Umfang sie sich diesen zu eigen macht. Der nachvollziehbaren Dokumentation des Wertungsvorgangs kommt im Blick auf das Transparenzgebot nach § 97 Abs. 7 GWB ein hoher Stellenwert zu. Wenn sich die Vergabestelle den Vergabevorschlag eines Dritten zu eigen macht, **muss ein entsprechender schriftlicher Zustimmungsvermerk der Vergabestelle selbst ergehen,** aus dem die Zustimmung, die Zuständigkeit und Verantwortlichkeit der Vergabestelle deutlich wird (VK Schleswig-Holstein, B. v. 13. 12. 2004 – Az.: VK-SH-33/04; VK Baden-Württemberg, B. v. 31. 10. 2001 – Az.: 1 VK 36/01; 1. VK Sachsen, B. v. 21. 7. 2005 – Az.: 1/SVK/076–05; B. v. 29. 5. 2002 – Az.: 1/SVK/044–02; VK Arnsberg, B. v. 28. 1. 2004 – Az.: VK 1–30/2003).

243 Auch sind Protokolle über die Sitzung eines Bauausschusses oder Kreistags/Stadtrats nicht geeignet, den Vergabevermerk zu ersetzen (VK Nordbayern, B. v. 10. 10. 2002 – Az.: 320.VK-3194–28/02).

244 **6.3.3.1.6 Zeitpunkt der endgültigen Dokumentation.** Ist das **Vergabeverfahren noch nicht abgeschlossen, muss sich der Vergabevermerk noch nicht in den Akten befinden.** Die Vergabeakten müssen aber so geführt sein, dass sich – insbesondere auf Grund der Bewertungen der Angebote – der Entscheidungsfindungsprozess des Auftraggebers nachvollziehen lässt (VK Südbayern, B. v. 13. 9. 2002 – Az.: 37–08/02).

245 **6.3.3.1.7 Nachbesserung einer mangelhaften Dokumentation im Laufe des Nachprüfungsverfahrens.** Die **Rechtsprechung** hierzu ist **nicht einheitlich.**

246 Nach einer Auffassung **bestehen gegen eine Nachholung der Dokumentation im Nachprüfungsverfahren,** die eigentlich während des Vergabeverfahrens hätte stattfinden müssen, **aus vergaberechtlicher Sicht keine Einwände.** Das Unterlassen einer Dokumentation macht nicht die Wertung als solche falsch, sondern hat zur Folge, dass sie nicht nachvollzogen werden kann und damit intransparent bleibt. Wird die Dokumentation jedoch nachgeholt, so ist diese Intransparenz beseitigt, der Wertungsvorgang wird der Überprüfung zugänglich. **Wollte man die Nachholung** im Nachprüfungsverfahren **nicht zulassen,** so könnte die Vergabekammer allenfalls anordnen, dass die Dokumentation – aus den genannten Gründen nicht jedoch die Wertung selbst – nachzuholen ist. Da auch eine außerhalb des Nachprüfungsverfahrens nachgeholte, auf einer entsprechenden Anordnung der Vergabekammer beruhende Dokumentation einer früheren Wertung nicht zu einem anderen Ergebnis führen kann als die Dokumentation während des Nachprüfungsverfahrens, wäre dies **ein sehr formalistischer Ansatz,** der

Gesetz gegen Wettbewerbsbeschränkungen GWB § 97 **Teil 1**

zudem **in Gegensatz zu der Beschleunigungsmaxime** stünde: Die Nachholung der Dokumentation im Nachprüfungsverfahren ermöglicht es dem Antragsteller, inhaltliche Einwendungen gegen seine Bewertung noch in diesem Nachprüfungsverfahren vorzubringen und – so Einwendungen inhaltlicher Art bestehen – nicht etwa ein zweites Verfahren anstrengen zu müssen. Damit ist ein verfahrensmäßiger Konzentrationseffekt erreicht, der einem raschen Abschluss des gesamten Nachprüfungs- und damit letztendlich des Vergabevorgangs dient (1. VK Bund, B. v. 11. 11. 2003 – Az.: VK 1–101/03; 2. VK Bund, B. v. 24. 9. 2003 – Az.: VK 2–76/03).

Das **Zulassen des Nachschiebens von Gründen wird auch in Zukunft nicht die Fertigung eines Vergabevermerkes durch die Vergabestellen obsolet** machen. Die Vergabestellen werden **mindestens immer das Risiko tragen,** bei fehlender Transparenz **sich in einem Nachprüfungsverfahren rechtfertigen zu müssen.** Auch aus **Gründen der Kostentragungspflicht** dürften die Vergabestellen im eigenen Interesse bei der Fertigung des Vergabevermerks ihrer Dokumentationspflicht nachkommen (2. VK Bund, B. v. 10. 12. 2003 – Az.: VK 1–116/03). 247

Demgegenüber vertreten andere Vergabekammern die Meinung, dass ein **Dokumentationsmangel nicht dadurch behoben werden kann,** dass **mittels einer Stellungnahme im Rahmen eines Nachprüfungsverfahrens eine Begründung gegeben und damit gleichsam eine fehlende Dokumentation der Begründung eines Verfahrensschrittes gleichsam „nachgeholt" wird.** Das Vergabeverfahren stellt kein Verfahren zum Erlass eines Verwaltungsaktes dar, dessen Begründungsmängel nachträglich behoben werden könnten (VK Thüringen, B. v. 10. 10. 2002 – Az.: 216–404.20–042/02-J-S; im Ergebnis ebenso 2. VK Bund, B. v. 13. 7. 2005 – Az.: VK 2–75/05; 3. VK Bund, B. v. 26. 1. 2005 – Az.: VK 3–224/04; VK Hessen, B. v. 29. 5. 2002 – Az.: 69 d VK – 15/2002). 248

Außerdem vermögen **nachgeschobene Erwägungen,** mit denen eine in den Vergabeakten getroffene Entscheidung nachträglich begründet werden soll, die im Vergabeverfahren notwendigerweise situationsbezogen zu treffenden Entscheidungen im Nachhinein nicht zu begründen, **da sie die aus der Situation gewonnene Einschätzung für die weitere Vorgehensweise im Hinblick auf ein ausgeschriebenes Vergabe- oder Verhandlungsverfahren nicht mehr dokumentieren können.** Ansonsten bestünde die **Gefahr,** dass die **Dokumentationspflicht des Auftraggebers nur auf eine bloße Formalie reduziert** würde, deren materielle Einhaltung im Belieben des Auftraggebers stünde. Denn er hätte es in der Hand, ob und wann er unvollständige Vergabeakten in Schriftsätzen des Nachprüfungsverfahrens ergänzte oder nicht (VK Brandenburg, B. v. 30. 7. 2002 – Az.: VK 38/02). 249

Das **OLG Düsseldorf** (B. v. 17. 3. 2004 – Az.: VII – Verg 1/04) schließt sich im Grundsatz der Meinung an, dass eine **Heilung von Dokumentationsmängeln nicht zulässig** ist. Eine **Ausnahme** ist nur für solche **Umstände** möglich, die dem Auftraggeber **erst im Laufe des Nachprüfungsverfahrens bekannt** werden (ebenso Thüringer OLG, B. v. 26. 6. 2006 – Az.: 9 Verg 2/06). 250

6.3.3.1.8 Rechtsfolge einer mangelhaften oder fehlenden Dokumentation. Vgl. dazu die Kommentierung zu § 107 GWB, RZ 1749. 251

6.3.3.1.9 **Hinweis.** In der Kommentierung zu § 30 VOB/A sind Formulare bzw. Hinweise zu einem umfassenden Vergabevermerk enthalten. 252

6.3.4 Beispiele aus der Rechtsprechung

Ausdruck des Transparenzgebotes ist u. a. 253

- beabsichtigt der Auftraggeber entweder, einen Bieter zu beauftragen und hierbei in nicht unerheblichem Umfang vom Ursprungsangebot abzuweichen oder will er zunächst den Zuschlag auf das Ursprungsangebot erteilen mit der Absicht, den Leistungsumfang anschließend entsprechend der mit der Beigeladenen getroffenen Absprache zu den ausgehandelten Konditionen wieder einzuschränken, verstößt diese Vorgehensweise gegen der Wettbewerbsgrundsatz des § 97 Abs. 1 GWB (VK Baden-Württemberg, B. v. 15. 8. 2005 – Az.: 1 VK 47/05)
- **die Pflicht der Vergabestelle zur Angabe der Vergabekriterien und zur Angabe der Gewichtung der Vergabekriterien, wenn eine Gewichtung vorgenommen wurde** (EuGH, Urteil vom 12. 12. 2002 – Az.: C-470/99)
- **die Pflicht der Vergabestelle zur Bekanntgabe der Wertungskriterien** (EuGH, Urteil vom 18. 10. 2001 – Az.: C-19/00)

Teil 1 GWB § 97   Gesetz gegen Wettbewerbsbeschränkungen

- die Pflicht der Vergabestelle zur Angabe der unterschiedlichen Gewichtung der Zuschlagskriterien (EuGH, Urteil vom 12. 12. 2002 – Az.: C-470/99)
- die Bindung der Vergabestelle an die bekannt gemachten Vergabekriterien (BGH, Urteil vom 17. 2. 1999 – Az: X ZR 101/97)
- die Bindung der Vergabestelle an die bekannt gemachten Eignungskriterien (OLG Düsseldorf, B. v. 25. 11. 2002 – Az.: Verg 56/02; ebenso OLG Düsseldorf, B. v. 24. 6. 2002 – Az.: Verg 26/02)
- ein fehlender Vertrauensschutz bei rechtswidrigem Handeln der Vergabestelle (OLG Dresden, B. v. 8. 11. 2002 – Az.: WVerg 0018/02)
- die besondere Geltung des Transparenzprinzips bei einer funktionalen Leistungsbeschreibung im Rahmen eines Verhandlungsverfahrens (OLG Naumburg, B. v. 16. 9. 2002 – Az.: 1 Verg 02/02)
- die Pflicht der Vergabestelle zur Durchführung konkreter, eigener Wertungsüberlegungen (OLG Dresden, B. v. 6. 6. 2002 – Az.: WVerg 0004/02)
- die Geltung des Transparenzprinzips auch im Verhandlungsverfahren (OLG Frankfurt am Main, B. v. 10. 4. 2001 – Az.: 11 Verg. 1/01)
- die Geltung des Transparenzprinzips bei der Aufhebung eines Verhandlungsverfahrens (1. VK Bund, B. v. 28. 4. 2003 – Az.: VK 1–19/03)
- die Pflicht der Vergabestelle zur klaren und eindeutigen Angabe der Wertungskriterien auch im Verhandlungsverfahren und bei einer funktionalen Ausschreibung (OLG Frankfurt am Main, B. v. 10. 4. 2001 – Az.: 11 Verg. 1/01)
- „vorsorgliche" Verhandlungen des Auftraggebers nach Ausschluss eines Bieters stellen einen Verstoß gegen das Transparenzgebot und das Gleichbehandlungsgebot dar (VK Schleswig-Holstein, B. v. 17. 8. 2004 – Az.: VK-SH 20/04)
- die Pflicht der Vergabestelle zur Bekanntgabe der Auftragskriterien nach § 16 Abs. 3 VOF (VK Brandenburg, B. v. 25. 9. 2002 – Az.: VK 51/02)
- die Möglichkeit zur Nachprüfung einer Aufhebungsentscheidung (VK Brandenburg, B. v. 17. 9. 2002 – Az.: VK 50/02)
- die Pflicht der Vergabestelle zur möglichst frühzeitigen Angabe von Auftragskriterien in einem VOF-Verfahren (2. VK Bund, B. v. 8. 8. 2002 – Az.: VK 2–54/02)
- die Pflicht der Vergabestelle zur Angabe einer einheitlichen Zuschlagsfrist (2. VK Bund, B. v. 16. 7. 2002 – Az.: VK 2–50/02)
- die Bindung der Vergabestelle an die veröffentlichten Eignungskriterien auch bei ortsansässigen Bietern (VK Düsseldorf, B. v. 22. 7. 2002 – Az.: VK – 19/2002 – L)
- das Verbot, eine Erklärung über Art und Umfang des Einsatzes von Nachunternehmern, die erst nach Abgabe des Angebots erfolgt, bei der Wertung der Angebote zu berücksichtigen (VK Nordbayern, B. v. 7. 6. 2002 – Az.: 320.VK-3194-17/02)
- die Pflicht der Bieter zur Erbringung des Nachweises der Gleichwertigkeit eines Nebenangebotes bei Angebotsabgabe (VK Rheinland-Pfalz, B. v. 8. 5. 2002 – Az.: VK 8/02)
- die Pflicht zur Erstellung einer vollständigen Dokumentation des Vergabeverfahrens (1. VK Sachsen, B. v. 10. 4. 2002 – Az.: 1/SVK/23–02, 1/SVK/23–02G; ebenso VK Lüneburg, B. v. 14. 1. 2002 – Az.: 203-VgK-22/2001; VK Bremen, B. v. 18. 6. 2003, Az.: VK 08/03)
- die Pflicht der Vergabestelle zur Einhaltung der Vorschriften über die Vergabebekanntmachung (VK Südbayern, B. v. 18. 3. 2002 – Az.: 04–02/02)
- die Pflicht der Vergabestelle zur Durchführung eines Eröffnungstermins und Verlesung der Angebotssummen sowie anderer Angaben (1. VK Sachsen, B. v. 13. 2. 2002 – Az.: 1/SVK/002–02)
- das Verbot von Änderungen an den Verdingungsunterlagen durch die Bieter (VK Nordbayern, B. v. 15. 2. 2002 – Az.: 320.VK-3194–02/02; ebenso 2. VK Bund, B. v. 17. 1. 2002 – Az.: VK 2–46/01)
- die Unzulässigkeit der allgemeine Angaben „Qualität" als Wertungskriterium (VK Baden-Württemberg, B. v. 21. 11. 2001 – Az.: 1 VK 37/01)

Gesetz gegen Wettbewerbsbeschränkungen GWB § 97 **Teil 1**

- die Pflicht der Vergabestelle zur nur ausnahmsweisen Aufnahme von Bedarfspositionen in eine Leistungsbeschreibung (VK Lüneburg, B. v. 17. 9. 2001 – Az.: 203-VgK-18/2001)
- die Pflicht der Vergabestelle zur Beachtung und Benutzung der jeweils zutreffenden Begriffe des Vergaberechts (1. VK Sachsen, B. v. 26. 7. 2001 – Az.: 1/SVK/73–01)
- das Verbot der gemeinsamen Ausschreibung von hoheitlichen und nicht-hoheitlichen Aufgaben ohne Losbildung (1. VK Sachsen, B. v. 13. 6. 2001 – Az.: 1/SVK/44–01)
- die Pflicht der Vergabestelle zur grundsätzlichen Trennung der Wertungsstufen (VK Magdeburg, B. v. 7. 6. 2001 – Az.: 33–32571/07 VK 06/01 MD)
- die Bindung der Vergabestelle an die einmal getroffene Entscheidung über die Inanspruchnahme der 20%-Klausel des § 1a VOB/A (VK Hessen, B. v. Juni 2001 – Az.: 69d VK – 17/2001)
- das Verbot, versehentlich in eine Ausschreibung nicht aufgenomme Positionen mit fiktiven Preisen im Rahmen der Prüfung und Wertung zu berücksichtigen (VK Detmold, B. v. 16. 1. 2001 – Az.: VK.11–31/00)
- die Pflicht der Vergabestelle zur Beachtung des Transparenzgebotes bei der Auswahl von Bewerbern im Rahmen eines Teilnahmewettbewerbes (1. VK Bund, B. v. 25. 6. 2003 – Az.: VK 1–45/03)
- die Pflicht der Vergabestelle zur Beachtung des Transparenzgebotes bei der Aufhebung eines VOF-Verfahrens (VK Brandenburg, B. v. 16. 6. 2003 – Az.: VK 20/03)

6.4 Gleichbehandlungsgebot (§ 97 Abs. 2)

6.4.1 Inhalt und Reichweite

Der verfassungsrechtlich verankerte (Art. 3 GG) **Gleichheitsgrundsatz** gehört seit jeher zu 254
den **elementaren Prinzipien des deutschen Vergaberechts** und hat in § 97 Abs. 2 GWB, § 2 Nr. 2 VOB/A, § 8 Nr. 1 VOB/A eine spezifische gesetzliche und verdingungsrechtliche Normierung erfahren. Er ist in allen Phasen des Vergabeverfahrens zu beachten und dient dazu, die Vergabeentscheidung im Interesse eines funktionierenden Wettbewerbs auf willkürfreie, sachliche Erwägungen zu stützen (OLG Saarbrücken, B. v. 29. 5. 2002 – Az.: 5 Verg 1/01; VK Brandenburg, B. v. 19. 3. 2004 – Az.: VK 86/03, B. v. 8. 12. 2003 – Az.: VK 75/03).

Wird vom Auftraggeber der Versuch unternommen, den Wettbewerb aufgrund von unsachlichen, 255
nicht plausiblen oder subjektiven Momenten bzw. Kriterien zu verfälschen, kann **keine marktorientierte Konkurrenzsituation** entstehen, die **das wirtschaftlichste Angebot im Sinn von § 97 Abs. 5 GWB herausfiltert**. Das Diskriminierungsverbot gilt dabei für sämtliche Abschnitte des Vergabeverfahrens, also von dessen Vorbereitung bis zu dessen Beendigung (VK Brandenburg, B. v. 23. 11. 2004 – Az.: VK 58/04).

Das Gleichbehandlungsgebot führt aber nicht zur Pflicht der Vergabestelle, **bestehende** 256
Wettbewerbsvorteile und -nachteile potentieller Bieter durch die Gestaltung der Vergabeunterlagen „auszugleichen" (BayObLG, B. v. 5. 11. 2002 – Az.: Verg 22/02).

6.4.2 Ausformung in VOB/VOL/VOF

257

	Gleichbehandlungsgebot
VOB	§ 2 Nr. 2
VOL	§ 2 Nr. 2
VOF	§ 4 Abs. 2

6.4.3 Wichtige Ausprägungen des Gleichbehandlungsgebots in der Rechtsprechung

6.4.3.1 Unzulässigkeit der ausschließlichen Berücksichtigung örtlicher Unternehmen

Die ausschließliche Berücksichtigung örtlicher Unternehmen ist ein vergabefremdes Auswahl- 258
kriterium, das rechtlich unbeachtlich ist (OLG Düsseldorf, B. v. 26. 7. 2002 – Az.: Verg 28/02).

Teil 1 GWB § 97 Gesetz gegen Wettbewerbsbeschränkungen

259 Nicht mit dem Gleichbehandlungsgebot nach § 97 Abs. 2 GWB vereinbar ist die **Diskriminierung von Marktteilnehmern wegen ihrer Herkunft oder Staatsangehörigkeit** (EuGH, Urteil vom 20. 10. 2005 – Az.: C-264/03). **Gleiches gilt auch etwa für lokale oder regionale Hemmnisse bei Beteiligung inländischer Wettbewerber.** Die durch das Wettbewerbsprinzip zwingend geforderte Gleichheit der Chancen für alle Wettbewerbsteilnehmer wird deshalb verletzt, wenn von Bietern regionale Nachweise gefordert werden, die von der zuständigen Behörde nicht erteilt werden, ohne dass die Gründe dafür in der Person des Antragstellers liegen, und wenn in diesem Fall keine vergleichbaren vorhandenen Nachweise von dem Auftraggeber zugelassen und berücksichtigt werden. Ansonsten können sich Unternehmen, die bislang noch über keine entsprechende Bestätigung im jeweiligen Bundesland verfügen, nicht Erfolg versprechend am Verfahren beteiligen (VK Brandenburg, B. v. 23. 11. 2004 – Az.: VK 58/04; im Ergebnis ebenso 1. VK Sachsen, B. v 3. 12. 2004 – Az.: 1/SVK/104-04, 1/SVK/104-04G).

6.4.3.2 Literatur

260 – Müller-Wrede, Malte, Örtliche Präsenz, Ortsnähe und Ortsansässigkeit als Wertungskriterien – eine Verletzung des Diskriminierungsverbots?, VergabeR 2005, 32

6.4.4 Beispiele aus der Rechtsprechung

260a – der öffentliche Auftraggeber hat auch und vor allem die **Entscheidung, wem er den Auftrag erteilt, und die hierzu nötigen Wertungen selbst nach einheitlichem Maßstab zu treffen** (BGH, B. v. 26. 9. 2006 – Az.: X ZB 14/06)

– **Verbot der Forderung nach Vorlage einer Sanierungsträgerbestätigung nach §§ 157 Abs. 1, 158 BauGB a. F. des Bundeslandes der Kommune für den Fall, dass diese aus objektiven Gründen nicht vorgelegt werden kann;** dann ist eine gleichwertige Bestätigung eines anderen Landes oder EU-Mitgliedsstaates vom Auftraggeber zuzulassen, um Bewerbungen von Sanierungsträgern außerhalb des Bundeslandes der Kommune zu ermöglichen (VK Brandenburg, B. v. 23. 11. 2004 – Az.: VK 58/04)

– **die Pflicht der Vergabestelle zur Angabe der Vergabekriterien und zur Angabe der Gewichtung der Vergabekriterien, wenn eine Gewichtung vorgenommen wurde** (EuGH, Urteil vom 12. 12. 2002 – Az.: C-470/99)

– **kein Verbot für die Vergabestelle, ein Vergabekriterium zu benennen, das nur von einer kleinen Zahl von Bietern erfüllt werden kann** (EuGH, Urteil vom 17. 9. 2002 – Az.: C-513/99)

– **die Bindung der Vergabestelle an die bekannt gemachten Eignungskriterien** (OLG Düsseldorf, B. v. 25. 11. 2002 – Az.: Verg 56/02; ebenso OLG Düsseldorf, B. v. 24. 6. 2002 – Az.: Verg 26/02)

– **ein fehlender Vertrauensschutz bei rechtswidrigem Handeln der Vergabestelle** (OLG Dresden, B. v. 8. 11. 2002 – Az.: WVerg 0018/02)

– **das Verbot des Verlangens eines tariflichen Mindestlohns** (Hanseatisches OLG Hamburg, B. v. 4. 11. 2002 – Az.: 1 Verg 3/02)

– **die Pflicht der Vergabestelle zur „ausschreibungsreifen" Definition von Zielen und Leistungsanforderungen einer Leistungsbeschreibung** (OLG Naumburg, B. v. 16. 9. 2002 – Az.: 1 Verg 02/02)

– **keine Pflicht der Vergabestelle, bestehende Wettbewerbsvorteile und -nachteile potentieller Bieter durch die Gestaltung der Vergabeunterlagen „auszugleichen"** (ererbte Vor- und Nachteile) (OLG Koblenz, B. v. 5. 9. 2002 – Az.: 1 Verg. 2/02)

– **Bindung der Bieter und der Vergabestelle im Verhandlungsverfahren an die letzten Angebote und Unzulässigkeit der Änderung dieser Angebote nach Beginn der Wertung** (OLG Düsseldorf, B. v. 25. 7. 2002 – Az.: Verg 33/02)

– **„vorsorgliche" Verhandlungen des Auftraggebers nach Ausschluss eines Bieters** stellen einen Verstoß gegen das Transparenzgebot und das Gleichbehandlungsgebot dar (VK Schleswig-Holstein, B. v. 17. 8. 2004 – Az.: VK-SH 20/04)

– **Pflicht der Vergabestelle zur Ermittlung des wirtschaftlichsten Angebotes durch ein Losverfahren bei gleichem Preis-Leistungs-Verhältnis aller Angebote** (VK Nordbayern, B. v. 27. 6. 2003 – Az.: 320.VK-3194-20/03)

- Bindung der Vergabestelle an selbst gesetzte Angebotsausschlussfristen im Verhandlungsverfahren (VK Halle, B. v. 9. 1. 2003 – Az.: VK Hal 27/02)
- das Verbot von unzulässigen Nachverhandlungen (OLG Saarbrücken, B. v. 29. 5. 2002 – Az.: 5 Verg 1/01)
- der Gleichbehandlungsgrundsatz kann es in engen Ausnahmefällen gebieten, Ausnahmen vom grundsätzlich beim Bieter liegenden Übermittlungsrisiko hinsichtlich der Rechtzeitigkeit des Angebotes zuzulassen (OLG Düsseldorf, B. v. 7. 1. 2002 – Az.: Verg 36/01)
- die Pflicht der Vergabestelle zur Erteilung sachdienlicher Auskünfte während des Laufes der Angebotsfrist (OLG Naumburg, B. v. 23. 7. 2001 – Az.: 1 Verg 2/01)
- die Geltung des Diskriminierungsverbots auch im Verhandlungsverfahren (OLG Frankfurt am Main, B. v. 10. 4. 2001 – Az.: 11 Verg. 1/01)
- die Geltung des Diskriminierungsverbots bei der Aufhebung eines Verhandlungsverfahrens (1. VK Bund, B. v. 28. 4. 2003 – Az.: VK 1–19/03)
- die grundsätzliche Unzulässigkeit von fehlenden Angaben in Angeboten (1. VK Bund, B. v. 27. 9. 2002 – Az.: VK 1–63/02)
- die Möglichkeit zur Nachprüfung einer Aufhebungsentscheidung (VK Brandenburg, B. v. 17. 9. 2002 – Az.: VK 50/02)
- das Verbot, nach Ablauf einer für die Einreichung von Unterlagen bestimmten Frist diese Unterlagen noch zur Wertung zuzulassen (VK Südbayern, B. v. 14. 2. 2003 – Az.: 02–01/03)
- die Pflicht der Vergabestelle zur Bekanntgabe der Auftragskriterien nach § 16 Abs. 3 VOF (VK Brandenburg, B. v. 25. 9. 2002 – Az.: VK 51/02)
- die Pflicht der Vergabestelle zur organisatorischen und personellen Trennung zwischen dem Ersteller der Leistungsbeschreibung und den Bietern (2. VK Bund, B. v. 11. 9. 2002 – Az.: VK 2–42/02)
- die Pflicht der Vergabestelle, wettbewerbsrelevante Fragen und Antworten im Rahmen eines Ausschreibungsverfahrens auch den übrigen Bietern zukommen zu lassen (2. VK Bund, B. v. 11. 9. 2002 – Az.: VK 2–42/02)
- kein uneingeschränktes Verbot der Berücksichtigung des Wertungskriteriums „Ortsnähe" (VK Baden-Württemberg, B. v. 30. 8. 2002 – Az.: 1 VK 41/02); **streitig** – zumindest im Rahmen eines VOF-Verfahrens ist Ortsansässigkeit ein vergabefremdes Kriterium (2. VK Brandenburg, B. v. 17. 7. 2001 – Az.: 2 VK 56/01)
- die Bindung der Vergabestelle an die veröffentlichten Eignungskriterien auch bei ortsansässigen Bietern (VK Düsseldorf, B. v. 22. 7. 2002 – Az.: VK – 19/2002 – L)
- die Möglichkeit für die Vergabestelle, die Überprüfung von Referenzen auf ortsfremde Bieter zu beschränken (VK Düsseldorf, B. v. 22. 7. 2002 – Az.: VK – 19/2002 – L)
- die Pflicht zur Beachtung bei der Entscheidung, ob nur ein Bieter zu einer Teststellung eingeladen wird (2. VK Bund, B. v. 10. 7. 2002 – Az.: VK 2–34/02)
- Verbot der Forderung nach einem „RAL-Gütezeichen" ohne den Zusatz „oder gleichwertig" (VK Thüringen, B. v. 7. 2. 2006 – Az.: 360-4002.20–063/05-EF-S; VK Köln, B. v. 3. 7. 2002 – Az.: VK VOL 4/2002)
- die Pflicht der Vergabestelle auf Gleichbehandlung der Bieter im Rahmen von Aufklärungsgesprächen (2. VK Bund, B. v. 20. 6. 2002 – Az.: VK 2–28/02)
- das Verbot, eine Erklärung über Art und Umfang des Einsatzes von Nachunternehmern, die erst nach Abgabe des Angebots erfolgt, bei der Wertung der Angebote zu berücksichtigen (VK Nordbayern, B. v. 7. 6. 2002 – Az.: 320.VK-3194–17/02)
- die Pflicht zur Berücksichtigung bei der Auswahl von Unternehmen bei einem Teilnahmewettbewerb (1. VK Sachsen, B. v. 29. 5. 2002 – Az.: 1/SVK/044–02; 1. VK Bund, B. v. 25. 6. 2003 – Az.: VK 1–45/03)
- die Pflicht zur Auswahl der Bewerber für das Verhandlungsverfahren gemäß der VOF nach objektiven, transparenten Kriterien, die einer Abstufung zugänglich sind (VK Baden-Württemberg, B. v. 23. 1. 2003 – Az.: 1 VK 70/02)

- die Pflicht der Vergabestelle dazu, im Verhandlungsverfahren mit mehreren Bietern allen Bietern die gleichen Informationen zukommen zu lassen und ihnen die Chance zu geben, innerhalb gleicher Fristen und zu gleichen Anforderungen Angebote abzugeben (1. VK Sachsen, B. v. 13. 5. 2002 – Az.: 1/SVK/029–02)
- das Verbot, nicht gleichwertige Angebote zur Vergabe zuzulassen (1. VK Bund, B. v. 26. 3. 2002 – Az.: VK 1–07/02)
- die Pflicht der Vergabestelle zum zeitgleichen Einholen des letzten Angebotes im Verhandlungsverfahren mit mehreren Bewerbern (VK Südbayern, B. v. 8. 2. 2002 – Az.: 41–11/01)
- das Verbot, Angebote von Bietergemeinschaften auszuschließen (VK Brandenburg, B. v. 1. 2. 2002 – Az.: 2 VK 119/01)
- das Verbot von Änderungen an den Verdingungsunterlagen durch die Bieter (VK Nordbayern, B. v. 15. 2. 2002 – Az.: 320.VK-3194–02/02; ebenso 2. VK Bund, B. v. 17. 1. 2002 – Az.: VK 2–46/01)
- die Pflicht der Vergabestelle zur einheitlichen Interpretation der Vergabeunterlagen (2. VK Bund, B. v. 17. 1. 2002 – Az.: VK 2–46/01)
- die Pflicht zur besonderen Beachtung bei Beteiligung von Projektanten auf Bieterseite (VK Lüneburg, B. v. 14. 1. 2002 – Az.: 203-VgK-22/2001)
- die Pflicht der Vergabestelle, nach Ablauf der Zuschlags- und Bindefrist allen für die Vergabe noch in Betracht kommenden Bietern die Möglichkeit zu geben, am Vergabeverfahren teilzunehmen (VK Hamburg, B. v. 18. 12. 2001 – Az.: VgK FB 8/01)
- die Unzulässigkeit der Anwendung eines Mittelwertverfahrens im Rahmen der Prüfung und Wertung der Angebote (1. VK Sachsen, B. v. 29. 11. 2001 – Az.: 1/SVK/110–01)
- das Verbot einer Forderung nach örtlicher Präsenz (1. VK Sachsen, B. v. 19. 11. 2001 – Az.: 1/SVK/119–01)
- kein Zwang zu gleichen Rahmenbedingungen für alle Lose (VK Baden-Württemberg, B. v. 16. 11. 2001 – Az.: 1 VK 39/01)
- kein Verbot der Wiederaufnahme eines bereits ausgeschiedenen Bewerbers in das Verhandlungsverfahren nach VOF (VK Baden-Württemberg, B. v. 24. 8. 2001 – Az.: 1 VK 20/01)
- das Verbot der gemeinsamen Ausschreibung von hoheitlichen und nicht-hoheitlichen Aufgaben ohne Losbildung (1. VK Sachsen, B. v. 13. 6. 2001 – Az.: 1/SVK/44–01)
- die Pflicht der Vergabestelle zum Ausschluss derjenigen Bewerbungen in einem VOF-Verfahren, bei denen die geforderten Eignungsnachweise nicht beigefügt waren (1. VK Bund, B. v. 10. 5. 2001 – Az.: VK 1–11/01)
- das Verbot der Wertung von bedingten Preisnachlässen, wenn die Erfüllung der gestellten Bedingung vom Bieter selbst mit abhängt (VK Nordbayern, B. v. 25. 4. 2001 – Az.: 320.VK-3194–05/01)
- das Verbot, versehentlich in eine Ausschreibung nicht aufgenommene Positionen mit fiktiven Preisen im Rahmen der Prüfung und Wertung zu berücksichtigen (VK Detmold, B. v. 16. 1. 2001 – Az.: VK 11–31/00)
- die Pflicht der Vergabestelle zur Beachtung des Transparenzgebotes bei der Aufhebung eines VOF-Verfahrens (VK Brandenburg, B. v. 16. 6. 2003 – Az.: VK 20/03)

6.5 Vertraulichkeitsgebot

6.5.1 Allgemeines

261 Im Ausschreibungs- und Vergabeverfahren gilt für Auftraggeber und Bieter bzw. Bewerber ein – **im GWB nicht ausdrücklich aufgeführtes** – **Vertraulichkeitsgebot** hinsichtlich aller im Rahmen des Ausschreibungs- und Vergabeverfahrens erhaltenen **Informationen**.

Die Vergabestelle ist also schon im Rahmen eines nur angebahnten Vertragsverhältnisses ganz 262
besonders verpflichtet, die insoweit angezeigte Verschwiegenheit und Vertraulichkeit zu wahren
(VK Rheinland-Pfalz, B. v. 5. 8. 2002 – Az.: VK 20/02).

Welche Informationen von Auftraggeber und Bieter bzw. Bewerber der Vertraulichkeit un- 263
terworfen werden und auf welche Art und Weise die Vertraulichkeit gesichert wird, liegt im
pflichtgemäß auszuübenden **Ermessen der Beteiligten eines Ausschreibungs- und Vergabeverfahrens** (VK Hessen, B. v. 7. 8. 2003 – Az.: 69 d VK – 26/2003).

6.5.2 Ausformung in VOB/VOL/VOF

Ausdrückliche Regelungen über das Vertraulichkeitsgebot enthalten die § 2b, § 22 Nr. 8 264
VOB/A und § 22 Nr. 6, § 2b VOL/A. In der VOF fehlt eine den §§ 2b VOB/A bzw. VOL/A
entsprechende Vorschrift.

6.5.3 Verwertung von Preisangaben aus abgeschlossenen Ausschreibungen für die Wertung einer laufenden Ausschreibung

Nach § 22 Nr. 8 VOB/A und § 22 Nr. 6 Abs. 1 VOL/A sind Angebotspreise vertraulich zu 265
behandeln. Der Schutzzweck dieser Vorschriften bezieht sich aber auf das jeweils laufende Vergabeverfahren, um einen fairen Wettbewerb zu gewährleisten und einer nachträglichen Veränderung der Angebote vorzubeugen. Wenn die **Preise von Angeboten, auf die der Zuschlag
bereits erteilt worden ist, später bekannt werden, besteht nach dem Normzweck dieser Regelungen keine Veranlassung mehr, einen besonderen Schutz in Form eines
Verwertungsverbotes zu gewährleisten.** Dies gilt insbesondere dann, wenn die Preise nur
mittelbar als Faktor eine Rolle spielen, aus dem Rückschlüsse auf die Eignung des Bieters gezogen werden. Ein Verwertungsverbot würde im Ergebnis dazu führen, dass selektiv bestimmte
Erkenntnisse aus vorangegangenen Verfahren für die Eignungsprüfung ausscheiden würden. Dies
wäre jedoch nicht vereinbar mit dem Grundsatz, dass der Auftraggeber – solange er sich in
rechtmäßigen Grenzen hält – völlig frei ist, ob, in welcher Weise und mit Hilfe welcher Auskunftsmittel er sich die Kenntnis von der Eignung des Bieters verschafft (VK Hessen, B. v. 16. 1.
2004 – Az.: 69 d VK – 72/2003).

6.5.4 Rechtsnatur einer geforderten Vertraulichkeitserklärung

Eine mit einer Vertragsstrafe verbundene Vertraulichkeitserklärung stellt eine **Vertragsstrafe** 266
im Sinne der §§ 339 ff. BGB im Sinne eines unselbständigen an eine auf ein Tun oder Unterlassen gerichtete Hauptverbindlichkeit angelehntes vertraglich determiniertes Strafversprechen
dar, **welches die Erfüllung der Hauptverbindlichkeit im Sinne eines Druckmittels sichern und den Gläubiger den Schadensbeweis ersparen soll.** Die durch den Bieter bzw.
den Auftraggeber als Erklärenden zu sichernde Hauptverbindlichkeit besteht z. B. in dem Unterlassen der Aufzeichnung, Weitergabe und Verwertung der aus den Angebotsunterlagen erlangten
Informationen und der Sicherstellung dieser Unterlassung durch Beschäftigte und Beauftragte
des Erklärenden. Das an diese Hauptverbindlichkeit angelehnte Strafversprechen besteht in der
Erklärung, im Falle der Zuwiderhandlung gegen die vom Bieter übernommenen Verpflichtungen der Hauptverbindlichkeit eine der Höhe nach festgelegte bestimmte Geldstrafe zu zahlen.
Ob diese unter Berücksichtigung der §§ 307 ff. BGB unwirksam sein können, ist – unbeschadet
der Frage, ob es sich um Allgemeine Geschäftsbedingungen im Sinne des § 305 BGB handelt –
nicht im Hinblick auf § 97 Abs. 7 GWB, also vergaberechtlich, sondern ausschließlich vertragsrechtlich von Bedeutung. Sollten die Bestimmungen materiell-rechtlich unwirksam sein, kann
eine vergaberechtliche Einschränkung und damit Rechtsverletzung bereits deshalb nicht bestehen, weil in diesem Falle eine Verwirkung der Vertragsstrafe nicht eintreten kann (VK Hessen,
B. v. 7. 8. 2003 – Az.: 69 d VK – 26/2003).

6.5.5 Beispiele aus der Rechtsprechung

– Bieter bzw. Bewerber können z. B. vom Auftraggeber eine Vertraulichkeitserklärung verlan- 266a
gen, wenn es sich bei vom Auftraggeber verlangten Unterlagen um **Betriebsgeheimnisse**
handelt (OLG Düsseldorf, B. v. 15. 8. 2003 – Az.: Verg 38/03; 2. VK Bund, B. v. 6. 6. 2003
– Az.: VK 2–36/03)

– auch der **Auftraggeber kann von den Bietern bzw. Bewerbern eine Vertraulichkeitserklärung verlangen** (VK Baden-Württemberg, B. v. 12. 7. 2001 – Az.: 1 VK 12/01)

– der Auftraggeber kann die **Übersendung von Vergabeunterlagen von der vorherigen Unterzeichnung einer Vertraulichkeitserklärung abhängig** machen (VK Hessen, B. v. 7. 8. 2003 – Az.: 69 d VK – 26/2003).

6.6 Grundsatz von Treu und Glauben

6.6.1 Treu und Glauben im Vergaberecht

267   Der **Grundsatz von Treu und Glauben (§ 242 BGB) gilt auch im Vergaberecht** (OLG Düsseldorf, B. v. 8. 5. 2002 – Az.: Verg 8–15/01, B. v. 20. 3. 2003 – Az.: Verg 08/03; OLG Düsseldorf, B. v. 28. 5. 2003 – Az.: Verg 9/03). Methodisch ist er den allgemeinen Grundsätzen des Vergaberechts, die in § 97 GWB ihren Niederschlag gefunden haben, zuzuordnen.

6.6.2 Beispiele aus der Rechtsprechung

267a   – es stellt einen **offenen Widerspruch** dar, wenn der an einem Auftrag Interessierte auf der einen Seite einen – hier im Unterlassen eines öffentlichen Aufrufs zum Wettbewerb gesehenen – **Vergaberechtsverstoß des öffentlichen Auftraggebers rügt** und zum Gegenstand eines Nachprüfungsantrages macht, auf der anderen Seite jedoch gleichzeitig **diesen behaupteten Fehler selbst dadurch ausnutzt,** indem er in der durch den behaupteten Vergaberechtsfehler hervorgerufenen Lage für das eigene Unternehmen, und zwar zusammen mit dem öffentlichen Auftraggeber, an einer dem Vergaberecht unterfallenden vertraglichen Abrede, jedenfalls aber an hierauf gerichteten Verhandlungen, mitwirkt, die zu einem vergaberechtswidrigen Abschluss führen sollten (OLG Düsseldorf, B. v. 8. 5. 2002 – Az.: Verg 8–15/01)

– berechtigtes Vertrauen kann dazu führen, dass ein Bieter, der das **Nachunternehmerverzeichnis** – wie immer – mit dem Stempel „wird nachgereicht" versehen hat, nicht vom Vergabeverfahren auszuschließen ist (OLG Düsseldorf, B. v. 20. 3. 2003 – Az.: Verg 08/03; OLG Düsseldorf, B. v. 28. 5. 2003 – Az.: Verg 9/03; OLG Düsseldorf, B. v. 23. 7. 2003 – Az.: Verg 24/03)

– die als Präklusionsregel ausgestattete **Rügevorschrift des § 107 Abs. 3 Satz 1 GWB** soll nach den Vorstellungen des Gesetzgebers unter dem Gesichtspunkt von Treu und Glauben der Einleitung unnötiger Nachprüfungsverfahren durch Spekulation mit Vergabefehlern entgegenwirken (BayObLG, B. v. 22. 1. 2002 – Az.: Verg 18/01)

– eine **Rüge ist entbehrlich,** wenn die VK zu erkennen gibt, dass sie von vornherein und unumstößlich an ihrer Entscheidung festhalten wird. In einer solchen Situation wäre ein Festhalten an der Rügepflicht eine von vornherein aussichtslose und **mit den Geboten von Treu und Glauben unvereinbare Förmelei** (OLG Saarbrücken, B. v. 29. 5. 2002 – Az.: 5 Verg 1/01)

– Es wäre allerdings zu überlegen, ob nicht die Unverzüglichkeitsregelung des **§ 107 Abs. 3 Satz 1 oder zumindest der Grundsatz von Treu und Glauben** mit der möglichen Folge der Präkludierung bzw. Verwirkung des Rügerechts greift, wenn der Bieter die aus der Bekanntmachung erkennbaren Verstöße nachweislich zu einem schon möglicherweise frühen Zeitpunkt positiv erkannt hat (VK Hessen, B. v. 2. 1. 2003 – Az.: 69 d VK – 55/2002)

– bei dem Angebot eines Bieters handelt es sich um eine bürgerlich-rechtliche empfangsbedürftige Willenserklärung, die nach den §§ 133, 157 BGB unter Berücksichtigung der von der Rechtsprechung entwickelten Grundsätze auszulegen ist. Danach sind **empfangsbedürftige Willenserklärungen so auszulegen, wie sie der Erklärungsempfänger nach Treu und Glauben unter Berücksichtigung der Verkehrssitte verstehen musste** (BayObLG, B. v. 16. 9. 2002 – Az.: Verg 19/02)

– nach dem Grundsatz von Treu und Glauben (§ 242 BGB) kann die Vergabestelle ihre **in der dritten Wertungsstufe** des § 10 Abs. 1 VOF (Prüfung der fachlichen Eignung der Bieter) **zu Gunsten der Antragstellerin getroffene Entscheidung nicht in der vierten Wertungsstufe** bei der Auswahl desjenigen Bieters, der die bestmögliche Leistung erwarten lässt (§ 16 Abs. 1 und 2 VOF), **wieder rückgängig machen** (OLG Düsseldorf, B. v. 7. 11. 2001 – Az.: Verg 23/01)

– zwar existieren für die Beantragung eines Nachprüfungsverfahrens keine Fristen. Dennoch gilt auch für das Nachprüfungsverfahren, dass **eine späte Klageerhebung gegen Treu und**

Glauben verstoßen kann, wenn der Rechtschutz Begehrende erst dann Rechtmittel einlegt, wenn der Gegner und die sonstigen Beteiligten **nicht mehr mit einem Verfahren rechnen** (2. VK Bund, B. v. 13. 11. 2002 – Az.: VK 2–78/02)

– hat sich ein Antragsteller bereits mehrfach an Ausschreibungsverfahren der Vergabestelle beteiligt, davon einige Male mit Erfolg und **hat der Antragsteller die Vorgaben aus dem VergabeG LSA stets eingehalten,** handelt der Antragsteller widersprüchlich, wenn er sich erst auf die **angebliche Rechtswidrigkeit des VergabeG LSA beruft,** nachdem die Vergabestelle die entsprechenden fremdsprachigen Unterlagen nicht anerkennt (VK Magdeburg, B. v. 4. 10. 2002 – Az.: 33–32571/07 VK 07/02 MD)

– verhindert eine Vergabestelle durch ihr Verhalten den Primärrechtsschutz eines Bieters, ist der **Vertrag** mit einem anderen Bieter wegen Verstoßes gegen den Grundsatz von Treu und Glauben **nichtig** (VK Hessen, B. v. 27. 2. 2003 – Az.: 69d VK – 70/2002).

6.7 Gebot der Berücksichtigung mittelständischer Interessen (§ 97 Abs. 3)

6.7.1 Bieterschützende Vorschrift

Die Vorschrift des § 97 Abs. 3 GWB hat nicht nur den Charakter eines Programmsatzes, sondern gehört zu den **Vorschriften, auf deren Beachtung der Bieter nach § 97 Abs. 7 GWB infolge der Prinzipien der Gleichbehandlung und des Wettbewerbs einen Anspruch hat.** Daraus folgt, dass ein mittelständischer Bieter subjektive Rechte auf Beachtung der Losvergabe gegenüber dem Auftraggeber geltend machen kann (1. VK Bund, B. v. 1. 2. 2001 – Az.: VK 1–1/01; VK Magdeburg, B. v. 6. 6. 2002 – Az.: 33–32571/07 VK 05/02 MD; VK Hessen, B. v. 27. 2. 2003 – Az.: 69d VK – 70/2002; VK Arnsberg, B. v. 31. 1. 2001 – Az.: VK 2–01/2001). 268

Die **Möglichkeit des Auftraggebers, unter der Voraussetzung der Unwirtschaftlichkeit auf eine losweise Vergabe zu verzichten und eine Gesamtvergabe anzustreben, dient allein der Berücksichtigung haushaltsrechtlicher Aspekte, die ausschließlich im Interesse des Auftraggebers liegen.** Ein Bieter kann sich daher nicht zur Herleitung eines Anspruchs auf Gesamtvergabe hierauf berufen. Denn unwirtschaftlich kann die Zersplitterung der Leistung – unter der Voraussetzung kostendeckender Angebote – nur für den Auftraggeber sein. Die Möglichkeit, auf eine losweise Vergabe zu verzichten, hat also nicht das Ziel, die ökonomische Verwendung der Haushaltsmittel zu sichern. Damit handelt es sich hier um eine der Sphäre des Haushaltsrechts zuzuordnende Einschränkungsmöglichkeit der losweisen Vergabe. **Das Haushaltsrecht stellt jedoch ein rein staatliches Innenrecht dar, aus dem Privatpersonen keine subjektiven Rechte für sich herleiten können.** Folglich kommt dem **Petitum, eine Gesamtvergabe muss erfolgen, keine bieterschützende Wirkung** zu (3. VK Bund, B. v. 29. 9. 2005 – Az.: VK 3–121/05). 269

6.7.2 Inhalt des § 97 Abs. 3

Das Prinzip der losweisen Vergabe als wichtigstes Instrument zur Förderung des Mittelstandes ist in § 97 Abs. 3 GWB besonders hervorgehoben. Die **Bestimmung stellt den mittelstandsfördernden Aspekt der Verdingungsordnungen auf eine gesetzliche Grundlage, wodurch dieser eine Aufwertung erfährt.** Der Wortlaut, wonach mittelständische Interessen „vornehmlich" durch Teilung der Aufträge in Fach- oder Teillose angemessen zu berücksichtigen sind, **bedeutet jedoch nicht unbedingt,** dass die Vorschrift über die in den Verdingungsordnungen zu gewährleistenden Schutz mittelständischer Interessen hinaus geht und den **Grundsatz der Mittelstandsförderung als allgemeinen Auslegungsgrundsatz festschreibt.** Die Bedeutung des Abs. 3 erschöpft sich darin, die **bereits vorhandenen mittelstandsfördernden Vorschriften über die losweise Vergabe zu legitimieren** (VK Schleswig-Holstein, B. v. 5. 10. 2005 – Az.: VK-SH 23/05; 1. VK Sachsen, B. v. 27. 6. 2003 – Az.: 1/SVK/063–03). 270

Es handelt sich **also nicht um eine „Allgemeine Klausel zum Schutz des Mittelstands" mit dem Ziel einer generellen Bevorzugung mittelständischer Unternehmen bei der Auftragsvergabe.** Die Vorschrift ist auch viel zu unbestimmt, um aus ihr konkrete Vorgaben für eine Bevorzugung des Mittelstandes oder sonstiger mittelständischer Interessen abzuleiten (VK Schleswig-Holstein, B. v. 5. 10. 2005 – Az.: VK-SH 23/05). 271

6.7.3 Sinn und Zweck der Losvergabe

272 Das **Gebot der losweisen Aufteilung eines Auftrages soll kleine und mittelständische Unternehmen befähigen, Angebote abzugeben, zu deren Durchführung ihr Unternehmen – noch – in der Lage ist.** Es soll jedoch **nicht durch Vermehrung der abzuschließenden Verträge allen Unternehmen,** auch solchen, die auf den gesamten Leistungsumfang ohne Schwierigkeiten bieten können, **generell eine Erhöhung der Zuschlagschancen erbringen** (1. VK Bund, B. v. 8. 1. 2004 – Az.: VK 1–117/03; VK Düsseldorf, B. v. 22. 10. 2003 – Az.: VK – 29/2003 – L).

273 Die **Verfolgung allgemeiner wirtschaftspolitischer Ziele** wie etwa die Förderung kleiner und mittlerer Unternehmen gehört **ebenso wenig** wie die Unterstützung ortsansässiger Unternehmen **zu den Kriterien, auf die eine Vergabeentscheidung nach öffentlicher Ausschreibung gestützt werden kann.** Seiner Funktion entsprechend, die Chancengleichheit unter den Bewerbern zu sichern, lässt das Vergaberecht nur die Berücksichtigung solcher Umstände bei der Entscheidung über den Zuschlag zu, die den durch die Vergabe bezeichneten Bedarf und den Inhalt der zur Deckung dieses Bedarfs abgegebenen Gebote betreffen. Damit sollte es zugleich dem von der Ausschreibung weiter geschützten öffentlichen Interesse an einer auch im Hinblick auf die anfallenden Kosten optimalen Deckung dieses Bedarfs der öffentlichen Hände dienen. Die Einbeziehung weiterer, insbesondere allgemeiner wirtschaftspolitischer Erwägungen ist mit diesem System nicht zu vereinbaren (BGH, Urteil vom 17. 2. 1999 – Az.: X ZR 101/97).

274 Geht es z. B. um einen **Großauftrag in zweistelliger Millionenhöhe,** der nicht zuletzt hohe Anforderungen an Organisationsvermögen, bundesweite Verfügbarkeit von Spezialkräften und auch an die Liquidität und Kapitalkraft des Bieters stellt, etwa wenn sich die für den Auftrag erforderlichen Zulieferer als unzuverlässig oder vertragsbrüchig erweisen und der Bieter für kurzfristigen Ersatz sorgen und langwierige Rechtsstreitigkeiten überstehen muss, könnte sich in solchen Situationen schnell herausstellen, dass sich ein **kleines Unternehmen an diesem Großauftrag verhoben hat, was für die Vergabestelle fatale Konsequenzen hätte.** Denn ihre Mängelansprüche würden mit einer Insolvenz des Auftragnehmers gleichfalls verloren gehen. Auch aus diesen Gründen kann eine **Bevorzugung von kleinen Unternehmen bei der Vergabe ausscheiden** (2. VK Bund, B. v. 10. 7. 2002 – Az.: VK 2–34/02).

275 Im Baubereich sind nach § 4 Nr. 3 Satz 1 VOB/A Bauleistungen verschiedener Handwerks- oder Gewerbezweige in der Regel nach Fachgebieten oder Gewerbezweigen (Fachlose) getrennt zu vergeben. Durch diese Vorgabe **berücksichtigt die VOB die besondere Struktur der deutschen Bauwirtschaft** und die Vorstellung der Bundesregierung zur Förderung der mittelständischen Unternehmen. Durch die **Fachlosvergaben werden diese mittelständischen Unternehmen direkt Vertragspartner des öffentlichen Auftraggebers,** während diese bei Paket- bzw. Generalunternehmer-Vergaben nur als Nachunternehmer tätig werden können und in keinem direkten Vertragsverhältnis zum öffentlichen Auftraggeber stehen. Hinzu kommt, dass die **Generalunternehmer in ihren Nachunternehmerverträgen häufig ungünstigere Bedingungen aufnehmen als der öffentliche Auftraggeber.** Angesichts dieser Zielsetzungen (Marktpflege) haben die Vergabestellen Mehraufwendungen durch Fachlosvergaben in ihrem Verwaltungsbereich, z. B. aus Koordinierung, Bauausführung und Gewerbeleistung hinzunehmen (VK Halle, B. v. 6. 6. 2000 – Az.: VK Hal 09/00 – unter Bezug auf ein Urteil des Landgerichts Hannover, B. v. 21. 12. 2000 – Az.: VK Hal 22/00).

276 Das Argument, **kleine und mittlere Unternehmen hätten die Möglichkeit, sich zu Bietergemeinschaften zusammenzuschließen,** wird dem **Schutzzweck des § 97 Abs. 3 GWB nicht gerecht,** wonach mittelständischen Unternehmen grundsätzlich die Möglichkeit zur eigenständigen Beteiligung am Bieterwettbewerb einzuräumen ist (OLG Düsseldorf, B. v. 8. 9. 2004 – Az.: VII – Verg 38/04; B. v. 4. 3. 2004 – Az.: VII – Verg 8/04).

6.7.4 Vorrang der Losvergabe

277 Der Vorrang der Losvergabe ist eine **Ausprägung der prononcierten Mittelstandsfreundlichkeit des deutschen Vergaberechts.** Rechtspolitische Intention der Vorschriften über die Losvergabe ist die **Förderung des Mittelstandes** (1. VK Sachsen, B. v. 7. 2. 2003 – Az.: 1/SVK/007–03), **ohne dass dies einen Anspruch auf Bevorzugung** beinhaltet. Ein Anspruch auf Losaufteilung besteht nicht bereits dann, wenn sie technisch möglich ist. Die Bestimmung sieht vielmehr lediglich das Recht auf eine angemessene Berücksichtigung mittelständischer Interessen vor und zwar vornehmlich durch Aufteilung in Lose (VK Baden-Württem-

berg, B. v. 18. 7. 2003 – Az.: 1 VK 30/03; 2. VK Bund, B. v. 29. 7. 2004 – Az.: VK 2–85/04). Die **Gesamtzielsetzung des Vergaberechts,** eine **an Wirtschaftlichkeitsgesichtspunkten orientierte Beschaffung** zu erreichen, gebietet dann eine **Abweichung von der Losvergabe,** wenn diese im konkreten Fall **in hohem Maße unwirtschaftlich** ist (1. VK Bund, B. v. 1. 2. 2001 – Az.: VK 1–1/01).

Demgemäß hat der Auftraggeber bei der Prüfung, ob er eine Los- oder Gesamtvergabe ausschreibt, zu erwägen, **ob der Fach- oder Teillosvergabe keine ernsthaften wirtschaftlichen oder technischen Belange entgegenstehen** (OLG Düsseldorf, B. v. 8. 9. 2004 – Az.: VII – Verg 38/04; 1. VK Bund, B. v. 1. 2. 2001 – Az.: VK 1–1/01). Der Zuschlag hat also nicht – ungeachtet der Wirtschaftlichkeit eines Angebotes – zwingend auf die losweise abgegebenen Angebote zu erfolgen (VK Hessen, B. v. 27. 2. 2003 – Az.: 69d VK – 70/2002). 278

Zur Auffassung des Bundesministeriums für Verkehr, Bau und Stadtentwicklung zum Vorrang der losweisen Vergabe vgl. die Kommentierung zu § 4 VOB/A RZ 3703. 279

6.7.5 Kein Verstoß gegen europäisches Recht

In den **nationalen Bestimmungen des § 97 Abs. 3 GWB und des § 5 Nr. 1 VOL/A liegt keine Verletzung des Europarechts.** 280

Ein **Verstoß gegen das Diskriminierungsverbot** des Art. 3 Abs. 2 der Richtlinie 92/50/EWG ist **nicht ersichtlich.** Es ist nicht zu erkennen, weshalb mit der losweisen Vergabe eine Diskriminierung großer Unternehmen einhergehen soll. Der **Wettbewerb wird hierdurch lediglich erweitert,** wobei alle Wettbewerber die gleichen Bedingungen vorfinden. Den großen Unternehmen bleibt der Vorteil, sich auf mehre Lose bewerben zu können. Das Argument, der Auftraggeber werde durch § 5 Nr. 1 VOL/A und § 97 Abs. 3 GWB gezwungen, ausschließlich die Interessen kleinerer und mittlerer Unternehmen zu berücksichtigen, trifft nicht zu. Der öffentliche Auftraggeber hat im Rahmen der nach § 97 Abs. 3 GWB gebotenen **Abwägung die Interessen aller Bieter zu berücksichtigen.** In Rahmen seiner ihm belassenen Gestaltungsfreiheit verstößt der nationale Gesetzgeber nicht gegen EU-Vergaberecht, wenn er eine mittelstands- und zugleich wettbewerbsfreundliche Regelung in Bezug auf die Losaufteilung trifft. 281

Ebenso wenig ist ein Verstoß gegen das Beihilfeverbot nach Art. 87 Abs. 1 EG gegeben. Nach dieser Bestimmung sind staatliche oder aus staatlichen Mitteln gewährte Beihilfen mit dem gemeinsamen Markt unvereinbar, wenn sie durch die Begünstigung bestimmter Unternehmen oder Produktionszweige den Wettbewerb verfälschen oder zu verfälschen drohen. Eine **drohende Verfälschung des Wettbewerbs kann insoweit nicht festgestellt werden.** Der **Wettbewerb wird durch eine Losaufteilung lediglich erweitert,** wobei alle Teilnehmer die gleichen Verhältnisse vorfinden. Auch hier gilt, dass den großen Unternehmen kein Auftrag schon deshalb verloren geht, weil sich kleinere Unternehmen am Wettbewerb beteiligen. Es besteht die Möglichkeit der Bewerbung um mehrere Lose und die Vergabe im Falle des Obsiegens. Die **mittelstandsfördernde Wirkung ist auch nicht geeignet, den Handel zwischen den Mitgliedsstaaten zu beeinträchtigen,** wie es Art. 87 Abs. 1 EG erfordert. Das Fördern der Gelegenheit für den Mittelstand, sich ansonsten unter gleichen Bedingungen wie Großunternehmen an öffentlichen Ausschreibungen zu beteiligen, stellt auch keine „Beihilfe" dar (OLG Düsseldorf, B. v. 8. 9. 2004 – Az.: VII – Verg 38/04). 282

6.7.6 Begriff des Teilloses und des Fachloses

6.7.6.1 Terminologie der VOB/A

Nach der Terminologie der VOB/A bildet ein „**Teillos**" (Zerlegung eines Bauvorhabens in quantitativ abgrenzbare Teilleistungen) einen bloßen Unterfall des Oberbegriffs „Los" und dient lediglich der rechtstechnischen Abgrenzung zum sog. „**Fachlos**" (Zerlegung eines Bauvorhabens in qualitativ abgrenzbare Fachgebiete/Gewerbezweige) im Sinne des § 4 Nr. 3 S. 1 VOB/A. Somit bezeichnet der **Begriff „Teillos"** den Leistungsumfang eines kohärenten, nicht weiter zerlegbaren Loses (OLG Thüringen, B. v. 15. 7. 2003 – Az.: 6 Verg 7/03). 283

Eine **Aufteilung in Teillose bedeutet eine mengenmäßige oder räumliche Unterteilung der Gesamtleistung.** Im Grundsatz wird hier eine zu einem bestimmten Handwerks- oder Gewerbezweig gehörende Gesamtleistung in sich und nach äußeren Gesichtspunkten, wie 284

Teil 1 GWB § 97 Gesetz gegen Wettbewerbsbeschränkungen

z. B. Einzelhäuser, Einzelbauten sonstiger Art, abgeschlossenen Teilen am gleichen Objekt, aufgeteilt und zum Gegenstand besonderer Vertragsverhandlungen und regelmäßig voneinander getrennten Bauverträgen gemacht (VK Halle, B. v. 24. 2. 2000 – Az.: VK Hal 02/00).

6.7.6.2 Terminologie der VOL/A

285 Die **VOL/A kennt** zwar, anders als die VOB/A, **nicht den Begriff des Fachloses,** doch sind nach allgemeiner Ansicht auch hier Fälle denkbar, in denen eine als Gesamtleistung zu betrachtende Leistung an einzelne Auftraggeber in Fachlosen vergeben werden können und sollen (VK Baden-Württemberg, B. v. 17. 7. 2001 – Az.: 1 VK 13/01).

6.7.7 Zahl und Größe der Lose

286 Die Zahl und Größe der Lose muss sich daran orientieren, dass sich **tatsächlich kleine und mittlere Unternehmen um Teilaufträge bewerben können.** Allerdings muss man dabei nicht so weit gehen, dass alle potentiellen Bewerber sich an dem Wettbewerb beteiligen können ohne gezwungen zu sein, Bietergemeinschaften zu bilden. Dies schränkt den Wettbewerb in unzulässiger Weise ein (VK Baden-Württemberg, B. v. 16. 11. 2001 – Az.: 1 VK 39/01).

287 Eine Losbildung verfehlt also ihr Ziel, wenn im Ergebnis kleine und mittlere Unternehmen keine praktische Möglichkeit der Beteiligung haben. Eine solche Losbildung ist fehlerhaft. Dies ist dann der Fall, wenn die **Einzellose so groß sind, dass diese für einen Mittelständler nach wie vor zu groß sind oder wenn die Losbildung durch die Zusammenfassung ganz unterschiedlicher Leistungen so ungünstig ist, dass ein mittelständischer Betrieb diese Leistungen mit eigenem Know-how überhaupt nicht erbringen kann** und sich nach Partnern (Unterauftragnehmer) umsehen müsste (1. VK Sachsen, B. v. 7. 2. 2003 – Az.: 1/SVK/007–03).

288 So lange ein **effektiver Wettbewerb und die Auftragsbewerbung kleiner und mittlerer Unternehmen möglich** bleibt, ist der Auftraggeber bei der Entscheidung, ob und nach welchen Kriterien er eine Losaufteilung vornimmt, **grundsätzlich frei** (Schleswig-Holsteinisches OLG, B. v. 4. 5. 2001 – Az.: 6 Verg 2/2001).

6.7.8 Kein Zwang zu gleichen Rahmenbedingungen für alle Lose

289 **Lose sind immer unterschiedlich** bezüglich Größe, Umfang und der zu erzielenden Umsätze. **Wesentlich** ist nur, dass **alle Bieter gleiche Chancen** in Bezug auf ein Los haben (VK Baden-Württemberg, B. v. 16. 11. 2001 – Az.: 1 VK 39/01).

6.7.9 Eindeutige Bezeichnung der vorgesehenen Lose

290 **Bereits in der Bekanntmachung** muss der Auftraggeber angeben, „ob der Dienstleistungserbringer Bewerbungen für einen Teil der betreffenden Leistung abgeben kann". Dann muss er diese **„Teilleistungen" auch eindeutig benennen.** Bei der Aufgabenbeschreibung muss also der Auftraggeber auch unter Berücksichtigung der EU-weiten Bekanntmachung sich so klar ausdrücken, dass die an dem Verfahren beteiligten Bewerber unter Zugrundelegung der bei ihnen vorauszusetzenden Fachkenntnisse sie objektiv im gleichen Sinne verstehen müssen (VK Baden-Württemberg, B. v. 14. 9. 2001 – Az.: 1 VK 24/01). Enthält z. B. eine Beschreibung der freiberuflichen Ingenieurleistung für die „Technische Gebäudeausrüstung" hinsichtlich der Losaufteilung in die beiden Lose GWA/WBR-Technik und Elektrotechnik keine eindeutigen Festlegungen, entspricht die von der Vergabestelle vorgenommene Losaufteilung damit nicht dem in § 9 Abs. 4 bzw. § 8 Abs. 1 VOF verankerten Transparenzgebot (VK Südbayern, B. v. 25. 7. 2000 – Az.: 120.3–3194.1–13–06/00).

291 Eine **Vergabe nach Losen verlangt gegenüber den potentiellen Bietern** also nicht nur die Mitteilung des entsprechenden Vorbehalts in der Bekanntmachung oder den Vergabeunterlagen, sondern **auch die verbindliche und konkrete inhaltliche Festlegung der einzelnen Lose.** Diese vorherige Festlegung und Kenntnis ist nicht nur kalkulationsrelevant für die potentiellen Bieter, sondern auch ein Gebot der Transparenz (§ 97 Abs. 1 GWB) und kann daher vom Auftraggeber nicht bis nach Eingang und Auswertung der Angebote hinausgeschoben werden. Eine „evtl. getrennte Vergabe der Aufträge nach den genannten Positionen oder Teilbereichen" genügt von der Formulierung her nicht (VK Hessen, B. v. 24. 3. 2004 – Az.: 69 d – VK – 09/2004).

6.7.10 Bekanntgabe der Absicht der losweisen Vergabe

Schon aus dem **Transparenzgrundsatz des § 97 Abs. 1 GWB folgt, dass der Auftraggeber in der Bekanntmachung oder in den Vergabeunterlagen deutlich machen muss,** ob eine losweise Wertung bzw. Vergabe erfolgen soll oder eine Gesamtvergabe beabsichtigt ist. Denn die Festlegung einer losweisen Vergabe bzw. Gesamtvergabe kann für den Bieter von wesentlicher wirtschaftlicher Bedeutung sein (3. VK Bund, B. v. 21. 9. 2004 – Az.: VK 3–110/04; B. v. 16. 9. 2004 – Az.: VK 3–104/04). 292

Aus der in der Aufforderung zur Angebotsabgabe enthaltenen Formulierung: „**Losweise Vergabe bleibt vorbehalten**" ergibt sich, dass sowohl eine Gesamtvergabe möglich bleiben soll **als auch eine losweise Vergabe** als zusätzliche Möglichkeit eingeführt werden soll (3. VK Bund, B. v. 21. 9. 2004 – Az.: VK 3–110/04; B. v. 16. 9. 2004 – Az.: VK 3–104/04). 293

Bei der getrennten Ausschreibung und Vergabe eines einzelnen Loses ist den Bietern nicht bekannt zu geben, dass der Gesamtbedarf ein weiteres, getrennt ausgeschriebenes und zu vergebendes Los umfasst. Dies kann zwar kalkulationsrelevant sein, weil bei der Preisermittlung für das erste Angebot die reelle Chance auf die Erteilung des Zuschlags für den nachfolgenden Leistungszeitraum mit berücksichtigt werden kann. Im Ergebnis wird damit aber die Eröffnung einer Spekulationsmöglichkeit begehrt, denn es ist völlig unsicher, wer den Zuschlag für den Zweitauftrag erhält. Dies ist **vom Schutzzweck des Transparenzgebots jedoch nicht umfasst.** Die Eröffnung solcher Spekulationsmöglichkeiten steht der Vergleichbarkeit der Angebote der beteiligten Bieter und damit den Grundsätzen der Gleichbehandlung und Transparenz geradezu entgegen: Um eine möglichst weitgehende Vergleichbarkeit der abgegebenen Angebote zu erreichen, sind durch das Vergaberecht nicht nur Pflichten für den Auftraggeber, z. B. bei der Gestaltung der Leistungsbeschreibung, festgelegt. Vielmehr ist auch der Bieter gehalten, seine Preise seriös und auskömmlich zu kalkulieren (3. VK Bund, B. v. 29. 9. 2005 – Az.: VK 3–121/05). 294

6.7.11 Mittelständische Interessen

6.7.11.1 Begriffsinhalte

Während § 97 Abs. 3 GWB von mittelständischen Interessen spricht, verwendet die VOL/A in § 5 Abs. 1 den Begriff der kleinen und mittleren Unternehmen. Die VOB/A grenzt den Adressatenkreis in der Vorschrift selbst nicht ein. § 4 VOF spricht von Büroorganisationen und Berufsanfängern. 295

6.7.11.2 Kleine und mittlere Unternehmen

Eine rechtliche **Definition des Mittelstandsbegriffs und/oder der kleinen und mittleren Unternehmen fehlt bisher** (OLG Düsseldorf, B. v. 8. 9. 2004 – Az.: VII – Verg 38/04). 296

6.7.11.2.1 Begriffsdefinition der Europäischen Kommission. Die Kommission der Europäischen Gemeinschaften hat mittels einer **Empfehlung vom 6. 5. 2003** die **Definition der Kleinstunternehmen sowie der kleinen und mittleren Unternehmen** im Amtsblatt der Europäischen Union (L 124/36 vom 20. 5. 2003) bekannt gegeben (2003/362/EG): 297

– Die **Größenklasse der Kleinstunternehmen sowie der kleinen und mittleren Unternehmen (KMU)** setzt sich aus Unternehmen zusammen, die weniger als 250 Personen beschäftigen und die entweder einen Jahresumsatz von höchstens 50 Mio. € erzielen oder deren Jahresbilanzsumme sich auf höchstens 43 Mio. € beläuft.

– Innerhalb der Kategorie der KMU wird ein kleines Unternehmen als ein Unternehmen definiert, das weniger als 50 Personen beschäftigt und dessen Jahresumsatz bzw. Jahresbilanz 10 Mio. € nicht übersteigt.

– Innerhalb der Kategorie der KMU wird ein Kleinstunternehmen als ein Unternehmen definiert, das weniger als 10 Personen beschäftigt und dessen Jahresumsatz bzw. Jahresbilanz 2 Mio. € nicht überschreitet.

Die Empfehlung ersetzt die Empfehlung 96/280/EG ab dem 1. Januar 2005. 298

Die Empfehlungen der Kommission **haben keine Rechtssatzqualität,** sondern sind im Wortsinne nur „Empfehlungen" an die Mitgliedsstaaten, die Europäische Investitionsbank und den Europäischen Investitionsfonds, mit dem Ziel, die Bewilligungskriterien in europäischen Förderprogrammen zu vereinheitlichen. Allerdings geben sie erste **Anhaltspunkte für die** 299

Teil 1 GWB § 97   Gesetz gegen Wettbewerbsbeschränkungen

Einordnung als kleines oder mittleres Unternehmen (OLG Düsseldorf, B. v. 8. 9. 2004 – Az.: VII – Verg 38/04).

300   **6.7.11.2.2 Sonstige Begriffsdefinitionen.** Verschiedene **Bundesländer** haben – **insbesondere in den Mittelstandsförderungsgesetzen** bzw. **-richtlinien** – ebenfalls Begriffsdefinitionen erlassen; vgl. z. B. § 4 des Gesetzes zur Mittelstandsförderung des Landes Baden-
301   Württemberg vom 19. 12. 2000 (Gesetzblatt für Baden-Württemberg vom 28. 12. 2000, 745 ff).

301a   **6.7.11.2.3 Rechtsprechung. 6.7.11.2.3.1 Allgemeines.** Nach der Rechtsprechung ist der Begriff „kleine und mittlere Unternehmen" für die zu vergebende Leistung **nicht anhand absoluter, zahlenmäßiger Grenzen bestimmbar.** Entscheidend ist vielmehr die **relative Größe der Marktteilnehmer, wobei auf die vorhandenen Marktstrukturen abzustellen** ist. Unter diesem Gesichtspunkt hat die Vergabestelle im Voraus, vor Durchführung des Vergabeverfahrens, zu prüfen, ob es solche Unternehmen auf dem relevanten Markt gibt und danach zu entscheiden, ob eine Aufteilung der Leistung in Lose erfolgt (VK Magdeburg, B. v. 6. 6. 2002 – Az.: 33-32571/07 VK 05/02 MD).

302   Dies kann im Ergebnis bedeuten, dass auch **Unternehmen mit einem Umsatz von mehreren hundert Millionen Euro** im Sinn der Rechtsprechung **mittelständische Unternehmen** sein können (vgl. zu einem instruktiven Beispiel 2. VK Bund, B. v. 18. 11. 2003 – Az.: VK 2–110/03).

303   **6.7.11.2.3.2 Beispiele aus der Rechtsprechung**
– beträgt der **Jahresumsatz eines Bieters rund 2,3 Mio. €** in den Jahren 2003 und 2004 und gibt es in der **Verwaltung des Unternehmens 10 Volltagskräfte,** im Reinigungsdienst **55–65 Volltagskräfte sowie 300 Kräfte, die 7–8 Stunden pro Woche arbeiten,** gibt es außerdem **keine irgendwie gearteten rechtlichen oder sonstigen Verbindungen mit weiteren Unternehmen,** ist der **Bieter als mittleres Unternehmen einzuordnen** (OLG Düsseldorf, B. v. 8. 9. 2004 – Az.: VII – Verg 38/04).

304   **6.7.11.3 Anspruch auch großer Unternehmen auf Einhaltung der Losvergabe.** Eine Verpflichtung zur Aufteilung in Lose ist **nicht ausschließlich in den Kontext der Förderung kleinerer und mittlerer Unternehmen** zu stellen. Auch aus **allgemeinen vergaberechtlichen Grundsätzen** wie der Verpflichtung zu einer möglichst wirtschaftlichen Vergabe im Wettbewerb (§ 97 Abs. 1 und 5 GWB) ebenso wie aus dem Gleichbehandlungsgebot (§ 97 Abs. 2 GWB) ergibt sich eine generelle Verpflichtung für die ausschreibende Stelle, in jedem Einzelfall die Möglichkeit und Zweckmäßigkeit einer losweisen Aufteilung mit zu bedenken und diese gegebenenfalls umzusetzen. Aus diesen Grundsätzen resultieren unzweifelhaft **Rechte auch großer Unternehmen** im Sinne von § 97 Abs. 7 GWB, die losgelöst sind von ihrer Eigenschaft als mittelständisches Unternehmen (1. VK Bund, B. v. 21. 9. 2001 – Az.: VK 1–33/01; zweifelnd VK Hessen, B. v. 27. 2. 2003 – Az.: 69 d VK – 70/2002).

6.7.11.4 Zulässigkeit einer Forderung, dass die Bieter nur Angebote auf alle Lose abgeben dürfen, eine losweise Vergabe jedoch vorbehalten bleibt

305   Die **Forderung, dass die Bieter nur Angebote auf alle Lose abgeben dürfen, eine losweise Vergabe jedoch vorbehalten bleibt, stellt keinen Widerspruch dar.** In dieser Konstellation entscheidet vielmehr der Wettbewerb, ob es zu Einzelvergaben der Lose oder zur Paketvergabe kommt. So kann sich eine Vergabestelle z. B. bewusst die Möglichkeit der „losweisen" Vergabe vorbehalten, um die Bieter von Mischkalkulationen abzuhalten und vernünftige Preise für die einzelnen Leistungen angeboten zu bekommen (VK Nordbayern, B. v. 12. 10. 2006 – Az.: 21.VK – 3194–25/06).

6.7.12 Sonstige Unternehmereinsatzformen

306   Über die Fach- und Teillosvergabe hinaus gibt es weitere Unternehmereinsatzformen.

6.7.12.1 Generalunternehmer

307   **6.7.12.1.1 Begriff.** Der **Begriff des Generalunternehmers** ist (im Unterschied zu dem des so genannten Bauunternehmers, der alle ihm übertragenen Bauleistungen in seinem eigenen Betrieb erbringt – Fachunternehmer) **dadurch gekennzeichnet, dass er jedenfalls wesentliche Teile der von ihm übernommenen Bauleistungen selbst ausführt,** wobei eine **teilweise Vergabe an Nachunternehmer nicht ausgeschlossen** ist (OLG Düsseldorf, B. v. 5. 7. 2000

– Az.: Verg 5/99). Dem entspricht im Übrigen der **Grundsatz der so genannten Selbstausführung in § 4 Nr. 8 VOB/B,** obwohl dieser Grundsatz im Vergabeverfahren nach der VOB/A nicht unmittelbar heranzuziehen ist (OLG Düsseldorf, B. v. 19. 7. 2000 – Az.: Verg 10/00).

Die **Position eines General- bzw. Hauptunternehmers** zeichnet sich weiterhin dadurch aus, dass **nur dieser gegenüber dem Auftraggeber vertraglich gebunden und zur Erbringung der vereinbarten Leistung verpflichtet** ist. Vor allem **haftet der Hauptunternehmer dem Auftraggeber allein** für die fristgerechte und mangelfreie Ausführung des gesamten Auftrags, also auch für den auf einen Subunternehmer übertragenen Teil). Demgegenüber ist der vom Generalunternehmer eingesetzte **Subunternehmer nur an den Hauptunternehmer vertraglich gebunden,** er ist sein Erfüllungsgehilfe. Unmittelbare vertragliche Rechte und Pflichten zwischen Auftraggeber (Vergabestelle) und Subunternehmer bestehen grundsätzlich nicht (3. VK Bund, B. v. 4. 10. 2004 – Az.: VK 3–152/04). 308

6.7.12.1.2 Grundsätzliche Zulässigkeit der Vergabe von Aufträgen an Generalunternehmer. 6.7.12.1.2.1 ÖPP-Beschleunigungsgesetz. Durch das **Gesetz zur Beschleunigung der Umsetzung von Öffentlich Privaten Partnerschaften und zur Verbesserung gesetzlicher Rahmenbedingungen für Öffentlich Private Partnerschaften vom 1. 9. 2005** (BGBl. I S. 2676) ist § 4 VgV um einen Absatz 4 dahingehend ergänzt worden, dass bei der Anwendung des Absatzes 1 des § 4 VgV § 7 Nr. 2 Abs. 1 des Abschnittes 2 des Teiles A der Verdingungsordnung für Leistungen (VOL/A) mit der Maßgabe anzuwenden ist, dass der **Auftragnehmer sich bei der Erfüllung der Leistung der Fähigkeiten anderer Unternehmen bedienen kann.** Außerdem finden nach dem neu eingefügten § 6 Abs. 2 Nr. 2 VgV § 8 Nr. 2 Abs. 1 und § 25 Nr. 6 VOB/A mit der Maßgabe Anwendung, dass der **Auftragnehmer sich bei der Erfüllung der Leistung der Fähigkeiten anderer Unternehmen bedienen kann** Damit wird **zukünftig auf die gesetzliche Vorgabe eines Eigenleistungserfordernisses verzichtet** (1. VK Bund, B. v. 22. 9. 2006 – Az.: VK 1–103/06; B. v. 21. 9. 2006 – Az.: VK 1–100/06). Die **nachfolgend dargestellte Rechtsprechung ist also überholt, soweit sie im Ergebnis zu einer grundsätzlichen Einschränkung der Auftragsvergabe an Generalunternehmer bei Vergaben ab den Schwellenwerten kommt.** Der **Auftraggeber ist aber selbstverständlich weiterhin verpflichtet, die Eignung des Generalunternehmers zu prüfen;** insoweit kann die unten dargestellte Rechtsprechung weiterhin verwendet werden. 309

Der Inhalt des ÖPP-Beschleunigungsgesetzes gilt nur für Vergaben ab den Schwellenwerten. Inwieweit die nachfolgend dargestellte **Rechtsprechung zur Einschränkung der Zulässigkeit der Vergabe von Aufträgen an Generalunternehmer für Vergaben unterhalb der Schwellenwerte herangezogen** werden kann, hat die **Rechtsprechung noch nicht entschieden.** Allerdings ist angesichts der Tendenz in der Rechtsprechung des EuGH, die Grundsätze des EG-Vertrages auch auf Vergaben unterhalb der Schwellenwerte anzuwenden, **eher damit zu rechnen,** dass **Generalunternehmer unter Bezug insbesondere auf das Diskriminierungsverbot mit Erfolg gegen einen grundsätzlichen Ausschluss von Ausschreibungen vorgehen können.** 310

6.7.12.1.2.2 Anforderungen an die Eignung eines Generalunternehmers. Nach einer Auffassung muss ein gewisser **Kern an Leistungsfähigkeit in der nachgefragten zeitlichen Dauer bei dem anbietenden Unternehmen selbst wie gefordert vorliegen, ansonsten kann der Auftraggeber in dieser Hinsicht keine Eignungsprüfung vornehmen bzw. keine Eignung feststellen.** Ein sog. „Generalunternehmer"/„Generalübernehmer" hat demzufolge mindestens die erfolgreiche Tätigkeit in diesem Geschäftsbereich nachzuweisen, auch wenn er, was fachliche Leistungsfähigkeit angeht, durchaus auf die (speziellen) Umsätze, Referenzen, Ausstattungen eines anderen Unternehmens verweisen könnte. Ist dies nicht der Fall, fehlt der Vergabestelle – selbst abgesehen von der (weiteren) Anforderung der zeitlichen Dauer – die Grundlage für eine vollständige Eignungsprüfung, die sich **mindestens darauf erstrecken müsste festzustellen, ob der Bieter für den Teil der Leistung, den sie selbst ausführen will (und sei es allein die Koordination von Subunternehmern) die erforderliche Eignung aufweist.** Der Auftraggeber, der die entsprechenden Anforderungen bekannt gemacht hat, kann kein Unternehmen als geeignet ansehen, von dessen eigenem Umsatz, Beschäftigtenzahl, Leistungen ihm keinerlei Kenntnis vorliegt. Ein Bieter kann sich insofern auch nicht darauf berufen, dass seine Geschäftsführung, Personal und Betriebsmittel völlig (personen-)identisch mit dem Unternehmen sind, auf dessen Mittel, Umsätze und Referenzen er verweist. **Ein Unternehmen, welches lediglich „auf dem Papier" existiert, ist erst recht nicht auf sei-** 311 ne Eignung hin überprüfbar. **Unternehmen, die ohne tatsächliche eigene Markttätigkeit lediglich als Handelsgesellschaft rechtlich existieren, können von vorne herein nicht als Bieter bei reglementierten Vergaben akzeptiert werden,** da für die Überprüfung ihrer Eignung keine Substanz vorhanden ist und die Prüfung nicht vollständig auf das oder die anderen Unternehmen verlagert werden kann, die tatsächlich werbend tätig sind (VK Düsseldorf, B. v. 9. 3. 2006 – Az.: VK – 07/2006 – L).

312   Das **OLG Düsseldorf weist** in der Beschwerdeentscheidung zu diesem Beschluss der VK Düsseldorf **diese Forderung zurück.** Ein **„Kern" an eigener Leistungsfähigkeit darf nicht gefordert** werden (OLG Düsseldorf, B. v. 28. 6. 2006 – Az.: VII – Verg 18/06; 1. VK Bund, B. v. 21. 9. 2006 – Az.: VK 1–100/06).

313   Will ein Bewerber sich zum Zwecke des Eignungsnachweises z. B. auf die Leistungsfähigkeit dritter Unternehmen berufen, **muss er** – sofern der Auftraggeber daran keine Einschränkungen angebracht hat – die **geforderten Erklärungen und Nachweise (auch) in der Person des Dritten vorlegen.** Der Auftraggeber muss sich insoweit keine Abstriche gefallen lassen – aus Gründen der Gleichbehandlung darf er dies sogar nicht (OLG Düsseldorf, B. v. 28. 6. 2006 – Az.: VII – Verg 18/06).

314   **6.7.12.1.2.3 Rechtsprechung vor Inkrafttreten des ÖPP-Beschleunigungsgesetzes. 6.7.12.1.2.3.1 Leistungen nach der VOL. 6.7.12.1.2.3.1.1 Allgemeines.** Die Rechtsprechung hierzu war nicht einheitlich.

315   Nach einer Auffassung kennt die VOL einen Grundsatz der Selbstausführung aller Leistungen im eigenen Betrieb, wie ihn § 4 Nr. 8 Abs. 1 S. 1 VOB/B für Bauleistungen aufstellt, nicht; § 4 Nr. 1 Abs. 1 VOL/B verlangt die Ausführung der Vertragsleistung unter eigener Verantwortung. Die **Einschaltung spezialisierter Fachbetriebe kann unter diesem Aspekt gerade auch als Ausdruck besonderen Verantwortungsbewusstseins gewertet werden** (OLG Naumburg, B. v. 9. 9. 2003 – Az.: 1 Verg 5/03).

316   **Restriktiver** ist die Rechtsprechung des Bayerischen Obersten Landesgerichts. Danach ergibt sich für den Bereich der VOL aus einer Gesamtschau jedenfalls, dass die **Vergabe der zu erbringenden Leistungen an Auftragnehmer, welche die Leistung im eigenen Unternehmen erbringen, ein berechtigtes und nach den Vorschriften der VOL nicht zu beanstandendes Anliegen des Auftraggebers darstellt.** Denn die VOL geht selbst davon aus, dass der Auftragnehmer grundsätzlich jedenfalls einen Teil der zu erbringenden Leistungen im eigenen Unternehmen ausführt. Deshalb ist es nicht zu beanstanden, wenn eine Vergabestelle hinsichtlich der Art der Leistungserbringung fordert, dass die Leistungen vom Bewerber selbst durchgeführt werden, und der Einsatz von Subunternehmern nur nach Zustimmung durch die Vergabestelle zulässig sein soll (BayObLG, B. v. 12. 4. 2000 – Az.: Verg 1/00; im Ergebnis ebenso VK Hamburg, B. v. 21. 4. 2004 – Az.: VgK FB 1/04).

317   Nach Auffassung der VK Lüneburg ist der **völlige Ausschluss des Einsatzes von Nachunternehmern nicht per se vergaberechtswidrig.** Art und Maß der Zulassung eines Subunternehmereinsatzes stehen im Ermessen des Auftraggebers. Der Bieter im Vergabeverfahren hat deshalb nur einen Anspruch darauf, dass der Auftraggeber die Beteiligung von Subunternehmen nicht willkürlich unter Verstoß gegen das Diskriminierungsverbot des § 97 Abs. 2 GWB untersagt. Denn aus dem Gleichbehandlungsgebot erfolgt nur das Verbot der Diskriminierung aus vergaberechtsfremden Aspekten. Der **teilweise oder völlige Ausschluss eines Subunternehmereinsatzes** ist daher dann **nicht zu beanstanden, wenn der Auftraggeber ein unter vergaberechtlichen Gesichtspunkten berechtigtes Interesse an dieser Form der Leistungserbringung geltend machen kann** (VK Lüneburg, B. v. 30. 9. 2004 – Az.: 203-VgK-44/2004; ähnlich VK Brandenburg, B. v. 21. 7. 2004 – Az.: VK 35/04, 38/04 – für eine Briefkastenfirma).

318   **6.7.12.1.2.3.1.2 Beispiele aus der Rechtsprechung**
– die besondere prozessuale Bedeutung der streitgegenständlichen förmlichen gerichtlichen und staatsanwaltlichen Postzustellungen rechtfertigt die Forderung nach einer Dienstleistungserbringung „aus einer Hand" und damit auch den Ausschluss des Subunternehmereinsatzes (VK Lüneburg, B. v. 30. 9. 2004 – Az.: 203-VgK-44/2004).

319   **6.7.12.1.2.3.2 Leistungen nach der VOB.** Es gibt **kein grundsätzliches vergaberechtliches Verbot,** Leistungen an einen Generalunternehmer zu vergeben. Voraussetzung ist dabei, dass der Generalunternehmer wesentliche Teile der ausgeschriebenen Leistung selbst erbringt (Hanseatisches OLG Bremen, B. v. 20. 7. 2000 – Az.: Verg 1/2000; VK Hessen, B. v. 5. 10. 2004 – Az.: 69 d – VK – 56/2004; B. v. 11. 2. 2002 – Az.: 69 d VK – 48/2001).

6.7.12.1.2.3.3 Umfang der Eigenleistung des Generalunternehmers. Der notwendige 320
Umfang der Eigenleistung ist in der Rechtsprechung umstritten.

Nach einer Meinung ist zwingend, dass der Generalunternehmer (Hauptunternehmer) noch 321
wesentliche Teile der Bauleistung (**ca.$^1/_3$**) **im eigenen Betrieb ausführt** (OLG Frankfurt,
B. v. 16. 5. 2000 – Az.: 11 Verg 1/99; VK Düsseldorf, B. v. 31. 10. 2005 – Az.: VK – 30/2005
– B; VK Nordbayern, B. v. 12. 2. 2004 – Az.: 320.VK-3194–01/04; VK Münster, B. v. 10. 2.
2004 – Az.: VK 01/04; VK Hessen, B. v. 5. 10. 2004 – Az.: 69 d – VK – 56/2004; B. v. 25. 8.
2004 – Az.: 69 d – VK – 52/2004; B. v. 11. 2. 2002 – Az.: 69 d VK – 48/2001; 1. VK Bund,
B. v. 1. 3. 2002 – Az.: VK 1–3/02; in diese Richtung neuerdings ebenfalls 1. VK Sachsen,
B. v. 28. 1. 2004 – Az.: 1/SVK/158–03).

Nach Auffassung des Oberlandesgerichts Bremen ist der Anteil der selbst auszuführenden Ar- 322
beiten jedenfalls **dann wesentlich, wenn er annähernd die Hälfte der ausgeschriebenen
Leistungen** ausmacht (OLG Bremen, B. v. 20. 7. 2000 – Az.: Verg 1/2000; 2. VK Bremen,
B. v. 23. 8. 2001 – Az.: VK 1/01).

Nach der Vergabekammer Lüneburg bildet ein **Eigenanteil von 50%** bislang und auch 323
künftig einen **tauglichen Orientierungswert,** um zu definieren, wann ein Bieter die Leistungen im Sinne des § 4 Nr. 8 Abs. 1 VOB/B im eigenen Betrieb ausführt. Sie entbindet den Auftraggeber aber nicht davon, den jeweiligen Besonderheiten eines ausgeschriebenen Gesamtauftrages Rechnung zu tragen (VK Lüneburg, B. v. 12. 8. 2003 – Az.: 203-VgK-15/2003, B. v.
15. 7. 2003 – Az.: 203-VgK-15/2003, B. v. 29. 10. 2002 – Az.: 203-VgK-23/2002; im Ergebnis ebenso 1. VK Sachsen, B. v. 14. 5. 2003 – Az.: 1/SVK/039–03, B. v. 4. 10. 2002 – Az.:
1/SVK/085–02).

Die Vergabekammer Nordbayern sieht bei einer **Eigenleistung von rund 65% die Gene-** 324
ralunternehmervergabe als zulässig (VK Nordbayern, B. v. 14. 8. 2001 – Az.: 320.VK-
3194–25/01) und bei einem **Fremdleistungsanteil von 50%** (VK Nordbayern, B. v. 16. 11.
2001 – Az.: 320.VK-3194–38/01) bzw. **73% bzw. 83%** (VK Nordbayern, B. v. 6. 2. 2003 –
Az.: 320.VK-3194–01/03) bzw. **90%** (VK Nordbayern, B. v. 14. 8. 2001 – Az.: 320.VK-3194–
25/01) bzw. **80%** (VK Nordbayern, B. v. 18. 1. 2005 – Az.: 320.VK – 3194–54/04) **der Gesamtleistung als nicht zulässig** an.

Die Vergabekammer Rheinland-Pfalz hat einen vom Auftraggeber vorgegebenen **Eigenleis-** 325
tungsanteil von mindestens 30% nicht problematisiert (VK Rheinland-Pfalz, B. v. 10. 10.
2003 – Az.: VK 18/03).

Die Vergabe von ca. 5% der Leistungen an Nachunternehmer berührt die Eignung nicht 326
(1. VK Bund, B. v. 27. 9. 2002 – Az.: VK 1–63/02).

Die Festlegung des Eigenanteils liegt im Beurteilungsspielraum der Vergabestelle 327
und kann nur daraufhin überprüft werden, ob Anhaltspunkte für das Vorliegen von Beurteilungsfehlern erkennbar sind (2. VK Bund, B. v. 14. 12. 2004 – Az.: VK 2–208/04).

6.7.12.1.2.3.4 Begriff des Nachunternehmers. 6.7.12.1.2.3.4.1 Allgemeines. Jede ju- 328
ristische **Person mit völliger rechtlicher Selbständigkeit** ist als Nachunternehmer einzustufen. Dem steht nicht entgegen, wenn der Bieter selbst 98% der Anteile der juristischen Person
(GmbH) hält (VK Lüneburg, B. v. 7. 10. 2003 – Az.: 203-VgK-19/2003).

Nachunternehmerleistungen sind also **rechtlich Tätigkeiten Dritter im Auftrag und auf** 329
Rechnung des Auftragnehmers, also **ohne unmittelbares Vertragsverhältnis zum Auftraggeber** (OLG Naumburg, B. v. 26. 1. 2005 – Az.: 1 Verg 21/04; B. v. 9. 12. 2004 – Az.: 1
Verg 21/04; VK Lüneburg, B. v. 20. 5. 2005 – Az.: VgK-18/2005; B. v. 8. 4. 2005 – Az.: VgK-
10/2005).

6.7.12.1.2.3.4.2 Betriebsüberlassung. Hat ein Bieter mit einem anderen Unternehmen 330
einen **Betriebsüberlassungsvertrag** gemäß § 292 Abs. 1 und 3, 2. Alternative AktG abgeschlossen, und stellt dieses Unternehmen dem Bieter die erforderlichen „Ressourcen" zur Verfügung, wird die Leistung „im eigenen Betrieb" erbracht. Ein **Erbringen einer Fremdleistung** durch den Bieter **liegt nicht vor** (VK Magdeburg, B. v. 8. 5. 2003 – Az.: 33–32571/07
VK 04/03 MD).

6.7.12.1.2.3.4.3 Unterscheidung zum Zulieferer. Wird für einen Teil der originär 331
**geschuldeten Leistung ein Fremdunternehmen beschäftigt, so ist die Grenze zum
bloßen Zulieferer überschritten.** Es liegt in diesem Fall vielmehr ein typisches Nachunternehmerverhältnis vor, in welchem ein Teil der geschuldeten Leistung durch ein Subunternehmen des Auftraggebers erbracht werden soll. Bestätigt wird diese Auslegung durch die Interes-

senlage. Der Auftraggeber hat ein legitimes Interesse daran zu erfahren, wer die geschuldete Leistung tatsächlich erbringen wird: sein Vertragspartner oder ein Dritter. Diese Information braucht er des Weiteren auch deswegen, um überhaupt eine Grundlage für die Eignungsprüfung zu haben, zu deren Durchführung er vergaberechtlich sogar verpflichtet ist. **Bei bloßen Zuarbeiten, auf deren Basis der Auftragnehmer selbst dann die geschuldete Leistung erbringt, ist die Interessenlage anders** (3. VK Bund, B. v. 13. 10. 2004 – Az.: VK 3–194/04; im Ergebnis ebenso OLG Naumburg, B. v. 26. 1. 2005 – Az.: 1 Verg 21/04; B. v. 9. 12. 2004 – Az.: 1 Verg 21/04).

332 Lediglich solche Teilleistungen sind **nicht als Nachunternehmerleistungen zu qualifizieren, die sich auf reine Hilfsfunktionen beschränkten,** wie Speditionsleistungen, Gerätemiete, Baustoff- und Bauteillieferanten (OLG Dresden, B. v. 25. 4. 2006 – Az.: 20 U 467/06; 1. VK Sachsen, B. v. 20. 4. 2006 – Az.: 1/SVK/029–06). Dazu zählen grundsätzlich auch **Lieferanten von standardisierten Bauelementen;** denn das Gesamtbild der zu erbringenden Leistung wird dann wesentlich nicht von der Beschaffenheit der Zulieferteile, sondern von deren Verwendung im Rahmen der Bauausführung geprägt (OLG Dresden, B. v. 25. 4. 2006 – Az.: 20 U 467/06).

333 **6.7.12.1.2.3.4.4 Beispiele aus der Rechtsprechung**
- die **Herstellung/Lieferung der Verkehrszeichen** einerseits und deren **Anbringung im Zuge der Baumaßnahme** andererseits wenigstens **gleichwertige Elemente der zu vergebenden Leistung.** Ein Bieter, der einen dieser wesentlichen Teilbereiche von vornherein weder abdecken will noch nach den Möglichkeiten seines Betriebs abdecken kann, zieht insoweit nicht einen Dritten für die Erfüllung untergeordneter Hilfsfunktionen heran, sondern verstößt im Ansatz gegen den Grundsatz der Selbstausführung und muss dies auf Verlangen des Auftraggebers mit dem Angebot jedenfalls offen legen; umgekehrt **wäre ja auch nicht zweifelhaft, dass ein Schilderhersteller, der sich um den Auftrag bewirbt und zur Montage der Verkehrszeichen ein Drittunternehmen einschaltet, damit einen Nachunternehmer einsetzt** (OLG Dresden, B. v. 25. 4. 2006 – Az.: 20 U 467/06)
- **bei der Untervergabe von ingenieurtechnischen Leistungen** (Vermessungsleistungen, Bearbeitung der Ausführungsplanungen, Erstellung prüffähiger statischer Berechnungen und Nachweise für alle tragenden Konstruktionen des gesamten Bauwerks einschließlich Gründungen und alle Baubehelfe sowie Bestandszeichnungen unter Einbeziehung unmittelbar abgrenzender Bauwerke) **handelt es sich um Nachunternehmerleistungen.** Es ist offensichtlich, dass die Planungsleistungen spezifische Bauleistungen sind und im Wege eines Unterauftrags vergeben werden können, was sich u. a. dadurch zeigt, wenn diese als gesonderter Titel des Auftrags verzeichnet sind (1. VK Sachsen, B. v. 20. 4. 2006 – Az.: 1/SVK/029–06; B. v. 8. 6. 2005 – Az.: 1/SVK/051–05)
- begrifflich nicht den Nachunternehmern zuzurechnen sind solche Unternehmer, die selbst keine Teile der in Auftrag gegebenen Bauleistung erbringen, sondern **in Hilfsfunktionen tätig** sind. Dazu gehören **beispielsweise** regelmäßig **Fuhrunternehmer sowie Baumaschinen- und Geräteverleiher** (VK Lüneburg, B. v. 20. 5. 2005 – Az.: VgK-18/2005; B. v. 8. 4. 2005 – Az.: VgK-10/2005)

334 **6.7.12.1.2.3.5 Berechnung des Nachunternehmeranteils. 6.7.12.1.2.3.5.1 Allgemeines.** Eine Nachunternehmerleistung im Sinne der VOB ist eine **ausgekoppelte Bauleistung, die eigentlich der Bieter zu erbringen hat,** diese aber an einen Dritten überträgt (VG Neustadt an der Weinstraße, B. v. 20. 2. 2006 – Az.: 4 L 210/06; 1. VK Sachsen, B. v. 3. 4. 2002 – Az.: 1/SVK/020–02).

335 Bei der Ermittlung des Selbstausführungs- bzw. Nachunternehmeranteils ist darauf abzustellen, welcher **Leistungsanteil für die geschuldete Gesamtleistung prägend** ist. Beim **Einbau vorgefertigter Bauteile ist dies regelmäßig die Einbauleistung** (VK Nordbayern, B. v. 1. 2. 2006 – Az.: 320.VK – 3194–56/04).

336 **6.7.12.1.2.3.5.2 Zulieferung von Baustoffen.** Begrifflich nicht erfasst von der Definition der Nachunternehmerleistung ist die Zulieferung von Baustoffen (OLG Naumburg, B. v. 26. 1. 2005 – Az.: 1 Verg 21/04; B. v. 9. 12. 2004 – Az.: 1 Verg 21/04; 1. VK Sachsen, B. v. 3. 4. 2002 – Az.: 1/SVK/020–02).

337 **6.7.12.1.2.3.5.3 Zurechnung von Baustoffen, Bauteilen und Geräten.** Bei der Ermittlung des Leistungsanteils des Nachunternehmers sind die **Baustoffe, Bauteile und Geräte mit ihren Kosten den Unternehmen zuzurechnen, deren Personal die Leistung erbringt** (VK Nordbayern, B. v. 12. 2. 2004 – Az.: 320.VK-3194–01/04, B. v. 13. 11. 2003 – Az.:

320.VK-3194–40/03). Dies bedeutet, dass der **Positionspreis des Leistungsverzeichnisses in Gänze dem Fremdleistungsanteil zuzuordnen** ist, wenn die Position von einem Nachunternehmer ausgeführt wird (VK Nordbayern, B. v. 7. 6. 2002 – Az.: 320.VK-3194–17/02).

6.7.12.1.2.3.5.4 Zurechnung von Baustoffen, Bauteilen und Geräten bei Überwachungstätigkeiten. Bei der Ermittlung des Nachunternehmeranteils sind **bei reinen Überwachungstätigkeiten die Materialkosten nicht dem überwachenden Unternehmen zuzurechnen** (1. VK Sachsen, B. v. 4. 10. 2002 – Az.: 1/SVK/085–02). 338

6.7.12.1.2.3.5.5 Montagearbeiten von Fenstern oder Türen. Bei der Vergabe von Fensterarbeiten (Herstellung und Montage) stellt die **Herstellung nach Maß zu produzierender Fenster den wesentlichen Teil der ausgeschriebenen Bauleistung** dar. **Bieter, die lediglich die Montagearbeiten im eigenen Betrieb ausführen, erbringen den wesentlichen Teil der Leistung (Produktion) durch Nachunternehmer.** Bei dem Fensterhersteller handelt es sich – soweit es sich um nach Maß herzustellende Fenster handelt – nicht um einen Bauteilelieferanten, sondern um einen Nachunternehmer im vergaberechtlichen Sinne. Die Vergabestelle hat Bieter, die den wesentlichen Teil der ausgeschriebenen Bauleistung nicht im eigenen Betrieb erbringen, mangels Eignung nach § 25 Nr. 2 Abs. 1 VOB/A vom Verfahren auszuschließen (LG Kiel, Urteil vom 17. 4. 2003 – Az.: 4 O 304/02). 339

Das OLG Schleswig (Urteil vom 5. 2. 2004 – Az.: 6 U 23/03) hat die **Entscheidung des LG Kiel aufgehoben.** Gibt die Vergabestelle in der Ausschreibung ein Fensterfabrikat vor, wird daraus **deutlich, dass bei der Festlegung der Ausschreibungsbedingungen der Fall einer Vorfertigung der Fenster einbezogen** wurde, so dass es dazu – aus der Sicht der Vergabestelle wie auch aus dem (maßgeblichen) Empfängerhorizont der Bieter nicht auch noch einer Nachunternehmerangabe bedarf. Es **handelt sich insoweit auch nicht um einen Nachunternehmer, sondern um einen Lieferanten.** 340

6.7.12.1.2.3.6 Forderung nach Nennung der Namen von Nachunternehmern. **6.7.12.1.2.3.6.1 Grundsatz.** Grundsätzlich hat der öffentliche Auftraggeber die Möglichkeit, von den Bietern die Nennung der Namen der Nachunternehmer zu verlangen. Der Bieter ist dann verpflichtet, die Namen zu nennen. 341

6.7.12.1.2.3.6.2 Austausch von Nachunternehmern. 6.7.12.1.2.3.6.2.1 Rechtsprechung. Sind für einen Auftraggeber **nur Art und Umfang, nicht aber die namentliche Benennung** (etwa zu Zwecken der Eignungsprüfung des Nachunternehmers) **wesentlich,** ist der **Austausch** eines Nachunternehmers nicht von vergaberechtlicher Relevanz und damit einseitig **möglich** (1. VK Sachsen, B. v. 13. 5. 2002 – Az.: 1/SVK/043–02). In der **umgekehrten Konstellation** ist ein Austausch von Nachunternehmern einseitig **nicht zulässig.** 342

6.7.12.1.2.3.6.2.2 Literatur 343

– Roth, Frank, Änderung der Zusammensetzung von Bietergemeinschaften und Austausch von Nachunternehmern im laufenden Vergabeverfahren, NZBau 2005, 316

6.7.12.1.2.3.7 Beschränkung des Bieterkreises auf Generalunternehmer. Ein öffentlicher Auftraggeber kann unter den Prämissen der § 97 Abs. 3 GWB, § 4 VOB/A und § 45 VOL/A den Kreis möglicher Bewerber nach deutschem Recht zulässig auf „Generalunternehmung(en)" beschränken. Denn z. B. § 8 Nr. 2 Abs. 1 VOB/A sieht vor, dass etwa bei öffentlichem Teilnahmewettbewerb die Unterlagen an Bewerber abzugeben sind, die sich gewerbsmäßig mit der Ausführung von Bauleistungen der ausgeschriebenen Art befassen. Zu einer Teilnahme am Wettbewerb fähig sind dann nach deutschem Recht demgemäß nur Generalunternehmer (OLG Düsseldorf, B. v. 5. 7. 2000 – Az.: Verg 5/99). 344

6.7.12.1.2.3.8 Zustimmung zum Einsatz von Nachunternehmern durch die Abfrage nach dem Einsatz von Nachunternehmern? Nach § 4 Nr. 8 Abs. 1 Satz 2 und 3 VOB/B darf der Auftragnehmer Leistungen, auf die er eingerichtet ist, nur mit schriftlicher Zustimmung des Auftraggebers an Nachunternehmer übertragen. Dies **bedeutet jedoch nicht, dass der Auftraggeber die Zustimmung erteilt hat, wenn er in den Verdingungsunterlagen den Einsatz von Nachunternehmern abgefragt hat.** Von einer Zustimmung wäre nur dann auszugehen, wenn ein Auftragnehmer in seinem Angebot die Weitervergabe von Leistungen an Nachunternehmen angekündigt hätte und ihm hierauf der Zuschlag erteilt worden wäre (VK Nordbayern, B. v. 21. 5. 2002 – Az.: 320.VK-3194–13/02, B. v. 7. 6. 2002 – Az.: 320.VK-3194–17/02). 345

6.7.12.1.2.3.9 Ersetzung des Nachunternehmeranteils durch Eigenleistung. Die Benennung von Nachunternehmern schließt grundsätzlich nicht aus, dass der Auftragnehmer nach 346

Erhalt des Auftrages die Leistung selbst erbringt. Dies ergibt sich aus § 4 Nr. 4 Satz 1 VOL/B bzw. § 4 Nr. 8 VOB/B. Nach diesen Vorschriften darf der Auftragnehmer die Ausführung der Leistung oder Teile hiervon nur mit vorheriger Zustimmung des Auftraggebers an andere übertragen. **Aus dem Wortlaut „darf" folgt bereits, dass es ihm zwar gestattet ist, die Leistung zu übertragen, er sie aber auch selbst ausführen kann.** Auch wenn er also im Nachunternehmerverzeichnis für bestimmte Teilleistungen Unternehmen bezeichnet hat, **bleibt es dem Auftragnehmer nach Erhalt des Auftrags unbenommen, den Auftrag selbst auszuführen** (OLG München, B. v. 12. 9. 2005 – Az.: Verg 020/05; VK Südbayern, B. v. 10. 2. 2005 – Az.: 81–12/04).

347 **6.7.12.1.2.3.10 Beispiele aus der Rechtsprechung**
– Lieferung, Bau und Inbetriebnahme eines **regionalen rechnergestützten Betriebsleitsystems** für den öffentlichen Personennahverkehr **durch mehrere kommunale Unternehmen** nach der VOL/A (VK Brandenburg, B. v. 28. 1. 2003 – Az.: VK 71/02)
– sachgerechter **Transport von Abfällen** (BayObLG, B. v. 12. 4. 2000 – Az.: Verg 1/00)

348 **6.7.12.1.2.3.11 Literatur**
– Fastabend, Michael/Dageförde, Angela, Die Beauftragung von Subunternehmern durch kommunale Vertragspartner in der Abfallentsorgung, AbfallR 2004, 166
– Kullack, Andrea/Terner, Ralf, Die vergaberechtliche Behandlung des Nachunternehmer-Einsatzes gemäß VOB/A – insbesondere im Bietergespräch, ZfBR 2003, 234

6.7.12.2 Generalübernehmer

349 **6.7.12.2.1 Begriff.** Der Generalübernehmer legt die Ausführung von Bau- oder Lieferleistungen vollständig in die Hände von Nachunternehmern. Der **Generalübernehmer beschränkt sich auf die Vermittlung, Koordination und Überwachung von Bau- oder Lieferleistungen** (Saarländisches OLG, B. v. 21. 4. 2004 – Az.: 1 Verg 1/04; OLG Düsseldorf, B. v. 5. 7. 2000 – Az.: Verg 5/99; OLG Frankfurt, B. v. 16. 5. 2000 – Az.: 11 Verg 1/99; VK Schleswig-Holstein, B. v. 31. 1. 2006 – Az.: VK-SH 33/05; 1. VK Saarland, B. v. 22. 12. 2003 – Az.: 1 VK 10/2003).

350 **6.7.12.2.2 Grundsätzliche Zulässigkeit der Vergabe von Aufträgen an Generalübernehmer. 6.7.12.2.2.1 ÖPP-Beschleunigungsgesetz.** Durch das **Gesetz zur Beschleunigung der Umsetzung von Öffentlich Privaten Partnerschaften und zur Verbesserung gesetzlicher Rahmenbedingungen für Öffentlich Private Partnerschaften vom 1. 9. 2005** (BGBl. I S. 2676) ist § 4 VgV um einen Absatz 4 dahingehend ergänzt worden, dass bei der Anwendung des Absatzes 1 des § 4 VgV § 7 Nr. 2 Abs. 1 des Abschnittes 2 des Teiles A der Verdingungsordnung für Leistungen (VOL/A) mit der Maßgabe anzuwenden ist, dass der **Auftragnehmer sich bei der Erfüllung der Leistung der Fähigkeiten anderer Unternehmen bedienen kann.** Außerdem finden nach dem neu eingefügten § 6 Abs. 2 Nr. 2 VgV § 8 Nr. 2 Abs. 1 und § 25 Nr. 6 VOB/A mit der Maßgabe Anwendung, dass der **Auftragnehmer sich bei der Erfüllung der Leistung der Fähigkeiten anderer Unternehmen bedienen kann** (VK Lüneburg, B. v. 22. 3. 2006 – Az.: VgK-05/2006). Damit wird **zukünftig auf die gesetzliche Vorgabe eines Eigenleistungserfordernisses verzichtet** (1. VK Bund, B. v. 22. 9. 2006 – Az.: VK 1–103/06; B. v. 21. 9. 2006 – Az.: VK 1–100/06). Die **nachfolgend dargestellte Rechtsprechung ist also überholt, soweit sie im Ergebnis zu einer grundsätzlichen Einschränkung der Auftragsvergabe an Generalübernehmer bei Vergaben ab den Schwellenwerten kommt. Der Auftraggeber ist aber selbstverständlich weiterhin verpflichtet, die Eignung des Generalübernehmers zu prüfen** (VK Sachsen, B. v. 25. 4. 2006 – Az.: 1/SVK/031–06; VK Schleswig-Holstein, B. v. 31. 1. 2006 – Az.: VK-SH 33/05); insoweit kann die unten dargestellte Rechtsprechung weiterhin verwendet werden.

351 Der Inhalt des ÖPP-Beschleunigungsgesetzes gilt nur für Vergaben ab den Schwellenwerten. Inwieweit die nachfolgend dargestellte **Rechtsprechung zur Einschränkung der Zulässigkeit der Vergabe von Aufträgen an Generalübernehmer für Vergaben unterhalb der Schwellenwerte herangezogen** werden kann, hat die **Rechtsprechung noch nicht entschieden.** Allerdings ist angesichts der Tendenz in der Rechtsprechung des EuGH, die Grundsätze des EG-Vertrages auch auf Vergaben unterhalb der Schwellenwerte anzuwenden, **eher damit zu rechnen, dass Generalübernehmer unter Bezug insbesondere auf das Diskriminierungsverbot mit Erfolg gegen einen grundsätzlichen Ausschluss von Ausschreibungen vorgehen können.**

Die **neuere Vergaberechtsprechung** geht ebenfalls von der **Zulässigkeit einer General-** 352
übernehmervergabe aus (1. VK Sachsen, B. v. 25. 4. 2006 – Az.: 1/SVK/031–06).

6.7.12.2.2.2 Anforderungen an die Eignung eines Generalübernehmers. Werden 353
Art und Umfang des Nachunternehmereinsatzes vor der Angebotsöffnung nicht vollständig und eindeutig angegeben, kann das Angebot nicht so gewertet werden, wie es nach der Ausschreibung geschehen soll und von allen Bietern im Gleichbehandlungsinteresse (§ 97 Abs. 2 GWB) auch erwartet werden kann. Angaben zum Umfang des Nachunternehmereinsatzes sind – sofern sie bei der Angebotsabgabe abgefragt werden – vom Bieter zwingend zu machen. Um Bieter im Vergabeverfahren mit Erklärungspflichten zu belasten, muss der Auftraggeber diese Erklärungen daher zwar grundsätzlich „fordern", das heißt für das konkrete Vergabeverfahren ausdrücklich verlangen und eindeutig bestimmen, dass und zu welchem Zeitpunkt sie beizubringen sind. Unterlässt er dies, erwächst den Bietern im Vergabeverfahren grundsätzlich keine Erklärungspflicht. Daher gehen Unklarheiten und Widersprüchlichkeiten in den Anforderungen bezüglich der Eignungsnachweise zwar grundsätzlich zu Lasten der Vergabestelle; dabei ist jedoch auf den objektiven Empfängerhorizont abzustellen. Ein **fachkundiges und im Umgang mit öffentlichen Aufträgen bewandertes Unternehmen muss daher eingedenk der im Vergaberecht allseits bekannten Rechtsprechung zum Thema „Generalübernehmer" davon ausgehen, dass im Rahmen einer Generalübernahme mit Angebotsabgabe die Nachunternehmer zu benennen waren und der Nachweis zu führen war, dass der Bieter auf die Nachunternehmen so zugreifen kann, dass sie tatsächlich über die Einrichtungen dieser Unternehmen im Sinne einer Leistungserbringung „wie im eigenen Betrieb" verfügen kann** (1. VK Sachsen, B. v. 21. 3. 2006 – Az.: 1/SVK/012–06; VK Schleswig-Holstein, B. v. 31. 1. 2006 – Az.: VK-SH 33/05).

Nach einer Auffassung muss ein gewisser **Kern an Leistungsfähigkeit in der nachgefrag-** 354
ten zeitlichen Dauer bei dem anbietenden Unternehmen selbst wie gefordert vorliegen, ansonsten kann der Auftraggeber in dieser Hinsicht keine Eignungsprüfung vornehmen bzw. keine Eignung feststellen. Ein sog. „Generalunternehmer"/„Generalübernehmer" hat demzufolge mindestens die erfolgreiche Tätigkeit in diesem Geschäftsbereich nachzuweisen, auch wenn er, was fachliche Leistungsfähigkeit angeht, durchaus auf die (speziellen) Umsätze, Referenzen, Ausstattungen eines anderen Unternehmens verweisen könnte. Ist dies nicht der Fall, fehlt der Vergabestelle – selbst abgesehen von der (weiteren) Anforderung der zeitlichen Dauer – die Grundlage für eine vollständige Eignungsprüfung, die sich **mindestens darauf erstrecken müsste festzustellen, ob der Bieter für den Teil der Leistung, den sie selbst ausführen will (und sei es allein die Koordination von Subunternehmern) die erforderliche Eignung aufweist.** Der Auftraggeber, der die entsprechenden Anforderungen bekannt gemacht hat, kann kein Unternehmen als geeignet ansehen, von dessen eigenem Umsatz, Beschäftigtenzahl, Leistungen ihm keinerlei Kenntnis vorliegt. Ein Bieter kann sich insofern auch nicht darauf berufen, dass seine Geschäftsführung, Personal und Betriebsmittel völlig (personen-)identisch mit dem Unternehmen sind, auf dessen Mittel, Umsätze und Referenzen er verweist. **Ein Unternehmen, welches lediglich „auf dem Papier" existiert, ist erst recht nicht auf seine Eignung hin überprüfbar. Unternehmen, die ohne tatsächliche eigene Markttätigkeit lediglich als Handelsgesellschaft rechtlich existieren, können von vorne herein nicht als Bieter bei reglementierten Vergaben akzeptiert werden,** da für die Überprüfung ihrer Eignung keine Substanz vorhanden ist und die Prüfung nicht vollständig auf das der anderen Unternehmen verlagert werden kann, die tatsächlich werbend tätig sind (VK Düsseldorf, B. v. 9. 3. 2006 – Az.: VK – 07/2006 – L).

Das **OLG Düsseldorf weist** in der Beschwerdeentscheidung zu diesem Beschluss der VK 355
Düsseldorf **diese Forderung zurück.** Ein „Kern" an eigener Leistungsfähigkeit darf **nicht gefordert** werden (OLG Düsseldorf, B. v. 28. 6. 2006 – Az.: VII – Verg 18/06; 1. VK Bund, B. v. 21. 9. 2006 – Az.: VK 1–100/06).

Will ein Bewerber sich zum Zwecke des Eignungsnachweises z. B. auf die Leistungsfähigkeit 356
dritter Unternehmen berufen, **muss er** – sofern der Auftraggeber daran keine Einschränkungen angebracht hat – die **geforderten Erklärungen und Nachweise (auch) in der Person des Dritten vorlegen.** Der Auftraggeber muss sich insoweit keine Abstriche gefallen lassen – aus Gründen der Gleichbehandlung darf er dies sogar nicht (OLG Düsseldorf, B. v. 28. 6. 2006 – Az.: VII – Verg 18/06).

6.7.12.2.2.3 Rechtsprechung vor Inkrafttreten des ÖPP-Beschleunigungsgesetzes. 357
6.7.12.2.2.3.1 Rechtsprechung der Vergabesenate und der Vergabekammern. Die Rechtsprechung hierzu ist nicht einheitlich.

Teil 1 GWB § 97   Gesetz gegen Wettbewerbsbeschränkungen

358   Nach einer Auffassung sind **Generalübernehmer,** die neben den ihnen obliegenden Planungsaufgaben Aufsichtsaufgaben und das Management übernehmen, aber keine Bauleistungen durchführen, **vom Vergabeverfahren auszuschließen.** Denn zum einen sind die VOB-Vorschriften auf Bauleistungen zugeschnitten, zum anderen dienen sie der Herstellung gleicher Wettbewerbsbedingungen bei den Erbringern von Bauleistungen. Die VOB enthält deshalb das grundsätzliche Gebot der Selbstausführung der Bauleistungen (§ 8 Nr. 2 Abs. 1 und Abs. 3 VOB/A, § 4 Nr. 8 VOB/B). Die VOB schließt zwar den Einsatz von Nachunternehmern nicht aus, wenn der Betrieb des Bieters auf die entsprechende Leistung nicht eingerichtet ist bzw. der Auftraggeber dem Einsatz der Nachunternehmer zustimmt. Zwingend ist jedoch, dass der Generalunternehmer (Hauptunternehmer) noch wesentliche Teile der Bauleistung (ca. $^1/_3$) im eigenen Betrieb ausführt (OLG Frankfurt, B. v. 16. 5. 2000 – Az.: 11 Verg 1/99; 1. VK Brandenburg, B. v. 30. 6. 2005 – Az.: VK 29/05; VK Nordbayern, B. v. 18. 1. 2005 – Az.: 320.VK – 3194–54/04; 2. VK Bund, B. v. 10. 7. 2002 – Az.: VK 2–24/02; 1. VK Sachsen, B. v. 28. 1. 2004 – Az.: 1/SVK/158–03).

359   **Auch im Rahmen der VOL/A hat der Auftragnehmer die Leistung grundsätzlich selber und vollständig zu erbringen.** Die Ausführung der Leistung durch den Bieter selber stellt insoweit ein wesentliches Merkmal der Leistungsfähigkeit und Zuverlässigkeit eines Bieters im Sinne des § 2 Nr. 3 VOL/A dar. Dies gilt umso mehr, wenn der Auftraggeber ausdrücklich vorgibt, dass die Leistung nur gesamt vergeben wird (1. VK Sachsen, B. v. 27. 9. 2001 – Az.: 1/SVK/85–01, 1/SVK/85–01G).

360   Auch das Bayerische Oberste Landesgericht wertet bereits die Eigenschaft als **Generalübernehmer und die dadurch hervorgerufene mangelnde Eignung** im Hinblick auf Leistungsfähigkeit und Zuverlässigkeit als ausreichenden Grund zum Ausschluss des Angebotes (BayObLG, B. v. 17. 6. 2002 – Az.: Verg 14/02; im Ergebnis ebenso BayObLG, B. v. 12. 4. 2000 – Az.: Verg 1/00; im Ergebnis ebenso VK Hessen, B. v. 29. 7. 2002 – Az.: 69 d VK – 34/2002).

361   Das KG Berlin **differenziert danach, ob eine europaweite oder eine nur nationale Ausschreibung** betroffen ist. Im letzteren Fall können Generalübernehmer von der Vergabe ausgeschlossen werden (KG Berlin, B. v. 22. 8. 2001 – Az.: KartVerg 3/01; im Ansatz ähnlich 1. VK Bund, B. v. 24. 3. 2005 – Az.: VK 1–14/05; B. v. 1. 3. 2002 – Az.: VK 1–3/02).

362   6.7.12.2.2.3.2 Rechtsprechung des Europäischen Gerichtshofs. Eine **Holdinggesellschaft, die selbst keine Arbeiten ausführt,** darf nicht deswegen von den **Verfahren zur Teilnahme an öffentlichen Bauaufträgen** und damit von der Aufnahme in eine offizielle Liste der zugelassenen Unternehmer ausgeschlossen werden, wenn sie **nachweist, dass sie tatsächlich über die zur Ausführung der Aufträge erforderlichen Mittel ihrer Tochtergesellschaften verfügt,** es sei denn, dass die Nachweise dieser Tochtergesellschaften selbst den geforderten qualitativen Auswahlkriterien nicht entsprechen (EuGH, Urteil vom 14. 4. 1994 – Az.: C-389/92; EuGH, Urteil vom 18. 12. 1997 – Az.: C-5/97; 1. VK Sachsen, B. v. 28. 1. 2004 – Az.: 1/SVK/158–03).

363   Weiter hat der Europäische Gerichtshof entschieden, dass es einem Dienstleistungsbringer gestattet ist, für den **Nachweis, dass er die wirtschaftlichen, finanziellen und technischen Voraussetzungen für die Teilnahme an einem Verfahren zur Vergabe eines öffentlichen Dienstleistungsauftrages erfüllt, auf die Leistungsfähigkeit anderer Einrichtungen zu verweisen,** welcher Rechtsnatur seine Verbindungen zu ihnen auch sein mögen, sofern er beweisen kann, dass er tatsächlich über die Mittel dieser Einrichtungen, die zur Ausführung des Auftrags erforderlich sind, verfügt (Urteil vom 2. 12. 1999 – Az.: C-176/98).

364   Dieser Rechtsprechung ist zu entnehmen, dass es sich bei einem konzerneingebundenen Bieter **nicht zwingend um ein beherrschendes Konzernunternehmen** handeln muss, sofern ihm „die zur Erbringung der Leistung erforderlichen Mittel zur Verfügung stehen" (OLG Frankfurt am Main, B. v. 10. 4. 2001 – Az.: 11 Verg 1/01; ähnlich 2. VK Bund, B. v. 30. 4. 2002 – Az.: VK 2–10/02).

365   Bei der grundsätzlich vergaberechtlich bestehenden Möglichkeit des **Rückgriffs auf konzernverbundene Unternehmen** ist zu unterscheiden, in welchem Verhältnis das Bieterunternehmen zum entsprechenden Konzernunternehmen steht. Bietet z.B. eine **Holding mit ihrem Tochterunternehmen** an und kann die Holding jederzeit auf die Tochterunternehmen zurückgreifen, so sind deren Leistungen **ohne Weiteres Eigenleistungen** des Bieters. Bietet ein **Tochterunternehmen mit einem übergeordneten Konzernunternehmen** an, wäre bereits eine verbindliche Absichtserklärung des beherrschenden Unternehmens mit Angebotsabgabe erforderlich. Ebenso, wie ein **Tochterunternehmen nicht ohne weiteres für die Kon-**

zernmutter anbieten kann, kann aber auch **ein Schwesterunternehmen nicht weitere Schwestern ohne weiteres verbindlich als eigene Leistungserbringer verpflichten.** Will ein Bieter Leistungen eines Schwesterunternehmens als Eigenleistungen anbieten, so muss er in jedem Fall mit dem Angebot eindeutig den Nachweis erbringen, dass das Schwesterunternehmen so in die Leistungserbringung eingebunden werden soll, als wenn die Leistung durch ihn selbst erbracht werden würde (VK Lüneburg, B. v. 8. 4. 2005 – Az.: VgK-10/2005).

Dieser Rechtsprechung ist außerdem zu entnehmen, dass ein Generalübernehmer **nicht nur auf konzernverbundene Unternehmen, sondern auf alle „technische Stellen,** über die (der Auftragnehmer) zur Ausführung des Auftrages verfügt, unabhängig davon, ob sie dem (Auftragnehmer) eingeschlossen sind oder nicht, oder aber durch Angabe eines Teils des Auftrages, den der Bieter ggf. im Wege von Unteraufträgen an Dritte zu vergeben gedenkt", zu erstrecken sein. Davon werden **auch Nachunternehmer erfasst** (OLG Düsseldorf, B. v. 28. 6. 2006 – Az.: VII – Verg 18/06; VK Hessen, B. v. 5. 10. 2004 – Az.: 69 d – VK – 56/2004; B. v. 25. 8. 2004 – Az.: 69 d – VK – 52/2004). 366

Ob dieser Nachweis erbracht worden ist, hat – so der EuGH in den genannten Entscheidungen – das mit dem Vergabeverfahren befasste nationale Gericht zu prüfen (OLG Düsseldorf, B. v. 7. 1. 2004 – Az.: VII – Verg 55/02). Diese Überprüfung hat dahin zu erfolgen, ob das andere Unternehmen, auf welches ein Bieter verweist und von dem er innerhalb der Bewerbungsfrist nachzuweisen hat, dass es seiner Verfügungsgewalt unterliegt, seinerseits geeignet und mit seinen betrieblichen Mitteln in der Lage ist, den Auftrag im Falle eines Zuschlags zuverlässig auszuführen. Ein **Bewerber,** der nicht selbst über die zur Ausführung eines Bauauftrags erforderlichen technischen Mittel verfügt, **muss** ungeachtet der Bestimmung in Art. 27 II. BKR in seiner Bewerbung **von sich aus darlegen und den Nachweis dafür antreten,** welcher ihm unmittelbar oder mittelbar verbundenen Unternehmen, die solche technischen Mittel besitzen, **er sich bei der Ausführung des Auftrags in der Weise bedienen wird,** dass diese Mittel als ihm tatsächlich zu Gebote stehend anzusehen sind. Diese Darlegung ist eine **selbstverständliche Obliegenheit des Bewerbers,** die auf der Tatsache beruht, dass er zur Erfüllung des Bauauftrags über keine oder nicht ausreichende eigene technische Mittel verfügt. Dieses Ergebnis wird auch belegt durch den Zweck, den das Erfordernis einer Angabe der bei der Ausführung des Auftrags tatsächlich verfügbaren technischen Mittel und Unternehmen verfolgt. Denn **es soll dem Auftraggeber hierdurch ermöglicht werden, mit Blick auf seine technische Leistungsfähigkeit die Eignung eines Bewerbers zu überprüfen.** Dazu muss dem Auftraggeber Klarheit darüber verschafft werden, mit welchen Personen und/oder Unternehmen er es in den verschiedenen Leistungsstufen der Ausführung des Bauvorhabens, zu tun haben wird. Eine solche Einschätzung ist der Vergabestelle nicht möglich, wenn die Bewerbung keinen Hinweis darauf enthält, durch wen die Bauleistungen ausgeführt werden sollen (OLG Frankfurt am Main, B. v. 30. 5. 2003 – Az.: 11 Verg 3/03; VK Südbayern, B. v. 23. 10. 2006 – Az.: 30–09/06; VK Sachsen, B. v. 21. 3. 2006 – Az.: 1/SVK/012–06; VK Schleswig-Holstein, B. v. 31. 1. 2006 – Az.: VK-SH 33/05; VK Brandenburg, B. v. 30. 5. 2005 – Az.: VK 27/05; B. v. 30. 5. 2005 – Az.: VK 21/05; B. v. 24. 2. 2005 – Az.: VK 01/05; VK Hessen, B. v. 5. 10. 2004 – Az.: 69 d – VK – 56/2004; B. v. 25. 8. 2004 – Az.: 69 d – VK – 52/2004; 1. VK Sachsen, B. v. 28. 1. 2004 – Az.: 1/SVK/158–03). 367

Hierbei verbleibende Zweifel gehen zu Lasten des Bieters (OLG Düsseldorf, B. v. 16. 5. 2001 – Az.: Verg 10/00; VK Brandenburg, B. v. 24. 2. 2005 – VK 01/05; VK Magdeburg, B. v. 24. 3. 2003 – Az.: 33–32571/07 VK 03/03 MD; VK Nordbayern, B. v. 8. 7. 2003 – 320.VK-3194–21/03; 1. VK Sachsen, B. v. 28. 1. 2004 – Az.: 1/SVK/158–03). 368

Eine **schlichte Benennung von Nachunternehmern** ist bei einem Generalübernehmer ohne vorgelegte aussagekräftige Unterlagen, insbesondere ohne Hinweis auf den für den konkreten Ausführungszeitraum vorhandene Vertragsgestaltungen, auf die der Antragstellerin verbindlich zurückgreifen könnte, **nicht ausreichend** (VK Hessen, B. v. 5. 10. 2004 – Az.: 69 d – VK – 56/2004; B. v. 25. 8. 2004 – Az.: 69 d – VK – 52/2004; **im Ergebnis ebenso** VK Südbayern, B. v. 23. 10. 2006 – Az.: 30–09/06; VK Schleswig-Holstein, B. v. 28. 4. 2006 – Az.: VK-SH 05/06). 369

Entscheidend sind nur die **tatsächlichen Dispositionsmöglichkeiten** des Bieters im Interesse einer nachhaltigen und effektiven Auftragserfüllung, nicht aber die rechtliche Ausgestaltung seines Zugriffs auf die Mittel Dritter (OLG Dresden, B. v. 17. 8. 2001 – Az.: WVerg 0005/01). 370

Die Vergabestelle ist **nicht verpflichtet, auf das Erfordernis des Nachweises** des Zugriffs auf die Ressourcen Dritter im Vergabeverfahren **hinzuweisen** (1. VK Saarland, B. v. 22. 12. 2003 – Az.: 1 VK 10/2003). Ein **Bewerber, der nicht selbst über die zur Auf-** 371 führung eines Auftrags erforderlichen technischen Mittel verfügt, muss demzufolge in seiner Bewerbung (auch) von sich aus darlegen und den Nachweis dafür antreten, welcher Unternehmen, die solche technischen Mittel besitzen, er sich bei der Ausführung des Auftrages in der Weise bedienen wird, dass diese Mittel als ihm tatsächlich zu Gebote stehend anzusehen sind. Diese Darlegung ist eine selbstverständliche Obliegenheit des Bewerbers, die auf der Tatsache beruht, dass er zur Erfüllung des Auftrags über keine oder nicht ausreichende eigene technische Mittel verfügt (VK Südbayern, B. v. 23. 10. 2006 – Az.: 30–09/06; VK Schleswig-Holstein, B. v. 31. 1. 2006 – Az.: VK-SH 33/05).

372   Mithin **können vor dem Hintergrund der Rechtssprechung des EuGH aus dem Einsatz des Nachunternehmers nur dann Rückschlüsse auf die fehlende Eignung des Bieters gezogen werden,** wenn entweder der **beauftragte Nachunternehmer selbst ungeeignet erscheint** oder – beispielsweise aufgrund der großen Zahl der eingesetzten Nachunternehmer – **Bedenken bestehen, dass der Bieter dem erhöhten Koordinierungsaufwand nicht gerecht werden kann** (Saarländisches OLG, B. v. 8. 7. 2003 – Az.: 5 Verg 5/02).

373   **6.7.12.2.2.3.3 Vereinbarkeit der Nichtzulassung eines Generalübernehmers mit der Rechtsprechung des Europäischen Gerichtshofs.** Ob die **Nichtzulassung eines Generalübernehmers,** wie sie § 8 Nr. 2 Abs. 1 VOB/A ermöglicht, **gemeinschaftsrechtswidrig ist,** hat die **Rechtsprechung bisher im Wesentlichen offen gelassen** (OLG Düsseldorf, B. v. 5. 7. 2000 – Az.: Verg 5/99).

374   Nach Auffassung der Vergabekammer des Saarlandes (1. VK Saarland, B. v. 22. 12. 2003 – Az.: 1 VK 10/2003) und des Oberlandesgerichtes Düsseldorf (B. v. 7. 1. 2004 – Az.: VII – Verg 55/02) **steht inzwischen fest, dass die Rechtsprechung grundsätzlich anerkannt hat, dass ein Generalübernehmer nicht generell von der Vergabe von Bauleistungen ausgeschlossen werden darf** (ebenso Saarländisches OLG, B. v. 21. 4. 2004 – Az.: 1 Verg 1/04; VK Berlin, B. v. 14. 9. 2005 – Az.: VK – B 1–43/05; VK Baden-Württemberg, B. v. 19. 4. 2005 – Az.: 1 VK 11/05; 1. VK Bund, B. v. 24. 3. 2005 – Az.: VK 1–14/05; VK Hessen, B. v. 25. 8. 2004 – Az.: 69 d – VK – 52/2004; VK Düsseldorf, B. v. 12. 8. 2003 – Az.: VK – 22/2003 – B).

375   **6.7.12.2.2.3.4 Beispiele aus der Rechtsprechung zur Zulässigkeit eines Generalübernehmereinsatzes**
 – zum Zwecke des **Nachweises der finanziellen, wirtschaftlichen und technischen Leistungsfähigkeit kann sich ein Bieter auf die im geforderten Zeitraum erzielten Umsätze von Konzernunternehmen berufen.** Gemäß § 4 Abs. 4 VgV (in der durch Gesetz zur Beschleunigung der Umsetzung von Öffentlich Privaten Partnerschaften und zur Verbesserung gesetzlicher Rahmenbedingungen für Öffentlich Private Partnerschaften vom 1. 9. 2005, BGBl. I S. 2676 geänderten Fassung) kann sich ein Auftragnehmer bei der Erfüllung der Leistung der Fähigkeiten anderer Unternehmen bedienen. Für die Zeit vor Geltung der Richtlinie 2004/18/EG ist die Vorschrift im Lichte der zur Richtlinie 92/50/EG ergangenen EuGH-Rechtsprechung dahin auszulegen, dass ein Bieter wegen der technischen und wirtschaftlichen Leistungsfähigkeit auf verbundene Unternehmen verweisen kann. Ein **„Kern" an eigener Leistungsfähigkeit darf nicht gefordert werden** (OLG Düsseldorf, B. v. 28. 6. 2006 – Az.: VII – Verg 18/06)
 – bei einem **Eigenleistungsanteil in Höhe von 18,52% ist ein Bieter als Generalübernehmer zu qualifizieren.** Zwar wird – begrifflich – in erster Linie derjenige Unternehmer als Generalübernehmer qualifiziert, welcher nicht die Absicht hat, eine Bauleistung selbst durchzuführen. Aber auch derjenige Auftragnehmer, welcher einen Teil der Leistungen in Eigenleistung erbringt, ist deshalb nicht zwangsläufig als Generalunternehmer zu qualifizieren. Eine solche Schlussfolgerung verkennt, dass ein Generalunternehmer wesentliche Teile der Bauleistung im eigenen Betrieb auszuführen hat. Ein solchermaßen wesentlicher Bauleistungsanteil liegt aber bei 33,33%, also einem Drittel der Bauleistungen. Ein „Generalunternehmer", der keinen solchen wesentlichen Teil der Bauleistungen in diesem Umfang selbst erbringt, ist aber – quasi – als Generalübernehmer zu qualifizieren (VK Hessen, B. v. 25. 8. 2004 – Az.: 69 d – VK – 52/2004)
 – es ist einer **Holding gestattet Leistungsteile von Tochterunternehmen anzubieten, auf die sie nach entsprechender konzernrechtlicher Verflechtung jederzeit zugreifen kann. Im umgekehrten Fall gilt dieses nicht ohne Einschränkung,** da eine Tochter, also ein konzernrechtlich nachgeordnetes Unternehmen ein übergeordnetes Unterneh-

men nicht zur Leistung verpflichten kann (VK Thüringen, B. v. 1. 11. 2004 – Az.: 360–4002.20–033/04-MGN; B. v. 27. 10. 2004 – Az.: 360–4002.20–016/04-SON)
- aus der neueren, auf den Koordinierungsrichtlinien basierenden Rechtsprechung des EuGH ergibt sich ein weniger restriktiver Eignungsbegriff. Nach den hierzu ergangenen Entscheidungen **dürfen auch Generalübernehmer,** also solche Unternehmen, die nicht die Absicht oder die Mittel haben, Bauarbeiten selbst auszuführen, **nach europäischem Gemeinschaftsrecht** dann bei einer Ausschreibung von öffentlichen Bauaufträgen **nicht unberücksichtigt bleiben,** wenn sie nachweisen, dass sie unabhängig von der Art der rechtlichen Beziehung zu den ihnen verbundenen Unternehmen tatsächlich über die diesen Unternehmen zustehenden Mittel verfügen können, die zur Ausführung eines Auftrags erforderlich sind (Saarländisches OLG, B. v. 21. 4. 2004 – Az.: 1 Verg 1/04)
- bei gebotener richtlinienkonformer Auslegung der vorgenannten nationalen Bestimmungen zur Eignung von Bietern/Bewerbern im Bereich der Bauvergaben stellt eine **starre, an Prozentsätzen orientierte Bestimmung eines wesentlichen Eigenanteils eine nicht gerechtfertigte Einengung des Zuganges zu dem jeweiligen Auftrag dar. Nach der Baukoordinierungsrichtlinie besteht kein Selbstausführungsgebot.** Es besteht auch keine Beschränkung, die Eignung allein anhand der sächlichen und personellen Ausstattung des eigenen Betriebes nachweisen zu müssen (VK Düsseldorf, B. v. 12. 8. 2003 – Az.: VK – 22/2003 – B)
- ebenso, wie ein **Tochterunternehmen nicht ohne Weiteres für die Konzernmutter anbieten kann,** kann ein **Schwesterunternehmen verbindlich seine weiteren Schwestern als eigene Leistungserbringer verpflichten.** Die Antragstellerin hat nicht dargelegt, wie sie ihre Schwesterunternehmen so in die Leistungserbringung einbinden will, dass der Auftraggeber auf diese wie auf die eigentlich anbietende Antragstellerin zugreifen kann, um deren Anteil an der Leistungserbringung zu sichern (1. VK Sachsen, B. v. 28. 1. 2004 – Az.: 1/SVK/158–03)
- Unternehmen können selbst dann als geeignet angesehen werden, wenn sie keinen Leistungsbestandteil selbst erbringen, sondern deren gewerbsmäßige Eigenleistung darin besteht, die Tätigkeit von Subunternehmen zu organisieren und zu koordinieren. Hier liegt die **Eigenleistung bereits darin, dass die Muttergesellschaft der Beigeladenen Hersteller der Wassernebel-Löschanlage ist und der Nachunternehmer die Auftragsabwicklung durchführt.** Da der **Geschäftsführer des Nachunternehmers zugleich Präsident der Muttergesellschaft** ist, hat die VK keine Zweifel an der Einflussnahmemöglichkeit hinsichtlich der Ausführung des Auftrags. Insbesondere stand keine Entscheidung der Muttergesellschaft aus, die es dem Nachunternehmer unmöglich macht, die Abwicklung des Auftrags vorzunehmen. Der Nachunternehmer ist direkt vom Hersteller autorisiert, seine Produkte einzubauen (VK Brandenburg, B. v. 26. 2. 2003 – Az.: VK 77/02)
- das Tochterunternehmen eines im Großanlagenbau tätigen Unternehmens, das selbst **nur eine Beteiligungsgesellschaft mit geringem kaufmännischem Personal** ist, kann die für den Bau einer Müllverbrennungsanlage erforderliche **Konzernentscheidung regelmäßig nicht beeinflussen.** Steht diese Entscheidung folglich noch aus, kann das Tochterunternehmen zur Erbringung der Leistung nicht als geeignet eingestuft werden (1. VK Sachsen, B. v. 13. 5. 2002 – Az.: 1/SVK/027–02)
- hat ein Bieter mit einem anderen Unternehmen einen **Betriebsüberlassungsvertrag** gemäß § 292 Abs. 1 und 3, 2. Alternative Aktiengesetz (AktG) abgeschlossen, und stellt dieses Unternehmen dem Bieter die erforderlichen „Ressourcen" im Rahmen des berufsrechtlichen Zulässigen zur Verfügung, um die Mandantenaufträge erfüllen zu können, wird die **Leistung „im eigenen Betrieb" erbracht.** Ein Erbringen einer Fremdleistung durch den Bieter liegt nicht vor (VK Magdeburg, B. v. 8. 5. 2003 – Az.: 33–32571/07 VK 04/03 MD).

6.7.12.2.2.3.5 Forderung nach Angabe der Nachunternehmer „der zweiten Reihe". 376
Verlangt der öffentliche Auftraggeber eine „ausführliche Übersicht der Nachunternehmer", ist dieser Passus so zu verstehen, dass auch die in der zweiten Linie stehenden selbständigen Unterbeauftragten eines Nachunternehmers, die bei der Auftragsausführung dienstbar gemacht werden sollten, **vom Bieter namentlich aufzuführen sind.** In diesem Sinn muss die an die Bieter gerichtete Aufforderung des Auftraggebers von einem verständigen Bieter ausgelegt werden, auch wenn dahingehende Angaben vom Auftraggeber nicht ausdrücklich verlangt werden. Diese Forderung ergibt sich aufgrund keineswegs schwieriger Überlegungen aus einer Gesamtschau der einen Nachunternehmereinsatz betreffen-

den Bestimmungen in den Vergabeunterlagen. **Nur wenn ein Bieter dahingehende vollständige Angaben macht, ist der Auftraggeber in der Lage, die Eignung des Bieters und – im Umfang einer geplanten Unterbeauftragung – die Eignung der an seine Stelle tretenden Ausführungsgehilfen zu prüfen** und im Sinn einer prognostischen Beurteilung der Sachlage verantwortbar darüber zu befinden, ob in der Person des Bieters und der Nachunternehmer insbesondere jene erforderliche Fachkunde und Leistungsfähigkeit vorhanden ist, die eine vertragsgerechte Erfüllung der zu übertragenden Verpflichtungen erwarten lässt. Ein insoweit unvollständiges Angebot entzieht dem Auftraggeber die Möglichkeit zu einer erschöpfenden Eignungsprüfung (OLG Düsseldorf, B. v. 13. 4. 2006 – Az.: VII – Verg 10/06).

377   **6.7.12.2.2.3.6 Verwaltungsregelungen.** Einige Bundesländer haben Verwaltungsregelungen getroffen, die Generalübernehmer von der Vergabe öffentlicher Aufträge ausschließen:

378   **6.7.12.2.2.3.6.1 Baden-Württemberg.** Nach Ziffer 10.4 der Verwaltungsvorschrift der Ministerien über die Beteiligung der mittelständischen Wirtschaft an der Vergabe öffentlicher Aufträge (**Mittelstandsrichtlinien** für öffentliche Aufträge – MRöA) vom 6. August 2003, GABl. S. 591, **dürfen** Unternehmen, die die Planung, Koordinierung und Finanzierung von Bauvorhaben insgesamt übernehmen, die aber selbst keine Bauleistungen gewerbsmäßig ausführen **(Generalübernehmer), am Wettbewerb um die Vergabe von Bauleistungen nicht beteiligt werden.**

379   Baubetreuungsunternehmen dürfen mit der **Planung, Koordinierung und Finanzierung nur beauftragt** werden, wenn
   – baufachliche, technische, personelle oder organisatorische Gründe dies erfordern,
   – dem öffentlichen Auftraggeber alle wichtigen Entscheidungen insbesondere über Planungs- und Vergabeangelegenheiten (z. B. Wahl des Vergabeverfahrens, Auswahl der Bewerber, Zuschlagerteilung) vorbehalten bleiben,
   – das Unternehmen verpflichtet wird, die für den öffentlichen Auftraggeber geltenden Vorschriften (z. B. VOB, VOL, MRöA, HOAI) zu beachten.

380   **6.7.12.2.3 Literatur**
   – Bartl, Harald, Angebote von Generalübernehmern in Vergabeverfahren – EU-rechtswidrige nationale Praxis, NZBau 2005, 195
   – Boesen, Arnold/Upleger, Martin, Das Gebot der Selbstausführung und das Recht zur Unterbeauftragung, NvWZ 2004, 919
   – Fietz, Eike, Die Auftragsvergabe an Generalübernehmer – ein Tabu? NZBau 2003, 426
   – Hausmann, Ludwig/Wendenburg, Albrecht, Vergabeausschluss von Generalübernehmern rechtswidrig, NZBau 2004, 315
   – Kullack, Andrea/Terner, Ralf, Zur Berücksichtigung von Generalübernehmern bei der Vergabe von Bauleistungen, ZfBR 2003, 443
   – Schneevogl, Kai-Uwe, Generalübernehmervergabe – Paradigmenwechsel im Vergaberecht, NZBau 2004, 41
   – Stoye, Jörg, Generalübernehmervergabe – nötig ist ein Paradigmenwechsel bei den Vergaberechtlern!, NZBau 2004, 648

6.7.12.3 Übertragung der Eignungsanforderungen an Generalübernehmer auf Nachunternehmer

381   Es ist **grundsätzlich zulässig, die Rechtsprechung des EuGH zur sog. Generalübernehmervergabe auf einen Einsatz von Nachunternehmern zu übertragen.** Der Auftraggeber kann also verlangen, dass der Unternehmer, der Leistungen untervergeben will, nachzuweisen hat, dass er tatsächlich über die Einrichtungen und Mittel (des Nachunternehmers) verfügt, die für die Ausführung des Auftrags von Bedeutung sind. Damit der Auftraggeber bereits in der Prüfungsphase die Leistungsfähigkeit und Qualität der Einrichtungen und Mittel des Nachunternehmers prüfen kann, hat der Bieter, dem im eigenen Unternehmen nicht die Mittel zur Ausführung des Auftrags zu Gebote stehen oder der sich ihrer nicht bedienen will, (in einem Offenen Verfahren) selbstverständlich bereits mit dem Angebot von sich aus darzulegen und den Nachweis zu führen, welcher anderen Unternehmen, die die Einrichtungen und Mittel im Umfang des geplanten Nachunternehmereinsatzes besitzen, er sich zur Ausführung des Auftrags bedienen wird, und dass die Einrichtungen und Mittel des anderen Unternehmens als ihm

Gesetz gegen Wettbewerbsbeschränkungen   GWB § 97 **Teil 1**

tatsächlich zur Verfügung stehend anzusehen sind (OLG Düsseldorf, B. v. 23. 3. 2005 – Az.: VII – Verg 76/04; B. v. 22. 12. 2004 – Az.: VII – Verg 81/04).

In einer **neueren Entscheidung geht das OLG Düsseldorf noch ein Stück weiter und verzichtet darauf, dass der Auftraggeber die in RZ 381 genannten Eignungsanforderungen ausdrücklich fordert.** Damit der Auftraggeber bereits in der Prüfungsphase die Leistungsfähigkeit und Qualität der Einrichtungen und Mittel des Nachunternehmers prüfen kann, hat der Bieter, dem im eigenen Unternehmen nicht die Mittel zur Ausführung des Auftrags zu Gebote stehen oder der sich ihrer nicht bedienen will, bereits mit dem Angebot von sich aus darzulegen und den Nachweis zu führen, welcher anderen Unternehmen, die die Einrichtungen und Mittel im Umfang des geplanten Nachunternehmereinsatzes besitzen, er sich zur Ausführung des Auftrags bedienen wird, und dass die Einrichtungen und Mittel des anderen Unternehmens als ihm tatsächlich zur Verfügung stehend anzusehen sind (OLG Düsseldorf, B. v. 23. 3. 2005 – Az.: VII – Verg 76/04). Damit **wird der Einsatz von Nachunternehmern in der Praxis erheblich erschwert, wenn nicht gar unmöglich gemacht.** 382

Hierbei ist zu beachten, dass der öffentliche **Auftraggeber immer Angaben über den Nachunternehmereinsatz verlangen kann. Die Rechtsprechung des EuGH zur Zulässigkeit des Nachunternehmereinsatzes steht dem nicht entgegen** (OLG Düsseldorf, B. v. 21. 12. 2005 – Az.: VII – Verg 69/05). 383

Zur **Forderung bzw. Verpflichtung nach Angabe der Nachunternehmer „der zweiten Reihe"** vgl. die Kommentierung RZ 376. 384

6.7.13 Konkrete Ausformung in VOB/VOL/VOF

	Berücksichtigung mittelständischer Interessen	385
VOB	§ 4 Nr. 2, § 4 Nr. 3	
VOL	§ 5 Nr. 1, § 7 Nr. 3, § 10 Nr. 2 Abs. 1	
VOF	§ 4 Abs. 5	

6.7.14 Beispiele aus der Rechtsprechung

– so lange ein **effektiver Wettbewerb** und die Auftragsbewerbung kleiner und mittlerer Unternehmen möglich bleibt, ist der Auftraggeber bei der Entscheidung, ob und nach welchen Kriterien er eine Losaufteilung vornimmt, **grundsätzlich frei** (Schleswig-Holsteinisches OLG, B. v. 4. 5. 2001 – Az.: 6 Verg 2/2001) 386

– bezeichnet der Auftraggeber die **tragenden Gründe für die Gesamtvergabe** dahin, dass gerade **aufgrund der Verschiedenheit der vernetzten Computer ein hoher Aufwand an Gewährleistung und dem sog. Support erforderlich** ist, um die Datensicherung zu gewährleisten. Seine Forderung, die Leistung im Paket an ein in jedem Fall kompetentes Unternehmen zu vergeben, ist dann nicht grundlos aufgestellt (1. VK Sachsen, B. v. 27. 6. 2003 – Az.: 1/SVK/063–03)

– das Kriterium „mittelständisches Unternehmen" ist **sachlich ein vergabefremdes Kriterium,** das nicht im Zusammenhang steht mit der Wirtschaftlichkeit eines Angebots. Es darf **nur bei entsprechender gesetzlicher Verankerung** (§ 97 Abs. 4) **Berücksichtigung finden.** Ansonsten ist die Tatsache, dass das Angebot allein aufgrund der Eigenschaft als mittelständisches Unternehmen einen Vorsprung von sieben Punkten erhielt, vergaberechtswidrig (1. VK Bund, B. v. 30. 1. 2003 – Az.: VK 1–01/03)

– die **Zahl und Größe der Lose muss sich daran orientieren, dass sich tatsächlich kleine und mittlere Unternehmen um Teilaufträge bewerben können.** Allerdings ist die Kammer nicht der Ansicht, dass man dabei so weit zu gehen hat, dass alle potentiellen Bewerber sich an dem Wettbewerb beteiligen können, **ohne gezwungen zu sein, Bietergemeinschaften zu bilden.** Dies würde nach Ansicht der Kammer den Wettbewerb in unzulässiger Weise einschränken (VK Baden-Württemberg, B. v. 16. 11. 2001 – Az.: 1 VK 39/01)

– es verstößt aber gegen § 5 VOL/A, wenn eine Losaufteilung dazu führt, dass **lediglich 29,8% der Gesamtleistung kleinen und mittleren Betrieben** zugänglich ist. Nach Ansicht der Kammer ist hierbei der Forderung nach angemessener Beteiligung mittelständischer Unternehmen nicht Genüge getan. Nach Ansicht der Kammer kann von der **Rechtmäßigkeit einer Entscheidung** ausgegangen werden, wenn der **Anteil der Leistung, der den**

Antragstellerinnen und sonstigen kleineren Unternehmen zugänglich gemacht wird bei ca. $^1/_2$ bis $^2/_3$ **der zu vergebenden Gesamtleistung liegt** (VK Baden-Württemberg, B. v. 16. 11. 2001 – Az.: 1 VK 39/01)

– **kein Vergabeverstoß** ist hingegen darin zu sehen, dass **Lose unterschiedliche Rahmenbedingungen** aufweisen. So vermag der Umstand, dass in den verschiedenen Gebieten voraussichtlich ein unterschiedlicher Umsatz pro Fahrzeug erzielt wird, eine Diskriminierung der mittelständischen Unternehmen nicht zu begründen. Lose sind immer unterschiedlich bezüglich Größe, Umfang und der zu erzielenden Umsätze (VK Baden-Württemberg, B. v. 16. 11. 2001 – Az.: 1 VK 39/01)

– eine **unwirtschaftliche Zersplitterung** im Sinne von § 5 Nr. 1 VOL/A wäre gegeben, wenn die Vertragsgemäßheit, insbesondere die Einheitlichkeit der Leistungen, nicht oder nur mit unverhältnismäßigem Aufwand gesichert werden kann oder die Überwachung und Verfolgung von Gewährleistungsansprüchen ungewöhnlich erschwert wird (VK Hessen, B. v. 12. 9. 2001 – Az.: 69 d VK- 30/2001)

– der Auftraggeber hat die Möglichkeit, von der Aufteilung in Lose abzusehen, wenn überwiegende Gründe für eine einheitliche Auftragsvergabe sprechen. Eine solche Sachlage ist z. B. gegeben, **wenn die Aufteilung unverhältnismäßige Kostennachteile mit sich bringen würde oder wenn die Aufteilung zu einer starken Verzögerung des Vorhabens führen würde,** die der besonderen Interessenlage des Auftraggebers widerspreche (VK Arnsberg, B. v. 31. 1. 2001 – Az.: VK 2–01/2001)

– nach § 5 Abs. 1 VOL/A hat der Auftraggeber in jedem Falle, in dem dies nach Art und Umfang der Leistung zweckmäßig ist, den Auftrag in Lose zu zerlegen. Wenngleich er zweifellos einen breiten Beurteilungsspielraum hinsichtlich des Begriffs der Zweckmäßigkeit hat, hat er jedoch **keinerlei Ermessen hinsichtlich der Rechtsfolge, wenn eine Zweckmäßigkeit nicht mehr erkennbar ist.** Mit anderen Worten: wenn Zweckmäßigkeitsgesichtspunkte für die Bündelung nicht mehr erkennbar sind, hat der Auftraggeber der gesetzgeberischen Vorgabe zur Losaufteilung zwecks Förderung des Mittelstandes nachzukommen (VK Arnsberg, B. v. 31. 1. 2001 – Az.: VK 2–01/2001)

– das Ziel einer Gewährleistung aus einer Hand kann allein kein Grund für die Zusammenlegung von Leistung bilden, weil dieses Anliegen in jedem Fall eine Umgehung des § 5 Abs. 1 VOL/A ermöglichen würde (VK Arnsberg, B. v. 31. 1. 2001 – Az.: VK 2–01/2001)

– die **technische Notwendigkeit,** auf einem höchst belasteten Autobahnabschnitt einen Straßenbelag noch vor Winterbeginn verarbeiten zu müssen, um eine **Verlängerung der Bauzeit bis April zu vermeiden,** war hier im Einzelfall als zwingender Grund für eine Fach-Los-Zusammenfassung anzuerkennen (VK Arnsberg, B. v. 13. 8. 1999 – Az.: VK 11/99)

– der Leistungsumfang (Sammlung und Verwertung von Altpapier) erscheint auch als **offensichtlich ungeeignet zur Aufteilung in Lose.** Die Auslastung der einzusetzenden Fahrzeuge, des Personals, der Sortieranlagen wäre bei einer regionalen Aufteilung angesichts des entstehenden Volumens noch weniger gegeben; gesonderte Containergestellung würde absehbar Streitigkeiten der beteiligten Unternehmen über Beschädigungen nach sich ziehen und die kontinuierliche Erfassung gefährden (VK Düsseldorf, B. v. 22. 10. 2003 – Az.: VK – 29/2003 – L)

6.7.15 Praxishinweis

387 Der **Deutsche Vergabe- und Vertragsausschuss für Bauleistungen (DVA)** – zuständig für die Fortentwicklung der VOB – hat ein **Positionspapier zu Fach- und Teillosen** veröffentlicht (30. 8. 2000). Er geht in diesem Papier mit vielen anschaulichen Beispielen u. a. auf die Kriterien zur Zulässigkeit der Zusammenfassung von Fachlosen ein.

388 Vgl. insoweit im Einzelnen die Kommentierung zu § 4 VOB/A RZ 3710.

6.7.16 Losweise Vergabe im Nachprüfungsverfahren

6.7.16.1 Nachprüfung der Gründe für eine zusammengefasste Ausschreibung mehrerer Fachlose

389 Ob wirtschaftliche oder technische Gründe eine Ausnahme vom Vorrang der Losvergabe rechtfertigen, **richtet sich nach den Besonderheiten des Einzelfalles,** was **durch die Ver-**

Gesetz gegen Wettbewerbsbeschränkungen GWB § 97 **Teil 1**

gabekammer rechtlich vollständig überprüfbar ist. Die **Gründe** sind **in jedem Fall in den Vergabeakten zu dokumentieren,** um die Nachvollziehbarkeit der Erwägungen zu gewährleisten (VK Schleswig-Holstein, B. v. 31. 1. 2006 – Az.: VK-SH 33/05; 2. VK Bund, B. v. 8. 10. 2003 – Az.: VK 2–78/03).

6.7.16.2 Antrag auf Teilzuschlag bei fehlender losweiser Ausschreibung

Die Verdingungsordnungen gehen sämtlich von dem Prinzip aus, dass die **ausgeschriebene** 390 **Leistung als Ganzes oder in Losen beauftragt** wird. Rein begrifflich kann ein Teilzuschlag nur auf ein einzelnes Los erfolgen. Ist **dies bei der Ausschreibung jedoch ausgeschlossen, darf von dieser Festlegung die Auftraggeberin nicht nachträglich abrücken.** Die Auftraggeberin hat sich gegenüber ihren Bietern entsprechend gebunden und darf auf ein nachträglich (!) gebildetes Teillos den Zuschlag nicht erteilen (1. VK Sachsen, B. v. 6. 11. 2001 – Az.: 1/SVK/115–01 g).

6.7.17 Literatur

– Antweiler, Clemens, Die Berücksichtigung von Mittelstandsinteressen im Vergabeverfahren – 391
  Rechtliche Rahmenbedingungen, VergabeR 2006, 637
– Burgi, Martin, Mittelstandsfreundliche Vergabe – Möglichkeiten und Grenzen (Teil 1), NZBau 2006, 606
– Dreher, Meinrad, Die Berücksichtigung mittelständischer Interessen bei der Vergabe öffentlicher Aufträge, NZBau 2005, 427
– Golmbiewski, Wojciech/Migalk, Frank, Praxis der Vergabe öffentlicher Bauaufträge unter besonderer Berücksichtigung mittelstandspolitischer Zielsetzungen, Mannheim, 2005
– Migalk, Frank, Praxis der Vergabe öffentlicher Bauaufträge unter besonderer Berücksichtigung mittelstandspolitischer Zielsetzungen, VergabeR 2006, 251
– Müller-Wrede, Malte, Grundsätze der Losvergabe unter dem Einfluss mittelständischer Interessen, NZBau 2004, 643
– Ruth, Erik, Mittelstandsbeteiligung an öffentlichen Aufträgen, VergabeR 2005, 718
– Schwarz, Daniela/Hillebrand, Christina, Es muss in der Akte stehen – Verzicht auf Lose trotz Gebot der Mittelstandsförderung, Behörden Spiegel 2005, 17

6.8 Eignungskriterien und Eignungsprüfung (§ 97 Abs. 4)

Aufträge werden an fachkundige, leistungsfähige und zuverlässige Unternehmen vergeben; 392 andere oder weitergehende Anforderungen dürfen an Auftragnehmer nur gestellt werden, wenn dies durch Bundes- oder Landesgesetz vorgesehen ist.

6.8.1 Die Eignungskriterien „Fachkunde, Leistungsfähigkeit, Zuverlässigkeit" (§ 97 Abs. 4 Halbsatz 1)

§ 97 Abs. 4 1. Halbsatz deckt sich inhaltlich im Wesentlichen mit § 25 Nr. 2 VOB/A bzw. 393 § 25 Nr. 2 Abs. 1 VOL/A. Deshalb erfolgt eine **einheitliche Kommentierung bei § 97 Abs. 4 GWB.** Lediglich soweit in der VOB/A (§ 8) bzw. in der VOL/A (§ 7) einige Präzisierungen und Besonderheiten enthalten sind, werden diese bei der Kommentierung zu § 8 VOB/A bzw. § 7 VOL/A dargestellt.

6.8.1.1 Inhalt

Die Eignungskriterien legen grundsätzlich fest, welche Anforderungen öffentliche Auftragge- 394 ber an die Bieter und Bewerber stellen dürfen, damit diese sich an einem Wettbewerb um öffentliche Aufträge überhaupt beteiligen können. Die Eignungskriterien sind damit strikt von den Auftrags- oder Zuschlagskriterien (§ 97 Abs. 5) zu trennen; die jeweiligen Kriterien dürfen nicht miteinander vermischt werden (EuGH, Urteil vom 20. 9. 1988 – Az.: C-31/87). **Eignung und Wertung sind also zwei unterschiedliche Vorgänge, die unterschiedlichen Regeln unterliegen** (EuGH, Urteil vom 19. 6. 2003 – Rechtssache C-315/01).

Eignungskriterien sind nach dem Wortlaut von § 97 Abs. 4 zunächst Fachkunde, Leistungsfä- 395 higkeit und Zuverlässigkeit.

103

Teil 1 GWB § 97 Gesetz gegen Wettbewerbsbeschränkungen

6.8.1.2 Rechtliche Bedeutung und Nachprüfbarkeit

396 Bei den Begriffen Fachkunde, Leistungsfähigkeit und Zuverlässigkeit handelt es sich um **unbestimmte Rechtsbegriffe** (BayObLG, B. v. 3. 7. 2002 – Az.: Verg 13/02; VK Arnsberg, B. v. 8. 8. 2006 – Az.: VK 21/06; VK Lüneburg, B. v. 18. 10. 2005 – Az.: VgK-47/2005; 1. VK Sachsen, B. v. 3. 11. 2005 – Az.: 1/SVK/125–05; B. v. 21. 7. 2005 – Az.: 1/SVK/076–05; VK Brandenburg, B. v. 26. 8. 2005 – Az.: 1 VK 49/05; B. v. 24. 2. 2005 – VK 01/05; VK Hessen, B. v. 16. 1. 2004 – Az.: 69 d VK – 72/2003). Da die Prüfung der Eignung eines Unternehmens ein wertender Vorgang ist, in den zahlreiche Einzelumstände einfließen, ist davon auszugehen, dass **diese Begriffe den Auftraggebern einen Beurteilungsspielraum einräumen, der nur einer eingeschränkten Kontrolle durch die Nachprüfungsinstanzen zugänglich ist** (OLG München, B. v. 21. 4. 2006 – Az.: Verg 8/06; OLG Düsseldorf, B. v. 5. 10. 2005 – Az.: VII – Verg 55/05; B. v. 22. 9. 2005 – Az.: Verg 48/05, Verg 50/05; 1. VK Bund, B. v. 21. 9. 2006 – Az.: VK 1–100/06; B. v. 18. 8. 2006 – Az.: VK 1–82/06; B. v. 15. 8. 2006 – Az.: VK 1–79/06; B. v. 15. 8. 2006 – Az.: VK 1–76/06; B. v. 8. 8. 2006 – Az.: VK 1–67/06; VK Arnsberg, B. v. 8. 8. 2006 – Az.: VK 21/06; 1. VK Brandenburg, B. v. 11. 7. 2006 – Az.: 1 VK 25/06; VK Düsseldorf, B. v. 13. 3. 2006 – Az.: VK – 08/2006 – L; VK Lüneburg, B. v. 18. 10. 2005 – Az.: VgK-47/2005; 1. VK Sachsen, B. v. 3. 11. 2005 – Az.: 1/SVK/125–05; B. v. 21. 7. 2005 – Az.: 1/SVK/076–05; VK Brandenburg, B. v. 26. 8. 2005 – Az.: 1 VK 49/05; B. v. 24. 2. 2005 – VK 01/05; VK Hessen, B. v. 28. 6. 2005 – Az.: 69 d VK – 07/2005; VK Schleswig-Holstein, B. v. 15. 5. 2006 – Az.: VK-SH 10/06; B. v. 16. 9. 2005 – Az.: VK-SH 22/05; B. v. 26. 10. 2004 – Az.: VK-SH 26/04; VK Nordbayern, B. v. 14. 3. 2006 – Az.: 21.VK – 3194–07/06; B. v. 17. 3. 2003 – Az.: 320.VK-3194–06/03, B. v. 14. 2. 2003 – Az.: 320.VK-3194–02/03; VK Münster, B. v. 4. 12. 2003 – Az.: VK 21/03; 2. VK Bund, B. v. 8. 6. 2006 – Az.: VK 2–114/05; B. v. 20. 7. 2005 – Az.: VK 2–72/05; B. v. 11. 1. 2005 – Az.: VK 2–220/04; B. v. 11. 11. 2004 – Az.: VK 2–196/04; B. v. 11. 11. 2002 – Az.: VK 2–82/02; VK Südbayern, B. v. 18. 3. 2002 – Az.: 04–02/02). Die Vergabekammern und Vergabesenate können die Entscheidung einer Vergabestelle über die Eignung eines Unternehmens folglich nur daraufhin prüfen, ob die **rechtlichen Grenzen des Beurteilungsspielraumes überschritten** sind. Die Vergabeüberwachungsausschüsse haben in Anlehnung an die Beurteilungsfehlerlehre des Verwaltungsrechtes Fallgruppen entwickelt, in denen die rechtlichen Grenzen des Beurteilungsspielraumes überschritten sind. Danach ist eine **Überschreitung des Beurteilungsspielraumes anzunehmen,**

– wenn das vorgeschriebene Verfahren nicht eingehalten wird,

– wenn nicht von einem zutreffenden und vollständig ermittelten Sachverhalt ausgegangen wird,

– wenn sachwidrige Erwägungen in die Wertung einbezogen werden oder

– wenn der sich im Rahmen der Beurteilungsermächtigung haltende Beurteilungsmaßstab nicht zutreffend angewendet wird

397 (OLG München, B. v. 21. 4. 2006 – Az.: Verg 8/06; OLG Frankfurt am Main, B. v. 30. 3. 2004 – Az.: 11 Verg 4/04, 5/04; OLG Celle, B. v. 11. 3. 2004 – Az.: 13 Verg 3/04; OLG Düsseldorf, B. v. 5. 10. 2005 – Az.: VII – Verg 55/05; B. v. 22. 9. 2005 – Az.: Verg 48/05, Verg 50/05; B. v. 19. 1. 2005 – Az.: VII – Verg 58/04; B. v. 4. 9. 2002 – Az.: Verg 37/02; VK Düsseldorf, B. v. 13. 3. 2006 – Az.: VK – 08/2006 – L; VK Lüneburg, B. v. 18. 10. 2005 – Az.: VgK-47/2005; VK Schleswig-Holstein, B. v. 15. 5. 2006 – Az.: VK-SH 10/06; B. v. 16. 9. 2005 – Az.: VK-SH 22/05; VK Brandenburg, B. v. 11. 7. 2006 – Az.: 1 VK 25/06; B. v. 24. 2. 2005 – VK 01/05; B. v. 30. 9. 2004 – Az.: VK 44/04; VK Hessen, B. v. 28. 6. 2005 – Az.: 69 d VK – 07/2005; B. v. 16. 1. 2004 – Az.: 69 d VK – 72/2003; B. v. 9. 2. 2004 – Az.: 69 d – VK – 79/2003 + 80/2003; VK Nordbayern, VK Nordbayern, B. v. 14. 3. 2006 – Az.: 21.VK – 3194–07/06; B. v. 15. 1. 2004 – Az.: 320.VK-3194–46/03, B. v. 16. 11. 2001 – Az.: 320.VK-3194–38/01; VK Münster, B. v. 4. 12. 2003 – Az.: VK 21/03; VK Baden-Württemberg, B. v. 31. 10. 2003 – Az.: 1 VK 63/03, B. v. 13. 8. 2003 – Az.: 1 VK 39/03; 1. VK Bund, B. v. 21. 9. 2006 – Az.: VK 1–100/06; B. v. 18. 8. 2006 – Az.: VK 1–82/06; B. v. 15. 8. 2006 – Az.: VK 1–79/06; B. v. 15. 8. 2006 – Az.: VK 1–76/06; B. v. 8. 8. 2006 – Az.: VK 1–67/06; B. v. 15. 5. 2003 – Az.: VK 1–27/03; VK Arnsberg, B. v. 8. 8. 2006 – Az.: VK 21/06; B. v. 26. 2. 2003 – Az.: VK 1–03/2003; 2. VK Bund, B. v. 8. 6. 2006 – Az.: VK 2–114/05; B. v. 20. 7. 2005 – Az.: VK 2–72/05; B. v. 11. 1. 2005 – Az.: VK 2–220/04; B. v. 11. 11. 2004 – Az.: VK 2–196/04; B. v. 10. 2. 2004 – Az.: VK 2–150/03, B. v. 10. 12. 2003 – Az.: VK 1–116/03, B. v. 11. 11. 2002 – Az.: VK 2–82/02; 1. VK Sachsen, B. v. 3. 11. 2005 – Az.: 1/SVK/125–05; B. v. 21. 7. 2005 – Az.: 1/SVK/076–05; B. v. 30. 10. 2001 – Az.: 1/SVK/102–01).

Der **Beurteilungsspielraum beinhaltet objektiv** die Feststellung, dass der Bewerber aus der Sicht eines dritten fachkundigen und an der Vergabe nicht interessierten Bauherrn die Eignungsanforderungen für das konkrete Projekt erfüllt und nachgewiesen hat. **Subjektiv ist zu berücksichtigen,** was der Auftraggeber in seiner Lage als für seine Ziele und Bestrebungen richtig ansieht (VK Südbayern, B. v. 17. 7. 2001 – Az.: 23–06/01). So kommt es z.B. bei der Beurteilung der Zuverlässigkeit nicht darauf an, ob sämtliche Beanstandungen eines Auftraggebers berechtigt waren, sondern **ob bei einer Gesamtabwägung den positiven oder den negativen Erfahrungen objektiv ein größeres Gewicht** zukommt. Von daher ist es auch nicht erforderlich, dass die Vergabekammer Ausführungen zu einzelnen Beanstandungen im Detail nachgeht. Entscheidend ist letztlich, dass die **subjektive Bewertung des Auftraggebers** (OLG Frankfurt am Main, B. v. 30. 3. 2004 – Az.: 11 Verg 4/04, 5/04) **vertretbar und nicht völlig haltlos** ist (VK Sachsen, B. v. 3. 11. 2005 – Az.: 1/SVK/125–05; VK Brandenburg, B. v. 24. 2. 2005 – VK 01/05; VK Baden-Württemberg, B. v. 31. 10. 2003 – Az.: 1 VK 63/03, B. v. 13. 8. 2003 – Az.: 1 VK 39/03; VK Hannover, B. v. 30. 10. 2002 – Az.: 26 045 – VgK – 12/2002). 398

Ein **Beurteilungsfehler liegt** in Anlehnung an die im Verwaltungsrecht zu unbestimmten Rechtsbegriffen mit Beurteilungsspielräumen entwickelten Grundsätze unter anderem auch dann **vor, wenn der Auftraggeber von dem ihm eingeräumten Beurteilungsspielraum gar keinen Gebrauch macht,** weil er diesen nicht mit einer eigenen Abwägungsentscheidung ausfüllt (VK Lüneburg, B. v. 18. 10. 2005 – Az.: VgK-47/2005; VK Brandenburg, B. v. 25. 8. 2002 – Az.: VK 45/02). 399

6.8.1.3 Konkrete Ausformung der Eignungskriterien in VOB/VOL/VOF

	Eignungskriterien	400
VOB	§ 2 Nr. 1 Satz 1 § 8 Nr. 3–5	
VOL	§ 2 Nr. 3–4 § 7 Nr. 4–5	
VOF	§ 4 Abs. 1	

6.8.1.4 Eignungskriterium „Fachkunde"

6.8.1.4.1 Begriffsinhalt. Als fachkundig ist nur der Bewerber anzusehen, der über die **speziellen objektbezogenen Sachkenntnisse** verfügt, die erforderlich sind, um eine Leistung fachgerecht vorbereiten und ausführen zu können (1. VK Sachsen, B. v. 3. 11. 2005 – Az.: 1/SVK/125–05; B. v. 21. 7. 2005 – Az.: 1/SVK/076–05; VK Lüneburg, B. v. 8. 4. 2005 – Az.: VgK-10/2005; 2. VK Bund, B. v. 10. 12. 2003 – Az.: VK 1–116/03; VK Halle, B. v. 12. 7. 2001 – Az.: VK Hal 09/01; VK Südbayern, B. v. 13. 9. 2002 – Az.: 37–08/02; VK Schleswig-Holstein, B. v. 15. 5. 2006 – Az.: VK-SH 10/06; B. v. 24. 10. 2003 – Az.: VK-SH 24/03). 401

6.8.1.4.2 „Teilweise" Fachkunde. Es ist nicht erforderlich, dass die Fachkunde bzw. Leistungsfähigkeit vollständig versagt werden muss, bevor ein Ausschluss greifen kann. Ausreichend ist vielmehr, dass eine wesentliche Leistung nach Ansicht des Auftraggebers nicht erbracht werden kann. Fehlt nach Ansicht des Auftraggebers die Fachkunde für eine von ihm als wesentlich erachtete Leistung, verbietet sich auch die Frage nach der wirtschaftlichen Bedeutung der Teilleistung für die Leistung insgesamt (1. VK Sachsen, B. v. 21. 7. 2005 – Az.: 1/SVK/076–05; 2. VK Bund, B. v. 11. 1. 2005 – Az.: VK 2–220/04). 402

6.8.1.4.3 Beispiele aus der Rechtsprechung 403
– gegen die **Verwendung des Begriffs der „überdurchschnittlich hohen Anforderungen" ist nichts einzuwenden, wenn er hinreichend klar und bestimmt ist.** Dies ist dann der Fall, wenn Fachkunde, Erfahrung und Zuverlässigkeit des Auftragnehmers über dem bei einschlägig tätigen Bauunternehmen vorhandenen Normalmaß liegen und dass dies im Rahmen der Eignungsbewertung überprüft werden soll und wenn angegeben wird, **welche konkreten Eignungsmerkmale (Fachkunde, Erfahrung und Zuverlässigkeit) der angekündigten strengen Prüfung unterliegen sollen.** Wenn die Vergabebekanntmachung überdies die Gründe mitteilt, die für die anzulegenden hohen Anforderungen an die Eignung maßgebend sind (17 m tiefer Geländeeinschnitt und verformungsrelevante Bebauung), ist für

Teil 1 GWB § 97

einen verständigen Bieter auch zu erkennen, worauf sich die Eignungsprüfung in besonderer Weise erstrecken wird und wie, d. h. durch Vorlage welcher Nachweise, den Anforderungen entsprochen werden kann. Es waren Fachkunde, Erfahrung und Zuverlässigkeit bei Bauleistungen an tiefen Geländeeinschnitten und bei Gefährdungslagen für benachbarte Bauten zu belegen (OLG Düsseldorf, B. v. 5. 10. 2005 – Az.: VII – Verg 55/05)

– ist die **Ausführung des Auftrags unstreitig von erschwerenden Begleitumständen**, nämlich von hohen und steilen Böschungen, die das auszubauende Teilstück des Teltowkanals säumen, **sowie damit belastet, dass angrenzende Bauten durch Setzungen von den Bauarbeiten in Mitleidenschaft gezogen** werden können und weisen die anstehenden Leistungen deswegen in mehrfacher Hinsicht Besonderheiten auf, ist **bei dieser Sachlage nichts dagegen einzuwenden,** dass die Vergabestelle **überdurchschnittlich hohe Anforderungen an die Fachkunde, Erfahrung und Zuverlässigkeit eines Auftragnehmers richtet** und darauf einen Schwerpunkt der Eignungsprüfung setzt. Dies ist nach den Umständen nicht ungerechtfertigt, sondern hat in den topographischen und baulichen Verhältnissen liegende Gründe (OLG Düsseldorf, B. v. 5. 10. 2005 – Az.: VII – Verg 55/05)

– ist ein Bieter wegen seiner **fehlenden Eintragung in der Handwerksrolle** zur Ausführung der ausgeschriebenen Handwerksleistungen nicht fähig, ist sein Angebot wegen fehlender Eignung auszuschließen (BayObLG, B. v. 24. 1. 2003 – Az.: Verg 30/02)

– der Auftraggeber ist im Rahmen der Fachkundeprüfung zur Prüfung verpflichtet, ob eine entsprechende **Eintragung des Bieters in der Handwerksrolle** vorliegt (1. VK Sachsen, B. v. 4. 10. 2002 – Az.: 1/SVK/085–02)

– auch wenn es der Üblichkeit entspreche, dass neue Unternehmen in einer Arbeitsgemeinschaft mitarbeiteten und so praktische Erfahrungen sammelten, sei dies jedoch nicht Voraussetzung für die Feststellung der fachlichen Eignung für die Herstellung von Spannbeton-Bauwerken. Vielmehr sei es ebenso gut, **wenn ein Unternehmen fachliche Kompetenz hinzu kaufe,** wie es bei der Antragstellerin durch den geschäftsführenden Gesellschafter geschehen sei und wie es üblicherweise durch die Beauftragung von Subunternehmen geschehe (OLG Celle, B. v. 8. 5. 2002 – Az.: 13 Verg 5/02)

– die Fachkunde braucht naturgemäß **nicht notwendig in der Person der Firmeninhaber bzw. der Geschäftsführer gegeben** zu sein. Die Prüfung der Fachkunde bezieht sich vielmehr auf alle Personen, die maßgeblich an der Bauausführung mitwirken und deshalb für das Gelingen des Bauvorhabens mitverantwortlich sein sollen. Eine übernehmende Firma darf daher auf **Referenzanlagen des von ihr übernommenen Fertigungsbereiches** der übernommenen Firma zum Nachweis ihrer Fachkunde zurückgreifen bzw. verweisen. Voraussetzung hierfür ist nach Ansicht der Kammer jedoch, dass der für die Ausführung dieser Referenzanlagen maßgeblich verantwortliche Personenkreis auch seitdem bei ihr beschäftigt ist (VK Südbayern, B. v. 27. 4. 2001 – Az.: 08–04/01)

– die Forderung nach einer **Zertifizierung nach der Entsorgungsfachbetriebsverordnung** ist zulässig (OLG Saarbrücken, B. v. 13. 11. 2002 – Az.: 5 Verg 1/02)

– als Nachweis für die **erforderliche Fachkunde bei Entsorgungsdienstleistungen gilt der Nachweis der Zertifizierung als Entsorgungsfachbetrieb** (VK Schleswig-Holstein, B. v. 24. 10. 2003 – Az.: VK-SH 24/03)

– in europarechtskonformer Auslegung der Vorschrift des § 8 Nr. 3 Abs. 1 g VOB/A ist es **nicht zulässig,** zum Nachweis der Fachkunde eine **Zertifizierung nach DIN EN ISO 9001** zu verlangen; die Baukoordinierungsrichtlinie sieht – anders als die Dienstleistungskoordinierungsrichtlinie und die Sektorenrichtlinie – eine solche Nachweismöglichkeit gerade nicht vor (OLG Thüringen, B. v. 5. 12. 2001 – Az.: 6 Verg 3/01)

– die Formulierung in Ausschreibungsbedingungen „**vergleichbare ausgeführte Leistungen**" bedeutet nicht „gleich" oder gar identisch. Vergleichbar ist eine Leistung bereits dann, wenn sie der ausgeschriebenen Leistung ähnelt. Diese Auslegung wird auch regelmäßig dem Sinn des Vergabeverfahrens und dem Wettbewerb gerecht, da sonst alle Bewerber, die die ausgeschriebene Leistung bisher nicht in ihrem Programm hatten, von vornherein von der Vergabeverhandlung ausgeschlossen wären und der Bewerberkreis statisch wäre (BayObLG, B. v. 24. 9. 2002 – Az.: Verg 16/02)

– die Formulierung in VOF-Ausschreibungsbedingungen „**vergleichbare erbrachte Leistungen**" setzen bei VOF-Verfahren ein bereits weitgehend abgeschlossenes Bauvorhaben voraus (BayObLG, B. v. 24. 9. 2002 – Az.: Verg 16/02)

6.8.1.5 Eignungskriterium „Leistungsfähigkeit"

6.8.1.5.1 Begriffsinhalt. Die **Leistungsfähigkeit ist** im Unterschied zu den Merkmalen 404
der Fachkunde und der Zuverlässigkeit, die maßgeblich auf die Umstände in der Person des Bewerbers abstellen, **ein sach- bzw. betriebsbezogenes Eignungskriterium.** Leistungsfähig ist, wer als Unternehmer über die personellen, kaufmännischen, technischen und finanziellen Mittel verfügt, um den Auftrag fachlich einwandfrei und fristgerecht ausführen zu können (VK Sachsen, B. v. 3. 11. 2005 – Az.: 1/SVK/125–05; B. v. 11. 2. 2005 – Az.: 1/SVK/128–04; 2. VK Bund, B. v. 7. 7. 2005 – Az.: VK 2–66/05; B. v. 10. 2. 2004 – Az.: VK 2–150/03; B. v. 10. 12. 2003 – Az.: VK 1–116/03; VK Südbayern, B. v. 12. 5. 2001 – Az.: 20–06/01, B. v. 13. 9. 2002 – Az.: 37–08/02) und in der Lage ist, seine Verbindlichkeiten zu erfüllen (Saarländisches OLG, B. v. 28. 4. 2004 – Az.: 1 Verg 4/04; VK Schleswig-Holstein, B. v. 15. 5. 2006 – Az.: VK-SH 10/06; VK Sachsen, B. v. 3. 11. 2005 – Az.: 1/SVK/125–05; 1. VK Bund, B. v. 20. 4. 2005 – Az.: VK 1–23/05; VK Lüneburg, B. v. 8. 4. 2005 – Az.: VgK-10/2005; B. v. 15. 9. 2003 – Az.: 203-VgK-13/2003; VK Arnsberg, B. v. 26. 2. 2003 – Az.: VK 2–3/2003).

Der **finanzielle Aspekt der Leistungsfähigkeit** verlangt, dass das Unternehmen über ausreichend finanzielle Mittel verfügt, die es ihm ermöglichen, seinen laufenden Verpflichtungen gegenüber seinem Personal, dem Staat und sonstigen Gläubigern nachzukommen (OLG Düsseldorf, B. v. 9. 6. 2004 – Az.: VII – Verg 11/04; VK Hessen, B. v. 20. 1. 2006 – 69d VK – 92/2005; VK Sachsen, B. v. 3. 11. 2005 – Az.: 1/SVK/125–05; 1. VK Bund, B. v. 20. 4. 2005 – Az.: VK 1–23/05). Dabei ist auf die finanzielle Leistungsfähigkeit im **Einzelfall abzustellen** (VK Sachsen, B. v. 3. 11. 2005 – Az.: 1/SVK/125–05; 2. VK Bund, B. v. 10. 2. 2004 – Az.: VK 2–150/03). 405

Ein öffentlicher **Auftraggeber kann nicht verpflichtet sein, „sehenden Auges" einen** 406
Auftrag an einen Bewerber vergeben zu müssen, der aus finanziellen Gründen nicht mehr in der Lage ist, einen solchen Auftrag abzuwickeln. Die **Tatsache allein,** dass ein Antragsteller **Prozesskostenhilfeanträge im Nachprüfungsverfahren stellt** lässt zwar Zweifel an seiner momentanen finanziellen Leistungsfähigkeit aufkommen. Legt jedoch der Antragsteller in der mündlichen Verhandlung nachvollziehbar dar, dass er damit die Verjährung der von ihm geltend gemachten Ansprüche verhindern kann (§ 204 Abs. 1 Ziffer 14 BGB), ohne die erforderlichen Gerichtskostenvorschüsse an die Gerichtskasse zahlen und so in Vorlage treten zu müssen, ist dieses **Verhalten zwar ungewöhnlich, angesichts der vom ihm in der mündlichen Verhandlung gegebenen Erläuterungen zu den Außenständen gegen die öffentliche Hand jedoch nachvollziehbar und führt nicht dazu, die Leistungsfähigkeit zu verneinen** (VK Hessen, B. v. 23. 1. 2006 – Az.: 69 d VK – 93/2005).

6.8.1.5.2 „Verbrauch" der Leistungsfähigkeit durch Beteiligung an mehreren Ausschreibungen? Die generelle Berücksichtigung des Aspektes der verbrauchten Leistungsfähigkeit durch Beteiligung an mehreren, parallel laufenden Vergabeverfahren ist bereits zweifelhaft. Folgt man dieser Argumentation, so müsste jeder Auftraggeber die parallele Beteiligung eines Bieters an anderen Vergabeverfahren zum Anlass für Zweifel an der Leistungsfähigkeit des Bieters nehmen mit der Folge, dass der besagte Bieter in keinem der zeitlich parallel laufenden Vergabeverfahren den Zuschlag erhalten dürfte. Auch wäre eine Berücksichtigung des Engagements von Bietern in mehreren Vergabeverfahren rein spekulativ. Eine **Berücksichtigung von rein spekulativen Auslastungen des Bieters durch noch nicht erteilte Aufträge anderer Auftraggeber** wäre durch das dem Auftraggeber durch § 25 Nr. 2 Abs. 1 VOL/A bei der Eignungsüberprüfung eingeräumte Ermessen nicht gedeckt und **verstieße im Übrigen auch gegen das Transparenzgebot gemäß § 97 Abs. 1 GWB und das Diskriminierungsverbot gemäß § 97 Abs. 2 GWB** (1. VK Sachsen, B. v. 27. 3. 2006 – Az.: 1/SVK/021–06; VK Lüneburg, B. v. 14. 5. 2004 – Az.: 203-VgK-13/2004). 407

Dieser **Aspekt kommt überhaupt nur in Betracht,** soweit z. B. ausgeschriebene **Dienstleistungen durch das Vorhalten technischer oder personeller Kapazitäten geprägt sind, die für den Bieter im Zeitraum zwischen Zuschlagserteilung und Beginn des Vertragszeitraums nicht ohne weiteres zu beschaffen sind.** Im Bereich der **Entsorgungsdienstleistungen** kann dies z. B. der Fall sein, wenn der Bieter Deponiekapazitäten einbringen muss, die er weder unmittelbar selbst noch über Verträge mit Deponiebetreibern nachweisen kann. Da **Deponiekapazitäten** nicht ohne weiteres beliebig oder kurzfristig erweiterbar sind, kann dies dazu führen, dass ein Bieter sich mit zu vielen Aufträgen übernimmt und dass die Eignung eines Bieters trotz offensichtlich vorhandener Fachkunde und Zuverlässigkeit am Kriterium der Leistungsfähigkeit scheitert, weil ein wesentlicher Kapazitätsnachweis nicht erbracht werden kann (VK Lüneburg, B. v. 8. 5. 2006 – Az.: VgK-07/2006). 408

6.8.1.5.3 rechtliche Leistungsfähigkeit. 6.8.1.5.3.1 Rechtsprechung.

409 Die Eignungsprüfung des öffentlichen Auftraggebers hat sich selbstverständlich ebenfalls darauf zu erstrecken, **ob ein Bieter auch rechtlich in der Lage ist, die ausgeschriebene Leistung zu erbringen**, dies jedenfalls in solchen Fällen, in denen für den öffentlichen Auftraggeber zureichende Anhaltspunkte hervortreten, die Leistungsfähigkeit eines Bieters in dieser Hinsicht anzuzweifeln und dies ihn veranlassen kann, solchen Zweifeln nachzugehen. Zur Begründung ist zunächst auf den Wortlaut von § 25 Nr. 2 Abs. 1 VOL/A hinzuweisen, der dem Auftraggeber gebietet, nur solche Bieter in die engere Wahl zu nehmen, die „für die Erfüllung der (noch einzugehenden) vertraglichen Verpflichtungen" fachkundig, leistungsfähig und zuverlässig sind. Der Wortlaut der Norm schränkt die Prüfungsmöglichkeiten und -obliegenheiten des Auftraggebers im Hinblick auf die genannten Merkmale nicht ein. Insbesondere ist auch **nach dem Normzweck der Begriff der Leistungsfähigkeit in einem umfassenden Sinn zu verstehen**. Er erstreckt sich auf sämtliche Umstände, die Aufschluss darüber geben, ob ein Bieter bei vorausschauender Betrachtungsweise in der Lage sein wird, die ihm durch einen Zuschlag und entsprechenden Vertragsabschluss erwachsenden Verbindlichkeiten zu erfüllen. Demgegenüber wäre es **geradezu widersinnig, eine Zuschlagserteilung gutzuheißen, obwohl der Auftraggeber weiß, damit rechnet oder es aufgrund ihm erkennbarer Anhaltspunkte für möglich hält, ein Bieter werde aufgrund rechtlicher Hindernisse nicht vertragsgemäß leisten können.** Die am Vergabeverfahren beteiligten Unternehmen haben Anspruch darauf, dass der Auftraggeber die Leistungsfähigkeit konkurrierender Bieter namentlich dann, wenn sich hierzu ein besonderer Anlass bietet, im Rahmen des § 25 Nr. 2 Abs. 1 VOL/A auch im Rechtssinn überprüft (OLG Düsseldorf, B. v. 21. 2. 2005 – Az.: VII – Verg 91/04; VK Sachsen, B. v. 3. 11. 2005 – Az.: 1/SVK/125–05; VK Düsseldorf, B. v. 2. 5. 2006 – Az.: VK – 17/2006 – B).

410 Diese Verpflichtung zur rechtlichen Prüfung der Leistungsfähigkeit **gilt auch, wenn** die vom Auftraggeber im Rahmen einer Prüfung der Leistungsfähigkeit eines Bieters anzustellenden **rechtlichen Überlegungen patentrechtlicher Art sind.** Es ist hierbei zwar zu bedenken, dass die dadurch aufgeworfenen Rechtsfragen wegen ihrer Herkunft aus einer sehr speziellen Rechtsmaterie in der Regel schwierig zu beantworten sind. Dies kann freilich auch in anderen Vergabeverfahren vorkommen, z. B. bei einer Vergabe von Entsorgungsdienstleistungen, bei der sich nicht einfach zu beantwortende Fragen des Abfallwirtschaftsrechts oder des Kommunalwirtschaftsrechts stellen können. Dass solche schwierigen Rechtsfragen auftreten können, bildet – genauso wenig wie der Umstand, dass für Rechtsstreitigkeiten aus Gebrauchsmustern und Patenten besondere gerichtliche Zuständigkeiten gegeben sind (vgl. § 27 GebrMG, § 143 PatG) – für sich allein genommen jedoch keinen überzeugenden oder auch nur hinreichenden Grund, die Vergabestellen insbesondere bei patentrechtlichen Fragestellungen, die mit einer Anwendung von Vergabevorschriften einhergehen und in diesem Sinn Vorfragen der rein vergaberechtlichen Beurteilung sind, von eigenen Prüfungsobliegenheiten freizustellen, die diesbezüglichen Entscheidungen von einer Nachprüfung auszunehmen oder die Prüfungskompetenz der Nachprüfungsinstanzen zu beschneiden (OLG Düsseldorf, B. v. 21. 2. 2005 – Az.: VII – Verg 91/04).

411 Anderer Auffassung ist für patentrechtliche Fragen die VK Südbayern. Für die **Verletzung patentrechtlicher Vorschriften ist der Rechtsweg in das Nachprüfungsverfahren vor den Vergabekammern und dem Oberlandesgericht als Beschwerdegericht nicht eröffnet.** Gemäß der den Rechtsweg in Vergabesachen begründenden Bestimmung des § 104 Abs. 2 Satz 1 GWB können Rechte aus § 97 GWB sowie sonstige Ansprüche gegen öffentliche Auftraggeber, die auf die Vornahme oder das Unterlassen einer Handlung in einem Vergabeverfahren gerichtet sind, außer vor den Vergabeprüfstellen nur vor den Vergabekammern und dem Beschwerdegericht geltend gemacht werden. Der Rechtsweg nach § 104 Abs. 2 S. 1 GWB ist vorliegend nicht gegeben, weil die auf die patentrechtlichen Vorschriften gestützten „sonstigen Ansprüche" der Antragstellerin nicht gegen eine Handlung in einem Vergabeverfahren gerichtet sind. Ein Verstoß gegen patentrechtliche Vorschriften kann sich in sachlicher und zeitlicher Hinsicht nur bei Vertragsschluss und somit nach Beendigung des Vergabeverfahrens auswirken. Die patentrechtlichen Vorschriften – vorausgesetzt, diese seien anwendbar – würden es ermöglichen, die Lieferung der geforderten Leistung durch die Beigeladene zu untersagen. Dies setzt aber einen bereits geschlossenen Vertrag voraus. Die durch die patentrechtlichen Normen hervorgerufenen Rechtsfolgen liegen somit jenseits des eigentlichen Vergabeverfahrens. Sie finden erst nach dessen Abschluss statt. Deswegen können eventuelle Ansprüche daraus nicht auf Handlungen im Vergabeverfahren abzielen. Die Verletzung patentrechtlicher Vorschriften ist vor den ordentlichen Gerichten zu rügen und gegebenenfalls festzustellen. Mit einer dahingehenden rechtlichen Überprüfung wären die nicht fachgerichtlich ausgebildeten Vergabekammern auch überfordert (VK Südbayern, B. v. 19. 10. 2004, Az.: 120.3–3194.1–60–08/04).

Diese **Rechtsprechung** gilt vom Normzweck des § 25 VOB/A auch für **Verfahren nach der VOB/A.** 412

Sofern jedoch **keine Anhaltspunkte** vorliegen, die **Anlass geben, an der rechtlichen Leistungsfähigkeit eines Bieters zu zweifeln,** kann es auch nicht grundsätzlich Aufgabe der Vergabestelle sein, die generelle Einhaltung öffentlich-rechtlicher Bestimmungen zu überprüfen. Diese **Aufgabe obliegt generell den jeweils zuständigen behördlichen Überwachungsorganen.** Daher ist es auch nicht zu beanstanden, wenn ein Auftraggeber die Frage der Eintragung in die Handwerksrolle im Rahmen der Eignungsprüfung zunächst nicht ausdrücklich überprüft (VK Düsseldorf, B. v. 2. 5. 2006 – Az.: VK – 17/2006 – B). 413

6.8.1.5.3.2 Literatur 414
– Müller-Stoy, Tilman, Patent- und Gebrauchsmusterschutz in Vergabesachen, GRUR 2006, 184

6.8.1.5.4 Relation zwischen Jahresumsatz eines Bieters und vorgesehenem Auftragsvolumen? Eine **bestimmte Relation zwischen Auftragsvolumen und bisherigem Jahresumsatz des Bieters reicht grundsätzlich nicht aus,** den Schluss auf mangelnde Leistungsfähigkeit des Bieters zu rechtfertigen, weil sich aus der Art der Leistung unterschiedliche Anforderungen an Fähigkeiten und Kapazitäten des Bieters ergeben können (z. B. durch einen hohen Materialkostenanteil des Angebotsvolumens). Der Auftraggeber muss insoweit konkrete Umstände vortragen, die Zweifel an der Leistungsfähigkeit des Bieters begründen können (BGH, Urteil vom 24. 5. 2005 – Az.: X ZR 243/02). 415

6.8.1.5.5 Leistungsfähigkeit durch übernommenes Personal. Die früheren Leistungen einer anderen Firma können nur dann die Leistungsfähigkeit eines Unternehmens für den konkreten Auftrag belegen, wenn sichergestellt ist, dass diese den ausgeschriebenen Auftrag vollständig oder zumindest zu einem ganz überwiegenden Teil durch das Personal der früheren Firma durchführen wird. Dabei ist zu berücksichtigen, dass an einer Unternehmensleistung sowohl die Unternehmensleitung, die gesamte Betriebsorganisation und die Struktur des Unternehmens an sich maßgeblichen Anteil haben. Die Eignung des Bieters bestimmt sich grundsätzlich nicht allein aus der Person seines Inhabers oder organschaftlichen Vertreters, sondern aus der Unternehmensorganisation als Ganzes, also durch die Gesamtheit der das Unternehmen prägenden Leistungsträger, welche die zu vergebende Leistung zu erbringen haben, d. h. letztlich über die Summe der in der betrieblichen Tätigkeit angesammelten Erfahrungen und Qualifikationen. Vor diesem Hintergrund reicht allein der Verweis auf die Referenz z. B. für den Geschäftsführer und der Hinweis auf die übernommenen Mitarbeiter mit bestimmten Erfahrungen ohne weitere Nachweise nicht aus (1. VK Brandenburg, B. v. 30. 5. 2005 – Az.: VK 21/05). 416

6.8.1.5.6 Zeitpunkt der finanziellen und wirtschaftlichen Leistungsfähigkeit. Die **Rechtsprechung** ist insoweit **nicht einheitlich.** 417

Die **Leistungsfähigkeit muss bereits zum Zeitpunkt der Auswahlentscheidung bestehen** (OLG Düsseldorf, B. v. 19. 9. 2002 – Az.: Verg 41/02; OLG Dresden, B. v. 23. 7. 2002 – Az.: WVerg 0007/02). 418

Nach einer **anderen Auffassung** ist es z. B. den sich um öffentliche Aufträge bewerbenden **Entsorgungsfachbetrieben weder zumutbar, noch ist es objektiv erforderlich,** dass sie **bereits im Stadium der Angebotsabgabe stets eine den ausgeschriebenen Auftrag abdeckende logistische Reserve vorweisen können.** Vielmehr ist unstreitig, dass die **Entsorgungsfachbetriebe üblicherweise für derartige Aufträge die erforderlichen Fahrzeuge erst dann beschaffen und das erforderliche Personal erst dann einstellen, wenn sie einen Zuschlag auch tatsächlich erhalten haben.** Üblich ist ebenfalls, dass nach Möglichkeit zum Zeitpunkt des Beginns des ausgeschriebenen Vertragszeitraums **sowohl Personal als auch im Einzelfall Fahrzeuge und andere für die Logistik notwendige Ausstattung vom bisherigen Inhaber des Entsorgungsauftrags übernommen werden.** In jedem Fall aber wird **durch einen ausreichend bemessenen Zeitrahmen zwischen Ablauf der Binde- und Zuschlagsfrist und dem Beginn des Auftragszeitraums** gewährleistet, dass sich ein Bieter im Zuschlagsfall die erforderlichen sächlichen Mittel und das erforderliche weitere Personal rechtzeitig zum Leistungsbeginn beschafft (Brandenburgisches OLG, B. v. 5. 1. 2006 – Az.: Verg W 12/05; VK Lüneburg, B. v. 8. 5. 2006 – Az.: VgK-07/2006). 419

Teil 1 GWB § 97 — Gesetz gegen Wettbewerbsbeschränkungen

420 **6.8.1.5.7 Bedeutung von Liquiditätsproblemen.** Die Rechtsprechung hierzu ist nicht einheitlich.

421 Nach einer Auffassung **genügt** es für die Bejahung der finanziellen Leistungsfähigkeit **nicht,** wenn der **Bewerber seine Leistungsfähigkeit erst durch die Zahlung des Entgeltes** für die ausgeschriebene Maßnahme (möglicherweise) **erlangt** (OLG Düsseldorf, B. v. 19. 9. 2002 – Az.: Verg 41/02).

422 Nach einer anderen Meinung rechtfertigen bloße Liquiditätsprobleme in der Regel einen Ausschluss nicht (Thüringer OLG, Urteil vom 27. 2. 2002 – Az.: 6 U 360/01).

423 **6.8.1.5.8 Beispiele aus der Rechtsprechung**

- unter „**Verfügbarkeit**" ist lediglich zu verstehen, dass derjenige oder diejenige, der oder die den Auftrag erhält, in der Lage sein muss, während des Jahres die genannten Geräte zur Erfüllung des erteilten Auftrages einzusetzen. Damit ist jedoch **nicht zugleich verlangt,** dass der Auftragnehmer schon im Zeitpunkt der Abgabe des Angebots entweder **Eigentümer dieser Maschinen sein müsse** oder kraft eines bereits zu diesem Zeitpunkt – unter Umständen aufschiebend bedingt – bestehenden schuldrechtlichen Verhältnisses die **(rechtliche) Sicherheit haben müsse, diese Gerätschaften im Zeitraum auch tatsächlich nutzen zu können** (Hanseatisches OLG Bremen, B. v. 24. 5. 2006 – Az.: Verg 1/2006)

- **vorherige Insolvenzen** des Geschäftsführers eines Bieters könnten zwar ein **Indiz für die Prognose,** dass Aufträge möglicherweise nicht vertragsgerecht ausgeführt werden können oder Gewährleistungsfristen nicht eingehalten werden können, sein. Der **Auftraggeber muss jedoch substantiiert vorgetragen, dass konkrete Anhaltspunkte dafür bestehen, dass wiederum eine Insolvenz des Bieters zu befürchten ist** (2. VK Brandenburg, B. v. 9. 8. 2005 – Az.: 2 VK 38/05)

- bei einer Ausschreibung über die Durchführung der Restabfallentsorgung (Verwertung/ Beseitigung) hängt die **Leistungsfähigkeit des Bieters von dem gesicherten Vorhandensein der erforderlichen Kapazitäten der angebotenen Anlage**(n) ab; fehlen bei dem Angebot geforderte Kapazitäten, ist es zwingend auszuschließen (OLG Rostock, B. v. 30. 5. 2005 – Az.: 17 Verg 4/05)

- die **Leistungsfähigkeit fehlt,** wenn ein **Mitglied einer Bietergemeinschaft** das für die Erbringung der Leistung **notwendige Personal und die notwendigen Geräte** auf eine nicht an der Bietergemeinschaft beteiligte Firma **überträgt** (OLG Düsseldorf, B. v. 15. 12. 2004 – Az.: VII – Verg 48/04)

- an der Leistung und Leistungsfähigkeit eines Unternehmens haben dessen Leitung, die gesamte Betriebsorganisation und die Struktur des Unternehmens maßgeblichen Anteil, und zwar in der **Gesamtheit aller Beteiligten, die dies personell verkörpern** (OLG Dresden, B. v. 23. 7. 2002 – Az.: WVerg 0007/02; 1. VK Brandenburg, B. v. 30. 5. 2005 – Az.: VK 21/05)

- der öffentliche Auftraggeber hat Umstände, welche die Leistungsfähigkeit des Bieters betreffen, **bis zum Abschluss des Vergabeverfahrens, d. h. bis zur (rechtswirksamen) Zuschlagserteilung,** zu berücksichtigen (OLG Düsseldorf, B. v. 21. 1. 2002 – Az.: Verg 45/01)

- nach §§ 25 Nr. 1 Abs. 2, 8 Nr. 5 VOB/A sind selbst insolvente Bieter nicht zwingend auszuschließen, sondern der Auftraggeber hat eine Ermessensentscheidung zu treffen. **Bloße Liquiditätsprobleme dürften daher in der Regel einen Ausschluss nicht rechtfertigen** (OLG Thüringen, Urteil vom 27. 2. 2002 – Az.: 6 U 360/01)

- verfehlt ist schon der Ansatz, für die Frage der personellen Leistungsfähigkeit auf die Anzahl der Mitarbeiter bei Angebotsabgabe abzustellen. Entscheidend ist vielmehr, ob die Antragstellerin der Fähigkeit sei, Personal einzustellen, **um dann bei Leistungsbeginn die erforderliche Anzahl an qualifiziertem Personal bieten zu können** (1. VK Bund, B. v. 5. 9. 2001 – Az.: VK 1–23/01)

- selbst wenn zur Ausführung einer ausgeschriebenen Leistung **noch zusätzliches Personal eingestellt werden muss und dies bei der Beschäftigungslage keinen Schwierigkeiten begegnet,** könnte deswegen die Leistungsfähigkeit nicht abgesprochen werden (VK Nordbayern, B. v. 17. 3. 2003 – Az.: 320.VK-3194–06/03)

- ein schwacher **Bonitätsindex bei Auskunfteien** (z. B. Creditreform) bedeutet grundsätzlich nicht, dass der Bieter den Vertrag nicht erfüllen und den Auftrag nicht einwandfrei ausführen wird (1. VK Bund, B. v. 27. 9. 2002 – Az.: VK 1–63/02)

Gesetz gegen Wettbewerbsbeschränkungen   GWB § 97   **Teil 1**

– das Erfordernis eines **bestimmten Jahresumsatzes** kann im Einzelfall bedenklich sein (1. VK Bund, B. v. 21. 9. 2001 – Az.: VK 1–33/01)

6.8.1.6 Eignungskriterium „Zuverlässigkeit"

6.8.1.6.1 Begriffsinhalt. Für die Bewertung der Zuverlässigkeit eines Bieters oder Verhandlungspartners im Vergabeverfahren ist maßgebend, inwieweit die Umstände des einzelnen Falles die Aussage rechtfertigen, er werde gerade die von ihm angebotenen Leistungen, die Gegenstand des Vergabeverfahrens sind, **vertragsgerecht erbringen können** (OLG Düsseldorf, B. v. 8. 5. 2002 – Az.: Verg 8–15/01; 1. VK Brandenburg, B. v. 11. 7. 2006 – Az.: 1 VK 25/06; VK Sachsen, B. v. 3. 11. 2005 – Az.: 1/SVK/125–05;). 424

Ein Bieter ist demnach zuverlässig, wenn er seinen **gesetzlichen Verpflichtungen nachgekommen ist** (3. VK Bund, B. v. 28. 9. 2005 – VK 1–133/05) – **zu denen vor allem die Entrichtung von Steuern und sonstigen Abgaben gehören** (VK Schleswig-Holstein, B. v. 15. 5. 2006 – Az.: VK-SH 10/06; 1. VK Bund, B. v. 20. 4. 2005 – Az.: VK 1–23/05), aber auch die **Verpflichtungen nach dem Medizin-Produkte-Gesetz – MPG –** (3. VK Bund, B. v. 28. 9. 2005 – VK 1–133/05) – **und aufgrund der Erfüllung früherer Verträge eine einwandfreie Ausführung erwarten lässt** (OLG Düsseldorf, B. v. 15. 12. 2004 – Az.: VII – Verg 48/04; Saarländisches OLG, B. v. 28. 4. 2004 – Az.: 1 Verg 4/04; VK Schleswig-Holstein, B. v. 15. 5. 2006 – Az.: VK-SH 10/06; VK Lüneburg, B. v. 8. 4. 2005 – Az.: VgK-10/2005; 2. VK Bund, B. v. 10. 12. 2003 – Az.: VK 1–116/03; VK Südbayern, B. v. 13. 9. 2002 – Az.: 37–08/02). Die Prüfung der Zuverlässigkeit erfolgt im Wesentlichen **auf der Grundlage einer Analyse des in der Vergangenheit liegenden Geschäftsgebarens des Bieters** (VK Sachsen, B. v. 3. 11. 2005 – Az.: 1/SVK/125–05; VK Lüneburg, B. v. 15. 9. 2003 – Az.: 203-VgK-13/2003). 425

Hierbei ist es **nicht ermessensfehlerhaft,** bei sensiblen Leistungen (z. B. BSE-Pflichttests) einen **sehr strengen, jegliche Risiken im Zusammenhang mit der ausgeschriebenen Tätigkeit ausschließenden Maßstab anzulegen** (OLG München, B. v. 21. 4. 2006 – Az.: Verg 8/06). 426

Von fehlender Eignung – **Zuverlässigkeit** – eines Bewerbers **kann auch dann gesprochen werden, wenn er bestimmte zusätzliche Anforderungen nicht erfüllt,** die der **Auftraggeber** aus Gründen, die in der Natur der ausgeschriebenen Aufgabe und der mit ihr verfolgten Zwecke liegen, **mit Recht zur Voraussetzung für die Auftragsvergabe machen will** (1. VK Brandenburg, B. v. 26. 8. 2005 – Az.: 1 VK 49/05). 427

6.8.1.6.2 Beispiele aus der Rechtsprechung 428

– **typische Fälle von Unzuverlässigkeit eines Bewerbers/Bieters sind:** Mangelnde Sorgfalt bei der Ausführung früherer Arbeiten, schwere Verfehlungen wie Bestechung, Urkunden- oder Vermögensdelikte, Verstöße gegen Bestimmungen des GWB oder das Gesetz zur Bekämpfung der Schwarzarbeit, Nichtabführung von Steuern und Sozialversicherungsbeiträgen oder Nichtbeachtung von anerkannten Berufspflichten (VK Brandenburg, B. v. 26. 8. 2005 – Az.: 1 VK 49/05)

– die Vergabestelle kann ermessensfehlerfrei zu dem Ergebnis kommen, dass **jemand, der intensiv, über lange Zeit hinweg mit erheblichem kriminellen Antrieb Manipulationen entwickelt, aufrechterhält und diese entsprechend an sich wandelnde Modalitäten anpasst,** nicht die Voraussetzungen erfüllt, die an einen Auftragnehmer im sensiblen Bereich der BSE-Pflichttests hinsichtlich der Anforderungen an die Zuverlässigkeit gestellt werden. Dabei spielt es **auch keine Rolle, dass die Verfehlung neun Jahre zurückliegt** (OLG München, B. v. 21. 4. 2006 – Az.: Verg 8/06; VK Nordbayern, B. v. 14. 3. 2006 – Az.: 21.VK – 3194–07/06)

– ein Bieter, der **ohne Zustimmung bei der Auftragsausführung eine Arbeitsgemeinschaft eingeht bzw. unzutreffende Angaben über den Personalbestand macht, ist unzuverlässig** und kann in einem späteren Vergabeverfahren ausgeschlossen werden (OLG Celle, B. v. 8. 12. 2005 – Az.: 13 Verg 2/05)

– ein Bieter, der **durch sein Angebot gegen zwingende gesetzliche Vorschriften verstößt,** darf vom Auftraggeber im **einzelnen Fall als unzuverlässig angesehen werden** (OLG Düsseldorf, B. v. 26. 7. 2005 – Az.: VII – Verg 71/04)

– unabhängig von der in Rechtsprechung und Literatur heftig umstrittenen Frage, ob öffentliche Auftraggeber die Bauauftragsvergabe von der Zusicherung der Bezahlung der ortsüblichen Tariflöhne abhängig machen und damit auch von tarifgebundenen Unternehmen die

111

Unterordnung unter einen Gehaltstarifvertrag fordern dürfen, ist **anerkannt, dass die Annahme der gemäß § 25 Ziffer 2 Abs. 1 VOB/A erforderlichen Zuverlässigkeit des Bieters von der Einhaltung der für allgemeinverbindlich erklärten, also gemäß § 5 Abs. 4 TVG auch für nicht gebundene Arbeitgeber und Arbeitnehmer geltenden Mindestlohntarifverträge abhängig gemacht werden kann.** Eine Bezahlung unter einem für allgemeinverbindlich erklärten tariflichen Mindestlohn ist rechtswidrig. **Ein Unternehmer, der seinen Arbeitskräften bewusst und planmäßig weniger als den Lohn zahlt, den ein für allgemeinverbindlich erklärter Tarifvertrag vorsieht, verschafft sich zudem im Kampf gegen seine Wettbewerber einen sachlich nicht gerechtfertigten Vorsprung und verstößt damit gegen § 1 UWG** (OLG Hamburg, Urteil vom 22. 5. 2003 – Az.: 3 U 122/01)

- **unterbietet** ein Unternehmen im Rahmen eines Dauerschuldverhältnisses seinen **bisherigen Preis um mehr als 30%, reicht** dies **noch nicht** ohne weiteres aus, um bereits die **Unzuverlässigkeit** und damit einen Ausschluss des Unternehmens **annehmen zu können** (OLG Frankfurt, B. v. 7. 9. 2004 – Az.: 11 Verg 11/04 und 12/04)

- **Manipulationsversuche eines Bieters in einem Aufklärungsgespräch** gemäß § 24 Nr. 1 VOB/A reichen aus, um seine Unzuverlässigkeit zu begründen. Ob nämlich während des Vergabeverfahrens ein Unternehmen einer Bietergemeinschaft insolvent geworden ist und einen Antrag auf Eröffnung eines Insolvenzverfahrens gestellt hat, ist für die Vergabestelle von wesentlicher Bedeutung und hat Einfluss auf die Angebotswertung. Werden solche Umstände von dem Bieter nicht offenbart und Nachfragen in diesem Zusammenhang – hier möglicherweise mangels ausreichender Rückfragen bei dem betreffenden Unternehmen der Bietergemeinschaft – nicht richtig beantwortet, besteht der begründete Verdacht, dass sich der Bieter auch bei Ausführung des Bauauftrages ähnlich nachlässig verhalten wird (OLG Düsseldorf, B. v. 15. 12. 2004 – Az.: VII – Verg 48/04);

- zuverlässig ist, wer die **Gewähr für eine ordnungsgemäße Vertragserfüllung und für eine ordnungsgemäße Betriebsführung** bietet. Hierzu gehört, dass er **bisher seinen gesetzlichen Verpflichtungen nachgekommen** ist, zu denen vor allem die Entrichtung von Steuern und sonstigen Abgaben gehören (OLG Düsseldorf, B. v. 9. 6. 2004 – Az.: VII – Verg 11/04)

- **Rechenfehler** sind nur dann ein Zeichen für mangelnde Zuverlässigkeit, wenn sie bewusst von einem Bieter in ein Vergabeverfahren eingeschmuggelt werden (BGH, Urteil vom 6. 2. 2002 – Az.: X ZR 185/99)

- ein Ausschluss wegen mangelnder Zuverlässigkeit kann dann vorgenommen werden, wenn ein **Bieter wahrheitswidrige Angaben gegenüber dem Auftraggeber macht** und diesen über den Inhalt des Angebots oder die geplante Leistungsausführung täuscht. **Täuscht ein Bieter bei einem früheren Auftrag über einen Nachunternehmereinsatz,** kann ein Ausschluss wegen Unzuverlässigkeit bei einem neuen Auftrag erfolgen (BayObLG, B. v. 27. 7. 2004 – Verg 014/04)

- ein **Rechenfehler begründet keine Unzuverlässigkeit, wenn er offensichtlich ist und kein Fall einer Option auf einen trickhaft erworbenen Gewinn vorliegt,** weil bei rechnerischer Prüfung des Angebots durch den Auftraggeber der Rechenfehler schon aufgrund seiner auffälligen Größenordnung sofort ins Auge fallen musste, der Fehler weder geschickt versteckt war noch sonstige Anzeichen dafür erkennbar waren, dass der Bieter auf ein Übersehen des Fehlers spekuliert hat. In einem solchen Fall ist es nicht gerechtfertigt, allein aufgrund der notwendigen Korrektur eines Rechenfehlers bei der Prüfung nach § 23 VOB/A ein Angebot von der Wertung auszuschließen (VK Brandenburg, B. v. 7. 7. 2003 – Az.: VK 35/03)

- der **Einbau vorsätzlicher Rechenfehler** kann bei der Wertung nach § 25 Nr. 5 zur Nichtberücksichtigung wegen Unzuverlässigkeit führen. **Ungewöhnlich zahlreiche und typisch gleiche Additionsfehler deuten auf vorsätzliche Rechenfehler hin** (VK Arnsberg, B. v. 31. 8. 2001 – Az.: VK 1–12/2001)

- **kritische Presseäußerungen** eines Bieters über ein Vergabeverfahren, die nach Inhalt und Stil nicht unsachlich ausfallen, führen nicht zur Verneinung der Zuverlässigkeit des Bieters (OLG Düsseldorf, B. v. 8. 5. 2002 – Az.: Verg 8–15/01)

- die Nichtberücksichtigung von **schweren Verfehlungen** bei einem formal neuen Bieter, aber wesentlicher Personenidentität ist ermessensfehlerhaft (OLG Düsseldorf, B. v. 18. 7. 2001 – Az.: Verg 16/01)

Gesetz gegen Wettbewerbsbeschränkungen GWB § 97 **Teil 1**

- das Vorliegen eines der in **§ 7 Nr. 5 VOL/A** genannten Tatbestände lässt grundsätzlich auf einen solch gravierenden Mangel an Eignung schließen, dass ein **Ausschluss** zwar **regelmäßig gerechtfertigt nicht aber zwingend geboten** ist (1. VK Bund, B. v. 11. 10. 2002 – Az.: VK 1–75/02)
- in diesem Zusammenhang ist bei der Vergabe öffentlicher Aufträge auch zu berücksichtigen, dass eine **längerfristige Nichtberücksichtigung eines Unternehmens wegen Unzuverlässigkeit (schwere Verfehlungen)** gravierende Folgen für das betroffene Unternehmen haben kann, so dass ein Ausschluss über längere Zeit ohnehin nur bei besonders schwerwiegenden Verstößen gerechtfertigt sein dürfte. Im Umkehrschluss hierzu muss eine **Wiederlassung** des Unternehmens dann möglich sein, wenn es zum Beispiel **bestimmte Vorsorgemaßnahmen im organisatorischen und personellen Bereich** getroffen hat (1. VK Bund, B. v. 11. 10. 2002 – Az.: VK 1–75/02)
- die Wiederzulassung von Unternehmen bei mehr als einjähriger Trennung eines Unternehmens von den Personen, die für **schwere Verfehlungen** verantwortlich waren, ist unbedenklich (1. VK Bund, B. v. 11. 10. 2002 – Az.: VK 1–75/02)
- es erscheint fraglich, ob nach einem Zeitraum von ca. 4 Jahren nach einer **strafrechtlichen Verurteilung** diese Verfehlungen überhaupt noch eine Unzuverlässigkeit im vergaberechtlichen Sinne rechtfertigen können (1. VK Bund, B. v. 11. 10. 2002 – Az.: VK 1–75/02)
- eine **juristische Person** muss sich regelmäßig das **Verschulden (und natürlich auch den Vorsatz) ihrer Mitglieder hinsichtlich falscher Angaben anrechnen** lassen. Das Ergebnis, dass auf diesem Wege an sich weitgehend unabhängige Niederlassungen durch das Fehlverhalten ihrer Mitarbeiter in Zentralen und anderen Niederlassungen betroffen sein können, muss hingenommen werden, da anderenfalls jede Zentrale jede Niederlassung jederzeit exkulpieren könnte und eine Zurechenbarkeit im Sinne der Regelung und letztlich auch im Sinne der zugrunde liegenden europäischen Richtlinie regelmäßig unterlaufen werden könnte (VK Arnsberg, B. v. 22. 10. 2001 – Az.: VK 2–13/2001)
- die Vergabestelle war (zwar nicht gezwungen, aber) befugt, bereits in der Bekanntmachung der Ausschreibung von den Bietern die Vorlage einer „gültigen Freistellungsbescheinigung" oder – mit anderen Worten – einer gültigen **Unbedenklichkeitsbescheinigung des zuständigen Finanzamts** zu verlangen, um sich auf diese Weise rasch und verhältnismäßig sicher über einen wichtigen Aspekt der Zuverlässigkeit des jeweiligen Bieters vergewissern zu können (OLG Düsseldorf, B. v. 24. 6. 2002 – Az.: Verg 26/02)
- weiterhin dient der **Gewerbezentralregisterauszug** zur Prüfung der Zuverlässigkeit und damit der Eignung eines Bieters. Es handelt sich um eine bieterbezogene Erklärung (VK Lüneburg, B. v. 27. 10. 2006 – Az.: VgK-26/2006; 1. VK Bund, B. v. 27. 9. 2002 – Az.: VK 1–63/02)
- die Vorlage **veralteter Gewerbezentralregisterauszüge** führt zum Ausschluss des Angebotes, wenn in den aktuellen Auszügen Eintragungen über Bußgelder für Preisabsprachen enthalten sind (VK Arnsberg, B. v. 22. 10. 2001 – Az.: VK 2–13/2001)
- wird eine Firma mit nachweislich fehlender Zuverlässigkeit von einer Firma, bei der von der Zuverlässigkeit auszugehen ist, übernommen, **kann die fehlende Zuverlässigkeit nicht ohne weiteres auf die übernehmende Firma übertragen** werden (VK Südbayern, B. v. 27. 4. 2001 – Az.: 08–04/01)
- bei einer **Arbeitsgemeinschaft** kann die Zuverlässigkeit nicht differenziert – entsprechend der von den an der Arbeitsgemeinschaft beteiligten Firmen geplanten prozentualen Arbeitsaufteilung – betrachtet werden. Die Arbeitsaufteilung zwischen den beiden Unternehmen ist hinsichtlich der Haftung der Beteiligten im Innenverhältnis der Bietergemeinschaft maßgebend. Eine solche Regelung schafft im Außenverhältnis zum Auftraggeber keine Bindung. Hier besteht im Auftragsfall die erklärte gesamtschuldnerische Haftung eines jeden Mitglieds der Arbeitsgemeinschaft im vollen Umfang für alle eingegangenen Verpflichtungen und Verbindlichkeiten. Aufgrund dieser gesamtschuldnerischen Haftung muss auch die **volle Zuverlässigkeit beider Unternehmen** gegeben sein (VK Hannover, B. v. 12. 3. 2001 – Az.: 26 045 – VgK – 1/2001)

6.8.1.7 Angabe der Gewichtung der Eignungskriterien
6.8.1.7.1 Rechtsprechung des Europäischen Gerichtshofes. Ein öffentlicher Auftraggeber, der im Rahmen eines nicht offenen Verfahrens **im Voraus Regeln für die Gewichtung** 429

Teil 1 GWB § 97   Gesetz gegen Wettbewerbsbeschränkungen

der Kriterien für die Auswahl der Bewerber, die zur Abgabe eines Angebots aufgefordert werden, **aufgestellt hat, ist verpflichtet, diese Regeln in der Auftragsbekanntmachung oder in den Ausschreibungsunterlagen anzugeben** (EuGH, Urteil vom 12. 12. 2002 – Az.: C-470/99; OLG München, B. v. 28. 4. 2006 – Az.: Verg 6/06).

430   **6.8.1.7.2 Sonstige Rechtsprechung.** In Ergänzung dieser Rechtsprechung wurde die Verpflichtung zur Angabe der Gewichtung der Eignungskriterien weiter ausgedehnt.

431   Nach der **Rechtsprechung des Europäischen Gerichtshofs** (Urteil vom 12. 12. 2002 – Az.: C-470/99) kann sich der öffentliche Auftraggeber, **wenn** er **eine Gewichtung der zur Anwendung vorgesehenen Eignungskriterien vorgenommen hat,** nicht darauf beschränken, diese Kriterien lediglich in den Verdingungsunterlagen oder in der Bekanntmachung zu benennen, sondern er muss den Bietern außerdem die vorgesehene Gewichtung mitteilen. Die dem öffentlichen Auftraggeber dadurch auferlegte **Verpflichtung bezweckt** gerade, den potenziellen Bietern vor der Vorbereitung ihrer Angebote die Zuschlagskriterien, denen diese Angebote entsprechen müssen, und die relative Bedeutung dieser Kriterien bekannt zu machen, um so die **Beachtung der Grundsätze der Gleichbehandlung der Bieter und der Transparenz zu gewährleisten** (OLG München, B. v. 28. 4. 2006 – Az.: Verg 6/06; OLG Düsseldorf, B. v. 29. 10. 2003 – Az.: Verg 43/03).

432   Eine **vorherige Bekanntgabe der Reihenfolge und Gewichtung der Eignungskriterien** wird auch **von** der Vorschrift des **§ 10 Abs. 3 VOF (a. F. und n. F.) ausdrücklich nicht gefordert** (VK Baden-Württemberg, B. v. 28. 10. 2004 – Az.: 1 VK 67/04). Es findet sich lediglich in der die Auftrags- oder Zuschlagskriterien betreffenden Vorschrift des § 16 Abs. 3 VOF (a.F.) die Bestimmung, der Auftraggeber habe in der Aufgabenbeschreibung oder in der Vergabebekanntmachung alle Auftragskriterien anzugeben, deren Anwendung vorgesehen sei, und zwar „möglichst in der Reihenfolge der ihnen zuerkannten Bedeutung". Hiervon sind die der Eignungsbewertung zugrunde liegenden Kriterien und deren Bekanntmachung für die Bewerber zu unterscheiden. In der diese Bekanntmachung betreffenden **Vorschrift des § 10 Abs. 3 VOF fehlt eine der Regelung in § 16 Abs. 3** („möglichst in der Reihenfolge der ihnen zuerkannten Bedeutung") **entsprechende Bestimmung.** Die der Vorbereitung der Zuschlagswertung geltende Regelung in § 16 Abs. 3 VOF ist **auf die rechtsähnliche Vorschritt des § 10 Abs. 3 VOF nicht zu übertragen.** Dies ist nach den allgemeinen vergaberechtlichen Prinzipien, und zwar namentlich gemäß den in § 97 Abs. 1 und Abs. 2 GWB normierten Grundsätzen des Wettbewerbs, der Transparenz und der Gleichbehandlung in Vergabeverfahren, nicht geboten. Denn jene Grundsätze verlangen nicht ohne weiteres, der öffentliche Auftraggeber habe die Reihenfolge der Kriterien, die er an die Prüfung der Eignung von Bewerbern anzulegen gedenkt, und deren Gewichtung schon bei der Bekanntmachung der Wertungskriterien anzugeben. Mögliche Bewerber können vielmehr allein der Bekanntmachung der Eignungskriterien entnehmen, dass der Auftraggeber den genannten Gesichtspunkten maßgebende Bedeutung dafür beizulegen beabsichtigt, welche Bewerber er als geeignet für eine Durchführung des Auftrags zu Verhandlungen auffordert. Die Bewerber sind ebenfalls in der Lage zu prüfen, ob ihr Unternehmen, Büro oder die durch den projektbezogenen Zusammenschluss gebildete Einheit den bekannt gegebenen Kriterien gerecht werden kann. Damit ist dem Gebot der Transparenz genügt. Die Bewerber haben daher Gelegenheit, in ihrer Bewerbung aussagekräftige und wertungsfähige Angaben hinsichtlich der bekannt gegebenen Eignungsgesichtspunkte zu machen; sie können diese in einen Wettbewerb mit den Mitbewerbern einstellen. Der Wettbewerbsgrundsatz bleibt dadurch gewahrt. Behält sich der Auftraggeber die Gewichtung der bei der Eignungsprüfung heranzuziehenden Merkmale vor, sind – speziell hiervon ausgehend – auch benachteiligende Auswirkungen für einzelne Bewerber nicht zu befürchten (OLG Düsseldorf, B. v. 29. 10. 2003 – Az.: Verg 43/03; im Ergebnis ebenso 3. VK Bremen, B. v. 16. 12. 2004 – Az.: VK 4/04).

433   **6.8.1.7.3 Zeitpunkt der Gewichtung der Auswahlkriterien.** Die **vergaberechtlichen Bestimmungen zwingen den öffentlichen Auftraggeber nicht dazu, vor der Vergabebekanntmachung Regeln über die Bewertung der Auswahlkriterien und deren jeweilige Gewichtung aufzustellen und diese den Bewerbern mitzuteilen** (etwa, indem er für jeden Fall einer Auftragsvergabe oder für alle Auftragsvergaben generell eine Bewertungsmatrix entwickelt, in der die Auswahlgesichtspunkte ihrer Bedeutung entsprechend zur Geltung kommen, und indem er diese den Bewerbern mit der Bekanntmachung zugänglich macht). Die vergaberechtlichen Gebote der Gleichbehandlung der Bewerber und der Transparenz des Vergabeverfahrens verlangen vom Auftraggeber nur, dass er die Bewerber über die von ihm tatsächlich bereits aufgestellten Regeln für eine Gewichtung der Auswahlkriterien nicht in Unkenntnis lässt.

Ein gewisses **Indiz für die Richtigkeit dieser Differenzierung bildet auch der Wortlaut des § 16 Abs. 3 VOF,** in dem (in gleicher Weise wie auch in § 10a, 1. Spiegelstrich VOB/A) von der Bekanntgabe der den Zuschlagskriterien „zuerkannten" Bedeutung die Rede ist. Die Wahl der Vergangenheitsform bestärkt die Auslegung, dass dem öffentlichen Auftraggeber eine Bekanntgabe der Bedeutung von Wertungskriterien – und zwar auch von Eignungskriterien – nur obliegt, sofern er deren Gewicht und Bedeutung für die Wertung vorher bereits festgelegt hat (OLG Düsseldorf, B. v. 29. 10. 2003 – Az.: Verg 43/03; VK Südbayern, B. v. 25. 10. 2004 – Az.: 35–05/04).

6.8.1.7.4 **Ab dem 1. 2. 2006 geltendes Recht für die Gewichtung der Eignungskriterien. Ab dem 1. 2. 2006** gilt die **Richtlinie 2004/18/EG** des Europäischen Parlaments und des Rates vom 31. März 2004 über die Koordinierung der Verfahren zur Vergabe öffentlicher Bauaufträge, Lieferaufträge und Dienstleistungsaufträge **unmittelbar.** Aus der Richtlinie ergibt sich **nur eine Pflicht zur Gewichtung der Zuschlagskriterien, nicht aber eine Pflicht zur Gewichtung der Eignungskriterien** (OLG München, B. v. 28. 4. 2006 – Az.: Verg 6/06). 434

6.8.1.7.5 **VOB/A 2006, VOL/A 2006, VOF 2006. VOB/A 2006, VOL/A 2006 und VOF 2006 übernehmen die Regelungen der Vergabekoordinierungsrichtlinie.** Danach ist **nur die Gewichtung der Zuschlagskriterien,** nicht aber die **Gewichtung der Eignungskriterien** anzugeben. 435

6.8.1.8 Feststellung der Eignung

6.8.1.8.1 **Eignungsprüfung als eigene Wertungsstufe im Rahmen der Wertung.** Bei der Eignungsprüfung handelt es sich um eine **eigene Wertungsstufe** im Rahmen der Prüfung und Wertung von Angeboten, die mit der Feststellung der Eignung oder Nichteignung der Bieter endet. In die engere Wahl kommen nur Bieter, deren generelle Eignung bejaht wird. 436

Liegt die Eignung nicht vor, weil z.B. die Bieter nicht die erforderliche Zuverlässigkeit und Fachkunde besitzen oder die zur Erbringung der ausgeschriebenen Leistungen (ganz oder teilweise) außer Stande sind, handelt es sich um einen **zwingenden Ausschlussgrund, der vom öffentlichen Auftraggeber bis zum Abschluss des Vergabeverfahrens** – d.h. bis zur rechtswirksamen Zuschlagserteilung – **zu beachten ist** (OLG Düsseldorf, B. v. 5. 5. 2004 – Az.: VII – Verg 10/04). 437

6.8.1.8.2 **Eignungsprüfung auf den nachfolgenden Wertungsstufen.** 438
6.8.1.8.2.1 **Grundsatz der Trennung von Eignungs- und Zuschlagskriterien.** Nach § 97 Abs. 4 GWB sind Aufträge an fachkundige, leistungsfähige und zuverlässige Unternehmen zu vergeben. In einem **gesonderten Prüfungsschritt** hat der Auftraggeber somit festzustellen, ob die Unternehmen oder Einzelpersonen, die sich durch Angebotsabgabe an seinem Vergabeverfahren beteiligt haben, diese **Eigenschaften erfüllen.** Nur die Angebote derjenigen Unternehmen oder Einzelpersonen, bei denen der Auftraggeber das Vorliegen von Fachkunde, Leistungsfähigkeit und Zuverlässigkeit bejaht hat, sind dann **in einem weiteren Wertungsschritt miteinander zu vergleichen.** Bei diesem Angebotsvergleich wiederum wendet der Auftraggeber die von ihm anfänglich festgelegten Zuschlagskriterien an. Er **darf grundsätzlich nicht,** wie der systematische Aufbau der Vorschriften des § 97 Abs. 4 und 5 GWB zeigt, **bei der Angebotsbewertung nochmals einfließen lassen, von welchem der Unternehmen ein Angebot stammt, ob es also von einem aus seiner Sicht besonders leistungsfähigen oder besonders erfahrenen Unternehmen abgegeben wurde** (VK Baden-Württemberg, B. v. 7. 10. 2005 – Az.: 1 VK 56/05; 2. VK Bund, B. v. 10. 12. 2003 – Az.: VK 1–116/03; VK Magdeburg, B. v. 8. 5. 2003 – Az.: 33–32571/07 VK 04/03 MD). Deshalb sind Zuschlagskriterien „Erfahrung auf dem Gebiet der Lieferung von Lernmitteln", „Zuverlässigkeit" und „Serviceleistungen" nicht zulässig (VK Düsseldorf, B. v. 14. 7. 2003 – Az.: VK – 19/2003 – L; VK Nordbayern, B. v. 27. 6. 2003 – Az.: 320.VK-3194–20/03; VK Münster, B. v. 21. 8. 2003 – Az.: VK 18/03).

Eignung und Wertung sind also zwei unterschiedliche Vorgänge, die unterschiedlichen Regeln unterliegen (EuGH, Urteil vom 19. 6. 2003 – Rechtssache C-315/01; 2. VK Bund, B. v. 29. 3. 2006 – Az.: VK 2–11/06; VK Düsseldorf, B. v. 11. 1. 2006 – Az.: VK – 50/2005 – L). Es **verstößt daher auch gegen die Richtlinie 93/36 (Lieferkoordinierungsrichtlinie),** wenn im Rahmen eines Verfahrens zur Vergabe eines öffentlichen Auftrags der Auftraggeber die **Zahl der Referenzen über die von den Bietern anderen Kunden angebotenen Produkte** nicht als Kriterium für die Prüfung der fachlichen Eignung der Bieter 439 zur Durchführung des betreffenden Auftrags, sondern als **Zuschlagskriterium** berücksichtigt (EuGH, Urteil vom 19. 6. 2003 – Rechtssache C-315/01).

440 Ein **„Mehr an Eignung" ist daher grundsätzlich kein zulässiges Wertungskriterium** (BGH, Urteil vom 16. 10. 2001 – Az.: X ZR 100/99; BayObLG, B. v. 3. 7. 2002 – Az.: Verg 13/02; ; VK Düsseldorf, B. v. 11. 1. 2006 – Az.: VK – 50/2005 – L; VK Baden-Württemberg, B. v. 7. 10. 2005 – Az.: 1 VK 56/05; 1. VK Sachsen, B. v. 4. 4. 2005 – Az.: 1/SVK/025–05; VK Südbayern, B. v. 21. 9. 2004, Az.: 120.3–3194.1–54–08/04; 2. VK Bund, B. v. 29. 3. 2006 – Az.: VK 2–11/06; B. v. 10. 2. 2004 – Az.: VK 2–150/03; VK Nordbayern, B. v. 27. 6. 2003 – Az.: 320.VK-3194–20/03; VK Südbayern, B. v. 21. 7. 2003 – Az.: 26–06/03). Der Auftraggeber ist nach **Treu und Glauben im allgemeinen gehindert,** im weiteren Verlauf des Vergabeverfahrens von seiner ursprünglichen Beurteilung abzurücken und bei unveränderter Sachlage die Zuverlässigkeit, fachliche Eignung oder Leistungsfähigkeit des Bieters nunmehr zu verneinen (OLG Düsseldorf, B. v. 4. 12. 2002 – Az.: Verg 45/01).

441 So wenig im Rahmen der Angebotswertung ein „Mehr an Eignung" im Bietervergleich berücksichtigt werden darf, so wenig geht es an, dass ein Auftraggeber aus seiner Sicht **bestehende fachliche Mängel in einzelnen Angebotsaspekten zum Anlass nimmt, dem Bieter generell mangelnde Fachkunde vorzuhalten** und diesen **Eignungsaspekt dann in die Angebotswertung einfließen** zu lassen (OLG Dresden, B. v. 9. 1. 2004 – Az.: WVerg 16/03).

442 **6.8.1.8.2.2 Ausnahmen. 6.8.1.8.2.2.1 VOF-Verfahren.** Hiervon lässt die Rechtsprechung **bei VOF-Verfahren eine Ausnahme** zu. Die vollständige Trennung der beiden Stufen im Bereich der nicht beschreibbaren freiberuflichen Dienstleistungen gilt als schwierig und im Regelfall nicht möglich, soweit die Auftragsvergabe nicht auf einem konkreten Leistungsangebot, sondern weitgehend auf einer Prognoseentscheidung beruht, die lediglich die personellen Qualifikationen, Kapazitäten und Referenzen über früher erbrachte Planungsleistungen des Bieters berücksichtigen kann. Dies ist Verfahren nach VOF der Fall, sodass eine Berücksichtigung von Qualifikationskriterien auch bei der Bewertung der bestmöglichen Leistung gemäß § 16 Abs. 1 VOF zuzulassen ist (OLG Rostock, B. v. 16. 5. 2001 – Az.: 17 W 1/01, 17 W 2/01; ähnlich VK Brandenburg, B. v. 12. 5. 2004 – Az.: VK 8/04).

443 Diese **Rechtsprechung ist allerdings umstritten.** Vgl. zu den **Einzelheiten die** Kommentierung zu § 16 VOF RZ 8277.

444 **6.8.1.8.2.2.2 Nachträgliche Feststellungen zur Eignung.** Eine **weitere Ausnahme** ist möglich, wenn die Vergabestelle von schweren Verfehlungen **erst nachträglich** – also zu einem Zeitpunkt, in dem z. B. ein neu gegründetes Unternehmen nach dem Teilnahmewettbewerb bei Beschränkter Ausschreibung bereits zum weiteren Angebotswettbewerb zugelassen worden ist – **erfährt;** dann ist der Auftraggeber nicht gehindert und sogar verpflichtet, die Zuverlässigkeits- und Zulassungsprüfung nochmals aufzugreifen (OLG Düsseldorf, B. v. 18. 7. 2001 – Az.: Verg 16/01; im Ergebnis und zwar ganz allgemein für neue Erkenntnisse – ebenso VK Hessen, B. v. 9. 2. 2004 – Az.: 69 d – VK – 79/2003 + 80/2003, B. v. 18. 4. 2002 – Az.: 69 d VK – 12/2002; 1. VK Brandenburg, B. v. 26. 8. 2005 – Az.: 1 VK 49/05; VK Münster, B. v. 4. 12. 2003 – Az.: VK 21/03; VK Lüneburg, B. v. 2. 4. 2003 – Az.: 203-VgK-08/2003).

445 Ist erst **im Rahmen eines Nachprüfungsverfahrens** bei der Prüfung der unangemessen niedrigen Preise anlässlich des Aufklärungsgespräches die **konkrete Gefahr für den Auftraggeber** deutlich geworden, dass ein Bieter die ausgeschriebene Leistung nicht ordnungsgemäß erbringen wird, **kann die fehlende Eignung auch noch zu diesem Zeitpunkt berücksichtigt werden** (BayObLG, B. v. 18. 9. 2003 – Az.: Verg 12/03).

446 Wenn die Vergabestelle erst **nachträglich** – also nach Angebotsabgabe – **erfährt,** dass über das **Vermögen eines Bieters das Insolvenzverfahren eröffnet** oder die Eröffnung beantragt worden ist, ist sie **nicht gehindert und sogar verpflichtet, die Prüfung der Leistungsfähigkeit nochmals aufzugreifen** (1. VK Brandenburg, B. v. 30. 6. 2005 – Az.: VK 29/05).

447 **6.8.1.8.2.2.3 Künftig zu erstellendes Forschungsvorhaben.** Bei einem erst zukünftig zu erstellenden Forschungsvorhaben muss es einer Vergabestelle möglich sein, die Qualifikation des Bieters selbst als Grundlage der Vergabeentscheidung heranzuziehen. **Nur so kann sie prognostizieren, welcher der Bieter voraussichtlich die in qualitativer Hinsicht besten Forschungsergebnisse liefern wird** (2. VK Bund, B. v. 26. 9. 2003 – Az.: VK 2–66/03).

448 **6.8.1.8.2.2.4 Besondere Erfahrungen eines Bieters, die sich leistungsbezogen auswirken.** Statthaft ist, **besondere Erfahrungen eines Bieters dann in die letzte Wertungsstufe** einzustellen, **wenn sie sich leistungsbezogen auswirken,** sie namentlich die Gewähr

für eine bessere Leistung bieten (OLG Düsseldorf, B. v. 5. 2. 2003 – Az.: Verg 58/02; 2. VK Bund, B. v. 29. 3. 2006 – Az.: VK 2–11/06; VK Südbayern, B. v. 21. 9. 2004, Az.: 120.3–3194.1–54–08/04) und dies den Bietern schon mit der Ausschreibung bekannt gemacht wurde (2. VK Bund, B. v. 29. 3. 2006 – Az.: VK 2–11/06; VK Lüneburg, B. v. 15. 11. 2005 – Az.: VgK-48/2005; VK Südbayern, B. v. 21. 9. 2004, Az.: 120.3–3194.1–54–08/04). Ausnahmsweise kann es also im Hinblick auf die **speziellen Anforderungen eines Bauvorhabens** im Einzelfall gerechtfertigt sein, einen Bieter den anderen, weniger leistungsfähigen, zuverlässigen und fachkundigen Bietern vorzuziehen (2. VK Bund, B. v. 10. 12. 2003 – Az.: VK 1–116/03).

6.8.1.8.2.2.5 Nicht gerügte Eignungskriterien. Etwas anders gilt auch, wenn fälschlicherweise ein **Eignungskriterium** – z. B. die Fachkunde – **als Zuschlagskriterium verlautbart** wurde und **dies vom Bieter nicht bis zur Angebotsabgabe gegenüber dem Auftraggeber gerügt worden** ist. Denn dann kann auch die Vergabekammer den Auftraggeber nicht verpflichten, verbindliche „Zuschlagskriterien", auf die sich sämtliche Bieter vor Angebotsabgabe eingestellt haben und dies auch durften, nunmehr bei der entscheidenden Auswahl unbeabsichtigt zu lassen (1. VK Sachsen, B. v. 4. 4. 2005 – Az.: 1/SVK/025–05). 449

6.8.1.8.3 Nachträgliche Beseitigung von Wertungsfehlern bei der Eignung. Vgl. dazu die Kommentierung RZ 807. 450

6.8.1.8.4 Allgemeiner Ablauf der Eignungsprüfung. Bei der Eignungsprüfung handelt es sich nicht um ein streng schematisiertes und objektivistes Verfahren, in dem nur offizielle Bescheinigungen und Nachweise zählen. Vielmehr handelt es sich um **ein weitgehend formloses Verfahren** (VK Sachsen, B. v. 3. 11. 2005 – Az.: 1/SVK/125–05; VK Lüneburg, B. v. 14. 1. 2002 – Az.: 203-VgK-22/2001), in dessen Rahmen der Auftraggeber bei seiner Entscheidungsfindung weitgehend frei ist (VK Sachsen, B. v. 3. 11. 2005 – Az.: 1/SVK/125–05; VK Baden-Württemberg, B. v. 14. 1. 2005 – Az.: 1 VK 87/04; VK Hessen, B. v. 16. 1. 2004 – Az.: 69 d VK – 72/2003). 451

6.8.1.8.5 Möglichkeiten der Feststellung der Eignung. 6.8.1.8.5.1 Grundsatz. Die Rechtsprechung hierzu ist nicht einheitlich. 452

Bei der Eignungsprüfung steht es öffentlichen Auftraggebern **grundsätzlich frei, auf welche Art und Weise** sie sich Kenntnis über die Eignung der Bieter verschaffen (VK Baden-Württemberg, B. v. 14. 1. 2005 – Az.: 1 VK 87/04). Allerdings müssen die geforderten Unterlagen als Nachweis geeignet sein und bereits in den Ausschreibungsbedingungen bekannt gemacht werden. 1. VK Bund, B. v. 22. 7. 2002 – Az.: VK 1–59/02). 453

Die 2. Vergabekammer des Bundes sieht hingegen **den in § 7a VOL/A angegebenen Kriterienkatalog als abschließend** an; weitere Merkmale könne der Auftraggeber nicht heranziehen (2. VK Bund, B. v. 23. 5. 2002 – Az.: VK 2–18/02). 454

6.8.1.8.5.2 Art der geforderten Nachweise. Die Vergabestelle **kann bestimmen, welche Qualität von Nachweisen** sie im konkreten Vergabeverfahren genügen lässt. Sie ist in der **Entscheidung frei, ob sie offizielle Bescheinigungen verlangt oder inoffizielle, insbesondere Eigenerklärungen, genügen lässt. Unklarheiten und Widersprüchlichkeiten** in den Anforderungen bezüglich der geforderten Eignungsnachweise **gehen jedoch zu ihren Lasten,** wobei der **Empfängerhorizont entscheidend** ist (OLG Düsseldorf, B. v. 9. 6. 2004 – Az.: VII – Verg 11/04). 455

6.8.1.8.5.3 Gültigkeitsdauer von geforderten Nachweisen. Sehen die Ausschreibungsunterlagen zwingend vor, dass die Bieter ihre Eignung zur Auftragsdurchführung innerhalb der Frist zur Angebotsabgabe nachzuweisen haben, und ist ein bestimmter Termin zur Abgabe der geforderten Eignungsnachweise vorgesehen, **kommt es darauf an, dass die Unterlagen zu diesem Zeitpunkt Gültigkeit haben** (OLG Düsseldorf, B. v. 9. 6. 2004 – Az.: VII – Verg 11/04). 456

Schreibt der öffentliche Auftraggeber einen **Auftrag mit einer Leistungszeit von 36 Monaten** aus und fordert er zulässigerweise bestimmte Eignungsnachweise (z. B. Forderung nach einem Grundbuchauszug oder Mietvertrag, Forderung ach einer Erlaubnis gemäß § 3 GüKG), müssen die **Eignungsnachweise auch ohne besonderen Hinweis die gesamte Vertragslaufzeit abdecken** (OLG Düsseldorf, B. v. 24. 5. 2006 – Az.: VII – Verg 14/06). 457

6.8.1.8.5.4 Anforderungen an den Inhalt der geforderten Nachweise. Es obliegt dem Bewerber bzw. Bieter selbst, die **geforderten Nachweise so vorzulegen, dass der Auftraggeber dessen Eignung ohne weitere Nachforschungen prüfen kann.** Es würde wiederum den Grundsätzen eines transparenten, chancengleichen Bieterwettbewerbs widersprechen, 458 wenn ein Auftraggeber verpflichtet wäre, unvollständige Angaben eines Bewerbers durch weitere Recherchen zu vervollständigen. **Die Darlegungs- und Beweislast trägt nach allgemeinen Grundsätzen der Bewerber selbst,** ebenso gehen Unklarheiten seiner Bewerbung zu seinen Lasten (3. VK Bund, B. v. 19. 10. 2004 – Az.: VK 3–191/04).

459 6.8.1.8.5.5 **Abfrage von Referenzen.** 6.8.1.8.5.5.1 **Sinn und Zweck.** Referenzen dienen zum Beleg dafür, dass **der Bieter dem ausgeschriebenen Auftrag vergleichbare Leistungen schon erfolgreich erbracht hat und damit die Gewähr dafür bietet, auch den zu vergebenden Auftrag zufrieden stellend zu erledigen** (VK Düsseldorf, B. v. 11. 1. 2006 – Az.: VK – 50/2005 – L).

460 Bei einer Referenz geht es **inhaltlich allgemein um den Nachweis konkreter praktischer Erfahrungen eines Bewerbers,** die sich nur über die Durchführung entsprechender Vorhaben oder ihrer weitgehenden Durchführung gewinnen lassen (VK Münster, B. v. 9. 3. 2004 – Az.: VK 02/04; VK Lüneburg, B. v. 14. 2. 2003 – Az.: 203-VgK-35/2002).

461 Dazu **kann der Nachweis genügen,** dass der **Bieter** in dem genannten Zeitraum **einen Auftrag für nur einen Auftraggeber durchgeführt** hat, sofern dieser Auftrag nach Gegenstand und Umfang im Hinblick auf vorliegende Vergabe aussagekräftig ist (OLG Celle, B. v. 11. 3. 2004 – Az.: 13 Verg 03/4; VK Düsseldorf, B. v. 11. 1. 2006 – Az.: VK – 50/ 2005 – L).

462 6.8.1.8.5.5.2 **Eine mögliche Alternative zur Prüfung der Eignung.** Die **Abforderung von Referenzen ist nur eine von mehreren Möglichkeiten des Auftraggebers,** sich einen Überblick über die fachliche Eignung und die Zuverlässigkeit eines Bieters zu verschaffen. Fehlen die Referenzen, etwa weil es sich noch um ein junges Unternehmen handelt, ist der Auftraggeber grundsätzlich verpflichtet, zu erkunden, ob andere Anhaltspunkte für die Zuverlässigkeit und Leistungsfähigkeit dieses Bieters vorliegen (1. VK Sachsen, B. v. 25. 6. 2001 – Az.: 1/SVK/48–01).

463 6.8.1.8.5.5.3 **Bedeutung der Referenzen für die Prüfung der Eignung.** Es ist **nicht zu beanstanden,** wenn ein Auftraggeber bei der Eignung und Zuverlässigkeit der Bieter **maßgeblich auf die Einholung und Auswertung von Referenzen abstellt.** Die Einholung von Referenzen stellt eine geeignete, vergaberechtskonforme Maßnahme dar, die es dem Auftraggeber erleichtert, die Eignungsprüfung im Rahmen der Angebotswertung durchzuführen (VK Lüneburg, B. v. 5. 1. 2004 – Az.: 203-VgK-37/2003).

464 Die **Forderung in den Bewerbungsbedingungen** für einen Dienstleistungsauftrag, dass mit dem Angebot **bestimmte Referenzen vorzulegen** sind, stellt **regelmäßig keine Mindestanforderung** in dem Sinne dar, dass sämtliche Ansprüche, mit denen die geforderten Referenzen nicht vorgelegt werden, zwangsläufig auszuschließen sind. Vielmehr können solche Angebote nur ausgeschlossen werden (§ 25 Nr. 1 Abs. 2a VOL/A). Will der Auftraggeber der **Forderung die weitergehende Bedeutung einer Mindestanforderung geben, so muss er dies eindeutig zum Ausdruck** bringen (OLG Düsseldorf, B. v. 27. 7. 2005 – Az.: VII – Verg 108/04; OLG Celle, B. v. 11. 3. 2004 – Az.: 13 Verg 3/04).

465 6.8.1.8.5.5.4 **Zulässige Art der Referenzen.** Erforderlich, aber auch ausreichend, ist die **Vorlage solcher Referenzen, die den hinreichend sicheren Schluss zulassen, dass der betreffende Bieter über die für eine ordnungsgemäße Durchführung des ausgeschriebenen Auftrags erforderliche Fachkunde und Leistungsfähigkeit verfügt.** Alle Referenzen, die diese Anforderung erfüllen, sind Referenzen zu vergleichbaren Aufträgen im Sinne der Referenzanforderung (OLG Düsseldorf, B. v. 5. 2. 2003 – Az.: Verg 58/02).

466 **Fordert der Auftraggeber Referenzen über durchgeführte vergleichbare Leistungen, genügt die Angabe von Rahmenverträgen als Referenz nicht.** Allein der Abschluss von Rahmenverträgen belegt nicht, dass ein Bieter über die notwendige Fachkunde, Erfahrung und Zuverlässigkeit zur Ausführung von konkreten ausgeschriebenen Aufträgen verfügt (OLG Düsseldorf, B. v. 2. 1. 2006 – Az.: VII – Verg 93/05).

467 Vergleichbarkeit bedeutet nicht Gleichheit, sondern dass ein Bewerber **bereits Aufgaben ausgeführt** hat, die im technischen Bereich und hinsichtlich der Organisation der nachgefragten Leistung **einen etwa gleich hohen oder höheren Schwierigkeitsgrad aufweisen** müssen (1. VK Sachsen, B. v. 21. 7. 2005 – Az.: 1/SVK/076–05; VK Brandenburg, B. v. 25. 8. 2002 – Az.: VK 45/02).

468 6.8.1.8.5.5.5 **Anforderungen an die Wertung von Referenzen.** Bei der Eignungsprognose und der zuvor durchzuführenden Auswertung hat der Auftraggeber den **Gleichheits-**

grundsatz zu beachten. Dieser verbietet es grundsätzlich, eine Referenzabfrage nur bei einem Bieter und nicht etwa bei allen Bietern durchzuführen (VK Münster, B. v. 21. 8. 2003 – Az.: VK 18/03). Im Einzelfall kann der Auftraggeber bei **Bewerbern, die ihm bekannt sind,** von der Einreichung von Eignungsnachweisen gänzlich absehen (VK Lüneburg, B. v. 14. 1. 2002 – Az.: 203-VgK-22/2001; **anderer Auffassung** VK Düsseldorf, B. v. 7. 10. 2005 – VK – 22/2005 – B).

Die **Ersetzung von** durch die Vergabestelle geforderten **Eignungsnachweisen durch** – lediglich – **Eignungserklärungen** eines Bieters ist nicht zulässig (OLG Naumburg, B. v. 26. 2. 2004 – Az.: 1 Verg 17/03; VK Nordbayern, B. v. 19. 7. 2002 – Az.: 320.VK-3194–20/02). 469

Nach anderer Auffassung ist **gegen die Zulassung von Eigenerklärungen anstelle geforderter Nachweise oder in Verbindung mit diesen nichts einzuwenden, solange ein faires und transparentes Verfahren gewahrt bleibt.** Denn das weite Ermessen, das z.B. § 11 VOF der Vergabestelle lässt, erlaubt es ihr auch, auf Nachweise zu verzichten, soweit sie die Erfüllung der Anforderungen auf andere Weise als sichergestellt ansieht. Die Kriterien hierfür müssen nur für Außenstehende nachvollziehbar und so gestaltet sein, dass kein Bewerber benachteiligt wird (VK Berlin, B. v. 1. 11. 2004 – Az.: VK – B 2–52/04). 470

Das **Wort „Nachweis" ist im Sinne von „Beleg" zu verstehen.** Ist die Art der Belege in der Bekanntmachung nicht definiert, sind **Fremd- und Eigenbelege zulässig.** Bei der Wahl von Eigenbelegen sind mangels näherer Bestimmung selbst hergestellte Urkunden und Eigenerklärungen zugelassen. **Eigenerklärungen müssen** die Voraussetzungen eines „Nachweises" erfüllen, d.h. richtig, **vollständig und aus sich heraus verständlich sein** (OLG Düsseldorf, B. v. 6. 7. 2005 – Az.: VII – Verg 22/05). **Anderer Auffassung** ist insoweit die **VK Baden-Württemberg.** Danach bedeutet der Begriff **„Nachweis" eine Bestätigung von dritter Stelle** und nicht eine eigene Erklärung (VK Baden-Württemberg, B. v. 23. 3. 2006 – Az.: 1 VK 6/06). 471

Referenzen sind in erster Linie personengebunden. Ein Bieter kann daher auch auf die für ein **Tochter- oder Schwesterunternehmen ausgestellten Referenzen** zurückgreifen, sofern dieses mit ihm personell weitgehend identisch ist (VK Lüneburg, B. v. 14. 2. 2003 – Az.: 203-VgK-35/2002). 472

Die Berufung auf **Referenzen eines insolventen, vom Bieter übernommenen Unternehmens** ist **vergaberechtlich nicht zu beanstanden** (2. VK Bund, B. v. 27. 8. 2002 – Az.: VK 2–60/02), wenn **sichergestellt** ist, dass der Bieter den ausgeschriebenen Auftrag vollständig oder zumindest zu einem ganz überwiegenden Teil durch das **Personal der früheren Firma durchführen** wird (VK Münster, B. v. 9. 3. 2004 – Az.: VK 02/04; VK Südbayern, B. v. 27. 4. 2001 – Az.: 08–04/01). 473

Ein Bieter, der durch **Neugründung** aus einem Unternehmen hervorgegangen ist, die **gleichen Personen beschäftigt, über das bisher vorhandene Know-how verfügt und mit im Wesentlichen denselben Anlagen und Werkzeugen arbeitet,** kann auf Nachfrage des Auftraggebers **auch auf Arbeiten als Referenz verweisen, die dieselben Mitarbeiter in der früheren Firma erbracht** haben (2. VK Brandenburg, B. v. 15. 11. 2005 – Az.: 2 VK 64/05). 474

Nennt ein Bieter zwei Referenzkunden, die keine Referenz abgeben können und benennt der Bieter daraufhin als Referenz einen weiteren Kunden, ist der Auftraggeber nicht verpflichtet, diese Referenz zu überprüfen. Der **Auftraggeber muss nicht weitergehende Ermittlungsbemühungen durchführen, wenn sich die ursprünglich benannten Referenzen für ihn als untauglich erweisen** (2. VK Bund, B. v. 4. 3. 2004 – Az.: VK 2–134/03). 475

Fordert der Auftraggeber von den Bietern die Benennung inhaltlich vergleichbarer Referenzobjekte, kann eine **Aufstellung über alle Aufträge eines Bieters z.B. seit dem Jahre 2000 nicht als taugliche Referenzliste** anerkannt werden, wenn weder nähere Angaben zum Umfang des Auftrags noch zu den Auftraggebern enthalten sind und eine Verifizierung bzw. Nachfrage bei nahezu bei allen „Referenz"-Objekten ausgeschlossen ist. Es ist einer **Vergabestelle weder zumutbar noch möglich,** unter diesen Umständen aus einer Vielzahl von Objekten selbst diejenigen auszuwählen, die eventuell eine Vergleichbarkeit zum ausgeschriebenen Auftrag aufweisen (OLG Naumburg, B. v. 11. 10. 2005 – Az.: 1 Verg 10/05). 476

Fordert der Auftraggeber eine **Referenzliste für vergleichbare Leistungen sowohl in Zusammenarbeit mit dem Auftraggeber als auch Dritten,** ist eine solche Formulierung nicht dahingehend zu verstehen, dass ein Bieter, der in der Vergangenheit aus- 477

Teil 1 GWB § 97   Gesetz gegen Wettbewerbsbeschränkungen

schließlich für den Auftraggeber tätig gewesen ist, für den zu vergebenden Auftrag ungeeignet ist. Vielmehr ist die Vorschrift so zu verstehen, dass die Liste vollständig alle vom Bieter erbrachten Leistungen enthalten muss und zwar sowohl solche, die für den Auftraggeber erbracht worden sind als auch ggf. solche, die für andere Auftraggeber erfolgt sind (1. VK Bund, B. v. 28. 9. 2005 – VK 1–119/05).

478   Grundsätzlich kann sich zwar ein Unternehmen im Vergabeverfahren **auf Eignungsnachweise eines mit ihm verbundenen Unternehmens** beziehen. Es ist dabei allerdings zu belegen, dass dieses über die zur Ausführung des Auftrages erforderlichen **Mittel des anderen Unternehmens verfügen kann.** Allein ein pauschaler Hinweis, dass ein Unternehmen eine 100%-ige Tochter ist, reicht nicht aus (VK Magdeburg, B. v. 24. 3. 2003 – Az.: 33–32571/07 VK 03/03 MD).

479   Besteht ausweislich der Bewerbungsunterlagen eine **weitgehende Identität zwischen den Personen,** die **bisher für das Schwesterunternehmen eines Bewerbers gearbeitet** haben, **und dem Management-Team** für den von der Vergabestelle **ausgeschriebenen Auftrag,** kann der Bewerber genau auf diejenigen Erfahrungen zurückgreifen, die die Referenz nachweist. Den **Anforderungen** der Rechtsprechung des Europäischen Gerichtshofs **an die zulässige Berufung eines Bewerbers auf die Ressourcen Dritter** ist damit **entsprochen** (1. VK Bund, B. v. 5. 9. 2001 – Az.: VK 1–23/01; im Ergebnis ebenso VK Lüneburg, B. v. 14. 2. 2003 – Az.: 203-VgK-35/2002).

480   **6.8.1.8.5.6 Verwertung der Ergebnisse zeitnaher Ausschreibungen.** Um Prognosefehler zu vermeiden, ist der öffentliche Auftraggeber gehalten, seine Entscheidung auf einer möglichst breiten Tatsachengrundlage zu treffen. Deshalb ist es für ihn **geboten, auch die ihm bekannt gewordenen Informationen aus zeitnahen vorangegangenen Ausschreibungen zu verwerten,** weil diese Tatsachen offenbaren, die für die Eignungsprüfung der Bieter von Bedeutung waren. Dass es sich nicht um eigene Vergabeverfahren handelte, spielt dabei keine Rolle (OLG Frankfurt am Main, B. v. 30. 3. 2004 – Az.: 11 Verg 4/04, 5/04).

481   **6.8.1.8.5.7 Keine Ersetzung geforderter Eignungsnachweise durch Eigenangaben.** Wenn Unterlagen von Dritten als Eignungsnachweise gefordert werden, ist davon auszugehen, dass es sich bei diesen **Unterlagen um von den Dritten ausgestellte Dokumente handeln muss;** eigene Erklärungen der Bieter sind dementsprechend nicht ausreichend (1. VK Bund, B. v. 4. 8. 2004 – Az.: VK 1–87/04).

482   **6.8.1.8.5.8 Bereits erbrachte Leistungen.** Die für die fachliche und technische Eignung vorzulegende **Liste der wesentlichen in den letzten Jahren erbrachten Leistungen** mit Angabe des Rechnungswertes, der Leistungszeit (sog. Referenzliste) darf in relevanter Weise nur schon vollständig abgeschlossene Leistungen beinhalten. **Lediglich noch in Vollzug befindliche Referenzen scheiden wegen des klaren Wortlauts („erbrachten Leistungen") aus** (1. VK Sachsen, B. v. 17. 6. 2004 – Az.: 1/SVK/038–04, 1/SVK/038–04G).

483   Von der **erfolgreichen Verwirklichung abgeschlossener Projekte** kann der Auftraggeber **Schlüsse auf die erfolgreiche Realisierung des eigenen Vorhabens** ziehen, da die nachgewiesene vorhandene Erfahrung aus bereits ausgeführten Vorhaben die Vermutung einer weiteren erfolgreichen Vorhabensrealisierung gerechtfertigt erscheinen lässt. Ist ein **Projekt zum Zeitpunkt der Beurteilung** durch die Vergabestelle **noch nicht fertig gestellt,** kann es demzufolge **auch nicht als Ausgangspunkt für eine erfolgreiche Ausführung und daraus resultierende Schlussfolgerungen für die Vergabestelle herangezogen** werden (1. VK Sachsen, B. v. 21. 7. 2005 – Az.: 1/SVK/076–05; VK Thüringen, B. v. 18. 3. 2003 – Az.: 216–4002.20–001/03-MHL).

484   **6.8.1.8.6 Verwertung nur von gesicherten Erkenntnissen.** Die Eignung eines Bieters kann nur **im Rahmen einer Prognoseentscheidung** beurteilt werden, für die der Vergabestelle ein Beurteilungsspielraum zuzubilligen ist, der von den Nachprüfungsinstanzen nur begrenzt überprüft werden kann. Hierbei **folgt bereits aus dem Charakter der Prognose, dass die Umstände, die auf eine fehlende persönliche und fachliche Eignung schließen lassen, nicht mit einer prozessualen Tatsachenfeststellungen Genüge leistenden Gewissheit feststehen müssen.** Vielmehr reicht es aus, wenn die **Umstände auf einer gesicherten Erkenntnis der Vergabestelle** beruhen. Auch **Verdachtsmomente,** die für eine Unzuverlässigkeit des Bieters sprechen, können den Ausschluss tragen, wenn **die den Verdacht begründenden Informationen aus einer sicheren Quelle stammen und eine gewisse Erhärtung erfahren** haben. Demgemäß ist die Grenze erst dann überschritten, wenn sich die Vergabestelle auf ungeprüfte Gerüchte verlässt und eventuelle Informationen von Seiten Dritter

nicht selbst verifiziert (OLG Frankfurt am Main, B. v. 30. 3. 2004 – Az.: 11 Verg 4/04, 5/04; Saarländisches OLG, B. v. 8. 7. 2003 – Az.: 5 Verg 5/02; 1. VK Sachsen, B. v. 10. 8. 2005 – Az.: 1/SVK/088–05; VK Baden-Württemberg, B. v. 14. 1. 2005 – Az.: 1 VK 87/04; VK Hessen, B. v. 16. 1. 2004 – Az.: 69 d VK – 72/2003; VK Südbayern, B. v. 12. 3. 2002 – Az.: 03–02/02; 1. VK Bund, B. v. 5. 9. 2001 – Az.: VK 1–23/01).

Die Vergabestelle muss also über die Eigenschaften der Fachkunde, Zuverlässigkeit und Leistungsfähigkeit der Bieter nach der einer gebotenen Sorgfalt entsprechenden Prüfung entscheiden und ist bei der Wahl ihrer Informationsquellen nicht frei, sondern hat sich nur auf **gesicherte eigene Erkenntnisse** zu stützen (VK Brandenburg, B. v. 25. 8. 2002 – Az.: VK 45/02; VK Hamburg, B. v. 19. 12. 2002 – Az.: VgK FB 4/02). 485

Erkundigungen der Vergabestelle bei anderen Auftraggebern und Verwertung der Ergebnisse sind unter den o. a. Prämissen aber zulässig (2. VK Bund, B. v. 15. 10. 2001 – Az.: VK 2–36/01). Eine Dokumentation z. B. mittels formloser Telefonvermerke, aus denen Gesprächszeitpunkt, Gesprächspartner, stichwortartig der Gesprächsgegenstand und vor allem das Ergebnis der Nachfrage hervorgehen, ist notwendig (1. VK Sachsen, B. v. 10. 8. 2005 – Az.: 1/SVK/088–05; VK Düsseldorf, B. v. 22. 7. 2002 – Az.: VK – 19/2002 – L). 486

6.8.1.8.7 Zeitpunkt der Prüfung der Eignung. 6.8.1.8.7.1 Zeitpunkt der Prüfung der Eignung bei Offenen Verfahren und Öffentlichen Ausschreibungen. Die Prüfung, ob ein Bieter fachkundig, leistungsstark und zuverlässig ist, findet **bei öffentlichen Ausschreibungen und Offenen Verfahren bei der Wertung der Angebote** statt (VK Münster, B. v. 4. 12. 2003 – Az.: VK 21/03; VK Südbayern, B. v. 12. 5. 2001 – Az.: 20–06/01). 487

Grundsätzlich bestimmen § 7 Nr. 2 Abs. 1 VOL/A und § 8 Nr. 2 Abs. 1 VOB/A, dass bei Offenem Verfahren/Öffentlicher Ausschreibung die Unterlagen an alle Bewerber abzugeben sind, die sich gewerbsmäßig mit der Ausführung der Leistungen der ausgeschriebenen Art befassen. Dabei liegt es im Wesen des Offenen Verfahrens/Öffentlichen Ausschreibung – im Gegensatz zum Nichtoffenen Verfahren/Beschränkten Ausschreibung und zum Verhandlungsverfahren – dass **gerade keine vorgezogene Eignungsprüfung in diesem Stadium stattfindet,** sondern diese erst als zweite Wertungsstufe nach Abgabe der Angebote bzw. in der ersten Wertungsstufe als fakultativer Ausschlussgrund stattfindet. Demgemäß ist ein Auftraggeber **auch nicht berechtigt, einem Unternehmen, das die Voraussetzungen der Nr. 2 Abs. 1 erfüllt, die Verdingungsunterlagen zu verweigern und damit faktisch eine Angebotsabgabe von vorn herein unmöglich zu machen** (1. VK Sachsen, B. v. 25. 6. 2003 – Az.: 1/SVK/051–03). 488

6.8.1.8.7.2 Zeitpunkt der Prüfung der Eignung bei einem Nichtoffenen Verfahren mit Teilnahmewettbewerb. Im Rahmen eines Nichtoffenen Verfahrens wählt der Auftraggeber anhand der mit dem Teilnahmeantrag vorgelegten Nachweise unter den Bewerbern, die seinen Anforderungen bezüglich der Eignung entsprechen, diejenigen aus, die er zur Abgabe eines Angebotes auffordern will. Ein solches **Verfahren besteht also aus zwei Stufen.** Die erste Stufe, der so genannte öffentliche Teilnahmewettbewerb, an dem sich jeder nach Veröffentlichung im Europäischen Amtsblatt als Bewerber beteiligen kann, legt den Kreis derjenigen Bieter fest, die vom Auftraggeber zur Angebotsabgabe aufgefordert werden. Durch den Teilnahmewettbewerb wird dem Auftraggeber die Möglichkeit einer Vorklärung gegeben, welche Bieter für die konkrete Vergabe in Betracht kommen. Die **Eignung der für das Nichtoffene Verfahren aufzufordernden Bieter ist anhand der im Teilnahmewettbewerb vorzulegenden Nachweise und Angaben zu prüfen** (VK Lüneburg, B. v. 25. 8. 2003 – Az.: 203-VgK-18/2003; 2. VK Bund, B. v. 6. 5. 2003 – Az.: VK 2–28/03; VK Südbayern, B. v. 12. 5. 2001 – Az.: 20–06/01). Bei der Eignungsprüfung ist der Beurteilungsspielraum des Auftraggebers schon bei einem Offenen Verfahren sehr weit. Bei einem Nichtoffenen Verfahren mit vorgeschaltetem Teilnahmewettbewerb kommt dazu jedoch noch die Ermächtigung aus – grundsätzlich geeigneten Unternehmen solche auszuwählen, die man zur Angebotabgabe auffordern will. Die **Vorschrift lässt dem Auftraggeber Raum zur Ausübung pflichtgemäßen Ermessens bei dieser weiteren Auswahlentscheidung** (VK Südbayern, B. v. 29. 6. 2001 – Az.: 16–05/01). 489

6.8.1.8.7.3 Zeitpunkt der Prüfung der Eignung beim Verhandlungsverfahren mit Teilnahmewettbewerb. Bei einem **Verhandlungsverfahren** mit Öffentlichem Teilnahmewettbewerb wird die Eignung der Bewerber **bereits nach Eingang des Teilnahmeantrages** (VK Lüneburg, B. v. 14. 1. 2002 – Az.: 203-VgK-22/2001) **bzw. vor Aufforderung zur Angebotsabgabe überprüft** (VK Hessen, B. v. 18. 4. 2002 – Az.: 69 d VK – 12/2002; VK Lüneburg, B. v. 14. 1. 2002 – Az.: 203-VgK-22/2001; VK Südbayern, B. v. 12. 5. 2001 – Az.: 20–06/01). 490

491   **6.8.1.8.7.4 Verspätete Eignungsprüfung. Eine verspätete Eignungsprüfung kann allein den hiervon betroffenen Bieter in seinen Rechten berühren,** wenn nach Angebotsaufforderung und Abgabe eines Angebots sein Angebot ausgeschlossen wird, weil er die für die Erfüllung der vertraglichen Verpflichtungen erforderliche Eignung nicht besitzt – und sich in Folge dessen nach den Grundsätzen der culpa in contrahendo die Frage einer Schadensersatzverpflichtung des Auftraggebers stellt (OLG Düsseldorf, B. v. 4. 9. 2002 – Az.: Verg 37/02).

492   **6.8.1.8.7.5 Nachgeschobene Eignungsmängel. Ein Nachschieben einer Eignungsbegründung** im Rahmen der Wertung oder ein Nachschieben im Zusammenhang mit der abschließenden Zuschlagsentscheidung muss als **treuwidrig und damit willkürlich** angesehen werden, wenn dieses Verhalten dem eines Bieters gleicht, der einen Rügetatbestand zurückhält. Dieses Verhalten ist dem Bieter durch den Gesetzgeber untersagt. Der Bieter ist durch die Regelungen des GWB gezwungen, sein Wissen unverzüglich der Vergabestelle zur Kenntnis zu geben. Ein Zurückhalten von Rügemöglichkeiten hat der Gesetzgeber bewusst ausschließen wollen. **Entsprechend kann es der Vergabestelle nicht erlaubt sein, begründete Zweifel an der Eignung eines Bewerbers sozusagen in der Hinterhand zu behalten,** um sie im Bedarfsfall – wenn die Wertung einen sicheren Ausschluss nicht zulässt – wieder hervorzuholen. Ein solches Verhalten wäre als treuwidrig anzusehen. Ein Nachschieben solcher Eignungsmängel kann daher nur dann zulässig sein, wenn eine Vergabestelle erst in einem späteren Stadium des Verfahrens von den tatsächlichen Voraussetzungen erfährt. Hat die Vergabestelle die möglichen Bedenken gegen die Eignung der Antragstellerin jedoch hinreichend und lange gekannt, kann sie mit diesem Einwand nicht mehr gehört werden (VK Arnsberg, B. v. 20. 11. 2001 – Az.: VK 2–14/2001).

493   **6.8.1.8.8 Pflicht des Bieters zur Aufklärung nachträglicher Zweifel an der Eignung.** Sind **nach der erstmaligen Eignungsprüfung an dem Fortbestehen z. B. der technischen Leistungsfähigkeit** z. B. infolge der Veräußerung von Maschinen **objektive Zweifel begründet, ist es Sache des Bieters, diese Zweifel auszuräumen.** Zu dieser Darlegung gegenüber der Vergabestelle ist ein Bieter **aufgrund seiner im Vergabeverfahren bestehenden Pflicht bzw. Obliegenheit, seine technische Leistungsfähigkeit durch Angabe der eigenen technischen Mittel nachzuweisen, unaufgefordert und unverzüglich** nach dem Wirksamwerden der Veräußerung z. B. der Maschinen **gehalten.** Dies folgt aus dem Zweck, den das Erfordernis der Angabe der bei der Ausführung des Auftrags tatsächlich verfügbaren eigenen sachlichen Mittel verfolgt. Ein Bewerber, der nicht selbst über die erforderlichen Mittel verfügt, muss von sich aus darlegen und den Nachweis dafür antreten, welcher ihm unmittelbaren oder mittelbar verbundenen Unternehmen, die solche technische Mittel besitzen, er sich bei der Ausführung des Auftrags in der Weise bedienen wird, dass diese Mittel als ihm tatsächlich zu Gebote stehend anzusehen sind. Diese Darlegung ist eine selbstverständliche Obliegenheit des Bewerbers, die auf der Tatsache beruht, dass er zur Erfüllung selbst über keine oder nicht ausreichende eigene technische Mittel verfügt. Die gleiche Obliegenheit trifft denjenigen, der zwar ursprünglich bei Angebotsabgabe über die erforderlichen technischen und/oder personellen Mittel verfügt hat, diese Verfügungsbefugnis durch den Eintritt neuer Umstände aber verliert (OLG Düsseldorf, B. v. 26. 1. 2005 – Az.: VII – Verg 45/04), z.B. durch die **Eröffnung eines Insolvenzverfahrens** (1. VK Brandenburg, B. v. 30. 6. 2005 – Az.: VK 29/05).

494   **6.8.1.8.9 Feststellung der Eignung durch die Vergabekammer bzw. den Vergabesenat. 6.8.1.8.9.1 Allgemeines.** Die Feststellung der Eignung kann auch durch die Vergabekammer und den Vergabesenat getroffen werden, um **überflüssige Förmlichkeiten** („Rückgabe" des Vergabeverfahrens an die Vergabestelle zur Nachholung der Prüfung usw.) **zu vermeiden** (OLG Düsseldorf, B. v. 18. 7. 2001 – Az.: Verg 16/01); vgl. im Einzelnen die Kommentierung zu § 114 GWB RZ 2237.

495   **6.8.1.8.9.2 Feststellung der Eignung im Nachprüfungsverfahren.** Die Rechtsprechung hierzu ist nicht einheitlich.

496   Umstände, welche die Leistungsfähigkeit des Bieters betreffen, hat der öffentliche Auftraggeber bis zum Abschluss des Vergabeverfahrens, also bis zur rechtswirksamen Zuschlagserteilung, zu berücksichtigen (OLG Düsseldorf, B. v. 19. 9. 2002 – Az.: Verg 41/02). Das **Nachschieben von Eignungsfeststellungen im Rahmen des Nachprüfungsverfahrens ist also möglich** (VK Detmold, B. v. 13. 9. 2001 – Az.: VK.11–28/01).

497   Nach einer anderen Auffassung **prüft die Vergabekammer, ob die Bewertung der Eignung eines Bieters in einem rechtmäßigen Verfahren zustande gekommen ist. Dafür versetzt sie sich in dasjenige Verfahrensstadium zurück,** in dem über die Eignung der Antragstellerin entschieden wurde (1. VK Sachsen, B. v. 30. 10. 2001 – Az.: 1/SVK/102–01).

Gesetz gegen Wettbewerbsbeschränkungen GWB § 97 **Teil 1**

Diese Ansicht ist vom Grundsatz her zutreffend; mit Blick auf den **Beschleunigungsgrundsatz** des Vergabenachprüfungsverfahrens sollte die Feststellung der Eignung im Nachprüfungsverfahren jedoch zugelassen werden.

6.8.1.8.10 Tatbestandswirkung von Eignungsnachweisen. Der Vergabekammer sowie 498 dem Vergabesenat obliegt es nicht, im Rahmen eines Vergabenachprüfungsverfahrens die Rechtmäßigkeit einer Plangenehmigung zu prüfen bzw. ihre Rechtswidrigkeit festzustellen. **Öffentlich rechtliche Genehmigungen für eine Anlage entfalten Tatbestandswirkung mit der Folge, dass die Anlagen- und Betriebszulassung weiteren Entscheidungen unbesehen zugrunde gelegt werden darf. Dieses gilt auch für die Eignungsprüfung** im Rahmen einer Vergabeentscheidung (OLG Rostock, B. v. 30. 5. 2005 – Az.: 17 Verg 4/05).

6.8.1.9 Zeitpunkt, zu dem die Eignung vorliegen muss. Die **Rechtsprechung** hierzu 499 ist **nicht einheitlich.**

Nach einer Auffassung muss die Leistungsfähigkeit bereits zum Zeitpunkt der Vergabeent- 500 scheidung bestehen (OLG Düsseldorf, B. v. 19. 9. 2002 – Az.: Verg 41/02; VK Baden-Württemberg, B. v. 16. 11. 2004 – Az.: 1 VK 69/04). Im Übrigen **ergibt sich aus der Funktion von Eignungsnachweisen, dass diese mit dem Angebot vorliegen müssen,** damit die Eignungswertung überhaupt von der Vergabestelle durchgeführt werden kann (1. VK Bund, B. v. 4. 8. 2004 – Az.: VK 1–87/04).

Demgegenüber vertritt die Vergabekammer Münster die Auffassung, der Grundsatz, dass die 501 Eignung eines Bieters auf Grund der im Vergabeverfahren vorliegenden Belege und Kenntnisse zu beurteilen ist, nicht bedeutet, dass zu diesem Zeitpunkt alle Voraussetzungen für die Leistungserbringung erfüllt sein müssen. Entscheidend ist, dass **zum Zeitpunkt der Leistungserbringung alle Voraussetzungen erfüllt** sind (VK Münster, B. v. 10. 7. 2001 – Az.: VK 15/01).

Kann zu dem jeweiligen Zeitpunkt die Leistungsfähigkeit eines Bieters bejaht werden, 502 und **fehlt es an greifbaren Hinweisen darauf, dass diese zu einem späteren Zeitpunkt im Laufe der Auftragsausführung wegfallen** könnte, so besteht **kein Grund, dem Bieter die Eignung abzusprechen.** Nach Erhalt des Zuschlags hat ein Bieter den Vertrag so zu erfüllen wie vereinbart. Dies hat er bei seiner Geschäftspolitik zu berücksichtigen, um sich bei der Abwicklung nicht Gewährleistungs- und Ersatzansprüchen auszusetzen. Mögliche Umstrukturierungen sind Teil der unternehmerischen Freiheit und liegen insoweit im Verantwortungsbereich des Unternehmens. Solange für die Vergabestelle keine derartigen Veränderungen, die zugleich auch von Bedeutung für die jeweilige Leistungserbringung sein müssen, konkret bekannt sind, besteht kein Grund, an der Eignung des Bieters zu zweifeln (VK Baden-Württemberg, B. v. 16. 11. 2004 – Az.: 1 VK 69/04).

Auch nach Auffassung des Oberlandesgerichts München **muss ein Bieter bei Angebots-** 503 **abgabe nicht unbedingt über alle technischen und personellen Kräfte verfügen, die er für die Ausführung des Auftrages benötigt.** Es genügt, dass er in der Lage ist, sich **bis zur Auftragserteilung die erforderlichen Mittel zu beschaffen.** Ansonsten wären die Bieter in Unkenntnis darüber, ob sie den Auftrag erhalten oder nicht, zu Investitionen gezwungen, die sich für den Fall, dass sie den Auftrag nicht erhalten, als wirtschaftlich unsinnig erweisen (OLG München, B. v. 12. 9. 2005 – Az.: Verg 020/05; ebenso für Aufträge der europäischen Kommission Europäisches Gericht 1. Instanz, Urteil vom 6. 7. 2005 – Az.: T-148/04).

6.8.1.10 Sonderfall: Berücksichtigung eines früheren vertragswidrigen oder positiven Verhaltens des Bieters

6.8.1.10.1 Allgemeines. Es ist **grundsätzlich nicht zu beanstanden,** wenn ein Auftrag- 504 geber bei der Prüfung der Fachkunde, Leistungsfähigkeit und Zuverlässigkeit eines Bieters auch auf eigene Erfahrungen aus früheren, abgeschlossenen Vertragsverhältnissen zurückgreift (VK Düsseldorf, B. v. 11. 1. 2006 – Az.: VK – 50/2005 – L; 1. VK Sachsen, B. v. 10. 8. 2005 – Az.: 1/SVK/088–05; 3. VK Saarland, B. v. 16. 3. 2004 – Az.: 3 VK 09/2003; VK Lüneburg, B. v. 14. 10. 2002 – Az.: 22/02; VK Baden-Württemberg, B. v. 4. 4. 2002 – Az.: 1 VK 8/02). Dabei kann es sich namentlich auch um ein in der Vergangenheit liegendes vertragswidriges Verhalten oder eine Schlechterfüllung des betreffenden Bieters bei der Ausführung von früheren Verträgen handeln (OLG Düsseldorf, B. v. 16. 3. 2005 – Az.: VII – Verg 05/05; B. v. 8. 5. 2002 – Az.: Verg 8–15/01; 1. VK Sachsen, B. v. 10. 8. 2005 – Az.: 1/SVK/088–05). Es können aber auch positive Erfahrungen berücksichtigt werden (VK Düsseldorf, B. v. 11. 1. 2006 – Az.: VK – 50/2005 – L).

Teil 1 GWB § 97 Gesetz gegen Wettbewerbsbeschränkungen

505   Erforderlich ist eine umfassende Abwägung aller in Betracht kommenden Gesichtspunkte unter angemessener Berücksichtigung des Umfangs, der Intensität, des Ausmaßes und des Grads der Vorwerfbarkeit der Vertragsverletzungen. Richtschnur für die Beurteilung der Zuverlässigkeit eines Bieters ist dabei stets die Frage, inwieweit die zur Beurteilung stehenden Gesichtspunkte geeignet sind, eine ordnungsgemäße und vertragsgerechte Erbringung **gerade der ausgeschriebenen und vom Antragsteller angebotenen Leistung** in Frage zu stellen. Demzufolge ist auch die Ursache für die nicht vertragsgerechte Durchführung eines früheren Auftrags in die Betrachtung einzubeziehen. Ist beispielsweise ein Lieferverzug durch besondere Umstände verursacht worden, die in Bezug auf die ausgeschriebene Leistung nicht ernsthaft zu befürchten sind oder die sich sogar ausschließen lassen, kann aus der Überschreitung der vereinbarten Liefertermine bei einem früheren Auftrag (ausnahmsweise) nicht darauf geschlossen werden, dass auch die ordnungsgemäße Vertragsabwicklung des anstehenden Auftrags in Frage gestellt ist (OLG Düsseldorf, B. v. 28. 8. 2001 – Az.: Verg 27/01).

506   Wenn ein öffentlicher Auftraggeber bei eigenen Bauvorhaben **mehrfach** die Erfahrung gemacht hat, dass ein Auftragnehmer bei der Ausführung eines Auftrags **vertragliche Pflichten verletzt oder sonstige Obliegenheiten außer Acht lässt,** rechtfertigt dies nach allgemeinen Rechtsgrundsätzen und der Lebenserfahrung, einen solchen Auftragnehmer im Rahmen der Wertung des Angebots von einer weiteren Beauftragung auszuschließen. Der Bieter kann jedoch durch sein Handeln und durch Referenzen den öffentlichen Auftraggeber überzeugen, dass sich sein Verhalten zwischenzeitlich geändert hat (VK Baden-Württemberg, B. v. 21. 9. 2001 – Az.: 1 VK 28/01).

507   Es ist auch nicht ermessensfehlerhaft, **aus der mangelhaften Durchführung eines kleineren Auftrags auf eine mangelnde Eignung für die Durchführung eines größeren Auftrags** zu schließen (OLG Düsseldorf, B. v. 16. 3. 2005 – Az.: VII – Verg 05/05).

508   **Arbeitet** jedoch **ein Bieter gemeinsam mit der Vergabestelle** z. B. **an der Nachbesserung mangelhafter Produkte,** kann der **Bieter** wegen mangelnder Eignung **nicht ausgeschlossen** werden (3. VK Saarland, B. v. 16. 3. 2004 – Az.: 3 VK 09/2003).

509   **6.8.1.10.2 Zeitliche Berücksichtigung.** Die Verwertbarkeit früherer eigener Erfahrungen mit einem Unternehmer unterliegt zeitlichen Grenzen. Einen Anhaltspunkt für diese Grenzen bietet etwa der in § 8 Nr. 3 Abs. 1 a, b und c VOB/A indirekt geregelte **Dreijahreszeitraum,** der nach dem Schrifttum sogar für die Ausschlussdauer bei schweren Verfehlungen im Sinne des § 8 Nr. 5 VOB/A Anwendung finden soll. Dieser Rechtsgedanke lässt sich auch auf den VOL-Bereich übertragen. Länger als 3 Jahre dürften einem Bieter damit etwaige negative Erfahrungen aus früheren Vertragsverhältnissen nicht entgegengehalten werden (VK Lüneburg, B. v. 14. 10. 2002 – Az.: 22/02).

510   **Anderer Auffassung** ist die **VK Nordbayern.** Eine Vergabestelle kann ermessensfehlerfrei zu dem Ergebnis kommen, dass **jemand, der intensiv, über lange Zeit hinweg mit erheblichem kriminellen Antrieb Manipulationen entwickelt, aufrechterhält und diese entsprechend an sich wandelnde Modalitäten anpasst,** nicht die Voraussetzungen erfüllt, die an einen Auftragnehmer im sensiblen Bereich der BSE-Pflichttests hinsichtlich der Anforderungen an die Zuverlässigkeit gestellt werden. Dabei spielt es **auch keine Rolle, dass die Verfehlung neun Jahre zurückliegt** (VK Nordbayern, B. v. 14. 3. 2006 – Az.: 21.VK – 3194–07/06).

511   **6.8.1.10.3 Beispiele aus der Rechtsprechung**
- die Vergabestelle durfte auch die von ihr bei einer Baumaßnahme gemachten **Erfahrungen in der Bauabwicklung** durch die Antragstellerin bei der Beurteilung der Unzuverlässigkeit berücksichtigen. Dabei hat die Antragstellerin ihre **Organisationspflichten bei der Abwicklung und der Beaufsichtigung der Baustelle nicht wahrgenommen.** Unerheblich ist es dabei, dass die Antragstellerin auf entsprechende Hinweise der Bauleitung der Vergabestelle die Mängel beseitigte. Maßgeblich ist, dass die abnahmefähige Herstellung des Bauwerks nur durch die intensive Begleitung der Vergabestelle und entsprechende Hinweise der Vergabestelle erfolgte. Es kann aber erwartet werden, dass gerade solche einfacheren Aufträge ohne Begleitung und Beanstandung in Eigenregie des Auftragnehmers durchgeführt werden (VK Münster, B. v. 21. 3. 2002 – Az.: VK 10/01)
- ein bloß **hohes Nachtragsangebot** ist als solches noch kein Indiz für die Unzuverlässigkeit eines Auftragnehmers (2. VK Bund, B. v. 2. 11. 2001 – Az.: VK 2–38/01)
- die **Behauptung der Notwendigkeit eines Nachtrags, obwohl diese objektiv nicht gegeben war,** ist ein Indiz für die Unzuverlässigkeit (2. VK Bund, B. v. 2. 11. 2001 – Az.: VK 2–38/01)

Gesetz gegen Wettbewerbsbeschränkungen　　　　　　　　　　GWB § 97　**Teil 1**

– wenn es sich aufgrund besonderer Anhaltspunkte aufdrängt, dass ein Bieter ganz bewusst einen schon als **wucherisch zu bezeichnenden Phantasiepreis nennt** und er darauf **spekuliert,** die Vergabestelle werde diesen aus Nachlässigkeit nicht erkennen oder zur Kenntnis nehmen wollen, ist dies ein Indiz für die Unzuverlässigkeit (2. VK Bund, B. v. 2. 11. 2001 – Az.: VK 2–38/01; VK Baden-Württemberg, B. v. 21. 11. 2001 – Az.: 1 VK 37/01)

– die **konsequente Verfolgung der eigenen Rechtsinteressen** wäre, auch wenn dies für die Vergabestelle unbequem und vielleicht auch ungewohnt ist, kein Grund, an der Zuverlässigkeit eines Auftragnehmers zu zweifeln (2. VK Bund, B. v. 15. 10. 2001 – Az.: VK 2–36/01)

– für die Eignung eines Bieters ist entscheidend, inwieweit die umfassend zu prüfenden und abzuwägenden Umstände des Einzelfalls, zu denen vor allem **auch ein früheres (vertragswidriges) Verhalten des Bieters gehören kann, die Prognose erlauben, dass der Bieter gerade die ausgeschriebenen und von ihm angebotenen Leistungen vertragsgerecht erbringen kann.** Alleine auf Mutmaßungen darf sich der Auftraggeber allerdings nicht stützen. Aufgrund des dem Vergabeverfahren innewohnenden Beschleunigungsgrundsatzes ist es anderseits grundsätzlich nicht angezeigt, im Einzelnen Beweis darüber zu erheben, ob ein durch bestimmte Tatsachen belegter Vorwurf gegen einen Bieter und dessen dagegen erhobene Einwendung zutreffen (VK Südbayern, B. v. 12. 3. 2002 – Az.: 03–02/02)

6.8.1.11 Sonderfall: Eignung eines Generalübernehmers

Vgl. dazu im Einzelnen die Kommentierung zu § 97 RZ 353.　　　　　　　　　　　　512

6.8.1.12 Sonderfall: Eignung von „Newcomern"

Streitig ist, inwieweit „Newcomer" über das Erfordernis der Eignung von öffentlichen Aufträgen ausgeschlossen werden können.　　　　　　　　　　　　　　　　　　　　　　513

6.8.1.12.1 Problematik. Die **Kriterien der Fachkunde und Erfahrung enthalten eine** 514 **immanente Bevorzugung des erfahrenen Bieters gegenüber dem unerfahrenen Markteinsteiger.** Daher befindet sich **jeder öffentliche Auftraggeber im Spannungsverhältnis zwischen dem Bestreben der Erweiterung der Anbieterstruktur und der Beauftragung des fachlich besonders qualifizierten Bieters.** Wettbewerbspolitisch wird dabei von den Vergabestellen erwartet, die Problematik dahingehend zu lösen, dass sie die Möglichkeit der Erarbeitung der geforderten Fachkunde auch für „Newcomer" eröffnen (1. VK Sachsen, B. v. 21. 7. 2005 – Az.: 1/SVK/076–05; B. v. 19. 7. 2006 – Az.: 1/SVK/060–06; B. v. 19. 7. 2006 – Az.: 1/SVK/059–06). Dies kann allerdings nur dann erreicht werden, wenn keine überzogenen Anforderungen an die Eignung einzelner Bieter gestellt werden. Eine zu enge Definition des Begriffes der Eignung bzw. Fachkunde würde dazu führen, dass ein Auftraggeber aus Vorsicht nur einen Bewerberkreis berücksichtigt, der ihm im Einzelfall über jeden Zweifel erhaben erscheint und demzufolge auch zahlenmäßig sehr beschränkt wäre. Diese Vorgehensweise würde gerade einem der grundlegenden Ziele des Vergaberechts, nämlich der Vergabe öffentlicher Aufträge im Wettbewerb widersprechen, da somit der freie Zugang zu den öffentlichen Aufträgen für viele Bewerber verhindert würde. Je geringer die Auftraggeber die Anforderungen an die Eignung der Bieter für einen konkreten Auftrag setzt, desto höher wird allerdings das Risiko für den Auftraggeber, den Auftrag an einen Bieter zu vergeben, der sich später als nicht geeignet erweist. Der **Auftraggeber hat demnach die Abwägung zwischen einer möglichst großen Auswahl von Angeboten, verbunden mit einer höheren Wahrscheinlichkeit für ein günstiges wirtschaftliches Angebot, und der Gefahr der nicht ordnungsgemäßen Ausführung des Auftrages vorzunehmen. Diese Abwägung unterliegt seiner originären Beurteilung** (1. VK Sachsen, B. v. 21. 7. 2005 – Az.: 1/SVK/076–05; 2. VK Bund, B. v. 10. 6. 2005 – Az.: VK 2–36/05; B. v. 11. 1. 2005 – Az.: VK 2–220/04; B. v. 10. 12. 2003 – Az.: VK 1–116/03).

6.8.1.12.2 Rechtsprechung. Nach Auffassung des Oberlandesgerichts Düsseldorf nehmen 515 bereits die **europarechtlichen Bestimmungen der Lieferkoordinierungsrichtlinie** (Art. 22 Abs. 1 Buchstabe c) und Abs. 2, Art. 23 Abs. 1 Buchstabe a) und Abs. 2) **ersichtlich in Kauf, dass sie den Marktzutritt für „Newcomer" erschweren,** wenn der Auftraggeber von den Bestimmungen zulässigerweise, soweit es durch den Gegenstand des Auftrags gerechtfertigt ist (wie z.B. in Anbetracht des komplexen Vertragswerks und sensiblen Vertragszwecks), Gebrauch macht (OLG Düsseldorf, B. v. 2. 1. 2006 – Az.: VII – Verg 93/05 – für den Teilnahmewettbewerb –; B. v. 22. 9. 2005 – Az.: Verg 48/05, Verg 50/05; B. v. 18. 7. 2001 – Az.: Verg 16/01; VK Düsseldorf, B. v. 9. 3. 2006 – Az.: VK – 07/2006 – L; VK Münster, B. v. 20. 7. 2004 – Az.:

Teil 1 GWB § 97 Gesetz gegen Wettbewerbsbeschränkungen

VK 19/04; 1. VK Bund, B. v. 22. 9. 2006 – Az.: VK 1–103/06; B. v. 30. 3. 2006 – Az.: VK 1–13/06; B. v. 30. 1. 2002 – Az.: VK 01–01/02). Das **Gleiche gilt für die Dienstleistungsrichtlinie,** zumindest bei **komplexen oder länger dauernden Leistungen, wie der Restmüllabfuhr** als Teil der Daseins- und Gesundheitsvorsorge (1. VK Brandenburg, B. v. 30. 5. 2005 – Az.: VK 27/05; B. v. 30. 5. 2005 – Az.: VK 21/05; im Ergebnis ebenso OLG Düsseldorf, B. v. 1. 2. 2006 – Az.: VII – Verg 83/05).

516 Ein **hoher Maßstab in Bezug auf die Eignung kann z. B. durch die besondere Situation einer Bauumgebung und damit durch gewichtige Gründe gerechtfertigt** sein. Außerdem kann ein **Auftraggeber** bei der Aufstellung dieses Maßstabes im Hinblick auf das Erfordernis der Gewährleistung von Wettbewerb **annehmen, dass sich mehrere Bieter zu Bietergemeinschaften zusammenschließen werden oder aber Nachunternehmer einsetzen,** die über die notwendige Erfahrung für einzelne Gewerke verfügen, so dass er nicht davon ausgehen muss, dass nur ein Bieter die jeweils notwendigen Erfahrungen besitzt. Damit muss auch nicht jedes an der Auftragsvergabe interessierte Unternehmen für sich allein genommen über die vorausgesetzten überdurchschnittlichen Erfahrungen für die wesentlichen Gewerke verfügen und diese nachweisen (OLG Düsseldorf, B. v. 22. 9. 2005 – Az.: Verg 48/05, Verg 50/05).

517 Die Entscheidung der Vergabestelle, hohe Anforderungen an die Eignung der Bieter zu richten, **kann je nach Situation auch im Interesse der Gefahrenabwehr für die Allgemeinheit** und die Eigentümer von betroffenen Grundstücken nicht als ermessensfehlerhaft zu beanstanden ist Die Vergabestelle darf diesem Interesse im Rahmen ihrer Ermessensausübung den Vorrang vor den wirtschaftlichen Interessen potentieller Bieter einräumen. Daran ist **selbst dann nichts auszusetzen, wenn sie damit rechnen muss, dass nur ein Bieter die strengen Eignungsanforderungen erfüllen** kann (OLG Düsseldorf, B. v. 22. 9. 2005 – Az.: Verg 48/05, Verg 50/05).

518 Die entsprechenden Bestimmungen der Liefer- und Dienstleistungskoordinierungsrichtlinie sind **im Wesentlichen unverändert in Art. 47 der Richtlinie 2004/18/EG (Vergabekoordinierungsrichtlinie) übernommen** worden, sodass die **bisherige Rechtsprechung weiterhin Gültigkeit** hat.

519 Die reglementierte Vergabe soll den freien Dienstleistungs- und Warenverkehr absichern, wobei der **Auftraggeber als Nachfrager bis zur Grenze der ungerechtfertigten Diskriminierung von Unternehmen selbst bestimmen kann, welchen Grad an Sicherheit er mit Hilfe der Eignungsprüfung erlangen will und wie die von ihm nachgefragte Leistung beschaffen sein soll.** Weder die Eignungsanforderungen noch die Leistungsbeschaffenheit müssen so offen gehalten werden, dass jedem interessierten Unternehmen eine aussichtsreiche Angebotsabgabe ermöglicht wird. Die **Annahme einer über die Reglementierung hinausgehenden diesbezüglichen Bindung des Auftraggebers ist abzulehnen; der Auftraggeber braucht sich in seiner Vertragsabschlussfreiheit nicht weiter beschränken zu lassen, als dies normiert ist** (VK Düsseldorf, B. v. 9. 3. 2006 – Az.: VK – 07/2006 – L).

520 In die gleiche Richtung geht die Auffassung, dass das Kriterium der Fachkunde immanent eine Bevorzugung des erfahrenen Bieters gegenüber dem „Newcomer" darstellt. Dem aufgezeigten **Widerspruch zwischen** dem Bestreben, einerseits eine **Öffnung und Erweiterung der Anbieterstruktur** zu erreichen und andererseits, **besonders fachkundige Bieter zu beauftragen,** kann die Vergabestelle nur dadurch Rechnung tragen, dass sie „Newcomern" die Möglichkeit gibt und ihnen auch aktiv Möglichkeiten aufzeigt, sich Schritt für Schritt die geforderte Fachkunde zu erarbeiten (2. VK Bund, B. v. 11. 1. 2005 – Az.: VK 2–220/04; B. v. 11. 11. 2002 – Az.: VK 2–82/02; VK Hamburg, B. v. 19. 12. 2002 – Az.: VgK FB 4/02).

521 Es ist **auch nicht ermessensfehlerhaft, Unternehmen mit einem größeren Umsatz** bzw. Unternehmen, die den Nachweis größerer Referenzprojekte erbracht haben, **eine geringfügig bessere Bepunktung zuteil werden zu lassen.** Bei der Eignungsprüfung soll herausgefunden werden, welche Unternehmen die Gewähr dafür bieten, dass der Auftrag auch wirklich vertragsgemäß ausgeführt werden kann; es ist nicht falsch, aus der Tatsache, dass in der Vergangenheit bereits größere Projekte abgewickelt wurden und ein größerer Umsatz erzielt wurde, den a majore ad minus-Schluss zu ziehen, dass ein kleinerer Auftrag dann erst recht erfüllt werden kann (1. VK Bund, B. v. 25. 6. 2003 – Az.: VK 1–45/03). Mangels Ermessensfehlgebrauch kann dem Auftraggeber folglich **nicht vorgeschrieben** werden, bei den Referenzprojekten oder beim Umsatz **vorrangig auf die Vergleichbarkeit mit dem geplanten Vorhaben abzustellen** (3. VK Bremen, B. v. 16. 12. 2004 – Az.: VK 4/04; 1. VK Bund, B. v. 25. 6. 2003 – VK 1–45/03).

Die Gegenmeinung argumentiert, dass die Fachkunde bezogen auf den zu vergebenden Auftrag zu überprüfen und festzustellen ist; sie muss für diesen Zweck ausreichen, **ohne dass der Bieter bereits Leistungen gleicher Art und gleichen Umfangs schon einmal konkret ausgeführt haben muss** (VK Brandenburg, B. v. 25. 8. 2002 – Az.: VK 45/02; ähnlich 1. VK Sachsen, B. v. 19. 7. 2006 – Az.: 1/SVK/060–06; B. v. 19. 7. 2006 – Az.: 1/SVK/059–06). 522

Außerdem darf im Rahmen der Eignungsprüfung auch die **Vergabe einer anspruchsvollen Leistung** nicht dazu führen, dass an den Nachweis der Leistungsfähigkeit so hohe Ansprüche gestellt werden, dass **dadurch der Wettbewerb unter den Bietern praktisch ausgeschlossen** wird. Insbesondere könnten „Newcomer" über entsprechend hohe Anforderungen auf Dauer von der Durchführung bestimmter Aufträge ausgeschlossen sein. (2. VK Bund, B. v. 6. 8. 2004 – Az.: VK 2–94/04). Bei der Prüfung der persönlichen und sachlichen Eignung der Bieter **kommt es daher auf eine besondere Erfahrung in Bezug auf die konkrete Leistung nicht an** (VK Hamburg, B. v. 19. 12. 2002 – Az.: VgK FB 4/02). 523

Umsatz- und Verlustzahlen eines Existenzgründers rechtfertigen nicht zwingend für sich genommen den Schluss auf eine mangelnde Leistungsfähigkeit (1. VK Bund, B. v. 5. 9. 2001 – Az.: VK 1–23/01). 524

Gegebenenfalls ist zu beachten, dass eine **Einarbeitungszeit notwendige Voraussetzung** ist, um auch „Newcomern" nach dem Grundsatz des freien Wettbewerbs eine Chance auf den Zuschlag der ausgeschriebenen Leistung einzuräumen. Sofern tatsächlich besondere Kenntnisse geboten sind, hat der **öffentliche Auftraggeber durch geeignete Rahmenbedingungen selbst dafür Sorge zu tragen, dass bisher nicht beauftragte Bieter nach einer angemessenen Einarbeitungszeit die geforderten Leistungen auch erbringen können** (VK Hamburg, B. v. 19. 12. 2002 – Az.: VgK FB 4/02; ähnlich 2. VK Bund, B. v. 11. 11. 2002 – Az.: VK 2–82/02). 525

Sehr weit geht die 2. Vergabekammer des Bundes bei der Auffassung, ob durch Eignungsnachweise, die bereits bei Angebotsabgabe eine Investition des Bieters erfordern, der Wettbewerb nicht unbillig behindert wird. **Um den Wettbewerb nicht von vornherein auf ortsansässige Bieter unzulässigerweise zu verengen, muss eine Vergabestelle die Vorlage von z. B. Ausbildungsberechtigungen, die erkennbar mit Investitionen verbunden ist, auf einen Zeitpunkt nach der Erteilung des Zuschlags verschieben.** Zudem muss der Zeitraum, der dem Bieter für die Vornahme der Investitionen, d. h. zwischen Erteilung des Zuschlags und Beginn der Maßnahme einzuräumen ist, angemessen sein. Ansonsten entspricht die Vorgabe eines fixen Termins für die Vorlage des Eignungsnachweises, der nicht ortsansässige Bewerber diskriminiert, nicht dem Vergaberecht und beinhaltet einen Verstoß gegen das Gleichbehandlungsgebot nach § 97 Abs. 2 GWB (2. VK Bund, B. v. 2. 12. 2004 – Az.: VK 2–181/04). 526

6.8.1.13 Sonderfall: Eignung einer Bietergemeinschaft

Die **Rechtsprechung** ist insoweit **nicht einheitlich**. 527

Nach einer Auffassung gilt hinsichtlich der Eignung der Bewerber bzw. Bieter, das jedes Mitglied der Bietergemeinschaft die geforderten Voraussetzungen erfüllen muss (VK Südbayern, B. v. 13. 9. 2002 – Az.: 37–08/02). 528

Nach einer anderen Meinung kommt es hinsichtlich der **Fachkunde und der Leistungsfähigkeit auf die der Bietergemeinschaft insgesamt** zur Verfügung stehende Kapazität an; **hinsichtlich der Zuverlässigkeit** müssen die geforderten **Voraussetzungen bei jedem Mitglied der Bietergemeinschaft** vorliegen (OLG Düsseldorf, B. v. 15. 12. 2004 – Az.: VII – Verg 48/04; 1. VK Sachsen-Anhalt, B. v. 22. 2. 2005 – Az.: 1 VK LVwA 03/05). 529

Allein die Tatsache der vorläufigen Insolvenz oder der Eröffnung des Insolvenzverfahrens über das Vermögen eines Mitglieds einer anbietenden Bietergemeinschaft führt **nicht zur zwingenden Nichtberücksichtigung** des Bieters wegen mangelnder Eignung, sondern **ermöglicht lediglich einen ermessensgebundenen Ausschlussgrund** (1. VK Sachsen, B. v. 1. 10. 2002 – Az.: 1/SVK/084–02; VK Münster, B. v. 22. 8. 2002 – Az.: VK 07/02). 530

Allerdings muss aufgrund der gesamtschuldnerischen Haftung der Mitglieder einer Bietergemeinschaft **jedes Mitglied die finanzielle Leistungsfähigkeit** aufweisen. Auf die Mehrheitsverhältnisse innerhalb der Bietergemeinschaft kommt es in diesem Zusammenhang nicht an. Etwaige Absprachen zwischen den Bietern wirken nicht im Außenverhältnis zum Auftraggeber. Des Weiteren löst sich die Bietergemeinschaft als Gesellschaft des bürgerlichen Rechts gemäß 531

Teil 1 GWB § 97   Gesetz gegen Wettbewerbsbeschränkungen

§ 728 Abs. 2 Satz 1 BGB durch die Eröffnung des Insolvenzverfahrens über das Vermögen eines Gesellschafters auf. Die **rechtliche Ungewissheit über das Fortbestehen der Geschäftsführungsbefugnis und die Befugnis zur Eingehung neuer Geschäfte (§§ 730 ff. BGB) muss der Auftraggeber nicht in Kauf nehmen** (VK Nordbayern, B. v. 18. 9. 2003 – Az.: 320.VK-3194–31/03; VK Münster, B. v. 22. 8. 2002 – Az.: VK 07/02).

532   Die gleiche Überlegung gilt für die **Zuverlässigkeit bei einer Arbeitsgemeinschaft**. Sie kann nicht differenziert – entsprechend der von den an der Arbeitsgemeinschaft beteiligten Firmen geplanten prozentualen Arbeitsaufteilung – betrachtet werden. Die Arbeitsaufteilung zwischen den beiden Unternehmen ist hinsichtlich der **Haftung der Beteiligten im Innenverhältnis der Bietergemeinschaft maßgebend**. Eine solche **Regelung schafft im Außenverhältnis zum Auftraggeber keine Bindung.** Hier besteht im Auftragsfall die erklärte gesamtschuldnerische Haftung eines jeden Mitglieds der Arbeitsgemeinschaft im vollen Umfang für alle eingegangenen Verpflichtungen und Verbindlichkeiten. Aufgrund dieser gesamtschuldnerischen Haftung muss auch die volle Zuverlässigkeit beider Unternehmen gegeben sein (VK Hannover, B. v. 12. 3. 2001 – Az.: 26 045 – VgK – 1/2001).

533   Fordert der Auftraggeber die **Bilanzen für je drei aufeinander folgende Geschäftsjahre, so ist die Bietergemeinschaft verpflichtet, für alle Mitglieder der Bietergemeinschaft die entsprechenden Bilanzen vorzulegen** (VK Lüneburg, B. v. 6. 9. 2004 – Az.: 203-VgK-39/2004).

6.8.1.14 Sonderfall: mangelnde Eignung wegen der Einschaltung von Nachunternehmern

534   Der **Einsatz von Nachunternehmern** ist eine von der VOB vorgesehene Maßnahme und führt damit alleine nicht dazu, dass der Bieter zur Ausführung des Auftrages nicht geeignet ist. Nur dann, wenn die Übertragung an Nachunternehmer die Fachkunde, Leistungsfähigkeit und Zuverlässigkeit des Bieters tatsächlich im Einzelfall beeinträchtigt und der Bieter z. B. **nicht mehr gewährleistet, dass der Vertrag wirtschaftlich, technisch und organisatorisch ordnungsgemäß erfüllt wird,** führt die Übertragung dazu, dass der Bieter zu Ausführung des Vertrages nicht geeignet ist (1. VK Bund, B. v. 27. 9. 2002 – VK 1–63/02).

535   Im Umfang einer beabsichtigten Nachunternehmerbeauftragung hat der **Bieter also nicht die eigene Eignung und Leistungsfähigkeit,** sondern – und zwar grundsätzlich anhand derselben Anforderungen, die vom Auftraggeber für den Nachweis der eigenen Leistungsfähigkeit des Bieters aufgestellt worden sind – die **Leistungsfähigkeit des Nachunternehmers nachzuweisen,** was in einem solchen Fall den Nachweis des Bieters ersetzt, im eigenen Unternehmen für die Auftragsdurchführung leistungsfähig zu sein (OLG Düsseldorf, B. v. 22. 12. 2004 – Az.: VII – Verg 81/04).

6.8.1.15 Sonderfall: Zertifizierung

536   **6.8.1.15.1 Inhalt der Zertifizierung.** Bei der Forderung, dass der Auftragnehmer nach DIN ISO 9001 bzw. EN 29 001 zertifiziert ist, handelt es sich um ein Kriterium, das die Fachkunde, Leistungsfähigkeit und Zuverlässigkeit betrifft.

537   Einem nach DIN ISO 9001 bzw. EN 29 001 zertifizierten Unternehmen **wird bescheinigt, dass es ein funktionierendes Qualitätsmanagement sowohl in der Fertigung von Produkten, in deren Entwicklungsprozessen als auch in den gesamten Managementprozessen aufgebaut hat und dieses auch praktiziert.** Hierbei wird insbesondere festgestellt, dass das Unternehmen einen „prozessorientierten Ansatz" für die Entwicklung, Verwirklichung und Verbesserung der Wirksamkeit eines Qualitätsmanagements gewählt hat, der den in DIN ISO 9001 bzw. EN 29 001 formulierten Standards entspricht. Auch in der Einleitung zur DIN ISO 9001 wird beschrieben, dass die Zertifizierung darüber Auskunft geben soll, dass das betreffende Unternehmen die Fähigkeit zur Erfüllung der Anforderungen der Kunden besitzt, d. h. durch interne Organisation muss die Überwachung der Kundenzufriedenheit gewährleistet sein. Der Nachweis zur Erfüllung der Forderungen vorgegebener Qualitätsmanagementstandards muss hierbei jedes Jahr gegenüber einer neutralen Zertifizierungsstelle erbracht werden. Damit beziehen sich diese Anforderungen auf eine Eigenschaft des Unternehmens selbst. Soweit in der ISO-Norm an einzelnen Punkten Bezug auf die Produktrealisierung genommen wird (z. B. Ziffer 7.1 Qualitätsziele; Ziffer 8.2.4 Überwachung und Messung des Produkts; Ziffer 8.3 Lenkung fehlerhafter Produkte), handelt es sich nur um aus der internen Organisation hervorgehende Reflexe, die sich mittelbar in irgendeiner Wiese auf das Produkt auswirken können. Für die Überprüfung durch die Zertifizierungsstelle ist letztlich nur entscheidend, ob das

Unternehmen Vorkehrungen getroffen hat, die ein Qualitätsmanagementsystem ermöglichen und aufrechterhalten. Diese Anforderungen sind von den Eigenschaften der angebotenen Leistung bzw. deren Qualität zu trennen (OLG Thüringen, B. v. 5. 12. 2001 – Az.: 6 Verg 3/01; 1. VK Bund, B. v. 4. 2. 2004 – Az.: VK 1–143/03; 2. VK Bund, B. v. 6. 5. 2003 – Az.: VK 2–28/03).

6.8.1.15.2 Zulässigkeit der Forderung nach einer Zertifizierung. 6.8.1.15.2.1 Leistungen nach der VOB. 6.8.1.15.2.1.1 Aufträge unterhalb der Schwellenwerte. Fraglich ist, ob eine Vergabestelle die Zertifizierung nach DIN EN ISO 9001 überhaupt als Eignungsnachweis für die Fachkunde fordern darf. Allerdings spricht die **Vorschrift des § 8 Nr. 3 Abs. 1 Buchstabe g) VOB/A, wonach andere, insbesondere für die Prüfung der Fachkunde geeignete Nachweise gefordert werden dürfen, auf den ersten Blick für diese Auffassung** (OLG Thüringen, B. v. 5. 12. 2001 – Az.: 6 Verg 3/01). 538

6.8.1.15.2.1.2 Aufträge ab den Schwellenwerten. Die – nicht mehr gültige – **Richtlinie 93/37/EWG** des Rats vom 14. Juni 1993 zur Koordinierung der Verfahren zur Vergabe öffentlicher Bauaufträge (BKR) sah in ihrem Kapitel 2 – Eignungskriterien – **solche Nachweise der technischen Leistungsfähigkeit – anders als die DKR und die SKR,** die zum selben Zeitpunkt oder früher erlassen wurden, **nicht vor.** Nach Art. 11 Abs. 6 S. 2 BKR durften öffentliche Auftraggeber ausschließlich die in den Artikeln 26 und 27 vorgesehenen Nachweise verlangen, wenn sie Auskünfte betreffend die wirtschaftliche und technische Leistungsfähigkeit der Unternehmen im Hinblick auf deren Auswahl verlangen. Danach **sprach schon der Wortlaut der Baukoordinierungsrichtlinie gegen die Zulässigkeit, eine Zertifizierung nach der Normenreihe DIN EN ISO 9000 bis 9004 zu fordern.** Eine entsprechende Entscheidung des Europäischen Gerichtshofs zur Vorgängerrichtlinie der damals geltenden BKR lag bereits vor. Soweit der EuGH hinsichtlich der wirtschaftlichen Leistungsfähigkeit auch die Forderung nach anderen als den in Art. 26 BKR ausdrücklich erwähnten Nachweisen für zulässig hält, beruht das auf der Formulierung „in der Regel", die sich in Art. 27 BKR – nicht mehr gültig – gerade nicht findet (OLG Thüringen, B. v. 5. 12. 2001 – Az.: 6 Verg 3/01). 539

In **Art. 52 der neuen Richtlinie 2004/18/EG ist vorgesehen, dass künftig auch für die Vergabe von Bauaufträgen eine Zertifizierung verlangt werden kann.** 540

6.8.1.15.2.2 Leistungen nach der VOL. Der öffentliche Auftraggeber kann nach § 7 Nr. 4 VOL/A von den Bewerbern zum Nachweis ihrer Fachkunde, Leistungsfähigkeit und Zuverlässigkeit entsprechende Angaben fordern, soweit es durch den Gegenstand des Auftrags gerechtfertigt ist. Die **Forderung des Nachweises einer zum Zeitpunkt der Bewerbung gültigen ISO-9001-Zertifizierung durch die Bewerber ist daher grundsätzlich zulässig** (2. VK Bund, B. v. 5. 11. 2003 – Az.: VK 2–106/03). **Entsprechende Angaben sind sowohl bei Dienstleistungen als auch bei Lieferleistungen zulässig.** 541

Wird als Eignungsnachweis die Vorlage der Zertifizierungsurkunden oder der **Konformitätserklärung** verlangt, genügt eine Eigenerklärung – überschrieben mit „Qualitätssicherung/Konformitätserklärung" – des Inhaltes, dass der Bieter frühzeitig ein entsprechendes Procedere nach DIN ISO 9002ff. eingerichtet hat, **nicht.** Die Eigenerklärung stellt keine Konformitätserklärung im Sinne des im europäischen Rechtsrahmen feststehenden Begriffs dar. Artikel 33 der Richtlinie des Rates vom 18. Juni 1992 über die Koordinierung der Verfahren zur Vergabe öffentlicher Dienstleistungsaufträge (92/50 EWG) – **nicht mehr gültige** Dienstleistungskoordinierungsrichtlinie – trifft dazu die Aussage, dass für den Fall, dass der Auftraggeber zum Nachweis dafür, dass der Dienstleistungserbringer bestimmte Qualitätsanforderungen erfüllt, die **Vorlage von Bescheinigungen von unabhängigen Qualitätsstellen verlangt, diese auf Qualitätsnachweisverfahren auf der Grundlage der einschlägigen Normen aus der Serie EN 29 000 und auf Bescheinigungen durch Stellen Bezug nehmen müssen,** die nach der Normserie EN 45 000 zertifiziert sind. Um „Konformitätserklärungen" im Sinne dieser Vorschrift handelt es sich dabei allein nur dann, wenn nach Satz 2 „gleichwertige Bescheinigungen von Stellen aus anderen Mitgliedstaaten (…) anerkannt werden (müssen)". Eine „Eigenerklärung" erfüllt diese Voraussetzungen nicht und stellt daher auch keinen Nachweis der Erfüllung dieser Forderung durch den Bieter dar (VK Thüringen, B. v. 16. 1. 2006 – Az.: 360–4004.20–025/05-ARN). 542

Art. 49 der – neuen – Richtlinie 2004/18/EG spricht zwar nicht mehr von entsprechenden Normen aus der Serie EN 29 000 o. ä., **fordert aber weiterhin die Vorlage von Bescheinigungen unabhängiger Stellen, sodass auch nach neuem Recht „Eigenerklärungen" nicht zulässig sind.** 543

544 6.8.1.15.2.3 Leistungen nach der VOF. Es ist **nicht zu beanstanden, wenn ein Auftraggeber eine Zertifizierung fordert.** Objektive Zertifikate als Resultat der Investition eines Unternehmens in seine Qualitätssicherung und die daraus gewonnenen Erkenntnisse verringern das Risiko von Fehleinschätzungen durch den Auftraggeber bei der Ermittlung der fachlichen Eignung. Die Forderung bzw. Berücksichtigung von Zertifikaten hinsichtlich eines Qualitätsmanagements sind daher als Auswahlkriterium im Rahmen von baulich, finanziell und sicherheitstechnisch anspruchsvollen und im öffentlichen Interesse stehenden Projekten wie z. B. Krankenhausbauvorhaben nicht sachfremd, sondern zweckmäßig (VK Lüneburg, B. v. 25. 9. 2006 – Az.: VgK-19/2006)

6.8.1.16 Sonderfall: Eignung für Abschleppdienstleistungen

545 Der öffentliche Auftraggeber kann zum Nachweis der Eignung solche Berufsabschlusszeugnisse, Lehrgangsbescheinigungen, Nachweise über den Besuch von Seminaren und Kursen oder ähnliche Unterlagen verlangen, die hinreichenden Aufschluss darüber geben, ob das einzusetzende Personal die zum Abschleppen von Kraftfahrzeugen erforderlichen fachlichen Kenntnisse und Fähigkeiten besitzt. Als **in diesem Sinne aussagekräftige Berufsausbildung kommt insbesondere diejenige zum Kraftfahrzeugmechaniker in Betracht.** Denn das Abschleppen von Kraftfahrzeugen erfordert fundierte Kenntnisse über die Fahrzeugtechnik, namentlich die Antriebstechnik. So spielt für das Abschleppen eine Rolle, ob das Fahrzeug über Front- oder Heckantrieb verfügt und wie der Abschleppvorgang bei dem betreffenden Fahrzeug durchzuführen ist, um Schäden zu vermeiden; zu beurteilen ist überdies, ob das abzuschleppende Fahrzeug beispielsweise eine Wegfahrsperre aufweist oder ein sonstiges fahrzeugbedingtes Abschlepphindernis besteht und auf welche Weise es überwunden werden kann. Für sämtliche dieser Frage vermittelt der Beruf des Kraftfahrzeugmechanikers die erforderlichen fachlichen Kenntnisse (OLG Düsseldorf, B. v. 30. 7. 2003 – Az.: Verg 20/03).

546 Ein **öffentlicher Auftraggeber darf zur Eignungsprüfung auch das Vorliegen einer Erlaubnis nach § 3 GüKG in einem Vergabeverfahren für das Abschleppen und Verwahren ordnungswidrig abgestellter Fahrzeuge und Anhänger grundsätzlich fordern.** Eine solche Forderung ist weder willkürlich, sachfremd, diskriminierend noch unzumutbar. Ob ein Abschleppunternehmer bei der Verrichtung seiner Tätigkeit tatsächlich über eine Erlaubnis nach § 3 GüKG nach Sinn und Zweck dieses Gesetzes verfügen muss, ist damit nicht entschieden. Eine Vergabestelle kann grundsätzlich Eignungsnachweise, die im Zusammenhang mit der ausgeschriebenen Leistung stehen, verlangen. Dass bei dem Erfordernis einer Erlaubnis nach § 3 GüKG (ohne bestimmte Mindestlaufzeit) die Grenze der Unzumutbarkeit überschritten ist, ist nicht ersichtlich. Eine **Erlaubnis nach § 3 GüKG erscheint für einen Abschleppauftrag nicht fern liegend** (VK Düsseldorf, B. v. 16. 2. 2006 – Az.: VK – 02/2006 – L).

6.8.1.17 Sonderfall: Eignung für ÖPNV-Dienstleistungen

547 ÖPNV-Dienstleistungen setzen eine sehr hohe Zuverlässigkeit des Auftragnehmers voraus. Sie sind von Konzessionen, also öffentlich-rechtlichen Genehmigungen abhängig und werden im öffentlichen Interesse ausgeführt. **Abwicklungs- bzw. Leistungsstörungen haben größere und intensivere Auswirkungen als bei üblichen Dienstleistungen,** insbesondere weil nicht nur der jeweilige Auftraggeber, sondern auch die Allgemeinheit betroffen ist. Denn zum einen muss der fahrplanmäßige und sichere Verkehr stets gewährleistet sein, wobei (längere) Ausfallzeiten schlichtweg nicht möglich sind, zum anderen müssen Störungen unverzüglich beseitigt werden. Aus diesen Gründen – insbesondere der Art und der Dauer – kann ein Auftrag zur Durchführung von ÖPNV-Dienstleistungen nicht ohne weiteres mit anderen Dienstleistungsaufträgen verglichen werden. Ein **Auftraggeber kann daher nach pflichtgemäßem Ermessen diese Besonderheiten bei der Eignungsprüfung berücksichtigen und einen strengen Maßstab setzen** (OLG Frankfurt am Main, B. v. 30. 3. 2004 – Az.: 11 Verg 4/04, 5/04; VK Hessen, B. v. 16. 1. 2004 – Az.: 69d VK – 72/2003).

6.8.1.18 Sonderfall: Spekulationsangebot

548 Zur fehlenden Zuverlässigkeit wegen der Abgabe eines Spekulationsangebotes vgl. die Kommentierung zu § 25 VOB/A RZ 5688.

6.8.1.19 Sonderfall: Eignung (Verfügbarkeit) im Fall der Rechtsnachfolge

549 Für den **Nachweis der Verfügbarkeit im Rahmen der Eignungsprüfung bei Rechtsnachfolge** z. B. eines für die Auftragsdurchführung notwendigen Betriebsteils reicht es aus, dass

Gesetz gegen Wettbewerbsbeschränkungen GWB § 97 **Teil 1**

der **Rechtsnachfolger erklärt, dem Mitglied der Bietergemeinschaft die von ihm übernommenen sachlichen Gerätschaften und personellen Ressourcen für das konkrete ausgeschriebene Bauvorhaben zur Verfügung zu stellen.** In einer solchen Situation darf es einem Bieter ebenso wenig durch erhöhte Anforderungen unangemessen erschwert werden, den Nachweis seiner Leistungsfähigkeit und den Nachweis der (Wieder-)Verfügbarkeit von Mitteln (Gerät und Personal) zu führen, wie es einem Bieter generell untersagt werden kann, das Unternehmen oder Teile davon während eines Vergabeverfahrens zu veräußern (OLG Düsseldorf, B. v. 26. 1. 2005 – Az.: VII – Verg 45/04).

6.8.1.20 Besondere zwingende Ausschlussgründe der VOB/VOL/VOF wegen mangelnder Eignung

Aufgrund der **Vorgaben der neuen EU-Vergabekoordinierungsrichtlinie** (Art. 45) bzw. 550
der **neuen Sektorenrichtlinie** (Art. 54 Abs. 4 Unterabsatz 1 bzw. 2) **sind Vorkehrungen zu treffen,** um der Vergabe öffentlicher Aufträge an Wirtschaftsteilnehmer, die sich an einer kriminellen Vereinigung beteiligt oder der Bestechung oder des Betrugs zu Lasten der finanziellen Interessen der Europäischen Gemeinschaften oder der Geldwäsche schuldig gemacht haben, vorzubeugen.

Diese zwingenden Vorgaben sind in §§ 8a Nr. 1 Abs. 1–3, 8a Nr. 1 Abs. 1–3, VOB/A, 7a 551
Nr. 2 Abs. 1–3, 7b Nr. 1 Abs. 3–5 VOL/A, 11 Abs. 1–3 VOF aufgenommen worden.

6.8.1.21 Besondere fakultative Ausschlussgründe der VOB/VOL/VOF wegen mangelnder Eignung

VOB/VOL/VOF nennen besondere Gründe, bei deren Vorliegen Bieter bzw. Bewerber we- 552
gen fehlender Eignung ausgeschlossen werden können. Da diese Ausschlusskriterien nicht deckungsgleich sind, werden sie **im Rahmen von § 8 Nr. 5 VOB/A, § 7 Nr. 5 VOL/A und § 11 VOF erläutert.**

6.8.1.22 Bindung des Auftraggebers an von ihm selbst aufgestellte Eignungskriterien

Die **Rechtsprechung** hierzu ist **nicht einheitlich.** 553

Wenn ein öffentlicher Auftraggeber als Hilfsmittel zur Prüfung und Beurteilung der Eignung 554
von Bietern in den Ausschreibungsbedingungen von den Bietern zu erfüllende **Mindestanforderungen aufstellt, ist er auch selbst daran gebunden, auf die Einhaltung dieser Mindestanforderungen zu achten,** und darf nicht zu Gunsten eines Bieters auf die Erfüllung der Mindestanforderung verzichten. Ein solcher Verzicht wäre gegenüber anderen Bietern, die ihrerseits die Mindestanforderung erfüllen, ein Vergaberechtsverstoß, den sie gemäß den § 97 Abs. 7, § 107 ff. GWB mit einem Nachprüfungsantrag geltend machen könnten (OLG Celle, B. v. 12. 5. 2005 – Az.: 13 Verg 5/05; OLG Düsseldorf, B. v. 21. 12. 2005 – Az.: VII – Verg 69/05; B. v. 14. 10. 2005 – Az.: VII – Verg 40/05; B. v. 24. 6. 2002 – Az.: Verg 26/02; VK Lüneburg, B. v. 14. 2. 2003 – Az.: 203-VgK-35/2002, B. v. 24. 2. 2003 – Az.: 203-VgK-36/2002 – hinsichtlich Referenzen; 2. VK Bund, B. v. 10. 7. 2002 – Az.: VK 2–34/02; 1. VK Sachsen, B. v. 25. 4. 2006 – Az.: 1/SVK/031–06; B. v. 6. 5. 2002 – Az.: 1/SVK/034–02, B. v. 27. 9. 2001 – Az.: 1/SVK/85–01, 1/SVK/85–01G). Der Rechtssatz, dass der Auftraggeber von aufgestellten Mindestanforderungen nicht abweichen darf, **ergibt sich aus dem Transparenzgebot und dem Gleichbehandlungsgrundsatz** (OLG Düsseldorf, B. v. 26. 1. 2005 – Az.: VII – Verg 45/04).

Dies gilt **auch, wenn der öffentliche Auftraggeber die Bewerber bzw. Bieter aus** 555
früheren Geschäftsbeziehungen kennt (OLG Düsseldorf, B. v. 14. 10. 2005 – Az.: VII – Verg 40/05; 1. VK Sachsen, B. v. 25. 4. 2006 – Az.: 1/SVK/031–06; VK Hessen, B. v. 27. 3. 2006 – Az.: 69d VK – 10/2006; VK Schleswig-Holstein, B. v. 17. 1. 2006 – Az.: VK-SH 32/05; B. v. 16. 9. 2005 – Az.: VK-SH 22/05; VK Düsseldorf, B. v. 11. 1. 2006 – Az.: VK – 50/2005 – L; B. v. 7. 10. 2005 – Az.: VK – 22/2005 – B; B. v. 14. 7. 2003 – Az.: VK – 19/2003 – L), es sich um **ortsansässige Firmen** handelt (VK Düsseldorf, B. v. 22. 7. 2002 – Az.: VK – 19/2002 – L) und es sich bei ihnen um **kleine und kleinste Unternehmen** handelt, die **wenig Erfahrungen mit einem förmlichen Vergabeverfahren** haben (2. VK Bund, B. v. 13. 2. 2003 – Az.: VK 2–98/02).

Dem öffentlichen Auftraggeber ist es **auch verwehrt, die Eignung eines Unternehmens** 556
alleine mit Blick auf die bisherige beanstandungsfreie Zusammenarbeit zu bejahen. Grundlage für die entsprechende Beurteilung dürfen vielmehr ausschließlich die mit dem Ange-

Teil 1 GWB § 97 Gesetz gegen Wettbewerbsbeschränkungen

bot vorgelegten Nachweise sein (OLG Düsseldorf, B. v. 14. 10. 2005 – Az.: VII – Verg 40/05; B. v. 30. 7. 2003 – Az.: Verg 20/03; VK Hessen, B. v. 27. 3. 2006 – Az.: 69 d VK – 10/2006).

557 In der Regel **kennt der Auftraggeber zudem nicht den Grund, warum ein Bieter von einer geforderten Angabe oder Erklärung abgesehen hat.** Das Unterbleiben kann auch auf einem Versehen des Bieters beruhen (OLG Düsseldorf, B. v. 21. 12. 2005 – Az.: VII – Verg 69/05).

558 Demgegenüber können nach Auffassung der Vergabekammer Brandenburg beim Teilnahmewettbewerb **fehlende Unterlagen über die Eignung durch die Kenntnis des Auftraggebers über die Eignung ersetzt werden** (VK Brandenburg, B. v. 17. 9. 2002 – Az.: VK 50/02).

559 Diese **Bindung gilt auch in einem VOF-Verfahren** (1. VK Sachsen, B. v 3. 12. 2004 – Az.: 1/SVK/104–04, 1/SVK/104–04G).

6.8.1.23 Pflicht der Vergabestelle zur Benachrichtigung der Bieter über die Eignungsentscheidung

560 Der Auftraggeber ist verpflichtet, **dem Bieter die Gründe für seine fehlende Eignung und die Tatsachen, aus denen sich dies ergibt, mitzuteilen.** Dies ergibt sich schon aus dem Erfordernis, den Bieter in die Lage zu versetzen, über die Inanspruchnahme des Vergaberechtsschutzes zu entscheiden und es den Nachprüfungsinstanzen zu ermöglichen, die Entscheidung des Auftraggebers zu bewerten (VK Südbayern, B. v. 17. 7. 2001 – Az.: 23–06/01, B. v. 15. 3. 2001 – Az.: 04–02/01).

6.8.1.24 Pflicht der Vergabestelle zur Anhörung der Bieter, die ausgeschlossen werden sollen

561 Die Entscheidung eines Auftraggebers, ein Angebot wegen Mängeln der Eignung aus der Wertung auszuschließen, ist **beurteilungsfehlerhaft,** wenn der **Auftraggeber dem Bieter vor seiner Entscheidung nicht das Ergebnis seiner Eignungsprüfung mitteilt und ihm abschließend die Möglichkeit gibt, zu den negativen Aussagen bzw. Referenzen Stellung zu nehmen.** Der Auftraggeber verstößt damit gegen seine Verpflichtung, den der Entscheidung zugrunde liegenden Sachverhalt zutreffend und vollständig zu ermitteln. Eine Stellungnahme des Bieters zu den behaupteten bzw. festgestellten Mängeln hinsichtlich seiner Eignung ist für die umfassende Sachverhaltsermittlung und die daraus resultierende Entscheidung des Auftraggebers unumgänglich (VK Südbayern, B. v. 17. 7. 2001 – Az.: 23–06/01).

6.8.1.25 Eignungsprüfung im Teilnahmewettbewerb

562 Auf die Eignungsprüfung im Teilnahmewettbewerb findet **§ 97 Abs. 4 GWB unmittelbar Anwendung und nicht § 25 VOL/A.** Werden die für einen Teilnahmewettbewerb geforderten Nachweise von einem Bewerber nicht erfüllt, darf dieser Bewerber nicht zum Teilnahmewettbewerb zugelassen werden; ein dennoch abgegebenes Angebot darf nicht gewertet werden (3. VK Bund, B. v. 19. 10. 2004 – Az.: VK 3–191/04; 2. VK Bund, B. v. 13. 2. 2003 – Az.: VK 2–98/02). Insoweit steht der Vergabestelle kein Beurteilungsspielraum zu. Ein **Auswahlermessen hat die Vergabestelle nur unter den Bewerbern, die vollständige Unterlagen einreichen.** Anderenfalls würde die Eignungsprüfung auf reiner Spekulation basieren (2. VK Sachsen-Anhalt, B. v. 11. 4. 2005 – Az.: VK 2 – LVwA LSA 06/05).

563 Zu den Einzelheiten vgl. die Kommentierung zu § 101 GWB RZ 1360.

6.8.1.26 Maßstab der Eignungsprüfung

564 Die **Ansicht,** die konkreten Bedingungen, unter denen der Auftrag auszuführen ist, dürfen bei der vom öffentlichen Auftraggeber anzustellenden Eignungsprüfung nicht berücksichtigt werden (mit anderen Worten: **Eignungskriterien dürften in jedem Fall nur abstrakt aufgestellt und angewandt werden**), **ist nicht haltbar.** Die am einzelnen Auftrag auftretenden Besonderheiten (namentlich die Erschwernisse bei der Ausführung) sind bei der Eignungsprüfung vom Auftraggeber selbstverständlich in Rechnung zu stellen. Die dem **öffentlichen Auftraggeber obliegende Eignungsbewertung hat unternehmensbezogen und auftragsbezogen zu erfolgen.** Gegenstand einer auftragsbezogenen Eignungsprüfung sind insbesondere die bei der Leistung auftretenden Erschwerungen (OLG Düsseldorf, B. v. 5. 10. 2005 – Az.: VII – Verg 55/05).

Gesetz gegen Wettbewerbsbeschränkungen GWB § 97 **Teil 1**

6.8.1.27 Missverständliche Eignungskriterien

Sind Eignungskriterien **missverständlich formuliert und daher nicht ausreichend bekannt** gemacht, dürfen sie bei der **Beurteilung der Angebote nicht berücksichtigt** werden (1. VK Bund, B. v. 30. 3. 2006 – Az.: VK 1–13/06). 565

6.8.1.28 Regelung des HVA B-StB 03/2006 zu Rechenfehlern

Fallen Bieter wiederholt durch nicht zweifelsfreie Preiseintragungen oder erhebliche Rechenfehler in ihren Angeboten auf, sind diese abzumahnen und im Wiederholungsfalle gegebenenfalls wegen fehlender Zuverlässigkeit nach § 25 Nr. 2 Abs. 1 VOB/A von der Wertung auszuschließen (Ziffer 2.4 Abs. 21). 566

6.8.1.29 Literatur

– Kühn, Burkhard, Das Prinzip Hoffnung – Keine totale Sicherheit bei der Eignungsprüfung, Behörden Spiegel Oktober 2006, 19 567
– Wirner, Helmut, Die Eignung von Bewerbern und Bietern bei der Vergabe öffentlicher Bauaufträge, ZfBR 2003, 545

6.8.2 Andere oder weitergehende Eignungskriterien (§ 97 Abs. 4 Halbsatz 2)

6.8.2.1 Allgemeines

§ 97 Abs. 4 2. Halbsatz gibt den öffentlichen Auftraggebern die Möglichkeit, im Wege von Bundes- oder Landesgesetzen andere als nur leistungsbezogene Bieter- bzw. Bewerberkriterien anzuwenden. 568

Diese so genannten „vergabefremden" Kriterien müssen sich inhaltlich am Europäischen Recht und höherrangigem deutschen Recht (dem Grundgesetz), sowie im Falle von Landesregelungen auch an sonstigen Bundesgesetzen messen lassen. 569

Beispiele für aktuelle andere oder weitergehende Eignungskriterien sind insbesondere die Verpflichtung zur Frauenförderung, die Scientology-Schutzklausel oder die Verpflichtung zur Zahlung des am Ort der Leistungserbringung gültigen Tariflohns (VK Düsseldorf, B. v. 26. 8. 2004 – Az.: VK – 30/2004 – L). Diese Eignungskriterien finden sich entweder in speziellen Vergabegesetzen der Länder oder anderen Ländergesetzen wie etwa Tariftreuegesetzen oder Gleichstellungsgesetzen. 570

Inhaltlich werden diese Regelungen oftmals nicht auf alle öffentlichen Aufträge angewendet, sondern gelten nur für Teilbereiche, z.B. Bauaufträge oder die Beförderung von Personen mit Verkehrsmitteln im Linienverkehr. 571

6.8.2.2 Zulässigkeit von Vergabe- bzw. Tariftreuegesetzen

6.8.2.2.1 Rechtsprechung des BVerfG. 6.8.2.2.1.1 Verfassungsrechtliche Zuständigkeit. Zur Regelung des **Wirtschaftslebens im Sinne des Art. 74 Abs. 1 Nr. 11 GG gehören auch die Vorschriften über die Vergabe von öffentlichen Aufträgen. Diesem Rechtsgebiet sind auch gesetzliche Regelungen darüber zuzuordnen, in welchem Umfang der öffentliche Auftraggeber bei der Vergabeentscheidung über die in § 97 Abs. 4 GWB ausdrücklich vorgesehenen Kriterien hinaus andere oder weiter gehende Anforderungen an den Auftragnehmer stellen darf.** Denn nach den Maßstäben, die das Bundesverfassungsgericht für die Zuordnung zu den Kompetenztiteln der Art. 74 und 75 GG entwickelt hat, kommt es in erster Linie auf den Regelungsgegenstand und den Gesamtzusammenhang der Regelung im jeweiligen Gesetz an. Deshalb ist nicht für jede andere oder weiter gehende Anforderung, die ein Gesetz als Kriterium für die Auftragsvergabe vorsieht, der auf das konkrete Kriterium bezogene Kompetenztitel – etwa der für das Arbeitsrecht gemäß Art. 74 Abs. 1 Nr. 12 GG – einschlägig. Mit dem **Erfordernis einer Tariftreueerklärung wird ein Kriterium für die vergaberechtliche Auswahlentscheidung geregelt. Unmittelbar betroffen ist die Rechtsbeziehung zwischen dem öffentlichen Auftraggeber und dem Bieter, dessen Angebotsverhalten bei der Bewerbung um einen Auftrag aus wirtschafts- und sozialpolitischen Gründen dahingehend gesteuert werden soll,** dass er sich gegenüber anderen Bewerbern keinen Vorteil durch eine untertarifliche Vergütung seiner Arbeitnehmer verschafft. Mit der Einbeziehung eines solchen Kriteriums in die Auswahlentscheidung wird das Ziel verfolgt, die Vergabe von Aufträgen aus bestimmten wirtschafts- und 572 sozialpolitischen Gründen unmittelbar zu beeinflussen. Diese Zielsetzung wird in das Vergabeverfahren integriert. Es handelt sich um eine Sonderregelung für den Bereich der öffentlichen Beschaffung, mit der ein Kriterium für die Vergabeentscheidung festgelegt wird, das mittelbar auf die arbeitsrechtlichen Beziehungen im Unternehmen der Bieter Einfluss nehmen soll (BVerfG, B. v. 11. 7. 2006 – Az.: 1 BvL 4/00).

573 **Von dem für Vergaberegelungen einschlägigen Gesetzgebungstitel des Art. 74 Abs. 1 Nr. 11 GG hat der Bundesgesetzgeber nicht abschließend Gebrauch gemacht.** Der Vorschrift des § 97 Abs. 4 2. Halbsatz GWB, nach der andere oder weiter gehende Anforderungen an Auftragnehmer nur gestellt werden dürfen, wenn dies durch Bundes- oder Landesgesetz vorgesehen ist, ist vielmehr zu entnehmen, dass auch aus Sicht des Bundesgesetzgebers die Regelung solcher Kriterien durch den Landesgesetzgeber grundsätzlich möglich sein soll. Mit der in § 97 Abs. 4 2. Halbsatz GWB bestimmten Zulässigkeit einer landesgesetzlichen Regelung ist ausweislich der Gesetzgebungsmaterialien gerade auch dem Wunsch der Länder nach einer kompetenzrechtlichen Legitimation eigener Tariftreuevorschriften für den Bereich ihrer Auftragsvergabe Rechnung getragen worden (BVerfG, B. v. 11. 7. 2006 – Az.: 1 BvL 4/00).

574 6.8.2.2.1.2 Vereinbarkeit mit Art. 9 Abs. 3 GG. **Durch eine gesetzliche Tariftreueverpflichtung wird der Schutzbereich des Art. 9 Abs. 3 GG insbesondere nicht unter dem Gesichtspunkt der so genannten negativen Koalitionsfreiheit berührt.** Die Koalitionsfreiheit als individuelles Freiheitsrecht umfasst auch das Recht des Einzelnen, einer Koalition fernzubleiben. Das **Grundrecht schützt davor, dass ein Zwang oder Druck auf die Nicht-Organisierten ausgeübt wird, einer Organisation beizutreten.** Ein von einer Regelung oder Maßnahme ausgehender bloßer Anreiz zum Beitritt erfüllt diese Voraussetzung nicht. Die Tariftreueverpflichtung schränkt das durch Art. 9 Abs. 3 GG geschützte Recht der am Vergabeverfahren beteiligten Unternehmer, der tarifvertragsschließenden Koalition fernzubleiben, nicht ein. Durch die Tariftreueverpflichtung wird **auch kein faktischer Zwang oder erheblicher Druck zum Beitritt ausgeübt.** Das **Grundrecht der negativen Koalitionsfreiheit schützt nicht dagegen, dass der Gesetzgeber die Ergebnisse von Koalitionsvereinbarungen zum Anknüpfungspunkt gesetzlicher Regelungen nimmt,** wie es besonders weitgehend bei der vom Bundesverfassungsgericht für verfassungsrechtlich zulässig angesehenen Allgemeinverbindlicherklärung von Tarifverträgen geschieht. Allein dadurch, dass jemand den Vereinbarungen fremder Tarifvertragsparteien unterworfen wird, ist ein spezifisch koalitionsrechtlicher Aspekt nicht betroffen. Gegen eine gleichheitswidrige oder unverhältnismäßige Auferlegung der Ergebnisse fremder Koalitionsvereinbarungen ist der **Unternehmer gegebenenfalls durch Art. 3 Abs. 1 und Art. 12 Abs. 1 GG geschützt** (BVerfG, B. v. 11. 7. 2006 – Az.: 1 BvL 4/00).

575 6.8.2.2.1.3 Vereinbarkeit mit Art. 12 Abs. 1 GG. **Art. 12 Abs. 1 GG schützt vor staatlichen Beeinträchtigungen, die gerade auf die berufliche Betätigung bezogen sind. Das Grundrecht sichert die Teilnahme am Wettbewerb im Rahmen der hierfür aufgestellten rechtlichen Regeln.** Es gewährleistet den Arbeitgebern das Recht, die Arbeitsbedingungen mit ihren Arbeitnehmern im Rahmen der Gesetze frei auszuhandeln. Die Tariftreueregelung (z.B. des § 1 Abs. 1 Satz 2 VgG Berlin) berührt die durch Art. 12 Abs. 1 GG gewährleistete Vertragsfreiheit im unternehmerischen Bereich. Dadurch dass das Gesetz als Voraussetzung für die erfolgreiche Teilnahme am Vergabeverfahren die Tariftreue fordert, **reguliert es nicht allgemein das Wettbewerbsverhalten der Unternehmen, sondern bewirkt eine bestimmte Ausgestaltung der Verträge, die der Auftragnehmer mit seinen Arbeitnehmern zur Durchführung des Auftrags abschließt.** Die Unternehmen sollen hinsichtlich dieser Vertragsbedingungen nicht frei darüber entscheiden dürfen, wie sie sich am Wettbewerb um den öffentlichen Auftrag beteiligen. Sie werden bei Ablehnung der von ihnen geforderten Tariftreue von der Möglichkeit, ihre Erwerbschancen zu verwirklichen, ausgeschlossen, auch wenn sie sich im Übrigen an die Vergabebedingungen halten. Solche gesetzlichen Regelungen greifen in das Grundrecht der Berufsfreiheit ein. **Regelungsinhalt und Zielrichtung gehen über einen bloßen Reflex auf Seiten der Unternehmen hinaus,** auch wenn sich das Gesetz regelungstechnisch nicht an sie, sondern an die Auftraggeber richtet und die Unternehmer, die keine Verträge mit öffentlichen Stellen abschließen wollen, nicht vom Regelungsbereich des Gesetzes erfasst werden. Die Vorschrift zielt aus wirtschafts- und sozialpolitischen Gründen darauf ab, die Arbeitgeber bei der Gestaltung ihrer arbeitsvertraglichen Beziehungen zu einem bestimmten Verhalten zu veranlassen. Die Vergabestelle wird durch das Gesetz ermächtigt und angesichts des Soll-Charakters der Vorschrift im Regelfall verpflichtet, von den Bewerbern um den ausgeschriebenen Auftrag eine Tariftreueerklärung zu fordern. Die Einflussnahme auf die Arbeitsbedingungen ist damit von der Zweckrichtung des Gesetzgebers umfasst.

Sie tritt nicht nur reflexartig als faktische Folge eines anderen Zielen dienenden Gesetzes ein (BVerfG, B. v. 11. 7. 2006 – Az.: 1 BvL 4/00).

Der **Eingriff in die Berufsfreiheit ist jedoch verfassungsrechtlich gerechtfertigt. Der** 576 **Landesgesetzgeber verfolgt mit der Tariftreueregelung verfassungsrechtlich legitime Ziele.** Nach der dem Gesetz zugrunde liegenden Zweckbestimmung sollen Bauunternehmen im Wettbewerb mit Konkurrenten nicht deshalb benachteiligt sein, weil sie zur Vergütung ihrer Arbeitnehmer nach Tarif verpflichtet sind. Die Erstreckung der Tariflöhne auf Außenseiter **soll einem Verdrängungswettbewerb über die Lohnkosten entgegenwirken. Diese Maßnahme soll zur Bekämpfung der Arbeitslosigkeit im Bausektor beitragen.** Sie dient dem Schutz der Beschäftigung solcher Arbeitnehmer, die bei tarifgebundenen Unternehmen arbeiten, und damit auch der Erhaltung als wünschenswert angesehener sozialer Standards und der Entlastung der bei hoher Arbeitslosigkeit oder bei niedrigen Löhnen verstärkt in Anspruch genommenen Systeme der sozialen Sicherheit. Durch die Festlegung auf die zwischen den Tarifvertragsparteien ausgehandelten Entgelte wird **zugleich das Tarifvertragssystem als Mittel zur Sicherung sozialer Standards unterstützt.** Das Ziel, die Arbeitslosigkeit zu bekämpfen, hat aufgrund des Sozialstaatsprinzips (Art. 20 Abs. 1 GG) **Verfassungsrang.** Die Verringerung von Arbeitslosigkeit ermöglicht den zuvor Arbeitslosen, das Grundrecht aus Art. 12 Abs. 1 GG zu verwirklichen, sich durch Arbeit in ihrer Persönlichkeit zu entfalten und darüber Achtung und Selbstachtung zu erfahren. Insofern wird das gesetzliche Ziel auch von Art. 1 Abs. 1 und Art. 2 Abs. 1 GG getragen. Darüber hinaus ist der mit der Bekämpfung der Arbeitslosigkeit einhergehende **Beitrag zur finanziellen Stabilität des Systems der sozialen Sicherung ein Gemeinwohlbelang von hoher Bedeutung.** Schließlich **darf der Gesetzgeber die Ordnungsfunktion der Tarifverträge unterstützen,** indem er Regelungen schafft, die bewirken, dass die von den Tarifparteien ausgehandelten Löhne und Gehälter auch für Nichtverbandsmitglieder mittelbar zur Anwendung kommen (BVerfG, B. v. 11. 7. 2006 – Az.: 1 BvL 4/00).

Die **Verpflichtung der Bewerber um einen öffentlichen Auftrag zur Tariftreue ist** 577 **ein geeignetes Mittel zur Erreichung der mit dem Gesetz verfolgten Ziele.** Ein Mittel ist bereits dann im verfassungsrechtlichen Sinne geeignet, wenn mit seiner Hilfe der gewünschte Erfolg gefördert werden kann, wobei die Möglichkeit der Zweckerreichung genügt. Dem **Gesetzgeber** kommt dabei ein **Einschätzungs- und Prognosevorrang** zu. Es ist vornehmlich seine Sache, auf der Grundlage seiner wirtschafts-, arbeitsmarkt- und sozialpolitischen Vorstellungen und Ziele unter Beachtung der Gesetzlichkeiten des betreffenden Sachgebiets zu entscheiden, welche Maßnahmen er im Interesse des Gemeinwohls ergreifen will. Hieran gemessen sind Tariftreueverpflichtungen grundsätzlich geeignet, die gesetzgeberischen Ziele zu erreichen (BVerfG, B. v. 11. 7. 2006 – Az.: 1 BvL 4/00).

Die **gesetzliche Tariftreueregelung ist zur Zielerreichung erforderlich.** Der **Gesetz-** 578 **geber** verfügt bei der Einschätzung der Erforderlichkeit ebenfalls über einen **Beurteilungs- und Prognosespielraum.** Daher können Maßnahmen, die der Gesetzgeber zum Schutz eines wichtigen Gemeinschaftsguts für erforderlich hält, verfassungsrechtlich nur beanstandet werden, wenn nach den ihm bekannten Tatsachen und im Hinblick auf die bisher gemachten Erfahrungen feststellbar ist, dass Regelungen, die als Alternativen in Betracht kommen, die gleiche Wirksamkeit versprechen, die Betroffenen indessen weniger belasten. Nach diesen Maßstäben bestehen gegen die Erforderlichkeit der Tariftreueregelung keine durchgreifenden Bedenken. Es ist **kein ebenso geeignetes, aber weniger belastendes Mittel erkennbar,** das der Landesgesetzgeber anstelle der gesetzlichen Tariftreueregelung hätte ergreifen können (BVerfG, B. v. 11. 7. 2006 – Az.: 1 BvL 4/00).

Schließlich ist die **Beeinträchtigung der Berufsfreiheit durch die Tariftreuepflicht auch** 579 **angemessen.** Allerdings betrifft die den Bauunternehmen auferlegte Tariftreuepflicht durch die Einflussnahme auf die Verträge mit Arbeitnehmern und Geschäftspartnern einen wichtigen Gewährleistungsgehalt der durch Art. 12 Abs. 1 GG geschützten Berufsfreiheit. Die **Freiheit, den Inhalt der Vergütungsvereinbarungen mit Arbeitnehmern und Subunternehmern frei aushandeln zu können, ist ein wesentlicher Bestandteil der Berufsausübung,** weil diese Vertragsbedingungen in besonderem Maße den wirtschaftlichen Erfolg der Unternehmen bestimmen und damit für die durch Art. 12 Abs. 1 GG geschützte, der Schaffung und Aufrechterhaltung einer Lebensgrundlage dienende Tätigkeit kennzeichnend sind. Das **Gewicht des Eingriffs wird jedoch dadurch gemindert,** dass die **Verpflichtung zur Zahlung der Tariflöhne nicht unmittelbar aus einer gesetzlichen Anordnung folgt, sondern erst infolge der eigenen Entscheidung,** im Interesse der Erlangung eines öffentlichen Auftrags eine Verpflichtungserklärung abzugeben. Die **Auswirkungen der Tariftreuepflicht sind zudem** auf den einzelnen Auftrag beschränkt. Nur der Inhalt der Arbeitsverträge der bei der Ausführung dieses Auftrags eingesetzten Arbeitnehmer wird vorgegeben, und dies auch nur für die Arbeitsstunden, in denen sie mit der Ausführung des Auftrags beschäftigt sind. Die rechtfertigenden Gründe, die den Gesetzgeber zu der zur Prüfung gestellten Regelung veranlasst haben, haben demgegenüber erhebliches Gewicht. Die **Bekämpfung der Arbeitslosigkeit in Verbindung mit der Gewährleistung der finanziellen Stabilität des Systems der sozialen Sicherung ist ein besonders wichtiges Ziel,** bei dessen Verwirklichung dem Gesetzgeber gerade unter den gegebenen schwierigen arbeitsmarktpolitischen Bedingungen ein relativ großer Entscheidungsspielraum zugestanden werden muss. Dieser Gemeinwohlbelang, dem die Tariftreueregelung Rechnung zu tragen versucht, besitzt eine überragende Bedeutung (BVerfG, B. v. 11. 7. 2006 – Az.: 1 BvL 4/00).

580   6.8.2.2.1.4 Vereinbarkeit mit Art. 3 GG. Die auf der Tariftreueverpflichtung beruhende **Ungleichbehandlung der Anbieter, die keine Tariftreueerklärung abgeben** und deshalb keinen Zuschlag erhalten, **im Vergleich mit den Anbietern, die die Auflage nach der zur Prüfung gestellten Vorschrift erfüllen, verstößt nicht gegen Art. 3 Abs. 1 GG.** Sie ist durch die dargestellten **besonders wichtigen Gemeinwohlbelange,** die den Landesgesetzgeber zu der gesetzlichen Regelung veranlasst haben, **gerechtfertigt** (BVerfG, B. v. 11. 7. 2006 – Az.: 1 BvL 4/00).

581   6.8.2.2.1.5 Vereinbarkeit mit § 5 TVG. Eine **Tariftreueverpflichtung steht nicht im Widerspruch zu § 5 TVG,** da die **Tariftreueerklärung nicht mit der Allgemeinverbindlicherklärung eines Tarifvertrags vergleichbar** ist. Die Tariftreueerklärung ist ein neben der Allgemeinverbindlicherklärung stehendes, weiteres Mittel, um zu erreichen, dass Außenseiterarbeitgeber Tariflöhne zahlen. Sie greift nicht in den Regelungsbereich des § 5 TVG über, weil sie im Gegensatz zu einer Allgemeinverbindlicherklärung keine unmittelbare und zwingende Geltung eines Tarifvertrags für alle in dessen Geltungsbereich abgeschlossenen Arbeitsverträge bewirkt. Vielmehr **begründet sie lediglich eine schuldrechtliche Verpflichtung des Unternehmers,** der den Zuschlag für einen bestimmten öffentlichen Auftrag erhält, **zu einer nur punktuellen Anwendung eines Entgelttarifvertrags** (BVerfG, B. v. 11. 7. 2006 – Az.: 1 BvL 4/00).

582   6.8.2.2.1.6 Vereinbarkeit mit § 20 Abs. 1 GWB. **Tariftreueverpflichtungen verstoßen auch nicht gegen § 20 Abs. 1 GWB.** Auch bei marktbeherrschender Stellung eines öffentlichen Auftraggebers auf der Nachfrageseite bewirkt die Tariftreueerklärung keine unbillige Behinderung oder sachlich nicht gerechtfertigte unterschiedliche Behandlung von Unternehmen auf der Anbieterseite. Eine **Ungleichbehandlung von Anbietern ist dann sachlich gerechtfertigt, wenn eine gültige gesetzliche Vorschrift sie anordnet.** Von diesem richtigen Standpunkt ausgehend ist es aber **ausgeschlossen, das rechtfertigende Gesetz selbst an § 20 Abs. 1 GWB zu messen. Ist das Gesetz in jeder anderen Hinsicht mit dem Grundgesetz und mit Bundesrecht vereinbar, dann stellt es auch einen Rechtfertigungsgrund für die Ungleichbehandlung im Sinne von § 20 Abs. 1 GWB dar** und schließt zugleich eine unbillige Behinderung nach dieser Vorschrift aus. Darüber hinaus sprechen bei einer systematischen Auslegung und insbesondere unter Berücksichtigung der Entstehungsgeschichte des § 97 Abs. 4 2. Halbsatz GWB **gute Argumente dafür, dass die Frage anderer und weiter gehender Anforderungen speziell im Vergaberecht geregelt wurde und dass die an dieser Stelle eingefügte Möglichkeit zu deren Festlegung nicht durch § 20 Abs. 1 GWB wieder ausgeschlossen wird,** sondern im Hinblick auf gegebenenfalls damit verbundene Behinderungen des Wettbewerbs deren Rechtfertigung dient (BVerfG, B. v. 11. 7. 2006 – Az.: 1 BvL 4/00).

583   6.8.2.2.2 Sonstige Rechtsprechung. Tariflohnbezogene Anforderungen an Unternehmen dürfen gemäß § 97 Abs. 4 GWB nur durch Bundes- oder Landesgesetz vorgesehen werden. **Besteht kein derartiges Gesetz, darf ein solcher vergabefremder Aspekt, wie ihn die tariflohnbezogene Anforderung darstellt, nicht einbezogen werden** (VK Hannover, B. v. 22. 11. 2001 – Az.: 26 045 – VgK – 6/2001).

6.8.2.3 Vergabegesetze der Bundesländer (Übersicht)

584   – **Gesetz über die Vergabe von Bauaufträgen im Freistaat Bayern** (Bayerisches Bauaufträge-Vergabegesetz – BayBauVG) vom 28. Juni 2000

   Hinweise zur Rechtsprechung:
   – die VK Südbayern hat die **Vergaberechtskonformität** offen gelassen (VK Südbayern, B. v. 28. 12. 2001 – Az.: 45–11/01)

Gesetz gegen Wettbewerbsbeschränkungen GWB § 97 **Teil 1**

- **fehlende Angaben in der Tariftreueerklärung** dürfen nicht zum sofortigen Ausschluss des Angebotes führen, da es sich dabei um Angaben handelt, die ohne Einfluss auf die Preise und damit auf das Wettbewerbsergebnis sind und **im Rahmen des § 24 nachträglich ergänzt werden** können (VK Südbayern, B. v. 15. 6. 2001 – Az.: 18–05/01 – **ältere Entscheidung**)
- ein **Angebot ist von der Wertung auszuschließen,** wenn die **geforderten Erklärungen zu den Nachunternehmerleistungen und zur Tariftreue fehlen** (§ 25 Nr. 1 Abs. 1 Buchstabe b), § 21 Nr. 1 Abs. 1 Satz 3 VOB/A). Dies gilt insbesondere, wenn die fehlende Erklärung Einfluss auf den Wettbewerb hat. § 24 VOB/A enthält eine abschließende Aufzählung der zulässigen Verhandlungsgründe. Auch übersteigt eine **nachträgliche Festlegung des Nachunternehmereinsatzes und eine Vervollständigung der Angaben zur Tariftreue das Maß einer zulässigen Nachverhandlung nach § 24 Nr. 3 VOB/A,** da dies dazu führen würde, dass der Bieter nach der Submission entscheiden könnte, ob er sein Angebot zuschlagsgeeignet werden lassen will oder nicht (VK Nordbayern, B. v. 17. 7. 2003 – Az.: 320.VK-3194–24/03; VK Südbayern, B. v. 18. 12. 2002 – Az.: 51–11/02)
- **Berliner Vergabegesetz (VgG Bln)** vom 9. Juli 1999 (Gesetz- und Verordnungsblatt für Berlin Nr. 28 vom 16. Juli 1999) 585

  Hinweis zur Rechtsprechung:
- der **Kartellsenat des BGH hält das Berliner Vergabegesetz,** mit dem das Land Berlin von jedem Auftragnehmer fordert, dass die bei den Baumaßnahmen des Landes Berlin beschäftigten Arbeitnehmer nach den in Berlin geltenden Tarifen entlohnt werden, **für verfassungswidrig.** Zunächst fehle dem Landesgesetzgeber für das Tarifrecht eine gesetzgeberische Zuständigkeit; für das Arbeitsrecht gebe es eine konkurrierende Zuständigkeit des Bundes und der Länder. Da der Bund mit der Verabschiedung des Tarifvertragsgesetzes von seiner Kompetenz abschließend Gebrauch gemacht habe, sei für ein Landesgesetz kein Raum. Aber auch wenn eine Zuständigkeit des Landes bestehe, verstoße das Berliner Vergabegesetz gegen Bundesrecht, und zwar zum einen gegen die Bestimmung des Tarifvertragsgesetzes über die Allgemeinverbindlicherklärung von Tarifverträgen und zum anderen gegen das Gesetz gegen Wettbewerbsbeschränkungen. Schließlich begegne die Regelung insoweit durchgreifenden Bedenken, als der Zugang zu dem Markt für Straßenbauarbeiten vom Land Berlin als marktbeherrschendem Nachfrager davon abhängig gemacht werde, dass sich der Bieter den Regelungen eines Tarifvertrags unterwirft; damit wird nach Ansicht des Kartellsenats in die im Grundgesetz geschützte negative Koalitionsfreiheit eingegriffen. **Da die Ungültigkeit eines Gesetzes nur das BVerfG feststellen könne, hat der BGH daher die Sache dem BVerfG vorgelegt** (Vorlagebeschluss an das BVerfG vom 18. 1. 2000 – Az.: KVR 23/98)
- das **BVerfG hat entschieden, dass das Gesetz mit dem Grundgesetz und sonstigem Bundesrecht vereinbar** ist (vgl. die Kommentierung RZ 572)
- der befristete Ausschluss eines Unternehmens von der Teilnahme am Vergabewettbewerb wegen Verstoßes gegen die in einer Tariftreueerklärung zugesagte Einhaltung der in Berlin geltenden Entgelttarife kommt auch ohne festgestellten Verstoß in Betracht, wenn der Unternehmer die Überprüfung der Einhaltung der Tarife rechtswidrig vereitelt hat. Dem **Unternehmer ist kein rechtswidriger Verstoß vorzuwerfen, wenn er sich weigert, ohne Zustimmung seiner Arbeitnehmer deren monatliche Verdienstabrechnungen vorzulegen, denn diese enthalten regelmäßig eine Vielzahl personenbezogener Einzelangaben, die grundsätzlich nur bei den betroffenen Arbeitnehmern und mit ihrer Kenntnis zu erheben sind und vom Arbeitgeber nicht weitergegeben werden dürfen.** Soweit ein Vergabegesetz als Sanktion wegen eines Verstoßes gegen die eingegangene Tariftreueverpflichtung den Ausschluss des Unternehmens von der Vergabe öffentlicher Aufträge bis zu einer Dauer von zwei Jahren vorsieht, kann daraus nicht der weit reichende Schluss gezogen werden, dass die **entsprechende Überprüfung der Einhaltung der Verpflichtung unter Vernachlässigung der Datenschutzrechte der Arbeitnehmer des Unternehmens stattfinden dürfte** (KG Berlin, B. v. 3. 4. 2003 – Az: 2 U 19/02 Kart) 586
- **Vergabegesetz für das Land Bremen** vom 17. 12. 2002 (Gesetzblatt der Freien Hansestadt Bremen vom 19. 12. 2002, Nr. 66, S. 594f) 587
- **Hamburgisches Vergabegesetz** vom 18. Februar 2004 (Hamburgisches Gesetz- und Verordnungsblatt Teil I, Nr. 12 vom 3. 3. 2004, S. 97) 588

589 – **Landesvergabegesetz Niedersachsen** vom 2. 9. 2002 (Nds. GVBl. S. 370), in der Fassung des Änderungsgesetzes vom 9. 12. 2005 (Nds. GVBl. S. 395)

Hinweis zur Rechtsprechung:
– soweit der BGH zu dem Schluss gekommen ist, dass das Vergabegesetz des Landes Berlin gegen das Grundgesetz und gegen Bundesrecht verstößt betrifft dies nur das Land Berlin. Das Landesvergabegesetz Niedersachsen wird in der Wirksamkeit nicht unmittelbar berührt. Die **Kammer ist nicht der Ansicht, dass das Landesvergabegesetz so offenkundig gegen die Verfassung verstößt, dass es unbeachtlich ist.** Das Vergabegesetz des Landes Berlin hatte zur Folge, dass zumindest die betroffenen Tiefbauunternehmen im Stadtgebiet, für die die Stadt Berlin nahezu der alleinige Auftraggeber ist, vor der Konkurrenz aus dem Umland geschützt werden. Diese monopolartige Stellung des Landes Berlin zu bestimmten Gewerken der Bauleistungen gibt es im Land Niedersachsen nicht. Bei allen im Landesgebiet vergebenen Aufträgen im Bauhauptgewerbe nehmen die Vergaben des Landes nur eine untergeordnete Rolle ein. Das **Land Niedersachsen hat nicht eine der Stadt Berlin vergleichbare marktbeherrschende Stellung und kann daher die nach § 97 Abs. 4 „weitergehenden Anforderungen" per Gesetz beschließen** (VK Hannover, B. v. 3. 9. 2003 – Az.: 26 045 – VgK – 13/2003)

590 – nach Auffassung des **OLG Celle kann nicht davon ausgegangen werden, dass die Tariftreueverpflichtungen auf zwingenden Gründen des Allgemeininteresses beruhen.** Das Tariftreuegesetz bezweckt zumindest auch eine Abschottung der deutschen Bauunternehmen vor der Konkurrenz aus anderen Mitgliedstaaten. Ein solcher wirtschaftlicher Zweck kann nach der Rechtssprechung des EuGH (Urteil vom 25. 10. 2001 – Az.: C-49/98) nicht als zwingendes Erfordernis des Allgemeininteresses eine Beschränkung der Dienstleistungsfreiheit rechtfertigen. **Die „Mindestlohn"-Rechtssprechung des EuGH** (Urteil vom 12. 10. 2004 – Az.: C-60/03; Urteil vom 24. 1. 2002 – Az.: C-164/99; Urteil vom 15. 3. 2001 – Az.: C-165/98) **greift nicht ein, weil die geforderten Lohn- und Gehaltstarife am Ort der Ausführung weitaus höher lägen als die Mindestentgeltregelungen, die in Deutschland im Arbeitnehmerentsendegesetz festgelegt sind.** Es geht bei der Tariftreueverpflichtung mithin um eine über die bisherigen gesetzlichen bzw. tarifvertraglichen Verpflichtungen hinausgehende, überschießende Lohnzahlungsverpflichtung der EG-ausländischen Auftragnehmer. Diese Verpflichtung überschreitet das zum Schutz der Arbeitnehmer erforderliche Maß. Das zum Schutz der Arbeitnehmer Erforderliche wird durch den Mindestlohnstandard markiert. Für die ausländischen Arbeitnehmer bewirkt die Tariftreueverpflichtung gerade nicht die faktische Gleichstellung mit den deutschen Arbeitnehmern, sondern verhindert regelmäßig ihre Beschäftigung in der Bundesrepublik Deutschland, weil ihr Arbeitgeber seinen Kostenvorteil nicht in den Wettbewerb einbringen kann. Das **OLG hat deshalb die Sache** *(Stellt es eine nicht gerechtfertigte Beschränkung der Dienstleistungsfreiheit nach dem EG-Vertrag dar, wenn dem öffentlichen Auftraggeber durch ein Gesetz aufgegeben wird, Aufträge für Bauleistungen nur an solche Unternehmen zu vergeben, die sich bei der Angebotsabgabe schriftlich verpflichten, ihren Arbeitnehmern bei der Ausführung dieser Leistungen mindestens das am Ort der Ausführung tarifvertraglich vorgesehene Entgelt zu bezahlen?)* **dem EuGH zur Entscheidung vorgelegt** (OLG Celle, B. v. 3. 8. 2006 – Az.: 13 U 72/06)

– **§ 3 LVergabeG verstößt nicht gegen die konkurrierende Gesetzgebungskompetenz des Bundes** aus Art. 74 Abs. 1 Nr. 12 GG, die ausdrücklich auch das Tarifrecht umfasst. Dies folgt bereits daraus, dass es sich bei der Vorschrift des § 3 LVergabeG nicht um eine tarifrechtliche und damit arbeitsrechtliche Regelung im Sinne von Art. 74 Abs. 1 Nr. 12 GG handelt, sondern ausdrücklich lediglich um eine Regelung über das Vergabeverfahren. Die Vorschrift regelt weder Inhalt und Form noch den Geltungsbereich von Tarifverträgen. Auch eine Allgemeinverbindlicherklärung von Tarifverträgen ist damit nicht verbunden. Die öffentlichen Auftraggeber werden durch § 3 LVergabeG lediglich verpflichtet, den Bietern im Rahmen eines Vergabeverfahrens eine bestimmte Erklärung abzuverlangen. Auch die **negative Koalitionsfreiheit der Bieter gemäß Art. 9 Abs. 3 GG wird durch die Regelung des § 3 LVergabeG im Ergebnis nicht verletzt.** Der Bieter wird nicht gezwungen, einem tariflich gebundenen Arbeitgeberverband beizutreten und damit Partei eines Tarifvertrages zu werden. Er wird lediglich verpflichtet, seinen Arbeitnehmern für die Dauer des Auftragsverhältnisses ein Entgelt auf der Grundlage einer tariflichen Vereinbarung zu zahlen, die der öffentliche Auftraggeber gemäß § 3 LVergabeG vorgibt. Derartige Regelungen sind nicht per se verfassungswidrig. So hat das BVerfG die Regelung des § 5

Tarifvertragsgesetz (TVG), die die Allgemeinverbindlichkeit von Tarifverträgen regelt, ausdrücklich für verfassungsrechtlich zulässig erklärt (vgl. BVerfG, NJW 1977, S. 2255). Ferner steht der landesgesetzlichen Regelung des § 3 LVergabeG **auch nicht der Vorrang des Bundesrechts gem. Art. 31 GG entgegen.** Eine Kollision zwischen Bundes- und Landesrecht liegt nicht vor. Dies folgt daraus, dass es eine bundesrechtliche Regelung auf dem Gebiet des Vergaberechts zur Regelung der Einforderung von Tariftreueerklärungen nicht gibt. Die Einforderung der Tariftreueerklärung gem. § 3 LVergabeG **verstößt auch nicht gegen die gemeinschaftsrechtliche Regelung des Art. 36 Abs. 1 lit. a der Dienstleistungskoordinierungsrichtlinie** 92/50/EWG vom 18. 6. 2002 (VK Lüneburg, B. v. 18. 6. 2004 – Az.: 203-VgK-29/2004)

- **Gesetz Nr. 1450 über die Vergabe von Bauaufträgen im Saarland** (Saarländisches **591** Bauaufträge-Vergabegesetz – SaarBauVG) vom 23. August 2000 (Amtsblatt des Saarlandes vom 3. November 2000)
  Hinweis zur Rechtsprechung:
  - die Befugnis nach § 97 Abs. 4 GWB hat der saarländische Landesgesetzgeber ausgenutzt und mit § 3 SaarBauVG nicht nur die Tariftreue gefordert, sondern zugelassen, dass sie auf einem ganz bestimmten Muster erklärt wird, an das er wiederum die Anforderung geknüpft hat, dass es von der Landesregierung, also von allen möglicherweise von Vergaben betroffenen Ministerien, bekannt gemacht wird. Dies **stellt nicht allein eine ignorierbare Formalie** dar, über die sich ein einzelnes Ministerium hinwegsetzen könnte, sondern der Gesetzgeber wollte, dass sich alle Ministerien auf ein bestimmtes Muster einigen, wie dies von der Ministerin in der zweiten Lesung zum SaarBauVG auch zugestanden worden war. Es kann sich auch deshalb nicht um eine disponible Formalie handeln, deren Missachtung keine weiteren Konsequenzen hat, weil schon die **Forderung der Tariftreue an sich eine eng auszulegende Ausnahme von dem Grundsatz darstellt, dass außer Fachkunde, Leistungsfähigkeit und Zuverlässigkeit an Unternehmer keine weiteren Anforderungen gestellt werden sollen.** Diese Ausnahme wurde durch § 4 Abs. 1 SaarBauVG durch eine weitere Anforderung noch verschärft, sodass vor diesem Hintergrund kein Spielraum für eine weite Auslegung von § 4 Abs. 1 SaarBauVG bleibt. Da das Muster nicht den Anforderungen von § 4 Abs. 1 SaarBauVG entspricht, kann und darf der Auftraggeber auch nicht von dem Unternehmer verlangen, dass er die Tariftreue auf diesem Formular erklärt. Der Auftraggeber darf einen Bieter nicht lediglich deshalb ausschließen, weil er beim Ausfüllen des Musters ein Feld nicht ausgefüllt hat (VK Saarland, B. v. 4. 8. 2004 – Az.: 1 VK 04/2004)
- **Gesetz über die Vergabe öffentlicher Aufträge im Freistaat Sachsen** (Sächsisches Ver- **592** gabegesetz – SächsVergabeG) vom 8. Juli 2002 (Sächsisches Gesetz- und Verordnungsblatt vom 26. Juli 2002 (Nr. 10/2002)
  Hinweis zur Rechtsprechung:
  - zwar hat der Auftraggeber den Ausschluss der Antragstellerin vorliegend mit den Regelungen des Sächsischen Vergabegesetzes (SächsVergabeG vom 8. 6. 2002, Sächs. GVBl. vom 26. 6. 2002), insbesondere dessen § 3 Abs. 1, gestützt. Diese Vorschrift legt fest: „Im Fall der Auftragserteilung sind die vom Auftragnehmer angebotenen Leistungen grundsätzlich im eigenen Betrieb auszuführen. Die Weitergabe an Nachunternehmer ist nur bis zu einer Höhe von 50 vom Hundert des Auftragswertes zulässig …". Diese **Vorschrift ist aber entsprechend dem in § 1 definierten Anwendungsbereiches des SächsVergabeG nicht auf Vergaben oberhalb der EU-Schwellenwerte anwendbar.** Dies ergibt sich daraus, dass die dort als rechtlichen Grundlagen für die Verpflichtung zur Anwendung der vergaberechtlichen Vorschriften nur § 55 SäHO und § 31 KomHVO genannt sind, nicht jedoch § 98 GWB, der die Verpflichtung zur Anwendung des europaweiten Vergaberechts definiert (1. VK Sachsen, B. v. 28. 1. 2004 – Az.: 1/SVK/158–03)

Literaturhinweis: **593**
- Arnold, Hans, Die europarechtliche Dimension der konstitutiven Tariftreueerklärungen im deutschen Vergaberecht, Dissertation, Frankfurt am Main, 2004
- Dornbusch, Tessa, Die Berücksichtigung vergabefremder Zwecke bei der öffentlichen Auftragsvergabe und ihre Verknüpfung mit dem Arbeitsrecht – insbesondere die Tariftreueerklärung auf der Grundlage des § 97 IV Halbs. 2 GWB, Dissertation, Berlin, 2004
- Frankenstein, Vergabe – Tariftreuegesetze: Quo vaditis?, ibr-online (www.ibr-online.de/ 2007-1)

– Löwisch, Manfred, Landesrechtliche Tariftreue als Voraussetzung der Vergabe von Bau- und Verkehrsleistungen, Der Betrieb 2004, 814

6.8.2.4 Vergabegesetz Sachsen-Anhalt

594 **6.8.2.4.1 Allgemeines.** Das Land Sachsen-Anhalt hatte ebenfalls ein Gesetz über die Vergabe öffentlicher Bauaufträge im Land Sachsen-Anhalt (Vergabegesetz Sachsen-Anhalt – VergabeG LSA) vom 29. 6. 2001 (GVBl. S. 234) erlassen. Mit dem Ersten Investitionserleichterungsgesetz vom 13. 8. 2002 (GVBl. vom 16. 8. 2002) wurde dieses Gesetz aufgehoben.

595 **6.8.2.4.2 Rechtsprechung zum Vergabegesetz Sachsen-Anhalt.** Sowohl die Vergabekammern des Landes Sachsen-Anhalt als auch das OLG Naumburg haben sich in mehreren Entscheidungen mit den Regelungen des Vergabegesetzes Sachsen-Anhalt auseinandergesetzt.

596 Die wichtigsten Entscheidungen, die auch für andere Vergabegesetze Bedeutung haben können, sind:
– die – landesrechtliche – Vorschrift des § 4 Abs. 2 VergabeG LSA ist bundes- und gemeinschaftsrechtskonform einschränkend dahin auszulegen, dass die darin aufgeführten **Wertungskriterien von einem öffentlichen Auftraggeber nur in die Angebotswertung einbezogen werden dürfen, wenn sie zuvor in der Bekanntmachung bzw. in den Verdingungsunterlagen den Bietern auch mitgeteilt** worden sind (OLG Naumburg, B. v. 7. 5. 2002 – Az.: 1 Verg 19/01; bestätigt durch OLG Naumburg, B. v. 10. 9. 2002 – Az.: 1 Verg 05/02)
– die **Bescheinigungen** nach dem Tariftreuegesetz des Landes Sachsen-Anhalt müssen **mit dem Angebot vorgelegt** werden (VK Magdeburg, B. v. 9. 7. 2002 – Az.: VK-OFD LSA-03/02)
– § 4 Abs. 1 VergabeG LSA bestimmt, das ein Bieter von der Wertung auszuschließen ist, wenn er die unter Nr. 1, 2 und 3 genannten Unterlagen wie die aktuellen Nachweise der Finanzbehörde, des zuständigen Sozialversicherungsträgers, der Sozialkasse des Baugewerbes über die vollständige Entrichtung von Steuern und Beiträgen, einen Auszug aus dem Gewerbezentralregister (nicht älter als 6 Monate), die Tariftreueerklärung nicht beibringt. Im Abs. 2 des § 4 ist konkret für die Nachunternehmer festgelegt, dass diese auch die unter Absatz 1 genannten Nachweise bei der Abgabe des Angebotes vorzulegen haben. Daraus ergibt sich, dass **für den eigentlichen Hauptauftragnehmer diese Unterlagen ebenfalls mit dem Angebot vorzulegen sind. Demnach muss der Ausschluss auch entsprechend den Regeln des VergabeG LSA erfolgen,** wenn die Unterlagen nicht vorliegen (VK Halle, B. v. 23. 11. 2001 – Az.: VK Hal 18/01)

6.8.2.5 Tariftreuegesetze der Bundesländer

597 – Das **Land Nordrhein-Westfalen** hatte im Wege des **Gesetzes zur tariflichen Entlohnung bei öffentlichen Aufträgen im Land Nordrhein-Westfalen** (Tariftreuegesetz Nordrhein-Westfalen – TariftG NRW) vom 17. 12. 2002 besondere Eignungskriterien aufgestellt. Das **Gesetz ist aufgehoben** und **seit dem 21. 11. 2006 nicht mehr anzuwenden.** Die Rechtsprechung wird wegen der möglichen Auswirkungen auf laufende Fälle noch dargestellt.

Hinweis zur Rechtsprechung:
– hat ein öffentlicher Auftraggeber bei der Ausschreibung lediglich die Tariftreueerklärung für Haupt- und Nachunternehmer nach dem Tarifgesetz NRW als zwingend mit dem Angebot vorzulegen bereits in der Bekanntmachung vorgegeben, **fehlt mit der Nichtvorlage der Tariftreueerklärung für Nachunternehmer damit eine zwingend geforderte Erklärung,** die nach den Festlegungen des Auftraggebers auch nicht nachgereicht werden kann (VK Arnsberg, B. v. 16. 6. 2004 – Az.: VK 1–07/2004)
– der Zweck der – u. a. auf das Tariftreuegesetz (TariftG) NRW gestützten – Forderung nach Abgabe einer Tariftreueerklärung durch die Bieter liegt **in der Absicht begründet, tarifgebundene Bieter vor den Angeboten solcher Bieter zu schützen, die durch Tarifverträge nicht gebunden** und deshalb häufig in der Lage sind, deren Angebote zu unterbieten. Das entspricht auch dem Schutzzweck des Tariftreuegesetzes. Ein Bieter unterfällt dem mit der Forderung einer Tariftreueerklärung von den Antragsgegnern bezweckten Schutz, wenn er tarifgebunden ist. **Ein tarifgebundener Bieter kann deshalb durch eine solche Forderung in seinen Bieterrechten auch nicht verletzt sein.** Er

ist deswegen nicht antragsbefugt im Sinne von § 107 Abs. 2 Satz 1 GWB (OLG Düsseldorf, B. v. 6. 12. 2004 – Az.: VII – Verg 79/04)

– das **Vergabenachprüfungsverfahren** ist außerdem **zur Klärung schwieriger kartellrechtlicher Vorfragen,** welche eine Feststellung der Marktverhältnisse und der Stellung des öffentlichen Auftraggebers auf dem jeweiligen relevanten Markt erfordern (beispielsweise der kartellrechtswidrige Missbrauch einer marktbeherrschenden Stellung auf dem Markt für SPNV-Leistungen im Rahmen der Prüfung nach Zulässigkeit einer Tariftreueerklärung, eine unbillig Behinderung eines Bieters oder eine unterschiedliche Behandlung von Bietern ohne sachlichen Grund), **ungeeignet** (OLG Düsseldorf, B. v. 6. 12. 2004 – Az.: VII – Verg 79/04)

– die Wettbewerbsbedingungen gebieten es nicht, Angebote von Unternehmen unberücksichtigt zu lassen, die **nicht Partner des Tarifvertrages sind, dessen Regelungen nach dem Tariftreuegesetz des Landes Nordrhein-Westfalen vom Auftraggeber für maßgeblich bezeichnet werden.** Bereits gegen die Anwendung der Vorschriften des Tariftreuegesetzes bestehen erhebliche Bedenken wegen möglicher Verstöße gegen primäres Gemeinschaftsrecht. Wenn eine europarechtskonforme Auslegung in Betracht gezogen wird, so **schließt diese es aus, nur Mitglieder jeweiliger Arbeitgeberverbände als Partner von Tarifverträgen als geeignet anzusehen, die Anforderungen aus dem Tariftreuegesetz zu erfüllen.** Eine solche Betrachtungsweise würde sowohl ausländische wie branchenfremde inländische Unternehmen völlig von der Auftragsvergabe ausschließen und damit einen direkten Verstoß gegen das Gebot der Dienstleistungsfreiheit darstellen. Allenfalls kann gefordert werden, dass der Unternehmer die sich aus dem jeweiligen Tarifvertrag ergebenden Leistungen an die bei der Ausführung beschäftigten Arbeitnehmer erbringt. **Andere Forderungen, wie hier die Beteiligung an Umlagekassen oder anderen internen Leistungssystemen würden wiederum einen europarechtswidrigen Ausschluss aller nicht dort organisierten Unternehmen bedeuten.** Der Auftraggeber ist auch grundsätzlich nicht gehalten, die sich aus der betrieblichen Verfassung und Organisation der Bieter ergebenden Unterschiede bei der Wertung zu berücksichtigen und auszugleichen. Im Gegenteil erscheint es bedenklich, einem Unternehmen die sich aus seinem Sitz, seiner Verfassung und Organisation ergebenden Wettbewerbsvorteile (etwa niedrigeres Lohnniveau) abzuschneiden. Wenn keine Hinweise darauf hindeuten, dass ein Bieter im Auftragsfalle niedrigere Leistungen als nach BRTV Bau an die Beschäftigten erbringt, ist ein entsprechendes Angebot nicht auszuschließen (VK Düsseldorf, B. v. 12. 8. 2003 – Az.: VK – 22/2003 – B)

– ebenso das **Land Schleswig-Holstein** im Gesetz zur tariflichen Entlohnung bei öffentlichen Aufträgen (Tariftreuegesetz) vom 7. 3. 2003.

6.8.2.6 Diskussion in Mecklenburg-Vorpommern

Das Land Mecklenburg-Vorpommern hat – in der **Diskussion über die Einführung eines Landes-Tariftreuegesetzes** – ein Gutachten über die Folgeabschätzungen eines Landes-Tariftreuegesetzes für Mecklenburg-Vorpommern erstellen lassen. Im Ergebnis kommt es zu dem Schluss, dass die Einführung eines Landestariftreuegesetzes in Mecklenburg-Vorpommern nicht zu empfehlen ist. Folgende Gründe werden genannt: 598

Aus **volkswirtschaftlicher Sicht** ist unbestritten, dass es **bei der Einführung von Mindestlöhnen, die oberhalb der Marktlöhne** liegen, **zu Beschäftigungseinbußen kommen muss.** Ein Tariftreue-Gesetz wirkt in der gleichen Weise, wie Mindestlöhne auf eine Volkswirtschaft wirken. Mit Hilfe einer hypothetischen Überschlagsrechnung ermittelt das IWH, dass sich **Beschäftigungseinbußen für das Bauhauptgewerbe** einstellen könnten, die **zwischen 1 und 2% des jetzigen Beschäftigungsniveaus** liegen. 599

Eine **Kontrolle der Einhaltung des Gesetzes erscheint schwer möglich** und ist **mit einem zusätzlichen Aufwand an Kosten und Bürokratie verbunden.** Durch die notwendigen Prüfungen vor der Auftragsvergabe dürfte es zu nicht unerheblichen Verzögerungen kommen. 600

Die **geltenden Rechtsvorschriften ermöglichen bereits eine Eindämmung der Wettbewerbsverzerrungen in der Bauwirtschaft,** soweit ihre Einhaltung garantiert wird. Das IWH sieht eine Ursache des Preisverfalls und der Billigangebote in der Bauwirtschaft daher in der mangelhaften Durchsetzung dieser geltenden Gesetze und empfiehlt eine konsequentere Anwendung derselben. Zudem gibt das IWH zu bedenken, dass beim BVerfG in Karlsruhe ein 601

Rechtsverfahren gegen Tariftreuegesetze anhängig ist, das die Frage nach der Verfassungskonformität solcher Gesetze deutlich macht.

6.8.2.7 Verwerfungskompetenz der Vergabekammern

602   Sowohl die öffentlichen Auftraggeber als auch die Vergabekammern sind an die **rechtswirksamen Regelungen eines Landesvergabegesetzes gebunden;** eine **Verwerfungskompetenz** hat **nur das BVerfG** (VK Lüneburg, B. v. 18. 6. 2004 – Az.: 203-VgK-29/2004).

6.8.2.8 Auswahl eines Tariftreue- bzw. Vergabegesetzes bei mehreren Möglichkeiten

603   Nach der Rechtsprechung ist es sachgerecht, wenn ein öffentlicher Auftraggeber **bei einer Ausschreibung über Landesgrenzen hinweg den Schwerpunkt der Leistungserbringung als Anhaltspunkt für die Anwendung des örtlich anzuwendenden Tariftreuegesetzes nimmt** und dieses Gesetz der Ausschreibung zugrunde legt (VK Münster, B. v. 24. 9. 2004 – Az.: VK 24/04).

6.8.2.9 Literatur

604   – v. Loewenich, Gerhard, Überlegungen zur Vereinbarkeit der Landesvergabegesetze von Niedersachsen und Bremen mit dem Grundgesetz, ZfBR 2004, 23

6.8.3 Sonstige Rechtsprechung zur Tariftreueverpflichtung

605   Die Rechtsprechung hat sich – außer bei den bereits dargestellten Fällen – in weiteren Entscheidungen mit der Tariftreueverpflichtung beschäftigt:

– mangels gesetzlicher Vorschrift ist die **Tariftreue in Sachsen als sachlicher Grund für eine Diskriminierung unzulässig.** Es existiert kein landeseigenes Tariftreuegesetz und eine entsprechende Vorlage auf Bundesebene wurde erst kürzlich vom Bundesrat abgelehnt (1. VK Sachsen, B. v. 16. 7. 2002 – Az.: 1/SVK/061–02)

– das **Verlangen nach einer Tariftreueerklärung im Angebot verstößt gegen den freien Wettbewerb und ist daher unzulässig** (OLG Hamburg, B. v. 4. 11. 2002 – Az.: 1 Verg 3/02)

– das **Verlangen eines tariflichen Mindestlohns verstößt gegen die negative Koalitionsfreiheit** (Art. 9 Abs. 3 GG). Unternehmen, die rechtmäßig niedrige Löhne zahlen, würden gezwungen, ihren Wettbewerbsvorteil aufzugeben (VK Hamburg, B. v. 25. 7. 2002 – Az.: VgK FB 1/02)

6.8.4 Richtlinien des Bundes für die Berücksichtigung von Werkstätten für Behinderte und Blindenwerkstätten bei der Vergabe öffentlicher Aufträge (Richtlinien Bevorzugte Bewerber)

606   Auf Grund der §§ 56 und 58 Schwerbehindertengesetz (SchwbG) sind Aufträge der öffentlichen Hand, die von **Werkstätten für Behinderte und Blindenwerkstätten ausgeführt werden können, diesen bevorzugt anzubieten.** Um diesem Anliegen Rechnung zu tragen, hat die Bundesregierung **Richtlinien für die Berücksichtigung von Werkstätten für Behinderte und Blindenwerkstätten bei der Vergabe öffentlicher Aufträge (Richtlinien Bevorzugte Bewerber vom 10. 5. 2001)** erlassen (Bundesanzeiger Nr. 109, Seiten 11 773 bis 11 774). Die Richtlinie ist allerdings **nur bei allen Beschränkten Ausschreibungen und Freihändigen Vergaben nach Abschnitt 1 der VOL/A bzw. VOB/A zu beachten.**

6.9 Zuschlag auf das wirtschaftlichste Angebot (§ 97 Abs. 5)

607   Der **Zuschlag wird auf das wirtschaftlichste Angebot** erteilt.

6.9.1 Inhalt

608   Die einschlägigen EU-Vergaberichtlinien legen übereinstimmend fest, dass für die Auftragsvergabe **grundsätzlich zwei Kriterien** maßgebend sein dürfen. Der öffentliche Auftraggeber darf **entweder den Anbieter auswählen, der den niedrigsten Preis anbietet,** oder **denje-**

nigen Anbieter, der das wirtschaftlich günstigste Angebot** abgegeben hat – vgl. Art. 53 der Richtlinie 2004/18/EG – (VK Lüneburg, B. v. 8. 5. 2006 – Az.: VgK-07/2006; B. v. 15. 11. 2005 – Az.: VgK-48/2005; B. v. 3. 5. 2005 – Az.: VgK-14/2005; B. v. 26. 1. 2005 – Az.: 203-VgK-56/2004; VK Lüneburg, B. v. 5. 11. 2004 – Az.: 203-VgK-48/2004; B. v. 12. 4. 2002 – Az.: 203-VgK-05/2002 – jeweils für die alten Koordinierungsrichtlinien).

Artikel 30 Absatz 1 der Baukoordinierungsrichtlinie – **jetzt Art. 53 der Richtlinie 2004/18/EG** – ist dahin auszulegen, dass er einer **nationalen Regelung entgegensteht,** die den öffentlichen Auftraggebern für die Vergabe von öffentlichen Bauaufträgen im Anschluss an ein offenes oder nicht offenes Ausschreibungsverfahren abstrakt und allgemein vorschreibt, **nur das Kriterium des niedrigsten Preises anzuwenden** (EuGH, Urteil vom 7. 10. 2004 – Az.: C-249/02). 609

Der deutsche Gesetzgeber hat sich in § 97 Abs. 5 GWB ausdrücklich dafür entschieden, **dem Kriterium „wirtschaftlichstes Angebot" den Vorzug** vor dem ebenfalls zulässigen Kriterium „niedrigster Preis" zu geben. Neben dem Angebotspreis können daher andere – betriebswirtschaftliche – Wirtschaftlichkeitskriterien wie beispielsweise Service, Garantiezeiten, Lieferzeit, Ausführungsdauer, Betriebskosten, Rentabilität, Qualität, Zweckmäßigkeit, technischer Wert, Kundendienst und technische Hilfe, die Verpflichtung hinsichtlich der Ersatzteile, die Versorgungssicherheit, Reparaturzeiten und -kosten oder Anwenderfreundlichkeit, Zuverlässigkeit, Standfestigkeit etc. berücksichtigt werden. Das deutsche Recht schließt damit nicht aus, dass die preisliche Beurteilung des Angebots im Rahmen der Prüfung des wirtschaftlich günstigsten Angebots eine, wenn nicht die maßgebliche Rolle spielt. **Der Preis ist nach dem deutschen Vergaberecht vielmehr zwar regelmäßig das wichtigste, aber nicht das allein entscheidende Kriterium** (VK Lüneburg, B. v. 8. 5. 2006 – Az.: VgK-07/2006; B. v. 22. 3. 2006 – Az.: VgK-05/2006; B. v. 20. 3. 2006 – Az.: VgK-04/2006; B. v. 15. 11. 2005 – Az.: VgK-48/2005; B. v. 3. 5. 2005 – Az.: VgK-14/2005; B. v. 26. 1. 2005 – Az.: 203-VgK-56/2004; VK Lüneburg, B. v. 5. 11. 2004 – Az.: 203-VgK-48/2004; B. v. 12. 4. 2002 – Az.: 203-VgK-05/2002). 610

6.9.2 Konkrete Ausformung in VOB/VOL/VOF

	Wirtschaftlichstes Angebot	611
VOB	§ 25 Nr. 3 Abs. 3 Satz 2	
VOL	§ 25 Nr. 3 Satz 1	
VOF	§ 16 Abs. 1, Abs. 2	

6.9.3 Prüfung des wirtschaftlichsten Angebots als eigene (4.) Wertungsstufe

Im Rahmen der Wertungsstufen von VOB/A, VOL/A und VOF ist die Ermittlung des wirtschaftlichsten Angebotes (bzw. des Angebotes mit der bestmöglichen Leistung, § 16 VOF) **im Rahmen einer eigenen Wertungsstufe** zu ermitteln (OLG Thüringen, Urteil vom 27. 2. 2002 – Az.: 6 U 360/01). 612

In der folgenden Kommentierung ist die Prüfung des wirtschaftlichsten Angebots nach § 25 Nr. 3 Abs. 3 VOB/A und § 25 Nr. 3 VOL/A zusammengefasst erläutert. 613

6.9.4 Zuschlagskriterien

6.9.4.1 Keine abschließende Aufzählung

§ 25 Nr. 3 Abs. 3 VOB/A und § 25 a VOL/A nennen verschiedene Zuschlagskriterien. Diese Kriterien sind – sowohl für die Wertung nach VOB/A als auch VOL/A – nicht abschließend. Mit der Novellierung der VOB/A und der VOL/A aufgrund der Vorgaben der neuen EU-Vergabekoordinierungsrichtlinie und der neuen EU-Sektorenrichtlinie sind diese **beispielhaft aufgeführten Zuschlagskriterien modifiziert** worden (**VOB/A:** Qualität, Preis, technischer Wert, Ästhetik, Zweckmäßigkeit, Umwelteigenschaften, Betriebs- und Folgekosten, Rentabilität, Kundendienst und technische Hilfe oder Ausführungsfrist; **VOL/A:** Qualität, Preis, technischer Wert, Ästhetik, Zweckmäßigkeit, Umwelteigenschaften, Betriebskosten, Rentabilität, Kundendienst und technische Hilfe, Lieferzeitpunkt und Lieferungs- oder Ausführungsfrist). 614

Teil 1 GWB § 97   Gesetz gegen Wettbewerbsbeschränkungen

6.9.4.2 Allgemeine Anforderungen an Zuschlagskriterien

615 Die vom Auftraggeber als Zuschlagskriterien für die Ermittlung des wirtschaftlich günstigsten Angebots festgelegten Kriterien müssen insbesondere **mit dem Gegenstand des Auftrags zusammenhängen.** Führt **ein nicht auftragsbezogenes Kriterium zu einer ungerechtfertigten Diskriminierung von Bietern,** deren Angebot die mit dem Gegenstand des Auftrags zusammenhängenden Voraussetzungen möglicherweise uneingeschränkt erfüllt, so würde eine Beschränkung des Kreises der Wirtschaftsteilnehmer, die in der Lage sind, ein Angebot abzugeben, das **mit den Richtlinien über die Koordinierung der Verfahren zur Vergabe öffentlicher Aufträge verfolgte Ziel einer Öffnung für den Wettbewerb vereiteln** (Europäischer Gerichtshof, Urteil vom 4. 12. 2003 – Az.: C-448/01).

616 Verfolgt der Auftraggeber mit Zuschlagskriterien bestimmte Zwecke, z. B. Förderung des Umweltschutzes oder sozialpolitische Zwecke, ist dies im Grundsatz zulässig. Es **schadet auch nichts, wenn sich möglicherweise das mittels des Zuschlagskriteriums angestrebte Ziel mit ihm nicht erreichen lässt** (EuGH, Urteil vom 4. 12. 2003 – Az.: C-448/01).

617 Die **Eignung von Wertungskriterien richtet sich nach dem Inhalt und der Komplexität der in den Verdingungsunterlagen aufgestellten Anforderungen.** Es ist grundsätzlich davon auszugehen, dass nicht alle Kriterien geeignet sind, mit einer ausdifferenzierten Wertungsskala bewertet zu werden. Denkbar sind beispielsweise einfachere Anforderungen, deren Vorliegen allein mit „erfüllt" oder „nicht erfüllt" bewertet werden kann. Bei komplexeren Anforderungen ist hingegen eine Bewertung nach dem Erfüllungsgrad sachgerechter und, dem Gleichbehandlungsgebot gemäß § 97 Abs. 2 GWB nachkommend, auch genauer. **Eine Vermischung verschiedener Anforderungskategorien in ein und derselben Wertungsmatrix ist zulässig.** Eine Vergleichbarkeit sämtlicher Wertungspunkte wird dadurch gewährleistet, dass bei einer Ja/Nein-Anforderung die Bewertung mit der Höchst- bzw. der Niedrigstpunktzahl bewertet und in der Gesamtwertung entsprechend berücksichtigt wird. **Problematisch kann die vielfache Verwendung von Ja/Nein-Kriterien innerhalb einer Wertung aber dann werden, wenn hierdurch alle Bieter gleich hohe Wertungspunkte erhalten und hierdurch letztendlich nur nach dem Preis entschieden wird** (2. VK Bund, B. v. 17. 3. 2005 – Az.: VK 2–09/05)

6.9.4.3 Verbot von nicht überprüfbaren Zuschlagskriterien

618 Legt ein öffentlicher Auftraggeber ein Zuschlagskriterium fest und gibt dabei an, dass er **weder bereit noch in der Lage ist, die Richtigkeit der Angaben der Bieter zu prüfen,** so verstößt er gegen den Grundsatz der Gleichbehandlung, denn ein solches Kriterium gewährleistet nicht die Transparenz und die Objektivität des Vergabeverfahrens. Somit ist festzustellen, dass ein **Zuschlagskriterium, das nicht mit Anforderungen verbunden ist, die eine effektive Kontrolle der Richtigkeit der Angaben der Bieter ermöglichen, gegen die für die Vergabe öffentlicher Aufträge geltenden Grundsätze des Gemeinschaftsrechts verstößt** (EuGH, Urteil vom 4. 12. 2003 – Az.: C-448/01; ähnlich VK Hessen, B. v. 21. 3. 2003 – Az.: 69d VK – 11/2003).

6.9.4.4 Verbot der Vermischung von Eignungs- und Zuschlagskriterien

619 Nach § 97 Abs. 4 GWB sind Aufträge an fachkundige, leistungsfähige und zuverlässige Unternehmen zu vergeben. In einem **gesonderten Prüfungsschritt** hat der Auftraggeber somit festzustellen, ob die Unternehmen oder Einzelpersonen, die sich durch Angebotsabgabe an seinem Vergabeverfahren beteiligt haben, diese **Eigenschaften erfüllen.** Nur die Angebote derjenigen Unternehmen oder Einzelpersonen, bei denen der Auftraggeber das Vorliegen von Fachkunde, Leistungsfähigkeit und Zuverlässigkeit bejaht hat, sind dann **in einem weiteren Wertungsschritt miteinander zu vergleichen.** Bei diesem Angebotsvergleich wiederum wendet der Auftraggeber die von ihm anfänglich festgelegten Zuschlagskriterien an. Er **darf grundsätzlich nicht,** wie der systematische Aufbau der Vorschriften aus § 97 Abs. 4 und 5 GWB zeigt, **bei der Angebotsbewertung nochmals einfließen lassen, von welchem der Unternehmen ein Angebot stammt, ob es also von einem aus seiner Sicht besonders leistungsfähigen oder besonders erfahrenen Unternehmen abgegeben wurde** (VK Düsseldorf, B. v. 14. 7. 2003 – Az.: VK – 19/2003 – L; VK Nordbayern, B. v. 27. 6. 2003 – Az.: 320.VK-3194-20/03; VK Münster, B. v. 21. 8. 2003 – Az.: VK 18/03).

620 Vgl. im Einzelnen die Kommentierung RZ 438.

6.9.4.5 Angabe der Gewichtung der Zuschlagskriterien

6.9.4.5.1 Ab dem 1. 2. 2006 geltendes Recht für die Angabe der Gewichtung der Zuschlagskriterien. Ab dem 1. 2. 2006 gelten die **Richtlinien 2004/17/EG** des Europäischen Parlaments und des Rates vom 31. März 2004 zur Koordinierung der Zuschlagserteilung durch Auftraggeber im Bereich der Wasser-, Energie- und Verkehrsversorgung sowie der Postdienste **und 2004/18/EG** des Europäischen Parlaments und des Rates vom 31. März 2004 über die Koordinierung der Verfahren zur Vergabe öffentlicher Bauaufträge, Lieferaufträge und Dienstleistungsaufträge **unmittelbar. Nach diesen Richtlinien** (Art. 55 Abs. 2 bzw. Art. 53 Abs. 2) gibt der **öffentliche Auftraggeber in der Bekanntmachung** oder den Verdingungsunterlagen oder – beim wettbewerblichen Dialog – in der Beschreibung **an, wie er die einzelnen Kriterien gewichtet, um das wirtschaftlich günstigste Angebot zu ermitteln.** Diese **Gewichtung kann mittels einer Marge angegeben** werden, deren größte Bandbreite angemessen sein muss. Kann nach Ansicht des öffentlichen Auftraggebers die **Gewichtung aus nachvollziehbaren Gründen nicht angegeben** werden, so gibt der öffentliche Auftraggeber **in der Bekanntmachung** oder in den Verdingungsunterlagen oder – beim wettbewerblichen Dialog – in der Beschreibung die **Kriterien in der absteigenden Reihenfolge ihrer Bedeutung** an. 621

Diese **Regelungen der Richtlinien sind unverändert in §§ 10a, 17a, 10b, 17b VOB/A 2006, 7, 9 SKR-VOB/A 2006, 9a, 9b, 17b 25a, 25b VOL/A 2006, 7, 9, 11 SKR-VOL/A 2006 und § 16 VOF 2006 übernommen** worden. Der Auftraggeber ist also verpflichtet, ein sachgerechtes und plausibles **Wertungssystem bereits vor der Bekanntmachung zu entwickeln.** 622

Die **Regelungen der Richtlinien sind nicht in die Basisparagraphen der VOB/A und VOL/A übernommen** worden. Bei diesen Vergaben ist der Auftraggeber also nach dem Wortlaut nicht verpflichtet, die Gewichtung der Zuschlagskriterien in der Bekanntmachung oder in den Verdingungsunterlagen anzugeben. 623

Ob sich diese **Differenzierung** aufrechterhalten lässt, ist **eher zweifelhaft** und kann z. B. für Schadenersatzprozesse eine beträchtliche Bedeutung erhalten. Der EuGH leitet nämlich die Verpflichtung zur Angabe der Gewichtung der Zuschlagskriterien aus den **Grundsätzen der Gleichbehandlung der Bieter und der Transparenz** her und damit – wie in anderen Fällen auch – unmittelbar aus den Grundprinzipien des EG-Vertrags (EuGH, Urteil vom 12. 12. 2002 – Az.: C-470/99). Deshalb wird nachfolgend die bisherige Rechtsprechung zur Gewichtung der Zuschlagskriterien weiter dargestellt. 624

Die **bisherige Rechtsprechung des EuGH sowie die nationale Rechtsprechung zur Frage der Angabe der Gewichtung der Zuschlagskriterien sind jedoch für Vergaben ab den Schwellenwerten zum großen Teil gegenstandslos.** 625

6.9.4.5.2 Bisherige Rechtsprechung zur Gewichtung der Zuschlagskriterien.
6.9.4.5.2.1 Europäischer Gerichtshof: Angabe der Gewichtung der Zuschlagskriterien, wenn eine Gewichtung vorgenommen wurde. Erfolgt der Zuschlag auf das wirtschaftlich günstigste Angebot, so hat der öffentliche Auftraggeber nach Art. 30 Abs. 2 der Baukoordinierungsrichtlinie bzw. Art. 28 Abs. 2 der Lieferkoordinierungsrichtlinie, der sowohl für das offene Verfahren als auch für das nicht offene Verfahren und das Verhandlungsverfahren gilt, in den Verdingungsunterlagen oder in der Bekanntmachung alle Zuschlagskriterien anzugeben, deren Verwendung er vorsieht, möglichst in der Reihenfolge der ihnen zuerkannten Bedeutung. Aus diesem Artikel geht somit hervor, dass sich der öffentliche Auftraggeber, **wenn er eine Gewichtung der zur Anwendung vorgesehenen Zuschlagskriterien vorgenommen hat,** nicht darauf beschränken kann, diese Kriterien lediglich in den Verdingungsunterlagen oder in der Bekanntmachung zu benennen, sondern **dass er den Bietern außerdem die vorgesehene Gewichtung mitteilen muss.** Wie nämlich der Gerichtshof in Bezug auf Art. 27 Abs. 2 der Richtlinie 90/531/EWG des Rates vom 17. September 1990 betreffend die Auftragsvergabe durch Auftraggeber im Bereich der Wasser-, Energie- und Verkehrsversorgung sowie im Telekommunikationssektor (ABl. L 297, S. 1) festgestellt hat, der mit Art. 30 Abs. 2 der Richtlinie 93/37 im Wesentlichen übereinstimmt, **bezweckt die dem öffentlichen Auftraggeber dadurch auferlegte Verpflichtung gerade, den potenziellen Bietern vor der Vorbereitung ihrer Angebote die Zuschlagskriterien, denen diese Angebote entsprechen müssen, und die relative Bedeutung dieser Kriterien bekannt zu machen, um so die Beachtung der Grundsätze der Gleichbehandlung der Bieter und der Transparenz zu gewährleisten** (EuGH, Urteil vom 12. 12. 2002 – Az.: C-470/99). 626

Teil 1 GWB § 97   Gesetz gegen Wettbewerbsbeschränkungen

627   **6.9.4.5.2.2 Vergaberechtsprechung nach der Entscheidung des Europäischen Gerichtshofs.** Die **Vergabekammern und Vergabesenate hatten sich dieser Rechtsprechung insgesamt angeschlossen;** vgl. über die nachfolgend genannten Beispiele hinaus OLG Düsseldorf, B. v. 16. 11. 2005 – Az.: VII – Verg 59/05; 1. VK Bund, B. v. 30. 5. 2006 – Az.: VK 1–31/06; 1. VK Sachsen, B. v. 16. 6. 2005 – Az.: 1/SVK/056–05; VK Südbayern, B. v. 22. 7. 2005 – Az.: 26–05/05; B. v. 25. 10. 2004 – Az.: 35–05/04; B. v. 21. 9. 2004, Az.: 120.3–3194.1–54–08/04 (instruktive Darstellung).

628   **6.9.4.5.2.3 Beispiele aus der Rechtsprechung**
– der EuGH hat entschieden, dass ein öffentlicher Auftraggeber, der im Rahmen eines Nichtoffenen Verfahrens im Voraus Regeln für die Gewichtung der Kriterien für die Auswahl der Bewerber, die zur Angebotsabgabe aufgefordert werden, aufgestellt hat, verpflichtet ist, diese Regeln in der Bekanntmachung oder den Ausschreibungsunterlagen bekannt zu machen. **Auf der Grundlage dieser Entscheidung ist § 9 a VOL/A gemeinschaftsrechtskonform dahingehend zu verstehen, dass der öffentliche Auftraggeber, der im Vorhinein Regeln für die Gewichtung von Zuschlagskriterien aufgestellt hat, verpflichtet ist, nicht nur die Zuschlagskriterien, sondern auch deren Gewichtung in der Bekanntmachung oder den Verdingungsunterlagen mitzuteilen.** Deshalb ist ein im Voraus erstelltes Bewertungsschema, das Regeln über die Gewichtung der Zuschlagskriterien aufstellt, entsprechend den Vorgaben des EuGH den Bietern bekannt zu geben (1. VK Bund, B. v. 30. 5. 2006 – Az.: VK 1–31/06)

– dementsprechend ist **auch § 11 Nr. 1 Abs. 2 VOL/A – SKR gemeinschaftsrechtskonform dahin zu verstehen, dass der öffentliche Auftraggeber, der jedenfalls im Voraus Regeln zur Gewichtung der Zuschlagskriterien aufgestellt hat, verpflichtet ist, den Bietern in der Vergabebekanntmachung oder in den Verdingungsunterlagen nicht nur die Zuschlagskriterien als solche, sondern auch deren Gewichtung mitzuteilen.** Diese Auslegung fordert zudem auch die Bekanntgabe aller im Voraus vorgesehener Unterkriterien (welche die Hauptkriterien inhaltlich ausfüllen sollen), die – vor einer Angebotsabgabe – ebenfalls in der Vergabebekanntmachung oder in den Verdingungsunterlagen zu erfolgen hat. Als „**im Voraus aufgestellt" sind auch solche Zuschlagskriterien (Unter- oder Gewichtungskriterien) zu behandeln, zu deren Festlegung der Auftraggeber entschlossen ist und die bei der erforderlichen Anstrengung der Kräfte (spätestens) bis zur Bekanntgabe der Verdingungsunterlagen aufgestellt sein können** (VK Südbayern, B. v. 22. 7. 2005 – Az.: 26–05/05)

– nach den Grundsätzen der Gleichbehandlung und Transparenz ist der Auftraggeber grundsätzlich verpflichtet, Regeln über die Gewichtung der zur Anwendung vorgesehenen Zuschlagskriterien, die bereits im voraus von der Vergabestelle aufgestellt worden sind, in der Auftragsbekanntmachung oder den Ausschreibungsunterlagen anzugeben (2. VK Bund, B. v. 10. 6. 2005 – Az.: VK 2–36/05; B. v. 20. 5. 2005 – Az.: VK 2–30/05)

– eine im Voraus aufgestellte Bewertungsmatrix gehört – **genauso wie das zur Vergabe von Wertungspunkten bestimmte Scoring-Verfahren** – zu den einer Gewichtung der Zuschlagskriterien geltenden Regeln, durch die der öffentliche Auftraggeber festlegt, mit welchem Gewicht einzelne Bewertungen in das Wertungsergebnis einfließen werden. In diesem Sinn ist es auch nicht damit getan, dass in der Aufforderung zur Abgabe eines Angebots die Haupt-Zuschlagskriterien und deren prozentuales Gewicht bei der Gesamtwertung mitgeteilt wird. Wenn den Bietern die Wertungsmatrix nicht bekannt gegeben wird, bleibt ihnen nämlich vorenthalten, mit welchem Umrechnungsfaktor einzelne, bestimmten Produkteigenschaften zugeteilte Noten jeweils auf Durchschnittsnoten zurückgeführt werden und mit welchem Anteil sowie in welchem Verfahren diese wiederum – und zwar in der Gestalt von Wertungspunkten – bei den drei Haupt-Zuschlagskriterien berücksichtigt werden und sich in der Gesamtwertung auswirken sollten. Im Sinne des Urteils des EuGH vom 12. 12. 2002 ist das **Verfahren und die Methode, wonach Einzelnoten in einen letztlich das wirtschaftlichste Angebot bestimmenden Punktwert umgerechnet, d. h. gewichtet werden und bei der Gesamtwertung Bedeutung erlangen sollten, in den Verdingungsunterlagen anzugeben** (OLG Düsseldorf, B. v. 16. 2. 2005 – Az.: VII – Verg 74/04)

– **§ 9 a VOL/A ist gemeinschaftsrechtskonform dahin zu verstehen,** dass der öffentliche Auftraggeber, der (jedenfalls) **im Vorhinein Regeln zur Gewichtung der Zuschlagskriterien aufgestellt** hat, **verpflichtet** ist, den Bietern in der Vergabebekanntmachung oder in den Verdingungsunterlagen nicht nur die Zuschlagskriterien als solche, sondern **auch deren Gewichtung mitzuteilen** (OLG Düsseldorf, B. v. 16. 2. 2005 – Az.: VII – Verg 74/04)

- stellt die Vergabestelle einen **fachlichen Wertungsleitfaden auf,** so kommt diesem Leitfaden der Sache nach die **Funktion** zu, die **Haupt-Zuschlagskriterien auszufüllen,** sie zu konkretisieren und Merkmale für die Bewertung der Angebotsinhalte (sog. Untergewichtungen) festzulegen. Allein diese **Funktion gebietet eine vorherige Bekanntmachung des Wertungsleitfadens,** da das Vergabeverfahren nur so für die Bieter transparent gestaltet werden kann (OLG Düsseldorf, B. v. 23. 3. 2005 – Az.: VII – Verg 77/04)
- die **Grundsätze der Rechtsprechung des EuGH zur notwendigen Angabe der Gewichtung sind indes nicht nur in Vergabeverfahren, die – als national umgesetztem Recht – unmittelbar den auf den EG-Vergaberichtlinien beruhenden a-Paragraphen der Verdingungsordnungen unterliegen, sondern gleichermaßen in jenen Verfahren zu beachten, die im Wesentlichen nach den Basisparagraphen der Verdingungsordnungen durchzuführen sind.** Denn die in den EG-Vergaberichtlinien (und für Dienstleistungen ausdrücklich in § 9a VOL/A) normierte Forderung, dass der Auftraggeber den Bietern alle Zuschlagskriterien, deren Verwendung er vorsieht, bekannt zu geben habe, fußt – wie der EuGH im genannten Urteil ausgeführt hat – auf den allgemeinen vergaberechtlichen Geboten der Gleichbehandlung und der Transparenz, die in § 97 Abs. 1, 2 GWB Ausdruck gefunden haben. Beide **Grundsätze gelten indes in allen nach dem Vierten Teil des GWB durchzuführenden Vergabeverfahren.** Daraus folgt, dass auch in Vergabeverfahren, für die die Basisparagraphen der Verdingungsordnung gelten, der Auftraggeber spätestens mit der Übersendung oder Bekanntgabe der Verdingungsunterlagen den Bietern alle Zuschlagskriterien mitzuteilen hat, deren Verwendung er vorsieht, sofern er diese im Voraus festgelegt hat. Zu den bekannt zu gebenden Kriterien zählen ebenso die im Voraus aufgestellten Unter- (oder Hilfs-)Kriterien, Gewichtungskriterien und eine Bewertungsmatrix, die der Auftraggeber bei der Angebotswertung verwenden will (OLG Düsseldorf, B. v. 23. 3. 2005 – Az.: VII – Verg 77/04)
- die **Angabe der Zuschlagskriterien** „in der Reihenfolge der ihnen zuerkannten Bedeutung" ist, worauf das Wort „möglichst" hinweist, jedoch **nicht in jedem Vergabefalle zwingend.** Auch folgt aus § 9 a VOL/A **nach der Rechtsprechung nicht,** dass der Auftraggeber den Bietern eine **Gewichtung der einzelnen Zuschlagskriterien** schon in der Bekanntmachung oder Übersendung der Verdingungsunterlagen **mitteilen muss.** Insbesondere ist nach derzeitiger Rechtslage nicht vorgeschrieben, eine Bewertungsmatrix frühzeitig zu erstellen und diese in der Vergabebekanntmachung oder in den Verdingungsunterlagen anzugeben. Nur wenn der Auftraggeber nicht erst vor Öffnung der Angebote, sondern bereits vor Veranlassung der Bekanntmachung oder vor Versendung der Verdingungsunterlagen Regeln für die Gewichtung der Wertungskriterien aufstellt, ist er auch verpflichtet, diese in der Vergabebekanntmachung oder den Ausschreibungsunterlagen anzugeben (VK Lüneburg, B. v. 5. 11. 2004 – Az.: 203-VgK-48/2004)
- nach § 25a VOB/A sind bei der Wertung der Angebote nur Kriterien anzuwenden, die in der Bekanntmachung oder in den Vergabeunterlagen genannt worden sind. Da das Formblatt EVM (B) A EG Teil der Vergabeunterlagen war, waren hier die Kriterien formwirksam vorgegeben worden. **Zwar sollen diese Kriterien gemäß § 10a VOB/A möglichst in der Reihenfolge der ihnen zuerkannten Bedeutung angegeben werden. Dabei handelt es sich jedoch, wie bereits das Wort „möglichst" aussagt, um keine zwingende Vorgabe.** Vielmehr soll die Reihenfolge nur dann vorgegeben werden, wenn es nach den Umständen des Einzelfalls durchführbar und sinnvoll ist. Wenn jedoch eine Vielzahl von Zuschlagskriterien angegeben sind, die für den Auftraggeber in Bezug auf die Ausführung der Leistung gleichwertig sind, ist es zulässig, die Kriterien nebeneinander zu nennen, ohne eine besondere Gewichtung herauszustellen (VK Hessen, B. v. 12. 7. 2004 – Az.: 69 d – VK – 31/2004)
- zwar hat der europäische Gerichtshof die Auffassung vertreten, ein angemessenes Transparenzniveau und damit die Einhaltung des Gleichbehandlungsgrundsatzes in Vergabeverfahren könne nur gewährleistet werden, wenn Art. 30 Abs. 2 der Richtlinie 93/37/EWG dahin ausgelegt werde, dass der Auftraggeber eine vorgenommene Gewichtung der Zuschlagskriterien in den Verdingungsunterlagen oder in der Bekanntmachung benennen muss (EuGH, B. v. 12. Dezember 2002 – Rs. C470/99 „UniversaleBau AG/Entsorgungsbetriebe Simmering", = VergabE A15/02 = VergabeR 2003, 141). Diese **Rechtsprechung betrifft aber ausdrücklich nur den Fall, dass der Auftraggeber die entsprechenden Kriterien bereits im Voraus festgelegt hat** (OLG Celle, B. v. 2. 9. 2004 – Az.: 13 Verg 14/04)
- der Auftraggeber hat es grundsätzlich in der Hand, unter Verwendung der angekündigten Wertungskriterien und unter Beschränkung hierauf ein sachgerechtes und plausibles **Wer-**

tungs*system* erst im Verlauf des Wertungsprozesses, d. h. auch in Ansehung der ihm vorliegenden Angebote zu entwickeln; ob dieses System sachgerecht und plausibel zur Ermittlung des wirtschaftlich günstigsten Angebots führt, unterliegt dann der Nachprüfung im Vergabekontrollverfahren. Mit dieser **Prämisse unvereinbar ist dann aber die Schlussfolgerung, aus der bloßen Aneinanderreihung der Wertungskriterien – verbunden mit der in § 9 a VOL/A vorausgesetzten zulässigen Klarstellung, dass die Reihenfolge keine Rangfolge i. S. einer Wertungsgewichtung begründen solle – ergibt sich die zwingende Verpflichtung des Auftraggebers, alle angegebenen Kriterien mit dem rechnerisch gleichen Wertungsgewicht heranzuziehen.** Das mag – nach dem insoweit maßgeblichen Empfängerhorizont des beteiligten Bieterkreises – im Einzelfall so sein, weil nur dies eben sachgerecht ist. Die Aufstellung einer entsprechenden generellen Wertungsregel stellt jedoch den Sinn des § 9a VOL/A geradezu auf den Kopf; sie ist auch gemeinschaftsrechtlich nicht geboten (OLG Dresden, B. v. 6. 4. 2004 – Az.: WVerg 1/04)

– der öffentliche Auftraggeber darf sich nach europäischem Recht dann, wenn er eine Gewichtung der zur Anwendung vorgesehenen Zuschlagskriterien bereits vorgenommen hat, nicht darauf beschränken, diese Kriterien in der Vergabebekanntmachung bzw. den Verdingungsunterlagen lediglich zu benennen, sondern er **muss den Bietern außerdem die vorgesehene Gewichtung mitteilen.** Diese durch das europäische Vergaberecht verlangte **hohe Transparenz dient nicht nur der Verhinderung von Manipulationsmöglichkeiten** und willkürlichen Vergabeentscheidungen, sondern **auch und vor allem der Organisation eines größtmöglichen Wettbewerbs.** Je besser dem Bieter die Vorstellungen über und die Erwartungen des Auftraggebers an die nachgefragte Leistung bekannt sind, desto besser kann der Bieter sein Angebot hieran ausrichten und umso größer ist die Chance des Auftraggebers, unter mehreren seinen Vorstellungen sehr nahe kommenden Angeboten auswählen zu können. Entgegen der Auffassung des Antragsgegners liegt auch **keine Gefahr darin, dass sich die Bieter auf den Bewertungsmaßstab des Auftraggebers einstellen,** jedenfalls dann nicht, wenn der Auftraggeber, wie § 16 VOL/A voraussetzt, klare Vorstellungen von der nachgefragten Leistung hat (OLG Naumburg, B. v. 31. 3. 2004 – Az.: 1 Verg 1/04)

– zwar hat sich die Erstellung einer Bewertungsmatrix, in der die Unterkriterien entsprechend einer vorher festgelegten Gewichtung aufgeführt werden, bewährt; eine entsprechende **Verpflichtung ergibt sich aus § 9a VOL/A aber nicht. Es wird dort lediglich gefordert, dass der Auftraggeber alle Zuschlagskriterien, möglichst in der Reihenfolge der ihnen zuerkannten Bedeutung angibt.** Die Reihenfolge der Kriterien gibt Auskunft über ihre Gewichtung, d. h. welche Wertungsmerkmale vorrangig vor anderen zu beachten sind und bei der Ermittlung des wirtschaftlichsten Angebotes den Ausschlag geben. Die Gewichtung der Kriterien ist von der Vergabestelle somit ebenfalls auftragsbezogen zu ermitteln und festzulegen. In diesem Fall ist die Reihenfolge der ihnen zuerkannten Bedeutung in den Verdingungsunterlagen oder in der Vergabebekanntmachung ausdrücklich als solche zu bezeichnen, um sie vor dem Fall einer bloßen Aufzählung ohne Festlegung einer Reihenfolge klar und eindeutig abzugrenzen. Die Reihenfolge der den Zuschlagskriterien zuerkannten Bedeutung ist eine Rangfolge und bei der Wertung der Angebote unbedingt zu beachten. **Diesen Anforderungen aus § 9a VOL/A ist der Auftraggeber unstreitig nachgekommen, indem er dem als erstes Kriterium genannten Preis den höchsten Wert beigemessen hat und den beiden anderen Kriterien einen geringeren Wert** (VK Lüneburg, B. v. 30. 9. 2004 – Az.: 203-VgK-44/2004; B. v. 2. 7. 2004 – Az.: 203-VgK-21/2004, B. v. 24. 11. 2003 – Az.: 203-VgK-29/2003)

– was der EuGH sogar für die Bewertung von Eignungskriterien entschieden hat – dass diese nämlich im Falle ihrer vorherigen Festlegung auch den Bietern bekannt zu geben sind – muss erst recht für die Wertungskriterien im engeren Sinne gelten. **Unabhängig von der Frage nach dem Zeitpunkt der Festlegung des Wertungsschemas** – vor oder nach der Erstellung der Leistungsbeschreibung –, **ist es dem Auftraggeber aus Transparenzgründen jedenfalls verwehrt, die in der Leistungsbeschreibung abgefragten Kriterien aus Bieterperspektive überraschend unterschiedlich zu gewichten.** Dürfen die Bieter erwarten, dass aufgrund des Fehlens einer Gewichtung in der Leistungsbeschreibung eben auch keine Gewichtung von Leistungskriterien stattfinden wird, ist eine doch erfolgende unterschiedliche Gewichtung überraschend und nimmt den Bietern die Möglichkeit, ihre Leistungsangebote entsprechend der Vorgaben optimal zu gestalten. Die Bieter werden dadurch in ihren Rechten verletzt (1. VK Bund, B. v. 2. 7. 2003 – Az.: VK 1–49/03).

629   **6.9.4.5.3 Rechtsfolge der fehlenden Angabe der Gewichtung der Zuschlagskriterien.** Weder das europäische noch das nationale Vergaberecht enthalten eine Rege-

lung über die Rechtsfolge der fehlenden Angabe der Gewichtung der Zuschlagskriterien. Angesichts der Bedeutung, die insbesondere der Europäische Gerichtshof der Angabe der Gewichtung der Zuschlagskriterien für die Transparenz des Verfahrens und die Chancengleichheit der Bieter zumisst, führt die **fehlende Angabe der Gewichtung der Zuschlagskriterien zur zwingenden Aufhebung des Vergabeverfahrens.**

6.9.4.6 Verbot von vergabefremden Zuschlagskriterien

6.9.4.6.1 Begriff. Bei vergabefremden Kriterien handelt es sich um **solche Anforderungen, die weder die fachliche Eignung betreffen noch auf Ermittlung des wirtschaftlichsten Angebots noch auf die Ermittlung des Angebots, das die bestmögliche Leistung erwarten lässt, gerichtet sind.** Sie stellen vielmehr von den EG-Vergaberichtlinien und den Verdingungsordnung nicht erfasste weitere Kriterien dar, welche eine **allgemeinpolitische Zielsetzung zum Inhalt** haben. Sie sind beschaffungsfremd, weil mit ihnen bestimmte unternehmerische Maßnahmen begünstigt werden sollen, etwa die Förderung der Ausbildung von Lehrlingen oder das Unterschreiten von Tariflöhnen (1. VK Sachsen, B. v. 8. 2. 2005 – Az.: 1/SVK/003–05; VK Düsseldorf, B. v. 26. 8. 2004 – Az.: VK – 30/2004 – L; VK Baden-Württemberg, B. v. 21. 3. 2003 – Az.: 1 VK 10/03). 630

6.9.4.6.2 Allgemeine volkswirtschaftliche oder betriebswirtschaftliche Vorteile. Grundsätzlich ist denkbar, dass eine schnellere Bau- oder Leistungsausführung zu volkswirtschaftlichen Vorteilen führen kann. Ein solcher Vorteil kann z.B. im Straßenbau darin bestehen, dass eine Straße früher für den Verkehr bereit steht und etwa durch Stau, Verkehrsbehinderungen oder Umleitungen hervorgerufene, volkswirtschaftliche Schäden verringert werden. Damit verbundene Vorteile können sich mittelfristig in der allgemeinen wirtschaftlichen Entwicklung einer Region oder eines Landes auswirken. Derartige **volkswirtschaftliche Vorteile lassen sich nicht direkt finanziell für den Auftraggeber berechnen. Diese Umstände stellen in wirtschaftlicher und technischer Hinsicht keinen konkreten Bezug zu dem ausgeschriebenen Bauauftrag her und sind damit als vergabefremd zu charakterisieren.** Bei der Frage nach gesamtwirtschaftlichen Vorteilen durch eine Bauzeitverkürzung handelt es sich um nicht direkt im Zusammenhang mit der konkreten Ausführung der Baumaßnahme stehende Kriterien, die mit der Annehmbarkeit des Angebots untrennbar zusammengehören und somit vergabefremd sind. **Auch betriebswirtschaftliche Gesichtspunkte bzw. Vorteile können nicht den Vergabekriterien zugeordnet werden.** Die Kosten der Bauüberwachung auf Seiten des Bauherrn stehen zwar im Zusammenhang mit der Bauleistung. Es ist nicht erkennbar, inwieweit Kosten der Bauüberwachung auf Seiten des Auftraggebers in die Wirtschaftlichkeit, d.h. das Preis-Leistungsverhältnis des Angebots des Bieters, einbezogen werden könnten. Im Übrigen könnte der betriebswirtschaftliche Wert der Verkürzung der Bauzeitüberwachung nicht bestimmt werden (VK Baden-Württemberg, B. v. 21. 3. 2003 – Az.: 1 VK 10/03). 631

6.9.4.6.3 Abschluss eines Wartungsvertrages. 6.9.4.6.3.1 Rechtsprechung. Die Rechtsprechung hierzu ist nicht einheitlich. 632

Benennt die Vergabestelle die **Wartung als Zuschlagskriterium, kann sie einen „vergabefremden" Aspekt in die Wertung einbringen.** Das auszufüllende Muster „Wartung" ist nicht Gegenstand der Verdingungsunterlagen, da **keine einheitliche Vergabe über den Bau (bzw. Lieferung) als auch die Wartung durch die Vergabestelle bei unterschiedlichen Auftraggebern möglich** ist. Auch die Angabe der Vergabestelle, dass der Nutzer ihr gegenüber den Willen zum Abschluss des Wartungsvertrages bekannt gegeben hat, ändert nichts daran, dass die Vergabestelle darüber selbst keine vertragliche Bindung eingehen kann und damit der Wartungsvertrag nicht Gegenstand der Verdingungsunterlagen, auf die der abzuschließende zivilrechtliche Vertrag aufbaut, gemacht werden kann. Damit ist jedoch den Bietern sowohl die Bedeutung als auch der Umfang des Kriteriums „Wartung" im Wesentlichen nicht transparent dargelegt worden und kann daher nicht als sichere Planungs- und Kalkulationsgrundlage der Bieter dienen. **Etwas anderes kann in Betracht kommen, wenn die Vergabestelle den Wartungsvertrag als Bedarfsposition ausschreibt** (VK Hessen, B. v. 22. 4. 2002 – Az.: 69 d VK – 10/2002, B. v. 22. 4. 2002 – Az.: 69 d VK – 11/2002). 633

Nach Auffassung anderer Vergabekammern hingegen ist die Tatsache, dass der Wartungsvertrag mit dem Ausfüllen der Verdingungsunterlagen (inklusive Wartungsvertrag) noch nicht zu Stande kommt, **unschädlich für die Verbindlichkeit des Angebots.** Zum einen liegt dies in der betriebs- bzw. funktionsbedingten Tätigkeit des Auftraggebers, der z.B. vielfach Bauleistungen vergibt für Gebäude, die er selbst später nicht bewirtschaftet. Der Wartungsvertrag muss aber mit derjenigen Stelle geschlossen werden, die das Gebäude später bewirtschaftet, damit 634

Teil 1 GWB § 97 Gesetz gegen Wettbewerbsbeschränkungen

diese die entsprechenden Rechte hieraus ableiten kann. Dem trägt auch die Formulierung im Vertragsmuster Rechnung. Der Bieter ist daran gebunden, dem späteren Bewirtschafter des Gebäudes ein Angebot zu den in den Verdingungsunterlagen festgelegten Konditionen und den von ihm gebotenen Preisen zu machen. Diese vertragliche Konstellation beeinträchtigt ihn auch nicht in seinen Rechten, etwa, dass die Bindefrist für das Wartungsangebot übermäßig lange bemessen ist (1. VK Sachsen, B. v. 11. 10. 2001 – Az.: 1/SVK/94–0).

635   Vgl. hierzu auch die Kommentierung RZ 683.

636   **6.9.4.6.3.2 Richtlinie des VHB 2002 zu wartungsbedürftigen betriebstechnischen und Anlagen der technischen Gebäudeausrüstung.** Wenn gemäß § 10 A Nr. 12 VHB mit dem Angebot für die Herstellung einer wartungsbedürftigen Anlage auch ein Angebot für die Wartung/Instandhaltung eingeholt worden ist, sind die Preise beider Leistungen in die Wertung einzubeziehen (Ziffer 3.5.1).

637   Bei der Wertung der Angebote unter Einbeziehung von Wartungs-/Instandhaltungsverträgen, die die für den Anlagenbetrieb zuständige Stelle bis 5 Jahre abschließen will (siehe § 10 A Nr. 12 VHB), sind die Wartungs-/Instandhaltungskosten für diese Dauer – ohne Anwendung der Preisgleitklausel – zugrunde zu legen (Ziffer 3.5.2)

638   Sollen Verträge für eine Laufzeit von mehr als 5 Jahren geschlossen werden, sind die Wartungs-/Instandhaltungskosten für die Vertragsdauer, längstens für die voraussichtliche Nutzungsdauer der Anlage, jedoch unter Berücksichtigung des Rentenbarwertfaktors entsprechend der Vervielfältiger-Tabelle – Anlage zu § 16 Abs. 3 der Verordnung über die Grundsätze für die Ermittlung der Verkehrswerte von Grundstücken (Wertermittlungsverordnung – WertV) vom 6. 12. 1988 (BGBl. I S. 2209 ff., geändert 18. 8. 1997 BGBl. S. 2110) – anzusetzen (Ziffer 3.5.3).

639   Nach Erteilung des Auftrages für die Erstellung der Anlage übersendet die Vergabestelle der für den Anlagenbetrieb zuständigen Stelle das in Betracht kommende Angebot zum Abschluss des Wartungs-/Instandhaltungsvertrages (Ziffer 3.5.4).

640   Sind die Preise für die Wartung/Instandhaltung unangemessen hoch, ist es aber aus technischen Gründen unzweckmäßig oder nicht möglich, die Wartung einem anderen Unternehmer zu übertragen, ist nach Nr. 1.5.2 zu verfahren. Ist eine Trennung von Herstellung und Wartung/Instandhaltung möglich, ist nur das Angebot zur Herstellung der Anlage zu werten. Dem Bieter und der für den Anlagenbetrieb zuständigen Stelle ist dann mitzuteilen, dass das Angebot für die Wartung/Instandhaltung nicht annehmbar ist (Ziffer 3.5.5).

641   **6.9.4.6.4 Das Zuschlagskriterium „mittelständisches Unternehmen".** Vgl. im Einzelnen die Kommentierung RZ 679.

642   **6.9.4.6.5 Zuschlagskriterien auf der Basis des § 97 Abs. 4. Tariflohnbezogene Anforderungen an Unternehmen** dürfen gemäß § 97 Abs. 4 GWB **nur durch Bundes- oder Landesgesetz vorgesehen** werden. Besteht kein derartiges Gesetz, darf ein solcher vergabefremder Aspekt, wie ihn die tariflohnbezogene Anforderung darstellt, nicht einbezogen werden (VK Hannover, B. v. 22. 11. 2001 – Az.: 26045 – VgK – 6/2001).

643   Vgl. im Einzelnen die Kommentierung RZ 568.

644   **6.9.4.6.6 Zulässigkeit von nicht rein wirtschaftlichen Kriterien. Nicht jedes Vergabekriterium, das der Auftraggeber festgelegt hat, um das wirtschaftlich günstigste Angebot zu ermitteln, muss zwangsläufig rein wirtschaftlicher Art sein,** da nicht ausgeschlossen werden kann, dass Faktoren, die nicht rein wirtschaftlich sind, sich auf den Wert eines Angebots für diesen Auftraggeber auswirken können (EuG 1. Instanz, Urteil vom 6. 7. 2005 – Az.: T-148/04).

645   **6.9.4.6.7 Richtlinie des VHB 2002.** Angaben der Bieter über die Verminderung des Angebotspreises bei Verzicht auf Sicherheiten und Angaben, ob der Bieter zum Datenträgeraustausch bereit und in der Lage ist, dürfen bei der Wertung nicht berücksichtigt werden (§ 25 A Ziffer 3.2).

646   **6.9.4.6.8 Literatur**

– Bultmann, Friedrich, Beschaffungsfremde Kriterien: Zur „neuen Formel" des Europäischen Gerichtshofes, ZfBR 2004, 134

– Burgi, Martin, Vergabefremde Zwecke und Verfassungsrecht, NZBau 2001, 64

– Dornbusch, Tessa, Die Berücksichtigung vergabefremder Zwecke bei der öffentlichen Auftragsvergabe und ihre Verknüpfung mit dem Arbeitsrecht – insbesondere die Tariftreueerklärung auf der Grundlage des § 97 IV Halbs. 2 GWB, Dissertation, Berlin, 2004

- Fante, Jan, Die Instrumentalisierung des öffentlichen Beschaffungswesens zur Durchsetzung politischer Ziele – Erscheinungsformen und rechtliche Schranken im europäischen und deutschen Recht, Dissertation, Aachen, 2004
- Fischer, Kristian, Vergabefremde Zwecke im öffentlichen Auftragswesen: Zulässigkeit nach Europäischem Gemeinschaftsrecht, EuZW 2004, 492
- Gurlit, Elke, Vergabe öffentlicher Aufträge als Instrument der Frauenförderung, Recht und Geschlecht, Baden-Baden 2004, 153
- Jennert, Carsten, Vergabefremde Kriterien – keine Beihilfen, sondern gemeinwirtschaftliche Pflichten, NZBau 2003, 417
- Recker, Engelbert, Ein Irrweg aus Brüssel – Luftreinhaltung durch Vergabevorschriften?, Behörden Spiegel April 2006, 16

6.9.4.7 Das Zuschlagskriterium des „Preises"

6.9.4.7.1 Allgemeines. Der **Preis kann grundsätzlich als Entscheidungskriterium eine ausschlaggebende Bedeutung** haben. Das folgt aus dem Grundsatz, dass der Ausschreibende bei der Verwendung öffentlicher Mittel die haushaltsrechtliche Pflicht zur höchstmöglich sparsamen und effektiven Verwendung der Gelder zu beachten hat (BayObLG, B. v. 2. 12. 2002 – Az.: Verg 24/02). 647

Der Preis ist nach dem deutschen Vergaberecht **zwar regelmäßig das wichtigste, aber nicht das allein entscheidende Kriterium** (VK Lüneburg, B. v. 8. 5. 2006 – Az.: VgK-07/2006; B. v. 23. 2. 2004 – Az.: 203-VgK-01/2004, B. v. 12. 4. 2002 – Az.: 203-VgK-05/2002). 648

6.9.4.7.2 Alleiniges Zuschlagskriterium. Bei Ausschreibungen nach VOB/A und VOL/A genügt das alleinige Zuschlagskriterium „Preis" (BayObLG, B. v. 9. 9. 2004 – Az.: Verg 018/04; VK Lüneburg, B. v. 8. 5. 2006 – Az.: VgK-07/2006; VK Düsseldorf, B. v. 30. 9. 2002 – Az.: VK – 26/2002 – L). Dem Auftraggeber ist es dann aber **verboten, weitere Zuschlagskriterien** wie etwa die Wirtschaftlichkeit **zu werten** (VK Lüneburg, B. v. 8. 5. 2006 – Az.: VgK-07/2006; VK Hamburg, B. v. 18. 12. 2001 – Az.: VgK FB 8/01). 649

6.9.4.7.3 Wertigkeit des Vergabekriteriums „Preis". 6.9.4.7.3.1 30%-Wertigkeit. Ob es eine „Mindestwertigkeit" für das Kriterium des Preises gibt, ist in der Rechtsprechung umstritten: 650
- zwar ist der niedrigste Angebotspreis allein nicht entscheidend. Eine **Gewichtung des Preises mit lediglich 5% lässt die finanzielle Komponente jedoch völlig in den Hintergrund treten.** Der Auftraggeber sollte diesen Wert daher angemessen berücksichtigen (2. VK Bund, B. v. 10. 6. 2005 – Az.: VK 2–36/05)
- dem Preis kommt eine besondere Bedeutung für die Vergabeentscheidung zu. Im Rahmen der Berücksichtigung mehrerer Vergabekriterien **seien insoweit 30% eine Größenordnung, die regelmäßig nicht unterschritten werden sollte.** Dies insbesondere vor dem Hintergrund der sparsamen Haushaltsführung, der bei Bund, Ländern und Kommunen gleichermaßen gilt (OLG Dresden, B. v. 5. 1. 2001 – Az.: WVerg 11/00 und WVerg 12/00)
- es gibt **keinen** das Vergaberecht beherrschenden **Grundsatz, dass der Preis mit wenigstens 30 v. H. (oder einem Drittel oder mit irgend einem anderen, bestimmten Bruchteil) in die Angebotswertung einzufließen** habe. Dem Wortlaut des § 97 Abs. 5 GWB und seinem Sinn ist zu entnehmen, dass der Angebotspreis zwar ein außerordentlich wichtiges Kriterium bei der Angebotswertung und Zuschlagserteilung bildet, dass aber unter den in Betracht zu ziehenden Faktoren **der Preis lediglich ein Merkmal darstellt,** welches in die mit Blick auf Wirtschaftlichkeit und Mitteleinsatz in jedem einzelnen Fall gebotene Abwägung aller Umstände in die Vergabeentscheidung einzubeziehen ist (VK Lüneburg, B. v. 3. 5. 2005 – Az.: VgK-14/2005). Die Rolle, die der Angebotspreis hierbei spielt, entzieht sich einer im vorhinein festgelegten und für alle Vergabefälle gleichermaßen geltenden Bewertungsmarge. Es lässt sich – negativ ausgedrückt – lediglich feststellen, dass der Angebotspreis von seinem Gewicht her nicht am Rande einer Bewertung stehen und dass der Zuschlag erst recht nicht losgelöst von preislichen Überlegungen erteilt werden darf. Positiv formuliert ist demgegenüber zu fordern, dass der Auftraggeber/die Vergabestelle **Preis und Leistung eines Angebots im Wege einer Abwägung in ein angemessenes Verhältnis zueinander zu bringen** hat, und dass der Angebotspreis hierbei in einer angemessenen Weise, die den vergaberechtlichen Geboten der Gleichbehandlung, der Transparenz und des

Wettbewerbs Rechnung trägt (vgl. § 97 Abs. 1 und 2 GWB), in die Wertung einzubeziehen ist. Hierbei kommt dem Auftraggeber/der Vergabestelle – fraglos und der zu treffenden wertenden Entscheidung immanent – ein erheblicher Beurteilungs- und Ermessensspielraum zu. Jede Festsetzung von Mindestquoten, mit denen der Angebotspreis (zwingend) bei dieser Wertung zu berücksichtigen ist, liefe dagegen auf eine zu missbilligende Einführung eines teilweise willkürlichen Bewertungsmaßstabs hinaus (OLG Düsseldorf, B. v. 25. 5. 2005 – Az.: VII – Verg 08/05; B. v. 29. 12. 2001 – Az.: Verg 22/01)

651 **6.9.4.7.3.2 Weitere Wertigkeitsannahmen aus der Rechtsprechung.** Es ist nicht zu beanstanden, dass der Auftraggeber dem Kriterium „Angebotspreis" mit 75% nicht das ausschließliche, aber das entscheidende Gewicht zugemisst. Das Vergaberecht **hindert** einen öffentlichen Auftraggeber **nicht, Rücksicht auf seine Haushaltssituation zu nehmen und nicht nur eine preiswerte, sondern auch eine objektiv billige Beschaffung** anzustreben, sofern diese den von ihm in der Leistungsbeschreibung definierten Bedarf deckt (VK Lüneburg, B. v. 13. 5. 2002 – Az.: 203-VgK-07/2002).

652 Der Vergabestelle kommt ein erheblicher Beurteilungsspielraum zu bei der Frage, inwieweit sie Preis und Leistung zueinander ins Verhältnis setzt. Den Vorschriften der §§ 25 Nr. 3 VOL/A und 97 Abs. 5 GWB ist zu entnehmen, dass der **Angebotspreis zwar ein außerordentlich wichtiges Kriterium** bei der Angebotswertung und Zuschlagserteilung bildet, dass er aber unter den in Betracht zu ziehenden Faktoren **lediglich einer von vielen, einzelfallabhängigen Umständen** ist, die in die Vergabeentscheidung mit einzubeziehen sind. Ein **Verstoß gegen Vergabevorschriften** bei der Zuschlagserteilung ist vor diesem Hintergrund **nur dann anzunehmen**, wenn der Angebotspreis von seinem **Gewicht her am Rande der Bewertung** gestanden hat oder der **Zuschlag losgelöst von preislichen Überlegungen** erteilt wurde (3. VK Bund, B. v. 28. 1. 2005 – Az.: VK 3–221/04).

653 Erfordert das Beschaffungsvorhaben unstreitig eine **hochkomplexe Leistungserbringung**, ist eine **überdurchschnittliche Gewichtung des Leistungsteils mit 70% sachgerecht** und nicht zu beanstanden (2. VK Bund, B. v. 4. 3. 2004 – Az.: VK 2–134/03).

654 **6.9.4.7.3.3 Wertigkeit des Vergabekriteriums „Preis" bei ansonsten inhaltlich gleichen Angeboten. 6.9.4.7.3.3.1 Rechtsprechung.** Der Ausschreibende hat die Angebote vor seiner Zuschlagsentscheidung zu bewerten; dabei steht ihm ein Beurteilungsspielraum zu. **Der in den Angeboten genannte Preis gewinnt für die Vergabeentscheidung allerdings dann ausschlaggebende Bedeutung, wenn die auf eine öffentliche Ausschreibung eingereichten Angebote hinsichtlich der für die Vergabeentscheidung nach den Vergabebedingungen maßgebenden Kriterien sachlich und im Hinblick auf den Inhalt des Angebots in technischer, gestalterischer und funktionsbedingter Hinsicht gleichwertig sind** (VK Lüneburg, B. v. 23. 2. 2004 – Az.: 203-VgK-01/2004). Als das wirtschaftlichste Angebot, auf das nach § 25 Abs. 3 Satz 2 VOB/A bzw. § 25 Nr. 3 VOL/A der Zuschlag erteilt werden soll, ist in einem solchen Fall das Gebot mit dem niedrigsten Angebotspreis anzusehen. Zwar ist der Ausschreibende – wie sich aus § 25 Nr. 3 Satz 3 VOB/A bzw. § 25 Nr. 3 VOL/A ergibt – nicht verpflichtet, dem Angebot mit dem niedrigsten Preis in jedem Fall den Vorzug zu geben. Der Zuschlag ist nach § 25 Nr. 3 Satz 2 VOB/A bzw. § 25 Nr. 3 VOL/A aber auf das unter Berücksichtigung aller technischen, wirtschaftlichen, gegebenenfalls auch gestalterischen und funktionsbedingten Gesichtspunkten annehmbarste Angebot zu erteilen (BGH, Urteil vom 6. 2. 2002 – Az.: X ZR 185/99; OLG Thüringen, Urteil vom 27. 2. 2002 – Az.: 6 U 360/01; VK Brandenburg, B. v. 20. 10. 2004 – Az.: VK 56/04; VK Nordbayern, B. v. 30. 11. 2001 – Az.: 320.VK-3194–40/01, B. v. 27. 6. 2001 – Az.: 320.VK-3194–16/01).

655 **6.9.4.7.3.3.2 Richtlinie des VHB 2002.** Sind die angebotenen Leistungen nach Art und Umfang gleich und deren Preise angemessen, ist der Zuschlag auf das Angebot mit dem niedrigsten Preis zu erteilen (§ 25 A Ziffer 1.7).

656 **6.9.4.7.3.4 Preis als nicht zulässiges Zuschlagskriterium.** Der Preis allein kann ein **zulässiges Wertungskriterium** darstellen, wenn es bezüglich der nachgefragten Leistung **einen funktionierenden Preiswettbewerb** gibt. Dies ist bei Schulbüchern nicht der Fall, da sich allenfalls hinsichtlich der Weitergabe von Rabatten die Preise unterscheiden könnten, nicht aber bezüglich der Grundleistung. Auch bei der **Weitergabe des gesetzlich nach oben hin begrenzten Rabattes kann sich kein funktionierender Wettbewerb entwickeln, da die Anbieter aus der Erfahrung eines sich durch Konkurrenz belebenden Marktes heraus den höchstmöglichen Rabatt durchweg weitergeben**. In dieser Situation lassen sich die Angebote nicht mehr wertend in eine Reihenfolge bringen, wenn als einziges Wertungskriterium der Preis zur Verfügung steht und den Bietern durch Untersagung von Nebenangeboten

Gesetz gegen Wettbewerbsbeschränkungen GWB § 97 **Teil 1**

und eine in sich geschlossene Festlegung des Leistungsinhaltes die Möglichkeit genommen wird, sich durch den Gehalt der Leistung und damit durch das Preis-Leistungs-Verhältnis voneinander zu unterscheiden (VK Düsseldorf, B. v. 14. 7. 2003 – Az.: VK – 19/2003 – L).

6.9.4.8 Berücksichtigung von Umweltschutzkriterien

6.9.4.8.1 Die Rechtsprechung des Europäischen Gerichtshofes. 6.9.4.8.1.1 Allgemeines. Der öffentliche Auftraggeber darf, wenn er beschließt, einen Auftrag an den Bieter zu vergeben, der das wirtschaftlich günstigste Angebot abgegeben hat, **Umweltschutzkriterien berücksichtigen, sofern diese Kriterien mit dem Gegenstand des Auftrags zusammenhängen, diesem Auftraggeber keine uneingeschränkte Entscheidungsfreiheit einräumen, im Leistungsverzeichnis oder in der Bekanntmachung des Auftrags ausdrücklich genannt sind und bei ihnen alle wesentlichen Grundsätze des Gemeinschaftsrechts, vor allem das Diskriminierungsverbot, beachtet werden** (EuGH, Urteil vom 17. 9. 2002 – Az.: C-513/99, Urteil vom 4. 12. 2003 – Az.: C-448/01; OLG Rostock, B. v. 30. 5. 2005 – Az.: 17 Verg 4/05).

657

6.9.4.8.1.2 Das Zuschlagskriterium „Lieferung von Strom aus erneuerbaren Energieträgern". Die für die Vergabe öffentlicher Aufträge geltenden Vorschriften des Gemeinschaftsrechts **verwehren es einem öffentlichen Auftraggeber nicht,** im Rahmen der Beurteilung des wirtschaftlich günstigsten Angebots für die Vergabe eines Auftrags über die Lieferung von Strom ein Kriterium festzulegen, **das die Lieferung von Strom aus erneuerbaren Energieträgern verlangt,** sofern dieses Kriterium mit dem Gegenstand des Auftrags zusammenhängt, dem Auftraggeber keine unbeschränkte Entscheidungsfreiheit einräumt, ausdrücklich im Leistungsverzeichnis oder in der Bekanntmachung des Auftrags genannt ist und alle wesentlichen Grundsätze des Gemeinschaftsrechts, insbesondere das Diskriminierungsverbot, beachtet. Dieses Kriterium kann eine **Wichtigkeit von 45%** haben (EuGH, Urteil vom 4. 12. 2003 – Az.: C-448/01).

658

6.9.4.8.2 Mitteilung der Europäischen Kommission. Die Europäische Kommission hat in einer **interpretierenden Mitteilung** vom 4. 7. 2001 (KOM(2001) 274 endgültig) dargestellt, inwieweit nach Auffassung der Kommission öffentliche Auftraggeber bei der Vergabe von öffentlichen Aufträgen Umweltbelange berücksichtigen können.

659

6.9.4.8.3 Beispiele aus der nationalen Rechtsprechung

660

– ein Auftraggeber darf die **Transportentfernung** als sog. „vergabefremden" Gesichtspunkt zum Wertungskriterium machen. Dass Umweltschutzgesichtspunkte Vergabekriterien darstellen können, ist grundsätzlich unstreitig. Der **Transportaufwand zur Abfallbeseitigungsanlage stellt im Hinblick auf die erheblichen Immissionen der Transportfahrzeuge kein ausschreibungsfernes Kriterium** dar (OLG Rostock, B. v. 30. 5. 2005 – Az.: 17 Verg 4/05)

– das Kriterium Ökologie kann in die Wertung einbezogen werden; hat sich eine Vergabestelle **für die richtige Einschätzung der Umweltverträglichkeit auf die erhöhten Energieaufwendungen bei der Herstellung** von GFK-Rohren und deren **ungesicherte Recyclingfähigkeit** – auch die Wiederverwertbarkeit ist ein in der Leistungsbeschreibung hervorgehobener Punkt – gestützt, liegt ein Beurteilungsfehler, der zur Anordnung einer erneuten Wertung zwingt, nicht vor (2. VK Bund, B. v. 30. 4. 2002 – Az.: VK 2–10/02)

– Kriterien, die das umweltpolitische Ziel zum Gegenstand haben, Unternehmen zum Zuschlag zu verhelfen, die umweltgerechte Leistungen anbieten, sind grundsätzlich unzulässig. Es handelt sich nicht um auftragsbezogene Kriterien, sie fallen unter die Gruppe der vergabefremden Kriterien. Umweltkriterien können ausnahmsweise nur dann als Kriterien zur Angebotswertung herangezogen werden, wenn sie direkt mit dem Leistungsprodukt zusammenhängen, sich auf den Wert der Leistung auswirken und die Werterhöhung unmittelbar dem Auftraggeber zugute kommt. Von einem solchen **unmittelbaren Vorteil zugunsten der Vergabestelle** kann jedoch nicht ausgegangen werden, wenn **Emissionen lediglich auf der An- bzw. Abfahrtstrecke verhindert werden** (BayObLG, B. v. 3. 7. 2002 – Az.: Verg 13/02; VK Baden-Württemberg, B. v. 18. 6. 2003 – Az.: 1 VK 25/03)

6.9.4.8.4 Das ab dem 1. 2. 2006 geltende neue EU-Vergaberecht. Nach dem **Erwägungsgrund 33 der Vergabekoordinierungsrichtlinie (Richtlinie 2004/18/EG)** sowie dem **Erwägungsgrund 12 der Sektorenrichtlinie (Richtlinie 2004/17/EG)** sind **Zuschlagskriterien, die dem Umweltschutz dienen, zulässig,** sofern sie nicht unmittelbar oder mittelbar zu einer Diskriminierung führen und in der Bekanntmachung oder in den Ver-

661

Teil 1 GWB § 97   Gesetz gegen Wettbewerbsbeschränkungen

dingungsunterlagen angegeben sind. Dementsprechend ist das **Zuschlagskriterium „Umwelteigenschaften" in die §§ 25 VOB/A, 25 a, 25 b VOL/A, 11 SKR-VOL/A, 16 VOF aufgenommen** worden.

662   **6.9.4.8.5 Literatur**

- Barth, Regine, Umweltfreundliche öffentliche Beschaffung: Innovationspotenziale, Hemmnisse, Strategien, Heidelberg, 2005
- Beckmann, Martin, Die Verfolgung ökologischer Zwecke bei der Vergabe öffentlicher Aufträge, NZBau 2004, 600
- Bultmann, Friedrich, Beschaffungsfremde Kriterien: Zur „neuen Formel" des Europäischen Gerichtshofes, ZfBR 2004, 134
- Dageförde, Angela/Dross, Miriam, Reform des europäischen Vergaberechts, Umweltkriterien in den neuen Vergaberichtlinien, NvWZ 2005, 19
- Dageförde, Angela, Die Ausschreibung von Strom aus erneuerbaren Energiequellen – Umweltanforderungen als Zuschlagskriterium ohne Überprüfungsmöglichkeit, AbfallR 2004, 36
- Dageförde-Reuter, Angela, Umweltschutz durch öffentliche Auftragsvergabe – die rechtliche Zulässigkeit der Einbeziehung von Umweltschutzkriterien in das Vergabeverfahren, insbesondere der Bevorzugung von Unternehmen mit zertifiziertem Umweltmanagementsystem, Dissertation, Berlin, 2004
- Grolimund, Pascal, Ökologische Aspekte im öffentlichen Beschaffungswesen – eine Analyse der Vorschriften des WTO-, des EG- und des Schweizer Rechts, Basel, 2004
- Huber, Peter/Wollenschläger, Ferdinand, EMAS und Vergaberecht – Berücksichtigung ökologischer Belange bei öffentlichen Aufträgen, WiVerw 2005, 212
- Krohn, Wolfram, Umweltschutz als Zuschlagskriterium: Grünes Licht für „Ökostrom", NZBau 2004, 92
- Kühling, Jürgen, Rechtliche Grenzen der „Ökologisierung" des öffentlichen Beschaffungswesens, Transparenz- und Gleichbehandlungsgebote als Leitplanken bei der Beachtung von Umweltschutzbelangen, VerwArch 2004, 337
- Leifer, Christoph/Mißling, Sven, Die Berücksichtigung von Umweltschutzkriterien im bestehenden und zukünftigen Vergaberecht am Beispiel des europäischen Umweltmanagementsystems EMAS, ZUR 2004, 266

6.9.4.9 Soziale Kriterien als Zuschlagskriterien

663   **6.9.4.9.1 Rechtsprechung.** Eine der Rechtsprechung zur Zulässigkeit von umweltschutzbezogenen Kriterien im Rahmen des wirtschaftlichsten Angebotes vergleichbare aktuelle Rechtsprechung des Europäischen Gerichtshofes gibt es nicht. Da die beiden Sachverhalte im Grundsatz aber vergleichbar sind, dürften auch die Zulässigkeitsvoraussetzungen vergleichbar sein.

664   **6.9.4.9.2 Mitteilung der Europäischen Kommission.** Die Europäische Kommission hat in einer **interpretierenden Mitteilung** vom 15. 10. 2001 (KOM(2001) 566 endgültig) dargestellt, inwieweit nach Auffassung der Kommission öffentliche Auftraggeber bei der Vergabe von öffentlichen Aufträgen soziale Belange berücksichtigen können.

665   **6.9.4.9.3 Das ab dem 1. 2. 2006 geltende neue EU-Vergaberecht.** Nach dem **Erwägungsgrund 33 der Vergabekoordinierungsrichtlinie (Richtlinie 2004/18/EG)** sowie den **Erwägungsgründen 39 und 44 der Sektorenrichtlinie (Richtlinie 2004/17/EG)** sind **Zuschlagskriterien, die der Sozialpolitik dienen, zulässig**, sofern sie nicht unmittelbar oder mittelbar zu einer Diskriminierung führen und in der Bekanntmachung oder in den Verdingungsunterlagen angegeben sind.

666   Diese Zuschlagskriterien können insbesondere dem **Ziel** dienen, die **berufliche Ausbildung auf den Baustellen** sowie die **Beschäftigung von Personen zu fördern, deren Eingliederung besondere Schwierigkeiten bereitet, die Arbeitslosigkeit zu bekämpfen.** So können unter anderem z. B. die – während der Ausführung des Auftrags geltenden – Verpflichtungen genannt werden, **Langzeitarbeitslose einzustellen** oder **Ausbildungsmaßnahmen für Arbeitnehmer oder Jugendliche durchzuführen,** oder die **Bestimmungen der** grundlegenden Übereinkommen der Internationalen Arbeitsorganisation **(IAO),** für den Fall,

dass diese nicht in innerstaatliches Recht umgesetzt worden sind, im **Wesentlichen einzuhalten,** oder ein **Kontingent von behinderten Personen einzustellen,** das über dem nach innerstaatlichem Recht vorgeschriebenen Kontingent liegt.

Eine **ausdrückliche Umsetzung sozialpolitischer Zuschlagskriterien ist weder in der** 667
VOB/A noch in der VOL/A noch in der VOF erfolgt.

6.9.4.9.4 Literatur 668

– Basteck, Vincent, Sozialrecht und Vergaberecht – Die Schöne und das Biest? – Fachtagung „Vergaberechtliche Strukturen im Sozialwesen" am 27. 4. 2006, NZBau 2006, 497
– Dabringshausen, Gerhard, Vergaberechtliche Probleme bei Ausschreibungsbedingungen, die die Einstellung von Sozialhilfeempfängern fordern, der Gemeindehaushalt 2004, 133
– Kessler, Jürgen/Ölcüm, Ipek, Die Berücksichtigung sozialer Belange im Recht der öffentlichen Auftragsvergabe, EWS 2005, 337
– Kessler, Jürgen/Ölcüm, Ipek, Soziale Aspekte im Vergaberecht – Die Europäische Vergaberichtlinie und ihre Umsetzung in die nationale Rechtsordnung, Behindertenrecht 2004, 157
– Krohn, Wolfram, Vergaberecht und Sozialrecht – Unvereinbarkeit oder Konkordanz?, ArchsozArb 2005, 90

6.9.4.10 Das Zuschlagskriterium „Wirtschaftlichkeit"

6.9.4.10.1 Begriff. Der **Begriff der „Wirtschaftlichkeit"** stellt nach den vergaberechtli- 669
chen Regelungen eindeutig den **Oberbegriff des Maßstabs für die Angebotswertung** dar (1. VK Sachsen, B. v. 7. 10. 2003 – Az.: 1/SVK/111–03; VK Lüneburg, B. v. 5. 11. 2004 – Az.: 203-VgK-48/2004; B. v. 17. 12. 2002 – Az.: 203-VgK-32/2002). Eine **eigenständige Bedeutung hat dieses Merkmal nicht;** dessen Allgemeinheit soll gerade erst durch Benennung von Kriterien transparent gemacht werden. Das Maß der „Wirtschaftlichkeit" ergibt sich gerade eben erst unter Abwägung der einzelnen Angebote unter Berücksichtigung der zur Anwendung gelangenden Kriterien (VK Baden-Württemberg, B. v. 21. 11. 2001 – Az.: 1 VK 37/01).

In den Fällen, in denen der öffentliche Auftraggeber zwar das Kriterium **„Wirtschaftlich-** 670
keit" genannt, aber **nicht näher definiert hat, darf nur der niedrigste Preis als Wirtschaftlichkeitskriterium angewendet** werden (VK Lüneburg, B. v. 5. 11. 2004 – Az.: 203-VgK-48/2004).

Die Wirtschaftlichkeit eines Angebots bestimmt sich nach der **günstigsten Relation zwi-** 671
schen dem verfolgten Zweck und dem einzusetzenden Mittel, d.h. der zu erbringenden Leistung (OLG Stuttgart, B. v. 12. 4. 2000 – Az.: 2 Verg 3/00; VK Hamburg, B. v. 17. 12. 2002 – Az.: VgK FB 3/02).

6.9.4.10.2 Verwendung als Zuschlagskriterium. Die Rechtsprechung ist insoweit nicht 672
einheitlich.

Nach einer Auffassung ist es **mit dem Transparenzgrundsatz zwar nicht vereinbar,** dass 673
ein Auftraggeber den Begriff der „Wirtschaftlichkeit", der nach vergaberechtlichen Regelungen eindeutig den Oberbegriff des Maßstabs für die Angebotswertung darstellt, zusätzlich noch einmal **als nicht näher definiertes Zuschlagskriterium** zugrunde legt und ihm dann auch noch **eine alle anderen Kriterien überragende Bedeutung von 40% zumisst.** Er muss dann aber zumindest in der Vergabeakte dokumentieren, dass er sich über die Bedeutung dieses Zuschlagskriteriums vor Angebotsöffnung, zumindest aber vor Angebotsprüfung im Klaren ist (VK Lüneburg, B. v. 17. 12. 2002 – Az.: 203-VgK-32/2002).

Nach einer weiter gehenden Meinung ist es **grundsätzlich nicht zulässig, wenn der Auf-** 674
traggeber das Zuschlagskriterium der Wirtschaftlichkeit gewählt hat, dieses aber nicht durch weitere Unterkriterien (z.B. Qualität, Ausführungsfrist, Betriebskosten, Ästhetik, Zweckmäßigkeit, Kundendienst, Rentabilität, technische Hilfe, technischer Wert) **konkretisiert hat.** Würde der Auftraggeber in einer solchen Situation versuchen, den Begriff der Wirtschaftlichkeit mit erstmals bei der Bewertung benutzten Unterkriterien näher auszugestalten, würde dieser vergaberechtswidrig Kriterien zugrunde legen, die den Bietern nicht in der notwendigen Transparenz vorab bekannt gemacht worden wären. Diese Betrachtungsweise dient der Willkürfreiheit sowie dem Gleichbehandlungsgebot und Diskriminierungsverbot. In solchen Fällen entscheidet dann nur der Preis (VK Hamburg, B. v. 17. 12. 2002 – Az.: VgK FB 3/02).

6.9.4.11 Das Zuschlagskriterium „Qualität"

675   Unter „Qualität" ist der **Wert des konkret vom Bieter angebotenen Werkes zu verstehen,** also der technische Wert eines angebotenen Produkts. Allerdings stellt die **allgemeine Angabe „Qualität" im Hinblick auf das in § 97 Abs. 1 GWB enthaltene Transparenzgebot kein zulässiges Wertungskriterium** dar (VK Südbayern, B. v. 21. 4. 2004 – Az.: 24–04/04; VK Baden-Württemberg, B. v. 21. 11. 2001 – Az.: 1 VK 37/01).

6.9.4.12 Das Zuschlagskriterium „Einhaltung einer Kostenobergrenze"

676   Die mit der Festsetzung einer **bekannt gemachten Kostengrenze** verbundene Bedingung, von der der Auftraggeber abhängig macht, ob er einen Auftrag mit eigenen Mitteln und Kräften selbst erledigt oder fremd vergibt, ist **grundsätzlich vergabeunschädlich.** Eine transparent gesetzte Kostengrenze ist nur dann vergaberechtlich zu beanstanden, wenn sie gegen die in § 16 VOB/A bzw. VOL/A festgelegten Grundsätze der Ausschreibung verstößt, weil sie dazu führt, dass es sich um eine „Scheinausschreibung" handelt. Es ist im übrigen auch nicht zu beanstanden, wenn ein Auftraggeber sich entschließt, dem ihm für den Auftrag zur Verfügung stehenden Haushaltsrahmen dadurch Rechnung zu tragen, dass er den Bietern von vornherein eine Obergrenze für die Fremdvergabe des Auftrags setzt und z.B. unmissverständlich zum Ausdruck bringt, dass er oberhalb dieser Preisgrenze die Aufgabe mit eigenen Kräften und Mitteln durchführt. Er **vermeidet** dadurch, dass er gegebenenfalls eine Ausschreibung trotz mehrerer den Bedarf deckender oder sogar überbietender Angebote **aufheben** muss, wenn ihm etwa die erforderlichen Haushaltsmittel nicht zur Verfügung stehen, was wiederum Schadensersatzansprüche nach sich ziehen würde. Vor diesem Hintergrund ist die **Vorgabe der Einhaltung eines Investitionsrahmens oder einer Kostengrenze nicht zu beanstanden** (VK Lüneburg, B. v. 7. 11. 2003 – Az.: 203-VgK-32/2003, B. v. 7. 12. 2001 – Az.: 203-VgK-20/2001).

6.9.4.13 Das Zuschlagskriterium „Besichtigungsmöglichkeit innerhalb eines Umkreises von 300 km"

677   Es **verstößt gegen die Richtlinie 93/36 (Lieferkoordinierungsrichtlinie),** wenn im Rahmen der Vergabe eines öffentlichen Auftrags das Erfordernis, dass der Auftraggeber **den Ausschreibungsgegenstand innerhalb eines Umkreises von 300 km von seiner Betriebsstätte besichtigen kann, als Zuschlagskriterium** dient (EuGH, Urteil vom 19. 6. 2003 – Rechtssache C-315/01). Diese **Rechtsprechung dürfte auch für die neue Vergabekoordinierungsrichtlinie (Richtlinie 2004/18/EG) gelten.**

6.9.4.14 Das Zuschlagskriterium „Zahl der Referenzen über die von den Bietern anderen Kunden angebotenen Produkte"

678   Es **verstößt gegen die Richtlinie 93/36 (Lieferkoordinierungsrichtlinie),** wenn im Rahmen eines Verfahrens zur Vergabe eines öffentlichen Auftrags der Auftraggeber die **Zahl der Referenzen über die von den Bietern anderen Kunden angebotenen Produkte** nicht als Kriterium für die Prüfung der fachlichen Eignung der Bieter zur Durchführung des betreffenden Auftrags, sondern **als Zuschlagskriterium** berücksichtigt (EuGH, Urteil vom 19. 6. 2003 – Rechtssache C-315/01). Diese **Rechtsprechung dürfte auch für die neue Vergabekoordinierungsrichtlinie (Richtlinie 2004/18/EG) gelten.**

6.9.4.15 Das Zuschlagskriterium „mittelständisches Unternehmen"

679   Ein Verstoß gegen Vergaberecht liegt darin, das Kriterium „mittelständisches Unternehmen" zur Bewertung heranzuziehen. Dies ist vergaberechtswidrig **deshalb, weil es sich sachlich um ein vergabefremdes Kriterium handelt, das nicht im Zusammenhang steht mit der Wirtschaftlichkeit eines Angebots.** Derartige Kriterien dürfen nur bei entsprechender gesetzlicher Verankerung Berücksichtigung finden, § 97 Abs. 4 GWB. Die Tatsache, dass ein Angebot allein aufgrund der Eigenschaft des Bieters als mittelständisches Unternehmen einen Vorsprung von sieben Punkten erhält, ist vergaberechtswidrig (1. VK Bund, B. v. 30. 1. 2003 – Az.: VK 1–01/03).

6.9.4.16 Das Zuschlagskriterium „der besten technischen Lösung"

680   Das Vergabekriterium der „besten technischen Lösung" ist als entscheidendes Kriterium für das wirtschaftlichste Angebot **zulässig** (2. VK Bund, B. v. 22. 4. 2002 – Az.: VK 2–08/02).

Gesetz gegen Wettbewerbsbeschränkungen　　　　　　　　　　GWB § 97　**Teil 1**

6.9.4.17 Das Zuschlagskriterium „gestalterische Zielsetzung"

Bei diesem – **zulässigen** – **Zuschlagskriterium** kommt es nicht auf die objektive Richtigkeit der Auswahlentscheidung des Auftraggebers an, sondern darauf, **welches Angebot dem Auftraggeber aus seiner Sicht aus sachlichen Erwägungen als das annehmbarste erscheint.** Ein Auftraggeber hat insoweit einen **Beurteilungsspielraum** bei der engeren Wahl; dieser wird nicht überschritten, soweit er z. B. ein Angebot nach eingehender Prüfung der vorgelegten Muster im Hinblick auf die Form von angebotenen First- und Gratziegel ausscheidet, weil er damit seine gestalterische Zielsetzung für nicht umsetzbar erachtet (OLG Naumburg, B. v. 29. 10. 2001 – Az.: 1 Verg 11/01). 681

Dem **Zuschlagskriterium Gestaltung** wohnt also ein ästhetisches Moment inne, das sich der exakten Umrechnung in einen finanziellen Maßstab entzieht. Eine Vergabestelle kann daher zu dem Ergebnis kommen, dass ein Angebot, das im Verhältnis zu den Gesamtausgaben nur geringfügig teurer, aber in konstruktiv-gestalterischer Hinsicht der architektonischen Konzeption voll entspricht und einem anderen – billigeren – Angebot insoweit überlegen ist, das „wirtschaftlichste" ist (BayObLG, B. v. 23. 3. 2004 – Az.: Verg 03/04). 682

6.9.4.18 Das Zuschlagskriterium „Wartungskosten"

Es ist **gängige Praxis, sich Wartungs- und Instandhaltungsverträge zusammen mit der Herstellung und dem Einbau der Anlagen bzw. Produkte anbieten zu lassen,** damit die aus der Wartung und Instandsetzung resultierenden künftigen Kosten bei der Wertung der Angebote realistisch mit berücksichtigt werden können. Denn die Wartungs- und Instandsetzungskosten sind ein wirtschaftlicher Gesichtspunkt, der neben dem Angebotspreis für Herstellung und Einbau bzw. Lieferung das annehmbarste Angebot bestimmen kann (VK Nordbayern, B. v. 3. 8. 2001 – Az.: 320.VK-3194–23/01). 683

Sind die **Kosten der Wartung** nach den Ausschreibungsunterlagen von den Bietern anzugeben, ist dies ein **zulässiges Zuschlagskriterium.** Dabei ist es **unschädlich, wenn** in der Angebotsaufforderung die in den Allgemeinen Kriterien für die Auftragserteilung vorgesehene **Rubrik „Wartung" nicht angekreuzt** wird. Die Kosten der Wartung waren von den Bietern **im Leistungsverzeichnis als Bedarfspositionen anzugeben,** so dass zweifelsfrei zu erkennen war, dass die Wartung bei der Auftragserteilung eine Rolle spielen werde (BGH, Urteil vom 6. 2. 2002 – Az.: X ZR 185/99; 1. VK Sachsen, B. v. 11. 10. 2001 – Az.: 1/SVK/94–0). 684

6.9.4.19 Das Zuschlagskriterium „Lagerkapazität"

Die **Lagerkapazität** eines Unternehmens erlaubt eine Prognose zu der Frage, ob das Unternehmen in der Lage sein wird, den Lieferauftrag (z. B. über Schulbücher) vertragsgemäß auszuführen. Sie stellt somit einen **Eignungsgesichtspunkt** dar. Die Lagerkapazität darf also **nicht als Zuschlagskriterium verwendet** werden (VK Münster, B. v. 21. 8. 2003 – Az.: VK 18/03). 685

6.9.4.20 Das Zuschlagskriterium „Ortsnähe" bzw. „Standortnähe"

6.9.4.20.1 Rechtsprechung. Die **Rechtsprechung** ist **nicht einheitlich.** 686

Nach einer Auffassung ist zwar richtig, dass die **„Ortsnähe" wegen des Wettbewerbs- und Gleichbehandlungsprinzips ein vergabefremder Aspekt sein kann.** Dieser Grundsatz gilt jedoch nicht uneingeschränkt. So **darf im Rahmen der Wirtschaftlichkeitsprüfung gerade die durch die Ortsnähe zu erwartenden Einsparungen bei Wartungs- und Instandsetzungsarbeiten berücksichtigt werden** (VK Baden-Württemberg, B. v. 30. 8. 2002 – Az.: 1 VK 41/02). 687

Nach einer anderen Meinung ist **für eine Gesamtbetrachtung, welche Auftragsvergabe die öffentlichen Hände oder gar die Allgemeinheit insgesamt billiger kommt, im Rahmen des Ausschreibungsverfahrens ebenso wenig Raum wie für die Berücksichtigung etwa nachteiliger Auswirkungen auf den Verkehr und die Umwelt.** Dass von einem Unternehmen vor Ort die Wartungs- oder Instandhaltungsarbeiten möglicherweise effizienter und schneller durchzuführen sind, kann in dessen Preiskalkulation einfließen, aber nicht bei der Wertung berücksichtigt werden (BayObLG, B. v. 3. 7. 2002 – Az.: Verg 13/02). Die vom Auftraggeber zur Begründung einer beabsichtigten Zuschlagserteilung herangezogene **Standortnähe der Bieter zum Erfüllungsort** ist **also kein vergaberechtskonformes Kriterium.** Die Berücksichtigung der Entfernung stellt eine lokale Beschränkung des Wettbewerbs 688

Teil 1 GWB § 97   Gesetz gegen Wettbewerbsbeschränkungen

und somit einen Verstoß gegen das Diskriminierungsverbot (§ 97 Abs. 2 GWB) dar (1. VK Sachsen, B. v. 3. 12. 2004 – Az.: 1/SVK/104–04, 1/SVK/104–04G; VK Brandenburg, B. v. 21. 7. 2004 – Az.: VK 35/04, 38/04).

689 Der **Europäische Gerichtshof differenziert** in seiner Rechtsprechung. Danach **kann zwar die Versorgungssicherheit zu den Kriterien gehören,** die bei der Ermittlung des wirtschaftlich günstigsten Angebots im Fall von Dienstleistungen wie denen zu berücksichtigen sind, die das Leben und die Gesundheit von Personen schützen sollen, **indem sie eine diversifizierte eigene Produktion nahe am Verbrauchsort vorsehen** (z. B. bei häuslichen Atemtherapiediensten); diese Kriterien dürfen jedoch mit Blick auf das angestrebte Ziel nicht unangemessen sein (EuGH, Urteil vom 27. 10. 2005 – Az.: C-234/03). Im Ergebnis kann **nur in absoluten Ausnahmefällen ein solches Zuschlagskriterium zulässig** sein.

690 Nach Auffassung des OLG München ist es **nicht zu beanstanden, wenn der Auftraggeber von den Teilnehmern Angaben über die Erreichbarkeit und Präsenz im Bedarfsfall verlangt** und das **Angebot eines Jour fixe bei der Auswahl positiv bewertet.** Dieses Kriterium **betrifft die Frage von Maßnahmen der Qualitätssicherung** und bewirkt eine Steigerung der Effizienz. Eine ständige Anwesenheit unabhängig von einer sachlichen Notwendigkeit wird nicht verlangt. Das Kriterium ist damit weder sachfremd noch diskriminierend, insbesondere werden **ansässige Bewerber nicht unzulässig bevorzugt** (OLG München, B. v. 28. 4. 2006 – Az.: Verg 6/06).

691 6.9.4.20.2 Literatur

– Müller-Wrede, Malte, Örtliche Präsenz, Ortsnähe und Ortsansässigkeit als Wertungskriterien – eine Verletzung des Diskriminierungsverbots?, VergabeR 2005, 32

6.9.4.21 Das Zuschlagskriterium „Einbindung der Bieter in den regionalen Arbeitsmarkt"

692 Es ist **grundsätzlich legitim, die Einbindung des Maßnahmeträgers in den regionalen Arbeitsmarkt sowie seine regionalen Verbundsysteme für die Zielgruppe abzufragen.** Angesichts des **Ziels der ausbildungsbegleitenden Hilfen, eine Eingliederung von benachteiligten Jugendlichen in das Berufsleben zu ermöglichen bzw. zu stützen,** stellt dies **keinen vergabefremden Aspekt** und damit keine unzulässige mittelbare Diskriminierung von Maßnahmeträgern dar, die bisher nicht in der Region tätig waren. Da die Maßnahme die Jugendlichen im Ergebnis in ein Arbeitsverhältnis überführen soll, sind die genannten Einbindungen des Maßnahmeträgers in die regionalen Gegebenheiten als objektiv zur Zielerreichung nötiges Kriterium grundsätzlich gerechtfertigt (1. VK Bund, B. v. 9. 10. 2002 – VK 1-77/02).

6.9.4.22 Das Zuschlagskriterium „Servicedienstleistungen"

693 Das von dem Auftraggeber bekannt gemachte und bei der Wertung berücksichtigte Zuschlagskriterium „Servicedienstleistungen" ist **zulässig, wenn es entsprechend konkretisiert wird,** z. B. dergestalt, dass unter Serviceleistungen Leistungen zur Unterstützung der Vertragsverwaltung von Versicherungen sowie Leistungen zur reibungslosen Abwicklung von Schadensfällen verstanden werden (VK Lüneburg, B. v. 24. 11. 2003 – Az.: 203-VgK-29/2003).

6.9.4.23 Das Zuschlagskriterium „Versicherungsumfang"

694 Der **„Versicherungsumfang"** stellt bei der Ausschreibung von Versicherungsleistungen ein **generell zulässiges Zuschlagskriterium** dar. Der Auftraggeber kann durch die Möglichkeit zur zulässigen Beschränkung der Angebote gegenüber der Leistungsbeschreibung („nicht zwingende" Leistungspositionen) als auch durch die Alternativpositionen „Laufzeit" und „Selbstbehalt" als auch durch die Zulassung von Nebenangeboten Unterschiede im Leistungsumfang der Angebote einräumen, deren Berücksichtigung im Rahmen der Wirtschaftlichkeitsprüfung nach § 25 Nr. 3 Satz 2 VOL/A sogar geboten ist (OLG Naumburg, B. v. 31. 3. 2004 – Az.: 1 Verg 1/04).

6.9.4.24 Das Zuschlagskriterium „Realisierungssicherheit einer noch zu errichtenden Entsorgungsanlage"

695 Der **Auftraggeber kann ein Kriterium der „Realisierungssicherheit einer noch zu errichtenden Entsorgungsanlage" als Zuschlagskriterium bekannt machen und kann diesem Kriterium entscheidungserhebliche Bedeutung zuerkennen.** Denn Angebotsvor-

Gesetz gegen Wettbewerbsbeschränkungen GWB § 97 **Teil 1**

teile bei anderen Wertungskriterien treten in ihrer Bedeutung – auch nach der sachgerechten Einschätzung der beteiligten Bieterkreise – dramatisch zurück, weil sie praktisch nicht realisierbar sind, solange die Anlage, mit der die ausgeschriebene Leistung nach dem Angebotsinhalt erbracht werden soll, tatsächlich nicht zur Verfügung steht (OLG Dresden, B. v. 6. 4. 2004 – Az.: WVerg 1/04).

6.9.4.25 Das Zuschlagskriterium „Nutzwert der Nebenleistungen"

Ist in den Verdingungsunterlagen das **Wertungskriterium „Nutzwert der Nebenleistungen" zwar nicht abstrakt benannt, aber deutlich erkennbar, ist dieses Kriterium zulässig;** jeder Anbieter kann seine Angebotsgestaltung darauf abstellen, dass der Auftraggeber die Nebenleistungen miteinander vergleichen und damit dem Angebot den Vorzug geben wird, welches die meisten bzw. „werthaltigsten" Nebenleistungen aufweisen wird (VK Düsseldorf, B. v. 19. 7. 2004 – Az.: VK – 24/2004-L). 696

6.9.4.26 Das Zuschlagskriterium „Erklärung zur Gewährleistungsfrist"

Der öffentliche **Auftraggeber kann von den Bietern zulässig eine Erklärung zur Gewährleistungsfrist fordern.** Eine diesbezügliche Angabe ist ein geeignetes Kriterium, das wirtschaftlichste Angebot zu ermitteln, dem der Zuschlag zu erteilen ist. Der niedrigste Angebotspreis ist dafür nicht allein entscheidend. Denn die versprochene Gewährleistungsfrist beeinflusst die Wirtschaftlichkeit eines Gesamtangebots unter dem Gesichtspunkt der Folgekosten (OLG Düsseldorf, B. v. 30. 6. 2004 – Az.: VII – Verg 22/04). 697

6.9.4.27 Das Zuschlagskriterium „telefonische Erreichbarkeit"

Es ist offensichtlich, dass in einem wettbewerblichen Verfahren, in dem das **wesentlichste Unterscheidungsmerkmal, der Preis, gesetzlich ausgeklammert** wurde (durch die Buchpreisbindung), nur noch die Rahmenbedingungen der Leistung dem Wettbewerb unterstellt werden können und dies faktisch auch nur noch in sehr beschränktem Rahmen. Die verbleibenden Möglichkeiten der Differenzierung, zu denen der Auftraggeber nach wie vor durch den Gesetzgeber aufgerufen ist, sind außerordentlich schmal und so liegt es in der Natur dieses reduzierten Wettbewerbs, dass eine Differenzierung zwischen den Elementen des Angebots in diesem Bereich sehr feinziseliert ausfällt. Der **Aspekt der telefonischen Erreichbarkeit ist als sachgerechte und bewertbare Serviceleistung nicht streitig.** Dabei bedarf es bei dieser Leistung für die Eignung als Wirtschaftlichkeitskriterium einer monetären Bemessbarkeit. Diese birgt im Gegenteil für den Auftraggeber wiederum die Gefahr, nach der Rechtsprechung des BGH unzulässige rabattähnliche Forderungen zu stellen. Eine **Differenzierung** dieses Zuschlagskriteriums **nach Punkten im Halbstundenwert** ist **nachvollziehbar und transparent** (VK Arnsberg, B. v. 5. 7. 2005 – Az.: VK 9/2005 + 11/2005). 698

6.9.4.28 Das Zuschlagskriterium „Nachlieferfristen"

Bei diesem Zuschlagskriterium **handelt es nicht um ein für die Wirtschaftlichkeitsbetrachtung ungeeignetes Kriterium.** Das Zuschlagskriterium „Nachlieferfristen" **kann Aufschluss über die Wirtschaftlichkeit eines Angebots geben und kann von der Vergabestelle auch kontrolliert werden.** Die von den Bietern dazu gemachten Angaben in den Angeboten können miteinander verglichen und gewertet werden. Der öffentliche Auftraggeber kann **z. B. bei Ausschreibungen von Schulbüchern** auch die Richtigkeit der Angaben tatsächlich anhand von eigenen Erfahrungswerten und Nachfragen bei Buchhandlungen, Grossisten und Verlagen überprüfen. Anhand dieser Fristen kann dann auch die Wirtschaftlichkeit eines Angebotes festgestellt werden. **Dass die öffentlichen Auftraggeber nach Auftragserteilung diese Fristen möglicherweise nicht kontrollieren, führt nicht von vornherein zur Unzulässigkeit dieses Kriteriums.** Vielmehr sind die Angaben der Bieter im Zeitpunkt der Wertung – und das ist der entscheidende Zeitpunkt – miteinander vergleichbar. Die spätere Vertragsabwicklung ist nicht Gegenstand der vergaberechtlichen Nachprüfung (VK Münster, B. v. 22. 7. 2005 – VK 16/05). 699

6.9.4.29 Das Zuschlagskriterium „Lebenswegkosten"

Die **VK des Bundes hat das Zuschlagskriterium „Lebenswegkosten (life cycle coats)" im Grundsatz nicht beanstandet. Sie äußert sich aber sehr zurückhaltend über die Wertungsmöglichkeit,** da sich die Angaben der Bieter nur auf Erfahrungswerte 700

Teil 1 GWB § 97 Gesetz gegen Wettbewerbsbeschränkungen

stützen können; welche Lebenswegkosten letztlich anfallen werden, lässt sich im Zeitpunkt der Wertung nicht festmachen (2. VK Bund, B. v. 15. 2. 2005 – Az.: VK 2–06/05).

6.9.4.30 Das Zuschlagskriterium „Durchschnittspreis aller im Wettbewerb abgegebenen und wertbaren Angebote"

701   Zulässig ist bei der Wertung eine **Berechnungsmethode, wonach bei der Bepunktung die Relation der Preise zueinander berücksichtigt wird, indem ausgehend vom Durchschnittspreis aller Angebote, dem ein Durchschnittspunktwert zugeordnet ist, zunächst die prozentuale Abweichung der Angebote zum Durchschnittspreis ermittelt und sodann – in Wertungspunkte umgesetzt – auf den Durchschnittspunktwert übertragen** wird. Hierdurch werden die preislichen Differenzen zwischen den Platzierungen in Bewertungspunktdifferenzen abgebildet und fließen damit unmittelbar in die Bewertung ein, wohingegen nach anderen verbreiteten Bewertungsmethoden, die eingegangenen Angebote lediglich nach ihrer preislichen Rangfolge bestimmten Punktewerten auf einer Skala zugeordnet werden, ohne dass die Höhe des Preisunterschiedes zwischen zwei Angeboten hierbei Berücksichtigung findet (1. VK Bund, B. v. 10. 8. 2006 – Az.: VK 1–55/06).

6.9.4.31 Fehlende Zuschlagskriterien

702   Die fehlende Angabe der Zuschlagskriterien führt **nicht automatisch zur Rechtswidrigkeit des Vergabeverfahrens.** Aus der unterbliebenen Angabe von Wertungskriterien folgt nur, dass die Vergabestelle bei der Entscheidung über die Auftragsvergabe solche Kriterien nicht berücksichtigen darf, sondern **ausschließlich der niedrigste Preis entscheidend** ist (OLG Frankfurt am Main, B. v. 10. 4. 2001 – Az.: 11 Verg. 1/01; VK Lüneburg, B. v. 8. 5. 2006 – Az.: VgK-07/2006; B. v. 3. 5. 2005 – Az.: VgK-14/2005; B. v. 12. 10. 2004 – Az.: 203-VgK-45/2004; 1. VK Brandenburg, B. v. 27. 10. 2005 – Az.: 1 VK 61/05; 1. VK Bund, B. v. 2. 7. 2002 – Az.: VK 1–31/02; VK Baden-Württemberg, B. v. 14. 8. 2002 – Az.: 1 VK 36/02); der **Angebotspreis ist auch ohne die Bekanntgabe von Wertungskriterien stets wertungsrelevant** (VK Münster, B. v. 4. 4. 2001 – Az.: VK 11/01). Eine Berücksichtigung nachträglich gebildeter, nicht bekannt gemachter Kriterien wäre mit dem Erfordernis der Gleichbehandlung der Bieter und einer Vergabe nach sachlichen Kriterien nicht vereinbar. Könnte der Auftraggeber im Wertungsverfahren die Zuschlagskriterien ändern, wäre der **Bieter der Willkür der Vergabestelle ausgeliefert.** Schon aus Gründen der Rechtsstaatlichkeit, zu denen auch die Vorhersehbarkeit, Messbarkeit und Transparenz staatlichen Handelns gehören, ist es deshalb unabdingbar, dass die Zuschlagskriterien vorher, d. h. bei der Aufforderung zur Angebotsabgabe, bekannt werden, damit sich die interessierten Unternehmen hierauf einstellen können (VK Nordbayern, B. v. 14. 2. 2003 – Az.: 320.VK-3194–02/03; VK Hamburg, B. v. 17. 12. 2002 – Az.: VgK FB 3/02).

6.9.4.32 Missverständliche Zuschlagskriterien

703   Ein **missverständliches Zuschlagskriterium darf nicht gewertet** werden. Bei der Wertung dürfen nur solche Kriterien berücksichtigt werden, die in den Vergabeunterlagen angegeben waren. Die Bekanntmachung setzt voraus, dass der Auftraggeber den Bietern die Zuschlagskriterien hinreichend klar und deutlich vor Augen geführt hat. Der Auftraggeber darf zwar bei der Gestaltung seiner Ausschreibung genügenden Sachverstand der Bieter voraussetzen. Er **muss die Ausschreibung und insbesondere die Vergabekriterien jedoch so klar formulieren, dass jedenfalls fachkundige Bieter keine Verständnisschwierigkeiten** haben. Auch ein missverständlich formuliertes Kriterium ist daher nicht hinreichend bekannt gemacht und darf deshalb bei der Wertung der Angebote nicht berücksichtigt werden (VK Baden-Württemberg, B. v. 2. 12. 2004 – Az.: 1 VK 73/04).

6.9.4.33 Zuschlagskriterien bei Einzellos- und Losgruppenvergabe

704   Schreibt ein Auftraggeber Leistungen dergestalt aus, dass die Bieter **Angebote für einzelne Lose, aber auch für vom Auftraggeber festgelegte Losgruppen abgeben können, ohne dass ein gesondertes Angebot auf alle in einer Losgruppe enthaltenen Lose ausgewiesen sein muss,** ist er verpflichtet, den **Maßstab, nach dem über eine Einzellosvergabe oder eine Losgruppenvergabe entschieden wird, bekannt zu machen.** Für die Wertung ist es in einem solchen Fall auch notwendig, dass der Auftraggeber eine **belastbare Kalkulation für jedes Einzellos** erstellt (VK Lüneburg, B. v. 11. 10. 2005 – Az.: VgK-45/2005; B. v. 5. 10. 2005 – Az.: VgK-44/2005).

Gesetz gegen Wettbewerbsbeschränkungen   GWB § 97 **Teil 1**

6.9.4.34 Bindung der ausschreibenden Stelle an die veröffentlichten Zuschlagskriterien

Vgl. dazu die Kommentierung zu § 25a VOB/A bzw. § 9a VOL/A.   705

6.9.5 Wertung der Zuschlagskriterien

Nach § 97 Abs. 2 GWB gilt der Grundsatz, dass die **Teilnehmer an einem Vergabever-** 706 **fahren gleich zu behandeln sind.** Dieser Grundsatz bildet zusammen mit den in § 97 Abs. 1 GWB genannten Vorgaben die Grundlage für andere Bestimmungen über das Vergabeverfahren. Außerhalb der in § 97 Abs. 2 GWB genannten Ausnahmen muss deshalb der öffentliche Auftraggeber das Gleichbehandlungsgebot einschränkungslos beachten. Der öffentliche Auftraggeber hat deshalb **auch und vor allem die Entscheidung, wem er den Auftrag erteilt, und die hierzu nötigen Wertungen selbst nach einheitlichem Maßstab zu treffen** (BGH, B. v. 26. 9. 2006 – Az.: X ZB 14/06).

6.9.5.1 Wirtschaftlichstes Angebot

Das Wirtschaftlichkeitsgebot fordert, dass ein **Wertungsverfahren dasjenige Angebot als** 707 **wirtschaftlichstes ausweist, das sich auch in der Realität wahrscheinlich als das wirtschaftlichste erweisen wird.** Angebote, die **nur unter unwahrscheinlichen Bedingungen anderen überlegen sind,** dürfen nach durchgeführter Wertung nicht als wirtschaftlichstes Angebot erscheinen. Ein Wertungsverfahren, das dies nicht beachtet, verstößt gegen das Wirtschaftlichkeitsgebot (VK Münster, B. v. 21. 12. 2001 – Az.: VK 22/01).

6.9.5.2 Organisation und Strukturierung der Wertung insgesamt

Die **Organisation und Strukturierung des Wertungsvorgangs** unterliegt dem – nur auf 708 eine Einhaltung der rechtlichen Grenzen kontrollierbaren – **Ermessen des öffentlichen Auftraggebers.** Er kann sich z.B. dafür entscheiden, bei einer umfangreichen Ausschreibung Angebote nach Losen, nicht aber gebietsübergreifend zu werten, also dezentral zu arbeiten. Unabhängig hiervon bedeutet es für sich allein betrachtet ebenso wenig eine Rechtsverletzung eines Bieters, sollten die von ihm zu verschiedenen Losen eingereichten und im Wesentlichen inhaltsgleichen Angebote im Detail und im Ergebnis von den eingesetzten Prüfern des Auftragebers unterschiedlich bewertet worden sein. Dem Auftraggeber steht auch bei der individuellen Wertung der Angebote ein Ermessen zu. **Rechtmäßiger Ermessensgebrauch schließt die Möglichkeit ein, dass die Einzelentscheidungen unterschiedlich ausfallen.** Den Fall ausgenommen, dass das Ermessen auf Null reduziert ist, lässt die Ermessensausübung innerhalb bestimmter Bandbreite mehrere vertretbare und daher hinzunehmende Entscheidungen zu, von denen keine allein deswegen zu beanstanden ist, weil sie von einer anderen abweicht (OLG Düsseldorf, B. v. 2. 3. 2005 – Az.: VII – Verg 70/04).

6.9.5.3 Festlegung der Bewertungsmethodik durch den Auftraggeber

Die **Anforderungen der Leistungsbeschreibung und die dort angegebenen Bewer-** 709 **tungsmaßstäbe** bilden zwangsläufig auch den **Rahmen für die Qualitätsbewertung eines Angebots.** Dabei unterfällt es grundsätzlich dem **Beurteilungsspielraum des öffentlichen Auftraggebers,** anhand welcher Bewertungsmethodik er die Angebote der Bieter bewertet. Die dabei einzuhaltenden **rechtlichen Grenzen des Beurteilungsspielraums entsprechen den allgemein bei der Angebotswertung zu beachtenden Grundsätzen,** das heißt der Auftraggeber darf insbesondere keine untaugliche Bewertungsmethodik anwenden oder seine Bewertungsmethodik auf sachwidrige Erwägungen stützen (1. VK Bund, B. v. 14. 10. 2003 – Az.: VK 1–95/03) oder **vergabefremde Kriterien verwenden** (1. VK Bund, B. v. 28. 12. 2004 – Az.: VK 1–141/04).

Dem öffentlichen Auftraggeber steht also bei der **Ausgestaltung des Vergabeverfahrens** 710 **ein grundsätzlich weiter Beurteilungs- und Ermessensspielraum** zu, der durch die Nachprüfungsinstanzen nur eingeschränkt kontrollierbar ist. Dies gilt auch für die Wahl der Zuschlagskriterien und deren Gewichtung, die grundsätzlich nur gewährleisten müssen, dass das wirtschaftlichste Angebot den Zuschlag erhält (OLG München, B. v. 27. 1. 2006 – Az.: VII – Verg 1/06; OLG Düsseldorf, B. v. 25. 5. 2005 – Az.: VII – Verg 08/05; 1. VK Sachsen, B. v. 11. 8. 2006 – Az.: 1/SVK/073–06). Vgl. dazu im Einzelnen die Kommentierung RZ 717.

6.9.5.4 Anforderungen an ein Bewertungssystem (Matrix)

711 Die Notwendigkeit, ein **Punktsystem** in den angewandten Kriterien und deren relativer Gewichtung zueinander vergaberechtskonform auszugestalten, **erfordert es nicht ohne weiteres, jede denkbare Bewertungsabstufung im vorhinein mit Punkten zu versehen;** zumindest bei der Auswertung eines Teilnahmewettbewerbs im Vorfeld des eigentlichen Vergabeverfahrens ist eine Bewertung anhand von Punkteskalen (Punkte von ... bis) daher unbedenklich, solange die **Spannen die zulässigen und gebotenen Wertungskriterien in ein nach Sachgesichtspunkten sinnvolles Verhältnis zueinander bringen** und eine sachbezogene Ausfüllung zulassen. Ob dies im Einzelfall erfolgt ist, berührt nicht die Zulässigkeit des Bewertungssystems an sich, sondern erweist sich als eine – der Nachprüfung grundsätzlich zugängliche – **Frage seiner vergaberechtskonformen Umsetzung** (OLG Dresden, B. v. 23. 7. 2002 – Az.: WVerg 0007/02).

712 Sollen nach der von der Vergabestelle gewählten Vorgehensweise **mehrere Zuschlagskriterien gewichtet** werden, tritt die **gewünschte Gewichtung dann** ein, wenn **bei jedem Kriterium die gleiche Höchstpunktzahl** vergeben und die erlangten **Punktezahlen mit dem gewählten Gewichtungsfaktor multipliziert** werden. Werden bei den jeweiligen Kriterien **unterschiedliche Punktzahlen** vergeben, bewirkt dies eine **Verzerrung, die durch Division mit der Höchstpunktzahl ausgeglichen werden muss,** bevor die Multiplikation mit dem Gewichtungsfaktor erfolgt (VK Münster, B. v. 21. 12. 2001 – Az.: VK 22/01).

6.9.5.5 Wertung aller Zuschlagskriterien

713 Die Vergabestelle hat die Verpflichtung, die in den Verdingungsunterlagen genannten Zuschlagskriterien auch in die Bewertung einfließen zu lassen (1. VK Bund, B. v. 11. 10. 2002 – VK 1–75/02).

714 Dem Auftraggeber ist also im Hinblick auf die von ihm benannten Wertungskriterien in der Vergabebekanntmachung und dem Aufforderungsschreiben ein Wertungsausfall vorzuwerfen, wenn er zu Unrecht für die Ermittlung des wirtschaftlichsten Angebotes **erkennbar ausschließlich auf den Preis abstellt, obwohl er** in der Vergabebekanntmachung und dem Aufforderungsschreiben **eine Reihe weiterer Wertungskriterien aufgestellt** hat, die allesamt gemäß § 25 Nr. 3 Abs. 3, § 25 a VOB/A bzw. § 25 Nr. 3, § 9 a VOL/A hätten herangezogen und geprüft werden müssen. Hat der Auftraggeber z.B. neben dem Preis die Kriterien Wirtschaftlichkeit, Qualität und Fristen als Zuschlagskriterien angegeben und begründet er in seinem Vergabevermerk seine Entscheidung ausschließlich mit dem Angebotspreis, hat er die **verbleibenden drei Wertungskriterien demnach nicht nachvollziehbar in seine Entscheidung mit einbezogen** (1. VK Sachsen, B. v. 8. 4. 2002 – Az.: 1/SVK/022–02).

715 Eine ordnungsgemäße Wertung setzt **außerdem eine vollumfängliche Prüfung der Frage voraus, ob die eingereichten Angebote das zu leisten in der Lage sind, was in den Verdingungsunterlagen gefordert wird.** Dazu gehört, dass die Einhaltung der ausgeschriebenen Vorgaben umfassend geprüft wird. Dies ergibt sich schon aus dem Grundsatz der Selbstbindung der Verwaltung sowie den Geboten der Transparenz des Vergabeverfahrens und der Gleichbehandlung der Bieter. Wenn eine Vergabestelle ihre in der Ausschreibung genannten Wertungskriterien im Nachhinein bei der Wertung der abgegebenen Angebote nicht vollumfänglich anwendet, wäre die Vergabeentscheidung nicht nachvollziehbar und diejenigen Bieter, die sich an die Ausschreibungsbedingungen gehalten haben, würden benachteiligt. Eine **Beschränkung in diesem Zusammenhang z.B. auf die Arbeitsproben und die Nachweise greift zu kurz,** insbesondere auch vor dem Hintergrund, dass natürlich jeder Bieter bestrebt sein wird, eine Arbeitsprobe und Nachweise einzureichen, die den vorgegebenen Qualitätsstandards entsprechen (3. VK Bund, B. v. 14. 4. 2004 – Az.: VK 3–41/04).

6.9.5.6 Zulässigkeit einer vergleichenden Wertung

716 **Zuschlagskriterien** (z.B. Konstruktion und Gestaltung – nicht anders als das Kriterium des Preises) **sind einer vergleichenden Wertung zugänglich.** Nur wenn sich in der letzten Wertungsstufe die eingereichten Angebote sachlich und im Hinblick auf den Inhalt des Angebots in technischer, gestalterischer und funktionsbedingter Hinsicht nicht unterscheiden oder gleichwertig sind, kommt allein dem Preis ausschlaggebende Bedeutung zu (BayObLG, B. v. 23. 3. 2004 – Az.: Verg 03/04); vgl. dazu die Kommentierung RZ 647.

6.9.5.7 Beurteilungs- und Ermessensspielraum

6.9.5.7.1 Rechtsprechung. Bei der Beantwortung der Frage, welches Angebot das wirtschaftlichste ist, handelt es sich um eine **Gesamtschau zahlreicher, die Entscheidung beeinflussender Einzelumstände** und somit um eine **Wertung,** die im Gegensatz zur Anwendung bloßer Verfahrensregeln der VOB/A bzw. der VOL/A **einen angemessenen Beurteilungsspielraum voraussetzt** (OLG München, B. v. 27. 1. 2006 – Az.: VII – Verg 1/06; OLG Düsseldorf, B. v. 27. 7. 2005 – Az.: VII – Verg 108/04; B. v. 24. 2. 2005 – Az.: VII – Verg 88/04; B. v. 9. 6. 2004 – Az.: VII – Verg 11/04; VK Arnsberg, B. v. 7. 9. 2005 – Az.: VK 16/2005; 2. VK Bund, B. v. 18. 8. 2005 – Az.: VK 2–93/05; B. v. 18. 8. 2005 – Az.: VK 2–90/05; 3. VK Bund, B. v. 7. 8. 2006 – Az.: VK 3–93/06; B. v. 7. 8. 2006 – Az.: VK 3–90/06; B. v. 7. 8. 2006 – Az.: VK 3–87/06; B. v. 7. 8. 2006 – Az.: VK 3–84/06; B. v. 7. 8. 2006 – Az.: VK 3–81/06; B. v. 1. 8. 2006 – Az.: VK 3–72/06; B. v. 7. 6. 2006 – Az.: VK 3–33/06; B. v. 30. 9. 2005 – Az.: VK 3–130/05 – Z; B. v. 31. 8. 2005 – Az.: VK 3–100/05; B. v. 1. 8. 2005 – Az.: VK 3–79/05; B. v. 12. 7. 2005 – Az.: VK 3–67/05; B. v. 12. 7. 2005 – Az.: VK 3–64/05; B. v. 12. 7. 2005 – Az.: VK 3–70/05; B. v. 28. 1. 2005 – Az.: VK 3–221/04; B. v. 12. 1. 2005 – Az.: VK 3–218/04; B. v. 5. 10. 2004 – Az.: VK 3–179/04; B. v. 28. 9. 2004 – Az.: VK 1–107/04; 1. VK Bund, B. v. 6. 7. 2006 – Az.: VK 1–52/06; B. v. 30. 8. 2005 – Az.: VK 1–95/05; B. v. 30. 8. 2005 – Az.: VK 1–92/05; B. v. 30. 8. 2005 – Az.: VK 1–89/05; B. v. 5. 8. 2005 – Az.: VK 1–83/05; B. v. 26. 7. 2005 – Az.: VK 1–68/05; B. v. 13. 4. 2004 – Az.: VK 1–35/04; VK Münster, B. v. 5. 10. 2005 – Az.: VK 19/05; B. v. 22. 7. 2005 – VK 16/05; 1. VK Sachsen, B. v. 11. 8. 2006 – Az.: 1/SVK/073–06; B. v. 17. 6. 2005 – Az.: 1/SVK/058–05; 2. VK Bund, B. v. 15. 2. 2005 – Az.: VK 2–06/05; B. v. 4. 3. 2004 – Az.: VK 2–134/03; VK Südbayern, B. v. 12. 1. 2004 – Az.: 59–11/03; VK Nordbayern, B. v. 28. 10. 2002 – Az.: 320.VK-3194–32/02, B. v. 14. 6. 2002 – Az.: 320.VK-3194–16/02; VK Baden-Württemberg, B. v. 8. 1. 2002 – Az.: 1 VK 46/01; ebenso für Aufträge der europäischen Kommission Europäisches Gericht 1. Instanz, Urteil vom 6. 7. 2005 – Az.: T-148/04).

6.9.5.7.2 Literatur
– Gröning, Joachim, Spielräume für die Auftraggeber bei der Wertung von Angeboten, NZBau 2003, 86

6.9.5.8 Überprüfung des Beurteilungs- und Ermessensspielraumes

6.9.5.8.1 Rechtsprechung. Der Beurteilungsspielraum des öffentlichen Auftraggebers lässt **keine Überprüfung der Vergabeentscheidung** zu, sondern **nur eine Überprüfung des Verfahrens,** in dem die Sachentscheidung getroffen wurde, **sowie der Erwägungen,** die für die Sachentscheidung maßgeblich waren (1. VK Bund, B. v. 10. 9. 2003, Az.: VK 1–71/03).

Zwar gilt grundsätzlich, dass die Auslegung und Anwendung von unbestimmten Rechtsbegriffen einer vollständigen Nachprüfung unterliegt. Sofern aber im Einzelfall bei der Wertung von Angeboten ein **Beurteilungsspielraum bzw. eine Bewertungsprärogative besteht, kann die Vergabekammer nicht ihre Wertung an die Stelle der Wertung der Vergabestelle setzen** (1. VK Bund, B. v. 30. 8. 2005 – Az.: VK 1–95/05; B. v. 30. 8. 2005 – Az.: VK 1–92/05; B. v. 30. 8. 2005 – Az.: VK 1–89/05; B. v. 5. 8. 2005 – Az.: VK 1–83/05; 2. VK Bund, B. v. 18. 8. 2005 – Az.: VK 2–93/05; B. v. 18. 8. 2005 – Az.: VK 2–90/05; 3. VK Bund, B. v. 7. 9. 2005 – Az.: VK 3–115/05; B. v. 7. 9. 2005 – Az.: VK 3–112/05; B. v. 31. 8. 2005 – Az.: VK 3–100/05; B. v. 1. 8. 2005 – Az.: VK 3–79/05; VK Baden-Württemberg, B. v. 8. 1. 2002 – Az.: 1 VK 46/01). **Innerhalb des Beurteilungsspielraums gibt es nämlich nicht nur eine einzig richtige Lösung.** Es sind vielmehr **unterschiedliche Beurteilungen denkbar und vertretbar** (1. VK Bund, B. v. 5. 8. 2005 – Az.: VK 1–83/05).

Da die **Vergabekammer auf eine Rechtmäßigkeitsprüfung** bezüglich der Vergabeentscheidung **beschränkt** ist, darf im Rahmen des Nachprüfungsverfahrens nur geprüft werden, ob die **Vergabestelle bei ihrer Wertung die Grenzen des durch § 25 Nr. 3 Abs. 3 VOB/A bzw. § 25 Nr. 3 VOL/A eingeräumten Beurteilungsspielraumes überschritten** hat (VK Nordbayern, B. v. 28. 10. 2002 – Az.: 320.VK-3194–32/02).

Entscheidungen mit Ermessensspielraum sind also **nur dahingehend überprüfbar,** ob die Vergabestelle bei ihrer Wertung
– von falschen Tatsachen ausgegangen ist,
– Verfahrensvorschriften nicht eingehalten hat,
– sich von sachfremden Erwägungen hat leiten lassen,
– und/oder allgemein gültige Bewertungsmaßstäbe nicht beachtet hat.

Teil 1 GWB § 97   Gesetz gegen Wettbewerbsbeschränkungen

723 Auf die Entscheidung über die Zuschlagserteilung in einem Vergabeverfahren übertragen bedeutet dies, dass die **Vergabenachprüfungsinstanzen nur überprüfen** können, ob die Vergabestelle für die Wertung

- das **vorgeschriebene Verfahren eingehalten** hat,
- die Vergabestelle von einem nicht zutreffenden oder nicht vollständig ermittelten Sachverhalt ausgegangen ist,
- in die Wertung **willkürliche oder sonst unzulässige Erwägungen eingeflossen** sind,
- der **Beurteilungsmaßstab sich nicht im Rahmen der Beurteilungsermächtigung hält,** insbesondere die einzelnen Wertungsgesichtspunkte objektiv fehlgewichtet werden,
- bei der Entscheidung über den Zuschlag **ein sich im Rahmen des Gesetzes und der Beurteilungsermächtigung haltender Beurteilungsmaßstab** nicht zutreffend angewandt wurde
- den **Inhalt der eingereichten Angebote tatsachengetreu verwendet,**
- den **Gleichbehandlungsgrundsatz** und die **Bestimmungen der VOL/A bzw. VOB/A umfassend eingehalten** und
- für die Bieter **erkennbare Kriterien zugrunde gelegt** und damit die **Transparenz des Vergabeverfahrens sichergestellt** hat

724 (OLG München, B. v. 27. 1. 2006 – Az.: VII – Verg 1/06; OLG Düsseldorf, B. v. 27. 7. 2005 – Az.: VII – Verg 108/04; B. v. 24. 2. 2005 – Az.: VII – Verg 88/04; B. v. 9. 6. 2004 – Az.: VII – Verg 11/04; VK Arnsberg, B. v. 7. 9. 2005 – Az.: VK 16/2005; VK bei der Oberfinanzdirektion Magdeburg, B. v. 1. 3. 2001 – Az.: VK-OFD LSA-02/01; 3. VK Bund, B. v. 7. 8. 2006 – Az.: VK 3–93/06; B. v. 7. 8. 2006 – Az.: VK 3–87/06; B. v. 7. 8. 2006 – Az.: VK 3–84/06; B. v. 7. 8. 2006 – Az.: VK 3–81/06; B. v. 1. 8. 2006 – Az.: VK 3–72/06; B. v. 7. 6. 2006 – Az.: VK 3–33/06; B. v. 30. 9. 2005 – Az.: VK 3–130/05 – Z; B. v. 7. 9. 2005 – Az.: VK 3–115/05; B. v. 7. 9. 2005 – Az.: VK 3–112/05; B. v. 31. 8. 2005 – Az.: VK 3–100/05; B. v. 1. 8. 2005 – Az.: VK 3–79/05; B. v. 12. 7. 2005 – Az.: VK 3–67/05; B. v. 12. 7. 2005 – Az.: VK 3–64/05; B. v. 12. 7. 2005 – Az.: VK 3–70/05; B. v. 28. 1. 2005 – Az.: VK 3–221/04; B. v. 12. 1. 2005 – Az.: VK 3–218/04; B. v. 5. 10. 2004 – Az.: VK 3–179/04; B. v. 28. 9. 2004 – Az.: VK 3–107/04; VK Hessen, B. v. 12. 7. 2004 – Az.: 69d – VK – 31/2004; 1. VK Bund, B. v. 6. 7. 2006 – Az.: VK 1–52/06; B. v. 30. 8. 2005 – Az.: VK 1–95/05; B. v. 30. 8. 2005 – Az.: VK 1–92/05; B. v. 30. 8. 2005 – Az.: VK 1–89/05; B. v. 5. 8. 2005 – Az.: VK 1–83/05; B. v. 26. 7. 2005 – Az.: VK 1–68/05; B. v. 13. 4. 2004 – Az.: VK 1–35/04; B. v. 10. 9. 2003 – Az.: VK 1–71/03, B. v. 6. 5. 2003 – Az.: VK 1–23/03; VK Münster, B. v. 5. 10. 2005 – Az.: VK 19/05; B. v. 22. 7. 2005 – VK 16/05; B. v. 9. 3. 2004 – Az.: VK 02/04; 1. VK Sachsen, B. v. 11. 8. 2006 – Az.: 1/SVK/073–06; B. v. 17. 6. 2005 – Az.: 1/SVK/058–05; 2. VK Bund, B. v. 18. 8. 2005 – Az.: VK 2–93/05; B. v. 18. 8. 2005 – Az.: VK 2–90/05; B. v. 4. 3. 2004 – Az.: VK 2–134/03; ebenso für Aufträge der europäischen Kommission Europäisches Gericht 1. Instanz, Urteil vom 6. 7. 2005 – Az.: T-148/04).

725 Ein diese Grenzen einhaltender Beurteilungsspielraum beinhaltet objektive und subjektive Elemente. **In objektiver Hinsicht** ist maßgeblich, ob im Rahmen der Wertung ein Angebot aus der Sicht eines objektiven, fachkundigen und unabhängigen Leistungsempfängers das für die ausgeschriebene Leistung geeignetste Angebot ist. Auf **subjektiver Seite** ist zu berücksichtigen, was der einzelne Auftraggeber in seiner konkreten Lage für seine Ziele als richtig betrachtet (1. VK Bund, B. v. 10. 9. 2003 – Az.: VK 1–71/03).

726 So unterliegt auch die **technische Beurteilung eines Angebotes der Bewertung durch die Vergabestelle; diese Beurteilung kann nicht durch die Vergabekammer ersetzt werden.** Insofern hat nicht die Vergabekammer durch die Heranziehung von Sachverständigen diese Wertung vorzunehmen, sondern dies ist Aufgabe der Vergabestelle. Die Vergabestelle kann entsprechende Informationen bei den Herstellern einholen oder auch von den Bieter, um sich dadurch ein umfassendes Bild über die tatsächliche Realisierbarkeit eines Angebotes zu machen. Die Abgleichung von Schnittstellen ist ebenfalls Sache der Vergabestelle (VK Münster, B. v. 18. 1. 2005 – VK 32/04).

727 Der durch den Gleichbehandlungsgrundsatz (§ 97 Abs. 2 GWB) gebotenen gleichförmigen Bewertung der Angebote **wird für den Fall einer losweisen und umfangreichen Ausschreibung durch die Vorgabe eines Wertungsleitfadens sowie dadurch entsprochen, dass die zu einem bestimmten Los eingehenden Bieterangebote von ein und derselben Prüfergruppe bewertet** (1. VK Bund, B. v. 18. 8. 2006 – Az.: VK 1–82/06) **und die zu**

anderen Losen eingegangenen Angebote von anderen sowie von teilweise anders zusammengesetzten Prüfergruppen gewertet werden. Diese den Wertungsvorgang betreffende Organisation, die dem Ermessen des Auftragebers unterliegt, ist nicht zu bemängeln. Die Entscheidung, (nur) die zu einem bestimmten Los eingereichten Angebote von derselben Prüfergruppe werten zu lassen, ist weder sachwidrig noch unvertretbar, sondern durch den Umstand sogar nahe gelegt, dass im Wettbewerb unter verschiedenen Bietern nur bei den zu **einem** Los abgegebenen Angeboten stattfand, ohne dass die bei jenem Los auftretenden Bieter zu solchen Bietern, die sich bei anderen Losen um einen Zuschlag bewarben, aktuell in einem Wettbewerbsverhältnis stehen. Diese **Organisation der Wertung lässt es zwar zu, dass die zu verschiedenen Losen eingereichten Angebote ein und desselben Bieters auch dann mindestens teilweise unterschiedlich bewertet werden,** wenn sie völlig oder im Wesentlichen inhaltsgleich waren. Da die Angebotswertung einem Beurteilungsspielraum und einem Ermessen der Vergabestelle unterliegt, sind **die dadurch bedingten Wertungsunterschiede jedoch hinzunehmen.** Dies ist zudem deswegen nicht zu beanstanden, weil Beurteilungs- und Ermessensentscheidungen ihrem Wesen nach – auch wenn die zugrunde liegenden Sachverhalte gleich oder ähnlich gelagert sind – im jeweiligen (Teil-) Ergebnis unterschiedlich ausfallen können, ohne dass sie allein deswegen schon als fehlerhaft zu gelten haben. Beurteilungs- und Ermessensspielräume setzten gedanklich und praktisch vielmehr voraus, dass innerhalb einer vertretbaren Bandbreite ermessens- und beurteilungsfehlerfrei entschieden werden kann und auch unterschiedliche Entscheidungen rechtsfehlerfrei ergehen können (OLG Düsseldorf, B. v. 27. 7. 2005 – Az.: VII – Verg 108/04; B. v. 23. 3. 2005 – Az.: VII – Verg 68/04; 2. VK Bund, B. v. 18. 8. 2005 – Az.: VK 2–93/05; B. v. 18. 8. 2005 – Az.: VK 2–90/05).

Wird aber – aus welchen Gründen auch immer – **innerhalb der derselben Prüfergruppe** 728 **kein einheitlicher Bewertungsmaßstab angewendet,** besteht die **Gefahr einer fehlerhaften Ausführung eines gleichen Wertungsmaßstabes** (2. VK Bund, B. v. 18. 8. 2005 – Az.: VK 2–93/05).

Bei einer bundesweiten Massenausschreibung mit einer großen Anzahl von Losen 729 kann der Gleichheitsgrundsatz nicht beinhalten, dass identische Angebote eines Bieters in verschiedenen Regionen und damit zu verschiedenen Losen auch identisch oder vergleichbar bewertet werden; Besonderheiten können sich schon aufgrund regionaler Unterschiede ergeben. Im Übrigen ist jedem rechtmäßigen Ermessensgebrauch auch die Möglichkeit unterschiedlicher Entscheidungen innerhalb einer bestimmten Bandbreite wesenseigen. Der Gleichheitsgrundsatz kann außerdem nur soweit reichen, wie auch der Wettbewerb im konkreten Fall reicht. Da aber nur die Angebote der Bieter, die zu einem Los abgegeben wurden, in Konkurrenz zueinander stehen, muss somit lediglich sichergestellt sein, dass in Bezug auf das jeweilige Einzellos eine gleichförmige Behandlung der hierzu abgegebenen Angebote gewährleistet ist. **Ein bundesweiter Leitfaden für alle Prüfer wäre sicherlich eine Variante, mit der eine größtmögliche Gewähr für die gleichförmige Behandlung auch innerhalb eines Loses sichergestellt werden könnte;** die Voraussetzungen für ein weitgehend „vereinheitlichtes" Verständnis der Vorgaben der Leistungsbeschreibung bei allen Prüfern wären so geschaffen. **Es gibt jedoch andere, ebenso geeignete Mechanismen, so dass hier das Ermessen des Auftraggebers hinsichtlich der Verfahrensausgestaltung nicht überschritten ist,** wenn sie auf einen Wertungsleitfaden verzichtet (OLG Düsseldorf, B. v. 30. 11. 2005 – Az.: VII – Verg 65/05; B. v. 23. 11. 2005 – Az.: VII – Verg 66/05; 1. VK Bund, B. v. 8. 8. 2006 – Az.: VK 1–67/06; 3. VK Bund, B. v. 7. 9. 2005 – Az.: VK 3–115/05; B. v. 7. 9. 2005 – Az.: VK 3–112/05; B. v. 6. 9. 2005 – Az.: VK 3–109/05; B. v. 31. 8. 2005 – Az.: VK 3–106/05; B. v. 31. 8. 2005 – Az.: VK 3–103/05; B. v. 31. 8. 2005 – Az.: VK 3–100/05; B. v. 31. 8. 2005 – Az.: VK 3–97/05). So besteht etwa bei hinreichend klaren Wertungskriterien und versiertem Wertungspersonal **auch bei Massenausschreibungen keine Pflicht zur Erstellung eines Wertungsleitfadens** (OLG Düsseldorf, B. v. 30. 11. 2005 – Az.: VII – Verg 65/05; B. v. 23. 11. 2005 – Az.: VII – Verg 66/05).

6.9.5.8.2 Literatur 730

– Gröning, Joachim, Spielräume für die Auftraggeber bei der Wertung von Angeboten, NZBau 2003, 86

6.9.5.9 Keine förmliche Angabe der Wertungskriterien bei Ausschreibungen unterhalb der Schwellenwerte

Die Verdingungsordnung für Bauleistungen, Teil A, verlangt – ebenso wie die VOL/A – in 731 ihrem ersten Abschnitt, der für die bundesweiten Ausschreibungen gilt, – anders als § 25a

VOB/A im zweiten Abschnitt der VOB/A bzw. § 9 a VOL/A für die EU-weiten Vergabeverfahren – **keine förmliche Angabe der Wertungskriterien im Einzelnen** in der Vergabebekanntmachung bzw. in den Verdingungsunterlagen. Es genügt, wenn das **Anforderungsprofil des Auftraggebers in den an die Bieter übermittelten Verdingungsunterlagen hinreichenden Ausdruck** gefunden hat (OLG Naumburg, Urteil vom 29. 3. 2003 – Az.: 1 U 119/02).

6.9.5.10 Anwendung einer Nutzwert-Matrix

732   Eine **Nutzwert-Matrix** baut darauf auf, dass ein Auftraggeber in der Bewertungsmatrix jede Leistungsanforderung aus den Verdingungsunterlagen mit einem bestimmten prozentualen Gewicht versieht und sodann die Leistung der einzelnen Bieter zu jeder dieser Anforderungen mit einem Punktwert zwischen 3 und 5 Punkten bewertet. Die sich am Ende ergebende Gesamtpunktzahl jedes Bieters dividiert er anschließend durch den jeweiligen Angebotspreis (in Zehntausend). Der sich daraus errechnende **Quotient (Punkte: Preis) ergibt den Nutzwert der angebotenen Leistung und bestimmt die Rangfolge des Bieters im Vergabewettbewerb** (OLG Düsseldorf, B. v. 15. 8. 2003 – Az.: Verg 38/03). Eine solche Nutzwert-Matrix ist zulässig.

6.9.5.11 Anwendung der UfAB-Formel

733   **6.9.5.11.1 Allgemeines.** Die Unterlage für Ausschreibung und Bewertung von IT-Leistungen (UfAB) unterstützt die öffentlichen Einkäufer bei der IT-Beschaffung. Sie soll einen **Standard darstellen, um Angebote über Software, Hardware oder sonstige Leistungen im IT-Bereich einheitlich bewerten** zu können.

734   Im November 2006 wurde die Unterlage für die Ausschreibung und Bewertung von IT-Leistungen (UfAB IV) in der Version 1.0 veröffentlicht.

735   Sie finden die UfAB IV – einschließlich eines Beispieles für die Bekanntmachung eines Offenen Verfahrens, einer Vorinformation, einer Information über einen vergebenen Auftrag und einer Tabelle, die die Bewertung von Angeboten nach den Richtwertmethoden der UfAB unterstützt – im Internet unter der Adresse www.kbst.bund.de.

736   **6.9.5.11.2 UfAB-Formel als Zuschlagskriterium?** Die UFAB II-Formel stellt **lediglich eine Berechnungsmethode dar, mit der eine (weitgehend) objektivierte Umrechnung von Preis und Leistung eines Angebots in einen Nutzwert erfolgt,** um so die Vergleichbarkeit der Angebote zu ermöglichen. **Keinesfalls ist die UFAB II-Formel ein Zuschlagskriterium** im Sinne des § 9 a VOL/A. Deshalb ist es auch vergaberechtlich unbedenklich, wenn in den Ausschreibungsunterlagen kein Hinweis auf die beabsichtigte Bewertung nach UFAB enthalten ist (1. VK Bund, B. v. 15. 7. 2003 – Az.: VK 1–53/03).

737   Diese **Rechtsprechung gilt auch für die UFAB III-Formel.**

738   Die UfAB-Formel kann **auch außerhalb der Vergabe von IT-Leistungen zur Ermittlung des wirtschaftlichsten Angebots** verwendet werden (3. VK Bund, B. v. 19. 4. 2004 – Az.: VK 3–44/04; 1. VK Bund, B. v. 7. 4. 2004 – Az.: VK 1–15/04, B. v. 1. 4. 2004 – Az.: VK 1–11/04).

739   **6.9.5.11.3 Anwendung der UfAB-Formel.** Gegen die Anwendung der UFAB II-Formel im Rahmen einer Nutzwertberechnung bestehen **keine vergaberechtlichen Bedenken.** In den meisten Fällen **gewährleistet die UFAB II-Formel eine ausgewogene Angebotswertung, die allenfalls in Einzelfällen,** nämlich unter extremen Bedingungen und in äußerst unwahrscheinlichen Situationen, **zu ungerechten Ergebnissen führen** kann (OLG Düsseldorf, B. v. 29. 12. 2001 – Az.: Verg 22/01; 3. VK Bund, B. v. 19. 4. 2004 – Az.: VK 3–44/04). Ein solcher Extremfall ist zum Beispiel dann **gegeben, wenn innerhalb der Formel das Gewicht der Leistung stark zuungunsten des Gewichts der Kosten abweicht.** Demnach kann es auch nicht als grundsätzlich vergaberechtswidrig anzusehen sein, wenn die Vergabestelle nach der UFAB II-Formel verfährt (1. VK Bund, B. v. 15. 7. 2003 – Az.: VK 1–53/03, B. v. 7. 4. 2004 – Az.: VK 1–15/04, B. v. 1. 4. 2004 – Az.: VK 1–11/04).

740   Auch die **Zugrundelegung der UfAB III-Formel bei der Angebotswertung kann nicht grundsätzlich als vergaberechtswidrig bezeichnet werden.** Schon die Verwendung der UfAB II-Formel ist von der Rechtsprechung akzeptiert worden. Dies trotz der Tatsache, dass das leistungsstärkste und das kostengünstigste Angebot Bestandteil der Formel waren und dass dies unstreitig im Einzelfall unter extremen Bedingungen dazu führen kann, dass ein Ange-

Gesetz gegen Wettbewerbsbeschränkungen GWB § 97 **Teil 1**

bot mit einem beträchtlich überhöhten Preis die höchste Gesamtpunktzahl erhält (vgl. die Kommentierung RZ 739). **Demgegenüber ist die UfAB III-Formel sogar weniger bedenklich,** denn hier wird lediglich für jedes einzelne abgegebene Angebot die aus den Leistungspunkten ermittelte Qualität ins Verhältnis zum Preis gesetzt (3. VK Bund, B. v. 4. 7. 2006 – Az.: VK 3–60/06; B. v. 29. 6. 2006 – Az.: VK 3–48/06; B. v. 29. 6. 2006 – Az.: VK 3–39/06).

Ebenso bestehen gegen die Festlegung eines Kennzahlkorridors als Bestandteil der Angebotswertung nach der UfAB III in der erweiterten Richtwertmethode vergaberechtlich keine Bedenken. Der Kennzahlkorridor wird anhand des Angebots bestimmt, das nach einem ersten Wertungsergebnis die höchste Kennzahl erreicht. Er dient dazu, bei Angeboten, die im Ergebnis der Wertung sehr nahe beieinander liegen, eine endgültige Abschichtung anhand bestimmter Qualitätsmerkmale vornehmen zu können. Es handelt sich mithin nicht um einen Ausschlussgrund. Die **Ermittlung des Kennzahlkorridors ist im Ergebnis nichts anderes als die Einfügung eines kleinen Zwischenschrittes innerhalb der Angebotswertung, bevor ein endgültiges Wertungsergebnis erzielt wird** (3. VK Bund, B. v. 4. 7. 2006 – Az.: VK 3–60/06; B. v. 29. 6. 2006 – Az.: VK 3–48/06; B. v. 29. 6. 2006 – Az.: VK 3–39/06). 741

6.9.5.11.4 Anwendung der UfAB-Formel bei Optionen. Beträgt der Vertragszeitraum für die zu vergebende Maßnahme zunächst nur ein Jahr und besteht im Übrigen nur die – möglicherweise wegen fehlender Haushaltsmittel gar nicht zum Tragen kommende – **Option, den Vertragszeitraum um jeweils ein Jahr bis zu einer Gesamtlaufzeit von drei Jahren zu verlängern,** muss dieser **Unterschied bei der Wertung der Preise zum Ausdruck gebracht werden.** Der Auftraggeber kann seiner Wertung dann nicht den Durchschnittspreis für alle drei Jahre zu Grunde legen. Eine solche gleichmäßige Gewichtung der Preise ist fehlerhaft (OLG Düsseldorf, B. v. 19. 11. 2003 – Az.: VII – Verg 59/03). 742

6.9.5.12 Anwendung der Barwertmethode

Die von einem Auftraggeber gewählte Methode, im Wege des finanzmathematisch grundsätzlich anerkannten Berechnungsverfahrens der „Barwertmethode" die Hauptangebote und Nebenangebote vergleichbar zu machen, ist zulässig (VK Lüneburg, B. v. 8. 3. 2004 – Az.: 203-VgK-03/2004, B. v. 10. 3. 2004 – Az.: 203-VgK-04/2004). 743

6.9.5.13 Anwendung eines Mittelwertverfahrens

Ein Mittelwertverfahren gründet sich darin, dass die **Punktvergabe zunächst** anhand der Anzahl der in Betracht genommenen Bieter **als Maximalpunktzahl** ausgerichtet ist und **abgestuft weniger Punkte** vergeben werden. Der Grad dieser Abstufung bei der konkreten Bewertung hängt jedoch davon ab, wie viele Wettbewerber ein (angeblich) gleich hohes Wertungsniveau (sehr gut, gut etc.) beim konkreten Zuschlagskriterium erreichen. Je mehr gleich gute Wettbewerber es auf einer Stufe gibt, um so geringer ist der konkrete Punktwert (aufgrund der vorzunehmenden Teilung der addierten Punktzahl durch die Anzahl der Bewerber) und um so größer wird insbesondere der Punktabstand zu höher bewertenden Unternehmen, zumal diese alleine ohne Teilung der Punkte bewertet werden. Diese **Punktvergabe verzerrt den Wettbewerb** gemäß § 97 Abs. 1 GWB und benachteiligt weniger gute Bewerber unangemessen, da sich die individuellen Punktvergaben überproportional reduzieren und in der Addition z. B. von mehreren Zuschlagskriterien unverhältnismäßig geringe Gesamtpunktzahlen vergeben werden (1. VK Sachsen, B. v. 29. 11. 2001 – Az.: 1/SVK/110–01). 744

6.9.5.14 Anwendung des Losverfahrens

6.9.5.14.1 Bauausschreibungen. Ob Losverfahren im Vergaberecht in besonders gelagerten Ausnahmefällen überhaupt zulässig sind, ist eine Frage, die in der Praxis bei Bauausschreibungen keine Relevanz entfalten wird. Es ist in der **Wettbewerbsrealität nicht zu erwarten, dass es zwei in allen Wertungspunkten identische Angebote gibt.** Ein solcher Fall **würde vorrangig die Frage nach unzulässigen Absprachen aufwerfen** und eine Überprüfung ganz anderer Art veranlassen müssen (VK Düsseldorf, B. v. 30. 9. 2002 – Az.: VK – 26/2002 – L). 745

6.9.5.14.2 Sonstige Ausschreibungen. Weisen **alle Angebote das gleiche Preis-Leistungs-Verhältnis** auf, kann eine Zuschlagsentscheidung mit den bekannt gegebenen Kriterien nicht begründet werden. In einem solchen Fall wird der **Gleichbehandlungsgrundsatz** 746

Teil 1 GWB § 97 Gesetz gegen Wettbewerbsbeschränkungen

am ehesten gewährleistet, wenn mit einem Losverfahren über den Zuschlag entschieden wird. Über das Losverfahren und dessen Ausgang sind die Bieter nach § 13 VgV zu informieren (VK Nordbayern, B. v. 27. 6. 2003 – Az.: 320.VK-3194–20/03; VK Baden-Württemberg, B. v. 18. 7. 2003 – Az.: 1 VK 30/03).

747   Ein **Losverfahren kann jedoch nur als „ultima ratio"** für die Auswahl der Bewerber bzw. der Bieter angesehen werden. Erst wenn eine ordnungsgemäße Prüfung und Wertung erfolgt ist und damit sichergestellt ist, dass eine objektive Auswahl nach objektiven Kriterien unter gleich qualifizierten Bewerbern nicht mehr nachvollziehbar durchführbar ist, kann ein Losverfahren zulässig sein (VK Arnsberg, B. v. 26. 7. 2004 – Az.: VK 2–12/2004; B. v. 26. 7. 2004 – Az.: VK 2–11/2004; B. v. 13. 7. 2004 – Az.: VK 2–09/2004; B. v. 13. 7. 2004 – Az.: VK 2–08/2004).

748   Aus **Gründen der Mittelstandsförderung** ist darauf zu achten, dass ein Bieter, der bereits einen Teilauftrag erhalten hat, **nicht mehr am weiteren Losverfahren beteiligt** wird, um sicherzustellen, dass die Teilaufträge gleichmäßig auf verschiedene Bieter verteilt werden. Denn aus der wirtschaftlichen Gleichstellung der Angebote folgt, dass jedem Bieter hinsichtlich der drei Lose dieselben Chancen auf einen Auftrag einzuräumen sind. Aus Gründen der Mittelstandsförderung erscheint es sachgerecht, dass eine möglichst breite Streuung der Aufträge erfolgt und eine zufällige Häufung der Teilaufträge auf einen Bieter vermieden wird (VK Brandenburg, B. v. 21. 7. 2004 – Az.: VK 35/04, 38/04; VK Baden-Württemberg, B. v. 18. 7. 2003 – Az.: 1 VK 30/03).

749   Eine Zuschlagserteilung durch Verlosung beinhaltet aber dann keinen Zuschlag auf das wirtschaftlichste Angebot, wenn die Angebote preisliche Unterschiede aufweisen (VK Düsseldorf, B. v. 22. 7. 2002 – Az.: VK – 19/2002 – L).

6.9.5.14.3 Beispiele aus der Rechtsprechung

– Lieferung von lernmittelfreien Schulbüchern (VK Südbayern, B. v. 21. 7. 2003, Az.: 26–06/03)

6.9.5.15 Erfordernis einer Teststellung

750   **6.9.5.15.1 Rechtsprechung.** Die Frage, ob die **Vergabestelle gegen das Wettbewerbsprinzip und gegen den Gleichbehandlungsgrundsatz verstößt, wenn sie nur einen Bieter zur Teststellung einlädt, oder ob sie verpflichtet ist, alle oder wenigstens zwei bzw. eine Spitzengruppe von Anbietern zur Teststellung einzuladen, lässt sich nicht pauschal beantworten.** Je mehr die ausgeschriebenen Objekte durch die Leistungsbeschreibung exakt definiert werden können (beispielsweise im Hinblick auf Festplattengröße, Druckergeschwindigkeit etc.), desto weniger ist eine Teststellung mehrerer Bieter erforderlich. Die Wertung kann dann im schriftlichen Verfahren erfolgen und die Teststellung dient nur noch dazu, die angegebenen technischen Eigenschaften zu überprüfen. Spielen aber auch Fragen wie Design, Ergonomie und praktische Handhabbarkeit eine große Rolle, ist jedenfalls bei einer wertungsmäßig sehr eng beieinander liegenden Spitzengruppe von Bietern eine Teststellung mehrerer Bieter angezeigt. Es ist nicht erkennbar, dass dies bei der Vergabestelle unverhältnismäßigen Aufwand hervorgerufen hätte. Zu zeitlichen Verzögerungen wäre es auch nicht gekommen, da die Geräte fast praktisch zur gleichen Zeit von denselben Personen hätten getestet werden können. Etwaiger Aufwand auf Seiten der Bieter kann von der Vergabestelle ohnehin nicht angeführt werden, da diese ihre Kosten nicht ersetzt bekommen, an der Teststellung aber freiwillig und im eigenen Interesse teilnehmen. Eine **gleichzeitige Teststellung mehrerer Bieter hätte außerdem den großen Vorteil, dass zeitliche Verzögerungen, die eintreten, wenn der einzig getestete Bieter ausgeschlossen und erst anschließend der nächste getestet werden muss, von vornherein vermieden würden** (2. VK Bund, B. v. 10. 7. 2002 – Az.: VK 2–34/02).

751   Was **Gegenstand einer ergänzenden Überprüfung im Rahmen der Teststellung** ist, kann – wie beispielsweise Leistungen eines Bieters bei der Installation und Einrichtung eines Druckers sowie bei Service und Wartung – zu einer Verbesserung der allein aus dem schriftlichen Angebot ersichtlichen bisherigen Wertung und im Streitfall mithin auch dazu führen, dass das **Angebot eines Bieters eine insgesamt vorteilhaftere Bewertung erhält**. Eine Ladung eines Bieters zu einem Test kann daher nicht mit der Begründung abgelehnt werden, der von dem Bieter angebotene Druckertyp werde auch von – zu einer Teststellung hinzugezogenen – Mitbewerbern angeboten (OLG Düsseldorf, B. v. 29. 12. 2001 – Az.: Verg 22/01).

6.9.5.15.2 Literatur

– Dreher, Meinrad/Aschoff, Jürgen, Präsentationen und Vorführungen von Leistungen in Vergabeverfahren – unter besonderer Berücksichtigung der Teststellung bei der IT-Beschaffung, NZBau 2006, 144

6.9.5.16 Zuschlag auf Nachfolgemodelle

Bei Ausschreibungen von vergleichsweise schnelllebigen und raschen Veränderungen unterliegenden Gütern, wie es auf IT-Hardware, so auch für Drucker, im Allgemeinen zutrifft, **kann es nicht zu vermeiden sein, dass die ausgeschriebenen Geräte im Zeitpunkt der Auftragsvergabe bereits durch Nachfolgemodelle abgelöst worden sind.** Wird gleichwohl ein Zuschlag, und zwar nunmehr zu einer Lieferung der Nachfolgemodelle, erteilt, so ist dies **nicht grundsätzlich zu beanstanden,** sofern sich der Zuschlag nicht auf völlig andere Gegenstände, sondern auf nach Funktion, Preis und Verwendungszweck den ausgeschriebenen Geräten am Nächsten kommende Waren erstreckt (OLG Düsseldorf, B. v. 29. 12. 2001 – Az.: Verg 22/01). 752

6.9.5.17 Berücksichtigung von Verwaltungsanweisungen bei der Wertung

Eine **Verwaltungsanweisung** (z. B. Rundschreiben, Handbuch usw.) ist **keine Rechtsnorm mit eigener Rechtsqualität,** sondern **bindet die Verwaltung nur unter dem Gesichtspunkt der Gleichbehandlung** (Art. 3 GG) in dem Sinne, in dem sie mit Billigung und Duldung ihres Urhebers tatsächlich angewandt wurde. Sie enthält lediglich eine von der Behörde im Rahmen ihrer Zuständigkeit im Voraus bekannt gegebene Verwaltungspraxis. Ihre Wirkung beschränkt sich auf eine Selbstbindung der Verwaltung im Rahmen eines ihr eingeräumten Ermessens. Das **schließt eine Abänderung von Rechtssätzen (z. B. der Vergaberechtssätze des GWB) im eigentlichen Sinne** aus (OLG Rostock, B. v. 6. 7. 2005 – Az.: 17 Verg 8/05). 753

6.9.5.18 Richtlinie des VHB 2002

Für die Beurteilung sind heranzuziehen 754

– Erfahrungswerte aus anderen Vergaben,
– die Auswertung des Preisspiegels,
– die Auswertung der EFB-Preis – 311/312 – sowie
– im Bedarfsfalle die Preisermittlung oder andere Auskünfte des Bieters im Rahmen des § 24 VOB/A (Ziffer 1.8.1).

Die Angebote sind in den Preisspiegel in der Reihenfolge aufzunehmen, die sich aus der Höhe der nachgerechneten Angebotssummen ergibt. Dabei genügt es in der Regel, die voraussichtlich in die engere Wahl kommenden Angebote sowie einige unmittelbar darüber und darunter liegende Angebote darzustellen (Ziffer 1.8.2). 755

Die EFB-Preis – 311/312 – sind wesentliche Grundlage für die Beurteilung des Angebots (EFB-Preis 1–311), wichtiger Einheitspreise (EFB-Preis 2–312) und der Angemessenheit des Preises. Außerdem können sie Aufschluss über die Preisermittlungsgrundlagen bei Preisvereinbarungen nach § 2 Nr. 3, 5 und 6 VOB/B bieten. Das Bauamt hat daher zu prüfen, ob sich die Angaben in den EFB-Preis – 311/312 – mit dem Angebot decken. Die Formblätter werden nicht Vertragsbestandteil, weil im Vertrag nur die Preise, nicht aber die Art ihres Zustandekommens und insbesondere nicht die einzelnen Preisbestandteile vereinbart werden. Die Kostenansätze z. B. für Eigenleistung und Nachunternehmerleistungen, Verrechnungslohn, Gesamtstundenzahl und Zuschläge sind bei den Angeboten der engeren Wahl einander gegenüberzustellen (Ziffer 1.8.3). 756

6.9.5.19 Regelung des HVA B-StB 03/2006 zur technischen und wirtschaftlichen Prüfung und Wertung der Angebote

Zu prüfen ist, ob nach den Bieterangaben die angebotene mit der geforderten Leistung übereinstimmt (Ziffer 2.4 Abs. 30). Soweit es die Besonderheiten der Leistung erfordern, ist, gegebenenfalls durch Aufklärung nach § 24 VOB/A, zu prüfen, ob das vorgesehene Arbeitsverfahren und der vorgesehene Geräteeinsatz für eine vertragsgemäße Ausführung geeignet erscheinen. Ferner ist festzustellen, welche wirtschaftlichen Auswirkungen (z. B. Nutzungsdauer, Unterhal- 757 tungsaufwand) zulässige unterschiedliche Leistungsinhalte der einzelnen Angebote für den Auftraggeber haben können (Ziffer 2.4 Abs. 31).

6.9.6 Wertung einer Bedarfsposition

758 Die **Rechtsprechung** ist insoweit **nicht eindeutig.**

759 Nach einer Auffassung ist es nicht nur zulässig, Bedarfspositionen zu werten, sondern deren **Wertung ist aus Gründen der Transparenz und der Wettbewerbsgerechtigkeit zwingend geboten.** Denn ohne deren Berücksichtigung könnten sie von Bietern preislich beliebig hoch angesetzt werden, ohne dass dies Auswirkungen auf die Auftragschancen hätte. Dies könnte in der Kalkulation eine erhebliche Rolle spielen und diejenigen Bieter benachteiligen, die ein realistisches, sorgfältig kalkuliertes Angebot auf die Bedarfspositionen abgeben. Aber auch der Auftraggeber könnte gezwungen sein, den Zuschlag auf das nur ohne Berücksichtigung der Bedarfspositionen wirtschaftlichste Angebot zu erteilen. Sollte es dann zur Ausführung der Leistungen kommen, wäre der Auftraggeber auch an in Bedarfspositionen überteuerte Angebote gebunden. Hier würde der Manipulation Tür und Tor geöffnet. Der Auftraggeber hat allerdings **sorgfältig darauf zu achten, eine transparente Vergabeentscheidung zu ermitteln und den Gefahren von Manipulationen entgegenzutreten** (VK Nordbayern, B. v. 4. 10. 2005 – Az.: 320.VK – 3194–30/05; VK Schleswig-Holstein, B. v. 12. 7. 2005 – Az.: VK-SH 14/05; B. v. 3. 11. 2004 – Az.: VK-SH 28/04).

760 Eine **Ausnahme hiervon ist nur denkbar, wenn sich nach der Angebotsabgabe herausstellt, dass die im Leistungsverzeichnis aufgenommenen Bedarfspositionen mit Sicherheit nicht zur Ausführung gelangen** werden. In einem solchen Fall können diese Bedarfsposition aus der Wertung genommen werden, weil eine Auswirkung auf die Wirtschaftlichkeit eines Angebots auszuschließen ist (VK Nordbayern, B. v. 4. 10. 2005 – Az.: 320.VK – 3194–30/05).

761 Ist die grundsätzliche **Wertung der Bedarfspositionen aus der Angebotsaufforderung ersichtlich,** ist die **Vergabestelle an diese Vorgabe gebunden** (VK Nordbayern, B. v. 11. 10. 2006 – Az.: 21.VK-3194-31/06).

762 Nach einer anderen Auffassung kommt grundsätzlich eine **Wertung von Bedarfspositionen nur dann in Betracht, wenn sich nach Erstellung des Leistungsverzeichnisses neue Erkenntnisse bezüglich der Realisierung dieser Leistungen ergeben.** Durch die Wertung von Bedarfspositionen besteht nämlich ansonsten die Gefahr, dass die Vergabeentscheidung nicht transparent ist (VK Magdeburg, B. v. 22. 2. 2001 – Az.: 33–32571/07 VK 15/00 MD).

763 Die **Wertung einer Bedarfsposition kommt nur in dem Umfang in Betracht, wie sie im Leistungsverzeichnis verzeichnet ist;** denn auch insoweit gilt die Vorgabe, dass das Leistungsverzeichnis eindeutig und erschöpfend zu sein hat (VK Nordbayern, B. v. 4. 10. 2005 – Az.: 320.VK – 3194–30/05; VK Münster, B. v. 25. 2. 2003 – Az.: VK 01/03).

764 Dies bedeutet gleichzeitig, dass sie **in vollem Umfang beauftragbar und daher im maximalen Preis in die Wertung einzurechnen** sind (VK Nordbayern, B. v. 4. 10. 2005 – Az.: 320.VK – 3194–30/05; VK Arnsberg, B. v. 28. 1. 2004 – Az.: VK 1–30/2003).

6.9.7 Wertung einer Wahlposition

6.9.7.1 Wertungsproblematik

765 Die Wertung von Wahlpositionen ist bereits im Grundsatz problematisch. Regelmäßig sind die Grundpositionen zur Wertung heranzuziehen. Sie ergeben die Bieterreihenfolge. Der Auftraggeber hat jedoch das Recht die **Wahlposition zu beauftragen.** Damit kann **nicht nur die Auftragssumme wesentlich von der Wertungssumme abweichen,** sondern auch die „Bieterreihenfolge" nunmehr der ursprünglichen Wertungsreihenfolge nicht mehr entsprechen. Um den damit möglichen Manipulation nicht Tür und Tor zu öffnen, muss die Ausschreibung von Wahlpositionen Ausnahme bleiben oder, wie von der Literatur gefordert, nur untergeordnete Positionen betreffen (VK Hannover, B. v. 5. 7. 2002 – Az.: 26 045 – VgK – 4/2002).

6.9.7.2 Grundsatz

766 Entscheidet sich der öffentliche Auftraggeber für die Inanspruchnahme einer ausgeschriebenen Wahlposition, **muss er deren Angebotspreise auch in die Wertung einstellen.** Nur

durch die Einbeziehung der Wahlpositionspreise lässt sich ermitteln, welches Angebot in Bezug auf den konkret zu deckenden Beschaffungsbedarf des öffentlichen Auftraggebers das wirtschaftlichste ist (OLG Düsseldorf, B. v. 14. 8. 2003 – Az.: VII – Verg 46/03).

6.9.7.3 Beurteilungsspielraum und Nachprüfung

Die **Entscheidung für eine Wahlposition ist ein wertender Vorgang.** Dem **Auftraggeber** ist dabei ein **Beurteilungsspielraum** einzuräumen, der nur einer eingeschränkten Kontrolle durch die Nachprüfungsinstanzen zugänglich ist. Die Entscheidung der Vergabestelle kann folglich nur darauf überprüft werden, ob die rechtlichen Grenzen des Beurteilungsspielraums überschritten sind. Eine Überschreitung des Beurteilungsspielraums ist anzunehmen, wenn von einem unzutreffenden Sachverhalt ausgegangen wird oder sachwidrige Erwägungen in die Entscheidung einbezogen werden (VK Nordbayern, B. v. 12. 12. 2001 – Az.: 320.VK-3194–41/01). 767

6.9.7.4 Wertung einer vergabeerheblichen Wahlposition nach einem Vergabenachprüfungsverfahren

Die Rechtsprechung hierzu ist nicht einheitlich. 768

Aus dem Grundsatz der Bestimmtheit der Leistung folgt, dass bei der Wertung mit Blick auf Alternativ- und Eventualpositionen die Positionen zugrunde zu legen sind, deren Ausführung nach Lage der Dinge als sicher angesehen werden kann. Der **maßgebliche Zeitpunkt hierfür ist der Zeitpunkt der Wertung.** Haben sich aufgrund des Vergabenachprüfungsverfahrens insoweit **neue Erkenntnisse ergeben, so sind diese bei der erneuten Prüfung und Wertung zu berücksichtigen** (2. VK des Bundes, B. v. 4. 5. 2001 – Az.: VK 2–12/01). 769

Kann ein öffentlicher Auftraggeber vermöge seiner Entscheidung über die Inanspruchnahme der Wahlposition direkten Einfluss auf das Wertungsergebnis nehmen, lässt sich bei dieser Sachlage eine **Beeinflussung des Wertungsergebnisses** in ausreichender Weise **nur dadurch ausschließen,** dass **triftige Gründe zu fordern** sind, wenn der **Auftraggeber von seiner ursprünglichen Entscheidung** für die Grundposition **abrücken** und auf die Wahlposition wechseln will (OLG Düsseldorf, B. v. 14. 8. 2003 – Az.: VII – Verg 46/03). 770

Bindet sich – nach einer weiteren Meinung – bei der Ermittlung des wirtschaftlichsten Angebotes der **Auftraggeber** insoweit, als er **sich festlegt, welche Grundpositionen bzw. Wahlpositionen gewertet werden,** kann er im Nachgang des Nachprüfungsverfahrens **nicht mehr** bei einer weiteren Wertung **auf die Alternativposition umschwenken** (VK Lüneburg, B. v. 28. 11. 2001 – Az.: 203-VgK-21/2001). 771

6.9.7.5 Regelung des HVA B-StB 03/2006 zu Besonderheiten der Prüfung und Wertung von Grund- und Wahlpositionen

Bei der Nachrechnung und zur Ermittlung der Wertungssummen darf nur die preisgünstigere Variante (Grund- oder Wahlposition) berücksichtigt werden (Ziffer 2.4 Abs. 10). Eine teurere Variante (Grund- oder Wahlposition) darf nur dann beauftragt werden, wenn dies nicht zu einer Änderung der Bieterreihenfolge führt und haushaltsrechtlich begründet werden kann (Ziffer 2.4 Abs. 29). 772

6.9.8 Wertung von angehängten Stundenlohnarbeiten

Angehängte Stundenlohnarbeiten dürfen bei der Ermittlung des wirtschaftlichsten Angebotes (§ 25 Nr. 3 Abs. 3 VOB/A) – auch und gerade, wenn sie als Bedarfsposition gekennzeichnet sind – **nur dann gewertet** werden, wenn der **Auftraggeber dies vorher in der Bekanntmachung oder den Vergabeunterlagen verlautbart hatte** und ein **Wissenszuwachs** hinsichtlich der Inanspruchnahme dieser Position besteht. **Bloße Vermutungen reichen nicht** (1. VK Sachsen, B. v. 13. 5. 2003 – Az.: 1/SVK/038–03). 773

Das **Weglassen der Stundenlohnarbeiten bei der Wertung** ist – im Gegensatz zu normalen Leistungspositionen – **zulässig,** wenn es sich **um Bedarfspositionen handelt** und der **Auftraggeber sich nicht dahin gebunden** hat, **Bedarfspositionen zu werten** (VK Nordbayern, B. v. 11. 10. 2006 – Az.: 21.VK-3194–31/06). 774

6.9.9 Wertung eines Koppelungsangebotes

6.9.9.1 Begriff

775 Es liegt ein so genanntes Koppelungsangebot vor, **wenn ein Angebot unter der Bedingung gelten soll, dass zugleich der Zuschlag für ein im Rahmen einer anderen Ausschreibung abgegebenes Angebot erteilt wird** (1. VK Sachsen, B. v. 23. 5. 2003 – Az.: 1/SVK/030–03).

776 Als Hauptanwendungsfall wird dabei das **Angebot eines Preisnachlasses für den Fall** diskutiert, **dass der Zuschlag auch auf ein im Rahmen einer anderen Ausschreibung abgegebenes Angebot erteilt** wird (VK Brandenburg, B. v. 7. 5. 2002 – Az.: VK 14/02).

6.9.9.2 Zulässigkeit

777 Derartige Koppelungsangebote sind **grundsätzlich erlaubt, sofern sie mit dem vergaberechtlichen Wettbewerbsgebot nach § 97 Abs. 1 GWB vereinbar sind.** Das Vergaberecht und dessen Anwendung kann und darf nämlich kein Verhalten rechtfertigen, das die Ausschreibung ihrer Funktion als Auswahlverfahren zur Ermittlung des wirtschaftlichsten Angebotes beraubt und die Mitbewerber um die Chance bringt, im Leistungswettbewerb um ihren Auftrag zu kämpfen. Ein solches Verhalten wäre rechtlich als eine ungesunde Begleiterscheinung bzw. wettbewerbsbeschränkende Verhaltensweise zu würdigen, der nach § 2 Nr. 1 S. 3 VOB/A zu begegnen ist. **Koppelungsangebote** sind **dann wettbewerbswidrig, wenn versucht wird, ein vorliegendes Wettbewerbsergebnis zu unterlaufen.** Dies ist z. B. dann der Fall, wenn dem Bieter bei der Angebotsabgabe für die Bauleistung × das Ergebnis der Bauleistung y bereits bekannt ist und er dort nicht Wettbewerbsgewinner ist. Unzulässig ist auch eine **gemeinsame Wertung unabhängig voneinander ausgeschriebener Bauleistungen** (VK Brandenburg, B. v. 7. 5. 2002 – Az.: VK 14/02). Dasselbe muss gelten, wenn die Ausschreibung zum Los y aufgehoben wird und ein Bieter aufgrund des Wegfalls der Bindungswirkung für sein Altangebot in nachfolgenden Verhandlungsverfahren die Gelegenheit erhält, durch zielgerichtete Ausgestaltung seines aktuellen Verhandlungsangebotes die Voraussetzungen für die Einbeziehung eines Koppelungsnachlasses zu bewirken und damit – unter Einbeziehung des Koppelungsnachlasses – auch im zweiten Los wirtschaftlicher Bieter zu werden (1. VK Sachsen, B. v. 23. 5. 2003 – Az.: 1/SVK/030–03).

6.9.9.3 Koppelungsangebote zur Lieferung preisgebundener und nicht preisgebundener Schulbücher

778 Ein Koppelungsgeschäft liegt vor, wenn ein Gesamtauftrag sowohl preisgebundene als auch nicht preisgebundene Schulbücher umfasst. **Bei solchen Koppelungsgeschäften darf der dem Abnehmer nicht preisgebundener Bücher zu berechnende Preis nicht den Preis unterschreiten, zu dem der Buchhändler sich diese Bücher beschafft hat.** Eine Preisgrenze für nicht preisgebundene Bücher, die die Buchhändler im Rahmen von Koppelungsgeschäften unter preisbindungsrechtlichen Gesichtspunkten einhalten müssten, besteht nicht. Ob generell eine Verletzung der Preisbindung angenommen werden kann, wenn im Rahmen von Koppelungsgeschäften für nicht preisgebundene Bücher ein Nachlass von über 20% eingeräumt wird, weil dann stets ein Gewinn aus dem Gesamtgeschäft nur über die Gewinnspanne bei den preisgebundenen Büchern zu erzielen sein soll, ist eine Frage des Einzelfalls (2. VK Brandenburg, B. v. 3. 8. 2001 – Az.: 2 VK 66/01; 1. VK Sachsen, B. v. 28. 5. 2001 – Az.: 1/SVK/35–01).

6.9.10 Wertung einer Parallelausschreibung

779 Zu den Einzelheiten der Parallelausschreibung vgl. die Kommentierung zu § 16 VOB/A und § 16 VOL/A.

780 Die **Wertung einer Parallelausschreibung,** in der nicht nur reine Bauleistungen, sondern auch Dienstleistungen wie etwa die Finanzierung einer Bauleistung, gegebenenfalls noch verknüpft mit einem Wirtschaftlichkeitsvergleich zwischen Eigenfinanzierung und Fremdfinanzierung, ist **sehr komplex und erfordert spezifische Kenntnisse.**

781 Die Rechtsprechung hat sich hiermit im Einzelnen noch nicht beschäftigt. Lediglich zu dem Grundmodell der Parallelausschreibung (Ausschreibung von Losen und der Gesamtvergabe) gibt es Entscheidungen.

6.9.10.1 Allgemeines

Die Entscheidung über die Zuschlagserteilung entsprechend der Angebotsvarianten (Einzellosvergabe-Gesamtvergabe) ist dem Auftraggeber nicht willkürlich überlassen. Die **Prüfung und Wertung ist entsprechend der Grundsätze des § 25 VOB/A durchzuführen** und zwar **für jedes Einzellos getrennt, die Gesamtangebote getrennt und danach die vergleichende Prüfung und Wertung der Gesamtsumme der wirtschaftlichsten Angebote der einzelnen Lose und dem wirtschaftlichsten Gesamtangebot.** Ergibt sich, dass die Addition der Angebotssummen der wirtschaftlichsten Angebote der einzelnen Lose, niedriger liegt als die Gesamtangebotssumme des wirtschaftlichsten Gesamtanbieters, ist eine Einzellosvergabe durchzuführen. Im Umkehrfall ist andersherum zu verfahren. Der Vergabebeschluss hat demzufolge auf das insgesamt wirtschaftlichste Angebot zu lauten (VK Thüringen, B. v. 6. 7. 2001 – Az.: 216–402.20–020/01-NDH).

782

6.9.10.2 Zusätzliche Leistungen eines Generalunternehmers

Der vorgenommene rein rechnerische Vergleich von Generalunternehmer-Angeboten zu Einzelangeboten wird dem in den Verdingungsbestimmungen genannten Zuschlagskriterium Wirtschaftlichkeit nicht gerecht. Bei einem **Wirtschaftlichkeitsvergleich sind auch die Leistungen zu berücksichtigen, die ein Generalunternehmer zusätzlich zur Summe der gewerkeweisen Bauleistungen erbringt.** Die Vorteile einer Vergabe an einen Generalunternehmers können z. B. sein „größere Terminsicherheit, Folgen von Behinderung der Einzelfirmen untereinander sowie von Insolvenzen der Einzelfirmen können nicht zu Lasten des Auftraggebers gehen, nur ein Ansprechpartner bei Gewährleistungsmängel, geringerer Aufwand der Architektenbauleistung, etc." (2. VK Bremen, B. v. 23. 8. 2001 – Az.: VK 4/01). Bei der **Wertung dieser Leistungen hat der Auftraggeber ein Wertungsermessen z. B. dahingehend, ob diese zusätzliche Generalunternehmerleistungen vom öffentlichen Auftraggeber überhaupt benötigt werden,** weil er die Planungs- und Projektsteuerungsaufgaben an qualifizierte Fachunternehmen vergeben hat, so dass die mit der Vergabe von Bauleistungen an Generalunternehmer verbundenen Vorteile nur noch von geringem wirtschaftlichen Gewicht sind. Insbesondere müssen Qualitätsvorteile der vom Generalunternehmer angebotenen technischen Leistungen gegenüber denjenigen der Einzelanbieter dargelegt werden (Hanseatisches OLG Bremen, B. v. 22. 10. 2001 – Az.: Verg 2/2001).

783

6.9.11 Wertung von versehentlich nicht in die Ausschreibung aufgenommenen Leistungen?

Die gesetzlich eingeräumte Möglichkeit, nach der VOB/B notwendige Leistungen, die (versehentlich) nicht im Leistungsverzeichnis aufgeführt worden sind, **nachträglich einzubeziehen und hierüber auch nachträglich eine Vergütung zu vereinbaren,** bedeutet nicht, dass der Auftraggeber **(fiktive)** Preise für solche Positionen bereits in die Wertung gemäß § 25 Nr. 3 Abs. 3 VOB/A mit einbeziehen kann. Da diese Positionen nicht im Leistungsverzeichnis aufgeführt sind, vergleichbare Preise aller Bieter für diese Positionen somit nicht vorliegen, verstößt der Antragsgegner mit solch einer Vorgehensweise sowohl gegen den Grundsatz der Gleichbehandlung gemäß § 97 Abs. 2 GWB als auch gegen die Verpflichtung, ein transparentes Verfahren durchzuführen (VK Detmold, B. v. 16. 1. 2001 – Az.: VK.11–31/00).

784

6.9.12 Wertung der ausgeschriebenen Mengen und Massen

Bei der Ermittlung des wirtschaftlichsten Angebotes gem. § 25 Nr. 3 Abs. 3 VOB/A **muss der Auftraggeber stets die Mengen und Massen zugrunde legen, die er im Leistungsverzeichnis vorgegeben** hat. Denn **nur diese Angaben** waren den Bietern bekannt und daher allein **Grundlage für ihre Angebotskalkulation.** Andernfalls könnte ein Auftraggeber durch Veränderung der Massen und Vordersätze Einfluss auf das Wertungsergebnis und die Rangfolge der Bieter nehmen (OLG Naumburg, B. v. 13. 10. 2006 – Az.: 1 Verg 7/06; B. v. 13. 10. 2006 – Az.: 1 Verg 6/06; VK Nordbayern, B. v. 11. 10. 2006 – Az.: 21.VK-3194–31/06). Dieser Rechtsgedanke liegt auch der Regelung des § 25a VOB/A zugrunde. Danach dürfen bei der Wertung der Angebote nur Kriterien berücksichtigt werden, die in der Bekanntmachung oder in den Vergabeunterlagen genannt sind. Will der Auftraggeber gleichwohl von den Mengen und Massen abweichen, so kann er dies ggf. nach Zuschlagserteilung tun. Die **Vergütung erfolgt dann gem. § 2 Nr. 2 VOB/B unter Bindung an die vertraglichen Einheitspreise und die Urkalkulation** (VK Lüneburg, B. v. 17. 9. 2001 – Az.: 203-VgK-18/2001).

785

6.9.13 Pflicht der Vergabestelle zur Prüfung von behaupteten gewerblichen Schutzrechten?

786 Es bestehen **erhebliche Zweifel, ob der Vergabestelle im Vergabeverfahren** im Interesse eines möglichst uneingeschränkten Wettbewerbs die **Verpflichtung obliegt, von einzelnen Bietern in Anspruch genommene eingetragene gewerbliche Schutzrechte auf ihren Bestand hin zu überprüfen.** Das gilt auch, wenn es sich bei dem Gebrauchsmuster um solche Schutzrechte handelt, deren Eintragung nach § 8 Abs. 1 Satz 2 GebrMG ohne Prüfung auf Neuheit, erfinderischen Schritt und gewerbliche Anwendbarkeit stattfindet. **Gegen eine solche Prüfungspflicht spricht vor allem, dass Vergabeverfahren in der Regel unter erheblichem Zeitdruck stehen.** Handelt es sich z. B. um technisch einigermaßen anspruchsvolle Verfahren, ist die Prüfung der Voraussetzungen des § 1 GebrMG, ob also eine Erfindung vorliegt und ob die betreffende Lösung neu und gewerblich anwendbar ist, in der Regel nicht ohne Weiteres und nicht ohne sachverständige Hilfe möglich. Dem gegenüber könnte die Vergabestelle in dem unter Zeitdruck stehenden Vergabeverfahren regelmäßig allenfalls eine summarische Prüfung der Schutzfähigkeit vornehmen. Es erscheint aus diesem Grund für die Vergabestelle kaum zumutbar zu sein, sich dem erheblichen Risiko von Unterlassungs- und Schadensersatzansprüchen des Inhabers des eingetragenen Schutzrechts auszusetzen, die bis hin zu einem Benutzungsverbot (vgl. § 11 GebrMG) gehen können. Diese Argumente sprechen dafür, eine **Prüfungspflicht der Vergabestelle bei eingetragenen Schutzrechten allenfalls in ganz offensichtlichen Fällen anzunehmen** (OLG Thüringen, B. v. 22. 8. 2002 – Az.: 6 Verg 5/01).

6.9.14 Wertung eines Irrtums

6.9.14.1 Kalkulationsirrtum eines Bieters

787 **6.9.14.1.1 Begriff des Kalkulationsirrtums.** Außer in den in §§ 120, 123 BGB geregelten Fällen kann nach § 119 BGB eine Willenserklärung wegen Inhaltsirrtums (Auseinanderfallen von Wille und Erklärung; § 119 Abs. 1 1. Alternative BGB), wegen Erklärungsirrtums (§ 119 Abs. 1 2. Alternative BGB) oder wegen Irrtums über eine verkehrswesentliche Eigenschaft der Person oder der Sache (§ 119 Abs. 2 BGB) angefochten werden, sofern der Erklärende die Willenserklärung bei Kenntnis der Sachlage und bei verständiger Würdigung des Falles nicht abgegeben haben würde (§ 119 Abs. 1 2. Halbsatz BGB). Bei dem (einseitigen) **Kalkulationsirrtum handelt es sich dagegen um einen schon im Stadium der Willensbildung unterlaufenden Irrtum im Beweggrund (Motivirrtum),** der von keinem der gesetzlich vorgesehenen Anfechtungsgründe erfasst wird (BGH, Urteil vom 7. 7. 1998 – Az.: X ZR 17/97).

788 Ein **echter Erklärungsirrtum im Sinn von § 119 Abs. 1 BGB** ist – in Abgrenzung zum internen Kalkulationsirrtum, der sich nur als unbeachtlicher Motivirrtum ausdrückt – bei einem **Beruhen der fehlerhaften Angabe auf einem Übertragungsfehler bei der Überarbeitung der Preisangaben anzunehmen** (Brandenburgisches OLG, Urteil v. 23. 3. 2005 – Az.: 4 U 158/04).

789 **6.9.14.1.2 Anfechtung eines Kalkulationsirrtums.** Ein Kalkulationsirrtum kann durch den Bieter grundsätzlich nicht angefochten werden (OLG Naumburg, Urteil vom 22. 11. 2004 – Az.: 1 U 56/04). Bei dieser Risikoverteilung zu Lasten des Erklärenden verbleibt es regelmäßig auch dann, wenn der **Erklärungsempfänger** (Auftraggeber) den Kalkulationsirrtum des Erklärenden hätte erkennen können, ohne dass er ihn positiv erkannt hat (BGH, Urteil vom 13. 7. 1995 – Az.: VII ZR 142/94). Hat der **Auftraggeber den Kalkulationsirrtum positiv erkannt bzw. die positive Kenntnis treuwidrig vereitelt** – insofern macht es rechtlich keinen Unterschied, ob jemand positive Kenntnis von etwas hat oder ob er sich – aus Rechtsgründen – so stellen lassen muss, als ob dies der Fall sei –, ist **ebenfalls eine Irrtumsanfechtung nicht zulässig** (BGH, Urteil vom 7. 7. 1998 – Az.: X ZR 17/97). Der Grund liegt unter anderem darin, dass die Notwendigkeit der Wertung einer Kenntnis des Auftraggebers als Tatbestandsmerkmal für die Anfechtung zu einer erheblichen Rechtsunsicherheit führte (OLG Koblenz, Urteil vom 5. 12. 2001 – Az: 1 U 2046/98).

790 Zieht ein Bieter nach dem Eröffnungstermin innerhalb der Bindefrist sein Angebot zurück, bleibt es dem Auftraggeber unbenommen, **auf das ohne rechtfertigenden Grund (Kalkulationsirrtum) angefochtene Angebot den Zuschlag zu erteilen.** Erfüllt der Zuschlagsempfänger den Vertrag nicht, ergeben sich die **Schadensersatzansprüche des Auftraggebers** aus §§ 5 Nr. 4, 8 Nr. 3 Abs. 2 und gegebenenfalls auch § 6 Nr. 6 VOB/B (OLG Naumburg, Urteil vom 22. 11. 2004 – Az.: 1 U 56/04).

6.9.14.1.3 Aufklärungspflicht des Auftraggebers. Der öffentliche **Auftraggeber handelt treuwidrig, wenn er ein Angebot annimmt, obwohl er einen Kalkulationsirrtum des Auftragnehmers positiv kennt und außerdem weiß, dass die Vertragsdurchführung für den Auftragnehmer schlechthin unzumutbar wäre.** Für die Frage der Kenntnis des Auftraggebers ist maßgebend der Zeitpunkt der Zuschlagserteilung. Gleichzustellen ist der positiven Kenntnis, wenn der Auftraggeber sich der Kenntnis treuwidrig entzieht, indem er nahe liegende Rückfragen unterlässt. Dabei ist der Auftraggeber nicht gehalten, von sich aus zu klären, ob ein Kalkulationsfehler vorliegt oder nicht. Eine Pflicht zur Aufklärung kann allenfalls dann bestehen, wenn sich der Tatbestand des Kalkulationsirrtums mit seinen unzumutbaren Folgen für den Bieter aus dem Angebot des Bieters oder aus dem Vergleich zu den weiteren Angeboten oder aus den dem Auftraggeber bekannten sonstigen Umständen geradezu aufdrängt. Nur in einem solchen Ausnahmefall kann es nach den Grundsätzen von Treu und Glauben gerechtfertigt sein, den Auftraggeber entgegen seinen eigenen Interessen als verpflichtet anzusehen, an der Aufklärung eines Kalkulationsfehlers des Bieters mitzuwirken. Allein die **Differenz eines Angebots zum nächsten Angebot begründet keine Kenntnis von einem Kalkulationsirrtum,** denn in der Praxis kommt es häufig vor, dass mit so genannten Spekulationsangeboten gearbeitet wird (BGH, Urteil vom 7. 7. 1998 – Az.: X ZR 17/97; OLG Koblenz, Urteil vom 5. 12. 2001 – Az.: 1 U 2046/98). Auch der Umstand, dass der **Auftraggeber die Auftragssumme selbst deutlich höher als das Angebot geschätzt** hat, **spielt keine entscheidende Rolle.** Kostenschätzungen öffentlicher Auftraggeber dienen der Bereitstellung ausreichender Mittel im Haushalt, lassen aber keine Rückschlüsse dahin zu, ob ein von der Schätzung abweichendes Angebot fehlerhaft kalkuliert ist (BGH, Urteil vom 7. 7. 1998 – Az.: X ZR 17/97).

6.9.14.1.4 Anspruch des Bieters gegen den Auftraggeber. In diesen Fällen kann man je nach Sachlage auf die allgemeinen Rechtsinstitute der Haftung für Verschulden bei Vertragsverhandlungen und der unzulässigen Rechtsausübung zurückgreifen und dem Bieter einen Anspruch auf Berücksichtigung des Kalkulationsirrtums gegen den Auftraggeber zubilligen (BGH, Urteil vom 7. 7. 1998 – Az.: X ZR 17/97; OLG Naumburg, Urteil vom 22. 11. 2004 – Az.: 1 U 56/04; 1. VK Sachsen, B. v. 21. 7. 2004 – Az.: 1/SVK/050–04).

6.9.14.2 Erklärungsirrtum eines Bieters

Eine wirksame Anfechtung eines Erklärungsirrtums macht die Erklärung unwirksam. Bei einem Erfolg einer Anfechtung ist nämlich die Willenserklärung – Eintragung von Preisen in den Positionen – nach **§ 142 Abs. 1 BGB als von Anfang an als nichtig anzusehen.** Somit wäre das Angebot unvollständig und nach § 25 Nr. 1 Abs. 1 Buchstabe b) VOB/A auszuschließen (VK Nordbayern, B. v. 12. 12. 2001 – Az.: 320.VK-3194–41/01).

Die **Rechtsfolge einer Irrtumsanfechtung kann also nur sein, dass dann wegen Fehlens einer Preisangabe kein wertbares Angebot vorliegt.** Der Bieter hat somit in einem solchen Fall nur die **Wahl, entweder sein Angebot durch eine Anfechtung „ungültig" zu machen oder sich an dem (irrtümlich) eingesetzten Preis festhalten zu lassen** (VK Hessen, B. v. 18. 3. 2002 – Az.: 69 d VK – 03/2002).

Bringt eine Vertragspartei im selben Gespräch zuerst vor, sie könne aufgrund eines Kalkulationsirrtums zu dem im Angebot genannten Preis nicht leisten, bietet im weiteren Gespräch jedoch an, den Auftrag zu einem korrigierten Preis zu erfüllen, ist den **Anforderungen an die notwendige Eindeutigkeit einer Anfechtungserklärung nicht genügt** (Brandenburgisches OLG, Urteil v. 23. 3. 2005 – Az.: 4 U 158/04).

Auch unter Berücksichtigung eines angemessenen Zeitraums zum Überlegen und zum Einholen von Rechtsrat kann die **Abgabe einer Anfechtungserklärung nach Ablauf von acht Wochen auf keinen Fall mehr als unverzüglich** im Sinne des § 121 BGB angesehen werden, wenn es sich beim Anfechtenden um ein in kaufmännischer Rechtsform geführtes Unternehmen handelt (Brandenburgisches OLG, Urteil v. 23. 3. 2005 – Az.: 4 U 158/04).

6.9.14.3 Richtlinie des VHB 2002

Die Erklärung eines Bieters, er habe sich in seinem Angebot geirrt, ist als Anfechtung des Angebots wegen Irrtum zu werten. Ob eine solche Anfechtung wirksam ist, richtet sich nach § 119 BGB. In diesen Fällen ist die Fachaufsicht führende Ebene unverzüglich zu unterrichten (Ziffer 5.1). Entscheidet die Fachaufsicht führende Ebene, dass eine Anfechtung wegen Irrtums wirksam ist, muss das Angebot ausgeschlossen werden. Eine Änderung des angeblich irrig ermittelten Preises ist nicht zulässig (Ziffer 5.2).

Teil 1 GWB § 97   Gesetz gegen Wettbewerbsbeschränkungen

6.9.14.4 Regelung des HVA B-StB 03/2006 zur Wertung eines Irrtums

798 Beruft sich ein Bieter auf einen Irrtum bei der Aufstellung und Abgabe seines Angebots, so kann eine derartige Erklärung als Anfechtung der Angebotserklärung betrachtet werden; die Wirksamkeit der Anfechtung und deren Rechtsfolgen richten sich nach den §§ 119 ff. BGB. Beruft sich ein Bieter auf einen Irrtum bei der Kalkulation seines Angebots, so ist diese Erklärung grundsätzlich nicht als Anfechtungsgrund anzuerkennen (Ziffer 2.4 Abs. 5).

6.9.15 Wertung von Eignungsüberlegungen („bekannt und bewährt")

799 Ein öffentlicher Auftraggeber von Bauleistungen macht von seinem ihm durch VOB/A § 25 Nr. 3 Abs. 3 eingeräumten Ermessen fehlerhaften Gebrauch, wenn er einen Bieter gegenüber einem ebenfalls geeigneten und preislich günstigeren anderen Bieter **nach dem Prinzip „bekannt und bewährt" bevorzugt.** Bei inhaltlich und qualitativ gleichen Angeboten ist unter den in die engere Auswahl gekommenen Angeboten stets das Angebot mit dem niedrigsten Preis das annehmbarste. Hier bleibt dem Auftraggeber kein Ermessens- und Beurteilungsspielraum (BGH, Urteil vom 16. 10. 2001 – Az.: X ZR 100/99).

800 Vgl. im Einzelnen die Kommentierung zu § 97 GWB RZ 438.

6.9.16 Wertung einer funktionalen Leistungsbeschreibung

801 Der **Beurteilungsspielraum** für die Entscheidung, welches Angebot das wirtschaftlichste ist, ist **bei Angeboten auf der Grundlage einer funktionalen Leistungsbeschreibung größer als bei Ausschreibungen auf der Grundlage eines Leistungsverzeichnisses.** Wenn Angebote auf einer funktionalen Leistungsbeschreibung beruhen, muss der Auftraggeber auch die Variationen der angebotenen Leistungen hinsichtlich ihrer technischen und wirtschaftlichen sowie ggf. auch gestalterischen und funktionsbedingten Merkmale gegeneinander abwägen und mit den dafür geforderten Preisen vergleichen. Ein direkter Vergleich der Angebote untereinander ist dabei nur bedingt möglich. Eine vergleichende Wertung scheitert bei geforderten Lösungskonzepten an den unterschiedlichen Wegen, die zum geforderten Ziel führen. Die **Qualitätsstandards sind bei funktionalen Leistungsbeschreibungen weitgehend offen,** so dass jeder Bieter selbst entscheidet, ob er für seine technische Lösung mit den zur Erfüllung des Zwecks hinreichenden Grundstandards arbeitet oder aber höhere Standards zu höheren Preisen anbietet (VK Magdeburg, B. v. 1. 3. 2001 – Az.: VK-OFD LSA- 02/01).

802 Auch bei einer **funktionalen Ausschreibung mit Pauschalpreis** kann es geboten sein, **qualitativ unterschiedliche Angebote auf angemessene Weise vergleichbar zu machen.** Das ist der Fall, wenn der Preis nicht alleiniges Vergabekriterium ist, sondern etwa auch die Qualität der Leistung. Der **Auftraggeber ist dann nicht gehindert, den Zuschlag auf ein ausschreibungskonformes, qualitativ besseres Angebot mit höherem Preis zu erteilen.** Um eine objektive Bewertung der Angebote sicher zu stellen, ist es in diesem Fall eine **zulässige Methode, Qualitätsunterschiede in geeigneter Weise zu bepreisen und in Form von Zuschlägen oder Abschlägen auf den Angebotspreis zu berücksichtigen** (BGH, Urteil v. 1. 8. 2006 – Az.: X ZR 115/04).

6.9.17 Wertung einer Lohngleitklausel

6.9.17.1 Richtlinie des VHB 2002 zur Wertung einer Lohngleitklausel

803 Wird eine Lohngleitklausel nach EFB-LGl – 316 – angeboten, sind die wirtschaftlichen Vorteile gegenüber den Hauptangeboten mit festen Preisen zu berücksichtigen. Um beurteilen zu können, wie sich der Änderungssatz auswirkt, ist unter Berücksichtigung der voraussichtlich während der Laufzeit des Vertrages zu erwartenden Lohnerhöhungen die Summe der Lohnmehrkosten zu ermitteln und der Angebotssumme zuzuschlagen. Die so ermittelte Wertungssumme bei Vereinbarung einer Lohngleitklausel ist der Angebotssumme bei Vereinbarung fester Preise gegenüberzustellen (§ 25 A Ziffer 3.1.1).

804 Auf ein Angebot mit einem zu hohen Änderungssatz darf der Zuschlag nicht erteilt werden. Dies ist dann der Fall, wenn der angebotene Änderungssatz von den Erfahrungswerten der Bauverwaltung erheblich abweicht und eine Prüfung ergibt, dass in dem Änderungssatz auch andere als lohn- und gehaltsbezogene Preisanteile enthalten sind. Unter diesen Umständen ist immer einem Angebot mit festen Preisen ohne Lohngleitklausel der Vorzug zu geben. Der im Angebot

Lohngleitklausel (EFB-LGl – 316) angebotene Änderungssatz ist nur dann wirksam vereinbart, wenn dieser ausschließlich die durch Lohnerhöhungen entstehenden Mehrkosten zum Inhalt hat (§ 25 A Ziffer 3.1.2).

6.9.18 Wertung von Umsatzsteuersätzen

6.9.18.1 Allgemeines

Eine **Vergabestelle darf bei der Bewertung der Preise grundsätzlich auf Bruttopreise abstellen.** Der Zuschlag ist auf das unter Berücksichtigung aller Umstände wirtschaftlichste Angebot zu erteilen. Dies bedeutet, dass der Zuschlag unter den zur Wertung zuzulassenden Angeboten auf das Angebot zu erteilen ist, das unter Berücksichtigung aller im konkreten Fall wesentlichen einzelnen Aspekte das beste Preis-Leistungs-Verhältnis bietet. Für den Auftraggeber ist aus betriebswirtschaftlicher Sicht der Endpreis, d. h. der Bruttopreis, relevant. **Dass ein Bieter durch einen ermäßigten Umsatzsteuersatz eine finanzielle Besserstellung erfährt, bleibt im Vergaberecht bis auf den Sonderfall des § 7 Nr. 6 VOL/A unberücksichtigt.** Eine vergaberechtlich relevante Wettbewerbsverzerrung kann in der Wertung von Bruttopreisen dementsprechend nicht gesehen werden (2. VK Bund, B. v. 11. 11. 2004 – Az.: VK 2–196/04). 805

6.9.18.2 Beispiele aus der Rechtsprechung

– es kommt es gemäß **§ 12 Abs. 2 Nr. 8 lit. a) UStG** nicht darauf an, ob ein Bieter den in Rede stehenden Auftrag ausschließlich und unmittelbar allein durch eine **Beschäftigung behinderter Arbeitnehmer** ausführen kann. Der Umsatzsteuersatz ist nach dieser Vorschrift vielmehr schon dann ermäßigt, wenn das Unternehmen ausschließlich und unmittelbar gemeinnützige Zwecke verfolgt. Dieses Tatbestandselement ist erfüllt, wenn der Bieter im Sinn des in § 68 Nr. 3 lit. a) AO genannten Beispielsfalls Werkstätten für behinderte Menschen unterhält, die nach den Vorschriften des SGB III förderungsfähig sind und Personen Arbeitsplätze bieten, die wegen ihrer Behinderung nicht auf dem allgemeinen Arbeitsmarkt tätig sein können. Für die Umsatzsteuerermäßigung ist nach der Gesetzeslage hingegen nicht darauf abzustellen, ob ein Bieter den Satzungszweck einer Beschäftigung von Behinderten ausschließlich durch eine Übernahme von Leistungen der ausgeschriebenen Art erreichen kann. Ebenso wenig ist entscheidend, dass ein Bieter die geforderten Leistungen nicht ausschließlich von behinderten Arbeitnehmern erbringen lässt (OLG Düsseldorf, B. v. 8. 2. 2005 – Az.: VII – Verg 100/04) 806

6.9.19 Nachträgliche Beseitigung von Wertungsfehlern des Auftraggebers

6.9.19.1 Grundsatz

Der öffentliche **Auftraggeber ist nicht gehindert,** im Zuge einer ihm durch die Nachprüfungsinstanzen aufgegebenen erneuten Angebotswertung **bislang vorhandene Wertungsfehler zu beseitigen.** Das gilt unabhängig davon, ob diese Wertungsfehler Gegenstand der betreffenden Entscheidung der Nachprüfungsinstanz waren oder nicht. Ein **(etwaiges) Vertrauen der Bieter auf Beibehaltung der bisherigen vergaberechtswidrigen Wertung wäre rechtlich nicht schützenswert** und ist deshalb schon aus Rechtsgründen nicht anzuerkennen (Saarländisches OLG, B. v. 5. 7. 2006 – Az.: 1 Verg 1/06; OLG Düsseldorf, B. v. 28. 6. 2006 – Az.: VII – Verg 18/06; B. v. 30. 6. 2004 – Az.: VII – Verg 22/04; B. v. 5. 5. 2004 – Az.: VII – Verg 10/04, B. v. 26. 11. 2003 – Az.: VII – Verg 53/03, B. v. 14. 8. 2003 – Az.: VII – Verg 46/03, B. v. 5. 5. 2003 – Az.: Verg 20/03; OLG Frankfurt, B. v. 24. 6. 2004 – Az.: 11 Verg 6/04; B. v. 16. 9. 2003 – Az.: 11 Verg 11/03; BayObLG, B. v. 29. 7. 2003 – Az.: Verg 8/03, B. v. 16. 9. 2002 – Az.: Verg 19/02; VK Schleswig-Holstein, B. v. 30. 8. 2006 – Az.: VK-SH 20/06; B. v. 15. 5. 2006 – Az.: VK-SH 10/06; B. v. 31. 1. 2006 – Az.: VK-SH 33/05; B. v. 10. 1. 2006 – Az.: VK-SH 30/05; 3. VK Bund, B. v. 20. 9. 2006 – Az.: VK 3–108/06; B. v. 6. 7. 2006 – Az.: VK 3–54/06; VK Saarland, B. v. 15. 3. 2006 – Az.: 3 VK 02/2006; B. v. 31. 1. 2006 – Az.: 1 VK 05/2005; VK Münster, B. v. 25. 1. 2006 – Az.: VK 23/05; B. v. 10. 3. 2006 – Az.: VK 2/06; B. v. 21. 12. 2005 – Az.: VK 25/05; 1. VK Bund, B. v. 7. 12. 2005 – Az.: VK 1–146/05; VK Hessen, B. v. 20. 10. 2004 – Az.: 69 d – VK – 61/2004; VK Münster, B. v. 9. 3. 2004 – Az.: VK 2/04; VK Südbayern, B. v. 24. 11. 2005 – Az.: Z3–3-3194–1-42–09/05; B. v. 28. 10. 2005 – Az.: Z3–3-3194–1-44–09/05; B. v. 17. 2. 2004 – Az.: 03–01/04; VK Hamburg, B. v. 6. 10. 2003 – Az.: VKBB-3/03; 2. VK Bund, B. v. 20. 4. 2004 – Az.: VK 2–37/04; B. v. 12. 2. 2004 – 807

Teil 1 GWB § 97 Gesetz gegen Wettbewerbsbeschränkungen

Az.: VK 2–128/03, B. v. 10. 10. 2002 – Az.: VK 2–76/02; 2. VK Brandenburg, B. v. 20. 8. 2001 – Az.: 2 VK 80/01). Dieser **Grundsatz gilt auch im VOF-Verfahren** (1. VK Bund, B. v. 11. 10. 2004 – Az.: VK 1–174/04).

808 Es kann nicht zu einem Zeitpunkt des Wertungsvorganges eine willkürliche Zäsur gemacht werden, weil an dieser Stelle ein bestimmtes Angebot als annehmbarstes oder als wertbares Angebot angesehen wurde. In einer **größeren, aufgegliederten Organisation werden wichtige Einkaufsentscheidungen unter technischen, kaufmännischen und rechtlichen Gesichtspunkten gewertet. Unterschiedliche Zwischenergebnisse sind geradezu unumgänglich.** Wenn ein Bieter sich darauf berufen könnte, zu einem bestimmten Zeitpunkt des Wertungsvorganges sei sein Angebot als wertbar/führend betrachtet worden und er müsste deshalb weiter berücksichtigt werden oder sogar den Zuschlag ungeachtet des weiteren Fortganges erhalten, so würde dies zu einem Wettlauf der Bieter um Akteneinsicht und bei der Vergabestelle zum Unterlassen jeglicher Zwischendokumentation führen. Allein diese Überlegung zeigt die Unvereinbarkeit mit den geordneten Ablauf eines Vergabeverfahrens. Wenn es um die technische und preisliche Wertung der Angebote geht, hat die **Gleichbehandlung aller Bieter und die Einhaltung der vergaberechtlichen Vorgaben Vorrang und ist es gerade Pflicht der Vergabestelle wie der VK, alle Erkenntnisse auszuschöpfen, bevor der das Verfahren abschließende Vertragsschluss getätigt wird.** Demnach kann ein Bieter weder aus der Entgegennahme von nachträglichen Informationen zu seinem Angebot (die auch nicht als vorvertragliches Verhandeln anzusehen sind) noch aus der sonstigen Behandlung seines Angebotes durch den Auftraggeber für ihn günstige rechtliche Folgen ableiten (OLG Dresden, B. v. 10. 7. 2003 – Az.: WVerg 0015/02; VK Düsseldorf, B. v. 30. 9. 2003 – Az.: VK – 25/2003 – B).

6.9.19.2 Ausnahme für die nachträgliche Beseitigung von Wertungsfehlern bei der Eignung

809 **6.9.19.2.1 Grundsatz.** Steht der Vergabestelle bei der Entscheidung über den Ausschluss des Angebots ein Beurteilungsspielraum zu und **hat sie in Ausübung dieses Spielraums die Zuverlässigkeit, fachliche Eignung oder Leistungsfähigkeit des Bieters bejaht, ist sie daran grundsätzlich gebunden. Sie ist nach Treu und Glauben im allgemeinen gehindert,** im weiteren Verlauf des Vergabeverfahrens von ihrer ursprünglichen Beurteilung abzurücken und bei unveränderter Sachlage die Zuverlässigkeit, fachliche Eignung oder Leistungsfähigkeit des Bieters nunmehr zu verneinen (Saarländisches OLG, B. v. 5. 7. 2006 – Az.: 1 Verg 1/06; OLG Frankfurt, B. v. 24. 6. 2004 – Az.: 11 Verg 6/04; OLG Düsseldorf, B. v. 14. 7. 2003 – Az.: Verg 11/03, B. v. 28. 5. 2003 – Az.: Verg 16/03, B. v. 5. 5. 2003 – Az.: Verg 20/03, B. v. 4. 12. 2002 – Az.: Verg 45/01; VK Schleswig-Holstein, B. v. 30. 8. 2006 – Az.: VK-SH 20/06; B. v. 15. 5. 2006 – Az.: VK-SH 10/06; VK Lüneburg, B. v. 5. 11. 2004 – Az.: 203-VgK-48/2004).

810 **6.9.19.2.2 Neue Erkenntnisse.** Es ist **grundsätzlich unbedenklich und sogar geboten,** eine **Eignungsprüfung nachträglich zu korrigieren,** wenn sich zwischenzeitlich **aufgrund neuer Erkenntnisse** herausgestellt haben sollte, dass die ursprüngliche, auf Basis der schriftlichen Unterlagen erfolgte Eignungsprüfung **letztlich auf falschen Tatsachen** beruhte (OLG Düsseldorf, B. v. 19. 9. 2002 – Az.: Verg 41/02; VK Schleswig-Holstein, B. v. 30. 8. 2006 – Az.: VK-SH 20/06; 2. VK Bund, B. v. 10. 2. 2004 – Az.: VK 2–150/03, B. v. 4. 7. 2003 – Az.: VK 2–50/03).

811 Sollte z. B. die Vergabestelle **erst nach dem Abschluss eines Teilnahmewettbewerbs** von **schweren Verfehlungen eines – inzwischen bereits zugelassenen – Bewerbers erfahren,** so dass sie ihr Ermessen bis zur Zulassungsentscheidung gar nicht hat ausüben können, würde es dem **Zweck dieser Bestimmungen in unerträglicher Weise widersprechen, wenn die Vergabestelle an ihre Zulassungsentscheidung** in dem Sinne **gebunden wäre,** dass sie die Zuverlässigkeitsprüfung nicht mehr nachholen könnte (OLG Düsseldorf, B. v. 18. Juli 2001 – Az.: Verg 16/01).

6.9.19.3 Nebenangebote

812 Ein Auftraggeber ist auch nicht deshalb gehindert, eine bestehende Abweichung im Nebenangebot eines Bieters zu berücksichtigen, weil er **in Verkennung der Rechtslage das Nebenangebot zunächst gewertet und für den Zuschlag vorgesehen hat.** Denn dadurch kann für den Bieter **ein rechtlich schützenswertes Vertrauen,** sein Nebenangebot werde nicht von der Wertung ausgeschlossen, **nicht entstehen.** Der Auftraggeber ist von Gesetzes wegen zum Angebotsausschluss verpflichtet. Ihm steht keinerlei Entscheidungsspielraum zu, der

es nach Treu und Glauben rechtfertigen könnte, ihn an eine einmal getroffene Entscheidung aus Gründen des Vertrauensschutzes festzuhalten (OLG Düsseldorf, B. v. 14. 7. 2003 – Az.: Verg 40/03).

6.9.20 Ausschließliche Verantwortung des Auftraggebers für das Vergabeverfahren

Es gehört zu den Grundsätzen der Vergabe, dass Leistungen „unter ausschließlicher Verantwortung der Vergabestellen" zu vergeben sind (OLG Düsseldorf, B. v. 18. 10. 2000 – Az.: Verg 3/00). Es handelt sich dabei um eine **(zwingende) Mussvorschrift für die Vergabestellen.** Das bedeutet, dass die **Vergabestelle die ausschließliche und unteilbare Verantwortung dafür trägt, dass die Grundsätze der Vergabe (z. B. in Bezug auf die Einhaltung der Einzelvorschriften der VOB) gewahrt werden.** Eine lediglich formale Befassung z. B. mit dem Auswertungsergebnis ohne eine zumindest ansatzweise erkennbare Auseinandersetzung mit dem Wertungsvorgang wird beispielsweise den Anforderungen des § 25 VOB/A nicht gerecht (VK Hessen, B. v. 29. 5. 2002 – Az.: 69 d VK – 15/2002). 813

Vgl. im Einzelnen die Kommentierung zu § 97 GWB RZ 187. 814

6.9.21 Literatur

– Braun, Joachim/Kappenmann, Jürgen, Die Bestimmung des wirtschaftlichsten Bieters nach den Zuschlagskriterien der Richtlinie 2004/18/EG, NZBau 2006, 544 815

6.10 Ermächtigungsgrundlage zum Erlass der Vergabeverordnung (§ 97 Abs. 6)

Am 1. 12. 2006 ist die Dritte Verordnung zur Änderung der Vergabeverordnung vom 23. 10. 2006 (BGBl. I S. 2334) in Kraft getreten. 816

6.10.1 Fehlende Ermächtigungsgrundlage für § 4 Abs. 3 VgV?

Nach Auffassung der Vergabekammer Brandenburg (B. v. 14. 3. 2003 – Az.: VK 14/03) ist der neu eingefügte **§ 4 Abs. 3 VgV von der Ermächtigungsgrundlage des § 97 Abs. 6 GWB nicht gedeckt,** soweit gemeinwirtschaftliche Leistungen im Sinne von § 15 AEG, § 4 RegG betroffen sind. Denn das Normprogramm des § 97 Abs. 6 GWB ist nur auf die **Ausgestaltung des allgemeinen Vergabeverfahrensrechts** im Sinne des Vierten Teils des GWB der §§ 97 ff., 102 ff. GWB ausgerichtet. § 97 Abs. 6 GWB gilt nicht für die Konkretisierung von nicht dem Anwendungsbereich der §§ 97 ff. GWB unterfallenden spezialgesetzlich geregelten Sachverhalten wie der Vergabe von gemeinwirtschaftlichen Personenverkehrsleistungen nach § 15 Abs. 2 AEG in Verbindung mit § 4 RegG. § 4 Abs. 3 VgV kann als Rechtsverordnung auch nicht die vom Gesetzgeber vorgenommene Zuordnung der Vergabe von gemeinwirtschaftlichen Dienstleistungen im Sinne von § 15 AEG, § 4 RegG zu dem speziellen vergabeverfahrensrechtlichen Gesetz des § 15 Abs. 2 AEG verdrängen (zum Hintergrund vgl. die Kommentierung zu § 100 GWB RZ 1322). 817

6.10.2 Ausreichende Ermächtigungsgrundlage für § 13 VgV

§ 97 Abs. 6 ist eine ausreichende Ermächtigungsgrundlage für § 13 VgV (BGH, B. v. 9. 2. 2004 – Az.: X ZB 44/03). Vgl. im Einzelnen die Kommentierung zu § 13 VgV RZ 3316. 818

6.11 Anspruch der Unternehmen auf Einhaltung der Bestimmungen über das Vergabeverfahren (§ 97 Abs. 7)

6.11.1 Sinn und Zweck der Regelung

§ 97 Abs. 7 räumt – als Reaktion insbesondere auf die Rechtsprechung des Europäischen Gerichtshofes – erstmals im deutschen Vergaberecht den Unternehmen ein **subjektives Recht auf Einhaltung der Bestimmungen über das Vergabeverfahren** ein. § 97 Abs. 7 ist im **Kontext mit § 107 Abs. 2** zu lesen, der ein Nachprüfungsverfahren an eine Verletzung bieter- 819

Teil 1 GWB § 97 Gesetz gegen Wettbewerbsbeschränkungen

schützender Vorschriften knüpft. Unternehmen haben also keinen Anspruch z. B. auf Einhaltung von Ordnungsvorschriften, die keine subjektiven Rechte begründen (1. VK Sachsen, B. v. 13. 2. 2002 – Az.: 1/SVK/002–02).

820 Damit wird der Bieterseite im Vergabeverfahren die Möglichkeit gegeben, die für Beschaffungsvorgänge öffentlicher Auftraggeber vorgesehenen Vergabeverfahren in die rechtlich vorgeschriebenen Bahnen zu lenken. Dagegen eröffnet **§ 97 Abs. 7 GWB nicht die Möglichkeit, die Durchführung eines Vergabeverfahrens mit dem Vorbringen anzugreifen, die Anwendung der Bestimmungen über das Vergabeverfahren sei unzulässig.** Ziel der Nachprüfung im Vergabeverfahren ist die Durchsetzung eines Anspruchs des Unternehmens auf Beachtung der seinen Schutz bezweckenden Vergabevorschriften. Mit dem diesen Anspruch gewährenden § 97 Abs. 7 GWB korrespondiert § 107 Abs. 2 Satz 1 GWB, der die Geltendmachung einer Rechtsverletzung durch Nichtbeachtung von Vergabevorschriften verlangt. Dies steht im Einklang mit dem Wettbewerbsprinzip als Kernprinzip des Vergaberechts und dem Vorrang transparenter Vergabeverfahren (§ 97 Abs. 1 GWB). Dementsprechend ist eine Überprüfung des Vergabeverfahrens unter dem Gesichtspunkt, die Bestimmungen über das Vergabeverfahren seien überhaupt nicht anwendbar gewesen, im Nachprüfungsverfahren nach §§ 102 bis 124 GWB, das die Einhaltung der Vergabevorschriften sichern soll, nicht vorgesehen (BayObLG, B. v. 12. 12. 2001 – Az.: Verg 19/01).

6.11.2 Schutznormlehre

821 Im Blick auf das Gemeinschaftsrecht ist für die bieterschützende Wirkung darauf abzustellen, ob eine staatliche Verpflichtung hinreichend bestimmt ist und ob eine faktische Betroffenheit des Einzelnen besteht. Nach der Gesetzesbegründung zu § 97 GWB kann der subjektive Rechtsschutz nur soweit gehen, als eine bestimmte vergaberechtliche Vorschrift gerade auch den Schutz des potentiellen Auftragnehmers bezweckt. Ziel eines Vergabeverfahrens ist also **lediglich die Durchsetzung eines Anspruchs des antragstellenden Unternehmens auf Beachtung der seinen Schutz betreffenden Vergabevorschriften, nicht aber aller sonstigen Rechtsvorschriften**, z. B. Vorschriften über die Abfallwirtschaft. Streitigkeiten über die Einhaltung abfallwirtschaftlicher Grundsätze sind mit der obersten Abfallwirtschaftsbehörde und gegebenenfalls vor den Verwaltungsgerichten abzuklären (VK Schleswig-Holstein, B. v. 23. 7. 2004 – Az.: VK-SH 21/04). **Ausgangspunkt für die Frage, welche vergaberechtlichen Vorschriften auch subjektiven Bieterschutz vermitteln, ist die Schutznormlehre.** Danach hat eine objektiv-rechtliche Bestimmung, die für das öffentliche Auftragswesen relevant ist, dann Schutzcharakter, wenn sie **zumindest auch den Zweck hat, den Betroffenen zu begünstigen und es ihm ermöglichen soll, sich auf diese Begünstigung zu berufen, um so einen ihm sonst drohenden Schaden oder sonstigen Nachteil zu verhindern.** Notwendig ist ein unmittelbarer Sachzusammenhang zwischen einem Rechtsverstoß gegen die Bestimmung und dem möglichen Nachteil für einzelne Unternehmen. Die zentrale Vorgabe für den subjektiven Bieterschutz im Bereich des Vergaberechts ist der Schutz des Bieters vor der Willkür des Auftraggebers. Für eine **weite Auslegung des § 97 VII GWB** spricht die hervorgehobene Bedeutung der allgemeinen Vergabekriterien Gleichbehandlung, Nichtdiskriminierung und Wettbewerb. Eine **einschränkende Auslegung** – etwa im Sinne der verwaltungsrechtlichen Schutznormtheorie – ist abzulehnen (VK Baden-Württemberg, B. v. 11. 9. 2003 – Az.: 1 VK 52/03).

822 **Bei den §§ 93 ff. BSHG handelt es sich nicht um Bestimmungen über das Vergabeverfahren, die dem Schutz potentieller Auftragnehmer bezwecken.** Die Regelungen der §§ 93 ff. BSHG dient dem öffentlichen Interesse an einer wirksamen Erfüllung sozialstaatlicher Aufgaben und auch dem Interesse der Träger freier Einrichtungen an einer rechtlichen Verfestigung dieser Zusammenarbeit. Eine Verhaltenspflicht des Sozialhilfeträgers gegenüber einzelnen Mitbewerbern um den Zuschlag in einem Vergabeverfahren bestimmen sie nicht. Eine Überprüfung der Frage, ob die Ausschreibung einer Vereinbarung nach § 93 Abs. 2 BSHG zulässig ist oder gegen die Vorschriften des BSHG verstößt, kann im Vergabenachprüfungsverfahren daher nicht erfolgen und **bleibt den Verwaltungsgerichten vorbehalten** (OLG Düsseldorf, B. v. 8. 9. 2005 – Az.: Verg 35/04).

6.11.3 Bieterschützende Regelungen und Vorschriften (von der Rechtsprechung anerkannt)

823 – allgemein → Recht auf Auswahl der zutreffenden Verdingungsordnung (VK Düsseldorf, B. v. 30. 9. 2002 – Az.: VK – 26/2002 – L)

Gesetz gegen Wettbewerbsbeschränkungen GWB § 97 **Teil 1**

- **allgemein** → **Recht auf Einleitung eines geregelten Vergabeverfahrens** (BGH, B. v. 1. 2. 2005 – Az.: X ZB 27/04)
- **allgemein** → **Recht auf Durchführung eines förmlichen Vergabeverfahrens** (1. VK Bund, B. v. 12. 12. 2002 – Az.: VK 1–83/02)
- **allgemein** → **Recht auf Einhaltung der Pflicht zur Publikation** (1. VK Sachsen, B. v. 10. 4. 2002 – Az.: 1/SVK/23–02, 1/SVK/23–02G)
- **allgemein** → **Recht auf Einhaltung der vom Auftraggeber aufgestellten Eignungskriterien** (OLG Düsseldorf, B. v. 24. 6. 2002 – Az.: Verg 26/02)
- **allgemein** → **Recht auf Einhaltung der Bekanntmachungsvorschriften** (VK Münster, B. v. 21. 8. 2003 – Az.: VK 18/03)
- **§ 97 Abs. 1 GWB** → **Recht auf Beachtung des Transparenzgebotes** (BGH, B. v. 1. 2. 2005 – Az.: X ZB 27/04; VK Brandenburg, B. v. 1. 10. 2002 – Az.: VK 53/02; 1. VK Sachsen, B. v. 27. 1. 2003 – Az.: 1/SVK/123–02, 1/SVK/123–02G)
- **§ 97 Abs. 1 GWB** → **Recht auf Beachtung des Wettbewerbsgrundsatzes** (BGH, B. v. 1. 2. 2005 – Az.: X ZB 27/04;OLG Düsseldorf, B. v. 7. 7. 2004 – Az.: VII – Verg 15/04)
- **§ 97 Abs. 2 GWB** → **Gleichbehandlungsgebot** (BGH, B. v. 1. 2. 2005 – Az.: X ZB 27/04; 1. VK Sachsen, B. v. 27. 1. 2003 – Az.: 1/SVK/123–02, 1/SVK/123–02G)
- **§ 97 Abs. 3 GWB** → **Recht auf Berücksichtigung mittelständischer Interessen** (VK Hessen, B. v. 27. 2. 2003 – Az.: 69 d VK-70/20 021; VK Bund, B. v. 1. 2. 2001 – Az.: VK 1–1/01)
- **§ 97 Abs. 5 GWB** → **Zuschlag auf das wirtschaftlichste Angebot** (1. VK Sachsen, B. v. 27. 1. 2003 – Az.: 1/SVK/123–02, 1/SVK/123–02G; 3. VK Bund, B. v. 14. 4. 2004 – Az.: VK 3–41/04)
- **§ 101 GWB** → **Vergabeverfahrenshierarchie** (VK Brandenburg, B. v. 23. 11. 2004 – Az.: VK 58/04)
- **§ 101 Abs. 5 Satz 1 GWB** → **Vorrang des Offenen Verfahrens** (1. VK Bund, B. v. 20. 7. 2004 – Az.: VK 1–75/04, B. v. 20. 7. 2004 – Az.: VK 1–78/04; 2. VK Bund, B. v. 19. 7. 2004 – Az.: VK 2–79/04; B. v. 19. 7. 2004 – Az.: VK 2–76/04; 3. VK Bund, B. v. 20. 7. 2004 – Az.: VK 3–77/04)
- **§ 13 VgV** → **Recht auf Vorinformation** (OLG Dresden, B. v. 9. 11. 2001 – Az.: WVerg 0009/01)
- **§ 16 VgV** → **Recht auf Beachtung der Vorschriften über auszuschließende Personen** (VK Rheinland-Pfalz, B. v. 30. 4. 2002 – Az.: VK 6/02)
- **§ 2 Nr. 1 Satz 2, 3 VOB/A** → **Recht auf Einhaltung des wettbewerblichen Prinzips** (OLG Düsseldorf, B. v. 17. 6. 2002 – Az.: Verg 18/02)
- **§§ 3, 3 a, 3 b VOB/A** → **Recht auf Einhaltung der Vergabeverfahrenshierarchie** (VK Brandenburg, B. v. 23. 11. 2004 – Az.: VK 58/04)
- **§ 5 Nr. 1 b VOB/A** → **Recht auf Einhaltung der Voraussetzungen für einen Pauschalvertrag** (2. VK bei dem Wirtschaftsministerium Mecklenburg-Vorpommern, B. v. 27. 11. 2001 – Az.: 2 VK 15/01)
- **§ 7 Nr. 1 a VOB/A** → **Verbot der Mitwirkung von Sachverständigen an der Vergabe** (2. VK Bund, B. v. 16. 9. 2003 – Az.: VK 2–70/03)
- **§ 8 Nr. 3 Abs. 3 VOB/A** → **Recht auf abschließende Benennung der Eignungsnachweise** (VK Düsseldorf, B. v. 24. 1. 2001 – Az.: VK – 31/2000 – B)
- **§ 9 VOB/A** → **Recht auf eine entsprechende Leistungsbeschreibung** (Saarländisches OLG, B. v. 23. 11. 2005 – Az.: 1 Verg 3/05)
- **§ 9 Nr. 1 VOB/A** → **Recht auf eine eindeutige und erschöpfende Leistungsbeschreibung** (VK Baden-Württemberg, B. v. 26. 7. 2005 – Az.: 1 VK 39/05; 1. VK Bund, B. v. 6. 3. 2002 – Az.: VK 1–05/02; VK Lüneburg, B. v. 29. 1. 2004 – Az.: 203-VgK-40/2003, B. v. 30. 10. 2003 – Az.: 203-VgK-21/2003)
- **§ 9 Nr. 2 VOB/A** → **Recht auf Einhaltung des Verbots der Aufbürdung ungewöhnlicher Wagnisse auf den Bieter** (VK Düsseldorf, B. v. 24. 1. 2001 – Az.: VK – 31/2000 – B)

Teil 1 GWB § 97   Gesetz gegen Wettbewerbsbeschränkungen

- § 9 Nr. 5 Abs. 2 VOB/A → **Recht auf produktneutrale Ausschreibung** (BayObLG, B. v. 15. 9. 2004 – Az.: Verg 026/03)
- § 16 Nr. 1 VOB/A → **Recht Ausschreibung erst bei Ausschreibungsreife** (OLG Düsseldorf, B. v. 8. 9. 2005 – Az.: Verg 35/04)
- § 17 Nr. 5 VOB/A → **Recht auf Erhalt der Unterlagen** (VK bei der Oberfinanzdirektion Magdeburg, B. v. 6. 3. 2000 – Az.: VK-OFD LSA-01/00)
- § 18 Nr. 1 VOB/A → **Recht auf Einhaltung der Mindestangebotsfrist** (2. VK Bund, B. v. 28. 9. 2005 – Az.: VK 2–120/05)
- § 20 Nr. 1 Abs. 1 VOB/A → **Recht auf Einhaltung der Kostenerstattungsregelungen** (1. VK Sachsen, B. v. 12. 3. 2001 – Az.: 1/SVK/9–01)
- § 21 VOB/A → 1. VK Sachsen, B. v. 5. 9. 2002 – Az.: 1/SVK/073–02
- § 21 Nr. 1 Abs. 2 VOB/A → (VK Düsseldorf, B. v. 14. 8. 2006 – Az.: VK – 32/2006 – B)
- § 22 VOB/A → **Recht auf Verfahrenstransparenz im Rahmen des Eröffnungstermins** (1. VK Sachsen, B. v. 13. 2. 2002 – Az.: 1/SVK/002–02)
- § 24 VOB/A → **Recht auf Einhaltung des Nachverhandlungsverbots** (OLG Düsseldorf, B. v. 14. 3. 2001 – Az.: Verg 30/00; 1. VK Sachsen, B. v. 13. 12. 2002 – Az.: 1/SVK/105–02)
- § 25 Nr. 1 Abs. 1 Buchstabe b) VOB/A → (VK Düsseldorf, B. v. 14. 8. 2006 – Az.: VK – 32/2006 – B)
- § 25 Nr. 3 Abs. 1 VOB/A → **Recht auf Unterbindung nicht ordnungsgemäß kalkulierter Angebote** (Saarländisches OLG, B. v. 29. 10. 2003 – Az.: 1 Verg 2/03; OLG Celle, B. v. 18. 12. 2003 – Az.: 13 Verg 22/03)
- § 25 Nr. 3 Abs. 2 VOB/A → **Recht auf Einhaltung der Verpflichtung zur Aufklärung unangemessen niedriger Angebotspreise** (1. VK Sachsen, B. v. 1. 10. 2002 – Az.: 1/SVK/084–02; OLG Celle, B. v. 18. 12. 2003 – Az.: 13 Verg 22/03)
- § 25a VOB/A → **Berücksichtigung nur der Kriterien bei der Wertung, die in der Bekanntmachung oder in den Vergabeunterlagen genannt sind** (VK Südbayern, B. v. 26. 1. 2004 – Az.: 64–12/03)
- § 26 Nr. 1 VOB/A → **vergaberechtliches Gebot, ein Vergabeverfahren nur aus den dort genannten Gründen aufzuheben** (BGH, B. v. 18. 2. 2003 – Az.: X ZB 43/02; VK Schleswig-Holstein, B. v. 26. 7. 2006 – Az.: VK-SH 11/06; B. v. 28. 4. 2006 – Az.: VK-SH 05/06; B. v. 28. 4. 2006 – Az.: VK-SH 04/06; B. v. 28. 4. 2006 – Az.: VK-SH 03/06; B. v. 14. 9. 2005 – Az.: VK-SH 21/05; 2. VK Bund, B. v. 15. 6. 2004 – Az.: VK 2–40/03)
- § 26a Nr. 1 VOB/A → **vergaberechtliches Gebot, ein Vergabeverfahren nur aus den dort genannten Gründen aufzuheben** (BGH, B. v. 18. 2. 2003 – Az.: X ZB 43/02)
- § 30 VOB/A → **Recht auf Dokumentation des Vergabeverfahrens** (OLG Düsseldorf, B. v. 26. 7. 2002 – Az.: Verg 28/02; OLG Rostock, B. v. 20. 8. 2003 – Az.: 17 Verg 9/03; VK Lüneburg, B. v. 11. 1. 2005 – Az.: 203-VgK-55/2004; B. v. 23. 2. 2004 – Az.: 203-VgK-01/2004, B. v. 3. 2. 2004 – Az.: 203-VgK-41/2003; 2. VK Bund, B. v. 10. 12. 2003 – Az.: VK 1–116/03)
- § 2 Nr. 1 VOL/A → **Recht auf Einhaltung des wettbewerblichen Prinzips** (OLG Düsseldorf, B. v. 17. 6. 2002 – Az.: Verg 18/02)
- § 2 Nr. 2 Abs. 1 VOL/A → **Diskriminierungsverbot** (1. VK Bund, B. v. 20. 7. 2004 – Az.: VK 1–75/04, B. v. 20. 7. 2004 – Az.: VK 1–78/04; 2. VK Bund, B. v. 19. 7. 2004 – Az.: VK 2–79/04; B. v. 19. 7. 2004 – Az.: VK 2–76/04; 3. VK Bund, B. v. 20. 7. 2004 – Az.: VK 3–77/04)
- § 2 Nr. 3 VOL/A → **Recht auf Einhaltung Pflicht zur Vergabe nur an geeignete Bewerber** (VK Südbayern, B. v. 6. 5. 2002 – Az.: 12–04/02)
- §§ 3, 3a, 3b VOL/A → **Recht auf Einhaltung der Vergabeverfahrenshierarchie** (VK Brandenburg, B. v. 23. 11. 2004 – Az.: VK 58/04)
- § 3 Nr. 2 VOL/A → **Vorrang des Offenen Verfahrens bzw. der Öffentlichen Ausschreibung** (1. VK Bund, B. v. 20. 7. 2004 – Az.: VK 1–75/04, B. v. 20. 7. 2004 – Az.: VK

Gesetz gegen Wettbewerbsbeschränkungen GWB § 97 **Teil 1**

1–78/04; 2. VK Bund, B. v. 19. 7. 2004 – Az.: VK 2–79/04; B. v. 19. 7. 2004 – Az.: VK 2–76/04; 3. VK Bund, B. v. 20. 7. 2004 – Az.: VK 3–77/04)

- § 3a VOL/A → **Recht auf europaweite Ausschreibung** (VK Magdeburg, B. v. 6. 6. 2002 – Az.: 33–32571/07 VK 05/02 MD)
- § 3b Nr. 2 VOL/A → **Recht auf Einhaltung der Verpflichtung, öffentlich zum Wettbewerb aufzurufen** (OLG Düsseldorf, B. v. 8. 5. 2002 – Az.: Verg 8–15/01)
- § 3 Nr. 1 VOL/A-SKR → **Recht auf Einhaltung der Verpflichtung, öffentlich zum Wettbewerb aufzurufen** (OLG Düsseldorf, B. v. 8. 5. 2002 – Az.: Verg 8–15/01)
- § 5 VOL/A → **Recht auf Beachtung der Vorschriften über die Losbildung** (VK Hessen, B. v. 27. 2. 2003 – Az.: 69d VK – 70/2002); für einen **Ausnahmefall beachte RZ 561**
- § 6 Nr. 3 VOL/A → **Recht auf Ausschluss bestimmter Bieter durch den Auftraggeber** (2. VK Bund, B. v. 7. 5. 2003 – Az.: VK 2–22/03)
- § 7 Nr. 6 VOL/A → **Verbot der Beteiligung bestimmter Institutionen am Wettbewerb** (VK Münster, B. v. 2. 7. 2004 – Az.: VK 13/04; 1. VK Bund, B. v. 17. 3. 2004 – Az.: VK 1–07/04)
- § 8 Nr. 1 VOL/A → **Recht auf Eindeutigkeit und Vollständigkeit der Leistungsbeschreibung** (2. VK Bund, B. v. 16. 2. 2004 – Az.: VK 2–22/04; VK Düsseldorf, B. v. 22. 10. 2003 – Az.: VK – 29/2003 – L)
- § 8 Nr. 1 Abs. 1 VOL/A → **Recht auf eindeutige Leistungsbeschreibung** (Saarländisches OLG, B. v. 29. 9. 2004 – Az.: 1 Verg 6/04; OLG Düsseldorf, B. v. 5. 12. 2001 – Az.: Verg 32/01)
- § 8 Nr. 1 Abs. 3 VOL/A → **Recht auf Einhaltung des Verbotes der Überwälzung ungewöhnlicher Wagnisse auf den Bieter** (Saarländisches OLG, B. v. 29. 9. 2004 – Az.: 1 Verg 6/04; OLG Düsseldorf, B. v. 5. 12. 2001 – Az.: Verg 32/01)
- § 11 VOL/A → **Recht auf angemessene Lieferfristen** (OLG Düsseldorf, B. v. 28. 2. 2002 – Az.: Verg 40/01)
- § 16 Nr. 1 VOL/A → **Recht Ausschreibung erst bei Ausschreibungsreife** (OLG Düsseldorf, B. v. 8. 9. 2005 – Az.: Verg 35/04)
- § 17 Nr. 3 Absatz 2 lit. l) VOL/A → **Recht auf korrekte Bekanntmachung durch den Auftraggeber** (VK Düsseldorf, B. v. 17. 10. 2003 – Az.: VK – 31/2003 – L)
- § 17a Nr. 1 VOL/A → **Recht auf eine inhaltlich korrekte Bekanntmachung durch den Auftraggeber** (OLG Naumburg, B. v. 16. 9. 2002 – Az.: 1 Verg 02/02)
- § 18a VOL/A → **Recht auf Einhaltung der Angebotsfrist** (2. VK Bund, B. v. 17. 4. 2003 – Az.: VK 2–16/03; VK Baden-Württemberg, B. v. 27. 6. 2003 – Az.: 1 VK 29/03)
- § 19 Nr. 1 Satz 2 VOL/A → **Recht auf Einhaltung einer einheitlichen und möglichst kurz bemessenen Zuschlagsfrist** (2. VK Bund, B. v. 16. 7. 2002 – Az.: VK 2–50/02)
- § 21 Nr. 1 Abs. 2 VOL/A → **Recht auf ein unterschriebenes Angebot** (1. VK Sachsen, B. v. 16. 6. 2005 – Az.: 1/SVK/056–05)
- § 22 VOL/A → **Recht auf Verfahrenstransparenz im Rahmen des Eröffnungstermines** (VK des Freistaates Thüringen, B. v. 26. 6. 2001 – Az.: 216–403.20–027/01-J-S)
- § 23 Nr. 2 und 3 VOL/A → **Recht auf Prüfung der Angebote** (VK Münster, B. v. 2. 7. 2004 – Az.: VK 13/04)
- § 25 Nr. 1 Abs. 1d) VOL/A → **Ausschluss von Angeboten mit Änderungen oder Ergänzungen an den Verdingungsunterlagen** (1. VK Bund, B. v. 26. 2. 2003 – Az.: VK 1–07/03)
- § 25 Nr. 1 Abs. 1f) VOL/A → **Ausschluss von Angeboten von Bietern, die in Bezug auf die Vergabe eine unzulässige, wettbewerbsbeschränkende Abrede getroffen haben** (1. VK Sachsen, B. v. 19. 7. 2006 – Az.: 1/SVK/060–06; B. v. 19. 7. 2006 – Az.: 1/SVK/059–06; B. v. 20. 1. 2005 – Az.: 1/SVK/127–04; VK Schleswig-Holstein, B. v. 26. 10. 2004 – Az.: VK-SH 26/04; VK Hessen, B. v. 27. 2. 2003 – Az.: 69d VK – 70/2002)

Teil 1 GWB § 97   Gesetz gegen Wettbewerbsbeschränkungen

- **§ 25 Nr. 3 VOL/A** → **Recht auf Zuschlag auf das wirtschaftlichste Angebot** (1. VK Bund, B. v. 1. 4. 2004 – Az.: VK 1–09/04)
- **§ 26 VOL/A** → **Recht auf Transparenz und Willkürfreiheit der Aufhebung** (VK Brandenburg, B. v. 30. 7. 2002 – Az.: VK 38/02; inzidenter BGH, B. v. 18. 2. 2003 – Az.: X ZB 43/02; ausdrücklich OLG Koblenz, B. v. 10. 4. 2003 – Az.: 1 Verg 01/03; VK Schleswig-Holstein, B. v. 28. 4. 2006 – Az.: VK-SH 05/06; B. v. 28. 4. 2006 – Az.: VK-SH 04/06; B. v. 28. 4. 2006 – Az.: VK-SH 03/06; B. v. 14. 9. 2005 – Az.: VK-SH 21/05; 2. VK Bund, B. v. 15. 6. 2004 – Az.: VK 2–40/03; VK Hessen, B. v. 10. 6. 2004 – Az.: 69 d – VK – 27/2004, B. v. 10. 6. 2004 – Az.: 69 d – VK – 28/2004)
- **§ 30 VOL/A** → **Recht auf ausreichende Dokumentation des Vergabeverfahrens** (OLG Düsseldorf, B. v. 26. 7. 2002 – Az.: Verg 28/02; VK Düsseldorf, B. v. 16. 2. 2006 – Az.: VK – 02/2006 – L; VK Saarland, B. v. 23. 1. 2006 – Az.: 1 VK 06/2005; 3. VK Bund, B. v. 28. 9. 2004 – Az.: VK 3–107/04; 1. VK Bund, B. v. 14. 10. 2003 – Az.: VK 1–95/03)
- **§ 10 VOF** → **Recht auf Einhaltung der Auswahlregelungen** (OLG Düsseldorf, B. v. 29. 10. 2003 – Az.: Verg 43/03)
- **§ 14 VOF** → **Recht auf Einhaltung der Fristen** (OLG Düsseldorf, B. v. 1. 8. 2005 – Az.: VII – Verg 41/05)
- **§ 16 Abs. 2 Satz 1 VOF** → **Berücksichtigung der genannten Auftragskriterien** (VK Schleswig-Holstein, B. v. 11. 1. 2006 – Az.: VK-SH 28/05)
- **§ 16 Abs. 3 VOF** → **Angabe aller Auftragskriterien** (VK Schleswig-Holstein, B. v. 11. 1. 2006 – Az.: VK-SH 28/05)
- **§ 17 Abs. 4 VOF** → **Recht auf Information** (VK Brandenburg, B. v. 1. 10. 2002 – Az.: VK 53/02)
- **§ 18 VOF** → **Recht auf ausreichende Dokumentation des Vergabeverfahrens** (OLG Düsseldorf, B. v. 26. 7. 2002 – Az.: Verg 28/02; VK Lüneburg, B. v. 18. 11. 2004 – Az.: 203-VgK-49/2004)
- **§ 20 Abs. 10 VOF** → **Recht auf Einhaltung der Pflicht zur Publikation eines Wettbewerbes** (1. VK Sachsen, B. v. 10. 4. 2002 – Az.: 1/SVK/23–02, 1/SVK/23–02G)
- **§ 107 GO NRW** → **Recht auf Einhaltung der Regeln über die wirtschaftliche Betätigung öffentlicher Unternehmen** (OLG Düsseldorf, B. v. 17. 6. 2002 – Az.: Verg 18/02; VK Münster, B. v. 4. 10. 2004 – Az.: VK 21/04)
- **§ 71 Abs. 4 ThürKO** → **Recht auf Einhaltung der Regeln über die wirtschaftliche Betätigung öffentlicher Unternehmen** (VK Thüringen, B. v. 13. 11. 2002 – Az.: 216-403.20–032/02-G-S)
- **§ 108 NGO** → **Recht auf Einhaltung der Regeln über die wirtschaftliche Betätigung öffentlicher Unternehmen (Niedersachsen)** (VK Lüneburg, B. v. 10. 2. 2004 – Az.: 203-VgK-43/2003, B. v. 7. 10. 2003 – Az.: 203-VgK-19/2003)
- **§ 121 Abs. 1 und 8 HGO** → **Recht auf Einhaltung der Regeln über die wirtschaftliche Betätigung öffentlicher Unternehmen (Hessen)** (VK Hessen, B. v. 30. 5. 2005 – Az.: 69 d VK – 10/2005)

6.11.4 Bieterschützende Vorschriften (in der Rechtsprechung umstritten)

824
- **§ 25 Nr. 3 Abs. 1 VOB/A:** → **Verbot des Zuschlages auf ein Angebot mit einem unangemessen niedrigen Preis** (OLG Naumburg, Urteil vom 22. 11. 2004 – Az.: 1 U 56/04 – eher abgelehnt; BayObLG, B. v. 2. 8. 2004 – Verg 016/04 – eher bejaht; B. v. 3. 7. 2002 – Az.: Verg 13/0202 – offen gelassen; OLG Düsseldorf, B. v. 17. 6. 2002 – Az.: Verg 18/02 – bejaht; VK Schleswig-Holstein, B. v. 15. 5. 2006 – Az.: VK-SH 10/06 – abgelehnt; VK Düsseldorf, B. v. 2. 5. 2006 – Az.: VK – 17/2006 – B – abgelehnt; 3. VK Bund, B. v. 4. 5. 2005 – Az.: VK 3–22/05 – abgelehnt; VK Baden-Württemberg, B. v. 28. 10. 2004 – Az.: 1 VK 68/04; 1. VK Bund, B. v. 21. 9. 2006 – Az.: VK 1–100/06 – grundsätzlich abgelehnt; B. v. 30. 8. 2004 – Az.: VK 1–96/04; VK Brandenburg, B. v. 14. 3. 2005 – Az.: VK 7/05 – ausnahmsweise bejaht; B. v. 30. 4. 2004 – Az.: VK 13/04 – eher ablehnend; 2. VK Bund, B. v. 20. 12. 2005 – Az.: VK 2–159/05 – grundsätzlich abgelehnt; B. v. 20. 12. 2005 – Az.: VK 2–156/05 – grundsätzlich abgelehnt; B. v. 21. 1. 2004 – Az.: VK 2–126/03 – abgelehnt)
- **§ 26 VOB/A:** → **Recht auf Aufhebung des Vergabeverfahren nur bei Vorliegen rechtlich vorgegebener Tatbestandsvoraussetzungen** (§ 26 VOB/A) innerhalb des dann

Gesetz gegen Wettbewerbsbeschränkungen   GWB § 97 **Teil 1**

noch bestehenden Ermessensspielraums („kann aufheben") (1. VK Sachsen, B. v. 4. 3. 2002 – Az.: 1/SVK/019–02 – bejaht)
- **§ 10 Nr. 2 Abs. 1 VOB/A-SKR:** → **Prüfungspflicht für ungewöhnlich niedrige Angebote** (2. VK Bund, B. v. 4. 5. 2005 – Az.: VK 2–27/05)
- **§ 25 Nr. 2 Abs. 2 VOL/A:** → **Pflicht zur Überprüfung ungewöhnlich niedriger Angebote** (3. VK Bund, B. v. 2. 8. 2006 – Az.: VK 3–75/06; B. v. 4. 7. 2006 – Az.: VK 3–60/06; B. v. 30. 6. 2006 – Az.: VK 3–45/06; B. v. 30. 6. 2006 – Az.: VK 3–42/06; B. v. 29. 6. 2006 – Az.: VK 3–48/06; B. v. 29. 6. 2006 – Az.: VK 3–39/06 – bejaht -; VK Südbayern, B. v. 10. 2. 2006 – Az. Z3–3-3194-1-57–12/05 – offen gelassen –; 3. VK Saarland, B. v. 12. 12. 2005 – Az.: 3 VK 03/2005 und 3 VK 04/2005 – bejaht –; 1. VK Bund, B. v. 2. 7. 2002 – Az.: VK 1–31/02 – bejaht; 1. VK Sachsen, B. v. 27. 3. 2006 – Az.: 1/SVK/021–06; B. v. 11. 2. 2005 – Az.: 1/SVK/128–04 – abgelehnt –; B. v. 27. 1. 2003 – Az.: 1/SVK/123–02, 1/SVK/123–02G – bejaht; OLG Celle, B. v. 18. 12. 2003 – Az.: 13 Verg 22/03 – bejaht; 2. VK Bund, B. v. 16. 8. 2004 – Az.: VK 2–06/04 – verneint; B. v. 16. 2. 2004 – Az.: VK 2–22/04; B. v. 12. 11. 2002 – Az.: VK 2–86/02 – verneint; VK Hamburg, B. v. 17. 12. 2002 – Az.: VgK FB 3/02 – verneint; VK Hessen, B. v. 30. 5. 2005 – Az.: 69 d VK – 16/2005; B. v. 30. 5. 2005 – Az.: 69 d VK – 10/2005; B. v. 2. 1. 2003 – Az.: 69 d VK – 57/2002 – grundsätzlich verneint)
- **§ 25 Nr. 2 Abs. 3 VOL/A:** → **Verbot des Zuschlages auf ein Angebot, dessen Preis in offenbarem Missverhältnis zur Leistung steht** (BayObLG, B. v. 3. 7. 2002 – Az.: Verg 13/02 – offen gelassen; OLG Düsseldorf, B. v. 17. 6. 2002 – Az.: Verg 18/02 – bejaht; OLG Celle, B. v. 18. 12. 2003 – Az.: 13 Verg 22/03 – bejaht; VK Südbayern, B. v. 10. 2. 2006 – Az. Z3–3-3194-1-57–12/05 – offen gelassen –; 3. VK Saarland, B. v. 12. 12. 2005 – Az.: 3 VK 03/2005 und 3 VK 04/2005 – bejaht –; 3. VK Bund, B. v. 7. 8. 2006 – Az.: VK 3–93/06; B. v. 7. 8. 2006 – Az.: VK 3–90/06; B. v. 7. 8. 2006 – Az.: VK 3–87/06; B. v. 7. 8. 2006 – Az.: VK 3–84/06; B. v. 7. 8. 2006 – Az.: VK 3–81/06; B. v. 7. 8. 2006 – Az.: VK 3–78/06; B. v. 2. 8. 2006 – Az.: VK 3–75/06; B. v. 4. 7. 2006 – Az.: VK 3–60/06; B. v. 30. 6. 2006 – Az.: VK 3–45/06; B. v. 30. 6. 2006 – Az.: VK 3–42/06; B. v. 29. 6. 2006 – Az.: VK 3–48/06; B. v. 29. 6. 2006 – Az.: VK 3–39/06; B. v. 7. 9. 2005 – Az.: VK 3–115/05 – grundsätzlich verneint; B. v. 7. 9. 2005 – Az.: VK 3–112/05 – grundsätzlich verneint; B. v. 6. 9. 2005 – Az.: VK 3–109/05 – grundsätzlich verneint; B. v. 31. 8. 2005 – Az.: VK 3–106/05 – grundsätzlich verneint; B. v. 31. 8. 2005 – Az.: VK 3–103/05 – grundsätzlich verneint; B. v. 31. 8. 2005 – Az.: VK 3–100/05 – grundsätzlich verneint; B. v. 31. 8. 2005 – Az.: VK 3–97/05; B. v. 12. 8. 2005 – Az.: VK 3–94/05 – verneint; B. v. 12. 8. 2005 – Az.: VK 3–91/05 – grundsätzlich verneint; B. v. 12. 8. 2005 – Az.: VK 3–88/05; B. v. 11. 8. 2005 – Az.: VK 3–85/05; B. v. 12. 7. 2005 – Az.: VK 3–67/05; B. v. 12. 7. 2005 – Az.: VK 3–64/05 – verneint; B. v. 27. 5. 2005 – Az.: VK 3–37/05 – grundsätzlich verneint; 1. VK Sachsen, B. v. 27. 3. 2006 – Az.: 1/SVK/021–06 – offen gelassen; B. v. 27. 1. 2003 – Az.: 1/SVK/123–02, 1/SVK/123–02G – bejaht; VK Baden-Württemberg, B. v. 2. 12. 2004 – Az.: 1 VK 74/04 – verneint; B. v. 16. 11. 2004 – Az.: 1 VK 69/04 – verneint; B. v. 12. 11. 2004 – Az.: 1 VK 70/04; B. v. 6. 12. 2002 – Az.: 1 VK 65/022 – verneint, B. v. 18. 6. 2003 – Az.: 1 VK 25/03 – grundsätzlich verneint; 2. VK Bund, B. v. 18. 8. 2005 – Az.: VK 2–93/05 – grundsätzlich verneint; B. v. 18. 8. 2005 – Az.: VK 2–90/05 – grundsätzlich verneint; B. v. 11. 11. 2004 – Az.: VK 2–196/04; B. v. 12. 11. 2002 – Az.: VK 2–86/02 – verneint; VK Hamburg, B. v. 17. 12. 2002 – Az.: VgK FB 3/02 – verneint; VK Hessen, B. v. 30. 5. 2005 – Az.: 69 d VK – 16/2005; B. v. 30. 5. 2005 – Az.: 69 d VK – 10/2005; B. v. 2. 1. 2003 – Az.: 69 d VK – 57/2002 – grundsätzlich verneint; 1. VK Bund, B. v. 10. 10. 2005 – Az.: VK 1–131/05 – grundsätzlich verneint; B. v. 30. 8. 2005 – Az.: VK 1–95/05; B. v. 30. 8. 2005 – Az.: VK 1–92/05; B. v. 30. 8. 2005 – Az.: VK 1–89/05; B. v. 28. 12. 2004 – Az.: VK 1–141/04; B. v. 26. 8. 2004 – Az.: VK 1–105/04 – verneint; B. v. 1. 4. 2004 – Az.: VK 1–09/04, B. v. 26. 2. 2003 – Az.: VK 1–07/03 – nur für Ausnahmefälle bejaht, ebenso B. v. 22. 5. 2003 – Az.: VK 1–29/03, ebenso B. v. 15. 7. 2003 – Az.: VK 1–53/03; VK Nordbayern, B. v. 21. 11. 2003 – Az.: 320.VK-3194–38/03 – nur für Ausnahmefälle bejaht; VK Münster, B. v. 2. 7. 2004 – Az.: VK 13/04 – über § 2 Nr. 1 Abs. 2 VOL/A; VK Schleswig-Holstein, B. v. 26. 10. 2004 – Az.: VK-SH 26/04 – verneint)

6.11.5 Bieterschützende Vorschriften (von der Rechtsprechung abgelehnt)
- **Vorschriften der §§ 93 ff. BSHG** → OLG Düsseldorf, B. v. 8. 9. 2005 – Az.: Verg 35/04   **825**
- **Vorschriften des Postgesetzes** → VK Brandenburg, B. v. 20. 10. 2004 – Az.: VK 56/04

Teil 1 GWB § 97   Gesetz gegen Wettbewerbsbeschränkungen

- **§ 65 Abs. 1 LHO HH** → **Beteiligungsvoraussetzungen an einer privatrechtlichen Gesellschaft** (VK Hessen, B. v. 2. 12. 2004 – Az.: 69 d VK – 72/2004)
- **§ 1 GWB** → **Kartellverbot** (BayObLG, B. v. 17. 2. 2005 – Verg 027/04)
- **§ 5 VOL/A** → **Recht auf Gesamtvergabe statt Losvergabe – Sonderfall** – (3. VK Bund, B. v. 29. 9. 2005 – Az.: VK 3–121/05)
- **§ 10 VOL/A** → **Unteraufträge** (VK Lüneburg, B. v. 30. 9. 2004 – Az.: 203-VgK-44/2004)
- **§ 21 Nr. 1 Abs. 2 VOL/A** → **rechtsverbindliche Unterschrift** (VK Hessen, B. v. 27. 2. 2003 – Az.: 69 d VK – 70/2002)
- **§ 17 Abs. 1 VOF** → **Pflicht der Vergabestelle zu Meldungen an das Amt für amtliche Veröffentlichungen** (OLG Thüringen, B. v. 16. 1. 2002 – Az.: 6 Verg 7/01)
- **§ 6 Abs. 1 Satz 2 Vergabegesetz für das Land Bremen** → **Prüfungspflicht bei unangemessen niedrigen Angeboten** (VK Bremen, B. v. 16. 7. 2003 – Az.: VK 12/03)
- **§ 8 Abs. 6 LabfWG Schleswig-Holstein** → Streitigkeiten über die Einhaltung abfallwirtschaftlicher Grundsätze (VK Schleswig-Holstein, B. v. 23. 7. 2004 – Az.: VK-SH 21/04)

6.12 Pilotprojekt „Gläserne Vergabe"

826 Der Freistaat Bayern hat ein **Pilotprojekt „Doppelte Einreichung von Angeboten – Gläserne Vergabe"** durchgeführt. Im Rahmen dieses Pilotprojektes müssen u. a. das Leistungsverzeichnis, das Angebotsschreiben und alle darin aufgeführten Anlagen, sowie Nebenangebote und Sondervorschläge zusätzlich zum Original in Kopie/Abschrift in einem verschlossenen und vom Bieter mit „Zweitfertigung" gekennzeichneten Umschlag abgegeben werden. Dieser verschlossene Umschlag muss in dem verschlossenen Umschlag sein, in dem sich die Originalangebotsunterlagen befinden. Bei Nichtabgabe von Kopie/Abschrift muss das Angebot ausgeschlossen werden.

827 Die **Regelungen des Pilotprojekts** „Doppelte Einreichung von Angeboten – Gläserne Vergabe", die einem Vergabeverfahren – hier einem offenen Verfahren nach VOB/A – zugrunde gelegt wurden, **widerlaufen europarechtlichen Vorgaben und denen des GWB nicht**, solange alle Teilnehmer am Wettbewerb diese Regelungen eindeutig erkennen und beachten können (VK Südbayern, B. v. 13. 1. 2003 – Az.: 52–11/02).

6.13 Bindung der Vergabestelle an Entscheidungen anderer Behörden

828 Bedarf ein Bieter zur Durchführung der ausgeschriebenen Leistungen einer behördlichen Erlaubnis, **hat über deren Erteilung oder Versagung ausschließlich die dazu berufene Fachbehörde zu entscheiden. An deren Entscheidung ist auch der öffentliche Auftraggeber in einem Vergabeverfahren gebunden.** Erteilt oder versagt die Fachbehörde die benötigte Erlaubnis, hat die Vergabestelle dies im Vergabeverfahren hinzunehmen. Sie ist weder verpflichtet, die Rechtmäßigkeit jener Verwaltungsentscheidung zu überprüfen, noch ist sie befugt, die Genehmigungslage abweichend zu beurteilen. Ihr ist es deshalb auch verwehrt, einem Bieter, dem die zur Auftragsdurchführung benötigte Erlaubnis erteilt worden ist, gleichwohl die Leistungsfähigkeit in diesem Punkt abzusprechen, oder umgekehrt einen Bieter, dem die erforderliche Erlaubnis versagt worden ist, als leistungsfähig einzustufen. Eine **Ausnahme ist nur für den Fall** zuzulassen, **dass die Erlaubnisentscheidung der Fachbehörde offensichtlich rechtswidrig** ist.

829 Diese Grundsätze gelten in gleicher Weise, wenn im Vergabeverfahren **eine erst zukünftig anstehende Erlaubniserteilung zu prognostizieren ist.** In diesen Fällen hat der öffentliche Auftraggeber die Erlaubnislage aufgrund der bestehenden Verwaltungspraxis der zuständigen Fachbehörde zu beurteilen. Ist danach mit einer Erteilung der Erlaubnis zu rechnen, darf (und muss) er dies seiner Vergabeentscheidung zugrunde legen. Eine abweichende Beurteilung der Erlaubnislage ist ihm nur ausnahmsweise gestattet, wenn die Verwaltungspraxis der zuständigen Fachbehörde evident rechtswidrig ist (OLG Düsseldorf, B. v. 7. 7. 2003 – Az.: Verg 34/03).

7. § 98 GWB – Öffentliche Auftraggeber

Öffentliche Auftraggeber im Sinne dieses Teils sind:
1. Gebietskörperschaften sowie deren Sondervermögen,
2. andere juristische Personen des öffentlichen und des privaten Rechts, die zu dem besonderen Zweck gegründet wurden, im Allgemeininteresse liegende Aufgaben nichtgewerblicher Art zu erfüllen, wenn Stellen, die unter Nummer 1 oder 3 fallen, sie einzeln oder gemeinsam durch Beteiligung oder auf sonstige Weise überwiegend finanzieren oder über ihre Leitung die Aufsicht ausüben oder mehr als die Hälfte der Mitglieder eines ihrer zur Geschäftsführung oder zur Aufsicht berufenen Organe bestimmt haben. Das Gleiche gilt dann, wenn die Stelle, die einzeln oder gemeinsam mit anderen die überwiegende Finanzierung gewährt oder die Mehrheit der Mitglieder eines zur Geschäftsführung oder Aufsicht berufenen Organs bestimmt hat, unter Satz fällt,
3. Verbände, deren Mitglieder unter Nummer 1 oder 2 fallen,
4. natürliche oder juristische Personen des privaten Rechts, die auf dem Gebiet der Trinkwasser- oder Energieversorgung oder des Verkehrs oder der Telekommunikation tätig sind, wenn diese Tätigkeiten auf der Grundlage von besonderen oder ausschließlichen Rechten ausgeübt werden, die von einer zuständigen Behörde gewährt wurden, oder wenn Auftraggeber, die unter Nummern 1 bis 3 fallen, auf diese Personen einzeln oder gemeinsam einen beherrschenden Einfluss ausüben können,
5. natürliche oder juristische Personen des privaten Rechts in den Fällen, in denen sie für Tiefbaumaßnahmen, für die Errichtung von Krankenhäusern, Sport-, Erholungs- oder Freizeiteinrichtungen, Schul-, Hochschul- oder Verwaltungsgebäuden oder für damit in Verbindung stehende Dienstleistungen und Auslobungsverfahren von Stellen, die unter Nummern 1 bis 3 fallen, Mittel erhalten, mit denen diese Vorhaben zu mehr als 50 vom Hundert finanziert werden,
6. natürliche oder juristische Personen des privaten Rechts, die mit Stellen, die unter Nummern 1 bis 3 fallen, einen Vertrag über die Erbringung von Bauleistungen abgeschlossen haben, bei dem die Gegenleistung für die Bauarbeiten statt in einer Vergütung in dem Recht auf Nutzung der baulichen Anlage, ggf. zuzüglich der Zahlung eines Preises besteht, hinsichtlich der Aufträge an Dritte (Baukonzession).

7.1 Funktionaler Auftraggeberbegriff

7.1.1 Rechtsprechung

Aus der **Rechtsprechung des EuGH** kann heute der sog. funktionale Auftraggeberbegriff **830** abgeleitet werden (u. a. EuGH, Urteil vom 1. 2. 2001 – Az.: C-237/99, Urteil vom 15. 5. 2003 – Az.: C-214/00; OLG Rostock, B. v. 15. 6. 2005 – Az.: 17 Verg 3/05; 2. VK Bund, B. v. 8. 6. 2006 – Az.: VK 2–114/05). Der EuGH zeigt auf, dass eine Anwendung des Vergaberechts nicht nur auf die formal staatlichen oder staatsnahen Stellen beschränkt ist, sondern eine transparente und diskriminierungsfreie Beschaffung nur dann sicherzustellen ist, wenn auch solche Vergabestellen eingebunden werden, **die hinsichtlich ihrer Funktion staatliche Aufgaben wahrnehmen,** die in formaler Hinsicht aber eben keine staatlichen Stellen im engeren Sinne sind. Es ist also nicht mehr möglich, die Eigenschaft als ein öffentlicher Auftraggeber an die öffentlichrechtliche Organisationsform zu knüpfen (EuGH, Urteil vom 15. 5. 2003 – Az.: C-214/00). Hintergrund ist eine **doppelte Zielsetzung,** nämlich eine **Öffnung der Richtlinien für den Wettbewerb und die Transparenz,** die mit den Richtlinien zur Koordinierung der Verfahren zur Vergabe öffentlicher Aufträge verfolgt wird. Der Europäische Gerichtshof hat mit Blick auf diese doppelte Zielsetzung auch klargestellt, dass dieser **Begriff in einem weiten Sinne aufzufassen** ist (Urteil vom 27. 2. 2003 – Az.: C-373/00).

Die **privatrechtliche Rechtsform der Einrichtung** stellt also kein Kriterium dar, das für **831** sich allein deren **Einstufung als öffentlicher Auftraggeber** im Sinne dieser Richtlinien **ausschließen könnte** (EuGH, Urteil vom 13. 1. 2005 – Az.: C-84/03).

832 Auch in der Bundesrepublik Deutschland geht die Tendenz dahin, immer mehr Aufgaben aus dem Bereich der klassischen Hoheitsverwaltung auf andere selbständige Rechtsträger zu übertragen, wobei nicht alle neuen Rechtsträger, die im Rahmen der sog. Privatisierung geschaffen wurden, denknotwendig auch öffentliche Auftraggeber im Sinne des Gesetzes gegen Wettbewerbsbeschränkungen sein müssen. Andererseits ist die **bloße Organisationsprivatisierung nicht ausreichend, um den vergaberechtlichen Status eines öffentlichen Auftraggebers ablegen zu können** (VK Münster, B. v. 24. 6. 2002 – Az.: VK 03/02).

833 Eine **Einrichtung des öffentlichen Rechts liegt dann vor,** wenn sie die **drei** in Art. 1 lit. b Unterabsatz 2 der Richtlinie 93/37 (bzw. Richtlinien 92/50 und 93/36) enthaltenen **Tatbestandsmerkmale aufweist,** nämlich ihre **Gründung zu dem besonderen Zweck, im Allgemeininteresse liegende Aufgaben nicht gewerblicher Art zu erfüllen, Rechtspersönlichkeit** und eine **enge Verbindung mit dem Staat, Gebietskörperschaften oder anderen Einrichtungen des öffentlichen Rechts.** § 98 GWB setzt diesen Begriff der öffentlichen Einrichtung in den Auftraggeberbegriff des deutschen Rechts um (OLG Düsseldorf, B. v. 21. 7. 2006 – Az.: VII – Verg 13/06; 2. VK Bund, B. v. 8. 6. 2006 – Az.: VK 2–114/05).

7.1.2 Literatur

834 – Hüser, Christian, Ausschreibungspflichten bei der Privatisierung öffentlicher Aufgaben – Eine Analyse des sachlichen Anwendungsbereichs des Kartellvergaberechts, Dissertation, Berlin, 2005

– Koman, Angelika, Die Funktionalität des Auftraggeberbegriffes neuerlich bestätigt durch den EuGH, ZfBR 2003, 127

– Kristoferitsch, Hans, Eine „vergaberechtliche Interpretation" des Bietverfahrens bei Privatisierungen? – Zum Rechtsschutz für unterlegene Bieter in Privatisierungsverfahren, EuZW 2006, 428

– Pöcker, Markus/Michel, Jens, Vergaberecht und Organisation der öffentlichen Verwaltung: Vom Formalismus der juristischen Person zur Anpassung an sich verändernde Handlungs- und Organisationsrationalitäten, DÖV 2006, 445–453

– Schimanek, Peter, Die Ausschreibungspflicht von Privatisierungen, NZBau 2005, 304

7.2 Baukoordinierungsrichtlinie und Dienstleistungskoordinierungsrichtlinie/Vergabekoordinierungsrichtlinie

7.2.1 Rechtsprechung

835 Dem **Verzeichnis der öffentlichen Einrichtungen im Anhang I der Baukoordinierungsrichtlinie** kommt für die Einordnung als öffentlicher Auftraggeber **keine konstitutive, sondern** eine erhebliche Indizwirkung zu (OLG München, B. v. 7. 6. 2005 – Az.: Verg 004/05; BayObLG, B. v. 24. 5. 2004 – Az.: Verg 006/04; VK Schleswig-Holstein, B. v. 3. 11. 2004 – Az.: VK-SH 28/04; VK Lüneburg, B. v. 21. 9. 2004 – Az.: 203-VgK-42/2004; VK Berlin, B. v. 26. 8. 2004 – VK – B 1–36/04). In Art. 1 lit. b Abs. 3 nimmt ebenso die **Dienstleistungskoordinierungsrichtlinie auf dieses Verzeichnis Bezug** (1. VK Bund, B. v. 5. 9. 2001 – Az.: VK 1–23/01).

836 Es **bedarf also stets einer Einzelfallprüfung,** ob tatsächlich die Begriffsmerkmale des öffentlichen Auftraggebers vorliegen (VK Rheinland-Pfalz, B. v. 1. 2. 2005 – Az.: VK 01/05).

837 Das **Verzeichnis der öffentlichen Einrichtungen** ist nun in Anhang III der neuen Vergabekoordinierungsrichtlinie (Richtlinie 2004/18/EG) enthalten; die o. a. Rechtsprechung gilt insoweit weiter.

7.2.2 Literatur

838 – Crass, Normen, Der öffentliche Auftraggeber: Eine Untersuchung am Beispiel der öffentlich-rechtlichen Kreditinstitute und Energieversorgungsunternehmen, Dissertation, München, 2004

– Mestwerdt, Thomas/v. Münchhausen, Moritz, Die Sozialversicherungsträger als Öffentliche Auftraggeber i. S. v. § 98 Nr. 2 GWB, ZfBR 2005, 659

– Pöcker, Markus/Michel, Jens, Vergaberecht und Organisation der öffentlichen Verwaltung: Vom Formalismus der juristischen Person zur Anpassung an sich verändernde Handlungs- und Organisationsrationalitäten, DÖV 2006, 445–453

7.3 § 98 Nr. 1

7.3.1 Gebietskörperschaften

7.3.1.1 Grundsatz

Gebietskörperschaften sind im Wesentlichen 839
– die Bundesrepublik Deutschland,
– die Bundesländer,
– die Regierungsbezirke,
– die Landkreise (VK Schleswig-Holstein, B. v. 13. 7. 2006 – Az.: VK-SH 15/06) und
– die Gemeinden.

Hierbei können sich die Bezeichnungen je nach Organisationsregelung insbesondere im 840
kommunalen Bereich unterscheiden.

Zu den Gebietskörperschaften zählen auch die rechtlich unselbständigen Eigenbetriebe der 841
Gemeinden.

7.3.1.2 Keine Differenzierung nach Art des Auftrags

Die Gebietskörperschaften sind per Definition öffentliche Auftraggeber. Aus der Rechtspre- 842
chung geht hervor, dass die **Vergaberichtlinien nicht zwischen Aufträgen unterscheidet, die ein öffentlicher Auftraggeber vergibt, um seine im Allgemeininteresse liegenden Aufgaben zu erfüllen, und jenen Aufträgen, die in keinem Zusammenhang mit derartigen Aufgaben stehen. Ohne Bedeutung** ist auch, dass der **öffentliche Auftraggeber selbst als Dienstleistungserbringer tätig sein will** und dass der betreffende Auftrag in diesem Rahmen die Vergabe eines Teils der Tätigkeiten an einen Subunternehmer darstellt. Denn es ist nicht ausgeschlossen, dass die Entscheidung des öffentlichen Auftraggebers über die Wahl dieses Subunternehmers auf anderen als wirtschaftlichen Überlegungen beruht. Daraus folgt, dass auch solche Aufträge ungeachtet ihrer Natur und ihrer Zusammenhänge „öffentliche Aufträge" darstellen (EuGH, Urteil vom 18. 11. 2004 – Az.: C-126/03).

7.3.1.3 Keine Differenzierung nach Art der zur Auftragsdurchführung verwendeten Mittel

Bei öffentlichen Aufträgen von Gebietskörperschaften ist die **Verwendung öffentlicher** 843
Mittel kein konstitutives Element für das Vorliegen eines öffentlichen Auftrags (EuGH, Urteil vom 18. 11. 2004 – Az.: C-126/03).

7.3.2 Sondervermögen

Sondervermögen sind unselbständige, auf Grund einer Rechtsnorm gegründete besondere 844
Vermögensmassen. Das Vermögen dient zur Erfüllung genau bestimmter Aufgaben; üblicherweise wird das Vermögen in einem Sonderhaushaltsplan ausgewiesen. Sie teilen vergaberechtlich das Schicksal der gründenden Institution.

7.3.3 Mittelbare Stellvertretung

Eine **materiell-rechtliche Zurechnung einer Vergabe zu dem eigentlichen öffent-** 845
lichen Auftraggeber kann sich auch **durch eine mittelbare Stellvertretung** des öffentlichen Auftraggebers ergeben. Eine **mittelbare Stellvertretung liegt vor,** wenn jemand ein Rechtsgeschäft im eigenen Namen, aber im Interesse und für Rechnung eines anderen, des Geschäftsherrn, vornimmt. Beschafft z.B. ein privater Dritter ein Forschungsgerät im Interesse eines öffentlichen Auftraggebers und erhält er die Selbstkosten vom öffentlichen Auftraggeber ersetzt, ist das **Vergaberecht anzuwenden** (2. VK Bund, B. v. 8. 6. 2006 – Az.: VK 2-114/05).

Teil 1 GWB § 98 Gesetz gegen Wettbewerbsbeschränkungen

7.4 § 98 Nr. 2

846 Nach § 98 Nr. 2 GWB ist öffentlicher Auftraggeber eine **juristische Person des öffentlichen und des privaten Rechts,** die **gegründet** worden ist, um **im Allgemeininteresse liegende Aufgaben nichtgewerblicher Art zu erfüllen,** und die eine **besondere Staatsnähe** aufweist. Für die Staatsnähe bedarf es einer überwiegenden Finanzierung seitens der öffentlichen Hand oder der Leitung oder Aufsicht des Staates bzw. seiner nachgeordneten Stellen (OLG Düsseldorf, B. v. 6. 7. 2005 – Az.: VII – Verg 22/05).

7.4.1 Juristische Personen des öffentlichen Rechts

7.4.1.1 Allgemeines

847 Juristische Personen des öffentlichen Rechtes sind Körperschaften, Stiftungen und Anstalten des Öffentlichen Rechts.

7.4.1.2 Sonderfall: Durchführung von Baumaßnahmen des Bundes durch die Bauverwaltungen der Bundesländer

848 Die Bauverwaltungen der Bundesländer führen sowohl im Hochbau als auch im Straßen- und Brückenbau Baumaßnahmen des Bundes (z. B. für die Bundeswehr oder bei Bundesautobahnen) im Auftrag des Bundes mit Personal der Bundesländer gegen Kostenerstattung durch den Bund durch. In diesen Fällen ist **öffentlicher Auftraggeber die Bundesrepublik Deutschland, vertreten durch das jeweilige Bundesland** (VK Arnsberg, B. v. 6. 2. 2003 – Az.: VK 1–01/2003).

849 **Anderer Auffassung ist insoweit die Vergabekammer Baden-Württemberg.** Das Handeln und die Verantwortlichkeit nach außen im Verhältnis zu Dritten bleibt stets Angelegenheit des jeweiligen Bundeslandes; öffentlicher Auftraggeber ist damit das Land, wobei das Vertretungsverhältnis des Landes gegenüber dem Bund aber im Rubrum offen gelegt werden soll (VK Baden-Württemberg, B. v. 21. 11. 2002 – Az.: 1 VK 58/02 und 59/02).

850 Zur Zuständigkeit bei eventuellen Nachprüfungsverfahren vgl. im Einzelnen die Kommentierung zu § 18 VgV.

7.4.1.3 Sonderfall: Kirchen

851 **7.4.1.3.1 Rechtsprechung.** Die **Kirchen und ihre Einrichtungen als Körperschaften des öffentlichen Rechts sind angesichts der religiösen und konfessionellen Neutralität des Staates nicht mit anderen öffentlich-rechtlichen Körperschaften zu vergleichen, die in den Staat organisatorisch eingegliederte Organisationen sind.** Ihr öffentlich-rechtlicher Status bedeutet nur eine Heraushebung über andere Religionsgemeinschaften und Einrichtungen, weil der Anerkennung als Körperschaft des öffentlichen Rechts die Überzeugung des Staates von der besonderen Wirksamkeit der Kirche bzw. ihrer Einrichtungen, von ihrer gewichtigen Stellung in der Gesellschaft und der sich daraus ergebenden Gewähr der Dauer zugrunde liegt. Der staatskirchenrechtliche Status einer öffentlich-rechtlichen Körperschaft gewährleistet vielmehr den vom Grundgesetz vorgefundenen status quo der traditionellen christlichen Kirchen (VK Hessen, B. v. 26. 4. 2006 – Az.: 69 d VK – 15/2006; VK Nordbayern, B. v. 29. 10. 2001 – Az.: 320.VK-3194–35/01; im Ergebnis ebenso für eine **Auftragsvergabe unterhalb der Schwellenwerte** VG Neustadt an der Weinstraße, B. v. 22. 2. 2006 – Az.: 4 L 245/06).

852 **7.4.1.3.2 Literatur**
– Winkel, Burghard, Kirche und Vergaberecht: der vergaberechtliche Status der evangelischen Landeskirchen in Deutschland, Dissertation, Frankfurt am Main, 2005

7.4.1.4 Weitere Beispiele aus der Rechtsprechung

853 – **Universität** (VK Saarland, B. v. 23. 1. 2006 – Az.: 1 VK 06/2005)
– **Stiftung des öffentlichen Rechts,** die im Allgemeininteresse liegende **Aufgaben zur Pflege und Bewahrung der Kulturgüter wahrnimmt** und dabei nichtgewerblich tätig ist (VK Brandenburg, B. v. 9. 2. 2005 – VK 86/04; B. v. 4. 2. 2005 – VK 85/04)

7.4.1.5 Literatur

– Dreher, Meinrad, Öffentlich-rechtliche Anstalten und Körperschaften im Kartellvergaberecht, NZBau 2005, 297

7.4.2 Juristische Personen des privaten Rechts

Juristische Personen des privaten Rechts sind insbesondere eingetragene Vereine, die Handelsgesellschaften wie Gesellschaften mit beschränkter Haftung, Aktiengesellschaften oder Genossenschaften.

7.4.2.1 Vorgesellschaft der GmbH

Die Anwendbarkeit des Vergaberechts auch auf die Vorgesellschaft der GmbH ist grundsätzlich zu bejahen (1. VK Bund, B. v. 12. 12. 2002 – Az.: VK 1–83/02).

7.4.2.2 Dienstleistungsholding

Hält eine **Dienstleistungsholding GmbH,** die selbst nicht dem § 98 Nr. 1 oder Nr. 3 GWB unterfällt, Anteile von Gesellschaften, die wiederum öffentliche Auftraggeber sind und handelt es sich bei der Holding um eine Stelle im Sinne des § 98 Nr. 2 S. 1 GWB, die vollständig von einer Stadt beherrscht und finanziert und die nach § 98 Nr. 2 S. 2 GWB den Stellen des § 98 Nr. 1 und Nr. 3 GWB gleichgestellt wird und erfüllt die Dienstleistungsholding GmbH auch im Allgemeininteresse liegende Aufgaben nichtgewerblicher Art, so übernimmt die Holding lediglich an Stelle der unter § 98 Nr. 1 GWB fallenden Stadt die Beteiligungsverwaltung ihrer Gesellschaften. Die Gründung einer Holding-Gesellschaft kann aber nicht zum Entfallen der Auftraggebereigenschaft nach § 98 Nr. 1 GWB führen, da das **Vergabeverfahrensrecht der §§ 97 ff. GWB ansonsten unterlaufen** würde (VK Brandenburg, B. v. 28. 1. 2003 – Az.: VK 71/02).

7.4.2.3 altrechtlicher Verein

Ein **altrechtlicher Verein im Sinn von § 12 des Brandenburgischen Ausführungsgesetzes zum BGB,** der **ausschließlich kirchlich-diakonische Zwecke verfolgt** und sich insbesondere der Betreuung behinderter Menschen, der Erziehung und Ausbildung von Schwestern und Mitarbeitern sowie der Erhaltung und Weiterentwicklung der Heil-, Pflege-, Erziehungs- und Ausbildungseinrichtungen für Kinder, kranke, behinderte und hilfsbedürftige Menschen widmet, ist **kein öffentlicher Auftraggeber.** Die karitative Tätigkeit des Auftraggebers liegt jenseits des Wirkungskreises staatlicher Aufgabenerfüllung für weltliche Ziele im Sinn von § 98 Nr. 2 GWB (OLG Brandenburg, B. v. 30. 11. 2004 – Az.: Verg W 10/04).

7.4.3 Personengesellschaften

Auch die **Personengesellschaften** (OHG, KG, BGB-Gesellschaft) werden **in den Regelungsbereich des § 98 Nr. 2 GWB überwiegend miteinbezogen,** entweder durch eine weite Auslegung des Wortlautes der Vorschrift oder im Wege der analogen Anwendung (OLG Celle, B. v. 14. 9. 2006 – Az.: 13 Verg 3/06; VK Lüneburg, B. v. 30. 6. 2006 – Az.: VgK-13/2006; VK Münster, B. v. 24. 6. 2002 – Az.: VK 03/02; VK Südbayern, B. v. 5. 9. 2002 – Az.: 35–07/02).

7.4.4 Gründung zu dem besonderen Zweck, im Allgemeininteresse liegende Aufgaben zu erfüllen

Der Gründungszweck ergibt sich in aller Regel aus der Satzung oder dem Gesellschaftsvertrag.

Es ist nicht entscheidend, ob eine Einrichtung bereits zu dem besonderen Zweck gegründet wurde, im Allgemeininteresse liegende Aufgaben nicht gewerblicher Art zu erfüllen; auch wenn sie **später solche Aufgaben übernommen hat und diese seither tatsächlich wahrnimmt,** ist dieses Tatbestandsmerkmal erfüllt, sofern die Übernahme dieser Aufgaben objektiv festgestellt werden kann (EuGH, Urteil vom 12. 12. 2002 – Az.: C-470/99; OLG Düsseldorf, B. v. 9. 4. 2003 – Az.: Verg 66/02; 2. VK Bund, B. v. 8. 6. 2006 – Az.: VK 2–114/05; VK Halle, B. v. 8. 5. 2003 – Az.: VK Hal 02/03).

7.4.5 Im Allgemeininteresse liegende Aufgaben

7.4.5.1 Begriffsinhalt

862 Der Begriff des Allgemeininteresses ist **weder durch die EG-Vergaberichtlinien noch durch den deutschen Gesetzgeber definiert oder umschrieben.** Er wird aber von der überwiegenden Meinung dahingehend verstanden, dass im Allgemeininteresse liegende **Aufgaben solche sind, welche hoheitliche Befugnisse, die Wahrnehmung der Belange des Staates und damit letztlich Aufgaben betreffen, welche der Staat selbst erfüllen oder bei denen er einen entscheidenden Einfluss behalten möchte** (OLG München, B. v. 7. 6. 2005 – Az.: Verg 004/05; KG Berlin, B. v. 27. 7. 2006 – Az.: 2 Verg 5/06; VK Lüneburg, B. v. 30. 6. 2006 – Az.: VgK-13/2006; VK Baden-Württemberg, B. v. 19. 4. 2005 – Az.: 1 VK 11/05; VK Rheinland-Pfalz, B. v. 1. 2. 2005 – Az.: VK 01/05). Im Übrigen soll bei Gründung einer juristischen Person des öffentlichen Rechts eine tatsächliche Vermutung dafür sprechen, dass die Gründung zum Zweck der Erfüllung von im Allgemeininteresse liegenden Aufgaben erfolgt ist (BayObLG, B. v. 21. 10. 2004 – Az.: Verg 017/04; B. v. 10. 9. 2002 – Az.: Verg 23/02).

863 Eine Aufgabe liegt im Allgemeininteresse, wenn sie **objektiv mehreren Personen zugute kommt und im Dienste der allgemeinen Öffentlichkeit wahrgenommen** wird (OLG Düsseldorf, B. v. 6. 7. 2005 – Az.: VII – Verg 22/05).

864 Der EuGH hat in mehreren Entscheidungen den Begriff „im Allgemeininteresse liegende Aufgaben nicht gewerblicher Art" unter dem Blickwinkel der Vergaberichtlinien und der Grundsätze des EG-Vertrages konkretisiert. Nach der Rechtsprechung des EuGH sind Aufgaben, die im Allgemeininteresse liegen, **solche, die eng mit dem institutionellen Funktionieren des Staates verknüpft sind und der Einrichtung durch Gesetz zugewiesen wurden, obwohl sie nicht förmlich in die staatliche Verwaltung eingegliedert ist.** Insgesamt kann aus dieser Rechtsprechung geschlossen werden, dass es dem EuGH gerade darauf ankommt, einen **möglichsten weiten Anwendungsbereich der Vergaberichtlinien zu gewährleisten** (zuletzt EuGH, Urteil vom 27. 2. 2003 – Az.: C-373/00) **und eine Flucht aus der Staatlichkeit zu unterbinden,** da privat betriebene Staatsbetriebe konkurrierenden Privatunternehmen, die keine staatliche Verbindung haben, erhebliche Marktanteile wegnehmen und so eine Verzerrung des Wettbewerbs herbeiführen, gegen die sich der „rein" private Unternehmer nicht wehren kann (OLG Naumburg, B. v. 17. 2. 2004 – 1 Verg 15/03; VK Münster, B. v. 24. 6. 2002 – Az.: VK 03/02).

7.4.5.2 Beispiele aus der Rechtsprechung

865 – Aufgaben aus den Bereichen der **Stadtentwicklung** und der **Wissenschaftsförderung durch Entwicklung eines Wissenschaftszentrums** (OVG Rheinland-Pfalz, B. v. 14. 9. 2006 – Az.: 2 B 11 024/06)

– die **Erfüllung der sozialpolitischen und anderen gesetzlichen Aufgaben** liegt zweifellos im Allgemeininteresse. Im Allgemeininteresse liegt **auch die Bereitstellung oder Beschaffung der für die Durchführung dieser Aufgaben notwendigen IT-Infrastruktur.** Die Bereitstellung oder Beschaffung der IT-Infrastruktur verliert ihren Charakter als im Allgemeininteresse liegende Aufgabe nicht dadurch, wenn kommunale Gesellschafter sie zu einem großen Teil auf eine privatrechtliche Gesellschaft ausgliedern (OLG Celle, B. v. 14. 9. 2006 – Az.: 13 Verg 3/06; VK Lüneburg, B. v. 30. 6. 2006 – Az.: VgK-13/2006)

– die Tätigkeit des **Auftraggebers als Flughafenbetreiber** ist von großer wirtschaftlicher Bedeutung für den gesamten Wirtschaftsstandort ... und Umgebung und liegt daher offensichtlich im Allgemeininteresse (VK Baden-Württemberg, B. v. 21. 6. 2005 – Az.: 1 VK 33/05)

– die **Träger der gesetzlichen Unfallversicherung** sind als Körperschaften öffentlichen Rechts (vgl. § 29 Abs. 1 SGB IV) und damit als juristische Personen des öffentlichen Rechts zu dem Zweck gegründet worden, im Allgemeininteresse liegende Aufgaben nicht gewerblicher Art zu erfüllen (OLG Düsseldorf, B. v. 6. 7. 2005 – Az.: VII – Verg 22/05; VK Düsseldorf, B. v. 26. 5. 2006 – Az.: VK – 22/2006 – L)

– die **Sparkassen** haben nach dem Willen des Gesetzgebers und ihrem Selbstverständnis die **Aufgabe der Versorgung breiter Bevölkerungsschichten der Region,** vor allem des Mittelstandes, **mit Vermögensbildungs- und Kreditangeboten.** Daraus lässt sich der in

Gesetz gegen Wettbewerbsbeschränkungen GWB § 98 **Teil 1**

§ 98 Nr. 2 GWB vorausgesetzte besondere Gründungszweck, im Allgemeininteresse liegende Aufgaben zu erfüllen, entnehmen (OLG Rostock, B. v. 15. 6. 2005 – Az.: 17 Verg 3/05)
- die **Sicherstellung eines ausreichenden Glücksspielangebots für die Bevölkerung zur Kanalisierung des natürlichen Spieltriebs** stellt eine im Allgemeininteresse liegende Aufgabe dar (VK Baden-Württemberg, B. v. 19. 4. 2005 – Az.: 1 VK 11/05)
- die **Förderung junger Technologieunternehmen** stellt eine im Allgemeininteresse liegende Aufgabe dar (VK Rheinland-Pfalz, B. v. 4. 5. 2005 – Az.: VK 20/05)
- **Zahnärztekammer**n sind zu dem Zweck gegründet, im Allgemeininteresse liegende Aufgaben nicht gewerblicher Art zu erfüllen (VK Schleswig-Holstein, B. v. 31. 5. 2005 – Az.: VK-SH 09/05)
- die **Berufsgenossenschaften** nehmen im Allgemeininteresse liegende Aufgaben nicht gewerblicher Art wahr (VK Rheinland-Pfalz, B. v. 1. 2. 2005 – Az.: VK 01/05)
- zu den im Allgemeininteresse liegenden Aufgaben nicht gewerblicher Art gehören auch **Tätigkeiten auf dem Gebiet der Daseinsvorsorge, also auch die Aufnahme, Pflege und Heilung kranker, alter und bedürftiger Menschen**. Die Verpflichtung zur Heilung und Pflege alter und kranker Mitbürger folgt sowohl aus dem Sozialstaatsprinzip des Art. 20 Abs. 1 GG, welches die soziale Sicherung der Staatsbürger gewährleistet als auch aus Art. 1 Abs. 3 Satz 2 Bayerisches Stiftungsgesetz (OLG München, B. v. 7. 6. 2005 – Az.: Verg 004/05)
- das **Betreiben und Bereitstellen eines Stromnetzes in einer Großstadt** ist eine im Allgemeininteresse liegende Aufgabe, die auch – trotz der Freigabe des Stromliefermarktes – nicht gewerblicher Art sein dürfte (OLG München, B. v. 20. 4. 2005 – Az.: Verg 008/05)
- die **Versorgung der Bevölkerung mit Frischeerzeugnissen, insbesondere aus der Landwirtschaft und dem Gartenbau – bejaht** (2. VK Bremen, B. v. 23. 8. 2001 – Az.: VK 3/01)
- **kirchliche Aufgaben** (u. a. seelsorgerische Aufgaben und die tätige Liebe am Nächsten durch Armenfürsorge und Wohlfahrt, Gesundheit und Erziehung u. a. durch den Betrieb eines Krankenhauses) – **verneint** (VK Nordbayern, B. v. 29. 10. 2001 – Az.: 320.VK-3194–35/01)
- **Ordensgemeinschaft – verneint** (VK Nordbayern, B. v. 24. 7. 2001 – Az.: 320.VK-3194–21/01)
- Bereitstellen von **Wohnraum für einkommensschwache Bevölkerungsgruppen – bejaht** (OLG Brandenburg, B. v. 3. 8. 2001 – Az.: Verg 3/01; VK Berlin, B. v. 26. 8. 2004 – VK – B 1–36/04)
- **Deckung des Sachbedarfs der Bundeswehr – bejaht** (1. VK Bund, B. v. 12. 12. 2002 – Az.: VK 1–83/02)
- **Abfallentsorgung – bejaht** (VK Thüringen, B. v. 17. 2. 2006 – Az.: 360–4003.20–001/06-G-S; VK Düsseldorf, B. v. 30. 9. 2002 – Az.: VK – 26/2002 – L)
- **Betrieb von öffentlichen Bädern – bejaht** (VK Nordbayern, B. v. 15. 2. 2002 – Az.: 320.VK-3194–02/02)
- **Förderung der wirtschaftlichen Tätigkeit und der Unterstützung der Strukturentwicklung einer Region sowie die Förderung der Ansiedlung von neuen Unternehmen – bejaht** (VK Brandenburg, B. v. 1. 10. 2002 – Az.: VK 53/02)
- **Förderung der Wirtschaft und des Entstehens von Arbeitsplätzen** (1. VK Sachsen, B. v. 19. 4. 2004 – Az.: 1/SVK/025–04; VK Südbayern, B. v. 5. 9. 2002 – Az.: 35–07/02)
- **Immobiliengeschäfte zur Wirtschaftsförderung** (EuGH, Urteil vom 23. 5. 2003 – Az.: C-18/01)
- **Leichen- und Bestattungswesen** (EuGH, Urteil vom 27. 2. 2003 – Az.: C-373/00)
- **Betrieb von Lotterie-, Spiel- und Wettgeschäften – bejaht** (VK Münster, B. v. 24. 6. 2002 – Az.: VK 03/02)
- **Fundtierverwaltung und Betreuung amtlich sichergestellter Tiere** (VK des Freistaates Thüringen, B. v. 19. 7. 2001 – Az.: 216–403.20–010/01-NDH)
- **Betrieb eines U-Bahn-Netzes** (BayObLG, B. v. 5. 11. 2002 – Az.: Verg 22/02)

Teil 1 GWB § 98 Gesetz gegen Wettbewerbsbeschränkungen

- **Betreiben des öffentlichen Personennahverkehrs** (VK Brandenburg, B. v. 28. 1. 2003 – Az.: VK 71/02)
- **Strafvollzug** (EuGH, Urteil vom 16. 10. 2003 – Az.: C-283/00)
- **Sanierung gefährdender Deponien** (VK Halle, B. v. 8. 5. 2003 – Az.: VK Hal 02/03)
- **Krankenhausversorgung der Bevölkerung** (Saarländisches OLG, B. v. 20. 9. 2006 – Az.: 1 Verg 3/06; OLG Naumburg, B. v. 17. 2. 2004 – Az.: 1 Verg 15/03; VK Düsseldorf, B. v. 27. 4. 2006 – Az.: VK – 12/2006 – L; VK Brandenburg, B. v. 10. 9. 2004 – Az.: VK 39/04; VK Magdeburg, B. v. 27. 10. 2003 – Az.: 33–32571/07 VK 16/03 MD)
- **Tätigkeit der Allgemeinen Ortskrankenkasse** (BayObLG, B. v. 24. 5. 2004 – Az.: Verg 006/04)
- **Tätigkeit von Krankenkassen und deren gemeinsamen Einrichtungen** (VK Düsseldorf, B. v. 31. 8. 2006 – Az.: VK – 38/2006 – L; VK Lüneburg, B. v. 21. 9. 2004 – Az.: 203-VgK-42/2004)
- **Deutsche Rentenversicherung** (ab dem 1. 10. 2005 = Bundesversicherungsanstalt für Angestellte, die 22 Landesversicherungsanstalten, Bundesknappschaft, Bahnversicherungsanstalt und Seekasse) (VK Düsseldorf, B. v. 28. 11. 2005 – Az.: VK – 40/2005 – B)
- **Landesversicherungsanstalten** (BayObLG, B. v. 21. 10. 2004 – Az.: Verg 017/04; VK Baden-Württemberg, B. v. 26. 7. 2005 – Az.: 1 VK 39/05)
- **Deichverband** im Sinne des § 9 Niedersächsisches Deichgesetz (VK Lüneburg, B. v. 6. 12. 2004 – Az.: 203-VgK-50/2004)

7.4.6 Aufgaben nicht gewerblicher Art

7.4.6.1 Begriffsinhalt

866 Der Begriff der Nichtgewerblichkeit ist ebenfalls weder in den EG-Richtlinien noch in den deutschen Gesetzen definiert (OLG München, B. v. 7. 6. 2005 – Az.: Verg 004/05; BayObLG, B. v. 21. 10. 2004 – Az.: Verg 017/04; B. v. 24. 5. 2004 – Az.: Verg 006/04, B. v. 10. 9. 2002 – Az.: Verg 23/02; VK Lüneburg, B. v. 30. 6. 2006 – Az.: VgK-13/2006).

867 Er ist **europarechtlichen Ursprungs** und vor dem Hintergrund zu sehen, dass es Zweck der Europäischen Vergaberichtlinie ist, Hemmnisse für den freien Waren- und Dienstleistungsverkehr abzubauen. Deshalb sind besondere Vergaberichtlinien für solche Auftraggeber – gleich welcher Rechtsform – geschaffen worden, die **nicht den Kräften des Marktes** ausgesetzt sind und durch diese Kräfte zu einer Beschaffung rein nach Wirtschaftlichkeitskriterien veranlasst sind (OLG München, B. v. 7. 6. 2005 – Az.: Verg 004/05; 2. VK Bremen, B. v. 23. 8. 2001 – Az.: VK 3/01). Das **Vorhandensein eines entwickelten Wettbewerbs** lässt **allein nicht den Schluss zu,** dass keine im Allgemeininteresse liegende Aufgabe nicht gewerblicher Art vorliegt. Es ist **unter Berücksichtigung aller erheblichen rechtlichen und tatsächlichen Umstände,** u. a. der Umstände, die zur Gründung der betreffenden Einrichtung geführt haben, und der Voraussetzungen, unter denen sie ihre Tätigkeit ausübt, zu beurteilen, ob eine derartige Aufgabe vorliegt (EuGH, Urteil vom 27. 2. 2003 – Az.: C-373/00; KG Berlin, B. v. 27. 7. 2006 – Az.: 2 Verg 5/06). Dazu gehören das **Fehlen von Wettbewerb** auf dem relevanten Markt bzw. dessen Beschränkung, das **Fehlen einer vordergründigen Gewinnerzielungsabsicht,** das **Fehlen** bzw. die Einschränkung **der Übernahme der mit der Tätigkeit verbundenen Risiken** und die **ganz oder überwiegend aus öffentlichen Mitteln erfolgende Finanzierung** der Aufgabenerfüllung (OLG Celle, B. v. 14. 9. 2006 – Az.: 13 Verg 3/06; OLG Düsseldorf, B. v. 21. 7. 2006 – Az.: VII – Verg 13/06; OLG Naumburg, B. v. 17. 2. 2004 – Az.: 1 Verg 15/03).

868 Entscheidend sind danach folgende Merkmale: die **Intensität des Wettbewerbs,** dem sich ein Unternehmen zu stellen hat (1), die **Gewinnerzielungsabsicht** (2), die **Übernahme der mit der Tätigkeit verbundenen Risiken** (3) und die **etwaige Finanzierung der Tätigkeit aus öffentlichen Mitteln** (4) (OLG Rostock, B. v. 15. 6. 2005 – Az.: 17 Verg 3/05).

869 Es besteht eine **Vermutung für ein nicht gewerbliches Handeln,** soweit ein im Allgemeininteresse handelndes **Unternehmen nicht im Wettbewerb zu anderen steht bzw. kein voll ausgebildeter Wettbewerb existiert** (VK Rheinland-Pfalz, B. v. 4. 5. 2005 – Az.: VK 20/05).

Wenn die Einrichtung **unter normalen Marktbedingungen tätig** ist, **Gewinnerzie-** 870
lungsabsicht hat und **die mit ihrer Tätigkeit verbundenen Verluste trägt,** dann ist es wenig wahrscheinlich, dass sie Aufgaben erfüllen soll, die nichtgewerblicher Art sind (EuGH, Urteil vom 16. 10. 2003 – Az.: C-283/00). In einem solchen Fall besteht auch kein Grund für die Anwendung der Gemeinschaftsrichtlinien über die Koordinierung der Verfahren zur Vergabe öffentlicher Aufträge, denn eine Einrichtung mit Gewinnerzielungsabsicht, die die mit ihrer Tätigkeit verbundenen Risiken selbst trägt, wird in der Regel keine Vergabeverfahren zu Bedingungen durchführen, die wirtschaftlich nicht gerechtfertigt sind. Nach ständiger Rechtsprechung besteht der **Zweck dieser Richtlinien** nämlich darin, die Gefahr einer Bevorzugung inländischer Bieter oder Bewerber bei der Auftragsvergabe durch öffentliche Auftraggeber zu vermeiden und zugleich zu verhindern, dass sich eine vom Staat, von Gebietskörperschaften oder sonstigen Einrichtungen des öffentlichen Rechts finanzierte oder kontrollierte Stelle von anderen als wirtschaftlichen Überlegungen leiten lässt (EuGH, Urteil vom 23. 5. 2003 – Az.: C-18/01).

Einrichtungen, die **keine Gewinnerzielungsabsicht** verfolgen, deren Geschäftsführung aber 871
an Leistungs-, Effizienz- und Wirtschaftlichkeitskriterien auszurichten ist, und die in einem **wettbewerblich geprägten Umfeld** tätig werden, erfüllen Aufgaben gewerblicher Art; sie sind kein öffentlicher Auftraggeber (EuGH, Urteil vom 10. 5. 2001 – Az.: C-223/99 und C-260/99).

Die Gewerblichkeit kann demgemäß bejaht werden, wenn das **Unternehmen** bei seiner ge- 872
samten Geschäftstätigkeit **im Wettbewerb steht und dem Insolvenzrisiko ausgesetzt** ist oder nicht mit einem Wertausgleich durch den öffentlichen Anteilseigner rechnen kann (1. VK Sachsen, B. v. 29. 7. 2003 – Az.: 1/SVK/076–03).

Bei dieser Frage ist auch **eine wertende Entscheidung möglich.** So kann nach je nach 873
Einzelfall und den gesamten Umständen **auch nicht anzunehmen sein, dass eine Gesellschaft einem echten Insolvenzrisiko ausgesetzt** ist. Zwar kann eine Verpflichtung des Hauptgesellschafters bei Abwendung der Insolvenz naturgemäß nicht im Gesellschaftsvertrag oder sonst vertraglich festgelegt sein. Auf der anderen Seite kann ein Hauptgesellschafter den Messebetrieb jedoch auf Grund der übergeordneten wirtschaftlichen Interessen an dessen Erhalt nicht einfach stilllegen und die Messegesellschaft in die Insolvenz gehen lassen (KG Berlin, Beschluss vom 27. 7. 2006 – Az.: 2 Verg 5/06).

Bei **sozialen Wohnungsunternehmen** ist es sicherlich so, dass der **wettbewerbliche** 874
Druck auf dem Wohnungs- und Grundstücksmarkt größer geworden ist, dennoch scheint dies **vorrangig „ein Wettbewerb" unter gemeinnützigen Einrichtungen,** die Fördermittel erhalten bzw. keine Gewinnerzielungsabsicht verfolgen und staatlichen Einrichtungen zu sein. Aber selbst wenn eine solche Gesellschaft in Teilbereichen ihrer Aufgaben im Wettbewerb zu „rein" privaten Unternehmen stehen würde, reicht allein dieser Umstand nicht aus, um die Aufgabenwahrnehmung insgesamt als gewerblich zu klassifizieren. Denn **anders als bei privaten Unternehmen am Markt kann sich ein sozialer Wohnungsversorger nicht dem in dem Gesellschaftsvertrag festgelegten Gesellschaftszweck durch wirtschaftliche Überlegungen entziehen** (VK Schleswig-Holstein, B. v. 3. 11. 2004 – Az.: VK-SH 28/04; im Ergebnis ebenso VK Berlin, B. v. 26. 8. 2004 – VK – B 1–36/04).

Bei staatlich kontrollierten Glücksspielunternehmen sollen, außer den Spieltrieb 875
der Bevölkerung zu kanalisieren, mit der Tätigkeit möglichst hohe Gewinne verbucht werden, um die Bereiche Sport, Kunst, Kultur, Denkmalpflege und ausgesuchte Projekte möglichst umfassend fördern zu können. Obwohl diese Unternehmen aufgrund des Staatsvertrages zum Lotteriewesen und der einschlägigen gesetzlichen Bestimmungen über eine marktbezogene Sonderstellung verfügen, **sind sie einem entwickelten Wettbewerb ausgesetzt und handeln wie private im Wettbewerb stehende Unternehmen,** sie handeln nach wirtschaftlichen Grundsätzen. So ist es gerade Aufgabe, gegenüber anderen Wettanbietern in Wettbewerb zu treten. Es ist hinlänglich bekannt, dass das Wettgeschäft, auch das bezüglich Sportwetten, ein sich immer mehr ausbreitendes Geschäft darstellt. Diese Wettbewerbssituation kann nicht damit in Abrede gestellt werden, dass die Durchführung illegalen Glücksspiels kein zulässiger Wettbewerb darstelle. Maßgebend sein kann nicht, ob die Wettbewerbssituation aufgrund illegaler oder gesetzeskonformer Konkurrenz besteht. Es ist Aufgabe dieser Unternehmen, gerade auch gegenüber illegalen Veranstaltern in Konkurrenz zu treten. Sie sollen und wollen auch Spieler an sich ziehen, um diese vor Ausbeutung zu bewahren und der Gefahr, sich durch die Beteiligung an illegalen Spielen wirtschaftlich zu ruinieren. Sie wollen das Betreiben von Lotterien und Wetten nicht einfach dem unkontrollierten Markt überlassen, sondern solchen Anbietern ge-

genüber konkurrieren. Sie erfüllen damit Aufgaben gewerblicher Art (VK Baden-Württemberg, B. v. 19. 4. 2005 – Az.: 1 VK 11/05).

876 Die **Tätigkeit der Ermöglichung des Luftverkehrs stellt eine gewerbliche Tätigkeit dar.** Zwischen den Flughäfen in Deutschland und Europa herrscht ein entwickelter Wettbewerb, der zu einem Wettbewerb zwischen den Flughäfen um Passagiere und Fracht führt. Ein Beispiel hierfür ist der rege Kampf der Flughäfen in der weiteren Region, von sog. Billigfluglinien angeflogen zu werden und so Marktanteile zu gewinnen, um wirtschaftlich arbeiten zu können. Dies rechtfertigt die **Vermutung, dass auch ein öffentlich beherrschter Flughafenbetreiber eine gewerbliche Tätigkeit entfaltet** (VK Baden-Württemberg, B. v. 21. 6. 2005 – Az.: 1 VK 33/05).

7.4.6.2 Notwendiger Umfang der Aufgabenwahrnehmung

877 Die **Rechtsprechung** zu diesem Tatbestandsmerkmal ist **nicht einheitlich** (VK Lüneburg, B. v. 30. 6. 2006 – Az.: VgK-13/2006). Zwar ist es nicht erforderlich, dass die von der Vergabestelle wahrgenommenen Aufgaben **sämtlich** im Allgemeininteresse liegende Aufgaben nicht gewerblicher Art sind. Nach einer Auffassung ist es jedoch aus Gründen der Rechtssicherheit ausreichend, **wenn dies überwiegend der Fall** ist (2. VK Bremen, B. v. 23. 8. 2001 – Az.: VK 3/01). Demgegenüber steht die Meinung, dass es unerheblich ist, wenn eine Vergabestelle berechtigt ist, auch gegenüber Dritten Leistungen zu erbringen. Der Anwendbarkeit des § 98 Nr. 2 GWB steht nämlich nicht entgegen, wenn der Auftraggeber nicht ausschließlich zu dem Zweck tätig ist, im Allgemeininteresse liegende Aufgaben nicht gewerblicher Art zu erfüllen. **Vielmehr reicht es bereits aus, dass er auch solche Aufgaben erfüllt; auf den Umfang der Tätigkeit kommt es nicht an** (OLG Düsseldorf, B. v. 9. 4. 2003 – Az.: Verg 66/02; VK Südbayern, B. v. 15. 12. 2003 – Az.: 56–11/03). **Denn sonst ließe sich der Anwendungsbereich der Vergaberegeln ohne weiteres umgehen,** indem „klassische" öffentliche Auftraggeber (z. B. Gebietskörperschaften) im Allgemeininteresse liegende Aufgaben zur Erfüllung auf von ihnen finanzierte und beherrschte private Dritte übertragen und diese zusätzlich eine gewerbliche Betätigung aufnehmen (OLG Dresden, Urteil vom 9. 3. 2004 – Az.: 20 U 1544/03).

878 Nach **ständiger Rechtsprechung des Europäischen Gerichtshofes** hängt die Eigenschaft einer Stelle als Einrichtung des öffentlichen Rechts nicht davon ab, welchen Anteil ihrer Tätigkeit die Erfüllung von im Allgemeininteresse liegenden Aufgaben nichtgewerblicher Art ausmacht (EuGH, Urteil vom 23. 5. 2003 – Az.: C-18/01; ebenso OLG München, B. v. 7. 6. 2005 – Az.: Verg 004/05).

7.4.6.3 Tatsächliche Aufgabenwahrnehmung

879 Eine **tatsächliche** – dem Gesellschaftszweck entsprechende – **Aufgabenerfüllung reicht für die Geltung des § 98 Nr. 2 GWB aus.** Nach zutreffender Ansieht kann es schon mit Blick auf die Gefahr einer Umgehung nicht darauf ankommen, dass der betreffende Zweck zusätzlich im Gesellschaftsvertrag festgeschrieben ist (OLG Düsseldorf, B. v. 9. 4. 2003 – Az.: Verg 66/02).

7.4.6.4 Beispiele aus der Rechtsprechung

879a – die **Rundfunkanstalten erfüllen eine im Allgemeininteresse liegende Aufgabe nicht gewerblicher Art.** Der den Rundfunkanstalten erteilte Grundversorgungsauftrag der umfassenden und wahrheitsgemäßen Information der Bevölkerung unterliegt dem verfassungsrechtlichen Schutz der durch Art. 5 Abs. 1 Satz 2 GG gewährleisteten Rundfunkfreiheit. Art. 5 Abs. 1 Satz 2 GG dient nach der Rechtsprechung des Bundesverfassungsgerichts der Gewährleistung der freien individuellen und öffentlichen pluralistischen Meinungsbildung, die nur unter den Bedingungen umfassender und wahrheitsgemäßer Information gelingen kann. Die **Information der Bevölkerung ist daher ein wesentlicher Bestandteil des klassischen Rundfunkauftrags. Diese Aufgabe ist nicht gewerblicher Art. Die Landesrundfunkanstalten unterliegen auf dem Markt der Versorgung der Bevölkerung mit Informationen indes nicht dem Wettbewerb.** Zwar versorgen auch private Rundfunkunternehmen die Bevölkerung in Deutschland mit Informationen. Diese sind jedoch nicht zu einer umfassenden Grundversorgung mit Informationen verpflichtet. Es handelt sich hierbei um eine Aufgabe, die der deutsche Staat aus historischen Gründen gewährleisten und garantieren will (OLG Düsseldorf, B. v. 21. 7. 2006 – Az.: VII – Verg 13/06)

– die **Träger der gesetzlichen Unfallversicherung** sind als Körperschaften öffentlichen Rechts (vgl. § 29 Abs. 1 SGB IV) und damit als juristische Personen des öffentlichen Rechts

Gesetz gegen Wettbewerbsbeschränkungen GWB § 98 **Teil 1**

zu dem Zweck gegründet worden, im Allgemeininteresse liegende Aufgaben nicht gewerblicher Art zu erfüllen (OLG Düsseldorf, B. v. 6. 7. 2005 – Az.: VII – Verg 22/05; VK Düsseldorf, B. v. 26. 5. 2006 – Az.: VK – 22/2006 – L)

- **Sparkassen – verneint nach Abschaffung der Anstaltsgewährleistung** (OLG Rostock, B. v. 15. 6. 2005 – Az.: 17 Verg 3/05)
- **Verwaltung und Verwertung von Liegenschaften der Treuhandanstalt** (VK Halle, B. v. 8. 5. 2003 – Az.: VK Hal 02/03)
- **Krankenhausversorgung der Bevölkerung** (Saarländisches OLG, B. v. 20. 9. 2006 – Az.: 1 Verg 3/06; VK Düsseldorf, B. v. 27. 4. 2006 – Az.: VK – 12/2006 – L; VK Magdeburg, B. v. 27. 10. 2003 – Az.: 33-32571/07 VK 16/03 MD – bejaht; VK Brandenburg, B. v. 10. 9. 2004 – Az.: VK 39/04 – abgelehnt)
- **Erbringung der Leistungen der gesetzlichen Krankenkasse** (BayObLG, B. v. 24. 5. 2004 – Az.: Verg 006/04)

7.4.7 Überwiegende Finanzierung

Eine staatliche Einflussmöglichkeit kann sich ergeben aus einer überwiegenden öffentlichen Finanzierung, aus der Ausübung einer hinreichenden Aufsicht über die Leitung der Einrichtung oder aus der Bestimmung von mehr als der Hälfte der Mitglieder eines zur Geschäftsführung oder zur Aufsicht berufenen Organs. Den vorgenannten Kriterien ist gemein, dass sie **anhand formaler Kriterien typisierend festlegen, wann wegen dieser Einflussmöglichkeiten für die öffentliche Hand von einer besonderen Staatsgebundenheit**, d. h. von einer engen Verbindung mit einem anderen öffentlichen Auftraggeber, **auszugehen ist**. Das schließt nicht aus, auf einen ausreichenden Einfluss der öffentlichen Hand auf die laufende Geschäftsführung auch aus anderen Umständen zu schließen und vor allem **eine Gesamtschau aller Einflussmöglichkeiten vorzunehmen**. Ein solcher Einfluss verlangt regelmäßig **nicht nur eine nachträgliche Kontrolle der Tätigkeit der Einrichtung, sondern eine Einflussmöglichkeit auf die laufende Geschäftsführung** (OLG Naumburg, B. v. 17. 3. 2005 – Az.: 1 Verg 3/05). 880

Unter einer **staatlichen Finanzierung** im Sinne des Art. 1 Abs. 9, 2. Unterabsatz lit. c), 1. Alternative der Richtlinie 2004/18 EG ist **jedenfalls eine direkte (unmittelbare) Finanzierung durch den Staat oder die Gebietskörperschaften** zu verstehen (OLG Düsseldorf, B. v. 21. 7. 2006 – Az.: VII – Verg 13/06). 881

Fraglich ist, ob auch eine mittelbare, verfassungsrechtlich garantierte und kraft Staatsvertrag und kraft Gesetzes ermöglichte Finanzierung über Zahlungen des Bürgers ausreicht, um die im vergaberechtlichen Sinne geforderte Finanzierung zu bejahen. Zum Teil wird in der deutschen Rechtsprechung und Literatur die Auffassung vertreten, Art. 1 Abs. 9, 2. Unterabsatz, lit. c), 1. Alternative der Richtlinie 2004/18/EG verlange seinem Wortlaut nach („vom bzw. durch den Staat") ein **direktes Kausalverhältnis zwischen der Finanzierung und dem Staat**. Eine verfassungsrechtlich abgesicherte mittelbare Finanzierung über eine durch Bund und Länder garantierte Zwangsabgabe genügt nach dieser Auffassung nicht, das Tatbestandsmerkmal zu bejahen. Diese Auffassung stellt allein auf die staatliche Herkunft bzw. Quelle der Mittel (Staatshaushalt) ab. Sie verneint dann das Vorliegen einer staatlichen Finanzierung, wenn die Gebühren bei den Bürgern erhoben werden. Die gesetzliche Begründung von Zahlungspflichten der Bürger und die Übertragung hoheitlicher Befugnisse zur Einziehung der Gebühren stellt keine Finanzierungsmaßnahme durch den öffentlichen Auftraggeber dar (OLG Düsseldorf, B. v. 21. 7. 2006 – Az.: VII – Verg 13/06). 882

Andere Stimmen halten das **Bestehen einer gesetzlichen Grundlage, die private Dritte zur Zahlung von Gebühren oder Beiträgen verpflichtet, zur Annahme des Tatbestandsmerkmals der Finanzierung durch den Staat bzw. die Gebietskörperschaften für ausreichend**. Nach dieser Auffassung – die der Vergabesenat des OLG Düsseldorf teilt – ist es ohne Bedeutung, ob die Gebietskörperschaften selbst die Gebühren einziehen und sie danach an die betreffenden Einrichtungen übergeben oder sie der Einrichtung unmittelbar das Recht zur Gebührenerhebung einräumen (OLG Düsseldorf, B. v. 21. 7. 2006 – Az.: VII – Verg 13/06; im Ergebnis ebenso VK Düsseldorf, B. v. 31. 8. 2006 – Az.: VK – 38/2006 – L). 883

Eine überwiegende Finanzierung ist bereits dann gegeben, wenn eine **passive Inhaberschaft der Kapitalmehrheit** besteht (VK Baden-Württemberg, B. v. 9. 10. 2001 – Az.: 1 VK 27/01). 884

Teil 1 GWB § 98 Gesetz gegen Wettbewerbsbeschränkungen

885 Abzustellen ist insoweit **auf die juristische Person insgesamt und nicht nur auf die einzelne von ihr durchgeführte Aufgabe** (OLG Naumburg, B. v. 17. 3. 2005 – Az.: 1 Verg 3/05). Der Grund hierfür liegt darin, dass eine juristische Person nur dann einem staatlichen Auftraggeber gleichzustellen ist, wenn die juristische Person in einer derartigen Weise staatsgebunden ist, dass zwischen der staatlichen Stelle und der juristischen Person praktisch kein Unterschied besteht. Voraussetzung hierfür ist grundsätzlich die Möglichkeit der Beherrschung durch eine staatliche Stelle, entweder in finanzieller oder personeller Hinsicht. Dieses Ergebnis entspricht auch dem Wortlaut des § 98 Nr. 2 GWB. Im Gegensatz zu § 98 Nr. 5 GWB stellt Nr. 2 nicht auf das Aufgabengebiet, sondern auf den Rechtsträger als solchen ab (BayObLG, B. v. 24. 5. 2004 – Az.: Verg 006/04, B. v. 10. 9. 2002 – Az.: Verg 23/02).

886 Es begründen jedoch nicht alle Zahlungen der öffentlichen Hand eine besondere Verbindung im Sinn von § 98 Nr. 2 GWB, sondern **nur diejenigen Finanzleistungen, die als Finanzhilfe ohne spezifische Gegenleistung die Tätigkeiten der betreffenden Einrichtung unterstützen.** Daraus folgt, dass z. B. die Leistungen der gesetzlichen und privaten Krankenkassen an Krankenhäuser nicht als öffentliche Finanzierung einzustufen sind. Dem Anteil der öffentlichen Finanzierung sind in solchen Fällen jedoch die Fördermittel für Baumaßnahmen und anderer Investitionen, die einmalige Zuwendung zum Strukturausgleich, die Zuwendungen zur Unterstützung der medizinischen Forschung zuzurechnen (OLG Naumburg, B. v. 17. 3. 2005 – Az.: 1 Verg 3/05).

887 Erfolgt die **überwiegende Finanzierung nicht durch die öffentliche Hand, sondern durch die Beiträge der Mitglieder,** ist danach zu unterscheiden, ob es sich um freiwillige Mitgliedsbeiträge oder um eine durch **Zwangsmitgliedschaft staatlich vorgeschriebene Finanzierung handelt. Beim letzteren Fall ist eine überwiegende Finanzierung** der öffentlichen Hand zu bejahen (VK Lüneburg, B. v. 21. 9. 2004 – Az.: 203-VgK-42/2004).

7.4.8 Aufsicht über die Leitung

7.4.8.1 Rechtsprechung

888 Auch zu diesem Tatbestandsmerkmal gibt es eine unterschiedliche Rechtsprechung.

889 Nach der **Auffassung des EuGH** ist im Einzelfall zu prüfen, ob die konkrete Ausformung der Aufsicht eine Verbindung der Einrichtungen mit der öffentlichen Hand schafft, die es dieser ermöglicht, die Entscheidungen dieser Einrichtungen in Bezug auf öffentliche Aufträge zu beeinflussen (EuGH, Urteil vom 1. 2. 2001 – Az.: C-237/99 Rdn. 48; OLG Düsseldorf, B. v. 6. 7. 2005 – Az.: VII – Verg 22/05). Schon die bloße Überwachung der Einhaltung der Regeln für die Führung der Geschäfte der Einrichtung kann für sich allein schon dazu führen, dass der öffentlichen Hand ein bedeutender Einfluss eingeräumt wird und dass damit eine Aufsicht über die Leitung bejaht wird (EuGH, Urteil vom 1. 2. 2001 – Az.: C-237/99 Rdn. 52). In die gleiche Richtung weist die Auffassung der VK Nordbayern, die **bei Zwangskörperschaften eine Rechtsaufsicht genügen lässt** (VK Nordbayern, B. v. 23. 1. 2003 – Az.: 320.VK-3194-47/02).

890 Der Tatbestand der Aufsicht über die Leitung ist **im Falle einer bloßen nachprüfenden Kontrolle nicht erfüllt,** denn schon begrifflich erlaubt es eine derartige Kontrolle der öffentlichen Hand nicht, die Entscheidungen der betreffenden Einrichtung im Bereich der Vergabe öffentlicher Aufträge zu beeinflussen. Dieses Tatbestandsmerkmal erfüllt jedoch ein Sachverhalt, bei dem zum einen **die öffentliche Hand** nicht nur **die Jahresabschlüsse der betreffenden Einrichtung kontrolliert, sondern auch ihre laufende Verwaltung im Hinblick auf ihre ziffernmäßige Richtigkeit, Ordnungsmäßigkeit, Sparsamkeit, Wirtschaftlichkeit und Zweckmäßigkeit,** und bei dem zum anderen die öffentliche Hand berechtigt ist, die Betriebsräume und Anlagen dieser Einrichtung zu **besichtigen** und über das Ergebnis dieser Prüfung einer Gebietskörperschaft zu **berichten,** die über eine andere Gesellschaft das Kapital der in Rede stehenden Einrichtung hält (EuGH, Urteil vom 27. 2. 2003 – Az.: C-373/00).

891 Demgegenüber kann nach Auffassung des Bayerischen Obersten Landesgerichts selbst die **qualifizierte Rechtsaufsicht nicht als Aufsicht im Sinne des § 98 Nr. 2 GWB** angesehen werden, weil sie nicht zu einer Beherrschung des Auftraggebers führt. Im Gegensatz zur Fachaufsicht greift die Rechtsaufsicht nicht in die unternehmerischen Entscheidungen des betreffenden Rechtsträgers ein, beherrscht demnach nicht die „Unternehmenspolitik"; auch die präventive Rechtsaufsicht dient nur dem Zweck, rechtswidrige Handlungen zu verhindern (BayObLG, B. v. 21. 10. 2004 – Az.: Verg 017/04; B. v. 24. 5. 2004 – Az.: Verg 006/04, B. v. 10. 9. 2002 – Az.: Verg 23/02; VK Rheinland-Pfalz, B. v. 1. 2. 2005 – Az.: VK 01/05).

Für den Fall der **bayerischen Landesversicherungsanstalten bejaht das Bayerische** 892
Oberste Landesgericht die Rechtsaufsicht. In der Gesamtschau stehen die Landesversicherungsanstalten wie eine sonstige Verwaltungsbehörde weitgehend unter staatlicher Einflussnahme. Dass die Landesversicherungsanstalten innerhalb des ihnen vorgegebenen Rahmens selbstverwaltend tätig sein können, unterscheidet sie nicht von einer sonstigen Behörde, die auch im Rahmen des ihr vorgegebenen finanziellen Budgets selbständig über Ausstattung oder sonstige Anschaffungen entscheiden kann. Allein die Ausgliederung aus der eigentlichen staatlichen Verwaltung entzieht die Landesversicherungsanstalten nicht dem Vergaberecht (BayObLG, B. v. 21. 10. 2004 – Az.: Verg 017/04).

Die VK Düsseldorf schließt sich dieser Auffassung an. Nach Inkrafttreten des Gesetzes zur 893
Organisationsreform in der gesetzlichen Rentenversicherung treten seit dem 1. 10. 2005 **alle Rentenversicherungsträger** (die Bundesversicherungsanstalt für Angestellte, die 22 Landesversicherungsanstalten, Bundesknappschaft, Bahnversicherungsanstalt und Seekasse) **gemeinsam unter dem Namen „Deutsche Rentenversicherung"** auf. Die Landesversicherungsanstalten bleiben nach § 125 SGB VI weiterhin als Regionalträger erhalten und ihr Name besteht nun aus der Bezeichnung „Deutsche Rentenversicherung" und einem Zusatz ihrer jeweiligen regionalen Zuständigkeit (VK Düsseldorf, B. v. 28. 11. 2005 – Az.: VK – 40/2005 – B).

Nach **Auffassung des OLG Düsseldorf kann auch eine bloße Rechtsaufsicht als Auf-** 894
sicht im Sinn von § 98 Nr. 2 in Betracht kommen. Das vorhandene Selbstverwaltungsrecht einer Körperschaft öffentlichen Rechts besagt nur, dass der Staat im jeweiligen Bereich die Organisationsform der mittelbaren Staatsverwaltung gewählt hat, die jedoch unter dem Blickwinkel der Staatsnähe ganz unterschiedlich ausgestaltet sein kann. **Es ist nicht ausgeschlossen, dass eine Aufsichtsbehörde durch ein Verbundwerk aus Normen der Rechtsaufsicht und Befugnissen der Vorab- und nachträglichen Kontrolle nicht nur das Rechtshandeln, sondern auch Entscheidungen in Bezug auf die Aufträge der Körperschaft nachhaltig beeinflusst oder zumindest – wie vom EuGH gefordert – beeinflussen kann** (OLG Düsseldorf, B. v. 6. 7. 2005 – Az.: VII – Verg 22/05; VK Düsseldorf, B. v. 31. 8. 2006 – Az.: VK – 38/2006 – L).

Hinsichtlich der Befugnisse der Aufsichtsbehörden im Bereich der Unfallversiche- 895
rung reicht die staatliche Rechtsaufsicht dahin, dass sogar eine Genehmigungspflicht der Satzung durch die Aufsichtsbehörde, die nachträgliche Änderungen ermöglicht und die Selbstvornahme einschließt (§ 114 Abs. 2 S. 2, 3 SGB VII). Ferner bedürfen die für den Beitrag maßgebenden Gefahrtarife der Genehmigung seitens der Aufsichtsbehörde (OLG Düsseldorf, B. v. 6. 7. 2005 – Az.: VII – Verg 22/05).

Im **Falle einer Fachaufsicht** ist eine staatliche **Beherrschung** im Sinne der EuGH- 896
Rechtsprechung nach allgemeiner Ansicht **gegeben** (OLG Düsseldorf, B. v. 6. 7. 2005 – Az.: VII – Verg 22/05).

7.4.8.2 Sonderfall: Öffentlich-rechtliche Rundfunkanstalten

7.4.8.2.1 Allgemeines. Umstritten ist, ob öffentlich-rechtliche Rundfunkanstalten das for- 897
male Vergaberecht der §§ 97 ff. GWB beachten müssen.

Die Vergabeverordnung vom 22. 1. 1994 regelte in § 6 Abs. 4 ausdrücklich, dass die Vergabe- 898
verordnung und damit das formale Vergaberecht keine Anwendung auf Aufträge findet, die von öffentlich-rechtlichen Rundfunkanstalten oder Rundfunkkörperschaften erteilt werden. Im Zuge der Neufassung der Vergabeverordnung ist diese Bestimmung entfallen.

Man kann **aus Art. 16 lit. c) Richtlinie 2004/18 EG den Umkehrschluss ziehen,** dass 899
dort nicht aufgezählte Dienstleistungsaufträge dem Anwendungsbereich der Richtlinie unterliegen. Art. 16 lit. b) besagt, dass die Richtlinie keine Anwendung findet auf öffentliche Dienstleistungsaufträge, die den Kauf, die Entwicklung, Produktion oder Koproduktion von Programmen, die zur Ausstrahlung durch Rundfunk- oder Fernsehanstalten bestimmt sind, sowie die Ausstrahlung von Sendungen zum Gegenstand haben – argumentum e contrario – (so OLG Düsseldorf, B. v. 21. 7. 2006 – Az.: VII – Verg 13/06).

Die Meinungen in der vergaberechtlichen Literatur sind unterschiedlich. Die Rechtsprechung 900
des EuGH zum funktionalen Auftraggeberbegriff und zu den Anforderungen an die Aufsicht deutet eher darauf hin, dass aufgrund der Einflussmöglichkeiten der öffentlichen Hand auch öffentlich-rechtliche Rundfunkanstalten dem Vergaberecht unterfallen.

Teil 1 GWB § 98 Gesetz gegen Wettbewerbsbeschränkungen

901 Nach einem – nicht rechtskräftigen – Beschluss der VK Köln vom 13. 2. 2006 – Az.: VK VOL 31/2006 sind **auch öffentlichrechtliche Rundfunkanstalten und ihre unselbständigen Teile (GEZ) öffentliche Auftraggeber.**

902 Das **OLG Düsseldorf** hat zu der Frage der Auftraggebereigenschaft der öffentlichrechtlichen Rundfunkanstalten **dem EuGH folgende Fragen** zur Auslegung des Art. 1 der Richtlinie 2004/18/EG des Europäischen Parlaments und des Rates vom 31. März 2004 über die Koordinierung der Verfahren zur Vergabe öffentlicher Bauaufträge, Lieferaufträge und Dienstleistungsaufträge (Abl. (EG) L 134/114 v. 30. 4. 2004) **gemäß Art. 234 Abs. 1 EG folgende Fragen vorgelegt:**

903 1. Ist das Tatbestandsmerkmal der „Finanzierung durch den Staat" des Art. 1 Absatz 9, 2. Unterabsatz, lit. c), 1. Alternative der Richtlinie 2004/18 EG dahin auszulegen, dass auf Grund einer dem Staat obliegenden verfassungsrechtlichen Gewährsgarantie für die unabhängige Finanzierung und Existenz der Einrichtungen eine mittelbare Finanzierung von Einrichtungen durch eine staatlich vorgeschriebene Gebührenzahlung durch diejenigen, die Rundfunkgeräte bereithalten, eine Finanzierung im Sinne dieses Tatbestandsmerkmals ist?

2. Falls die erste Vorlagefrage mit „ja" zu beantworten ist, ist Art. 1 Abs. 9, 2. Unterabsatz, lit. c), 1. Alternative der Richtlinie 2004/18/EG dahin auszulegen, dass das Tatbestandsmerkmal „der Finanzierung durch den Staat" die Eröffnung eines direkten Einflusses des Staates bei der Vergabe von Aufträgen durch die staatlich finanzierte Einrichtung verlangt?

3. Falls die zweite Vorlagefrage mit „nein" zu beantworten ist, ist Art. 1 Abs. 9, 2. Unterabsatz, lit. c) der Richtlinie 2004/18/EG im Lichte des Art. 16 lit. b) dahin auszulegen, dass nur die in Art. 16 lit. b) genannten Dienstleistungen dem Anwendungsbereich der Richtlinie entzogen sind und andere Dienstleistungen, die nicht programmspezifischer Art sind, sondern Hilfs- und Unterstützungscharakter haben, dem Anwendungsbereich der Richtlinie unterliegen (argumentum e contrario)?

904 **7.4.8.2.2 Deutsche Welle.** Bei der **Deutschen Welle** handelt es sich um eine Anstalt des öffentlichen Rechts, die vom Bund finanziert wird und zu dem besonderen Zweck gegründet wurde, den gesetzlichen Programmauftrag, eine im Allgemeininteresse liegende Aufgabe nicht gewerblicher Art, zu erfüllen (2. VK Bund, B. v. 3. 4. 2006 – Az.: VK 2–14/06).

7.4.8.2.3 Literatur

– Dreher, Meinrad, Die vergaberechtliche Beurteilung von Aufträgen zur Ausstrahlung von Rundfunksendungen, AfP 2005, 127

– Dreher, Meinrad, Die Beschaffung von Programmmaterial durch Rundfunkanstalten, ZUM 2005, 265

– Korthals, Claudia, Sind öffentliche Rundfunkanstalten öffentliche Auftraggeber im Sinne des Vergaberechts?, NZBau 2006, 215

7.4.9 Weitere Sonderfälle

7.4.9.1 DB Netz AG

905 **7.4.9.1.1 Rechtsprechung.** Die Deutsche Bahn AG hat lediglich die Funktion einer Holdinggesellschaft. Von daher ist bei jeder Tochtergesellschaft gesondert zu prüfen, ob sie öffentliche Auftraggeber im Sinne von § 98 Nr. 2 GWB sind. Die **DB Netz AG** ist verantwortlich für die gesamte Infrastruktur des Bahnbetriebs, also für Fahrbahn, Betriebsanlagen, alle Einrichtungen der Betriebsleittechnik, Kommunikation und die elektrischen Fahrleitungen. Zu ihren Aufgaben gehört weiterhin die Unterhaltung von Tunneln und Brücken. Die **DB Netz AG erfüllt damit den Gemeinwohlauftrag des Art. 87 e Abs. 4 Grundgesetz;** sie wird vom Bund beherrscht, steht in keinem entwickelten Wettbewerb und ist damit öffentlicher Auftraggeber nach § 98 Nr. 2 GWB (2. VK Bund, B. v. 4. 5. 2005 – Az.: VK 2–27/05).

906 Auch besteht im Bereich des Ausbaus und der Erhaltung des Bahnnetzes **noch kein ausgeprägter Wettbewerb, so dass die DB Netz AG auch nicht gewerblich tätig wird.** Alles in allem ist der Unternehmensbereich jedenfalls der DB Netz AG der **klassischen Daseinsvorsorge der öffentlichen Hand zuzuordnen,** die gemäß Art. 87 e GG lediglich in Form einer juristischen Person des Privatrechts erfüllt wird. Für solche öffentlichen Auftraggeber ist aber § 98 Nr. 2 GWB seinem Sinn und Zweck nach geschaffen worden. Aus der **Zuordnung des Auftraggebers zu § 98 Nr. 2 GWB ergibt sich die Anwendbarkeit der Vorschriften**

Gesetz gegen Wettbewerbsbeschränkungen   GWB § 98   **Teil 1**

des 3. Abschnitts der VOB/A nach § 7 Abs. 1 Nr. 2 in Verbindung mit § 8 Nr. 4 c VgV (2. VK Bund, B. v. 21. 1. 2004 – Az.: VK 2–126/03).

7.4.9.1.2 Literatur 907
– Haug, Thomas/Immoor, Heinrich, Ist die Qualifizierung der DB AG als Auftraggeberin nach § 98 Nr. 2 GWB noch zeitgemäß? Zu den Voraussetzungen und Folgen des Anwendungsbereiches nach § 98 Nrn. 2, 4 GWB, VergabeR 2004, 308

7.4.9.2 Deutsche Post AG

7.4.9.2.1 Allgemeines. Die Deutsche Post AG wurde zu dem besonderen Zweck gegründet, 908
im Allgemeininteresse liegende Aufgaben nicht gewerblicher Art zu erfüllen (Vergabeüberwachungsausschuss des Bundes, B. v. 24. 4. 1998 – Az.: 1 VÜ 15/98). Die Deutsche Post AG hat eine gesetzlich verankerte (§ 51 PostG) und **bis zum 31. 12. 2005 geltende Exklusivlizenz** zur gewerbsmäßigen Beförderung bestimmter Briefsendungen und eine darauf basierende Verpflichtung zur Erbringung entsprechender **Universaldienstleistungen** (§ 52 PostG). Da sie in diesem Bereich nicht in einem entwickelten Wettbewerb steht und vom Bund beherrscht wird, ist sie ebenfalls öffentlicher Auftraggeber nach § 98 Nr. 2 GWB.

7.4.9.2.2 Literatur 909
– Huber, Peter/Wollenschläger, Ferdinand, Post und Vergaberecht – Die vergaberechtliche Stellung der Deutschen Post AG und anderer privatisierter Nachfolgeunternehmen früherer Postmonopolinhaber vor dem Hintergrund der Einbeziehung von Postdienstleistungen in das Sektorenvergaberecht, VergabeR 2006, 431

7.4.9.3 Deutsche Postbank AG

Die Deutsche Postbank AG hat keinen Gemeinwohlauftrag, steht mit allen Leistungen in ei- 910
nem entwickelten Wettbewerb und ist daher kein öffentlicher Auftraggeber nach § 98 GWB.

7.4.9.4 Deutsche Telekom AG

Die Deutsche Telekom AG hat nach § 2 der Verordnung zur Sicherstellung von Telekommu- 911
nikationsdienstleistungen sowie zur Einräumung von Vorrechten bei deren Inanspruchnahme (TKSiV) einen Gemeinwohlauftrag; sie ist nämlich zu einem Mindestangebot von Telekommunikationsdienstleistungen verpflichtet. Sie steht aber mit allen Leistungen in einem entwickelten Wettbewerb und ist daher kein öffentlicher Auftraggeber nach § 98 Nr. 2 GWB. Zur Auftraggebereigenschaft nach § 98 Nr. 4 GWB vgl. RZ 919.

7.4.9.5 Gemeinde-Unfallversicherungsträger

Gemeinde-Unfallversicherungsträger, bei denen es sich um Unfallversicherungsträger der öf- 912
fentlichen Hand handelt, die **primär für die Arbeiter und Angestellten des öffentlichen Dienstes zuständig sind, stellen öffentliche Auftraggeber dar** (VK Rheinland-Pfalz, B. v. 1. 2. 2005 – Az.: VK 01/05).

7.4.10 Kumulatives Vorliegen der Tatbestandsvoraussetzungen

Nach der **Rechtsprechung des Europäischen Gerichtshofs** kann eine Einrichtung nur 913
dann als eine **Einrichtung des öffentlichen Rechts** eingestuft werden kann, wenn sie alle drei Tatbestandsmerkmale aufweist, nämlich ihre **Gründung zu dem besonderen Zweck, im Allgemeininteresse liegende Aufgaben nicht gewerblicher Art zu erfüllen,** Rechtspersönlichkeit und eine **enge Verbindung mit dem Staat,** Gebietskörperschaften oder anderen Einrichtungen des öffentlichen Rechts (Urteil vom 13. 1. 2005 – Az.: C-84/03; Urteil vom 15. 5. 2003 – Az.: C-214/00, Urteil vom 23. 5. 2003 – Az.: C-18/01, Urteil vom 16. 10. 2003 – Az.: C-283/00; 2. VK Bund, B. v. 8. 6. 2006 – Az.: VK 2–114/05).

7.4.11 Literatur

– Boldt, Antje, Müssen gesetzliche Krankenkassen das Vergaberecht beachten?, NJW 2005, 914
3757
– Byok, Jan/Jansen, Nicola, Die Stellung gesetzlicher Krankenkassen als öffentliche Auftraggeber, NvWZ 2005, 53

Teil 1 GWB § 98   Gesetz gegen Wettbewerbsbeschränkungen

- Dreher, Meinrad, Öffentlich-rechtliche Anstalten und Körperschaften im Kartellvergaberecht, NZBau 2005, 297
- Dreher, Meinrad, Sind öffentlich-rechtliche Kreditinstitute öffentliche Auftraggeber?, Festschrift für Walter Hadding, De Gruyter Verlag, Berlin, 2004, 797
- Dreher, Meinrad, Die Stellung öffentlicher Versicherungsunternehmen im Kartellvergaberecht, Festschrift für Hellmut Kollhosser, Karlsruhe, 2004, 73
- Eschenbruch, Klaus/Hunger, Kai-Uwe, Selbstverwaltungskörperschaften als öffentliche Auftraggeber, NZBau 2003, 471
- Guckelberger, Annette, Bundeswehr und Vergaberecht, ZfBR 2005, 34
- Haussmann, Friedrich/Bultmann, Peter, Zur Auftraggebereigenschaft von Wohnungsunternehmen und zur Nichtigkeit und Nachprüfbarkeit von De-facto-Vergaben – Anmerkung zum Beschluss des KG vom 11. 11. 2004 – 2 Verg 16/04, ZfBR 2005, 310
- Hübner, Alexander/Weitemeyer, Birgit, Öffentliche Wohnungswirtschaft unter europäischem Vergaberecht, NZM 2006, 121
- Koenig, Christian/Hentschel, Kristin, Der Public Private Partnership-Infrastrukturträger als öffentlicher Auftraggeber (§ 98 GWB), ZfBR 2005, 442
- Mestwerdt, Thomas/v. Münchhausen, Moritz, Die Sozialversicherungsträger als Öffentliche Auftraggeber i. S. v. § 98 Nr. 2 GWB, ZfBR 2005, 659
- Müller-Wrede, Malte/Greb, Klaus, Sind Wohnungsbauunternehmen der öffentlichen Hand öffentliche Auftraggeber im Sinne des EG-Vergaberechts?, VergabeR 2004, 565
- Pöcker, Markus/Michel, Jens, Vergaberecht und Organisation der öffentlichen Verwaltung: Vom Formalismus der juristischen Person zur Anpassung an sich verändernde Handlungs- und Organisationsrationalitäten, DÖV 2006, 445–453
- Wollenschläger, Ferdinand, Die Bindung gesetzlicher Krankenkassen an das Vergaberecht, NZBau 2004, 655
- Ziekow, Jan, Die vergaberechtliche Auftraggebereigenschaft konzernverbundener Unternehmen, NZBau 2004, 181

7.5 § 98 Nr. 3

915 Öffentliche Auftraggeber sind auch Verbände, deren Mitglieder unter § 98 Nr. 1 oder 2 fallen. Die Vorschrift betrifft **in der Praxis im Wesentlichen kommunale Zweckverbände** (VK Düsseldorf, B. v. 11. 8. 2006 – Az.: VK – 30/2006 – L), z.B. Abwasserzweckverbände, Wasserverbände, Abfallwirtschaftszweckverbände (VK Schleswig-Holstein, B. v. 30. 8. 2006 – Az.: VK-SH 20/06; VK Thüringen, B. v. 31. 7. 2002 – Az.: 216–403.20–031/02-SLZ) oder Verkehrszweckverbände (VK Düsseldorf, B. v. 18. 4. 2002, Az.: VK – 5/2002 – L).

916 In Betracht kommen aber auch Arbeitsgemeinschaften von Bund und Ländern (OLG Brandenburg, B. v. 3. 8. 1999 – Az.: 6 Verg 1/99).

917 **Auch eine Gesellschaft bürgerlichen Rechts ist ein „Verband".** Die dem Vergaberecht eigene funktionale Betrachtungsweise führt zu einer **weiten Auslegung dieses Begriffs**. Er umfasst Zusammenschlüsse aller Art, ungeachtet der jeweiligen Rechtsform (OLG Düsseldorf, B. v. 6. 7. 2005 – Az.: VII – Verg 22/05; VK Düsseldorf, B. v. 26. 5. 2006 – Az.: VK – 22/2006 – L).

918 **§ 98 Nr. 3 GWB stellt lediglich einen Auffangtatbestand dar,** der eingreift, wenn die Verbände nicht eigene Auftraggeberqualität haben (VK Lüneburg, B. v. 30. 6. 2006 – Az.: VgK-13/2006; VK Düsseldorf, B. v. 18. 4. 2002 – Az.: VK – 5/2002 – L).

7.6 § 98 Nr. 4

919 § 98 Nr. 4 bezieht auch die Sektorenauftraggeber in den persönlichen Anwendungsbereich des 4. Abschnitts des GWB ein.

7.6.1 Sektorenrichtlinie

920 Das Verzeichnis der Auftraggeber in den Anhängen I bis X der Sektorenrichtlinie (Richtlinie 2004/17/EG) nennt bestimmte öffentliche Auftraggeber (wobei das Verzeichnis nicht vollständig ist).

Gesetz gegen Wettbewerbsbeschränkungen GWB § 98 **Teil 1**

7.6.2 Nähere Bestimmung der Sektorenbereiche

§ 8 VgV definiert die Tätigkeiten im Sektorenbereich näher; § 9 VgV legt die Ausnahmen im Sektorenbereich fest. So unterfällt die Beschaffung von Wasser nach § 9 Abs. 5 Nr. 1 VgV nicht dem Vergaberecht (VK Lüneburg, B. v. 15. 1. 2002 – Az.: 203-VgK-24/2001). 921

7.6.3 Sektorenbereich Telekommunikation

Die Kommission der Europäischen Gemeinschaften hat in einer Mitteilung eine **Liste der Telekommunikationsdienste, die unter die Ausnahmeregelung nach Art. 8 der Richtlinie 93/38/EWG (Sektorenrichtlinie) fallen,** veröffentlicht. Gemäß Art. 8 Abs. 1 unterliegen Beschaffungen der Auftraggeber u. a. im Telekommunikationssektor, die eine unter die Ausnahmeregelung fallende Dienstleistung in dem betreffenden geographischen Gebiet erbringen, nicht mehr den detaillierten Vorschriften dieser Richtlinie. 922

Folgende Dienstleistungen sind danach ausgenommen: 923

– öffentlicher Telefondienst (Festnetz)
– öffentlicher Telefondienst (Mobilnetz)
– Satellitendienste
– Datenübertragung/Mehrwertdienste (Telefonkarten, Internet, Rückrufdienste)

Damit ist die Deutsche Telekom AG zwar noch Sektorenauftraggeber im Sinne des § 98 Nr. 4 GWB; ihre Beschaffungen in den oben genannten Bereichen unterliegen aber nicht mehr den Bestimmungen des formalen Vergaberechts. 924

Die **Herausnahme der o. a. Dienstleistungen** aus dem Vergaberecht ist **in den Erwägungsgründen der neuen Sektorenrichtlinie** (Richtlinie 2004/17/EG) **bestätigt** worden. 925

7.6.4 Einräumung besonderer oder ausschließlicher Rechte

§ 98 Nr. 4 1. Alternative GWB erfasst solche Sektorenunternehmen, die aufgrund besonderer oder ausschließlicher Rechte tätig sind. **Gemeint sind damit ausdrücklich Unternehmen, die in keiner Weise staatlicher Beeinflussung unterliegen. Voraussetzung für ihre Unterwerfung unter das Vergaberecht ist lediglich, dass sie ihre Tätigkeit auf der Grundlage von besonderen oder ausschließlichen Rechten ausüben, die von der jeweils zuständigen Behörde gewährt wurden.** Aufgrund der Gewährung dieser besonderen Rechte sind die Sektorenunternehmen nicht wie andere Unternehmen gemäß den allgemeinen Regeln auf dem Markt tätig, sondern erhalten eine **marktbezogene Sonderstellung.** 926

Der Begriff der besonderen bzw. ausschließlichen Rechte ist **Art. 86 Abs. 1 EG** (vormals Art. 90 Abs. 1 EG) **entlehnt** und daher im Sinne dieser Vorschrift auszulegen. Bei ausschließlichen Rechten handelt es sich demnach um solche, die von einer Behörde, einer oder mehreren privaten Einrichtungen auf dem Gesetzes- oder Verwaltungswege gewährt wurden und diesen die Erbringung einer Dienstleistung oder die Ausübung einer bestimmten Tätigkeit vorbehalten, wie z. B. Wasserrechte, Wegerechte, Benutzungsrechte von Grundstücken und sonstigen Ausschließlichkeitsrechten. Erfolgt die Gewährung der besonderen oder ausschließlichen Rechte nicht im Gesetzes-, sondern im Verwaltungswege, ist nicht entscheidend, ob diese Rechte durch einseitigen öffentlichen Rechtsakt oder durch privat-rechtlichen Vertrag begründet worden sind. Allein entscheidend ist, dass überhaupt – wie auch immer begründete – Sonderrechte geschaffen worden sind (VK Lüneburg, B. v. 8. 11. 2002 – Az.: 24/02). 927

7.6.5 Beherrschender Einfluss

§ 98 Nr. 4 2. Alternative GWB bezieht solche Sektorenunternehmen in den Geltungsbereich des GWB ein, die einem beherrschenden Einfluss der öffentlichen Hand unterliegen. 928

Nach § 10 Abs. 2 Satz 3 VgV wird **vermutet, dass ein beherrschender Einfluss ausgeübt** wird, wenn der Auftraggeber 929

1. die Mehrheit des gezeichneten Kapitals des Unternehmens besitzt oder
2. über die Mehrheit der mit den Anteilen des Unternehmens verbundenen Stimmrechte verfügt oder

Teil 1 GWB § 98   Gesetz gegen Wettbewerbsbeschränkungen

3. mehr als die Hälfte der Mitglieder des Verwaltungs-, Leitungs- oder Aufsichtsorgans des Unternehmens bestellen kann.

7.6.6 Rangverhältnis zwischen § 98 Nr. 2 und § 98 Nr. 4

7.6.6.1 Rechtsprechung

930   Tritt § 98 Nr. 2 GWB zu § 98 Nr. 4 GWB in Konkurrenz, weil ein Auftraggeber sowohl den Tatbestand der einen wie der anderen Bestimmung erfüllt, so **geht § 98 Nr. 2 GWB als speziellere Norm vor,** die den Auftraggeber einem strengeren Vergaberegime unterwirft – vgl. § 101 Abs. 5 GWB, § 8 VgV – (OLG München, B. v. 20. 4. 2005 – Az.: Verg 008/05; BayObLG, B. v. 5. 11. 2002 – Az.: Verg 22/02; VK Schleswig-Holstein, B. v. 17. 1. 2006 – Az.: VK-SH 32/05; VK Brandenburg, B. v. 28. 1. 2003 – Az.: VK 71/02; offen gelassen OLG Düsseldorf, B. v. 14. 4. 2005 – Az.: VII – Verg 93/04).

7.6.6.2 Literatur

931   – Anreiter, Wilfried, Qualitätssicherung im öffentlichen Verkehr durch Vergabe im Wettbewerb, Dissertation, Wien, 2005
– Hertwig, Stefan, Hat ein kommunales Verkehrsunternehmen den Abschnitt 3 oder den Abschnitt 4 von VOB/A bzw. VOL/A anzuwenden? NZBau 2003, 545

7.6.7 Abgrenzung der Auftraggeber nach § 98 Nr. 2 und § 98 Nr. 4

932   Kennzeichnend dafür, dass eine juristische Person des privaten Rechts als **Auftraggeber von § 98 Nr. 2 GWB** erfasst wird, ist die **Erfüllung im Allgemeininteresse liegender Aufgaben nichtgewerblicher Art,** d. h. Vorsorgetätigkeit für die Bürger, bei der Wirtschaftlichkeitsaspekte nicht im Vordergrund stehen, sowie überwiegende Finanzierung durch die öffentliche Hand oder beherrschender Einfluss der öffentlichen Hand infolge mehrheitlicher Beteiligung oder Aufsicht. **Merkmal der Sektorenauftraggeber i. S. d. 4. Abschnitts ist es hingegen gerade, dass Wirtschaftlichkeitsaspekte Vorrang vor Vorsorgeüberlegungen haben. Sektorenauftraggeber nehmen am Marktgeschehen teil wie ein normales Wirtschaftsunternehmen, so dass ihre wirtschaftliche Tätigkeit einen wesentlichen Umfang haben muss.** Es heißt aber insbesondere, dass sie sich im Wettbewerb mit Konkurrenten mit dem gleichen Geschäftszweck befinden und ihre Tätigkeit in erster Linie gewinnorientiert ist. Aus diesem Grund fallen kommunale Unternehmen im Bereich des öffentlichen Personennahverkehrs (wie Verkehrs-AG oder Verkehrsverbund-GmbH) regelmäßig nicht unter den Abschnitt 4 der VOL/A, da es eine Gewinnorientierung hier nicht gibt (VK Lüneburg, B. v. 11. 10. 2005 – Az.: VgK-45/2005; B. v. 5. 10. 2005 – Az.: VgK-44/2005).

7.6.8 Beispiele aus der Rechtsprechung

933   – auch nach der Umwandlung und Neustrukturierung in einen Aktienkonzern **(RAG-Konzern)** mit darüber hinaus gehenden Funktionen wie z. B. Müllentsorgung betätigt sich jedoch der Gesamtkonzern mit allen seinen Töchtern **auf dem Gebiet auf dem Gebiet der Energieversorgung im weitesten Sinne.** Insbesondere die Antragsgegnerin lässt in ihrer Aufgabenstruktur das **intensive Zusammenspiel der Konzerntöchter zur Zielerreichung der Konzernmutter** erkennen und gerade die **zentrale Finanzierung** verdeutlicht die Gemeinsamkeit von Ziel und Arbeit aller Konzerntöchter. **Im Sinne eines funktionalen Auftraggeberbegriffs sind daher alle Konzernmitglieder für die hier umstrittene Ausschreibung als Auftraggeber im Sinne des § 98 Nr. 4 GWB zu qualifizieren.** Eine andere Auslegung, die dann eine reines privatrechtliches Geschehen unter privaten Unternehmen anzunehmen zuließe, würde zu einer Umgehung des gesetzgeberischen Willens führen, auch diese Unternehmen dem Vergaberecht zu unterstellen. Die **Gründung einer Tochterfirma für Beschaffungen wäre jedenfalls insoweit als Umgehung zu betrachten.** Insoweit ist die sich in der Handhabung darstellende Rechtsauffassung der Antragsgegnerin, zur Ausschreibung – wenigstens bis zum 1. 2. 2006 – verpflichtet zu sein, im Kern zu bestätigen. **Ob die in dem Erwägungsgrund 25 der Richtlinie 2004/17/EG niedergelegte Rechtsauslegung des EU-Gesetzgebers nach dem 1. 2. 06 zu einer Befreiung der Antragsgegnerin vom Kartellvergaberecht führt,** braucht aufgrund der zeitlich vorgehenden Ausschreibung **nicht entschieden** werden (VK Arnsberg, B. v. 13. 6. 2006 – Az.: VK 10/06)

7.7 § 98 Nr. 5

7.7.1 Sinn und Zweck der Regelung

Sinn und Zweck der Vorschrift ist es zu verhindern, dass sich der **Staat seinen vergaberechtlichen Verpflichtungen durch Zwischenschaltung von durch ihn subventionierten Auftraggebern entzieht** (2. VK Bund, B. v. 8. 6. 2006 – Az.: VK 2–114/05). 934

7.7.2 Abschließende Auflistung der Baumaßnahmen, Dienstleistungen und Auslobungsverfahren

Die in **§ 98 Nr. 5 GWB erfolgte Auflistung** von Baumaßnahmen oder damit in Verbindung stehenden Dienstleistungen ist nicht beispielhaft, sondern **abschließend** (BayObLG, B. v. 29. 10. 2004 – Az.: Verg 022/04; 2. VK Bund, B. v. 8. 6. 2006 – Az.: VK 2–114/05). Eine Regelung wie in § 98 Nr. 5 GWB hätte der Gesetzgeber nicht getroffen, wenn er alle öffentlich geförderten Auftragsvergaben von natürlichen oder juristischen Personen des privaten Rechts einem Nachprüfungsverfahren nach dem Vierten Teil des GWB unterwerfen wollen, sofern sie nur zu mehr als 50 v. H. subventioniert werden und die Schwellenwerte überschreiten (VK Lüneburg, B. v. 8. 11. 2002 – Az.: 24/02). 935

Dies bedeutet, dass **alle übrigen Subventions- bzw. Zuwendungstatbestände** (z. B. für die Errichtung von Gewerbebauten) nicht dazu führen, dass die Subventions- bzw. Zuwendungsempfänger dem formalen Vergaberecht des GWB unterliegen. Sofern der Subventionsoder Zuwendungsbescheid den Empfänger zur Beachtung der Regeln der VOB/A, der VOL/A oder der VOF verpflichtet, muss er zwar nach den Regeln der VOB/A, der VOL/A oder der VOF ausschreiben und vergeben, wenn er nicht eine Rückforderung der Subvention bzw. der Zuwendung riskieren will. Der **Rechtsweg nach dem GWB wird durch eine solche Bindung aber nicht eröffnet.** Eine etwaige Selbstbindung des öffentlichen Auftraggebers beschränkt sich auf das eigene Verhalten, vermag jedoch nicht eine vom Gesetzgeber nicht vorgesehene Überprüfung der Rechtmäßigkeit des Vergabeverfahrens nach §§ 102 ff. GWB zu begründen (OLG Stuttgart, B. v. 12. 8. 2002 – Az.: 2 Verg 9/02; 2. VK Bund, B. v. 8. 6. 2006 – Az.: VK 2–114/05). 936

7.7.3 Erweiternde Auslegung der einzelnen Tatbestandsmerkmale des § 98 Nr. 5

7.7.3.1 Allgemeines

Sinn und Zweck der Vorschrift des § 98 Nr. 5 GWB **fordern eine weite Auslegung.** Dies gilt auch hinsichtlich der Art der Baumaßnahme, wenn sie sich als Sanierung, nicht als Neuerrichtung darstellt. Die öffentliche Förderung fließt in das Marktsegment der Bauwirtschaft zum Zweck der Schaffung einer der Öffentlichkeit zugänglichen Freizeiteinrichtung. **Nach dem Zweck des Vergaberechts,** das öffentliche Auftragswesen zu erfassen, kann es **keinen Unterschied** ausmachen, **ob ein Bauwerk errichtet oder für einen öffentlichen Zweck hergerichtet** wird. 937

7.7.3.2 Errichtung von Krankenhäusern

Bei korrekter Auslegung des § 98 Nr. 5 GWB aufgrund der Baukoordinierungsrichtlinie sind **auch Modernisierungsvorhaben, Sanierungsvorhaben, Rekonstruktionsvorhaben** ebenfalls dem im § 98 Nr. 5 GWB enthaltenen **Begriff „Errichtung"** zuzuordnen (VK Brandenburg, B. v. 10. 9. 2004 – Az.: VK 39/04; VK Düsseldorf, B. v. 9. 4. 2003 – Az.: VK – 8/2003 – B). Es wäre mit dem Sinn der Baukoordinierungsrichtlinie (Wettbewerbseröffnung für Bauaufträge oberhalb des Schwellenwertes, Marktöffnung – Art. 2 EG, freier Warenverkehr – Art. 28 ff. EG) nicht vereinbar, wenn Rekonstruktionen, Sanierungen, Modernisierungen mit umfangreichen Auftragswerten und dem Einsatz umfangreicher öffentlicher Mittel der europaweiten Ausschreibung entzogen würden (OLG Thüringen, B. v. 30. 5. 2002 – Az.: 6 Verg 3/02). 938

7.7.3.3 Literatur

- Burgi, Martin/Markus, U., Krankenhausplanung und Kartellvergaberecht, MedR 2005, 74 939

Teil 1 GWB § 98   Gesetz gegen Wettbewerbsbeschränkungen

7.7.4 Begriff der Schulgebäude

940 **Bezieht sich eine bauliche Maßnahme auf ein Schulgebäude, wird sie von § 98 Nr. 5 GWB erfasst.** Das Schulwesen steht in Deutschland unter der Aufsicht des Staates (Art. 7 Abs. 1 GG). Der staatliche Bildungsauftrag ist in erster Linie durch öffentliche Schulen zu verwirklichen. Insoweit wird im Gesetzesaufbau wie in der Gesetzessprache „Schule" als Oberbegriff verwendet. Das Schulwesen gliedert sich u. a. in allgemein bildende und berufliche Schulen. **Dass der Gesetzgeber in § 98 Nr. 5 GWB eine Beschränkung auf Gebäude bestimmter öffentlicher Schularten, wie etwa die der allgemein bildenden Schulen, vornehmen wollte, ist nicht ersichtlich; dies erschiene auch systemwidrig.** Von Art. 2 Abs. 2 BKR erfasst werden sollen die in den jeweiligen nationalen Rechten traditionell vorhandenen Einrichtungen für die Bildung der Jugend, zu denen in Deutschland im Rahmen des dualen Ausbildungssystems herkömmlich auch die Berufsschulen in ihren unterschiedlichen Erscheinungsformen gehören (BayObLG, B. v. 29. 10. 2004 – Az.: Verg 022/04).

7.7.5 Begriff der Finanzierung

941 In der vergaberechtlichen Literatur ist umstritten, wie der Begriff der Finanzierung zu verstehen ist. Aus Art. 2 Abs. 1 der Richtlinie 93/37/EWG (Baukoordinierungsrichtlinie) ergibt sich in europarechtskonformer Auslegung, dass **unter den Begriff der Finanzierung nur solche Tatbestände fallen, bei denen die Zuwendungsempfänger direkt subventioniert werden,** also von marktüblichen Bedingungen einer Finanzierung abgewichen wird. Dies kann im Einzelfall auch durch Bürgschaften, verringerte Zinssätze usw. erfolgen (BayObLG, B. v. 29. 10. 2004 – Az.: Verg 022/04).

7.7.6 Herkunft der Mittel ist entscheidend

942 **§ 98 Nr. 5 GWB stellt allein auf die Herkunft der Mittel ab, mit denen eine Baumaßnahme finanziert wird.** Nach dem Zweck der Regelung soll es keinen Unterschied machen, ob ein Auftraggeber nach den Vorschriften aus § 98 Nr. 1–3 GWB selbst Unternehmen beauftragt oder ob er die Mittel zur Finanzierung an Dritte weitergibt, die die Auftragsvergabe vornehmen (VK Düsseldorf, B. v. 12. 8. 2003 – Az.: VK – 22/2003 – B).

7.7.7 Begriff der Tiefbaumaßnahmen

943 Der **Begriff der Tiefbaumaßnahmen wird im Anhang II zur Baukoordinierungsrichtlinie näher definiert.** Zu den dort aufgeführten Erdbewegungsarbeiten und Landeskulturbau, Tunnel-, Schacht- und Straßenbauten zählen auch z. B. die Abfallumlagerung, Oberflächenabdichtung, Verlegen von Rohrleitungen, Anlegen von Schlammauffangbecken und Versickerungsmulden sowie die Herstellung von Betriebswegen (VK Brandenburg, B. v. 21. 12. 2004 – Az.: VK 64/04).

944 Der Begriff der Tiefbaumaßnahmen ist **jetzt in Anhang I der neuen Vergabekoordinierungsrichtlinie (2004/18/EG) definiert.**

7.7.8 Körperschaften des öffentlichen Rechts

945 Nach seinem Wortlaut gilt § 98 Nr. 5 GWB nur für natürliche oder juristische Personen des Privatrechts. Körperschaften des öffentlichen Rechts werden daher von § 98 Nr. 5 GWB nicht erfasst (VK Südbayern, B. v. 13. 8. 2002 – Az.: 31-07/02; im Ergebnis ebenso für eine **Auftragsvergabe unterhalb der Schwellenwerte** VG Neustadt an der Weinstraße, B. v. 22. 2. 2006 – Az.: 4 L 245/06).

7.7.9 Beispiele aus der Rechtsprechung

945a – bei der Auftraggeberin handelt es sich um eine Gesellschaft mit beschränkter Haftung und damit um eine **juristische Person des privaten Rechts.** Diese erhält für das Projekt „Generalplanungsleistungen für die Attraktivierung des Meerwasserwellenbades xxx" von der Stadt xxx und damit einer Gebietskörperschaft im Sinne des § 98 Nr. 1 GWB Mittel, mit denen das Vorhaben zu mehr als 50 v. H. finanziert wird (100% des Gesamtauftragsvolumen in Höhe von ca. 19,6 Mio. €). Die **Kurverwaltung xxx GmbH ist somit öffentlicher Auftraggeber im Sinne des § 98 Nr. 5 GWB.**

7.8 § 98 Nr. 6

7.8.1 Allgemeines

§ 98 Nr. 6 bezieht **auch die Baukonzessionäre als öffentliche Auftraggeber** in den Geltungsbereich des Vierten Abschnitts des GWB ein. § 98 Nr. 6 wird allerdings über § 6 Satz 2 VgV und § 32 a Nr. 2 eingeschränkt (vgl. die Kommentierung zu § 32 a VOB/A). 946

7.8.2 Hinweise

Vgl. zum Begriff der Baukonzession und zur Geltung des Vergaberechts die Kommentierung zu § 99 GWB RZ 1131. 947

Die Ausschreibung und Vergabe von Baukonzessionen selbst sowie die Ausschreibung und Vergabe von Aufträgen der Baukonzessionäre erfolgt nach den §§ 32, 32 a VOB/A; vgl. insoweit die entsprechenden Kommentierungen. 948

7.8.3 Verhältnis zwischen § 98 Nr. 5 und § 98 Nr. 6

Die Privilegierung, die ein Baukonzessionär als privater Auftraggeber grundsätzlich nach § 98 Abs. 6 GWB mit der Folge weitgehender vergaberechtlicher Freiheiten erfährt, kann dann keine Anwendung finden, wenn die **Bezuschussung des Bauwerkes durch öffentliche Stellen den Anteil von 50% der anfallenden Baukosten übersteigt** (VK Rheinland-Pfalz, B. v. 9. 10. 2002 – Az.: VK 24/02); **§ 98 Nr. 5 geht also § 98 Nr. 6 vor.** 949

7.9 Zusammenfassung: Beispiele, bei denen die Rechtsprechung die Eigenschaft als öffentlicher Auftraggeber bejaht hat

– juristische Person des privaten Rechts, die zu dem besonderen Zweck gegründet wurde, **städtebauliche Entwicklungs- und Sanierungsvorhaben durchzuführen** (VK Berlin, B. v. 13. 8. 2004 – Az.: VK – B 2–34/04) 950
– die **Sächsische Aufbaubank – Förderbank, Körperschaft des Öffentlichen Rechts** (1. VK Sachsen, B. v. 19. 4. 2004 – Az.: 1/SVK/025–04)
– **Betrieb von öffentlichen Bädern** (VK Brandenburg, B. v. 4. 4. 2002 – Az.: VK 12/02)
– **Fundtierverwaltung und Betreuung amtlich sichergestellter Tiere** (VK des Freistaates Thüringen, B. v. 19. 7. 2001 – Az.: 216–403.20–010/01-NDH)
– **Großmarkt** (2. VK Bremen, B. v. 23. 8. 2001 – Az.: VK 3/01)
– **GTZ GmbH** (2. VK Bund, B. v. 11. 9. 2002 – Az.: VK 2–42/02)
– **Handwerkskammer** (VK Nordbayern, B. v. 23. 1. 2003 – Az.: 320.VK-3194–47/02)
– **Krankenkassen** (VK Düsseldorf, B. v. 31. 8. 2006 – Az.: VK – 38/2006 – L; VK Lüneburg, B. v. 21. 9. 2004 – Az.: 203-VgK-42/2004; 1. VK Bund, B. v. 5. 9. 2001 – Az.: VK 1–23/01; VK Hamburg, B. v. 21. 4. 2004 – Az.: VgK FB 1/04) ; das Bayerische Oberste Landesgericht **lehnt** hingegen die **Eigenschaft als öffentlicher Auftraggeber mangels Aufsicht über die Leitung ab** (B. v. 24. 5. 2004 – Az.: Verg 006/04)
– **Landesentwicklungsgesellschaft** (OLG Thüringen, B. v. 28. 1. 2004 – Az.: 6 Verg 11/03)
– **Landesversicherungsanstalt** (VK Baden-Württemberg, B. v. 26. 7. 2005 – Az.: 1 VK 39/05; VK Lüneburg, B. v. 10. 3. 2003 – Az.: 203-VgK-01/2003)
– **Messegesellschaften** (VK Baden-Württemberg, B. v. 12. 2. 2002 – Az.: 1 VK 48/01, 1 VK 2/02)
– **Parkhausgesellschaft** (OLG Stuttgart, B. v. 9. 8. 2001 – Az.: 2 Verg 3/01)
– **Öffentlicher Personennahverkehr** (VK Brandenburg, B. v. 17. 5. 2002 – Az.: VK 23/02)
– **Verkehrsgesellschaften** (BayObLG, B. v. 5. 11. 2002 – Az.: Verg 22/02)
– **Betrieb eines U-Bahn-Netzes** (BayObLG, B. v. 5. 11. 2002 – Az.: Verg 22/02)
– Unterstützungs-GmbH für ein **kommunales Rechenzentrum** (VK Baden-Württemberg, B. v. 3. 6. 2002 – Az.: 1 VK 20/02)

Teil 1 GWB § 98   Gesetz gegen Wettbewerbsbeschränkungen

- Verkehrsverbände für den **Schienennahverkehr** (VK Düsseldorf, B. v. 18. 4. 2002 – Az.: VK – 5/2002 – L)
- **Sparkassen** – verneint nach Abschaffung der Anstaltsgewährleistung (OLG Rostock, B. v. 15. 6. 2005 – Az.: 17 Verg 3/05); bejaht vor Abschaffung der Anstaltsgewährleistung (VK Münster, B. v. 24. 6. 2002 – Az.: VK 03/02)
- **Studentenwerk** (VK Südbayern, B. v. 20. 11. 2002 – Az.: 43–10/02)
- **Universität** (VK Lüneburg, B. v. 29. 1. 2003 – Az.: 203-VgK-31/2002)
- **Westdeutsche Landesbank Girozentrale** (VK Münster, B. v. 24. 6. 2002 – Az.: VK 03/02)
- **Wirtschaftsförderung und Wirtschaftsentwicklung** (VK Baden-Württemberg, B. v. 6. 6. 2001 – Az.: 1 VK 6/01)
- **Wohnungsbaugesellschaft** (Schleswig-Holsteinisches OLG, B. v. 15. 2. 2005 – Az.: 6 Verg 6/04; KG Berlin, B. v. 6. 2. 2003 – Az.: 2 Verg 1/03; OLG Brandenburg, B. v. 3. 8. 2001 – Az.: Verg 3/01; VK Schleswig-Holstein, B. v. 3. 11. 2004 – Az.: VK-SH 28/04; **in der Literatur** Wirner Helmut, Kommunale Wohnungsunternehmen als öffentliche Auftraggeber im Sinne der EG-Vergaberichtlinien, Peter Lang Verlag, Frankfurt am Main, 2003)

7.10 Zusammenfassung: Beispiele, bei denen die Rechtsprechung die Eigenschaft als öffentlicher Auftraggeber verneint hat

951 – **Messe- und Ausstellungsveranstalter** (EuGH, Urteil vom 10. 5. 2001 – Az.: C-223/99 und C-260/99)
- **Bayerisches Rotes Kreuz** (BayObLG, B. v. 10. 9. 2002 – Az.: Verg 23/02)
- **Ordensgemeinschaft** (VK Nordbayern, B. v. 24. 7. 2001 – Az.: 320.VK-3194–21/01)

7.11 Sonstige Indizien für die Eigenschaft als öffentlicher Auftraggeber

952   Neben der Indizwirkung des Anhangs I der BKR, welcher über Art. 1 b Satz 3 Dienstleistungskoordinierungsrichtlinie auch für Dienstleistungsverträge heranzuziehen ist, **kommt der Dienstherrnfähigkeit einer öffentlich-rechtlichen Körperschaft ebenfalls Indizwirkung für die Eigenschaft als öffentlicher Auftraggeber zu** (OLG München, B. v. 7. 6. 2005 – Az.: Verg 004/05).

7.12 Ausschreibungen von Nachunternehmerleistungen privater Hauptunternehmer im Rahmen eines öffentlichen Auftrages

953   Es ist nicht Sinn der Vergabevorschriften, **private Auftraggeber dem Vergaberecht zu unterwerfen,** die Subunternehmer beauftragen, nachdem sie selbst in einem ordnungsgemäßen – z. B. einem nicht angegriffenen – Vergabeverfahren den Zuschlag erhalten haben (OLG Celle, B. v. 5. 9. 2002 – Az.: 13 Verg 9/02). Es handelt sich also bei solchen Konstellationen **nicht um öffentliche Aufträge,** sondern um private Aufträge.

7.13 Bestimmung des Auftraggebers im Sinn des Vergaberechts

954   Insbesondere für die Rügepflichten der Bieter nach § 107 Abs. 3 GWB ist die **genaue Bezeichnung des Auftraggebers unumgänglich,** da die Rüge wirksam nur gegenüber dem Auftraggeber erklärt werden kann. Mithin ist **derjenige der im Vergabeverfahren maßgebliche Auftraggeber, der den Teilnehmern am Wettbewerb als Auftraggeber genannt ist.** Insoweit kommt es allein darauf an, wie die Bekanntmachung von Seiten der potentiellen Bieter und Bewerber zu verstehen ist, demzufolge also auf den objektiven Empfängerhorizont (VK Schleswig-Holstein, B. v. 26. 7. 2006 – Az.: VK-SH 11/06).

7.14 Literatur

955 – Byok, Jan/Goodarzi, Ramin, Messegesellschaften und Auftragsvergabe, NVwZ 2006, 281

- Fitterer, Daniel/Bornheim, Helmerich, Sind Landesentwicklungsgesellschaften öffentliche Auftraggeber?, VergabeR 2006, 37
- Haussmann, Friedrich/Bultmann, Peter, Zur Auftraggebereigenschaft von Wohnungsunternehmen und zur Nichtigkeit und Nachprüfbarkeit von De-facto-Vergaben – Anmerkung zum Beschluss des KG vom 11. 11. 2004 – 2 Verg 16/04, ZfBR 2005, 310

8. § 99 GWB – Öffentliche Aufträge

(1) Öffentliche Aufträge sind entgeltliche Verträge zwischen öffentlichen Auftraggebern und Unternehmen, die Liefer-, Bau- oder Dienstleistungen zum Gegenstand haben, und Auslobungsverfahren, die zu Dienstleistungsaufträgen führen sollen.

(2) Lieferaufträge sind Verträge zur Beschaffung von Waren, die insbesondere Kauf oder Ratenkauf oder Leasing, Miet- oder Pachtverhältnisse mit oder ohne Kaufoption betreffen. Die Verträge können auch Nebenleistungen umfassen.

(3) Bauaufträge sind Verträge entweder über die Ausführung oder die gleichzeitige Planung und Ausführung eines Bauvorhabens oder eines Bauwerks, das Ergebnis von Tief- oder Hochbauarbeiten ist und eine wirtschaftliche oder technische Funktion erfüllen soll, oder einer Bauleistung durch Dritte gemäß den vom Auftraggeber genannten Erfordernissen.

(4) Als Dienstleistungsaufträge gelten die Verträge über Leistungen, die nicht unter Absatz 2 oder 3 fallen und keine Auslobungsverfahren sind.

(5) Auslobungsverfahren im Sinne dieses Teils sind nur solche Auslobungsverfahren, die dem Auftraggeber auf Grund vergleichender Beurteilung durch ein Preisgericht mit oder ohne Verteilung von Preisen zu einem Plan verhelfen sollen.

(6) Ein öffentlicher Auftrag, der sowohl den Einkauf von Waren als auch die Beschaffung von Dienstleistungen zum Gegenstand hat, gilt als Dienstleistungsauftrag, wenn der Wert der Dienstleistungen den Wert der Waren übersteigt. Ein öffentlicher Auftrag, der neben Dienstleistungen Bauleistungen umfasst, die im Verhältnis zum Hauptgegenstand Nebenarbeiten sind, gilt als Dienstleistungsauftrag.

§ 99 regelt den **sachlichen Anwendungsbereich** des Vierten Teils des GWB. Unter den Oberbegriff des öffentlichen Auftrages fallen Lieferaufträge, Bauaufträge, Dienstleistungsaufträge und Auslobungsverfahren. Die Definitionen in Abs. 2 bis 4 beruhen auf den entsprechenden EG-Richtlinien. 956

8.1 Verträge

Die **Zuordnung** eines rechtsgeschäftlichen Schuldverhältnisses zu einem bestimmten Typ geschieht, indem **der Inhalt der zugrunde liegenden Willenserklärungen ermittelt** und festgestellt wird, zu welcher Leistung sich die beteiligten Personen verpflichtet haben. Entspricht diese einem bestimmten Vertragstyp, so ist ihm das Schuldverhältnis zuzuordnen, auch wenn der Vertrag anders bezeichnet ist (OLG Düsseldorf, B. v. 27. 10. 2004 – Az.: VII – Verg 41/04). 957

8.1.1 Gegenseitige vertragliche Bindung – Andienungsverfahren

Ein Vertrag über die Ausführung eines öffentlichen Auftrages setzt mindestens eine gegenseitige vertragliche Bindung voraus. Erfasst sind demnach grundsätzlich alle zweiseitig verpflichtenden Verträge, in denen die Gegenleistung geldwerten Charakter hat, ohne dass die gegenseitigen Verpflichtungen **notwendigerweise wechselseitig abhängig (synallagmatisch)** sind; es **genügen auch andere Formen der Verknüpfung** (BayObLG, B. v. 27. 2. 2003 – Az.: Verg 01/03) z. B. durch Vereinbarung einer Bedingung oder durch die Abrede, dass die eine Leistung den Rechtsgrund für die andere darstellt (OLG Düsseldorf, B. v. 22. 9. 2005 – Az.: Verg 44/04; B. v. 8. 9. 2005 – Az.: Verg 35/04). Im Falle einer synallagmatischen Verknüpfung erstreckt sich das **Gegenseitigkeitsverhältnis auf alle Hauptleistungspflichten** und grundsätzlich nicht auf Nebenleistungs- oder Schutzpflichten (OLG Düsseldorf, B. v. 22. 9. 2005 – Az.: Verg 44/04; B. v. 8. 9. 2005 – Az.: Verg 35/04). 958

959 **Andienungsverfahren,** auch wenn es aus der Sicht der Bieter die einzige Möglichkeit ist, um überhaupt in Vertragsverhandlungen mit einem öffentlichen Auftraggeber treten zu können, erfüllen daher **nicht die Voraussetzungen eines wettbewerblich ausgerichteten Vergabeverfahrens und eines Vertrages.** Ein solches auf Wunsch von Bietern geführtes Gespräch, zu dem der Nachfrager ohne eine entsprechende Bedarfsmeldung auch keinen Anlass gegeben hat, kann nicht als konkretes Vergabeverfahren i. S. v. § 104 Abs. 2 Satz 1 GWB gewertet werden (2. VK Bund, B. v. 1. 2. 2001 – Az.: VK 2–44/00). Eine vertragliche Bindung entsteht dadurch nicht.

8.1.2 Teilnahme des öffentlichen Auftraggebers am Markt

8.1.2.1 Grundsatz

960 Wesensmerkmal eines Vertrages im Sinne von § 99 ist die **Teilnahme des öffentlichen Auftraggebers am Markt.** Das folgt aus dem Sinn und Zweck des Vergaberechts, den Wettbewerb auf den öffentlichen Beschaffungsmärkten zu verstärken. Diese vergaberechtlich entscheidende Tätigkeit übt der öffentliche Auftragsgeber dann aus, wenn er seine interne Aufgabenorganisation verlässt, um Verträge mit außen stehenden Dritten abzuschließen. Ist die **Vereinbarung lediglich auf interne Aufgabenbewältigung des Auftraggebers gerichtet,** schließt dies einen Wettbewerb am Markt aus (OLG Koblenz, B. v. 13. 12. 2001 – Az.: 1 Verg. 4/01 – für eine Kooperationsvereinbarung zwischen zwei Verkehrsträgern im öffentlichen Personennahverkehr).

8.1.2.2 Pflicht zum Einkauf von Leistungen am Markt?

961 Eine vergaberechtliche Pflicht des öffentlichen Auftraggebers, benötigte Leistungen nur am Markt zu vergeben, besteht nicht. Vergaberecht ist erst anwendbar, nachdem die Entscheidung gefallen ist, die Leistungen von einem außen stehenden Dritten erbringen zu lassen (OLG Koblenz, B. v. 13. 12. 2001 – Az.: 1 Verg. 4/01; VK Düsseldorf, B. v. 16. 3. 2004 – Az.: VK – 3/2004 – L).

8.1.2.3 Rettungsdienste

962 8.1.2.3.1 Rechtsprechung. **Die Wahrnehmung rettungsdienstlicher Aufgaben ist – und zwar einheitlich und unmittelbar – der hoheitlichen Betätigung des Staates zuzurechnen.** Die Entscheidung eines Trägers von Rettungsdiensten, welche Hilfsorganisation oder welchen privaten Anbieter er z. B. nach § 13 Abs. 1 RettG NRW als Helfer bei der ihm übertragenen hoheitlichen Aufgabenerfüllung zuziehen will, **betrifft deshalb im Rechtssinn keine nach Marktgesetzen, d. h. insbesondere im Wettbewerb, zu beschaffende Leistung nach den §§ 97 Abs. 1 und 99 GWB.** Insoweit ist die Gesetzeslage in den Ländern Niedersachsen, Sachsen-Anhalt, Bayern und Brandenburg gleich gelagert(OLG Düsseldorf, B. v. 5. 4. 2006 – Az.: VII – Verg 7/06 – **sehr umfangreiche Begründung**).

963 **Rettungsdienste** sind je nach der gesetzlichen Ausgestaltung keine vom Staat zu erwerbende Marktleistung (Niedersächsisches OVG, B. v. 7. 2. 2006 – Az.: 11 ME 26/05; OLG Naumburg, B. v. 16. 1. 2001 – Az.: 1 Verg 12/00; OLG Celle, B. v. 24. 11. 1999 – Az.: 13 Verg 7/99; VK Südbayern, B. v. 15. 11. 2000 – Az.: 120.3–3194.1–21–10/00).

964 **Die Notfallrettung fällt in Bayern nicht unter das Vergaberecht des GWB,** weil sie nach der in Bayern vorliegenden gesetzlichen Ausgestaltung keine vom Staat zu beschaffende Marktleistung (§ 97 Abs. 1 GWB), sondern als öffentliche Aufgabe wahrzunehmen ist; die Leistungserbringer werden unmittelbar hoheitlich tätig (BayObLG, B. v. 28. 5. 2003 – Az.: Verg 7/03).

965 Die **Übertragung der Durchführung des Rettungsdienstes in Brandenburg ist eine Dienstleistungskonzession** (VK Brandenburg, B. v. 24. 9. 2004 – Az.: VK 47/04); vgl. zu den Einzelheiten die Kommentierung RZ 780 ff.

966 Die **Notfallrettung** und der **qualifizierte Krankentransport sind nach der gesetzlichen Ausgestaltung im Land Sachsen-Anhalt nicht als Dienstleistung im Sinne des § 99 GWB** zu qualifizieren. Vielmehr werden neben den Trägern der Rettungsdienste auch die Leistungserbringer **hoheitlich tätig.** Dabei ist unerheblich, ob es sich bei diesen Leistungserbringern um anerkannte Hilfsorganisationen, private Personen, Verbände oder Unternehmen handelt (2. VK Sachsen-Anhalt, B. v. 16. 2. 2006 – Az.: VK 2 LVwA LSA – 1/06).

8.1.2.3.2 Geltung der Grundsätze des Vergaberechts. Obwohl **keine besonderen** 967
Rechtsvorschriften für die Form des Auswahlverfahrens für denjenigen, der die Rettungsleistungen erbringt, z. B. nach § 5 NRettDG bestehen, **gelten jedenfalls bestimmte Mindestanforderungen eines rechtsstaatlichen Verwaltungsverfahrens** als zwingende Folgerungen aus dem Verfassungsrecht. Dazu **gehören insbesondere der Gleichheitsgrundsatz des Art. 3 GG und das Transparenzgebot.** Zwar handelt es sich dabei auch um elementare Prinzipien des Vergaberechts, doch sind diese rechtsstaatlichen Mindeststandards als allgemeine verfahrensrechtliche Grundsätze auch z. B. im NRettDG zu beachten. Denn nur auf diese Weise ist gewährleistet, dass der zuständige Rettungsdienstträger von seinem Auswahlermessen sachgerecht Gebrauch macht (Niedersächsisches OVG, B. v. 7. 2. 2006 – Az.: 11 ME 26/05).

8.1.2.3.3 Literatur 968

– Esch, Oliver, Öffentliche Aufgabendurchführungsübertragung als ausschreibungspflichtige Beschaffung von Marktleistungen am Beispiel rettungsdienstlicher Leistungen, VergabeR 2006, 193
– Esch, Oliver, Rechtsfragen der Erbringung und Vergütung rettungsdienstlicher Leistungen, Dissertation, Frankfurt am Main, 2005
– Graef, Eberhard, Grundsatzfragen des Vergaberechts bei der Übertragung von Aufgaben der Notfallrettung und des Krankentransports, VergabeR 2004, 166
– Rindtorff, Ermbrecht, Rettungsdienste ausschreiben? – Mit dem Unterlassen ist nicht zu spaßen, Behörden Spiegel Oktober 2005, 22

8.1.2.4 Trägerschaft eines Ambulanten-Hilfen-Zentrums (AHZ) und Übertragung der damit in Zusammenhang stehenden flächendeckenden Grundversorgung mit ambulanten Hilfen

Die Übertragung der Trägerschaft AHZ ist in Ansehung des mangelnden Vertragscharakters 969
der Maßnahme **nicht Gegenstand einer Vergabe, sondern beurteilt sich maßgeblich nach den einschlägigen gesetzlichen Vorschriften.** Die Verpflichtung zur Vorhaltung einer ausreichenden pflegerischen Versorgungsstruktur, stellt sich vielmehr als eine öffentliche Aufgabe der Daseinsvorsorge dar. Die Gewährung der damit in Zusammenhang stehenden **flächendeckenden Grundversorgung mit ambulanten Hilfen** erfolgt durch AHZ und beruhen damit auf gesetzlicher, nicht jedoch auf vertraglicher Grundlage. Vergaberecht kommt nicht zur Anwendung (VK Rheinland-Pfalz, B. v. 20. 3. 2003 – Az.: VK 31/02).

8.1.2.5 Vergabe von Nachunternehmeraufträgen durch einen öffentlichen Auftraggeber als erfolgreicher Bieter eines anderen Vergabeverfahrens

Wesensmerkmal eines öffentlichen Auftrags ist die **Teilnahme des öffentlichen Auftrag-** 970
gebers am Markt. Dienen jedoch Verträge gerade nicht dazu, Mittel zu beschaffen, die ein öffentlicher Auftraggeber benötigt, um seinen staatlichen bzw. kommunalen Aufgaben nachkommen zu können, sondern **nimmt ein öffentlicher Auftraggeber an einer Ausschreibung als „normaler Bieter"** und nicht in Ausübung seiner dem Gründungszweck entsprechenden Pflichtaufgaben teil und **vergibt er nach dem „Gewinn" dieser Ausschreibung Nachunternehmeraufträge,** handelt es sich **nicht um einen öffentlichen Auftrag** im Sinne des GWB (VK Südbayern, B. v. 15. 12. 2003 – Az.: 56–11/03).

8.1.2.6 (Kooperations-)Vereinbarungen zwischen Verwaltungen

8.1.2.6.1 Rechtsprechung (allgemein). Nach den Definitionen in Artikel 1 Buchstabe a 971
der Richtlinien 93/36 und 93/37 setzt ein öffentlicher Liefer- oder Bauauftrag einen schriftlichen entgeltlichen Vertrag über den Kauf von Waren oder die Ausführung einer bestimmten Art von Arbeiten zwischen einem Lieferanten oder Unternehmer und einem öffentlichen Auftraggeber im Sinne von Artikel 1 Buchstabe b der genannten Richtlinien voraus. Nach Artikel 1 Buchstabe a der Richtlinie 93/36 genügt es grundsätzlich, dass der **Vertrag zwischen einer Gebietskörperschaft und einer rechtlich von dieser verschiedenen Person geschlossen** wird. Etwas anderes kann nur dann gelten, wenn die Gebietskörperschaft über die betreffende Person eine Kontrolle wie über ihre eigenen Dienststellen ausübt und diese Person zugleich im Wesentlichen für die sie kontrollierende Gebietskörperschaft oder Gebietskörperschaften tätig ist. Aufgrund der Übereinstimmung, die zwischen den Definitionsmerkmalen eines Auftrags –

abgesehen von dessen Gegenstand – in den Richtlinien 93/36 und 93/37 besteht, ist die im Urteil Teckal des EuGH gefundene Lösung auf die von der Richtlinie 93/37 erfassten Vereinbarungen zwischen Verwaltungen anzuwenden. Eine **Regelung, welche die Beziehungen, gleich welcher Art, zwischen den öffentlichen Verwaltungen, ihren öffentlichen Einrichtungen und ganz allgemein den Einrichtungen des öffentlichen Rechts, die nicht gewerblicher Art sind, von vornherein vom Anwendungsbereich Vergaberechts ausschließt, stellt eine nicht ordnungsgemäße Umsetzung der Richtlinien 93/36 und 93/37 dar** (EuGH, Urteil vom 13. 1. 2005 – Rs.: C-84/03).

972 Diese **Rechtsprechung gilt auch für die neue Vergabekoordinierungsrichtlinie** (Richtlinie 2004/18/EG).

973 Hierbei spielt es **keine Rolle,** ob eine solche Kooperationsvereinbarung **auf der Gründung z. B. eines Zweckverbandes oder nur einer schlichten vertraglichen Vereinbarung beruht** (OLG Naumburg, B. v. 3. 11. 2005 – Az.: 1 Verg 9/05).

974 Schließlich stellt auch der **besondere verfassungsrechtliche Schutz (Art. 28 Abs. 2 GG bzw. landesrechtliche Regelungen),** den die Kommunen genießen, sie nicht über das Gesetz. **Interkommunale Verträge, zu denen auch die streitgegenständliche Zweckvereinbarung gehört, sind (selbstverständlich) nur im Rahmen der Gesetze zulässig. Grundsätzlich unterliegen die Gemeinden und ihre Landkreise beim Abschluss solcher Vereinbarung daher auch dem Regime des Vergaberechts, wenn dessen sachliche Voraussetzungen vorliegen.** Eine Beeinträchtigung der Kooperationsfreiheit ist nämlich nicht bereits bei jedem mittelbaren Einfluss auf diese anzunehmen, sondern erst ab einer gewissen Intensität der Beeinträchtigung, die darüber hinaus einen spezifischen Bezug zur kommunalen Selbstverwaltung aufweisen muss. Der **Kernbereich der kommunalen Selbstverwaltung ist grundsätzlich nicht beeinträchtigt, wenn die Kommune am Marktgeschehen teilnimmt.** Sofern sie sich in diesem Bereich bewegt, unterliegt auch sie den Regeln, die zur Gewährleistung eines transparenten Wettbewerbsrechts geschaffen wurden. Daher **fügt sich das Vergaberecht insbesondere vor dem bereits angesprochenen Hintergrund der Tätigkeit am Markt in die Reihe zulässiger gesetzlicher Beschränkungen der kommunalen Kooperationsfreiheit ein** (OLG Naumburg, B. v. 3. 11. 2005 – Az.: 1 Verg 9/05).

975 Zu den **Konsequenzen aus dieser Rechtsprechung für Verbandsmodelle in der Abwasserwirtschaft** vgl. Schwarz/Steinert, Behörden Spiegel Juli 2005, 23.

976 8.1.2.6.2 **Gründung eines Zweckverbandes mit Aufgabenverlagerung.** Die Rechtsprechung des EuGH zu inhouse-Geschäften gebietet nicht die Anwendung des Vergaberechts auf die Übertragung von Aufgaben auf einen Zweckverband als eine der Formen einer interkommunalen Zusammenarbeit. Zweckverbände sind Körperschaften des öffentlichen Rechts. Jedoch ist der Rechtsprechung des EuGH weder zu entnehmen, eine kommunale Zusammenarbeit durch Gründung eines Zweckverbandes unterliege stets dem Vergaberechtsregime, noch ist dies gewollt. Die Rechtsprechung ist ebenso wenig dahin zu deuten, das Vergaberecht sei auf jede Form einer Kooperation staatlicher oder kommunaler Stellen anzuwenden, statt derer eine Auftragsvergabe auch an ein privates Unternehmen erfolgen könnte. Der **EuGH hat lediglich eine gesetzliche Regelung, die Kooperationsvereinbarungen gleich welcher Art zwischen Stellen der öffentlichen Verwaltung von einer Anwendung des Vergaberechts ausnimmt, mit dem Verdikt belegt, keine ordnungsgemäße Umsetzung der EG-Vergaberichtlinien zu sein.** Aus den Entscheidungssätzen ist demnach eher der Schluss zu ziehen, dass es zwischen staatlichen und kommunalen Stellen Formen einer Zusammenarbeit geben kann, die dem Vergaberechtsregime nicht unterstehen (OLG Düsseldorf, B. v. 21. 6. 2006 – Az.: VII – Verg 17/06; VK Köln, B. v. 9. 3. 2006 – Az.: VK VOL 34/2005).

977 Mit einer **Freistellung der Kooperationsform „Gründung eines Zweckverbands" vom Vergaberecht ist überdies keineswegs ausgesagt, dass nicht andere zugelassene Ausgestaltungen einer kommunalen Zusammenarbeit dem Vergaberecht unterfallen.** Auf so genannte mandatierende Verwaltungsvereinbarungen z. B. gemäß § 23 Abs. 1, 2. Alt., Abs. 2 S. 2 GkG NRW, durch die sich ein Beteiligter verpflichtet, einzelne Aufgaben für die übrigen an der Vereinbarung Beteiligten durchzuführen, ist das Vergaberecht zum Beispiel anzuwenden. Davon, jedenfalls von einer lediglich mandatierenden Verwaltungsvereinbarung, unterscheidet sich der Fall der Gründung eines Zweckverbandes und der Verlagerung von Zuständigkeiten zur Aufgabenerfüllung. Die **Ermächtigung der Kommunen, Zweckverbände zu bilden, gründet sich auf die Hoheit des Staates über seine Organisation.** Die Verfassung der Bundesrepublik Deutschland hat sich einer föderalen Organisationsstruktur ver-

schrieben. Das darin verankerte kommunale Selbstverwaltungsrecht verleiht den Gemeinden Hoheit über ihre Verwaltungsorganisation. **Organisationshoheit umfasst Kooperationsautonomie.** Die zugelassene **Bildung von Zweckverbänden stellt eine Ausformung des kommunalen Selbstverwaltungsrechts und der Organisationshoheit der Gemeinden dar. Auf Maßnahmen, welche die (interne) Verwaltungsorganisation betreffen, ist das Vergaberecht grundsätzlich nicht anzuwenden.** Seine Anwendung ist jedenfalls ausgeschlossen, wenn öffentlich-rechtliche Kompetenzen von einem Aufgabenträger auf einen anderen verlagert werden, und dies auf einer gesetzlichen Ermächtigung beruht. Dann handelt es sich, auch wenn die Übertragung der Zuständigkeit auf eine (öffentlich-rechtliche) Vereinbarung zwischen den beteiligten Verwaltungsstellen zurückzuführen ist, **um einen dem Vergaberecht entzogenen Akt der Verwaltungsorganisation.** Darauf sind die **EG-Vergaberichtlinien nicht anzuwenden, da die Rechtssetzungsorgane der Europäischen Gemeinschaft hinsichtlich der Verwaltungsorganisation der Mitgliedstaaten über keine Normgebungskompetenz verfügen.** Ebenso wenig sind die auf einer Umsetzung des EG-Rechts fußenden nationalen vergaberechtlichen Normen auf interne organisatorische Maßnahmen der öffentlichen Auftraggeber anwendbar. Danach sind **nur solche Vereinbarungen zwischen staatlichen oder kommunalen Stellen nicht vom Vergaberechtsregime ausgenommen, die keiner öffentlich-rechtlichen Zuständigkeitsverteilung gelten, sich einer Regelung der Zuständigkeit vielmehr ausdrücklich enthalten und bei denen der Beschaffungscharakter im Vordergrund steht.** Aus diesen Erwägungen sind so genannte mandatierende Verwaltungsverträge dem Vergaberecht nicht entziehbare Beschaffungsvorgänge (OLG Düsseldorf, B. v. 21. 6. 2006 – Az.: VII – Verg 17/06).

8.1.2.6.3 Weitere Beispiele aus der Rechtsprechung 978

– der Abschluss einer Zweckvereinbarung zwischen zwei Abwasserzweckverbänden, der auf eine **delegierende Übertragung der kaufmännischen und technischen Betriebsführung der Abwasserbeseitigung** gerichtet ist, unterfällt nach bislang einhelliger Rechtsprechung der Ausschreibungspflicht im Verfahren nach §§ 97ff. GWB (OLG Naumburg, B. v. 2. 3. 2006 – Az.: 1 Verg 1/06)

8.1.2.6.4 Literatur 979

– Bauer, Stefan, Die Zusammenarbeit zwischen Gemeinden und ihr Verhältnis zum Vergaberecht, ZfBR 2006, 446
– Bergmann, Tina/Vetter, Rainer, Interkommunale Zusammenarbeit und Vergaberecht – Eine differenzierende Betrachtung, NVwZ 2006, 497
– Burgi, Martin, Warum die „kommunale Zusammenarbeit" kein vergaberechtspflichtiger Beschaffungsvorgang ist, NZBau 2005, 208
– Burgi, Martin, Interkommunale Zusammenarbeit und Vergaberecht, Der Landkreis 2005, 468
– Dabringshausen, Gerhard, Einige ausgewählte vergaberechtliche Probleme bei der Kooperation von Unternehmen des öffentlichen Personennahverkehrs verschiedener Gebietskörperschaften, der Gemeindehaushalt 2004, 4
– Düsterdiek, Bernd, Aufgabenübertragung auf einen Zweckverband und Vergaberecht, NZBau 2006, 618
– Flömer, Volker /Tomerius, Stephan, Interkommunale Zusammenarbeit unter Vergaberechtsvorbehalt? NZBau 2004, 660
– Gabriel, Marc, Abfallrechtliche Pflichtenübertragungen als Ausnahme von der Ausschreibungspflicht?, LKV 2005, 285
– Gesterkamp, Stefan, Die vergaberechtliche Relevanz öffentlich-rechtlicher Vereinbarungen im Rahmen kommunaler Kooperationen, AbfallR 2004, 250
– Kersting, Andreas/Siems, Thomas, Ausschreibungspflicht für staatliche Kooperationen?, DVBl. 2005, 477
– Krohn, Wolfram, Interkommunale Zusammenarbeit und Vergaberecht, NZBau 2006, 610
– Losch, Alexandra, Interkommunale Zusammenarbeit – wie weit reicht das Vergaberecht?, VergabeR 2006, 627
– Michels, Natalie/Kröcher, Jens, Entgegen herrschender Meinung – Delegierende Zweckvereinbarungen vergabepflichtig?, Behörden Spiegel, Februar 2006, 19
– Müller, Jürgen, Interkommunale Zusammenarbeit und Vergaberecht, VergabeR 2005, 436

Teil 1 GWB § 99   Gesetz gegen Wettbewerbsbeschränkungen

- Steiff, Jakob, Interkommunale Auftragsvergabe unterliegt dem Kartellvergaberecht, NZBau 2005, 205
- Tomerius, Stephan, Gestaltungsoptionen öffentlicher Auftraggeber unter dem Blickwinkel des Vergaberechts: aktuelle vergaberechtliche Vorgaben für öffentlich-private Partnerschaften (ÖPP) und interkommunale Kooperation, Berlin, 2005

8.1.2.7 Rekommunalisierung

980 **8.1.2.7.1 Rechtsprechung.** Nach Ablauf eines Vertrages zur Aufgabenprivatisierung kann sich seitens des öffentlichen Auftraggebers ein Interesse ergeben, die Aufgabe künftig wieder durch eine eigene Dienststelle oder durch eine eigene Tochtergesellschaft zu erledigen. Eine solche **Rückverlagerung bei der Aufgabenwahrnehmung wird als Rekommunalisierung** bezeichnet. Sie stellt das **spiegelbildliche Gegenstück zur funktionalen Privatisierung dar und unterliegt deshalb nicht dem Vergaberecht, wenn bei einer erstmaligen Aufgabenübertragung an die eigene Dienststelle oder die Tochtergesellschaft die Voraussetzungen eines Inhouse-Geschäftes** (vgl. die Kommentierung RZ 658 ff.) **vorliegen.** Wenn die Aufgabenerledigung zwar in den kommunalen Raum zurückverlagert wird, aber nicht auf eine eigene Dienststelle oder Tochtergesellschaft einer Kommune, sondern auf eine andere Gebietskörperschaft, so liegt keine vergaberechtsfreie Rekommunalisierung vor (OLG Naumburg, B. v. 3. 11. 2005 – Az.: 1 Verg 9/05).

8.1.2.7.2 Literatur

980a – Börner, Achim-Rüdiger, Rekommunalisierung durch vergaberechtliche In-House-Geschäfte, Baden-Baden, 2004

8.1.3 Inhouse-Geschäfte

981 Ein Vertrag im Sinne von § 99 GWB setzt voraus, dass zwei unterschiedliche Rechtssubjekte Partner des Vertrages sind (VK Nordbayern, B. v. 27. 5. 2004 – Az.: 320.VK – 3194–14/04). Dies wirft immer dann Schwierigkeiten auf, wenn ein öffentlicher Auftraggeber mit einer Institution einen Vertrag schließen will, die in irgendeiner Art und Weise in die Organisation des öffentlichen Auftraggebers eingegliedert ist.

982 Anerkannt ist, dass der öffentliche Auftraggeber durch das Vergaberecht nicht in der seinem Gestaltungsermessen unterliegenden Wahl der Organisationsform – Eigenbetrieb oder Eigengesellschaft – beschränkt werden soll, mittels derer er seine Aufgaben erfüllen will. Beabsichtigt er, die Aufgabe mit eigenen Mitteln zu erfüllen, kann es keinen Unterschied machen, ob er dies durch einen Eigenbetrieb oder eine Eigengesellschaft tut (OLG Düsseldorf, B. v. 21. 6. 2006 – Az.: VII – Verg 17/06; OLG Brandenburg, B. v. 19. 12. 2002 – Az.: Verg W 9/02; VK Lüneburg, B. v. 30. 6. 2006 – Az.: VgK-12/2006; VK Köln, B. v. 9. 3. 2006 – Az.: VK VOL 34/2005; VK Arnsberg, B. v. 26. 10. 2005 – Az.: VK 15/2005; B. v. 5. 8. 2003 – Az.: VK 2–13/2003).

983 Fraglich ist aber, unter welchen Voraussetzungen man davon sprechen kann, dass ein öffentlicher Auftraggeber eine Aufgabe selbst erledigt, wenn für die Durchführung eine besondere Organisationseinheit des Auftraggebers gewählt wird (so genanntes „Inhouse-Geschäft").

8.1.3.1 Rechtsprechung des EuGH zu Inhouse-Geschäften

984 **8.1.3.1.1 Allgemeines.** Der Gerichtshof der Europäischen Gemeinschaften hat in seinem Urteil vom 18. 11. 1999 in der Rechtssache „Teckal" (Rs. C-107/98, Slg. 1999, I-8121 ff. = NZBau 2000, 90, 91) die Richtlinie 93/36/EWG des Rates vom 14. Juni 1993 über die Koordinierung der Verfahren zur Vergabe öffentlicher Lieferaufträge – ABl. EG Nr. L 199, S. 1–53 – (im Folgenden: Richtlinie 93/36/EWG) für anwendbar gehalten, wenn ein öffentlicher Auftraggeber wie etwa eine Gebietskörperschaft beabsichtigt, mit einer Einrichtung, die sich formal von ihm unterscheidet und die ihm gegenüber eigene Entscheidungsgewalt besitzt, einen schriftlichen entgeltlichen Vertrag über die Lieferung von Waren zu schließen.

985 Etwas anderes kann nur gelten, wenn die Gebietskörperschaft über die fragliche Person eine **Kontrolle ausübt wie über ihre eigenen Dienststellen** und wenn diese Person **zugleich ihre Tätigkeit im Wesentlichen für die Gebietskörperschaft** oder die Körperschaften verrichtet, die ihre Anteile innehaben.

986 **8.1.3.1.2 Inhouse-Geschäfte bei gemischtwirtschaftlichen Gesellschaften.** Nach der Rechtsprechung des EuGH ist eine Ausschreibung nicht obligatorisch, wenn der öffentliche

214

Gesetz gegen Wettbewerbsbeschränkungen GWB § 99 **Teil 1**

Auftraggeber über die fragliche Einrichtung, der ein Auftrag erteilt werden soll, eine ähnliche Kontrolle ausübt wie über seine eigenen Dienststellen und diese Einrichtung ihre Tätigkeit im Wesentlichen mit der oder den öffentlichen Stellen verrichtet, die ihre Anteile innehaben. **Dagegen schließt die – auch nur minderheitliche – Beteiligung eines privaten Unternehmens am Kapital einer Gesellschaft, an der auch der betreffende öffentliche Auftraggeber beteiligt ist, es auf jeden Fall aus, dass der öffentliche Auftraggeber über diese Gesellschaft eine ähnliche Kontrolle ausübt wie über seine eigenen Dienststellen.** Insoweit ist zunächst festzustellen, dass die Beziehung zwischen einer öffentlichen Stelle, die ein öffentlicher Auftraggeber ist, und ihren Dienststellen durch Überlegungen und Erfordernisse bestimmt wird, die mit der Verfolgung von im öffentlichen Interesse liegenden Zielen zusammenhängen. Die Anlage von privatem Kapital in einem Unternehmen beruht dagegen auf Überlegungen, die mit privaten Interessen zusammenhängen, und verfolgt andersartige Ziele. Zweitens würde die Vergabe eines öffentlichen Auftrags an ein gemischtwirtschaftliches Unternehmen ohne Ausschreibung das Ziel eines freien und unverfälschten Wettbewerbs und den in der Richtlinie 92/50 genannten Grundsatz der Gleichbehandlung der Interessenten beeinträchtigen, insbesondere weil ein solches Verfahren einem am Kapital dieses Unternehmens beteiligten privaten Unternehmen einen Vorteil gegenüber seinen Konkurrenten verschaffen würde (EuGH, Urteil v. 6. 4. 2006 – Az.: C-410/04; Urteil vom 10. 11. 2005 – Az.: C-29/04; Urteil vom 11. 1. 2005 – Rs.: C-26/03).

Dabei spielt es **keine Rolle, ob es sich um vertikal oder horizontal organisierte Inhouse-Geschäfte handelt** (im Ergebnis ebenso Dreher, NZBau 2004, 18). 987

Bei der Frage, ob es sich um eine Auftragsvergabe an eine gemischtwirtschaftliche Gesellschaft oder ein vergaberechtsfreies Inhouse-Geschäft handelt, sind die **Gesamtumstände auch in zeitlicher Hinsicht zu würdigen, um z. B. Umgehungsversuche zu verhindern** (EuGH, Urteil vom 10. 11. 2005 – Az.: C-29/04 – mit einem sehr instruktiven Beispiel). 988

Nach dieser Rechtsprechung unterfallen **Verträge öffentlicher Auftraggeber mit Kommunalversicherern, bei denen Mitglieder auch sonstige wirtschaftliche Vereinigungen** sein können, die sich also nicht vollständig in öffentlicher Hand befinden, **dem Vergaberecht** (OLG Köln, Urteil vom 15. 7. 2005 – Az: 6 U 17/05.). 989

Bei der **Einschaltung von gemischtwirtschaftlichen Gesellschaften spielt es auch keine Rolle, in wessen Händen die Geschäftsanteile der Gesellschaften, die an einer gemischtwirtschaftlichen Gesellschaft beteiligt sind, liegen** (z.B. insgesamt bei der öffentlichen Hand). Ein anderes Verständnis würde der durch die Gemeinschaftsvorschriften wie z.B. der Dienstleistungskoordinierungsrichtlinie bezweckten Öffnung des öffentlichen Auftragswesens für einen möglichst umfassenden Wettbewerb entgegenstehen. **Staatsunternehmen würden, ungeachtet der Ziele und Zwecke ihrer Betätigung, bei der Vergabe von öffentlichen Aufträgen bevorzugt** (OLG Celle, B. v. 10. 11. 2005 – Az.: 13 Verg 12/05). 990

Anderer Auffassung ist insoweit die **VK Lüneburg.** Danach kann auch eine sog. gemischt-öffentliche Gesellschaft das Kriterium der Kontrolle über die zu beauftragende Einrichtung wie über eine eigene Dienststelle (Kontrollkriterium) erfüllen, solange die **betreffende Einrichtung,** der der Auftrag übertragen werden soll, **zu 100% von öffentlichen Stellen gehalten wird.** Entscheidend für die Gewährleistung des für die Annahme eines Inhouse-Geschäftes erforderlichen Kontrollkriteriums des EuGH ist es, dass der **Auftraggeber allein oder bei einer gemischt-öffentlichen Gesellschaft gemeinsam mit den anderen öffentlichen Trägern seinen im öffentlichen Interesse liegenden Zielen im vollen Umfang Geltung verschaffen kann** (VK Lüneburg, B. v. 30. 6. 2006 – Az.: VgK-12/2006 – Entscheidung durch OLG Celle, B. v. 14. 9. 2006 – Az.: 13 Verg 2/06 aufgehoben). 991

In diesem Sinne ist **auch der Fall zu beurteilen,** dass ein **öffentlicher Auftraggeber ein Gemeinschaftsunternehmen, an dem er selbst zur Hälfte beteiligt ist, ohne Durchführung eines den Anforderungen des Vierten Teils des GWB und der VgV genügenden Vergabeverfahrens mit ausschreibungspflichtigen Dienstleistungen beauftragt** und das Gemeinschaftsunternehmen dazu gehörende Teilleistungen (z. B. Abfallentsorgung), die als solche dem GWB-Vergaberegime unterfallen, in der Folge nachunternehmerähnlich weiter vergeben will. Dann ist das Gemeinschaftsunternehmen gegenüber einem daran interessierten Unternehmen zur Einhaltung der einschlägigen Bestimmungen über das Vergabeverfahren der VgV und z.B. der VOL/A gleichermaßen verpflichtet, wie es der öffentliche Auftraggeber selbst ohne Einschaltung des Gemeinschaftsunternehmens gewesen wäre. Andernfalls könnten die Vergabestellen die Bindungen des Vergaberechts durch Gründung von Tochtergesellschaften mit Eigenbeteiligungen von beispielsweise, wie hier, 50% umgehen. **Das aber wäre** 992

215

Teil 1 GWB § 99 Gesetz gegen Wettbewerbsbeschränkungen

mit der Rechtsprechung des EuGH nicht vereinbar, demzufolge ein öffentlicher Auftraggeber einen als solchen dem Vergaberecht unterliegenden Auftrag an eine andere juristische Person ohne Vergabewettbewerb nur dann vergeben kann, wenn er diese Gesellschaft beherrscht, wie eine eigene Dienststelle (KG Berlin, B. v. 27. 7. 2006 – Az.: 2 Verg 5/06).

993   **8.1.3.1.3 Literatur**

- Beckmann, Martin, In-house-Geschäfte und De-Facto-Vergaben – EuGH schließt Lücken des Vergaberechts, AbfallR 2005, 37
- Bergmann, Tina, Die Vergabe öffentlicher Aufträge und das In-House-Geschäft, Dissertation, Hamburg, 2005
- Bohne, Jochen/Heinbuch, Holger, Sind Stadtwerke In-house-fähig?, NvWZ 2004, 177
- Bultmann, Peter, Zur Privilegierung gemischt-öffentlicher Eigengesellschaften bei der Vergabe öffentlicher Aufträge, NZBau 2006, 222
- Dabringshausen, Gerhard, Aktuelle Folgerungen für Kommunen aus der neuesten Rechtsprechung des EuGH zur Problematik der „In-house-Vergaben", der Gemeindehaushalt 2005, 107
- Dammert, Bernd, Vergabefreie In-house-Geschäfte – Möglichkeiten und Grenzen, BauRB 2005, 151
- Dreher, Meinrad, Das In-house-Geschäft – Offene und neue Rechtsfragen der Anwendbarkeit der In-house-Grundsätze, NZBau 2004, 14
- Hausmann, Friedrich/Bultmann, Peter, Die Entscheidung des EuGH in der Rechtssache „Stadt Halle", NVwZ 2005, 377
- Jasper, Ute/Arnold, Hans, Die Ausschreibungspflicht im Fall der „Stadt Mödling", NZBau 2006, 24
- Jennert, Carsten, Das Urteil „Parking Brixen": Übernahme des Betriebsrisikos als rechtssicheres Abgrenzungsmerkmal für die Dienstleistungskonzession?, NZBau 2005, 623
- Koman, Angelika, Von Teckal zu Halle: Die jüngste Vergaberechtsjudikatur des EuGH und deren Auswirkungen auf die aktuelle Diskussion zu „In-house" Rechtsverhältnissen und institutionellen Public Private Partnerships, ZfBR 2005, 349
- Konstas, Jannis, Das vergaberechtliche Inhouse-Geschäft – Die Ausschreibungspflicht für öffentliche Aufträge an verselbständigte Verwaltungseinheiten und Rechtsschutzmöglichkeiten übergangener Wettbewerber, Dissertation, München, 2004
- Krämer, Martin, Nach dem Inhouse-Paukenschlag – Gemischtwirtschaftliche Unternehmen: was nun?, Behörden Spiegel März 2005, 23
- Krohn, Wolfram, „Aus" für In-house-Vergaben an gemischtwirtschaftliche Unternehmen, NZBau 2005, 91
- Kühling, Jürgen, Ausschreibungszwänge bei der Gründung gemischt-wirtschaftlicher Gesellschaften – Das EuGH-Urteil im Fall Mödling und seine Folgen, ZfBR 2006, 661
- Lotze, Andreas, Daseinsvorsorge oder Wettbewerb? – Zu den vergaberechtlichen Konsequenzen der EuGH-Entscheidung „Stadt Halle" für die Ver- und Entsorgungswirtschaft, VergabeR 2005, 278
- Müller-Kabisch, Susanne/Manka, Jörg, EuGH macht „kurzen Prozess" mit In-house-Vergaben an gemischtwirtschaftliche Unternehmen, der Gemeindehaushalt 2005, 158
- Portz, Norbert, Zu starke Marktausrichtung – EuGH: Wettbewerbspflicht bei Dienstleistungskonzessionen, Behörden Spiegel November 2005, 16
- Recker, Engelbert, Inhouse-Geschäfte anpassen – EuGH verschärft Anforderungen weiter, Behörden Spiegel Juli 2006, 20
- Schröder, Holger, In-House-Vergabe zwischen Beteiligungsunternehmen der öffentlichen Hand?, NZBau 2005, 127
- Siegel, Thorsten, Die Vergaberechtspflichtigkeit der In-State-Geschäfte – Ein Rückzug in drei Akten, VergabeR 2006, 621
- Sittner, Elmar, Vergabe per Musterunterlagen – Abschlüsse bei Kommunalversicherern nicht mehr „europafest", Behörden Spiegel Oktober 2005, 20

- Vetter, Rainer/Bergmann, Tina, De-facto-Vergaben und In-house-Geschäfte im Lichte des effet utile – Kein Raum für Schlupflöcher im Vergaberecht, EuZW 2005, 589
- Wittek, Nicolas, Das In-House Geschäft im EG-Vergaberecht – die mitgliedstaatliche Bedarfsdeckung im Lichte des EG-Vergaberechts unter besonderer Berücksichtigung der In-House-Vergabe, Dissertation, Frankfurt am Main, 2004

8.1.3.2 Rechtsprechung des BGH zu Inhouse-Geschäften

Der BGH hat sich der allgemeinen Rechtsprechung **für den Bereich der Dienstleistungsaufträge angeschlossen** (BGH, Urteil vom 12. 6. 2001 – Az.: X ZB 10/01). Die Gleichbehandlung ist sachgerecht, weil beide Richtlinien einen Vertrag zwischen öffentlichem Auftraggeber und Auftragnehmer voraussetzen. Sie verbietet sich auch nicht etwa deshalb, weil die Richtlinie 92/50/EWG für die Vergabe von Dienstleistungsaufträgen in Art. 6 – anders als die Richtlinie 93/36/EWG für die ihr unterfallenden Verträge – eine die Anwendung ausschließende Ausnahme für den Fall enthält, dass eine Dienstleistung an einen Auftragnehmer vergeben wird, der seinerseits zum Lager der öffentlichen Auftraggeber gehört, und diese Ausnahme unter anderen als den vorstehend genannten Voraussetzungen eingreift. Denn es ist nichts dafür erkennbar, dass durch diese Regelung die Frage berührt wäre, welche Rechtsgeschäfte einen Vertrag i. S. v. Art. 1 lit. a) der Richtlinie darstellen. Bei ihrer Beantwortung ist eine funktionelle Betrachtungsweise nötig. 994

Eine abschließende Beurteilung darüber, in welchen Fällen ein Inhouse-Geschäft vorliegt, hat der BGH ausdrücklich nicht getroffen. 995

8.1.3.3 Übertragbarkeit der Rechtsprechung des EuGH und des BGH

Unter Berücksichtigung der Argumentation des EuGH und des BGH sind diese Grundsätze auch auf Bauverträge und Auslobungsverfahren anwendbar. 996

8.1.3.4 Voraussetzungen eines Inhouse-Geschäftes

Nach gefestigter Rechtsprechung liegt ein **vergabefreies Eigengeschäft (sog. Inhouse-Geschäft)** dann vor, wenn (1) der öffentliche Auftraggeber eine GmbH mit Dienstleistungen betraut, die sich in seinem alleinigen Anteilsbesitz befindet und über die er eine Kontrolle wie über eine eigene Dienststelle ausübt, und (2) die beauftragte GmbH ihre Tätigkeit im Wesentlichen für diesen öffentlichen Auftraggeber verrichtet (OLG Düsseldorf, B. v. 21. 6. 2006 – Az.: VII – Verg 17/06; B. v. 12. 1. 2004 – Az.: VII – Verg 71/03). 997

8.1.3.4.1 Kontrolle wie über eine eigene Dienststelle. Der öffentliche Auftraggeber muss also über den künftigen Auftragnehmer eine Kontrolle wie über eine eigene Dienststelle haben. 998

Die **Rechtsprechung des BGH** sieht dieses Tatbestandsmerkmal als erfüllt an, wenn 999
- alle Geschäftsanteile vom öffentlichen Auftraggeber gehalten werden,
- die Auswahl der Rechtsform des künftigen Auftragnehmers (insbesondere z.B. als GmbH) dem öffentlichen Auftraggeber aufgrund der z.B. der GmbH eigenen Organisationsstruktur umfassende Einfluss- und Steuerungsmöglichkeiten einräumen, die sicherstellen, dass der künftige Auftragnehmer keine eigene Entscheidungsgewalt hat.

Die VK Arnsberg (B. v. 5. 8. 2003 – Az.: VK 2–13/2003) und das OLG Düsseldorf (B. v. 15. 10. 2003 – Az.: VII – Verg 50/03, im Ergebnis ebenso B. v. 12. 1. 2004 – Az.: VII – Verg 71/03) definieren **folgende Voraussetzungen für eine notwendige Beherrschung und Kontrolle:** 1000

a) der Auftraggeber hält alle Geschäftsanteile

b) die GmbH bietet umfassende Einfluss- und Steuerungsmöglichkeiten

c) der Aufsichtsrat besteht mehrheitlich aus Vertretern des Auftraggebers

d) es besteht eine umfassende Berichtspflicht der Geschäftsführer

e) es besteht ein zustimmungspflichtiger Katalog von Aufgaben, die der Geschäftsführer nur mit Zustimmung des Aufsichtsrates vornehmen darf

Der **Europäische Gerichtshof** sieht **bei einer 100%-Tochtergesellschaft** das Merkmal der Kontrolle wie über eine eigene Dienststelle **nicht als erfüllt** an, wenn es sich u. a. um eine **Aktiengesellschaft** handelt und die **Geschäftsführung beträchtliche Vollmachten** zur Er- 1001 ledigung auch wichtiger Geschäfte hat, die **praktisch ohne Kontrolle der Geschäftsführung durch die Anteilseigner** ausgeübt werden können (EuGH, Urteil vom 11. 5. 2006 – Az.: C-340/04; Urteil vom 13. 10. 2005 – Az.: C-458/03).

1002   Die VK Arnsberg sieht dieses Tatbestandsmerkmal bei einer **100%-Tochtergesellschaft, geringen Freiheiten der Geschäftsführung der Tochtergesellschaft und einem auftraggeberseitig dominierten Aufsichtsrat als erfüllt** an (VK Arnsberg, B. v. 26. 10. 2005 – Az.: VK 15/2005).

1003   Das Bayerische Oberste Landesgericht erachtet insoweit als notwendig, dass **nicht eine identische, sondern nur eine vergleichbare Kontrolle** wie über eine eigene Dienststelle vorliegt. Denn wenn man eine identische Kontrolle für erforderlich hält, bleibt für eine Ausnahme nahezu kein Anwendungsbereich, weil der Grad der Weisungsgebundenheit integrierter Dienststellen von beherrschten Unternehmen auch bei größter Abhängigkeit des selbständigen Trägers von der öffentlichen Hand nicht erreicht werden kann. Es kommt demnach auch weniger auf eine „Beherrschung" als vielmehr auf die Möglichkeit einer „umfassenden Einflussnahme" der Gebietskörperschaft auf das Unternehmen an (BayObLG, B. v. 22. 1. 2002 – Az.: Verg 18/01).

1004   **8.1.3.4.2 Tätigkeit im Wesentlichen für den öffentlichen Auftraggeber.**
8.1.3.4.2.1 Allgemeines. Voraussetzung ist ungeachtet der genauen Prozentsätze, dass die Gesellschaft als Auftragnehmerin **nahezu ausschließlich ihre geschäftliche Tätigkeit** für den oder die öffentlichen Auftraggeber als Anteilseigner erbringen muss (VK Arnsberg, B. v. 26. 10. 2005 – Az.: VK 15/2005; VK Düsseldorf, B. v. 16. 3. 2004 – Az.: VK – 3/2004 – L). Hierbei ist ein **strenger Prüfungsmaßstab erforderlich**. Ein staatlich kontrolliertes Unternehmen, das in nicht ganz unerheblichem Umfang auch für Dritte tätig wird, tritt in Wettbewerb zu anderen Unternehmen. Eine Befreiung der Auftragserteilung an ein solches Unternehmen von dem Vergaberecht würde daher eine Diskriminierung im Vergleich zu potentiellen Mitbewerbern bedeuten (OLG Düsseldorf, B. v. 12. 1. 2004 – Az.: VII – Verg 71/03).

1005   Nach der Rechtsprechung des EuGH muss **jede andere Tätigkeit rein nebensächlich** sein. Um das zu beurteilen, ob das der Fall ist, muss der zuständige Richter **alle – qualitativen wie quantitativen – Umstände des Einzelfalls berücksichtigen** (EuGH, Urteil vom 11. 5. 2006 – Az.: C-340/04; OLG Celle, B. v. 14. 9. 2006 – Az.: 13 Verg 2/06).

1006   Ein vergaberechtsfreies Inhouse-Geschäft **scheidet grundsätzlich aus, wenn das für den Auftrag vorgesehene Unternehmen nur 92,5% seines Umsatzes** aus Geschäften mit den Gebietskörperschaften erzielt, denen das Unternehmen gehört (OLG Celle, B. v. 14. 9. 2006 – Az.: 13 Verg 2/06).

1007   **8.1.3.4.2.2 Maßstab des § 10 VgV (80%).** „Im wesentlichen" heißt sicherlich mehr als 50%. Anhaltspunkt für eine nähere Bemessung dieses Tätigkeitsvolumens können die Regelungen zu den sog. konzerninternen Verträgen der Sektorenauftraggeber liefern, die auch als sog. Konzernprivileg bezeichnet werden. Nach § 100 Abs. 2 i) GWB sind die **Dienstleistungen von verbundenen Unternehmen** der Sektorenauftraggeber von der Anwendung des Vergaberechts befreit. Diese Freistellung der verbundenen Unternehmen i. S. d. § 100 Abs. 2 lit. i) GWB wird in § 10 VgV näher bestimmt. Danach muss **mindestens 80% des** von dem jeweiligen Unternehmen während der letzten 3 Jahre in der EG **erzielten durchschnittlichen Umsatzes** im Dienstleistungssektor aus der Erbringung dieser Dienstleistung für die mit ihm verbundenen Unternehmen stammen. Das bedeutet, dass das **Fremdgeschäft der beauftragten verbundenen Unternehmen nicht mehr als 20%** betragen darf (VK Südbayern, B. v. 23. 10. 2001 – Az.: 32–09/01; ebenso VK Halle, B. v. 27. 5. 2002 – Az.: VK Hal 03/02).

1008   Diese Auffassung ist **seit der neueren EuGH-Rechtsprechung** (EuGH, Urteil vom 11. 5. 2006 – Az.: C-340/04) **überholt**.

1009   **8.1.3.4.2.3 Zu berücksichtigender Umsatz.** Was die Frage anbelangt, **ob allein der mit der kontrollierenden Körperschaft oder der im Gebiet dieser Körperschaft erzielte Umsatz zu berücksichtigen ist, so ist der Umsatz ausschlaggebend, den das fragliche Unternehmen aufgrund der Vergabeentscheidungen der kontrollierenden Körperschaft erzielt,** und zwar einschließlich des Umsatzes, der in Ausführung solcher Entscheidungen mit Nutzern erzielt wird. Zu berücksichtigen sind nämlich alle Tätigkeiten, die ein Unternehmen als Auftragnehmer im Rahmen einer Vergabe durch den öffentlichen Auftraggeber verrichtet, ohne dass die Person des Begünstigten – sei es der öffentliche Auftraggeber selbst oder der Nutzer der Leistungen – von Bedeutung wäre. **Es kommt nicht darauf an, wer das betreffenden Unternehmen vergütet,** sei es die Körperschaft, die seine Anteile innehat, seien es Dritte als Nutzer der Dienstleistungen, die aufgrund von Konzessionen oder anderen von der Körperschaft eingegangenen Rechtsbeziehungen erbracht werden. **Es spielt auch keine Rolle, in welchem Gebiet die genannten Leistungen erbracht werden.** Bei einem **Unternehmen, dessen Anteile von mehreren Körperschaften gehalten** werden, ist **auf die Tätigkeit abzustellen, die es für alle diese Körperschaften verrichtet** (EuGH, Urteil vom 11. 5. 2006 – Az.: C-340/04).

8.1.3.4.2.4 Aufteilungsmaßstab. Basis für eine entsprechende Beurteilung ist die gesamte Geschäftstätigkeit des künftigen Auftragnehmers (VK Halle, B. v. 27. 5. 2002 – Az.: VK Hal 03/02), und zwar **nur die jeweils gegenwärtige Geschäftssituation des laufenden Geschäftsjahres,** da abgewickelte Geschäftsbeziehungen und Aufträge keine Aussage über den derzeitigen Geschäftsschwerpunkt enthalten und zukünftige Entwicklungen der Geschäftstätigkeit, die noch nicht verbindlich vereinbart wurden, noch fiktiv sind (VK Düsseldorf, B. v. 16. 3. 2004 – Az.: VK – 3/2004 – L). 1010

8.1.3.4.2.5 Konzessionsabgabe als Aufteilungsmaßstab. Der Aufteilungsmaßstab nach dem Konzessionsabgabengesetz ist für ein Inhouse-Geschäft **kein wirksamer Aufteilungsmaßstab,** da die wirtschaftliche Größe hierbei unberücksichtigt bleibt. Lediglich der vom Gesetzgeber vorgegebene Faktor über die notwendige Abgabemenge führt zu einer Leistungsgröße. Im freien Wettbewerb bestimmt sich jedoch die Leistungsgröße unter Abgabe der Menge × erzielbarem Preis. Insofern ergibt sich hieraus die aufzuteilende Größe gleich Umsatz. Hinzu kommt, dass es sich bei der Konzessionsabgabe letztendlich um eine Größenordnung zwischen Gemeinde und EVU handelt. Die Konzessionsabgabe bildet auch nicht den aufzuteilenden Maßstab innerhalb der Gewinn- und Verlustrechnung des Unternehmens. Die **Umsatzzahlen sind daher als aussagekräftiger zu betrachten** (VK Arnsberg, B. v. 5. 8. 2003 – Az.: VK 2–13/2003). 1011

8.1.3.4.3 Inhouse-Geschäft und mehrstufige Beauftragung. Vor der Tatsache, dass eine zwei- oder gar noch mehrstufige Beauftragung die Interessenkonflikte zwischen Auftraggeber und Eigengesellschaft zunehmend verschärft und die Unmittelbarkeit der Kontrolle logischer Weise abnimmt, **hält die Vergabekammer Arnsberg es nicht für zulässig, den Begriff der Inhouse-Geschäfte auf eine mehrstufige Beauftragung auszudehnen.** Der erkennbare Wille des europäischen Gesetzgebers, die Konstruktion sog. Inhouse-Geschäfte nur bei großer Nähe zum Auftraggeber anzunehmen, würde durch eine mehrstufige Beauftragung in nicht absehbarer Form unterlaufen und eine vergaberechtliche Kontrolle zunehmend immer mehr erschweren. Auch die Tatsache, dass ein vergaberechtsfreier Verkauf von Gesellschaftsanteilen der Tochter- respektive Enkelgesellschaften nur unter den Voraussetzungen eines Inhouse-Geschäftes zulässig sein dürfte, ergibt langfristig keine zufrieden stellende Kontrollmöglichkeit für die Umgehung vergaberechtlicher Bestimmungen bei mehrstufigen Beauftragungen (VK Arnsberg, B. v. 5. 8. 2003 – Az.: VK 2–13/2003). 1012

Dieser **Beschluss** der Vergabekammer wurde vom OLG Düsseldorf **aufgehoben.** Nach Auffassung des Oberlandesgerichts erfüllt auch **ein alleiniger Anteilsbesitz,** der **über eine weitere Gesellschaft,** die **im alleinigen Anteilsbesitz des öffentlichen Auftraggebers** steht und die wiederum **sämtliche Geschäftsanteile des Tochterunternehmens** hält, vermittelt wird, die Voraussetzungen eines Inhouse-Geschäfts (OLG Düsseldorf, B. v. 12. 1. 2004 – Az.: VII – Verg 71/03). 1013

Dass das Tochterunternehmen nicht von dem öffentlichen Auftraggeber unmittelbar beauftragt wird, sondern den **Auftrag im Wege der Vertragsübernahme erhalten soll, spielt keine Rolle.** Würde es sich bei dem Tochterunternehmen um ein im unmittelbaren Anteilsbesitz des öffentlichen Auftraggebers stehendes Unternehmen handeln, lägen die Voraussetzungen eines vergaberechtsfreien Eigengeschäfts ohne jeden Zweifel vor. Es **fehlt jede Rechtfertigung, den Fall der mehrstufigen Beauftragung anders zu beurteilen.** Solange in Bezug auf das mit der Dienstleistung zu betrauende Unternehmen die Voraussetzungen für ein vergabefreies Eigengeschäft erfüllt sind, ist es vergaberechtlich ohne Belang, ob sich der öffentliche Auftraggeber zur Aufgabenerfüllung eines Tochter- oder eines Enkelunternehmens bedient. **Gleichgültig** ist ebenso, ob jenes **Unternehmen direkt oder mittels Vertragsübernahme mit der Leistungserbringung beauftragt** wird. In dem einen wie in dem anderen Fall wird nämlich die zu vergebende Leistung durch ein Unternehmen erbracht, das in einem unmittelbaren Auftragsverhältnis zum öffentlichen Auftraggeber steht und die erörterten Voraussetzungen, unter denen die Rechtsprechung ein vergabefreies Eigengeschäft zulässt, erfüllt. 1014

8.1.3.5 Inhouse-Geschäfte und Kommunalverfassungsrecht

Kommt man nach Prüfung aller Umstände zu dem Ergebnis, dass auf der kommunalen Ebene die Beauftragung dem Vergaberecht zu unterstellen ist, bestehen dagegen auch **kommunalver-** 1015

fassungsrechtlich (Art. 28 Abs. 2 GG) **keine Bedenken.** Kommunen werden nämlich nicht gehindert, sich zur Erfüllung von Pflichtaufgaben gemischt-wirtschaftlicher Gesellschaften zu bedienen. Öffnen sie sich durch die Hereinnahme privater Unternehmer bewusst dem Markt, um dessen Chancen zu nutzen, so ist es auch nur konsequent, diese Betätigung grundsätzlich den für einen freien Wettbewerb geltenden Vergabevorschriften zu unterwerfen (BayObLG, B. v. 22. 1. 2002 – Az.: Verg 18/01).

8.1.3.6 Inhouse-Geschäfte bei Beauftragung von Verwaltungseinheiten

1016 **8.1.3.6.1 Allgemeines.** Sind **Auftraggeber und Auftragnehmer rechtlich identisch, gehören z. B. derselben juristischen Person des öffentlichen Rechts an,** sind beides Behörden dieser Person des öffentlichen Rechts. Das Vergaberecht kommt aber erst dann zur Anwendung, wenn zwischen Auftraggeber und Auftragnehmer ein Vertragsverhältnis besteht. Dies **erfordert jedoch einen Vertrag zwischen zwei voneinander getrennten juristischen Personen.** Dass das Vergaberecht an das Vorliegen eines Vertrages anknüpft, ergibt sich sowohl aus § 99 Abs. 1 bis 4 GWB, wo die Auftragsarten jeweils als „bestimmte "Verträge" definiert werden, als auch aus dem jeweiligen Art. 1 lit. a) der BKR, DKR und LKR, wonach Aufträge ebenfalls als Verträge mit bestimmtem Inhalt definiert werden. Dann ist es auch nicht relevant, ob zwischen den Einheiten in der einen oder anderen Weise eine Verrechnung stattfindet, so dass die Erbringung der Leistung unter Umständen sogar als entgeltlich betrachtet werden könnte (VK Nordbayern, B. v. 27. 5. 2004 – Az.: 320.VK – 3194–14/04).

1017 **8.1.3.6.2 Beispiele aus der Rechtsprechung**
– Aufträge einer **Justizverwaltung eines Bundeslandes an eine Justizvollzugsanstalt desselben Bundeslandes** (VK Nordbayern, B. v. 27. 5. 2004 – Az.: 320.VK – 3194–14/04).

1018 **8.1.3.7 Bekanntmachungspflicht bei Inhouse-Geschäften?**
Ausgehend vom Transparenzgebot, sich ergebend aus den Grundfreiheiten des Art. 43 und 49 EG-Vertrag) **hält der EuGH auch die Bekanntmachung einer – vergaberechtsfreien – Dienstleistungskonzession für erforderlich,** um allen Unternehmen der EU die Möglichkeit zu geben, ihr Interesse zu bekunden. **Es ist nicht einzusehen, warum ein Dienstleistungsvertrag, der an sich die Voraussetzung des § 99 GWB bzw. die Definition der Dienstleistungsrichtlinie erfüllt (entgeltlicher Vertrag mit einem Unternehmen über die Erbringung von Dienstleistungen) und lediglich über die Auslegung des Begriffs des Unternehmens gänzlich dem Wettbewerb entzogen wird, nicht auch wie die vergaberechtsfreie Dienstleistungskonzession wenigstens dem Transparenzgebot unterliegt,** das prinzipiell und unabhängig von nationalem Recht gilt und so auch Vergaben unterhalb der Schwellenwerte betrifft. Dies hätte zur Konsequenz, dass sich die Lücke zwischen der Anwendbarkeit des § 13 VgV und des § 138 BGB schließt. Die Bekanntmachung der Vergabeabsicht auch freihändiger Vergaben bei Inhouse-Geschäften würde den Bietern die Möglichkeit eröffnen, dennoch Interesse zu bekunden und damit einen potentiellen Bieterkreis im Sinne des § 13 VgV zu schaffen, den der Auftraggeber in der Regel aus haushaltsrechtlichen Gründen schon in Erwägung zu ziehen hätte. Die **Vergabekammer Arnsberg geht daher davon aus, dass auf der Basis dieser EuGH- Rechtsprechung der öffentliche Auftraggeber in Zukunft verpflichtet ist, auch seine Vergabeabsichten bei Inhouse-Geschäften aus Gründen des Transparenzgebotes wenigstens EU-weit bekannt zu machen, um den Anspruch auf Rechtsschutz sicherzustellen** (VK Arnsberg, B. v. 26. 10. 2005 – Az.: VK 15/2005).

8.1.3.8 Literatur

1019 – Dreher, Meinrad, Das In-house-Geschäft – Offene und neue Rechtsfragen der Anwendbarkeit der In-house-Grundsätze, NZBau 2004, 14 ff.
– Jennert, Carsten, Das Urteil „Parking Brixen": Übernahme des Betriebsrisikos als rechtssicheres Abgrenzungsmerkmal für die Dienstleistungskonzession?, NZBau 2005, 623
– Jennert, Carsten, In-house-Vergabe nach „Carbotermo": Bei der kommunalen GmbH möglich, beim Zweckverband nicht?, NZBau 2006, 421
– Koman, Angelika, Von Teckal zu Halle: Die jüngste Vergaberechtsjudikatur des EuGH und deren Auswirkungen auf die aktuelle Diskussion zu „In-house" Rechtsverhältnissen und institutionellen Public Private Partnerships, ZfBR 2005, 349

- Krämer, Martin, Nach dem Inhouse-Paukenschlag – Gemischtwirtschaftliche Unternehmen: was nun?, Behörden Spiegel März 2005, 23
- Portz, Norbert, Zu starke Marktausrichtung – EuGH: Wettbewerbspflicht bei Dienstleistungskonzessionen, Behörden Spiegel November 2005, 16
- Schröder, Holger, In-House-Vergabe zwischen Beteiligungsunternehmen der öffentlichen Hand?, NZBau 2005, 127
- Sittner, Elmar, Vergabe per Musterunterlagen – Abschlüsse bei Kommunalversicherern nicht mehr „europafest", Behörden Spiegel Oktober 2005, 20
- Ziekow, Jan, In-House-Geschäfte – werden die Spielräume enger?, VergabeR 2006, 608

8.1.4 Laufende Verträge, Optionen und Vertragsänderungen

8.1.4.1 Nichtkündigung von laufenden Verträgen

Die bloße **Nichtkündigung** eines Vertrages stellt grundsätzlich **keinen vergaberechtlich** 1020 **relevanten Vorgang dar** (OLG Celle, B. v. 4. 5. 2001 – Az.: 13 Verg 5/00; VK Baden-Württemberg, B. v. 26. 3. 2002 – Az.: 1 VK 7/02).

8.1.4.2 Abänderungen bestehender Vertragsbeziehungen bei nicht unerheblicher Änderung des Vertragsinhalts

8.1.4.2.1 Vergaberechtsprechung. Abänderungen schon bestehender Vertragsbeziehungen 1021 unterliegen dann dem Vergaberecht der §§ 97 ff. GWB, wenn die die Abänderung ausmachenden Regelungen in ihren wirtschaftlichen Auswirkungen bei wertender Betrachtung einer Neuvergabe gleich kommen. Dies ist anzunehmen, wenn durch die getroffene Vereinbarung der **bisherige Vertragsinhalt nicht unerheblich abgeändert** wird, also bei Leistungserweiterungen und Laufzeitänderungen (OLG Düsseldorf, B. v. 12. 1. 2004 – Az.: VII – Verg 71/03, B. v. 8. 5. 2002 – Az.: Verg 8–15/01; VK Lüneburg, B. v. 10. 3. 2005 – Az.: VgK-04/2005).

Dem Vergaberecht unterfällt insoweit die vertragliche Erweiterung hinsichtlich einer eigen- 1022 ständigen Abfallart, z.B. der PPK-Fraktion (OLG Düsseldorf, B. v. 12. 1. 2004 – Az.: VII – Verg 71/03).

8.1.4.2.2 Vorlagebeschluss des OLG Rostock. Das OLG Rostock hatte über die **Frage** 1023 zu entscheiden, **ob auch nach abgeschlossenem Vergabeverfahren jede Änderung der vom Bieter übernommenen Leistung dann einen dem Vergaberegime unterfallenden Vorgang beinhaltet, wenn die im Wege der Änderung zu beschaffende (Teil-)Leistung isoliert betrachtet den maßgeblichen Schwellenwert überschreitet.** Nach Auffassung der Antragsteller in dem Nachprüfungsverfahren wird nur bei diesem Verständnis das Vergaberecht von Zweifelsfällen befreit und der denkbare Missbrauch der Vertragsänderung zum Zwecke einer – ggf. nationalen – Bevorzugung vereitelt.

Das OLG Rostock hat daraufhin dem Europäischen Gerichtshof folgende Frage vorgelegt: 1024

Handelt es sich bei einer Vereinbarung zur Änderung eines geschlossenen öffentlichen Liefer- 1025 auftrags (Beschaffung anderer als der ursprünglich vorgesehenen Güter) um einen ausschreibungspflichtigen öffentlichen Lieferauftrag i. S. d. Art. 1 Buchstabe a) Richtlinie 93/36/EG, wenn

a) der Wert der von der Änderungsvereinbarung betroffenen Güter den Schwellenwert des Art. 5 Abs. 1 Buchstabe a) Richtlinie 93/36/EG überschreitet und

b) für die von der Änderungsvereinbarung betroffenen Güter ein Lieferantenwechsel erfolgt und zugleich die Spezifikation für diese Güter maßgeblich geändert wird?

8.1.4.3 Modifikationen der Laufzeit bestehender Vertragsbeziehungen

Es mag Fälle geben, in denen die spätere Änderung oder Ergänzung eines ausgeschriebenen 1026 und durch Zuschlagserteilung bindend konstituierten Vertrages lediglich eine unwesentliche Abweichung gegenüber der ursprünglichen Leistungsbeschreibung darstellt, sodass die **Modifizierung nicht als eigenständiger Beschaffungsvorgang zu werten** ist, der zur Durchführung eines neuen Ausschreibungsverfahrens nötigt. Sehen beispielsweise die Ausschreibungsbedingungen für die Errichtung eines Bauwerks eine zeitliche Befristung vor, mag es vorkommen, dass sich die Ausführung aus projektspezifischen Gründen verzögert. Verständigen sich die Parteien in solch einem Fall darauf, den Vertrag den Umständen anzupassen und den Leistungszeitraum nachträglich zu verlängern, leiten sie damit nicht automatisch einen erneuten, ausschreibungspflichtigen Beschaffungsvorgang ein. Ein **solcher Fall** ist insbesondere dann anzunehmen, **wenn die geschuldete Leistung ihrer Natur nach von vornherein zeitlich begrenzt ist,** wie etwa die Herstellung oder Lieferung einer Sache; dann stellt der Zeitpunkt der Fertigstellung eine bloße Modalität der Leistung dar. Anders verhält es sich aber, wenn mit der Ausschreibung **ein Dauerschuldverhältnis** in Kraft gesetzt werden soll, in dem eine ihrer Natur nach zeitlich nicht begrenzte Tätigkeit geschuldet ist, wie etwa der Betrieb und die Instandhaltung einer Anlage. In diesem Fall stellt das **Zeitmoment** nicht nur eine untergeordnete Modalität der Leistung dar, sondern **ist selbst wesentliches Element der geschuldeten Leistung** im Sinne einer „Leistung auf Zeit". Wandeln daher die Vertragsparteien ein zunächst zeitlich befristetes Dauerschuldverhältnis in ein unbefristetes um, begründen sie einen eigenständigen Beschaffungsvorgang (OLG Thüringen, B. v. 14. 10. 2003 – Az.: 6 Verg 5/03).

8.1.4.4 Einvernehmliche Rücknahme einer rechtswirksam erklärten ordentlichen Kündigung

1027   Die einvernehmliche Rücknahme einer rechtswirksam erklärten ordentlichen Kündigung im Auslauf der Kündigungsfrist erfordert zwischen dem Kündigenden und dem Kündigungsempfänger rechtlich eine Einigung über die Aufhebung der Kündigungserklärung und ihrer Wirkungen sowie eine Einigung über die Fortsetzung des Vertrages. Dies stellt den **Abschluss eines Vertrages** dar. Die einvernehmliche Aufhebung einer von einer Vertragspartei bereits ausgesprochenen ordentlichen Kündigung des Vertrages kommt deshalb einer **Neuvergabe** gleich (OLG Düsseldorf, B. v. 8. 5. 2002 – Az.: Verg 8–15/01).

8.1.4.5   Optionen

1028   8.1.4.5.1 Rechtsprechung. Nach einer Auffassung liegt in dem **Gebrauchmachen von einer Option** durch den Auftraggeber oder dem Unterlassen einer Kündigung **kein neuer Vertragsabschluss.** Der ursprünglich auf Grund zweier Willenserklärungen zu Stande gekommene Vertrag wird fortgesetzt. Der Auftraggeber entscheidet sich lediglich, keine wirksame neue Willenserklärung, die Kündigung, auszusprechen. Diese Entscheidung ist vergaberechtlich irrelevant (OLG Celle, B. v. 4. 5. 2001 – Az.: 13 Verg 5/00; VK Hamburg (FB), B. v. 27. 4. 2006 – Az.: VgK FB 2/06).

1029   Nach einer anderen Meinung stellt **eine auf die automatische Verlängerung des Vertrages nach Vertragsende zielende Vertragsklausel den Versuch einer Umgehung der vergaberechtlich gebotenen Neuausschreibung nach Ablauf der Vertragslaufzeit dar,** behindert dadurch den Wettbewerb auf unbestimmte Zeit und ist damit gemäß § 97 Abs. 1 GWB und § 2 Nr. 1 Abs. 2 VOL/A vergaberechtswidrig.

1030   Es ist für die vergaberechtliche Einordnung unerheblich, ob die Vertragsverlängerung durch die explizite Abgabe von übereinstimmenden Willenserklärungen oder durch vereinbartes Stillschweigen erfolgt. Als **Grundregel** darf unterstellt werden, dass **immer dann von einem neuen Auftrag und somit von dem Bedarf eines neuen Vergabeverfahrens auszugehen ist, wenn die Vertragsverlängerung oder -umgestaltung nur durch eine beiderseitige Willenserklärung zu Stande kommen kann.** Regelmäßig wird das beiderseitige Einvernehmen zwischen den Vertragsparteien nämlich nur dann erforderlich sein, wenn sich die Verlängerung nicht als unbedeutende Erweiterung der bisherigen Vertragsbeziehung darstellt, sondern wirtschaftlich dem Abschluss eines neuen Vertrages gleichkommt. Dass diese Vertragsverlängerung gerade durch das Unterlassen einer Willenserklärung eintreten soll, ändert angesichts der wirtschaftlichen Bedeutung dieses Vorganges nichts an der vergaberechtlichen Einstufung als neuem Beschaffungsvorgang (VK Baden-Württemberg, B. v. 16. 11. 2004 – Az.: 1 VK 69/04).

1031   **8.1.4.5.2 Literatur**

– Braun, Christine, Ausschreibungspflicht bei automatischer Vertragsverlängerung! – Erwiderung zu Gruneberg, VergabeR 2005, 171, VergabeR 2005, 586

– Gruneberg, Ralf, Vergaberechtliche Relevanz von Vertragsänderungen und –verlängerungen in der Abfallwirtschaft, VergabeR 2005, 171

8.1.4.6   Verhandlungen während eines Insolvenzverfahrens

1032   Es kann einem **Auftraggeber nicht verwehrt werden, im Falle der Insolvenz eines Auftragnehmers mit diesem Vertragspartner „Verhandlungen" zu führen.** Dies gilt

Gesetz gegen Wettbewerbsbeschränkungen GWB § 99 **Teil 1**

auch dann, wenn in diesen Gesprächen erörtert wird, unter welchen Bedingungen eine Fortführung des Vertrages den Vertragsparteien möglich erscheint. Anderenfalls kann der Auftraggeber nicht beurteilen, ob er von seinem eingeräumten Kündigungsrecht nach § 8 Nr. 2 VOB/B Gebrauch machen soll oder nicht. Dieses Kündigungsrecht wurde aufgrund des besonderen Vertrauensverhältnisses zwischen Auftraggeber und -nehmer geschaffen, um die Leistungsfähigkeit des Auftragnehmers bis hin zur ordnungsgemäßen Abwicklung der Baumaßnahme zu gewährleisten. Eine Kündigung soll daher auch nur als ultima ratio erfolgen, z. B. wenn endgültig feststeht, dass der Auftragnehmer außerstande ist, die Maßnahme erfolgreich abschließen zu können. Erfährt der Auftraggeber von dem Insolvenzantrag, ist die Klärung der Leistungsfähigkeit seines Auftragnehmers mit diesem bzw. die Frage, wie diese aufrechterhalten oder wiederhergestellt werden kann, die logische Folge des zwischen der Vertragspartner bestehenden Vertrauensverhältnisses. Jede andere Betrachtungsweise widerspricht auch aufgrund der Vorbefassung eines Auftragnehmers mit der Baumaßnahme der ökonomischen Logik. Diese **Verhandlungen stellen keine neue, eigenständige Vergabe eines öffentlichen Auftrags dar, ebenso die bloße Nichtkündigung trotz beantragtem Insolvenzverfahrens** (2. VK Bund, B. v. 12. 10. 2004 – Az.: VK 2–187/04).

8.1.5 Öffentlich-rechtliche Verträge

8.1.5.1 Allgemeines

Ob auch öffentlich-rechtliche Verträge dem Vergaberecht unterfallen, wird in der **Rechtsprechung nicht einheitlich beantwortet**. 1033

Nach Auffassung des Oberlandesgerichts Düsseldorf ist die Frage, ob öffentlich-rechtliche 1034 Verträge, die Beschaffungscharakter haben, vom Vergaberechtsregime freigestellt sind, **sehr umstritten**; der BGH hat die Frage bisher ausdrücklich offen gelassen. Können jedoch die zu beschaffenden Leistungen **auch Gegenstand eines privatrechtlichen Vertrages** sein, ist das Vergaberecht des GWB auch dann anwendbar, wenn die Leistungen im Wege eines öffentlich-rechtlichen Vertrages beschafft werden (OLG Düsseldorf, B. v. 5. 4. 2006 – Az.: VII – Verg 7/06; B. v. 22. 9. 2005 – Az.: Verg 44/04; B. v. 8. 9. 2005 – Az.: Verg 35/04; B. v. 11. 3. 2002 – Az.: Verg 43/01).

Demgegenüber vertritt das Bayerische Oberste Landesgericht (B. v. 28. 5. 2003 – Az.: Verg 1035 7/03) die Meinung, dass die verschiedentlich vertretene Auffassung, dass öffentlich-rechtliche Verträge generell nicht dem Vergaberecht unterfallen, **sich nach dem Urteil des Europäischen Gerichtshofs vom 12. 7. 2001, Rs. C-399/98, nicht mehr aufrechterhalten** lässt. Nach dieser Entscheidung hindert die Tatsache, dass ein Vertrag zwischen dem öffentlichen Auftraggeber und dem Unternehmen nach nationalem Recht dem öffentlichen Recht unterliegt, für sich genommen nicht die Qualifizierung als Vertrag im Sinne von Art. 1 Buchstabe a) der Baukoordinierungsrichtlinie 93/37/EWG. Das wird auch für Art. 1 Buchstabe a) der Dienstleistungskoordinierungsrichtlinie 92/50/EWG zu gelten haben; denn es ist nichts dafür erkennbar, dass die zwischen beiden Richtlinien bestehenden Unterschiede Auswirkung auf die Frage hätten, ob ein öffentlich-rechtlicher Vertrag einen „Vertrag" im Sinne von Art. 1 Buchstabe a) der jeweiligen Richtlinie darstellt. **In Konsequenz dieser europäischen Rechtsprechung ist auch der Begriff des Vertrages in § 99 Abs. 1 GWB dahin auszulegen, dass er grundsätzlich auch öffentlich-rechtliche Verträge umfasst.** Der Wortlaut des § 99 GWB („Verträge") lässt diese Auslegung ohne weiteres zu. Die Gesetzesbegründung, wonach öffentlich-rechtliche Verträge nicht als öffentliche Aufträge im Sinne des Vierten Teils des GWB gelten, hat sich als unzutreffend erwiesen; sie steht der gebotenen gemeinschaftsrechtskonformen Auslegung nicht entgegen, zumal das Gesetz ausweislich seiner Begründung der vollständigen Umsetzung der EG-Richtlinien im Bereich des öffentlichen Auftragswesens dienen und die Rechte der Beteiligten im Einklang mit dem europäischen Recht festlegen soll (OLG Frankfurt, B. v. 7. 9. 2004 – Az.: 11 Verg 11/04 und 12/04; ebenso OLG Naumburg, B. v. 3. 11. 2005 – Az.: 1 Verg 9/05; B. v. 22. 9. 2005 – Az.: Verg 44/04; OLG Düsseldorf, B. v. 22. 9. 2005 – Az.: Verg 44/04; B. v. 8. 9. 2005 – Az.: Verg 35/04; VK Brandenburg, B. v. 24. 9. 2004 – Az.: VK 47/04; VK Münster, B. v. 28. 5. 2004 – Az.: VK 10/04).

Dem entsprechend vertritt auch die VK Magdeburg die Meinung, dass der Wortlaut der Vor- 1036 schrift des § 99 Abs. 1 GWB ausschließlich von entgeltlichen Verträgen spricht, ohne danach zu differenzieren, ob es sich um privatrechtliche oder öffentlich-rechtliche Verträge handelt. Danach ist die Rechtsform des Vertrages unerheblich. **Entscheidend ist vielmehr allein, ob ein Leistungsaustausch zwischen einem öffentlichem Auftraggeber und einem Unter-**

Teil 1 GWB § 99

nehmen gegen Entgelt stattfindet. Grundsätzlich kann somit die Form des Vertrages für die Zuordnung zum Vergaberecht nicht maßgeblich sein, zumal die Abgrenzung von privatrechtlichen und öffentlich-rechtlichen Verträgen oftmals unklar ist und sich in einer Grauzone bewegen kann. Unter Berücksichtigung des Sinn und Zwecks des GWB (nämlich die Beschaffung von Dienstleistungen im Wettbewerb und im Wege transparenter Vergabeverfahren nach § 97 Abs. 1 GWB) ist vielmehr entscheidend, ob der Vertrag eher auf den Erwerb von Marktleistungen oder eher auf die Ausübung öffentlicher Gewalt gerichtet ist.

1037 Nach der VK Baden-Württemberg sind öffentlich-rechtliche Verträge dem Anwendungsbereich der §§ 97 ff. GWB unterstellt, jedenfalls dann, wenn sie im **koordinationsrechtlichen Bereich angesiedelt** sind, also keine Beleihung zum Gegenstand haben (VK Baden-Württemberg, B. v. 20. 6. 2002 – Az.: 1 VK 27/02).

1038 Auch Erschließungsverträge unterfallen dem Vergaberecht (VK Baden-Württemberg, B. v. 20. 6. 2002 – Az.: 1 VK 27/02), **ebenso städtebauliche Verträge** (VK Schleswig-Holstein, B. v. 18. 12. 2002 – Az.: VK-SH-16/02).

1039 **Auch Zweckvereinbarungen werden vom Begriff des Vertrages umfasst** (OLG Naumburg, B. v. 3. 11. 2005 – Az.: 1 Verg 9/05).

8.1.5.2 Literatur

1040 – Antweiler, Clemens, Erschließungsverträge mit Kommunalunternehmen: Zulässigkeit und Ausschreibungspflicht, NZBau 2003, 93
– Rosenkötter, Annette, Ausschreibungspflichtigkeit von städtebaulichen Verträgen, NZBau 2006, 630
– Wilke, Reinhard, Vergaberechtliche Aspekte städtebaulicher Verträge, ZfBR 2004, 141

8.1.6 Verträge über Waren mit einer Preisbindung (Schulbücher)

1041 Beschaffungen über Schulbücher sind nicht wegen der im deutschen Buchhandel geltenden Buchpreisbindung ausschreibungsfrei. Zum einen **gilt die Buchpreisbindung im europäischen Markt nicht durchgehend,** zum anderen erfasst sie auch den nationalen Schulbuch- und Lernmittelmarkt nur teilweise, so dass sich Wettbewerbseffekte bereits beim Preis ergeben können. Hinzu kommt, dass in der Schulbuch- und Lernmittelbeschaffung der **Liefer- und Beratungsservice** ein wesentlicher Bereich der zu erbringenden Leistung ist, in dem es keine verbindlich festgelegten Standards gibt. Schulbuch- und Lernmittelbeschaffung beschränkt sich zudem nicht auf einen Einkauf und die Anlieferung zu Schuljahresbeginn, sondern verlangt die ganzjährige Versorgung der Schulen mit Ersatz-, Ergänzungs- und Austauschstücken, da Lernmittel verloren oder kaputt gehen und Schülerzahlen sich auch im laufenden Schuljahr verändern können. Der Wettbewerb kann sich hier im Feld der schnellen und bedarfsgerechten Reaktion der potentiellen Vertragspartner abspielen. Weiter kann es auf dem Feld der **Beratung, der Kommunikation oder der Rechnungslegung** Wettbewerb geben. Die Beschaffung von Lernmitteln enthält daher trotz der teilweisen Buchpreisbindung zu wesentlichen Teilen der zu erbringenden Leistung ausgiebig Raum für Wettbewerb. Ein sachlicher Grund, diesen Wettbewerb nicht zuzulassen, ist nicht ersichtlich (VK Düsseldorf, B. v. 22. 7. 2002 – Az.: VK – 19/2002 – L).

8.1.7 Entgeltlichkeit

8.1.7.1 Rechtsprechung

1042 § 99 Abs. 1 fordert einen entgeltlichen Vertrag. Durch die Bezeichnung als „entgeltlicher" Vertrag soll klargestellt werden, dass der **öffentliche Auftraggeber eine Gegenleistung im Sinne einer eigenen Zuwendung geben muss.** Ein solcher Vertrag besteht grundsätzlich aus einer vereinbarten Leistung des vertraglich gebundenen Auftragnehmers für den Auftraggeber und einer geldwerten Gegenleistung des vertraglich gebundenen öffentlichen Auftraggebers (VK Lüneburg, B. v. 14. 6. 2005 – Az.: VgK-22/2005; B. v. 18. 3. 2004 – Az.: 203-VgK-06/2004). Der Begriff des „Entgelts" ist **weit auszulegen.** Die Gegenleistung des öffentlichen Auftraggebers muss nicht notwendig in Geld bestehen; erfasst wird vielmehr **jede Art von Vergütung,** die einen Geldwert haben kann (OLG Naumburg, B. v. 3. 11. 2005 – Az.: 1 Verg 9/05; OLG Düsseldorf, B. v. 8. 9. 2005 – Az.: Verg 35/04; B. v. 27. 10. 2004 – Az.: VII – Verg 41/04; B. v. 12. 1. 2004 – Az.: VII – Verg 71/03; OLG Frankfurt, B. v. 7. 9. 2004 – Az.: 11 Verg 11/04 und

12/04; VK Lüneburg, B. v. 14. 6. 2005 – Az.: VgK-22/2005). **Dementsprechend unterfällt dem Vergaberecht grundsätzlich jede Art von zweiseitig verpflichtendem Vertrag** (BayObLG, B. v. 27. 2. 2003 – Az.: Verg 01/03; VK Südbayern, B. v. 28. 12. 2001 – Az.: 47–11/01).

Eine **Gewinnerzielung ist nicht erforderlich.** Das weite Verständnis von der Entgeltlichkeit soll die vergaberechtspflichtigen öffentlichen Aufträge nur von den vergabefreien Gefälligkeitsverhältnissen oder außerrechtlichen Beziehungen abgrenzen (OLG Naumburg, B. v. 3. 11. 2005 – Az.: 1 Verg 9/05). 1043

Das Entgelt kann auch in Zuwendungen bei nicht kostendeckenden Verkehrsdienstleistungen bestehen (VK Düsseldorf, B. v. 18. 4. 2002 – Az.: VK – 5/2002 – L). 1044

Entgeltlichkeit liegt auch dann vor, wenn der **Vertragspartner** des öffentlichen Auftraggebers **hinsichtlich der Deckung seiner Kosten und Gewinnerzielung keinerlei Risiko eingeht**, da der von ihm zu erbringenden Leistung (z. B. Containerstellung, Sammlung, Transport, Behandlung der anfallenden Menge Altpapier) ein festes Entgelt gegenübersteht. Der Vertragspartner ist dann nicht darauf angewiesen, aus der Verwertung des Altpapiers seine Kosten zu decken. Er kann lediglich durch eine günstige Verwertung oberhalb des Marktpreises einen **zusätzlichen Gewinn** erzielen. Auch trägt er gegenüber dem Auftraggeber nicht das Risiko schwankender Marktpreise, sondern ist nur in dem Umfang zur Vergütung verpflichtet, wie ein positiver Marktpreis überhaupt besteht und weiterhin nur in der Höhe des monatlich festzustellenden mittleren Marktpreises. Der Vertragspartner erstattet dem Auftragnehmer den mittleren Marktpreis für das, was er aufgrund der von ihm vertraglich geschuldeten Verwertung – angenommen – erhält. Eine solche **Weitergabe von Vorteilen, die im Rahmen der Vertragsdurchführung beim Auftragnehmer anfallen, an den Auftraggeber lassen die Entgeltlichkeit der Leistungserbringung nicht entfallen** (VK Düsseldorf, B. v. 22. 10. 2003 – Az.: VK – 29/2003 – L). 1045

Nach der Lebenserfahrung **kann nicht davon ausgegangen** werden, dass beim **Ankauf von Altpapier** von einem öffentlich-rechtlichen Entsorgungsträger die vom Käufer geschuldeten **Entsorgungsdienstleistungen üblicherweise unentgeltlich zu erbringen** sind (OLG Düsseldorf, B. v. 27. 10. 2004 – Az.: VII – Verg 41/04). 1046

Die **Umstellung der Altpapierentsorgung von dem bisherigen Bringsystem auf ein Holsystem** hat einen ständigen Anfall großer Mengen an Altpapier auf einer Umschlagsanlage zur Folge, die beginnend mit einer sukzessiven Entfernung von dort einer geordneten Weiterverwendung zugeführt werden müssen. Dies **erfordert Dienstleistungen im Sinne von § 99 Abs. 4 GWB** (BGH, B. v. 1. 2. 2005 – Az.: X ZB 27/04). 1047

Bei einem **echten Erschließungsvertrag** ist das Entgelt darin zu sehen, dass die Gemeinde im Hinblick darauf, dass die Eigentümer als Erschließungsträger auftreten, auf eine eigene Erschließung verzichtet und damit das Nichtentstehen der Beitragsschuld bewirkt (VK Baden-Württemberg, B. v. 20. 6. 2002 – Az.: 1 VK 27/02). 1048

Entgelt als geldwerter Vorteil kann auch ein geringer Anschaffungspreis des Bieters sein (z. B. für Altpapier), wenn der Preis, den der Bieter an den öffentlichen Auftraggeber zahlt, deutlich unter dem Marktwert des geldwerten Nutzens, den der Bieter zieht, liegt (OLG Düsseldorf, B. v. 12. 1. 2004 – Az.: VII – Verg 71/03). **Anderer Auffassung** ist das OLG Celle (B. v. 1. 7. 2004 – Az.: 13 Verg 8/04): Die **Wertschöpfung zwischen den Veredelungsstufen** ist nicht dem Ausgangsmaterial, sondern **der Tätigkeit des Bearbeiters zuzurechnen.** Öffentliche Aufträge sind nur entgeltliche Verträge, wobei sich aus der Richtlinie 2004/18/EG ergibt, dass Grundlage für die Berechnung der Wert ist, den der Auftraggeber voraussichtlich zu zahlen hat (Art. 9 (1)), nicht der Wert, den der Auftragnehmer aus der Zahlung erlösen kann. 1049

Der **BGH hat diese Streitfrage im Sinne des Oberlandesgerichts Düsseldorf entschieden. § 99 erfordert nicht,** in Fällen, in denen die von dem Unternehmen übernommene (Dienst-)Leistung in der weiteren Behandlung eines Gutes von Wert liegt und in denen der öffentliche Auftraggeber – wegen dieser Eigenschaft – eine Bezahlung durch das Unternehmen erreichen kann, **Entgeltlichkeit erst dann anzunehmen, wenn feststeht, dass und gegebenenfalls inwieweit bei der Höhe des von dem Unternehmen zu zahlenden Preises die Pflicht zur Erbringung der übernommenen (Dienst-)Leistung preismindernd berücksichtigt worden ist** (BGH, B. v. 1. 2. 2005 – Az.: X ZB 27/04). 1050

Für die Frage der **Entgeltlichkeit im Rahmen einer kommunalen Gemeinschaftsarbeit ist es unerheblich,** ob das Entgelt zunächst der Kooperationspartnerin einer Gemeinde 1051 gezahlt und von dieser an den tatsächlichen Leistungserbringer (z. B. eine GmbH) weitergeleitet bzw. durch den Eigenbetrieb als Einnahme des tatsächlichen Leistungserbringers verbucht wird oder ob das Entgelt direkt an den tatsächlichen Leistungserbringer gezahlt wird. Partnerin einer kommunalen Gemeinschaftsarbeit kann nur eine andere Gemeinde selbst sein. Der tatsächliche Leistungserbringer kann daher nur im Auftrag der Kooperationspartnerin deren Pflichten aus der Gemeinschaftsarbeit erfüllen, nicht aber selbst als Kooperationspartnerin auftreten. Der tatsächliche Leistungserbringer ist Vertragspartner der Kooperationspartnerin und hat gegen diese und nicht gegen die Nachbargemeinde Anspruch auf das zu leistende Entgelt (VK Düsseldorf, Entscheidung vom 16. 3. 2004 – Az.: VK – 3/2004 – L).

1052 Im Rahmen einer **interkommunalen Zusammenarbeit** kann das **Entgelt u. a. in der Freistellung von finanziellen Rücklageverpflichtungen als auch Kostenerstattungsregelungen und schließlich in der Befugnis zur Gebührenerhebung liegen.** Diese bilden eine geldwerte Gegenleistung für die vom Beigeladenen zu erbringenden Abfallentsorgungsdienstleistungen. Dass die Gebühren von den Gebührenzahlern aufgebracht werden, ändert hieran nichts (OLG Naumburg, B. v. 3. 11. 2005 – Az.: 1 Verg 9/05).

1053 Die **Bezeichnung** in einem Vertrag **als „Selbstkostenerstattung"** steht der **Einordnung als „Entgelt" nicht entgegen** (OLG Frankfurt, B. v. 7. 9. 2004 – Az.: 11 Verg 11/04 und 12/04).

1054 Es kommt für das Vorliegen eines öffentlichen Auftrags nicht darauf an, wie sich der Auftraggeber bzgl. eines bestimmten Auftrags im Einzelnen refinanziert und ob demnach eine isolierte Verbindlichkeit sich **ausschließlich aus „zwangsweise eingetriebenen" öffentlichen Erträgen speist.** Dann wären in weiten Teilen öffentlicher Dienstleistungen eine vergaberechtliche Überprüfung und ein effektiver Bieterschutz quasi ausgeschlossen. Denn die Zulässigkeit eines Nachprüfungsantrags ließe sich durch eine entsprechende kalkulatorische Zuordnung der Vergabestelle für nahezu alle öffentlichen Betriebe ausschließen. In diesem Sinne **kommen also auch die Betriebskosten im Rahmen der Bewirtschaftung von Wohnungen als Entgelt in Betracht** (VK Berlin, B. v. 26. 8. 2004 – VK – B 1–36/04).

8.1.7.2 Sponsoringverträge

1055 Die **Rechtsprechung hat sich bisher noch nicht mit Sponsoringverträgen befasst,** bei denen ein öffentlicher Auftraggeber eine private Finanzierung sucht, ohne als Gegenwert einen materiellen Vermögenswert für die Leistung des Sponsors zu bewirken; die Gegenleistung besteht in der Regel in einem immateriellen Vorteil für den Sponsor, z. B. als Sponsor für Polizeiuniformen genannt zu werden. Die Literatur sieht in solchen Verträgen mangels Entgeltlichkeit keinen Fall des Vergaberechts (Burgi, NZBau, 599).

8.1.7.3 Literatur

1056 – Burgi, Martin, Verwaltungssponsoring und Kartellvergaberecht, NZBau 2004, 594
– Kasper, Andreas, Sponsoring und Vergaberecht, DÖV 2005, 11

8.1.8 Beschaffungsbezug

8.1.8.1 Allgemeines

1057 Verträge nach § 99 müssen Liefer-, Bau-, Dienstleistungen oder Auslobungen, die zu Dienstleistungsaufträgen führen sollen, zum Gegenstand haben. Der **Auftraggeber** muss **auf Seiten der Güternachfrage** auftreten; der Vertrag muss seinen Beschaffungszwecken dienen (OLG Düsseldorf, B. v. 28. 4. 2004 – Az.: VII – Verg 2/04; BayObLG, B. v. 21. 2. 2002 – Az.: Verg 1/02, B. v. 27. 2. 2003 – Az.: Verg 01/03).

1058 Dieser Beschaffungsbezug liegt nicht vor bei
– einem **unmittelbaren Verkauf** von kommunalem Altpapier (sortiert oder unsortiert) **direkt an eine Papierfabrik** (VK Arnsberg, B. v. 17. 6. 2004 – Az.: VK 2–06/2004)
– der Befriedigung eines aus dem **privatwirtschaftlichen Entsorgungsvertrag mit DSD abgeleiteten** (und so betrachtet: fremden) **Beschaffungsbedarfs** eines öffentlichen Auftraggebers,
– der **Veräußerung von Verwaltungsvermögen,** z. B. dem Verkauf von Grundstücken, Dienstfahrzeugen o. ä.,

Gesetz gegen Wettbewerbsbeschränkungen   GWB § 99   **Teil 1**

– der Einräumung des Rechts an einen Unternehmer zur **Aufstellung und Bewirtschaftung von Werbeträgern auf öffentlichem Grund** gegen eine vom Unternehmer an die Stadt zu zahlende Pacht (BayObLG, B. v. 21. 2. 2002 – Az.: Verg 1/02).

Anders kann dies aber sein, wenn die Veräußerung oder Überlassung Element eines einheitlichen Vorgangs ist, der einen **beschaffungsrechtlichen Bezug** hat (BayObLG, B. v. 27. 2. 2003 – Az.: Verg 01/03). Denn § 99 GWB schließt nicht Veräußerungsgeschäfte der öffentlichen Hand von der Anwendung der Vorschriften des Vierten Teils des Gesetzes gegen Wettbewerbsbeschränkungen aus. Ein Veräußerungsgeschäft kann lediglich als solches die Anwendbarkeit dieser Vorschriften nicht begründen. Ist es hingegen **Mittel zur Beschaffung einer Leistung, ist der kaufrechtliche Aspekt des öffentlichen Auftrags ohne Bedeutung.** Das entspricht auch dem Zweck des in §§ 97 ff. GWB geregelten Vergaberechts. Denn auf diese Weise wird eine vollständige Erfassung aller Beschaffungsvorgänge erreicht, die für den öffentlichen Auftraggeber mit geldwertem Aufwand verbunden sind (BGH, B. v. 1. 2. 2005 – Az.: X ZB 27/04).   1059

8.1.8.2 Sonderfall: isolierte Veräußerung von Gesellschaftsanteilen

8.1.8.2.1 Rechtsprechung. Eine bloße Veräußerung von Gesellschaftsanteilen hat per se ebenfalls **keinen beschaffungswirtschaftlichen Bezug** und unterliegt daher grundsätzlich **nicht dem Vergaberecht** (OLG Brandenburg, B. v. 3. 8. 2001 – Az.: Verg 3/01; 1. VK Sachsen, B. v. 29. 12. 2004 – Az.: 1/SVK/123–04; VK Lüneburg, B. v. 5. 11. 2004 – Az.: 203-VgK-48/2004; B. v. 26. 4. 2002 – Az.: 203-VgK-06/2002; VK Brandenburg, B. v. 30. 8. 2004 – Az.: VK 34/04).   1060

Einerseits geht mit der Einbeziehung eines privaten Betriebes in ein zum Teil von der öffentlichen Hand gehaltenes Unternehmen **lediglich der Erwerb künftiger Gewinnchancen** einher, was noch kein konkreter entgeltlicher Gegenwert ist. Zum anderen ist der **Eintritt selbst noch keine Leistung,** die für den Auftraggeber erbracht wird. Dieser verkauft vielmehr etwas, nämlich Geschäftsanteile eines bestehenden oder zu gründenden Unternehmens (VK Brandenburg, B. v. 30. 8. 2004 – Az.: VK 34/04; B. v. 17. 9. 2002 – Az.: VK 50/02).   1061

Keine Rolle spielt vergaberechtlich in diesem Zusammenhang der Aspekt, die Suche nach privaten Mitgesellschaftern könne auf Grund des **privaten bzw. persönlichen und zwischenmenschlichen Einschlages einer Gesellschafterstellung** in keinem Falle den Vergabevorschriften unterworfen werden. Denn in solchen Fällen kommt es dem Auftraggeber bei der Auswahl des privaten Bieters in aller Regel nicht auf die persönliche Zuverlässigkeit und das individuelle Engagement der auf Bieterseite handelnden natürlichen Personen an, die im Laufe der Zeit ausgewechselt werden können, sondern auf die **nach objektiven Kriterien zu beurteilende Eignung des Bieters,** also insbesondere auf seine finanzielle Potenz sowie sein Know-how im Hinblick auf den vereinbarten Gesellschaftszweck. Über die Auswahl eines privaten Investors als Mitgesellschafter wird also in der Regel nach den gleichen Kriterien wie über die Auswahl eines Vertragspartners für Beschaffungsverträge entschieden werden (OLG Brandenburg, B. v. 3. 8. 2001 – Az.: Verg 3/01).   1062

8.1.8.2.2 Literatur   1063

– Braun, Christian, Ausschreibungspflichtigkeit des Verkaufs von Gesellschaftsanteilen, VergabeR 2006, 657
– Dietlein, Johannes, Anteils- und Grundstücksveräußerungen als Herausforderung für das Vergaberecht, NZBau 2004, 472
– Klein, Sebastian, Veräußerung öffentlicher Unternehmen und Vergaberecht, Dissertation, Frankfurt am Main, 2004
– Klein, Sebastian, Veräußerung öffentlichen Anteils- und Grundstücksvermögens nach dem Vergaberecht, VergabeR 2005, 22
– Schabbeck, Jan, Vergaberechtliche Probleme bei Outsourcing-Prozessen, VergabeR 2006, 679
– Schimanek, Peter, Die Ausschreibungspflicht von Privatisierungen, NZBau 2005, 304

8.1.8.3 Sonderfall: ausschreibungspflichtige Veräußerung von Gesellschaftsanteilen

8.1.8.3.1 Rechtsprechung. Die Beteiligung eines Privatunternehmens an einem gemischtwirtschaftlichen Unternehmen ist aber **ausschreibungspflichtig,** wenn ein **Bezug zur Beschaffung von Leistungen** durch einen an diesem Unternehmen beteiligten öffentlichen Auf-   1064

227

Teil 1 GWB § 99 Gesetz gegen Wettbewerbsbeschränkungen

traggeber besteht. Das ist der Fall, wenn ein gemischt-wirtschaftliches Unternehmen zu dem Zweck gegründet wird, Leistungen für den öffentlichen Auftraggeber zu erbringen (VK Thüringen, B. v. 17. 2. 2006 – Az.: 360–4003.20–001/06-G-S; 1. VK Sachsen, B. v. 29. 12. 2004 – Az.: 1/SVK/123–04; VK Lüneburg, B. v. 5. 11. 2004 – Az.: 203-VgK-48/2004; VK Brandenburg, B. v. 30. 8. 2004 – Az.: VK 34/04; B. v. 17. 9. 2002 – Az.: VK 50/02).

1065   Dem Vergaberecht unterliegt die Suche einer kommunalen Körperschaft nach einem privaten Mitgesellschafter über die haushaltsrechtlichen Pflichten hinaus dem europäischen Vergaberecht und der VOL/A jedenfalls dann, wenn der öffentliche Auftraggeber die Suche des Mitgesellschafters **mit der Vergabe der künftigen Betriebsführung und damit einer Dienstleistung verbindet,** sofern diese Betriebsführung – oder ein Managementvertrag – selbst bereits den Schwellenwert für den Anwendungsbereich des Vierten Teils des GWB gem. § 100 Abs. 1 GWB überschreitet (VK Düsseldorf, B. v. 14. 5. 2004 – Az.: VK – 7/2004 – L/VK- 8/2004 – L; VK Lüneburg, B. v. 26. 4. 2002 – Az.: 203-VgK-06/2002).

1066   Um einen Dienstleistungsauftrag nach § 99 Abs. 4 GWB handelt es sich bei der Vergabe eines Abwasserentsorgungsvertrages über 25 Jahre, wenn das **teilweise (49%) dabei mit zu privatisierende Tochterunternehmen der abwasserentsorgungspflichtigen Gebietskörperschaft das Nutzungsentgelt ausdrücklich für die Gebietskörperschaft einzieht und von dieser ein eigenes Entgelt nach dem Abwasserentsorgungsvertrag erhält.** Dies gilt auch dann, wenn perspektivisch ein Konzessionsmodell angedacht sein sollte, aber zunächst auf ein Dienstleistungsauftrag im eben beschriebenen Sinne betroffen ist (1. VK Sachsen, B. v. 29. 2. 2004 – Az.: 1/SVK/157–03).

1067   Ausschreibungspflichtig ist ebenfalls die **Anteilsübertragung gekoppelt mit der Vergabe** eines dem neu eintretenden Gesellschafter zugute kommenden beschaffungsrechtlichen öffentlichen Auftrags im Sinne des § 99 GWB sowie eine **indirekte Beteiligung des neu eintretenden Gesellschafters** durch den Vertrag an einem öffentlichen Auftrag, welcher der Tochtergesellschaft des öffentlichen Auftraggebers zu einem früheren Zeitpunkt langfristig erteilt worden war (OLG Brandenburg, B. v. 3. 8. 2001 – Az.: Verg 3/01) bzw. wenn **Ziel der Ausschreibung nicht nur die entgeltliche Veräußerung von Geschäftsanteilen** ist, sondern es dem Auftraggeber darüber hinaus – auch und vor allem – um die Suche nach einem Geschäftspartner geht, der als (künftiger) Anteilseigner für die Dauer von z. B. 20 Jahren **vielfältige Leistungen auf dem Gebiet der Abfallentsorgung erbringen soll** (VK Thüringen, B. v. 17. 2. 2006 – Az.: 360–4003.20–001/06-G-S; VK Schleswig-Holstein, B. v. 17. 8. 2004 – Az.: VK-SH 20/04).

1068   Handelt es sich bei den ausgeschriebenen Leistungen z. B. um die **Vergabe einer Minderheitsbeteiligung an der künftigen Klinikum-Service GmbH und damit um eine Kooperation im Rahmen einer Public Private Partnership (PPP),** unterliegen derartige Kooperationsmodelle stets dann dem Vergaberecht, wenn die **Vergabe an der Beteiligung** nicht nur der Kapitalbeschaffung dient und sich dementsprechend nicht in der Kapitaleinlage des künftigen privaten Gesellschafters erschöpft, sondern **zugleich mit der Vergabe von Dienstleistungen an den privaten Gesellschafter einhergeht.** Ist also z. B. Gegenstand der Servicegesellschaft die **Erbringung von infrastrukturellen Dienstleistungen wie Gebäudeunterhaltungsreinigung, Hol- und Bringedienste, Speisenversorgung und Hausmeisterleistungen,** wobei die Auftraggeberin eine spätere Ausweitung auf sonstige Dienstleistungen ausdrücklich nicht ausgeschlossen hat, ist die Suche des Mitgesellschafters als Dienstleistungsauftrag im Sinne des § 99 Abs. 1 und Abs. 4 GWB ausschreibungspflichtig (VK Lüneburg, B. v. 5. 11. 2004 – Az.: 203-VgK-48/2004).

1069   8.1.8.3.2 Literatur

– Braun, Christian, Ausschreibungspflichtigkeit des Verkaufs von Gesellschaftsanteilen, VergabeR 2006, 657

– Dietlein, Johannes, Anteils- und Grundstücksveräußerungen als Herausforderung für das Vergaberecht, NZBau 2004, 472

– Jasper, Ute/Arnold, Hans, „Eine künstliche Konstruktion" – EuGH zu Anteilsverkäufen und Ausschreibungspflicht, Behörden Spiegel Januar 2006, 18

– Schimanek, Peter, Die Ausschreibungspflicht von Privatisierungen, NZBau 2005, 304

8.1.8.4 Verwertung von Altpapier (PPK-Fraktion)

1070   8.1.8.4.1 **Anwendung des Vergaberechts.** Bei der Befriedigung eines aus dem **privatwirtschaftlichen Entsorgungsvertrag mit DSD abgeleiteten** (und so betrachtet: fremden)

Beschaffungsbedarfs eines öffentlichen Auftraggebers – auch im Wege einer Ausschreibung – fehlt es an einem Beschaffungsbezug; das Vergaberecht findet keine Anwendung (OLG Düsseldorf, B. v. 28. 4. 2004 – Az.: VII – Verg 2/04; VK Südbayern, B. v. 15. 12. 2003 – Az.: 120.3–3194.1–56–11/03).

Dagegen ist das **Vergaberecht** auf die **Ausschreibung der Entsorgung der originär kommunalen PPK-Fraktion** (ohne „Grünen Punkt") **anzuwenden.** 1071

8.1.8.4.2 Gemeinsame Ausschreibung der gesamten PPK-Fraktion. Nach Auffassung des Bundeskartellamts (B. v. 6. 5. 2004 – Az.: B 10–37202 – N – 97/02–1) ist eine **gemeinsame Ausschreibung der gesamten PPK-Menge mit Bindungswirkung für DSD und andere duale Systeme in der Form, dass die Kommune die Ausschreibung durchführt und der Systembetreiber entweder im Voraus seine Bereitschaft erklärt, das Ausschreibungsergebnis für und gegen sich gelten zu lassen, oder nachträglich sein Einvernehmen mit den im Rahmen der Ausschreibung festgelegten Konditionen erteilt, nicht zulässig,** da den Kommunen mit dem Erlass der Verpackungsverordnung die Zuständigkeit für die Entsorgung eines Teils dieser Menge, nämlich für gebrauchte Verkaufsverpackungen, entzogen und auf die Privatwirtschaft übertragen worden ist. Sie sind mithin gar nicht befugt, auch diese Teilmenge mit Wirkung für den privaten Systembetreiber auszuschreiben. Die insoweit geltenden Konditionen sind vielmehr zwischen dem privaten Systembetreiber und dem jeweiligen Entsorger individuell auszuhandeln. Darüber hinaus sind entgegen der Auffassung der kommunalen Spitzenverbände auch Ausschreibungsvarianten denkbar, die eine solche individuelle Aushandlung in vergaberechtlich zulässiger Form ermöglichen. 1072

Diese Auffassung hat das **OLG Düsseldorf bestätigt** (B. v. 28. 4. 2004 – Az.: VII – Verg 2/04). 1073

8.1.8.4.3 Entsorgung als Dienstleistungsauftrag. Kann ein öffentlicher Auftraggeber die ihm als Entsorgungsträger gemäß §§ 15, 17, 18 KrW-/AbfG auferlegten Aufgaben **nicht allein durch den Verkauf der PPK-Fraktion (Papier, Pappe und Kartonagen) an Dritte erfüllen, bleibt er vielmehr Entsorgungsträger,** weil er die Entsorgungspflicht insoweit nicht gemäß § 16 Abs. 2 KrW-/AbfG übertragen hat, hat er deshalb ein erhebliches Interesse daran sicherzustellen, dass der Dritte das Altpapier entsprechend den abfallrechtlichen Bestimmungen der beabsichtigten Verwertung zuführt. Mit der **Veräußerung des Altpapiers ist der Verwertungsvorgang noch nicht abgeschlossen.** Der Verwertungserfolg ist dadurch noch nicht eingetreten. Der öffentlich-rechtliche Entsorgungsträger hat die ihm obliegenden Pflichten erst erfüllt, wenn die Verwertung des Abfalls abgeschlossen und damit die Abfalleigenschaft eines Stoffes beendet ist. Da auch die Verwertung von Abfällen Teil des Wirtschaftsgeschehens ist, schließt der bloße Umstand, dass Stoffe Gegenstand eines Rechtsgeschäfts sein können, deren Abfalleigenschaft nicht aus. Ob auf dem Weg zu dem Verwertungserfolg Veräußerungsgeschäfte stattfinden, ist deshalb grundsätzlich ohne Belang. Diese Erwägungen sprechen dafür, dass zwischen dem Auftraggeber und dem Dritten **kein Kaufvertrag** im Sinne von § 433 BGB über das kommunale Altpapier geschlossen werden soll, sondern es dem Auftraggeber nach wie vor darum geht, dass der Dritte für ihn die Entsorgung des Altpapiers durch Verwertung übernimmt und **somit eine Dienstleistung** erbringt (OLG Düsseldorf, B. v. 12. 1. 2004 – Az.: VII – Verg 71/03; 1. VK Sachsen, B. v. 11. 2. 2005 – Az.: 1/SVK/128–04; VK Lüneburg, B. v. 26. 4. 2004 – Az.: 203-VgK-10/2004; VK Thüringen, B. v. 15. 1. 2004 – Az.: 360–403.20–030/03-GTH). 1074

8.1.8.4.4 Literatur 1075

– Dieckmann, Martin/Besche, Beatrix, Keine Pflicht zur Ausschreibung der Altpapierentsorgung bei positivem Marktwert des Altpapiers?, AbfallR 2004, 87

8.1.8.5 Leistungsaustauschvertrag bei der Erbringung von Sozialpädagogischer Familienhilfe gegenüber Dritten

8.1.8.5.1 Rechtsprechung. Wenn man im Wege eines gegenseitigen Vertrages zwischen einem Einrichtungsträger und dem Träger der Sozialhilfe über den Anspruch auf eine Sozialhilfeleistung (sozialpädagogische Familienhilfe) z.B. disponiert, dann können aus diesem Vertrag auch unmittelbare Ansprüche geltend gemacht werden. Insofern liegt ein **Leistungsaustauschvertrag vor, auch wenn dieser Vertrag Leistungen zugunsten eines Dritten enthält.** Sobald der Auftragnehmer die sozialpädagogische Familienhilfe als Leistung erbringt, kann er aufgrund des gegenseitigen Vertrages den Auftraggeber auf Zahlung eines Entgeltes in Anspruch nehmen. Der Auftragnehmer ist nicht darauf angewiesen, seinen Entgeltanspruch beim Hilfeempfänger geltend zu machen, sondern Schuldnerin dieses Zahlungsanspruches ist der Auftrag- 1076 geber aufgrund des geschlossenen Rahmenvertrages (VK Münster, B. v. 2. 7. 2004 – Az.: VK 13/04).

8.1.8.5.2 Literatur

- Greß, Stefan, Beschaffung und Bereitstellung von sozialen Dienstleistungen durch wettbewerbliche Verfahren – eine ökonomische Perspektive, ArchsozArb 2005, 58
- Hesselmann, Hildegard/Motz, Thomas, Integrierte Versorgung und Vergaberecht, MedR 2005, 498
- Hoffmann, Klaus, Ausschluss der Träger der freien Wohlfahrtspflege von der Vergabe öffentlicher Sozialleistungen?, VergabeR 2004, 462
- Kingreen, Thorsten, Vergaberechtliche Anforderungen an die sozialrechtliche Leistungserbringung, Die Sozialgerichtsbarkeit 2004, 659

8.1.8.6 Öffentlich Private Partnerschaften/Public-Private-Partnership

1078 Insbesondere auf Grund der Finanzengpässe der öffentlichen Verwaltungen werden in jüngerer Zeit **Überlegungen zur Zusammenarbeit zwischen der öffentlichen Verwaltung und privaten Dritten** verstärkt propagiert, und zwar unter dem Namen „Öffentlich Private Partnerschaften (ÖPP)" bzw. **„Public-Private-Partnership (PPP)".**

1079 Erfolgt diese Zusammenarbeit im Rahmen **eigenständiger Einheiten,** z. B. einer GmbH, gelten selbstverständlich die unter RZ 9.1.8.2 und 8.1.8.3 dargestellten Grundsätze. Entscheidend ist also, ob in diesem Zusammenhang **ein Beschaffungsvorhaben verfolgt** wird. Handelt es sich um eine **nicht streng institutionalisierte Zusammenarbeit,** etwa im Rahmen einer Arbeitsgemeinschaft oder Projektgruppe, sind diese Grundsätze ebenfalls zu beachten.

8.1.8.7 Reine ÖPNV- bzw. SPNV-Finanzierungsverträge

1080 **Betreibt ein Unternehmen auf der Grundlage einer befristeten öffentlich-rechtlichen Genehmigung bereits einen Busverkehr** und schließen der öffentliche Auftraggeber und der Betreiber einen Vertrag, dessen Gegenstand schon nach der Vertragsüberschrift sich in der „Finanzierung der Gewährleistung einer ausreichenden Verkehrsbedienung der Allgemeinheit" erschöpft und stellt auch die Präambel des projektierten Vertrages ausdrücklich heraus, dass die Vertragsparteien den Vertrag „zur Sicherstellung der Finanzierung" der Busverkehre schließen, bezwecken die Beteiligten mit dem Abschluss der Vereinbarung nicht die Neuvergabe der Buslinie. Der Vertrag zielt lediglich auf die Neuregelung der „Ausgleichszahlungen im Rahmen eigenwirtschaftlicher Leistungserbringung" des Betreibers. Der Zweck des ÖPNV-Finanzierungsvertrages besteht daher nicht in der Vergabe von Verkehrsleistungen, sondern darin, den beihilfenrechtlichen Kontext im Rahmen des personbeförderungsrechtlichen Genehmigungstatbestandes zu regeln. Von Vergütung der Busverkehre kann keine Rede sein. Damit wird der **Vertrag nicht von dem (als Auffangtatbestand weit zu verstehenden) Abs. 4 des § 99 GWB erfasst** (OLG Karlsruhe, B. v. 13. 7. 2005 – Az.: 6 W 35/05 Verg.).

8.1.8.8 Literatur

1081 – Goodarzi, Ramin, Ausschreibungspflichtigkeit des Erwerbs von Emissionszertifikaten durch Stadtwerke und andere öffentliche Anlagenbetreiber, NVwZ 2004, 949
- Kiser, Folma, Emissionshandel und Vergaberecht, VergabeR 2004, 683

8.1.9 Zulässigkeit unbefristeter Verträge oder von Verträgen mit nicht absehbarer Vertragsdauer

1082 Nach dem geltenden Vergaberechtsregime sind **unbefristete Verträge oder Verträge mit nicht absehbarer Vertragsdauer grundsätzlich zulässig** – vgl. § 3 Abs. 3 Satz 3 VgV- (OLG Düsseldorf, B. v. 1. 10. 2003 – Az.: Verg 45/03).

8.1.10 Verträge zugunsten Dritter

1083 **Grundsätzlich besteht auch für den öffentlichen Auftraggeber Vertragsfreiheit,** d. h. er hat die Möglichkeit der freien Vertragsgestaltung, soweit nicht gesetzliche Regelungen entgegenstehen. Er kann nicht nur Vereinbarungen treffen, die auf alsbald zu erbringende Leistungen gegen Entgelt gerichtet sind, sondern auch Verträge (z. B. in Form eines Vorvertrages oder einer

Gesetz gegen Wettbewerbsbeschränkungen GWB § 99 **Teil 1**

Option) über künftige Leistungen abschließen. **Auch Verträge zugunsten Dritter sind nicht ausgeschlossen** (BayObLG, B. v. 17. 2. 2005 – Verg 027/04). Eine solche Vertragskonstellation bietet sich z. B. **bei Rahmenvereinbarungen für mehrere öffentliche Auftraggeber** an.

8.1.11 Abgrenzung zu Zuwendungsverhältnissen

Die **rechtliche Ausgestaltung** einer Rechtsbeziehung zwischen einer zuwendenden Stelle 1084
und einem Zuwendungsempfänger **spricht für ein Zuwendungsverhältnis,** mit dem die Zwecke des Zuwendungsempfängers gefördert werden sollen (§ 23 BHO), wenn der Zuwendungsempfänger **nicht von vorneherein in einem bestimmten Umfang zu einer bestimmten Leistung verpflichtet werden soll.** Gegen ein Zuwendungsverhältnis spricht nicht, dass ausdrücklich ein „Rahmenvertrag" geschlossen wurde. Es kommt nicht darauf an, wie die Beteiligten ihre Rechtsbeziehung bezeichnet haben. Maßgeblich ist der durch Auslegung zu ermittelnde materielle Inhalt der eingegangenen Verpflichtungen (1. VK Bund, B. v. 3. 8. 2006 – Az.: VK 1–49/06).

8.1.12 Weitere Literatur

– Rittwage, Ralf, Einzel- und Gruppenrechtsnachfolge bei öffentlichen Aufträgen, VergabeR 1085
2006, 327

8.2 Lieferaufträge (§ 99 Abs. 2)

8.2.1 Allgemeines

Ein öffentlicher Lieferauftrag liegt nach § 99 Abs. 2 GWB vor, wenn sich der Vertrag auf die 1086
Beschaffung von Waren bezieht. Die Definition entspricht Art. 1 Abs. 2 Buchstabe c) Vergabekoordinierungsrichtlinie. Unerheblich ist bei der Beschaffung, ob der Auftragnehmer dem öffentlichen Auftraggeber die Verfügungsgewalt an der Ware dadurch verschafft, dass er die Sache in dessen Einflussbereich bringt. Im § 99 Abs. 2 GWB werden „insbesondere" der Kauf und Ratenkauf, Leasing-, Miet- und Pachtverträge genannt. **Entscheidendes Kriterium zur Bejahung eines Liefervertrages ist** nach § 99 Abs. 2 GWB also nicht die von den Parteien gewählte Vertragsform, sondern **allein die Verschaffung der Verfügungsgewalt,** sei es durch Erwerb oder durch Gebrauchsüberlassung (VK Südbayern, B. v. 8. 10. 2001 – Az.: 28–08/01).

8.2.2 Abgrenzung zum Bauauftrag

Aufträge, die nicht über den reinen Austausch einer Ware gegen Vergütung hinausgehen, die 1087
insbesondere die bloße Lieferung von Baustoffen oder Bauteilen ohne individuelle, auf das Bauvorhaben bezogene Be- oder Verarbeitung zum Gegenstand haben, haben keinen hinreichend engen funktionalen Zusammenhang mit der Erstellung des Bauwerks. Sie **zählen** nicht zu den Bau-, sondern **zu den Lieferaufträgen** (OLG München, B. v. 28. 9. 2005 – Az.: Verg 019/05).

8.2.3 Literatur

– Specht, Heinrich, Stromlieferverträge im liberalisierten Energiemarkt: Gestaltung von Son- 1088
derverträgen und Ausschreibung von Stromlieferungen, Berlin, 2005

8.3 Bauaufträge (§ 99 Abs. 3)

§ 99 Abs. 3 nennt drei Typen von Bauaufträgen, nämlich 1089
– die Ausführung oder die gleichzeitige Planung und Ausführung eines **Bauvorhabens,**
– die Ausführung oder die gleichzeitige Planung und Ausführung eines **Bauwerks,** das Ergebnis von Tief- oder Hochbauarbeiten ist und eine wirtschaftliche oder technische Funktion erfüllen soll,
– die Ausführung oder die gleichzeitige Planung und Ausführung einer **Bauleistung** durch Dritte gemäß den vom Auftraggeber genannten Erfordernissen

Gegenstand des Bauauftrages ist **jeweils eine Werkleistung** (BayObLG, B. v. 28. 8. 2002 – 1090
Az.: Verg 20/02). **Anderer Auffassung** ist insoweit das OLG Dresden: **Für den vergabe-**

rechtlichen Begriff des Bauauftrags kommt es nicht darauf an, dass die Leistung nach deutschem Zivilrecht als Werkvertragsleistung einzustufen wäre; auch eine Werklieferung oder ein schlichter Kauf kann wegen des funktionsbedingten Zusammenhangs der zu beschaffenden Gegenstände mit dem damit auszustattenden Gebäude als Bestandteil der Bauleistung anzusehen sein (OLG Dresden, B. v. 2. 11. 2004 – Az.: WVerg 11/04).

8.3.1 Verknüpfung zur Baukoordinierungsrichtlinie

1091 Die **Definition** des öffentlichen Bauauftrags wurde aus **Art. 1 lit. a) BKR** übernommen, und die Definition des Bauwerks aus **Art. 1 lit. c) BKR** („das Ergebnis einer Gesamtheit von Tief- oder Hochbauarbeiten, das seinem Wesen nach eine wirtschaftliche oder technische Funktion erfüllen soll") findet sich nahezu gleichlautend in der Definition des Bauauftrags nach § 99 GWB wieder. Die **Definitionen sind auch in die neue Vergabekoordinierungsrichtlinie (Richtlinie 2004/18/EG) übernommen** worden.

1092 Maßgebend für den Anwendungsbereich des Vierten Teils des GWB ist die Definition des Bauauftrages in § 99 Abs. 3 GWB, die **weitgehend der Definition in Art. 1 der Richtlinie 93/37/EWG des Rates vom 14. Juni 2003 zur Koordinierung der Verfahren zur Vergabe öffentlicher Bauaufträge (im Folgenden BKR) entspricht.** Anhaltspunkte für die Frage, ob ein Bauauftrag vorliegt, ergeben sich im Einzelnen aus dem „Verzeichnis der Berufstätigkeiten im Baugewerbe entsprechend dem allgemeinen Verzeichnis der wirtschaftlichen Tätigkeiten in der Europäischen Gemeinschaft (NACE)", das als Anhang II Bestandteil der BKR ist (OLG München, B. v. 28. 9. 2005 – Az.: Verg 019/05; VK Brandenburg, B. v. 26. 11. 2003 – Az.: VK 72/03). Für die Frage, ob der Vierte Teil des GWB eröffnet ist, ist dagegen **grundsätzlich nicht die Definition des Bauauftrages in § 1 VOB/A maßgeblich;** allerdings decken sich der Anwendungsbereich von § 99 Abs. 3 GWB und § 1 VOB/A weitgehend, so dass ein Rückgriff auf die Rechtsprechung und Literatur zur VOB/A möglich ist, soweit ein Widerspruch zum gemeinschaftsrechtlich geprägten Begriff in § 99 Abs. 3 GWB nicht besteht (OLG München, B. v. 28. 9. 2005 – Az.: Verg 019/05; 2. VK Bund, B. v. 31. 7. 2006 – Az.: VK 2–65/06; VK Südbayern, B. v. 29. 11. 2005 – Az.: Z3–3-3194-1-46–09/05; B. v. 22. 7. 2005 – Az.: 27–05/05; 1. VK Bund, B. v. 2. 5. 2003 – Az.: VK 1–25/03).

1093 **An den europarechtlichen Rahmenbedingungen hat sich durch die neue EU-Vergabekoordinierungsrichtlinie (Richtlinie 2004/18/EG) inhaltlich nichts geändert,** so dass die o. a. Rechtsprechung weiterhin Gültigkeit hat (2. VK Bund, B. v. 31. 7. 2006 – Az.: VK 2–65/06).

8.3.2 Ausführung oder gleichzeitige Planung und Ausführung von Bauaufträgen

1094 Es ist vergaberechtlich also zulässig, Planung und Ausführung als Bauauftrag zusammengefasst zu vergeben. Die näheren Einzelheiten sind in § 9 Nr. 15–17 VOB/A geregelt.

8.3.3 Begriff des Bauwerks

8.3.3.1 Allgemeines

1095 Unter einem **Bauwerk ist eine unbewegliche, durch Verwendung von Arbeit und Material in Verbindung mit dem Erdboden hergestellte Sache** zu verstehen (VK Brandenburg, B. v. 5. 4. 2002 – Az.: VK 7/02, B. v. 12. 2. 2002 – Az.: 2 VK 123/01).

1096 Die Kriterien für die **Definition eines einheitlichen Bauwerks** sind in Abschnitt 1 Art. 1 Buchstabe c der Richtlinie 93/37 EWG vom 14. 6. 1993 bestimmt. Demnach ist ein **Bauwerk das Ergebnis einer Gesamtheit von Tief- oder Hochbauten, das seinem Wesen nach eine wirtschaftliche oder technische Funktion erfüllen soll** (EuGH, Urteil vom 5. 10. 2000 – Az.: C-16/98; VK Brandenburg, B. v. 11. 6. 2004 – Az.: VK 19/04; VK Nordbayern, B. v. 24. 9. 2003 – Az.: 320.VK-3194–30/03; VK Düsseldorf, B. v. 14. 8. 2006 – Az.: VK – 32/2006 – B; B. v. 11. 9. 2001 – Az.: VK – 19/2001 – B). Ob die einzelnen Baumaßnahmen eigene wirtschaftliche und/oder technische Funktionen erfüllen, **beurteilt sich nach rein objektiven Kriterien** (OLG Brandenburg, B. v. 20. 8. 2002 – Az.: Verg W 4/02).

1097 Bei Bauvorhaben ist **nach einer sachgerechten Abwägung im Einzelfall darüber zu entscheiden,** ob es sich um ein zusammengehöriges Bauvorhaben handelt, bei dem sämtliche Einzelleistungen zusammenzurechnen sind. Es sind dabei alle Aufträge zusammenzurechnen, die für die Herstellung des Bauvorhabens sowohl in technischer Hinsicht als auch im Hinblick auf die sachgerechte Nutzung erteilt werden müssen (VK Rheinland-Pfalz, B. v. 6. 4. 2005 – Az.: VK 09/05; B. v. 10. 6. 2003 – Az.: VK 10/03).

Komplexe Bauvorhaben, die in gestuften Entscheidungsverfahren beschlossen werden und in verschiedenen Phasen realisiert werden, sind zumindest dann nicht als ein Gesamtbauwerk anzusehen, wenn die unterschiedlichen baulichen Anlagen ohne Beeinträchtigung ihrer Vollständigkeit und Benutzbarkeit auch getrennt voneinander errichtet werden können. In einer solchen Konstellation bilden solche Vorhaben ein Bauwerk, die funktional miteinander verknüpft sind und über die in einem organisatorischen Zusammenhang gemeinsam entschieden wird. Es kommt auf die Konkretisierung der Bauabsicht an (VK Münster, B. v. 4. 4. 2001 – Az.: VK 11/01). Werden jedoch **Maßnahmen, die in einem engen funktionalen Zusammenhang stehen** (z. B. MSR-Technik für mehrere Etagen eines Krankenhausgebäudes), auch in enger zeitlicher Reihenfolge ausgeschrieben, handelt es sich um ein zusammen gehörendes Bauvorhaben (1. VK Sachsen, B. v. 23. 1. 2004 – Az.: 1/SVK/160–03). 1098

Entscheidungskriterium kann die vorgesehene Bauzeit sein. Auch wenn sich die Bauzeit über sieben Jahre hinzieht, kann eine solche Zeitspanne sich im Hinblick auf den Umfang und die Art der durchzuführenden Arbeiten in einem überschaubaren Rahmen halten. Werden die einzelnen Bauabschnitte auch Zug um Zug realisiert, kann es sich um ein Bauvorhaben handeln (VK Baden-Württemberg, B. v. 22. 10. 2002 – Az.: 1 VK 51/02). 1099

Je nach Einzelfall kann es sich **bei einer längeren Bauzeit und einer abschnittsweisen Finanzierung** auch bei den einzelnen Baumaßnahmen **um selbständige Bauwerke** handeln (VK Düsseldorf, B. v. 14. 8. 2006 – Az.: VK – 32/2006 – B; VK Arnsberg, B. v. April 2002 – Az.: VK 1–05/2002). 1100

Indiz für das Bestehen eines einheitlichen Bauwerkes kann zwar sein, dass **ein einziger Auftraggeber vorhanden** ist und **ein Unternehmen alle in den betreffenden Aufträgen bezeichneten Arbeiten zusammen ausführen könnte** (EuGH, Urteil vom 5. 10. 2000 – Az.: C-16/98). Dies ist aber nicht ausreichend. Maßgebliches Kriterium dafür, dass Einzelaufträge nicht als Los eines einzigen Bauwerkes anzusehen sind, ist, dass die Ergebnisse der jeweiligen Aufträge unterschiedliche wirtschaftliche und technische Funktionen erfüllten und damit unterschiedlichen Bauwerken dienen (OLG Brandenburg, B. v. 20. 8. 2002 – Az.: Verg W 4/02). 1101

Indiz für das Bestehen eines einheitlichen Bauwerkes können auch die Gleichzeitigkeit der Einleitung verschiedener Vergabeverfahren, die Ähnlichkeit der jeweiligen Bekanntmachungen, die Einheitlichkeit des Gebietes, in dem die Verfahren eingeleitet worden sind, und die Koordinierung durch einen Auftraggeber sein (EuGH, Urteil vom 5. 10. 2000 – Az.: C-16/98). 1102

Indizien für eine Gesamtbaumaßnahme können weder die Finanz- bzw. Erfolgspläne einer Vergabestelle noch deren Pressemitteilungen sein (OLG Celle, B. v. 17. 11. 1999 – Az.: 13 Verg 6/99). 1103

8.3.3.1.1 Hochbaumaßnahmen. Im Hochbau ist dieser Begriff im Wesentlichen gleichzusetzen mit „Gebäude" (VK Rheinland-Pfalz, B. v. 10. 6. 2003 – Az.: VK 10/03). 1104

8.3.3.1.2 Tiefbaumaßnahmen. Der Begriff der Tiefbaumaßnahmen wird im **Anhang II zur Baukoordinierungsrichtlinie (jetzt Anhang I der Vergabekoordinierungsrichtlinie – Richtlinie 2004/18/EG) näher definiert.** Zu den dort aufgeführten Erdbewegungsarbeiten und Landeskulturbau, Tunnel-, Schacht- und Straßenbauten zählen z. B. auch die schwerpunktmäßig ausgeschriebene Abfallumlagerung, Oberflächenabdichtung, Verlegen von Rohrleistungen, Anlegen von Schlammauffangbecken und Versickerungsmulden sowie die Herstellung von Betriebswegen (VK Brandenburg, B. v. 21. 12. 2004 – Az.: VK 64/04). 1105

Im **Tiefbau** ist die Begriffsbestimmung mit Blick auf den Begriff des Bauwerks oft schwieriger und **meist auf die Definition „Erfüllung einer wirtschaftlichen oder technischen Funktion" abzustellen** (VK Rheinland-Pfalz, B. v. 10. 6. 2003 – Az.: VK 10/03). 1106

Als Tiefbaumaßnahmen kommen **auch Bauwerke in Gestalt einzelner in sich abgeschlossener verkehrswirksamer Straßenbauabschnitte** in Betracht (VK Brandenburg, B. v. 25. 4. 2003 – Az.: VK 21/03; VK Baden-Württemberg, B. v. 22. 10. 2002 – Az.: 1 VK 51/02). 1107

Maßgeblich ist hierbei jeweils, ob das zu erstellende **Projekt eine eigene Funktion erfüllt.** Dies ist bereits bei der Fertigstellung eines Streckenabschnittes einer geplanten Autobahn der Fall, oder auch bei der Errichtung einer Brücke oder einer Unterführung. Entscheidend ist die vorgesehene Ausführung der einzelnen, in sich geschlossenen Bauabschnitte (VK Münster, B. v. 6. 6. 2001 – Az.: VK 12/01). 1108

1109 Ein Brückenkopf bildet mit der Brücke eine verkehrlich-funktionale Einheit und stellt damit ein einheitliches Bauwerk dar (VK Schleswig-Holstein, B. v. 19. 1. 2005 – Az.: VK-SH 37/04).

1110 Erfüllt nur einer von dreien Bauabschnitten (zwei Straßen, eine Brücke) eine **eigene wirtschaftliche und technische Funktion,** stellen die **drei Bauabschnitte ein einheitliches Bauwerk** dar (VK Düsseldorf, B. v. 14. 8. 2006 – Az.: VK – 32/2006 – B).

1111 **8.3.3.1.3 Sonstige Baumaßnahmen.** Soll nach der Baubeschreibung die **Aufhaldung einer Deponie bis zu einem bestimmten genehmigten Abfallablagerungsvolumen** durchgeführt werden und ist die **Deponie sukzessive durch das Aufbringen eines Oberflächenabdichtungssystems zu sichern,** wobei die **Verfüllung der einzelnen Deponieabschnitte zurzeit noch nicht abgeschlossen** ist, muss die Abdeckung des Deponiekörpers **durch räumlich und zeitlich getrennte Bauabschnitte realisiert** werden, wobei jeder Bauabschnitt in technischer Hinsicht eine sachgerechte Abdeckung gewährleistet. Insoweit ist nur der Wert der Arbeiten zu summieren, die in jedem einzelnen Bauabschnitt verwirklicht werden (VK Brandenburg, B. v. 11. 6. 2004 – Az.: VK 19/04).

8.3.3.2 Begriff der baulichen Anlage

1112 **8.3.3.2.1 Allgemeines.** Der **Begriff der „baulichen Anlage"** (§ 1 VOB/A) ist identisch mit dem Begriff **„Bauwerk"** wie er in der Baukoordinierungsrichtlinie **(jetzt Richtlinie 2004/18/EG)** verwendet wird (VK Rheinland-Pfalz, B. v. 10. 6. 2003 – Az.: VK 10/03; VK Münster, B. v. 6. 6. 2001 – Az.: VK 12/01).

1113 **8.3.3.2.2 Unterhaltungsarbeiten an einer zum Ausbau bestimmten Anlage.** Es mag vorkommen, dass Unterhaltungsarbeiten in einem Gebäude oder einem Wasserstraßenabschnitt vorgesehen sind, das bzw. der auch für den Ausbau vorgesehen ist. Hieraus ergibt sich jedoch nicht zwangsläufig die vergaberechtliche Konsequenz, die Unterhaltungsarbeiten als Teil der baulichen Anlage „Ausbau/Neubau" anzusehen, da beide Maßnahmen auf unterschiedliche Zwecke gerichtet sind. Während die Unterhaltungsarbeiten die Herstellung eines ursprünglichen Zustandes bezweckt, betrifft der Ausbau/Neubau die Erweiterung des bisherigen Zustandes. **Es kann also nicht ohne weiteres auf eine Verbindung beider Maßnahmen zu einer einheitlichen baulichen Anlage im vergaberechtlichen Sinne geschlossen werden** (1. VK Bund, B. v. 25. 11. 2003 – Az.: VK 1–115/03).

1114 **8.3.3.2.3 Straßenbeleuchtung mit entsprechender Elektroinstallation.** Teile von Verkehrsanlagen, die für sich genommen keine funktionale und wirtschaftliche Einheit darstellen, können nicht als eigenständige und von anderen Maßnahmen unabhängige Einzelbaumaßnahmen bezeichnet werden. Eine **Straßenbeleuchtung mit entsprechender Elektroinstallation ohne eine dazugehörige Straße ist für sich allein wirtschaftlich unvernünftig;** die Beleuchtung ist daher notwendiger Bestandteil der baulichen Anlage „Straße" (VK Südbayern, B. v. 14. 1. 2004 – Az.: 62–12/03).

8.3.3.3 Weite Auslegung

1115 In der Rechtsprechung und in der Literatur besteht Einigkeit, dass eine **weite Auslegung** dessen, was als Bauwerk bzw. als zum Bauwerk gehörig gelten soll, **geboten** ist. Dies gilt sowohl nach den Auslegungsgrundsätzen des deutschen Rechts als auch unter Berücksichtigung der Vorgaben der Baukoordinierungsrichtlinie – **jetzt Richtlinie 2004/18/EG** (OLG Dresden, B. v. 2. 11. 2004 – Az.: WVerg 11/04; OLG Thüringen, B. v. 22. 8. 2002 – Az.: 6 Verg 5/01; VK Südbayern, B. v. 29. 11. 2005 – Az.: Z3–3-3194–1-46–09/05; 1. VK Bund, B. v. 2. 5. 2003 – Az.: VK 1–25/03). Es sollen also **alle Arten von Bauleistungen umfassend einbezogen werden** (VK Düsseldorf, B. v. 11. 9. 2001 – Az.: VK – 19/2001 – B).

8.3.4 Bauleistungen

8.3.4.1 Grundsatz

1116 Nach § 1 VOB/A sind **Bauleistungen Arbeiten jeder Art, durch die eine bauliche Anlage hergestellt, instand gehalten, geändert oder beseitigt wird.** Allerdings **decken sich der Anwendungsbereich von § 99 Abs. 3 GWB und § 1 VOB/A weitgehend,** so dass ein Rückgriff auf die Rechtsprechung und Literatur zur VOB/A möglich ist, soweit ein

Gesetz gegen Wettbewerbsbeschränkungen GWB § 99 **Teil 1**

Widerspruch zum gemeinschaftsrechtlich geprägten Begriff in § 99 Abs. 3 GWB nicht besteht. Vgl. hierzu im Einzelnen die Kommentierung zu § 1 VOB/A.

8.3.4.2 Maschinelle und elektrotechnische/elektronische Anlagen und Anlagenteile

Zu den Bauleistungen zählen insbesondere auch die Lieferung und Montage der 1117 **für die bauliche Anlage erforderlichen maschinellen und elektrotechnischen/elektronischen Anlagen und Anlagenteile. Auch die Ergänzung und der Neueinbau solcher Anlagen in einem bestehenden Gebäude fallen unter den Begriff der Bauleistung,** wenn sie für den bestimmungsgemäßen Bestand der baulichen Anlage bzw. für ein funktionsfähiges Bauwerk erforderlich und von wesentlicher Bedeutung sind. **Entscheidend ist, dass das Gebäude ohne den Einbau der Anlagen noch nicht als vollständig fertig anzusehen** ist (BayObLG, B. v. 23. 7. 2002 – Az.: Verg 17/02; VK Südbayern, B. v. 29. 11. 2005 – Az.: Z3-3-3194-1-46-09/05; 1. VK Bund, B. v. 2. 5. 2003 – Az.: VK 1-25/03); vgl. im Einzelnen die Kommentierung zu § 1 VOB/A.

8.3.4.3 Lieferung und Einbau von Labormöbeln

Die **Lieferung und der Einbau von Labormöbeln in ein Universitätsgebäude** sind 1118 dem Fall der Lieferung und Installation von EDV-Endgeräten in ein Verwaltungsgebäude vergleichbar. Eine Vergabe **muss daher durch die direkte Anwendung der VOL/A oder aber durch die Anwendung der Vorschrift des § 1 a Nr. 2 VOB/A nach dem Schwellenwert von 200 000 Euro erfolgen** (VK Schleswig-Holstein, B. v. 15. 7. 2002 – Az.: VK-SH-08/02).

8.3.4.4 Lieferung und Einbau von Küchengeräten

Bei der **Lieferung und Montage von Küchengeräten handelt es sich um eine Bau-** 1119 **leistung im Sinne von § 1 VOB/A,** wenn die ausgeschriebenen maschinellen Anlagen und Anlagenteile für den bestimmungsgemäßen Bestand der baulichen Anlage bzw. für ein funktionsfähiges Bauwerk – z.B. einer Mensa – erforderlich und von wesentlicher Bedeutung sind (2. VK Brandenburg, B. v. 28. 6. 2005 – Az.: VK 20/05).

8.3.4.5 Montagearbeiten von Fenstern oder Türen

Auch die Montagearbeiten von Fenstern oder Türen stellen Bauleistungen dar (VK Südbay- 1120 ern, B. v. 20. 11. 2002 – Az.: 43–10/02; Landgericht Kiel, Urteil vom 17. 4. 2003 – Az.: 4 O 304/02).

Von der Frage der Anwendbarkeit der VOB/A ist die **Frage zu trennen, ob reine Monta-** 1121 **gearbeiten eine handwerksrechtliche Befähigung voraussetzen** bzw. **ob reine Montagearbeiten,** die einen hohen Nachunternehmeranteil voraussetzen, nämlich die gesamte Fertigung der Türen und Fenster, **mit dem Selbstausführungsgebot der VOB vereinbar** sind (vgl. dazu die Kommentierung zu §§ 8, 25 VOB/A).

8.3.4.6 Baugeländevorarbeiten

Zum Bauwerk gehören auch Baugeländevorarbeiten (VK Düsseldorf, B. v. 11. 9. 2001 – Az.: 1122 VK – 19/2001 – B).

8.3.4.7 Lieferung und Montage einer Solaranlage

Verpflichtet sich ein Unternehmer, einen Gegenstand zu liefern und zu montieren, so kommt 1123 es für **die rechtliche Einordnung des Vertragsverhältnisses als Kaufvertrag (mit Montageverpflichtung) oder als Werkvertrag darauf an, auf welcher der beiden Leistungen bei der gebotenen Gesamtbetrachtung der Schwerpunkt liegt.** Dabei ist vor allem auf die Art des zu liefernden Gegenstandes, das Wertverhältnis von Lieferung und Montage sowie auf die Besonderheiten des geschuldeten Ergebnisses abzustellen. Je mehr die mit dem Warenumsatz verbundene Übertragung von Eigentum und Besitz auf den „Besteller" im Vordergrund steht und je weniger die individuellen Anforderungen des Kunden und die geschuldete Montageleistung das Gesamtbild des Vertragsverhältnisses prägen, desto eher ist die Annahme eines Kaufvertrages (mit Montageverpflichtung) geboten. Beschränkt sich die **Lieferverpflichtung auf eine Solaranlage aus serienmäßig hergestellten und typmäßig bezeichneten Teilen nebst Zubehör** und beläuft sich der Preis für die komplette Montage auf rund 23% der Gesamtleistung, sprechen bereits diese Gesichtspunkte – die Art der zu liefernden Gegenstände sowie das Verhältnis des wirtschaftlichen Wertes der verschiedenen Leistungen – für die **Annahme eines Kaufvertrages** (BGH, Urteil vom 3. 3. 2004 – Az.: VIII ZR 76/03).

8.3.4.8 Kampfmittelräumung

1124   Arbeiten zur Kampfmittelräumung dienen – **obwohl vielfach erdbaubezogen** – **in erster Linie der Herstellung der öffentlichen Sicherheit und haben hinsichtlich ggf. nachfolgender Bauaufträge lediglich vorbereitenden Charakter;** es kann also grundsätzlich nicht von Bauaufträgen im Sinne des § 99 Abs. 3 GWB ausgegangen werden (VK Arnsberg, B. v. 29. 11. 2005 – Az.: VK 23/05). **Etwas anderes** kann gelten, **wenn konkrete Bauvorhaben, bezüglich deren Ausführung oder Planung die ausgeschriebenen Kampfmittelräumungsmaßnahmen gleichzeitig erfolgen sollen,** vorliegen (OLG Düsseldorf, B. v. 2. 1. 2006 – Az.: VII – Verg 93/05).

8.3.4.9 Winterdienst und Störungsbeseitigung

1125   Bei der **Leistung des Winterdienstes und der Störungsbeseitigung auf Bundes- und Landesstraßen handelt es sich um einen Dienstleistungsauftrag** im Sinne des § 99 Abs. 1 und Abs. 4 GWB. Dass die damit ausgeschriebenen Leistungen, aufgrund ihrer Spezifika als Leistungen der Straßenunterhaltung, **auch Elemente einer bauvertraglichen Leistung beinhalten können, ändert nichts an dem Dienstleistungscharakter des ausgeschriebenen Auftrages.** Ein solcher Auftrag hat die Aufrechterhaltung und die störungsfreie Nutzbarkeit des Straßenverkehrsnetzes als Maßnahmen der Straßenunterhaltung zu seinem Gegenstand. Hierbei handelt es sich ganz überwiegend nicht um Baumaßnahmen. Dass die Beseitigung von Störungen im Rahmen des Winterdienstes auch den Einsatz von Baumaßnahmen notwendig machen kann, ändert daher nichts an dem Charakter des Auftrages, als dem eines Dienstleistungsauftrages (VK Thüringen, B. v. 30. 8. 2006 – Az.: 360–4003.20–009/06-HBN, 360–4003.20–015/06-MGN, 360–4003.20–004/06-SON, 360–4003.20–009/06-ESA-S).

8.3.4.10 Gartenpflegearbeiten

1126   Dienen bei **Gartenpflegearbeiten** die **ausgeschriebenen Tätigkeiten lediglich der Erhaltung des status quo,** nämlich der Pflege der bereits vorhandenen Gartenanlagen und sollen die zu erbringenden einfachen Gartenarbeiten ohne Neuanpflanzungen direkt an den Pflanzen bzw. im Wesentlichen unmittelbar an oder allenfalls knapp unterhalb der Grundstücksoberfläche erfolgen (z.B. beim Entfernen von Unkraut samt Wurzelwerk oder dem Lockern der Pflanzflächen bis 3 cm Tiefe), so dass die Substanz der Gartenanlage hierdurch gar nicht oder allenfalls unwesentlich tangiert wird und sind **umfangreichere Erdbewegungsarbeiten,** die z.B. beim Pflanzen von Bäumen erforderlich sein könnten, ausdrücklich **nicht Gegenstand der Ausschreibung,** handelt es sich nicht um Bauleistungen (3. VK Bund, B. v. 29. 3. 2006 – Az.: VK 3–15/06).

8.3.5 Bauleistung durch Dritte gemäß den vom Auftraggeber genannten Erfordernissen

8.3.5.1 Allgemeines

1127   Bei dieser Konstellation wird die Bauleistung durch einen Dritten ausgeführt; das Bauherrenrisiko liegt folglich bei dem Dritten.

1128   Entscheidend für die Anwendbarkeit des Vergaberechts ist die Frage, **wieweit ein öffentlicher Auftraggeber auf die Bauleistung Einfluss genommen** hat. Handelt es sich nur um allgemeine Vorgaben, die jeder Bieter aus seiner speziellen Situation als Nachfrager von Gebäudeflächen heraus stellt (z.B. Umfang der Büroflächen, EDV-technische Ausstattung), ist von einem Mietvertrag auszugehen, der vergaberechtsfrei ist (§ 100 Abs. 2 Buchstabe h) GWB). Bei einem „**Bestellbau**" des öffentlichen Auftraggebers greift § 99 Abs. 3 GWB ein (vgl. hierzu im Einzelnen die Kommentierung zu § 100 GWB RZ 1296).

1129   Entscheidend sind jeweils die Umstände des Einzelfalls.

8.3.5.2 Literatur

1130   – Otting, Olaf, Bau und Finanzierung öffentlicher Infrastruktur durch private Investoren – Ein Beitrag zur Auslegung des § 99 III, 3. Alt. GWB, NZBau 2004, 469

8.3.6 Baukonzessionen

8.3.6.1 Begriff

Baukonzessionen sind Verträge über die Erbringung von Bauleistungen, bei dem 1131
der Konzessionsgeber als Gegenleistung für die Bauarbeiten des Baukonzessionärs
diesem statt einer Vergütung ein Recht auf Nutzung der baulichen Anlage, gegebenenfalls zuzüglich der Zahlung eines Preises, einräumt (§ 98 Nr. 6 GWB, § 6 Satz 2 VgV, § 32 Nr. 1 VOB/A).

Eine **Baukonzession unterscheidet sich von einem Bauauftrag nur insoweit,** als die 1132
Gegenleistung für die Bauarbeiten statt in einer Vergütung in dem Recht auf Nutzung der baulichen Anlage, gegebenenfalls zuzüglich der Zahlung eines Preises, besteht. Wie beim Bauauftrag muss daher auch bei der Baukonzession ein Vertrag, z. B. über die Ausführung eines Bauwerks, vorliegen. Erfasst werden nur solche Verträge, bei denen die **Leistung an den öffentlichen Auftraggeber erbracht** wird. Der Auftraggeber muss dabei auf Seiten der Güternachfrage auftreten, der Vertrag muss seinen **Beschaffungszwecken dienen** (BayObLG, B. v. 19. 10. 2000 – Az.: Verg 9/00).

Kennzeichen auch einer Baukonzession ist, dass sie die Übertragung eines Rechts zur Verwertung einer bestimmten Leistung umfasst und dass der **Konzessionär – ganz oder zum überwiegenden Teil – das wirtschaftliche Nutzungsrisiko trägt** (OLG Düsseldorf, B. v. 26. 7. 2002 – Az.: Verg 22/02; VK Lüneburg, B. v. 12. 11. 2003 – Az.: 203-VgK-27/2003; VK Arnsberg, B. v. 27. 10. 2003 – Az.: VK 2–22/2003). **Nicht notwendig** ist es, dass der **Auftraggeber keinerlei Nutzungsrisiko trägt** (VK Lüneburg, B. v. 14. 1. 2002 – Az.: 203-VgK-22/2001). 1133

8.3.6.2 Einbeziehung in das Vergaberecht

8.3.6.2.1 Grundsatz. Der Baukonzessionsvertrag stellt einen Bauauftrag im Sinne des § 99 1134
Abs. 3 GWB dar. Zwar ist in § 99 Abs. 3 GWB – anders als in der Baukoordinierungsrichtlinie – der Baukonzessionsvertrag nicht ausdrücklich erwähnt. § 99 Abs. 3 GWB ist aber **richtlinienkonform** dahin auszulegen, dass **auch Baukonzessionsverträge mit umfasst** sind. Nach Art. 1 lit. d BKR sind nämlich öffentliche Baukonzessionen nur eine besondere Art von Bauaufträgen, bei denen die Gegenleistung (= Entgelt) für die Arbeiten ausschließlich in dem Recht zur Nutzung oder in diesem Recht zuzüglich der Zahlung eines Preises besteht. (OLG Brandenburg, B. v. 3. 8. 1999 – Az.: 6 Verg 1/99; BayObLG, B. v. 11. 12. 2001 – Az.: Verg 15/01; VK Südbayern, B. v. 21. 8. 2000 – Az.: 120.3–3194.1–14–07/00).

Nach **Art. 1 Abs. 3 der Vergabekoordinierungsrichtlinie (Richtlinie 2004/18/EG)** 1135
sind „Öffentliche Baukonzessionen" **Verträge, die von öffentlichen Bauaufträgen nur insoweit abweichen, als die Gegenleistung für die Bauleistungen ausschließlich in dem Recht zur Nutzung des Bauwerks oder in diesem Recht zuzüglich der Zahlung eines Preises** besteht.

Vgl. zur Dienstleistungskonzession – die nicht unter das Vergaberecht fällt – die Kommentierung RZ 1159. 1136

8.3.6.2.2 Gemischte Verträge. Baukonzessionsverträge unterliegen auch **als gemischte** 1137
Verträge (z. B. mit Elementen einer Dienstleistungskonzession) der **Nachprüfung, wenn die durchzuführenden Bauarbeiten gegenüber dem Hauptgegenstand der Ausschreibung nicht nur von untergeordneter Bedeutung** sind. Diese Auslegung wird gestützt durch die 16. Begründungserwägung zur Dienstleistungskoordinierungsrichtlinie. Dort ist in Abgrenzung zwischen einem Dienstleistungsauftrag und einem Bauauftrag ausgeführt, dass ein Vertrag, um als öffentlicher Bauauftrag eingeordnet zu werden, die hauptsächliche Errichtung eines Bauwerkes im Sinne der Richtlinien zum Inhalt haben muss (OLG Brandenburg, B. v. 3. 8. 1999 – Az.: 6 Verg 1/99).

Entsprechendes gilt für eine **Verbindung von Dienstleistungs- und anderen – vergabe-** 1138
rechtsfreien – Aufträgen wie z. B. einem Kaufvertrag. Derartig gemischte Verträge unterliegen dem Vergaberecht, wenn der Dienstleistungsteil überwiegt **(Schwergewichtstheorie),** zumindest aber bleibt der Dienstleistungsteil ausschreibungspflichtig **(Trennungstheorie)** – (VK Arnsberg, B. v. 17. 6. 2004 – Az.: VK 2–06/2004).

8.3.6.3 Mitteilung der Kommission zu Auslegungsfragen im Bereich Konzessionen im Gemeinschaftsrecht

Die Kommission der Europäischen Gemeinschaften hat eine umfangreiche Mitteilung zu 1139
Auslegungsfragen im Bereich Konzessionen im Gemeinschaftsrecht veröffentlicht (12. 4. 2000).

Teil 1 GWB § 99   Gesetz gegen Wettbewerbsbeschränkungen

8.3.6.4 Ausschreibung und Vergabe von Baukonzessionen

1140   Die Ausschreibung und Vergabe von Baukonzessionen erfolgt nach den §§ 32, 32a VOB/A; vgl. insoweit die entsprechenden Kommentierungen.

8.3.6.5 Literatur

1141   – Horn, Lutz, Vergaberechtliche Rahmenbedingungen bei Verkehrsinfrastrukturprojekten im Fernstraßenbau, ZfBR 2004, 665

8.3.7 Abgrenzung zum Lieferauftrag mit baulichen Nebenleistungen

1142   Entscheidend für die Abgrenzung des Bauauftrages zum Lieferauftrag mit baulichen Nebenleistungen ist das **Hauptinteresse des Auftraggebers und der sachliche Charakter eines Bauauftrags.** Das zeigt ergänzend § 1a Nr. 2 VOB/A; danach gilt auch für Bauaufträge mit überwiegendem Lieferanteil – nach näherer Maßgabe der dort getroffenen Regelung – die VOB/A und nicht etwa die VOL/A. Aus der Definition des Lieferauftrags in § 99 Abs. 2 GWB ergibt sich nichts anderes. Danach sind Lieferaufträge Verträge zur Beschaffung von Waren; die Verträge können auch Nebenleistungen umfassen. Art. 1 Buchstabe a) Satz 2 der Lieferkoordinierungsrichtlinie (LKR) nennt insoweit beispielhaft das Verlegen und Anbringen der Ware (BayObLG, B. v. 23. 7. 2002 – Az.: Verg 17/02).

1143   Vgl. zum Bauauftrag mit weit überwiegendem Lieferanteil die Kommentierung zu § 1a VOB/A RZ 3559.

8.3.8 Abgrenzung bei Betreiberleistungen

1144   Treffen **in einem Beschaffungsvorhaben Bauleistungen und Leistungen nach VOL zusammen, kommt es auf den Schwerpunkt an.** Dementsprechend ist die Grundlage für eine Ausschreibung zu wählen – VOB/A oder VOL/A – (OLG Thüringen, B. v. 28. 1. 2004 – Az.: 6 Verg 11/03, B. v. 14. 10. 2003 – Az.: 6 Verg 5/03; OLG Düsseldorf, B. v. 12. 3. 2003 – Az.: Verg 49/02; OLG Naumburg, B. v. 30. 5. 2002 – Az.: 1 Verg 14/01; VK Hessen, B. v. 28. 5. 2003 – Az.: 69d VK – 17/2003).

1145   Treffen **in einem Beschaffungsvorhaben Leistungen nach VOL und VOF zusammen, kommt es auf den Schwerpunkt an.** Dementsprechend ist die Grundlage für eine Ausschreibung zu wählen – VOL/A oder VOF – (VK Saarland, B. v. 19. 5. 2006 – Az.: 3 VK 03/2006).

1146   Entsprechend der Schwerpunkttheorie ist durch das ÖPP-Beschleunigungsgesetz § 99 Abs. 6 GWB angefügt worden; vgl. die entsprechende **Kommentierung RZ 1182.**

8.3.9 Sonderfall: Energiesparcontracting

8.3.9.1 Rechtsprechung

1147   Bei Energiesparcontracting setzt ein Dritter **(Contractor) auf eigenes Risiko privates Kapital und Know-how zur Verbesserung des Energiemanagements sowie der bau- und anlagentechnischen Ausstattung von Gebäuden** ein. Der Contractor übernimmt die Garantie, dass der Energieverbrauch bzw. die Energie- und sonstigen Betriebskosten während der Vertragslaufzeit in einem bestimmten Umfang reduziert werden. Die Investitionen des Contractors werden durch ersparte Energie- und sonstige Betriebskosten refinanziert, ggf. unter Erfolgsbeteiligung des Contracting-Nehmers (Hinweise für die Durchführung von Energiesparcontracting in der öffentlichen Verwaltung, AMEV 2001).

1148   Oftmals enthält ein Contracting-Vertrag Elemente des Bauvertrages und des Liefervertrages, etwa bei einer Koppelung von Investitionsmaßnahmen mit Energielieferungen. Ob die Regelungen des Bau- oder des Liefervertrages anzuwenden sind, richtet sich danach, wo der **Schwerpunkt der Leistungen** liegt; dies wiederum bestimmt sich danach, **welche Leistungen und Risiken den Vertrag prägen** und **wie sich das finanzielle Investitionsvolumen auf die einzelnen Leistungsbereiche verteilt** (OLG Düsseldorf, B. v. 12. 3. 2003 – Az.: Verg 49/02; VK Bremen, B. v. 3. 11. 2000 – Az.: VK 3/00).

1149   Die **rechtliche Einordnung entzieht sich einer generalisierenden Bewertung.** Namentlich ist durch einen Ansatz fester Wertgrenzen – vor allem in der Weise, dass von einem wertmäßigen Anteil der Bauleistungen von 40% an kein Liefer- oder Dienstleistungsauftrag an-

Gesetz gegen Wettbewerbsbeschränkungen GWB § 99 **Teil 1**

zunehmen sei, nicht allen denkbaren Fällen angemessen Rechnung zu tragen. Die **Wertanteile der verschiedenen Leistungen vermitteln für die rechtliche Einordnung des gesamten Auftrags im Regelfall lediglich Anhaltspunkte sowie eine erste Orientierung,** es sei denn sie weisen durch ihren objektiv deutlich überwiegenden Anteil den Bauleistungen oder den Liefer-/Dienstleistungen eindeutig den Auftragsschwerpunkt zu. Im Wesentlichen kommt es deshalb auf die den jeweiligen Einzelfall kennzeichnenden rechtlichen und wirtschaftlichen Merkmale und Umstände an. So kommt es wesentlich auch auf eine **wirtschaftliche Betrachtung des Schwerpunkts der Vertragsleistungen und der mit der Durchführung des Vertrages verbundenen Risiken** an (OLG Düsseldorf, B. v. 12. 3. 2003 – Az.: Verg 49/02).

8.3.9.2 Literatur
– Rotter, Frank/Gröger, Jens/Reichenberger, Romy, Contracting für Bundesliegenschaften – **1150**
Optimierung des Energiemanagements, Behörden Spiegel Oktober 2005, 27

8.3.10 Sonstige Formen von Bauaufträgen
Die Finanznot der öffentlichen Auftraggeber hat zu einer fast nicht mehr überschaubaren Fül- **1151** le von Finanzierungsmodellen öffentlicher Baumaßnahmen geführt. Im Ergebnis laufen alle Modelle darauf hinaus, dass das **Vergaberecht dennoch Anwendung findet.**

8.3.11 Beispiele aus der Rechtsprechung (Bauauftrag/Bauleistung bejaht)
– Lieferung und Montage von **Anlagenteilen für ein Unterdruckentwässerungssystem** **1152** (VK Schleswig-Holstein, B. v. 30. 8. 2006 – Az.: VK-SH 20/06)
– Lieferung und Montage der für eine bauliche Anlage erforderlichen **maschinellen und elektrotechnischen/elektronischen Anlagen und Anlagenteile** (BayObLG, B. v. 23. 7. 2002 – Az.: Verg 17/02)
– **Erdbewegungsarbeiten** (2. VK Bund, B. v. 8. 8. 2001 – Az.: VK 2–22/01)
– **Einbau von Schrankwänden und das Einpassen einer Einbauküche** im Zusammenhang mit dem Umbau eines Verwaltungsgebäudes (OLG Thüringen, B. v. 22. 8. 2002 – Az.: 6 Verg 5/01)
– Lieferung von **Küchenausrüstungen für eine Kantine** (OLG Thüringen, B. v. 22. 8. 2002 – Az.: 6 Verg 5/01)
– **Liftsysteme für ein Hochhaus** (OLG Thüringen, B. v. 22. 8. 2002 – Az.: 6 Verg 5/01)
– **Elektroinstallation für ein Bühnenhaus** (OLG Thüringen, B. v. 22. 8. 2002 – Az.: 6 Verg 5/01)
– **maschinentechnische Teile einer Kläranlage** (OLG Thüringen, B. v. 22. 8. 2002 – Az.: 6 Verg 5/01)
– **Sicherheitseinrichtungen für ein Gefängnis** (OLG Thüringen, B. v. 22. 8. 2002 – Az.: 6 Verg 5/01)
– **Regalsystem für eine neu zu errichtende Bibliothek** und zwar selbst dann, wenn diese Regale nicht fest mit dem Bauwerk verbunden sind (OLG Thüringen, B. v. 22. 8. 2002 – Az.: 6 Verg 5/01; ebenso für mit dem Gebäude fest verbundene Regale (1. VK Sachsen, B. v. 10. 8. 2001 – Az.: 1/SVK/74–01)
– **Autoklaven und Wasserstoffperoxidgenerator** (OLG Thüringen, B. v. 22. 8. 2002 – Az.: 6 Verg 5/01)
– **Gerüstbauarbeiten** (VK Baden-Württemberg, B. v. 9. 10. 2001 – Az.: 1 VK 27/01)
– **Putzarbeiten** (1. VK Sachsen, B. v. 30. 10. 2001 – Az.: 1/SVK/102–01)
– **Erstellung von Straßendämmen** (VK Nordbayern, B. v. 19. 7. 1999 – Az.: 320.VK-3194–12/99)
– **Bau und Programmierung von Lichtsignalanlagen an Straßen** sind rechtlich als Zubehör der baulichen Anlage „Straße" einzuordnen, so dass es sich um Bauleistungen handelt (2. VK Bremen, B. v. 15. 10. 2001 – Az.: VK 6/01)
– **Wartung und Störungsbeseitigung an Lichtsignalanlagen** (BayObLG, B. v. 29. 3. 2000 – Az.: Verg 2/00; VK Südbayern, B. v. 18. 1. 2000 – Az.: 120.3–3194.1–20–12/99)

- **Demontage- und Abbruchmaßnahmen** (2. VK Bremen, B. v. 25. 6. 2003 – Az.: VK 10/03)
- **Lieferung und Einbau einer Telekommunikationsanlage im Rahmen eines Gesamtbauvorhabens** (BayObLG, B. v. 23. 5. 2002 – Az.: Verg 7/02; vgl. insoweit auch die Kommentierung RZ 1153)
- **Instandhaltung von Entwässerungsleitungen an einer Bundesstraße** (VK Baden-Württemberg, B. v. 8. 11. 2002 – Az.: 1 VK 54/02)
- **Abwasserreinigungsanlage als ein Bauwerk,** das sich aus der Summe der zur Reinigungsfunktion erforderlichen Einzelobjekte wie z. B. Rechenanlage, Sandfang, Belebungsbecken, Nachklärbecken und Schlammlager zusammensetzt (VK Nordbayern, B. v. 24. 9. 2003 – Az.: 320.VK-3194–30/03)
- **nicht zur Abwasserreinigungsanlage gehört das Kanalnetz,** mit dem das Abwasser gesammelt und der Kläranlage zugeführt wird. Dieses hat eine Transportfunktion und ist deshalb als **eigenständige bauliche Anlage** anzusehen. Ziel der Maßnahmen am Kanalnetz ist eine Veränderung des Abwassertransportes. Bei Regenereignissen soll die Abwassermenge mit einem Stauraumkanal und mit Regenrückhaltebecken verstetigt werden (VK Nordbayern, B. v. 24. 9. 2003 – Az.: 320.VK-3194–30/03)
- **Radweg** (VK Brandenburg, B. v. 25. 4. 2003 – Az.: VK 21/03)
- **Stadtumgehung als eine Baumaßnahme** (VK Baden-Württemberg, B. v. 22. 10. 2002 – Az.: 1 VK 51/02)
- **Bauleistungen zur Neugestaltung eines Bahnhofsvorplatzes als einzelne Baumaßnahmen** (VK Arnsberg, B. v. April 2002 – Az.: VK 1–05/2002)
- ein **Trog- und Tunnelbauwerk** ist eine **in sich abgeschlossene bauliche Anlage,** das eine eigene technische Funktion erfüllt (VK Brandenburg, B. v. 5. 4. 2002 – Az.: VK 7/02)
- ein **Brückenbauwerk** ist eine **in sich abgeschlossene bauliche Anlage,** das eine eigene technische Funktion erfüllt (VK Brandenburg, B. v. 12. 2. 2002 – Az.: 2 VK 123/01)

8.3.12 Beispiele aus der Rechtsprechung (Bauauftrag/Bauleistung abgelehnt)

1153
- **Lieferung und Einbau einer Telekommunikationsanlage im Rahmen einer Erneuerung nur der Anlage** (VK Düsseldorf, B. v. 12. 9. 2006 – Az.: VK – 37/2006 – L; vgl. insoweit auch die Kommentierung RZ 1152)
- **Lieferung von fertig verdrahteten marktüblichen Beleuchtungskörpern einschließlich Zubehör** (OLG München, B. v. 28. 9. 2005 – Az.: Verg 019/05)

8.3.13 Abgrenzung zwischen Bau- und Dienstleistungsverträgen

1154 Die **vergaberechtliche Entscheidungspraxis zur Abgrenzung von Bau- und Lieferaufträgen** in Fällen der Lieferung und Montage gebäudetechnischer Anlagen ist **auf die Abgrenzung zwischen Bau- und Dienstleistungsverträgen nicht übertragbar. Nicht jede der Substanzpflege einer baulichen Anlage dienende Leistung ist als Bauleistung zu qualifizieren.** Insoweit genügt es insbesondere nicht, dass die betreffende Leistung erfolgsbedingt im Sinne der §§ 631 ff. BGB ist. Auch **eine nach deutschem Zivilrecht als Werkleistung einzuordnende Leistung kann vergaberechtlich unter Berücksichtigung der gemeinschaftsrechtlich geprägten Begrifflichkeiten eine Dienstleistung sein.** Vielmehr sind für die Annahme einer Bauleistung bei Arbeiten in Bezug auf Anlagen der Gebäudetechnik keine geringeren Anforderungen zu stellen als an Arbeiten in Bezug auf die das Gebäude selbst. Bei letzteren ist im Rahmen von § 1 VOB/A **entscheidend, ob es zu (nennenswerten) Eingriffen in die Bausubstanz kommt.** Insoweit wird zwischen reinen Instandhaltungen als Maßnahmen zur Erhaltung des zum bestimmungsgemäßen Gebrauch geeigneten Zustands (Sollzustand) und Instandsetzungen als Maßnahmen zur Wiederherstellung des Sollzustands unterschieden. **Reine Instandhaltungsmaßnahmen wie Reinigung, Pflege, Wartung oder die Beseitigung von Verschleißerscheinungen bzw. kleineren Schäden werden aufgrund ihrer nicht oder nur sehr geringfügig substanzeingreifenden Wirkung nicht als Bauleistung qualifiziert.** Bei Reparaturarbeiten liegt eine Bauleistung nach § 1 VOB/A nur vor, wenn sie von einigem Gewicht für die Erhaltung des Bauwerks sind und zu nennenswerten Substanzeingriffen Anlass geben. Demgegenüber **unterfallen Instandsetzungsarbeiten als Bau-

Gesetz gegen Wettbewerbsbeschränkungen GWB § 99 **Teil 1**

leistung dem § 1 VOB/A, sofern sie für die Erneuerung und den Bestand baulicher Anlagen von wesentlicher Bedeutung sind. Hierzu gehören etwa die Ausführung von Abdichtungsarbeiten zur Beseitigung von Feuchtigkeitsschäden und zu Isolierung des Gebäudes oder die Erneuerung und Überarbeitung der Fassade zur Konservierung und Erhaltung des Gebäudes, d. h. Maßnahmen, die mit erheblichen Substanzeingriffen verbunden sind. Diese zu § 1 VOB/A entwickelte Kasuistik steht mit der in § 99 Abs. 3 GWB enthaltenen Definition eines Bauauftrags im Einklang. Insbesondere entspricht sie auch der nunmehr in der Richtlinie 2004/18/EG vorgenommenen Abgrenzung, die in Anhang I die „gewöhnliche Instandsetzung" den Bauleistungen und in Anhang II die „Instandhaltung und Reparatur" den Dienstleistungen zuordnet, und kann daher vorliegend zugrunde gelegt werden (2. VK Bund, B. v. 31. 7. 2006 – Az.: VK 2–65/06).

8.4 Dienstleistungsaufträge (§ 99 Abs. 4)

8.4.1 Begriff der Dienstleistung (Auffangtatbestand)

Wann ein Dienstleistungsauftrag im Sinne des § 99 Abs. 1 GWB vorliegt, kann nicht losgelöst vom Zweck des Vierten Teils des Gesetzes gegen Wettbewerbsbeschränkungen beantwortet werden, der gemäß § 97 Abs. 1 GWB darin besteht, die Beschaffung von Dienstleistungen durch öffentliche Auftraggeber zu erfassen und zu regeln. Das rückt die Frage in den Vordergrund, ob der öffentliche Auftraggeber einen entsprechenden Bedarf hat und ob dieser mit dem abgeschlossenen Vertrag gedeckt werden soll. Da das Vergaberecht des Vierten Teils des Gesetzes gegen Wettbewerbsbeschränkungen andererseits nicht der Durchsetzung sonstiger rechtlicher oder tatsächlicher Vorgaben dient, die ein öffentlicher Auftraggeber zu beachten haben mag, **entscheidet darüber, ob ein Bedarf besteht und deshalb eine Dienstleistung beschafft werden soll, allein der öffentliche Auftraggeber. Sobald er einen tatsächlich bestehenden Bedarf erkennt oder auch nur meint, einen durch Dienstleistung zu befriedigenden Bedarf zu haben, den er nicht selbst decken will, kommt deshalb die Einordnung eines zu diesem Zweck geschlossenen Vertrags als Dienstleistungsauftrag im Sinne des § 99 Abs. 1 GWB in Betracht** (BGH, B. v. 1. 2. 2005 – Az.: X ZB 27/04). 1155

Die gesetzliche Fassung des § 99 Abs. 1 GWB geht von einem **weiten Dienstleistungsbegriff** aus; erfasst werden **alle Formen von Aufträgen, die nicht bereits unter eine der anderen in § 99 GWB genannten Auftragsarten fallen und nicht vom Anwendungsbereich des Vergaberechts ausgenommen sind** (OLG Stuttgart, B. v. 4. 11. 2002 – Az.: 2 Verg 4/02; OLG Düsseldorf, B. v. 12. 1. 2004 – Az.: VII – Verg 71/03; VK Lüneburg, B. v. 14. 6. 2005 – Az.: VgK-22/2005; 1. VK Sachsen, B. v. 11. 2. 2005 – Az.: 1/SVK/128-04). Tragende Idee der auf der Systematik der Dienstleistungskoordinierungsrichtlinie 92/50 EWG aufbauenden Vorschrift ist, dass im Grundsatz alle Einkäufe der öffentlichen Hände dem Binnenmarkt zur Verfügung stehen sollen (BayObLG, B. v. 11. 12. 2001 – Az.: Verg 15/01). 1156

8.4.2 Beispiele aus der Rechtsprechung

- **Komplett-Wäscheversorgung für Kliniken** (1. VK Sachsen, B. v. 11. 8. 2006 – Az.: 1/SVK/073–06; anderer Auffassung – Dienstleistungskonzession – VK Brandenburg, B. v. 26. 1. 2004 – Az.: VK 1/04) 1157
- **Leistung des Winterdienstes und der Störungsbeseitigung auf Bundes- und Landesstraßen** (VK Thüringen, B. v. 30. 8. 2006 – Az.: 360–4003.20–009/06-HBN, 360–4003.20–015/06-MGN, 360–4003.20–004/06-SON, 360–4003.20–009/06-ESA-S)
- **Abnahme und Verwertung von Baggermaterial** ist als **Entsorgungsleistung** eine Dienstleistung (OLG Düsseldorf, B. v. 21. 1. 2002 – Az.: Verg 45/01)
- **Erbringung von Verkehrsdienstleistungen** (OLG Düsseldorf, B. v. 26. 7. 2002 – Az.: Verg 22/02; VK Baden-Württemberg, B. v. 14. 3. 2005 – Az.: 1 VK 5/05)
- **Schuldnerberatung** ist eine Dienstleistung (VK Thüringen, B. v. 27. 6. 2002 – Az.: 216–403.20–007/02-ESA-S)
- Vertrag zur **Sicherung einer ausreichenden Verkehrsbedienung im öffentlichen Schienenpersonennahverkehr mit finanzieller Gegenleistung des öffentlichen Auftraggebers** (VK Magdeburg, B. v. 6. 6. 2002 – Az.: 33–32571/07 VK 05/02 MD)
- die **entgeltliche Zurverfügungstellung eines Grundstücks zur Nutzung durch die Vergabestelle** stellt eine Dienstleistung dar (1. VK Bund, B. v. 12. 12. 2001 – Az.: VK 1–45/01)

- das **Abschleppen, Transportieren, Bergen und Verwahren von Fahrzeugen aller Art** ist eine Dienstleistung (VK Baden-Württemberg, B. v. 16. 11. 2001 – Az.: 1 VK 39/01)
- **Gebäudereinigung** ist ein Dienstleistungsauftrag (VK Düsseldorf, B. v. 17. 1. 2001 – Az.: VK – 29 (30)/2000 – L)
- **Verträge über die Erbringung von Entsorgungsdiensten** sind Dienstleistungsaufträge (OLG Düsseldorf, B. v. 9. 4. 2003 – Az.: Verg 66/02)
- **Durchführung von Leistungen nach §§ 93 ff. Bundessozialhilfegesetz** (ein Hoheitsträger, der gegenüber einer Person zur Gewährung bestimmter Leistungen öffentlichrechtlich verpflichtet ist, kann sich den Gegenstand der Leistung durch einen mit einem Dritten geschlossenen so genannten Beschaffungsvertrag verschaffen, um ihn jener Person zur Verfügung zu stellen, oder er kann durch einen solchen Beschaffungsvertrag sicherstellen, dass der Dritte die Leistung direkt an jene Person erbringt. Von dem öffentlich-rechtlichen Verhältnis ist das Verhältnis zwischen den Parteien des Beschaffungsvertrages zu unterscheiden; es unterfällt dem Vergaberecht (VK Münster, B. v. 28. 5. 2004 – Az.: VK 10/04; ebenso für den Fall der festen Vergütung zugesicherter Stunden VK Arnsberg, B. v. 15. 11. 2005 – Az.: VK 20/2005); **anderer Auffassung** die VK Hamburg (B. v. 3. 8. 2004 – Az.: VgK FB 4/04): Wesentliches Merkmal eines öffentlichen Auftrags ist die **Teilnahme des öffentlichen Auftraggebers am Markt;** Vereinbarungen zwischen öffentlichen und freien Jugendhilfeträgern zur Erfüllung der ihnen auf dem Gebiet der Jugendhilfe obliegenden Aufgaben erfüllen diese Voraussetzungen nicht.

8.4.3 Dienstleistungsaufträge im Abfallbereich

1158 Es ist unstrittig, dass **im Bereich der Abfallentsorgung sämtliche dem öffentlich-rechtlichen Entsorgungsträger gem. § 15 Abs. 1 KrW-/AbfG originär obliegenden Arbeitsschritte** von der Abfallsammlung über die Abfallsortierung bis zur eigentlichen Abfallverwertung oder Beseitigung **Gegenstand eines öffentlichen Dienstleistungsauftrags im Sinne des § 99 Abs. 1 und Abs. 4 GWB sein können,** wenn und soweit sich der öffentlich-rechtliche Entsorger entschließt, diese Arbeitsschritte nicht mit eigenem Personal und mit eigenen Mitteln zu erledigen, sondern gem. § 16 Abs. 1 Satz 1 KrW-/AbfG private Dritte zu beauftragen, die diese Aufgabe für ihn erfüllen, wobei seine Verantwortlichkeit für die Erfüllung dieser Pflichten gem. Satz 2 des § 16 Abs. 1 KrW-/AbfG davon unberührt bleibt. Gemäß § 15 Abs. 1 KrW-/AbfG haben die öffentlich-rechtlichen Entsorger die in ihrem Gebiet anfallenden und überlassenen Abfälle, zu denen auch das Altpapier gehört, aus privaten Haushalten zu verwerten oder zu beseitigen. Lediglich bei Abfällen, die nicht bei den privaten Haushaltungen anfallen, sind die öffentlich-rechtlichen Entsorger gem. § 15 Abs. 2 KrW-/AbfG von ihrer Pflicht befreit (VK Lüneburg, B. v. 18. 3. 2004 – Az.: 203-VgK-06/2004).

8.4.4 Dienstleistungskonzession

8.4.4.1 Begriff der Dienstleistungskonzession

1159 Nach Art. 1 Abs. 4 der Vergabekoordinierungsrichtlinie (Richtlinie 2004/18/EG) sind „Dienstleistungskonzessionen" **Verträge, die von öffentlichen Dienstleistungsaufträgen nur insoweit abweichen, als die Gegenleistung für die Erbringung der Dienstleistungen ausschließlich in dem Recht zur Nutzung der Dienstleistung oder in diesem Recht zuzüglich der Zahlung eines Preises besteht.**

1160 Konzessionen sind also Vertragskonstellationen, **bei denen die Gegenleistung für die Erbringung des Auftrags nicht in einem vorher festgelegten Preis, sondern in dem Recht besteht, die zu erbringende eigene Leistung zu nutzen oder entgeltlich zu verwerten, oder in diesem Recht und einer zusätzlichen Bezahlung** (OLG Düsseldorf, B. v. 22. 9. 2005 – Az.: Verg 44/04; B. v. 8. 9. 2005 – Az.: Verg 35/04; B. v. 27. 10. 2004 – Az.: VII – Verg 41/04; VK Nordbayern, B. v. 28. 8. 2006 – Az.: 21.VK – 3194-22/06). Der Sache nach handelt es sich um eine Verwertungshandlung des öffentlichen Auftraggebers (als Konzessionsgeber) und nicht um einen entgeltlichen Beschaffungsauftrag der öffentlichen Hand. Der öffentliche Auftraggeber erbringt keine Gegenleistung; vielmehr wird die Dienstleistung vom Auftragnehmer kommerziell genutzt. Kennzeichen einer Konzession ist, dass sie die Übertragung eines Rechts zur Verwertung einer bestimmten Leistung umfasst und dass der **Konzessionär – ganz oder zum überwiegenden Teil – das wirtschaftliche Nutzungsrisiko trägt** (EuGH, Urteil vom 13. 10. 2005 – Az.: C-458/03; OLG Düsseldorf, B. v. 22. 9. 2005 – Az.:

Verg 44/04; B. v. 8. 9. 2005 – Az.: Verg 35/04; B. v. 6. 12. 2004 – Az.: VII – Verg 79/04; B. v. 27. 10. 2004 – Az.: VII – Verg 41/04; B. v. 12. 1. 2004 – Az.: VII – Verg 71/03, B. v. 26. 7. 2002 – Az.: Verg 22/02; 1. VK Sachsen, B. v. 11. 8. 2006 – Az.: 1/SVK/073–06; VK Hessen, B. v. 7. 10. 2005 – Az.: 69 d VK – 39/2005, 69 d VK – 54/2005, 69 d VK – 55/2005, 69 d VK – 56/2005, 69 d VK – 57/2005; VK Lüneburg, B. v. 14. 6. 2005 – Az.: VgK-22/2005; VK Baden-Württemberg, B. v. 14. 3. 2005 – Az.: 1 VK 5/05; VK Brandenburg, B. v. 24. 9. 2004 – Az.: VK 47/04; VK Münster, B. v. 28. 5. 2004 – Az.: VK 10/04).

Eine **Dienstleistungskonzession scheidet demzufolge aus,** wenn der **Konzessionär** als Entgelt ausschließlich **einen vorher festgelegten Preis erhält** (EuGH, Urteil vom 10. 11. 1998 – Az.: C-360/96; OLG Celle, B. v. 5. 2. 2004 – Az.: 13 Verg 26/03). Dass der Preis nicht in einer Geldleistung besteht, ist unerheblich. Er kann auch in der Übereignung werthaltiger Sachen (z. B. Altpapier) bestehen (OLG Celle, B. v. 5. 2. 2004 – Az.: 13 Verg 26/03). 1161

Eine **Dienstleistungskonzession** ist also dadurch geprägt, dass der **Unternehmer die mit der Dienstleistung verbundenen Risiken trägt, indem er als Gegenleistung das Recht erhält, seine eigene Leistung zu nutzen oder entgeltlich zu verwerten** (OLG Düsseldorf, B. v. 10. 5. 2006 – Az.: VII – Verg 12/06; OLG Karlsruhe, B. v. 13. 7. 2005 – Az.: 6 W 35/05 Verg.; OLG Celle, B. v. 5. 2. 2004 – Az.: 13 Verg 26/03; VK Nordbayern, B. v. 2. 8. 2006 – Az.: 21.VK – 3194–22/06; VK Hessen, B. v. 7. 10. 2005 – Az.: 69 d VK – 39/2005, 69 d VK – 54/2005, 69 d VK – 55/2005, 69 d VK – 56/2005, 69 d VK – 57/2005; VK Lüneburg, B. v. 12. 11. 2003 – Az.: 203-VgK-27/2003; VK Arnsberg, B. v. 27. 10. 2003 – Az.: VK 2–22/2003). Sie charakterisiert sich weiter durch eine Übertragung der Verantwortung für die Nutzung und hat zudem üblicherweise Tätigkeiten zum Inhalt, die nach ihrer Natur, ihrem Gegenstand und nach den Vorschriften, denen sie unterliegen, in den Verantwortungsbereich des öffentlichen Auftraggebers fallen und die Gegenstand von ausschließlichen und besonderen Rechten sein können. Der Europäische Gerichtshof hat in seiner „Tel-austria"-Entscheidung von einer allgemeinen Definition abgesehen, jedoch zum Ausdruck gebracht, dass von einer Konzession jedenfalls dann auszugehen ist, wenn die Gegenleistung, die der öffentliche Auftraggeber dem privaten Unternehmen erbringt, darin besteht, dass Letzteres als Vergütung das Recht zur Verwertung seiner eigenen Leistung erhält (Rn. 58). Denn beim Vorliegen dieses Merkmals sieht das Gericht ein Vertragsverhältnis, obwohl es eine entgeltliche Dienstleistung zum Gegenstand hat, letztlich als vom Anwendungsbereich der Richtlinie 93/38/EWG ausgenommen an. Soweit demgegenüber vor allem in der Literatur ein engerer Begriff der Dienstleistungskonzession vertreten wird, entspricht dies nicht dem derzeitigen Stand des Gemeinschaftsrechts (BayObLG, B. v. 11. 12. 2001 – Az.: Verg 15/01; VK Brandenburg, B. v. 24. 9. 2004 – Az.: VK 47/04). 1162

Die VK Brandenburg nimmt insoweit **auch eine Dienstleistungskonzession** an, wenn der **Konzessionär kein oder nur ein geringes wirtschaftliches Risiko trägt** (VK Brandenburg, B. v. 24. 9. 2004 – Az.: VK 47/04). 1163

Entscheidend für die Abgrenzung von Aufträgen im Sinne des § 99 Abs. 1 GWB und Konzessionen ist dabei, **ob es der „Auftraggeber" ist, der die Vergütung schuldet** und sie deshalb selbst oder durch einen Dritten (VK Brandenburg, B. v. 24. 9. 2004 – Az.: VK 47/04) zahlt, **oder ob er den Vertragspartner eine Aufgabe ausführen und im Zusammenhang damit wirtschaftlich Nutzen daraus ziehen** lässt (OLG Stuttgart, B. v. 4. 11. 2002 – Az.: 2 Verg 4/02). 1164

Aus dem „Recht zur Verwertung der eigenen Leistung" als einer Form der Gegenleistung lässt sich allerdings **nicht** (und schon gar nicht zwingend) schließen, dass die **Nutzung der Gegenleistung die einzige Einnahmequelle des Konzessionärs** sein muss (VK Hessen, B. v. 28. 5. 2003 – Az.: 69 d VK – 17/2003). 1165

Die Einordnung als Dienstleistungskonzession kann im übrigen nicht von der Höhe der von dem Bewerber kalkulierten oder auch nach objektiver Einschätzung erzielbaren Einnahmen abhängen, also **vom Umfang der Kostendeckung bzw. Wirtschaftlichkeit,** sondern ist allein nach gesetzlichen oder – bei deren Fehlen – durch die Rechtsprechung vorgegebenen „abstrakten" Kriterien vorzunehmen. Jede andere Betrachtung würde außerdem zu einer nicht vertretbaren Rechtsunsicherheit führen. Für die Annahme, dass eine Dienstleistungskonzession nur vorliegen könne, wenn die Einnahmen aus der „eigenen Leistung" wirtschaftlich ausreichend sind, geben im Übrigen auch Rechtsprechung und Literatur keine Anhaltspunkte (VK Hessen, B. v. 28. 5. 2003 – Az.: 69 d VK – 17/2003). 1166

Anderer Auffassung ist insoweit das **OLG Karlsruhe. Verbleibt das wirtschaftliche Risiko überwiegend beim Bieter,** indem ihm im Wesentlichen das Nachfragerisiko bezüglich 1167 der von ihr am Markt angebotenen Verkehrsdienstleistungen zugeordnet wird, handelt es sich um eine **Dienstleistungskonzession.** Die Ausgleichszahlungen des Auftraggebers dienen nicht der Absicherung der Kosten des Bieters, sie **decken jährlich abnehmend lediglich 9 bis 4% des prognostizierten Gesamtaufwands.** Damit findet eine Risikoüberwälzung auf den Bieters statt, der zum weit überwiegenden Teil darauf verwiesen ist, die Kosten der Verkehrsdienstleistungen durch das Entgelt der Fahrgäste einzufahren. Ein nachträglicher Ausgleich von Defiziten ist beihilfenrechtlich nicht möglich und auch vertraglich nicht vorgesehen, sodass das Deckungsrisiko daher in jedem Falle dem Bieter verbleibt (OLG Karlsruhe, B. v. 13. 7. 2005 – Az.: 6 W 35/05 Verg.).

1168 Eine **Dienstleistungskonzession scheidet aus,** wenn sich die Vereinbarung nicht darauf beschränkt, dem Vertragspartner das (alleinige) Recht zu verschaffen, die eigene Leistung (nur) selbst zu nutzen oder entgeltlich zu verwerten, sondern **ein Dritter ebenfalls eine Verwertungsmöglichkeit erhält** (1. VK Sachsen, B. v. 12. 5. 2005 – Az.: 1/SVK/038–05).

8.4.4.2 Beispiele aus der Rechtsprechung

1169 – **Durchführung von Sozialpädagogischer Familienhilfe** (OLG Düsseldorf, B. v. 22. 9. 2005 – Az.: Verg 44/04)

– Vergabe von **Breitbandkabelliefer- und Dienstleistungen für die Versorgung von Wohnungen** (VK Hessen, B. v. 7. 10. 2005 – Az.: 69 d VK – 39/2005, 69 d VK – 54/2005, 69 d VK – 55/2005, 69 d VK – 56/2005, 69 d VK – 57/2005)

– **Recht zur Errichtung und zum Betrieb einer Feuerbestattungsanlage** (OLG Düsseldorf, B. v. 10. 5. 2006 – Az.: VII – Verg 12/06)

– **Betreiben von Verkaufsstellen zum Prägen und zum Vertrieb von Kfz-Kennzeichen** (VK Nordbayern, B. v. 2. 8. 2006 – Az.: 21.VK – 3194–22/06)

– **Vergabe des Betriebs eines gebührenpflichtigen öffentlichen Parkplatzes** durch eine öffentliche Stelle an einen Dienstleistungserbringer, der als **Entgelt für diese Tätigkeit von Dritten für die Benutzung des betreffenden Parkplatzes entrichtete Beträge** erhält (EuGH, Urteil vom 13. 10. 2005 – Az.: C-458/03)

– **Übertragung der Durchführung des Rettungsdienstes in Brandenburg** (VK Brandenburg, B. v. 24. 9. 2004 – Az.: VK 47/04)

– sieht der Vertragsentwurf sieht vor, dass der **Auftraggeber dem Auftragnehmer (= Verkehrsunternehmen) jährlich einen** aus verschiedenen Berechnungselementen zusammengesetzten „Zuschuss" zahlt, von dem die vom Verkehrsunternehmen erwirtschafteten Einnahmen abgezogen werden, wird damit dem Umstand Rechnung getragen, dass die **Durchführung von SPNV-Leistungen nach wirtschaftlicher Erfahrung in der Regel ein „Zuschussgeschäft"** ist. In der Sache werden die erbrachten Verkehrsdienstleistungen dem beauftragten Verkehrsunternehmen durch die Zuschüsse im Rechtssinn vergütet. Wenn das Verkehrsunternehmen aus dem Streckenbetrieb keine Einnahmen erzielt, kommt nach der geplanten vertraglichen Regelung nämlich der Auftraggeber für die Gesamtkosten auf. Infolgedessen verbleibt auch das mit den ausgeschriebenen Verkehrsdienstleistungen verbundene **wirtschaftliche Risiko überwiegend, wenn nicht sogar ganz, beim Auftraggeber.** Damit fehlt es für die Annahme einer Dienstleistungskonzession am Merkmal eines Risikoübergangs (OLG Düsseldorf, B. v. 6. 12. 2004 – Az.: VII – Verg 79/04);

– **Komplett-Wäscheversorgung für Kliniken** (VK Brandenburg, B. v. 26. 1. 2004 – Az.: VK 1/04; anderer Auffassung – Dienstleistungsauftrag – 1. VK Sachsen, B. v. 11. 8. 2006 – Az.: 1/SVK/073–06)

– **öffentlich-rechtliche Übertragung der Durchführung des Wochenmarktes** auf einen privaten Veranstalter unter gleichzeitigem Abschluss eines privatrechtlichen Vertrages über die Nutzung des Marktplatzes der Stadt als Veranstaltungsort, ggfs. flankiert von der Gestattung einer weiteren straßen- bzw. straßenverkehrsrechtlichen Sondernutzung (OLG Naumburg, B. v. 4. 12. 2001 – Az.: 1 Verg 10/01)

– Betrieb einer **Spielbank** (VK Baden-Württemberg, B. v. 6. 5. 2002 – Az.: 1 VK 18/02; OLG Stuttgart, B. v. 4. 11. 2002 – Az.: 2 Verg 4/02)

– Verpachtung des Rechts zur **Aufstellung von Großflächenwerbeanlagen** (VK Südbayern, B. v. 28. 12. 2001 – Az.: 47–11/01)

– Errichtung von **Fahrgastunterständen und werbliche Nutzung** dieser Unterstände (VK Lüneburg, B. v. 12. 3. 2003 – Az.: 203-VgK-04/2003)

Gesetz gegen Wettbewerbsbeschränkungen GWB § 99 **Teil 1**

- Betrieb einer **Fahrradstation** mit Servicedienstleistungen (VK Hamburg, B. v. 2. 4. 2003 – Az.: VgK FB 2/03)
- Dienstleistungskonzessionsvertrag für Bau, Instandsetzung, Instandhaltung, Wartung, Reinigung und Betrieb **öffentlicher WC-Anlagen** (VK Hessen, B. v. 28. 5. 2003 – Az.: 69 d VK – 17/2003)
- bei den **Aufträgen für die Essenversorgung an Kindertagesstätten und Schulen** handelt es sich um öffentliche Dienstleistungskonzessionen, nämlich um Verträge, bei denen die übertragene Dienstleistung im öffentlichen Interesse liegt, der Staat sich also bei Übertragung dieser Pflichten auf den Dritten von einer Aufgabe entlastet, die Gegenleistung für die Erbringung des Auftrags nicht in einem vorher festgelegten Preis, sondern in dem Recht besteht, die zu erbringende Leistung zu nutzen oder entgeltlich zu verwerten, der Kommissionär ganz oder zum überwiegenden Teil das wirtschaftliche Nutzungsrisiko trägt (VK Brandenburg, B. v. 12. 8. 2003 – Az.: VK 48/03)
- die vier Merkmale einer Dienstleistungskonzession liegen **bei der Sammlung, Sortierung und Vermarktung von Altpapier aus den privaten Haushalten nicht** vor (OLG Celle, B. v. 5. 2. 2004 – Az.: 13 Verg 26/03; VK Lüneburg, B. v. 12. 11. 2003 – Az.: 203-VgK-27/2003; VK Düsseldorf, B. v. 22. 10. 2003 – Az.: VK – 29/2003 – L)
- **veräußert** ein öffentlicher Entsorgungsträger das in seinem Gebiet anfallende **Altpapier** aus privaten Haushalten – das von ihm selbst gesammelt wird – **in einer den Anforderungen der europäischen Altpapierliste (CEPI/B. I. R.) genügenden Qualitätsstufe** – z. B. die Sorte 5.01 – an ein geeignetes Recyclingunternehmen unter der Bedingung, das dieses selbst das Papiergemisch einer weiteren stofflichen Verwertung in einer Papierfabrik zuführt, liegt allenfalls eine **Dienstleistungskonzession** vor (VK Lüneburg, B. v. 18. 3. 2004 – Az.: 203-VgK-06/2004)
- **das Sammeln und Verwerten gebrauchter Textilien und Schuhe** (VK Arnsberg, B. v. 27. 10. 2003 – Az.: VK 2–22/2003)
- um einen Dienstleistungsauftrag nach § 99 Abs. 4 GWB und nicht um eine vergabefreie Dienstleistungskonzession handelt es sich bei der **Vergabe eines Abwasserentsorgungsvertrages über 25 Jahre, wenn das teilweise (49%) dabei mit zu privatisierende Tochterunternehmen der abwasserentsorgungspflichtigen Gebietskörperschaft das Nutzungsentgelt ausdrücklich für die Gebietskörperschaft einzieht** und von dieser ein eigenes Entgelt nach dem Abwasserentsorgungsvertrag erhält (1. VK Sachsen, B. v. 29. 2. 2004 – Az.: 1/SVK/157–03)

8.4.4.3 Keine Einbeziehung der Dienstleistungskonzession in das Vergaberecht

Der Anwendungsbereich der §§ 97 ff. GWB geht nicht über denjenigen der einschlägigen EG-Richtlinien hinaus. Sowohl die Sektorenrichtlinie 98/4/EG als auch die Dienstleistungskoordinierungsrichtlinie 92/50/EWG klammern nach ihrer Entstehungsgeschichte Dienstleistungskonzessionen von ihrem Anwendungsbereich aus (EuGH, Urteil vom 13. 10. 2005 – Az.: C-458/03). Das folgt ferner auch aus einem Vergleich zu den Regelungen zur Baukoordinierungsrichtlinie 93/37/EG, die Baukonzessionen ausdrücklich regelt (Art. 1 Buchstabe d), Art. 3). Das deutsche Recht folgt dem, soweit § 98 Abs. 6 GWB Baukonzessionäre ausdrücklich zu öffentlichen Auftragnehmern erklärt und § 99 GWB richtlinienkonform allgemein dahingehend ausgelegt wird, dass auch Baukonzessionen vom Begriff des Bauauftrags mit umfasst sind. **Andererseits fehlt für den Bereich von Liefer- und Dienstleistungen jeglicher Anhaltspunkt für eine Einbeziehung von Konzessionsverträgen in den Regelungsbereich der § 97 ff. GWB** (EuGH, Urteil v. 6. 4. 2006 – Az.: C-410/04; Urteil v. 21. 7. 2005 – Az.: C-231/03; OLG Düsseldorf, B. v. 10. 5. 2006 – Az.: VII – Verg 12/06; B. v. 22. 9. 2005 – Az.: Verg 44/04; B. v. 8. 9. 2005 – Az.: Verg 35/04; BayObLG, B. v. 11. 12. 2001 – Az.: Verg 15/01; OLG Stuttgart, B. v. 4. 11. 2002 – Az.: 2 Verg 4/02; VK Nordbayern, B. v. 2. 8. 2006 – Az.: 21.VK – 3194–22/06; VK Hessen, B. v. 7. 10. 2005 – Az.: 69 d VK – 39/2005, 69 d VK – 54/2005, 69 d VK – 55/2005, 69 d VK – 56/2005, 69 d VK – 57/2005; VK Brandenburg, B. v. 24. 9. 2004 – Az.: VK 47/04; B. v. 26. 1. 2004 – Az.: VK 1/04).

1170

Nach Art. 17 der neuen EU-Vergabekoordinierungsrichtlinie (Richtlinie 2004/18/EG) **gilt die Richtlinie nicht für Dienstleistungskonzessionen** gemäß Artikel 1 Absatz 4 (EuGH, Urteil v. 6. 4. 2006 – Az.: C-410/04; OLG Düsseldorf, B. v. 10. 5. 2006 – Az.: VII – Verg 12/06).

1171

Teil 1 GWB § 99   Gesetz gegen Wettbewerbsbeschränkungen

8.4.4.4 Nachprüfbarkeit von Dienstleistungskonzessionen

1172   Der EuGH verlangt auch für den Abschluss von Dienstleistungskonzessionsverträgen, dass die Grundregeln des EG-Vertrags im allgemeinen und das Verbot der Diskriminierung aus Gründen der Staatsangehörigkeit im besonderen zu beachten sind und dass die Nachprüfung ermöglicht wird, ob die Vergabeverfahren unparteiisch durchgeführt wurden (EuGH, Urteil v. 6. 4. 2006 – Az.: C-410/04; Urteil vom 13. 10. 2005 – Az.: C-458/03; Urteil v. 21. 7. 2005 – Az.: C-231/03; OLG Düsseldorf, B. v. 10. 5. 2006 – Az.: VII – Verg 12/06; VK Nordbayern, B. v. 2. 8. 2006 – Az.: 21.VK – 3194–22/06).

1173   Der **Grundsatz der Gleichbehandlung und das Verbot der Diskriminierung** aus Gründen der Staatsangehörigkeit **schließen insbesondere eine Verpflichtung zur Transparenz ein,** damit die konzessionserteilende öffentliche Stelle feststellen kann, ob sie beachtet worden sind. Diese der genannten Stelle obliegende Transparenzpflicht besteht darin, dass zugunsten der potenziellen Bieter ein angemessener Grad von Öffentlichkeit sicherzustellen ist, der die Dienstleistungskonzession dem Wettbewerb öffnet und die Nachprüfung ermöglicht, ob die Vergabeverfahren unparteiisch durchgeführt worden sind. **Grundsätzlich entspricht das völlige Fehlen einer Ausschreibung im Fall der Vergabe einer öffentlichen Dienstleistungskonzession weder den Anforderungen der Artikel 43 EG und 49 EG noch den Grundsätzen der Gleichbehandlung, der Nichtdiskriminierung und der Transparenz.** Aus Artikel 86 Absatz 1 EG folgt außerdem, dass die Mitgliedstaaten keine nationalen Rechtsvorschriften fortgelten lassen dürfen, die die Vergabe öffentlicher Dienstleistungskonzessionen ohne Ausschreibung ermöglichen, da eine solche Vergabe gegen die Artikel 43 EG oder 49 EG oder gegen die Grundsätze der Gleichbehandlung, der Nichtdiskriminierung und der Transparenz verstößt (EuGH, Urteil v. 6. 4. 2006 – Az.: C-410/04; Urteil v. 21. 7. 2005 – Az.: C-231/03).

1174   Für die Überprüfung der Einhaltung solcher gemeinschaftsrechtlicher Vorgaben außerhalb des Anwendungsbereichs der Vergaberichtlinien ist jedoch im innerstaatlichen Recht mangels Anwendbarkeit der §§ 97 ff. GWB **der spezielle Rechtsschutzweg zu den Vergabenachprüfungsinstanzen nicht eröffnet** (OLG Düsseldorf, B. v. 10. 5. 2006 – Az.: VII – Verg 12/06; BayObLG, B. v. 9. 7. 2003 – Az.: Verg 7/03; VK Nordbayern, B. v. 2. 8. 2006 – Az.: 21.VK – 3194–22/06). Soweit das deutsche Recht keinen Primärrechtsschutz bietet, genügt der bestehende Sekundärrechtsschutz den Anforderungen (OLG Düsseldorf, B. v. 10. 5. 2006 – Az.: VII – Verg 12/06). Eine analoge Informationspflicht nach § 13 VgV besteht nicht (BayObLG, B. v. 11. 12. 2001 – Az.: Verg 15/01).

1175   Ob für den Sekundärrechtsschutz (oder auch einen Primärrechtsschutz) der **Rechtsweg zu den Zivilgerichten** (so OLG Brandenburg, B. v. 13. 7. 2001 – Az.: Verg 3/01; BayObLG, B. v. 11. 12. 2001, – Az.: Verg 15/01) **oder den Verwaltungsgerichten** (OVG Nordrhein-Westfalen, B. v. 4. 5. 2006 – Az.: 15 E 453/06; BayObLG, B. v. 9. 7. 2003, Az.: Verg 7/03; im Ergebnis auch Burgi, Die Vergabe von Dienstleistungskonzessionen: Verfahren, Vergabekriterien, Rechtsschutz; in Tagungsband 6 der Düsseldorfer Vergaberechtstage vom 23. Juni 2005, MWME NW) eröffnet ist, hat das OLG Düsseldorf offen gelassen (OLG Düsseldorf, B. v. 10. 5. 2006 – Az.: VII – Verg 12/06).

8.4.4.5 Mitteilung der Kommission zu Auslegungsfragen im Bereich Konzessionen im Gemeinschaftsrecht

1176   Die Kommission der Europäischen Gemeinschaften hat eine umfangreiche Mitteilung zu Auslegungsfragen im Bereich Konzessionen im Gemeinschaftsrecht veröffentlicht (12. 4. 2000).

8.4.4.6 Literatur

1177   – Burgi, Martin, Die Dienstleistungskonzession ersten Grades, Baden-Baden, 2004
       – Burgi, Martin, Die Vergabe von Dienstleistungskonzessionen: Verfahren, Vergabekriterien, Rechtsschutz, NZBau 2005, 610
       – Götte, Bertold/Heilshorn, Torsten, Die Vergabe kommunaler Konzessionen – Am Beispiel gemeindlicher Werbenutzungsverträge, BWGZ 2005, 857
       – Hattig, Oliver/Ruhland, Bettina, Die Rechtsfigur der Dienstleistungskonzession, NZBau 2005, 626
       – Jennert, Carsten, Das Urteil „Parking Brixen": Übernahme des Betriebsrisikos als rechtssicheres Abgrenzungsmerkmal für die Dienstleistungskonzession?, NZBau 2005, 623

Gesetz gegen Wettbewerbsbeschränkungen GWB § 99 **Teil 1**

– Jennert, Carsten, Der Begriff der Dienstleistungskonzession im Gemeinschaftsrecht – Zugleich ein Beitrag zum Entgeltlichkeitsbegriff des Dienstleistungsauftrags, NZBau 2005, 131
– Jennert, Carsten, Sind Konzessionsverträge in der Wasserversorgung auch Dienstleistungskonzessionen im Sinne des europäischen Vergaberechts?, N & R 2004, 108
– Knopp, Lothar, Papierverwertung via „Dienstleistungskonzession", DÖV 2004, 604
– Ruhland, Bettina, Die Dienstleistungskonzession – Begriff, Standort und Rechtsrahmen der Vergabe, Nomos Verlagsgesellschaft, 2006

8.4.5 Dauer von Dienstleistungsverträgen

Nach der **Rechtsprechung des EuGH** stellt ein Dienstleistungsvertrag mit einer Dauer von 20 Jahren sowie einer Verlängerungsmöglichkeit um zehn Jahre eine **Beschränkung des freien Dienstleistungsverkehrs** dar. Was die Beurteilung der Zulässigkeit dieser Beschränkung angeht, so ist daran zu erinnern, dass der freie Dienstleistungsverkehr als tragender Grundsatz des Vertrages **nur durch Regelungen beschränkt werden kann, die durch zwingende Gründe des Allgemeininteresses gerechtfertigt** sind und **für alle im Hoheitsgebiet des Aufnahmemitgliedstaats tätigen Personen oder Unternehmen gelten.** Ferner ist die fragliche nationale Regelung nur dann gerechtfertigt, wenn sie geeignet ist, die Verwirklichung des mit ihr verfolgten Zieles zu gewährleisten, und nicht über das hinausgeht, was zur Erreichung dieses Zieles erforderlich ist (EuGH, Urteil v. 9. 3. 2006 – Az.: C-323/03). 1178

8.4.6 Literatur

– Brünner, Frank, Ausschreibungspflicht für soziale Dienstleistungen? – Die Anwendbarkeit des Vergaberechts auf Verträge über die Erbringung von Sozialleistungen aus nationaler und europäischer Sicht, ArchsozArb 2005, 70 1179
– Broß, Siegfried, Das europäische Vergaberecht in der Daseinsvorsorge – Bilanz und Ausblick, NZBau 2004, 465
– Grün, Anselm/Ostendorf, Patrick, Ausschreibung von Zustellungsaufträgen und postrechtliche Entgeltregulierung, N & R 2005, 144
– Kalbe, Peter, Der Europäische Gerichtshof zieht die Grenzen einer freihändigen Vergabe von Dienstleistungsaufträgen enger, EWS 2005, 116
– Koenig, Christian/Hentschel, Kristin, Die Auswahl des Insolvenzverwalters – nationale und EG-vergaberechtliche Vorgaben, ZIP 2005, 1937
– Neumann, Volker/Nielandt, Dörte/Philipp, Albrecht, Erbringung von Sozialleistungen nach Vergaberecht?, Baden-Baden, 2004
– Willenbruch, Klaus/Bischoff, Kristina, Private Landeskrankenhäuser? – Vergabe- und verfassungsrechtliche Fragestellungen, Behörden Spiegel März 2006, 20

8.5 Auslobungsverfahren (§ 99 Abs. 5)

8.5.1 Allgemeines

Auslobungsverfahren sollen dem Auftraggeber auf Grund vergleichender Beurteilung durch ein Preisgericht mit oder ohne Verteilung von Preisen zu einem Plan verhelfen. Die **praktisch wichtigsten Beispiele sind Planungswettbewerbe auf dem Gebiet der Raumplanung, des Städtebaus und des Bauwesens** (vgl. insoweit die Kommentierung zu § 25 VOF) sowie **Auslobungen im IT-Bereich.** 1180

8.5.2 Kooperative Workshopverfahren

Beabsichtigt ein öffentlicher Auftraggeber, sich aufgrund vergleichender Beurteilung durch ein Preisgericht zu einem Plan verhelfen zu lassen, **trifft dies auch auf ein „Kooperatives Workshopverfahren", das nach den Maßstäben des § 20 VOF durchgeführt wird, ebenfalls zu.** Die für das Kooperative Workshopverfahren installierte **„Empfehlungskommission" ist ein Preisgericht** im Sinne § 99 Abs. 1, 5 GWB. Die Benennung kann hierfür 1181 nicht entscheidend sein, sondern die Funktion, für den Auftraggeber eine vergleichende Beurteilung vorzunehmen. Eine solche Funktion soll die Empfehlungskommission wahrnehmen. Das **Kooperative Workshopverfahren** seinerseits soll sich nach dem ebenfalls den Teilnehmern mitgeteilten Willen nicht im Ankauf der Rechte an der in diesem Verfahren selbst bereits erbrachten Planungsleistung erschöpfen, sondern **zielt darauf ab, eine weitere Beauftragung eines oder mehrerer Teilnehmer vorzubereiten.** Es ist überdies **auch kein weiterer Wettbewerb um die nachfolgenden Planungsleistungen beabsichtigt,** sondern die Empfehlung soll im Falle des positiven Vorliegens aller Voraussetzungen in einen anschließenden Auftrag münden. Es ist das einzige Verfahren, an dem sich interessierte Planer überhaupt beteiligen können; nach einer ausgesprochenen Empfehlung und der Entscheidung zur Realisierung können keine weiteren Interessenten Berücksichtigung finden (VK Düsseldorf, B. v. 13. 10. 2005 – Az.: VK – 23/2005 – F).

8.6 Gemischte Verträge (§ 99 Abs. 6)

8.6.1 Änderung des § 99 GWB durch das ÖPP-Beschleunigungsgesetz

1182   § 99 wurde der Absatz 6 angefügt, **nach dem ein öffentlicher Auftrag, der sowohl den Einkauf von Waren als auch die Beschaffung von Dienstleistungen zum Gegenstand hat, als Dienstleistungsauftrag gilt, wenn der Wert der Dienstleistungen den Wert der Waren übersteigt.** Ein öffentlicher **Auftrag, der neben Dienstleistungen Bauleistungen umfasst, die im Verhältnis zum Hauptgegenstand Nebenarbeiten sind, gilt als Dienstleistungsauftrag.**

1183   Dabei entzieht sich die **rechtliche Einordnung einer generalisierenden Bewertung.** Namentlich ist **durch einen Ansatz fester Wertgrenzen nicht allen denkbaren Fällen angemessen Rechnung zu tragen.** Die Wertanteile der verschiedenen Leistungen vermitteln für die rechtliche Einordnung des gesamten Auftrages im Regelfall lediglich Anhaltspunkte sowie eine erste Orientierung, es sei denn, sie weisen durch ihren objektiv deutlich überwiegenden Anteil den Bauleistungen oder den Liefer-/Dienstleistungen eindeutig den Auftragsschwerpunkt zu. Ist Letzteres nicht der Fall, so kommt es **auf die den jeweiligen Einzelfall kennzeichnenden rechtlichen und wirtschaftlichen Merkmale und Umstände** – insbesondere auf die Verteilung der mit der Auftragsdurchführung verbundenen Risiken auf die Beteiligten und deren Gewichtung – an (2. VK Bund, B. v. 31. 7. 2006 – Az.: VK 2–65/06; im Ergebnis ebenso VK Hessen, B. v. 7. 10. 2005 – Az.: 69 d VK – 39/2005, 69 d VK – 54/2005, 69 d VK – 55/2005, 69 d VK – 56/2005, 69 d VK – 57/2005).

1184   Die **Einordnung eines öffentlichen Auftrages** als Liefer-, Dienstleistungs- oder Bauauftrag ist z. B. **relevant für die Berechnung des Auftragswertes,** ab dem die Vergaberegeln anzuwenden sind. Bei Aufträgen, die mehrere Auftragsgegenstände umfassen (z. B. Kauf und Reparatur einer Ware oder Bau und Betrieb einer Anlage), bestehen häufig Abgrenzungsprobleme. Insbesondere für Öffentlich Private Partnerschaften ist es wichtig und dient der Rechtsklarheit, festzulegen, wie eine Abgrenzung von Aufträgen vorzunehmen ist, deren Gegenstand sowohl Lieferungen als auch Dienstleistungen oder neben Dienstleistungen auch Bauleistungen umfasst. Während die **Abgrenzung zwischen Lieferungen und Dienstleistungen nach dem jeweiligen Wert erfolgt,** werden **Dienstleistungen und Bauleistungen unabhängig vom jeweiligen Wert nach dem Hauptgegenstand des Auftrages abgegrenzt.** Diese Abgrenzung entspricht Artikel 1 Abs. 2 Buchstabe d der Richtlinie 2004/17/EG und der Richtlinie 2004/18/EG. Sie folgt der Rechtsprechung des Europäischen Gerichtshofes (EuGH) (Rechtssache C-331/92 Slg. 1994, I-1329).

1185   Vgl. insoweit die **Kommentierung RZ 1154.**

8.6.2 Beispiele aus der Rechtsprechung

1186   – **Wartung von gefahrenmelde-, informations- und sicherheitstechnischen Anlagen – überwiegender Dienstleistungsanteil** bejaht (2. VK Bund, B. v. 31. 7. 2006 – Az.: VK 2–65/06)

8.6.3 Rechtsprechung bis zum Inkrafttreten des ÖPP-Beschleunigungsgesetzes

1187   Schreibt ein öffentlicher Auftraggeber **verschiedene Typen von Leistungen in einer Ausschreibung** aus, handelt es sich um einen gemischten Vertrag. Die **vergaberechtliche**

Einordnung richtet sich nach dem **Schwerpunkt der Leistungen** (OLG Naumburg, B. v. 30. 5. 2002 – Az.: 1 Verg 14/01).

8.6.4 Vertragsgegenstände, die sowohl der Vergabekoordinierungsrichtlinie als auch der Sektorenrichtlinie unterfallen

Ab dem 1. 2. 2006 gelten die **Richtlinien 2004/17/EG** des Europäischen Parlaments und des Rates vom 31. März 2004 zur Koordinierung der Zuschlagserteilung durch Auftraggeber im Bereich der Wasser-, Energie- und Verkehrsversorgung sowie der Postdienste **und 2004/18/EG** des Europäischen Parlaments und des Rates vom 31. März 2004 über die Koordinierung der Verfahren zur Vergabe öffentlicher Bauaufträge, Lieferaufträge und Dienstleistungsaufträge **unmittelbar.** Das **Bundesministerium für Wirtschaft und Technologie** hat dazu mit **Rundschreiben vom 26. 1. 2006** sowie **31. 1. 2006** einige **Erläuterungen veröffentlicht,** die auch die Behandlung von **Vertragsgegenständen betreffen, die sowohl der Vergabekoordinierungsrichtlinie als auch der Sektorenrichtlinie unterfallen.** 1188

Unterliegt danach **eine der Tätigkeiten, die der Auftrag umfasst, der Richtlinie 2004/17/EG** – Sektorenrichtlinie –, die **andere Tätigkeit jedoch der genannten Richtlinie 2004/18/EG** und ist es **objektiv nicht möglich,** festzustellen, welche Tätigkeit den Hauptgegenstand des Auftrags darstellt, so ist der **Auftrag gemäß den Bestimmungen der Richtlinie 2004/18/EG zu vergeben.** 1189

8.7 Verbindung von öffentlichen Aufträgen nach § 99 mit sonstigen Aufträgen

Unterfällt auch nur **eine Alternative des abzuschließenden Vertrages dem Vergaberecht, sind die Vergaberechtsvorschriften und damit das Nachprüfungsverfahren eröffnet.** Andernfalls könnten die strengeren Anforderungen des Vergaberechts dadurch umgangen werden, dass zusätzlich zu der dem Vergaberecht unterfallenden eine nicht dem Vergaberecht unterfallende Alternative ausgeschrieben wird (BayObLG, B. v. 23. 1. 2003 – Az.: Verg 2/03). 1190

So unterliegt die Veräußerung, Vermietung oder Verpachtung von beweglichen und unbeweglichen Sachen als solche nicht den vergaberechtlichen Bestimmungen. Anders kann dies aber sein, wenn die Veräußerung oder Überlassung **Element eines einheitlichen Vorgangs ist, der einen beschaffungsrechtlichen Bezug** hat (BayObLG, B. v. 27. 2. 2003 – Az.: Verg 01/03). Denn § 99 GWB schließt nicht Veräußerungsgeschäfte der öffentlichen Hand von der Anwendung der Vorschriften des Vierten Teils des Gesetzes gegen Wettbewerbsbeschränkungen aus. Ein Veräußerungsgeschäft kann lediglich als solches die Anwendbarkeit dieser Vorschriften nicht begründen. Ist es hingegen **Mittel zur Beschaffung einer Leistung, ist der kaufrechtliche Aspekt des öffentlichen Auftrags ohne Bedeutung.** Das entspricht auch dem Zweck des in §§ 97 ff. GWB geregelten Vergaberechts. Denn auf diese Weise wird eine vollständige Erfassung aller Beschaffungsvorgänge erreicht, die für den öffentlichen Auftraggeber mit geldwertem Aufwand verbunden sind (BGH, B. v. 1. 2. 2005 – Az.: X ZB 27/04). 1191

Angesichts des vor allem in § 97 Abs. 1 GWB zum Ausdruck kommenden Anliegens des in diesem Gesetz normierten Vergaberechtssystems, dass **öffentliche Beschaffung, soweit sie nicht ausdrücklich ausgenommen ist, umfassend unter geregelten Wettbewerbsbedingungen erfolgt,** kann eine **Ausnahme von der Vergaberechtspflichtigkeit** gemischter Verträge nur in Fällen in Erwägung gezogen werden, in denen die **Pflicht zur Dienstleistung völlig untergeordneter Natur** ist und es deshalb ausgeschlossen erscheint, dass auch ihretwegen der Vertrag abgeschlossen worden ist (BGH, B. v. 1. 2. 2005 – Az.: X ZB 27/04). 1192

Schreibt ein Auftraggeber zunächst ein Gesamtpaket aus und nimmt er im Laufe des Vergabeverfahrens – vergaberechtswidrig – eine Entkoppelung der Auftragselemente vor, die letztlich zu einer losweisen Bezuschlagung der einzelnen Elemente führen soll und wird diese zentrale, vergaberechtswidrige Umstellung von Gesamtvergabe auf losweise Vergabe innerhalb des Verfahrens zu keinem Zeitpunkt gerügt, obwohl die Bieter sie erkennen, ist die Geltendmachung dieses Verstoßes gemäß § 107 Absatz 3 Satz 1 GWB präkludiert und **darf nunmehr nicht auf dem Umweg der Anwendung der Verknüpfung vergaberechtsfreier und vergaberechtspflichtiger Geschäfte rückgängig gemacht werden** (1. VK Sachsen, B. v. 15. 10. 2004 – Az.: 1/SVK/090–04). 1193

8.8 Rahmenvereinbarungen

1194 Eine Rahmenvereinbarung ist eine Vereinbarung mit einem oder mehreren Unternehmen, in der die Bedingungen für Einzelaufträge festgelegt werden, die im Laufe eines bestimmten Zeitraums vergeben werden sollen, insbesondere über den in Aussicht genommenen Preis und ggf. die in Aussicht genommene Menge. Ein Rahmenvertrag setzt also eine Leistungsbeziehung voraus, in die sich **weitere Leistungserbringungen als Ausfüllung des Rahmenvertrages einbinden** (VK Düsseldorf, B. v. 30. 6. 2000 – Az.: VK – 10/2000 – L).

1195 Nach **Art. 1 Abs. 5 der neuen EU-Vergabekoordinierungsrichtlinie (Richtlinie 2004/18/EG)** ist eine „Rahmenvereinbarung" eine Vereinbarung zwischen einem oder mehreren öffentlichen Auftraggebern und einem oder mehreren Wirtschaftsteilnehmern, die zum Ziel hat, die Bedingungen für die Aufträge, die im Laufe eines bestimmten Zeitraums vergeben werden sollen, festzulegen, insbesondere in Bezug auf den Preis und gegebenenfalls die in Aussicht genommene Menge.

1196 Eine **umfassende und einheitliche Regelung der Rahmenvereinbarung erfolgt im deutschen Vergaberecht nicht,** sodass **bei Zweifelsfragen unmittelbar** auf die Art. 9, 11 und 32 der Vergabekoordinierungsrichtlinie zurückgegriffen werden muss. **Für den Bereich der VOL/A erfolgt eine Regelung in § 3 a Nr. 4, die den Text der Vergabekoordinierungsrichtlinie in wesentlichen Teilen übernimmt.**

1197 Rahmenverträge sind im allgemeinen Zivilrecht **Vereinbarungen, mit denen eine auf Dauer angelegte Geschäftsbeziehung typischerweise erst eröffnet werden soll, wobei nur bestimmte Einzelheiten in erst künftig abzuschließenden Einzelverträgen festgelegt werden** (2. VK Brandenburg, B. v. 9. 4. 2001 – Az.: 2 VK 18/01).

1198 Typischerweise werden insbesondere geringwertige **Verbrauchsgüter** (so genannte C-Artikel) wie etwa Papier, aber auch hochwertige **Güter,** die im Lauf eines Haushaltsjahres **regelmäßig benötigt** werden (z.B. Hard- und Software, Schuhe) über Rahmenverträge beschafft. Im Baubereich werden Rahmenverträge z.B. über kleinere Bauunterhaltungsmaßnahmen wie etwa Anstricharbeiten geschlossen.

8.8.1 Zulässigkeit von Rahmenvereinbarungen

1199 Die **Frage war in der Rechtsprechung umstritten.**

1200 Nach einer Auffassung war die **grundsätzliche Zulässigkeit** von Rahmenvereinbarungen im Vergaberecht – auch über den § 5b VOL/A und § 5b VOB/A hinaus (vgl. insoweit OLG Düsseldorf, B. v. 26. 7. 2002 – Az.: Verg 28/02) – in der Rechtsprechung **anerkannt.** Lässt sich z.B. eine Vergabestelle bei der Beschaffung eines Einsatz-, Leit- und Unterstützungssystem für die Polizei von der Überlegung leiten, dass die Einführung eines einheitlichen Systems für alle Standorte am sinnvollsten sei, so erscheint diese Einschätzung zutreffend, da anderenfalls nicht nur höhere Kosten wegen geringerer Auftragsvolumina, sondern auch technische Schwierigkeiten bei der Vernetzung der Systeme, erhöhte Reparaturen und Anpassungsschwierigkeiten beim Wechsel des Bedienungspersonals zwischen mit unterschiedlichen Systemen ausgestatteten Standorten zu befürchten wären. Die Ausschreibung eines Rahmenvertrages ist bei einer solchen Sachlage die **vergaberechtlich angemessene Konsequenz** (2. VK Bund, B. v. 31. 5. 2002 – Az.: VK 2–20/02).

1201 Nach einer anderen Auffassung waren Rahmenvereinbarungen **keineswegs generell ausdrücklich zugelassen.** Die generelle Zulässigkeit solcher Verträge ergibt sich insbesondere nicht aus § 3 Abs. 8 VgV, denn die Vorschrift regelt nur allgemein die Berechnung des Auftragswerts bei Rahmenverträgen, verhält sich indes nicht zu der Frage, in welchen Bereichen Rahmenverträge zulässig sind (KG Berlin, B. v. 15. 4. 2004 – Az.: 2 Verg 22/03).

1202 Die Rahmenvereinbarungen sind in § 3 Abs. 8 Satz 2 VgV gesetzlich definiert. Sie sind als öffentlicher Auftrag im Sinne des § 99 GWB zu betrachten (VK Arnsberg, B. v. 21. 5. 2002 – Az.: VK 7–10/2002), sofern sie **nicht ausschließlich der Festlegung von Konditionen für künftig mögliche Beschaffungen** dienen und durch eine Stelle ausgeschrieben werden, die selbst nicht Vertragspartner wird (VK Schleswig-Holstein, B. v. 31. 3. 2005 – Az.: VK-SH 05/05; B. v. 7. 3. 2005 – Az.: VK-SH 03/05).

8.8.2 Notwendige Bestandteile von Rahmenvereinbarungen

1203 Für einen wirksamen Rahmenvertrag ist, wie bei Abschluss eines jeden Vertrages, erforderlich, dass die **wesentlichen Vertragsbestandteile (essentialia negotii) festgelegt** sind (KG

Gesetz gegen Wettbewerbsbeschränkungen GWB § 99 **Teil 1**

Berlin, B. v. 19. 4. 2000 – Az.: KartVerg 6/00). Dazu gehört bei einem Lieferauftrag auch der Preis der zu liefernden Leistung. Dies gilt auch im Vergaberecht, wobei hinsichtlich des in Aussicht genommenen Preises ausreichend sein kann, dass – zumindest – die Berechnungsgrundlagen offen gelegt werden bzw. eine Preisgleitklausel im Vertrag enthalten ist (1. VK Bund, B. v. 20. 5. 2003 – Az.: VK 1–35/03).

Die **Ausschreibung von Rahmenverträgen ohne Abrufverpflichtung des Auftraggebers** ist **nicht generell unzulässig** (1. VK Bund, B. v. 20. 4. 2006 – Az.: VK 1–19/06; 3. VK Bund, B. v. 28. 1. 2005 – Az.: VK 3–221/04). 1204

Als **Kriterien einer Abgrenzung zwischen einem öffentlichen Auftrag und einer unverbindlichen Rahmenvereinbarung** sind die Verpflichtung zum Leistungsabruf, die Ausschließlichkeit der Leistungsbeziehung und die Festlegung der künftigen Vertragspartner zu prüfen (VK Schleswig-Holstein, B. v. 5. 10. 2005 – Az.: VK-SH 23/05). 1205

In § 3a Nr. 4 VOL/A ist deutlich gemacht, dass der **Auftraggeber verpflichtet** ist, das **in Aussicht genommene Auftragsvolumen** (die Einkaufsmenge) **so genau wie möglich zu ermitteln und zu beschreiben;** es braucht aber nicht abschließend festgelegt zu werden. 1206

8.8.3 Bindung an die vergaberechtlichen Grundsätze (Transparenzgebot, Dokumentationspflicht, Angebotswertung)

In der Sache ist der **Auftraggeber bei der Ausschreibung einer Rahmenvereinbarung** in gleicher Weise wie bei der Vergabe eines Einzelauftrags **an die vergaberechtlichen Grundsätze** gebunden. Infolge dessen hat er (u. a.) das Transparenzgebot sowie die Pflicht zur Dokumentation des Vergabeverfahrens und der dort getroffenen wesentlichen Entscheidungen zu beachten. Für ihn gelten überdies die Vorschriften über die Angebotswertung. Er muss folglich den Zuschlag auf dasjenige Angebot erteilen, welches unter Berücksichtigung aller Gesichtspunkte als das wirtschaftlichste erscheint (OLG Düsseldorf, B. v. 26. 7. 2002 – Az.: Verg 28/02). 1207

8.8.4 Beispiele aus der Rechtsprechung

– **Transportdienstleistungen** zur Versorgung der KFOR-Truppen (1. VK Bund, B. v. 6. 5. 2002 – Az.: VK 1–17/02 – Z) 1208
– **Versorgung des Einsatzkontingentes** der ISAF-Truppen (1. VK Bund, B. v. 13. 11. 2002 – Az.: VK 1–87/02)
– **Versorgung von Einsatzkontingenten** der Bundeswehr (1. VK Bund, B. v. 30. 6. 2003 – Az.: VK 1–47/03)
– Preise und Margen für **auf der Straße zu transportierendes Stückgut** ab einem Gewicht von 31,5 kg sowie entsprechend zu transportierende Teil- und Komplettladungen ab einem Gewicht von 2500 kg im gesamten Bundesgebiet (1. VK Bund, B. v. 30. 1. 2003 – Az.: VK 1–01/03)
– Sicherstellung einer **flächendeckenden Grundversorgung mit ambulanten Hilfen** (VK Rheinland-Pfalz, B. v. 20. 1. 2003 – Az.: VK 31/02)
– Beschaffung einer **betriebswirtschaftlichen Standardsoftware** (OLG Dresden, B. v. 13. 7. 2000 – Az.: WVerg 0003/00)
– **Lieferung von Zeiterfassungsterminals** (1. VK Bund, B. v. 1. 7. 2002 – Az.: VK 1–33/02)
– **Lieferung von Arbeitsplatzcomputern** (APC) mit Monitoren, Servern sowie Druckern (KG Berlin, B. v. 25. 7. 2000 – Az.: KartVerg 11/00, B. v. 30. 8. 2000 – Az.: KartVerg 13/00)
– Lieferung und Einrichtung von **polizeilichen Einsatz-, Leit und Unterstützungssystemen** für Dienststellen des Bundesgrenzschutzes (OLG Düsseldorf, B. v. 17. 7. 2002 – Az.: Verg 30/02)
– Lieferung und Errichtung von **polizeilichen Einsatz-, Leit- und Unterstützungssystemen** (2. VK Bund, B. v. 5. 9. 2003 – Az.: VK 2–68/02)
– polizeiliche **Abschleppungen und Verwahrungen von Kraftfahrzeugen** im Stadtgebiet und der die Stadt umgebenden Abschnitte der Bundesautobahnen (VK Hessen, B. v. 8. 2. 2002 – Az.: 69 d VK – 49/2001)

Teil 1 GWB § 99   Gesetz gegen Wettbewerbsbeschränkungen

– **Transport- und Hausarbeiteraufgaben** innerhalb und zwischen Dienstgebäuden und Transporte innerhalb des Bundesgebietes (1. VK Bund, B. v. 19. 9. 2001 – Az.: VK 1–33/01)
– **Konzeption und Entwicklung von Kommunikationsstrategien** (1. VK Bund, B. v. 28. 4. 2003 – Az.: VK 1–19/03)

8.8.5 Ab dem 1. 2. 2006 geltendes Recht für Rahmenvereinbarungen ab dem Schwellenwert

8.8.5.1 Rundschreiben des Bundesministeriums für Wirtschaft und Technologie

1209   Ab dem 1. 2. 2006 gilt die **Richtlinie 2004/18/EG** des Europäischen Parlaments und des Rates vom 31. März 2004 über die Koordinierung der Verfahren zur Vergabe öffentlicher Bauaufträge, Lieferaufträge und Dienstleistungsaufträge **unmittelbar.** Das **Bundesministerium für Wirtschaft und Technologie** hat dazu mit **Rundschreiben vom 26. 1. 2006** einige **Erläuterungen veröffentlicht,** die auch Rahmenvereinbarungen betreffen. Die wichtigsten sind nachfolgend aufgeführt.

1210   Mit Ausnahme von Sonderfällen, in denen dies insbesondere aufgrund des Gegenstands der Rahmenvereinbarung gerechtfertigt werden kann, darf die **Laufzeit der Rahmenvereinbarung vier Jahre nicht überschreiten.** Der öffentliche Auftraggeber darf das Instrument der Rahmenvereinbarung nicht missbräuchlich oder in einer Weise anwenden, durch die der Wettbewerb behindert, eingeschränkt oder verfälscht wird.

1211   **Rahmenvereinbarungen** können **mit einem oder mehreren Wirtschaftsteilnehmern abgeschlossen** werden. Für den **letzteren Fall** enthalten die Richtlinie bzw. das **Rundschreiben Regelungen zur Abwicklung der Rahmenvereinbarung.**

1212   Art. 41 Abs. 1 und Abs. 2 der Richtlinie enthalten **Regelungen über die Benachrichtigung von Bietern und Bewerbern** (analog z. B. §§ 26a, 27a VOL/A).

8.8.5.2 Rahmenvereinbarungen für Baumaßnahmen

1213   **Rahmenvereinbarungen können aufgrund der unmittelbar geltenden neuen Vergabekoordinierungsrichtlinie (Richtlinie 200/18/EG) auch für Baumaßnahmen abgeschlossen** werden (VK Arnsberg, B. v. 21. 2. 2006 – Az.: VK 29/05).

8.8.5.3 Zeitliche Befristung

1214   Nach der neuen Vergabekoordinierungsrichtlinie sind Rahmenverträge und Rahmenvereinbarungen auf 4 Jahre zu beschränken. Die Vorschrift gilt entsprechend seit dem 1. 2. 2006 auch im nationalen Vergaberecht. Aber auch vor diesem Zeitpunkt waren Rahmenverträge so zu befristen, dass der Wettbewerb nicht über die Gebühr gestört war, denn damals wie heute dürfen Rahmenvereinbarungen nicht missbraucht werden, den Wettbewerb zu verhindern , einzuschränken oder zu verfälschen. Eine **langfristige Festlegung über 25 Jahre und mehr im Rahmen eines Vertrages ist wettbewerblich ohne stichhaltigen Grund nicht hinnehmbar** (VK Arnsberg, B. v. 21. 2. 2006 – Az.: VK 29/05).

8.8.6 Zeitverträge nach der VOB/A

1215   Zu den Zeitverträgen nach der VOB/A – als praktisch sehr wichtige Fälle der Rahmenvereinbarung – vgl. die Kommentierung zu § 6 VOB/A und die Kommentierung RZ 1213.

8.8.7 Erläuterungen der EU-Kommission

1216   Die Europäische Kommission – Generaldirektion Binnenmarkt und Dienstleistungen – hat am 17. 1. 2006 **Erläuterungen zu Rahmenvereinbarungen im Anwendungsbereich der klassischen Richtlinie** vorgelegt (www.ibr-online.de/2007-5).

8.8.8 Literatur

1217   – Dicks, Heinz-Peter, Vergabe- und kartellrechtliche Aspekte von Rahmenvereinbarungen, Tagungsband 7. Düsseldorfer Vergaberechtstag 2006, 93

- Franke, Horst, Rechtsschutz bei der Vergabe von Rahmenvereinbarungen, ZfBR 2006, 546
- Graef, Eberhard, Rahmenvereinbarungen bei der Vergabe von öffentlichen Aufträgen de lege lata und de lege ferenda, NZBau 2005, 561
- Gröning, Jochem, Das Konzept der neuen Koordinierungsrichtlinie für die Beschaffung durch Rahmenvereinbarungen, VergabeR 2005, 156
- Haak, Sandra/Degen, Stephan, „Rahmenvereinbarungen nach dem neuen Vergaberecht" – Zur Umsetzung der Regelungen über Rahmenvereinbarungen der Richtlinien 2004/17/EG und 2004/18/EG durch die geplante Verordnung über die Vergabe öffentlicher Aufträge, VergabeR 2005, 164
- Knauff, Matthias, Neues europäisches Vergabeverfahrensrecht: Rahmenvereinbarungen, VergabeR 2006, 24
- Siegel, Thorsten, Zulässige Vertragslaufzeiten im Vergaberecht, ZfBR 2006, 554

8.9 Public-Private-Partnership (PPP) – Öffentlich private Partnerschaften (ÖPP)

8.9.1 Begriffsbestimmung

In der Bundesrepublik Deutschland wurde die Diskussion um die Zusammenarbeit öffentlicher Institutionen und Privater bei der Erledigung öffentlicher Aufgaben **in der Vergangenheit unter dem Begriff „Public-Private-Partnership" (PPP) geführt.** Mit dem Inkrafttreten des **Gesetzes zur Beschleunigung der Umsetzung von Öffentlich Privaten Partnerschaften und zur Verbesserung gesetzlicher Rahmenbedingungen für Öffentlich Private Partnerschaften vom 1. 9. 2005** (BGBl. I S. 2676) sollte **zukünftig der Begriff „ÖPP"** verwendet werden. 1218

Zu den **Einzelheiten** des ÖPP-Beschleunigungsgesetzes vgl. die **Kommentierung** zu § 99 GWB, § 101 GWB, § 4 VgV, § 6 VgV und § 6a VgV. 1219

8.9.2 Literaturhinweise

Die Bundesregierung hat ein „Gutachten PPP im öffentlichen Hochbau" vorgestellt. Das Gutachten untersucht eine Vielzahl von nationalen und internationalen Projekten, die mit öffentlich-privaten Partnerschaften realisiert worden sind. 1220

Das Gutachten hat fünf Teile: In dieser Form für Deutschland erstmalig enthält es zunächst einen **PPP-Leitfaden,** der den Anwendern sowohl bei Bund, Ländern und Kommunen als auch in der Wirtschaft eine praxisorientierte Hilfestellung über den grundsätzlichen Ablauf eines PPP-Projektes gibt. Der zweite Teil untersucht die **rechtlichen Rahmenbedingungen im Vergabe, Haushalts-, Kommunal-, Steuer- und Zuwendungsrecht,** verbunden mit einer Fülle von Handlungsempfehlungen. PPP-Projekte sind danach zwar bereits nach geltendem Recht möglich; etliche Rahmenbedingungen müssen allerdings noch optimiert werden. Der dritte Teil widmet sich dem Thema **Wirtschaftlichkeitsvergleich.** Die Ergebnisse dieses Gutachtensteils werden von der Praxis besonders dringlich erwartet, weil in Deutschland bislang allgemein anerkannte Standards für den Nachweis der Wirtschaftlichkeit eines PPP-Projektes fehlten. Neben dem **vierten empirischen Teil** (s. o.) enthält das Gutachten schließlich in **Teil fünf Vorschläge zur Konzeption eines Kompetenzzentrums PPP.** 1221

Verschiedene Ansatzpunkte des Gutachtens lassen sich auch für die Ausschreibung und Vergabe von PPP-Projekten im Bereich von Leistungen, insbesondere Dienstleistungen verwenden. 1222

Auch die **Kommission der Europäischen Gemeinschaften** hat zwischenzeitlich ein **„Grünbuch zu öffentlich-privaten Partnerschaften und den gemeinschaftlichen Rechtsvorschriften für öffentliche Aufträge und Konzessionen"** vorgelegt. Mit dem Grünbuch soll eine **Diskussion über die Anwendung des Gemeinschaftsrechts für öffentliche Aufträge und Konzessionen auf ÖPP angestoßen** werden. Dabei soll es im Wesentlichen um die Regeln gehen, die nach der Entscheidung gelten, eine Aufgabe an einen Dritten zu übertragen. Es geht hier also um die Phase nach der wirtschaftlichen und organisatorischen Entscheidung einer lokalen oder nationalen Stelle und nicht um eine allgemeine Bewertung der Frage, ob die Bereitstellung von Dienstleistungen der öffentlichen Hand ausgelagert werden soll oder nicht; diese Entscheidung liegt im Ermessen der betreffenden staatlichen Stellen. Genauer 1223 gesagt wird mit diesem Grünbuch der **Zweck verfolgt, die Tragweite der Gemeinschaftsregeln zu erläutern, die für die Phase der Auswahl des privaten Partners und für die sich daran anschließende Phase gelten;** gegebenenfalls bestehende Unsicherheiten sollen ermittelt werden, ferner soll analysiert werden, ob der Gemeinschaftsrahmen den Herausforderungen und spezifischen Merkmalen von ÖPP gerecht wird. Für etwaige Gemeinschaftsmaßnahmen werden Denkanstöße geliefert.

1224 Verschiedene **Bundesländer,** z. B. Nordrein-Westfalen, Niedersachsen oder Bayern haben ebenfalls **Leitfäden u. ä. zu ÖPP-Verfahren** veröffentlicht.

1225 Literatur:

- Aumont, Laure/Kaelble, Hendrik, Die Vergabe von Dienstleistungen von allgemeinem wirtschaftlichen Interesse an Private, NZBau 2006, 280
- Dreher, Meinrad, Die beihilferechtliche PPP-Ausschreibung – Wahl und Organisation begünstigungsausschließender Ausschreibungsverfahren, ZWeR 2005, 121
- Drömann, Dietrich/Finke, Mathias, PPP-Vergaben und Kompetenzzentren – Zur Tatbestandsmäßigkeit von § 16 I Nr. 2 Alt. 2 VgV im Falle von Doppelfunktionen, NZBau 2006, 79
- Gruneberg, Ralf, Interkommunale Kooperationen nach dem 13. 1. 2005, AbfallR 2005, 85
- Hattig, Oliver/Ruhland, Bettina, Kooperation der Kommunen mit öffentlichen und privaten Partnern und ihr Verhältnis zum Vergaberecht, VergabeR 2005, 425
- Jennert, Carsten, Public Private Partnership in der Wasserversorgung und Vergaberecht, WRP 2004, 1011
- Knauff, Matthias, Im wettbewerblichen Dialog zur Public Private Partnership?, NZBau 2005, 249
- Koenig, Christian/Pfromm, René, Die Föderlogik des EG-beihilferechtlichen Ausschreibungsverfahrens bei PPP-Dasensvorsorge-Infrastrukturen, NZBau 2004, 375
- Koenig, Christian/Hentschel, Kristin, Der Public Private Partnership-Infrastrukturträger als öffentlicher Auftraggeber (§ 98 GWB), ZfBR 2005, 442
- Koman, Angelika, Das Grünbuch der Kommission über Public Private Partnership, ZfBR 2004, 763
- Kus, Alexander, Die richtige Verfahrensart bei PPP-Modellen, insbesondere Verhandlungsverfahren und Wettbewerblicher Dialog, Tagungsband 7. Düsseldorfer Vergaberechtstag 2006, 49
- Lensdorf, Lars/Steger, Udo, Auslagerung von IT-Leistungen auf Public Private Partnerships, CR 2005, 161
- Meyer-Hofmann, Bettina/Riemenschneider, Frank/Weihrauch, Oliver, Public Private Partnership, Gestaltung von Leistungsbeschreibung, Finanzierung, Ausschreibung und Verträgen in der Praxis, Köln, 2005
- Mrosek, Public Private Partnerships – Überlegungen zur Struktur eines PPP-Projektes, ibr-online (www.ibr-online.de/2007-7)
- Pooth, Stefan, Investorenwettbewerbe für die Kombination von privaten und öffentlichen Bauprojekten, VergabeR 2006, 600
- Roth, Frank, Die Risikoverteilung bei Öffentlich Privaten Partnerschaften (ÖPP) aus vergaberechtlicher Sicht, NZBau 2006, 84
- Tomerius, Stephan, Gestaltungsoptionen öffentlicher Auftraggeber unter dem Blickwinkel des Vergaberechts: aktuelle vergaberechtliche Vorgaben für öffentlich-private Partnerschaften (ÖPP) und interkommunale Kooperation, Berlin, 2005
- Weber, Martin/Schäfer, Michael/Hausmann, Ludwig, Praxishandbuch Public Private Partnership, München, 2005
- Ziekow, Jan/Windoffer, Alexander, Public Private Partnership als Verfahren – Struktur und Erfolgsbedingungen von Kooperationsarenen, NZBau 2005, 665
- www.ppp.niedersachsen.de
- www.ppp.nrw.de
- www.ppp.bayern.de
- www.ppp-bund.de

8.10 Begriff des Unternehmens
8.10.1 Grundsatz

Auszugehen ist von einem **weiten, namentlich funktional zu verstehenden Unternehmerbegriff.** Er bezeichnet einen Rechtsträger gleich welcher Rechtsform, der sich wirtschaftlich betätigt. Dazu gehören **auch Rechtsträger, die ihrerseits die öffentlichen Auftraggebereigenschaften nach § 98 GWB erfüllen,** sich jedoch im konkreten Fall gewerbsmäßig mit der Erstellung der betreffenden Leitung befassen. Auch das Handeln eines Hoheitsträgers ist dasjenige eines „Unternehmens" und an den Vergaberechtsvorschriften des GWB zu messen, wenn der **Hoheitsträger den ihm durch das öffentliche Recht zugewiesenen Aufgabenbereich verlässt und er sich funktional und gewerbsmäßig wie ein Marktteilnehmer verhält** (OLG Naumburg, B. v. 3. 11. 2005 – Az.: 1 Verg 9/05; OLG Frankfurt, B. v. 7. 9. 2004 – Az.: 11 Verg 11/04 und 12/04; OLG Düsseldorf, B. v. 5. 5. 2004 – Az.: VII – Verg 78–03; VK Hamburg, B. v. 3. 8. 2004 – Az. VgK FB 4/04). 1226

Auch wenn die **Aufgabenwahrnehmung zwischen zwei Gebietskörperschaften** im kommunalen Bereich und damit innerhalb der „Verwaltung" erfolgen soll, handelt es sich um eine Betätigung auf einem sonst auch privaten Unternehmen zugänglichen Markt (OLG Frankfurt, B. v. 7. 9. 2004 – Az.: 11 Verg 11/04 und 12/04). 1227

Geht man von dem funktionellen Unternehmerbegriff und der Marktteilnahme als entscheidendem Kriterium aus, ist der **Anwendungsbereich des Vergaberechts nur dann ausgeschlossen, wenn der kooperierende Verwaltungsträger im Einzelfall nicht wie ein Privater am Markt tätig wird.** Dies ist dann **der Fall, wenn ein Wettbewerb am Markt aufgrund der rechtlichen Rahmenbedingungen schlichtweg ausgeschlossen ist, also nur bei ausschließlichen öffentlichen Aufgaben im Sinne eines Verwaltungsmonopols.** In einer solchen Konstellation könnte ein privater Unternehmer die Tätigkeit gerade nicht ausüben (OLG Naumburg, B. v. 3. 11. 2005 – Az.: 1 Verg 9/05). 1228

8.10.2 Beispiele aus der Rechtsprechung

– handelt ein Antragsteller in der **Funktion als freier Träger der Jugendhilfe in Erfüllung der ihr obliegenden Verantwortung, handelt sie nicht als Unternehmen.** Diese Einschätzung wird von § 75 SGB VIII gestützt, wonach privatgewerbliche Träger nicht als freie Träger der Jugendhilfe anerkannt werden können, mithin diesen ein wirtschaftlicher Wettbewerb fremd ist (VK Hamburg, B. v. 3. 8. 2004 – Az.: VgK FB 4/04) 1229

8.11 Vergabe eines Standplatzes nach § 70 GewO
8.11.1 Abgrenzung zum Vergaberecht

Die Vergabe eines Standplatzes nach § 70 GewO ist **kein öffentlicher Auftrag im Sinne des Vergaberechts,** da der öffentliche Auftraggeber keine Leistung einkauft. 1230

8.11.2 Vergabekriterien nach der Rechtsprechung

Die **Entscheidung** eines Veranstalters, **welchem der Bewerber der Vorzug zu geben ist und welche Bewerber abzulehnen sind,** steht im **Ermessen des Veranstalters.** Das Ermessen des Veranstalters ist nicht nur durch die jede Ermessensentscheidung der Verwaltung bindenden Grundsätze, wie z.B. den Gleichheitsgrundsatz und das Willkürverbot, eingeschränkt, sondern das Verteilungsermessen des Veranstalters gemäß § 70 Abs. 3 GewO unterliegt darüber hinaus auch den sich aus dem Grundsatz der Marktfreiheit ergebenden Schranken. Marktfreiheit bedeutet Offenheit der Märkte, d.h. Freiheit des Marktzugangs, wobei für die Teilnahmeberechtigung zu messen ist im Sinne des § 70 Abs. 1 GewO Art und Zweck der Veranstaltung maßgeblich sind. Wie im Einzelnen **ein die Marktfreiheit erhaltendes Zulassungssystem auszugestalten ist, welche Bewerbergruppen gebildet werden und nach welchem System (etwa innerhalb der Gruppen „rollierend" oder durch „Losentscheid") Standplätze zugeteilt werden, liegt im gerichtlich nur beschränkt nachprüfbaren Ermessen des Veranstalters.** Ein Losverfahren ist grundsätzlich geeignet, die der Marktfreiheit immanente Zulassungschance im Rahmen des § 70 Abs. 3 GewO zu garantieren, denn jeder gewerberechtlich geeignete Bewerber bekommt die gleiche Zulassungschance eingeräumt. Auf diese 1231

Teil 1 GWB § 100   Gesetz gegen Wettbewerbsbeschränkungen

Weise werden Zulassungs- und Wettbewerbsschranken weitgehend gelockert, ein Konkurrentenschutz vermieden und so gemäß § 40 VwVfG ihr Ermessen dem Zweck der Ermächtigung entsprechend ausgeübt (Niedersächsisches OVG, Urteil v. 16. 6. 2005 – Az.: 7 LC 201/03).

1232   Es gibt **zwar auch andere Möglichkeiten, eine Auswahl unter den sich bewerbenden Marktbeschickern vorzunehmen,** doch ist ein Veranstalter von Gesetzes wegen nicht verpflichtet, „materielle" Kriterien (z. B. Größe der Fahrfläche, Alter des Fahrgeschäfts, Art und Aufwändigkeit der Fassadengestaltung) den Vorzug zu geben und erst dann auf „formelle" Kriterien (Losverfahren, Rotationsverfahren, Prioritätsprinzip) zurückzugreifen. **§ 70 Abs. 3 GewO gibt einen bestimmten Auswahlmodus nicht vor.** Eine den Grundrechtsschutz sichernde Verfahrensgestaltung setzt nur voraus, dass das **Auswahlverfahren und die Auswahlkriterien vorher bekannt gegeben werden und für alle Bewerber transparent, nachvollziehbar und damit auch im Hinblick auf die Gewährleistung effektiven Rechtsschutzes gerichtlich überprüfbar sind.** Von ausschlaggebender Bedeutung kann für den Veranstalter **auch mit dem jeweiligen Verfahren für die Verwaltung verbundene Arbeitsaufwand** sein. Es liegt auf der Hand, dass das Losverfahren unter den zuverlässigen Bewerbern das (vom Verfahren „bekannt und bewährt" abgesehen) für die Verwaltung am schnellsten und leichtesten zu handhabende Verfahren ist, zumal es den Ermittlungsaufwand vollständig entfallen lässt und den Begründungsaufwand für die Nichtzulassungsbescheide stark reduziert (Niedersächsisches OVG, Urteil v. 16. 6. 2005 – Az.: 7 LC 201/03).

9. § 100 GWB – Anwendungsbereich

(1) Dieser Teil gilt nur für Aufträge, welche die Auftragswerte erreichen oder überschreiten, die durch Rechtsverordnung nach § 127 festgelegt sind (Schwellenwerte).

(2) Dieser Teil gilt nicht für Arbeitsverträge und für Aufträge,

a) die auf Grund eines internationalen Abkommens im Zusammenhang mit der Stationierung von Truppen vergeben werden und für die besondere Verfahrensregeln gelten;

b) die auf Grund eines internationalen Abkommens zwischen der Bundesrepublik Deutschland und einem oder mehreren Staaten, die nicht Vertragsparteien des Übereinkommens über den Europäischen Wirtschaftsraum sind, für ein von den Unterzeichnerstaaten gemeinsam zu verwirklichendes und zu tragendes Projekt, für das andere Verfahrensregeln gelten, vergeben werden;

c) die auf Grund des besonderen Verfahrens einer internationalen Organisation vergeben werden;

d) die in Übereinstimmung mit den Rechts- und Verwaltungsvorschriften in der Bundesrepublik Deutschland für geheim erklärt werden oder deren Ausführung nach diesen Vorschriften besondere Sicherheitsmaßnahmen erfordert oder wenn der Schutz wesentlicher Interessen der Sicherheit des Staates es gebietet;

e) die dem Anwendungsbereich des Artikels 296 Abs. 1 Buchstabe b des Vertrages zur Gründung der Europäischen Gemeinschaft unterliegen;

f) die von Auftraggebern, die auf dem Gebiet der Trinkwasser- oder Energieversorgung oder des Verkehrs oder der Telekommunikation tätig sind, nach Maßgabe näherer Bestimmung durch Rechtsverordnung nach § 127 auf dem Gebiet vergeben werden, auf dem sie selbst tätig sind;

g) die an eine Person vergeben werden, die ihrerseits Auftraggeber nach § 98 Nr. 1, 2 oder 3 ist und ein auf Gesetz oder Verordnung beruhendes ausschließliches Recht zur Erbringung der Leistung hat;

h) über Erwerb oder Mietverhältnisse über oder Rechte an Grundstücken oder vorhandenen Gebäuden oder anderem unbeweglichem Vermögen ungeachtet ihrer Finanzierung;

i) über Dienstleistungen von verbundenen Unternehmen, die durch Rechtsverordnung nach § 127 näher bestimmt werden, für Auftraggeber, die auf dem Gebiet der Trinkwasser- oder Energieversorgung oder des Verkehrs oder der Telekommunikation tätig sind;

j) über die Ausstrahlung von Sendungen;

k) über Fernsprechdienstleistungen, Telexdienst, den beweglichen Telefondienst, Funkrufdienst und die Satellitenkommunikation;

l) über Schiedsgerichts- und Schlichtungsleistungen;

m) über finanzielle Dienstleistungen im Zusammenhang mit Ausgabe, Verkauf, Ankauf oder Übertragung von Wertpapieren oder anderen Finanzinstrumenten sowie Dienstleistungen der Zentralbanken;

n) über Forschungs- und Entwicklungsdienstleistungen, es sei denn, ihre Ergebnisse werden ausschließlich Eigentum des Auftraggebers für seinen Gebrauch bei der Ausübung seiner eigenen Tätigkeit und die Dienstleistung wird vollständig durch den Auftraggeber vergütet.

§ 100 bestimmt – in Verbindung mit § 99 – den sachlichen Anwendungsbereich des Vergaberechts. Danach muss ein **entgeltlicher Vertrag zwischen einem öffentlichen Auftraggeber und einem Unternehmen** vorliegen (§ 99 Abs. 1 GWB), die **Beschaffung muss auf eine Lieferung, Bauleistung, Dienstleistung oder Auslobung gerichtet** sein (§ 99 Abs. 2–5 GWB), die **Schwellenwerte müssen erreicht** sein (§ 100 Abs. 1 GWB), und es darf **kein Ausnahmetatbestand des § 100 Abs. 2 GWB** vorliegen (OLG Naumburg, B. v. 3. 11. 2005 – Az.: 1 Verg 9/05; OLG Düsseldorf, B. v. 27. 10. 2004 – Az.: VII – Verg 41/04; B. v. 22. 9. 2005 – Az.: Verg 44/04; B. v. 8. 9. 2005 – Az.: Verg 35/04). 1233

Nach § 100 Abs. 1 fallen nur solche öffentlichen Aufträge unter die Vorschriften der §§ 97 ff., welche von ihren Auftragsvolumen her bestimmte Schwellenwerte erreichen oder überschreiten (VK Schleswig-Holstein, B. v. 11. 1. 2006 – Az.: VK-SH 28/05; B. v. 5. 1. 2006 – Az.: VK-SH 31/05). Die Schwellenwerte sind in § 2 VgV festgelegt. 1234

§ 100 Abs. 2 definiert in Übereinstimmung mit den europäischen Vergaberegelungen bestimmte sachliche Ausnahmen. Mit der Regelung in § 100 Abs. 2 GWB hat also der nationale Gesetzgeber die **europarechtlichen Richtlinienvorgaben aufgegriffen und umgesetzt.** Die europäischen Richtlinien nehmen in den jeweiligen Ausnahmefällen den Auftrag (ungeachtet seines Werts) von einer Anwendung des (europäischen) Vergaberechts einschließlich der Rechtsmittelrichtlinie aus. Dementsprechend ist das **Vorliegen der Voraussetzungen des § 100 Abs. 2 GWB seitens der VK von Amts wegen zu prüfen** (1. VK Bund, B. v. 3. 2. 2006 – Az.: VK 1–01/06). 1235

Die Prüfung der **Voraussetzungen des Anwendungsbereiches des GWB** ist im Rahmen eines Nachprüfungsverfahrens **vorrangig zu untersuchen** (VK Hessen, B. v. 28. 5. 2003 – Az.: 69 d VK – 17/2003). 1236

9.1 Schwellenwert

Die in § 100 Abs. 1 angesprochenen Auftragswerte sind in der Vergabeverordnung näher bestimmt. § 2 VgV enthält die entsprechenden Schwellenwerte, § 3 VgV Verfahrensvorschriften für die Schätzung der Schwellenwerte. 1237

9.1.1 Grundsätzliche Anwendbarkeit des GWB bei öffentlichen Aufträgen unterhalb der Schwellenwerte

9.1.1.1 Rechtsprechung in Deutschland

Der **Ausschluss des Primärrechtsschutzes** des GWB bei öffentlichen Aufträgen unterhalb der Schwellenwerte **verletzt davon betroffene Bieter weder in ihrem Anspruch auf effektiven Rechtsschutz aus Art. 19 Abs. 4 GG** noch in dem im Rechtsstaatsprinzip (Art. 20 Abs. 3 GG) verbürgten **allgemeinen Justizgewährungsanspruch.** Auch ist **Art. 3 Abs. 1 GG nicht dadurch verletzt,** dass die besonderen Regelungen für den Rechtsschutz gegen Vergabeentscheidungen oberhalb der Schwellenwerte nicht auch auf die anderen Vergabeentscheidungen erstreckt worden sind (BVerfG, Urteil v. 13. 6. 2006 – Az.: 1 BvR 1160/03). 1238

Der Gesetzgeber hat die in den §§ 97 ff. GWB (und damit über § 97 Abs. 6 GWB auch mit der Vergabeverordnung) getroffenen Regelungen explizit auf Verfahren oberhalb der Schwellenwerte beschränkt (vgl. § 100 Abs. 1 GWB) und **hieran auch im Rahmen der aktuell** 1239

Teil 1 GWB § 100 Gesetz gegen Wettbewerbsbeschränkungen

geführten Reformdiskussion festgehalten. Angesichts dessen lässt sich **Primärrechtsschutz unterhalb der Schwellenwerte zumindest nicht dergestalt gewähren, dass die hierzu angerufenen Gerichte die vorgenannten Grenzen der gesetzgeberischen Regelung schlicht ignorieren und Vorschriften, die hierfür nach Wortlaut und Sinngehalt nicht gedacht sind, auf Sachverhalte anwenden, die der Gesetzgeber ausdrücklich hiervon ausgeschlossen wissen wollte.** Eine Vergabestelle unterliegt daher in einem Vergabeverfahren unterhalb der Schwellenwerte auch angesichts eines anhängigen verwaltungsgerichtlichen oder zivilgerichtlichen Rechtsschutzverfahrens weder ohne weiteres einem Zuschlagsverbot entsprechend § 115 Abs. 1 GWB noch einer Vorabinformationspflicht entsprechend § 13 VgV (OLG Dresden, B. v. 25. 4. 2006 – Az.: 20 U 467/06).

1240 **9.1.1.1.1 Begrenzung des Primärrechtsschutzes als Verstoß gegen Art. 3 GG.** Unternehmen können nicht unter Berufung auf **Art. 3 GG** einen dem Nachprüfungsverfahren gem. §§ 97 ff. GWB vergleichbaren Rechtsschutz bei öffentlichen Aufträgen unterhalb der Schwellenwerte einfordern (OLG Stuttgart, Urteil vom 11. 4. 2002 – Az.: 2 U 240/01). Es **verstößt nicht gegen Art. 3 Abs. 1 GG,** dass der **Rechtsschutz oberhalb des Schwellenwertes anders gestaltet ist als bei Vergabeentscheidungen mit Auftragssummen unterhalb des Schwellenwertes** (BVerfG, Urteil v. 13. 6. 2006 – Az.: 1 BvR 1160/03).

1241 Die § 100 Abs. 1, § 127 Nr. 1 GWB, § 2 VgV **verstoßen nicht gegen Art. 3 Abs. 1 GG.** Die Vorschriften bewirken eine **Beschränkung des** durch § 97 Abs. 7 GWB den Bietern eingeräumten subjektiven Rechts auf Einhaltung der Vergabevorschriften und des zu dessen Durchsetzung gewährten **Primärrechtsschutzes auf Aufträge, in denen die Schwellenwerte erreicht oder überschritten werden.** Damit werden zwar Unternehmer, die sich um Aufträge oberhalb und unterhalb der Schwellenwerte bewerben, ungleich behandelt. Die **Ungleichbehandlung ist jedoch sachlich gerechtfertigt** (BVerfG, Urteil v. 13. 6. 2006 – Az.: 1 BvR 1160/03; Saarländisches OLG, B. v. 29. 4. 2003 – Az.: 5 Verg 4/02).

1242 In seiner **Ausprägung als Willkürverbot verlangt Art. 3 Abs. 1 GG nicht, dass der Gesetzgeber unter mehreren möglichen Lösungen die zweckmäßigste oder vernünftigste wählt.** Ein vom Bundesverfassungsgericht zu beanstandender **Verstoß gegen den allgemeinen Gleichheitssatz ist erst dann anzunehmen, wenn offenkundig ist, dass sich für die angegriffene gesetzliche Regelung und die durch sie bewirkte Ungleichbehandlung kein sachlicher Grund** finden lässt. Nach diesem Maßstab ist die Differenzierung anhand der Schwellenwerte nicht zu beanstanden. Ob und wann ein subjektives Recht des Unternehmens, das an einem Vergabeverfahren beteiligt ist, auf Einhaltung der Verfahrensregeln die Wirtschaftlichkeit der Vergabe erhöht oder vermindert, erfordert komplexe Bewertungen und Abschätzungen, zu denen der **Gesetzgeber berufen ist und bei denen er einen weiten Spielraum genießt.** Der Gesetzgeber hat sich bei der Entscheidung über die Zweiteilung des Vergaberechts nach Maßgabe der Schwellenwerte innerhalb dieses Spielraums gehalten. Nach der gesetzgeberischen Lösung hängt von der Größenordnung der Auftragsvergabe ab, ob ein einfachrechtliches subjektives Recht besteht und das besondere Kontrollverfahren der §§ 102 ff. GWB eröffnet wird. Es ist **verfassungsrechtlich nicht zu beanstanden, wenn das Gesetz davon ausgeht, dass der mögliche Ertrag an Wirtschaftlichkeit, den ein solches Verfahren mit sich bringen kann, mit dem Betrag der Beschaffung steigt, und dass der Vorteil bei Vergabeentscheidungen oberhalb der Schwellenwerte typischerweise nicht wegen der Kosten entfällt, die mit der Kontrolle nach §§ 102 ff. GWB verbunden sind.** Angesichts dieser Sachlage durfte der Gesetzgeber den Zugang zu dem Kontrollverfahren der §§ 102 ff. GWB in einer typisierenden Regelung davon abhängig machen, dass ein bestimmtes Auftragsvolumen erreicht wird, auch wenn dieses eine bloße Bagatellgrenze übersteigt. Mit der **Übernahme der Schwellenwerte, oberhalb derer aus gemeinschaftsrechtlichen Gründen effektiver Primärrechtsschutz gewährleistet werden muss, hat der Gesetzgeber sich an einem für eine bestimmte (grenzüberschreitende) Relevanz der Vergabe geltenden Richtwert orientiert, den er grundsätzlich auch ohne die europarechtlichen Vorgaben hätte wählen können.** Die Anknüpfung an die europarechtlich vorgegebene Typisierung begegnet keinen verfassungsrechtlichen Bedenken (BVerfG, Urteil v. 13. 6. 2006 – Az.: 1 BvR 1160/03).

1243 **9.1.1.1.2 Begrenzung des Primärrechtsschutzes als Verstoß gegen Art. 19 Abs. 4 GG. Nicht jedes staatliche Handeln eröffnet die Rechtsschutzgarantie des Art. 19 Abs. 4 GG.** Ziel der Normierung der besonderen Rechtsschutzgarantie in Art. 19 Abs. 4 GG war aufgrund historischer Erfahrungen der Schutz vor dem Risiko der Missachtung des Rechts durch ein Handeln der dem Bürger übergeordneten und gegebenenfalls mit den Mitteln des

Zwangs arbeitenden Exekutive. Das **Grundrecht soll Rechtsschutz dort gewährleisten, wo der Einzelne sich zu dem Träger staatlicher Gewalt in einem Verhältnis typischer Abhängigkeit und Unterordnung befindet.** Insoweit bedingen die damit verbundenen Einwirkungsmöglichkeiten des Staates ein besonderes Bedürfnis des Einzelnen nach gerichtlichem Schutz, der die Abwehr einer Beeinträchtigung ermöglicht. Von diesem spezifischen Schutzzweck her ist der Begriff der öffentlichen Gewalt im Sinne des Art. 19 Abs. 4 GG zu bestimmen. Die **Vergabestelle handelt nicht als Trägerin öffentlicher Gewalt im Sinne des Art. 19 Abs. 4 GG.** Der Staat wird als Nachfrager am Markt tätig, um seinen Bedarf an bestimmten Gütern oder Leistungen zu decken. In dieser Rolle als Nachfrager unterscheidet er sich nicht grundlegend von anderen Marktteilnehmern. Auf seine **übergeordnete öffentliche Rechtsmacht greift er bei einer Vergabeentscheidung nicht zurück,** so dass kein Anlass besteht, seine Maßnahme als Ausübung öffentlicher Gewalt im Sinne des Art. 19 Abs. 4 GG einzuordnen (BVerfG, Urteil v. 13. 6. 2006 – Az.: 1 BvR 1160/03).

Art. 19 GG steht der Begrenzung des Primärrechtsschutzes auch deshalb nicht entgegen, da die Unternehmen keineswegs ohne effektiven Rechtsschutz – notfalls in Form von Sekundärrechtsschutz – gestellt sind (LG Oldenburg, Urteil vom 16. 5. 2002 – Az.: 5 O 1319/02). 1244

Die **Vergabekammern** sind Behörden und keine Gerichte. Sie haben deshalb nach Art 100 Abs. 1 GG **keine Aussetzungs- oder Verwerfungskompetenz,** sondern sie haben die gesetzlichen Vorgaben einzuhalten und umzusetzen. Dies bedeutet, dass die Voraussetzungen des § 100 Abs. 1 GWB zu prüfen sind, dass **aber nicht überprüft wird, ob die Verweigerung eines Primärrechtsschutzes in Ausschreibungsverfahren unterhalb der sog. Schwellenwerte gegen Vorschriften aus dem Grundgesetz, namentlich hier Art 19 Abs. 4 GG, verstößt.** Da keine Aussetzungskompetenz vorhanden ist, müssen auch eventuelle Verfahren vor dem BVerfG zur Verfassungsmäßigkeit nicht abgewartet werden (VK Münster, B. v. 6. 4. 2005 – Az.: VK 07/05). 1245

9.1.1.1.3 Begrenzung des Primärrechtsschutzes kein Verstoß gegen den allgemeinen Justizgewährungsanspruch. Das **Grundgesetz garantiert Rechtsschutz vor den Gerichten nicht nur gemäß Art. 19 Abs. 4 GG, sondern darüber hinaus im Rahmen des allgemeinen Justizgewährungsanspruchs.** Dieser gewährleistet in den nicht von Art. 19 Abs. 4 GG erfassten Fällen Rechtsschutz gegenüber der behaupteten Verletzung einer Rechtsposition. Eine solche steht dem erfolglosen Bieter um einen öffentlichen Auftrag zu. Der einem Bieter offen stehende Rechtsschutz genügt allerdings den verfassungsrechtlichen Anforderungen (BVerfG, Urteil v. 13. 6. 2006 – Az.: 1 BvR 1160/03). 1246

Das Grundgesetz garantiert mit dem allgemeinen Justizgewährungsanspruch ebenso wie mit Art. 19 Abs. 4 GG Rechtsschutz nur zu dem Zweck des Schutzes subjektiver Rechte, die von beiden Gewährleistungen vorausgesetzt und nicht selbst geschaffen werden. **Der Einzelne kann sich auf die Rechtsschutzgarantie nur berufen, wenn er die Verletzung einer Rechtsposition geltend macht, die ihm die Rechtsordnung gewährt.** Der Gesetzgeber befindet in den Regelungen des einfachen Rechts darüber, unter welchen Voraussetzungen dem Bürger ein Recht zustehen und welchen Inhalt es haben soll. Daneben kann sich eine rechtsschutzfähige Rechtsposition aus Grundrechten und sonstigen von der Verfassung gewährten Rechten ergeben. Ein **subjektives Recht des Bieters gegen seine Nichtberücksichtigung im Rahmen der umstrittenen Auftragsvergabe folgt nicht aus der einfachrechtlichen Norm des § 97 Abs. 7 GWB. Auch die Berufsfreiheit nach Art. 12 Abs. 1 GG scheidet als Grundlage eines derartigen Rechts** aus. Demgegenüber begründet der aus Art. 3 Abs. 1 GG folgende Anspruch auf Gleichbehandlung bei Vergabeentscheidungen ein gegen den Staat gerichtetes subjektives Recht, dessen Verletzung der Benachteiligte mit Hilfe des Justizgewährungsanspruchs rügen kann (BVerfG, Urteil v. 13. 6. 2006 – Az.: 1 BvR 1160/03). 1247

Ein **subjektives Recht eines Bieters, das im Rahmen des Justizgewährungsanspruchs gerichtlich verfolgt werden kann, ist allerdings der Anspruch auf Gleichbehandlung** (Art. 3 Abs. 1 GG). Jede staatliche Stelle hat bei ihrem Handeln, unabhängig von der Handlungsform und dem betroffenen Lebensbereich, die in dem Gleichheitssatz niedergelegte Gerechtigkeitsvorstellung zu beachten. Dieses Handeln ist anders als in freiheitlicher Selbstbestimmung erfolgende Tätigkeit eines Privaten stets dem Gemeinwohl verpflichtet. Eine willkürliche Ungleichbehandlung kann dem Gemeinwohl nicht dienen. **Der staatlichen Stelle, die einen öffentlichen Auftrag vergibt, ist es daher verwehrt, das Verfahren oder die Kriterien der Vergabe willkürlich zu bestimmen.** Darüber hinaus kann die tatsächliche Vergabepraxis zu einer Selbstbindung der Verwaltung führen. Aufgrund dieser Selbstbindung kann den Verdingungsordnungen als den verwaltungsinternen Regelungen über Verfahren und 1248

Teil 1 GWB § 100

Kriterien der Vergabe eine mittelbare Außenwirkung zukommen. Jeder Mitbewerber muss eine faire Chance erhalten, nach Maßgabe der für den spezifischen Auftrag wesentlichen Kriterien und des vorgesehenen Verfahrens berücksichtigt zu werden. Eine Abweichung von solchen Vorgaben kann eine Verletzung des Art. 3 Abs. 1 GG bedeuten. Insofern verfügt jeder Mitbewerber über ein subjektives Recht, für das effektiver Rechtsschutz gewährleistet werden muss. Es liegt aber im Hinblick auf Vergabeentscheidungen **im gesetzgeberischen Gestaltungsspielraum, das Interesse des Auftraggebers an einer zügigen Ausführung der Maßnahmen und das des erfolgreichen Bewerbers an alsbaldiger Rechtssicherheit dem Interesse des erfolglosen Bieters an Primärrechtsschutz vorzuziehen und Letzteren regelmäßig auf Sekundärrechtsschutz zu beschränken.** Der Gesetzgeber ist verfassungsrechtlich nicht dazu verpflichtet, eine auch faktisch realisierbare Möglichkeit eines Primärrechtsschutzes im Vergaberecht zu schaffen. Insbesondere muss er keine Pflicht der vergebenden Stelle zu einer rechtzeitigen Information der erfolglosen Bieter regeln, wie sie sich für Auftragsvergaben oberhalb der Schwellenwerte in § 13 VgV findet (BVerfG, Urteil v. 13. 6. 2006 – Az.: 1 BvR 1160/03).

9.1.1.2 Rechtsprechung in Österreich

1249   Der Österreichische Verfassungsgerichtshof hat mit Urteil vom 30. 11. 2000 entschieden, dass die aufgrund der Schwellenwertregelung entstehende rechtliche **Ungleichbehandlung** der Aufträge unterhalb der Schwellenwerte (kein Primärrechtsschutz) und der Aufträge ab den Schwellenwerten (voller Primärrechtsschutz) **sachlich nicht gerechtfertigt** ist, weil im Unterschwellenbereich den Bewerbern und Bietern nicht einmal **ein Minimum an Verfahrensgarantien** gewährleistet wird. Der Verzicht auf jedwede außenwirksame Regelung des Vergabeverfahrens im Unterschwellenbereich und die damit verbundene Konsequenz für die Rechtsstellung der Bewerber und Bieter erweist sich als gleichheitswidrig. Keine Bedenken bestehen dagegen, im Unterschwellenbereich ein nur vereinfachtes Rechtsschutzverfahren einzuführen.

1250   Vgl. zur **Rechtslage in Österreich insgesamt**

- Franke, Horst/Lintschinger, Clemens, Das neue österreichische Bundesvergabegesetz 2006 – wichtigste Änderungen im Überblick, VergabeR 2006, 443
- Freise, Harald, Das Österreichische Bundesgesetz über die Vergabe von Aufträgen – Anregungen für die Weiterentwicklung des deutschen Vergaberechts, NZBau 2004, 83.

9.1.1.3 Reformansätze auf der Ebene der Bundesländer

1251   Einige **Bundesländer** haben damit begonnen, die **Zweiteilung der öffentlichen Aufträge in einigen Punkten aufzubrechen.** Die Länder **Bremen** und **Niedersachsen** beispielsweise haben **eigene Vergabegesetze** erlassen. Danach sind auch bei Aufträgen unterhalb der Schwellenwerte gemäß 100 GWB § 97 Abs. 1–5 und die §§ 98–101 GWB sowie die Vergabeverordnung entsprechend anzuwenden, jedoch mit der Maßgabe, dass von der Verdingungsordnung für Leistungen und von der Verdingungsordnung für Bauleistungen jeweils nur der erste Abschnitt Anwendung findet.

1252   Bisher hat jedoch noch kein Bundesland Bietern oder Bewerbern einen dem Vergaberechtsschutz des GWB auch nur im Ansatz vergleichbaren Rechtsschutz gewährt.

9.1.1.4 Literatur

1253
- Achenbach, Till, Rechtsschutz im US-amerikanischen Vergaberecht, NZBau 2004, 244
- Bungenberg, Marc, Primärrechtsschutz im gesamten öffentlichen Beschaffungswesen?, WuW 2005, 899
- Drey, Franz, Unter den Schwellen ist Ruh? – Kein Grund zum Alarm wegen EuGH-Rechtsprechung, Behörden Spiegel März 2005, 21
- Freise, Harald, Das Österreichische Bundesgesetz über die Vergabe von Aufträgen – Anregungen für die Weiterentwicklung des deutschen Vergaberechts, NZBau 2004, 83
- Grundmann, Nicola, Die Zweiteilung im Vergabewesen – ein Widerspruch zu den verfassungsrechtlichen Anforderungen?, Dissertation, Düsseldorf, 2004
- Heuvels, Klaus, Rechtsschutz unterhalb der Schwellenwerte, NZBau 2005, 570
- Hollands, Martin/Sauer, Ralf, Geteiltes oder einheitliches Vergaberecht?, DÖV 2006, 55

Gesetz gegen Wettbewerbsbeschränkungen GWB § 100 **Teil 1**

- Irmer, Wolfram, Eröffnung des Verwaltungsrechtswegs bei Vergaben außerhalb des Anwendungsbereichs von § 100 GWB oder Aufgabe der Zweiteilung und Neuordnung des Vergaberechts, VergabeR 2006, 159
- Irmer, Wolfram, Eröffnung des Verwaltungsrechtswegs bei Vergaben außerhalb des Anwendungsbereichs von § 100 GWB oder Aufgabe der Zweiteilung und Neuordnung des Vergaberechts – Teil II [1], VergabeR 2006, 308
- Köster, Bernd, Primärrechtsschutzschwellen und Rechtswegwirrwarr, NZBau 2006, 540
- Losch, Alexandra, Brennpunkt „Rechtsschutz unterhalb der Schwellenwerte"; – Der status quo, VergabeR 2006, 298
- Meckler, Markus, Primärrechtsschutz bei Vergabe unterhalb der Schwellenwerte?, NJW-Spezial 2005, 501
- Müller-Stoy, Walter, Alternativer und kumulativer Primärrechtsschutz bei der Vergabe öffentlicher Aufträge – eine Bestandsaufnahme, WRP 2006, 330
- Pietzcker, Jost, Defizite beim Vergaberechtsschutz unterhalb der Schwellenwerte?, NJW 2005, 2881
- Prieß, Hans-Joachim/Hölzl, Franz Josef, Das Ende der „Zweiklassen-Vergaben" – Vergaben unter den Schwellenwerten sind fortan verwaltungsgerichtlich überprüfbar, ZfBR 2005, 592

9.1.2 Anwendbarkeit des GWB bei einer europaweiten Ausschreibung öffentlicher Aufträge unterhalb der Schwellenwerte

Maßgebend für die Anwendbarkeit der §§ 97 ff. GWB und der Vergabeverordnung ist nach **1254** dem eindeutigen Wortlaut des § 100 Abs. 1 GWB und § 1 VgV, **ob der geschätzte Auftragswert den Schwellenwert erreicht, nicht jedoch, ob eine europaweite Ausschreibung erfolgt ist.** Das Erreichen der **Schwellenwerte** ist sowohl nach § 100 Abs. 1 GWB als auch den EG- Vergaberichtlinien **das maßgebliche Kriterium** für die Frage der Überprüfungsmöglichkeit des Vergabeverfahrens durch Anrufung der VK mit anschließender Beschwerdemöglichkeit.

Die von der ausschreibenden Stelle angenommene **Selbstbindung der Vergabestelle** mag **1255** zwar dazu führen, dass diese sich im weiteren Verlauf des Vergabeverfahrens an die für eine europaweite Ausschreibung **geltenden Verfahrensbestimmungen zu halten hat;** hieraus kann jedoch nicht abgeleitet werden, dass damit auch ein Nachprüfungsverfahren durch die Vergabekammer und den Vergabesenat eröffnet wird. Eine etwaige Selbstbindung des öffentlichen Auftraggebers beschränkt sich auf das eigene Verhalten, **vermag jedoch nicht eine vom Gesetzgeber nicht vorgesehene Überprüfung der Rechtmäßigkeit des Vergabeverfahrens nach §§ 102 ff. GWB zu begründen** (OLG Düsseldorf, B. v. 31. 3. 2004 – Az.: VII – Verg 74/03; OLG Stuttgart, B. v. 12. 8. 2002 – Az.: 2 Verg. 9/02; OLG München, B. v. 28. 9. 2005 – Az.: Verg 019/05; BayObLG, B. v. 23. 5. 2002 – Az.: Verg 7/02; VK Düsseldorf, B. v. 14. 8. 2006 – Az.: VK – 32/2006 – B; VK Schleswig-Holstein, B. v. 5. 1. 2006 – Az.: VK-SH 31/05; VK Südbayern, B. v. 22. 7. 2005 – Az.: 27–05/05; VK Münster, B. v. 6. 4. 2005 – Az.: VK 07/05; VK Brandenburg, B. v. 15. 6. 2004 – Az.: VK 18/04; B. v. 11. 6. 2004 – Az.: VK 19/04; 2. VK Bund, B. v. 8. 6. 2006 – Az.: VK 2–114/05; B. v. 24. 4. 2002 – Az.: VK 2–12/02; VK Rheinland-Pfalz, B. v. 20. 3. 2003 – Az.: VK 31/02; 1. VK Bund, B. v. 2. 5. 2003 – Az.: VK 1–25/03; VK Rheinland-Pfalz, B. v. 1. 2. 2005 – Az.: VK 1/05; B. v. 10. 6. 2003 – Az.: VK 10/03; VK Baden-Württemberg, B. v. 5. 8. 2003 – Az.: 1 VK 31/03, B. v. 6. 11. 2003 – Az.: 1 VK 61/03).

Auch eine **freiwillige Unterwerfung des öffentlichen Auftraggebers** unter die Bestim- **1256** mungen des Kartellvergaberechts wäre **nicht geeignet,** eine aus Rechtsgründen ausgeschlossene **Zuständigkeit der Vergabekammer zu eröffnen** (VK Schleswig-Holstein, B. v. 5. 1. 2006 – Az.: VK-SH 31/05; VK Südbayern, B. v. 22. 7. 2005 – Az.: 27–05/05; VK Baden-Württemberg, B. v. 30. 11. 2001 – Az.: 1 VK 40/01).

Auch die **Tatsache, dass es sich um eine geförderte Baumaßnahme handelt, eröffnet** **1257** **nicht den Rechtsweg zur Vergabekammer. Es gelten auch im Bereich der Fördermaßnahmen die Vorschriften der §§ 97 ff. GWB, deren Voraussetzungen objektiv festgestellt werden müssen.** Sollte eine andere Auffassung in einem Zuwendungsbescheid vertreten werden, so ist das unerheblich. Denn insofern wäre der Zuwendungsbescheid rechtswidrig. Der Rechtsweg zu den Vergabekammern unterliegt nicht dem Dispositionsrecht der

Teil 1 GWB § 100 Gesetz gegen Wettbewerbsbeschränkungen

Parteien und kann deshalb auch nicht in einem Verwaltungsakt verfügt werden (VK Münster, B. v. 6. 4. 2005 – Az.: VK 07/05).

1258 Auch eine **Mitteilung nach § 13 VgV an einen Bieter,** obwohl es sich um einen öffentlichen **Auftrag** handelt, der die **Schwellenwerte nicht erreicht,** kann die **Anwendbarkeit des Vergaberechts nicht begründen** (OVG Niedersachsen, B. v. 14. 7. 2006 – Az.: 7 OB 105/06).

9.1.3 Anwendbarkeit des GWB bei einer europaweiten Ausschreibung einer vergaberechtsfreien Beschaffung

1259 Hat eine Vergabestelle **trotz des** ihr bekannten **Vorliegens eines Freistellungstatbestandes die freiwillige EU-weite Ausschreibung gewählt,** folgt daraus, dass die Bieter **Anspruch auf Gleichbehandlung, Transparenz und die Einhaltung der Bestimmungen über das Vergabeverfahren** haben (§ 97 Abs. 2 und 7 GWB). Die freiwillige Selbstbindung des öffentlichen Auftraggebers **führt jedoch nicht automatisch dazu, dass den Bietern der Primärrechtsschutz eröffnet ist** (VK Bund, B. v. 8. 6. 2006 – Az.: VK 2–114/05; VK Baden-Württemberg, B. v. 19. 4. 2005 – Az.: 1 VK 11/05). Eine etwaige Selbstbindung beschränkt sich auf das eigene Verhalten des Auftraggebers. Auch nach dem Grundsatz der Meistbegünstigung (gegen eine der Form nach inkorrekte Entscheidung sind alle in Betracht kommenden Rechtsmittel zulässig) folgt kein anderes Ergebnis, da dies voraussetzt, dass überhaupt ein Rechtsmittel zulässig ist (VK Südbayern, B. v. 22. 5. 2003 – Az.: 17–04/03). Eine **Selbstbindung** kann **auch nicht dadurch** erfolgen, dass den **Bietern eine Information über** ihre Nichtberücksichtigung unter Hinweis auf **§ 13 VgV zugeleitet** wird (VK Baden-Württemberg, B. v. 5. 8. 2003 – Az.: 1 VK 31/03, B. v. 6. 11. 2003 – Az.: 1 VK 61/03).

9.1.4 Anwendbarkeit des GWB bei Erreichen des Schwellenwerts und fehlender europaweiter Ausschreibung

9.1.4.1 Grundsatz

1260 Die Tatsache, dass trotz des Erreichens des Schwellenwerts keine europaweite Ausschreibung erfolgt ist, ist für die **Statthaftigkeit des Nachprüfungsverfahrens ohne Belang** (2. VK Bund, B. v. 31. 7. 2006 – Az.: VK 2–65/06; 3. VK Bund, B. v. 27. 4. 2006 – Az.: VK 3–21/06; VK Brandenburg, B. v. 27. 5. 2004 – Az.: VK 17/04).

9.1.4.2 Anwendbarkeit auch der den Bieter belastenden Regeln

1261 Es vermag **nicht zu überzeugen,** dass **in einem Fall, in dem der Auftraggeber das falsche Verfahren gewählt hat, nur die Regelungen des objektiv richtigen Verfahrens gelten sollen, die für den Antragsteller vorteilhaft** sind, während anstelle der den Antragsteller belastenden Regelungen des objektiv richtigen Verfahrens die „Spielregeln" des vom Auftraggeber gewählten Verfahrens gelten sollen. Auf diese Weise wäre es **dem Antragsteller möglich, sich die „Rosinen" des jeweiligen Verfahrens herauszusuchen.** Vielmehr sind in einem solchen Fall alle Regelungen des bei zutreffender Beurteilung einschlägigen Verfahrens anzuwenden (2. VK Bund, B. v. 31. 7. 2006 – Az.: VK 2–65/06).

9.1.5 Europaweite Ausschreibung eines Loses, das im Rahmen der Bagatellklausel des § 2 Nr. 7 VgV nicht europaweit ausgeschrieben werden müsste

1262 Die Rechtsprechung hält den Ansatz, dass der objektive Schwellenwert über die Anwendbarkeit der §§ 97 ff. GWB und damit den Primärrechtsschutz entscheidet, nicht konsequent durch.

1263 Nach **§ 2 Abs. 7 VgV** sind Lose von Bauaufträgen zum einen nur dann europaweit auszuschreiben, wenn der Auftragswert des Loses die Schwelle von 1 Mio. € überschreitet; zum andern besteht eine europaweite Ausschreibungspflicht, wenn bei Losen unterhalb von 1 Mio. € der addierte Wert aller Lose 20% des Gesamtwertes aller Lose überschreitet **(Bagatellklausel).**

1264 Schreibt eine Vergabestelle ein Los **EU-weit aus** und **gibt sie als Nachprüfstelle eine VK an,** legt die Vergabestelle den rechtlichen Rahmen (§§ 102 ff. GWB) für die Nachprüfung fest. Die Wirkung dieser Festlegung besteht in einer **Selbstbindung der Verwaltung,** dass sie das

Gesetz gegen Wettbewerbsbeschränkungen　　　　　　　　　　　GWB § 100　**Teil 1**

verfahrensgegenständliche Los nicht dem 20%-Kontingent nach § 2 Nr. 7 VgV zuordnet, für welches das Nachprüfungsverfahren nicht eröffnet wäre. Damit ist ein Nachprüfungsverfahren zulässig (BayObLG, B. v. 13. 8. 2001 – Az.: Verg 10/01; ebenso VK Lüneburg, B. v. 29. 8. 2002 – Az.: 203-VgK-13/2002).

9.1.6 Nachprüfungsverfahren hinsichtlich Dienstleistungen des Anhangs I B der DKR (Anhang I B der VOL/A)

9.1.6.1 Grundsatz

Die **Rechtsprechung** hierzu ist **nicht einheitlich**. 1265

Die **nur begrenzte Unterwerfung** der im Anhang I B zur VOL/A aufgeführten Dienstleistungsaufträge unter die strengeren, auf EG-Richtlinien basierenden Vorschriften des Abschnitts 2 gründet **auf der Erwägung**, dass es sich dabei um Dienstleistungen handelt, bei welchen, im Gegensatz zu den in Anhang I genannten „priority services", derzeit kaum ein Potential für eine grenzüberschreitende Auftragsvergabe besteht. Das Ziel der Dienstleistungsrichtlinie, die Entstehung eines grenzüberschreitenden Binnenmarktes für die Vergabe öffentlicher Dienstleistungsaufträge zu fördern, greift daher nur eingeschränkt, so dass die vollständige Unterwerfung der betreffenden Aufträge unter die Vergabebestimmungen der Richtlinie erst nach einer Übergangs- und Beobachtungszeit vorgesehen ist. 1266

Aus der **nur teilweisen Anwendbarkeit der Paragrafen aus Abschnitt 2** der VOL/A kann jedoch **nicht gefolgert werden, dass die Vergabe der betreffenden Dienstleistungen dem Rechtsschutzsystem der §§ 102 ff. GWB entzogen werden soll**. Denn die Prüfungskompetenz der VK hängt nicht davon ab, ob und welche Paragrafen des Abschnitts 2 der VOL/A bei dem betreffenden Vergabeverfahren eingehalten werden müssen (Saarländisches OLG, B. v. 20. 9. 2006 – Az.: 1 Verg 3/06; 1. VK Sachsen, B. v. 18. 8. 2006 – Az.: 1/SVK/077–06; VK Saarland, B. v. 19. 5. 2006 – Az.: 3 VK 03/2006; 1. VK Bund, B. v. 5. 11. 2004 – VK 1–138/04; B. v. 20. 7. 2004 – Az.: VK 1–75/04, B. v. 20. 7. 2004 – Az.: VK 1–78/04; B. v. 8. 1. 2004 – Az.: VK 1–117/03; B. v. 2. 7. 2003 – Az.: VK 1–49/03; 3. VK Bund, B. v. 1. 9. 2006 – Az.: VK 3–105/06; B. v. 28. 8. 2006 – Az.: VK 3–102/06; B. v. 28. 8. 2006 – Az.: VK 3–99/06; B. v. 2. 8. 2006 – Az.: VK 3–75/06; B. v. 4. 7. 2006 – Az.: VK 3–60/06; B. v. 30. 6. 2006 – Az.: VK 3–45/06; B. v. 30. 6. 2006 – Az.: VK 3–42/06; B. v. 29. 6. 2006 – Az.: VK 3–48/06; B. v. 29. 6. 2006 – Az.: VK 3–39/06; B. v. 19. 4. 2004 – Az.: VK 3–44/04). **Es kommt allein darauf an,** ob ein **öffentlicher Auftrag** gem. § 99 GWB vorliegt, der **den Schwellenwert übersteigt** und nicht von der Anwendung ausgeschlossen ist (§ 100 GWB). Das ist gem. § 97 Abs. 1–7, § 99 Abs. 1 und 4 GWB, § 4 VgV und § 1a Nr. 2 Abs. 2 VOL/A der Fall. Die Prüfungskompetenz der Kammer erstreckt sich somit darauf, ob die allgemeinen Vorschriften des GWB sowie die Basisparagrafen der VOL/A und die §§ 8a und 28a VOL/A eingehalten wurden (Saarländisches OLG, B. v. 20. 9. 2006 – Az.: 1 Verg 3/06; 1. VK Sachsen, B. v. 18. 8. 2006 – Az.: 1/SVK/077–06; VK Baden-Württemberg, B. v. 16. 11. 2001 – Az.: 1 VK 39/01; im Ergebnis ebenso VK Saarland, B. v. 19. 5. 2006 – Az.: 3 VK 03/2006; VK Nordbayern, B. v. 14. 3. 2006 – Az.: 21.VK – 3194–07/06; VK Hessen, B. v. 2. 12. 2004 – Az.: 69 d VK – 72/2004; VK Südbayern, B. v. 25. 6. 2003 – Az.: 16–04/03; VK Brandenburg, B. v. 15. 9. 2003 – Az.: VK 57/03; VK Lüneburg, B. v. 14. 6. 2005 – Az.: VgK-22/2005; B. v. 25. 3. 2004 – Az.: 203-VgK-07/2004). 1267

Nach einer anderen Auffassung **gebieten Wortlaut und Gesetzessystematik des Vergaberechtsänderungsgesetzes der Auslegung, dass nur die Dienstleistungen des Anhangs I A der DLR und nicht auch die Dienstleistungen nach Anhang I B,** die vorläufig von der zentralen Anwendung der Richtlinie ausgenommen sind, **der Anwendung des Gesetzes unterworfen** sind. Ein Bieter kann insoweit grundsätzlich auf eine nicht förmliche Anrufung der für den Auftraggeber zuständigen Fach- und Rechtsaufsichtsbehörde zur Einhaltung der Vergabebestimmungen verwiesen werden (VK Baden-Württemberg, B. v. 4. 5. 2004 – Az.: 1 VK 16/04). 1268

9.1.6.2 Bindung der ausschreibenden Stelle an die veröffentlichten Wertungskriterien

In Rechtsprechung und Schrifttum hat sich die Auffassung durchgesetzt, dass in den Fällen, in denen der öffentliche Auftraggeber die Zuschlagskriterien nicht bekannt gemacht hat, **nur der niedrigste Preis als Zuschlagskriterium** angewendet werden darf. Dies **folgt bereits unmittelbar aus dem Transparenzgrundsatz gem. § 97 Abs. 1 GWB** und gilt ungeachtet 1269

Teil 1 GWB § 100

der Tatsache, dass die ausdrückliche Verpflichtung zur Angabe der Zuschlagskriterien gem. § 9a VOL/A keine Anwendung findet, weil es sich um einen Auftrag des Anhangs I B zum Abschnitt 2 der VOL/A bzw. VOF handelt (VK Lüneburg, B. v. 25. 3. 2004 – Az.: 203-VgK-07/2004).

9.1.6.3 Prüfungsmaßstab

1270 **Verfahren,** welche Dienstleistungen **nach dem Anhang I B** Dienstleistungsrichtlinie 92/50/EWG darstellen, unterliegen nach verbreiteter Ansicht nur einem beschränkten Vergaberechtsregime, d. h. dass die Vergabe über nachrangige Dienstleistungen **praktisch keinen Regelungen unterliegt, dass aber gleichwohl vergaberechtliche Grundregeln** wie das Diskriminierungsverbot und das Transparenzgebot gelten. **Teilweise wird eine Prüfungskompetenz im Nachprüfungsverfahren hinsichtlich der Einhaltung der Basisparagraphen der VOL/A** bejaht (VK Nordbayern, B. v. 14. 3. 2006 – Az.: 21.VK – 3194–07/06).

9.1.6.4 Beispiele aus der Rechtsprechung

1271 Vgl. dazu im Einzelnen die Kommentierung RZ 6229.

9.1.7 Anwendbarkeit der VOF aufgrund einer ausdrücklichen freiwilligen Selbstbindung

1272 Ist der **Schwellenwert bei einer Sektorenauftraggebervergabe überschritten** und ist der **Auftraggeber nicht ausdrücklich an die VOF gebunden,** kann er sich jedoch **freiwillig bei einer entsprechenden ausdrücklichen Selbstverpflichtung** an die VOF binden (OLG Frankfurt, B. v. 28. 2. 2006 – Az.: 11 Verg 15/05 und 16/05).

9.2 Anwendung für Aufträge, die nur von nationalen Bietern erfüllt werden können

1273 Aufträge, die die durch § 2 VgV festgelegten Schwellenwerte erreichen, sind nur dann vom Anwendungsbereich des Kartellvergaberechts ausgenommen, wenn sie unter § 100 Abs. 2 GWB fallen. Es **kommt somit für die Anwendung des Kartellvergaberechts nicht darauf an, ob die technischen Anforderungen einer Ausschreibung tatsächlich nur von bestimmten (inländischen) Unternehmen zu erfüllen** sind. Eine derartige Sachverhaltskonstellation kann vom öffentlichen Auftraggeber im Rahmen der Wahl der Vergabeart nach § 101 GWB respektive § 3a VOB/A bzw. § 3a VOL/A zwar berücksichtigt werden, ist aber nach dem Willen des Gesetzgebers für die Anwendung des Kartellvergaberechts ohne Belang.

9.3 Der Ausnahmenkatalog des § 100 Abs. 2

9.3.1 Abschließende Aufzählung und enge Auslegung

1274 Die **Ausnahmen in § 100 Abs. 2 GWB sind grundsätzlich als abschließende Aufzählung zu verstehen.** Wegen des Zieles der europäischen Richtlinien, die Vergabe staatlicher Aufträge in allen Mitgliedsstaaten der Gemeinschaft gemeinsamen Regeln zu unterwerfen und grundsätzlich alle Einkäufe der öffentlichen Hand dem Binnenmarkt zur Verfügung zu stellen, bleibt kein Raum, über unterhalb des Europa- und Bundesrechts angesiedelte Bestimmungen z.B. des nordrhein-westfälischen Gesetzes über die kommunale Gemeinschaftsarbeit weitere Ausnahmen vom Anwendung des Vergaberechts zu schaffen (EuGH, Urteil vom 13. 1. 2005 – Az.: C-84/03; OLG Düsseldorf, B. v. 5. 5. 2004 – Az.: VII – Verg 78–03; offen gelassen vom OVG Nordrhein-Westfalen, B. v. 12. 10. 2004 – Az.: 15 B 1889/04; B. v. 12. 10. 2004 – Az.: 15 B 1873/04).

1275 § 100 Abs. 2 GWB ist darüber hinaus **seinem Wesen nach als Ausnahmevorschrift eng auszulegen** (2. VK Bund, B. v. 18. 5. 1999 – Az.: VK 2–8/99).

9.3.2 Arbeitsverträge (§ 100 Abs. 2)

1276 Entsprechend der **europarechtlichen Herkunft des Ausnahmetatbestandes** in § 100 Abs. 2 GWB (vgl. Dienstleistungsrichtlinie – Richtlinie 92/50 des Rates über die Koordinierung der Verfahren zur Vergabe öffentlicher Dienstleistungsaufträge vom 18. 6. 1992, geändert

Gesetz gegen Wettbewerbsbeschränkungen GWB § 100 **Teil 1**

durch die Richtlinie 97/52 EG vom 13. 10. 1997, dort Art. 1 Buchstabe a. Ziff. viii., sowie Sektorenkoordinierungsrichtlinie – Richtlinie 93/38/EWG des Rates zur Koordinierung der Auftragsvergabe durch Auftraggeber im Bereich der Wasser-, Energie- und Verkehrsversorgung sowie im Telekommunikationssektor vom 14. 6. 1993, geändert durch die Richtlinie 98/4/EG vom 16. 2. 1998, dort Art. 1 Nr. 4 Buchstabe c. v.) ist – ausgenommen von Art. 39, 50 EG (Art. 48, 60 EGV a. F.) – der **Begriff eines durch einen Arbeitsvertrag gebundenen Arbeitnehmers** dahin zu kennzeichnen, dass der Arbeitnehmer während einer bestimmten Zeit für einen anderen nach dessen Weisungen Leistungen erbringt und als Gegenleistung eine Vergütung erhält (vgl. EuGH, NJW 1992, 1493, Rdn. 10 m. w. N.). Diese Definition eines Arbeitsverhältnisses entspricht in den wesentlichen Punkten dem deutschen Verständnis dieses Begriffs. **Danach ist Arbeitnehmer, wer Dienstleistungen in persönlicher Abhängigkeit verrichtet, hierbei in Bezug auf Zeit, Ort, und Art der zu verrichtenden Arbeit dem Weisungsrecht des Arbeitgebers unterliegt und in eine fremde Herrschafts- und betriebliche Risikosphäre – nämlich in die des Arbeitgebers – eingegliedert ist** (OLG Düsseldorf, B. v. 8. 5. 2002 – Az.: Verg 8–15/01).

9.3.3 Beschaffungen für ausländische Truppen (§ 100 Abs. 2 Buchstabe a))

Handelt es sich um einen Auftrag, der aufgrund eines internationalen Abkommens im Zusammenhang mit der Stationierung von Truppen – z. B. des ZA NTS – vergeben wird, ist zu **prüfen, ob für den Auftrag auch besondere Verfahrensregeln im Sinne von § 100 Abs. 2 Buchstabe a) GWB gelten.** Das **ZA NTS** vom 3. August 1959, in der Fassung, es durch das Abkommen vom 18. 3. 1993 (BGBl. 1994 II S. 2594, 2598) erhalten hat, **differenziert zwischen der mittelbaren Durchführung der Bauvorhaben durch die zuständigen deutschen Behörden (Art. 49 Abs. 2 ZA NTS) und der unmittelbaren Durchführung durch die Behörden der ausländischen Truppe (Art. 49 Abs. 3 ZA NTS).** Wird die Maßnahme im Namen und für Rechnung der Bundesrepublik Deutschland durchgeführt, besagt für einen solchen Fall Art. 49 Abs. 2 ZA NTS: „Baumaßnahmen werden nach Maßgabe der geltenden deutschen Rechts- und Verwaltungsvorschriften und besonderer Verwaltungsabkommen durch die für Bundesbauaufgaben zuständigen deutschen Behörden durchgeführt." Aufgrund des **Verweises auf die „geltenden deutschen Rechts- und Verwaltungsvorschriften" sind die deutschen Behörden somit auch an das deutsche Vergaberecht gebunden** (1. VK Bund, B. v. 8. 3. 2006 – Az.: VK 1–07/06; 2. VK Bund, B. v. 20. 12. 2005 – Az.: VK 2–159/05; B. v. 20. 12. 2005 – Az.: VK 2–156/05). 1277

9.3.4 Geltendmachung besonderer Sicherheitsinteressen (§ 100 Abs. 2 Buchstabe d))

9.3.4.1 Allgemeines

Nach **§ 100 Abs. 2 Buchstabe d) GWB** gilt der Vierte Teil des GWB über die Vergabe öffentlicher Aufträge nicht für Aufträge, die in Übereinstimmung mit den Rechts- und Verwaltungsvorschriften in der Bundesrepublik Deutschland für geheim erklärt werden oder deren Ausführung nach diesen Vorschriften besondere Sicherheitsmaßnahmen erfordert oder wenn der Schutz wesentlicher Interessen der Sicherheit des Staates es gebietet. Diese Regelung **entspricht Art. 14 der Richtlinie 2004/18/EG des Europäischen Parlaments und des Rates vom 31. 3. 2004 zur Koordinierung der Verfahren zur Vergabe öffentlicher Bauaufträge, Lieferaufträge und Dienstleistungsaufträge.** 1278

Der Ausnahmetatbestand des § 100 Abs. 2 lit. d) GWB weist also **drei gleichwertige Tatbestandsmerkmale** auf (OLG Düsseldorf, B. v. 30. 3. 2005 – Az.: VII – Verg 101/04). 1279

9.3.4.2 Rechtsprechung des EuGH

Der Europäische Gerichtshof hat entschieden, dass die Ausführung von Dienstleistungen, die **besondere Sicherheitsmaßnahmen im Sinne von Art. 4 Abs. 2 der Richtlinie 92/50** erfordern, zu denen u. a. die Erteilung einer militärischen Sicherheitsbescheinigung an das die Dienstleistungen erbringende Unternehmen gehört, dazu führt, dass die Richtlinie 92/50 auf diese Dienstleistungen nicht anwendbar ist (EuGH, Urteil vom 16. 10. 2003 – Az.: C-252/01; 2. VK Bund, B. v. 2. 2. 2006 – Az.: VK 2–02/06). 1280

9.3.4.3 Nationale Rechtsprechung

1281 **9.3.4.3.1 Allgemeines.** Dem Sicherheitsinteresse des Staates kann in den Formen der inneren und/oder der äußeren Sicherheit Geltung zu verschaffen sein. Dieses **Interesse muss** nach dem Wortlaut des Gesetzes aber **„gebieten", dass die Vergabevorschriften** des Gesetzes gegen Wettbewerbsbeschränkungen, der Vergabeverordnung und der Verdingungsordnungen in einem Einzelfall einer Auftragsvergabe **nicht angewendet werden.** Es kann deshalb nur durch eine **objektiv gewichtige Gefährdung oder Beeinträchtigung der Sicherheitslage** gerechtfertigt sein, von einer Anwendung der Bestimmungen des Vergaberechts abzusehen. Da hierdurch der **Bieterschutz entscheidend verkürzt** wird, darf der öffentliche Auftraggeber, der einen Ausnahmefall im Sinne des § 100 Abs. 2 Buchstabe d) GWB annehmen will, diese **Entscheidung** auch **nicht ohne eine Abwägung der Sicherheitsbelange gegen die Interessen der Bieter** treffen. Es ist hierbei außerdem der **Grundsatz der Verhältnismäßigkeit staatlichen Handelns zu beachten.** Eine Beeinträchtigung der staatlichen Sicherheitsinteressen, die bereits eingetreten oder zu besorgen ist, und deswegen zu einer Nichtanwendung des zweiten Abschnitts namentlich der Verdingungsordnungen VOB/A und VOL/A führen soll, muss demnach so schwerwiegend sein, dass demgegenüber die Bieterinteressen an einem nach den genannten Verdingungsordnungen förmlichen und mit subjektivem Rechtsschutz ausgestatteten Vergabeverfahren zurückzutreten haben. Auch in einem Fall, in dem die Sicherheitsbelange des Staates dem Grunde nach schwerer wiegen als die Bieterinteressen, hat der öffentliche Auftraggeber darüber hinaus diejenige Art der Vergabe zu wählen, die die geringstmöglichen Einschränkungen für die Bieter mit sich bringt, gleichwohl aber das staatliche Sicherheitsinteresse wahrt. Der öffentliche Auftraggeber hat daher zu bedenken, dass den Sicherheitsbelangen unter Umständen auch durch ein Nichtoffenes Verfahren oder durch ein Verhandlungsverfahren mit Vergabebekanntmachung genügt werden kann. Die **tatsächlichen Gründe**, die im Interesse der Sicherheit des Staates eine Einschränkung der Bieterbelange erfordern, sind **vom öffentlichen Auftraggeber tunlichst in einem Vergabevermerk zu dokumentieren.** Für die Gründe obliegt **dem öffentlichen Auftraggeber** im Streitfall die **Darlegungs- und** im Fall einer Nichterweislichkeit die **Beweislast** (OLG Düsseldorf, B. v. 30. 4. 2003 – Az.: Verg 61/02).

1282 **9.3.4.3.2 Geheimerklärung (1. Alternative).** Einer Geheimerklärung im Sinne der ersten Variante von § 100 Abs. 2 Buchstabe d) steht nicht entgegen, dass das Projekt als solches sowie der damit notwendigerweise verbundene Betrieb, also der Gegenstand des streitgegenständlichen Auftrags, keineswegs geheim ist, sondern seit Jahren – z. B. über mediale Berichterstattung sowie über gesetzgeberische Aktivitäten – höchst öffentlich. Auch bei der gebotenen engen Auslegung der Voraussetzungen des Ausnahmebereichs würde es zu kurz greifen, eine Geheimerklärung dann nicht mehr für möglich zu halten, wenn die Beschaffungsabsicht an sich, also die Tatsache, dass es ein entsprechendes Projekt überhaupt gibt, öffentlich bekannt ist. **Es stellt durchaus keinen Widerspruch dar, wenn das Projekt als solches einerseits öffentlich bekannt ist, die Art und Weise seiner Realisierung jedoch der Geheimhaltung unterliegt; wie die Umsetzung erfolgt, kann auch geheim gehalten werden, wenn das Projekt als solches publik ist** (3. VK Bund, B. v. 14. 7. 2005 – Az.: VK 3–55/05).

1283 **Formelle Grundlage einer Geheimerklärung ist** das Gesetz über die Voraussetzungen und das Verfahren von Sicherheitsüberprüfungen des Bundes (**Sicherheitsüberprüfungsgesetz – SÜG**) und die **darauf basierende** Allgemeine Verwaltungsvorschrift zum materiellen und organisatorischen Schutz von Verschlusssachen (**VS-Anweisung** – VSA). Beide Normenkomplexe sehen **kein bestimmtes Verfahren** vor, in welchem die Geheimerklärung zu erfolgen hat. Es wird lediglich geregelt, dass die Einstufung von einer „amtlichen Stelle" oder auf deren Veranlassung erfolgen muss – § 4 Abs. 1 SÜG, § 5 Abs. 1 VSA – (3. VK Bund, B. v. 14. 7. 2005 – Az.: VK 3–55/05).

1284 Materielle Grundlage für die Geheimerklärung ist § 4 SÜG, wonach es sich bei Verschlusssachen um im öffentlichen Interesse geheimhaltungsbedürftige Tatsachen, Gegenstände oder Erkenntnisse unabhängig von ihrer Darstellungsform handelt; sie können für „geheim" erklärt werden, wenn die Kenntnisnahme durch Unbefugte die Sicherheit der Bundesrepublik Deutschland oder ihrer Länder gefährden oder ihren Interessen schweren Schaden zufügen kann (§ 4 Abs. 1, 2 Nr. 2 SÜG). Bei diesen gesetzlichen Vorgaben, die der Geheimerklärung zugrunde liegen, handelt es sich um unbestimmte Rechtsbegriffe, deren Anwendung auf einen Lebenssachverhalt auch eine zukunftsgerichtete prognostizierende Risikobewertung voraussetzt. In **Bezug auf diese prognostizierende Risikobewertung steht dem Auftraggeber ein Beurteilungsspielraum zu, der seitens der Vergabekammer nur daraufhin überprüft wer-**

Gesetz gegen Wettbewerbsbeschränkungen GWB § 100 **Teil 1**

den kann, ob bei der Entscheidung, den Auftrag als geheim einzustufen, die Grenzen dieses Beurteilungsspielraums überschritten wurden. Ob dies der Fall ist, ist **im Wege einer Gesamtschau der in diesem Zusammenhang relevanten Faktoren zu ermitteln** (3. VK Bund, B. v. 14. 7. 2005 – Az.: VK 3–55/05).

9.3.4.3.3 **Erfordernis besonderer Sicherheitsmaßnahmen (2. Alternative). Bereits** 1285 **als Folge der beurteilungsfehlerfreien Qualifizierung eines Auftrags als geheim ist gleichzeitig auch die zweite Alternative von § 100 Abs. 2 lit. d) GWB gegeben, da die Ausführung geheimer Aufträge nach den Rechts- und Verwaltungsvorschriften der Bundesrepublik Deutschland besondere Sicherheitsmaßnahmen erfordert,** nämlich eine Sicherheitsüberprüfung nach §§ 7ff. SÜG für die mit der Ausführung des geheimen Auftrags befassten Personen. Gegebenenfalls ist sogar eine erweiterte Sicherheitsüberprüfung mit Sicherheitsermittlungen gemäß § 10 SÜG vorzunehmen, da im Zusammenhang mit der Ausführung des Auftrags Personen Zugang zu einer hohen Anzahl „geheim" eingestufter Verschlusssachen erhalten sollen oder sich verschaffen können (§ 10 Nr. 2 SÜG). Das Erfordernis besonderer Sicherheitsmaßnahmen kann sich zusätzlich daraus ergeben, dass bestimmte Räumlichkeiten zum Sicherheitsbereich erklärt werden sollen (vgl. § 1 Abs. 2 Nr. 3 SÜG). Schließlich kann sich das Erfordernis zur Beachtung besonderer Sicherheitsmaßnahmen auch daraus ergeben, dass der Beschaffungsgegenstand als lebenswichtige Einrichtung im Sinne der Sicherheitsüberprüfungsfeststellungsverordnung des Bundes – SÜFV eingestuft werden soll – § 1 Abs. 4 i. V. m. § 34 SÜG – (2. VK Bund, B. v. 2. 2. 2006 – Az.: VK 2–02/06; 3. VK Bund, B. v. 14. 7. 2005 – Az.: VK 3–55/05).

§ 100 Abs. 2 lit. d) 2. Alt. GWB bietet im Gegensatz zur dritten Alternative dieser 1286 **Vorschrift** („der Schutz wesentlicher Interessen des Staates es gebietet") **schon vom Wortlaut her keinen Raum für eine Abwägung.** Die Entscheidung des Gesetzgebers, bei der Formulierung der 2. Alternative des § 100 Abs. 2 lit. d) auf ein Abwägungselement zu verzichten, ist auch sachgerecht, weil hier durch den Erlass innerstaatlicher Rechts- und Verwaltungsvorschriften, die bestimmte Sicherheitsmaßnahmen anordnen, eine Abwägung zugunsten der Sicherheitsinteressen des Staates bereits durch den Gesetzgeber erfolgt ist. Dementsprechend kommt es bei § 100 Abs. 2 lit. d) 2. Alt. GWB nur noch darauf an, ob die Voraussetzungen der innerstaatlichen Rechts- und Verwaltungsvorschriften vorliegen (1. VK Bund, B. v. 3. 2. 2006 – Az.: VK 1–01/06; 2. VK Bund, B. v. 2. 2. 2006 – Az.: VK 2–02/06).

Die Entscheidung, ob an die Ausführung eines Auftrags **besondere Sicherheitsanforde-** 1287 **rungen** zu richten sind, und die **Bestimmung solcher Sicherheitsanforderungen** obliegt **den national zuständigen staatlichen Stellen.** Dahingehende Entscheidungen sind u. a. vom deutschen Gesetzgeber in den §§ 1 Abs. 2, 7, 10 und 12 SÜG getroffen worden und zu akzeptieren. Die Nachprüfung der VK hat sich in solchen Fällen darauf zu **beschränken, ob es sich es sich bei der vom Auftraggeber angewandten Sicherheitsvorschrift** (z. B. § 9 SÜG) **um eine Vorschrift im Sinne von § 100 Abs. lit. d) 2. Alt. GWB** handelt und ob das **Vorliegen der Voraussetzungen des § 9 SÜG seitens der Ag rechtsfehlerfrei geprüft** wurde (1. VK Bund, B. v. 3. 2. 2006 – Az.: VK 1–01/06; 2. VK Bund, B. v. 2. 2. 2006 – Az.: VK 2–02/06).

Bei den **Vorschriften des SÜG,** die eine Sicherheitsüberprüfung für Personen anordnen, 1288 die eine sicherheitsempfindliche Tätigkeit im Sinne des § 1 SÜG ausüben, **handelt es sich, wenn diese Vorschriften im Rahmen der Ausführung eines öffentlichen Auftrags zur Anwendung kommen sollen, um Vorschriften im Sinne des § 100 Abs. 2 lit. d) 2. Alt. GWB** (1. VK Bund, B. v. 3. 2. 2006 – Az.: VK 1–01/06; 2. VK Bund, B. v. 2. 2. 2006 – Az.: VK 2–02/06).

Den **Sicherheitsanforderungen des SÜG sind nicht nur solche Personen unterwor-** 1289 **fen, die in einem Anstellungsverhältnis zur Behörde stehen oder zu ihr in ein Anstellungsverhältnis treten wollen.** Nach der Vorschrift des § 3 Abs. 3 Satz 3 SÜG sind – ihrem Zweck entsprechend – die Bestimmungen des Gesetzes **ebenfalls anzuwenden, wenn die Behörde einer Person sicherheitsempfindliche Tätigkeiten zuweisen oder übertragen** (§ 3 Abs. 1 Nr. 1 SÜG) **oder wenn sie eine Verschlusssache an eine nicht-öffentliche Stelle weitergeben will** (OLG Düsseldorf, B. v. 30. 3. 2005 – Az.: VII – Verg 101/04).

9.3.4.3.4 **Aufteilung des öffentlichen Auftrages.** Kann ein öffentlicher **Auftrag in ei-** 1290 **nen sicherheitsrelevanten Teil und einen anderen Teil aufgeteilt** werden, ist eine solche **Trennung vorzunehmen** und entsprechend jeweils auszuschreiben (3. VK Bund, B. v. 14. 7. 2005 – Az.: VK 3–55/05; 2. VK Bund, B. v. 18. 5. 1999 – Az.: VK 2–8/99, B. v. 18. 11. 2003 – Az.: VK 2–110/03; VK Brandenburg, B. v. 22. 3. 2004 – Az.: VK 6/04).

267

Teil 1 GWB § 100   Gesetz gegen Wettbewerbsbeschränkungen

1291   **9.3.4.3.5 Beispiele aus der Rechtsprechung**

– es steht außer Frage, dass ein **funktionierender Katastrophenschutz** für das Gemeinwesen unverzichtbar ist, seine Beeinträchtigung somit die in § 1 Abs. 5 SÜG genannten Belange erheblich gefährden würde. Dass das **Projekt deNIS II plus** innerhalb der lebenswichtigen Einrichtung B. eine sicherheitsempfindliche Stelle bildet, hat der Auftraggeber überzeugend dargetan (2. VK Bund, B. v. 2. 2. 2006 – Az.: VK 2–02/06)

– **Betrieb eines bundesweiten Digitalfunksystems für Behörden und Organisationen mit Sicherheitsaufgaben (BOS-Digitalfunk)** (3. VK Bund, B. v. 14. 7. 2005 – Az.: VK 3–55/05)

– **Objektplanung gemäß § 15 HOAI für das Neubauvorhaben des Bundesnachrichtendienstes** (OLG Düsseldorf, B. v. 30. 3. 2005 – Az.: VII – Verg 101/04)

– **Ausstattung von Sicherheitsbehörden mit Software für Ermittlung und Auswertung** (VK Brandenburg, B. v. 22. 3. 2004 – Az.: VK 6/04)

– **Harmonisierung der Führungsinformationssysteme bei der Bundeswehr** (2. VK Bund, B. v. 18. 11. 2003 – Az.: VK 2–110/03)

– **Umzüge von Sicherheitsbehörden** (2. VK Bund, B. v. 18. 5. 1999 – Az.: VK 2–8/99)

9.3.4.4 Literatur

1292   – Gass, Janka/Ohle, Mario, Sicherheit vor Wettbewerb? § 100 Abs. 2 lit. d) GWB – ein Ausnahmetatbestand im Wandel, ZfBR 2006, 655

– Hölzl, Franz Josef, Circumstances alter cases, NZBau 2004, 256

– Kunert, Oliver, Vergaberecht und Öffentliches Recht – zur öffentlichen Auftragsvergabe in sicherheitssensiblen Rechtsbereichen, Carl Heymanns Verlag, Hamburg, 2003

9.3.5 Auf Gesetz oder Verordnung beruhendes ausschließliches Recht zur Erbringung der Leistung (§ 100 Abs. 2 Buchstabe g))

9.3.5.1 Grundsatz

1293   Der Begriff der besonderen bzw. ausschließlichen Rechte ist **Art. 86 Abs. 1 EG** (vormals Art. 90 Abs. 1 EGV) **entlehnt** und daher im Sinne dieser Vorschrift auszulegen. Bei ausschließlichen Rechten handelt es sich demnach um solche, die von einer Behörde, einer oder mehreren privaten Einrichtungen auf dem Gesetzes- oder Verwaltungswege gewährt wurden und diesen die Erbringung einer Dienstleistung oder die Ausübung einer bestimmten Tätigkeit vorbehalten, wie z.B. Wasserrechte, Wegerechte, Benutzungsrechte von Grundstücken und sonstigen Ausschließlichkeitsrechten. Erfolgt die Gewährung der besonderen oder ausschließlichen Rechte nicht im Gesetzes-, sondern im Verwaltungswege, ist nicht entscheidend, ob diese Rechte durch einseitigen öffentlichen Rechtsakt oder durch privat-rechtlichen Vertrag begründet worden sind. Allein entscheidend ist, dass überhaupt – wie auch immer begründete – Sonderrechte geschaffen worden sind (VK Lüneburg, B. v. 8. 11. 2002 – Az.: 24/02).

9.3.5.2 Beispiele aus der Rechtsprechung

1294   – aus den für verbindlich erklärten **Vorgaben der Abfallwirtschaftspläne resultiert kein Recht auf Erbringung der betreffenden Abfallbeseitigungsleistungen.** Die Rechtswirkungen der Abfallwirtschaftsplane erschöpfen sich in der Verpflichtung des Abfallbeseitigungspflichtigen, den Abfall in den im Abfallwirtschaftsplan verbindlich vorgegebenen Anlagen zu entsorgen. Der Plan räumt daneben nicht – wie es für § 100 Abs. 2 lit. g) GWB erforderlich wäre – dem Betreiber der Abfallbeseitigungsanlage ein Recht auf die Erbringung der Abfallentsorgungsleistung ein. Überdies erfasst § 100 Abs. 2 lit. g) GWB nur Fälle, in denen ein Leistungsrecht durch Gesetz oder Rechtsverordnung verschafft wird (OLG Düsseldorf, B. v. 9. 4. 2003 – Az.: Verg 66/02)

1295   Vgl. auch die Kommentierung zu § 98 GWB RZ 926.

9.3.6 Immobilienbedarfsgeschäfte (§ 100 Abs. 2 Buchstabe h))

1296   Das Vergaberecht gilt nach § 100 Abs. 2 Buchstabe h) GWB nicht bei Verträgen über Erwerb oder Miete von oder Rechte an Grundstücken oder vorhandenen Gebäuden oder anderem unbeweglichen Vermögen ungeachtet ihrer Finanzierung.

Gesetz gegen Wettbewerbsbeschränkungen GWB § 100 **Teil 1**

9.3.6.1 Anmietung eines noch zu erstellenden Gebäudes

Der Sinn des Freistellungstatbestandes und des Wortes „vorhanden" liegt darin, Mietverträge 1297
über Immobilien dann dem Vergaberecht zu entziehen, wenn keine Bauleistung vorliegt, da der
öffentliche Auftraggeber auf die Planung und Errichtung des Gebäudes keinen Einfluss nimmt. Die Gestaltung des Mietvertrags über ein erst noch zu errichtendes Gebäude darf
sich daher nicht von einem Mietvertrag über ein schon vorhandenes Gebäude unterscheiden.
Hat die Vergabestelle zwar sehr genaue Vorgaben gemacht, das benötigte Objekt beschaffen
und ausgestattet sein soll, hat sie jedoch **keinen Einfluss auf die Baupläne und die
-ausführung** eines möglicherweise erst noch zu errichtenden Mietobjekts, ist dies unschädlich.
Ist ein **Mietvertrag mit Kaufoption** geplant, der eventuell als Bauauftrag im Sinne von § 1a
Nr. 1 Abs. 1 Satz 3 VOB/A zu werten wäre, würde das Bauwerk **in diesem Fall wahrscheinlich bereits entsprechend den Wünschen des Mieters und späteren Eigentümers errichtet.** Gegen die Vermutung der gezielten Errichtung des Gebäudes für diesen Mieter kann
auch eine **wesentlich größere Dimensionierung der Büroflächen** als sie für den öffentlichen Auftraggeber benötigt werden, sprechen. Die Dienstkoordinierungsrichtlinie stellt fest,
dass Dienstleistungsaufträge gelegentlich Bauleistungen mitbringen. Ein solcher Vertrag könne aber
nur dann als öffentlicher Bauauftrag eingeordnet werden, wenn er **die hauptsächliche Errichtung des Bauwerks zum Inhalt habe.** Wenn die Bauleistung aber nur untergeordnete Bedeutung habe und nicht Gegenstand des Vertrages sei, sei eine Einordnung als Bauauftrag ausgeschlossen (VK Südbayern, B. v. 22. 5. 2003 – Az.: 17–04/03).

Dabei ist **nicht zwingend erforderlich, dass der „Dritte" im Sinne des § 99 Abs. 3** 1298
GWB auch eigenes wirtschaftliches Risiko trägt. „Nach den Erfordernissen des Auftraggebers" heißt, dass der öffentliche Auftraggeber mindestens maßgeblichen Einfluss auf das Bauvorhaben ausübt. Dies ist dann der Fall, wenn das Verwaltungsgebäude nach dem Bedarf und den
Vorgaben des Auftraggebers errichtet werden soll (VK Lüneburg, B. v. 20. 7. 2004 – Az.: 203-
VgK-25/2004, B. v. 16. 7. 2004 – Az.: 203-VgK-24/2004, B. v. 8. 3. 2004 – Az.: 203-VgK-
03/2004).

9.3.6.2 Investorenauswahlverfahren

Will ein öffentlicher Auftraggeber mittels eines **Investorenauswahlverfahrens** einen Erwer- 1299
ber für ein Grundstück auswählen, der einen wirtschaftlich günstigen Preis für das Grundstück
bietet und dessen Bauabsichten den städtebaulichen Gestaltungsvorstellungen des Auftraggebers
entsprechen und bietet der Auftraggeber selbst das Grundstück zum Verkauf an, **ist er nicht an
das Vergaberecht gebunden.** Soweit mit einem städtebaulichen Vertrag keine Leistung, sondern „nur" die Umsetzung städtebaulicher Gestaltungsvorstellungen verbunden ist, braucht Vergaberecht nicht beachtet zu werden. Es ist unerheblich, wenn eine Gebietskörperschaft im
Rahmen eines städtebaulichen Vertrages (etwa aus Anlass eines Grundstücksverkaufs) ihre städtebaulichen Vorstellungen durchsetzen will. Selbst wenn der Auftraggeber den Investor verpflichtet, einen bestimmten Architektenentwurf zu realisieren, führt dies nicht dazu, dass die
Gebietskörperschaft zur Empfängerin der Architektenleistungen wird, wobei die **Frage, ob ein
öffentlicher Auftrag im Falle eines Investorenauswahlverfahrens vorliegt, letztendlich
eine Frage des Einzelfalles bezogen auf den konkreten Ausschreibungsmodus** darstellt
(Hessischer VGH, B. v. 20. 12. 2005 – Az.: 3 TG 3035/05).

9.3.6.3 Literatur

– Dietlein, Johannes, Anteils- und Grundstücksveräußerungen als Herausforderung für das Ver- 1300
gaberecht, NZBau 2004, 472

9.3.7 Finanzielle Dienstleistungen (§ 100 Abs. 2 Buchstabe m))

9.3.7.1 Inhalt

Die Charakterisierung und Einordnung der Ausnahmebestimmung des § 100 Abs. 2 lit. m) 1301
GWB hat **auf der Grundlage der Richtlinie 92/50 EWG** zu erfolgen. Nach **Art. 1 lit. a)
Buchstabe VII)** der Richtlinie werden „Verträge über finanzielle Dienstleistungen im Zusammenhang mit Ausgabe, Verkauf, Ankauf oder Übertragung von Wertpapieren oder anderen
Finanzinstrumenten sowie Dienstleistungen der Zentralbanken" aus dem Geltungsbereich der
öffentlichen Dienstleistungsaufträge ausgenommen. Infolgedessen schränkt Kategorie 6 des Anhangs I A der Richtlinie den dort bestimmten Wortlaut „Bankenleistungen und Wertpapierge-

Teil 1 GWB § 100　　　　　　　　　　　Gesetz gegen Wettbewerbsbeschränkungen

schäfte" durch eine amtliche Anmerkung entsprechend ein. Die Abgrenzung der öffentlichen Dienstleistungsaufträge im Sinne der Richtlinie hat ihren Niederschlag u. a. in § 100 Abs. 2 lit. m) GWB gefunden.

1302　　Auch **nach Art. 16 der neuen EU-Vergabekoordinierungsrichtlinie (Richtlinie 2004/18/EG) findet die Richtlinie keine Anwendung auf öffentliche Dienstleistungsaufträge, die Finanzdienstleistungen** im Zusammenhang mit der Ausgabe, dem Verkauf, dem Ankauf oder der Übertragung von Wertpapieren oder anderen Finanzinstrumenten, insbesondere Geschäfte, die der Geld- oder Kapitalbeschaffung der öffentlichen Auftraggeber dienen, sowie Dienstleistungen der Zentralbanken.

1303　　Aus dem Wortlaut des § 100 Abs. 2 lit. m) GWB kann geschlossen werden, dass **kapitalbezogene Finanzdienstleistungen nicht vollständig von der Anwendung des Vergaberechts ausgeschlossen** sind. Zur Abgrenzung der von der Vergabe ausgenommenen und der nicht ausgenommenen kapitalmarktbezogenen Finanzdienstleistungen wird auf das Kriterium des Vertrauenstatbestandes zwischen den Beteiligten sowie auf Probleme der ständigen Änderung der Verhältnisse an den Kapitalmärkten sowie den Zeitaufwand, der mit der Durchführung eines Vergabeverfahrens verbunden ist, hingewiesen. **Nicht ausschreibungspflichtig** sind Finanzdienstleistungen, die wegen ihrer Kapitalmarktbezogenheit kraft Natur der Sache nicht in das Fristensystem des Vergaberechts passen. Der in der Ausnahmeregelung zum Ausdruck kommende Vorbehalt umfasst neben den Transaktionsgeschäften mit Wertpapieren und anderen Finanzinstrumenten alle vorbereitenden und begleitenden Dienstleistungen, die mit dem Finanzierungsgeschäft in einem solchen Zusammenhang stehen, dass sie die Durchführung des Geschäfts selbst beeinflussen können.

1304　　Die **Reichweite der Ausnahme** ist anhand des konkreten Inhalts des Vertrags über finanzielle Dienstleistungen vor dem Hintergrund der Entstehungsgeschichte und des Zwecks der Vorschrift zu ermitteln. Zu den Ausnahmen der Bestimmung gehören neben den Instrumenten der Geld-, Wechselkurs-, öffentlichen Kredit- und Geldreservepolitik weitere Politiken, die neben den Geschäften mit Wertpapieren die Geschäfte mit anderen Finanzinstrumenten mit sich bringen. Fraglich ist, ob nach der Entstehungsgeschichte und dem Zweck der Vorschrift **eine engere oder weitere Auslegung** geboten ist. Von der Literatur wird in einer nicht einengenden Interpretation darauf abgestellt, ob dem Geschäft ein besonderes Vertrauensverhältnis zugrunde liegt. Überwiegend wird vertreten, dass neben dem ausdrücklich erwähnten Geschäften solche Geschäfte als im Zusammenhang stehend ausgeschlossen sein sollen, die aufgrund der Besonderheiten der Finanzmärkte eine Anwendung des Vergaberechts unmöglich oder unpraktikabel erscheinen lassen. Das **„andere" Finanzinstrument** ist demnach allgemein als ein Geschäft zu kennzeichnen, dem aufgrund der Besonderheiten des Finanzmarktes ein besonderes kapitalmarktbezogenes Vertrauensverhältnis zugrunde liegt, das eine Anwendung des Vergaberechts unmöglich erscheinen lässt. Die Ausnahme umfasst über die Transaktionsgeschäfte mit anderen Finanzinstrumenten hinaus alle vorbereitenden und begleitenden Dienstleistungen, die mit dem Finanzierungsgeschäft in einem solchen Zusammenhang stehen, dass sie die Durchführung des Geschäfts selbst beeinflussen können (VK Baden-Württemberg, B. v. 30. 11. 2001 – Az.: 1 VK 40/01).

9.3.7.2 Beispiele aus der Rechtsprechung

1305　　– **Arrangeurvertrag über einen US Cross Border Leasing-Vertrag** (VK Baden-Württemberg, B. v. 30. 11. 2001 – Az.: 1 VK 40/01)

9.3.8 Telefondienstleistungen (§ 100 Abs. 2 Buchstabe k))

9.3.8.1 Inhalt

1306　　§ 100 Abs. 2 lit. k) GWB gilt nicht nur für solche Konstellationen, in denen Auftraggeber, die selbst im Bereich der Telekommunikation tätig sind, entsprechende Aufträge vergeben. Diese Konstellation ist in der Ausnahmevorschrift des **§ 100 Abs. 2 lit. f) GWB** speziell angesprochen worden. § 100 Abs. 2 lit. k) GWB dagegen bezieht sich unabhängig vom Auftraggeber **auf alle Aufträge, die in den genannten Bereichen vergeben werden.**

1307　　Die Vorschrift ist sehr weit gefasst, da sie – anders als die übrigen Ausnahmevorschriften – praktisch eine gesamte und noch dazu volkswirtschaftlich sehr bedeutsame Branche dem Anwendungsbereich des Vergabeverfahrensrechts völlig entzieht. Eine restriktive Auslegung dieser Ausnahmevorschrift widerspräche ihrem klaren Wortlaut (3. VK Bund, B. v. 14. 7. 2005 – Az.: VK 3–55/05).

Eine Auslegung des § 100 Abs. 2 lit. k) GWB gegen ihren Wortlaut aus Gründen der Konformität mit dem Europarecht ist nicht möglich, denn die Vorschrift entspricht jedenfalls gegenwärtig dem europäischen Recht. 1308

In Art. 1 a) v) der Richtlinie 92/50/EWG vom 18. Juni 1992 über die Koordinierung der Verfahren zur Vergabe öffentlicher Dienstleistungsaufträge (ABl. 1992 L 209, S. 1–24, hier S. 3) sind aus dem Anwendungsbereich der Richtlinie ausgenommen: „Fernsprechdienstleistungen, Telexdienste, der bewegliche Telefondienst, Funkrufdienst und die Satellitenkommunikation". Daran hat sich auch durch die Richtlinie 97/52/EG des Europäischen Parlaments und des Rates vom 13. Oktober 1997 zur Änderung der Richtlinien 92/50/EWG, 93/36/EWG und 93/37/EWG (ABl. 1997 L 328, S. 1–59) nichts geändert, denn die dort aufgeführten Änderungen betrafen nicht Art. 1 der Richtlinie 92/50/EWG. 1309

Diese klare Entscheidung des Gesetz- wie des Richtliniengebers darf durch die Vergabekammer weder ersetzt werden, noch dürfen von Seiten des Richtliniengebers lediglich beabsichtigte Änderungen von der Vergabekammer vorweggenommen werden. 1310

Auch wenn man die Vorschrift des § 100 Abs. 2 lit. k) GWB nach ihrem Sinn und Zweck auslegen wollte und sie in einen europarechtlichen Kontext stellte, was die Vergabekammer des Bundes bei einer materiellen Betrachtung richtig findet, so ist zu berücksichtigen, dass die **Umsetzungsfrist für die neue Vergaberichtlinie** (Richtlinie 2004/18/EG des Europäischen Parlaments und des Rates vom 31. März 2004 über die Koordinierung der Verfahren zur Vergabe öffentlicher Bauaufträge, Lieferaufträge und Dienstleistungsaufträge – ABl. L vom 30. 4. 2004, S. 114), **die ihrerseits nicht mehr eine umfassende Ausnahme vorsieht, noch nicht abgelaufen ist und sie somit vor dem 31. Januar 2006 noch nicht unmittelbar gilt.** Vor Ablauf der Umsetzungsfrist ist die Vergabekammer nicht befugt, von einer Anwendung der gesetzlichen Ausnahmebestimmung abzusehen (3. VK Bund, B. v. 14. 7. 2005 – Az.: VK 3–55/05). 1311

Mit anderen Worten, **öffentliche Auftraggeber sind bei der Vergabe von Telekommunikationsdienstleistungen – immer noch nicht – an das Vergaberegime gebunden** (3. VK Bund, B. v. 14. 7. 2005 – Az.: VK 3–55/05; 2. VK Bund, B. v. 24. 4. 2002 – Az.: VK 2–12/02). 1312

Nach **Art. 13 der neuen EU-Vergabekoordinierungsrichtlinie (Richtlinie 2004/18/EG) gilt die Richtlinie nicht für öffentliche Aufträge,** die hauptsächlich den Zweck haben, dem öffentlichen Auftraggeber die **Bereitstellung oder den Betrieb öffentlicher Telekommunikationsnetze** oder die Bereitstellung eines oder mehrerer Telekommunikationsdienste für die Öffentlichkeit zu ermöglichen. § 100 Abs. 2 lit. k) ist also durch die **neue EU-Vergabekoordinierungsrichtlinie gedeckt.** 1313

9.3.8.2 Beispiele aus der Rechtsprechung

– **Telefondienstleistungen unterfallen nicht dem europäischen Vergaberecht** (2. VK Bund, B. v. 24. 4. 2002 – Az.: VK 2–12/02). 1314

9.3.8.3 Literatur

– Byok, Jan/Alonso, Lorenzo, Ist VoIP Telekommunikation? – Für die Auftragsvergabe gibt es noch keine eindeutigen Antworten, Behörden Spiegel Oktober 2006, 18 1315

9.3.9 Forschungs- und Entwicklungsdienstleistungen (§ 100 Abs. 2 Buchstabe n))

Forschungs- und Entwicklungsdienstleistungen sind nicht generell dem Vergaberegime entzogen; greift die Rückausnahme des § 100 Abs. 2 Buchstabe n) ein, bleibt das Vergaberecht anwendbar. 1316

9.3.9.1 Begriff der Forschung

Was unter Forschung zu verstehen ist, wird weder in den Vergaberichtlinien noch in Art. 163 ff. EG-Vertrag definiert. **Forschung hat jedenfalls zum Ziel, neue Erkenntnisse zu gewinnen,** gleich ob es sich um Grundlagenforschung oder um angewandte Forschung handelt. Dass der Begriff Forschung in § 100 Abs. 2 Buchstabe n) GWB **sowohl die Grundlagenforschung als auch die angewandte Forschung umfasst,** kann nicht zweifelhaft sein (BayObLG, B. v. 27. 2. 2003 – Az.: Verg 25/02). 1317

Teil 1 GWB § 100

9.3.9.2 Alleiniger Gebrauch des Auftraggebers

1318 Durch einen wie auch immer gearteten Nutzen für die Allgemeinheit – der bei öffentlicher Auftragsforschung kaum je wird verneint werden können – wird der Auftrag weder zum „Beitrag zur Finanzierung von Forschungsprogrammen", noch zu einem Auftrag, dessen Ergebnis „in erster Linie der Forschungsstelle selbst zur Verfügung steht", noch zwangsläufig zur „Finanzierung von allgemein bedeutsamer Forschung zum Nutzen der Gesellschaft insgesamt". **Lediglich reflexartige Begünstigungen der Allgemeinheit nehmen** dem **Forschungsergebnis nicht die alleinige Zuordnung zur Eigentumssphäre des Auftraggebers** und die Bestimmung zur Nutzung durch dessen eigene Behörden (BayObLG, B. v. 27. 2. 2003 – Az.: Verg 25/02).

9.3.9.3 Restriktive Auslegung der Vorschrift

1319 Nach Auffassung des Gemeinschaftsgesetzgebers kann die Öffnung der öffentlichen Beschaffungsmärkte sogar zur Unterstützung von Forschung und Entwicklung beitragen (vgl. Erwägungsgrund 9 DKR). Das spricht für eine **restriktive Auslegung der Ausnahmevorschrift** (BayObLG, B. v. 27. 2. 2003 – Az.: Verg 25/02).

9.3.10 Rechtsfolge des Vorliegens eines Ausnahmetatbestands nach § 100 Abs. 2 GWB

1320 **Liegt ein Ausnahmetatbestand nach § 100 Abs. 2 GWB vor, ist das Verfahren der Vergabe einem Primärrechtsschutz der beteiligten Bewerber insgesamt entzogen.** Der Rechtsschutz ist in solchen Fällen auf eine **Kontrolle durch die Nachprüfungsinstanzen darauf beschränkt, ob die Voraussetzungen des Ausnahmetatbestands von der Vergabebehörde zutreffend angenommen worden sind.** Eine andere Auslegung lässt der Wortlaut von § 100 Abs. 2 GWB und der Normzweck nicht zu. § 100 Abs. 2 GWB bringt klar und ohne jeden Vorbehalt zum Ausdruck, dass – sofern einer der unter den Buchstaben a) bis n) abschließend aufgeführten Ausnahmetatbestände gegeben ist – der Vierte Teil des GWB für den (gesamten) Auftrag nicht gilt. Hieraus folgend findet in dem der Vergabe dieses Auftrags geltenden Verfahren abgesehen von der Frage, ob die Voraussetzungen des Ausnahmetatbestands zu Recht bejaht worden sind, eine Nachprüfung gemäß den §§ 102 ff. GWB nicht statt. Der **nationale Gesetzgeber hat mit dieser Regelung die europarechtlichen Richtlinienvorgaben** (Art. 4 Abs. 2 der Richtlinie 92/50/EWG über die Koordinierung der Verfahren zur Vergabe öffentlicher Dienstleistungsaufträge) **aufgegriffen und im Wortlaut identisch umgesetzt** (OLG Düsseldorf, B. v. 30. 3. 2005 – Az.: VII – Verg 101/04).

1321 Die Regelung in **§ 100 Abs. 2 GWB verstößt auch nicht gegen die in Art. 19 Abs. 4 Satz 1 Grundgesetz normierte Rechtsschutzgarantie.** In den Fällen des § 100 Abs. 2 GWB ist der den Unternehmen, die an der Vergabe eines öffentlichen Auftrags interessiert sind, einzuräumende **Rechtsschutz dadurch ausgefüllt und sicher gestellt,** dass die **Frage,** ob die Auftragsvergabe einer der in § 100 Abs. 2 GWB enumerativ aufgeführten Ausnahmen unterfällt, **vor den Vergabenachprüfungsinstanzen zur Überprüfung gestellt werden kann.** Dass sich die Überprüfung in Ausnahmefällen nach § 100 Abs. 2 GWB andererseits darin erschöpft, ist als eine verfassungsimmanente Rechtsschutzschranke zu respektieren (OLG Düsseldorf, B. v. 30. 3. 2005 – Az.: VII – Verg 101/04). Vgl. dazu im Einzelnen die Kommentierung RZ 1237.

9.4 Rangverhältnis zwischen GWB und Allgemeinem Eisenbahngesetz (AEG)

1322 Nach § 15 Abs. 2 AEG **können** Behörden, die beabsichtigen, die Erbringung gemeinwirtschaftlicher Leistungen durch Eisenbahnverkehrsunternehmen (z. B. die Erbringung des Eisenbahnverkehrs auf bestimmten Strecken) zu vereinbaren, diese Leistungen ausschreiben. Nach dem Wortlaut sind diese Behörden also **nicht verpflichtet,** diese Leistungen auszuschreiben, der Primat des Offenen Verfahrens des GWB gilt nicht.

9.4.1 Rechtsprechung

1323 Die Rechtsprechung hierzu ist nicht einheitlich.

Das **OLG Düsseldorf** lässt die Frage **offen,** ob § 15 Abs. 2 AEG den Bestimmungen des 1324 Kartellvergaberechts (§§ 97 ff. GWB) vorgeht mit der Folge, dass im Anwendungsbereich des § 15 Abs. 2 AEG eine Pflicht zur Ausschreibung nicht besteht. Allerdings bestehen **gegen einen solchen Vorrang des § 15 Abs. 2 AEG ernsthafte Bedenken.** Berücksichtigt man, dass es sich bei den §§ 97 ff. GWB um die jüngeren Vorschriften handelt, und stellt man weiter in Rechnung, dass die dem Vergabeverfahren unterfallenden Beschaffungsvorgänge in den §§ 99, 100 GWB abschließend geregelt sind, wobei in § 100 Abs. 2 lit. f) GWB der Bereich der Verkehrsdienstleistungen nur insoweit von der Geltung des Vergaberechts freigestellt ist, wie es um die Beschaffung von Verkehrsdiensten auf Gebieten geht, auf denen der betreffende öffentliche Auftraggeber selbst tätig ist, **spricht** im Gegenteil **vieles für die Annahme, dass** – umgekehrt – **die Vorschriften des Vergaberechts der Bestimmung des § 15 Abs. 2 AEG vorgehen** und die Ausschreibung von Verkehrsdienstleistungen dementsprechend nicht in das freie Ermessen des Auftraggebers gestellt ist. Hat ein öffentlicher Auftraggeber Verkehrsdienstleistungen allerdings ausgeschrieben, unterliegt er auch den Bestimmungen des Vergaberechts. Das – unterstellt vorhandene – Ermessen, die nachgefragten Verkehrsdienstleistungen auszuschreiben oder sie sich außerhalb eines Vergabeverfahrens zu beschaffen, rechtfertigt es keinesfalls, den Auftraggeber, der sich für eine Ausschreibung entscheidet, von der Einhaltung der zwingenden vergaberechtlichen Regelungen freizustellen. Insoweit beanspruchen die §§ 97 ff. GWB in jedem Fall Geltung neben § 15 Abs. 2 AEG (OLG Düsseldorf, B. v. 6. 12. 2004 – Az.: VII – Verg 79/04; B. v. 26. 7. 2002 – Az.: Verg 22/02; ähnlich OLG Koblenz, B. v. 5. 9. 2002 – Az.: 1 Verg. 2/02; VK Hessen, B. v. 2. 12. 2004 – Az.: 69 d VK – 72/2004). Damit wird **auch dem Grundsatz auf die Bestimmung eines gesetzlichen Richters aus Art 101 Abs. 1 GG entsprochen,** da mit der Entscheidung zur Durchführung einer europaweiten Ausschreibung die Überprüfung durch die Nachprüfungsinstanzen gemäß §§ 102 ff. GWB feststeht (VK Münster, B. v. 10. 2. 2005 – Az.: VK 35/04).

Nach Auffassung der VK Magdeburg wird die Anwendbarkeit des GWB nicht durch **§ 15** 1325 **Abs. 2 AEG** ausgeschlossen. Diese Vorschrift ist zur Frage, unter welchen Voraussetzungen die Vergabe einer Leistung den Bestimmungen über das Vergabeverfahren unterfällt, im Verhältnis zum Vierten Teil des GWB **nicht als speziellere Vorschrift** anzusehen.

Das AEG wurde bereits mit Wirkung vom 1. 1. 1994 verkündet und galt damit zeitlich weit 1326 vor dem am 1. 1. 1999 in Kraft getretenen Vierten Teils des GWB. § 15 AEG überlässt es dem Ermessen der zuständigen Behörden, bei der Erbringung gemeinwirtschaftlicher Leistungen im Sinne dieses Gesetzes, eine Ausschreibung durchzuführen. Zur Frage, unter welchen Voraussetzungen die Vergabevorschriften Anwendung finden, enthalten die **§§ 97 bis 101 GWB mehr Begriffsmerkmale als das AEG und sind demzufolge die spezielleren Vorschriften** (vgl. im Ergebnis ebenso VK Düsseldorf, B. v. 18. 4. 2002 – Az.: VK – 5/2002 – L).

Der Gesetzgeber hat mit diesen Normen für den Bereich der öffentlichen Vergaben eine um- 1327 fassende Regelung getroffen. Er hat nach § 97 Abs. 1 GWB angeordnet, dass öffentliche Auftraggeber Dienstleistungen nach Maßgabe der nachfolgenden Vorschriften grundsätzlich im Wettbewerb und im Wege transparenter Vergabeverfahren zu beschaffen haben. Demgegenüber hat der Gesetzgeber nach § 100 **Abs. 2 GWB enumerativ Ausnahmetatbestände** normiert.

In Bezug auf Verkehrsdienstleistungen sind lediglich Aufträge von Auftraggebern nach § 100 1328 Abs. 2f) GWB davon ausgenommen, wenn sie diese auf dem Gebiet vergeben, auf dem sie selbst tätig sind. Eine weiter gehende Ausnahme enthält die Vorschrift in Bezug auf Verkehrsdienstleistungen nicht. Soweit kein solcher Ausnahmetatbestand vorliegt, sollen die Vorschriften des Wettbewerbsrechts nach dem Wortlaut der Norm damit auch für diese Branchen Anwendung finden. **Nach dem Willen des Gesetzgebers sind die Ausnahmetatbestände nach § 100 Abs. 2 GWB abschließend** (vgl. BT-Drucksache 13/9340 – „In Abs. 2 sind alle Aufträge beschrieben, die nach den Richtlinien nicht von Vergabevorschriften erfasst sind. Der Katalog ist abschließend") (VK Magdeburg, B. v. 6. 6. 2002 – Az.: 33–32571/07 VK 05/02 MD).

Die **VK Brandenburg** (B. v. 10. 2. 2003 – Az.: VK 80/02, B. v. 14. 3. 2003 – Az.: VK 1329 14/03) und die VK Baden-Württemberg (B. v. 14. 3. 2005 – Az.: 1 VK 5/05) hingegen **bejahen einen Vorrang des § 15 AEG.** Der Gesetzgeber hat im Rahmen des VgRÄG vom 26. 8. 1998, mit dem das allgemeine Vergabeverfahrensrecht in die §§ 97 ff. GWB transformiert wurde, auch das AEG geändert, ohne aber § 15 Abs. 2 AEG oder § 4 RegG abzuschaffen. Vielmehr hat er daran festgehalten, ohne einen Vorrang der §§ 97 ff. GWB festzulegen. Art. 2 Abs. 5 VgRÄG hat eine Ergänzung des § 12 Abs. 6 AEG vorgenommen. Danach ist anzunehmen, dass der Gesetzgeber den § 15 Abs. 2 AEG zugunsten einer Geltung des allgemeinen Vergabeverfahrensrechts abgeschafft oder das Verhältnis zu den §§ 97 ff. GWB klargestellt hätte, wenn eine

Überschneidung des allgemeinen Vergabeverfahrensrechts des Vierten Teils des GWB und der § 15 Abs. 2 AEG, § 4 RegG bestanden hätte bzw. er die Vergabe von Dienstleistungen des SPNV dem Kartellvergaberecht hätte unterstellen wollen. Wenn der Gesetzgeber aber just im VgRÄG an der Geltung des § 15 Abs. 2 AEG festgehalten hat, kann nicht von einem Vorrang des Kartellvergaberechts ausgegangen werden. Der Gesetzgeber hat an die die §§ 97 ff. GWB ausschließenden Vorrang der § 15 Abs. 2 AEG, § 4 RegG festgehalten. § 15 Abs. 2 AEG ist auch nicht durch die jüngste Änderung des AEG im Rahmen des Art. 14 des Gesetzes zur Umsetzung der UVP-Änderungsrichtlinie, der IVU-Richtlinie und weiterer EG-Richtlinien zum Umweltschutz vom 27. 7. 2001 (BGBl. I S. 1950, 2016) abgeändert bzw. abgeschafft worden.

1330 § 15 Abs. 2 AEG i. V. m. § 4 RegG sind gegenüber den §§ 97 ff. GWB inhaltlich spezielle Regelungen. Der Gesetzgeber hat in § 15 Abs. 2 AEG i. V. m. § 4 RegG eine abschließende Regelung für die Vergabe von regionalen Personenverkehrsdienstleistungen per Bahn aufgrund solcher gemeinwirtschaftlicher Verpflichtungen, wie sie in dem Vertrag geregelt sind, geschaffen. **Dies schließt eine Anwendung der §§ 97 ff. GWB auf diese Verpflichtungen aus. Ansonsten würde der mit § 15 Abs. 2 AEG, § 4 RegG verfolgte Zweck vereitelt.**

1331 In diesem Sinne bedarf es für die **Nachprüfung** der Vereinbarung gemeinwirtschaftlicher Verpflichtungen zu Dienstleistungen im SPNV auf der Grundlage des § 15 Abs. 2 AEG, § 4 RegG **keiner verfassungskonformen Auslegung der §§ 102 ff. GWB**, weil effektiver **Primärrechtsschutz durch die Verwaltungsgerichte** erlangt werden kann. Denn bei einer entsprechenden Streitigkeit handelt es sich um eine öffentlich-rechtliche Streitigkeit nichtverfassungsrechtlicher Art nach § 40 Abs. 1 Satz 1 VwGO. Ihr liegt ein öffentlich-rechtlicher Vertrag zugrunde, so wie auch bei anderen spezialgesetzlich geregelten vergaberechtlichen Verfahren nach § 19c LuftVG und § 7 i. V. m. Anlage 2 der Verordnung über Bodenabfertigungsdienste oder nach § 13a PBefG i. V. m. § 1 Abs. 2 der Verordnung zur Anwendung von § 13a Abs. 1 Satz 3 PBefG vom 15. 12. 1995 i. V. m. den Vorschriften des 1. Abschnitts der VOL/A.

1332 Das **Brandenburgische OLG** (B. v. 2. 9. 2003 – Az.: Verg W 03/05 und 05/03) **bestätigt im Ergebnis diese Rechtsauffassung**. Die Vorschriften des Vierten Teiles des GWB sind nicht zwingend auf gemeinwirtschaftliche Leistungen im SPNV anzuwenden. Es **steht dem Aufgabenträger vielmehr frei, nach pflichtgemäßen Ermessen öffentlich auszuschreiben oder ohne formell-rechtliches Vergabeverfahren die Leistungen frei mit Eisenbahnverkehrsunternehmen zu vereinbaren.** Das den Aufgabenträgern der Eisenbahnverkehrsleistungen eingeräumte echte Entscheidungsermessen („ob") hat der deutsche Gesetzgeber mit der in dem ab 1. 1. 1999 geltenden Vergaberechtsänderungsgesetz (VergRÄG) allgemein postulierten Vergabepflicht nicht einschränken, sondern vielmehr den vom AEG erfassten Anwendungsbereich aus Gründen der Spezialität unverändert fortgelten lassen wollen. Ein solcher Wille des Gesetzgebers ergibt sich durch Auslegung des AEG und des Vergaberechtsänderungsgesetzes im Lichte EU-gemeinschaftsrechtlicher Vorschriften, die dem speziellen Charakter der gemeinwirtschaftlichen Leistungen im Schienenverkehr Rechnung tragen wollen.

9.4.2 Regelung in der Vergabeverordnung

9.4.2.1 Allgemeines

1333 Mit der ersten Änderung der Vergabeverordnung (BGBl. I vom 13. 11. 2002 S. 4338) wurde § 4 VgV dergestalt geändert, dass bei Aufträgen, deren Gegenstand Personennahverkehrsleistungen der Kategorie Eisenbahnen sind, unter bestimmten Bedingungen auch eine freihändige Vergabe möglich ist. Diese Ausnahmebestimmung ist bis zum 31. 12. 2014 befristet.

9.4.2.2 Rangverhältnis zwischen GWB und AEG nach der Änderung der VgV

1334 Auch in dem Zeitraum ab 1. 12. 2002 sind die Vorschriften betreffend öffentliche Vergabeverfahren auf die Beauftragung von SPNV-Leistungen nicht zwingend anwendbar. Das **den Aufgabenträgern in § 15 Abs. 2 AEG eingeräumte Ermessen bezüglich des „ob" einer Ausschreibung besteht fort.**

1335 Der mit Wirkung zum 1. 12. 2002 geschaffene § 4 Abs. 3 VgV hat nicht zur Erweiterung des Anwendungsbereiches der Vorschriften des Vierten Teil des GWB auf gemeinwirtschaftliche Schienenverkehrsleistungen führen können. Dies **scheidet bereits aus rechtstechnischen Gründen aus.** Eine Erweiterung des vergaberechtlichen Regelungsbereiches kann nur durch den formellen Gesetzgeber erfolgen. Es **hätte also einer Änderung der Vorschriften des GWB und/oder des AEG bedurft.**

Die Vergabeverordnung ist eine auf der formell gesetzlichen Ermächtigungsgrundlage des 1336
§ 97 Abs. 6 GWB beruhende Rechtsverordnung (Art. 80 Abs. 1 GG). Inhalt, Zweck und Ausmaß der erteilten Ermächtigung zum Erlass von Rechtsverordnungen muss das Gesetz eindeutig bestimmen (Art. 80 Abs. 1 Satz 2 GG). Dadurch soll eine pauschale Verlagerung von Rechtssetzungsgewalt auf die Exekutive unterbunden werden. Ferner findet eine Konkurrenz zwischen den beiden Rechtssetzungsformen – Gesetz und Rechtsverordnung – nicht statt, es gilt der absolute Vorrang des Gesetzes. Zwar sind in der Praxis gesetzesändernde und gesetzesergänzende Rechtsverordnungen nicht unüblich. Diese Verordnungen stammen jedoch immer aus Ermächtigungen, die der Exekutive die Befugnis geben, den Wortlaut formeller Gesetze zu ändern oder vom Gesetz abweichenden Neuregelungen zu erlassen.

Sollte § 4 Abs. 3 VgV Ausdruck einer geänderten Bewertung des Verhältnisses zwischen ge- 1337
meinwirtschaftlichen Verpflichtungen des Schienenverkehrs und des freien Wettbewerbs sein, wofür in wirtschaftspolitischer Hinsicht durchaus vernünftige Gründe sprechen könnten, so wäre eine entsprechende Weichenstellung durch den Gesetzgeber angezeigt. **Angesichts der überragenden Bedeutung der SPNV-Leistungen für die Allgemeinheit einerseits und des erheblichen Regelungsbedarfs dieser komplexen Materie andererseits müsste diese Weichenstellung in einem formellen, eindeutig formulierten Gesetz erfolgen.**

Solange es daran fehlt, können Vergabekammern und Vergabesenate einen geänderten gesetz- 1338
geberischen Willen weder berücksichtigen noch vorwegnehmen (OLG Brandenburg, B. v. 2. 9. 2003 – Az.: Verg W 03/05 und 05/03; im Ergebnis ebenso VK Baden-Württemberg, B. v. 14. 3. 2005 – Az.: 1 VK 5/05).

Die **VK Hessen** (B. v. 2. 12. 2004 – Az.: 69 d VK – 72/2004) geht in einem neueren – sehr 1339
ausführlich begründeten – Beschluss ebenfalls **von einem Wahlrecht der ausschreibenden Stelle** aus. Danach ist **weder dem Wortlaut noch dem Sinn der Vorschriften der §§ 15 AEG, 4 RegG und der §§ 97 ff. GWB zu entnehmen,** dass der Vierte Teil des GWB keine Anwendung finden und eine Ausschreibung von SPNV-Leistungen nicht dem Vergaberechtsregime unterliegen soll, wenn der Auftraggeber das ihm nach § 15 Abs. 2 AEG eingeräumte Ermessen in der Weise ausübt, **dass er die Leistungen ausschreibt und ein förmliches Vergabeverfahren durchführt.** Die §§ 97 ff. GWB, insbesondere § 100 Abs. 2 GWB, legen keinen Ausnahmetatbestand fest, wonach Verträge über SPNV-Leistungen dem Anwendungsbereich des Vierten Teils des GWB entzogen sind.

9.4.2.3 Umfang der Prüfung bei einer entsprechenden Ermessensausübung

Die Überprüfung ist bei einer entsprechenden Ermessensausübung auch nicht auf die Be- 1340
kanntmachung sowie auf das Diskriminierungsverbot und das Transparenzgebot beschränkt, nur weil es sich um Dienstleistungen nach Anhang I B, Kategorie 18 (Eisenbahnen), handelt. **Aus der Tatsache, dass eine Ausschreibung nach dem Vergaberecht stattfindet, schafft die Vergabestelle für die Bieter auch einen bestimmten Vertrauenstatbestand hinsichtlich der Geltung von Vergabevorschriften, von dem er nicht wieder einseitig abrücken kann.** Sowohl die Vergabestelle als auch die Bieter sind dann im weiteren Verlauf der Ausschreibung an diese Vorschriften gebunden. Würde man das anders sehen, müsste sich die Vergabestelle entgegen halten lassen, warum sie die Einhaltung von Vorgaben aus der VOL/A von den Bietern verlangen, ihre eigenen Handlungen und Maßnahmen aber nicht nach diesen Vorschriften ausrichten wollen. Prüfungsmaßstab wären dann unterschiedliche Rechtsnormen, je nach dem Standpunkt der Parteien. Das kann nicht richtig sein. Vielmehr hat die Vergabestelle durch die Ausübung ihres Ermessens sich zugleich auch den Anforderungen eines umfassenderen vergaberechtlichen Überprüfungskatalogs unterworfen, so dass nicht nur „übergeordnete" Vergabeprinzipien zu prüfen sind, sondern auch die Vorschriften aus der VOL/A (VK Münster, B. v. 10. 2. 2005 – Az.: VK 35/04).

9.4.3 Literatur

– Baumeister, Hubertus/Klinger, Daniela, Perspektiven des Vergaberechts im straßengebunde- 1341
nen ÖPNV durch die Novellierung der Verordnung (EWG) Nr. 1191/69, NZBau 2005, 601
– Bremer, Eckhard/Wünschmann, Christoph, Die Pflicht der Aufgabenträger zur Vergabe von SPNV-Leistungen im Wettbewerb, WiVerw 2004, 51
– Dabringshausen, Gerhard, Einige ausgewählte vergaberechtliche Probleme bei der Kooperation von Unternehmen des öffentlichen Personennahverkehrs verschiedener Gebietskörperschaften, der Gemeindehaushalt 2004, 4

- Dörr, Oliver, Infrastrukturförderung (nur) nach Ausschreibung?, NZBau 11/2005, S. 617
- Essebier, Jana, Für eine zwingende Ausschreibung von Schienennahverkehrsleistungen, N & R 2004, 59
- Gommlich, Alexander/Wittig, Oliver/Schimanek, Peter, Zuschussverträge im Bereich des Bus- und Eisenbahnverkehrs – Direktvergabe oder europaweite Ausschreibung?, NZBau 2006, 473
- Griem, Niels/Klinger, Daniela, Keine Pflicht zur Vergabe von Aufträgen über Schienenpersonennahverkehrsdienstleistungen im Wettbewerb?, TranspR 2004, 206
- Jasper, Ute/Saitzek, Sebastian, Direktvergaben nicht zulässig – Auch eigenwirtschaftliche ÖPNV betroffen, Behörden Spiegel Juni 2006, 17
- Kirch, Thomas, Mitwirkungsverbote bei Vergabeverfahren: kommunale Nahverkehrsdienstleistungen in der öffentlichen Ausschreibung, Dissertation, Baden-Baden, 2004
- Kulartz, Hans-Peter, Eisenbahnrecht und Vergaberecht – Ausschreibungsnotwendigkeit von SPNV-Verträgen?, Behörden Spiegel Oktober 2003, 20
- Landsberg, Gerrit, Die vergaberechtliche Judikatur zu Ausschreibungen von Nahverkehrsleistungen, VergabeR 2005, 420
- Lotze, Andreas/Jennert, Carsten, Herausforderung ÖPNV, Rechtsrahmen und strategische Handlungsoptionen der Kommunen nach der EuGH-Entscheidung Altmark Trans, ZKF 2004, 289
- Lück, Dominik/Ortner, Roderic, Übertragung der Personenbeförderung im Linienverkehr auf Dritte aus dem Blickwinkel des Vergaberechts, VergabeR 2005, 413
- Recker, Engelbert, Ein Irrweg aus Brüssel – Luftreinhaltung durch Vergabevorschriften?, Behörden Spiegel April 2006, 16
- Recker, Engelbert, Wesentlich weniger Vorgaben – Gute Chancen für die neue ÖPNV-Verordnung, Behörden Spiegel März 2006, 19
- Recker, Engelbert, Genehmigungen korrekt erteilen – Vergabe von Verkehrsdienstleistungen nach geltendem Recht – eine Übersicht, Behörden Spiegel Mai 2005, 22
- Schimanek, Peter, Die marktorientierte Direktvergabe von Finanzierungsverträgen für Bus- und Stadtbusverkehr, ZfBR 2005, 544
- Zeiss, Christopher, ÖPNV auf dem Prüfstand – Grundsatzentscheidung des EuGH zu Zuschüssen im Verkehrssektor („Altmark-Trans"-Fall), ZfBR 2003, 749

9.5 Vergabe von Leistungen nach §§ 93 f. BSHG

9.5.1 Vergabe von Leistungen nach §§ 93 f. BSHG im Wettbewerb

1342 Die **Vorschriften der §§ 93 ff. BSHG stehen einer Vergabe der Leistungen im Wettbewerb nicht entgegen.** Sie beschreiben einerseits nicht den zu beschreitenden Weg zur Ermittlung oder zur Auswahl eines Vertragspartners und stehen auch aufgrund ihrer Systematik einer Vergabe im Wettbewerb nicht entgegen (OLG Düsseldorf, B. v. 8. 9. 2005 – Az.: Verg 35/04; VK Münster, B. v. 28. 5. 2004 – Az.: VK 10/04).

9.5.2 Rangverhältnis zwischen §§ 93 f. BSHG und dem GWB

1343 Berücksichtigt man, dass es sich bei den §§ 97 ff. GWB um die jüngeren Vorschriften handelt und dass die dem Vergaberecht unterfallenden Beschaffungsvorgänge in den §§ 99, 100 GWB abschließend geregelt sind, spricht vieles für die Annahme, dass die Vorschriften des Kartellvergaberechts der Vorschrift des § 93 b BSHG vorgehen und die Ausschreibung zu erfolgen hat. Insofern **erscheint es sachgerecht, hier von dem Rechtsgrundsatz der Spezialität des Vergaberechts auszugehen,** zumal offensichtlich Veränderungen im Bereich der Sozialhilfestrukturen in der Vergangenheit eingeleitet wurden, die noch nicht ihren endgültigen Abschluss gefunden haben (VK Münster, B. v. 28. 5. 2004 – Az.: VK 10/04).

9.6 Freiberufliche Aufträge von Sektorenauftraggebern

1344 Das Nachprüfungsverfahren gem. §§ 98 ff. GWB wird auch bei der Vergabe freiberuflicher Aufträge durch Sektorenauftraggeber nicht durch § 5 Satz 3 VgV ausgeschlossen. Es kommt allein darauf an, ob ein öffentlicher Auftrag gem. § 99 GWB vorliegt, der den Schwellenwert übersteigt und nicht von der Anwendung des Vergaberechtsnachprüfungsverfahrens ausgeschlossen ist (§ 100 GWB). **§ 5 VgV enthält keine Regelung zum Ausschluss des Nachprüfungsverfahrens, sondern bestimmt lediglich, dass öffentliche Auftraggeber nach § 98 Nr. 1–3 und 5 GWB bei der Vergabe bestimmter Dienstleistungen die VOF anzuwenden haben.** Aus der Nichterwähnung der Auftraggeber gemäß § 98 Nr. 4 GWB bzw. der Bestimmung in Satz 3, wonach Satz 1 auf Aufträge im Sektorenbereich keine Anwendung findet, folgt nicht, dass das gesamte Vergabenachprüfungsverfahren gem. §§ 98 ff. GWB auf Auftraggeber nach § 98 Nr. 4 GWB nicht anzuwenden wäre, sondern dass für Auftraggeber nach § 98 Nr. 4 GWB insoweit die VOF nicht anzuwenden ist. **Welche Bestimmungen Sektorenauftraggeber gem. § 98 Nr. 4 GWB im Übrigen anzuwenden haben, folgt aus § 7 Abs. 2 VgV.** Dass sie vom Vergaberechtsregime insgesamt ausgenommen sind, wird an keiner Stelle geregelt. Die VgV trifft nur nähere Bestimmungen über das Verfahren, das bei der Vergabe öffentlicher Aufträge einzuhalten ist, nicht ob ein Nachprüfungsverfahren stattfindet (OLG Frankfurt, B. v. 28. 2. 2006 – Az.: 11 Verg 15/05 und 16/05).

9.7 Neuer Vorschlag für eine Verordnung des Europäischen Parlaments und des Rates über öffentliche Personenverkehrsdienste auf Schiene und Straße

9.7.1 Allgemeines

Die **Kommission der Europäischen Gemeinschaften hat am 20. 7. 2005 einen neuen Vorschlag für eine Verordnung des Europäischen Parlaments und des Rates über öffentliche Personenverkehrsdienste auf Schiene und Straße vorgelegt** (KOM(2005) 319 endgültig 2000/0212 (COD)). Der Vorschlag enthält auch Regelungen über die Ausschreibungspflicht solcher Dienstleistungen. 1345

9.7.2 Literatur

– Baumeister, Hubertus/Klinger, Daniela, Perspektiven des Vergaberechts im straßengebundenen ÖPNV durch die Novellierung der Verordnung (EWG) Nr. 1191/69, NZBau 2005, 601 1346
– Mietzsch, Im dritten Anlauf – Neue ÖPNV-Verordnung der EU-Kommission, Behörden Spiegel, August 2005, 21

10. § 101 GWB – Arten der Vergabe

(1) **Die Vergabe von öffentlichen Liefer-, Bau- und Dienstleistungsaufträgen erfolgt in offenen Verfahren, in nicht offenen Verfahren, in Verhandlungsverfahren oder im wettbewerblichen Dialog.**

(2) **Offene Verfahren sind Verfahren, in denen eine unbeschränkte Anzahl von Unternehmen öffentlich zur Abgabe von Angeboten aufgefordert wird.**

(3) **Bei nicht offenen Verfahren wird öffentlich zur Teilnahme, aus dem Bewerberkreis sodann eine beschränkte Anzahl von Unternehmen zur Angebotsabgabe aufgefordert.**

(4) **Verhandlungsverfahren sind Verfahren, bei denen sich der Auftraggeber mit oder ohne vorherige öffentliche Aufforderung zur Teilnahme an ausgewählte Unternehmen wendet, um mit einem oder mehreren über die Auftragsbedingungen zu verhandeln.**

(5) **Ein wettbewerblicher Dialog ist ein Verfahren zur Vergabe besonders komplexer Aufträge durch staatliche Auftraggeber. In diesem Verfahren erfolgen eine Aufforderung zur Teilnahme und anschließend Verhandlungen mit ausgewählten Unternehmen über alle Einzelheiten des Auftrags.**

(6) **Öffentliche Auftraggeber haben das offene Verfahren anzuwenden, es sei denn, auf Grund dieses Gesetzes ist etwas anderes gestattet. Auftraggebern, die nur unter § 98 Nr. 4 fallen, stehen das offene Verfahren, das nicht offene Verfahren und das Verhandlungsverfahren nach ihrer Wahl zur Verfügung.**

Teil 1 GWB § 101 Gesetz gegen Wettbewerbsbeschränkungen

1347 § 101 definiert die verschiedenen Arten der Vergabe im Grundsatz. Die Einzelheiten regeln die §§ 3, 3a VOB/A und die §§ 3, 3a VOL/A. Entsprechend werden in der Kommentierung zu § 101 die grundlegenden Prinzipien dargestellt.

10.1 Änderung des § 101 durch das ÖPP-Beschleunigungsgesetz (§ 101 Abs. 1)

1348 Durch das **Gesetz zur Beschleunigung der Umsetzung von Öffentlich Privaten Partnerschaften und zur Verbesserung gesetzlicher Rahmenbedingungen für Öffentlich Private Partnerschaften vom 1. 9. 2005** (BGBl. I S. 2676) wurde auch § 101 GWB geändert.

1349 § 101 regelt die Arten der Vergabeverfahren. **Zusätzlich wird** – in Übereinstimmung mit den neuen EG-Vergaberichtlinien (Richtlinien 2004/17/EG und 2004/18/EG) – **als neues eigenständiges Verfahren der „wettbewerbliche Dialog" eingeführt** (vgl. zu den Einzelheiten die Kommentierung RZ 1430). Die **neuen Verfahrensschritte „elektronische Auktion" und das „dynamische elektronische Verfahren"** sind **nicht übernommen worden.** Mit der „elektronischen Auktion" sollte der Teilschritt der Ermittlung des wirtschaftlichsten Angebotes im jeweiligen Verfahren erfolgen. Das „dynamische elektronische Verfahren" sollte ein spezielles offenes Verfahren sein; die Richtlinie nennt es „dynamisches Beschaffungsverfahren". **Beide Verfahrensschritte können also noch nicht angewendet werden.**

10.2 Bieterschützende Vorschrift

1350 Die **Vorschriften über die Auswahl der richtigen Verfahrensart nach § 101 GWB, §§ 3, 3a, 3b VOB/A und VOL/A sind bieterschützend** und begründen damit subjektive Rechte im Sinn von § 97 Abs. 7 GWB. Die Hierarchie der Verfahrensarten soll ein möglichst hohes Maß an Objektivität und einen möglichst breiten Wettbewerb gewährleisten (VK Brandenburg, B. v. 23. 11. 2004 – Az.: VK 58/04).

1351 Damit ist auch der in § 101 Abs. 6 Satz 1 GWB in Verbindung mit §§ 2 Nr. 2 Abs. 1, 3 Nr. 2 VOL/A geregelte **Vorrang des offenen Verfahrens bzw. der öffentlichen Ausschreibung eine bieterschützende Bestimmung** (1. VK Bund, B. v. 20. 7. 2004 – Az.: VK 1–75/04, B. v. 20. 7. 2004 – Az.: VK 1–78/04; 2. VK Bund, B. v. 19. 7. 2004 – Az.: VK 2–79/04; B. v. 19. 7. 2004 – Az.: VK 2–76/04; 3. VK Bund, B. v. 20. 7. 2004 – Az.: VK 3–77/04).

10.3 Offenes Verfahren (§ 101 Abs. 2)

10.3.1 Allgemeines

1352 § 101 Abs. 2 GWB bestimmt den Begriff des offenen Verfahrens als Verfahren, in dem „eine unbeschränkte Anzahl von Unternehmen öffentlich zur Abgabe von Angeboten aufgefordert wird." Diese **Definition stimmt mit den EG-Vergaberichtlinien überein,** die das offene Verfahren als Verfahren bezeichnen, bei dem alle interessierten Unternehmen ein Angebot abgeben können.

1353 Das offene Verfahren ist stark formalisiert, um den Grundsätzen des freien Wettbewerbs, der Gleichbehandlung und der Transparenz möglichst optimal Rechnung zu tragen.

1354 **Kennzeichnend** für das offene Verfahren sind vor allem folgende **Verfahrensgrundsätze:**
– die Veröffentlichung von Vorinformationen und Vergabebekanntmachungen
– die unbeschränkte Teilnahmemöglichkeit
– die Bindung an bestimmte Mindestfristen
– die eindeutige und erschöpfende Leistungsbeschreibung
– die Geheimhaltung der Angebote
– das Nachverhandlungsverbot
(VK Südbayern, B. v. 17. 7. 2001 – Az.: 23–06/01).

1355 Ein Offenes Verfahren **beginnt erst mit dem Datum der Absendung der verbindlichen Bekanntmachung an das EU-Amtsblatt** und nicht schon mit der Absendung der Bekanntmachung zur Vorinformation (1. VK Sachsen, B. v. 23. 5. 2001 – Az.: 1/SVK/34–01).

Mit einer **Klausel des wechselseitigen Ausschlusses in zwei oder mehreren Ausschreibungen beschränkt ein öffentlicher Auftraggeber den Vergabewettbewerb hinsichtlich der Möglichkeit zur Teilnahme unzulässig.** Es muss nämlich einem jeweils interessierten Bieter grundsätzlich möglich sein, an jedem Offenen Verfahren seines Interesses teilzunehmen (VK Berlin, B. v. 14. 9. 2005 – Az.: VK – B 1–43/05). 1356

10.3.2 Keine Entbehrlichkeit eines Offenen Verfahrens wegen einer am Ort der Leistungserbringung notwendigen Betriebsstätte

Die **Annahme, eine europaweite Ausschreibung sei deshalb entbehrlich, weil zur Durchführung der Leistungen eine vor Ort gelegene Betriebsstätte notwendig ist, trifft nicht zu.** Sie steht zum einen **in Widerspruch zum Beispiel zu § 3 a Nr. 1 Abs. 4 VOL/A 2. Abschnitt,** der den öffentlichen Auftraggeber ohne jede Einschränkung dazu verpflichtet, die Ausschreibung im Supplement des EG-Amtsblattes zu veröffentlichen. Sie lässt überdies unberücksichtigt, dass **auch ausländische Unternehmen als potentielle Auftragnehmer in Betracht** kommen, nämlich dann, wenn sie bereits über einen örtlichen Standort verfügen oder diesen anlässlich der auszuschreibenden Leistung gründen wollen. Ob solche ausländischen Bieter tatsächlich vorhanden sind, lässt sich im Voraus nicht ausschließen; dies wird vielmehr erst das Vergabeverfahren erweisen (OLG Düsseldorf, B. v. 8. 5. 2002 – Az.: Verg 5/02). 1357

10.4 Nichtoffenes Verfahren (§ 101 Abs. 3)

10.4.1 Allgemeine Zulässigkeitsvoraussetzungen für das Nichtoffene Verfahren

Gemäß § 101 Abs. 6 Satz 1 GWB i. V. m. § 3a Nr. 1 Abs. 1 Satz 1 VOL/A können Aufträge „in begründeten Fällen" im Wege des nicht offenen Verfahrens vergeben werden. Wann ein begründeter Fall vorliegt, wird dort zwar nicht näher umschrieben. Da **das nicht offene Verfahren jedoch der Beschränkten Ausschreibung mit öffentlichem Teilnahmewettbewerb entspricht, ist es ebenfalls nur unter den für diese in § 3 Nr. 3 genannten Voraussetzungen zulässig.** Dies folgt auch daraus, dass bei einer europaweiten Ausschreibung angesichts des in § 101 Abs. 6 Satz 1 GWB festgelegten grundsätzlichen Vorrangs des offenen Verfahrens und der mit dem nicht offenen Verfahren verbundenen Gefahr einer Beschränkung des Bieterwettbewerbs die Abweichung vom offenen Verfahren nicht leichter hingenommen werden kann als bei Aufträgen, deren geschätzter Wert unterhalb der Schwellenwerte liegt (2. VK Bund, B. v. 31. 5. 2002 – Az.: VK 2–20/02). 1358

10.4.2 Zulässigkeitsvoraussetzungen für das Nichtoffene Verfahren beim Vergleich der jeweiligen Verfahrensfristen

Beim Nichtoffenen Verfahren können sich ohne weiteres längere Verfahrensfristen ergeben als beim Offenen Verfahren. Dann kann ein Auftraggeber sich zur Begründung für das Nichtoffene Verfahren nicht auf eine **Eilbedürftigkeit** berufen (vgl. den instruktiven Fall 2. VK Bund, B. v. 31. 5. 2002 – Az.: VK 2–20/02). 1359

10.4.3 Teilnahmewettbewerb

10.4.3.1 Teilnahmewettbewerb als Teil des Vergabeverfahrens

Der vorgeschaltete **Teilnahmewettbewerb dient regelmäßig** dazu, die **Eignungsvoraussetzungen** der Fachkunde, Leistungsfähigkeit und Zuverlässigkeit bei den Bewerbern **zu ermitteln und entsprechende Nachweise von ihnen zu verlangen.** Der Teilnahmewettbewerb schließt ab mit einer Überprüfung der Eignung der Bewerber und mit der Auswahl derjenigen Bewerber durch den Auftraggeber, die in einem Verhandlungsverfahren ein Angebot einreichen sollen. Die Prüfung und Bejahung der Eignung eines Bewerbers durch den Auftraggeber ist hiernach im Verhandlungsverfahren mit vorgeschaltetem Öffentlichem Teilnahmewettbewerb eine notwendige Voraussetzung dafür, dass ein Bewerber zur Einreichung eines Angebots aufgefordert wird. Die Eignungsprüfung und die auf Grund der Teilnahmeanträge erfolgende 1360

Teil 1 GWB § 101

Auswahl unter den Bewerbern gehören damit wegen des Funktionszusammenhangs ebenso selbstverständlich zum Teilnahmewettbewerb, wie dieser zum Vergabeverfahren zählt (OLG Düsseldorf, B. v. 24. 9. 2002 – Verg 48/02).

1361 Der vorherige öffentliche **Teilnahmewettbewerb** bildet **zusammen mit den eigentlichen Verhandlungen** im Rechtssinn **das Vergabeverfahren** in der Vergabeart des Verhandlungsverfahrens (OLG Brandenburg, B. v. 19. 12. 2002 – Az.: Verg W 9/02; ebenso VK Brandenburg, B. v. 17. 9. 2002 – Az.: VK 50/02).

10.4.3.2 Verbot der späteren Beteiligung nicht ausgewählter Bewerber

1362 Der Auftraggeber hat durch seine Auswahl der geeigneten Bewerber nach Abschluss des Teilnahmewettbewerbes festgelegt, von welchen Unternehmen er Angebote haben will und von welchen nicht. Würde er hierbei das Angebot eines nicht aufgeforderten Bieters berücksichtigen und in die Wertung einbeziehen, so käme dies einem Unterlaufen der Grundsätze des Verhandlungsverfahrens mit Teilnahmewettbewerb gleich. **Angebote von Bietern, welche nach Abschluss des Teilnahmewettbewerbs nicht zur Abgabe aufgefordert wurden bzw. keinen Teilnahmeantrag gestellt haben, müssen deshalb zwingend ausgeschlossen werden.** Ein Beurteilungs- bzw. Ermessensspielraum hierüber kann dem Auftraggeber nach Ansicht der Kammer im Gegensatz zum offenen Verfahren nicht eingeräumt werden. Auch im Hinblick auf die anderen Bieter ist dies unabdingbar, da diese ein Recht darauf haben, sich im Wettbewerb nur mit Unternehmen messen zu müssen, welche zuvor die Kriterien des Teilnahmewettbewerbes durch Vorlage der geforderten Nachweise erfüllt haben und dann auch als geeignet ausgewählt wurden (VK Nordbayern, B. v. 25. 11. 2005 – Az.: 320.VK – 3194–38/05; VK Südbayern, B. v. 9. 4. 2003 – Az.: 11–03/03).

1363 Das Gebot des Wettbewerbs und der Gleichbehandlung ist verletzt, wenn der Auftraggeber ein Unternehmen ohne Teilnahmeantrag zur Abgabe eines Angebots zulässt. Ein derartiger **Verstoß kann Schadensersatzansprüche wegen c.i.c. nach § 311 BGB n.F. auslösen** (VK Nordbayern, B. v. 25. 11. 2005 – Az.: 320.VK – 3194–38/05).

10.4.3.3 Bekanntmachung der Kriterien für die Auswahl der Teilnehmer

1364 Es liegt auf der Hand, dass die Bieter der Willkür der Vergabestelle ausgeliefert wären, wenn diese nach Abgabe der Bewerbung im Teilnahmewettbewerb die Auswahlkriterien beliebig wählen könnte. Schon **aus Gründen der Rechtsstaatlichkeit,** zu denen auch die Vorhersehbarkeit, Messbarkeit und Transparenz staatlichen Handelns gehören, ist es deshalb **unabdingbar, dass die Auswahlkriterien vorher, das heißt in der Bekanntmachung, bekannt gemacht werden,** damit sich die interessierten Unternehmen hierauf einstellen können. Die Prüfung der Eignung des Bieters, die beim offenen Verfahren erst mit der Wertung der Angebote vorzunehmen ist, wird beim Verhandlungsverfahren zeitlich vorgezogen (VK Südbayern, B. v. 9. 4. 2003 – Az.: 11–03/03).

10.4.3.4 Bekanntmachung der Einsendefrist für die Anträge auf Teilnahme

1365 Bei einer Vergabe im Verhandlungsverfahren mit öffentlichem Teilnahmewettbewerb sind die Unternehmen durch die vorgeschriebene Bekanntmachung aufzufordern, sich um Teilnahme zu bewerben. Diese Bekanntmachung hat unter anderem die Einsendefrist für die Anträge auf Teilnahme mitzuteilen. An die Beachtung dieser Einsendefrist ist auch der Auftraggeber bei der Prüfung der Teilnahmeanträge (und der späteren Angebote) mit Blick auf die Gebote des Wettbewerbs und der Gleichbehandlung (§ 97 Abs. 1 und 2 GWB) gebunden (OLG Düsseldorf, B. v. 30. 5. 2001 – Az.: Verg 23/00; 3. VK Bund, B. v. 6. 7. 2006 – Az.: VK 3–54/06).

10.4.3.5 Bekanntmachung der Zahl der Teilnehmer, die zur Angebotsabgabe aufgefordert werden?

1366 Weder **§ 3a VOB/A noch § 17a VOB/A bestimmen, dass sich der Auftraggeber bereits in der Bekanntmachung festlegen muss, von wie vielen Bewerbern er Angebote einholen will.** Eine solche Pflicht ergibt sich auch nicht aus der BKR. Weder aufgrund der Systematik der BKR noch aufgrund der Besonderheiten des Nichtoffenen Verfahrens erscheint eine solche Auslegung auch geboten. Der Richtliniengeber hat bindende Vorgaben für den öffentlichen Auftraggeber in der BKR mit einer entsprechenden Wortwahl unmissverständlich zum Ausdruck gebracht. Der Umstand, dass die Formulare für die Bekanntmachung in Ziffer IV.1.4 den Punkt „Zahl der Unternehmen, die zur Angebotsabgabe aufgefordert werden

Gesetz gegen Wettbewerbsbeschränkungen GWB § 101 **Teil 1**

sollen" enthalten, lässt keinen Rückschluss auf eine entsprechende Verpflichtung zur Bekanntgabe dieser Zahl zu. Nachdem Art. 22 Abs. 2 BKR die Möglichkeit eröffnet, entsprechende Margen oder Zahlen bekannt zu geben, liegt es nahe, hierfür im Standardformular eine Rubrik vorzusehen. Auch **sachliche Gesichtspunkte erfordern nicht, § 8 a Nr. 2 VOB/A dahingehend einschränkend auszulegen, dass der Auftraggeber die Höchstzahl der Bewerber vorab bekannt geben muss, wenn er nicht alle geeigneten Bewerber zur Angebotsabgabe auffordern will** (BayObLG, B. v. 20. 4. 2005 – Az.: Verg 026/04; VK Lüneburg, B. v. 21. 8. 2006 – Az.: VgK-18/2006).

Auch aus der neuen Formulierung in der nunmehr – bis zur ausstehenden Umsetzung in nationales Recht – **unmittelbar geltenden Regelung des Art. 44 Abs. 3 Unterabsatz 1** der Richtlinie 2004/18 EG vom 31. März 2004 über die Koordinierung der Verfahren zur Vergabe öffentlicher Aufträge, Lieferaufträge und Dienstleistungsaufträge **lässt sich die zwingende Angabe einer Höchstzahl der aufzufordernden Bewerber nicht ableiten** (VK Lüneburg, B. v. 21. 8. 2006 – Az.: VgK-18/2006). 1367

Auch nach **Auffassung des OLG München** – in einem **VOF-Verfahren** – ist der **Auftraggeber nicht verpflichtet, die Höchstzahl der aufzufordernden Teilnehmer festzulegen bzw. eine Marge zu bestimmen** (OLG München, B. v. 28. 4. 2006 – Az.: Verg 6/06). 1368

10.4.3.6 Auswahl der Teilnehmer

Im Rahmen des Nichtoffenen Verfahrens und des Verhandlungsverfahrens mit vorgeschaltetem Teilnahmewettbewerb wählt der Auftraggeber anhand der geforderten, mit dem Teilnahmeantrag vorgelegten Urkunden unter den Bewerbern, die den Anforderungen an Fachkunde, Leistungsfähigkeit und Zuverlässigkeit entsprechen, diejenigen aus, die er gleichzeitig auffordert, in einem Verhandlungsverfahren ein Angebot einzureichen. Die **Prüfung erfolgt somit in zwei Schritten**. Zunächst werden die geeigneten Bewerber von den nicht geeigneten Bewerbern geschieden. In einer zweiten Stufe wählt der Auftraggeber unter den verbliebenen geeigneten Bewerbern diejenigen aus, die er zur Angebotsabgabe auffordert (VK Südbayern, B. v. 28. 12. 2004 – Az.: 75–11/04; B. v. 23. 11. 2004 – Az.: 45–06/04; B. v. 9. 4. 2003 – Az.: 11–03/03). 1369

Für die Auswahl der Bieter im Nichtoffenen Verfahren sehen **weder das Gesetz noch die Vergabebedingungen (VOB/A, VOL/A) entsprechende Auswahlkriterien vor** (VK Südbayern, B. v. 28. 12. 2004 – Az.: 75–11/04; B. v. 23. 11. 2004 – Az.: 45–06/04). 1370

Der am Teilnahmewettbewerb beteiligte Unternehmer kann **selbst bei nachgewiesener grundsätzlicher Eignung keinen Rechtsanspruch auf Beteiligung am nachfolgenden Vergabeverfahren geltend machen**. Der **Auftraggeber hat** einen gewissen **Beurteilungs- und Entscheidungsspielraum** bei der Aufforderung zur Angebotsabgabe (BayObLG, B. v. 20. 4. 2005 – Az.: Verg 026/04; B. v. 12. 4. 2000 – Az.: Verg 1/00; VK Südbayern, B. v. 28. 12. 2004 – Az.: 75–11/04; B. v. 23. 11. 2004 – Az.: 45–06/04). Es ist auch davon auszugehen, dass **einem öffentlichen Auftraggeber bei der Auswertung von Teilnahmeanträgen ebenso ein nur beschränkt überprüfbarer Beurteilungs- und Ermessensspielraum zusteht wie bei der Wertung von Angeboten**. Die Nachprüfungsinstanzen dürfen nur überprüfen, ob die rechtlichen Grenzen dieses Spielraums eingehalten worden sind, also ob das vorgeschriebene Verfahren eingehalten wurde, die Vergabestelle von einem zutreffenden und vollständig ermittelten Sachverhalt ausgegangen ist, in die Wertung keine willkürlichen oder sonst unzulässigen Erwägungen eingeflossen sind, ob der Beurteilungsmaßstab sich im Rahmen der Beurteilungsermächtigung hält, insbesondere die einzelnen Wertungsgesichtspunkte nicht objektiv fehlgewichtet wurden, und ob bei der Entscheidung über den Zuschlag ein sich im Rahmen des Gesetzes und der Beurteilungsermächtigung haltender Beurteilungsmaßstab zutreffend angewendet wurde. **Nur ausnahmsweise, wenn die Voraussetzungen einer Ermessensreduzierung auf Null vorliegen, das heißt eine bestimmte Wertung zwingend ist, dürfen die Nachprüfungsinstanzen ihre Wertung an die Stelle der Wertung der Vergabestelle treten lassen. Dieser Spielraum steht einem öffentlichen Auftraggeber nicht nur bei der inhaltlichen Wertung eines Teilnahmeantrags oder Angebots an sich, sondern auch bei der Ausgestaltung der angewendeten Kriterien zu** (3. VK Bund, B. v. 13. 9. 2005 – Az.: VK 3–82/05). 1371

Im **Hinblick auf den Gleichbehandlungsgrundsatz darf der öffentliche Auftraggeber bei der Auswahl nicht willkürlich verfahren** (BayObLG, B. v. 20. 4. 2005 – Az.: Verg 026/04; VK Südbayern, B. v. 28. 12. 2004 – Az.: 75–11/04; B. v. 23. 11. 2004 – Az.: 45–06/04; 1. VK Sachsen, B. v. 29. 5. 2002 – Az.: 1/SVK/044–02; VK Lüneburg, B. v. 3. 2. 2000 1372

– Az.: 203-VgK-15/1999); er muss sich an die Verpflichtung zur Berücksichtigung sachbezogener Gesichtspunkte (Art der zu vergebenden Leistung) halten und an dem Gebot zum Wechsel des Bewerberkreises (§ 7 Nr. 2 Abs. 4 VOL/A) orientieren (VK Baden-Württemberg, B. v. 12. 7. 2001 – Az.: 1 VK 12/01). Der Auftraggeber hat seine Auswahl nach pflichtgemäßem Ermessen vorzunehmen. Dabei hat er alles zu unterlassen, was zu einer Benachteiligung bestimmter Bewerber führen könnte, das heißt er hat das **Diskriminierungsverbot des § 97 Abs. 2 GWB zu beachten** (BayObLG, B. v. 20. 4. 2005 – Az.: Verg 026/04; VK Südbayern, B. v. 28. 12. 2004 – Az.: 75–11/04; B. v. 23. 11. 2004 – Az.: 45–06/04; B. v. 9. 4. 2003 – Az.: 11–03/03). Auch muss er das Wettbewerbs- und das Transparenzgebot berücksichtigen, die in § 97 Abs. 1 und Abs. 2 GWB normiert sind und als konkrete **Ausprägungen eines generellen, übergreifenden Willkürverbots** anzusehen sind (1. VK Bund, B. v. 25. 6. 2003 – Az.: VK 1–45/03).

1373 Wenn ein Auftraggeber der Auffassung ist, eine **sachgerechte und willkürfreie Auswahlentscheidung z. B. auch ohne eine Aufklärung eines ggf. unvollständigen Teilnahmeantrags durchführen zu können,** weil er eine ausreichende Anzahl zweifelsfrei geeigneter Bewerber hat und die Auswahlentscheidung hinreichend und nachvollziehbar dokumentiert, besteht **keine Möglichkeit der Vergabekammer, diese Ermessenentscheidung zu verändern,** denn sie ist nicht berechtigt, ihr Ermessen an die Stelle des Ermessens der Auftraggebers zu setzen, wenn ein Ermessensfehlgebrauch nicht ersichtlich ist (VK Arnsberg, B. v. 29. 11. 2005 – Az.: VK 23/05).

10.4.3.7 Öffnung von Teilnahmeanträgen

1374 **§ 22 VOB/A und § 22 VOL/A gelten für die Durchführung eines Teilnahmewettbewerbes weder unmittelbar noch in entsprechender Anwendung.** Die Vorschriften regeln ausdrücklich nur die Öffnung und Behandlung von Angeboten bei öffentlichen und beschränkten Ausschreibungsverfahren. Einem solchen förmlichen Verfahren ist die Durchführung eines Teilnahmewettbewerbes nicht gleichzusetzen. **Weder das GWB noch die VOB noch die VOL geben der ausschreibenden Stelle vor, wann die Teilnahmeanträge zu öffnen sind** (VK Nordbayern, B. v. 27. 10. 2000 – Az.: 320.VK-3194–26/00).

1375 Diese Rechtsprechung hat mindestens **für Verfahren ab den Schwellenwerten keine Gültigkeit** mehr. Gemäß §§ 16a, 16b VOB/A sowie 16a, 16b VOL/A sind **Teilnahmeanträge bis zum Ablauf der für ihre Einreichung vorgesehenen Frist unter Verschluss zu halten.**

10.5 Verhandlungsverfahren (§ 101 Abs. 4)

1376 Beim Verhandlungsverfahren wendet sich der Auftraggeber mit oder ohne vorherige öffentliche Aufforderung zur Teilnahme an ausgewählte Unternehmen, um mit einem oder mehreren über die Auftragsbedingungen zu verhandeln.

10.5.1 Inhalt und Ablauf

1377 Das Verhandlungsverfahren unterscheidet sich vom Offenen bzw. Nichtoffenen Verfahren dadurch, dass **sowohl der Leistungsgegenstand nicht** bereits in der Ausschreibung in allen Einzelheiten **festgeschrieben** ist als auch **Angebote abgeändert** werden können, nachdem sie abgegeben worden sind. Nach **Ablauf der Angebotsfrist** sind die Angebote nicht nur noch nach dem für alle einheitlichen Maßstab zu bewerten; es **beginnt** vielmehr ein **dynamischer Prozess,** in dem sich durch Verhandlungen sowohl auf Nachfrage- als auch auf Angebotsseite Veränderungen ergeben können (OLG München, B. v. 28. 4. 2006 – Az.: Verg 6/06: VK Baden-Württemberg, B. v. 19. 7. 2005 – Az.: 1 VK 34/05; VK Hessen, B. v. 16. 7. 2004 – Az.: 69d – VK – 39/2004; VK Baden-Württemberg, B. v. 12. 1. 2004 – Az.: 1 VK 74/03). Diese dürfen nur nicht dazu führen, dass letztlich andere Leistungen beschafft werden, als angekündigt. Die **Identität des Beschaffungsvorhabens,** so wie es die Vergabestelle zum Gegenstand der Ausschreibung gemacht hat, **muss auch im Verhandlungsverfahren gewahrt bleiben,** weil sonst die Ausschreibungsverpflichtung als Ausgangspunkt aller vergaberechtlichen Rechte und Pflichten der Beteiligten letztlich leer liefe (OLG München, B. v. 28. 4. 2006 – Az.: Verg 6/06: OLG Dresden, B. v. 3. 12. 2003 – Az.: WVerg 15/03; 2. VK Sachsen-Anhalt, B. v. 3. 3. 2006 – Az.: VK 2-LVwA LSA 2/06; VK Baden-Württemberg, B. v. 19. 7. 2005 – Az.: 1 VK 34/05). Vergibt der Auftraggeber **nur ein Auftragsvolumen von ca. 70%** des ursprünglich angestrebten Auftragsumfangs, **bleibt die Identität gewahrt** (VK Baden-Württemberg, B. v. 19. 7. 2005 – Az.: 1 VK 34/05). Der **Auftraggeber** ist in einem solchen Fall aber **verpflichtet, die Bieter gleichermaßen von einer Veränderung des Verfahrens** – z.B. einer Reduzierung des Auftragsumfangs – **zu unterrichten** (VK Baden-Württemberg, B. v. 19. 7. 2005 – Az.: 1 VK 34/05).

Verhandeln heißt in diesem Zusammenhang, dass Auftraggeber und potentielle Auftragnehmer den Auftragsinhalt und die Auftragsbedingungen solange besprechen bis klar ist, wie die Leistung ganz konkret beschaffen sein soll, zu welchen Konditionen der Auftragnehmer diese liefert und grundsätzlich insbesondere auch, zu welchem Preis geliefert wird (VK Südbayern, B. v. 8. 2. 2002 – Az.: 41–11/01). Ein Vertrag wird am Ende des Verhandlungsprozesses mit dem Unternehmen geschlossen, das bis zum Schluss übrig geblieben ist. Dabei kann der Verhandlungsprozess in Stadien ablaufen, nach deren jeweiligem Ende Unternehmen ausscheiden, beispielsweise weil sie technisch nicht die gewünschte Leistung erbringen können oder wollen (OLG Celle, B. v. 16. 1. 2002 – Az.: 13 Verg 1/02). 1378

10.5.2 Geltung der wesentlichen Prinzipien des Vergaberechts

Das **Verhandlungsverfahren** ist **geringen formalen Anforderungen** unterworfen, aber **kein wettbewerbsfreier Raum.** Auch im Verhandlungsverfahren unterliegt der Auftraggeber **wesentlichen Prinzipien des Vergaberechts.** Das gilt namentlich für die Grundsätze des Wettbewerbs, der Transparenz und der Nichtdiskriminierung (BGH, Urteil v. 1. 8. 2006 – Az.: X ZR 115/04; OLG München, B. v. 20. 4. 2005 – Az.: Verg 008/05; BayObLG, B. v. 5. 11. 2002 – Az.: Verg 22/02; OLG Düsseldorf, B. v. 18. 6. 2003 – Az.: Verg 15/03; 2. VK Sachsen-Anhalt, B. v. 3. 3. 2006 – Az.: VK 2-LVwA LSA 2/06; 1. VK Bund, B. v. 21. 9. 2006 – Az.: VK 1–100/06; B. v. 8. 2. 2005 – Az.: VK 1–02/05; VK Brandenburg, B. v. 30. 8. 2004 – Az.: VK 34/04; VK Baden-Württemberg, B. v. 19. 7. 2005 – Az.: 1 VK 34/05; VK Baden-Württemberg, B. v. 12. 1. 2004 – Az.: 1 VK 74/03; VK Nordbayern, B. v. 23. 6. 2003 – Az.: 320.VK-3194–17/03). 1379

Dies gilt auch für das **Verhandlungsverfahren nach § 3 Nr. 2 Buchst. c VOL/A SKR,** das dem Sektorenauftraggeber einen möglichst großen Entscheidungsspielraum einräumen will (OLG München, B. v. 20. 4. 2005 – Az.: Verg 008/05). 1380

10.5.2.1 Gleichbehandlungsgebot

Der Wettbewerbsgrundsatz gebietet es, dass der Auftraggeber **grundsätzlich mit mehreren Bietern verhandeln** muss. Auch **im Verhandlungsverfahren z.B. nach der VOF** ist der Auftraggeber verpflichtet, **die Bieter gleich zu behandeln.** Er muss also allen Bietern die gleichen Informationen zukommen lassen und ihnen die Chance geben, innerhalb gleicher Fristen und zu gleichen Anforderungen Angebote abzugeben (OLG Celle, B. v. 16. 1. 2002 – Az.: 13 Verg 1/02; OLG Düsseldorf, B. v. 18. 6. 2003 – Az.: Verg 15/03; VK Münster, B. v. 9. 4. 2003 – Az.: VK 05/03). 1381

Diese Verpflichtung der Vergabestelle zur Gleichbehandlung wirkt sich für die Bieter im Vergabeverfahren **in zweifacher Hinsicht** aus: Zum einen sind die **aufgestellten Anforderungen seitens der Vergabestelle auf sämtliche Bieter gleichermaßen und diskriminierungsfrei anzuwenden.** Zum anderen obliegt es **dem einzelnen Bieter, bei der Abgabe seines Angebots und im Verlauf des Vergabeverfahren die von der Vergabestelle aufgestellten Anforderungen zu beachten.** Dabei dient die Obliegenheit des Bieters, sein Angebot gemäß den von der Vergabestelle aufgestellten Anforderungen abzugeben, vor allem dem Zweck, für die von der Vergabestelle durchzuführende Angebotswertung nur solche Angebote zu erhalten, die auf einheitlicher Grundlage erstellt wurden und damit vergleichbar sind. Ein **Bieter, der diese Obliegenheit nicht beachtet, riskiert den Ausschluss vom Vergabewettbewerb,** wenn nur so dem Anspruch der anderen Bieter auf eine wettbewerbliche und diskriminierungsfreie Vergabe gewährleistet werden kann (1. VK Bund, B. v. 8. 2. 2005 – Az.: VK 1–02/05). 1382

Gibt der Auftraggeber z.B. vor, dass bestimmte Preise auch in nachfolgenden Verhandlungsrunden nicht geändert werden dürfen und ändert der Bieter diese Preise dennoch, ist das Angebot **zwingend vom weiteren Verhandlungsverfahren auszuschließen** (1. VK Bund, B. v. 8. 2. 2005 – Az.: VK 1–02/05). 1383

Dies bedeutet z.B. auch, dass es **nicht zulässig ist, im Rahmen eines Verhandlungsverfahrens über die Veräußerung von Anteilsrechten nur mit einem Bieter über eine** 1384

Mehrheitsbeteiligung sowie den Abschluss eines Konsortialvertrages und mit den übrigen Bietern nur über einen Minderheitsanteil ohne Konsortialvertrag zu verhandeln. Bei letzterem ist nämlich das unternehmerische Risiko wesentlich höher zu kalkulieren (VK Düsseldorf, B. v. 14. 5. 2004 – Az.: VK – 7/2004 – L/VK- 8/2004 – L).

1385 Vgl. für **den Bereich der VOF die Kommentierung zu § 4 VOF** RZ 7862.

10.5.2.2 Bindung an Mindestbedingungen

1386 Die Anwendung der allgemeinen vergaberechtlichen Grundsätze hat zur Folge, dass es dem öffentlichen Auftraggeber, wenn er Mindestbedingungen in der Ausschreibung festgelegt hat, **grundsätzlich verwehrt** ist, zugunsten eines Bieters **auf die Erfüllung der Mindestbedingung zu verzichten**. Das Transparenzgebot und der Gleichbehandlungsgrundsatz verleihen der durch das Aufstellen der Mindestanforderung bewirkten Selbstbindung des öffentlichen Auftraggebers zugleich bieterschützende Wirkung mit der Folge, dass der öffentliche Auftraggeber die entsprechende Anforderung jedenfalls dann nicht ohne weiteres aufgeben darf, **wenn zumindest einer der Bieter sie erfüllt hat.** Dem öffentlichen Auftraggeber ist es insoweit verwehrt, auf Mindestbedingungen zu verzichten, die er zuvor als bindend festgelegt hat (1. VK Sachsen, B. v. 19. 7. 2006 – Az.: 1/SVK/060–06; B. v. 19. 7. 2006 – Az.: 1/SVK/059–06; B. v. 25. 4. 2006 – Az.: 1/SVK/031–06; 1. VK Bund, B. v. 10. 12. 2002 – Az.: VK 1–93/02).

1387 **Angebote,** die also **die in der Leistungsbeschreibung aufgestellten Mindestanforderungen von vornherein nicht erfüllen, sind daher auszuschließen.** Auch das geringere formalen Anforderungen unterworfenen Verhandlungsverfahren lässt diesbezüglich keine Ausnahme zu (BGH, Urteil v. 1. 8. 2006 – Az.: X ZR 115/04; 1. VK Bund, B. v. 25. 5. 2004 – Az.: VK 1–51/04).

1388 Hat beispielsweise die Vergabestelle in der Auftragsbekanntmachung und in den Vergabeunterlagen zwingend vorgegeben, dass **Tariftreueerklärungen mit der Angebotsabgabe vorzulegen sind,** ist sie an diese Festlegung gebunden. Obwohl der öffentliche Auftraggeber im Rahmen des Verhandlungsverfahrens über einen Verhandlungsspielraum verfügt, so muss er gleichwohl dafür Sorge tragen, dass die Bedingungen der Verdingungsunterlagen, die er als zwingend eingestuft hat, eingehalten werden. Auch Verhandlungsverfahren unterliegen dem Gleichbehandlungsgrundsatz aller Bieter nach § 97 Abs. 2 GWB. Dieser Grundsatz erfordert, dass Anbieter, die in preisrelevanten Fragen von Vorgaben der Ausschreibung abweichen, zwingend ausgeschlossen werden. Der zu zahlende Lohn und der Einsatz von Fremdleistungen haben tief greifende Auswirkungen auf die Angebotskalkulation und damit eine weit reichende preisliche Relevanz (VK Nordbayern, B. v. 25. 6. 2004 – Az.: 320.VK – 3194–19/04).

1389 Wird z.B. in einer Verhandlungsrunde von den **Bietern die Abgabe einer Erklärung bzw. Vertragsunterlage zwingend innerhalb der Frist zur Abgabe des ersten Angebotes gefordert, so ist das Angebot, welches diese obligatorische Erklärung nicht enthält, zwingend auszuschließen** (OLG Naumburg, B. v. 8. 9. 2005 – Az.: 1 Verg 10/05).

10.5.2.3 Gebot der eindeutigen und erschöpfenden Leistungsbeschreibung

1390 Das Verhandlungsverfahren eröffnet der Vergabestelle bei der Ausgestaltung der Leistungsbeschreibung **keine größeren Freiheiten** als bei den anderen gemäß § 101 GWB zulässigen Arten von Vergabeverfahren. Das **Gebot der eindeutigen und erschöpfenden Leistungsbeschreibung** gilt auch für das Verhandlungsverfahren (OLG Düsseldorf, B. v. 2. 8. 2002 – Az.: Verg 25/02).

10.5.2.4 Keine Verpflichtung zu Verhandlungen mit allen Bietern

1391 Es lässt sich weder aus § 3a Nr. 1 Abs. 1 Satz 2 letzter Halbsatz VOL/A noch aus anderen vergaberechtlichen Bestimmungen ein **allgemeiner Anspruch des Bieters auf Durchführung von Verhandlungen** herleiten, wenn ein öffentlicher Auftrag im Wege des Verhandlungsverfahrens vergeben werden soll. **Ob Verhandlungen mit den Bietern geführt werden, liegt grundsätzlich im Ermessen der Vergabestelle** (3. VK Bund, B. v. 30. 9. 2005 – Az.: VK 3–124/05; 2. VK Bund, B. v. 27. 8. 2002 – Az.: VK 2–70/02; B. v. 12. 12. 2002 – Az.: VK 2–92/02).

1392 Der Auftraggeber darf die Zahl der Bieter im Verfahren unter Sicherstellung eines angemessenen Verhältnisses zwischen dem besonderen Merkmalen des Vergabeverfahrens und dem zur Durchführung notwendigen Aufwand verringern. Dabei sind **so viele Bieter zu berücksichtigen, dass ein Wettbewerb gewährleistet bleibt:** Unter Heranziehung des diesen Grund-

Gesetz gegen Wettbewerbsbeschränkungen GWB § 101 **Teil 1**

satz ebenfalls konkretisierenden § 8 a Nr. 3 VOB/A werden drei Bieter als ausreichend anzusehen sein. Daraus folgt gerade nicht, dass bis zum Ende des Verhandlungsverfahrens mit allen Bietern verhandelt werden muss. Die sukzessive Beschränkung auf immer weniger Verhandlungspartner mit dem Ergebnis, dass am Ende nur noch ein Bieter verbleibt, ist für sich noch keine Diskriminierung, sondern entspricht dem Wesen und dem üblichen Ablauf eines Verhandlungsverfahrens. Die Vergabestelle hat im Verhandlungsverfahren bei der Entscheidung, mit welchen Bietern sie nach Abgabe der Angebote Nachverhandlungen beginnt und zum Abschluss bringt, unter Beachtung der Wettbewerbs- und Transparenzprinzipien und des Gleichbehandlungsgebots einen Ermessensspielraum. **Liegt zwischen den Angeboten etwa ein erheblicher Preisabstand, so ist es sachlich gerechtfertigt, die Nachverhandlungen mit den preisgünstigsten Bietern zu beginnen und auf diese zu beschränken** (OLG Frankfurt, B. v. 2. 11. 2004 – Az.: 11 Verg. 16/04; VK Hessen, B. v. 16. 7. 2004 – Az.: 69 d – VK – 39/2004; B. v. 30. 3. 2004 – Az.: 69 d – VK – 08/2004; VK Baden-Württemberg, VK Baden-Württemberg, B. v. 28. 10. 2004 – Az.: 1 VK 68/04; B. v. 12. 1. 2004 – Az.: 1 VK 74/03).

Bei **besonderen Fallgestaltungen** (z. B. im VOF-Verfahren) kann es auch zulässig sein, ein **Verhandlungsverfahren nur mit einem Bieter** zu führen (2. VK Sachsen-Anhalt, B. v. 3. 3. 2006 – Az.: VK 2-LVwA LSA 2/06). 1393

10.5.2.5 Verpflichtung zur zeitgleichen Einholung des letzten Angebots der verbliebenen Bieter

Die Vergabekammer Südbayern ist der Ansicht, dass es zur Sicherung eines geordneten Wettbewerbes sowie der Gleichbehandlung aller Bieter zwingend notwendig ist, im Verhandlungsverfahren **das letzte Angebot der verbliebenen Bieter zeitgleich**, d. h. zu einem genau festgesetzten Termin einzuholen (VK Südbayern, B. v. 8. 2. 2002 – Az.: 41–11/01). 1394

10.5.2.6 Verpflichtung zur Mitteilung des Verfahrensablaufes und Bindung hieran

Das Transparenzgebot verpflichtet den öffentlichen Auftraggeber, den **Verfahrensablauf – soweit bekannt – mitzuteilen und davon nicht überraschend und willkürlich abzuweichen** (OLG Düsseldorf, B. v. 18. 6. 2003 – Az.: Verg 15/03). 1395

10.5.2.7 Befugnis des Auftraggebers, Angebotsfristen im Verhandlungsverfahren als Ausschlussfristen zu setzen und Rechtsfolgen

10.5.2.7.1 Befugnis des Auftraggebers, Angebotsfristen zu setzen. Im Verhandlungsverfahren **darf** der öffentliche Auftraggeber den – im Verfahren verbleibenden – Bietern **feste Fristen**, etwa für die Überarbeitung ihrer Angebote, **setzen;** denn er muss den Ablauf des Verhandlungsverfahrens, damit es praktikabel, effizient und zügig verläuft, strukturieren können (OLG Frankfurt, B. v. 23. 12. 2005 – Az.: 11 Verg 13/05; OLG Düsseldorf, B. v. 7. 1. 2002 – Az.: Verg 36/01). 1396

10.5.2.7.2 Bindung des Auftraggebers an die Angebotsfrist. Macht der Auftraggeber von dieser Befugnis, Fristen zu setzen, Gebrauch, **bindet er** freilich – mit Blick auf den Gleichbehandlungsgrundsatz, der im Verhandlungsverfahren ebenfalls gilt – **auch sich selbst.** Er hat bei (echten) Fristüberschreitungen kein Ermessen, ob er Konsequenzen aus ihnen zieht, z. B. ein überarbeitetes Angebot wegen Fristüberschreitung zurückweist, oder nicht. Vielmehr ist die erstgenannte Alternative (Nichtberücksichtigung wegen Fristüberschreitung) wegen des Gebots der Gleichbehandlung aller Bieter zwingend. So hat der öffentliche Auftraggeber bei der Gestaltung des Ablaufs des Verhandlungsverfahrens durch Fristsetzungen hauptsächlich nur die Regel einzuhalten, dass die gesetzte Frist verhältnismäßig sein muss und die Bieter nicht unangemessen behindern darf und dass er die Bieter gleich behandeln muss (OLG Frankfurt, B. v. 23. 12. 2005 – Az.: 11 Verg 13/05; OLG Düsseldorf, B. v. 7. 1. 2002 – Az.: Verg 36/01; VK Münster, B. v. 9. 4. 2003 – Az.: VK 05/03; 1. VK Sachsen, B. v. 29. 12. 2004 – Az.: 1/SVK/123–04; B. v. 13. 5. 2002 – Az.: 1/SVK/027–02). 1397

10.5.2.7.3 Ausnahme von der Bindung des Auftraggebers an die Angebotsfrist. Wenn nur deshalb ein Bieter, der zulässigerweise ebenfalls die letzten 15 Minuten vor Fristablauf für die Abgabe seines rechtzeitig fertig gestellten optimierten Angebots per Telefax nutzen will, **an der Wahrung der Frist durch die dauernde Belegung des Telefaxgerätes des Auftraggebers gehindert** wird, ist es ein Verstoß gegen den Gleichbehandlungsgrundsatz, **ein in ganz engem zeitlichen Abstand nach formellem Fristablauf** per Telefax (oder sonst wie) eingegangenes Angebot dieses Bieters wegen Fristversäumnis aus der Angebotswertung **auszuschließen.** Für diese eine enge Ausnahme bildenden Voraussetzungen muss der betreffende 1398

Teil 1 GWB § 101 Gesetz gegen Wettbewerbsbeschränkungen

Bieter im Streitfall die materielle Beweislast tragen (OLG Düsseldorf, B. v. 7. 1. 2002 – Az.: Verg 36/01).

1399 **10.5.2.7.4 Fristverlängerung oder Wiedereinsetzung in den vorigen Stand bei Fristversäumung?** Eine Fristverlängerung nach § 31 Abs. 7 VwVfG oder eine Wiedereinsetzung in den vorigen Stand (§ 32 VwVfG) **kommen nicht in Betracht.** Angebotsfristen im Vergabeverfahren sind weder Fristen des Gerichts- noch des Verwaltungsverfahrens. Diese können mangels Regelungslücke und Vergleichbarkeit der Konstellationen **auch nicht analog auf das Vergabeverfahren angewendet** werden. Ebenso verbietet sich ein „erst-recht-Schluss". Angebotsabgabefristen im Vergabeverfahren unterscheiden sich nach ihrem Sinn und Zweck grundlegend von den Fristen des Gerichts- und Verwaltungsverfahrens. Letztere dienen vorrangig der Beschleunigung des Verfahrens, während die Angebotsabgabefrist im Vergabeverfahren in erster Linie Ausfluss des Transparenz- und des Gleichbehandlungsgebotes ist. Wenn die Angebotsabgabefrist nach § 22 Nr. 2 VOB/A aus den besagten Gründen heraus strengeren Regeln unterliegt als Gerichtsfristen, muss dies auch bei Angebotsabgabefristen, die im Verhandlungsverfahren von der Vergabestelle gesetzt werden, gelten (2. VK Bund, B. v. 26. 9. 2001 – Az.: VK 2–30/01; OLG Düsseldorf, B. v. 7. 1. 2002 – Verg 36/01).

10.5.2.8 Keine Nachverhandlungsmöglichkeit nach Ablauf der Angebotsabgabefrist

1400 § 24 VOB/A und § 24 VOL/A sind **für Verhandlungsverfahren nicht anzuwenden.** Vielmehr entsprechen Nachverhandlungen des Angebotsinhaltes gerade dem Sinn und Zweck des Verhandlungsverfahrens (VK Südbayern, B. v. 8. 2. 2002 – Az.: 41–11/01).

1401 Allerdings gebieten sowohl das Gebot zu einem fairen Preis- und Leistungswettbewerb als auch der Grundsatz der Gleichbehandlung es, dass die **Bieter** in dem Zeitpunkt, in welchem der öffentliche Auftraggeber die Verhandlungen beendet und zur abschließenden Angebotswertung schreitet, **an ihre Angebote gebunden sind und eine nachträgliche Änderung oder Ergänzung der von ihnen unterbreiteten Offerte ausgeschlossen** ist. In gleicher Weise, wie bei der Öffentlichen Ausschreibung jeder Bieter sicher ist, dass nur die bis zum Ablauf der Angebotsfrist eingegangenen Angebote bei der Zuschlagsentscheidung berücksichtigt werden und eine nachträgliche Veränderung des Angebots ausgeschlossen ist, muss auch **bei der Vergabe im Verhandlungsverfahren jeder Bieter darauf vertrauen können,** dass nur diejenigen Angebote in die Wertung eingestellt werden, die **beim Schluss der letzten Verhandlungsrunde des öffentlichen Auftraggebers und bis zur abschließenden Angebotswertung vorlagen.** Auch hier ist es ein Gebot der Chancengleichheit und des fairen Wettbewerbs um den ausgeschriebenen Auftrag, dass kein Bieter sein Angebot im Nachhinein, das heißt nach Ablauf der vom Auftraggeber festgelegten Einreichungsfrist, ändern kann (OLG Düsseldorf, B. v. 25. 7. 2002 – Az.: Verg 33/02).

1402 Deshalb ist ein preislich geändertes Angebot bei der Wertung nicht zu berücksichtigen (VK Nordbayern, B. v. 23. 6. 2003 – Az.: 320.VK-3194–17/03).

10.5.2.9 Verpflichtung zur Festlegung des zeitlichen Rahmens der Verhandlungen und des Zeitpunkts der Bewertung der Angebote

1403 Nach Auffassung der VK Detmold (B. v. 27. 2. 2003 – Az.: VK.11–48/02) hat der öffentliche Auftraggeber im Rahmen des Verhandlungsverfahrens festzulegen, in **welchem zeitlichen Rahmen die Verhandlungen mit den Bietern geführt** werden und zu welchem **Zeitpunkt eine abschließende vergleichende Bewertung** der bis dahin abschließend vorzulegenden Angebote erfolgt.

10.5.2.10 Unterschiedlich lange Verhandlungszeiträume mit unterschiedlichen Bietern

1404 Der öffentliche Auftraggeber darf zwar nicht „endlos" **Verhandlungen nur mit einem bestimmten Bieter** führen, andererseits steht ihm aber insoweit ein **Ermessensspielraum** zu. Entscheidend sind die Umstände des Einzelfalls (OLG Düsseldorf, B. v. 18. 6. 2003 – Az.: Verg 15/03).

10.5.2.11 Verbot der Verhandlung über Preise nach einer entsprechenden Entscheidung der Vergabekammer

1405 Wird die **Vergabestelle durch bestandskräftigen Beschluss der Vergabekammer verpflichtet,** die **Angebote von Bietern im Verhandlungsverfahren zu einem bestimmten**

Stichtag zu werten, ist damit ein **erneuter Eintritt in Preisverhandlungen,** die das preisliche Gefüge der Angebote zum vorgegebenen Stichtag verändern, **regelmäßig nicht zu vereinbaren.** Damit verbieten sich Eingriffe in das zu diesem Zeitpunkt gegebene Preisniveau. Trotz Verhandlungsverfahrens ist der Vergabestelle durch die Entscheidung der Vergabekammer eine Verhandlung über eine Änderung der Preise in gleicher Weise versagt, wie wenn sie sich im Offenen Verfahren (§ 3a Nr. 1 Buchstabe a) VOB/A) befände. Vor diesem Hintergrund ist es allenfalls unbedenklich, im Einvernehmen mit den noch im Wettbewerb befindlichen Bietern unter Wahrung der Chancengleichheit Verhandlungen über eine Preisreduzierung in dem Umfang zu führen, als beide Angebote z.B. ersichtlich den gleichen Kalkulationsfehler enthielten (BayObLG, B. v. 23. 10. 2003 – Az.: Verg 13/03).

10.5.2.12 Verbot der Verhandlung über Preise, wenn Bieter die Preise anderer Bieter kennen

Es ist mit dem **Wettbewerbs- und Gleichheitsgrundsatz nicht vereinbar,** wenn man einem **Bieter, der den Angebotspreis eines anderen Bieters kennt,** eine **zweite Chance einräumt,** die es ihm ermöglicht, mit einer neuen Preisofferte die Bieterreihung im nachhinein zu verändern (VK Nordbayern, B. v. 26. 8. 2003 – Az.: 320.VK-3194–28/03). **1406**

10.5.2.13 Keine substanzielle Änderung des Beschaffungsgegenstandes durch Abspaltung von Leistungsteilen

Von einem einheitlich ausgeschriebenen Auftrag können auch im Rahmen eines Verhandlungsverfahrens nicht nach Ablauf der Angebotsfrist **Teile der zu erbringenden Leistung dergestalt abgespalten werden,** dass ihre Verwirklichung nach Auftragserteilung zusätzlich von der Ausübung einer an keine inhaltlichen Voraussetzungen gebundenen einseitigen Option des Auftraggebers abhängt; das gilt jedenfalls dann, wenn der **verbleibende „Festauftrag" gegenüber dem ursprünglichen Ausschreibungsinhalt ein gegenständlich anderes Vorhaben („aliud") darstellt** (OLG Dresden, B. v. 3. 12. 2003 – Az.: WVerg 15/03). **1407**

Zwar dient das Verhandlungsverfahren der Festlegung des genauen erst noch auszuhandelnden Vertragsinhalts. **Dabei bildet jedoch der von der Vergabestelle im Leistungsverzeichnis vorgegebene Vertragsgegenstand den Rahmen.** Dieser Rahmen ist überschritten, wenn eine Vereinbarung dahingehend getroffen werden soll, dass ein Teil gebrauchte, wenn auch weitgehend neuwertige Anlagenteile geliefert werden sollen. Auch im Verhandlungsverfahren darf ein Zuschlag nicht auf ein Angebot erteilt werden, das der Leistungsbeschreibung nicht entspricht (VK Baden-Württemberg, B. v. 28. 10. 2004 – Az.: 1 VK 68/04). **1408**

10.5.2.14 Keine fiktiven Preisaufschläge durch den Auftraggeber bei der Wertung

Es **unterliegt nicht der Disposition des Auftraggebers, darüber zu entscheiden oder auch nur zu prognostizieren, wie ein Angebot eines Bieters ohne einen Teil der nachgefragten Leistung ausfallen wird.** Änderungen der Angebote in einem Verhandlungsverfahren unterliegen der ausschließlichen Disposition der Bieter, die im Rahmen ihrer betriebsinternen Kalkulation darüber entscheiden können, ob und zu welchem Preis eine Leistung angeboten oder nicht angeboten werden soll. Wenn der Auftraggeber im Laufe des Verhandlungsverfahrens feststellt, dass er eine Teilleistung voraussichtlich nicht benötigt, hat er dies zumindest den Bietern, mit denen er noch Verhandlungen führt, mitzuteilen und entsprechende **Preisanpassungen dieser Bieter abzufragen** (1. VK Bund, B. v. 11. 3. 2004 – Az.: VK 1–151/03). **1409**

10.5.2.15 Grundsatz der Vertraulichkeit

Zu berücksichtigen ist, dass der **Grundsatz der Vertraulichkeit einen hohen Stellenwert im Verhandlungsverfahren hat,** welches dem Auftraggeber zum Ausgleich ein hohes Maß an klarer Verhandlungsführung abverlangt (VK Baden-Württemberg, B. v. 12. 1. 2004 – Az.: 1 VK 74/03). **1410**

10.5.2.16 Kein Anspruch auf Durchführung eines Verhandlungsverfahrens

Es lässt sich weder aus § 3a Nr. 1 Abs. 1 Satz 2 VOB/A noch aus anderen vergaberechtlichen Bestimmungen ein allgemeiner **Anspruch des Bieters auf Durchführung von Verhandlungen herleiten, wenn ein Verhandlungsverfahren zwar angekündigt war, aber tatsächlich nicht durchgeführt wurde.** Die Erwartungshaltung eines Unternehmens, bei Durch- **1411**

Teil 1 GWB § 101   Gesetz gegen Wettbewerbsbeschränkungen

führung eines Bietergesprächs sei eine preisliche Nachbesserung des Angebots möglich gewesen, ist sachlich nicht begründet und rechtlich nicht einklagbar (VK Baden-Württemberg, B. v. 7. 8. 2003 – Az.: 1 VK 33/03, 1 VK 34/03, 1 VK 35/03).

10.5.2.17 Unzulässigkeit „vorsorglicher" Verhandlungen nach einem Bieterausschluss

1412   Es stellt einen **Verstoß gegen das Transparenzgebot (§ 97 Abs. 1 GWB) und das Gleichbehandlungsgebot** (§ 97 Abs. 2 GWB) dar, wenn der Auftraggeber nach Ausschluss eines Bieters mit diesem „vorsorglich" weiterverhandelt.

1413   Die Aufforderung an einen Bieter, ein neues Angebot abzugeben, stellt nach bereits erfolgtem Ausschluss dieses Bieters die **konkludente Aufhebung der Ausschlussentscheidung** dar.

10.5.2.18 Verpflichtung zu Nachverhandlungen mit allen Bietern

1414   Richtig ist zwar, dass ein Verhandlungsverfahren der Vergabestelle mehr Freiheiten eröffnet als eine Ausschreibung im offenen oder nicht offenen Verfahren. **Verhandlungen über den Auftragsgegenstand oder die Ausgestaltung des Auftrages und unter Beachtung der Grundsätze von Transparenz und Gleichbehandlung auch über den Preis sind möglich, aber nur im Rahmen der Gleichbehandlung aller Bieter auch verpflichtend.** Sofern eine Vergabestelle einem Bieter die Möglichkeit einräumt, sein Angebot im Verhandlungswege zu verändern oder im Verhandlungswege die Grundlagen der Ausschreibung im Lastenheft zu verändern, muss er einem anderen Bieter eben diese Möglichkeit auch einräumen (3. VK Saarland, B. v. 16. 3. 2004 – Az.: 3 VK 09/2003).

10.5.2.19 Verbot der Änderung der Vergabeunterlagen

1415   Werden **Vorgaben in den Verdingungsunterlagen während der Vertragsverhandlungen mit einem Bieter durch die Vergabestelle selbst geändert,** kann das **Angebot des betroffenen Bieters** – ungeachtet der Fragen, inwieweit die Vergabestelle diese Änderung noch zulässigerweise vornehmen durfte und ob diese Änderung diesen Falls nicht gegenüber allen Bietern im Vergabeverfahren hätte angewandt werden müssen – jedenfalls **nicht** nach §§ 25 Nr. 7 S. 2 i. V. m. Nr. 1 Abs. 1 lit. b), 21 Nr. 1 Abs. 2 VOB/A **ausgeschlossen** werden (OLG Naumburg, B. v. 1. 9. 2004 – Az.: 1 Verg 11/04).

10.5.2.20 Wettbewerbsgebot

1416   Das Verhandlungsverfahren befreit den Auftraggeber nicht davon, **Angebote im Wettbewerb einzuholen** (OLG Düsseldorf, B. v. 24. 2. 2005 – Az.: VII – Verg 88/04; B. v. 23. 2. 2005 – Az.: VII – Verg 87/04; B. v. 23. 2. 2005 – Az.: VII – Verg 78/04), also zumindest mit mehreren Betern zu verhandeln, soweit dies im Verfahren zumutbar ist.

10.5.2.21 Verpflichtung zur Aufhebung eines Verhandlungsverfahrens bei Mangelhaftigkeit aller Angebote?

1417   Die **Rechtsprechung** ist insoweit **nicht einheitlich**.

1418   Nach einer Auffassung stellt es **keinen Vergabe-(Verfahrens)-verstoß,** insbesondere keinen Verstoß gegen das Nachverhandlungsverbot, dar, wenn die Vergabestelle in einem Verhandlungsverfahren, in dem **nur mangelhafte, dem zwingenden Ausschluss unterliegende Angebote abgegeben wurden,** das **Verfahren nicht „aufhebt"** (also beendet), sondern **allen Bietern** unter Hinweis auf die nach Auffassung der Vergabestelle vorliegenden Mängel und unter Wahrung der Transparenz und Gleichbehandlung im übrigen **die Möglichkeit einräumt, diese Mängel zu beheben.** Eine formale Beendigung des Verhandlungsverfahrens und die erneute Einleitung eines solchen würde lediglich zu einem vermeidbaren Zeitverlust führen und sich als überflüssige Förmelei darstellen, ohne dass sich an der Notwendigkeit und den Anforderung einer Nachbesserung der erneut einzureichenden Angebote etwas ändern würde (VK Hessen, B. v. 7. 10. 2004 – Az.: 69 d – VK – 60/2004).

1419   Demgegenüber ist die VK Sachsen-Anhalt der Meinung, dass nach **§ 26 VOL/A (bzw. § 26 VOB/A)** eine Ausschreibung aufgehoben werden muss, wenn kein Angebot eingegangen ist, das den Ausschreibungsbedingungen entspricht. Diese **Regelung bezieht sich zwar nach ihrem Wortlaut unmittelbar nur auf Ausschreibungen.** Ausschreibungen finden nur in Offenen und Nichtoffenen Vergabeverfahren statt. **Jedoch ist auch ein Verhandlungsverfahren zu beenden, soweit bereits im Auswahlverfahren keine Teilnahmeanträge eingehen, die den zwingend vom Auftraggeber vorgegebenen Bewerbungsbedingungen entsprechen, bzw. keine Angebote vorliegen. In diesem Fall kann die Vergabestelle auf kein Angebot den Zuschlag erteilen. Insoweit besteht eine gleiche Ausgangslage wie bei einer Ausschreibung (2. VK Sachsen-Anhalt, B. v. 11. 4. 2005 – Az.: VK 2 – LVwA LSA 06/05).

10.5.2.22 Verpflichtung zur Abgabe eines schriftlichen Angebots im verschlossenen Umschlag

§ 18 Nr. 2 VOL/A, wonach Angebote schriftlich in einem verschlossenen Umschlag zuzustellen sind, gilt auch im Verhandlungsverfahren. § 18 Nr. 2 Abs. 2 VOL/A lässt zwar bei der freihändigen Vergabe zu, dass auf die Vorlage eines schriftlichen Angebots verzichtet werden könne, doch lässt sich das nicht auf das Verhandlungsverfahren übertragen. Während das offene und das nichtoffene Verfahren nach Abschnitt 2 der VOL/A der öffentlichen und nichtöffentlichen Ausschreibung nach den Basisparagrafen gleichgestellt werden (§ 3 a Nr. 1 Abs. 3 VOL/A), wurde das Verhandlungsverfahren dem freihändigen Verfahren nicht gleichgestellt. Anders als bei freihändigen Verfahren bei denen die Leistungen ohne Einhalten eines förmlichen Verfahrens vergeben werden können (§ 3 Nr. 1 Abs. 3 VOL/A) sind Verhandlungsverfahren oberhalb der Schwellenwerte förmlich abzuwickeln. **§ 18 Nr. 2 Abs. 2 VOL/A, wonach bei der freihändigen Vergabe davon abgesehen werden kann, dass Angebote per Post oder direkt einzureichen sind, findet deshalb auf das Verhandlungsverfahren keine Anwendung** (VK Baden-Württemberg, B. v. 19. 4. 2005 – Az.: 1 VK 11/05). 1420

Diese rechtlichen **Überlegungen gelten auch für den Bereich der VOB/A** (§ 21 VOB/A). 1421

10.5.2.23 Beachtung der Zuschlagskriterien eines unmittelbar vorher aufgehobenen Offenen Verfahrens

Führt der Auftraggeber im Anschluss an ein aufgehobenes Offenes Verfahren ein formal selbständiges Verhandlungsverfahren durch und enthalten die Verdingungsunterlagen hinsichtlich dieses Verfahrens keine Verweisung auf die im Offenen Verfahren angegebenen Zuschlagskriterien, ist der Auftraggeber gleichwohl bei seiner Wertung auch im Rahmen des Verhandlungsverfahrens an diese Zuschlagskriterien gebunden. Denn aus der maßgeblichen Sicht der in das Verhandlungsverfahren übernommenen Bieter stellten sich, obwohl es sich bei dem Offenen Verfahren und dem nachfolgenden Verhandlungsverfahren formalrechtlich um zwei eigenständige Vergabeverfahren handelte, beide Vergabeverfahren tatsächlich und wirtschaftlich als einheitliches Verfahren dar, für das deshalb einheitlich die im offenen Verfahren festgelegten und bei Eintritt in das Verhandlungsverfahren nicht mehr geänderten Kriterien gelten müssen (OLG Brandenburg, B. v. 17. 2. 2005 – Az.: Verg W 11/04). 1422

10.5.2.24 Geltung der §§ 25 Nr. 1 Abs. 1 und 21 Nr. 1 Abs. 1 VOB/A

Die Vorschriften der §§ 25 Nr. 1 Abs. 1 und 21 Nr. 1 Abs. 1 VOB/A sind grundsätzlich auch im Verhandlungsverfahren anzuwenden, sofern dieses einen öffentlichen Bauauftrag betrifft, dessen Wert den Schwellenwert erreicht oder übersteigt und der Auftrag dem Vergaberechtsregime unterliegt. Dies hat jedenfalls in einem Fall zu gelten, in dem der Auftraggeber in Bezug auf die mit dem Angebot einzureichenden Erklärungen, Preisangaben und Unterschriften bestimmte Forderungen stellt und den Bietern zur Vorlage von Angeboten eine klare Frist setzt (OLG Düsseldorf, B. v. 18. 7. 2005 – Az.: VII – Verg 39/05). 1423

10.5.3 Teilnahmewettbewerb

Zum Teilnahmewettbewerb vgl. die Kommentierung RZ 1360. 1424

10.5.4 Aufhebung eines Verhandlungsverfahrens

Die Rechtsprechung hierzu ist nicht einheitlich. 1425

Nach einer Auffassung (VK Brandenburg, B. v. 17. 9. 2002 – Az.: VK 50/02; VK Bremen, B. v. 6. 1. 2003 – Az.: VK 5/02) erfolgt eine Aufhebung eines Verhandlungsverfahrens mit Teilnahmewettbewerb nach den Regeln über die Aufhebung einer Ausschreibung (§ 26 VOB/A, 1426

Teil 1 GWB § 101   Gesetz gegen Wettbewerbsbeschränkungen

§ 26 VOL/A). Dies gilt auch für die Aufhebung eines Verhandlungsverfahrens **auf der Stufe eines vorgeschalteten Teilnahmewettbewerbs** (VK Brandenburg, B. v. 30. 7. 2002 – Az.: VK 38/02).

1427   Die Vergabekammer Detmold hingegen vertritt die Meinung, dass sich die **einschränkende Formulierung des § 26 Nr. 1 VOL/A lediglich auf die Öffentliche (Offene) sowie die Beschränkte (Nichtoffene) Ausschreibung bezieht, nicht jedoch auf die Freihändige Vergabe (Verhandlungsverfahren).** Dies bedeutet, dass eine Aufhebung des Vergabeverfahrens auch auf andere, nicht in § 26 VOL/A aufgeführte Gründe gestützt werden kann, ohne dass dies rechtlich zu beanstanden gewesen ist (VK Detmold, B. v. 19. 12. 2002 – Az.: VK.21–41/02).

1428   Zur Aufhebung eines VOF-Verfahrens vgl. die Kommentierung zu § 5 VOF RZ 7928.

10.5.5 Literatur

1429   – Ebert, Eva-Dorothee, Möglichkeiten und Grenzen im Verhandlungsverfahren, Dissertation, Köln, 2005
   – Kramer, Johannes, Gleichbehandlung im Verhandlungsverfahren nach der VOL/A, NZBau 2005, 138
   – Lambert, Andrea, Freihändige Vergabe – Restriktive Ausnahmeregelung oder Chance für interessengerechtes Vorgehen?, Baurecht und Baupraxis 2005, 360
   – Meyer, Christoph, Freihändige Vergabe als Ausnahme von der Ausschreibungspflicht im öffentlichen Beschaffungsrecht, AJP 2005, 716
   – Schütte, Peter, Verhandlungen im Vergabeverfahren, ZfBR 2004, 237

10.6 Wettbewerblicher Dialog (§ 101 Abs. 5)

10.6.1 Gesetzliche Regelung

1430   Durch das **Gesetz zur Beschleunigung der Umsetzung von Öffentlich Privaten Partnerschaften und zur Verbesserung gesetzlicher Rahmenbedingungen für Öffentlich Private Partnerschaften vom 1. 9. 2005** (BGBl. I S. 2676) wurde nach § 101 Absatz 4 GWB ein **neuer Absatz 5 zur Definition des wettbewerblichen Dialogs eingefügt.** Danach ist ein **wettbewerblicher Dialog ein Verfahren zur Vergabe besonders komplexer Aufträge durch staatliche Auftraggeber. In diesem Verfahren erfolgen eine Aufforderung zur Teilnahme und anschließend Verhandlungen mit ausgewählten Unternehmen über alle Einzelheiten des Auftrags.** Die **Einzelheiten** dieses neuen Verfahrens werden in der Vergabeverordnung, und zwar in **§ 6a**, sowie in **§ 3a VOB/A** geregelt (vgl. die **Kommentierung** zu § 6a VgV **RZ 3277**).

1431   **Besonders komplexe Aufträge** sind z. B. **bedeutende integrierte Verkehrsinfrastrukturprojekte, große Computernetzwerke** oder **Vorhaben mit komplexer Finanzierung,** deren rechtliche und finanzielle Konstruktionen im Voraus nicht beschrieben werden können. Dieses Verfahren soll **sowohl den Wettbewerb gewährleisten als auch dem Erfordernis gerecht werden, flexibel genug zu sein,** dass ständig ein Dialog mit den beteiligten Unternehmen geführt werden kann, der alle Aspekte berührt und der besonderen Komplexität des Auftrages entspricht.

1432   Die Europäische Kommission – Generaldirektion Binnenmarkt und Dienstleistungen – hat am 17. 1. 2006 **Erläuterungen zum wettbewerblichen Dialog im Anwendungsbereich der klassischen Richtlinie** vorgelegt (www.ibr-online.de/2007-6).

1433   Auch der **wettbewerbliche Dialog unterliegt vollumfänglich der Prüfungskompetenz der Vergabekammer nach § 102 GWB.** Es ist keine Regelung ersichtlich, aufgrund derer die in § 101 Abs. 5 GWB niedergelegte und in § 6a VgV näher beschriebene Verfahrensart des wettbewerblichen Dialogs dem Nachprüfungsverfahren ganz oder auch nur teilweise entzogen ist (VK Düsseldorf, B. v. 11. 8. 2006 – Az.: VK – 30/2006 – L).

10.6.2 Literatur

1434   – Heiermann, Wolfgang, Der wettbewerbliche Dialog, ZfBR 2005, 766
   – Knauff, Matthias, Neues europäisches Vergabeverfahrensrecht: Der wettbewerbliche Dialog, VergabeR 2004, 287

– Knauff, Matthias, Im wettbewerblichen Dialog zur Public Private Partnership?, NZBau 2005, 249
– Pünder, Hermann/Franzius, Ingo, Auftragsvergabe im wettbewerblichen Dialog, ZfBR 2006, 20

10.7 Vorrang des Offenen Verfahrens (§ 101 Abs. 6)

1435 Der **Gleichbehandlungsgrundsatz** des § 97 Abs. 2 GWB **fordert** nicht nur die gleichen Chancen im Wettbewerb, sondern auch **die gleichen Chancen beim Zugang zum Wettbewerb.** Aus diesem Grund kommt dem in § 101 Absatz 6 GWB normierten **Vorrang des Offenen Verfahrens** und damit umgekehrt dem Ausnahmecharakter des Verhandlungsverfahrens **ein hoher Stellenwert** zu (1. VK Sachsen, B. v. 20. 8. 2004 – Az.: 1/SVK/067–04; VK Düsseldorf, B. v. 30. 9. 2002 – Az.: VK – 26/2002 – L).

1436 Der **Vorrang des offenen Verfahrens** ist **bereits dadurch gerechtfertigt,** dass diese Verfahrensart **am stärksten den Wettbewerbsgrundsatz des § 97 Abs. 1 GWB gewährleistet.** Denn das offene Verfahren ist dadurch gekennzeichnet, dass sich grundsätzlich jedes Unternehmen auf der Grundlage der öffentlichen Bekanntmachung mit einem konkreten Angebot am Wettbewerb beteiligen kann. Es bietet am ehesten die Gewähr für die Einhaltung der Vergabegrundsätze des § 97 Abs. 1 und Abs. 2 GWB (VK Lüneburg, B. v. 12. 11. 2003 – Az.: 203-VgK-27/2003).

1437 Grundsätzlich sind also offene **Vergabeverfahren vorrangig** vor nicht offenen (beschränkten) Ausschreibungen (§ 101 Abs. 6 GWB, § 3 Nr. 1 Abs. 4 VOL/A). Dementsprechend sind die **Tatbestände, die ein Abweichen vom offenen Verfahren eröffnen, eng auszulegen** (OLG Naumburg, B. v. 10. 11. 2003 – Az.: 1 Verg 14/03). Auch außerhalb der sog. „a-Paragrafen" (vgl. z. B. § 3 a Nr. 2 d VOL/A) ist für ein durch „Dringlichkeit" begründetes Abweichen vom offenen Vergabeverfahren (öffentliche Ausschreibung) oder vom nicht offenen Verfahren mit öffentlichem Teilnahmewettbewerb (§ 3 Nr. 1 Abs. 4 VOL/A) erforderlich, dass **Umstände** vorliegen, **die nicht von der Vergabestelle vorherzusehen oder zu vertreten sind** und die dazu führen, dass die Zeit zur Durchführung eines (ggf. beschleunigten) offenen Verfahrens fehlt. Die insofern maßgeblichen Gesichtspunkte sind ggf. von der Vergabestelle darzulegen, um die „Unzweckmäßigkeit" einer öffentlichen Ausschreibung zu begründen (Schleswig-Holsteinisches OLG, B. v. 4. 5. 2001 – Az.: 6 Verg 2/2001). Die **Beweislast für das Vorliegen der Ausnahmetatbestände trägt also der Auftraggeber** (VK Lüneburg, B. v. 12. 11. 2003 – Az.: 203-VgK-27/2003).

1438 Der **grundsätzliche Vorrang des Offenen Verfahrens** (der Öffentlichen Ausschreibung) bei der Auftragsvergabe **wirkt insoweit fort, als selbst dann, wenn ein Nichtoffenes Verfahren** (eine Beschränkte Ausschreibung) **oder ein Verhandlungsverfahren** (eine Freihändige Vergabe) wegen Vorliegens eines in § 3 Nr. 3 oder Nr. 4 VOL/A genannten Katalogfalles als grundsätzlich – **zulässig in Betracht kommt, die Vergabestelle** – jedenfalls im Prinzip – **nicht gehindert ist, dennoch eine höherrangige Vergabeart zu wählen.** Der Wortlaut der Ausnahmetatbestände in § 3 Nr. 3 VOL/A (Beschränkte Ausschreibung) und in § 3 Nr. 4 VOL/A (Freihändige Vergabe) stimmt mit dieser Auslegung überein. In den genannten Ausnahmefällen „soll" eine Beschränkte Ausschreibung oder einer Freihändige Vergabe stattfinden. Die Vergabestelle ist danach nicht in jedem wortlautgemäß anzunehmenden Ausnahmefall, sondern dann nur in der Regel gehalten, den Auftrag im Wege einer Beschränkten Ausschreibung oder einer Freihändigen Vergabe zu vergeben. Sachlich gerechtfertigte Gründe können dazu Anlass geben, einer höherrangigen Vergabeart den Vorzug zu geben. Umgekehrt ist im Normalfall eines der Katalogtatbestände der § 3 Nr. 3 oder 4 VOL/A gegen das Absehen vom Offenen Verfahren (von einer Öffentlichen Ausschreibung) nichts einzuwenden (OLG Düsseldorf, B. v. 27. 10. 2004 – Az.: VII – Verg 52/04).

1439 Der **Vorrang des Offenen Verfahrens** gilt **auch bei der Vergabe von Dienstleistungen, die nach den Basisparagrafen und den §§ 8 a, 28 a VOL/A vergeben werden** (VK Magdeburg, B. v. 6. 6. 2002 – Az.: 33–32571/07 VK 05/02 MD).

1440 Die Wahl einer den Zugang zum Wettbewerb einschränkenden Verfahrensart ist regelmäßig ein Verstoß gegen das Gebot der Vergabe im Wettbewerb, wenn die Wahl einer anderen Verfahrensart **nicht durch sachliche Gründe gerechtfertigt** ist (VK Düsseldorf, B. v. 30. 9. 2002 – Az.: VK – 26/2002 – L).

Teil 1 GWB § 101 Gesetz gegen Wettbewerbsbeschränkungen

1441 Die **Beweislast** für das **Vorliegen eines Ausnahmetatbestands** zum Vorrang des Offenen Verfahrens trägt der **Auftraggeber** (1. VK Sachsen, B. v. 20. 8. 2004 – Az.: 1/SVK/067–04).

1442 Die **Entscheidung, ein Nichtoffenes Verfahren oder ein Verhandlungsverfahren durchzuführen, beinhaltet einen durch die Nachprüfungsinstanzen nur beschränkt überprüfbaren Beurteilungsspielraum der Vergabestelle.** Die **Vergabekammer ist daher lediglich befugt, die Einhaltung der Grenzen dieses Beurteilungsspielraums** und dabei insbesondere **zu überprüfen,** ob das vorgeschriebene Verfahren eingehalten wurde, die Vergabestelle von einem zutreffend und vollständig ermittelten Sachverhalt ausgegangen ist, den ihr eingeräumten Beurteilungsspielraum zutreffend interpretiert hat und ob die Einschätzung auf unsachgemäßen bzw. willkürlichen Erwägungen beruht. Die **Nachprüfungsinstanzen dürfen ihre Wertung hierbei jedoch grundsätzlich nicht an die Stelle der Vergabestelle setzen** (2. VK Bund, B. v. 1. 9. 2005 – Az.: VK 2–99/05).

10.8 Arten der Vergabe für Sektorenauftraggeber (§ 101 Abs. 6)

1443 Gemäß § 101 Abs. 5 Satz 2 GWB stehen Auftraggebern, die nur unter § 98 Nr. 4 GWB fallen, die drei Arten (Offenes Verfahren, Nichtoffenes Verfahren und Verhandlungsverfahren) nach ihrer freien Wahl zur Verfügung.

1444 Die **Freiheit** der privaten Sektorenauftraggeber, das Vergabeverfahren wählen zu können, **bedeutet jedoch nicht, dass Elemente verschiedener Verfahrensarten miteinander kombiniert** werden können. Unterwirft sich ein privater Sektorenauftraggeber beispielsweise freiwillig einem offenen oder nichtoffenen Verfahren, so muss er dies auch konsequent zu Ende führen. Insoweit unterliegt er im wesentlichen gleichen Anforderungen wie ein öffentlicher Auftraggeber i. S. d. § 98 Nr. 1 bis 3 GWB (VK Südbayern, B. v. 17. 7. 2001 – Az.: 23–06/01).

1445 Wählt ein Sektorenauftraggeber das Verhandlungsverfahren, sind dabei gemäß § 3 Nr. 2c VOL/A-SKR **Verhandlungen über den Auftragsinhalt**, also über alle Bestandteile des später gegebenenfalls zu schließenden Vertrages **einschließlich der Preise** ausdrücklich vorgesehen. Falls der Auftraggeber in diesen Verhandlungen in seinem Bestreben, ein günstiges Verhältnis zwischen gebotener Leistung und gefordertem Preis zu erlangen, einen zweiten Bieter in einer Verhandlungsrunde auf die zunächst bestehende erhebliche Differenz zwischen seinem Angebotspreis und dem Angebotspreis eines anderen Bieters hingewiesen hat, wäre dies jedenfalls **kein solcher Verstoß gegen Grundsätze des Verhandlungsverfahrens,** dass der auf dieser Verhandlungsstrategie des Auftraggebers zurückzuführende Vertragsschluss mit der Beigeladenen gemäß § 134 BGB oder § 138 BGB als nichtig anzusehen wäre (BayObLG, B. v. 1. 7. 2003 – Az.: Verg 3/03).

10.9 Rechtliche Folgen der Wahl einer falschen Vergabeart

10.9.1 Vergaberecht

1446 Hat ein Auftraggeber eine objektiv falsche Vergabeart gewählt, z. B. ein Verhandlungsverfahren statt eines Nichtoffenen Verfahrens, kann sich **ein Bieter** grundsätzlich **auf diesen Ausschreibungsfehler berufen,** um ein Vergabenachprüfungsverfahren einzuleiten. Der Bieter muss aber bereits im Rahmen der Antragsbefugnis (§ 107 Abs. 2 GWB) darlegen, **inwieweit durch die Wahl der falschen Vergabeart seine Zuschlagschancen beeinträchtigt worden sein können.** Dazu bedarf es der Darlegung, dass und inwieweit er z. B. im Falle einer Öffentlichen Ausschreibung ein anderes, chancenreicheres Angebot abgegeben haben würde, als er dies im Rahmen des tatsächlich durchgeführten Verhandlungsverfahrens getan hat (OLG Düsseldorf, B. v. 26. 7. 2002 – Az.: Verg 22/02).

1447 Ein etwaiger Vergaberechtsverstoß in der Wahl der Vergabeart ist **unverzüglich zu rügen**. Ist z. B. der Verstoß schon aus der Bekanntmachung erkennbar, muss er bei einem Nichtoffenen Verfahren oder einem Verhandlungsverfahren mit Teilnahmewettbewerb innerhalb der Frist zur Teilnahmebewerbung gerügt werden. Geschieht dies nicht, ist der Bewerber **später mit der Rüge der Wahl der falschen Vergabeart ausgeschlossen** (OLG Düsseldorf, B. v. 7. 1. 2002 – Az.: Verg 36/01).

1448 Die Wahl der Vergabeart ist als Vergaberechtsverstoß auch ohne eine Beanstandung durch die Antragstellerin gemäß § 114 Abs. 1 Satz 2 GWB von Amts wegen zu beachten (VK Düsseldorf, B. v. 30. 9. 2002 – Az.: VK – 26/2002 – L).

Sind alle Anforderungen an eine zulässige und begründete Rüge erfüllt, kann die **Vergabe-** 1449
kammer die Entscheidung treffen, **das Vergabeverfahren unter Zugrundelegung der**
Regelungen der richtigen Vergabeart fortzusetzen (VK Düsseldorf, B. v. 30. 9. 2002 –
Az.: VK – 26/2002 – L).

10.9.2 Zuschussrecht
10.9.2.1 Grundsatz

Sofern ein Zuschussgeber bei der Finanzierung von Projekten in Nebenbestimmungen ange- 1450
ordnet hat, dass der Zuschussempfänger die Regeln der VOB/A oder der VOL/A einzuhalten
hat, **können Verstöße gegen diese Auflage zur Rückforderung der Zuschüsse führen**.
Auch **kommen Schadenersatzansprüche in Betracht** (vgl. die Kommentierung zu § 126
GWB RZ 2784).

10.9.2.2 Beispiele aus der Rechtsprechung

– Aufwendungen, die unter Verstoß gegen Vergabevorschriften entstanden sind, können in 1451
einer Landesverordnung **als nicht zuschussfähig** behandelt werden (OVG Schleswig-
Holstein, Urteil vom 23. 8. 2001 – Az.: 4 L 5/01)
– ein Bescheid, mit dem das Land einen **Bewilligungsbescheid** über einen Zuschuss für ein
städtisches Freibad **wegen Nichtbeachtung der VOB widerruft** und den gezahlten Zuschuss zurückfordert, ist rechtswidrig, wenn das Land von dem ihm **zustehenden Ermessen**
bei der Entscheidung über den Widerruf keinen Gebrauch macht (VG Düsseldorf,
Urteil vom 19. 5. 1978 – Az.: 1 K 1719/77).

10.9.2.3 Literatur

– Antweiler, Clemens, Subventionskontrolle und Auftragsvergabekontrolle durch Bewilligungs- 1452
behörden und Rechnungshöfe, NVwZ 2005, 168
– Kulartz, Hans-Peter/Schilder, Hendrik, Rückforderung von Zuwendungen wegen Vergaberechtsverstößen, NZBau 2005, 552
– Müller, Hans-Martin, Zuwendungen und Vergaberecht, VergabeR 2006, 592

10.9.3 Beitragsrecht

Ausgangspunkt der rechtlichen Betrachtung für das Beitragsrecht ist, dass Kosten (z. B. für die 1453
Erschließung einer Straße) tatsächlich angefallen sind. Dieser tatsächliche Aufwand ist im
Grundsatz beitragsfähig. Etwas **anderes kann nur dann gelten, wenn durch eine öffentli-**
che (europaweite) Ausschreibung niedrigere Kosten bei der Erstellung der Anlage
angefallen wären. In der Regel gibt es dafür keine belegbaren Anhaltspunkte, sondern allen-
falls Vermutungen. Es lässt sich somit nicht sicher feststellen, dass die Anlage durch die nur be-
schränkt erfolgte Ausschreibung tatsächlich zu teuer erstellt worden ist und – wenn ja – wie viel
Prozent der Kosten nicht „erforderlich" gewesen wären (OVG für das Land Mecklenburg-
Vorpommern, B. v. 13. 11. 2001 – Az.: 4 K 24/99; OVG Magdeburg, B. v. 18. 1. 2000 – Az.:
A 2 S 525/95).

11. § 102 GWB – Grundsatz

Unbeschadet der Prüfungsmöglichkeiten von Aufsichtsbehörden und Vergabeprüfstellen unterliegt die Vergabe öffentlicher Aufträge der Nachprüfung durch die Vergabekammern.

11.1 Inhalt

§ 102 postuliert **erstens die Vergabekammern als primäre Nachprüfungsbehörden** für 1454
die Vergabe öffentlicher Aufträge. Zweitens beinhaltet § 102 **ein besonderes förmliches**
Rechtsschutzverfahren für die Überprüfung der Vergabe öffentlicher Aufträge. Drittens stellt

Teil 1 GWB § 102 — Gesetz gegen Wettbewerbsbeschränkungen

die Vorschrift klar, dass es außer diesem Rechtsschutzverfahren **noch weitere Möglichkeiten für die Überprüfung** der Vergabe öffentlicher Aufträge gibt.

11.2 Vergabekammern

1455 Die grundsätzliche Aufgabenabgrenzung zwischen den Vergabekammern des Bundes und der Länder und die rechtliche Stellung und die Organisation der Vergabekammern sind in den §§ 103–106 GWB geregelt.

11.3 Nachprüfungsverfahren

1456 Das **Nachprüfungsverfahren** ist – auch mit Blick darauf, dass die Vergabekammern der Innenverwaltung der Länder eingegliedert sind – zwar als (ein im Rahmen einer Vergabesache erstmaliges) **Verwaltungsverfahren besonderer Art** anzusehen. Diese überwiegend vertretene Auffassung beruht letztlich auch auf der zutreffenden Erwägung, dass das **Verfahren vor der Vergabekammer ein formalisiertes, justizförmig ausgestaltetes Rechtsschutzverfahren** darstellt, das, ähnlich wie das verwaltungsgerichtliche Vorverfahren (§§ 68 ff. VwGO) dem gerichtlichen Rechtsschutzverfahren vorgeschaltet ist. Auch wenn das Nachprüfungsverfahren sehr stark einem gerichtlichen Verfahren angenähert bzw. gerichtsähnlich ausgestaltet ist und diese Regelungen die Vergabekammer in materieller Hinsicht eher als erstinstanzliches Gericht erscheinen lassen, handelt es sich formal betrachtet bei der **Vergabekammer um eine Verwaltungsbehörde.** Deren Entscheidung ergeht auch durch Verwaltungsakt (§ 114 Abs. 3 Satz 1 GBW). Die **Vergabekammern stellen im Wege eines zweistufigen Rechtsschutzverfahrens die primäre Kontrollinstanz auf der Verwaltungsebene dar** (OLG München, B. v. 16. 11. 2006 – Az.: Verg 14/06; B. v. 13. 11. 2006 – Az.: Verg 13/06).

11.3.1 Primärrechtsschutz

1457 Mit dem Vierten Teil des GWB hat der deutsche Gesetzgeber **erstmals ein förmliches Verfahren zur Überprüfung der Vergabe öffentlicher Aufträge** geschaffen. Mit diesem Verfahren bekommen Bieter bzw. Bewerber die Möglichkeit, in ein laufendes Vergabeverfahren einzugreifen und in diesem Vergabeverfahren ihr **primäres Interesse auf Erhalt eines öffentlichen Auftrages überprüfen zu lassen und durchzusetzen;** das Gesetz räumt ihnen also einen **Primärrechtsschutz** ein.

1458 Ob der Primärrechtsschutz und damit der Vergaberechtsschutz eröffnet sind, richtet sich nach der **Natur des Rechtsverhältnisses,** aus dem der Klageanspruch (Begehr) hergeleitet wird. Dieser Grundsatz gilt für den Rechtsweg zu allen Gerichten (§ 40 VwGO, § 13 GVG, § 51 SGG, § 33 FGO). Die Natur des zu Grunde liegenden Rechtsverhältnisses **bemisst sich nach dem erkennbaren Ziel der Klage,** wie es im Klageantrag und dem ihm zu Grunde liegenden Sachverhalt seinen Ausdruck findet. Richtet sich die im Nachprüfungsantrag formulierte Begehr des Antragstellers auf Verurteilung der Antragsgegner zur Einleitung eines Vergabeverfahrens und eine Vergabe der avisierten Leistungen in Losen und ergibt sich aus dem zu Grunde liegenden Sachverhalt nach dem Vortrag des Antragstellers eine Verletzung seiner Rechte wegen Missachtung der Bestimmungen des Vergabeverfahrens seitens der Antragsgegner (§ 97 Abs. 7 GWB), so ist zur Prüfung der Einhaltung der Vorschriften des Vergaberechts die VK berufen. Sie allein kann die von der Antragstellerin begehrten Maßnahmen aussprechen (OLG Brandenburg, B. v. 2. 9. 2003 – Az.: Verg W 03/05 und 05/03).

1459 Gegebenenfalls muss der Vergabesenat eine **Vorabentscheidung über den zulässigen Rechtsweg** nach § 17a Abs. 3 GVG treffen (OLG Brandenburg, B. v. 2. 9. 2003 – Az.: Verg W 03/05 und 05/03); vgl. hierzu näher die Kommentierung zu § 123 GWB, Ziffer 32.3.3.

11.3.2 Sekundärrechtsschutz

1460 Haben Bieter bzw. Bewerber aus irgendeinem Grund keine Chancen, ihr primäres Interesse auf Erhalt eines öffentlichen Auftrages überprüfen zu lassen und durchzusetzen, geht ihr **Interesse mindestens dahin,** bei eventuellen Fehlern des Auftraggebers die **Fehlerhaftigkeit feststellen** zu lassen. Darüber hinaus haben sie auch ein Interesse an dem **Ersatz eines eventuell entstandenen Schadens.** Der dafür notwendige **Sekundärrechtsschutz** wird einmal über den Vierten Teil des GWB, und zwar über § 114 Abs. 2 GWB, gewährleistet, sofern es um die Feststellung der Fehlerhaftigkeit geht. Schadenersatzansprüche können sich je nach dem Ziel des Schadenersatzanspruches auf **§ 126 Satz 1 GWB** gründen. Über diese Regelung können nämlich die **Kosten für die Vorbereitung des Angebots oder der Teilnahme an einem Vergabeverfahren** verlangt werden. **Weitergehende Schadenersatzansprüche,** insbesondere auf Ersatz des entgangenen Gewinns, bleiben nach § 126 Satz 2 unberührt. Diese Ansprüche sind **vor den ordentlichen Gerichten** geltend zu machen.

Sonstige Ansprüche − z. B. gegen die Meldung eines Unternehmens an ein Korruptionsregister − können je nach zugrunde liegendem Rechtsverhältnis auch durch die Verwaltungsgerichtsbarkeit überprüft werden (VG Köln, B. v. 7. 6. 2006 − Az.: 13 L 896/05). 1461

Die **ausschließliche Zuständigkeit der Vergabekammern nach § 104 Abs. 2 Satz 2 GWB, die auch konkurrierende lauterkeitsrechtliche Ansprüche erfasst,** ist nur begründet, wenn ein Nachprüfungsverfahren überhaupt statthaft ist. Ist dies nicht der Fall, etwa weil der Schwellenwert nicht erreicht ist (§ 100 Abs. 1 GWB), so **bleibt es bei der Zuständigkeit der ordentlichen Gerichte für behauptete Rechtsverletzungen nach dem Gesetz gegen den unlauteren Wettbewerb.** Dass die Verfolgung solcher Rechtsverletzungen unterhalb des Schwellenwerts durch die Regelung in §§ 97 ff. GWB ausgeschlossen sein sollen, lässt sich diesen Vorschriften nicht entnehmen und wäre auch mit dem Sinn des Vergaberechts, ab einer gewissen wirtschaftlichen Bedeutung des Auftrags eine Intensivierung der gerichtlichen Kontrolle zu ermöglichen, nicht vereinbar. Außerhalb der ausschließlichen Zuständigkeit der Vergabekammern nach § 104 Abs. 2 Satz 2 GWB ist daher der Zivilrechtsweg für behauptete UWG-Ansprüche gegeben (LG Mannheim, Urteil v. 1. 4. 2005 − Az.: 7 O 404/04). 1462

11.3.3 Literatur

− Maier, Clemens, Die prozessualen Grundsätze des Nachprüfungsverfahrens, NZBau 2004, 667 1463
− Maimann, Christine, Der kartellvergaberechtliche Rechtsweg, NZBau 2004, 492

11.4 Weitere Möglichkeiten für die Überprüfung der Vergabe öffentlicher Aufträge

§ 102 GWB nennt als weitere Möglichkeiten der Überprüfung der Vergabe öffentlicher Aufträge die Tätigkeit von Aufsichtsbehörden und Vergabeprüfstellen. 1464

11.4.1 Überprüfung durch Aufsichtsbehörden

Fast jedes staatliche Handeln kann im Grundsatz durch eine andere staatliche Institution im Wege der Fach-, Rechts- oder Dienstaufsicht überprüft werden. Dies gilt auch für die Vergabetätigkeit öffentlicher Auftraggeber. 1465

11.4.1.1 Überprüfung durch Aufsichtsbehörden bei Aufträgen ab den Schwellenwerten

Nach **§ 31a VOB/A, § 32a VOL/A und § 21 VOF** sind in der Vergabebekanntmachung und den Vergabeunterlagen (bzw. der Aufgabenbeschreibung bei VOF-Verfahren) die **Nachprüfungsbehörden bzw. Stellen** anzugeben, an die sich der Bewerber oder Bieter zur Nachprüfung behaupteter **Verstöße gegen Vergabebestimmungen** (bzw. Bestimmungen über die Vergabe- und Wettbewerbsbedingungen) wenden kann. Aufgrund dieser Vorschriften muss jeweils die **zuständige Vergabekammer** genannt werden. 1466

Nach **§ 31 VOB/A** sind in der Vergabebekanntmachung und den Vergabeunterlagen die **Nachprüfungsstellen** anzugeben, an die sich der Bewerber oder Bieter zur Nachprüfung behaupteter Verstöße gegen Vergabebestimmungen wenden kann. Insoweit müssen die Auftraggeber **neben den Vergabekammern auch die Aufsichtsbehörden** nennen. Machen Bewerber und Bieter von diesem Recht Gebrauch, beginnt **ein verwaltungsinternes Überprüfungsverfahren,** gerichtet auf das Primär- oder das Sekundärinteresse. 1467

Zum Teil haben die Bundesländer dieses verwaltungsinterne Überprüfungsverfahren über so genannte VOB-Ausschüsse oder VOB-Stellen oder VOB-Anlaufstellen institutionalisiert. 1468

Eine dem § 31 VOB/A **vergleichbare Regelung** gibt es **in der VOL/A nicht.** Dies bedeutet aber nicht, dass Bieter oder Bewerber daran gehindert sind, die zuständigen Aufsichtsbehörden anzurufen. Sie stehen nur vor der Situation, dass sie diese Behörden herausfinden müs- 1469

Teil 1 GWB § 102 Gesetz gegen Wettbewerbsbeschränkungen

sen, was nicht immer ganz einfach sein kann. Insoweit ist die **VOL/A deutlich bieterunfreundlicher** als die VOB/A.

1470 Das förmliche Vergabenachprüfungsverfahren und das verwaltungsinterne Überprüfungsverfahren können nebeneinander und gleichzeitig ablaufen. Eine gegenseitige rechtliche Abhängigkeit gibt es nicht.

11.4.1.2 Überprüfung durch Aufsichtsbehörden bei Aufträgen unterhalb der Schwellenwerte

1471 Das förmliche Vergabenachprüfungsverfahren ist bei Aufträgen unterhalb der Schwellenwerte nicht zulässig (vgl. die Erläuterungen zu § 100 GWB RZ 1240).

1472 Die öffentlichen Auftraggeber haben aber auch bei Aufträgen unterhalb der Schwellenwerte nach § 31 VOB/A die **Nachprüfungsstellen** anzugeben, an die sich der Bewerber oder Bieter zur Nachprüfung behaupteter Verstöße gegen Vergabebestimmungen wenden kann.

11.4.1.3 Rechtsweg für einen Anspruch auf Tätigwerden der Aufsichtsbehörden bei Aufträgen unterhalb der Schwellenwerte

1473 Die **Ausübung der Einwirkungsmöglichkeiten einer Gemeinde oder eines Landes auf eine von ihr bzw. ihm beherrschte juristische Person des Privatrechts vollzieht sich zwar regelmäßig in der Form privatrechtlicher Gesellschafterrechte; die Beteiligungsverwaltung,** insbesondere die Entscheidung, ob und wie eingewirkt werden soll, **stellt sich aber als schlicht hoheitliches Handeln** der Gemeinde- bzw. Landesverwaltung dar. Ihre **Überprüfung unterliegt somit der Zuständigkeit der Verwaltungsgerichtsbarkeit.** Zivilrechtliche Grundlagen für einen Anspruch auf Einwirkung sind jedenfalls nicht ersichtlich. Namentlich geben die zivilrechtlichen Fallgruppen des so genannten gesellschaftsrechtlichen Durchgriffs nichts her (OVG Nordrhein-Westfalen, B. v. 20. 9. 2005 – Az.: 15 E 1188/05).

11.4.2 Überprüfung durch Vergabeprüfstellen

1474 Die Vergabe öffentlicher Aufträge kann außerdem durch Vergabeprüfstellen überprüft werden. Die näheren Einzelheiten regelt § 103 GWB.

11.4.3 Überprüfung durch ordentliche Gerichte

11.4.3.1 Allgemeines

1475 Nach § 104 Abs. 2 Satz 1 können Nachprüfungsverfahren außer vor den Vergabeprüfstellen nur vor den Vergabekammern und dem Beschwerdegericht geltend gemacht werden. Damit **scheidet ein Nachprüfungsverfahren vor den ordentlichen Gerichten aus.**

1476 Lediglich Sekundäransprüche können bei den ordentlichen Gerichten anhängig gemacht werden (zu den Einzelheiten vgl. RZ 1460).

11.4.3.2 Einstweilige Verfügungsverfahren nach der ZPO

1477 Einstweilige Verfügungsverfahren nach der ZPO scheiden bei Aufträgen ab den Schwellenwerten gemäß § 104 Abs. 2 GWB aus.

1478 Auch bei **Aufträgen unterhalb der Schwellenwerte** gibt es **keine einstweiligen Verfügungsverfahren nach der ZPO.** Der Gesetzgeber hat davon abgesehen, für Aufträge unter den Schwellenwerten vergleichbare Spezialregelungen wie für Aufträgen ab den Schwellenwerten zu schaffen. Art. 19 GG steht dem nicht entgegen, da der Mitbewerber keineswegs ohne effektiven Rechtsschutz – notfalls in Form von Sekundärrechtsschutz – gestellt ist (LG Oldenburg, Urteil vom 16. 5. 2002 – Az.: 5 O 1319/02). Vgl. dazu im Einzelnen die Kommentierung RZ 1237.

11.4.4 Überprüfung durch die Verwaltungsgerichte

11.4.4.1 Rechtsprechung

1479 Nach verschiedenen Entscheidungen aus der Verwaltungsgerichtsbarkeit ist **für die rechtliche Überprüfung der vergaberechtlichen Verfahren, in denen der 4. Teil des Gesetzes**

Gesetz gegen Wettbewerbsbeschränkungen GWB § 102 **Teil 1**

gegen Wettbewerbsbeschränkungen, der das Vergabeverfahren und das diesbezügliche Nachprüfungsverfahren regelt, keine Anwendung findet, der Verwaltungsrechtsweg im Sinne des § 40 Abs. 1 der Verwaltungsgerichtsordnung – VwGO gegeben. Zwar wird teilweise das Vorliegen einer öffentlich-rechtlichen Streitigkeit bei der Vergabe staatlicher Aufträge verneint, da diese allein durch den Abschluss privatrechtlicher Verträge erfolge. Dies wird entgegen früherer Rechtsprechung selbst für die Fälle angenommen, in denen spezielle öffentlich-rechtliche Normen (wie z. B. § 74 BVFG, § 12a BEvaKG, § 68 BEG, §§ 54, 56 SchwBehG oder die Mittelstandsförderungsgesetzes) der Verwaltung aus sozial- bzw. wirtschaftspolitischen Gründen die Bevorzugung bestimmter Personenkreise bei der Auftragsvergabe vorschreiben. Entscheidend sei, dass generell die Annahme oder Ablehnung des privatrechtlichen Angebots einheitlich als privatrechtliche Willenserklärung anzusehen sei. Hiervon ausgehend wird im Blick auf den 4. Teil des GWB (§§ 97 ff. GWB), der nach dem Willen des Gesetzgebers einen eigenständigen ausschließlichen Rechtsweg für die Überprüfung vergaberechtlicher Entscheidungen festlegen sollte, das Bestehen eines Primärrechtsschutzes in den Fällen abgelehnt, in denen die Anwendung der Vorschriften über das Vergabeverfahren und dessen Nachprüfung gemäß § 100 GWB ausgeschlossen ist. Hierbei handelt es sich aufgrund des § 100 Abs. 1 GWB z. B. um Aufträge, deren Auftragswerte den sog. Schwellenwert nicht erreichen. Diese Auffassung geht davon aus, dass der Gesetzgeber mit der Einführung der §§ 97 ff. GWB eine Abkehr von der lediglich haushaltsrechtlichen Beurteilung des Vergabeverfahrens **nur für die öffentlichen Aufträge vornehmen wollte, für die das europarechtlich vorgeschrieben ist. Hierzu gehören nicht die Aufträge mit einem Auftragswert unterhalb des sog. Schwellenwerts im Sinne des § 100 Abs. 1 GWB.**

Argumentativ anders – aber mit dem gleichen Ergebnis – begründet das OVG Nordrhein- **1480** Westfalen die Zulässigkeit des Verwaltungsrechtswegs. **Nicht abzustellen ist auf das mit Zuschlagerteilung entstehende – als privatrechtlich zu qualifizierende – Rechtsverhältnis zwischen Auftraggeber und Auftragnehmer.** Aus diesem zweiseitigen Rechtsverhältnis leitet sich der geltend gemachte Anspruch nicht her. Denn der Antragsteller **will gerade verhindern, dass ein derartiges Rechtsverhältnis zwischen dem Auftraggeber und einem anderen Bieter zustande kommt.** Maßgeblich ist vielmehr das dem Vertragsschluss vorgeschaltete mehrseitige Rechtsverhältnis betreffend die Auswahl des Bieters zwischen den Bietern und der den Auftrag vergebenden Stelle (OVG Nordrhein-Westfalen, B. v. 11. 8. 2006 – Az.: 15 E 880/06).

Dem streng formalisierten und durch ausschließlich für Träger öffentlicher Gewalt **1481** **geltende Regelungen geprägten Auswahlverfahren kommt gegenüber dem sich daran anschließenden und erst mit dem Zuschlag begründeten privatrechtlichen Vertragsverhältnis zwischen dem Auftraggeber und dem den Zuschlag erlangenden Bieter besonderes Gewicht im Sinne einer selbständigen ersten Verfahrensstufe zu.** Hieran schließt sich, beginnend mit dem durch den Zuschlag bewirkten Abschluss eines zivilrechtlichen Vertrages, eine zweite Verfahrensstufe an. Das Verfahren der Auftragsvergabe durch Träger öffentlicher Gewalt unterscheidet sich damit grundlegend von der Auftragsvergabe durch Private im Übrigen. Das Zivilrecht wird bestimmt durch den Grundsatz der Privatautonomie, wonach die Einholung von Angeboten und deren Auswahl grundsätzlich der freien, rechtlich nicht determinierten Entscheidung des Einzelnen überlassen bleibt. Dementsprechend sind diese Verfahrensschritte in der Regel nicht Gegenstand eigener rechtlicher Betrachtung. Diese konzentriert sich vielmehr auf den Vertragsschluss und die Vertragsabwicklung, deren Rechtsqualität auch die vorvertragliche Phase bestimmt. **Demgegenüber kommt bei der Auftragsvergabe durch Träger öffentlicher Gewalt – mag sie auch in einen privatrechtlichen Vertrag einmünden – gerade auch der Angebotseinholung und -auswahl besondere rechtliche Bedeutung zu. Nach z. B. § 55 LHO NRW** muss dem Abschluss von Verträgen über Lieferungen und Leistungen eine öffentliche Ausschreibung vorausgehen, sofern nicht die Natur des Geschäfts oder besondere Umstände eine Ausnahme rechtfertigen. Beim Abschluss von Verträgen ist nach einheitlichen Richtlinien zu verfahren. Gemäß VV Nr. 2.1 zu § 55 LHO NRW gelten für die Vergabe von Lieferungen und Leistungen insbesondere die Vergabe- und Vertragsordnung für Bauleistungen (VOB) sowie die Verdingungsordnungen für Leistungen (VOL) und freiberufliche Leistungen (VOF). Für die Vergabe von Aufträgen durch Gemeinden bestimmt § 25 Abs. 2 GemHVO NRW, dass die Vergabebestimmungen anzuwenden sind, die das Innenministerium bekannt gibt. Nach Ziffern 4 bis 6 des insoweit maßgeblichen Runderlasses des Innenministeriums vom 22. 3. 2006 (MBl. NRW. 2006, S. 222) sollen bei Aufträgen unterhalb der EU-Schwellenwerte grundsätzlich die Teile A (Abschnitt 1), B und C der VOB angewendet werden bzw. wird die Anwendung der Teile A (Abschnitt 1) und B der VOL empfohlen. Die Anwendung der VOF wird insoweit nicht vorgeschrieben. **Die jeweils anzuwendenden Regelwerke enthalten im Interesse der Wirtschaftlichkeit und Sparsamkeit der Haushaltsführung und eines fairen Wettbewerbs allein für öffentliche Auftraggeber geltende detaillierte Regelungen des Ausschreibungsverfahrens, insbesondere auch der Berücksichtigungsfähigkeit von Angeboten und der Erteilung des Zuschlags. Die damit verbundene rechtliche Ausgestaltung des Vergabeverfahrens in der Phase vor dem eigentlichen Vertragsschluss gebietet es, die insoweit bestehenden Rechtsbeziehungen im Hinblick auf die Zuordnung zum öffentlichen oder privaten Recht eigenständig zu würdigen und die Qualifizierung nicht ausschließlich aus der Perspektive des späteren Vertragsschlusses vorzunehmen** (OVG Nordrhein-Westfalen, B. v. 11. 8. 2006 – Az.: 15 E 880/06; B. v. 4. 5. 2006 – Az.: 15 B 692/06).

1482 Das auf der **Ebene der Gleichordnung liegende Auswahlverhältnis ist als öffentlich-rechtlich zu qualifizieren**, weil es **mit den haushalts- und vergaberechtlichen Vorschriften sowie Art. 3 Abs. 1 GG durch Sonderrecht der Träger öffentlicher Gewalt** geprägt wird. Das nordrhein-westfälische Vergaberecht ist – wie das deutsche Vergaberecht insgesamt – traditionell ein spezieller Teil des Haushaltsrechts und teilt deshalb dessen öffentlich-rechtlichen Charakter. Dies gilt auch für die oben genannten Vergabe- und Verdingungsordnungen. Nach VV Nr. 3.2 zu § 55 LHO NRW ist in den Verdingungsunterlagen ausdrücklich darauf hinzuweisen, dass die VOB und VOL nicht Vertragsbestandteil werden, sondern den Charakter von Dienstanweisungen an die Dienststellen tragen. Die Anwendung dieser Regelungen ist durch VV Nr. 2.1 zu § 55 LHO NRW im Innenverhältnis gegenüber den Trägern öffentlicher Gewalt verbindlich vorgeschrieben und kann nach Maßgabe des Gleichbehandlungsgebots des Art. 3 Abs. 1 GG im Außenverhältnis auch von Bietern gefordert werden (OVG Nordrhein-Westfalen, B. v. 11. 8. 2006 – Az.: 15 E 880/06; im Ergebnis ebenso OVG Sachsen, B. v. 13. 4. 2006 – Az.: 2 E 270/05).

1483 Das **OVG Rheinland-Pfalz schließt sich dieser Auffassung ebenfalls an.** Nach seiner Auffassung geht dem Abschluss des privatrechtlichen Vertrages, d.h. der Annahme des Angebotes durch Zuschlag (zweite Stufe), eine erste Stufe in Gestalt eines eigenständigen Vergabeverfahrens voraus. **Allein die Annahme eines solchen Stufenverhältnisses wird dem von Art. 19 Abs. 4 GG verfassungsrechtlich gebotenen Primärrechtsschutz gerecht.** Insoweit ist zu berücksichtigen, dass staatliche Entscheidungen, durch die subjektive Rechte verletzt werden können (z.B. die Vergabeentscheidung), nicht mit deren Vollzug (hier Vertragsabschluss durch Zuschlag) verbunden werden dürfen, wenn hierdurch vollendete Tatsachen geschaffen werden. **Insofern wird der Verweis auf einen Sekundärrechtsschutz den verfassungsrechtlichen Anforderungen nicht gerecht** (OVG Sachsen, B. v. 13. 4. 2006 – Az.: 2 E 270/05; OVG Rheinland-Pfalz, B. v. 14. 9. 2006 – Az.: 2 B 11024/06; B. v. 16. 11. 2005 – Az.: 7 E 11489/05; B. v. 25. 5. 2005 – Az.: 7 B 10356/05.OVG – wirkungslos, nachdem die Beteiligten den Rechtsstreit übereinstimmend für erledigt erklärt haben – VG Koblenz, B. v. 13. 7. 2005 – Az.: 6 L 2617/04.KO -; VG Koblenz, B. v. 31. 1. 2005 – Az.: 6 L 2617/04.KO; VG Neustadt an der Weinstraße, B. v. 6. 4. 2006 – Az.: 4 L 544/06; B. v. 20. 2. 2006 – Az.: 4 L 210/06; B. v. 22. 2. 2006 – Az.: 4 L 245/06; B. v. 19. 10. 2005 – Az.: 4 L 1715/05).

1484 Es ist auch mit dem **Gebot des effektiven Rechtsschutzes gemäß Art. 19 Abs. 4 GG nicht vereinbar**, in **Verfahren,** in welchen der in § 100 Abs. 1 GWB i.V.m. § 2 Nr. 4 VgV bestimmte **Schwellenwert** von fünf Millionen Euro **nicht erreicht wird**, einen **Rechtsweg als nicht eröffnet zu erachten** (OVG Sachsen, B. v. 13. 4. 2006 – Az.: 2 E 270/05).

1485 Der **Rechtsschutz über den Verwaltungsrechtsweg** gilt **auch für Streitigkeiten über Auftragsvergaben unterhalb des Schwellenwertes nach § 100 Abs. 1 GWB durch eine von einer kommunalen Gebietskörperschaft beherrschte juristische Person des privaten Rechts** im Sinn von § 98 Satz 1 Nr. 2 GWB. Denn es darf für die Geltung des Verwaltungsrechtsweges bei Vergaben unterhalb des Schwellenwertes **keinen Unterschied** machen, **ob Gebietskörperschaften unmittelbar** tätig werden **oder sich einer von ihnen beherrschten juristischen Person des Privatrechts bedienen.** Anderenfalls wäre der auch gegenüber Auftragsvergaben unterhalb des Schwellenwertes durch Art. 19 Abs. 4 GG gebotene effektive Rechtsschutz lückenhaft (OVG Rheinland-Pfalz, B. v. 14. 9. 2006 – Az.: 2 B 11024/06).

1486 Ob diese **Argumentation mit der neuen Rechtsprechung des BVerfG zur Verfassungsmäßigkeit des Primärrechtsschutzes nur für Auftragsvergaben ab den Schwellenwerten vereinbar ist, erscheint eher zweifelhaft.** Vgl. dazu im Einzelnen RZ 1237.

Anderer Auffassung sind im Ergebnis für Baumaßnahmen das OVG Berlin- 1487
Brandenburg, das OVG Niedersachsen, das VG Gelsenkirchen, das VG Karlsruhe, das
VG Leipzig und das VG Potsdam. Es ist insoweit maßgeblich darauf abzustellen, welcher
Art das durch den Zuschlag zu begründende Vertragsverhältnis ist. **Handelt es sich um ein
rein fiskalisches Geschäft, das der Errichtung eines Gebäudes dient und nimmt der
Auftraggeber in der Rolle eines Verbrauchers am wettbewerblichen Wirtschafts- und
Erwerbsleben teil, gilt für ihn grundsätzlich formell und materiell das allgemeine
Privatrecht** (VG Potsdam, B. v. 20. 7. 2006 – 2 L 430/06; B. v. 20. 9. 2005 – Az.: 3 L 627/05;
im Ergebnis ebenso OLG München, B. v. 16. 11. 2006 – Az.: Verg 14/06; B. v. 13. 11. 2006 –
Az.: Verg 13/06; VG Karlsruhe, B. v. 14. 6. 2006 – Az.: 8 K 1437/06; VG Leipzig, B. v. 6. 9.
2005 – Az.: 5 K 1018/05; B. v. 5. 9. 2005 – Az.: 5 K 1069/05; VG Gelsenkirchen, B. v. 15. 10.
2004 – Az.: 12 L 2120/04). Dem auf den **Abschluss eines zivilrechtlichen Vertrages gerichteten und damit endenden Vergabeverfahren** lässt sich **auch nicht mittels der so
genannten Zweistufentheorie eine öffentlich-rechtlich einzuordnende Vergabeentscheidung entnehmen**. Die öffentlich-rechtliche Einordnung eines Gesamtvorganges unter
Heranziehung der so genannten Zweistufentheorie setzt eine etwaige **Mehrphasigkeit der
Aufgabenwahrnehmung durch die Verwaltung sowie die Inanspruchnahme von Sonderrecht des Staates bei der exekutiven Grundentscheidung voraus.** Es müssen sich
auch in einem äußerlich einheitlichen Handlungsgeschehen zwei Rechtshandlungen unterscheiden lassen. Dies darf nicht einfach unterstellt werden; vielmehr müssen eindeutige Anhaltspunkte für eine zweistufige Verfahrensweise vorliegen. Diese **Voraussetzungen liegen hier nicht
vor**. Der öffentliche **Auftraggeber** ist bei der Vergabeentscheidung **auch nicht an Sonderrecht des Staates gebunden,** das einem nicht zum Zuge gekommenen Bieter ein subjektives öffentliches Recht verschaffen könnte, um die Durchführung des Vertrages vorläufig zu
verhindern (OVG Berlin-Brandenburg, B. v. 28. 7. 2006 – Az.: 1 L 59/06; OVG Niedersachsen, B. v. 26. 7. 2006 – Az.: 7 OB 65/06; B. v. 14. 7. 2006 – Az.: 7 OB 105/06).

Soweit die Eröffnung des Verwaltungsrechtsweges vorrangig mit dem sich aus Art. 19 Abs. 4 1488
GG ergebenden **verfassungsrechtlichen Gebot effektiven Rechtsschutzes** begründet
wird, ist dieses Anliegen vor dem Hintergrund der Erlangung eines möglichst wirksamen Primärrechtsschutzes durchaus nachvollziehbar und verständlich. Eine **höhere Kontrolldichte
durch verwaltungsgerichtlichen einstweiligen Rechtsschutz auch im Bereich der Vergabe öffentlicher Aufträge unterhalb der Schwellenwerte des § 100 Abs. 1 GWB erscheint wünschenswert, wenn nicht sogar geboten.** Es **muss jedoch dem Gesetzgeber
vorbehalten bleiben** zu bestimmen, inwieweit er den nicht berücksichtigten Mitbietern im
Vergabeverfahren subjektive öffentliche Rechte und den daraus folgenden Rechtsschutz einräumt (OVG Berlin-Brandenburg, B. v. 28. 7. 2006 – Az.: 1 L 59/06; im Ergebnis ebenso
BVerfG, Urteil v. 13. 6. 2006 – Az.: 1 BvR 1160/03).

Das **Bundesverwaltungsgericht konnte diese Frage noch nicht klären.** Es war bisher 1489
nur im Rahmen von einstweiligen Rechtsschutzverfahren mit der Problematik befasst. Die Frage der Klärung des Rechtswegs bei Klagen gegen Vergabeentscheidungen für öffentliche Aufträge unterhalb der Schwelle des § 100 Abs. 1 GWB in Verbindung mit § 2 VgV muss jedoch
einer Entscheidung in der Hauptsache vorbehalten bleiben (BVerwG, B. v. 8. 8. 2006 –
Az.: 6 B 65.06).

11.4.4.2 Literatur

- Dabringhausen, Gerhard/Sroka, Patricia, Vergaberechtlicher Primärschutz auch unterhalb der 1490
EU-Schwellenwerte durch Eröffnung des Verwaltungsrechtswegs?, VergabeR 2006, 462
- Gröning, Jochem, Primärer Vergaberechtsschutz außerhalb des Vierten Teils des GWB auf
dem Verwaltungsrechtsweg?, ZWeR 2005, 276
- Hölzl, Franz/Gabriel, Marc, Verwaltungsgerichtlicher Rechtsschutz unter den vergaberechtlichen Schwellenwerten, AbfallR 2005, 259
- Prieß, Hans-Joachim/Hölzl, Franz Josef, Das Ende der „Zweiklassen-Vergaben" – Vergaben
unter den Schwellenwerten sind fortan verwaltungsgerichtlich überprüfbar, ZfBR 2005, 592
- Prieß, Hans-Joachim/Hölzl, Franz Josef, Vertrauen ist gut – Kontrolle ist besser – Kein rechtfreier Raum bei der Beschaffung von harten Rüstungsgütern, Behörden Spiegel Mai 2005,
23
- Prieß, Hans-Joachim/Hölzl, Franz Josef, Das Ende des rechtsfreien Raumes: Der verwaltungsgerichtliche Rechtsschutz bei der Rüstungsbeschaffung, NZBau 2005, 367

– Ruthig, Josef, Verwaltungsrechtsschutz bei der staatlichen Auftragsvergabe – Eine verwaltungsrechtliche Kritik der „Lenkwaffen"-Entscheidung des OVG Koblenz, NZBau 2005, 497

11.4.5 Befugnisse der Kartellbehörden

11.4.5.1 Allgemeines

1491 Nach § 104 Abs. 2 Satz 2 GWB bleiben mit Blick auf das förmliche Nachprüfungsverfahren die Befugnisse der Kartellbehörden unberührt. Dies bedeutet einmal, dass die **Kartellbehörden** des GWB **unabhängig von einem Vergabenachprüfungsverfahren kartellrechtliche Sachverhalte aufgreifen** können oder sogar müssen.

11.4.5.2 Bedeutung für das Vergabenachprüfungsverfahren

1492 **11.4.5.2.1 Verfahrensmäßige Bedeutung.** Auf der anderen Seite hat die Regelung des § 104 Abs. 2 Satz 2 GWB zur Folge, dass **im Vergabenachprüfungsverfahren** nur solche **kartellrechtlichen Fragestellungen zulässig** sind, die einen **konkreten Bezug zu vergaberechtlichen Vorschriften** haben (VK Baden-Württemberg, B. v. 7. 1. 2003 – Az.: 1 VK 68/02). In solchen Fällen kann es im Einzelfall auch durchaus vorkommen, dass eine kartellrechtliche Frage sowohl in einem Vergabenachprüfungsverfahren als auch einem – sonstigen – **Kartellverfahren** eine Rolle spielen kann.

1493 Beispiele für solche Verknüpfungen sind insbesondere die Grundprinzipien der Vergabe öffentlicher Aufträge, nämlich das Transparenzgebot, das Diskriminierungsverbot und das Gleichbehandlungsgebot.

1494 Das **Vergabenachprüfungsverfahren** ist außerdem **zur Klärung schwieriger kartellrechtlicher Vorfragen,** welche eine Feststellung der Marktverhältnisse und der Stellung des öffentlichen Auftraggebers auf dem jeweiligen relevanten Markt erfordern (beispielsweise der kartellrechtswidrige Missbrauch einer marktbeherrschenden Stellung auf dem Markt für SPNV-Leistungen im Rahmen der Prüfung nach Zulässigkeit einer Tariftreueerklärung, eine unbillige Behinderung eines Bieters oder eine unterschiedliche Behandlung von Bietern ohne sachlichen Grund), **ungeeignet** (OLG Düsseldorf, B. v. 6. 12. 2004 – Az.: VII – Verg 79/04).

1495 **11.4.5.2.2 Inhaltliche Bedeutung.** Vergaberecht ist schon auf Grund seiner rechtssystematischen Stellung im GWB Kartellrecht im weitesten Sinne. Von daher ist auch das **materielle Kartellrecht im Rahmen des Vergaberechts zu beachten;** dazu gehört auch die Rechtsprechung des BGH zum allgemeinen Kartellrecht.

1496 Demgegenüber lehnen die Kartellbehörden des Bundes und der Länder eine rechtliche Bindungswirkung von kartellrechtlichen Unbedenklichkeitsbescheinigungen im Hinblick auf die vergaberechtliche Überprüfung einer Ausschreibung ab (**Positionspapier** vom 8. 11. 2001 **zur kartellrechtlichen Beurteilung von Bietergemeinschaften bei Ausschreibungen von Nahverkehrsleistungen**).

1497 **11.4.5.2.3 Sonderfall: Nachfragebündelung öffentlicher Auftraggeber.** Der zurzeit praktisch bedeutsamste Fall einer allgemeinen kartellrechtlichen Frage mit konkretem Bezug zum Vergaberecht ist die **Nachfragebündelung öffentlicher Auftraggeber im Wege von Einkaufskooperationen.** Hier erkennt die Rechtsprechung eine vergaberechtliche Verknüpfung an und betrachtet eine entsprechende **Rüge als im Vergabeverfahren zulässig** (VK Baden-Württemberg, B. v. 7. 1. 2003 – Az.: 1 VK 68/02).

1498 Auf der anderen Seite hat sich der BGH in einem ähnlichen Fall **im Rahmen eines (allgemeinen) Kartellverfahrens** mit der gleichen Fragestellung befasst (BGH, Urteil vom 12. 11. 2002 – Az.: KZR 11/01). Zur Entscheidung in materieller Hinsicht vgl. die Kommentierung zu § 97 RZ 152.

1499 **11.4.5.2.4 Sonderfall: Verlangen einer Tariftreueerklärung.** Der Kartellsenat des BGH hält das **Berliner Vergabegesetz,** mit dem das Land Berlin von jedem Auftragnehmer fordert, dass die bei den Baumaßnahmen des Landes Berlin beschäftigten Arbeitnehmer **nach den in Berlin geltenden Tarifen entlohnt** werden, für **verfassungswidrig.** Da die Ungültigkeit eines Gesetzes nur das BVerfG feststellen kann, hat der BGH daher die Sache dem BVerfG vorgelegt; eine Entscheidung ist noch nicht gefallen (BGH, Vorlagebeschluss an das BVerfG vom 18. 1. 2000 – Az.: KVR 23/98; vgl. im Einzelnen die Kommentierung zu § 97 GWB RZ 585).

Gesetz gegen Wettbewerbsbeschränkungen　　　　　　　　GWB § 102　**Teil 1**

11.4.5.2.5 Beispiele aus der Rechtsprechung　　　　　　　　　　　　　　　　1500
- **Nachfragebündelung öffentlicher Auftraggeber im Wege von Einkaufskooperationen** (BGH, Urteil vom 12. 11. 2002 – Az.: KZR 11/01)
- **Verlangen einer Tariftreueerklärung** (BGH, Vorlagebeschluss an das BVerfG vom 18. 1. 2000 – Az.: KVR 23/98)
- **Nachfragebündelung öffentlicher Auftraggeber im Wege von Einkaufskooperationen** (VK Baden-Württemberg, B. v. 7. 1. 2003 – Az.: 1 VK 68/02)
- **marktbeherrschende Stellung einer Bietergemeinschaft** (VK Lüneburg, B. v. 12. 11. 2001 – Az.: 203-VgK-19/2001)

11.5 Übersichtsschema zur Überprüfbarkeit der Vergabe öffentlicher Aufträge

		Vorschriften	Entscheidungs-instanz	parallel möglich mit	Aufträge unterhalb/ab Schwellenwerte	1501
1.	**Formaler Primärrechtsschutz**	§§ 97 ff. GWB	– Vergabeprüfstellen	– 2 – 5	nur für Aufträge ab Schwellenwerte	
2.	**Formaler Primärrechtsschutz**	§§ 97 ff. GWB	– Vergabekammern – Vergabesenate	– 1 – 5		
3.	**Formaler Primärrechtsschutz**	allgemeine Bestimmungen des GWB	– Kartellbehörden – ordentliche Gerichte	– 1 – 2 – 5 – 6 – 7 – 8 – 9	alle Aufträge	
4.	**Formaler Primärrechtsschutz**	Verwaltungsverfahrensgesetze	– Verwaltungsgerichte	– 3 – 5	nur für Aufträge unter den Schwellenwerten	
5.	**Formfreier Primärrechtsschutz**	Verwaltungsverfahrensgesetze	– Aufsichtsbehörden	– 1 – 2 – 3 – 6 – 7 – 8 – 9	alle Aufträge	
6.	**Formaler Sekundärrechtsschutz (Feststellung)**	§ 114 Abs. 2 GWB	– Vergabekammern – Vergabesenate	– 4 – 7 – 9	nur für Aufträge ab Schwellenwerte	
7.	**Formaler Sekundärrechtsschutz (Schadenersatz – negatives Interesse)**	§ 126 Abs. 1 GWB	– Vergabekammern – Vergabesenate	– 3 – 4 – 6	nur für Aufträge ab Schwellenwerte	
8.	**Formaler Sekundärrechtsschutz (Schadenersatz – negatives Interesse)**	BGB	– ordentliche Gerichte	– 3 – 4	Aufträge unterhalb der Schwellenwerte	
9.	**Formaler Sekundärrechtsschutz (Schadenersatz – positives Interesse)**	BGB	– ordentliche Gerichte	– 3 – 4	alle Aufträge	

Teil 1 GWB § 102 Gesetz gegen Wettbewerbsbeschränkungen

Vergabekammer	Adresse	Telefon	Telefax
1. und 2. Vergabekammer des Bundes beim Bundeskartellamt	Kaiser-Friedrich-Straße 16, 53113 Bonn	0228/9499–0	0228/9499–400
Vergabekammer beim Landesgewerbeamt Baden-Württemberg	Willi-Bleicher-Straße 19, 70174 Stuttgart	0711/123–2738	0711/123–2613
Regierung von Mittelfranken, Vergabekammer Nordbayern	Promenade 27, 91522 Ansbach	0981/53–277	0981/53–837
Regierung von Oberbayern, Vergabekammer Südbayern	Maximilianstraße 39, 80538 München	089/2176–2411	089/2176–2847
Vergabekammer des Landes Berlin	Martin-Luther-Straße 105, 10825 Berlin	030/9013–8316	030/9013–7613
1. und 2. Vergabekammer des Landes Brandenburg beim Ministerium für Wirtschaft	Heinrich-Mann-Allee 107, 14473 Potsdam	0331/866–1617	0331/866–1730
Vergabekammern der Freien Hansestadt Bremen beim Senator für Bau und Umwelt	Ansgaritorstraße 2, 28195 Bremen	0421/361–6704	0421/361–2050
Vergabekammer bei der Baubehörde Hamburg	Stadthausbrücke 8, 20355 Hamburg	040/4 2840–2503 bzw. 3010	040/4 2840–2496
Vergabekammer bei der Wirtschaftsbehörde Hamburg	Alter Steinweg 4, 20459 Hamburg	040/4 2841–1378	040/4 2841–2841
Vergabekammer bei der Finanzbehörde Hamburg	Gänsemarkt 36, 20354 Hamburg	040/4 2823–1816 bzw. 1448	040/4 2823–2233
Landesbetrieb Krankenhäuser Hamburg, Vergabekammer	Friedrichsberger Str. 56, Hamburg	040/2092–2093	040/2092–2117
Hamburger Stadtentwässerung, Vergabekammer	Bankstraße 4–6, 20097 Hamburg	040/3498–5031	040/3498–5008
Stadtreinigung Hamburg, Vergabekammer	Bullerdeich 19, 20537 Hamburg	040/2576–1008	040/2576–1000
Hamburger Wasserwerke GmbH, Vergabekammer	Billhorner Deich 2, 20539 Hamburg	040/7888–2206	040/7888–2418
Hamburger Hochbahn AG, Vergabekammer	Steinstraße 20, 20095 Hamburg	040/3288–0	040/326406
Verkehrsbetriebe Hamburg-Holstein AG, Vergabekammer	Steinstraße 20, 20095 Hamburg	040/3288–0	040/326406
Pinneberger Verkehrsgesellschaft mbH, Vergabekammer	Steinstraße 20, 20095 Hamburg	040/3288–0	040/326406
AKN Eisenbahn-AG, Vergabekammer	Grusonstraße 51, 22113 Hamburg	040/7 3334–0	040/7 3334–228
Vergabekammer des Landes Hessen beim Regierungspräsidium Darmstadt	Luisenplatz 2, 64283 Darmstadt	06151/12–6348 bzw. 6036	06151/12–5816 bzw. 6834
Vergabekammern bei dem Wirtschaftsministerium Mecklenburg-Vorpommern	Johannes-Stelling-Straße 14, 19053 Schwerin	0385/588–5814	0385/588–5847
Vergabekammer bei der Oberfinanzdirektion Hannover	Waterloostraße 4, 30169 Hannover	0511/101–2966	0511/101–2499

Vergabekammer	Adresse	Telefon	Telefax
Vergabekammer beim Niedersächsischen Landesamt für den Straßenbau	Sophienstraße 7, 30159 Hannover	0511/3034-421	0511/3034-361
Vergabekammer bei der Bezirksregierung Lüneburg	Auf der Hude 2, 21339 Lüneburg	04131/15-2340	04131/15-2943
Vergabekammer bei der Bezirksregierung Arnsberg	Seibertzstraße 1, 59821 Arnsberg	02931/82-2777	02931/82-2520
Vergabekammer bei der Bezirksregierung Detmold	Leopoldstraße 13–15, 32756 Detmold	05231/71-1710 bzw. 1711	05231/71-1295 bzw. 1297
Vergabekammer bei der Bezirksregierung Düsseldorf	Cecilienallee 2, 40474 Düsseldorf	0211/475-3302 bzw. - 3307	0211/475-3989
Vergabekammer bei der Bezirksregierung Köln	Zeughausstraße 2–10, 50667 Köln	0221/147-2747	0221/147-2889
Vergabekammer bei der Bezirksregierung Münster	Domplatz 1–3, 48143 Münster	0251/411-2064 bzw. - 1707	0251/411-2889
Vergabekammer Rheinland-Pfalz	Stiftstraße 9, 55116 Mainz	06131/16-5240 bzw. 2234 bzw. 2250	06131/16-2269
Vergabekammern bei dem Ministerium für Wirtschaft	Keplerstraße 18, 66117 Saarbrücken	0681/501-4684	0681/501-4299
Vergabekammer des Freistaates Sachsen beim Regierungspräsidium Leipzig	Braustraße 2, 04107 Leipzig	0341/977-3411	0341/977-3099
Vergabekammer beim Regierungspräsidium Halle	Willi-Lohmann-Straße 7, 06114 Halle/Saale	0345/514-1544	0345/514-1115
Vergabekammer beim Regierungspräsidium Magdeburg	Olvenstedter Straße 1–2, 39108 Magdeburg	0391/567-2341	0391/567-2368
Vergabekammer bei der Oberfinanzdirektion Magdeburg	Otto-von-Guericke-Straße 4, 39014 Magdeburg	0391/545-4110	0391/545-4444
Vergabekammer des Landes Schleswig-Holstein bei dem Ministerium für Wirtschaft, Technologie und Verkehr	Düsternbrooker Weg 94, 24105 Kiel	0431/988-4546 bzw. 4514	0431/988-4702
Thüringer Landesverwaltungsamt, Vergabekammer des Freistaats Thüringen	Weimarplatz 4, 99423 Weimar	03643/58-7254	03643/58-7072

11.6 Aussetzung des Vergabenachprüfungsverfahrens

Mit Blick auf die Möglichkeit paralleler Verfahren zur Überprüfung der Vergabe öffentlicher Aufträge **könnte es durchaus sinnvoll sein,** ein **Vergabenachprüfungsverfahren** nach den §§ 97 ff. GWB **auszusetzen,** bis z. B. eine entscheidungserhebliche Vorfrage in einem anderen – beispielsweise allgemeinen Kartellverfahren – entschieden ist. 1502

Die Rechtsprechung erachtet allerdings eine **Aussetzung** eines Vergabenachprüfungsverfahrens nach den §§ 97 ff. GWB **als nicht zulässig** (OLG Düsseldorf, B. v. 11. 3. 2002 – Az.: Verg 43/01) – zu den Einzelheiten vgl. die Kommentierung zu § 114 GWB RZ 2205. 1503

12. § 103 GWB – Vergabeprüfstellen

(1) Der Bund und die Länder können Vergabeprüfstellen einrichten, denen die Überprüfung der Einhaltung der von Auftraggebern im Sinne des § 98 Nr. 1 bis 3 anzuwendenden Vergabebestimmungen obliegt. Sie können auch bei den Fach- und Rechtsaufsichtsbehörden angesiedelt werden.

(2) **Die Vergabeprüfstelle prüft auf Antrag oder von Amts wegen die Einhaltung der von den Auftraggebern im Sinne des § 98 Nr. 1 bis 3 anzuwendenden Vergabevorschriften. Sie kann die das Vergabeverfahren durchführende Stelle verpflichten, rechtswidrige Maßnahmen aufzuheben und rechtmäßige Maßnahmen zu treffen, diese Stellen und Unternehmen bei der Anwendung der Vergabevorschriften beraten und streitschlichtend tätig werden.**

(3) Gegen eine Entscheidung der Vergabeprüfstelle kann zur Wahrung von Rechten aus § 97 Abs. 7 nur die Vergabekammer angerufen werden. Die Prüfung durch die Vergabeprüfstelle ist nicht Voraussetzung für die Anrufung der Vergabekammer.

12.1 Einleitung

1504   Vor Inkrafttreten des Vierten Teils des GWB war der Vergaberechtsschutz – als haushaltsrechtliche Lösung (vgl. Entstehungsgeschichte des GWB Ziffer 3.1.3) – den **Vergabeprüfstellen und den Vergabeüberwachungsausschüssen** übertragen. Als **fakultative Nachprüfungsinstanz** wurden die Vergabeprüfstellen auch in das neue Vergabenachprüfungsverfahren übernommen.

12.2 Fakultative Einrichtung von Vergabeprüfstellen

1505   Bund und Länder sind nicht zur Einrichtung von Vergabeprüfstellen verpflichtet; es steht im Ermessen von Bund und Ländern, von dieser Möglichkeit Gebrauch zu machen.

1506   Vergabeprüfstellen **eingerichtet haben**
– der Bund,
– das Land Bremen,
– das Land Rheinland-Pfalz,
– das Land Schleswig-Holstein und
– das Land Thüringen.

12.3 Aufgaben

12.3.1 Überprüfung der Einhaltung der Vergabebestimmungen

1507   Den Vergabeprüfstellen obliegt einmal die **Überprüfung der Einhaltung** der von Auftraggebern im Sinne des § 98 Nr. 1 bis 3 GWB **anzuwendenden Vergabebestimmungen** (§ 103 Abs. Satz 1). Ihre Aufgaben decken sich insoweit mit den Aufgaben der Vergabekammer.

1508   Die Prüfung durch die Vergabeprüfstelle ist allerdings nicht Voraussetzung für die Anrufung der Vergabekammer.

12.3.2 Beratung und Streitschlichtung

1509   Darüber hinaus können die Vergabeprüfstellen die Vergabestellen und Unternehmen bei der Anwendung der Vergabevorschriften beraten und streitschlichtend tätig werden (§ 103 Abs. 2 Satz 2 GWB).

12.4 Persönliche Einschränkung des Aufgabenbereichs

1510   Die Überprüfung der Einhaltung der anzuwendenden Vergabebestimmungen sowie die Beratung und Streitschlichtung können die Vergabeprüfstellen nur bei Auftraggebern im Sinne des § 98 Nr. 1 bis 3 GWB ausüben.

12.5 Entscheidungen der Vergabeprüfstelle

1511 Die Vergabeprüfstellen können die das Vergabeverfahren durchführende Stellen verpflichten, **rechtswidrige Maßnahmen aufzuheben und rechtmäßige Maßnahmen zu treffen** (§ 103 Abs. 2 Satz 2 GWB). Sie haben damit alle Möglichkeiten, in das Vergabeverfahren einzugreifen.

1512 Entscheidungen der Vergabeprüfstellen entfalten aber keine aufschiebende Wirkung. Der Auftraggeber ist also nicht gehindert, in einem laufenden Vergabenachprüfungsverfahren durch die Vergabeprüfstelle den Zuschlag zu erteilen.

12.6 Rechtsschutz gegen die Entscheidung der Vergabeprüfstelle

1513 Gegen eine Entscheidung der Vergabeprüfstelle kann zur Wahrung von Rechten aus § 97 Abs. 7 GWB nur die Vergabekammer angerufen werden.

12.7 Bedeutung der Vergabeprüfstellen in der Praxis

1514 Die Entscheidungen des Gesetzgebers,
– den Entscheidungen der Vergabeprüfstelle keine aufschiebende Wirkung (keinen Suspensiveffekt) zu verleihen und
– die Anrufung der Vergabeprüfstelle nur als fakultative Möglichkeit anzubieten

haben dazu geführt, dass die Vergabeprüfstellen **in vergaberechtlichen Praxis keine große Rolle** spielen.

12.8 Rechtsprechung des Europäischen Gerichtshofes

1515 Wie der Gerichtshof in den Rdn. 31 und 34 des Urteils Fritsch, Chiari & Partner u. a. festgestellt hat, gestattet Art. 1 Abs. 3 der Richtlinie 89/665 den Mitgliedstaaten zwar ausdrücklich die Festlegung der Bedingungen, nach denen sie jedem, der ein Interesse an einem bestimmten öffentlichen Auftrag hat oder hatte und dem durch einen behaupteten Rechtsverstoß ein Schaden entstanden ist bzw. zu entstehen droht, die in dieser Richtlinie vorgesehenen Nachprüfungsverfahren zur Verfügung stellen; dies erlaubt den Mitgliedstaaten jedoch nicht, den Begriff „Interesse an einem öffentlichen Auftrag" in einer Weise auszulegen, die die praktische Wirksamkeit der Richtlinie beeinträchtigen kann. Den Zugang zu den dort vorgesehenen Nachprüfungsverfahren an die vorherige Anrufung einer Schlichtungsstelle wie die Vergabeprüfstellen zu knüpfen, widerspräche jedoch den Beschleunigungs- und Effizienzzielen dieser Richtlinie. **Folglich steht Art. 1 Abs. 3 der Richtlinie 89/665 dem entgegen, dass das Interesse einer Person an einem Auftrag als entfallen gilt, weil sie es unterlassen hat, vor Einleitung eines in dieser Richtlinie vorgesehenen Nachprüfungsverfahrens eine Schlichtungsstelle wie die Vergabeprüfstelle anzurufen** (EuGH, Urteil vom 12. 2. 2004 – Az.: C-230/02). Auch nach der Rechtsprechung des EuGH kann also die Anrufung einer Vergabeprüfstelle **nicht verpflichtend vorgeschrieben** werden.

13. § 104 GWB – Vergabekammern

(1) **Die Nachprüfung der Vergabe öffentlicher Aufträge nehmen die Vergabekammern des Bundes für die dem Bund zuzurechnenden Aufträge, die Vergabekammern der Länder für die diesen zuzurechnenden Aufträge wahr.**

(2) **Rechte aus § 97 Abs. 7 sowie sonstige Ansprüche gegen öffentliche Auftraggeber, die auf die Vornahme oder das Unterlassen einer Handlung in einem Vergabeverfahren gerichtet sind, können außer vor den Vergabeprüfstellen nur vor den Vergabekammern und dem Beschwerdegericht geltend gemacht werden. Die Zuständigkeit der ordentlichen Gerichte für die Geltendmachung von Schadensersatzansprüchen und die Befugnisse der Kartellbehörden bleiben unberührt.**

Teil 1 GWB § 104   Gesetz gegen Wettbewerbsbeschränkungen

1516 § 104 Abs. 1 GWB legt im Grundsatz die **Zuständigkeiten der Vergabekammern des Bundes und der Vergabekammern der Bundesländer** fest; § 102 Abs. 2 GWB bestimmt die **ausschließliche Zuständigkeit** der Vergabekammern und der Vergabesenate bei den Oberlandesgerichten für das förmliche Vergabenachprüfungsverfahren nach den §§ 97ff. GWB.

13.1 Vergabekammern des Bundes und der Länder

13.1.1 Organisation der Vergabekammern des Bundes und der Länder

1517 Die Vergabekammern von Bund und Ländern sind unterschiedlich organisiert. Zum Teil sind sie für den jeweiligen Zuständigkeitsbereich konzentriert, zum Teil sind sie räumlich oder sachlich getrennt eingerichtet.

13.1.1.1 Übersicht der von Bund und Ländern eingerichteten Vergabekammern

1518

Bund/Land	Vergabesenat	Adresse	Telefon	Telefax
Bund	Oberlandesgericht Düsseldorf	Cecilienallee 3, 40474 Düsseldorf	0211/4971–471 bzw. 757	0211/4971–548
Baden-Württemberg	Oberlandesgericht Stuttgart	Ullrichstraße 10, 70182 Stuttgart	0711/212–3290	0711/212–3024 bzw. 3029
Bayern	Bayerisches Oberstes Landesgericht	Schleißheimer Straße 139, 80797 München	089/5597–01	089/5597–1480
Berlin	Kammergericht	Elßholzstraße 30–33, 10781 Berlin	030/9015–2452	030/9015–2200
Brandenburg	Brandenburgisches Oberlandesgericht	Gertrud-Piter-Platz 11, 14770 Brandenburg	03381/399–165	03381/399–350 bzw. 360
Bremen	Hanseatisches Oberlandesgericht in Bremen	Sögestraße 62/64, 28195 Bremen	0421/361–4371	0421/361–4451
Hamburg	Hanseatisches Oberlandesgericht	Sievekingplatz 2, 20355 Hamburg	040/42843–4649	040/42843–4097
Hessen	Oberlandesgericht Frankfurt am Main	Zeil 42, 60313 Frankfurt am Main	069/1367–2484	069/1367–2976
Mecklenburg-Vorpommern	Oberlandesgericht Rostock	Wallstraße 3, 18055 Rostock	0381/331–150	0381/4590–991
Niedersachsen	Oberlandesgericht Celle	Schloßplatz 2, 29221 Celle	0511/206–759	0511/206–208
Nordrhein-Westfalen	Oberlandesgericht Düsseldorf	Cecilienallee 3, 40474 Düsseldorf	0211/4971–471 bzw. 757	0211/4971–548
Rheinland-Pfalz	Oberlandesgericht Koblenz	Stresemannstraße 1, 56068 Koblenz	069/1367–2484	069/1367–2976
Saarland	Saarländisches Oberlandesgericht	Franz-Josef-Röder-Straße 15, 66119 Saarbrücken	0681/501–5669	0681/501–5256
Sachsen	Oberlandesgericht Dresden	Schlossplatz 1, 01067 Dresden	0351/446–1420	0351/446–1499
Sachsen-Anhalt	Oberlandesgericht Naumburg	Domplatz 10, 06618 Naumburg	03445/28–2141	03445/28–2000

Gesetz gegen Wettbewerbsbeschränkungen GWB § 104 **Teil 1**

Bund/Land	Vergabesenat	Adresse	Telefon	Telefax
Schleswig-Holstein	Schleswig-Holsteinisches Oberlandesgericht	Gottorfstraße 2, 24837 Schleswig	04621/86–1290	04621/86–1372
Thüringen	Thüringer Oberlandesgericht	Leutragraben 2–4, 07743 Jena	03641/307–113	03641/307–200

Oberlandesgericht	Datum, Az.	Grund	Entscheidung BGH	Datum, Az.
OLG Düsseldorf	27. 7. 2005	Kostenfolgen nach Rücknahme eines Nachprüfungsantrages	Beschluss	25. 10. 2005 X ZB 22/05 X ZB 24/05 X ZB 25/05 X ZB 26/05
Thüringer Oberlandesgericht	20. 6. 2005	Führt ein gleichartiger Mangel aller Angebote zur Antragsbefugnis?	Beschluss	25. 10. 2005 X ZB 15/05
OLG Düsseldorf	27. 10. 2004	Ist die Verwertung von Altpapier ein öffentlicher Auftrag?	Beschluss	1. 2. 2005 X ZB 27/04
Kammergericht	26. 2. 2004	Ist ein Einheitspreis von 0,01 € eine vollständige Preisangabe?	Beschluss	18. 5. 2004 X ZB 7/04
Brandenburgisches Oberlandesgericht	2. 12. 2003	Verfassungswidrigkeit von § 13 Satz 4 a.F. bzw. Satz 6 VgV	Beschluss	9. 2. 2004 X ZB 44/03
Hanseatisches Oberlandesgericht Hamburg	2. 10. 2002 WVerg 15/02	Kostenfrage	Beschluss	21. 10. 2003 X ZB 10/03
OLG Dresden	3. 12. 2002 WVerg 15/02	Aufhebung der Aufhebung	Beschluss	18. 2. 2003 X ZB 43/02
Hanseatisches Oberlandesgericht Bremen	2. 1. 2002 Verg 3/01	Kosten bei Erledigung des Nachprüfungsverfahrens	Beschluss	9. 12. 2003 X ZB 14/03 24. 2. 2003 X ZB 12/02
Thüringer Oberlandesgericht	28. 2. 2001 6 Verg 8/00	Fehlende Unterschrift der ehrenamtlichen Beisitzer	Beschluss	12. 6. 2001 X ZB 10/01
Brandenburgisches Oberlandesgericht	7. 11. 2000 Verg 2/00	Statthaftigkeit eines Vergabenachprüfungsantrages nach Zuschlagserteilung	zurückgenommen	
Kammergericht	7. 6. 2000 KartVerg 3/00	Statthaftigkeit eines Vergabenachprüfungsantrages nach Zuschlagserteilung	Beschluss	19. 12. 2000 X ZB 14/00

13.1.1.2 Abgrenzung der Zuständigkeiten der Vergabekammern des Bundes und der Länder

Die genaue Abgrenzung der Zuständigkeiten zwischen den Vergabekammern des Bundes und der Länder ist in § 18 VgV geregelt. Zu den Einzelheiten vgl. daher die Kommentierung zu § 18 VgV. **1519**

13.2 Rechtsschutz im Vergabenachprüfungsverfahren nach den §§ 97 ff.

13.2.1 Notwendigkeit eines Vergabeverfahrens

1520 Die Geltendmachung der **Rechte aus § 97 Abs. 7 GWB** sowie **sonstiger Ansprüche gegen öffentliche Auftraggeber,** die auf die Vornahme oder das Unterlassen einer Handlung in einem Vergabeverfahren gerichtet sind, können **nur im Rahmen eines laufenden Vergabeverfahrens** geltend gemacht werden.

13.2.1.1 Vorbeugender Primärrechtsschutz im Vergabeverfahren

1521 Streitig ist nach der Rechtsprechung, ob ein vorbeugender Primärrechtsschutz im Vergabeverfahren möglich ist.

1522 **13.2.1.1.1 Vorbeugender Primärrechtsschutz im Vergabeverfahren bejaht.** Die VK Baden-Württemberg hält nach dem Wortlaut der Bestimmung des § 104 Abs. 2 GWB einen solchen Anspruch grundsätzlich für zulässig, wenn die hierfür zu fordernden Voraussetzungen gegeben sind.

1523 Der Zugang des Bieters zur Vergabekammer ist nach Maßgabe des Vierten Teils des GWB von bestimmten prozessualen Voraussetzungen abhängig, die in § 104 Abs. 2 GWB allgemein umschrieben sind. Hiernach können Rechte aus § 97 Abs. 7 GWB, die auf die Vornahme oder das Unterlassen einer Handlung in einem Vergabeverfahren gerichtet sind, nur vor der Vergabekammer geltend gemacht werden.

1524 Zwar entsteht ein vorvertragliches Vertrauensverhältnis aus culpa in contrahendo erst, wenn der Bieter aufgrund der Anforderung der Ausschreibungsunterlagen an dem Ausschreibungsverfahren konkret teilnimmt. Steht aber fest, dass der öffentliche Auftraggeber eine bestimmte Maßnahme – ohne förmliche Ausschreibung – durchführen will, ist diese Maßnahme hinreichend konkret, um ein Rechtsschutzinteresse zu begründen.

1525 Ist die Entscheidung gefallen, dass die Leistung durch einen Dritten erbracht werden soll, so ist ein Antrag auf Nachprüfung auf der Grundlage des subjektiven Rechts nach § 97 Abs. 7 GWB grundsätzlich als zulässig anzusehen. Eine Verletzung des durch § 97 Abs. 7 GWB gegebenen subjektiven Rechts ist somit dann gegeben, wenn von dem öffentlichen Auftraggeber die Entscheidung getroffen bzw. die definitive Erklärung abgegeben wird, einen konkret anstehenden Auftrag ohne Vergabeverfahren zu erteilen, obwohl ein Vergabeverfahren zwingend vorgeschrieben ist.

1526 Der **vorbeugende Rechtsschutz muss jedoch die Ausnahme sein** und ist nur statthaft, wenn ein besonderes Rechtsschutzinteresse gegeben ist. Das zu fordernde besondere Rechtsschutzinteresse ist – wie bereits erwähnt – gegeben, wenn eine Auftragserteilung hinreichend konkret ansteht, eine Ausschreibung der Leistung jedoch erklärtermaßen nicht erfolgen soll (VK Baden-Württemberg, B. v. 6. 6. 2001 – Az.: 1 VK 6/01; ebenso VK Halle, B. v. 27. 5. 2002 – Az.: VK Hal 03/02).

1527 **13.2.1.1.2 Vorbeugender Primärrechtsschutz im Vergabeverfahren verneint.** Im rechtlichen Ansatz trifft es zu, dass die in den §§ 102, 107 GWB vorgesehene Möglichkeit der Anrufung der Vergabekammer (oder der Vergabenachprüfungsinstanzen überhaupt) auf die Zeit beschränkt ist, die auf die Prüfung der Rechtmäßigkeit des Vergabeverfahrens eingewirkt werden kann, wenn sich bei der Nachprüfung ein Verstoß gegen zu beachtende Vergaberegeln feststellen lassen sollte. Dementsprechend ist es inzwischen höchstrichterlich geklärt, dass ein Nachprüfungsantrag unzulässig ist, wenn das Vergabeverfahren schon vor der Antragseinreichung durch wirksame Erteilung des Auftrags an einen Bieter abgeschlossen worden ist (VK Schleswig-Holstein, B. v. 10. 2. 2005 – Az.: VK-SH 02/05). Aber auch die Frage, ob überhaupt schon ein Vergabeverfahren begonnen hat, ist für die Zulässigkeit des Nachprüfungsantrags bedeutsam, weil den Nachprüfungsinstanzen durch die §§ 102 ff. GWB als eigentliche Aufgabe der Primärrechtsschutz während eines Vergabeverfahrens, also der Schutz der sich um die Erteilung eines öffentlichen Auftrags (§§ 99, 100 GWB) bewerbenden Unternehmen (vgl. § 97 Abs. 7, § 107 Abs. 2 GWB) vor Vergaberechtsfehlern übertragen worden ist. Dem entspricht es, dass die Zulässigkeit des Nachprüfungsantrags ein konkretes Vergabeverfahren – im Rechtssinne der Nachprüfungsregeln – voraussetzt, das im Zeitpunkt der Antragstellung (oder spätestens der mündlichen Verhandlung) schon begonnen haben muss. **Einen vorbeugenden Rechtsschutz sehen die §§ 102 ff. GWB nicht vor** (OLG Düsseldorf, B. v. 11. 3. 2002 – Az.: Verg 43/01; BayObLG, B. v. 22. 1. 2002 – Az.: Verg 18/01).

Wollte man beispielsweise in einem Stadium interner Willensbildung, in dem noch keine Entscheidung getroffen und keine Willenserklärung nach außen hin abgegeben wurde, ein Nachprüfungsrecht der Bieter im Vergabeverfahren bejahen, käme dies einem vorbeugenden Rechtsschutz gleich. Ein **Anspruch auf vorbeugenden Rechtsschutz muss aber den Beteiligten eines Vergabeverfahrens grundsätzlich versagt** bleiben. Er ist **im Vergaberecht nicht vorgesehen und auch nicht erforderlich.** Es ist den Bietern zuzumuten, den Eintritt der Rechtsverletzung abzuwarten. Dass die unmittelbaren Folgen einer solchen Rechtsverletzung in manchen Fällen nicht mehr verhindert werden können, rechtfertigt die Gewährung vorbeugenden Rechtsschutzes nicht. Denn den berechtigten Interessen der benachteiligten Bieter, die nicht über den Ersatz des entgangenen Gewinns hinausgehen, ist letztlich durch die bestehenden Schadensersatzansprüche Genüge getan. Ein **vorbeugender Rechtsschutz** kommt deshalb – wie etwa bei der formellen Ankündigung der Zuschlagserteilung – **ausnahmsweise nur dann in Betracht, wenn die rechtsverletzende Entscheidung der Vergabestelle bereits getroffen und nach außen hin bekannt gegeben wurde** (OLG Naumburg, B. v. 13. 5. 2003 – Az.: 1 Verg 2/03).

13.2.1.1.3 Primärrechtsschutz bei einer rechtswidrig unterlassenen Ausschreibung. Für den Sonderfall der rechtswidrig unterlassenen Ausschreibung wird ein – im Ergebnis vorbeugender – Primärrechtsschutz bejaht. Erreicht wird dieses Ergebnis durch einen weiten Begriff des Vergabeverfahrens:

Zwar gewährleisten die §§ 102 ff. GWB einen Primärrechtsschutz grundsätzlich nur während eines Vergabeverfahrens. Zulässig ist ein Nachprüfungsantrag deshalb unter anderem nur dann, wenn er sich auf ein konkretes Nachprüfungsverfahren bezieht, das begonnen und noch nicht abgeschlossen ist. Für einen vorbeugenden Rechtsschutz ist das Nachprüfungsverfahren nicht geschaffen. Dies schließt die Zuständigkeit der Vergabekammern für Auftragsvergaben jedoch nicht aus, bei denen die Ausschreibung rechtswidrig unterblieben ist. Um nämlich einen solchen besonders schwerwiegenden Vergabeverstoß zu erfassen, ist ein **materielles Verständnis des Vergabeverfahrens** erforderlich. Hiernach befindet sich der öffentliche Auftraggeber in einem Vergabeverfahren und ist ein solches Verfahren eingeleitet worden, wenn **der öffentliche Auftraggeber zur Deckung** eines fälligen oder demnächst fälligen **Bedarfs** an Waren, Bau- oder Dienstleistungen **entschlossen ist** und mit organisatorischen und/oder planenden Maßnahmen **begonnen hat zu regeln, auf welche Weise** (insbesondere in welcher Vergabeart) und mit welchen gegenständlichen Leistungsanforderungen das **Beschaffungsvorhaben eingeleitet und durchgeführt** und wie die Person oder der Personenkreis des oder der Leistenden ermittelt und mit dem Endziel des Abschlusses eines entgeltlichen und verbindlichen Vertrages ausgewählt werden soll. Eine Vergabetätigkeit des öffentlichen Auftraggebers in diesem Sinn ist **abzugrenzen gegen** eine dem Vergaberechtsregime nicht unterliegende **bloße Ausforschung des Marktes** durch den öffentlichen Auftraggeber und einen lediglich zu diesem Zweck aufgenommenen Kontakt (OLG Frankfurt, B. v. 7. 9. 2004 – Az.: 11 Verg 11/04 und 12/04; BayObLG, B. v. 28. 5. 2003 – Az.: Verg 7/03, B. v. 27. 2. 2003 – Az.: Verg 25/02, B. v. 22. 1. 2002 – Az.: Verg 18/01; OLG Düsseldorf, B. v. 12. 1. 2004 – Az.: VII – Verg 71/03, B. v. 8. 5. 2002 – Az.: Verg 8–15/01; OLG Rostock, B. v. 5. 2. 2003 – Az.: 17 Verg 14/01; VK Saarland, B. v. 19. 5. 2006 – Az.: 3 VK 03/2006; VK Brandenburg, B. v. 24. 9. 2004 – Az.: VK 47/04; VK Düsseldorf, B. v. 12. 9. 2006 – Az.: VK – 37/2006 – L; B. v. 16. 3. 2004 – Az.: VK – 3/2004 – L; VK Bund, B. v. 20. 5. 2003 – Az.: VK 1–35/03; VK Magdeburg, B. v. 6. 6. 2002 – Az.: 33–32571/07 VK 05/02 MD; VK Südbayern, B. v. 23. 10. 2001 – Az.: 32–09/01; VK Arnsberg, B. v. 27. 10. 2003 – Az.: VK 2–22/2003).

13.2.1.1.4 Primärrechtsschutz bei einer rechtswidrig unterlassenen europaweiten Ausschreibung. Denkbar erscheint, dass dem **Bieter auch dann der Zugang zu den Nachprüfungsinstanzen eröffnet werden muss,** wenn der **Auftraggeber** zwar ein Vergabeverfahren durchführt, seine Vergabeentscheidung aber nicht von der Vergabekammer und dem Vergabesenat des Oberlandesgerichts überprüfen lassen, also **den Primärrechtsschutz abschneiden und unzufriedene Bieter auf den ordentlichen Rechtsweg verweisen will,** wo sie lediglich Sekundärrechtsschutz in Form von Schadensersatz erlangen können. Eine derartige **Ausdehnung des Rechtsschutzes ist aber nur dann erforderlich, wenn der Bieter schutzwürdig ist.** Das ist **nicht der Fall, wenn der Bieter sich auf das in eklatanter Weise gegen die Vergaberechtsvorschriften verstoßende Verfahren des Auftraggebers,** der davon abgesehen hat, die Förmlichkeiten der Auftragsvergabe für Aufträge oberhalb der Schwellenwerte einzuhalten, **bewusst einlässt,** die Fehlerhaftigkeit des gewählten Vergabeverfahrens nicht beanstandet und seine Vorteile – die Chance, den Zuschlag zu erhalten, ohne ein Nachprüfungsverfahren fürchten zu müssen – genießt. Zu diesem Verhalten setzt er sich in Wi-

Teil 1 GWB § 104

derspruch, wenn er im Nachhinein Rechtsschutz beansprucht (OLG Brandenburg, B. v. 10. 2. 2004 – Az.: Verg W 8/03).

1532 **13.2.1.1.5 Die Rechtsprechung des EuGH.** Die Prüfung des **Beginns des Primärrechtsschutzes** beginnt bei dem **Begriff „Entscheidungen der Vergabebehörden"** in Artikel 1 Absatz 1 der **Richtlinie 89/665**. Dieser Begriff bezieht sich allgemein auf die Entscheidungen einer Vergabebehörde, ohne sie nach ihrem Inhalt oder dem Zeitpunkt ihres Erlasses zu unterscheiden. Der Gerichtshof hat bereits entschieden, dass Artikel 1 Absatz 1 der Richtlinie 89/665 keine Beschränkung in Bezug auf Art und Inhalt der darin genannten Entscheidungen vorsieht. Eine solche Beschränkung lässt sich auch nicht dem Wortlaut von Artikel 2 Absatz 1 Buchstabe b der Richtlinie entnehmen. Im Übrigen wäre eine **enge Auslegung des Begriffes der nachprüfbaren Entscheidung unvereinbar mit Artikel 2 Absatz 1 Buchstabe a der Richtlinie,** wonach die Mitgliedstaaten für jede Entscheidung der öffentlichen Auftraggeber Verfahren des vorläufigen Rechtsschutzes vorsehen müssen. In diesem **Geist einer weiten Auslegung des Begriffes der nachprüfbaren Entscheidung** hat der Gerichtshof entschieden, dass die dem Vertragsabschluss vorausgehende Entscheidung des öffentlichen Auftraggebers darüber, welchem Bieter der Auftrag erteilt wird, unabhängig von der Möglichkeit, nach dem Vertragsabschluss Schadensersatz zu erlangen, in jedem Fall nachprüfbar sein muss.

1533 Unter Bezugnahme auf das mit der Richtlinie 92/50 verfolgte Ziel der Beseitigung der Hemmnisse für den freien Dienstleistungsverkehr sowie auf die Ziele, den Wortlaut und die Systematik der Richtlinie 89/665 hat der Gerichtshof ferner entschieden, dass es möglich sein muss, dass die Entscheidung des öffentlichen Auftraggebers über den Widerruf der Ausschreibung eines Dienstleistungsauftrags Gegenstand eines Nachprüfungsverfahrens nach Artikel 1 Absatz 1 der Richtlinie 89/665 ist. Insoweit kann die Entscheidung des öffentlichen Auftraggebers, kein Vergabeverfahren einzuleiten, als Pendant zu seiner Entscheidung, ein solches Verfahren zu beenden, angesehen werden. **Beschließt ein öffentlicher Auftraggeber, kein Vergabeverfahren einzuleiten, weil der Auftrag seiner Auffassung nach nicht in den Anwendungsbereich der einschlägigen Gemeinschaftsvorschriften fällt, so handelt es sich um die erste Entscheidung, die gerichtlich überprüfbar ist.** Angesichts dieser Rechtsprechung sowie der Ziele, der Systematik und des Wortlauts der Richtlinie 89/665 und um die praktische Wirksamkeit dieser Richtlinie zu wahren, stellt also jede Maßnahme eines öffentlichen Auftraggebers, die im Zusammenhang mit einem öffentlichen Dienstleistungsauftrag getroffen wird, der in den sachlichen Anwendungsbereich der Richtlinie 92/50 fällt, und die Rechtswirkungen entfalten kann, eine nachprüfbare Entscheidung im Sinne von Artikel 1 Absatz 1 der Richtlinie 89/665 dar, **unabhängig davon, ob diese Maßnahme außerhalb eines förmlichen Vergabeverfahrens oder im Rahmen eines solchen Verfahrens getroffen wurde.**

1534 **Nicht nachprüfbar** sind Handlungen, die eine **bloße Vorstudie des Marktes** darstellen oder die **rein vorbereitend** sind und sich **im Rahmen der internen Überlegungen des öffentlichen Auftraggebers** im Hinblick auf die Vergabe eines öffentlichen Auftrags abspielen (EuGH, Urteil vom 11. 1. 2005 – Rs.: C-26/03; BGH, B. v. 1. 2. 2005 – Az.: X ZB 27/04; OLG München, B. v. 7. 6. 2005 – Az.: Verg 004/05; OLG Düsseldorf, B. v. 23. 2. 2005 – Az.: VII – Verg 78/04; 2. VK Bund, B. v. 2. 2. 2006 – Az.: VK 2–02/06; VK Saarland, B. v. 19. 5. 2006 – Az.: 3 VK 03/2006; 3. VK Bund, B. v. 29. 6. 2005 – Az.: VK 3–52/05).

1535 Was die **Personen** angeht, **denen ein Nachprüfungsverfahren zugänglich** ist, so genügt die Feststellung, dass die Mitgliedstaaten nach Artikel 1 Absatz 3 der Richtlinie 89/665 sicherstellen müssen, dass das Nachprüfungsverfahren zumindest jedem zur Verfügung steht, der ein Interesse an einem bestimmten öffentlichen Auftrag hat oder hatte und dem durch einen behaupteten Rechtsverstoß ein Schaden entstanden ist bzw. zu entstehen droht. Die **formale Bieter- oder Bewerbereigenschaft ist daher nicht erforderlich** (EuGH, Urteil vom 11. 1. 2005 – Rs.: C-26/03; OLG Düsseldorf, B. v. 23. 2. 2005 – Az.: VII – Verg 78/04).

1536 **13.2.1.1.6 Die Rechtsprechung des BGH.** Nach § 102 GWB unterliegt der Nachprüfung „die Vergabe öffentlicher Aufträge". § 107 Abs. 3 in Verbindung mit Abs. 2 GWB, der ebenfalls die Zulässigkeit eines Nachprüfungsverfahrens nach § 102 GWB betrifft, stellt auf die Nichtbeachtung, die Verletzung oder den Verstoß gegen Vergabevorschriften „im Vergabeverfahren" ab. Daraus kann abgeleitet werden, dass **um Primärrechtsschutz auf dem durch § 102 GWB eröffneten Weg erst nachgesucht werden kann, wenn ein öffentlicher Auftraggeber zur Deckung seines Bedarfs bereits in ein Verfahren eingetreten ist, das der Beschaffung beispielsweise von Dienstleistungen am Markt dient, hierauf ausgerichtet ist und mit der Vergabe des Auftrags seinen Abschluss finden soll.** Ob den ge-

Gesetz gegen Wettbewerbsbeschränkungen GWB § 104 **Teil 1**

nannten Bestimmungen darüber hinaus wegen des Zusammenhangs, in dem sie stehen, überhaupt entnommen werden kann, dass ein Vergabeverfahren notwendig ist, das nach Maßgabe des § 97 Abs. 1 GWB geregelt ist, kann dahinstehen. Denn die einzig mögliche Auslegung wäre das nicht. Da in den genannten, die Zulässigkeit eröffnenden und näher regelnden Bestimmungen des Gesetzes gegen Wettbewerbsbeschränkungen von einer bestimmten Förmlichkeit des angesprochenen Vergabeverfahrens und seiner Einleitung nicht die Rede ist, sondern **in § 107 GWB wesentlich auf die materiellen Vergabevorschriften und deren Missachtung abgestellt ist, kommt vielmehr jedenfalls auch in Betracht, dass es ausreicht, wenn überhaupt ein Verfahren in Frage steht, an dem ein öffentlicher Auftraggeber im Sinne des § 98 GWB und mindestens ein außenstehender Dritter (Unternehmen) beteiligt ist und das eingeleitet ist, um einen entgeltlichen Vertrag im Sinne des § 99 GWB beispielsweise über eine von einem Unternehmen zu erbringende Dienstleistung abzuschließen,** der nicht nach § 100 Abs. 2 GWB von den Regelungen des Vierten Teiles des Abs. 2 GWB von den Regelungen des Vierten Teiles des Gesetzes gegen Wettbewerbsbeschränkungen ausgenommen ist und dessen Wert den nach § 100 Abs. 1 GWB festgelegten Schwellenwert erreicht oder übersteigt. Eröffnen die maßgeblichen Vorschriften des Gesetzes gegen Wettbewerbsbeschränkungen auch diese Auslegung, muss aber auch außerhalb eines nach Maßgabe des § 97 Abs. 1 GWB geregelten Vergabeverfahrens ein Nachprüfungsantrag statthaft sein. Dies gebietet der Grundsatz gemeinschaftsrechtskonformer Auslegung nationalen Rechts, der eingreift, wenn der Wortlaut der einschlägigen nationalen Norm oder Normen einen Entscheidungsspielraum eröffnet. Denn nach Gemeinschaftsrecht dürfen die Mitgliedstaaten die vergaberechtliche Nachprüfungsmöglichkeit nicht von der Einleitung und Durchführung eines bestimmten Vergabeverfahrens abhängig machen (BGH, B. v. 1. 2. 2005 – Az.: X ZB 27/04; VK Saarland, B. v. 19. 5. 2006 – Az.: 3 VK 03/2006).

13.2.1.1.7 Vertragsübernahme. Die **eine Bedarfsdeckung herbeiführende Vertragsübernahme** stellt sich als eine Form der Erteilung eines öffentlichen Auftrags dar. Die Erteilung öffentlicher Aufträge unterliegt aber grundsätzlich dem Vergaberecht, und zwar unabhängig davon, in welcher juristischen Form die Auftragserteilung im konkreten Einzelfall vollzogen wird. Das **Vergaberecht wird vorliegend also nicht dadurch ausgeschaltet, dass die Bedarfsdeckung nicht in der klassischen Form eines Vertragsschlusses im Sinne von Angebot und Zuschlag, sondern einer Vertragsübernahme gedeckt** wird (3. VK Bund, B. v. 29. 6. 2005 – Az.: VK 3–52/05). 1537

13.2.1.2 Rechtsschutz im Vergabeverfahren nach einem wirksamen Zuschlag

13.2.1.2.1 Bisherige Rechtsprechung. Das **förmliche Vergabeverfahren ist beendet, wenn im Wege des Zugangs des Zuschlags** des öffentlichen Auftraggebers einem Bieter **der Auftrag wirksam erteilt** ist. Vor der wirksamen Auftragserteilung begangene Verstöße gegen die Bestimmungen über das Vergabeverfahren können in dem gemäß §§ 102, 107 GWB eröffneten Nachprüfungsverfahren nicht mehr beseitigt werden; sie können nur noch zu Schadensersatzansprüchen von in ihren Rechten nach § 97 Abs. 7 GWB verletzten Bietern führen. Die Entscheidung über ein Schadensersatzbegehren ist nicht den für das Nachprüfungsverfahren zuständigen Kammern und Senaten übertragen, sondern den ordentlichen Gerichten zugewiesen (§ 13 GVG). Die Zivilgerichte haben damit nach einer das Vergabeverfahren abschließenden wirksamen Auftragserteilung die – nur durch § 124 Abs. 1 GWB eingeschränkte – Kompetenz, über die Frage der Einhaltung der bis zur wirksamen Auftragserteilung zu beachtenden Vergaberegeln zu befinden. Hierdurch kommt, auch ohne eine dies ausdrücklich regelnde Bestimmung zum Ausdruck, dass **die in §§ 102, 107 GWB vorgesehene Möglichkeit der Anrufung der Vergabekammer auf die Zeit beschränkt** ist, zu der – wenn sich bei der Nachprüfung ein Verstoß gegen zu beachtende Vergaberegeln feststellen lassen sollte – **noch auf die Rechtmäßigkeit des Vergabeverfahrens eingewirkt werden könnte.** Kann das infolge eines behaupteten Vergaberechtsverstoßes bestehende Interesse eines Bieters allein noch auf Schadensersatz gerichtet sein, weil das Vergabeverfahren durch wirksame Auftragsvergabe beendet ist, steht hingegen nur noch der Weg zu den Zivilgerichten offen, die für eine Schadensersatzklage des betroffenen Bieters gegenüber dem öffentlichen Auftraggeber zuständig sind (BGH, B. v. 19. 12. 2000 – Az.: X ZB 14/00; BayObLG, B. v. 2. 8. 2001 – Az.: Verg 8/01; VK Rheinland-Pfalz, B. v. 12. 5. 2005 – Az.: VK 17/05; VK Düsseldorf, B. v. 30. 9. 2005 – Az.: VK – 25/2005 – L; 1. VK Bund, B. v. 27. 9. 2002 – Az.: VK 1–63/02; VK Schleswig-Holstein, B. v. 10. 2. 2005 – VK-SH 02/05; 2. VK Bund, B. v. 11. 4. 2003 – Az.: VK 2–10/03; OLG Düsseldorf, B. v. 5. 4. 2006 – Az.: VII – Verg 8/06; B. v. 14. 4. 2005 – Az.: VII – Verg 93/04; B. v. 7. 7. 2004 – Az.: VII – Verg 15/04; B. v. 3. 12. 2003 – Az.: VII – Verg 37/03). 1538

Teil 1 GWB § 104

1539 Dieser **Grundsatz ist ebenfalls anzuwenden,** wenn der Antragsteller beanstandet, der öffentliche **Auftraggeber habe das nach dem Vierten Teil des GWB und den daraus abzuleitenden Rechtsvorschriften gebotene Vergabeverfahren nicht beschritten.** Ist der Auftraggeber in einem solchen Fall mit einem Bieter einen wirksamen Vertrag eingegangen, ist die Vergabe auch dann einer Nachprüfung im Verfahren nach den §§ 102ff. GWB grundsätzlich entzogen. Anders ist es nur, wenn geschlossene Vertrag nichtig ist (OLG Düsseldorf, B. v. 14. 4. 2005 – Az.: VII – Verg 93/04).

1540 Dieser **Grundsatz ist ebenfalls anzuwenden,** wenn ein **Antragsteller geltend macht, der Zuschlag sei ihm schon erteilt worden.** Denn dann kann er denklogisch kein Interesse an dem ausgeschriebenen Auftrag geltend machen, weil er ihn bereits erlangt hat. Er verfügt damit über eine gesicherte Rechtsposition, die es ihm erlaubt, kraft des Vertrags zivilrechtliche Maßnahmen auf dessen Erfüllung, auf Unterlassung von diesem Erfüllungsanspruch entgegenstehenden Schritten der Auftraggeberseite oder auf Schadensersatz wegen Nichterfüllung zu ergreifen; all dies kann aber nicht zum Inhalt eines Nachprüfungsverfahrens gemacht werden, dessen Gegenstand und Ziel erst die Erlangung einer entsprechenden vertraglichen Rechtsposition ist. Folglich setzt ein zulässiges Nachprüfungsbegehren ein noch offenes, d. h. bei Verfahrenseinleitung noch nicht durch Auftragserteilung abgeschlossenes Vergabeverfahren voraus (OLG Dresden, B. v. 21. 10. 2005 – Az.: WVerg 0005/05; B. v. 11. 4. 2005 – Az.: WVerg 05/05).

1541 **13.2.1.2.2 Rechtsprechung des EuGH zu fortdauernden Vertragsverletzungen.** Stellt der Gerichtshof fest, dass ein Mitgliedstaat gegen das EU-Vergaberecht verstoßen hat, muss dieser **Staat die Maßnahmen ergreifen, die sich aus dem Urteil des Gerichtshofes ergeben** (Artikel 228 EG-Vertrag; EuGH, Urteil vom 3. 3. 2005 – Az.: C-414/03; Urteil vom 18. 11. 2004 – Az.: C-126/03). Dies bedeutet **bei noch anhaltenden Verletzungen des EU-Vergaberechts,** dass der Mitgliedstaat die **vergaberechtswidrigen Verträge kündigen muss.** Der in der deutschen Rechtspraxis geltende Grundsatz „pacta sunt servanda" hat also keine Gültigkeit (vgl. im **Einzelnen die Kommentierung zu § 126 GWB Ziffer 35.6).** Dies ist auch nur konsequent, will man dem Vergaberecht die notwendige Durchsetzung verleihen.

1542 **13.2.1.2.3 Nationale Rechtsprechung nach der Entscheidung des EuGH zu fortdauernden Vertragsverletzungen.** In einer **ersten Entscheidung nach der Rechtsprechung des EuGH** kommt die **Vergabekammer Schleswig-Holstein zu einem anderen Ergebnis.** Zwar hat der EuGH entschieden, dass die Entscheidung des Auftraggebers, einen Auftrag außerhalb eines förmlichen Vergabeverfahrens zu vergeben, im Wege des vergaberechtlichen Rechtsschutzes angegriffen werden kann und dass die Mitgliedstaaten die Nachprüfungsmöglichkeit nicht davon abhängig machen dürfen, dass das fragliche Vergabeverfahren formal ein bestimmtes Stadium erreicht hat. Dauert eine vergabebezogene Vertragsverletzung noch an, muss sie abgestellt werden. Ebenso hat der EuGH festgestellt, dass vergaberechtswidrig abgeschlossene Verträge bis zu ihrer endgültigen Beendigung gemeinschaftsrechtswidrig bleiben. **Gleichwohl gestattet Artikel 2 Absatz 6 der Rechtsmittelrichtlinie 89/665/EWG den Mitgliedstaaten, die Befugnisse der Nachprüfungsinstanzen nach dem Vertragsschluss im Anschluss an die Zuschlagserteilung darauf zu beschränken, einer durch einen Verstoß gegen das gemeinschaftliche Vergaberecht geschädigten Person Schadensersatz zuzuerkennen.** Die Kammer sieht keine Veranlassung, die Vereinbarkeit von § 114 Abs. 2 Satz 1 GWB mit dem europäischen Recht in Zweifel zu ziehen. Bei der Bestimmung des § 114 Abs. 2 Satz 1 GWB handelt es sich um ein Grundprinzip auch des Vergaberechts („pacta sunt servanda"). Eine Aufhebung von (wirksam) geschlossenen Verträgen ist nicht möglich, so dass mit dem Zuschlag ein Streit um Rechte aus § 97 Abs. 7 GWB vor der VK erledigt ist. Der **Vergabekammer kommt damit nach dem klaren Wortlaut des § 114 Abs. 2 Satz 1 GWB keinerlei Befugnis zu, diesen zivilrechtlich wirksamen Vertragsschluss aufzuheben.** Auch der fehlenden Antragsbindung sowie der Befugnis der Vergabekammer, die „geeigneten Maßnahmen" zu treffen, sind durch § 114 Abs. 2 Satz 1 GWB Grenzen gesetzt. Die Vergabe stellt einen zivilrechtlichen Vertragsschluss dar, der allerdings nach dem formalisierten Verfahren des Vergaberechtsregimes stattzufinden hat. Wirksame Verträge sind bindend und können, wie § 114 Abs. 2 Satz 1 GWB ausdrücklich klarstellt, auch durch die Vergabekammer im Falle einer Vergaberechtswidrigkeit nicht beseitigt werden. Wenn auch vergaberechtswidrig geschlossene Verträge bis zu ihrer endgültigen Beendigung gemeinschaftsrechtswidrig sind, ist der Kammer jedoch bislang kein Fall bekannt, in dem ein Öffentlicher Auftraggeber in Deutschland verpflichtet worden wäre, einen derartigen (wirksamen) Vertrag vor Ende der Laufzeit vorzeitig zu beenden. Mit seinem Urteil vom 10. 4. 2003 (Rs. C-20/01 und C-28/01) hat der EuGH die Bundesrepublik hierzu auch nicht unmittelbar aufgefordert (VK Schleswig-Holstein, B. v. 2. 2. 2005 – Az.: VK-SH 01/05).

Im Ergebnis schließen sich das **OLG Düsseldorf** (B. v. 23. 2. 2005 – Az.: VII – Verg 78/04) **dieser Auffassung an, ebenso** die **VK Lüneburg** (B. v. 10. 3. 2005 – Az.: VgK-04/2005) und die **VK Hamburg (FB)** (B. v. 27. 4. 2006 – Az.: VgK FB 2/06). 1543

In einem **Fall,** der **Gegenstand eines Vertragsverletzungsverfahrens** ist, hat der **Auftraggeber,** der vergaberechtswidrig ausgeschrieben und einen Zuschlag erteilt hatte, den **Vertrag unter Bezugnahme auf vertragsrechtliche Regelungen außerordentlich gekündigt.** Das **LG München** hat ein solches außerordentliches Kündigungsrecht bejaht (LG München, Urteil v. 20. 12. 2005 – Az.: 33 O 16 465/05). Mit Blick auf die Urteilsgründe und die Erstmaligkeit des Verfahrens dürfte ein **solches außerordentliches Kündigungsrecht in weiteren Fällen sehr zweifelhaft** sein. 1544

13.2.1.2.4 Ausnahme für den Fall der Ankündigung des Auftraggebers auf Aufhebung und anderweitige Vergabe trotz Zuschlages. Auch wenn von einer wirksamen Erteilung des Zuschlages und damit von einer materiellen Beendigung des Vergabeverfahrens auszugehen ist, kann in Ausnahmefällen ein Bieter dadurch seine Antragsbefugnis nicht verlieren. **Wenn nämlich der Auftraggeber den Auftrag zurücknimmt und ankündigt, den Auftrag anderweitig zu vergeben, wird der Bieter in seinem Recht auf Einhaltung der Vergabebestimmungen beeinträchtigt.** Die Wiederaufnahme eines durch wirksame Zuschlagserteilung bereits abgeschlossenen Vergabeverfahrens stellt nicht nur eine zivilrechtliche Erfüllungsverweigerung, sondern auch einen Vergaberechtsverstoß dar. Dass neben die zivilrechtliche auch eine vergaberechtliche Bindung tritt, ergibt sich aus § 114 Abs. 2 S. 1 GWB, der die Bindungswirkung des erteilten Zuschlags anordnet. **Ein solcher Bieter ist zur Wahrung seines rechtlichen Interesses am Bestand des Zuschlages und der Durchführung des Vertrages nicht auf den Rechtsschutz vor den Zivilgerichten zu verweisen.** Das Interesse dieses Bieters richtet sich nämlich darauf, den faktischen Verlust des Zuschlages durch das Nachprüfungsverfahren noch abzuwenden. Insoweit kann eine Antragsbefugnis aus jenseits der Zuschlagschance liegenden Beeinträchtigungen rechtlicher und wirtschaftlicher Art hergeleitet werden, wenn infolge des Verhaltens des öffentlichen Auftraggebers der faktische Verlust eines bereits erteilten Zuschlages droht. **Zur Wahrung seines Interesses auf den Erhalt des Zuschlages ist der betroffene Bieter auf vergaberechtlichen Primärrechtsschutz angewiesen** (OLG Düsseldorf, B. v. 5. 4. 2006 – Az.: VII – Verg 8/06). 1545

13.2.1.2.5 Literatur 1546

– Bitterich, Klaus, Kündigung vergaberechtswidrig zu Stande gekommener Verträge durch öffentliche Auftraggeber, NJW 2006, 1845

– Bitterich, Klaus, Kein „Bestandsschutz" für vergaberechtswidrige Verträge gegenüber Aufsichtsmaßnahmen nach Art. 226 EG, EWS 2005, 162

– Horn, Lutz, Verstoß gegen Ausschreibungspflichten: Festgestellte Gemeinschaftswidrigkeiten und Rechtsfolgen für die abgeschlossenen Verträge, VergabeR 2006, 667

– Prieß, Hans-Joachim/Gabriel, Marc, Beendigung des Dogmas durch Kündigung: Keine Bestandsgarantie für vergaberechtswidrige Verträge, NZBau 2006, 219

13.2.1.3 Primärrechtsschutz gegen die Aufhebung einer Ausschreibung

Nach der Rechtsprechung des EuGH und des BGH muss auch die Entscheidung über die Aufhebung eines Ausschreibungsverfahrens in einem förmlichen Nachprüfungsverfahren überprüft werden können. 1547

13.2.1.3.1 Rechtsprechung des EuGH. Die vollständige Verwirklichung des mit der Richtlinie 89/665 – der Rechtsmittelkoordinierungsrichtlinie – verfolgten Zieles würde vereitelt, wenn die öffentlichen Auftraggeber die Ausschreibung für einen öffentlichen Dienstleistungsauftrag widerrufen könnten, **ohne dass dies den Verfahren der gerichtlichen Nachprüfung unterläge,** mit denen in jeder Hinsicht sichergestellt werden soll, dass die Vergaberichtlinien und die Grundsätze, auf die sie sich stützen, tatsächlich beachtet werden. 1548

Danach gehört die **Entscheidung über den Widerruf der Ausschreibung** eines öffentlichen Dienstleistungsauftrags **zu den Entscheidungen,** für die die Mitgliedstaaten nach der Richtlinie 89/665 **Nachprüfungsverfahren einführen müssen,** um sicherzustellen, dass die Regelungen des Gemeinschaftsrechts im Bereich des öffentlichen Auftragswesens oder die ein- 1549

Teil 1   GWB § 104   Gesetz gegen Wettbewerbsbeschränkungen

zelstaatlichen Vorschriften, die dieses Recht umsetzen, beachtet werden (EuGH, Urteil vom 2. 6. 2005 – Az.: C-15/04; Urteil vom 18. 6. 2002 – Az.: C-92/00).

1550 Diese Grundsätze gelten auch für Aufhebungen von Bauausschreibungen (EuGH, Urteil vom 2. 6. 2005 – Az.: C-15/04; 1. VK Brandenburg, B. v. 21. 11. 2005 – Az.: 1 VK 67/05; 1. VK Sachsen, B. v. 5. 9. 2002 – Az.: 1/SVK/073–02), Lieferausschreibungen, Auslobungen und **VOF-Verfahren** (OLG Naumburg, B. v. 25. 9. 2006 – Az.: 1 Verg 8/06; 1. VK Sachsen, B. v. 18. 8. 2006 – Az.: 1/SVK/077–06; B. v. 31. 5. 2005 – Az.: 1/SVK/046–05; B. v. 17. 1. 2006 – Az.: 1/SVK/151–05).

1551 **Nationale Vorschriften, die eine solche Überprüfung ausschließen, sind unbeachtlich** (EuGH, Urteil vom 2. 6. 2005 – Az.: C-15/04).

1552 Der EuGH hat sich auch zum **Prüfungsmaßstab** der Entscheidung über die Aufhebung einer Ausschreibung geäußert: weder der Buchstabe noch der Geist der Richtlinie 89/665 – der Rechtsmittelkoordinierungsrichtlinie – lassen den Schluss zu, dass es den Mitgliedstaaten freistünde, die Kontrolle der Rechtmäßigkeit der Entscheidung, eine Ausschreibung zu widerrufen, auf die Prüfung **zu beschränken, ob diese Entscheidung willkürlich erfolgt ist** (EuGH, Urteil vom 18. 6. 2002 – Az.: C-92/00).

1553 **13.2.1.3.2 Rechtsprechung der Vergabekammern und der Vergabesenate nach der Entscheidung des EuGH.** Die Vergabekammern und Vergabesenate haben in ihren Entscheidungen zur Aufhebung der Aufhebung einer Ausschreibung verschiedene Standpunkte eingenommen.

1554 **13.2.1.3.2.1 Ablehnung einer Nachprüfungsmöglichkeit.** Nach Auffassung der Vergabekammer Nordbayern sind **Entscheidungen des EuGH nicht unmittelbar geltendes Recht.** Der deutsche **Gesetzgeber muss** erst zur Umsetzung **tätig werden.** Für eine Auslegung des § 114 Abs. 2 Satz 2 GWB im Sinne der Rechtsprechung des EuGH bleibt nach Auffassung der VK Nordbayern aufgrund dessen klaren Wortlauts kein Raum (VK Nordbayern, B. v. 12. 9. 2002 – Az.: 320.VK-3194–25/02, B. v. 28. 10. 2002 – Az.: 320.VK-3194–33/02; ebenso VK Lüneburg, B. v. 29. 8. 2002 – Az.: 203-VgK-13/2002). Inzwischen hat die **VK Nordbayern diese Rechtsprechung aufgegeben** (VK Nordbayern, B. v. 12. 10. 2006 – Az.: 21.VK – 3194–25/06).

1555 **13.2.1.3.2.2 Bejahung einer Nachprüfungsmöglichkeit.** Diese Auffassung lehnt das OLG Dresden ab. Das deutsche Vergabenachprüfungsrecht lässt eine richtlinienkonforme Auslegung im Sinne der Rechtsprechung des Europäischen Gerichtshofs jedenfalls zu, die Beachtung des vom EuGH nunmehr festgestellten Richtlinieninhalts bei der Anwendung des innerstaatlichen Rechts mithin geboten ist, **ohne dass es weiterer transformierender Normsetzung des deutschen Gesetzgebers bedarf** (OLG Dresden, B. v. 3. 12. 2002 – Az.: WVerg 0015/02; ebenso OLG Naumburg, B. v. 13. 10. 2006 – Az.: 1 Verg 7/06; B. v. 13. 10. 2006 – Az.: 1 Verg 6/06; B. v. 25. 9. 2006 – Az.: 1 Verg 8/06; OLG Frankfurt, B. v. 17. 10. 2005 – Az. 11 Verg 8/05; B. v. 16. 8. 2005 – Az.: 11 Verg 7/05; B. vom 28. 6. 2005 – Az.: 11 Verg 21/04; B. v. 24. 6. 2004 – Az.: 11 Verg 6/04; OLG München, B. v. 12. 7. 2005 – Az.: Verg 008/05; OLG Brandenburg, B. v. 19. 12. 2002 – Az.: Verg W 9/02; VK Nordbayern, B. v. 12. 10. 2006 – Az.: 21.VK – 3194–25/06; 2. VK Sachsen-Anhalt, B. v. 23. 5. 2006 – Az.: VK 2-LVwA LSA 17/06; B. v. 23. 5. 2006 – Az.: 2. VK 2-LVwA LSA 16/06; VK Bremen, B. v. 21. 9. 2005 – Az.: VK 10/05; VK Schleswig-Holstein, B. v. 26. 7. 2006 – Az.: VK-SH 11/06; B. v. 14. 9. 2005 – Az.: VK-SH 21/05; VK Düsseldorf, B. v. 1. 9. 2005 – Az.: VK – 16/2005 – L, VK – 16/2005 – Z; VK Lüneburg, B. v. 12. 7. 2005 – Az.: VgK-29/2005; B. v. 27. 1. 2005 – Az.: 203-VgK-57/2004; 3. VK Bund, B. v. 30. 9. 2004 – Az.: VK 3–116/04; VK Lüneburg, B. v. 30. 8. 2004 – Az.: 203-VgK-38/2004; 2. VK Bund, B. v. 24. 6. 2005 – Az.: VK 2–70/05; B. v. 15. 6. 2004 – Az.: VK 2–40/03; VK Hessen, B. v. 21. 4. 2005 – Az.: 69 d VK – 20/2005; B. v. 21. 4. 2005 – Az.: 69 d VK – 09/2005; B. v. 9. 2. 2004 – Az.: 69 d – VK – 79/2003 + 80/2003).

1556 **13.2.1.3.2.3 Nachprüfungsmöglichkeit am Maßstab des Gemeinschaftsrechts.** Das OLG Dresden interpretiert die Rechtsprechung des EuGH sowie die geltende Gesetzeslage dahin, dass eine Nachprüfung der Aufhebung möglich ist. **Prüfungsmaßstab** für die vom EuGH geforderte „umfassende" und nicht auf Willkürfälle beschränkte Rechtmäßigkeitskontrolle sei **nicht** § 26 VOB/A oder eine sonstige **Vorschrift des einzelstaatlichen Vergaberechts,** soweit es sich dabei nicht um „transformiertes Gemeinschaftsrecht" handelt; Prüfungsmaßstab ist vielmehr **das Gemeinschaftsrecht** – in einem materiellen Sinne – selbst (OLG Dresden, B. v. 3. 12. 2002 – Az.: WVerg 0015/02; ebenso 2. VK Bund, B. v. 13. 11. 2002 – Az.: VK 2–78/02).

Gesetz gegen Wettbewerbsbeschränkungen GWB § 104 **Teil 1**

13.2.1.3.2.4 Nachprüfungsmöglichkeit am Maßstab des deutschen Vergaberechts. 1557
Das Hanseatische OLG geht hingegen davon aus, dass **Prüfungsmaßstab das deutsche Vergaberecht** und damit insbesondere die §§ 26 VOB/A und VOL/A sind (Hanseatisches OLG, B. v. 4. 11. 2002 – Az.: 1 Verg 3/02; ebenso VK Arnsberg, B. v. 23. 1. 2003 – Az.: VK 2-27/2002).

13.2.1.3.2.5 Rechtsprechung des BGH. Das OLG Dresden hat wegen der **unterschied-** 1558
lichen Rechtsprechung zum Prüfungsmaßstab diese Frage dem **BGH zur Entscheidung vorgelegt** (OLG Dresden, B. v. 3. 12. 2002 – Az.: WVerg 0015/02).

Der BGH (B. v. 18. 2. 2003 – Az.: X ZB 43/02) hat den Vorlagebeschluss zwar als unzuläs- 1559
sig zurückgewiesen, aber Hinweise u. a. zum Nachprüfungsmaßstab gegeben. Bereits die **Möglichkeit eines Verstoßes gegen das Gemeinschaftsrecht** im Bereich des öffentlichen Auftragswesens **oder** – was der Europäische Gerichtshof nach Auffassung des BGH in seinen Ausführungen dem gleichsetzt – **gegen die dieses Recht umsetzenden einzelstaatlichen Vorschriften,** die gemäß Art. 1 Abs. 1 der Richtlinie 89/665/EGW erfordert, dass die Entscheidung des öffentlichen Auftraggebers, die Ausschreibung eines der Richtlinie unterfallenden öffentlichen Auftrags zu widerrufen, hieraufhin überprüft und gegebenenfalls aufgehoben werden kann (ebenso OLG Frankfurt, B. vom 28. 6. 2005 – Az.: 11 Verg 21/04; OLG Düsseldorf, B. v. 16. 2. 2005 – Az.: VII – Verg 72/04; 2. VK Sachsen-Anhalt, B. v. 23. 5. 2006 – Az.: VK 2-LVwA LSA 17/06; B. v. 23. 5. 2006 – Az.: VK 2-LVwA LSA 16/06; VK Lüneburg, B. v. 27. 1. 2005 – Az.: 203-VgK-57/2004; VK Hessen, B. v. 21. 4. 2005 – Az.: 69 d VK – 20/2005; B. v. 21. 4. 2005 – Az.: 69 d VK – 09/2005; VK Hamburg, B. v. 14. 8. 2003 – Az.: VgK FB 3/03).

Dies bedeutet, dass **Nachprüfungsmaßstab das nationale Recht** ist (OLG Frankfurt, B. v. 1560
17. 10. 2005 – Az. 11 Verg 8/05; B. v. 16. 8. 2005 – Az.: 11 Verg 7/05; VK Hessen, B. v. 21. 4. 2005 – Az.: 69 d VK – 20/2005; B. v. 21. 4. 2005 – Az.: 69 d VK – 09/2005).

13.2.1.3.2.6 Rechtsprechung der Vergabekammern und der Vergabesenate nach 1561
der Entscheidung des BGH. In Reaktion auf den Beschluss des BGH vom 18. 2. 2003 hat das OLG Dresden (B. v. 10. 7. 2003 – Az.: WVerg 0015/02) entschieden, dass nicht jede Aufhebungsentscheidung ungeachtet der Frage ihrer Rechtmäßigkeit eine das Vergabeverfahren beendigende Wirkung zukomme; infolgedessen ist die **Anrufung der Vergabekontrollorgane** durch einen Bieter, der die Aufhebung für nicht gerechtfertigt hält, **nicht von vornherein unstatthaft.** Nimmt die Vergabestelle jedoch von dem ausgeschriebenen Beschaffungsvorhaben **endgültig und definitiv Abstand,** so spricht alles dafür, dass für ein auf Fortsetzung des Vergabeverfahrens mit dem Ziel der Zuschlagserteilung gerichtetes Nachprüfungsbegehren unter dem Aspekt des Rechtsschutzbedürfnisses kein Raum mehr ist. Wird eine solche „Verzichtserklärung" der Vergabestelle im Verlauf eines Nachprüfungsverfahrens abgegeben, dürfte der **ursprüngliche Nachprüfungsantrag damit unzulässig werden,** weil die Vergabekammer dann gem. § 114 Abs. 2 Satz 2 GWB auf die Feststellung beschränkt ist, dass die Aufhebung der Ausschreibung Vergabevorschriften verletzt habe (ebenso OLG Düsseldorf, B. v. 19. 11. 2003 – Az.: VII – Verg 59/03).

Hat die Vergabestelle nach Aufhebung eines Offenen Verfahrens ein Verhandlungsverfahren 1562
eingeleitet, dokumentiert sie, dass sie **an der Vergabeabsicht des Auftrages festhält;** dann ist **auch eine Entscheidung der Vergabekammer mit der Verpflichtung zur Fortsetzung des Offenen Verfahrens möglich** (VK Rheinland-Pfalz, B. v. 10. 10. 2003 – Az.: VK 19/03).

Die Anordnung einer Fortsetzung des Vergabeverfahrens kann auch in anderen Fällen dann 1563
erfolgen, **wenn der Auftraggeber an seiner Vergabeabsicht festhält** (VK Lüneburg, B. v. 12. 7. 2005 – Az.: VgK-29/2005; B. v. 30. 8. 2004 – Az.: 203-VgK-38/2004).

13.2.1.3.3 Scheinaufhebung. Bei der Entscheidung des öffentlichen Auftraggebers für eine 1564
Aufhebung obliegt es auch den Vergabekammern zu prüfen, ob denn der öffentliche Auftraggeber **wirklich ernsthaft aufgehoben** hat oder ob er **unter Missbrauch seiner Gestaltungsmöglichkeiten nur den Schein einer Aufhebung gesetzt** hat, mit dessen Hilfe er dem ihm genehmen Bieter, obwohl dieser nicht das wirtschaftlichste Angebot abgegeben hatte, den Auftrag zuschieben will (OLG Düsseldorf, B. v. 19. 11. 2003 – Az.: VII – Verg 59/03). Ein **Beispiel** hierfür ist der Fall, dass der öffentliche Auftraggeber eine öffentliche Ausschreibung nach Abgabe der Angebote ausdrücklich aufhebt, um dann in unmittelbaren zeitlichen Zusammenhang den inhaltlich unveränderten oder nicht nennenswert veränderten Auftrag im Verhandlungsverfahren einem der Bieter zu vergeben, so dass letztlich eine Fortsetzung ein und desselben, in Wahrheit nicht aufgehobenen Vergabeverfahrens angenommen werden muss, in dem

Teil 1 GWB § 104

den übrigen aussichtsreichen Bietern bei rechtzeitigem Nachprüfungsantrag selbstverständlich Primärrechtsschutz hätte gewährt werden können und müssen (1. VK Sachsen; B. v. 18. 8. 2006 – Az.: 1/SVK/077–06; VK Münster, B. v. 17. 1. 2002 – Az.: VK 23/01; VK Arnsberg, B. v. 23. 1. 2003 – Az.: VK 2–27/2002; 1. VK Bund, B. v. 4. 12. 2001 – Az.: VK 1–43/01; im Ergebnis ebenso OLG Naumburg, B. v. 25. 9. 2006 – Az.: 1 Verg 8/06 – **instruktiver Fall aus dem Bereich der VOF** –; B. v. 17. 5. 2006 – Az.: 1 Verg 3/06).

1565 Wird eine solche **Scheinaufhebung** bejaht, ist das **Vergabeverfahren nicht beendet** und damit ein Vergabenachprüfungsverfahren nach den §§ 97 ff. grundsätzlich zulässig. Insofern greift der auch im Vergaberecht geltende, allgemeine Rechtsgedanke des Verbots rechtsmissbräuchlichen Verhaltens bzw. des rechtsstaatswidrigen Formenmissbrauchs ein (VK Brandenburg, B. v. 17. 5. 2002 – Az.: VK 23/02).

13.2.1.4 Primärrechtsschutz gegen den Verzicht der Vergabe eines Auftrags nach der VOF

1566 Mit der Entscheidung des EuGH vom 18. 6. 2002 (Rs. C-92/00 Rdn. 29 ff., 54) sowie des BGH vom 18. 2. 2003 (Az.: X ZB 43/02) ist nunmehr geklärt, dass ein **Primärrechtsschutz gegen Entscheidungen, mit denen ein Auftraggeber auf die Vergabe eines öffentlichen Auftrags verzichtet, statthaft ist** und nicht zur Erledigung eines Nachprüfungsverfahrens führt. Die **Verzichtsentscheidung ist eine Entscheidung** im Sinne von Art. 1 Abs. 1, Art. 2 Abs. 1 lit. a) der Richtlinie 89/665/EWG vom 21. Dezember 1989 in Gestalt von Art. 41 der Richtlinie 92/50/EWG vom 18. Juni 1992 („Rechtsmittelrichtlinie") gegen die die Mitgliedstaaten primären Vergaberechtsschutz zu gewährleisten haben. In diesem Sinn sind die Vorschriften der §§ 102 ff. GWB über das Nachprüfungsverfahren auszulegen (1. VK Sachsen, B. v. 17. 1. 2006 – Az.: 1/SVK/151–05; B. v. 31. 5. 2005 – Az.: 1/SVK/046–05; VK Brandenburg, B. v. 16. 6. 2003 – Az.: VK 20/03).

1567 Vgl. **im Einzelnen die Kommentierung zu § 5 VOF** RZ 7928.

13.2.1.5 Primärrechtsschutz bereits in einem Planungswettbewerb (§ 25 VOF)

1568 Erklärt der Auslober eines Planungswettbewerbes nach § 25 VOF in der Bekanntmachung des Wettbewerbes, dass er im Anschluss an den Wettbewerb den Auftrag gemäß den einschlägigen Bestimmungen über den Wettbewerb an den Gewinner oder an einen Preisträger des Wettbewerbs vergeben will (§ 5 Abs. 2 Buchstabe c)) VOF), **kann ein Wettbewerbsteilnehmer Primärrechtsschutz wegen eventueller Verstöße gegen die dem Planungswettbewerb zugrunde liegenden Regeln in Anspruch nehmen** (so in der Tendenz 1. VK Brandenburg, B. v. 28. 1. 2000 – Az.: 1 VK 61/99; OLG Brandenburg, B. v. 11. 5. 2000 – Az.: Verg 1/00).

13.2.1.6 Primärrechtsschutz gegen eine temporäre Auftragssperre

1569 Die **Rechtsprechung** hierzu ist **nicht einheitlich.**

1570 Die vergaberechtliche Beurteilung eines Ausschreibungsverfahrens durch die Nachprüfungsbehörden erschöpft sich nicht darin, die Vergabeentscheidung zu beurteilen. Das **Nachprüfungsverfahren soll die Rechtmäßigkeit des Vergabeverfahrens insgesamt** und nicht nur die der abschließenden Vergabeentscheidung **sichern.** Daher kann auch die **Verhängung einer temporären Ausschreibungssperre, die vergaberechtlich begründet wird, von den Nachprüfungsbehörden überprüft werden** (Schleswig-Holsteinisches OLG, Urteil vom 20. 5. 1999 – Az.: 11 U 196/98 – für den – alten – Vergabeüberwachungsausschuss).

1571 Das **Landgericht Düsseldorf differenziert** danach, ob es sich um eine Klage gegen eine **Vergabesperre** handelt, die **unabhängig von einem konkreten Vergabeverfahren** erhoben worden ist. Lediglich wenn die **Sperrentscheidung im Zusammenhang mit einem konkreten Vergabeverfahren angegriffen und der Zuschlag in diesem Verfahren aufgehalten oder in Frage gestellt werden soll,** greift die ausschließliche Zuweisung nach § 104 Abs. 2 GWB ein (LG Düsseldorf, Urteil vom 16. 3. 2005 – Az.: 12 O 225/04; ebenso LG Berlin, Urteil vom 22. 3. 2006 – Az.: 23 O 118/04).

1572 Nach Auffassung des **Niedersächsischen OVG** ist der **Ausschluss eines Unternehmens von der Berücksichtigung bei Aufträgen („Auftragssperre")** selbst durch eine übergeordnete Dienststelle mit Bindungswirkung für ihre nachgeordneten Dienststellen eine **Maßnahme auf dem Gebiete des bürgerlichen Rechts,** die **von dem betroffenen Unternehmer deshalb nicht durch Klage vor dem Verwaltungsgericht angefochten** werden kann (Niedersächsisches OVG, Beschluss vom 19. 1. 2006 – Az.: 7 OA 168/05).

Gesetz gegen Wettbewerbsbeschränkungen   GWB § 104 **Teil 1**

13.2.1.7 Primärrechtsschutz gegen eine Verletzung der Vorschriften der §§ 93 f. BSHG

Nach § 104 Abs. 2 GWB können vor den Vergabekammern auch Ansprüche gegen öffentliche Auftraggeber, die auf die Vornahme oder das Unterlassen einer Handlung in einem Vergabeverfahren gerichtet sind, geltend gemacht werden. Der Rechtsschutz des Antragstellers in diesem Nachprüfungsverfahren beschränkt sich somit nicht nur auf die Prüfung von Vergabebestimmungen, sondern **erfasst auch die Bestimmungen der §§ 93 ff. BSHG, weil gerade das Unterlassen der Ausschreibung aufgrund der Vorschriften aus dem Bundessozialhilfegesetz von dem Antragsgegner verlangt wird.** Es handelt sich zwar um eine eigene, vom Vergaberecht zu trennende materiellrechtlich selbständige Angelegenheiten aus dem Bundessozialhilfegesetz, die aber zeitlich nicht von dem Vergabeverfahren zu trennen sind (VK Münster, B. v. 28. 5. 2004 – Az.: VK 10/04). 1573

13.2.1.8 Primärrechtsschutz für einen Verbotsanspruch hinsichtlich einer Beteiligung an einem Vergabeverfahren

Der Vergaberechtsweg gemäß § 104 Abs. 2 des Gesetzes gegen Wettbewerbsbeschränkungen (GWB) betrifft allein Ansprüche auf Einhaltung der Bestimmungen über das Vergabeverfahren und sonstige Ansprüche gegen öffentliche Auftraggeber, die auf die Vornahme oder das Unterlassen einer Handlung in einem Vergabeverfahren gerichtet sind. **Damit kommt für den Vergaberechtsweg nicht ein Anspruch gegen einen kommunalen Bieter, sich wegen eines Verbots wirtschaftlicher Betätigung aus dem Gemeindewirtschaftsrecht einer Beteiligung am Vergabeverfahren zu enthalten, in Betracht.** Insoweit ist der Verwaltungsrechtsweg gegeben, weil eine öffentlich-rechtliche Streitigkeit nichtverfassungsrechtlicher Art vorliegt (§ 40 Abs. 1 Satz 1 VwGO). Der Antragsteller erstrebt nämlich mit der beantragten einstweiligen Anordnung eine Regelung in Bezug auf ein öffentlich-rechtliches Rechtsverhältnis (OVG Nordrhein-Westfalen, B. v. 12. 10. 2004 – Az: 15 B 1889/04; B. v. 12. 10. 2004 – Az: 15 B 1873/04). 1574

13.2.1.9 Primärrechtsschutz für allgemeine Kartellfragen

Der **Rechtsweg nach § 104 Abs. 2 Satz 1 GWB ist nicht eröffnet für die Beanstandungen, welche ein Antragsteller auf Bestimmungen stützt, die sich nicht auf das Vergaberecht beziehen.** Bestimmungen über das Vergabeverfahren sind die Vorschriften der Verdingungsordnungen, die durch Verweisung in der Vergabeverordnung und die §§ 97 Abs. 6,7 und 127 GWB Rechtssatzqualität erlangt haben, ferner die das Verfahren betreffenden Gebote des Wettbewerbs, der Transparenz und der Gleichbehandlung (§ 97 Abs. 1 und 2 GWB) sowie bestimmte ungeschriebene Vergaberegeln. **Das Kartellverbot (§ 1 GWB) und die Frage der Anmeldung beim Bundeskartellamt** aber auch alle anderen Fragen, die **im Zusammenhang mit der Gründung eines Unternehmens mit kommunaler Beteiligung wie § 35 GWB oder auch § 107 Abs. 5 und § 108 Abs. 5 GO NW sind keine Bestimmungen über das Vergabeverfahren** und können mithin nicht Gegenstand einer Nachprüfung durch die Vergabekammer sein. Die Prüfung dieser Vorschriften ist auch nicht über § 2 Nr. 1 VOL/A eröffnet, wenn ein möglicher Verstoß gegen diese Bestimmungen vor Einleitung des Vergabeverfahrens erfolgt und abgeschlossen ist und weil die Bieter in einem Nachprüfungsverfahren nur Anspruch darauf haben, dass die Vergabestelle ein ordnungsgemäßes und diskriminierungsfreies Verfahren zur Auftragserteilung im Wettbewerb durchführt. Der Wettbewerbsverstoß, den man der Vergabestelle zurechnen könnte, ist die unzulässige Beteiligung eines kommunalrechtlichen Unternehmens an dem Verfahren, nicht die Umstände, die im Zusammenhang mit der Gründung des Unternehmens stehen, mit denen die Vergabestelle nichts zu tun hat (VK Münster, B. v. 10. 2. 2005 – Az.: VK 35/04). 1575

Diese **Auffassung** ist – soweit sie sich auf kommunalrechtliche Vorschriften bezieht – **nicht unumstritten;** vgl. insoweit die **Kommentierung RZ 109.** 1576

13.2.1.10 Weitere Beispiele aus der Rechtsprechung

– soweit sich der Antragsteller auf die **Ausübung einer Option aus einem im Jahr 2005 geschlossenen Vertrag beruft,** ist der **Nachprüfungsantrag unzulässig,** da er insoweit keine Verletzung von Rechten nach § 97 Abs. 7 GWB geltend macht (§ 107 Abs. 2 Satz 1 GWB). Der Antragsteller hat gemäß § 97 Abs. 7 GWB einen Anspruch auf Einhaltung der Bestimmungen über das Vergabeverfahren. Hierzu gehört nicht die Ausübung einer Option 1577

317

Teil 1 GWB § 105

aus einem Vertrag, der das Ergebnis eines bereits durch Zuschlag abgeschlossenen Vergabeverfahrens bildet. Streitigkeiten über den Anspruch auf Ausübung einer solchen Option sind **vor den hierfür zuständigen Zivilgerichten auszutragen** (1. VK Bund, B. v. 6. 7. 2006 – Az.: VK 1–52/06)

13.2.2 Inhalt der Rechte aus § 97 Abs. 7 sowie sonstiger Ansprüche

13.2.2.1 Grundsatz

1578   Mittels des förmlichen Vergabenachprüfungsverfahrens der §§ 97 ff. GWB können nur Ansprüche auf Primärrechtsschutz geltend gemacht werden (vgl. hierzu im Einzelnen die Kommentierung zu § 102 RZ 1457).

13.2.2.2 Beispiele aus der Rechtsprechung

1579   – Die **fehlende finanzielle Sicherung eines ausgeschriebenen Projekts** kann aus Gründen, die in der Natur der Sache liegen, **nicht zum Gegenstand eines Nachprüfungsverfahrens** nach dem Vierten Teil des GWB **gemacht werden**. Den Bietern steht insoweit kein anerkennenswertes Bedürfnis zur Inanspruchnahme von vergaberechtlichern Primärrechtsschutz zu. Das Verfahren nach den §§ 107 ff. GWB ist darauf ausgerichtet, auftretende Unregelmäßigkeiten nicht im laufenden Vergabeverfahren abzustellen. Stehen die für die Durchführung des Vorhabens nötigen finanziellen Mittel nicht bereit, **kann dieser Mangel nicht durch eine Entscheidung der VK nach § 114 Abs. 1 GWB behoben werden.** Der in seiner diesbezüglichen Erwartung enttäuschte Bieter ist vielmehr von vornherein auf die **Geltendmachung von Schadensersatz** angewiesen, wenn die Vergabestelle nicht auf die fehlende Finanzierung hingewiesen hat (KG Berlin, B. v. 22. 8. 2001 – Az.: KartVerg 03/01).

– Das Vergabenachprüfungsverfahren ist für den Vorwurf, ein oder mehrere Mitbewerber hätten in der Vergangenheit **nicht notifizierte – und damit formell europarechtswidrige – Beihilfen erhalten,** nicht eröffnet. Die Entgegennahme nicht notifizierter Beihilfen ist kein Vorgang „in einem Vergabeverfahren". Sie ist dem Verfahren der Antragsgegner zur Vergabe des streitbefangenen öffentlichen Auftrags vielmehr **zeitlich wie sachlich vorgelagert** und steht mit dem Ausschreibungsverfahren **weder in einem äußeren noch in einem inneren Zusammenhang.** Der Erhalt nicht angezeigter Beihilfen betrifft ebenso wenig „Bestimmungen über das Vergabeverfahren". Es handelt sich im Gegenteil um **eine eigene, vom Vergabeverfahren losgelöste** – sowohl verfahrensrechtlich als auch materiellrechtlich selbstständige – rechtliche **Angelegenheit** (OLG Düsseldorf, B. v. 26. 7. 2002 – Az.: Verg 22/02).

– Macht ein Antragsteller **im Vergabenachprüfungsverfahren einen Verstoß gegen § 24 Abs. 3 VOF** geltend, scheidet ein solcher Antrag bereits als Gegenstand des Nachprüfungsverfahrens aus, da er in der Sache auf die **Geltendmachung eines Vergütungsanspruches** gerichtet ist (VK Brandenburg, B. v. 15. 11. 2002 – Az.: VK 63/02).

14. § 105 GWB – Besetzung, Unabhängigkeit

(1) **Die Vergabekammern üben ihre Tätigkeit im Rahmen der Gesetze unabhängig und in eigener Verantwortung aus.**

(2) **Die Vergabekammern entscheiden in der Besetzung mit einem Vorsitzenden und zwei Beisitzern, von denen einer ein ehrenamtlicher Beisitzer ist. Der Vorsitzende und der hauptamtliche Beisitzer müssen Beamte auf Lebenszeit mit der Befähigung zum höheren Verwaltungsdienst oder vergleichbar fachkundige Angestellte sein. Der Vorsitzende oder der hauptamtliche Beisitzer müssen die Befähigung zum Richteramt haben; in der Regel soll dies der Vorsitzende sein. Die Beisitzer sollen über gründliche Kenntnisse des Vergabewesens, die ehrenamtlichen Beisitzer auch über mehrjährige praktische Erfahrungen auf dem Gebiet des Vergabewesens verfügen.**

(3) **Die Kammer kann das Verfahren dem Vorsitzenden oder dem hauptamtlichen Beisitzer ohne mündliche Verhandlung durch unanfechtbaren Beschluss zur alleinigen Entscheidung übertragen. Diese Übertragung ist nur möglich, sofern die Sache**

keine wesentlichen Schwierigkeiten in tatsächlicher oder rechtlicher Hinsicht aufweist und die Entscheidung nicht von grundsätzlicher Bedeutung sein wird.

(4) **Die Mitglieder der Kammer werden für eine Amtszeit von fünf Jahren bestellt. Sie entscheiden unabhängig und sind nur dem Gesetz unterworfen.**

§ 105 GWB regelt die Sonderstellung der Vergabekammern – als Teil der Verwaltung – insbesondere mit Blick auf ihre gerichtsähnliche Funktion. 1580

14.1 Sachliche und persönliche Unabhängigkeit (§ 105 Abs. 1, Abs. 4)

Die Vergabekammern üben ihre Tätigkeit im Rahmen der Gesetze unabhängig und in eigener Verantwortung aus. Sie sind also – obwohl Teil der Verwaltung – nicht weisungsgebunden. 1581

Die Mitglieder der Kammer werden für eine Amtszeit von fünf Jahren bestellt. Sie entscheiden unabhängig und sind nur dem Gesetz unterworfen. 1582

§ 105 GWB weist damit den Vergabekammern eine sachliche und persönliche Unabhängigkeit zu, die im Grundsatz an die entsprechende Unabhängigkeit der Richter anknüpft. 1583

14.2 Ausschluss wegen des Verdachtes der Befangenheit

14.2.1 Allgemeines

Trotz der mangelnden Regelung im vierten Teil des GWB **muss es aus allgemeinen rechtsstaatlichen Gründen den Verfahrensbeteiligten möglich sein, Mitglieder der Vergabekammer als befangen abzulehnen** (VK Düsseldorf, B. v. 9. 12. 2005- Az.: VK-41/2005-L). 1584

Soweit das Verfahren der Vergabekammern in den §§ 107 ff. GWB nicht ausdrücklich geregelt ist, bietet es sich an, die **Bestimmungen des Verwaltungsverfahrensgesetzes,** nicht aber diejenigen der für das gerichtliche Verfahren geltenden Prozessordnungen (ZPO bzw. VwGO) anzuwenden (BayObLG, B. v. 29. 9. 1999 – Az.: Verg 4/99; VK Münster, B. v. 21. 3. 2005 – Az.: VK 07/05). Hinsichtlich der Entscheidung über Ablehnungsgesuche gegen Mitglieder der Vergabekammer erscheint dabei eine **entsprechende Anwendung der Regelungen des Verwaltungsverfahrensgesetzes bei Ablehnungsgesuchen gegen Ausschussmitglieder als sachgerecht** (OLG Thüringen, B. v. 22. 12. 1999 – Az.: 6 Verg 3/99; im Ergebnis ebenso Schleswig-Holsteinisches OLG, B. v. 4. 5. 2001 – Az.: 6 Verg 2/2001). Eine **analoge Anwendung des § 16 VgV,** der andere Tatbestandsvoraussetzungen hat, **scheidet** damit **aus.** 1585

Anderer Auffassung sind die **VK Düsseldorf** und das **OLG Düsseldorf.** Der **gerichtsähnliche Charakter der Vergabestellen,** insbesondere der gerichtsähnliche Ablauf des Verfahrens und die direkte Beschwerdemöglichkeit zu den Oberlandesgerichten sind **mit dem Verfahren zum Erlass eines Verwaltungsaktes und dem sich ggf. anschließenden Widerspruchsverfahren nicht derart vergleichbar,** dass dieselben Regelungen anzuwenden wären. Die Entscheidung erfolgt deshalb **gemäß den Regelungen der Verwaltungsgerichtsordnung unter Verweis auf die Zivilprozessordnung** (VK Düsseldorf, B. v. 9. 12. 2005- Az.: VK-41/2005-L). Außerdem ist mit dem gerichtsähnlichen Charakter des Vergabenachprüfungsverfahrens das **Fehlen eines förmlichen Ablehnungsrechtes** der Beteiligten wegen Besorgnis der Befangenheit **im Hinblick auf die zentrale Bedeutung der Unvoreingenommenheit der Mitglieder der Vergabekammer für den Inhalt der Entscheidung aber nicht vereinbar.** Für die Anwendung der **Regelungen der VwGO spricht** zudem der **Status der Mitglieder der Vergabekammer.** Ihnen wird durch die Garantie der Unabhängigkeit gemäß § 105 Abs. 1 GWB und der fünfjährigen Unabsetzbarkeit gemäß § 105 Abs. 4 GWB eine richterähnliche Unabhängigkeit eingeräumt. Dieser Stellung wird die Überprüfung eines Ablehnungsgesuchs durch die VK (§ 54 Abs. 1 VwGO (analog) in Verbindung mit § 45 Abs. 1 ZPO) eher gerecht als die Prüfung durch den Behördenleiter (OLG Düsseldorf, B. v. 23. 1. 2006 – Az.: VII – Verg 96/05). 1586

Besorgnis der Befangenheit bedeutet, dass ein Grund vorliegt, der geeignet ist, Misstrauen gegen eine unparteiische Amtsausübung eines Amtsträgers zu rechtfertigen. Diese Voraussetzung ist gegeben, wenn **auf Grund objektiv feststellbarer Tatsachen** die **subjektiv vernünftigerweise mögliche Besorgnis nicht auszuschließen** ist, ein bestimmter Amtsträger werde in der Sache **nicht unparteiisch, unvoreingenommen oder unbefangen** entscheiden (VK 1587

Teil 1 GWB § 105   Gesetz gegen Wettbewerbsbeschränkungen

Münster, B. v. 21. 3. 2005 – Az.: VK 07/05). Im Kern gelten damit die gleichen Voraussetzungen wie für die Ablehnung eines Richters nach § 42 Abs. 2 ZPO (OLG Thüringen, B. v. 22. 12. 1999 – Az.: 6 Verg 3/99).

14.2.2 Beispiele aus der Rechtsprechung

1588   – **auch rein formale verfahrensleitende Entscheidungen** eines Spruchkörpers können die **Besorgnis der Befangenheit begründen** (VK Düsseldorf, B. v. 9. 12. 2005- Az.: VK-41/2005-L)

– allein die **Eintragung eines Beteiligten in der Handwerksrolle der Handwerkskammer** mag zwar objektiv nicht geeignet sein, **einem Mitglied der Handwerkskammer eine voreingenommene Amtsausübung zu unterstellen.** Allerdings kommt es nicht auf eine tatsächliche Befangenheit eines Mitglieds der VK an, sondern allein dem „bösen Anschein" soll durch die Regelung in § 21 VwVfG NW schon entgegen gewirkt werden. Vor diesem Hintergrund soll jeder Anschein vermieden werden, aus dem sich eine Befangenheit konstruieren ließe. Demzufolge konnte nicht ausgeschlossen werden, dass je nach der Entscheidung der VK eine Voreingenommenheit hinsichtlich eines Beteiligten wegen seiner Zugehörigkeit zur Handwerkskammer möglich erscheint, so dass Herr xxx, als Mitarbeiter der Handwerkskammer Münster, in diesem Nachprüfungsverfahren von seinem Amt als ehrenamtlicher Beisitzer zu entpflichten war (VK Münster, B. v. 21. 3. 2005 – Az.: VK 07/05)

14.3 Pflicht zur Neutralität

1589   Die VK ist als **eine gerichtsähnliche Nachprüfungsinstanz** allen Beteiligten **zur Neutralität verpflichtet.** Unterrichtet sie die Vergabestelle in einer Phase, in der der Vertragsschluss kurz bevor steht, vom Eingang eines Nachprüfungsantrages, kann dies möglicherweise die Entschließungen der Vergabestelle, insbesondere in zeitlicher Hinsicht, beeinflussen. Aus der Sicht eines Bieters könnten derartige **interne Korrespondenzen zwischen Vergabekammer und Vergabestelle** deshalb geeignet sein, Zweifel an der Unvoreingenommenheit der Nachprüfungsbehörde zu wecken und **sollten** deshalb **vermieden** werden (KG Berlin, B. v. 4. 4. 2002 – Az.: KartVerg 5/02).

14.4 Entscheidung als Spruchkörper auch bei Kostengrundentscheidungen (§ 105 Abs. 2 Satz 1)

1590   Die **Kostengrundentscheidung muss die Vergabekammer als Spruchkörper treffen** (§ 105 Abs. 2 S. 1 GWB); eine **Entscheidung des Vorsitzenden genügt nicht.** Dies gilt auch dann, wenn wegen Antragsrücknahme, Erledigung oder des Eintritts der Ablehnungsfiktion nur noch eine isolierte Kostenentscheidung zu treffen ist. Erst mit der Kostengrundentscheidung ist das Verfahren vor dem Spruchkörper beendet. Eine andere Frage ist, wer auf der Grundlage einer Kostengrundentscheidung Gebühren und Auslagen festsetzt. Dies kann in der Geschäftsordnung der Vergabekammer geregelt werden (OLG Koblenz, B. v. 1. 4. 2004 – Az.: 1 Verg 3/04).

14.5 Amtszeit (§ 105 Abs. 4 Satz 1)

1591   Die Mitglieder der Vergabekammer werden für eine Amtszeit von fünf Jahren bestellt. Diese Regelung gilt sowohl für die hauptamtlichen Mitglieder als auch die ehrenamtlichen Mitglieder. Eine erneute Bestellung ist möglich.

14.6 Widerruf der Bestellung

14.6.1 Anwendung des Verwaltungsverfahrensgesetzes

1592   Das **GWB enthält** insoweit eine **Regelungslücke.** Es kann allerdings nicht angenommen werden, der Gesetzgeber habe eine vorzeitige Beendigung der Amtsdauer für **jeden Fall ausschließen wollen.** Für eine derart weitgehende und z.B. in Korruptionsfällen klar sachwidrige Lösung gibt auch die Gesetzesbegründung zu § 115 GWB nichts her. Danach wurde die Amtszeit der Kammermitglieder nur einheitlich festgelegt, um eine kurzfristige Abberufung einzelner Mitglieder des Spruchkörpers zu verhindern und so die Unabhängigkeit des Gremiums zu stärken. Die **bestehende Regelungslücke kann auch dann nicht mit einem Rückgriff auf die Prozessordnungen und die für Berufsrichter geltenden Regelungen ausgefüllt werden, wenn man die Entscheidungen der Vergabeausschüsse materiell der rechtsprechenden Gewalt zuordnet.** Gegen die Entscheidungen der Vergabekammer eröffnet das Gesetz den Rechtsweg und lässt die sofortige Beschwerde zu den Vergabesenaten der Oberlandesgerichte zu (§§ 126 ff. GWB). Der Gesetzgeber hat die Vergabeausschüsse aber im Gegensatz zu den Vergabesenaten nicht den Gerichten, sondern der Verwaltung zugeordnet. Gemäß § 114 Abs. 3 GWB ergeht die Entscheidung der Vergabekammer durch Verwaltungsakt und bezeichnet das Gesetz die Vergabekammern nicht als Gericht. Das Gesetz verlangt nicht, dass der Vorsitzende des Vergabeausschusses Richter ist, sondern lediglich, dass er die Befähigung zum Richteramt besitzt. Die Regelungen zu der Dienstaufsicht über die Vergabekammer und die Nichtigkeit von Richterernennungen sowie die Entlassungen aus dem richterlichen Dienstverhältnis (§§ 18, 21–24 DRiG) passen ersichtlich nicht für die Mitglieder der Vergabekammern. Somit ist **auf die Vorschriften des Verwaltungsverfahrensgesetzes zurückzugreifen** (Hamburgisches OVG, B. v. 30. 6. 2005 – Az.: 1 Bs 182/05).

14.6.2 Beispiele aus der Rechtsprechung

– nach § 49 Abs. 2 Nr. 3 **HmbVwVfG** darf die Bestellung widerrufen werden, wenn die Bestellungsbehörde auf Grund nachträglich eingetretener Tatsachen berechtigt wäre, von der Bestellung abzusehen und wenn ferner ohne den Widerruf das öffentliche Interesse gefährdet wäre. Bei der **Beurteilung, ob ohne den Widerruf das öffentliche Interesse gefährdet wäre, ist die gesetzliche Gewährleistung einer grundsätzlich 5 Jahre dauernden Amtszeit und die Unabhängigkeit der Vergabekammer zu beachten.** Insoweit ist zu berücksichtigen, dass die Bestellungsbehörde in der Sache geltend, das Mitglied sei befangen. Gemäß den §§ 21 Abs. 2, 20 Abs. 4 HmbVwVfG ist die Bestellungsbehörde aber nicht befugt, anzuordnen, dass sich ein befangenes Ausschussmitglied der Mitwirkung an einem Verwaltungsverfahren enthält. **Vielmehr kann nur der Ausschuss selbst über den Ausschluss entscheiden.** Diese Regelung gilt allerdings unmittelbar nur für den Ausschluss eines Ausschussmitgliedes in einem einzelnen laufenden Verwaltungsverfahren. Geht es hingegen darum, gleichsam vorsorglich das Mitglied aus allen künftigen Vergabeverfahren wegen der Besorgnis der Befangenheit herauszunehmen, spricht viel dafür, dass der **Schutz der Unabhängigkeit der Vergabekammer, die ihre Tätigkeit gemäß § 105 Abs. 1 GWB in eigener Verantwortung ausübt, es auch in einem solchen Fall gebietet, die verfahrensrechtliche Sicherungen des § 20 Abs. 4 VwVfG zu aktivieren und eine Entscheidung der Vergabekammer über die Befangenheit ihres stellvertretenden Vorsitzenden zu verlangen. Das Schutzbedürfnis der Vergabekammer vor einer Manipulation ihrer Zusammensetzung ist höher und nicht geringer, wenn eines ihrer Mitglieder aus Gründen der Befangenheit vorsorglich aus allen künftigen Vergabeverfahren herausgehalten werden soll,** als wenn es nur um den Ausschluss aus einem gegenwärtig laufenden Verfahren geht. Dies rechtfertigt, die §§ 21 Abs. 2, 20 Abs. 4 HmbVwfG auch außerhalb eines laufenden Verwaltungsverfahren entsprechend anzuwenden. Eine derartige Ausschlussentscheidung kann die Vergabekammer dann auch außerhalb eines anhängigen Vergabeverfahrens treffen, wenn in Rede steht, dass der Antragsteller in allen denkbaren Vergabeverfahren befangen sein könnte (Hamburgisches OVG, B. v. 30. 6. 2005 – Az.: 1 Bs 182/05).

1593

15. § 106 GWB – Einrichtung, Organisation

(1) Der Bund richtet die erforderliche Anzahl von Vergabekammern beim Bundeskartellamt ein. Einrichtung und Besetzung der Vergabekammern sowie die Geschäftsverteilung bestimmt der Präsident des Bundeskartellamts. Ehrenamtliche Beisitzer und deren Stellvertreter ernennt er auf Vorschlag der Spitzenorganisationen der öffentlich-rechtlichen Kammern. Der Präsident des Bundeskartellamts erlässt nach Genehmigung durch das Bundesministerium für Wirtschaft und Technologie eine Geschäftsordnung und veröffentlicht diese im Bundesanzeiger.

(2) **Die Einrichtung, Organisation und Besetzung der in diesem Abschnitt genannten Stellen (Nachprüfungsbehörden) der Länder bestimmen die nach Landesrecht**

zuständigen Stellen, mangels einer solchen Bestimmung die Landesregierung, die die Ermächtigung weiter übertragen kann. Bei der Besetzung der Vergabekammern muss gewährleistet sein, dass mindestens ein Mitglied die Befähigung zum Richteramt besitzt und nach Möglichkeit gründliche Kenntnisse des Vergabewesens vorhanden sind. Die Länder können gemeinsame Nachprüfungsbehörden einrichten.

1594 § 106 Abs. 1 regelt die Grundzüge der Einrichtung und Organisation der Vergabekammern des Bundes, § 106 Abs. 2 die Grundzüge der Einrichtung und Organisation der Vergabekammern der Länder.

15.1 Vergabekammern des Bundes

1595 Die Vergabekammern des Bundes sind beim Bundeskartellamt eingerichtet. Sie haben ihren Sitz in Bonn. Nähere Einzelheiten sind unter der Internet-Adresse (URL) www.bundeskartellamt.de ersichtlich.

15.2 Vergabekammern der Länder

1596 Die Einrichtung, Organisation und Besetzung der Vergabekammern der Länder bestimmen die **Länder in eigener Zuständigkeit**. Einzige inhaltliche Vorgabe des GWB ist insoweit, dass mindestens **ein Mitglied** der Vergabekammer die **Befähigung zum Richteramt** besitzt und nach Möglichkeit gründliche Kenntnisse des Vergabewesens vorhanden sind.

1597 Einrichtung, Organisation und Besetzung der Vergabekammern der Länder ergeben sich aus den jeweiligen Einrichtungsverordnungen.

15.3 Gemeinsame Nachprüfungsbehörden

1598 Die Länder haben keine gemeinsamen Nachprüfungsbehörden eingerichtet.

15.4 Literatur

1599 – Drey, Franz, Halb Gericht, halb Behörde – Die Arbeit der VK Düsseldorf, Behörden Spiegel Oktober 2003, 18

16. § 107 GWB – Einleitung, Antrag

(1) Die Vergabekammer leitet ein Nachprüfungsverfahren nur auf Antrag ein.

(2) Antragsbefugt ist jedes Unternehmen, das ein Interesse am Auftrag hat und eine Verletzung in seinen Rechten nach § 97 Abs. 7 durch Nichtbeachtung von Vergabevorschriften geltend macht. Dabei ist darzulegen, dass dem Unternehmen durch die behauptete Verletzung der Vergabevorschriften ein Schaden entstanden ist oder zu entstehen droht.

(3) Der Antrag ist unzulässig, soweit der Antragsteller den gerügten Verstoß gegen Vergabevorschriften bereits im Vergabeverfahren erkannt und gegenüber dem Auftraggeber nicht unverzüglich gerügt hat. Der Antrag ist außerdem unzulässig, soweit Verstöße gegen Vergabevorschriften, die auf Grund der Bekanntmachung erkennbar sind, nicht spätestens bis zum Ablauf der in der Bekanntmachung benannten Frist zur Angebotsabgabe oder zur Bewerbung gegenüber dem Auftraggeber gerügt werden.

1600 Mit § 107 GWB beginnen die das Verfahren vor der Vergabekammer verfahrensleitenden Vorschriften.

16.1 Bedeutung der Vorschrift für das Vergabenachprüfungsverfahren

1601 § 107 GWB stellt mit seinen nachfolgend näher erläuterten Voraussetzungen die wohl **wichtigste verfahrensrechtliche Hürde** für ein erfolgreiches Vergabenachprüfungsverfahren dar.

Gesetz gegen Wettbewerbsbeschränkungen GWB § 107 **Teil 1**

Fast tausend inhaltliche Entscheidungen der Vergabekammern und Vergabesenate zu § 107 GWB dokumentieren dies eindrucksvoll.

16.2 Antrag (§ 107 Abs. 1)

Das Nachprüfungsverfahren vor der Vergabekammer ist ein Antragsverfahren. Allein der Antragsteller hat es in der Hand, ein solches Nachprüfungsverfahren einzuleiten. 1602

16.2.1 Antragstellung nicht durch „Verweisung" eines anderen Gerichtes möglich

Die **Einreichung eines Nachprüfungsantrags,** und zwar gerade bei der Vergabekammer, ist gemäß den §§ 107, 108 GWB **allein Sache des Antragstellers.** Daran ist auch deshalb unabdingbar festzuhalten, weil für die Darlegungen in der Nachprüfungsantragsschrift bestimmte, (nur) für das Nachprüfungsverfahren eigentümliche Zulässigkeitsvoraussetzungen zu beachten sind (vgl. § 107 Abs. 2 und 3 sowie § 108 Abs. 2 GWB bezüglich der Darlegung der gegenüber dem Auftraggeber erfolgten Rüge). Diese Verfahrensobliegenheiten kann – wie sich von selbst versteht – nur der Antragsteller selbst erfüllen. Folglich kann ein (anderes) Gericht, das ein bei ihm eingelegtes Rechtsschutzbegehren der Sache nach als ein Begehren im Sinne des § 104 Abs. 2 Satz 1 GWB auslegt und auffasst, dieses Begehren (durch Abgabe oder Verweisung der Sache) nicht für den Antragsteller bei der Vergabekammer „einreichen" (mit allen Konsequenzen der §§ 107 ff. GWB, insbesondere des § 113 Abs. 1 Satz 1 GWB). Anders ausgedrückt: Die (gemäß § 17 a Abs. 2 Satz 1 GVG ohnehin nicht zulässige) Verweisung einer Sache von einem Gericht an eine Vergabekammer (eine Verwaltungsbehörde, s. die gesetzliche Überschrift vor § 102 GWB sowie § 114 Abs. 3 Satz 1 GWB) kann einer „Einreichung" des Nachprüfungsantrags bei der Vergabekammer durch den Antragsteller selbst mit Blick auf die §§ 107, 113 Abs. 1 Satz 1 GWB nicht gleich geachtet werden (OLG Düsseldorf, B. v. 11. 3. 2002 – Az.: Verg 43/01). 1603

16.2.2 Einleitung eines Nachprüfungsverfahrens durch einen beigeladenen Bieter

Auch ein in einem Vergabenachprüfungsverfahren **beigeladener Bieter** kann noch einen **eigenen Nachprüfungsantrag** stellen. Er handelt **nicht rechtsmissbräuchlich,** wenn er die aufgrund der Akteneinsicht als Beigeladener erlangten Informationen zum Anlass nimmt, selbst ein Nachprüfungsverfahren einzuleiten. Weder nach der ausdrücklichen gesetzlichen Regelung noch nach deren Sinn und Zweck besteht an der so erlangten Kenntnis ein Verwertungsverbot. § 107 Abs. 3 GWB enthält keine einschränkende Bestimmung darüber, dass nur auf bestimmte Weise erlangte Informationen zum Gegenstand eines Nachprüfungsverfahrens gemacht werden könnten. Auch in zeitlicher Hinsicht besteht keine Einschränkung, jedenfalls solange das Vergabeverfahren noch nicht abgeschlossen ist (OLG Frankfurt am Main, B. v. 20. 12. 2000 – Az.: 11 Verg 1/00). 1604

16.2.3 Adressat des Antrages

Adressat des Nachprüfungsantrages ist **der öffentliche Auftraggeber.** Hat sich der eigentliche Auftraggeber eines **Vertreters** bedient, muss er sich an der von ihm der Öffentlichkeit gegenüber gewählten oder geduldeten **Vertretungsform auch hinsichtlich des Nachprüfungsverfahrens** festhalten lassen (VK Düsseldorf, B. v. 24. 1. 2001 – Az.: VK – 31/ 2000 – B). 1605

16.2.4 Rechtsfolge: Beginn des Nachprüfungsverfahrens (Rechtshängigkeit)

Die §§ 97 ff. GWB in der Fassung des Vergaberechtsänderungsgesetzes bestimmen nicht ausdrücklich, **wann das Nachprüfungsverfahren von Rechts wegen beginnt.** § 107 Abs. 1 GWB kann aber nicht dahin ausgelegt werden, dass es für den Beginn des Nachprüfungsverfahrens außer dem der VK zugegangenen Nachprüfungsantrag noch einer Entschließung, einer Maßnahme der Einleitung auf Seiten der Vergabekammer bedarf. Der Regelungsgehalt des § 107 Abs. 1 GWB erschöpft sich darin, dass die Vergabekammer ohne Antrag eines Unternehmens keine Nachprüfung durchführen darf, **auf Antrag aber eine Nachprüfungstätigkeit entfalten muss.** Es versteht sich von selbst, dass zu dieser Nachprüfungstätigkeit, also zu 1606

Teil 1 GWB § 107   Gesetz gegen Wettbewerbsbeschränkungen

der durch den Nachprüfungsantrag veranlassten Tätigkeit der Vergabekammer auch die Prüfung der Zulässigkeit des Nachprüfungsantrages gehört (VK Südbayern, B. v. 8. 2. 2002 – Az.: 41– 11/01). Formell beginnt das vergaberechtliche Nachprüfungsverfahren also bereits **mit dem Eingang des Nachprüfungsantrages** (OLG Naumburg, B. v. 30. 5. 2002 – Az.: 1 Verg 14/01). Bereits **mit dem Eingang des Antrags ist also das Nachprüfungsverfahren rechtshängig** (BGH, B. v. 9. 2. 2004 – Az.: X ZB 44/03; VK Schleswig-Holstein, B. v. 31. 5. 2005 – Az.: VK-SH 09/05).

16.2.5 Rücknahme

16.2.5.1 Spätester Zeitpunkt für die Rücknahme des Nachprüfungsantrags

1607   Eine Rücknahme ist **ohne Zustimmung des Auftraggebers** möglich, wenn **noch keine mündliche Verhandlung** im Sinne des § 112 des Gesetzes gegen Wettbewerbsbeschränkungen (GWB) stattgefunden hat, § 269 Abs. 1 ZPO, § 92 Abs. 1 Satz 2 VwGO analog (VK Brandenburg, B. v. 25. 4. 2003 – Az.: VK 21/03).

1608   Nach **anderer Auffassung** ist es einem Antragsteller nicht verwehrt, nachdem in der mündlichen Verhandlung Anträge gestellt waren, den **eigentlichen Nachprüfungsantrag ohne Zustimmung der Beteiligten am Ende der mündlichen Verhandlung zurückzunehmen.** Trotz seiner gerichtsähnlichen Ausgestaltung handelt es sich bei dem Verfahren vor der Vergabekammer um ein **Verwaltungsverfahren.** Daher ist es nicht sachwidrig, das Verwaltungsverfahrensgesetz anzuwenden, auch wenn sich insoweit Unterschiede zum prozessualen Streitverfahren ergeben. Aus diesem Grunde bedarf – auf der Basis des Thüringer Verwaltungsverfahrensgesetzes – die Rücknahme nicht der Zustimmung der sonstigen Beteiligten (VK Thüringen, B. v. 15. 6. 2006 – Az.: 360-4002.20-006/06-ESA-S).

16.2.5.2 Rücknahme und nachträgliche Erweiterung des Antrags

1609   Es ist anerkannt, dass eine (teilweise) **Rücknahme eines Antrags und eine erneute Anbringung** desselben Antrags (gelegentlich bezeichnet als „Rücknahme der Rücknahme") nach den Prozessordnungen grundsätzlich ohne Weiteres zulässig und nicht zu beanstanden ist (OLG Düsseldorf, B. v. 29. 12. 2001 – Az.: Verg 22/01).

1610   Im Verfahren vor dem Vergabesenat ist eine **Antragserweiterung analog § 264 Nr. 2 ZPO zulässig** (OLG München, B. v. 12. 7. 2005 – Az.: Verg 008/05).

1611   **Mit der Rücknahme eines Antrags** als zwingende Sachentscheidungsvoraussetzung ist das betreffende **Verfahren ohne Entscheidung in der Hauptsache zu beenden.** Insoweit drängt sich eine Analogie zu den §§ 92 VwGO und 269 ZPO auf, weil im Nachprüfungsverfahren wie im verwaltungs- und zivilgerichtlichen Verfahren die Vergabekammer als Entscheidungsträger nicht in eigener Sache entscheidet, sondern in einer gerichtsähnlichen neutralen Position ist. Der Antragsteller hat sich durch die Antragsrücknahme in die Position der im Verfahren Unterliegenden begeben, weswegen ihm die **Kosten der Vergabekammer** (§ 128 Abs. 3 Satz 1 GWB) **und der Vergabestelle** als Antragsgegnerin (§ 128 Abs. 4 Satz 1 GWB) auferlegt werden (VK Münster, B. v. 14. 9. 2001 – Az.: VK 18/01).

1612   Weist die Vergabekammer den Antragsteller auf Bedenken an der Zulässigkeit des eingereichten Nachprüfungsantrags hin (z. B. weil zu einer vorherigen Rüge der geltend gemachten Vergaberechtsverstöße nichts vorgetragen sei) und sieht mit Rücksicht auf diese Zulässigkeitsbedenken die Vergabekammer einstweilen von einer Zustellung des Nachprüfungsantrags an den Antragsgegner ab, so ist dann, wenn der Antragsteller den von der Vergabekammer geäußerten rechtlichen Bedenken in der Folgezeit Rechnung trägt, die Rüge nachholt und seinen Antrag „wiederholt", bei verständiger Auslegung von einer **Rücknahme des ursprünglichen Nachprüfungsantrags und der Einreichung eines neuen Nachprüfungsbegehrens** auszugehen (OLG Düsseldorf, B. v. 15. 5. 2002 – Az.: Verg 19/02).

1613   Zu den Auswirkungen einer Rücknahme auf eine eventuell schon getroffene Entscheidung der Vergabekammer vgl. die Kommentierung zu § 114 RZ 2371.

16.2.5.3 Rücknahme in der Beschwerdeinstanz

1614   Die **Rücknahme** des Nachprüfungsantrags in der Beschwerdeinstanz wird **mit Eingang der Einwilligung des Antragsgegners bei Gericht wirksam** (§ 269 Abs. 1 und 2 ZPO analog); einer Einwilligung des Beigeladenen bedarf es nicht. Durch die Rücknahme des Nachprüfungsantrags wird die **Entscheidung der Vergabekammer – auch im Kostenpunkt –**

wirkungslos – vgl. § 269 Abs. 3 Satz 1 ZPO – (OLG Koblenz, B. v. 8. 6. 2006 – Az.: 1 Verg 4 und 5/06; BayObLG, B. v. 11. 5. 2004 – Az.: Verg 003/04). Der **Senat** hat somit nur eine **(neue) Kostengrundentscheidung** zu treffen und den **Beschwerdewert festzusetzen** (OLG Koblenz, B. v. 8. 6. 2006 – Az.: 1 Verg 4 und 5/06).

16.2.5.4 Literatur
– Sellmann, Christian/Augsberg, Steffen, Beteiligteninduzierte Beendigung vergaberechtlicher Nachprüfungsverfahren, NVwZ 2005, 1255   1615

16.2.6 Zeitliche Bedingungen für den Nachprüfungsantrag

16.2.6.1 Keine zeitliche Ausschlussfrist
Der Antrag an die Vergabekammer unterliegt im Gegensatz zur Rügeobliegenheit des § 107 Abs. 3 GWB **grundsätzlich keinen zeitlichen Ausschlussfristen.** Es bedarf ihrer auch nicht, weil die tatsächlichen Gegebenheiten eines Vergabeverfahrens, insbesondere die Gefahr des anderweitigen Zuschlags, einen auf Vergaberechtsschutz angewiesenen Bieter ohnehin zur Eile drängen. Wenn die Vergabestelle einer solchen Rüge nicht entspricht, sondern das Vergabeverfahren unverändert fortsetzt, ergibt sich – **bis zur Grenze rechtsmissbräuchlicher Verwirkung** – aus dem Gesetz kein Anhaltspunkt dafür, die verzögerte Einleitung eines Nachprüfungsverfahrens allein wegen des zwischenzeitlich eingetretenen Zeitablaufs für unzulässig zu halten (OLG Dresden, B. v. 6. 6. 2002 – Az.: WVerg 0004/02; 2. VK Bund, B. v. 29. 3. 2006 – Az.: VK 2–11/06; VK Hessen, B. v. 24. 3. 2004 – Az.: 69 d – VK – 09/2004; B. v. 7. 8. 2003 – Az.: 69 d VK – 26/2003).   1616

Auch aus dem **Kontext des Vergaberechts kann eine solche Frist nicht hergeleitet werden.** § 107 Abs. 3 GWB betrifft nur die Rügeobliegenheit, § 113 Abs. 2 Satz 1 GWB betrifft das eingeleitete Vergabekammerverfahren. Artikel 1 Abs. 1 der Richtlinie 89/665/EWG besagt nur, dass die Mitgliedstaaten die „erforderlichen Maßnahmen" ergreifen sollen, um sicherzustellen, dass das Verfahren zur Vergabe öffentlicher Aufträge möglichst rasch auf Vergaberechtsverstöße nachgeprüft werden kann. Letzteres ist im nationalen Recht in hinreichender Weise u. a. durch die §§ 107 Abs. 3 und § 113 Abs. 2 Satz 1 GWB geschehen. Die Annahme einer ungeschriebenen Frist zur Einreichung des Nachprüfungsantrags erscheint zur weiteren Beschleunigung auch nicht unabweisbar geboten. Bei zögerlicher Einreichung des Nachprüfungsantrags riskiert der Bieter den zwischenzeitlichen Zuschlag des Auftraggebers und damit den endgültigen Verlust des Auftrags. Das **schon im nationalen Vergaberecht an mehreren Stellen verankerte Beschleunigungsprinzip muss nicht unbedingt um zusätzliche Elemente erweitert werden.** Eine **planwidrige Lücke des GWB,** die eine analoge Anwendung des § 107 Abs. 3 GWB rechtfertigen könnte, **besteht nicht.** Wenn der GWB-Gesetzgeber eine bestimmte Frist für den Nachprüfungsantrag gewollt hätte, hätte er sie bei den Form- und Verfahrensvorschriften im 4. Teil des GWB eingefügt (OLG Düsseldorf, B. v. 8. 9. 2004 – Az.: VII – Verg 38/04; 2. VK Bund, B. v. 29. 3. 2006 – Az.: VK 2–11/06).   1617

16.2.6.2 Wartefrist zwischen der Erklärung der Rüge und der Einreichung des Nachprüfungsantrags

16.2.6.2.1 Rechtsprechung. Die **Rechtsprechung** hierzu ist **nicht einheitlich.**   1618

Nach Auffassung einiger Vergabekammern (VK Nordbayern, B. v. 3. 4. 2002 – Az.: 320.VK-3194–07/02; VK Baden-Württemberg, B. v. 11. 11. 2003 – Az.: 1 VK 65/03) dient die Rüge vorrangig dem Zweck, der Vergabestelle die Möglichkeit zur Überprüfung und gegebenenfalls Korrektur ihres eigenen Verhaltens zu geben, bevor sie mit einem Nachprüfungsantrag überzogen wird. Die **Rüge** ist demnach **grundsätzlich vor dem Nachprüfungsantrag** zu erklären. Steht dem Auftraggeber insoweit der **Zeitraum von Freitag Mittag bis zum Ende der Dienstzeit sowie der Montagvormittag** zur Verfügung, ist dieser **Zeitraum ausreichend** hinsichtlich einer möglichen Überprüfung und Korrektur (VK Baden-Württemberg, B. v. 11. 9. 2003 – Az.: 1 VK 52/03).   1619

Nach Auffassung der **VK Sachsen schadet einmal eine lediglich vier Stunden vor Antragstellung bei der Vergabekammer erteilte Rüge der Zulässigkeit des Antrags nicht,** da sie zu normalen Geschäftszeiten bei dem Auftraggeber einging (1. VK Sachsen, B. v. 17. 6. 2004 – Az.: 1/SVK/038–04, 1/SVK/038–04G). Nach einer anderen Entscheidung ist § 107 Abs. 3 Satz 1 GWB im Wege der teleologischen Reduktion dahingehend zu lesen, dass   1620 eine **Rüge im Rechtssinne nur anzunehmen ist, wenn die Vergabestelle zumindest eine theoretische Chance zu einer Korrektur bekommt.** Daran **fehlt es, wenn zwischen dem Zugang des Rügeschreibens und dem Zugang des Nachprüfungsantrags bei der Vergabekammer lediglich ein Tag liegt** (1. VK Sachsen, B. v. 27. 5. 2004 – Az.: 1/SVK/041–04).

1621   Demgegenüber sieht nach Meinung des Oberlandesgerichts Düsseldorf (B. v. 18. 7. 2001 – Az.: Verg 16/01, ebenso B. v. 9. 4. 2003 – Az.: Verg 69/02) das **Gesetz (GWB)** eine **Wartefrist** zwischen der Erklärung der Rüge und der Einreichung des Nachprüfungsantrags **nicht vor,** so dass die Zulässigkeit des Nachprüfungsantrags von der Beachtung einer solchen Wartefrist auch nicht abhängig gemacht werden kann (ebenso OLG Frankfurt, B. v. 6. 3. 2006 – 11 Verg 11/05 und 12/05; OLG Naumburg, B. v. 25. 10. 2005 – Az.: 1 Verg 5/05; OLG Dresden, B. v. 17. 8. 2001 – Az.: WVerg 0005/01; VK Düsseldorf, B. v. 13. 3. 2006 – Az.: VK – 08/2006 – L; VK Hamburg, B. v. 25. 7. 2002 – Az.: VgK FB 1/02; 1. VK Sachsen, B. v. 23. 12. 2004 – Az.: 1/SVK/129–04; B. v. 21. 12. 2004 – Az.: 1/SVK/112–04; B. v. 12. 2. 2004 – Az.: 1/SVK/164–03, 1/SVK/164–03G, B. v. 7. 10. 2003 – Az.: 1/SVK/111–03, B. v. 28. 5. 2003 – Az.: 1/SVK/046–03; VK Münster, B. v. 25. 1. 2006 – Az.: VK 23/05; B. v. 19. 7. 2005 – Az.: VK 14/05; B. v. 18. 1. 2005 – VK 32/04; B. v. 10. 2. 2004 – Az.: VK 01/04; offen gelassen vom BayObLG, B. v. 3. 7. 2002 – Az.: Verg 13/02). Die Interessen des Antragsgegners sind hinreichend dadurch geschützt, dass ein Antragsteller die Gebühren der Vergabekammer tragen muss, sofern der Antragsgegner dem Begehren der Antragstellerin sofort nachgibt (VK Düsseldorf, B. v. 13. 3. 2006 – Az.: VK – 08/2006 – L).

1622   Nach Auffassung der VK Bund kann es einem Bieter nicht zugemutet werden, nach ausgesprochener Rüge mit der Antragstellung zuzuwarten, wenn die nach § 114 Abs. 2 Satz 1 GWB irreversible **Erteilung des Zuschlags unmittelbar bevorsteht oder zumindest möglich ist** (VK Münster, B. v. 18. 1. 2005 – VK 32/04; 1. VK Bund, B. v. 30. 3. 2004 – Az.: VK 1–05/04). Vor diesem Hintergrund ist **für jeden Einzelfall zu entscheiden,** ob die Rüge einen ausreichenden Zeitraum vor Antragstellung ausgesprochen wurde (2. VK Bund, B. v. 27. 8. 2002 – Az.: VK 2–60/02).

1623   **16.2.6.2.2 Literatur**

– Maier, Clemens, Bedarf es einer Frist zwischen Rüge und Nachprüfungsantrag?, NZBau 2004, 196

16.2.6.3 Keine Pflicht zu mehrfachen Rügen

1624   § 107 Abs. 3 Satz 1 GWB schreibt lediglich vor, dass unverzüglich zu rügen ist, **sagt aber nicht, dass** – wenn schon eine rechtzeitige Rüge vorliegt – nach Erhalt z. B. der § 13 VgV-Mitteilung **ein weiteres Mal zu rügen** ist. Die Notwendigkeit zu einer erneuten Rüge ergäbe sich lediglich dann, wenn nach Erhalt der Mitteilung ein anderer Sachverhalt beanstandet würde als beim ersten Mal (1. VK Bund, B. v. 2. 6. 2003 – Az.: VK 1–39/03).

16.2.7 Rechtshängigkeitssperre

1625   Eine **Bindungswirkung der Rechtshängigkeit eines Nachprüfungsverfahrens** (z. B. eines Bieters A, in dem der Bieter B beigeladen wird) **im Verhältnis zu einem anderen Nachprüfungsverfahren** (des Bieters B, in dem der Bieter A beigeladen wird), **besteht nicht,** weil es sich bei der Vergabekammer um eine Verwaltungsbehörde handelt und das Vergabenachprüfungsverfahren ein Verwaltungsverfahren ist, auf das die Bestimmungen des Verwaltungsverfahrensgesetzes (VwVfG) entsprechend anzuwenden sind. **Rechtshängigkeit einer Streitsache** wird aber **erst durch Erhebung einer Klage** bewirkt (§ 90 VwGO).

1626   Unabhängig davon gibt es nach ganz überwiegender Auffassung im Verwaltungsprozess **keine Rechtshängigkeitssperre zu Lasten eines Beigeladenen.** Nach Sinn und Zweck der Beiladung im verwaltungsrechtlichen Verfahren dient sie der möglichst frühzeitigen Berücksichtigung aller rechtlichen Interessen, die vom Ausgang des Verwaltungsverfahrens berührt werden können und somit der Gewährung eines möglichst effektiven Rechtsschutzes. Dem dient neben dem Ziel der Beschleunigung des Vergabeverfahrens **auch die Beiladung im Nachprüfungsverfahren gemäß § 109 GWB.** Schon das primäre Ziel effizienten Rechtsschutzes verbietet es aber, der Beiladung allein zur Vermeidung widersprechender Entscheidungen „eine Art Rechtshängigkeit mit der Wirkung einer Klagesperre" beizumessen (OLG Frankfurt am Main, B. v. 20. 12. 2000 – Az.: 11 Verg 1/00).

Gesetz gegen Wettbewerbsbeschränkungen GWB § 107 **Teil 1**

16.2.8 Stufennachprüfungsverfahren

Die Vorschriften über das Vergabenachprüfungsverfahren sehen eine stufenweise Antragstellung im Sinne eines vorgeschalteten Auskunftsantrages und eines nachfolgenden Antrages auf Beseitigung einer Rechtsverletzung nicht vor. Vielmehr ergibt sich aus der Zusammenschau insbesondere der § 97 Abs. 7, § 107 Abs. 2, § 108 Abs. 1 GWB, dass der Antragsteller stets unmittelbar die Beseitigung eines ihn in seinen Rechten verletzenden Vergaberechtsverstoßes geltend machen soll (OLG Naumburg, B. v. 4. 9. 2001 – Az.: 1 Verg 8/01). 1627

16.2.9 Antragsänderung

Stellt ein Antragsteller z. B. nach Schluss der mündlichen Verhandlung vor der Vergabekammer, jedoch im Rahmen nachgelassener Schriftsätze, seinen Antrag um (Änderung eines Feststellungsantrags hin zu einem Antrag gegen eine neuerliche Wertung der Vergabestelle mit verschiedenen Beanstandungen), stellt sich dies **als zulässige Antragsänderung (vgl. §§ 263, 264 ZPO) dar.** Wenn schon während des Nachprüfungsverfahrens eine Wertung nachgeholt wird, wäre es nach Erledigung der ursprünglichen Rüge im Allgemeinen eine **unnötige Förmelei, einen Antragsteller deswegen auf ein neues Nachprüfungsverfahren zu verweisen.** Das gilt jedenfalls dann, wenn nach der ergänzenden Wertung eine Zuschlagsentscheidung zugunsten des gleichen Bieters zu erwarten ist und **dadurch die Rechte dritter Bieter nicht berührt sind** (BayObLG, B. v. 20. 9. 2004 – Az.: Verg 021/04). 1628

16.3 Antragsbefugnis (§ 107 Abs. 2)

Die Antragsbefugnis setzt – kumulativ – voraus, dass 1629

– ein antragsbefugtes Unternehmen
– ein Interesse am Auftrag hat,
– eine Verletzung in seinen Rechten nach § 97 Abs. 7 durch Nichtbeachtung von Vergabevorschriften geltend macht,
– dem Unternehmen durch die behauptete Verletzung der Vergabevorschriften ein Schaden entstanden ist oder zu entstehen droht und
– ein allgemeines Rechtsschutzinteresse (noch) besteht.

(VK Schleswig-Holstein, B. v. 14. 9. 2005 – Az.: VK-SH 21/05).

Entsprechende Darlegungen dieser Tatbestandsmerkmale sind in dem Nachprüfungsantrag erforderlich. Dazu ist es **nicht notwendig,** dass die Antragstellerin **die Normen aufzählt,** gegen die ihrer Meinung nach die Vergabestelle verstoßen hat. Es **genügt** vielmehr eine **Sachverhaltsdarstellung** in hinreichend klarer und inhaltlich zweifelsfreier Art, so dass erkennbar ist, welche Vergabebestimmungen der Antragsteller als durch die Vergabestelle missachtet ansieht (VK Magdeburg, B. v. 21. 7. 2003 – Az: 33–32571/07 VK 10/03 MD). 1630

16.3.1 Grundsätze

Das in den §§ 102 bis 129 GWB geregelte zweistufige Nachprüfungsverfahren dient dem vergaberechtlichen Primärrechtsschutz. Nur mit ihm kann der subjektive Anspruch des Bieters auf Einhaltung der Bestimmungen über das Vergabeverfahren durch den öffentlichen Auftraggeber während eines laufenden Vergabeverfahrens durchgesetzt werden. Mit der Erteilung des Zuschlages ist demgegenüber die Erlangung von Primärrechtsschutz nicht mehr möglich, da nach § 114 Abs. 2 Satz 1 GWB ein bereits erteilter Zuschlag nicht mehr aufgehoben werden kann. Der **Antragsbefugnis nach § 107 Abs. 2 GWB kommt vor diesem Hintergrund für die Erlangung von Primärrechtsschutz im Vergabeverfahren eine zentrale Bedeutung** zu. Ihre Ablehnung hat zur Konsequenz, dass dem betroffen Unternehmen nur noch der Weg verbleibt, Sekundäransprüche vor den ordentlichen Gerichten einzuklagen. Vor dem Hintergrund dieser spezifischen Ausgestaltung des vergaberechtlichen Nachprüfungsverfahrens müssen die in § 107 Abs. 2 GWB genannten Voraussetzungen in einer Weise ausgelegt werden, die den betroffenen Unternehmen einen effektiven Rechtsschutz gewährleisten (BVerfG, B. v. 29. 7. 2004 – Az.: 2 BvR 2248/03). 1631

Eine **europarechtskonforme Anwendung** der in § 107 Abs. 2 GWB für die Antragsbefugnis normierten Voraussetzungen ist nur dann gegeben, wenn jedenfalls die an einem Verga- 1632 beverfahren teilnehmenden Unternehmen sowie die durch Vergaberechtsverstöße an einer Teilnahme gehinderten Unternehmen antragsbefugt sind. Diesen droht durch die beabsichtigte Zuschlagserteilung an ein anderes Unternehmen grundsätzlich die Entstehung eines Schadens in Form eines Auftragsentgangs (BVerfG, B. v. 29. 7. 2004 – Az.: 2 BvR 2248/03).

1633 **Auf die Antragsbefugnis kommt es grundsätzlich nicht an, wenn ein Verfahren so fehlerhaft ist, dass eine wettbewerbsgerechte, den Anforderungen des § 97 Abs. 1 GWB entsprechende Ausschreibung nicht vorliegt, so dass vergleichbare Angebote gar nicht ermittelt werden können** und dem Auftragnehmer dadurch ungewöhnliche Wagnisse aufgebürdet werden für Umstände und Ereignisse auf die er keinen Einfluss hat und deren Einfluss auf die Preise und Fristen weder der Auftraggeber noch der Auftragnehmer im Voraus schätzen können. Eine Ausschreibung, die z. B. auf nicht mehr absehbare Zeiträume aufgebaut ist, kann auch nicht zu vergleichbaren Ergebnissen führen (VK Arnsberg, B. v. 21. 2. 2006 – Az.: VK 29/05).

16.3.2 Antragsbefugtes Unternehmen

16.3.2.1 Begriff des Unternehmens

1634 Als Unternehmen sind sowohl **natürliche oder juristische Personen als auch Personenvereinigungen erfasst**, die durch **Betätigung in der Erzeugung oder im Geschäftsverkehr aktiv am Wirtschaftsleben** teilnehmen. Ergänzt wird diese Bestimmung durch das auch hier zu beachtende Erfordernis, dass sich nur solche Unternehmen am Wettbewerb beteiligen können, die sich **gewerbsmäßig mit der Ausübung von Leistungen der ausgeschriebenen Art befassen** (VK Schleswig-Holstein, B. v. 16. 9. 2005 – Az.: VK-SH 22/05). Dies ist auch nicht aus EU-rechtlicher Sicht zu beanstanden wie die Regelung in den Art. 24 lit. a) BKR oder Art. 20 Abs. 1 lit. a) LKR verdeutlichen. Nach diesen Regelungen für verwandte Bau- und Lieferleistungen kann ein Unternehmen vom Wettbewerb ausgeschlossen werden, das seine gewerbliche Tätigkeit eingestellt hat. Diese Regelungen des konkreten Vergabeverfahrens sind aber auch schon in die Betrachtung mit einzustellen, ob sich ein beschwerdeführender Antragsteller überhaupt zulässigerweise und mit der erforderlichen Antragsbefugnis um eine Nachprüfung behaupteter Vergabeverstöße bemühen darf. Diese Regelung dient somit auch der **Verhinderung von Popularbeschwerden** (1. VK Sachsen, B. v. 16. 5. 2003 – 1/SVK/035–03).

16.3.2.2 Antragsbefugnis einer Bietergemeinschaft

1635 Grundsätzlich ist eine **Arbeitsgemeinschaft**, deren Mitglieder zusammen ein Angebot abgeben haben, **ein Unternehmen, das nach § 107 Abs. 2 Satz 1 GWB befugt ist, einen Nachprüfungsantrag zu stellen.** Bei der Arbeitsgemeinschaft handelt es sich um eine Gesellschaft bürgerlichen Rechts (§ 705 BGB). Ein Wechsel im Mitgliederbestand hat danach keinen Einfluss auf den Fortbestand der mit der Gesellschaft bestehenden Rechtsverhältnisse. Infolgedessen ist die Arbeitsgemeinschaft als solche **auch nach einem Wechsel im Mitgliederbestand** wirksam befugt, den Nachprüfungsantrag einzureichen (OLG Düsseldorf, B. v. 30. 3. 2005 – Az.: VII – Verg 101/04; VK Rheinland-Pfalz, B. v. 24. 5. 2005 – Az.: VK 14/05; VK Hessen, B. v. 12. 9. 2001 – Az.: 69 d VK – 30/2001).

1636 Dies gilt auch dann, wenn sich **ein Mitglied der Bietergemeinschaft allein aus übergeordneten Gründen**, die nicht im Vergabeverfahren oder bei den anderen Mitgliedern der Bietergemeinschaft zu suchen sind, **gehindert sieht, sich an dem Nachprüfungsverfahren zu beteiligen,** andererseits aber deutlich macht, dass es sich **weiterhin als Mitglied der Bietergemeinschaft betrachtet und an der Auftragserteilung interessiert** ist. Hier würde es eine **reine Förmelei darstellen, die Antragsbefugnis zu verneinen.** Mit der Gewährung effektiven Rechtsschutzes, welche die zugrunde liegende EU-Richtlinie in den Vordergrund stellt, wäre ein Versagen der Antragsbefugnis bei dieser Sachlage nicht zu vereinbaren. Im Zivilprozess würde diese Konstellation einer zulässigen gewillkürten Prozessstandschaft entsprechen (Hanseatisches OLG, B. v. 10. 10. 2003 – Az.: 1 Verg 2/03).

1637 Vergleichbar ist der Fall, wenn ein Ausschreibungsverfahren gerade erst begonnen hat, die Ausschreibungsunterlagen noch nicht bekannt sind und insbesondere noch keine Angebote vorliegen; auch dann würde es hier eine reine Förmelei sein, wenn der Antrag des Antragstellers als unzulässig zurückgewiesen wird und ein Antrag der nunmehr existierenden Bietergemeinschaft unmittelbar zur Einleitung eines neuen

Nachprüfungsverfahrens wegen derselben Ausschreibung führen würde. Für diese Fallkonstellation gibt es im Zivilprozess die gewillkürte Prozessstandschaft, d. h. die Befugnis, im eigenen Namen einen Prozess über ein fremdes Recht zu führen. Das ist möglich, wenn der Prozessstandschafter ein eigenes rechtsschutzwürdiges Interesse am Prozess hat sowie eine Ermächtigung durch den dahinter stehenden Rechtsinhaber nachweist. Dies ist der Fall, wenn der bisherige Antragsteller Mitglied der Bietergemeinschaft wurde und mithin weiterhin in seinen eigenen rechtlichen Interessen betroffen ist. Letztlich betreibt der Antragsteller im Einvernehmen mit der Bietergemeinschaft somit weiterhin als Partei das Nachprüfungsverfahren. Eine Entscheidung im Nachprüfungsverfahren entfaltet damit rechtskraftgleiche Wirkung auch gegenüber den übrigen Mitgliedern der Bietergemeinschaft. Wenn zivilrechtlich der Austausch einer Partei im Wege der gewillkürten Prozessstandschaft möglich ist, dann muss erst recht in einem Falle, wo die zuerst tätig gewordene Partei noch im Verfahren bleibt, die Fortsetzung des Verfahrens möglich sein (VK Münster, B. v. 28. 5. 2004 – Az.: VK 10/04).

Dies gilt auch dann, wenn **über das Vermögen eines Mitglieds** der Bietergemeinschaft die **1638 Anordnung der vorläufigen Insolvenzverwaltung** erfolgt (1. VK Sachsen, B. v. 13. 9. 2002 – Az.: 1/SVK/082–02). Aus dem Tatbestand, dass ein Mitglied der durch Insolvenz aufgelösten Bietergemeinschaft in das durch die Bietergemeinschaft eingereichte Angebot einschließlich der Sondervorschläge eintritt, **kann eine Wettbewerbsverzerrung nicht abgeleitet werden** (VK Baden-Württemberg, B. v. 23. 6. 2003 – Az.: 1 VK 28/03).

Das Mitglied der Bietergemeinschaft kann **als Gesamtrechtsnachfolger der beendeten 1639 Gesellschaft bürgerlichen Rechts** auch ein wirtschaftliches und rechtliches Interesse an der Klärung der Frage haben, ob das noch rechtlich existente Angebot der Bietergemeinschaft zu Recht von der Wertung ausgenommen worden ist. Als z. B. allein verbliebene Gesellschafterin der beendeten Gesellschaft bürgerlichen Rechts und deren Gesamtrechtsnachfolgerin bedarf das ehemalige Mitglied der Bietergemeinschaft **keiner Übertragung des Rechts zur Prozessführung** durch das einzige weitere, ohnehin aus der inzwischen beendeten Bietergemeinschaft ausgeschiedene Mitglied (OLG Düsseldorf, B. v. 24. 5. 2005 – Az.: VII – Verg 28/05; VK Arnsberg, B. v. 25. 4. 2005 – Az.: VK 3/2005).

Demgegenüber vertritt die VK Thüringen die Auffassung, dass **für die Antragsbefugnis 1640 einer Bietergemeinschaft** die Bietergemeinschaftserklärung bzw. ein intern abgeschlossener Bietergemeinschaftsvertrag nicht genügt, sondern eine **formelle Willenserklärung aller Mitglieder notwendig** ist (VK Thüringen, B. v. 4. 10. 2004 – Az.: 360–4003.20–037/04-SLF, im Ergebnis ebenso VK Nordbayern, B. v. 14. 4. 2005 – Az.: 320.VK – 3194–09/05).

Nach Meinung des **Oberlandesgerichts Düsseldorf** (B. v. 30. 3. 2005 – Az.: VII – Verg **1641** 101/04) ist ganz allgemein **analog dem im Prozessrecht anerkannten Institut der gewillkürten Prozessstandschaft** auch im Vergabenachprüfungsverfahren der Antragsteller befugt, eine Verletzung fremder Bewerber- oder Bieterrechte im eigenen Namen geltend zu machen, **sofern er dazu vom Berechtigten ermächtigt worden ist und ein eigenes schutzwürdiges Interesse an der Durchführung des Nachprüfungsverfahrens im eigenen Namen hat.** Ein schutzwürdiges Eigeninteresse an der Durchführung des Verfahrens ist annehmen, wenn die Entscheidung im Nachprüfungsverfahren Einfluss auf die eigene Rechtslage des Antragstellers hat (ebenso 3. VK Bund, B. v. 31. 8. 2005 – Az.: VK 3–103/05).

Bezieht sich ein Antragsteller im Verfahren vor der Kammer ausdrücklich darauf, einen **1642** Nachprüfungsantrag „im Namen und mit Vollmacht der Mutterunternehmen" gestellt zu haben, ist ein formales Auftreten als „Antragsteller" unschädlich und so **auszulegen, dass die Bietergemeinschaft zulässige Beteiligte des Nachprüfungsverfahrens ist** (VK Rheinland-Pfalz, B. v. 24. 5. 2005 – Az.: VK 14/05).

Das Zulässigkeitserfordernis „Interesse am Auftrag" knüpft **allein an die formale Beteili- 1643 gung** im Verfahren an. Aus verdeckten Absichten lässt sich kein relevanter Bieterschutz ableiten; deshalb kann auch ein **Mitglied einer verdeckten Bietergemeinschaft keine Antragsbefugnis aus ihrer nicht offenbarten Bieterstellung ableiten** (VK Rheinland-Pfalz, B. v. 27. 5. 2005 – Az.: VK 15/05).

Der **Europäische Gerichtshof** hat eine nationale Verfahrensvorschrift, nach der eine **1644** Klage gegen die Entscheidung der Vergabebehörde über die Vergabe eines öffentlichen Auftrags von der Gesamtheit der Mitglieder, aus denen sich eine als Bieter auftretende Gelegenheitsgesellschaft zusammensetzt, eingereicht werden muss, als zulässig erklärt (EuGH, Urteil vom 8. 9. 2005 – Az.: C-129/04). Daraus kann man schließen, dass **einzelne Mitglieder einer Bietergemeinschaft nicht antragsbefugt** sind.

Teil 1 GWB § 107

1645 Bei der Beurteilung dieser Frage ist auch zu beachten, dass dann, wenn die Bietergemeinschaft für einen bestimmten Zeitraum eingegangen ist, sie **gemäß § 723 Abs. 1 BGB vor dem Ablauf der Zeit nur gekündigt werden kann, wenn ein wichtiger Grund vorliegt** (VK Brandenburg, B. v. 21. 12. 2004 – Az.: VK 64/04).

16.3.2.3 Antragsbefugnis für ein Rechtsnachfolgeunternehmen

1646 **Verschmilzt ein Bieter mit einem anderen Unternehmen** nach dem UmwG, erlischt der frühere Bieter. Das **verschmolzene Unternehmen ist somit Rechtsnachfolger des früheren Bieters.** Als solcher ist er **legitimiert, Ansprüche aus der Bieterposition** gegenüber dem Auftraggeber – insbesondere im Rahmen eines Nachprüfungsverfahrens – **geltend zu machen** (Schleswig-Holsteinisches OLG, B. v. 13. 4. 2006 – Az.: 1 (6) Verg 10/05; VK Hessen, B. v. 28. 2. 2006 – Az.: 69 d VK – 02/2006).

16.3.2.4 Antragsbefugnis für einen Nachunternehmer?

1647 Ein (potentieller) **Nachunternehmer,** der für sein Unternehmen den Zuschlag gar nicht begehrt, kann daher nicht in den (in § 107 Abs. 2 Satz 2 GWB gemeinten eigenen) Aussichten auf den Zuschlag durch etwaige Vergaberechtsverstöße beeinträchtigt werden und kann somit schon im Ansatz nicht das gesetzliche Antragserfordernis gemäß § 107 Abs. 2 Satz 2 GWB erfüllen. Antragsbefugt kann vielmehr nur der vom Nachunternehmer in Aussicht genommene **Hauptauftragnehmer** sein (OLG Düsseldorf, B. v. 13. 11. 2000 – Az.: Verg 25/00; VK Rheinland-Pfalz, B. v. 27. 5. 2005 – Az.: VK 15/05; B. v. 24. 5. 2005 – Az.: VK 14/05; 2. VK Bund, B. v. 9. 8. 2006 – Az.: VK 2–77/06; B. v. 12. 6. 2002 – Az.: VK 2–32/02; VK Magdeburg, B. v. 13. 2. 2003 – Az.: 33–32571/07 VK 01/03 MD).

16.3.2.5 Antragsbefugnis für einen Lieferanten?

1648 Die Einleitung eines Nachprüfungsverfahrens, einschließlich der Möglichkeit, gemäß § 115 Abs. 1 GWB die Aussetzung der Vergabe zu erreichen, soll primär der Wahrung subjektiver Bieterrechte nach § 97 Abs. 7 GWB dienen und damit den Unternehmer zugleich vor der Willkür des öffentlichen Auftraggebers schützen. § 107 Abs. 2 Satz 1 ist daher dahingehend auszulegen, dass nur ein Interesse am Erhalt eines Auftrags eine Antragsbefugnis zu begründen vermag. Das bedeutet, dass in einem offenen Verfahren Bieter und im nicht offenen Verfahren oder Verhandlungsverfahren darüber hinaus auch Bewerber oder Teilnehmer wie auch potenzielle Bewerber oder Teilnehmer antragsbefugt sein können. **Dagegen sind Nachunternehmer bzw. Lieferanten, die allenfalls ein mittelbares Interesse am Auftrag haben, von der Antragsbefugnis ausgenommen** (2. VK Bund, B. v. 9. 8. 2006 – Az.: VK 2–77/06; VK Lüneburg, B. v. 24. 3. 2003 – Az.: 203-VgK-07/2003).

16.3.2.6 Antragsbefugnis eines rechtmäßig gekündigten Auftragnehmers?

1649 Kündigt der Auftraggeber einen Dienstleistungsvertrag und schreibt er die Dienstleistung neu aus, fehlt dem Nachprüfungsantrag des Bieters, der Vertragspartner des bisherigen Vertrages war, das Rechtsschutzbedürfnis, soweit er geltend macht, die Kündigung sei unwirksam. Das Nachprüfungsverfahren soll die Rechte von Bietern schützen. Es ist nicht dargelegt, dass insoweit ein Schaden droht. **Hätte der Auftraggeber den gerügten Fehler nicht begangen, also von einer Ausschreibung abgesehen, hätte der Bieter keine Chance gehabt, den neuen Auftrag zu bekommen** (OLG Celle, B. v. 12. 5. 2005 – Az.: 13 Verg 6/05).

16.3.2.7 Antragsbefugnis eines Unternehmensverbandes

1650 Da die Vergabevorschriften die Regelung, Ordnung und den Schutz potentieller Vertragsbeziehungen der Auftragnehmer mit dem öffentlichen Auftraggeber bezwecken, ist das „Interesse am Auftrag" im Sinn von § 107 Abs. 2 Satz 1 GWB auf den Bewerber oder Bieter bezogen, der unmittelbar am Vertragsschluss mit dem Auftraggeber interessiert ist. Nur für solche direkten Vertragsanbahnungsbeziehungen kann sinnvollerweise untersucht werden, ob ein öffentlicher Auftraggeber in Rechte des potentiellen Vertragspartners, die diesem nach den Vergabeverfahrensregeln zustehen, verletzend eingegriffen hat. **Verbände, die nur mittelbar ein „Interesse am Auftrag" haben, haben daher keine Antragsbefugnis nach § 107 Abs. 2 S. 1 GWB.** Dies ergibt sich überdies auch aus § 107 Abs. 2 S. 2 GWB, wonach ein Antragsteller darzulegen hat, dass ihm durch die behauptete Verletzung der Vergaberechtsvorschriften ein Schaden entstanden ist oder zu entstehen droht. Ein Verband kann diesen Primärrechtsschutz, der das Nachprüfungsverfahren dominierend prägt, nicht für sich in Anspruch nehmen (VK Hessen, B. v. 26. 4. 2006 – Az.: 69 d VK – 15/2006).

16.3.3 Interesse am Auftrag

Gemäß § 107 Abs. 2 Satz 1 GWB ist im Nachprüfungsverfahren jedes Unternehmen antragsbefugt, das ein Interesse am Auftrag hat und eine Verletzung in seinen Rechten nach § 97 Abs. 7 GWB durch Nichtbeachtung von Vergabevorschriften geltend macht. **Das Interesse am Auftrag ist weit auszulegen.** Es liegt in der Regel vor, wenn der Bieter vor Stellung des Nachprüfungsantrages am Vergabeverfahren teilgenommen und einen Vergabeverstoß ordnungsgemäß gerügt hat (BVerfG, B. v. 29. 7. 2004 – Az.: 2 BvR 2248/03; BGH, B. v. 26. 9. 2006 – Az.: X ZB 14/06; B. v. 1. 2. 2005 – Az.: X ZB 27/04; OLG München, B. v. 7. 4. 2006 – Az.: Verg 5/06; VK Saarland, B. v. 19. 5. 2006 – Az.: 3 VK 03/2006; VK Hessen, B. v. 28. 2. 2006 – Az.: 69 d VK – 02/2006; VK Arnsberg, B. v. 1. 2. 2006 – Az.: VK 28/05; 1. VK Sachsen, B. v. 29. 12. 2004 – Az.: 1/SVK/123–04; B. v. 25. 11. 2004 – Az.: 1/SVK/110–04). 1651

16.3.3.1 Interesse am Auftrag bei unterlassenem Vergabeverfahren

Sofern **rechtswidrig kein Vergabeverfahren** durchgeführt wurde, besteht ein **Interesse an dem Auftrag bei jedem Unternehmen,** das an dem Vergabeverfahren teilgenommen hätte (VK Südbayern, B. v. 23. 10. 2001 – Az.: 32–09/01; im Ergebnis ebenso VK Saarland, B. v. 19. 5. 2006 – Az.: 3 VK 03/2006; VK Arnsberg, B. v. 5. 8. 2003 – Az.: VK 2–13/2003). 1652

Noch weiter geht die Auffassung, dass es sich auf die **Antragsbefugnis eines Antragstellers nicht nachteilig auswirkt,** dass er in Fällen eines unterlassenen Vergabeverfahrens am Verfahren der Auftragsvergabe weder teilgenommen noch – ausdrücklich oder stillschweigend – ein Interesse an einer Teilnahme bekundet hat, wenn der Antragsteller geltend macht, gerade **durch den zur Überprüfung gestellten Vergaberechtsverstoß,** der darin liegt, dass der Auftraggeber die Beschaffung ohne vorherige Bekanntgabe dieses Vorhabens durchgeführt hat, **an einer Teilnahme, insbesondere an der Einreichung eines Angebots oder der Bekundung eines Interesses an diesem Auftrag, gehindert** ist (OLG Düsseldorf, B. v. 25. 1. 2005 – Az.: VII – Verg 93/04). 1653

16.3.3.2 Interesse am Auftrag durch Beteiligung an einem Teilnahmewettbewerb

Ausreichend für das nach § 107 Abs. 2 Satz 1 GWB darzulegende Interesse ist die erklärte Beteiligung an einem Teilnahmewettbewerb. Dadurch bekundet ein Bewerber bereits sein konkretes Interesse an dem letztlich im Rahmen des Verhandlungsverfahrens zu vergebenden Auftrag. **Ansonsten würde er sich nicht am Teilnahmewettbewerb beteiligen** (VK Brandenburg, B. v. 17. 9. 2002 – Az.: VK 50/02). 1654

16.3.3.3 Interesse am Auftrag auch bei nicht verlängerter Bindefrist

Die Rechtsprechung ist insoweit nicht einheitlich. 1655

Nach **einer Auffassung** macht ein **Bieter mit der Ablehnung der Fristverlängerung** und notwendigerweise – vgl. § 146 BGB – hiermit verbunden **deutlich, dass er sein Angebot nicht aufrechterhält.** Dieser zivilrechtliche Vorgang hat für das Nachprüfungsverfahren zur Folge, dass ein Interesse am Auftrag im Sinne von § 107 Abs. 2 Satz 1 GWB nicht mehr gegeben ist: Es ist nicht kompatibel, einerseits eine Bindefristverlängerung abzulehnen mit der Folge des Erlöschens des eigenen Angebots, andererseits aber noch ein Interesse am Erhalt des Auftrags haben zu wollen. **Zustimmung zur Fristverlängerung und Interesse am Auftrag können nur einheitlich bejaht oder verneint werden** (1. VK Bund, B. v. 12. 11. 2003 – Az.: VK 1–107/03). 1656

Nach der Gegenmeinung könnte man zwar der Tatsache, dass ein Bieter einer Bindefristverlängerung nicht zustimmt, entnehmen, dass er kein Interesse mehr an der Durchführung des Auftrags hat. Diese Annahme ist jedoch nicht zwingend. So bringt dieser **Bieter mit seinem Nachprüfungsantrag** deutlich **zum Ausdruck,** dass er auch **weiterhin ein grundsätzliches Interesse am Auftrag** hat. Er hält sich damit, dass er einer Bindefristverlängerung zunächst nicht zugestimmt hatte, lediglich offen, erst nach Zuschlagserteilung darüber zu entscheiden, ob er das Vertragsangebot der Vergabestelle auf der Grundlage ihrer alten Konditionen annimmt (VK Baden-Württemberg, B. v. 18. 10. 2002 – Az.: 1 VK 53/02; 2. VK Bund, B. v. 16. 7. 2002 – Az.: VK 2–50/02; VK Hamburg, B. v. 18. 12. 2001 – Az.: VgK FB 8/01). 1657

Teil 1 GWB § 107   Gesetz gegen Wettbewerbsbeschränkungen

1658   Dies gilt **auch bei einer nur kurzfristigen Verlängerung der Bindefrist** im Rahmen eines Nachprüfungsverfahrens (OLG Thüringen, B. v. 30. 10. 2006 – Az.: 9 Verg 4/06).

1659   Betont außerdem ein Antragsteller von Anfang an, dass er die **Fristverlängerung nur deshalb ablehnt, weil sie** nach seiner Ansicht **auf sachfremden Erwägungen beruht und unzulässig ist** und lässt er keinen Zweifel daran, dass er nach wie vor an der Erteilung des Zuschlag interessiert ist, hat er auch weiterhin ein Interesse am Auftrag (OLG Naumburg, B. v. 13. 5. 2003 – Az.: 1 Verg 2/03).

16.3.3.4 Interesse am Auftrag trotz Nichtabgabe eines Angebotes

1660   Gemäß § 107 Abs. 2 GWB ist nur ein Unternehmen antragsbefugt, das ein Interesse am Auftrag hat und eine Verletzung in seinen Rechten nach § 97 Abs. 7 GWB durch Nichtbeachtung von Vergabevorschriften geltend macht. Voraussetzung hierfür ist, dass dem Unternehmen durch die behauptete Verletzung der Vergabevorschriften ein **Schaden entstanden ist oder zu entstehen droht**. Hieran **fehlt es, wenn das antragstellende Unternehmen kein Angebot abgegeben hat** (VK Nordbayern, B. v. 25. 11. 2005 – Az.: 320.VK – 3194–38/05; B. v. 14. 4. 2005 – Az.: 320.VK – 3194–09/05).

1661   Trägt ein Antragsteller vor, dass er **von einer Angebotsabgabe** gerade durch die seiner Ansicht nach **vergaberechtswidrige Verwendung eines Leitproduktes** (VK Lüneburg, B. v. 12. 5. 2005 – Az.: VgK-15/2005) und die **fehlerhafte Aufteilung der Leistung in Lose** abgehalten worden ist, geht die Rechtsprechung davon aus, dass es einem Beteiligten am Vergabeverfahren **nicht zuzumuten ist, um jeden Preis ein Angebot abzugeben,** nur um das Interesse an einen Auftrag zu dokumentieren (1. VK Sachsen, B. v. 7. 2. 2003 – Az.: 1/SVK/007–03).

1662   Dies gilt auch für den Fall, dass der **Antragsteller ausschließlich an einer losweisen Vergabe** interessiert ist, die der Auftraggeber wiederum verweigert (OLG Düsseldorf, B. v. 8. 9. 2004 – Az.: VII – Verg 38/04; VK Lüneburg, B. v. 25. 2. 2004 – Az.: 203-VgK-02/2004; 1. VK Sachsen, B. v. 27. 6. 2003 – Az.: 1/SVK/063–03).

1663   Dies gilt auch für den Fall, dass der Antragsteller behauptet, sich an einer Angebotsabgabe gehindert zu sehen, weil die aus seiner Sicht **für eine Kalkulation maßgeblichen Versicherungssummen der zu versichernden Gebäude in den Verdingungsunterlagen nicht genannt** werden (VK Lüneburg, B. v. 5. 1. 2006 – Az.: VgK-43/2005; B. v. 5. 1. 2006 – Az.: VgK-41/2005).

1664   Den Antragsteller trifft bei Nichtabgabe eines Angebotes jedoch eine **erhöhte Darlegungs- und Begründungspflicht,** um das erforderliche Interesse am Auftrag nachzuweisen (2. VK Bund, B. v. 26. 3. 2003 – Az.: VK 2–06/03).

1665   Die fehlende Teilnahme eines Antragstellers an einem Vergabeverfahren lässt seine Antragsbefugnis auch dann nicht ohne weiteres entfallen, wenn er **rügt, gerade durch den zur Überprüfung gestellten vergaberechtlichen Verstoß an der Abgabe eines Angebots gehindert worden zu sein, z. B. durch eine unterlassene Vergabebekanntmachung.** Der in § 107 Abs. 2 GWB vorausgesetzten Darlegungslast eines subjektiven Interesses bzw. einer Verletzung in eigenen Rechten ist mit einem solchen Vortrag zumindest abstrakt entsprochen, da eine fehlende Vergabebekanntmachung zumindest abstrakt gesehen den am Markt tätigen Unternehmen die Möglichkeit einer Wettbewerbsteilnahme entzieht (OLG Thüringen, B. v. 28. 1. 2004 – Az.: 6 Verg 11/03; VK Rheinland-Pfalz, B. v. 27. 5. 2005 – Az.: VK 15/05; VK Lüneburg, B. v. 18. 6. 2004 – Az.: 203-VgK-29/2004).

16.3.3.5 Interesse am Auftrag bei der Vergabe eines „aliud" im Wege einer De-facto-Vergabe

1666   Beabsichtigt ein Auftraggeber, einen **Auftrag zu erteilen, der seinem Inhalt nach mit dem Gegenstand der Ausschreibung nicht übereinstimmt, also ein „Aliud" zu verwirklichen,** steht das **Vergabekontrollverfahren schon deshalb zur Verfügung, weil der beabsichtigte Auftrag äußerlich als Resultat einer förmlichen Ausschreibung erteilt werden soll.** Die Antragsbefugnis eines Bieters, der rügt, der Gegenstand dieses Auftrags entspreche ausweislich der zuletzt bekundeten Vergabeabsicht des Auftraggebers nicht dem der ursprünglichen Ausschreibung, hängt aber nicht davon ab, dass der Bieter zu dieser (überholten?) Ausschreibung ein konkurrenzfähiges Angebot abgegeben hat; denn wenn ein dem inhaltlich entsprechender Auftrag nunmehr ohnehin nicht mehr erteilt werden soll (was gegen den Willen der Vergabestelle auch mit einem Nachprüfungsbegehren regelmäßig nicht durchgesetzt werden kann), geht es bei der Rüge der Identitätsabweichung im vorgenannten Sinne allein noch darum, dass der Bieter darlegt, er hätte ein anderes Angebot abgegeben, wenn das Vorhaben von Anfang an mit dem Gegenstand ausgeschrieben worden wäre, wie es jetzt in Auftrag gegeben werden soll. Eine entsprechende Beteiligungsabsicht ist jedenfalls bei Bietern, die auf den zunächst ausgeschriebenen Auftragsgegenstand geboten haben, mangels konkreter entgegenstehender Anhaltspunkte, für die hier nichts ersichtlich ist, ohne weiteres anzunehmen (OLG Dresden, B. v. 3. 12. 2003 – Az.: WVerg 15/03).

16.3.3.6 Interesse am Auftrag bei Übergehen der Vergabeprüfstelle oder anderer fakultativer Instanzen

Es verstößt gegen Art. 1 Abs. 3 der Richtlinie 89/665 (Rechtsmittelrichtlinie), wenn von einem Bieter oder Bewerber, der sich an einem Verfahren zur Vergabe eines öffentlichen Auftrags beteiligt hat, angenommen wird, dass er sein **Interesse an diesem Auftrag verloren** hat, weil er **nicht vor der Einleitung eines Nachprüfungsverfahrens** im Sinne dieser Richtlinie **eine Schlichtungskommission wie die Vergabeprüfstelle oder eine andere fakultative Instanz angerufen hat** (EuGH, Urteil vom 19. 6. 2003 – Az.: C-410/01). 1667

16.3.3.7 Interesse am Auftrag bei der Absicht, die Auftragsvergabe zu verhindern?

Die **Rechtsprechung** ist insoweit **nicht einheitlich**. 1668

Ist ein Antragsteller der Auffassung, dass ihm der Auftraggeber den Auftrag in einem vorangegangenen Vergabeverfahren bereits erteilt hat und dass der ausgeschriebene Auftrag deshalb überhaupt nicht, vor allem nicht anderweitig, vergeben werden darf, **zielt das Begehren des Antragstellers darauf ab, die Durchführung eines Vergabeverfahrens zu verhindern und die Aufhebung des Vergabeverfahrens erreichen**. Dies ist kein Rechtsschutzziel, das mit dem vergaberechtlichen Nachprüfungsverfahren verfolgt werden kann. Nachprüfungsverfahren haben den Zweck, dass Aufträge – ordnungsgemäß – erteilt werden, nicht, dass die Auftragserteilung verhindert wird. Bei einer solchen Konstellation **fehlt das Interesse am Auftrag** (OLG Brandenburg, B. v. 5. 10. 2004 – Az.: Verg W 12/04; VK Brandenburg, B. v. 10. 9. 2004 – Az.: VK 39/04). 1669

Nach anderer Auffassung **fehlt einem Antragsteller in solchen Fällen nicht etwa deshalb die Antragsbefugnis**, weil er zwar die Aufhebung der Ausschreibung begehrt, aber in dem Sinne vorträgt, dass eine Aufhebung gar nicht mehr möglich sei, weil der Zuschlag bereits an ihn erteilt worden ist. Der Antrag des Antragstellers und der dazugehörige Tatsachenvortrag **laufen gerade auf die Feststellung hinaus, das Vergabeverfahren sei – zu seinen Gunsten – beendet**. Somit bliebe nur noch Raum für Fragen der Vertragserfüllung oder etwaige Schadensersatzansprüche, die zivilgerichtlich zu klären wären und nicht Inhalt eines vergaberechtlichen Nachprüfungsverfahrens sein können. Der **Antragsteller befindet sich jedoch in dem Dilemma**, dass – sollte seine Rechtsauffassung zutreffen – das **Nachprüfungsverfahren unzulässig wäre** und falls die Auffassung des Antragsgegners zutrifft, **er sich ggf. vorhalten lassen muss, nicht rechtzeitig ein Nachprüfungsverfahren beantragt zu haben**. Insoweit geht die VK Schleswig-Holstein zu Gunsten des Antragstellers davon aus, dass das Stellen eines Nachprüfungsantrages nicht rechtsmissbräuchlich erfolgte (VK Schleswig-Holstein, B. v. 26. 7. 2006 – Az.: VK-SH 11/06). 1670

16.3.4 Geltendmachung der Verletzung in Rechten nach § 97 Abs. 7 durch Nichtbeachtung von Vergabevorschriften

16.3.4.1 Streitgegenstand des Nachprüfungsverfahrens

Das Nachprüfungsverfahren bezieht sich nicht „auf die gesamte Vergabe" in dem Sinne, dass das Nachprüfungsverfahren immer das gesamte Vergabeverfahren bis zur abschließenden Vergabe umfasst. Vielmehr ist (Streit-)Gegenstand des Nachprüfungsverfahrens ein konkretes Verhalten des öffentlichen Auftraggebers (im Vergabeverfahren), das das Gesetz als „behauptete Verletzung der Vergabevorschriften" bezeichnet (§ 107 Abs. 2 Satz 2 GWB; vgl. auch § 108 Abs. 2 Halbsatz 1 GWB sowie § 107 Abs. 3 Satz 1 GWB: „gerügter Verstoß gegen Vergabevorschriften"). Die sachgerechte Erfassung des Begriffs des Streitgegenstands im Nachprüfungsverfahren muss von der zentralen Vorschrift des § 97 Abs. 7 GWB ausgehen. Danach haben die Unternehmen Anspruch darauf, dass der Auftraggeber die Bestimmungen über das Vergabeverfahren einhält. Um diesen Anspruch geht es im Nachprüfungsverfahren (siehe auch § 107 Abs. 2 Satz 1 GWB). 1671

Teil 1 GWB § 107 Gesetz gegen Wettbewerbsbeschränkungen

1672   Demzufolge muss der Streitgegenstand des Nachprüfungsverfahrens durch ein Verhalten des Auftraggebers (im Vergabeverfahren) gebildet werden, durch das – wirklich oder vermeintlich – bieterschützende Bestimmungen über das Vergabeverfahren verletzt werden (oder – mit anderen Worten, siehe § 107 Abs. 2 Satz 1 GWB – „nicht beachtet" werden), in Verbindung mit der „Geltendmachung" des Antragstellers, dass gerade er durch das Verhalten des Auftraggebers in seinen Rechten nach § 97 Abs. 7 GWB verletzt wird (siehe nochmals § 107 Abs. 2 Satz 1 GWB; siehe ferner § 114 Abs. 1 Satz 1 GWB, wonach das Nachprüfungsverfahren auf die Beseitigung einer Rechtsverletzung abzielt). Dagegen nehmen die Maßnahmen, die die Vergabekammer nach der Antragsformulierung des Antragstellers zur Beseitigung der Rechtsverletzung ergreifen soll, nicht zusätzlich an der Bildung des Streitgegenstands in dem hier maßgeblichen prozessualen Sinne teil; das folgt aus § 114 Abs. 1 Satz 2 GWB, wonach die Vergabekammer an die Anträge nicht gebunden ist und eigenständig die geeigneten Maßnahmen auszuwählen hat, um eine Rechtsverletzung zu beseitigen (OLG Düsseldorf, B. v. 30. 5. 2001 – Az.: Verg 23/00).

16.3.4.2 „Hineinwachsen" in eine Vergabeentscheidung nach § 97 Abs. 7

1673   Ein am Tag der Einreichung mangels einer nachprüfbaren Vergabeentscheidung des öffentlichen Auftraggebers **noch unzulässiger Nachprüfungsantrag** kann in die Zulässigkeit hineinwachsen (OLG Brandenburg, B. v. 19. 12. 2002 – Az.: Verg W 9/02).

16.3.5 Drohender Schaden

16.3.5.1 Begriffsinhalt (Grundsatz)

1674   Der in § 107 GWB verwendete Schadensbegriff muss unter dem Gesichtspunkt des Primärrechtsschutzes betrachtet und ausgelegt werden. Der Schaden besteht darin, dass durch den einzelnen beanstandeten Vergaberechtsverstoß die Aussichten des antragstellenden Bieters auf den Zuschlag zumindest verschlechtert worden sein können. **Entscheidend** für das Vorliegen einer Antragsbefugnis und damit für die Gewährung von Primärrechtsschutz ist mithin die **Eignung der gerügten Vergaberechtsverstöße, eine solche Chancenbeeinträchtigung begründen zu können.** Nicht erforderlich ist hingegen, dass der Antragsteller im Sinne einer darzulegenden Kausalität nachweisen kann, dass er bei korrekter Anwendung der Vergabevorschriften den Auftrag erhalten hätte (BVerfG, B. v. 29. 7. 2004 – Az.: 2 BvR 2248/03; BGH, B. v. 26. 9. 2006 – Az.: X ZB 14/06; OLG Celle, B. v. 14. 9. 2006 – Az.: 13 Verg 3/06; B. v. 14. 9. 2006 – Az.: 13 Verg 2/06; OLG München, B. v. 7. 4. 2006 – Az.: Verg 05/06; OLG Frankfurt, B. v. 6. 3. 2006 – 11 Verg 11/05 und 12/05; OLG Düsseldorf, B. v. 16. 2. 2006 – Az.: VII – Verg 6/06; VK Hessen, B. v. 28. 2. 2006 – Az.: 69 d VK – 02/2006; VK Münster, B. v. 19. 9. 2006 – Az.: VK 12/06; B. v. 25. 1. 2006 – Az.: VK 23/05; VK Arnsberg, B. v. 21. 2. 2006 – Az.: VK 29/05; B. v. 1. 2. 2006 – Az.: VK 28/05; VK Schleswig-Holstein, B. v. 30. 8. 2006 – Az.: VK-SH 20/06; B. v. 28. 6. 2006 – Az.: VK-SH 18/06; B. v. 27. 7. 2006 – Az.: VK-SH 17/06; B. v. 12. 6. 2006 – Az.: VK-SH 12/06; B. v. 15. 5. 2006 – Az.: VK-SH 10/06; B. v. 17. 3. 2006 – Az.: VK-SH 02/06; B. v. 17. 1. 2006 – Az.: VK-SH 32/05; B. v. 5. 1. 2006 – Az.: VK-SH 31/05; B. v. 21. 12. 2005 – Az.: VK-SH 29/05; B. v. 8. 7. 2005 – Az.: VK-SH 18/05; VK Düsseldorf, B. v. 11. 8. 2006 – Az.: VK – 30/2006 – L; B. v. 16. 2. 2006 – Az.: VK – 02/2006 – L; 3. VK Saarland, B. v. 12. 12. 2005 – Az.: 3 VK 03/2005 und 3 VK 04/2005; B. v. 27. 5. 2005 – Az.: 3 VK 02/2005; 2. VK Bund, B. v. 28. 7. 2006 – Az.: VK 2–50/06; B. v. 11. 1. 2005 – Az.: VK 2–220/04).

1675   Hat ein Antragsteller, **den gerügten Vergabeverstoß zu seinen Lasten hinweggedacht,** gleichwohl **keine Chance** darauf, sich bei der zu treffenden Vergabeentscheidung gegen seine Wettbewerber durchzusetzen, so ist er nicht antragsbefugt; denn dann kann der geltend gemachte Schaden gerade nicht auf den Vergabeverstoß zurückgeführt werden, den der Antragsteller zum Gegenstand des Nachprüfungsverfahrens machen will (OLG Dresden, B. v. 23. 7. 2002 – Az.: WVerg 0007/02; 2. VK Brandenburg, B. v. 19. 1. 2006 – Az.: 2 VK 76/05; VK Südbayern, B. v. 25. 6. 2003 – Az.: 16–04/03).

1676   § 107 Abs. 2 Satz 2 GWB erfordert, dass der Antragsteller diejenigen Umstände aufzeigen muss, aus denen sich **schlüssig die Möglichkeit eines Schadens** ergibt (BGH, B. v. 26. 9. 2006 – Az.: X ZB 14/06; B. v. 18. 5. 2004 – Az.: X ZB 7/04; OLG München, B. v. 7. 4. 2006 – Az.: Verg 05/06; VK Schleswig-Holstein, B. v. 27. 7. 2006 – Az.: VK-SH 17/06; B. v. 15. 5. 2006 – Az.: VK-SH 10/06; 3. VK Saarland, B. v. 19. 5. 2006 – Az.: 3 VK 03/2006; B. v. 12. 12. 2005 – Az.: 3 VK 03/2005 und 3 VK 04/2005; 1. VK Sachsen-Anhalt, B. v. 23. 8. 2005 – Az: 1 VK LVwA 31/05). Durch diese Regelung soll einem Bieter die **Einleitung eines**

Nachprüfungsverfahrens verwehrt sein, wenn er selbst bei ordnungsgemäß durchgeführtem Vergabeverfahren keine Aussicht auf Erteilung des Zuschlags gehabt hätte (VK Düsseldorf, B. v. 21. 4. 2006 – Az.: VK – 16/2006 – L; B. v. 13. 3. 2006 – Az.: VK – 08/2006 – L; VK Berlin, B. v. 10. 9. 2004 – Az.: VK – B 2–44/04; VK Südbayern, B. v. 9. 4. 2003 – Az.: 11–03/03; VK Bund, B. v. 1. 7. 2002 – Az.: VK 1–33/02; OLG Naumburg, B. v. 11. 6. 2003 – Az.: 1 Verg 06/03; VK Hessen, B. v. 24. 3. 2004 – Az.: 69 d – VK – 09/2004; B. v. 18. 6. 2003 – Az.: 69 d VK – 18/2003).

Die antragstellende Partei hat für jeden einzelnen gerügten Verstoß gegen die Vergabevorschriften **schlüssig und nachvollziehbar darzulegen,** dass der betreffende Vergabefehler ihre Aussichten auf den Zuschlag tatsächlich beeinträchtigt hat oder dass die Zuschlagschancen zumindest verschlechtert worden sein können (OLG Düsseldorf, B. v. 9. 7. 2003 – Az.: Verg 26/03, B. v. 16. 9. 2003 – Az.: VII – Verg 52/03). 1677

An die Schadensdarlegung sind nach ständiger Rechtsprechung **keine überzogenen Anforderungen** zu stellen. Sie muss **lediglich schlüssig** sein und ein **Schaden muss denkbar** sein (BVerfG, B. v. 29. 7. 2004 – Az.: 2 BvR 2248/03; OLG Schleswig-Holstein, B. v. 22. 5. 2006 – Az.: 1 Verg 5/06; OLG München, B. v. 7. 4. 2006 – Az.: Verg 05/06; OLG Frankfurt am Main, B. v. 27. 6. 2003 – Az.: 11 Verg. 3/03; VK Schleswig-Holstein, B. v. 30. 8. 2006 – Az.: VK-SH 20/06; B. v. 28. 6. 2006 – Az.: VK-SH 18/06; B. v. 15. 5. 2006 – Az.: VK-SH 10/06; B. v. 17. 3. 2006 – Az.: VK-SH 02/06; 2. VK Bund, B. v. 28. 7. 2006 – Az.: VK 2–50/06; 3. VK Bund, B. v. 16. 2. 2006 – Az.: VK 3–03/06; VK Arnsberg, B. v. 9. 4. 2002 – Az.: VK 3–03/02). **Alles andere ist eine Frage der Begründetheit des Antrags.** Die Darlegung oder gar der substantiierte Nachweis, dass der Antragsteller bei einem rechtmäßigen Vergabeverfahren den Zuschlag erhalten hätte oder das er eine „echte Chance" auf den Zuschlag im Sinne des § 126 Satz 1 GWB gehabt hätte, sind somit nicht erforderlich um den Zulässigkeitsanforderungen an einen Nachprüfungsantrag zu genügen (BVerfG, B. v. 29. 7. 2004 – Az.: 2 BvR 2248/03; BGH, B. v. 18. 5. 2004 – Az.: X ZB 7/04; OLG München, B. v. 7. 4. 2006 – Az.: Verg 05/06; OLG Brandenburg, B. v. 6. 10. 2005 – Az.: Verg W 7/05; Saarländisches OLG, B. v. 29. 9. 2004 – Az.: 1 Verg 6/04; VK Hessen, B. v. 28. 2. 2006 – Az.: 69 d VK – 02/2006; VK Lüneburg, B. v. 3. 11. 2005 – Az.: VgK-49/2005; VK Thüringen, B. v. 14. 4. 2005 – Az.: 360–4003.20–017/05-G-S; VK Schleswig-Holstein, B. v. 30. 8. 2006 – Az.: VK-SH 20/06; B. v. 13. 7. 2006 – Az.: VK-SH 15/06; B. v. 15. 5. 2006 – Az.: VK-SH 10/06; B. v. 31. 1. 2006 – Az.: VK-SH 33/05; B. v. 17. 1. 2006 – Az.: VK-SH 32/05; B. v. 5. 1. 2006 – Az.: VK-SH 31/05; B. v. 21. 12. 2005 – Az.: VK-SH 29/05; B. v. 8. 7. 2005 – Az.: VK-SH 18/05; B. v. 31. 3. 2005 – Az.: VK-SH 05/05; B. v. 7. 3. 2005 – Az.: VK-SH 03/05; 3. VK Saarland, B. v. 12. 12. 2005 – Az.: 3 VK 03/2005 und 3 VK 04/2005; 2. VK Bund, B. v. 28. 9. 2005 – Az.: VK 2–111/05; B. v. 11. 1. 2005 – Az.: VK 2–220/04; 1. VK Sachsen, B. v. 29. 12. 2004 – Az.: 1/SVK/123–04; B. v. 25. 11. 2004 – Az.: 1/SVK/110–04; VK Rheinland-Pfalz, B. v. 8. 5. 2002 – Az.: VK 8/02). 1678

Macht insoweit ein Antragsteller mit dem Nachprüfungsantrag geltend, der **Auftragswert sei in kollusivem Zusammenwirken des Auftraggebers mit einem Bieter willkürlich herabgesetzt** worden, ist **für die Zulässigkeit des Nachprüfungsantrags dieses Vorbringen als wahr zu unterstellen,** da anderenfalls dem Antragsteller die nach dem Zweck der §§ 102 ff. GWB einzuräumende Möglichkeit verwehrt wird, die streitige Vergabe im Rechtsweg auf ihre Wirksamkeit überprüfen zu lassen (OLG Düsseldorf, B. v. 14. 4. 2005 – Az.: VII – Verg 93/04). 1679

Eine **völlig vage und pauschale Behauptung einer Rechtsverletzung reicht jedoch nicht aus** (OLG Düsseldorf, B. v. 23. 2. 2005 – Az.: VII – Verg 92/04). 1680

Im Gegensatz zu dieser Rechtsprechung fordert die 2. VK des Bundes immer noch **für die Antragsbefugnis einen kausalen Zusammenhang zwischen dem Verstoß und der Beeinträchtigung einer „echten Chance" auf den Zuschlag** (2. VK Bund, B. v. 9. 12. 2004 – Az.: VK 2–118/04). 1681

Wenn eine den Maßstäben des § 107 Abs. 2 GWB genügende Darlegung der Verletzung von Bieterrechten das Nachprüfungsverfahren eröffnet hat, können **andere Vergaberechtsverletzungen zum Gegenstand desselben Nachprüfungsverfahrens gemacht** werden, mögen diese bis dahin auch nur andeutungsweise oder gar nicht im Streit gewesen und erst im Verlaufe der Vergabenachprüfung zutage getreten sein. Um sich seine diesbezüglichen Rechte zu sichern, ist der Antragsteller sodann auch **nicht gehalten, die zunächst (zulässigerweise) vorgebrachten Rügen bis zum Verfahrensende weiterverfolgen** (OLG Düsseldorf, B. v. 23. 2. 2005 – Az.: VII – Verg 92/04). 1682

16.3.5.2 Vereinbarkeit der Forderung des § 107 Abs. 2 nach einem Schaden mit europäischem Recht

1683 Die Mitgliedstaaten müssen nach **Art. 1 Abs. 3 der Richtlinie 89/665** sicherstellen, dass die nach dieser Richtlinie vorgesehenen Nachprüfungsverfahren zumindest jedem zur Verfügung stehen, der ein Interesse an einem bestimmten öffentlichen Auftrag hat oder hatte und dem durch einen behaupteten Verstoß gegen das Gemeinschaftsrecht im Bereich des öffentlichen Auftragswesens oder gegen die nationalen Vorschriften zur Umsetzung dieses Rechts ein Schaden entstanden ist bzw. zu entstehen droht.

1684 Daraus ergibt sich, dass diese Vorschrift die Mitgliedstaaten nicht verpflichtet, die Nachprüfungsverfahren jedem zur Verfügung zu stellen, der einen bestimmten öffentlichen Auftrag erhalten will, sondern **dass sie danach zusätzlich verlangen können, dass der betreffenden Person durch den behaupteten Rechtsverstoß ein Schaden entstanden ist bzw. zu entstehen droht.**

1685 Es verstößt nicht gegen Art. 1 Abs. 3 der Richtlinie 89/665, wenn die nach dieser Richtlinie vorgesehenen Nachprüfungsverfahren denjenigen, die einen bestimmten öffentlichen Auftrag erhalten wollen, **nur zur Verfügung stehen, wenn ihnen durch den von ihnen behaupteten Rechtsverstoß ein Schaden entstanden ist bzw. zu entstehen droht** (EuGH, Urteil vom 19. 6. 2003 – Az.: C-249/01, Urteil vom 12. 2. 2004 – Az.: C-230/02).

1686 Es muss aber im Rahmen des dem Bieter zur Verfügung stehenden Nachprüfungsverfahrens diesem ermöglicht werden, die **Stichhaltigkeit des Ausschlussgrundes anzuzweifeln,** auf dessen Grundlage die für die Nachprüfungsverfahren zuständige Instanz zu beschließen beabsichtigt, dass ihm durch die Entscheidung, deren Rechtswidrigkeit er behauptet, kein Schaden entstanden ist bzw. zu entstehen droht (BGH, B. v. 18. 5. 2004 – Az.: X ZB 7/04; EuGH, Urteil vom 19. 6. 2003 – Az.: C-249/01).

16.3.5.3 Drohender Schaden bei fehlender Angebotsabgabe

1687 **16.3.5.3.1 Rechtsprechung des Europäischen Gerichtshofes.** Falls ein Unternehmen deshalb kein Angebot gelegt hat, weil es sich durch angeblich diskriminierende Spezifikationen in den Ausschreibungsunterlagen oder im Pflichtenheft gerade daran gehindert gesehen hat, die ausgeschriebene Gesamtleistung zu erbringen, ist es **berechtigt, ein Nachprüfungsverfahren unmittelbar gegen diese Spezifikationen einzuleiten, noch bevor das Vergabeverfahren für den betreffenden öffentlichen Auftrag abgeschlossen** ist. Zum einen kann nämlich von einem angeblich durch diskriminierende Klauseln in den Ausschreibungsunterlagen geschädigten Unternehmen als Voraussetzung dafür, mit den in der Richtlinie 89/665 vorgesehenen Nachprüfungsverfahren gegen solche Spezifikationen vorzugehen, nicht verlangt werden, im Rahmen des betreffenden Vergabeverfahrens ein Angebot zu legen, obwohl es aufgrund der genannten Spezifikationen keine Aussicht auf Erteilung des Zuschlags hat. Zum anderen geht aus dem Wortlaut von Art. 2 Abs. 1 Buchstabe b) der Richtlinie 89/665 klar hervor, dass die von den Mitgliedstaaten nach dieser Richtlinie zu organisierenden Nachprüfungsverfahren u. a. gewährleisten müssen, dass „die Aufhebung rechtswidriger Entscheidungen, einschließlich der Streichung diskriminierender technischer, wirtschaftlicher oder finanzieller Spezifikationen ... vorgenommen ... werden kann". Es muss einem Unternehmen also möglich sein, ein Nachprüfungsverfahren unmittelbar gegen solche diskriminierenden Spezifikationen durchzuführen, ohne den Abschluss des Vergabeverfahrens abzuwarten.

1688 **16.3.5.3.2 Nationale Rechtsprechung.** Der Unternehmer, der sich **einer Angebotsabgabe enthält,** vergibt sich selbst von vornherein jeglicher Möglichkeit, den Zuschlag zu erhalten und ist daher **grundsätzlich nicht antragsbefugt.** Eine **Antragsbefugnis** kann trotz unterlassener Angebotsabgabe aber **dann in Betracht** kommen, wenn der Unternehmer **gerade durch den gerügten Verfahrensfehler an der Abgabe oder sogar schon an der Erstellung des Angebots gehindert worden** ist (BayObLG, B. v. 20. 8. 2001 – Az.: Verg 11/01; im Grundsatz ebenso OLG Düsseldorf, B. v. 28. 2. 2002 – Az.: Verg 40/01; 3. VK Bund, B. v. 29. 3. 2006 – Az.: VK 3–15/06; VK Schleswig-Holstein, B. v. 5. 10. 2005 – Az.: VK-SH 23/05). Beruft er sich im Nachprüfungsverfahren hierauf, muss er zur Begründung seiner Antragsbefugnis zunächst eine solche Verhinderung schlüssig darlegen. Soweit der Vergaberechtsfehler nicht bereits seiner Angebotskalkulation entgegengestanden hat, muss er dann weiter vortragen, welches Angebot er in einem fehlerfrei durchgeführten Vergabeverfahren abgegeben hätte. Es dürfen zwar keine überzogenen Anforderungen gestellt werden dahingehend, dass nur derjenige antragsberechtigt wäre, der den Zuschlag bekommen hätte oder bekommen

Gesetz gegen Wettbewerbsbeschränkungen GWB § 107 **Teil 1**

würde. Auf die Darlegung des ohne Behinderung durch Verfahrensfehler beabsichtigten Angebots kann jedoch nicht verzichtet werden. Denn nur dann ist absehbar, ob der Unternehmer in der Lage und bereit gewesen ist, ein wirtschaftliches und damit zuschlagsfähiges, im Vergleich zu den Angeboten etwaiger Mitbewerber konkurrenzfähiges Angebot abzugeben (OLG Rostock, B. v. 24. 9. 2001 – Az.: 17 W 11/01).

Das OLG Düsseldorf sieht **darüber hinaus** auch in solchen Fällen die Antragsbefugnis als 1689 gegeben an, in denen der antragstellenden Partei zwar an sich eine Angebotsabgabe möglich gewesen wäre, sich aber bei verständiger Betrachtung die Ausarbeitung eines Angebots angesichts der reklamierten – und als zutreffend zu unterstellenden – Beanstandungen des Vergabeverfahrens **als ein nutzloser Aufwand** darstellen würde (OLG Düsseldorf, B. v. 9. 7. 2003 – Az.: Verg 26/03; 3. VK Bund, B. v. 29. 3. 2006 – Az.: VK 3–15/06; B. v. 9. 6. 2005 – Az.: VK 3–49/05). Dem liegt die Erwägung zugrunde, dass es **weder gerechtfertigt noch zumutbar** ist, von dem Antragsteller zur Darlegung seiner Antragsbefugnis die Erstellung und Einreichung eines Angebots zu verlangen, dessen Grundlagen in den Ausschreibungsbedingungen oder im Vergabenachprüfungsverfahren als rechtswidrig bekämpft, so dass **bei einem Erfolg des Nachprüfungsbegehrens die zur Angebotserstellung aufgewendete Zeit und Mühe als unnötig vertan erscheinen muss.** Außerdem könnten auf andere Art und Weise an der Angebotsabgabe interessierte Unternehmen **ansonsten einen gegebenenfalls tatsächlich vorliegenden Vergabefehler nicht überprüfen lassen,** ohne sehenden Auges ein möglicherweise zeit- und kostenaufwendiges Angebot zu erstellen, das wertlos wäre, weil es den Vorgaben der Ausschreibungsunterlagen nicht entspricht (3. VK Bund, B. v. 9. 6. 2005 – Az.: VK 3–49/05; 2. VK Bund, B. v. 8. 10. 2003 – Az.: VK 2–78/03). Die **gleichen Überlegungen gelten für den Teilnahmeantrag bei einem Teilnahmewettbewerb** (OLG Düsseldorf, B. v. 1. 8. 2005 – Az.: VII – Verg 41/05; 3. VK Bund, B. v. 9. 6. 2005 – Az.: VK 3–49/05). Ein Bieter bekundet sein Interesse an dem Auftrag in prozessual ausreichender Weise **z. B. durch die Abgabe des Angebots in einem vorangegangenen Vergabeverfahren, die Rüge einer nach seiner Meinung falschen Vergabeart und die Einleitung des Nachprüfungsverfahrens** (OLG Düsseldorf, B. v. 16. 2. 2006 – Az.: VII – Verg 6/06).

Auch ist in solchen Fällen ein Antragsteller **nicht gehalten, unmittelbar nach Kenntnis-** 1690 **nahme der Ausschreibung einen rudimentären oder improvisierenden Teilnahmeantrag zu stellen,** da er erwarten muss, dass der Auftraggeber ihn darauf wegen Nichterfüllens der Mindestvoraussetzungen vom weiteren Verfahren ausschließen wird. Des Weiteren ist auch die Darlegung, welchen Teilnahmeantrag der potenzielle Bieter bei einer fehlerfreien Ausschreibung abgegeben hätte, im Nachprüfungsverfahren nicht erforderlich (3. VK Bund, B. v. 9. 6. 2005 – Az.: VK 3–49/05).

Die Antragsbefugnis besteht **darüber hinaus,** wenn und soweit die antragstellende Partei **bei** 1691 **einer Rechtmäßigkeit der von ihr angegriffenen Vergabebedingung von der Abgabe eines Angebots absehen würde.** In Betracht kommen hier Fälle, in denen sich der Nachprüfungsantrag gegen eine Anforderung (z. B. die Genehmigung einer Restabfallbehandlungsanlage) richtet, die der Antragsteller nicht erfüllt. Auch dann hat die antragstellende Partei ein berechtigtes Interesse daran, die Rechtmäßigkeit der – von ihr nicht einzuhaltenden – Vergabebedingung zur Überprüfung zu stellen, ohne zuvor ein Angebot abgeben zu müssen, das bei einem Misserfolg des Nachprüfungsbegehrens keinerlei Aussicht auf den Zuschlag haben würde und bei dem sich folglich der mit der Angebotsangabe verbundene Aufwand ebenfalls als nutzlos vertan erweisen würde (OLG Düsseldorf, B. v. 9. 7. 2003 – Az.: Verg 26/03).

Hat eine Vergabestelle durch **Nichtdurchführung eines den gesetzlichen Vorschriften** 1692 **entsprechenden Vergabeverfahrens jegliche Förmlichkeit unterlassen,** können auch keine allzu hohen Anforderungen an das Vorliegen der Voraussetzungen des § 107 Abs. 2 Satz 2 GWB gestellt werden. In solchen Fällen ist die **Abgabe eines Angebotes zur Zulässigkeit eines Vergabenachprüfungsverfahrens nicht notwendig** (1. VK Bund, B. v. 12. 12. 2002 – Az.: VK 1–83/02; VK Magdeburg, B. v. 6. 6. 2002 – Az.: 33–32571/07 VK 05/02 MD; im Ergebnis ebenso VK Baden-Württemberg, B. v. 14. 3. 2005 – Az.: 1 VK 5/05).

Man **kann auch nicht verlangen, dass ein Unternehmen in einem von ihm nicht als** 1693 **vergaberechtskonform angesehenen Marktpreiserkundungsverfahren ein Angebot abgeben muss.** Dies indiziert nicht, dass er in einem weiteren förmlichen Vergabeverfahren kein Angebot abgeben wird. Im Gegenteil geht sein Interesse dahin, vor einem – vergaberechtskonform – beabsichtigten Vertragsschluss auf jeden Fall mit einem Angebot präsent zu sein. Durch die bloße Nichtbeteiligung am Marktpreiserkundungsverfahren kann nicht unterstellt werden, dass das Unternehmen lediglich die Durchführung eines späteren förmlichen Vergabeverfahrens

337

Teil 1 GWB § 107 Gesetz gegen Wettbewerbsbeschränkungen

behindern will, da er selbst kein weiteres Angebot mehr abgeben will, zumal wenn der Auftraggeber das Marktpreiserkundungsverfahren nicht für die bloße Vorstufe eines förmlichen Vergabeverfahrens hält (VK Düsseldorf, B. v. 12. 9. 2006 – Az.: VK – 37/2006 – L).

1694 Zur Darlegung des Schadens genügt regelmäßig die Darlegung des Antragstellers, durch die Missachtung der Vergabevorschriften sei ihm **bisher die Möglichkeit genommen** worden, im Wettbewerb **ein aussagekräftiges und detailliertes Angebot** zur Erbringung der (noch auszuschreibenden) Leistung **abzugeben.** Damit sind indes **andere Schadensdarlegungen nicht ausgeschlossen.** In Betracht kommt vor allem die Möglichkeit, dass bei Beachtung der Vergabevorschriften durch den Auftraggeber ein anderes Angebot abgegeben worden wäre und deshalb – oder aus sonstigen Gründen – die Entscheidung des Auftraggebers anders hätte ausfallen können (BayObLG, B. v. 27. 2. 2003 – Az.: Verg 25/02).

1695 Die **Antragsbefugnis beschränkt sich in solchen Fällen auf die Geltendmachung der Vergabefehler, die – entweder einzeln oder kumulativ – kausal für den Entschluss der Nichtbeteiligung gewesen sein können und die die Anordnung einer Aufhebung des Verfahrens oder die Wiederholung der bisherigen Verfahrensschritte rechtfertigen können.** Vergaberechtsfehler im Verlauf des weiteren Verfahrens können nur Bieter rügen, die ein Angebot abgegeben haben, nicht jedoch andere Antragsteller, da ihnen daraus kein Schaden erwachsen kann (VK Schleswig-Holstein, B. v. 5. 10. 2005 – Az.: VK-SH 23/05).

1696 **16.3.5.3.3 Beispiele aus der Rechtsprechung**

– ist die Antragstellerin ein Unternehmen, das ausweislich seines „track record" als Beratungsunternehmen im Bereich der Privatisierung öffentlicher Unternehmen tätig ist weder es unerheblich, ob die Antragstellerin dem Auftraggeber als in diesem Bereich tätiges Unternehmen bekannt ist – und **erlangt die Antragstellerin erst am letzten Tag der Frist für die Abgabe eines Teilnahmeantrages Kenntnis von der Ausschreibung, ist sie daher an der Abgabe eines Teilnahmeantrages gehindert, wenn** dessen Ausarbeitung die Vorlage vielfältiger Nachweise u. a. bezüglich ihrer fachlichen Eignung, zu wesentlichen Privatisierungsprojekten der letzten drei Jahre sowie Erklärungen zur personellen Kapazität zur Erledigung des Auftrages erfordert und in der verbliebenen Zeit nicht mehr möglich ist (3. VK Bund, B. v. 9. 6. 2005 – Az.: VK 3–49/05).

16.3.5.4 Drohender Schaden bei fehlender Angebotsabgabe für ein Los

1697 Bewirbt sich ein Bieter mit seinem Angebot **nur für einzelne Lose** und trägt er auch weder vor noch ist sonst ersichtlich, dass er an der Abgabe eines Angebotes hinsichtlich der anderen Lose gehindert gewesen sei, **fehlt ihm für diese Lose die Antragsbefugnis** (VK Thüringen, B. v. 9. 9. 2003, Az.: 216–403.20–015/03-GTH).

16.3.5.5 Drohender Schaden bei Angebotsabgabe für ein oder mehrere Lose

1698 Gibt ein Unternehmen bei einer losweisen Ausschreibung ein Angebot für alle Lose ab und ist das Angebot für ein Los wegen fehlender Preise auszuschließen, besteht noch eine Antragsbefugnis für die übrigen Lose (VK Südbayern, B. v. 27. 8. 2003 – Az.: 33–07/03).

1699 Ein **drohender Schaden kann nicht pauschal mit dem Argument in Abrede gestellt werden, dass ein Antragsteller nur an einem Einzellos interessiert ist, also nicht in der Lage ist, ein Gesamtangebot abzugeben.** Nach § 97 Abs. 3 GWB sind mittelständische Interessen vornehmlich durch Teilung des Auftrags in Lose zu berücksichtigen. Auch aus § 5 VOL/A ergibt sich die grundsätzliche Pflicht zur Losbildung. Hierbei wird als selbstverständlich davon ausgegangen, dass der Auftraggeber hierdurch entstehende Mehrkosten und einen Mehraufwand in Kauf zu nehmen hat (VK Baden-Württemberg, B. v. 14. 3. 2005 – Az.: 1 VK 5/05).

1700 Ein (möglicher) **Schaden einer antragstellenden Bietergemeinschaft kann nicht daraus hergeleitet werden, dass sich die einzelnen Mitglieder dieser Bietergemeinschaft bei einem kleineren Loszuschnitt allein um den Auftrag hätten bewerben können,** wenn die einzelnen Mitglieder der Bietergemeinschaft nicht Antragsteller sind. Dann können sie nicht geltend machen, ihnen ist durch den Loszuschnitt – weil sie sich nicht einzeln bewerben konnten – ein Schaden entstanden. Dazu bedarf es einer Antragstellung durch die einzelnen Mitglieder der Bietergemeinschaft selbst (3. VK Bund, B. v. 12. 7. 2005 – Az.: VK 3–67/05).

16.3.5.6 Drohender Schaden trotz Angebotsabgabe

1701 Die Gefahr eines drohenden Schadens wird **nicht dadurch ausgeschlossen, dass der Bieter** trotz der gerügten Verstöße **ein Angebot abgegeben** hat. Aus der Tatsache, dass der Bieter

Gesetz gegen Wettbewerbsbeschränkungen　　　　　　　　GWB § 107　**Teil 1**

seine Chance, den Auftrag zu bekommen, auf jeden Fall durch die fristgerechte Abgabe eines Angebots wahren will, kann nicht abgeleitet werden, dass eine Schadensgefahr nicht bestehe (VK Düsseldorf, B. v. 22. 10. 2003 – Az.: VK – 29/2003 – L). Wäre z. B. die Ausschreibung im Sinne des Bieters eindeutiger formuliert worden, in Lose aufgeteilt und die materielle Anforderungen ebenfalls im Sinne des Bieters angemessen, so hätte er möglicherweise anders und möglicherweise besser kalkulieren können. Eine **Verbesserung der Zuschlagsaussichten** bei Vermeidung der vorgetragenen Verstöße **wäre daher durchaus vorstellbar** (1. VK Bund, B. v. 21. 9. 2001 – Az.: VK 1–33/01; im Ergebnis ebenso 1. VK Bund, B. v. 25. 4. 2002 – Az.: VK 1–11/02, VK 1–13/02, VK 1–15/02).

16.3.5.7 Drohender Schaden bei einem aufgrund der Rangstelle chancenlosen Angebot

Die **Rechtsprechung** ist insoweit **nicht einheitlich**.　　　　　　　　　　　　　　　　　　1702

Die 2. Vergabekammer des Bundes vertritt die Auffassung, dass **auch bei dem teuersten** 1703 **Angebot** nicht von vornherein auszuschließen ist, dass bei einer erneuten Entscheidung, bei der alle Zuschlagskriterien gewertet werden, dieses Angebot in den Kreis derjenigen Angebote kommt, die für eine Zuschlagserteilung ernsthaft in Betracht zu ziehen sind. Für die **Antragsbefugnis ist das ausreichend** (2. VK Bund, B. v. 23. 5. 2002 – Az.: VK 2–18/02).

Ist **nicht gänzlich ausgeschlossen, dass ein Bieter trotz des nicht preislich günstigs-** 1704 **ten Angebots nicht doch noch für den Zuschlag in Frage kommen kann**, z. B. weil der Zuschlag nicht auf das preislich günstigste sondern das unter Beachtung mehrerer Kriterien wirtschaftlichste Angebot erteilt werden soll, hat der Bieter zumindest eine Chance auf den Zuschlag. Dies ist für die Darlegung der Antragsbefugnis im Sinn von § 107 GWB ausreichend (VK Südbayern, B. v. 10. 6. 2005 – Az.: 20–04/05; B. v. 10. 5. 2005 – Az.: 12–03/05).

Nach einer insoweit anderen Auffassung ist die **Antragsbefugnis zu verneinen, wenn der** 1705 **Bieter keine Anhaltspunkte dafür liefert, inwieweit sein Angebot auf Grund anderer genannter Wertungskriterien wirtschaftlich günstiger sein soll als das mit dem geringsten Preis**, sodass davon auszugehen ist, dass das niedrigste Angebot auch das wirtschaftlichste ist (VK Berlin, B. v. 15. 9. 2004 – Az.: VK – B 2–47/04) bzw. wenn ein aus der jeweils plausibel behaupteten Rechtsverletzung folgender **wirtschaftlicher Nachteil offensichtlich und eindeutig nach jeder Betrachtungsweise ausgeschlossen** ist (VK Lüneburg, B. v. 4. 3. 2005 – Az.: VgK-03/2005) bzw. wenn – unterstellt, der Antragsteller erhält im Rahmen eines VOF-Verfahrens die jeweils höchstmögliche Punktzahl bei allen gerügten Punkten – er dennoch auf einem abgeschlagenen Wertungsrang liegt (VK Berlin, B. v. 10. 9. 2004 – Az.: VK – B 2–44/04) bzw. wenn dem **Angebot des Antragstellers mehrere andere preisgünstigere Angebote vorgehen, bei denen kein Ausschlussgründe vorliegen**. Es erscheint in solchen Fällen ausgeschlossen, dass alle diese Angebote auszuschließen wären bzw. dass in hoher preislicher Nachteil des Angebots des Antragstellers im Vergleich zu den anderen Angeboten durch die Bewertung des Angebots nach weiteren Zuschlagskriterien (z. B. Qualität und Zuschlagfrist) hätte kompensiert werden können (VK Schleswig-Holstein, B. v. 31. 1. 2006 – Az.: VK-SH 33/05; 3. VK Bund, B. v. 4. 5. 2005 – Az.: VK 3–22/05).

Bei **Verfahrensfehlern des Auftraggebers** (zu knappe Frist, unvollständiges Leistungsver- 1706 zeichnis) kann der Antragsteller geltend machen, er wäre bei ausreichender Frist, vollständigem Leistungsverzeichnis und Ortsbesichtigung mit Architekten in der Lage gewesen, ein vollständiges Angebot abzugeben und entsprechend knapp zu kalkulieren, **so dass sein Angebot wettbewerbsfähig und preisgünstig gewesen wäre** (2. VK Bund, B. v. 10. 7. 2002 – Az.: VK 2–24/02).

Ähnlich argumentiert das OLG Düsseldorf (B. v. 24. 3. 2004 – Az.: Verg 7/04). Danach fehlt 1707 einem **Antragsteller auch dann nicht die Antragsbefugnis, wenn sein Angebot wegen Unvollständigkeit auszuschließen ist, sofern der Bieter eine fehlende Ordnungsgemäßheit der Ausschreibungsbedingungen** (z. B. unzulässig hohe Verwendung von Wahlpositionen) **geltend macht**. Denn durch diesbezügliche Mängel werden die Bieterrechte eines Antragstellers unabhängig davon verletzt, ob sein – auf die vergaberechtswidrig gestaltete Ausschreibung – abgegebenes Angebot wertbar ist oder nicht.

Nach ständiger Rechtsprechung des **OLG Thüringen** (B. v. 15. 7. 2003 – Az.: 6 Verg 7/03) 1708 **fehlt** einem Vergabeprüfungsantrag das in § 107 Abs. 2 GWB vorausgesetzte **Rechtsschutzbedürfnis**, wenn der Antragsteller im Falle einer Neubewertung seines Angebots mit dem Erhalt

Teil 1 GWB § 107   Gesetz gegen Wettbewerbsbeschränkungen

des Zuschlags oder zumindest der Verbesserung der Zuschlagschancen nicht rechnen darf (im Ergebnis ebenso Saarländisches OLG, B. v. 6. 4. 2005 – Az.: 1 Verg 1/05; 2. VK Bund, B. v. 6. 8. 2004 – Az.: VK 2–94/04).

16.3.5.8 Drohender Schaden bei einem aufgrund formaler Angebotsfehler chancenlosen Angebot

1709   **16.3.5.8.1 Rechtsprechung des BGH.** Der Umstand, dass das Angebot eines Bieters ausgeschlossen werden darf oder muss, mag zwar die Feststellung rechtfertigen, dass der Bieter durch den begründeten Ausschluss von der Wertung nicht betroffen und deshalb insoweit nicht in seinen Rechten verletzt ist. Dieser **Umstand nimmt dem Bieter jedoch nicht das sich aus § 97 Abs. 7 GWB ergebende Recht darauf, dass auch die Auftragsvergabe an einen der anderen Bieter unterbleibt.** Der Meinung, die das insbesondere im Hinblick auf das Recht auf Gleichbehandlung in Zweifel zieht, kann nicht beigetreten werden (BGH, B. v 26. 9. 2006 – Az.: X ZB 14/06).

1710   § 97 Abs. 2 GWB weist nämlich das **Recht auf Gleichbehandlung und den Anspruch auf Einhaltung der sonstigen Bestimmungen über das Vergabeverfahren jedem durch deren Missachtung betroffenen Teilnehmer an einem solchen Verfahren zu.** Eine Einschränkung danach, wie das eigene Angebot beschaffen ist, oder danach, ob der betroffene Bieter seinerseits Bestimmungen über das Vergabeverfahren eingehalten hat, sieht das Gesetz nicht vor. Da es allein Sache des öffentlichen Auftraggebers ist, einen Bedarf zur Beschaffung auszuschreiben und die Bedingungen festzulegen, die ergänzend zu den auf gesetzlicher Grundlage bestehenden Regeln in dem ausgeschriebenen Verfahren zu beachten sind, und der öffentliche Auftraggeber nicht das Recht hat, über die Handlungsfreiheit am Auftrag interessierter Unternehmen zu verfügen, ist ein Bieter schon nicht verpflichtet, (nur) mit einem der Ausschreibung entsprechenden Angebot hervorzutreten. Nur weil er im Interesse am Auftrag und angesichts des den öffentlichen Auftraggeber verpflichtenden § 25 VOL/A bzw. § 25 VOB/A lediglich dann damit rechnen kann, in dem eingeleiteten Vergabeverfahren Erfolg zu haben, wenn sein Angebot der Ausschreibung entspricht, ist ein Bieter gehalten, ein solches Angebot abzugeben, oder „muss" er, wie sich z. B. § 21 Nr. 1 VOL/A ausdrückt, den Vorgaben des öffentlichen Auftraggebers genügen. **Auch ein zeitliches Ende des bei eigener Betroffenheit durch § 97 Abs. 7 GWB gewährten subjektiven Rechts lässt sich dem Gesetz nicht entnehmen. Der Anspruch auf Einhaltung der Bestimmungen über das Vergabeverfahren besteht deshalb bis zu dem das eingeleitete Vergabeverfahren beendenden Verhalten des öffentlichen Auftraggebers fort und schließt insbesondere seine Beachtung auch bei dessen abschließender Entscheidung ein** (BGH, B. v 26. 9. 2006 – Az.: X ZB 14/06).

1711   Das **kann auch nicht mit dem Hinweis in Zweifel gezogen werden, der Gleichbehandlungsgrundsatz gebe keinen Anspruch auf „Gleichheit im Unrecht".** Eine Gleichbehandlung im Unrecht, die zu einer Fehlerwiederholung bei der Rechtsanwendung führen würde und deshalb auch aus Art. 3 GG nicht hergeleitet werden kann, kann nämlich nur in Frage stehen, soweit mit dem Nachprüfungsantrag erstrebt wird, bei dem eigenen Angebot möge der gegebene Ausschlusstatbestand ebenfalls unberücksichtigt bleiben. Wenn und soweit der das Nachprüfungsverfahren betreibende Bieter hingegen deutlich macht, dass er sich dagegen wendet, dass sich der öffentliche Auftraggeber zugunsten eines anderen Bieters ohne Beachtung von Bestimmungen über das Vergabeverfahren, insbesondere der beim eigenen Angebot zu Recht angewandten Wertung, entscheidet, kann es jedoch nur am Interesse an der im Nachprüfungsverfahren nachgesuchten Entscheidung oder an der eigenen Betroffenheit durch die Missachtung von Bestimmungen über das Vergabeverfahren fehlen. Wie die vorstehenden Ausführungen ergeben, **kann aber sowohl die Darlegung der Voraussetzung des § 107 Abs. 2 Satz 2 GWB gelingen als auch die Verletzung in eigenen Rechten festzustellen sein, wenn geltend gemacht werden kann und wird bzw. sich bei der Nachprüfung des Vergabeverfahrens ergibt, dass bei Beachtung der Bestimmungen das eingeleitete Vergabeverfahren auch nicht mit der Auftragsvergabe an einen anderen Bieter abgeschlossen werden darf, weil die Angebote der anderen Bieter, soweit sie der öffentliche Auftraggeber nicht schon ausgeschlossen hat, ebenfalls von der Wertung ausgeschlossen werden müssen** (BGH, B. v 26. 9. 2006 – Az.: X ZB 14/06).

1712   **16.3.5.8.2 Rechtsprechung vor der Entscheidung des BGH.** Die Mehrzahl der Vergabekammern und die Vergabesenate ließen bei einem chancenlosen Angebot bereits die Antragsbefugnis entfallen und lehnen damit den Antrag als unzulässig ab. Sinn und Zweck der Vorschrift des § 107 Abs. 2 GWB ist es nämlich, **zu verhindern,** dass ein Bieter, der **auch bei**

Gesetz gegen Wettbewerbsbeschränkungen GWB § 107 **Teil 1**

ordnungsgemäß durchgeführtem Vergabeverfahren keine Aussicht auf Berücksichtigung seines Angebots und auf Erteilung des **Zuschlags** gehabt hätte, ein Nachprüfungsverfahren einleiten kann (Schleswig-Holsteinisches OLG, B. v. 31. 3. 2006 – Az.: 1 Verg 3/06; OLG Düsseldorf, B. v. 18. 7. 2005 – Az.: VII – Verg 39/05; B. v. 4. 7. 2005 – Az.: VII – Verg 35/05; B. v. 27. 4. 2005 – Az.: VII – Verg 23/05; B. v. 15. 12. 2004 – Az.: VII – Verg 47/04; B. v. 9. 6. 2004 – Az.: VII – Verg 11/04; VK Düsseldorf, B. v. 21. 4. 2006 – Az.: VK – 16/2006 – L; B. v. 13. 3. 2006 – Az.: VK – 08/2006 – L; B. v. 9. 3. 2006 – Az.: VK – 07/2006 – L; B. v. 24. 11. 2005 – Az.: VK – 39/2005 – L; B. v. 31. 10. 2005 – Az.: VK – 30/2005 – B; B. v. 28. 10. 2005 – Az.: VK – 34/2005 – L; VK Schleswig-Holstein, B. v. 31. 1. 2006 – Az.: VK-SH 33/05; VK Lüneburg, B. v. 3. 11. 2005 – Az.: VgK-49/2005; VK Brandenburg, B. v. 18. 10. 2005 – Az.: 2 VK 56/05; B. v. 30. 5. 2005 – Az.: VK 27/05; B. v. 25. 4. 2005 – Az.: VK 13/05; B. v. 25. 2. 2005 – Az.: VK 6/05; B. v. 4. 2. 2005 – VK 85/04; VK Saarland, B. v. 10. 6. 2005 – Az.: 2 VK 01/2005; 1. VK Bund, B. v. 27. 1. 2005 – Az.: VK 1–225/04; B. v. 11. 10. 2004 – Az.: VK 1–174/04; 3. VK Bund, B. v. 19. 10. 2004 – Az.: VK 3–191/04; B. v. 8. 10. 2004 – Az.: VK 3–164/04; VK Berlin, B. v. 10. 9. 2004 – Az.: VK – B 2–44/04; 2. VK Sachsen-Anhalt, B. v. 1. 9. 2004 – Az.: VK 2 – LVwA 26/04; VK Arnsberg, B. v. 9. 4. 2002 – Az.: VK 3–03/02; 2. VK Bund, B. v. 14. 12. 2004 – Az.: VK 2–208/04; B. v. 12. 2. 2004 – Az.: VK 2–128/03; VK Südbayern, B. v. 17. 2. 2004 – Az.: 67–12/03; OLG Thüringen, B. v. 30. 5. 2002 – Az.: 6 Verg 3/02 – **nicht mehr aktuelle** Rechtsprechung; BayObLG, B. v. 27. 11. 2002 – Az.: Verg 29/02, B. v. 29. 7. 2003 – Az.: Verg 8/03; OLG Dresden, B. v. 8. 11. 2002 – Az.: WVerg 0018/02; OLG Stuttgart, B. v. 6. 4. 2004 – Az.: 2 Verg 2/04; OLG Naumburg, B. v. 25. 10. 2005 – Az.: 1 Verg 5/05; B. v. 18. 7. 2005 – Az.: 1 Verg 5/05; B. v. 8. 2. 2005 – Az.: 1 Verg 20/04; KG Berlin, B. v. 15. 4. 2004 – Az.: 2 Verg 22/03).

Andere Vergabesenate und Vergabekammern ließen eine **Ausnahme von diesem Grundsatz** lediglich für den Fall zu, dass der öffentliche Auftraggeber bei Beachtung des als verletzt gerügten Gleichbehandlungsgrundsatzes nicht nur das Angebot des antragstellenden Bieters, sondern **gleichermaßen auch das alleine in der Wertung verbliebene Angebot des beigeladenen Bieters** hätte ausschließen und ein neues Vergabeverfahren hätte durchführen müssen. An dem bei Beachtung des Gleichbehandlungsgrundsatzes erforderlich werdenden neuen Vergabeverfahren hätte sich **der das Nachprüfungsverfahren betreibende Bieter sodann beteiligen und ein neues Angebot abgeben können.** Die damit verbundene Chance, für die ausgeschriebenen Leistungen letztlich doch noch den Zuschlag zu erhalten, wird einem Antragstellerin durch den gerügten Vergabefehler der Missachtung des Gleichbehandlungsgrundsatzes zunächst einmal genommen worden. Daraus resultiert für den Antragsteller ausnahmsweise die Befugnis im Sinne von § 107 Abs. 2 GWB, trotz der mangelnden Zuschlagsfähigkeit des eigenen Angebots die Verletzung des Gleichbehandlungsgebots im Vergabenachprüfungsverfahren geltend zu machen (OLG Düsseldorf, B. v. 16. 5. 2006 – Az.: VII – Verg 19/06; B. v. 7. 3. 2006 – Az.: VII – Verg 98/05; B. v. 14. 10. 2005 – Az.: VII – Verg 40/05; B. v. 22. 9. 2005 – Az.: Verg 48/05, Verg 50/05; B. v. 28. 7. 2005 – Az.: VII – Verg 45/05; B. v. 18. 7. 2005 – Az.: VII – Verg 39/05; B. v. 4. 7. 2005 – Az.: VII – Verg 35/05; B. v. 25. 5. 2005 – Az.: VII – Verg 08/05; B. v. 27. 4. 2005 – Az.: VII – Verg 23/05; B. v. 16. 2. 2005 – Az.: VII – Verg 74/04; B. v. 15. 12. 2004 – Az.: VII – Verg 47/04; B. v. 8. 5. 2002 – Az.: Verg 4/02, B. v. 30. 7. 2003 – Az.: Verg 20/03, B. v. 29. 4. 2003 – Az.: Verg 22/03; BayObLG, B. v. 2. 8. 2004 – Verg 016/04; B. v. 1. 3. 2004 – Az.: Verg 2/04; Schleswig-Holsteinisches OLG, B. v. 31. 3. 2006 – Az.: 1 Verg 3/06; OLG Frankfurt, B. v. 6. 3. 2006–11 Verg 11/05 und 12/05; B. v. 23. 12. 2005 – Az.: 11 Verg 13/05; B. v. 21. 4. 2005 – Az.: 11 Verg 1/05; KG Berlin, B. v. 15. 4. 2004 – Az.: 2 Verg 22/03; VK Nordbayern, B. v. 24. 2. 2006 – Az.: 1.VK – 3194 –; 1. VK Bund, B. v. 20. 4. 2006 – Az.: VK 1–19/06; B. v. 14. 7. 2005 – Az.: VK 1–50/05; B. v. 3. 6. 2005 – Az.: VK 1–47/05; VK Münster, B. v. 13. 12. 2005 – Az.: VK 24/05; B. v. 20. 4. 2005 – Az.: VK 6/05; VK Düsseldorf, B. v. 11. 8. 2005 – Az.: VK – 30/2006 – L; B. v. 24. 11. 2005 – Az.: VK – 39/2005 – L; 1. VK Brandenburg, B. v. 30. 5. 2005 – Az.: VK 27/05; VK Lüneburg, B. v. 10. 3. 2005 – Az.: VgK-04/2005; VK Saarland, B. v. 1. 3. 2005 – Az.: 1 VK 01/2005; VK Arnsberg, B. v. 14. 10. 2004 – Az.: VK 1–21/2004).

Dies gilt auch bei einem Teilnahmewettbewerb, wenn zwar die Beschwerde z. B. mangels Nachweis der Eignungsforderungen materiell aussichtslos ist, die Beschwerde aber unter Beachtung des Gleichheitsgrundsatzes dazu führt, dass der Teilnahmewettbewerb aufgehoben und erneut begonnen werden muss (OLG Düsseldorf, B. v. 6. 7. 2005 – Az.: VII – Verg 22/05).

Diese Rechtsprechung entspricht der neuen Rechtsprechung des BGH (RZ 1549).

1713

1714

1715

Teil 1 GWB § 107   Gesetz gegen Wettbewerbsbeschränkungen

1716   Das OLG Düsseldorf **verengte die Ausnahme unter dem Gebot der Gleichbehandlung (§ 97 Abs. 2 GWB) auf den Fall, dass die Angebote anderer Bieter** – namentlich das Angebot, auf das die Vergabestelle den Zuschlag erteilen will – **an einem gleichartigen Mangel leiden** wie das eines Antragstellers und die Vergabestelle unter Verletzung des Gleichbehandlungsgebots insbesondere im Fall des von ihr für zuschlagswürdig erachteten Angebots von einer Anwendung der vergaberechtlich gebotenen Konsequenzen jedoch abgesehen hat und auf das **Angebot des anderen Bieters sogar der Zuschlag ergehen soll** (OLG Düsseldorf, B. v. 21. 12. 2005 – Az.: VII – Verg 69/05; B. v. 14. 10. 2005 – Az.: VII – Verg 40/05; B. v. 6. 10. 2005 – Az.: VII – Verg 56/05; B. v. 25. 5. 2005 – Az.: VII – Verg 08/05; B. v. 30. 6. 2004 – Az.: VII – Verg 22/04; 1. VK Sachsen, B. v. 13. 4. 2006 – Az.: 1/SVK/028–06; VK Münster, B. v. 13. 12. 2005 – Az.: VK 24/05; VK Nordbayern, B. v. 24. 2. 2006 – Az.: 21.VK – 3194–04/06; VK Düsseldorf, B. v. 28. 11. 2005 – Az.: VK – 40/2005 – B; B. v. 24. 11. 2005 – Az.: VK – 39/2005 – L; B. v. 28. 10. 2005 – Az.: VK – 34/2005 – L; B. v. 30. 9. 2005 – Az.: VK – 25/2005 – L; B. v. 14. 6. 2005 – Az.: VK-04/2005 – L; 1. VK Bund, B. v. 3. 6. 2005 – Az.: VK 1–47/05; 1. VK Sachsen-Anhalt, B. v. 21. 4. 2005 – Az.: 1 VK LVwA 17/05). Diese **Auffassung ist mit der neuen Rechtsprechung des BGH nicht vereinbar.**

1717   Auch die Auffassung, dass es im Rahmen eines Nachprüfungsverfahrens weder **Aufgabe der Vergabekammern noch der Vergabesenate ist, Untersuchungen hinsichtlich der nicht entscheidungserheblichen Wertungstauglichkeit der übrigen Angebote anzustellen, um herauszufinden, ob gleichartige Mängel vorliegen,** ist mit der neuen Rechtsprechung des BGH nicht vereinbar. Nach dieser Meinung lässt die der **rechtmäßige Ausschluss** eines Angebots das mit der Bewerbung des betreffenden Bieters begründete **vergaberechtliche Sonderrechtsverhältnis zum Auftraggeber als Rechtsgrundlage für einen Anspruch aus § 97 Abs. 2 GWB auf Gleichbehandlung mit den im Vergabeverfahren verbleibenden Bietern entfallen** (OLG Thüringen, B. v. 20. 6. 2005 – Az.: 9 Verg 3/05; VK Schleswig-Holstein, B. v. 30. 8. 2006 – Az.: VK-SH 20/06; B. v. 17. 3. 2006 – Az.: VK-SH 02/06; B. v. 31. 1. 2006 – Az.: VK-SH 33/05; B. v. 10. 1. 2006 – Az.: VK-SH 30/05; B. v. 5. 1. 2006 – Az.: VK-SH 31/05; 2. VK Bund, B. v. 28. 7. 2006 – Az.: VK 2–50/06; 1. VK Bund, B. v. 27. 7. 2006 – Az.: VK 1–58/06; B. v. 16. 3. 2006 – Az.: VK 1–10/06; B. v. 8. 3. 2006 – Az.: VK 1–07/06; B. v. 7. 12. 2005 – Az.: VK 1–146/05; VK Saarland, B. v. 15. 3. 2006 – Az.: 3 VK 02/2006; B. v. 31. 1. 2006 – Az.: 1 VK 05/2005; 1. VK Sachsen-Anhalt, B. v. 21. 11. 2005 – Az.: 1 VK LVwA 44/05; 1. VK Sachsen, B. v. 11. 11. 2005 – Az.: 1/SVK/130–05;).

1718   Nach einer anderen Auffassung musste es – ähnlich wie bei der Parallelregelung des § 42 Abs. 2 VwGO – für die Antragsbefugnis und somit die Zulässigkeit eines Nachprüfungsantrags ausreichen, dass der Antragsteller darlegt, dass er durch die (behauptete) Nichtbeachtung von Vergabevorschriften in seinen Rechten verletzt sein könnte. Nur in diesem Sinne kann der Hinweis auf das Geltendmachen einer Rechtsverletzung verstanden werden. Ob ein Antragsteller tatsächlich in seinen Rechten verletzt ist, ist ebenso wie im Verwaltungsprozess eine **Frage der Begründetheit des Antrages,** was § 114 Abs. 1 GWB verdeutlicht. Nach dieser Regelung entscheidet die Vergabekammer, ob der Antragsteller (tatsächlich) in seinen Rechten verletzt ist und trifft dann, und nur dann – abgesehen von der umstrittenen Möglichkeit des § 114 Abs. 1 Satz 2 Halbsatz 2 GWB – die geeigneten Maßnahmen, um eine (tatsächliche und nicht nur im Sinne des § 107 Abs. 2 GWB geltend gemachte) Rechtsverletzung zu beseitigen und eine Schädigung der betroffenen Interessen zu verhindern (1. VK Sachsen, B. v. 18. 11. 2004 – Az.: 1/SVK/108–04; B. v. 8. 7. 2004 – Az.: 1/SVK/044–04; B. v. 8. 7. 2004 – Az.: 1/SVK/042–04; B. v. 27. 5. 2004 – Az.: 1/SVK/041–04; B. v. 7. 4. 2004 – Az.: 1/SVK/023–04; B. v. 28. 1. 2004 – Az.: 1/SVK/158–03; B. v. 24. 7. 2002 – Az.: 1/SVK/063–02; im Ergebnis ebenso VK Saarland, B. v. 15. 3. 2006 – Az.: 3 VK 02/2006; B. v. 31. 1. 2006 – Az.: 1 VK 05/2005; B. v. 1. 3. 2005 – Az.: 1 VK 01/2005; VK Baden-Württemberg, B. v. 23. 2. 2004 – Az.: 1 VK 03/04; VK Halle, B. v. 4. 6. 2002 – Az.: VK Hal 08/02). Ein **Nachprüfungsantrag ist also nicht deswegen unzulässig,** weil der Antragsteller – im Ergebnis möglicherweise – mit seinem Angebot auszuschließen ist und seine Interessen im weiteren Verfahren deshalb nicht mehr beeinträchtigt sein können. Ob das **Angebot im Nachprüfungsverfahren auszuschließen ist, betrifft** nämlich – zumindest in den Fällen, in denen der Ausschluss nicht evident erscheint – **die Begründetheit, nicht die Zulässigkeit** des Nachprüfungsantrages (OLG Thüringen, B. v. 20. 6. 2005 – Az.: 9 Verg 3/05; OLG Koblenz, B. v. 31. 5. 2006 – Az.: 1 Verg 3/06; B. v. 6. 10. 2004 – Az.: 1 Verg 4/04; B. v. 7. 7. 2004 – Az.: 1 Verg 1 und 2/04; OLG Frankfurt, B. v. 16. 9. 2003 – Az.: 11 Verg 11/03; VK Saarland, B. v. 15. 3. 2006 – Az.: 3 VK 02/2006; VK Hessen, B. v. 20. 10. 2004 – Az.: 69 d – VK – 62/2004; B. v. 20. 10. 2004 – Az.: 69 d – VK – 61/2004; B. v. 7. 10. 2004 – Az.: 69 d – VK – 60/2004; B. v. 25. 8. 2004 – Az.:

69 d – VK – 52/2004; B. v. 2. 6. 2004 – Az.: 69 d – VK – 24/2004; B. v. 28. 10. 2003 – Az.: 11 Verg 9/03, B. v. 16. 9. 2003 – Az.: 11 Verg 11/03; VK Arnsberg, B. v. 5. 4. 2004 – Az.: VK 1–4/04). **Diese Auffassung entspricht im Ergebnis der neuen Rechtsprechung des BGH** (RZ 1549).

Nach Auffassung des Brandenburgischen Oberlandesgerichts ergibt die europarechtskonforme Auslegung des § 107 Abs. 2 Satz 1 GWB im Lichte der Entscheidung des EuGH vom 19. 6. 2003 in der Rechtssache C-249/01, dass ein Nachprüfungsantrag wegen möglicherweise bestehender Ausschlussgründe ohne Prüfung der angefochtenen Vergabeentscheidung **als nicht unzulässig zurückgewiesen werden kann, wenn der Auftraggeber einen etwaigen Ausschlussgrund nicht zum Anlass genommen hat, den Antragsteller auszuschließen, sondern das Angebot des Antragstellers gewertet hat.** Bei einer derartigen Sachlage geht der Senat entgegen seiner früheren Rechtsprechung und entgegen der Rechtsprechung anderer Oberlandesgerichte davon aus, dass es sich in einem derartigen Fall verbietet, einen Nachprüfungsantrag als unzulässig anzusehen und den übergangenen Bieter aus diesem Grunde vom Nachprüfungsverfahren auszuschließen. Die **Frage des Ausschlusses seines Angebots muss vielmehr im Rahmen der Begründetheit geprüft werden** (OLG Brandenburg, B. v. 2. 12. 2003 – Az.: Verg W 6/03; ebenso Saarländisches OLG, B. v. 9. 11. 2005 – Az.: 1 Verg 4/05; OLG Düsseldorf, B. v. 28. 7. 2005 – Az.: VII – Verg 45/05; offen gelassen vom OLG Thüringen, B. v. 18. 3. 2004 – Az.: 6 Verg 1/04; ebenso VK Schleswig-Holstein, B. v. 6. 10. 2005 – Az.: VK-SH 27/05; B. v. 1. 4. 2004 – Az.: VK-SH 05/04 ; im Ergebnis ebenso 1. VK Bund, B. v. 14. 7. 2004 – Az.: VK 1–81/04; 2. VK Bund, B. v. 22. 3. 2004 – Az.: VK 2–140/03). Nach Auffassung des Oberlandesgerichts Stuttgart gilt dies **nur für diejenigen Fälle, in denen die Vergabekammer von Amts wegen Ausschlussgründe ermittelt hat,** nicht aber die Fälle, in denen die Ausschlussgründe vom Auftraggeber in das Verfahren eingebracht werden (OLG Stuttgart, B. v. 6. 4. 2004 – Az.: 2 Verg 2/04).

Für die **Praxis ist der Meinungsstreit relativ bedeutungslos.** Denn es bedeutet für einen Bieter keinen Rechtsschutznachteil, ob das Vorliegen eines zwingenden Ausschlussgrundes bereits in der Zulässigkeit zur Ablehnung seines Nachprüfungsantrages führt oder eine Zurückweisung erst in der Begründetheit wegen der nicht gegebenen Verletzung eigener Rechte (§ 114 Abs. 1 GWB) erfolgt (OLG Düsseldorf, B. v. 28. 7. 2005 – Az.: VII – Verg 45/05). Für einen effektiven Rechtsschutz und die Gewährung rechtlichen Gehörs ist es **geboten aber auch ausreichend, dass das tatsächliche Vorliegen eines zwingenden Ausschlussgrundes durch die Vergabekammer überprüft wird und der Antragsteller die Möglichkeit erhält, zum Ausschlussgrund vorzutragen** (2. VK Bund, B. v. 14. 12. 2004 – Az.: VK 2–208/04).

Die für die Antragsbefugnis dargestellten Fragen und Entscheidungen gelten **auch dann, wenn sich erst im Nachprüfungsverfahren herausstellt, dass das Angebot von der Wertung auszuschließen** ist (3. VK Bund, B. v. 29. 7. 2005 – Az.: VK 3–76/05).

16.3.5.8.3 Weitere Beispiele aus der Rechtsprechung

– als im Submissionsergebnis **sechstplatzierte Bietergemeinschaft** ist die Entstehung eines Schadens bei dem Antragsteller zwar grundsätzlich eher unwahrscheinlich. Der höhere Angebotspreis des Antragstellers gebietet es nicht, eine Schadensmöglichkeit von vornherein als ausgeschlossen anzusehen. Da der **Auftraggeber in seiner ursprünglichen Einschätzung die Eignung aller übrigen Bieter für die Vergabeentscheidung** verneint hatte, wäre bei einem erfolgreichen Angriff auf die Eignung bzw. Fachkunde der Beigeladenen eine Zuschlagserteilung an den Antragsteller **nicht von vornherein ausgeschlossen** gewesen (2. VK Bund, B. v. 10. 12. 2003 – Az.: VK 1–116/03)

– steht ein **Bieter** nach dem Vergabevermerk mit seinem Hauptangebot und auch bei Einbeziehung der Nebenangebote in das Hauptangebot **an letzter Stelle der eingereichten Angebote und liegt er mit ca. 16,5% über dem mindestfordernden Angebot,** erscheint es auch **nicht realistisch, dass dieser Bieter durch Verhandlungen an die erste Stelle kommen kann** (VK Baden-Württemberg, B. v. 7. 8. 2003 – Az.: 1 VK 33/03, 1 VK 34/03, 1 VK 35/03)

– keine Anhaltspunkte dafür, dass **alle dem Angebot des Antragstellers vorausgehenden Angebote,** z.B. mangels Erfüllung der Mindestbedingungen, **hätten ausgeschlossen werden müssen** (2. VK Bund, B. v. 14. 5. 2003 – Az.: VK 2–34/03)

– Angebot des Antragstellers liegt **um ca. 25% über dem Angebot der preisgünstigsten Bieterin** und damit **an fünfter Stelle von sechs Angeboten** (VK des Freistaates Thüringen, B. v. 20. 8. 2001 – Az.: 216–403.20–054/01-MGN)

- liegt das **Angebot** des Antragstellers **nach rechnerischer Prüfung auf dem vierten Platz,** ist die **Antragsbefugnis gegeben** (VK Brandenburg, B. v. 7. 7. 2003 – Az.: VK 35/03)
- **Angebot** des Antragstellers **ist** gemäß § 25 Abs. 1 Nr. 1 Buchstabe b VOB/A **auszuschließen** (BayObLG, B. v. 18. 9. 2001 – Az.: Verg 10/01)
- Antragsbefugnis entfällt nicht deshalb, weil die Antragstellerin **nur das zweitbilligste Angebot abgegeben** hat, da der **Preis nicht allein entscheidend** für den Zuschlag ist (VK Baden-Württemberg, B. v. 9. 10. 2001 – Az.: 1 VK 27/01)
- **Vergabeverstöße zugunsten anderer Bieter** können nicht Mängel der eigenen Antragsbefugnis beheben, solange sich dadurch nicht die Wettbewerbsposition in einer Weise verbessert, dass sich daraus eine Zuschlagschance ergibt (OLG Dresden, B. v. 23. 7. 2002 – Az.: WVerg 0007/02)
- Antragsbefugnis besteht nicht, wenn trotz **Wahl der falschen Vergabeart** (Verhandlungsverfahren) ein Angebot abgegeben wird und der Bieter erklärt, er hätte ein **unverändertes – und chancenloses – Angebot** auch in einem Offenen Verfahren abgegeben (VK des Landes Rheinland-Pfalz, B. v. 9. 10. 2002 – Az.: VK 24/02)

1723 16.3.5.8.4 Literatur

- Boesen, Arnold/Upleger, Martin, Die Antragsbefugnis eines Antragstellers bei zwingendem Ausschlussgrund, NZBau 2005, 672
- Franßen, Gregor/Pottschmidt, Axel, Wider den amtswegigen „Rechtsschutz" gegen den rechtsschutzsuchenden Bieter, NZBau 2004, 587
- Müller-Wrede, Malte/Greb, Klaus, Bieter müssen sich rechtstreu verhalten – OLG Naumburg stärkt öffentliche Auftraggeber, Behörden Spiegel Februar 2006, 22

16.3.5.9 Drohender Schaden bei Abgabe eines bewusst nicht zuschlagsfähigen Angebotes

1724 Die Antragsbefugnis entfällt auch dann nicht, wenn der Antragsteller ein völlig von der Leistungsbeschreibung abweichendes Angebot abgegeben hat, sofern er nachvollziehbar vorträgt, dass er sich zum Zeitpunkt der Angebotsabgabe **in einer** – zumindest aus seiner Sicht – **unauflösbaren Zwickmühle** befand und sich deshalb an der Abgabe eines ordnungsgemäßen Hauptangebotes gehindert sah (1. VK Bund, B. v. 15. 10. 2002 – Az.: VK 2–64/02).

16.3.5.10 Drohender Schaden, wenn eine erfolgreiche Rüge zur Ausschreibung der Aufhebung führt

1725 **Führt eine erfolgreiche Rüge** nicht zur Zuschlagserteilung, sondern lediglich **zur Aufhebung der Ausschreibung,** weil kein Angebot eingegangen wäre, das den Ausschreibungsbedingungen entspricht, steht **dies der Rügebefugnis im Grundsatz nicht entgegen,** weil die Bestimmungen über die Aufhebung der Ausschreibung neben einem Schutz der Bieter vor einer nutzlosen zeit- und kostenintensiver Angebote auch der Diskriminierungsabwehr dienen (VK Lüneburg, B. v. 7. 11. 2003 – Az.: 203-VgK-32/2003). Wäre die Ausschreibung zwingend aufzuheben, bestünde nämlich für den Antragsteller grundsätzlich die Möglichkeit, sich an einem anschließenden neuen Vergabeverfahren zu beteiligen und so den Auftrag doch noch zu erhalten (BGH, B. v. 26. 9. 2006 – Az.: X ZB 14/06; OLG Dresden, B. v. 9. 1. 2004 – Az.: WVerg 16/03; 1. VK Sachsen, B. v. 18. 11. 2004 – Az.: 1/SVK/108–04). Die danach grundsätzlich in Betracht kommende **Rügebefugnis setzt** jedoch nach § 107 Abs. 2 Satz 2 GWB **substantiierten Vortrag voraus,** dass der Antragsteller sich in einem anschließenden neuen Vergabeverfahren beteiligen werde und dort aufgrund seiner wettbewerblichen Situation und der grundsätzlichen Annahmefähigkeit seines bisherigen Angebots Aussicht auf den Zuschlag besitzen würde (OLG Thüringen, B. v. 24. 10. 2002 – Az.: 6 Verg 5/02).

1726 Es ist durchaus **mit § 107 Abs. 2 Satz 2 GWB vereinbar, darauf abzustellen, ob der Vortrag des um Nachprüfung nachsuchenden Bieters ergibt, dass er im Fall eines ordnungsgemäßen Vergabeverfahrens bessere Chancen auf den Zuschlag haben könnte als in dem beanstandeten Verfahren.** Denn ein Schaden droht bereits dann, wenn die Aussichten dieses Bieters auf die Erteilung des Auftrags zumindest verschlechtert worden sein können. Das ist nicht nur der Fall, wenn dies für den Zuschlag in dem eingeleiteten und zur Nachprüfung gestellten Vergabeverfahren zutrifft. Denn es ist die tatsächliche Erteilung des

Gesetz gegen Wettbewerbsbeschränkungen GWB § 107 **Teil 1**

Auftrags, welche die Vermögenslage von Bietern beeinflusst, nicht der Umstand, in welchem Vergabeverfahren sie erfolgt. **§ 107 Abs. 2 GWB lässt auch nicht erkennen, dass für die Antragsbefugnis allein auf die Möglichkeit abzustellen sein könnte, den ausgeschriebenen Auftrag gerade in dem eingeleiteten und zur Nachprüfung gestellten Vergabeverfahren zu erhalten.** Nach seinem Wortlaut muss vielmehr ganz allgemein ein (drohender) Schaden dargelegt werden, für den die behauptete Verletzung von Vergabevorschriften kausal ist. **Es genügt deshalb, wenn nach dem Vorbringen des das Nachprüfungsverfahren betreibenden Bieters möglich erscheint, dass er ohne den behaupteten Vergaberechtsverstoß den Bedarf, dessentwegen die Ausschreibung erfolgt ist, gegen Entgelt befriedigen kann. Das ist regelmäßig auch der Fall, wenn das eingeleitete Vergabeverfahren nicht ohne weiteres durch Zuschlag beendet werden darf, und zur Bedarfsdeckung eine Neuausschreibung in Betracht kommt** (BGH, B. v. 26. 9. 2006 – Az.: X ZB 14/06).

Dass **im Voraus nicht abzusehen ist, ob die darin liegende Chance eine realistische Aussicht darstellt,** den Auftrag zu erhalten, und sich eine solche Chance keinesfalls zwangsläufig für den betreffenden Bieter auftun muss, etwa weil der öffentliche Auftraggeber **möglicherweise ein Verhandlungsverfahren ohne Beteiligung dieses Bieters durchführen kann, ist angesichts der zitierten Rechtsprechung des Bundesverfassungsgerichts unerheblich.** Denn hiernach reicht schon die Möglichkeit einer Verschlechterung der Aussichten des den Nachprüfungsantrag stellenden Bieters infolge der Nichtbeachtung von Vergabevorschriften aus (BGH, B. v. 26. 9. 2006 – Az.: X ZB 14/06). 1727

Die Antragsbefugnis für ein auf Aufhebung eines Vergabeverfahrens gerichtetes Nachprüfungsverfahren kann einem Antragsteller auch dann nicht abgesprochen werden, wenn er schlüssig vorträgt, warum seiner Auffassung nach im konkreten Fall das dem öffentlichen Auftraggeber **durch § 26 VOL/A eingeräumte Ermessen ausnahmsweise zu Gunsten einer Aufhebung auf Null reduziert** ist (VK Lüneburg, B. v. 4. 9. 2003 – Az.: 203-VgK-16/2003). 1728

16.3.5.11 Drohender Schaden bei der Rüge der fehlerhaften Verdingungsordnung

Die Rechtsprechung hierzu ist nicht einheitlich. 1729

Rügt ein Antragsteller die **Wahl einer falschen Verdingungsordnung** (Anwendung der VOF statt der VOL), muss der Antragsteller darlegen, dass er bei der nach seiner Auffassung nach richtiger Ausschreibung ein anderes, aussichtsreicheres Angebot vorgelegt hätte. Ansonsten fehlt die Antragsbefugnis (OLG Thüringen, B. v. 16. 1. 2002 – Az.: 6 Verg 7/01). 1730

Demgegenüber vertritt die 2. VK Bund (B. v. 26. 9. 2003 – Az.: VK 2–66/03) die Auffassung, dass sich **ein Verfahrenswechsel (von VOF zu VOL) nicht nachteilig auf die Wettbewerbsposition der Bieter auswirkt.** Auch wenn durch eine Erweiterung des Bieterkreises die Zuschlagschancen sinken, kann daraus kein Schaden abgeleitet werden. Denn ausweislich der Zielsetzungen des Vergaberechts sind die Bieter im Vergabeverfahren nicht vor Wettbewerb bzw. vor Wettbewerbern zu schützen. Durch die Vergaberechtsvorschriften – deren Einhaltung im Nachprüfungsverfahren durchgesetzt werden sollen – ist vielmehr zu erreichen, dass auf das wirtschaftlichste Angebot der Auftrag erteilt wird. Hierfür ist es gerade erforderlich, dass durch einen möglichst großen Bieterkreis zwischen den einzelnen Anbietern intensiver Wettbewerb herrscht. 1731

16.3.5.12 Drohender Schaden bei der Rüge der fehlerhaften Vergabeart

Der Bieter, der an einem Verhandlungsverfahren teilgenommen und ein Angebot abgegeben hat und der nunmehr rügt, statt der Freihändigen Vergabe sei die Öffentliche Ausschreibung geboten gewesen, **muss** zur Darlegung seiner Antragsbefugnis **vortragen,** dass er im Falle einer Öffentlichen Ausschreibung **ein anderes und chancenreicheres Angebot abgegeben haben würde** oder dass das Verhandlungsverfahren sonst wie für seine **aussichtslose Position im Bieterfeld ursächlich** gewesen ist (OLG Düsseldorf, B. v. 25. 5. 2002 – Az.: 5 Verg/02; 1. VK Sachsen, B. v. 11. 8. 2006 – Az.: 1/SVK/073–06; 1. VK Bund, B. v. 11. 3. 2004 – Az.: VK 1–151/03). 1732

Eine **Möglichkeit hierfür** kann darin gesehen werden, dass im Falle eines Offenen Verfahrens die Vergabestelle entsprechend den Vorschriften der VOL/A gemäß § 9a VOL/A in den Verdingungsunterlagen oder in der Vergabebekanntmachung alle Zuschlagskriterien hätte angeben müssen, deren Verwendung sie vorsieht und möglichst in der Reihenfolge der ihnen zuerkannten Bedeutung. Hat die Vergabestelle bei der „Angebotsaufforderung" nur die Funktionen 1733

Teil 1 GWB § 107   Gesetz gegen Wettbewerbsbeschränkungen

und Leistungen beschrieben, die sie für erforderlich hält, hat den Bietern aber keine Hinweise zu der Bewertung ihrer Angebote aufgezählt und schon gar keine Reihenfolge der Wertungskriterien festgelegt und hat die Vergabestelle mit allen Bietern Nachverhandlungen geführt, die in einem Verfahren nach Abschnitt 2 der VOL/A (§ 24 VOL/A) unstatthaft sind, ist die Antragsbefugnis zu bejahen (VK Münster, B. v. 24. 6. 2002 – Az.: VK 03/02).

1734   Die 1. VK des Bundes (B. v. 2. 7. 2002 – Az.: VK 1–31/02) betrachtet hingegen die Wahl des Verhandlungsverfahrens als einen **Vorteil für ein Unternehmen,** wenn es die Möglichkeit zu einer Preisreduzierung nach Angebotsabgabe genutzt hat.

1735   Sie sieht außerdem trotz – unterstellter – falscher Wahl der Vergabeart dann **keinen Schaden, wenn der Antragsteller die Möglichkeit hatte, an dem Vergabeverfahren teilzunehmen, und auch ein Angebot abgegeben hat.** Ihre Zuschlagschancen wurden durch eine – unterstellte – falsche Wahl der Vergabeart nicht verschlechtert (1. VK Bund, B. v. 13. 11. 2002 – Az.: VK 1–87/02; ebenso 1. VK Sachsen, B. v. 11. 8. 2006 – Az.: 1/SVK/073–06; VK Bremen, B. v. 18. 6. 2003 – Az.: VK 08/03; im Ergebnis wohl ebenso VK Arnsberg, B. v. 8. 2. 2006 – Az.: VK 01/06 – bezogen auf den Zeitpunkt der Zulassung zum Teilnahmewettbewerb bei einem Nichtoffenen Verfahren; 2. VK Bund, B. v. 19. 11. 2003 – Az.: VK 2–114/03).

1736   Ein **drohender Schaden liegt dann vor,** wenn einem Unternehmen **durch das Unterlassen einer öffentlichen Ausschreibung** ein **Angebot unmöglich gemacht** wird. Die mit dem Angebot verbundene Chance auf den Zuschlag wird ihm damit gerade durch die Wahl der freihändigen Vergabe verwehrt (2. VK Bund, B. v. 19. 7. 2004 – Az.: VK 2–79/04; B. v. 19. 7. 2004 – Az.: VK 2–76/04).

1737   Ein **Bieter, der an einem streitgegenständlichen Vergabeverfahren nicht teilgenommen hat,** kann sich nicht mit Erfolg darauf berufen, ihm drohe infolge der gewählten Verfahrensart bereits dadurch ein Schaden, dass er sich gegen eine Nichteinbeziehung in den Bieterkreis – unbeschadet der beschwerlicheren und riskanteren Möglichkeit des verwaltungsgerichtlichen Rechtsschutzes – nicht effektiv zur Wehr setzen könne, während er im offenen Verfahren stets ein Angebot abgeben könne. Der Auftraggeber hat es nicht in der Hand, durch die Wahl des Verfahrens dem Bieter den nach §§ 104 ff. GWB vorgesehenen Rechtsschutz abzuschneiden und ihn dadurch faktisch an der Abgabe eines Angebotes zu hindern (OLG Düsseldorf, B. v. 16. 2. 2006 – Az.: VII – Verg 6/06).

1738   Ein Bieter kann auch nicht damit gehört werden, eine Beteiligung an dem tatsächlich durchgeführten Verfahren sei ihm nicht zumutbar gewesen, weil der Auftraggeber bereits durch die Wahl einer falschen Verfahrensart zum Ausdruck gebracht habe, dass er nicht gewillt sei, die Vorschriften des 4. Teils des GWB zu beachten. Der **allgemeine Hinweis auf die fehlende Rechtstreue eines Auftraggebers enthebt ihn nicht von der Obliegenheit, im Einzelnen darzulegen, inwieweit der gerügte Vergaberechtsverstoß seine Chancen auf einen Zuschlag eingeschränkt hat.** Dieses folgt schon aus dem Charakter des Vergabenachprüfungsverfahrens, das gerade nicht im Sinne einer allgemeinen Rechtmäßigkeitskontrolle darauf angelegt ist, alle denkbaren Vergaberechtsverstöße aufzuspüren und abzustellen (OLG Düsseldorf, B. v. 16. 2. 2006 – Az.: VII – Verg 6/06).

16.3.5.13 Drohender Schaden bei einem Teilnahmewettbewerb

1739   Ein Schaden ist dann dargelegt, wenn sich aus dem Sachvortrag schlüssig und nachvollziehbar ergibt, dass durch die gerügten Vergaberechtsverstöße unter anderem die Aussichten eines Antragstellers auf die Berücksichtigung seiner Bewerbung in einem Teilnahmewettbewerb beeinträchtigt sein können oder dass die Chancen seiner Bewerbung zumindest verschlechtert worden sind. Dies ist bereits **dann der Fall, wenn ein Teilnehmer an einem Teilnahmewettbewerb,** der einem Verhandlungsverfahren vorgeschaltet ist, **alle vom Auftraggeber geforderten Eignungsnachweise erbracht** hat und der Bewerber **mit hoher Wahrscheinlichkeit in das Verhandlungsverfahren einzubeziehen gewesen wäre** (VK Brandenburg, B. v. 30. 7. 2002 – Az.: VK 38/02).

16.3.5.14 Drohender Schaden bei losweiser Ausschreibung

1740   Werden mehrere Lose mit dem Vorbehalt der Einzellosvergabe ausgeschrieben und wendet sich der Antragsteller nicht gegen die Entscheidung der Vergabestelle, von dem Vorbehalt Gebrauch zu machen, sondern **nur gegen die vorgesehene Zuschlagserteilung hinsichtlich**

Gesetz gegen Wettbewerbsbeschränkungen   GWB § 107 **Teil 1**

eines bestimmten Loses, so fehlt es ihm an der **Antragsbefugnis,** wenn er **dieses Los nicht angeboten** hat und auch nicht behauptet, daran gehindert gewesen zu sein (OLG Koblenz, B. v. 8. 2. 2001 – Az.: 1 Verg 5/00).

16.3.5.15 Drohender Schaden bei einem VOL-Verfahren

Die Rechtsprechung stellt an die **Darlegung eines drohenden Schadens in Verfahren nach der VOL/A nur geringe Anforderungen,** da der Bieter mangels Submissionstermins seine eigene Wettbewerbsstellung nicht sicher beurteilen kann (1. VK Sachsen, B. v. 27. 1. 2003 – Az.: 1/SVK/123–02, 1/SVK/123–02G). 1741

16.3.5.16 Drohender Schaden und Information nach § 13 VgV

Zur Notwendigkeit der Kausalität zwischen drohendem Schaden und einer unzureichenden Information nach § 13 VgV vgl. die Kommentierung zu § 13 VgV RZ 3413 ff. 1742

16.3.5.17 Drohender Schaden bei Verlängerung der Zuschlags- und Bindefrist

Allein durch die Verlängerung der Zuschlags- und Bindungsfrist wird ein Antragsteller **nicht in seinen Rechten verletzt.** Eine Verlängerung der Frist stellt keinen Verstoß gegen den Gleichbehandlungs- und Wettbewerbsgrundsatz dar, wenn der Auftraggeber allen für die Vergabe noch in Betracht kommenden Bietern die Möglichkeit gibt, weiterhin am Vergabeverfahren teilzunehmen. Solange sie nicht ausgeschlossen werden, haben die Bieter keinen Anspruch auf einen Abschluss des Vergabeverfahrens zum vorgesehenen Zeitpunkt, wenn die Verlängerung keinen Einfluss auf die Leistungszeiten hat (OLG Naumburg, B. v. 13. 5. 2003 – Az.: 1 Verg 2/03). 1743

16.3.5.18 Drohender Schaden bei zu kurzen Angebotsfristen

Bei zu kurzen Angebotsfristen führt die bloße Verletzung der Formvorschrift nicht regelmäßig zur Aufhebung des Vergabeverfahrens. Vielmehr muss ein Bieter, der sich auf eine Rechtsverletzung beruft, geltend machen und entsprechend darlegen, dass er **durch die zu kurz bemessene Frist einen Schaden erlitten** hat (2. VK Bund, B. v. 17. 4. 2003 – Az.: VK 2–16/03). 1744

In einer späteren Entscheidung stellt die Vergabekammer jedoch nur noch darauf ab, dass durch die nicht ausreichend bemessene Frist ebenfalls das Bestehen bzw. Drohen eines Schadens zu Lasten des Bieters **zumindest nicht ausgeschlossen** ist. Es ist zumindest nicht absolut fern liegend, dass der Bieter bei ausreichender Möglichkeit zur Angebotserstellung ein besseres Angebot erstellt hätte, das nicht auszuschließen gewesen wäre und damit eine Chance auf einen Zuschlag gehabt hätte (2. VK Bund, B. v. 8. 8. 2003 – Az.: VK 2–52/03). 1745

16.3.5.19 Drohender Schaden bei Produktvorgabe

Trägt ein Unternehmen vor, dass es als **Bewerber von der Abgabe eines zuschlagsfähigen Angebots gerade durch die vergaberechtswidrige Verwendung eines Leitproduktes abgehalten** worden ist, muss es ausnahmsweise **auch ohne ein solches Angebot als antragsbefugt angesehen werden;** denn es ist ihm nicht zuzumuten, um jeden Preis ein Angebot abzugeben, nur um das für die Antragsbefugnis nach § 107 Abs. 2 GWB erforderliche Interesse am Auftrag zu dokumentieren. Müsste aber wegen des geltend gemachten Vergabeverstoßes eine produktneutrale Neuausschreibung erfolgen, so könnte der Antragsteller mit einem Hauptangebot in den Kreis derjenigen Angebote kommen, die für eine Zuschlagserteilung ernsthaft in Betracht zu ziehen sind (BayObLG, B. v. 15. 9. 2004 – Az.: Verg 026/03; OLG Frankfurt, B. v. 28. 10. 2003 – Az.: 11 Verg 9/03). 1746

Wirkt sich die Produktvorgabe – z. B. hinsichtlich einer Netzwerkmanagementsoftware – dahingehend aus, dass dadurch eventuell auch eine losweise Ausschreibung ausgeschlossen wird, rechtfertigt es dieser Umstand, dass sich eine im Rahmen eines förmlichen Vergabeverfahrens erfolgte **Produktvorgabe für die Hersteller/Lieferanten von Alternativprodukten im Ergebnis wie eine de-facto-Vergabe auswirkt, grundsätzlich nicht, die Produktvorgabe aus dem Vergabeverfahren „herauszulösen" und als isolierte de-facto-Vergabe zu interpretieren** mit der Folge, dass sie gesondert und gegebenenfalls sogar ohne Beachtung der Rügeobliegenheit nach § 107 Abs. 3 GWB zum Gegenstand eines Vergabenachprüfungsverfahrens gemacht werden könnte. Hersteller/Lieferanten von Alternativprodukten haben die Möglichkeit, die Vergaberechtswidrigkeit der von der Vergabestelle gewählten Ausgestaltung der 1747

Teil 1 GWB § 107   Gesetz gegen Wettbewerbsbeschränkungen

Ausschreibung unter Verweis darauf, dass gemäß §§ 97 Abs. 3 GWB, 5 Nr. 1 VOL/A eine losweise Vergabe geboten sei, in einem Nachprüfungsverfahren geltend zu machen (2. VK Bund, B. v. 9. 8. 2006 – Az.: VK 2–77/06).

1748   Ein Schaden für einen Bieter ist aber dann zu verneinen, als er als Vergaberechtsfehler die **„Empfehlung" eines Systems in der Leistungsbeschreibung** angreift. Durch diese „Empfehlung" kommt nur eine Verletzung z.B. des § 8 Nr. 3 Abs. 4 VOL/A in Betracht, wonach eine Beschreibung technischer Merkmale nicht die Wirkung haben darf, dass bestimmte Unternehmen oder Erzeugnisse bevorzugt oder ausgeschlossen werden. Zielsetzung dieser Vorschrift ist es, eine Verengung oder sogar Ausschaltung des Wettbewerbs durch eine einseitige Orientierung des öffentlichen Auftraggebers zu verhindern und die Chancengleichheit der Bewerber zu wahren. Um einen Schaden durch die Verletzung dieser Vorschrift geltend machen zu können, müssen sich in irgendeiner Weise die durch eine einseitige Orientierung des Auftraggebers ausgelösten Wirkungen als Nachteil bei dem Bieter realisiert haben. Diese **Nachteile sind bei dem Bieter jedoch nicht festzustellen,** wenn er von dieser Empfehlung unbeeindruckt **ein auf einem anderen System basierendes Angebot abgegeben hat** (2. VK Bund, B. v. 8. 8. 2003 – Az.: VK 2–52/03). **Ändert hingegen** der Auftraggeber **im Laufe des Vergabeverfahrens** die Leistungsbeschreibung dahin, dass **ein ganz konkretes Produkt vorgegeben** wird, entspricht das auf einem anderen System beruhende Angebot des Bieters nicht mehr den vom Auftraggeber aufgestellten Anforderungen. Da folglich ein Zuschlag zu Gunsten dieses Angebotes aussichtslos ist, haben sich die – angesichts der ursprünglichen Leistungsbeschreibung als realistisch einzuschätzende **Chancen** – **auf einen Zuschlag verschlechtert** (2. VK Bund, B. v. 8. 8. 2003 – Az.: VK 2–52/03).

16.3.5.20 Drohender Schaden bei Verletzung der Dokumentationspflicht

1749   Eine fehlende Dokumentation und Transparenz führt nicht zwangsläufig zu einem zugunsten eines Antragstellers im Rahmen eines Nachprüfungsverfahrens wirkenden Rechtsverstoß mit Auswirkungen auf das Vergabeverfahren; die **Dokumentation ist nicht Selbstzweck, sondern sie hat eine „dienende" Funktion** (VK Hessen, B. v. 29. 5. 2002 – Az.: 69 d VK – 15/2002). Das Fehlen eines Vergabevermerks ist für die materielle Rechtmäßigkeit einer Vergabeentscheidung ohne Bedeutung (VK Münster, B. v. 10. 2. 2004 – Az.: VK 01/04).

1750   Ein Antragsteller kann also **allein aus der Verletzung der Dokumentationspflicht keine Ansprüche herleiten.** Zum einen kann z.B. eine detaillierte Begründung der Wertung im Laufe des Nachprüfungsverfahrens sowohl schriftsätzlich als auch in der mündlichen Verhandlung **nachgeholt** werden. Zum anderen ist zusätzlich erforderlich, dass der Antragsteller für jeden einzelnen gerügten Vergaberechtsverstoß darlegt, dass ihm **durch ihn ein Schaden entstanden ist oder zu entstehen droht** (§ 107 Abs. 2 GWB). Es bedarf für die Einzelprüfung aller gerügten Vergaberechtsverstöße mit Blick auf die Kausalität (OLG München, B. v. 28. 4. 2006 – Az.: Verg 6/06; OLG Düsseldorf, B. v. 17. 3. 2004 – Az.: VII – Verg 1/04; 2. VK Bund, B. v. 13. 7. 2005 – Az.: VK 2–75/05; B. v. 24. 9. 2003 – Az.: VK 2–76/03; BayObLG, B. v. 20. 8. 2001 – Az.: Verg 9/01).

1751   Wird außerdem ein (vermeintlicher) **Verstoß gegen eine vergaberechtliche Vorschrift nicht (rechtzeitig) gerügt und ist daher präkludiert,** so kann sich **eine auf gerade diesen Gesichtspunkt beziehende fehlende Dokumentation und Transparenz nicht (mehr) auswirken,** d.h. sie teilt das Schicksal des präkludierten (etwaigen) Verstoßes und ist ebenfalls nicht mehr Gegenstand der Nachprüfung; sie ist quasi ebenfalls „präkludiert" (VK Hessen, B. v. 29. 5. 2002 – Az.: 69 d VK – 15/2002).

16.3.5.21 Drohender Schaden bei nicht EU-weiter Bekanntmachung

1752   Soweit ein Antragsteller beanstandet, die Ausschreibung habe nicht nur im Bundesausschreibungsblatt veröffentlicht werden dürfen, sondern sei darüber hinaus im Supplement zum EG-Amtsblatt bekannt zu machen gewesen, ist eine **daraus resultierende Benachteiligung** des Antragstellers nicht vorgetragen. Sie ist mit Rücksicht darauf, dass der Antragsteller die **Bekanntmachung** im Bundesausschreibungsblatt **zur Kenntnis genommen** und **sich sodann am Vergabeverfahren beteiligt** hat, auch nicht ersichtlich (VK Brandenburg, B. v. 15. 9. 2003 – Az.: VK 57/03).

1753   Begründet ein Bieter einen drohenden Schaden ausschließlich damit, dass ihm wegen der nicht EU-weiten Ausschreibung der Rechtsschutz durch ein Verfahren bei der Vergabekammer entzogen werde, da er sich nicht effektiv gegen den Ausschluss seines Angebots wehren könne,

Gesetz gegen Wettbewerbsbeschränkungen GWB § 107 **Teil 1**

mag sich dies bei Antragsstellung so darstellen; **hat sich das Verfahren jedoch mittlerweile bis zur Beschlussfassung fortentwickelt,** hat die Vergabekammer also trotz der Tatsache, dass es sich vorliegend nur um eine öffentliche Ausschreibung handelt, ein Nachprüfungsverfahren durchgeführt wegen Bejahung der Auftraggebereigenschaft und Erreichens des EU-Schwellenwerts ohne Ausnahme, ist dieser **Aspekt erledigt** (1. VK Sachsen, B. v. 23. 1. 2004 – Az.: 1/SVK/160–03).

16.3.5.22 Drohender Schaden bei nicht EU-weiter Ausschreibung

Die **Rechtsprechung** ist insoweit **nicht einheitlich.** 1754

Nach einer Auffassung kann sich ein Antragsteller **nicht auf eine unterbliebene europa-** 1755 **weite Ausschreibung** berufen, wenn er **trotz des von dem öffentlichen Auftraggeber gewählten fehlerhaften Verfahrens** der öffentlichen Ausschreibung statt des Offenen Verfahrens **ein Angebot vorlegt** und er **auch nicht vorträgt, dass er im Falle einer ordnungsgemäßen Ausschreibung ein inhaltlich anderes Leistungsangebot mit besseren Aussichten auf eine Zuschlagserteilung abgegeben hätte** (VK Münster, B. v. 4. 12. 2003 – Az.: VK 21/03).

Nach einer anderen Auffassung **steht bei einer unterlassenen EU-weiten Ausschreibung** 1756 **die Beteiligung eines Bieters der Annahme eines Schadens nicht entgegen, wenn** sich das vom Auftraggeber durchgeführte Verfahren sich **nur rudimentär an die Regelungen des 2. Abschnittes der VOL/A anlehnt, keine Eignungsprüfung** anhand vorzulegender Angaben/Unterlagen vorgenommen wurde und es **keine für die Bieter erkennbare Festlegung auf eine Verfahrensart mit entsprechend transparenter Dokumentation** in der Vergabeakte gab. Die Durchführung eines europaweiten Verfahrens unter Beachtung der Regelungen des 2. Abschnittes der VOL/A stellt für den Bieter nicht nur eine Formalität dar, sondern hat direkte, nicht vorhersehbare Auswirkungen auf die Chancen der Bieter. Aufgrund der Unwägbarkeiten der Chancen aller Bieter im Falle dass der Auftraggeber durch Veröffentlichung deutlich gemacht hätte, dass überhaupt ein Wettbewerb durchgeführt wird, er weiter eine Eignungsprüfung durchgeführt hätte und die Bieter sich auf eine bestimmte Verfahrensart und ggf. mitgeteilte Wertungskriterien bei der Gestaltung ihres Angebotes hätten einstellen können, kann in keiner Weise die Aussage getroffen werden, dass der Bieter eine vollwertige Chance auf den Vertragsschluss geboten gewesen wäre. Der Auftraggeber hat nicht nur formale Anforderungen nicht erfüllt, die ein Unternehmen, das ein Angebot abgeben konnte, überhaupt nicht in seinen Wettbewerbschancen berühren würden, sondern auch wesentliche Bestandteile des reglementierten Vergabeverfahrens außer Acht gelassen, die auf die Beurteilung des Unternehmens und die Bewertung der Angebote Einfluss haben können (VK Düsseldorf, B. v. 27. 4. 2006 – Az.: VK – 12/2006 – L).

16.3.5.23 Drohender Schaden bei vorzeitiger Angebotsöffnung in einem Verhandlungsverfahren

Die Vorschrift des § 107 Abs. 2 GWB wird **nicht dadurch in relevanter Weise verletzt,** 1757 dass die **Angebote – in einem Verhandlungsverfahren – vorzeitig geöffnet** werden. Den Antragstellern ist kein Schaden daraus erwachsen, dass die Frist nicht eingehalten worden ist, sondern dass die Angebote bereits vorher geöffnet wurden. Nachdem die letztverbindlichen Angebote sämtlicher Bieter eingegangen waren, waren weitere Angebote nicht zu erwarten und sind auch tatsächlich innerhalb der Frist nicht eingereicht worden. Die Antragsteller können demgemäß aus einer behaupteten verfrühten Eröffnung der Angebote nichts zu ihren Gunsten herleiten (Hanseatisches OLG, B. v. 10. 10. 2003 – Az.: 1 Verg 2/03).

16.3.5.24 Drohender Schaden bei einer Verdachtsrüge

Gemäß § 107 Abs. 2 Satz 1 GWB ist ein Unternehmen nur antragsbefugt, wenn es ein Inte- 1758 resse am Auftrag hat und eine Verletzung in seinem Recht auf Einhaltung der Vergabebestimmungen geltend macht. Dabei hat es auch darzulegen, dass ihm durch die behauptete Verletzung der Vergabevorschriften ein **Schaden entstanden ist oder zu entstehen droht. Was insoweit dem Bieter an Substantiierung anheim zu geben ist**, lässt sich nicht generell sagen, sondern **hängt von den Umständen des Einzelfalls ab,** u. a. davon, inwieweit schon die Vorabinformation den Bieter zum Vortrag imstande gesetzt haben.

Dabei ist es möglich, dass einem Bieter aufgrund der Mitteilung nach § 13 VgV es nicht 1759 möglich ist, einen Vergabeverstoß darlegen. Dies allein **erlaubt ihm jedoch nicht, ohne Wei-**

teres ins Blaue hinein die Nachprüfung zu beantragen. Vielmehr ist er **verpflichtet, sich im zumutbaren Rahmen die notwendigen Informationen zu beschaffen,** um zunächst einmal zu prüfen, ob überhaupt ein Vergaberechtsverstoß vorlag und dann gegebenenfalls einen konkreten Fehler im Verfahren aufzuzeigen. Zu denken war z. B. an eine mit kurzer Frist versehene Aufforderung an die Auftraggeber, ihr Einzelheiten der Wertung mitzuteilen. Der Antragsteller hätte auch Akteneinsicht beantragen können.

1760   Statt die ihm zumutbaren Erkenntnismöglichkeiten auszuschöpfen, hat der Antragsteller **auf bloßen Verdacht hin die Nachprüfung beantragt, weit vor Ablauf der Frist nach § 13 VgV.** Für ein solches Verhalten fehlt die Antragsbefugnis, die verlangt wird, um unnötige Nachprüfungsverfahren zu vermeiden (OLG Düsseldorf, B. v. 30. 7. 2003 – Az.: Verg 41/03).

16.3.5.25 Drohender Schaden bei Unmöglichkeit der Leistungserbringung durch den Bieter

1761   **16.3.5.25.1 Grundsatz.** Hat ein Antragsteller ein Angebot abgegeben, das keine Aussicht auf den Zuschlag hat, fehlt ihm die Antragsbefugnis mit der Folge, dass er zulässigerweise kein Nachprüfungsverfahren betreiben kann. Gleiches muss gelten, wenn die **antragstellende Partei außer Stande ist, die vom öffentlichen Auftraggeber nachgefragte Leistung zu erbringen.** Mangels Leistungsfähigkeit hat sie nämlich auch in einem solchen Fall von vornherein keinerlei Aussicht auf den betreffenden Auftrag (OLG Düsseldorf, B. v. 3. 12. 2003 – Az.: VII – Verg 37/03).

1762   **16.3.5.25.2 Beispiele aus der Rechtsprechung**
– Festlegung einer Müllverbrennungsanlage, auf die ein Bieter keinen Zugriff hat, als Ort der Leistungserbringung (OLG Düsseldorf, B. v. 3. 12. 2003 – Az.: VII – Verg 37/03).

16.3.5.26 Drohender Schaden bei Ankündigung des Auftraggebers, entsprechend dem Antrag eines Antragstellers zu verfahren

1763   Eine Klaglosstellung eines Antragstellers in einem Nachprüfungsverfahren ist erst dann anzunehmen, wenn der Auftraggeber den beanstandeten Vergaberechtsverstoß bereits tatsächlich beseitigt hat, etwa durch eine erneute Angebotswertung unter Berücksichtigung des Begehrens des Antragstellers bzw. der Rechtsauffassung der VK. Die **reine Ankündigung eines Auftraggebers, er werde die Entscheidung der Kammer respektieren, reicht insoweit nicht aus** (VK Schleswig-Holstein, B. v. 26. 10. 2004 – Az.: VK-SH 26/04).

16.3.5.27 Drohender Schaden bei Forderung nach einer Tariftreueerklärung

1764   Der Zweck der – u. a. auf das Tariftreuegesetz (TariftG) NRW gestützten – Forderung nach Abgabe einer Tariftreueerklärung durch die Bieter liegt **in der Absicht begründet, tarifgebundene Bieter vor den Angeboten solcher Bieter zu schützen, die durch Tarifverträge nicht gebunden** und deshalb häufig in der Lage sind, deren Angebote zu unterbieten. Das entspricht auch dem Schutzzweck des Tariftreuegesetzes. Ein Bieter unterfällt dem mit der Forderung einer Tariftreueerklärung von den Antragsgegnern bezweckten Schutz, wenn er tarifgebunden ist. **Ein tarifgebundener Bieter kann deshalb durch eine solche Forderung in seinen Bieterrechten auch nicht verletzt sein. Er ist deswegen nicht antragsbefugt im Sinne von § 107 Abs. 2 Satz 1 GWB.** Aus diesem Grund – und zwar weil ein Bieter dadurch allein begünstigt wird – kommt es im Streitfall auch nicht darauf an, ob die Forderung einer Tariftreueerklärung gegen den Grundsatz der Dienstleistungsfreiheit in Art. 49 EG (früher Art. 59 EGV) verstößt. Gleiches gilt für behauptete Verstöße gegen die nationale Gesetzgebungszuständigkeit (durch den Erlass des TariftG NRW), gegen den Grundsatz der negativen Koalitionsfreiheit (Art. 9 Abs. 3 GG) sowie gegen das Tarifvertragsgesetz des Bundes (OLG Düsseldorf, B. v. 6. 12. 2004 – Az.: VII – Verg 79/04).

16.3.5.28 Drohender Schaden bei Aufhebung der Ausschreibung und Beteiligung an einem anschließenden Vergabeverfahren

1765   Gibt ein Bieter nach der Mitteilung des Auftraggebers über die **Aufhebung der Ausschreibung ein Angebot für ein nachfolgendes Vergabeverfahren** ab, hindert dies **nicht seine Antragsbefugnis bezüglich einer Überprüfung der Rechtmäßigkeit der Aufhebungsentscheidung** (VK Schleswig-Holstein, B. v. 10. 2. 2005 – VK-SH 02/05).

16.3.5.29 Drohender Schaden bei einer Preisgerichtsentscheidung im Sinn von § 661 Abs. 2 BGB

Die **Antragsbefugnis fehlt, wenn im Rahmen eines Wettbewerbsverfahrens nach der VOF Wertungsfehler des Preisgerichts geltend gemacht werden.** Eine Preisrichterentscheidung ist grundsätzlich nicht gerichtlich auf ihre sachliche Richtigkeit hin überprüfbar. Nachprüfbar sind nur schwerwiegende Verfahrensmängel, die sich offensichtlich auf die Entscheidung ausgewirkt haben (1. VK Bund, B. v. 1. 9. 2005 – Az.: VK 1–98/05).

16.3.5.30 Drohender Schaden und begrenzte Akteneinsicht

Ein aus Wettbewerbsgründen notwendig eingeschränktes Akteneinsichtsrecht eines Bieters und Mitbewerbers hat Auswirkungen darauf, welche Anforderungen an den Vortrag eines Antragstellers zu stellen sind, soll er doch hinsichtlich des Tatbestandsmerkmals „Antragsbefugnis" u. a. darlegen müssen (und können), dass ihm durch die behauptete Verletzung der Vergabevorschriften ein Schaden entstanden ist oder zu entstehen droht. Es sind **daher nur geringe Anforderungen an die Zulässigkeitsvoraussetzungen der Darlegung eines mit der Verletzung von Vergabevorschriften entstandenen oder drohenden Schadens zu stellen.** Dieser Zulässigkeitsvoraussetzung ist bereits dann genügt, wenn mit dem Antrag schlüssig vorgetragen wird, dass infolge der behaupteten Rechtsverletzung ein Schaden entstanden ist oder zu entstehen droht; nicht erforderlich ist, dass bereits festgestellt werden kann, dass der behauptete Verstoß gegen vergaberechtliche Vorschriften tatsächlich vorliegt und den behaupteten Schaden ausgelöst hat oder auszulösen droht, der Nachprüfungsantrag also in der Sache selbst begründet ist (VK Thüringen, B. v. 6. 12. 2005 – Az.: 360–4003.20–026/05-SLZ).

16.3.5.31 Drohender Schaden bei der Möglichkeit, einen Auftrag im Verhandlungsverfahren zu vergeben

Bekämpft der Auftraggeber mit einer Beschwerde die **Entscheidung der Vergabekammer, wonach Angebote aus Gründen der Gleichbehandlung zu werten sind,** während die Vergabestelle der Auffassung ist, wegen fehlender wertbarer Angebote das Vergabeverfahren aufheben und ohne öffentliche Vergabebekanntmachung zu einem Verhandlungsverfahren übergehen zu können, ist **der Auftraggeber durch die Entscheidung der Vergabekammer beschwert** und hat an einer abändernden Entscheidung ein Rechtsschutzinteresse (OLG Düsseldorf, B. v. 14. 10. 2005 – Az.: VII – Verg 40/05).

16.3.5.32 Drohender Schaden bei einem VOF-Verfahren

Da die **Darlegung eines drohenden Schadens in einem VOF-Verfahren,** insbesondere wenn die eigene Wettbewerbsstellung nicht mitgeteilt und die ausgewählten Büros nicht benannt werden, **eher hypothetischen Sinn hat, dürfen die Anforderungen an diese Darlegung nicht zu hoch angesetzt** werden. Dies gilt umso mehr als der **Bewerber in Verfahren nach der VOF keinerlei greifbare Anhaltspunkte** hat, wie er im Wettbewerberfeld positioniert ist und wie seine theoretische Zuschlagschance aussieht (1. VK Sachsen, B. v. 11. 4. 2005 – Az.: 1/SVK/030–05; B. v. 3. 12. 2004 – Az.: 1/SVK/104–04, 1/SVK/104–04G).

16.3.5.33 Drohender Schaden bei einem inhaltlich nicht ordnungsgemäßen Nachprüfungsantrag

Nach der **Rechtsprechung des Bundesgerichtshofs** hat ein Bieter immer dann keinen Anspruch auf Einhaltung der Vergabebestimmungen im Sinne des § 97 Abs. 7 GWB, wenn sein Angebot zwingend vom Vergabeverfahren auszuschließen ist. **Ist das Angebot eines Bieters zwingend auszuschließen, kann der Fortgang des Vergabeverfahrens seine Interessen nicht mehr berühren, und der Bieter kann auch nicht in seinen Rechten nach § 97 Abs. 7 GWB verletzt** sein. **Nichts anderes gilt, wenn ein Bieter vom Vergabeverfahren ausgeschlossen wurde und dieser Ausschluss schon aufgrund des eigenen Vortrags im Nachprüfungsverfahren nicht schlüssig beanstandet wird.** Denn auch in diesem Fall vermag der Fortgang des Vergabeverfahrens die Interessen des ausgeschlossenen Bieters nicht mehr zu berühren, da schon der eigene Vortrag des Bieters nicht geeignet ist, die Vergabekammer dazu zu veranlassen, eine durch den Ausschluss vom Vergabeverfahren eingetretene Rechtsverletzung des ausgeschlossenen Bieters festzustellen. **Auch eine Berufung auf den Untersuchungsgrundsatz (§ 110 Abs. 1 GWB) scheidet insoweit aus,** da dieser die Vergabekammer nur dann zu weiterer Aufklärung verpflichtet, wenn der Vortrag der Beteiligten hin-

Teil 1 GWB § 107 Gesetz gegen Wettbewerbsbeschränkungen

reichenden Anlass zur Prüfung bietet. Legt ein Bieter aber nicht schlüssig dar, dass sein Angebot nicht auszuschließen ist, besteht keine Verpflichtung der Vergabekammer zu amtsseitiger Untersuchung, ob nicht doch ein die Mindestanforderungen erfüllendes Angebot vorliegt. In diesem Fall trägt vielmehr der Antragsteller nach allgemeinen Grundsätzen die Darlegungslast dafür, dass sie ein den Mindestanforderungen entsprechendes Angebot eingereicht hat (1. VK Bund, B. v. 27. 7. 2006 – Az.: VK 1–58/06).

16.3.6 Erledigung der Antragsbefugnis

1771   In dem Moment, in dem der Auftraggeber selbst, ohne die Maßnahme der Vergabekammer zur Beseitigung der Rechtsverletzung abzuwarten, sein beanstandetes Verhalten aufgibt, wodurch – isoliert gesehen – die bisher durch das beanstandete Verhalten verursachte Beeinträchtigung der Chancen des Antragstellers auf den Zuschlag beseitigt wird, ist der **Streitgegenstand des Nachprüfungsverfahrens erledigt.** Bei dieser Beurteilung bleibt es auch dann, wenn der Auftraggeber nicht nur sein bisher angegriffenes Verhalten aufgibt, sondern außerdem eine neue Verhaltensweise im Vergabeverfahren ergreift, die wiederum die Zuschlagschancen des (bisherigen) Antragstellers beeinträchtigt. Denn es ist nicht selbstverständlich, dass durch die neue Verhaltensweise des Auftraggebers der (bisherige) Antragsteller wiederum in seinen Rechten auf Einhaltung der Bestimmungen über das Vergabeverfahren (und zwar in denselben Rechten wie vorher) verletzt wird; vielmehr muss der Antragsteller eine erneute Rechtsverletzung geltend machen.

16.3.7 Rechtsschutzinteresse

1772   Neben der Antragsbefugnis – die für das Vergabenachprüfungsverfahren eine spezielle Ausprägung des bei sämtlichen Rechtsschutzverfahren geltende Erfordernis eines Rechtsschutzbedürfnisses ist (KG Berlin, B. v. 15. 4. 2004 – Az.: 2 Verg 22/03; OLG Düsseldorf, B. v. 5. 4. 2006 – Az.: VII – Verg 8/06; B. v. 16. 2. 2006 – Az.: VII – Verg 6/06; B. v. 14. 5. 2001 – Az.: Verg 19/01; 2. VK Brandenburg, B. v. 19. 1. 2006 – Az.: 2 VK 76/05; VK Baden-Württemberg, B. v. 13. 10. 2005 – Az.: 1 VK 59/05; B. v. 19. 4. 2005 – Az.: 1 VK 11/05; VK Münster, B. v. 28. 5. 2004 – Az.: VK 10/04) – muss der Antragsteller noch ein **allgemeines Rechtsschutzinteresse** an dem Vergabenachprüfungsverfahren haben. Dieses Rechtsschutzinteresse besteht in bestimmten Fällen nicht mehr.

16.3.7.1 Fehlendes Rechtsschutzinteresse durch ein zweites anhängiges Verfahren

1773   Einem Antragsteller fehlt das Rechtsschutzbedürfnis, wenn er z. B. aufgrund eines noch laufenden Beschwerdeverfahrens beim Oberlandesgericht ausreichend geschützt ist. Dies ist der Fall, wenn die im neuen Vergabenachprüfungsverfahren vorgebrachten Argumente Gegenstand des Beschwerdeverfahrens vor dem Oberlandesgericht sind (1. VK Sachsen, B. v. 4. 6. 2002 – Az.: 1/SVK/050–02).

16.3.7.2 Fehlendes Rechtsschutzinteresse eines Antrags gegen eine Aufhebungsentscheidung nach einer neuen Ausschreibung

1774   Die **Rechtsprechung** ist insoweit **nicht einheitlich.**

1775   Einem gegen die Aufhebung einer Ausschreibung gestellten, auf die Fortführung des aufgehobenen Verfahrens gerichteten Nachprüfungsantrag **fehlt das Rechtsschutzbedürfnis ebenfalls,** wenn **vor Antragstellung die Vergabestelle den Auftrag neu ausgeschrieben** hatte, der **Antragsteller die Neuausschreibung aber nicht als verfahrensfehlerhaft gerügt** und dementsprechend auch nicht mit einem Nachprüfungsantrag beanstandet hat. Denn **nur mit einem Nachprüfungsantrag hinsichtlich des zweiten Vergabeverfahrens kann ein Bieter wirksam verhindern,** dass dort ein **irreparabler Zuschlag erteilt** wird, den dann auch eine Vergabekammer nach § 114 Abs. 2 S. 1 GWB nicht mehr revidieren könnte (1. VK Sachsen, B. v. 10. 5. 2006 – Az.: 1/SVK/037–06; B. v. 9. 5. 2006 – Az.: 1/SVK/035–06; B. v. 2. 9. 2005 – Az.: 1/SVK/108–05).

1776   Nach einer anderen Auffassung kann die **Unzulässigkeit eines Nachprüfungsantrags grundsätzlich nicht aus dem Verhalten in einem anderen Vergabeverfahren hergeleitet werden.** Gegenstand dieser Nachprüfung ist das ursprüngliche Vergabeverfahren; dieses bildet auch den Maßstab für die Zulässigkeitsprüfung. Jedenfalls kann es für die Zulässigkeit eines Nachprüfungsantrages nicht im Sinne einer Verfahrensvoraussetzung darauf ankommen, ob die Art und Weise der Rechtsverfolgung von der Nachprüfungsinstanz als zweckmäßig oder

Gesetz gegen Wettbewerbsbeschränkungen GWB § 107 **Teil 1**

konsequent angesehen wird oder nicht. Es **fällt in die Risikosphäre eines Antragstellers, falls er keinen sicheren Weg der Rechtsverfolgung wählt;** dies macht die Rechtsgewährung hinsichtlich des unter Umständen mit Unwägbarkeiten verbundenen Rechtsbegehrens jedoch nicht entbehrlich. Schließlich ist die Zulässigkeit eines Nachprüfungsantrags bzw. einer sofortigen Beschwerde auch nicht davon abhängig, ob der Antragsteller bzw. Beschwerdeführer die Möglichkeiten des einstweiligen Rechtsschutzes überhaupt oder gar in optimaler Weise ausnutzt. **Dem gegenüber fällt es in die Risikosphäre des öffentlichen Auftraggebers, wenn er denselben Auftrag mehrfach ausschreibt.** Zivilrechtlich ist selbst ein doppelter Vertragsschluss nicht zu beanstanden. Es ist – z.B. im Bereich der Planungs- und Bauüberwachungsleistungen von Architekten oder Ingenieuren – sogar vorstellbar, dass zwei Unternehmen die gleichen Leistungen ausführen und dem Auftraggeber dann mehrere Planentwürfe vorliegen bzw. eine doppelte Bauüberwachung stattfindet. Darauf kommt es aber nicht an. Vergaberechtlich ist – bis auf Fälle der missbräuchlichen Parallelausschreibung – eine zweifache Ausschreibung zulässig, weil die Frage des tatsächlichen Bedarfs bzw. der Zweckmäßigkeit und Sinnhaftigkeit der Ausschreibung grundsätzlich nur haushaltsrechtlich von Bedeutung sind und das Vergaberecht lediglich die Art und Weise und die Spielregeln einer Ausschreibung regelt. **Will der Auftraggeber den Auftrag nur einmal erteilen, so muss er gewärtigen, bei Aufhebung bzw. Verzicht im zweiten Vergabeverfahren berechtigten Schadenersatzforderungen eines oder mehrerer Bieter oder Bewerber ausgesetzt zu sein** (OLG Naumburg, B. v. 17. 5. 2006 – Az.: 1 Verg 3/06).

16.3.7.3 Wegfall des Rechtsschutzbedürfnisses im Nachprüfungsverfahren

Das **Rechtsschutzbedürfnis kann** im Rahmen des Nachprüfungsverfahrens **wegfallen,** 1777 wenn z.B. die Vergabestelle den Vergabeverstoß einräumt und den Antragsteller klaglos stellt. Dann fehlt es dem Nachprüfungsantrag nunmehr an dem entsprechenden Rechtschutzinteresse. Die **Weiterverfolgung dieses Antrags** führt zur **Antragsabweisung** (VK Arnsberg, B. v. 11. 4. 2001 – Az.: VK 3–02/2001).

16.3.7.4 Verwirkung des Rechtsschutzbedürfnisses für ein Nachprüfungsverfahren

Das **Rechtsschutzbedürfnis für ein Nachprüfungsverfahren** kann auch durch Zeitablauf 1778 und das Verhalten des Antragstellers **gemäß § 242 BGB verwirkt** werden (2. VK Bund, B. v. 29. 3. 2006 – Az.: VK 2–11/06; 1. VK Brandenburg, B. v. 21. 11. 2005 – Az.: 1 VK 67/05; VK Baden-Württemberg, B. v. 18. 3. 2004 – Az.: 1 VK 07/04), wenn z.B. von der Kenntnis des Vergabeverstoßes bis zur Beantragung des Nachprüfungsverfahrens mehr als 3 oder 4 Monate vergehen. Zwar existieren für die Beantragung eines Nachprüfungsverfahrens keine Fristen. Dennoch gilt auch für das Nachprüfungsverfahren, dass eine **späte Klageerhebung gegen Treu und Glauben verstoßen** kann, wenn der Rechtschutz Begehrende erst dann Rechtmittel einlegt, wenn der Gegner und die sonstigen Beteiligten nicht mehr mit einem Verfahren rechnen (OLG Frankfurt, B. v. 7. 9. 2004 – Az.: 11 Verg 11/04 und 12/04; OLG Dresden, B. v. 11. 9. 2003 – Az.: WVerg 07/03; 1. VK Brandenburg, B. v. 21. 11. 2005 – Az.: 1 VK 67/05; VK Lüneburg, B. v. 17. 5. 2005 – Az.: VgK-16/2005 für eine **Frist von mehr als 10 Monaten;** VK Schleswig-Holstein, B. v. 2. 2. 2005 – Az.: VK-SH 01/05; 1. VK Sachsen, B. v. 8. 7. 2004 – Az.: 1/SVK/042–04; B. v. 15. 7. 2003 – Az.: 1/SVK/092–03 für eine **Frist von 14 Monaten**). Ausschlaggebend ist hierbei, inwieweit der Rechtschutz Suchende die zur Begründung seines Rechtsmittels angeführten Tatsachen kennt, ob Rechte Dritter durch dieses Verfahren betroffen sind und das zwischenzeitliche Verhalten der Beteiligten (1. VK Brandenburg, B. v. 21. 11. 2005 – Az.: 1 VK 67/05; 2. VK Bund, B. v. 13. 11. 2002 – Az.: VK 2–78/02).

Die Einleitung des Nachprüfungsverfahrens ist nicht ohne weiteres wegen widersprüchlichen 1779 Verhaltens gemäß § 242 BGB unzulässig, wenn z.B. ein Bieter in einem nicht-förmlichen Vergabeverfahren ein Angebot abgegeben hat und nunmehr, nachdem sein Angebot unberücksichtigt geblieben ist, geltend macht, der Auftraggeber habe vergaberechtsfehlerhaft kein Vergabeverfahren durchgeführt. **Widersprüchliches Verhalten ist missbräuchlich, wenn für den anderen Teil ein Vertrauenstatbestand geschaffen worden ist oder wenn andere bestimmte Umstände die Rechtsausübung treuwidrig erscheinen lassen.** Notwendig ist daher, dass der Auftraggeber darauf vertrauen durfte, dass das Unternehmen seine Schutzansprüche nicht mehr geltend machen wird. Ein solcher Vertrauenstatbestand könnte nur dann angenommen werden, wenn der Bieter trotz positive Kenntnis von dem Erfordernis eines förmlichen Vergabeverfahrens ein Angebot eingereicht und von der Rüge des Vergabefehler abgesehen hat und dem Auftraggeber dies bekannt war (OLG Düsseldorf, B. v. 27. 10. 2004 – Az.: VII – Verg 41/04).

Teil 1 GWB § 107   Gesetz gegen Wettbewerbsbeschränkungen

1780   Wird ein potenzieller Bieter erst durch ein **anonymes Schreiben** auf einen Vergabevorgang aufmerksam, ist ihm die **Möglichkeit zu einer Überprüfung des anonymen Schreibens** zuzubilligen. Ihm steht außerdem eine **Überlegungsfrist** zu, durch einen Nachprüfungsantrag um Rechtsschutz nachzusuchen. Außerdem kann sich der potenzielle Bieter zu dem Zweck, Aufschluss über die zweckmäßige Vorgehensweise zu erhalten, **zunächst an den Auftraggeber wenden.** Auch die **entsprechende Antwort** darf der potenzielle Bieter **abwarten**. Bei dieser Sachlage kann von einer Verwirkung des Rechtsschutzes nicht gesprochen werden, wenn vom Zugang des anonymen Schreibens bei dem potenziellen Bieter bis zur Anbringung des Nachprüfungsantrags nahezu **zwei Monate** verstreichen (OLG Düsseldorf, B. v. 25. 1. 2005 – Az.: VII – Verg 93/04).

1781   **Verschiebt sich aus internen Gründen im Zuständigkeitsbereich des Auftraggebers** (z.B. ein Regierungswechsel) der **Zuschlag um mehrere Wochen, darf ein Bieter,** schon allein um die Aussichten eines Nachprüfungsantrages abschätzen zu können (z.B. an welcher Stelle der Wertung er überhaupt liegt), **mit seiner Entscheidung über die Einleitung eines Nachprüfungsverfahrens bis zum Erhalt der § 13 VgV-Mitteilung warten.** Letztlich kann die im Bereich des Auftraggebers entstandene Verzögerung dem Bieter deshalb nicht nachteilig angerechnet werden (2. VK Bund, B. v. 29. 3. 2006 – Az.: VK 2–11/06).

16.3.7.5 Weitere Beispiele aus der Rechtsprechung

1782   – macht ein Bieter die **vermeintlich fehlerhafte Aufhebung der Ausschreibung des ersten Vergabeverfahrens erst nach Erhalt des Absageschreibens wieder geltend** und wendet sich an die Vergabekammer, nachdem er **zweieinhalb Monate nach Erhebung der Rüge abgewartet** hat, die Aufhebung der Ausschreibung durch die Vergabekammer überprüfen zu lassen und auf diese Weise das ursprüngliche Vergabeverfahren zur Fortführung zu bringen, wobei neue Tatsachen in diesem Zeitraum nicht bekannt geworden sind, die für die Frage der Rechtmäßigkeit der Aufhebung der Ausschreibung relevant sind und hat sich der **Bieter vielmehr in dieser Zeit auf das neue Vergabeverfahren eingelassen,** sich mit einem vorbehaltlosen Angebot hieran beteiligt und dessen Ausgang abgewartet, hat der Bieter durch dieses Verhalten den Vergaberechtsschutz wegen treuwidrigen Verhaltens verwirkt. Sie hat **mit ihrem Verhalten im neuen Vergabeverfahren einen Vertrauenstatbestand gegenüber dem Auftraggeber geschaffen,** der es ihr nunmehr versagt, sich auf vermeintliche Fehler im Zusammenhang mit der Aufhebung der Ausschreibung und den Voraussetzungen für das neue Vergabeverfahren zu berufen (1. VK Brandenburg, B. v. 21. 11. 2005 – Az.: 1 VK 67/05)

16.3.8 Antragsbefugnis auch bereits vor Erhalt der Information nach § 13 VgV

1783   Der **Antragsbefugnis steht auch nicht entgegen,** wenn ein Antragsteller den **Nachprüfungsantrag** bei der Vergabekammer **bereits vor Erhalt des Informationsschreibens gem. § 13 VgV stellt.** Die in § 13 VgV geregelte Informationspflicht dient lediglich dazu, auch solchen beim Zuschlag nicht berücksichtigten Bietern den Primärrechtsschutz vor der Vergabekammer zu ermöglichen, die bislang im Zuge des Verfahrens entweder keine Kenntnis über vermeintliche Vergaberechtsverstöße erlangt haben oder deren Rügen durch den Auftraggeber nicht abgeholfen oder beantwortet wurden. Ebenso wie jedoch ein Bieter, der vor Erhalt des Informationsschreibens nach § 13 VgV positive Kenntnis von vermeintlichen Vergaberechtsmängeln im Sinne des § 107 Abs. 3 Satz 1 GWB erlangt, mit seiner Rüge nicht bis zum Erhalt des Informationsschreibens warten darf, ist ein Bieter umgekehrt nicht gehindert, schon vor Erhalt des Informationsschreibens die Vergabekammer anzurufen, wenn seiner Rüge nach seiner Auffassung nicht abgeholfen wurde (VK Lüneburg, B. v. 24. 9. 2003 – Az.: 203-VgK-17/2003). Es ist **regelmäßig sachgerecht,** dass ein Bieter, dessen Angebot eine Chance auf den Zuschlag hat, gerügten und vom Auftraggeber nicht abgestellten **Vergaberechtsverstöße möglichst bald zum Gegenstand eines Nachprüfungsverfahren gemacht werden,** damit gegebenenfalls noch vor der Wertung der Angebote die geeigneten Maßnahmen zur Beseitigung der Rechtsverletzungen getroffen werden können (OLG Celle, B. v. 18. 12. 2003 – Az.: 13 Verg 22/03).

16.3.9 Antragsbefugnis bei mangelhafter Information nach § 13 VgV eines anderen Bieters?

1784   § 13 VgV bezweckt den Rechtsschutz des einzelnen Bieters insoweit, als dieser vom Vertragsschluss mit einem seiner Konkurrenten nicht überrascht wird und gem. § 114 Abs. 2 Satz 1

GWB von jeglicher Vergabeprüfung ausgeschlossen wird. Die Vorschrift **will in der Schlussphase des Wettbewerbs alle daran beteiligten Bieter hinsichtlich der Auftraggeberentscheidung auf dem Laufenden halten, um so die Möglichkeit des vergaberechtlichen Primärrechtsschutzes zu bewahren.** Individuellen Rechtsschutzcharakter hat § 97 Abs. 7 GWB zunächst in Bezug auf alle Bieter. Soweit jedoch die Vergabestelle einzelne Bieter vorab informiert hat, ist der Rechtsschutzzweck gegenüber diesen Vergabebeteiligten erfüllt. Dies hat nicht nur zur Folge, dass einer Rüge die materielle Grundlage entzogen ist, **es fehlt dem korrekt informierten Beteiligten auch die Befugnis, aus der Unterrichtung anderer Bieter „Gewinn zu schlagen".** Wie § 107 Abs. 2 GWB zeigt, ist das Vergabeprüfungsverfahren nur demjenigen eröffnet, der durch den Vergaberechtsverstoß selbst geschädigt sein kann. Der Gesetzgeber hat das Vergabeüberprüfungsverfahren jedenfalls im Kern zu einem subjektiv-bieterbezogenen Kontrollinstrument ausgestaltet, das **nicht zur Erhebung von Popularklagen** taugt. Hat die Vergabestelle die in § 13 VgV festgelegten Informations- und Beteiligungspflichten gegenüber einem Antragsteller ordnungsgemäß erfüllt, indem sie diesen über die Absicht, das Angebot eines anderen Bieters anzunehmen, unterrichtet und die vorgeschriebene Frist bis zur Erteilung des Zuschlags eingehalten hat, ist der Antragsteller im Stande, seine Interessen, insbesondere im Wege des Rechtsschutzes nach §§ 97 ff. GWB, uneingeschränkt wahrzunehmen. Dass die Vergabestelle die Beteiligung anderer Bieter unterlassen hat, vermag allenfalls deren Rechte, nicht jedoch die des Antragstellers zu verletzen. Dieser kann sich daher nicht auf eine daraus resultierende Nichtigkeitsfolge nach § 13 Satz 6 VgV berufen (OLG Thüringen, B. v. 16. 7. 2003 – Az.: 6 Verg 3/03).

16.3.10 Antragsbefugnis bei Zusage der Vergabestelle, den Zuschlag erst ab einem bestimmten Datum zu erteilen?

Dem Nachprüfungsantrag fehlt auch nicht das Rechtsschutzbedürfnis, wenn der Auftraggeber bestätigt, dass eine ausführliche Stellungnahme auf die Rüge erfolgen und vor einem bestimmten Datum kein Zuschlag erteilt wird. § 13 S. 5 und S. 6 VgV verwehren der Vergabestelle unter Androhung der Nichtigkeitsfolge, dass ein Vertrag vor Ablauf der Frist des § 13 VgV geschlossen wird, nicht aber einen Abschluss nach Ablauf dieser Frist. Mit dem Zuwarten über diese Frist hinaus riskiert der Antragsteller – jedenfalls nach Maßgabe der insoweit einschlägigen Vergabeverordnung –, dass der Zuschlag erteilt wird und er die Möglichkeit des Primärrechtsschutzes verliert. Wäre der Antragsteller in dieser Situation verpflichtet, mit seinem Nachprüfungsantrag zu warten, müsste er **einseitig das Risiko tragen, dass die Vergabestelle die von ihr erteilte Bestätigung auch einhält.** Schon das nicht unerhebliche Risiko, lediglich auf den Sekundärrechtsschutz verwiesen zu werden, ist unter Abwägung der widerstreitenden Interessen nicht zumutbar. Dem Nachteil der Vergabestelle, der daraus folgt, dass sie nicht mehr ausführlich auf die Rüge antworten kann und sich der Überprüfung im Vergabenachprüfungsverfahren stellen muss, wiegt gegenüber dem möglichen Verlust des wirksamen Primärrechtsschutzes auf Seiten des Antragstellers geringer. Zudem besteht auch nach Einleitung des Nachprüfungsverfahrens weiterhin die Möglichkeit, dass sich der Antragsteller durch eine ausführliche Stellungnahme der Vergabestelle von der Richtigkeit der Position der Vergabestelle überzeugen lässt und den Antrag zurücknimmt (VK Berlin, B. v. 29. 6. 2004 – Az.: VK – B 1–24/04).

16.3.11 Literatur

– Antweiler, Clemens, Antragsbefugnis und Antragsfrist für Nachprüfungsanträge von Nichtbewerbern und Nichtbietern, VergabeR 2004, 702
– Bultmann, Peter Friedrich/Hölzl Franz Josef, Die Entfesselung der Antragsbefugnis, NZBau 2004, 651
– Glahs, Heike, Die Antragsbefugnis im Vergabenachprüfungsverfahren, NZBau 2004, 544
– Wichmann, Alexander, Die Antragsbefugnis des Subunternehmers im vergaberechtlichen Nachprüfungsverfahren, Dissertation, Baden-Baden, 2005

16.4 Rüge (§ 107 Abs. 3)

Die Rüge ist kein Rechtsgeschäft, insbesondere keine einseitige empfangsbedürftige Willenserklärung. Sie ist vielmehr **eine verfahrensrechtliche Erklärung, eine Zulässigkeits- und Zugangsvoraussetzung für das Nachprüfungsverfahren,** bei der die Voraussetzungen für

Teil 1 GWB § 107

wirksame Verfahrenshandlungen vorliegen müssen (VK Münster, B. v. 19. 9. 2006 – Az.: VK 12/06; B. v. 24. 9. 2004 – Az.: VK 24/04).

1788 Ihrer **Rechtsnatur** nach ist die rechtzeitige Rüge im Vergabeverfahren erkannter oder erkennbarer Verstöße gegen Vergabevorschriften gegenüber dem Auftraggeber eine **Obliegenheit. Erfolgt die Rüge nicht rechtzeitig, wird der darauf bezogene Antrag als unzulässig zurückgewiesen,** d.h., der Anspruch auf Nachprüfung geht in diesem Punkt verloren (Saarländisches OLG, B. v. 9. 11. 2005 – Az.: 1 Verg 4/05).

1789 Diese Zulässigkeitsvoraussetzung ist **von Amts wegen zu beachten** (1. VK Sachsen, B. v. 29. 12. 2004 – Az.: 1/SVK/123–04).

16.4.1 Sinn und Zweck der Rüge

1790 Die als **Präklusionsregel** ausgestattete Vorschrift des § 107 Abs. 3 soll nach den Vorstellungen des Gesetzgebers **unter dem Gesichtspunkt von Treu und Glauben der Einleitung unnötiger Nachprüfungsverfahren durch Spekulation mit Vergabefehlern entgegenwirken.** Sobald ein Bieter einen Verfahrensverstoß erkennt, soll er ihn gegenüber dem Auftraggeber unverzüglich (vgl. § 121 Abs. 1 Satz 1 BGB) rügen, damit jener den **Fehler korrigieren und damit ein Nachprüfungsverfahren vermieden** werden kann (OLG Naumburg, B. v. 4. 1. 2005 – Az.: 1 Verg 25/04; BayObLG, B. v. 22. 1. 2002 – Az.: Verg 18/01).

1791 Die Vorschrift des § 107 Abs. 3 GWB trägt einen **Doppelcharakter;** sie beinhaltet einerseits eine **Zulässigkeitsvoraussetzung für den Nachprüfungsantrag,** stellt aber andererseits eine **materielle Präklusionsregel** dar (VK Südbayern, B. v. 8. 11. 2001 – Az.: 35–09/01).

1792 Die Rüge ist eine von Amts wegen zu beachtende Sachentscheidungsvoraussetzung, bedarf also keiner Rüge eines anderen Beteiligten (OLG Dresden, B. v. 8. 11. 2002 – Az.: WVerg 0018/02; VK Schleswig-Holstein, B. v. 23. 7. 2004 – Az.: VK-SH 21/04).

1793 Ein Nachprüfungsverfahren ist auch im VOF-Verfahren nicht ohne Rüge zulässig (VK Arnsberg, B. v. 8. 7. 2003 – Az.: VK 3–12/2003).

16.4.2 Vereinbarkeit einer Präklusionsregel mit dem EU-Recht

1794 Die **Festsetzung angemessener Ausschlussfristen** für die Einlegung von Rechtsbehelfen **genügt** grundsätzlich dem sich aus der Richtlinie 89/665 ergebenden **Effektivitätsgebot,** da sie ein Anwendungsfall des grundlegenden Prinzips der Rechtssicherheit ist. Zudem steht außer Zweifel, dass **durch Sanktionen wie die Präklusion gewährleistet** werden kann, dass rechtswidrige Entscheidungen der öffentlichen Auftraggeber nach ihrer Bekanntgabe an die Betroffenen **so rasch wie möglich angefochten und berichtigt werden,** was ebenfalls mit den Zielen der Richtlinie 89/665 und mit dem Grundsatz der Rechtssicherheit in Einklang steht (EuGH, Urteil vom 12. 12. 2002 – Az.: C-470/99, Urteil vom 27. 2. 2003 – Az.: C-327/00).

1795 Damit steht auch die **grundsätzliche Vereinbarkeit der Vergabevorschrift des § 107 Abs. 3 Satz 1 GWB mit dem Gemeinschaftsvergaberecht** fest (OLG Naumburg, B. v. 4. 1. 2005 – Az.: 1 Verg 25/04), zumal sie den Rechtsschutz suchenden Bieter nicht zur Beachtung bindend vorgegebener Ausschlussfristen zwingt, sondern die Zulässigkeit der Nachprüfung eines Vergaberechtsverstoßes lediglich von einer zuvor ohne schuldhaftes Zögern erhobenen Rüge der erkannten Rechtsverletzung und damit einer an den Umständen des Einzelfalls ausgerichteten Handlungspflicht des Bieters abhängig macht (OLG Koblenz, B. v. 18. 9. 2003 – Az.: 1 Verg 4/03; 1. VK Sachsen, B. v. 23. 12. 2004 – Az.: 1/SVK/129–04; 3. VK Bund, B. v. 16. 12. 2004 – Az.: VK 3–212/04).

1796 Dies **gilt auch für die Vergabevorschrift des § 107 Abs. 3 Satz GWB** (Hanseatisches OLG Bremen, B. v. 18. 5. 2006 – Az.: Verg 3/2005).

16.4.3 Unzulässigkeit von „vorsorglichen" Rügen

1797 Die **Rechtsprechung** ist insoweit **nicht einheitlich.**

1798 Nach einer Auffassung besteht zwar **dann noch keine Rügeverpflichtung, wenn die Vergabeentscheidung noch nicht gefallen** ist und ein Bieter noch keine Absage erhalten hat. Dem **Bieter kann es jedoch nicht zum Nachteil gereichen,** dass er bereits vor der Vergabeentscheidung auf einen Vergaberechtsverstoß hinweist, zumal die Rügeverpflichtung

Gesetz gegen Wettbewerbsbeschränkungen GWB § 107 **Teil 1**

engen zeitlichen Vorgaben unterliegt und unverzüglich erfolgen soll (1. VK Sachsen, B. v. 10. 9. 2003 – Az.: 1/SVK/107–03).

Nach einer anderen Auffassung **sieht das Vergaberecht** eine **„vorsorgliche Rüge" künftigen fehlerhaften Handelns des Auftraggebers nicht vor.** Der Gesetzeswortlaut knüpft die Rügepflicht vielmehr an einen vollzogenen und vom Rechtsschutz suchenden Bieter im Vergabeverfahren erkannten Vergabefehler an. Das entspricht Sinn und Zweck der Regelung. Daran gemessen geht eine vorsorgliche Rüge, die aufschiebend bedingt eine noch gar nicht vollzogene Vergabemaßnahme beanstandet, **von vornherein ins Leere** (1. VK Sachsen, B. v. 8. 6. 2006 – Az.: 1/SVK/050–06; VK Hessen, B. v. 2. 12. 2004 – Az.: 69 d VK – 72/2004; VK Brandenburg, B. v. 21. 11. 2005 – Az.: 1 VK 67/05; B. v. 18. 6. 2004 – Az.: VK 22/04). Der **öffentliche Auftraggeber ist schon aufgrund der bestehenden Vorschriften zur Einhaltung der Vergaberegeln verpflichtet.** Er muss dazu nicht erst durch eine vorsorgliche Rüge angehalten werden. Es ist ihm aufgrund der Gesetzesbestimmungen ebenfalls bekannt, dass ein benachteiligter Bieter einen Vergabeverstoß im Wege eines Nachprüfungsverfahrens beanstanden kann. Auch insoweit bedarf es keiner vorsorglichen Rüge im laufenden Vergabeverfahren. Die kritische, mit dem Risiko eines unnötigen Nachprüfungsverfahrens belastete Verfahrenssituation, die durch die gesetzliche Rügepflicht unter dem Gesichtspunkt von Treu und Glauben entlastet werden soll, **entsteht erst dann, wenn eine (vermeintlich) fehlerhafte Maßnahme stattgefunden hat. Nur in diesem Fall besteht für die Vergabestelle Anlass zur gezielten Selbstkontrolle und ggf. Selbstkorrektur** und für den Bieter die Versuchung, die Auswirkungen des Fehlers zunächst abzuwarten und einen Nachprüfungsantrag erst dann zu stellen, wenn seine Spekulation auf einen günstigen Verfahrensausgang nicht aufgeht, die Gelegenheit des Auftraggebers zur zeitsparenden Selbstkorrektur jedoch verstrichen ist. Eine **vorsorgliche Rüge könnte diesen situationsbezogenen Interessenausgleich zwischen Auftraggeber und Bieter nicht schaffen** und wäre daher mit Sinn und Zweck der Gesetzesregelung unvereinbar (OLG Koblenz, B. v. 18. 9. 2003 – Az.: 1 Verg 4/03; VK Hessen, B. v. 2. 12. 2004 – Az.: 69 d VK – 72/2004).

1799

Die strengen Anforderungen, die das Vergaberecht an die Rügepflicht (§ 107 Abs. 3 S. 1 GWB) stellt, sprechen also gegen eine Vorverlagerung der Antragsbefugnis auf den Zeitpunkt der Willensbildung. Wenn sich eine Rechtsverletzung i. S. d. § 97 Abs. 2 GWB schon aus internen Überlegungen der Vergabestelle ergeben könnte, deren Realisierung ungewiss ist, so müsste der Bieter schon diese Überlegungen unverzüglich rügen, wenn er von ihnen Kenntnis erlangt. Dies hätte zur Folge, dass der Bieter selbst bei widerstreitenden internen Überlegungen der Vergabestelle vorsorglich eine Rüge erheben und gegebenenfalls ein Nachprüfungsverfahren einleiten müsste, obwohl er nicht wissen kann, ob die vergaberechtswidrigen Überlegungen in eine entsprechende Entscheidung der Vergabestelle münden oder – im Falle einer demokratischen Willensbildung – sich die Befürworter einer vergaberechtswidrigen Entscheidung durchsetzen werden. **Auch im Interesse des Bieters muss das Nachprüfungsrecht und die Rügepflicht daher auf solche Rechtsverletzungen beschränkt bleiben, die bereits vorliegen oder zumindest formell angekündigt wurden** (OLG Naumburg, B. v. 3. 11. 2005 – Az.: 1 Verg 9/05). **Interne Vorüberlegungen, interne alternative Konzepte oder vergleichende Betrachtungen** usw. stellen **noch keinen Vergaberechtsverstoß** dar (VK Münster, B. v. 5. 4. 2006 – Az.: VK 5/06).

1800

16.4.4 Entbehrlichkeit der Rüge

16.4.4.1 Aufhebung der Ausschreibung

Hebt ein öffentlicher Auftraggeber ein von ihm zuvor ausgeschriebenes Vergabeverfahren auf, gibt er damit zu erkennen, dass er auf die Auftragsvergabe definitiv verzichten will. Da es für den Fall einer in Aussicht genommenen Aufhebung – noch – kein dem § 13 VgV entsprechendes Vorabinformationsverfahren gibt, ist eine **Rüge gegen eine einem Bewerber bzw. Bieter bekannt gegebene Aufhebung eines Vergabeverfahrens zwecklos.** Im Falle einer Aufhebung kann ein Bewerber vielmehr davon ausgehen, dass der Auftraggeber von seinem Standpunkt nicht mehr abweichen will. Eine Rüge an den Auftraggeber wäre dann nur noch **bloße Förmelei** (VK Brandenburg, B. v. 17. 9. 2002 – Az.: VK 50/02).

1801

16.4.4.2 Vergaberechtsverstöße, die während des laufenden Vergabenachprüfungsverfahrens bekannt werden

Die **Rechtsprechung** hierzu ist **nicht einheitlich.**

1802

Teil 1 GWB § 107   Gesetz gegen Wettbewerbsbeschränkungen

1803 § 107 Abs. 3 Satz 1 GWB ist nach seinem Wortlaut und Sinn nur auf „im Vergabeverfahren", aber nicht auf erst „im Nachprüfungsverfahren" erkannte Vergaberechtsverstöße anwendbar. Es besteht deshalb in der Rechtsprechung grundsätzlich **Einvernehmen, dass die Rügeobliegenheit für solche Vergaberechtsfehler entfällt, die der antragstellenden Partei erst während des laufenden Vergabenachprüfungsverfahrens bekannt werden** (BGH, B. v. 26. 9. 2006 – Az.: X ZB 14/06; OLG Celle, B. v. 12. 5. 2005 – Az.: 13 Verg 5/05; Schleswig-Holsteinisches OLG, B. v. 5. 4. 2005 – Az.: 6 Verg 1/05; OLG Düsseldorf, B. v. 16. 11. 2005 – Az.: VII – Verg 59/05; B. v. 23. 2. 2005 – Az.: VII – Verg 92/04; B. v. 21. 2. 2005 – Az.: VII – Verg 91/04; B. v. 16. 2. 2005 – Az.: VII – Verg 74/04; B. v. 8. 5. 2002 – Az.: Verg 4/02, B. v. 25. 5. 2002 – Az.: 5 Verg/02; OLG Frankfurt, B. v. 21. 4. 2005 – Az.: 11 Verg 1/05; B. v. 2. 11. 2004 – Az.: 11 Verg. 16/04; ebenso VK Lüneburg, B. v. 30. 6. 2006 – Az.: VgK-13/2006; 1. VK Sachsen, B. v. 11. 8. 2006 – Az.: 1/SVK/073–06; B. v. 21. 3. 2006 – Az.: 1/SVK/012-06; B. v. 5. 9. 2005 – Az.: 1/SVK/104–05; B. v. 12. 5. 2005 – Az.: 1/SVK/038–05; VK Thüringen, B. v. 7. 2. 2006 – Az.: 360–4002.20–063/05-EF-S; VK Schleswig-Holstein, B. v. 17. 1. 2006 – Az.: VK-SH 32/05; VK Münster, B. v. 25. 1. 2006 – Az.: VK 23/05; 2. VK Bund, B. v. 28. 9. 2005 – Az.: VK 2–120/05; VK Nordbayern, B. v. 4. 10. 2005 – Az.: 320.VK – 3194–30/05; VK Baden-Württemberg, B. v. 16. 8. 2005 – Az.: 1 VK 48/05; VK Rheinland-Pfalz, B. v. 24. 2. 2005 – Az.: VK 28/04; VK Hessen, B. v. 2. 12. 2004 – Az.: 69 d VK – 72/2004; VK Südbayern, B. v. 2. 12. 2005 – Az.: Z3–3-3194–1–48–10/05; B. v. 28. 10. 2005 – Az.: Z3-3-3194-1-44-09/05; B. v. 21. 9. 2004, Az.: 120.3-3194.1-54-08/04; B. v. 25. 6. 2003 – Az.: 16–04/03). Einer gesonderten **Rüge** bedarf es **nach Einleitung eines Nachprüfungsverfahrens nicht mehr** (VK Düsseldorf, B. v. 11. 8. 2006 – Az.: VK – 30/2006 – L; B. v. 30. 9. 2002 – Az.: VK – 26/2002 – L).

1804 Dies gilt auch für den Fall, dass ein Antragsteller erst im Laufe eines Nachprüfungsverfahrens von einem Verstoß gegen Vergabevorschriften positive Kenntnis erlangt – und sei es dadurch, dass sich bei ihm erst in diesem Verfahren die hierzu erforderliche rechtliche Wertung vollzieht (OLG Düsseldorf, B. v. 2. 8. 2002 – Az.: Verg 25/02; B. v. 5. 9. 2005 – Az.: 1/SVK/104–05).

1805 Das **gilt auch dann, wenn das Nachprüfungsverfahren aufgrund eines nicht den Anforderungen des § 107 Abs. 2, 3 GWB genügenden Antrags eingeleitet worden** ist. Die Tatbestandsmerkmale des § 107 Abs. 2, 3 GWB müssen für jeden einzelnen Vergaberechtsverstoß gesondert dargelegt und geprüft werden. Fehlen sie im Hinblick auf die ursprünglich geltend gemachten Rügen, so ändern „nachgeschobene" Rügen nichts daran, dass der Antrag insoweit unzulässig bleibt. Der **Antrag kann in diesem Fall aber teilweise, nämlich soweit es um die neue Rüge geht, zulässig werden.** Dem stehen die Vorschriften des § 107 Abs. 2, 3 GWB nicht entgegen. Ihnen – und auch § 108 GWB – ist nicht zu entnehmen, dass in einem erst während des Nachprüfungsverfahrens eingereichten Schriftsatz vorgebrachte Rügen bei der Zulässigkeitsprüfung unberücksichtigt bleiben müssen. **Für diese Auffassung spricht, dass es dem Beschleunigungsgebot zuwiderliefe, den Bieter wegen erst während des Nachprüfungsverfahrens erkannter Vergaberechtsverstöße auf ein neues Nachprüfungsverfahren zu verweisen,** wenn die Rügen im Übrigen zulässig, insbesondere so rechtzeitig vorgebracht worden sind, dass sie in dem laufenden Nachprüfungsverfahren ohne Verzögerung beschieden werden können. Soweit das OLG Düsseldorf die Ansicht vertreten hat, nur wenn eine den Maßstäben des § 107 Abs. 2 GWB genügende Darlegung der Verletzung von Bieterrechten das Nachprüfungsverfahren eröffnet habe, könnten andere, erst im Laufe des Nachprüfungsverfahrens getretene Vergaberechtsverletzungen zum Gegenstand desselben Nachprüfungsverfahrens gemacht werden, tritt das OLG Celle dem aus den vorgenannten Gründen nicht bei (OLG Celle, B. v. 12. 5. 2005 – Az.: 13 Verg 5/05; ebenso OLG Koblenz, B. v. 26. 10. 2005 – Az.: 1 Verg 4/05).

1806 Nach einer anderen Auffassung ist **zwar eine Rüge entbehrlich,** soweit ein Unternehmen erst im Rahmen des Nachprüfungsverfahrens Kenntnis von weiteren Vergaberechtsverstößen erhält. Auch in diesen Fällen ist es **indes erforderlich, den erkannten Vergaberechtsverstoß unmittelbar und unverzüglich vor der Vergabekammer oder gegebenenfalls im Beschwerdeverfahren geltend zu machen.** Hierzu besteht z. B. Gelegenheit auch noch im Rahmen eines Schriftsatznachlasses. Wird dies unterlassen und der (vermeintliche) Vergabeverstoß entgegen § 117 Abs. 2 GWB auch nicht im Rahmen der Beschwerdebegründung, sondern erst in einem weiteren Schriftsatz gerügt, fehlt es an einer unverzüglichen Geltendmachung des (vermeintlichen) Verfahrensfehlers. Zwar ist auch im Beschwerdeverfahren neuer Vortrag nach Ablauf der Beschwerdefrist zulässig. Die Grenze ist jedoch dort zu ziehen, wo sich die neu vorgetragenen Tatsachen und Beweismittel auf Vergaberechtsverstöße beziehen, die nicht Gegenstand der Beschwerdebegründung waren, die aber schon vor der Vergabekammer hätten gerügt werden müssen (OLG Frankfurt, B. v. 2. 11. 2004 – Az.: 11 Verg 16/04; B. v. 24. 6. 2004 – Az.: 11 Verg 15/04; VK Thüringen, B. v. 7. 2. 2006 – Az.: 360–4002.20–063/05-EF-S; VK Hessen, B. v. 28. 6. 2005 – Az.: 69 d VK – 07/2005; B. v. 2. 12. 2004 – Az.: 69 d VK – 72/2004).

16.4.4.3 De-facto-Vergaben

Bei **De-facto-Vergaben,** bei denen also der öffentliche Auftraggeber kein Vergabeverfahren durchführt, **entfällt die Rügepflicht zwangsläufig** (OLG Düsseldorf, B. v. 21. 6. 2006 – Az.: VII – Verg 17/06; OLG Naumburg, B. v. 3. 11. 2005 – Az.: 1 Verg 9/05; BayObLG, B. v. 27. 2. 2003 – Az.: Verg 25/02; VK Düsseldorf, B. v. 12. 9. 2006 – Az.: VK – 37/2006 – L; VK Saarland, B. v. 19. 5. 2006 – Az.: 3 VK 03/2006; VK Hamburg (FB), B. v. 27. 4. 2006 – Az.: VgK FB 2/06; ; VK Köln, B. v. 9. 3. 2006 – Az.: VK VOL 34/2005; VK Arnsberg, B. v. 15. 11. 2005 – Az.: VK 20/2005; VK Baden-Württemberg, B. v. 14. 3. 2005 – Az.: 1 VK 5/05; VK Magdeburg, B. v. 6. 6. 2002 – Az.: 33–32571/07 VK 05/02 MD; VK Münster, B. v. 19. 9. 2006 – Az.: VK 12/06; B. v. 24. 6. 2002 – Az.: VK 03/02). 1807

Führt jedoch der Auftraggeber kein Vergabeverfahren durch und ist der **Unternehmer über diesen Umstand seit langem fortlaufend unterrichtet,** ist es dem Antragsteller ohne weiteres möglich und zumutbar, dies gegenüber der Vergabestelle geltend zu machen. In diesen Fällen besteht auch in ein Vertrauensverhältnis zwischen Vergabestelle und Unternehmen. In diesem Ausnahmefall **besteht auch bei einer „De-facto-Vergabe" eine Rügepflicht** (OLG Naumburg, B. v. 2. 3. 2006 – Az.: 1 Verg 1/06; 1. VK Sachsen-Anhalt, B. v. 23. 12. 2005 – Az.: 1 VK LVwA 43/05). 1808

16.4.4.4 Vergaben, die nicht nach dem rechtlich gebotenen Vergabeverfahren durchgeführt werden

Die zu den echten De-facto-Verfahren, also den Verfahren, bei denen jegliches förmliches Verfahren unterblieb, vertretene **Auffassung, dass die Rügepflicht entfällt, gilt in gleichem Maße auch für die sonstigen Auftragsvergaben, die nicht nach dem rechtlich gebotenen Vergabeverfahren durchgeführt wurden,** dass also z.B. eine europaweite Ausschreibung vergaberechtswidrig unterbleibt oder ein VOF-Verfahren statt eines VOL-Verfahrens durchgeführt wurde (Saarländisches OLG, B. v. 20. 9. 2006 – Az.: 1 Verg 3/06; VK Baden-Württemberg, B. v. 27. 6. 2003 – Az.: 1 VK 29/03). 1809

16.4.4.5 Festhalten der Vergabestelle an der Entscheidung (Förmelei)

Ein **Zweck der Rügepflicht** besteht darin zu verhindern, dass Mängel des Vergabeverfahrens, die die Vergabestelle bei unverzüglicher Rüge durch den Bieter selbst hätte korrigieren können, zum Gegenstand eines regelmäßig mit erheblichen Verzögerungen verbundenen Nachprüfungsverfahrens vor der Vergabekammer gemacht werden. Mithin ist eine **Rüge entbehrlich,** wenn die Vergabestelle zu erkennen gibt, dass sie **von vornherein und unumstößlich an ihrer Entscheidung festhalten** wird. In einer solchen Situation wäre ein Festhalten an der Rügepflicht angesichts der von vornherein aussichtslose und mit den Geboten von Treu und Glauben unvereinbare **Förmelei** (OLG Dresden, B. v. 21. 10. 2005 – Az.: WVerg 0005/05; OLG Düsseldorf, B. v. 16. 2. 2005 – Az.: VII – Verg 74/04; OLG Saarbrücken, B. v. 29. 5. 2002 – Az.: 5 Verg 1/01; BayObLG, B. v. 23. 10. 2003 – Az.: Verg 13/03; VK Arnsberg, B. v. 1. 2. 2006 – Az.: VK 28/05; VK Rheinland-Pfalz, B. v. 12. 4. 2005 – Az.: VK 11/05; VK Rheinland-Pfalz, B. v. 24. 2. 2005 – Az.: VK 28/04; VK Südbayern, B. v. 21. 4. 2004 – Az.: 24–04/04; VK Hannover, B. v. 6. 6. 2003 – Az.: 26 045 – VgK – 24/2002). 1810

Dafür **reicht es aber nicht,** dass eine **Vergabestelle** sich mit aus ihrer Sicht guten Gründen im Vergabeverfahren positioniert und die getroffene Entscheidung im anschließenden **Nachprüfungsverfahren verteidigt.** So wird etwa nirgends bezweifelt, dass selbst eine von der Vergabestelle als abschließend erachtete Auswahlentscheidung zugunsten eines bestimmten Bieters, von der die Mitbieter nach § 13 VgV in Kenntnis gesetzt werden, als Zugangsvoraussetzung eines nachfolgenden Nachprüfungsverfahrens jedenfalls im Grundsatz die vorherige Rüge des antragstellenden Konkurrenten erfordert, der diese Auswahlentscheidung für rechtswidrig hält. **Nicht jede Entscheidung einer Vergabestelle ist daher allein deshalb, weil sie getroffen ist, auch unumstößlich** (OLG Dresden, B. v. 21. 10. 2005 – Az.: WVerg 0005/05). 1811

Teil 1 GWB § 107 Gesetz gegen Wettbewerbsbeschränkungen

1812 Die Beantwortung der Frage, ob die Rügepflicht eine mit den Geboten von Treu und Glauben **unvereinbare Förmelei** darstellt, hängt nicht von der Anwendung eines allgemein gültigen Rechtssatzes, sondern von einer **Würdigung der Gesamtumstände des Einzelfalls** ab (OLG Koblenz, B. v. 18. 9. 2003 – Az.: 1 Verg 4/03).

16.4.4.6 Festhalten der Vergabestelle an einem Verhalten (Förmelei)

1813 **Gibt ein Auftraggeber zu erkennen, dass er auch auf eine Rüge hin sein Verhalten nicht ändern werde, bedarf es einer Rüge nicht.** Bittet z. B. ein Antragsteller den Auftraggeber, der Mitteilung der Vergabeentscheidung den Vergabevermerk – und ein eventuell erstelltes Sachverständigengutachten – beizufügen, um auf diese Weise zu verhindern, dass aufgrund nicht gewährter Akteneinsicht die unterliegende Partei gezwungen wäre, nur deshalb ein Nachprüfungsverfahren in Gang zu setzen, um die Vergabeentscheidung nachvollziehen zu können, bringt der Antragsteller bereits vor Zugang der Mitteilung von der Vergabeentscheidung dem Auftraggeber gegenüber zum Ausdruck, dass er eine unbegründete Vergabeentscheidung nicht akzeptieren und ein Nachprüfungsverfahren einleiten wird. Kommt der Auftraggeber dieser Bitte nicht nach, muss der Antragsteller davon ausgehen, dass ihm der Auftraggeber die Gründe für seine Entscheidung nicht mitteilen und dies auch nicht auf eine Rüge hin tun wird. Ist danach eine Rüge der Vergabeentscheidung entbehrlich, **darf der Antragsteller die Vergabekammer direkt anrufen** (OLG Brandenburg, B. v. 2. 12. 2003 – Az.: Verg W 6/03; VK Baden-Württemberg, B. v. 3. 5. 2004 – Az.: 1 VK 14/04).

16.4.4.7 Sukzessiv nachgeschobene Zuschlagsversagungsgründe

1814 Will man **in den Fällen – sukzessiv – nachgeschobener Zuschlagsversagungsgründe nach dem Zeitpunkt der Information im Sinn von § 13 VgV** die Zulässigkeit mangels entsprechender Rüge verneinen, ist eine **Überprüfung der Berechtigung eines solchen Nachschiebens von vornherein der Beschwerde entzogen,** was einerseits zu einer Rechtswegversagung auf Seiten des Antragstellers und andererseits auf Seiten des Auftraggebers zu einer Ermunterung zur Rückhaltung von Informationen im Rahmen der Mitteilung nach § 13 VgV mit der Absicht, diese auch nach bis zum Zeitpunkt der Zuschlagserteilungsmöglichkeit zu offenbaren, führt (VK Hessen, B. v. 25. 8. 2004 – Az.: 69 d – VK – 52/2004; im Ergebnis ebenso VK Arnsberg, B. v. 1. 2. 2006 – Az.: VK 28/05).

16.4.4.8 Drohender Verlust des Primärrechtsschutzes

1815 Eine separate und nochmalige Rüge nach § 107 Abs. 3 Satz 1 GWB ist entbehrlich, wenn der Auftraggeber seine Auswahlentscheidung über den im Vorinformationsschreiben schon genannten Grund hinaus auf **weitere, neue Gesichtspunkte** stützt, der Antragsteller bei nochmaliger Rüge dieser nachgeschobenen Begründungen aber befürchten muss, dass die vierzehntägige **Schutzfrist des § 13 VgV ohne sofortige Einschaltung der Vergabekammer abzulaufen droht.**

1816 Erhält ein **Antragsteller erst einen Tag vor der möglichen Zuschlagserteilung positive Kenntnis** von dem möglichen Vergaberechtsverstoß, kann selbst unter Anlegung eines in Anbetracht der drohenden Zuschlagserteilung strengen Maßstabes jedenfalls wegen der zuzugestehenden Reaktions- und Überlegungszeit vom dem Antragsteller **eine Rüge noch am selben Tag nicht erwartet werden,** da ihm trotz der dem Vergabeverfahren eigenen kurzen Rügefristen eine ausreichende Reaktions- und Überlegungszeit zugestanden werden muss, innerhalb derer er die Qualität ihrer Argumente überprüfen und nach juristischen und auch betriebswirtschaftlichen Gesichtspunkten eine Entscheidung über die Aussichten eines Nachprüfungsantrags treffen kann (VK Rheinland-Pfalz, B. v. 14. 6. 2005 – Az.: VK 16/05).

1817 Nach einer **tendenziell anderen Auffassung kann ein Festhalten an der Rügeobliegenheit zweieinhalb Tage vor Ablauf der Zuschlagsfrist** nicht als überflüssige Förmelei bezeichnet werden. Unter diesem Gesichtspunkt kann die Rügepflicht des Bieters nur ausnahmsweise entfallen. Das wäre dann anzunehmen, wenn der Auftraggeber von vornherein eindeutig zu erkennen gegeben hätte, dass er unumstößlich an seiner Entscheidung festhalten wird, er also unter keinen Umständen, auch nicht auf Rüge eines Bieters hin, gewillt ist, einen vorliegenden Vergaberechtsverstoß abzustellen. Steht der Ablauf der Frist zweieinhalb Tage bevor, ist der **Antragsteller verpflichtet, eine beschleunigte Form der Einlegung der Rüge zu wählen, um dem Gebot der Unverzüglichkeit zu genügen** (1. VK Brandenburg, B. v. 21. 12. 2005 – Az.: 1 VK 79/05).

Gesetz gegen Wettbewerbsbeschränkungen GWB § 107 **Teil 1**

16.4.4.9 Rügepflicht bei verschiedenen Verfahrensabschnitten

Erhebt ein Bieter z. B. innerhalb der Angebotsfrist – erfolglos – Rüge gegen eine fehlerhafte 1818 Leistungsbeschreibung, so macht dies gleichwohl **nach Fortführung des Vergabeverfahrens und Bekanntgabe der beabsichtigten Zuschlagerteilung die Rüge der vermeintlich fehlerhaften Wertung der Hauptangebote nicht entbehrlich** (VK Schleswig-Holstein, B. v. 31. 3. 2005 – Az.: VK-SH 05/05).

16.4.4.10 Erneute Rügepflicht bei Wiederholung von Verfahrensabschnitten

Die **vollständige Wiederholung eines Verfahrensabschnitts** verpflichtet nicht nur die 1819 Vergabestelle, sondern alle Verfahrensbeteiligten, die **maßgeblichen Vergabevorschriften nochmals in vollem Umfang zu beachten.** Das bedeutet für den Bieter, dass er für einen im zweiten Durchgang entdeckten Vergabeverstoß auch seine aus § 107 Abs. 3 Satz 1 GWB folgende Obliegenheit zur unverzüglichen Rüge neu beachten muss (OLG Koblenz, B. v. 18. 9. 2003 – Az.: 1 Verg 4/03).

16.4.4.11 Ausschluss einer Spekulationsmöglichkeit des Bieters

Die Rechtsprechung hierzu ist nicht einheitlich. 1820

Die Rügepflicht des § 107 Abs. 3 GWB bezweckt vordringlich, **der Spekulation entge-** 1821 **genzuwirken,** dass sich ein frühzeitig erkannter Vergabefehler möglicherweise zu Gunsten des Unternehmens auswirken mag. Insoweit soll das Unternehmen gehindert sein, die Rechtmäßigkeit des Vergabeverfahrens prüfen zu lassen, wenn es erkennt, dass seine Spekulation nicht aufgeht. **Besteht diese Gefahr nicht,** da eine Spekulation der Antragstellerin auf einen aus ihrer Sicht günstigen Ausgang des Vergabeverfahrens nach Lage der Dinge ausgeschlossen war, ist es in solchen Fällen **im Wege einer teleologischen Reduktion** des § 107 Abs. 3 GWB **gerechtfertigt, von einer ausdrücklichen Rüge** gegenüber der Vergabestelle **abzusehen,** sofern der Antragsteller in der Frist des § 107 Abs. 3 GWB unmittelbar das Nachprüfungsverfahren einleitet (OLG Saarbrücken, B. v. 29. 5. 2002 – Az.: 5 Verg 1/01, B. v. 8. 7. 2003 – Az.: 5 Verg 5/02; VK Berlin, B. v. 1. 11. 2004 – Az.: VK – B 2–52/04).

Nach Auffassung des Oberlandesgerichts Koblenz hingegen ist der Wegfall jeglicher Erfolg 1822 versprechenden Spekulationsmöglichkeit des Bieters **kein Grund,** unter dem Gesichtspunkt von Treu und Glauben oder durch eine Auslegung der Rügevorschrift nach ihrem Sinn und Zweck **den Bieter von seiner Pflicht zur unverzüglichen Rüge zu entbinden.** Auch Sinn und Zweck der Rügevorschrift gebieten bei dieser Fallkonstellation keine von ihrem Wortlaut abweichende Auslegung. Die **ratio legis besteht nicht allein darin, das Vergabeverfahren von Spekulationen der Bieter mit aufgetretenen Vergabeverstößen freizuhalten.** Ziel der Bestimmung ist vielmehr auch, der Vergabestelle eine möglichst frühzeitige Selbstkontrolle und -korrektur und auf diese Weise die Vermeidung zeitraubender Nachprüfungsverfahren zu ermöglichen. Dabei bedingt der eine Gesetzeszweck nicht den anderen (OLG Koblenz, B. v. 18. 9. 2003 – Az.: 1 Verg 4/03).

16.4.4.12 Unverzügliche Geltendmachung im Rahmen eines laufenden Vergabeverfahrens?

Fraglich ist, ob die **Geltendmachung des behaupteten Vergaberechtsverstoßes im Rah-** 1823 **men des laufenden Verfahrens ebenfalls unverzüglich im Sinne des § 107 Abs. 3 Satz 1 GWB erfolgen muss. Bei erstmals im Verfahren erkennbaren Vergaberechtsverletzungen ist nicht auf das Tatbestandsmerkmal der „Unverzüglichkeit" des § 107 Abs. 3 GWB abzustellen.** Zum einen ergibt sich das daraus, dass eine gesonderte Rüge entbehrlich ist, also durch die Geltendmachung in dem Verfahren ersetzt wird. Zum anderen wird gemäß § 107 Abs. 3 GWB eine „unverzügliche" Rüge verlangt, damit der Auftraggeber den Fehler korrigieren und ein Nachprüfungsverfahren vermeiden kann. Dieser Zweck kann jedoch während eines bereits anhängigen Nachprüfungsverfahrens nicht mehr erreicht werden. Insoweit dürfen an die Geltendmachung eines erst im Nachprüfungsverfahren erkennbaren Verstoßes keine überzogenen Anforderungen gestellt werden. Es genügt vielmehr, wenn die Geltendmachung im Laufe des Nachprüfungsverfahrens erfolgt (VK Hessen, B. v. 1. 9. 2003 – Az.: 69 d VK – 44/2003).

16.4.4.13 Unmittelbar bevorstehender Zuschlag

Auch ein unmittelbar bevorstehender Zuschlag, der einen Tag nach Eingang des Nach- 1824 prüfungsantrags möglich gewesen wäre, **vermag die Entbehrlichkeit einer Rüge nicht zu begründen.** Sinn und Zweck der Rügeobliegenheit werden ausgehöhlt, wenn man bei solchen

Fallkonstellationen auf die Einhaltung der Rügeobliegenheit gänzlich verzichtet. Die 14-Tage-Frist des § 13 VgV ist eine (ausreichend bemessene) Frist, innerhalb der ein (potenzieller) Antragsteller eine vorgesehene Zuschlagsentscheidung mit dem Ziel der Abänderung rügen kann und bei unterbliebener Abänderung noch rechtzeitig einen das Zuschlagsverbot des § 13 VgV perpetuierenden Nachprüfungsantrag stellen kann. Diese vom Gesetzgeber gewollte **Abfolge von Rüge, möglicher Abhilfe und Nachprüfungsantrag als ultima ratio kann vom Antragsteller nicht dadurch umgangen werden, dass er mit seinem Nachprüfungsantrag bis zum letzten Tag des Ablaufs der 14-Tage-Frist des § 13 VgV wartet** (1. VK Bund, B. v. 26. 8. 2004 – Az.: VK 1–165/04).

16.4.4.14 Gefährdung kartellrechtlicher Ermittlungen

1825   Der Bieter kann und muss regelmäßig davon ausgehen, dass der **Auftraggeber bei Hinweisen auf Submissionsabsprachen anderer Bieter** ein **erhebliches eigenes Interesse an der Aufklärung des Sachverhalts** hat, und dass er deshalb den Erfolg etwaiger Ermittlungen durch das Kartellamt nicht gefährdet. Die **Rüge ist also in solchen Fällen nicht entbehrlich** (OLG Celle, B. v. 2. 9. 2004 – Az.: 13 Verg 14/04).

16.4.4.15 Vergabe in einem Verhandlungsverfahren ohne öffentliche Vergabebekanntmachung und ohne Beteiligung des betroffenen Bieters

1826   Es ist in der Rechtsprechung anerkannt, dass § 107 Abs. 3 Satz 1 GWB nicht eingreift, wenn die Rüge zum Gegenstand hat, dass ein geregeltes Vergabeverfahren überhaupt nicht durchgeführt worden ist. **Nichts anderes gilt dann, wenn ein geregeltes Vergabeverfahren zwar eingeleitet worden ist, wenn es sich aber um ein Verhandlungsverfahren ohne öffentliche Vergabebekanntmachung handelt und der potenzielle Auftragnehmer, der die Rüge erhebt, nicht zu den für das Verhandlungsverfahren ausgewählten Bietern zählt.** § 107 Abs. 3 Satz 1 GWB greift nach seinem Wortlaut in einem solchen Fall nicht ein. Ein Unternehmen, das an einem Verhandlungsverfahren nicht beteiligt wird, kann den Vergaberechtsverstoß nicht „im Vergabeverfahren" erkennen. Gegen eine Rügepflicht in einem solchen Fall spricht ferner, dass es ohne ein Vergabeverfahren, an dem das Unternehmen sich beteiligen kann, an einem Pflichtenverhältnis fehlt, dem eine Rügeobliegenheit entnommen werden könnte (OLG Celle, B. v. 8. 12. 2005 – Az.: 13 Verg 2/05).

16.4.4.16 Berufung eines Beschwerdeführers auf die ihm bekannte Rüge eines Dritten

1827   Zwar ist die unverzügliche Rüge Voraussetzung für das Nachprüfungsverfahren. Diese Rüge ist jedoch nicht Selbstzweck. **Es wäre unnötige Förmelei, von einem Antragsteller zu erwarten, dass er eine ihm bekannte, von einem Dritten erhobene und von der Vergabestelle nicht abgestellte Rüge wiederholt.** Die Rüge soll nämlich dem Auftraggeber ermöglichen, der Beanstandung abzuhelfen und so unnötige Nachprüfungsverfahren zu vermeiden. Diese Funktion kann auch die Rüge eines Dritten erfüllen (OLG Celle, B. v. 15. 12. 2005 – Az.: 13 Verg 14/05; VK Schleswig-Holstein, B. v. 5. 1. 2006 – Az.: VK-SH 31/05).

16.4.4.17 Unzumutbare Forderungen des Auftraggebers

1828   **Auf eine unzumutbare Forderung kann ein Ausschluss eines Bieters nicht gestützt werden. Dann kann ein diesbezüglicher Nachprüfungsantrag aber auch nicht unzulässig mangels Rüge sein.** Wenn eine Forderung aber unzumutbar und tatsächlich nicht zu rechtfertigen ist, kann auch **keine Rügepflicht seitens des Bieters zu einem früheren Zeitpunkt als dem Informationszeitpunkt bestehen.** Für rechtlich umstrittene oder zweifelhafte Forderungen in den Verdingungsunterlagen kann eine positive Kenntnis, die zur unverzüglichen Rüge verpflichtet, nicht angenommen werden, so dass es in diesem Zusammenhang auch nicht darauf ankommt, ob ein Antragsteller als erfahrener Anbieter in Vergabeverfahren z. B. um die Problematik fehlender Erklärungen wissen muss, zumal wenn er regelmäßig anwaltlich beraten ist (VK Arnsberg, B. v. 7. 9. 2005 – Az.: VK 16/2005).

16.4.5 Zeitliche Abhängigkeiten zwischen der Erklärung der Rüge und der Einreichung des Nachprüfungsantrags?

1829   Die **Rechtsprechung** hierzu ist **nicht einheitlich.**
1830   Nach Auffassung der VK Nordbayern (B. v. 3. 4. 2002 – Az.: 320.VK-3194–07/02) dient die Rüge vorrangig dem Zweck, der Vergabestelle die Möglichkeit zur Überprüfung und gegebe-

nenfalls Korrektur ihres eigenen Verhaltens zu geben, bevor sie mit einem Nachprüfungsantrag überzogen wird. Die **Rüge** ist demnach **grundsätzlich vor dem Nachprüfungsantrag** zu erklären (ebenso 1. VK Bund, B. v. 16. 6. 2006 – Az.: VK 1–34/06; VK Hessen, B. v. 10. 7. 2002 – Az.: 69 d VK – 28/2002).

Demgegenüber sieht nach Meinung des Oberlandesgerichts Düsseldorf (B. v. 18. 7. 2001 – Az.: Verg 16/01) das **Gesetz (GWB)** eine **Wartefrist** zwischen der Erklärung der Rüge und der Einreichung des Nachprüfungsantrags **nicht vor,** so dass die Zulässigkeit des Nachprüfungsantrags von der Beachtung einer solchen Wartefrist auch nicht abhängig gemacht werden kann (ebenso OLG Dresden, B. v. 17. 8. 2001 – Az.: WVerg 0005/01; VK Hamburg, B. v. 25. 7. 2002 – Az.: VgK FB 1/02; VK Baden-Württemberg, B. v. 7. 3. 2003 – Az.: 1 VK 06/03, 1 VK 11/03; offen gelassen vom Bayerischen Obersten Landesgericht, B. v. 3. 7. 2002 – Az.: Verg 13/02). 1831

Nach Auffassung der 2. VK des Bundes kann es einem Bieter nicht zugemutet werden, nach ausgesprochener Rüge mit der Antragstellung zuzuwarten, wenn die nach § 114 Abs. 2 Satz 1 GWB irreversible **Erteilung des Zuschlags unmittelbar bevorsteht oder zumindest möglich** ist. Vor diesem Hintergrund ist **für jeden Einzelfall zu entscheiden,** ob die Rüge einen angemessenen Zeitraum vor Antragstellung ausgesprochen wurde (2. VK Bund, B. v. 27. 8. 2002 – Az.: VK 2–60/02). 1832

Hat außerdem die **Vergabestelle bereits zum Zeitpunkt der Rüge praktisch keine Möglichkeit mehr, ein Nachprüfungsverfahren noch zu verhindern,** kann ebenfalls von dem Erfordernis der Gewährung von „Reaktionszeit" abgesehen werden (2. VK Bund, B. v. 24. 6. 2003 – Az.: VK 2–46/03). 1833

Unabhängig von der Frage, welche Zeitspanne zwischen Nachprüfungsantrag und Rüge noch als hinreichend anzusehen ist, erfüllt eine **Rügeerhebung erst nach Stellung des Nachprüfungsantrags jedenfalls nicht die Voraussetzungen des § 107 Abs. 3 Satz 1 GWB,** da dies Sinn und Zweck der Rüge widerspräche. Die Regelung in § 107 Abs. 3 GWB zielt in erster Linie darauf ab, dem **Auftraggeber Gelegenheit zu geben,** einen erkannten Vergabefehler so schnell wie möglich zu beseitigen und dadurch unnötige Nachprüfungsverfahren zu vermeiden. Ein **weiteres Ziel** der gesetzlichen Rügeobliegenheit ist es, dem **Bieter die Möglichkeit zu nehmen, auf einen von ihm erkannten Vergabefehler zu spekulieren, indem er die Rüge erst dann erhebt, wenn sich dieser Fehler nicht zu seinen Gunsten auswirkt.** Der vorgenannten Zielrichtung der Vermeidung von Nachprüfungsverfahren liefe es zuwider, wenn die Rüge gemäß § 107 Abs. 3 GWB auch nach Einreichung des Nachprüfungsantrags erhoben werden könnte, da dann eine Abhilfe im Sinne der Vermeidung eines Nachprüfungsverfahrens nicht mehr möglich wäre. Hierdurch würde auch die nach dem Gesetzeszweck ausdrücklich gewollte Abhilfemöglichkeit des Auftraggebers vor Einleitung eines Nachprüfungsverfahrens weitgehend in das Belieben des antragstellenden Bieters gestellt, indem dieser nach Belieben entscheiden könnte ob er zuerst das Nachprüfungsverfahren einleitet oder erst die Rüge erhebt. Der **abweichenden Auffassung, die einen Nachprüfungsantrag vor Rügeerhebung zulassen, wenn der Bieter zu diesem Zeitpunkt mit seiner Rüge noch nicht präkludiert ist,** ist nicht zuzustimmen. Die vorgenannte Auffassung stellt nur auf einen Teil des Gesetzeszwecks ab, nämlich den Verhinderung einer Spekulation mit einem erkannten Vergabefehler, während sie den vorrangigen Gesetzeszweck – die Abhilfemöglichkeit des Auftraggebers im Sinne einer Vermeidung von Nachprüfungsverfahren – außer Acht lässt (1. VK Bund, B. v. 16. 6. 2006 – Az.: VK 1–34/06). 1834

16.4.6 Form der Rüge

16.4.6.1 Telefonische Rüge

Für die Rüge schreibt § 107 GWB **keine besondere Form** vor; grundsätzlich sind daher auch **telefonische Rügen ausreichend** (OLG Düsseldorf, B. v. 29. 3. 2006 – Az.: VII – Verg 77/05; 2. VK Bund, B. v. 8. 6. 2006 – Az.: VK 2–114/05; 1. VK Bund, B. v. 9. 2. 2005 – Az.: VK 2–03/05; 1. VK Sachsen, B. v. 25. 6. 2001 – Az.: 1/SVK/48–01; VK Brandenburg, B. v. 25. 9. 2002 – Az.: VK 51/02; VK Rheinland-Pfalz, B. v. 25. 4. 2003 – Az.: VK 5/03). 1835

16.4.6.2 Rüge per Fax

Die Rüge kann **auch per Fax** eingelegt werden (BGH, B. v. 9. 2. 2004 – Az.: X ZB 44/031; VK Bund, B. v. 12. 2. 2003 – Az.: VK 1–03/03). 1836

Teil 1 GWB § 107 Gesetz gegen Wettbewerbsbeschränkungen

16.4.6.3 Mündliche Rüge

1837 Es ergibt sich weder aus dem Wortlaut des § 107 Abs. 3 GWB noch aus Sinn und Zweck der Vorschrift, dass die Rüge immer schriftlich erfolgen muss. Wenn sie **unbestritten mündlich** gegenüber Vertretern des Auftraggebers erfolgt, die in der Lage sind, die Beanstandungen auszuräumen, **ist das ausreichend** (OLG Dresden, B. v. 21. 10. 2005 – Az.: WVerg 0005/05; VK Münster, B. v. 19. 9. 2006 – Az.: VK 12/06; 2. VK Bund, B. v. 8. 6. 2006 – Az.: VK 2–114/05; VK Baden-Württemberg, B. v. 19. 5. 2004 – Az.: 1 VK 25/04, B. v. 29. 11. 2002 – Az.: 1 VK 62/02; 1. VK Sachsen, B. v. 1. 6. 2006 – Az.: 1/SVK/045–06; B. v. 18. 6. 2003 – Az.: 1/SVK/042–03, B. v. 10. 9. 2003 – Az.: 1/SVK/107–03).

16.4.6.4 Rüge per E-Mail

1838 Rügt ein Antragsteller mittels E-Mail Vergabeverstöße, kann der Nachprüfungsantrag in zulässiger Weise hierauf gestützt werden (1. VK Bund, B. v. 8. 1. 2004 – Az.: VK 1–117/03; VK Münster, B. v. 19. 9. 2006 – Az.: VK 12/06).

16.4.6.5 Wahl des Versandweges der Rüge

1839 **16.4.6.5.1 Grundsatz.** Im Allgemeinen ist den Anforderungen des § 121 Abs. 1 Satz 2 BGB genügt, wenn die Erklärung unverzüglich abgesandt wird. **Unerwartete Verzögerungen bei der Übermittlung der Erklärung hat der Absender nicht zu verantworten. In der Regel ist die Wahl des einfachen Postweges ausreichend** und eine schnellere Übermittlung, insbesondere durch Telegramm, nicht erforderlich. Der Absender kann ein Verzögerungsrisiko aber nur insoweit auf den Empfänger abwälzen, als die Verzögerung seinem Einfluss entzogen ist. Eine schuldhafte Verzögerung kann deshalb vorliegen, wenn der Bieter bei mehreren möglichen Übermittlungswegen denjenigen wählt, der im Einzelfall erkennbar nicht geeignet, umständlich oder unzuverlässig ist. Nur solche Risiken, die der Absender nicht beherrschen oder beeinflussen kann, können ihn von seiner Verantwortung für eine unverzügliche Information des Empfängers entlasten. Denn **zu den Pflichten des Absenders gehört im Rahmen des § 121 Abs. 1 Satz 2 BGB auch die Wahl des richtigen Versandweges** (OLG Naumburg, B. v. 25. 1. 2005 – Az.: 1 Verg 22/04; VK Brandenburg, B. v. 21. 12. 2005 – Az.: 1 VK 79/05).

1840 **16.4.6.5.2 Pflicht zur Wahl des schnellsten Weges.** Eine **schuldhafte Verzögerung** liegt vor, wenn **der Bieter nicht diejenige Form der Übermittlung wählt, die im Einzelfall geboten ist, um den berechtigten Interessen der anderen Beteiligten des Vergabeverfahrens an einer möglichst schnellen Klärung vermeintlicher Vergabefehler Rechnung zu tragen.** Für die Rechtzeitigkeit und die damit verbundene Frage, ob ein Unternehmen die Rüge schuldhaft verzögert hat, kommt es immer auf die **konkreten Umstände des Einzelfalles** an. Dabei sind die Gesamtumstände des Vergabevorgangs zu beachten. Dazu gehört neben der internen Abstimmung auf Seiten des Unternehmens auch die Interessenlage des Auftraggebers. Es kann deshalb geboten sein, eine **Rüge nicht auf dem einfachen Postwege**, sondern per Telefax oder **in einer** anderen **beschleunigten Form** zu übermitteln (z. B. Eilbrief, Bote, elektronische Post). Ein solcher Fall ist **jedenfalls dann** gegeben, wenn seit dem Zugang von Informationen, aus denen letztlich auf den vermeintlichen Vergabemangel **annähernd zwei Wochen vergangen** sind, wenn außerdem der **Ablauf der Frist des § 13 Satz 5 VgV** bei Absendung der Rügeschrift **kurz bevorsteht** und anzunehmen ist, dass die **Übermittlung per Post zu einer Verzögerung des Zugangs der Rügeschrift um mehrere Tage** führen wird. Unter diesen Umständen stellt die Wahl des einfachen Postweges eine schuldhafte Verzögerung dar (OLG Naumburg, B. v. 25. 1. 2005 – Az.: 1 Verg 22/04).

16.4.6.6 Rüge durch Übersendung eines Nachprüfungsantrags an den Auftraggeber

1841 Übermittelt der Bieter dem Auftraggeber lediglich den bei der Vergabekammer gestellten Nachprüfungsantrag nahezu zeitgleich, kann diese **Übermittlung des Nachprüfungsantrags nicht als eine den vergaberechtlichen Anforderungen gerecht werdende Rüge angesehen** werden. Eine vergaberechtskonforme Rüge im Sinne des § 107 Abs. 3 GWB muss mindestens den Vergabeverstoß bezeichnen und die Aufforderung an den Auftraggeber enthalten, den Vergabeverstoß zu beseitigen. Diesen Voraussetzungen wird jedenfalls die Übermittlung eines Nachprüfungsantrags an den Auftraggeber, der unmittelbar danach auch der Vergabekammer übermittelt wird, nicht gerecht. Bei **Zugrundelegung eines objektiven Empfängerhorizonts** kann der Auftraggeber diese Benachrichtigung nicht als Aufforderung des Bieters verstehen, den Vergabeverstoß ihrerseits zu beseitigen. Das **Verhalten des Bieters muss sich für den Auftraggeber vielmehr als bloße Unterrichtung über den von dem Bieter eingeschlagenen Rechtsweg darstellen (1. VK Sachsen, B. v. 23. 12. 2004 – Az.: 1/SVK/129–04; 3. VK Bund, B. v. 25. 8. 2004 – Az.: VK 3–149/04; 1. VK Bund, B. v. 25. 11. 2003 – Az.: VK 1–115/03).

16.4.6.7 Unterschriftserfordernis

Die **Rüge** gemäß § 107 Abs. 3 GWB ist **an keine Form gebunden.** Sie muss lediglich für die Auftraggeberseite **eindeutig erkennen** lassen, **wer** sich gegen den Verfahrensablauf wendet, in **welchem Sachverhalt** der Verfahrensverstoß gegen Vergaberecht gesehen wird, dass die Änderung dieses Sachverhaltes ernsthaft, also auch mit der Bereitschaft, gegebenenfalls ein Nachprüfungsverfahren einzuleiten, begehrt wird. Bei einer fehlenden Unterschrift ist dies nicht eindeutig der Fall, da der Auftraggeber z.B. nicht eindeutig erkennen kann, von wem die „Rüge" stammt, ob sie ernstlich gemeint ist usw. Der **Auftraggeber ist aber verpflichtet, zur Beseitigung des Zweifels beizutragen** (Hinweis, Rückfrage usw.). 1842

16.4.7 Adressat der Rüge

Die Rüge muss nach dem eindeutigen Wortlaut des § 107 Abs. 3 Satz 1 GWB gegenüber dem Auftraggeber erklärt werden (OLG Düsseldorf, B. v. 8. 10. 2003 – Az.: VII – Verg 49/03; VK Münster, B. v. 16. 2. 2005 – Az.: VK 36/04; VK Brandenburg, B. v. 8. 9. 2004 – Az.: VK 33/04). 1843

Dies ist **bei einer fernmündlichen Rüge nur sichergestellt, wenn sich der Bieter an den zur Vertretung der Vergabestelle berufenen Vertreter wendet,** der zur Abhilfe der beanstandeten Fehler in der Lage ist (VK Brandenburg, B. v. 9. 2. 2005 – VK 86/04). 1844

16.4.7.1 Rüge durch Einreichung eines Nachprüfungsantrags bei der VK

Die **Einreichung eines Nachprüfungsantrags** bei der VK kann **nicht als Rüge** im Sinne von § 107 Abs. 3 GWB gesehen werden. Dies ergibt sich bereits **aus Sinn und Zweck des § 107 Abs. 3 GWB.** Diese Regelung dient unter dem Gesichtspunkt von Treu und Glauben zur Vermeidung unnötiger Nachprüfungsverfahren. Erkennt der Unternehmer Fehler im Vergabeverfahren, muss er durch die Rüge dem Auftraggeber Gelegenheit geben, diese Fehler zu korrigieren. Aus diesem Grund **muss die Rüge gegenüber der Vergabestelle und nicht gegenüber der Vergabekammer** erfolgen. 1845

Aufgrund der fehlenden Rüge hat die Vergabestelle keine Gelegenheit, die Vorwürfe außerhalb eines Nachprüfungsverfahrens zu prüfen und ggf. abzuhelfen. Aufgrund der Präklusionsregelung des § 107 Abs. 3 Satz 1 GWB ist der **Antrag daher unzulässig** (VK Nordbayern, B. v. 27. 6. 2001, Az.: 320.VK-3194–20/01; ebenso VK Baden-Württemberg, B. v. 8. 7. 2002 – Az.: 1 VK 30/02, ebenso VK Lüneburg, B. v. 8. 11. 2002 – Az.: 24/02). 1846

16.4.7.2 Rüge durch Einreichung eines Nachprüfungsantrags bei der Vergabeprüfstelle

Dem Sinn und Zweck der Rügepflicht gemäß § 107 Abs. 3 GWB **kann neben der unmittelbaren Rüge gegenüber dem Auftraggeber auch eine Anrufung der Vergabeprüfstelle gemäß § 103 Abs. 2 GWB gerecht werden.** Aufgabe der Vergabeprüfstelle ist es nämlich gerade, die Vergabestelle gegebenenfalls anzuweisen, rechtswidrige Maßnahmen aufzuheben und rechtmäßige Maßnahmen zu treffen, sowie die Beteiligten zu beraten und streitschlichtend tätig zu werden. Da die Vergabeprüfstelle verpflichtet ist, an sie gerichtete Anträge zumindest zu prüfen, wird sie den jeweiligen Auftraggeber um eine entsprechende Stellungnahme zu bitten haben, so dass die Vergabestelle mit hinlänglicher Wahrscheinlichkeit Kenntnis von der Rüge des Bieters erhält. Zudem liegt in einer Anrufung der Vergabeprüfstelle insoweit ein Vorteil gegenüber einer direkten Rüge gegenüber der Vergabestelle, als hierbei durch die Sachkompetenz der Vergabeprüfstelle als unparteiischem Dritten eher ein Ausgleich zwischen den Beteiligten herbeigeführt werden kann, als bei einer rein bilateralen Auseinandersetzung zwischen Bieter und Vergabestelle. **Eingedenk dessen wäre die Forderung nach einer weiteren direkten Rüge des Bieters gegenüber der Antragsgegnerin damit reine Förmelei** (VK Schleswig-Holstein, B. v. 19. 1. 2005 – Az.: VK-SH 37/04). 1847

16.4.7.3 Rüge mit nicht eindeutiger Bezeichnung des Adressaten

Weist das Rügeschreiben die Erklärung „Einspruch/Beantragung einer Nachprüfung des Verfahrens bei der zuständigen Vergabekammer ,, und am Ende den Satz „Zu dem bereits erhobe- 1848 nen Einspruch beantragt die xxx GmbH hiermit gleichermaßen eine Nachprüfung des Verfahrens bei der zuständigen Vergabekammer" auf, **muss die Vergabestelle den vorgetragenen Einwand prüfen und gegebenenfalls den Vergabefehler korrigieren.** Sie darf sich nicht auf den Standpunkt stellen, dass sie nicht angesprochen ist, sondern nur die Vergabekammer (OLG Celle, B. v. 19. 8. 2003 – Az.: 13 Verg 20/03).

16.4.7.4 Vom Auftraggeber beauftragte Dritte

1849   Die Frage, ob auch dann von einer Rüge gegenüber dem Adressaten „Auftraggeber" gesprochen werden kann, wenn sie unstreitig nicht gegenüber diesem, sondern gegenüber einem vom Auftraggeber beauftragten Dritten ausgesprochen wurde, hängt entscheidend davon ab, **ob ein fachkundiges Bieterunternehmen** aus der Bekanntmachung, den Ausschreibungsunterlagen und/oder den sonstigen Umständen entnehmen durfte, dass die vom Auftraggeber eingeräumte **Vertretungsvollmacht des Dritten auch die Entgegennahme einer etwaigen, für die Einleitung eines Nachprüfungsverfahrens unabdingbare Rüge umfasste.** Nach Auffassung der Vergabekammer darf ein Antragsteller jedoch zumindest dann **nicht davon ausgehen,** dass der beauftragte Dritte zur Entgegennahme der Rüge befugt ist, **wenn die Rüge die Beauftragung des Dritten mit der Durchführung des Vergabeverfahrens selbst betrifft,** weil der Bieter in diesen Fällen nicht sicher sein kann, dass der Dritte diese Rüge auch an den Auftraggeber weitergibt. Betrifft die Rüge jedoch nicht die Einschaltung des Dritten an sich, ist nach Auffassung der Vergabekammer auf den Einzelfall abzustellen (VK Südbayern, B. v. 6. 5. 2002 – Az.: 12–04/02).

1850   **Es reicht** zur Wahrung der Rügefrist **aus,** wenn die Rüge **bei** dem vom Auftraggeber mit der Durchführung der Ausschreibung **beauftragten Ingenieurbüro** erhoben wird (VK Brandenburg, B. v. 7. 5. 2002 – Az.: VK 14/02).

1851   Ist allerdings **in den Ausschreibungsunterlagen eindeutig der Auftraggeber als Ansprechstelle benannt,** muss **auch die Rüge dem Auftraggeber gegenüber** ausgesprochen werden (OLG Düsseldorf, B. v. 8. 10. 2003 – Az.: VII – Verg 49/03).

1852   Arbeiten **mehrere Dritte** für den öffentlichen Auftraggeber, ist zu klären, wer die mit der Durchführung des Vergabeverfahrens zuständige Stelle ist; gibt es hierbei **eine eindeutige Zuordnung,** kann die Rüge gegenüber den übrigen Dritten nicht wirksam erhoben werden (VK Hessen, B. v. 26. 3. 2003 – Az.: 69 d VK – 13/2003).

16.4.8 Anforderungen an die Person des Rügenden

16.4.8.1 Allgemeines

1853   Die Einhaltung der Rügeverpflichtung des Antragstellers gemäß § 107 Abs. 3 GWB setzt voraus, dass die Rüge eine **gewisse Verbindlichkeit** haben muss. Dies ist nur erfüllt, wenn sie durch jemanden erfolgt, der im Verhältnis zum Auftraggeber als **entscheidender Ansprechpartner** gilt oder von diesem **zur Rüge bevollmächtigt** wurde (1. VK Sachsen, B. v. 23. 5. 2001 – Az.: 1/SVK/34–01).

1854   Auch bei der Einleitung des Nachprüfungsverfahrens bei der Vergabekammer **muss der interessierte Bieter namentlich benannt sein.** Dieser **Grundsatz ist auch auf die Rüge anzuwenden,** weil sie Zugangsvoraussetzung für das Nachprüfungsverfahren ist (VK Lüneburg, B. v. 17. 5. 2005 – Az.: VgK-16/2005). Deshalb sind **die zu § 164 BGB entwickelten Grundsätze insoweit weder unmittelbar noch entsprechend anzuwenden** (OLG Brandenburg, B. v. 28. 11. 2002 – Az.: Verg W 8/02).

1855   Es muss also **offen und erkennbar sein, für welchen Bieter eine Rüge erhoben wird.** Ist dies nicht der Fall und wird erst zu einem späteren Zeitpunkt offen gelegt, dass eine Rüge auch für einen Dritten eingelegt werden sollte, kann die Rüge verspätet sein (3. VK Bund, B. v. 19. 7. 2005 – Az.: VK 3–58/05).

1856   Demgegenüber steht die Auffassung, dass ein Rügeschreiben nach § 107 Abs. 3 GWB, das äußerlich im Namen eines tatsächlich existierenden, aber nicht als Bieter am Vergabeverfahren beteiligten Unternehmens gefertigt wird, nach dem **Rechtsgedanken der „falsa demonstratio" dem „richtigen" Bieter zugeordnet werden kann,** wenn die Auslegung des Schreibens ergibt, dass die Beanstandung für diesen kraft seiner als Bieter im Vergabeverfahren erworbenen Rechtsstellung erhoben werden sollte, und die Vergabestelle dies auch so verstanden hat (OLG Dresden, B. v. 11. 9. 2003 – Az.: WVerg 07/03).

16.4.8.2 Rüge einer Bietergemeinschaft

Eine schon bestehende Bietergemeinschaft, die im Verlaufe eines Vergabeverfahrens einen Vergabeverstoß erkennt, hat einheitlich, vertreten durch das hierzu berufene Mitglied oder durch jedes einzelne Mitglied zu rügen (1. VK Sachsen, B. v. 1. 6. 2006 – Az.: 1/SVK/045–06; B. v. 9. 5. 2006 – Az.: 1/SVK/036–06). Es stellt ebenso keine reine Förmelei dar, dass für eine wirksame Rüge auch der Partner einer Bietergemeinschaft zu rügen hat, auch wenn es sich bei dem Partner um eine 100%-ige Tochterfirma handelt und die Geschäftsführer identisch sind. Die Rechtsform wurde gezielt gewählt, um in den Genuss der damit verbundenen Vorteile zu gelangen, womit auch die rechtliche Verpflichtung korrespondiert, den Obliegenheit nachzukommen, die beide Partner betreffen (1. VK Sachsen, B. v. 1. 6. 2006 – Az.: 1/SVK/045–06; VK Baden-Württemberg, B. v. 13. 10. 2005 – Az.: 1 VK 59/05). 1857

Bei der Rüge einer Bietergemeinschaft müssen also **objektive Umstände** vorliegen, aus denen die Vergabestelle einen Hinweis entnehmen kann, dass eine **Zurechenbarkeit der Rüge zu der Bietergemeinschaft** besteht (1. VK Sachsen, B. v. 1. 6. 2006 – Az.: 1/SVK/045–06; B. v. 9. 5. 2006 – Az.: 1/SVK/036–06; B. v. 8. 7. 2004 – Az.: 1/SVK/044–04; VK Hessen, B. v. 18. 2. 2002 – Az.: 69 d VK – 49/2001). 1858

Anderer Auffassung ist die VK Nordbayern. Danach ist eine **nicht ausdrücklich im Namen der Bietergemeinschaft erhobene Rüge eines einzelnen Mitglieds einer Bietergemeinschaft** der **Bietergemeinschaft zuzurechnen,** wenn das **Mitglied** mit Erklärung der Arbeitsgemeinschaft **ermächtigt** wurde, als geschäftsführendes Mitglied die Arbeitsgemeinschaftsmitglieder gegenüber dem Auftraggeber **rechtsverbindlich zu vertreten** (VK Nordbayern, B. v. 12. 10. 2006 – Az.: 21.VK – 3194–25/06). 1859

16.4.9 Anforderungen an den Nachweis einer Bevollmächtigung

§ 107 Abs. 3 GWB ist eine Vorschrift des öffentlichen Rechts. Die **Rüge ist eine bloße Kritik oder auch ein Hinweis gegenüber der Vergabestelle.** Soweit man überhaupt von einer Rechtsfolge der Rüge sprechen kann, kommt allenfalls in Betracht, dass die Rüge eine Zulässigkeitsvoraussetzung für das Nachprüfungsverfahren ist. Hierbei handelt es sich um eine öffentlich-rechtliche Rechtsfolge. Weitere – insbesondere zivilrechtliche – Rechtsfolgen der Rüge sind nicht ersichtlich. Die zivilrechtlichen Bestimmungen über Rechtsgeschäfte können zwar auch im öffentlichen Recht Anwendung finden, jedoch nur bei Fehlen spezieller Vorschriften. Dies ist für den **Nachweis einer Bevollmächtigung nicht der Fall,** da im Verwaltungsrecht die Interessen an einer Sicherheit und Klarheit über die Bevollmächtigung hinreichend durch **§ 14 Abs. 1 Satz 3 VwVfG gewahrt** werden (VK Baden-Württemberg, B. v. 21. 12. 2004 – Az.: 1 VK 83/04; 1. VK Bund, B. v. 5. 9. 2001 – Az.: VK 1–23/01). 1860

Auf die Rüge nach § 107 Abs. 3 GWB ist deshalb die Vorschrift des § 174 Satz 1 BGB (Vollmachtsurkunde) weder unmittelbar noch entsprechend anzuwenden (OLG Düsseldorf, B. v. 5. 12. 2001 – Az.: Verg 32/01; VK Baden-Württemberg, B. v. 21. 12. 2004 – Az.: 1 VK 83/04; im Ergebnis ebenso VK Schleswig-Holstein, B. v. 5. 1. 2006 – Az.: VK-SH 31/05; VK Lüneburg, B. v. 5. 1. 2006 – Az.: VgK-43/2005; B. v. 5. 1. 2006 – Az.: VgK-41/2005). 1861

16.4.10 Notwendigkeit des Zugangs der Rüge

Die Rüge ist eine empfangsbedürftige Willenserklärung; sie muss dem Auftraggeber also auch **spätestens mit Ablauf dieser Frist zugegangen sein,** sonst ist die Rüge als verspätet und der Antrag als unzulässig zu betrachten (VK Hessen, B. v. 2. 12. 2004 – Az.: 69 d VK – 72/2004; 1. VK Sachsen, B. v. 11. 11. 2005 – Az.: 1/SVK/130–05; B. v. 5. 3. 2002 – Az.: 1/SVK/009–02). 1862

Zugegangen ist eine Willenserklärung, wenn sie so in den Bereich des Empfängers gelangt ist, dass dieser unter normalen Verhältnissen die Möglichkeit hat, vom Inhalt der Erklärung Kenntnis zu nehmen. Vollendet ist der Zugang dann, wenn die Kenntnisnahme durch den Empfänger möglich und nach der Verkehrsanschauung zu erwarten ist (1. VK Sachsen, B. v. 8. 6. 2006 – Az.: 1/SVK/050–06). Eine Kenntnisnahme ist nach der Verkehrsanschauung nicht zu erwarten, wenn ein Telefax um ca. 23.00 Uhr, außerhalb der üblichen Bürozeiten, zugeht. Dies gilt auch, wenn der Bieter eine Rüge nachmittags telefonisch avisiert (VK Hessen, B. v. 2. 12. 2004 – Az.: 69 d VK – 72/2004). Rügen, die **nach Dienstschluss bei der Vergabestelle eingehen,** sind der **Vergabestelle erst am nächsten Arbeitstag zugegangen** (1. VK Sachsen, B. v. 8. 6. 2006 – Az.: 1/SVK/050–06). 1863

1864 **Verzögerungen im Postlauf** stellen nur dann kein Verschulden des Rügenden dar, wenn die Adressierung korrekt erfolgte und der Absender sich darauf verlassen konnte, dass die normalen Postlaufzeiten eingehalten werden (1. VK Sachsen, B. v. 5. 3. 2002 – Az.: 1/SVK/009– 02).

1865 Der so genannte **OK-Vermerk im Sendebericht des Absenders eines Telefaxschreibens** begründet **weder den vollen Beweis noch einen Anscheinsbeweis** dafür, dass das Telefaxschreiben auch **tatsächlich zugegangen** ist. Allerdings rechtfertigt die hohe Zuverlässigkeit bei der Übermittlung von Telefaxnachrichten, dass demjenigen, der sich auf den Nichtzugang eines ordnungsgemäß abgesandten Schreibens beruft, **höhere Anforderungen hinsichtlich des Bestreitens des Zugangs** aufzuerlegen sind (vgl. B. des OLG Thüringen v. 9. 9. 2002 – Az.: 6 Verg 4/02 – zu einem Schreiben nach § 13 VgV; 2. VK Bund, B. v. 3. 4. 2006 – Az.: VK 2–14/06). Trägt ein Auftraggeber außer der pauschalen Behauptung des Nichtzugangs des Rügeschreibens keine weiteren Tatsachen vor, ist vom Zugang des Rügeschreibens bei dem Auftraggeber auszugehen (2. VK Bund, B. v. 3. 4. 2006 – Az.: VK 2–14/06; 1. VK Bund, B. v. 12. 2. 2003 – Az.: VK 1–03/03).

1866 Ungeachtet der Formulierung des § 107 Abs. 3 S. 1 GWB liegt die **Beweislast hinsichtlich des Zugangs des Rügeschreibens als empfangsbedürftige Willenserklärung beim Antragsteller.** Dieser beruft sich in der Regel auf den Zugang der Rüge und **hat es als einziger in der Hand, durch entsprechende Vorkehrungen** wie z.B. der Versendung per Einschreiben mit Rückschein oder der Übermittlung per Boten, den **Erhalt des Rügeschreibens zu beweisen,** während es der Auftraggeberseite grundsätzlich unmöglich sein dürfte, den Gegenbeweis anzutreten (1. VK Sachsen-Anhalt, B. v. 31. 3. 2005 – Az.: 1 VK LVwA 04/05).

16.4.11 Positive Kenntnis des Rügenden von einem Verstoß gegen Vergabebestimmungen (§ 107 Abs. 3 Satz 1)

16.4.11.1 Grundsatz

1867 Nach der Vorschrift des § 107 Abs. 3 Satz 1 ist der Nachprüfungsantrag **unzulässig,** soweit der Antragsteller den gerügten Verstoß gegen Vergabebestimmungen bereits im Vergabeverfahren **erkannt und gegenüber dem öffentlichen Auftraggeber nicht unverzüglich gerügt** hat. Erforderlich ist dabei die **positive Kenntnis von dem Rechtsverstoß.** Zur Kenntnis gehört zum einen das **Wissen von denjenigen Tatsachen, aus denen sich der geltend gemachte Vergabefehler ergibt;** notwendig ist außerdem die **zumindest laienhafte rechtliche Wertung,** dass es sich in dem betreffenden Punkt um **ein rechtlich zu beanstandendes Vergabeverfahren** handelt (BGH, B. v. 26. 9. 2006 – Az.: X ZB 14/06; OLG Naumburg, B. v. 18. 7. 2006 – Az.: 1 Verg 4/06; OLG Düsseldorf, B. v. 8. 9. 2005 – Az.: Verg 35/04; B. v. 16. 2. 2005 – Az.: VII – Verg 74/04; BayObLG, B. v. 15. 9. 2004 – Az.: Verg 026/03, B. v. 9. 3. 2004 – Az.: Verg 20/03; OLG Thüringen, B. v. 16. 1. 2002 – Az.: 6 Verg 7/01; VK Arnsberg, B. v. 8. 8. 2006 – Az.: VK 21/06; B. v. 31. 7. 2006 – Az.: VK 20/06; B. v. 13. 6. 2006 – Az.: VK 10/06; B. v. 10. 3. 2006 – Az.: VK 03/06; 3. VK Bund, B. v. 28. 8. 2006 – Az.: VK 3–93/06; B. v. 7. 8. 2006 – Az.: VK 3–78/06; B. v. 7. 6. 2006 – Az.: VK 3–33/06; VK Düsseldorf, B. v. 11. 8. 2006 – Az.: VK – 30/2006 – L; B. v. 26. 5. 2006 – Az.: VK – 22/2006 – L; B. v. 2. 5. 2006 – Az.: VK – 17/2006 – B; B. v. 27. 4. 2006 – Az.: VK – 12/2006 – L; B. v. 16. 2. 2006 – Az.: VK – 02/2006 – L; B. v. 28. 11. 2005 – Az.: VK – 40/2005 – B; 2. VK Sachsen-Anhalt, B. v. 13. 4. 2006 – Az.: VK 2-LVwA LSA 7/06; 1. VK Sachsen, B. v. 21. 3. 2006 – Az.: 1/SVK/012–06; B. v. 6. 4. 2005 – Az.: 1/SVK/022–05; B. v. 31. 1. 2005 – Az.: 1/SVK/144–04; VK Schleswig-Holstein, B. v. 12. 6. 2006 – Az.: VK-SH 12/06; B. v. 21. 12. 2005 – Az.: VK-SH 29/05; VK Baden-Württemberg, B. v. 13. 2. 2006 – Az.: 1 VK 1/06; B. v. 18. 10. 2005 – Az.: 1 VK 62/05; B. v. 5. 9. 2005 – Az.: 1 VK 51/05; 1. VK Sachsen-Anhalt, B. v. 7. 3. 2006 – Az: 1 VK LVwA 01/06; B. v. 23. 12. 2005 – Az.: 1 VK LVwA 43/05; B. v. 9. 12. 2005 – Az.: 1 VK LVwA 42/05; B. v. 17. 3. 2005 – Az: 1 VK LVwA 02/05; 1. VK Bund, B. v. 14. 7. 2005 – Az.: VK 1–50/05; VK Lüneburg, B. v. 27. 10. 2006 – Az.: VgK-26/2006; B. v. 10. 10. 2006 – Az.: VgK-23/2006; B. v. 8. 5. 2006 – Az.: VgK-07/2006; B. v. 10. 3. 2006 – Az.: VgK-06/2006; B. v. 7. 6. 2005 – Az.: VgK-21/2005; B. v. 26. 5. 2005 – Az.: VgK-20/2005; VK Rheinland-Pfalz, B. v. 12. 4. 2005 – Az.: VK 11/05; VK Südbayern, B. v. 2. 12. 2005 – Az.: Z3-3-3194-1-48-10/05; B. v. 28. 10. 2005 – Az.: Z3-3-3194-1-44-09/05; B. v. 11. 8. 2005 – Az.: 35–07/05; B. v. 22. 7. 2005 – Az.: 26–05/05; B. v. 13. 7. 2005 – Az.: 31–06/05; B. v. 3. 5. 2005 – Az.: 15–03/05; B. v. 3. 2. 2005 – Az.: 79–12/04; B. v. 14. 12. 2004 – Az.: 70–10/04; B. v. 14. 12. 2004 – Az.: 69–10/04; B. v. 14. 12. 2004 – Az.: 68–10/04;

Gesetz gegen Wettbewerbsbeschränkungen GWB § 107 **Teil 1**

B. v. 19. 10. 2004, Az.: 120.3–3194.1–60–08/04; VK Brandenburg, B. v. 21. 12. 2005 – Az.: 1 VK 79/05; B. v. 8. 9. 2004 – Az.: VK 33/04; VK Hessen, B. v. 14. 2. 2005 – Az.: 69 d VK – 90/2004; B. v. 5. 5. 2003 – Az.: 69 d VK – 16/2003; 2. VK Bund, B. v. 3. 4. 2006 – Az.: VK 2–14/06; B. v. 29. 3. 2006 – Az.: VK 2–11/06; B. v. 28. 2. 2006 – Az.: VK 2–154/04; B. v. 26. 1. 2006 – Az.: VK 2–165/05 – **instruktives Beispiel für die notwendige Abwägung;** B. v. 28. 9. 2005 – Az.: VK 2–120/05; B. v. 6. 6. 2005 – Az.: VK 2–33/05; B. v. 20. 5. 2005 – Az.: VK 2–30/05; B. v. 17. 3. 2005 – Az.: VK 2–09/05; B. v. 8. 8. 2003 – Az.: VK 2–52/03; VK Münster, B. v. 5. 4. 2006 – Az.: VK 5/06; B. v. 25. 1. 2006 – Az.: VK 23/05; B. v. 10. 2. 2004 – Az.: VK 01/04).

Bei **Zweifeln an der Rechtslage ist positive Kenntnis bereits ausgeschlossen** (OLG Naumburg, B. v. 18. 7. 2006 – Az.: 1 Verg 4/06; OLG Düsseldorf, B. v. 16. 11. 2005 – Az.: VII – Verg 59/05; B. v. 16. 2. 2005 – Az.: VII – Verg 74/04; VK Münster, B. v. 5. 4. 2006 – Az.: VK 5/06; 2. VK Bund, B. v. 29. 3. 2006 – Az.: VK 2–11/06; VK Südbayern, B. v. 2. 12. 2005 – Az.: Z3-3-3194-1-48–10/05; B. v. 28. 10. 2005 – Az.: Z3-3-3194-1-44–09/05; VK Düsseldorf, B. v. 11. 8. 2006 – Az.: VK – 30/2006 – L; B. v. 26. 5. 2006 – Az.: VK – 22/2006 – L; B. v. 27. 4. 2006 – Az.: VK – 12/2006 – L; B. v. 16. 2. 2006 – Az.: VK – 02/2006 – L; VK Bund, B. v. 14. 7. 2005 – Az.: VK 1–50/05). Denn es soll dem Bieter nicht zugemutet werden, in jedem Verfahrensstadium das Verhältnis zur Vergabestelle durch Verdachtsrügen zu belasten (Schleswig-Holsteinisches OLG, B. v. 5. 4. 2005 – Az.: 6 Verg 1/05; VK Düsseldorf, B. v. 11. 8. 2006 – Az.: VK – 30/2006 – L; B. v. 26. 5. 2006 – Az.: VK – 22/2006 – L; B. v. 27. 4. 2006 – Az.: VK – 12/2006 – L; B. v. 16. 2. 2006 – Az.: VK – 02/2006 – L; VK Brandenburg, B. v. 21. 12. 2005 – Az.: 1 VK 79/05; VK Berlin, B. v. 29. 6. 2004 – Az.: VK – B 1–24/04; VK Südbayern, B. v. 13. 7. 2005 – Az.: 31–06/05; B. v. 14. 12. 2004 – Az.: 70–10/04; B. v. 14. 12. 2004 – Az.: 69–10/04; B. v. 14. 12. 2004 – Az.: 68–10/04; B. v. 17. 2. 2004 – Az.: 03–01/04; VK Münster, B. v. 24. 1. 2002 – Az.: VK 24/01). **1868**

Das **OLG Koblenz** fasst die Voraussetzungen einer Kenntnis dahingehend zusammen, dass von einer Kenntnis des Vergabeverstoßes in der Regel nur gesprochen werden kann, wenn dem **Bieter einerseits die den Verstoß begründenden Tatsachen bekannt sind** und andererseits diese **Tatsachen jedenfalls bei objektiver Wertung einen Mangel des Vergabeverfahrens darstellen** (OLG Koblenz, B. v. 31. 5. 2006 – Az.: 1 Verg 3/06). **1869**

Die 1. VK Sachsen-Anhalt lässt das **Wissen um einen Sachverhalt, der aus subjektiver Sicht des Bieters den Schluss auf einen Vergaberechtsverstoß erlaubt,** und der es **bei vernünftiger Betrachtung** als **gerechtfertigt erscheinen** lässt, das **Vergabeverfahren als fehlerhaft zu beanstanden,** genügen (1. VK Sachsen-Anhalt, B. v. 7. 3. 2006 – Az.: 1 VK LVwA 01/06; B. v. 23. 12. 2005 – Az.: 1 VK LVwA 43/05; B. v. 28. 8. 2005 – Az.: 1 VK LVwA 31/05; B. v. 31. 3. 2005 – Az.: 1 VK LVwA 04/05; B. v. 17. 3. 2005 – Az.: 1 VK LVwA 02/05; ebenso VK Baden-Württemberg, B. v. 13. 2. 2006 – Az.: 1 VK 1/06; VK Lüneburg, B. v. 11. 8. 2005 – Az.: VgK-33/2005; B. v. 19. 4. 2005 – Az.: VgK-11/2005). **1870**

Das „erkannt haben" ist ein **subjektiver, innerer Vorgang,** der sich zunächst „im Kopf" (von den die Unterlagen prüfenden Personen) abspielt und sich erst durch Akten- oder Gesprächsnotizen oder **durch sonstige Indizien,** die zwanglos den Schluss auf das Erkannthaben zulassen, **nach außen objektiviert** und damit als Beleg für die Feststellung, ob und wann der Verstoß positiv erkannt wurde, dienen kann, sofern ein Antragsteller nicht selbst einräumt, den Verstoß zu einem evtl. früheren Zeitpunkt erkannt zu haben (OLG Naumburg, B. v. 18. 7. 2006 – Az.: 1 Verg 4/06; VK Brandenburg, B. v. 24. 9. 2004 – VK 49/04; VK Hessen, B. v. 20. 2. 2002 – Az.: 69 d VK – 47/2001). **1871**

Vermutungen reichen nicht aus (Saarländisches OLG, B. v. 23. 11. 2005 – Az.: 1 Verg 3/05; VK Düsseldorf, B. v. 11. 8. 2006 – Az.: VK – 30/2006 – L; VK Schleswig-Holstein, B. v. 12. 6. 2006 – Az.: VK-SH 12/06; VK Münster, B. v. 5. 4. 2006 – Az.: VK 5/06; B. v. 25. 1. 2006 – Az.: VK 23/05; 2. VK Bund, B. v. 29. 3. 2006 – Az.: VK 2–11/06; VK Südbayern, B. v. 2. 12. 2005 – Az.: Z3-3-3194-1-48–10/05; B. v. 28. 10. 2005 – Az.: Z3-3-3194-1-44–09/05); eben so wenig schadet **grob fahrlässige Unkenntnis** von dem Vergabefehler (OLG Düsseldorf, B. v. 16. 11. 2005 – Az.: VII – Verg 59/05; VK Arnsberg, B. v. 8. 8. 2006 – Az.: VK 21/06; B. v. 31. 7. 2006 – Az.: VK 20/06; VK Schleswig-Holstein, B. v. 12. 6. 2006 – Az.: VK-SH 12/06; VK Düsseldorf, B. v. 2. 5. 2006 – Az.: VK – 17/2006 – B; VK Münster, B. v. 5. 4. 2006 – Az.: VK 5/06; B. v. 25. 1. 2006 – Az.: VK 23/05; 2. VK Bund, B. v. 29. 3. 2006 – Az.: VK 2–11/06; B. v. 28. 9. 2005 – Az.: VK 2–120/05; B. v. 6. 6. 2005 – Az.: VK 2–33/05; B. v. 20. 5. 2005 – Az.: VK 2–30/05; B. v. 17. 3. 2005 – Az.: VK 2–09/05; VK Südbayern, B. v. 11. 8. 2005 – Az.: 35–07/05; B. v. 22. 7. 2005 – Az.: 26–05/05; **1872**

Teil 1 GWB § 107 Gesetz gegen Wettbewerbsbeschränkungen

B. v. 13. 7. 2005 – Az.: 31–06/05; B. v. 3. 2. 2005 – Az.: 79–12/04) bzw. **fahrlässige Unkenntnis** von dem Vergabefehler (OLG Naumburg, B. v. 8. 9. 2005 – Az.: 1 Verg 10/05; VK Arnsberg, B. v. 8. 8. 2006 – Az.: VK 21/06; B. v. 31. 7. 2006 – Az.: VK 20/06; B. v. 13. 6. 2006 – Az.: VK 10/06; VK Südbayern, B. v. 2. 12. 2005 – Az.: Z3–3-3194–1-48–10/05; B. v. 28. 10. 2005 – Az.: Z3–3-3194–1-44–09/05). Die erforderliche **Kenntnis muss dabei bereits vor Einleitung des Nachprüfungsverfahrens erlangt** worden sein; denn nach der Rechtsprechung erstreckt sich die Rügeobliegenheit nicht auf Vergaberechtsverstöße, die dem Antragsteller erst im Nachprüfungsverfahren bekannt geworden sind (OLG Düsseldorf, B. v. 13. 6. 2001 – Az.: Verg 2/01–2).

1873 Auch besteht eine **Obliegenheit**, sich die gem. § 107 Abs. 3 GWB maßgeblichen **Kenntnisse durch eigene Nachforschungen zu verschaffen, nicht** (VK Schleswig-Holstein, B. v. 12. 6. 2006 – Az.: VK-SH 12/06; 2. VK Bund, B. v. 6. 6. 2005 – Az.: VK 2–33/05; B. v. 20. 5. 2005 – Az.: VK 2–30/05; B. v. 17. 3. 2005 – Az.: VK 2–09/05; VK Südbayern, B. v. 14. 12. 2004 – Az.: 70–10/04; B. v. 14. 12. 2004 – Az.: 69–10/04; B. v. 14. 12. 2004 – Az.: 68–10/04; B. v. 19. 10. 2004, Az.: 120.3–3194.1–60–08/04; VK Baden-Württemberg, B. v. 8. 1. 2002 – Az.: 1 VK 46/01).

1874 Anderer Auffassung ist insoweit – allerdings in einem Sonderfall – die VK Düsseldorf. **Zur Behebung von Zweifeln z. B. über die Eignung des Bieters, der für den Zuschlag vorgesehen ist, ist die Einholung von Informationen bei dem Auftraggeber geeignet, dies kann auch unverzüglich ohne weiteres erfolgen. Das Zuwarten, ob ein anderer Mitbieter ein Nachprüfungsverfahren einleitet und ob auf dem Wege einer Beiladung vertiefte Kenntnisse über die Eignung des ausgewählten Bieters gewonnen werden können, stellt kein geeignetes Mittel dar,** um etwaige Zweifel zu beheben. Falls der Auftraggeber keine oder eine aus Sicht des Antragstellers seine Zweifel bestätigende Auskunft erteilt, muss der Antragsteller, wiederum unverzüglich, eine Beanstandung aussprechen oder unverzüglich direkt den Nachprüfungsantrag erheben (VK Düsseldorf, B. v. 22. 12. 2005 – Az.: VK – 53/2005 – L).

1875 Wenn der Bieter bei seiner laienhaften Wertung zunächst nur den Verdacht hat, ein bestimmtes Verhalten des Auftraggebers könne als Vergaberechtsverstoß zu beurteilen sein, und er deshalb Rechtsrat einholt, **beginnt die Kenntnis vom Vergaberechtsverstoß** und damit die Rügeobliegenheit erst **mit Zugang des einen Vergaberechtsfehler diagnostizierenden Rechtsrates** (1. VK Sachsen, B. v. 1. 10. 2002 – Az.: 1/SVK/084–02).

1876 Eine **einschlägige Rechtskenntnis allgemeiner Vergabegrundsätze** kann den Bietern aber grundsätzlich abverlangt werden. Dazu gehört zum Beispiel, dass der Auftraggeber die Verpflichtung hat, im Verhandlungsverfahren die Eignung der Bewerber bereits vor Aufforderung zur Angebotsabgabe zu prüfen (VK Detmold, B. v. 27. 2. 2003 – Az.: VK.11–48/02).

1877 Die Kenntnis selbst kann nur auf einer **direkten Aussage der Vergabestelle gegenüber dem Antragsteller** beruhen, z.B. Festlegung in einem Bietergespräch, Informationen aus dem Bietergespräch, Vorinformation gemäß § 13 VgV (VK Thüringen, B. v. 13. 11. 2002 – Az.: 216–402.20–057/02-EF-S).

16.4.11.2 Sonderfall: treuwidriges Sich-Verschließen vor der Erkenntnis eines Vergabeverstoßes

1878 Die positive Kenntnis kann auch in dem Fall anerkannt werden, in welchem der Kenntnisstand des Antragstellers in tatsächlicher oder rechtlicher Hinsicht einen solchen Grad erreicht hat, dass ein weiteres Verharren in Unkenntnis **als ein mutwilliges Sich-Verschließen vor der Erkenntnis eines Vergaberechtsverstoßes** gewertet werden muss (BGH, B. v. 26. 9. 2006 – Az.: X ZB 14/06; Saarländisches OLG, B. v. 20. 9. 2006 – Az.: 1 Verg 3/06; OLG Düsseldorf, B. v. 16. 2. 2005 – Az.: VII – Verg 74/04; B. v. 5. 12. 2001 – Az.: Verg 32/01; OLG Naumburg, B. v. 14. 12. 2004 – Az.: 1 Verg 17/04; VK Münster, B. v. 5. 4. 2006 – Az.: VK 5/06; B. v. 25. 1. 2006 – Az.: VK 23/05; 2. VK Bund, B. v. 29. 3. 2006 – Az.: VK 2–11/06; B. v. 6. 6. 2005 – Az.: VK 2–33/05; B. v. 20. 5. 2005 – Az.: VK 2–30/05; B. v. 17. 3. 2005 – Az.: VK 2–09/05; B. v. 22. 10. 2003 – Az.: VK 2–86/03; VK Südbayern, B. v. 11. 8. 2005 – Az.: 35–07/05; B. v. 22. 7. 2005 – Az.: VK 26–05/05; B. v. 14. 12. 2004 – Az.: 70–10/04; B. v. 14. 12. 2004 – Az.: 69–10/04; B. v. 14. 12. 2004 – Az.: 68–10/04; B. v. 19. 10. 2004, Az.: 120.3–3194.1–60–08/04; B. v. 31. 10. 2002 – Az.: 42–10/02; VK Schleswig-Holstein, B. v. 12. 6. 2006 – Az.: VK-SH 12/06; B. v. 31. 1. 2006 – Az.: VK-SH 33/05; B. v. 5. 10. 2005 – Az.: VK-SH 23/05 – instruktives Beispiel; B. v. 31. 3. 2005 – Az.: VK-SH 05/05; im Ergebnis ebenso BGH, B. v. 1. 2. 2005 – Az.: X ZB 27/04).

Ein mutwilliges Verschließen kann aber **noch nicht in der individuellen „Abarbeitung" von Schriftverkehr durch intern zuständige Mitarbeiter** gesehen werden, jedenfalls solange nicht, wie nicht organisationsbedingt geradezu zwangsläufig größere zeitliche Lücken in der Kenntnisnahme von Schriftstücken oder anderen Sachverhalten eintreten müssen. Aus der allgemeinen Förderungspflicht der am Vergabeverfahren Beteiligten ergibt sich nicht die Anforderung, alle mit dem Vergabeverfahren im Zusammenhang stehenden erkennbaren Umstände sofort zur Kenntnis zu nehmen und darauf zu reagieren im Sinne einer die sonstige Arbeitsorganisation suspendierenden „Allzuständigkeit" aller in Frage kommenden Personen, sobald es sich um eine öffentliche Auftragsvergabe handelt. Das Abwarten, bis ein Mitarbeiter nach zwei Tagen dienstlicher Abwesenheit die in seinem Zuständigkeitsbereich angefallenen Schriftstücke zur Kenntnis nimmt, kann noch nicht als organisatorisch vorgegebenes „mutwilliges Verschließen" angesehen werden; insbesondere, wenn jegliche Anzeichen dafür fehlen, dass eine planmäßige verzögerte Bearbeitung von Schriftverkehr bei der Antragstellerin betrieben würde und – im Gegenteil – der zuständige Bearbeiter nach Rückkehr sofort von dem Informationsschreiben Kenntnis genommen und auch umgehend anwaltlichen Rat gesucht hat (VK Düsseldorf, B. v. 30. 9. 2003 – Az.: VK – 25/2003 – B). 1879

Die 2. VK des Bundes hingegen spricht sich in den Fällen, in denen z. B. urlaubsbedingt eine Rüge bei dem Bieter „liegen bleibt", für ein „mutwilliges Verschließen" aus. Dieses setzt nicht etwa voraus, dass der Bieter sich mit dem möglichen Verstoß bereits befasst hat und sich nur gegen die daraus zu ziehenden Schlussfolgerungen sperrt. **Es kann vielmehr auch und gerade dann angenommen werden, wenn der Bieter es vorwerfbar versäumt, die Voraussetzungen dafür zu schaffen, dass er Kenntnis von Vergabeverstößen erlangen kann. Ein solches organisatorisch bedingtes mutwilliges Sich-Verschließen ist zu bejahen, wenn ein Bieter nicht dafür gesorgt hat, dass auch während längerer Abwesenheiten des zuständigen Bearbeiters eine Überprüfung der in dessen Zuständigkeitsbereich fallenden Vergabeverfahren stattfindet.** Die Möglichkeit hierzu hat er nämlich: So kann er für eine Vertretungsregelung und eine hinreichende Unterrichtung und Schulung des Vertreters sorgen, auf ein Erreichbarkeit des Sachbearbeiters während längerer Abwesenheit bestehen oder die Anweisung treffen können, dass ein fachlich versierter externer Berater sich mit solchen Angelegenheiten befasst, wenn der Sachbearbeiter nicht erreichbar ist. Wenn der Bieter keine dieser nahe liegenden Möglichkeiten ergreift, sondern der Vorgang während des Urlaubs schlichtweg unbearbeitet bleibt, stellt dies einen organisatorischen Mangel dar, der den Vorwurf mutwilligen Sich-Verschließens vor der Erkenntnis eines Vergabefehlers begründet. Die erst nach Rückkehr des Sachbearbeiters eingeleitete Prüfung und Rüge ist deshalb verspätet (2. VK Bund, B. v. 26. 1. 2006 – Az.: VK 2–165/05). 1880

Nach Auffassung der VK Brandenburg **obliegt dann, wenn eine objektive Betrachtung bei lebensnaher Beurteilung den Schluss zulässt, dass ein Antragsteller den geltend gemachten Vergaberechtsverstoß bereits zu einem bestimmten (früheren) Zeitpunkt erkannt oder sich mutwillig der Erkenntnis verschlossen hat, es ihm** – wie sich auch aus § 108 Abs. 2 GWB ableiten lässt –, **dies zu entkräften.** Für die den zugrunde liegenden Tatsachen trägt er die Darlegungs- und Beweislast. Denn es soll im Rahmen des § 107 Abs. 3 S. 1 GWB verhindert werden, dass der Bieter auf einen erkannten Fehler spekuliert, weil er sich möglicherweise zu seinen Gunsten auswirken könnte (VK Brandenburg, B. v. 24. 9. 2004 – VK 49/04). 1881

16.4.11.3 Positive Kenntnis durch eine Bearbeitung der Verdingungsunterlagen

Allein die – auch intensive – Befassung mit der Leistungsbeschreibung trägt nicht den sicheren Schluss, ein Bieter hätte die Mehrdeutigkeit einer Leistungsbeschreibung schon bei dieser Gelegenheit erkannt (OLG Düsseldorf, B. v. 28. 1. 2004 – Az.: Verg 35/03). 1882

Den **Bieter trifft auch keine Pflicht zur sofortigen Prüfung der ihm zugesandten Verdingungsunterlagen.** Dies würde ansonsten bedeuten, dass derjenige Bieter, der sich vorsichtshalber die Unterlagen sehr früh zuschicken lässt, damit er auf jeden Fall die Abgabefrist einhalten kann, zu einer Rüge nicht mehr in der Lage wäre, wohingegen derjenige Bieter, welcher sich die Unterlagen erst sehr spät zusenden lässt, noch rügen könnte. Dies ist nicht der Sinn des Gesetzes. Das Gesetz will weder den erst spät handelnden Bieter bevorzugen noch generell das Risiko einer unzutreffenden Ausschreibung auf den Bieter verlagern. In erster Linie ist der Auftraggeber aufgerufen, die Verdingungsunterlagen rechtmäßig auszugestalten. Der **Bieter ist nicht der Kontrolleur des Auftraggebers** (BayObLG, B. v. 15. 9. 2004 – Az.: Verg 026/03). 1883

1884 Erkennt der Bieter bereits bei der Bearbeitung des Angebotes, dass z.B. Angaben bezüglich der Eventualpositionen in die Wertung mit einfließen und kann er aus den ihm übersandten Unterlagen zweifelsfrei entnehmen, wie viel Bedarfspositionen eingestellt sind und in welchem Verhältnis sie zu dem Gesamtauftrag stehen, ist eine **Rüge hinsichtlich der Eventualpositionen, die zwei Monate nach Angebotsabgabe erfolgt, erheblich verspätet** (VK Brandenburg, B. v. 10. 6. 2004 – Az.: VK 21/04).

1885 In einem **Ausnahmefall (der Bieter erkennt beim Durcharbeiten der Leistungsbeschreibung, dass nur er zur Ausführung des Auftrags in der Lage ist) bejaht** die Rechtsprechung jedoch positive Kenntnis durch eine Befassung mit der Leistungsbeschreibung (1. VK Bund, B. v. 4. 2. 2004 – Az.: VK 1–143/03).

1886 **Positive Kenntnis von (vermeintlichen) Vergabefehlern liegt stets dann** vor, wenn beim **Durcharbeiten des Leistungsverzeichnisses Ungenauigkeiten festgestellt** werden (VK Schleswig-Holstein, B. v. 12. 6. 2006 – Az.: VK-SH 12/06; B. v. 21. 12. 2005 – Az.: VK-SH 29/05; 1. VK Sachsen-Anhalt, B. v. 23. 8. 2005 – Az.: 1 VK LVwA 31/05).

1887 Bei der **Bearbeitung der Angebote in den Verdingungsunterlagen festgestellte Fehler sind unverzüglich zu rügen** (VK Nordbayern, B. v. 23. 5. 2006 – Az.: 21.VK – 3194–16/06; B. v. 9. 5. 2006 – Az.: 21.VK – 3194–13/06).

16.4.11.4 Positive Kenntnis bei einem fachkundigen Unternehmen

1888 Für die Kenntnis des konkreten von einem Bieter geltend zu machenden Vergaberechtsverstoßes bedarf es für ein **fachkundiges Unternehmen in der Regel nicht der vorherigen Konsultation eines Rechtsanwaltes** (VK Schleswig-Holstein, B. v. 12. 6. 2006 – Az.: VK-SH 12/06; VK Lüneburg, B. v. 20. 8. 2002 – Az.: 203-VgK-12/2002).

1889 Dass eine **positive Kenntnis** vorliegt, **lässt sich nicht schon daraus ableiten, dass ein Antragsteller erhebliche praktische Erfahrung mit einschlägigen Ausschreibungsverfahren** des Auftraggebers hat. Denn aus der lediglich praktischen Beteiligung an einschlägigen öffentlichen Vergabeverfahren kann nicht gefolgert werden, der Antragsteller habe z.B. die Ergänzungsbedürftigkeit von Bewertungskriterien als vergaberechtswidrig gewertet (1. VK Bund, B. v. 30. 5. 2006 – Az.: VK 1–31/06).

16.4.11.5 Positive Kenntnis durch Rechtsrat

1890 Positive Kenntnis liegt in der Regel **erst nach Rechtsberatung** vor. Von **positiver Kenntnis ohne Rechtsrat** ist nur dann auszugehen, wenn der **Bieter den Fehler auf der Laienebene offensichtlich als solchen erkannt** hat. Davon kann allerdings nur ausgegangen werden, wenn beim Antragsteller über grundsätzliches vergaberechtliches Wissen ausgegangen werden kann und die Rechtslage eindeutig ist (VK Arnsberg, B. v. 28. 1. 2004 – Az.: VK 1–30/2003).

16.4.11.6 Beweislast und Umkehr der Beweislast für die Kenntnis

1891 Die tatsächlichen Voraussetzungen einer Verletzung der Rügeobliegenheit hat – wie sich aus dem Wortlaut des § 107 Abs. 3 Satz 1 GWB ergibt – **im Streitfall der Auftraggeber** nachzuweisen (BGH, B. v. 1. 2. 2005 – Az.: X ZB 27/04; OLG Naumburg, B. v. 18. 7. 2006 – Az.: 1 Verg 4/06; OLG Düsseldorf, B. v. 5. 12. 2001 – Az.: Verg 32/01; VK Düsseldorf, B. v. 27. 4. 2006 – Az.: VK – 12/2006 – L; VK Berlin, B. v. 15.02.206 – Az.: VK – B 1–63/05; VK Südbayern, B. v. 3. 2. 2005 –Az.: 79–12/04; B. v. 14. 12. 2004 – Az.: 70–10/04; B. v. 14. 12. 2004 – Az.: 69–10/04; B. v. 14. 12. 2004 – Az.: 68–10/04; B. v. 19. 10. 2004, Az.: 120.3–3194.1–60–08/04; VK Münster, B. v. 5. 4. 2006 – Az.: VK 5/06; B. v. 25. 1. 2006 – Az.: VK 23/05; B. v. 21. 12. 2005 – Az.: VK 25/05; B. v. 10. 2. 2004 – Az.: VK 01/04).

1892 Die **praktische Umsetzung** des Nachweises der Kenntnis eines Vergabeverstoßes in einem zu diesem Punkt streitigen Nachprüfungsverfahren muss, da niemand die Gedanken eines anderen Menschen verifizieren kann, **an der objektiven Tatsachenlage anknüpfen.** Lässt diese bei lebensnaher Beurteilung nur den Schluss zu, dass der Antragsteller den geltend gemachten Vergaberechtsverstoß bereits zu einem bestimmten (frühen) Zeitpunkt erkannt (oder sich mutwillig der Erkenntnis verschlossen) hatte, so obliegt es ihm – wie sich auch aus § 108 Abs. 2 GWB ableiten lässt –, dies zu entkräften (VK Münster, B. v. 10. 2. 2004 – Az.: VK 01/04). Für die dem zugrunde liegenden Tatsachen trägt er die Darlegungs- und Beweislast. Das bedeutet: Bleibt **bei eindeutig für Kenntnis sprechender Faktenlage offen, ob die vom Antragsteller dagegen vorgebrachten Tatsachen zutreffen oder nicht,** ist beim Vorliegen der

Gesetz gegen Wettbewerbsbeschränkungen GWB § 107 **Teil 1**

übrigen Voraussetzungen des § 107 Abs. 3 Satz 1 GWB **Rügepräklusion anzunehmen** (OLG Naumburg, B. v. 18. 7. 2006 – Az.: 1 Verg 4/06; OLG Koblenz, B. v. 5. 6. 2003 – Az.: 1 Verg. 2/03).

Trägt ein Antragsteller vor, die Verdingungsunterlagen erst zu einem bestimmten Zeitpunkt 1893
erhalten zu haben und legt er zum Nachweis Auszüge seines PC-geführten Postbuches vor, so entspricht eine **postalische Beförderungsdauer von z. B. 12 Tagen nicht der gemeinhin üblichen Beförderungsdauer** von Postsendungen, andererseits können **derartige Zeitspannen aber auch nicht gänzlich ausgeschlossen** werden. Im Rahmen einer derartigen Sachverhaltskonstellation, bei der sich der Auftraggeber darauf beruft, die Rüge sei nicht rechtzeitig erfolgt, **obliegt dem Auftraggeber die Darlegung weiterer Tatsachen im Nachprüfungsverfahren.** Wird **hierzu nicht weiter vorgetragen, ist zugunsten des Antragstellers davon auszugehen,** dass er die Verdingungsunterlagen erst später erhalten hat (1. VK Bund, B. v. 24. 3. 2004 – Az.: VK 1–135/03).

16.4.11.7 Positive Kenntnis bei einer mehrstufigen Vergabeentscheidung

Vollzieht sich z. B. auf Seiten einer kommunalen Vergabestelle der **Prozess zur Auswahl ei-** 1894
nes Bieters in einem Verhandlungsverfahren in mehreren aufeinander aufbauenden Stufen (z. B. Verabschiedung einer Beschlussvorlage durch die Verwaltungsspitze der Antragsgegnerin und spätere Beschlussfassung des Stadtrats hierüber), so wird die **Rügeobliegenheit** des § 107 Abs. 3 GWB **nicht erst durch den Abschluss des Auswahlverfahrens auf der letzten Stufe bestimmt, sondern bereits durch zur Kenntnis des Bieters gelangtes fehlerhaftes Vergabeverhalten auf der früheren Stufe ausgelöst** (OLG Dresden, B. v. 21. 10. 2005 – Az.: WVerg 0005/05).

16.4.11.8 Beispiele aus der Rechtsprechung

– eine **rechtliche Verpflichtung** eines Antragstellers, **sich die** – über einen etwa bestehenden 1895
Verdacht hinaus – zur Erhebung der Rüge **erforderlichen Tatsachenkenntnisse durch eigenes Tun zu verschaffen** und/oder bislang ungewisse rechtliche Bedenken durch Einholen anwaltlichen Rechtsrats zu erhärten, **besteht grundsätzlich nicht.** Eine **Ausnahme** hiervon mag in dem Fall anerkannt werden, in welchem der Kenntnisstand des Antragstellers in tatsächlicher oder rechtlicher Hinsicht einen solchen Grad erreicht hat, dass ein weiteres Verharren in Unkenntnis **als ein mutwilliges Sich-Verschließen vor der Erkenntnis eines Vergaberechtsverstoßes** gewertet werden muss (OLG Düsseldorf, B. v. 5. 12. 2001 – Az.: Verg 32/01)
– **positive Kenntnis** ist **auch dann nicht** anzunehmen, wenn ein Sachverhalt **rechtlich nicht eindeutig als Fehler qualifiziert** werden kann, etwa **bei unklarer Rechtslage.** Das Gesetz verlangt grundsätzlich keine Untersuchungs- oder Prüfungspflicht (VK Baden-Württemberg, B. v. 24. 8. 2001 – Az.: 1 VK 20/01)
– werden bei einem Durcharbeiten des **Leistungsverzeichnisses Ungenauigkeiten** festgestellt, liegt positive Kenntnis vor (VK Lüneburg, B. v. 28. 8. 2001 – Az.: 203-VgK-17/2001)
– bei einer **Vorstellung,** dass die vermutlich angebotene **Produkte nicht den Anforderungen des Leistungsverzeichnisses entsprechen** und der **Vorstellung eines Vergaberechtsverstoßes** liegt **positive Kenntnis** vor (VK Düsseldorf, B. v. 10. 7. 2003 – Az.: VK – 18/2003 – L).

16.4.11.9 Literatur

– Maier, Clemens, Zur Frage des Nachweises der positiven Kenntnis bzw. der Erkennbarkeit 1896
von Verfahrensverstößen als Bedingung des Entstehens der Rügeobliegenheit nach § 107 Abs. 3 GWB, VergabeR 2004, 176

16.4.12 Unverzüglichkeit der Rüge

16.4.12.1 Allgemeine Bestimmung des Merkmals der Unverzüglichkeit

Zur Bestimmung des Merkmals der Unverzüglichkeit ist **auf § 121 Abs. 1 BGB zurück-** 1897
zugreifen. Danach ist das Merkmal der Unverzüglichkeit dann erfüllt, wenn **ohne schuldhaftes Zögern** gehandelt wird (Saarländisches OLG, B. v. 9. 11. 2005 – Az.: 1 Verg 4/05; OLG Naumburg, B. v. 25. 1. 2005 – Az.: 1 Verg 22/04; VK Arnsberg, B. v. 13. 6. 2006 – Az.: VK

Teil 1 GWB § 107   Gesetz gegen Wettbewerbsbeschränkungen

10/06; VK Düsseldorf, B. v. 2. 5. 2006 – Az.: VK – 17/2006 – B; B. v. 11. 1. 2006 – Az.: VK – 50/2005 – L; B. v. 28. 11. 2005 – Az.: VK – 40/2005 – B; B. v. 19. 10. 2005 – Az.: VK – 29/2005 – L; B. v. 1. 9. 2005 – Az.: VK – 16/2005 – L, VK – 16/2005 – Z; VK Berlin, B. v. 9. 2. 2006 – Az.: VK – B 1–02/06; VK Südbayern, B. v. 24. 11. 2005 – Az.: Z3–3-3194-1-42–09/05; VK Baden-Württemberg, B. v. 13. 10. 2005 – Az.: 1 VK 59/05; VK Schleswig-Holstein, B. v. 12. 6. 2006 – Az.: VK-SH 12/06; B. v. 10. 1. 2006 – Az.: VK-SH 30/05; B. v. 5. 10. 2005 – Az.: VK-SH 23/05; B. v. 16. 9. 2005 – Az.: VK-SH 22/05; 1. VK Sachsen, B. v. 18. 8. 2006 – Az.: 1/SVK/077–06; 1. VK Sachsen, B. v. 11. 8. 2006 – Az.: 1/SVK/073–06; B. v. 19. 7. 2006 – Az.: 1/SVK/060–06; B. v. 19. 7. 2006 – Az.: 1/SVK/059–06; B. v. 8. 6. 2006 – Az.: 1/SVK/050–06; B. v. 5. 4. 2006 – Az.: 1/SVK/027–06; B. v. 14. 3. 2005 – Az.: 1/SVK/011–05; B. v. 14. 2. 2006 – Az.: 1/SVK/005–06, 1/SVK/005–06G; ; B. v. 17. 1. 2006 – Az.: 1/SVK/151–05; B. v. 28. 12. 2005 – Az.: 1/SVK/147–05; B. v. 11. 11. 2005 – Az.: 1/SVK/130–05; B. v. 3. 11. 2005 – Az.: 1/SVK/125–05; B. v. 5. 9. 2005 – Az.: 1/SVK/104–05; B. v. 23. 8. 2005 – Az.: 1/SVK/098–05; B. v. 25. 7. 2005 – Az.: 1/SVK/084–05, 1/SVK/084–05G; B. v. 16. 6. 2005 – Az.: 1/SVK/056–05; B. v. 31. 5. 2005 – Az.: 1/SVK/046–05; B. v. 12. 5. 2005 – Az.: 1/SVK/038–05; B. v. 6. 4. 2005 – Az.: 1/SVK/022–05; B. v. 24. 2. 2005 – Az.: 1/SVK/004–05; B. v. 11. 2. 2005 – Az.: 1/SVK/128–04; B. v. 8. 2. 2005 – Az.: 1/SVK/003–05; B. v. 29. 12. 2004 – Az.: 1/SVK/123–04; VK Brandenburg, B. v. 14. 9. 2005 – Az.: 1 VK 55/05; B. v. 8. 9. 2005 – Az.: 1 VK 51/05; B. v. 16. 12. 2004 – Az.: VK 70/04; B. v. 18. 11. 2004 – Az.: VK 66/04; 1. VK Sachsen-Anhalt, B. v. 31. 3. 2005 – Az.: 1 VK LVwA 04/05). Dies bedeutet für die Rüge gemäß § 107 Abs. 3 Satz 1 GWB, dass sie so bald zu erklären ist, als es dem Antragsteller unter Berücksichtigung der für die Prüfung und Begründung der Rüge notwendigen Zeit **möglich und zumutbar** ist (VK Thüringen, B. v. 11. 10. 2006 – Az.: 360–4002.20–026/06-SLF; VK Hamburg, B. v. 3. 11. 2005 – Az.: VK BSU-3/05; VK Düsseldorf, B. v. 1. 9. 2005 – Az.: VK – 16/2005 – L, VK – 16/2005 – Z; VK Schleswig-Holstein, Beschluss vom 23. 8. 2005 – Az.: VK-SH/098–05; B. v. 16. 9. 2005 – Az.: VK-SH 22/05; 1. VK Sachsen, B. v. 18. 8. 2006 – Az.: 1/SVK/077–06; 1. VK Sachsen, B. v. 11. 8. 2006 – Az.: 1/SVK/073–06; B. v. 19. 7. 2006 – Az.: 1/SVK/060–06; B. v. 19. 7. 2006 – Az.: 1/SVK/059–06; B. v. 14. 3. 2005 – Az.: 1/SVK/011–05; B. v. 14. 2. 2006 – Az.: 1/SVK/005–06, 1/SVK/005–06G; B. v. 17. 1. 2006 – Az.: 1/SVK/151–05; B. v. 28. 12. 2005 – Az.: 1/SVK/147–05; B. v. 11. 11. 2005 – Az.: 1/SVK/130–05; B. v. 3. 11. 2005 – Az.: 1/SVK/125–05; B. v. 5. 9. 2005 – Az.: 1/SVK/104–05; B. v. 25. 7. 2005 – Az.: 1/SVK/084–05, 1/SVK/084–05G; B. v. 31. 5. 2005 – Az.: 1/SVK/046–05; B. v. 12. 5. 2005 – Az.: 1/SVK/038–05; B. v. 24. 2. 2005 – Az.: 1/SVK/004–05; B. v. 11. 2. 2005 – Az.: 1/SVK/128–04; B. v. 8. 2. 2005 – Az.: 1/SVK/003–05; B. v. 29. 12. 2004 – Az.: 1/SVK/123–04; VK Nordbayern, B. v. 2. 12. 2004 – Az.: 320.VK – 3194–47/04; 1. VK Brandenburg, B. v. 14. 9. 2005 – Az.: 1 VK 55/05; B. v. 8. 9. 2005 – Az.: 1 VK 51/05). Hierbei ist auch eine **angemessene Überlegungsfrist zuzugestehen,** innerhalb derer der Antragsteller die Qualität seiner Argumente überprüfen und eine **Chancen-Risiko-Abwägung** vornehmen kann. Außerdem ist die **Schwierigkeit der Sach- und Rechtslage in Ansatz zu bringen** (VK Düsseldorf, B. v. 2. 5. 2006 – Az.: VK – 17/2006 – B; B. v. 28. 11. 2005 – Az.: VK – 40/2005 – B; 1. VK Sachsen, B. v. 5. 4. 2006 – Az.: 1/SVK/027–06; B. v. 11. 11. 2005 – Az.: 1/SVK/130–05; VK Hamburg, B. v. 3. 11. 2005 – Az.: VK BSU-3/05; VK Baden-Württemberg, B. v. 13. 10. 2005 – Az.: 1 VK 59/05; 1. VK Brandenburg, B. v. 14. 9. 2005 – Az.: 1 VK 55/05; B. v. 8. 9. 2005 – Az.: 1 VK 51/05; VK Schleswig-Holstein, B. v. 16. 9. 2005 – Az.: VK-SH 22/05; B. v. 31. 3. 2005 – Az.: VK-SH 05/05; B. v. 22. 12. 2004 – Az.: VK-SH 34/04; VK Thüringen, B. v. 31. 1. 2002 – Az.: 216–404.20–002/02-GTH).

1898   Das OLG Koblenz geht **im Grundsatz** insoweit von einer **Rügefrist von ein bis drei Tagen** aus (OLG Koblenz, B. v. 18. 9. 2003 – Az.: 1 Verg 4/03; ebenso VK Schleswig-Holstein, B. v. 12. 6. 2006 – Az.: VK-SH 12/06; B. v. 17. 3. 2006 – Az.: VK-SH 02/06 – unter Ausklammerung eines zweitägigen Wochenendes; B. v. 31. 1. 2006 – Az.: VK-SH 33/05 – unter Ausklammerung eines zweitägigen Wochenendes; B. v. 10. 1. 2006 – Az.: VK-SH 30/05; 1. VK Sachsen, B. v. 20. 4. 2006 – Az.: 1/SVK/029–06; B. v. 21. 2. 2006 – Az.: 1/SVK/004–06; 1. VK Sachsen-Anhalt, B. v. 21. 4. 2005 – Az.: 1 VK LVwA 17/05 – bei einfach gelagerten Fällen -; B. v. 17. 3. 2005 – Az: 1 VK LVwA 02/05; B. v. 7. 3. 2006 – Az.: 1 VK LVwA 01/06; B. v. 9. 12. 2005 – Az.: 1 VK LVwA 42/05; VK Berlin, B. v. 09.02.206 – Az.: VK – B 1–02/06; VK Düsseldorf, B. v. 31. 10. 2005 – Az.: VK – 30/2005 – B; VK Rheinland-Pfalz, B. v. 24. 5. 2005 – Az.: VK 14/05; B. v. 12. 4. 2005 – Az.: VK 11/05; VK Brandenburg, B. v. 14. 9. 2005 – Az.: 1 VK 55/05 – bei einem sehr einfachen Sachverhalt -; B. v. 8. 9. 2005 – Az.: 1 VK 51/05; B. v. 16. 12. 2004 – Az.: VK 70/04; B. v. 18. 11. 2004 – Az.: VK 66/04; B. v. 18. 6.

Gesetz gegen Wettbewerbsbeschränkungen　　　　　　　GWB § 107　**Teil 1**

2003 – Az.: VK 31/03; 2. VK Sachsen-Anhalt, B. v. 11. 4. 2005 – Az.: VK 2 – LVwA LSA 06/05; 1. VK Bund, B. v. 1. 9. 2004 – Az.: VK 1–171/04; B. v. 26. 8. 2004 – Az.: VK 1–165/04; VK Lüneburg, B. v. 27. 10. 2006 – Az.: VgK-26/2006; B. v. 10. 10. 2006 – Az.: VgK-23/2006; B. v. 10. 3. 2006 – Az.: VgK-06/2006; B. v. 15. 11. 2005 – Az.: VgK-48/2005; B. v. 7. 6. 2005 – Az.: VgK-21/2005; B. v. 26. 5. 2005 – Az.: VgK-20/2005; B. v. 17. 5. 2005 – Az.: VgK-16/2005; B. v. 10. 3. 2005 – Az.: VgK-04/2005; VK Lüneburg, B. v. 8. 5. 2006 – Az.: VgK-07/2006; B. v. 20. 8. 2004 – Az.: 203-VgK-41/2004, B. v. 29. 6. 2004 – Az.: 203-VgK-20/2004, B. v. 25. 6. 2004 – Az.: 203-VgK-19/2004; B. v. 20. 1. 2004 – Az.: 203-VgK-38/2003; ebenso VK Südbayern, B. v. 1. 9. 2004, Az.: 120.3–3194.1–56–08/04; B. v. 1. 9. 2004, Az.: 120.3–3194.1–53–08/04).

Die VK Düsseldorf geht von einer **Mindestfrist von drei Werktagen** aus; eine **noch kürzere Frist wäre schlichtweg nicht mehr praktikabel** (VK Düsseldorf, B. v. 27. 4. 2006 – Az.: VK – 12/2006 – L). 　1899

Die **VK Berlin geht von einer Frist von 3–4 Tagen** aus (VK Berlin, B. v. 9. 2 .2006 – Az.: VK – B 1–02/06; B. v. 15. 9. 2004 – Az.: VK – B 2–47/04; im Ergebnis ebenso 1. VK Sachsen, B. v. 9. 5. 2006 – Az.: 1/SVK/036–06; VK Düsseldorf, B. v. 13. 3. 2006 – Az.: VK – 08/2006 – L). 　1900

Die **1. und 3. VK Bund**, die **VK Saarland** und die **VK Hessen** sehen **eine Dauer von insgesamt höchstens fünf Werktagen nach Kenntniserlangung und Einschaltung einer Rechtsanwaltskanzlei noch als unverzüglich** an. Auch den Verfahrensbevollmächtigten muss eine gewisse Mindestbearbeitungszeit für die Abfassung eines entsprechenden Schriftsatzes und der Erstellung der Antragsunterlagen zugestanden werden (3. VK Bund, B. v. 7. 6. 2006 – Az.: VK 3–33/06; 1. VK Bund, B. v. 30. 9. 2005 – Az.: VK 1–122/05; VK Saarland, B. v. 23. 1. 2006 – Az.: 1 VK 06/2005; VK Hessen, B. v. 28. 6. 2005 – Az.: 69 d VK – 07/2005; B. v. 14. 2. 2005 – Az.: 69 d VK – 90/2004). 　1901

Die **VK Baden-Württemberg**, die **VK Hamburg (FB)**, die **VK Sachsen**, die **VK Hessen** und die **VK Sachsen-Anhalt** sehen eine **Rüge innerhalb von sechs Tagen noch als unverzüglich** an (VK Baden-Württemberg, B. v. 14. 1. 2005 – Az.: 1 VK 87/04; VK Hamburg (FB), B. v. 17. 8. 2005 – Az.: VgK FB 5/05; 1. VK Sachsen, B. v. 18. 8. 2006 – Az.: 1/SVK/077–06; VK Hessen, B. v. 4. 4. 2005 – Az.: 69 d VK – 05/2005; 2. VK Sachsen-Anhalt, B. v. 23. 5. 2006 – Az.: VK 2-LVwA LSA 17/06; B. v. 23. 5. 2006 – Az.: VK 2-LVwA LSA 16/06). 　1902

Auch das **OLG Naumburg** lässt eine **Frist von 6 Werktagen bzw. 4 Arbeitstagen angesichts der Bedeutung des Auftrags in wirtschaftlicher Hinsicht** genügen (OLG Naumburg, B. v. 2. 3. 2006 – Az.: 1 Verg 1/06). 　1903

Das OLG Dresden zieht insoweit eine **Frist von einer Woche** als möglich in Betracht (OLG Dresden, B. v. 21. 10. 2005 – Az.: WVerg 0005/05; B. v. 6. 4. 2004 – Az.: WVerg 1/04; ebenso VK Saarland, B. v. 10. 6. 2005 – Az.: 2 VK 01/2005; 1. VK Sachsen, B. v. 11. 8. 2006 – Az.: 1/SVK/073–06; B. v. 20. 1. 2005 – Az.: 1/SVK/127–04; B. v. 17. 6. 2004 – Az.: 1/SVK/038–04, 1/SVK/038–04G; ebenso OLG Brandenburg, B. v. 17. 2. 2005 – Az.: Verg W 11/04 – bei Berücksichtigung eines Feiertags als „Brückentag"), das OLG Naumburg eine **Frist von fünf Tagen** (OLG Naumburg, B. v. 14. 12. 2004 – Az.: 1 Verg 17/04). 　1904

Die 1. VK Sachsen sieht eine **Frist von 7 Tagen in einem VOF-Verfahren** als unverzüglich an, wenn **Recherchen zum Sachverhalt und eine rechtliche Beratung notwendig** sind (1. VK Sachsen, B. v. 3. 12. 2004 – Az.: 1/SVK/104–04, 1/SVK/104–04G; ähnlich 3. VK Bund, B. v. 27. 4. 2006 – Az.: VK 3–21/06). 　1905

Die VK Düsseldorf (B. v. 30. 9. 2003 – Az.: VK – 25/2003 – B; ebenso 1. VK Sachsen, B. v. 5. 4. 2006 – Az.: 1/SVK/027–06; B. v. 12. 7. 2005 – Az.: 1/SVK/073–05; B. v. 27. 4. 2005 – Az.: 1/SVK/032–05; B. v. 8. 2. 2005 – Az.: 1/SVK/003–05) sieht eine **Rügefrist von fünf Werktagen** zwischen dem Eingang des Informationsschreibens und der Beanstandung gegenüber dem Antragsgegner auch in Bezug zum Inhalt der Beanstandung **nicht unangemessen lang.** Dem Bieter ist auch bei einfach gelagerten tatsächlichen oder rechtlichen Beanstandungen eine Überlegungsfrist zuzubilligen, ob er taktisch gegen den Auftraggeber überhaupt vorgehen will oder nicht (1. VK Sachsen, B. v. 5. 4. 2006 – Az.: 1/SVK/027–06; VK Schleswig-Holstein, B. v. 31. 3. 2005 – Az.: VK-SH 05/05); die Frage, ob Nebenangebote weiter hätten aufgeklärt werden müssen oder nicht ist zudem nicht so einfach gelagert, dass ein baufachlich ausgebildeter Unternehmer oder Mitarbeiter sie sich ohne anwaltlichen Rat hätte selbst beantworten und dann eine Beanstandung vornehmen müssen (im Ergebnis ebenso OLG 　1906

Teil 1 GWB § 107   Gesetz gegen Wettbewerbsbeschränkungen

Naumburg, B. v. 25. 10. 2005 – Az.: 1 Verg 5/05; B. v. 25. 1. 2005 – Az.: 1 Verg 22/04; VK Thüringen, B. v. 15. 6. 2006 – Az.: 360–4002.20–024/06-J-S).

1907   Nach Auffassung der VK Sachsen sind **sechs Tage unter Würdigung einer angemessenen Prüfungsdauer** und des Abfassens der Rüge sowie der hier **besonderen Problematik der Falschangabe der Faxnummer des Auftraggebers durch diesen auf den genutzten Briefkopfbögen** auf den **Einzelfall bezogen** noch als unverzüglich im Sinne von § 107 Abs. 3 GWB einzuordnen (1. VK Sachsen, B. v. 13. 4. 2006 – Az.: 1/SVK/028–06).

1908   Nach Auffassung der VK Hessen ist eine Rüge, die **bei einem klaren Sachverhalt** und einer **eindeutigen verbindlichen Mitteilung über die Nichtberücksichtigung** im weiteren Vergabeverfahren **erst 8 oder 9 Arbeitstage** nach Kenntnis des möglichen Verstoßes erfolgt, als **nicht mehr unverzüglich** anzusehen (VK Hessen, B. v. 2. 12. 2004 – Az.: 69 d VK – 72/2004; B. v. 11. 3. 2004 – Az.: 69 d – VK – 06/2004; im Ergebnis ebenso VK Schleswig-Holstein, B. v. 12. 6. 2006 – Az.: VK-SH 12/06; VK Hamburg, B. v. 3. 11. 2005 – Az.: VK BSU-3/05).

1909   Eine Rüge, die erst **7 Tage nach positiver Kenntnis erfolgt, ist verfristet** und damit präkludiert (1. VK Sachsen, B. v. 29. 12. 2004 – Az.: 1/SVK/123–04), ebenso eine **Rüge nach 11 Tagen** (B. v. 31. 1. 2005 – Az.: 1/SVK/144–04 – einfacher Sachverhalt und umfangreiche Information durch den Auftraggeber) bzw. **13 Tagen** (1. VK Sachsen, B. v. 8. 6. 2006 – Az.: 1/SVK/050–06). Im **Gegensatz** zu diesen Entscheidungen lässt die VK Sachsen eine **Rüge nach 11 Tagen** noch zu, wenn **intensive Recherchen zur Wertung eines Nebenangebots notwendig** sind (1. VK Sachsen, B. v. 27. 6. 2005 – Az.: 1/SVK/064–05).

1910   Auch die VK Düsseldorf sieht eine **Rüge bei einem einfach strukturierten Sachverhalt und der Einschaltung einer Rechtsanwaltskanzlei sieben Tagen nach positiver Kenntnis des Vergabeverstoßes als nicht mehr unverzüglich** an (VK Düsseldorf, B. v. 19. 10. 2005 – Az.: VK – 29/2005 – L).

1911   Nach Auffassung der VK Südbayern hingegen kann eine **Rüge auch acht Tage nach Zugang des Schreibens gemäß § 13 VgV noch unverzüglich sein,** wenn der Bieter in der Zwischenzeit **Ermittlungen tatsächlicher Art vornimmt** und, um eine ausreichend sichere rechtliche Schlussfolgerung ziehen zu können, **auch rechtlichen Rat einholen** muss (VK Südbayern, B. v. 7. 11. 2005 – Az. Z3–3–3194–1–40–09/05).

1912   Eine Rüge **bei einfachsten Sachverhaltswahrnehmungen erst 10 Tage nach Benachrichtigung** gemäß § 13 VgV **verstößt gegen das Unverzüglichkeitsgebot** des § 107 Abs. 3 GWB (VK Südbayern, B. v. 1. 9. 2004, Az.: 120.3–3194.1–56–08/04; B. v. 1. 9. 2004, Az.: 120.3–3194.1–53–08/04); **anderer Auffassung** ist insoweit die **VK Düsseldorf** (VK Düsseldorf, B. v. 1. 9. 2005 – Az.: VK – 16/2005 – L, VK – 16/2005 – Z).

1913   Nach einer **anderen Entscheidung** der VK Südbayern hingegen verstößt **ein 13 Tage langes Zuwarten bis zur Erteilung einer Rüge bei einem einfachen Sachverhalt nicht gegen das Unverzüglichkeitsgebot** des § 107 Abs. 3 GWB (VK Südbayern, B. v. 24. 11. 2005 – Az. Az.: Z3–3–3194–1–42–09/05).

1914   Eine Rüge **21 Tage nach der Bekanntgabe der Ausschlussentscheidung und 16 Tage nach Bekanntgabe der Gründe** ist **nicht mehr als unverzüglich** im Sinne von § 107 Abs. 3 Satz 1 GWB zu bezeichnen (VK Südbayern, B. v. 12. 11. 2003 – Az.: 44–09/03).

1915   Unter Berücksichtigung, dass sich die Pflichten der Verfahrensbeteiligten auch im Vergabeverfahren nach Treu und Glauben bemessen, und daher bei der Berechnung der verstrichenen Zeit seit Kenntniserlangung der Zuschlagsentscheidung Sonn- und Feiertage nicht zu berücksichtigen sind, ist eine **Rüge innerhalb einer Frist von neun Werktagen seit Zugang der Vergabeentscheidung nicht mehr unverzüglich** (VK Schleswig-Holstein, Urteil vom 22. 12. 2004 – Az.: VK-SH 34/04).

1916   Bei der Bestimmung der Unverzüglichkeit sind **gesetzliche Feiertage** (z. B. die Zeit von Gründonnerstag bis Osterdienstag) **mit zu berücksichtigen** (OLG Frankfurt am Main, B. v. 8. 2. 2005 – Az.: 11 Verg 24/04).

1917   Nach einer anderen Auffassung ist **bei der Ermittlung der verstrichenen Tage bis zur Rügeerhebung** ebenso wie bei der Ermittlung des Termins entsprechend § 13 VgV, wann ein Zuschlag wirksam erteilt werden kann, **auf Kalendertage abzustellen.** Ansonsten könnte sich ggf. die Situation ergeben, dass zulässigerweise nach 14 Werktagen gerügt würde, der Zuschlag entsprechend § 13 VgV jedoch bereits mit Ablauf des 14. Kalendertages wirksam erteilt wurde. Da aber ein (wirksam) erteilter Zuschlag entsprechend § 114 Abs. 2 GWB durch die Vergabe-

Gesetz gegen Wettbewerbsbeschränkungen GWB § 107 **Teil 1**

kammer nicht aufgehoben werden kann, **muss zwangsläufig nach Auffassung der Vergabekammer vom gleichen Terminus „Kalendertag" ausgegangen werden.** Somit sind die **Sonn- und Feiertage bei der Ermittlung der Zeitdauer bis zum Rügevortrag mit einzuschließen** (1. VK Sachsen, B. v. 8. 6. 2006 – Az.: 1/SVK/050–06).

Eine Rüge **erst 13 Tage nach der Mitteilung gemäß § 13 VgV kann unverzüglich** 1918 sein, wenn **Auftraggeber und Bieter Gespräche über die Gründe der Nichtberücksichtigung** des Bieters führen, der **Bieter danach anwaltlichen Rat einholt** und das **innerhalb der Frist liegende Wochenende** berücksichtigt wird (VK Düsseldorf, B. v. 11. 1. 2006 – Az.: VK – 50/2005 – L).

16.4.12.2 Maximale (Regel-)Frist

In der Rechtsprechung der Vergabekammern wird eine **Obergrenze von zwei Wochen ab** 1919 **Kenntniserlangung** angenommen (VK Arnsberg, B. v. 8. 8. 2006 – Az.: VK 21/06; B. v. 31. 7. 2006 – Az.: VK 20/06; B. v. 13. 6. 2006 – Az.: VK 10/06; 3. VK Bund, B. v. 7. 8. 2006 – Az.: VK 3–93/06; B. v. 7. 8. 2006 – Az.: VK 3–78/06; B. v. 3. 7. 2006 – Az.: VK 3–51/06; VK Düsseldorf, B. v. 2. 5. 2006 – Az.: VK – 17/2006 – B; B. v. 11. 1. 2006 – Az.: VK – 50/2005 – L; B. v. 28. 11. 2005 – Az.: VK – 40/2005 – B; VK Schleswig-Holstein, B. v. 10. 1. 2006 – Az.: VK-SH 30/05; B. v. 5. 10. 2005 – Az.: VK-SH 23/05; 1. VK Sachsen-Anhalt, B. v. 23. 8. 2005 – Az.: 1 VK LVwA 31/05; B. v. 17. 3. 2005 – Az.: 1 VK LVwA 02/05; VK Baden-Württemberg, B. v. 18. 10. 2005 – Az.: 1 VK 62/05; B. v. 13. 10. 2005 – Az.: 1 VK 59/05; B. v. 5. 9. 2005 – Az.: 1 VK 51/05; 1. VK Sachsen, B. v. 19. 7. 2006 – Az.: 1/SVK/060–06; B. v. 19. 7. 2006 – Az.: 1/SVK/059–06; B. v. 9. 5. 2006 – Az.: 1/SVK/036–06; B. v. 6. 4. 2005 – Az.: 1/SVK/022–05; B. v. 29. 12. 2004 – Az.: 1/SVK/123–04; VK Brandenburg, B. v. 14. 9. 2005 – Az.: 1 VK 55/05; B. v. 8. 9. 2005 – Az.: 1 VK 51/05; B. v. 16. 12. 2004 – Az.: VK 70/04; B. v. 18. 11. 2004 – Az.: VK 66/04; K Hessen, B. v. 14. 2. 2005 – Az.: 69 d VK – 90/2004; VK Berlin, B. v. 15. 9. 2004 – Az.: VK – B 2–47/04; B. v. 13. 8. 2004 – Az.: VK – B 2–34/04; VK Lüneburg, B. v. 27. 10. 2006 – Az.: VgK-26/2006; B. v. 10. 10. 2006 – Az.: VgK-23/2006; B. v. 8. 5. 2006 – Az.: VgK-07/2006; B. v. 10. 3. 2006 – Az.: VgK-06/2006; B. v. 26. 5. 2005 – Az.: VgK-20/2005; B. v. 17. 5. 2005 – Az.: VgK-16/2005; B. v. 20. 8. 2004 – Az.: 203-VgK-41/2004, B. v. 29. 6. 2004 – Az.: 203-VgK-20/2004, B. v. 25. 6. 2004 – Az.: 203-VgK-19/2004; VK Nordbayern, B. v. 23. 2. 2004 – Az.: 320.VK-3194–03/04; VK Thüringen, B. v. 11. 10. 2006 – Az.: 360–4002.20–026/06-SLF; B. v. 15. 6. 2006 – Az.: 360–4002.20–024/06-J-S; B. v. 31. 1. 2002 – Az.: 216-404.20–002/02-GTH; VK Rheinland-Pfalz, B. v. 27. 5. 2003 – Az.: VK 08/03). Auch die **Vergabesenate arbeiten mit dieser Höchstfrist** (OLG Frankfurt, B. v. 28. 2. 2006 – Az.: 11 Verg 15/05 und 16/05; OLG Naumburg, B. v. 25. 10. 2005 – Az.: 1 Verg 5/05; OLG Düsseldorf, B. v. 8. 9. 2005 – Az.: Verg 35/04; B. v. 29. 12. 2001 – Az.: Verg 22/01; B. v. 9. 4. 2003 – Az.: Verg 66/02; BayObLG, B. v. 12. 12. 2001 – Az.: Verg 19/01), wobei für die Ausschöpfung dieser Frist Fälle extrem schwieriger Sach- und Rechtslage vorliegen müssen (OLG Dresden, B. v. 6. 4. 2004 – Az.: WVerg 1/04; OLG Naumburg, B. v. 25. 1. 2005 – Az.: 1 Verg 22/04; B. v. 14. 12. 2004 – Az.: 1 Verg 17/04; B. v. 21. 8. 2003 – Az.: 1 Verg 12/03; OLG Koblenz, B. v. 18. 9. 2003 – Az.: 1 Verg 4/03; VK Baden-Württemberg, B. v. 13. 10. 2005 – Az.: 1 VK 59/05).

16.4.12.3 Unverzüglichkeit bei einem fachkundigen Unternehmen bzw. Unternehmen mit Erfahrung in Nachprüfungsverfahren

Unter bestimmten Umständen (kein Bedarf an anwaltlicher Beratung, längere Vorlaufzeit) 1920 kann auch **ein Zeitraum von einer Woche nicht mehr als unverzüglich** im Sinne von § 107 Abs. 3 Satz 1 GWB, d. h. ohne schuldhaftes Zögern, angesehen werden (2. VK Bund, B. v. 17. 10. 2002 – Az.: VK 2–72/02, B. v. 8. 8. 2003, Az.: VK 2–52/03).

Ein **fachkundiges und erfahrenes Unternehmen** kann in der Lage sein, unmittelbar nach 1921 Erhalt der Information über das Vergabeverfahren zu reagieren und in Kenntnis des eigenen Angebots, der eigenen Kalkulation und der branchenbezogenen Marktsituation einzuschätzen, ob – im Falle einer Aufhebung der Ausschreibung – das Vergabeverfahren tatsächlich kein wirtschaftliches Ergebnis erbracht hatte. Es ist ihm zumutbar und möglich, einen vermeintlichen Vergaberechtsverstoß **innerhalb von maximal 5 Tagen** (VK Lüneburg, B. v. 20. 9. 2002 – Az.: 18/02; ähnlich 1. VK Sachsen, B. v. 29. 11. 2002 – Az.: 1/SVK/108–02) bzw. sogar innerhalb von **2 bis 3 Tagen zu rügen** (VK Lüneburg, B. v. 22. 5. 2002 – Az.: 203-VgK-08/2002, B. v. 20. 1. 2004 – Az.: 203-VgK-38/2003).

1922 Ist ein **Unternehmen, was die Durchführung von Vergabeverfahren und Vergabenachprüfungsverfahren anbelangt, sehr erfahren und ist ihm die bestehende Problematik des Nachprüfungsverfahrens bestens bekannt, ist der Bieter verpflichtet, innerhalb kürzester Zeit, nämlich innerhalb von 1 bis 2, maximal drei Tagen zu rügen.** Eine vorherige anwaltliche Beratung ist in solchen Fällen keinesfalls geboten. Selbst wenn noch etwaige Restzweifel bestehen, rechtfertigen diese ein Zuwarten mit der Rüge nicht. Die Rügeobliegenheit besteht nicht erst ab dem Zeitpunkt, zu dem der Antragsteller Kenntnis von einem völlig zweifelsfreien und in jeder Beziehung sicher nachweisbaren Vergabefehler erlangt. Ausreichend ist vielmehr das Wissen um einen Sachverhalt, der den Schluss auf die Verletzung vergaberechtlicher Bestimmungen erlaubt und der es bei vernünftiger Betrachtung gerechtfertigt erscheinen lässt, das Vergabeverfahren als fehlerhaft zu beanstanden (VK Baden-Württemberg, B. v. 13. 10. 2005 – Az.: 1 VK 59/05).

16.4.12.4 Unverzüglichkeit bei eindeutiger Sach- und Rechtslage

1923 Aufgrund der kurzen Fristen, die im Vergabeverfahren grundsätzlich gelten, ist ein Antragsteller in der Regel gehalten, die **Rüge binnen 1 bis 3 Tagen zu erheben,** wenn die Sach- und Rechtslage aus Sicht der Antragstellerin nach dem Ergebnis der Submission eindeutig ist. Etwas anderes gilt allenfalls dann, wenn die Erhebung der Rüge durch eine schwierige Sach- und/oder Rechtslage erschwert wird und die Inanspruchnahme fachkundiger Unterstützung erforderlich ist (VK Magdeburg, B. v. 2. 10. 2002 – Az.: 33–32571/07 VK MD 10/02).

1924 Die VK Rheinland-Pfalz (B. v. 26. 3. 2003 – Az.: VK 3/03) und das OLG Koblenz (B. v. 5. 6. 2003 – Az.: 1 Verg. 2/03) räumen in solchen Fällen eine **Rügefrist von einer Woche** ein.

16.4.12.5 Unverzüglichkeit bei widersprüchlichem Verhalten des Auftraggebers

1925 Ein **widersprüchliches Verhalten des Auftraggebers** während des Vergabeverfahrens kann dazu führen, dass die **Frist** für die Erhebung der Rüge **verlängert** wird (1. VK Sachsen, B. v. 4. 6. 2002 – Az.: 1/SVK/049–02).

1926 Ein Zeitverzug ist vom Antragsteller unverschuldet, wenn in der Bekanntmachung **fälschlicherweise als Nachprüfinstanz** die VOB-/VOL-Stelle anstelle der Vergabekammer benannt ist. Dieser Fehler und die damit verbundene Verzögerung kann dem Antragsteller nicht angelastet werden (1. VK Sachsen, B. v. 4. 10. 2002 – Az.: 1/SVK/085–02).

16.4.12.6 Unverzüglichkeit bei anwaltlicher Vertretung des Bieters

1927 **Auch den Verfahrensbevollmächtigten eines Bieters muss eine gewisse Mindestbearbeitungszeit einschließlich der Abfassung eines entsprechenden Schriftsatzes und der Erstellung der Antragsunterlagen zugestanden werden,** so dass eine **Dauer von fünf Werktagen noch als unverzüglich** angesehen werden kann (VK Schleswig-Holstein, B. v. 12. 7. 2005 – Az.: VK-SH 14/05).

1928 Bei komplexen Vergabeverfahren ist auch bei anwaltlicher Beratung eine Rügefrist von mehr als 6 Tagen zulässig (2. VK Bund, B. v. 4. 9. 2002 – Az.: VK 2–58/02). Die VK Lüneburg sieht insoweit eine **Frist von einer Woche bzw. 6 Tagen noch als unverzüglich** an (B. v. 20. 8. 2004 – Az.: 203-VgK-41/2004; B. v. 7. 6. 2005 – Az.: VgK-21/2005; ebenso 3. VK Bund, B. v. 19. 7. 2005 – Az.: VK 3–58/05).

16.4.12.7 Unverzüglichkeit bei Rügen aus einem anderen Nachprüfungsverfahren

1929 Der Gesetzgeber hat den Parteien eine unverzügliche Rügepflicht auferlegt und sie zudem dem Beschleunigungs- und Förderungsgebot unterworfen, damit **möglichst in einem Beschwerdeverfahren sämtliche Punkte ohne Verzögerung abgehandelt** und damit die durch ein Nachprüfungsverfahren bedingten Investitionshemmnisse möglichst gering gehalten werden. Daher muss ein Antragsteller **alle eventuellen Vergabeverstöße rügen.** Macht er dies nicht, können diese eventuellen Vergabeverstöße in einem späteren Verfahren nicht mehr gerügt werden (2. VK Bund, B. v. 18. 7. 2002 – Az.: VK 2–40/02).

1930 Ist ein **Auftraggeber in einem Nachprüfungsverfahren** – nur – **zur Wiederholung der Wertung verpflichtet** worden und hat der Antragsteller Kenntnis von ihm als solche angesehenen materiellen Wertungsfehler sowie Kenntnis der Tatsache, dass der Auftraggeber seitens der Vergabekammer nicht zu einer neuen fachlichen Wertung verpflichtet ist, ist der **Antragsteller** nach § 107 Abs. 3 Satz 1 GWB **verpflichtet, die von ihm beanstandeten Wertungsfehler** unverzüglich nach dem Beschluss der Vergabekammer zu rügen, wenn er sich die Möglichkeit eines zweiten, auf die fachliche Wertung bezogenen Vergabenachprüfungsverfahrens offen halten will. Wartet er jedoch den Erhalt der zweiten Mitteilung nach § 13 VgV ab und konfrontiert er den Auftraggeber danach mit einem Tatsachenvortrag und einer Reihe von hierauf gestützten Wertungsfehlern, die für den Auftraggeber völlig neu sind, ist die Rüge nicht mehr unverzüglich (3. VK Bund, B. v. 16. 12. 2004 – Az.: VK 3–212/04).

Ein **Antragsteller kann** ebenso aus einem parallelen Vergabeverfahren die erforder- 1931 liche **Tatsachen- und Rechtskenntnis haben.** Dies kann dann der Fall sein, wenn zwei der an der antragstellenden Bietergemeinschaft beteiligten Unternehmen zusammen mit anderen Bietern ein **Angebot im Rahmen einer parallelen und inhaltlich weitgehend identischen Ausschreibung abgegeben,** sie eine **Mitteilung nach § 13 VgV erhalten** und die beabsichtigte Vergabe **gerügt haben,** und zwar **mit denselben Argumenten,** die auch jetzt vorgebracht werden. Spätestens zu diesem Zeitpunkt ist auch für die antragstellende Bietergemeinschaft die erforderliche Tatsachen- und Rechtskenntnis anzunehmen (3. VK Bund, B. v. 3. 7. 2006 – Az.: VK 3–51/06).

16.4.12.8 Unverzüglichkeit bei behaupteten Fehlern in den Verdingungsunterlagen

Als **Maßstab für Rügen gegen behauptete Rechtsverstöße in den Verdingungsunter-** 1932 **lagen ist nicht § 107 Abs. 3 Satz 2 GWB sondern Satz 1 anzulegen.** Fehler in Verdingungsunterlagen werden von § 107 Abs. 3 Satz 2 GWB nicht erfasst, da die Verdingungsunterlagen nicht mehr zur Bekanntmachung gehören (VK Schleswig-Holstein, B. v. 5. 10. 2005 – Az.: VK-SH 23/05).

Von einem sachkundigen Bieter ist zu erwarten, dass er innerhalb einer, höchstens 1933 **aber 2 Wochen nach Eingang der Unterlagen diese auf Verständlichkeit und Vollständigkeit geprüft hat.** Vermeintliche Ungereimtheiten in der Leistungsbeschreibung, wozu z. B. auch die Aufnahme der Wartungskosten als Bedarfsposition gehört, dürfen nicht einfach hingenommen werden. Vielmehr muss der Bieter sich aus den Verdingungsunterlagen ergebende Zweifelsfragen vor Abgabe seines Angebotes klären, notfalls auch durch Hinzuziehung rechtlichen Beistandes. Er hat Erkundigungen einzuholen und ggf. in den öffentlichen Auftraggeber aufzufordern, notwendige Konkretisierungen vorzunehmen. Diese Verpflichtung der Kontaktaufnahme zur Vergabestelle bei Ungereimtheiten in den Verdingungsunterlagen ist zwingend geboten, da nur so etwaige Unklarheiten unmittelbar aufgeklärt und korrigiert werden können (VK Schleswig-Holstein, B. v. 12. 7. 2005 – Az.: VK-SH 14/05; im Ergebnis ebenso Schleswig-Holsteinisches OLG, B. v. 30. 6. 2005 – Az.: 6 Verg 5/05).

Ein Bieter, der einen **als möglich erkannten Verstoß gegen § 9 Nr. 1/Nr. 2 VOB/A** in 1934 einem **Begleitschreiben zu seinem Angebot rügt,** ohne den Auftraggeber vor Angebotsöffnung auf den als möglich erkannten Fehler aufmerksam zu machen, hat **keine unverzügliche Rüge** abgegeben (VK Brandenburg, B. v. 14. 7. 2003 – Az.: VK 40/03; 1. VK Bund, B. v. 7. 1. 2004 – Az.: VK 2–137/03; im Ergebnis ebenso VK Hessen, B. v. 25. 8. 2004 – Az.: 69 d – VK – 52/2004).

Für das Erkennen im Sinne des § 107 Abs. 3 Satz 1 GWB ist **nicht auf den Zeitpunkt ab-** 1935 **zustellen, in dem einem Bieter klar wird, dass seine Bemühungen um Abgabe eines Angebots endgültig gescheitert** sind. Zu diesem Zeitpunkt hat er vielmehr erkannt, dass der Vergaberechtsverstoß bei ihm zu einem Schaden geführt hat, weil ihm die Möglichkeit genommen wird, z. B. wegen der Losgröße oder der zu kurzen Angebotsfrist am Vergabeverfahren teilzunehmen. § 107 Abs. 3 Satz 1 GWB stellt aber auf das **Erkennen des Vergaberechtsverstoßes** ab, nicht auf das Erkennen des Schadens (1. VK Bund, B. v. 7. 1. 2004 – Az.: VK 2–137/03).

Ist einem Bieter aus den Verdingungsunterlagen bekannt, dass beim streitgegenständlichen 1936 Vergabeverfahren die **VOB mit ihrer Eigenleistungsverpflichtung als Vergabe- und Vertragsgrundlage zugrunde gelegt** wird, hat er sich mit der Abgabe seines Angebots sich darauf eingelassen, eine **dagegen gerichtete Rüge erst nach Bekanntgabe des Submissionsergebnisses ist damit unzulässig** (VK Nordbayern, B. v. 1. 2. 2005 – Az.: 320.VK – 3194–56/04).

Eine **Rüge wegen unklarer Wertungskriterien und des Vorbehalts einer Einzelfall-** 1937 **prüfung vor dem Zuschlag auf ein Nebenangebot** ist wegen Verspätung gemäß § 107 Abs. 3 S. 1 GWB präkludiert, wenn die Rüge nicht unmittelbar nach Sichtung der Ausschreibungsunterlagen erhoben wird (VK Lüneburg, B. v. 4. 3. 2005 – Az.: VgK-03/2005).

Teil 1 GWB § 107

1938 Ein **erfahrenes Unternehmen** hinsichtlich Ausschreibungen z. B. von Schulbüchern erkennt bereits bei Bearbeitung der Verdingungsunterlagen einen etwaigen Verstoß gegen Vergabevorschriften, z. B. gegen die Vorschriften des Buchpreisbindungsgesetzes. Eine **Rüge erst nach Erhalt der Mitteilung nach § 13 VgV erfolgt nicht mehr ohne schuldhaftes Zögern und damit nicht unverzüglich** (VK Nordbayern, B. v. 29. 12. 2005 – Az.: 320.VK – 3194–40/05).

16.4.12.9 Unverzüglichkeit bei behaupteter nicht produktneutraler Ausschreibung

1939 Ein Antragsteller ist nach § 107 Abs. 3 Satz 1 GWB präkludiert, wenn er vorbringt, die ausschreibende Stelle habe in vergaberechtswidriger Weise bestimmte Hersteller im Leistungsverzeichnis vorgegeben bzw. die Produktbeschreibung bestimmter Hersteller unter Auslassung des Herstellernamens abgeschrieben und die gesamte Ausschreibung damit auf einen bestimmten Hersteller zugeschnitten und nicht bereits **bei Erstellung des Angebots und der damit verbundenen Befassung mit dem Leistungsverzeichnis rügt** (1. VK Bund, B. v. 25. 7. 2003 – Az.: VK 1–57/03; VK Nordbayern, B. v. 3. 5. 2004 – Az.: 320.VK – 3194–11/04; VK Düsseldorf, B. v. 9. 4. 2003 – Az.: VK – 8/2003 – B). Der **Bieter** muss in einem solchen Fall also **bereits vor Angebotsabgabe rügen** (OLG Naumburg, B. v. 30. 7. 2004 – Az.: 1 Verg 10/04; VK Baden-Württemberg, B. v. 5. 9. 2005 – Az.: 1 VK 51/05; VK Schleswig-Holstein, B. v. 31. 3. 2005 – Az.: VK-SH 05/05; B. v. 13. 12. 2004 – Az.: VK-SH-33/04).

1940 Ein Antragsteller ist nach § 107 Abs. 3 Satz 1 GWB ebenfalls präkludiert, wenn er das nach seiner Auffassung unzulässige **Verlangen** des Auftraggebers **nach Eintragung von Fabrikatsangaben** nicht bereits **bei Erstellung des Angebots und der damit verbundenen Befassung mit dem Leistungsverzeichnis rügt** (VK Lüneburg, B. v. 20. 12. 2004 – Az.: 203-VgK-54/2004).

16.4.12.10 Unverzüglichkeit bei behaupteten Verstößen wegen Bedarfspositionen

1941 Soweit gerügt wird, dass eine **Ausschreibung und Wertung von Bedarfspositionen vergaberechtswidrig** ist, weil es sich um eine **unzulässige Marktpreisanfrage** handelt und die Bedarfspositionen gegen das Gebot einer eindeutigen und erschöpfenden Leistungsbeschreibung verstoßen, da sie ausschließlich dazu dienen, sicherzustellen, gegebenenfalls bestehende Mängel einer unzureichenden Planung auszugleichen, müssen diese **Rügen unmittelbar nach Erkennen, das heißt in den ersten Wochen nach Erhalt der Ausschreibungsunterlagen erhoben werden** (2. VK Bremen, B. v. 10. 9. 2004 – Az.: VK 03/04).

16.4.12.11 Unverzüglichkeit bei sich im Laufe des Vergabeverfahrens abzeichnenden eventuellen Vergabeverstößen

1942 Ein Bieter ist nicht verpflichtet, eine Rüge „ins Blaue hinein" auszusprechen, er darf hinsichtlich der Rüge selbstverständlich auf das Informationsschreiben der Vergabestelle warten. Wenn aber dieses **Informationsschreiben dann einen Inhalt hat, den der Bieter ab Eröffnung der Angebote befürchten musste** (nämlich der Zuschlag auf ein Angebot mit einem deutlich niedrigeren Preis), obliegt es dem Bieter, unverzüglich eine Rüge zu erheben und nicht noch eine Besprechung mit einem Rechtsanwalt abzuwarten (VK Bremen, B. v. 16. 7. 2003 – Az.: VK 12/03).

16.4.12.12 Unverzüglichkeit bei einer Präsentation im Rahmen eines VOF-Verfahrens

1943 Hat ein **Bieter im Rahmen eines Präsentationsgesprächs nach der VOF** von einem behaupteten Vergabeverstoß (z. B. sachwidrige Verkürzung der Präsentationszeit) positiv Kenntnis erlangt und war hierbei auch sein anwaltlicher Vertreter anwesend, hätte der Bieter sofort die notwendigen rechtlichen Schlüsse ziehen können und müssen, so dass die **Rüge noch in dem Präsentationsgespräch mündlich ausgesprochen werden muss**; eine schriftliche Rüge nach Abschluss des Präsentationsgespräches genügt nicht (VK Hessen, B. v. 1. 9. 2003 – Az.: 69 d VK – 44/2003).

16.4.12.13 Unverzüglichkeit und Rücksicht auf Kundenbeziehungen

1944 Dass ein Bieter die **Kundenbeziehung zum Auftraggeber nicht mit einer Rüge, die sich im Endeffekt vielleicht als überflüssig herausstellt, belasten will, ist zwar nachvollziehbar, § 107 Abs. 3 Satz 1 GWB nimmt hierauf aber keine Rücksicht.** Der Gesetzeszweck der Obliegenheit zur unverzüglichen Rüge geht im Gegenteil vielmehr gerade da-

Gesetz gegen Wettbewerbsbeschränkungen GWB § 107 **Teil 1**

hin, auszuschließen, dass ein Bieter im Vertrauen darauf, dass der vermeintliche Vergaberechtsverstoß sich nicht realisieren wird, die Rüge erst artikuliert, wenn er erkennt, dass er keine Chance auf den Zuschlag hat (1. VK Bund, B. v. 7. 1. 2004 – Az.: VK 2–137/03).

16.4.12.14 Unverzüglichkeit bei einem neuen Beschaffungskonzept und komplexen Verdingungsunterlagen

Angesichts eines **für alle Bieter neuen Beschaffungskonzeptes eines öffentlichen Auftraggebers und der damit einhergehenden Komplexität der Verdingungsunterlagen** (insgesamt 45 Lose mit insgesamt 833 Maßnahmen), ist einem Antragsteller ein **Zeitraum von 10 Tagen zuzubilligen,** um sich mit den Inhalten der Ausschreibung und den daraus erwachsenden Konsequenzen für ihr Unternehmen sowie der vergaberechtlichen Bewertung des Ausschreibungsverfahrens eingehend auseinander zu setzen (1. VK Bund, B. v. 24. 3. 2004 – Az.: VK 1–135/03). 1945

16.4.12.15 Unverzüglichkeit bei einer Verdachtsrüge

In dem Spannungsverhältnis zwischen Aufklärung der Ablehnungsgründe und Rüge von Vergabeverstößen auf Verdacht gilt **auch für Aufklärungsschreiben bzw. Verdachtsrügen,** dass sie **unverzüglich** nach Erkennen des Sachverhalts erhoben werden müssen. Jedoch wird **nicht von einer Rügefrist von in der Regel ein bis drei Tagen** auszugehen sein, sondern es wird zu berücksichtigen sein, dass die **verständliche Abfassung der Rüge durch eine nicht bekannte Sach- und/oder Rechtslage erschwert** wird, so dass für ein rügendes Aufklärungsbegehren in Einzelfällen eine **Aufklärungsfrist von bis zu 2 Wochen** zugestanden werden kann. Dies kann auch im Blick auf die Frage gelten, ob eine Verdachtsrüge einer anwaltlichen Beratung bedarf oder ob es ggf. zumutbar wäre, die Aufklärung sofort ohne anwaltliche Beratung zu erheben (VK Baden-Württemberg, B. v. 2. 12. 2004 – Az.: 1 VK 73/04). 1946

16.4.12.16 Unverzüglichkeit bei einem Gesprächsangebot des Auftraggebers

Bietet der Auftraggeber in der Mitteilung nach § 13 VgV ein Gespräch an, kann es einem Bieter nicht angelastet werden, **wenn er den Gesprächstermin zunächst abwartet und erst danach entsprechende Rügen erhebt.** Ein schuldhaftes Zögern bei der Erhebung der Rüge ist bei einem solchen Sachverhalt nicht anzunehmen (3. VK Bund, B. v. 28. 1. 2005 – Az.: VK 3–221/04). 1947

16.4.12.17 Unverzüglichkeit bei Zusage der Vergabe erst zu einem bestimmten Zeitpunkt

Für die Rechtzeitigkeit und die damit verbundene Frage, ob ein Unternehmen die Rüge schuldhaft verzögert hat, kommt es immer auf die **konkreten Umstände des Einzelfalls** an. Wenn der öffentliche **Auftraggeber den Bietern mitteilt, den Zuschlag erst zu einem bestimmten Datum erteilen zu wollen, dann dürfen die Bieter diese Erklärung in aller Regel als die Verlängerung der Frist des § 13 VgV** verstehen. **Daraus resultiert auch eine Verlängerung der Frist für die Rügen.** Denn die Fristverlängerung durch den Auftraggeber hat zur Folge, dass der Vertrag zuvor nicht wirksam geschlossen werden kann. Gleichzeitig erhalten die Bieter die Möglichkeit, Primärrechtsschutz in Anspruch zu nehmen, wozu auch die Einreichung einer Rüge gehört. Insofern ist eine **Rüge 15 Tage nach Absendung des Informationsschreibens, aber vier Tage vor der geplanten Zuschlagserteilung, noch als unverzüglich** anzusehen (VK Münster, B. v. 25. 1. 2006 – Az.: VK 23/05). 1948

16.4.12.18 Berücksichtigung von Sonn- und Feiertagen

Auch im Vergabeverfahren bemessen sich die **Pflichten der Verfahrensbeteiligten nach Treu und Glauben,** so dass im Geschäftsleben üblicher Maßstab anzulegen ist. Danach **findet an Sonn- und Feiertagen üblicherweise keine Bürotätigkeit statt.** Im Regelfall wird deshalb auch kein Bieter zur Aufnahme einer solchen Tätigkeit (Erhebung einer Rüge) nach Treu und Glauben verpflichtet sein allein aufgrund der Tatsache, dass sein potentieller Vertragspartner ein öffentlicher Auftraggeber ist. Dort wird im normalen Verwaltungsdienst ebenfalls nicht an Sonn- und Feiertagen gearbeitet (VK Düsseldorf, B. v. 21. 11. 2003 – Az.: VK - 33/2003 – L). 1949

Teil 1 GWB § 107 Gesetz gegen Wettbewerbsbeschränkungen

16.4.12.19 Begriff des schuldhaften Zögerns

1950   Wer eine Erklärung „unverzüglich" abzugeben hat, **muss auch für seinen Rechtsirrtum über die damit verbundene Frist einstehen, soweit er fahrlässig gehandelt** hat. Dabei ist ein **strenger Sorgfaltsmaßstab** anzulegen; der Erklärende muss die Rechtslage unter Beachtung der hierzu ergangenen Rechtsprechung sorgfältig prüfen und ggf. Rechtsrat einholen; eine dabei von einem Rechtsanwalt erteilte unrichtige Auskunft muss er sich gem. § 278 BGB zurechnen lassen (OLG Dresden, B. v. 21. 10. 2005 – Az.: WVerg 0005/05).

16.4.13 Erkennbare Verstöße aus der Bekanntmachung (§ 107 Abs. 3 Satz 2)

1951   Nach dieser Vorschrift ist ein Nachprüfungsantrag unzulässig, soweit Verstöße gegen Vergabevorschriften, die **aufgrund der Bekanntmachung erkennbar** sind, nicht spätestens bis zum Ablauf der in der Bekanntmachung benannten Frist zur Angebotsabgabe oder zur Bewerbung gegenüber dem Auftraggeber gerügt werden (VK Berlin, B. v. 1. 11. 2004 – Az.: VK – B 2–52/04).

1952   Diese Regelung ist vom Gesetzgeber als **besondere Ausprägung des Grundsatzes von Treu und Glauben** konzipiert worden und **schützt das öffentliche Interesse an einem raschen Abschluss des Vergabeverfahrens** (VK Brandenburg, B. v. 24. 9. 2004 – VK 49/04).

1953   § 107 Abs. 3 S. 2 GWB betrifft nach seinem klaren Wortlaut **nur aus der Bekanntmachung erkennbare Vergaberechtsverstöße, nicht** aber **solche, die erst aus den Verdingungsunterlagen erkennbar** sind (2. VK Bund, B. v. 31. 7. 2006 – Az.: VK 2–65/06; 1. VK Sachsen, B. v. 24. 3. 2005 – Az.: 1/SVK/019–05; offen gelassen Hanseatisches OLG Bremen, B. v. 7. 11. 2005 – Az.: Verg 3/05).

16.4.13.1 Maßstab der Erkennbarkeit

1954   Die **Rechtsprechung** der Vergabekammern hierzu ist **nicht einheitlich.**

1955   **16.4.13.1.1 Grundsatz.** Erkennbar sind Regelverstöße, die **bei üblicher Sorgfalt und den üblichen Kenntnissen von einem durchschnittlichen Unternehmen** erkannt werden (2. VK Bund, B. v. 31. 7. 2006 – Az.: VK 2–65/06; B. v. 29. 3. 2006 – Az.: VK 2–11/06; VK Brandenburg, B. v. 24. 9. 2004 – VK 49/04; 1. VK Sachsen, B. v. 11. 11. 2004 – Az.: 1/SVK/105–04, 1/SVK/106–04, 1/SVK/107–04; VK Baden-Württemberg, B. v. 28. 10. 2004 – Az.: 1 VK 68/04; VK Südbayern, B. v. 14. 12. 2004 – Az.: 70–10/04; B. v. 14. 12. 2004 – Az.: 69–10/04; B. v. 14. 12. 2004 – Az.: 68–10/04; B. v. 19. 10. 2004, Az.: 120.3–3194.1–60–08/04). § 107 Abs. 3 GWB nimmt also keine Rücksicht auf unterschiedliche Erkenntnisstände der Mitarbeiter bei innerbetrieblicher Arbeitsteilung (2. VK Bund, B. v. 14. 12. 2004 – Az.: VK 2–208/04).

1956   Bei der Konkretisierung dieses Maßstabes kommt es auch darauf an, ob das **Unternehmen schon erhebliche Erfahrungen mit öffentlichen Aufträgen hat** und daher **gewisse Rechtskenntnisse vorausgesetzt werden können,** die beim unerfahrenen Unternehmen nicht vorhanden sind (2. VK Bund, B. v. 29. 3. 2006 – Az.: VK 2–11/06; VK Baden-Württemberg, B. v. 28. 10. 2004 – Az.: 1 VK 68/04; VK Südbayern, B. v. 14. 12. 2004 – Az.: 70–10/04; B. v. 14. 12. 2004 – Az.: 69–10/04; B. v. 14. 12. 2004 – Az.: 68–10/04; B. v. 19. 10. 2004, Az.: 120.3–3194.1–60–08/04; B. v. 31. 10. 2002 – Az.: 42–10/02; ähnlich VK Brandenburg, B. v. 24. 9. 2004 – VK 49/04).

1957   Ein durchschnittlicher Antragsteller kann z.B. aus der **beschriebenen Art und dem Umfang der Arbeiten sowie den genannten CPV-Code-Nummern,** aus denen sich konkret der Auftragsgegenstand ergibt, erkennen, was im Einzelnen geliefert und eingebaut werden soll (3. VK Bund, B. v. 26. 9. 2005 – Az.: VK 3–118/05; VK Lüneburg, B. v. 25. 2. 2004 – Az.: 203-VgK-02/2004; VK Hessen, B. v. 25. 7. 2003 – Az.: 69 d VK – 31/2003).

1958   Nach Auffassung des Hanseatischen OLG Bremen ist es davon auszugehen, dass sich **seit Inkrafttreten der Vorschriften des Vergaberechtsänderungsgesetzes** zum 1. 1. 1999 bei den von derartigen Ausschreibungen der öffentlichen Hand angesprochenen Bieterkreisen ein gesteigertes Bewusstsein über das Vergaberecht entwickelt hat. Dies **betrifft insbesondere das Wissen, dass sowohl die Ausschreibungsart als auch die Möglichkeit, vor den Vergabekammern Rechtsschutz zu erlangen, von dem Erreichen eines sich nach dem Auftragsumfang richtenden Schwellenwertes abhängig** ist (Hanseatisches OLG Bremen, B. v. 7. 11. 2005 – Az.: Verg 3/05; im Ergebnis ebenso VK Lüneburg, B. v. 10. 10. 2006 – Az.: VgK-23/2006; VK Bremen, B. v. 2. 8. 2005 – Az.: 810-VK 08/05).

Gesetz gegen Wettbewerbsbeschränkungen GWB § 107 **Teil 1**

16.4.13.1.2 Weiterer Maßstab für ausländische Unternehmen? Die **Rechtsprechung** 1959
der Vergabekammern hierzu ist **nicht einheitlich.**

Ist ein Fehler der Ausschreibung bereits zu dem Zeitpunkt erkennbar, als der Antragsteller die 1960
Ausschreibungsunterlagen einschließlich der weiteren Auftragsbedingungen von der Vergabestelle erhalten hat, und ist er von dem Antragsteller nicht als Fehler erkannt worden, kann es Fälle geben, in denen das **Nichterkennen dem Antragsteller nicht vorwerfbar** ist. So können ihm **als Laien** (z. B. als ausländisches Unternehmen) die Feinheiten des Vergaberechts nicht geläufig sein und ohne konkreten Verdacht besteht für ihn **keine Veranlassung,** die **Ausschreibungsunterlagen** von einer im Vergaberecht kundigen Person **überprüfen zu lassen** (2. VK Bund, B. v. 23. 5. 2002 – Az.: VK 2–16/02).

Ähnlich argumentiert im Ergebnis die VK Baden-Württemberg: Maßgebend ist die Erkennt- 1961
nisfähigkeit des konkreten Antragstellers. Kann **der Antragsteller als ein in vergaberechtlichen Angelegenheiten unerfahrenes Unternehmen** bezeichnet werden, können ihm z. B. Fehler der Vergabestelle bei der Schätzung des Schwellenwertes nicht vorgeworfen werden (B. v. 27. 6. 2003 – Az.: 1 VK 29/03).

Demgegenüber kann nach Meinung der VK Hessen ein Antragsteller grundsätzlich nicht für 1962
sich in Anspruch nehmen, dass für ihn wegen der vorgetragenen Unerfahrenheit mit dem deutschen Vergaberecht Verfahrenserleichterungen bzw. eine restriktive Auslegung der Verfahrensvorschriften gelten müssten. Die Vorschriften der §§ 97 ff. GWB über Nachprüfungsverfahren beziehen sich ausschließlich auf EU-weite Ausschreibungen. Wenn einerseits nach dem Willen der EU-Mitgliedsländer eine Marktöffnung erfolgen und grenzüberschreitende Vergaben zulässig sein sollen, müssen andererseits – schon aus Gründen der Rechtsklarheit – **alle Regeln für alle Teilnehmer gleichermaßen gelten.** Eine unterschiedliche Handhabung würde im Ergebnis dazu führen, dass eine Überprüfung von Vergaberechtsverfahren, also der Primärrechtsschutz, nicht mehr gewährleistet werden könnte. Daher ist grundsätzlich zu verlangen, dass ausländische Bieter sich mit den Vorschriften des Vergaberechts vertraut machen, die für die Ausschreibung, an der sie teilnehmen, gelten (VK Hessen, B. v. 25. 7. 2003 – Az.: 69 d VK – 31/2003).

16.4.13.1.3 Umfang der Präklusion. Bei **erkennbar falscher Wahl der Form der** 1963
öffentlichen Ausschreibung ist ein Beschwerdeführer nicht nur hinsichtlich dieses
Vergabefehlers präkludiert, sondern mit allen weiteren Beanstandungen, die mit
der Wahl der Verfahrensart bestimmungsgemäß zusammengehören, und dass ein solcher unmittelbarer Zusammenhang insbesondere zwischen der Wahl der Vergabeart und der Berechnung des für den Schwellenwert maßgeblichen Auftragswertes besteht. Ein **Bieter** hätte z. B. aus den weiteren Angaben über den Auftragsumfang das Erreichen des Schwellenwertes von € 200 000,– **erkennen müssen, oder hätte rügen müssen,** dass die Vergabebekanntmachung entgegen § 17 Nr. 1 Abs. 2 c) VOL/A keine Angaben über den Umfang der Leistung enthielt, so dass ihm von vornherein die Möglichkeit genommen war zu prüfen und gegebenenfalls zu rügen, dass die Vergabe in der falschen Verfahrensart ausgeschrieben sei (Hanseatisches OLG Bremen, B. v. 18. 5. 2006 – Az.: Verg 3/2005; B. v. 7. 11. 2005 – Az.: Verg 3/05; VK Lüneburg, B. v. 10. 10. 2006 – Az.: VgK-23/2006; VK Bremen, B. v. 2. 8. 2005 – Az.: 810-VK 08/05).

Ist also der Schwellenwert nach der nicht zu beanstandenden Schätzung der ausschreibenden 1964
Stelle erreicht und hat sich der öffentliche Auftraggeber lediglich bei der Wahl des Ausschreibungsverfahrens vergriffen oder ist die Schätzung des Auftragswertes von vornherein vergaberechtswidrig zu niedrig, **verliert der Präkludierte nicht nur das Recht, die falsche Art**
der Ausschreibung oder die fehlerhafte Festsetzung des Auftragswertes zu rügen,
sondern er wird auch mit allen weiteren Vergaberechtsverstößen nicht gehört, die –
isoliert betrachtet – nicht der Präklusionswirkung unterlägen und deren Überprüfung bei im Übrigen sachgerechter Vorgehensweise der ausschreibenden Stelle möglich wäre. Damit werden möglicherweise durch die Anwendung der Präklusionsvorschriften alle den Auftragswert und damit den Schwellenwert betreffenden Vergabeverstöße gegenüber anderen Verstößen **besonders gewichtet mit der Konsequenz, dass dabei zum einen ein ausreichender**
Primärrechtsschutz nicht mehr gewährleistet ist und zum anderen die Verpflichtung aus Art. 1 der Richtlinie 89/665/EWG verletzt wird **sicherzustellen, dass eine wirksame**
Nachprüfung rechtswidriger Entscheidungen der Vergabebehörden erfolgen kann.
Hierin kann auch ein **beachtliches Missbrauchspotential** stecken, weil ein öffentlicher Auftraggeber durch einen – erkennbaren – vergaberechtlichen Verstoß dem nur insoweit unachtsamen Bieter insgesamt den Zugang zum Primärrechtsschutz und damit die Überprüfung weiterer

383

Teil 1 GWB § 107 Gesetz gegen Wettbewerbsbeschränkungen

nicht erkennbarer Verstöße verwehren könnte. **Insoweit ist zu erwägen, ob eine derart umfassende Präklusionswirkung nicht jedenfalls voraussetzt, dass für den potentiellen Bieter aus der Vergabebekanntmachung eindeutig zu erkennen ist, dass der Auftraggeber von einem den maßgeblichen Schwellenwert nicht erreichenden Auftragswert ausgeht.** Dies könnte durch die ausdrückliche Aufführung des geschätzten Auftragswertes geschehen, wogegen allerdings eingewandt wird, dass durch die Bekanntgabe der Schätzung des Auftraggebers der Wettbewerb verfälscht werden könne. Denkbar wäre als Alternative die ausdrückliche Erklärung der ausschreibenden Stelle, dass sie von einem Erreichen oder Verfehlen des maßgeblichen Schwellenwertes ausgehe (Hanseatisches OLG Bremen, B. v. 18. 5. 2006 – Az.: Verg 3/2005; VK Lüneburg, B. v. 10. 10. 2006 – Az.: VgK-23/2006).

1965 Das Hanseatische OLG Bremen hat deshalb **dem EuGH folgende Fragen zur Entscheidung vorgelegt:**

1. *Ist es mit der Richtlinie 89/665/EWG, insbesondere mit Art. 1 Abs. 1 und Abs. 3, zu vereinbaren, wenn einem Bieter generell der Zugang zu einer Überprüfung der Entscheidung der Vergabebehörde über die Vergabe öffentlicher Aufträge verwehrt wird, weil der Bieter innerhalb der im nationalen Recht angeordneten Rügefrist schuldhaft einen Vergabeverstoß nicht geltend gemacht hat, der sich*

   a) auf die gewählte Form der Ausschreibung oder

   b) auf die Richtigkeit der Festsetzung des Auftragswertes (erkennbar fehlerhafte Schätzung oder unzureichende Transparenz der Festsetzung) bezieht, und nach dem richtig festgesetzten oder richtig festzusetzenden Auftragswert eine Überprüfung weiterer und – isoliert gesehen – nicht präkludierter Vergabeverstöße möglich wäre?

2. *Sind gegebenenfalls besondere Anforderungen an die für die Bestimmung des Auftragswertes maßgeblichen Angaben in der Vergabebekanntmachung zu stellen, um aus die Schätzung des Auftragswertes betreffenden Vergabeverstößen einen generellen Ausschluss des Primärrechtsschutzes folgern zu können, auch wenn der richtig geschätzte oder zu schätzende Auftragswert den maßgeblichen Schwellenwert überschreitet?*

1966 **16.4.13.1.4 Weitere Beispiele aus der Rechtsprechung**

– ein **verständiger Bieter** kann die **vergaberechtliche Abgrenzung zwischen Bau- und Dienstleistungsverträgen erkennen** (2. VK Bund, B. v. 31. 7. 2006 – Az.: VK 2–65/06) – eine sehr weitgehende Entscheidung -

– die **Erkennbarkeit der beanstandeten Vermischung von angebots- und bieterbezogenen Kriterien für die Erteilung des Zuschlages ist selbst für einen fachkundigen Bieter aus der Bekanntmachung nicht ohne weiteres gegeben.** Dies ergibt sich insbesondere daraus, dass die **zugrunde liegende Rechtsfrage,** ob nach Durchführung eines Teilnahmewettbewerbs Elemente der Eignungsprüfung noch in die abschließende Wertung einfließen können, **nicht eindeutig zu beantworten** ist. Nach der Rechtsprechung ist es einer Vergabestelle in Ausnahmefällen möglich, besondere Eignungsaspekte, die sich leistungsbezogen auswirken, in der letzten Wertungsstufe zu berücksichtigen. Selbst ein mit öffentlichen Aufträgen erfahrenes Unternehmen konnte somit aus der Bekanntmachung einen möglichen Vergabefehler nicht ohne tiefer gehende Rechtskenntnisse erkennen (2. VK Bund, B. v. 29. 3. 2006 – Az.: VK 2–11/06)

– die **Erkennbarkeit der nunmehr beanstandeten Vermengung von Wirtschaftlichkeits- und Eignungskriterien** für die Erteilung des Zuschlages ist für einen fachkundigen Bieter aus der Vergabebekanntmachung ohne weiteres gegeben (VK Lüneburg, B. v. 15. 11. 2005 – Az.: VgK-48/2005)

– es **widerspricht jeglicher Lebenserfahrung,** dass ein Bieter, der sich wiederholt vor Vergabekammern und Oberlandesgerichten mit anderen Bietern bzw. Auftraggebern über den gleichen angeblichen Vergabeverstoß streitet, sich **bei der Durchsicht einer neuen Bekanntmachung nicht sofort von dem für ihn entscheidenden und wichtigen Sachverhalt Kenntnis verschafft.** Eine erst fast 6 Wochen später erhobene Rüge ist deshalb nicht unverzüglich (VK Baden-Württemberg, B. v. 13. 10. 2005 – Az.: 1 VK 59/05)

– ist aus der Bekanntmachung ersichtlich, dass eine Vergabestelle von Baukosten unterhalb der 5 Mio. € Grenze ausgeht und sie deswegen als Kommunalunternehmen an das Vergaberechtsregime nicht gebunden ist, muss eine **Rüge hinsichtlich des Erreichens des Schwellenwerts spätestens mit Ablauf der Angebotsfrist erfolgen** (VK Nordbayern, B. v. 26. 7. 2005 – Az.: 320.VK – 3194–26/05)

Gesetz gegen Wettbewerbsbeschränkungen GWB § 107 **Teil 1**

- eine Präklusion einer Rüge zur Zulassung von Nebenangeboten – für das Vergabeverfahren bis zur Submission – scheidet aus, wenn der Antragsteller bis dahin noch keinen diesbezüglichen Vergabeverstoß erkannt hat. Zwar erlangt ein Antragsteller durch die Übersendung der Verdingungsunterlagen und im Submissionstermin Kenntnis von der Zulassung von Nebenangeboten und von ihrer möglichen Einbeziehung in die Angebotswertung. **Verbleiben jedoch zumindest Zweifel, ob er zu diesem Zeitpunkt schon über die notwendige Rechtskenntnis vom Vergabeverstoß verfügt, ist positive Kenntnis bei dem Antragsteller auszuschließen** (VK Münster, B. v. 21. 12. 2005 – Az.: VK 25/05; VK Brandenburg, B. v. 1. 3. 2005 – Az.: VK 8/05)
- soweit „**Mindestbedingungen**" i. S. d. Art. 19 Abs. 2 der Richtlinie 93/37/EWG (Baukoordinierungsrichtlinie) **erforderlich sind und fehlen, ist dies bereits bei Angebotsabgabe erkennbar und zu rügen.** Da dies unterblieben ist, ist der Einwand präkludiert (OLG Brandenburg, B. v. 13. 9. 2005 – Az.: Verg W 9/05; Schleswig-Holsteinisches OLG, B. v. 5. 4. 2005 – Az.: 6 Verg 1/05; VK Berlin, B. v. 15.02.206 – Az.: VK – B 1–63/05)
- dies **gilt nicht, wenn der Auftraggeber den Anschein erweckt,** es handele sich um eine **Vergabe, die nach den Regeln des 1. Abschnitts der VOB/A abgewickelt wird** und die Bieter **erst durch ein Informationsschreiben nach § 13 VgV** darauf aufmerksam werden, dass die Schwellenwerte überschritten sind (VK Nordbayern, B. v. 7. 11. 2005 – Az.: 320.VK – 3194–35/05)
- da es sich bei der **Rechtsauffassung,** wonach ein Auftraggeber **mangels Angabe von technischen Mindestbedingungen überhaupt an der Wertung von Nebenangeboten gehindert** ist, um eine auch bislang **von der Rechtsprechung nicht einheitlich gehandhabte Rechtsfrage** handelt, kann **nicht unterstellt** werden, dass ein **Antragsteller bereits im Zuge der Angebotserstellung bereits positive Kenntnis** von dem nunmehr geltend gemachten, vermeintlichen Vergaberechtsfehler erlangt hatte (VK Lüneburg, B. v. 20. 5. 2005 – Az.: VgK-18/2005; im Ergebnis ebenso 1. VK Sachsen, B. v. 9. 1. 2006 – Az.: 1/SVK/149–05)
- fordert die Vergabestelle in der Bekanntmachung die **Übernahme der Produkthaftung,** ist für den Bieter bereits hieraus ohne weiteres der nach ihrer Auffassung bestehende Vergaberechtsverstoß ersichtlich, nämlich dass er sich **außerstande sieht, lediglich als Vertreiber der Produkte dieser Forderung zu entsprechen.** Hierbei ist auch von Bedeutung, dass er über hinreichende Erfahrungen hinsichtlich der Teilnahme an Vergabeverfahren verfügt (2. VK beim Landesverwaltungsamt Sachsen-Anhalt, B. v. 11. 4. 2005 – Az.: VK 2 – LVwA LSA 06/05)
- hat ein Bieter spätestens zum Zeitpunkt der Erarbeitung der eigenen Nebenangebote, **also noch vor der Angebotseröffnung** nach Durchsicht der Verdingungsunterlagen die Kenntnis von den seiner Meinung **fehlenden bzw. ungenügenden Mindestbedingungen für Nebenangebote** und erfolgt die Rüge zu fehlenden Mindestbedingungen für Nebenangebote **erst ca. drei Monate nach der Angebotseröffnung,** erfolgt die Rüge zu fehlenden bzw. ungenügenden Mindestbedingungen für Nebenangebote somit **nicht mehr unverzüglich** (VK Thüringen, B. v. 28. 4. 2005, Az.: 360–4002.20–005/05-MGN)
- aus den Verdingungsunterlagen konnten die Bieter, noch vor der Abgabe ihrer Angebote ohne weiteres schließen und erkennen, wie der **Auftraggeber mit Nebenangeboten umgehen wird. Etwaige Beanstandungen inhaltlicher Art hätten folglich spätestens bis zum Ablauf der Frist zur Angebotsabgabe gerügt** werden müssen (1. VK Brandenburg, B. v. 24. 11. 2005 – Az.: 1 VK 69/05; VK Münster, B. v. 10. 2. 2005 – Az.: VK 35/04; 1. VK Sachsen, B. v. 24. 3. 2005 – Az.: 1/SVK/019–05)
- nicht erkennbar und nicht zu rügen war im November 2004 die **Unterlassung von Angaben von Mindestbedingungen für Nebenangebote in der Bekanntmachung bzw. in den Vergabeunterlagen** (1. VK Sachsen, B. v. 11. 11. 2004 – Az.: 1/SVK/105–04, 1/SVK/106–04, 1/SVK/107–04)
- erkennbar und zu rügen sind die **die Höhe der Sicherheitsleistung wie auch die geforderten Bürgschaften** (1. VK Sachsen, B. v. 21. 7. 2004 – Az.: 1/SVK/050–04)
- erkennbar und zu rügen ist die **mangelnde losweise Ausschreibung** (1. VK Sachsen, B. v. 17. 6. 2004 – Az.: 1/SVK/038–04, 1/SVK/038–04G)
- erkennbar und zu rügen ist insbesondere die Wahl der falschen Vergabeart (VK Baden-Württemberg, B. v. 28. 10. 2004 – Az.: 1 VK 68/04)

Teil 1 GWB § 107   Gesetz gegen Wettbewerbsbeschränkungen

16.4.13.2 Verfristete Rüge bei behaupteten Fehlern in der Bekanntmachung eines Teilnahmewettbewerbes

1967   Sind etwaige Vergaberechtsverstöße (z. B. falsche Vergabeart) schon **aufgrund der Bekanntmachung erkennbar,** ist der (etwaige) Vergaberechtsverstoß bei einem Teilnahmewettbewerb gemäß § 107 Abs. 3 Satz 2 GWB **innerhalb der Frist zur Teilnahmebewerbung** zu rügen. Geschieht dies nicht, ist die **Rüge der Wahl der falschen Vergabeart ausgeschlossen** (OLG Düsseldorf, B. v. 7. 1. 2002 – Az.: Verg 36/01; 2. VK Bund, B. v. 14. 12. 2004 – Az.: VK 2–208/04; 1. VK Sachsen, B. v. 20. 8. 2004 – Az.: 1/SVK/067–04).

16.4.13.3 Spätester Zeitpunkt der Rüge

1968   § 107 Abs. 3 Satz 2 GWB eröffnet eine Rügemöglichkeit **bis zum Ablauf der Angebotsfrist.** Aus dem Umstand, dass die Vorschrift den Ablauf der Angebotsfrist als „spätesten" Zeitpunkt der Rüge vorsieht, kann ebenso wenig ein Verstoß gegen die Verpflichtung zur unverzüglichen Rüge gesehen werden wie unter dem Aspekt „Beschleunigungsgebot" oder „vorvertragliche Verpflichtungen". Weder aus dem Zusatz „spätestens" noch aus der Regelung im übrigen kann auf eine **gesetzliche Pflicht zur sofortigen und intensiven Prüfung des Bekanntmachungsinhaltes auf etwaige vergaberechtliche Verstöße** verbunden mit der Folge einer Präkludierung im Falle des Verstoßes gegen diese (etwaige) Verpflichtung geschlossen werden (VK Baden-Württemberg, B. v. 15. 1. 2003 – Az.: 1 VK 71/02).

1969   Selbst wenn der Bieter die Verstöße schon kurze Zeit nach Kenntnisnahme der Bekanntmachung positiv erkannt hat, verlangt zumindest der Wortlaut der Vorschrift keine unverzügliche Rüge. Es wäre allerdings zu überlegen, ob nicht dann die Unverzüglichkeitsregelung des Satzes 1 oder zumindest der **Grundsatz von Treu und Glauben** mit der möglichen Folge der Präkludierung bzw. Verwirkung des Rügerechts greift, wenn der Bieter die aus der Bekanntmachung erkennbaren Verstöße nachweislich zu einem schon möglicherweise frühen Zeitpunkt positiv erkannt hat. Denn aus der Bekanntmachung erkennbare Verstöße gegen Vergabevorschriften, die positiv erkannt werden, könnten als solche des Satzes 1, d. h. als „erkannte" Verstöße gesehen werden, die unverzüglich zu rügen sind. Für Satz 2 des § 107 Abs. 3 hat ebenso die Begründung zum Sinn und Zweck der Rügeobliegenheit zu gelten wie bei Satz 1, nämlich dem Auftraggeber nach positivem Erkennen des Verstoßes möglichst schnell die Möglichkeit zu einer Behebung des Mangels zu geben. Der Bieter hat nach erkanntem (vermeintlichen) Vergabeverstoß alles zu unternehmen, dass eine schnellstmögliche Korrektur dieses Mangels durch die Vergabestelle erfolgen kann (VK Hessen, B. v. 2. 1. 2003 – Az.: 69 d – VK – 55/2002).

16.4.13.4 Rügezeitpunkt beim Teilnahmewettbewerb

1970   **Maßgebliche Ausschlussfrist** für die Rüge nach § 107 Abs. 3 Satz 2 GWB **im Rahmen eines Teilnahmewettbewerbs** ist nicht etwa die den im Zuge des nichtoffenen Vergabeverfahrens beteiligten Unternehmen gesetzte Angebotsfrist, sondern **der in der Vergabebekanntmachung ausdrücklich gesetzte Schlusstermin für den Eingang der Teilnahmeanträge.** Dies folgt schon daraus, dass sich beim nichtoffenen Verfahren z. B. gem. § 3a Nr. 1b, § 8a Nr. 2 VOB/A nur eine in der Vergabebekanntmachung genannte Anzahl von Bietern am Vergabeverfahren mit einem eigenen Angebot beteiligen kann, die rechtzeitig einen Teilnahmeantrag abgegeben haben (VK Lüneburg, B. v. 25. 2. 2004 – Az.: 203-VgK-02/2004).

1971   Will sich ein Bieter gegen die von der Vergabestelle anerkannte Eignung eines Mitbewerbers wehren, kommt es darauf an, **zu welchem Zeitpunkt ihm die Beteiligung des Mitbewerbers bekannt** wird. **Spätester Zeitpunkt ist insoweit der Submissionstermin.** Unverzüglich danach muss der Mangel an Eignung gerügt werden; geschieht dies nicht, ist die erst im Laufe eines Nachprüfungsverfahrens erhobene Rüge verspätet und somit unzulässig (2. VK Bremen, B. v. 10. 9. 2004 – Az.: VK 03/04).

16.4.13.5 Auswirkung der Verlängerung der Angebotsfrist

1972   Die Präklusion eines Antragstellers mit der Rüge eines Verstoßes im Sinne von § 107 Abs. 3 Satz 2 GWB knüpft nach dem Wortlaut von § 107 Abs. 3 Satz 2 GWB an die Versäumung der in der Bekanntmachung benannten **Frist zur Angebotsabgabe** an. Auch wenn der Gesetzgeber an die Möglichkeit der Verlängerung dieser Frist nicht gedacht haben mag, ist es **weder nach Sinn und Zweck der Regelung noch unter Berücksichtigung der wohlverstandenen Interessen der Beschwerdeführerin angezeigt, die Rügemöglichkeit abweichend** vom Wortlaut der Regelung bis zum Ablauf der nachträglich verlängerten Angebotsfrist zu erhalten. An sich kann von einem durchschnittlichen Interessenten um öffentliche Aufträge, deren Vergabe in den Anwendungsbereich des 4. Teils des GWB fällt, erwartet werden, dass er diesbezügliche Bekanntmachungen alsbald nach ihrer Veröffentlichung zur Kenntnis nimmt und sich sogleich mit ihnen auseinandersetzt, so dass ein effektiver Bieterschutzes durchaus auch bei einer deutlich kürzer bemessenen Rügefrist gewahrt wäre. Jedenfalls aber ist es nicht geboten, die Rügefrist auch noch auszudehnen, wenn sich die Angebotsfrist verschiebt, weil das Leistungsverzeichnis nicht rechtzeitig erstellt werden kann. Für die Erhebung einer Beanstandung, die sich auf die Bekanntmachung bezieht, ist der Erhalt weiterer Ausschreibungsunterlagen gerade nicht erforderlich (KG Berlin, B. v. 11. 7. 2000 – Az.: KartVerg 7/00).

16.4.13.6 Beispiele aus der Rechtsprechung
– ein etwaiger Vergaberechtsverstoß in der **Wahl des Verhandlungsverfahrens** (OLG Düsseldorf, B. v. 7. 1. 2002 – Az.: Verg 36/01)
– ein etwaiger Vergaberechtsverstoß in der **Wahl der öffentlichen Ausschreibung statt des Offenen Verfahrens** (VK Baden-Württemberg, B. v. 27. 6. 2003 – Az.: 1 VK 29/03)
– behauptete Fehlerhaftigkeit einer **nicht losweisen Ausschreibung** (VK Lüneburg, B. v. 25. 2. 2004 – Az.: 203-VgK-02/2004; VK Hessen, B. v. 29. 5. 2002 – Az.: 69 d VK – 15/2002)
– behauptete Fehlerhaftigkeit durch die **Forderung nach einer Aufgliederung der Einheitspreise in Material- und Lohnanteile** (2. VK Bund, B. v. 19. 2. 2002 – Az.: VK 2–02/02)

1973

16.4.13.7 Organisationsfehler des Antragstellers
Es bleibt **der Organisation und damit der Risikosphäre eines Bieters** überlassen, mit welchem Engagement und Personaleinsatz er sich an einer Ausschreibung beteiligt. Der durch das Vergaberechtsänderungsgesetz dem Bieter erstmals gewährte Primärrechtsschutz im Vergabeverfahren setzt auf der anderen Seite voraus, dass sich der Bieter seinerseits stets in gebührendem Maße um seinen Rechtsschutz bemüht. Dazu gehört gerade auch die vorprozessuale Rüge. Insoweit kann sich auch ein Bieter nicht durch die allein ihm obliegende Organisation des Personaleinsatzes bei der Angebotserstellung der angemessenen, eingehenden Prüfung der Verdingungsunterlagen und damit der potenziellen, rechtzeitigen Rügemöglichkeit in einem laufenden Vergabeverfahren wirksam entziehen, indem er die fachliche Auswahl der bei der Angebotserstellung eingesetzten Mitarbeiter derart beschränkt, dass **Fehler in den Verdingungsunterlagen, die einem durchschnittlichen, fachlich versierten Bieterunternehmen sofort bei der ersten Angebotsprüfung auffallen müssten, übersieht** (VK Lüneburg, B. v. 20. 9. 2002 – Az.: 203-VgK-18/2002, B. v. 21. 1. 2003 – Az.: 203-VgK-30/2002; 2. VK Bund, B. v. 22. 10. 2003 – Az.: VK 2–86/03).

1974

Auch der **Urlaub des Geschäftsführers kann kein Anlass sein, die für eine Rüge einzuräumende Zeitspanne wesentlich zu verlängern,** weil der Geschäftsführer in Erwartung der Vergabeentscheidung die notwendige Vorsorge treffen muss, um auf unerwartete Ereignisse sofort reagieren zu können (VK Berlin, B. v. 15. 9. 2004 – Az.: VK – B 2–47/04).

1975

16.4.13.8 „Aufdrängen" von Vergabefehlern
Eine Rüge ist auch dann verspätet, wenn sich das **Vorliegen einer fehlerhaften Ausschreibung aufdrängt,** der Bieter sich aber auf – evtl. unrichtige – Erläuterungen der Vergabestelle verlässt (VK Thüringen, B. v. 29. 6. 2004 – Az.: 360–4003.20–011/04-SDH).

1976

16.4.13.9 Begriff der Bekanntmachung
Unter „Bekanntmachung" ist nicht nur die Bekanntmachung im Supplement zum Amtsblatt der Europäischen Gemeinschaften zu verstehen, sondern **jede Bekanntgabe einer öffentlichen Ausschreibung in Tageszeitungen oder in einem amtlichen Veröffentlichungsblatt** (KG Berlin, B. v. 10. 10. 2002 – Az.: 2 KartVerg 13/02).

1977

Nicht erfasst werden von dieser Alternative Fehler in Verdingungsunterlagen, da die Verdingungsunterlagen nicht mehr zur Bekanntmachung gehören (VK Düsseldorf, B. v. 15. 10. 2003 – Az.: VK – 28/2003 – L).

1978

Teil 1 GWB § 107   Gesetz gegen Wettbewerbsbeschränkungen

16.4.13.10 Vorrang des § 107 Abs. 3 Satz 1 GWB gegenüber § 107 Abs. 3 Satz 2 GWB bei gleichzeitigem Vorliegen der Voraussetzungen

1979   Bereits aus der Vergabebekanntmachung erkennbare Verstöße gegen Vergabevorschriften, die positiv erkannt wurden, sind immer auch gleichzeitig als „erkannte" Verstöße im Sinne des § 107 Abs. 3 Satz 1 GWB zu betrachten und damit unverzüglich zu rügen. Insoweit bedarf es eines Rückgriffs auf die Erkennbarkeit von Vergabefehlern nicht mehr, wenn bereits positive Kenntnis vorliegt. **Letztlich bedeutet dies, dass bei gleichzeitiger grundsätzlicher Anwendbarkeit des § 107 Abs. 3 Satz 1 und 2 GWB der Satz 1 vorgeht.** Dies entspricht auch dem Sinn und Zweck der Rügeobliegenheit, nämlich einer schnellstmöglichen Korrektur vermeintlicher Vergabefehler (VK Schleswig-Holstein, B. v. 5. 10. 2005 – Az.: VK-SH 23/05).

16.4.14 Zurechnung der Kenntnis von eventuellen Vergabefehlern aus einem anderen Verfahren bei Personenidentität auf Seiten des Beschwerdeführers

1980   Rügt ein Antragsteller Vergabefehler, die aufgrund einer Personenidentität dem Antragsteller schon aus einem anderen – zeitlich vorhergehenden – Vergabenachprüfungsverfahren bekannt sind, ist für Erfüllung der Rügevoraussetzungen im zweiten – nachfolgenden – Verfahren **auf die frühere Kenntnis oder die frühere Erkennbarkeit abzustellen** (1. VK Bund, B. v. 9. 10. 2002 – Az.: VK 1–77/02).

16.4.15 Notwendiger Inhalt der Rüge

16.4.15.1 Allgemeines

1981   Was die inhaltlichen Anforderungen an eine Rüge angeht, fordert § 107 Abs. 3 GWB lediglich die Angabe von Verstößen gegen Vergabevorschriften. Im Sinne der Gewährung effektiven Rechtsschutzes sind an die Rüge daher **nur geringe Anforderungen** zu stellen (1. VK Bund, B. v. 16. 6. 2006 – Az.: VK 1–34/06; VK Hamburg, B. v. 3. 11. 2005 – Az.: VK BSU-3/05; VK Brandenburg, B. v. 16. 12. 2004 – Az.: VK 70/04; VK Arnsberg, B. v. 10. 9. 2004 – Az.: VK 1–15/2004). Insbesondere ist es **nicht erforderlich,** dass der Bewerber explizit **das Wort „Rüge"** verwendet (VK Münster, B. v. 16. 2. 2005 – Az.: VK 36/04; VK Brandenburg, B. v. 8. 9. 2005 – Az.: 1 VK 51/05; B. v. 5. 4. 2005 – Az.: VK 9/05; B. v. 16. 12. 2004 – Az.: VK 70/04; VK Hessen, B. v. 16. 7. 2004 – Az.: 69d – VK – 39/2004; 1. VK Sachsen, B. v. 21. 2. 2006 – Az.: 1/SVK/004–06; B. v. 21. 4. 2004 – Az.: 1/SVK/029–04; VK Südbayern, B. v. 17. 7. 2003 – Az.: 24–06/03) oder **exakt einzelne Normen des Vergaberechts benennt,** die er als verletzt ansieht (OLG Dresden, B. v. 21. 10. 2005 – Az.: WVerg 0005/05; VK Brandenburg, B. v. 8. 9. 2005 – Az.: 1 VK 51/05; B. v. 18. 6. 2005 – Az.: VK 22/04; 1. VK Sachsen, B. v. 21. 4. 2004 – Az.: 1/SVK/029–04).

1982   Die Rüge muss jedoch objektiv und vor allem auch gegenüber dem Auftraggeber deutlich sein und von diesem so verstanden werden, welcher Sachverhalt aus welchem Grund als Verstoß angesehen wird und dass es sich nicht nur um die Klärung etwaiger Fragen, um einen Hinweis, eine Bekundung des Unverständnisses oder der Kritik z. B. über den Inhalt der Ausschreibung oder Verfahrensabläufe und Entscheidungen o. ä. handelt, sondern **dass der Bieter von der Vergabestelle erwartet und bei ihr erreichen will, dass der (vermeintliche) Verstoß behoben wird** (OLG Dresden, B. v. 21. 10. 2005 – Az.: WVerg 0005/05; OLG Brandenburg, B. v. 17. 2. 2005 – Az.: Verg W 11/04; OLG Frankfurt, B. v. 24. 6. 2004 – Az.: 11 Verg 15/04; OLG Düsseldorf, B. v. 29. 3. 2006 – Az.: VII – Verg 77/05; B. v. 14. 3. 2003 – Az.: Verg 14/03; 1. VK Bund, B. v. 16. 6. 2006 – Az.: VK 1–34/06; VK Hamburg, B. v. 3. 11. 2005 – Az.: VK BSU-3/05; VK Baden-Württemberg, B. v. 18. 10. 2005 – Az.: 1 VK 62/05; B. v. 15. 8. 2005 – Az.: 1 VK 47/05; 3. VK Bund, B. v. 9. 6. 2005 – Az.: VK 3–49/05; VK Rheinland-Pfalz, B. v. 12. 4. 2005 – Az.: VK 11/05; VK Münster, B. v. 16. 2. 2005 – Az.: VK 36/04; VK Brandenburg, B. v. 8. 9. 2005 – Az.: 1 VK 51/05; B. v. 5. 4. 2005 – Az.: VK 9/05; B. v. 9. 2. 2005 – VK 86/04; B. v. 16. 12. 2004 – Az.: VK 70/04; B. v. 18. 6. 2005 – Az.: VK 22/04; VK Hessen, B. v. 5. 10. 2004 – Az.: 69d – VK – 56/2004; B. v. 16. 7. 2004 – Az.: 69d – VK – 39/2004; B. v. 30. 3. 2004 – Az.: 69d – VK – 08/2004; B. v. 11. 3. 2004 – Az.: 69d – VK – 06/2004; B. v. 26. 3. 2003 – Az.: 69d VK – 13/2003; 1. VK Sachsen, B. v. 21. 2. 2006 – Az.: 1/SVK/004–06; B. v. 16. 4. 2003 – Az.: 1/SVK/027–03; B. v. 21. 4. 2004 – Az.: 1/SVK/029–04).

1983   Die Rüge muss **zwar keine detaillierte rechtliche Würdigung** enthalten, sie darf aber andererseits **nicht völlig pauschal und undifferenziert** sein (OLG Naumburg, B. v. 14. 12. 2004 – Az.: 1 Verg 17/04).

An einer wirksamen Rüge fehlt es daher, wenn diese entweder **objektiv nicht als solche** 1984
erkennbar ist oder von der Vergabestelle nicht als solche erkannt werden konnte oder
musste, wobei von der **Sicht eines verständigen Dritten** auszugehen ist. Eine Rüge muss klar
und deutlich in der Weise formuliert sein, dass die Vergabestelle die Erklärung des Bieters unter
Berücksichtigung aller Umstände als solche und als Aufforderung verstehen muss, den beanstandeten Verstoß zu beseitigen (1. VK Sachsen, B. v. 21. 4. 2004 – Az.: 1/SVK/029–04; VK Hessen, B. v. 26. 3. 2003 – Az.: 69 d VK – 13/2003).

Der bloße **Hinweis,** dass es sich **offenbar um ein Missverständnis** handele und vorsorg- 1985
lich Widerspruch angemeldet werde, genügt den Rügeanforderungen nicht. **Etwaige Schreiben an andere Stellen als die Vergabestelle** (z. B. politische Beamte oder auch Vergabekammer) sind **für die Erfüllung der Rügepflicht unbeachtlich** (VK Hessen, B. v. 11. 3. 2004 – Az.: 69 d – VK – 06/2004).

Ist ein Bieter nach seiner Auffassung durch fehlende Pläne an der Ausarbeitung eines Ange- 1986
bots gehindert, muss er in der **Rüge zumindest den kausalen Zusammenhang zur später
behaupteten Unvollständigkeit des Hauptangebotes darlegen** (VK Hessen, B. v. 20. 10.
2004 – Az.: 69 d – VK – 62/2004).

Sehr gering sind die Anforderungen an den notwendigen Inhalt einer Rüge, wenn dem 1987
**Auftraggeber schon durch den Vorhalt eines Einspruches und das Begehren, Gründe
der Absage zu erfahren,** klar sein kann und muss, dass die Entscheidung beanstandet wird
und eine Anrufung der Kammer droht (VK Baden-Württemberg, B. v. 19. 5. 2004 – Az.: 1 VK
25/04).

Ein **wiederholter und nachdrücklicher Hinweis auf einen großen Preisunterschied** 1988
erfüllt die inhaltlichen Anforderungen an eine Rüge, wenn der Bieter darauf hinweist,
dass ein so großer Preisunterschied der einzelnen Bieter nicht möglich sei. Der mit dem Vergaberecht vertraute Auftraggeber muss davon ausgehen, dass ein Antragsteller mit dieser Formulierung auf die fehlende Auskömmlichkeit abzielt (1. VK Sachsen, B. v. 10. 9. 2003 – Az.:
1/SVK/107–03).

Der Bieter bzw. Bewerber muss den **Vergabeverstoß** und die **Aufforderung** an den öffent- 1989
lichen Auftraggeber, **den Verstoß abzuändern, konkret darlegen.** Beide Tatsachenvorträge
sind – auch bei wenig restriktiver Auslegung – **unverzichtbare Bestandteile der Rüge**
(1. VK Sachsen, B. v. 7. 5. 2002 – Az.: 1/SVK/035–02; VK Hamburg, B. v. 21. 4. 2004 – Az.:
VgK FB 1/04). **Nur schlichte Fragen nach Inhalt und Begründung einer Ausschlussentscheidung** und allgemeine Ankündigungen, man werde das so nicht hinnehmen, erfüllen
den Rügetatbestand grundsätzlich nicht (OLG Dresden, B. v. 17. 8. 2001 – Az.: WVerg
0005/01).

An die Pflicht zur Substantiierung sind aber keine übertriebenen Anforderungen zu stellen 1990
(2. VK Bund, B. v. 4. 9. 2002 – Az.: VK 2–58/02).

Die Rügeobliegenheit verlangt, dass **jeder einzelne** (wirklich geschehene oder vermutliche) 1991
Vergaberechtsverstoß, den der Antragsteller zum Gegenstand der Nachprüfung machen will,
gerügt werden muss (OLG Dresden, B. v. 21. 10. 2005 – Az.: WVerg 0005/05; 1. VK Bund,
B. v. 26. 2. 2003 – Az.: VK 1–07/03).

Das **Beifügen des Entwurfs der Antragsschrift** kann für das Vorliegen einer Rüge ausrei- 1992
chen, wenn wegen der knappen Zeit bis zur vorgesehenen Zuschlagserteilung keine zu großen
Anforderungen an die Rüge gestellt werden dürfen und der Inhalt der angeblichen Verfahrensverstöße sich jedenfalls aus der beigefügten Antragsschrift ergibt, in der die einzelnen Verstöße
gegen Regeln des Vergaberechts konkret benannt wurden. Auf eventuelle Anlagen zum Entwurf
des Nachprüfungsantrags, die erst durch die VK zugestellt werden sollten, kommt es nicht wesentlich an, wenn sich die angeblichen Verfahrensfehler bereits aus der Antragsschrift selbst ergeben (VK Brandenburg, B. v. 26. 2. 2003 – Az.: VK 77/02).

16.4.15.2 „Forderung" nach einer Änderung der Vergabeentscheidung?

Dass eine Vergabestelle gegenüber einem Bewerber bzw. Bieter einer von diesem geäußerten 1993
Bitte um Änderung einer Vergabeentscheidung nicht nachkommen muss, sondern dies
einer – ausdrücklich so genannten – **Forderung bedarf,** wäre dem zwischen den Beteiligten
bestehenden **Vertrauens- und Kooperationsverhältnis in höchstem Maße abträglich** und
ist von der die Rügepflicht betreffenden gesetzgeberischen Motivation nicht abgedeckt (VK
Hessen, B. v. 30. 3. 2004 – Az.: 69 d – VK – 08/2004).

Teil 1 GWB § 107   Gesetz gegen Wettbewerbsbeschränkungen

16.4.15.3 „Letzte Chance" für den Auftraggeber?

1994 Die Frage, ob Inhalt der Rüge auch sein muss, dass der Vergabestelle mit der Rüge die letzte Chance zur Fehlerkorrektur gegeben wird, ist umstritten.

1995 Nach einer Auffassung ist für eine Rüge im Sinne des § 107 Abs. 3 GWB **unabdingbar,** dass der Bewerber der Vergabestelle unmissverständlich deutlich macht, dass ihr hiermit die **letzte Chance** gegeben wird, den vorgetragenen Verstoß gegen Vergaberecht zu korrigieren (OLG Brandenburg, B. v. 17. 2. 2005 – Az.: Verg W 11/04; VK Rheinland-Pfalz, B. v. 14. 5. 2002 – Az.: VK 11/02, B. v. 25. 4. 2003 – Az.: VK 5/03; ebenso VK Magdeburg, B. v. 27. 8. 2003 – Az.: 33–32571/07 VK 13/03 MD; ebenso VK Südbayern, B. v. 6. 5. 2002 – Az.: 12–04/02, anders VK. v. 17. 7. 2003 – Az.: 24–06/03; ebenso VK Lüneburg, B. v. 17. 10. 2003 – Az.: 203-VgK-23/2003; VK Brandenburg, B. v. 16. 12. 2004 – Az.: VK 70/04; B. v. 18. 11. 2004 – Az.: VK 66/04).

1996 Demgegenüber teilt das KG Berlin (B. v. 22. 8. 2001 – Az.: KartVerg 03/01) diese Ansicht nicht. Eine solche **Forderung ergibt sich weder aus dem Gesetz, noch aus** der dafür von der VK des Bundes in Anspruch genommenen **Begründung des Regierungsentwurfs** (BT-Drs. 13/9340 S. 17 zu RegE § 117). Danach muss der Bieter der Vergabestelle zwar Gelegenheit geben, den Fehler zu beheben. Davon, ihr die Inanspruchnahme von Rechtsschutz für den Fall der Nichtabhilfe zuzudrohen, ist dort aber nicht die Rede. Diese **Forderung lässt sich auch nicht aus Sinn und Zweck der Rügeobliegenheit ableiten.** Dieser erschöpft sich darin, der Vergabestelle die Beanstandung aufzuzeigen. Die von der Vergabestelle getroffene Unterscheidung zwischen Rügen im Rechtssinne (§ 107 Abs. 3 GWB) und sonstigen Beanstandungsschreiben („Meckerschreiben"), die die Bieter häufig an die Vergabestelle adressierten, ohne dass die Absender ernsthaft das Verhalten der Vergabestelle im Vergabeverfahren angreifen wollten, führt nicht weiter. Ob sich ein Anliegen als erheblich oder unerheblich darstellt, ist eine Frage, die von Art und Inhalt der Beanstandung abhängt und nicht davon, ob der Beschwerdeführer die umgehende Anrufung der VK in Aussicht stellt oder nicht.

16.4.15.4 Androhung der Anrufung der Vergabekammer?

1997 **Mangels eines gesetzlichen Anhaltspunktes** ist **nicht zu fordern,** dass auch das finale Element einer **Anrufung der Vergabekammer** in Aussicht gestellt werden muss (1. VK Sachsen, B. v. 10. 4. 2002 – Az.: 1/SVK/23–02, 1/SVK/23–02G).

16.4.15.5 Ersetzung der Rüge durch Kenntnis der Vergabestelle von Vergabeverstößen

1998 Eine Kenntnis der Vergabestelle von möglichen Rechtsverstößen ersetzt nicht eine ausdrückliche Rüge seitens des Bieters. Nach dem Charakter der Rügeverpflichtung entbindet eine etwaige Kenntnis von Rügetatbeständen der Vergabestelle den Bieter nicht von seiner Pflicht, ausdrücklich zu rügen und Abhilfe der erkannten Verstöße zu fordern (VK Baden-Württemberg, B. v. 8. 7. 2002 – Az.: 1 VK 30/02).

16.4.15.6 Anforderungen an die Rüge bei einem „nachprüfungserfahrenen" Bieter

1999 In diesem Zusammenhang ist auch die **Persönlichkeit des Antragstellers zu beachten.** Es handelt sich um eine Firma, die bereits **mehrfach Partei von Nachprüfungsverfahren** war. Dies allein ist zwar **keinesfalls eine vorwerfbare Tatsache,** aber die von dem Antragsteller aus diesen Nachprüfungsverfahren gewonnenen Kenntnisse **beeinflussen maßgeblich die Anforderungen, die an Qualität und Unverzüglichkeit des Rügevortrags zu stellen sind:** Der Geschäftsführer der Antragstellerin ist, auch ohne anwaltliche Beratung, in der Lage, ein Vergabeverfahren aus rechtlicher Sicht zu bewerten und dessen Kosten abzuschätzen. Dies gilt umso mehr, wenn es um die Bewertung von Nebenangeboten gilt. Eine Rüge kann ohne Kosten oder weitere Rechtsfolgen angebracht werden, auch dann, wenn zum Zeitpunkt der Rüge noch keine abschließende Meinungsbildung erfolgt ist (1. VK Sachsen, B. v. 16. 4. 2003 – Az.: 1/SVK/027–03).

16.4.15.7 Anforderungen an ein Erwiderungsschreiben des Bieters auf eine Antwort des Auftraggebers zu einer Rüge

2000 Die inhaltlichen Anforderungen an eine Rüge muss **auch ein Erwiderungsschreiben des Bieters erfüllen, das auf eine aus Sicht des Bieters unbefriedigende Antwort des Auftraggebers auf eine erste Rüge** ergeht (VK Brandenburg, B. v. 16. 12. 2004 – Az.: VK 70/04).

Gesetz gegen Wettbewerbsbeschränkungen　　　　　　　　　　　　　　GWB § 107　**Teil 1**

16.4.16 Verdachtsrüge

Dem Bieter ist nicht zuzumuten, in jedem Verfahrensstadium das Verhältnis zur Vergabestelle durch Verdachtsrügen zu belasten; erst aufgrund besonderer Umstände ist er zur Erhebung einer Rüge verpflichtet (OLG Düsseldorf, B. v. 30. 4. 2002 – Az.: Verg 3/02; im Ergebnis ebenso BayObLG, B. v. 3. 7. 2002 – Az.: Verg 13/02; VK Schleswig-Holstein, B. v. 31. 1. 2006 – Az.: VK-SH 33/05; VK Brandenburg, B. v. 25. 2. 2005 – Az.: VK 4/05; B. v. 25. 2. 2005 – Az.: VK 3/05; VK Berlin, B. v. 29. 6. 2004 – Az.: VK – B 1–24/04). 2001

So stellt z. B. **ein vermeintlich fehlerhaftes Angebot eines anderen Bieters** noch keinen gemäß § 107 Abs. 3 GWB zu rügenden Vergabeverstoß dar, sondern **erst eine Entscheidung oder eine Maßnahme der Vergabestelle, durch die dieses vermeintlich fehlerhafte Angebot dem des Bieters vorgezogen wird** (VK Schleswig-Holstein, B. v. 31. 1. 2006 – Az.: VK-SH 33/05). 2002

Dem Bieter soll auch nicht die Pflicht auferlegt werden, das Vergabeverfahren laufend auf seine Rechtmäßigkeit hin zu kontrollieren (2. VK Bund, B. v. 4. 9. 2002 – Az.: VK 2–58/02). 2003

Selbst ein rechtlicher Verdacht, dass die Vergabestelle einen Vergaberechtsverstoß begangen hat, lässt die Rügeobliegenheit erst entstehen, wenn sich der Verdacht, etwa durch Einholung weiterer Informationen, **zur ausreichenden Gewissheit verdichtet** (BayObLG, B. v. 23. 10. 2003 – Az.: Verg 13/03; VK Schleswig-Holstein, B. v. 31. 1. 2006 – Az.: VK-SH 33/05). 2004

Zur **Unverzüglichkeit einer Verdachtsrüge** vgl. die Kommentierung RZ 1946. 2005

16.4.17 Darlegungs- und Beweislast für die Erfüllung der Rügeobliegenheit

Für die Erfüllung der Rügeobliegenheit ist der jeweilige Antragsteller darlegungs- (§ 108 Abs. 2 GWB) und beweispflichtig (VK Rheinland-Pfalz, B. v. 14. 5. 2002 – Az.: VK 11/02). 2006

Bleibt auch unter Einbeziehung der möglichen Erkenntnisquellen offen, ob es sich um eine Rüge gehandelt hat, geht dies **zu Lasten des Rügepflichtigen,** d. h. des Antragstellers (VK Hessen, B. v. 26. 3. 2003 – Az.: 69 d VK – 13/2003). 2007

16.4.18 Antwort der Vergabestelle auf die Rüge

Die **Antwort** auf ein Rügeschreiben ist – im Gegensatz zum Widerspruchsbescheid des Verwaltungsverfahrens – **kein Verwaltungsakt,** da es sich hierbei nicht um eine Maßnahme handelt, die auf die unmittelbare Herbeiführung einer Rechtsfolge gerichtet ist. Vielmehr handelt es sich um **schlichtes Verwaltungshandeln,** an das nicht derart weit reichende prozessuale Folgen für das Nachprüfungsverfahren geknüpft werden, indem die Rügefrist hierdurch außer Kraft gesetzt wird (2. VK Bund, B. v. 26. 3. 2003 – Az.: VK 2–06/03). 2008

16.4.19 Rücknahme der Rüge

Eine **Rüge kann** während eines Vergabenachprüfungsverfahrens **zurückgenommen werden.** Die Erklärung eines Bieters, er verfolge eine zuvor ausgebrachte Rüge nicht weiter, führt dazu, dass diese Rüge jedenfalls für die Zukunft wirkungslos wird. Ob der Bieter damit sein **Rügerecht endgültig verwirkt** hat, ist **zweifelhaft** und wird allenfalls nach den besonderen Umständen des Einzelfalls zu beurteilen sein. Aber wenn ein Bieter auf eine einmal erhobene und dann wieder zurückgenommene Rüge nochmals zurückgreifen will, dann muss er dies zumindest innerhalb der Rügefrist tun – danach besteht für die Vergabestelle keine Veranlassung mehr, neuerliche Rügen in Rechnung zu stellen und ihr Vergabeverhalten darauf einzurichten (OLG Dresden, B. v. 17. 8. 2001 – Az.: WVerg 0006/01). 2009

16.4.20 Literatur

– Kühnen, Jürgen, Die Rügeobliegenheit, NZBau 2004, 427　　　　　　　　　　　　　　2010
– Mertens, Susanne, Die Rügeobliegenheit im Vergaberecht: Rechtsschutzfalle für Unternehmer und Auftraggeber, Dissertation, Berlin, 2004

Teil 1 GWB § 108

16.5 Verbindung von Nachprüfungsverfahren

16.5.1 Allgemeines

2011   Im GWB sind **keine ausdrücklichen Regelungen** über die Verbindung von mehreren Vergabenachprüfungsverfahren zu einem Nachprüfungsverfahren vorhanden. Die Vergabekammern wenden **deshalb § 93 VwGO, § 147 ZPO und § 9 VwVfG analog** an (1. VK Sachsen, B. v. 9. 5. 2000 – Az.: 1/SVK/26–00, 1/SVK/36–00; VK Münster, B. v. 6. 12. 2001 – Az.: VK 1/01–8/01 Vs; 1. VK Bund, B. v. 25. 4. 2002 – Az.: VK 1–11/02, VK 1–13/02, VK 1–15/02).

2012   Zur Verbindung von Nachprüfungsverfahren auf der Stufe des Beschwerdeverfahrens vgl. die Kommentierung zu § 120 RZ 2634.

16.5.2 Ermessen der Vergabekammer

2013   Eine **Verbindung mehrerer Nachprüfungsanträge** zu einem Verfahren oder auch nur zu dem Zweck, als vorübergehende verfahrensvereinfachende Maßnahme eine gemeinschaftliche mündliche Verhandlung durchzuführen, steht im **Ermessen der Vergabekammer.** Davon abzusehen wird regelmäßig schon deshalb ermessensfehlerfrei sein, weil eine Verfahrenszusammenführung dem Grundsatz der Nichtöffentlichkeit widerspricht und das Geheimhaltungsinteresse von Bietern, soweit sie nicht nach § 109 GWB beizuladen sind, in erheblicher Weise berührt. Gerade bei der Ausschreibung nach VOL/A sind die gesamten Angebote auch noch nach dem Eröffnungstermin in vollem Umfang vertraulich zu behandeln und bleiben somit Geschäftsgeheimnisse (BayObLG, B. v. 13. 4. 2004 – Az.: Verg 005/04).

16.6 Objektive Antragshäufung

2014   Eine **objektive Antragshäufung ist in entsprechender Anwendung des § 44 VwGO statthaft.** Verfolgen mehrere Antragsteller mit ihrem Begehren in der Sache zwei Nachprüfungsanträge zur Überprüfung unterschiedlicher und um eigenständig bekannt gemachte Vergabeverfahren, die insoweit miteinander verknüpft sind und somit in einem sachlichen Zusammenhang stehen, sich gegen dieselbe Ag richten und beide unter die örtliche und sachliche Zuständigkeit der Vergabekammer fallen, sind die Voraussetzungen des § 44 VwGO erfüllt.

16.7 Zahlung eines Kostenvorschusses

2015   Der Nachprüfungsantrag erlangt erst dann verfahrensrechtliche Relevanz, wenn der **Kostenvorschuss bezahlt** ist. Da ohne Zahlung des Kostenvorschusses der Nachprüfungsantrag nicht bearbeitet wird, ist **bis zur Zahlung des Kostenvorschusses der Nachprüfungsantrag als gegenstandslos zu betrachten** (2. VK Bund, B. v. 6. 5. 2003 – Az.: VK 2–28/03).

17. § 108 GWB – Form

(1) **Der Antrag ist schriftlich bei der Vergabekammer einzureichen und unverzüglich zu begründen. Er soll ein bestimmtes Begehren enthalten. Ein Antragsteller ohne Wohnsitz oder gewöhnlichen Aufenthalt, Sitz oder Geschäftsleitung im Geltungsbereich dieses Gesetzes hat einen Empfangsbevollmächtigten im Geltungsbereich dieses Gesetzes zu benennen.**

(2) **Die Begründung muss die Bezeichnung des Antragsgegners, eine Beschreibung der behaupteten Rechtsverletzung mit Sachverhaltsdarstellung und die Bezeichnung der verfügbaren Beweismittel enthalten sowie darlegen, dass die Rüge gegenüber dem Auftraggeber erfolgt ist; sie soll, soweit bekannt, die sonstigen Beteiligten benennen.**

2016   § 108 regelt die Formerfordernisse, die an einen Nachprüfungsantrag gestellt werden.

17.1 Schriftform

Ein **per Fax eingereichter Nachprüfungsantrag erfüllt die Forderung des § 108 GWB**, zumal wenn er auch den Aussteller erkennen lässt (1. VK Sachsen, B. v. 15. 5. 2002 – Az.: 1/SVK/032–02, B. v. 23. 1. 2004 – Az.: 1/SVK/160–03). 2017

17.2 Unterschriftserfordernis

Der Nachprüfungsantrag **ist zu unterschreiben**. Eine **fehlende Unterschrift** des Antrags ist eine **grundsätzlich heilbare Tatsache** (1. VK Sachsen, B. v. 2. 8. 2001 – Az.: 1/SVK/70–01). 2018

17.3 Unverzügliche Begründung (§ 108 Abs. 1)

§ 108 Abs. 1 Satz 1 GWB betrifft nur **diejenige Fallkonstellation**, in dem **ein Antrag unvollständig eingereicht** wird oder **Parameter des § 108 Abs. 2 GWB nicht sofort benannt** wurden. Hat etwa der Antragsteller einen Antrag vorab per Fax ohne Anlagen an die Vergabekammer gesandt, so soll dies nicht dazu führen, dass der Antrag wegen offensichtlicher Unzulässigkeit nicht dem Auftraggeber zugestellt und kostenpflichtig angewiesen wird. Vielmehr hat es der Antragsteller in der Hand, die fehlenden Anlagen oder Darlegungen (etwa die tatsächlich erfolgte vorherige Rüge beim Auftraggeber) nachzuholen. Nur muss er dies im Sinne des Beschleunigungsgrundsatzes des § 113 Abs. 2 GWB und der kurzen, maximal fünfwöchigen, Entscheidungsfrist des § 113 Abs. 1 Satz 1 GWB, unverzüglich, d. h. ohne schuldhaftes Zögern tun (1. VK Sachsen, B. v. 8. 11. 2001 – Az.: 1/SVK/104–01). 2019

Von einer **unverzüglichen Begründung** kann **nicht mehr** ausgegangen werden, wenn die geforderte **Begründung 21 Tage nach Einreichen des Nachprüfungsantrags** erfolgt (VK Baden-Württemberg, B. v. 2. 12. 2004 – Az.: 1 VK 74/04). 2020

17.4 Bestimmtes Begehren

Die Antragsschrift muss hinreichend klar erkennen lassen, worin das Verfahrensziel des Antragstellers besteht (OLG Düsseldorf, B. v. 18. 7. 2001 – Az.: Verg 16/01). 2021

Insoweit ist anerkannt, dass der Antragsteller **keinen Antrag mit tenorierungsfähigem Inhalt ausformulieren und stellen** muss (VK Schleswig-Holstein, B. v. 14. 9. 2005 – Az.: VK-SH 21/05; B. v. 13. 12. 2004 – Az.: VK-SH-33/04; VK Halle, B. v. 23. 9. 2002 – Az.: VK Hal 22/02). Vielmehr genügt es für die Zulässigkeit der Beschwerde, wenn sich das **Beschwerdebegehren aus der Begründung ergibt** (VK Schleswig-Holstein, B. v. 14. 9. 2005 – Az.: VK-SH 21/05); ferner **reicht auch die Bezugnahme auf einen Antrag aus,** der – erfolglos – bei den Antragsgegnern gestellt worden war und deren Verfügung nunmehr mit der Beschwerde angefochten wird (VK Halle, B. v. 22. 4. 2002 – Az.: VK Hal 05/02). 2022

17.5 Bezeichnung des Antragsgegners

17.5.1 Berichtigung der Bezeichnung des Antragsgegners

Eine **falsche Bezeichnung des Antragsgegners schadet nicht** und führt auch nicht dazu, dass sich ein Nachprüfungsantrag gegen den falschen, nicht passiv prozessführungsbefugten Antragsgegner richtet, **wenn klar erkennbar ist, wer als Adressat des Antrags gemeint ist.** Der Antrag ist dann entsprechend auszulegen bzw. zu berichtigen (2. VK Bund, B. v. 28. 9. 2005 – Az.: VK 2–120/05; 3. VK Bund, B. v. 6. 7. 2006 – Az.: VK 3–54/06; B. v. 26. 1. 2005 – Az.: VK 3–224/04). Dies gilt hinsichtlich der Bezeichnung des Antragsgegners vor allem, wenn sich der Nachprüfungsantrag versehentlich gegen den Vertreter statt gegen den vertretenen Antragsgegner richtet, aber nach den Umständen die Stellung als Vertreter erkennbar war und der Vertreter prozessführungsbefugt ist (2. VK Bund, B. v. 28. 9. 2005 – Az.: VK 2–120/05; B. v. 21. 1. 2004 – Az.: VK 2–126/03). 2023

17.5.2 Änderung des Antragsgegners

Der Antragsgegner muss klar und eindeutig genannt werden. Ändert ein Antragsteller im Verlaufe des Nachprüfungsverfahrens den Antragsgegner, so liegt hierin eine **Parteiänderung oder** 2024 eine Parteierweiterung, nicht lediglich eine Berichtigung der Antragsgegnerbezeichnung. In einem solchen Falle gelten vor der Änderung bzw. Erweiterung vorgenommene Prozesshandlungen (z.B. eine rechtzeitige Rüge) nicht gegenüber dem neuen Antragsgegner. Zwar kann sich der Auftraggeber bei der Durchführung eines Vergabeverfahrens der Hilfe eines Dritten bedienen mit der Konsequenz, dass er sich dessen Vergaberechtsverstöße zurechnen lassen muss. Das ändert aber nichts an der Tatsache, dass **die vergaberechtlichen Bestimmungen ausschließlich den Auftraggeber verpflichten und dass nur ihm gegenüber ein Vergabenachprüfungsverfahren durchgeführt werden kann** (BayObLG, B. v. 1. 7. 2003 – Az.: Verg 3/03).

17.6 Beschreibung der behaupteten Rechtsverletzung mit Sachverhaltsdarstellung

17.6.1 Allgemeines

2025   Im Gegensatz zur Formvorschrift des § 108 Abs. 1 Satz 2 GWB, wonach der Antrag ein bestimmtes Begehren enthalten „soll", sind die **Anforderungen an den Inhalt der Begründung erheblich höher, weil es nach dem Willen des Gesetzgebers darauf ankommt, den Nachprüfungsfall schnellstmöglich entscheidungsreif zu machen. Ausreichend, aber auch erforderlich** ist es, dass der Antragsteller deutlich macht, **welche Handlung oder Unterlassung des Auftraggebers** er für einen Verstoß gegen vergaberechtliche Vorschriften hält. Evtl. kann er vortragen, welche Vorgehensweise seiner Ansicht nach rechtmäßig gewesen wäre. Er hat solche Umstände vorzutragen, von denen er Kenntnis hat oder in zumutbarer Weise haben könnte. Er ist verpflichtet, **umfassend alle entscheidungserheblichen Tatsachen** vorzutragen, die er als vermeintliche Vergaberechtsverstöße erkannt hat.

2026   Nur die Darlegung solcher Umstände, die nicht in seinem Bereich begründet sind und von denen er bei gewöhnlichem Verlauf des Verfahrens auch keine Kenntnis haben kann oder muss, kann ihm naturgemäß nicht abverlangt werden, so z.B. Tatsachen bezüglich des Wertungsvorganges, von denen er erst nach Akteneinsicht im Nachprüfungsverfahren Kenntnis haben kann (VK Lüneburg, B. v. 20. 8. 2002 – Az.: 203-VgK-12/2002). Gleichwohl steht es dem Bieter, zumal wenn sich seine Beanstandung auf Fehler in der letztgenannten Art beschränkt, nicht frei, insoweit auf eine **Sachverhaltsdarstellung völlig zu verzichten**. Er darf sich vielmehr auch dann nicht auf bloße Vermutungen oder die pauschale Einschätzung, mit der Behandlung seines Angebots „sei etwas nicht in Ordnung", beschränken, sondern muss – gegebenenfalls in laienhafter Darstellung – diejenigen Indizien und tatsächlichen Anhaltspunkte vorbringen, die ihn zu dem Schluss bewogen haben, die Vergabestelle habe sich rechtswidrig verhalten (1. VK Bund, B. v. 8. 9. 2005 – Az.: VK 1–110/05).

2027   Bei der Auslegung des § 108 Abs. 2 GWB dürfen die **Anforderungen an den Bieter nicht überspannt** werden (1. VK Brandenburg, B. v. 30. 5. 2005 – Az.: VK 21/05). Grundsätzlich entspricht ein Antrag den gesetzlichen Mindestanforderungen nicht, wenn es an einer **verständlichen Sachverhaltsschilderung völlig fehlt** und nur die abstrakte Möglichkeit einer Rechtsverletzung in den Raum gestellt wird (OLG Thüringen, B. v. 16. 1. 2002 – Az.: 6 Verg 7/01). Wie konkret die Beanstandungen des Bieters sein müssen, um diese Hürde zu überwinden, bestimmt sich aber – je nach den Umständen des Einzelfalls – wesentlich auch danach, welche Kenntnisse der Bieter bezüglich der gerügten Vergabeverstöße hat oder auch nur haben kann (OLG Dresden, B. v. 6. 6. 2002 – Az.: WVerg 0004/02). Einen **sehr instruktiven Fall** behandelt die VK Düsseldorf (B. v. 26. 8. 2004 – Az.: VK – 30/2004 – L).

2028   Die **Sachverhaltsdarstellung** hat also **so konkret** zu sein, dass sich hieraus **substantiiert eine Verletzung von Vergabevorschriften** ergibt. Durch diese Bestimmung soll der Auftraggeber davor geschützt werden, mit Anträgen ins „Blaue hinein" konfrontiert zu werden (VK Baden-Württemberg, B. v. 2. 12. 2004 – Az.: 1 VK 74/04).

2029   Insoweit ist auch zu beachten, dass die **Vergabekammer den Sachverhalt ohnehin von Amts wegen zu erforschen** hat, § 110 Abs. 1 GWB (1. VK Brandenburg, B. v. 30. 5. 2005 – Az.: VK 21/05; VK Detmold, B. v. 13. 9. 2001 – Az.: VK.11-28/01).

17.6.2 Beispiele aus der Rechtsprechung

2030   – für den substantiierten Vorwurf einer „**unsorgfältigen**" Bewertung bedarf es eines eingehenden Sachvortrags, in welchen Bereichen und aus welchen Gründen das

Angebot des Antragstellers unsorgfältig bewertet wurde. Eine diesbezügliche Darlegung ist dem Antragsteller durchaus möglich, wenn ihm die in den einzelnen Wertungsbereichen und Kriterien erzielten Leistungspunkte seines Angebots zur Kenntnis gegeben werden (1. VK Bund, B. v. 8. 9. 2005 – Az.: VK 1–110/05)

– weder der **pauschal erhobene Vorwurf der nicht ordnungsgemäßen Wertung** zur Ermittlung des wirtschaftlichsten Angebotes noch die unterstellte, **unzulängliche Vorinformation nach § 13 VgV** genügen (1. VK Sachsen, B. v. 27. 6. 2002 – Az.: 1/SVK/057–02)

– fehlt jeglicher Vortrag zu der Frage inwieweit ein Antragsteller in Bezug auf bestimmte Wertungskriterien das bessere Angebot erstellt haben soll und beschränkt sich ein Antragsteller darauf, **pauschal zu behaupten, es läge ein Wertungsfehler vor,** ist der Nachprüfungsantrag unzulässig (1. VK Sachsen, B. v. 24. 3. 2003 – Az.: 1/SVK/018–03)

17.6.3 Beschreibung der behaupteten Rechtsverletzung mit Sachverhaltsdarstellung in einem VOL-Verfahren

An den Inhalt eines Antrags gemäß § 108 GWB können in einem **VOL-Verfahren nicht zu strenge Anforderungen** gelegt werden. Da gemäß § 22 Nr. 2 Abs. 3 VOL/A eine **Eröffnung der Angebote ohne Bieterbeteiligung** durchgeführt wird, die Ergebnisse dieser Verhandlung gemäß § 22 Nr. 5 VOL/A nicht veröffentlicht werden dürfen und auch zum **Stand des Wertungsverfahrens üblicherweise keine Informationen gegenüber nachfragenden Bietern** gegeben werden, haben die Bieter keinerlei Möglichkeit, vorliegende Vergabeverstöße zu erkennen und dann ihren Anspruch auf Einhaltung der Vergabebestimmungen geltend zu machen. Aus diesem Grund ist es für die Zulässigkeit eines Nachprüfungsantrages **als ausreichend** zu erachten, wenn ein Bieter **lediglich Vermutungen zu eventuellen Vergabeverstößen** äußert (VK Magdeburg, B. v. 1. 3. 2001 – Az.: VK-OFD LSA-01/01). 2031

17.7 Benennung der Rüge

Zulässigkeitsvoraussetzung nach § 108 Abs. 2 GWB ist, in der Antragsbegründung darzulegen, dass die **erforderliche Rüge** gemäß § 107 Abs. 3 GWB **erfolgte** und **wann diese konkret erfolgte.** Die Ausführungen müssen diesbezüglich so präzise sein, dass die Vergabekammer insofern die Zulässigkeit des Nachprüfungsantrags feststellen und dementsprechend auch klären kann, ob das Antragsbegehren auf bestimmte gerügte Verstöße gestützt werden kann oder nicht (1. VK Bund, B. v. 12. 12. 2001 – Az.: VK 1–45/01). Der Antragsteller hat hierbei also nicht nur darzulegen, dass die Rüge überhaupt erfolgt ist, sondern auch, dass sie unverzüglich erfolgt ist. Er **muss vortragen, durch Tatsachen belegt,** dass er den Sachverhalt unverzüglich im Sinne des § 107 Abs. 3 Satz 1 GWB gerügt hat. **Fehlt** diese **Darstellung, so ist der Antrag unzulässig** (VK Baden-Württemberg, B. v. 18. 6. 2003 – Az.: 1 VK – 25/03). 2032

17.8 Rüge gegenüber dem Auftraggeber

Der Antragsteller muss darlegen, dass die Rüge gegenüber dem Auftraggeber erfolgt ist. Die **Antragserfordernisse des § 108 Abs. 2 GWB sind auch dann erfüllt,** wenn der Antragsteller in seinem Antrag zwar nicht ausdrücklich darlegt, dass die Rüge gegenüber dem Auftraggeber erfolgt ist, diese aber **als Anlage dem Antragsschriftsatz beigefügt** hat (1. VK Sachsen, B. v. 14. 5. 2003 – Az.: 1/SVK/039–03). 2033

Eine Rüge nach § 107 Abs. 3 Satz 1 GWB **kann auch bei einem vom Auftraggeber eingeschalteten Ingenieurbüro** erfolgen, wenn dessen bisherige Handlungen dem Auftraggeber zuzurechnen waren. Dies ist der Fall, wenn das Ingenieurbüro im Außenverhältnis zu den Bietern nahezu allein aufgetreten ist, z.B. bei LV-Anfragen, Federführung beim Bietergespräch bei diesem, Fertigung des Absageschreibens nach § 13 VgV auf Kopfbogen des Ingenieurbüros (1. VK Sachsen, B. v. 12. 6. 2003 – Az.: 1/SVK/054–03). 2034

17.9 Erfüllung der Formvorschriften durch Bezugnahme auf einen zeitlich vorhergehenden Antrag

Wenn ein Antragsteller mit einem Nachprüfungsantrag einen zeitlich vorhergehenden Antrag „wiederholt", hat er dessen Form und Inhalt **auch zum Gegenstand seines** – aus rechtli- 2035

Teil 1 GWB § 109   Gesetz gegen Wettbewerbsbeschränkungen

cher Sicht – **neu gestellten Nachprüfungsantrags** gemacht. Die Bezugnahme dient erkennbar bloß der Vermeidung unnötiger Schreibarbeit; sie begegnet im Hinblick auf § 108 GWB keinen Bedenken (OLG Düsseldorf, B. v. 15. 5. 2002 – Az.: Verg 19/02).

17.10 Weitere Konkretisierung der Darlegungen in späteren Schriftsätzen

2036 Dass ein Antragsteller seine Behauptungen in weiteren Schriftsätzen konkretisiert, ist nicht unzulässig. Vielmehr besteht grundsätzlich **bis zur mündlichen Verhandlung** die Möglichkeit, **Sachverhaltselemente**, die **nicht zu den Mindestvoraussetzungen der Begründung** der Antragsschrift zählen, und **rechtliche Ausführungen** – auch entsprechend dem Vortrag des Antragsgegners oder der Beigeladenen – **auszuweiten bzw. näher zu erläutern** (VK Hessen, B. v. 18. 2. 2002 – Az.: 69 d VK – 49/2001).

17.11 Darlegung des Schadens und der Kausalität

2037 In § 108 Abs. 2 GWB ist **nicht ausdrücklich die Darlegung des Schadens und seiner Kausalität** genannt. Vielmehr genügt eine Sachverhaltsdarstellung, aus der die Vergabekammer die Antragsbefugnis feststellen kann (VK Hessen, B. v. 18. 2. 2002 – Az.: 69 d VK – 49/2001).

17.12 Rechtsfolge einer unzureichenden Begründung

2038 Das **Fehlen einer** den Anforderungen des § 108 Abs. 2 GWB genügenden **Antragsbegründung** kann die Vergabekammer **nicht ohne weiteres** zum Anlass einer **Antragszurückweisung** nehmen. Zwar dient § 108 Abs. 2 GWB dem besonderen Beschleunigungsprinzip des Vergabenachprüfungsverfahrens (vgl. § 113 Abs. 1 GWB). Andererseits steht doch der eigentliche Zweck der Vergabeprüfung im Vordergrund sicher zu stellen, dass Wettbewerb um den öffentlichen Auftrag stattfindet und dass in diesem Wettbewerb die Bieter mit gleichen Chancen und Möglichkeiten sich beteiligen können. Dieser Wettbewerb bezweckt aus der Sicht des öffentlichen Auftraggebers eine optimale Lösung des Beschaffungsvorhabens und zwar hinsichtlich der Qualität des Beschaffungsobjektes wie seines Preises. Dies verwehrt der Vergabekammer einen Vergabeprüfungsantrag ohne weiteres wegen formaler Mängel zu verwerfen, jedenfalls dann, wenn nach Sachlage nicht ausgeschlossen oder unwahrscheinlich ist, dass der formale Mangel umgehend behoben wird. In einem solchen Fall **obliegt der Vergabekammer** vielmehr, den **Antragsteller auf den formalen Fehler hinzuweisen und Gelegenheit zur kurzfristigen Abhilfe einzuräumen.** Es kann dahinstehen, ob dieses verfahrensrechtliche Gebot sich nicht bereits unmittelbar aus dem Amtsermittlungsgrundsatz des § 110 Abs. 1 GWB i. V. m. dem verfassungsrechtlichen Prinzip fairer Verfahrensgestaltung (Art. 103 Abs. 1 GG) ergibt (OLG Thüringen, B. v. 23. 1. 2003 – Az.: 6 Verg 11/02).

18. § 109 GWB – Verfahrensbeteiligte, Beiladung

Verfahrensbeteiligte sind der Antragsteller, der Auftraggeber und die Unternehmen, deren Interessen durch die Entscheidung schwerwiegend berührt werden und die deswegen von der Vergabekammer beigeladen worden sind. Die Entscheidung über die Beiladung ist unanfechtbar.

18.1 Verfahrensbeteiligte

2039 Verfahrensbeteiligte sind nach § 109 Satz 1 der Antragsteller, der Auftraggeber und die Unternehmen, deren Interessen durch die Entscheidung schwerwiegend berührt werden und die deswegen von der Vergabekammer beigeladen worden sind.

2040 **Auch öffentlich-rechtliche Institutionen** können in entsprechender Anwendung des § 109 GWB beigeladen werden, wenn ihre Interessen durch die Entscheidung schwerwiegend berührt werden (VK Lüneburg, B. v. 2. 2. 2000 – Az.: 203-VgK-01/2000).

18.2 Beiladung

18.2.1 Sinn und Zweck der Beiladung

Die Beiladung soll die **Beteiligung aller derer** sicherstellen, die durch eine für sie nachteilige Entscheidung der Vergabekammer eine Verletzung ihrer eigenen Rechte erfahren und – bei Nichtbeteiligung – **ein weiteres Überprüfungsverfahren beantragen könnten** (BayObLG, B. v. 12. 5. 1999 – Az.: Verg 1/99). Eine andere Betrachtungsweise würde im krassen Widerspruch zu der dem Nachprüfungsverfahren innewohnenden Beschleunigungsmaxime stehen (VK Halle, B. v. 20. 3. 2003 – Az.: VK Hal 07/03). 2041

18.2.2 Beiladung bei einer Parallelausschreibung

Schreibt ein öffentlicher Auftraggeber einen **Auftrag im Wege der Parallelausschreibung** zur Vergabe aus, wobei neben der **Ausschreibung von vielen Einzelgewerken auch die Gesamtleistung als Generalunternehmervertrag** angeboten werden kann, ist angesichts einer von der Vergabekammer erwogenen Aufhebung der gesamten Parallelausschreibung auch die **Beiladung einer Vielzahl von Zuschlagsaspiranten der gewerkeweisen Ausschreibung nach § 109 GWB geboten** (OLG Naumburg, B. v. 25. 9. 2003 – Az.: 1 Verg 11/03). 2042

18.2.3 Kriterien des § 107 Abs. 2 als zusätzliche Beiladungsvoraussetzung

Nach dem sich aus Sinn und Zweck der Beiladung ergebenden Adressatenkreis – alle Unternehmen, die auch ein Nachprüfungsverfahren einleiten können – sind zudem die **Kriterien des § 107 Abs. 2 GWB** bezüglich der Antragsbefugnis **als zusätzliche Beiladungsvoraussetzungen** heranzuziehen. 2043

18.2.4 Abgabe eines ausschreibungskonformen Angebotes als zusätzliche Beiladungsvoraussetzung

Wird das **Angebot** eines Bieters **als nicht ausschreibungskonform** von der Wertung der eingegangenen Angebote **ausgeschlossen** mit der Folge, dass diesem Bieter der Zuschlag nicht erteilt werden kann und ist die **Frage, ob das Angebot zu Recht ausgeschlossen wurde, nicht Gegenstand des Nachprüfungsverfahrens,** kann bei einer solchen Sachlage die Entscheidung im anhängigen Nachprüfungsverfahren die Interessen des ausgeschlossenen Bieters nicht in maßgeblicher Weise tangieren. Eine **Beiladung dieses Bieters scheidet aus** (OLG Rostock, B. v. 9. 9. 2003 – Az.: 17 Verg 11/03). 2044

18.2.5 Zeitpunkt der Beiladung

18.2.5.1 Spätester Zeitpunkt

Grundsätzlich ist eine Beiladung bis zur Bestandskraft des Beschlusses möglich (VK Magdeburg, B. v. 27. 10. 2003 – Az.: 33–32571/07 VK 16/03 MD). 2045

18.2.5.2 Beiladung erst im Verfahren vor dem Vergabesenat

Einer **Beiladung durch den Vergabesenat steht der Wortlaut der Vorschrift des § 119 GWB nicht entgegen,** wonach die Beteiligten des Beschwerdeverfahrens identisch sind mit denen des Verfahrens vor der Vergabekammer. Diese Norm soll die Kontinuität der Beteiligung am Verfahren sichern, d.h. bewirken, dass eine nochmalige Beiladung im Verfahren vor dem Senat nicht erforderlich ist. Wird **ein Bieter** durch die Entscheidung der Vergabekammer jedoch **erstmalig beschwert,** ohne von dieser beigeladen worden zu sein, bzw. besteht die Möglichkeit, dass er durch die Entscheidung des Senats materiell beschwert wird, so muss er hierzu im förmlichen Verfahren **rechtliches Gehör** haben; hierzu muss auch dem Senat die Möglichkeit der Beiladung gegeben sein (OLG Naumburg, B. v. 9. 12. 2004 – Az.: 1 Verg 21/04; B. v. 9. 9. 2003 – Az.: 1 Verg 5/03; VK Schleswig-Holstein, B. v. 7. 3. 2005 – Az.: VK-SH 03/05). 2046

Vgl. zur Beiladung im Beschwerdeverfahren die Kommentierung zu § 119 GWB. 2047

18.2.6 Beiladung vom Amts wegen und auf Antrag

2048 Die Beiladung kann sowohl auf Antrag wie auch von Amts wegen erfolgen (BayObLG, B. v. 12. 5. 1999 – Az.: Verg 1/99).

18.2.7 Entscheidung über die Beiladung

2049 Die Entscheidung über die Beiladung **steht im pflichtgemäßen Ermessen der Vergabekammer.** Jedoch kann unter Umständen eine Pflicht zur Beiladung bestehen. Für die Vorschrift des § 54 Abs. 2 Nr. 3 GWB, der § 109 GWB jedenfalls teilweise nachgebildet ist, wird eine solche Pflicht bejaht (so genannte **notwendige Beiladung**), wenn der Verfahrensausgang für den Betroffenen rechtsgestaltende Wirkung hat (z. B. bei einer Beeinträchtigung der rechtlichen Chance auf den Zuschlag). Für das auf besondere Beschleunigung angelegte Nachprüfungsverfahren einen Anspruch auf Beiladung unterhalb dieser Schwelle anzunehmen, besteht kein Anlass (BayObLG, B. v. 12. 5. 1999 – Az.: Verg 1/99).

2050 Offen ist, ob in Fällen einer notwendigen Beteiligung eine **Pflicht der Vergabekammer zur Beiladung von Amts wegen** besteht, oder ob es genügt, wenn die Vergabekammer die anderen Bieter von der Einleitung des Nachprüfungsverfahrens (§ 107 Abs. 1, § 110 Abs. 2 Satz 1 GWB) **benachrichtigt** und ihnen so **Gelegenheit gibt, einen Antrag auf Beiladung zu stellen.** Die letztgenannte Verfahrensweise dürfte sich jedenfalls dann empfehlen, wenn der Nachprüfungsantrag nicht offensichtlich unzulässig oder unbegründet ist und eine Beeinträchtigung der Rechte der anderen Bieter durch die Entscheidung der VK in Betracht kommen kann (BayObLG, B. v. 12. 5. 1999 – Az.: Verg 1/99).

2051 **Auf eine Beiladung kann verzichtet werden, wenn die Entscheidung der Kammer für diese Bieter keine rechtsgestaltende Wirkung hat und eine Beiladung im streitgegenständlichen Verfahren mit Zeitverzögerungen und einem nicht vertretbaren Aufwand verbunden ist und unnötige Kosten verursacht.** Dennoch bleibt in solchen Fällen das Recht dieser Firmen auf rechtliches Gehör gewahrt. Im Falle eines Beschwerdeverfahrens steht der Wortlaut des § 119 GWB einer Beiladung nicht im Wege, falls das Beschwerdegericht eine solche für erforderlich hält (VK Schleswig-Holstein, B. v. 31. 1. 2006 – Az.: VK-SH 33/05; B. v. 7. 3. 2005 – Az.: VK-SH 03/05; B. v. 2. 2. 2005 – Az.: VK-SH 01/05).

2052 Auf eine **Beiladung kann auch verzichtet werden, wenn** nach Auffassung der Vergabekammer sich das Nachprüfungsverfahren **ausschließlich mit rechtlichen und nicht tatsächlichen Problemen auseinandersetzt** und die Vergabekammer deshalb zu dem Ergebnis kommt, dass eine **Beiladung der Firma, die den Zuschlag erhalten soll,** im vorliegenden Fall **nicht verfahrensförderlich ist** (VK Saarland, B. v. 1. 3. 2005 – Az.: 1 VK 01/2005).

18.2.8 Rechtshängigkeitssperre zu Lasten eines Beigeladenen

2053 Die Annahme einer Rechtshängigkeitssperre zu Lasten eines Beigeladenen **verbietet sich** nach Sinn und Zweck der Beiladung im verwaltungsrechtlichen und vergaberechtlichen Verfahren (zu den Einzelheiten vgl. die Begründung zu § 107 RZ 1625).

18.2.9 Unanfechtbarkeit der Entscheidung über die Beiladung

2054 Die Entscheidung der Vergabekammer über die Beiladung ist **grundsätzlich unanfechtbar;** die Frage, ob ein Beiladungsbeschluss rechtmäßig, vertretbar oder nur „einfach rechtswidrig" ist, stellt sich mithin nicht. Ob eine Anfechtbarkeit von Beiladungsbeschlüssen als nichtig wegen „greifbarer Gesetzwidrigkeit" in Betracht kommt, mag dahinstehen (OLG Frankfurt, B. v. 28. 6. 2005 – Az.: 11 Verg 9/05; OLG Dresden, B. v. 13. 7. 2000 – Az.: WVerg 0003/00).

2055 Der **Ausschluss der Anfechtbarkeit betrifft nicht nur positive, sondern auch eine Beiladung ablehnende Entscheidungen der Vergabekammer.** Die Anfechtung der Beiladungsentscheidung ist im Interesse eines raschen Verfahrensabschlusses in der Hauptsache ausgeschlossen. Angesichts dieser Erwägung des Gesetzgebers und des Wortlautes der Bestimmung ist **für eine Auslegung, nach der nur die positive Entscheidung über die Beiladung unanfechtbar sein soll, kein Raum.** Hätte nur die positive Entscheidung über die Beiladung der Anfechtung entzogen werden sollen, so hätte dies im Gesetzeswortlaut deutlich zum Ausdruck gebracht werden können. Darüber hinaus trifft die Erwägung, aus der die Entscheidung unanfechtbar sein soll, nämlich die Eilbedürftigkeit des Vergabeverfahrens, auf positive wie negative Beiladungsentscheidungen gleichermaßen zu. Würde im Rahmen von Vergabenachprüfungsverfahren noch ein Beschwerdeverfahren über Beiladungsentscheidungen stattfinden, so wäre die ohnedies knappe

Gesetz gegen Wettbewerbsbeschränkungen GWB § 110 **Teil 1**

Frist des § 113 Abs. 1 Satz 1 GWB in derartigen Fällen kaum einzuhalten. Ob die damit verbundenen Nachteile, die der endgültige Ausschluss vom Nachprüfungsverfahren für das beiladungswillige Unternehmen mit sich bringen kann, schwerer wiegen als die Vorteile, die dem Antragsteller oder Auftraggeber im Hauptverfahren durch dessen Fernbleiben zu Gute kommen können, ist eine **rechtspolitische Frage,** die die Rechtsprechung bei der Auslegung der Vorschrift nicht zu entscheiden hat (OLG Frankfurt, B. v. 28. 6. 2005 – Az.: 11 Verg 9/05).

19. § 110 GWB – Untersuchungsgrundsatz

(1) **Die Vergabekammer erforscht den Sachverhalt von Amts wegen. Sie achtet bei ihrer gesamten Tätigkeit darauf, den Ablauf des Vergabeverfahrens nicht unangemessen zu beeinträchtigen.**

(2) **Sofern er nicht offensichtlich unzulässig oder unbegründet ist, stellt die Vergabekammer den Antrag nach Eingang dem Auftraggeber zu und fordert bei ihm die Akten an, die das Vergabeverfahren dokumentieren (Vergabeakten). Sofern eine Vergabeprüfstelle eingerichtet ist, übermittelt die Vergabekammer der Vergabeprüfstelle eine Kopie des Antrags. Der Auftraggeber stellt die Vergabeakten der Kammer sofort zur Verfügung. Die §§ 57 bis 59 Abs. 1 bis 5 sowie § 61 gelten entsprechend.**

19.1 Bedeutung des Untersuchungsgrundsatzes für die Praxis

In der Praxis hat der Untersuchungsgrundsatz keine überragende Bedeutung. Nachprüfungsverfahren werden überwiegend von dem Parteivorbringen beherrscht (VK Südbayern, B. v. 23. 10. 2001 – Az.: 34–09/01). 2056

19.2 Inhalt und Einschränkungen

Die Vergabekammer ist bei ihrer Tätigkeit nicht nur auf die von einem Antragsteller vorgetragenen Gründe festgelegt. Der **durch die Geheimhaltungserklärungen der Parteien beschränkten Argumentation jedes Bieters wird durch den Untersuchungsgrundsatz in § 110 Abs. 1 GWB Rechnung getragen.** Danach erforscht die Vergabekammer den Sachverhalt von Amts wegen. Die Untersuchungsbefugnis der Kammer wird weiterhin durch den Grundsatz in § 114 Abs. 1 Satz 2 GWB gestützt. Danach ist die Kammer an Anträge nicht gebunden und kann auch unabhängig davon auf die Rechtmäßigkeit des Vergabeverfahrens einwirken (VK Arnsberg, B. v. 14. 10. 2004 – Az.: VK 1–21/2004; VK Hannover, B. v. 16. 1. 2004 – Az.: 26045 – VgK 14/2003). 2057

Das Vergabekammerverfahren hat, wie sich insbesondere aus der Vorschrift des § 107 GWB ergibt, **jedoch nicht die Funktion, Vergabeverfahren quasi von Amts wegen oder auf Anregung eines beliebigen Dritten umfassend auf seine Rechtmäßigkeit hin zu überprüfen** (OLG Celle, B. v. 16. 1. 2002 – Az.: 13 Verg 1/02; VK Hessen, B. v. 24. 3. 2004 – Az.: 69d – VK – 09/2004). Vielmehr dient dieses Verfahren, wie sich aus § 107 Abs. 2, § 97 Abs. 7 GWB ergibt, **vorrangig dem Schutz individueller Bieterinteressen.** Auch die Vorschrift des § 110 Abs. 2 GWB zeigt deutlich, dass die Vergabekammer im Rahmen der Zulässigkeitsprüfung nicht bereits Vergaberechtsverletzungen festzustellen und auf deren Beseitigung hinzuwirken hat. Ergibt sich nämlich die Unzulässigkeit des Nachprüfungsantrages zweifelsfrei aus dem Vorbringen des Antragstellers selbst, kann die Vergabekammer den Antrag ohne Zustellung an die Vergabestelle, ohne Aktenanforderung und sogar ohne mündliche Verhandlung als unzulässig verwerfen und zwar auch dann, wenn der Antragsteller in seinem unzulässigen Antrag Vergaberechtsverletzungen nachvollziehbar darlegt. Das zeigt, dass der Gesetzgeber das Verfahren vor der Vergabekammer in erster Linie als ein solches des individuellen Rechtsschutzes des Bieters, nicht aber einer allgemeinen Rechtsaufsicht oder Rechtskontrolle ansieht und weitergehende, an Anträge der Beteiligten nicht gebundene Einwirkungsmöglichkeiten der VK erst in der Phase der Sachprüfung eröffnen wollte (OLG Rostock, B. v. 8. 3. 2006 – Az.: 17 Verg 16/05; OLG Thüringen, B. v. 30. 5. 2002 – Az.: 6 Verg 3/02; VK Schleswig-Holstein, B. v. 31. 3. 2005 – Az.: VK-SH 05/05; B. v. 7. 3. 2005 – Az.: VK-SH 03/05; VK Brandenburg, B. v. 16. 12. 2004 – Az.: VK 70/04; 3. VK Bund, B. v. 20. 7. 2004 – Az.: VK 3–80/04). 2058

Aus dem vergaberechtlichen Gleichbehandlungsgrundsatz (§ 97 Abs. 2 GWB) ergibt sich nichts anderes. Selbst wenn das von einem Auftraggeber bevorzugte Angebot mit 2059

399

demselben Ausschlussgrund behaftet und deswegen auszuschließen ist, wäre dadurch nicht die Rechtsposition eines Antragstellers, sondern lediglich die der nachfolgenden Bieter mit ihren gewerteten Angeboten berührt (OLG Koblenz, B. v. 6. 10. 2004 – Az.: 1 Verg 4/04).

2060 Der Untersuchungsgrundsatz wird bereits **durch § 110 Abs. 1 Satz 2 GWB eingeschränkt.** Danach achtet die Vergabekammer bei ihrer gesamten Tätigkeit darauf, den Ablauf des Vergabeverfahrens nicht unangemessen zu beeinträchtigen. Maßstab für die Vergabekammer ist daher einerseits die Rechtmäßigkeit des Vergabeverfahrens, andererseits dessen möglichst unbeeinträchtigter Ablauf. Im Ergebnis ist die Vergabekammer gehindert, neben den von dem Antragsteller erhobenen Beanstandungen in eine vertiefte Prüfung des Vergabeverfahrens einzusteigen (VK Lüneburg, B. v. 7. 7. 2005 – Az.: VgK-27/2005; B. v. 20. 8. 2002 – Az.: 203-VgK-12/2002). Bei **offensichtlichen, schwerwiegenden Vergaberechtsverstößen** ist die Vergabekammer jedoch auch dann **nicht gehindert,** diese im Rahmen ihrer Entscheidung **zu berücksichtigen,** auch wenn die **Verstöße von einem Antragsteller nicht gerügt** wurden (VK Lüneburg, B. v. 7. 7. 2005 – Az.: VgK-27/2005; B. v. 12. 10. 2004 – Az.: 203-VgK-45/2004).

2061 Die Vergabekammer **darf also von der durch § 114 Abs. 1 Satz 2 GWB geschaffenen Ermächtigung nur unter zwei wichtigen Einschränkungen** Gebrauch machen: Erstens muss der **Nachprüfungsantrag zulässig** sein. Insbesondere muss in der Person des Antragstellers die den Zugang zum Nachprüfungsverfahren eröffnende Antragsbefugnis im Sinne von § 107 Abs. 2 GWB vorliegen. Auch darf der Antragsteller die von ihm zu beachtende Rügeobliegenheit nach § 107 Abs. 3 GWB nicht verletzt haben. Zweitens darf die Vergabekammer die Ermächtigungsnorm des § 114 Abs. 1 Satz 2 GWB nicht dazu heranziehen, ungeachtet einer Rechtsverletzung des Antragstellers auf die Rechtmäßigkeit des Vergabeverfahrens einzuwirken. Die **Vorschrift ermächtigt die Vergabekammer zu keiner allgemeinen Rechtmäßigkeitskontrolle.** Diese Auslegung des § 114 Abs. 1 Satz 2 GWB findet sich im Wortlaut der Norm bestätigt. Die Bestimmung löst die Befugnis der Vergabekammer, auf die Rechtmäßigkeit des Vergabeverfahrens einzuwirken, nämlich nicht von der Feststellung einer Rechtsverletzung des Antragstellers und von der Zweckbindung, die zur Beseitigung einer Rechtsverletzung geeigneten Maßnahmen zu ergreifen (vgl. § 114 Abs. 1 Satz 1 GWB). Sie befreit die Vergabekammer ausdrücklich nur von der Bindung an die Sachanträge, mit der Folge, dass sie zum Beispiel bestimmte Maßnahmen auch anordnen darf, wenn der Antragsteller keinen konkreten Antrag gestellt oder die Anordnung anderer Maßnahmen beantragt hat (OLG Düsseldorf, B. v. 15. 6. 2005 – Az.: VII – Verg 05/05).

19.3 Berücksichtigung nicht gerügter Beanstandungen

2062 Die **Rechtsprechung** hierzu ist **nicht einheitlich.**

2063 Nach einer Auffassung kann dann, wenn die Vergabekammer **andere** als die von der Antragstellerin ausdrücklich gerügten **Rechtsverletzungen** feststellt (z. B. hinsichtlich der Ausführungszeit), sie diese Verstöße prüfen und ihrer Entscheidung zugrunde legen. Ziel ihrer Entscheidung ist in jedem Fall die Einwirkung auf die Rechtmäßigkeit des Vergabeverfahrens (VK Südbayern, B. v. 28. 5. 2002 – Az.: 15–04/02).

2064 **Etwas einschränkender** argumentiert die VK Baden-Württemberg: Im Rahmen eines raschen und ökonomischen Umgangs mit dem Rechtsschutz können Ermittlungen auch auf **Mängel** ausgedehnt werden, zu denen nichts vorgetragen wurde, die aber **nach erster Sicht offenkundig und schwerwiegend** erscheinen (VK Baden-Württemberg, B. v. 4. 4. 2002 – Az.: 1 VK 8/02). **Eigene Ermittlungen** der Vergabekammer hinsichtlich eventueller Ausschlussgründe eines Angebots sind **nur bei konkreten Anhaltspunkten für die Aufnahme von Ermittlungen in eine bestimmte Richtung notwendig** (VK Baden-Württemberg, B. v. 18. 10. 2005 – Az.: 1 VK 62/05).

2065 Nach der Rechtsprechung des **Europäischen Gerichtshofes** (Urteil vom 19. 6. 2003 – Rechtssache C-315/01) verstößt es nicht gegen europäisches Recht, wenn im Rahmen eines von einem Bieter zwecks späterer Erlangung von Schadensersatz eingereichten Antrags auf Feststellung der Rechtswidrigkeit der Entscheidung über die Vergabe eines öffentlichen Auftrags die für das Nachprüfungsverfahren zuständige Instanz **von Amts wegen die rechtswidrigen Aspekte einer anderen Auftraggeberentscheidung als der vom Bieter angefochtenen** aufgreift. In Ermangelung einer spezifischen Vorschrift im europäischen Recht ist es jedoch auch Sache jedes Mitgliedstaats, in seiner internen Rechtsordnung zu bestimmen, ob und unter welchen Voraussetzungen eine für die genannten Nachprüfungsverfahren zuständige Instanz von

Gesetz gegen Wettbewerbsbeschränkungen GWB § 110 **Teil 1**

Amts wegen Rechtsverstöße aufgreifen kann, die von den Parteien des bei ihr anhängigen Verfahrens nicht geltend gemacht worden sind. Insoweit ist also z. B. die **Rügevorschrift des § 107 GWB zulässig und zu beachten.**

Nach Auffassung des Oberlandesgerichtes Koblenz (B. v. 15. 5. 2003 – Az.: 1 Verg. 3/03) ist es für das deutsche Vergaberecht zwar **im Grundsatz unstreitig** (und folgt im Übrigen schon aus dem Wortlaut des § 114 Abs. 1 Satz 2 GWB), **dass die Vergabekammer nicht auf die Prüfung der geltend gemachten Vergaberechtsverstöße beschränkt ist:** Sie ist an Anträge nicht gebunden und kann auch unabhängig davon auf die Rechtmäßigkeit des Vergabeverfahrens einwirken. Eine andere Frage ist aber, ob dann, wenn der Antragsteller mit einer Rüge die Zulässigkeitshürde genommen hat, von Amts wegen auch Beanstandungen berücksichtigt werden dürfen, die an § 107 Abs. 3 GWB gescheitert sind oder – falls sie nicht vorgetragen wurden – gescheitert wären. Das Gesetz verlangt – im Einklang mit den Vergaberichtlinien der EU –, dass der Bieter vor Einleitung des Nachprüfungsverfahrens der Vergabestelle die Chance zur Fehlerkorrektur gibt. Versäumt er dies und liegen die Voraussetzungen des § 107 Abs. 3 GWB vor, so muss er sich daran festhalten lassen. Die fehlende oder verspätete Rüge eines Verstoßes gegen bieterschützende Vorschriften führt dazu, dass die **präkludierte Beanstandung auch von Amts wegen nicht wieder aufgegriffen werden darf** (im Ergebnis ebenso OLG Düsseldorf, B. v. 15. 6. 2005 – Az.: VII – Verg 05/05; B. v. 9. 4. 2003 – Az.: Verg 66/02). 2066

Ähnlich argumentiert das **Schleswig-Holsteinische Oberlandesgericht für den Fall der Aufhebung.** Stützt sich ein öffentlicher Auftraggeber z. B. ausschließlich auf den Aufhebungsgrund gem. § 26 Nr. 1 lit. a VOL/A, ist auf die anderen in § 26 Nr. 1 lit. b – d VOL/A genannten Fälle deshalb nicht einzugehen. Selbst wenn einer dieser Gründe in Betracht zu ziehen wäre, könnte er der gerichtlichen Entscheidung nicht von Amts wegen zugrunde gelegt werden, weil die **Aufhebung nach § 26 Nr. 1 VOL/A im Ermessen** der Vergabestelle liegt. Das **schließt es aus, die Aufhebungsgründe aus § 26 Nr. 1 lit. a–d VOL/A untereinander gleichsam auszutauschen.** Der gerichtlichen Überprüfung unterliegt daher allein z. B. der Fall des § 26 Nr. 1 lit. a VOL/A (Schleswig-Holsteinisches OLG, B. v. 8. 9. 2006 – Az.: 1 Verg 6/06). 2067

19.4 Berücksichtigung nur der Fehler, die zulässigerweise zum Gegenstand eines Nachprüfungsverfahrens gemacht werden können

Die **Rechtsprechung** hierzu ist **nicht einheitlich.** 2068

Nach einer Auffassung ist Voraussetzung dafür, dass die Vergabekammer in der Sache tätig werden und Anordnungen treffen kann, ein zulässiger Nachprüfungsantrag. Diejenigen **Vergabefehler,** die – z. B. mangels Antragsbefugnis oder wegen der unterbliebenen rechtzeitigen Rüge – **nicht zulässigerweise zum Gegenstand eines Nachprüfungsverfahrens gemacht werden können,** sind einer Sachentscheidung durch die Vergabekammer entzogen. Sie können dementsprechend auch nicht Anlass für Anordnungen der Vergabekammer nach § 114 Abs. 1 Satz 2 GWB sein. In gleicher Weise fehlt auch dem Beschwerdegericht die Kompetenz, einen nicht zulässigerweise geltend gemachten Vergabefehler zum Anlass für eine Anordnung in der Sache zu nehmen (OLG Düsseldorf, B. v. 15. 6. 2005 – Az.: VII – Verg 05/05; B. v. 26. 7. 2002 – Az.: Verg 22/02). 2069

Gleicher Auffassung sind das OLG Thüringen (B. v. 17. 3. 2003 – Az.: 6 Verg 2/03, B. v. 28. 4. 2003 – Az.: 6 Verg 2/03), das Saarländische OLG (B. v. 29. 10. 2003 – Az.: 1 Verg 2/03), die VK Nordbayern (B. v. 8. 9. 2004 – Az.: 320.VK – 3194–31/04), die VK Südbayern (B. v. 16. 7. 2003 – Az.: 25–06/03), die VK Hamburg (B. v. 6. 10. 2003 – Az.: VKBB-3/03) und die VK Brandenburg (B. v. 16. 12. 2004 – Az.: VK 70/04; B. v. 7. 7. 2003 – Az.: VK 35/03). 2070

Demgegenüber berücksichtigt die VK Lüneburg den **Wechsel von der Vergabeart „Nichtoffenes Verfahren"** zum „Verhandlungsverfahren" von Amts wegen, obwohl eine entsprechende Rüge präkludiert war (VK Lüneburg, B. v. 7. 7. 2005 – Az.: VgK-27/2005). Eine **andere Auffassung** vertritt die VK Lüneburg für den Fall einer unterlassenen EU-weiten Ausschreibung (VK Lüneburg, B. v. 10. 10. 2006 – Az.: VgK-23/2006). 2071

19.5 Beispiele aus der Rechtsprechung

– schwerwiegende, offensichtliche Verstöße gegen das europäische und das deutsche Vergaberecht wie eben **das Absehen von einer objektiv gebotenen europaweiten Ausschreibung kann und ggf. muss die Vergabekammer** gem. §§ 110 Abs. 1, 114 Abs. 1 GWB aufgrund des Untersuchungsgrundsatzes im Rahmen eines Nachprüfungsverfahrens schon 2072

401

Teil 1 GWB § 110   Gesetz gegen Wettbewerbsbeschränkungen

von **Amts wegen berücksichtigen** (VK Lüneburg, B. v. 10. 10. 2006 – Az.: VgK-23/2006)

– es ist **wettbewerbsbeschränkend und unlauter, wenn ein Antragsteller ihm zugespielte Teile des Angebots anderer Bieter in das Nachprüfungsverfahren einführt**. Damit nutzt er im Wettbewerb bewusst fremdes – möglicherweise sogar strafrechtlich relevantes – Fehlverhalten aus. Aus diesem Grund dürfen **auch objektive Vergabefehler, die auf diesem Wege bekannt werden, nicht berücksichtigt werden** (OLG Brandenburg, B. v. 6. 10. 2005 – Az.: Verg W 7/05)

– das **Fehlen von Mindestanforderungen für Nebenangebote**, das von keiner Partei vor der Einleitung des Nachprüfungsverfahrens gerügt worden ist und das bei einer Rüge noch im laufenden Vergabenachprüfungsverfahren präkludiert wäre, **kann von der VK nicht von Amts geprüft werden** (VK Münster, B. v. 17. 6. 2005 – Az.: VK 12/05)

– die **Wahl der Vergabeart** ist als Vergaberechtsverstoß auch ohne eine Beanstandung durch die Antragstellerin zu beachten (VK Düsseldorf, B. v. 30. 9. 2002 – Az.: VK – 26/2002 – L)

– wird die **Wahl des Verfahrens** nicht gerügt, ist die Verfahrensart nicht Prüfungsgegenstand (1. VK Sachsen, B. v. 4. 7. 2002 – Az.: 1/SVK/072–02)

– die VK ist verpflichtet, das Vorliegen der **Tatbestandsvoraussetzungen des § 98 GWB** von Amts wegen zu prüfen (VK Nordbayern, B. v. 24. 7. 2001 – Az.: 320.VK-3194–21/01)

– ein **Verstoß** gegen den Gleichbehandlungsgrundsatz ist von Amts wegen zu berücksichtigen (2. VK Bund, B. v. 4. 9. 2002 – Az.: VK 2–58/02)

– wegen der zentralen Bedeutung der Leistungsbeschreibung für ein transparentes Vergabeverfahren hat die VK die mit den festgestellten **Mängeln der Leistungsbeschreibung** verbundene Vergaberechtsverletzung gem. § 110 Abs. 1 GWB von Amts wegen zu berücksichtigen (VK Lüneburg, B. v. 12. 4. 2002 – Az.: 203-VgK-05/2002)

– wegen der zentralen **Bedeutung der Dokumentationspflichten** gemäß § 30 VOB/A hat die VK die Vergaberechtsverletzungen gem. § 110 Abs. 1 GWB von Amts wegen zu berücksichtigen (VK Lüneburg, B. v. 18. 11. 2002 – Az.: 203-VgK-25/2002)

– wegen der zentralen **Bedeutung des Gleichbehandlungsgrundsatzes** gemäß § 97 Abs. 2 GWB, § 2 Abs. 2 Nr. 2 VOL/A und der Dokumentationspflichten gem. § 30 VOB/A hat die VK die Vergaberechtsverletzungen gem. § 110 Abs. 3 GWB von Amts wegen zu berücksichtigen (VK Lüneburg, B. v. 25. 8. 2003 – Az.: 203-VgK-18/2003)

– Prüfung nach dem Amtsermittlungsgrundsatz, ob eine **rechtsmissbräuchliche Aufhebung** einer Ausschreibung i. S. d. §§ 134 oder 138 BGB vorliegt (VK Hannover, B. v. Oktober 2001 – Az.: 26 045 – VgK – 8/2001)

– eine **fehlerhafte Wertung** ist von Amts wegen zu berücksichtigen (VK Brandenburg, B. v. 18. 11. 2002 – Az.: VK 60/02)

– es ist **nicht Aufgabe** der VK die **Referenzen** dahin gehend zu prüfen, ob die gemachten Aussagen über die Antragstellerin zu treffend sind (VK Südbayern, B. v. 12. 3. 2002 – Az.: 03–02/02)

– Anspruch des Bieters auf Beachtung der seinen Schutz bezweckenden Vergabevorschriften steht **zu seiner Disposition**. Er kann den Umfang der Nachprüfung jedenfalls insoweit bestimmen, als es sich um die Überprüfung selbständiger Teile des Vergabeverfahrens handelt (VK Südbayern, B. v. 8. 2. 2002 – Az.: 41–11/01)

19.6 Schwellenwert

2073   Die **Überschreitung des maßgeblichen Schwellenwerts** ist eine Anwendungsvoraussetzung des vergaberechtlichen Nachprüfungs- und Beschwerdeverfahrens und daher **jederzeit von Amts wegen zu prüfen** (Schleswig-Holsteinisches OLG, B. v. 30. 3. 2004 – Az.: 6 Verg 1/03).

19.7 Bedeutung des Vergabevermerks für das Nachprüfungsverfahren

2074   **Bedeutung und Funktion des Vergabevermerks würden entwertet**, wenn man den **Einwand** des öffentlichen Auftraggebers **zuließe, der Vermerk sei inhaltlich nicht zutreffend** und tatsächlich beruhe die Zuschlagsentscheidung auf anderen als den niedergelegten Erwägungen. Dadurch würde nicht nur in eklatanter Weise gegen das Gebot eines transparenten

Vergabeverfahrens verstoßen, sondern auch die **Möglichkeit einer Manipulation des Wertungsvorgangs eröffnet**. Um ein **in jeder Hinsicht transparentes Vergabeverfahren** zu gewährleisten und zugleich etwaigen Manipulationsmöglichkeiten so weit wie möglich vorzubeugen, ist es deshalb geboten, den **öffentlichen Auftraggeber am Inhalt seines Vergabevermerks festzuhalten** und ihm den Einwand zu verwehren, tatsächlich beruhe die Zuschlagsentscheidung auf anderen (oder zusätzlichen) als den dokumentierten Erwägungen (OLG Düsseldorf, B. v. 14. 8. 2003 – Az.: VII – Verg 46/03).

19.8 Offensichtliche Unzulässigkeit (§ 110 Abs. 2)

Weder der Gesetzeswortlaut noch die Begründung des Gesetzes geben einen Aufschluss über das Tatbestandsmerkmal der Offensichtlichkeit, insbesondere das der offensichtlichen Unzulässigkeit. 2075

Ein Nachprüfungsantrag ist offensichtlich unzulässig im Sinne des § 110 Abs. 2 Satz 1 GWB, wenn sich das **Nichtvorliegen der maßgeblichen Tatbestandsvoraussetzungen** für einen unvoreingenommenen, mit den Umständen vertrauten Beobachter **aus den zugrunde liegenden Unterlagen ohne weiteres ergibt** (OLG Stuttgart, B. v. 4. 11. 2002 – Az.: 2 Verg 4/02; 2. VK Bund, B. v. 1. 9. 2006 – Az.: VK 2–113/06; VK Brandenburg, B. v. 19. 8. 2004 – Az.: VK 54/04). Der Sinn des § 110 Abs. 2 Satz 1 GWB liegt darin, den Ablauf des Vergabeverfahrens durch eine Zustellung des Antrags nicht in solchen Fällen zu verzögern, in denen der Antragsteller mit seinem Anliegen ohnehin nicht zum Erfolg kommt. Dieses Ziel korrespondiert mit der Pflicht der Vergabekammer, bei ihrer gesamten Tätigkeit darauf zu achten, dass der Ablauf des Vergabeverfahrens nicht unangemessen beeinträchtigt wird (VK Brandenburg, B. v. 19. 8. 2004 – Az.: VK 54/04). Von daher ist ein Nachprüfungsantrag offensichtlich unzulässig, wenn die **Verfristung der Rüge klar auf der Hand liegt** (2. VK Bund, B. v. 10. 4. 2003 – Az.: VK 2–24/03). 2076

Die in der Kommentarliteratur angegebenen Beispielsfälle der offensichtlichen Unzulässigkeit schließen den Fall nicht ein, dass die **Zulässigkeit eines Antrages von einer reinen Rechtsfrage abhängt,** deren Beantwortung im Nachprüfungsverfahren ausschließlich der Kammer obliegt Obwohl die Rechtsfrage der Zulässigkeit eines Nachprüfungsantrags vor den Vergabekammern nach Aufhebung eines Vergabeverfahrens umstritten ist, hält sich die Kammer für berechtigt, den Antrag als offensichtlich unzulässig zurückzuweisen, wenn sie zu dem Ergebnis kommt, dass auf der Basis eines im Rahmen des Amtsermittlungsgrundsatzes als ausreichend belegt angesehen Sachverhaltes die reine Rechtsfrage der Zulässigkeit eines Antrags verneint wird. Die Anforderung der Vergabeakten, deren Durchsicht und die Beteiligung des Antragsgegners ist für die Beantwortung der sich hier stellenden Rechtsfrage ebenso wenig erforderlich wie die Durchführung einer mündlichen Verhandlung, die gemäß § 112 Abs. 1 Satz 3 GWB bei Unzulässigkeit eines Nachprüfungsantrags sowieso entbehrlich ist (VK Saarland des Saarlandes, B. v. 7. 6. 2002 – Az.: 1 VK 02/2002). 2077

Ist daher die **Rechtsfrage, ob** der sich aus der mit dem Nachprüfungsantrag eingereichten Leistungsbeschreibung ergebende **Vertragsgegenstand dem Vergaberecht unterliegt, zu verneinen,** muss auch eine Zustellung des Nachprüfungsantrags unterbleiben, um zu verhindern, dass ein Bieter, dessen Rechtsbehelf keinerlei Aussicht auf Erfolg hat, ein investitionshemmendes – den Zuschlag verzögerndes – Verfahren einleiten kann (VK Hamburg, B. v. 2. 4. 2003 – Az.: VgK FB 2/03). 2078

19.9 Offensichtliche Unbegründetheit

Der Nachprüfungsantrag ist nicht zuzustellen, wenn er auf einem **eindeutigen, nachvollziehbaren und daher unstreitigen Sachverhalt** beruht und jegliche Anhaltspunkte durch den Antragsteller fehlen, die geeignet wären, die Ausführungen des Auftraggebers (z.B. zum Ausschluss des Angebots des Antragstellers) zu widerlegen (1. VK Sachsen, B. v. 4. 7. 2002 – Az.: 1/SVK/072–02). 2079

19.10 Offensichtliche Unzulässigkeit bzw. Unbegründetheit und evtl. Verlust des Primärrechtsschutzes

Erstinstanzlich ist den Vergabekammern die Gewährung effektiven Rechtsschutzes der Bieter anvertraut. Bei dieser Aufgabe unterliegen sie dem Amtsermittlungsgrundsatz (§ 110 Abs. 1 2080

Teil 1 GWB § 110 Gesetz gegen Wettbewerbsbeschränkungen

Satz 1 GWB) und es trifft sie dabei eine insoweit eine **gesteigerte Verantwortung,** als ihre Entscheidung, einen Nachprüfungsantrag als offensichtlich unzulässig oder unbegründet nicht zuzustellen, den Primärrechtsschutz der Bieter regelmäßig abschließend vereiteln kann, weil der Auftraggeber dann nicht gehindert wird, den Zuschlag anderweitig zu erteilen (KG Berlin, B. v. 4. 4. 2002 – Az.: KartVerg 5/02).

19.11 Beispiele aus der Rechtsprechung

2081
- bei **Zweifeln über eine eventuell missbräuchlich niedrige Schätzung des Auftragswertes** durch die Vergabestelle ist, um den Rechtsschutz des Antragstellers nicht abzuschneiden, das Erreichen der Schwellenwerte (für die Frage der Zustellung des Nachprüfungsantrags durch die Kammer) zu unterstellen (2. VK Bund, B. v. 10. 7. 2002 – Az.: VK 2–24/02)
- bei **eindeutiger Unterschreitung des Schwellenwerts** ist der Antrag offensichtlich unzulässig (VK Baden-Württemberg, B. v. 7. 8. 2002 – Az.: 1 VK 42/02)
- bei **eindeutiger Überschreitung der Rügefrist** ist der Antrag offensichtlich unzulässig (1. VK Bund, B. v. 13. 8. 2001 – Az.: VK 1–25/01)
- bei **fehlender Rüge gegenüber dem Auftraggeber** ist der Antrag offensichtlich unzulässig (1. VK Bund, B. v. 25. 11. 2003 – Az.: VK 1–115/03; 1. VK Bund, B. v. 17. 10. 2001 – Az.: VK 1–37/01)
- ein **nicht auf Überprüfung eines laufenden Beschaffungsvorgangs gerichteter Nachprüfungsantrag** ist offensichtlich unzulässig (1. VK Bund, B. v. 13. 7. 2001 – Az.: VK 1–19/01)
- ein Antrag ist gemäß § 110 Abs. 2 S. 1 GWB offensichtlich unzulässig, wenn zum Einen **an dem tatsächlichen Sachvortrag keine Zweifel** bestehen und zum Anderen die vorliegende Fallkonstellation **höchstrichterlich und damit rechtsverbindlich** für die Bewertung durch die VK zu Lasten des Antragstellers entschieden wurde (1. VK Sachsen, B. v. 15. 7. 2003 – Az.: 1/SVK/092–03, B. v. 30. 9. 2002 – Az.: 1/SVK/087–02)
- ein Antrag ist offensichtlich unzulässig, wenn ein **wirksamer Zuschlag erteilt** ist (VK Magdeburg, B. v. 3. 7. 2001 – Az.: 33–32571/07 VK 10/01 MD)
- ein Antrag ist offensichtlich unzulässig, wenn **eine Entscheidung zu Gunsten des Antragstellers bereits ergangen** ist (VK Lüneburg, B. v. 16. 6. 2003 – Az.: 203-VgK-12/2003)
- ein Antrag ist offensichtlich unzulässig, wenn die **Zuständigkeitsverteilung zwischen VK und Vergabesenat nicht beachtet** wird (VK Lüneburg, B. v. 16. 6. 2003 – Az.: 203-VgK-12/2003)

19.12 Rechtsschutz gegen die Nichtzustellung

2082
Eine die erste Instanz im Sinne des § 114 GWB **abschließende Entscheidung ist auch die Zurückweisung des Nachprüfungsantrags als offensichtlich unzulässig oder offensichtlich unbegründet** gemäß § 110 Abs. 2 Satz 1 GWB; auch diese Entscheidungsart **unterliegt** daher **der sofortigen Beschwerde** gemäß § 116 Abs. 1 GWB (OLG Düsseldorf, B. v. 18. 1. 2000 – Az.: Verg 2/00).

19.13 Zustellung

19.13.1 teilweise Zustellung des Nachprüfungsantrags

2083
Sofern ein Nachprüfungsantrag offensichtlich unzulässig ist, unterbleibt eine Zustellung an den Auftraggeber. Aus dem Wortlaut der Bestimmung selbst folgt keineswegs, dass ein Antrag in vollem Umfang zuzustellen ist, wenn nur ein Teil als offensichtlich unzulässig angesehen wird. Die Vorschrift enthält sich hierzu jeder Aussage. Zudem **sprechen Sinn und Zweck für die Zulässigkeit einer nur teilweisen Zustellung eines Nachprüfungsantrags, jedenfalls dann, wenn er aus zwei in sich abgeschlossenen Abschnitten besteht.** Das gesamte Verfahren vor der Vergabekammer wird vom Grundsatz geprägt, dieses beschleunigt durchzuführen. Dem dient es, wenn offensichtlich unzulässige Teile eines Nachprüfungsantrags nicht zum Gegenstand der Auseinandersetzung zwischen den Beteiligten gemacht werden. Der Streitstoff

Gesetz gegen Wettbewerbsbeschränkungen GWB § 110 **Teil 1**

wird sowohl für die Beteiligten als auch die Vergabekammer und gegebenenfalls die Rechtsmittelinstanz gestrafft und auf die schlüssig vorgetragenen Vergabefehler konzentriert. Ziel der Regelung des § 110 Abs. 2 GWB ist es zudem auch, Missbrauchsgefahren vorzubeugen und einer Verschleppung der Verfahren entgegenzuwirken. **Auch auf Grund der weit reichenden Folgen, die mit einer Zustellung verbunden sind, ist eine teilweise Zustellung als zulässig zu betrachten.** Die Zustellung zieht das Zuschlagsverbot des § 115 Abs. 1 GWB nach sich (VK Baden-Württemberg, B. v. 2. 12. 2004 – Az.: 1 VK 74/04).

19.13.2 Zustellung des Nachprüfungsantrages nach dem Verwaltungszustellungsgesetz

Die in § 110 Abs. 2 Satz 1 GWB bestimmte Zustellung des Nachprüfungsantrags hat **nach** 2084 **den Bestimmungen des Verwaltungszustellungsgesetzes** (VwZG) – des Bundes bzw. des jeweiligen Landes – zu erfolgen (VK Südbayern, B. v. 13. 3. 2003 – Az.: 05–02/03; VK Baden-Württemberg, B. v. 5. 8. 2003 – Az.: 1 VK 31/03). Gemäß § 5 Abs. 2 VwZG kann die Zustellung an bestimmte Institutionen dadurch geschehen, dass ein Schriftstück auf andere Weise übermittelt wird, ohne dass es der „gegenständlichen" Übergabe bedarf. **Entscheidend ist das Vorliegen eines Empfangsbekenntnisses.** Dieses dient dem Nachweis des Zeitpunktes, an dem der Empfänger von dem Zugang des zuzustellenden Schriftstücks Kenntnis erlangt hat und bereit war, das Schriftstück entgegenzunehmen und zu behalten. Ist dieser Nachweis über die Übermittlung des Inhalts eines Schriftstücks erbracht, so sind in Bezug auf die wegen der Rechtswirkung des § 115 Abs. 1 GWB geforderte Rechtssicherheit alle Voraussetzungen geschaffen. Damit ist die Zustellung wirksam erfolgt (2. VK Bund, B. v. 23. 11. 2000 – Az.: VK 2–36/00).

19.13.3 Zustellung des Nachprüfungsantrages an den Auftraggeber per Fax

19.13.3.1 Grundsatz

Einer zulässigen Antragstellung steht auch nicht entgegen, dass die Vergabekammer der Auf- 2085 traggeberin den Nachprüfungsantrag **fristwahrend per Fax** zustellte. Zwar trifft es zu, dass die Zustellung per Fax nicht entsprechend den Vorgaben des Verwaltungszustellungsgesetzes (VwZG) erfolgt ist. Dem ist jedoch entgegen zu halten, dass die Auftraggeberin im Begleitschreiben zur Zustellung des Antrags ausdrücklich zur Empfangsbestätigung aufgefordert wurde und diese auch (am gleichen Tag) tat. Unter dieser Voraussetzung darf sie sich **treuwidrigerweise nicht im Nachgang darauf berufen, dass die gesetzlichen Vorschriften nicht eingehalten sind.** Die Vorschriften des VwZG dienen der Dokumentation behördlicher Zustellungshandlungen. Wenn auf andere Weise dokumentiert wird, dass ein Zugang erfolgte, genügt dies dem gesetzlichen Zweck (1. VK Sachsen, B. v. 26. 7. 2001 – Az.: 1/SVK/73–01).

19.13.3.2 Vereinfachte Zustellung an Behörden, Körperschaften, Anstalten und Stiftungen des öffentlichen Rechts, Rechtsanwälte u. a.

Nach dem Bayerischen Verwaltungszustellungs- und Vollstreckungsgesetz (VwZVG) kann 2086 gemäß Art. 2 VwZVG die Zustellung nach den in Art. 3 bis 6 VwZVG genannten Arten der Zustellung bewirkt werden. Die Vergabekammer hat die **Form der vereinfachten Zustellung durch Telekopie** nach Art. 5 Abs. 2 VwZVG gewählt. Diese **Art der Zustellung ist jedoch nur gegenüber dem in dieser Vorschrift genannten Empfängerkreis** zulässig. Dies sind Behörden, Körperschaften, Anstalten und Stiftungen des öffentlichen Rechts, Rechtsanwälte sowie die übrigen dort genannten Personen (BayObLG, B. v. 1. 7. 2003 – Az.: Verg 3/03).

19.13.3.3 Vereinfachte Zustellung an andere Institutionen

Hat die Vergabekammer die Zustellung des Nachprüfungsantrages vor Erteilung des Zu- 2087 schlags nach § 1 des Verwaltungszustellungsgesetzes des Landes Sachsen-Anhalt in Verbindung mit § 5 Abs. 2 Verwaltungszustellungsgesetz des Bundes (VwZG) bewirkt, kann danach eine vereinfachte Zustellung an Behörden, Körperschaften des öffentlichen Rechts sowie andere dort genannte Einrichtungen erfolgen. Die **Vorschrift findet jedoch im vorliegenden Fall über den unmittelbaren Wortlaut hinaus auch auf die Vergabestelle als juristische Person des privaten Rechts Anwendung.** Hierfür spricht, dass der Landkreis als Gebietskörperschaft alleiniger Gesellschafter der Vergabestelle ist. Die **Vorschriften des VwZG** sind weiterhin im

Teil 1 GWB § 110 	Gesetz gegen Wettbewerbsbeschränkungen

Zusammenhang mit den Regelungen des Nachprüfungsverfahrens vor der Vergabekammer **auszulegen**. Hierbei ist von Bedeutung, dass in diesen Verfahren die Zustellung insbesondere bei unmittelbar bevorstehender Zuschlagserteilung besonders eilbedürftig ist. Wäre in diesen Fällen eine **vereinfachte Zustellung nicht möglich, könnte oftmals effektiver Rechtsschutz nicht gewährleistet werden**, da die Suspensivwirkung nach § 115 Abs. 1 GWB nicht eintreten könnte. Dies würde dem Sinn und Zweck dieser Regelungen nicht entsprechen. Es ist kein Grund ersichtlich, die in § 5 Abs. 2 VwZG genannten Einrichtungen (Behörden, Körperschaften und Anstalten des öffentlichen Rechts) im Nachprüfungsverfahren anders zu stellen als die übrigen öffentlichen Auftraggeber. Nach dieser Vorschrift kann die Zustellung an diese Einrichtungen übermittelt werden, ohne dass es einer gegenständlichen Übergabe bedarf (VK Magdeburg, B. v. 27. 10. 2003 – Az.: 33–32571/07 VK 16/03 MD; offen gelassen durch OLG Naumburg, B. v. 17. 2. 2004 – 1 Verg 15/03).

19.13.3.4 Vereinfachte, aber unvollständige Zustellung

2088 Bei einer vereinfachten Zustellung per Fax ist es **unschädlich, wenn der Auftraggeber den Nachprüfungsantrag** z. B. durch einen technischen Fehler **zunächst nicht ganz vollständig erhält** (wenn etwa Seiten nicht lesbar sind). Zweck der Zustellung ist, dass die Vergabestelle Gewissheit darüber haben soll, ob die nach § 115 Abs. 1 GWB bestimmte Suspensivwirkung eingetreten ist oder nicht. Ist dies aus den ohne Fehler übermittelten Unterlagen dadurch eindeutig erkennbar, dass ausdrücklich ausgeführt ist, dass es sich um eine Zustellung handelt und dass es der Vergabestelle verboten ist, nach Zustellung den Zuschlag zu erteilen, handelt die Vergabestelle **treuwidrig, wenn sie in Kenntnis des Nachprüfungsantrages den Zuschlag erteilt** (VK Magdeburg, B. v. 27. 10. 2003 – Az.: 33–32571/07 VK 16/03 MD).

19.13.4 Zustellung eines Nachprüfungsantrages durch das Beschwerdegericht

2089 Die Verlängerung der aufschiebenden Wirkung der sofortigen Beschwerde ist nur sinnvoll, wenn sie mit einer Herstellung oder Verlängerung des Zuschlagsverbots einhergeht. Das Gesetz, das den Regelfall normiert, sieht zwar in § 110 Abs. 2 Satz 1 GWB nur vor, dass die Vergabekammer (nach positiv verlaufener Anfangsprüfung) den Nachprüfungsantrag zustellt. Wenn aber die von der Vergabekammer vorgenommene (negativ verlaufene und zur Verwerfung des Nachprüfungsantrags führende) Anfangsprüfung auf erhebliche Bedenken in der Beschwerdeinstanz stößt, **muss auch das Beschwerdegericht die Kompetenz haben, den (in erster Instanz eingereichten) Nachprüfungsantrag nachträglich noch zuzustellen, weil sonst der in der Sache gebotene einstweilige Rechtsschutz gar nicht gewährt werden könnte.** Dass dem Beschwerdegericht diese Kompetenz trotz des vorrangigen Grundsatzes des effektiven Rechtsschutzes etwa nicht zustehen sollte, kann dem § 110 Abs. 2 Satz 1 GWB nicht entnommen werden. Demzufolge kann der Senat die Zustellung des Nachprüfungsantrags veranlassen (KG Berlin, B. v. 10. 12. 2002 – Az.: KartVerg 16/02; OLG Düsseldorf, B. v. 30. 8. 2001 – Az.: Verg 32/01).

2090 Zu den Voraussetzungen einer Zustellung durch den Vergabesenat vgl. die Kommentierung zu § 118 GWB RZ 2577.

19.13.5 Zustellung eines Nachprüfungsantrages an den Auftraggeber auch durch eine unzuständige Vergabekammer

2091 Die Vergabekammer ist unter Umständen dazu befugt, den Nachprüfungsantrag zuzustellen. Würde in unmittelbarer Zukunft der Zuschlag zu einem konkurrierenden Angebot drohen und liefe die Antragstellerin Gefahr, wegen Zeitablaufs ihre Zuschlagschance zu verlieren, ist diese Vergabekammer angesichts der Bestimmung des § 3 Abs. 4 VwVfG NRW, nach der **bei Gefahr im Verzug** bei unaufschiebbaren Maßnahmen die Behörde örtlich zuständig ist, in deren Bezirk der Anlass für die Amtshandlung hervortritt, befugt, den Nachprüfungsantrag zuzustellen, obwohl sie für die Entscheidung in diesem Verfahren nicht zuständig ist. Für eine solche Vorgehensweise spricht auch, wenn die Vergabestelle eine unzuständige Vergabekammer angegeben hat und die Anrufung der falschen Vergabekammer durch die Antragstellerin somit der Vergabestelle zuzurechnen ist (VK Münster, B. v. 9. 8. 2001 – Az.: VK 19/01).

19.13.6 Zustellung an Vertreter des Auftraggebers

2092 Das **Verfahren vor der Vergabekammer stellt ein formalisiertes Rechtsschutzverfahren** dar, das – ähnlich wie das verwaltungsgerichtliche Vorverfahren (§§ 68 ff. VwGO) – dem gerichtlichen Rechtsschutzverfahren vorgeschaltet ist. Die Vergabekammern stellen nach dem Nachprüfungssystem des Vergaberechtsänderungsgesetzes die primären Kontrollinstanzen auf der Verwaltungsebene dar. Das Verfahren vor der Vergabekammer ist ein justizförmig ausgestaltetes **Verwaltungsverfahren im Sinne von § 9 VwVfG,** das durch den Erlass eines Verwaltungsaktes seinen Abschluss findet. Dementsprechend finden die **Vorschriften des Verwaltungsverfahrensgesetzes sowie des Verwaltungszustellungsgesetzes ergänzend zu den Verfahrensvorschriften des GWB Anwendung.**

Dem Wortlaut des § 115 Abs. 1 GWB nach soll die Zustellung ausdrücklich an den Auftraggeber erfolgen. Gemäß den Regelungen des Verwaltungszustellungsgesetzes (Bund bzw. der Bundesländer) **können Zustellungen auch an den allgemein oder für bestimmte Angelegenheiten bestellten Vertreter gerichtet** werden. Voraussetzung hierfür ist das Vorliegen einer Verfahrensvollmacht, deren Inhalt sich nach den **Regelungen des Verwaltungszustellungsgesetzes (Bund bzw. der Bundesländer)** richtet. Der Umfang der Vollmacht ist demnach z. B. gemäß Art. 14 Abs. 1 BayVwVfG grundsätzlich unbeschränkt. Die Vollmacht ermächtigt zu allen Verfahrenshandlungen wie Antragstellung oder Verlangen nach Akteneinsicht. Die Bevollmächtigung gilt für aktive Handlungen wie für passive Entgegennahme. Das Vorliegen dieser Vollmacht hat zur Folge, dass der Bevollmächtigte anstelle des Vollmachtgebers im Verwaltungsverfahren auftritt. Seine Verfahrenshandlungen und Erklärungen sind für den Vollmachtgeber in gleicher Weise bindend, als wenn er sie selbst abgegeben hätte. Bevollmächtigter kann dabei nur eine natürliche, nie aber eine juristische Person sein. Bei **Bevollmächtigten ohne Vollmacht können die Regeln des BGB über Vertreter ohne Vertretungsmacht analog angewendet** werden (VK Südbayern, B. v. 13. 3. 2003 – Az.: 05–02/03). 2093

19.13.7 „Sich-Verschließen" vor der Zustellung

Die **Zustellung** wird grundsätzlich nicht schon dadurch bewirkt wird, dass das zuzustellende Schriftstück beim Telefaxgerät des Empfängers eingeht. Sie wird **in der Regel erst wirksam, wenn ein annahmebereiter und dafür zeichnungsberechtigter Beschäftigter der Behörde das Schriftstück in Empfang nimmt. Ein Zustellungsempfänger kann eine Zustellung jedoch nicht dadurch vereiteln, dass er sich der Entgegennahme verschließt.** Hat z. B. eine Vergabestelle, obwohl sie aufgrund einer Anfrage des Vorsitzenden der Vergabekammer wegen der Faxnummer konkret damit rechnen musste, dass ihr der bei der Vergabekammer vorliegende Nachprüfungsantrag zugestellt wird, dies völlig ignoriert, ist der Einwand, dass der Nachprüfungsantrag außerhalb der üblichen Geschäftszeit und im deshalb nicht mehr besetzten Sekretariat eingegangen sei, nicht erheblich. Maßgebend ist, wie lange sich ein als zeichnungsberechtigt bezeichneter Beamte im Haus befunden hat und dass er in Kenntnis, dass ein Nachprüfungsantrag eingegangen sein könnte, es unterließ, vor Abschluss des Vertrages, sich davon zu überzeugen, ob der angekündigte Nachprüfungsantrag auf dem angegebenen Faxgerät zwischenzeitlich eingegangen war (VK Baden-Württemberg, B. v. 30. 9. 2003 – Az.: 1 VK 54/03). 2094

19.13.8 Rechtsschutz gegen die Zustellung

Gegen die durch die Vergabekammer gemäß § 110 Abs. 2 Satz 1 GWB getroffene **Entschließung,** den Nachprüfungsantrag dem öffentlichen Auftraggeber (der Vergabestelle) zuzustellen, also den Nachprüfungsantrag nicht ohne vorherige Zustellung als offensichtlich unzulässig oder offensichtlich unbegründet zurückzuweisen, **findet die sofortige Beschwerde gemäß § 116 Abs. 1 GWB nicht statt** (OLG Düsseldorf, B. v. 18. 1. 2000 – Az.: Verg 2/00); zur näheren Begründung vgl. die Kommentierung zu § 116 GWB RZ 2492. 2095

19.14 Verpflichtung der Vergabekammer zur telefonischen Information über den Eingang eines Nachprüfungsantrages?

Es besteht **keine Verpflichtung** für die Vergabekammer, den Auftraggeber über den Eingang eines Nachprüfungsantrags **vorab telefonisch zu informieren** (VK Brandenburg, B. v. 12. 8. 2002 – Az.: 43/02). 2096

Teil 1 GWB § 110 Gesetz gegen Wettbewerbsbeschränkungen

19.15 Entscheidung über einen unzulässigen oder unbegründeten Nachprüfungsantrag auch ohne dessen – wirksame – Zustellung an den Auftraggeber

2097 Der Vergabesenat kann ebenso wie die Vergabekammer bei einem unzulässigen oder unbegründeten Nachprüfungsantrag **auch ohne** dessen – wirksame – **Zustellung** an den Auftraggeber **sachlich über ihn entscheiden,** § 110 Abs. 2 Satz 1 GWB analog (OLG Brandenburg, B. v. 19. 12. 2002 – Az.: Verg W 12/02).

19.16 Pflicht der Vergabekammer zur Anforderung der Vergabeakten

19.16.1 Allgemeines

2098 Die **Pflicht der Vergabekammer zur Anforderung der Vergabeakten** (§ 110 Abs. 2 Satz 1 GWB), der eine **Pflicht der Vergabestelle zum Zurverfügungstellen der Vergabeakten** entspricht (§ 110 Abs. 2 Satz 3 GWB), greift nach Sinn und Zweck dieser Vorschriften nicht ein, solange ernstliche Zweifel an der Zulässigkeit des Nachprüfungsverfahrens bestehen, das Verfahren einstweilen nur um diese Frage geht und die Vergabeakten zur Beantwortung dieser Frage ersichtlich nicht gebraucht werden. Da in diesem Verfahrensstadium, wie oben dargelegt, auch kein generelles Akteneinsichtsrecht nach § 111 GWB besteht, müssen die Vergabeakten auch nicht etwa allein aus dem Grund angefordert werden, um Akteneinsicht gewähren zu können (BayObLG, B. v. 19. 12. 2000 – Az.: Verg 7/00).

19.16.2 Pflicht des Auftraggebers zur Vorlage der Original-Vergabeakten

2099 Die Vergabekammer entscheidet unter Zugrundelegung der als Original-Vergabeakte vorgelegten Unterlagen (1. VK Brandenburg, B. v. 18. 1. 2001).

19.16.3 Verzögerte Vorlage der Vergabeakten

2100 Da die Auftraggeberin gem. § 110 GWB die Unterlagen schnellstmöglich zur Verfügung zu stellen hat, **kann sie sich selbst auf entschuldbare Verzögerungen nicht berufen.** Die verzögerte und unvollständige Vorlage der Vergabeakten durch die Auftraggeberin stellt **auch keine die Verlängerung der Fünf-Wochen-Frist erlaubenden tatsächlichen oder rechtlichen Schwierigkeiten** dar. Nach dem Grundsatz der Verhältnismäßigkeit kann die Vergabekammer auf ihre Durchsuchungs- und Beschlagnahmebefugnisse gegenüber der Auftraggeberin verzichten, wenn die vorhandenen Unterlagen zur Ermittlung der erheblichen Vergabefehler ausreichen (1. VK Brandenburg, B. v. 18. 1. 2001).

19.16.4 Vorlage der Vergabeakten im Fall des Streites über die Anwendbarkeit des GWB

2101 Die Mitglieder der Vergabekammer genießen gemäß § 105 GWB diejenige Unabhängigkeit, die der Garantie der in Art. 97 Abs. 1 GG genannten richterlichen Unabhängigkeit entspricht. Der Vergabekammer muss es möglich sein, anhand der Vergabeakte selbstständig darüber entscheiden zu können, ob die Zulässigkeitsvoraussetzungen eines Nachprüfungsverfahrens vorliegen oder nicht. Um diese Entscheidung treffen zu können, muss ihr die Vergabeakte vorgelegt werden, **schließlich kann nicht jede Bezugnahme auf Sicherheitsfragen die Anwendung des § 100 Abs. 2 lit. d) GWB begründen, da der Bieterschutz dadurch verkürzt würde. Die pauschale Bezeichnung eines Tatbestandes als Geheimnis entzieht sich nicht jeder vergaberechtlichen Nachprüfung** (VK Brandenburg, B. v. 22. 3. 2004 – Az.: VK 6/04).

19.17 Pflicht der Vergabekammer zur Berücksichtigung eines Beweisantritts

2102 Fehlt z. B. ein von der Vergabestelle geforderter Eignungsnachweis und behauptet der Bieter aber, dieser habe seinem Angebot beigelegen, und nennt hierfür auch Zeugen, so **muss die Vergabekammer diesem Beweisantritt nachgehen** (OLG Düsseldorf, B. v 20. 1. 2006 – Az.: VII – Verg 98/05).

Gesetz gegen Wettbewerbsbeschränkungen GWB § 111 **Teil 1**

19.18 Rückgabe der Vergabeakten

Es ist gängige Praxis und begegnet keinen rechtlichen Bedenken, wenn die von der Vergabestelle der Vergabekammer gemäß § 110 GWB zur Verfügung gestellten Vergabeakten **nach Abschluss des Verfahrens vor der Vergabekammer an die Vergabestelle zurückgegeben werden;** im Falle einer Rechtsmitteleinleitung fordert das Beschwerdegericht die Akten gegebenenfalls erneut an (BayObLG, B. v. 19. 12. 2000 – Az.: Verg 10/00). 2103

20. § 111 GWB – Akteneinsicht

(1) **Die Beteiligten können die Akten bei der Vergabekammer einsehen und sich durch die Geschäftsstelle auf ihre Kosten Ausfertigungen, Auszüge oder Abschriften erteilen lassen.**

(2) **Die Vergabekammer hat die Einsicht in die Unterlagen zu versagen, soweit dies aus wichtigen Gründen, insbesondere des Geheimschutzes oder zur Wahrung von Betriebs- oder Geschäftsgeheimnissen geboten ist.**

(3) **Jeder Beteiligte hat mit Übersendung seiner Akten oder Stellungnahmen auf die in Absatz 2 genannten Geheimnisse hinzuweisen und diese in den Unterlagen entsprechend kenntlich zu machen. Erfolgt dies nicht, kann die Vergabekammer von seiner Zustimmung auf Einsicht ausgehen.**

(4) **Die Versagung der Akteneinsicht kann nur im Zusammenhang mit der sofortigen Beschwerde in der Hauptsache angegriffen werden.**

20.1 Grundsatz

In welchem Umfang den Beteiligten im Beschwerdeverfahren das Akteneinsichtsrecht zusteht, ist im Einzelnen umstritten. **Abzuwägen sind das Geheimhaltungsinteresse** konkurrierender Bieter sowie der Vergabestelle und das **Rechtsschutzinteresse des um Akteneinsicht nachsuchenden Bieters** unter Berücksichtigung des Transparenzgebots im Vergabeverfahren und des Grundrechts auf rechtliches Gehör im gerichtlichen Verfahren (OLG Thüringen, B. v. 4. 5. 2005 – Az.: 9 Verg 3/05; B. v. 12. 12. 2001 – Az.: 6 Verg 5/01, B. v. 16. 12. 2002 – Az.: 6 Verg 10/02). 2104

In der Rechtsprechung und der Literatur ist allgemein anerkannt, dass das **Recht auf Akteneinsicht nach § 111 GWB nur in dem Umfang besteht, in dem es zur Durchsetzung der subjektiven Rechte des betroffenen Verfahrensbeteiligten erforderlich ist** (OLG Thüringen, B. v. 4. 5. 2005 – Az.: 9 Verg 3/05; VK Schleswig-Holstein, B. v. 17. 3. 2006 – Az.: VK-SH 02/06; B. v. 8. 7. 2005 – Az.: VK-SH 18/05; B. v. 31. 5. 2005 – Az.: VK-SH 09/05; B. v. 10. 2. 2005 – VK-SH 02/05; B. v. 2. 2. 2005 – Az.: VK-SH 01/05; VK Saarland, B. v. 1. 3. 2005 – Az.: 1 VK 01/2005; 1. VK Bund, B. v. 5. 11. 2004 – VK 1–138/04; VK Brandenburg, B. v. 15. 11. 2005 – Az.: 2 VK 64/05; B. v. 9. 9. 2005 – Az.: VK 33/05; B. v. 8. 9. 2005 – Az.: 1 VK 51/05; B. v. 25. 2. 2005 – Az.: VK 4/05; B. v. 25. 2. 2005 – Az.: VK 3/05; B. v. 18. 6. 2004 – Az.: VK 22/04; B. v. 15. 6. 2004 – Az.: VK 18/04; B. v. 11. 6. 2004 – Az.: VK 19/04; B. v. 10. 6. 2004 – Az.: VK 21/04; B. v. 27. 5. 2004 – Az.: VK 17/04; B. v. 30. 4. 2004 – Az.: VK 13/04; VK Rheinland-Pfalz, B. v. 24. 2. 2005 – Az.: VK 28/04). **Maßgeblich ist dabei die Entscheidungsrelevanz der Unterlagen, deren Einsicht begehrt wird** (OLG Naumburg, B. v. 11. 6. 2003 – Az.: 1 Verg 06/03). 2105

20.2 Einsichtnahme bzw. Aktenversendung

Ein **Anspruch auf Aktenversendung besteht nach § 111 GWB grundsätzlich nicht.** Wegen des in der Regel großen Umfangs der Vergabeakten wird aus organisatorischen Gründen von einer solchen Verfahrensweise abgesehen (VK Brandenburg, B. v. 21. 7. 2004 – Az.: VK 35/04, 38/04). 2106

Statt der Einsichtnahme am Dienstsitz der Vergabekammer kann die Vergabekammer die zur Einsicht freigegebenen Vergabeakten auch **an den Antragsteller übersenden** (VK Südbayern, 2107

Teil 1 GWB § 111 Gesetz gegen Wettbewerbsbeschränkungen

B. v. 25. 7. 2002 – Az.: 26–06/02), gegebenenfalls auch auszugsweise **Kopien überlassen** (VK Thüringen, B. v. 20. 8. 2002 – Az.: 216–403.20–045/02-EF-S).

20.3 Allgemeine Voraussetzungen der Akteneinsicht

20.3.1 Zulässiges Vergabenachprüfungsverfahren

2108 Ein Akteneinsichtsrecht nach § 111 GWB setzt grundsätzlich voraus, dass **überhaupt ein Vergabenachprüfungsverfahren eröffnet und damit zulässig** ist (2. VK Brandenburg, B. v. 19. 1. 2006 – Az.: 2 VK 76/05; VK Baden-Württemberg, B. v. 2. 12. 2004 – Az.: 1 VK 74/04; 1. VK Bund, B. v. 5. 11. 2004 – VK 1–138/04; VK Schleswig-Holstein, B. v. 17. 3. 2006 – Az.: VK-SH 02/06; B. v. 5. 10. 2005 – Az.: VK-SH 23/05; B. v. 8. 7. 2005 – Az.: VK-SH 18/05; B. v. 31. 5. 2005 – Az.: VK-SH 09/05; B. v. 7. 3. 2005 – Az.: VK-SH 03/05; B. v. 10. 2. 2005 – VK-SH 02/05; B. v. 2. 2. 2005 – Az.: VK-SH 01/05; B. v. 23. 7. 2004 – Az.: VK-SH 21/04; VK Brandenburg, B. v. 8. 9. 2005 – Az.: 1 VK 51/05; B. v. 25. 2. 2005 – Az.: VK 4/05; B. v. 25. 2. 2005 – Az.: VK 3/05; B. v. 24. 2. 2005 – VK 01/05; B. v. 9. 2. 2005 – VK 86/04; B. v. 4. 2. 2005 – VK 85/04; B. v. 16. 12. 2004 – Az.: VK 70/04; B. v. 18. 11. 2004 – Az.: VK 66/04; B. v. 24. 9. 2004 – VK 49/04; B. v. 24. 9. 2004 – Az.: VK 47/04; B. v. 30. 8. 2004 – Az.: VK 34/04; B. v. 19. 7. 2004 – Az.: VK 41/04; B. v. 18. 6. 2004 – Az.: VK 22/04; B. v. 15. 6. 2004 – Az.: VK 18/04; B. v. 11. 6. 2004 – Az.: VK 19/04; B. v. 10. 6. 2004 – Az.: VK 21/04; B. v. 27. 5. 2004 – Az.: VK 17/04; B. v. 30. 4. 2004 – Az.: VK 13/04; B. v. 19. 3. 2003 – Az.: VK 05/03; VK Thüringen, B. v. 20. 6. 2002 – Az.: 216–402.20–015/02-NDH; VK Hamburg, B. v. 6. 10. 2003 – Az.: VKBB-3/03). Wird ein zunächst zulässiges Nachprüfungsverfahren durch **Wegfall der Antragsbefugnis unzulässig,** so entfällt auch das Recht auf Einsicht in die Vergabeakten (BayObLG, B. v. 19. 12. 2000 – Az.: Verg 10/00, B. v. 12. 12. 2001 – Az.: Verg 19/01).

2109 Ein Akteneinsichtsrecht besteht in solchen Fällen **nur in dem Umfang,** der dazu geeignet ist, **Fragen der Zulässigkeit des Nachprüfungsantrags** beantworten zu können (VK Schleswig-Holstein, B. v. 7. 3. 2005 – Az.: VK-SH 03/05; VK Baden-Württemberg, B. v. 2. 12. 2004 – Az.: 1 VK 74/04; VK Brandenburg, B. v. 17. 5. 2002 – Az.: VK 23/02).

2110 Ein **Akteneinsichtsrecht besteht auch dann nicht, wenn der Antrag offensichtlich unbegründet ist.** Ein Rechtschutzinteresse, sich trotz des offensichtlich unbegründeten Nachprüfungsantrags über die Angebote der anderen Bieter zu informieren, ist in solchen Fällen nicht ersichtlich (VK Schleswig-Holstein, B. v. 17. 3. 2006 – Az.: VK-SH 02/06).

20.3.2 Begrenzung durch den Verfahrensgegenstand des Vergabenachprüfungsverfahrens

2111 Es entspricht allgemeiner Auffassung, dass das Akteneinsichtsrecht nur in dem Umfang besteht, wie es zur Durchsetzung der subjektiven Rechte des betreffenden Verfahrensbeteiligten erforderlich ist. Die Akteneinsicht wird aus diesem Grund von vornherein **durch den Verfahrensgegenstand des Beschwerdeverfahrens begrenzt** (OLG Thüringen, B. v. 12. 12. 2001 – Az.: 6 Verg 5/01; 2. VK Bund, B. v. 23. 1. 2004 – Az.: VK 2–132/03).

20.3.3 Beispiele aus der Rechtsprechung

2112 – eine **Einsicht in die Angebote von Mitbietern** ist einem Antragsteller zur Wahrung von Geschäftsgeheimnissen der Mitbieter **zu versagen. Bilanzen, Angaben über Umsätze sowie Referenzlisten zählen** bei sachgerechter Würdigung der beteiligten Interessen **zu den Geschäftsgeheimnissen der Bieter,** da durch sie die wirtschaftlichen Verhältnisse eines Betriebes maßgeblich bestimmt werden können (1. VK Brandenburg, B. v. 30. 5. 2005 – Az.: VK 27/05)

– ist ein Angebot **wegen fehlender Eignungsnachweise zwingend vom Vergabeverfahren auszuschließen** und kann ein Antragsteller daher nicht in eigenen Rechten verletzt sein, ist dem Antragsteller **lediglich Akteneinsicht bezogen auf die formelle Prüfung der Angebote und die Prüfung der Eignung zu gewähren** (1. VK Bund, B. v. 7. 12. 2005 – Az.: VK 1–146/05)

– geht es in einem Vergabeverfahren **allein um die Frage, ob die Vergabestelle im offenen Verfahren** hätte ausschreiben bzw. die Antragstellerin an einem nicht offenen

Verfahren hätte beteiligen müssen, kommt ein Einsichtsrecht in konkurrierende Angebote von vornherein nicht in Betracht (OLG Thüringen, B. v. 12. 12. 2001 – Az.: 6 Verg 5/01; VK Saarland, B. v. 19. 5. 2006 – Az.: 3 VK 03/2006)
- ein Einsichtsrecht besteht nicht für Angebote von Mitbewerbern, die am Beschwerdeverfahren gar nicht beteiligt sind (OLG Thüringen, B. v. 7. 11. 2001 – Az.: 6 Verg 4/01)
- ein Einsichtsrecht besteht nicht für solche Angebote, die nicht mehr Gegenstand des Beschwerdeverfahrens sind (OLG Thüringen, B. v. 7. 11. 2001 – Az.: 6 Verg 4/01)

20.4 Vergabeakten

20.4.1 Begriff

Der Begriff der Vergabeakten ist **nicht definiert.** Er umfasst die **Dokumentation aller** 2113 **Vorgänge** im Rahmen eines Ausschreibungs- und Vergabeverfahrens, die notwendig sind, um die Rechtmäßigkeit beurteilen zu können. Damit gehören mindestens alle die Unterlagen, die im Sinne der Rechtsprechung zu einer ordnungsgemäßen Dokumentation (§ 30 VOB/A, § 30 VOL/A, § 18 VOF) erforderlich sind, zu den Vergabeakten.

20.4.2 Antrag auf Vervollständigung der Vergabeakten

Stellt ein Antragsteller einen Antrag auf Vervollständigung der Vergabeakten, weil er glaubt, 2114 dass die Vergabestelle die Vergabeakten nicht vollständig übergeben hat, ist ein solcher Antrag **als Anregung im Rahmen der Sacherklärungspflicht** anzusehen. Einer förmlichen Bescheidung dieses Antrags im Tenor der Entscheidung bedarf es nicht, weil ein entsprechendes Antragsrecht der Beteiligten am Nachprüfungsverfahren aus dem Gesetz nicht hervor geht (OLG Thüringen, B. v. 8. 6. 2000 – Az.: 6 Verg 2/00).

20.5 Versagung der Akteneinsicht aus wichtigem Grund (§ 111 Abs. 2)

20.5.1 Wahrung von Fabrikations-, Betriebs- oder Geschäftsgeheimnissen

§ 111 Abs. 2 setzt voraus, dass entweder ein Geheimschutz oder die Wahrung von Fabrika- 2115 tions-, Betriebs- oder Geschäftsgeheimnissen vorliegt.

Zu den Geschäftsgeheimnissen zählen bei sachgerechter Würdigung der beteiligten Interessen 2116 die Kalkulationsgrundlagen, die angebotenen Preise und in Relation hierzu auch die Gegenstände der angebotenen Leistungen (2. VK Bund, B. v. 4. 9. 2002 – Az.: VK 2–58/02).

20.5.2 Inhaber solcher Geheimnisse

Nicht nur Unternehmen, sondern **auch Vergabestellen** können Inhaber solcher Geheimnis- 2117 se (z.B. strategische Überlegungen der Vergabestelle in technischer und kaufmännischer Sicht) sein (VK Düsseldorf, B. v. 6. 3. 2001 – Az.: VK – 4/2001 – L).

20.5.3 Darlegungsumfang des Antragstellers

Die Geheimhaltungsbedürftigkeit ist nicht nur zu behaupten, sondern nachvollziehbar darzu- 2118 legen (OLG Thüringen, B. v. 16. 12. 2002 – Az.: 6 Verg 10/02).

20.5.4 Prüfungsumfang der Vergabekammer

Die **Vergabekammer** hat eine **Plausibilitätskontrolle durchzuführen,** die intensiviert 2119 werden muss, wenn von einem Beteiligten Einwendungen gegen die Berechtigung des Geheimnisschutzes geltend gemacht werden (VK Thüringen, B. v. 29. 9. 1999 – Az.: 216–402.20–002/99-SLF).

20.5.5 Keine Ermessensentscheidung

Die Vergabekammer hat bei Vorliegen der Voraussetzungen des § 111 Abs. 2 GWB **zwin-** 2120 **gend die Pflicht,** die Einsicht Dritter in diese Unterlagen zu versagen (1. VK Sachsen, B. v. 11. 10. 2001 – Az.: 1/SVK/98–01, 1/SVK/98–01 g).

20.5.6 Umfang der Versagung der Akteneinsicht

2121 Sind die den Angebotsauswertungen der Vergabestelle zugrunde liegenden Abwägungen und Wertungen nur überprüfbar in Verbindung mit den Angebotsunterlagen, **scheidet eine Einsichtnahme in die Angebotsauswertungen aus** (OLG Düsseldorf, B. v. 29. 12. 2001 – Az.: Verg 22/01; 2. VK Bund, B. v. 4. 9. 2002 – Az.: VK 2–58/02).

2122 **Etwas weniger restriktiv** ist die Handhabung der VK Brandenburg. Danach hängt der **Anspruch der Verfahrensbeteiligten auf Einsicht in die Vergabeakten** und die Angebote der Konkurrenz davon ab, dass der **Beteiligte darlegt, dass mögliche Informationen für die Vertretung seiner Rechtsposition erforderlich sind. Im Übrigen hat der Schutz der Geschäftsgeheimnisse der Mitbieter Vorrang** (2. VK Brandenburg, B. v. 15. 11. 2005 – Az.: 2 VK 64/05).

20.5.7 Umfang der Akteneinsicht bei Dienstleistungsaufträgen

2123 **Mit der Kenntnis des „Preises" bzw. der „Preise", als die den Wettbewerb entscheidenden Elemente(s), ist im Rahmen eines Dienstleistungsauftrages damit regelmäßig auch das Wissen darüber verbunden –, wie der Preis des eingesehenen Angebotes eines Mitbewerbers gleichsam entstanden ist. Dies stellt einen erheblichen Wettbewerbsvorteil** dar, sieht man diese Kenntnis der Kalkulationsgrundlagen eines Mitbewerbers, als nicht nur relevant für das gerade durchzuführende Vergabeverfahren an. **Dem Begehren auf eine umfassende Akteneinsicht – auch in die Angebote der anderen Bieter – steht daher schon das berechtigte Interesse dieser Bieter an der Geheimhaltung ihrer Angebote, die ihrer Inhalte und Angaben entgegen.** In Nachprüfungsverfahren ist daher das Akteneinsichtsrecht der Verfahrensbeteiligten in solchen Fällen regelmäßig zu beschränken. Verfassungsrechtliche Bedenken hinsichtlich einer solchen Beschränkung bestehen insoweit nicht. Die Beschränkung stellt insbesondere keine unzulässige Einschränkung eines Anhörungsrechtes der Verfahrensbeteiligten dar. Im Nachprüfungsverfahren obliegt es vielmehr der Vergabekammer „von Amts wegen" die vergaberechtlich notwendigen Feststellungen des Vorliegens bzw. des Nichtvorliegens geforderter Erklärungen und Nachweise zu treffen und zu dokumentieren. Die Rechte der Verfahrensbeteiligten bleiben insoweit gewahrt. Das **Akteneinsichtsrecht** eines Bieters **umfasst dabei regelmäßig das eigene Angebot in der Form, wie es durch die Vergabestelle behandelt und bewertet worden ist. Es umfasst die Aus- und die Bewertung (Wertung) der eingegangenen Angebote** durch die Vergabestelle im Verhältnis auch untereinander. Allerdings findet dies seine Grenze in dem oben beschrieben Geheimhaltungsinteresse der Mitbewerber (VK Thüringen, B. v. 6. 12. 2005 – Az.: 360–4003.20–026/05-SLZ).

2124 Zu den Auswirkungen der Beschränkung des Akteneinsichtsrechts auf den Umfang der Darlegung eines drohenden Schadens mit Blick auf die Antragsbefugnis (§ 107 Abs. 2) vgl. die Kommentierung zu § 111 RZ GWB RZ 2104.

20.5.8 Umfang der Akteneinsicht bei Ausschreibungen nach der VOL/A

2125 Die Vergabekammer kann gem. § 111 Abs. 2 GWB Einsicht in die Unterlagen versagen, soweit dies aus wichtigen Gründen, insbesondere des Geheimschutzes oder zur Wahrung von Fabrikations-, Betriebs- oder Geschäftsgeheimnissen geboten ist. Die Einsicht in die Angebote der anderen Bieter ist wegen der in diesen enthaltenen unternehmensbezogenen als auch auftragsbezogenen Geheimnisse nicht statthaft. **Bei einer Ausschreibung nach VOL/A sind die Angebote in vollem Maße als vertraulich zu behandeln** (2. VK Bund, B. v. 6. 6. 2005 – Az.: VK 2–33/05).

20.5.9 Beispiele aus der Rechtsprechung

2126 – stehen Unternehmen in direkter und fast ausschließlicher Konkurrenz um die öffentlichen Aufträge in bestimmten Bereichen (z. B. der Telekommunikationsüberwachung), ist auch dem künftigen Geheimwettbewerb hohe Bedeutung beizumessen und die Akteneinsicht in technische und kaufmännische Daten des anderen Bieters zu versagen (VK Düsseldorf, B. v. 6. 3. 2001 – Az.: VK – 4/2001 – L)

– ein Schutzinteresse kann sich insbesondere aus dem in Nebenangeboten enthaltenen know-how ergeben (VK Südbayern, B. v. 23. 10. 2001 – Az.: 34–09/01)

- der Vertrauensschutz der Referenzgeber überwiegt das Interesse eines Antragstellers über die Herkunft der Referenzen (VK Südbayern, B. v. 12. 3. 2002 – Az.: 03–02/02)
- dem Geheimschutz der beteiligten Bieter kommt besonderes Gewicht zu, weil die von ihnen angebotenen Systeme über dieses Vergabeverfahren hinaus auch Gegenstand weiterer Wettbewerbe im Ausland sind (2. VK Bund, B. v. 4. 9. 2002 – Az.: VK 2–58/02)
- sowohl das Nebenangebot als auch das Nachunternehmerverzeichnis sind Bestandteil des Angebotes der Beigeladenen und als solche von der Einsichtnahme durch einen Mitkonkurrenten, hier der Antragstellerin, ausgenommen (1. VK Sachsen, B. v. 9. 6. 2000 – Az.: 1/SVK/45–00)
- enthält ein Nebenangebot eine „Idee", die auch bei späteren Aufträgen Verwendung finden kann, unterliegt das Nebenangebot dem Geheimnisschutz (VK Südbayern, B. v. 23. 10. 2001 – Az.: 34–09/01)
- ein Unternehmen kann aus aktuell geforderten Preisen oder Preisstrukturen eines Wettbewerbers auf schützenswerte Informationen dieses Wettbewerbers schließen. Deshalb sind aktuelle Preisangaben von Wettbewerbern als Betriebsgeheimnisse zu schützen (1. VK Bund, B. v. 20. 12. 1999 – Az.: VK 1–29/99)
- eine **weitgehende Offenlegung aller (vollständigen) Angebote** kann nur gerechtfertigt sein, wenn wenigstens die **Möglichkeit besteht, dass die aus der Akteneinsicht zu gewinnenden Erkenntnisse Einfluss auf Ablauf und Ergebnis des Nachprüfungsverfahrens haben können** (VK Düsseldorf, B. v. 22. 10. 2003 – Az.: VK – 29/2003 – L)

20.6 Versagung der Akteneinsicht aus sonstigen Gründen

Eine Einsichtnahme in die Vergabeakten ist bei offensichtlicher Unzulässigkeit des Hauptantrags zu versagen (2. VK Bund, B. v. 10. 7. 2002 – Az.: VK 2–24/02). 2127

Zudem kann eine Akteneinsicht nicht gewährt werden, wenn diese dazu dient, sich – **ohne konkrete Anhaltspunkte zu haben** – erst die Kenntnisse zu verschaffen, die Gegenstand einer Rüge sein könnten. Damit würde der Rechtsschutz in unzulässiger, vom Gesetzgeber nicht vorgesehener Weise ausgeweitet (2. VK Bund, B. v. 18. 7. 2002 – Az.: VK 2–40/02). 2128

20.7 Kennzeichnungspflicht der Beteiligten (§ 111 Abs. 3)

Die Praxis zeigt, dass nur die wenigsten Unternehmen bei der Abgabe der Angebote die Kennzeichnungspflicht beachten. Eine mögliche Lösung für eine **nachträgliche Kennzeichnung** ist, dass die Beteiligten im Nachprüfungsverfahren schriftlich mitteilen, welche Angebotsteile bzw. ganze Angebote Betriebs- bzw. Geschäftsgeheimnisse enthalten (VK Thüringen, B. v. 29. 9. 1999 – Az.: 216–402.20–002/99-SLF). 2129

20.8 Rechtsschutz gegen die Versagung der Akteneinsicht (§ 111 Abs. 4)

Eine Entscheidung der Vergabekammer über die beschränkte Akteneinsicht ist **nicht isoliert anfechtbar**, § 111 Abs. 4 GWB. Vielmehr ist sie zunächst hinzunehmen. Wenn die Hauptsacheentscheidung der Vergabekammer denjenigen, dem die uneingeschränkte Akteneinsicht verwehrt wurde, beschwert, kann er gegen diese Entscheidung mit der sofortigen Beschwerde gemäß den §§ 116 f. GWB vorgehen. In dem Beschwerdeverfahren kann er dann auch geltend machen, dass ihm eine weitergehende Akteneinsicht als bei der Vergabekammer gewährt werden müsse (BayObLG, B. v. 10. 10. 2000 – Az.: Verg 5/00; 1. VK Bund, B. v. 5. 11. 2004 – VK 1–138/04). 2130

20.9 Literatur

- Düsterdiek, Bernd, Das Akteneinsichtsrecht (§ 111 GWB), NZBau 2004, 605   2131

21. § 112 GWB – Mündliche Verhandlung

(1) Die Vergabekammer entscheidet auf Grund einer mündlichen Verhandlung, die sich auf einen Termin beschränken soll. Alle Beteiligten haben Gelegenheit zur Stellungnahme. Mit Zustimmung der Beteiligten oder bei Unzulässigkeit oder bei offensichtlicher Unbegründetheit des Antrags kann nach Lage der Akten entschieden werden.

(2) Auch wenn die Beteiligten in dem Verhandlungstermin nicht erschienen oder nicht ordnungsgemäß vertreten sind, kann in der Sache verhandelt und entschieden werden.

21.1 Allgemeines

2132 Die Regelungen des § 112 GWB richten sich inhaltlich an zwei Grundprinzipien des Vergabeverfahrens aus, nämlich dem Anspruch auf rechtliches Gehör und dem Beschleunigungsgebot.

2133 Der Anspruch auf rechtliches Gehör verkörpert sich in dem Erfordernis einer mündlichen Verhandlung (mit Ausnahmen) sowie der Gelegenheit zur Stellungnahme für alle Beteiligten.

2134 Das **Beschleunigungsgebot drückt sich aus** in nur einem Termin der mündlichen Verhandlung, der Möglichkeit der Entscheidung nach Aktenlage und der Möglichkeit der Verhandlung und Entscheidung, auch wenn die Beteiligten in dem Verhandlungstermin nicht erscheinen oder nicht ordnungsgemäß vertreten sind.

21.2 Grundsatz des rechtlichen Gehörs

21.2.1 Allgemeines

2135 Der Grundsatz des rechtlichen Gehörs (Art. 103 Abs. 1 GG) **garantiert** den an einem gerichtlichen oder – wie im Vergabenachprüfungsverfahren vor der Vergabekammer – gerichtsähnlich ausgestalteten Verfahren Beteiligten einen **Einfluss auf das Verfahren und das Ergebnis**. Es gewährleistet, dass die Verfahrensbeteiligten Gelegenheit erhalten, sich **vor der Entscheidung nicht nur zum Sachverhalt,** welcher der Entscheidung zugrunde gelegt werden soll, zu äußern, und **die für die angestrebte Entscheidung sachdienlichen Anträge anbringen** zu können (OLG Düsseldorf, B. v. 2. 3. 2005 – Az.: VII – Verg 70/04).

2136 Der Anspruch auf rechtliches Gehör **kann auch in einem schriftlichen Verfahren erfüllt werden** (OLG Düsseldorf, B. v. 21. 12. 2005 – Az.: VII – Verg 69/05), **z. B. wenn ein Antragsteller zu dem beabsichtigten Verzicht auf die mündliche Verhandlung angehört** worden ist (VK Schleswig-Holstein, B. v. 17. 3. 2006 – Az.: VK-SH 02/06).

21.2.2 Auswirkungen

2137 Der Grundsatz des rechtlichen Gehörs stellt **keinen Selbstzweck** dar, sondern ist – wie § 321a Abs. 1 Nr. 1 ZPO zeigt – **nur dann berührt, wenn** die ohne hinreichende Gewährung rechtlichen Gehörs getroffene **Entscheidung nicht mehr in der Rechtsmittelinstanz anfechtbar** ist und der **Verfahrensbeteiligte somit auch nachträglich kein Gehör findet** (OLG Thüringen, B. v. 14. 10. 2003 – Az.: 6 Verg 8/03; VK Schleswig-Holstein, B. v. 17. 3. 2006 – Az.: VK-SH 02/06; B. v. 8. 7. 2005 – Az.: VK-SH 18/05; B. v. 31. 5. 2005 – Az.: VK-SH 09/05; B. v. 7. 3. 2005 – Az.: VK-SH 03/05; B. v. 10. 2. 2005 – Az.: VK-SH 02/05; B. v. 2. 2. 2005 – Az.: VK-SH 01/05).

21.2.3 Folgen der Verletzung des Gebots des rechtlichen Gehörs

2138 Bei einer Verletzung des Gebots des rechtlichen Gehörs ist in entsprechender Anwendung von § 538 Abs. 2 Nr. 3 ZPO in Verbindung mit der in den – verwaltungsgerichtlichen Verfahren angenäherten – zweitinstanzlichen Vergabenachprüfungsverfahren für eine Analogie als rechtsähnlich eher heranzuziehenden Bestimmung des § 130 Abs. 2 Nr. 2 VwGO einer **Aufhebung der angefochtenen Entscheidung und einer Zurückverweisung der Sache an die VK** nahe zu treten (OLG Düsseldorf, B. v. 2. 3. 2005 – Az.: VII – Verg 70/04).

Gesetz gegen Wettbewerbsbeschränkungen　　　　　　　　　　GWB § 112　**Teil 1**

21.2.4 Beispiele aus der Rechtsprechung

– der Anspruch auf rechtliches Gehör ist **nicht verletzt, wenn der Antragsteller** (schriftlich) **2139**
angehört wird und eine entsprechende **Stellungnahme abgibt** (VK Schleswig-Holstein,
B. v. 8. 7. 2005 – Az.: VK-SH 18/05)

– die Vergabekammer muss einem Antragsteller vor einer Entscheidung eine **angemessene**
Frist zur Erklärung bestimmen, ob ein Feststellungsantrag erhoben werden soll,
insbesondere da für die Entscheidung über einen Feststellungsantrag namentlich nicht die
kurze Entscheidungsfrist des § 113 Abs. 1 Satz 1 GWB (vgl. § 114 Abs. 2 Satz 3 GWB) gilt
(OLG Düsseldorf, B. v. 2. 3. 2005 – Az.: VII – Verg 70/04)

21.2.5 Literatur

– Kaiser, Christoph, Der EuGH und der Anspruch auf rechtliches Gehör, NZBau 2004, 139　　**2140**

21.3 Auswirkungen der mündlichen Verhandlung auf die Entscheidung

Nach § 112 Abs. 1 GWB trifft die Vergabekammer ihre Entscheidung aufgrund einer münd- **2141**
lichen Verhandlung. Daraus folgt, dass die Vergabekammer die **Entscheidung in der Besetzung trifft, in der sie mündlich verhandelt hat** (vgl. auch § 112 VwGO). Anderes gilt nur,
soweit die Kammer mit Zustimmung der Beteiligten, bei Unzulässigkeit oder offensichtlicher
Unbegründetheit des Antrags nach Lage der Akten entscheidet (BayObLG, B. v. 26. 11. 2002 –
Az.: Verg 24/02).

21.4 Entscheidung nach Lage der Akten

21.4.1 Allgemeines

Ob die Vergabekammer bei Vorliegen der in § 112 Abs. 1 Satz 3 GWB genannten Vorausset- **2142**
zungen von einer mündlichen Verhandlung absieht, liegt in ihrem **pflichtgemäßen Ermessen;**
dabei wird sie auch zu berücksichtigen haben, ob von einer mündlichen Verhandlung neue Erkenntnisse zu erwarten wären, die zu einer anderen Bewertung führen können (BayObLG, B. v.
20. 8. 2001 – Az.: Verg 11/01; VK Schleswig-Holstein, B. v. 17. 3. 2006 – Az.: VK-SH 02/06;
B. v. 8. 7. 2005 – Az.: VK-SH 18/05; B. v. 31. 5. 2005 – Az.: VK-SH 09/05; B. v. 7. 3. 2005 –
Az.: VK-SH 03/05; B. v. 10. 2. 2005 – VK-SH 02/05; B. v. 2. 2. 2005 – Az.: VK-SH 01/05).

Eine Entscheidung nach Lage der Akten ist **nur zulässig, wenn die Voraussetzungen des** **2143**
§ 112 Abs. 1 Satz 3 vorliegen. Ansonsten werden die Beteiligten in den auch im Vergabekammerverfahren gültigen **Rechten auf Gewährung rechtlichen Gehörs und ein faires**
Verfahren verletzt (OLG Thüringen, B. v. 9. 9. 2002 – Az.: 6 Verg 4/02).

21.4.2 Entscheidung nach Lage der Akten bei Zustimmung der Beteiligten

Eine Entscheidung nach Lage der Akten kann bei Zustimmung aller Beteiligten erfolgen (VK **2144**
Arnsberg, B. v. 15. 2. 2002 – Az.: VK 2–01/2002).

21.4.3 Entscheidung nach Lage der Akten bei Unzulässigkeit

§ 112 Abs. 1 Satz 3 GWB gestattet eine Entscheidung nach Lage der Akten bei Unzulässig- **2145**
keit des Antrags. Die Anwendung der Vorschrift **erfordert nicht, dass der Antrag „offensichtlich" unzulässig** ist (OLG Brandenburg, B. v. 5. 10. 2004 – Az.: Verg W 12/04). Denn
anders als in § 110 Abs. 2 Satz 1 GWB („offensichtlich unzulässig oder unbegründet") ist in
§ 112 Abs. 1 Satz 3 GWB das Attribut „offensichtlich" nur der Unbegründetheit und nicht
auch der Unzulässigkeit zugeordnet („unzulässig oder offensichtlich unbegründet"). Die Vergabekammer kann deshalb auch dann ohne mündliche Verhandlung entscheiden, wenn sie den
Antrag nach § 110 Abs. 2 Satz 1 GWB zugestellt – also eine offensichtliche Unzulässigkeit verneint – hat und **später** nach vertiefter Prüfung der Sach- und Rechtslage, unter Umständen
auch erst nach weiteren Ermittlungen, **zur Überzeugung von der Unzulässigkeit des Antrags** gelangt (BayObLG, B. v. 20. 8. 2001 – Az.: Verg 11/01; VK Schleswig-Holstein, B. v.
5. 10. 2005 – Az.: VK-SH 23/05; B. v. 23. 7. 2004 – Az.: VK-SH 21/04; VK bei der Behörde
für Bau und Verkehr der Freien und Hansestadt Hamburg, B. v. 6. 10. 2003 – Az.: VKBB-
3/03).

Teil 1 GWB § 113

21.4.4 Entscheidung nach Lage der Akten bei offensichtlicher Unbegründetheit

2146 Aufgrund einer offensichtlichen Unbegründetheit des Antrags kann die Vergabekammer die Entscheidung im schriftlichen Verfahren treffen, § 112 Abs. 1 Satz 3 3. Alt. GWB. Die Vergabekammer kann danach ohne mündliche Verhandlung nach Lage der Akten entscheiden, wenn der **Nachprüfungsantrag nach ihrer freien Überzeugung auf Grund der Aktenlage eindeutig zurückgewiesen werden muss** und sich durch eine mündliche Verhandlung keine andere Bewertung ergeben könnte. (1. VK Sachsen, B. v. 14. 2. 2006 – Az.: 1/SVK/005–06, 1/SVK/005–06G). Dies ist z.B. dann der Fall, wenn sich die **Unbegründetheit des Nachprüfungsantrags unmittelbar durch die Einsicht in das Angebot ergibt** (1. VK Sachsen, B. v. 14. 2. 2006 – Az.: 1/SVK/005–06, 1/SVK/005–06G; VK Nordbayern, B. v. 11. 2. 2005 – Az.: 320.VK-3194–51/04; 2. VK Bund, B. v. 18. 11. 2004 – Az.: VK 2–169/04) oder der **maßgebliche Sachverhalt** – z.B. bezüglich des Fehlens der Ordnungsziffern und der fehlenden Übereinstimmung mit den Bezeichnungen der Teilleistungen im Leistungsverzeichnis – **unstreitig und aus Sicht der Vergabekammer hinreichend aufgeklärt ist, die mündliche Verhandlung insofern keinen besonderen Erkenntnisgewinn verspricht** (VK Schleswig-Holstein, B. v. 17. 3. 2006 – Az.: VK-SH 02/06; B. v. 8. 7. 2005 – Az.: VK-SH 18/05; 1. VK Sachsen, B. v. 14. 2. 2006 – Az.: 1/SVK/005–06, 1/SVK/005–06G; VK Rheinland-Pfalz, B. v. 4. 5. 2005 – Az.: VK 08/05; B. v. 4. 4. 2005 – Az.: VK 08/04; B. v. 16. 3. 2005 – Az.: VK 05/04; B. v. 10. 12. 2004 – Az.: VK 20/04). Ebenfalls ist eine **eindeutige Rechtslage in Bezug auf den entscheidungserheblichen Sachverhalt erforderlich** (VK Schleswig-Holstein, B. v. 17. 3. 2006 – Az.: VK-SH 02/06).

21.4.5 Entscheidung nach Lage der Akten bei Auslegung einer bereits getroffenen Kostenentscheidung

2147 Im **Verfahren über die Auslegung einer bereits getroffenen Kostenentscheidung** kann die Vergabekammer ohne mündliche Verhandlung entscheiden (VK Schleswig-Holstein, B. v. 10. 5. 2004 – Az.: VK-SH 19/02).

21.4.6 Beispiele aus der Rechtsprechung

2148 – die Vergabekammer kann auf eine mündliche Verhandlung bei unzulässigem Nachprüfungsantrag **wegen mangelnder Zuständigkeit der Vergabekammer** verzichten (VK Brandenburg, B. v. 10. 2. 2003 – Az.: VK 80/02)

– die Vergabekammer kann im Falle des § 112 Abs. 1 Satz 3 GWB von einer offensichtlichen Unbegründetheit ausgehen, **wenn der Antrag unter keinem rechtlichen Gesichtspunkt Aussicht auf Erfolg hat** (2. VK Bund, B. v. 6. 10. 2003 – Az.: VK 2–94/03)

21.5 Belehrungspflicht der Vergabekammer gegenüber einem Beigeladenen

2149 Die **Vergabekammer trifft gegenüber einem Beigeladenen keine Aufklärungs- und Untersuchungspflicht über das mit der Stellung eines Antrags verbundene Kostenrisiko, wenn der Beigeladene durch seinen anwaltlichen Verfahrensbevollmächtigten in der mündlichen Verhandlung vertreten** ist. Die Vergabekammer kann und darf bei dieser Sachlage davon ausgehen, dass der anwaltliche Verfahrensbevollmächtigte den Beigeladenen über das Kostenrisiko, das mit einer erfolglosen Antragstellung verbunden ist, aufklärt (OLG Düsseldorf, B. v. 23. 11. 2004 – Az.: VII – Verg 69/04).

22. § 113 GWB – Beschleunigung

(1) **Die Vergabekammer trifft und begründet ihre Entscheidung schriftlich innerhalb einer Frist von fünf Wochen ab Eingang des Antrags. Bei besonderen tatsächlichen oder rechtlichen Schwierigkeiten kann der Vorsitzende im Ausnahmefall die Frist durch Mitteilung an die Beteiligten um den erforderlichen Zeitraum verlängern. Er begründet diese Verfügung schriftlich.**

(2) **Die Beteiligten haben an der Aufklärung des Sachverhalts mitzuwirken, wie es einem auf Förderung und raschen Abschluss des Verfahrens bedachten Vorgehen entspricht. Den Beteiligten können Fristen gesetzt werden, nach deren Ablauf weiterer Vortrag unbeachtet bleiben kann.**

22.1 Allgemeines

Im Gegensatz zu anderen Verfahren steht das Nachprüfungsverfahren vor der Vergabekammer 2150 unter einem **erheblichen Beschleunigungsgebot,** weil die Vergabekammer ihre Entscheidung innerhalb von fünf Wochen nach Eingang des Antrags treffen und begründen soll.

Im Hinblick auf den **besonderen Beschleunigungsgrundsatz** des § 113 Abs. 1 GWB 2151 kann ein Beteiligter nicht davon ausgehen, die Vergabekammer oder der Vergabesenat würden ihn so lange vor der mündlichen Verhandlung auf Rechtsbedenken hinweisen, dass er hierauf vorbereitet verhandeln kann. Vermag der Beteiligte auf einen solchen Hinweis nicht schon in der Verhandlung zu antworten, wird ihm auch in Beachtung der Grundsätze des fairen Verfahrens **binnen kurz bemessener Frist** Gelegenheit zu nachträglicher Stellungnahme zu geben sein; der Grundsatz des rechtlichen Gehörs wird durch diese kurzen Fristen nicht verletzt (OLG Thüringen, B. v. 17. 3. 2003 – Az.: 6 Verg 2/03).

22.2 Verpflichtung zur Entscheidung innerhalb von fünf Wochen

Die fünfwöchige Entscheidungsfrist des § 113 Abs. 1 Satz 1 GWB beginnt mit der **Einreichung** 2152 **des Nachprüfungsantrags bei der Vergabekammer** (OLG Düsseldorf, B. v. 11. 3. 2002 – Az.: Verg 43/01). Bei der Berechnung der Frist zählt gemäß § 31 VwVfG in Verbindung mit § 187 Abs. 1 BGB der Tag, in den das fristauslösende Ereignis fällt, nicht mit (OLG Dresden, B. v. 17. 6. 2005 – Az.: WVerg 8/05).

22.2.1 Keine Zustellung der Entscheidung innerhalb der Frist

Zur Wahrung der genannten Frist genügt es, dass die Vergabekammer die Entscheidung in- 2153 nerhalb der Frist des § 113 Abs. 1 Satz 1 GWB **verfahrensordnungsgemäß getroffen und sie vollständig (schriftlich) abgesetzt** hat. Die der Vergabekammer nach dem Gesetz zur Verfügung stehende und ohnedies kurze Entscheidungsfrist soll **nicht** zusätzlich mit den Unwägbarkeiten einer **Zustellung** und mit dem hierfür notwendigen Zeitbedarf belastet werden (OLG Frankfurt am Main, B. v. 25. 9. 2000 – Az.: 11 Verg. 2/99; OLG Düsseldorf, B. v. 8. 5. 2002 – Az.: Verg 8–15/01).

22.2.2 Ordnungsgemäße Entscheidung der Vergabekammer

§ 113 Abs. 1 Satz 1 GWB verlangt eine – **wirksame** – **Entscheidung** der Vergabekammer 2154 innerhalb der dort genannten Frist; **nach Ablauf** dieser Frist gilt der Nachprüfungsantrag nach Maßgabe von § 116 Abs. 2 GWB **als abgelehnt** (OLG Dresden, B. v. 5. 4. 2001 – Az.: WVerg 0008/00). Zu den Voraussetzungen an eine wirksame Entscheidung vgl. die Kommentierung zu § 114 GWB.

22.2.3 Schriftform der Entscheidung

Aus § 113 Abs. 1 Satz 1 GWB folgt nur, dass die Entscheidungen der Vergabekammer in 2155 **schriftlicher Form** ergehen. Aus der Vorschrift lässt sich aber **nichts über die Notwendigkeit z. B. von Unterschriften auch der ehrenamtlichen Beisitzer** herleiten (BGH, Urteil vom 12. 6. 2001 – Az: X ZB 10/01; BayObLG, B. v. 2. 12. 2002 – Az.: Verg 24/02; OLG Thüringen, B. v. 28. 2. 2001 – Az.: 6 Verg 8/00). Zum Unterschriftserfordernis im Einzelnen vgl. die Kommentierung zu § 114 RZ 2384.

22.3 Verpflichtung zur Entscheidung innerhalb von fünf Wochen für Feststellungsanträge

Die Verpflichtung der Vergabekammer, das Verfahren innerhalb von fünf Wochen abzuschlie- 2156 ßen, gilt nicht für Feststellungsanträge (§ 114 Abs. 2 Satz 3 GWB).

22.4 Möglichkeit der Verlängerung der Frist (§ 113 Abs. 1 Satz 2)

§ 113 Abs. 1 Satz 2 sieht die Möglichkeit der Verlängerung der Fünf-Wochen-Frist bei be- 2157 sonderen tatsächlichen oder rechtlichen Schwierigkeiten vor. Auch **mehrmalige Verlänge-**

Teil 1 GWB § 113

rungen sind möglich (in dieser Richtung Saarländisches OLG, B. v. 5. 7. 2006 – Az.: 1 Verg 6/05).

2158 Die Ablehnungsfiktion des § 116 Abs. 2 knüpft nur an die formale Verlängerung der Frist an; ob die Voraussetzungen vorgelegen haben oder nicht, spielt keine Rolle (OLG Koblenz, B. v. 31. 8. 2001 – Az.: 1 Verg. 3/01). Eine **inhaltliche Überprüfung der materiellen Richtigkeit der Verlängerungsverfügung findet nicht statt.** Diese Gesetzesauslegung ist aus Gründen der Rechtssicherheit geboten. Anderenfalls wäre ein Bieter, der ein Nachprüfungsverfahren anstrengt, bei Überschreiten der Frist des § 113 Abs. 1 GWB trotz einer Verlängerungsverfügung gehalten, vorsorglich Beschwerde einzulegen, um einen Rechtsverlust zu vermeiden. Wenn er eine solche vorsorgliche Beschwerde nicht einlegen würde, könnte er sich im Beschwerdeverfahren vor dem Vergabesenat dem Einwand ausgesetzt sehen, die Verlängerungsgründe hätten nicht vorgelegen. Wenn er dagegen im Vertrauen auf die Wirksamkeit einer Verlängerungsverfügung von einer sofortigen Beschwerde absieht, müsste er auf einen entsprechenden Einwand im Beschwerdeverfahren in Abhängigkeit von der Rechtsauffassung des Vergabesenates einen Wiedereinsetzungsantrag stellen, dem entsprochen werden müsste, wenn für ihn nicht erkennbar gewesen wäre, dass die Verlängerungsverfügung unwirksam war. Eine Gesetzesauslegung, die zu derartigen Komplikationen führt, würde dem Rechtsstaatsprinzip widersprechen, weil sie dem Rechtsuchenden die zuverlässige Kalkulation der Rechtsmittelfristen unmöglich machen würde (OLG Brandenburg, B. v. 30. 11. 2004 – Az.: Verg W 10/04).

2159 Als **tatsächliche Schwierigkeit** gelten auch **Erkrankungen** von Mitgliedern der VK (1. VK Sachsen, B. v. 13. 6. 2002 – Az.: 1/SVK/042–02) und eine **urlaubsbedingte Abwesenheit** der Vertreter der Vergabestelle (VK Südbayern, B. v. 19. 1. 2001 – Az.: 27–12/00).

2160 Auch die **Zusammenlegung** unterschiedlich begründeter, zu unterschiedlichen Zeiten, aber zum gleichen Vorhaben eingehende Anträge können eine Verlängerung begründen (VK Thüringen, B. v. 15. 11. 2002 – Az.: 216–403.20–032/02-G-S.

22.5 Rechtsschutz gegen die Verlängerung der Frist

2161 Ob die Fristverlängerung als verfahrensleitende Entscheidung selbständig mit der sofortigen Beschwerde gemäß § 116 Abs. 1 GWB angefochten werden kann, ist offen (OLG Koblenz, B. v. 31. 8. 2001 – Az.: 1 Verg. 3/01).

22.6 Mitwirkungspflicht der Beteiligten (§ 113 Abs. 2)

22.6.1 Allgemeines

2162 Die Vergabekammer muss in der knapp bemessenen Fünf-Wochen-Frist in aller Regel eine Amtsermittlung des Sachverhalts (Zeugenvernehmung, ggf. Sachverständigengutachten, Aktenstudium), die Beiladung von schwerwiegend in ihren Interessen betroffenen Unternehmen nach § 109 GWB und eine gut vorbereitete mündliche Verhandlung gemäß § 112 GWB durchführen, ggf. allen Beteiligten gemäß § 111 GWB Akteneinsicht gewähren. Dies erscheint nur dann innerhalb der maximal fünfwöchigen Entscheidungsfrist leistbar, wenn **auch die Verfahrensbeteiligten ihren Mitwirkungs- und Beschleunigungsverpflichtungen nachkommen,** wozu u. a. auch die frühzeitige Benennung von verfügbaren Beweismitteln und die Darlegung der erfolgten Rüge gehören (1. VK Sachsen, B. v. 14. 8. 2000 – Az.: 1/SVK/73–00).

2163 Vor allem muss der Antragsteller zu den sein Begehren rechtfertigenden Tatsachen im Rahmen des ihm Möglichen **nachvollziehbar und substantiiert vortragen** und Beweismöglichkeiten aufzeigen (OLG Düsseldorf, B. v. 28. 8. 2001 – Az.: Verg 27/01).

22.6.2 Beispiele aus der Rechtsprechung

2164 – soweit ein Antragsteller, der der **Name des von der Beigeladenen benannten Nachunternehmers** zur Wahrung von Geschäftsgeheimnissen der Beigeladenen nicht bekannt gegeben wurde, durch entsprechende Erklärung ihres Nachunternehmers mitgeteilt hat, der von ihr benannte Nachunternehmer stehe auch den Mitbewerbern des Vergabeverfahrens nicht vor dem 1. September 2006 zur Verfügung, ist dieser Umstand unbeachtlich. Denn selbst bei unterstellter Identität der Nachunternehmer von Beigeladener und Antragsteller muss dieser **Vortrag schon deshalb unberücksichtigt bleiben, weil er erst nach der mündlichen Verhandlung und nach Entscheidung der Vergabekammer** erfolgt ist. Ein **erst zu diesem Zeitpunkt des Verfahrens erfolgter Vortrag stellt einen Verstoß gegen die**

Gesetz gegen Wettbewerbsbeschränkungen GWB § 113 **Teil 1**

Verfahrensförderungspflicht des § 113 Abs. 2 Satz 1 GWB dar, da der Antragsteller nicht gehindert gewesen wäre, das mit ihrem Schriftsatz vom 17. März 2006 überreichte Schreiben bereits zu einem früheren Zeitpunkt – und nicht erst nach der mündlichen Verhandlung – einzuholen und in das Nachprüfungsverfahren einzubringen. Ein solches **Vorbringen muss daher bei der Entscheidungsfindung unberücksichtigt bleiben** (1. VK Bund, B. v. 16. 3. 2006 – Az.: VK 1–10/06)

– ein Antragsteller im Nachprüfungsverfahren **verletzt seine Pflicht gemäß § 113 Abs. 2 GWB,** wonach die Beteiligten zur Mitwirkung an einem raschen Abschluss des Verfahrens verpflichtet sind, **auf das Gröbste, wenn er trotz rechtzeitiger Ladung erst 1 Werktag vor dem Verhandlungstermin erklärt, an der anberaumten Verhandlung nicht teilnehmen zu können.** Die hierfür maßgebliche Begründung, er müsse sich (offenbar nunmehr erstmalig) mit ihrem Rechtsanwalt zu dem Sachverhalt besprechen, kann 4 (!) Wochen nach Einreichung des Nachprüfungsantrages nicht mehr verfangen. Das Ansinnen des Anragstellers, die mündliche Verhandlung erst im Jahr 2005 – und damit mehr als zwei Wochen nach Ablauf der Entscheidungsfrist gemäß § 113 Abs. 1 Satz 1 GWB – durchzuführen, **erscheint der Kammer damit rechtsmissbräuchlich.** Keinesfalls kann es angehen, dass ein Antragsteller durch sein Verhalten – zu Lasten der anderen Beteiligten – einen Grund für tatsächliche Schwierigkeiten im Sinn von § 113 Abs. 1 Satz 2 GWB setzt, die eine Verlängerung der Entscheidungsfrist indizieren könnten. Dies ist wäre mit dem Sinn und Zweck des Beschleunigungsgebotes nach § 113 GWB unvereinbar, wonach insbesondere ein öffentliches Interesse an einem möglichst schnellen Abschluss von Vergabeverfahren besteht (VK Schleswig-Holstein, B. v. 13. 12. 2004 – Az.: VK-SH-33/04).

22.6.3 Verhältnis zwischen der Mitwirkungspflicht und dem Untersuchungsgrundsatz

Das Verhältnis zwischen der Mitwirkungspflicht der Beteiligten und dem Untersuchungsgrundsatz des § 110 GWB wird in der Rechtsprechung **nicht einheitlich** beantwortet. 2165

Zum einen wird die Auffassung vertreten, dass es keinesfalls Sinn und Zweck des Amtsermittlungsgrundsatzes (§ 110) und damit Aufgabe der Vergabekammer ist, eine vorsätzliche Aufklärungsverweigerung zugunsten desjenigen, der seine Mitwirkungspflichten verletzt, **zu kompensieren** (OLG Düsseldorf, B. v. 28. 8. 2001 – Az.: Verg 27/01; 2. VK Bund, B. v. 11. 9. 2002 – Az.: VK 2–42/02; VK Halle, B. v. 25. 4. 2001 – Az.: VK Hal 04/01). 2166

Kommt ein Beteiligter seiner Förderungspflicht nicht nach, hat er also die sich daraus ergebenden Verfahrensnachteile zu tragen. Diese **verfahrensrechtlichen Nachteile bestehen zwar nicht ohne weiteres in der Präklusion des betreffenden Angriffs- oder Verteidigungsmittels.** Denn das Gesetz sieht in § 113 Abs. 2 Satz 2 GWB die Möglichkeit, Sachvortrag unberücksichtigt zu lassen, ausdrücklich nur für den Fall vor, dass die Vergabekammer dem Beteiligten für seinen Sach- und Rechtsvortrag eine angemessene Frist gesetzt hat und diese Frist fruchtlos verstrichen ist. Aus dieser Normlage ist indes nicht abzuleiten, dass eine Missachtung der allgemeinen Verfahrensförderungspflicht des § 113 Abs. 2 Satz 1 GWB folgenlos bleibt (OLG Düsseldorf, B. v. 19. 11. 2003 – Az.: VII – Verg 22/03). 2167

Die **Pflicht der Beteiligten zur Verfahrensförderung** und die **Verpflichtung der Nachprüfungsinstanzen, den relevanten Sachverhalt von Amts wegen zu ermitteln** (§ 110 Abs. 1 Satz 1, § 120 Abs. 2, § 70 Abs. 1 GWB), **stehen in einer Wechselwirkung**. Kommt ein Verfahrensbeteiligter seiner Förderungspflicht nicht nach, reduziert sich zu seinen Lasten die Aufklärungspflicht der Kontrollinstanzen. Dies hat zur Konsequenz, dass die Vergabenachprüfungsinstanzen von sich aus nicht alle nur denkbaren Rechtsverstöße in Erwägung ziehen und sie in tatsächlicher und rechtlicher Hinsicht überprüfen müssen. Die **Aufklärungs- und Ermittlungspflicht reicht vielmehr nur so weit, wie das Vorbringen der Beteiligten (oder der sonstige Tatsachenstoff) bei verständiger Betrachtung dazu hinreichenden Anlass bieten.** Ohne einen – im Rahmen des Möglichen und Zumutbaren geforderten – detaillierten Sachvortrag ist das Beschwerdegericht nicht zur Amtsermittlung verpflichtet. Es muss deshalb bloßen Mutmaßungen eines Beteiligten ebenso wenig nachgehen wie nur pauschal und ohne näheren Sachvortrag untermauerten Vorwürfen einer Partei. 2168

Nichts anderes kann im Ergebnis **für den Fall** gelten, dass ein **Beteiligter unter Missachtung seiner Verfahrensförderungspflicht derart spät zur Sache vorträgt,** dass **den anderen Verfahrensbeteiligten** bis zum Schluss der mündlichen Verhandlung, auf dem die Entscheidung der Nachprüfungsinstanz ergeht (vgl. § 112 Abs. 1 Satz 1, § 120 Abs. 2, § 69 Abs. 1 2169

Teil 1 GWB § 113   Gesetz gegen Wettbewerbsbeschränkungen

GWB), eine **Erwiderung unter zumutbaren Bedingungen nicht mehr möglich ist**. Ein solches Vorbringen muss schon aus verfassungsrechtlichen Gründen **bei der Entscheidungsfindung unberücksichtigt** bleiben, weil die anderen Verfahrensbeteiligten in der zur Verfügung stehenden Zeitspanne bis zum Verhandlungsschluss ihren verfassungsrechtlich verbürgten Anspruch auf rechtliches Gehör (Art. 103 Abs. 1 GG) nicht wahrnehmen können. Daraus folgt zugleich, dass das **verspätete Vorbringen** – weil es nicht zum Nachteil der anderen Verfahrensbeteiligten verwertet werden darf – auch **nicht die Amtsermittlungspflicht der Nachprüfungsinstanzen auslösen** kann (OLG Düsseldorf, B. v. 19. 11. 2003 – Az.: VII – Verg 22/03).

2170   Umgekehrt bedeutet dies: Geben schon der Vortrag der Beteiligten oder der sonstige Tatsachenstoff den **Kontrollinstanzen hinreichenden Anlass zur Prüfung, sind sie zur weiteren amtswegigen Ermittlung und Rechtsprüfung verpflichtet.** Sind die Kontrollinstanzen sodann imstande, den behaupteten Vergaberechtsverletzungen unschwer zu beurteilen, kann der Bieter nicht darauf verwiesen werden, einen (ihm oftmals unbekannten) Sachverhalt erst noch „substantiierter" darzulegen. **Anderenfalls würde ihm eine Mitwirkung auferlegt, derer die Nachprüfungsinstanz nicht bedarf** (OLG Düsseldorf, B. v. 23. 2. 2005 – Az.: VII – Verg 92/04).

2171   Demgegenüber wird von einer anderen Ansicht **eher der Untersuchungsgrundsatz in den Vordergrund** gestellt: Nach § 113 Abs. 2 GWB sind die Beteiligten verpflichtet, an der Aufklärung des Sachverhaltes mitzuwirken, um einen raschen Abschluss des Verfahrens zu unterstützen. Kommt ein Antragsteller dieser Mitwirkungspflicht nur ungenügend und teilweise nach, ist sein Begehren dennoch in vollem Umfang zu prüfen, da die VK von Amts wegen ermittelt und die fehlende Mitwirkungspflicht der Antragstellerin gesetzlich nicht sanktioniert ist (1. VK Sachsen, B. v. 8. 4. 2002 – Az.: 1/SVK/022–02).

22.7 Möglichkeit von Ausschlussfristen (§ 113 Abs. 2 Satz 2)

2172   § 113 Abs. 2 Satz 2 GWB sieht die Möglichkeit eines **Ausschlusses von Beteiligtenvortrag** für den Fall vor, dass das Vorbringen **nach Ablauf einer gesetzlichen Frist** zur Stellungnahme eingeht. Die Vorschrift ermöglicht damit die Durchsetzung der in § 113 Abs. 2 Satz 1 GWB normierten Verfahrensförderungspflicht der Beteiligten. Vorbringen, das innerhalb der nach § 113 Abs. 2 Satz 2 GWB gesetzten Frist erfolgt, wird von der Präklusionsregelung nicht erfasst. Es ist daher in jedem Fall zu beachten und bei der Entscheidungsfindung mit in Erwägung zu ziehen (OLG Koblenz, B. v. 22. 3. 2001 – Az.: 1 Verg 9/00).

2173   Die Folge einer späteren schriftlichen Äußerung ist **nicht zwingend die Präklusion** dieses Vorbringens; § 113 Abs. 2 Satz 2 gibt der Vergabekammer ein Ermessen (1. VK Sachsen, B. v. 2. 8. 2001 – Az.: 1/SVK/70–01). Im Rahmen dieser Ermessensentscheidung **kann ein Vorbringen eines Beteiligten zugelassen werden**, wenn z. B. die Fristüberschreitung unwesentlich und die damit bewirkte Verzögerung unerheblich ist und nicht ins Gewicht fällt und für die anderen Beteiligten und die Vergabekammer noch ausreichend Zeit bleibt, die Ausführungen zur Kenntnis zu nehmen bzw. darauf zu erwidern. Eine **Unbeachtlichkeit des Vortrags ergibt sich auch nicht daraus, dass ein Beteiligter die Fristversäumung nicht entschuldigt hat.** Zwar sehen entsprechende Verfahrensvorschriften vor, z. B. § 296 Abs. 1 ZPO, dass ein verspäteter Vortrag nur berücksichtigt werden kann, wenn die Partei die Verspätung genügend entschuldigt. Die Spezialregelung des § 113 Abs. 2 Satz 2 GWB macht aber die Zulassung eines Vorbringens, das nach dem Ablauf von Fristen erfolgt, im Nachprüfungsverfahren gerade nicht von dem Tatbestandsmerkmal der Entschuldigung abhängig (VK Hessen, B. v. 16. 1. 2004 – Az.: 69 d VK – 72/2003).

22.8 Literatur

2174   – Braun, Joachim, Beschleunigungsgebot und Ablehnungsfiktion im Vergaberegime des GWB, NZBau 2003, 134
  – Maier, Clemens, Die prozessualen Grundsätze des Nachprüfungsverfahrens, NZBau 2004, 667

23. § 114 GWB – Entscheidung der Vergabekammer

(1) Die Vergabekammer entscheidet, ob der Antragsteller in seinen Rechten verletzt ist und trifft die geeigneten Maßnahmen, um eine Rechtsverletzung zu beseitigen und eine Schädigung der betroffenen Interessen zu verhindern. Sie ist an die Anträge nicht gebunden und kann auch unabhängig davon auf die Rechtmäßigkeit des Vergabeverfahrens einwirken.

(2) Ein bereits erteilter Zuschlag kann nicht aufgehoben werden. Hat sich das Nachprüfungsverfahren durch Erteilung des Zuschlags, durch Aufhebung oder durch Einstellung des Vergabeverfahrens oder in sonstiger Weise erledigt, stellt die Vergabekammer auf Antrag eines Beteiligten fest, ob eine Rechtsverletzung vorgelegen hat. § 113 Abs. 1 gilt in diesem Fall nicht.

(3) Die Entscheidung der Vergabekammer ergeht durch Verwaltungsakt. Die Vollstreckung richtet sich, auch gegen einen Hoheitsträger, nach den Verwaltungsvollstreckungsgesetzen des Bundes und der Länder. § 61 gilt entsprechend.

23.1 Grundsatz (§ 114 Abs. 1 Satz 1)

§ 114 GWB vermittelt der Vergabekammer einen **weiten Entscheidungsraum**, der nur innerhalb des **Verhältnismäßigkeitsgrundsatzes Schranken** findet (OLG Stuttgart, B. v. 28. 11. 2002 – Az.: 2 Verg 14/02; OLG Düsseldorf, B. v. 30. 4. 2003 – Az.: Verg 64/02). Die Vergabekammer kann alles unternehmen, was für die Rechtmäßigkeit des Vergabeverfahrens erforderlich ist. Ausgeschlossen ist lediglich die Zuerkennung von Schadensersatz. Die **Maßnahme muss** jedoch **geeignet** sein, die Rechtsverletzung zu beseitigen, gleichzeitig aber auch das **mildeste Mittel** hierfür sein (1. VK Sachsen, B. v. 21. 5. 2001 – Az.: 1/SVK/32–01).

23.2 Arten der Entscheidung

23.2.1 Aufhebung des Vergabeverfahrens

23.2.1.1 Grundsatz. Entscheidung der Vergabekammer kann auch sein, die Vergabestelle anzuweisen, die Ausschreibung aufzuheben. Eine **Verpflichtung** des öffentlichen Auftraggebers, die **Ausschreibung aufzuheben**, kommt aber im Allgemeinen nur dann in Betracht, wenn dies **unabweisbar** ist und **keine milderen Maßnahmen zur Verfügung** stehen, um den festgestellten Vergabefehler zu beseitigen (OLG Naumburg, B. v. 13. 10. 2006 – Az.: 1 Verg 12/06; B. v. 13. 10. 2006 – Az.: 1 Verg 11/06; Schleswig-Holsteinisches OLG, B. v. 30. 6. 2005 – Az.: 6 Verg 5/05; VK Saarland, B. v. 23. 1. 2006 – Az.: 1 VK 06/2005; VK Brandenburg, B. v. 12. 5. 2004 – Az.: VK 8/04; 1. VK Sachsen, B. v. 12. 5. 2005 – Az.: 1/SVK/038–05; B. v. 18. 11. 2004 – Az.: 1/SVK/108–04; VK Arnsberg, B. v. 28. 1. 2004 – Az.: VK 1–30/2003). Es muss sich also um eine **alternativlose Situation** handeln (OLG Naumburg, B. v. 17. 2. 2004 – Az.: 1 Verg 15/03; VK Berlin, B. v. 14. 9. 2005 – Az.: VK – B 1–43/05; 1. VK Sachsen, 1. VK Sachsen, B. v. 12. 5. 2005 – Az.: 1/SVK/038–05; B. v. 18. 11. 2004 – Az.: 1/SVK/108–04; B. v. 14. 12. 2004 – Az.: 70–10/04; VK Südbayern, B. v. 14. 12. 2004 – Az.: 69–10/04; B. v. 14. 12. 2004 – Az.: 68–10/04). Dies ist insbesondere dann der Fall, wenn das **Vergabeverfahren bereits von seinem Beginn an durch Vergaberechtsverstöße** geprägt wird bzw. wenn eine **Zurückversetzung des Vergabeverfahrens** in einen früheren Stand **mangels Rekonstruierbarkeit** der damaligen Lage des Verfahrens **nicht möglich** ist (OLG Naumburg, B. v. 31. 3. 2004 – Az.: 1 Verg 1/04; 2. VK Bund, B. v. 23. 1. 2006 – Az.: VK 2–168/05) bzw. wenn eine **vergaberechtskonforme Wertung** der vorliegenden Angebote und ein entsprechender Zuschlag auf der Grundlage der vorliegenden Ausschreibung **nicht möglich** ist (OLG Celle, B. v. 8. 4. 2004 – Az.: 13 Verg 6/04) bzw. bei **unklaren Leistungsbeschreibungen, Preisermittlungsgrundlagen** oder **Zuschlagskriterien, auf die von vornherein kein sachgerechtes Angebot abgegeben werden kann**, oder wenn eine **unrichtige Vergabeart gewählt** worden ist (Schleswig-Holsteinisches OLG, B. v. 30. 6. 2005 – Az.: 6 Verg 5/05) **bzw. bei unzumutbaren Eignungsanforderungen**. Es kann im letzten Fall nämlich nicht ausgeschlossen werden, dass **durch die überzogenen Anforderungen an die Nachweispflichten der Bieter** z.B. zur Arbeitnehmerüberlassung **andere potentielle**

Teil 1 GWB § 114   Gesetz gegen Wettbewerbsbeschränkungen

Bieter davon abgesehen haben, sich an dem Verfahren zu beteiligen. Die Ausschreibung muss demzufolge in den Stand zurückversetzt werden, in dem der Mangel beseitigt werden kann. Daher kommt sinnvollerweise nur eine Aufhebung der Ausschreibung in Betracht (2. VK Bund, B. v. 10. 6. 2005 – Az.: VK 2–36/05).

2177   Dies ist jedoch regelmäßig dann nicht der Fall, wenn lediglich die Angebotswertung fehlerhaft durchgeführt worden ist (OLG Düsseldorf, B. v. 30. 4. 2003 – Az.: Verg 64/02).

2178   Die **Rechtsprechung ist unterschiedlich,** wenn es um die Beurteilung der Frage geht, welche Entscheidung die Vergabekammer treffen kann, wenn **kein wertbares Angebot** vorliegt.

2179   Liegt insgesamt **kein zuschlagsfähiges Angebot** vor, **muss** die Entscheidung der Vergabestelle und die **Ausschreibung insgesamt aufgehoben** werden (1. VK Sachsen, B. v. 12. 5. 2005 – Az.: 1/SVK/038–05; VK Hessen, B. v. 23. 8. 2004 – Az.: 69 d – VK – 38/2004). Dies gilt insbesondere für den Fall, dass **zusätzlich noch ein mit dem Vergabeverfahren vorbefasster Bieter ausgeschlossen werden muss** (1. VK Sachsen, B. v. 18. 11. 2004 – Az.: 1/SVK/108–04).

2180   Nach anderer Auffassung ist in solchen Fällen eine Sachlage gegeben, bei der der öffentliche **Auftraggeber das Vergabeverfahren aufheben kann. Die Entscheidung unterliegt seinem Ermessen.** Die Vergabenachprüfungsinstanzen sind in Fällen dieser Art grundsätzlich nicht dazu ermächtigt, die Ermessensentscheidung des Auftraggebers durch eine eigene Wertung und eine entsprechende Anordnung zu ersetzen (BGH, B. v. 26. 9. 2006 – Az.: X ZB 14/06; OLG Düsseldorf, B. v. 14. 10. 2005 – Az.: VII – Verg 40/05).

2181   Dies kann dann anders zu beurteilen sein, **wenn der Auftraggeber vorbehaltlos zu erkennen gegeben hat, dass er das Vergabeverfahren aufheben will.** Die Beschwerde strebt ausweislich der Antragstellung einen dahingehenden Ausspruch ausdrücklich an. Dies hat der Auftraggeber mit dem nach den Umständen zwingenden Ausschluss der verbliebenen Angebote von der Wertung begründet. **Bei dieser Sachlage kann der Senat die Aufhebung des Vergabeverfahrens ausnahmsweise mit unmittelbarer Wirkung selbst anordnen** (OLG Düsseldorf, B. v. 14. 10. 2005 – Az.: VII – Verg 40/05).

2182   Die angeordnete Rechtsfolge einer Aufhebung des Vergabeverfahrens **setzt außerdem die Feststellung einer Rechtsverletzung** eines Antragstellers voraus. Nur wenn die festgestellte Rechtsverletzung nicht anders als durch eine Aufhebung des Vergabeverfahrens behoben werden kann, darf eine dahingehende – und ohne weiteres tief in die Belange des Auftraggebers eingreifende – Anordnung ergehen. Das ergibt sich schon aus einer am Wortlaut der Norm orientierten Auslegung (OLG Düsseldorf, B. v. 16. 3. 2005 – Az.: VII – Verg 05/05).

2183   Hat der **Auftraggeber die zwingenden Vorschriften des § 22 Nr. 3 VOB/A bzw. VOL/A** (Kennzeichnung der Angebote) **verletzt** und kann er dadurch den ordnungsgemäßen Wettbewerb (§ 97 Abs. 1 GWB) nicht mehr gewährleisten, **muss die Ausschreibung aufgehoben** werden (1. VK Sachsen, B. v. 24. 2. 2005 – Az.: 1/SVK/004–05).

2184   In Betracht kommt auch eine **Aufhebung einer freihändigen Vergabe** (VK Lüneburg, B. v. 25. 8. 2003 – Az.: 203-VgK-18/2003).

23.2.1.2 Beispiele aus der Rechtsprechung

2185   – die **Aufhebung der Ausschreibung kann je nach Einzelfall zwar nicht das einzige geeignete, aber das einzig verhältnismäßige Mittel zur Wiederherstellung der Rechtmäßigkeit** sein. Die vorläufig ergriffene Maßnahme, nämlich die Verlängerung der Angebotsfrist, war zwar auch geeignet, vorübergehend einen Schaden von dem Antragsteller und dem Beigeladenen abzuwenden. Die **ständige Verlängerung der Angebotsfrist bzw. eine Aussetzung des Vergabeverfahrens auf unbestimmte Zeit ist aber den Beteiligten am zweiten Vergabeverfahren, und zwar sowohl den Bietern als auch der Vergabestelle, nicht zumutbar.** Die Aufhebung der Ausschreibung lässt demgegenüber zwar den bisherigen Aufwand der Verfahrensbeteiligten nutzlos erscheinen, wobei die Bieter sich ggf. schadlos halten können. Sie ist allen Beteiligten gegenüber aber vertretbar, weil letztlich eine Aufhebung der zweiten Ausschreibung sehr wahrscheinlich ist. Der Auftraggeber ist im Parallelverfahren angewiesen worden, seinen Beschaffungsbedarf durch eine Auftragserteilung im ursprünglichen Vergabeverfahren zu befriedigen. Es ist für den Senat derzeit **nicht vorstellbar, dass ein öffentlicher Auftraggeber, der zu 100% treuhänderisch mit fremdem Geld, nämlich mit öffentlichen Finanzmitteln agiert, der dem Haushaltsrecht**

unterworfen ist und dessen Mitarbeiter darüber hinaus disziplinarrechtlich und strafrechtlich zur Verantwortung gezogen werden können, wegen eines von ihm nicht quantifizierbaren Preisrisikos bewusst Vermögensschäden zu Lasten der öffentlichen Hand verursacht (OLG Naumburg, B. v. 13. 10. 2006 – Az.: 1 Verg 12/06; B. v. 13. 10. 2006 – Az.: 1 Verg 11/06)
- die Anordnung zur Aufhebung einer Ausschreibung stellt eine endgültige Maßnahme dar und bildet einen schwerwiegenden Eingriff in die Privatautonomie und die Vertragsfreiheit des öffentlichen Auftraggebers. Insofern **kann nicht jede Unklarheit in den Verdingungsunterlagen zur Aufhebung der Ausschreibung führen** (VK Münster, B. v. 5. 4. 2006 – Az.: VK 5/06; B. v. 10. 3. 2006 – Az.: VK 2/06)
- die Nichtbefassung mit der von der Antragstellerin angebotenen technischen Lösung führt dazu, dass eine **„objektive" Prüfung der Anforderungen des § 9 Nr. 5 VOB/A im jetzigen Verfahrensstadium nicht möglich** ist. In welcher Weise die Vergabestelle im Rahmen der Erarbeitung der Leistungsbeschreibung ihr Planungs- und Entscheidungsermessen ausgeübt hätte, falls sie die Variante des „Niederdrucknebelsystems" in Betracht gezogen hätte, ist aus heutiger Sicht nicht mehr zu entscheiden. Die **Vergabestelle kann dieses Versäumnis nicht nachträglich beseitigen,** indem sie heute (im laufenden Nachprüfungsverfahren) substantiierte technische Gründe hierfür angibt und erklärt, dass sie auch bei damaliger Kenntnis zum gleichen Ergebnis gelangt wäre und die Ausschreibung auf das gewählte technische Verfahren beschränkt hätte. Denn insoweit kann schon nicht ausgeschlossen werden, dass eine solche Aussage nicht der im Zeitpunkt der Ausschreibungsvorbereitung von äußeren Sachzwängen befreiten Entscheidungsposition entspricht, sondern dem verständlichen Wunsch geschuldet sein kann, auf eine möglichst zügige Beendigung des Nachprüfungsverfahrens hinzuwirken. Eine von solchen Erwägungen unbeeinflusste Prüfung seitens der Vergabestelle, die Lösungsvariante eines „Niederdrucknebelsystems" zuzulassen oder aus den in § 9 Nr. 5 Abs. 1 VOB/A genannten Gründen auszuschließen, ist **allenfalls im Rahmen einer erneuten Ausschreibung möglich** (Thüringer OLG, B. v. 26. 6. 2006 – Az.: 9 Verg 2/06)
- bei **fehlerhafter Nichtanwendung der Ausschreibungsvorschriften für Aufträge ab den Schwellenwerten** ist die **nationale Ausschreibung aufzuheben** und der Auftraggeber bei fortbestehender Vergabeabsicht zu verpflichten, eine EU-weite Ausschreibung durchzuführen (VK Arnsberg, B. v. 7. 3. 2005 – Az.: VK 2/2005)
- der Vergaberechtsverstoß durch die **offenkundig und bewusst fehlerhaft gewählte Vergabeart des Verhandlungsverfahrens** ist nicht durch einen Wiedereintritt in die Angebotswertung heilbar. Über den entsprechenden hilfsweise gestellten Antrag der Antragstellerin hinaus hat die VK diese Vergaberechtsverletzung gem. § 110 Abs. 1 GWB auch von Amts wegen zu berücksichtigen. Wegen der Schwere des Verstoßes muss die VK deshalb darauf **hinwirken, dass das Vergabeverfahren aufgehoben wird** (VK Lüneburg, B. v. 12. 10. 2004 – Az.: 203-VgK-45/2004)
- der **Verstoß gegen § 8 Nr. 1 Abs. 3 VOL/A** macht es notwendig, dass Vergabeverfahren aufzuheben. Da eine **Änderung der Verdingungsunterlagen erforderlich ist, lässt sich der Zuschlag nicht auf der Grundlage der abgegebenen Angebote erteilen.** Die Angebotsfrist ist bereits abgelaufen. Es ist Aufgabe der Auftraggeber zu entscheiden, auf welche Weise sie die Verdingungsunterlagen ändern wollen, um in einer neuen Ausschreibung Vergaberechtsfehler zu vermeiden
- die **Transparenz des Vergabeverfahrens** ist erheblich gestört durch die **Divergenzen im Inhalt der einzelnen Formen der Vergabebekanntmachung** sowie der Verdingungsunterlagen. Hinsichtlich der **Eignungskriterien** hat der Senat **nicht erklärbare Abweichungen** festgestellt, die ungeachtet der eindeutigen rechtlichen Lösung des Konflikts geeignet sind, potenzielle Bewerber zu verunsichern (OLG Naumburg, B. v. 26. 2. 2004 – Az.: 1 Verg 17/03)
- ist ein Auftraggeber aufgrund von widersprüchlichen Angaben in den Verdingungsunterlagen **nicht in der Lage, überhaupt ein zuschlagfähiges Hauptangebot zu ermitteln,** das die von ihm verbindlich vorgegebene Qualitätsanforderung durchweg einhält, muss die Ausschreibung aufgehoben werden (VK Lüneburg, B. v. 29. 1. 2004 – Az.: 203-VgK-40/2003)
- das **Unterlassen der europaweiten Ausschreibung** stellt einen Verstoß gegen die Vergabevorschriften dar und hätte zur Aufhebung der Ausschreibung durch die VK geführt, wenn die

Vergabestelle nicht selbst die Ausschreibung aufgehoben hätte (VK Münster, B. v. 24. 1. 2002 – Az.: VK 24/01)
- eine Anordnung, die **Ausschreibung wegen der unterlassenen europaweiten Ausschreibung komplett aufzuheben,** hält die VK im Einzelfall nicht für sachgerecht und auch nicht für rechtlich zulässig (VK Münster, B. v. 4. 12. 2003 – Az.: VK 21/03)
- ein **Verstoß gegen § 17 Nr. 6 Abs. 2 VOL/A** ist nicht durch eine Verpflichtung des Auftraggebers zur erneuten Angebotswertung unter Berücksichtigung der Rechtsauffassung der VK heilbar, da dieser **Verstoß gegen die Informationspflicht unmittelbar Auswirkungen auf die Angebotskalkulation haben musste**. Eine nachträgliche Korrektur der Angebotskalkulationen und damit der Angebotspreise bei allen Bietern ist in einem laufenden Vergabeverfahren nicht möglich. Der Auftraggeber war daher gem. Nr. 1 des Tenors zu verpflichten, mangels Vergleichbarkeit der Angebote das streitbefangene Vergabeverfahren aufzuheben (VK Lüneburg, B. v. 24. 11. 2003 – Az.: 203-VgK-29/2003)
- wenn die VK eine **grundlegende Änderung der Verdingungsunterlagen** nach den Gründen ihrer Entscheidung festgestellt hat, ist es im Interesse einer raschen Gesamtlösung im allgemeinen geboten, die Aufhebung des Vergabeverfahrens auszusprechen (BayObLG, B. v. 15. 7. 2002 – Az.: Verg 15/02)
- **bleibt kein Angebot mehr übrig,** auf das der Auftraggeber den Zuschlag erteilen könnte, kann ein Vergabeverfahren nur durch eine Aufhebung beendet werden, welche die Kammer der Auftraggeberin hiermit aufgibt (1. VK Sachsen, B. v. 21. 5. 2001 – Az.: 1/SVK/32–01)
- weist das **Leistungsverzeichnis schwerwiegende Mängel** (Leitfabrikat ohne den Zusatz „oder gleichwertiger Art"), kommt regelmäßig nur die Aufhebung der Ausschreibung in Betracht (1. VK Sachsen, B. v. 18. 9. 2001 – Az.: 1/SVK/83–01, B. v. 13. 9. 2002 – Az.: 1/SVK/080–02)
- wegen der zentralen Bedeutung der Leistungsbeschreibung für ein transparentes Vergabeverfahren ist bei **Mängeln in der Leistungsbeschreibung** das Vergabeverfahren aufzuheben (VK Lüneburg, B. v. 12. 4. 2002 – Az.: 203-VgK-05/2002; ebenso für eine grob unklare Leistungsbeschreibung OLG Naumburg, B. v. 16. 9. 2002 – Az.: 1 Verg 02/02)
- enthält die **Leistungsbeschreibung ein nicht mehr am Markt erhältliches Fabrikat,** ist die Ausschreibung aufzuheben (VK Lüneburg, B. v. 30. 10. 2003 – Az.: 203-VgK-21/2003)
- hat eine **voreingenommene Person** (nach § 16 Abs. 1 Nr. 3 Buchstabe a) VgV) im Vergabeverfahren mitgewirkt, kann eine Aufhebung in Betracht kommen (VK Rheinland-Pfalz, B. v. 30. 4. 2002 – Az.: VK 6/02)
- **fehlt** es an einer **Grundlage für eine erneute Wertung,** ist das Vergabeverfahren aufzuheben (2. VK Bund, B. v. 23. 5. 2002 – Az.: VK 2–18/02)
- liegt ein Angebot aufgrund eines im Vergleich zur Bekanntmachung **zu frühen Eröffnungstermines** dem Verhandlungsleiter bei der Öffnung des ersten Angebots nicht vor und befindet es sich zu diesem Zeitpunkt auch nicht im Geschäftsbereich der Vergabestelle, kann das Angebot nicht mehr vergaberechtskonform am Wettbewerb beteiligt werden; dies macht die Aufhebung des gesamten Vergabeverfahrens unumgänglich (VK Nordbayern, B. v. 15. 4. 2002 – Az.: 320.VK-3194–08/02)
- die Vergaberechtsverstöße – insbesondere die **vergaberechtswidrige Delegation** sämtlicher Entscheidungsbefugnisse auf einen Dritten und der das streitbefangene Vergabeverfahren prägende **Verstoß gegen die Dokumentationspflichten** – können nicht durch eine Verpflichtung zur Neuvornahme der Angebotswertung beseitigt werden; eine Aufhebung ist notwendig (VK Lüneburg, B. v. 31. 5. 2002 – Az.: 203-VgK-09/2002; VK Arnsberg, B. v. 28. 1. 2004 – Az.: VK 1–30/2003)
- es kommt nur die Aufhebung der Ausschreibung in Betracht, da der Vergaberechtsverstoß – **zu kurze Ausschreibungsfrist** – nicht anders behoben werden kann. Benachteiligt ist nämlich nicht nur der Antragsteller, sondern auch diejenigen Bieter, die die Angebotsunterlagen zwar abgefordert, jedoch kein Angebot abgegeben haben. Beeinträchtigt sind aber auch alle anderen Firmen, die die zu kurze Bearbeitungsfrist nach dem Lesen der Veröffentlichung erkannten und aus diesem Grund schon von der Abforderung der Unterlagen absahen und nicht in eine erneute Angebotsfrist einbezogen werden können (1. VK Sachsen, B. v. 9. 12. 2002 – Az.: 1/SVK/102–02)

Gesetz gegen Wettbewerbsbeschränkungen GWB § 114 **Teil 1**

23.2.2 Aufhebung einer Aufhebungsentscheidung des öffentlichen Auftraggebers

23.2.2.1 Grundsatz

Der **EuGH** hat entschieden (Urteil vom 2. 6. 2005 – Az.: C-15/04; Urteil vom 18. 6. 2002 2186
– Az.: C-92/00), dass die Entscheidung des öffentlichen Auftraggebers, die Ausschreibung eines Dienstleistungsauftrags zu widerrufen, in einem Nachprüfungsverfahren auf Verstöße gegen das Gemeinschaftsrecht im Bereich des öffentlichen Auftragswesens oder gegen die einzelstaatlichen Vorschriften, die dieses Recht umsetzen, überprüft und gegebenenfalls aufgehoben werden kann. Der **BGH** (B. v. 18. 2. 2003 – Az.: X ZB 43/02) hat ebenfalls festgestellt, dass eine Aufhebungsentscheidung in einem Nachprüfungsverfahren überprüft werden kann.

Diesem Grundsatz haben sich – auch für Bau- und Lieferaufträge – die meisten Vergabesenate und Vergabekammern angeschlossen. Zu den Einzelheiten vgl. die Kommentierung RZ 1548. 2187

Diese Rechtsprechung gilt **allgemein für die Entscheidung des Auftraggebers, auf die** 2188
Vergabe eines Auftrags zu verzichten (VK Brandenburg, B. v. 16. 6. 2003 – Az.: VK 20/03). **Zu den Einzelheiten** vgl. die Kommentierung RZ 1566.

23.2.2.2 Inhalt der Entscheidung der Aufhebung einer Aufhebung

23.2.2.2.1 Kontrahierungszwang. In ständiger Rechtsprechung hat der BGH herausgearbeitet, dass trotz Geltung der VOB/A (bzw. der VOL/A) der Ausschreibende auch dann, wenn kein Aufhebungsgrund nach § 26 VOB/A bzw. VOL/A besteht, **nicht gezwungen werden kann, einen der Ausschreibung entsprechenden Auftrag zu erteilen**. Es kann viele Gründe geben, die den Ausschreibenden hindern, eine einmal in die Wege geleitete Ausschreibung ordnungsgemäß mit der Erteilung des Zuschlags an einen Bieter zu beenden. Hierzu kann sich ein Ausschreibender insbesondere dann veranlasst sehen, wenn ein Zuschlag auf ein abgegebenes Angebot seine finanziellen Möglichkeiten übersteigt. Die Möglichkeit, bei einem sachlichen Grund eine Ausschreibung vorzeitig zu beenden, ist notwendige Folge davon, dass es ein Zweck des Vergaberechts ist, der öffentlichen Hand die Bindung der ihr anvertrauten Mittel und das Gebot sparsamer Wirtschaftsführung beachtende Beschaffung zu angemessenen Preisen zu ermöglichen und die Situation der öffentlichen Hand in dieser Hinsicht durch eine Erweiterung des Bewerberkreises und damit der Entscheidungsgrundlage zu verbessern. **Damit wäre die Annahme, es müsse in jedem Fall eines eingeleiteten Vergabeverfahrens ein Zuschlag erteilt werden, schlechthin unvereinbar** (BGH, B. v. 18. 2. 2003 – Az.: X ZB 43/02; Urteil vom 5. 11. 2002 – Az.: X ZR 232/00; ebenso OLG Naumburg, B. v. 13. 10. 2006 – Az.: 1 Verg 7/06; B. v. 13. 10. 2006 – Az.: 1 Verg 6/06; OLG Düsseldorf, B. v. 22. 7. 2005 – Az.: VII – Verg 37/05; OLG München, B. v. 12. 7. 2005 – Az.: Verg 008/05; OLG Celle, B. v. 22. 5. 2003 – Az.: 13 Verg 9/03; OLG Frankfurt, B. vom 28. 6. 2005 – Az.: 11 Verg 21/04; OLG Brandenburg, B. v. 19. 12. 2002 – Az.: Verg W 9/02; OLG Dresden, B. v. 3. 12. 2002 – Az.: WVerg 0015/02, B. v. 10. 7. 2003 – Az.: WVerg 0015/02; eher zweifelnd BayObLG, B. v. 5. 11. 2002 – Az.: Verg 22/02; 1. VK Sachsen, B. v. 18. 8. 2006 – Az.: 1/SVK/077–06; 2. VK Sachsen-Anhalt, B. v. 23. 5. 2006 – Az.: VK 2-LVwA LSA 17/06; B. v. 23. 5. 2006 – Az.: VK 2-LVwA LSA 16/06; VK Baden-Württemberg, B. v. 7. 10. 2005 – Az.: 1 VK 56/05; VK Schleswig-Holstein, B. v. 14. 9. 2005 – Az.: VK-SH 21/05; VK Lüneburg, B. v. 27. 1. 2005 – Az.: 203-VgK-57/2004; 2. VK Bund, B. v. 24. 6. 2005 – Az.: VK 2-70/05; B. v. 24. 6. 2004 – Az.: VK 2–73/04; VK Hessen, B. v. 21. 4. 2005 – Az.: 69 d VK 09/2005; VK Lüneburg, B. v. 30. 8. 2004 – Az.: 203-VgK-38/2004). 2189

Diese **Rechtsprechung gilt auch für VOF-Verfahren.** Es sind keine rechtlichen Gesichtspunkte erkennbar, die eine Anwendung der von dieser Rechtsprechung aufgestellten Grundsätze auf Verhandlungsverfahren für die Vergabe freiberuflicher Dienstleistungen ausschließen (1. VK Sachsen, B. v. 17. 1. 2006 – Az.: 1/SVK/151–05; B. v. 31. 5. 2005 – Az.: 1/SVK/046–05). 2190

23.2.2.2.2 Auswirkung auf den Inhalt der Entscheidung der Vergabekammer. Dieser 2191
von der Rechtsprechung in den Vordergrund gestellte **Grundsatz der Vertragsfreiheit** muss als Grenze der Regelungskompetenz der Vergabekammern und -senate erkannt werden, nicht aber als Hindernis der Überprüfung der Rechtmäßigkeit der Aufhebung als Vorstufe des Vertragsschlusses. Dabei kann es nicht darauf ankommen, ob an einem Vergabeverfahren zufällig nur nationale Bieter oder auch ausländische Firmen teilgenommen haben, denn sonst wären ausländische Firmen privilegiert gegenüber dem nationalen Bieter durch weitergehenden Rechtsschutz – ein sicherlich abwegiges Ergebnis.

2192 Es liegt damit auch **nicht in der Kompetenz der Vergabekammer,** im Rahmen des § 114 Abs. 1 GWB zur Beseitigung einer Rechtsverletzung eine Maßnahme zu treffen, die für einen öffentlichen Auftraggeber, der trotz Einleitung eines Vergabeverfahrens einen Auftrag nicht mehr erteilen will, einen **rechtlichen oder tatsächlichen Zwang bedeutete, sich doch vertraglich zu binden** (BGH, B. v. 18. 2. 2003 – Az.: X ZB 43/02; OLG Celle, B. v. 22. 5. 2003 – Az.: 13 Verg 9/03; VK Hessen, B. v. 21. 4. 2005 – Az.: 69 d VK – 09/2005; VK Brandenburg, B. v. 30. 8. 2004 – Az.: VK 34/04; B. v. 17. 8. 2004 – Az.: VK 23/04; VK Lüneburg, B. v. 27. 1. 2005 – Az.: 203-VgK-57/2004; 2. VK Bund, B. v. 15. 6. 2004 – Az.: VK 2-40/03).

2193 Es kommt also entscheidend darauf an, dass die Entscheidung der Kammer über die Rechtsfolge bei der Rechtswidrigkeit der Aufhebung sich in dem Rahmen hält, in dem sie auch sonst berechtigt ist zu entscheiden: alle Maßnahmen anzuordnen, die geeignet sind, das damit noch laufende Vergabeverfahren in rechtmäßige Bahnen zu führen ohne dem Auftraggeber die Entscheidung über den Zuschlag zu nehmen. Die Vergabekammer hat in allen ihren Entscheidungen nur auf eine rechtmäßige Entscheidungsfindung des Auftraggebers hinzuwirken, nicht eine solche zu ersetzen. Das bedeutet, **dass sie ihm stets zumindest die Wahl lassen muss, den Auftrag zu erteilen oder – ggf. gegen Schadensersatz** (namentlich bei Nichtvorliegen der Gründe des § 26 VOB und § 26 VOL/A) **– von der Auftragsvergabe Abstand zu nehmen** und sei es nur durch Auslaufenlassen der Bindefristen (VK Schleswig-Holstein, B. v. 14. 9. 2005 – Az.: VK-SH 21/05).

2194 Die in der Literatur teilweise diskutierte Ermessensreduzierung auf Null ist damit denklogisch ausgeschlossen (VK Arnsberg, B. v. 23. 1. 2003 – Az.: VK 2–27/2002).

2195 **23.2.2.2.3 Kontrahierungszwang in Ausnahmefällen.** Nach Auffassung der VK Hamburg (B. v. 14. 8. 2003 – Az.: VgK FB 3/03) ist die Vergabekammer befugt, alle geeignet erscheinenden Maßnahmen zu treffen, um eine Rechtsverletzung zu beseitigen und eine Schädigung der betroffenen Interessen zu verhindern. Sie ist im Einzelfall weder daran gehindert, die Aufhebung der Aufhebung einer Ausschreibung **noch die Verpflichtung zur Erteilung des Zuschlags an einen bestimmten Bieter auszusprechen, wenn es sich dabei um die einzig geeignete Maßnahmen handelt.** Diese sehr weit gehende Auffassung wurde vom Hanseatischen OLG (B. v. 21. 11. 2003 – Az.: 1 Verg 3/03) bestätigt: Sieht sich die Vergabestelle an einem Zuschlag nur durch einen rechtlichen Umstand gehindert, der sich später als irrelevant erweist, bestehen gegen einen **Verpflichtungsausspruch der Vergabekammer zur Zuschlagserteilung keine durchgreifenden Bedenken** (VK Baden-Württemberg, B. v. 7. 10. 2005 – Az.: 1 VK 56/05).

2196 **23.2.2.2.4 Fortsetzung des Vergabeverfahrens.** Hat die Vergabestelle nach Aufhebung eines Offenen Verfahrens ein Verhandlungsverfahren eingeleitet, dokumentiert sie, dass sie **an der Vergabeabsicht des Auftrages festhält;** dann ist **auch eine Entscheidung der Vergabekammer mit der Verpflichtung zur Fortsetzung des Offenen Verfahrens möglich** (1. VK Sachsen, B. v. 18. 8. 2006 – Az.: 1/SVK/077–06; VK Rheinland-Pfalz, B. v. 10. 10. 2003 – Az.: VK 19/03).

2197 Die Anordnung einer Fortsetzung des Vergabeverfahrens, z. B. mit dem Ziel einer neuen Wertung, kann im Einzelfall ebenfalls in Betracht kommen, **wenn beispielsweise die Aufhebung der Ausschreibung nur zum Schein erfolgt ist,** also die Vergabestelle an der Durchführung ihres Vorhabens festhält (OLG Düsseldorf, B. v. 22. 7. 2005 – Az.: VII – Verg 37/05; B. v. 23. 3. 2005 – Az.: VII – Verg 76/04; B. v. 16. 2. 2005 – Az.: VII – Verg 72/04; VK Baden-Württemberg, B. v. 7. 10. 2005 – Az.: 1 VK 56/05; VK Brandenburg, B. v. 30. 8. 2004 – Az.: VK 34/04). Denkbar ist auch die Anordnung einer Fortsetzung des Vergabeverfahrens, wenn die Vergabestelle die Aufhebung nur deshalb verfügt hat, weil **vermeintlich keiner der Bieter ein ordnungsgemäßes Angebot abgegeben hat** (VK Baden-Württemberg, B. v. 7. 10. 2005 – Az.: 1 VK 56/05; VK Brandenburg, B. v. 30. 8. 2004 – Az.: VK 34/04; 2. VK Bund, B. v. 15. 6. 2004 – Az.: VK 2–40/03).

2198 Die Anordnung einer Fortsetzung des Vergabeverfahrens kann auch dann erfolgen, **wenn der Auftraggeber an seiner Vergabeabsicht festhält** (OLG Naumburg, B. v. 13. 10. 2006 – Az.: 1 Verg 7/06; B. v. 13. 10. 2006 – Az.: 1 Verg 6/06; 2. VK Sachsen-Anhalt, B. v. 23. 5. 2006 – Az.: VK 2-LVwA LSA 16/06; 2. VK Bund, B. v. 24. 6. 2005 – Az.: VK 2–70/05; B. v. 23. 5. 2006 – Az.: VK 2-LVwA LSA 17/06; B. v. 24. 6. 2004 – Az.: VK 2–73/04; VK Lüneburg, B. v. 30. 8. 2004 – Az.: 203-VgK-38/2004).

2199 Eine Anordnung der Nachprüfungsinstanzen zu einer Fortsetzung des Vergabeverfahrens kommt grundsätzlich auch dann in Betracht, wenn die **Aufhebung der Ausschreibung eine**

Maßnahme der Diskriminierung einzelner Bieter darstellt (OLG Düsseldorf, B. v. 23. 3. 2005 – Az.: VII – Verg 76/04; B. v. 16. 2. 2005 – Az.: VII – Verg 72/04).

Die **Anordnung der Fortsetzung der Ausschreibung** mit dem Ziel einer Zuschlagserteilung kommt **nicht nur bei irrtümlicher Aufhebung der Ausschreibung** in Betracht, sondern auch dann, wenn der öffentliche Auftraggeber seine Absicht, die ausgeschriebene Leistung von Dritten zu beschaffen, **unverändert aufrecht erhält** und ihm tatsächlich kein sachlicher Grund, insbesondere natürlich kein Grund im Sinn von § 26 Nr. 1 VOB/A, für die Aufhebung zur Seite steht bzw. wenn die **Aufhebung selbst im Falle des Vorliegens eines sachlichen Grundes nicht verhältnismäßig** ist (OLG Naumburg, B. v. 13. 10. 2006 – Az.: 1 Verg 7/06; B. v. 13. 10. 2006 – Az.: 1 Verg 6/06). 2200

Der Auftraggeber kann nicht verpflichtet werden, ein Vergabeverfahren abzuschließen und ein bestimmtes Angebot anzunehmen, wenn er die **Aufhebung des Verfahrens auf vernünftige, sachliche Gründe stützen kann,** wenn z. B. das Ziel einer Ausschreibung wegen Zeitablaufs nicht mehr erreicht werden kann oder Haushaltsmittel nicht mehr sachgerecht eingesetzt werden können (OLG Düsseldorf, B. v. 22. 7. 2005 – Az.: VII – Verg 37/05). 2201

23.2.2.2.5 Wiederholung der Eignungsprüfung. Als Entscheidung der Vergabekammer kommt unter den oben beschriebenen Voraussetzungen auch die **Aufhebung der Aufhebung und die Verpflichtung des Auftraggebers zur Wiederholung der Eignungsprüfung** in Betracht (2. VK Bund, B. v. 24. 6. 2005 – Az.: VK 2–70/05). 2202

23.2.2.2.6 Maßstab der Überprüfung der Aufhebung einer Ausschreibung. Streit herrscht darüber, welcher **Maßstab an die Voraussetzungen einer Aufhebung** anzulegen ist. Insoweit hat das OLG Dresden diese Frage dem **BGH zur Entscheidung vorgelegt** (OLG Dresden, B. v. 3. 12. 2002 – Az.: WVerg 0015/02). Der BGH (B. v. 18. 2. 2003 – Az.: X ZB 43/02) hat entschieden, dass **Prüfungsmaßstab das Gemeinschaftsrecht und die zur Umsetzung des Gemeinschaftsrechts erlassenen Vorschriften** sind. Zu den Einzelheiten vgl. die Kommentierung zu § 104 Ziffer RZ 1556. 2203

23.2.2.2.7 Literatur 2204

– Hübner, Alexander, Effektiver vergaberechtlicher Primärrechtsschutz nach dem „Koppensteiner"-Urteil des EuGH?, NZBau 2005, 438
– Kaelble, Hendrik, Anspruch auf Zuschlag und Kontrahierungszwang im Vergabeverfahren, ZfBR 2003, 657

23.2.3 Aussetzung

Die Rechtsprechung hierzu ist nicht einheitlich. 2205

Nach einer Auffassung sehen die **Vorschriften der §§ 107 bis 115 GWB** über das Verfahren vor der Vergabekammer eine **Aussetzung** des Verfahrens wegen einer entscheidungserheblichen Vorfrage über das Bestehen oder Nichtbestehen eines Rechtsverhältnisses, das den Gegenstand eines anderen anhängigen Rechtsstreits bildet oder von einer Verwaltungsbehörde festzustellen ist (vgl. § 94 VwGO und § 148 ZPO), **nicht vor.** Das kann nicht als eine planwidrige Lücke des Gesetzes, die im Wege der Analogie zu den Vorschriften anderer Verfahrensgesetze (also zu den § 94 VwGO, § 148 ZPO) geschlossen werden könnte und müsste, angesehen werden. Vielmehr würde eine solche Analogie dem Sinn der besonderen Verfahrensvorschriften der §§ 107 ff. GWB widersprechen. 2206

Aus allen der Beschleunigung dienenden Vorschriften ist zu schließen, dass die Vergabekammer über die für ihre Endentscheidung relevanten Vorfragen – inzidenter im Rahmen ihres Verfahrens als Vorstufe zu ihrer Vergabenachprüfungsentscheidung – **selbst entscheiden muss**, auch wenn die Vorfrage der Gegenstand eines anderen gleichzeitigen Verfahrens ist, in dem über die Vorfrage verbindlich entschieden werden wird. Dass auf diese Weise zwei Institutionen nebeneinander mit derselben Frage befasst sind (die Vergabekammer allerdings nur als Vorfrage), ist auch deshalb hinzunehmen, weil die über die Vorfrage inzidenter zu treffende Entscheidung der Vergabekammer an der Bestandskraft und an der Bindungswirkung (§ 124 Abs. 1 GWB) ihrer Endentscheidung nicht teilhat (OLG Düsseldorf, B. v. 11. 3. 2002 – Az.: Verg 43/01). 2207

Demgegenüber sieht die VK Hannover keine Notwendigkeit, **wegen einer eventuellen Unvereinbarkeit des Landesvergabegesetzes Niedersachsen** eine anstehende Entscheidung bis zu einer Entscheidung des Bundesverfassungsgerichts auszusetzen, weil ein Ausschluss aufgrund des Landesvergabegesetzes nicht zur Anwendung kommt (VK Hannover, B. v. 3. 9. 2003 2208

Teil 1 GWB § 114 Gesetz gegen Wettbewerbsbeschränkungen

– Az.: 26 045 – VgK – 13/2003); die Kammer geht **also anscheinend von der Möglichkeit einer Aussetzung aus.**

23.2.4 Aussetzung und Vorlage an den Europäischen Gerichtshof

2209 Die Rechtsprechung hierzu ist nicht völlig einheitlich.

2210 Nach einer Auffassung kommt eine **Aussetzung und Vorlage an den Europäischen Gerichtshof nicht in Betracht.** Gemäß Art. 234 EG ergibt sich eine Verpflichtung zur Anrufung des Gerichtshofes nur für die Gerichte. Die Vergabekammern sind keine Gerichte oder gerichtsähnliche Einrichtungen, sondern vom Gesetzgeber als unabhängige verwaltungsinterne Behörden (besonderer Art) ausgestaltet worden (2. VK Brandenburg, B. v. 29. 11. 2001 – Az.: 2 VK 44/00).

2211 Außerdem ist in den Vorschriften über das Vergabeverfahren eine **Aussetzung des Verfahrens nicht vorgesehen.** Insoweit kommt dem **Beschleunigungsgebot** des § 113 GWB **vorrangige Bedeutung** zu (3. VK Bund, B. v. 26. 7. 2005 – Az.: VK 3–73/05).

2212 Der **Europäische Gerichtshof** wiederum hat – für das österreichische Bundesvergabeamt – entschieden, dass das Bundesvergabeamt (als Nachprüfungsinstanz) im Rahmen eines Nachprüfungsverfahrens im Sinne der Richtlinie 89/665 tätig wird und eine rechtsverbindliche Entscheidung zu erlassen hat. Darüber hinaus ist das Bundesvergabeamt befugt, festzustellen, ob ein behaupteter Rechtsverstoß vorliegt. Es kann nicht ausgeschlossen werden, dass das Amt bei der Ausübung dieser Befugnis es für erforderlich hält, dem Gerichtshof Fragen zur Vorabentscheidung vorzulegen. Wenn derartige Fragen, die das Bundesvergabeamt für erforderlich hält, um das Vorliegen eines Rechtsverstoßes feststellen zu können, die Auslegung des Gemeinschaftsrechts betreffen, **können sie nicht für unzulässig erklärt werden.** Dagegen kann das Bundesvergabeamt, das nicht unmittelbar befugt ist, den durch einen Rechtsverstoß geschädigten Personen Schadensersatz zuzuerkennen, dem Gerichtshof keine Vorabentscheidungsfragen vorlegen, die sich auf die Gewährung von Schadensersatz oder die Voraussetzungen dafür beziehen (EuGH, Urteil vom 19. 6. 2003 – Rechtssache C-315/01).

23.2.5 Sachaufklärung und Entscheidung

2213 Nach § 114 hat die Vergabekammer bei einer Rechtsverletzung die geeigneten Maßnahmen zu treffen. Wird z. B. die **Verletzung des rechtlichen Gehörs** durch die Vergabestelle gerügt, so muss die **Vergabekammer grundsätzlich selbst,** um den Ablauf des Vergabeverfahrens nicht unangemessen zu beeinträchtigen, den Beschwerdeführer veranlassen darzulegen, was er vorgetragen hätte, wenn ihm von der Vergabestelle Gehör gewährt worden wäre; die Vergabekammer muss sodann gegebenenfalls selbst den Sachverhalt im erforderlichen Umfang ermitteln. Für eine **Zurückverweisung** an die Vergabestelle ist **kein Raum** (BayObLG, B. v. 1. 10. 2001 – Az.: Verg 6/01).

23.2.6 Prüfung eines Teilnahmeantrages

2214 Entscheidung der Kammer kann auch sein, nur den **Teilnahmeantrag** des Antragstellers auf der Grundlage der in der Bekanntmachung enthaltenen Mindestbedingungen **einer erneuten Wertung** zu unterziehen; dies trägt sowohl den Belangen des Vergaberechts (§ 114 Abs. 1 einerseits, § 110 Abs. 1 Satz 2 GWB andererseits) als auch den Belangen des Antragstellers und auch des Antragsgegners ausreichend Rechnung (VK Hessen, B. v. 29. 5. 2002 – Az.: 69 d VK – 15/2002; im Ergebnis ebenso – **mit einem instruktiven Fall aus der VOF** – 3. VK Bund, B. v. 13. 9. 2005 – Az.: VK 3–82/05).

23.2.7 Einräumung einer neuen Frist zur Stellung eines Teilnahmeantrages

2215 Sind die Rechte eines Antragstellers durch die Verkürzung der Frist zur Stellung des Teilnahmeantrags verletzt worden, ist es notwendig, dem Antragsteller nunmehr die Gelegenheit zu geben, **seinen Teilnahmeantrag während derjenigen Zeitspanne zu vervollständigen,** um die der Teilnahmewettbewerb unzulässigerweise verkürzt wurde (2. VK Bund, B. v. 31. 5. 2002 – Az.: VK 2–20/02).

23.2.8 Wahl einer anderen Vergabeart

2216 Nach Abwägung aller beteiligten Interessen erscheint eine **Fortführung des begonnenen Wettbewerbes** nunmehr **unter Zugrundelegung der Regelungen für das Nichtoffene**

Verfahren (statt des Verhandlungsverfahrens) bei einer nochmaligen Aufforderung zur Angebotsabgabe auf der unveränderten Grundlage des den Bietern vorliegenden Vertragsentwurfes ausreichend, um die Rechtsverletzung zu beseitigen (VK Düsseldorf, B. v. 30. 9. 2002 – Az.: VK – 26/2002 – L).

23.2.9 Ausschluss eines Angebotes

Aufgrund der Tatsache, dass die Angebote der Antragstellerin unter gewichtigen Mängeln leiden, war der Vergabestelle von Amts wegen auch unabhängig vom Antrag nach § 114 Abs. 1 Satz 2 GWB aufzugeben, diese **vom weiteren Vergabeverfahren auszuschließen** (VK Düsseldorf, B. v. 29. 6. 2004 – Az.: VK – 21/2004-L; VK Magdeburg, B. v. 17. 1. 2002 – Az.: 33-32571/07 VK MD 24/01). 2217

23.2.10 Erneute Prüfung und Wertung

Bei Fehlern im Rahmen der Prüfung und Wertung kann eine **erneute Prüfung und Wertung** unter Beachtung der Rechtsauffassung der VK angeordnet werden, z.B. wenn eine **Ermessensentscheidung der Vergabestelle** über den Ausschluss wegen eines Insolvenzantrages **noch nicht getroffen** worden ist (2. VK Bund, B. v. 18. 7. 2002, Az.: VK 2–40/02). 2218

Auch wegen eines festgestellten **Verstoßes gegen das vergaberechtliche Gleichbehandlungsgebot** kann es erforderlich sein, die Auftraggeberin zu verpflichten, **erneut in die Angebotswertung einzutreten,** diese unter Beachtung der Rechtsauffassung der VK erneut durchzuführen und dabei insbesondere die Eignung zu überprüfen, sodann erneut über Ausschluss oder Berücksichtigung der Angebote zu entscheiden und Prüfung, Ergebnis und Entscheidung in einem den Anforderungen des § 30 VOL/A genügenden Vergabevermerk in der Vergabeakte zu dokumentieren. Von einer Aufhebung des streitbefangenen Vergabeverfahrens konnte die Vergabekammer dagegen absehen. Die von der Vergabekammer verfügte Verpflichtung der Auftraggeberin zur erneuten Angebotswertung ist bereits geeignet und angemessen, die festgestellte Rechtsverletzung der Antragstellerin zu beseitigen und eine Schädigung der betroffenen Interessen zu verhindern (VK Lüneburg, B. v. 2. 4. 2003 – Az.: 203-VgK-08/2003). 2219

Ist die **Wertung fehlerhaft und die Dokumentation der Wertung nicht nachvollziehbar,** ist das Vergabeverfahren ab der Wertung fehlerbehaftet und in diesem Umfang zu wiederholen (1. VK Sachsen, B. v. 28. 12. 2005 – Az.: 1/SVK/147–05; VK Lüneburg, B. v. 15. 11. 2005 – Az.: VgK-48/2005; VK Baden-Württemberg, B. v. 26. 7. 2005 – Az.: 1 VK 39/05; 3. VK Bund, B. v. 28. 9. 2004 – Az.: VK 3–107/04; VK Arnsberg, B. v. 13. 6. 2006 – Az.: VK 15/06; B. v. 16. 8. 2005 – Az.: VK 13/2005; B. v. 16. 8. 2005 – Az.: VK 14/2005). 2220

Sind insgesamt die **Unterlagen zum Abwägungsvorgang für die richtige Bewerberauswahl derart unvollkommen und inhaltlich unzulänglich,** dass das **Transparenzgebot mit ihnen maßgeblich verletzt** ist, muss dieser Verstoß nicht zur Aufhebung des gesamten Vergabeverfahrens führen; er macht es aber notwendig, dass die Bewertung nach Abgabe der endgültigen Angebote neu getroffen und begründet sowie dokumentiert wird. Die Vergabestelle ist deshalb zu verpflichten, das Vergabeverfahren insoweit aufzuheben und die Abwägung der Entscheidung zwischen den Bietern neu durchzuführen und transparent darzustellen (VK Lüneburg, B. v. 15. 11. 2005 – Az.: VgK-48/2005; VK Baden-Württemberg, B. v. 26. 7. 2005 – Az.: 1 VK 39/05; VK Lüneburg, B. v. 5. 11. 2004 – Az.: 203-VgK-48/2004; VK Bremen, B. v. 18. 6. 2003 – Az.: VK 08/03). 2221

Eine **Aufhebung der Ausschreibung** gem. § 26 Nr. 1 lit. b oder c VOB/A wegen Unklarheit der Verdingungsunterlagen kommt in solchen Fällen **grundsätzlich nicht in Betracht.** Hierfür wäre es notwendig, dass eine Auftragsvergabe auf der Grundlage der bisherigen Verdingungsunterlagen für den Auftraggeber oder die Bieter unzumutbar geworden ist. Eine Aufhebung der gesamten Ausschreibung ist nicht gerechtfertigt, wenn der Nachteil durch die unklaren Verdingungsunterlagen einen klar abgrenzbaren Teilbereich der Verdingungsunterlagen berührt und durch eine **Klarstellung und eine nochmalige Abgabe eines Angebotes zu einzelnen Positionen des Leistungsverzeichnisses** eine Gleichbehandlung aller Bieter erreicht wird (2. VK Bund, B. v. 11. 2. 2005 – Az.: VK 2–223/04; 1. VK Bund, B. v. 24. 3. 2005 – Az.: VK 1–14/05). 2222

Teil 1 GWB § 114   Gesetz gegen Wettbewerbsbeschränkungen

23.2.11 Zuschlag

23.2.11.1 Grundsätze

2223   Die Vergabekammern sind im Rahmen ihrer Entscheidungen grundsätzlich nicht befugt festzustellen, welchem Bieter der Zuschlag zu erteilen ist (2. VK Bund, B. v. 4. 5. 2001 – Az.: VK 2–12/01; 1. VK Sachsen, B. v. 1. 10. 2002 – Az.: 1/SVK/084–02). Nur in **Ausnahmefällen**, in denen unter Beachtung aller dem Auftraggeber zustehenden Wertungs- und Beurteilungsspielräume die Erteilung des Zuschlags an den Antragsteller die einzige rechtmäßige Entscheidung ist, kann eine **dementsprechende Anweisung** der Vergabekammer an den Auftraggeber in Betracht kommen – **Reduzierung des Handlungs-, Wertungs- und Beurteilungsspielraums auf Null** – (OLG Düsseldorf, B. v. 13. 7. 2005 – Az.: VII – Verg 19/05; B. v. 27. 4. 2005 – Az.: VII – Verg 10/05; B. v. 30. 5. 2001 – Az.: Verg 23/00; 1. VK Brandenburg, B. v. 30. 6. 2005 – Az.: VK 29/05; 1. VK Bund, B. v. 20. 4. 2005 – Az.: VK 1–23/05; 2. VK Bremen, B. v. 10. 9. 2004 – Az.: VK 03/04; VK Detmold, B. v. 27. 2. 2003 – Az.: VK.11–48/02; 1. VK Sachsen, B. v. 25. 7. 2005 – Az.: 1/SVK/084–05, 1/SVK/084–05G; B. v. 4. 11. 2003 – Az.: 1/SVK/42–03, B. v. 24. 4. 2003 – Az.: 1/SVK/031–03, B. v. 13. 5. 2003 – Az.: 1/SVK/ 038–03).

2224   Einem Ausspruch auf Zuschlagserteilung steht auch entgegen, dass nach der Rechtsprechung des **Bundesgerichtshofs** ein **Bieter keinen Anspruch darauf hat, dass in einem Vergabeverfahren ein der Ausschreibung entsprechender Auftrag erteilt wird.** Das gilt selbst dann, wenn kein Aufhebungsgrund vorliegt. Auch der **Europäische Gerichtshof** sieht keinen Verstoß gegen europäisches Recht darin, dass dem einzigen leistungsfähigen Bieter der Zuschlag nicht erteilt, sondern das Vergabeverfahren aufgehoben wird. Demgemäß muss dem Auftraggeber die Möglichkeit erhalten bleiben zu prüfen, ob die Voraussetzungen für die Aufhebung des Vergabeverfahrens vorliegen oder ob sie aus sonstigen Gründen von einer Auftragserteilung absehen will (2. VK Bund, B. v. 3. 9. 2003 – Az.: VK 2–64/03), gegebenenfalls gegen Schadensersatz (VK Schleswig-Holstein, B. v. 24. 10. 2003 – Az.: VK-SH 24/03).

23.2.11.2 Beispiele aus der Rechtsprechung

2225   – **verfügt der Auftraggeber über keine Handlungsalternativen,** da eine Aufhebung des Vergabeverfahrens ausscheidet aus, weil die tatbestandlichen Voraussetzungen nicht vorliegen und ist ebenso wenig vom Auftraggeber angekündigt worden, auf jeden Fall das Vergabeverfahren aus sachlichen Gründen aufheben zu wollen, die unter dem rechtlichen Gesichtspunkt der Abschlussfreiheit bei Verträgen zu respektieren sind, **kann die Erteilung des Zuschlags ausgesprochen werden** (OLG Düsseldorf, B. v. 27. 4. 2005 – Az.: VII – Verg 10/05)

23.2.12 Anwendung des Vergaberechts

2226   Eine Rechtsverletzung kann beispielsweise auch nur dadurch beseitigt werden, indem der Vergabestelle als öffentlichem Auftraggeber im Sinne des Vierten Teils des GWB aufgegeben wird, z. B. die **gesetzlichen Bestimmungen für die öffentliche Vergabe von Lieferaufträgen** (1. VK Bund, B. v. 20. 5. 2003 – Az.: VK 1–35/03, B. v. 12. 12. 2002 – Az.: VK 1–83/02) oder **Dienstleistungsaufträgen** (OLG Düsseldorf, B. v. 5. 5. 2004 – Az.: VII – Verg 78–03) **anzuwenden** (OLG Naumburg, B. v. 3. 11. 2005 – Az.: 1 Verg 9/05).

23.2.13 Verpflichtung zur Neuausschreibung

2227   Eine Verpflichtung zur Neuausschreibung kommt **grundsätzlich nicht in Betracht,** da die VK den Auftraggeber nicht in der Frage binden lassen kann, ob er die ehedem ausgeschriebene Leistung **überhaupt noch beschaffen will** (1. VK Sachsen, B. v. 18. 9. 2001 – Az.: 1/SVK/83–01).

23.2.14 Verweisung an die Zivilgerichte

2228   Das Vergabenachprüfungsverfahren ist kein ordentliches Gerichtsverfahren. Die Vergabekammer entscheidet durch Verwaltungsakt; sie ist kein Gericht im Sinne des § 17 GVG. Damit kommt eine **Verweisung in ein ordentliches Klageverfahren nicht in Betracht** (OLG Celle, B. v. 4. 5. 2001 – Az.: 13 Verg 5/00). Eine **analoge Anwendung** des § 17a GVG **scheidet mangels** einer durch die Analogie zu überbrückenden **planwidrigen Regelungslücke aus** (VK Brandenburg, B. v. 10. 2. 2003 – Az.: VK 80/02).

23.2.15 Verweisung an die Verwaltungsgerichte

Eine **Verweisung** des Nachprüfungsantrags **an das zuständige Verwaltungsgericht** nach § 17 a GVG **kommt nicht in Betracht.** Danach können nur Gerichte Rechtsstreitigkeiten an das Gericht des zuständigen Rechtswegs verweisen. Der Vergabekammer steht als Teil der Verwaltung nicht die Befugnis zu, dem Verwaltungsrechtsweg zuzuordnende Verfahren an die Verwaltungsgerichte zu verweisen. Eine analoge Anwendung des § 17 a GVG scheidet mangels einer durch die Analogie zu überbrückenden planwidrigen Regelungslücke aus (VK Brandenburg, B. v. 14. 3. 2003 – Az.: VK 14/03). 2229

23.2.16 Abschluss eines Vergleiches

Vergleichsweise Regelungen in Verfahren vor der Vergabekammer sind grundsätzlich zulässig. Dies ergibt sich zum einen aus der weit gefassten Regelung des § 114 Abs. 2 Satz 2 GWB und aus einem Umkehrschluss aus § 125 GWB. 2230

§ 114 Abs. 2 Satz 2 GWB räumt mit seiner Bestimmung einer Erledigung in sonstiger Weise auch die Möglichkeit ein, dass sich ein Nachprüfungsverfahren aus Gründen, die u. U. nicht dem überprüften Vergabeverfahren entstammen, erledigt. Im Gegenzug schafft diese Regelung zugleich einen Ausgleich in Form eines Fortsetzungsfeststellungsverfahrens, das jedem Beteiligten, also auch demjenigen, der an der Erledigung u. U. nicht aktiv mitgewirkt hat, auf gesondertem Antrag zur Verfügung steht. Mit dieser Regelung wird sicher gestellt, dass Mängel des Vergabeverfahrens, auch wenn der Primärrechtsschutz nicht mehr greift, durch die Vergabekammer u. U. auch gegen den Willen dessen, der an der Erledigung des Nachprüfungsverfahrens im übrigen aktiv mit gewirkt hat, **fest gestellt werden und die Grundlage für einen Schadenersatzanspruch bilden können**, § 124 GWB. 2231

Die **Grenze derartiger Erledigungen** des Nachprüfungsverfahrens markiert § 125 Abs. 2 Nr. 3 GWB. Danach liegt ein Missbrauch des Antrags- und Beschwerderechts vor, wenn ein Antrag in der Absicht gestellt wurde, ihn später gegen Geld oder andere Vorteile zurück zu nehmen. Dies setzt jedoch eine nachweisbare Kausalität zwischen Antragstellung und Rücknahme aus pekuniären Motiven voraus. 2232

Liegen diese oder ähnliche Ausnahmebedingungen **erkennbar jedoch nicht vor**, ist es auch vor dem EU-rechtlichen Hintergrund des GWB und seiner gesetzgeberischen Intention nicht zu beanstanden, wenn möglicherweise vorliegende Mängel eines Vergabeverfahrens letztlich ungeprüft bleiben, weil sich die Verfahrensbeteiligten **vergleichsweise auf die Erledigung des Primärrechtsschutzverfahrens durch Rücknahme des Antrags geeinigt haben.** So ist die vergleichsweise Beilegung einer Rechtsstreitigkeit in allen Verfahrensordnungen verankert (§ 54 Satz 2, § 55 VwVfG, § 106 VwGO, § 794 Nr. 1 ZPO). 2233

Dies gilt um so mehr, wenn aufgrund einer eher als **extensiv zu bezeichnenden Beiladungspraxis** nach § 109 GWB die Gewähr dafür besteht, dass sämtliche Unternehmen, deren Interessen durch das Vergabenachprüfungsverfahren bzw. dessen spiegelbildliche Beendigung durch Vergleich berührt sind, an diesem Vergleich mitwirken oder ihn zumindest billigen können (1. VK Sachsen, B. v. 12. 7. 2000 – Az.: 1/SVK/52–00). 2234

23.2.17 Anweisung, von den Vorgaben der Ausschreibung nicht abzuweichen

Die Vergabekammer ist befugt, die Vergabestelle anzuweisen, z. B. der Übertragung der Entsorgungspflicht nicht zuzustimmen. Es war **sicherzustellen,** dass die **Vergabestelle sich weiter an die eigenen Vorgaben ihrer Verdingungsunterlagen hält und das Vergabeverfahren in entsprechender Weise beendet.** Insoweit trifft die Vergabekammer eine Anordnung mit unmittelbarem Bezug zum Vergaberecht. Diese ist geboten, um auf die Rechtmäßigkeit des Verfahrens gemäß § 114 Abs. 1 Satz 2 GWB einzuwirken. Hierbei war die Vergabekammer nicht an den Wortlaut des Antrages gebunden (VK Magdeburg, B. v. 24. 2. 2003 – Az: 33–32571/07 VK 15/02 MD). 2235

23.2.18 Untersagungsgebote und Feststellungsmaßnahmen

Nach § 114 Abs. 3 Satz 2 des Gesetzes gegen Wettbewerbsbeschränkungen (GWB) richtet sich die Vollstreckung von Entscheidungen der Vergabekammer, auch gegen einen Hoheitsträger, nach den Verwaltungsvollstreckungsgesetzen des Bundes und der Länder. Der Katalog möglicher Zwangsmittel umfasst (in Sachsen-Anhalt) weder **Untersagungsgebote noch Feststel-** 2236 lungsmaßnahmen. Damit können diese **im Wege der Verwaltungsvollstreckung nicht geltend gemacht werden** (VK Magdeburg, B. v. 3. 2. 2003 – Az: 33–32571/07 VK 05/02 MD (V)).

23.2.19 Entscheidung über die Eignung eines Bieters

2237   Der Vergabestelle steht bei der **Prüfung der Zuverlässigkeit eines Bieters** ein Beurteilungsspielraum zu, so dass die (Prognose-)Entscheidung von den Vergabenachprüfungsinstanzen nur in engen Grenzen überprüft werden kann und von ihnen **grundsätzlich auch nicht selbst getroffen** werden kann (VK Düsseldorf, B. v. 13. 3. 2006 – Az.: VK – 08/2006 – L; VK Münster, B. v. 4. 12. 2003 – Az.: VK 21/03). Etwas anders gilt aber dann, wenn die Zuverlässigkeitsprüfung aufgrund einer Änderung oder Fortentwicklung der Sachlage während des Nachprüfungsverfahrens erneut vorgenommen muss, und wenn außerdem feststeht, wie die an sich von der Vergabestelle zu treffenden Entscheidung ausgefallen wäre. **Um ein unnötiges Hin und Her zu vermeiden,** können bei einer solchen Konstellation **die Nachprüfungsinstanzen die Entscheidung der Vergabestelle ersetzen.** Bei einer solchen Sachlage wäre es eine **unnötige Förmelei,** das Vergabeverfahren teilweise aufzuheben und den Antragsgegner zu einer Wiederholung der Zuverlässigkeitsprüfung der Beigeladenen zu verpflichten. Vielmehr können der Vergabesenat bzw. die Vergabekammer das als sicher vorauszusehende Ergebnis einer erneuten Zuverlässigkeitsprüfung der Antragsgegnerin ersetzen und es im Rahmen der ihm zustehenden Prüfungskompetenzen als vergaberechtskonform billigen (OLG Düsseldorf, B. v. 9. 4. 2003 – Az.: Verg 66/02; VK Düsseldorf, B. v. 13. 3. 2006 – Az.: VK – 08/2006 – L).

23.2.20 Entscheidung bei Rücknahme

2238   Infolge der Rücknahme des Nachprüfungsantrags wird der **Beschluss der Vergabekammer insgesamt wirkungslos.** Da die Entscheidung der Vergabekammer durch Verwaltungsakt ergeht (§ 114 Abs. 3 Satz 1 GWB), ist es gerechtfertigt, bei Zweifeln und Regelungslücken auf die allgemeinen Bestimmungen des Verwaltungsverfahrensgesetzes und dessen Rechtsgrundsätze über die Behandlung von Verwaltungsakten zurückzugreifen. Danach können Anträge auf Erlass eines Verwaltungsaktes, soweit nichts anderes geregelt ist, noch bis zum Abschluss des Verfahrens zurückgenommen werden, das heißt bis zum Eintritt der Unanfechtbarkeit der Entscheidung, und zwar selbst dann, wenn in der Zwischenzeit gegen den ergangenen Verwaltungsakt Rechtsbehelfe eingelegt worden sind. Ein ergangener und noch nicht bestandskräftig gewordener Verwaltungsakt wird – jedenfalls in den reinen Antragsverfahren – durch Antragsrücknahme wirkungslos. Entsprechendes gilt für den Beschluss der Vergabekammer, der (als Verwaltungsakt) seine Grundlage in dem Nachprüfungsantrag des Antragstellers hat (OLG Düsseldorf, B. v. 29. 4. 2003 – Az.: Verg 47/02; VK Schleswig-Holstein, B. v. 12. 7. 2005 – Az.: VK-SH 18/05).

2239   Die sich **aus der Rücknahme des Nachprüfungsantrags ergebenden Rechtsfolgen** sind von der Vergabekammer nach dem verfahrensrechtlichen Rechtsgedanken der § 92 Abs. 3 Satz 1 VwGO, § 269 Abs. 3, 4 Zivilprozessordnung (ZPO) durch Beschluss gemäß § 114 Abs. 3 Satz 1 GWB auszusprechen. Dies gilt insbesondere für die Verpflichtung zur Tragung der Kosten des Nachprüfungsverfahrens und der zur zweckentsprechenden Rechtsverfolgung notwendigen Aufwendungen, § 128 Abs. 1, 4 GWB (VK Schleswig-Holstein, B. v. 12. 7. 2005 – Az.: VK-SH 18/05; VK Brandenburg, B. v. 25. 4. 2003 – Az.: VK 21/03). Nach Rücknahme des Nachprüfungsantrags ist also die **Einstellung des Verfahrens auszusprechen** (§ 92 Abs. 3 VwGO analog); außerdem sind **von Amts wegen die Kosten der Vergabekammer festzusetzen** sowie über die **Kostentragung der Verfahrensbeteiligten (Kostengrundentscheidung) und die Notwendigkeit der Hinzuziehung eines Bevollmächtigten zu entscheiden** (VK Schleswig-Holstein, B. v. 19. 7. 2006 – Az.: VK-SH 19/06; B. v. 11. 7. 2006 – Az.: VK-SH 13/06; B. v. 6. 6. 2006 – Az.: VK-SH 16/06; B. v. 26. 4. 2006 – Az.: VK-SH 09/06; B. v. 26. 4. 2006 – Az.: VK-SH 08/06; B. v. 12. 7. 2005 – Az.: VK-SH 18/05; VK Düsseldorf, B. v. 2. 3. 2006 – Az.: VK-06/2006-B; VK Münster, B. v. 1. 3. 2006 – Az.: VK 1/06; VK Baden-Württemberg, B. v. 15. 2. 2006 – Az.: 1 VK 3/06; VK Hessen, B. v. 29. 7. 2004 – Az.: 69 d – VK – 82/2003).

2240   Die „**Einstellung**" des Nachprüfungsverfahrens seitens der Vergabekammer hat **lediglich deklaratorischen Charakter,** ohne dass hierdurch eine Beschwer in der Hauptsache und/oder der Kostenentscheidung entstanden ist (OLG Rostock, B. v. 2. 8. 2005 – Az.: 17 Verg 7/05).

2241   Zu den Einzelheiten der sich hieraus ergebenden Kostenentscheidung vgl. die Kommentierung zu § 128 GWB.

23.2.21 Einstellung des Vollstreckungsverfahrens

Erledigt sich ein Vollstreckungsverfahren durch die Rücknahme des Antrages im Sinne von § 128 Abs. 3 Satz 3 des Gesetzes gegen Wettbewerbsbeschränkungen (GWB), so ist es **durch Beschluss einzustellen** (OLG Naumburg, B. v. 27. 4. 2005 – Az.: 1 Verg 3/05; VK Magdeburg, B. v. 15. 4. 2003 – Az.: 33–32571/07 VK 15/02 MD). 2242

Dasselbe gilt, wenn es **an einem zulässigen Antrag auf Einleitung von Vollstreckungsmaßnahmen fehlt** (OLG Naumburg, B. v. 27. 4. 2005 – Az.: 1 Verg 3/05). 2243

23.2.22 Entscheidung über den Vorabgestattungsantrag bei Erlass einer Hauptsacheentscheidung

Die **Rechtsprechung** ist hierzu **nicht einheitlich**. 2244

Nach einer Auffassung kann, wenn das Nachprüfungsverfahren mit der Hauptsacheentscheidung abgeschlossen wird, die **Entscheidung über den Vorabgestattungsantrag entfallen** (VK Hessen, B. v. 26. 3. 2003 – Az.: 69 d – VK – 13/2003). 2245

Nach einer anderen Meinung ist hinsichtlich des Antrags auf Gestattung des Zuschlags die **Erledigung infolge des Erlasses der Entscheidung der Vergabekammer in der Hauptsache eingetreten.** Gemäß § 115 Abs. 1 GWB kann der Zuschlag grundsätzlich mit dem Ablauf der Rechtsmittelfrist, also binnen zwei Wochen nach Zustellung der Hauptsacheentscheidung, ergehen. Der Antrag auf Zuschlagsgestattung nach § 115 Abs. 2 Satz 1 GWB ermöglicht demgegenüber in einem Nachprüfungsverfahren keine schnellere Zuschlagsgestattung, da nach der gesetzlichen Regelung **auch in diesem Fall der Zuschlag erst binnen zwei Wochen nach Bekanntgabe der Entscheidung ergehen kann.** Mögliche Verzögerungen hinsichtlich der Zuschlagserteilung infolge eines sich eventuell anschließenden Beschwerdeverfahrens sind hypothetischer Natur und nicht zu berücksichtigen. Der Antrag auf Zuschlagsgestattung läuft seit Erlass der Hauptsacheentscheidung ins Leere und hat sich damit erledigt (OLG Düsseldorf, B. v. 22. 9. 2005 – Az.: Verg 48/05, Verg 50/05; BayObLG, B. v. 16. 7. 2004, Az.: Verg 016/04; VK Brandenburg, B. v. 21. 12. 2004 – Az.: VK 64/04; 1. VK Bund, B. v. 11. 11. 2003 – Az.: VK 1–103/03). 2246

Dies gilt auch dann, wenn sich die **Möglichkeit abzeichnet,** dass sich die Sperrwirkung durch Einlegung einer sofortigen Beschwerde verlängert und es **zu weiteren Verzögerungen der Vergabe** kommen wird. Denn im Beschwerdeverfahren hat der Auftraggeber die **Möglichkeit, einen Antrag auf Gestattung des Zuschlags nach § 121 GWB zu stellen** (OLG Düsseldorf, B. v. 22. 9. 2005 – Az.: Verg 48/05, Verg 50/05). 2247

Nach einer weiteren Meinung ist eine **positive Entscheidung über den Antrag auf Gestattung parallel zu einer Entscheidung in der Hauptsache möglich** (VK Brandenburg, B. v. 16. 12. 2004 – Az.: VK 70/04; B. v. 24. 9. 2004 – Az.: VK 47/04). 2248

23.2.23 Weiterführung des Vergabeverfahrens nach VOF ab dem Zeitpunkt der Auswahl der Bewerber bzw. dem Eingang der Teilnahmeanträge

Als Entscheidung der Vergabekammer kommt auch in Betracht, ein Vergabeverfahren nach VOF **in den Stand nach Auswahl der Bewerber,** mit denen Verhandlungsgespräche geführt werden sollen, **zu versetzen** (VK Schleswig-Holstein, B. v. 11. 1. 2006 – Az.: VK-SH 28/05; VK Thüringen, B. v. 16. 9. 2003 – Az.: 216–404.20–046/03-G-S). 2249

Als Entscheidung der Vergabekammer kommt auch in Betracht, ein **Vergabeverfahren mit der erneuten Prüfung der Teilnahmeanträge weiter zu führen** (VK Hessen, B. v. 24. 11. 2005 – Az.: 69 d – VK – 47/2005). 2250

23.2.24 Verzicht auf Rückabwicklung nichtiger Verträge

Es kann Fälle geben, bei denen eine **Rückabwicklung der nichtigen Verträge aus faktischen Gründen nahezu ausgeschlossen ist** (z. B. Schulbuchaufträge nach Unterrichtsbeginn oder eine bereits durchgeführte Entsorgung kontaminierter Bodenmassen). **Genügt es** in solchen Fällen **dem rechtlichen Interesse des Antragstellers, im Rahmen von Schadensersatzansprüchen entschädigt zu werden** und zugleich über die Feststellung der Entscheidungen der Vergabekammer die Grundlage für eine **Beteiligung an einem ordnungsgemäßen Vergabeverfahren im nächsten Jahr zu erhalten,** ist die Vergabekammer nicht gehalten, 2251

Teil 1 GWB § 114   Gesetz gegen Wettbewerbsbeschränkungen

darüber hinausgehende Maßnahmen zu treffen. Zwar wäre rechtlich die Rückabwicklung der bisherigen Leistungen grundsätzlich möglich, um wenigstens in Teilbereichen eine ordnungsgemäße Vergabe zu ermöglichen, jedoch ist praktisch der Zeitablauf zu berücksichtigen. Vor diesem Hintergrund könnte es **in Einzelfällen unverhältnismäßig sein, den Auftraggeber unter Zurückstellung aller anderen öffentlich-rechtlichen Verpflichtungen dazu anzuhalten, Verträge rückabzuwickeln** (VK Arnsberg, B. v. 27. 10. 2003 – Az.: VK 2–22/2003; VK Düsseldorf, B. v. 15. 8. 2003 – Az.: VK – 23/2003 – L).

23.2.25 Feststellung der Nichtigkeit eines Vertrages außerhalb eines Feststellungsverfahrens

2252 Eine **Vergabekammer hat** auch – obwohl es sich um eine zivilrechtliche Entscheidung handelt – die **Nichtigkeit eines Vertrages** in einem Nachprüfungsverfahren gemäß den §§ 107 ff. **GWB festzustellen, wenn die Beurteilung dieser zivilrechtlichen Frage untrennbar mit einem geltend gemachten Verstoß gegen Bestimmungen über das Vergabeverfahren zusammen hängt,** auf deren Einhaltung die Antragstellerin gemäß § 97 Abs. 7 GWB einen Anspruch hat. **Vorsorglich und zur Klarstellung** kann die Vergabekammer die **Nichtigkeit des Vertrages im Tenor aussprechen** (VK Münster, B. v. 4. 12. 2003 – Az.: VK 21/03; im Ergebnis ebenso VK Lüneburg, B. v. 20. 1. 2004 – Az.: 203-VgK-38/2003).

23.2.26 Entscheidung über den Entzug der Präqualifikation

2253 Der **Entzug der Präqualifikation** (§§ 8 Nr. 5 ff. VOB/A bzw. 7b Nr. 5 ff. VOL/A) kann auch über das konkrete Vergabeverfahren hinaus und damit **isolierter Gegenstand einer Nachprüfung** sein. Der Begriff „Bestimmungen über das Vergabeverfahren" in § 97 Abs. 7 GWB ist nicht in dem engen Sinn zu verstehen, dass das Vergabeverfahren erst mit der Aufforderung des Auftraggebers zum Wettbewerb für die Vergabe eines bestimmten Auftrags beginnt. Der **Zweck der EG-Rechtsmittelrichtlinien,** den Unternehmen im Wettbewerb um öffentliche Aufträge einen umfassenden und effektiven Rechtsschutz gegenüber Auftraggebern zu gewähren, würde nicht erreicht, wenn das Präqualifikationsverfahren vom Vergabeschutz grundsätzlich ausgeklammert wäre (VK Detmold, B. v. 4. 5. 2001 – Az.: VK.21–11/01).

23.2.27 Verpflichtung zur Ermöglichung der Abgabe eines Angebotes

2254 Geeignete Maßnahme im Sinne des § 114 Abs. 1 GWB zur Beseitigung einer von einer Vergabekammer festgestellten Rechtsverletzung **kann auch sein, dem Bieter die Gelegenheit einzuräumen, ein Angebot im Rahmen eines Vergabeverfahrens abzugeben, in dem der Bieter zu Unrecht nicht berücksichtigt wurde.** Hierbei kann die Vergabekammer auch Fristen vorgeben (2. VK Bund, B. v. 19. 5. 2004 – Az.: VK 2–52/04).

2255 Geeignete Maßnahme zur Beseitigung einer Rechtsverletzung aufgrund eines festgestellten Vergaberechtsverstoßes **kann auch sein, dass der Auftraggeber allen Bietern die Abgabe eines neuen Angebotes zu ermöglichen hat** (2. VK Bund, B. v. 13. 7. 2005 – Az.: VK 2–69/05).

23.2.28 Kompetenz zur Verwerfung einer Tariftreueregelung?

2256 Eine gesetzliche Pflicht zur Einforderung der Tariftreueerklärung wird nicht dadurch beseitigt, dass nach wie vor die Frage der Verfassungsmäßigkeit der Einforderung von Tariftreueerklärungen beim Bundesverfassungsgericht aufgrund eines Vorlagebeschlusses des Bundesgerichtshofs vom 18. 1. 2000 betreffend einer entsprechenden Regelung des Berliner Vergabegesetzes nach wie vor anhängig ist. Die **Vergabekammer ist der Auffassung, dass Artikel 100 Abs. 1 GG nicht nur den Gerichten, sondern selbstverständlich auch der Verwaltung die Kompetenz zur Verwerfung einer angeblich verfassungswidrigen landesgesetzlichen Regelung entzieht und das Normverwerfungsmonopol ausdrücklich dem Bundesverfassungsgericht zuweist.** Daher sind **sowohl die öffentlichen Auftraggeber als auch die Vergabekammern an die rechtswirksamen Regelungen eines Landesvergabegesetzes** (z.B. des Niedersächsischen Landesvergabegesetzes) **gebunden** (VK Lüneburg, B. v. 18. 6. 2004 – Az.: 203-VgK-29/2004; ebenso – für das saarländische Bauaufträge-Vergabegesetz Vergabekammern des Saarlandes beim Ministerium für Wirtschaft, B. v. 4. 8. 2004 – Az.: 1 VK 04/2004).

2257 Zu **Tariftreueregelungen vgl. im Einzelnen** die Kommentierung zu § 97 GWB RZ 584.

23.2.29 Einsicht eines Bieters in Verträge eines Auftraggebers mit Dritten

Wegen einer festgestellten Verletzung der Rechte eines Antragstellers durch die Aufbürdung eines ungewöhnlichen Wagnisses **kann die Vergabekammer den Auftraggeber verpflichten, einem Bieter zu Kalkulationszwecken auf Verlangen Einsicht in Herstellungs- und Lieferverträge sowie Wartungs- und Instandhaltungsverträge zu gewähren.** Dabei kann die Offenlegung sich z. B. auf alle Bestandteile des Herstellungs- und des Wartungs- und Instandhaltungsvertrages nebst etwaiger Anlagen, Wartungshandbücher und sonstiger technischer Anleitungen erstrecken, die für den künftigen Auftragnehmer erforderlich sind (VK Lüneburg, B. v. 18. 6. 2004 – Az.: 203-VgK-29/2004). 2258

23.2.30 Verpflichtung zur isolierten Erstellung einer Dokumentation

Weist das Vergabeverfahren keine anderen Mängel als eine unzureichende Dokumentation auf, kann die Vergabekammer den Auftraggeber verpflichten, die **Dokumentationsmängel noch zu beheben** (VK Schleswig-Holstein, B. v. 13. 12. 2004 – Az.: VK-SH-33/04). 2259

23.2.31 Verpflichtung zur Vertragskündigung nach Ablauf der Vertragslaufzeit

Eine in den Verdingungsunterlagen enthaltene, **eine auf die automatische Verlängerung des Vertrages nach Vertragsende zielende Vertragsklausel stellt den Versuch einer Umgehung der vergaberechtlich gebotenen Neuausschreibung nach Ablauf der Vertragslaufzeit dar,** behindert dadurch den Wettbewerb auf unbestimmte Zeit und ist damit gemäß § 97 Abs. 1 GWB und § 2 Nr. 1 Abs. 2 VOL/A vergaberechtswidrig. Um auf die Rechtmäßigkeit des Vergabeverfahrens hinzuwirken, ist es **ausreichend, der Vergabestelle aufzugeben, den ausgeschriebenen Vertrag fristgerecht zum Vertragsende gegenüber dem Auftragnehmer zu kündigen,** um dadurch sicherzustellen, dass anschließend eine neue öffentliche Ausschreibung erfolgen wird und die unzulässige Vertragsklausel nicht in einen Schaden umschlägt. Eine Aufhebung der Ausschreibung mit anschließender Neuausschreibung, bei der die vergaberechtswidrige Klausel nicht mehr in den Verdingungsunterlagen enthalten wäre, erscheint aus Gründen der Verhältnismäßigkeit nicht erforderlich (VK Baden-Württemberg, B. v. 16. 11. 2004 – Az.: 1 VK 69/04). 2260

23.2.32 Verpflichtung zur Erstellung einer neuen Leistungsbeschreibung

Eine geeignete Maßnahme im Sinne des § 114 Abs. 1 GWB kann es auch sein, der **ausschreibenden Stelle aufzugeben, ein neues Leistungsverzeichnis zu erstellen und hierbei den zulässigen Umfang von Bedarfspositionen einzuhalten.** Das Vergabeverfahren ist ab Übersendung der Leistungsbeschreibung nebst den Verdingungsunterlagen zu wiederholen (1. VK Bund, B. v. 14. 7. 2005 – Az.: VK 1–50/05). 2261

23.2.33 Zurückversetzung des Verhandlungsverfahrens in den Stand vor einer letzten Verhandlungsrunde

Die Vergabekammer darf nur diejenigen Maßnahmen treffen, die geeignet und erforderlich sind, um den festgestellten Vergaberechtsverstoß zu beseitigen und die Rechtmäßigkeit des Vergabeverfahrens zu gewährleisten. **Ist der einen Bieter beeinträchtigende Vergaberechtsfehler vor der abschließenden Wertung der Angebote durch die ausschreibende Stelle geschehen, ist das Vergabeverfahren in den Stand vor einer letzten Verhandlungsrunde zurück zu versetzen.** Die ausschreibende Stelle hat sicher zustellen, dass alle beteiligten Bieter in diesem Stadium des Verfahrens über alle von der ausschreibenden Stelle für maßgeblich gehaltenen Wertungskriterien sowie deren Gewichtung informiert sind und die Möglichkeit haben, ihr Angebot danach auszurichten (1. VK Bund, B. v. 6. 7. 2005 – Az.: VK 1–53/05). 2262

23.2.34 Zurückversetzung des Teilnahmewettbewerbs auf den Zeitpunkt der Bekanntmachung

Entscheidung der Vergabekammer kann auch die Anweisung an den Auftraggeber sein, das **Vergabeverfahren zurückzuversetzen und in der neuen Bekanntmachung die Bewertungsregeln vollständig mitzuteilen** (OLG Düsseldorf, B. v. 6. 7. 2005 – Az.: VII – Verg 22/05). 2263

Teil 1 GWB § 114 Gesetz gegen Wettbewerbsbeschränkungen

23.2.35 Erneute Vornahme des Verhandlungsverfahrens im Anschluss an einen Wettbewerb nach VOF

2264   Entscheidung der Vergabekammer kann – nach einem fehlerhaften Auswahlverfahren – auch sein, die **Preisträger eines Wettbewerbs nach VOF** – unter Bekanntgabe der Zuschlagskriterien, ihrer Rangfolge und Gewichtung – zur Teilnahme am Verhandlungsverfahren erneut aufzufordern, Auftragsgespräche durchzuführen, die Angebote zu werten und dies zu dokumentieren (VK Südbayern, B. v. 19. 5. 2005 – Az.: 18–04/05).

23.2.36 Verpflichtung zur Wiederholung der Prüfung der Angemessenheit der Preise

2265   Geeignete Maßnahme im Sinne des § 114 Abs. 1 GWB kann auch sein, der Vergabestelle aufzugeben, ein **Angebot unter Berücksichtigung der Rechtsauffassung der Vergabekammer erneut unter Einbeziehung der Kalkulation auf die Angemessenheit hin zu überprüfen** (VK Südbayern, B. v. 10. 2. 2006 – Az. Z3–3-3194–1-57–12/05).

23.2.37 Verpflichtung zur erneuten und vergaberechtsfehlerfreien Festlegung der Eignungskriterien

2266   In bestimmten Fällen kann ein **Verstoß gegen das Vergaberecht nur beseitigt** werden, indem dem Auftraggeber aufgegeben wird, die **Eignungskriterien erneut und vergaberechtsfehlerfrei festzulegen und das Vergabeverfahren ab dem Zeitpunkt der Bekanntmachung zu wiederholen** (1. VK Bund, B. v. 30. 3. 2006 – Az.: VK 1–13/06).

23.3 Keine Bindung an die Anträge (§ 114 Abs. 1 Satz 2)

23.3.1 Grundsatz

2267   Gemäß § 114 Abs. 1 Satz 2 GWB ist die Vergabekammer nicht an die Anträge gebunden und wirkt auch unabhängig davon auf die Rechtmäßigkeit des Vergabeverfahrens hin. Stellt die Vergabekammer daher andere als die von der Antragstellerin ausdrücklich gerügten Rechtsverletzungen fest, kann sie diese Verstöße prüfen und ihrer Entscheidung zugrunde legen. Ziel Ihrer Entscheidung ist in jedem Fall die **Einwirkung auf die Rechtmäßigkeit des Vergabeverfahrens** (VK Saarland, B. v. 23. 1. 2006 – Az.: 1 VK 06/2005; VK Südbayern, B. v. 28. 5. 2002 – Az.: 15–04/02).

2268   Die Vorschrift **ermächtigt die Vergabekammer jedoch zu keiner allgemeinen Rechtmäßigkeitskontrolle** (VK Südbayern, B. v. 7. 11. 2005 – Az. Z3–3-3194–1-40–09/05).

23.3.2 Prüfung nur solcher Verstöße, die den Antragsteller in subjektiven Rechten verletzen

2269   Auch wenn man eine umfassende Kontrollmöglichkeit bejaht, ermächtigt sie die Vergabekammer nur dazu, vom Antragsteller zur Begründung seines Nachprüfungsantrages nicht herangezogene, ihn aber gleichwohl belastende **Rechtsverstöße** der Kammerentscheidung zugrunde zu legen; es muss sich dabei also um Rechtsverstöße handeln, die den Antragsteller – auch wenn er sie unter Umständen nicht gesehen hat – **in seinen Rechten verletzt** haben (OLG Stuttgart, B. v. 28. 11. 2002 – Az.: 2 Verg 14/02). Eine darüber hinausgehende Auslegung des § 114 Abs. 1 Satz 2 GWB wäre mit dem auf den Schutz subjektiver Rechte ausgerichteten Charakter des Nachprüfungsverfahrens im Ergebnis nicht vereinbar (OLG Dresden, B. v. 6. 4. 2004 – Az.: WVerg 1/04; B. v. 29. 5. 2001 – Az.: WVerg 0003/01; VK Südbayern, B. v. 7. 11. 2005 – Az. Z3–3-3194–1-40–09/05; VK Hessen, B. v. 25. 8. 2004 – Az.: 69 d – VK – 52/2004; 2. VK Bund, B. v. 24. 6. 2003 – Az.: VK 2–46/03).

2270   Die Einbeziehung nicht wertungsfähiger Konkurrenzangebote in eine Vergabeentscheidung ist stets geeignet, subjektive Bieterrechte zu verletzen, sofern das Nachprüfungsverfahren überhaupt zulässig betrieben wird (OLG Dresden, B. v. 8. 11. 2002 – Az.: WVerg 0019/02).

23.3.3 Prüfung nur solcher Verstöße, die nicht präkludiert sind

2271   **Verstöße, mit denen der Antragsteller präkludiert wäre,** weil er sie trotz Kenntnis oder Kennenmüssens nach Maßgabe von § 107 Abs. 3 GWB nicht rechtzeitig gerügt hat, **können von der Vergabekammer nicht aufgegriffen werden.** Die Rügeobliegenheit liefe leer, wenn

Gesetz gegen Wettbewerbsbeschränkungen GWB § 114 **Teil 1**

die Vergabekammer zugunsten des Antragstellers Rechtsverletzungen aufgriffe, die dieser selbst „sehenden Auges" (im Sinne der vorgenannten Vorschrift) zugelassen und gerade nicht zum Anlass einer Beanstandung genommen hat (OLG Dresden, B. v. 6. 4. 2004 – Az.: WVerg 1/04, B. v. 8. 11. 2002 – Az.: WVerg 0019/02; 2. VK Bund, B. v. 24. 6. 2003 – Az.: VK 2–46/03).

Vgl. hierzu im Einzelnen die Kommentierung zu § 114 GWB RZ 2273. 2272

23.3.4 Prüfung von Verstößen bei einem unzulässigen Nachprüfungsantrag

Umstritten ist die Frage, inwieweit die Vergabekammer bei einem unzulässigen Nachprüfungsantrag auf das Vergabeverfahren einwirken kann, wenn sie Vergaberechtsverstöße in der Sache für gegeben hält. 2273

Nach einer Auffassung kann die Vergabekammer allein auf der Grundlage der Existenz eines Beschwerdeantrages **unabhängig von dessen Zulässigkeit und Begründetheit überprüfen,** ob sie **Maßnahmen zur Wiederherstellung oder Sicherung der Rechtmäßigkeit des Vergabeverfahrens für erforderlich** hält. Dies ergibt sich ausdrücklich aus dem Wortlaut des § 114 Abs. 1 Satz 2 GWB, aber auch aus der Entstehungsgeschichte dieser Vorschrift. Der ursprüngliche Regierungsentwurf zum Vergaberechtsänderungsgesetz sah sogar eine unbeschränkte Prüfungsaufgabe und -kompetenz für die Vergabekammer vor. Im Gesetzgebungsverfahren wurde die vorgenannte Norm von einer zwingenden Vorschrift in eine Kann-Bestimmung umgewandelt. Der Gesetzgeber wollte aber an einer über die erhobenen Verfahrensrügen hinausgehenden Rechtskontrolle durch die VK festhalten (VK Halle, B. v. 16. 8. 2001 – Az.: VK – Hal 14/01; OLG Naumburg, B. v. 12. 6. 2001 – Az.: 1 Verg 3/01). 2274

Nach der Gegenmeinung setzt ein **Eingreifen nach § 114 GWB voraus, dass es sich um einen zulässigen Nachprüfungsantrag** handelt. Die strengen Anforderungen, die das Gesetz für die Zulässigkeit eines Nachprüfungsantrags vorsieht (insbesondere Antragsbefugnis, Rügeobliegenheit) würden praktisch sinnentleert, wenn auch unzulässige Anträge im Ergebnis zum Erfolg führen könnten. Die Dokumente zum Gesetzgebungsverfahren sind insoweit ebenfalls eindeutig (2. VK Bund, B. v. 10. 7. 2002 – Az.: VK 2–34/02; OLG Thüringen, B. v. 30. 5. 2002 – Az.: 6 Verg 3/02; OLG Düsseldorf, B. v. 26. 7. 2002 – Az.: Verg 22/02; VK des Landes Rheinland-Pfalz, B. v. 9. 10. 2002 – Az.: VK 24/02; VK Brandenburg, B. v. 28. 1. 2003 – Az.: VK 71/02; VK Münster, B. v. 2. 7. 2004 – Az.: VK 13/04). 2275

Das OLG Thüringen wollte deshalb diese Rechtsfrage dem BGH vorlegen (OLG Thüringen, B. v. 30. 5. 2002 – Az.: 6 Verg 3/02). 2276

23.3.5 Berücksichtigung anderer bestandskräftiger vergaberechtlicher Entscheidungen

Bestandskräftige Entscheidungen sind ungeachtet der Frage **zu berücksichtigen,** ob die Antragstellerin den insoweit das Ergebnis tragenden Vergabeverstoß ihrerseits gegenüber der Vergabestelle rechtzeitig gerügt hatte. Der Gesichtspunkt des subjektiven Rechtsschutzes im Vergabenachprüfungsrecht würde überspannt, wenn man ein zulässiges Vorgehen eines Antragstellers davon abhängig machen würde, dass die zunächst mit ihrem Angebot besser platzierte Beigeladene zu 2) aufgrund einer dagegen gerichteten Beanstandung gerade des Antragstellers – und nicht aus sonstigen, anderweit festgestellten Gründen – aus der Wertung ausscheidet (OLG Dresden, B. v. 8. 11. 2002 – Az.: WVerg 0019/02). 2277

23.3.6 Bindung an die Anträge im Beschwerdeverfahren?

Zur vergleichbaren Problematik der Bindung an die Anträge im Beschwerdeverfahren vgl. die Kommentierung zu § 123 GWB RZ 2669. 2278

23.4 Keine Aufhebung eines Zuschlages (§ 114 Abs. 2 Satz 1)

23.4.1 Grundsatz

Ein bereits erteilter Zuschlag kann mittels eines Vergabenachprüfungsverfahrens nicht aufgehoben werden (vgl. im Einzelnen die Kommentierung zu § 104 GWB RZ 1538 – auch hinsichtlich der Frage, ob diese Aussage **angesichts der Rechtsprechung des EuGH noch aufrecht erhalten** werden kann). 2279

437

23.4.2 Wirksamer Zuschlag

2280 § 114 Abs. 2 Satz 1 setzt einen wirksamen Zuschlag voraus. Entscheidend ist nicht der formelle Zuschlag; das **Vergabeverfahren wird erst durch einen zivilrechtlich wirksamen Vertrag beendet** (OLG Naumburg, B. v. 30. 5. 2002 – Az.: 1 Verg 14/01).

23.4.2.1 Begriff des Zuschlags

2281 Der Begriff des Zuschlags im Sinne von § 114 Abs. 2 GWB wird in der Rechtsprechung unterschiedlich verstanden.

2282 Nach einer Auffassung stellt der in den Verdingungsordnungen verwendete Begriff des **Zuschlags nichts anderes als die Annahmeerklärung im allgemeinen bürgerlichen Vertragsrecht** (§§ 146 ff. BGB) dar (VK Berlin, B. v. 9. 11. 2004 – Az.: VK – B 1–59/04). Wie sonst auch kommt der Vertrag zustande, wenn auf ein Angebot eines Bieters rechtzeitig, also innerhalb der Zuschlagsfrist und ohne Abänderungen der Zuschlag erteilt wird (OLG Thüringen, B. v. 29. 5. 2002 – Az.: 6 Verg 2/02; OLG Düsseldorf, B. v. 14. 3. 2001 – Az.: Verg 30/00; VK Rheinland-Pfalz, B. v. 12. 5. 2005 – Az.: VK 17/05). Demnach wird der **rechtliche Vorgang der Angebotsannahme im Vergaberecht lediglich mit dem Ausdruck des „Zuschlags" bezeichnet** (OLG Düsseldorf, B. v. 14. 3. 2001 – Az.: Verg 30/00).

2283 Nach einer anderen Auffassung (VK Bremen, B. v. 16. 7. 2003 – Az.: VK 12/03) ist der **Zeitpunkt des Vertragsabschlusses nicht mit dem des Zuschlages gleichzusetzen,** da der Vertragsschluss zwar dann mit dem Zuschlag zusammenfällt, wenn auf ein abgegebenes Angebot rechtzeitig und ohne Abänderung der Zuschlag erteilt wird. Auch aus § 28 Ziffer 2 Abs. 2 VOB/A wird deutlich, dass nach der Systematik des Vergaberechts der VOB/A der Zeitpunkt des Vertragsschlusses nicht identisch ist mit dem des Zuschlages.

2284 Die **Unterscheidung zwischen „Zuschlag" und „Vertragsschluss"** wird in § 114 Abs. 2 GWB nicht aufgegriffen, vielmehr stellt diese Vorschrift ausschließlich auf den „Zuschlag" ab, so dass es nach dem Wortlaut und der Systematik des Gesetzes auf das Zustandekommen eines Vertrages nicht ankommt, sondern lediglich darauf, ob der Zuschlag (im Sinne einer unbedingten Annahme oder auch im Sinne eines erneuten Angebots) erteilt wurde (VK Schleswig-Holstein, B. v. 10. 2. 2005 – VK-SH 02/05). Für eine **Interpretation oder eine teleologische Reduktion des § 114 Abs. 2 Satz 1 GWB in dem Sinne**, dass es **entgegen dem Wortlaut dieser Vorschrift** nicht auf den Zeitpunkt des „Zuschlages", sondern **auf den des „Vertragsschlusses" ankommt,** besteht **keine Veranlassung.** Es ist insoweit nämlich nicht zu übersehen, dass auch ein Zuschlag, der nicht als Annahme, sondern als neuer Antrag zu werten ist, für den Auftraggeber gem. § 145 BGB bereits Bindungswirkung entfaltet und der Abschluss des Vertrages nicht mehr in seiner Rechtssphäre, sondern in der Rechtssphäre desjenigen, der den Antrag annehmen kann, liegt. Die Einwirkungsmöglichkeit des Auftraggebers ist dann nicht mehr gegeben, wenn der Zuschlag dem Auftragnehmer zugegangen ist, da der Auftraggeber bis zu dem Zeitpunkt, an dem der Auftragnehmer den Zuschlag noch annehmen kann, an den Zuschlag gebunden ist.

2285 Eine Interpretation oder eine teleologische Reduktion des § 114 Abs. 2 Satz 1 GWB in dem Sinne, dass es auf den Zeitpunkt des Vertragsabschlusses ankomme, würde zu der vom Gesetzgeber nicht gewollten Konsequenz führen, dass im Falle der Einleitung eines Vergabenachprüfungsverfahrens der öffentliche Auftraggeber zivilrechtlich an sein Angebot gebunden wäre und dieses (zivilrechtlich) vom Auftragnehmer angenommen werden kann, mit der Folge, dass in diesem Verhältnis ein wirksamer Vertragsschluss erfolgt ist. Sollte der Mitbewerber mit seinem Vorbringen im Vergabenachprüfungsverfahren aber erfolgreich sein, so wäre dieser geschlossene Vertrag nicht unwirksam (die Nichtigkeitsfolge des § 13 VgV tritt nur ein, wenn ein Vertrag innerhalb der dort geregelten Frist von 14 Kalendertagen geschlossen wird und das Zuschlagsverbot nach § 115 Abs. 1 GWB betrifft eben nicht die Annahmeerklärung durch den Auftragnehmer), und der öffentliche Auftraggeber wäre dann möglicherweise in der Situation, denselben Auftrag nochmals an einen anderen Bieter erteilen zu müssen. Dies kann vom Gesetzgeber nicht gewollt sein (VK Bremen, B. v. 16. 7. 2003 – Az.: VK 12/03).

2286 Ähnlich argumentiert das **OLG Dresden für die VOF. Dem VOF-Verfahren ist der Begriff des Zuschlags fremd.** Ein solches Vergabeverfahren wird gemäß § 16 VOF allein durch die Erteilung eines Auftrags beendet, dessen Zustandekommen nach allgemeinem Zivilrecht zu beurteilen ist (OLG Dresden, B. v. 21. 10. 2005 – Az.: WVerg 0005/05; B. v. 11. 4. 2005 – Az.: WVerg 05/05; B. v. 11. 7. 2000 – Az.: WVerg 5/00).

Der Zuschlag als Annahmeerklärung ist **nicht auf den Fall reduziert,** in dem mit Vertrags- 2287
schluss ein **förmliches Vergabeverfahren** abgeschlossen wird; er erfasst auch den Fall, in dem
ein öffentlicher Auftraggeber einen bestehenden Bedarf extern im Vertragswege ohne vorherige
Durchführung eines Vergabeverfahrens deckt (VK Schleswig-Holstein, B. v. 10. 2. 2005 – VK-
SH 02/05; 1. VK Bund, B. v. 13. 7. 2001 – Az.: 1–19/01).

23.4.2.2 Inhalt des Zuschlags

23.4.2.2.1 Grundsatz. Wird der Zuschlag innerhalb der Zuschlags- und Bindefrist ohne 2288
Änderungen erteilt, ist der Vertrag mit Zugang der Zuschlagserklärung beim Bieter geschlossen.

23.4.2.2.2 Erweiterungen, Einschränkungen usw. Eine **Annahme des Angebots un-** 2289
ter Erweiterungen, Einschränkungen und sonstigen Änderungen gilt nach § 150
Abs. 2 BGB als Ablehnung, verbunden mit einem neuen Antrag (OLG Thüringen,
B. v. 30. 10. 2006 – Az.: 9 Verg 4/06). Dieser Antrag des Auftraggebers auf Abschluss eines
abgeänderten Vertrages **bedarf zu seiner Wirksamkeit** deshalb noch einer **Annahmeerklä-**
rung des Bieters, die dem **Auftraggeber auch noch zugehen muss** (1. VK Sachsen, B. v.
12. 6. 2003 – Az.: 1/SVK/054–03).

Vgl. beispielsweise zu der typischen Fallkonstellation des Zuschlags nach Ablauf der Zu- 2290
schlags- und Bindefrist die Kommentierung zu § 19 VOB/A bzw. § 19 VOL/A.

Nimmt der Auftraggeber in seinem Zuschlagsschreiben **Bezug auf schriftliche Protokolle** 2291
zu Angebotsverhandlungen nach § 24 VOB/A bzw. VOL/A, handelt es sich **hierbei**
nicht um Erweiterungen bzw. Änderungen. Vielmehr kann bei der Zuschlagserteilung
nach § 28 VOB/A bzw. VOL/A dann sowohl auf das Angebot als auch das schriftlich festgehal-
tene Verhandlungsergebnis Bezug genommen werden, wodurch auch diese Vertragsbestandteil
werden (VK Südbayern, B. v. 30. 5. 2001 – Az.: 11–04/01).

Ob die Annahmeerklärung **Änderungen** bzw. eine von § 150 Abs. 2 BGB erfasste Abwei- 2292
chung enthält, ist durch **Auslegung nach Maßgabe der §§ 133, 157 BGB nach Treu und**
Glauben und unter Berücksichtigung der Verkehrssitte zu ermitteln. Ob unbeschränkte
oder beschränkte Annahme vorliegt, hängt vom Einzelfall ab. Hinsichtlich des inhaltlichen
Ausmaßes der Änderungen ist der Anwendungsbereich des § 150 Abs. 2 BGB nur dann eröffnet, wenn die Neuregelungen wesentliche Vertragsbestandteile zum Gegenstand haben, beispielsweise die **Bitte um Zustimmung zu einer Skontogewährung, die erstmalige Be-**
stimmung einer Ausführungsfrist oder gar die Änderung einzelner Leistungen (VK
Rheinland-Pfalz, B. v. 12. 5. 2005 – Az.: VK 17/05).

23.4.2.3 Form des Zuschlags

23.4.2.3.1 VOB. Die VOB setzt in § 28 Nr. 2 VOB/A **keine bestimmte Form** – z. B. die 2293
Schriftform – voraus. Der **Zuschlag kann also auch mündlich erteilt** werden (1. VK Sachsen, B. v. 4. 8. 2003 – Az.: 1/SVK/084–03). Möglich ist auch die Übersendung eines Telefaxes
(BGH, B. v. 9. 2. 2004 – Az.: X ZB 44/03). Der Umstand, dass der Auftraggeber die Original-
vorlage des Fax-Schreibens später noch einmal dem Auftragnehmer überbringen lässt, **entwer-**
tet das Fax-Schreiben nicht zur bloßen Ankündigung der beabsichtigten Angebots-
annahme, Dieser Vorgang ist nicht anders zu beurteilen als die Übersendung eines bestimmenden Anwaltsschriftsatzes per Fax, der mit Zugang beim Adressaten sofort wirksam wird,
wenn das Original alsbald nachfolgt (Hanseatisches OLG Bremen, B. v. 18. 8. 2003 – Az.: Verg
6/2003).

23.4.2.3.2 VOL. Im Gegensatz zur VOB/A verpflichtet die VOL/A in § 28 Nr. 1 Abs. 1 2294
den Auftraggeber, den Zuschlag schriftlich zu erteilen. Wird ausnahmsweise der Zuschlag nicht
schriftlich erteilt, so ist er umgehend schriftlich zu bestätigen.

23.4.2.4 Zugang der Zuschlagserklärung

23.4.2.4.1 Allgemeines. Bei der Zuschlagserklärung handelt es sich um eine **empfangsbe-** 2295
dürftige Willenserklärung, die zu ihrer Wirksamkeit nach § 130 Abs. 1 Satz 1 BGB dem
betreffenden Bieter innerhalb der Zuschlagsfrist zugehen muss (BGH, B. v. 9. 2. 2004 – Az.: X
ZB 44/03; OLG Thüringen, B. v. 29. 5. 2002 – Az.: 6 Verg 2/02, B. v. 7. 10. 2003 – Az.: 6
Verg 6/03; VK Berlin, B. v. 9. 11. 2004 – Az.: VK – B 1–59/04; 1. VK Sachsen, B. v. 4. 6.
2002 – Az.: 1/SVK/048–02; VK Halle, B. v. 13. 3. 2001 – Az.: VK Hal 23/99).

Vertretungsregelungen bei der Abgabe von Angeboten gelten auch für die Frage der Wirksam- 2296
keit des Zugangs der Zuschlagserklärung (OLG Thüringen, B. v. 7. 10. 2003 – Az.: 6 Verg 6/03).

Teil 1 GWB § 114 Gesetz gegen Wettbewerbsbeschränkungen

2297 **23.4.2.4.2 Bedeutung einer Empfangsbestätigung.** Bei einer vom Auftraggeber verlangten Empfangsbestätigung des Zuschlags handelt es sich **nicht um ein Wirksamkeitskriterium, sondern um eine Beweisurkunde über den erteilten Zuschlag,** wenn der Vertrag nach allgemeinen zivilrechtlichen Grundsätzen bereits durch den Zugang der Annahmeerklärung des Auftraggebers zustande gekommen ist (Hanseatisches OLG Bremen, B. v. 18. 8. 2003 – Az.: Verg 6/2003).

23.4.2.5 Weitere Anforderungen an einen wirksamen Zuschlag

2298 **23.4.2.5.1 Grundsatz.** Fehlt es dem Zuschlagsschreiben an **jedweder Bestimmtheit des Zuschlags- und Vertragsgegenstandes sowie des Vertragspreises,** so ist kein wirksamer Vertrag zustande gekommen. Außerdem muss das Zuschlagsschreiben von einer Person mit einer **entsprechenden Vertretungsmacht** unterzeichnet sein (OLG Düsseldorf, B. v. 14. 3. 2001 – Az.: Verg 30/00; 2. VK Bund, B. v. 23. 11. 2000 – Az.: VK 2–36/00).

2299 **23.4.2.5.2 Fehlende Regelung der Vergütung bei einem Architekten- bzw. Bauingenieurvertrag bei Vertragsschluss.** Anders als beim bei Kauf- oder Lieferungsverträgen, wo das Zustandekommen eines Vertrages mit der Einigung über den frei verhandelbaren Preis steht und fällt, muss **die Frage der Vergütung weder im Stadium der Vertragsanbahnung angesprochen noch bei Vertragsschluss ausdrücklich geregelt werden.** Das hat seinen Grund darin, dass dort, wo die Vergütung sich aus der HOAI bestimmt, mit dieser eine gesetzlich fixierte Honorarordnung zur Verfügung steht, die das Spektrum der zu erbringenden Leistung sowie die Höhe der Vergütung bis ins Einzelne regelt. Haben die Vertragspartner keine individuelle Vereinbarung im Sinne von § 4 Abs. 1 HOAI getroffen, gelten gem. § 4 Abs. 4 HOAI die Mindestsätze als vereinbart (OLG Thüringen, B. v. 7. 10. 2003 – Az.: 6 Verg 6/03).

23.4.2.6 Unwirksamkeit eines Zuschlages nach § 138 BGB

2300 Gemäß § 138 Abs. 1 BGB ist ein Rechtsgeschäft, das gegen die guten Sitten verstößt, nichtig und damit unwirksam.

2301 **23.4.2.6.1 Verstoß gegen die guten Sitten.** Eine **Sittenwidrigkeit** ergibt sich **nicht** daraus, dass die Vergabestelle den Zuschlag erteilt hat, obwohl ihr **bekannt** war, dass der Antragsteller zu diesem Zeitpunkt **bereits einen Nachprüfungsantrag bei der Vergabekammer** gestellt hatte. Fraglich erscheint bereits, ob dieses Verhalten der Vergabestelle gegen die Grundsätze von Treu und Glauben verstößt. Dagegen spricht insbesondere, dass nach der eindeutigen gesetzlichen Regelung des § 115 Abs. 1 GWB das Zuschlagsverbot erst mit der Zustellung des Nachprüfungsantrages eintritt. Vor dieser Zustellung kann die Vergabestelle den Zuschlag grundsätzlich wirksam erteilen, insbesondere begründet die Kenntnis von der Einreichung des Nachprüfungsantrages kein Zuschlagsverbot (1. VK Bund, B. v. 27. 9. 2002 – Az.: VK 1–63/02).

2302 **23.4.2.6.2 Kollusives Zusammenwirken.** Einer Nichtigkeit des Vertrages gemäß § 138 Abs. 1 BGB steht entgegen, wenn ein – unterstelltes – sittenwidriges Verhalten nur der Vergabestelle vorgeworfen werden kann. Die **sittenwidrige Vorgehensweise nur einer Vertragspartei reicht** zur Annahme der Nichtigkeit eines Vertrages **nicht aus** (OLG Brandenburg, B. v. 29. 1. 2002 – Az.: Verg W 8/01; OLG Celle, B. v. 25. 8. 2005 – Az.: 13 Verg 8/05; 2. VK Bund, B. v. 22. 12. 2004 – Az.: VK 2–157/04; B. v. 13. 10. 2004 – Az.: VK 2–184/04; VK Arnsberg, B. v. 22. 10. 2004 – Az.: VK 2–20/2004; 3. VK Bund, B. v. 30. 9. 2004 – Az.: VK 3–116/04; 1. VK Bund, B. v. 27. 9. 2002 – Az.: VK 1–63/02; VK Hessen, B. v. 27. 2. 2003 – Az.: 69 d VK – 70/2002; LG München, Urteil v. 20. 12. 2005 – Az.: 33 O 16 465/05).

2303 Es **kann sein, dass ein ohne Ausschreibung und Durchführung eines förmlichen Vergabeverfahrens vergaberechtswidrig geschlossener Vertrag auch sittenwidrig im Sinn des § 138 BGB sein kann.** Das setzt jedoch voraus, dass der öffentliche Auftraggeber in bewusster Missachtung des Vergaberechts handelt, also entweder weiß, dass der betreffende Auftrag dem nach den §§ 97 ff. zu überprüfenden Vergaberecht unterfällt oder sich einer solchen Kenntnis mutwillig verschließt, **auch kollusiv mit dem Auftragnehmer zusammenarbeitet** (OLG Celle, B. v. 25. 8. 2005 – Az.: 13 Verg 8/05).

2304 Von einem **kollusiven Zusammenwirken** kann man **ausgehen,** wenn eine Vergabestelle nicht begründet darlegen kann, warum sie von der **Durchführung des Vergabeverfahrens abgesehen** hat, obwohl sie diese **Frage offensichtlich gestellt** hat. An das kollusive Zusammenwirken dürfen **keine allzu hohen Anforderungen** gestellt werden. Allein die gemeinsamen wirtschaftlichen Interessen und Verflechtungen eines öffentlichen Auftraggebers mit einem

Bieter legen dies nahe. Hier weiter gehende Nachweise zu fordern, dürfte die Möglichkeiten der meisten Bieter bei weitem übersteigen. Bei einem anwaltlich beratenen Auftraggeber darf die Sachkenntnis zur Frage der prinzipiellen Notwendigkeit von Ausschreibungen nach dem Vergaberecht vorausgesetzt werden. Dies zeigt auch die durchgehende Anpassung der Vertragsentwürfe an den jeweiligen Stand der Rechtsprechung und die sorgfältige Vermeidung aller Dokumentationen zu dieser Frage. Ein Irrtum kann daher ausgeschlossen werden (VK Arnsberg, B. v. 17. 6. 2004 – Az.: VK 2–06/2004).

Die Vermutung liegt nahe, dass namentlich **durch eine Aufspaltung der Beschaffungsvorgänge** in einer Weise zum Nachteil eines Bieters oder potenziellen Beters der Antragstellerin zusammengewirkt wird, die als kollusiv beurteilt zu werden verdient. Hat z. B. ein Auftraggeber mit einem Unternehmen einen Beschaffungsvertrag geschlossen, der unter den Schwellenwerten liegt und hat ein anderer Auftraggeber, der mit dem ersten Auftraggeber zusammenarbeitet, mit dem gleichen Unternehmen ebenfalls einen Beschaffungsvertrag geschlossen, der unter den Schwellenwerten liegt und benötigt der zweite Auftraggeber den Beschaffungsgegenstand nicht in Gänze, sondern leitet ihn an den ersten Auftraggeber weiter und hat das **Unternehmen bei dem gesonderten Angebot „mitgespielt" und die Kalkulation an das von dem ersten Auftraggeber angestrebte Auftragsvolumen angepasst, liegt ein Fall der kollusiven Zusammenarbeit vor** (OLG Düsseldorf, B. v. 25. 1. 2005 – Az.: VII – Verg 93/04). 2305

23.4.2.7 Unwirksamkeit eines Zuschlages nach § 134 BGB

Gemäß § 134 BGB ist ein Rechtsgeschäft, das gegen ein gesetzliches Verbot verstößt, nichtig, sofern sich aus dem Gesetz nichts anderes ergibt. Gesetzliche Verbote ergeben sich aus den verschiedensten Vorschriften. 2306

23.4.2.7.1 Grundsatz. In der Literatur wird die Ansicht vertreten, die in den § 97 Abs. 1, § 101 Abs. 1 GWB normierte Pflicht zur Beachtung der vergaberechtlichen Bestimmungen stelle ein gesetzliches Verbot dar mit der Folge, dass jeder Vertrag, den der öffentliche Auftraggeber ohne das an sich gebotene Vergabeverfahren abschließe, gemäß § 134 BGB nichtig sei. Dem **folgt die Rechtsprechung nicht.** Der Gesetzgeber hat in § 115 Abs. 1 GWB das gesetzliche Verbot der Zuschlagserteilung an die Voraussetzung geknüpft, dass wegen des Beschaffungsvorhabens ein Nachprüfungsverfahren eingeleitet und dem öffentlichen Auftraggeber der Nachprüfungsantrag zugestellt worden ist. Nach dem **Willen des Gesetzgebers löst folglich die Missachtung der Vergaberegeln als solche noch kein Zuschlagverbot aus. Das Zuschlagsverbot entsteht vielmehr erst mit der Zustellung eines Nachprüfungsantrags** an den öffentlichen Auftraggeber und es gilt überdies unabhängig davon, ob das Verfahren zur Auftragsvergabe vergaberechtlich zu beanstanden ist oder nicht. Diese **gesetzgeberische Entscheidung ist zu respektieren.** Sie schließt es aus anzunehmen, alleine die Nichtbeachtung des Vergaberechts verbiete eine Zuschlagserteilung und hindere den Auftraggeber an einer rechtswirksamen Beauftragung. Dabei ist es **ohne Bedeutung, ob der öffentliche Auftraggeber nur einzelne Vergabebestimmungen nicht beachtet oder er von der Durchführung des gebotenen Vergabeverfahrens gänzlich absieht.** Denn weder § 97 Abs. 1, § 101 Abs. 1 GWB noch § 115 Abs. 1 GWB treffen eine diesbezügliche Unterscheidung. 2307

23.4.2.7.2 Beispiele aus der Rechtsprechung 2308
– bei einem Verstoß gegen **§ 41 Abs. 1 Satz 2 GWB** ist der Zuschlag unwirksam (VK Arnsberg, B. v. 29. 5. 2002 – Az.: VK 2–11/2002)
– eine Nichtigkeit ergibt sich **nicht aus handels- und gesellschaftsrechtlichen Gesichtspunkten,** insbesondere der Pflicht zur Firmenwahrheit (1. VK Bund, B. v. 27. 9. 2002 – Az.: VK 1–63/02)

23.4.2.7.3 Sonderfall: § 115 Abs. 1, § 118 Abs. 3. Grundsätzlich bedingen zwar Verstöße gegen Vergabevorschriften nicht gemäß § 134 BGB die Nichtigkeit des Zuschlags. Eine **gesetzliche Ausnahme bilden jedoch § 115 Abs. 1, § 118 Abs. 3 GWB.** Hiernach führt die Missachtung eines gerichtlichen Zuschlagsverbots zur Nichtigkeit des damit abgeschlossenen zivilrechtlichen Vertrags nach § 134 BGB (OLG Frankfurt, B. v. 7. 9. 2004 – Az.: 11 Verg 11/04 und 12/04). Aus Gründen eines effektiven Rechtsschutzes sind dem die Fälle gleichzusetzen, in denen die Vergabestelle unter Missachtung der zur Beseitigung der Rechtsverletzung des Bieters angeordneten Maßnahmen der Vergabekammer den Zuschlag erteilt. Insoweit steht die Erteilung des Zuschlags unter der Voraussetzung, dass die Vergabestelle zunächst den von der Vergabekammer angeordneten Maßnahmen nachkommt (BayObLG, B. v. 1. 10. 2001 – Az.: Verg 6/01; OLG Düsseldorf, B. v. 14. 2. 2001 – Az.: Verg 13/00 – für § 115 Abs. 1). 2309

Teil 1 GWB § 114   Gesetz gegen Wettbewerbsbeschränkungen

2310   Das **OLG Naumburg** (B. v. 16. 1. 2003 – Az.: 1 Verg 10/02) **schränkt** diese Rechtsprechung **ein.** Danach normiert die **Vorschrift des § 118 Abs. 1 GWB kein eigenständiges gesetzliches Verbot.** Ein Verbotsgesetz im Sinne des § 134 BGB ist die Vorschrift des § 115 Abs. 1 GWB. Durch § 118 Abs. 1 Satz 1 und 3 GWB soll **dieses** gesetzliche Verbot der Zuschlagerteilung **unter bestimmten Voraussetzungen** zeitlich verlängert werden. Die **Verbotswirkung des § 118 Abs. 1 GWB ist mithin stets abhängig vom Vorliegen eines vorherigen Zuschlagverbotes nach § 115 Abs. 1 GWB,** d. h. von einer Zustellung des Nachprüfungsantrages durch die Vergabekammer, obwohl diese Tatbestandsvoraussetzung dem Wortlaut des § 118 Abs. 1 GWB expressis verbis nicht entnommen werden kann.

23.4.2.8 Sonderfall: Unwirksamkeit eines Zuschlages nach § 13 VgV

2311   Ein Zuschlag bzw. ein Vertrag können auch nichtig sein, wenn die Informationspflicht nach § 13 VgV nicht beachtet worden ist. Die näheren Einzelheiten ergeben sich aus der Kommentierung zu § 13 VgV.

23.4.2.9 Unwirksamkeit wegen Nichteinhaltung von kommunalen Formvorschriften

2312   **23.4.2.9.1 Grundsatz.** Bei Verträgen mit „klassischen" öffentlichen Auftraggebern, also insbesondere Gemeinden und Gemeindeverbänden, ist für die Frage, ob ein Vertrag rechtswirksam geschlossen worden ist, **entscheidend, ob die kommunalrechtlichen Formvorschriften eingehalten** worden sind. „Politische Entscheidungen" in solchen Angelegenheiten **ermächtigen in aller Regel nur die jeweilige Verwaltung,** Verträge rechtswirksam abzuschließen; sie können diese Formvorschriften jedoch nur in Ausnahmefällen ersetzen (OLG Stuttgart, Urteil vom 15. 2. 2000 – Az.: 10 U 118/99; OLG Dresden, B. v. 21. 7. 2000 – Az.: WVerg 0005/00; 1. VK Brandenburg, B. v. 19. 9. 2001 – Az.: 1 VK 85/01).

2313   Das Vergabeverfahren nach VOF wird durch Auftragsvergabe im Sinne von § 16 VOF, d.h. durch **Abschluss eines zivilrechtlichen Vertrages beendet. Die Entscheidung** einer **Gemeindevertretung beschränkt sich auf die Auswahl des Bewerbers,** mit dem der Vertrag nach § 16 VOF abgeschlossen werden soll (1. VK Brandenburg, B. v. 17. 7. 2001 – Az.: 2 VK 56/01, B. v. 19. 9. 2001 – Az.: 1 VK 85/01).

2314   **23.4.2.9.2 Beispiele aus der Rechtsprechung**
– ein Werkvertrag mit einem Landkreis in Rheinland-Pfalz bedarf zwar nach der Landkreisordnung **grundsätzlich der Schriftform.** Jedoch kann ein Vertrag trotz Nichteinhaltung der Schriftform **gleichwohl wirksam** sein, wenn der bezweckte Schutz der Formvorschrift deshalb bedeutungslos geworden ist, weil das für die Willensbildung nach öffentlich-rechtlichen Vorschriften **zuständige Organ der Gebietskörperschaft** (hier: Kreistag bzw. Vergabeausschuss) den **Zuschlag bereits beschlossen** hat (OLG Koblenz, Urteil vom 14. 1. 2003 – Az: 3 U 1685/01).

23.4.3 Hinweis

2315   Soweit es um Fragen des Zuschlags geht, sind ergänzend zu § 114 GWB die Regelungen der §§ 19 VOB/A bzw. VOL/A, der §§ 28 VOB/A und VOL/A und des § 16 VOF zu beachten; vgl. insoweit die jeweilige Kommentierung.

23.4.4 Möglichkeit der Aufhebung der Aufhebung

2316   Aus § 114 Abs. 2 Satz 1 lässt sich nur ableiten, dass die Vergabekammer lediglich einen bereits erteilten Zuschlag nicht aufheben kann. Die **Aufhebung einer Aufhebung** ist dadurch aber unter Berücksichtigung der richtlinienkonformen Auslegung des § 114 GWB **nicht ausgeschlossen** (BGH, B. v. 18. 2. 2003 – Az.: X ZB 43/02; VK Lüneburg, B. v. 27. 1. 2005 – Az.: 203-VgK-57/2004; VK Brandenburg, B. v. 30. 7. 2002 – Az.: VK 38/02); vgl. zur Aufhebung der Aufhebung RZ 2186.

23.5 Feststellungsverfahren (§ 114 Abs. 2 Satz 2)

23.5.1 Sinn und Zweck

2317   Die in § 114 Abs. 2 Satz 2 GWB ermöglichte Überleitung von einem Nachprüfungsverfahren in ein Verfahren zur Feststellung einer Rechtsverletzung **bezweckt** grundsätzlich, die in

Gesetz gegen Wettbewerbsbeschränkungen GWB § 114 **Teil 1**

dem erstgenannten Verfahren **bereits erarbeiteten Ergebnisse zu erhalten** und so eine **nochmalige zivilgerichtliche Überprüfung** derselben Sach- und Rechtslage **zu vermeiden** (OLG Düsseldorf, B. v. 28. 4. 2004 – Az.: VII – Verg 8/04; 2. VK Bund, B. v. 2. 9. 2005 – Az.: VK 2–57/05; B. v. 8. 6. 2005 – Az.: VK 2–48/05; VK Schleswig-Holstein, B. v. 2. 2. 2005 – Az.: VK-SH 01/05; VK Südbayern, B. v. 17. 8. 2004 – Az.: 20–04/04; VK Magdeburg, B. v. 22. 2. 2001 – Az.: 33–32571/07 VK 15/00 MD). Außerdem soll ein Antragsteller nicht um den **Ertrag der Früchte seiner bisherigen Verfahrensführung gebracht werden,** wenn sich das Nachprüfungsverfahren durch Beendigung des Vergabeverfahrens erledigt hat (OLG Düsseldorf, B. v. 28. 4. 2004 – Az.: VII – Verg 8/04; 2. VK Bund, B. v. 28. 2. 2006 – Az.: VK 2–154/04; VK Südbayern, B. v. 23. 11. 2004 – Az.: 45–06/04; B. v. 17. 8. 2004 – Az.: 20–04/04).

Die in § 114 Abs. 2 Satz 2 GWB eröffnete Möglichkeit eines Feststellungsantrages stellt unter dem Gesichtspunkt des Primärrechtsschutzes eine **Ausnahmevorschrift dar.** Sie soll, wie die Rechtsprechung zur entsprechenden Vorschrift des § 113 Abs. 1 Satz 4 VwGO formuliert, gewährleisten, dass eine Partei nicht ohne Not um die Früchte des bisherigen Prozesses gebracht werden darf, insbesondere dann nicht, wenn das Verfahren unter entsprechendem Aufwand einen bestimmten Stand erreicht hat (VK Südbayern, B. v. 8. 2. 2002 – Az.: 41–11/01). 2318

23.5.2 Voraussetzungen

23.5.2.1 Feststellungsinteresse

Als **ungeschriebenes Tatbestandsmerkmal** ist ein Feststellungsinteresse notwendig (OLG Celle, B. v. 8. 12. 2005 – Az.: 13 Verg 2/05; Saarländisches OLG, B. v. 6. 4. 2005 – Az.: 1 Verg 1/05; VK Lüneburg, B. v. 17. 10. 2006 – Az.: VgK-25/2006; B. v. 5. 1. 2006 – Az.: VgK-43/2005; B. v. 5. 1. 2006 – Az.: VgK-41/2005; VK Thüringen, B. v. 23. 9. 2005 – Az.: 360–4002.20–007/05-NDH; 1. VK Brandenburg, B. v. 9. 9. 2005 – Az.: VK 33/05; 2. VK Bund, B. v. 2. 9. 2005 – Az.: VK 2–57/05; B. v. 29. 12. 2004 – Az.: VK 2–136/03; B. v. 13. 10. 2004 – Az.: VK 2–151/04; B. v. 16. 8. 2004 – Az.: VK 2–06/04; B. v. 2. 7. 2004 – Az.: VK 2–28/04; B. v. 16. 2. 2004 – Az.: VK 2–22/04). Dies ergibt sich bereits aus den allgemeinen prozessualen Grundsätzen, nach denen die Inanspruchnahme eines Gerichts bzw. der Vergabekammer nicht zulässig ist, wenn kein berechtigtes Interesse vorliegt. Zur Bestimmung eines solchen Feststellungsinteresses kann auf die Grundsätze anderer Verfahrensordnungen, insbesondere zur Fortsetzungsfeststellungsklage nach der Verwaltungsgerichtsordnung zurückgegriffen werden (VK Hessen, B. v. 31. 7. 2002 – Az.: 69 d VK – 14/2002). 2319

Ein solches Feststellungsinteresse rechtfertigt sich **durch jedes nach vernünftigen Erwägungen und nach Lage des Falles anzuerkennende Interesse rechtlicher, wirtschaftlicher oder auch ideeller Art,** wobei die beantragte Feststellung geeignet sein muss, die Rechtsposition der Antragstellerin in einem der genannten Bereiche zu verbessern und eine Beeinträchtigung seiner Rechte auszugleichen oder wenigstens zu mildern (OLG Celle, B. v. 8. 12. 2005 – Az.: 13 Verg 2/05; OLG Düsseldorf, B. v. 23. 3. 2005 – Az.: VII – Verg 77/04; B. v. 2. 3. 2005 – Az.: VII – Verg 70/04; VK Lüneburg, B. v. 17. 10. 2006 – Az.: VgK-25/2006; B. v. 5. 1. 2006 – Az.: VgK-43/2005; B. v. 5. 1. 2006 – Az.: VgK-41/2005; 1. VK Brandenburg, B. v. 9. 9. 2005 – Az.: VK 33/05; 2. VK Bund, B. v. 28. 2. 2006 – Az.: VK 2–154/04; B. v. 2. 9. 2005 – Az.: VK 2–57/05; B. v. 29. 12. 2004 – Az.: VK 2–136/03; B. v. 16. 8. 2004 – Az.: VK 2–06/04; B. v. 2. 7. 2004 – Az.: VK 2–28/04; B. v. 16. 2. 2004 – Az.: VK 2–22/04; VK Südbayern, B. v. 23. 11. 2004 – Az.: 45–06/04; VK Münster, B. v. 24. 1. 2002 – Az.: VK 24/01). 2320

Ein solches Feststellungsinteresse ist **gegeben,** wenn die **Feststellung zur Vorbereitung eines Schadensersatzanspruchs** dient (Saarländisches OLG, B. v. 5. 7. 2006 – Az.: 1 Verg 6/05; OLG Düsseldorf, B. v. 22. 6. 2006 – Az.: VII – Verg 2/06; B. v. 2. 3. 2005 – Az.: VII – Verg 84/04), ein solcher **Prozess mit hinreichender Sicherheit zu erwarten ist und nicht offenbar aussichtslos erscheint** (OLG Celle, B. v. 8. 12. 2005 – Az.: 13 Verg 2/05; OLG Düsseldorf, B. v. 19. 10. 2005 – Az.: VII – Verg 38/05; B. v. 23. 3. 2005 – Az.: VII – Verg 77/04; B. v. 2. 3. 2005 – Az.: VII – Verg 70/04; VK Lüneburg, B. v. 17. 10. 2006 – Az.: VgK-25/2006; B. v. 5. 1. 2006 – Az.: VgK-43/2005; B. v. 5. 1. 2006 – Az.: VgK-41/2005; VK Thüringen, B. v. 23. 9. 2005 – Az.: 360–4002.20–007/05-NDH; 1. VK Brandenburg, B. v. 9. 9. 2005 – Az.: VK 33/05; 1. VK Bund, B. v. 17. 5. 2005 – Az.: VK 1–26/05; B. v. 9. 5. 2005 – Az.: VK 2–20/05; 2. VK Bund, B. v. 8. 6. 2006 – Az.: VK 2–114/05; B. v. 28. 2. 2006 – Az.: VK 2–154/04; B. v. 2. 9. 2005 – Az.: VK 2–57/05; B. v. 29. 12. 2004 – Az.: VK 2–136/03; B. v. 13. 10. 2004 – Az.: VK 2–151/04; VK Südbayern, B. v. 23. 11. 2004 – Az.: 45–06/04; VK 2321

Teil 1 GWB § 114　　　　　　　　　　　Gesetz gegen Wettbewerbsbeschränkungen

Bremen, B. v. 16. 7. 2003 – Az.: VK 12/03), eine **hinreichende konkrete Wiederholungsgefahr** besteht (Saarländisches OLG, B. v. 5. 7. 2006 – Az.: 1 Verg 6/05; OLG Düsseldorf, B. v. 22. 6. 2006 – Az.: VII – Verg 2/06; B. v. 23. 3. 2005 – Az.: VII – Verg 77/04; B. v. 2. 3. 2005 – Az.: VII – Verg 70/04; VK Lüneburg, B. v. 17. 10. 2006 – Az.: VgK-25/2006; VK Düsseldorf, B. v. 12. 9. 2006 – Az.: VK – 37/2006 – L; 1. VK Brandenburg, B. v. 9. 9. 2005 – Az.: VK 33/05; 2. VK Bund, B. v. 28. 2. 2006 – Az.: VK 2–154/04; B. v. 2. 9. 2005 – Az.: VK 2–57/05; B. v. 29. 12. 2004 – Az.: VK 2–136/03; B. v. 13. 10. 2004 – Az.: VK 2–151/04), die **Feststellung als „Genugtuung" bzw. Rehabilitation erforderlich ist,** weil der angegriffenen Entscheidung ein diskriminierender Charakter zukommt und sich aus ihr eine Beeinträchtigung des Persönlichkeitsrechts des Betroffenen ergibt (1. VK Brandenburg, B. v. 9. 9. 2005 – Az.: VK 33/05; VK Hessen, B. v. 31. 7. 2002 – Az.: 69 d VK – 14/2002) oder durch die Feststellung der Rechtswidrigkeit des Vergabeverfahrens eine **„Schadensbegrenzung" im Hinblick auf zukünftige Vergabeentscheidungen anderer Auftraggeber** erzielt werden soll (2. VK Bund, B. v. 8. 6. 2006 – Az.: VK 2–114/05).

2322　　Ein Schadensersatzanspruch kommt nicht nur dann in Betracht, wenn dem übergangenen Bieter bei einer Fortsetzung des Vergabeverfahrens der Zuschlag zwingend zu erteilen gewesen wäre. Dies ist nur Voraussetzung für die Zuerkennung des positiven Schadensersatzinteresses eines Bieters, nicht aber **für den Ersatz des Vertrauensschadens. Für diesen genügt das Bestehen einer „echten Zuschlagschance" im Sinn von § 126 S. 1 GWB** (OLG Düsseldorf, B. v. 8. 3. 2005 – Az.: VII – Verg 40/04; VK Brandenburg, B. v. 30. 8. 2004 – Az.: VK 34/04).

2323　　**Nicht ausreichend** ist hingegen, wenn mit dem Feststellungsantrag **allein eine Entscheidung in der Sache angestrebt wird, damit die Vergabekammer eine – für den Antragsteller günstige – Kostenentscheidung trifft.** Der Umstand, dass bei Erledigung des Nachprüfungsverfahrens vor einer Sachentscheidung der Vergabekammer es für die Kostenentscheidung auf die Erfolgsaussichten des Nachprüfungsantrags nicht ankommt, kann kein eigenes Feststellungsinteresse begründen. **Nachprüfungsverfahren dienen allein dem Primärrechtsschutz und der Verhinderung eines dem Bieter infolge rechtswidriger Vergabe entstehenden Schadens.** Die Kostenregelung in § 128 Abs. 2 Satz 2 GWB in Verbindung mit § 13 Verwaltungskostengesetz, nach der Kostenschuldner des Nachprüfungsverfahrens derjenige ist, der durch Stellung eines Nachprüfungsantrags das Verfahren in Gang gesetzt hat, führt nicht zu einem Ausschluss effektiven Rechtsschutzes im Nachprüfverfahren (1. VK Brandenburg, B. v. 9. 9. 2005 – Az.: VK 33/05; 2. VK Bund, B. v. 2. 9. 2005 – Az.: VK 2–57/05; B. v. 29. 12. 2004 – Az.: VK 2–136/03; B. v. 16. 2. 2004 – Az.: VK 2–22/04; im Ergebnis ebenso OLG Düsseldorf, B. v. 23. 3. 2005 – Az.: VII – Verg 77/04; B. v. 2. 3. 2005 – Az.: VII – Verg 70/04).

2324　　**Anderer Auffassung ist insoweit die VK Lüneburg.** Das anzuerkennende wirtschaftliche Interesse eines Antragstellers ergibt sich aus der Tatsache, dass der Antragsteller durch die Erledigung des Nachprüfungsverfahrens aufgrund des Regelungsgehalts des § 128 GWB und der dazu ergangenen Rechtsprechung des Bundesgerichtshofs seine eigenen Rechtsanwaltskosten selbst tragen muss, wenn er keinen Fortsetzungsfeststellungsbeschluss der Vergabekammer herbeiführt. Der Bundesgerichtshof hat in seinem Beschluss vom 9. 12. 2003 (Az. X ZB 14/03) grundsätzlich entschieden, dass im Falle einer Verfahrensbeendigung ohne Entscheidung der Vergabekammer zur Sache der Antragsteller die für die Tätigkeit der Vergabekammer entstandenen Kosten zu tragen hat und eine Erstattung der außergerichtlichen Kosten der Beteiligung nicht stattfindet. Auf die Erfolgsaussichten des Nachprüfungsantrags komme es für die Kostenentscheidung nicht an. Etwas anderes ergibt sich auch nicht aus § 128 Abs. 3 Satz 1 GWB. Danach hat die Kosten abweichend von § 128 Abs. 1 Satz 2 GWB i. V. m. § 13 Abs. 1 Nr. 1 VwKostG der Beteiligte zu tragen, der im Verfahren unterliegt. Ein solcher Tatbestand liegt nach Auffassung des Bundesgerichtshofs im Falle der Erledigung des Nachprüfungsverfahrens ohne Entscheidung der Vergabekammer aber nicht vor. Ein **Antragsteller kann diese für ihn negative Kostenfolge des § 128 GWB daher nur im Wege eines stattgebenden Fortsetzungsfeststellungsbeschlusses abwenden** (VK Lüneburg, B. v. 17. 10. 2006 – Az.: VgK-25/2006; B. v. 5. 1. 2006 – Az.: VgK-43/2005; B. v. 5. 1. 2006 – Az.: VgK-41/2005).

2325　　Ein **Rechtsschutzbedürfnis fehlt** auch, wenn die **Feststellung nur der Klärung abstrakter Rechtsfragen dienen soll** und mit ihr die Position desjenigen, der die Feststellung begehrt, nicht verbessert werden kann (OLG Düsseldorf, B. v. 23. 3. 2005 – Az.: VII – Verg 77/04; B. v. 2. 3. 2005 – Az.: VII – Verg 70/04; 2. VK Bund, B. v. 29. 12. 2004 – Az.: VK 2–136/03).

Gesetz gegen Wettbewerbsbeschränkungen GWB § 114 **Teil 1**

23.5.2.2 Zulässiger Nachprüfungsantrag. Für die Zulässigkeit eines Feststellungsantrages 2326 ist Voraussetzung, dass der **Nachprüfungsantrag überhaupt zulässig** war, denn einem Antragsteller soll kein Vorteil daraus erwachsen, dass ein von vornherein unzulässiger Antrag gegenstandslos geworden ist (OLG Naumburg, B. v. 17. 5. 2006 – Az.: 1 Verg 3/06; BayObLG, B. v. 1. 7. 2003 – Az.: Verg 3/03; 2. VK Bund, B. v. 9. 5. 2005 – Az.: VK 2–20/05; B. v. 8. 6. 2005 – Az.: VK 2–48/05; VK Schleswig-Holstein, B. v. 2. 2. 2005 – Az.: VK-SH 01/05; VK Baden-Württemberg, B. v. 3. 5. 2004 – Az.: 1 VK 14/04; 2. VK Brandenburg, B. v. 20. 12. 2001 – Az.: 2 VK 108/01).

Dies bedeutet, dass für den erledigten Nachprüfungsantrag auch die **Antragsbefugnis im** 2327 **Sinne von § 107 Abs. 2 GWB vorgelegen** haben muss und die gemäß § 107 Abs. 3 GWB bestehende **Rügeobliegenheit erfüllt** worden sein (OLG Frankfurt, B. v. 2. 11. 2004 – Az.: 11 Verg. 16/04).

23.5.2.3 Begründeter Nachprüfungsantrag

Grundvoraussetzung für die Feststellung der Rechtsverletzung ist weiterhin, dass 2328 **ein Antragsteller mit seinem ursprünglich gestellten Nachprüfungsantrag Erfolg gehabt hätte.** Denn die Rechtswidrigkeitsfeststellung stellt die Fortsetzung des Primärrechtsschutzes dar. Hätte der Nachprüfungsantrag bzw. die sofortige Beschwerde als unbegründet zurückgewiesen werden müssen, kann der Antragsteller nicht in seinen Rechten nach § 97 Abs. 7 GWB verletzt worden sein (BayObLG, B. v. 8. 12. 2004 – Az.: Verg 019/04).

23.5.2.4 Keine Einleitung eines Feststellungsverfahrens allein mit dem Ziel von Schadenersatzansprüchen

Wenn ein **Antragsteller bereits mit der Stellung des Nachprüfungsantrags kein Inte-** 2329 **resse mehr an einer Zuschlagserteilung auf sein Angebot hat, kann er auch keinen zulässigen Fortsetzungsfeststellungsantrag stellen;** er ist auf Schadensersatzansprüche beschränkt, die im Zivilrechtsweg zu verfolgen sind (2. VK Bund, B. v. 8. 6. 2005 – Az.: VK 2–48/05).

23.5.2.5 Keine Einleitung eines Feststellungsverfahrens nach Vertragsschluss

§ 114 Abs. 2 Satz 2 GWB sieht – soweit eine Beendigung des Vergabeverfahrens durch Zu- 2330 schlagserteilung inmitten steht – die Feststellung einer Rechtsverletzung nur in Fällen vor, in denen der Nachprüfungsantrag vor wirksamer Erteilung des Auftrags angebracht worden ist und **während des Nachprüfungsverfahrens der Zuschlag** erfolgt (BayObLG, B. v. 2. 8. 2001 – Az.: Verg 8/01). Zweck der von § 114 Abs. 2 Satz 2 GWB ermöglichten Überleitung in ein Feststellungsverfahren ist es, in einem Nachprüfungsverfahren bereits erarbeitete Ergebnisse zu erhalten und so eine nochmalige gerichtliche Überprüfung derselben Sach- und Rechtsfragen zu vermeiden. Dagegen ist es nicht Aufgabe des Nachprüfungsverfahrens, außerhalb des Primärrechtsschutzes auch über Schadensersatzansprüche eines am Vergabeverfahren beteiligten Unternehmens zu befinden (BayObLG, B. v. 19. 12. 2000 – Az.: Verg 7/00; VK Schleswig-Holstein, B. v. 2. 2. 2005 – Az.: VK-SH 01/05).

Ein Feststellungsantrag nach § 114 Abs. 2 Satz 2 GWB ist also **dann unzulässig,** wenn ein 2331 Vergabeverfahren **zum Zeitpunkt des Einreichens des Antrags durch bereits erfolgte wirksame Erteilung eines Auftrags beendet** wurde (Saarländisches OLG, B. v. 6. 4. 2005 – Az.: 1 Verg 1/05; OLG Naumburg, B. v. 30. 5. 2002 – Az.: 1 Verg 14/01). Dies gilt auch für eine wirksame Auftragserteilung außerhalb eines förmlichen Vergabeverfahrens (VK Schleswig-Holstein, B. v. 2. 2. 2005 – Az.: VK-SH 01/05; VK Baden-Württemberg, B. v. 26. 3. 2002 – Az.: 1 VK 7/02).

Im Fall der Aufhebung einer Ausschreibung ist ein Feststellungsantrag aber auch dann **zuläs-** 2332 **sig,** wenn die **Aufhebung der Ausschreibung vor der Anrufung der Vergabekammer erfolgt** (OLG Düsseldorf, B. v. 27. 7. 2005 – Az.: VII – Verg 108/04; VK Südbayern, B. v. 17. 8. 2004 – Az.: 20–04/04). In solchen Fällen ermöglicht § 114 Abs. 2 S. 2 GWB den Beteiligten den Antrag auf Feststellung einer Rechtsverletzung. Dies gilt **unabhängig davon, ob ein Aufhebungsgrund nach § 26 VOL/A bzw. VOB/A gegeben ist oder nicht** (OLG Düsseldorf, B. v. 27. 7. 2005 – Az.: VII – Verg 108/04).

23.5.2.6 Beginn des Nachprüfungsverfahrens

Wann das Nachprüfungsverfahren beginnt, ist **im GWB (und auch an anderer Stelle)** 2333 **nicht geregelt.** Es wird in der Literatur insoweit die Auffassung vertreten, dass das Nachprüfungsverfahren vor der Vergabekammer nicht mit Antragstellung, sondern **erst dann** beginnt, **wenn die Vergabekammer eine nach außen wirkende Tätigkeit aufnimmt,** die auf die Prüfung der Voraussetzungen, die Vorbereitung und den Erlass der durch Verwaltungsakt zu treffenden Entscheidung gerichtet ist. Demgegenüber stellt die **Rechtsprechung** (1. VK des Bundes, B. v. 17. 11. 1999 – Az.: VK 1–17/99; OLG Düsseldorf, B. v. 13. 4. 1999 – Az.: Verg 1/99) auf die **Rechtshängigkeit des Antrages** ab, wobei der Zeitpunkt der Rechtshängigkeit aus der VwGO entnommen wird, wonach **Rechtshängigkeit schon im Zeitpunkt des Einganges der Klageschrift bei Gericht** und nicht erst (wie im Zivilprozess) mit Zustellung der Klage an den Beklagten eintritt. Dieser Rechtsauffassung schließt sich die Kammer an, da es zu einer nicht zu vertretenden Rechtsunsicherheit führen würde, wollte man bei der Ermittlung der Frage, wann das Nachprüfungsverfahren vor der Vergabekammer beginnt, tatsächlich darauf abstellen, wann die VK eine nach außen wirkende Tätigkeit aufnimmt (VK Bremen, B. v. 16. 7. 2003 – Az.: VK 12/03).

23.5.2.7 Erledigung des Nachprüfungsverfahrens

2334   Bei Erledigung der Hauptsache ist die **Einstellung des Verfahrens auszusprechen** (§ 92 Abs. 3 VwGO analog); außerdem sind von Amts wegen die **Kosten der Vergabekammer festzusetzen** sowie **über die Kostentragung der Verfahrensbeteiligten** (Kostengrundentscheidung) und grundsätzlich über die **Notwendigkeit der Hinzuziehung eines Bevollmächtigten** zu entscheiden (VK Hessen, B. v. 2. 6. 2004 – Az.: 69 d VK – 69/2002).

2335   **23.5.2.7.1 Erledigung durch Zuschlag.** Unter den Begriff des Zuschlags im Sinne von § 114 Abs. 2 Satz 1 GWB fällt **jeder Vertragsschluss, mit dem ein öffentlicher Auftrag vergeben wird,** auch wenn dies unter Verstoß gegen eine Vergabebestimmung wie der Ausschreibungspflicht geschieht. Der Zuschlag als Annahmeerklärung ist nicht auf den Fall reduziert, in dem mit Vertragsschluss ein förmliches Vergabeverfahren abgeschlossen wird; er erfasst auch den Fall, in dem ein öffentlicher Auftraggeber einen bestehenden Bedarf extern im Vertragswege ohne vorherige Durchführung eines Vergabeverfahrens deckt (1. VK Bund, B. v. 13. 7. 2001 – Az.: 1–19/01).

2336   **23.5.2.7.2 Erledigung durch Aufhebung.** Der Auftraggeber kann das Ausschreibungsverfahren auch noch während eines Vergabenachprüfungsverfahrens aufheben. Wenden sich die Bieter nicht gegen die Aufhebung oder wird die Wirksamkeit der Aufhebung in einem Nachprüfungsverfahren bestätigt, hat sich das Ausschreibungsverfahren erledigt.

2337   Hat ein Unternehmen mit dem Ziel der Erlangung primären Vergaberechtsschutzes die Aufhebung des ausgeschriebenen Vergabeverfahrens zum Gegenstand einer Nachprüfung gemacht, ist die **Vergabekammer bei Vorliegen eines Feststellungsinteresses** des Unternehmens auf dessen Antrag **auch zur Feststellung der durch die Aufhebung eingetretenen Rechtsverletzung befugt,** wenn sich herausstellt, dass trotz des Vergabeverstoßes **aufgrund des dem Auftraggeber zustehenden Entscheidungsspielraums eine auf die Fortsetzung des aufgehobenen Vergabeverfahrens gerichtete Anordnung nicht ergehen kann** (OLG Düsseldorf, B. v. 23. 3. 2005 – Az.: VII – Verg 76/04; B. v. 8. 3. 2005 – Az.: VII – Verg 40/04). **Für eine solche Befugnis sprechen zudem Gründe der Prozessökonomie,** denn mit der Kernfrage der Rechtmäßigkeit der angefochtenen Aufhebung werden die Vergabekammer oder das Beschwerdegericht zuständigkeitshalber bereits im Rahmen der Gewährung primären Vergaberechtsschutzes befasst (OLG Düsseldorf, B. v. 23. 3. 2005 – Az.: VII – Verg 76/04).

2338   In einem solchen Fall muss der Antragsteller seinen Antrag vom Primärrechtsschutz auf den Sekundärrechtsschutz umstellen.

2339   Eine **vergaberechtswidrige Aufhebung hat zwar grundsätzlich keine Erledigungswirkung,** jedoch stellt eine gleichwohl erfolgte, wirksame Abstandnahme vom Vergabeverfahren eine Erledigung „in sonstiger Weise" dar (OLG Düsseldorf, B. v. 16. 2. 2005 – Az.: VII – Verg 72/04).

2340   **23.5.2.7.3 Erledigung durch Einstellung eines Vergabeverfahrens.** Zwar führt die Einstellung des Vergabeverfahrens nicht schon aufgrund § 114 Abs. 2 Satz 2 GWB **zwingend auch zur Erledigung des anhängigen Nachprüfungsverfahrens,** sondern es ist jeweils anhand der Umstände des Einzelfalls zu prüfen, ob sich das anhängige Nachprüfungsverfahren erledigt hat. Denn neben der Fortführung des Nachprüfungsverfahrens im Wege eines Fortsetzungsfeststellungsantrags nach § 114 Abs. 2 Satz 2 GWB – bei entsprechender Umstellung des Antrags – kann auch noch in Fortführung des anhängigen Nachprüfungsverfahrens die Rechtmäßigkeit der Einstellung des Vergabeverfahrens überprüft werden (1. VK Bund, B. v. 23. 12. 2003 – Az.: VK 1–119/03).

23.5.2.7.4 Erledigung durch übereinstimmende Erklärung von Antragsteller und Antragsgegner. Erklären der Antragsteller und der Antragsgegner das Verfahren für erledigt, dann ist die Vergabekammer daran gebunden. Denn beide verzichten dann mit der Erledigungserklärung auf die Sachentscheidung. Ein solcher Verzicht gehört zur **Dispositionsbefugnis der Beteiligten,** die dem für die Vergabekammer geltenden Untersuchungsgrundsatz vorgeschaltet ist. Eine Überprüfung, ob eine Erledigung tatsächlich eingetreten ist, scheidet daher aus (VK Hamburg, B. v. 19. 9. 2003 – Az.: VgK FB 5/03). 2341

Die weiteren Verfahrensbeteiligten im Sinne von § 109 müssen Erledigungserklärungen weder zustimmen noch können sie widersprechen, da sie allein durch die Beendigung des Verfahrens nicht materiell beschwert sind (VK Hessen, B. v. 10. 3. 2003 – Az.: 69 d VK – 06/2003). Allenfalls kommt es daher für sie in Betracht, gegen die neu eingetretenen tatsächlichen Umstände, die der Erledigung zugrunde liegen, eigenständig vorzugehen, wenn sie sich dadurch beschwert fühlen (VK Südbayern, B. v. 30. 1. 2001 – Az.: 09–05/00). 2342

Da sich das Nachprüfungsverfahren dadurch gemäß § 114 Abs. 2 Satz 2 in sonstiger Weise erledigt hat, ist es einzustellen und nur noch über die Kosten des Verfahrens zu entscheiden (VK Baden-Württemberg, B. v. 12. 4. 2006 – Az.: 1 VK 12/06; VK Südbayern, B. v. 28. 1. 2003 – Az.: 52–11/02). 2343

23.5.2.7.5 Erledigung durch eine auf § 115 Abs. 3 GWB beruhende Entscheidung? Die **Erledigung eines Nachprüfungsantrages ist nicht bereits mit einem Beschluss der Vergabekammer eingetreten, der auf § 115 Abs. 3 GWB beruht.** Die entsprechende Anordnung hat zwar dazu geführt, dass der Antragsteller (vorerst) nicht damit rechnen musste, dass der Auftraggeber die Arbeiten für einen längeren Zeitraum freihändig vergeben würde. Sie ist indessen nicht geeignet, das Rechtsschutzbedürfnis für einen nachfolgenden Nachprüfungsantrag entfallen zu lassen. Denn die Entscheidung der Vergabekammer ist vorläufiger Natur. Es ist nicht auszuschließen, dass die Vergabekammer den Nachprüfungsantrag im offenen Verfahren im Ergebnis dennoch zurückweisen und ihre Eilanordnung gemäß § 115 Abs. 3 wieder aufheben würde (OLG Celle, B. v. 29. 8. 2003 – Az.: 13 Verg 15/03). 2344

23.5.2.7.6 Erledigung durch Beseitigung des gerügten Rechtsverstoßes durch den Auftraggeber. Die **Rechtsprechung** ist insoweit **nicht einheitlich.** 2345

Nach einer Auffassung hat sich das Nachprüfungsverfahren vor der Vergabekammer erledigt, wenn ein Verstoß gegen Vergabevorschriften im Zusammenhang mit der Wertung z. B. eines Nebenangebots eines Beigeladenen im Raum steht und der **Auftraggeber den gerügten Rechtsverstoß beseitigt.** Dann ist die Rechtmäßigkeit des Vergabeverfahrens bereits auf andere Weise als durch Entscheidung der Vergabekammer wieder hergestellt, so dass vor der Vergabekammer das **primäre Rechtsschutzziel nicht mehr erreicht werden kann** (BayObLG, B. v. 20. 9. 2004 – Az.: Verg 021/04). 2346

Nach anderer Meinung wird dadurch, dass sich der **Auftraggeber dem Antrag des Antragstellers anschließt,** also nunmehr im Ergebnis den Zuschlag z. B. auf das Angebot des Antragstellers erteilen will, **keine Erledigung des Verfahrens** wie etwa bei einer Rücknahme des Nachprüfungsantrages **erreicht.** Die Kammer bleibt durch den bestehenden Nachprüfungsantrag zur Entscheidung befugt. Das Sachentscheidungsinteresse des Antragstellers ist zwar in der Hauptsache hinfällig geworden, aber der **Beigeladene hat weiterhin das Interesse an der Entscheidung in der Hauptsache, denn er soll den Auftrag nunmehr nicht erhalten** (VK Hannover, B. v. 17. 11. 2004 – Az.: 26 045 – VgK 11/2004). 2347

23.5.2.7.7 Erledigung in sonstiger Weise. Eine Erledigung in sonstiger Weise liegt – ebenso wie bei den gesetzlich ausdrücklich genannten Fällen – dann vor, wenn das Nachprüfungsverfahren gegenstandslos wird. Dies kommt vor allem **bei einer Nachbesserung des Vergabeverfahrens durch die Vergabestelle vor Abschluss des Nachprüfungsverfahrens in Betracht,** durch die dem Antragsteller seine Beschwer genommen wird (VK Lüneburg, B. v. 5. 1. 2006 – Az.: VgK-43/2005; B. v. 5. 1. 2006 – Az.: VgK-41/2005). 2348

Als eine Erledigung im Sinne der Vorschrift des § 114 Abs. 2 ist es **nicht anzusehen,** wenn ein Bieter, der im Nachprüfungsverfahren ursprünglich die Erteilung des Zuschlages auf sein Angebot begehrt hat, nach ihm von der Vergabekammer gewährter Akteneinsicht in die Unter- 2349 lagen der Vergabestelle dieses **Begehren wegen fehlender Erfolgsaussicht aufgibt** (OLG Naumburg, B. v. 4. 9. 2001 – Az.: 1 Verg 8/01).

2350 **23.5.2.7.8 Beispiele aus der Rechtsprechung**

– der Hilfsantrag des Antragstellers hat sich in sonstiger Weise erledigt, indem der Auftraggeber die Entscheidung aktenkundig gemacht hat, ein förmliches Vergabeverfahren durchführen zu wollen **„Erledigung durch Heilung"** – (VK Düsseldorf, B. v. 12. 9. 2006 – Az.: VK – 37/2006 – L)

2351 **23.5.2.7.9 Erledigung während eines laufenden Nachprüfungsverfahrens.** Nach § 114 Abs. 2 GWB stellt die Vergabekammer auf Antrag eines Beteiligten fest, ob eine Rechtsverletzung vorgelegen hat, wenn sich das Nachprüfungsverfahren u. a. durch Erteilung des Zuschlags oder durch eine entsprechende Erklärung des Antragstellers erledigt hat. Entsprechend dem Wortlaut dieser Vorschrift muss die **Erledigung während eines laufenden Nachprüfungsverfahrens eintreten, das Verfahren also bereits begonnen haben** (2. VK Brandenburg, B. v. 10. 6. 2005 – Az.: VK 18/05; VK Schleswig-Holstein, B. v. 31. 5. 2005 – Az.: VK-SH 09/05).

23.5.2.8 Unzulässigkeit eines Antrages auf Feststellung, dass die Durchführung des Verhandlungsverfahrens rechtmäßig war

2352 Ein **Antrag, festzustellen, dass die Durchführung des Verhandlungsverfahrens rechtmäßig war, ist unzulässig,** weil ein solcher Antrag weder gemäß §§ 107ff., 114 GWB vorgesehen ist, noch im Hinblick auf § 125 GWB als zulässig angesehen werden kann. Diesem Antrag **kann auch keine eigenständige Bedeutung zugemessen werden,** da ausschließlich der – in diesem Antrag enthaltene – Abweisungsantrag maßgeblich ist (VK Hessen, B. v. 21. 3. 2003 – Az.: 69 d VK – 11/2003, B. v. 29. 11. 2001 – Az.: 69 d VK – 42/2001).

23.5.2.9 Unzulässigkeit eines Antrages auf Feststellung einer eventuellen Vertragsnichtigkeit

2353 Ein Antrag, festzustellen, dass „die Zuschlagserteilung ebenso nichtig ist wie ein daraufhin etwa abgeschlossener Bauwerksvertrag", ist als Fortsetzungsfeststellungsantrag unzulässig. Gemäß §§ 114 Abs. 2 Satz 2, 123 Satz 3, 4 GWB stellt die Vergabekammer/der Vergabesenat, wenn sich das Nachprüfungsverfahren durch die Erteilung des Zuschlags erledigt hat, auf Antrag fest, ob eine Rechtsverletzung vorgelegen hat. Nur diese Feststellung ist zu treffen, und zwar mit der Angabe, durch welches Verhalten des Auftraggebers der Antragsteller in seinen Rechten verletzt wurde. Die **Feststellung umfasst indes nicht die sich aus dem Vergaberechtsfehler ergebenden Rechtsfolgen. Deshalb ist ein Antrag, festzustellen, dass die durch die Vergabestelle ausgesprochene Zuschlagserteilung nichtig war, nicht statthaft** (OLG Celle, B. v. 8. 12. 2005 – Az.: 13 Verg 2/05).

23.5.2.10 Unzulässigkeit eines Antrages auf Feststellung einer bereits erfolgten Beauftragung

2354 Ein **Antrag auf Feststellung einer bereits erfolgten Beauftragung ist im vergaberechtlichen Nachprüfungsverfahren unstatthaft.** Es ist nicht unmittelbar auf ein Eingreifen der Nachprüfungsinstanz in ein schon und noch laufendes Vergabeverfahren, also auf Primärrechtsschutz gerichtet, sondern lediglich auf eine Feststellung. Feststellungsanträge sind jedoch nur eingeschränkt unter den Voraussetzungen des § 114 Abs. 2 GWB zulässig, also bei wirksamer Beendigung des Vergabeverfahrens während des laufenden Nachprüfungsverfahrens. Hier wird dem gegenüber von Anfang an eine Feststellung begehrt. Hinzu kommt, dass die **begehrte Feststellung sich nicht auf die Feststellung einer Verletzung von vergaberechtlichen Vorschriften bezieht,** wie es § 107 Abs. 2 GWB verlangt, sondern **auf die Klärung einer Rechtsfrage aus dem Bereich des zivilrechtlichen Vertragsrechts.** Zu einer solchen Feststellung sind die Nachprüfungsinstanzen nach §§ 104 Abs. 2, 114 Abs. 1 und Abs. 2 GWB nicht befugt. Hierfür ist **allein der Rechtsweg zur ordentlichen Gerichtsbarkeit gegeben** (OLG Naumburg, B. v. 18. 7. 2006 – Az.: 1 Verg 4/06).

23.5.2.11 Zeitliche Befristung?

2355 Zu der **Frage, ob der Feststellungsantrag einer zeitlichen Befristung unterliegt,** vgl. im Einzelnen RZ 2701.

23.5.3 Inhalt des Feststellungsantrags

23.5.3.1 Vorliegen einer Rechtsverletzung

Die Entscheidung im Nachprüfungsverfahren dreht sich allein um den **Punkt der Rechts-** 2356
verletzung. Daher kann eine Feststellung, dass dem Antragsteller der Zuschlag zu erteilen gewesen wäre, nicht im Feststellungsverfahren vor der Vergabekammer entschieden werden, sondern muss von dem Antragsteller als Anspruchsvoraussetzung im Zivilprozess nachgewiesen werden (VK Südbayern, B. v. 8. 2. 2002 – Az.: 41–11/01).

23.5.3.2 Beispiele aus der Rechtsprechung

– unterlassene Mitteilung nach § 13 VgV (2. VK Brandenburg, B. v. 10. 6. 2005 – Az.: VK 2357
  18/05)
– unterlassene Bekanntmachung der Wertungskriterien nach § 9a VOL/A (VK Münster, B. v.
  21. 12. 2001 – Az.: VK 22/01)

23.5.4 Zwischenentscheidung über die Erledigung infolge Zuschlagserteilung bei einem Antrag auf Primärrechtsschutz

Eine **Zwischenentscheidung der Vergabekammer** in einem Nachprüfungsverfahren, das 2358
auf Primärrechtsschutz gerichtet ist, **dass sich das Vergabeüberprüfungsverfahren** – soweit
auf die Gewährung von Primärrechtsschutz gerichtet – infolge Zuschlagserteilung **erledigt hat**
(§ 114 Abs. 2 GWB) ist im Gesetz ausdrücklich nicht vorgesehen. Gleichwohl ist eine solche Zwischenentscheidung bei Streit der Beteiligten über die Wirksamkeit eines erteilten Zuschlags **aus verfahrensökonomischen Gründen zulässig und sachdienlich,** weil damit das regelmäßig eilbedürftige Primärrechtsschutzverfahren einer schnellen Klärung zugeführt werden kann und die Vergabekammer sodann, ohne unter dem Zeitdruck der Frist des § 113 Abs. 1 GWB zu stehen, über den Antrag eines Beteiligten entscheiden kann, ob eine Rechtsverletzung vorgelegen hat (OLG Thüringen, B. v. 9. 9. 2002 – Az.: 6 Verg 4/02, B. v. 16. 7. 2003 – Az.: 6 Verg 3/03; VK Thüringen, B. v. 9. 1. 2006 – Az.: 360–4002.20–063/05-EF-S; VK Rheinland-Pfalz, B. v. 12. 5. 2005 – Az.: VK 17/05; VK Baden-Württemberg, B. v. 24. 3. 2004 – Az.: 1 VK 14/04; VK Südbayern, B. v. 13. 3. 2003 – Az.: 05–02/03).

23.5.5 Sonstige Feststellungsanträge

Die Rechtsprechung erkennt über den Wortlaut des § 114 Abs. 2 in Zusammenhang mit 2359
§ 115 auch die **Statthaftigkeit eines Feststellungsantrages** an, der darauf gerichtet ist, dass
kein Zuschlagsverbot besteht; zu den Einzelheiten vgl. die Kommentierung zu § 115.

23.5.6 Bindungswirkung

23.5.6.1 Grundsatz

Eine Sachentscheidung über den Feststellungsantrag nach § 114 Abs. 2 GWB entfaltet nach 2360
§ 124 Abs. 1 GWB **Bindungswirkung in einem späteren Zivilprozess über Schadensersatzansprüche,** die damit bereits dem Grunde nach feststehen (OLG Thüringen, B. v. 19. 10. 2000 – Az.: 6 Verg 3/00).

23.5.6.2 Zulässigkeit zweier Entscheidungsträger

Eine **Aufteilung der Befugnis** nach Art. 2 Abs. 1 Buchstabe c) der Richtlinie 89/665 (Fest- 2361
stellung eines Vergabeverstoßes und Zuerkennung von Schadensersatz) **auf mehrere zuständige Instanzen** (Vergabekammer/Vergabesenat sowie Zivilgerichte) **verstößt nicht gegen die Vorschriften dieser Richtlinie,** da Art. 2 Abs. 2 der Richtlinie die Mitgliedstaaten ausdrücklich ermächtigt, die in Absatz 1 dieses Artikels genannten Befugnisse getrennt mehreren Instanzen zu übertragen, die für das Nachprüfungsverfahren unter verschiedenen Gesichtspunkten zuständig sind (EuGH, Urteil vom 19. 6. 2003 – Rechtssache C-315/01).

23.5.7 Literatur

– Antweiler, Clemens, Erledigung des Nachprüfungsverfahrens i.S. von § 114 II 2 GWB, 2361a
  NZBau 2005, 35

23.5.8 Ablehnungsfiktion des § 116 Abs. 2 im Feststellungsverfahren (§ 114 Abs. 2 Satz 3)

2362   Im Fortsetzungsfeststellungsverfahren ist nach § 114 Abs. 2 Satz 3 GWB die **Beschleunigungsvorgabe des § 113 Abs. 1 GWB außer Kraft gesetzt** und mithin auch die zu ihrer Durchsetzung geschaffene gesetzliche Fiktion der Antragsablehnung (OLG Naumburg, B. v. 4. 9. 2001 – Az.: 1 Verg 8/01).

23.5.9 Feststellung eines Verstoßes gegen den EG-Vertrag bei Feststellungsverfahren vor dem EuGH

2363   Es ist im Rahmen eines Vertragsverletzungsverfahrens **Sache des Europäischen Gerichtshofes, festzustellen, ob die beanstandete Vertragsverletzung vorliegt oder nicht, selbst wenn der betreffende Mitgliedstaat sie nicht mehr bestreitet.** Andernfalls können die Mitgliedstaaten dadurch, dass sie die Vertragsverletzung einräumen und die sich möglicherweise daraus ergebende Haftung anerkennen, ein beim Gerichtshof anhängiges Vertragsverletzungsverfahren jederzeit beenden, ohne dass das Vorliegen der Vertragsverletzung und der Grund für ihre Haftung jemals gerichtlich festgestellt werden kann (EuGH, Urteil vom 3. 3. 2005 – Az.: C-414/03).

23.5.10 Fortbestehen eines Verstoßes gegen das Ausschreibungsrecht bei Feststellungsverfahren vor dem EuGH

23.5.10.1   Rechtsprechung

2364   Wenngleich der Gerichtshof im Bereich der Vergabe öffentlicher Aufträge entschieden hat, dass bei Ablauf der in der mit Gründen versehenen Stellungnahme der Kommission gesetzten Frist ein Verstoß dann nicht mehr besteht, **wenn alle Wirkungen der fraglichen Ausschreibung zu diesem Zeitpunkt schon erschöpft** sind, ergibt sich jedoch ebenfalls aus der Rechtsprechung, dass ein **Verstoß zu diesem Zeitpunkt fortbesteht, wenn die unter Verletzung der Gemeinschaftsbestimmungen über öffentliche Aufträge geschlossenen Verträge weiter fortwirken.** Sind z. B. Müllentsorgungsverträge zum Zeitpunkt des Ablaufs der in der mit Gründen versehenen Stellungnahme gesetzten Frist nicht abgeschlossen, besteht der vermeintliche Verstoß zu diesem Zeitpunkt noch fort und wird erst zum Zeitpunkt des Ablaufs dieser Verträge beendet (EuGH, Urteil vom 9. 9. 2004 – Az.: C-125/03).

23.5.10.2 Literatur

2365   – Heuvels, Klaus, Fortwirkender Richtlinienverstoß nach De-facto-Vergaben, NZBau 2005, 32

23.6 Entscheidung der Vergabekammer durch Verwaltungsakt (§ 114 Abs. 3 Satz 1)

2366   Die Entscheidung der Vergabekammer erfolgt durch Verwaltungsakt. Dementsprechend knüpfen sich bestimmte Regelungen an das für Verwaltungsakte geltende Recht.

2367   So ist z. B. der **verfahrensabschließende Verwaltungsakt** (= die Entscheidung) **auch nach Eintritt seiner Unanfechtbarkeit (Bestandskraft) von der Vergabekammer noch abänderbar.** Dies ergibt sich vorbehaltlich der speziellen Vorschriften in §§ 107 ff. GWB aus dem (allgemeinen) Verwaltungsverfahrensrecht, also dem jeweiligen Bundes- bzw. Landesverwaltungsgesetz (OLG Schleswig-Holstein, B. v. 2. 8. 2004 – Az.: 6 Verg 15/03).

23.6.1 Widerruf der Entscheidung der Vergabekammer

2368   Der **Widerruf einer Entscheidung der Vergabekammer** (als Verwaltungsakt) erfolgt **grundsätzlich entsprechend § 49 VwVfG,** wobei diese Vorschrift danach differenziert, ob es sich um einen begünstigenden (Abs. 2) oder einen belastenden (Abs. 1) Verwaltungsakt handelt. Hat der von der Vergabekammer ursprünglich erlassene Beschluss sowohl begünstigenden (gegenüber der Antragstellerin) als auch belastenden (gegenüber der Auftraggeberin) Charakter, ist dieser Fall im VwVfG nicht geregelt, da dieses Gesetz von zweiseitigen Verwaltungsakten ausgeht, während das Verfahren nach dem 4. Abschnitt des GWB durchweg als dreiseitiges Verfahren (Antragsteller, Auftraggeber, Vergabekammer) ausgestaltet ist.

Für den Widerruf eines begünstigenden Verwaltungsakts gilt aber, dass bestimmte Voraussetzungen vorliegen müssen, wohingegen der Widerruf eines belastenden Verwaltungsaktes nach behördlichem Ermessen nahezu unbegrenzt möglich ist. Entsprechend den obigen Überlegungen kann davon ausgegangen werden, dass ein Widerruf nach der (strengeren) Alternative des § 49 Abs. 2 VwVfG auch den Anforderungen an den Widerruf eines belastenden Verwaltungsaktes gem. § 49 Abs. 1 VwVfG genügt (1. VK Sachsen, B. v. 14. 3. 2002 – Az.: 1/SVK/119–01w).

23.6.2 Verweisung eines Nachprüfungsantrages an die zuständige Vergabekammer

Die **Möglichkeit und Pflicht,** den Nachprüfungsantrag zu verweisen, ergibt sich **aus einem allgemeinen Rechtsgedanken,** der in den § 83 VwGO, § 17a Abs. 2 GVG ausgedrückt ist, auch wenn das Nachprüfungsverfahren ein Verwaltungs- und kein Gerichtsverfahren ist. Wegen der Ausgestaltung des Nachprüfungsverfahrens, das Elemente eines Gerichtsverfahrens besitzt, hält es die Vergabekammer für angezeigt, die bezeichneten Verfahrensvorschriften auf das Nachprüfungsverfahren anzuwenden. Da die Bestimmungen des § 17a Abs. 2 GVG nach § 83 VwGO auch für das Vorgehen bei örtlicher Unzuständigkeit gelten, hat die Vergabekammer die Unzulässigkeit ihrer Anrufung nach Anhörung der Beteiligten von Amts wegen auszusprechen und die Sache an die zuständige Vergabekammer zu verweisen (VK Münster, B. v. 9. 8. 2001 – Az.: VK 19/01). Außerdem entspricht die **Regelung des § 17a Abs. 2 GVG einem allgemeinen Rechtsgedanken** (VK Lüneburg, B. v. 20. 9. 2004 – Az.: 203-VgK-46/2004).

23.6.3 Auswirkungen der Rücknahme eines Nachprüfungsantrages nach einer Entscheidung der Vergabekammer

Durch die **Rücknahme des Nachprüfungsantrags wird ein Beschluss der Vergabekammer insgesamt wirkungslos.** Da die Entscheidung der Vergabekammer durch Verwaltungsakt ergeht (§ 114 Abs. 3 Satz 1 GWB), ist es gerechtfertigt, bei Zweifeln und Regelungslücken auf die allgemeinen Bestimmungen des Verwaltungsverfahrensgesetzes und dessen Rechtsgrundsätze über die Behandlung von Verwaltungsakten zurückzugreifen. Danach können Anträge auf Erlass eines Verwaltungsaktes, soweit nichts anderes geregelt ist, noch bis zum Abschluss des Verfahrens zurückgenommen werden, das heißt **bis zum Eintritt der Unanfechtbarkeit der Entscheidung,** und zwar selbst dann, wenn in der Zwischenzeit gegen den ergangenen Verwaltungsakt Rechtsbehelfe eingelegt worden sind. Ein ergangener und noch nicht bestandskräftig gewordener Verwaltungsakt wird jedenfalls in den reinen Antragsverfahren durch Antragsrücknahme wirkungslos. Entsprechendes gilt für den Beschluss der Vergabekammer, der (als Verwaltungsakt) seine Grundlage in dem Nachprüfungsantrag des Antragstellers hat (OLG Düsseldorf, B. v. 9. 12. 2002 – Az.: Verg 35/02).

23.6.4 Rechtsschutz gegen die Entscheidung der Vergabekammer

Der Rechtsschutz gegen die Entscheidung der Vergabekammer erfolgt nach § 116 GWB. Diese Vorschrift stellt eine **Sonderregelung gegenüber den Vorschriften der Verwaltungsgerichtsordnung** dar, die im Regelfall für den Rechtsschutz gegen Verwaltungsakte anzuwenden sind.

23.6.5 Vollstreckung der Entscheidung der Vergabekammer (§ 114 Abs. 3 Satz 2)

23.6.5.1 Allgemeines

Im Rahmen eines Nachprüfungsverfahrens **kann die Vergabekammer auch die Durchführung eines Vollstreckungsverfahrens anordnen und nötigenfalls auch mit dem Einsatz von Zwangsmitteln die Durchsetzung bestandskräftiger Entscheidungen betreiben** (VK Thüringen, B. v. 19. 7. 2004 – Az.: 360–4003.20–003/03-ABG-V).

Nach § 114 Abs. 3 Satz 2 GWB richtet sich die Vollstreckung der Entscheidung der Vergabekammer nach den Verwaltungsvollstreckungsgesetzen des Bundes und der Länder.

Dies gilt auch für die **Vollstreckung gegen einen Hoheitsträger** (VK Münster, B. v. 6. 12. 2001 – Az.: VK 1/01–8/01 Vs; VK Magdeburg, B. v. 3. 2. 2003 – Az: 33–32571/07 VK 05/02 MD (V)).

Teil 1 GWB § 114 Gesetz gegen Wettbewerbsbeschränkungen

2376 Die **Vergabekammer kann in ihrer Entscheidung auch Zwangsgelder androhen** (OLG Naumburg, B. v. 13. 10. 2006 – Az.: 1 Verg 7/06; B. v. 13. 10. 2006 – Az.: 1 Verg 6/06 – für die Befugnis eines Vergabesenats – **(instruktive Fälle)**; 1. VK Sachsen, B. v. 2. 8. 2001 – Az.: 1/SVK/70–01).

2377 Der Katalog möglicher Zwangsmittel umfasst (in Sachsen-Anhalt) weder **Untersagungsgebote noch Feststellungsmaßnahmen.** Damit können diese **im Wege der Verwaltungsvollstreckung nicht geltend gemacht werden** (VK Magdeburg, B. v. 3. 2. 2003 – Az: 33–32571/07 VK 05/02 MD (V)).

23.6.5.2 Vollstreckung nur auf Antrag

2378 Die Vorschrift des § 114 Abs. 3 Satz 2 GWB verweist insoweit auf die Verwaltungsvollstreckungsgesetze der Länder, wonach eine **Vollstreckung antragsunabhängig** erfolgt (vgl. für das Land Sachsen-Anhalt § 53 Abs. 1 SOG LSA). **Gegen diese Auslegung sprechen jedoch systematische Erwägungen:** Das Nachprüfungsverfahren vor der Vergabekammer ist gerichtsähnlich ausgestaltet. Das Nachprüfungsverfahren bezweckt wie das verwaltungsgerichtliche Verfahren (vgl. § 113 Abs. 1 und 5 der Verwaltungsgerichtsordnung – VwGO) primär die Gewährung subjektiven Rechtsschutzes für die Betroffenen. Auch die Vollstreckung der Entscheidungen der Vergabekammern dient dem Schutz der Interessen der Unternehmen am Auftrag. Von daher unterscheidet sich die Ausgangslage grundsätzlich gegenüber der Vollstreckung gewöhnlicher Verwaltungsakte, die zumeist in erster Linie im öffentlichen Interesse erfolgen.

2379 Diese Überlegungen sprechen dafür, dass entsprechend der verwaltungsprozessualen Regelungen der §§ 170, 172 VwGO **auch die Vollstreckung der Entscheidungen von Vergabekammern nur auf Antrag eingeleitet werden** kann, auch wenn dies im Wortlaut des § 114 Abs. 3 Satz 2 GWB keinen Ausdruck gefunden hat (OLG Naumburg, B. v. 27. 4. 2005 – Az.: 1 Verg 3/05; VK Magdeburg, B. v. 3. 2. 2003 – Az.: 33–32571/07 VK 05/02 MD (V)).

23.6.5.3 Verwirkung der Vollstreckung

2380 Unternimmt ein Antragsteller **mindestens sieben Wochen,** nachdem er von der Vergabestelle über den bevorstehenden Abschluss des Vertrages mit einer Mitbewerberin in Kenntnis gesetzt wird, nichts zur Durchsetzung seines vermeintlichen Rechts, kann die **Vergabestelle nach Treu und Glauben** daraus **schließen,** er werde dahingehend nichts mehr unternehmen. Es ist nicht vertretbar, dass der Antragsteller einen so erheblichen Zeitraum verstreichen lässt, um mit der Einreichung des Vollstreckungsantrages seine vermeintlichen Rechte gegenüber der Vergabestelle durchzusetzen (VK Magdeburg, B. v. 3. 2. 2003 – Az.: 33–32571/07 VK 05/02 MD (V)).

23.6.6 Antrag auf Verlängerung der aufschiebenden Wirkung einer Beschwerde nach dem Vollstreckungsrecht

2381 Im Streitfall ist – weil Gegenstand der Vollstreckung im Sinne von § 114 Abs. 3 Satz 2 GWB die Entscheidung einer nordrhein-westfälischen Vergabekammer ist – dementsprechend das Verwaltungsvollstreckungsgesetz für das Land Nordrhein-Westfalen (VwVG NW) anzuwenden. § 8 des nordrhein-westfälischen Gesetzes zur Ausführung der Verwaltungsgerichtsordnung (AGVwGO NW) bestimmt, dass Rechtsbehelfe, die sich gegen Maßnahmen der Vollstreckungsbehörden des Landes Nordrhein-Westfalen in der Verwaltungsvollstreckung richten, keine aufschiebende Wirkung haben. Die Vorschrift ordnet in Satz 2 zugleich die analoge Geltung des § 80 Abs. 5 VwGO an. Das bedeutet, dass gegen derartige Zwangsvollstreckungsmaßnahmen um vorläufigen Rechtsschutz nachgesucht werden kann mit dem Antrag, die aufschiebende Wirkung einer Beschwerde gegen die Vollstreckungsmaßnahme anzuordnen (OLG Düsseldorf, B. v. 8. 11. 2004 – Az.: VII – Verg 75/04; B. v. 25. 7. 2002 – Az.: Verg 33/02; ebenso OLG Naumburg, B. v. 17. 3. 2005 – Az.: 1 Verg 3/05 für Sachsen-Anhalt).

2382 Der Antrag auf vorläufigen Rechtsschutz gegen Vollstreckungsmaßnahmen ist **begründet, wenn das Interesse an der Vollziehung der rechtskräftigen Entscheidung der Vergabekammer nicht das Interesse des Antragsgegners, die Vollziehung bis zur Entscheidung über seine Beschwerde auszusetzen, überwiegt.** Entscheidend hierfür sind die Erfolgsaussichten des von dem Antragsgegner gegen die Zwangsgeldandrohung eingelegten Rechtsmittels. Insoweit ist eine summarische Prüfung der Sach- und Rechtslage geboten (OLG Düsseldorf, B. v. 8. 11. 2004 – Az.: VII – Verg 75/04).

Das nach dem Gesetz als vorrangig bewertete öffentliche Interesse an der sofortigen Durch- 2383
setzbarkeit einer bestandskräftigen Entscheidung tritt jedoch ausnahmsweise gegenüber dem
Interesse des Rechtsmittelführers an der Gewährung effektiven Rechtsschutzes gegen eine Vollstreckungsmaßnahme auch dann zurück, **wenn die sofortige Vollziehung für den Rechtsmittelführer eine unbillige, nicht durch das überwiegende öffentliche Interesse an der sofortigen Durchsetzung gebotene Härte zur Folge hätte** (OLG Naumburg, B. v. 17. 3. 2005 – Az.: 1 Verg 3/05).

23.6.7 Unterschriftserfordernis (§ 114 Abs. 3 Satz 3)

23.6.7.1 Grundsatz

Aus § 61 GWB, der gemäß § 114 Abs. 3 Satz 3 GWB im Vergabenachprüfungsverfahren ent- 2384
sprechend anzuwenden ist, lässt sich nichts für die Frage des Unterschriftserfordernisses entnehmen.

23.6.7.2 Unterschrift des/der Vorsitzenden

Die **Wirksamkeit** der Vergabekammerentscheidung **hängt** von der **Unterschrift ihres Vor-** 2385
sitzenden ab. Nur diese Sichtweise bietet auch für die Abgrenzung zu bloßen Entwürfen ein
ausreichendes Maß an Rechtssicherheit (BayObLG, B. v. 6. 2. 2004 – Az.: Verg 24/03).

23.6.7.3 Unterschrift des ehrenamtlichen Beisitzers

Es **fehlt** eine **bundesgesetzliche Regelung,** wonach der ehrenamtliche Beisitzer Beschlüsse 2386
der Vergabekammer, die unter seiner Mitwirkung gefasst wurden, zu unterzeichnen hat. Aus
§ 113 Abs. 1 Satz 1 GWB folgt nur, dass die Entscheidungen der Vergabekammer in schriftlicher
Form ergehen. Aus der Vorschrift lässt sich aber nicht herleiten, dass unter Einschluss des ehrenamtlichen Beisitzers alle drei Mitglieder der Vergabekammer (§ 105 Abs. 2 Satz 1 GWB) den
von ihr gefassten Beschluss unterschreiben müssen. Die Unterschrift des ehrenamtlichen Beisitzers der Vergabekammer ist nicht so bedeutsam, dass sie auch ohne eine dies anordnende Regelung, also gleichsam von der Sache her vorgegeben neben den Unterschriften der hauptamtlichen Mitglieder notwendig erscheinen könnte. **Ob der schriftliche Beschluss der Vergabekammer auch von dem ehrenamtlichen Beisitzer unterschrieben werden muss,**
ist danach eine **Frage, die dem Bereich der Organisation der Vergabekammer zugeordnet** werden kann (BGH, Urteil vom 12. 6. 2001 – Az.: X ZB 10/01; BayObLG, B. v. 1. 10.
2001 – Az.: Verg 6/01, B. v. 6. 2. 2004 – Az.: Verg 24/03).

23.6.8 Zustellung der Entscheidung der Vergabekammer (§ 114 Abs. 3 Satz 3)

23.6.8.1 Allgemeines

Gemäß § 114 Abs. 3 Satz 3, § 61 Abs. 1 Satz 1 GWB gelten für die Zustellung des Beschlus- 2387
ses der Vergabekammer die **Bestimmungen des Verwaltungszustellungsgesetzes.** Danach
ist die Zustellung die förmliche und beurkundete Übergabe eines Schriftstücks zum Zweck der
Bekanntgabe eines Verwaltungsakts oder einer anderen behördlichen oder gerichtlichen Entscheidung. Sie ist eine **hoheitliche Rechtshandlung,** nicht eine bloße tatsächliche Handlung
und setzt daher den Zustellungswillen der veranlassenden Behörde voraus. Wird nur ein Entwurf vorab übermittelt, liegt darin keine Zustellung (BayObLG, B. v. 10. 10. 2000 – Az.: Verg
5/00).

23.6.8.2 Zustellung per Fax?

Die Übersendung der Entscheidung per Telefax gilt nur dann als wirksame Zustellung der 2388
Entscheidung, wenn **zugleich das vorgesehene Empfangsbekenntnis dem Telefax beigefügt ist** (Hanseatisches OLG in Bremen, B. v. 18. 8. 2003 – Az.: Verg 7/2003).

Weist die Vergabekammer in einem Begleitschreiben an einen Rechtsanwalt zur Übersen- 2389
dung der Vergabekammerentscheidung mittels Telefax **ausdrücklich darauf hin, dass das**
Original des Beschlusses auf dem Postwege gegen Empfangsbekenntnis zugestellt
wird, liegt danach kein elektronischer, sondern ein schriftlicher Verwaltungsakt vor.
Da entsprechend der in dem Schreiben geäußerten Absicht eine spätere Zustellung des angefochtenen Beschlusses gegen Empfangsbekenntnis erfolgt, dient die **Übermittlung per Telefax**
lediglich der faktischen Vorabinformation. Sie soll und kann die förmliche Zustel-

lung nicht ersetzen, da § 5 Abs. 2 VwZG die Möglichkeit einer formlosen Zustellung an einen Rechtsanwalt ohne Unterzeichnung eines Empfangbekenntnisses nicht vorsieht (OLG Düsseldorf, B. v. 12. 1. 2006 – Az.: VII – Verg 86/05).

23.6.9 Sonderfall: Wiedereinsetzung in den vorigen Stand

23.6.9.1 Frist des § 107 als Ausschlussfrist

2390 Auch im Verfahren vor der Vergabekammer hat die Rechtsprechung im Ergebnis das Institut der Wiedereinsetzung in den vorigen Stand angewendet (vgl. auch die Kommentierung zu § 116 GWB RZ Ziffer 25.5).

2391 Eine Wiedereinsetzung in den vorigen Stand ist bei **Ausschlussfristen nur möglich, wenn sie ausnahmsweise ausdrücklich durch eine Rechtsvorschrift zugelassen** ist. Ob eine Frist eine Ausschlussfrist in diesem Sinne ist, ist Auslegungsfrage, die vor allem nach dem Zweck der Regelung zu beantworten ist. Um eine Ausschlussfrist handelt es sich immer dann, wenn der Sinn der gesetzlichen Regelung mit der **Fristbeachtung steht und fällt** (VK Nordbayern, B. v. 18. 8. 2000 – Az.: 320.VK-3194-18/00). Dies wird man für die Rügefrist des § 107 GWB angesichts des im Vergabenachprüfungsverfahren herrschenden Beschleunigungsgrundsatzes bejahen können.

2392 Eine Wiedereinsetzung in den vorigen Stand hängt damit davon ab, ob insoweit die Voraussetzungen des § 32 VwVfG erfüllt sind, die **Rügefrist also eine gesetzliche Frist gemäß § 32 Abs. 1 VwVfG** ist. Die Rechtsprechung hat dies bisher offen gelassen, da im Entscheidungsfall die Voraussetzungen des § 32 VwVfG nicht erfüllt waren (1. VK Sachsen, B. v. 5. 3. 2002 – Az.: 1/SVK/009–02).

23.6.9.2 Keine Frist für einen Nachprüfungsantrag

2393 Der Antrag auf Wiedereinsetzung in den vorigen Stand ist **unbegründet, da der Antrag auf Einleitung eines Vergabenachprüfungsverfahrens nicht fristgebunden** ist. Nach § 32 Abs. 1 VwVfG ist auf Antrag Wiedereinsetzung in den vorigen Stand zu gewähren, wenn jemand ohne Verschulden verhindert war, eine gesetzliche Frist einzuhalten. **Im Gegensatz zur Rügeverpflichtung hat der Gesetzgeber für den Antrag an die Vergabekammer an keine Frist geknüpft.** So sieht der Wortlaut des § 108 Abs. 1 GWB gerade keine Frist für die Frage des Einganges des Antrages bei der Vergabekammer vor. Hiervon zu trennen ist die Verpflichtung der unverzüglichen Begründung eines bereits anhängigen Antrages. Die Antragstellerin konnte mangels Existenz einer Einreichungsfrist für den Antrag eine solche nicht versäumen. Die **Tatbestandsvoraussetzungen des § 32 Abs. 1 VwVfG sind nicht erfüllt** (1. VK Sachsen, B. v. 4. 8. 2003 – Az.: 1/SVK/096–03).

23.7 Rechtskraft der Entscheidung

23.7.1 Grundsatz

2394 Der Beschluss einer Vergabekammer entfaltet **materielle Rechtskraft,** so dass zurückgewiesene Rügen in späteren Vergabenachprüfungsverfahren derselben Beteiligten um dieselbe Vergabe grundsätzlich nicht mehr zu beachten sind (OLG Celle, B. v. 5. 9. 2003 – Az.: 13 Verg 19/03).

23.7.2 Vereinbarkeit der Rechtskraftwirkung mit europäischem bzw. deutschem Recht

2395 Der **Feststellung einer materiellen Rechtskraftwirkung steht weder Europäisches noch deutsches Recht entgegen.** Weder aus der Rechtsmittelrichtlinie 89/665/EWG noch aus § 110 GWB ist das Gebot herzuleiten, in jeder Phase eines Verfahrens jedes Vorbringen deshalb zu berücksichtigen, weil es ursprünglich von Amts wegen verfolgt werden musste. Es ist mit den Grundsätzen eines geregelten Gerichtsverfahrens nicht zu vereinbaren, dass bereits erledigte und beschiedene Begehren im späteren Verfahrensstand erneut und ohne neue Argumente aufgegriffen werden. Es **entspricht vielmehr der Natur gerichtlicher Verfahren, dass diese über einzelne Verfahrensabschnitte endgültige Entscheidungen treffen.** Anderes könnte allenfalls gelten, wenn Gründe für die Wiederaufnahme des Verfahrens (§ 580 ZPO) vorlägen. Es mag sein, dass dann die §§ 110, 114, 123 GWB eine erneute Befassung mit den Rügen eines Antragstellers erfordern (OLG Celle, B. v. 5. 9. 2003 – Az.: 13 Verg 19/03).

Gesetz gegen Wettbewerbsbeschränkungen GWB § 114 **Teil 1**

23.7.3 Rechtskraftwirkung bei identischem Streitgegenstand

Die Vergabekammer ist auf Grund der **Bindungswirkung eines Beschlusses** an einer erneuten Entscheidung über den Antrag auf Einleitung eines Nachprüfungsverfahrens eines der Beteiligten jenes vorangegangenen Nachprüfungsverfahrens gehindert, wenn sich der **nunmehr gestellte Antrag inhaltlich ausschließlich auf tatsächliche Feststellungen und rechtliche Wertungen der Kammer im vorangegangenen Verfahren und nicht auf ein davon abweichendes Verhalten des Auftraggebers bezieht.** In letzterem Falle wäre die Möglichkeit der Zulässigkeit eines Antrages auf Einleitung eines Nachprüfungsverfahrens durch einen Beteiligten eines bereits vorausgegangenen Nachprüfungsverfahrens grundsätzlich gegeben. 2396

Die **Bindungswirkung** eines solchen Beschlusses, welcher als Verwaltungsakt zu erlassen ist, § 114 Abs. 3 Satz 1 GWB, erstreckt sich **grundsätzlich nur auf den Tenor der Entscheidung, der jedoch auch aus den Entscheidungsgründen heraus auszulegen ist.** 2397

Hierbei spielt es keine Rolle, wenn der **Antragsteller im neuen Verfahren in dem vorangegangen Verfahren selbst nicht als Antragsteller** auftritt. Als ordnungsgemäß **Beigeladener** war er ebenfalls Beteiligter dieses Verfahrens (VK Halle, B. v. 20. 3. 2003 – Az.: VK Hal 07/03). 2398

23.7.4 Rechtskraftwirkung bei Erledigung des Nachprüfungsverfahrens

Die Vorschriften über das Nachprüfungsverfahren und das Verwaltungsverfahrensgesetz enthalten **keine ausdrückliche Regelung darüber, ob eine Rüge in einem vorhergehenden Nachprüfungsverfahren Teil des Streitgegenstands in einem nachfolgenden Verfahren ist und auf Grund der Erledigung des ersten Verfahrens generell nicht mehr in einem neuen Verfahren aufgegriffen werden darf.** Deshalb ist analog auf die Vorschriften über einen Verwaltungs- und Zivilprozess bzw. deren Auslegung zurückzugreifen. Bei einem Zivilprozess, der sich durch übereinstimmende Erklärungen erledigt hat, kann keine innere Rechtskraft in der Hauptsachefrage entstehen. Aus diesem Grund ist ein neuer Prozess über denselben Streitgegenstand der Hauptsache grundsätzlich jederzeit zulässig. Es ist kein Grund, insbesondere keine andersartige Interessenlage, ersichtlich, wonach diese Grundsätze nicht auch auf das Nachprüfungsverfahren übertragen werden können. Das heißt, die **Erledigung eines Nachprüfungsverfahrens hindert die Beteiligten grundsätzlich nicht daran, den Streitgegenstand und somit auch die Rügen in einem neuen Verfahren wieder aufzugreifen** (VK Hessen, B. v. 1. 9. 2003 – Az.: 69 d VK – 44/2003). 2399

23.7.5 Rechtskraftwirkung einer Kostenentscheidung

Auch **Kostenfestsetzungsbeschlüsse** können **bestandskräftig werden** und in Rechtskraft erwachsen. Die Bestands- oder Rechtskraft reicht aber nur soweit, als über geltend gemachte Aufwendungen entschieden wurde, diese also entweder zugesprochen oder aberkannt wurden. **Rechtskraftfähig sind nur die einzelnen Posten, nicht der Gesamtbetrag. Bisher nicht angemeldete Kosten werden von der Rechtskraftwirkung nicht erfasst;** insoweit ist die prinzipielle Zulässigkeit der Nachfestsetzung allgemein anerkannt. Allerdings wird man einen **Rechtsanwalt als an seine ursprüngliche Berechnung gebunden** anzusehen haben, wenn er die **Gebührenhöhe in Ausübung seines Ermessens** bestimmt hat. Ungeachtet eingetretener Unanfechtbarkeit des Kostenfestsetzungsbeschlusses findet eine Änderungsfestsetzung ferner dann statt, wenn der für die Gebührenberechnung des Rechtsanwalts zugrunde gelegte Streitwert vom Gericht nachträglich abweichend festgesetzt wird (BayObLG, B. v. 6. 2. 2004 – Az.: 25/03). 2400

Hat die Vergabekammer bei den Ausführungen zur Gebührenhöhe in den Gründen der Nachprüfungsentscheidung nur **inzidenter eine Prüfung des Geschäftswerts vorgenommen, nehmen derartige Ausführungen, welche die eigentliche Entscheidung lediglich vorbereiten und begründen, an der Bestandskraft der Entscheidung nicht teil.** Aus diesem Grund kann auch eine nur teilweise erfolgte Anfechtung des Beschlusses der Vergabekammer nicht dazu führen, dass die Ausführungen der Vergabekammer zum Geschäftswert in Teilrechtskraft erwachsen (BayObLG, B. v. 23. 3. 2004 – Az.: Verg 22/03). 2401

23.7.6 relative Rechtskraftwirkung

Hat die Vergabekammer den Auftraggeber mit dem (nur) von dem Antragsteller angefochtenen Beschluss – und zwar ausdrücklich im Ausspruch – angewiesen, das Angebot eines Bei- 2402

Teil 1 GWB § 115   Gesetz gegen Wettbewerbsbeschränkungen

geladenen von der Wertung auszuschließen und ist diese Entscheidung bestandkräftig, da sie von dem Beigeladenen nicht angegriffen wurde, ist das **Beschwerdegericht aus prozessualen Gründen daran gehindert, die Entscheidung der Vergabekammer in diesem Punkt wieder aufzugreifen.** Die sofortige Beschwerde des Antragstellers stellt keineswegs ohne Weiteres die gesamte Entscheidung der Vergabekammer erneut zur Disposition. **Der Ausspruch der Entscheidung der Vergabekammer ist teilbar.** Soweit die Vergabekammer darin den Ausschluss des Angebots des Beigeladenen verfügt hat, bleibt diese (Teil-) Entscheidung für das Beschwerdeverfahren gültig, weil sie von dem dazu allein berufenen Beigeladenen nicht angefochten worden ist (OLG Düsseldorf, B. v. 27. 4. 2005 – Az.: VII – Verg 10/05).

2403   Die relative Rechtskraftwirkung bedeutet daher, dass **Entscheidungen nur gegenüber denjenigen Beteiligten Rechtskraftwirkung entfalten,** die an den jeweiligen **Vergabenachprüfungsverfahren beteiligt** waren (OLG Düsseldorf, B. v. 22. 9. 2005 – Az.: Verg 48/05, Verg 50/05).

23.8 Berichtigung des Rubrums der Entscheidung nach § 42 VwVfG

2404   Die Ermessensvorschrift des § 42 VwVfG knüpft einen Anspruch auf Berichtigung eines Verwaltungsaktes an das **Vorliegen eines Schreibfehlers, eines Rechenfehlers oder einer ähnlichen offenbaren Unrichtigkeit.** Bei dem Beschluss einer Vergabekammer handelt es sich um einen Verwaltungsakt, da nach § 114 Abs. 3 Satz 1 GWB die Entscheidung der VK durch Verwaltungsakt ergeht (1. VK Sachsen, B. v. 5. 8. 2003 – Az.: 1/SVK/092–03b).

23.9 Literatur

2405   – Fett, Bernhard, Die Hauptsacheentscheidung durch die VK, NZBau 2005, Heft 3, S. 141

24. § 115 GWB – Aussetzung des Vergabeverfahrens

(1) **Nach Zustellung eines Antrags auf Nachprüfung an den Auftraggeber darf dieser vor einer Entscheidung der Vergabekammer und dem Ablauf der Beschwerdefrist nach § 117 Abs. 1 den Zuschlag nicht erteilen.**

(2) **Die Vergabekammer kann dem Auftraggeber auf seinen Antrag gestatten, den Zuschlag nach Ablauf von zwei Wochen seit Bekanntgabe dieser Entscheidung zu erteilen, wenn unter Berücksichtigung aller möglicherweise geschädigten Interessen sowie des Interesses der Allgemeinheit an einem raschen Abschluss des Vergabeverfahrens die nachteiligen Folgen einer Verzögerung der Vergabe bis zum Abschluss der Nachprüfung die damit verbundenen Vorteile überwiegen. Das Beschwerdegericht kann auf Antrag das Verbot des Zuschlags nach Absatz 1 wiederherstellen; § 114 Abs. 2 Satz 1 bleibt unberührt. Wenn die Vergabekammer den Zuschlag nicht gestattet, kann das Beschwerdegericht auf Antrag des Auftraggebers unter den Voraussetzungen des Satzes 1 den sofortigen Zuschlag gestatten. Für das Verfahren vor dem Beschwerdegericht gilt § 121 Abs. 2 Satz 1 und 2 entsprechend. Eine sofortige Beschwerde nach § 116 Abs. 1 ist gegen Entscheidungen der Vergabekammer nach diesem Absatz nicht zulässig.**

(3) **Sind Rechte des Antragstellers aus § 97 Abs. 7 im Vergabeverfahren auf andere Weise als durch den drohenden Zuschlag gefährdet, kann die Kammer auf besonderen Antrag mit weiteren vorläufigen Maßnahmen in das Vergabeverfahren eingreifen. Sie legt dabei den Beurteilungsmaßstab des Absatzes 2 Satz 1 zugrunde. Diese Entscheidung ist nicht selbständig anfechtbar.**

24.1 Zuschlagsverbot (§ 115 Abs. 1)

24.1.1 Grundsatz

2406   Nach Zustellung eines Antrags auf Nachprüfung an den Auftraggeber darf dieser vor einer Entscheidung der Vergabekammer und dem Ablauf der Beschwerdefrist nach § 117 Abs. 1 den

Zuschlag nicht erteilen. Ein **dennoch geschlossener Vertrag** ist **nichtig**. Dieses automatische Zuschlagsverbot dient der **effektiven Durchsetzung des Primärrechtsschutzes** (OLG Celle, B. v. 21. 3. 2001 – Az.: 13 Verg 4/01). Die Vorschrift entspricht damit Art. 1 und Art. 2 Abs. 1 a der Rechtsmittelrichtlinie, die ebenso wie Art. 19 Abs. 4 GG einen effektiven Rechtsschutz im Nachprüfungsverfahren fordern (BayObLG, B. v. 13. 8. 2004, Az.: Verg 017/04).

Aus diesem Grund hat der Gesetzgeber an die formelle Verfahrenshandlung der Beschwerdeeinlegung materielle Rechtswirkungen in Form des Zuschlagsverbots geknüpft. Dem **steht weder der Umstand entgegen, dass Dritte am Vergabeverfahren beteiligt sind und auf die Rechtmäßigkeit des Zuschlags vertrauen, noch, dass der Zuschlag bei seiner Erteilung zunächst rechtmäßig war. Das gesetzliche Zuschlagsverbot besteht unabhängig davon, ob die Vergabestelle Kenntnis von der Einlegung einer Beschwerde hat.** Dies zeigen der Wortlaut des § 118 Abs. 1 GWB, der die aufschiebende Wirkung an die sofortige Beschwerde knüpft, und der Wortlaut des § 117 Abs. 1 GWB, der die Einlegung der sofortigen Beschwerde bei Gericht vorsieht. Das Zuschlagsverbot hängt damit von objektiven Tatsachen, nämlich der Einlegung der sofortigen Beschwerde, und nicht von subjektiven Gegebenheiten ab (BayObLG, B. v. 13. 8. 2004, Az.: Verg 017/04). 2407

Deshalb ist es auch nicht zulässig, vor einem Antrag auf Nachprüfung die vorherige Erhebung einer Klage zur Hauptsache zu verlangen (EuGH, Urteil vom 15. 5. 2003 – Az.: C-214/00). 2408

Ein öffentlicher **Auftraggeber** ist jedoch aufgrund einer sofortigen Beschwerde **nicht daran gehindert, der Entscheidung der Vergabekammer noch während des Beschwerdeverfahrens nachzukommen und die Wertung unter Beachtung der Rechtsauffassung der Kammer zu wiederholen** – er darf lediglich nicht den Zuschlag erteilen, da das Zuschlagsverbot gemäß § 118 Abs. 1 S. 1 GWB fortbesteht. Das **Zuschlagsverbot beinhaltet jedoch kein Verbot, das Vergabeverfahren als solches weiterzuführen** (3. VK Bund, B. v. 30. 9. 2005 – Az.: VK 3–130/05 – Z). 2409

24.1.2 Voraussetzung: Zustellung des Nachprüfungsantrags

Voraussetzung für die Entstehung der Zuschlagssperre des § 115 Abs. 1 GWB ist die **Zustellung des Nachprüfungsantrags an den Auftraggeber;** solange diese nicht wirksam erfolgt ist, darf die Vergabestelle den Auftrag ungeachtet des begonnenen Nachprüfungsverfahrens erteilen. Zu den Einzelheiten der Zustellung vgl. die Kommentierung zu § 110 Ziffer 19.12. Hält die Vergabekammer den Antrag **für offensichtlich unzulässig oder unbegründet,** so **unterbleibt dessen Zustellung** (vgl. § 110 Abs. 2 GWB), und das Zuschlagsverbot entsteht nicht; das hält den Auftraggeber frei von Bindungen, die der Gesetzgeber angesichts der Beurteilung der Erfolgsaussichten des Nachprüfungsantrags durch das in diesem Verfahrensstadium dafür zuständige Kontrollorgan im Lichte des Interesses der Allgemeinheit an einer zügigen Vergabe öffentlicher Aufträge nicht für angemessen gehalten hat. Ob die Vergabekammer zu Recht angenommen hat, der Nachprüfungsantrag müsse offensichtlich ohne Erfolg bleiben, unterliegt der richterlichen Kontrolle im Beschwerdeverfahren nach den §§ 116 ff. GWB (OLG Dresden, B. v. 4. 7. 2002 – Az.: WVerg 0011/02). 2410

Eine § 115 Abs. 1 GWB vergleichbare Regel dahin, dass es dem öffentlichen Auftraggeber verboten sei, auf die **Ankündigung eines Bieters ein Nachprüfungsverfahren einzuleiten,** die vorgesehene Vergabeentscheidung zu treffen, gibt es nicht (VK Brandenburg, B. v. 12. 8. 2002 – Az.: 43/02). 2411

Nicht gefolgt werden kann der Auffassung, dass das Zuschlagsverbot entgegen dem Wortlaut des § 115 Abs. 1 GWB nicht erst nach Zustellung des Nachprüfungsantrags, sondern bereits zum Zeitpunkt des Einreichens des Nachprüfungsantrags bei der Vergabekammer wirksam wird. Der Wortlaut von § 115 Abs. 1 GWB ist eindeutig. Eine Regelung wie sie § 167 ZPO bzw. § 173 VwGO in Verbindung mit § 167 ZPO für das zivil- und verwaltungsrechtliche Verfahren vorsieht, wonach die Wirkung der Zustellung, wenigstens für die dort genannten Fälle, bereits mit dem Eingang des Antrags erfolgen kann, ist für das Vergabenachprüfungsverfahren ausdrücklich nicht aufgenommen worden. Es fehlt an einer planwidrigen Lücke, die eine analoge Anwendung des § 167 ZPO rechtfertigen würde. Der Gesetzgeber hat eine klare Regelung dahingehend getroffen, dass das Zuschlagsverbot erst mit der Zustellung eintritt und nicht schon mit Einreichen des Nachprüfungsantrags (VK Baden-Württemberg, B. v. 24. 3. 2004 – Az.: 1 VK 14/04). 2412

24.1.3 Zuschlagsverbot durch den Vergabesenat bei einem durch die Vergabekammer nicht zugestellten Nachprüfungsantrag

2413 Verwirft die Vergabekammer den Nachprüfungsantrag ohne dessen Zustellung an den Antragsgegner als offensichtlich unzulässig, tritt kein Zuschlagsverbot ein, das in der Beschwerdeinstanz verlängert werden könnte. **Vorläufiger Rechtsschutz** kann dann nur durch **erstmaliges Inkraftsetzen eines Zuschlagsverbots,** entsprechend § 115 Abs. 1 GWB mit Nachholung der Zustellung des Nachprüfungsantrags **durch das Beschwerdegericht,** gewährt werden (OLG Koblenz, B. v. 25. 3. 2002 – Az.: 1 Verg. 1/02).

24.1.4 Zuschlagsverbot durch den Vergabesenat ohne Entscheidung der Vergabekammer

2414 Ist eine Entscheidung der Vergabekammer noch nicht ergangen, ist der potentielle Beschwerdeführer im rechtstechnischen Sinne nicht beschwert. Wendet sich ein Beschwerdeführer in diesem Verfahrensstadium an den Vergabesenat, läuft sein Rechtsbehelf auf eine **„Untätigkeitsbeschwerde"** hinaus, die in den §§ 116 ff. GWB jedoch nicht vorgesehen ist. Offensichtlich ist, dass dem Beschwerdeführer rein tatsächlich an einer Herbeiführung des Zuschlagsverbots gelegen sein muss, wenn mit Ablauf der Frist des § 13 Satz 2 VgV die Auftragserteilung an einen Mitbewerber droht; dies kann im Ergebnis dazu führen, dass der Primärrechtsschutz des Beschwerdeführers aus Zeitgründen leer läuft. Diese **Gefahr ist aber in der Fristenregelung des § 13 VgV angelegt,** die einen effektiven Schutz des Bieters nur dann gewährleistet, wenn es diesem gelingt, innerhalb der Frist ein Zuschlagsverbot herbeizuführen. Dass dies in direkter Anwendung von § 115 Abs. 1 GWB nur zu erzielen ist, wenn die Vergabekammer den Nachprüfungsantrag nicht für offensichtlich unzulässig oder unbegründet hält, folgt ebenfalls unmittelbar aus dem Gesetz, das dem Antragsteller eben dieses Risiko aufbürdet. Wenn damit letztlich nur wenige Tage zur Verfügung stehen, um zumindest die Auftragsvergabe vorläufig zu verhindern, so rechtfertigt diese zeitliche Enge es grundsätzlich nicht, dass das Beschwerdegericht hierüber unter Verzicht auf eine beschwerdefähige Entscheidung der VK unmittelbar befindet (OLG Dresden, B. v. 4. 7. 2002 – Az.: WVerg 0011/02).

24.1.5 Zuschlagsverbot bei einer teilweisen Ablehnung des Nachprüfungsantrags

2415 Gibt die Vergabekammer dem Nachprüfungsantrag **nur teilweise** – im Sinne einer Verpflichtung zur Angebots-Neubewertung – **statt und lehnt ihn „im Übrigen"** ab, bleibt – insoweit – das Zuschlagsverbot (§ 115 Abs. 1 GWB) bis zum Ablauf der Beschwerdefrist (§ 117 Abs. 1 GWB) erhalten (Schleswig-Holsteinisches OLG, B. v. 4. 5. 2001 – Az.: 6 Verg 2/2001).

24.1.6 Zuschlagsverbot bei einer Zurückverweisung durch den Vergabesenat

2416 Infolge einer vom Vergabesenat angeordneten **Zurückverweisung eines Verfahrens an die Vergabekammer ist der Nachprüfungsantrag dort wieder anhängig** und tritt das **Zuschlagsverbot nach § 115 Abs. 1 GWB wieder in Kraft, ohne dass es einer erneuten Zustellung des Nachprüfungsantrags an den Auftraggeber bedarf** (BayObLG, B. v. 9. 8. 2004, Az.: Verg 015/04).

24.1.7 Zuschlagsverbot durch Wiedereinsetzung in den vorigen Stand

2417 **Folge der Wiedereinsetzung in den vorigen Stand ist die Fiktion, dass die versäumte Rechtshandlung als rechtzeitig vorgenommen gilt.** Dies bedeutet, dass eine sofortige Beschwerde als rechtzeitig eingelegt gelten kann. Die sofortige Beschwerde hat aufschiebende Wirkung gegenüber der Entscheidung der Vergabekammer. Daraus folgt, dass bis zum Ablauf der Frist des § 118 Abs. 1 Satz 2 GWB ein Zuschlag nicht erteilt werden darf, § 115 Abs. 1 GWB. Mit der Einlegung der sofortigen Beschwerde setzt sich das Zuschlagsverbot in Form der aufschiebenden Wirkung fort. Ein dennoch erteilter Zuschlag ist nichtig, § 134 BGB (BayObLG, B. v. 13. 8. 2004, Az.: Verg 017/04).

24.1.8 Sonstige Wirkung des Zuschlagsverbots

2418 Ungeachtet eines laufenden Nachprüfungsverfahrens ist die **Vergabestelle,** abgesehen vom Zuschlagsverbot nach § 115 Abs. 1 GWB, **nicht gehindert, das Vergabeverfahren fortzu-**

Gesetz gegen Wettbewerbsbeschränkungen GWB § 115 **Teil 1**

setzen (vgl. § 115 Abs. 3 GWB) und z.B. die ergänzende Wertung eines Angebots nachzuholen (BayObLG, B. v. 20. 9. 2004 – Az.: Verg 021/04).

24.1.9 Literatur
– Dieckmann, Martin, Effektiver Primärrechtsschutz durch Zuschlagsverbote im deutschen Vergaberecht – Reichweite und Regelungsdefizite im Lichte praktischer Erfahrungen, VergabeR 2005, 10   2419
– Kus, Alexander, Das Zuschlagsverbot, NZBau 2005, S. 96

24.2 Beseitigung des Zuschlagsverbots

24.2.1 Beseitigung des Zuschlagsverbots durch rückwirkende Genehmigung einer Willenserklärung

Die Rechtsprechung zu der Frage, ob eine Beseitigung des Zuschlagsverbots durch eine rückwirkende Genehmigung einer Willenerklärung, mit der z.B. ein Vertrag geschlossen werden sollte, möglich ist, ist nicht einheitlich.   2420

Die **überwiegende Meinung** ist der Auffassung, dass dann, wenn die vollmachtlose mündliche Auftragserteilung nach Inkrafttreten des Zuschlagsverbotes nach § 115 GWB genehmigt wird, **die Auftragserteilung nicht mehr wirksam wird.** Dieses Ergebnis wird bestätigt durch die Vorschrift des § 184 Abs. 2 BGB, die auf die Genehmigung eines ohne Vertretungsmacht eingegangenen Vertrages anzuwenden ist. Danach werden durch die an sich zurückwirkende Genehmigung unter anderem solche Verfügungen nicht unwirksam, die vor der Genehmigung im Wege der Zwangsvollstreckung oder der Arrestvollziehung vorgenommen worden sind. Das gesetzliche Zuschlagsverbot des § 115 Abs. 1 GWB ist eine damit vergleichbare Zwangsmaßnahme. Es richtet sich nicht nur gegen die Vergabestelle selbst, sondern in gleicher Weise gegen die übergeordnete Behörde. Auch unter Berücksichtigung des in § 184 Abs. 2 BGB zum Ausdruck kommenden Rechtsgedankens konnte daher eine spätere Genehmigung die Wirkung des Zuschlagsverbots nicht beseitigen (OLG Düsseldorf, B. v. 14. 3. 2001 – Az.: Verg 30/00; 2. VK Brandenburg, B. v. 23. 8. 2001 – Az.: 2 VK 82/01; VK Brandenburg, B. v. 26. 3. 2002 – Az.: VK 4/02).   2421

Demgegenüber wird die **Meinung** vertreten, dass die **Rückwirkung** laut § 184 Abs. 1 Halbsatz 2 BGB **nur dann nicht greift, wenn etwas anderes bestimmt** ist. Diese andere Bestimmung könnte sich aus § 115 GWB ergeben. Dieser Gedanke führt jedoch nicht zur Nichtigkeit des Rechtsgeschäftes, da es hier um die nachträgliche Genehmigung durch den Auftragnehmer geht, an den sich aufgrund seiner bieterschützenden Eigenschaft § 115 GWB nicht wendet (VK Südbayern, B. v. 30. 5. 2001 – Az.: 11–04/01).   2422

24.2.2 Beseitigung des Zuschlagsverbots durch Erfüllung der Vergabekammerentscheidung

Ein **Zuschlagsverbot** – als Voraussetzung für einen Antrag nach § 121 – **dauert solange fort, wie die Entscheidung der Vergabekammer nicht nach § 123 GWB aufgehoben oder der Zuschlag gemäß § 121 GWB gestattet ist, oder bis die nach § 114 Abs. 1 S. 1 GWB angeordneten Maßnahmen vollzogen sind. Die Erfüllung der angeordneten Maßnahmen bringt das im Vergabekammerbeschluss enthaltene Zuschlagsverbot zum Erlöschen. Ein Antragsgegner unterliegt seit diesem Zeitpunkt dem Zuschlagsverbot nicht mehr;** der Auftraggeber bedarf also in zweiter Instanz einer Vorabgestattung gemäß § 121 Abs. 1 S. 1 GWB nicht mehr (OLG Düsseldorf, B. v. 29. 11. 2005 – Az.: VII – Verg 82/05).   2423

24.3 Vorzeitige Gestattung des Zuschlags (§ 115 Abs. 2)

Die Vergabekammer kann dem Auftraggeber auf seinen Antrag gestatten, den Zuschlag nach Ablauf von zwei Wochen seit Bekanntgabe dieser Entscheidung zu erteilen, wenn unter Berücksichtigung aller möglicherweise geschädigten Interessen sowie des Interesses der Allgemeinheit an einem raschen Abschluss des Vergabeverfahrens die nachteiligen Folgen einer Verzögerung der Vergabe bis zum Abschluss der Nachprüfung die damit verbundenen Vorteile überwiegen (§ 115 Abs. 2 Satz 1).   2424

24.3.1 Allgemeines

2425 Allen Bietern, die Nachprüfungsanträge gestellt haben, wird **durch den Zuschlag der Primärrechtsschutz genommen;** alle werden auf den Sekundärrechtsschutz verwiesen. Wegen dieses schwerwiegenden Eingriffs kann § 115 Abs. 2 Satz 1 GWB nur dahingehend verstanden werden, dass **grundsätzlich nur in besonderen Ausnahmefällen eine Gestattung des Zuschlags erfolgen darf,** wenn also ein dringendes Interesse besteht, welches deutlich das Interesse an einer ordnungsgemäßen Durchführung des Nachprüfungsverfahrens übersteigt (2. VK Bund, B. v. 21. 7. 2005 – Az.: VK 2–60/05; B. v. 7. 7. 2005 – Az.: VK 2–66/05; B. v. 7. 7. 2005 – Az.: VK 2–63/05; VK Schleswig-Holstein, B. v. 8. 7. 2005 – Az.: VK-SH 18/05; 1. VK Sachsen, B. v. 5. 4. 2006 – Az.: 1/SVK/027–06; B. v. 23. 6. 2005 – Az.: 1/SVK/068–05, 068–05G). Für diese Auslegung spricht auch die knappe Frist von zwei Wochen, die für eine Entscheidung im vorliegenden summarischen Verfahren zur Verfügung steht und welche offensichtlich die rasche Beseitigung von Not- und Problemlagen kurzfristig ermöglichen soll (BayObLG, B. v. 23. 1. 2003 – Az.: Verg 2/03).

2426 Daraus folgt, dass der effektive Primärrechtsschutz des § 97 Abs. 7 GWB nur dann ausnahmsweise durch Gestattung der Erteilung des Zuschlags durchbrochen werden darf, wenn das **Interesse des Auftraggebers und der Allgemeinheit an einer sofortigen Erteilung des Zuschlags das gesetzlich festgeschriebene Interesse an der Zuschlagssperre deutlich überwiegt** (VK Düsseldorf, B. v. 6. 10. 2005 – Az.: VK – 30/2005 – B (Z); B. v. 27. 7. 2005 – Az.: VK – 24/2005 – Z, VK – 20/2005 – Z; B. v. 29. 6. 2005 – Az.: VK 16–2005 – Z; VK Schleswig-Holstein, B. v. 8. 7. 2005 – Az.: VK-SH 18/05; VK der Behörde für Stadtentwicklung und Umwelt der Freien und Hansestadt Hamburg, B. v. 27. 10. 2005 – Az.: VK BSU-3/05; B. v. 22. 4. 2005 – Az.: VK BSU-2/05; 1. VK Sachsen, B. v. 5. 4. 2006 – Az.: 1/SVK/027–06; B. v. 23. 6. 2005 – Az.: 1/SVK/068–05, 068–05G; B. v. 12. 2. 2004 – Az.: 1/SVK/164–03, 1/SVK/164–03G).

2427 Ziel und Zweck des vorläufigen Rechtsschutzes nach § 115 Abs. 2 GWB kann nicht sein, Vergabeentscheidungen der Entwicklung rechtlicher, politischer oder verwaltungsorganisatorischer Entscheidungsprozesse anzupassen. Es **ist Sache des öffentlichen Auftraggebers, für ein Beschaffungsvorhaben die Realisierungsvoraussetzungen insgesamt einzuschätzen und dabei auch Zeiträume zu berücksichtigen, die für ein vergaberechtliches Prüfungsverfahren benötigt werden.** Deswegen können Anträge nach § 115 Abs. 2 GWB grundsätzlich nur dann Erfolg haben, wenn sie auf Umstände gestützt sind, die sich einer Planung von vornherein entzogen hatten (OLG Thüringen, B. v. 24. 10. 2003 – Az.: 6 Verg 9/03; VK Düsseldorf, B. v. 6. 10. 2005 – Az.: VK – 30/2005 – B (Z); B. v. 27. 7. 2005 – Az.: VK – 24/2005 – Z, VK – 20/2005 – Z; B. v. 29. 6. 2005 – Az.: VK 16–2005 – Z).

2428 Die für eine vorzeitige Gestattung notwendigen **Tatsachen hat der Auftraggeber im Einzelnen vorzutragen** (OLG Celle, B. v. 21. 3. 2001 – Az.: 13 Verg 4/01; OLG Thüringen, B. v. 24. 10. 2003 – Az.: 6 Verg 9/03).

2429 Dabei **unterscheidet der vierte Teil des GWB nicht zwischen den drei Gewalten,** so dass ein Auftraggeber in seinem fiskalischen Handeln kein besonders zu berücksichtigendes Interesse daraus herleiten kann, dass der **Einkauf der Legislative zu Gute kommen soll** (VK Düsseldorf, B. v. 29. 6. 2005 – Az.: VK 16–2005 – Z).

24.3.2 Ermessensentscheidung

2430 Die Entscheidung der Vergabekammer über die Gestattung des Zuschlags ist eine Ermessensentscheidung nach Interessenabwägung (VK Hamburg, B. v. 27. 10. 2005 – Az.: VK BSU-3/05; B. v. 22. 4. 2005 – Az.: VK BSU-2/05; VK Lüneburg, B. v. 19. 6. 2001 – Az.: 203-VgK-12/2001).

24.3.3 Voraussetzungen

2431 Voraussetzungen einer Zuschlagsgestattung sind überwiegende Interessen des Auftraggebers bzw. der Allgemeinheit sowie ein Antrag des Auftraggebers.

24.3.3.1 Möglicherweise geschädigte Interessen und Interesse der Allgemeinheit

2432 **24.3.3.1.1 Zeitnot des Auftraggebers.** Hat ein Auftraggeber die Zeitnot, unter der er steht, **selbst herbeigeführt,** spricht dies im Rahmen der vorzunehmenden Abwägung jedenfalls **nicht entscheidend für eine Gestattung** des Zuschlags. Dies gilt insbesondere dann,

Gesetz gegen Wettbewerbsbeschränkungen GWB § 115 **Teil 1**

wenn die für die Verwirklichung des öffentlichen Auftrags zur Verfügung stehende Zeit von Anfang an „extrem knapp bemessen" war. Dann ist der Auftraggeber damit ein hohes wirtschaftliches Risiko eingegangen. Dieses **Risiko muss der Auftraggeber tragen** und kann es nicht in der Weise auf Dritte verlagern, dass diesen im Rahmen des erforderlichen Vergabeverfahrens der Primärrechtsschutz praktisch abgeschnitten wird (OLG Celle, B. v. 17. 1. 2003 – Az.: 13 Verg 2/03; VK Düsseldorf, B. v. 6. 10. 2005 – Az.: VK – 30/2005 – B (Z); VK Lüneburg, B. v. 2. 4. 2003 – Az.: 203-VgK-08/2003; 1. VK Sachsen, B. v. 5. 4. 2006 – Az.: 1/SVK/027–06; B. v. 28. 11. 2001, Az.: 1/SVK/124 g-01).

Im Rahmen der zu treffenden Interessenabwägung muss – auch bei objektiver Zeitnot – berücksichtigt werden, **ob der Auftraggeber andere Handlungsmöglichkeiten hatte, diese Handlungsmöglichkeiten nicht z. B. einem Kammerbeschluss zuwiderlaufen und der Auftraggeber dennoch diese Handlungsmöglichkeiten nicht genutzt** hat (VK Münster, B. v. 10. 11. 2004 – Az.: VK 29/04). 2433

24.3.3.1.2 Zeitverlust des Auftraggebers. Soweit der Auftraggeber sich auf Nachteile beruft, die dadurch entstehen, dass das Zuschlagsverbot weiterhin besteht, ist auch das **Verhältnis zur bisherigen Dauer des Vergabeverfahrens und des zeitlichen Rahmens des Gesamtprojekts zu berücksichtigen**. Sofern von der Ausschreibung des Vorhabens bis zum Nachprüfungsantrag mehr als ein Jahr vergangen ist und die zunächst vorgesehene Zuschlagsfrist auf Veranlassung des Auftraggebers bis zur Einreichung des Nachprüfungsantrags dreimal, insgesamt um mehrere Monate, verlängert wurde, ist es nicht gerechtfertigt, den aufgetretenen Zeitverlust auf Kosten des Rechtsschutzes im Nachprüfungsverfahren (teilweise) zu kompensieren. Dies gilt selbst dann, wenn es richtig ist, dass dieser zeitliche Ablauf nicht auf ein zögerliches Vorgehen der Auftraggeberseite zurückzuführen ist (OLG Celle, B. v. 21. 3. 2001 – Az.: 13 Verg 4/01). 2434

24.3.3.1.3 Zeitverlust durch das Nachprüfungsverfahren. 24.3.3.1.3.1 Grundsätze. Die zeitliche Verzögerung um die **Dauer des maximal fünfwöchigen Nachprüfungsverfahrens sowie der sich anschließenden Rechtsmittelfrist von zwei Wochen** – und auf diesen Zeitraum ist maßgeblich abzustellen – sind **nicht per se geeignet**, einen **vorzeitigen Zuschlag zu begründen** (OLG Thüringen, B. v. 14. 11. 2001 – Az.: 6 Verg 6/01; VK Düsseldorf, B. v. 6. 10. 2005 – Az.: VK – 30/2005 – B (Z); 2. VK Bund, B. v. 21. 7. 2005 – Az.: VK 2–60/05; B. v. 7. 7. 2005 – Az.: VK 2–66/05; B. v. 7. 7. 2005 – Az.: VK 2–63/05; VK Hamburg, B. v. 22. 4. 2005 – Az.: VK BSU-2/05; 1. VK Bund, B. v. 6. 5. 2002 – Az.: VK 1–17/02 – Z, B. v. 6. 6. 5. 2002 – Az.: VK 2–34/02 – Z; 1. VK Sachsen, B. v. 23. 6. 2005 – Az.: 1/SVK/068–05, 068–05G; B. v. 13. 12. 2002 – Az.: 1/SVK/109–02g; VK Thüringen, B. v. 25. 3. 2003 – Az.: 216–402.20–002/03-J-S-G). 2435

Es ist dem Nachprüfungsverfahren immanent, dass Verzögerungen gegenüber dem geplanten Vertragsschluss entstehen. Je nach Bedeutsamkeit des streitgegenständlichen Vorhabens ergeben sich dadurch für die Beteiligten, vor allem die Vergabestelle, ein zusätzlicher Aufwand an Arbeitskraft für Koordination, Projektumsteuerung, ggf. auch für Finanzierung. **Solche Nachteile nimmt die gesetzliche Regelung durch die Suspensivwirkung der Zustellung bewusst in Kauf.** Im Einzelfall müssen sie erhebliche Ausmaße erreichen, um das Interesse an der Offenhaltung des Wettbewerbs bis zur Entscheidung der Vergabekammer zu überwiegen. Dies könnte anzunehmen sein, wenn der vorgestellte Erfolg der Maßnahme nicht mehr in einem vernünftigen Verhältnis zu dem durch die Verzögerung eintretenden Schaden stehen würde (VK Düsseldorf, B. v. 1. 6. 2001 – Az.: VK – 13/2001 – Z). 2436

24.3.3.1.3.2 Beispiele aus der Rechtsprechung 2437

– eine **Verzögerung von maximal 19 Tagen** vermag eine **unmittelbare Gefährdung eines Bauvorhabens nicht zu begründen** (OLG Thüringen, B. v. 24. 10. 2003 – Az.: 6 Verg 9/03)

24.3.3.1.4 Mehrkosten durch ein Nachprüfungsverfahren. 24.3.3.1.4.1 Rechtsprechung. Mehrkosten, die durch ein Nachprüfungsverfahren entstehen können, können nur dann ein Argument für die Gestattung des Zuschlags sein, wenn sie in erheblicher Höhe anfallen (1. VK Sachsen, B. v. 25. 2. 2002–1/SVK/012–02 g, B. v. 27. 2. 2003 – Az.: 1/SVK/005–03). 2438

24.3.3.1.4.2 Literatur 2439

– Gröning, Jochem, Vergaberechtliche Bewältigung nachprüfungsbedingter Bauzeitverschiebungen und dadurch verursachter Preiserhöhungen, BauR 2004, 199
– Heilfort, Thomas/Zipfel, Carsten, Ermittlung terminlicher und monetärer Ansprüche des Bauunternehmers bei vom Auftraggeber zu vertretender Verzögerung der Zuschlagserteilung, VergabeR 2005, 38

– Schlösser, Jürgen, Zivilrechtliche Folgen nachprüfungsbedingter Bauzeitverschiebung, -verlängerung und Materialpreiserhöhung, ZfBR 8/2005, S. 733

2440 **24.3.3.1.5 Finanzielle Nachteile des Auftraggebers.** Geldwerte Verzögerungsschäden können für sich allein einen Antrag auf vorzeitige Gestattung des Zuschlags allenfalls dann rechtfertigen, wenn sie eine ganz außergewöhnliche wirtschaftliche Belastung der Auftraggeberseite darstellen würden (OLG Dresden, B. v. 14. 6. 2001 – Az.: WVerg 0004/01).

2441 **24.3.3.1.6 Abwasserbeseitigung.** Die **Sicherung des Transports von Schmutzwasser ist überragend.** Sie duldet keinen Aufschub. Andernfalls kann es zu Überschwemmungen u. a. von Kellern und zu unangenehmen Gerüchen kommen. Außerdem haben die Haushalte ein erhebliches Interesse daran, rechtzeitig über die Neuorganisation der Entsorgungsgebiete informiert zu werden. Schließlich bedeutet auch die Senkung der Gebühr für die dezentrale Entsorgung ab 1. 1. 2002 für die Haushalte – die erst nach Abschluss der Vergabenachprüfung beschlossen werden kann – eine finanzielle Erleichterung (1. VK Brandenburg, B. v. 28. 11. 2001 – Az.: 1 VK 113/01).

2442 **24.3.3.1.7 Abfallentsorgung.** Besteht die **Gefahr, dass die Abfallentsorgung nicht fristgemäß sichergestellt** und somit die gesetzlich konkretisierten Pflichten der gemeinwohlverträglichen Abfallbeseitigung (§ 10 Abs. 4 Satz 2 Nr. 6 Krw-/AbfG) der jeweils gemäß § 15 Abs. 1 Krw-/AbfG zuständigen öffentlich-rechtlichen Entsorgungsträger nicht eingehalten werden können, haben die **Interessen der Antragstellerin** gegenüber den derart gesetzlich konkretisierten Interessen der Allgemeinheit **zurückzutreten** (VK Brandenburg, B. v. 12. 4. 2002 – Az.: VK 15/02).

2443 Eine **ordnungsgemäße Lagerung und Verwertung von Klärschlamm** muss aus umwelt- und gesundheitsrechtlichen Gründen gewährleistet sein, insbesondere dann, wenn aus Kapazitätsgründen keine Möglichkeit mehr besteht, weiteren Klärschlamm zwischen zu lagern (VK Hessen, B. v. 19. 9. 2002 – Az.: 69 d VK – 46/2002).

2444 **24.3.3.1.8 Verbesserung der medizinischen Versorgung der Bevölkerung.** Wenn ein Auftraggeber sich darauf beruft, dass mit dem Bau einer Klinik eine Verbesserung und Sicherung der medizinischen Versorgung beabsichtigt sei, ist dies zwar nachvollziehbar. Dennoch ist nicht davon auszugehen, dass durch eine Verzögerung des Zuschlags ein **Versorgungsengpass oder gar eine Versorgungslücke** entsteht. Dass das Bauvorhaben einem engen Kostenrahmen unterliegt und unter hohem Zeitdruck steht, liegt bei Bauvorhaben dieser Art gewissermaßen in der Natur der Sache. Dies begründet jedoch kein besonderes Interesse, das über das normale Interesse an der Beschleunigung des Vergabeverfahrens hinausgeht. Unter diesen Umständen ist es dem Auftraggeber zuzumuten, die normalen Rechtsschutzmöglichkeiten und deren Fristen auszuschöpfen (VK Hessen, B. v. 11. 2. 2002 – Az.: 69 d – VK 48/2001).

2445 **24.3.3.1.9 Drohender Fördermittelverlust.** Die Gestattung auf eine Erteilung des Zuschlages nach § 115 Abs. 2 GWB erhöht die Chance auf einen rechtzeitigen Abruf der für dieses Jahr bereit gestellten Mittel, wenngleich auch sie nicht den vollständigen Mittelabfluss garantiert. Aus diesem Grunde ist die **vorzeitige Gestattung** des Zuschlages **geeignete und erforderliche Maßnahme,** um die bewilligten Fördermittel zu erhalten. Dieses öffentliche Interesse an der Vergabe überwiegt das Primärrechtsschutzinteresse der Antragstellerin (1. VK Sachsen, B. v. 4. 10. 2001 – Az.: 1/SVK/98–01 g).

2446 **24.3.3.1.10 Anti-Terror-Maßnahmen.** Die zu beschaffenden Waren sind Teil des von Regierung und Parlament beschlossenen so genannten zweiten Anti-Terror-Pakets. Zusammen mit anderen in diesem Zusammenhang beschlossenen Maßnahmen sollen sie dazu dienen, terroristischen Anschlägen, die auch der Bundesrepublik Deutschland als Folge der Ereignisse vom 11. 9. 2001 drohen, entgegenzuwirken. Die Bundesregierung, namentlich die ihr unterstellten Sicherheitsbehörden, gehen von einer entsprechenden Gefährdungslage aus. Im Rahmen ihrer Beurteilung haben sie eine **Einschätzungsprärogative mit der Folge, dass ihre Beurteilung der Sicherheitslage von den Betroffenen hingenommen werden muss.** Das von dieser Gefahrenlage ausgehende Bedrohungspotential für hochwertige immaterielle und materielle Rechtsgüter ist außergewöhnlich groß. Dies rechtfertigt die Gestattung des Zuschlags (2. VK Bund, B. v. 5. 9. 2002 – Az.: VK 2–68/02).

2447 **24.3.3.1.11 Unfallgefahren.** Soweit die Vergabestelle vorträgt, dass die zweispurige Brückenführung Nadelöhr und **Unfallschwerpunkt sei, führt auch diese Argumentation nicht zur Gestattung des Zuschlags.** Bei einer Bauzeit von mehr als drei Jahren fällt die Verzögerung um zwei bis drei Wochen auch bezüglich dieses Argumentes nicht ins Gewicht (VK Thüringen, B. v. 25. 3. 2003 – Az.: 216–402.20–002/03-J-S-G).

24.3.3.1.12 Aufrechterhaltung und Verbesserung des Verkehrsflusses. Der **Elbtunnel ist mit einer durchschnittlichen täglichen Verkehrsstärke von 110 000 Fahrzeugen von herausragender Bedeutung für die Abwicklung des nationalen und internationalen Verkehrs in Norddeutschland.** Behinderungen der Befahrbarkeit führen stets zu gravierenden Auswirkungen für die Wirtschaft und die Bevölkerung. Es liegt daher im Interesse des Auftraggebers sowie der Allgemeinheit, dass die BAB A 7 in den Hauptreisezeiten sowie der Fußballweltmeisterschaft frei durch den Elbtunnel befahrbar ist. Insbesondere die am 9. 6. 2006 beginnende Fußballweltmeisterschaft als weltweit bedeutendes Ereignis erfordert die ungehinderte Erreichbarkeit Hamburgs als Austragungsort. Dieses ist nur bei einem Vier-Röhren-Betrieb zu gewährleisten. Anderenfalls ist die notwendige Leistungsfähigkeit des Tunnels für die Bewältigung des erhöhten Verkehrs in den Sommermonaten des nächsten Jahres nicht sichergestellt. Bei einem auf drei Röhren beschränkten Betrieb sind in dieser Zeit mit Sicherheit häufige und kilometerlange Staus vor den Zufahrten des Elbtunnels die Folge (VK Hamburg, B. v. 27. 10. 2005 – Az.: VK BSU-3/05).

2448

24.3.3.1.13 Kurz bevorstehendes Großereignis – Fußballweltmeisterschaft. Der Auftraggeber **macht hinreichend glaubhaft, dass weitere, durch die Dauer des Nachprüfungsverfahrens und die nach Zuschlagserteilung erforderliche Vorlaufzeit bedingte Verzögerungen die Erreichung der Ziele des ausgeschriebenen Auftrags wenn zwar nicht per se vereiteln, so aber doch so wesentlich erschweren, dass der Erfolg der gesamten Kampagne ernsthaft in Frage gestellt wird:** Bereits jetzt finden zahlreiche Veranstaltungen insbesondere der deutschen Tourismusbranche und sonstige mediale Großereignisse statt, die – selbst wenn die Fußballweltmeisterschaft nicht Hauptgegenstand dieser Veranstaltungen sein sollte – aufgrund ihrer erheblichen Breitenwirkung in der Öffentlichkeit und in den speziellen Zielgruppen der Ausschreibung wesentlich zur Zielerreichung der ausgeschriebenen Kampagne beitragen können, indem sie geeignet erscheinen, das zu erstellende Key Visual zu verbreiten und das Kommunikations-, Multiplikatoren- und PR-Konzepts umzusetzen. **Diese Interessen der Allgemeinheit und des Auftraggebers an einer zügigen Vergabe sind gegenüber den Interessen des Antragstellers vorrangig, weil der Nachprüfungsantrag nach dem derzeitigen Sach- und Streitstand keine hinreichende Aussicht auf Erfolg besitzt** (3. VK Bund, B. v. 30. 9. 2005 – Az.: VK 3–130/05 – Z).

2449

24.3.3.2 Berücksichtigung der Erfolgsaussichten des Nachprüfungsantrags im Hauptsacheverfahren. Die Rechtsprechung zu der Frage, ob die Erfolgsaussichten des Nachprüfungsantrags im Hauptsacheverfahren im Rahmen der Interessensabwägung zu berücksichtigen sind, ist nicht einheitlich.

2450

Nach einer Auffassung **sind** in der Interessenabwägung des § 115 Abs. 2 Satz 1 GWB auch die Erfolgschancen des Nachprüfungsantrags **einzubeziehen.** Nur dann ist der gesetzlichen Forderung Genüge getan, wonach die Entscheidung der Vergabekammer über die Vorabgestattung des Zuschlags unter Berücksichtigung „aller möglicherweise geschädigten Interessen" zu erfolgen hat. Es liegt auf der Hand, dass zu jenen in die Interessenabwägung einzustellenden Belangen auch (und vor allem) der in § 97 Abs. 7 GWB normierte Anspruch auf Einhaltung der Vergabebestimmungen zählt und die Interessen des Antragstellers infolgedessen wesentlich auch durch die Erfolgsaussichten seines Nachprüfungsantrags bestimmt werden. Aus der Tatsache, dass der Gesetzgeber die Erfolgsaussicht des Nachprüfungsbegehrens als ein (wichtiges) Entscheidungskriterium lediglich in § 118 Abs. 1 Satz 3 GWB und nicht auch in § 115 Abs. 2 Satz 1 GWB besonders erwähnt hat, lässt sich Gegenteiliges nicht herleiten (OLG Düsseldorf, B. v. 23. 8. 2002 – Az.: Verg 44/02; 3. VK Bund, B. v. 30. 9. 2005 – Az.: VK 3–130/05 – Z; 2. VK Bund, B. v. 21. 7. 2005 – Az.: VK 2–60/05; B. v. 7. 7. 2005 – Az.: VK 2–66/05; B. v. 7. 7. 2005 – Az.: VK 2–63/05; VK Brandenburg, B. v. 16. 12. 2004 – Az.: VK 70/04; B. v. 24. 9. 2004 – Az.: VK 47/04; B. v. 19. 7. 2004 – Az.: VK 41/04; VK Münster, B. v. 10. 11. 2004 – Az.: VK 29/04; VK Baden-Württemberg, B. v. 8. 8. 2003 – Az.: 1 VK 44/03).

2451

Nach einer anderen Auffassung sind die Erfolgsaussichten des Nachprüfungsantrags im Hauptsacheverfahren **nur im Ausnahmefall mit einzubeziehen,** und zwar dann, wenn der zu beurteilende Sachverhalt bei der Entscheidung über die Gestattung des Zuschlags bereits offen zu Tage liegt und im Eilverfahren unschwer berücksichtigt werden kann (OLG Thüringen, B. v. 14. 11. 2001 – Az.: 6 Verg 6/01; VK Schleswig-Holstein, B. v. 8. 7. 2005 – Az.: VK-SH 18/05; VK Hamburg, B. v. 27. 10. 2005 – Az.: VK BSU-3/05; B. v. 22. 4. 2005 – Az.: VK BSU-2/05; 1. VK Sachsen, B. v. 5. 4. 2006 – Az.: 1/SVK/027–06; B. v. 25. 2. 2002– 1/SVK/012–02 g).

2452

2453 Die Bestimmung des **§ 115 Abs. 2 Satz 1 GWB ist auch erkennbar den §§ 80, 80 a VwGO nachgebildet,** wenn auch die Entscheidung einen endgültigen Zuschlag ermöglichen soll. Es ist somit nicht zulässig, dass die Vergabekammer ihre Entscheidung über den Antrag auf vorzeitige Zuschlagsgestattung zurückstellt, um zunächst den Sachverhalt abschließend aufzuklären. Die Ermittlungen müssen nicht so umfangreich sein wie die für das Hauptsacheverfahren, da ansonsten § 115 Abs. 2 Satz 1 GWB keine praktische Bedeutung zukäme. Es liegt daher **im pflichtgemäßen Ermessen der Vergabekammer, ob und in welchem Umfang sie die Erfolgsaussichten in der Hauptsache würdigen will.** Selbst ein prognostizierbarer Erfolg des Nachprüfungsverfahrens stellt keinen zwingenden Abwägungsgesichtspunkt dar (VK Schleswig-Holstein, B. v. 8. 7. 2005 – Az.: VK-SH 18/05).

2454 Daher kann die Gestattung des vorzeitigen Zuschlags mit einer fehlenden Erfolgsaussicht dann begründet werden, wenn sich die Unzulässigkeit oder Unbegründetheit des Nachprüfungsantrages **auf den ersten Blick erschließt** (VK Brandenburg, B. v. 30. 4. 2004 – Az.: VK 13/04; B. v. 4. 4. 2002 – Az.: VK 12/02; VK Lüneburg, B. v. 15. 7. 2003 – Az.: 203-VgK-15/2003). Eine **weitergehende Berücksichtigung fehlender Erfolgsaussichten** im Verfahren nach § 115 Abs. 2 GWB würde das Recht des Antragstellers verletzen, seine Rügen in dem vorgesehenen Nachprüfungsverfahren mit dem Ziel des Primärrechtsschutzes überprüfen zu lassen. Sie würde auch dem Ziel der Beschleunigung des Nachprüfungsverfahrens zuwider laufen (OLG Celle, B. v. 19. 8. 2003 – Az.: 13 Verg 20/03).

2455 Eine dritte Meinung schließlich **berücksichtigt** die Erfolgsaussichten des Antrages im Hauptsacheverfahren bei der Interessenabwägung **überhaupt nicht,** wie sich im Umkehrschluss aus § 121 Absatz 1 Satz 1 GWB ergibt (VK Düsseldorf, B. v. 1. 6. 2001 – Az.: VK – 13/2001 – Z).

2456 Jedenfalls kann **bei offensichtlicher Begründetheit des Nachprüfungsantrags oder offensichtlicher Rechtswidrigkeit des Vergabeverfahrens** in aller Regel eine vorzeitige Zuschlagserteilung **nicht in Betracht kommen.** Denn das Interesse der Allgemeinheit am raschen Abschluss von Vergabeverfahren kann sich nur auf den gesetzeskonformen Abschluss eines Vergabeverfahrens beziehen, nicht aber auf die vorzeitige Zuschlagserteilung im Rahmen eines vergaberechtswidrigen Verfahrens (OLG Naumburg, B. v. 10. 11. 2003 – Az.: 1 Verg 14/03; VK Münster, B. v. 21. 8. 2003 – Az.: VK 18/03).

24.3.3.3 Rechtsschutzinteresse

2457 Für einen Antrag nach § 115 Abs. 2 benötigt der Auftraggeber ein Rechtsschutzinteresse. Dieses **Rechtsschutzinteresse fehlt, wenn der Auftraggeber ein Ausschreibungsverfahren aufgehoben hat, nur gegen diese Entscheidung ein Nachprüfungsverfahren anhängig ist und der Auftraggeber beabsichtigt, die im aufgehobenen Verfahren ausgeschriebene Leistung im Verhandlungsverfahren zu vergeben.** Im Verhandlungsverfahren zu Unrecht übergangene und nach § 13 VgV nicht benachrichtigte Unternehmen können auch nach einem erteilten Zuschlag mit Erfolg die Vergabenachprüfung einleiten, und zwar auch mit dem Ziel eines Primärrechtsschutzes (OLG Düsseldorf, B. v. 26. 7. 2005 – Az.: VII – Verg 44/05).

24.3.3.4 Antrag des Auftraggebers

2458 Der Gesetzgeber hat die Befugnis für einen solchen Vorabgestattungsantrag nach § 121 Abs. 1 Satz 1 GWB ausdrücklich **nur dem Auftraggeber zugewiesen** (OLG Düsseldorf, B. v. 13. 1. 2003 – Az.: Verg 67/02). Zu den Einzelheiten vgl. die Kommentierung zu § 121 GWB.

24.3.3.5 Antrag auf Gestattung des Zuschlags für einen Teil der Leistung

2459 Der beantragte **Teilzuschlag ist vergaberechtlich nicht zulässig.** Die Verdingungsordnungen gehen sämtlich von dem Prinzip aus, dass die ausgeschriebene Leistung als Ganzes oder in Losen beauftragt wird. Ist eine Losvergabe aufgrund der Ausschreibung jedoch ausgeschlossen, kann der Auftraggeber von dieser Festlegung nicht nachträglich abrücken (1. VK Sachsen, B. v. 6. 11. 2001 – Az.: 1/SVK/115–01 g).

24.3.3.6 Auswirkung einer Mitteilung des Auftraggebers, den Zuschlag nicht vor Abschluss anhängiger Nachprüfungsverfahren zu erteilen

2460 Da die **Entscheidung der Vergabekammer nach § 115 Abs. 2 S. 1 GWB allein unter Berücksichtigung der gesetzlichen Vorgaben ergeht,** können **Gespräche oder etwaige**

Abreden zwischen Auftraggeber und Antragsteller über den Zeitpunkt der Zuschlagserteilung, z. B. den Zuschlag nicht vor Abschluss anhängiger Nachprüfungsverfahren zu erteilen, weder der Statthaftigkeit dieses Verfahrens entgegenstehen noch etwa die im Rahmen der Begründetheit vorzunehmende Interessenabwägung beeinflussen – zumindest nicht, wenn die voraussichtlich mangelnden Erfolgsaussichten des Nachprüfungsantrags die Abwägung entscheidend beeinflussen. Etwaige zivilrechtliche (Schadensersatz-)Ansprüche sind für die Entscheidung der Vergabekammer unerheblich (3. VK Bund, B. v. 30. 9. 2005 – Az.: VK 3–130/05 – Z).

24.3.4 Kosten des Verfahrens auf Gestattung des Zuschlags

Die **Kosten des vorläufigen Verfahrens** behandelt der Senat in ständiger Rechtsprechung als **Kosten der Hauptsache**. So kann **auch im Verfahren nach § 115 Abs. 2 Satz 2 GWB** verfahren werden, wenn zugleich Beschwerde in der Hauptsache eingelegt ist. Einer gesonderten Kostenentscheidung bedarf es deshalb an dieser Stelle nicht (BayObLG, B. v. 16. 7. 2004, Az.: Verg 016/04). 2461

24.3.5 Rechtsschutz gegen Entscheidungen nach § 115 Abs. 2

Gemäß § 115 Abs. 2 Satz 4 ist eine sofortige Beschwerde nach § 116 GWB nicht zulässig. 2462

24.3.6 Entscheidung über den Vorabgestattungsantrag bei Erlass einer Hauptsacheentscheidung

Vgl. dazu im Einzelnen die Kommentierung zu § 114 GWB RZ 2244. 2463

24.3.7 Literatur

– Byok, Jan/Goodarzi, Ramin, Rechtsmittel gegen die Zurückweisung von Eilanträgen im Nachprüfungsverfahren, WuW 2004, 1024 2464
– Opitz, Marc, Das Eilverfahren, NZBau 2005, 213

24.4 Weitere vorläufige Maßnahmen (§ 115 Abs. 3)

Ein Antrag nach § 115 Abs. 3 GWB kommt grundsätzlich in den Fällen in Betracht, in denen die Chancen des Antragstellers, den Auftrag zu erhalten, durch rechtswidrige Maßnahmen im Rahmen des Vergabeverfahrens gemindert werden. 2465

24.4.1 Voraussetzungen

24.4.1.1 Gefährdung von Rechten eines Unternehmens aus § 97 Abs. 7

Entscheidungen nach § 115 Abs. 3 GWB kommen **nur dann** in Betracht, wenn **Rechte eines Unternehmens aus § 97 Abs. 7 GWB** durch andere Maßnahmen als den Zuschlag **gefährdet** sind. Somit fehlt einem derartigen Antrag das Rechtsschutzbedürfnis, wenn der Antragsteller seine Rechtsposition durch eine Entscheidung nach § 115 Abs. 3 GWB offensichtlich nicht mehr verbessern kann (1. VK Sachsen, B. v. 22. 8. 2001 – Az.: 1/SVK/79–01). 2466

24.4.1.2 Rechtsschutzbedürfnis

Ein **Eilantrag setzt ein Rechtsschutzbedürfnis voraus.** Dieses liegt nur vor, wenn die **Rechte des Antragstellers nicht bereits durch das bestehende Zuschlagsverbot gem. § 115 Abs. 1 GWB ausreichend geschützt** sind und der **Antragsteller seine Rechtsposition durch eine Entscheidung nach § 115 Abs. 3 GWB verbessern könnte.** Sollte z. B. die Vergabekammer im Zuge des Hauptsacheverfahrens zu dem Ergebnis gelangen, dass die Entscheidung des Auftraggebers, einen Antragsteller nicht zur Abgabe eines Angebotes aufzufordern, vergaberechtswidrig ist und den Antragsteller in seinen Rechten verletzt, so kann sie den Auftraggeber im Hauptsachebeschluss gem. § 114 Abs. 1 GWB verpflichten, erneut in das Vergabeverfahren – bis hin zum Stadium des Teilnahmewettbewerbs – einzutreten, dabei die Rechtsauffassung der Vergabekammer zu berücksichtigen und insbesondere auch den Antragsteller zur Abgabe eines Angebotes aufzufordern. Der Anordnung weiterer vorläufiger Maß- 2467 nahmen gem. § 115 Abs. 3 GWB bedarf es daher nicht (VK Lüneburg, B. v. 21. 8. 2006 – Az.: VgK-18/2006).

24.4.2 Entscheidungsmaßstab des § 115 Abs. 2 Satz 1

2468 Bei der Ermessensentscheidung der Vergabekammer, ob diese Voraussetzungen vorliegen, hat sie den **Entscheidungsmaßstab des § 115 Abs. 2 Satz 1 GWB zugrunde zu legen.** Somit setzt ein positiver Antrag voraus, dass die beantragte Maßnahme unter Abwägung aller betroffenen Interessen zur Sicherung der Interessen notwendig ist. Dabei können – entgegen der Handhabung in § 115 Abs. 2 Satz 1 GWB – **auch die Erfolgsaussichten in der Hauptsache als zusätzlicher Abwägungsgesichtpunkt** eine Rolle spielen (VK Lüneburg, VK Lüneburg, B. v. 21. 8. 2006 – Az.: VgK-18/2006; B. v. 29. 4. 2005 – Az.: VgK-19/2005; 1. VK Sachsen, B. v. 22. 8. 2001 – Az.: 1/SVK/79–01).

2469 Die Beachtung der Erfolgsaussichten des Hauptsacheantrages leitet sich dabei aus zwei Gesichtspunkten ab. Zum einen bestimmt § 115 Abs. 3 Satz 2 GWB, dass die Vergabekammer den Beurteilungsmaßstab des Abs. 2 Satz 1 zu Grunde zu legen hat. Dies bedeutet im Umkehrschluss jedoch nicht, dass nicht auch zusätzlich erstgenannter Gesichtspunkt einzubeziehen ist. Da § 115 Abs. 3 GWB eine vorläufige Sicherung von Rechten des Antragstellers bewirken soll, scheidet diese zum zweiten aus, wenn im Hauptsacheverfahren Rechte des Antragstellers nicht verletzt sind oder voraussichtlich nicht verletzt zu sein scheinen. **Wie jedes Instrument des einstweiligen Rechtsschutzes** – § 115 Abs. 3 GWB kommt den Parallelregelungen in §§ 935, 940 ZPO und § 123 VwGO nahe – **bedarf es für einen erfolgreichen Antrag eines Anordnungsgrundes und eines Anordnungsanspruchs.** Scheidet letztgenannter erkennbar oder sehr wahrscheinlich aus, so verbietet sich eine Anordnung gemäß § 115 Abs. 3 GWB (VK Lüneburg, VK Lüneburg, B. v. 21. 8. 2006 – Az.: VgK-18/2006; B. v. 29. 4. 2005 – Az.: VgK-19/2005; 1. VK Sachsen, B. v. 23. 5. 2001 – Az.: 1/SVK/34–01).

24.4.3 Keine Anhörungspflicht

2470 Wegen des absoluten Eilcharakters des vorläufigen Verbots der Aufhebung der Ausschreibung und der Wirkungslosigkeit der im Übrigen ebenfalls schon durch die Vergabekammer veranlassten Zustellung des Nachprüfungsantrages gegen eine derartige faktische Aufhebung gemäß § 115 Abs. 1, § 110 Abs. 2 GWB, ist in entsprechender Anwendung des § 28 Abs. 2 Nr. 1 VwVfG des Bundes eine **Anhörung entbehrlich und nicht veranlasst.** Nach dieser Regelung kann von einer Anhörung abgesehen werden, sie nach den Umständen des Einzelfalles nicht geboten ist, insbesondere (Ziffer 1) eine sofortige Entscheidung wegen Gefahr im Verzug notwendig erscheint.

2471 Gefahr im Verzug besteht für einen Bieter, der eine Aufhebung einer Ausschreibung zu befürchten hat, deswegen, weil er weder gemäß § 13 VgV von einer solchen vorinformiert werden muss, sowohl der reine Antrag bei der Vergabekammer als auch dessen Zustellung nach § 110 Abs. 2, § 115 Abs. 1 GWB lediglich eine Zuschlagsentscheidung, nicht aber eine Aufhebungsentscheidung des Auftraggebers hemmen. Somit ist jederzeit mit einer Aufhebungsentscheidung des Auftraggebers zu rechnen, erst recht wenn dieser aufgrund einer vorherigen Rüge von den Bedenken des Bieters, aber auch der mangelnden Verhinderung weiß. Würde die Vergabekammer in dieser für einen Bieter bedrohlichen Situation eine förmliche Anhörung einleiten, hätte es der Auftraggeber in der Hand durch eine schnelle Aufhebungsentscheidung den Primärrechtsschutz des Bieters zu Fall zu bringen und ihn allenfalls auf einen Fortsetzungsfeststellungsantrag sowie Schadenersatzansprüche zu verweisen. Bei dieser Sachlage würde eine Anhörung die einzig wirksame und denkbare Maßnahme einer Vergabekammer (Untersagungsverfügung nach § 115 Abs. 3 GWB) in unvertretbarem Maße verzögern oder sogar verhindern. Dabei erscheint es auch verhältnismäßig, dem Auftraggeber bis zu einer ohnehin schnellen Entscheidung in der Hauptsache, die Aufhebung zu verbieten, auch wenn sie eigentlich gerechtfertigt wäre als diesem sofortige Aufhebungsmaßnahmen weiterhin zu ermöglichen, die das gesetzlich verankerte Recht des Bieters auf Einhaltung der Regeln über das Vergabeverfahren endgültig zunichte machen würden (1. VK Sachsen, B. v. 4. 3. 2002 – Az.: 1/SVK/019–02).

24.4.4 Beispiele aus der Rechtsprechung

2472 – stellt ein **Bieter einen Eilantrag zu einem Zeitpunkt, als die Angebotsfrist im Vergabeverfahren noch nicht abgelaufen ist,** weil er vermeiden will, fristwahrend ein Angebot auf eine Ausschreibung abgeben zu müssen, die er vom Ansatz her für rechtsfehlerhaft hält, **bedarf es zur Wahrung seiner Rechte aus § 97 Abs. 7 GWB jedoch keines Angebots und somit auch nicht der Aussetzung des Verfahrens durch die Vergabekammer.** Denn der Bieter ist nicht verpflichtet, ein Angebot in einem von Anfang an rechtswidrigen Vergabeverfahren abzugeben. Bei einer Begründetheit seines Nachprüfungsantrages wäre das rechtswidrige Vergabeverfahren aufzuheben bzw. von einem Zeitpunkt an neu zu beginnen, an dem der Vergaberechtsfehler aufgetreten ist. Die Angebotsfrist im laufenden Vergabeverfahren wäre dann ohnehin obsolet. Für den Fall, dass der Bieter mit seinem Nachprüfungsantrag nicht durchdringt, kommt eine Verletzung seiner Rechte durch den Auftraggeber, die durch die Vergabekammer im Wege einer vorläufigen Maßnahme zu schützen wären, ohnehin nicht in Betracht (1. VK Bund, B. v. 20. 4. 2006 – Az.: VK 1– 19/06)

– hinsichtlich der zu treffenden Anordnungen ist der Senat nicht an den Antrag des Antragstellers gebunden. Dieser möchte erreichen, dass er bis zur Entscheidung über sein Rechtsmittel nicht gehalten ist, zur Wahrung der Chancen auf einen Zuschlag für diesen Bauauftrag ein neues Angebot einzureichen. Diesem **Anliegen ist nach Ansicht des Senats dadurch Rechnung zu tragen, dass der Schlusstermin zur Abgabe eines Angebots verlegt wird, was zwangsläufig eine Verlegung des Submissionstermins und ggf. auch eine Verlängerung der Zuschlagsfrist zur Folge hat** (OLG Naumburg, B. v. 9. 8. 2006 – Az.: 1 Verg 11/06)

– Anträge nach § 115 Abs. 3 GWB sind zulässig, da sie immer dann statthaft sind, wenn das Verfahren in der Hauptsache vor der Vergabekammer – wie im vorliegenden Fall – anhängig ist. Dem Antrag fehlt allerdings das erforderliche Rechtsschutzbedürfnis, wenn die Rechte des Antragstellers bereits durch das bestehende Zuschlagsverbot gem. § 115 Abs. 1 GWB ausreichend geschützt sind und der Antragsteller seine Rechtsposition durch eine Entscheidung nach § 115 Abs. 3 GWB nicht verbessern kann. Dieser **Schutz greift aber nicht, wenn gerade eine bereits erfolgte Nachtragsbeauftragung und die Aufhebung eines parallel geführten Verhandlungsverfahrens Streitgegenstand sind.** Ein Eilantrag, der darauf gerichtet ist, die Fortführung der streitgegenständlichen Leistungen bis zum Abschluss des Nachprüfungsverfahrens zu untersagen, damit das potentielle Auftragsvolumen nicht verringert wird, ist daher grundsätzlich gemäß § 115 Abs. 3 GWB zulässig (VK Lüneburg, B. v. 29. 4. 2005 – Az.: VgK-19/2005)

– trotz der von der Vergabekammer zulässigerweise gemäß § 114 Abs. 1 S. 2 GWB über den Antrag der Antragstellerin hinaus gehenden Verpflichtung zur Aufhebung der Ausschreibung fehlt dieser zur Sicherung einer gleichberechtigten Angebotsabgabe beantragten Maßnahme nicht das Rechtsschutzinteresse. Die Entscheidung der Vergabekammer zur Aufhebung der Ausschreibung ist nämlich noch binnen zwei Wochen ab Zustellung dieses Beschlusses beim Oberlandesgericht mit der sofortigen Beschwerde nach § 116 GWB angreifbar. Während dieses Zeitraums, in den die geplante Submission am 27. 4. 2004 fällt, entfaltet der Beschluss somit keine endgültige Wirkung. **Auch im Hinblick auf ein nachfolgendes neues Ausschreibungsverfahren erscheint es der Vergabekammer notwendig und angemessen, dass die möglichen Angebotssummen weiterer Bewerber und die Tatsache und die Anzahl von Nebenangeboten nicht in einem öffentlichen Submissionstermin publik werden und potenzielle Mitbewerber dadurch nicht mehr auszugleichende Wettbewerbsvorteile erlangen können.** Dem gemäß war die nicht mehr mit Rechtsmitteln angreifbare **einstweilige Maßnahme der Verschiebung des Submissionstermins** bis zu einer rechtskräftigen Entscheidung in dieser Sache zu verfügen (1. VK Sachsen, B. v. 23. 4. 2004 – Az.: 1/SVK/026–04)

– als vorläufige Maßnahme gemäß § 115 Abs. 3 GWB kommt bei einer beabsichtigten Aufhebung der Ausschreibung nur das einstweilige Verbot dieser endgültig wirkenden und das Verfahren beendenden Aufhebung in Betracht. Vorläufig ist diese Maßnahme deshalb, weil sie lediglich bis zur unter Beachtung des Beschleunigungsgrundsatzes des § 113 GWB zu treffenden Hauptsacheentscheidung gelten soll (1. VK Sachsen, B. v. 4. 3. 2002 – Az.: 1/SVK/019–02)

– beabsichtigt ein Auftraggeber, die **Arbeiten demnächst freihändig zu vergeben,** fällt eine Entscheidung im ordentlichen Vergabeverfahren – also ohne vorherige Eilanordnung – aller Voraussicht nach zu spät, um die Rechte eines Antragstellers zu wahren; dann sind diese Rechte „in anderer Weise als durch den Zuschlag" gefährdet (OLG Celle, B. v. 29. 8. 2003 – Az.: 13 Verg 15/03)

24.5 Feststellungsanträge über den Wortlaut der §§ 114, 115 hinaus

24.5.1 Feststellungsantrag darauf, dass kein Zuschlagsverbot gilt

2473   Die Statthaftigkeit eines solchen Feststellungsantrags ist in den Vorschriften der §§ 107 ff. GWB nicht ausdrücklich geregelt. Sie **ergibt sich aber aus einem Schluss a maiore ad minus zu § 115 Abs. 2 Satz 1 und Abs. 1 GWB.** Denn wenn § 115 Abs. 2 Satz 1 GWB unter den näher bestimmten Voraussetzungen die Gestattung des Zuschlags eines Antrags als Ausnahme zum grundsätzlich durch die Zustellung eines Nachprüfungsantrags ausgelösten Zuschlagsverbot nach § 115 Abs. 1 GWB geregelt ist, dann ist als Mittel, um überhaupt erst einmal die Anwendbarkeit des § 115 Abs. 2 Satz 1 GWB zu klären, auch ein Antrag zulässig, der auf die Feststellung gerichtet ist, dass das Zuschlagsverbot durch die Zustellung eines Nachprüfungsantrags nicht ausgelöst wurde. Diese Situation kann gerade in solchen Sachverhalten gegeben sein, wenn der Auftraggeber davon ausgeht, bei einer Beauftragung eines öffentlichen Unternehmens nach Aufhebung eines Vergabeverfahrens ausnahmsweise keinen öffentlichen Auftrag bzw. kein Vergabeverfahren im Sinne der §§ 99, 101 GWB durchführen zu müssen (VK Brandenburg, B. v. 30. 7. 2002 – Az.: VK 38/02).

25. § 116 GWB – Zulässigkeit, Zuständigkeit

(1) Gegen Entscheidungen der Vergabekammer ist die sofortige Beschwerde zulässig. Sie steht den am Verfahren vor der Vergabekammer Beteiligten zu.

(2) Die sofortige Beschwerde ist auch zulässig, wenn die Vergabekammer über einen Antrag auf Nachprüfung nicht innerhalb der Frist des § 113 Abs. 1 entschieden hat; in diesem Fall gilt der Antrag als abgelehnt.

(3) Über die sofortige Beschwerde entscheidet ausschließlich das für den Sitz der Vergabekammer zuständige Oberlandesgericht. Bei den Oberlandesgerichten wird ein Vergabesenat gebildet.

(4) Rechtssachen nach den Absätzen 1 und 2 können von den Landesregierungen durch Rechtsverordnung anderen Oberlandesgerichten oder dem Obersten Landesgericht zugewiesen werden. Die Landesregierungen können die Ermächtigung auf die Landesjustizverwaltungen übertragen.

25.1 Entscheidung der Vergabekammer (§ 116 Abs. 1 Satz 1)

2474   § 116 GWB ist die **Grundnorm für den Zugang zur zweiten, gerichtlichen Stufe** des Vergabenachprüfungsverfahrens. Demgemäß unterliegen **alle Endentscheidungen** der Vergabekammer der sofortigen Beschwerde gemäß § 116 Abs. 1 GWB. Mit Endentscheidung ist die „Entscheidung der Vergabekammer " (siehe sowohl den Wortlaut des § 114 Abs. 3 Satz 1 GWB als auch den Wortlaut des § 116 Abs. 1 GWB) gemeint, deren Rechtsnatur als Verwaltungsakt § 114 Abs. 3 Satz 1 GWB besonders heraushebt sowie klarstellt und mit der die Vergabekammer die erste Instanz des Nachprüfungsverfahrens abschließt (OLG Düsseldorf, B. v. 18. 1. 2000 – Az.: Verg 2/00).

2475   Die Entscheidungen müssen rechtswirksam sein; vgl. dazu die Kommentierung zu § 114 GWB.

25.1.1 Endentscheidungen

25.1.1.1 „Materielle" Entscheidungen

2476   Unter die Endentscheidungen fallen unstreitig alle Entscheidungen, mit denen die Vergabekammer **nach materiellen Vorschriften des Vergaberechts** über einen Nachprüfungsantrag entscheidet. Zur möglichen Bandbreite der Entscheidungen vgl. die Kommentierung zu § 114 Ziffer 23.2.

Gesetz gegen Wettbewerbsbeschränkungen   GWB § 116 **Teil 1**

25.1.1.2 Zurückweisung des Nachprüfungsantrags als offensichtlich unzulässig oder offensichtlich unbegründet

Eine die erste Instanz abschließende Entscheidung ist auch die Zurückweisung des Nachprüfungsantrags als offensichtlich unzulässig oder offensichtlich unbegründet gemäß § 110 Abs. 2 Satz 1 GWB; **auch diese Entscheidungsart unterliegt daher der sofortigen Beschwerde gemäß § 116 Abs. 1 GWB.** 2477

25.1.1.3 Kostenentscheidung der Vergabekammer

Es entspricht der soweit ersichtlich einhelligen Auffassung aller Oberlandesgerichte, dass die **Kostenentscheidung der Vergabekammer isoliert mit der sofortigen Beschwerde anfechtbar** ist (OLG Frankfurt, B. v. 1. 2. 2006 – Az.: 11 Verg 18/05; OLG Rostock, B. v. 2. 8. 2005 – Az.: 17 Verg 7/05; OLG Karlsruhe, B. v. 14. 7. 2005 – Az.: 6 W 56/05 Verg.; OLG München, B. v. 16. 11. 2006 – Az.: Verg 14/06; B. v. 13. 11. 2006 – Az.: Verg 13/06; B. v. 14. 9. 2005 – Az.: Verg 015/05; B. v. 29. 6. 2005 – Verg 010/05; B. v. 8. 6. 2005 – Az.: Verg 003/05; Brandenburgisches OLG, B. v. 8. 5. 2005 – Az.: Verg W 13/04; OLG Dresden, B. v. 25. 1. 2005 – Az.: WVerg 14/04; OLG Schleswig-Holstein, B. v. 2. 8. 2004 – Az.: 6 Verg 15/03; OLG Düsseldorf, B. v. 27. 7. 2005 – Az.: VII – Verg 20/05; B. v. 27. 7. 2005 – Az.: VII – Verg 18/05; B. v. 27. 7. 2005 – Az.: VII – Verg 17/05; B. v. 27. 7. 2005 – Az.: VII – Verg 103/04; B. v. 5. 7. 2004 – Az.: VII – Verg 17/04; B. v. 20. 4. 2004 – Az.: VII – Verg 9/04; Saarländisches OLG, B. v. 17. 8. 2006 – Az.: 1 Verg 2/06; B. v. 29. 9. 2005 – Az.: 1 Verg 2/05; B. v. 26. 3. 2004 – Az.: 1 Verg 3/04; BayObLG, B. v. 16. 2. 2005 – Az.: Verg 028/04; B. v. 13. 5. 2004 – Az.: Verg 004/04, B. v. 13. 4. 2004 – Az.: Verg 005/04, B. v. 23. 3. 2004 – Az.: Verg 22/03, B. v. 13. 4. 2004 – Az.: Verg 005/04, B. v. 6. 2. 2004 – Az.: Verg 24/03, B. v. 6. 2. 2004 – Az.: Verg 23/03, B. v. 25. 6. 2003 – Az.: Verg 9/03; OLG Thüringen, B. v. 14. 10. 2003 – Az.: 6 Verg 8/03; OLG Celle, B. v. 23. 1. 2004 – Az.: 13 Verg 1/04, B. v. 13. 3. 2002 – Az.: 13 Verg 2/02; BayObLG, B. v. 27. 9. 2002 – Az.: Verg 18/02; OLG Naumburg, B. v. 15. 6. 2006 – Az.: 1 Verg 5/06; B. v. 23. 8. 2005 – Az.: 1 Verg 4/05; B. v. 4. 1. 2005 – Az.: 1 Verg 19/04; B. v. 6. 10. 2004 – Az.: 1 Verg 12/04; B. v. 28. 6. 2004 – Az.: 1 Verg 8/04, B. v. 28. 6. 2004 – Az.: 1 Verg 5/04, B. v. 23. 4. 2003 – Az.: 1 Verg 1/03, B. v. 22. 9. 2003 – Az.: 1 Verg 10/03; OLG Celle, B. v. 14. 7. 2003 – Az.: 13 Verg 12/03). Dies betrifft **sowohl Kostengrundentscheidungen als auch Kostenfestsetzungsbeschlüsse** (OLG München, B. v. 16. 11. 2006 – Az.: Verg 14/06; B. v. 13. 11. 2006 – Az.: Verg 13/06; BayObLG, B. v. 6. 2. 2004 – Az.: Verg 25/03, B. v. 20. 1. 2004 – Az.: Verg 21/03). 2478

Auch der **BGH hat diese Auffassung bestätigt** (BGH, B. v. 25. 10. 2005 – Az.: X ZB 26/05; B. v. 25. 10. 2005 – Az.: X ZB 25/05; B. v. 25. 10. 2005 – Az.: X ZB 24/05; B. v. 25. 10. 2005 – Az.: X ZB 22/05). 2479

Unerheblich ist, ob die Beschwerde von Anfang an nur im Kostenpunkt erhoben war oder ob der Beschwerdegegenstand **nachträglich auf die Kostenentscheidung beschränkt** worden ist (OLG Dresden, B. v. 14. 2. 2003 – Az.: WVerg 0011/01). 2480

Eine analoge Anwendung von § 99 ZPO, der die Anfechtung einer Kostenentscheidung nur zusammen mit einem Rechtsmittel in der Hauptsache zulässt, findet im Verfahren der Vergabenachprüfung keine Anwendung. Eine besondere Regelung der Kostenentscheidung im Beschwerdeverfahren der Vergabenachprüfung fehlt zwar in §§ 97 ff. GWB; § 128 GWB regelt unmittelbar nur die Kosten des Verfahrens vor der VK. Jedoch ist eine analoge Anwendung des § 128 GWB jedenfalls insoweit gerechtfertigt, als damit die selbständige Anfechtung einer Kostenentscheidung entsprechend §§ 22 VwKostG ermöglicht wird, auf den § 128 Abs. 1 Satz 2 GWB verweist (OLG Rostock, B. v. 16. 5. 2001 – Az.: 17 W 1/01, 17 W 2/01). 2481

Der Statthaftigkeit einer sofortigen Beschwerde nach § 116 Abs. 1 Satz 1 GWB steht auch nicht entgegen, wenn sich ein **Beteiligter mit der Beschwerde nur gegen einen Teil der Kostenentscheidung der Vergabekammer wendet** (OLG Naumburg, B. v. 15. 6. 2006 – Az.: 1 Verg 5/06; B. v. 6. 4. 2005 – Az.: 1 Verg 2/05). Nach ständiger Rechtsprechung ist nicht nur die in der das Nachprüfungsverfahren abschließenden Entscheidung der Vergabekammer enthaltene Kostenentscheidung selbständig mit der sofortigen Beschwerde anfechtbar, sondern **auch der zur Kostengrundentscheidung gehörende Ausspruch, mit dem z. B. die Hinzuziehung eines Bevollmächtigten nicht für notwendig erklärt wird** (OLG Düsseldorf, B. v. 29. 10. 2003 – Az.: Verg 1/03). 2482

Teil 1 GWB § 116 Gesetz gegen Wettbewerbsbeschränkungen

25.1.1.4 Nichtiger Kostenfestsetzungsbescheid

2483   Selbst wenn ein Kostenfestsetzungsbescheid der Vergabekammer wegen des Fehlens der Unterschrift **unwirksam und nichtig sein sollte** (vgl. Art. 44 VwVfG), wird durch das zur Zustellung hinausgegebene Schriftstück der **Anschein eines wirksamen Verwaltungsakts** mit einer verbindlichen Leistungsaufforderung an die Antragstellerin erzeugt. **Gegen ihn kann mit dem für existente Bescheide vorgesehenen Rechtsmittel vorgegangen werden.** Untermauert wird dies durch die Regelung in § 116 Abs. 2 GWB, nach der die sofortige Beschwerde auch zulässig ist, wenn die Vergabekammer über einen Antrag auf Nachprüfung nicht innerhalb der Frist des § 113 Abs. 1 GWB entschieden hat und in diesem Fall der Antrag als abgelehnt gilt, obwohl ein schriftlicher Bescheid überhaupt nicht ergangen ist (BayObLG, B. v. 6. 2. 2004 – Az.: Verg 24/03).

25.1.1.5 Gegenstandswertfestsetzungsbescheid

2484   Gegenstandswertfestsetzungen sind zumindest dann „Entscheidungen" der Vergabekammer, gegen die die sofortige Beschwerde gemäß § 116 Abs. 1 GWB stattfindet, wenn die **Vergabekammer mit einer solchen Festsetzung eine Regelung treffen will, die geeignet ist, in Rechte von Verfahrensbeteiligten einzugreifen** (OLG Düsseldorf, B. v. 3. 7. 2003 – Az.: Verg 29/00).

2485   Zwar **setzt die Vergabekammer einerseits keinen Gegenstands- oder Streitwert fest, sondern überprüft nur den Wertansatz,** den ein Rechtsanwalt hinsichtlich des Streitwertes beantragt hat. Vorliegend hat der Antragsgegner aber keinen Wertansatz vorgenommen, sondern beantragt, dass dies die Vergabekammer veranlassen solle. **Im Hinblick auf den Beschleunigungsgrundsatz** des Verfahrens vor der Vergabekammer und der ohnehin gebotenen Überprüfung des Streitwertes ist die Vergabekammer der Auffassung, dass sie die Überprüfung auch ohne genannten Wertansatz **vorab zur Klarstellung für die Beteiligten vornehmen und so auch die Möglichkeit zur sofortigen Beschwerde eröffnen kann** (VK Südbayern, B. v. 9. 9. 2003 – Az.: 39–08/03).

25.1.1.6 Entscheidung über die Nachfestsetzung von Kosten

2486   **Kostenfestsetzungsbeschlüsse** können **bestandskräftig** werden und **in Rechtskraft erwachsen.** Die Bestands- oder Rechtskraft reicht aber nur soweit, als über geltend gemachte Aufwendungen entschieden wurde, diese also entweder zugesprochen oder aberkannt wurden. **Rechtskraftfähig** sind **nur die einzelnen Posten, nicht der Gesamtbetrag. Bisher nicht angemeldete Kosten** werden von der Rechtskraftwirkung **nicht erfasst**; insoweit ist die prinzipielle Zulässigkeit der Nachfestsetzung allgemein anerkannt. Verschiedentlich wird die Nachfestsetzung nur für solche Kosten für möglich gehalten, die bisher noch nicht genannt waren, wenn es sich also um neue selbständige Posten bzw. Rechnungsbeträge selbständiger Art handelt. Demgegenüber geht eine **breite Meinung dahin, dass eine Nachfestsetzung auch für die Forderung von Mehrbeträgen von schon geltend gemachten Ansätzen zulässig sein kann.** Allerdings wird man einen Rechtsanwalt als an seine ursprüngliche Berechnung gebunden anzusehen haben, wenn er die Gebührenhöhe in Ausübung seines Ermessens bestimmt hat. Ungeachtet eingetretener Unanfechtbarkeit des Kostenfestsetzungsbeschlusses findet eine Änderungsfestsetzung ferner dann statt, wenn der für die Gebührenberechnung des Rechtsanwalts zugrunde gelegte Streitwert vom Gericht nachträglich abweichend festgesetzt wird – § 107 ZPO – (BayObLG, B. v. 6. 2. 2004 – Az.: Verg 25/03).

25.1.1.7 Zwischenentscheidung über die Erledigung infolge Zuschlagsentscheidung

2487   Eine solche Zwischenentscheidung ist – obwohl im Gesetz nicht vorgesehen – **nach der Rechtsprechung zulässig** (vgl. die Kommentierung zu § 114 Ziffer 23.5.4). Als einen den Streitgegenstand beendende Entscheidung ist dagegen die **sofortige Beschwerde zulässig** (OLG Thüringen, B. v. 9. 9. 2002 – Az.: 5 Verg 4/02).

25.1.1.8 Entscheidung der Aussetzung des Verfahrens

2488   Die von der Vergabekammer ausgesprochene Aussetzung des Verfahrens ist eine **„Entscheidung der Vergabekammer "gegen die die sofortige Beschwerde gemäß § 116 Abs. 1 GWB statthaft ist.** Die Verfahrensaussetzung kann nicht als eine so genannte Zwischenentscheidung, gegen die die sofortige Beschwerde unstatthaft wäre, gewertet werden (OLG Düsseldorf, B. v. 11. 3. 2002 – Az.: Verg 43/01). Zur Zulässigkeit einer Aussetzungsentscheidung vgl. die Kommentierung zu § 114 Ziffer 23.2.3.

Gesetz gegen Wettbewerbsbeschränkungen　　　　　　　　　　　　GWB § 116　**Teil 1**

25.1.2 Verfahrensleitende Zwischenentscheidungen

25.1.2.1 Keine Möglichkeit der Beschwerde nach den Regelungen des GWB

Der Gesetzgeber hat für folgende Arten von Zwischenentscheidungen, für die sich die Unstatthaftigkeit der (isolierten) Beschwerde möglicherweise nicht von selbst verstanden hätte, dies **ausdrücklich hervorgehoben:** 2489

– für die Entscheidung über die Beiladung (§ 109 Satz 2 GWB),
– für die Versagung der Akteneinsicht (§ 111 Abs. 4 GWB),
– für die Eilentscheidungen der Vergabekammer gemäß § 115 Abs. 2 GWB (vgl. dort Satz 5; der in Satz 2 und Satz 3 vorgesehene Antrag zum Beschwerdegericht ist ein spezieller und anderer Rechtsbehelf als die sofortige Beschwerde),
– für vorläufige Maßnahmen der Vergabekammer gemäß § 115 Abs. 3 GWB.

Auch die **Entscheidung über den Ausschluss eines Mitglieds der Vergabekammer wegen der Besorgnis der Befangenheit** kann nur gleichzeitig mit den gegen die Sachentscheidung zulässigen Rechtsbehelfen geltend gemacht werden (OLG Düsseldorf; B. v. 23. 1. 2006 – Az.: VII – Verg 96/05, VK Münster, B. v. 21. 3. 2005 – Az.: VK 07/05). Allein der Umstand, dass ein Antragsteller durch die Entscheidung der Vergabekammer, ein Ablehnungsgesuch zurückzuweisen, beschwert wird, vermag die Statthaftigkeit der Beschwerde nicht zu begründen. In gerichtlichen und gerichtsähnlichen Verfahren werden die Verfahrensbeteiligten **in der Regel Verfahrenspflichten oder Obliegenheiten ausgesetzt, die Beschwerlichkeiten mit sich bringen können,** ohne dass gegen jede einzelne Maßnahme der gerichtlichen oder gerichtsähnlichen Instanz eine Anfechtungsmöglichkeit eröffnet werden kann, weil sich sonst die Verfahrensdauer u. U. ins Uferlose verlängern würde. **Insbesondere im Nachprüfungsverfahren vor der Vergabekammer stünde eine gesonderte Anfechtungsmöglichkeit in einem unvereinbaren Widerspruch zu dem Beschleunigungsgrundsatz des § 113 Abs. 1 GWB.** Bei Ausnutzung der Beschwerdemöglichkeit gegen Zwischenentscheidungen wäre die **Regelfrist von fünf Wochen zwischen Antragseingang und Entscheidung der Vergabekammer kaum je einzuhalten** (OLG Düsseldorf; B. v. 23. 1. 2006 – Az.: VII – Verg 96/05). 2490

Auch die **Entscheidung über die Ablehnung eines Antrags auf Berichtigung des Sachverhalts** einer Nachprüfungsentscheidung ist **keine Entscheidung** im Sinn von § 116 Abs. 1 GWB (Saarländisches OLG, B. v. 29. 9. 2005 – Az.: 1 Verg 5/05). 2491

25.1.2.2 Anordnung der Zustellung des Nachprüfungsantrags

Die Anordnung der Zustellung des Nachprüfungsantrags ist nicht nach § 116 GWB anfechtbar. Die Anfechtbarkeit kann **nicht aus § 116 Abs. 2 GWB** geschlossen werden. Unter dem Aspekt der Begrenzung der Verfahrensdauer spricht auch folgendes Argument dagegen, die isolierte Anfechtung der Anordnung der Zustellung des Nachprüfungsantrags zuzulassen: Die besondere Anfechtbarkeit stünde in einem **unvereinbaren Widerspruch zum Beschleunigungsgrundsatz** des § 113 Abs. 1 GWB; denn bei Ausnutzung der von der Antragsgegnerin für richtig gehaltenen Beschwerdemöglichkeit wäre die Regelfrist von fünf Wochen zwischen Antragseingang und Entscheidung der Vergabekammer kaum je einzuhalten (OLG Düsseldorf, B. v. 18. 1. 2000 – Az.: Verg 2/00). 2492

25.1.2.3 Verweisung an eine andere Vergabekammer

Bei der die Verweisung des Nachprüfungsverfahrens an eine andere Vergabekammer betreffenden Entscheidung handelt es sich um eine Zwischenentscheidung der Vergabekammer. **Gegen Zwischenentscheidungen ist die (isolierte) sofortige Beschwerde nach § 116 Abs. 1 Satz 1 GWB grundsätzlich nicht statthaft.** Der Umstand, dass das GWB selbst die (isolierte) Beschwerde gegen die Verweisungsentscheidung der Vergabekammer nicht ausdrücklich für unstatthaft erklärt, gibt für die Zulässigkeit einer solchen Beschwerde nichts her. Das GWB enthält keine Vorschriften über die Verweisung des Nachprüfungsverfahrens wegen Unzuständigkeit der angerufenen Vergabekammer. Darum ist dem Gesetz selbst auch nichts über die Zulässigkeit einer (isolierten) Beschwerde gegen die Verweisungsentscheidung zu entnehmen. Die **Unstatthaftigkeit** eines solchen gegen eine Zwischenentscheidung der Nachprüfungsinstanz gerichteten Rechtsmittels rechtfertigt sich vielmehr aus dem allgemeinen Rechtssatz, dass einer Anfechtung grundsätzlich – und zwar um die Verfahrensdauer zu begrenzen – 2493

Teil 1 GWB § 116

nur die instanzabschließenden Endentscheidungen unterliegen (OLG Düsseldorf, B. v. 18. 1. 2005 – Az.: VII – Verg 104/04).

25.1.2.4 Weitere Beispiele aus der Rechtsprechung

2494   Die Rechtsprechung sieht folgende weitere Fälle als Zwischenentscheidung an, gegen die eine sofortige Beschwerde nicht statthaft ist:

– **Gestattung von Akteneinsicht** (OLG Thüringen, B. v. 9. 9. 2002 – Az.: 6 Verg 4/02)
– **Erlass eines Beweisbeschlusses** (OLG Thüringen, B. v. 9. 9. 2002 – Az.: 6 Verg 4/02)

25.1.3 Vollstreckungsentscheidungen

2495   § 116 GWB erfasst schon nach seinem Wortlaut nicht nur die Hauptsacheentscheidung, welche die Vergabekammer im Verfahren nach §§ 104, 107 ff. GWB über einen Nachprüfungsantrag trifft. Sie eröffnet die Beschwerde zum Oberlandesgericht vielmehr auch für **alle sonstigen instanzabschließenden Erkenntnisse der Vergabekammer, mithin auch für Entscheidungen der Vergabekammer im Rahmen der Vollstreckung** nach § 114 Abs. 3 Satz 2 GWB (OLG Düsseldorf, B. v. 29. 4. 2003 – Az.: Verg 53/02).

25.1.4 Sonderfälle

25.1.4.1 Statthaftigkeit einer sofortigen Beschwerde mit dem Ziel der Ergänzung eines lückenhaften Beschlusses der Vergabekammer

2496   Bei dem vergaberechtlichen Beschwerdeverfahren handelt es sich um ein streitiges Verfahren vor einem ordentlichen Gericht; folglich enthält **§ 321 ZPO** die sachgerechte **Regelung für die Ergänzung eines lückenhaften Beschlusses.** Die entsprechende Anwendung dieser Vorschrift ist damit geboten (BayObLG, B. v. 8. 3. 2001 – Az.: Verg 5/01).

2497   So besteht z.B. die Möglichkeit, eine nachträgliche Ergänzung der Kostengrundentscheidung durch die Vergabekammer herbeizuführen. Diese Ergänzung kann auch nach Ablauf der Fünf-Wochen-Frist des § 113 Abs. 1 Satz 1 GWB beantragt werden. Die Fiktion des § 116 Abs. 2 Halbsatz 2 GWB ist wegen der Entscheidung der Vergabekammer in der Hauptsache nicht eingetreten. Weder Wortlaut noch Zweck dieser beiden Bestimmungen sprechen dagegen, die Ergänzung einer versehentlich im Kostenpunkt unvollständig gebliebenen Entscheidung der Vergabekammer auch nach Ablauf der Fünf-Wochen-Frist zuzulassen (BayObLG, B. v. 27. 9. 2002 – Az.: Verg 18/02).

25.1.4.2 Statthaftigkeit einer unselbständigen Anschlussbeschwerde

2498   25.1.4.2.1 Grundsatz. Die Zulässigkeit der unselbständigen Anschlussbeschwerde im Vergaberecht ist im Grundsatz in der Rechtsprechung nicht mehr umstritten.

2499   Die Zulässigkeit unselbständiger Anschlussbeschwerden im vergaberechtlichen Beschwerdeverfahren (§§ 116 ff. GWB) ist nicht ausdrücklich geregelt, jedoch **aus allgemeinen Verfahrensgrundsätzen** (vgl. § 524 ZPO n. F., § 127 VwGO n. F.) **herleitbar.** Der das Vergabeverfahren prägende Beschleunigungsgrundsatz mit der daraus folgenden strikten zeitlichen Beschränkung des Rechtsmittels widerspricht der Zulässigkeit jedenfalls auf der Grundlage des seit 1. 1. 2002 maßgeblichen Rechtszustands nicht. Denn die Anschließung ist im Zivil- wie im Verwaltungsprozess nur zulässig bis zum Ablauf eines Monats nach der Zustellung der Berufungsbegründungsschrift (§ 524 Abs. 2 Satz 2 ZPO n. F.; § 127 Abs. 2 Satz 2 VwGO n. F.). Zwanglos lassen sich diese Regelungen auf die sofortige Beschwerde als berufungsähnliches Rechtsmittel übertragen, so dass die Anschlussbeschwerde nur statthaft ist, wenn sie innerhalb von zwei Wochen nach Zustellung der Beschwerdebegründung eingelegt wird (OLG Frankfurt, B. v. 28. 2. 2006 – Az.: 11 Verg 15/05 und 16/05; BayObLG, B. v. 5. 11. 2002 – Az.: Verg 22/02, B. v. 6. 2. 2004 – Az.: Verg 24/03; OLG Düsseldorf, B. v. 25. 2. 2004 – Az.: Verg 9/02, B. v. 8. 5. 2002 – Az.: Verg 8–15/01).

2500   Die Auffassung, dass eine unselbständige Anschlussbeschwerde nicht statthaft ist**, da das GWB das Institut der Anschlussbeschwerde nicht kennt** (OLG Naumburg, B. v. 20. 12. 2001 – Az.: 1 Verg 12/01), hat das OLG Naumburg **aufgegeben** (OLG Naumburg, B. v. 17. 2. 2004 – Az.: 1 Verg 15/03).

Eine Anschlussbeschwerde gibt **begrifflich nur dem Beschwerdegegner die Möglichkeit, trotz Ablaufs der Beschwerdefrist die vom Gegner angefochtene Entscheidung auch zu seinen Gunsten zur Überprüfung zu stellen** (OLG Frankfurt am Main, B. v. 8. 2. 2005 – Az.: 11 Verg 24/04). 2501

25.1.4.2.2 Kostenfestsetzungsverfahren. Für ein Nebenverfahren, wozu die Kostenfestsetzung rechnet, ist die Zulässigkeit des (unselbständigen) Anschlusses noch weniger bedenklich, weil hier der Beschleunigungsgedanke regelmäßig nicht im Mittelpunkt steht. Ob eine zeitliche Schranke von zwei Wochen für die Anschließung besteht, wie es die Bestimmungen der § 524 Abs. 2 Satz 2 ZPO, § 127 Abs. 2 Satz 2 VwGO und § 117 Abs. 1 und 2 GWB in analoger Anwendung für das Hauptsacheverfahren vorschreiben, kann offen bleiben (BayObLG, B. v. 6. 2. 2004 – Az.: Verg 24/03). 2502

25.1.4.2.3 Reichweite einer unselbständigen Anschlussbeschwerde. In der vergaberechtlichen Literatur wird die Auffassung vertreten, die Anschlussbeschwerde sei nur im Verhältnis zwischen Antragsteller und Auftraggeber oder zwischen Beigeladenem und Auftraggeber zulässig. Das soll sich sinngemäß aus den Grundsätzen, die für die Anschließung im Berufungsrechtszug vor den Zivil- oder Verwaltungsgerichten gelten, ergeben, weil dort mit der Anschlussberufung nur Ansprüche geltend gemacht werden könnten, die gegen den Berufungskläger gerichtet sind. Ansprüche auf Einhaltung vergaberechtlicher Bestimmungen bestünden aber nur gegen den öffentlichen Auftraggeber, niemals aber gegen andere am Auftrag interessierte Unternehmen. Indessen vermag der Senat jedenfalls der VwGO den Grundsatz, dass die Anschlussberufung nur für die Geltendmachung von Ansprüchen zulässig ist, die sich gegen den Berufungskläger richten, nicht zu entnehmen; **vielmehr steht dort das Rechtsmittel der Anschlussberufung allen Beteiligten, also auch einem Beigeladenen zu,** §§ 127, 63 Nr. 3 VwGO. Danach kommt es im Verwaltungsgerichtsverfahren nicht darauf an, ob zwischen dem Kläger und dem Beigeladenen – öffentlich-rechtliche – Ansprüche bestehen, was regelmäßig nicht der Fall sein dürfte, sondern lediglich darauf, dass mit der Berufung und der Anschlussberufung gegenläufige Rechtsschutzziele verfolgt werden (OLG Thüringen, B. v. 5. 12. 2001 – Az.: 6 Verg 4/01). 2503

25.1.4.2.4 Bedingte unselbständige Anschlussbeschwerde. Der Zulässigkeit der Anschlussbeschwerde steht auch nicht entgegen, wenn der Antragsgegner im Hauptantrag die Zurückweisung der sofortigen Beschwerde begehrt und die **Anschlussbeschwerde nur hilfsweise erhebt.** Für die unselbstständige Anschlussberufung im Zivilprozess ist anerkannt, dass diese auch bedingt erhoben werden kann für den Fall, dass dem in erster Linie gestellten Antrag auf Zurückweisung des Rechtsmittels nicht entsprochen wird. Denn die **unselbstständige Anschließung ist kein Rechtsmittel im eigentlichen Sinn, sondern lediglich ein Antrag innerhalb des vom Rechtsmittelführer eingelegten Rechtsmittels; die Gründe, die die bedingte Erhebung von Klagen und die bedingte Einlegung von Rechtsmitteln grundsätzlich ausschließen, greifen hier nicht.** Diese Rechtsprechung kann auf die vergaberechtliche Anschlussbeschwerde übertragen werden (BayObLG, B. v. 9. 8. 2004, Az.: Verg 015/04).

25.1.4.3 Statthaftigkeit einer „Untätigkeitsbeschwerde"

Es kann Fälle geben, in denen nach Ablauf der Informationsfrist des § 13 VgV ein Zuschlag droht und die Vergabekammer noch nicht über die Zustellung des Nachprüfungsantrags entschieden hat. Wendet sich der Beschwerdeführer zu diesem Zeitpunkt an den Vergabesenat, läuft sein Rechtsbehelf der Sache nach auf eine „Untätigkeitsbeschwerde" hinaus, die **in den §§ 116 ff. GWB jedoch nicht vorgesehen** ist. Die Rechtsprechung verkennt nicht, dass dem Beschwerdeführer rein tatsächlich an einer Herbeiführung des Zuschlagsverbots gelegen sein muss, da mit Ablauf der Frist des § 13 Satz 2 VgV die Auftragserteilung an einen Mitbewerber droht; dies kann im Ergebnis dazu führen, dass der Primärrechtsschutz des Beschwerdeführers aus Zeitgründen leer läuft. Diese **Gefahr ist aber in der Fristenregelung des § 13 VgV angelegt,** die einen effektiven Schutz des Bieters nur dann gewährleistet, wenn es diesem gelingt, innerhalb der Frist ein Zuschlagsverbot herbeizuführen. Dass dies in direkter Anwendung von § 115 Abs. 1 GWB nur zu erzielen ist, wenn die VK den Nachprüfungsantrag nicht für offensichtlich unzulässig oder unbegründet hält, folgt ebenfalls unmittelbar aus dem Gesetz, das dem Antragsteller eben dieses Risiko aufbürdet. Wenn damit letztlich nur wenige Tage zur Verfügung stehen, um zumindest die Auftragsvergabe vorläufig zu verhindern, **so rechtfertigt diese zeitliche Enge es grundsätzlich nicht, dass das Beschwerdegericht hierüber unter Verzicht auf eine beschwerdefähige Entscheidung der VK unmittelbar befindet** (OLG Dresden, B. v. 4. 7. 2002 – Az.: WVerg 0011/02). 2504

Teil 1 GWB § 116 Gesetz gegen Wettbewerbsbeschränkungen

25.1.4.4 Statthaftigkeit einer sofortigen Beschwerde wegen einer falschen Rechtsbehelfsbelehrung?

2505 Die Statthaftigkeit des Rechtsbehelfs der sofortigen Beschwerde ergibt sich auch nicht aus dem Inhalt einer Rechtsbehelfsbelehrung, in der die Vergabekammer auf die Möglichkeit der Einlegung der sofortigen Beschwerde hinweist. Eine **falsche Rechtsbehelfsbelehrung vermag einen nicht statthaften Rechtsbehelf nicht konstitutiv zu begründen** (OLG Düsseldorf, B. v. 23. 1. 2006 – Az.: VII – Verg 96/05).

25.2 Am Verfahren vor der Vergabekammer Beteiligte (§ 116 Abs. 1 Satz 2)

2506 Nach § 116 Abs. 1 Satz 2 steht den am Verfahren vor der Vergabekammer Beteiligten die sofortige Beschwerde zu. **Beteiligte sind gemäß § 109 GWB** alle Unternehmen, deren Interessen durch die Entscheidung schwerwiegend berührt und die deswegen von der Vergabekammer beigeladen werden.

25.3 Beschwerdebefugnis

25.3.1 Allgemeines

2507 Die Zulässigkeit der sofortigen Beschwerde setzt eine Beschwer voraus. Sie kann z.B. auch in einer Kostenbelastung bestehen (OLG Frankfurt, B. v. 16. 5. 2000 – Az.: 11 Verg 1/99).

25.3.2 Beschwerdebefugnis des Beigeladenen

2508 Die Beschwerdeberechtigung eines Beigeladenen hängt nicht davon ab, ob der Beigeladene im Nachprüfungsverfahren Anträge gestellt oder sich überhaupt vor der Vergabekammer geäußert hat. Vielmehr kommt es in Fällen der **fehlenden formellen Beschwer** darauf an, ob der Beschwerdeführer geltend machen kann, durch die angefochtene Entscheidung **materiell in seinen Rechten verletzt** zu sein (OLG Saarbrücken, B. v. 29. 5. 2002 – Az.: 5 Verg 1/01; OLG Dresden, B. v. 5. 1. 2001 – Az.: WVerg 0011/00, WVerg 0012/00; im Ergebnis ebenso OLG Naumburg, B. v. 5. 5. 2004 – Az.: 1 Verg 7/04, B. v. 17. 6. 2003 – Az.: 1 Verg 09/03; OLG Thüringen, B. v. 22. 4. 2004 – Az.: 6 Verg 2/04, B. v. 7. 10. 2003 – Az.: 6 Verg 6/03).

2509 Zwar verlangt § 107 Abs. 2 Satz 1 GWB nur für das Verfahren vor der Vergabekammer und auch da nur für den Antragsteller die Geltendmachung der Verletzung eigener Rechte. Jedenfalls **für Beschwerden eines Beigeladenen kann aber nichts anderes gelten.** Denn er wendet sich gegen einen zwar an ihn zuzustellenden (§ 114 Abs. 3 Satz 3, § 61 GWB), gleichwohl aber nicht an ihn, sondern die Vergabestelle adressierten und ihn damit zunächst nur **mittelbar belastenden Verwaltungsakt** (OLG Dresden, B. v. 14. 4. 2000 – Az.: Wverg 0001/00).

25.3.3 Beschwerdebefugnis des Auftraggebers eines Verfahrensbevollmächtigten

2510 Ein **Auftraggeber eines Verfahrensbevollmächtigten ist auch dann beschwert, wenn es nur um die Gebührenansprüche seines Verfahrensbevollmächtigten geht.** Gegenstand des Streits ist die Erstattung der Auslagen eines Verfahrensbeteiligten, der seinerseits die berechtigten Gebührenansprüche seiner Bevollmächtigten zu erfüllen hat. Z.B. durch die aus seiner Sicht zu niedrige Festsetzung der ihm zu erstattenden Kosten ist der Verfahrensbeteiligte daher selbst beschwert (OLG Naumburg, B. v. 6. 4. 2005 – Az.: 1 Verg 2/05).

25.3.4 Sonstige Zulässigkeitsvoraussetzungen

2511 Da sich die Beschwerde gegen die Entscheidung der Vergabekammer richtet (§ 116 Abs. 1 Satz 1 GWB), sind auch im Beschwerdeverfahren hinsichtlich der Überprüfung von Rechtsverletzungen **die Einschränkungen zu beachten, die bereits im Verfahren vor der Vergabekammer gelten.** Zur Überprüfung gestellt werden können daher nur (behauptete) Verstöße gegen Vergabevorschriften, die weder wegen Verletzung der Rügepflicht ausgeschlossen sind (§ 107 Abs. 3 GWB), noch deshalb ausscheiden, weil der Bieter den ihm entstandenen oder drohenden Schaden nicht dargelegt hat (§ 107 Abs. 2 Satz 2 GWB – BayObLG, B. v. 21. 5. 1999 – Az.: Verg 1/99).

25.4 Ablehnungsfiktion (§ 116 Abs. 2)
25.4.1 Allgemeines

Die sofortige Beschwerde ist auch zulässig, wenn die Vergabekammer über einen Antrag auf **2512** Nachprüfung nicht innerhalb der Frist des § 113 Abs. 1 entschieden hat; in diesem Fall gilt der Antrag als abgelehnt (OLG Frankfurt, B. v. 6. 3. 2006 – 11 Verg 11/05 und 12/05).

Mit der Ablehnungsfiktion des § 116 Abs. 2 GWB wollte der Gesetzgeber für die Antragstel- **2513** lerseite die Möglichkeit schaffen, sich **beschleunigt gegen eine etwaige Untätigkeit der Vergabekammer effektiv zur Wehr zu setzen** (KG Berlin, B. v. 7. 11. 2001 – Az.: KartVerg 7/01, B. v. 4. 4. 2002 – Az.: KartVerg 5/02).

Die Rechtsfolge des § 116 Abs. 2 GWB tritt kraft Gesetzes ein. Einer **ausdrücklichen Fest- 2514 stellung des Eintritts der Rechtsfolge bedarf es nicht.** Durch die gesetzliche Fiktion soll der zu Lasten der Antragsgegnerin eingetretene Zustand beendet werden, der nach Zustellung des Nachprüfungsantrags kraft Gesetzes zum Stopp des Zuschlags geführt hat (VK Baden-Württemberg, B. v. 3. 8. 2004 – Az.: 1 VK 37/04).

25.4.2 Bestehen einer nach den gesetzlichen Vorschriften eingerichteten Vergabekammer

Die **funktionelle Zuständigkeit des Vergabesenats** nach § 116 Abs. 2 GWB setzt das **Be- 2515 stehen einer** nach den gesetzlichen Vorschriften eingerichteten **Vergabekammer voraus** (Hanseatisches OLG, B. v. 10. 10. 2003 – Az.: 1 Verg 2/03).

25.4.3 Unzulässigkeit in Kostensachen

Die **Beschwerdemöglichkeit des § 116 Abs. 2 GWB ist in Kostensachen schon nach 2516 dem Wortlaut, aber auch nach Sinn und Zweck der Regelung des § 116 Abs. 2 nicht eröffnet.** Denn gemäß § 116 Abs. 2 GWB ist, auch ohne dass ein beschwerdefähiger Beschluss ergangen ist, die Beschwerde (nur) statthaft, wenn die Vergabekammer nicht innerhalb der Frist des § 113 Abs. 1 GWB „über einen Antrag auf Nachprüfung" entschieden hat. Die **Vorschrift beschränkt die Möglichkeit der „Untätigkeitsbeschwerde" also auf Fälle, in denen innerhalb der Frist keine Entscheidung in der Hauptsache ergangen ist,** d.h. die Kammer zum Nachprüfungsbegehren selbst nicht abschließend Stellung genommen hat. Das wird auch dem Sinn der Regelung gerecht, Beschaffungsvorhaben öffentlicher Auftraggeber nicht länger als den Umständen unvermeidbar dem Risiko einer vergabenachprüfungsrechtlichen Blockade auszusetzen. Vor diesem Hintergrund gilt § 113 Abs. 1 GWB schon in den Fortsetzungsfeststellungsverfahren nach § 114 Abs. 2 GWB nicht (vgl. dort die ausdrückliche Regelung in S. 3). Erst recht sind Gesichtspunkte des vergaberechtlichen Beschleunigungsgebots insgesamt nicht einschlägig, wenn das Vergabekontrollverfahren (hier durch Antragsrücknahme) abgeschlossen, mithin auch das Zuschlagsverbot des § 115 Abs. 1 GWB erloschen ist und nur noch die kostenmäßige Abwicklung des erledigten Verfahrens in Rede steht (OLG Dresden, B. v. 14. 3. 2005 – Az.: WVerg 03/05).

25.4.4 Zeitpunkt der Entscheidung

Beschieden ist der Antrag dann, wenn ein **instanzbeendender Beschluss** und dessen Ver- **2517** kündung oder deren sonstige Bekanntgabe vorliegt (OLG Naumburg, B. v. 13. 10. 2006 – Az.: 1 Verg 7/06; B. v. 13. 10. 2006 – Az.: 1 Verg 6/06) bzw. wenn die Entscheidung von dem **letzten zur Unterzeichnung berufenen Kammermitglied** auf den Weg zur für die weitere Bearbeitung zuständigen Dienststelle gebracht worden ist (Saarländisches OLG, B. v. 29. 4. 2003 – Az.: 5 Verg 4/02). Für eine solche **autonome Auslegung** der Vorschrift des § 116 Abs. 2 GWB **spricht schon der Wortlaut der Norm.** Dort ist allein von „der Entscheidung", nicht von ihrer Bekanntgabe bzw. von ihrer Wirksamkeit die Rede. Auch in **historischer und teleologischer Hinsicht** liegt diese Auslegung nahe. Denn die Fristsetzung des § 113 Abs. 1 GWB ist vom Gesetzgeber sehr ehrgeizig gewählt, d.h. sie ist angesichts des häufig umfangreichen Prozessstoffes und der zum Teil schwierigen Rechtsfragen außerordentlich kurz bemessen, um die öffentliche Beschaffung nicht über Gebühr zu behindern. Angesichts dieser Prämisse und der angeordneten Unabwendbarkeit der Rechtsfolge einer Fristversäumnis kann die Einhaltung der Frist nicht mit zusätzlichen Unsicherheiten, wie oben angeführt, aber auch mit der Unsicherheit eines manipulierten Empfangsbekenntnisses, zusätzlich belastet werden. Für eine

Teil 1 GWB § 116

sichere und schnelle Feststellung des Umstandes, ob die Entscheidungsfrist gewahrt ist, ist das Abstellen auf das aktenkundige Absetzen der Entscheidung nicht nur ausreichend, sondern sogar besser geeignet als das Abstellen auf deren Bekanntgabe (OLG Naumburg, B. v. 13. 10. 2006 – Az.: 1 Verg 7/06; B. v. 13. 10. 2006 – Az.: 1 Verg 6/06).

2518 Für die **gegenteilige Auffassung, dass es für eine wirksame Entscheidung die nach den allgemeinen Grundsätzen zur Wirksamkeit eines Verwaltungsaktes Bekanntgabe an den Adressaten der Regelung bedarf,** spricht zwar auf den ersten Blick, dass sie aus Sicht der Beteiligten des Nachprüfungsverfahrens ein höheres Maß an Rechtssicherheit zu gewähren scheint; dieser **Schein ist aber trügerisch.** Denn es ist nicht ohne Weiteres davon auszugehen, dass alle Beteiligten eines Nachprüfungsverfahrens von einer in diesem Verfahren ergangenen Entscheidung zum selben Zeitpunkt Kenntnis erlangen. Mit anderen Worten: **Aus der Bekanntgabe einer Entscheidung der Vergabekammer ihm selbst gegenüber kann ein Beteiligter nicht auf den Zeitpunkt der Bekanntgabe dieser Entscheidung gegenüber anderen Beteiligten schließen.** Um diesen in Erfahrung zu bringen, bedürfte es der Nachforschung bei der Vergabekammer und eines Zuwartens, bis die Vergabekammer verifiziert hat, wann die Entscheidung jeweils den einzelnen Verfahrensbeteiligten tatsächlich bekannt gegeben worden ist. Gerade dann, wenn an einem Nachprüfungsverfahren mehr als nur zwei Personen beteiligt sind, wenn gar Bietergemeinschaften ohne einheitlichen Empfangsbevollmächtigten oder ausländische Unternehmen Verfahrensbeteiligte sind, kann ein Abstellen auf die Bekanntgabe erhebliche Unsicherheiten in sich bergen (OLG Naumburg, B. v. 13. 10. 2006 – Az.: 1 Verg 7/06; B. v. 13. 10. 2006 – Az.: 1 Verg 6/06).

25.4.5 Ablehnungsfiktion im Feststellungsverfahren

2519 Im Fortsetzungsfeststellungsverfahren ist nach § 114 Abs. 2 Satz 3 GWB die **Beschleunigungsvorgabe des § 113 Abs. 1 GWB außer Kraft gesetzt** und mithin auch die zu ihrer Durchsetzung geschaffene gesetzliche Fiktion der Antragsablehnung des § 116 Abs. 2 (OLG Naumburg, B. v. 4. 9. 2001 – Az.: 1 Verg 8/01).

25.4.6 Fortsetzung des Vergabekammerverfahrens bei einer „Nichtentscheidung" der Vergabekammer?

2520 Die Vergabekammer hat nicht die Befugnis, ihre für den Zeitpunkt des Fristablaufs fingierte Ablehnungsentscheidung danach durch eine wirkliche Entscheidung zu korrigieren, was in der Konsequenz die Befugnis der Vergabekammer zur Fortsetzung des Verfahrens trotz Fristablaufs einschlösse. **Die Vergabekammer ist selbst an ihre (End-)Entscheidungen gebunden;** das setzen die gesetzlichen Regelungen der § 116, § 117 Abs. 1, § 124 Abs. 1 GWB als selbstverständlich voraus. Nur das Beschwerdegericht, das von einem beschwerten Verfahrensbeteiligten mit sofortiger Beschwerde angerufen wird, kann (End-)Entscheidungen der Vergabekammer aufheben oder abändern. Eine gegenteilige Literaturmeinung behandelt die vom Gesetz in § 116 Abs. 2 Halbsatz 2 GWB bei Fristversäumnis angeordnete Antragsablehnung letztlich als nur bedingt wirksam und stellt sie zur Disposition der Vergabekammer. Dafür fehlt es im Gesetz an jeder Grundlage. Diese Meinung hat überdies die missliche (und untragbare) **Konsequenz, dass nach der Fristversäumnis zwei Nachprüfungsinstanzen für den Nachprüfungsantrag zuständig sind:** die Vergabekammer, die sich zur Fortsetzung des Verfahrens entschließen kann, und der gemäß § 116 Abs. 2 GWB angerufene Vergabesenat. Schließlich läuft die Gegenansicht auch dem Gesetzeszweck des § 116 Abs. 2 GWB zuwider: Die Norm soll dem Beschleunigungsgebot des § 113 Abs. 1 GWB besonderen Nachdruck verleihen und stellt eine scharfe Sanktion für die Nichteinhaltung des Gebots dar. Diese Sanktion würde entkräftet, wenn die Vergabekammer trotz Fristversäumnis das Verfahren fortsetzen dürfte (OLG Dresden, B. v. 17. 6. 2005 – Az.: WVerg 8/05; OLG Düsseldorf, B. v. 20. 6. 2001 – Az.: Verg 3/01).

2521 § 116 Abs. 2 2. Halbs. GWB enthält mit der Aussage, dass der Antrag „als abgelehnt gelte", also **nicht nur eine verfahrenstechnische Fiktion** für das Beschwerdeverfahren, sondern eine **materiellrechtliche Regelung** dahingehend, dass mit Ablauf der Fünfwochenfrist der Nachprüfungsantrag in der Sache abgelehnt und der Vergabekammer jede weitere Entscheidung (auch eine nachträgliche Verlängerung der Fünfwochenfrist) untersagt ist (OLG Dresden, B. v. 17. 6. 2005 – Az.: WVerg 8/05; OLG Celle, B. v. 20. 4. 2001 – Az.: 13 Verg 7/01; offen gelassen vom Saarländischen OLG, B. v. 29. 4. 2003 – Az.: 5 Verg 4/02).

25.4.7 Rechtsschutz gegen eine trotz der Ablehnungsfiktion ergangene Entscheidung der Vergabekammer

Hat die Vergabekammer trotz der Ablehnungsfiktion z. B. den Beteiligten die Abschrift eines Beschlusses zugestellt, mit dem sie die Vergabestelle angewiesen hat, das Vergabeverfahren unter Berücksichtigung der Rechtsauffassung der Vergabekammer weiterzuführen, erzeugt dieser Beschluss den **Anschein einer wirksamen, von der Vergabestelle zu beachtenden Entscheidung.** Die Vergabestelle hat ein rechtlich schutzwürdiges Interesse daran, dass die **Anscheinswirkung** des zugestellten Beschlusses die Vergabekammer **beseitigt** und dass die wirkliche Rechtslage, die sich aus § 116 Abs. 2 GWB ergibt, für alle Beteiligten klar und verbindlich festgestellt wird. Der **Beschluss der Vergabekammer ist daher klarstellend** aufzuheben. Eine der Rechtslage widersprechende, aber anscheinend wirksame Entscheidung weiterhin tatsächlich existent zu lassen, ist mit den Geboten der Rechtssicherheit und Rechtsklarheit nicht zu vereinbaren (BayObLG, B. v. 30. 3. 2001 – Az.: Verg 03/01). 2522

Ist die fiktive Ablehnungsentscheidung bereits in Rechtskraft erwachsen, wenn die nachträgliche Entscheidung wirksam wird, **eröffnet die fiktive Entscheidung keine an eine neuerliche Sachprüfung durch die Vergabekammer geknüpften zusätzlichen Rechtsschutzmöglichkeiten für den unterlegenen Antragsteller.** Das gilt unabhängig davon, ob die Vergabekammer nachträglich die fingierte Entscheidung nach § 116 Abs. 2 GWB tatsächlich bestätigt oder ob sie umgekehrt in der Sache zugunsten des Antragstellers erkennt. Im zweiten Fall mag man den Kammerbeschluss als konkludenten Widerruf der vorangegangenen (und notwendigerweise rechtmäßigen, da im Gesetz für diesen Fall ausdrücklich so vorgesehenen) Ablehnungsfiktion ansehen; da die in § 49 VwVfG geregelten Widerrufsvoraussetzungen aber sämtlich nicht vorlägen, müsste die spätere, mithin rechtswidrige Entscheidung allein deshalb auf die Beschwerde eines anderen Beteiligten aufgehoben werden, so dass die nach § 116 Abs. 2 GWB maßgebende Rechtslage wiederhergestellt wäre. Der **Beschwerdeführer kann aber im Ergebnis nicht besser stehen,** wenn die Vergabekammer diese Rechtslage mit der nachgeschobenen Entscheidung explizit bekräftigt. Auch in diesem Fall könnte die Aufhebung des späteren tatsächlichen Beschlusses, selbst wenn er sich bei isolierter Betrachtung als in der Sache unzutreffend erweisen würde, nur dazu führen, dass der Beschwerdeführer sich auf die rechtskräftige fiktive Ablehnung seines Nachprüfungsbegehrens verwiesen sähe. An der Herbeiführung eines solchen Verfahrensergebnisses im Beschwerderechtszug kann der Beschwerdeführer jedoch kein schützenswertes Interesse haben. Infolgedessen scheidet auch die Verlängerung der aufschiebenden Wirkung für ein mit dieser Zielrichtung betriebenes Rechtsmittel aus (OLG Dresden, B. v. 17. 6. 2005 – Az.: WVerg 8/05). 2523

25.4.8 Zulässigkeit der sofortigen Beschwerde bei Nichtentscheidung der Vergabekammer infolge Aufhebung der Ausschreibung

Eine **sofortige Beschwerde mit dem Ziel, die Aufhebung der Ausschreibung anzugreifen, ist auch dann möglich, wenn die Vergabekammer noch nicht entschieden hat, die Aufhebung erst ein Tag vor der beabsichtigten Entscheidung erfolgt und unter diesen Umständen keine Möglichkeit besteht, über diese Frage zu befinden.** Denn anderenfalls hätte die Aufhebung der Ausschreibung kurz vor Ablauf der Frist des § 113 GWB die Folge, dass ein Antragsteller, obwohl das Nachprüfungsverfahren, das bisher wegen anderer möglicher vergaberechtlicher Fehler eingeleitet worden war, in der bisherigen Form nicht mehr weiter betrieben werden kann und mangels Entscheidung der Vergabekammer nicht abgeschlossen ist, deshalb gezwungen wäre, ein neues und damit zusätzliches Nachprüfungsverfahren hinsichtlich der Frage einer rechtmäßigen Aufhebung der Ausschreibung in die Wege zu leiten. Dies ist weder aus den maßgeblichen Vorschriften der §§ 107 ff. GWB, insbesondere § 114 GWB, abzuleiten noch wird dies der Gewährung effektiven Rechtsschutzes ausreichend gerecht und ist auch nicht verfahrensökonomisch, so dass die Antragstellerin mit ihrer sofortigen Beschwerde zugleich die Aufhebung der Ausschreibung zur Überprüfung durch den Senat stellen konnte und die von ihr gewählte Vorgehensweise bei der vorliegenden Sachlage als zulässig anzusehen ist (OLG Frankfurt, B. v. 7. 10. 2003 – Az.: 11 Verg. 7/03). 2524

25.4.9 Neues Nachprüfungsverfahren nach Eintritt der Ablehnungsfiktion

Da ein Nachprüfungsantrag der nicht disponiblen Fiktion aus § 116 Abs. 2 GWB unterliegt und damit nach 5 Wochen als abgelehnt gilt, das Verfahren auch nicht mit der Begründung etwa von Vergleichsverhandlungen verlängert werden kann, **muss ein erneuter Antrag zulässig** 2525

Teil 1 GWB § 116   Gesetz gegen Wettbewerbsbeschränkungen

sein, wenn die Vergabekammer über den ersten Antrag in der Sache nicht entschieden hatte und die Beschwerde nicht erhoben wurde. Ansonsten können tatsächlich eintretende Ablaufverzögerungen oder sonstige unübliche Entwicklungen zu einem Verlust des primären Rechtsschutzes führen, obwohl nach wie vor das Vergabeverfahren andauert (VK Düsseldorf, B. v. 24. 1. 2001 – Az.: VK – 31/2000 – B).

25.4.10 Rücknahme der sofortigen Beschwerde

25.4.10.1 Anzuwendende Regelungen

2526   Für die Rücknahme der sofortigen Beschwerde findet sich in den Vorschriften des GWB (vierter Teil §§ 116 ff.) über das Vergabenachprüfungsverfahren keine spezielle Regelung und auch in den § 120 Abs. 2, § 73 Nr. 2 keine ausdrückliche Verweisung. Diese **Gesetzeslücke muss sachgerecht mit der Methode der Analogie** zu vergleichbaren Rechtsregeln geschlossen werden. Hierzu bietet sich entweder an, auf die **Rechtslage im Kartellverwaltungsverfahren** zurückzugreifen, weil der Instanzenzug und die Art des Hauptrechtsmittels im Vergabenachprüfungsverfahren in Anlehnung an das Kartellverwaltungsverfahren – zudem ebenfalls im GWB – gesetzlich geregelt worden sind. Oder aber man wendet für die Schließung der zahlreichen Lücken der §§ 116 ff. GWB – wie der Senat in ständiger Rechtsprechung verfährt – die **entsprechenden Vorschriften der VwGO** wegen ihrer Sachnähe an (OLG Düsseldorf, B. v. 28. 8. 2001 – Az.: Verg 27/01).

25.4.10.2 Wirksamkeit nach Stellung der Anträge in der mündlichen Verhandlung

2527   Beide methodischen Alternativen führen zu demselben Ergebnis, dass die Wirksamkeit der Rücknahme der sofortigen Beschwerde (§ 116 GWB) nach der Stellung der Anträge in mündlicher Verhandlung **von der Zustimmung des Beschwerdegegners** abhängt:

2528   Für das Kartellverwaltungsverfahren wird im Schrifttum, soweit es sich mit diesem Thema befasst, übereinstimmend die Ansicht vertreten, dass § 92 Abs. 1 VwGO analog anzuwenden sei. Gemäß § 92 Abs. 1 Satz 2 VwGO setzt die Zurücknahme der verwaltungsgerichtlichen Klage nach Stellung der Anträge in der mündlichen Verhandlung die **Einwilligung des Beklagten** voraus. Diese Rechtsregel wird auf das Kartellverwaltungsverfahren übertragen: Der Beschwerdeführer kann seine Beschwerde, wenn in der mündlichen Verhandlung die Anträge gestellt worden sind, wirksam nur mit Einwilligung der gegnerischen Kartellbehörde zurücknehmen. Dass man zum selben Ergebnis gelangt, wenn man für die Schließung der Lücke der §§ 116 ff. GWB die geeignete, entsprechende Vorschrift der VwGO – hier eben § 92 Abs. 1 VwGO – heranzieht, versteht sich von selbst (OLG Düsseldorf, B. v. 28. 8. 2001 – Az.: Verg 27/01).

25.5 Sonderfall: Wiedereinsetzung in den vorigen Stand

25.5.1 Grundsatz

2529   Das Recht Betroffener, die unverschuldet Fristen, die für die Wahrung ihrer Rechte in einem Verwaltungsverfahren wesentlich sind, versäumt haben, auf Wiedereinsetzung ist ein **grundlegendes Erfordernis jedes rechtsstaatlichen Verfahrens,** insbesondere auch des Anspruchs auf rechtliches Gehör in diesem Verfahren. Durch die Beschränkungen dieses Rechts ist auch dem Erfordernis der Effektivität staatlichen Handelns sowie des Rechtsschutzes Dritter hinsichtlich der Rechtssicherheit und des rechtlichen Friedens Genüge getan. Innerhalb dieser Beschränkungen gilt § 32 VwVfG für alle gesetzlichen Fristen.

2530   Die Wiedereinsetzung in den vorigen Stand in Vergabenachprüfungsverfahren – und zwar **im Beschwerdeverfahren – richtet sich nach den Vorschriften der Zivilprozessordnung** (vgl. § 73 Nr. 2, § 120 Abs. 2 GWB) – (OLG Koblenz, B. v. 5. 12. 2005 – Az.: 1 Verg 5/05; BayObLG, B. v. 13. 8. 2004, Az.: Verg 017/04; OLG Düsseldorf, B. v. 29. 3. 2006 – Az.: VII – Verg 77/05; B. v. 5. 9. 2001 – Az.: Verg 18/01). Im wettbewerblichen Beschwerdeverfahren nach §§ 116 ff. GWB sind die Bestimmungen der §§ 222 ff. ZPO also entsprechend anwendbar. Hierbei ist **für jede Frist zu prüfen, ob eine Wiedereinsetzung möglich ist oder nicht** (BayObLG, B. v. 10. 9. 2004 – Az.: Verg 019/04).

25.5.2 Unanfechtbarkeit der Entscheidung über die Wiedereinsetzung

2531   Das im vierten Teil des Gesetzes gegen Wettbewerbsbeschränkungen (GWB) geregelte Vergabenachprüfungsverfahren sieht vor, dass die Vergabesenate der Oberlandesgerichte über sofortige

Beschwerden gegen die Entscheidungen der Vergabekammern abschließend entscheiden. Ein vom BGH zu bescheidendes Rechtsmittel gegen die Entscheidungen der Vergabesenate ist im Gesetz nicht vorgesehen. Wird die im Vergabenachprüfungsverfahren gegen eine Entscheidung der Vergabekammer erhobene Beschwerde als unzulässig verworfen oder als unbegründet zurückgewiesen, endet daher das Nachprüfungsverfahren mit der Entscheidung des Vergabesenats. Daraus folgt, dass **eine nach § 238 Abs. 1 Satz 2 ZPO vorab getroffene Entscheidung des Beschwerdegerichts über den Antrag auf Wiedereinsetzung in den vorigen Stand unanfechtbar** ist (BGH, B. v. 16. 9. 2003 – Az.: X ZB 12/03).

25.5.3 Frist für den Antrag auf Verlängerung der aufschiebenden Wirkung einer sofortigen Beschwerde

Im wettbewerblichen Beschwerdeverfahren nach §§ 116 ff. GWB sind die Bestimmungen der §§ 222 ff. ZPO entsprechend anwendbar (§ 120 Abs. 2 GWB, § 73 Nr. 2 GWB in Verbindung mit §§ 233 ff. ZPO). Nach § 233 ZPO kann Wiedereinsetzung in den vorigen Stand nur gegen Versäumung von Notfristen oder Fristen zur Begründung von bereits eingelegten Rechtsmitteln gewährt werden. **Nach § 224 Abs. 1 Satz 2 ZPO sind Notfristen nur diejenigen Fristen, die im Gesetz als solche bezeichnet sind. Der Zeitraum von zwei Wochen in § 118 Abs. 1 Satz 2 GWB zählt nicht hierzu;** dies ist schon deshalb nicht möglich, weil die Frist nicht für eine Handlung der Partei bestimmt ist (BayObLG, B. v. 10. 9. 2004 – Az.: Verg 019/04). 2532

25.5.4 Beispiele aus der Rechtsprechung

– ein **Verfahrensbevollmächtigter darf einfache Bürotätigkeiten auf sein geschultes und zuverlässiges Büropersonal zur selbständigen Erledigung übertragen.** Zu den übertragbaren einfachen Tätigkeiten zählen nach der Rechtsprechung auch die **Absendung eines fristwahrenden Schriftsatzes per Telefax und die Kontrolle des Fax-Sendeberichtes.** Beide Tätigkeiten hatte Rechtsanwalt Dr. A ... im Streitfall der seit dem Jahr 2002 fertig ausgebildeten und ihm als zuverlässig bekannten Rechtsanwaltsfachangestellten E. am 20. Oktober 2005 übertragen. Mit Anlagen hatte die zu übersendende Beschwerdeschrift einen Umfang von 76 Seiten, darunter die von Rechtsanwalt Dr. A ... unterzeichnete Seite 25 des Beschwerdeschriftsatzes. Frau E. hat das gesamte Konvolut in das Faxgerät des Rechtsanwaltsbüros zum Versenden eingelegt und die Fax-Nummer des OLG Düsseldorf gewählt, **bei der anschließenden Kontrolle des Sendeberichtes jedoch übersehen, dass tatsächlich nur 75 Seiten an das Gericht übermittelt worden waren.** Ein solches Versehen war ihr bis dahin bei der Ausübung ihres Berufes noch nicht unterlaufen; deshalb ist eine **Wiedereinsetzung zu gewähren** (OLG Düsseldorf, B. v. 29. 3. 2006 – Az.: VII – Verg 77/05) 2532a

– der **Rechtsanwalt bleibt verpflichtet, für eine Büroorganisation zu sorgen, die eine wirksame Ausgangskontrolle gewährleistet.** Das erfordert eine Weisung an die Mitarbeiter, sich nach Übermittlung eines Schriftsatzes per Telefax einen Einzelnachweis ausdrucken zu lassen, auf dieser Grundlage die Vollständigkeit der Übermittlung zu prüfen und die Notfrist erst nach Kontrolle des Sendeberichts zu löschen. Bei dieser abschließenden Überprüfung ist auch auf die korrekte Angabe des Adressaten zu achten. Dazu gehört die Überprüfung, ob die richtige Empfängernummer verwendet worden ist. Das ist vor allem dann erforderlich, wenn das Risiko eines Versehens bei Ermittlung der richtigen Telefaxnummer besonders hoch ist, etwa weil diese im Einzelfall aus gedruckten Listen herausgesucht werden muss und an ein und demselben Ort mehrere Empfänger in Betracht kommen. Die Gefahr, beim Ablesen in die falsche Zeile zu geraten, ist dann besonders groß. Wird ein fristgebundener Schriftsatz auch noch zeitlich so knapp vor Fristablauf abgesandt, dass nicht mehr damit gerechnet werden kann, eine etwaige Fehlsendung werde vom tatsächlichen Empfänger noch rechtzeitig bemerkt und durch Weiterleitung an den vorgesehenen Empfänger korrigiert, ist eine **wirksame Endkontrolle der Telefaxnummer unerlässlich** (OLG Koblenz, B. v. 5. 12. 2005 – Az.: 1 Verg 5/05)

– soweit die Antragsteller darauf abheben, dass die Vergabekammer durch widersprüchliche Auskünfte gegen das Gebot des fairen Verfahrens verstoßen habe, wäre dem dadurch Rechnung zu tragen, dass ihnen (**auch ohne ausdrücklichen Antrag, § 120 Abs. 2, § 73 GWB, § 236 Abs. 2 Satz 2 ZPO**) Wiedereinsetzung zu gewähren wäre, wenn sie deshalb das Fristversäumnis nicht verschuldet hätten (OLG Celle, B. v. 20. 4. 2001 – Az.: 13 Verg 7/01)

Teil 1 GWB § 116   Gesetz gegen Wettbewerbsbeschränkungen

– die **Wiedereinsetzung setzt voraus**, dass die **Fristversäumung unverschuldet** ist (BayObLG, B. v. 2. 12. 2002 – Az.: Verg 24/02)

25.6 Zuständiges Oberlandesgericht (§ 116 Abs. 3)

2533   § 116 Abs. 3 Satz 1 begründet eine ausschließliche Zuständigkeit des für den Sitz der Vergabekammer zuständigen Oberlandesgerichtes.

25.6.1 Übersicht der Vergabesenate

2534

Bund/Land	Vergabesenat	Adresse	Telefon	Telefax
Bund	Oberlandesgericht Düsseldorf	Cecilienallee 3, 40474 Düsseldorf	0211/4971–471 bzw. 757	0211/4971–548
Baden-Württemberg	Oberlandesgericht Stuttgart	Ullrichstraße 10, 70182 Stuttgart	0711/212–3290	0711/212–3024 bzw. 3029
Bayern	Bayerisches Oberstes Landesgericht	Schleißheimer Straße 139, 80797 München	089/5597–01	089/5597–1480
Berlin	Kammergericht	Elßholzstraße 30–33, 10781 Berlin	030/9015–2452	030/9015–2200
Brandenburg	Brandenburgisches Oberlandesgericht	Gertrud-Piter-Platz 11, 14770 Brandenburg	03381/399–165	03381/399–350 bzw. 360
Bremen	Hanseatisches Oberlandesgericht in Bremen	Sögestraße 62/64, 28195 Bremen	0421/61–4371	0421/361–4451
Hamburg	Hanseatisches Oberlandesgericht	Sievekingplatz 2, 20355 Hamburg	040/42843–4649	040/42843–4097
Hessen	Oberlandesgericht Frankfurt am Main	Zeil 42, 60313 Frankfurt am Main	069/1367–2484	069/1367–2976
Mecklenburg-Vorpommern	Oberlandesgericht Rostock	Wallstraße 3, 18055 Rostock	0381/331–150	0381/4590–991
Niedersachsen	Oberlandesgericht Celle	Schloßplatz 2, 29221 Celle	0511/206–759	0511/206–208
Nordrhein-Westfalen	Oberlandesgericht Düsseldorf	Cecilienallee 3, 40474 Düsseldorf	0211/4971–471 bzw. 757	0211/4971–548
Rheinland-Pfalz	Oberlandesgericht Koblenz	Stresemannstraße 1, 56068 Koblenz	069/1367–2484	069/1367–2976
Saarland	Saarländisches Oberlandesgericht	Franz-Josef-Röder-Straße 15, 66119 Saarbrücken	0681/501–5669	0681/501–5256
Sachsen	Oberlandesgericht Dresden	Schlossplatz 1, 01067 Dresden	0351/446–1420	0351/446–1499
Sachsen-Anhalt	Oberlandesgericht Naumburg	Domplatz 10, 06618 Naumburg	03445/28–2141	03445/28–2000
Schleswig-Holstein	Schleswig-Holsteinisches Oberlandesgericht	Gottorfstraße 2, 24837 Schleswig	04621/86–1290	04621/86–1372
Thüringen	Thüringer Oberlandesgericht	Leutragraben 2–4, 07743 Jena	03641/307–113	03641/307–200

25.7 Literatur

– Wilke, Reinhard, Das Beschwerdeverfahren vor dem Vergabesenat beim Oberlandesgericht, NZBau 2005, Heft 6, S. 326   2535

26. § 117 GWB – Frist, Form

(1) **Die sofortige Beschwerde ist binnen einer Notfrist von zwei Wochen, die mit der Zustellung der Entscheidung, im Fall des § 116 Abs. 2 mit dem Ablauf der Frist beginnt, schriftlich bei dem Beschwerdegericht einzulegen.**

(2) **Die sofortige Beschwerde ist zugleich mit ihrer Einlegung zu begründen. Die Beschwerdebegründung muss enthalten:**
1. **die Erklärung, inwieweit die Entscheidung der Vergabekammer angefochten und eine abweichende Entscheidung beantragt wird,**
2. **die Angabe der Tatsachen und Beweismittel, auf die sich die Beschwerde stützt.**

(3) **Die Beschwerdeschrift muss durch einen bei einem deutschen Gericht zugelassenen Rechtsanwalt unterzeichnet sein. Dies gilt nicht für Beschwerden von juristischen Personen des öffentlichen Rechts.**

(4) **Mit der Einlegung der Beschwerde sind die anderen Beteiligten des Verfahrens vor der Vergabekammer vom Beschwerdeführer durch Übermittlung einer Ausfertigung der Beschwerdeschrift zu unterrichten.**

26.1 Beschwerdefrist (§ 117 Abs. 1)

Die sofortige Beschwerde ist binnen einer Notfrist von zwei Wochen, die mit der Zustellung der Entscheidung, im Fall des § 116 Abs. 2 mit dem Ablauf der Frist beginnt, schriftlich bei dem Beschwerdegericht einzulegen.   2536

26.1.1 Notfrist

Notfristen sind nach der Regelung des § 224 Abs. 2 Satz 2 ZPO nur diejenigen Fristen, die in einem Gesetz als solche bezeichnet sind; der Gesetzgeber hat dies für den Bereich des GWB in § 117 Abs. 1 gemacht.   2537

Eine Notfrist hat **folgende Besonderheiten:**   2538

– eine Notfrist duldet keine Verkürzung oder Verlängerung (OLG Koblenz, B. v. 15. 3. 2006 – Az.: 1 Verg 1/06)
– eine Wiedereinsetzung in den vorigen Stand ist möglich
– eine Notfrist läuft trotz eines etwaigen Ruhens des Verfahrens weiter
– eine Notfrist lässt sich durch einen Zugang trotz mangelhafter Zustellung heilen

26.1.2 Fehlende Zustellung des Beschlusses der Vergabekammer

Die **Rechtsprechung** hierzu ist **nicht einheitlich.**   2539

Nach einer Auffassung können nach der **Neuregelung der ZPO in § 189** („Lässt sich die formgerechte Zustellung eines Schriftstücks nicht nachweisen oder ist das Schriftstück unter Verletzung zwingender Zustellungsvorschriften zugegangen, so gilt es in dem Zeitpunkt als zugestellt, in dem das Schriftstück der Person, an die die Zustellung dem Gesetz gemäß gerichtet war oder gerichtet werden konnte, tatsächlich zugegangen ist") **Zustellungsmängel geheilt** werden.   2540

Die **ältere Rechtsprechung,** wonach dann, wenn die Vergabekammer davon abgesehen hat, den Beschluss der Antragsgegnerin von sich aus mitzuteilen; insbesondere ihn nicht hat zustellen lassen, die Frist zur Einlegung der sofortigen Beschwerde nicht in Gang gesetzt worden ist, und zwar auch nicht durch den Zugang einer Kopie des Beschlusses (KG Berlin, B. v. 23. 7. 2001 – Az.: KartVerg 18/00), ist damit **überholt.**   2541

2542 Demgegenüber vertritt das OLG Koblenz (B. v. 15. 5. 2003 – Az.: 1 Verg. 3/03) die Auffassung, dass für den Beginn der Beschwerdefrist mangels eines entsprechenden Zustellungswillens der Vergabekammer **nicht die Telefaxübermittlung** der angefochtenen Entscheidung an den Beschwerdeführer **maßgeblich** ist (B. v. 15. 3. 2001 – Az.: 1 Verg. 1/03), **sondern die Zustellung mit Zustellungsurkunde**.

26.1.3 Beschwerdefrist im Fall der Untätigkeitsklage

2543 Die gesetzliche Regelung des § 117 Abs. 1 GWB führt zum Verlust des Rechtsschutzes im Vergabeverfahren, **ohne dass der jeweilige Antragsteller** im konkreten Fall auf die Notwendigkeit **hingewiesen** wird, innerhalb bestimmter Frist Rechtsmittel einzulegen. Das Gesetz hebt diese Konsequenzen nicht deutlich hervor, sondern sie **erschließen sich erst nach sorgfältiger, durch mehrfache Verweisungen erschwerter Lektüre**. Das erscheint deshalb besonders unbefriedigend, weil der Antragsteller nur deshalb sofortige Beschwerde erheben muss, weil die Vergabekammer ihrer gesetzlichen Pflicht nicht nachgekommen ist, innerhalb der Fünfwochenfrist zu entscheiden oder zumindest diese Frist zu verlängern. Der – möglicherweise nicht anwaltlich vertretene – Antragsteller kann den genauen Fristablauf auch nicht ohne Rückfragen (Eingang des Antrags, Fristverlängerung) zuverlässig ermitteln. Schließlich steht diese Regelung im Widerspruch dazu, dass § 114 Abs. 3 Satz 3, § 61 Abs. 1 Satz 1 GWB für den Normalfall einer sofortigen Beschwerde eine Rechtsmittelbelehrung ausdrücklich vorschreiben mit der Folge, dass die Beschwerdefrist nicht zu laufen beginnt, wenn diese Belehrung unterblieben ist.

2544 Der Senat hat deshalb geprüft, ob **auch im Fall der Untätigkeitsklage die Beschwerdefrist erst nach einer Rechtsmittelbelehrung zu laufen beginnt,** hat diese **Frage aber letztlich verneint.** Das Nachprüfungsverfahren soll zwar dem Bieter effektiven Primärrechtsschutz gewähren, ist aber andererseits **auf Konzentration und Beschleunigung ausgerichtet,** um das Interesse der Vergabestelle und der Allgemeinheit an einem zügigen Ablauf des Vergabeverfahrens sicherzustellen. Gerade diesem Beschleunigungsinteresse will das Gesetz durch das (im Gegensatz zum normalen Kartellverfahren, vgl. § 63 Abs. 3, § 66 Abs. 2 GWB) befristete Rechtsmittel auch im Falle der Untätigkeitsklage Rechnung tragen. Würde man den Fristenlauf von einer Rechtsmittelbelehrung abhängig machen, liefe die gesetzliche Regelung praktisch leer. Ob und ggf. wann eine Vergabekammer, die die gesetzlich vorgegebenen Fristen nicht einhält, Rechtsmittelbelehrungen erteilt, wäre weitgehend dem Zufall überlassen. Damit würde nicht nur das Beschleunigungsgebot unterlaufen; unberechenbar bliebe auch, wie lange das durch das Nachprüfungsverfahren ausgelöste Zuschlagsverbot des § 115 Abs. 1 GWB gilt. Nach allem erscheint es **nicht gerechtfertigt, ohne ausdrückliche gesetzliche Regelung auch für den Fall der Untätigkeitsklage eine Rechtsmittelbelehrung** zu verlangen (OLG Düsseldorf, B. v. 18. 1. 2000 – Az.: Verg 2/00, B. v. 5. 9. 2001 – Az.: Verg 18/01; OLG Celle, B. v. 20. 4. 2001 – Az.: 13 Verg 7/01).

26.1.4 Berechnung der Frist

2545 Da die Frist eine **Ereignisfrist im Sinne des § 187 Abs. 1 BGB** ist, zählt der Tag der Zustellung bei der Fristbestimmung nicht mit. Die **Frist beginnt** daher gemäß § 120 Abs. 2, § 73 Nr. 2 GWB, § 222 Abs. 1 ZPO, § 187 Abs. 1 BGB **erst am darauf folgenden Tag** zu laufen. Sie **endet** gemäß § 120 Abs. 2, § 73 Nr. 2 GWB, § 222 Abs. 1 ZPO, § 188 Abs. 2 Alt. 1 BGB **mit Ablauf des Tages der übernächsten Woche,** der den Tag entspricht, an dem die Zustellung bewirkt wurde. Fällt das Fristende auf einen allgemeinen Feiertag, ist § 222 Abs. 2 ZPO anzuwenden. Die Beschwerdefrist endet danach mit Ablauf des nächsten Werktags. Die sich anschließende Frist des § 118 Abs. 1 Satz 2 GWB beginnt nach derselben Verweisungskette (OLG Koblenz, B. v. 15. 5. 2003 – Az.: 1 Verg 3/03).

26.1.5 Schriftlichkeit

2546 Der Eingang des unterschriebenen Beschwerdeschriftsatzes per Telefax innerhalb der Frist des § 117 Abs. 1 GWB reicht zur Fristwahrung aus (BayObLG, B. v. 19. 12. 2000 – Az.: Verg 7/00).

26.2 Begründung (§ 117 Abs. 2)

26.2.1 Allgemeines

2547 Nach § 117 Abs. 2 Satz 1 GWB ist die sofortige Beschwerde zugleich mit ihrer Einlegung zu begründen.

Eine notwendige **Begründung** liegt z. B. **dann nicht** vor, wenn der Beschwerdeführer sich 2548
darauf beschränkt, die von der Vergabekammer ausgesprochene Zurückweisung des Vergabenachprüfungsantrags als unzulässig als rechtsfehlerhaft anzugreifen und sich mit der Begründung der Vergabekammer auseinandersetzt, der Bietergemeinschaft fehle mangels Darlegung einer Vertretungsvollmacht beider Partner die Antragsbefugnis und der Vergabeverstoß sei nicht rechtzeitig vorab gerügt worden, **ohne zu erkennen zu geben, was den Vorwurf eines Rechtsverstoßes im Vergabeverfahren gegen die Vergabestelle überhaupt begründen soll.**

Eine **notwendige Begründung fehlt** auch dann, wenn der **Beschwerdeführer lediglich** 2549
eine pauschale Bezugnahme auf Schriftsätze aus dem Verfahren vor der Vergabekammer vornimmt. Denn die Vergabekammer hat sich in ihrer Entscheidung mit diesen Beanstandungen auseinandergesetzt und sie als nicht durchgreifend erachtet. Der Beschwerdeführer muss, für jeden Anspruch eine Begründung liefern (Brandenburgisches OLG, B. v. 5. 1. 2006 – Az.: Verg W 12/05).

26.2.2 Erklärung über die Reichweite der Anfechtung und Beantragung einer abweichenden Entscheidung (§ 117 Abs. 2 Satz 2 Nr. 1)

Bei der Anwendung des § 117 GWB sind **keine strengeren Anforderungen** an die Be- 2550
stimmtheit des Beschwerdeantrags zu stellen, **als sie zu § 66 Abs. 4 Nr. 1 GWB** gestellt werden. Danach genügt es, dass das **Rechtsmittelziel aus der Beschwerdebegründung erkennbar** wird (OLG Frankfurt, B. v. 18. 4. 2006 – Az.: 11 Verg 1/06; OLG Naumburg, B. v. 16. 9. 2002 – Az.: 1 Verg 02/02). Ausreichend ist auch die Bezugnahme auf einen – seinerseits hinreichend bestimmten – Antrag vor der Vergabekammer. Ein **fehlender förmlicher Sachantrag schadet also grundsätzlich nicht** (OLG Thüringen, B. v. 22. 12. 1999 – Az.: 6 Verg 3/99; BayObLG, B. v. 12. 9. 2000 – Az.: Verg 4/00).

Zudem können **an die Begründung** der sofortigen Beschwerde in dem durch den Amtser- 2551
mittlungsgrundsatz beherrschten Verfahren nach den §§ 116 ff. GWB **keinesfalls höhere Anforderungen** gestellt werden, **als** das die Rechtsprechung hinsichtlich der **Berufungsbegründung nach § 519 Abs. 3 Nr. 1 ZPO** getan hat. Für diese Vorschrift ist jedoch anerkannt, dass selbst ein nur auf Aufhebung und Zurückverweisung gerichteter Antrag in der Regel als Rechtsmittelziel die Weiterverfolgung des in der Vorinstanz gestellten Sachantrags erkennen lässt (OLG Thüringen, B. v. 22. 12. 1999 – Az.: 6 Verg 3/99).

Zwingend erforderlich ist aber, dass sich das **Beschwerdebegehren** – auch seinem Um- 2552
fang nach – **hinreichend bestimmt** aus der **Beschwerdebegründung** ergibt (OLG Frankfurt, B. v. 18. 4. 2006 – Az.: 11 Verg 1/06).

26.2.3 Angabe der Tatsachen und Beweismittel, auf die sich die Beschwerde stützt (§ 117 Abs. 2 Satz 2 Nr. 2)

Danach hat die vorgeschriebene Rechtsmittelbegründung auch die Angabe der Tatsachen und 2553
Beweismittel zu enthalten, auf die sich die Beschwerde stützt. Die Vorschrift ist **gleichlautend** mit dem die Kartellbeschwerde betreffenden **§ 66 Abs. 4 Nr. 2 GWB,** so dass auf die für diese Bestimmung entwickelten Grundsätze zurückgegriffen werden kann (OLG Koblenz, B. v. 13. 2. 2006 – Az.: 1 Verg 1/06).

Sinn und Zweck dieser Begründungsvorschrift ist die Beschleunigung des Beschwerdeverfah- 2554
rens. Sie ist Ausdruck der Verfahrensförderungspflicht der Beteiligten (vgl. § 113 Abs. 2 Satz 1 GWB) und dient der Klarstellung des Streitstoffes. Im Gegensatz zu § 519 Abs. 3 Nr. 2 ZPO sind nicht bloß neue sondern alle Tatsachen und Beweismittel anzuführen, die der Beschwerdeführer im Beschwerdeverfahren als kontrovers erachtet. Zwar soll die Anwendung dieser Vorschrift nicht in einem Rechtsschutz schmälernden Formalismus erstarren, jedoch führt eine **Begründung, in der Tatsachen und Beweismittel überhaupt nicht angegeben sind,** in jedem Fall zur **Unzulässigkeit** des Rechtsmittels. Als unzureichend wird u. a. die pauschale Bezugnahme auf das Vorbringen in erster Instanz angesehen (OLG Koblenz, B. v. 13. 2. 2006 – Az.: 1 Verg 1/06; B. v. 15. 3. 2001 – Az.: 1 Verg 1/01).

Eine **Beschwerdebegründung, die jeglicher Tatsachendarstellung entbehrt** und sich 2555
auf Angriffe gegen die im angefochtenen Beschluss geäußerte Auffassung der Vergabekammer beschränkt, ist **unzulässig;** auch eine ausdrückliche oder konkludente Bezugnahme auf das erstinstanzliche Vorbringen und den Inhalt der Vergabeakten ersetzt die geforderte Angabe von Tatsachen und Beweismitteln nicht (OLG Koblenz, B. v. 13. 2. 2006 – Az.: 1 Verg 1/06).

2556 Zwar **muss ein entsprechender Formfehler nicht sogleich zur Verwerfung des Rechtsmittels** führen. Er gibt zunächst **nur Anlass, den Beschwerdeführer auf die Unvollständigkeit seiner Beschwerdebegründung hinzuweisen und ihm Gelegenheit zur Ergänzung zu geben**. Eine **Vervollständigung kann jedoch nur innerhalb der zweiwöchigen Beschwerdefrist** nach § 117 Abs. 1 GWB **erfolgen.** Sie ist eine Notfrist, die – anders als die Kartellbeschwerdefrist (§ 66 Abs. 3 S. 3 GWB) – nicht verlängert werden kann. Das bedeutet, dass sämtliche Formanforderungen, die das Gesetz verlangt, fristgerecht erfüllt sein müssen. Schöpft der Beschwerdeführer die Frist mit Einlegung des Rechtsmittels nahezu vollständig aus, ist die Erteilung eines Hinweises und eine ihm folgende Nachbesserung innerhalb der Beschwerdefrist nicht mehr möglich mit der Folge, dass eine formwidrige Beschwerde ohne weiteres als unzulässig zu verwerfen ist (OLG Koblenz, B. v. 13. 2. 2006 – Az.: 1 Verg 1/06.).

26.2.4 Abschrift des angefochtenen Vergabekammerbeschlusses

2557 § 117 Abs. 2 GWB bestimmt abschließend, was eine Beschwerdebegründung enthalten „muss". Die **Beifügung der angefochtenen Entscheidung ist dort nicht erwähnt.** Ihr **Fehlen** mag andere Verfahrensnachteile hervorrufen, z.B. die rechtzeitige Entscheidung des Beschwerdegerichts über die Fortdauer der aufschiebenden Wirkung einer Beschwerde nach § 118 Abs. 1 Satz 3 GWB behindern, **führt jedoch nicht zur Unzulässigkeit des Rechtsmittels** (OLG Düsseldorf, B. v. 28. 1. 2004 – Az.: Verg 35/03).

26.2.5 Vorlage aller Schriftstücke des Vergabekammerverfahrens?

2558 Mit der Beschwerde **müssen nicht erneut alle Schriftstücke vorgelegt werden, die bereits im Vergabenachprüfungsverfahren vorgelegt worden** oder **durch Beiziehung der Akten der Vergabestelle Gegenstand des Verfahrens vor der Vergabekammer gewesen** sind. Eine solche Auffassung findet in den Regelungen des § 117 GWB keine Stütze (BGH, B. v. 18. 5. 2004 – Az.: X ZB 7/04).

26.2.6 Rechtsfolge einer Verletzung des § 117 Abs. 2 Satz 2 Nr. 2

2559 Ob eine Verletzung des § 117 Abs. 2 Satz 2 Nr. 2 – als Formfehler – von vornherein zur Unzulässigkeit des Rechtsmittels führt, oder zunächst nur dazu Anlass gibt, die Beschwerdeführerin zur Ergänzung ihrer Beschwerdebegründung aufzufordern, kann letztlich dahin stehen (OLG Koblenz, B. v. 15. 3. 2001 – Az.: 1 Verg 1/01).

26.2.7 Folge einer Nachreichung der Beschwerdebegründung

2560 Reicht ein Antragsteller, der sofortige Beschwerde ohne eine Begründung eingelegt hat, am gleichen Tag oder noch innerhalb der Beschwerdefrist **eine Begründung nach, liegt darin jedenfalls eine zulässige, erneute sofortige Beschwerde mit Begründung** (OLG Brandenburg, B. v. 2. 12. 2003 – Az.: Verg W 6/03).

26.3 Unterrichtungspflicht (§ 117 Abs. 4)

26.3.1 Allgemeines

2561 Soweit § 117 Abs. 4 GWB vorschreibt, dass mit der Einlegung der Beschwerde die anderen Beteiligten des Verfahrens vor der VK vom Beschwerdeführer durch Übermittlung einer Ausfertigung der Beschwerdeschrift zu unterrichten sind, **dient die Bestimmung der Beschleunigung des Verfahrens und der Konzentration des Streitstoffes.** Die amtliche Zustellung der Beschwerdeschrift erübrigt sich dadurch nicht; oftmals kommt es jedoch hierbei zu Verzögerungen in der Unterrichtung der Beteiligten. Dies soll vermieden und zugleich darauf hingewirkt werden, dass die **Beteiligten frühzeitig im gerichtlichen Verfahren ihre Interessen vertreten und sich zur Sache äußern können** (BayObLG, B. v. 22. 1. 2002 – Az.: Verg 18/01).

26.3.2 Rechtsfolgen einer unterlassenen Unterrichtung

26.3.2.1 Unzulässigkeit der Beschwerde?

2562 Die Nichtbeachtung der gesetzlichen Pflicht, die übrigen Beteiligten unmittelbar zu unterrichten, führt **nicht zur Unzulässigkeit der Beschwerde** (OLG Thüringen, B. v. 20. 6. 2005

Gesetz gegen Wettbewerbsbeschränkungen GWB § 117 **Teil 1**

– Az.: 9 Verg 3/05; OLG Celle, B. v. 2. 9. 2004 – Az.: 13 Verg 14/04; OLG Düsseldorf, B. v. 9. 6. 2004 – Az.: VII – Verg 11/04; BayObLG, B. v. 28. 5. 2003 – Az.: Verg 6/03; OLG Naumburg, B. v. 1. 9. 2004 – Az.: 1 Verg 11/04; B. v. 16. 1. 2003 – Az.: 1 Verg 10/02; BayObLG, B. v. 22. 1. 2002 – Az.: Verg 18/01; OLG Stuttgart, B. v. 24. 3. 2000 – Az.: 2 Verg 2/99).

Die Ansicht, ein öffentlicher Auftraggeber könne, solange ein die Vergabebeschwerde betreibender Bieter seiner Unterrichtungsverpflichtung nach § 117 Abs. 4 GWB nicht nachkomme, den Auftrag ohne Verstoß gegen das im vorangegangenen Kammerverfahren gem. § 115 Abs. 1 GWB begründete Zuschlagsverbot wirksam erteilen, bis er tatsächlich von der erhobenen Beschwerde Kenntnis erlange, ist **mit grundlegenden Prinzipien des deutschen Rechtsmittelverfahrensrechts nicht in Einklang zu bringen**. Der mit einem Rechtsmittel verbundene **Suspensiveffekt ist nämlich generell nicht davon abhängig, dass der Rechtsmittelgegner von dem eingelegten Rechtsmittel weiß.** § 118 Abs. 1 GWB ändert, wie S. 1 der Vorschrift deutlich zeigt, auch nichts an dieser mit der bloßen Einlegung des Rechtsmittels verbundenen Rechtsfolge; S. 2 schränkt den (ohne Rücksicht auf Kenntnis des Beschwerdegegners, die in diesem Zusammenhang keine Erwähnung findet) eingetretenen Suspensiveffekt im Interesse der Beschleunigung des Nachprüfungsverfahrens nur zeitlich ein, und S. 3 gleicht dies durch eine auf Antrag des Beschwerdeführers zu prüfende Verlängerungsmöglichkeit über die vorgenannte Einschränkung hinaus wieder aus. **Die gesetzliche Regelungssystematik ergibt keinen Anhaltspunkt dafür, dass die dem Vergabesenat damit – nach Maßgabe seiner Beurteilung der Erfolgsaussichten der Beschwerde und seiner Einschätzung der nach § 118 Abs. 2 GWB ggf. veranlassten Interessenabwägung – eröffneten Steuerungsmöglichkeiten im Ansatz von der Erfüllung der Unterrichtungsverpflichtung des Beschwerdeführers nach § 117 Abs. 4 GWB gegenüber den übrigen Verfahrensbeteiligten abhängig sein sollten.** § 117 Abs. 4 GWB stellt vielmehr nach fast allgemeiner Auffassung eine **formale Ordnungsvorschrift** dar, die der beschleunigten Durchführung des Vergabebeschwerdeverfahrens zu dienen bestimmt ist, ohne die kraft Gesetzes (§ 118 Abs. 1 S. 1 GWB) mit der Einlegung der Beschwerde eingetretene aufschiebende Wirkung und die damit automatisch verbundene Aufrechterhaltung des Zuschlagsverbots zu berühren (OLG Dresden, B. v. 17. 6. 2005 – Az.: WVerg 8/05).

26.3.2.2 Verpflichtung der Vergabestelle zur Information über eventuell eingelegte Rechtsmittel?

Entgegen der Auffassung der Antragstellerin war die **Vergabestelle nicht verpflichtet, sich vor der Zuschlagserteilung zu vergewissern, dass die Antragstellerin kein Rechtsmittel gegen die Entscheidung der Vergabekammer eingelegt hat.** Eine derartige Verpflichtung der Vergabestelle ist gesetzlich nicht geregelt. Demgegenüber ist jedoch ausdrücklich normiert, dass der Beschwerdeführer die am Verfahren vor der Vergabekammer Beteiligten mit der Einlegung der Beschwerde zu unterrichten hat. Dabei ist die Formulierung „Mit der Einlegung" im Hinblick auf den Beschleunigungsgrundsatz wie „zeitgleich" zu lesen. Der Senat hält auch weiterhin an seiner im Beschluss vom 2. 6. 1999 (Az.: 10 Verg 1/99) geäußerten Rechtsauffassung fest. Die Vergabestelle kann nach Ablauf der Rechtsmittelfrist den Zuschlag erteilen, wenn sie keine Kenntnis von dem Rechtsmittel hatte, weil der Beschwerdeführer die ihm zwingend obliegende Unterrichtung der Vergabestelle unterlassen hat. Die dagegen in der Literatur angeführten Bedenken überzeugen den Senat nicht (OLG Naumburg, B. v. 16. 7. 2002 – Az.: 1 Verg 10/02).

26.4 Unterzeichnung der Beschwerdeschrift (§ 117 Abs. 3)

Für Beschwerden von juristischen Personen des öffentlichen Rechts, insbesondere Gebietskörperschaften (Bund, Länder und Kommunen) gilt die Verpflichtung zur Unterzeichnung durch einen Rechtsanwalt nicht (§ 117 Abs. 3 Satz 2). Es kommen dann die allgemeinen Vertretungsregeln der jeweiligen internen Organisation zur Anwendung.

27. § 118 GWB – Wirkung

(1) Die sofortige Beschwerde hat aufschiebende Wirkung gegenüber der Entscheidung der Vergabekammer. Die aufschiebende Wirkung entfällt zwei Wochen nach Ablauf der Beschwerdefrist. Hat die Vergabekammer den Antrag auf Nachprüfung abgelehnt, so kann das Beschwerdegericht auf Antrag des Beschwerdeführers die aufschiebende Wirkung bis zur Entscheidung über die Beschwerde verlängern.

(2) Bei seiner Entscheidung über den Antrag nach Absatz 1 Satz 3 berücksichtigt das Gericht die Erfolgsaussichten der Beschwerde. Es lehnt den Antrag ab, wenn unter Berücksichtigung aller möglicherweise geschädigten Interessen sowie des Interesses der Allgemeinheit an einem raschen Abschluss des Vergabeverfahrens die nachteiligen Folgen einer Verzögerung der Vergabe bis zur Entscheidung über die Beschwerde die damit verbundenen Vorteile überwiegen.

(3) Hat die Vergabekammer dem Antrag auf Nachprüfung durch Untersagung des Zuschlags stattgegeben, so unterbleibt dieser, solange nicht das Beschwerdegericht die Entscheidung der Vergabekammer nach § 121 oder § 123 aufhebt.

2566   Das Zuschlagsverbot des § 115 Abs. 1 GWB wird über § 118 Abs. 1 GWB in das Beschwerdeverfahren transportiert. Für die **Dauer des Vergabenachprüfungsverfahrens,** die **Dauer der Beschwerdefrist** sowie eine sich daran anschließende **Dauer von zwei Wochen** besteht grundsätzlich das Zuschlagsverbot.

27.1 Antrag auf Verlängerung der aufschiebenden Wirkung (§ 118 Abs. 1 Satz 3)

27.1.1 Sinn und Zweck

2567   Die **Verlängerung** der aufschiebenden Wirkung einer sofortigen Beschwerde nach dieser Norm **setzt voraus,** dass die angegriffene Vergabekammerentscheidung den **Nachprüfungsantrag (ganz oder je nach Fallgestaltung teilweise) abgelehnt** hat (OLG Naumburg, B. v. 16. 1. 2003 – Az.: 1 Verg 10/02). Der **Zweck** des beim Beschwerdegericht gemäß § 118 Abs. 1 Satz 3 GWB nachgesuchten einstweiligen Rechtsschutzes besteht darin, die durch die Zustellung des Nachprüfungsantrags bewirkte Zuschlagssperre (§ 115 Abs. 1 GWB) über den in § 118 Abs. 1 Satz 2 GWB bezeichneten Zeitpunkt hinaus für die Dauer des Beschwerdeverfahrens aufrecht zu erhalten (OLG München, B. v. 17. 5. 2005 – Az.: Verg 009/05; OLG Düsseldorf, B. v. 13. 1. 2003 – Az.: Verg 67/02). Die Verlängerung des Zuschlagsverbots, das gemäß § 115 Abs. 1 GWB bis zum Ablauf der Beschwerdefrist nach der Entscheidung der Vergabekammer andauert und im Falle rechtzeitiger Beschwerdeeinlegung seitens des (erstinstanzlich unterlegenen) Antragstellers von Gesetzes wegen (§ 118 Abs. 1 Satz 1 und 2 GWB) um weitere zwei Wochen aufrecht erhalten wird, **kann über diesen Zeitraum hinaus nur durch gerichtliche Entscheidung,** die vom Beschwerdeführer beantragt werden muss, bewirkt werden (OLG Düsseldorf, B. v. 6. 8. 2001 – Az.: Verg 28/01).

2568   Ein solcher **Fall liegt dann nicht vor, wenn die Vergabekammer einem Nachprüfungsantrag stattgibt und dem Auftraggeber untersagt, den Zuschlag z. B. auf das Angebot eines Beigeladenen zu erteilen oder den Auftraggeber verpflichtet, eine neue Wertung durchzuführen.** Für diese Konstellation sieht § 118 Abs. 3 GWB vor, dass der Zuschlag zu unterbleiben hat, bis der Vergabesenat die Entscheidung der Vergabekammer nach § 121 GWB oder § 123 GWB aufhebt. Eine frühere Zuschlagserteilung wäre unwirksam. Da die ursprüngliche Wertung der Angebote durch die Vergabestelle der Überprüfung durch die Vergabekammer nicht standgehalten hat, müsste vor erneuter Zuschlagserteilung nicht nur eine neue Wertung, sondern auch eine neue Vorabinformation erfolgen. Würde nun dennoch ein Zuschlag erteilt, würde dieser nicht nur dem Zuschlagsverbot des § 118 Abs. 3 GWB, sondern auch dem Zuschlagsverbot des § 13 Satz 6 VgV widersprechen. In beiden Fällen wäre der Zuschlag nach § 134 BGB wegen Verstoßes gegen ein gesetzliches Verbot nichtig (Schleswig-Holsteinisches OLG, B. v. 1. 12. 2005 – Az.: 6 Verg 9/05 OLG München, B. v. 17. 5. 2005 – Az.: Verg 009/05).

Eine analoge Anwendung des § 118 Abs. 1 Satz 3 GWB ist in einem solchen Fall nicht veranlasst. Schon der Gesetzeswortlaut des § 118 Abs. 3 GWB spricht von „dem" Zuschlag allgemein, der unterbleiben soll. Eine Differenzierung nach verschiedenen Zuschlagsmöglichkeiten sieht das Gesetz nicht vor (OLG München, B. v. 17. 5. 2005 – Az.: Verg 009/05).

27.1.2 Statthaftigkeit

27.1.2.1 Antrag mit dem Ziel der Auftragsausführung

Begehrt der Beschwerdeführer **nicht die Aufrechterhaltung der Zuschlagssperre,** sondern die **Gestattung, den umstrittenen Auftrag weiter auszuführen,** kann ein solches Rechtsschutzziel auf Grund der Vorschrift des § 118 Abs. 1 GWB nicht erreicht werden, sondern allenfalls in einem Eilverfahren gemäß § 121 GWB „auf Vorabentscheidung über den Zuschlag" (OLG Düsseldorf, B. v. 13. 1. 2003 – Az.: Verg 67/02).

27.1.2.2 Antrag gegen einen Kostenfestsetzungsbeschluss

§ 118 GWB bezweckt, dass nicht durch eine „voreilige" Zuschlagserteilung endgültige Verhältnisse geschaffen werden und der übergangene Bieter auf Schadensersatzansprüche verwiesen werden muss. Ausgehend von dieser Zweckbestimmung findet **§ 118 GWB auf eine sich gegen eine Kostenfestsetzung gemäß § 128 GWB richtende sofortige Beschwerde keine Anwendung** (OLG Rostock, B. v. 17. 5. 2000 – Az.: 17 W 7/00).

27.1.2.3 Antrag mit dem Ziel der Geltendmachung der Unwirksamkeit des Zuschlags

Hat der Auftraggeber den Zuschlag erteilt und wird die **Unwirksamkeit des Zuschlags von einem Beteiligten geltend gemacht,** hat ungeachtet der materiell-rechtlichen Rückwirkung der Nichtigkeit dieser Verfahrensabschluss zumindest bis zur Entscheidung des Senats in der Hauptsache Bestand (OLG Naumburg, B. v. 16. 1. 2001 – Az.: 1 Verg 12/00).

Hat ein Nachprüfungsverfahren also gerade die **Frage zum Gegenstand, ob der Zuschlag rechtswirksam erteilt ist oder nicht, dann ist der Weg des einstweiligen Rechtsschutzes eröffnet.** Ein berechtigtes Interesse hierfür besteht aus Sicht eines Antragstellers bereits insofern, als die Vergabestelle auf diese Weise daran gehindert ist, durch Wiederholung oder Bestätigung des umstrittenen Zuschlags einseitig die Sachlage so zu verändern, dass ein vergaberechtlicher Primärrechtsschutz unwiderruflich ausgeschlossen ist (OLG Thüringen, B. v. 14. 2. 2005 – Az.: 9 Verg 1/05).

27.1.2.4 Wirksame Auftragserteilung

Der Antrag auf Verlängerung der aufschiebenden Wirkung der sofortigen Beschwerde ist gemäß § 118 Abs. 1 Satz 3 GWB nicht statthaft, wenn das Vergabeverfahren inzwischen durch **wirksame Zuschlagerteilung abgeschlossen** ist (OLG Naumburg, B. v. 16. 7. 2002 – Az.: 1 Verg 10/02; OLG Düsseldorf, B. v. 6. 8. 2001 – Az.: Verg 28/01).

27.1.2.5 Wirksame Aufhebung

Nach Sinn und Zweck des § 118 Abs. 1 Satz 3 GWB ist der auf § 118 Abs. 1 Satz 3 GWB gestützte Eilantrag unzulässig, wenn die **Ausschreibung wirksam aufgehoben** ist und daher ein Zuschlag nicht mehr erteilt werden kann. Auch dann, wenn der Auftraggeber den Auftrag wirksam erteilt hat, kommt die Verlängerung des Zuschlagsverbots nicht (mehr) in Betracht (OLG Frankfurt, B. vom 28. 6. 2005 – Az.: 11 Verg 21/04; OLG Düsseldorf, B. v. 6. 8. 2001 – Az.: Verg 28/01).

27.1.3 Zulässigkeitsvoraussetzungen

27.1.3.1 Zuschlagsverbot

Die Verbotswirkung des § 118 Abs. 1 GWB ist **stets abhängig vom Vorliegen eines vorherigen Zuschlagverbotes nach § 115 Abs. 1 GWB,** d.h. von einer Zustellung des Nachprüfungsantrages durch die Vergabekammer, obwohl diese Tatbestandsvoraussetzung dem Wortlaut des § 118 Abs. 1 GWB expressis verbis nicht entnommen werden kann (OLG Naumburg, B. v. 16. 1. 2003 – Az.: 1 Verg 10/02).

27.1.3.2 Sonderfall: Zuschlagsverbot durch den Vergabesenat bei einem durch die Vergabekammer nicht zugestellten Nachprüfungsantrag

2577 Verwirft die Vergabekammer den Nachprüfungsantrag ohne dessen Zustellung an den Antragsgegner als offensichtlich unzulässig, tritt kein Zuschlagsverbot ein, das in der Beschwerdeinstanz verlängert werden könnte. **Vorläufiger Rechtsschutz** kann dann nur durch **erstmaliges Inkraftsetzen eines Zuschlagsverbots,** entsprechend § 115 Abs. 1 GWB mit Nachholung der Zustellung des Nachprüfungsantrags **durch das Beschwerdegericht,** gewährt werden (KG Berlin, B. v. 10. 12. 2002 – Az.: KartVerg 16/02; OLG Koblenz, B. v. 25. 3. 2002 – Az.: 1 Verg. 1/02; OLG Dresden, B. v. 4. 7. 2002 – Az.: WVerg 0011/02).

2578 Die **Zustellung des Nachprüfungsantrags durch den Vergabesenat** zum Zwecke der Herstellung und Verlängerung des Zuschlagsverbots ist **nur unter den Voraussetzungen des § 118 Abs. 2 zu veranlassen, nicht unter denen des § 110 Abs. 2 Satz 1 GWB.** Um diese Maßnahme innerhalb des Beschwerdeverfahrens zu ergreifen, reicht es nicht aus, dass der Vergabesenat den Antrag lediglich als nicht offensichtlich unzulässig oder unbegründet ansieht. Da das Nachprüfungsverfahren in der Hauptsache in den Beschwerderechtszug gelangt ist, wäre es nicht sachgerecht, für die Herstellung und Verlängerung des Suspensiveffekts auf die für die erste Instanz geltenden Kriterien abzustellen. Diese müssen vielmehr einheitlich den für das Beschwerdeverfahren geltenden Maßstäben entnommen werden, also den Regelungen in § 118 Abs. 2 Satz 1 und 2 GWB. Der sofortigen Beschwerde müssen also in erster Linie rechtlich überwiegende Erfolgsaussichten beigemessen werden können; ist dies der Fall, kann die Zustellung gleichwohl unterbleiben, wenn auf Grund der nach § 118 Abs. 2 Satz 2 vorgesehenen Interessenabwägung das Interesse der Allgemeinheit an einem raschen Abschluss des Vergabeverfahrens überwiegt (KG Berlin, B. v. 10. 12. 2002 – Az.: KartVerg 16/02)

27.1.3.3 Frist für die Einlegung der Beschwerde

2579 Die **Rechtsprechung** zu der Frage, ob die sofortige Beschwerde nach § 116 GWB so rechtzeitig einzulegen ist, dass der Vergabesenat über einen mit dem Rechtsmittel verbundenen Antrag auf Verlängerung des Zuschlagsverbots (§ 118 Abs. 1 Satz 3 GWB) innerhalb der Zwei-Wochen-Frist des § 118 Abs. 1 Satz 2 GWB entscheiden kann, ist **nicht einheitlich.**

2580 **Einerseits** wird vertreten, dass ein Beschwerdeführer **nicht gehalten** ist, die sofortige Beschwerde nach § 116 GWB **so rechtzeitig einzulegen,** dass der Vergabesenat über einen mit dem Rechtsmittel verbundenen **Antrag auf Verlängerung des Zuschlagsverbots (§ 118 Abs. 1 Satz 3 GWB) innerhalb der Zwei-Wochen-Frist des § 118 Abs. 1 Satz 2 GWB** entscheiden kann. Da jedoch der Vergabesenat die ihm nach § 118 Abs. 2 GWB obliegende summarische Prüfung des Rechtsmittels mit der gebotenen Sorgfalt vornehmen muss, kann das Rechtsmittelgericht zur Vermeidung sonst unvermeidlicher rechtlicher Unzuträglichkeiten einstweilen die Verlängerung des Zuschlagsverbots für das Verfahren nach § 118 GWB anordnen (OLG Thüringen, B. v. 26. 4. 2000 – Az.: 6 Verg 1/00).

2581 Nach der **Gegenmeinung** ist auch vor Eilentscheidungen im Sinne des § 118 Abs. 1 Satz 3 der Gegenseite rechtliches Gehör zu gewähren. Es besteht ebenso kein Anlass, insoweit den übrigen Beteiligten eine unzumutbar kurze Frist zur Stellungnahme zu setzen. Mit einer einstweiligen Verlängerung der aufschiebenden Wirkung würde das erkennende Gericht einseitig die Interessen der Antragstellerin wahrnehmen, die es durch **frühzeitigere Antragstellung** in der Hand hätte, dem Gericht eine angemessene Gewährung rechtlichen Gehörs und ein Mindestmaß an sachlicher Prüfung zu ermöglichen. Deshalb sieht das Bayerische Oberste Landesgericht davon ab, vor Ablauf der in § 118 Abs. 1 Satz 2 GWB bestimmten Frist eine Entscheidung über den Antrag auf Verlängerung der aufschiebenden Wirkung zu treffen (BayObLG, B. v. 4. 2. 2002 – Az.: Verg 1/02).

27.1.4 Formale Antragsberechtigung

27.1.4.1 Antrag eines Auftraggebers

2582 Aus dem Wortlaut des § 118 Abs. 1 Satz 3 GWB ist zu entnehmen, dass der **Verlängerungsantrag nur von dem vor der Vergabekammer unterlegenen Bieter gestellt** werden kann. Antragsbefugt sind deshalb lediglich der Antragsteller nach § 107 Abs. 1 oder ein nach § 109 Satz 1 beteiligtes Unternehmen, dessen Interessen durch die Entscheidung schwerwiegend berührt werden. Eine **Antragstellung durch den Auftraggeber scheidet dagegen aus.** Die Auffassung, wonach der im Verfahren vor der Vergabekammer unterlegene Auftragge-

Gesetz gegen Wettbewerbsbeschränkungen   GWB § 118   **Teil 1**

ber im Beschwerdeverfahren ebenfalls einen Verlängerungsantrag stellen kann, wird, soweit ersichtlich, nirgendwo vertreten. Seine Interessen werden vielmehr durch die Bestimmungen der § 115 Abs. 2 Satz 1, § 118 Abs. 1 Satz 1 und § 121 Abs. 1 Satz 1 GWB ausreichend gewahrt (OLG Stuttgart, B. v. 28. 6. 2001 – Az.: 2 Verg 2/01).

27.1.4.2 Antrag eines beigeladenen Bieters

Nach dem Wortlaut von § 118 Abs. 1 Satz 2 GWB setzt die Zulässigkeit des Antrags auf Verlängerung der aufschiebenden Wirkung voraus, dass die Vergabekammer den Nachprüfungsantrag abgelehnt hat. Daraus wird deutlich, dass der Gesetzgeber des Vergaberechtsänderungsgesetzes offensichtlich lediglich den Fall in Betracht gezogen hat, dass der bei der Vergabekammer antragstellende und unterlegene Bieter auch der Beschwerdeführer ist. Was gelten soll, wenn der Nachprüfungsantrag zumindest mit dem Hilfsantrag Erfolg hatte, die **Entscheidung der Vergabekammer aber in die Rechte eines nach § 109 GWB bereits von der Vergabekammer beigeladenen Bieters eingreift**, ergibt sich aus dem Wortlaut von § 118 GWB nicht. Das mag damit zusammenhängen, dass nach dem ursprünglichen Regierungsentwurf der Vorschrift die Einlegung der sofortigen Beschwerde automatisch zur Verlängerung des Zuschlagsverbots bis zur Hauptsacheentscheidung des Beschwerdegerichts führen sollte. Mithin besteht für einen beigeladenen beschwerdeführenden Bieter im Hinblick auf die Verlängerung des Zuschlagsverbots in § 118 GWB eine **Regelungslücke, die im Wege der Auslegung nach Sinn und Zweck der Vorschrift auszufüllen ist.** Das führt dazu, einem **beigeladenen Bieter in entsprechender Anwendung von § 118 Abs. 1 Satz 2 GWB die Antragsbefugnis zuzubilligen,** wenn er beschwerdebefugt ist und anderenfalls die Möglichkeit bestünde, dass die Vergabestelle durch Zuschlagserteilung vollende Tatsachen schafft. Das dem Vierten Teil des GWB immanente Beschleunigungsgebot, das auch in § 118 GWB seinen Ausdruck findet, steht dieser Auslegung nicht entgegen, weil die Anordnung der aufschiebenden Wirkung nicht automatisch, sondern nur nach Prüfung der Voraussetzungen des § 118 Abs. 2 GWB erfolgt (OLG Thüringen, B. v. 22. 4. 2004 – Az.: 6 Verg 2/04, B. v. 30. 10. 2001 – Az.: 6 Verg 3/01; OLG München, B. v. 17. 5. 2005 – Az.: Verg 009/05; OLG Naumburg, B. v. 5. 5. 2004 – Az.: 1 Verg 7/04).

2583

27.1.5 Wegfall des Rechtsschutzinteresses

Mit einer Sachentscheidung des Vergabesenats hinfällig ist der ausdrückliche Antrag auf Verlängerung der aufschiebenden Wirkung nach § 118 Abs. 1 Satz 3 GWB (BayObLG, B. v. 6. 6. 2002 – Az.: Verg 12/02; OLG Düsseldorf, B. v. 26. 7. 2002 – Az.: Verg 28/02).

2584

27.1.6 Entscheidung ohne mündliche Verhandlung

Über den Antrag betreffend die Anordnung der Fortdauer der aufschiebenden Wirkung der sofortigen Beschwerde (§ 118 Abs. 1 Satz 3 GWB) kann **ohne mündliche Verhandlung** entschieden werden, weil der Grundsatz, dass über die Beschwerde in Vergabesachen gemäß § 120 Abs. 2, § 69 Abs. 1 GWB aufgrund mündlicher Verhandlung zu entscheiden ist, nicht für die im Vorfeld zu treffenden Entscheidungen gilt (OLG Thüringen, B. v. 8. 6. 2000 – Az.: 6 Verg 2/00).

2585

27.1.7 Feststellung der Wirkungslosigkeit einer nach § 118 Abs. 1 Satz 3 getroffenen Entscheidung

Hat ein Vergabesenat die aufschiebende Wirkung der sofortigen Beschwerde verlängert und hat der Antragsteller dann die sofortige Beschwerde gegen die Entscheidung der Vergabekammer zurückgenommen, so ist **auf Antrag der Vergabestelle deklaratorisch die Wirkungslosigkeit der Zwischenentscheidung nach § 118 Abs. 1 Satz 3 GWB festzustellen.** Die Zulässigkeit einer solchen – im GWB nicht ausdrücklich vorgesehenen – Entscheidung ergibt sich aus der entsprechenden Anwendung zivilprozessualer Bestimmungen, etwa der § 269 Abs. 4, § 620 f Abs. 1 Satz 2 ZPO (OLG Thüringen, B. v. 22. 8. 2002 – Az.: 6 Verg 3/02).

2586

27.1.8 Rücknahme des Antrags

Die **Folgen der Rücknahme** ergeben sich aus **§ 269 Abs. 3 ZPO** (Schleswig-Holsteinisches OLG, B. v. 4. 4. 2005 – Az.: 6 Verg 4/05).

2587

27.1.9 Analoge Anwendung von § 118 Abs. 1 Satz 3 für den Fall der Verpflichtung des Auftraggebers zur Aufhebung

2588 § 118 Abs. 1 S. 3 GWB ist zwar dem Wortlaut nach nicht erfüllt, wenn die Vergabestelle den Antrag auf Nachprüfung nicht abgelehnt und z.B. **den Auftraggeber zur Aufhebung verpflichtet** hat. In diesen Fällen **wird durch § 118 Abs. 3 GWB keine Sicherheit geschaffen,** dass eine Auftragsvergabe an Konkurrenten bis zum Abschluss des Beschwerdeverfahrens unterbleibt. Dass nach Ablauf der Frist des § 118 Abs. 1 S. 1 GWB die Vergabestelle in formaler Befolgung des Beschlusses der Vergabekammer die Ausschreibung aufhebt und den Auftrag „freihändig" vergibt, erscheint nicht ausgeschlossen. Bei dieser Sachlage ist **effektiver Rechtsschutz nur über eine entsprechende Anwendung von § 118 Abs. 1 S. 3 GWB möglich.** Auf eine zusätzliche Auseinandersetzung über die Wirksamkeit eines derartigen Vertragsschlusses, der durch die Entscheidung der Vergabekammer gerechtfertigt erscheint, braucht sich ein Antragsteller nicht verweisen zu lassen (OLG München, B. v. 24. 5. 2006 – Az.: Verg 12/06).

27.2 Dauer der aufschiebenden Wirkung der Beschwerde (§ 118 Abs. 1 Satz 2)

2589 Die **Zwei-Wochen-Frist** des § 118 Abs. 1 Satz 1 GWB hat **keine eigenständige, sondern eine dienende Funktion,** nämlich dem Gericht zeitlich die Möglichkeit zu verschaffen, über einen entsprechenden Eilantrag des Bieters sachgerecht und nach Gewährung des rechtlichen Gehörs zu entscheiden. So kann es keinem Zweifel unterliegen, dass die Formulierung „aufschiebende Wirkung" auch dahin auszulegen ist, dass das **Zuschlagverbot** nach § 115 Abs. 1 in Verbindung mit § 118 Abs. 1 Satz 1 GWB **vor Ablauf der Zwei-Wochen-Frist endet,** soweit der **Vergabesenat eine abschließende Entscheidung im Beschwerdeverfahren bereits innerhalb dieser Frist trifft** (etwa bei offensichtlich unzulässiger bzw. offensichtlich unbegründeter sofortiger Beschwerde). Dieser – gegenüber einer automatischen Verlängerung des Zuschlagverbots kraft Gesetzes – flexibleren Regelung zur Gewährleistung effektiven Rechtsschutzes liegt der gesetzgeberische Wille zugrunde, ein Gleichgewicht zwischen dem individuellen Interesse eines Bieters an effektivem Rechtsschutz und dem Interesse der Vergabestelle, anderer Bieter und der Allgemeinheit an einem raschen Abschluss des Vergabeverfahrens herzustellen, also eine beiden zum Teil widerstreitenden Interessen ausgewogen Rechnung zu tragen (OLG Naumburg, B. v. 16. 1. 2003 – Az.: 1 Verg 10/02).

27.3 Entscheidungskriterien (§ 118 Abs. 2)

2590 Die vom Beschwerdegericht gemäß § 118 Abs. 2 vorzunehmende **Prüfung ist zweistufig:** Das Beschwerdegericht hat – gemessen an dem im Entscheidungszeitpunkt vorliegenden Sach- und Streitstand – zunächst die Erfolgsaussichten des Rechtsmittels zu beurteilen (§ 118 Abs. 2 Satz 1 GWB). Ergibt die Prüfung des Beschwerdegerichts insoweit obliegende summarische Prüfung, dass das Rechtsmittel voraussichtlich unzulässig oder unbegründet ist, bleibt dem Antrag, die aufschiebende Wirkung der Beschwerde zu verlängern, aus diesem Grund der Erfolg versagt. Das Beschwerdegericht gelangt dann gar nicht erst **auf die zweite Prüfungsstufe, auf der zu untersuchen ist, ob einer nach Lage der Dinge voraussichtlich erfolgreichen Beschwerde dennoch die Verlängerung der aufschiebenden Wirkung vorenthalten bleiben muss,** weil unter Berücksichtigung aller möglicherweise geschädigten Interessen sowie des Interesses der Allgemeinheit an einem raschen Abschluss des Vergabeverfahrens die nachteiligen Folgen einer Verzögerung der Vergabe bis zur Entscheidung über die Beschwerde die damit verbundenen Vorteile überwiegen – § 118 Abs. 2 Satz 2 GWB – (OLG Düsseldorf, B. v. 24. 5. 2005 – Az.: VII – Verg 28/05; B. v. 8. 2. 2005 – Az.: VII – Verg 100/04; B. v. 6. 12. 2004 – Az.: VII – Verg 79/04; OLG Naumburg, B. v. 26. 10. 2005 – Az.: 1 Verg 12/05; B. v. 18. 7. 2005 – Az.: 1 Verg 5/05; B. v. 30. 7. 2004 – Az.: 1 Verg 10/04).

27.3.1 Erfolgsaussichten der Beschwerde (§ 118 Abs. 2 Satz 1)

2591 Bei seiner Entscheidung über den Antrag auf Verlängerung der aufschiebenden Wirkung der sofortigen Beschwerde hat der Senat **zunächst** nach § 118 Abs. 2 Satz 1 GWB die **Erfolgsaussichten des Rechtsmittels** zu berücksichtigen. Die Prüfung muss sich **auf vorliegende oder binnen kürzester Zeit verfügbare Beweismittel** beschränken. Dieser Gesichtspunkt kann

Gesetz gegen Wettbewerbsbeschränkungen GWB § 118 **Teil 1**

auch einer abschließenden Klärung von Rechtsfragen im Wege stehen (BayObLG, B. v. 23. 11. 2000 – Az.: Verg 12/00).

Die **Rechtsprechung** der Oberlandesgerichte ist **nicht einheitlich,** soweit es um die Intensität dieser Prüfung geht: 2592

– teilweise wird vertreten, dass der Antrag zurückzuweisen ist, wenn sich nach summarischer Überprüfung des Vergabeverfahrens **keine Anhaltspunkte für gewichtige Vergabeverstöße** ergeben (Schleswig-Holsteinisches OLG, B. v. 4. 5. 2001 – Az.: 6 Verg 2/2001; OLG Naumburg, B. v. 11. 6. 2003 – Az.: 1 Verg 06/03)
– das OLG Thüringen lehnt in ständiger Rechtsprechung wegen der irreparablen Folgen der Zuschlagsfreigabe für den Primärrechtsschutz der Auftragsbewerber die Verlängerung der aufschiebenden Wirkung einer sofortigen Beschwerde nur ab, wenn das **Rechtsmittel mit hoher Wahrscheinlichkeit zurückgewiesen** werden wird (OLG Thüringen, B. v. 17. 3. 2003 – Az.: 6 Verg 2/03)
– **fehlt es** – bei vorläufiger Betrachtung – **bereits an einer hinreichenden Erfolgsaussicht** der sofortigen Beschwerde, ist **für eine Abwägungsentscheidung** nach § 118 Abs. 2 Satz 2 **kein Raum** (OLG Naumburg, B. v. 29. 10. 2001 – Az.: 1 Verg 11/01)
– bei einem **offenen Ausgang des Nachprüfungsverfahrens** ist regelmäßig die Verlängerung der aufschiebenden Wirkung der sofortigen Beschwerde anzuordnen (OLG Frankfurt, B. v. 6. 3. 2006–11 Verg 11/05 und 12/05; B. v. 23. 12. 2005 – Az.: 11 Verg 13/05; OLG Naumburg, B. v. 5. 8. 2005 – Az.: 1 Verg 7/05; B. v. 17. 6. 2003 – Az.: 1 Verg 09/03; OLG Brandenburg, B. v. 24. 7. 2003 – Az.: Verg W 6/03)
– nach der Rechtsprechung des Oberlandesgerichts Düsseldorf (B. v. 19. 9. 2002 – Az.: Verg 41/02; ähnlich Brandenburgisches OLG, B. v. 21. 4. 2006 – Az.: Verg W 1/06) bedarf es **keiner Interessenabwägung** gemäß § 118 Abs. 2 Satz 2 GWB, **wenn die sofortige Beschwerde nach derzeitigem Sach- und Streitstand unbegründet** ist. Der Antrag auf Verlängerung der aufschiebenden Wirkung ist dann zurückzuweisen
– nach der Rechtsprechung des Oberlandesgerichts Koblenz (B. v. 9. 6. 2004 – Az.: 1 Verg 4/04, B. v. 15. 5. 2003 – Az.: 1 Verg. 3/03) kann bereits dann, wenn eine **vorläufige Prüfung** ergibt, dass sich das **Rechtsmittel aller Wahrscheinlichkeit nach als unzulässig oder unbegründet erweisen wird,** dem Antrag schon deswegen nicht entsprochen werden

27.3.2 Abwägungsentscheidung (§ 118 Abs. 2 Satz 2)

Im Rahmen der Abwägungsentscheidung kommt dem **Interesse des übergangenen Bieters** im Rahmen der Abwägung allein deshalb ein **besonderes Gewicht** zu, weil die Gestattung des Zuschlags im Regelfall **irreversible Zustände schafft und damit die Hauptsache vorweg nimmt.** Mit der Erteilung des Zuschlags erledigt sich das Nachprüfungsverfahren, so dass der Bieter auf das Fortsetzungsfeststellungsverfahren und die Geltendmachung von Schadensersatzansprüchen verwiesen wird. Das Gebot des effektiven Rechtsschutzes gebietet daher auch unter Berücksichtigung des in § 113 GWB für das Verfahren vor der Vergabekammer und dem in § 118 Abs. 2, § 121 GWB für das gerichtliche Beschwerdeverfahren zum Ausdruck gebrachten Beschleunigungsgebot die aufschiebende Wirkung der Beschwerde **grundsätzlich nur zu versagen,** wenn eine summarische Überprüfung ergibt, dass **gewichtige Belange der Allgemeinheit einen raschen Abschluss des Vergabeverfahrens erfordern** (OLG Stuttgart, B. v. 9. 8. 2001 – Az.: 2 Verg 3/01; im Ergebnis ebenso OLG Frankfurt, B. v. 23. 12. 2005 – Az.: 11 Verg 13/05). 2593

In einem Fall, in dem der Erfolg des Nachprüfungsantrags bereits im Eilverfahren sicher ist, gebührt dem effektiven Primärrechtsschutz der Vorrang vor den vom Antragsgegner geltend gemachten wirtschaftlichen Belangen (OLG Düsseldorf, B. v. 25. 11. 2002 – Az.: Verg 56/02). 2594

Wer sich auf besondere Interessen beruft, muss diese nicht nur behaupten, sondern detailliert darlegen (OLG Düsseldorf, B. v. 5. 10. 2000 – Az.: Verg 14/00). 2595

27.3.3 Beispiele aus der Rechtsprechung

– handelt es sich bei dem streitgegenständlichen Gewerk um den **Rohbau für eine Schule,** verzögert eine Verzögerung des Beginns der entsprechenden Arbeiten den gesamten nachfolgenden Ablauf der Errichtung des Schulgebäudes. Insbesondere sollten die Tiefgründungsarbeiten vor Einbruch des Winters abgeschlossen sein. Bei **Nichteinhaltung der vorgese-** 2596

Teil 1 GWB § 118 Gesetz gegen Wettbewerbsbeschränkungen

henen Fristen sind die Fertigstellung des Schulgebäudes und der Bezug der Schule zum Schuljahresbeginn September 2007 gefährdet. Die damit verbundenen Nachteile für die Allgemeinheit (Schüler, Eltern und Lehrer) überwiegen die etwaigen mit einer Hinausschiebung der Vergabe bis zur Entscheidung über die Beschwerde verbundenen Vorteile (OLG Karlsruhe, B. v. 31. 8. 2005 – Az.: 6 W 88/05 Verg)

– eine besondere Dringlichkeit ist nicht zu bejahen, wenn sich die Bauausführung offensichtlich über mehrere Jahre erstrecken soll (BayObLG, B. v. 19. 9. 2000 – Az.: Verg 9/00)

– besteht ein Interesse der Allgemeinheit an der baldigen Auftragsvergabe, kann dieses Interesse jedoch in Anbetracht der bereits erfolgten **Bestimmung eines zeitnahen Termins zur mündlichen Verhandlung** im Beschwerdeverfahren nicht als so gravierend angesehen werden, dass der mit einer Zuschlagsfreigabe verbundene Verlust des Primärrechtsschutzes des übergangenen Bieters hinzunehmen wäre (OLG Stuttgart, B. v. 9. 8. 2001 – Az.: 2 Verg 3/01)

– maßgebend ist jedoch, dass die geltend gemachte **zeitliche Dringlichkeit nicht aus der Natur des Auftrags selbst** resultiert, sondern daraus, dass der Zeitplan für die Ausschreibung und für die Ausführung der Arbeiten angesichts der beabsichtigten Inbetriebnahme **von Anfang an äußerst eng gesteckt** war. Ließe die Rechtsprechung eine solche Konstellation bereits für eine Eröffnung der vorzeitigen Zuschlagerteilung ausreichen, dann hätte es ein öffentlicher Auftraggeber stets in der Hand, einen effektiven Rechtsschutz der Bieter allein durch zeitlich knappe Planungen zu verhindern. Dies widerspräche der Intension der Eröffnung des Zugangs der Bieter zu einem so genannten Primärrechtsschutz (OLG Koblenz, B. v. 23. 11. 2004 – Az.: 1 Verg 6/04; OLG Naumburg, B. v. 17. 6. 2003 – Az.: 1 Verg 09/03)

– dem öffentlichen Interesse an einer raschen Vergabe öffentlicher Aufträge wird demgegenüber grundsätzlich bereits durch die **starke Beschleunigung des Nachprüfungsverfahrens** Rechnung getragen (OLG Koblenz, B. v. 23. 11. 2004 – Az.: 1 Verg 6/04; OLG Brandenburg, B. v. 24. 7. 2003 – Az.: Verg W 6/03)

27.4 Wirkung der sofortigen Beschwerde bei Untersagung des sofortigen Zuschlags durch die Vergabekammer (§ 118 Abs. 3)

27.4.1 Schutz des Zuschlagsverbots

2597 Durch § 118 Abs. 3 GWB wird die **Fallgestaltung geregelt, dass der Bieter im Rahmen des Nachprüfungsverfahrens vor der Vergabekammer einen Erfolg verbuchen konnte.** Denn ohne diese Regelung könnte die Entscheidung der Vergabekammer durch die Einlegung der sofortigen Beschwerde unterlaufen werden, da die Einlegung der Beschwerde aufschiebende Wirkung hat. Aufgrund dieser aufschiebenden Wirkung könnte der Zuschlag aber dennoch erteilt werden. Genau dies wird durch § 118 Abs. 3 GWB ausdrücklich ausgeschlossen. Wird der Zuschlag dennoch erteilt, so wäre der Vertrag gemäß § 134 BGB nichtig (VK Münster, B. v. 6. 12. 2001 – Az.: VK 1/01–8/01 Vs).

27.4.2 Schutz vergleichbarer Rechtspositionen des Bieters

2598 Aus § 118 Abs. 3 GWB lässt sich herleiten, dass die aufschiebende Wirkung der Beschwerde **auch dann entfällt, wenn der Bieter in anderer Weise obsiegt hat.** In Betracht kommt z. B. der Fall, dass der Vergabestelle aufgegeben worden ist, bestimmte Leistungen nicht ohne Beachtung des Vierten Teils des GWB zu vergeben. Diese Rechtsposition des Bieters soll geschützt werden, und zwar so lange bis das Beschwerdegericht entweder in der Hauptsache entschieden hat (§ 123 GWB) oder nach § 121 GWB eine Vorabentscheidung über den Zuschlag gefallen ist (VK Münster, B. v. 6. 12. 2001 – Az.: VK 1/01–8/01 Vs).

27.4.3 Schutz des Zuschlagsverbots bei nur teilweiser Untersagung des Zuschlags

2599 § 118 Abs. 3 GWB setzt voraus, dass die Vergabekammer dem Nachprüfungsantrag dergestalt stattgegeben hat, dass der Zuschlag generell untersagt worden ist. **Wird jedoch lediglich der Zuschlag auf ein bestimmtes Angebot untersagt und im Übrigen die Wiederholung der Wertung angeordnet, so besteht ein Rechtsschutzbedürfnis an der Anordnung eines vorläufigen Zuschlagverbots** (OLG Naumburg, B. v. 5. 5. 2004 – Az.: 1 Verg 7/04).

27.4.4 Zulässigkeit einer unselbständigen Anschlussbeschwerde bei fehlender Freigabe des Zuschlags

Eine unselbständige Anschlussbeschwerde hat – zumindest bei fehlender Freigabe des Zuschlags – **keine aufschiebende Wirkung** gegenüber der Entscheidung der Vergabekammer, weil sie keine „sofortige Beschwerde" im Sinne des § 118 Abs. 1 S. 1 GWB darstellt und dieser weder in den rechtlichen Voraussetzungen noch in den Folgen gleichgestellt werden kann. Ein Antrag auf Verlängerung der aufschiebenden Wirkung gem. § 118 Abs. 1 S. 3 GWB ist danach nicht statthaft. Für eine analoge Anwendung dieser Vorschrift ist kein Raum. Die **Interessen eines Antragstellers sind bereits aufgrund der Regelung des § 118 Abs. 3 GWB hinreichend geschützt.** Hat nach dieser Bestimmung die Vergabekammer durch Untersagung des Zuschlags dem Nachprüfungsantrag stattgegeben, so unterbleibt dieser, solange nicht das Beschwerdegericht die Entscheidung der Vergabekammer nach § 121 oder § 123 GWB aufhebt (OLG Thüringen, B. v. 4. 5. 2005 – Az.: 9 Verg 3/05). 2600

27.5 Anordnung weiterer vorläufiger Maßnahmen im Sinn von § 115 Abs. 3 Satz 1 GWB im Beschwerdeverfahren

Ein **Antrag auf Anordnung weiterer vorläufiger Maßnahmen** im Sinn von § 115 Abs. 3 Satz 1 GWB ist **auch im Beschwerdeverfahren statthaft;** der Vergabesenat besitzt dieselben Befugnisse wie die Vergabekammer im Hinblick auf die Anordnung solcher vorläufiger Maßnahmen. Die **Vorschrift des § 115 Abs. 3 GWB** bezieht sich nach ihrem Wortlaut und nach ihrer systematischen Stellung lediglich auf das Nachprüfungsverfahren vor der Vergabekammer. Sie ist jedoch **analog auch auf das Beschwerdeverfahren anwendbar**. Denn sie **dient der Umsetzung des gemeinschaftsrechtlichen Gebots der Gewährung effektiven Rechtsschutzes,** welches nach Art. 2 Abs. 1 lit. a) der Richtlinie 89/665/EWG des Rates vom 21. Dezember 1989 auch erfordert, dass die Mitgliedstaaten für ihre Nachprüfungsinstanzen Befugnisse zur Anordnung vorläufiger rechtssichernder Maßnahmen vorsehen. Das Gebot der Gewährung effektiven Rechtsschutzes gilt für alle Instanzen unterschiedslos. Das Fehlen einer entsprechenden Vorschrift in den Vorschriften zum Beschwerdeverfahren bzw. eines Verweises in § 120 Abs. 2 GWB erscheint planwidrig. Der deutsche Gesetzgeber hat die Befugnisse des Vergabesenats sowohl in der Hauptsache (vgl. § 123 GWB) als auch hinsichtlich der Anordnung bzw. Verlängerung des Zuschlagverbots (vgl. §§ 115 Abs. 2 Satz 2, 118 GWB) als auch hinsichtlich der Gestattung des vorzeitigen Zuschlags (vgl. §§ 115 Abs. 2 Satz 3, 121 f.) denjenigen der Vergabekammern gleich gestaltet. Die Voraussetzungen für die Notwendigkeit der Anordnung vorläufiger Maßnahmen im Sinn von § 115 Abs. 3 Satz 1 GWB können ebenso während des Beschwerdeverfahrens vorliegen bzw. erst während des Laufes des Beschwerdeverfahrens entstehen, wie es hier von den Antragstellerinnen geltend gemacht wird (OLG Naumburg, B. v. 9. 8. 2006 – Az.: 1 Verg 11/06; B. v. 31. 7. 2006 – Az.: 1 Verg 6/06). In Betracht kommt **z. B.** die Verlängerung der Angebotsfrist (OLG Naumburg, B. v. 9. 8. 2006 – Az.: 1 Verg 11/06). 2601

27.6 Kosten des Verfahrens nach § 118 Abs. 1 Satz 3

27.6.1 Grundsatz

Bei den Kosten des Verfahrens nach § 118 Abs. 1 Satz 3 GWB handelt es sich um **Kosten des Beschwerdeverfahrens,** über die im Rahmen der Endentscheidung nach Maßgabe des § 128 Abs. 3 GWB zu befinden ist (OLG München, B. v. 6. 11. 2006 – Az.: 1 Verg 17/06; B. v. 21. 4. 2006 – Az.: Verg 8/06; OLG Naumburg, B. v. 26. 10. 2006 – Az.: 1 Verg 12/05; Schleswig-Holsteinisches OLG, B. v. 11. 8. 2006 – Az.: 1 Verg 1/06; B. v. 31. 3. 2006 – Az.: 1 Verg 3/06; B. v. 5. 4. 2005 – Az.: 6 Verg 1/05; B. v. 4. 4. 2005 – Az.: 6 Verg 4/05; OLG Düsseldorf, B. v. 28. 7. 2005 – Az.: VII – Verg 42/05; B. v. 3. 1. 2005 – Az.: VII – Verg 82/04; B. v. 3. 1. 2005 – Az.: VII – Verg 72/04; B. v. 9. 1. 2003 – Az.: Verg 57/02; OLG Brandenburg, B. v. 5. 10. 2004 – Az.: Verg W 12/04; OLG München, B. v. 27. 1. 2006 – Az.: VII – Verg 1/06; B. v. 20. 4. 2005 – Az.: Verg 008/05; BayObLG, B. v. 22. 6. 2004 – Az.: Verg 013/04; B. v. 10. 9. 2002 – Az.: Verg 23/02). 2602

27.6.2 Kostenentscheidung im Falle eines ablehnenden Beschlusses

Der Antragsgegner, der die Ablehnung eines Antrages nach § 118 Abs. 1 Satz 3 verlangt, kann sein Ziel, den Zuschlag zu erteilen, im Falle eines Obsiegens endgültig verwirklichen. Mit 2603 dem **Zuschlag tritt eine Erledigung des primären Rechtsschutzes auch dann** ein, wenn in der Entscheidung über die sofortige Beschwerde eine Verletzung vergaberechtlicher Bestimmungen festgestellt würde. Deshalb ist es gerechtfertigt, in diesem Fall den Antrag nach § 118 Abs. 1 Satz 3 bezüglich der Kosten **als selbständiges Verfahren zu behandeln.** In einem ablehnenden Beschluss ist infolgedessen auch über die Kosten zu entscheiden (OLG Stuttgart, B. v. 16. 9. 2002 – Az.: 2 Verg 12/02).

27.7 Sonderfall: Untersagung der Gestattung des Zuschlags nach § 940 ZPO?

2604   Ein auf § 940 ZPO gestützter Antrag, die durch Beschluss des Vergabesenats gestattete Erteilung des Zuschlags bis zur Entscheidung über die sofortige Beschwerde zu untersagen, ist **von vornherein nicht statthaft.** § 940 ZPO gehört nicht zu den Vorschriften, auf die in § 120 Abs. 2 GWB i. V. m. § 73 GWB verwiesen wird. Ein Rückgriff auf weitere Vorschriften der ZPO über die in § 73 GWB genannten hinaus kommt allenfalls zur Schließung von **Regelungslücken** in Betracht; eine solche **liegt hier nicht vor.** Der einstweilige Rechtsschutz im Beschwerdeverfahren ist in §§ 118, 121 GWB geregelt, so dass für ergänzende einstweilige Anordnungen nach § 940 ZPO kein Raum bleibt (BayObLG, B. v. 18. 9. 2001 – Az.: Verg 10/01).

27.8 Auswirkungen eines abschließenden Beschlusses in der Hauptsache

2605   Mit einer abschließenden Entscheidung des Senats in einer Vergabesache ist ein im Verfahren nach § 118 GWB ergangener Beschluss hinfällig (BayObLG, B. v. 28. 5. 2003 – Az.: Verg 6/03).

27.9 Literatur

2606   – Opitz, Marc, Das Eilverfahren, NZBau 2005, 213

28. § 119 GWB – Beteiligte am Beschwerdeverfahren

An dem Verfahren vor dem Beschwerdegericht beteiligt sind die an dem Verfahren vor der Vergabekammer Beteiligten.

28.1 Allgemeines

2607   An dem Verfahren vor dem Beschwerdegericht **beteiligt sind** die an dem Verfahren vor der Vergabekammer Beteiligten. Diese sind
– der Antragsteller,
– die Vergabestelle und
– die nach § 109 GWB Beigeladenen.

28.2 Beiladung im Beschwerdeverfahren

2608   Ob im Beschwerdeverfahren noch eine Beiladung erfolgen kann, wird in der Rechtsprechung nicht einheitlich beantwortet.

2609   **Teilweise erfolgt eine Beiladung** im Beschwerdeverfahren (BayObLG, B. v. 20. 8. 2001 – Az.: Verg 9/01; KG Berlin, B. v. 15. 4. 2002 – Az.: KartVerg 3/02 – für den Fall der notwendigen Beiladung im Vergabekammerverfahren).

2610   Einer **Beiladung durch den Vergabesenat steht der Wortlaut der Vorschrift des § 119 GWB nicht entgegen,** wonach die Beteiligten des Beschwerdeverfahrens identisch sind mit denen des Verfahrens vor der Vergabekammer. Nach dem Verständnis des Senats soll diese Norm die Kontinuität der Beteiligung am Verfahren sichern, d. h. bewirken, dass eine nochma-

Gesetz gegen Wettbewerbsbeschränkungen   GWB § 120 **Teil 1**

lige Beiladung im Verfahren vor dem Senat nicht erforderlich ist. Wird **ein Bieter** durch die Entscheidung der Vergabekammer jedoch **erstmalig beschwert,** ohne von dieser beigeladen worden zu sein, bzw. besteht die Möglichkeit, dass er durch die Entscheidung des Senats materiell beschwert wird, so muss er hierzu im förmlichen Verfahren **rechtliches Gehör** haben; hierzu muss auch dem Senat die Möglichkeit der Beiladung gegeben sein (OLG Koblenz, B. v. 23. 11. 2004 – Az.: 1 Verg 6/04; OLG Naumburg, B. v. 9. 12. 2004 – Az.: 1 Verg 21/04; B. v. 9. 9. 2003 – Az.: 1 Verg 5/03).

Der **Vergabesenat kann also eine Beiladung in entsprechender Anwendung des** 2611 **§ 109 GWB anordnen, wenn die Interessen der Beigeladenen durch die Entscheidung des Vergabesenates schwerwiegend berührt** werden. Eine schwerwiegende Interessenberührung liegt hinsichtlich der Unternehmen vor, deren Angebote in die engere Wahl kommen, insbesondere dann, wenn ihre Angebote nach einer bereits vorliegenden Wertung des Auftraggebers dem Angebot des Antragstellers vorgehen. Sollte die Beschwerde der Auftraggeberin keinen Erfolg haben, so wäre sie verpflichtet, erneut unter Einbeziehung weiterer bereits vom weiteren Vergabeverfahren ausgeschlossener Unternehmen, die einen Teilnahmeantrag gestellt hatten, darüber zu entscheiden, wer am Verhandlungsverfahren beteiligt werden soll. Die Teilnahme der bereits zum Verhandlungsverfahren eingeladenen Beigeladenen wäre damit wieder ungewiss und ihre Rechtsposition verschlechtert. Gleiches würde gelten, wenn zwar die Beigeladenen weiterhin am Verhandlungsverfahren beteiligt bleiben würden, nunmehr jedoch die Antragstellerin auf Grund der Entscheidung über ihren Nachprüfungsantrag noch hinzukäme oder noch hinzukommen könnte (OLG Brandenburg, B. v. 21. 1. 2003 – Az.: Verg W 15/02).

Eine **schwerwiegende Berührung der Interessen des Beigeladenen** ergibt sich überdies 2612 dann, wenn er mit einem **Ausschluss vom weiteren Vergabeverfahren rechnen müsste,** sofern die Entscheidung der VK in Rechtskraft erwachsen sollte (OLG Brandenburg, B. v. 21. 1. 2003 – Az.: Verg W 15/02).

Teilweise lässt die Rechtsprechung diese Frage offen (OLG Koblenz, B. v. 22. 3. 2001 2613 – Az.: 1 Verg. 9/00; Schleswig-Holsteinisches OLG, B. v. 16. 4. 2002 – Az.: 6 Verg 11/02).

28.3 Beiladung bei Verbindung von Beschwerdeverfahren

Verbindet ein Vergabesenat mehrere Verfahren und trifft er infolge der Verbindung der bei- 2614 den Verfahren eine einheitliche Entscheidung, **bedarf es einer förmlichen Beiladung** von Beteiligten, die bisher in einem der verbundenen Verfahren nicht beteiligt waren, **nicht** (OLG Thüringen, B. v. 2. 8. 2000 – Az.: 6 Verg 4/00, 6 Verg 5/00).

29. § 120 GWB – Verfahrensvorschriften

(1) **Vor dem Beschwerdegericht müssen sich die Beteiligten durch einen bei einem deutschen Gericht zugelassenen Rechtsanwalt als Bevollmächtigten vertreten lassen. Juristische Personen des öffentlichen Rechts können sich durch Beamte oder Angestellte mit Befähigung zum Richteramt vertreten lassen.**
(2) **Die §§ 69, 70 Abs. 1 bis 3, § 71 Abs. 1 und 6, §§ 72, 73, mit Ausnahme der Verweisung auf § 227 Abs. 3 der Zivilprozessordnung, die §§ 111 und 113 Abs. 2 Satz 1 finden entsprechende Anwendung.**

29.1 Anwaltszwang

29.1.1 Grundsatz

Die Hinzuziehung eines Rechtsanwalts im Beschwerdeverfahren für die nicht § 120 Abs. 1 2615 Satz 2 GWB unterfallenden Beteiligten ist immer notwendig (BayObLG, B. v. 24. 10. 2001 – Az.: Verg 14/01).

29.1.2 Ausnahme

Nach § 120 Abs. 1 Satz 2 GWB können sich juristische Personen des öffentlichen Rechts 2616 durch Beamte oder Angestellte mit der Befähigung zum Richteramt vertreten lassen.

29.2 Verweisung auf die Vorschriften der Zivilprozessordnung (§ 120 Abs. 2)

29.2.1 Notwendigkeit einer mündlichen Verhandlung

2617   Nach den § 120 Abs. 2, § 69 GWB kann in bestimmten Fällen unter Verzicht auf eine mündliche Verhandlung entschieden werden:

2618   Wird z.B. **nur die Kostengrundentscheidung angegriffen,** kann der Vergabesenat im schriftlichen Verfahren entscheiden, da eine mündliche Verhandlung nur bei Entscheidungen in der Hauptsache obligatorisch ist. Über die einer Nebenentscheidung der Vergabekammer geltenden Rechtsmittel kann im schriftlichen Verfahren befunden werden (Saarländisches OLG, B. v. 17. 8. 2006 – Az.: 1 Verg 2/06; B. v. 29. 9. 2005 – Az.: 1 Verg 2/05; B. v. 26. 3. 2004 – Az.: 1 Verg 3/04; OLG Thüringen, B. v. 4. 4. 2003 – Az.: 6 Verg 4/03, B. v. 14. 10. 2003 – Az.: 6 Verg 8/03; OLG Celle, B. v. 14. 7. 2003 – Az.: 13 Verg 12/03; OLG Düsseldorf, B. v. 27. 7. 2005 – Az.: VII – Verg 20/05; B. v. 27. 7. 2005 – Az.: VII – Verg 18/05; B. v. 27. 7. 2005 – Az.: VII – Verg 17/05; B. v. 27. 7. 2005 – Az.: VII – Verg 103/04; B. v. 26. 9. 2003 – Az.: VII – Verg 31/01).

29.2.1.1 Zwischenentscheidung über die Erledigung infolge Zuschlagsentscheidung

2619   Eine solche Zwischenentscheidung ist – obwohl im Gesetz nicht vorgesehen – **nach der Rechtsprechung zulässig** (vgl. die Kommentierung zu § 114 Ziffer 23.5.4). Als einen den Streitgegenstand beendende Entscheidung ist dagegen die **sofortige Beschwerde zulässig** (OLG Thüringen, B. v. 9. 9. 2002 – Az.: 5 Verg 4/02). Sie muss **aufgrund mündlicher Verhandlung** getroffen werden (OLG Thüringen, B. v. 9. 9. 2002 – Az.: 6 Verg 4/02).

29.2.1.2 Entscheidung über die Statthaftigkeit der Beschwerde

2620   Es ist zum Kartellverwaltungsverfahrensrecht, dem die Verfahrensvorschriften des Vergabebeschwerdeverfahrens weitgehend nachgebildet sind (vgl. nur § 120 Abs. 2 GWB) allgemein anerkannt, dass das Beschwerdegericht in Analogie zu § 519b ZPO befugt ist, über die **Frage, ob die Beschwerde an sich statthaft ist und in der gesetzlichen Form und Frist eingelegt und begründet worden ist, ohne vorherige mündliche Verhandlung** zu entscheiden (OLG Düsseldorf, B. v. 18. 1. 2000 – Az.: Verg 2/00).

29.2.1.3 Verwerfung der sofortigen Beschwerde als unzulässig

2621   Einer vorherigen mündlichen Verhandlung (§ 120 Abs. 2, § 69 Abs. 1 GWB) bedarf es nicht, da es sich bei der **Verwerfung um eine reine Prozessentscheidung** handelt (OLG Koblenz, B. v. 22. 4. 2002 – Az.: 1 Verg. 1/02 – E).

29.2.1.4 Sofortige Beschwerde gegen die Kostenentscheidung

2622   Über die sofortige Beschwerde betreffend die **Kostenentscheidung** kann der Vergabesenat **ohne mündliche Verhandlung** entscheiden, weil die § 120 Abs. 2, § 69 Abs. 1 GWB die mündliche Verhandlung nur für die Entscheidung in der Hauptsache anordnen (OLG Thüringen, B. v. 30. 1. 2002 – Az.: 6 Verg 9/01).

29.2.1.5 Antrag auf Akteneinsicht

2623   Über ein **Akteneinsichtsgesuch** kann ohne mündliche Verhandlung entschieden werden, weil der Grundsatz, dass über die Beschwerde in Vergabesachen gemäß § 120 Abs. 2, § 69 Abs. 1 GWB aufgrund mündlicher Verhandlung zu entscheiden ist, nicht für die im Vorfeld zu treffenden Entscheidungen gilt (OLG Thüringen, B. v. 8. 6. 2000 – Az.: 6 Verg 2/00).

29.2.1.6 Anordnung der Fortdauer der aufschiebenden Wirkung der sofortigen Beschwerde

2624   Über den **Antrag betreffend die Anordnung der Fortdauer der aufschiebenden Wirkung** der sofortigen Beschwerde (§ 118 Abs. 1 Satz 3 GWB) kann **ohne mündliche Verhandlung** entschieden werden, weil der Grundsatz, dass über die Beschwerde in Vergabesachen gemäß § 120 Abs. 2, § 69 Abs. 1 GWB aufgrund mündlicher Verhandlung zu entscheiden ist, nicht für die im Vorfeld zu treffenden Entscheidungen gilt (OLG Thüringen, B. v. 8. 6. 2000 – Az.: 6 Verg 2/00).

29.2.1.7 Verwerfung eines Antrags auf Wiedereinsetzung

Einer vorherigen **mündlichen Verhandlung bedarf es bei der Verwerfung eines Antrags auf Wiedereinsetzung nicht,** da es sich bei der Verwerfung um eine reine Prozessentscheidung handelt (OLG Koblenz, B. v. 5. 12. 2005 – Az.: 1 Verg 5/05). 2625

29.2.1.8 Verzicht auf eine mündliche Verhandlung

Wenn die Beteiligten auf eine mündliche Verhandlung **verzichten,** kann gemäß § 120 Abs. 2, § 69 Abs. 1 GWB **ohne mündliche Verhandlung** entschieden werden (OLG Thüringen vom 16. 1. 2002 – Az.: 6 Verg 7/01). Der **Verzicht kann sich** auch **aus dem Verhalten der Beteiligten** ergeben (BayObLG, B. v. 1. 2. 2001 – Az.: Verg 6/01). 2626

29.2.2 Verhandlung und Entscheidung trotz nicht ordnungsgemäßer Vertretung des Antragstellers

Auch wenn ein **Antragsteller** im Termin zur mündlichen Verhandlung über eine sofortige Beschwerde **nicht ordnungsgemäß vertreten** ist, kann der **Vergabesenat** gemäß § 120 Abs. 2 in Verbindung mit § 69 Abs. 2 GWB gleichwohl **in der Sache verhandeln und entscheiden** (OLG Brandenburg, B. v. 17. 6. 2003 – Az.: Verg W 2/03). 2627

29.2.3 Reichweite des Untersuchungsgrundsatzes

Nach § 120 Abs. 2, § 70 GWB erforscht das Beschwerdegericht den Sachverhalt von Amts wegen. 2628

Das Beschwerdegericht hat den Sachverhalt aber nur so weit aufzuklären, als der **Vortrag der Beteiligten oder der Sachverhalt** als solcher bei sorgfältiger Überlegung **dazu Anlass gibt** (BGH, Urteil vom 12. 6. 2001 – Az: X ZB 10/01). Der Untersuchungsgrundsatz zwingt nicht dazu, allen denkbaren Möglichkeiten zur Aufklärung des Sachverhalts (z.B. allen nur denkbaren rechnerischen und sachlichen Fehlern in der Angebotsauswertung) von Amts wegen nachzugehen. Das gilt im Vergabenachprüfungsverfahren umso mehr in Anbetracht der in den § 113 Abs. 2, § 120 Abs. 2 GWB geregelten **Mitwirkungs- und Förderungspflichten der Beteiligten;** danach muss insbesondere der Antragsteller sein Begehren rechtfertigende Tatsachen vortragen und Beweismöglichkeiten aufzeigen (Saarländisches OLG, B. v. 6. 4. 2005 – Az.: 1 Verg 1/05; OLG Frankfurt, B. v. 8. 2. 2005 – Az.: 11 Verg 24/04; OLG Düsseldorf, B. v. 18. 7. 2001 – Az.: Verg 16/01, B. v. 28. 8. 2001 – Az.: Verg 27/01). 2629

Zu der dadurch entstehenden Gefahr der Nichtberücksichtigung von verspätetem Vorbringen vgl. die Kommentierung zu § 113 Ziffer 22.6.2. 2630

Eines formellen Beweisantrittes bedarf es daher nicht, wenn Beweismöglichkeiten deutlich gemacht worden sind (OLG Rostock, B. v. 25. 10. 2000 – Az.: 17 W 3/99). 2631

Auch **entscheidungserhebliches Vorbringen ist nur bis zum Schluss der mündlichen Verhandlung** zu berücksichtigen (Saarländisches OLG, B. v. 6. 4. 2005 – Az.: 1 Verg 1/05). 2632

29.2.4 Rechtsmittelbelehrung

Eine Rechtsmittelbelehrung (vgl. die § 120 Abs. 2, § 71 Abs. 6 GWB) ist nicht veranlasst. Die **Beschwerdeentscheidung ist nicht anfechtbar,** wie sich aus § 124 Abs. 2 GWB sowie auch daraus ergibt, dass auf die §§ 74 ff. GWB (Zulässigkeit der Rechtsbeschwerde oder der Nichtzulassungsbeschwerde) in § 120 Abs. 2 GWB nicht verwiesen wird (OLG Düsseldorf, B. v. 5. 7. 2000 – Az.: Verg 5/99). 2633

29.2.5 Verbindung von Nachprüfungsverfahren

Der Vergabesenat kann von der Vergabekammer getrennt behandelte Verfahren nach den § 120 Abs. 2, § 73 Nr. 2 GWB, § 147 ZPO **zur gemeinsamen Verhandlung und Entscheidung verbinden,** wenn es in beiden Verfahren um dasselbe Vergabeverfahren und – soweit für die Entscheidung erheblich – auch um dieselben Vergabeverstöße geht. Es dürfte daher im Regelfall geboten sein, ein **einheitliches Vergabeüberprüfungsverfahren vor der Vergabekammer** auch dann durchzuführen, wenn mehrere Bieter Vergaberechtsverstöße – auch unterschiedliche – mit Anträgen an die Vergabekammer geltend machen. Etwas anderes mag gelten, wenn einer der Anträge unzulässig oder offensichtlich unbegründet ist (OLG Thüringen, B. v. 2. 8. 2000 – Az.: 6 Verg 4/00, 6 Verg 5/00). 2634

Teil 1 GWB § 121 Gesetz gegen Wettbewerbsbeschränkungen

29.2.6 Wiederaufnahme der mündlichen Verhandlung

2635 Die mündliche Verhandlung ist wieder zu eröffnen, **wenn das Gericht eine Verletzung des rechtlichen Gehörs feststellt.** Dagegen ist eine Wiedereröffnung nicht geboten, wenn die mündliche Verhandlung ohne Verfahrensfehler geschlossen wurde – dem Antragsteller wurde z. B. Gelegenheit gegeben, sich zu dem Vergabevermerk zu erklären – und wenn erst nach Schluss der mündlichen Verhandlung neue Tatsachen vorgetragen und Beanstandungen betreffend das Vergabeverfahren erhoben werden, die bisher nicht Gegenstand der mündlichen Verhandlung waren (Saarländisches OLG, B. v. 6. 4. 2005 – Az.: 1 Verg 1/05).

29.3 Unselbständige Anschlussbeschwerde

2636 Zur Zulässigkeit der unselbständigen Anschlussbeschwerde vgl. die Kommentierung zu § 116 Ziffer 25.1.4.2.

29.4 Wiedereinsetzung in den vorigen Stand

2637 Zur Wiedereinsetzung in den vorigen Stand vgl. die Kommentierung zu § 116 RZ 2529.

29.5 Grundsatz des rechtlichen Gehörs

2638 Der Grundsatz des rechtlichen Gehörs stellt **keinen Selbstzweck** dar, sondern ist – wie § 321a Abs. 1 Nr. 1 ZPO zeigt – **nur dann berührt, wenn** die ohne hinreichende Gewährung rechtlichen Gehörs getroffene **Entscheidung nicht mehr in der Rechtsmittelinstanz anfechtbar** ist und der **Verfahrensbeteiligte somit auch nachträglich kein Gehör findet** (OLG Thüringen, B. v. 14. 10. 2003 – Az.: 6 Verg 8/03).

2639 Vgl. im Einzelnen die Kommentierung zu § 112 GWB RZ 2135.

30. § 121 GWB – Vorabentscheidung über den Zuschlag

(1) **Auf Antrag des Auftraggebers kann das Gericht unter Berücksichtigung der Erfolgsaussichten der sofortigen Beschwerde den weiteren Fortgang des Vergabeverfahrens und den Zuschlag gestatten. Das Gericht kann den Zuschlag auch gestatten, wenn unter Berücksichtigung aller möglicherweise geschädigten Interessen sowie des Interesses der Allgemeinheit an einem raschen Abschluss des Vergabeverfahrens die nachteiligen Folgen einer Verzögerung der Vergabe bis zur Entscheidung über die Beschwerde die damit verbundenen Vorteile überwiegen.**

(2) **Der Antrag ist schriftlich zu stellen und gleichzeitig zu begründen. Die zur Begründung des Antrags vorzutragenden Tatsachen sowie der Grund für die Eilbedürftigkeit sind glaubhaft zu machen. Bis zur Entscheidung über den Antrag kann das Verfahren über die Beschwerde ausgesetzt werden.**

(3) **Die Entscheidung ist unverzüglich längstens innerhalb von fünf Wochen nach Eingang des Antrags zu treffen und zu begründen; bei besonderen tatsächlichen oder rechtlichen Schwierigkeiten kann der Vorsitzende im Ausnahmefall die Frist durch begründete Mitteilung an die Beteiligten um den erforderlichen Zeitraum verlängern. Die Entscheidung kann ohne mündliche Verhandlung ergehen. Ihre Begründung erläutert Rechtmäßigkeit oder Rechtswidrigkeit des Vergabeverfahrens. § 120 findet Anwendung.**

(4) **Gegen eine Entscheidung nach dieser Vorschrift ist ein Rechtsmittel nicht zulässig.**

30.1 Sinn und Zweck

2640 § 121 **knüpft an** die Regelung des **§ 118 Abs. 3** an. Wie sich aus dem Verhältnis von § 118 Abs. 3 GWB und § 121 Abs. 1 GWB ergibt, kommt eine Entscheidung nach dieser Vorschrift also nur dann in Betracht, wenn die Vergabestelle vor der Vergabekammer unterlegen und so die

Erteilung des Zuschlages bis auf weiteres gemäß § 118 Abs. 3 untersagt ist (OLG Naumburg, B. v. 29. 9. 1999 – Az.: 10 Verg 3/99).

Nach dem Sinn der Regelung erfasst diese nicht nur die Fälle eines hier nicht ausgesprochenen ausdrücklichen Zuschlagsverbots, sondern **greift auch dann ein,** wenn der Antragsgegner ein Interesse daran hat, das Vergabeverfahren ohne Erfüllung der von der Vergabekammer gemachten, meist zu Verzögerungen im Verfahrensablauf führenden Anordnungen fortzusetzen (BayObLG, B. v. 1. 10. 2001 – Az.: Verg 6/01). 2641

30.2 Rechtmäßigkeit der Vorschrift

Die Rechtsprechung sieht die Regelung des § 121 GWB **in Übereinstimmung mit dem Europäischen Recht, insbesondere der Richtlinie 89/665.** Einerseits mussten nämlich wirksame Regelungen gefunden werden, um Vergaberechtsverstöße zu ahnden, andererseits sollten aber Entscheidungen vor allem möglichst rasch erfolgen. Dazu gehört auch eine gesetzliche Regelung wie die des § 121 GWB, die die Bundesrepublik Deutschland getroffen hat. Denn auch die Richtlinie sieht ausdrücklich solche vorläufigen Maßnahmen vor (vgl. Erwägungen), die das Vergabeverfahren oder die Durchführung etwaiger Beschlüsse der Vergabebehörde aussetzen. 2642

Nicht nur diese hat allerdings der Richtliniengeber für sinnvoll gehalten, sondern lediglich ausgeführt, dass angesichts der Kürze der Verfahren zur Vergabe öffentlicher Aufträge die für die Nachprüfung zuständigen Stellen „vor allem befugt" sein müssten, aussetzende vorläufige Maßnahmen zu treffen. Dies zeigt aber auch, dass auch andere vorläufige Maßnahmen, zu denen die für die Nachprüfung zuständigen Stellen nicht „vor allem", aber gleichwohl befugt sein müssen, möglich sind. Von eben dieser Möglichkeit hat die Bundesrepublik Deutschland mit der Regelung des § 121 GWB Gebrauch gemacht (OLG Celle, B. v. 13. 3. 2002 – Az.: 13 Verg 4/02). 2643

30.3 Frühester Zeitpunkt der Antragstellung

Begehrt ein Beteiligter eine **Entscheidung über den Zuschlag schon vor Ablauf der 14-tägigen Verfallsdauer der aufschiebenden Wirkung,** muss er einen Antrag nach § 121 GWB auf Gestattung des Zuschlags trotz noch nicht vorliegender (Hauptsache-) Entscheidung über die sofortige Beschwerde stellen. Weder der Wortlaut noch die Systematik des § 121 GWB sprechen zwingend dagegen, dieses Verfahren auch mit dem Ziel zuzulassen, die Suspensivwirkung des § 118 Abs. 1 Satz 2 GWB zu verkürzen. Die **Rechtsprechung hält aber einen solchen Antrag nicht für statthaft.** Nach Sinn und Zweck dieser Vorschrift soll verhindert werden, dass es durch die Gewährung gerichtlichen Rechtsschutzes zu unerträglichen Verzögerungen des Vergabeverfahrens kommt, da „die vergleichbaren regulären Verfahren vor dem OLG bis zu neun Monaten dauern können". Dies ist auch der Grund, warum den Oberlandesgerichten eine Entscheidungsfrist von fünf Wochen vorgegeben wird (§ 121 Abs. 3 GWB). Die Gefahr einer unerträglichen Verzögerung des Vergabeverfahrens besteht aber dann von vornherein nicht, wenn nach vollständigem oder teilweisem Obsiegen der Vergabestelle vor der Vergabekammer der Suspensiveffekt einer Beschwerde ohnehin in angemessener Frist, nämlich zwei Wochen nach Ablauf der Beschwerdefrist entfällt (OLG Naumburg, B. v. 30. 6. 2000 – Az.: 1 Verg 4/00). 2644

Die Rechtsprechung verkennt nicht, dass es **ausnahmsweise auch Konstellationen** geben kann, in denen eine Erteilung des Zuschlags bereits innerhalb der Frist des § 118 Abs. 1 Satz 2 GWB geboten sein kann. Soweit dies der Fall ist – etwa bei einem überragenden öffentlichen Interesse an einer kurzfristigen Erteilung des Zuschlags bei gleichzeitig geringen Erfolgsaussichten der Beschwerde – ist die Vergabestelle jedoch nicht, wie sie meint, ohne Rechtsschutz oder gar schlechter gestellt, als im Falle des Unterliegens vor der Vergabekammer. Zwar ist nicht ausgeschlossen, dass der Senat nach einem Unterliegen der Vergabestelle vor der Vergabekammer auf einen Antrag nach § 121 GWB so frühzeitig entscheidet, dass der Suspensiveffekt des § 118 Abs. 1 Satz 2 GWB noch andauern würde. Dennoch greift die Argumentation zu kurz. Liegt nämlich die hier geltend gemachte besondere Eilbedürftigkeit vor, so hat die Vergabestelle bereits in dem Verfahren vor der Vergabekammer **die Möglichkeit, einen Antrag nach § 115 Abs. 2 GWB zu stellen** (OLG Naumburg, B. v. 30. 6. 2000 – Az.: 1 Verg 4/00). 2645

30.4 Ablehnung des Nachprüfungsantrages als Zulässigkeitsvoraussetzung

30.4.1 Grundsatz

2646 Wie sich aus dem Verhältnis von § 118 Abs. 3 GWB und § 121 Abs. 1 GWB ergibt, kommt eine **Entscheidung nach dieser Vorschrift** nur dann in Betracht, **wenn die Vergabestelle vor der Vergabekammer unterlegen** und so die Erteilung des Zuschlages bis auf Weiteres gemäß § 118 Abs. 3 GWB untersagt ist (OLG Naumburg, B. v. 30. 6. 2000 – Az.: 1 Verg 4/00).

30.4.2 Ausnahme

2647 Das OLG Naumburg ist zwar in seiner bisherigen Rechtsprechung davon ausgegangen, dass ein Antrag der Vergabestelle nach § 121 Abs. 1 GWB nicht statthaft ist, wenn die Vergabestelle im Verfahren vor der VK obsiegt hat. Hieran hält der Senat grundsätzlich fest. Der Senat erwägt aber, **für den Fall einer atypischen Verlängerung des Beschwerdeverfahrens** durch dessen Aussetzung in Ergänzung und teilweiser Abänderung dieser Rechtsprechung einen Antrag der Vergabestelle nach § 121 Abs. 1 GWB ausnahmsweise für zulässig zu erachten (OLG Naumburg, B. v. 28. 10. 2002 – Az.: 1 Verg 9/02).

30.5 Antrag

30.5.1 Antragsbefugnis

2648 Der Gesetzgeber hat die Antragsbefugnis für einen solchen Vorabgestattungsantrag **ausdrücklich nur dem Auftraggeber** zugewiesen (§ 121 Abs. 1 Satz 1 GWB). Das hat auch seinen guten Sinn: Allein der Auftraggeber soll entscheiden, ob die Initiative dafür ergriffen werden soll, ob sein Vergabeverfahren vor einer rechtskräftigen Klärung der vom Antragsteller erhobenen Rügen, ihm – dem Auftraggeber – seien Vergaberechtsverstöße unterlaufen, fortgesetzt werden soll (gegebenenfalls einschließlich der Erteilung des Zuschlags und der anschließenden Ausführung des erteilten Auftrags). Dass nur der Auftraggeber die mit dieser Initiative verbundene Verantwortung übernehmen und tragen kann, ergibt sich auch aus den **riskanten Konsequenzen**, die § 122 GWB für den Fall der Erfolglosigkeit des Vorabgestattungsantrags anordnet (OLG Düsseldorf, B. v. 13. 1. 2003 – Az.: Verg 67/02).

30.5.2 Stellung des Antrages als Hilfsantrag

2649 Nach der Rechtsprechung ist offen, ob ein Antrag nach § 121 Abs. 1 GWB in statthafter Weise überhaupt **hilfsweise für den Fall des Unterliegens mit dem Hauptantrag** gestellt werden kann. Das ist zweifelhaft, weil viel dafür spricht, dass der Regelungszweck des § 121 GWB, der eine solche Gestattung im Beschwerdeverfahren allenfalls rechtfertigen könnte, nicht mehr erfüllbar ist, nachdem die Beschwerde in der Hauptsache entscheidungsreif ist; zu einem früheren Zeitpunkt dürfte der Senat über den „Eilantrag" nach Maßgabe des Verhältnisses von Haupt- und Hilfsantrag aber nicht befinden (weshalb zumindest die Frist des § 121 Abs. 3 Satz 1 GWB ins Leere geht). Dass sich ein Bedürfnis nach beschleunigter Zuschlagsgestattung erst aus dem endgültigen Unterliegen der Vergabestelle im Vergabebeschwerdeverfahren ergibt, wird dem Gesetzgeber bei Schaffung des § 121 GWB schon nach dessen Wortlaut nicht vor Augen gestanden haben (OLG Dresden, B. v. 16. 10. 2001 – Az.: WVerg 0007/01).

30.5.3 Wegfall des Rechtsschutzinteresses für den Antrag

2650 Mit einer **Entscheidung in der Hauptsache** ist der die Vorabentscheidung über den Zuschlag gemäß § 121 GWB betreffende Antrag gegenstandslos (OLG Düsseldorf, B. v. 17. 7. 2002 – Az.: Verg 30/02; OLG Rostock, B. v. 20. 8. 2003 – Az.: 17 Verg 9/03).

2651 Ein **Zuschlagsverbot** – als Voraussetzung für einen Antrag nach § 121 – **dauert solange fort, wie die Entscheidung der Vergabekammer nicht nach § 123 GWB aufgehoben oder der Zuschlag gemäß § 121 GWB gestattet ist, oder bis die nach § 114 Abs. 1 S. 1 GWB angeordneten Maßnahmen vollzogen sind. Die Erfüllung der angeordneten Maßnahmen bringt das im Vergabekammerbeschluss enthaltene Zuschlagsverbot zum Erlöschen. Ein Antragsgegner unterliegt seit diesem Zeitpunkt dem Zuschlagsverbot nicht mehr;** der Auftraggeber bedarf also in zweiter Instanz einer Vorabgestattung gemäß § 121 Abs. 1 S. 1 GWB nicht mehr. Dies gilt ungeachtet eines eventuell von dem Antrags-

Gesetz gegen Wettbewerbsbeschränkungen GWB § 121 **Teil 1**

gegner womöglich inzwischen anhängig gemachten weiteren Nachprüfungsantrages gegen eine neue Vergabeentscheidung des Auftraggebers, dessen Zustellung gemäß § 115 Abs. 1 GWB ein neues Zuschlagsverbot auslösen kann. Ein solches Zuschlagsverbot muss ein Antragsteller vor der Vergabekammer (zunächst) mit einem Antrag gemäß § 115 Abs. 2 GWB bekämpfen (OLG Düsseldorf, B. v. 29. 11. 2005 – Az.: VII – Verg 82/05).

30.6 Rechtsschutzbedürfnis auch nach Verlängerung der aufschiebenden Wirkung?

Hat der Vergabesenat im Beschwerdeverfahren auf Antrag des die Beschwerde führenden Bieters sowie nach Anhörung der Vergabestelle **eine Verlängerung der aufschiebenden Wirkung des Rechtsmittels** bis zur endgültigen Entscheidung über die sofortige Beschwerde **angeordnet**, so hat er die nach § 121 Abs. 1 Satz 1 und Satz 2 GWB **maßgeblichen Sach- und Rechtsfragen**, die den Voraussetzungen nach § 118 Abs. 2 GWB nahezu entsprechen, **bereits geprüft und hierüber entschieden**. Ein **Rechtsschutzbedürfnis für eine erneute Entscheidung** dieser Fragen im Rahmen eines förmlichen Antragsverfahrens besteht allenfalls, wenn nach der Entscheidung nach § 118 Abs. 2 GWB **neue Tatsachen auftreten bzw. der Vergabestelle bekannt werden,** die Einfluss auf die Sach- und Rechtslage haben könnten (OLG Naumburg, B. v. 21. 8. 2003 – Az.: 1 Verg 9/03). 2652

30.7 Berücksichtigung der Erfolgsaussichten der sofortigen Beschwerde (§ 121 Abs. 1 Satz 1)

§ 121 Abs. 1 Satz 1 ist im Verhältnis zu § 121 Abs. 1 Satz 2 der **erstrangige Entscheidungsmaßstab im Verfahren vor dem Vergabesenat** (OLG Düsseldorf, B. v. 1. 8. 2005 – Az.: VII – Verg 41/05). 2653

Abzuwägen sind die Folgen der Gestattung des Zuschlages vorab gegenüber dem Interesse der Beschwerdegegnerin an der Aufrechterhaltung des Beschlusses der Vergabekammer. Dabei sind die **Erfolgsaussichten in diesem Stadium des Gerichtsverfahrens entscheidend.** Die nachteiligen Folgen einer Verzögerung der Vergabe sind von vornherein gering zu gewichten, wenn wahrscheinlich ist, dass das Beschwerdegericht in der Hauptsacheentscheidung die Erteilung des Zuschlages verbietet und umgekehrt hoch, wenn die gegenteilige Entscheidung wahrscheinlich ist (OLG Celle, B. v. 13. 3. 2002 – Az.: 13 Verg 4/02). 2654

Die Erfolgsaussichten eines Rechtsmittels und die Interessen der Verfahrensbeteiligten stehen also bei der nach § 121 GWB zu treffenden Eilentscheidung in der Weise in einer **Wechselbeziehung,** dass das Interesse des Auftraggebers an einer alsbaldigen Zuschlagserteilung um so weniger ausgeprägt und gewichtig sein muss, je höher die Wahrscheinlichkeit ist, dass die Beschwerdeentscheidung (in der Hauptsache) seinen Rechtsstandpunkt bestätigen und daher im Ergebnis zu seinen Gunsten ergehen wird (OLG Düsseldorf, B. v. 16. 3. 2005 – Az.: VII – Verg 05/05). 2655

Auf eine Abwägung der widerstreitenden Interessen im Sinne von § 121 Abs. 1 Satz 2 GWB unter besonderer Berücksichtigung einer besonderen Eilbedürftigkeit der Auftragserteilung kommt es daher in solchen Fällen nicht an (OLG Dresden, B. v. 11. 7. 2000 – Az.: WVerg 0005/00). 2656

Eine Entscheidung über die Erfolgsaussichten ist dann nicht möglich, wenn eine entscheidungserhebliche Rechtsfrage dem EuGH vorgelegt worden ist (OLG Düsseldorf, B. v. 11. 9. 2000 – Az.: Verg 7/00). 2657

30.8 Abwägungsentscheidung (§ 121 Abs. 1 Satz 2)

30.8.1 Allgemeines

Eine Interessenabwägung nach § 121 Abs. 1 Satz 2 GWB findet **nur dann** statt, wenn die Fortsetzung des Vergabeverfahrens und der Zuschlag nicht ohnehin schon aufgrund der Erfolgsaussichten des Rechtsmittels zu gestatten sind (BayObLG, B. v. 13. 8. 2001 – Az.: Verg 10/01). 2658

Nach den Vorstellungen der Verfasser des Vierten Teils des GWB soll der **vorzeitige Zuschlag selbst dann gestattet werden können,** wenn im Vergabeverfahren eine **Rechtsver-** 2659

501

Teil 1 GWB § 121 Gesetz gegen Wettbewerbsbeschränkungen

letzung des Antragstellers eingetreten ist, die Gründe für eine rasche Vergabe jedoch besonders schwer wiegen. Indes **kann sich das Allgemeininteresse an einem raschen Abschluss des Vergabeverfahrens gegenüber dem Bieterschutz nur in solchen Ausnahmefällen durchsetzen, in denen sein Gewicht dasjenige des festgestellten Vergaberechtsverstoßes übertrifft,** mit anderen Worten **dann, wenn der Rechtsverstoß als nicht besonders schwerwiegend zu qualifizieren ist.** Davon kann in einem Fall, in dem unter gleichzeitiger Verletzung des Wettbewerbsgrundsatzes (§ 97 Abs. 1 GWB) ein nicht näher bestimmbarer Bieterkreis durch den Rechtsverstoß von einer Teilnahme am Vergabeverfahren ausgeschlossen worden ist, nicht gesprochen werden (OLG Düsseldorf, B. v. 1. 8. 2005 – Az.: VII – Verg 41/05).

30.8.2 Beispiele aus der Rechtsprechung

2660 – daran gemessen, dass für die beantragte Vorabentscheidung bei dem im Streitfall hinsichtlich der Erfolgsaussicht des Rechtsmittels festzustellenden Befund **ein weniger gewichtiges Interesse des Auftraggebers genügt,** mithin keineswegs ein unabweisbares Interesse an einer alsbaldigen Erteilung des Zuschlags zu fordern ist, **reicht es** im Sinn eines die antragsgemäße Entscheidung begründenden Interesses jedoch **aus,** wenn **Impfungen und Augenuntersuchungen der dargestellten Art lediglich zu einem zahlenmäßigen Bruchteil des behaupteten Umfangs derzeit unmittelbar notwendig sind,** dann aber auch ungehindert durchgeführt werden können, und dass der Antragsgegner durch die Gestattung des Zuschlags nicht nur eine in einzelnen Fällen anstehende, sondern eine regelmäßige betriebsärztliche Versorgung von Bediensteten im Rahmen seiner laufenden Verwaltung, d.h. ohne einen zusätzlichen verwaltungstechnischen Aufwand, sicherstellen kann. Allein dies rechtfertigt die beantragte Entscheidung (OLG Düsseldorf, B. v. 16. 3. 2005 – Az.: VII – Verg 05/05)

– eine **(zeitlich überschaubare) Verzögerung** hat die Antragsgegnerin im Interesse eines effektiven Primärrechtsschutz der Antragstellerin **hinzunehmen** (OLG Düsseldorf, B. v. 20. 3. 2003 – Az.: Verg 08/03)

– letztendlich wäre unter Umständen zu befürchten, dass im Lande Bremen eine **nennenswerte Anzahl von Arbeitsplätzen verloren gehen** würde. Auf der anderen Seite sind die möglichen Nachteile der Antragstellerin unter Berücksichtigung der vorstehenden Ausführungen äußerst gering. Zu Lasten der Antragstellerin wurden formale Rechtsverletzungen begangen, die sich im Ergebnis aber nicht ausgewirkt haben (Hanseatisches OLG in Bremen, B. v. 18. 8. 2003 – Az.: Verg 7/2003)

30.9 Inhalt der Entscheidung (§ 121 Abs. 3 Satz 1)

2661   Bei **längerfristigen Aufträgen** kann es angebracht sein, den **Zuschlag nur für eine bestimmte Zeit zu gestatten** (OLG Düsseldorf, B. v. 11. 9. 2000 – Az.: Verg 7/00).

30.10 Mündliche Verhandlung (§ 121 Abs. 3 Satz 2)

2662   Ist in einem Verfahren nach § 121 GWB **keine weitere Sachverhaltsaufklärung** erforderlich, bedarf es für diese Entscheidung **keiner vorherigen mündlichen Verhandlung** (Hanseatisches OLG Bremen, B. v. 20. 7. 2000 – Az.: Verg 1/2000).

30.11 Kosten der Entscheidung nach § 121 Abs. 1

2663   Eine **gesonderte Kostenentscheidung ist nicht angezeigt.** Bei den Kosten des Verfahrens nach 121 Abs. 1 GWB handelt es sich um Kosten des Beschwerdeverfahrens, über die gemäß § 128 GWB einheitlich im Rahmen der Entscheidung über die Hauptsache zu befinden ist (OLG Düsseldorf, B. v. 1. 8. 2005 – Az.: VII – Verg 41/05; B. v. 11. 9. 2000 – Az.: Verg 7/00).

30.12 Rechtsmittel gegen eine Entscheidung nach § 121

2664   Gegen eine Entscheidung nach § 121 ist gemäß § 121 Abs. 4 GWB ein **Rechtsmittel nicht zulässig** (OLG Celle, B. v. 13. 3. 2002 – Az.: 13 Verg 4/02).

30.13 Einseitige Erledigung des Antrags

Die **einseitig gebliebene Erledigungserklärung enthält** – entsprechend den im Zivilprozess geltenden Grundsätzen – **den Antrag, die Erledigung des Antrags gem. § 121 GWB festzustellen.** Die Feststellung der Erledigung ist auszusprechen, der Feststellungsantrag mithin begründet, wenn der ursprüngliche Antrag zunächst zulässig und begründet war, sodann aber durch ein erledigendes Ereignis gegenstandslos geworden ist (Saarländisches OLG, B. v. 20. 9. 2006 – Az.: 1 Verg 3/06). 2665

30.14 Literatur

– Opitz, Marc, Das Eilverfahren, NZBau 2005, 213 2666

31. § 122 GWB – Ende des Vergabeverfahrens nach Entscheidung des Beschwerdegerichts

Ist der Auftraggeber mit einem Antrag nach § 121 vor dem Beschwerdegericht unterlegen, gilt das Vergabeverfahren nach Ablauf von 10 Tagen nach Zustellung der Entscheidung als beendet, wenn der Auftraggeber nicht die Maßnahmen zur Herstellung der Rechtmäßigkeit des Verfahrens ergreift, die sich aus der Entscheidung ergeben; das Verfahren darf nicht fortgeführt werden.

31.1 Allgemeines

Das Gesetz knüpft an das Unterliegen mit einem Antrag nach § 121 GWB eine **besondere Rechtsfolge.** Nach § 122 GWB gilt das Vergabeverfahren nach Ablauf von 10 Tagen nach Zustellung der Entscheidung als beendet, wenn der Auftraggeber nicht die Maßnahmen zur Herstellung der Rechtmäßigkeit des Verfahrens ergreift, die sich aus der Entscheidung ergeben; das Verfahren darf nicht fortgeführt werden. Dem liegt die **Erwägung zugrunde,** dass es nach Prüfung durch die Vergabekammer und nach einer obergerichtlichen Entscheidung zuungunsten des Auftraggebers im Vorabentscheidungsverfahren über den Zuschlag äußerst unwahrscheinlich ist, dass die zweite Entscheidung des Gerichts anders ausfallen würde und das Beschwerdegericht nach weiterer Prüfung auch in der Hauptsache zu einem für den Auftraggeber günstigen Ergebnis kommt (KG Berlin, B. v. 9. 11. 1999 – Az.: KartVerg 12/99). 2667

31.2 Beendigungsfiktion

Sind die Voraussetzungen des § 122 erfüllt, ist das Vergabeverfahren wirksam beendet (OLG Naumburg, B. v. 4. 9. 2001 – Az.: 1 Verg 8/01). 2668

32. § 123 GWB – Beschwerdeentscheidung

Hält das Gericht die Beschwerde für begründet, so hebt es die Entscheidung der Vergabekammer auf. In diesem Fall entscheidet das Gericht in der Sache selbst oder spricht die Verpflichtung der Vergabekammer aus, unter Berücksichtigung der Rechtsauffassung des Gerichts über die Sache erneut zu entscheiden. Auf Antrag stellt es fest, ob das Unternehmen, das die Nachprüfung beantragt hat, durch den Auftraggeber in seinen Rechten verletzt ist. § 114 Abs. 2 gilt entsprechend.

32.1 Keine Bindung an die Anträge

Der Vergabesenat kann und muss in dem Beschwerdeverfahren **auch die Rügen mit überprüfen, die im Vergabekammerverfahren nicht geprüft worden sind.** Das gebieten schon die Grundsätze der Verfahrensökonomie, weil ein Antragsteller mit seinen ergänzenden Rügen sonst auf ein neues Verfahren vor der Vergabekammer verwiesen werden müsste. Dem 2669

Teil 1 GWB § 123 Gesetz gegen Wettbewerbsbeschränkungen

Beschleunigungsgebot liefe dies zuwider. Auch § 117 Abs. 2 GWB steht nicht entgegen, weil sich die Bestimmung naturgemäß nur auf schon vor der Vergabekammer behandelte Verstöße beziehen kann. Die Vorschrift schließt es nicht aus, den durch die konkrete Vergabe umschriebenen Verfahrensgegenstand auch durch neue Rügen zu erweitern, **soweit ihnen die Verspätungsregeln der § 107 Abs. 3, § 113 Abs. 2 Satz 2 GWB nicht entgegenstehen oder soweit sie Verfahrensverstöße der Vergabekammer selbst betreffen** (BayObLG, B. v. 28. 5. 2003 – Az.: Verg 6/03).

2670 Die der Vergabekammer nach dem Wortlaut des Gesetzes verliehene **Entscheidungsmacht, unabhängig von einem konkreten Sachantrag auf die Rechtmäßigkeit des Vergabeverfahrens einzuwirken, erstreckt sich also gemäß § 123 S. 1 1. Alternative GWB auf den Vergabesenat, soweit er in der Sache selbst entscheidet.** Die Überwindung der Hürde der Antragsbefugnis eröffnet mithin den Raum für eine umfassende Prüfung sowohl auf der Tatbestandsseite hinsichtlich etwaiger Vergaberechtsverletzungen – eine entsprechende Rüge vorausgesetzt – als auch auf der Rechtsfolgeseite hinsichtlich der zur Beseitigung derartiger Verletzungen geeigneten Maßnahmen (OLG Thüringen, B. v. 20. 6. 2005 – Az.: 9 Verg 3/05; KG Berlin, B. v. 15. 4. 2004 – Az.: 2 Verg 22/03).

2671 Auch nach der Rechtsprechung des **Europäischen Gerichtshofes** (Urteil vom 19. 6. 2003 – Rechtssache C-315/01) verstößt es nicht gegen europäisches Recht, wenn im Rahmen eines von einem Bieter zwecks späterer Erlangung von Schadensersatz eingereichten Antrags auf Feststellung der Rechtswidrigkeit der Entscheidung über die Vergabe eines öffentlichen Auftrags die für das Nachprüfungsverfahren zuständige Instanz **von Amts wegen die rechtswidrigen Aspekte einer anderen Auftraggeberentscheidung als der vom Bieter angefochtenen** aufgreift. In Ermangelung einer spezifischen Vorschrift im europäischen Recht ist es jedoch auch Sache jedes Mitgliedstaats, in seiner internen Rechtsordnung zu bestimmen, ob und unter welchen Voraussetzungen eine für die genannten Nachprüfungsverfahren zuständige Instanz von Amts wegen Rechtsverstöße aufgreifen kann, die von den Parteien des bei ihr anhängigen Verfahrens nicht geltend gemacht worden sind. Insoweit ist also z.B. die **Rügevorschrift des § 107 GWB** zulässig und zu beachten.

2672 Das KG Berlin lässt von **den oben dargestellten Grundsätzen – solche Verstöße nicht zu überprüfen, die ein Antragsteller erkannt hat oder die ihm doch erkennbar waren, ohne dass er diese Mängel rechtzeitig gemäß § 107 Abs. 3 GWB gerügt hat – eine Ausnahme** zu, wenn der Vergabesenat gleichsam sehenden Auges durch seine Entscheidung an einem Vergaberechtsverfahren mitzuwirken hätte, das sich von vornherein außerhalb des Rahmens der dafür vorgesehenen Vorschriften bewegt (KG Berlin, B. v. 15. 4. 2004 – Az.: 2 Verg 22/03).

2673 Vgl. hierzu auch die Kommentierung zu § 114 GWB RZ 2267.

32.2 Aufhebung bei Begründetheit der Beschwerde (§ 123 Satz 1)

2674 Es ist nicht notwendig, dass die Entscheidung der Vergabekammer **inhaltlich insgesamt**, d.h. auch im Hinblick auf die die Entscheidung tragenden Gründe zutreffend ist. Ausreichend ist vielmehr, dass die **Entscheidung in ihrem erkennenden Teil im Ergebnis aufrechterhalten werden kann.** Die Beschwerde ist daher auch dann unbegründet, wenn das Beschwerdegericht die Begründung inhaltlich auf einen anderen Gesichtspunkt stützt, in der Sache aber zum gleichen Ergebnis kommt wie die Vergabekammer (OLG Rostock, B. v. 6. 6. 2001 – Az.: 17 W 6/01).

2675 Der Vergabesenat kann also auch bei Entscheidungsreife z.B. im Rahmen des vom Auftraggeber gestellten Antrags auf Abweisung des Nachprüfungsantrags das vom Auftraggeber verwendete, jedoch nicht durchschlagende Wertungskriterium **durch einen anderen einschlägigen Wertungsgesichtspunkt ersetzen** (BayObLG, B. v. 2. 12. 2002 – Az.: Verg 24/02).

32.3 Entscheidung des Beschwerdegerichts (§ 123 Satz 2)

2676 § 123 Abs. 1 Satz 2 GWB eröffnet dem Beschwerdegericht nach einhelliger Auffassung alleine **die Wahl**, entweder die Verpflichtung der Vergabekammer auszusprechen, unter Beachtung der Rechtsauffassung des Gerichts über die Sache **erneut zu verhandeln und entscheiden**, oder an Stelle der Vergabekammer **selbst in der Sache zu entscheiden** (OLG Düsseldorf, B. v. 10. 5. 2000 – Az.: Verg 5/00).

Das Beschwerdegericht kann schon wegen der Eilbedürftigkeit von Vergabesachen **grundsätzlich selbst entscheiden** und **von einer Zurückverweisung regelmäßig absehen** (Schleswig-Holsteinisches OLG, B. v. 30. 6. 2005 – Az.: 6 Verg 5/05; BayObLG, B. v. 2. 12. 2002 – Az.: Verg 24/02). Eine „Zurückverweisung" muss im vergaberechtlichen Beschwerdeverfahren daher auf seltene Ausnahmefälle beschränkt bleiben (Schleswig-Holsteinisches OLG, B. v. 30. 6. 2005 – Az.: 6 Verg 5/05; im Ergebnis ebenso OLG Düsseldorf, B. v. 21. 12. 2005 – Az.: VII – Verg 69/05). 2677

32.3.1 Entscheidung in der Sache selbst

32.3.1.1 Gestaltungsmöglichkeiten für den Vergabesenat bei eigener Entscheidung

Das **Gesetz regelt** in § 123 GWB **nicht ausdrücklich, welche Gestaltungsmöglichkeiten** dem Beschwerdegericht zur Verfügung stehen, wenn es die Beschwerde für begründet hält und unter Aufhebung der Entscheidung der Vergabekammer in der Sache selbst entscheidet. Insoweit findet sich auch **keine ausdrückliche Verweisung auf § 114 Abs. 1 GWB,** der die Entscheidungsbefugnisse der Vergabekammer regelt. Es kann jedoch keinem Zweifel unterliegen, dass dem Beschwerdegericht, wenn es in der Sache selbst entscheidet, **die gleichen Befugnisse wie der Vergabekammer** zu Gebote stehen. Im Rahmen des bei ihm angefallenen Beschwerdegegenstands hat das Beschwerdegericht die geeigneten Maßnahmen zu treffen, um eine Rechtsverletzung zu beseitigen und eine Schädigung der betroffenen Interessen zu verhindern; es ist **nicht an die Anträge gebunden** und kann auch unabhängig davon auf die Rechtmäßigkeit des Vergabeverfahrens einwirken (BayObLG, B. v. 5. 11. 2002 – Az.: Verg 22/02). 2678

32.3.1.2 Entscheidung in der Sache selbst bei Entscheidungsreife

Da die **Sache entscheidungsreif** ist, hält der Senat es für unangemessen, die Entscheidung der Vergabekammer lediglich aufzuheben und die Sache gemäß § 123 Satz 2 Halbsatz 2 GWB zur erneuten Entscheidung an die Vergabekammer zurückzuverweisen (OLG Düsseldorf, B. v. 11. 3. 2002 – Az.: Verg 43/01; im Ergebnis ebenso OLG Celle, B. v. 2. 7. 2002 – Az.: 13 Verg 6/02). 2679

32.3.1.3 Entscheidung in der Sache selbst trotz fehlender Entscheidung der Vergabekammer

Der Senat kann über die Begründetheit des Nachprüfungsantrages selbst entscheiden, auch **wenn die Vergabekammer insoweit noch nicht entschieden** hat. Der entscheidungsrelevante Sachverhalt ist aufgeklärt, so dass eine Selbstentscheidung des Senats dem Beschleunigungsgrundsatz und der Prozessökonomie besser entspricht (OLG Naumburg, B. v. 7. 5. 2002 – Az.: 1 Verg 19/01). 2680

32.3.1.4 Entscheidung in der Sache selbst trotz Zurückverweisungsantrag

Der Vergabesenat kann **zur Vermeidung einer weiteren Verzögerung des Vergabeverfahrens** in der Sache selbst entscheiden und das Verfahren nicht – so wie es der Antragsteller mit seinem Hauptantrag beantragt – an die Vergabekammer zurück zu verweisen. Es ist damit eine Entscheidung über die mit dem Hauptantrag der Antragstellerin beantragte Feststellung entbehrlich, die Antragstellerin, sei durch den Antragsgegner in ihren Rechten verletzt worden. Die Antragstellerin begehrt eine dahingehende Feststellung ersichtlich nur im Zusammenhang mit ihrem Zurückverweisungsantrag, so dass – da der Senat die Sache nicht zurück verweist – auch eine Entscheidung über den Feststellungsantrag hinfällig ist (OLG Düsseldorf, B. v. 29. 12. 2001 – Az.: Verg 22/01). 2681

32.3.1.5 Entscheidung in der Sache selbst durch Verurteilung zur Zuschlagserteilung

Steht eine Beendigung des Verfahrens auf andere Weise als durch Zuschlag nicht im Raum und kann der Auftraggeber den Auftrag in rechtmäßiger Weise nur durch Zuschlagserteilung an den Antragsteller erteilen, sieht sich der Senat nicht gehindert, den **Auftraggeber zur Zuschlagserteilung an den Antragsteller zu verurteilen** (BayObLG, B. v. 5. 11. 2002 – Az.: Verg 22/02). 2682

Teil 1 GWB § 123

32.3.1.6 Entscheidung in der Sache selbst über die Eignung

2683 Ist es bei klarer Sachlage **lediglich eine unnötige Förmelei,** das Vergabeverfahren aufzuheben und den öffentlichen Auftraggeber zu verpflichten, die Eignung eines Bieters zu wiederholen, kann die **Beurteilung der Eignung sogleich einer Überprüfung durch die Vergabenachprüfungsinstanzen unterzogen** werden (OLG Düsseldorf, B. v. 15. 8. 2003 – Az.: Verg VII – 34/03).

32.3.1.7 Entscheidung in der Sache selbst und Verpflichtung des Auftraggebers zur Anwendung des Vergaberechts

2684 Hat der Auftraggeber zu Unrecht das Vergaberecht nicht angewendet, kann angeordnet werden, dass der **Auftraggeber die benötigten Leistungen im Falle einer Drittbeauftragung im Wettbewerb und im Wege eines transparenten Vergabeverfahrens** gemäß den §§ 97 ff. GWB beschafft (OLG Düsseldorf, B. v. 5. 5. 2004 – Az.: VII – Verg 78/03).

32.3.1.8 Entscheidung in der Sache selbst bei etwaiger fehlerhafter Besetzung der Vergabekammer

2685 Eine etwaige fehlerhafte Besetzung der Vergabekammer, die nicht auf verfahrensfremden Überlegungen beruht, erfordert als Verfahrensfehler eine **Zurückverweisung jedenfalls dann nicht, wenn die Sache im übrigen entscheidungsreif ist** (BayObLG, B. v. 2. 12. 2002 – Az.: Verg 24/02).

32.3.1.9 Entscheidung in der Sache selbst durch Vergleich

2686 Die **Beteiligten eines Nachprüfungsverfahrens können auch vor dem Vergabesenat einen Vergleich abschließen.** Dabei handelt es sich um einen **Prozessvergleich, der wie ein Prozessvergleich im normalen Zivilprozess zugleich Rechtsgeschäft des bürgerlichen Rechts und Prozesshandlung** ist. So können sich z. B. die Beteiligten des Vergleichs hinsichtlich der neu vorzunehmenden alleinigen Preiswertung dem Gutachten eines vom Gericht zu bestimmenden Sachverständigen unterwerfen. Sinn dieser Vereinbarung ist es dann, ein zweites Nachprüfungsverfahren auszuschließen. Daran müssen sich die Beteiligten festhalten lassen. Strengt einer der Beteiligten im Nachhinein dennoch ein Nachprüfungsverfahren an, ist ein entsprechender Nachprüfungsantrag unzulässig (OLG Brandenburg, B. v. 18. 5. 2004 – Az.: Verg W 03/04).

32.3.1.10 Entscheidung in der Sache selbst durch Aufhebung der Ausschreibung

2687 **Nicht nur die Vergabekammer, sondern auch der Vergabesenat kann die "Verpflichtung zur Aufhebung des gesamten Vergabeverfahrens" aussprechen.** Dabei ist allerdings der Verhältnismäßigkeitsgrundsatz strikt zu beachten; eine Aufhebung der Ausschreibung darf nur angeordnet werden, wenn keine mildere, gleich geeignete Maßnahme zur Verfügung steht. Dies erfordert auch die Richtlinie des Rates vom 21. 12. 1989 – 89/665/EWG (ABl. EG Nr. L 395 v. 30. 12. 1989, S. 33) –, die in Art. 2 Abs. 1 lit. b den Nachprüfungsinstanzen – ausdrücklich – die Möglichkeit gibt, vergaberechtlich fehlerhafte Teile einer Ausschreibung zu eliminieren, sofern der „Rest" noch taugliche Grundlage einer Vergabeentscheidung bleibt (Schleswig-Holsteinisches OLG, B. v. 30. 6. 2005 – Az.: 6 Verg 5/05).

32.3.2 Zurückverweisung

2688 Wenn die Vergabekammer sich mit den zahlreichen verfahrens- und materiellrechtlichen Fragen des Nachprüfungsverfahrens bislang nicht auseinandergesetzt hat, erscheint eine **abschließende Sachentscheidung des Senats untunlich** (OLG Thüringen, B. v. 29. 11. 2002 – Az.: 6 Verg 11/02).

32.3.2.1 Zurückversetzung des Vergabeverfahrens in das Stadium vor Angebotsabgabe

2689 Hat der Auftraggeber in **die Leistungsbeschreibung mehrdeutige Positionen** aufgenommen, kann der Vergabesenat entscheiden, das **Vergabeverfahren in das Stadium vor Angebotsabgabe zurückzuversetzen.** Die Vergabestelle hat dann gegenüber den **beteiligten Bietern die mehrdeutigen Positionen klarzustellen** und den Bietern **Gelegenheit** zu geben, ihre Angebote zu überprüfen und gegebenenfalls anzupassen und/oder zu erneuern. So-

Gesetz gegen Wettbewerbsbeschränkungen   GWB § 123 **Teil 1**

dann hat die Antraggegnerin die **Angebotswertung zu wiederholen** (OLG Düsseldorf, B. v. 28. 1. 2004 – Az.: Verg 35/03).

32.3.3 Vorabentscheidung über den zulässigen Rechtsweg

Bei Streitigkeiten über den zulässigen Rechtsweg kann auch eine Vorabentscheidung nach 2690
§ 17 a Abs. 3 Satz 2 GVG getroffen werden. Das Rechtsmittelgericht muss grundsätzlich dann selbst in das Vorabentscheidungsverfahren eintreten, wenn das Erstgericht eine solche Entscheidung rechtswidrig unterlassen hat oder aus Rechtsgründen dazu nicht in der Lage war. In der Rechtsmittelinstanz erübrigt sich ein Vorabverfahren nach § 17 a GVG jedoch, wenn das Gericht die Zulässigkeit des Rechtsweges zu sich bejaht und wegen der Eindeutigkeit der Rechtslage keinen Anlass für eine Zulassung der weiteren Beschwerde an den BGH hat (OLG Brandenburg, B. v. 2. 9. 2003 – Az.: Verg W 03/05 und 05/03).

32.4 Feststellung der Rechtswidrigkeit (§ 123 Satz 3)

Die Feststellungsentscheidung ergeht **im Interesse arbeitsteiliger Prozessökonomie** mit 2691
Blick auf entsprechende Auseinandersetzungen vor dem Zivilgericht, das an die Entscheidung der Vergabekammer oder des Vergabesenats gebunden ist (KG Berlin, B. v. 20. 12. 2000 – Az.: KartVerg 14/00).

32.4.1 Zulässigkeitsvoraussetzungen

32.4.1.1 Stellen des Feststellungsantrags erstmals im Beschwerdeverfahren

Ein Antragsteller ist aus allgemeinen verfahrensrechtlichen Überlegungen **nicht gehindert,** 2692
den Fortsetzungsfeststellungsantrag nach § 123 Satz 3, § 114 Abs. 2 Satz 2 GWB **erstmals im Beschwerdeverfahren zur Entscheidung zu stellen.** Bleibt der Streitgegenstand des Nachprüfungsverfahrens in der Beschwerdeinstanz unverändert, weil sich die antragstellende Partei gegen ein und dieselbe Ausschreibung wendet und die Beanstandungen, die zur Begründung des Fortsetzungsfeststellungsantrags vorgetragen werden, auch bereits Gegenstand des Verfahrens vor der Vergabekammer waren, besteht kein rechtfertigender Grund, dem Antragsteller, der mit Rücksicht auf die aktuelle Verfahrenslage und die Erfolgsaussichten seines ursprünglichen Begehrens in der Beschwerdeinstanz für geboten hält, ein Überwechseln auf das Fortsetzungsfeststellungsbegehren zu versagen. Wollte man anders entscheiden, würde man der das Nachprüfungsverfahren betreibenden Partei im Ergebnis die Stellung sachdienlicher Verfahrensanträge verweigern (OLG Düsseldorf, B. v. 28. 2. 2002 – Az.: Verg 37/01).

32.4.1.2 Rechtsschutzinteresse

Feststellungsanträge, deren sachliche Rechtfertigung sich aus den § 114 Abs. 2 Satz 2 und 2693
§ 123 Satz 3 GWB ergibt, sind **nicht nur mit Blick auf die in § 124 GWB normierte Bindungswirkung, die eine antragsgemäße Feststellung für Schadenersatzprozesse vor den ordentlichen Gerichten entfaltet, statthaft.** Das erforderliche Feststellungsinteresse kann vielmehr genauso gegeben sein, wenn es dem Antragsteller darum geht, mittels der beantragten Feststellung einer **drohenden Wiederholungsgefahr** zu begegnen (OLG Düsseldorf, B. v. 10. 4. 2002 – Az.: Verg 6/02).

Einem Beschwerdeführer **fehlt** es an einem **Rechtsschutzbedürfnis,** wenn die Vergabestelle 2694
rechtswirksam den Zuschlag erteilt hat. Ein bereits erteilter Zuschlag kann – auch durch den Senat – nicht aufgehoben werden (OLG Naumburg, B. v. 11. 10. 1999 – Az.: 10 Verg 1/99).

32.4.1.3 Erledigung des Nachprüfungsverfahrens

Gemäß § 123 Satz 3 GWB stellt das Beschwerdegericht auf Antrag fest, ob das Unternehmen, 2695
das die Nachprüfung beantragt hat, durch den Auftraggeber in seinen Rechten verletzt ist. § 114 Abs. 2 GWB gilt entsprechend (§ 123 Satz 4 GWB). Nach dieser Vorschrift setzt eine **Feststellungsentscheidung voraus,** dass sich das **Nachprüfungsverfahren durch Zuschlag oder in sonstiger Weise erledigt hat** (Saarländisches OLG, B. v. 6. 4. 2005 – Az.: 1 Verg 1/05; OLG Celle, B. v. 30. 4. 1999 – Az.: 13 Verg 1/99; OLG Dresden, B. v. 14. 4. 2000 – Az.: WVerg 0001/00).

Teil 1 GWB § 123 Gesetz gegen Wettbewerbsbeschränkungen

32.4.1.4 Feststellungsantrag

2696 **32.4.1.4.1 Antragsbefugnis. 32.4.1.4.1.1 Allgemeines.** Ein Feststellungsantrag ist **auch zulässig bei Nichtbescheidung aller geltend gemachten Rechtsverletzungen durch die Vergabekammer,** wenn also der Ausspruch der angefochtenen Entscheidung nicht alle in den Nachprüfungsanträgen genannten Gründe umfasst (OLG Düsseldorf, B. v. 23. 3. 2005 – Az.: VII – Verg 77/04).

2697 **32.4.1.4.1.2 Antragsbefugnis des Beigeladenen.** Ob ein Beigeladener nach Erledigung des Vergabeverfahrens im Beschwerdeverfahren die Feststellung, in seinen Rechten verletzt zu sein, beantragen kann, **bleibt offen** (OLG Frankfurt am Main, B. v. 16. 5. 2000 – Az.: 11 Verg 1/99).

2698 **32.4.1.4.2 Inhalt des Antrags. 32.4.1.4.2.1 Feststellung der Nichtigkeit des Zuschlags.** Ein Antrag, festzustellen, dass die durch die Vergabestelle ausgesprochene **Zuschlagserteilung nichtig war, ist als solcher im Gesetz nicht vorgesehen** (vgl. § 116, 123 GWB) und daher nicht statthaft. Für eine isolierte Feststellung der Nichtigkeit der Vergabe besteht überdies kein Rechtsschutzbedürfnis, da im Rahmen der Prüfung, ob sich das Vergabeverfahren durch Zuschlag erledigt hat, ohnehin auf diese Frage einzugehen ist (OLG Naumburg, B. v. 11. 10. 1999 – Az.: 10 Verg 1/99).

2699 **32.4.1.4.2.2 Einleitung eines neuen Vergabeverfahrens vor Aufhebung des alten Vergabeverfahrens.** Steht urkundlich belegt fest, dass ein Vergabeverfahren vor Aufhebung des vorhergehenden Verfahrens eingeleitet worden ist, kann der Antragsteller die darin liegende **Rechtsverletzung festgestellt verlangen** (OLG Düsseldorf, B. v. 13. 6. 2001 – Az.: Verg 2/01).

2700 **32.4.1.4.2.3 Antrag als Hilfsantrag.** Ein Antrag auf Feststellung, dass ein Beschwerdeführer in seinen Rechten verletzt ist, **kann auch als Hilfsantrag gestellt werden** (OLG Düsseldorf, B. v. 7. 7. 2004 – Az.: VII – Verg 15/04).

2701 **32.4.1.4.3 Zeitliche Befristung? 32.4.1.4.3.1 Problem.** Die **Rechtsprechung** hat **bisher noch nicht entschieden,** ob es Zulässigkeitsvoraussetzung eines Feststellungsantrages nach § 123 S. 3 GWB ist, dass der Antrag in angemessener Frist nach Kenntniserlangung von der Zuschlagserteilung gestellt wird, **ob** also ein **Feststellungsantrag nach Abschluss des Vergabeverfahrens und Erledigung der Hauptsache zeitlich unbefristet möglich und mit dem Beschleunigungsgebot vereinbar** ist (Saarländisches OLG, B. v. 6. 4. 2005 – Az.: 1 Verg 1/05).

2702 **32.4.1.4.3.2 Stellungnahme.** Die Rechtsprechung erkennt zu § 114 Abs. 2 Satz 2 GWB an, dass eine **Zwischenentscheidung** bei Streit der Beteiligten über die Wirksamkeit eines erteilten Zuschlags **aus verfahrensökonomischen Gründen zulässig und sachdienlich ist,** weil damit das regelmäßig eilbedürftige Primärrechtsschutzverfahren einer schnellen Klärung zugeführt werden kann und die Vergabekammer sodann, unter dem Zeitdruck der Frist des § 113 Abs. 1 GWB zu stehen, über den Antrag eines Beteiligten entscheiden kann, ob eine Rechtsverletzung vorgelegen hat (vgl. im Einzelnen RZ 1604). Daraus ergibt sich, dass ein **Feststellungsantrag zeitlich unbefristet möglich** ist; in **Einzelfällen** kann auch die **Anwendung der Grundsätze über die Verwirkung** zu sachgerechten Ergebnissen führen (vgl. im Einzelnen RZ 1182).

32.5 Entscheidung bei Rücknahme des Nachprüfungsantrags

2703 Infolge der Rücknahme des Nachprüfungsantrags wird der **Beschluss der Vergabekammer insgesamt wirkungslos.** Da die Entscheidung der Vergabekammer durch Verwaltungsakt ergeht (§ 114 Abs. 3 Satz 1 GWB), ist es gerechtfertigt, bei Zweifeln und Regelungslücken auf die allgemeinen Bestimmungen des Verwaltungsverfahrensgesetzes und dessen Rechtsgrundsätze über die Behandlung von Verwaltungsakten zurückzugreifen. Danach können Anträge auf Erlass eines Verwaltungsaktes, soweit nichts anderes geregelt ist, noch bis zum Abschluss des Verfahrens zurückgenommen werden, das heißt bis zum Eintritt der Unanfechtbarkeit der Entscheidung, und zwar selbst dann, wenn in der Zwischenzeit gegen den ergangenen Verwaltungsakt Rechtsbehelfe eingelegt worden sind. Ein ergangener und noch nicht bestandskräftig gewordener Verwaltungsakt wird – jedenfalls in den reinen Antragsverfahren – durch Antragsrücknahme wirkungslos. Entsprechendes gilt für den Beschluss der Vergabekammer, der (als Verwaltungsakt) seine Grundlage in dem Nachprüfungsantrag des Antragstellers hat (OLG Düsseldorf, B. v. 29. 4. 2003 – Az.: Verg 47/02; VK Schleswig-Holstein, B. v. 12. 7. 2005 – Az.: VK-SH 18/05).

Gesetz gegen Wettbewerbsbeschränkungen GWB § 123 **Teil 1**

32.6 Aussetzung und Vorlage an den Europäischen Gerichtshof

32.6.1 Grundsatz

Nach **Art. 234 Abs. 3 in Verbindung mit Abs. 1 lit. b) EG-Vertrag** ist der Vergabesenat gehalten, in bestimmten Fällen eine **Vorabentscheidung des Gerichtshofes der Europäischen Gemeinschaften herbeizuführen.** Bis zur Erledigung wird das Beschwerdeverfahren ausgesetzt (OLG Naumburg, B. v. 8. 1. 2003 – Az.: 1 Verg 7/02). 2704

Es ist nach ständiger Rechtsprechung des EuGH **grundsätzlich allein Sache des mit dem Rechtsstreit befassten nationalen Gerichts,** das die Verantwortung für die zu erlassende gerichtliche Entscheidung übernehmen muss, im Hinblick auf die Besonderheiten des Falles **sowohl die Erforderlichkeit einer Vorabentscheidung für den Erlass seines Urteils als auch die Erheblichkeit der dem Gerichtshof vorgelegten Fragen zu beurteilen.** Der Gerichtshof kann die Entscheidung über eine Vorlagefrage eines nationalen Gerichts nur dann ablehnen, wenn die erbetene Auslegung des Gemeinschaftsrechts offensichtlich in keinem Zusammenhang mit der Realität oder dem Gegenstand des Ausgangsverfahrens steht, **wenn das Problem hypothetischer Natur ist oder wenn er nicht über die tatsächlichen oder rechtlichen Angaben verfügt, die für eine sachdienliche Beantwortung der ihm vorgelegten Fragen erforderlich sind** (EuGH, Urteil vom 16. 6. 2005 – Az.: C-462/03, C-463/03; Urteil vom 2. 6. 2005 – Az.: C-15/04). 2705

32.6.2 Aussetzung und Vorlage bei bereits erfolgter Vorlage

Das Beschwerdeverfahren ist **nach § 148 ZPO, § 94 VwGO entsprechend auszusetzen** bis zur Entscheidung des Europäischen Gerichtshofes, wenn eine entscheidungserhebliche Frage bereits dem Europäischen Gerichtshof vorgelegt worden ist (OLG Brandenburg, B. v. 1. 4. 2003 – Az.: Verg W 14/02). 2706

32.6.3 Aussetzung und Vorlage bei aussichtsloser Beschwerde

Eine Aussetzung des Verfahrens **analog § 148 ZPO** bis zur Entscheidung des Europäischen Gerichtshofs im genannten Vorabentscheidungsverfahren **kommt nicht in Betracht,** wenn die Beschwerde unabhängig von der künftigen Antwort des Gerichtshofs auf die gestellten Fragen keinen Erfolg haben kann (BayObLG, B. v. 28. 5. 2003 – Az.: Verg 7/03). 2707

32.6.4 Aussetzung und Vorlage bei Kostenfragen

Für eine Vorlage an den Europäischen Gerichtshof gemäß Art. 234 EG zu der Frage, ob die Auslegung des § 12a Abs. 2 GKG mit den „einschlägigen gemeinschaftsrechtlichen Richtlinien" zu vereinbaren ist, sieht der Senat **keinen hinreichenden Grund.** Die nach Wortlaut und Zweck des **§ 12a Abs. 2 GKG** gebotene **Auslegung dieser Vorschrift behindert** den – richtig verstandenen – **effektiven Rechtsschutz** gegenüber Vergaberechtsfehlern des öffentlichen Auftraggebers **nicht** (OLG Düsseldorf, B. v. 3. 7. 2003 – Az.: Verg 22/00). 2708

32.7 Entscheidung auch bei einem unwirksamen Vergabekammerbeschluss

Auch wenn **unwirksame Ausgangsentscheidungen** nur selten eine geeignete **Grundlage für eine abschließende Sachentscheidung** des Beschwerdegerichts bilden dürften, ist dies **nicht grundsätzlich ausgeschlossen.** Dafür spricht schon § 123 GWB, der in Fällen der Aufhebung grundsätzlich eine Sachentscheidung des Gerichts anordnet. Im Übrigen ist die Zurückverweisung auch nach anderen Verfahrensordnungen grundsätzlich die Ausnahme und bei Entscheidungsreife in der Regel nicht zulässig (BayObLG, B. v. 6. 2. 2004 – Az.: Verg 24/03). 2709

32.8 Auswirkungen eines abschließenden Beschlusses in der Hauptsache auf eine Entscheidung nach § 118

Mit einer abschließenden Entscheidung des Senats in einer Vergabesache ist ein im Verfahren nach § 118 GWB ergangener Beschluss hinfällig (BayObLG, B. v. 28. 5. 2003 – Az.: Verg 6/03). 2710

32.9 Literatur

2711 – Wilke, Reinhard, Die Beschwerdeentscheidung im Vergaberecht, NZBau 2005, 380

33. § 124 GWB – Bindungswirkung und Vorlagepflicht

(1) **Wird wegen eines Verstoßes gegen Vergabevorschriften Schadensersatz begehrt und hat ein Verfahren vor der Vergabekammer stattgefunden, ist das ordentliche Gericht an die bestandskräftige Entscheidung der Vergabekammer und die Entscheidung des Oberlandesgerichts sowie gegebenenfalls des nach Absatz 2 angerufenen Bundesgerichtshofs über die Beschwerde gebunden.**
(2) **Will ein Oberlandesgericht von einer Entscheidung eines anderen Oberlandesgerichts oder des Bundesgerichtshofs abweichen, so legt es die Sache dem Bundesgerichtshof vor. Der Bundesgerichtshof entscheidet anstelle des Oberlandesgerichts. Die Vorlagepflicht gilt nicht im Verfahren nach § 118 Abs. 1 Satz 3 und nach § 121.**

33.1 Bindungswirkung (§ 124 Abs. 1)

33.1.1 Allgemeines

2712 Die Entscheidung über nach Zuschlagserteilung nur noch in Betracht kommende Schadensersatzansprüche eines Bieters ist den ordentlichen Gerichten zugewiesen (§ 13 GVG).

2713 Die **Entscheidung darüber,** ob die Voraussetzungen eines solchen Schadensersatzanspruchs gegeben sind, ist, wie sich auch aus § 124 Abs. 1 GWB ergibt, **weiterhin von den ordentlichen Gerichten zu treffen.** Das mit der Schadensersatzforderung befasste Gericht ist allerdings nach den genannten Vorschriften bei seiner Beurteilung **in gewissem Umfang** an eine bestandskräftige Entscheidung der Vergabekammer oder der Entscheidung des Vergabesenats im Nachprüfungsverfahren **gebunden.** Dieses Verfahren beschränkt sich jedoch auf die **Prüfung,** ob der Antragsteller (d. h. das Unternehmen im Sinne des § 126 GWB) in seinen Rechten verletzt ist (§ 114 Abs. 1 Satz 1 Halbsatz 1 GWB), gegebenenfalls auf weitere Maßnahmen zur Herstellung eines rechtmäßigen Vergabeverfahrens (§ 114 Abs. 1 Satz 1 Halbsatz 2 und Satz 2 GWB). Nur in diesem Rahmen kann eine Bindung eintreten. Dagegen ist nicht Gegenstand des Verfahrens, ob das Unternehmen ohne einen festgestellten Verstoß eine echte Chance gehabt hätte, den Zuschlag zu erhalten. Deshalb ist es auch insoweit nicht Aufgabe dieses Verfahrens, über Schadensersatzansprüche des verletzten Unternehmens zu befinden. Die in § 124 Abs. 1 GWB vorgesehene **Bindung** des für den Schadensersatzanspruch zuständigen Gerichts **soll lediglich der nochmaligen gerichtlichen Überprüfung derselben Sach- und Rechtsfragen vorbeugen,** nicht aber Fragen des Schadensersatzverfahrens in das Nachprüfungsverfahren verlagern (BayObLG, B. v. 21. 5. 1999 – Az.: Verg 1/99).

2714 In diesem Zusammenhang haben die Zivilgerichte auch die – nur durch § 124 Abs. 1 GWB eingeschränkte – Kompetenz, über die Frage der Einhaltung der bis zur wirksamen Auftragserteilung zu beachtenden Vergaberegeln zu befinden (BayObLG, B. v. 2. 8. 2001 – Az.: Verg 8/01).

33.1.2 Gegenstand der Bindungswirkung

2715 Gegenstand der Bindungswirkung ist die Entscheidung der Vergabekammer oder des Vergabesenates zu der Frage, ob der Antragsteller in seinen Rechten aus § 97 Abs. 7 GWB verletzt ist, ob der Auftraggeber also die Bestimmungen über das Vergabeverfahren, soweit sie den Schutz der Unternehmen bezwecken, eingehalten hat oder nicht. Der **Streitpunkt im Nachprüfungsverfahren und im Schadensersatzprozess überschneidet sich in diesem Punkt.** Die Entscheidung im Nachprüfungsverfahren dreht sich allein um den Punkt der Rechtsverletzung. **Im Zivilprozess** ist die Anspruchsgrundlage noch nicht allein mit Darlegung eines Vergabeverstoßes abgedeckt, sondern es **müssen weitere Anspruchsvoraussetzungen dargelegt werden,** etwa dass der Kläger ohne den Verstoß eine echte Chance auf den Zuschlag gehabt hätte (§ 126 GWB) oder dass der wirtschaftlich identische Auftrag später anderweitig vergeben wurde (VK Südbayern, B. v. 8. 2. 2002 – Az.: 41–11/01).

33.1.3 Zulässigkeit zweier Entscheidungsträger

Eine **Aufteilung der Befugnis** nach Art. 2 Abs. 1 Buchstabe c der Richtlinie 89/665 (Feststellung eines Vergabeverstoßes und Zuerkennung von Schadensersatz) **auf mehrere zuständige Instanzen** (Vergabekammer/Vergabesenat sowie Zivilgerichte) **verstößt nicht gegen die Vorschriften dieser Richtlinie**, da Art. 2 Abs. 2 der Richtlinie die Mitgliedstaaten ausdrücklich ermächtigt, die in Abs. 1 dieses Artikels genannten Befugnisse getrennt mehreren Instanzen zu übertragen, die für das Nachprüfungsverfahren unter verschiedenen Gesichtspunkten zuständig sind (EuGH, Urteil vom 19. 6. 2003 – Rechtssache C-315/01). 2716

33.1.4 Bindungswirkung der Entscheidung von Vergabeprüfstellen bzw. eines Vergabeüberwachungsausschusses bzw. der Aufsichtsbehörde des öffentlichen Auftraggebers

Nach § 103 Abs. 2 üben die **Vergabeprüfstellen der Sache nach Rechtsaufsicht** über die Vergabeverfahren durchführenden Stellen aus. Ihre Entscheidungen wenden sich daher ausschließlich an den betroffenen öffentlichen Auftraggeber. Eine Bindungswirkung besteht nicht (BGH, Urteil vom 28. 10. 2003 – Az.: X ZB 14/03 – für das alte Recht; OLG Naumburg, Urteil vom 26. 10. 2004 – Az.: 1 U 30/04). 2717

Das **Zivilgericht** stellt die Voraussetzungen für das Vorliegen eines schuldrechtlichen Schadensersatzanspruches selbst fest, **ist an etwaige Entscheidungen der Vergabeprüfstelle bzw. eines Vergabeüberwachungsausschusses bzw. der Aufsichtsbehörde des öffentlichen Auftraggebers nicht gebunden.** Etwas Anderes gilt nach § 124 Abs. 1 GWB lediglich für bestandskräftige Entscheidungen der Vergabekammern bzw. rechtskräftige Entscheidungen der Vergabesenate der Oberlandesgerichte bzw. des nach § 124 Abs. 2 GWB angerufenen Bundesgerichtshofs (OLG Naumburg, Urteil vom 26. 10. 2004 – Az.: 1 U 30/04). 2718

33.1.5 Mittelbare Bindungswirkung

Ein Kläger in einem Schadensersatzprozess kann sich zur Rechtfertigung seines Anspruchs in der Sache auf die Ergebnisse eines Vergabekontrollverfahrens berufen, und zwar **auch dann, wenn er hieran nicht beteiligt ist.** Dies schließt zwar eine **formelle Bindungswirkung** an die seinerzeit getroffene Entscheidung im Sinne des § 124 Abs. 1 GWB **aus.** Es gibt keine Veranlassung, von einer damaligen Einschätzung des rechtswidrigen Vergabeverhaltens, die z. B. zur Aufhebung des späteren Planungswettbewerbs und zur Verpflichtung der Beklagten auf eine Neubewertung der Teilnehmeranträge im Rahmen des ursprünglichen Verhandlungsverfahrens geführt hat, abzurücken (OLG Dresden, Urteil vom 10. 2. 2004 – Az.: 20 U 1697/03). 2719

33.1.6 Bindungswirkung rechtskräftiger Entscheidungen von Verwaltungsgerichten

Entscheidet ein **Verwaltungsgericht** über Fragen, die auch in einem Vergabenachprüfungsverfahren eine Rolle spielen, **endgültig und rechtskräftig,** ist es der **Vergabekammer** bzw. dem **Vergabesenat** allein aus diesem Grund **verwehrt,** diese **Fragen erneut aufzugreifen.** Gemäß § 121 VwGO binden rechtskräftige Urteile, soweit über den Streitgegenstand entschieden worden ist, die Beteiligten und ihre Rechtsnachfolger. Auch Beschlüsse, die in einem verwaltungsgerichtlichen Verfahren nach § 123 VwGO ergehen, sind einer Rechtskraft fähig (OLG Düsseldorf, B. v. 22. 12. 2004 – Az.: VII – Verg 81/04). 2720

33.2 Vorlagepflicht (§ 124 Abs. 2)

33.2.1 Allgemeines

Es liegt in der **Gestaltungsfreiheit des Gesetzgebers, wie viele Gerichtsinstanzen er für den Rechtsschutz anordnet.** Nach dem Willen des Gesetzgebers soll die Vorlagepflicht gemäß § 124 Abs. 2 GWB „eine bundeseinheitliche Rechtsprechung in Vergabesachen gewährleisten". Dabei trägt die Vorschrift dem Umstand Rechnung, dass die Rechtseinheit in Vergabesachen – wegen des für dieses Rechtsgebiet typischen erhöhten Beschleunigungsbedürfnisses – nicht in einem dreistufigen Instanzenzug von der Vergabekammer über das Oberlandesgericht bis zum Bundesgerichtshof hergestellt wird. Die **Entscheidungen der Vergabesenate sind** 2721

Teil 1 GWB § 124 Gesetz gegen Wettbewerbsbeschränkungen

unanfechtbar; die Vergabesenate können auch nicht die weitere Beschwerde oder Rechtsbeschwerde gegen ihre Entscheidungen zulassen. Daher stellt die Divergenzvorlage gemäß § 124 Abs. 2 Satz 1 GWB, die zugleich mit einer Übertragung der Entscheidungskompetenz auf den Bundesgerichtshof in der zweiten Entscheidungsstufe (nach der Vergabekammer) verbunden ist, die **Ersatzlösung dafür dar, dass es eine drittinstanzliche Kompetenz des Bundesgerichtshofs in Vergabesachen für Sachentscheidungen nicht gibt,** während bei gleichartiger Bedeutung der Sachentscheidung in Zivilprozessen (durch die Revision) und in Kartellverwaltungsverfahren (durch die Rechtsbeschwerde – sofern man die Entscheidung der Kartellbehörde analog derjenigen der VK als erstinstanzliche Entscheidung definiert) eine drittinstanzliche Entscheidung des Bundesgerichtshofs erwirkt werden kann (OLG Düsseldorf, B. v. 9. 5. 2003 – Az.: Verg 42/01).

2722 Aus dem Umstand, dass nach § 124 Abs. 2 GWB im Falle der Divergenz die Sache dem Bundesgerichtshof vorzulegen ist und dieser anstelle des Beschwerdegerichts entscheidet, kann also **nicht hergeleitet** werden, dass den Parteien **ein in den Verfahrensvorschriften nicht vorgesehenes Rechtsmittel gegen eine Beschwerdeentscheidung des Vergabesenats einzuräumen** wäre. Eine solche Auslegung der Vorschrift würde gegen das aus dem Rechtsstaatsprinzip abgeleiteten verfassungsrechtlichen Gebot der Rechtsmittelklarheit verstoßen (BGH, B. v. 16. 9. 2003 – Az.: X ZB 12/03).

2723 Die Rechtsprechung hat in mehreren Entscheidungen die Vorlagepflicht konkretisiert.

33.2.2 Abweichende ergebnisrelevante Entscheidung

2724 Nur eine **ergebnisrelevante Abweichung** in der Anwendung der Vergabenachprüfungsvorschriften von der Rechtsprechung eines anderen Oberlandesgerichts macht die Vorlage des Verfahrens an den Bundesgerichtshof erforderlich (OLG Naumburg, B. v. 23. 8. 2005 – Az.: 1 Verg 4/05; OLG Dresden, B. v. 3. 12. 2002 – Az.: WVerg 0015/02; OLG Thüringen, B. v. 30. 5. 2002 – Az.: 6 Verg 3/02). Nach der **Rechtsprechung des Bundesgerichtshofs** ist dies dann der Fall, wenn das vorlegende Gericht als **tragende Begründung** seiner Entscheidung einen Rechtssatz zu Grunde legen will, der mit einem die Entscheidung eines anderen Oberlandesgerichts oder des Bundesgerichtshofs tragenden Rechtssatz nicht übereinstimmt (BGH, B. v. 18. 2. 2003 – Az.: X ZB 43/02, Saarländisches OLG, B. v. 20. 9. 2006 – Az.: 1 Verg 3/06; OLG Düsseldorf, B. v. 17. 5. 2004 – Az.: VII – Verg 72/03; OLG Düsseldorf, B. v. 18. 5. 2004 – Az.: X ZB 7/04; OLG Brandenburg, B. v. 2. 12. 2003 – Az.: Verg W 6/03).

2725 **Kann die Rechtsfrage,** zu der ein Oberlandesgericht im Vergleich zur Rechtsprechung eines anderen Oberlandesgerichts eine andere Auffassung vertritt, **offen bleiben,** ist **keine Vorlage an den Bundesgerichtshof erforderlich** (OLG Düsseldorf, B. v. 4. 9. 2002 – Az.: Verg 37/02).

2726 Von der Entscheidung eines anderen Oberlandesgerichts wird nur dann in einer die Vorlage an den Bundesgerichtshof gebietenden Weise abgewichen, wenn eine **Rechtsfrage bei im Wesentlichen gleich oder vergleichbar gelagertem Sachverhalt anders beurteilt werden soll** (OLG Düsseldorf, B. v. 23. 1. 2006 – Az.: VII – Verg 96/05; OLG Thüringen, B. v. 7. 10. 2003 – Az.: 6 Verg 6/03). Die abstrakte, vom Sachverhalt losgelöste Beantwortung einer Rechtsfrage durch den anderen Senat bindet nicht. Inwieweit die Sachverhalte gleich oder vergleichbar gelagert sind, ist eine Frage der einzelnen Fälle (KG Berlin, B. v. 15. 4. 2002 – Az.: KartVerg 3/02).

33.2.3 Abweichende Entscheidung in einem Vergabeverfahren

2727 Voraussetzung für eine Vorlage nach § 124 Abs. 2 GWB ist weiter, dass die **Entscheidung,** von der abgewichen werden soll, **in einem Vergabenachprüfungsverfahren ergangen** ist. Diese Auslegung der Vorschrift ergibt sich aus dem Gesamtzusammenhang des § 124 GWB: In Abs. 1 ist geregelt, dass das ordentliche Gericht, das über einen Schadensersatzanspruch zu entscheiden hat, an die bestandskräftige Entscheidung der Vergabekammer und die Entscheidung des Oberlandesgerichts sowie gegebenenfalls den nach Abs. 2 angerufenen Bundesgerichtshofs über die Beschwerde gebunden ist. Daraus, dass nach Abs. 1 der Vorschrift nur die Zivilgerichte an Entscheidungen der Instanzen im Vergaberechtszug gebunden sind und dabei hinsichtlich des Bundesgerichtshofs auf die Entscheidung nach Abs. 2 Bezug genommen wird, ergibt sich, dass mit **Entscheidung des Bundesgerichtshofs im Sinne des Abs. 2 nur diejenigen gemeint sind, die im Vergabeverfahren ergangen sind.** Das steht auch im Einklang mit der parallelen Regelung in § 28 FGG. Die Voraussetzungen für eine Vorlage an den Bundesge-

Gesetz gegen Wettbewerbsbeschränkungen　　　　　　　　　　GWB § 124　**Teil 1**

richtshof gem. § 124 Abs. 2 GWB liegen also dann nicht vor, wenn der Senat von einer Entscheidung des Bundesgerichtshofs abweicht, die in einem zivilprozessualen Verfahren gem. § 133 GVG ergangen ist (Hanseatisches OLG Hamburg, B. v. 4. 11. 2002 – Az.: 1 Verg 3/02).

33.2.4 Abweichende Entscheidung in kostenrechtlichen Fragen

33.2.4.1 Streitwertfestsetzung

33.2.4.1.1 Rechtsprechung der Vergabesenate. Ein Vergabesenat ist **nicht** gemäß §　124 Abs. 2 GWB **verpflichtet, eine Streitwertfestsetzung dem Bundesgerichtshof zur Entscheidung vorzulegen,** wenn er von der Entscheidungspraxis der Vergabesenate anderer Oberlandesgerichte abweicht. Die Vorlagepflicht ist beschränkt auf die Fälle von **Entscheidungsdivergenzen in vergaberechtlichen Fragen in der Hauptsache** (vgl. auch §　124 Abs. 2 Satz 3 GWB) und erstreckt sich nicht auf Entscheidungsdivergenzen in kostenrechtlichen Fragen zu Normen des GKG (OLG München, B. v. 16. 11. 2006 – Az.: Verg 14/06; B. v. 13. 11. 2006 – Az.: Verg 13/06; OLG Düsseldorf, B. v. 29. 5. 2006 – Az.: VII – Verg 79/04; B. v. 17. 5. 2004 – Az.: VII – Verg 72/03; B. v. 3. 7. 2003 – Az.: Verg 22/00; OLG Düsseldorf, B. v. 9. 5. 2003 – Az.: Verg 42/01 – **mit sehr ausführlicher Begründung,** B. v. 30. 12. 2002 – Az.: Verg 42/01; OLG Dresden, B. v. 5. 4. 2001 – Az.: 0008/00; BayObLG, B. v. 19. 2. 2003 – Az.: Verg 32/02, B. v. 9. 10. 2003 – Az.: Verg 8/03; OLG Naumburg, B. v. 2. 3. 2006 – Az.: 1 Verg 13/05; B. v. 23. 8. 2005 – Az.: 1 Verg 4/05; B. v. 23. 6. 2003 – Az.: 1 Verg 12/02).

33.2.4.1.2 Rechtsprechung des Bundesgerichtshofs. Nach § 25 Abs. 3 Satz 1 Halbsatz 2 in Verbindung mit § 5 Abs. 2 Satz 3 GKG findet gegen eine Entscheidung über die Festsetzung des Streitwerts eine Beschwerde an einen obersten Gerichtshof nicht statt; **mit Fragen der Streitwertfestsetzung der Instanzgerichte soll der Bundesgerichtshof in keinem Fall befasst werden.** Der Ausschluss eines Rechtsmittels insoweit greift deshalb auch dann, wenn der in Frage stehende Streitwert in der Instanz – z. B. von einem Vergabesenat – erstmals in einem Rechtsmittelgericht festgesetzt worden ist (§ 25 Abs. 3 Satz 2 GKG). An dieser Rechtslage hat sich durch die Neuregelung des Beschwerderechts durch das Zivilprozessreformgesetz vom 27. Juli 2001 (BGBl. I 1887 S. 1902 ff.) nichts geändert. Hierdurch hat sich im Gegenteil die Rechtsprechung überholt, dass bei einem im Gesetz nicht vorgesehenen Rechtsmittel jedenfalls eine sog. außerordentliche Beschwerde in Betracht kommen kann. Im vergaberechtlichen Beschwerdeverfahren nach §§ 116 ff. GWB ist der Rechtsweg zum Bundesgerichtshof nach § 124 Abs. 2 GWB nur eröffnet, wenn das Oberlandesgericht bei seiner Entscheidung von der Rechtsprechung eines anderen Oberlandesgerichts oder des Bundesgerichtshofs abweichen will und die Sache deshalb durch entsprechenden Beschluss dem Bundesgerichtshof zur Entscheidung vorlegt. Dabei dient die Vorlage nach § 124 Abs. 2 GWB der Gewährleistung einer bundeseinheitlichen Rechtsprechung in Vergabesachen. Andere Möglichkeiten zur Überprüfung der Entscheidung des Oberlandesgerichts in diesen Verfahren hat der Gesetzgeber hingegen nicht eröffnen wollen. Mögliche Unzulänglichkeiten des Vorlageverfahrens, die sich daraus ergeben, dass die Befassung des Bundesgerichtshofs mit der Sache nach § 124 Abs. 2 GWB in bestimmten Fällen ausgeschlossen ist, hat der Gesetzgeber gesehen und in Kauf genommen. Die Verwerfung des Antrags des Antragstellers als unzulässig hält schließlich auch der neuen Rechtsprechung des Bundesverfassungsgerichts zu den Anforderungen stand, die sich aus Art. 103 Abs. 1 GG ergeben, wonach vor Gericht jedermann Anspruch auf rechtliches Gehör hat. Das Bundesverfassungsgericht hat in seinem Plenumsbeschluss vom 30. 4. 2003 (Az.: 1 PBVU 1/02) zwar entschieden, dass das Recht auf rechtliches Gehör nur dann gewahrt ist, wenn gegen seine Verletzung ein in der geschriebenen Rechtsordnung niedergelegter Rechtsbehelf gegeben ist. Es hat jedoch **ein Fehlen einer solchen Festschreibung jedoch für eine Übergangszeit bis zum 31. 12. 2004 für hinnehmbar erachtet, wenn tatsächlich ein Rechtsbehelf ergriffen werden konnte** (BGH, B. v. 21. 10. 2003 – Az.: X ZB 10/03).

33.2.4.2 Kostentragungspflicht nach Rücknahme eines Nachprüfungsantrags

Zwar wird die Vorlagepflicht nach § 124 Abs. 2 Satz 1 GWB in der Rechtsprechung der Vergabesenate einschränkend dahin ausgelegt, dass sie nur für Abweichungen bei einer die Hauptsache betreffenden Beschwerdeentscheidung besteht. **Jedoch kann auch ein Kostenstreit „Hauptsache" des Beschwerdeverfahrens sein** (OLG Düsseldorf, B. v. 27. 7. 2005 – Az.: VII – Verg 20/05).

2728

2729

2730

Teil 1 GWB § 124　　　　　Gesetz gegen Wettbewerbsbeschränkungen

33.2.5 Vorlagepflicht im Eilverfahren nach § 118 Abs. 1 Satz 3

2731　Eine **Vorlage an den Bundesgerichtshof im Eilverfahren** nach § 118 Abs. 1 Satz 3 GWB kommt nach § 124 Abs. 2 Satz 3 GWB **nicht in Betracht** (OLG München, B. v. 17. 5. 2005 – Az.: Verg 009/05; OLG Düsseldorf, B. v. 6. 12. 2004 – Az.: VII – Verg 79/04; BayObLG, B. v. 27. 4. 2001 – Az.: Verg 5/01).

2732　Dieser Wortlaut umfasst auch den Fall, dass die Entscheidung, von der abgewichen werden soll, eine solche nach § 118 Abs. 1 Satz 3 GWB ist (OLG München, B. v. 17. 5. 2005 – Az.: Verg 009/05; OLG Celle, B. v. 1. 7. 2004 – Az.: 13 Verg 8/04).

33.2.6 Vorlage einer konkret formulierten Rechtsfrage

2733　Die Statthaftigkeit einer Vorlage wird nicht dadurch berührt, dass diese nach dem Tenor des Vorlagebeschlusses lediglich der **Beantwortung einer konkret formulierten Rechtsfrage** dienen soll, was im Gesetz nicht vorgesehen ist. Auch in einem solchen Fall ist der Bundesgerichtshof, sofern die Vorlage im Übrigen zulässig ist, nach § 124 Abs. 2 Satz 2 GWB insgesamt zur Entscheidung an Stelle des Oberlandesgerichts berufen (BGH, B. v. 24. 2. 2003 – Az.: X ZB 12/02).

33.2.7 Vorlage erst nach Gewährung rechtlichen Gehörs

2734　Ob eine Beschwerdesache dem Bundesgerichtshof gemäß § 124 Abs. 2 Satz 1 GWB vorgelegt werden soll, hat das Oberlandesgericht nicht allein auf der Grundlage der Ausführungen zu entscheiden, die die Beteiligten in der Beschwerdebegründung bzw. -erwiderung gemacht haben. **Maßgeblich ist** vielmehr, ob das Oberlandesgericht **nach ordnungsgemäßer Durchführung des Beschwerdeverfahrens,** unter Berücksichtigung aller dabei gewonnenen tatsächlichen und rechtlichen Erkenntnisse eine bestimmte Rechtsfrage für entscheidungserheblich hält und bei deren Beantwortung von der Entscheidung eines anderen Oberlandesgerichts oder des Bundesgerichtshofs abweichen will. Die für das Beschwerdeverfahren gültigen Verfahrensgrundsätze hat das Oberlandesgericht unabhängig davon zu beachten, ob es das Verfahren selbst zu einem Ende bringt oder ob es die Sache dem Bundesgerichtshof vorlegt.

2735　**Zu den** genannten **Verfahrensgrundsätzen gehört** nach § 120 Abs. 2 i. V. m. § 69 Abs. 1 GWB im Regelfall die **Durchführung einer mündlichen Verhandlung.** Diese dient auch der **Sicherung des rechtlichen Gehörs.** Hält das Oberlandesgericht eine Vorlage für erforderlich, so muss es deshalb im Rahmen der mündlichen Verhandlung oder in sonstiger geeigneter Weise den Beteiligten auch Gelegenheit geben, sich zu den dafür ausschlaggebenden Umständen zu äußern, d. h. insbesondere zur Entscheidungserheblichkeit einer Rechtsfrage und zum Vorhandensein einer Entscheidung, von der nach Meinung des Gerichts abgewichen werden soll (BGH, B. v. 24. 2. 2003 – Az.: X ZB 12/02).

33.3 Entscheidung des Bundesgerichtshofs

33.3.1 Allgemeines

2736　Bei zulässiger Vorlage hat der **Bundesgerichtshof grundsätzlich über die sofortige Beschwerde zu entscheiden** (BGH, B. v. 9. 12. 2003 – Az.: X ZB 14/03). Dies folgt aus § 124 Abs. 2 Satz 2 GWB, weil er dahin formuliert ist, dass der Bundesgerichtshof anstelle des Oberlandesgerichts entscheidet. Auch die Bindungswirkung für einen etwaigen Schadensersatzprozess, die nach § 124 Abs. 1 GWB der Entscheidung des Bundesgerichtshofs zukommt, verlangt und bestätigt, dass der auf zulässige Vorlage hin mit dem Nachprüfungsverfahren befasste Senat grundsätzlich in der Sache entscheidet (BGH, B. v. 19. 12. 2000 – Az.: X ZB 14/00).

2737　Die Klärung der Frage, ob es – etwa bei tatrichterlichem Aufklärungsbedarf – in Anbetracht der sonstigen Funktionen des Bundesgerichtshofs eine durch § 124 Abs. 1 GWB gleichwohl nicht ausgeschlossene Möglichkeit ist, nur die entscheidungserheblichen Rechtsfragen eines Falles zu beantworten und im übrigen die Sache an das vorlegende Oberlandesgericht zurückzuverweisen, bleibt offen (BGH, B. v. 19. 12. 2000 – Az.: X ZB 14/00).

33.3.2 Verfahren

2738　Für das Verfahren vor dem Bundesgerichtshof **fehlt eine § 120 Abs. 2 GWB entsprechende Verweisung auf § 69 GWB.** Die Notwendigkeit der dort vorgeschriebenen mündlichen Verhandlung ergibt sich auch nicht aus dem Umstand, dass der Bundesgerichtshof gemäß § 124 Abs. 2 Satz 2 GWB anstelle des vorlegenden Oberlandesgerichts entscheidet. Dadurch wird dem Senat die Entscheidungskompetenz zugewiesen, nicht aber das von ihm als Beschwerdegericht zu beachtende Verfahren geregelt. Mangels näherer Ausgestaltung durch das GWB ist dieses Verfahren vielmehr unter Beachtung der rechtsstaatlichen Grundsätze und unter Heranziehung der ansonsten das Verfahren vor dem Bundesgerichtshof bestimmenden Regeln **so zu gestalten, dass es dem jeweiligen Streitfall gerecht wird.** Bei einem beschränkten Prüfungsumfang bedarf es einer mündlichen Verhandlung nicht (BGH, B. v. 19. 12. 2000 – Az.: X ZB 14/00).

33.3.3 Entscheidung über die Kosten des Nachprüfungsverfahrens

Nach einer zulässigen Vorlage erstreckt sich die Entscheidungskompetenz des Bundesgerichtshofs nicht nur auf die Divergenzfrage, die Grund der Vorlage ist, sondern **grundsätzlich auf das gesamte Nachprüfungsverfahren.** Bei Rücknahme des Nachprüfungsantrags tritt an die Stelle der Sachentscheidung die Kostenentscheidung. Wird ein **Nachprüfungsantrag im Anschluss an eine Vorlage an den BGH gemäß § 124 Abs. 2 GWB zurückgenommen, trifft daher dieser die Kostenentscheidung** (BGH, B. v. 25. 10. 2005 – Az.: X ZB 15/05).

2739

33.4 Vorlagebeschlüsse an den BGH

2740

Oberlandesgericht	Datum, Az.	Grund	Entscheidung BGH	Datum, Az.
OLG Düsseldorf	27. 7. 2005	Kostenfolgen nach Rücknahme eines Nachprüfungsantrages	Beschluss	25. 10. 2005 X ZB 22/05 X ZB 24/05 X ZB 25/05 X ZB 26/05
Thüringer Oberlandesgericht	20. 6. 2005	Führt ein gleichartiger Mangel aller Angebote zur Antragsbefugnis?	Beschluss	25. 10. 2005 X ZB 15/05
OLG Düsseldorf	27. 10. 2004	Ist die Verwertung von Altpapier ein öffentlicher Auftrag?	Beschluss	1. 2. 2005 X ZB 27/04
Kammergericht	26. 2. 2004	Ist ein Einheitspreis von 0,01 € eine vollständige Preisangabe?	Beschluss	18. 5. 2004 X ZB 7/04
Brandenburgisches Oberlandesgericht	2. 12. 2003	Verfassungswidrigkeit von § 13 Satz 4 a.F. bzw. Satz 6 VgV	Beschluss	9. 2. 2004 X ZB 44/03
Hanseatisches Oberlandesgericht Hamburg	2. 10. 2002 WVerg 15/02	Kostenfrage	Beschluss	21. 10. 2003 X ZB 10/03
OLG Dresden	3. 12. 2002 WVerg 15/02	Aufhebung der Aufhebung	Beschluss	18. 2. 2003 X ZB 43/02
Hanseatisches Oberlandesgericht Bremen	2. 1. 2002 Verg 3/01	Kosten bei Erledigung des Nachprüfungsverfahrens	Beschluss	9. 12. 2003 X ZB 14/03 24. 2. 2003 X ZB 12/02
Thüringer Oberlandesgericht	28. 2. 2001 6 Verg 8/00	Fehlende Unterschrift der ehrenamtlichen Beisitzer	Beschluss	12. 6. 2001 X ZB 10/01

Oberlandesgericht	Datum, Az.	Grund	Entscheidung BGH	Datum, Az.
Brandenburgisches Oberlandesgericht	7. 11. 2000 Verg 2/00	Statthaftigkeit eines Vergabenachprüfungsantrages nach Zuschlagserteilung	zurückgenommen	
Kammergericht	7. 6. 2000 KartVerg 3/00	Statthaftigkeit eines Vergabenachprüfungsantrages nach Zuschlagserteilung	Beschluss	19. 12. 2000 X ZB 14/00

33.5 Vorlage an den Europäischen Gerichtshof

33.5.1 Allgemeines

2741   Nach Art. 234 Abs. 3 in Verbindung mit Abs. 1 lit. b) EG ist der Vergabesenat gehalten, eine **Vorabentscheidung des Gerichtshofes der Europäischen Gemeinschaften** herbeizuführen, wenn es in einem laufenden Vergabenachprüfungsverfahren um die Auslegung des europäischen Gemeinschaftsrechts geht (OLG Naumburg, B. v. 8. 1. 2003 – Az.: 1 Verg 7/02).

33.5.2 Beispiele aus der Rechtsprechung

2742   – hätte das Oberlandesgericht die gebotene Analyse vorgenommen, so hätte es ausgehend von seiner Rechtsauffassung dem Gerichtshof der Europäischen Gemeinschaften die Frage vorlegen müssen, **ob Art. 1 Abs. 3 der Richtlinie 89/665/EWG in der Weise auszulegen ist, dass einem Bieter, der die Verletzung der Chancengleichheit durch unklare und missverständliche Ausschreibungsunterlagen sowie eine unterlassene hinreichende Aufklärung durch die Vergabestelle rügt,** auch dann ein Schaden entstanden ist oder zu entstehen droht und ihm daher das Nachprüfungsverfahren zur Verfügung stehen muss, wenn er im Rahmen der Beantragung des Nachprüfungsverfahrens eine Neukalkulation seines Angebotes unter Beachtung der zwischenzeitlichen Klarstellungen der Vergabestelle unterlässt (BVerfG, B. v. 29. 7. 2004 – Az.: 2 BvR 2248/03)

34. § 125 GWB – Schadensersatz bei Rechtsmissbrauch

(1) **Erweist sich der Antrag nach § 107 oder die sofortige Beschwerde nach § 116 als von Anfang an ungerechtfertigt, ist der Antragsteller oder der Beschwerdeführer verpflichtet, dem Gegner und den Beteiligten den Schaden zu ersetzen, der ihnen durch den Missbrauch des Antrags- oder Beschwerderechts entstanden ist.**
(2) **Ein Missbrauch ist insbesondere,**
1. die Aussetzung oder die weitere Aussetzung des Vergabeverfahrens durch vorsätzlich oder grob fahrlässig vorgetragene falsche Angaben zu erwirken;
2. die Überprüfung mit dem Ziel zu beantragen, das Vergabeverfahren zu behindern oder Konkurrenten zu schädigen;
3. einen Antrag in der Absicht zu stellen, ihn später gegen Geld oder andere Vorteile zurückzunehmen.
(3) **Erweisen sich die von der Vergabekammer entsprechend einem besonderen Antrag nach § 115 Abs. 3 getroffenen vorläufigen Maßnahmen als von Anfang an ungerechtfertigt, hat der Antragsteller dem Auftraggeber den aus der Vollziehung der angeordneten Maßnahme entstandenen Schaden zu ersetzen.**

34.1 Allgemeines

2743   § 125 Abs. 1 GWB sieht als Sanktion für missbräuchliches Verhalten, welches in § 125 Abs. 2 GWB beispielhaft erläutert wird, einen Schadensersatzanspruch vor. Die Vorschrift setzt voraus, dass der Antrag von Anfang an materiell ungerechtfertigt ist, **sieht die Treuwidrigkeit also in**

Gesetz gegen Wettbewerbsbeschränkungen GWB § 126 **Teil 1**

der rücksichtslosen Ausnutzung einer formellen Rechtsposition. Dies schließt allerdings nicht aus, dass in besonders gelagerten Fällen der Bieter in einem Nachprüfungsverfahren seine Rechte missbräuchlich einsetzt. In Ausnahmefällen mag es daher auch in Betracht kommen, dass der **Primärrechtsschutz zu versagen ist,** etwa wenn das Nachprüfungsverfahren dazu verwendet wird, die Vergabestelle in grob eigennütziger Weise zu einer Leistung zu veranlassen, auf die kein Anspruch besteht und billigerweise auch nicht erhoben werden kann (BayObLG, B. v. 20. 12. 1999 – Az.: Verg 8/99).

In der Rechtsprechung spielt die Vorschrift bisher keine Rolle. 2744

34.2 Missbrauch

Ein Missbrauch des Antrags- und Beschwerderechts liegt vor, wenn ein Antrag in der Absicht 2745 gestellt wurde, ihn später gegen Geld oder andere Vorteile zurück zu nehmen. Dies setzt jedoch eine **nachweisbare Kausalität zwischen Antragstellung und Rücknahme aus pekuniären Motiven** voraus (1. VK Sachsen, B. v. 12. 7. 2000 – Az.: 1/SVK/52–00; 1. VK Sachsen, B. v. 21. 3. 2002 – Az.: 1/SVK/011–02).

34.3 Versagung des Primärrechtsschutzes als Missbrauchsfolge

§ 125 Abs. 1 GWB sieht als Sanktion für missbräuchliches Verhalten, welches in § 125 Abs. 2 2746 GWB beispielhaft erläutert wird, einen Schadensersatzanspruch vor. Dies schließt allerdings nicht aus, dass in besonders gelagerten Fällen der Bieter in einem Nachprüfungsverfahren seine Rechte missbräuchlich einsetzt. **In Ausnahmefällen kommt es daher in Betracht, dass der Primärrechtsschutz zu versagen ist, etwa wenn das Nachprüfungsverfahren dazu verwendet wird, die Vergabestelle in grob eigennütziger Weise zu einer Leistung zu veranlassen, auf die kein Anspruch besteht und billigerweise auch nicht erhoben werden kann.** Ein solcher Ausnahmefall kann z. B. dann vorliegen, wenn ein Antragsteller anbietet, sich gegen eine Geldzahlung aus dem Verfahren endgültig zurückzuziehen und der Antragsteller weder einen Anspruch hat noch der Betrag der Höhe nach gerechtfertigt ist und der zeitliche Ablauf zwischen Geltendmachung der Forderung und der Einreichung des Nachprüfungsantrages den Schluss auf ein rechtsmissbräuchliches Verhalten zulässt (1. VK Brandenburg, B. v. 20. 12. 2005 – Az.: 1 VK 75/05).

34.4 Literatur

– Horn, Lutz/Graef, Andreas, Vergaberechtliche Sekundäransprüche, NZBau 2005, 505 2747
– Wagner, Volkmar, Haftung der Bieter für Culpa in Contrahendo in Vergabeverfahren, NZBau 2005, 436

35. § 126 GWB – Anspruch auf Ersatz des Vertrauensschadens

Hat der Auftraggeber gegen eine den Schutz von Unternehmen bezweckende Vorschrift verstoßen und hätte das Unternehmen ohne diesen Verstoß bei der Wertung der Angebote eine echte Chance gehabt, den Zuschlag zu erhalten, die aber durch den Rechtsverstoß beeinträchtigt wurde, so kann das Unternehmen Schadensersatz für die Kosten der Vorbereitung des Angebots oder der Teilnahme an einem Vergabeverfahren verlangen. Weiterreichende Ansprüche auf Schadensersatz bleiben unberührt.

35.1 Allgemeines

Schadenersatzansprüche (als Sekundärrechtsschutz) können sich je nach dem Ziel des Scha- 2748 denersatzanspruches auf **§ 126 Satz 1 GWB** gründen. Über diese Regelung können nämlich die **Kosten für die Vorbereitung des Angebots oder der Teilnahme an einem Vergabeverfahren** verlangt werden. **Weitergehende Schadenersatzansprüche**, insbesondere auf Ersatz des entgangenen Gewinns, bleiben nach § 126 Satz 2 unberührt. Diese Ansprüche sind **vor den ordentlichen Gerichten** geltend zu machen.

Teil 1 GWB § 126   Gesetz gegen Wettbewerbsbeschränkungen

2749 Zu den Einzelheiten der Überprüfungsmöglichkeiten vgl. die Kommentierung zu § 102 GWB RZ 1501.

35.2 § 126 als Anspruchsgrundlage

2750 § 126 stellt eine **Anspruchsgrundlage für einen Schadenersatzanspruch** dar (VK Südbayern, B. v. 8. 2. 2002 – Az.: 41–11/01).

35.3 Verstoß gegen eine bieterschützende Vorschrift

2751 Welche Vorschriften bieterschützenden Charakter haben, ist in der Kommentierung zu § 97 RZ 823 dargestellt.

35.4 Echte Chance auf Erhalt des Zuschlags

35.4.1 Begriff

2752 Die Formulierung ist Art. 2 Abs. 7 der Sektorenrechtsmittelrichtlinie entnommen.

2753 Eine echte Chance im Sinne der Vorschrift des § 126 GWB hat jedenfalls derjenige, **dessen Angebot so in die engere Wahl gelangt, dass der öffentliche Auftraggeber es ohne Verstoß gegen Vergabevorschriften,** d. h. insbesondere ermessensfehlerfrei, **hätte bezuschlagen können** (OLG Düsseldorf, B. v. 22. 6. 2006 – Az.: VII – Verg 2/06).

2754 An einer **echten Chance fehlt es jedoch, wenn die Leistungsbeschreibung fehlerhaft war und es deshalb an einer Vergleichbarkeit der abgegebenen Angebote und damit an einer Grundlage für die Beurteilung der echten Chance fehlt.** Die fehlerhafte Leistungsbeschreibung stellt eine solche Grundlage dann nicht dar, weil auf die daraufhin abgegebenen Angebote von vornherein kein Zuschlag erteilt werden darf (BGH, Urteil v. 1. 8. 2006 – Az.: X ZR 146/03).

35.4.2 Kausalität

2755 Ein Schadenersatzanspruch nach § 126 besteht, wenn der **Auftraggeber gegen eine den Schutz von Unternehmen bezweckende Vorschrift verstoßen hat** und das **Unternehmen**, das bei der Wertung eine echte Chance gehabt hätte, den Zuschlag zu erhalten, **hierdurch beeinträchtigt** wird. Voraussetzung für einen Schadensersatzanspruch ist somit ein Kausalzusammenhang zwischen dem Verstoß und der Beeinträchtigung einer „echten Chance" auf den Zuschlag. Kausal ist der Verstoß nur dann, wenn er nicht hinweggedacht werden kann, ohne das die Beeinträchtigung der „echten Chance" in ihrer konkreten Gestalt entfiele (1. VK Brandenburg, B. v. 9. 9. 2005 – Az.: VK 33/05; 2. VK Bund, B. v. 13. 10. 2004 – Az.: VK 2–151/04).

35.4.3 Beispiele aus der Rechtsprechung

2756 – eine „**echte Chance**" auf Zuschlagserteilung besteht nicht mehr, wenn der **Auftraggeber die Ausschreibung aufgehoben** hat. Hierdurch wird die Kausalkette zwischen einer möglichen Verletzung von Rechten der beteiligten Bieter im ursprünglichen Vergabeverfahren und der erforderlichen „echten Chance" unterbrochen (1. VK Brandenburg, B. v. 9. 9. 2005 – Az.: VK 33/05)

– eine „echte Chance" auf Zuschlagserteilung besteht nicht mehr, wenn der Auftraggeber die **Aufhebung der Ausschreibung in rechtmäßiger Weise** vorgenommen hat. Ein Bieter kann deshalb aus der Aufhebung der Ausschreibung keinen Schadensersatzanspruch ableiten, weil es insoweit schon an einer Rechtsverletzung fehlt (2. VK Bund, B. v. 13. 10. 2004 – Az.: VK 2–151/04).

35.5 Weitergehende Ansprüche auf Schadenersatz

2757 Nach § 126 Satz 2 bleiben Ansprüche, die über § 126 Satz 1 hinausgehen, unberührt.

35.5.1 Anspruchsbegründende Umstände

35.5.1.1 Grundsatz

Aufgrund einer öffentlichen Ausschreibung entsteht ein **vorvertragliches Vertrauensverhältnis,** das bei Verletzung der Ausschreibungsregeln und -bedingungen zu einem Schadensersatzanspruch aus Verschulden bei Vertragsschluss führen kann, wenn der Bieter in seinem Vertrauen enttäuscht wird, das Vergabeverfahren werde nach den maßgeblichen Bestimmungen der Verdingungsordnungen abgewickelt (BGH, Urteil v. 1. 8. 2006 – Az.: X ZR 146/03; Urteil vom 7. 6. 2005 – Az.: X ZR 19/02; Urteil vom 3. 6. 2004 – Az.: X ZR 30/03, Urteil vom 6. 2. 2002 – Az.: X ZR 185/99; OLG Düsseldorf, Urteil v. 25. 1. 2006 – Az.: 2 U (Kart) 1/05; OLG Hamm, B. v. 25. 10. 2005 – Az.: 24 U 39/05; OLG Naumburg, Urteil vom 26. 10. 2004 – Az.: 1 U 30/04; OLG Dresden, Urteil v. 27. 1. 2006 – Az.: 20 U 1873/05; Urteil vom 9. 3. 2004 – Az.: 20 U 1544/03; 10. 2. 2004 – Az.: 20 U 1697/03; Hanseatisches OLG Hamburg, Urteil vom 22. 5. 2003 – Az.: 3 U 122/01; LG Köln, Urteil vom 23. 2. 2005 – Az.: 28 O (Kart) 561/04; LG Chemnitz, Urteil vom 23. 5. 2002 – Az.: 1 O 4857/01; im Grundsatz ebenso Europäisches Gericht 1. Instanz, Urteil vom 17. 3. 2005 – Az.: T-160/03; 1. VK Brandenburg, B. v. 26. 8. 2005 – Az.: 1 VK 49/05 – für Eignungsfragen). 2758

Spätestens mit der Anforderung der Ausschreibungsunterlagen durch die Bieter wird zwischen diesen und dem Ausschreibenden ein vertragliches Vertrauensverhältnis begründet (BGH, Urteil vom 7. 6. 2005 – Az.: X ZR 19/02; OLG Düsseldorf, Urteil v. 25. 1. 2006 – Az.: 2 U (Kart) 1/05; OLG Thüringen, Urteil vom 27. 2. 2002 – Az.: 6 U 360/01). 2759

Diese **vergaberechtliche „Sonderrechtsbeziehung"** konstituiert zwischen öffentlichem Auftraggeber und Bewerber eine **Reihe von Schutz-, Rücksichts- und Vertrauenspflichten,** die dem Anbahnungsverhältnis im Sinne des § 311 BGB entsprechen und deren Verletzung nach den Grundsätzen der c. i. c. Schadensersatzansprüche auslösen können. Im Mittelpunkt dieser vorvertraglichen, auf einen Auftragsabschluss abzielenden Sonderrechtsbeziehung steht das in den Verdingungsordnungen und in den Vorschriften des GWB bzw. der Vergabeverordnung geregelte Gefüge gegenseitiger (primärer) Rechte und Pflichten von Auftraggeber und Bieter. In diesem Sinne verpflichtet § 97 Abs. 2 GWB den Auftraggeber zur Gleichbehandlung der am konkreten Vergabeverfahren teilnehmenden Unternehmen (OLG Thüringen, B. v. 20. 6. 2005 – Az.: 9 Verg 3/05). 2760

35.5.1.2 Enttäuschtes Vertrauen

Die **Schadensersatzpflicht des Auftraggebers,** die ihren Grund in der Verletzung des Vertrauens des Bieters darauf findet, dass das Vergabeverfahren nach den einschlägigen Vorschriften des Vergaberechts abgewickelt wird, **setzt ein berechtigtes und schutzwürdiges Vertrauen voraus.** Die Schutzwürdigkeit des Vertrauens entfällt, wenn der Bieter bei der ihm im jeweiligen Fall zumutbaren Prüfung erkannt hat oder hätte erkennen müssen, dass der Auftraggeber von den für ihn geltenden Regeln abweicht. Darüber hinaus verdient sein Vertrauen aber auch dann keinen Schutz, wenn sich ihm die ernsthafte Gefahr eines Regelverstoßes des Auftraggebers aufdrängen muss, ohne dass die Abweichung schon sicher erscheint (BGH, Urteil v. 1. 8. 2006 – Az.: X ZR 146/03; Urteil vom 3. 6. 2004 – Az.: X ZR 30/03). 2761

Hat ein **Bieter ein nicht zuschlagsfähiges Angebot abgegeben,** kann die **Nichtberücksichtigung eines solchen Angebotes nicht zu einem auf enttäuschtes Vertrauen basierenden und auf das positive oder negative Interesse gerichteten Schadensersatzanspruch führen,** weil unter Zugrundelegung der Vergabevorschriften des Gesetzes gegen Wettbewerbsbeschränkungen, der Vergabeverordnung und der VOB/A (Abschnitt 2) nach keiner nur denkbaren Betrachtung **ein Vertrauen eines am Vergabeverfahren beteiligten Bieters darauf bestehen kann, ein nicht zuschlagsfähiges Angebot bezuschlagt zu erhalten.** Soweit der Vergabeverstoß auf die Verletzung des Gleichbehandlungsgrundsatzes gestützt wird, führt dies – auch im Hinblick auf § 126 GWB – zu keinem anderen Ergebnis. Insoweit ist nicht ersichtlich, dass ein nicht zuschlagsfähiges Angebot ohne eine Chance auf die Zuschlagserteilung kausal einen Vermögensschaden bedingen kann; im Hinblick auf eine unter Verstoß gegen das Gleichbehandlungsgebot unterbliebene Aufhebung lässt sich eine kausale Schadensverursachung in Bezug auf hypothetisches neues Verfahren nicht nachvollziehen (BGH, Urteil v. 1. 8. 2006 – Az.: X ZR 115/04; Urteil vom 7. 6. 2005 – Az.: X ZR 19/02; OLG Düsseldorf, Urteil v. 25. 1. 2006 – Az.: 2 U (Kart) 1/05; VK Hessen, B. v. 31. 7. 2002 – Az.: 69 d VK – 14/2002). 2762

35.5.1.3 Fehlerhafter Planungswettbewerb

2763   Sind die als Ergebnis eines Planungswettbewerbes vorliegenden **Wettbewerbsarbeiten als Entscheidungsgrundlage für ein gleichzeitig laufendes VOF-Vergabeverfahren aus Rechtsgründen irrelevant,** so haben die Wettbewerbsteilnehmer von vornherein für ihre Aufwendungen keine Amortisationschance; die Kosten sind vielmehr von vornherein nutzlos. In solchen Konstellationen einer irrealen Amortisationschance, deretwegen jeder Teilnehmer Kosten nicht aufgewendet hätte, ist **jeder Bewerber oder Bieter zur Geltendmachung seiner „umsonst" getätigten Aufwendungen legitimiert,** weil er das Kostenrisiko nur wegen einer seinen Aufwendungen äquivalenten Chance eingeht, an der es gerade fehlt, wenn das Vergabeverfahren – oder der Verfahrensabschnitt, in dem die Kosten ausschließlich entstanden sind – mit einem „Anfangsfehler" behaftet ist, der einer Vergabenachprüfung nicht standhält (OLG Dresden, Urteil vom 10. 2. 2004 – Az.: 20 U 1697/03).

35.5.1.4 Fehlerhafte Leistungsbeschreibung

2764   Nach § 9 Ziffer 2 VOB/A ist der Auftraggeber verpflichtet, dem Auftragnehmer nicht bewusst ein außergewöhnliches Wagnis aufzubürden für Umstände und Ereignisse, auf die er keinen Einfluss hat und deren Entwicklung auf die Preise und Fristen er nicht im Voraus schätzen kann. **Eine nicht ordnungsgemäße und daher unvollständige Beschreibung einer Leistung in einem Leistungsverzeichnis kann deshalb grundsätzlich Ansprüche unter dem Gesichtspunkt der c.i.c. auslösen.** Dies gilt erst Recht, wenn der Auftraggeber schuldhaft falsche oder unvollständige Angaben über solche ihm bekannte Umstände macht, die für die Preisermittlung von Bedeutung sind (OLG Naumburg, Urteil vom 15. 12. 2005 – Az.: 1 U 5/05).

2765   Erkennt ein Bieter jedoch, dass die Ausschreibung nicht den Anforderungen z.B. der §§ 8, 16 VOL/A entspricht und dass die Abgabe eines mit den Angeboten anderer Bieter vergleichbaren Angebots nicht möglich gewesen ist, **veranlasst der Bieter auf eigenes Risiko die Aufwendungen für die Erstellung des Angebots,** was einen Anspruch aus culpa in contrahendo ausschließt. Voraussetzung eines Anspruchs aus culpa in contrahendo ist nämlich, dass der Bieter sein Angebot tatsächlich im Vertrauen darauf abgibt, dass die Vorschriften des Vergabeverfahrens eingehalten werden. An diesem **Vertrauenstatbestand fehlt es, soweit dem Bieter bekannt ist, dass die Ausschreibung fehlerhaft ist.** Er vertraut dann nicht berechtigterweise darauf, dass der mit der Erstellung des Angebots und der Teilnahme am Verfahren verbundene Aufwand nicht nutzlos ist. Erkennt der Bieter, dass die Leistung nicht ordnungsgemäß ausgeschrieben ist, so handelt er bei der Abgabe des Angebots nicht im Vertrauen darauf, dass das Vergabeverfahren insoweit nach den einschlägigen Vorschriften des Vergaberechts abgewickelt werden kann. Ein etwaiges **Vertrauen darauf, dass gleichwohl sein Angebot Berücksichtigung finden könnte, ist jedenfalls nicht schutzwürdig** (BGH, Urteil v. 1. 8. 2006 – Az.: X ZR 146/03).

35.5.1.5 Pflicht zur vergaberechtlichen Nachprüfung als Anspruchsvoraussetzung?

2766   Ein Schadensersatzverlangen ist nicht daran gebunden, dass der Bieter zuvor über ein – erfolgloses – Nachprüfungsverfahren versucht haben müsste, den Eintritt seines Schadens zu verhindern; eine **„Pflicht zur Nachprüfung" lässt sich dem Gesetz ausdrücklich nicht entnehmen.** Das ergibt sich auch daraus, dass die Bindungswirkung des § 124 Abs. 1 GWB ansonsten praktisch nur noch bei positiven Fortsetzungsfeststellungsentscheidungen der Nachprüfungsorgane entstehen würde, weil ein Bieter, der mit Erfolg die Fortsetzung eines Vergabeverfahrens in seinem Rechtssinne gegen die Vergabestelle durchgesetzt hat, keinen Schaden haben könnte und gegenüber einem unterlegenen Bieter kein Fehlverhalten der Vergabestelle würde festgestellt werden können. Es spricht mithin alles dafür, dass sich **aus dem Einwand fehlender „Schadensabwendung" auch aus Rechtsgründen kein Mitverschuldenseinwand ergibt, der zu Lasten eines Klägers zu berücksichtigen wäre** (OLG Dresden, Urteil v. 10. 2. 2004 – Az.: 20 U 1697/03).

35.5.2 Höhe des Schadenersatzanspruches

2767   Auch der Bieter, der im Rahmen einer geschehenen Ausschreibung das annehmbarste Angebot abgegeben hat, hat deshalb nicht von vornherein Anlass, darauf zu vertrauen, dass **ihm der ausgeschriebene Auftrag erteilt wird und er sein positives Interesse hieran realisieren kann.** Regelmäßig kann vielmehr ein sachlich gerechtfertigter Vertrauenstatbestand, der zu

Gesetz gegen Wettbewerbsbeschränkungen GWB § 126 **Teil 1**

einem Ersatz entgangenen Gewinns einschließenden Anspruch führen kann, erst dann gegeben sein, wenn der ausgeschriebene Auftrag tatsächlich – wenn auch unter Verstoß gegen die Vergaberegeln – erteilt wurde. Erst durch die Erteilung des Auftrags erweist es sich als berechtigt, auf die eine Realisierung von Gewinn einschließende Durchführung der ausgeschriebenen Maßnahme vertraut zu haben. **Unterbleibt die Vergabe des Auftrags,** kommt hingegen regelmäßig nur eine **Entschädigung im Hinblick auf Vertrauen** in Betracht, **nicht im Ergebnis nutzlose Aufwendungen** für die Erstellung des Angebots und die Teilnahme am Ausschreibungsverfahren tätigen zu müssen (BGH, Urteil vom 5. 11. 2002 – Az.: X ZR 232/00; OLG Naumburg, Urteil vom 26. 10. 2004 – Az.: 1 U 30/04; OLG Dresden, B. v. 10. 7. 2003 – Az.: WVerg 0015/02; im Grundsatz ebenso Europäisches Gericht 1. Instanz, Urteil vom 17. 3. 2005 – Az.: T-160/03).

35.5.2.1 Negatives Interesse

Es gibt Fälle, in denen der Ausschreibende einen **sachlichen Grund** geltend machen kann, die **begonnene Ausschreibung nicht fortzusetzen,** und es deshalb zu einer Erteilung des ausgeschriebenen Auftrags nicht kommt. Wie in den Fällen, in denen die Ausschreibung unberechtigterweise aufgehoben und der Auftraggeber erst nach einer erneuten Ausschreibung einen Auftrag erteilt, könnte der nach dem Vorgesagten maßgebliche Rückschluss, dass der annehmbarste Bieter berechtigterweise darauf vertrauen durfte, den Auftrag zu erhalten, gleichwohl dann gezogen werden, wenn **der später tatsächlich erteilte Auftrag bei wirtschaftlicher Betrachtungsweise das gleiche Vorhaben und den gleichen Auftragsgegenstand betrifft.** Bestehen insoweit erhebliche Unterschiede, kommt ein solcher Schluss hingegen regelmäßig nicht in Betracht. Die Unterschiede stehen dann dafür, dass der ausgeschriebene Auftrag nicht zur Ausführung gelangt ist. Ein Anspruch, der den Ersatz entgangenen Gewinns einschließt, kann deshalb in diesen Fällen regelmäßig nur dann bestehen, wenn der sich übergangen fühlende Bieter auf Besonderheiten verweisen kann, die den Auftraggeber hätten veranlassen müssen, ihm – auch – den geänderten Auftrag zu erteilen (BGH, Urteil vom 5. 11. 2002 – Az.: X ZR 232/00).

2768

Es ist insoweit auch nicht erforderlich, dass der Auftraggeber das **Beschaffungsvorhaben überhaupt aufgibt.** Gegenstand der Rechtsanwendung ist der in der konkreten Ausschreibung zutage getretene Bedarf, wobei allerdings die Frage, ob ein von der Vergabestelle etwa „weiter" verfolgtes Vorhaben mit dem ausgeschriebenen **identisch ist** oder nicht, **nach wirtschaftlichen und technischen Kriterien und nicht unter formalen Aspekten zu beurteilen** ist. Dass ein Auftraggeber z.B. an der vorgesehenen Stelle weiterhin eine Justizvollzugsanstalt errichten will, steht mithin der Annahme, er habe von dem ausgeschriebenen Vorhaben endgültig Abstand genommen, nicht ohne weiteres entgegen. Ob die von ihm mitgeteilten, durch Bedarfsänderungen infolge Zeitablaufs ausgelösten Planänderungen nach Art und Umfang den Schluss zulassen, es fehle an der Identität zwischen dem ausgeschriebenen und dem nunmehr projektierten Vorhaben, ist Sache des Einzelfalls (vgl. instruktiv OLG Dresden, Urteil vom 9. 3. 2004 – Az.: 20 U 1544/03).

2769

35.5.2.2 Positives Interesse

Liegt der Fall so, dass bei einem Vergabeverfahren, das mit dem Zuschlag abgeschlossen wurde, nur einem bestimmten Bieter der Zuschlag hätte erteilt werden dürfen, kann dieser Bieter, wenn ihm der Auftrag nicht erteilt wird, **Ersatz seines positiven Interesses** beanspruchen. Er kann Ersatz des Gewinnausfalls und der Rechtsanwaltskosten verlangen (BGH, Urteil v. 30. 3. 2006 – Az.: VII ZR 44/05; Urteil v. 3. 6. 2004 – Az.: X ZR 30/03; Urteil vom 6. 2. 2002 – Az.: X ZR 185/99; Urteil vom 16. 10. 2001 – Az.: X ZR 100/99; OLG Hamm, B. v. 25. 10. 2005 – Az.: 24 U 39/05; OLG Naumburg, Urteil vom 26. 10. 2004 – Az.: 1 U 30/04; OLG Dresden, Urteil vom 9. 3. 2004 – Az.: 20 U 1544/03; Pfälzisches OLG Zweibrücken, Urteil vom 20. 11. 2003 – Az.: 4 U 184/02; OLG Düsseldorf, Urteil vom 31. 1. 2001 – Az.: U (Kart) 9/00).

2770

35.5.2.3 Sowohl positives als auch negatives Interesse?

Als Schadensersatz kann **nicht sowohl das negative als auch das positive Interesse** gefordert werden. Nach § 249 Satz 1 BGB ist die Klägerin so zu stellen, als wäre der zum Ersatz verpflichtende Umstand – die Nichterteilung des Zuschlags auf ihr Angebot – nicht eingetreten. Hätte die Beklagte der Klägerin pflichtgemäß den Zuschlag erteilt, so hätte die Klägerin aus dem Auftrag allerdings mit hoher Wahrscheinlichkeit Gewinn erzielt. Die Aufwendungen für

2771

521

Teil 1 GWB § 126

Gesetz gegen Wettbewerbsbeschränkungen

die Teilnahme an der Ausschreibung wären der Klägerin aber auch bei rechtmäßigem Verhalten der Beklagten entstanden (OLG Thüringen, Urteil vom 27. 2. 2002 – Az.: 6 U 360/01).

35.5.3 Mitverschulden

2772   Ob ein Mitverschulden des Bieters darin bestehen kann, dass er seiner **Rügepflicht nach § 107 Abs. 3 GWB nicht nachkommt** oder von der Möglichkeit des **Primärrechtsschutzes** durch Anrufung der VK **keinen Gebrauch macht,** bleibt offen (OLG Thüringen, Urteil vom 27. 2. 2002 – Az.: 6 U 360/01).

35.5.4 Sonderfall: Schadenersatz des Auftraggebers bei Manipulationen

2773   Hat sich der Ausschreibende wegen des Fehlens der persönlichen Zuverlässigkeit eines Bieters – z. B. wegen strafbarer Manipulationen – gegen dessen Gebot entschieden, beruhen die nachteiligen wirtschaftlichen Folgen, insbesondere die **Unmöglichkeit, den von diesem gebotenen niedrigen Preis in Anspruch zu nehmen, auf der eigenen Entscheidung** des Ausschreibenden. Diese kann er dem Bieter, dessen Gebot er zurückgewiesen hat, auch im Rahmen des Schadensersatzanspruches aus culpa in contrahendo nicht in Rechnung stellen (BGH, Urteil vom 18. 9. 2001 – Az.: X ZR 51/00).

35.6 Sonderfall: Vertragsverletzungsverfahren und daraus resultierende mögliche Zahlungsverpflichtungen

2774   Die EU-Kommission hat mehrere Verfahren gegen die Bundesrepublik Deutschland wegen Verstößen gegen das EU-Vergaberecht eingeleitet.

2775   Diese Verfahren laufen nach Artikel 226 EG-Vertrag in verschiedenen Stufen ab. In der **ersten Stufe** stellt die Kommission einen möglichen Verstoß gegen EU-Vergaberecht dar und fordert den Mitgliedstaat, also immer die Bundesrepublik Deutschland – gleichgültig, welcher öffentliche Auftraggeber tatsächlich sich eventuell nicht korrekt verhalten hat – zu einer Stellungnahme auf. Kann der mögliche Verstoß mittels der Stellungnahme nicht ausgeräumt werden, **fordert die Kommission in einer zweiten Stufe den Mitgliedstaat förmlich auf,** Verstöße gegen das EU-Vergaberecht zu beseitigen. Die Aufforderungen ergehen **in Form so genannter mit Gründen versehener Stellungnahmen.** Kommt der Staat dieser Stellungnahme innerhalb der von der Kommission gesetzten Frist nicht nach, so kann die Kommission **in einer dritten Stufe** den Europäischen Gerichtshof anrufen.

2776   Die Klage richtet sich regelmäßig auf die **Feststellung, dass der Mitgliedstaat das EU-Vergaberecht verletzt hat.** Stellt der Gerichtshof – **als vierte Stufe** – fest, dass ein Mitgliedstaat gegen das EU-Vergaberecht verstoßen hat, muss dieser **Staat die Maßnahmen ergreifen, die sich aus dem Urteil des Gerichtshofes ergeben** (Artikel 228 EG-Vertrag; EuGH, Urteil vom 18. 11. 2004 – Az.: C-126/03). Dies bedeutet **bei noch anhaltenden Verletzungen des EU-Vergaberechts,** dass der Mitgliedstaat die **vergaberechtswidrigen Verträge kündigen muss.** Der in der deutschen Rechtspraxis geltende Grundsatz „pacta sunt servanda" hat also keine Gültigkeit.

2777   Hat nach Auffassung der Kommission der betreffende **Mitgliedstaat diese Maßnahmen** (in der Regel Kündigung der Verträge) **nicht ergriffen,** so gibt sie ihm – **in einer fünften Stufe** – wiederum Gelegenheit zur Stellungnahme. Führt diese Stellungnahme nicht zu einer Beendigung des Verfahrens, gibt die Kommission – **in einer sechsten Stufe** – eine mit Gründen versehene Stellungnahme ab, in der sie aufführt, in welchen Punkten der betreffende Mitgliedstaat dem Urteil des Gerichtshofes nicht nachgekommen ist. Trifft der betreffende Mitgliedstaat die Maßnahmen, die sich aus dem Urteil des Gerichtshofes ergeben, nicht innerhalb der von der Kommission gesetzten Frist, so kann die Kommission – **in einer siebten Stufe** – den Europäischen Gerichtshof anrufen.

2778   Mit der Klage benennt die Kommission die **Höhe des von dem betreffenden Mitgliedstaat zu zahlenden Pauschalbetrags oder Zwangsgelds,** die sie den Umständen nach für angemessen hält; Rechtsgrundlage hierfür ist das **Verfahren für die Berechnung des Zwangsgeldes nach Artikel 171 EG-Verfahren** (Amtsblatt Nr. C 063 vom 28/02/1997 S. 0002–0004). Stellt der Europäische Gerichtshof – **in einer achten Stufe** – fest, dass der betreffende Mitgliedstaat seinem Urteil nicht nachgekommen ist, so kann er die Zahlung eines Pauschalbetrags oder Zwangsgelds verhängen.

Die Europäische Kommission hat die Bundesrepublik Deutschland vor dem Gerichtshof der 2779
Europäischen Gemeinschaften u. a. deshalb verklagt, weil das Land einem früheren Urteil des
Gerichtshofs nicht Folge geleistet hat, wonach es die **unrechtmäßige Vergabe von Aufträgen für die Abwassersammlung in Bockhorn und die Abfallbeseitigung in Braunschweig (jeweils in Niedersachsen) hätte berichtigen müssen.** Die Kommission beantragt, dass der Gerichtshof **Zwangsgelder in Tagessätzen zu 31 680 € bzw. 126 720 €** (!)
verhängt.

Zwischenzeitlich ist zumindest **in einem dieser Fälle der Vergaberechtsverstoß aus der** 2780
Welt gebracht worden.

In einem Vertragsverletzungsverfahren gegen Frankreich aus dem Fischereibereich hat der 2781
EuGH erstmals einen Mitgliedstaat wegen Verletzungen des EG-Vertrages **sowohl zu einem Zwangsgeld (ca. 58 Mio. € pro sechs Monate) als auch zu einer Pauschale
(20 Mio. €)** verurteilt. Im Grundsatz ist **auch bei Vergaberechtsverletzungen eine solche
Sanktion möglich,** insbesondere wenn die Vertragsverletzung sowohl von langer Dauer ist als
auch die Tendenz hat, sich fortzusetzen (EuGH, Urteil vom 12. 7. 2005 – Az.: C-304/02).

35.7 Weitere Beispiele aus der Rechtsprechung

– **Rechtsanwaltskosten für die außergerichtliche Vertretung** des rechtswidrig ausgeschlos- 2782
sonen Bieters stellen einen erstattungsfähigen Schaden dar (LG Leipzig, Urteil v. 19. 8. 2005
– Az.: 01HK O 7069/04)

35.8 Literatur

– Adam, Jürgen, Öffentliche Auftragsvergabe und culpa in contrahendo, Dissertation, Berlin 2783
  2005
– Arztmann, Franz Josef, Schadenersatz im Vergaberecht in Deutschland und Österreich: Schadenersatzansprüche nach mangelhafter Auftragsvergabe sowie nach rechtmäßigem und unrechtmäßigem Widerruf der Ausschreibung, Dissertation, Frankfurt am Main, 2005
– Beyeler, Martin, Öffentliche Beschaffung, Vergaberecht und Schadenersatz: ein Beitrag zur
  Dogmatik der Marktteilnahme des Gemeinwesens, Dissertation, Zürich, 2004
– Dähne, Horst, Sekundärer Rechtsschutz gegen Vergabeverstöße – Welcher Schaden ist zu
  ersetzen? NZBau 2003, 489
– Heuvels, Klaus, Fortwirkender Richtlinienverstoß nach De-facto-Vergaben, NZBau 2005, 32
– Horn, Lutz/Graef, Andreas, Vergaberechtliche Sekundäransprüche, NZBau 2005, 505
– Hüttinger, Stefan, Bieterschutz durch Schadensersatz im deutschen und europäischen Vergaberecht: Verschulden bei Vertragsverhandlungen, § 126 GWB und Rechtsmittelrichtlinien,
  Dissertation, Würzburg, 2005
– Irmer, Wolfram, Sekundärrechtsschutz und Schadenersatz im Vergaberecht – die Notwendigkeit der Neuordnung des Primär- und Sekundärrechtsschutzes im Vergaberecht, Dissertation, Frankfurt am Main, 2004

35.9 Schadenersatzansprüche wegen Verletzung der Pflicht zur öffentlichen Ausschreibung

Unterlässt der Geschäftsführer einer GmbH eine öffentliche VOB/A-Ausschrei- 2784
bung, obwohl **eine solche zwingend in den der Subventionsbewilligung** zu Grunde liegenden **Nebenbestimmungen vorgesehen** ist, so **haftet er** der GmbH nach § 43 Abs. 2
GmbHG für den aus seiner Obliegenheitsverletzung folgenden Schaden (LG Münster,
Urteil v. 18. 5. 2006 – Az.: 12 O 484/05).

36. § 127 GWB – Ermächtigungen

Die Bundesregierung kann durch Rechtsverordnung mit Zustimmung des Bundesrates Regelungen erlassen
1. zur Umsetzung der Schwellenwerte der Richtlinien der Europäischen Gemeinschaft über die Koordinierung der Verfahren zur Vergabe öffentlicher Aufträge in das deutsche Recht;
2. zur näheren Bestimmung der Tätigkeiten auf dem Gebiete der Trinkwasser- und der Energieversorgung, des Verkehrs und der Telekommunikation, soweit dies zur Erfüllung von Verpflichtungen aus Richtlinien der Europäischen Gemeinschaft erforderlich ist;
3. zur näheren Bestimmung der verbundenen Unternehmen, auf deren Dienstleistungen gegenüber Auftraggebern, die auf dem Gebiete der Trinkwasser- oder der Energieversorgung, des Verkehrs oder der Telekommunikation tätig sind, nach den Richtlinien der Europäischen Gemeinschaft dieser Teil nicht anzuwenden ist.
4. zur näheren Bestimmung der Aufträge von Unternehmen der Trinkwasser- oder der Energieversorgung, des Verkehrs oder der Telekommunikation, auf die nach den Richtlinien der Europäischen Gemeinschaft dieser Teil nicht anzuwenden ist;
5. über die genaue Abgrenzung der Zuständigkeiten der Vergabekammern von Bund und Ländern sowie der Vergabekammern der Länder voneinander;
6. über ein Verfahren, nach dem öffentliche Auftraggeber durch unabhängige Prüfer eine Bescheinigung erhalten können, dass ihr Vergabeverhalten mit den Regeln dieses Gesetzes und den auf Grund dieses Gesetzes erlassenen Vorschriften übereinstimmt;
7. über den Korrekturmechanismus gemäß Kapitel 3 und ein freiwilliges Streitschlichtungsverfahren der Europäischen Kommission gemäß Kapitel 4 der Richtlinie 92/13/EWG des Rates der Europäischen Gemeinschaft vom 25. Februar 1992 (ABl. EG Nr. L 76 S. 14);
8. über die Informationen, die von den Auftraggebern, den Vergabekammern und den Beschwerdegerichten dem Bundesministerium für Wirtschaft und Technologie zu übermitteln sind, um Verpflichtungen aus Richtlinien des Rates der Europäischen Gemeinschaft zu erfüllen.

36.1 Allgemeines

2785 Auf der Basis der Vorschrift des § 127 hat die Bundesregierung die Verordnung über die Vergabe öffentlicher Aufträge (Vergabeverordnung – VgV) erlassen.

2786 Am 1. 11. 2006 ist die Dritte Verordnung zur Änderung der Vergabeverordnung vom 23. 10. 2006 (BGBl. I S. 2334) in Kraft getreten.

2787 Zu den Einzelheiten der Vergabeverordnung vgl. die entsprechende Kommentierung.

36.2 Reichweite der Verordnungsermächtigung des § 127 Nr. 1

2788 Der nationale Gesetzgeber ist zwar durch Europäisches Recht nicht an der Einführung von Primärrechtsschutz auch unterhalb der Schwellenwerte der Richtlinien der Europäischen Gemeinschaften über die Koordinierung der Verfahren zur Vergabe öffentlicher Aufträge gehindert. Er hat sich jedoch bei Erlass der Verordnungsermächtigung des § 127 Nr. 1 GWB **eindeutig gegen eine solche Erweiterung des Primärrechtsschutzes über den Regelungsbereich der einschlägigen EG-Richtlinien hinaus entschieden und damit den Verordnungsgeber gebunden.** Zwar mag der Wortlaut von § 127 Nr. 1 GWB die Deutung zulassen, der Gesetzgeber habe die Entscheidung für oder gegen die Einführung von Primärrechtsschutz unterhalb der Schwellenwerte dem Verordnungsgeber überlassen, weil „Regelungen zur Umsetzung der Schwellenwerte der Richtlinien der Europäischen Gemeinschaften" auch solche sein können, die über den Anwendungsbereich der Richtlinien hinausgehen. Nach der Entstehungsgeschichte der Vorschrift war dies jedoch eindeutig nicht gewollt.

Gesetz gegen Wettbewerbsbeschränkungen GWB § 128 **Teil 1**

Zu den Einzelheiten der Diskussion über die Verfassungsgemäßheit der Beschränkung des 2789
Primärrechtsschutzes auf Vergaben ab den Schwellenwerten vgl. die Kommentierung zu § 100
GWB RZ 1240.

37. § 128 GWB – Kosten des Verfahrens vor der Vergabekammer

(1) **Für Amtshandlungen der Vergabekammern werden Kosten (Gebühren und Auslagen) zur Deckung des Verwaltungsaufwandes erhoben. Das Verwaltungskostengesetz findet Anwendung.**

(2) **Die Höhe der Gebühren bestimmt sich nach dem personellen und sachlichen Aufwand der Vergabekammer unter Berücksichtigung der wirtschaftlichen Bedeutung des Gegenstands des Nachprüfungsverfahrens. Die Gebühr beträgt mindestens 2 500 Euro; dieser Betrag kann aus Gründen der Billigkeit bis auf ein Zehntel ermäßigt werden. Die Gebühr soll den Betrag von 25 000 Euro nicht überschreiten, kann aber im Einzelfall, wenn der Aufwand oder die wirtschaftliche Bedeutung außergewöhnlich hoch sind, bis zu einem Betrag von 50 000 Euro erhöht werden.**

(3) **Soweit ein Beteiligter im Verfahren unterliegt, hat er die Kosten zu tragen. Mehrere Kostenschuldner haften als Gesamtschuldner. Hat sich der Antrag vor Entscheidung der Vergabekammer durch Rücknahme oder anderweitig erledigt, ist die Hälfte der Gebühr zu entrichten. Aus Gründen der Billigkeit kann von der Erhebung von Gebühren ganz oder teilweise abgesehen werden.**

(4) **Soweit die Anrufung der Vergabekammer erfolgreich ist, oder dem Antrag durch die Vergabeprüfstelle abgeholfen wird, findet eine Erstattung der zur zweckentsprechenden Rechtsverfolgung notwendigen Aufwendungen statt. Soweit ein Beteiligter im Verfahren unterliegt, hat er die zur zweckentsprechenden Rechtsverfolgung oder Rechtsverteidigung notwendigen Auslagen des Antragsgegners zu tragen. § 80 des Verwaltungsverfahrensgesetzes und die entsprechenden Vorschriften der Verwaltungsverfahrensgesetze der Länder gelten entsprechend.**

Für Amtshandlungen der Vergabekammern werden Kosten, und zwar Gebühren und Ausla- 2790
gen, zur Deckung des Verwaltungsaufwandes erhoben. Das Verwaltungskostengesetz findet Anwendung.

37.1 Anwendung des Verwaltungskostengesetzes (§ 128 Abs. 1 Satz 2)

Zwar bezieht sich der Verweis auf das „Verwaltungskostengesetz" in § 128 Abs. 1 GWB aus 2791
kompetenzrechtlichen Gründen lediglich auf das **Bundesverwaltungskostengesetz. Gleiches muss aber auch für die Landesverwaltungskostengesetze** im Kompetenzbereich der Länder gelten. Denn das Vergabenachprüfungsverfahren ist seinem Charakter nach letztlich ein Verwaltungsverfahren (OLG Naumburg, B. v. 17. 9. 2002 – Az.: 1 Verg 08/02).

37.2 Höhe der Gebühren (§ 128 Abs. 2)

37.2.1 Ausgangspunkt (§ 128 Abs. 2 Satz 1)

Für Amtshandlungen der Vergabekammern werden Kosten (Gebühren und Auslagen) „zur 2792
Deckung des Verwaltungsaufwandes" erhoben. **Bei den Auslagen** (z. B. Entschädigungen für Zeugen und Sachverständige) **gilt das strikte Kostendeckungsprinzip**, d. h. dem Kostenschuldner darf nur der Betrag in Rechnung gestellt werden, der tatsächlich veranlasst wurde. **Bei den Gebühren** (§ 128 Abs. 2 GWB) **ist das in dieser Strenge nicht möglich,** weil sich nicht exakt berechnen lässt, wie viel ein bestimmtes Verfahren den Staat gekostet hat. Deshalb tritt zu dem – für den konkreten Einzelfall in den Hintergrund tretenden – **Kostendeckungsprinzip das Äquivalenzprinzip. Es bedeutet, dass zwischen der Gebühr für die Tätigkeit der Vergabekammer und dem Wert dieser Tätigkeit für die Beteiligten ein angemessenes Verhältnis bestehen** muss (OLG Koblenz, B. v. 16. 2. 2006 – Az.: 1 Verg 2/06).

§ 128 Abs. 2 GWB enthält also den **Grundsatz, dass sich die Höhe der für die Amts-** 2793
handlungen der Vergabekammer zu erhebenden Gebühren nach dem personellen und

sachlichen Aufwand der Vergabekammer unter Berücksichtigung der wirtschaftlichen Bedeutung des Gegenstands des Nachprüfungsverfahrens bestimmt. Ähnlich wie bei der das Kartellverwaltungsverfahren betreffenden Bestimmung in § 80 Abs. 2 Satz 1 GWB legt die Voranstellung des „personellen und sachlichen Aufwandes" im Wortlaut der Vorschrift die Auslegung nahe, dieses Kriterium habe den Vorrang vor dem nur zu „berücksichtigenden" Kriterium der wirtschaftlichen Bedeutung des Gegenstands des Nachprüfungsverfahrens. **Tatsächlich kommt dem personellen und sachlichen Aufwand (als Ausdruck des sog. Kostendeckungsprinzips) – ebenso wie im Kartellverwaltungsverfahren – jedoch kein Vorrang vor der wirtschaftlichen Bedeutung der Sache zu, sondern stellt die wirtschaftliche Bedeutung des Gegenstands des Nachprüfungsverfahrens** (und mit ihr das sog. Äquivalenzprinzip) **den in erster Linie maßgebenden Anknüpfungspunkt für die Gebührenbemessung dar** (OLG Düsseldorf, B. v. 7. 1. 2004 – Az.: VII – Verg 55/02).

2794   Einzelfällen, in denen die Erfahrung eines dem Auftragswert entsprechenden Aufwands sich nicht bestätigt (oder in denen sie sogar widerlegt ist), **kann (bzw. muss) durch eine Ermäßigung der Gebühr entsprochen werden**. Das folgt aus dem Kostendeckungsgrundsatz, wonach dem im jeweiligen Nachprüfungsverfahren konkret angefallenen personellen und sachlichen Aufwand der Vergabekammer gegenüber dem typisierenden Gebührenansatz nach der wirtschaftlichen Bedeutung der Sache eine korrigierende Funktion zukommen kann und muss (VK Schleswig-Holstein, B. v. 5. 10. 2005 – Az.: VK-SH 23/05).

2795   Bei der Gebührenbemessung ist also von der **wirtschaftlichen Bedeutung des Verfahrensgegenstandes** auszugehen (BayObLG, B. v. 13. 4. 2004 – Az.: Verg 005/04, B. v. 20. 1. 2004 – Az.: Verg 21/03). Entspricht die wirtschaftliche Bedeutung dem Durchschnitt, so ist grundsätzlich eine mittlere Gebühr angemessen. Von diesem Mittelwert sind in Abhängigkeit von der jeweiligen wirtschaftlichen Bedeutung und dem personellen und sachlichen Arbeitsaufwand Zu- und Abschläge vorzunehmen, deren **Höhe im pflichtgemäßen Ermessen der Vergabekammer** liegt (VK Hessen, B. v. 8. 5. 2001 – Az.: VK 69 d 04/2001).

37.2.2 Betrag der Gebühr (§ 128 Abs. 2 Satz 2)

37.2.2.1 Grundsatz

2796   Die Gebühr beträgt **mindestens 2 500 €**; dieser Betrag kann aus Gründen der Billigkeit bis auf ein Zehntel ermäßigt werden. Die Gebühr soll den Betrag von 25 000 € nicht überschreiten, kann aber im Einzelfall, wenn der Aufwand oder die wirtschaftliche Bedeutung außergewöhnlich hoch ist, **bis zu einem Betrag von 50 000 €** erhöht werden.

37.2.2.2 Anwendung von Gebührenstaffeln

2797   **37.2.2.2.1 Grundsätzliche Anwendbarkeit.** Es bestehen keine rechtlichen Bedenken, **für die Bemessung der Gebühr der Vergabekammer** – aus Gründen der Transparenz und im Interesse einer Gleichbehandlung von rechtssuchenden Bietern – **im Ausgangspunkt auf eine Gebührenstaffel zurückzugreifen** (OLG Koblenz, B. v. 16. 2. 2006 – Az.: 1 Verg 2/06; OLG Düsseldorf, B. v. 9. 2. 2006 – Az.: VII – Verg 80/05; BayObLG, B. v. 20. 1. 2004 – Az.: Verg 21/03). Zwar trägt diese mit der Anknüpfung an die jeweilige Auftragssumme in erster Linie der wirtschaftlichen Bedeutung der im Nachprüfungsverfahren zu kontrollierenden Auftragsvergabe Rechnung. Mit der Anbindung an die streitbefangene Auftragssumme wird im Allgemeinen aber zugleich auch der personelle und sachliche Aufwand, den die Vergabekammer zur Erledigung des Nachprüfungsbegehrens aufzuwenden hat, in hinreichender Weise berücksichtigt. Denn in aller Regel steigt mit der Höhe der Auftragssumme auch die Komplexität und Schwierigkeit des Streitfalles in tatsächlicher und in rechtlicher Hinsicht und mithin auch der zur Bewältigung des Nachprüfungsverfahrens erforderliche Aufwand der Vergabekammer. Sofern im Einzelfall der Sach- und Personalaufwand aus dem Rahmen dessen fällt, was ein Nachprüfungsantrag der betreffenden wirtschaftlichen Größenordnung und Bedeutung üblicherweise mit sich bringt, kann (und muss) dem durch eine angemessene Erhöhung oder Herabsetzung der in der Gebührenstaffel ausgewiesenen Basisgebühr Rechnung getragen werden (OLG Düsseldorf, B. v. 9. 2. 2006 – Az.: VII – Verg 80/05; B. v. 31. 5. 2005 – Az.: VII – Verg 107/04; B. v. 12. 5. 2004 – Az.: VII – Verg 23/04; B. v. 12. 5. 2004 – Az.: VII – Verg 24/04; B. v. 12. 5. 2004 – Az.: VII – Verg 25/04; B. v. 12. 5. 2004 – Az.: VII – Verg 26/04; B. v. 12. 5. 2004 – Az.: VII – Verg 27/04; B. v. 12. 5. 2004 – Az.: VII – Verg 28/04; B. v. 20. 4. 2004 – Az.: VII – Verg 9/04, B. v. 7. 1. 2004 – Az.: VII – Verg 55/02, B. v. 6. 10. 2003 – Az.: VII – Verg 33/03, B. v. 27. 11. 2003 – Az.: VII – Verg 63/03; VK Schleswig-Holstein, B. v. 30. 8.

Gesetz gegen Wettbewerbsbeschränkungen   GWB § 128   **Teil 1**

2006 – Az.: VK-SH 20/06; B. v. 28. 7. 2006 – Az.: VK-SH 18/06; B. v. 27. 7. 2006 – Az.: VK-SH 17/06; B. v. 19. 7. 2006 – Az.: VK-SH 19/06; B. v. 13. 7. 2006 – Az.: VK-SH 15/06; B. v. 11. 7. 2006 – Az.: VK-SH 13/06; B. v. 12. 6. 2006 – Az.: VK-SH 12/06; B. v. 6. 6. 2006 – Az.: VK-SH 16/06; B. v. 15. 5. 2006 – Az.: VK-SH 10/06; B. v. 28. 4. 2006 – Az.: VK-SH 05/06; B. v. 28. 4. 2006 – Az.: VK-SH 04/06; B. v. 28. 4. 2006 – Az.: VK-SH 03/06; B. v. 17. 3. 2006 – Az.: VK-SH 02/06; B. v. 31. 1. 2006 – Az.: VK-SH 33/05; B. v. 24. 1. 2006 – Az.: VK-SH 33/05; B. v. 17. 1. 2006 – Az.: VK-SH 32/05; B. v. 11. 1. 2006 – Az.: VK-SH 28/05; B. v. 10. 1. 2006 – Az.: VK-SH 30/05; B. v. 5. 1. 2006 – Az.: VK-SH 31/05; B. v. 21. 12. 2005 – Az.: VK-SH 29/05; B. v. 19. 10. 2005 – Az.: VK-SH 25/05; B. v. 6. 10. 2005 – Az.: VK-SH 27/05; B. v. 5. 10. 2005 – Az.: VK-SH 23/05; B. v. 16. 9. 2005 – Az.: VK-SH 22/05; B. v. 12. 7. 2005 – Az.: VK-SH 18/05).

37.2.2.2.2 Anknüpfung des Gebührenrahmens an bestimmte Auftragswerte. Die 2798 Gebührenstaffel unterliegt auch insoweit **keinen rechtlichen Bedenken, wie sie den gesetzlich vorgegebenen Gebührenrahmen (2500 € bis 25 000 €) an Auftragswerte zwischen 80 000 € und 70 Mio. €** anknüpft. Die **Untergrenze von 80 000 €** findet ihre Rechtfertigung in der Tatsache, dass – wie sich aus **§ 2 Nr. 8 VgV** ergibt – Auftragsvergaben erst ab diesem Betrag dem Vergaberechtsregime unterworfen sein und bei den Nachprüfungsinstanzen zur Überprüfung gestellt werden können. Die **Obergrenze von 70 Mio. €** trägt der **Erfahrung Rechnung, dass Vergaben mit einem höheren Auftragsvolumen in der Praxis so gut wie nicht vorkommen** und bei der Verteilung des gesetzlichen Gebührenrahmens deshalb außer Betracht bleiben können. Sofern im Einzelfall die streitbefangene Auftragssumme den Betrag von 70 Mio. € übersteigt, kann dem dadurch Rechnung getragen werden, dass die Vergabekammer die Gebühr gemäß § 128 Abs. 2 Satz 3 2. Alt. GWB wegen des außergewöhnlichen Aufwands oder der außergewöhnlich hohen wirtschaftlichen Bedeutung der Angelegenheit auf bis zu 50 000 € erhöht. Die Vergabekammern des Bundes haben vor diesem Hintergrund mit Recht ihre ursprüngliche Gebührenstaffel, die noch eine Obergrenze von 300 Mio. DM vorsah, modifiziert. Dass sich aufgrund der nunmehr geringeren Spannbreite der Auftragssummen die einzelnen Gebühren erhöhen, ist notwendige Folge dieser Korrektur der Gebührenstaffel. Daraus kann kein Argument gegen die Berechtigung der im Entscheidungsfall festgesetzten Gebühr hergeleitet werden.

37.2.2.2.3 Gebührentabelle der Vergabekammern des Bundes. Die **Vergabekam-** 2799 **mern des Bundes** haben eine **Gebührentabelle** erarbeitet, die im Interesse einer einheitlichen Praxis von der **Mehrzahl der Vergabekammern verwendet** wird (z. B. VK Nordbayern, B. v. 14. 2. 2003 – Az.: 320.VK-3194–02/03; VK Thüringen, B. v. 18. 3. 2003 – Az.: 216–402.20–001/03-MHL; VK Hessen, B. v. 3. 2. 2003 – Az.: 69 d VK – 74/2002).

Es ist auch **nicht zu beanstanden, dass andere Vergabekammern keine eigene Ge-** 2800 **bührentabelle entwickelt, sondern ihrer Gebührenbemessung die Gebührenstaffel der Vergabekammern des Bundes zugrunde legen.** Da der verfahrensbezogene Personal- und Sachaufwand nicht wesentlich davon abhängt, in welchem Bundesland eine Vergabekammer ihren Sitz hat bzw. ob sie in Vergabeverfahren des Bundes oder eines den Ländern zuzuordnenden Auftraggebers tätig wird, ist diese **Verfahrensweise im Interesse einer bundeseinheitlichen Praxis sogar wünschenswert, wenn auch rechtlich nicht geboten** (OLG Koblenz, B. v. 16. 2. 2006 – Az.: 1 Verg 2/06).

37.2.2.2.4 Gebührentabelle in Sachsen-Anhalt. Es stellt **keinen Ermessensfehlge-** 2801 **brauch** dar, dass im Lande Sachsen-Anhalt eine **Gebührentabelle Richtwerte** für die zu erhebenden Gebühren im Nachprüfungsverfahren vor der Vergabekammer vorgibt und die Vergabekammer diese Tabelle anwendet. Eine solche Vorgehensweise ist sowohl im Bereich der Gerichtskosten- als auch im Bereich der Verwaltungskosten-Ermittlung üblich und führt über die damit einhergehende Selbstbindung der Vergabekammern des Landes zu einer **höheren Transparenz des Kostenrisikos** für die Beteiligten eines Vergabenachprüfungsverfahrens. Unter Berücksichtigung der gesetzgeberischen Vorgabe, dass die wirtschaftliche Bedeutung der Angelegenheit ein für die Gebührenhöhe maßgeblicher Umstand sein soll, ist auch die grundsätzliche Anknüpfung dieser Tabellenwerte am Auftragswert der verfahrensgegenständlichen Vergabe nicht zu beanstanden (OLG Naumburg, B. v. 3. 9. 2001 – Az.: 1 Verg 6/00, B. v. 23. 4. 2003 – Az.: 1 Verg 1/03).

Der **Bestimmung der Richtwerte für die Verfahrensgebühren** innerhalb des durch 2802 § 128 Abs. 2 GWB vorgegebenen Rahmens **liegt in Sachsen-Anhalt zu Grunde,** dass dem niedrigsten Gebührenwert (2500 €) in Anknüpfung an § 2 Nr. 1 VgV 2001 ein Sperrwert von 400 000 € und dem oberen Gebührenwert (25 000 €) der höchste Auftragswert einer Ausschrei-

Teil 1 GWB § 128 Gesetz gegen Wettbewerbsbeschränkungen

bung der letzten Jahre im Lande Sachsen-Anhalt, nämlich 45 Mio. €, zugeordnet wurden. Der Anstieg der Gebühren erfolgt linear zum Anstieg der Auftragswerte (OLG Naumburg, B. v. 22. 9. 2003 – Az.: 1 Verg 10/03).

2803 **37.2.2.2.5 Unterschiedlichkeit der Gebührentabellen beim Bund und in Sachsen-Anhalt.** Der Gebührenfestsetzung des Senats steht nicht entgegen, dass für ein gleichartiges Nachprüfungsverfahren vor der Vergabekammer des Bundes bei identischer Auftragssumme geringere Gebühren angefallen wären.

2804 Die Einrichtung und Organisation sowie die konkrete Ausgestaltung der Gebührenerhebung obliegt den einzelnen Bundesländern und im Zuständigkeitsbereich der Vergabekammern des Bundes diesem selbst, §§ 104 bis 106, 128 GWB, so dass eine bundeseinheitliche Gebührentabelle nicht bestehen kann. Bei der Aufstellung der Gebührentabellen hat in den einzelnen Bundesländern und beim Bund jeweils Berücksichtigung gefunden, welche Auftragssummen die im eigenen Zuständigkeitsbereich zur Nachprüfung gestellten Ausschreibungen in den letzten Jahren ausgewiesen hatten, mithin ist eine **Relation zum Rahmen der Auftragswerte der zu beurteilenden Ausschreibungen** hergestellt worden. Dies ist nicht zu beanstanden (OLG Naumburg, B. v. 23. 4. 2003 – Az.: 1 Verg 1/03).

37.2.2.3 Ermäßigung der Gebühr im Fall der Verbindung von Nachprüfungsverfahren

2805 Werden die Nachprüfungsanträge zweier Bieter eines Vergabeverfahrens nach deren Eingang durch die Vergabekammer zur gemeinsamen Verhandlung und Entscheidung förmlich verbunden und bis zum Abschluss des Verfahrens nicht wieder getrennt, ist **eine getrennte Kostenentscheidung und eine doppelte Gebührenerhebung grundsätzlich unzulässig.** Für die Kostenentscheidung kommt es nach dem Wortlaut des Gesetzes nicht auf die Zahl der Nachprüfungsanträge, sondern auf die Zahl der Verfahren an. Der Gesetzgeber spricht nicht von den Kosten des einzelnen Nachprüfungsantrages, sondern ausdrücklich von den Kosten des „Verfahrens" (§ 128 Abs. 3 GWB) und ordnet an, dass mehrere Kostenschuldner als Gesamtschuldner haften. **Auch der Sinn und Zweck der gesetzlichen Kostenregelung lässt keine doppelte Kostenerhebung zu.** § 128 Abs. 2 GWB bestimmt, dass sich die Höhe der Gebühren nach dem sachlichen und personellen Aufwand der Vergabekammer unter Berücksichtigung der wirtschaftlichen Bedeutung des Nachprüfungsverfahrens richtet. Diese Faktoren rechtfertigen keine Verdoppelung der Gebühren in einem verbundenen Verfahren. Der Verwaltungsaufwand ist jedenfalls dann wesentlich geringer als bei einer getrennten Entscheidung, wenn die Verbindung zu einem sehr frühen Zeitpunkt des Verfahrens erfolgt, so dass die Bearbeitung, einschließlich der Verhandlung und Beweisaufnahme, für beide Nachprüfungsanträge gemeinsam erfolgen kann. **Auch die wirtschaftliche Bedeutung des Verfahrens erhöht sich nicht.** Zwar geht es in dem verbundenen Verfahren um konkurrierende Angebote zweier Bieter, jedoch kann jeweils nur eines der Angebote den Zuschlag erhalten. Es kann daher auch nicht davon gesprochen werden, dass sich die wirtschaftliche Bedeutung des Verfahrens verdoppelt, wenn zwei Nachprüfungsanträge vorliegen (OLG Naumburg, B. v. 28. 6. 2004 – Az.: 1 Verg 5/04).

2806 Können **Vergabenachprüfungsverfahren verbunden** werden und ist somit nur eine Verhandlung erforderlich, können die **Gebühren um jeweils 30% reduziert** werden (VK Nordbayern, B. v. 21. 5. 2003 – Az.: 320.VK-3194–14/03, 320.VK-3194–15/03).

37.2.2.4 Ermäßigung der Gebühr im Fall der Unzulässigkeit eines Nachprüfungsantrags

2807 Die Vergabekammer kann zwar **bei unzulässigen Nachprüfungsanträgen** gemäß § 112 Abs. 1 Satz 3 GWB grundsätzlich **nach Lage der Akten entscheiden und somit Einsparungen** im personellen und im sachlichen Aufwand **bewirken.** Jedenfalls **bei nicht offensichtlich unzulässigen Anträgen** steht der Vergabekammer für die gewählte Verfahrensart jedoch ein **Ermessensspielraum** zu. Dieser ist nicht überschritten, wenn im Rahmen von § 107 Abs. 2 GWB nicht einfach gelagerte Fragen zur vergaberechtlichen Konformität des abgegebenen Angebots zu behandeln sind (BayObLG, B. v. 13. 4. 2004 – Az.: Verg 005/04).

37.2.2.5 Ermäßigung der Gebühr im Fall mehrerer Nachprüfungsanträge

2808 Der Umstand, dass **eine Ausschreibung mehrere Nachprüfungsanträge auslöst,** lässt **nicht den generalisierenden Schluss zu, der durchschnittliche personelle und sachliche Aufwand für den Einzelfall werde dadurch merklich reduziert.** Die Einarbeitung in

Gesetz gegen Wettbewerbsbeschränkungen GWB § 128 **Teil 1**

die Ausschreibungsunterlagen findet im Allgemeinen unter Berücksichtigung der konkreten und individuell vom einzelnen Bieter erhobenen Rügen statt. Deshalb entsteht bei jedem Verfahren ein neuer, gesonderter Aufwand sowohl für die Vergabekammer wie für den Auftraggeber. Nur wenn die von verschiedenen Bietern erhobenen Rügen denselben vergaberechtlichen Verstoß betreffen, kann im Einzelfall eine andere Beurteilung geboten sein (BayObLG, B. v. 13. 4. 2004 – Az.: Verg 005/04).

37.2.2.6 Ermäßigung der Gebühr bei unterdurchschnittlichem Aufwand der Vergabekammer

Die Gebühr kann gemäß § 128 Abs. 2 Satz 2 2. Halbsatz aus Gründen der Billigkeit bis auf ein Zehntel ermäßigt werden. Als **Billigkeitsgründe sind dabei nur solche Gesichtspunkte zu berücksichtigen, die im Zusammenhang mit der wirtschaftlichen Bedeutung sowie dem erforderlichen Verwaltungsaufwand stehen** (VK Schleswig-Holstein, B. v. 26. 4. 2006 – Az.: VK-SH 09/06; B. v. 26. 4. 2006 – Az.: VK-SH 08/06; B. v. 5. 10. 2005 – Az.: VK-SH 23/05). Ein solcher Fall kommt in Betracht, wenn der **sachliche und personelle Verwaltungsaufwand bei der Vergabekammer als unterdurchschnittlich anzusehen** ist, weil die Antragsrücknahme vor der mündlichen Verhandlung erfolgt, ferner weil der Umfang der Schriftsätze der Beteiligten gering ist (VK Hamburg, B. v. 21. 3. 2005 – Az.: VK BSU-1/05) oder weil die Antragsrücknahme vor der Erstellung und Verkündung der Entscheidung erfolgte (VK Hamburg, B. v. 4. 5. 2005 – Az.: VK BSU-2/05). 2809

Allein der **Umstand, dass in einem Vergabeverfahren mehrere Nachprüfungsanträge gestellt** wurden, **rechtfertigt nicht den Schluss,** der **durchschnittliche personelle und sachliche Aufwand** für den Einzelfall **sei dadurch merklich reduziert worden.** Die Einarbeitung in die Ausschreibungsunterlagen findet im regelmäßig unter Berücksichtigung der konkreten und individuell vom einzelnen Bieter erhobenen Rügen statt. Deshalb entsteht für die Vergabekammer bei jedem Verfahren ein neuer gesonderter Aufwand. Nur wenn die von verschiedenen Bietern erhobenen Rügen alle denselben vergaberechtlichen Verstoß betreffen, kann im Einzelfall eine andere Beurteilung geboten sein (OLG Koblenz, B. v. 16. 2. 2006 – Az.: 1 Verg 2/06). 2810

37.2.2.7 Erhöhung der Gebühr

Gemäß § 128 Abs. 2 Satz 3 GWB kann die Gebühr im Einzelfall auf bis zu 50 000 € erhöht werden, wenn der Aufwand oder die wirtschaftliche Bedeutung außergewöhnlich hoch ist. Diese Ausnahmevoraussetzung **bejaht die Rechtsprechung,** wenn **drei fast ganztägige mündliche Verhandlungen mit nahezu zehn Zeugenvernehmungen sowie fünf mehrstündige Akteneinsichten von Antragsteller und Beigeladenem** stattfinden (1. VK Sachsen, B. v. 29. 2. 2004 – Az.: 1/SVK/157–03). 2811

37.2.2.8 Auswirkung des Zeitpunkts der Stellung des Nachprüfungsantrags auf die Höhe der Gebühr

Es ist bei der Festsetzung der Gebühr nach § 128 Abs. 1 GWB – sofern besondere Fallumstände dies nicht gebieten – **ebenso wenig zwingend danach zu differenzieren, ob der Nachprüfungsantrag im Stadium eines Teilnahmewettbewerbs gestellt worden ist, oder ob der Antragsteller nach entsprechender Aufforderung durch die Vergabestelle überhaupt ein Angebot eingereicht oder bei losweiser Vergabe ein Angebot auf bestimmte Lose beschränkt hätte.** Einer solchen Handhabung steht u. a. das Gebot einer in einem generalisierenden Sinn einheitlichen wertmäßigen Beurteilung des Nachprüfungsantrags entgegen. Das Ergebnis, wonach für die Bemessung der Gebühr in solchen Fällen der Wert des Gesamtauftrags heranzuziehen ist, kann nicht mit der Überlegung korrigiert werden, dass Nachprüfungsanträge gegen Vergabeentscheidungen für den Antragsteller mit einem schwerwiegenden wirtschaftlichen Risiko behaftet sein können. Dem auch unter dem rechtlichen Gesichtspunkt der Effektivität des Vergaberechtsschutzes erforderlichen Begrenzung des Kostenrisikos ist dadurch, dass die gemäß der wirtschaftlichen Bedeutung der Sache anzusetzende Gebühr nach § 128 Abs. 1 GWB lediglich einen Bruchteil des Auftragswerts bildet, hinreichend, und zwar auch mit Blick auf die verfassungsrechtliche Rechtsweggarantie in Art. 19 Abs. 4 GG, Rechnung getragen (OLG Düsseldorf, B. v. 7. 1. 2004 – Az.: VII – Verg 55/02). 2812

37.2.2.9 Beispiele aus der Rechtsprechung

– es ist auch **nicht als ermessensfehlerhaft zu beanstanden, wenn eine Vergabekammer wegen der Nichtdurchführung einer mündlichen Verhandlung „nur" 500 € abzieht.** 2813

Teil 1 GWB § 128 Gesetz gegen Wettbewerbsbeschränkungen

Der **weitaus größte,** von der Gebühr nach § 128 Abs. 2 GWB abgedeckte **Aufwand** (wie Einarbeitung in den Sach- und Streitstand, Vorbereitung der Erörterung mit den Verfahrensbeteiligten und Abfassung der schriftlichen Entscheidungsgründe) **fällt regelmäßig außerhalb der mündlichen Verhandlung an.** Zusätzliche Kosten entstehen in erster Linie aus den – entsprechend Nr. 9005/1 der Anlage 1 zum GKG nicht als Auslagen gesondert umlagefähigen – Aufwandsentschädigungen für die an der mündlichen Verhandlung mitwirkenden Beisitzer, die allerdings im Regelfall deutlich unter 500 € liegen (OLG Koblenz, B. v. 16. 2. 2006 – Az.: 1 Verg 2/06)

– nach der Praxis der Vergabekammern des Bundes ist bei Ausschreibungssummen bis einschließlich 2 Mio. € die Mindestgebühr von 2500 € als grundsätzlich angemessen anzusehen. Dies macht Aufträge im unteren Bereich der Schwellenwerte überproportional teurer als solche mit sehr hohen Volumina. Es entspricht deshalb im Einzelfall der **Billigkeit, bei unter 1 Mio. € liegenden Auftragswerten einen Abschlag von der Basisgebühr** vorzunehmen (BayObLG, B. v. 6. 6. 2002 – Az.: Verg 12/02).

37.2.3 Gebühren für das Gestattungsverfahren vor der Vergabekammer

2814 Die **Rechtsprechung** ist insoweit **nicht einheitlich.**

2815 Die **Gebühren für die Hauptsacheentscheidung und die für das Eilverfahren gemäß § 115 Abs. 2 Satz 1 GWB sind gesondert zu ermitteln,** da das Verfahren gemäß § 115 Abs. 2 Satz 1 GWB ein selbstständiges Zwischenverfahren – vergleichbar mit dem Aussetzungsverfahren gemäß § 80 Abs. 5 VwGO – ist (VK Schleswig-Holstein, B. v. 12. 7. 2005 – Az.: VK-SH 18/05).

2816 Nach einer **anderen Auffassung** wird durch den **Antrag nach § 115 Abs. 2 S. 1 GWB keine gesonderte Gebühr ausgelöst.** Anders als bei der Entscheidung des Vergabesenats nach § 115 Abs. 2 S. 2 GWB handelt es sich **bei einer unangefochtenen Entscheidung der Vergabekammer nach § 115 Abs. 2 S. 1 GWB nicht um die Entscheidung über einen Rechtsbehelf.** In der einstweiligen Maßnahme nach § 115 Abs. 2 Satz 1 GWB ist **lediglich ein „Anhängsel" des Verfahrens vor der Vergabekammer** zu sehen. Dementsprechend handelt es sich hierbei um **dieselbe Angelegenheit im Sinn von § 16 Nr. 1 RVG,** so dass eine zusätzliche Gebühr gemäß § 15 Abs. 2 S. 1 RVG nicht verlangt werden kann. Die Anordnung der Zustellung des Nachprüfungsantrages nach § 110 Abs. 1 GWB löst kraft Gesetzes das Zuschlagsverbot, § 115 Abs. 1 GWB. Das Verfahren nach § 115 Abs. 2 S. 1 GWB dient der Abänderung dieser vorläufigen Sicherungsmaßnahme entsprechend § 16 Nr. 1 Halbs. 2 RVG (OLG Naumburg, B. v. 15. 6. 2006 – Az.: 1 Verg 5/06).

2817 Das Gestattungsverfahren ist gegenüber dem Hauptsacheverfahren ein **rechtliches Minus,** so dass nach ständiger Vergabekammerpraxis für das Gestattungsverfahren **nur die Hälfte der Gebühr in der Hauptsache** zu erheben ist (1. VK Sachsen, B. v. 5. 10. 2004 – Az.: 1/SVK/ 092–04, 1/SVK/092–04G; B. v. 6. 8. 2004 – Az.: 1/SVK/062–04, 1/SVK/062–04G; B. v. 3. 7. 2003 – Az.: 1/SVK/067–03; im Ergebnis ebenso VK Schleswig-Holstein, B. v. 12. 7. 2005 – Az.: VK-SH 18/05).

2818 Im **Einzelfall kann für das Gestattungsverfahren auch keine Gebühr anfallen,** wenn z.B. ein Nachprüfungsantrag der Vergabekammer am Freitag Nachmittag zusammen mit den Originalunterlagen übergeben und bereits am folgenden Montag die Vergabekammer ein Fax erreicht, in dem der Auftraggeber den Gestattungsantrag zurück zieht. Der **personelle und sachliche Aufwand für diesen Gestattungsantrag war zu diesem Zeitpunkt minimal** (1. VK Sachsen, B. v. 18. 7. 2003 – Az.: 1/SVK/082–03).

37.2.4 Überprüfbarkeit der Entscheidung der Vergabekammer über die Gebührenhöhe

2819 Die Entscheidung über die Gebührenhöhe ist nach § 128 Abs. 2 GWB eine im pflichtgemäßen Ermessen der Vergabekammer liegende Entscheidung; dem Vergabesenat ist insoweit **lediglich eine Kontrolle dahin eröffnet, ob die erfolgte Gebührenfestsetzung frei von Ermessensfehlern** ist (OLG Naumburg, B. v. 25. 9. 2003 – Az.: 1 Verg 11/03).

37.2.5 Gebührenhöhe bei einem unzulässigen Antrag

2820 Die Vergabekammer kann bei unzulässigen Nachprüfungsanträgen gemäß § 112 Abs. 1 Satz 3 GWB grundsätzlich nach Lage der Akten entscheiden und somit Einsparungen im personellen und im sachlichen Aufwand bewirken. **Jedenfalls bei nicht offensichtlich unzulässigen Anträgen steht der Vergabekammer für die gewählte Verfahrensart jedoch ein Ermessensspielraum zu.** Dieser ist dann nicht überschritten, wenn es um die Präklusion nach § 107 Abs. 3 GWB geht und es erforderlich ist, tatsächliche Feststellungen nicht unbeträchtlichen Umfangs zu treffen und daraus anhand offener Rechtsbegriffe (wie das Erkennen des gerügten Verstoßes, die Erforderlichkeit sowie die Unverzüglichkeit der Rüge) wertende Schlüsse zu ziehen. Diese gestalten sich oftmals vielschichtig und schwierig, ohne dass die Vergabekammer deshalb gehalten sein müsste, die Einzelschritte ausführlich und unter Auseinandersetzung mit dem Vorbringen von Beteiligten schriftlich im Beschluss niederzulegen (BayObLG, B. v. 20. 1. 2004 – Az.: Verg 21/03).

37.3 Kostentragungspflicht des unterliegenden Beteiligten im Verfahren (§ 128 Abs. 3 Satz 1)

37.3.1 Kostengrundentscheidung

37.3.1.1 Grundsatz

Die **Kostengrundentscheidung,** die auch die Aufwendungen der Beigeladenen umfassen muss, ist **von der Vergabekammer von Amts wegen zu treffen;** sie hat auch darüber zu befinden, ob die Hinzuziehung eines Rechtsanwalts notwendig war und die Anwaltskosten somit erstattungsfähig sind (BayObLG, B. v. 27. 9. 2002 – Az.: Verg 18/02). 2821

Die **Kostengrundentscheidung muss die Vergabekammer als Spruchkörper treffen** (§ 105 Abs. 2 S. 1 GWB); eine **Entscheidung des Vorsitzenden genügt nicht.** Dies gilt auch dann, wenn wegen Antragsrücknahme, Erledigung oder des Eintritts der Ablehnungsfiktion nur noch eine isolierte Kostenentscheidung zu treffen ist. Erst mit der Kostengrundentscheidung ist das Verfahren vor dem Spruchkörper beendet. Eine andere Frage ist, wer auf der Grundlage einer Kostengrundentscheidung Gebühren und Auslagen festsetzt. Dies kann in der Geschäftsordnung der Vergabekammer geregelt werden (OLG Koblenz, B. v. 1. 4. 2004 – Az.: 1 Verg 3/04). 2822

Eine **Kostengrundentscheidung darüber, ob die Hinzuziehung eines Rechtsanwalts notwendig ist,** hat die Vergabekammer (bzw. der Senat) im Rahmen der Kostenlastentscheidung **von Amts wegen zu treffen,** ohne dass insoweit zu prüfen Anlass ist, ob die Vergabestelle sich tatsächlich der Hilfe eines Anwalts – bzw. eines Bevollmächtigten – bedient hatte. Dies kann der anschließenden Kostenfestsetzung überlassen bleiben. 2823

Die **Frage einer Notwendigkeit von Aufwendungen im Detail** muss von der Vergabekammer bzw. dem Vergabesenat schon deswegen nicht angesprochen werden, weil **diese Feststellung** nicht Bestandteil der Kostengrundentscheidung ist, sondern **erst im Rahmen des Kostenfestsetzungsverfahrens zu treffen** ist (OLG Thüringen, B. v. 14. 10. 2003 – Az.: 6 Verg 8/03). 2824

Die **Entscheidung über die Erstattung von Rechtsanwaltskosten, die zur nur Beratung, also nicht förmlich, im Vergabekammerverfahren entstanden sind, kann erst im Verfahren der Kostenfestsetzung erfolgen;** eine Aussage hierüber in der Kostengrundentscheidung ist nicht notwendig (Saarländisches OLG, B. v. 29. 9. 2005 – Az.: 1 Verg 2/05). 2825

Die **Vergabekammer** ist in entsprechender Anwendung von § 88 VwGO (vgl. auch § 308 Abs. 1 ZPO) **bei der Kostenfestsetzung nicht befugt, einem Beteiligten etwas zuzusprechen, was nicht beantragt worden** ist (OLG Düsseldorf, B. v. 24. 10. 2005 – Az.: VII-Verg 30/05). 2826

37.3.1.2 Regelung der Kostengrundentscheidung durch Vergleich

§ 128 Abs. 3 Satz 1 GWB ist abdingbar und **kann durch eine Parteiabrede ersetzt** werden (1. VK Sachsen, B. v. 25. 6. 2003 – Az.: 1/SVK/015–03). 2827

37.3.1.3 Auswirkungen eines Vergleiches außerhalb des Nachprüfungsverfahrens

Schließen **Auftraggeber und Antragsteller einen Vergleich,** in dem sie u.a. auch **Vereinbarungen über die Übernahme der Verfahrenskosten der Vergabekammer und der „außergerichtlichen" Kosten** (bezüglich der Bevollmächtigten) getroffen haben, **wirken diese Vereinbarungen nur im Innenverhältnis** zwischen den beiden Parteien, **wenn der** 2828

Vergleich außerhalb des Nachprüfungsverfahrens zustande kam. Die Kostenentscheidung der Vergabekammer ist in diesem Fall nach den gesetzlichen Grundlagen zu treffen; sodann wird ein interner Ausgleich zwischen den Parteien auf der Grundlage des Vergleichs vorzunehmen sein (VK Hessen, B. v. 15. 9. 2003 – Az.: 69 d VK – 45/2003).

37.3.1.4 Fehlende Kostengrundentscheidung

2829   Fehlt eine **Kostengrundentscheidung**, ist **für eine Kostenfestsetzung kein Raum** (BayObLG, B. v. 27. 9. 2002 – Az.: Verg 18/02). Eine dennoch vorgenommene Festsetzung ist wirkungslos und aus Rechtsgründen förmlich aufzuheben (OLG Düsseldorf, B. v. 25. 2. 2004 – Az.: Verg 9/02).

2830   Die **Vergabekammer kann** ihre Kostenentscheidung nachträglich um einen zunächst unterbliebenen Ausspruch über den Kostenerstattungsanspruch eines Beigeladenen und über die Notwendigkeit der Zuziehung eines Bevollmächtigten **ergänzen** (BayObLG, B. v. 29. 3. 2001 – Az.: Verg 2/01; BayObLG, B. v. 15. 4. 2003 – Az.: Verg 4/03).

2831   Eine **Ergänzung** kann nach herrschender Meinung **auch nach Ablauf der Fünf-Wochen-Frist des § 113 Abs. 1 Satz 1 GWB** beantragt werden. Die Fiktion des § 116 Abs. 2 Halbsatz 2 GWB ist wegen der Entscheidung der Vergabekammer in der Hauptsache nicht eingetreten. Weder Wortlaut noch Zweck dieser beiden Bestimmungen sprechen dagegen, die Ergänzung einer versehentlich im Kostenpunkt unvollständig gebliebenen Entscheidung der Vergabekammer auch nach Ablauf der Fünf-Wochen-Frist zuzulassen (BayObLG, B. v. 27. 9. 2002 – Az.: Verg 18/02). Die Ergänzung kann auch – anders als zur Rechtslage bei Ergänzung gerichtlicher Entscheidungen nach § 321 ZPO – von Amts wegen und nicht erst auf fristgebundenen Antrag erfolgen (OLG Düsseldorf, B. v. 25. 2. 2004 – Az.: Verg 9/02).

2832   Die Kostengrundentscheidung kann **im Kostenfestsetzungsverfahren nicht nachgeholt** werden. Dem widersprechen die unterschiedlichen Verfahrensziele und die Tatsache, dass die Festsetzung der Kosten in ihrer Höhe die Kostengrundentscheidung voraussetzt. In einem von einer Grundentscheidung abhängigen Verfahren kann aber nicht die fehlende Grundlage für das eigene Verfahren geschaffen werden (BayObLG, B. v. 27. 9. 2002 – Az.: Verg 18/02).

37.3.2 Unterliegender Beteiligter

37.3.2.1 Grundsatz

2833   Die **Rechtsprechung** ist insoweit **nicht einheitlich.**

2834   Nach einer Auffassung ist für die Beurteilung des Obsiegens bzw. Unterliegens eines Beteiligten allein auf den Ausgang des Nachprüfungsverfahrens im Verhältnis zu dem von dem betreffenden Beteiligten gestellten Antrag abzustellen (OLG Naumburg, B. v. 23. 4. 2003 – Az.: 1 Verg 1/03). Der Senat stellt dabei auf den **materiellen Ausgang des Verfahrens** ab, also darauf, ob und gegebenenfalls in welchem Umfang die Beteiligten das mit ihrem jeweiligen Antrag verfolgte Verfahrensziel erreicht haben (OLG Thüringen, B. v. 30. 1. 2002 – Az.: 6 Verg 9/01). Ein Antragsteller obsiegt daher in dem Verfahren vor der Vergabekammer auch dann, wenn sein **Begehren auf eine Aufhebung der Ausschreibung gerichtet** ist und die Vergabekammer – als minus – die **Verpflichtung zu einer neuen Wertung** ausspricht. Die Abweichung der Vergabekammer bzw. des Vergabesenats vom Antrag hinsichtlich der Auswahl einer zur Wiederherstellung der Rechtmäßigkeit des Vergabeverfahrens geeigneten Maßnahme ist nicht nur nach § 114 Abs. 1 GWB zulässig; sie fällt dem Antragsteller auch kostenmäßig nicht zur Last – arg. ex. § 92 Abs. 2 Nr. 2 ZPO – (OLG Naumburg, B. v. 31. 3. 2004 – Az.: 1 Verg 1/04).

2835   Die **Kostentragung hat sich nicht schematisch an den im Verfahren gestellten Anträgen zu orientieren,** denn die Vergabekammer ist nach § 114 Abs. 1 Satz 2 GWB an die Anträge nicht gebunden. Im Nachprüfungsverfahren haben die Anträge deshalb nicht die Funktion, den Streitgegenstand und den Umfang des Nachprüfungsverfahrens mitzubestimmen. Entscheidend ist, ob hinsichtlich des Streitgegenstands, wie er in der Antragsschrift und den Schriftsätzen der Antragsteller zum Ausdruck gekommen ist, von der Vergabekammer eine Rechtsverletzung festgestellt und behoben worden ist. **Aus diesem Grunde kann die Vergabekammer die Kosten vollständig der Vergabestelle auferlegen, auch wenn der Antragsteller nur mit seinem Hilfsantrag durchdringt.** Auch aus denjenigen Entscheidungen, die für die Beurteilung des Obsiegens bzw. Unterliegens eines Beteiligten auf den Ausgang des Nachprüfungsverfahrens im Verhältnis zu dem von dem betreffenden Beteiligten gestellten An-

Gesetz gegen Wettbewerbsbeschränkungen　　　　　　　　　GWB § 128　**Teil 1**

trägen abstellen, ergibt sich nichts anderes, weil auch danach der materielle Ausgang des Verfahrens von Bedeutung ist. Erreicht der Antragsteller z. B., dass der Beigeladenen der Zuschlag nicht erteilt werden darf, weil sie mit ihrem Angebot auszuschließen ist und ein Zuschlag ohne erneute Wertung an einen Dritten ebenfalls aus, hat der Antragsteller damit erreicht, dass der von ihm beanstandete Vergabefehler beseitigt und das Vergabeverfahren nunmehr vergaberechtsfehlerfrei fortgeführt werden kann. Bei der **gebotenen materiell-rechtlichen Gesamtbetrachtung erweist sich der Nachprüfungsantrag damit als erfolgreich** und hat die **Vergabekammer zutreffend davon abgesehen, auch den Antragsteller mit einem Teil der entstandenen Verfahrenskosten zu belasten** (OLG Frankfurt, B. v. 1. 2. 2006 – Az.: 11 Verg 18/05).

Nach einer anderen Auffassung liegt dann, wenn das **Begehren des Antragstellers** eines Nachprüfungsverfahrens **gegen die beabsichtigte Bewertung eines Angebots** des Beigeladenen gerichtet und die **Vergabekammer stattdessen die Ausschreibung (zu Recht) aufhebt,** hierin ein Teilunterliegen des Antragstellers, das dem Unterliegensanteil der übrigen Verfahrensbeteiligten regelmäßig gleichwertig ist und dann zu einer **Aufhebung der wechselseitig entstandenen notwendigen Kosten der Rechtsverfolgung führen kann** (OLG Dresden, B. v. 25. 1. 2005 – Az.: WVerg 14/04). 2836

Der **Inhalt des jeweiligen Antrages ist durch Auslegung zu ermitteln,** insbesondere wenn beantragt wird, die Auftraggeberin müsse „nach der Rechtsauffassung der Vergabekammer" weiter verfahren. Die dazu dargestellte Rechtsauffassung wird nämlich der Antragsteller als eigene durchsetzen (OLG Celle, B. v. 14. 7. 2003 – Az.: 13 Verg 12/03). 2837

Beantragen **mehrere Verfahrensbeteiligte** die Abweisung eines Nachprüfungsantrages und wird dem Nachprüfungsantrag im Ergebnis stattgegeben, so sind diese Beteiligten gemeinsam als Unterlegene im Sinne des § 128 Abs. 3 GWB anzusehen (OLG Naumburg, B. v. 17. 1. 2001 – Az.: 1 Verg 1/01 – K). 2838

Eine **einheitliche Kostenentscheidung** erscheint angezeigt, wenn der Antragsteller seinen Antrag auf etliche Vergaberechtsverstöße stützt, mit denen er zwar nicht vollumfänglich obsiegt, er aber sein Nachprüfungsziel (Ausschluss eines Mitkonkurrenten, Besserbewertung seines Angebots samt Zuschlag) dennoch in Gänze erwirkt (1. VK Sachsen, B. v. 1. 10. 2002 – Az.: 1/SVK/084–02). 2839

Haben letztlich **alle** im Nachprüfungsverfahren gestellten **Anträge keinen Erfolg,** so ist eine **Aufteilung der Verfahrenskosten unter allen Beteiligten,** die einen Antrag gestellt haben, geboten (OLG Naumburg, B. v. 23. 4. 2003 – Az.: 1 Verg 1/03). 2840

Bei **teilweisem Obsiegen und Unterliegen** werden die **Kosten verhältnismäßig** geteilt, wobei grundsätzlich das Verhältnis der Kostenteile der Verfahrenserfolge entscheidungserheblich ist, § 92 Abs. 1 ZPO analog. Verteilungsmaßstab ist der Kostenwert (OLG Naumburg, B. v. 23. 4. 2003 – Az.: 1 Verg 1/03). 2841

Die Kosten sind gem. § 128 Abs. 3 Satz 1 GWB in Abweichung zu § 128 Abs. 1 Satz 2 GWB nicht dem Antragsteller, sondern einem anderen Verfahrensbeteiligten aufzuerlegen, soweit dieser im Verfahren unterliegt. Das ist der Fall, wenn sich die Rüge des Vergaberechtsverstoßes als erfolgreich erweist. Die am verwaltungsrechtlichen Widerspruchsverfahren orientierte Kostenregelung des § 128 GWB setzt insoweit eine behördliche Entscheidung voraus. Diese kann in der Abhilfeentscheidung der Ausgangsbehörde oder in der Entscheidung der Widerspruchsbehörde liegen. **Kommt daher die Vergabestelle dem Rechtsschutzbegehren des Antragstellers nach, so war die Rüge des Vergaberechtsverstoßes i. S. v. § 128 Abs. 3 Satz 1 GWB im Verfahren erfolgreich; die Vergabestelle trägt die Kosten** (2. VK Bund, B. v. 2. 1. 2006 – Az.: VK 2–162/05). 2842

37.3.2.2 Berücksichtigung von Billigkeitsgesichtspunkten?

Die **Rechtsprechung** hierzu ist **nicht einheitlich.** 2843

§ 128 Abs. 3 Satz 1 GWB knüpft nach seinem klaren Wortlaut die Kostenverteilung ausschließlich an den Erfolg oder Misserfolg des Nachprüfungsantrags; die **Vorschrift räumt nicht die Befugnis ein,** davon abweichend die Kosten der Vergabekammer auch nach Billigkeitserwägungen zu verteilen. Eine Billigkeitsentscheidung sieht das Gesetz in § 128 Abs. 3 Satz 4 GWB lediglich insoweit vor, als die Vergabekammer aus Gründen der Billigkeit von der Erhebung von Gebühren (ganz oder teilweise) absehen kann. Es kann daher z. B. auf sich beruhen, ob der von der Vergabekammer erhobene Vorwurf, der Antragsgegner habe durch sein Prozessverhalten einen unnötigen Ermittlungsaufwand der Vergabekammer veranlasst, in der 2844

Teil 1 GWB § 128   Gesetz gegen Wettbewerbsbeschränkungen

Sache berechtigt ist (OLG Düsseldorf, B. v. 15. 5. 2002 – Az.: Verg 10/02; 3. VK Bund, B. v. 29. 7. 2004 – Az.: VK 3–89/04; 1. VK Sachsen, B. v. 20. 7. 2004 – Az.: 1/SVK/057–04; VK Schleswig-Holstein, B. v. 14. 9. 2005 – Az.: VK-SH 21/05; B. v. 10. 5. 2004 – Az.: VK-SH 19/02; VK Hessen, B. v. 3. 2. 2003 – Az.: 69 d VK – 74/2002).

2845   Hat – nach einer anderen Auffassung – der **Auftraggeber** durch eine unzureichende Information den Antragsteller zur **Einleitung eines Nachprüfungsverfahrens veranlasst** und nimmt der Antragsteller nach Kenntnis des Sachverhalts den Antrag zurück, hat der Auftraggeber die Kosten des Nachprüfungsverfahrens einschließlich der Kosten der anwaltlichen Vertretung der anderen Verfahrensbeteiligten zu tragen (VK Hannover, B. v. 18. 1. 2002 – Az.: 26 045 – VgK – 9/2001; im Ergebnis ebenso VK Düsseldorf, B. v. 2. 3. 2006 – Az.: VK-06/2006-B – für den Fall der Rücknahme –; VK Baden-Württemberg, B. v. 4. 4. 2002 – Az.: 1 VK 8/02).

2846   Ähnlich argumentiert das OLG Dresden (B. v. 14. 2. 2003 – Az.: WVerg 0011/01) für den **Fall einer Verletzung der Informationspflicht nach § 13 VgV,** wodurch bestimmte Kosten entstanden sind, die bei richtiger Information nicht entstanden wären.

2847   Die 2. VK des **Bundes wendet in solchen Fällen § 155 Abs. 4 VwGO an.** Danach hat der Auftraggeber die Kosten des Rechtsstreits zu tragen, wenn durch sein Verschulden ein Bieter zur Einleitung des Nachprüfungsverfahrens veranlasst worden ist, z. B. dass er für die mangelnde Dokumentation der Vergabeentscheidung erst schrittweise im Nachprüfungsverfahren und dezidiert schließlich in der mündlichen Verhandlung durch entsprechenden Vortrag nachgeholt und den Verfahrensfehler insofern geheilt hat. Grundsätzlich bezieht sich § 155 Abs. 4 VwGO auf zusätzliche, ausscheidbare Mehrkosten. Hat das Verschulden eines Beteiligten jedoch ein Rechtsmittel an sich verursacht, so erfasst § 155 Abs. 4 VwGO auch die Kosten des gesamten Prozesses. Die Kostenverteilung nach § 155 Abs. 4 geht als lex specialis allen sonstigen Kostenregelungen vor (2. VK Bund, B. v. 10. 12. 2003 – Az.: VK 1–116/03).

2848   Die VK Brandenburg (B. v. 25. 4. 2003 – Az.: VK 21/03) kommt über die **analoge Anwendung des § 269 Abs. 3 ZPO** zu einem vergleichbaren Ergebnis. Diese Vorschrift ist als **allgemeiner verfahrensrechtlicher Grundsatz,** der in dieser Vorschrift lediglich seine spezielle Ausprägung gefunden hat, **auch im Nachprüfungsverfahren anzuwenden.** Bislang ist dies zwar lediglich für die sich aus § 269 Abs. 3 Satz 1 ZPO sowie aus § 155 Abs. 2 VwGO ergebende Rechtsfolge, dass derjenige, der seinen Antrag zurücknimmt, als Unterliegender zu behandeln ist, anerkannt (VK Köln, B. v. 18. 1. 2000 – Az.: VK – 10/99 m. w. N.). Hiervon geht auch die das Nachprüfungsverfahren regelnde Kostenvorschrift des § 128 Abs. 3 GWB aus. Es ist aber nicht erkennbar, dass dieser Grundsatz nicht auch für § 269 Abs. 3 Satz 2 letzter Halbsatz ZPO gilt, zumal nicht ersichtlich ist, dass § 128 Abs. 3 GWB an die Vorschriften in den Prozessordnungen nur selektiv, nicht aber insgesamt anknüpfen will. § 269 Abs. 3 Satz 2 letzter Halbsatz ZPO dient der Prozessökonomie, was sich auch aus dem systematischen Zusammenhang zu § 269 Abs. 3 Satz 3 ZPO ergibt. Mit diesen kostenrechtlichen Ausnahmevorschriften soll vermieden werden, dass ein gesonderter Prozess zur Durchsetzung eines materiellrechtlichen Kostenerstattungsanspruchs geführt werden muss. Diese Rechtsgrundsätze lassen sich auf das Nachprüfungsverfahrensrecht des vierten Teils des GWB übertragen. Danach **können die Kosten des Nachprüfungsverfahrens dem Auftraggeber nach billigem Ermessen auferlegt werden,** wenn der Auftraggeber durch Verletzung vergaberechtlicher Pflichten zur Stellung eines Nachprüfungsantrags Anlass gegeben hat (VK des Landes Brandenburg, a. a. O.); im Ergebnis ebenso VK Südbayern, B. v. 16. 6. 2003 – Az.: 21–06/3.

2849   Auch die VK Thüringen (B. v. 12. 6. 2003 – Az.: 216–404.20–005/03-SCZ) **lässt im Ergebnis Billigkeitsgesichtspunkte zu,** indem sie Fehler des Auftraggebers bei dem Vergabeverfahren im Rahmen der Kostenentscheidung berücksichtigt, obwohl der Nachprüfungsantrag mangels rechtzeitiger Rüge unzulässig war.

2850   **Stimmt** ein **Antragsteller der Auftragserteilung an einen anderen Bieter zu,** ist die **Übertragung der Kostenlast auf den Antragsteller deswegen billig,** weil er durch eigenen Willensentschluss das Ereignis herbeigeführt hat, das die Hauptsache erledigt hat; dies insbesondere dann, wenn er bei guten Erfolgsaussichten in der Hauptsache der Auftragserteilung an den anderen Bieter zugestimmt hat, ohne dass sich z. B. nach einem Eilbeschluss der Vergabekammer neue, seine Position belastende Gesichtspunkte ergeben hätten (VK Münster, B. v. 13. 10. 2003 – Az.: VK 18/03).

2851   Die VK Schleswig-Holstein (B. v. 27. 5. 2004 – Az.: VK-SH 14/04) **trennt in solchen Fällen zwischen den Verfahrenskosten und den Aufwendungen.** Die **Verfahrenskosten,** das heißt die bei der Vergabekammer entstandenen Gebühren und Auslagen (§ 128 Abs. 1 Satz 1 GWB), sind von dem unterliegenden Beteiligten zu tragen. § 128 Abs. 3 Satz 1 GWB knüpft nach seinem klaren Wortlaut der Kostenverteilung ausschließlich an den Erfolg oder Misserfolg des Nachprüfungsantrags. Die **Norm räumt nicht die Befugnis ein, davon abweichend die Kosten der Vergabekammer auch nach Billigkeitserwägungen zu verteilen** (VK Schleswig-Holstein, B. v. 19. 10. 2005 – Az.: VK-SH 25/05; B. v. 14. 9. 2005 – Az.: VK-SH 21/05; B. v. 12. 7. 2005 – Az.: VK-SH 18/05). Eine Billigkeitsentscheidung sieht das Gesetz in § 128 Abs. 3 Satz 4 GWB lediglich insoweit vor, als die Vergabekammer aus Gründen der Billigkeit von der Erhebung von Gebühren (ganz oder teilweise) absehen kann. Eine Analogie zu § 155 Abs. 4 VwGO ist nicht möglich, weil das Gesetz für das Verfahren vor der VK – anders als für das Beschwerdeverfahren beim OLG – eine ausdrückliche Regelung enthält. Bei den **Aufwendungen** normiert zwar § 128 Abs. 4 Satz 1 GWB vergleichbar zu § 128 Abs. 3 Satz 1 GWB den Grundsatz, dass eine Erstattung der Kosten der zweckentsprechenden Rechtsverfolgung notwendigen Aufwendungen stattfindet, soweit die Anrufung der Vergabekammer erfolgreich ist oder dem Antrag durch die Vergabeprüfstelle abgeholfen wird. Allerdings bestimmt § 128 Abs. 4 Satz 3 GWB, dass § 80 VwVfG und die entsprechenden Vorschriften der Länder (§ 120 Landesverwaltungsgesetz – LVwG) entsprechend gelten. Gemäß **§ 120 Abs. 1 Satz 2 LVwG** hat der Träger der öffentlichen Verwaltung, dessen Behörde den angefochtenen Verwaltungsakt erlassen hat, derjenigen Person, die Widerspruch erhoben hat, auch dann die Kosten der zweckentsprechenden Rechtsverfolgung zu erstatten, wenn der Widerspruch nur deshalb keinen Erfolg hat, weil die Verletzung einer Verfahrens- oder Formvorschrift nach § 114 unbeachtlich ist. **Nach § 114 Abs. 1 Nr. 2 LVwG ist eine Verletzung von Verfahrens- oder Formvorschrift unbeachtlich, wenn die erforderliche Begründung nachträglich gegeben wird.** Es entspricht daher der Billigkeit, dass der Auftraggeber einem Antragsteller unter entsprechender Anwendung von § 120 Abs. 1 Satz 2 in Verbindung mit § 114 Abs. 1 Nr. 2 LVwG die Kosten der zweckentsprechenden Rechtsverfolgung zu erstatten hat, wenn sich der Antragsteller aufgrund der mangelhaften Vorabinformation des Auftraggebers zur Einleitung des Nachprüfungsverfahrens veranlasst sah und der Auftraggeber die erforderlichen Entscheidungsgründe über die Nichtberücksichtigung des Angebotes eines Antragstellers erst im Nachprüfungsverfahren offenbart hat (VK Schleswig-Holstein, B. v. 27. 5. 2004 – Az.: VK-SH 14/04; im Ergebnis ebenso VK Rheinland-Pfalz, B. v. 14. 4. 2005 – Az.: VK 12/05; B. v. 21. 12. 2004 – Az.: VK 26/04).

Die **VK Sachsen lässt im Ergebnis Verursachungs- und damit ebenfalls Billigkeitsgesichtspunkte entscheiden,** wenn der Auftraggeber durch die **fehlerhafte Benennung der Vergabekammer als Nachprüfungsinstanz den Antragsteller in das Verfahren gedrängt und folglich das Nachprüfungsverfahren verursacht hat.** Üblicherweise bestimmt sich zwar die Kostentragung nach dem Verursacherprinzip, wobei als Verursacher regelmäßig der Antragsteller anzusehen ist. Ist jedoch die Einleitung eines Nachprüfungsverfahrens durch die falsche Bezeichnung der Vergabekammer als Nachprüfungsstelle in den vom Auftraggeber verwendeten Formularen verursacht und wäre die Bezeichnung der Nachprüfungsstelle korrekt gewesen, hätte sich der Antragsteller zweifellos an diese gewendet und die Einleitung eines Nachprüfungsverfahrens bei der Vergabekammer unterlassen (1. VK Sachsen, B. v. 3. 6. 2004 – Az.: 1/SVK/002–04). 2852

37.3.2.3 Unterliegender Beteiligter (bei Erledigung)

Die **Rechtsprechung** hierzu ist **nicht einheitlich.** 2853

Erledigt sich das Verfahren vor der Vergabekammer **ohne Entscheidung zur Sache,** hat der **Antragsteller die für die Tätigkeit der Vergabekammer entstandenen Kosten zu tragen** und findet eine Erstattung der außergerichtlichen Kosten der Beteiligten nicht statt. Auf die **Erfolgsaussichten des Nachprüfungsantrags kommt es für die Kostenentscheidung daher nicht an** (BGH, B. v. 9. 12. 2003 – Az.: X ZB 14/03; OLG Naumburg, B. v. 24. 2. 2005 – Az.: 1 Verg 1/05; B. v. 16. 12. 2004 – Az.: 1 Verg 15/04; OLG Düsseldorf, B. v. 3. 2. 2006 – Az.: VII – Verg 79/05; B. v. 2. 3. 2004 – Az.: Verg 11/00; VK Baden-Württemberg, B. v. 12. 4. 2006 – Az.: 1 VK 12/06; 1. VK Brandenburg, B. v. 1. 11. 2005 – Az.: 1 VK 53/05; 2. VK Bund, B. v. 17. 8. 2005 – Az.: VK 2–81/05; VK Schleswig-Holstein, B. v. 6. 6. 2006 – Az.: VK-SH 16/06; B. v. 26. 4. 2006 – Az.: VK-SH 09/06; B. v. 26. 4. 2006 – Az.: VK-SH 08/06; B. v. 23. 2. 2005 – Az.: VK-SH 04/05; B. v. 21. 12. 2004 – Az.: VK-SH 35/04; 1. VK Sachsen, B. v. 9. 9. 2004 – Az.: 1/SVK/073–04; VK Hessen, B. v. 2. 6. 2004 – Az.: 69 d VK – 69/2002). 2854

Teil 1 GWB § 128 Gesetz gegen Wettbewerbsbeschränkungen

2855   Dies gilt auch dann, wenn der öffentliche **Auftraggeber das Verfahren dadurch erledigt, dass er in der Sache der Vergabebeschwerde abhilft,** z. B. die Ausschreibung aufhebt (OLG Naumburg, B. v. 24. 2. 2005 – Az.: 1 Verg 1/05; B. v. 16. 12. 2004 – Az.: 1 Verg 15/04; 1. VK Brandenburg, B. v. 1. 11. 2005 – Az.: 1 VK 53/05).

2856   Nach einer anderen Auffassung sind in der Regel bei der Erledigung die Kosten demjenigen aufzuerlegen, der ohne das erledigende Ereignis **voraussichtlich unterlegen** wäre (OLG Frankfurt; 2. VK Bund, B. v. 16. 2. 2004 – Az.: VK 2–24/04; 1. VK Bund, B. v. 23. 12. 2003 – Az.: VK 1–119/03, B. v. 2. 1. 2002 – Az.: VK 1–9/01; VK Hessen, B. v. 10. 3. 2003 – Az.: 69 d VK – 06/2003; VK Hamburg, B. v. 19. 9. 2003 – Az.: VgK FB 5/03; VK Münster, B. v. 13. 10. 2003 – Az.: VK 18/03). Ein Verständnis von § 128 Abs. 3 Satz 3 GWB dahingehend, dass der Antragsteller zwingend immer dann als unterlegen anzusehen ist und die Kosten des Verfahrens zu tragen hat, wenn sich sein Antrag auf andere Weise als durch eine – von ihm selbst bewirkte – Rücknahme erledigt, **widerspräche dem Sinn und Zweck einer Erledigung.** Dieser ist darin zu sehen, dass ein Verfahren, dessen Veranlassung entfallen ist, schlicht beendet bzw. abgebrochen werden kann. Eine **zwingende Kostenfolge zu Lasten des Antragstellers würde diesen regelmäßig dazu veranlassen, einen Fortsetzungsfeststellungsantrag zu stellen,** um der – ohne Erledigung möglicherweise nicht entstandenen – Kostentragungspflicht zu entgehen (2. VK Bund, B. v. 16. 2. 2004 – Az.: VK 2–24/04).

37.3.2.4 Unterliegender Beteiligter (bei Erledigung eines Vollstreckungsverfahrens)

2857   Erklärt ein Antragsteller das Vollstreckungsverfahren für erledigt und wäre er mit seinem Vollstreckungsantrag unterlegen, hat er die Kosten des Verfahrens zu tragen (VK des Landes Rheinland-Pfalz, B. v. 6. 2. 2003 – Az.: VK 06/02-Voll).

37.3.2.5 Unterliegender Beteiligter (bei Rücknahme)

2858   **37.3.2.5.1 Rechtsprechung.** Nach der Rechtsprechung des Bundesgerichtshofs ist **ein Unterliegen im Sinne von § 128 Abs. 4 Satz 2 GWB nur gegeben, wenn die Vergabekammer eine Entscheidung getroffen hat, die das Begehren des Antragstellers ganz oder teilweise als unzulässig oder unbegründet zurückweist.** Das Erfordernis einer zurückweisenden Entscheidung steht in Einklang mit anderen Verfahrensgesetzen. **Auch das in § 128 Abs. 3 Satz 1 GWB vorausgesetzte Unterliegen eines Beteiligten kann nur gegeben sein, wenn die Vergabekammer im Nachprüfungsverfahren eine Entscheidung über den Antrag getroffen hat.** Wird das Nachprüfungsverfahren auf andere Weise beendet, beantwortet sich die Frage, wer die Kosten für Amtshandlungen der Vergabekammer (Gebühren und Auslagen) zu tragen hat, nach **§ 128 Abs. 1 Satz 2 GWB.** Nach § 13 Abs. 1 Nr. 1 des dort in Bezug genommenen Verwaltungskostengesetzes trifft in diesen Fällen den **Antragsteller insoweit die Kostenlast, weil er durch Stellung des Nachprüfungsantrags das Verfahren in Gang gesetzt** hat. Das hat der Senat bereits für den Fall ausgesprochen, dass das Nachprüfungsverfahren sich in der Hauptsache erledigt hat; es gilt gleichermaßen aber auch dann, wenn und soweit der Nachprüfungsantrag zurückgenommen worden ist. Das **Gesetz sieht also eine Erstattung von Auslagen, die der Antragsgegner im Verfahren vor der Vergabekammer gehabt hat, nicht vor, weil dieses Verfahren nicht durch eine dem Antragsgegner günstige Entscheidung der Vergabekammer über den Nachprüfungsantrag, sondern durch dessen Rücknahme und Einstellung des Nachprüfungsverfahrens geendet hat** (BGH, B. v. 25. 10. 2005 – Az.: X ZB 26/05; B. v. 25. 10. 2005 – Az.: X ZB 25/05; B. v. 25. 10. 2005 – Az.: X ZB 24/05; B. v. 25. 10. 2005 – Az.: X ZB 22/05; B. v. 25. 10. 2005 – Az.: X ZB 15/05; VK Saarland, B. v. 11. 5. 2006 – Az.: 1 VK 05/2004; VK Schleswig-Holstein, B. v. 19. 7. 2006 – Az.: VK-SH 19/06; B. v. 11. 7. 2006 – Az.: VK-SH 13/06; B. v. 26. 4. 2006 – Az.: VK-SH 09/06; B. v. 26. 4. 2006 – Az.: VK-SH 08/06; B. v. 24. 1. 2006 – Az.: VK-SH 33/05; B. v. 7. 4. 2005 – Az.: VK-SH 06/05; VK Münster, B. v. 1. 3. 2006 – Az.: VK 1/06; VK Baden-Württemberg, B. v. 15. 2. 2006 – Az.: 1 VK 3/06; bereits früher 1. VK Sachsen, B. v. 23. 8. 2005 – Az.: 1/SVK/040–05).

2859   **Wird das Verfahren nicht durch eine dem Antragsgegner günstige Entscheidung der Vergabekammer über den Nachprüfungsantrag, sondern durch dessen Rücknahme und Einstellung des Nachprüfungsverfahrens beendet, ist auch keine entsprechende Anwendung anderer Kostenvorschriften, etwa von § 155 Abs. 2 VwGO oder § 269 Abs. 3 Satz 2 ZPO geboten.** Nach den zitierten Vorschriften ist im Falle der Antragsrücknahme der Antragsteller verpflichtet, die Kosten zu tragen, zu denen nach § 162 Abs. 1 VwGO bzw. § 91 Abs. 1 Satz 1 ZPO auch die dem Gegner für die entsprechende Rechtsverteidigung erwachsenen Kosten gehören. Aus § 128 Abs. 3 Satz 2 und Satz 3 GWB ergibt sich, dass der **Gesetzgeber den Fall der Beendigung des Nachprüfungsverfahrens durch Rücknahme des Nachprüfungsantrags oder dessen anderweitige Erledigung gesehen hat.** Gleichwohl hat er nur eine Regelung über die Höhe der in diesen Fällen zu entrichtenden Gebühr nach § 128 Abs. 2 GWB getroffen. **Unter diesen Umständen kann eine planwidrige Regelungslücke, die für die Heranziehung der Grundsätze über die Analogie notwendig wäre, nicht darin gesehen werden,** dass für das Nachprüfungsverfahren vor der Vergabekammer anders als für das verwaltungsgerichtliche und das zivilgerichtliche Streitverfahren eine Kostenerstattung auch im Falle der Antragsrücknahme nicht vorgesehen ist (BGH, B. v. 25. 10. 2005 – Az.: X ZB 26/05; B. v. 25. 10. 2005 – Az.: X ZB 25/05; B. v. 25. 10. 2005 – Az.: X ZB 24/05; B. v. 25. 10. 2005 – Az.: X ZB 22/05; B. v. 25. 10. 2005 – Az.: X ZB 15/05; OLG Rostock, B. v. 2. 8. 2005 – Az.: 17 Verg 7/05; OLG Karlsruhe, B. v. 14. 7. 2005 – Az.: 6 W 56/05 Verg.; Saarländisches OLG, B. v. 26. 11. 2004 – Az.: 1 Verg 7/04; OLG Naumburg, B. v. 4. 1. 2005 – Az.: 1 Verg 19/04; B. v. 6. 10. 2004 – Az.: 1 Verg 12/04; OLG Düsseldorf, B. v. 27. 7. 2005 – Az.: VII – Verg 20/05; B. v. 27. 7. 2005 – Az.: VII – Verg 18/05; B. v. 27. 7. 2005 – Az.: VII – Verg 17/05; B. v. 27. 7. 2005 – Az.: VII – Verg 103/04; B. v. 13. 8. 2004 – Az.: VII – Verg 12 und 14/02; B. v. 9. 8. 2001 – Az.: Verg 1/01, B. v. 29. 4. 2003 – Az.: Verg 47/02; VK Baden-Württemberg, B. v. 12. 4. 2006 – Az.: 1 VK 12/06; B. v. 15. 2. 2006 – Az.: 1 VK 3/06; VK Düsseldorf, B. v. 3. 3. 2006 – Az.: VK-06/2006-B; VK Hamburg, B. v. 4. 5. 2005 – Az.: VK BSU-2/05; B. v. 21. 3. 2005 – Az.: VK BSU-1/05; VK Münster, B. v. 1. 3. 2006 – Az.: VK 1/06; B. v. 4. 2. 2005 – VK 33/04; B. v. 18. 10. 2004 – Az.: VK 23/04; VK Südbayern, B. v. 23. 9. 2004, Az.: 120.3–3194.1–52–07/04; VK Hessen, B. v. 29. 7. 2004 – Az.: 69 d – VK – 82/2003; 1. VK Sachsen, B. v. 23. 8. 2005 – Az.: 1/SVK/059–05; B. v. 1. 6. 2005 – Az.: 1/SVK/037–05; B. v. 19. 7. 2004 – Az.: 1/SVK/055–04; VK Schleswig-Holstein, B. v. 19. 7. 2006 – Az.: VK-SH 19/06; B. v. 11. 7. 2006 – Az.: VK-SH 13/06; B. v. 6. 6. 2006 – Az.: VK-SH 16/06; B. v. 26. 4. 2006 – Az.: VK-SH 09/06; B. v. 26. 4. 2006 – Az.: VK-SH 08/06; B. v. 24. 1. 2006 – Az.: VK-SH 33/05; B. v. 12. 7. 2005 – Az.: VK-SH 18/05; B. v. 7. 4. 2004 – Az.: VK-SH 06/04, B. v. 5. 4. 2004 – Az.: VK-SH 07/04, B. v. 23. 3. 2004 – Az.: VK-SH 11/04).

Im Nachprüfungsverfahren der bayerischen Vergabekammern kommt dagegen, wenn der Antrag auf Durchführung des Nachprüfungsverfahrens zurückgenommen wird, gemäß § 128 Abs. 4 S. 2 und 3 GWB, Art. 80 Abs. 1 S. 2, Abs. 2 S. 2 BayVwVfG **grundsätzlich ein Anspruch der Beigeladenen auf Erstattung ihrer Auslagen gegen den Antragsteller in Betracht.** Dieser Anspruch wird durch die neueste Rechtsprechung des BGHs nicht berührt. Nach Art. 80 Abs. 1 S. 2, Abs. 2 S. 2 BayVwVfG, auf den § 128 Abs. 4 S. 3 GWB verweist, muss der Antragsteller, wenn er einen Antrag zurücknimmt, anders als nach der bundesgesetzlichen Regelung in § 80 VwVfG im Rahmen der Billigkeit die Kosten der Beigeladenen tragen. Hätte der BGH eine Aussage auch für die Länder, in denen die Erstattung von Kosten im Verwaltungsverfahren abweichend geregelt ist, treffen wollen, hätte er sich bei seiner Argumentation nicht auf die bundesgesetzliche Regelung gestützt und sich mit dem Verhältnis von § 128 Abs. 4 GWB, insbesondere der Reichweite der Verweisung des § 128 Abs. 4 S. 3 GWB, zu den Verwaltungsverfahrensgesetzen der Länder auseinandergesetzt. Die Entscheidungen des BGHs hätten für die Aufwendungsersatzanspruch der Beigeladenen in Bayern deshalb nur dann Aussagekraft, **wenn die Verweisung des § 128 Abs. 4 S. 3 GWB nur für Antragsteller und Antragsgegner, nicht aber für den Beigeladenen gelten würde.** Dieser zum Teil in der Literatur vertretenen Meinung ist der BGH jedoch nicht gefolgt. Wie sich aus dem Beschluss vom 25. 10. 2005 – X ZB 26/05 ergibt, **bezieht er die Verweisungsnorm des § 128 Abs. 4 S. 3 GWB auch auf den Beigeladenen.** Der BGH führt in seinen beiden Beschlüssen vom 25. 10. 2005 zudem aus, es spreche nichts dafür, dass der Gesetzgeber in § 128 Abs. 4 S. 2 GWB eine vom Verwaltungsverfahrensrecht abweichende Kostenregelung habe treffen wollen. Eine **unterschiedliche Behandlung der einzelnen Verfahrensbeteiligten wäre noch weniger einleuchtend** (OLG München, B. v. 6. 2. 2006 – Az.: Verg 23/05). 2860

Auch **in Nachprüfungsverfahren der Vergabekammer des Freistaates Thüringen** kommt, im Falle dass der Antrag auf Durchführung des Nachprüfungsverfahrens zurückgenommen wird, gemäß § 128 Abs. 4 S. 2 und 3 GWB, § 80 Abs. 1 Satz 6 ThürVwVfG **grundsätzlich auch ein Anspruch der Vergabestelle auf Erstattung ihrer Auslagen in Betracht.** Nach § 80 Abs. 1 S. 6 ThürVwVfG, auf den § 128 Abs. 4 S. 3 GWB verweist, ist bei Erledigung des Widerspruchs auf andere Weise, über die Kosten nach billigem Ermessen zu entscheiden; der bisherige Sachstand ist zu berücksichtigen. Der **BGH äußert sich dagegen nicht zum Thüringer Verwaltungsverfahrensgesetz.** Er behandelt ausdrücklich § 80 Vw- 2861

Teil 1 GWB § 128   Gesetz gegen Wettbewerbsbeschränkungen

VfG des Bundes. Hätte der BGH eine Aussage auch für die Länder, in denen die Erstattung von Kosten im Verwaltungsverfahren abweichend geregelt ist, treffen wollen, hätte er sich bei seiner Argumentation nicht auf die bundesgesetzliche Regelung gestützt und sich im Verhältnis von § 128 Abs. 4 GWB, insbesondere der Reichweite der Verweisung des § 128 Abs. 4 S. 3 GWB, zu den Verwaltungsverfahrensgesetzen der Länder auseinandergesetzt (VK Thüringen, B. v. 15. 6. 2006 – Az.: 360–4002.20–006/06-ESA-S).

2862   Auch **in Nachprüfungsverfahren der Vergabekammer Rheinland-Pfalz** kommt, im Falle, dass der Antrag auf Durchführung des Nachprüfungsverfahrens zurückgenommen wird, gemäß § 128 Abs. 4 S. 2 und 3 GWB, § 19 Abs. 1 Satz 5 AGVwGO-RP **grundsätzlich auch ein Anspruch der Vergabestelle auf Erstattung ihrer Auslagen in Betracht** (OLG Koblenz, B. v. 8. 6. 2006 – Az.: 1 Verg 4 und 5/06).

2863   Eine Abweichung von der Rechtsprechung des BGH ergibt sich **in Nachprüfungsverfahren der Vergabekammer Baden-Württemberg auch nicht aus § 80 I 5 LVwVfG,** der eine Kostenentscheidung nach billigem Ermessen unter Berücksichtigung des bisherigen Sachstandes vorsieht, da § 80 LVwVfG nicht anwendbar ist (VK Baden-Württemberg, B. v. 15. 2. 2006 – Az.: 1 VK 3/06).

2864   **37.3.2.5.2 Literatur**

– Kayser, Karsten, Die Erstattung der Aufwendungen des Auftragsgegners bei Rücknahme des Nachprüfungsantrags, VergabeR 2006, 41

37.3.2.6 Unterliegender Beteiligter (bei Verwerfung des Nachprüfungsantrags wegen Nichteröffnung des Vergaberegimes)

2865   Auch die **Verwerfung des Nachprüfungsantrags wegen Nichteröffnung des Vergaberegimes ist ein „Unterliegen im Verfahren".** Darüber kann auch der Hinweis, der Auftraggeber habe ihre Beschaffungsmaßnahme selbst vergaberechtlich unzutreffend qualifiziert, nicht hinweghelfen. Auf Billigkeitsüberlegungen stellt die Kostengrundentscheidung nach § 128 Abs. 3 Satz 1 GWB nicht ab (ungeachtet der Möglichkeit des Absehens von der Gebührenerhebung gemäß § 128 Abs. 3 Satz 4 GWB). Die Kostenlast ist eine zwingende Rechtsfolge des Unterliegens eines Beteiligten. Etwaige materiellrechtliche (Freistellungs-) Ansprüche des Beteiligten sind auf den dafür vorgesehenen Rechtswegen zu verfolgen (OLG Düsseldorf, B. v. 2. 7. 2003 – Az.: Verg 29/03).

37.3.2.7 Unterliegender Beteiligter (Beigeladener)

2866   Es entspricht mittlerweile gefestigter Rechtsprechung, dass in analoger Anwendung der Vorschrift des § 154 Abs. 3 VwGO jedenfalls ein **Beigeladener,** der sich **mit eigenen Sachanträgen aktiv** am Verfahren vor der Vergabekammer **beteiligt,** den entsprechenden Kostenanteil trägt (1. VK Bund, B. v. 13. 10. 2005 – Az.: VK 1–125/05; B. v. 28. 9. 2005 – VK 1–119/05). Für Billigkeitserwägungen hinsichtlich der Höhe des Kostenanteils bietet § 154 Abs. 3 VwGO keinen Raum (OLG Thüringen, B. v. 4. 4. 2003 – Az.: 6 Verg 4/03).

2867   Hinzu kommt als weitere Voraussetzung, **dass (und soweit) in der Hauptsache entgegen dem Antrag des Beigeladenen entschieden** worden ist. Dies hat zur Folge, dass der Beigeladene an den Kosten des Nachprüfungsverfahrens zu beteiligen ist und notwendige Aufwendungen des obsiegenden Gegners zu erstatten hat (OLG Düsseldorf, B. v. 23. 11. 2004 – Az.: VII – Verg 69/04; B. v. 13. 8. 2003 – Az.: Verg 1/02; VK Schleswig-Holstein, B. v. 16. 9. 2005 – Az.: VK-SH 22/05; VK Brandenburg, B. v. 26. 1. 2005 – VK 81/04; 1. VK Bund, B. v. 13. 10. 2005 – Az.: VK 1–125/05; B. v. 20. 4. 2005 – Az.: VK 1–23/05; 3. VK Bund, B. v. 12. 1. 2005 – Az.: VK 3–218/04).

37.3.2.8 Unterliegender Beteiligter (bei Erteilung des Auftrags an den Antragsteller)

2868   Hat ein Antragsteller auf eine veränderte Sachlage reagiert, nachdem die Vergabestelle das getan hat, was der Antragsteller mit seinem Nachprüfungsantrag erreichen wollte, ist eine differenzierende Betrachtung geboten. Dies gilt insbesondere, da die Vorschriften aus § 128 Abs. 3 GWB eine unterschiedliche Behandlung von Erledigung und Antragsrücknahme nicht vorsehen bzw. überhaupt nicht regeln. Eine Entscheidung ist hier nach Billigkeitserwägungen analog der Vorschrift aus § 161 VwGO zu treffen. **Ausschlaggebend** ist damit, dass der **Auftraggeber dem Begehren des Antragstellers nachgekommen ist, diesen also „klaglos" gestellt hat** und der Antragsteller darauf gar nicht anders reagieren kann als durch die Aufgabe seines

Gesetz gegen Wettbewerbsbeschränkungen　　　　　　　　　　GWB § 128　**Teil 1**

ursprünglichen Nachprüfungsantrages. Der Auftraggeber ist damit als unterliegender Verfahrensbeteiligter anzusehen, ohne dass es auf eine überschlägige Bewertung der Erfolgsaussichten des ursprünglichen Nachprüfungsbegehrens noch ankäme. Der **Auftraggeber** ist deshalb auch **zur Kostenerstattung gegenüber dem Antragsteller verpflichtet** (VK Düsseldorf, B. v. 30. 5. 2003 – Az.: VK – 12/2003 – L).

Ob diese Rechtsprechung nach der klarstellenden Rechtsprechung des Bundesgerichtshofs **noch Bestand haben kann, ist sehr zweifelhaft.** 2869

37.3.2.9 Unterliegender Beteiligter (bei Eintritt der Ablehnungsfiktion des § 116 Abs. 2 GWB)

Die **gesetzliche Unterstellung einer Ablehnung des Nachprüfungsantrags führt kostenrechtlich zum Unterliegen des Antragstellers.** Ein Grund, die Ablehnungsfiktion nicht dem Unterliegen zuzuordnen oder die Kostenlast von den vor dem Eintritt der Ablehnungsfiktion bestehenden Erfolgsaussichten abhängig zu machen, ist nicht ersichtlich. Demzufolge spielen die Gründe, die zum Eintritt der Ablehnungsfiktion geführt haben, für die Kostentragung keine Rolle. Die **gesetzliche Fiktion der Ablehnung tritt an die Stelle der Erfolgsaussichten des Nachprüfungsantrags, so dass es auf diese nicht ankommt.** Der fiktive Erfolgsfall reicht hinsichtlich der Interessenlage aus, dass der Antragsteller für die Deckung des Verwaltungsaufwandes (Gebühren und Auslagen) der Kammer aufzukommen hat. Will ein von der Ablehnungsfiktion betroffener Antragsteller die damit verbundene Kostenpflicht nicht hinnehmen, so steht es ihm frei, sofortige Beschwerde zu erheben und damit sein Begehren in der Rechtsmittelinstanz weiter zu verfolgen (OLG Rostock, B. v. 2. 8. 2005 – Az.: 17 Verg 7/05; VK Baden-Württemberg, B. v. 3. 8. 2004 – Az.: 1 VK 37/04). 2870

37.3.2.10 Beispiele aus der Rechtsprechung

- hat ein Antragsteller durch die **Stellung des Nachprüfungsantrages das Verfahren in Gang gesetzt und damit die Kosten verursacht,** trägt er **als Kostenschuldner die Gebühren** für die Amtshandlung der VK (VK Münster, B. v. 14. 10. 2004 – Az.: VK 15/04) 2871
- unterlegen im Sinne des § 128 Abs. 3 GWB ist auch die Vergabestelle, die ihr – im Regelfall mit dem Antrag, den Nachprüfungsantrag des nicht für den Auftrag vorgesehenen Bieters abzuweisen, verfolgtes – Ziel, die Auftragsvergabe durch Zuschlag zum Abschluss zu bringen, nicht erreicht (OLG Thüringen, B. v. 30. 1. 2002 – Az.: 6 Verg 9/01)
- hat die Vergabestelle ihren ursprünglichen Antrag nach § 115 Abs. 2 GWB zurückgenommen und erfolgte die Rücknahme, nachdem der Antragsteller seinen Nachprüfungsantrag inhaltlich so eingeschränkt hatte, dass dem Zuschlag insoweit nichts mehr im Wege stand, stellt sich die **Rücknahme als Erledigungserklärung eines Antrags, der durch eine unzulässig weite Fassung des Nachprüfungsantrags ausgelöst worden war** (§ 161 Abs. 2 VWGO, § 91a ZPO analog), dar. Der Antragsteller hat daher die Kosten zu tragen (2. VK Bund, B. v. 13. 2. 2003 – Az.: VK 2–98/02)

37.3.3 Gebührenbefreiung nach dem Verwaltungskostengesetz?

Die **Rechtsprechung** hierzu ist **nicht einheitlich.** 2872

Nach Auffassung der **VK Magdeburg** (B. v. 6. 6. 2002 – Az.: 33–32571/07 VK 05/02 MD) ist eine Vergabestelle **nicht** von der Zahlung der Gebühr nach **§ 8 Abs. 1 Nr. 2 VwKostG** befreit. **§ 128 Abs. 3 Satz 1 GWB** trifft insoweit eine **speziellere Regelung.** Nach dieser Vorschrift entsteht die Kostenschuld unabhängig von dem Befreiungstatbestand nach § 8 Abs. 1 VwKostG. Hätte der Gesetzgeber die entsprechenden Beteiligten von der Gebührenpflicht freistellen wollen, hätte es nahe gelegen, dass er dies bei der Regelung der Kostenpflicht unmittelbar zum Ausdruck gebracht hätte. 2873

Dieses Ergebnis wird **außerdem darauf gestützt,** dass die Regelung über die Gebührenbefreiung (§ 2 Abs. 1 Nr. 1 Verwaltungskostengesetz des Landes Sachsen-Anhalt) nicht anzuwenden ist bei Entscheidungen über förmliche Rechtsbehelfe (z.B. Widerspruch). Dieser Ausnahmetatbestand liegt hier vor. Das Nachprüfungsverfahren ist insoweit mit einem Widerspruchsverfahren vergleichbar (VK Magdeburg, B. v. 24. 2. 2003 – Az.: 33–32571/07 VK 15/02 MD). 2874

Demgegenüber gehen die **übrigen Vergabekammern** (u.a. VK Baden-Württemberg, B. v. 22. 10. 2002 – Az.: 1 VK 51/02; VK Südbayern, B. v. 6. 5. 2002 – Az.: 12–04/02; VK Hessen, 2875

Teil 1 GWB § 128   Gesetz gegen Wettbewerbsbeschränkungen

B. v. 22. 4. 2002 – Az.: 69 d VK – 11/2002) **und die Vergabesenate** insbesondere in Entscheidungen zum Gesamtschuldnerausgleich (vgl. die nachfolgende Kommentierung RZ 2876) **von einer Gebührenbefreiung aus,** ohne auf die Entscheidungspraxis der VK Magdeburg einzugehen.

37.4 Gesamtschuldnerische Haftung mehrerer Kostenschuldner (§ 128 Abs. 3 Satz 2)

37.4.1 Grundsatz

2876   **Die gesamtschuldnerische Haftung mehrerer Kostenschuldner ist zwingende Rechtsfolge der Erhebung der Gebühren.** Das der nach § 128 Abs. 3 Satz 4 der Vergabekammer eingeräumte Ermessen („kann"), von der (ganzen oder teilweisen) Erhebung der Gebühren abzusehen, erstreckt sich nicht auf die vom Gesetz angeordnete gesamtschuldnerische Haftung („haften"). Für Billigkeitserwägungen ist im Rahmen der kraft Gesetzes zu erfolgenden Anordnung der gesamtschuldnerischen Haftung für die Kosten kein Raum (OLG Düsseldorf, B. v. 23. 11. 2004 – Az.: VII – Verg 69/04).

2877   Bei gesamtschuldnerischer Haftung der Kostenschuldner ist die **Vergabekammer** als Kostengläubigerin in der **Wahl der Inanspruchnahme frei** (1. VK Brandenburg, B. v. 7. 3. 2002 – Az.: 1 VK 113/01 – K).

37.4.2 Berücksichtigung der Gebührenfreiheit des Auftraggebers bei gesamtschuldnerischer Haftung

2878   Zwar **regelt das Verwaltungskostengesetz,** welches gemäß § 128 Abs. 1 Satz 2 GWB Anwendung findet, **nicht explizit,** wie es sich auf die Höhe der festzusetzenden Gebühren auswirkt, wenn einer der dem Grunde nach haftenden Streitgenossen gemäß § 8 VwKostG von der Zahlung der Gebühren für Amtshandlungen befreit ist. § 13 Abs. 2 VwKostG bestimmt indes, dass mehrere Kostenschuldner als Gesamtschuldner haften und verweist damit auf die sich aus § 426 BGB ergebenden Ausgleichspflichten von Gesamtschuldnern untereinander. Wird der **gesetzgeberische Zweck der in § 8 VwKostG geregelten persönlichen Gebührenfreiheit berücksichtigt** (der Begünstigte soll in keinem Fall zur Zahlung von Gebühren verpflichtet sein), so ergibt sich, dass dieses gesetzgeberische Ziel unter Beachtung der Ausgleichsgrundsätze des § 426 BGB nur erreicht wird, **wenn der nicht befreite Gesamtschuldner um den Gebührenanteil des befreiten Gesamtschuldners vermindert haftet.** Es ist daher die Heranziehung des § 2 Abs. 4 Satz 1 GKG zugrunde liegenden allgemeinen Rechtsgedankens im Rahmen einer ergänzenden Auslegung des § 8 VwKostG dahingehend geboten, dass **Verfahrenskosten nicht zu erheben sind, soweit ein Kostenschuldner von Kosten befreit ist.** Nur diese ergänzende Auslegung des § 8 VwKostG vermeidet sonst auftretende Wertungswidersprüche: Im Rechtsstreit vor dem Vergabesenat wäre die persönliche Kostenbefreiung eines Gesamtschuldners gemäß § 1 Abs. 1 lit. a GKG in Verbindung mit § 2 Abs. 4 GKG zu berücksichtigen. Es erschiene als systemfremd, wenn dies im vorgeschalteten justizförmig ausgeprägten Nachprüfungsverfahren nicht der Fall wäre (OLG Rostock, B. v. 22. 10. 2002 – Az.: 17 Verg 7/02; im Ergebnis ebenso OLG Düsseldorf, B. v. 23. 11. 2004 – Az.: VII – Verg 69/04; OLG Thüringen, B. v. 4. 4. 2003 – Az.: 6 Verg 4/03).

2879   Dieses Ergebnis gewährleistet außerdem, dass **der mit einer persönlichen Gebührenbefreiung zugunsten eines öffentlichen Auftraggebers verbundene Zweck erfüllt bleibt, Zahlungstransfers zwischen verschiedenen öffentlichen Kassen zu vermeiden,** ohne dass daraus wirtschaftlich eine Zusatzbelastung für einen anderen Verfahrensbeteiligten erwächst, der für das Unterliegen in einem Vergabenachprüfungsverfahren vor der Kammer allenfalls neben dem Auftraggeber, nicht aber allein verantwortlich ist (OLG Dresden, B. v. 25. 1. 2005 – Az.: WVerg 14/04).

37.4.3 Gebührenbefreiung gilt nicht für die in einem Vergleich übernommene hälftige Kostentragung

2880   Erfolgt die Beendigung des Verfahrens durch eine **vergleichsweise Lösung,** müssen die in diesem Vergleich getroffenen Bestimmungen über die Kosten vor der Vergabekammer gelten. Die Grenze derartiger vergleichsweiser Erledigungen des Nachprüfungsverfahrens markiert lediglich § 125 Abs. 2 Nr. 3 GWB. Da die Verfahrensbeteiligten die grundsätzliche hälftige Kostentragungspflicht von Antragstellerin und Auftraggeberin – z. T. auch entgegen einer ansonsten persönlichen Gebührenbefreiung der Auftraggeberin zumindest hinsichtlich der Kammergebühr nach dem Verwaltungskostengesetz des Bundes – in Punkt 1 des Vergleiches geregelt haben, sind sie jeweils zur Hälfte **zur Tragung der Vergabekammergebühren** gemäß § 128 Abs. 3 Satz 3 GWB verpflichtet (1. VK Sachsen, B. v. 21. 3. 2002 – Az.: 1/SVK/011–02, B. v. 25. 6. 2003 – Az.: 1/SVK/015–03).

37.5 Höhe der Gebühren bei Erledigung (§ 128 Abs. 3 Satz 3)

§ 128 Abs. 3 Satz 3 GWB ordnet ergänzend an, dass sich die zu zahlende **Gebühr auf die** 2881 **Hälfte reduziert,** wenn sich der Antrag vor einer Entscheidung der Vergabekammer durch Rücknahme oder anderweitig erledigt hat (OLG Düsseldorf, B. v. 9. 8. 2001 – Az.: Verg 1/01). Nimmt der Antragsteller also z.B. den Nachprüfungsantrag vor der Entscheidung der Vergabekammer zurück, **trägt das Gesetz in § 128 Abs. 3 Satz 3 GWB dem Umstand, dass in solchen Fällen in der Regel kein dem Auftragswert äquivalenter Aufwand entsteht,** sondern der Erledigungsaufwand typischerweise geringer ist, in der Weise Rechnung, dass die **Gebühr pauschal auf die Hälfte zu ermäßigen** ist (OLG Düsseldorf, B. v. 9. 2. 2006 – Az.: VII – Verg 80/05).

Unter der „Hälfte der Gebühr" ist die Hälfte der ansonsten angemessenen Gebühr zu verste- 2882 hen. Das bedeutet, dass **vor dem Rechenschritt der Halbierung der Gebühr gemäß dem Kostendeckungsprinzip unter den Gesichtspunkten des personellen und sachlichen Aufwands mögliche Ermäßigungen (aber auch mögliche Erhöhungen) der Gebühr zu prüfen** sind (OLG Düsseldorf, B. v. 9. 2. 2006 – Az.: VII – Verg 80/05; B. v. 7. 1. 2004 – Az.: VII – Verg 55/02).

37.6 Absehen von der Erhebung von Gebühren (§ 128 Abs. 3 Satz 4)

37.6.1 Grundsatz

Aus Gründen der Billigkeit kann ganz oder teilweise nach § 128 Abs. 3 Satz 4 GWB von der 2883 Erhebung von Gebühren abgesehen werden. Einzubeziehen sind hier **Gesichtspunkte, die nicht schon im Rahmen des § 128 Abs. 2 Satz 2 Halbsatz 2 GWB berücksichtigt werden können oder gemäß § 128 Abs. 3 Satz 3 GWB zwingend zu beachten sind.** Dabei kann es eine Rolle spielen, dass über den durch Rücknahme bedingten typischerweise reduzierten Verwaltungsaufwand hinaus bei der Vergabekammer ein erheblich unterdurchschnittlicher personeller und sachlicher Aufwand angefallen ist, etwa weil der **Antrag ersichtlich unzulässig** war (BayObLG, B. v. 6. 6. 2002 – Az.: Verg 12/02; OLG Düsseldorf, B. v. 7. 1. 2004 – Az.: VII – Verg 55/02) oder bereits **in einem sehr frühen Verfahrensstadium zurückgenommen** wurde (OLG Düsseldorf, B. v. 9. 2. 2006 – Az.: VII – Verg 80/05). **Bis zu diesem Zeitpunkt besteht für die Vergabekammer lediglich Veranlassung zu einer eingeschränkten Prüfung des Nachprüfungsantrags.** Sie beschränkt sich gemäß § 110 Abs. 2 Satz 1 GWB auf die Frage, ob das Nachprüfungsbegehren eines Antragstellers offensichtlich unzulässig oder unbegründet ist, so dass von einer Zustellung der Antragsschrift an die Antragsgegnerin abzusehen ist (OLG Düsseldorf, B. v. 12. 5. 2004 – Az.: VII – Verg 23/04; B. v. 12. 5. 2004 – Az.: VII – Verg 24/04; B. v. 12. 5. 2004 – Az.: VII – Verg 25/04; B. v. 12. 5. 2004 – Az.: VII – Verg 26/04; B. v. 12. 5. 2004 – Az.: VII – Verg 27/04; B. v. 12. 5. 2004 – Az.: VII – Verg 28/04; VK Südbayern, B. v. 23. 9. 2004, Az.: 120.3–3194.1–52–07/04). Das gleiche gilt bei mehreren inhaltlich weitgehend übereinstimmenden Nachprüfungsanträgen (OLG Düsseldorf, B. v. 12. 5. 2004 – Az.: VII – Verg 23/04; B. v. 12. 5. 2004 – Az.: VII – Verg 24/04; B. v. 12. 5. 2004 – Az.: VII – Verg 25/04; B. v. 12. 5. 2004 – Az.: VII – Verg 26/04; B. v. 12. 5. 2004 – Az.: VII – Verg 27/04; B. v. 12. 5. 2004 – Az.: VII – Verg 28/04).

Ein völliges Absehen von der Erhebung von Gebühren kann auch in Betracht kommen, 2884 wenn bis zur Rücknahme eines Antrages wegen offensichtlicher Unzulässigkeit **kein irgendwie ins Gewicht fallender personeller und sachlicher Aufwand bei der Vergabekammer erforderlich geworden ist** (Saarländisches OLG, B. v. 26. 11. 2004 – Az.: 1 Verg 7/04).

Ein solcher Fall kommt auch in Betracht, wenn der **Antragsteller das Nachprüfungsver-** 2885 **fahren aufgrund einer Fehlinformation oder eines sonstigen Fehlverhaltens des Antragsgegners** eingeleitet hat oder die **allgemein angespannte wirtschaftliche Lage der ganzen Branche eine Ermäßigung indiziert** (VK Schleswig-Holstein, B. v. 23. 2. 2005 – Az.: VK-SH 04/05).

Teil 1 GWB § 128 Gesetz gegen Wettbewerbsbeschränkungen

2886 Nach dem Wortlaut von § 128 Abs. 3 Satz 4 GWB („kann") hat die **Vergabekammer** bei der Entscheidung **ein Ermessen** (OLG Düsseldorf, B. v. 7. 1. 2004 – Az.: VII – Verg 55/02).

37.6.2 Beispiele aus der Rechtsprechung

2887
- der Antragsteller, der einen **Nachprüfungsantrag erst am Tag vor der mündlichen Verhandlung zurücknimmt,** kann im Übrigen auch nicht ernstlich erwarten, dadurch zu einer fühlbaren Entlastung der Vergabekammer beigetragen zu haben; eine Ablehnung, nicht von der Gebührenerhebung abzusehen, ist nicht ermessensfehlerhaft (OLG Düsseldorf, B. v. 7. 1. 2004 – Az.: VII – Verg 55/02)
- von der Erhebung von Verfahrenskosten kann aus Billigkeitsgründen auch abgesehen werden, wenn das **Nachprüfungsverfahren ohne mündliche Verhandlung beendet werden kann** (VK Hamburg, B. v. 18. 9. 2003 – Az.: VgK FB 4/03)
- bedarf es **keiner Durchführung einer mündlichen Verhandlung** und zieht der Antragsteller **unmittelbar nach Auswertung der Erkenntnisse aus der Akteneinsicht** bzw. nach einer dreitägigen Bedenkzeit noch vor Absendung der Beiladung und Ladung zur mündlichen Verhandlung seinen Antrag zurück, kann teilweise von der Erhebung von Verfahrenskosten abgesehen werden (1. VK Sachsen, B. v. 5. 6. 2003 – Az.: 1/SVK/044–03)
- hat der **Auftraggeber fälschlicherweise die Vergabekammer als zuständige Nachprüfbehörde benannt,** kann teilweise von der Erhebung von Verfahrenskosten abgesehen werden (1. VK Sachsen, B. v. 17. 6. 2003 – Az.: 1/SVK/050–03)
- zieht ein Antragsteller seinen Antrag zu einem Zeitpunkt zurück, zu dem die **mündliche Verhandlung noch nicht durchgeführt** ist und die **Ladungen noch für gegenstandslos erklärt werden können,** kann teilweise von der Erhebung von Verfahrenskosten abgesehen werden (1. VK Sachsen, B. v. 14. 11. 2003 – Az.: 1/SVK/143–03)
- für eine Kostenreduzierung spricht, dass der Erfüllungsgehilfe des Auftraggebers das Absageschreiben derart formelhaft reduzierte, dass die **Antragstellerin förmlich in das Verfahren gedrängt** wurde. Daher wird die Gebühr ein weiteres Mal um die Hälfte reduziert (1. VK Sachsen, B. v. 22. 8. 2003 – Az.: 1/SVK/091–03)

37.7 Erstattung der notwendigen Aufwendungen (§ 128 Abs. 4)

37.7.1 Erstattungspflicht bei erfolgreicher Anrufung der Vergabeprüfstelle (§ 128 Abs. 4 Satz 1)

2888 Die Vergabekammer ist nach § 128 Abs. 4 Satz 1 GWB befugt, die im erstinstanzlichen Nachprüfungsverfahren entstandenen Auslagen des Antragstellers dem Antragsgegner aufzuerlegen, **wenn der Antragsteller parallel zur Einreichung des Nachprüfungsantrags nach § 107 Abs. 1 GWB einen Antrag nach § 103 Abs. 2 GWB bei der Vergabeprüfstelle eingereicht und diese dem Antrag nach § 103 Abs. 2 GWB abgeholfen hat.** Antrag im Sinne des § 128 Abs. 4 Satz 1 GWB ist der Nachprüfungsantrag nach § 107 Abs. 1 GWB, denn für die Anordnung der Erstattung von Auslagen des erfolgreichen Antragstellers im Verfahren vor der Vergabeprüfstelle sieht § 129 Satz 2 GWB eine entsprechende Anwendung von § 128 (d.h. auch von Abs. 4 Satz 1) GWB durch die Vergabeprüfstelle vor. Die **erfolgreiche Anrufung der Vergabeprüfstelle führt dazu, dass das parallel mit dem Nachprüfungsantrag verfolgte Begehren des Antragstellers gegenstandslos wird** und mithin der Nachprüfungsantrag des Antragstellers **sich in sonstiger Weise erledigt** (§ 114 Abs. 2 Satz 2 GWB). Erklären die Parteien daraufhin übereinstimmend das Nachprüfungsverfahren für erledigt und wird ein Feststellungsantrag nach § 114 Abs. 2 GWB nicht gestellt, so kann die Vergabekammer in entsprechender Anwendung des § 92 Abs. 3 VwGO das Nachprüfungsverfahren einstellen. Gleichzeitig trifft sie eine Entscheidung über die Kosten des Verfahrens nach § 128 Abs. 1 GWB und eine Entscheidung über die Auslagen der Verfahrensbeteiligten. **War der Antragsteller mit seinem Begehren vor der Vergabeprüfstelle erfolgreich und hätte mithin voraussichtlich auch sein Nachprüfungsantrag Erfolg gehabt, sieht § 128 Abs. 4 Satz 1 GWB eine Erstattung seiner im Verfahren vor der Vergabekammer entstandenen Auslagen durch den unterlegenen Antragsgegner vor.** Die Vorschrift trägt dem Umstand Rechnung, dass § 103 Abs. 3 Satz 2 GWB die Prüfung durch die Vergabeprüfstelle nicht zur Zulässigkeitsvoraussetzung für die Anrufung der Vergabekammer erhoben hat, sondern diese eine fakultative Überprüfungsinstanz bildet. Um dem Antragsteller für das durch eine Abhilfeentscheidung der Vergabeprüfstelle in der Hauptsache tatsächlich erledigte erstinstanzliche Nachprüfungsverfahren nicht unbillig Kosten aufzubürden, hat die Vergabekammer nach § 128 Abs. 4 Satz 1 GWB bei einer erfolgreichen Anrufung der Vergabeprüfstelle die zweckentsprechenden Aufwendungen des Antragstellers im erstinstanzlichen Nachprüfungsverfahren dem Antragsgegner aufzuerlegen (OLG Düsseldorf, B. v. 3. 2. 2006 – Az.: VII – Verg 79/05).

37.7.2 Auslagen für die Hinzuziehung eines Rechtsanwaltes

37.7.2.1 Allgemeines

Für die Frage, ob die **Zuziehung eines Bevollmächtigten notwendig ist** und die hieraus entstehenden Kosten im Sinne von § 80 Abs. 1 Satz 3 VwVfG zu den notwendigen Auslagen gehören, ist **auf die spezifischen Besonderheiten des Vergabenachprüfungsverfahrens Rücksicht zu nehmen.** Es handelt sich um eine immer noch nicht zum (weder juristischen noch unternehmerischen) Allgemeingut zählende, auch aufgrund vielfältiger europarechtlicher Überlagerung wenig übersichtliche und zudem steten Veränderungen unterworfene Rechtsmaterie, die wegen des gerichtsähnlich ausgestalteten Verfahrens bei der VK bereits dort prozessrechtliche Kenntnisse verlangt. Die verfahrensrechtliche Ausgangssituation unterscheidet sich daher schon wegen ihrer kontradiktorischen Ausgestaltung von einem „normalen" verwaltungsrechtlichen Verfahren. Infolge dessen ist die Notwendigkeit der Zuziehung eines anwaltlichen Bevollmächtigten **jeweils nach den individuellen Umständen des einzelnen Nachprüfungsverfahrens zu beurteilen** (1. VK Sachsen, B. v. 13. 9. 2004 – Az.: 1/SVK/080–04; B. v. 21. 5. 2004 – Az.: 1/SVK/036–04; B. v. 23. 1. 2004 – Az.: 1/SVK/160–03; B. v. 13. 9. 2002 – Az.: 1/SVK/082–02; OLG Dresden, B. v. 7. 2. 2003 – Az.: WVerg 0021/02). 2889

37.7.2.2 Orientierungsrichtlinien

Konzentriert sich die Problematik des Nachprüfungsverfahrens auf **auftragsbezogene Sach- und Rechtsfragen einschließlich der dazugehörigen Vergaberegeln,** spricht viel dafür, dass der **öffentliche Auftraggeber** das Vorhandensein der erforderlichen Sachkunde und Rechtskenntnisse in seinem originären Aufgabenkreis **ohnehin organisieren muss** und daher auch in einem Nachprüfungsverfahren keines anwaltlichen Bevollmächtigten notwendigerweise bedarf. Kommen **weitere** – nicht einfache – **Rechtsprobleme und gerade auch solche der Vergabe-Nachprüfungsregeln** hinzu, wird allerdings oft das Ergebnis sachgerecht sein, auch dem öffentlichen Auftraggeber die Zuziehung eines Rechtsanwalts als notwendig nicht zu verwehren. Ferner kommt es darauf an, ob der öffentliche Auftraggeber über **Personal verfügt, das zur Bearbeitung der Sach- und Rechtsprobleme im Vergabeverfahren befähigt ist,** und welche Bedeutung und welches Gewicht der in Rede stehende Auftrag für den öffentlichen Auftraggeber hat (OLG Düsseldorf, B. v. 29. 10. 2003 – Az.: Verg 1/03; VK Südbayern, B. v. 23. 9. 2004, Az.: 120.3–3194.1–52–07/04). 2890

Diese Erwägungen sind auch auf eine Beiziehung anwaltlicher Bevollmächtigter durch andere Verfahrensbeteiligte übertragbar (OLG Düsseldorf, B. v. 29. 10. 2003 – Az.: Verg 1/03). 2891

37.7.2.3 Hinzuziehung eines Rechtsanwaltes durch den öffentlichen Auftraggeber

37.7.2.3.1 Grundsatz. Die **Rechtsprechung** hierzu ist **nicht einheitlich.** 2892

Die Frage, ob die Zuziehung eines anwaltlichen Vertreters im erstinstanzlichen Nachprüfungsverfahren für den öffentlichen Auftraggeber notwendig ist, kann **nicht schematisch, sondern aus prognostischer Sicht (ex ante) stets anhand der Umstände des einzelnen Falles** beurteilt werden (OLG Koblenz, B. v. 8. 6. 2006 – Az.: 1 Verg 4 und 5/06; VK Schleswig-Holstein, B. v. 30. 8. 2006 – Az.: VK-SH 20/06; B. v. 28. 7. 2006 – Az.: VK-SH 18/06; B. v. 12. 6. 2006 – Az.: VK-SH 12/06; B. v. 15. 5. 2006 – Az.: VK-SH 10/06; B. v. 28. 4. 2006 – Az.: VK-SH 05/06; B. v. 28. 4. 2006 – Az.: VK-SH 04/06; B. v. 28. 4. 2006 – Az.: VK-SH 03/06; B. v. 31. 1. 2006 – Az.: VK-SH 33/05; B. v. 17. 1. 2006 – Az.: VK-SH 32/05; B. v. 10. 1. 2006 – Az.: VK-SH 30/05; B. v. 5. 1. 2006 – Az.: VK-SH 31/05; B. v. 6. 10. 2005 – Az.: VK-SH 27/05; B. v. 5. 10. 2005 – Az.: VK-SH 23/05; B. v. 31. 3. 2005 – Az.: VK-SH 05/05; B. v. 7. 3. 2005 – Az.: VK-SH 03/05; B. v. 23. 2. 2005 – Az.: VK-SH 04/05; 1. VK Sachsen, B. v. 13. 4. 2006 – Az.: 1/SVK/028–06; B. v. 27. 3. 2006 – Az.: 1/SVK/021–06; 1. VK Sachsen, B. v. 28. 12. 2005 – Az.: 1/SVK/147–05; B. v. 21. 7. 2005 – Az.: 1/SVK/076–05; 2. VK Brandenburg, B. v. 8. 12. 2005 – Az.: 2 VK 72/05; B. v. 11. 11. 2005 – Az.: 2 VK 68/05; B. v. 2893

Teil 1 GWB § 128 Gesetz gegen Wettbewerbsbeschränkungen

18. 10. 2005 – Az.: 2 VK 56/05; 1. VK Brandenburg, B. v. 30. 5. 2005 – Az.: VK 27/05; B. v. 30. 5. 2005 – Az.: VK 21/05; VK Südbayern, B. v. 29. 11. 2005 – Az.: Z3-3-3194-1-46-09/05; B. v. 24. 11. 2005 – Az. Z3-3-3194-1-42-09/05; B. v. 11. 8. 2005 – Az.: 35-07/05; B. v. 10. 6. 2005 – Az.: 20-04/05; B. v. 19. 4. 2005 – Az.: 10-03/05; B. v. 14. 12. 2004 – Az.: 70-10/04; B. v. 14. 12. 2004 – Az.: 69-10/04; B. v. 14. 12. 2004 – Az.: 68-10/04). Bei der **jeweiligen Einzelfallentscheidung** darf weder die restriktive Tendenz bei der Erstattung von Rechtsanwaltsgebühren im Vorverfahren nach § 80 Abs. 2 VwVfG – der in § 128 Abs. 4 Satz 3 GWB nur für entsprechend anwendbar erklärt ist – unbesehen auf das Vergabekammerverfahren übertragen werden noch lässt sich – praktisch in Umkehrung der Praxis zu § 80 Abs. 2 VwVfG – davon ausgehen, die Hinzuziehung eines anwaltlichen Bevollmächtigten sei für den öffentlichen Auftraggeber regelmäßig notwendig (OLG Düsseldorf, B. v. 14. 4. 2004 – Az.: VII – Verg 66/03, B. v. 25. 2. 2004 – Az.: VII – Verg 12/00, B. v. 7. 1. 2004 – Az.: VII – Verg 55/02, B. v. 26. 9. 2003 – Az.: VII Verg 31/01; 1. VK Brandenburg, B. v. 30. 5. 2005 – Az.: VK 27/05; B. v. 30. 5. 2005 – Az.: VK 21/05; VK Südbayern, B. v. 29. 11. 2005 – Az.: Z3-3-3194-1-46-09/05; B. v. 24. 11. 2005 – Az. Az.: Z3-3-3194-1-42-09/05; B. v. 11. 8. 2005 – Az.: 35-07/05; B. v. 10. 6. 2005 – Az.: 20-04/05; B. v. 19. 4. 2005 – Az.: 10-03/05; B. v. 14. 12. 2004 – Az.: 70-10/04; B. v. 14. 12. 2004 – Az.: 69-10/04; B. v. 14. 12. 2004 – Az.: 68-10/04).

2894 Eine notwendig differenzierte Betrachtungsweise **orientiert sich an folgenden Gesichtspunkten**: Konzentriert sich die Problematik eines Nachprüfungsverfahrens auf **auftragsbezogene Sach- und Rechtsfragen** einschließlich der dazugehörigen Vergaberegeln, spricht im allgemeinen mehr für die Annahme, dass der öffentliche Auftraggeber die erforderlichen Sach- und Rechtskenntnisse in seinem originären Aufgabenkreis ohnehin organisieren muss und daher auch im Nachprüfungsverfahren keines anwaltlichen Bevollmächtigten „notwendig" bedarf (OLG Düsseldorf, B. v. 25. 2. 2004 – Az.: VII – Verg 12/00; B. v. 7. 1. 2004 – Az.: VII – Verg 55/02; OLG Rostock, B. v. 29. 12. 2003 – Az.: 17 Verg 11/03; 2. VK Bund, B. v. 14. 12. 2004 – Az.: VK 2–208/04; 3. VK Bund, B. v. 26. 9. 2005 – Az.: VK 3–118/05; B. v. 19. 10. 2004 – Az.: VK 3–191/04; 2. VK Brandenburg, B. v. 8. 12. 2005 – Az.: 2 VK 72/05; B. v. 11. 11. 2005 – Az.: 2 VK 68/05; B. v. 18. 10. 2005 – Az.: 2 VK 56/05; 1. VK Brandenburg, B. v. 30. 5. 2005 – Az.: VK 27/05; B. v. 30. 5. 2005 – Az.: VK 21/05; 1. VK Sachsen, 1. VK Sachsen, B. v. 21. 7. 2005 – Az.: 1/SVK/076–05; B. v. 21. 12. 2004 – Az.: 1/SVK/112–04; B. v. 25. 11. 2004 – Az.: 1/SVK/110–04; B. v. 20. 7. 2004 – Az.: 1/SVK/051–04; B. v. 21. 5. 2004 – Az.: 1/SVK/036–04; VK Südbayern, B. v. 29. 11. 2005 – Az.: Z3-3-3194-1-46-09/05; B. v. 24. 11. 2005 – Az.: Z3-3-3194-1-42-09/05; B. v. 11. 8. 2005 – Az.: 35–07/05; B. v. 10. 6. 2005 – Az.: 20–04/05; B. v. 19. 4. 2005 – Az.: 10–03/05; B. v. 14. 12. 2004 – Az.: 70–10/04; B. v. 14. 12. 2004 – Az.: 69–10/04; B. v. 14. 12. 2004 – Az.: 68–10/04; B. v. 23. 9. 2004, Az.: 120.3-3194.1-52-07/04; B. v. 21. 9. 2004, Az.: 120.3-3194.1-54-08/04; 3. VK Saarland, B. v. 16. 3. 2004 – Az.: 3 VK 09/2003). Kommen **darüber hinaus weitere, nicht einfach gelagerte Rechtsfragen** (namentlich solche des Nachprüfungsverfahrens) hinzu, wird dem öffentlichen Auftraggeber oftmals die Hinzuziehung eines anwaltlichen Vertreters als „notwendig" zuzubilligen sein, wobei keine kleinliche Beurteilung angezeigt ist. **Zu berücksichtigen ist zudem, ob das beim öffentlichen Auftraggeber verfügbare Personal juristisch hinreichend geschult und zur Bearbeitung der im jeweiligen Nachprüfungsverfahren relevanten Sach- und Rechtsfragen in der Lage ist oder nicht** (2. VK Bund, B. v. 2. 2. 2006 – Az.: VK 2–02/06). Ferner ist die Bedeutung und das Gewicht des in Rede stehenden Auftrags für den Aufgabenbereich der Vergabestelle in die Beurteilung einzubeziehen, so dass eine herausragende Bedeutung des Auftrags schon für sich alleine die Hinzuziehung eines Rechtsanwalts als „notwendig" erscheinen lassen kann. Schließlich ist auch den im Vergabenachprüfungsverfahren geltenden kurzen Fristen (§ 113 Abs. 1, Abs. 2 Satz 1 und 2 GWB) Rechnung zu tragen. Die zur Verfügung stehende knappe Zeit in Verbindung mit dem begrenzten eigenen Personal können es rechtfertigen, dass für den öffentlichen Auftraggeber die Beiziehung eines anwaltlichen Vertreters „notwendig" ist, um seine Verfahrenspflichten und Obliegenheiten sach- und zeitgerecht wahrnehmen zu können (OLG Düsseldorf, B. v. 14. 4. 2004 – Az.: VII – Verg 66/03, B. v. 25. 2. 2004 – Az.: VII – Verg 12/00, B. v. 5. 2. 2004 – Az.: VII – Verg 25/03; B. v. 7. 1. 2004 – Az.: VII – Verg 55/02, B. v. 28. 2. 2002 – Az.: Verg 37/01; B. v. 15. 5. 2002 – Az.: Verg 10/02, B. v. 26. 9. 2003 – Az.: VII Verg 31/01; B. v. 29. 10. 2003 – Az.: Verg 1/03; im Ergebnis ebenso OLG Thüringen, B. v. 6. 11. 2002 – Az.: 6 Verg 8/02; im Ergebnis ebenso OLG Dresden, B. v. 7. 2. 2003.– Az.: WVerg 0021/02; 2. VK Brandenburg, B. v. 8. 12. 2005 – Az.: 2 VK 72/05; 3. VK Bund, B. v. 29. 7. 2005 – Az.: VK 3–76/05; B. v. 26. 7. 2005 – Az.: VK 3–73/05; 1. VK Brandenburg, B. v. 30. 5. 2005 – Az.: VK 27/05; B. v. 30. 5. 2005 – Az.:

Gesetz gegen Wettbewerbsbeschränkungen GWB § 128 **Teil 1**

VK 21/05; VK Südbayern, B. v. 24. 11. 2005 – Az.: Z3–3-3194–1-42–09/05; B. v. 11. 8. 2005
– Az.: 35–07/05; B. v. 10. 6. 2005 – Az.: 20–04/05; B. v. 19. 4. 2005 – Az.: 10–03/05;
B. v. 14. 12. 2004 – Az.: 70–10/04; B. v. 14. 12. 2004 – Az.: 69–10/04; B. v. 14. 12. 2004 –
Az.: 68–10/04; B. v. 23. 9. 2004, Az.: 120.3–3194.1–52–07/04; B. v. 3. 8. 2004 – Az.: 43-
06/04; B. v. 13. 7. 2004 – Az.: 39–05/04; VK Lüneburg, B. v. 26. 4. 2004 – Az.: 203-VgK-
10/2004).

Nach einer **anderen Auffassung** ist die anwaltliche Vertretung einer Vergabestelle erforder- 2895
lich, da die Komplexität der Rechtsmaterie, die regelmäßig gebotene Eile der Schriftsatzerstel-
lung sowie die Herstellung der „Waffengleichheit" vor der Vergabekammer die Hinzuziehung
eines Bevollmächtigten **in der Regel notwendig machen, um der Vergabestelle eine
sachgerechte Vertretung zu ermöglichen** (OLG Karlsruhe, B. v. 14. 7. 2005 – Az.: 6 W
56/05 Verg.; OLG Naumburg, B. v. 14. 12. 2004 – Az.: 1 Verg 17/04; B. v. 6. 10. 2004 – Az.:
1 Verg 12/04; B. v. 28. 6. 2004 – Az.: 1 Verg 8/04; Saarländisches OLG, B. v. 29. 9. 2004 – Az.:
1 Verg 5/04; B. v. 26. 3. 2004 – Az.: 1 Verg 3/04; VK Schleswig-Holstein, B. v. 30. 8. 2006 –
Az.: VK-SH 20/06; B. v. 28. 7. 2006 – Az.: VK-SH 18/06; B. v. 12. 6. 2006 – Az.: VK-SH
12/06; B. v. 15. 5. 2006 – Az.: VK-SH 10/06; B. v. 28. 4. 2006 – Az.: VK-SH 05/06; B. v.
28. 4. 2006 – Az.: VK-SH 04/06; B. v. 28. 4. 2006 – Az.: VK-SH 03/06; B. v. 31. 1. 2006 –
Az.: VK-SH 33/05; B. v. 10. 1. 2006 – Az.: VK-SH 30/05; B. v. 5. 1. 2006 – Az.: VK-SH
31/05; B. v. 6. 10. 2005 – Az.: VK-SH 27/05; B. v. 5. 10. 2005 – Az.: VK-SH 23/05; B. v.
31. 5. 2005 – Az.: VK-SH 09/05; B. v. 31. 3. 2005 – Az.: VK-SH 05/05; B. v. 7. 3. 2005 – Az.:
VK-SH 03/05; B. v. 23. 2. 2005 – Az.: VK-SH 04/05; B. v. 21. 12. 2004 – Az.: VK-SH 35/04;
VK Lüneburg, B. v. 18. 3. 2004 – Az.: 203-VgK-06/2004; VK Lüneburg, B. v. 6. 6. 2006 –
Az.: VgK-11/2006; B. v. 8. 5. 2006 – Az.: VgK-07/2006; B. v. 22. 3. 2006 – Az.: VgK-
05/2006; B. v. 10. 3. 2006 – Az.: VgK-06/2006; B. v. 3. 11. 2005 – Az.: VgK-49/2005; B. v.
18. 10. 2005 – Az.: VgK-47/2005; B. v. 11. 10. 2005 – Az.: VgK-45/2005; B. v. 5. 10. 2005 –
Az.: VgK-44/2005; B. v. 14. 9. 2005 – Az.: VgK-40/2005; B. v. 7. 9. 2005 – Az.: VgK-
38/2005; B. v. 26. 5. 2005 – Az.: VgK-20/2005; B. v. 17. 5. 2005 – Az.: VgK-16/2005; B. v.
12. 5. 2005 – Az.: VgK-15/2005; B. v. 10. 3. 2005 – Az.: VgK-04/2005; B. v. 4. 3. 2005 – Az.:
VgK-03/2005; ähnlich 3. VK Bund, B. v. 26. 7. 2005 – Az.: VK 3–73/05; B. v. 12. 7. 2005 –
Az.: VK 3–67/05; B. v. 12. 7. 2005 – Az.: VK 3–64/05; 2. VK Bund, B. v. 20. 5. 2005 – Az.:
VK 2–30/05).

Aus all diesen Gründen ist es nicht angebracht, die zum verwaltungsgerichtlichen Vorverfah- 2896
ren bestehende restriktive Rechtspraxis zur Erstattung von Rechtsanwaltskosten auf das Nachprüfungsverfahren vor der Vergabekammer zu übertragen. Der Vergabesenat des Bayerischen
Oberlandesgerichts **vermag daher nicht einen Grundsatz dahin anzuerkennen, dass die
Hinzuziehung eines anwaltlichen Bevollmächtigten durch die Vergabestelle nur ausnahmsweise erforderlich sei** und er sieht auch nicht, dass ein solcher Grundsatz „weit ver-
breitete Ansicht" wäre (BayObLG, B. v. 19. 9. 2003 – Az.: Verg 11/03; im Ergebnis ebenso
OLG Naumburg, B. v. 6. 10. 2004 – Az.: 1 Verg 12/04; B. v. 28. 6. 2004 – Az.: 1 Verg 8/04;
VK Nordbayern, B. v. 9. 5. 2006 – Az.: 21.VK – 3194–13/06; B. v. 4. 4. 2006 – Az.: 21.VK –
3194–09/06; B. v. 25. 11. 2005 – Az.: 320.VK – 3194–38/05; B. v. 26. 7. 2005 – Az.: 320.VK
– 3194–26/05).

Ausnahmen hiervon sind nur dann anzunehmen, wenn **im Einzelfall lediglich über ein-** 2897
**fache tatsächliche oder ohne weiteres zu beantwortende rechtliche Fragen zu ent-
scheiden** ist. Eine Einschränkung auf „in besonderem Maße schwierige und bedeutsame"
Nachprüfungsverfahren erscheint weder geboten noch praktisch brauchbar, weil sich eine Grenze für die besondere Schwierigkeit oder Bedeutung solcher Verfahren kaum angeben lässt und
auch im Interesse einer unverzüglichen und sachgerechten Erfüllung von verfahrensrechtlichen
Mitwirkungspflichten der Vergabestellen die Beurteilung der Notwendigkeit im Einzelfall nicht
zu streng ausfallen darf (OLG Naumburg, B. v. 6. 10. 2004 – Az.: 1 Verg 12/04; VK Schleswig-
Holstein, B. v. 30. 8. 2006 – Az.: VK-SH 20/06; B. v. 28. 7. 2006 – Az.: VK-SH 18/06; B. v.
28. 4. 2006 – Az.: VK-SH 05/06; B. v. 28. 4. 2006 – Az.: VK-SH 04/06; B. v. 28. 4. 2006 –
Az.: VK-SH 03/06; B. v. 10. 1. 2006 – Az.: VK-SH 30/05).

Demgegenüber vertritt das OLG Koblenz die Auffassung, dass die Notwendigkeit 2898
**der Hinzuziehung eines Rechtsanwalts durch die Vergabestelle im Nachprüfungsver-
fahren nicht mit fehlenden Rechtskenntnissen der Vergabestelle begründet werden
kann;** so wie jeder Amtsträger die zur Führung seines Amtes notwendigen Rechtskenntnisse
haben oder sich verschaffen muss, ist von einem öffentlichen Auftraggeber, der mit der Vergabe
öffentlicher Aufträge befasst ist, zu erwarten, dass er die dafür maßgeblichen Rechtsvorschriften
kennt, die mit einer Auftragsvergabe verbundenen Rechtsfragen, auch schwierigerer Art, beant-

worten kann und weiter in der Lage ist, seinen Standpunkt vor der Vergabekammer zu vertreten, wenn diese seine Vergabetätigkeit auf die Einhaltung der Vergabevorschriften überprüft; jedenfalls die Kenntnis der vergabespezifischen Vorschriften des nationalen Gesetz- und Verordnungsgebers ist regelmäßig vorauszusetzen. Die **unzureichende Ausstattung der Vergabestelle mit qualifiziertem Personal begründet aus verständiger Sicht ebenfalls regelmäßig nicht die Notwendigkeit der Hinzuziehung eines Rechtsanwalts** im Nachprüfungsverfahren. Daran ist trotz abweichender Rechtsprechung anderer Vergabesenate festzuhalten. Aus demselben Grund hält es der Senat **auch für nicht sachgerecht, die Beantwortung der Frage nach der Notwendigkeit der Hinzuziehung eines Bevollmächtigten von einer Einzelfallprüfung** nur auf Grundlage allgemein gehaltener, aus der gebotenen ex-ante-Sicht konkret nicht einschätzbarer Kriterien **abhängig zu machen**. Diese **Grundsätze sind aber nur eingeschränkt anwendbar, wenn die Auftragsvergabe durch natürliche oder juristische Personen des Privatrechts erfolgt,** die nicht aufgrund ihrer inneren Struktur und der in ihrer Natur begründeten Aufgabenerfüllung, sondern durch äußere Umstände, wie z. B. die von der öffentlichen Hand übernommene Teilfinanzierung des Vorhabens (§ 98 Nr. 5 GWB), nur ausnahmsweise einmal die Position eines öffentlichen Auftraggebers erlangt haben (OLG Koblenz, B. v. 7. 7. 2004 – Az.: 1 Verg 1 und 2/04).

2899 Diese Überlegungen sind **erst recht anzuwenden,** wenn es sich bei dem Auftraggeber um eine **Anstalt des öffentlichen Rechts mit einem eigenen Dezernat „Einkauf und Logistik"** handelt. Es ist dann zu erwarten, dass ihre für die **Beschaffung verantwortlichen Mitarbeiter die wesentlichen vergaberechtlichen Normen kennen,** die mit einer Auftragsvergabe verbundenen Rechtsfragen, auch schwierigerer Art, beantworten können und weiter **in der Lage sind, ihren Standpunkt vor der Vergabekammer zu vertreten,** wenn diese ihre Vergabetätigkeit auf die Einhaltung der Vergabevorschriften überprüft; jedenfalls die **Kenntnis der vergabespezifischen Vorschriften des nationalen Gesetz- und Verordnungsgebers ist regelmäßig vorauszusetzen** (OLG Koblenz, B. v. 8. 6. 2006 – Az.: 1 Verg 4 und 5/06).

2900 37.7.2.3.2 **Beurteilungszeitpunkt für die Notwendigkeit einer anwaltlichen Vertretung.** Maßgeblich ist bei der Beurteilung des Schwierigkeitsgrades nicht, worauf die Vergabekammer und der Vergabesenat später ihre Entscheidung stützen (Betrachtung ex post), sondern welche ernsthaften Rechtsfragen ein Antragsteller mit seinem Nachprüfungsantrag aufgeworfen hat. **Denn für die Entscheidung der Vergabestelle, einen Rechtsanwalt hinzuzuziehen, kommt es auf die rechtliche Bewertung aus Sicht der Vergabestelle zum Zeitpunkt der Verfahrenseinleitung an – Betrachtung ex ante –** (OLG Naumburg, B. v. 28. 6. 2004 – Az.: 1 Verg 8/04).

2901 37.7.2.3.3 Beispiele aus der Rechtsprechung

– der **Auftraggeber,** der das **Vergabeverfahren** durch seine **Verfahrensbevollmächtigten rechtlich begleiten** lässt, muss sich diesen genutzten **Sachverstand eines Rechtsanwalts als eigenen zurechnen** lassen (Brandenburgisches OLG, B. v. 29. 9. 2005 – Az.: Verg W 15/04, Verg W 11/05; 2. VK Brandenburg, B. v. 8. 12. 2005 – Az.: 2 VK 72/05)

– geht es **neben dem umstrittenen nachprüfungsrelevanten Problem der (unverzüglichen) Rüge um im bereits abgeschlossenen Teilnahmeverfahren vorgelegte Eignungsnachweise,** die nach Ansicht des Antragsteller **nicht den in der Bekanntmachung verlautbarten entsprechen,** sind dies **über den Normalfall hinaus gehende Fragestellungen** bzw. nachprüfungsspezifische Rechtsmaterien, die von einer als Bietergemeinschaft zusammen agierenden Beigeladenen nicht mit eigenen Bordmitteln bewältigt werden können. Eine Hinzuziehung eines fachlich geeigneten Bevollmächtigten ist daher für diese Verfahrensbeteiligten **notwendig** (1. VK Sachsen, B. v. 22. 7. 2005 – Az.: 1/SVK/080–05; im Ergebnis ebenso 1. VK Sachsen, B. v. 5. 4. 2006 – Az.: 1/SVK/027–06)

– liegt der Schwerpunkt der Entscheidung auf der **vielschichtigen Frage der vergaberechtlichen Eignungsprüfung** eines Bieters und **streiten** die Parteien um **Fragen eines möglichen Dokumentationsfehlers,** ist die Beurteilung dieser komplizierten Materien ohne rechtlichen Beistand den Parteien nicht zuzumuten, weshalb die Hinzuziehung eines Rechtsanwaltes notwendig ist (1. VK Sachsen, B. v. 21. 7. 2005 – Az.: 1/SVK/076–05)

– hat das Nachprüfungsverfahren **nicht nur einfach gelagerte Rechtsfragen der VOB/A, sondern auch die des GWB (§ 107 Abs. 2 GWB) aufgeworfen,** ist zur gebotenen umfassenden rechtlichen Aufbereitung des Streitstoffs – unter Berücksichtigung der Bedeutung der Sache sowie der auch den Antragsgegner treffenden Pflicht zur Beschleunigung und Verfahrensförderung (§ 113 Abs. 2 GWB) und des daraus resultierenden Zeitdrucks die Inanspruchnahme anwaltlicher Hilfe notwendig (VK Südbayern, B. v. 29. 11. 2005 – Az.: Z3–3-3194–1–46–09/05; B. v. 24. 11. 2005 – Az.: Z3-3-3194-1-42-09/05)

– sind im wesentlichen **Fragen des Umgangs mit Angeboten, die entweder auf der ersten Wertungsstufe oder auf der zweiten Wertungsstufe vom Verfahren auszuschließen waren,** Gegenstand des Verfahrens und führt der öffentliche Auftraggeber seit Jahren solche Vergabeverfahren durch, ist das **Verfahren nicht von so einer besonderen vergaberechtlichen Problematik durchdrungen,** dass sie nicht mit eigenen Bordmitteln auch zu bewältigen gewesen wäre (1. VK Sachsen, B. v. 13. 4. 2006 – Az.: 1/SVK/028–06)

– insbesondere **Fragen der vergaberechtlich richtigen Bewertung von Parallelbewerbungen eines Bieters** und die Fragen der Prüfungspflicht eines Auftraggebers im Rahmen der dritten Wertungsstufe sowie letztlich die **Fragen zum Vorliegen einer Mischkalkulation** machen eine Hinzuziehung eines fachlich geeigneten Bevollmächtigten für die Auftraggeberin und die Beigeladene notwendig (1. VK Sachsen, B. v. 27. 3. 2006 – Az.: 1/SVK/021–06)

– die Hinzuziehung eines anwaltlichen Bevollmächtigten durch den Auftraggeber ist **nicht notwendig,** wenn der anhängige Rechtsstreit zunächst **nur die Frage des für die Zulässigkeit entscheidenden Schwellenwertes berührt** (2. VK Brandenburg, B. v. 11. 11. 2005 – Az.: 2 VK 68/05)

– die Hinzuziehung eines anwaltlichen Bevollmächtigten durch den Auftraggeber ist notwendig, um die **erforderliche „Waffengleichheit" gegenüber dem anwaltlich vertretenen Bieter herzustellen,** wenn der Auftraggeber, der sich als Kreditanstalt im Regelfall nicht mit Fragen der öffentlichen Beschaffung befasst, **in seinem Justitiariat nicht über juristisch hinreichend geschultes Personal** – und zwar auch in einem die „Waffengleichheit" sichernden Maß – zur Bearbeitung der in diesem Nachprüfungsverfahren relevanten Sach- und Rechtsfragen **verfügt** (1. VK Bund, B. v. 1. 9. 2005 – Az.: VK 1–98/05)

– ist das Vergabeverfahren für den Auftraggeber **von herausragender wirtschaftlicher Bedeutung** (die Vertragsdauer soll mehr als drei Jahre betragen) und werden des Weiteren durch den Nachprüfungsantrag nicht nur auftragsbezogene Sach- und Rechtsfragen aufgeworfen, sondern hierüber hinausgehende, **nicht einfach gelagerte Rechtsfragen zur Durchführung eines Verhandlungsverfahrens** und ist die Zuziehung eines anwaltlichen Bevollmächtigten erforderlich, um die erforderliche **„Waffengleichheit"** gegenüber einem anwaltlich vertretenen Antragsteller **herzustellen,** ist die Hinzuziehung eines Verfahrensbevollmächtigten notwendig (3. VK Bund, B. v. 29. 7. 2005 – Az.: VK 3–76/05)

– sind **primär Zulässigkeitsfragen des Nachprüfungsantrages streitgegenständlich** und handelt es sich bei Vergabestelle nicht um eine originäre öffentlich-rechtliche Verwaltungseinheit, sondern um **eine GmbH,** ist die Hinzuziehung eines Verfahrensbevollmächtigten für die Vergabestelle notwendig (VK Rheinland-Pfalz, B. v. 27. 5. 2005 – Az.: VK 15/05; B. v. 24. 5. 2005 – Az.: VK 14/05)

– stehen im Mittelpunkt des Nachprüfungsverfahrens u. a. **Fragen der Einhaltung der Rügeobliegenheit, der Beibringung von Nachweisen und Erklärungen und der vergaberechtswidrigen Doppelteilnahme eines Bieters als Einzelbewerber und als Bewerber mit einem anderen Unternehmen** und beschränkt sich die Problematik nicht auf ganz einfache auftragsbezogene Sach- und Rechtsfragen mit den dazugehörenden Vergaberegeln, ist die Hinzuziehung eines Verfahrensbevollmächtigten für die Vergabestelle notwendig (OLG Düsseldorf, B. v. 31. 5. 2005 – Az.: VII – Verg 107/04)

– die Hinzuziehung eines Verfahrensbevollmächtigten ist für die Vergabestelle notwendig, wenn es sich bei ihr um eine **kleinere Verwaltungseinheit handelt, die selber keinen Juristen beschäftigt** (VK Rheinland-Pfalz, B. v. 14. 4. 2005 – Az.: VK 12/05)

– sind **primär Zulässigkeitsfragen des Nachprüfungsantrages** streitgegenständlich und **handelt es sich bei Vergabestelle** nicht um eine originäre öffentlich-rechtliche Verwaltungseinheit, sondern **um eine GmbH,** ist die Hinzuziehung eines Verfahrensbevollmächtigten auf Seiten der Vergabestelle notwendig (VK Rheinland-Pfalz, B. v. 12. 4. 2005 – Az.: VK 11/05)

– **wertet die Vergabestelle ein Angebot richtig, verfügt sie über** die für eine sachgerechte Behandlung des Nachprüfungsantrags erforderlichen **Rechtskenntnisse im eigenen Geschäftsbereich** und bedarf nicht „notwendig" eines anwaltlichen Bevollmächtigte (OLG Düsseldorf, B. v. 2. 5. 2005 – Az.: VII – Verg 6/04)

Teil 1 GWB § 128

- hat das Nachprüfungsverfahren neben vergaberechtlichen Problemen auch **schwierige Rechtsfragen der VgV, insbesondere der Auswirkungen von Geschäftsbeziehungen zwischen Projektanten und Bietern zum Inhalt,** ist der Auftraggeber zur Durchsetzung seiner Rechte auf anwaltliche Vertretung angewiesen (VK Südbayern, B. v. 21. 9. 2004, Az.: 120.3-3194.1-54-08/04)
- stützt ein Antragsteller den Nachprüfungsantrag **ausschließlich auf den Vorwurf, dass die Wertung nicht entsprechend den vorgegebenen Kriterien erfolgt,** ist es für den **Auftraggeber nicht notwendig,** sich zur Verteidigung gegen den Nachprüfungsantrag anwaltlicher Hilfe zu bedienen. Es hätte vielmehr ausgereicht, dass von dem Auftraggeber mit der Angebotsprüfung beauftragte Mitarbeiter diese fachlichen Fragen klären (VK Südbayern, B. v. 23. 9. 2004, Az.: 120.3-3194.1-52-07/04)
- konzentriert sich das Nachprüfungsverfahren nicht nur auf einfache fachliche Details in den Ausschreibungsunterlagen, sondern sind **allgemeine Grundsätze aus dem Vergaberecht und Fragen aus dem Bereich des Tariftreuerechts streitentscheidend,** ist die Hinzuziehung von Verfahrensbevollmächtigten durch den öffentlichen Auftraggeber notwendig (VK Münster, B. v. 10. 2. 2005 – Az.: VK 35/04)
- konzentriert sich das Nachprüfungsverfahren **nicht nur auf fachliche Details in den Ausschreibungsunterlagen,** sondern stehen **allgemeine Grundsätze aus dem Vergaberecht, und zwar die Antragsbefugnis und Rügeobliegenheit,** und dem allgemeinen Verfahrensrecht im Streit, ist die Hinzuziehung von Verfahrensbevollmächtigten durch den öffentlichen Auftraggeber notwendig (VK Münster, B. v. 10. 3. 2005 – Az.: VK 03/05)
- geht es **neben dem Kernbereich der Zulässigkeit von Angeboten von Bietergemeinschaften auch um Zulässigkeitsfragen wie der Rechtzeitigkeit der Rüge nach § 107 Abs. 3 GWB,** sind dies nachprüfungsspezifische Rechtsmaterien, die sowohl von dem Auftraggeber als auch einem Bieterunternehmen nicht mit eigenen Kräften bewältigt werden können. Eine Hinzuziehung eines fachlich geeigneten Bevollmächtigten ist notwendig (1. VK Sachsen, B. v. 20. 1. 2005 – Az.: 1/SVK/127-04)
- streiten die Parteien um die **Zulässigkeit der Rüge nach § 107 Abs. 3 GWB sowie um Aufhebungsfragen,** sind dies nachprüfungsspezifische Rechtsmaterien, die sowohl von der mit neuen Vergabeaufgaben frisch belehrten Auftraggeberin als auch einem Bieterunternehmen nicht mit eigenen Bordmitteln bewältigt werden können. Eine **Hinzuziehung eines fachlich geeigneten Bevollmächtigten war daher für beide Verfahrensbeteiligte notwendig** (1. VK Sachsen, B. v. 21. 12. 2004 – Az.: 1/SVK/112-04)
- liegt der **Schwerpunkt der Entscheidung auf der Frage der Anwendbarkeit des § 6 Absatz 2 VOF** und der hierzu entwickelten Rechtsprechung und streiten die Parteien um **Fragen der Beweislast hinsichtlich einer möglichen Vorbefasstheit,** spielen außerdem **auch handelsrechtliche und gesellschaftsrechtliche Fragen** eine Rolle, ist auch dem öffentlichen Auftraggeber die Beurteilung dieser komplizierten Materien ohne rechtlichen Beistand nicht zuzumuten, weshalb die Kammer die **Hinzuziehung eines Rechtsanwaltes für notwendig erachtet** (1. VK Sachsen, B. v. 25. 11. 2004 – Az.: 1/SVK/110-04)
- liegt die Angelegenheit so, dass **im wesentlichen um einen Ausschlussgrund nach der VOL/A gestritten wird,** handelt es sich dabei um keine Sondermaterie des Nachprüfungsverfahrens vor der VK, dessen Kenntnisse auf Auftraggeberseite nicht erwartet werden kann (1. VK Sachsen, B. v. 20. 7. 2004 – Az.: 1/SVK/051-04)
- ist in einem Vergabenachprüfungsverfahren **weder der Auftraggeber noch der anwaltliche Vertreter aufgetreten, ist die Beiziehung ausnahmsweise nicht notwendig** (VK Thüringen, B. v. 3. 2. 2005 – Az.: 360-4005.20-002/05-G-S)
- ist das Vergabeverfahren für den Antragsgegner (= Auftraggeber) von **herausragender wirtschaftlicher Bedeutung** und werden durch den Nachprüfungsantrag **nicht lediglich einfach gelagerte auftragsbezogene Sach- und Rechtsfragen aufgeworfen,** sondern geht es neben der Einhaltung der Rügeobliegenheit um die Zulässigkeit einer Änderung in der Zusammensetzung einer konkurrierenden Bietergemeinschaft und um kartellrechtliche Beanstandungen, genügt dies festzustellen, dass die Zuziehung eines anwaltlichen Bevollmächtigten einer zweckentsprechenden Rechtsverteidigung des Auftraggebers angemessen ist (OLG Düsseldorf, B. v. 13. 8. 2004 – Az.: VII – Verg 12 und 14/02)
- so stellt ein Beispiel, in dem die Bewältigung eines Nachprüfungsverfahrens in eigener Zuständigkeit von der Vergabestelle nicht ohne weiteres zu erwarten ist, etwa der Fall dar, dass

Gesetz gegen Wettbewerbsbeschränkungen GWB § 128 **Teil 1**

die verschiedenen im Vergaberecht ineinander greifenden Rechtsebenen im Verfahren eine Rolle spielen, und zwar die Verdingungsordnungen, die Vergabeverordnung, die §§ 97 ff. GWB und/oder die Richtlinien der Europäischen Gemeinschaften (OLG Düsseldorf, B. v. 25. 2. 2004 – Az.: VV – Verg 12/00)

– treten nicht alltägliche Rechtsprobleme auf, so wird es vielfach sachgerecht sein, dass auch der öffentliche Auftraggeber seine bisherige Vorgehensweise unter Hinzuziehung eines Rechtsanwalts überprüft und darstellt. Von **besonderer Bedeutung ist dabei auch das Gewicht des in Rede stehenden Auftrages,** das bereits für sich allein die Hinzuziehung eines Rechtsanwalts rechtfertigen kann. Angesichts des erheblichen Auftragsgewichts war die Hinzuziehung anwaltlichen Beistandes gerechtfertigt, zumal sich bei der **vergaberechtlich erforderlichen Bewertung des Finanzierungskonzeptes komplexe Rechtsfragen stellen konnten** (OLG Rostock, B. v. 29. 12. 2003 – Az.: 17 Verg 11/03)

– sind nicht die „prozessualen" Aspekte des Nachprüfungsverfahrens Gegenstand des Verfahrens, sondern **Fragen der normalen Angebotsbewertung** und wird der Auftraggeber bereits durch einen Architekten und einen Projektsteuerer unterstützt, bedarf es keines rechtlichen Beistandes (1. VK Sachsen, B. v. 7. 4. 2003 – Az.: 1/SVK/021–03)

– hat der Auftraggeber sich **mit einem in gleicher Sache getroffenen Beschluss** der Vergabekammer auseinander zu setzen und hat die Vergabekammer dabei der Auftraggeberin bereits Vorgaben für die weiteren Entscheidungsschritte gegeben, welche die vergaberechtlich korrekte Vorgehensweise bereits in Grundzügen aufriss und ist auch das Rechtsamt der Auftraggeberin bereits eingeschaltet gewesen, welches die zu entscheidenden Fragen mit der erforderlichen Kompetenz lösen konnte, bedurfte es nicht der Beiziehung eines Rechtsanwaltes (1. VK Sachsen, B. v. 13. 9. 2002 – Az.: 1/SVK/082–02)

– führt der **Auftraggeber laufend Vergabeverfahren dieser Art und von ähnlichen Dimensionen** durch, ist er mit den in diesem Zusammenhang auftretenden Rechtsproblemen vertraut, soweit es sich nicht um grundsätzlich neue oder ungeklärte Fragen handelt, oder um Problemkreise, die üblicherweise in Vergabeverfahren nicht berührt werden; Fragen der Eignung eines Bieters oder der Wertung von Nebenangeboten kommen in Vergabeverfahren geradezu typischerweise vor. Dabei geht es um auftragsbezogene Sach- bzw. Rechtsfragen, deren Beantwortung der Auftraggeber durch das Vorhandensein der erforderlichen Sachkunde und Rechtskenntnis ohnehin organisieren muss; die Einschaltung eines externen Rechtswaltes ist nicht notwendig (1. VK Bund, B. v. 30. 1. 2002 – Az.: VK 01–01/02)

– hat der **Auftraggeber eine eigene Rechtsabteilung,** die häufig mit Fragen des Vergaberechts befasst wird, ist er weder aus Mangel an qualifiziertem juristischen Personal noch aus Mangel an konkreten Erfahrungswissen im Bereich des Vergaberechts auf die Beauftragung eines außenstehenden Rechtsanwalts angewiesen (1. VK Bund, B. v. 30. 1. 2002 – Az.: VK 01–01/02; 1. VK Bund, B. v. 1. 7. 2002 – Az.: VK 1–33/02; im Ergebnis ebenso VK Rheinland-Pfalz, B. v. 10. 6. 2003 – Az.: VK 10/03)

– die Hinzuziehung eines Verfahrensbevollmächtigten durch die Vergabestelle ist erforderlich, wenn die **speziellen Rechtsfragen des Vergabeverfahrens durch einen bestimmten Juristen bearbeitet werden, der zu der Zeit in Urlaub war,** das übrige juristische Personal der Vergabestelle aber mit den speziellen Verfahrens- und Rechtsfragen des Vergaberechts regelmäßig nicht beschäftigt wurde;. bei der Eilbedürftigkeit der Nachprüfungsverfahren ist es dann regelmäßig nicht möglich, kurzfristig einen Vertreter in die Spezialmaterie des Vergaberechts einzuarbeiten (VK Arnsberg, B. v. 29. 4. 2002 – Az.: VK 2–06/2002 – K)

– die anwaltliche Vertretung war erforderlich, da der **einzige** für eine Vertretung vor der Vergabekammer **mögliche Mitarbeiter** der Antragsgegnerin **für die Dauer des Nachprüfungsverfahrens abwesend** war. Auch das Beschleunigungsgebot machte die Hinzuziehung eines Bevollmächtigten notwendig, um der Vergabestelle eine sachgerechte Vertretung zu ermöglichen (VK Südbayern, B. v. 19. 3. 2003 – Az.: 06–02/03)

– wirft der Streitfall nicht einfach gelagerte **Rechtsfragen sowohl zum materiellen Vergaberecht wie auch zum Nachprüfungsverfahren** auf (Handelt es sich bei der Antragsgegnerin um einen öffentlichen Auftraggeber im Sinne von § 98 Nr. 2 GWB? Hat die Antragstellerin ihre Antragsbefugnis im Sinne von § 107 Abs. 2 GWB dargelegt? Findet § 174 BGB auf die Rüge nach § 107 Abs. 3 GWB Anwendung?) und verfügt der Auftraggeber nicht über eigenes juristisch geschultes Personal, ist die Hinzuziehung notwendig (OLG Düsseldorf, B. v. 19. 2. 2002 – Az.: Verg 33/01)

- die Durchführung eines **Gestattungsverfahrens nach § 115 GWB** kann es als sinnvoll und geboten erscheinen lassen, einen Rechtsanwalt zu beauftragen (OLG Dresden, B. v. 11. 12. 2001 – Az.: WVerg 0010/01)

- sind nicht nur Fragen des Ausschreibungsverfahrens, sondern auch **der Antragszulässigkeit und des Ablaufs des Nachprüfungsverfahrens,** insbesondere auch des Antrags nach § 115 Abs. 2 Satz 1 GWB, zu erörtern und kommt es darüber hinaus auf die **Auslegung des Angebotes der Antragstellerin** an, die für die Frage der Antragsbefugnis von ausschlaggebender Bedeutung ist, ist bei einer solchen Sachlage deshalb die Hinzuziehung eines Bevollmächtigten auf Seiten der Vergabestelle als gerechtfertigt und notwendig anzusehen (VK Südbayern, B. v. 14. 2. 2003 – Az.: 02–01/03)

- hat die **Vergabestelle bereits vor der Zustellung des Nachprüfungsantrags einen Rechtsanwalt eingeschaltet** und nimmt der Antragsteller auf einen Hinweis der VK **vor der Zustellung den Antrag zurück,** ist die Einschaltung eines Rechtsanwaltes durch den öffentlichen Auftraggeber **nicht als notwendig anzusehen** (OLG Düsseldorf, B. v. 21. 5. 2003 – Az.: Verg 63/02)

- angesichts eines komplizierten und vielschichtigen Sachverhalts und der noch **ungeklärten Rechtsfragen im Bereich des § 13 VgV** ist die Hinzuziehung von Verfahrensbevollmächtigten notwendig (2. VK Bund, B. v. 11. 4. 2003 – Az.: VK 2–10/03)

- bei **klar formulierter Rechtsansicht der VK zur (fehlenden) Antragsbefugnis** des Antragstellers ist die Hinzuziehung von Verfahrensbevollmächtigten nicht notwendig (1. VK Sachsen, B. v. 16. 5. 2003–1/SVK/035–03).

37.7.2.4 Hinzuziehung eines Projektsteuerungsbüros oder eines Vergabebetreuers durch den öffentlichen Auftraggeber

2902 Ein Auftraggeber kann sich entschließen, die ihm zustehende und von ihm zu erfüllende Aufgabe der Projektsteuerung auf ein privates Unternehmen zu übertragen. Wenn in diesem Rahmen sich das Projektsteuerungsbüro an den Auswahlentscheidungen und den Beschlüssen der Antragsgegnerin beteiligt, **das Nachprüfungsverfahren betreut** und insgesamt bauherrenähnliche Funktion inne hat, darf dies **nicht zu Lasten des Bieters** gehen. Hätte die Vergabestelle die Projektsteuerung selbst übernommen, wären die ihr entstandenen Aufwendungen nicht ersetzbar, weil der übliche Zeitaufwand im Nachprüfungsverfahren nicht zu erstatten ist. Entschließt sich die Vergabestelle, die an sich ihr zukommenden Aufgaben auf einen Dritten zu übertragen, kann sie die dadurch entstandenen Kosten regelmäßig nicht ersetzt verlangen, es sei denn, dass sie selbst zu einer solchen Tätigkeit nicht in der Lage ist (OLG Düsseldorf, B. v. 15. 12. 2005 – Az.: VII – Verg 74/05; B. v. 8. 3. 2005 – Az.: VII – Verg 04/05; Hanseatisches OLG in Bremen, B. v. 2. 9. 2004 – Verg 3/2003; BayObLG, B. v. 9. 4. 2002 – Az.: Verg 4/02; VK Schleswig-Holstein, B. v. 23. 2. 2005 – Az.: VK-SH 05/04).

2903 Selbst wenn man zu Gunsten des Auftraggebers unterstellt, dass er nicht über das nötige Wissen zum Betreiben des konkreten Vergabeverfahrens verfügte, muss er **aus Gründen der Kostenersparnis ein ortsnahes Unternehmen beauftragen.** Entscheidet er sich für ein auswärtiges Unternehmen, sind z.B. **Reisekosten für die Teilnahme einer Auskunftsperson des auswärtigen Unternehmens im Verhandlungstermin vor der Vergabekammer nicht erstattungsfähig** (OLG Düsseldorf, B. v. 15. 12. 2005 – Az.: VII – Verg 74/05).

2904 Eine Erstattungspflicht ist also lediglich denkbar, wenn die **Kosten des Projektsteuerers dem Grund und der Höhe nach durch die Beratung der Vergabestelle im Nachprüfungsverfahren entstanden** sind (Hanseatisches OLG in Bremen, B. v. 2. 9. 2004 – Verg 3/2003).

2905 Honorarforderungen eines im Vergabeverfahren gem. § 6 VOF tätig gewesenen **Vergabebetreuers** sind **grundsätzlich keine notwendige Kosten der Rechtsverfolgung** der Vergabestelle, wenn der **Sachverständige sich erkennbar zur Verteidigung seiner Vortätigkeit quasi als Streithelfer vor der Vergabekammer betätigt** (OLG Thüringen, B. v. 14. 10. 2003 – Az.: 6 Verg 8/03).

37.7.2.5 Hinzuziehung eines sachverständigen Ingenieurs durch die Vergabestelle

2906 Fehlt einer Vergabestelle das erforderliche technische Wissen im nötigen Umfang zur Durchführung eines Nachprüfungsverfahrens, kann sie **ausnahmsweise die Aufwendungen für diesen Beistand erstattet bekommen** (VK Münster, B. v. 28. 5. 2004 – Az.: VK 12/01).

§ 128 GWB regelt nur die Tragung von Kosten, die durch ein Gerichtsverfahren oder ein gerichtsähnliches Verfahren angefallen sind. **Zu diesem zählen nicht die Stellungnahmen zu Rügen, welche die Bieter noch im Verlauf des Ausschreibungsverfahrens erheben.** Dass diese Rügen nicht zum Verfahren vor der Vergabekammer gehören, zeigt auch § 107 Abs. 1 GWB, der den Beginn des Verfahrens an die Stellung eines Nachprüfungsantrages knüpft (OLG München, B. v. 7. 10. 2005 – Az.: Verg 007/05). 2907

Die **Teilnahme an einem Nachprüfungsverfahren stellt gegenüber dem Auftraggeber eine besondere Leistung im Sinne der HOAI** dar. Sie entspricht der Leistung „fachliche und organisatorische Unterstützung des Bauherrn im Widerspruchsverfahren, Klageverfahren o. ä." aus dem Katalog der besonderen Leistungen in der Leistungsphase 4 zu § 15 HOAI (Leistungsbild Objektplanung für Gebäude, Freianlagen und raumbildende Ausbauten). Damit kann sie auch zu den besonderen Leistungen des hier einschlägigen Leistungsbildes Objektplanung für Ingenieurbauwerke und Verkehrsanlagen (§ 55 HOAI) gezählt werden (§ 2 Abs. 3 S. 3 HOAI). 2908

Es handelt sich bei den von dem beratenden Ingenieur durchgeführten Tätigkeiten **nicht um Tätigkeiten der Mitwirkung bei der Vergabe.** Dies gilt für die mündliche Verhandlung insbesondere deswegen, weil das Auftreten vor einem Spruchkörper mit gerichtsähnlichem Verfahren und die Darstellung von Zusammenhängen und Erkenntnissen vor diesem Entscheidungsorgan und anderen Beteiligten sowie das Eingehen auf dabei entstehende Fragen und Kritikpunkte nicht zu den Tätigkeiten, die einer Grundleistung in Leistungsphase 7 zu § 55 HOAI – Mitwirkung bei der Vergabe – entsprechen, gehören. Insbesondere gehört es nicht zu der Grundleistung „Mitwirkung bei Verhandlungen mit Bietern", weil dies die Verhandlung für Entscheidungen durch die Vergabestelle in Bezug nimmt, nicht aber die mündliche Verhandlung vor der VK, in der diese ihre Entscheidung vorbereitet (VK Münster, B. v. 28. 5. 2004 – Az.: VK 12/01; im Ergebnis ebenfalls VK Schleswig-Holstein, B. v. 23. 2. 2005 – Az.: VK-SH 05/04). 2909

Steht allerdings fest, dass **ausnahmsweise** die Kosten für die Heranziehung eines Ingenieurbüros als zweckentsprechend notwendige Auslagen dem Grunde nach erstattungsfähig sind, so ist deren **Höhe durch das Kostenbegrenzungsgebot eingeschränkt.** Hierbei ist insbesondere der Fall denkbar, dass die Vergabestelle die Kosten für zwei Drittunternehmen im Rahmen des Nachprüfungsverfahrens geltend macht, obwohl dasselbe Fachwissen bei zumindest einem der beiden Drittunternehmen vorhanden ist. In einem solchen Fall **darf auch nur eines dieser Unternehmen herangezogen werden** (VK Schleswig-Holstein, B. v. 23. 2. 2005 – Az.: VK-SH 05/04). 2910

37.7.2.6 Hinzuziehung eines Rechtsanwaltes durch einen Bieter

Da das Gesetz insoweit keine Regel vorgibt, kann die **Frage der Notwendigkeit der Hinzuziehung eines Rechtsanwalts nicht schematisch beantwortet werden;** es ist – wie auch sonst, wenn es um die Notwendigkeit verursachter Kosten geht – eine **Entscheidung geboten, die den Umständen des Einzelfalls gerecht wird.** Hierzu ist die Frage zu beantworten, ob der Beteiligte unter den Umständen des Falles auch selbst in der Lage gewesen wäre, aufgrund der bekannten oder erkennbaren Tatsachen den Sachverhalt zu erfassen, der im Hinblick auf eine Missachtung von Bestimmungen über das Vergabeverfahren von Bedeutung ist, hieraus die für eine sinnvolle Rechtswahrung oder -verteidigung nötigen Schlüsse zu ziehen und das danach Gebotene gegenüber der Vergabekammer vorzubringen. Hierfür können neben **Gesichtspunkten wie der Einfachheit oder Komplexität des Sachverhalts, der Überschaubarkeit oder Schwierigkeit der zu beurteilenden Rechtsfragen** auch rein persönliche Umstände bestimmend sein wie etwa die **sachliche und personelle Ausstattung des Beteiligten,** also beispielsweise, ob er über eine Rechtsabteilung oder andere Mitarbeiter verfügt, von denen erwartet werden kann, dass sie gerade oder auch Fragen des Vergaberechts sachgerecht bearbeiten können, oder ob allein der kaufmännisch gebildete Geschäftsinhaber sich des Falls annehmen muss (BGH, B. v. 26. 9. 2006 – Az.: X ZB 14/06). 2911

Die anwaltliche Vertretung des Bieters ist erforderlich, da eine umfassende Rechtskenntnis und damit eine zweckentsprechende Rechtsverfolgung im Rahmen des Nachprüfungsverfahrens nach GWB von ihm nicht erwartet werden kann. Von einem verständigen Bieter können Kenntnisse der VOB/A nur insoweit erwartet werden, wie er sie z. B. zur Abgabe eines VOB-konformen Angebotes und eventuell auch zur Rüge von Verfahrensmängeln bei der Vergabestelle benötigt. **Detaillierteres Wissen zum Vergaberecht, insbesondere auch über das Nachprüfungsverfahren nach §§ 102 ff. GWB, kann nicht vorausgesetzt werden** (VK Südbayern, B. v. 22. 2. 2002 – Az.: 42–11/01). Ein Bieter bedarf also für eine angemessene Reaktion in der **auch für einen erfahrenen Bieter ungewohnten Situation eines vergabe-** 2912

Teil 1 GWB § 128   Gesetz gegen Wettbewerbsbeschränkungen

rechtlichen Nachprüfungsverfahrens besonderen rechtskundigen Beistandes (VK Lüneburg, B. v. 7. 7. 2005 – Az.: VgK-27/2005; B. v. 5. 7. 2005 – Az.: VgK-26/2005; B. v. 27. 6. 2005 – Az.: VgK-23/2005; B. v. 11. 1. 2005 – Az.: 203-VgK-55/2004; B. v. 2. 4. 2003 – Az.: 203-VgK-08/2003). **Schon beim materiellen Vergaberecht handelt es sich um eine überdurchschnittlich komplizierte Materie,** die nicht nur in kurzer Zeit zahlreiche Veränderungen und Neuregelungen erfahren hat, sondern auch durch komplexe gemeinschaftsrechtliche Fragen überlagert ist. Entscheidend aber ist, dass das **Nachprüfungsverfahren gerichtsähnlich ausgebildet ist, die Beteiligten also auch prozessuale Kenntnisse haben müssen,** um ihre Rechte umfassend zu wahren. Deshalb ist im vergaberechtlichen Nachprüfungsverfahren die nach § 80 VwVfG gebotene Rechtspraxis zur Erstattung der Rechtsanwaltskosten nicht übertragbar. Denn durch seinen Charakter als gerichtsähnlich ausgestaltetes Verfahren unterscheidet sich das Vergabenachprüfungsverfahren vor der VK eben grundlegend von dem Widerspruchsverfahren nach der VwGO (VK Schleswig-Holstein, B. v. 28. 7. 2006 – Az.: VK-SH 18/06; VK Lüneburg, B. v. 7. 7. 2005 – Az.: VgK-27/2005; B. v. 11. 1. 2005 – Az.: 203-VgK-55/2004; B. v. 12. 10. 2004 – Az.: 203-VgK-45/2004).

2913   Die **VK Sachsen** differenziert ähnlich wie bei der Hinzuziehung eines Rechtsanwaltes durch den öffentlichen Auftraggeber: sind nicht die „prozessualen" Aspekte des Nachprüfungsverfahrens oder umsatzsteuerrechtliche Fragen Gegenstand des Verfahrens, sondern **Fragen der normalen Angebotsbewertung,** bedarf es keines rechtlichen Beistandes (1. VK Sachsen, B. v. 8. 6. 2006 – Az.: 1/SVK/047–06; B. v. 7. 4. 2003 – Az.: 1/SVK-024–03).

2914   Die hinter der Frage des Ausschlusses liegende **Frage einer Veränderung der Verdingungsunterlagen sprengt durch die Bezugnahme auf Steuervorschriften** den normalen Rahmen der rein vergaberechtlichen Auseinandersetzung. Zudem ist auch die **Zulässigkeitsfrage zum sog. 20%-Kontingent eine Spezialproblematik** des Vergabenachprüfungsverfahrens vor der Vergabekammer in EU-weiten Ausschreibungsverfahren, deren Beherrschung von einem Bauunternehmen nicht vorausgesetzt werden kann. In diesen Fällen ist die Hinzuziehung eines Verfahrensbevollmächtigten notwendig (1. VK Sachsen, B. v. 13. 9. 2004 – Az.: 1/SVK/080–04).

2915   **37.7.2.6.1 Beispiele aus der Rechtsprechung**

– im Streitfall ist **der Umstand, dass eine Rechtsfrage zu beantworten war, derentwegen das Oberlandesgericht zu Recht eine Vorlage an den Bundesgerichtshof für gesetzlich geboten gehalten hat, ein starkes Indiz dafür,** dass jedenfalls auf Seiten eines Bieters, der zur Beantwortung vergaberechtlicher Fragen nicht auf besondere eigene Ressourcen zurückgreifen kann, ein außenstehender Rechtsanwalt zur sachgerechten Rechtswahrung erforderlich war. Da für etwas Gegenteiliges nichts ersichtlich oder dargetan ist, bejaht der Senat deshalb die Notwendigkeit der Hinzuziehung des Verfahrensbevollmächtigten der Antragstellerin (BGH, B. v. 26. 9. 2006 – Az.: X ZB 14/06)

– geht es um die **Beurteilung der Ausübung des vergaberechtlich vorzunehmenden Bewertungsermessens des Auftraggebers** und ist der Auftraggeber ohne ausdrückliche anwaltliche Vertretung dennoch durch einen solchen vertreten, was sich aus dem sonstigen Tätigkeitsfeld eines Oberverwaltungsgerichtes ergibt, ist im Hinblick auf die **„Waffengleichheit"** die anwaltliche Vertretung des Antragstellers für notwendig zu erklären (1. VK Sachsen, B. v. 28. 12. 2005 – Az.: 1/SVK/147–05)

– die Vergabekammer hält die Hinzuziehung von Verfahrensbevollmächtigten durch den Antragsteller für **notwendig,** weil das Nachprüfungsverfahren sich nicht nur auf fachliche Details in den Ausschreibungsunterlagen konzentrierte, sondern **allgemeine Grundsätze aus dem Vergaberecht, dem Versicherungsrecht und dem allgemeinen Verfahrensrecht** streitentscheidend waren (VK Münster, B. v. 5. 10. 2005 – Az.: VK 19/05)

– die Vergabekammer hält es für sachgerecht, die Notwendigkeit der Hinzuziehung eines Bevollmächtigten im Nachprüfungsverfahren vor zwischenzeitlich allgemeiner Rechtsprechung **bei einem derart komplexen vergaberechtlichen Sachverhalt wie der Behandlung so genannter Cent-Positionen** anzuerkennen. Diese selbst in der obergerichtlichen Rechtsprechung hoch umstrittene Materie kann und muss der Antragsteller nicht mit eigenen Bordmitteln bewältigen (1. VK Sachsen, B. v. 27. 4. 2005 – Az.: 1/SVK/032–05)

– angesichts eines komplizierten und vielschichtigen Sachverhalts und der noch **ungeklärten Rechtsfragen im Bereich des § 13 VgV** ist die Hinzuziehung von Verfahrensbevollmächtigten notwendig (2. VK Bund, B. v. 11. 4. 2003 – Az.: VK 2–10/03)

– auch von einem **größeren Ingenieurbüro** kann nicht erwartet werden, dass es umfassende Kenntnisse des Verfahrensrechts **im VOF-Vergabeverfahren** und insbesondere im Nachprüfungsverfahren nach GWB besitzt (VK Hessen, B. v. 10. 3. 2003 – Az.: 69 d VK – 06/2003)

37.7.2.7 Hinzuziehung eines Rechtsanwaltes durch einen Beigeladenen

37.7.2.7.1 Grundsatz. Für die Erstattung der Kosten des Anwalts eines Beigeladenen fehlt eine entsprechende Regelung. Aus diesem **Fehlen ist weder abzuleiten, dass diese Kosten von vornherein nicht erstattungsfähig sind, noch ist anzunehmen, dass ihre Erstattungsfähigkeit von einer (ausdrücklichen) Entscheidung im Beschluss der Vergabekammer abhängig ist.** Beides widerspräche der Grundregel, dass die Anwaltskosten einer obsiegenden Partei stets zu erstatten sind (§ 91 Abs. 2 S. 1 ZPO, § 162 Abs. 1 S. 1 VwGO); diese Grundregel gilt in Vergabesachen erweiternd auch für den beigeladenen „Beteiligten" (§ 109 GWB), der durch eigene Anträge am Kostenrisiko des Nachprüfungsverfahrens teilgenommen und obsiegt hat. Die (nur) für die Vergabestelle geltenden Vorschriften in § 128 Abs. 4 S. 3 GWB hat demgegenüber Ausnahmecharakter (OLG Schleswig-Holstein, B. v. 2. 8. 2004 – Az.: 6 Verg 15/03).

2916

37.7.2.7.2 Erstattung bei Rücknahme. Über den Ersatz der Rechtsverfolgungskosten des Beigeladenen nach einer Antragsrücknahme ist **nach einer Billigkeitsprüfung im Einzelfall** zu entscheiden. Dabei ist das **allgemein für einen Antragsteller im Nachprüfungsverfahren bestehende hohe Kostenrisiko und die damit verbundene Schwelle zur Erlangung von Rechtsschutz zu berücksichtigen sowie der Inhalt seines Vorbringens.** Richtet sich das Vorbringen des Antragstellers direkt gegen den Beigeladenen, etwa gegen dessen Eignung oder die Bewertung der von diesem angebotenen Leistung, hat der Antragsteller im Unterliegensfall im Allgemeinen nach Billigkeit auch die Kosten des Beigeladenen zu übernehmen (VK Düsseldorf, B. v. 7. 7. 2004 – Az.: VK – 23/2004-L).

2917

Diese **Entscheidung** ist durch die Rechtsprechung des BGH (RZ 2626) **überholt.**

2918

37.7.2.7.3 Rechtsprechung. In der Rechtsprechung zu dieser Frage ist anerkannt, dass **ein Unternehmen, das sich mit einiger Regelmäßigkeit um Öffentliche Aufträge bemüht,** in der Lage sein muss, das Verfahren bis zur Zuschlagserteilung einschätzen zu können und **keine Anwalts bedarf.** Dies ändert sich jedoch dann, wenn die „prozessualen" Anforderungen des Nachprüfungsrechts Verfahrensbestandteil sind (1. VK Sachsen, B. v. 14. 5. 2003 – Az.: 1/SVK/039–03). Geht es also auch um Fragen wie die Unverzüglichkeit der Rüge, ferner um die öffentliche Auftraggeberschaft der Auftraggeberin, sind dies rechtliche bzw. prozessuale Aspekte, die ein Verfahrensbeteiligter, der nicht Auftraggeber ist, nicht umfassend kennen und bewerten können muss. Hinzu kommt, dass die Entscheidungen des Auftraggebers bei der Angebotswertung von zahlreichen Entscheidungen der Oberlandesgerichte geprägt sind, die zu durchdringen ein fundiertes Fachwissen erfordert. Dies **kann von einem am Markt tätigen Unternehmen nicht erwartet werden** (1. VK Sachsen, B. v. 23. 1. 2004 – Az.: 1/SVK/160–03).

2919

37.7.2.7.4 weitere Beispiele aus der Rechtsprechung

2920

– die **Hinzuziehung eines Bevollmächtigten durch die Beigeladene war angesichts der sachlichen und rechtlichen Schwierigkeiten des Falles sowie aus Gründen der Waffengleichheit notwendig.** Art. 80 BayVwVfG regelt die Kostenentscheidung für das Vorverfahren nach der Verwaltungsgerichtsordnung. In diesem Rahmen neigt die Praxis hinsichtlich der Beiziehung eines Rechtsanwaltes durch die Behörde zu einer restriktiven Handhabung. Diese Grundsätze können auf das Nachprüfungsverfahren vor der Vergabekammer nicht übertragen werden. Denn das Verfahren vor der Vergabekammer ist – anders als das Vorverfahren – bereits als kontradiktorisches gerichtsähnliches Verfahren ausgestaltet. Die **Beigeladene ist deshalb für eine sachgerechte Wahrnehmung ihrer Belange nicht nur auf die Kenntnis der für sie maßgeblichen Vergaberegeln angewiesen.** Vielmehr müsste sie auch mit dem Nachprüfungsverfahren selbst und seinen Regeln vertraut sein (VK Nordbayern, B. v. 9. 5. 2006 – Az.: 21.VK – 3194–13/06)

37.7.2.8 Hinzuziehung eines Rechtsbeistandes

Zu den zur zweckentsprechenden Rechtsverfolgung und Rechtsverteidigung notwendigen Auslagen zählen nicht nur die Kosten für einen anwaltlichen Bevollmächtigten, sondern dabei **kann es sich auch um Kosten für Rechtsbeistände oder andere zum Zwecke einer**

2921

Beratung beigezogene Dritte des obsiegenden Beteiligten handeln. Jedenfalls können die Aufwendungen für einen Beistand im Einzelfall notwendige Aufwendungen im Sinne von § 80 Abs. 1 sein (VK Münster, B. v. 28. 5. 2004 – Az.: VK 12/01).

37.7.2.9 Vorsorgliche Prüfungs- bzw. Beratungskosten

2922   Mit Beschlussfassung der Vergabekammer und der anschließenden Zustellung der Entscheidung endet das Verfahren vor der Vergabekammer. **Aufträge zur Prüfung, ob eine möglicherweise durch einen Antragsteller einzulegende Beschwerde Aussicht auf Erfolg haben könnte, gehören nicht mehr zu dieser Instanz.** Sie sind im Übrigen auch zur zweckentsprechenden Rechtsverteidigung nicht notwendig, solange nicht klar ist, ob es zu einem Rechtsmittelverfahren kommen wird. **Vorsorgliche Prüfungen hat der Auftraggeber selbst zu tragen** (OLG München, B. v. 7. 10. 2005 – Az.: Verg 007/05).

37.7.2.10 Auslagen für die nur beratende Hinzuziehung eines Rechtsanwaltes

2923   Zunächst spielt es **keine Rolle, ob der Rechtsanwalt während des laufenden Vergabenachprüfungsverfahrens für die Vergabekammer erkennbar in Erscheinung getreten** ist. Entscheidend ist vielmehr, dass er tatsächlich beratend hinzugezogen worden ist. Sollte eine Feststellung des „Ob" und des „Wie viel" der Tätigkeit des Hinzugezogenen tatsächliche Schwierigkeiten bereiten kann, begründen diese im Ergebnis keine Missbrauchsgefahr, weil insoweit verbleibende Zweifel zu Lasten desjenigen gehen, der die Notwendigkeit entsprechender Aufwendungen geltend macht und hierfür zunächst einmal den Nachweis erbringen muss, dass, sowie in welcher Weise und in welchem Umfang ein Rechtsanwalt tatsächlich für ihn tätig geworden ist.

2924   Die **Erstattungsfähigkeit** von geltend gemachten Beratungskosten, von deren tatsächlichem Anfall auszugehen ist, ist dem Grunde nach **bereits deshalb anzuerkennen, wenn diese auch im Falle einer förmlichen Bevollmächtigung eines Rechtsanwalts für notwendig hätten erklärt werden müssen.** Denn insoweit gelten grundsätzlich die gleichen Maßstäbe (Saarländisches OLG, B. v. 29. 9. 2005 – Az.: 1 Verg 2/05).

37.7.3 Notwendige Auslagen

2925   Welche Aufwendungen unter den Begriff der notwendigen Auslagen fallen, beantwortet die Rechtsprechung nicht einheitlich. Die Notwendigkeit der Aufwendungen beurteilt sich danach, **was ein verständiger, weder ängstlicher noch besonders unbesorgter Beteiligter im Hinblick auf die Bedeutung und rechtliche oder sachliche Schwierigkeit der Sache vernünftigerweise für erforderlich halten** durfte (VK Schleswig-Holstein, B. v. 15. 1. 2004 – Az.: VII VK1–611.511/21, VK-SH 21/03). Maßgeblich ist dabei die **Sichtweise einer verständigen Partei, die bemüht ist, die Kosten so niedrig wie möglich zu halten – sog. Verbilligungsgrundsatz** – (OLG München, B. v. 23. 1. 2006 – Az.: Verg 22/05).

37.7.3.1 Reisekosten des Rechtsanwaltes für die Terminwahrnehmung

2926   Die **Reisekosten für die Teilnahme an der mündlichen Verhandlung sind erstattungsfähig.** Notwendig sind Aufwendungen, die ein verständiger Beteiligter unter Berücksichtigung der Bedeutung und der rechtlichen oder tatsächlichen Schwierigkeit des Verfahrensgegenstandes zur Durchsetzung seines Standpunktes vernünftigerweise für erforderlich halten durfte. Die Vergabekammer hat die Hinzuziehung eines anwaltlichen Verfahrensbevollmächtigten ausdrücklich für notwendig erklärt. Zum Aufgabenbereich dieses Bevollmächtigten gehört damit nicht nur die Beratung des Mandanten, sondern auch die Wahrnehmung des Verhandlungstermins vor der Vergabekammer (1. VK Bremen, B. v. 27. 12. 2001 – Az.: VK 5/01 (K)).

2927   Die **Reisekosten eines zweiten auswärtigen Anwalts sind jedoch nicht erstattungsfähig,** da sie zur zweckentsprechenden Rechtsverfolgung eines Beigeladenen nicht notwendig sind, wenn der Beigeladene in der mündlichen Verhandlung sachgerecht durch einen Rechtsanwalt vertreten ist (OLG Düsseldorf, B. v. 30. 8. 2005 – Az.: VII – Verg 60/03).

37.7.3.2 Hinzuziehung eines auswärtigen Rechtsanwaltes

2928   **37.7.3.2.1 Grundsatz.** Die Rechtsprechung hierzu ist nicht einheitlich.

2929   Einerseits wird die Auffassung vertreten, dass wegen der besonderen rechtlichen Schwierigkeiten des in Gestalt des Vierten Teils des GWB neuartigen Vergaberechts sich keine der Betei-

Gesetz gegen Wettbewerbsbeschränkungen GWB § 128 **Teil 1**

ligten bei der Auswahl ihres Rechtsbeistandes auf einen lokal ansässigen Rechtsanwalt beschränken muss, sondern im Bestreben um Mandatierung eines mit dem Vergaberecht vertrauten Rechtsanwalts **auch einen auswärtigen Rechtsanwalt hinzuziehen darf** (OLG Naumburg, B. v. 30. 5. 2002 – Az.: 1 Verg 14/01; im Ergebnis ebenso VK Münster, B. v. 18. 3. 2004 – Az.: VK 22/03).

Nach **anderer Auffassung** beurteilt sich die Notwendigkeit einer Aufwendung aus der Sicht einer verständigen Partei, die bemüht ist, die Kosten so niedrig wie möglich zu halten (sog. **„Verbilligungsgrundsatz"**). Reisekosten eines Rechtsanwalts zum behördlichen oder verwaltungsgerichtlichen Termin sind als Auslagen gemäß § 28 BRAGO in der Regel, sofern nicht besondere Gesichtspunkte vorliegen, nur dann in voller Höhe erstattungsfähig, wenn er seine **Kanzlei am Sitz oder im Bezirk der angerufenen Nachprüfungsinstanz oder wenigstens am Wohnsitz bzw. Sitz des Mandanten oder in dessen Nähe** hat. 2930

Die für das Verwaltungsgerichtsverfahren verschiedentlich vertretene Auffassung, Reisekosten eines prozessbevollmächtigten Rechtsanwalts seien bis zur Grenze von Treu und Glauben stets erstattungsfähig, da § 162 Abs. 2 VwGO eine Einschränkung wie in § 91 Abs. 2 ZPO nicht kenne, lehnen einige Vergabesenate jedenfalls für das Nachprüfungsverfahren vor der VK ab. Hier sind **Mehrkosten,** die sich aus der Zuziehung von (im vorgenannten Sinn) „auswärtigen" Rechtsanwälten ergeben, **nur aus besonderen Gesichtspunkten des Einzelfalles als notwendig und damit erstattungsfähig anzuerkennen.** Solche Gesichtspunkte können etwa spezialisierte Fachkenntnisse des beauftragten Rechtsanwalts sein, die im konkreten Falle eine Rolle spielen und nicht im gleichen Maße bei örtlichen Anwälten vorausgesetzt werden können, oder ein aufgrund besonderer Umstände, die mit der Streitsache im Zusammenhang stehen, bestehendes besonderes Vertrauensverhältnis (OLG Düsseldorf, B. v. 15. 12. 2005 – Az.: VII – Verg 74/05; BayObLG, B. v. 16. 2. 2005 – Az.: Verg 028/04; B. v. 20. 1. 2003 – Az.: Verg 28/02). 2931

Ansonsten kann **allenfalls der Ansatz von Reisekosten bis zur Höhe fiktiver Reisekosten eines ortsnahen Rechtsanwalts anerkannt** werden (OLG Düsseldorf, B. v. 15. 12. 2005 – Az.: VII – Verg 74/05). 2932

Das Hanseatische OLG Bremen (B. v. 21. 1. 2004 – Verg 4/03) gesteht dem **Bieter im Grundsatz das Recht zu, auch einen auswärtigen Rechtsanwalt zu beauftragen** und **vergleicht** dann hinsichtlich der Erstattungsfähigkeit der Kosten die **geltend gemachten Kosten mit den Kosten für Informationsreisen und den Kosten für einen zusätzlichen Korrespondenzanwalt.** 2933

37.7.3.2.2 Beispiele aus der Rechtsprechung 2934

– im **Großraum München** stehen genügend Anwaltskanzleien mit Spezialwissen im Vergaberecht zur Verfügung, so dass es der Einschaltung eines auswärtigen Rechtsanwaltes nicht bedarf (BayObLG, B. v. 16. 2. 2005 – Az.: Verg 028/04; B. v. 20. 1. 2003 – Az.: Verg 28/02).

37.7.3.2.3 Reisekosten des auswärtigen Anwalts bei unverschuldeter Terminversäumung. Gemäß § 28 Abs. 1 BRAGO sind dem Rechtsanwalt für Reisen, deren Ziel außerhalb der Gemeinde liegt, in der sich die Kanzlei oder die Wohnung des Rechtsanwalts befindet, die Fahrtkosten zu erstatten; ferner erhält er ein Tage- und Abwesenheitsgeld. **Auslagen für Fahrten zu einem auswärtigen Verhandlungstermin sind auch dann erstattungsfähig, wenn der Rechtsanwalt den Termin wegen unvorhergesehener Verkehrsschwierigkeiten nicht wahrnehmen kann.** Eine mehrstündige Sperrung der Autobahn wegen eines Verkehrsunfalls stellt ein unvorhergesehenes Verkehrshindernis dar. Mit ihr muss bei der Anreise zu einem Gerichtstermin jedenfalls dann nicht gerechnet werden, wenn die Sperrung erst nach Antritt der Fahrt erfolgt ist (OLG Celle, B. v. 23. 1. 2004 – Az.: 13 Verg 1/04). 2935

37.7.3.3 Auslagen der Vergabestelle

37.7.3.3.1 Reisekosten für eigenes Personal. Die **Rechtsprechung** zur Erstattung von Reisekosten ist **nicht einheitlich.** 2936

Nach der Auffassung des Oberlandesgerichts Dresden (B. v. 29. 6. 2001 – Az.: WVerg 0009/00) gehört zur zweckentsprechenden Rechtswahrnehmung für die Partei eines Verfahrens (dazu zählt auch die stets vertretungsbedürftige juristische Person) ungeachtet ihrer zusätzlichen anwaltlichen Vertretung **grundsätzlich die Teilnahme an dem Termin, in dem über die geltend gemachten Ansprüche verhandelt wird.** Das gilt auch dann, wenn ihr persönliches Erscheinen nicht ausdrücklich angeordnet ist; jedenfalls ist ihre Teilnahme an mündlichen Verhandlungen in Vergabenachprüfungsverfahren sinnvoll und geboten, weil hier regelmäßig nicht einfach überschaubare und zudem unter beträchtlichem Zeitdruck aufklärungsbedürftige Sach- 2937 verhalte zur Erörterung im Termin anstehen. Ob dies anders zu beurteilen wäre, wenn vor dem Termin offenkundig wäre, dass ausschließlich Rechtsfragen Gegenstand der Verhandlung sind, zu deren Klärung die Partei selbst nichts beitragen kann, mag dahinstehen (ebenso OLG Düsseldorf, B. v. 12. 1. 2005 – Az.: VII – Verg 96/04; VK Schleswig-Holstein, B. v. 23. 2. 2005 – Az.: VK-SH 05/04).

2938 Nach einer anderen Meinung sind die Kosten für die Abwesenheit im Amt und die Fahrtkosten von Mitarbeitern der Vergabestelle **nicht erstattungsfähig, wenn** die Vergabestelle aufgrund der komplexen Rechtsmaterie zur Durchsetzung ihrer Rechte im Verfahren vor der Vergabekammer **von Rechtsanwälten vertreten** wird. Darüber hinaus ist zu beachten, dass jeder Verfahrensbeteiligte verpflichtet ist, die Kosten im Rahmen des Verständigen nach Möglichkeit niedrig zu halten (VK Südbayern, B. v. 8. 2. 2002 – Az.: 04–02/01 – K).

2939 **37.7.3.3.2 Personalkosten für eigenes Personal.** Die **Rechtsprechung** hierzu ist **nicht einheitlich.**

2940 Nach einer Auffassung schließt der Kostenerstattungsanspruch des in einem Vergabenachprüfungsverfahren obsiegenden Auftraggebers **nicht dessen anteilige Personalkosten ein,** die ihm infolge Zeitversäumnis durch Terminwahrnehmung eines Behördenvertreters entstehen (VK Südbayern, B. v. 8. 2. 2002 – Az.: 04–02/01 – K; OLG Dresden, B. v. 29. 6. 2001 – Az.: WVerg 0009/00).

2941 Das OLG Düsseldorf hingegen hält **auch die Aufwendungen für eigenes Personal des Auftraggebers als weiteren Terminsvertreter** – neben einem Rechtsanwalt – **für erstattungsfähig,** wenn die Anwesenheit in der mündlichen Verhandlung vor der Vergabekammer **sachlich angezeigt** ist. Steht z. B. im Mittelpunkt des Nachprüfungsverfahrens die Frage, ob bestimmte von einem Bieter in seinem Angebot verwendete Fachbegriffe („Normalbetonarbeiten" und „Baumeisterarbeiten") hinreichend bestimmt sind, konnten im Rahmen einer Erörterung vor der Vergabekammer nicht nur rechtliche, sondern auch baufachliche Aspekte zur Sprache kommen und entsprechende Kenntnisse gefordert sein. Jedenfalls ist dies aus der Sicht einer keineswegs übervorsichtigen, sondern sorgfältigen und letztlich auch auf eine Förderung des Verfahrens bedachten Partei zu erwarten. Der **Architekt und Leiter eines Baureferats des Auftraggebers ist insoweit eine für die fachliche Terminsvertretung geeignete Person.** Die Auslagen seiner Hinzuziehung sind mithin für die zweckentsprechende Rechtsverfolgung des Auftraggebers notwendig im Sinne der §§ 128 Abs. 4 GWB, 80 Abs. 1 VwVfG (OLG Düsseldorf, B. v. 12. 1. 2005 – Az.: VII – Verg 96/04).

2942 Demgegenüber hat nach Auffassung des Oberlandesgerichts München der Kostenschuldner nur die zur zweckentsprechenden Rechtsverfolgung oder Rechtsverteidigung notwendigen Aufwendungen des Gegners zu tragen. **Erforderlich ist dafür ein durch das Verfahren konkret verursachtes Vermögensopfer. Für den Verlust an Zeit für die Abfassung und Begründung von Schreiben im Zusammenhang mit dem Verfahren kann ein Beteiligter keinen Ersatz verlangen, in der Regel auch nicht für die Zeit und Mühe eines Angestellten.** Gleiches gilt für die Arbeitszeit, die das Personal einer Behörde im Zusammenhang mit einem Verwaltungsverfahren oder einem Rechtsstreit einsetzt. Im Nachprüfungsverfahren ist dies nicht anders zu beurteilen. Die **allgemeinen Personalkosten für einen Bediensteten haben keinen konkreten Bezug zu einem bestimmten Verfahren, vielmehr wären die Kosten auch entstanden, wenn das Nachprüfungsverfahren nicht eingeleitet worden wäre. Sie sind damit keine verfahrensbezogenen Aufwendungen, die Gegenstand eines prozessualen Kostenerstattungsanspruchs sein könnten.** Der Auftraggeber ist verpflichtet, das Gehalt des eingesetzten Beamten zu bezahlen, unabhängig davon, ob dieser seine Arbeitszeit für Schreiben im Zusammenhang mit dem Nachprüfungsverfahren oder für andere behördliche Aufgaben verwendet (OLG München, B. v. 8. 6. 2005 – Az.: Verg 003/05; VK Thüringen, B. v. 5. 5. 2006 – Az.: 360–4005.20–020/06-EF-S – für Personalkosten des Beigeladenen; VK Schleswig-Holstein, B. v. 17. 3. 2006 – Az.: VK-SH 02/06).

2943 **37.7.3.3.3 Kosten für Kurierdienste.** Da der Auftraggeber die **Vergabeakte im Original** gem. § 110 Abs. 2 Satz 3 GWB der **Vergabekammer zur Verfügung zu stellen hat,** darf sie sich je nach Umfang der Vergabeakte **auch eines Kurierdienstes bedienen** (VK Schleswig-Holstein, B. v. 23. 2. 2005 – Az.: VK-SH 05/04).

37.7.3.4 Notwendige Auslagen eines Beigeladenen

2944 **37.7.3.4.1 Grundsatz.** Eine **gesetzliche Regelung,** wonach die außergerichtlichen Auslagen der Beigeladenen, die selbst kein Rechtsmittel eingelegt hat, dem im Vergabenachprüfungs-

Gesetz gegen Wettbewerbsbeschränkungen　　　　　　　　　　GWB § 128　**Teil 1**

verfahren unterlegenen Teil auferlegt werden könnten, **fehlt**. Eine **entsprechende Anwendung der Kostenregelung der ZPO** mit der Folge, dass dem im Vergabenachprüfungsverfahren unterlegenen Teil generell auch die außergerichtlichen Auslagen der nicht selbst als Antragsteller oder Beschwerdeführer beteiligten Beigeladenen auferlegt werden müssten, **verbietet sich** bereits deshalb, weil sie im Einzelfall das wegen der hohen Verfahrenswerte im Nachprüfungsverfahren ohnehin bereits erhebliche Kostenrisiko des Antragstellers so stark erhöhen kann, dass sich die Ingangsetzung des Nachprüfungsverfahren aus wirtschaftlichen Gründen verbietet; dies etwa dann, wenn der Nachprüfungsantrag in einer frühen Phase des Vergabeverfahrens gestellt wird, in der noch mehrere oder gar alle Bieter beigeladen werden könnten (OLG Brandenburg, B. v. 12. 2. 2002 – Az.: Verg W 9/01).

Hieraus folgt aber nicht, dass eine Kostenerstattung zugunsten eines Beigeladenen überhaupt 2945 nicht ausgesprochen werden kann. Vielmehr findet **über die Verweisung in § 128 Abs. 4 Satz 3 GWB auf § 80 des Verwaltungsverfahrensgesetzes und die entsprechenden Vorschriften der Verwaltungsverfahrensgesetze der Länder** z. B. Art. 80 BayVwVfG Anwendung, der in Abs. 2 Satz 2 eine ausdrückliche Regelung über die Erstattung der Aufwendungen von Drittbeteiligten enthält (Hanseatisches OLG Hamburg, B. v. 21. 1. 2004 – Az.: 1 Verg 5/03; BayObLG, B. v. 22. 11. 2002 – Az.: Verg 26/02).

Demgegenüber vertritt die **VK Detmold** (B. v. 24. 1. 2003 – Az.: VK.21–42/02) die Auf- 2946 fassung, dass nach § 128 Abs. 4 Satz 2 GWB nur die zur zweckentsprechenden Rechtsverfolgung oder Rechtsverteidigung notwendigen Auslagen des Antragsgegners zu erstatten sind. Da die Beigeladenen in aller Regel nicht als Antragsgegner anzusehen sind, kann aus der Vorschrift **grundsätzlich nur ein Anspruch auf Aufwendungsersatz für die Hauptbeteiligten (Antragsteller und Vergabestelle)** hergeleitet werden.

Eine Erstattung der außergerichtlichen Kosten der Beigeladenen kann nach **§ 162 Abs. 3** 2947 **VwGO analog** erfolgen (BayObLG, B. v. 3. 7. 2002 – Az.: Verg 13/02; OLG Brandenburg, B. v. 12. 2. 2002 – Az.: Verg W 9/01; OLG Düsseldorf, B. v. 8. 2. 2006 – Az.: VII – Verg 61/05; B. v. 8. 2. 2006 – Az.: VII – Verg 57/05; B. v. 12. 1. 2006 – Az.: VII – Verg 86/05; B. v. 5. 8. 2005 – Az.: VII – Verg 31/05; B. v. 22. 7. 2005 – Az.: VII – Verg 28/05; B. v. 17. 5. 2004 – Az.: VII – Verg 12/03; B. v. 29. 4. 2003 – Az.: Verg 47/02; KG Berlin, B. v. 15. 3. 2004 – Az.: 2 Verg 17/03; 3. VK Bund, B. v. 29. 9. 2005 – Az.: VK 3–121/05; B. v. 12. 8. 2005 – Az.: VK 3–94/05; B. v. 29. 7. 2005 – Az.: VK 3–76/05; B. v. 12. 7. 2005 – Az.: VK 3–67/05; Az.: VK 3–19/05; VK Baden-Württemberg, B. v. 18. 10. 2005 – Az.: 1 VK 62/05; B. v. 2. 8. 2005 – Az.: 1 VK 43/05; VK Brandenburg, B. v. 26. 1. 2005 – Az.: VK 81/04; 2. VK Bund, B. v. 14. 12. 2004 – Az.: VK 2–208/04; VK Lüneburg, VK Lüneburg, B. v. 22. 3. 2006 – Az.: VgK-05/2006; B. v. 15. 11. 2005 – Az.: VgK-48/2005; B. v. 18. 10. 2005 – Az.: VgK-47/2005; B. v. 14. 9. 2005 – Az.: VgK-40/2005; B. v. 20. 5. 2005 – Az.: VgK-18/2005; B. v. 8. 4. 2005 – Az.: VgK-10/2005; B. v. 10. 3. 2005 – Az.: VgK-04/2005; B. v. 4. 3. 2005 – Az.: VgK-03/2005; B. v. 26. 4. 2004 – Az.: 203-VgK-10/2004, B. v. 18. 3. 2004 – Az.: 203-VgK-06/2004; B. v. 20. 1. 2004 – Az.: 203-VgK-38/2003; 1. VK Bund, B. v. 16. 3. 2006 – Az.: VK 1–10/06; B. v. 8. 3. 2006 – Az.: VK 1–07/06; B. v. 7. 12. 2005 – Az.: VK 1–146/05; B. v. 1. 9. 2005 – Az.: VK 1–98/05; B. v. 27. 1. 2005 – Az.: VK 1–225/04; B. v. 25. 5. 2004 – Az.: VK 1–54/04, B. v. 23. 4. 2004 – Az.: VK 1–33/04, B. v. 17. 3. 2004 – Az.: VK 1–07/04). Danach ist eine Erstattung dann gerechtfertigt, wenn dies der Billigkeit entspricht und, soweit es um die Erstattung von Rechtsanwaltsgebühren oder -auslagen geht, wenn die Zuziehung eines Rechtsanwalts notwendig war. Begründet wird dies damit, dass der Beigeladene gemäß § 128 Abs. 4 Satz 2 GWB bei Unterliegen seinerseits die zur zweckentsprechenden Rechtsverfolgung oder Rechtsverteidigung notwendigen Auslagen des Gegners zu tragen hat. Dann würde es aber im umgekehrten Fall nicht der Billigkeit entsprechen, den Gegner von jeder Kostenerstattung freizustellen (VK Lüneburg, B. v. 20. 5. 2005 – Az.: VgK-18/2005; B. v. 8. 4. 2005 – Az.: VgK-10/2005).

37.7.3.4.2 Keine Interessenidentität zwischen Auftraggeber und Beigeladenem. Der 2948 Umstand, dass bereits im Vergabenachprüfungsverfahren vor der Vergabekammer alle wesentlichen rechtlichen und tatsächlichen Umstände möglichst zeitnah und vollständig vorgetragen werden müssen, um dem allgemeinen Beschleunigungsinteresse aller am Vergabenachprüfungsverfahren Beteiligten genüge zu tun, lässt die Hinzuziehung eines Rechtsanwaltes durch den Beigeladenen regelmäßig bereits dann als notwendig erscheinen, wenn der Beteiligte hierdurch am Vergabenachprüfungsverfahren aktiv die ihn berührenden Gesichtspunkte herausstellt und diese Mitwirkung nicht erkennbar nutzlos ist. Da die **Interessen der Beigeladenen und der**

Teil 1 GWB § 128   Gesetz gegen Wettbewerbsbeschränkungen

Vergabestelle – wie § 124 GWB belegt – **nicht deckungsgleich** sind, kann der Frage, ob und wie sich die Vergabestelle selbst im Nachprüfungsverfahren vertritt, dabei aus Sicht des Beigeladenen regelmäßig keine maßgebliche Bedeutung zukommen. Vielmehr wird der **Beigeladene vielfach nur mit der Beauftragung eines eigenen Verfahrensbevollmächtigten sicherstellen** können, dass wirklich **alle aus seiner Sicht relevanten rechtlichen und tatsächlichen Aspekte der Vergabekammer unterbreitet werden** (OLG Rostock, B. v. 9. 9. 2003 – Az.: 17 Verg 3/03).

2949   37.7.3.4.3 **Voraussetzungen.** Es entspricht billigem Ermessen, die Erstattung der außergerichtlichen Kosten eines Beigeladenen anzuordnen, **wenn sich die unterliegende Partei ausdrücklich in einen Interessengegensatz zum Beigeladenen gestellt** hat (OLG Düsseldorf, B. v. 8. 2. 2006 – Az.: VII – Verg 61/05; B. v. 8. 2. 2006 – Az.: VII – Verg 57/05; B. v. 12. 1. 2006 – Az.: VII – Verg 86/05; B. v. 30. 8. 2005 – Az.: VII – Verg 61/03; B. v. 5. 8. 2005 – Az.: VII – Verg 31/05; B. v. 4. 8. 2005 – Az.: VII – Verg 51/05; B. v. 22. 7. 2005 – Az.: VII – Verg 28/05; OLG Celle, B. v. 27. 5. 2003 – Az.: 13 Verg 11/03; VK Baden-Württemberg, B. v. 18. 10. 2005 – Az.: 1 VK 62/05; B. v. 2. 8. 2005 – Az.: 1 VK 43/05; VK Schleswig-Holstein, B. v. 30. 8. 2006 – Az.: VK-SH 20/06; B. v. 10. 1. 2006 – Az.: VK-SH 30/05; B. v. 5. 1. 2006 – Az.: VK-SH 31/05; B. v. 12. 7. 2005 – Az.: VK-SH 14/05; 3. VK Bund, B. v. 12. 8. 2005 – Az.: VK 3–94/05; B. v. 29. 7. 2005 – Az.: VK 3–76/05; B. v. 12. 7. 2005 – Az.: VK 3–67/05; B. v. 12. 7. 2005 – Az.: VK 3–64/05; B. v. 6. 5. 2005 – Az.: VK 3–28/05; 1. VK Bund, B. v. 16. 3. 2006 – Az.: VK 1–10/06; B. v. 8. 3. 2006 – Az.: VK 1–07/06; B. v. 7. 12. 2005 – Az.: VK 1–146/05; B. v. 1. 9. 2005 – Az.: VK 1–98/05; B. v. 30. 8. 2005 – Az.: VK 1–104/05; B. v. 27. 1. 2005 – Az.: VK 1–225/04; 2. VK Bund, B. v. 20. 12. 2005 – Az.: VK 2–159/05; B. v. 20. 12. 2005 – Az.: VK 2–156/05; B. v. 4. 5. 2005 – Az.: VK 2–27/05; VK Hessen, B. v. 2. 6. 2004 – Az.: 69 d – VK – 24/2004, B. v. 9. 2. 2004 – Az.: 69 d – VK – 79/2003 + 80/2003) und der Beigeladene sich **aktiv und mit eigenen Anträgen am Verfahren beteiligt** (OLG Düsseldorf, B. v. 8. 2. 2006 – Az.: VII – Verg 61/05; B. v. 8. 2. 2006 – Az.: VII – Verg 57/05; B. v. 12. 1. 2006 – Az.: VII – Verg 86/05; B. v. 5. 8. 2005 – Az.: VII – Verg 31/05; B. v. 4. 8. 2005 – Az.: VII – Verg 51/05; B. v. 22. 7. 2005 – Az.: VII – Verg 28/05; Hanseatisches OLG Hamburg, B. v. 21. 1. 2004 – Az.: 1 Verg 5/03; BayObLG, B. v. 13. 5. 2004 – Az.: Verg 004/04; B. v. 3. 7. 2002 – Az.: Verg 13/02; B. v. 2. 12. 2002 – Az.: Verg 24/02; VK Baden-Württemberg, B. v. 18. 10. 2005 – Az.: 1 VK 62/05; B. v. 2. 8. 2005 – Az.: 1 VK 43/05; VK Schleswig-Holstein, B. v. 30. 8. 2006 – Az.: VK-SH 20/06; B. v. 10. 1. 2006 – Az.: VK-SH 30/05; B. v. 5. 1. 2006 – Az.: VK-SH 31/05; B. v. 12. 7. 2005 – Az.: VK-SH 14/05; 1. VK Bund, B. v. 16. 3. 2006 – Az.: VK 1–10/06; B. v. 8. 3. 2006 – Az.: VK 1–07/06; B. v. 7. 12. 2005 – Az.: VK 1–146/05; B. v. 30. 8. 2005 – Az.: VK 1–104/05; B. v. 5. 8. 2005 – Az.: VK 1–83/05; B. v. 20. 4. 2005 – Az.: VK 1–23/05; 2. VK Bund, B. v. 20. 12. 2005 – Az.: VK 2–159/05; B. v. 20. 12. 2005 – Az.: VK 2–156/05; B. v. 4. 5. 2005 – Az.: VK 2–27/05; B. v. 14. 12. 2004 – Az.: VK 2–208/04; 3. VK Bund, B. v. 12. 8. 2005 – Az.: VK 3–94/05; B. v. 29. 7. 2005 – Az.: VK 3–76/05; B. v. 12. 7. 2005 – Az.: VK 3–67/05; B. v. 12. 7. 2005 – Az.: VK 3–64/05; B. v. 6. 5. 2005 – Az.: VK 3–28/05; B. v. 3. 5. 2005 – Az.: VK 3–19/05; B. v. 19. 10. 2004 – Az.: VK 3–191/04; B. v. 21. 9. 2004 – Az.: VK 3–110/04; B. v. 16. 9. 2004 – Az.: VK 3–104/04; B. v. 29. 7. 2004 – Az.: VK 3–89/04; VK Brandenburg, B. v. 8. 9. 2004 – Az.: VK 33/04; VK Arnsberg, B. v. 16. 6. 2004 – Az.: VK 1–07/2004; VK Südbayern, B. v. 23. 10. 2006 – Az.: 30–09/06; B. v. 28. 4. 2005 – Az.: 09–03/05; B. v. 19. 3. 2003 – Az.: 06–02/03; VK Hessen, B. v. 21. 3. 2003 – Az.: 69 d VK – 11/2003, B. v. 9. 2. 2004 – Az.: 69 d – VK – 79/2003 + 80/2003) oder **das Verfahren sonst wesentlich gefördert** hat (OLG Düsseldorf, B. v. 8. 2. 2006 – Az.: VII – Verg 61/05; B. v. 8. 2. 2006 – Az.: VII – Verg 57/05; B. v. 12. 1. 2006 – Az.: VII – Verg 86/05; B. v. 30. 8. 2005 – Az.: VII – Verg 61/03; B. v. 17. 5. 2004 – Az.: VII – Verg 12/03; B. v. 15. 5. 2002 – Az.: Verg 10/02; OLG Düsseldorf, B. v. 29. 4. 2003 – Az.: Verg 47/02; VK Schleswig-Holstein, B. v. 30. 8. 2006 – Az.: VK-SH 20/06; B. v. 12. 7. 2005 – Az.: VK-SH 14/05; VK Südbayern, B. v. 28. 4. 2005 – Az.: 09–03/05; 1. VK Bund, B. v. 16. 3. 2006 – Az.: VK 1–10/06; B. v. 8. 3. 2006 – Az.: VK 1–07/06; B. v. 27. 1. 2005 – Az.: VK 1–225/04; B. v. 4. 8. 2004 – Az.: VK 1–87/04; B. v. 25. 5. 2004 – Az.: VK 1–54/04, B. v. 23. 4. 2004 – Az.: VK 1–33/04, B. v. 17. 3. 2004 – Az.: VK 1–07/04; 2. VK Bund, B. v. 20. 12. 2005 – Az.: VK 2–159/05; B. v. 20. 12. 2005 – Az.: VK 2–156/05; B. v. 24. 6. 2003 – Az.: VK 2–46/03; VK Baden-Württemberg, B. v. 18. 10. 2005 – Az.: 1 VK 62/05; VK Baden-Württemberg, B. v. 11. 9. 2003 – Az.: 1 VK 52/03). Dies ist z.B. der Fall, wenn der Beigeladene die Zurückweisung des Nachprüfungsantrags beantragt, sich schriftsätzlich sowie im Rahmen der mündlichen Verhandlung aktiv am Verfahren beteiligt und dadurch ein eigenes Prozessrechtsverhältnis zur Antragstellerin begründet. Dadurch hat sich die Antragstellerin mit ihrem Nachprüfungsantrag ausdrücklich, bewusst und gewollt in einen Interessengegensatz zur Beigeladenen gestellt. Deshalb entspricht es der Billigkeit, der unterliegenden Antragstellerin auch die zur zweckentsprechenden Rechtsverfolgung notwendigen Auslagen der Beigeladenen nach § 162 Abs. 3 VwGO analog aufzuerlegen (VK Brandenburg, B. v. 7. 5. 2002 – Az.: VK 14/02).

Etwas **restriktiver** beurteilt die VK Baden-Württemberg die Kostenerstattungspflicht, wenn zwar ein Konkurrenzverhältnis zwischen den Verfahrensbeteiligten des Nachprüfungsverfahrens besteht, der Beigeladene auch schriftsätzlich vorträgt und in der mündlichen Verhandlung eigene Sachanträge stellt, er aber **das Verfahren nicht so fördert, dass eine Kostenübernahme gerechtfertigt** ist (VK Baden-Württemberg, B. v. 2. 12. 2004 – Az.: 1 VK 73/04). **Ähnlich restriktiv** beurteilt die VK Baden-Württemberg die Kostenerstattungspflicht, wenn zwar ein Interessensgegensatz besteht, die Beigeladene auch schriftsätzlich vorträgt, sie **aber keinen Antrag stellt** (VK Baden-Württemberg, B. v. 2. 8. 2005 – Az.: 1 VK 43/05; im Ergebnis ebenso 3. VK Bund, B. v. 29. 9. 2005 – Az.: VK 3–121/05). 2950

Demgegenüber lässt das OLG München es genügen, wenn der **Beigeladene entweder eigene Sachanträge gestellt oder ein eigenes Rechtsmittel eingelegt oder zumindest das Verfahren wesentlich gefördert** hat (OLG München, B. v. 6. 2. 2006 – Az.: Verg 23/05; im Ergebnis ebenso VK Südbayern, B. v. 10. 5. 2005 – Az.: 14–03/05). 2951

Hat sich die Beigeladene lediglich der Auffassung der Auftraggeberin angeschlossen, hat sie durch ihren Vortrag das Verfahren nicht wesentlich gefördert, scheidet eine Erstattung der Kosten aus (VK Brandenburg, B. v. 27. 5. 2002 – Az.: 2 VK 94/01). 2952

Ebenso rechtfertigt es die **bloße Beteiligung an der mündlichen Verhandlung nicht,** einem Antragsteller die Auslagen eines Beigeladenen aufzuerlegen (1. VK Bund, B. v. 25. 7. 2003 – Az.: VK 1–57/03). 2953

Auch **eine alleinige schriftliche Stellungnahme** der Beigeladenen ohne eigenen Sachantrag **rechtfertigt es nicht,** die Auslagen zu erstatten (2. VK Bund, B. v. 14. 8. 2003 – Az.: VK 2–62/03, B. v. 16. 9. 2003 – Az.: VK 2–70/03). 2954

Selbst in dem Fall, dass auch das **Angebot der Beigeladenen vom Wettbewerb auszuschließen gewesen wäre,** dies aber mangels eines zulässigen Nachprüfungsantrags durch die VK nicht angeordnet werden und dieser Punkt deshalb auch bei der Feststellung des Unterliegens und Obsiegens keine Berücksichtigung finden kann, sind die Auslagen der Beigeladenen zu erstatten (VK Düsseldorf, B. v. 30. 9. 2003 – Az.: VK – 25/2003 – B). 2955

Bekämpft ein Antragsteller nur seinen eigenen Ausschluss aus dem Verfahren, den ein Beigeladener gemeinsam mit dem Antragsgegner (= Auftraggeber) verteidigt, besteht der eigentliche Interessensgegensatz nur im Verhältnis zwischen Antragsteller und Auftraggeber. Dass ein Beigeladener im Falle des endgültigen Ausschluss eines Antragstellers in seiner Wettbewerbsposition im Vergabeverfahren begünstigt wird, ist insoweit lediglich als Reflex zu werten, der es nicht rechtfertigt, dem Antragsteller, der erfolglos gegen den Ausschluss seines Angebots prozessiert hat, aus Gründen der Billigkeit (§ 162 Abs. 3 VwGO analog) die Kosten des Beigeladenen aufzuerlegen (OLG Düsseldorf, B. v. 22. 7. 2005 – Az.: VII – Verg 28/05). 2956

Es entsteht auch **dann kein ausdrücklicher Interessengegensatz,** wenn der Antragsteller nur einen Ausschluss seines Angebots von der Wertung rückgängig gemacht sehen und eine erneute Angebotswertung erreichen will, sich aber **nicht ausdrücklich dagegen wendet, dass auf das Angebot der Beigeladenen der Zuschlag erteilt werden soll** (OLG Düsseldorf, B. v. 5. 8. 2005 – Az.: VII – Verg 31/05). 2957

Ist hingegen der **Nachprüfungsantrag darauf gerichtet, das Angebot der Beigeladenen von der Wertung auszuschließen,** hat sich mit diesem Antrag der Antragsteller in einen ausdrücklichen Interessengegensatz zur Beigeladenen gestellt (OLG Düsseldorf, B. v. 30. 8. 2005 – Az.: VII – Verg 61/03). 2958

An einem **Interessengegensatz fehlt** es, wenn **im Zeitpunkt der Zustellung des Nachprüfungsantrags der Zuschlag bereits erteilt** und der Vertrag mit der Beigeladenen schon wirksam geschlossen worden war (OLG Düsseldorf, B. v. 8. 2. 2006 – Az.: VII – Verg 61/05). 2959

37.7.3.4.4 Erstattungsfähigkeit bei einem Beschluss über die Zurückweisung eines Antrages eines Antragstellers auf Verlängerung der sofortigen Beschwerde. Eine Erstattung der Kosten der Beigeladenen scheidet aus, auch wenn diese den siegreichen Auftraggeber unterstützt hat, sofern in **dem Zeitpunkt, in dem die Beigeladene Anträge im Be-** 2960 schwerdeverfahren gestellt hat, ein **Beschluss des Vergabesenates über die Zurückweisung des Antrages eines Antragstellers auf Verlängerung der sofortigen Beschwerde mangels Erfolgsaussicht bereits ergangen war** und die Frist, innerhalb derer sich der Antragsteller über die Rücknahme der sofortigen Beschwerde erklären sollte, noch nicht abgelaufen war (OLG Brandenburg, B. v. 20. 5. 2003 – Az.: Verg W 17/02).

2961 **37.7.3.4.5 Umfang.** Zu den erstattungsfähigen Kosten gehören auch die Anwaltskosten der Beigeladenen (BayObLG, B. v. 3. 7. 2002 – Az.: Verg 13/02).

37.7.3.5 Verdienstausfall und Fahrtkosten eines Parteivertreters neben einem Rechtsanwalt

2962 Im Verfahren vor der Vergabekammer sind **Verdienstausfall und Fahrtkosten für die Anreise einer Partei aus einer 250 km entfernten Stadt zur Wahrnehmung von Akteneinsicht in die Akten der Vergabestelle jedenfalls dann keine notwendigen Auslagen,** wenn zugleich ein im Vergaberecht versierter Rechtsanwalt für die Partei Akteneinsicht nimmt, von dem nach den Umständen erwartet werden kann, dass er eigenständig die für die Vertretung des Mandanten nötigen bzw. hilfreichen Unterlagen ausfindig macht und kopiert (OLG München, B. v. 23. 1. 2006 – Az.: Verg 22/05).

37.7.3.6 Begriff des Antragsgegners

2963 Die Position des „Antragsgegners" **hängt nicht davon ab, ob die zur Überprüfung stehenden Maßnahmen von Amts wegen oder auf Antrag eines Verfahrensbeteiligten eingeleitet worden sind.** Entscheidend ist vielmehr, ob sich der Antragsgegner mit seinem Begehren in einen **direkten Interessengegensatz zu dem Antragsteller** gestellt hat (OLG Düsseldorf, B. v. 27. 10. 2003 – Az.: Verg 23/03).

37.7.3.7 Erstattungsfähigkeit bei später Antragstellung und Ersichtlichkeit der Erfolgsaussicht?

2964 **Eine Abwägung danach, inwieweit die Beigeladene aus dem Ablauf des Nachprüfungsverfahrens vor Antragstellung ihre Erfolgsaussichten einschätzen konnte, ist weder praktisch handhabbar noch rechtlich geboten.** Beigeladene können selbst dann, wenn sie – etwa aufgrund eindeutiger Hinweise der Vergabekammer – eine Entscheidung zu ihren Gunsten erwarten und deshalb einen eigenen Sachantrag stellen, nicht sicher sein, ob nicht die Gegenseite Rechtsmittel einlegt und das Beschwerdegericht die Sache anders beurteilt. Sie gehen daher mit ihrer Antragstellung vor der Vergabekammer stets ein gewisses Kostenrisiko ein. Die Überlegung der Antragstellerin, für Beigeladene bestehe faktisch kein Kostenrisiko mehr, wenn sie ihren Antrag erst nach Offenlegung der Einschätzung der Erfolgsaussichten durch die Nachprüfungsinstanz stellen, könnte insoweit allenfalls in der letzten Instanz Platz greifen. Dort stellt sich das Problem aber nicht mehr, nachdem der BGH für die Beschwerdeinstanz eine Billigkeitsentscheidung analog § 162 Abs. 3 VwGO, wie sie vom erkennenden Senat und anderen Oberlandesgerichten befürwortet worden war, abgelehnt hat; die Kostenentscheidung richtet sich hier auch hinsichtlich der Aufwendungen eines Beigeladenen allein nach §§ 91 ff. ZPO (BayObLG, B. v. 13. 5. 2004 – Az.: Verg 004/04).

37.7.4 Erstattung außergerichtlicher Kosten für den Fall der Rücknahme oder anderweitigen Erledigung des Nachprüfungsantrags

2965 Nach der Rechtsprechung des Bundesgerichtshofs ist **ein Unterliegen im Sinne von § 128 Abs. 4 Satz 2 GWB nur gegeben, wenn die Vergabekammer eine Entscheidung getroffen hat, die das Begehren des Antragstellers ganz oder teilweise als unzulässig oder unbegründet zurückweist.** Das Erfordernis einer zurückweisenden Entscheidung steht in Einklang mit anderen Verfahrensgesetzen. **Auch das in § 128 Abs. 3 Satz 1 GWB vorausgesetzte Unterliegen eines Beteiligten kann nur gegeben sein, wenn die Vergabekammer im Nachprüfungsverfahren eine Entscheidung über den Antrag getroffen hat.** Wird das Nachprüfungsverfahren auf andere Weise beendet, beantwortet sich die Frage, wer die Kosten für Amtshandlungen der Vergabekammer (Gebühren und Auslagen) zu tragen hat, nach **§ 128 Abs. 1 Satz 2 GWB.** Nach § 13 Abs. 1 Nr. 1 des dort in Bezug genommenen Verwaltungskostengesetzes trifft in diesen Fällen den **Antragsteller insoweit die Kostenlast,** weil er durch Stellung des Nachprüfungsantrags das Verfahren in Gang gesetzt hat.

Das hat der Senat bereits für den Fall ausgesprochen, dass das Nachprüfungsverfahren sich in der Hauptsache erledigt hat; es gilt gleichermaßen aber auch dann, wenn und soweit der Nachprüfungsantrag zurückgenommen worden ist. Das **Gesetz sieht also eine Erstattung von Auslagen, die der Antragsgegner im Verfahren vor der Vergabekammer gehabt hat, nicht vor, weil dieses Verfahren nicht durch eine dem Antragsgegner günstige Entscheidung der Vergabekammer über den Nachprüfungsantrag, sondern durch dessen Rücknahme und Einstellung des Nachprüfungsverfahrens geendet hat.** (BGH, B. v. 25. 10. 2005 – Az.: X ZB 26/05; B. v. 25. 10. 2005 – Az.: X ZB 25/05; B. v. 25. 10. 2005 – Az.: X ZB 24/05; B. v. 25. 10. 2005 – Az.: X ZB 22/05; B. v. 25. 10. 2005 – Az.: X ZB 15/05; VK Schleswig-Holstein, B. v. 24. 1. 2006 – Az.: VK-SH 33/05; 1. VK Brandenburg, B. v. 1. 11. 2005 – Az.: 1 VK 53/05).

Wird das Verfahren nicht durch eine dem Antragsgegner günstige Entscheidung der Vergabekammer über den Nachprüfungsantrag, sondern durch dessen Rücknahme und Einstellung des Nachprüfungsverfahrens beendet, ist auch keine entsprechende Anwendung anderer Kostenvorschriften, etwa von § 155 Abs. 2 VwGO oder § 269 Abs. 3 Satz 2 ZPO geboten. Nach den zitierten Vorschriften ist im Falle der Antragsrücknahme der Antragsteller verpflichtet, die Kosten zu tragen, zu denen nach § 162 Abs. 1 VwGO bzw. § 91 Abs. 1 Satz 1 ZPO auch die dem Gegner für die entsprechende Rechtsverteidigung erwachsenen Kosten gehören. Aus § 128 Abs. 3 Satz 2 und Satz 3 GWB ergibt sich, dass der **Gesetzgeber den Fall der Beendigung des Nachprüfungsverfahrens durch Rücknahme des Nachprüfungsantrags oder dessen anderweitige Erledigung gesehen hat.** Gleichwohl hat er nur eine Regelung über die Höhe der in diesen Fällen zu entrichtenden Gebühr nach § 128 Abs. 2 GWB getroffen. Unter diesen Umständen kann eine planwidrige Regelungslücke, die für die Heranziehung der Grundsätze über die Analogie notwendig wäre, nicht darin gesehen werden, dass für das Nachprüfungsverfahren vor der Vergabekammer anders als für das verwaltungsgerichtliche und das zivilgerichtliche Streitverfahren eine Kostenerstattung auch im Falle der Antragsrücknahme nicht vorgesehen ist (BGH, B. v. 25. 10. 2005 – Az.: X ZB 26/05; B. v. 25. 10. 2005 – Az.: X ZB 25/05; B. v. 25. 10. 2005 – Az.: X ZB 24/05; B. v. 25. 10. 2005 – Az.: X ZB 22/05; B. v. 25. 10. 2005 – Az.: X ZB 15/05; OLG Rostock, B. v. 2. 8. 2005 – Az.: 17 Verg 7/05; OLG Karlsruhe, B. v. 14. 7. 2005 – Az.: 6 W 56/05 Verg.; Saarländisches OLG, B. v. 26. 11. 2004 – Az.: 1 Verg 7/04; OLG Naumburg, B. v. 4. 1. 2005 – Az.: 1 Verg 19/04; B. v. 6. 10. 2004 – Az.: 1 Verg 12/04; OLG Düsseldorf, B. v. 27. 7. 2005 – Az.: VII – Verg 20/05; B. v. 27. 7. 2005 – Az.: VII – Verg 18/05; B. v. 27. 7. 2005 – Az.: VII – Verg 17/05; B. v. 27. 7. 2005 – Az.: VII – Verg 103/04; B. v. 13. 8. 2004 – Az.: VII – Verg 12 und 14/02; B. v. 9. 8. 2001 – Az.: Verg 1/01, B. v. 29. 4. 2003 – Az.: Verg 47/02; 1. VK Brandenburg, B. v. 1. 11. 2005 – Az.: 1 VK 53/05; VK Hamburg, B. v. 4. 5. 2005 – Az.: VK BSU-2/05; B. v. 21. 3. 2005 – Az.: 1 VK BSU-1/05; VK Münster, B. v. 4. 2. 2005 – VK 33/04; B. v. 18. 10. 2004 – Az.: VK 23/04; VK Südbayern, B. v. 23. 9. 2004, Az.: 120.3–3194.1–52–07/04; VK Hessen, B. v. 29. 7. 2004 – Az.: 69 d – VK – 82/2003; 1. VK Sachsen, B. v. 23. 8. 2005 – Az.: 1/SVK/059–05; B. v. 19. 7. 2004 – Az.: 1/SVK/055–04; VK Schleswig-Holstein, B. v. 24. 1. 2006 – Az.: VK-SH 33/05; B. v. 12. 7. 2005 – Az.: VK-SH 18/05; B. v. 7. 4. 2004 – Az.: VK-SH 06/04; B. v. 5. 4. 2004 – Az.: VK-SH 07/04, B. v. 23. 3. 2004 – Az.: VK-SH 11/04).

Im **Nachprüfungsverfahren der bayerischen Vergabekammern** kommt dagegen, wenn der Antrag auf Durchführung des Nachprüfungsverfahrens zurückgenommen wird, gemäß § 128 Abs. 4 S. 2 und 3 GWB, Art. 80 Abs. 1 S. 2, Abs. 2 S. 2 BayVwVfG **grundsätzlich ein Anspruch der Beigeladenen auf Erstattung ihrer Auslagen gegen den Antragsteller in Betracht.** Dieser Anspruch wird durch die neueste Rechtsprechung des Bundesgerichtshofs nicht berührt. Nach Art. 80 Abs. 1 S. 2, Abs. 2 S. 2 BayVwVfG, auf den § 128 Abs. 4 S. 3 GWB verweist, muss der Antragsteller, wenn er seinen Antrag zurücknimmt, anders als nach der bundesgesetzlichen Regelung in § 80 VwVfG im Rahmen der Billigkeit die Kosten der Beigeladenen tragen. Hätte der Bundesgerichtshof eine Aussage auch für die Länder, in denen die Erstattung von Kosten im Verwaltungsverfahren abweichend geregelt ist, treffen wollen, hätte er sich bei seiner Argumentation nicht auf die bundesgesetzliche Regelung gestützt und sich mit dem Verhältnis von § 128 Abs. 4 GWB, insbesondere der Reichweite der Verweisung des § 128 Abs. 4 S. 3 GWB, zu den Verwaltungsverfahrensgesetzen der Länder auseinandergesetzt. Die Entscheidungen des Bundesgerichtshofs hätten für den Aufwendungsersatzanspruch der Beigeladenen in Bayern deshalb nur dann Aussagekraft, **wenn die Verweisung des § 128 Abs. 4 S. 3 GWB nur für Antragsteller und Antragsgegner, nicht aber für den Beigeladenen gelten würde.** Dieser zum Teil in der Literatur vertretenen Meinung ist der Bundesgerichtshof

2966

2967

Teil 1 GWB § 128   Gesetz gegen Wettbewerbsbeschränkungen

jedoch nicht gefolgt. Wie sich aus dem Beschluss vom 25. 10. 2005 – X ZB 26/05 ergibt, **bezieht er die Verweisungsnorm des § 128 Abs. 4 S. 3 GWB auch auf den Beigeladenen.** Der Bundesgerichtshof führt in seinen beiden Beschlüssen vom 25. 10. 2005 zudem aus, es spreche nichts dafür, dass der Gesetzgeber in § 128 Abs. 4 S. 2 GWB eine vom Verwaltungsverfahrensrecht abweichende Kostenregelung habe treffen wollen. Eine **unterschiedliche Behandlung der einzelnen Verfahrensbeteiligten wäre noch weniger einleuchtend** (OLG München, B. v. 6. 2. 2006 – Az.: Verg 23/05).

2968   Die **ältere Rechtsprechung,** die zu einer Erstattungsfähigkeit tendierte, ist damit **gegenstandslos** (OLG Celle, B. v. 13. 3. 2002 – Az.: 13 Verg 2/02; VK Schleswig-Holstein, B. v. 6. 6. 2005 – Az.: VK-SH 12/05; B. v. 7. 4. 2005 – Az.: VK-SH 06/05; B. v. 23. 2. 2005 – Az.: VK-SH 04/05; B. v. 21. 12. 2004 – Az.: VK-SH 35/04; ebenso OLG Naumburg, B. v. 4. 1. 2005 – Az.: 1 Verg 19/04; VK Münster, B. v. 10. 3. 2005 – Az.: VK 03/05; B. v. 15. 2. 2005 – Az.: VK 34/04; B. v. 4. 2. 2005 – VK 33/04; B. v. 18. 10. 2004 – Az.: VK 23/04; VK Südbayern, B. v. 22. 2. 2002 – Az.: 42–11/01; im Ergebnis ebenso OLG Düsseldorf, B. v. 29. 4. 2003 – Az.: Verg 47/02).

37.7.5 Antrag auf Kostenfestsetzung

37.7.5.1 Verfahren

2969   Hat die Vergabekammer die Kostengrundentscheidung getroffen und darüber befunden, ob die Hinzuziehung eines Anwalts notwendig war und damit eine Erstattung der Anwaltskosten überhaupt in Betracht kommt, so muss der **Rechtsanwalt,** sofern das Nachprüfungsverfahren in der Hauptsache ohne Anrufung des Vergabesenats endet, den **Wert** zunächst anhand der einschlägigen Vorschriften des RVG **selbständig bestimmen und seinem Antrag auf Kostenfestsetzung zugrunde legen.** Die Vergabekammer hat dann den Wertansatz inzidenter mit zu überprüfen (OLG Düsseldorf, B. v. 17. 1. 2006 – Az.: VII – Verg 63/05; Saarländisches OLG, B. v. 29. 9. 2005 – Az.: 1 Verg 2/05; OLG Naumburg, B. v. 6. 4. 2005 – Az.: 1 Verg 2/05; BayObLG, B. v. 12. 3. 2002 – Az.: Verg 3/02; B. v. 19. 2. 2003 – Az.: Verg 32/02; VK Hessen, B. v. 8. 9. 2003 – Az.: 69 d VK – 41/2003; VK Schleswig-Holstein, B. v. 15. 1. 2004 – Az.: VII VK1–611.511/21; VK-SH 21/03).

2970   Das Kostenfestsetzungsverfahren gemäß § 128 Abs. 4 Satz 3 GWB in Verbindung mit den in Bezug genommenen Vorschriften der Verwaltungsverfahrensgesetze des Bundes und der Länder ist also **kein zweistufiges Verfahren,** in dem zunächst der Gegenstandswert verbindlich festgelegt werden müsste und sodann erst die zu erstattenden Kosten festgesetzt werden könnten. Die Vergabekammer muss vielmehr in einem einstufigen Verfahren den Gegenstandswert als bloßes Berechnungselement ermitteln und darauf aufbauend die zu erstattenden Anwaltsgebühren berechnen und auch festsetzen, wobei die gesetzliche Befugnis zur verbindlichen Regelung zwischen den Verfahrensbeteiligten nur das Endresultat – die Festsetzung des Erstattungsbetrags – betrifft (OLG Düsseldorf, B. v. 3. 7. 2003 – Az.: Verg 17/01).

2971   Zur Tendenz einiger Vergabekammern, einen Gegenstandswert durch Beschluss festzusetzen, vgl. die Kommentierung zu § 116 RZ 2484.

2972   Im Kostenfestsetzungsverfahren kann eine **Rahmengebühr nach § 14 Abs. 1 Satz 4 RVG festgesetzt** werden, **ohne dass zuvor ein Gutachten des Vorstandes der zuständigen Rechtsanwaltskammer eingeholt werden muss.** Denn ein Rechtsstreit im Sinn von § 14 Abs. 2 RVG ist **lediglich ein Honorarprozess des Rechtsanwalts gegen seinen eigenen Mandanten,** nicht aber das Kostenfestsetzungsverfahren, in dem die Frage der Gebührenhöhe nur Vorfrage ist (OLG Naumburg, B. v. 15. 6. 2006 – Az.: 1 Verg 5/06).

37.7.5.2 Anfechtung des Kostenfestsetzungsbeschlusses

2973   Bei der Kostenfestsetzung der Vergabekammer handelt es sich um eine Regelung – nämlich um einen Verwaltungsakt (vgl. § 128 Abs. 4 Satz 3 GWB, § 80 Abs. 3 Satz 1 VwVfG) –, die **Rechtswirkungen ausschließlich im Verhältnis zwischen der Antragsgegnerin und dem Antragsteller des Nachprüfungsverfahrens entfaltet** und nicht darüber hinaus auch in die Rechtssphäre des Verfahrensbevollmächtigten des Antragstellers eingreift. Diesem bleibt es ungeachtet der angefochtenen Kostenfestsetzung der Vergabekammer nämlich unbenommen, gemäß RVG dem Antragsteller gegenüber im Rahmen der Billigkeit die Gebührenansätze zu bestimmen und sodann diese – insoweit verbindlich festgelegten – Gebühren auch einzufordern. Vor diesem Hintergrund ist ein Verfahrensbevollmächtigter eines Antragstellers durch den angefochtenen Kostenfestsetzungsbeschluss nicht beschwert und seine Beschwerde mithin unstatthaft (OLG Düsseldorf, B. v. 11. 2. 2003 – Az.: Verg 16/02).

37.7.5.3 Vollstreckbare Ausfertigung eines Kostenfestsetzungsbeschlusses?

Eine vollstreckbare Ausfertigung des Kostenfestsetzungsbeschlusses ist nicht herzustellen bzw. ist eine solche Beschlussausfertigung nicht mit einer Vollstreckungsklausel zu versehen. Der **Kostenfestsetzungsbeschluss allein ist nicht selbständig vollstreckbar,** sondern – sofern notwendig – bildet nur die Rechtsgrundlage (Titel) dafür, im Rahmen einer **notfalls zu erhebenden Leistungsklage,** die Erstattung dieser Kosten zu erzwingen (VK Thüringen, B. v. 22. 2. 2005 – Az.: 360–4005.20–007/05-EF-S; 1. VK Sachsen-Anhalt, B. v. 5. 4. 2005 – Az.: 1 VK LVwA 58/04; VK Schleswig-Holstein, B. v. 18. 2. 2005 – Az.: VK-SH 18/03; 2. VK Sachsen-Anhalt, B. v. 18. 11. 2004 – Az.: VK 2 – LVwA 26/04). 2974

Eine **analoge Anwendung der §§ 103 ff. ZPO ist nicht möglich** (OLG Düsseldorf, B. v. 2. 6. 2005 – Az.: VII – Verg 99/04). 2975

37.7.6 Gegenstandswert

37.7.6.1 Festsetzung

Die **Rechtsprechung** hierzu ist **nicht einheitlich.** 2976

Nach einer Auffassung setzt die **Vergabekammer keinen Gegenstandswert fest.** Denn in deren Verfahren wird gemäß § 128 Abs. 1 und 2 GWB keine streitbezogene Gebühr erhoben. Der Streitwert spielt vielmehr nur für die Anwaltsgebühren eine Rolle, die sich nach RVG richten (OLG München, B. v. 14. 9. 2005 – Az.: Verg 015/05; BayObLG, B. v. 12. 3. 2002 – Az.: Verg 3/02). 2977

Daher ist es **für die Vergabekammer erst dann nötig,** den Gegenstandswert eines Nachprüfungsantrags zu ermitteln, **wenn ein Beteiligter einen Kostenfestsetzungsantrag gestellt hat.** Bei der Entscheidung über einen Kostenfestsetzungsantrag, der Aufwendungen für eine anwaltliche Vertretung betrifft, muss sich die Vergabekammer inzidenter – also als Berechnungselement zur Bestimmung der Höhe der notwendigen Anwaltsgebühren – zwar festlegen, wie hoch der Gegenstandswert ist. **Zur isolierten Festsetzung des Gegenstandswerts mit verbindlicher Wirkung ist die Vergabekammer jedoch nicht befugt.** Das ergibt sich aus § 128 Abs. 4 Satz 3 GWB, der die entsprechende Geltung des § 80 VwVfG (des Bundes) und der entsprechenden Vorschriften der Verwaltungsverfahrensgesetze der Länder anordnet. Nach diesen Vorschriften zum Verwaltungsverfahren setzt dieselbe Behörde, die die Kostenentscheidung nach Beendigung eines Vorverfahrens (Widerspruchsverfahrens) getroffen hat, auf Antrag auch den Betrag der zu erstattenden Aufwendungen fest. Es ist allgemeine Ansicht, dass dieses Kostenfestsetzungsverfahren eine gesonderte Festsetzung des Gegenstandswerts für das Verwaltungsverfahren nicht vorsieht; § 80 Abs. 3 VwVfG (des Bundes) und die entsprechenden Vorschriften der Verwaltungsverfahrensgesetze der Länder stellen nur eine gesetzliche Grundlage für den Erlass eines Verwaltungsakts über die Kostenerstattung selbst sowie über die Bestimmung dar, ob die Zuziehung eines Rechtsanwalts oder eines sonstigen Bevollmächtigten notwendig war. Dagegen fehlt in den genannten Vorschriften eine gesetzliche Grundlage dafür, den Gegenstandswert für die Berechnung der Anwaltsgebühren durch verbindlichen Verwaltungsakt festzusetzen. Eine solche Festsetzung wird auch für entbehrlich gehalten, da der jeweilige Gegenstandswert für die Beteiligten nur im Berechnungselement des Erstattungsbetrags darstellt (OLG Düsseldorf, B. v. 13. 8. 2004 – Az.: VII – Verg 12 und 14/02; B. v. 3. 7. 2003 – Az.: Verg 29/00, B. v. 3. 7. 2003 – Az.: Verg 17/01, B. v. 9. 9. 2003 – Az.: Verg 29/01, B. v. 3. 7. 2003 – Az.: Verg 22/00; VK Schleswig-Holstein, B. v. 13. 7. 2006 – Az.: VK-SH 15/06; B. v. 17. 1. 2006 – Az.: VK-SH 32/05; B. v. 10. 1. 2006 – Az.: VK-SH 30/05; B. v. 5. 1. 2006 – Az.: VK-SH 31/05). 2978

Demgegenüber ist die **VK Düsseldorf** (B. v. 30. 5. 2003 – Az.: VK – 12/2003 – L) der Auffassung, dass die Festsetzung eines Gegenstandswertes im Rahmen einer Kostenerstattung gemäß § 80 VwVfG nicht vorgesehen, aber **in bestimmten Fallgestaltungen erforderlich** ist. 2979

Im Beschwerderechtszug hat der Vergabesenat keine weiter reichende Befugnis zur Streitwertfestsetzung als die Vergabekammer. Daher scheidet eine **Festsetzung des Streitwerts für das erstinstanzliche Nachprüfungsverfahren durch den Vergabesenat aus** (OLG Düsseldorf, B. v. 13. 8. 2004 – Az.: VII – Verg 12 und 14/02). 2980

Teil 1 GWB § 128   Gesetz gegen Wettbewerbsbeschränkungen

37.7.6.2 Höhe

2981 Die Festsetzung des Geschäftswerts erfolgt **gemäß § 50 Abs. 2 GKG**. Der **Gegenstandswert für die Berechnung der im vergaberechtlichen Nachprüfungsverfahren vor der Vergabekammer angefallenen Rechtsanwaltsgebühren** bestimmt sich nach § 50 Abs. 2 GKG n. F. i. V. m. § 23 Abs. 1 Satz 3 RVG (bzw. § 12a Abs. 2 GKG a. F. i. V. m. § 8 Abs. 1 S. 2 BRAGO a. F.) und **beträgt 5% der Auftragssumme** (Schleswig-Holsteinisches OLG, B. v. 18. 7. 2006 – Az.: 1 Verg 8/06; Thüringer OLG, B. v. 23. 1. 2006 – Az.: 9 Verg 8/05; OLG Düsseldorf, B. v. 17. 1. 2006 – Az.: VII – Verg 63/05; B. v. 17. 1. 2006 – Az.: VII – Verg 29/05; B. v. 24. 10. 2005 – Az.: VII – Verg 30/05; B. v. 20. 7. 2005 – Az.: Verg 102/04; OLG München, B. v. 14. 9. 2005 – Az.: Verg 015/05; OLG Naumburg, B. v. 6. 4. 2005 – Az.: 1 Verg 2/05; VK Saarland, B. v. 11. 5. 2006 – Az.: 1 VK 06/2005; VK Münster, B. v. 5. 4. 2005 – Az.: VK 34/04; 1. VK Sachsen-Anhalt, B. v. 9. 2. 2005 – Az.: 1 VK LVwA 56/04).

2982 Die **Streitwerte des erstinstanzlichen Nachprüfungsverfahrens und des Beschwerdeverfahrens sind** – soweit es zu keinen streitwertrelevanten Ereignissen gekommen ist – **übereinstimmend festzusetzen,** wobei § 50 Abs. 2 GKG für das Verfahren vor der Vergabekammer entsprechend oder seinem Rechtsgedanken nach anzuwenden ist (OLG Düsseldorf, B. v. 17. 1. 2006 – Az.: VII – Verg 63/05; B. v. 17. 1. 2006 – Az.: VII – Verg 29/05; VK Saarland, B. v. 11. 5. 2006 – Az.: 1 VK 06/2005).

37.7.6.3 Streitwertbemessung

2983   **37.7.6.3.1 Grundsatz.** Gemäß **§ 50 Abs. 2 GKG ist die Bruttoauftragssumme maßgebend** (Saarländisches OLG, B. v. 29. 9. 2005 – Az.: 1 Verg 2/05; OLG München, B. v. 14. 9. 2005 – Az.: Verg 015/05; OLG Naumburg, B. v. 23. 8. 2005 – Az.: 1 Verg 4/05; Thüringer OLG, B. v. 23. 1. 2006 – Az.: 9 Verg 8/05; OLG Düsseldorf, B. v. 17. 1. 2006 – Az.: VII – Verg 63/05; B. v. 17. 1. 2006 – Az.: VII – Verg 29/05; B. v. 24. 10. 2005 – Az.: VII – Verg 30/05; B. v. 24. 5. 2005 – Az.: VII – Verg 98/04).

2984 **Auszugehen ist vom Wert der Auftragssumme, hilfsweise der Angebotssumme,** also demjenigen Betrag, für den der Bieter den Zuschlag erhalten hat oder erhalten will (OLG München, B. v. 14. 9. 2005 – Az.: Verg 015/05).

2985 Ob die Voraussetzungen für eine Steuerbefreiung vorliegen, ist bei der Ermittlung des Brutto-Auftragswertes jedenfalls dann nicht erheblich, wenn eine Steuerbefreiung zum Zeitpunkt der Angebotsabgabe tatsächlich nicht beantragt ist. Die **bloße Möglichkeit einer Steuerbefreiung für den ausgeschriebenen Auftrag hat auf die Ermittlung des Auftragswertes keinen Einfluss** (VK Schleswig-Holstein, B. v. 18. 2. 2005 – Az.: VK-SH 18/03).

2986   **37.7.6.3.2 Streitwert bei fehlenden Angeboten.** Die **Rechtsprechung** hierzu ist **nicht einheitlich.**

2987 Bei **fehlenden Angeboten** ist der Streitwert nach § 3 Zivilprozessordnung (ZPO) **nach freiem Ermessen durch die Vergabekammer zu bestimmen** (VK Magdeburg, B. v. 23. 1. 2002 – Az.: 33–32571/07 VK 18/01 MD). Für die Berechnung kann man sich **an den Grundsätzen** orientieren, die **§ 100 Abs. 1 GWB** in Verbindung mit den Verdingungsordnungen zur Berechnung dieses Schätzwerts normiert, um festzustellen, ob die Schätzwerte erreicht oder überschritten werden und damit das Vergabenachprüfungsverfahren eröffnet ist (OLG Düsseldorf, B. v. 17. 1. 2006 – Az.: VII – Verg 63/05; OLG Dresden, B. v. 5. 4. 2001 – Az.: WVerg 0008/00). Fehlt es an einer solchen Vergütungsschätzung des Auftraggebers, so ist **mangels anderweitiger,** nicht der Geheimhaltung unterliegender **Anknüpfungspunkte allein auf die Angaben des Bieters** zum Auftragswert abzustellen (OLG Düsseldorf, B. v. 22. 10. 2003 – Az.: VII – Verg 55/03).

2988 Hat eine antragstellende Partei kein eigenes Angebot abgegeben, kann ihr mit dem Nachprüfungsantrag verfolgtes wirtschaftliches Interesse nur **geschätzt** werden. Dieser Schätzung ist in erster Linie das Preisniveau zugrunde zulegen, wie es sich in den von anderen Teilnehmern am Vergabeverfahren abgegebenen Angeboten widerspiegelt (OLG Naumburg, B. v. 30. 8. 2005 – Az.: 1 Verg 6/05; B. v. 23. 8. 2005 – Az.: 1 Verg 4/05). Dabei ist regelmäßig **nicht auf das preisgünstigste Angebot, sondern auf den Durchschnittspreis aller eingegangenen Angebote abzustellen.** Auf die Kostenschätzung des öffentlichen Auftraggebers kann demgegenüber nur dann zurückgegriffen werden, wenn im Zeitpunkt der Gebührenfestsetzung entweder überhaupt keine Angebote eingegangen sind oder nur eine nicht hinreichend aussagekräftige Anzahl von Angeboten vorliegt (VK Münster, B. v. 4. 2. 2005 – VK 33/04). Dann bietet die Kostenschätzung zumindest einen Anhaltspunkt (OLG Naumburg, B. v. 30. 8. 2005 – Az.: 1 Verg 6/05; B. v. 23. 8. 2005 – Az.: 1 Verg 4/05).

Ist **Gegenstand des Nachprüfungsverfahrens die Veräußerung von Gesellschaftsanteilen in Verbindung mit der Vergabe von Aufträgen zur Personenbeförderung,** ist der **Vergütungsstreitwert** nicht auf der Grundlage des angebotenen Kaufpreises für die zu erwerbenden Gesellschaftsanteile zu ermitteln, sondern **nach dem objektiven Anschaffungswert der** vom Auftraggeber als Gewährsträger nach den Personenbeförderungsgesetzen **zu beschaffenden Dienstleistung.** Welcher Betrag für die Beschaffung der auf diesen Zeitraum entfallenden Beförderungsdienstleistungen seitens der Auftraggeber am Markt aufzuwenden gewesen wäre, **lässt sich indessen nur schätzen.** Jener **Aufwand entspricht jedenfalls nicht dem Kaufpreis der Anteile** und ebenso wenig der Summe der zu erwartenden Fahrentgelte. Das **zu erwartende Fahrgeldaufkommen** gibt jedoch einen **geeigneten Anhaltspunkt für eine Schätzung** des Interesses. Insoweit erscheint ein **Ansatz von 30% der voraussichtlichen Fahrentgelte während der Laufzeit des Rahmenvertrages** angemessen, aber auch ausreichend (OLG Düsseldorf, B. v. 20. 7. 2005 – Az.: Verg 102/04). 2989

37.7.6.3.3 Streitwert bei einer losweisen de-facto-Vergabe. In einem Nachprüfungsverfahren bezüglich einer De-facto-Vergabe fehlt es ebenfalls an einer Auftragssumme. Zur Ermittlung derselben ist daher **zunächst auf den geschätzten Wert der Leistungen** zurückzugreifen, die der Auftraggeber außerhalb eines Vergabeverfahrens zu beauftragen beabsichtigt (VK Baden-Württemberg, B. v. 18. 3. 2004 – Az.: 1 VK 07/04). Im Beschwerdeverfahren bei einer de-facto-Vergabe kann dieser Wert aber **nur dann uneingeschränkt** als Auftragssumme im Sinne von § 12a GKG dienen, wenn das Begehr des Antragstellers darauf gerichtet ist, innerhalb eines (anzuordnenden) Vergabeverfahrens eine **Zuschlagschance auf den vollen Auftragswert** erlangen zu können. Nur ein solches Begehr ist derjenigen vergleichbar, die ein Antragsteller mit einem Nachprüfungsantrag bei laufendem förmlichem Vergabeverfahren zeigt. Im typischen Nachprüfungsverfahren ist das Interesse des Bieters darauf gerichtet, den Zuschlag auf sein, die ausgeschriebenen Leistungen komplett umfassendes Angebot zu erhalten, also die von ihm ermittelte Auftragssumme für das gesamte Vertragsvolumen auslösen zu können. Dieses Interesse ist als integraler Bestandteil im Begriff „Auftragssumme" (§ 12a GKG) enthalten. 2990

Zielt nun ein Nachprüfungsantrag auf eine De-facto-Vergabe mit dem formulierten Begehr, **einen Teil (Los) des gesamten Auftragsvolumens** in dem anzuordnenden förmlichen Vergabeverfahren in Anspruch nehmen zu können, ist bei Bemessung der erstrebten „Auftragssumme" auf dieses Interesse des Antragstellers abzustellen, andernfalls es an einer Gleichhandlung mit dem klassischen Nachprüfungsverfahren, auf welches § 12a GKG zielt, fehlen würde (OLG Brandenburg, B. v. 2. 9. 2003 – Az.: Verg W 03/05, Verg W 05/03). Das **Interesse kann** – sofern nicht anderweitige Anhaltspunkte vorliegen – **anhand der (verantwortlichen) Vergütungsschätzung des öffentlichen Auftraggebers ermittelt** werden. Fehlt eine solche sind die vom Auftraggeber mit dem ausersehenen Geschäftspartner ausgehandelten Preise heranzuziehen (OLG Düsseldorf, B. v. 20. 4. 2004 – Az.: VII – Verg 9/04). 2991

37.7.6.3.4 Streitwert bei Verträgen mit fester Laufzeit über 48 Monate. Mit Blick auf den Normzweck des § 12a Abs. 2 GKG, das durch den Vergaberechtsfehler (potentiell) geschädigte Interesse des Antragstellers insbesondere im Hinblick auf die Ertrags- oder Gewinnchancen des umworbenen Auftrags angemessen zu bewerten, ist **bei Verträgen mit fester Laufzeit über 48 Monaten die Summe der dem Antragsteller zuzurechnenden Vergütung für die gesamte vorgesehene feste Vertragslaufzeit als Berechnungsgrundlage** (gegebenenfalls einschließlich von Optionen) maßgebend (OLG Naumburg, B. v. 6. 4. 2005 – Az.: 1 Verg 2/05; BayObLG, B. v. 9. 10. 2003 – Az.: Verg 8/03). 2992

Dieses aus der Auslegung des § 12a Abs. 2 GKG nach seinem Wortlaut und Zweck folgende Ergebnis kann nicht mit der Erwägung korrigiert werden, die „Auftragssumme" stiege, wenn man für ihre Bestimmung im Sinne von § 12a Abs. 2 GKG bei langfristigen Verträgen auf die gesamte Laufzeit abstellen würde, in Höhen, die Rechtsmittel gegen die Vergabeentscheidung zu einem schwerwiegenden Risiko machen würden, zumal da regelmäßig dasjenige Unternehmen, das der Auftraggeber für den Zuschlag ausersehen habe, beigeladen werde. Der Gesetzgeber hat der für die Aufrechterhaltung der Effektivität des vergaberechtlichen Rechtsschutzes notwendigen Begrenzung des Kostenrisikos mit der **generalisierenden Beschränkung des Streitwerts auf 5% der Auftragssumme** in (auch verfassungsrechtlich, Art. 19 Abs. 4 GG) ausreichender Weise Rechnung getragen. Nicht nur langfristige Dienstleistungsaufträge, sondern auch Bauleistungsaufträge können ein sehr hohes Volumen haben; bei ihnen wird von niemandem – soweit ersichtlich – ernsthaft erwogen, bei der Anwendung des Begriffs der „Auftrags- 2993 summe" von dem Verständnis abzuweichen, dass dieser Begriff den Gesamtauftrag erfasst – unter der selbstverständlichen Voraussetzung, dass sich der Antragsteller auch um den Gesamtauftrag beworben hat – (OLG Düsseldorf, B. v. 7. 1. 2004 – Az.: VII – Verg 55/02, B. v. 3. 7. 2003 – Az.: Verg 29/00, B. v. 3. 7. 2003 – Az.: Verg 22/00).

2994   **37.7.6.3.5 Streitwert unter Einbeziehung von Optionen? 37.7.6.3.5.1 Allgemeines.** Die **Rechtsprechung** hierzu ist **nicht einheitlich.**

2995   Nach Auffassung des **Bayerischen Obersten Landesgerichts** ist die Auftragssumme nach § 12a Abs. 2 GKG aus dem Vertragswert für die gesamte Vertragslaufzeit unter Einbeziehung der Optionsrechte zu ermitteln. Die **Einbeziehung der Optionsrechte** ergibt sich daraus, dass der Gesetzgeber für die Streitwertberechnung im Rahmen des § 12a Abs. 2 GKG auf den allgemeinen Grundsatz des wirtschaftlichen Interesses an einer Entscheidung abzielte. Dieses wirtschaftliche Interesse der Antragstellerin liegt darin, den Auftrag für den Zeitraum einschließlich der von ihr optional angebotenen Vertragslaufzeit zu erhalten (OLG München, B. v. 14. 9. 2005 – Az.: Verg 015/05; BayObLG, B. v. 23. 3. 2004 – Az.: Verg 22/03; B. v. 9. 10. 2003 – Az.: Verg 8/03; ebenso OLG Naumburg, B. v. 6. 4. 2005 – Az.: 1 Verg 2/05).

2996   Mit seinem Angebot räumt der Unternehmer dem Auftraggeber das bindende Recht ein, durch einseitige gestaltende Erklärung eine Verlängerung des Vertrags zustande zu bringen. Die in dem Angebot zum Ausdruck gebrachte Bereitschaft, die Vertragsleistung auch im Optionszeitraum erbringen und durch die dafür gewährte Gegenleistung einen wirtschaftlichen Vorteil erzielen zu wollen, **rechtfertigt es, die Option in die Streitwertberechnung einzubeziehen.** Die Frage, **ob der Auftraggeber die Option schließlich ausüben wird,** ist hingegen für die Bewertung des wirtschaftlichen Interesses des Auftragnehmers **unerheblich.** Die Einbeziehung von Optionsrechten verlangt übrigens auch § 3 Abs. 6 VgV (BayObLG, B. v. 23. 3. 2004 – Az.: Verg 22/03, B. v. 21. 11. 2003 – Az.: Verg 18/03, B. v. 21. 11. 2003 – Az.: Verg 19/03).

2997   Demgegenüber vertritt das OLG Düsseldorf die Meinung, dass ein **Optionszeitraum nicht hinzugerechnet werden kann.** Das Gegenteil kann auch nicht etwa aus § 1a Nr. 4 Abs. 4 VOL/A a. F. oder aus § 3 Abs. 6 VgV hergeleitet werden. Diese beiden Vorschriften sahen bzw. sehen (nur) für die Schwellenwertberechnung vor, dass der voraussichtliche Vertragswert dann, wenn der beabsichtigte Auftrag Optionsrechte enthält, auf Grund des größtmöglichen Auftragswertes unter Einbeziehung der Optionsrechte zu berechnen bzw. zu schätzen ist. Auch hier ist zu beachten, dass § 1a VOL/A a. F. seinerzeit sowie jetzt § 3 VgV nicht bezweckt(e), mit ihrer Hilfe den gebührenrechtlichen Gegenstandswert zu bestimmen, dass vielmehr **§ 12a Abs. 2 GKG insoweit eine autonome Regelung** darstellt. Geht man bei der Frage der Anwendung der Norm auf Optionsfälle vom Wortlaut des § 12a Abs. 2 GKG aus, so ist darauf hinzuweisen, dass in der Gegenwart, in der die Streitwertbemessung vorgenommen werden muss, ein „Auftrag" für die Optionszeit noch nicht sogleich „fest" vergeben werden sollte und auch noch nicht erteilt worden ist. Die Vertragsparteien haben gerade davon abgesehen, das schon fest zu vereinbaren. Folglich kann das während der etwaigen „Optionsverlängerungszeit" zu zahlende Entgelt schwerlich heute schon als Teil der „Auftrags"-Summe angesehen werden. Niemand weiß heute, ob eine der Vertragsparteien ihre Option auch ausüben wird (B. v. 3. 7. 2003 – Az.: Verg 22/00).

2998   Diese Auffassung vertritt das OLG Düsseldorf **auch für das neue Kostenrecht** (OLG Düsseldorf, B. v. 24. 10. 2005 – Az.: VII – Verg 30/05) bzw. differenziert: **auf eine Vertragsverlängerung gerichtete Aussichten sind nicht in die Streitwertberechnung einzubeziehen.** Lediglich **eine Verlängerung durch einseitige rechtsgeschäftliche Erklärung einer Vertragspartei, eine Option, ist streitwertrelevant** (OLG Düsseldorf, B. v. 17. 1. 2006 – Az.: VII – Verg 63/05).

2999   **37.7.6.3.5.2 Begriff der Option.** Vgl. im Einzelnen die Kommentierung zu § 3 VgV RZ 3219.

3000   **37.7.6.3.6 Streitwert bei VOF-Leistungen.** Bei **VOF-Verfahren** bestimmt sich der Streitwert nach dem **geschätzten Auftragswert,** der von der Vergabestelle für die Planungskosten ermittelt worden ist (VK Arnsberg, B. v. 15. 7. 2003 – Az.: VK 3–16/2003). Dabei sind **alle die Leistungen,** die nach dem Inhalt der Vergabebedingungen vom öffentlichen Auftraggeber **vorbehaltlos ausgeschrieben** worden sind, einzubeziehen (OLG Düsseldorf, B. v. 27. 6. 2003 – Az.: Verg 62/02).

3001   Hat ein Bewerber noch kein Angebot mit einer Honorarforderung unterbreitet, ist als Auftragssumme damit der vom Auftraggeber geschätzte Auftragswert zugrunde zu legen. Hiernach ist **das nach der HOAI maßgebende Architektenhonorar** zu ermitteln, von dem bei der Streitwertbemessung auszugehen ist (OLG Düsseldorf, B. v. 17. 1. 2006 – Az.: VII – Verg 29/05).

37.7.7.6.3.7 (Fiktiver) Streitwert. Der **Kostenwert** eines auf Primärrechtsschutz gerichteten 3002 **Nachprüfungsantrages** wird bei der gerichtlichen und anwaltlichen Gebührenberechnung pauschal und ohne Differenzierung des Gegenstands im Einzelnen **nach der Auftragssumme** ermittelt. Denselben (fiktiven) Kostenwert hat aber auch die Entscheidung der Vergabekammer, soweit sie über den gestellten Nachprüfungsantrag hinausgeht. Denn insoweit ist vom **Kostenwert eines fiktiven Nachprüfungsantrages** auszugehen, der auf die erkannte Entscheidung der Vergabekammer gerichtet ist; dieser Kostenwert wird ebenfalls auf der Grundlage der Auftragssumme ermittelt (OLG Naumburg, B. v. 23. 4. 2003 – Az.: 1 Verg 1/03).

37.7.7.6.3.8 Einbeziehung von beim Auftragnehmer durchlaufenden Posten. Die 3003 **Rechtsprechung** ist **nicht einheitlich.**

Nach einer Auffassung stellt der **Begriff der „Auftragssumme" in § 12a Abs. 2 GKG,** 3004 **wie der Begriff des „Auftragswertes" in § 100 Abs. 1 GWB, auf die Gesamtvergütung ab, mithin auf das Entgelt einschließlich aller „Durchlauf"-Posten.** Dies entspricht dem – für das Kostenrecht gewollten – Vereinfachungsprinzip ebenso wie der für die ordnungsgemäße Auftragswertschätzung in § 3 Abs. 1 VgV 2001 getroffenen Regelung. Zum gleichen Ergebnis führt auch die Berücksichtigung der **Rechtsprechung der Vergabesenate,** soweit diese bei der Bestimmung der Auftragssumme Bruttopreise zugrunde legen. Da Aufträge zu Bruttopreisen vergeben werden, muss der Bieter die Umsatzsteuer in sein Angebot aufnehmen, damit sie Vertragsinhalt wird und er durch die Einnahme dieses Betrages wiederum die durch seine Leistung entstehende Umsatzsteuerpflicht gegenüber dem Fiskus ausgleichen kann. **Genauso liegt es aber auch in Bezug auf die Infrastrukturkosten:** Der Bieter muss diese in sein Angebot aufnehmen, damit er sie als Vertragsbestandteil vom Auftraggeber vereinnahmen und alsdann an den Netzbetreiber weiterleiten kann. Dass der Bieter durch den Auftraggeber vom wirtschaftlichen Risiko der Infrastrukturkosten als durchlaufende Kosten befreit wird und er insoweit an diesen kein ureigenes wirtschaftliches Interesse hat, hindert jedoch nicht die Tatsache, dass es für die Realisierung des mit dem Ausgleichsbetrag einhergehenden wirtschaftlichen Interesses des Bieters unabdingbar ist, **dass auch die Infrastrukturkosten Bestandteil des Vertrages und damit der Auftragssumme i. S. v. § 12a Abs. 2 GKG werden** (VK Schleswig-Holstein, B. v. 15. 1. 2004 – Az.: VII VK1–611.511/21; VK-SH 21/03).

Nach einer anderen Ansicht reflektiert die Höhe einer zur Auftragsdurchführung gehö- 3005 renden Anschubfinanzierung (von 46 Mio. €!) den Wert des Auftrages nicht (OLG Rostock, B. v. 29. 12. 2003 – Az.: 17 Verg 11/03).

37.7.7.6.3.9 Streitwert für den Beigeordneten. Ist ein **Beigeordneter Kostengläubiger,** 3006 **ist dessen Angebotssumme bei der Bestimmung des Gegenstandswertes heranzuziehen.** Denn nach RVG sind die Gebühren grundsätzlich nach dem Wert zu berechnen, den der Gegenstand der anwaltlichen Tätigkeit hat. Gegenstand der anwaltlichen Tätigkeit ist, solange kein gerichtliches Verfahren vorliegt, das Angebot derjenigen Person, die vom Rechtsanwalt vertreten wird. Angebotssummen anderer Unternehmen, die sich um denselben Auftrag bemühen, zu denen aber zunächst keine Rechtsbeziehung besteht, sind von der Tätigkeit des Rechtsanwalts nicht erfasst und somit auch nicht Gegenstand der anwaltlichen Tätigkeit. Bei der **Auslegung des Begriffes „Auftragssumme" ist ebenfalls zu berücksichtigen,** dass es in einem Vergabenachprüfungsverfahren um den Rechtsschutz für die subjektiven unternehmerischen Interessen der Bieter geht und dass deren durch etwaige Vergaberechtsfehler potentiell geschädigte Interessen angemessen zu bewerten sind. Das **Interesse der Bieter wird dabei durch die von ihnen abgegebenen Angebote definiert.** Für einen im Nachprüfungsverfahren beigeladenen Bieter geht es regelmäßig darum, sein Angebot gegen das Begehren eines Antragstellers zu verteidigen, da eine abgeänderte Vergabeentscheidung zugunsten des Antragstellers – zumindest nach der subjektiven Vorstellung eines Beigeladenen – wiederum durch etwaige dann vorliegende Verstöße gegen das Vergaberecht die Interessen des Beigeordneten schädigen würde (VK Schleswig-Holstein, B. v. 14. 1. 2004 – Az.: VII VK1–611.511–2003; VK-SH 21/03).

Die Auffassung, dass die **Festsetzung zweier Streitwerte für ein und dasselbe Verfahren** 3007 auch den im GKG niedergelegten allgemeinen Maßstäben zur Bestimmung des Streitwertes widerspreche und dass der Streitwert grundsätzlich nach der sich aus dem Antrag des Klägers/Antragstellers für ihn ergebenden Bedeutung der Sache zu bestimmen sei, geht fehl. Zu beach-

Teil 1 GWB § 128   Gesetz gegen Wettbewerbsbeschränkungen

ten ist nämlich, dass es sich bei den **Nachprüfungsverfahren vor der Vergabekammer nicht um ein gerichtliches Verfahren** handelt; § 12a Abs. 2 GKG wird insoweit nur analog angewandt (VK Schleswig-Holstein, B. v. 14. 1. 2004 – Az.: VII VK1–611.511–2003; VK-SH 21/03).

3008 **37.7.6.3.10 Streitwert bei Errichtung eines Bauwerks im Mietkaufmodell.** Bildet Gegenstand des Auftrags die **Beschaffung eines geeigneten Geländes mit guter Verkehrsanbindung sowie die Finanzierung und Errichtung eines Schulgebäudes,** das der Auftraggeber nach Ablauf einer bestimmten Mietzeit entsprechend einer ihm eingeräumten Option zu Eigentum übernehmen kann, erscheint es gerechtfertigt, als **Bruttoauftragssumme die Mietkaufraten einschließlich des Restkaufpreises anzusetzen,** weil die so errechnete Gesamtsumme bei wirtschaftlicher Betrachtung im Wesentlichen den nach Kostenrichtwert zu ermittelnden Baukosten für einen vergleichbaren Neubau zuzüglich Grundstückskosten entsprechen wird. Als neutraler Durchlaufposten in Abzug zu bringen ist jedoch ein angemessener Refinanzierungszins, also der Betrag, den der Auftragnehmer seinerseits zur Vorfinanzierung seiner Leistung aufzubringen hat. Denn die Gegenleistung fließt ihm nicht bereits mit der Fertigstellung und Übergabe des Bauwerks, sondern erst erheblich zeitversetzt zu, was das wirtschaftliche Interesse des Auftragnehmers am Erhalt des Auftrags entsprechend herabsetzt. Dieser Zins bemisst sich mit 5% des Gesamtwerts; aus dem Restbetrag errechnet sich der Streitwert (BayObLG, B. v. 18. 11. 2004 – Az.: Verg 022/04).

3009 **37.7.6.3. 11 Streitwert bei planmäßigen Losverfahren.** Soweit bei absehbarem Eingang ganz überwiegend gleichwertiger Angebote von **vornherein eine Verlosung von Teillosen vorgesehen** ist (wobei jeder Bieter maximal ein Los erhalten kann), erscheint es sachgerecht, bei der Kostenentscheidung im Regelfall derart zu differenzieren, dass die Verfahrensgebühren der Vergabekammer und der **Gegenstandswert einer anwaltlichen Vertretung des Antragsgegners nach dem Gesamtauftragswert aller Lose bemessen werden und der Berechnung des Gegenstandswertes für eine anwaltliche Vertretung der anderen Beteiligten die Summe des wertmäßig größten Loses zu Grunde gelegt wird** (Frankenstein, ibr-online 08/2005, www.ibr-online.de/2007-8).

37.7.6.4 Beispiele aus der Rechtsprechung

3010 – für die Gebühren der Vergabekammer ist daher anerkannt, dass die wirtschaftliche Bedeutung des Nachprüfungsgegenstandes den in erster Linie maßgebenden Anknüpfungspunkt für die Gebührenbemessung darstellt. Hierfür erscheint in Fällen wie diesem die **Anknüpfung an den Gesamtwert aller Lose sachgerecht,** da es der wirtschaftlichen Bedeutung nicht gerecht würde, lediglich ein Los in den Blick zu nehmen. **Gegenstand des Nachprüfungsverfahrens ist vielmehr der Ausschreibungsgegenstand in Gänze** (VK Schleswig-Holstein, B. v. 13. 7. 2006 – Az.: VK-SH 15/06)

– hat der Auftraggeber zwar einen Zeitraum von zwei Jahren als Vertragslaufzeit angegeben, gleichzeitig aber die Beendigung des Vertragsverhältnisses unter die Bedingung gestellt, dass eine Vertragspartei die Kündigung erklärt, bedeutet dies, dass die Vertragslaufzeit grundsätzlich unbefristet ausgeschrieben wurde, wenn auch mit einer Möglichkeit zur Kündigung für beide Vertragspartner. Dennoch ist das Vertragsende nicht absehbar. Bei **einem solchen Vertragsverhältnis berechnet sich der Auftragswert aus einer monatlichen Zahlung multipliziert mit 48** (VK Düsseldorf, B. v. 5. 1. 2006 – Az.: VK – 52/2005 – L)

– bei einer **Ausschreibung über die Veräußerung eines prozentualen Anteils an einer Gesellschaft verbunden mit einem öffentlichen Auftrag ist für den Gegenstandswert auch nur der prozentuale Anteil an dem öffentlichen Auftrag zugrunde zu legen** (OLG Düsseldorf, B. v. 24. 10. 2005 – Az.: VII – Verg 30/05)

– bei einem Verstoß gegen das Nachverhandlungsverbot ist entscheidend die Höhe des ohne den Verstoß unterbreiteten Angebots (VK Münster, B. v. 5. 10. 2001 – Az.: VK 20/01)

– zum **Streitwert in einem Vollstreckungsverfahren** vgl. OLG Düsseldorf, B. v. 27. 10. 2003 – Az.: Verg 23/3

37.7.7 Verzinsung des Kostenerstattungsbetrages

37.7.7.1 Rechtsprechung

3011 Die **Rechtsprechung** hierzu ist **nicht einheitlich.**

3012 Nach einer Auffassung ist eine Verzinsung des Kostenerstattungsbetrages **zwar in § 80 VwVfG nicht vorgesehen,** im Vergabenachprüfungsverfahren ist **jedoch entsprechend § 104**

Gesetz gegen Wettbewerbsbeschränkungen   GWB § 128 **Teil 1**

ZPO zu verfahren. Dementsprechend sind die festgesetzten Kosten ab Eingang der Festsetzungsanträge zu verzinsen (1. VK Bremen, B. v. 27. 12. 2001 – Az.: VK 5/01 (K)).

Nach der Gegenmeinung ist eine Verzinsung nach § 128 Abs. 4 GWB i. V. m. § 80 Abs. 2   3013
VwVfG nicht vorgesehen. Ein **entsprechender Anspruch besteht daher nicht** (OLG Düsseldorf, B. v. 24. 10. 2005 – Az.: VII – Verg 30/05; B. v. 29. 10. 2003 – Az.: Verg 30/03; OLG Celle, B. v. 23. 1. 2004 – Az.: 13 Verg 1/04; VK Schleswig-Holstein, B. v. 18. 2. 2005 – Az.: VK-SH 18/03; VK Münster, B. v. 28. 5. 2004 – Az.: VK 12/01, B. v. 18. 3. 2004 – Az.: VK 22/03).

§ 128 Abs. 4 Satz 3 GWB verweist auf § 80 VwVfG des Bundes und die gleichlautenden lan-   3014
desrechtlichen Vorschriften. Danach hat gemäß § 128 Abs. 4 Satz 3 GWB i. V. m. z. B. § 80 Abs. 3, 1. Halbsatz VwVfG NRW die Behörde, die die Kostengrundentscheidung getroffen hat, auf Antrag den Betrag der zu erstattenden Aufwendungen festzusetzen. **Für die Kostenfestsetzung ist im Vergabenachprüfungsverfahren damit die Vergabekammer zuständig.** Diese Vorschrift entspricht § 104 Abs. 1 Satz 1 ZPO, welcher bestimmt, dass über den Festsetzungsantrag das Gericht des ersten Rechtszugs entscheidet. **Eine dem § 104 Abs. 1 Satz 2 ZPO entsprechende Vorschrift enthält** § 80 Abs. 3 VwVfG **nicht**. § 104 Abs. 1 Satz 2 ZPO besagt für das Kostenfestsetzungsverfahren nach der Zivilprozessordnung, dass auf Antrag eine Verzinsung der festgesetzten Kosten auszusprechen ist. Diese Vorschrift (§ 104 Abs. 1 Satz 2 ZPO) kann im isolierten verwaltungsrechtlichen Vorverfahren nicht entsprechend angewandt werden, weil **§ 80 VwVfG nach der Rechtsprechung des Bundesverwaltungsgerichts eine abschließende Regelung darstellt.** § 80 VwVfG regelt für das verwaltungsgerichtliche Vorverfahren selbständig, in welchem Umfange aufgrund einer Kostengrundentscheidung im Vorverfahren nach §§ 72, 73 VwGO die den Beteiligten entstandenen Kosten zu erstatten sind. Die Vorschrift wurde eingeführt, nachdem eine analoge Anwendung der Vorschriften der Verwaltungsgerichtsordnung (§§ 154 ff. VwGO) vom Gemeinsamen Senat des Bundesverwaltungsgericht für das Vorverfahren nach den §§ 72, 73 VwGO abgelehnt und diese Rechtsprechung vom BVerfG bestätigt worden war. Vor dem **Hintergrund dieser Entstehungsgeschichte ist davon auszugehen, dass es sich bei § 80 VwVfG und den gleichlautenden Vorschriften der Verwaltungsverfahrensgesetze der Länder um abschließende Regelungen handelt** und eine planwidrige gesetzliche Regelungslücke nicht vorliegt, soweit darin ein Ausspruch auf Verzinsung des festgesetzten Betrages nicht zuerkannt wird. Dieser Auffassung hat sich der BGH für den Fall der Erledigung für das Nachprüfungsverfahren in Vergabesachen ausdrücklich angeschlossen, weil es sich bei diesem trotz seiner gerichtsähnlichen Ausgestaltung um ein Verwaltungsverfahren handelt. Daraus folgt, dass **auch der Landesgesetzgeber Prozesszinsen in entsprechender Anwendung der Regelung des § 104 Abs. 1 Satz 2 ZPO im verwaltungsgerichtlichen Vorverfahren – neben einer Erstattung der notwendigen Auslagen – nicht zuerkennen wollte.** Da § 128 Abs. 4 Satz 3 GWB für das Nachprüfungsverfahren vor der VK auf § 80 VwVfG und die entsprechenden Vorschriften verweist, kommt auch im erstinstanzlichen Nachprüfungsverfahren in Vergabesachen eine entsprechende Anwendung nicht in Frage (OLG Düsseldorf, B. v. 2. 6. 2005 – Az.: VII – Verg 99/04; 1. VK Sachsen-Anhalt, B. v. 5. 4. 2005 – Az.: 1 VK LVwA 58/04).

Auch kommt eine entsprechende Anwendung des § 291 Satz 1 BGB dem auf das Vergabe-   3015
nachprüfungsverfahren folgenden Kostenfestsetzungsverfahren ebenso wenig in Betracht. § 291 Satz 1 BGB besagt, dass der Schuldner eine Geldschuld von dem Eintritt der Rechtshängigkeit an zu verzinsen hat. Wird die Schuld erst später fällig, so ist sie von der Fälligkeit an zu verzinsen. Wie das Bundesverwaltungsgericht mit Urteil vom 28. Juni 1995 (11 C 22/94, NJW 1995, 3135) festgestellt hat, **setzt eine entsprechende Anwendung des § 291 BGB voraus, dass der verwaltungsgerichtliche Prozess mit dem Zuspruch einer eindeutig bestimmten Geldforderung endet,** sei es durch Verurteilung zur Zahlung derselben, sei es durch Verpflichtung zum Erlass eines entsprechenden Leistungsbescheides. Diese **Voraussetzungen liegen hier nicht vor.** Das **Kostenfestsetzungsverfahren** vor der Vergabekammer ist **einem Klageverfahren nicht gleichzusetzen.** Der in diesem Verfahren ergehende Kostenfestsetzungsbeschluss ist nicht vollstreckbar. Genauso wenig führt die Anbringung des Kostenerstattungsantrags zur Rechtshängigkeit eines Erstattungsanspruchs im Sinne des § 291 Satz 1 BGB. Der **Kostenerstattungsantrag steht einer Leistungsklage nicht gleich.** Anderenfalls wäre die Einführung des § 104 Abs. 1 Satz 2 ZPO durch Art. X § 3 Nr. 2 des Gesetzes vom 26. Juli 1957 (BGBl. 1957, S. 861) nicht erklärlich. Auch insoweit ist darauf zu verweisen, dass die in § 80 VwVfG getroffenen und als abschließend zu verstehenden Regelungen eine Verzinsung des Kostenerstattungsanspruchs folgerichtig nicht vorsehen (OLG Düsseldorf, B. v. 2. 6. 2005 – Az.: VII – Verg 99/04).

3016 Prozessökonomische Gründe und die mangelnde Vollstreckbarkeit des Kostenfestsetzungsbescheides der Vergabekammer erfordern keine entsprechende Anwendung des § 104 Satz 1 ZPO oder des § 291 BGB. Um drohende Zinsnachteile abzuwenden, kann die Beigeladene einen Antrag auf Erlass eines Mahnbescheides gegen den Kostenschuldner stellen. Etwaige Verzögerungen bei der Festsetzung hat sie aufgrund der Gesetzeslage hinzunehmen; sie rechtfertigen eine analoge Anwendung der Vorschrift mangels Gesetzeslücke nicht (OLG Düsseldorf, B. v. 2. 6. 2005 – Az.: VII – Verg 99/04).

37.7.7.2 Literatur

3017 – Schwan, Alexander/Jüngel, Marc, Die Verzinsung des Erstattungsanspruches im Nachprüfungsverfahren vor der Vergabekammer, JurBüro 2005, 510

37.7.8 Gebühren des Rechtsanwaltes

37.7.8.1 RVG

3018 Wird der Rechtsanwalt im Vergabenachprüfungsverfahren nach den §§ 97 ff. GWB tätig, so richtet sich seine Vergütung nach Teil 2 des Vergütungsverzeichnisses (VV) zu § 2 Abs. 2 RVG. Denn **es handelt sich um eine außergerichtliche Tätigkeit.** Der Anwalt erhält eine Geschäftsgebühr nach Nr. 2300 VV – bis zum 30. 6. 2006: 2400 VV – (OLG München, B. v. 16. 11. 2006 – Az.: Verg 14/06; B. v. 13. 11. 2006 – Az.: Verg 13/06; B. v. 11. 1. 2006 – Az.: Verg 21/05; B. v. 23. 1. 2006 – Az.: Verg 22/05; BayObLG, B. v. 16. 2. 2005 – Az.: Verg 028/04).

3019 Zwar ist in der Überschrift des Teils 2, zu dem der betreffende Abschnitt des Vergütungsverzeichnisses gehört, nur von „Außergerichtlichen Tätigkeiten einschließlich der Vertretung in Verwaltungsverfahren" die Rede; **mit Blick darauf, dass die Vergabekammern der Innenverwaltung der Länder eingegliedert sind, kann jedoch das dort im ersten Rechtszug angesiedelte vergaberechtliche Primärrechtsschutzverfahren nur als ein Verwaltungsverfahren besonderer Art eingestuft werden.** Der in Nr. 2300 VV – bis zum 30. 6. 2006: 2400 VV – geregelte Vergütungstatbestand ist daher anwendbar (OLG Thüringen, B. v. 2. 2. 2005 – Az.: 9 Verg 6/04).

3020 37.7.8.1.1 Höhe der Rechtsanwaltsgebühr. 37.7.8.1.1.1 Allgemeines. Bei **Rahmengebühren** bestimmt der **Rechtsanwalt** im Einzelfall die **Gebühr unter Berücksichtigung aller Umstände,** vor allem des Umfangs und der Schwierigkeit der anwaltlichen Tätigkeit, der Bedeutung der Angelegenheit sowie der Einkommens- und Vermögensverhältnisse des Auftraggebers nach billigem Ermessen (§ 14 Abs. 1 Satz 1 RVG).

3021 Allerdings ist die **Bestimmung durch den Anwalt gegenüber einem erstattungspflichtigen Dritten nicht verbindlich, wenn sie unbillig** ist. In der Praxis hat sich die Faustregel herausgebildet, dass ein **anwaltlicher Ansatz, der sich um nicht mehr als 20% von der Vorstellung des Gerichts unterscheidet, noch nicht als unbillig anzusehen** ist. Wird eine solche **Toleranzgrenze überschritten**, so ist die **anwaltliche Bestimmung unbillig und damit völlig unverbindlich.** Das Gericht (hier: die **Vergabekammer**) **setzt die Gebühr** nicht herab, sondern **vollständig neu fest,** wobei es **seinen eigenen Maßstab anlegen darf** und nicht etwa gezwungen ist, den höchsten gerade noch nicht unbilligen Betrag anzunehmen (VK Saarland, B. v. 11. 5. 2006 – Az.: 1 VK 06/2005).

3022 Durch die Neuregelung des Rechtsanwaltsvergütungsrechts sind die für die Bemessung einer Rahmengebühr berücksichtigungsfähigen Umstände erweitert worden, so dass beispielsweise **auch das Haftungsrisiko oder aber der Zeitdruck bei der Bearbeitung des Mandats herangezogen werden können** (OLG Naumburg, B. v. 15. 6. 2006 – Az.: 1 Verg 5/06; B. v. 30. 8. 2005 – Az.: 1 Verg 6/05; B. v. 23. 8. 2005 – Az.: 1 Verg 4/05; 1. VK Sachsen-Anhalt, B. v. 20. 6. 2006 – Az.: 1 VK LVwA 51/05; B. v. 23. 3. 2006 – Az.: 1 VK LVwA 44/05).

3023 Eine **höhere Gebühr als die Regelgebühr in Höhe von 1,3** kann nur dann gefordert werden, wenn die Tätigkeit des Verfahrensbevollmächtigten umfangreich und schwierig ist (vgl. Nr. 2300 VV – bis zum 30. 6. 2006: 2400 VV), d.h. der Umfang oder der Schwierigkeitsgrad muss über dem Durchschnitt liegen (vgl. Begründung zum Entwurf des RVG, BT-Drucksache 15/1972´1, S. 207). Ist die Gebühr von einem Dritten zu ersetzen, so ist die vom Rechtsanwalt getroffene Bestimmung nur dann nicht verbindlich, wenn sie unbillig ist. (§ 14 Abs. 1 S. 4 RVG). Angesichts des einem Rechtsanwalt somit eingeräumten Spielraums ist Unbilligkeit anzunehmen, wenn die Gebührenbestimmung ermessensfehlerhaft vorgenommen worden ist.

Ermessensfehler liegen wiederum dann vor, wenn der Gebührenbestimmung unzutreffende Tatsachen zugrunde gelegt worden sind oder sie nach den Umständen nicht mehr vertretbar erscheint, insbesondere dann, wenn das Maß des Angemessenen **deutlich überschritten** worden ist (OLG Düsseldorf, B. v. 22. 7. 2005 – Az.: VII – Verg 83/04; VK Münster, B. v. 5. 4. 2005 – Az.: VK 34/04; 1. VK Sachsen-Anhalt, B. v. 5. 4. 2005 – Az.: 1 VK LVwA 58/04; VK Thüringen, B. v. 22. 2. 2005 – Az.: 360-4005.20-007/05-EF-S).

Die Geschäftsgebühr nach Nr. 2300 VV – bis zum 30. 6. 2006: 2400 VV – sieht einen Gebührensatz von 0,5 bis 2,5 vor mit dem Zusatz: „Eine Gebühr von mehr als 1,3 kann nur gefordert werden, wenn die Tätigkeit umfangreich oder schwierig war." Damit ist gemeint, dass Umfang oder Schwierigkeit der Sache über dem Durchschnitt liegen (vgl. die Begründung des Regierungsentwurfes, BT-Drs. 15/1971, S. 207 linke Sp.2. Absatz). Die **Anmerkung zur Geschäftsgebühr nach Nr. 2300 VV – bis zum 30. 6. 2006: 2400 VV – ist dahin auszulegen, dass sie eine Kappungsgrenze enthält. Nicht zu folgen ist dagegen der Auffassung, dass die Vorschrift zwei Gebührenrahmen in dem Sinne enthält, dass bei umfangreichen oder schwierigen Sachen ein Gebührenrahmen zwischen 1,3 und 2,5 (Mittelgebühr 1,9) und bei nicht umfangreichen oder schwierigen Sachen ein Gebührenrahmen zwischen 0,5 und 1,3 (Mittelgebühr 0,9) gilt** (OLG Düsseldorf, B. v. 22. 7. 2005 – Az.: VII – Verg 83/04). 3024

Neu gegenüber der bislang für die Vertretung in Vergabekammerverfahren geltenden Regelung des § 118 Abs. 1 BRAGO ist bei dem in Nr. 2300 VV – bis zum 30. 6. 2006: 2400 – S. 1 VV geschaffenen Vergütungstatbestand, dass das **Gesetz selbst mit der Anweisung in Satz 2 eine zusätzliche Binnendifferenzierung innerhalb des von 0,5 bis 2,5 gezogenen Rahmens vorsieht. Danach kann eine Gebühr von mehr als 1,3 nur gefordert werden, wenn die Tätigkeit umfangreich oder schwierig war** (OLG Thüringen, B. v. 2. 2. 2005 – Az.: 9 Verg 6/04; 1. VK Sachsen-Anhalt, B. v. 20. 6. 2006 – Az.: 1 VK LVwA 51/05). 3025

Für **Vergabesachen spielt die Kappungsgrenze (1,3) im Allgemeinen keine Rolle.** Denn in der großen Mehrzahl der Fälle sind Vergabenachprüfungsverfahren umfangreich oder schwierig, oftmals auch beides (OLG Saarland, B. v. 17. 8. 2006 – Az.: 1 Verg 2/06; OLG Naumburg, B. v. 15. 6. 2006 – Az.: 1 Verg 5/06; OLG München, B. v. 11. 1. 2006 – Az.: Verg 21/05; B. v. 23. 1. 2006 – Az.: Verg 22/05; OLG Düsseldorf, B. v. 23. 11. 2005 – Az.: VII – Verg 25/05; BayObLG, B. v. 16. 2. 2005 – Az.: Verg 028/04; differenzierend OLG Thüringen, B. v. 2. 2. 2005 – Az.: 9 Verg 6/04). 3026

Das **Vergaberecht ist eine von Haus aus unübersichtliche und schwierige Rechtsmaterie.** Ungeachtet einer Beiladung anderer Bieter oder Bewerber durch die Vergabekammer sind in einem Nachprüfungsverfahren von Beginn an die Interessen der Mitbewerber und deren Angebote betroffen sowie tatsächliche und rechtliche Argumentation von den Verfahrensbeteiligten zu berücksichtigen. Besondere Schwierigkeiten treten bei der Klärung des Sachverhalts auf, weil ein Geheimwettbewerb stattfindet und fremde Geschäftsgeheimnisse gewahrt werden müssen. Dennoch ist in der Regel umfangreich und umfassend (vgl. § 113 Abs. 2 GWB) sowie stets unter einem erheblichen Zeitdruck vorzutragen. Im **Regelfall erscheint es daher im Sinne von § 14 Abs. 1 RVG nicht unbillig, wenn der Rechtsanwalt für seine Tätigkeit im Verfahren vor der Vergabekammer mit mündlicher Verhandlung eine 2,0-fache Geschäftsgebühr** ansetzt (OLG Saarland, B. v. 17. 8. 2006 – Az.: 1 Verg 2/06; OLG Düsseldorf, B. v. 8. 2. 2006 – Az.: VII – Verg 85/05; B. v. 23. 11. 2005 – Az.: VII – Verg 25/05; B. v. 4. 11. 2005 – Az.: VII – Verg 9/05; B. v. 4. 11. 2005 – Az.: VII – Verg 3/05; B. v. 22. 7. 2005 – Az.: VII – Verg 83/04; B. v. 20. 7. 2005 – Az.: Verg 102/04; B. v. 24. 5. 2005 – Az.: VII – Verg 98/04; 1. VK Sachsen-Anhalt, B. v. 5. 4. 2005 – Az.: 1 VK LVwA 58/04). 3027

Zwar ist die **Materie nicht mehr neu, aber nach wie vor vielschichtig und kompliziert.** Auch ein durchschnittliches Nachprüfungsverfahren erfordert die Sichtung und Beurteilung von Unterlagen in einem oft erheblichen Umfang und in der Regel darüber hinaus die Beantwortung einer Vielzahl tatsächlicher und rechtlicher Fragen. **Abzustellen bei der Einstufung als schwierig ist auf den Durchschnittsanwalt; es darf nicht danach gefragt werden, ob die Sache für einen Vergabespezialisten schwierig war oder nicht.** Weiter ist zu bedenken, dass die **Bearbeitung eines Nachprüfungsfalles unter einem enormen Zeitdruck steht** und schon von daher **besondere organisatorische Aufwendungen in der Anwaltskanzlei** erforderlich sind (OLG Naumburg, B. v. 15. 6. 2006 – Az.: 1 Verg 5/06; B. v. 2. 3. 2006 – Az.: 1 Verg 13/05; OLG München, B. v. 16. 11. 2006 – Az.: Verg 14/06; B. v. 13. 11. 2006 – Az.: Verg 13/06; B. v. 11. 1. 2006 – Az.: Verg 21/05; B. v. 23. 1. 2006 – Az.: Verg 22/05). Auch das **Haftungsrisiko** kann eine Rolle spielen (OLG München, 3028

Teil 1 GWB § 128 Gesetz gegen Wettbewerbsbeschränkungen

B. v. 16. 11. 2006 – Az.: Verg 14/06; B. v. 13. 11. 2006 – Az.: Verg 13/06; OLG Naumburg, B. v. 15. 6. 2006 – Az.: 1 Verg 5/06; B. v. 2. 3. 2006 – Az.: 1 Verg 13/05).

3029 Anderer Auffassung ist insoweit das OLG Thüringen: Die Vertretung eines Mandanten vor den Vergabekammern, verglichen mit den in Nr. 2300 VV – bis zum 30. 6. 2006: 2400 VV – erfassten sonstigen Konstellationen des Verwaltungsverfahrens, ist sicherlich als überdurchschnittlich schwierig einzustufen. Die **Bestimmung der angemessenen Gebühr darf in solchen Fällen mithin grundsätzlich innerhalb des vom Gesetz gezogenen erweiterten Rahmens von 0,5 bis 2,5 erfolgen** (OLG Thüringen, B. v. 2. 2. 2005 – Az.: 9 Verg 6/04).

3030 Nach Meinung des Oberlandesgerichts Naumburg hingegen ist zwar **in Vergabesachen in gewissen Grenzen eine typisierende Betrachtung der Bemessung des Gebührenansatzes geboten**. So wird regelmäßig eine überdurchschnittliche Schwierigkeit der anwaltlichen Tätigkeit anzuerkennen sein, weil das nationale Vergaberecht eine komplexe, vom Gemeinschaftsrecht überlagerte Rechtsmaterie ist, die zur Zeit einer sehr dynamischen Entwicklung unterliegt. Überdurchschnittlich wird regelmäßig auch der Aufwand der anwaltlichen Tätigkeit sein wegen des häufig erheblichen Umfangs der durchzusehenden Unterlagen, wegen des unter Umständen hohen personellen Aufwandes der Mandatsbearbeitung (bei Einbeziehung mehrerer Rechtsanwälte) und zum Teil auch wegen der Vielzahl der zu prüfenden Sach- und Rechtsfragen – hierin stecken jedoch bereits Differenzierungspotenziale. Als besonderer für einen überdurchschnittlichen Gebührenansatz sprechender Umstand wird grundsätzlich der enorme Zeitdruck für die Mandatsbearbeitung zu berücksichtigen sein, der unter Umständen mangels Vorhersehbarkeit auch erhebliche organisatorische Aufwendungen in der Kanzlei verursachen kann. Dem gegenüber werden die Einkommens- und Vermögensverhältnisse des Auftraggebers regelmäßig eine sehr untergeordnete Rolle spielen. Auch die Bedeutung der Angelegenheit und die Haftungsrisiken werden selten überdurchschnittlich sein. Hierfür hat der unter Umständen hohe Auftragswert des begehrten öffentlichen Auftrages außer Betracht zu bleiben, weil er über den Gegenstandswert bereits in die Bemessung der einfachen Gebühr einfließt. Soweit in der Rechtsprechung und in der Literatur teilweise die Ansicht vertreten wird, dass die Abrechnung des Höchstgebührensatzes in Höhe einer 2,5-fachen Gebühr bereits dann nicht unbillig sei, wenn der Nachprüfungsantrag zulässig war und eine mündliche Verhandlung stattgefunden hat, schließt sich der Senat dieser Auffassung nicht an. Die vorangeführten Umstände mögen regelmäßig die Bewertung der Schwierigkeit der Angelegenheit und des Aufwandes der anwaltlichen Tätigkeit als überdurchschnittlich zu stützen. Insbesondere hebt eine gerichtsähnliche mündliche Verhandlung den Aufwand in der Sache über den Durchschnitt der Mandate zur außergerichtlichen Vertretung, die von Nr. 2300 VV – bis zum 30. 6. 2006: 2400 VV – RVG erfasst werden. **Gleichwohl muss jedoch auch eine Differenzierung nach dem Umfang der auszuwertenden Unterlagen des Vergabeverfahrens, des unter Umständen nötigen Aufwandes zur Sachverhaltsaufklärung durch den hinzugezogenen Rechtsanwalt oder die Rechtsanwälte bzw. durch die Vergabekammer – ggf. in mehreren Verhandlungsterminen mit Beweisaufnahme – bzw. nach Zahl und Gewicht der aufgeworfenen vergaberechtlichen Fragestellungen erfolgen.** Ein überdurchschnittlicher Gebührenansatz ist schon jeder Gebührenansatz über der gesetzlich vorgegebenen Kappungsgrenze in Höhe einer 1,3-fachen Gebühr. **Ein quasi fixer Ansatz von 2,5-fachen Gebühren in jedwedem Fall mündlicher Verhandlung vor der Vergabekammer** – dem in § 112 Abs. 1 GWB gesetzlich vorgesehenen Regelfall – **würde den vom Gesetzgeber mit Nr. 2300 VV – bis zum 30. 6. 2006: 2400 VV – RVG intendierten Spielraum unzulässig verengen.** Dies gilt auch im Hinblick auf die von diesem Gebührentatbestand erfassten anderen Mandate zur außergerichtlichen Vertretung: Es sind durchaus Mandate vorstellbar, die den Aufwand und die Schwierigkeit einer Vertretung in einer Vergabesache mit mündlicher Verhandlung übersteigen können, z. Bsp. im Rahmen umfangreicher, komplexer Vertragsverhandlungen und -gestaltungen (OLG Naumburg, B. v. 15. 6. 2006 – Az.: 1 Verg 5/06; B. v. 2. 3. 2006 – Az.: 1 Verg 13/05; B. v. 30. 8. 2005 – Az.: 1 Verg 6/05; B. v. 23. 8. 2005 – Az.: 1 Verg 4/05; im Ergebnis ebenso OLG Saarland, B. v. 17. 8. 2006 – Az.: 1 Verg 2/06; OLG München, B. v. 11. 1. 2006 – Az.: Verg 21/05; B. v. 23. 1. 2006 – Az.: Verg 22/05).

3031 Es ist also **nicht zwangsläufig so, dass für Tätigkeiten in Nachprüfungsverfahren stets die Höchstgebühr von 2,5 gerechtfertigt** ist. Zwischen der Kappungsgrenze von 1,3 und dem Höchstsatz von 2,5 liegt ein Bereich, in dem trotz der grundsätzlich vorhandenen Schwierigkeit der Nachprüfungsverfahren nach der unterschiedlichen Komplexität, rechtlich und tatsächlich gegebenen Problematik sowie des notwendigen Zeitaufwands zu differenzieren ist. **Im Rahmen des Zeitaufwands hat auch Berücksichtigung zu finden, ob dem Rechtsanwalt die Tätigkeit, die er abrechnet, dadurch erleichtert wurde, dass er bereits mit**

Gesetz gegen Wettbewerbsbeschränkungen GWB § 128 **Teil 1**

der Materie vorbefasst war. Die volle Ausschöpfung des nach Nr. 2400 (nunmehr 2300) VV RVG eröffneten Gebührenrahmens bedarf der näheren Begründung sowie der Bewertung aller Umstände des Einzelfalls, insbesondere des Umfangs und der Schwierigkeit des konkreten Nachprüfungsverfahrens, wobei dem zu tolerierenden Ermessen des Anwalts innerhalb des von der Rechtsprechung entwickelten Toleranzbereiches Rechnung zu tragen ist (OLG München, B. v. 16. 11. 2006 – Az.: Verg 14/06; B. v. 13. 11. 2006 – Az.: Verg 13/06).

Für das alte Gebührenrecht hat die **Rechtsprechung die Festsetzung einer $^{10}/_{10}$-Gebühr** nach dem damals maßgeblichen § 118 Abs. 1 Satz 1 BRAGO mit den Besonderheiten des Rechtsgebiets, insbesondere dem zeitlichen Arbeitsaufwand des Anwalts gerechtfertigt. Den Maßstab bildet insoweit das verwaltungsrechtliche Widerspruchsverfahren. Maßgeblich ist nicht, ob die Sache für einen Vergaberechtsspezialisten schwierig war oder nicht. Gegenüber dem üblichen Verwaltungsverfahren ist das Nachprüfungsverfahren vor der Vergabekammer gerichtsähnlich ausgestaltet. Es findet in der Regel eine mündliche Verhandlung statt (§ 112 Abs. 1 GWB). Regelmäßig ist umfangreich und umfassend unter einem erheblichen Zeitdruck (vgl. § 113 GWB) vorzutragen. Hinzu kommen die Erschwernisse, die sich aus einer meist nur beschränkt gewährten Akteneinsicht (vgl. § 111 Abs. 2 GWB, § 72 Abs. 2 GWB) ergeben. **Das hatte nach der früheren Rechtslage zur Folge, dass die Ausschöpfung des Gebührenrahmens im Regelfall sachgerecht, zumindest aber nicht unbillig war.** Schwierigkeit und Umfang der anwaltlichen Tätigkeit im Vergabenachprüfungsverfahren sind heute nicht anders als seinerzeit zu beurteilen. Die Rechtsmaterie ist zwar nicht mehr neu; sie ist aber an sich schwierig, nämlich vielschichtig und kompliziert (BayObLG, B. v. 16. 2. 2005 – Az.: Verg 028/04). 3032

Hinzu kommt noch Folgendes: **Mit der neuen Gebührenstruktur des RVG wollte der Gesetzgeber die wirtschaftliche Situation der Anwaltschaft verbessern.** Insoweit wäre es nicht verständlich, im Nachprüfungsverfahren nur eine Gebühr knapp oberhalb des 1,3-fachen zuzuerkennen, weil die Tätigkeit des Anwalts dann im Allgemeinen schlechter honoriert würde als nach dem alten Rechtszustand bei Zuerkennung zweier $^{10}/_{10}$-Gebühren nach § 118 Abs. 1 Nr. 1 und Nr. 2 BRAGO (a.F.). Der 2,5-fache Satz rechtfertigt sich aus dem Wegfall der Beweisaufnahmegebühr des § 118 Abs. 1 Nr. 3 BRAGO (a.F.). Er ist nach der neuen Rechtslage jedenfalls nicht erst dann angemessen, wenn tatsächlich eine Beweisaufnahme stattgefunden hat, die Tätigkeit des Rechtsanwalts also vergleichbar wäre mit einer solchen vor dem 1. 7. 2004, bei der drei Gebühren angefallen wären (BayObLG, B. v. 16. 2. 2005 – Az.: Verg 028/04). 3033

37.7.8.1.1.2 Prüfungsschema. Die Rechtsprechung hält zur Überprüfung der Angemessenheit der Rechtsanwaltsgebühr ein **zweistufiges Prüfungsverfahren** für praktikabel. In einem **ersten Untersuchungsschritt** ist **der für den Streitfall jeweils geltende Rahmen einschließlich der Grenze der Regelgebühr abzustecken** und der Gebührenbestimmung des Anwalts gegenüber zu stellen. Im Falle einer Divergenz ist letztere ohne weiteres hinfällig, ohne dass insoweit ein Ermessen zum Tragen kommt. Innerhalb des so bestimmten Rahmens haben die Kostenfestsetzungsinstanzen sodann in einem **zweiten Prüfschritt anhand aller Umstände des Einzelfalls die aus ihrer Warte maßgebliche Gebührenhöhe festzulegen,** wobei dem zu tolerierenden Ermessen des Anwalts innerhalb des von der Rechtsprechung entwickelten **Toleranzbereichs Rechnung zu tragen** ist (OLG Thüringen, B. v. 2. 2. 2005 – Az.: 9 Verg 6/04). 3034

Nach der Vorstellung des Gesetzgebers hat also der **Rechtsanwalt in einem ersten Prüfungsschritt die dem billigen Ermessen – unter Berücksichtigung aller Ermessenskriterien des § 14 RVG – entsprechende Gebühr aus dem vollen Gebührenrahmen von 0,5 bis 2,5 unter Berücksichtigung der Schwellengebühr von 1,3 (entsprechend der Kappungsgrenze) in ihrer Funktion als abgesenkte Mittelgebühr zu ermitteln.** Der Durchschnittsfall ist damit bei einer Gebühr von 1,3 und damit um 0,2 unter der Mittelgebühr von 1,5 anzusiedeln. Liegt unter Berücksichtigung aller Bemessungskriterien des § 14 RVG die Gebühr über 1,3 kann der Rechtsanwalt diese Gebühr nur fordern, wenn die Tätigkeit im Sinne der Anmerkung zu Nr. 2300 VV – bis zum 30. 6. 2006: 2400 VV – „umfangreich oder schwierig" war. In einem **zweiten Prüfungsschritt hat der Rechtsanwalt für den Fall, dass die Schwellengebühr von 1,3 über- oder unterschritten ist, zu prüfen, ob die Tätigkeit umfangreich oder schwierig war. Dabei genügt die Erfüllung einer der beiden genannten Kriterien.** War die Tätigkeit weder umfangreich noch schwierig, so kann der Rechtsanwalt keine Gebühr von mehr als 1,3 fordern, das heißt die Höhe der Gebühr ist auf die Höhe der Schwellengebühr begrenzt (OLG Düsseldorf, B. v. 22. 7. 2005 – Az.: VII – Verg 83/04). 3035

3036 Im **ersten Prüfungsschritt** sind im Rahmen des § 14 RVG **grundsätzlich neben dem Umfang und der Schwierigkeit der anwaltlichen Tätigkeit die Bedeutung der Angelegenheit, die Vermögens- und Einkommensverhältnisse des Auftragsgebers und unter Umständen nach § 14 Abs. 1 Satz 2 RVG ein im Einzelfall besonderes Haftungsrisiko des Rechtsanwalts zu beachten.** Richten sich die Gebühren nicht nach dem Wert, so soll dass Haftungsrisiko grundsätzlich Berücksichtigung (Satz 3) finden, weil das Haftungsrisiko in diesen Fällen, anders als bei Wertgebühren, ansonsten keinen Eingang in die Höhe der Gebühr finden würde. In Vergabenachprüfungsverfahren richtet sich die Gebühr nach dem Wert, weil nach § 50 Abs. 2 GKG ein Bruchteil des Auftragswertes, nämlich 5% der Bruttoauftragssumme, den Gegenstandswert bildet. Für die **Bedeutung der Angelegenheit kommt es unter anderem auf das an einer Auftragserteilung bestehende wirtschaftliche Interesse der Beteiligten des Verfahrens** an. Insoweit kommt es **nicht nur darauf an, ob der Wert des Vergabenachprüfungsverfahrens den Wert allgemeiner zivilrechtlicher Streitigkeiten vor einem Amts- oder Landgericht übersteigt; vielmehr ist überdies ein Vergleich mit anderen Vergabenachprüfungsverfahren vorzunehmen.** Ein Prestigehalt des zu vergebenden Auftrags schlägt sich in der Bedeutung der Sache kaum messbar wieder (OLG Düsseldorf, B. v. 22. 7. 2005 – Az.: VII – Verg 83/04).

3037 **37.7.8.1.1.3 Vorangegangene Tätigkeit im Verwaltungsverfahren.** Streitig ist, ob eine vorangegangene Tätigkeit im Verwaltungsverfahren auch die Tätigkeit im vorangegangenen Vergabeverfahren darstellt.

3038 Nach einer Auffassung **richtet sich der Gebührenrahmen nach Nr. 2301 VV – bis zum 30. 6. 2006: 2401 VV – RVG, wenn die Verfahrensbevollmächtigten z. B. eines Antragsgegners schon in dem vorausgegangenen Vergabeverfahren für den Antragsgegner tätig geworden** sind. Ob sich diese Tätigkeit gerade gegen die Antragstellerin richtete oder allgemeiner Natur war, ist nicht entscheidend. Der Erläuterungstext zu Nr. 2301 VV – bis zum 30. 6. 2006: 2401 VV – RVG differenziert insoweit nicht. Der Einwand, dass der Gebührenrahmen gemäß Nr. 2301 VV – bis zum 30. 6. 2006: 2401 VV – RVG nur für das Innenverhältnis zwischen Mandant und Rechtsanwalt Bedeutung hat, trifft nicht zu. **Jede Partei ist verpflichtet, ihre Auslagen so gering wie möglich zu halten, und nur im Rahmen der insoweit notwendigen Kosten steht ihr ein Erstattungsanspruch zu** (OLG Düsseldorf, B. v. 26. 1. 2006 – Az.: VII – Verg 84/05).

3039 Hinsichtlich der Höhe der jeweiligen Gebühren bzw. zunächst hinsichtlich des dafür anzusetzenden Gebührenrahmens hat es der **Gesetzgeber für unbillig angesehen,** dass die Arbeit eines in einem Verwaltungsverfahren tätigen Rechtsanwalts, der bereits eine Geschäftsgebühr gemäß Nr. 2400 RVG verdient hat, in der **nachfolgenden, vom RVG für verschieden angesehenen Angelegenheit nochmals unter Zugrundelegung desselben, von 0,5 bis 2,5 reichenden Gebührenrahmens entlohnt werden soll.** Hierfür wurde die Nummer 2401 (nunmehr 2301) des Vergütungsverzeichnisses geschaffen, der bestimmt, dass bei einer vorausgegangenen Tätigkeit des Rechtsanwalts im Verwaltungsverfahren die Gebühr für das weitere, der Nachprüfung des Verwaltungsakts dienende Verwaltungsverfahren aus einem nur von 0,5 bis 1,3 reichenden Gebührenrahmen zu entnehmen ist. Dieser **reduzierte Gebührenansatz bezieht seine Rechtfertigung aus der Vorbefassung des Rechtsanwalts und letztlich dem Umstand, dass die weitere gebührenrechtlich selbständig zu bewertende Tätigkeit für ihn mit geringerem Zeit- und Arbeitsaufwand verbunden** ist, wobei es dann auch in einhelliger Auffassung unzulässig ist, diesen Umstand bei Ausfüllung des Rahmens nach Nr. 2401 (2301) nochmals gebührenmindernd zu berücksichtigen (OLG München, B. v. 16. 11. 2006 – Az.: Verg 14/06; B. v. 13. 11. 2006 – Az.: Verg 13/06).

3040 Nach einer anderen Auffassung ist das **Vergabeverfahren,** obwohl es in seiner formalisierten Gestaltung stark an ein Verwaltungsverfahren erinnert, **kein Verwaltungsverfahren.** Der Einkauf des Staates und seiner Untergliederungen, die Vergabe von Aufträgen durch die Öffentliche Hand im Rahmen der Bedarfsdeckung, vollzieht sich nicht in den Formen des öffentlichen Rechts, sondern durch den Abschluss zivilrechtlicher Verträge. Zwischen den **Partnern von Bauvertragsverhandlungen und von Bauverträgen herrscht kein Verhältnis der Über- und Unterordnung,** wie es dem öffentlichen Recht entspräche, sondern der **Gleichordnung.** Die Beschaffungstätigkeit des Staates bzw. staatsnaher Rechtsträger ist daher dem privaten Wirtschaftsrecht zuzuordnen. Durch den **Zuschlag,** der die Annahme des Angebots des Bieters nach den §§ 146 ff. BGB darstellt, **kommt ein zivilrechtlicher Vertrag** zwischen dem Auftraggeber und dem Auftragnehmer zustande. Die Entscheidung der Vergabestelle, die Antragstellerin nicht zur Abgabe eines Angebots aufzufordern, stellt damit auch keinen Verwaltungsakt dar (OLG München, B. v. 16. 11. 2006 – Az.: Verg 14/06; B. v. 13. 11. 2006 – Az.: Verg 13/06). Das **Nachprüfungsverfahren** dient damit **nicht „als weiteres Verwaltungsverfahren"** der Nachprüfung eines durch Verwaltungsakt bereits abgeschlossenen „ersten Verwaltungsverfahrens", wie Nummer 2401 (2301) VV RGV voraussetzt (OLG München, B. v. 16. 11. 2006 – Az.: Verg 14/06; B. v. 13. 11. 2006 – Az.: Verg 13/06). Dies bedeutet, dass **der im Nachprüfungsverfahren tätige Rechtsanwalt, auch wenn er den Beteiligten bereits im Vergabeverfahren beraten hat, seine Gebühren grundsätzlich nach Nr. 2400 (2300) VV RVG** unter Anwendung eines Gebührenrahmens von 0,5 bis 2,5 **abrechnen kann,** ohne durch Nr. 2401 (2301) VV RVG auf den dortigen geringeren Gebührenrahmen (von 0,5 bis 1,3) ausweichen zu müssen (OLG München, B. v. 16. 11. 2006 – Az.: Verg 14/06; B. v. 13. 11. 2006 – Az.: Verg 13/06).

Der Gebührenberechnung für die Tätigkeit des Rechtsanwalts im Nachprüfungsverfahren nach Nr. 2400 (2300) VV RVG stehen auch keine sonstigen, spezielleren Gebührenziffern im Wege. **Nr. 2402 (2302) VV RVG,** der eine 0,3 Geschäftsgebühr für die Fälle vorsieht, in denen sich der Auftrag auf ein Schreiben einfacher Art beschränkt, **ist auf die anwaltliche Tätigkeit im Nachprüfungsverfahren nicht anwendbar.** Soweit Nr. 2403 (2303) letzter Satz VV RVG eine Anrechnung früher entstandener Gebühren vorsieht, ist dies auf die anwaltliche Tätigkeit im Vergabe- und Nachprüfungsverfahren nicht anwendbar; diese Anrechnungsmöglichkeit bleibt vielmehr, wie bereits die textliche Einordnung des Satzes zeigt, auf die vier in Nr. 2403 (2303) erfassten, hiermit nicht vergleichbaren Gebührentatbestände beschränkt (OLG München, B. v. 16. 11. 2006 – Az.: Verg 14/06; B. v. 13. 11. 2006 – Az.: Verg 13/06). 3041

Eine **analoge Anwendung der Bestimmung der Nr. 2401 (2301) VV RVG verbietet sich.** Der Umstand, dass die Tätigkeit eines Rechtsanwalts gebührenmäßig bereits erfasst ist, erfordert es nicht in jedem Fall, bei einer der Vorbefassung nachfolgenden Tätigkeit durch eine Reduzierung des Gebührenrahmens Rechnung zu tragen. Der enge Zusammenhang der Tätigkeiten, der zur Schaffung des Gebührentatbestands der Nr. 2401 (2301) VV RVG Anlass bot, die Tatsache, dass bei der Beratungstätigkeit des Rechtsanwalts im Verwaltungsverfahren einerseits und seiner Tätigkeit in dem zur Nachprüfung des dort erlassenen Verwaltungsakts geführten weiteren Verfahren andererseits ein mehr oder weniger großer Überschneidungsbereich besteht, drängt sich deshalb auf, weil bei einer anwaltlichen Tätigkeit im Verwaltungsverfahren, das mit einem Verwaltungsakt endet, eine nachfolgende, im Widerspruchsverfahren bzw. dem zur Überprüfung des Verwaltungsakts dienenden Verfahren erfolgte Tätigkeit regelmäßig nicht so umfangreich ist, da der Anwalt bereits gleichgeartete Tätigkeit gegenüber der Behörde ausgeübt hat. Im **Vergabeverfahren stellt sich die Sache in der Regel anders dar.** Die **Tätigkeit des einen zum Zuge gekommenen Bieter im Vergabeverfahren mit Teilnehmerwettbewerb beratenden Anwalts** ist nicht regelmäßig gewissermaßen eine Vorstufe zu der Tätigkeit, die derselbe Rechtsanwalt zu leisten hat, wenn es aufgrund des Nachprüfungsantrags eines anderen, nicht erfolgreichen weiteren Bieters zu einem Verfahren vor der Vergabekammer kommt. Zwar kann es auch im Verfahren vor der Vergabekammer erforderlich werden, die Interessen des Bieters dadurch wahrzunehmen, dass die bisherigen Ausführungen vertieft werden. Ebenso ist es jedoch **denkbar, dass die im Nachprüfungsverfahren erwarteten Ausführungen aufgrund des den Nachprüfungsantrag stützenden Vortrags des weiteren Bieters eine völlig neue Zielrichtung erhalten und eine andere Qualität erfordern.** Ging es im Vergabeverfahren darum, dem vertretenen Bieter zum Erfolg zu verhelfen, kann im Nachprüfungsverfahren das Hauptaugenmerk darauf zu richten sein, den weiteren Bieter abzuwehren und sich lediglich mit dessen Argumenten auseinanderzusetzen. Geht es um die **Tätigkeit eines die Vergabestelle im Vergabeverfahren beratenden Rechtsanwalts,** mag es zwar näher liegen, dass dessen Wirken im anschließenden Nachprüfungsverfahren durch die Vorbefassung mit der Materie im Vergabeverfahren erleichtert wird. Doch ist dies **weder zwingend noch regelmäßig der Fall, auch wenn eine gewisse Kontinuität** in der Argumentation eines derart befassten Rechtsanwalts, der die von der Vergabestelle im Vergabeverfahren getroffene Entscheidung und beabsichtigte Vorgehensweise im Nachprüfungsverfahren gegenüber der Vergabekammer zu stützen versuchen wird, wahrscheinlich ist, zumal dann, wenn er für die Vergabestelle bereits Rügen des späteren Antragstellers prüft. Geht es schließlich um das **Wirken eines Rechtsanwalts für einen nicht zum Zug gekommenen Bieter,** ist zwar dessen Tätigkeit im Vergabeverfahren wie auch im Nachprüfungsverfahren darauf gerichtet, dem Bieter zum Erfolg zu verhelfen. Während jedoch die Tätigkeit im Bieterwettbewerb allein darauf abzielt, den eigenen Mandanten gut in Position zu bringen, kann im Vergabeverfahren die Auseinandersetzung mit den Mitbietern und insbesondere demjenigen Mitbieter im Vordergrund stehen, der den Zuschlag erhalten soll. Eine **Regel dergestalt, dass der im Vergabeverfah-** 3042 ren für einen Beteiligten tätig gewesene Rechtsanwalt aufgrund dieser Vorbefassung sich seine Tätigkeit im nachfolgenden Nachprüfungsverfahren wesentlich erleichtern würde, lässt sich danach nicht aufstellen. Deshalb ist es auch nicht veranlasst, eine analoge Anwendung des für das Verwaltungsverfahren und die anschließende Nachprüfung dort erlassener Verwaltungsakte geschaffenen Gebührentatbestands der Nr. 2401 (2301) VV RVG in Erwägung zu ziehen. Hierfür besteht auch kein Bedürfnis, da den jeweiligen konkreten Umständen des Einzelfalls dadurch Rechnung getragen werden kann, dass die Frage der Arbeitserleichterung für den Rechtsanwalt infolge seiner Vorbefassung im Vergabeverfahren individuell bei Ausfüllung des Gebührenrahmens der Nr. 2400 (2300) VV RVG berücksichtigt wird (OLG München, B. v. 16. 11. 2006 – Az.: Verg 14/06; B. v. 13. 11. 2006 – Az.: Verg 13/06).

3043 **37.7.8.1.1.4 Erhöhung der vollen Gebühr wegen Tätigkeit für mehrere Auftraggeber.** Bündeln mehrere Auftraggeber ihren Beschaffungsbedarf und schließen sie sich **für die Dauer und die Durchführung des Vergabeverfahrens zu einer Auftraggebergemeinschaft** zusammen, sind sie **kostenrechtlich wie ein Auftraggeber** zu behandeln. Eine Gebührenerhöhung nach Nr. 1008 VV zum RVG ist in solchen Fällen ausgeschlossen. Diese Fallgestaltung gleicht so weitgehend der Beteiligung einer Bietergemeinschaft an einem Vergabeverfahren, dass kostenrechtlich eine Gleichbehandlung angezeigt ist. Die Antragsgegner bildeten für die Dauer und die Durchführung des Vergabeverfahrens eine Auftraggebergemeinschaft mit gesellschaftsähnlichen Zügen. Ihre Interessen waren auf dasselbe Ziel, nämlich die Durchführung und den Abschluss eines einheitlichen Vergabeverfahrens ausgerichtet. Von einer Bietergemeinschaft unterschied sich der Zusammenschluss vor ihnen eingegangenen Zusammenschluss nur dadurch, dass er auf der Auftraggeberseite stattfand und der gemeinsame Leistungszweck sich auf die Durchführung des Vergabeverfahrens beschränkte. Schon dies rechtfertigt es aber, die Antragsgegner im Vergabeverfahren und im Nachprüfungsverfahren – genauso wie die Bietergemeinschaft – kostenrechtlich wie einen einzigen Auftraggeber zu behandeln (OLG Düsseldorf, B. v. 29. 5. 2006 – Az.: VII – Verg 79/04).

3044 **37.7.8.1.1.5 Erhöhung der vollen Gebühr wegen mündlicher Verhandlung. Allein die Tatsache der mündlichen Verhandlung vor der Vergabekammer rechtfertigt wegen des größeren Aufwands für den Rechtsanwalt den Ansatz einer 2,5 Geschäftsgebühr nicht.** Zwar ist der Höchstsatz nicht von einem lückenlosen Zusammentreffen sämtlicher Erhöhungsmerkmale abhängig. Gleichwohl setzt er besondere Anforderungen an die anwaltliche Tätigkeit voraus, die allein mit der Mehrbeanspruchung durch eine mündliche Verhandlung noch nicht gegeben sind. Zudem hat der Gesetzgeber den Gebührensatzrahmen gemäß Nr. 2300 VV – bis zum 30. 6. 2006: 2400 VV – bewusst weit gewählt, um eine flexiblere Handhabung zu ermöglichen. Ein fixer Ansatz des Höchstsatzes in jedem Fall der mündlichen Verhandlung vor der Vergabekammer – dem nach § 112 Abs. 1 GWB gesetzlich vorgesehenen Regelfall – würde den vom Gesetzgeber intendierten Spielraum insoweit weithin verengen (OLG München, B. v. 16. 11. 2006 – Az.: Verg 14/06; B. v. 13. 11. 2006 – Az.: Verg 13/06; OLG Düsseldorf, B. v. 20. 7. 2005 – Az.: Verg 102/04).

3045 **37.7.8.1.1.6 Weitere Beispiele aus der Rechtsprechung**
- bei der Ausfüllung des Gebührenrahmens gemäß Nr. 2400 (2300) VV RVG hat auch Berücksichtigung zu finden, dass die **anwaltlichen Vertreter in dem vorangegangenem Vergabeverfahren bereits tätig waren.** Zu prüfen ist, ob und ggf. in welchem Umfang sich dies auf ihre Tätigkeit im Nachprüfungsverfahren arbeitserleichternd ausgewirkt hat (OLG München, B. v. 16. 11. 2006 – Az.: Verg 14/06; B. v. 13. 11. 2006 – Az.: Verg 13/06)

- im Hinblick auf den **eher durchschnittlichen Umfang der ausgetauschten Schriftsätze** und **einer einzigen relevanten rechtlichen Fragestellung** des Sachverhaltes erscheint die Gebührenbestimmung des Rechtsanwaltes in Höhe der max. Rahmengebühr von 2,5 als ermessensfehlerhaft, so dass die erstattungsfähige Gebühr auf das 2,0-fache der angefallenen Wertgebühr festzusetzen ist. Zudem ist anzumerken, dass im Vergleich zu anderen Nachprüfungsverfahren **kein hoher Auftragswert und keine Langfristigkeit der in Rede stehenden Vertragsbeziehung** zu verzeichnen ist, welche die volle Ausschöpfung der Rahmengebühr rechtfertigen würden (1. VK Sachsen-Anhalt, B. v. 5. 4. 2005 – Az.: 1 VK LVwA 58/04)

- unter Einbeziehung des für ein **Nachprüfungsverfahren eher durchschnittlichen Umfanges der ausgetauschten Schriftsätze** und **lediglich zwei relevanter rechtlicher Fragestellungen,** erscheint die Gebührenbestimmung des Verfahrensbevollmächtigten der Antragstellerin in Höhe der max. Rahmengebühr von 2,5 im oben genannten Sinne als ermessensfehlerhaft. **Umfang und Schwierigkeitsgrad der anwaltlichen Vertretung** wird durch die **Festsetzung der Geschäftsgebühr in Höhe des 2,0-fachen der Wertgebühr** ausreichend Rechnung getragen (1. VK Sachsen-Anhalt, B. v. 8. 3. 2006 – AZ: 1 VK LVwA 03/05 K)

– ein **besonders hoher terminlicher Druck** ist dem **Beschleunigungsgrundsatz** im Nachprüfungsverfahren **geschuldet** und kann daher als **kennzeichnend für derartige Kammerverfahren** bezeichnet werden. Ähnlich verhält es sich hinsichtlich des **Abstimmungsbedarfes im Zusammenhang mit der Vertretung des Auftraggebers** in diesem Nachprüfungsverfahren. Im Vergleich zu anderen Fällen der anwaltlichen Vertretung außerhalb des Bereiches des Vergabewesens kann der **Abstimmungsbedarf sicherlich als erhöht** bezeichnet werden. Innerhalb einer regelmäßigen anwaltlichen Tätigkeit im Rahmen des Vergabewesens ist der **Koordinierungsaufwand jedoch immer noch als charakteristisch für derartige Verfahren vor den Vergabekammern einzustufen** und kann daher **durch die 1,8-fache Wertgebühr als abgegolten** gelten (VK Sachsen-Anhalt, B. v. 23. 3. 2006 – Az.: 1 VK LVwA 44/05)

– die Antragsgegnerseite vermochte auch nicht mit der Argumentation durchzudringen, dass der **besondere Zeitdruck sowie drohende Schadensersatzforderungen die Bedeutung der streitbefangenen Sache erhöhen**. Grundsätzlich hat der öffentliche Auftraggeber die Möglichkeit der Anrufung der Vergabekammern in seine zeitlichen Planungen einzubeziehen. Kommt er dem **nicht nach,** so kann dieses selbst gewählte Los nicht dazu führen, dass die **im Nachprüfungsverfahren unterliegende Gegenseite ein erhöhtes Kostenrisiko trägt**. Dies gilt selbstverständlich auch für damit verbundene Risiken der Geltendmachung von Schadensersatzforderungen. Der Antrag auf Festsetzung von mehr als dem 2,0-fachen der Wertgebühr musste demnach zurückgewiesen werden (1. VK Sachsen-Anhalt, B. v. 20. 6. 2006 – Az.: 1 VK LVwA 51/05)

– **weder** ist die Tätigkeit der Bevollmächtigten **überdurchschnittlich umfangreich, noch** weist die Sache **besondere rechtliche Schwierigkeiten** auf, wenn der **Nachprüfungsantrag schon an der formellen Vollständigkeit des Angebots scheitert,** so dass die Vergabekammer ihn ohne Prüfung weiterer Angebote zurückgewiesen hat; ebenso ist **zu berücksichtigen,** dass die Vergabekammer wegen offensichtlicher Unbegründetheit des Nachprüfungsantrages **ohne mündliche Verhandlung entschieden** hat, so dass ein **höherer Satz als 1,8** im Rahmen der notwendigen Gesamtschau **in jedem Fall unbillig** erscheint. Ein **Antrag nach § 115 Abs. 2 S. 1 GWB** rechtfertigt allein eine Erhöhung nicht (OLG Naumburg, B. v. 15. 6. 2006 – Az.: 1 Verg 5/06)

– **ändert ein Bieter die Verdingungsunterlagen** und ist dies einfach und rasch zu erkennen und nimmt dieser Bieter den Nachprüfungsantrags vor Eintritt der Vergabekammer in die mündliche Verhandlung zurück, begrenzt dies den Aufwand für die Verfahrensbevollmächtigten; infolgedessen ist es nicht gerechtfertigt, eine 2-fache Geschäftsgebühr anzusetzen; **der angemessene Gebührensatz liegt beim 1,3-fachen** (OLG Düsseldorf, B. v. 24. 10. 2005 – Az.: VII – Verg 30/05)

– das streitgegenständliche Nachprüfungsverfahren betrifft **zwar einen umfangreicheren Ausschreibungsgegenstand** (Küchentechnik für eine umzubauende und zu sanierende Zentralküche eines Krankenhauses) mit einem Auftragswert von ca. 1,17 Mio. €. Auf der anderen Seite waren **nur wenige zweifelhafte Rechtsfragen** zu klären. Hinzu kommt, dass die **Verfahrensbeteiligten auf eine mündliche Verhandlung vor der Vergabekammer verzichtet** haben. Die Entscheidung der Vergabekammer, eine 2,0-fache Gebühr festzusetzen, ist daher auch unter Berücksichtigung des dem Anwalt eingeräumten Ermessens und ihm zur Verfügung stehenden Toleranzrahmens nicht zu beanstanden (OLG München, B. v. 11. 1. 2006 – Az.: Verg 21/05; B. v. 23. 1. 2006 – Az.: Verg 22/05)

– das **Vergaberecht** ist **eine von Haus aus unübersichtliche und schwierige Rechtsmaterie.** Ungeachtet einer Beiladung anderer Bieter oder Bewerber durch die Vergabekammer sind in einem Nachprüfungsverfahren von Beginn an die Interessen der Mitbewerber und deren Angebote betroffen mit der aktuellen rechtlichen Argumentation von den Verfahrensbeteiligten zu berücksichtigen. **Besondere Schwierigkeiten treten bei der Klärung des Sachverhalts auf, weil ein Geheimwettbewerb stattfindet** und fremde Geschäftsgeheimnisse gewahrt werden müssen. Dennoch ist in der Regel umfangreich und umfassend (vgl. § 113 Abs. 2 GWB) sowie stets unter erheblichen Zeitdruck vorzutragen. Im **Regelfall erscheint es daher im Sinne von § 14 Abs. 1 RVG nicht unbillig, wenn der Rechtsanwalt für seine Tätigkeit im Verfahren vor der VK mit mündlicher Verhandlung eine 2,0-fache Gebühr ansetzt.** Eine mündliche Verhandlung vor der

Teil 1 GWB § 128 Gesetz gegen Wettbewerbsbeschränkungen

Vergabekammer ist hierfür **nicht in jedem Fall vorauszusetzen** (OLG Düsseldorf, B. v. 22. 7. 2005 – Az.: VII – Verg 83/04)

- in Vergabesachen ist bei einer mündlichen Verhandlung vor der Vergabekammer im **Regelfall eine 2,0 Geschäftsgebühr** gemäß Nr. 2400 VV RVG **nicht unbillig** (OLG Düsseldorf, B. v. 31. 5. 2005 – Az.: VII – Verg 107/04; B. v. 24. 5. 2005 – Az.: VII – Verg 98/04)
- werden **keine umfangreichen Schriftsätze** ausgetauscht, findet auch **keine mündliche Verhandlung** statt und konzentriert sich das Verfahren inhaltlich auf die Zulässigkeit, ist die Festsetzung einer Geschäftsgebühr **in Höhe von 1,3 gerechtfertigt** (VK Münster, B. v. 5. 4. 2005 – Az.: VK 34/04)
- wenn die Vergabe einen **komplexen Auftrag mit hohen Auftragswerten und langfristigen gegenseitigen Bindungen in einem so genannten PPP-Modell** betrifft, lassen diese Umstände nicht nur die Überschreitung der Kappungsgrenze, sondern die **volle Ausschöpfung des gesetzlich vorgegebenen Rahmens** als nicht unbillig erscheinen. Ohne maßgebliche Bedeutung ist hingegen, ob das gegenständliche Nachprüfungsverfahren im Verhältnis zu anderen vor der Vergabekammer verhandelten Nachprüfungsverfahren als schwierig einzustufen ist (BayObLG, B. v. 16. 2. 2005 – Az.: Verg 028/04)
- die Tätigkeit des Verfahrenbevollmächtigten für das vorliegende Nachprüfungsverfahren war **allein auf Grund der Tatsache schwierig, da es sich um eine Spezialmaterie hier das Vergaberecht handelt und lag über dem Durchschnitt** dessen, was ein Verfahrensbevollmächtigter in einem außergerichtlichen Verfahren tun und leisten muss. Daher ist eine höhere Gebühr als die Regelgebühr von 1,3 anzusetzen (VK Thüringen, B. v. 22. 2. 2005 – Az.: 360–4005.20–007/05-EF-S)
- im Hinblick auf den **eher durchschnittlichen Umfang** der in diesem Verfahren ausgetauschten Schriftsätze und **einer einzigen relevanten rechtlichen Fragestellung** des diesem Verfahren zugrunde liegenden Sachverhalt und **keiner technischen Problemen** erscheint die Gebührenbestimmung des Rechtsanwaltes in Höhe der maximalen Rahmengebühr von 2,5 als ermessensfehlerhaft, so dass die erstattungsfähige Gebühr auf das 2,0-fache der angefallenen Wertgebühr festzusetzen war (VK Thüringen, B. v. 22. 2. 2005 – Az.: 360–4005.20–007/05-EF-S)
- angesichts der Bedeutung der Angelegenheit, der Schwierigkeit und des Umfangs der Tätigkeit des Verfahrensbevollmächtigten der Vergabestelle ist die von ihr beantragte Geschäftsgebühr in Höhe von 2,0 gerechtfertigt. Hierbei ist auch von Bedeutung, dass er **an der mündlichen Verhandlung mitgewirkt sowie umfassende Schriftsätze verfasst** hatte (2. VK beim Landesverwaltungsamt Sachsen-Anhalt, B. v. 18. 11. 2004 – Az.: VK 2 – LVwA 26/04)
- erweist sich ein Verfahren als **umfangreich und schwierig,** rechtfertigt dies die Festsetzung einer Geschäftsgebühr in Höhe des **2,3-fachen der angefallenen Wertgebühr.** Eine Geschäftsgebühr in Höhe des **2,5-fachen der entstandenen Wertgebühr ist nicht** anzusetzen, wenn das durchgeführte umfangreiche Nachprüfungsverfahren **u. a. der Durchführung einer Beweisaufnahme entbehrt;** dann ist der zur Verfügung stehende Gebührenrahmen nicht vollständig auszuschöpfen (VK Thüringen, B. v. 3. 2. 2005 – Az.: 360–4005.20–002/05-ABG).

37.7.8.2 BRAGO (altes Recht)

3046 Soweit nach dem alten Recht der BRAGO **Sachverhalte** entschieden worden sind, die **auch für das neue Recht des RVG von Bedeutung sein können,** werden sie weiterhin dargestellt.

3047 **37.7.8.2.1 Erhöhung der vollen Gebühr wegen Tätigkeit für mehrere Auftraggeber. 37.7.8.2.1.1 Kein tatsächlicher Mehraufwand notwendig.** Ist ein Rechtsanwalt für mehrere Auftraggeber tätig, **lässt sich der daraus resultierenden pauschalen Erhöhung der Geschäftsgebühr um $^{3}/_{10}$ nicht mit Erfolg entgegenhalten, dass die Mehrfachvertretung für die Verfahrensbevollmächtigten der Antragsgegnerinnen mit keinem Mehraufwand verbunden gewesen sei.** Zwar dient § 6 Abs. 1 Satz 2 BRAGO dem Ziel, die durch zusätzliche Auftraggeber eintretende erhöhte Arbeitsbelastung und Verantwortung des Rechtsanwalts gebührenrechtlich auszugleichen. Daraus ist indes nicht zu folgern, dass der Rechtsanwalt nur dann eine Erhöhung seiner Geschäfts- (und Prozess-)gebühr beanspruchen kann, wenn die Tätigkeit für mehrere Auftraggeber tatsächlich zu einem vermehrten Arbeitsaufwand geführt hat. Der Gesetzgeber hat in § 6 Abs. 1 Satz 2 BRAGO die Gebührenerhöhung weder dem Grunde noch der Höhe nach an eine im Einzelfall festzustellende Mehrarbeit des Rechtsanwalts, sondern – im Sinne einer pauschalierenden und generalisierenden Betrachtungsweise – ausschließlich an die Zahl der Auftraggeber geknüpft (OLG Düsseldorf, B. v. 27. 6. 2003 – Az.: Verg 28/03).

37.7.8.2.1.2 Einheitliche Angelegenheit. Die Bestimmung des § 6 Abs. 1 BRAGO setzt voraus, dass der Rechtsanwalt für mehrere Auftraggeber **in derselben Angelegenheit wegen desselben Gegenstands gleichzeitig tätig** wird. Nach § 119 Abs. 1 BRAGO ist das Verwaltungsverfahren, das dem Rechtsstreit vorausgeht und der Nachprüfung des Verwaltungsakts dient, bis zu seiner Beendigung bzw. bis zum Beginn des gerichtlichen Verfahrens eine einheitliche Angelegenheit. Daraus rechtfertigt sich der Schluss, dass das **Nachprüfungsverfahren vor der Vergabekammer,** das darauf abzielt, angebliche in einem Vergabeverfahren begangene Rechtsverletzungen nach § 97 Abs. 7 GWB festzustellen und zu beseitigen oder Schäden zu verhindern, **den inneren Zusammenhang und den inhaltlichen Rahmen der anwaltlichen Tätigkeit** bildet (BayObLG, B. v. 6. 2. 2004 – Az.: Verg 23/03). 3048

37.7.8.2.1.3 Ausgleich der Auftraggeber. Bei gleichermaßen obsiegenden Streitgenossen, die getrennte Kostenanträge stellen, ist deren internes Ausgleichsverhältnis so zu berücksichtigen, dass **im Rahmen eines vorweggenommenen Gesamtschuldnerausgleichs die Kosten des gemeinsamen Anwalts als Erstattungsbetrag im Regelfall nur nach dem jeweiligen Kopfteil festzusetzen** sind. Denn es ist davon auszugehen, dass im Innenverhältnis die Kostengläubiger zueinander einen gleichen Anteil der Anwaltskosten des gemeinsamen Bevollmächtigten zu tragen haben. Nur wenn ein Berechtigter glaubhaft macht, dass er im Innenverhältnis der Streitgenossen trotz des bestehenden Gesamtschuldverhältnisses (§ 426 Abs. 1 Satz 1 BGB) die Kosten des gemeinsamen Anwalts allein tragen muss, steht diesem ein Erstattungsanspruch im voller Höhe zu. Die Quotelung umfasst auch die Erhöhungsgebühr (BayObLG, B. v. 6. 2. 2004 – Az.: Verg 23/03). 3049

37.7.8.2.1.4 Erhöhungsgebühr bei Beauftragung durch eine Bietergemeinschaft? Die Beauftragung durch eine BGB-Gesellschaft (als Bietergemeinschaft) rechtfertigt nicht den Ansatz einer Erhöhungsgebühr. Die **Bietergemeinschaft nimmt im Vergabeverfahren als Einheit teil** (§§ 21 Nr. 5, 25 Nr. 6 VOB/A). Auch im Nachprüfungsverfahren werden Bietergemeinschaften als **ein einheitliches beteiligungsfähiges Unternehmen** nach den §§ 107 Abs. 2 S. 1, 109, 116 Abs. 1 GWB behandelt. Dementsprechend wird der **Rechtsanwalt durch die Bietergemeinschaft als Einheit mandatiert mit der Folge, dass eine Erhöhungsgebühr nicht anfällt.** Für die Beauftragung des Anwalts durch die einzelnen Gesellschafter der Bietergemeinschaft besteht weder eine rechtliche noch eine sachliche Notwendigkeit. Ein zusätzlicher Abstimmungsbedarf im Zuge der Mandatsbeziehung ist vermeidbar, indem – wie im Vergabeverfahren – eines der Mitglieder der Bietergemeinschaft als Ansprechpartner bzw. bevollmächtigter Vertreter bestimmt wird (vgl. § 21 Nr. 5 VOB/A). Sofern ein Verfahrensbevollmächtigte nicht von der Bietergemeinschaft, sondern von den Gesellschaftern beauftragt worden sein sollte, handelt es sich bei einer geltend gemachten Erhöhungsgebühr um unnötige, im Kostenfestsetzungsverfahren nicht erstattungsfähige Zusatzkosten (OLG München, B. v. 29. 6. 2005 – Verg 010/05). 3050

37.7.8.2.2 Erstattung von Fotokopierkosten eines Rechtsanwaltes. Die **Rechtsprechung** ist insoweit **nicht einheitlich.** 3051

Die **Fertigung von Ablichtungen gehört nicht zur üblichen durch die Gebühren abgegoltenen Geschäftstätigkeit des Rechtsanwalts.** Vielmehr ist es grundsätzlich Sache des Mandanten, dem Anwalt Ablichtungen zur Verfügung zu stellen. **Falls der Rechtsanwalt im Einverständnis mit dem Mandanten die Herstellung der Ablichtungen übernimmt,** handelt es sich um eine **zusätzliche Leistung.** Gegen die **Höhe der Fotokopierkosten von 0,50 € pro Stück** bestehen **keine Bedenken** (OLG Düsseldorf, B. v. 29. 10. 2003 – Az.: VII – Verg 51/03). 3052

Nach einer anderen Auffassung sind **Fotokopierkosten nur erstattungsfähig, wenn es auf die präzise bildliche Darstellung der fotokopierten Vorlage ankommt.** Auf den Umfang der zu bearbeitenden Akten sowie den Umstand, dass umfangreiche Auszüge für den Verfahrensbevollmächtigten zur sachgerechten Bearbeitung kopiert werden mussten, kommt es nicht an. Die Fotokopierkosten sind somit als Schreibauslagen zu behandeln, die mit der Kostenpauschale abgedeckt sind (Hanseatisches OLG in Bremen, B. v. 2. 9. 2004 – Verg 3/2003; B. v. 17. 1. 2002 – Az.: Verg 1/2002). 3053

Teil 1 GWB § 128   Gesetz gegen Wettbewerbsbeschränkungen

3054   **37.7.8.2.3 Voraussetzung für den Ansatz einer Besprechungsgebühr.** Eine neben der Geschäftsgebühr zu entrichtende **Besprechungsgebühr fällt nur dann an, wenn der Rechtsanwalt in der betreffenden Angelegenheit Besprechungen mit einem anderen als seinem Auftraggeber** führt (OLG Düsseldorf, B. v. 27. 10. 2003 – Az.: Verg 23/03).

3055   Der Anwalt verdient sich die Besprechungsgebühr unter anderem dann, wenn er **bei Besprechungen über tatsächliche oder rechtliche Fragen mitwirkt, die von einem Gericht oder einer Behörde angeordnet** werden. Dazu **genügt auch ein fernmündlicher Anruf,** der vom Gericht bzw. der Behörde ausgeht. Es muss sich um ein sachbezogenes Gespräch handeln, das zur Beilegung oder Förderung des Streitgegenstands geeignet ist. Eine **tatsächliche Streitbeilegung ist ebenso wenig erforderlich** wie das Vorbringen von Argumenten und Gegenargumenten; auch ein einvernehmliches Verhandeln genügt. **Nicht ausreichend ist allerdings die bloße Anforderung von Unterlagen** (OLG München, B. v. 29. 6. 2005 – Verg 010/05).

3056   **37.7.8.2.4 Umsatzsteuer auf die Rechtsanwaltsgebühren.** Die auf die Rechtsanwaltsgebühren entfallende Umsatzsteuer ist gemäß § 25 Abs. 2 BRAGO festzusetzen, wenn der Auftraggeber nicht zum Vorsteuerabzug berechtigt ist (VK Münster, B. v. 5. 4. 2005 – Az.: VK 34/04). Daneben können Bund und Länder als erstattungsberechtigte Partei die Erstattung der dem eigenen Rechtsanwalt gezahlten Umsatzsteuer grundsätzlich beanspruchen, wobei die Möglichkeit, dass sie durch Umsatzsteuerzahlung des Rechtsanwaltes oder im Rahmen des Finanzausgleichs die Beträge nochmals erhalten, dem nicht entgegensteht (VK Schleswig-Holstein, B. v. 15. 1. 2004 – Az.: VII VK1–611.511/21; VK-SH 21/03).

3057   Die Erstattung der Umsatzsteuer gemäß § 25 Abs. 2 BRAGO ist ausgeschlossen, soweit der Verfahrensbeteiligte zum Vorsteuerabzug berechtigt ist (Hanseatisches OLG in Bremen, B. v. 21. 1. 2004 – Verg 4/03; VK Münster, B. v. 18. 3. 2004 – Az.: VK 22/03).

3058   **37.7.8.2.5 Beispiele aus der Rechtsprechung**

- bei einem **objektiv unterdurchschnittlichen rechtlichen Schwierigkeitsgrad sind nur Mittelgebühren als billig** anzusehen (OLG Düsseldorf, B. v. 17. 5. 2004 – Az.: VII – Verg 72/03)

- je nach Schwierigkeit des Vergabenachprüfungsverfahrens ist es nicht zu beanstanden, wenn ein Rechtsanwalt im Rahmen des ihm nach § 12 Abs. 1 BRAGO eingeräumten Ermessens **den Ansatz jeweils einer $^{10}/_{10}$-Gebühr für die Geschäftsgebühr und die Besprechungsgebühr** wählt. Beide Gebühren sind gesetzlich als Rahmengebühren zwischen $^{5}/_{10}$ und $^{10}/_{10}$ ausgestaltet, so dass im Rahmen der Kostenfestsetzung zu entscheiden ist, ob der von den Verfahrensbevollmächtigten der Antragstellerin in Rechnung gestellte Gebührenansatz der Höchstgebühr gegebenenfalls unverbindlich im Sinne von § 12 Abs. 1 Satz 2 BRAGO ist (OLG Naumburg, B. v. 20. 6. 2002 – Az.: 1 Verg 3/02; OLG Düsseldorf, B. v. 15. 3. 2004 – Az.: VII – Verg 36/03, B. v. 27. 6. 2003 – Az.: Verg 28/03, B. v. 29. 10. 2003 – Az.: Verg 30/03; BayObLG, B. v. 6. 2. 2004 – Az.: Verg 23/03; VK Münster, B. v. 18. 3. 2004 – Az.: VK 22/03)

- der Umfang und Schwierigkeitsgrad der anwaltlichen Tätigkeit lässt jedoch eine zumindest deutliche Tendenz zur Überdurchschnittlichkeit erkennen. So wirkten sich die behaupteten und für sich schon differenziert zu bewertenden **Vergaberechtsverstöße im Rechtssinn nicht nur auf die angegriffene Wertung der Angebote durch die Antragsgegnerin, sondern auch in der weiteren Prüfungsebene der diskriminierungsfreien Gestaltung des Vergabeverfahrens aus.** Die VK hat der Antragsgegnerin deswegen aufgegeben, das Vergabeverfahren insgesamt aufzuheben. Ungeachtet dessen, dass die Vertretung der Antragstellerin im Nachprüfungsverfahren vergaberechtliche Kenntnisse erforderte, waren bei einer sachgerechten Bearbeitung des Falles – da Gegenstand des Vergabeverfahrens das Abräumen einer „wilden" Deponie war – **überdies Kenntnisse der Spezialmaterie des Abfallwirtschaftsrechts** einzusetzen. Auch der **zeitliche Bearbeitungsaufwand war nicht als lediglich durchschnittlich einzustufen.** Insoweit ist im vorliegenden Fall zumindest die Besonderheit zu verzeichnen, dass die VK nach Schluss der mündlichen Verhandlung weitere Amtsermittlungen getätigt, das Ergebnis den Beteiligten mitgeteilt und Gelegenheit zur Stellungnahme gegeben hat. Es sind von den Rechtsanwälten der Antragstellerin dazu schriftsätzliche Ausführungen gemacht worden, die ein abermaliges Befassen mit der Sache vorausgesetzt haben (OLG Düsseldorf, B. v. 15. 3. 2004 – Az.: VII – Verg 36/03)

- wie die Vergabekammer zutreffend ausgeführt hat, handelt es sich beim materiellen **Vergaberecht um eine überdurchschnittlich komplizierte Materie,** die nicht nur in kurzer Zeit

Gesetz gegen Wettbewerbsbeschränkungen GWB § 128 **Teil 1**

zahlreiche Veränderungen und Neuregelungen erfahren hat, sondern auch durch komplexe gemeinschaftsrechtliche Fragen überlagert ist. Außerdem müssen die Rechtsanwälte besondere verfahrensrechtliche Kenntnisse zum vergaberechtlichen Nachprüfungsverfahren haben. Auch im Hinblick auf den Umfang und die Schwierigkeit des konkreten Verfahrens ist die **Festsetzung einer $^{10}/_{10}$-Gebühr nicht zu beanstanden** (OLG Celle, B. v. 27. 5. 2003 – Az.: 13 Verg 11/03)

– die Ansicht, Spezialkenntnisse des Rechtsanwalts (etwa im Vergaberecht) seien nicht gebührensteigernd zu berücksichtigen, weil ein Anwalt, der ein Mandat aus einem speziellen Rechtsgebiet übernehme, über die entsprechenden Kenntnisse verfügen müsse, trifft schon im Ansatz nicht zu. Die Tätigkeit eines Rechtsanwalts auf einem an sich schwierigen Rechtsgebiet wird nicht dadurch weniger schwierig, dass er – im Gegensatz zu anderen – über die für diese Tätigkeit erforderlichen Kenntnisse verfügt, geschweige denn dadurch, dass er hierüber zur Vermeidung eines Übernahmeverschuldens gebieten müsste. Die **Interessenvertretung in einem Vergabenachprüfungsverfahren zählt – jedenfalls derzeit – zu den anwaltlichen Tätigkeiten, bei denen aufgrund ihres Schwierigkeitsgrades die Ausschöpfung des Gebührenrahmens im Regelfall sachgerecht, zumindest aber nicht unbillig** ist. Denn Gegenstand dieser Tätigkeit ist eine neue, auch aufgrund vielfältiger europarechtlicher Überlagerung wenig übersichtliche und – noch – steten Veränderungen unterworfene Rechtsmaterie, die in materiell- wie verfahrensrechtlicher Hinsicht gesicherte Rechtsprechungsergebnisse im Frühjahr 2001, als die hier streitbefangenen Kosten entstanden, nur in geringem Umfang aufwies (OLG Dresden, B. v. 25. 3. 2002 – Az.: WVerg 1/02)

– die festgesetzten Gebühren nach der **Höchstgebühr aus dem Rahmen des § 118 BRAGO** zu bemessen, **rechtfertigt** sich zumeist bereits **aus der Natur des Vergabenachprüfungsverfahrens**, welches der in Regelfall von hoher Bedeutung für die Beteiligten, großem Schwierigkeitsgrad und umfangreicher anwaltlicher Tätigkeit gekennzeichnet ist. Zudem müssen die Schriftsätze wegen des Beschleunigungsgrundsatzes nach § 113 GWB zumeist unter hohem Zeitdruck gefertigt werden (VK Schleswig-Holstein, B. v. 15. 1. 2004 – Az.: VII VK1–611.511/21; VK-SH 21/03)

37.7.8.2.6 Literaturhinweis 3059

– **Schneider,** Rechtsanwaltsgebühren nach dem RVG für die Vertretung in Vergabesachen, IBR 2004, 725
– **Schneider,** Die neuen Vorschriften des RVG in der baurechtlichen Praxis, IBR 2004, 666

37.7.9 Haftung nach Kopfteilen

Tragen mehrere Beteiligte gemäß § 128 Abs. 4 GWB als die Unterliegenden des Verfahrens die zur zweckentsprechenden Rechtsverfolgung notwendigen Aufwendungen, ist, da § 128 Abs. 4 GWB im Gegensatz zu § 128 Abs. 3 Satz 2 GWB keine gesamtschuldnerische Haftung anordnet, **§ 159 VwGO analog anzuwenden.** Entsprechend dem dort in Bezug genommenen § 100 Abs. 1 ZPO haften sie für die Kostenerstattung nach Kopfteilen (BGH, B. v. 26. 9. 2006 – Az.: X ZB 14/06; OLG München, B. v. 29. 6. 2005 – Verg 010/05; 3. VK Bund, B. v. 7. 8. 2006 – Az.: VK 3–78/06; 1. VK Bund, B. v. 13. 10. 2005 – Az.: VK 1–125/05; B. v. 28. 9. 2005 – VK 1–119/05; B. v. 20. 4. 2005 – Az.: VK 1–23/05; B. v. 24. 3. 2005 – Az.: VK 1–14/05). 3060

37.7.10 Verjährung

Das **Nachprüfungsverfahren vor der Vergabekammer** ist ungeachtet seiner gerichtsförmigen Ausgestaltung ein **Verwaltungsverfahren,** auf dessen Kosten nach der ausdrücklichen Regelung in § 128 Abs. 1 GWB das **Verwaltungskostengesetz Anwendung findet.** Danach **verjährt der Anspruch auf Zahlung von Kosten** (mit der Folge, dass er mit Ablauf der Verjährungsfrist erlischt, § 20 Abs. 1 S. 3 VwKostG) **entweder nach drei Jahren, beginnend mit dem Ablauf des Kalenderjahres der Fälligstellung der Gebührenschuld** durch Bekanntgabe der Kostenentscheidung an den Kostenschuldner (§ 20 Abs. 1 S. 1, 1. Alt. i.V.m. § 17 VwKostG), **oder spätestens mit dem Ablauf des 4. Jahres nach Entstehung der Kostenschuld** (§ 20 Abs. 1 S. 1, 2. Alternative VwKostG), die sich wiederum nach § 11 VwKostG richtet. In der verwaltungsrechtlichen Rechtsprechung und Literatur besteht insoweit Einigkeit darüber, dass § 20 Abs. 1 VwKostG zwei in ihren Voraussetzungen voneinander unabhängige und deshalb separat zu prüfende Verjährungstatbestände enthält, wobei maßgebend für 3061

Teil 1 GWB § 128   Gesetz gegen Wettbewerbsbeschränkungen

den wegen § 20 Abs. 1 S. 3 VwKostG von Amts wegen zu beachtenden Verjährungseintritt das für den Kostenschuldner günstigere Ergebnis ist (OLG Dresden, B. v. 4. 4. 2006 – Az.: WVerg 0001/06).

37.8 Kosten des Beschwerdeverfahrens

37.8.1 Grundsatz

3062 Die Entscheidung über die Kosten des Beschwerdeverfahrens beruht **auf einer entsprechenden Anwendung des § 97 Abs. 1 ZPO.** Die Heranziehung der Grundsätze zur Analogie ist nötig, weil das **Gesetz** – anders als für das Verfahren vor den Vergabekammern – **keine ausdrückliche Regelung** enthält, nach welcher die Kostengrundentscheidung im Beschwerdeverfahren nach den §§ 116 ff. GWB zu treffen ist. Die bestehende Gesetzeslücke kann nicht durch die für das Kartellbeschwerdeverfahren geltende Regelung des § 78 GWB geschlossen werden, weil diese Vorschrift in § 120 Abs. 2 GWB gerade für nicht anwendbar erklärt worden ist. In Betracht zu ziehen ist deshalb nur die entsprechende Anwendung der für das Verfahren vor den Vergabekammern gesetzlich geregelten Kostenvorschrift (§ 128 GWB) bzw. die Heranziehung der §§ 91 ff. ZPO. Da sich § 128 GWB am verwaltungsrechtlichen Kostendeckungsprinzip orientiert und Bezüge zum Verwaltungsverfahrensrecht aufweist (vgl. die Verweisung auf § 80 VwVfG in § 128 Abs. 4 Satz 3 GWB), es sich bei dem vergaberechtlichen Beschwerdeverfahren aber um ein streitiges Verfahren vor einem ordentlichen Gericht handelt, **enthalten die §§ 91 ff. ZPO die sachgerechteren Regeln,** deren entsprechende Anwendung damit geboten ist (BGH, B. v. 26. 9. 2006 – Az.: X ZB 14/06; B. v. 25. 10. 2005 – Az.: X ZB 15/05; B. v. 19. 12. 2000 – Az.: X ZB 14/00; OLG München, B. v. 2. 6. 2006 – Az.: Verg 12/06; OLG Naumburg, B. v. 17. 2. 2004 – Az.: 1 Verg 15/03; BayObLG, B. v. 28. 5. 2003 – Az.: Verg 6/03).

3063 Nach der **Rechtsprechung des BGH** richtet sich die **Kostenentscheidung** im vergaberechtlichen Beschwerdeverfahren **allein nach der ZPO.** Diese **verlangt für die Kostenerstattung nicht die Stellung von Sach- oder Verfahrensanträgen** (OLG München, B. v. 2. 6. 2006 – Az.: Verg 12/06).

3064 Das Schleswig-Holsteinische OLG wendet – entgegen der Rechtsprechung des BGH – die **Kostenbestimmungen nach § 155 VwGO sowie – hinsichtlich von Beigeladenen – nach § 162 Abs. 3 GWB entsprechend an** (Schleswig-Holsteinisches OLG, B. v. 30. 3. 2004 – Az.: 6 Verg 1/03).

37.8.2 Zuständigkeit für die Kostenfestsetzung im Beschwerdeverfahren

3065 Die **Rechtsprechung** hierzu ist **nicht einheitlich.**

3066 Die **§§ 102 bis 129 GWB enthalten keine eigene Vorschrift,** welche Stelle für die Kostenfestsetzung – nach getroffener Kostengrundentscheidung – hinsichtlich der im Beschwerdeverfahren entstandenen und einem Verfahrensbeteiligten zu erstattenden Kosten zuständig ist. § 128 Abs. 4 Satz 3 GWB enthält keine Regelung dieser Frage. Diese Vorschrift ergänzt nur die vorstehenden Bestimmungen der Sätze 1 und 2 des § 128 Abs. 4 GWB, die hinsichtlich der den Verfahrensbeteiligten selbst im erstinstanzlichen Nachprüfverfahren entstandenen Aufwendungen Regelungen für die Kostengrundentscheidung über die Erstattung enthalten, und ordnet für diesen Regelungsbereich an, dass § 80 (insbesondere Abs. 3) VwVfG des Bundes und die entsprechenden Vorschriften der Verwaltungsverfahrensgesetze der Länder entsprechend gelten. Daraus folgt, dass die **Vergabekammer nur für die Festsetzung der in ihrer Instanz entstandenen Aufwendungen zuständig** ist.

3067 Das OLG Düsseldorf hält es aufgrund der in § 128 Abs. 4 Satz 3 GWB angeordneten „entsprechenden" Geltung des § 80 VwVfG für geboten, die dortige Regelung mit ihren Einschränkungen und Ersetzungen für den Fall der Anrufung des Gerichts, bei dem der Vergabesenat eingerichtet ist, für die Festsetzung der zu erstattenden Kosten zuständig zu sein. Die Übertragung der im Zusammenhang mit § 80 VwVfG geltenden Rechtslage in entsprechender Weise auf das zweistufige Nachprüfungsverfahren bedeutet ferner, dass der **Rechtspfleger des Oberlandesgerichtes nicht nur für das Beschwerdeverfahren (wenn ein solches stattgefunden hat), sondern auch für das vorausgegangene Verfahren bei der Vergabekammer die zu erstattenden Kosten aufgrund der rechtskräftig gewordenen Kostengrundentscheidung(en) festzusetzen hat** (OLG Düsseldorf, B. v. 24. 11. 2004 – Az.: VII –

Verg 80/04; B. v. 10. 11. 2004 – Az.: VII – Verg 50/04; B. v. 20. 10. 2004 – Az.: VII – Verg 65/04; B. v. 20. 10. 2004 – Az.: VII – Verg 66/04; B. v. 20. 10. 2004 – Az.: VII – Verg 67/04; B. v. 20. 10. 2004 – Az.: VII – Verg 59/04; B. v. 20. 10. 2004 – Az.: VII – Verg 51/04; B. v. 20. 10. 2004 – Az.: VII – Verg 49/04; B. v. 5. 2. 2001 – Az.: Verg 26/00).

Entscheidend für die Zuständigkeit des Rechtspflegers beim OLG ist aber nicht, dass überhaupt ein Beschwerdeverfahren statt gefunden hat. Voraussetzung ist vielmehr, **dass die Entscheidung der Vergabekammer in der Hauptsache angegriffen worden ist** und nicht nur eine zusätzlich zur Kostengrundentscheidung zu treffende Nebenentscheidung über die Notwendigkeit der Hinzuziehung eines Verfahrensbevollmächtigten. In einem solchen Fall bleibt die Vergabekammer zuständig (OLG Düsseldorf, B. v. 24. 11. 2004 – Az.: VII – Verg 80/04; B. v. 10. 11. 2004 – Az.: VII – Verg 50/04; B. v. 20. 10. 2004 – Az.: VII – Verg 65/04; B. v. 20. 10. 2004 – Az.: VII – Verg 66/04; B. v. 20. 10. 2004 – Az.: VII – Verg 67/04; B. v. 20. 10. 2004 – Az.: VII – Verg 59/04; B. v. 20. 10. 2004 – Az.: VII – Verg 51/04; B. v. 20. 10. 2004 – Az.: VII – Verg 49/04). 3068

Demgegenüber vertritt die VK Münster (B. v. 19. 11. 2001 – Az.: VK 11/01) eine andere Auffassung. Eine **Übertragung der Entscheidungskompetenz** von der Vergabekammer, bei der Verwaltungsaufwand angefallen ist, der bei der Festsetzung der Höhe der Kosten zu berücksichtigen ist (§ 128 Abs. 1 GWB), **auf das Beschwerdegericht** wäre **nicht im Sinne einer einheitlichen Anwendung des der Vergabekammer eingeräumten Ermessens** über die Regeln, nach welchen die Kosten des Nachprüfungsverfahrens festgesetzt werden. Ein solches Ermessen räumt das Verwaltungskostengesetz des Bundes, auf das § 128 Abs. 1 GWB verweist, ein (vgl. §§ 5, 6, 9 und 10 VwKostG). 3069

37.8.3 Kostenverteilung nach dem Verhältnis des Obsiegens bzw. Unterliegens der Verfahrensbeteiligten

Nach den Kostenvorschriften der Zivilprozessordnung, die hier analog anzuwenden sind, sind die **Kosten nach dem Verhältnis des Obsiegens bzw. Unterliegens der Verfahrensbeteiligten zu verteilen.** Für die Beurteilung des Obsiegens bzw. Unterliegens eines Beteiligten ist **allein der Ausgang des Nachprüfungsverfahrens im Verhältnis zu dem von ihm gestellten Antrag** in diesem Verfahren maßgeblich. Haben letztlich alle im gerichtlichen Beschwerdeverfahren gestellten Anträge in der Hauptsache keinen Erfolg, so ist eine Aufteilung der Verfahrenskosten unter allen Beteiligten, die einen Antrag gestellt haben geboten. Bei **teilweisem Obsiegen und Unterliegen werden die Kosten verhältnismäßig geteilt,** wobei grundsätzlich das Verhältnis der Kostenteile der Verfahrenserfolge entscheidungserheblich ist, § 92 Abs. 1 ZPO analog. Verteilungsmaßstab ist der Kostenwert (OLG Naumburg, B. v. 17. 2. 2004 – Az.: 1 Verg 15/03). 3070

Zu einem **vergleichbaren Ergebnis** kommt das Schleswig-Holsteinische OLG in **analoger Anwendung von § 155 Abs. 4 VwGO** (Schleswig-Holsteinisches OLG, B. v. 30. 3. 2004 – Az.: 6 Verg 1/03). 3071

37.8.4 Geschäftswert für das Beschwerdeverfahren

Gemäß § 12a GKG beträgt der **Streitwert für das Beschwerdeverfahren 5% der Bruttoauftragssumme.** Solange kein Auftrag erteilt wurde, ist die Bruttoangebotssumme des Bieters maßgeblich, der das Nachprüfungsverfahren eingeleitet hat. Der so bemessene Streitwert gilt außer für das Verfahren der sofortigen Beschwerde gemäß § 116 GWB auch für das Nachprüfungsverfahren vor der Vergabekammer (BGH, B. v. 25. 10. 2005 – Az.: X ZB 15/05). 3072

Die **Streitwerte des erstinstanzlichen Nachprüfungsverfahrens und des Beschwerdeverfahrens sind** – soweit es zu keinen streitwertrelevanten Ereignissen gekommen ist – **übereinstimmend festzusetzen,** wobei § 50 Abs. 2 GKG für das Verfahren vor der Vergabekammer entsprechend seinem Rechtsgedanken nach anzuwenden ist (OLG Düsseldorf, B. v. 17. 1. 2006 – Az.: VII – Verg 29/05). 3073

Der Geschäftswert für das Beschwerdeverfahren über eine Kostenentscheidung bestimmt sich gemäß §§ 47 Abs. 1 Satz 1, 48 Abs. 1 GKG in Verbindung mit § 3 ZPO nach dem Kosteninteresse des Beschwerdeführers (OLG Naumburg, B. v. 24. 2. 2005 – Az.: 1 Verg 1/05). Dieses ergibt sich aus der **Differenz zwischen dem von der Antragstellerin begehrten und dem von der Vergabekammer festgesetzten Betrag** (BayObLG, B. v. 19. 2. 2003 – Az.: Verg 32/02, B. v. 25. 6. 2003 – Az.: Verg 9/03). 3074

Teil 1 GWB § 128

37.8.5 Kosten bei Zurücknahme der sofortigen Beschwerde

3075 Die Zurücknahme der sofortigen Beschwerde hat in **entsprechender Anwendung des § 516 Abs. 3 ZPO** den Verlust des eingelegten Rechtsmittels und die Verpflichtung zur Folge, die Kosten des Beschwerdeverfahrens einschließlich der Kosten des Verfahrens nach § 118 Abs. 1 Satz 3 GWB zu tragen. Zu diesen Kosten gehören auch die außergerichtlichen Kosten des Antragsgegners – vgl. § 91 ZPO – (BayObLG, B. v. 13. 1. 2005, Az.: Verg 025/04; B. v. 26. 9. 2002 – Az.: Verg 23/02, B. v. 27. 11. 2002 – Az.: Verg 27/02).

3076 Nach Rücknahme des Nachprüfungsantrags tragen also die Antragsteller gem. § 269 Abs. 3 Satz 2 ZPO analog die Kosten des Verfahrens, da eine **kostenpflichtige Rücknahme des Erstantrags – wie § 269 Abs. 3 Satz 1 ZPO zeigt – auch noch in der Rechtsmittelinstanz** möglich ist (BGH, B. v. 25. 10. 2005 – Az.: X ZB 15/05; Schleswig-Holsteinisches OLG, B. v. 18. 7. 2006 – Az.: 1 Verg 8/06; OLG Thüringen, B. v. 19. 12. 2003 – Az.: 6 Verg 10/02).

37.8.6 Kosten bei Zurücknahme der sofortigen Beschwerde und Rücknahme des Nachprüfungsantrags

3077 Durch eine **gleichzeitig mit der Rücknahme der sofortigen Beschwerde erklärte Rücknahme** des Nachprüfungsantrages ist die Entscheidung der Vergabekammer auch im Kostenpunkt wirkungslos geworden, so dass der **Senat über die Kosten beider Rechtszüge zu befinden hat** (Saarländisches OLG, B. v. 29. 9. 2004 – Az.: 1 Verg 5/04).

37.8.7 Erstattung der außergerichtlichen Auslagen eines Beigeladenen

37.8.7.1 Erstattung der außergerichtlichen Auslagen eines Beigeladenen bei aktiver Beteiligung

3078 Nach der Rechtsprechung des Bundesgerichtshofs ist das **vergaberechtliche Beschwerdeverfahren** anders als das erstinstanzlich vor der Vergabekammer durchzuführende Nachprüfungsverfahren ein **streitiges Verfahren vor einem ordentlichen Gericht**. Das hat zur Folge, dass auch das Unternehmen, das gemäß § 109 GWB von der Vergabekammer beigeladen worden ist und die damit durch § 119 GWB begründete Stellung als Beteiligte am Beschwerdeverfahren auch nutzt, indem es beim Beschwerdegericht Schriftsätze einreicht, an einer mündlichen Verhandlung vor diesem Zivilgericht teilnimmt oder sich sonst wie in außergerichtliche Kosten verursachender Weise am Beschwerdeverfahren beteiligt, die Grundsätze in Anspruch nehmen kann, die für dieses Prozessverfahren hinsichtlich der Kostentragung gelten (B. v. 26. 9. 2006 – Az.: X ZB 14/06). Auf eine **Billigkeitsentscheidung, wie sie § 162 Abs. 3 VwGO bei außergerichtlichen Kosten eines im Verwaltungsprozess Beigeladenen vorsieht, kommt es deshalb im Streitfall nicht an**. Da sich gemäß § 120 Abs. 1 GWB Beteiligte, die nicht juristische Personen des öffentlichen Rechts sind, vor dem Beschwerdegericht durch einen bei einem deutschen Gericht zugelassenen Rechtsanwalt vertreten lassen müssen, **gehören zu den zur zweckentsprechenden Rechtsverteidigung im Beschwerdeverfahren notwendigen Kosten die insoweit aufzuwendenden Gebühren des von der Beigeladenen hinzugezogenen Rechtsanwalts, ohne dass dies eines besonderen Ausspruchs bedürfte** (BGH, B. v. 25. 10. 2005 – Az.: X ZB 15/05; B. v. 9. 2. 2004 – Az.: X ZB 44/03; OLG München, B. v. 2. 6. 2006 – Az.: Verg 12/06; Saarländisches OLG, B. v. 29. 9. 2004 – Az.: 1 Verg 5/04; BayObLG, B. v. 11. 5. 2004 – Az.: Verg 003/04).

37.8.7.2 Erstattung der außergerichtlichen Auslagen eines Beigeladenen, der selbst kein Rechtsmittel eingelegt hat

3079 Eine **gesetzliche Regelung,** wonach die außergerichtlichen Auslagen der Beigeladenen, die selbst kein Rechtsmittel eingelegt hat, dem im Vergabenachprüfungsverfahren unterlegenen Teil auferlegt werden könnten, **fehlt**. Eine **entsprechende Anwendung der Kostenregelung der ZPO** mit der Folge, dass dem im Vergabenachprüfungsverfahren unterlegenen Teil generell auch die außergerichtlichen Auslagen der nicht selbst als Antragsteller oder Beschwerdeführer beteiligten Beigeladenen auferlegt werden müssten, **verbietet sich** bereits deshalb, weil sie im Einzelfall das wegen der hohen Verfahrenswerte im Nachprüfungsverfahren ohnehin bereits erhebliche Kostenrisiko des Antragstellers so stark erhöhen kann, dass sich die Ingangsetzung des Nachprüfungsverfahren aus wirtschaftlichen Gründen verbietet; dies etwa dann, wenn der

Nachprüfungsantrag in einer frühen Phase des Vergabeverfahrens gestellt wird, in der noch mehrere oder gar alle Bieter beigeladen werden könnten. Eine Erstattungspflicht lässt sich **auch nicht aus einer entsprechenden Anwendung des § 162 Abs. 3 VwGO** begründen. Denn es erscheint nicht unbillig, dass die Beigeladene ihre eigenen außergerichtlichen Auslagen selbst trägt. Die Beigeladene hatte es in der Hand, sich am Nachprüfungs-, bzw. Beschwerdeverfahren zu beteiligen; die durch die Beauftragung eines Verfahrensbevollmächtigten entstehenden Kosten konnte sie abschätzen. Dass die Beigeladene in ihren rechtlichen und wirtschaftlichen Belangen durch die zu erwartende Entscheidung erheblich tangiert werden konnte, genügt für sich allein nicht, um eine Auferlegung ihrer außergerichtlichen Auslagen auf die Antragstellerin zu rechtfertigen. Denn die mögliche Beeinträchtigung ist gem. § 109 GWB bereits Voraussetzung für die Beiladung und daher allein nicht geeignet, die Erstattung der außergerichtlichen Auslagen ausnahmsweise aus Billigkeitsgründen zu rechtfertigen (OLG Brandenburg, B. v. 17. 6. 2003 – Az.: Verg W 2/03).

Vgl. zu der entsprechenden Frage im Vergabekammerverfahren die Kommentierung RZ 2944. 3080

37.8.8 Kostentragungspflicht eines Beigeladenen

Ein **Beigeladener** ist **kostenrechtlich wie der Antragsteller oder Antragsgegner eines Nachprüfungsverfahrens zu behandeln,** wenn er die durch die Beiladung begründete **Stellung im Beschwerdeverfahren auch nutzt,** indem er sich an diesem Verfahren beteiligt, z.B. durch eine **Stellungnahme zur sofortigen Beschwerde** eines Antragstellers. Mithin hat auch der Beigeladene als im Wesentlichen unterliegende Partei die in der Beschwerdeinstanz entstandenen Kosten zu tragen, und zwar in entsprechender Anwendung der §§ 91, 92 Abs. 2 ZPO (BGH, B. v. 26. 9. 2006 – Az.: X ZB 14/06). 3081

37.8.9 Haftung nach Kopfteilen

Für die **Kostenerstattung haften** für den Fall des **gemeinsamen Unterliegens** der Antragsgegner und der Beigeladene in entsprechender Anwendung von § 100 Abs. 1 ZPO **nach Kopfteilen** (BGH, B. v. 26. 9. 2006 – Az.: X ZB 14/06). 3082

37.8.10 Kosten des Kostenfestsetzungsverfahrens

In **Kostenfestsetzungsverfahren stehen sich Kostengläubiger und Kostenschuldner kontradiktorisch gegenüber.** Antragsteller und Beigeladene nehmen hier im Verhältnis zum – insoweit antragstellenden und beschwerdeführenden – Beigeladenen die Stellung von Antragsgegnern und Beschwerdegegnern ein. Deshalb trifft beide die Kostenlast für ihr Unterliegen im Beschwerdeverfahren (§ 91, § 100 Abs. 1 ZPO analog). Dass ein Beigeladener keine Anträge gestellt und auch sonst im Verfahren nicht hervorgetreten ist, ändert daran nichts; § 154 Abs. 3 VwGO findet keine entsprechende Anwendung (BayObLG, B. v. 6. 2. 2004 – Az.: 25/03). 3083

37.8.11 Erinnerung gegen die Kostenfestsetzung

Eine sofortige Beschwerde gegen die Kostenfestsetzung ist in entsprechender Anwendung der § 151 Satz 1, § 164 und § 165 Satz 1 VwGO als **Erinnerung** gegen die gemäß § 21 Nr. 1 RPflG dem Rechtspfleger als Urkundsbeamtem der Geschäftsstelle übertragene Kostenfestsetzung aufzufassen. Zur **Ergänzung der lückenhaften Verfahrensvorschriften der §§ 116 ff. GWB** zieht der Senat in ständiger Rechtsprechung in erster Linie die Bestimmungen der VwGO entsprechend heran. Gerichtskosten werden nicht erhoben (OLG Düsseldorf, B. v. 14. 8. 2003 – Az.: Verg 42/01). 3084

Das OLG Koblenz erachtet **für das Erinnerungsverfahren eine entsprechende Anwendung des § 5 Abs. 6 GKG als sachgerecht.** Das GWB enthält keine Regelung über die Kosten des Verfahrens nach Anfechtung einer Kostenfestsetzung. Die sonst im Beschwerdeverfahren übliche entsprechende Anwendung der Kostenvorschriften der §§ 91 ff. ZPO ist unpassend, weil sich keine verfahrensbeteiligten Parteien gegenüberstehen. Vielmehr geht es um die Frage, ob das „Gericht" erster Instanz die Kosten dem Gesetz entsprechend festgesetzt hat (OLG Koblenz, B. v. 16. 2. 2006 – Az.: 1 Verg 2/06; B. v. 1. 4. 2004 – Az.: 1 Verg 3/04). 3085

Teil 1 GWB § 128

37.8.12 Kosten des Verfahrens nach § 118 Abs. 1 Satz 3

37.8.12.1 Grundsatz

3086   Bei den Kosten des Verfahrens nach § 118 Abs. 1 Satz 3 GWB handelt es sich um **Kosten des Beschwerdeverfahrens,** über die im Rahmen der Endentscheidung nach Maßgabe des § 128 Abs. 3 GWB zu befinden ist (OLG Koblenz, B. v. 23. 11. 2004 – Az.: 1 Verg 6/04; OLG Brandenburg, B. v. 18. 5. 2004 – Az.: Verg W 03/04; OLG Düsseldorf, B. v. 9. 11. 2005 – Az.: VII – Verg 78/05; B. v. 9. 1. 2003 – Az.: Verg 57/02, B. v. 16. 9. 2003 – Az.: VII – Verg 52/03; BayObLG, B. v. 10. 9. 2004 – Az.: Verg 019/04, B. v. 9. 9. 2004 – Az.: Verg 018/04, B. v. 10. 9. 2002 – Az.: Verg 23/02).

37.8.12.2 Unterschiedlichkeit der Verfahren nach § 118 und Beschwerdeverfahren

3087   **Das Verfahren nach § 118 GWB ist im Verhältnis zum Beschwerdeverfahren nach §§ 116 ff. GWB im kostenrechtlichen Sinne eine verschiedene Angelegenheit.** Zwar werden die genannten Verfahren nicht ausdrücklich im Katalog der §§ 16 bis 19 RVG aufgeführt, in dem der Gesetzgeber beispielhaft aufgeführt hat, welche Angelegenheiten er als einheitliche und welche als verschiedene Angelegenheiten im Sinne von § 15 Abs. 2 RVG ansieht. Das Verfahren nach § 118 GWB entzieht sich auch einer klaren Einordnung nach diesen Vorschriften: In Betracht kommt eine Analogie zu § 17 Nr. 4 RVG, wonach Verfahren auf einstweiligen Rechtsschutz gegenüber dem Hauptsacheverfahren getrennte Verfahren sind. Die dort aufgeführten Verfahren können jedoch isoliert vom Hauptsacheverfahren eingeleitet werden, anders als das Verfahren nach § 118 GWB, welches die Erhebung der sofortigen Beschwerde in der Hauptsache voraussetzt. Erwägenswert ist unter Umständen auch eine analoge Anwendung des Rechtsgedankens aus § 19 Abs. 1 Nrn. 11 und 16 RVG, wonach unselbständige einstweilige Maßnahmen kostenrechtlich als Bestandteil des Hauptsacheverfahrens behandelt werden. Diese Auffassung vertrat die Rechtsprechung nach alter Rechtslage vor Änderung der Kostenvorschriften ganz überwiegend. **Dem gegenüber behandeln die Bestimmungen des Kostenverzeichnisses zum Gerichtskostengesetz (KV, Anlage 1 z. GKG) und des Vergütungsverzeichnisses zum Rechtsanwaltsvergütungsgesetz (VV, Anlage 1 z. RVG) das Hauptsacheverfahren nach § 116 GWB und das Eilverfahren nach § 118 GWB** (gleiches gilt für das Eilverfahren nach § 121 GWB) **als verschiedene Verfahren.** So enthält das Kostenverzeichnis zum Gerichtskostengesetz neben den Kostenregelungen zum Verfahren nach § 116 GWB (KV Nr. 1220 bis 1223) auch gesonderte Kostenregelungen zum Eilverfahren nach § 118 GWB bzw. § 121 GWB (KV Nr. 1640 und 1641). Im Vergütungsverzeichnis zum Rechtsanwaltsvergütungsgesetz sind getrennte Gebührensätze (VV Nr. 3200 bis 3203 und VV Nr. 3300 und 3301) ausgewiesen. Während das Verfahren nach § 116 GWB in diesen Regelungen jeweils zutreffend als besonderes zweitinstanzliches Verfahren bewertet und bezeichnet wird, sollen die Verfahren nach § 118 GWB bzw. § 121 GWB aus kostenrechtlicher Sicht besondere erstinstanzliche Verfahren sein. Unabhängig davon, ob dieser Einschätzung zu folgen ist, **zeigt sich auch hierin der gesetzgeberische Wille einer gesonderten kostenrechtlichen Betrachtung der Verfahren nach § 118 GWB bzw. nach § 121 GWB gegenüber dem Hauptsacheverfahren** (OLG Naumburg, B. v. 26. 6. 2006 – Az.: 1 Verg 7/05; im Ergebnis ebenso BayObLG, B. v. 19. 1. 2006 – Az.: Verg 22/04; KG Berlin, B. v. 14. 2. 2005 – Az.: 2 Verg 13/04; 2 Verg 14/04).

37.8.12.3 Keine eigene Erörterungsgebühr für den Antrag nach § 118 Abs. 1 Satz 3

3088   Nach § 65a Satz 2 GWB erhöht sich „die" Prozessgebühr um die Hälfte, wenn ein Antrag nach § 118 Abs. 1 Satz 3 GWB gestellt worden ist. Gemeint ist damit eine Erhöhung der Prozessgebühr für das Beschwerdeverfahren, dessen Prozessgebühr bereits auf $^{13}/_{10}$ erhöht ist und somit bei einem Antrag nach § 118 Abs. 1 Satz 3 GWB auf $^{19,5}/_{10}$ anwächst. **Darin erschöpft sich die gebührenrechtliche Folge des Antrages nach § 118 Abs. 1 Satz 3 GWB. Gesonderte Gebühren fallen nicht an.** Die Tatsache, dass der Gesetzgeber das Verfahren nach § 118 Abs. 1 Satz 3 gebührenrechtlich gesehen und dennoch – nur – die Erhöhung der Prozessgebühr für die Beschwerde angeordnet hat, spricht unzweideutig dafür, dass er es hiermit bewenden lassen wollte. Letzteres findet zudem seine sachliche Rechtfertigung darin, dass es auch bei dem Antrag nach § 118 Abs. 1 Satz 3 GWB im Wesentlichen (nur) um die (voraussichtliche) Begründetheit der Beschwerde geht (OLG Düsseldorf, B. v. 14. 8. 2003 – Az.: Verg 42/01, B. v. 8. 9. 2003 – Az.: Verg 42/02).

Gesetz gegen Wettbewerbsbeschränkungen GWB § 128 **Teil 1**

37.8.12.4 Anrechnung der Gebühr für den Antrag nach § 118 Abs. 1 Satz 3 auf die Verfahrensgebühr für das Beschwerdeverfahren

Die **Rechtsprechung** ist **nicht einheitlich**. 3089

Nach einer **Auffassung ist die niedrigere Gebühr auf die höhere anzurechnen.** 3090
Nimmt man getrennte Angelegenheiten an, ist das Ergebnis unter mehreren Aspekten ungereimt und mit der gesetzlichen Gestaltung der Rechtsanwaltsgebühren in vergleichbaren Situationen nicht vereinbar. Am **auffälligsten ist es, dass das Vergütungsverzeichnis für das vorläufige Verfahren einen höheren Gebührensatz (2,3) vorsieht als für das Hauptsacheverfahren.** Eine solche Gestaltung enthält das Verzeichnis für keine andere vergleichbare Verfahrenssituation im Verhältnis zum Hauptsacheverfahren – vorläufiges Verfahren. Zum Teil sieht es sogar ausdrücklich eine Anrechnung der im Nebenverfahren angefallenen Gebühr vor (vgl. für das selbständige Beweisverfahren VV Teil 3 Vorbemerkung 3 Abs. 5). Der **Grund für die sachlich kaum nachvollziehbare Regelung** liegt **offensichtlich in einem gesetzgeberischen Versehen** (BayObLG, B. v. 19. 1. 2006 – Az.: Verg 22/04).

Nach einer anderen Meinung ist die **Verfahrensgebühr nach VV Nr. 3300 nicht auf die** 3091
Gebühr nach VV Nr. 3200 anzurechnen. Eine Verrechnung ist im Vergütungsverzeichnis zum RVG nicht angeordnet. Gleiches gilt für den textlichen Teil des RVG. Sachnah erscheint eine analoge Anwendung des § 17 Nr. 4 lit. c) RVG, wonach das Verfahren in der Hauptsache und ein Verfahren über einen Antrag auf Anordnung oder Wiederherstellung der aufschiebenden Wirkung, auf Aufhebung der Vollziehung oder Anordnung der sofortigen Vollziehung eines Verwaltungsakts „verschiedene Angelegenheiten" sind. Indes unterstreicht dann die Einordnung als „verschiedene Angelegenheiten" nur noch die gebührenrechtliche Unabhängigkeit der Verfahrensgebühren gemäß Nr. 3200 und 3300 VV. **Aus den Gesetzesmaterialien zum RVG ergibt sich nichts anderes.** Nach der Gesetzesbegründung (BT-Drs. 15/1971, S. 215) soll Nr. 3300 VV die Regelung des § 65a S. 2 und 3 BRAGO übernehmen, wonach sich die Prozessgebühr „in diesen Verfahren" (u.a.: § 121 GWB) von $^{10}/_{10}$ auf $^{15}/_{10}$ erhöhte und sodann nach § 11 Abs. 1 S. 4 BRAGO richtete, was eine weitere Erhöhung auf $^{19,5}/_{10}$ ergab. Nach dem RVG soll die Verfahrensgebühr gemäß Nr. 3300 VV grundsätzlich um 0,3 über der bisherigen $^{19,5}/_{10}$-Prozessgebühr liegen und einen auf das 2,3-fache gerundeten Gebührensatz ergeben. Von einer Verrechnung der Verfahrensgebühr nach Nr. 3300 VV mit der Verfahrensgebühr nach Nr. 3200 VV, die sich im Vergleich zur geltenden Regelung um 0,3 auf 1,6 erhöhen soll (vgl. S. 214 der Reg.-Begr.), ist auch in der Gesetzesbegründung keine Rede (OLG Naumburg, B. v. 26. 6. 2006 – Az.: 1 Verg 7/05; OLG Düsseldorf, B. v. 29. 5. 2006 – Az.: VII – Verg 79/04; B. v. 20. 4. 2005 – Az.: VII – Verg 42/04).

37.8.12.5 Berichtigende Auslegung der Gebührenansätze im VV RVG Nr. 3300 und 3301

Die **Gebührenansätze im VV RVG Nr. 3300 und 3301 sind jedoch berichtigend** 3092
auszulegen; danach fällt nach Nr. 3300 lediglich eine 0,7-fache Gebühr an. Zwischen den Gebührenansätzen nach VV RVG Nr. 3200 und Nr. 3300 besteht nach ihrem Wortlaut ein erheblicher Wertungswiderspruch. Es ist **sachlich nicht zu rechtfertigen, dass ein Eilverfahren,** welches lediglich eine summarische Prüfung der Evidenz einer fehlenden Erfolgsaussicht des Rechtsmittels und eine Interessenabwägung zum Gegenstand hat und auf eine vorläufige Entscheidung gerichtet ist, **einen um mehr als 40% höheren Gebührensatz auslöst als das Hauptsacheverfahren,** in dem unter Umständen eine Vielzahl von Rügen im Detail geprüft und abschließend, in den Fällen des § 124 Abs. 1 GWB sogar mit Bindungswirkung über das konkrete Nachprüfungsverfahren hinaus beschieden werden müssen. Diese Charakteristik trifft trotz der im Übrigen bestehenden Unterschiede zwischen den Verfahren nach §§ 118 und 121 GWB einerseits und den Rechtsbehelfsverfahren nach §§ 115 Abs. 2 Satz 2 und 115 Abs. 2 Satz 3 GWB andererseits auf alle in VV RVG Nr. 3300 erfassten Verfahren zu. Dem Umstand, dass die Tätigkeit des Rechtsanwalts in einem Eilverfahren zusätzlichen Arbeitsaufwand erfordert und unter erheblichem Zeitdruck steht, ist bereits durch die Einordnung als besondere, vom Hauptsacheverfahren verschiedene Angelegenheit Rechnung getragen worden. Dem **entspricht, dass das Kostenrecht sowohl für die gerichtlichen Gebühren als auch für die Rechtsanwaltsvergütung für keine andere vergleichbare Verfahrenssituation im Verhältnis von Hauptsacheverfahren und einstweiligem Rechtsschutz eine Höherbewertung des vorläufigen Verfahrens kennt.** Im Gegenteil: Das Gerichtskostengesetz beinhaltet im Vergleich der Gebühren für das Verfahren nach § 116 GWB einen höheren Gebührensatz

587

(KV 1220: 4,0 Gebühren), als für das Verfahren nach § 118 GWB oder § 121 GWB (KV Nr. 1640: 3,0 Gebühren). Schließlich **erscheint es widersprüchlich, dass sich das Kostenrisiko des um Nachprüfung nachsuchenden Bieters vor allem dadurch deutlich erhöhen soll, dass ihm ein effektiver vergaberechtlicher Primärrechtsschutz gewährt wird, wozu die Bundesrepublik nach den gemeinschaftsrechtlichen Vorgaben gerade verpflichtet** ist. Eine Korrektur dieses Wertungswiderspruchs über eine unterschiedliche Festsetzung des Kostenwerts ist nicht eröffnet. Der **Wertungswiderspruch ist durch berichtigende Auslegung der Vorschrift zu beseitigen.** Entscheidend hierfür ist, dass aus der Gesetzesbegründung ganz offensichtlich hervorgeht, dass es sich bei der Angabe der Gebührensätze in VV RVG Nr. 3300 (und 3301) um ein Versehen handelt (OLG Naumburg, B. v. 26. 6. 2006 – Az.: 1 Verg 7/05; KG Berlin, B. v. 14. 2. 2005 – Az.: 2 Verg 13/04; 2 Verg 14/04).

37.8.12.6 Kostenentscheidung im Falle eines ablehnenden Beschlusses

3093   Der Antragsgegner, der die Ablehnung eines Antrages nach § 118 Abs. 1 Satz 3 verlangt, kann sein Ziel, den Zuschlag zu erteilen, im Falle eines Obsiegens endgültig verwirklichen. Mit dem **Zuschlag tritt eine Erledigung des primären Rechtsschutzes auch dann** ein, wenn in der Entscheidung über die sofortige Beschwerde eine Verletzung vergaberechtlicher Bestimmungen festgestellt würde. Deshalb ist es gerechtfertigt, in diesem Fall den Antrag nach § 118 Abs. 1 Satz 3 bezüglich der Kosten **als selbständiges Verfahren zu behandeln.** In einem ablehnenden Beschluss ist infolgedessen auch über die Kosten zu entscheiden (OLG Stuttgart, B. v. 16. 9. 2002 – Az.: 2 Verg 12/02).

37.8.13 Kosten des Verfahrens nach § 121 Abs. 1

3094   Bei den Kosten des Verfahrens nach § 121 Abs. 1 GWB handelt es sich um **Kosten des Beschwerdeverfahrens,** über die **im Rahmen der Entscheidung nach Maßgabe des § 128 GWB zu befinden** ist (OLG Düsseldorf, B. v. 20. 3. 2003 – Az.: Verg 08/03).

37.8.14 Kosten des Verfahrens nach § 115 Abs. 2 Satz 2

3095   Die **Kosten des vorläufigen Verfahrens** behandelt der Senat in ständiger Rechtsprechung als **Kosten der Hauptsache.** So kann **auch im Verfahren nach § 115 Abs. 2 Satz 2 GWB** verfahren werden, wenn zugleich Beschwerde in der Hauptsache eingelegt ist. Einer gesonderten Kostenentscheidung bedarf es deshalb an dieser Stelle nicht (BayObLG, B. v. 16. 7. 2004, Az.: Verg 016/04).

37.8.15 Erstattungsfähigkeit der Kosten so genannter Schutzschriften

3096   In Anbetracht der Besonderheiten des Vergabeüberprüfungsverfahrens neigt die Rechtsprechung dazu, die **von der Rechtsprechung entwickelten Grundsätze für die Erstattungsfähigkeit der Kosten so genannter Schutzschriften auf das Beschwerdeverfahren** nach dem Vierten Teil des GWB jedenfalls **dann zu übertragen, wenn Eilentscheidungen jeglicher Art,** etwa nach den §§ 118, 121 GWB oder über die erstmalige Herstellung des Zuschlagsverbots durch Zustellung des Nachprüfungsantrags, **zu treffen sind.** Das ist indessen nicht Gegenstand der Kostengrundentscheidung; über die Notwendigkeit geltend gemachter Kosten ist vielmehr **im Kostenfestsetzungsverfahren** zu befinden (OLG Thüringen, B. v. 6. 11. 2002 – Az.: 6 Verg 8/02).

37.9 Kosten des Vollstreckungsverfahrens

37.9.1 Grundsatz

3097   § 128 GWB regelt die Kostentragungspflicht im Verfahren vor der Vergabekammer. Die **Vorschrift kommt nicht nur im eigentlichen Vergabenachprüfungsverfahren** nach den §§ 104 ff. GWB zur Anwendung, **sondern gilt gleichermaßen auch im Verfahren,** das die Vergabekammer gemäß § 114 Abs. 3 Satz 2 GWB **zur Vollstreckung der im Nachprüfungsverfahren ergangenen Entscheidungen** durchführt. Das folgt schon aus dem weit gefassten Wortlaut der Vorschrift, die in Absatz 1 im Zusammenhang mit den Kosten der Vergabekammer ganz allgemein von den „Amtshandlungen der Vergabekammern" spricht, die in Absatz 3 Satz 1 der „im Verfahren" unterlegenen Partei die Kosten der Vergabekammer aufbür-

37.9.2 Kostentragungspflicht

Nach der subsidiär anzuwendenden Vorschrift des § 5 Abs. 1 VwKostG (Bund bzw. Bundesland) hat **derjenige die Kosten zu tragen, der das Vollstreckungsverfahren „veranlasst"** hat. Als **„Veranlasser"** eines Vollstreckungsverfahrens ist nach dem Rechtsgedanken des § 788 ZPO, der auch im verwaltungsgerichtlichen Vollstreckungsverfahren zur Anwendung kommt, der Vollstreckungsschuldner **jedenfalls dann** anzusehen, wenn der **Antragsteller** z. Zt. seiner Antragstellung **von der Notwendigkeit eines Vollstreckungsverfahrens** zur Durchsetzung der Entscheidung der Vergabekammer bzw. des Vergabesenats **ausgehen durfte** (OLG Naumburg, B. v. 27. 4. 2005 – Az.: 1 Verg 3/05).

3098

37.9.3 Gegenstandswert des Vollstreckungsverfahrens

Die wirtschaftliche Bedeutung des Gegenstandes des Nachprüfungsverfahrens bestimmt sich regelmäßig danach, **welches wirtschaftliche Risiko der Verfahrensbeteiligte übernommen hat,** der im Verfahren selbst nach dem Entscheidungsausspruch der Unterlegene ist. Das wirtschaftliche Risiko der Verfahrensbeteiligung ist dabei regelmäßig in der Höhe des Brutto-Preises des Angebotes zu sehen, mit dem der jeweilige Verfahrensbeteiligte letztendlich im Verfahren der Nachprüfung des Vergabeverfahrens selbst unterlegen ist.

3099

Demgegenüber ist für ein **Vollstreckungsverfahren dieser Ansatz insoweit zu korrigieren, weil es sich hierbei um ein unselbständiges Zwischen- bzw. Zwangsverfahren** handelt. Mit der Einleitung eines solchen Verfahrens und nötigenfalls mit dem Einsatz von Zwangsmitteln soll hierbei z. B. ein bestimmtes Handeln der Vergabestelle erzwungen werden. Der Wert des Streitgegenstandes ist damit nicht an ein wirtschaftliches Risiko der Verfahrensbeteiligung zu binden. **Mangels einer entgegenstehen Regelung ist in solchen Fällen die festzusetzende Gebühr, allein ausgehend von der gesetzlich angeordneten Mindestgebühr (§ 128 Abs. 2 GWB), zu bestimmen** (OLG Naumburg, B. v. 27. 4. 2005 – Az.: 1 Verg 3/05; VK Thüringen, B. v. 19. 7. 2004 – Az.: 360–4003.20–003/03-ABG-V).

3100

37.10 Zulässigkeit einer Vereinbarung über die Stellung von Kostenanträgen

Schließen die Beteiligten eines Nachprüfungsverfahrens eine **schriftliche Vereinbarung,** wonach ein Beteiligter sich verpflichtet, **keinen Kostenantrag im Nachprüfungsverfahren** zu stellen, gehen **derartige außergerichtliche Parteiabreden** nach allgemeiner Ansicht sogar **der gesetzlichen Kostenfolge des § 269 Abs. 3 ZPO** vor. Erst recht hat der Vergabesenat sie im Rahmen der auf Billigkeitserwägungen gründenden Prüfung des § 162 Abs. 2 VwGO zu beachten. Eine Kostenerstattung kommt insoweit nicht in Betracht (OLG Thüringen, B. v. 19. 12. 2003 – Az.: 6 Verg 10/02).

3101

37.11 Literatur

– Diemer, Stefan/Maier, Clemens, Rechtsanwaltsgebühren im Vergabenachprüfungsverfahren nach altem und neuen Kostenrecht, NZBau 2004, 536
– Gatawis, Siegbert, Anwalts- und Verwaltungskosten in Verfahren vor der Vergabekammer, NZBau 2004, S. 380
– Hardraht, Karsten, Die Kosten des Nachprüfungsverfahrens und der sofortigen Beschwerde, NZBau 2004, 189
– Kast, Michael, Kostenerstattung in Vergabenachprüfungs- und Beschwerdeverfahren, BauRB 2004, 88
– Lausen, Irene, Kosten im Nachprüfungsverfahren, NZBau 2005, 440

3102

38. § 129 GWB – Kosten der Vergabeprüfstelle

Für Amtshandlungen der Vergabeprüfstellen des Bundes, die über die im § 103 Abs. 2 Satz 1 genannte Prüftätigkeit und die damit verbundenen Maßnahmen der Vergabeprüfstellen hinausgehen, werden Kosten zur Deckung des Verwaltungsaufwandes erhoben. § 128 gilt entsprechend. Die Gebühr beträgt 20 vom Hundert der Mindestgebühr nach § 128 Abs. 2; ist der Aufwand oder die wirtschaftliche Bedeutung im Einzelfall außergewöhnlich hoch, kann die Gebühr bis zur Höhe der vollen Mindestgebühr angehoben werden.

3103 Für Amtshandlungen der Vergabeprüfstellen werden Kosten nur dann erhoben, soweit diese über die Tätigkeit einer Fach- und Rechtsaufsichtsbehörde hinausgehen.

3104 Die Vorschrift spielt in der Rechtsprechung keine Rolle.

39. Einführung

39.1 Ermächtigungsgrundlage

3105 Die Verordnung über die Vergabe öffentlicher Aufträge (Vergabeverordnung – VgV) beruht rechtlich auf der Ermächtigungsgrundlage der § 97 Abs. 6 und § 127 des Gesetzes gegen Wettbewerbsbeschränkungen (GWB).

3106 Die in diesen Vorschriften genannten Regelungsmöglichkeiten sind in der Praxis
– über die Vergabeverordnung, aber auch
– über die Vergabe- und Vertragsordnung für Bauleistungen (VOB),
– die Verdingungsordnung für Leistungen – ausgenommen Bauleistungen – (VOL) und
– die Verdingungsordnung für freiberufliche Leistungen (VOF)
umgesetzt worden.

3107 § 97 Abs. 6 GWB ist auch eine hinreichende Ermächtigungsgrundlage, Regelungen über Fragen des Vergabeverfahrens in der Vergabeverordnung zu treffen (OLG Düsseldorf, B. v. 30. 4. 2003 – Az.: Verg 67/02).

39.2 Aktuelle Fassung und Änderungen

3108 Die Verordnung über die Vergabe öffentlicher Aufträge (Vergabeverordnung – VgV) vom 9. 1. 2001 (BGBl. I S. 110) wurde **geändert durch**
– das Gesetz über Rahmenbedingungen für elektronische Signaturen und zur Änderung weiterer Vorschriften vom 16. Mai 2001 (BGBl. I S. 876),
– die Erste Verordnung zur Änderung der Vergabeverordnung vom 7. November 2002 (BGBl. I S. 4338),
– die Zweite Verordnung zur Änderung der Vergabeverordnung vom 11. Februar 2003 (BGBl. I S. 168) und
– die Achte Zuständigkeitsanpassungsverordnung vom 25. 11. 2003 (BGBl. I S. 2304)
– Art. 2 des Gesetzes vom 1. 9. 2005 (BGBl. I S. 2676)
– die Dritte Verordnung zur Änderung der Vergabeverordnung vom 23. 10. 2006 (BGBl. I S. 2334).

3109 Mit Artikel 2 der Dritten Verordnung zur Änderung der Vergabeverordnung wurde die **Regelung, dass die VgV am 31. 12. 2014 außer Kraft tritt, aufgehoben.**

3110 Die **materiellen Änderungen** durch die Dritte Verordnung zur Änderung der Vergabeverordnung sind **bei den jeweiligen Vorschriften erläutert.**

39.3 Literatur

- Leinemann, Ralf, Die Vergabe öffentlicher Aufträge, Carl Heymanns Verlag, 3. Auflage, 2004
- Reidt/Stickler/Glahs, Vergaberecht/Kommentar, Verlag Dr. Otto Schmidt, Köln, 2. Auflage, 2003
- Schneider, Matthias/Reichert, Friedhelm, Änderungen in der neuen Vergabeverordnung (VgV), ibr-online (www.ibr-online.de/2007-9)

3111

Teil 2
Vergabeverordnung (VgV)

Inhaltsverzeichnis

Die Angaben beziehen sich auf Seitenzahlen

40.	**§ 1 VgV – Zweck der Verordnung**	601
40.1	Änderungen durch die VgV 2006	601
40.2	Allgemeines	601
41.	**§ 2 VgV – Schwellenwerte**	601
41.1	Änderungen durch die VgV 2006	602
41.2	Grundlage der Schwellenwerte	602
41.3	Vereinbarkeit der Schwellenwerte mit dem Grundgesetz	602
41.4	Berechnung der Schwellenwerte nur nach der VgV	602
41.5	Schwellenwert für Bauaufträge (§ 2 Nr. 4)	603
41.6	Schwellenwert für Lose von Bauaufträgen (§ 2 Nr. 7)	603
41.6.1	Nach der VgV europaweit auszuschreibende Lose	603
41.6.2	Wahlrecht des Auftraggebers für die Bestimmung der nur national auszuschreibenden Lose (Bagatellklausel)	603
41.6.3	Ausübung des Wahlrechts durch Benennung einer Vergabekammer als Nachprüfungsbehörde	603
41.6.4	Ausübung des Wahlrechts durch eine EU-weite Ausschreibung und Benennung einer Vergabekammer als Nachprüfungsbehörde	604
41.6.5	Ausübung des Wahlrechts durch eine EU-weite Ausschreibung und Nichtbenennung einer Vergabekammer als Nachprüfungsbehörde	604
41.6.6	Ausübung des Wahlrechts durch eine EU-weite Ausschreibung und eine Mitteilung nach § 13 VgV	605
41.6.7	Ausschreibung von Losen mit einem Wert von mindestens 1 Mio. € und einem Gesamtauftragswert unterhalb von 5 Mio. €	605
41.7	Schwellenwert für Lose von Lieferaufträgen (§ 2 Nr. 8)	605
41.7.1	Nach der VgV europaweit auszuschreibende Lose	605
41.7.2	Ausübung des Wahlrechts durch Benennung einer Vergabekammer als Nachprüfungsbehörde	605
41.8	Wegfall des Schwellenwertes bei einer Teilaufhebung?	605
41.9	Schwellenwert bei Sammelbestellungen und Rahmenverträgen	606
41.10	Schwellenwert bei freiberuflichen Dienstleistungsaufträgen nach der VOF	606
41.10.1	Schwellenwert bei freiberuflichen Dienstleistungsaufträgen nach der VOF und abschnittsweiser Beauftragung	606
41.10.2	Einbeziehung der Nebenkosten	606
41.11	Schwellenwert bei einer einheitlichen Bau- und Lieferausschreibung, wobei nur der – geringere – Lieferauftrag den Schwellenwert erreicht	606
41.12	Schwellenwerte für die Länder Dänemark, Schweden und Großbritannien	607
41.13	Schwellenwerte vor Inkrafttreten der VgV 2006	607
42.	**§ 3 VgV – Schätzung der Auftragswerte**	607
42.1	Änderungen durch die VgV 2006	608
42.2	Geschätzte Gesamtvergütung für die vorgesehene Leistung (§ 3 Abs. 1)	608
42.2.1	Anforderungen an die Schätzung	608
42.2.2	Erhebliche Differenzen zwischen der Schätzung des Auftragswertes und dem Inhalt des Leistungsverzeichnisses	609
42.2.3	Fehlende Schätzung des Auftraggebers	609
42.2.4	Erreichung des Schwellenwertes durch die Angebote bei einer Schätzung unterhalb des Schwellenwertes	610
42.2.5	Nichterreichung des geschätzten Schwellenwertes durch die Angebote	610
42.2.6	Gesamtvergütung	610
42.2.6.1	Ausgangspunkt ist Verkehrs- oder Marktwert	610
42.2.6.2	Umsatzsteuer	611
42.2.6.3	Versicherungssteuer	611
42.2.6.4	Berücksichtigung der Erlöse des Auftragnehmers von Dritten	611
42.2.6.5	Berücksichtigung von Förderungen Dritter bzw. eines „Eigenanteils"	611

42.2.6.6	Berücksichtigung von Eventualpositionen	612
42.2.6.7	Berücksichtigung der Kosten für Unvorhergesehenes	612
42.2.6.8	Berücksichtigung der Kosten für die vom Auftraggeber durchgeführte Baubewachung	612
42.2.6.9	Berücksichtigung der Kosten für bewegliche Ausrüstungsgegenstände	612
42.2.7	Vorgesehene Leistung	612
42.2.7.1	Zusammenfassung mehrerer Bauvorhaben	612
42.2.7.2	Funktionale Betrachtungsweise bei Bauvorhaben	612
42.2.7.3	Lieferaufträge unselbständiger Behörden eines öffentlichen Auftraggebers	613
42.2.8	Gesamtvergütung für die vorgesehene Auftragsleistung bei Architekten- und Ingenieurleistungen	613
42.2.9	Schätzung bei freiberuflichen Leistungen ohne eine Honorarordnung	613
42.3	**Manipulationen bei der Schätzung oder Aufteilung des Auftragswertes (§ 3 Abs. 2)**	**613**
42.3.1	Differenz zwischen Schätzung und Angeboten	613
42.3.2	Befristung eines Auftrags	613
42.3.3	Reduzierung der Laufzeit eines Vertrages zur Umgehung des Schwellenwertes	614
42.3.4	Verbotene Umgehung im Baubereich	614
42.3.5	Umgehung bei grundloser Differenzierung zwischen verschiedenen Leistungsanbietern	615
42.3.6	Weitere Beispiele aus der Rechtsprechung	615
42.4	**Berücksichtigung der Laufzeit von Liefer- und Dienstleistungsaufträgen bei der Schätzung (§ 3 Abs. 3)**	**615**
42.4.1	Zeitlich begrenzte Lieferaufträge mit einer Laufzeit bis zu 12 Monaten (§ 3 Abs. 3 Satz 1)	615
42.4.2	Zeitlich begrenzte Dienstleistungsaufträge mit einer Laufzeit bis zu 48 Monaten (§ 3 Abs. 3 Satz 1)	615
42.4.3	Zeitlich begrenzte Dienstleistungsaufträge mit einer Laufzeit von mehr als 48 Monaten	615
42.4.4	Lieferaufträge mit einer Laufzeit von mehr als 12 Monaten (§ 3 Abs. 3 Satz 2)	616
42.4.5	Unbefristete Verträge oder nicht absehbare Vertragsdauer (§ 3 Abs. 3 Satz 3)	616
42.5	**Regelmäßige Aufträge oder Daueraufträge über Liefer- oder Dienstleistungen (§ 3 Abs. 4)**	**616**
42.6	**Berücksichtigung von Losen für den Schwellenwert (§ 3 Abs. 5)**	**616**
42.6.1	Grundsatz	616
42.6.2	Lose bei Lieferleistungen	616
42.6.3	Lose bei freiberuflichen Dienstleistungsaufträgen nach der VOF	616
42.7	**Einbeziehung von Optionsrechten oder Vertragsverlängerungen (§ 3 Abs. 6)**	**617**
42.7.1	Begriff des Optionsrechtes und Einbeziehung von Bedarfspositionen	617
42.7.2	Einbeziehung von Optionsrechten bei Bauverträgen	617
42.7.3	Vertragsverlängerungen	617
42.8	**Schätzung des Auftragswertes von Bauleistungen**	**618**
42.8.1	Keine Berücksichtigung des Wertes der Baunebenkosten	618
42.8.2	Keine Berücksichtigung des Grundstückswertes	618
42.8.3	Keine Berücksichtigung des Wertes von beweglichen Ausstattungsgegenständen	618
42.8.4	Keine Berücksichtigung des Wertes von Planungsleistungen	618
42.8.5	Berücksichtigung des Wertes der Bauleitung	618
42.8.6	Berücksichtigung von zusammengefassten Auftragswerten eines öffentlichen und eines privaten Auftraggebers	618
42.9	**Schätzung des Auftragswerts bei Rahmenvereinbarungen (§ 3 Abs. 8)**	**619**
42.9.1	Wert einer Rahmenvereinbarung (§ 3 Abs. 8 Satz 1)	619
42.9.2	Definition der Rahmenvereinbarung (§ 3 Abs. 8 Satz 2)	619
42.10	**Schätzung des Auftragswerts bei Sammelbestellungen**	**619**
42.11	**Schwellenwert bei Auslobungsverfahren (§ 3 Abs. 9)**	**619**
42.12	**Maßgeblicher Zeitpunkt für die Schätzung des Auftragswerts (§ 3 Abs. 10)**	**619**
43.	**§ 4 VgV – Vergabe von Liefer- und Dienstleistungsaufträgen**	**620**
43.1	**Änderungen durch die VgV 2006**	**620**
43.2	**Allgemeines**	**620**
43.3	**Personennahverkehrsleistungen der Kategorie Eisenbahnen (§ 4 Abs. 3)**	**620**
43.3.1	Allgemeines	620
43.3.2	Vereinbarkeit der Änderung mit dem materiellen Vergaberecht	621
43.3.3	Vereinbarkeit der Änderung mit dem formellen Vergaberecht	621
43.4	**Änderung des § 4 VgV durch das ÖPP-Gesetz**	**621**
43.4.1	Allgemeines	621
43.4.2	Literatur	622

44.	§ 5 VgV – Vergabe freiberuflicher Dienstleistungen	622
44.1	Änderungen durch die VgV 2006	623
44.2	Allgemeines	623
44.3	Anwendung des GWB im Sektorenbereich (§ 5 Satz 3)	623
45.	§ 6 VgV – Vergabe von Bauleistungen	623
45.1	Änderungen durch die VgV 2006	624
45.2	Allgemeines	624
45.3	Anwendung des GWB im Sektorenbereich (§ 6 Abs. 1 Satz 2)	624
45.4	Baukonzessionen (§ 6 Abs. 1 Satz 2)	624
45.5	Anwendbares Recht für Sektorenauftraggeber, die finanziell gefördert werden (§ 6 Abs. 1 Satz 3)	624
45.6	Änderung des § 6 VgV durch das ÖPP-Gesetz	624
46.	§ 6 a VgV – Wettbewerblicher Dialog	625
46.1	Änderungen durch die VgV 2006	626
46.2	Gesetzliche Regelung des wettbewerblichen Dialogs	626
46.3	Verringerung der Zahl der in den Dialogphasen zu erörternden Lösungen allein anhand der angegebenen Zuschlagskriterien (§ 6 a Abs. 4)	627
46.4	Literatur	627
47.	§ 7 VgV – Aufträge im Sektorenbereich	627
47.1	Änderungen durch die VgV 2006	628
47.2	Allgemeines	628
47.3	Sektorenfremde Beschaffungen	628
47.4	Beschaffung von Wasser	629
47.4.1	Allgemeines	629
47.4.2	Literatur	629
48.	§ 8 VgV – Tätigkeit im Sektorenbereich	629
48.1	Änderungen durch die VgV 2006	630
48.2	Allgemeines	630
48.3	Ausnahmen	630
49.	§ 9 VgV – Ausnahmen im Sektorenbereich	630
49.1	Änderungen durch die VgV 2006	631
49.2	Allgemeines	631
49.3	Telekommunikationsbereich	631
49.4	Begriff der Beschaffung in § 9 Abs. 5	631
50.	§ 10 VgV – Freistellung verbundener Unternehmen	632
50.1	Änderungen durch die VgV 2006	632
50.2	Allgemeines	632
50.3	Verknüpfung zu den „Inhouse-Geschäften"	632
51.	§ 11 VgV – Auftraggeber nach dem Bundesberggesetz	633
51.1	Änderungen durch die VgV 2006	633
51.2	Allgemeines	633
51.3	Keine Freistellung insgesamt von der VgV	633
51.4	Anwendbarkeit des § 13	633
52.	§ 12 VgV – Drittlandsklausel	634
52.1	Änderungen durch die VgV 2006	634
52.2	Zurückweisung von Angeboten	634
52.3	Vereinbarungen über gegenseitigen Marktzugang	634
53.	§ 13 VgV – Informationspflicht	634
53.1	Änderungen durch die VgV 2006	635
53.2	Sinn und Zweck der Regelung	635
53.3	Ermächtigungsnorm für § 13	635

Teil 2 Inhaltsverzeichnis

53.4	**Personelle Reichweite der Informationspflicht**	636
53.4.1	Bieter	636
53.4.2	Bieter, denen der Zuschlag erteilt werden soll	637
53.4.3	Anonyme Rügeführer	637
53.5	**Verfahrensmäßige Reichweite der Informationspflicht**	637
53.5.1	Informationspflicht beim Verhandlungsverfahren	637
53.5.1.1	Grundsatz	637
53.5.1.2	Einschränkungen	638
53.5.1.3	Informationspflicht beim Verhandlungsverfahren nach VOF	639
53.5.1.4	Informationspflicht beim Wettbewerbsverfahren nach §§ 20, 25 VOF	640
53.5.2	Informationspflicht nach Verpflichtung des Auftraggebers zur erneuten Wertung der Angebote	640
53.5.3	Informationspflicht bei De-facto-Vergaben	640
53.5.3.1	Unmittelbare Anwendung des § 13	640
53.5.3.2	Analoge Anwendung des § 13	642
53.5.3.3	Die neue Rechtsprechung des EuGH	643
53.5.3.4	Literatur	644
53.5.4	Informationspflicht bei vorsätzlicher Umgehung der Ausschreibungspflicht	644
53.5.5	Informationspflicht bei vergaberechtswidrig nicht europaweit durchgeführten Ausschreibungen	644
53.5.6	Informationspflicht im Rahmen eines Teilnahmewettbewerbes	644
53.5.7	Informationspflicht im Rahmen der Vergabeverfahren von Auftraggebern nach dem Bundesberggesetz (§ 11)	645
53.5.8	Informationspflicht bei Nachlieferungen im Sinne des § 3a Nr. 2 lit. e) VOL/A	645
53.5.9	Informationspflicht nach einer Entscheidung der Vergabestelle zugunsten eines Bewerbers	645
53.5.10	Informationspflicht bei entsprechender Kenntnis eines Bieters und Einleitung eines Nachprüfungsverfahrens vor der Information	645
53.5.11	Informationspflicht bei Vergabeverfahren unterhalb der Schwellenwerte	646
53.6	**Frist für die Information**	646
53.6.1	Beginn der Frist	646
53.6.2	Fristbeginn ab Absendung der Information an den letzten Bieter	646
53.6.3	Verlängerung der Frist durch die ausschreibende Stelle	646
53.6.4	Unterbrechung der Frist durch die Überprüfung der Vergabeentscheidung durch die Vergabestelle	647
53.6.5	Berechnung der Frist (§ 13 Satz 3)	647
53.6.6	Absendung erst nach Entscheidung des zuständigen Gremiums über den Zuschlag	647
53.6.7	Fristbeginn bei nicht nachgewiesener Absendung und nachgewiesenem Zugang beim Bieter	647
53.6.8	Rechtsfolge des Ablaufs der Frist	647
53.7	**Inhalt der Information**	647
53.7.1	Grundsatz	648
53.7.2	Name des Bieters	648
53.7.3	Grund der vorgesehenen Nichtberücksichtigung	649
53.7.4	Inhalt des Informationsschreibens bei zahlreichen Nebenangeboten	649
53.7.5	Wahrheitsgemäße Information	649
53.7.6	Heilung von inhaltlichen Mängeln	649
53.7.7	Heilung von formalen Mängeln	649
53.8	**Adressat der Information**	650
53.8.1	Bieter	650
53.8.1.1	Allgemeines	650
53.8.1.2	Entsprechende Anwendung des § 130 Abs. 1 BGB	650
53.8.2	Bevollmächtigte	650
53.9	**Form der Information**	650
53.9.1	Verwendung von Formblättern	650
53.9.2	Verwendung des Formblattes EFB Info/Abs EG des VHB	650
53.9.3	Information durch mehrere Schreiben	650
53.9.4	Verwendung der Textform	651
53.9.5	Beispiele aus der Rechtsprechung	651
53.10	**Rechtsfolge eines Verstoßes gegen die Informationspflicht**	651
53.10.1	Nichtigkeit (§ 13 Satz 5)	651
53.10.1.1	Keine Allgemeine Nichtigkeit	652
53.10.1.2	Rückwirkung der Nichtigkeit	652
53.10.2	Ausschluss der Nichtigkeit	652

53.10.3	Kausalität zwischen mangelhafter Information und (drohendem) Schaden	653
53.10.4	Zusätzlicher Vergabeverstoß	653
53.10.5	Nichtigkeitsfolge bei präkludierten Vergaberechtsverstößen	653
53.10.6	Literatur	653
53.11	**Verhältnis zwischen § 13 VgV und §§ 27, 27a VOB/A bzw. VOL/A**	**654**
53.11.1	Praktische Bedeutung der §§ 27a VOB/A, VOL/A	654
53.11.2	Abgrenzung durch Auslegung	654
53.11.3	Bedeutung der §§ 27a VOB/A, VOL/A, für die Auslegung des § 13 VgV	654
53.11.4	Verhältnis zu §§ 27 VOB/A bzw. VOL/A	654
53.12	**Literatur**	655
54.	**§ 14 VgV – Bekanntmachungen**	655
54.1	Änderungen durch die VgV 2006	655
54.2	Inhalt des CPV	655
54.3	Veröffentlichung des CPV	656
54.4	Verbindliche einheitliche Einführung des CPV	656
55.	**§ 15 VgV – Elektronische Angebotsabgabe**	656
56.	**§ 16 VgV – Ausgeschlossene Personen**	656
56.1	Änderungen durch die VgV 2006	657
56.2	Sinn und Zweck der Regelung	657
56.3	Ausschlussgrund des „bösen Scheines"?	657
56.4	Persönlicher Anwendungsbereich	658
56.4.1	Mitglieder von Gemeindevertretungen	658
56.4.2	Projektanten	658
56.4.3	Interessensbeziehung zu einem Bieter	658
56.4.4	Interessensbeziehung bei lediglich beratenden Beiräten	658
56.4.5	Personen mit beruflichen Kontakten zu potenziellen Bietern	658
56.5	Sachliche Reichweite des Mitwirkungsverbotes	659
56.5.1	Bescheidung einer Rüge	659
56.5.2	Ausschreibungsvorbereitungen	659
56.5.2.1	Allgemeines	659
56.5.2.2	Beispiele aus der Rechtsprechung	659
56.5.3	Informationserteilung	659
56.5.4	Mitwirkung an einem Leitfaden oder Ausschreibungsmuster	659
56.6	Darlegungslast und Beweislastverteilung für einen Interessenkonflikt	660
56.7	Rechtsfolge eines Verstoßes gegen § 16	660
56.7.1	Heilung des Verstoßes	660
56.7.2	Ausschluss des betroffenen Bieters	660
56.7.3	Aufhebung des Ausschreibungsverfahrens	661
56.8	Hinweis auf die Änderung des § 4 VgV durch das ÖPP-Beschleunigungsgesetz	661
56.9	Literatur	661
57.	**§ 17 VgV – Angabe der Vergabekammer**	661
57.1	Änderungen durch die VgV 2006	661
57.2	Allgemeines	661
57.3	Angabe mehrerer Vergabekammern	661
57.4	Rechtsfolge der unterlassenen Angabe der Vergabekammer	662
58.	**§ 18 VgV – Zuständigkeit der Vergabekammern**	662
58.1	Änderungen durch die VgV 2006	663
58.2	Grundsätze	663
58.3	Vergabeverfahren im Rahmen einer Organleihe für den Bund (§ 18 Abs. 5)	663
58.4	Vergabeverfahren im Rahmen einer Auftragsverwaltung für den Bund (§ 18 Abs. 6)	663
58.5	Festlegung der Zuständigkeit durch die Bekanntmachung	664
58.6	Festlegung der Zuständigkeit bei mehreren Auftraggebern	665
58.7	Rückverweisung bei fehlerhafter Verweisung	666
58.8	Geltendmachung der örtlichen oder sachlichen Unzuständigkeit	666

Teil 2 Inhaltsverzeichnis   Vergabeverordnung

59.	§ 19 VgV – Bescheinigungsverfahren	666
59.1	Änderungen durch die VgV 2006	667
59.2	Bedeutung	667
60.	§ 20 VgV – Schlichtungsverfahren	667
60.1	Änderungen durch die VgV 2006	668
60.2	Bedeutung	668
61.	§ 21 VgV – Korrekturmechanismus der Kommission	668
61.1	Änderungen durch die VgV 2006	668
61.2	Bedeutung	668
62.	§ 22 VgV – Statistik	668
62.1	Änderungen durch die VgV 2006	668
62.2	Bedeutung	668
63.	§ 23 VgV – Übergangsbestimmungen	669
63.1	Änderungen durch die VgV 2006	669
63.2	Allgemeines	669
63.3	Sinn der Änderung	670
63.4	Verbot der Rückwirkung	670
63.5	Beginn des Vergabeverfahrens	670

40. § 1 VgV – Zweck der Verordnung

Die Verordnung trifft nähere Bestimmungen über das bei der Vergabe öffentlicher Aufträge einzuhaltende Verfahren sowie über die Zuständigkeit und das Verfahren bei der Durchführung von Nachprüfungsverfahren für öffentliche Aufträge, deren geschätzte Auftragswerte die in § 2 geregelten Beträge ohne Umsatzsteuer erreichen oder übersteigen (Schwellenwerte).

40.1 Änderungen durch die VgV 2006

§ 1 VgV ist im Zuge der VgV 2006 **nicht geändert** worden. 3112

40.2 Allgemeines

Die Vergabeverordnung trifft nähere Bestimmungen über das bei der Vergabe öffentlicher Aufträge einzuhaltende Verfahren sowie über die Zuständigkeit und das Verfahren bei der Durchführung von Nachprüfungsverfahren für öffentliche Aufträge, deren geschätzte Auftragswerte die in § 2 geregelten Beträge ohne Umsatzsteuer erreichen oder übersteigen (Schwellenwerte). 3113

Aufgrund des **Kaskadenaufbaus des Vergaberechts** (GWB – VgV – VOB/VOL/VOF) regelt die VgV aber nur teilweise das Vergabeverfahren und das Nachprüfungsverfahren. Schwerpunktmäßig finden sich die **Vorschriften über das Vergabeverfahren in VOB/A, VOL/A und VOF**. 3114

41. § 2 VgV – Schwellenwerte

Der Schwellenwert beträgt:
1. für Liefer- und Dienstleistungsaufträge im Bereich der Trinkwasser- oder Energieversorgung oder im Verkehrsbereich: 422 000 Euro,
2. für Liefer- und Dienstleistungen der obersten oder oberen Bundesbehörden sowie vergleichbarer Bundeseinrichtungen mit Ausnahme von
    a) Dienstleistungen des Anhangs II Teil A Kategorie 5 der Richtlinie 2004/18/EG des Europäischen Parlaments und des Rates vom 31. März 2004 über die Koordinierung der Verfahren zur Vergabe öffentlicher Bauaufträge, Lieferaufträge und Dienstleistungsaufträge (ABl. EU Nr. L 134 S. 114, Nr. L 351 S. 44), die zuletzt durch die Verordnung (EG) Nr. 2083/2005 der Kommission vom 19. Dezember 2005 (ABl. EU Nr. L 333 S. 28) geändert worden ist, deren Code nach der Verordnung (EG) 2195/2002 des Europäischen Parlaments und des Rates vom 5. November 2002 über das Gemeinsame Vokabular für öffentliche Aufträge (CPV) (ABl. EG Nr. L 340 S. 1), geändert durch die Verordnung (EG) Nr. 2151/2003 der Kommission vom 16. Dezember 2003 (ABl. EU Nr. L 329 S. 1), (CPV Code) den CPC-Referenznummern 7524, 7525 und 7526 entspricht, sowie des Anhangs II Teil A Kategorie 8 der Richtlinie 2004/18/EG oder
    b) Dienstleistungen des Anhangs II Teil B der Richtlinie 2004/18 EG:
        137 000 Euro; im Verteidigungsbereich gilt dies bei Lieferaufträgen nur für Waren, die im Anhang V der Richtlinie 2004/18/EG aufgeführt sind,
3. für alle anderen Liefer- und Dienstleistungsaufträge: 211 000 Euro,
4. für Bauaufträge: 5 278 000 Euro,
5. für Auslobungsverfahren, die zu einem Dienstleistungsauftrag führen sollen, dessen Schwellenwert,
6. für die übrigen Auslobungsverfahren der Wert, der bei Dienstleistungsaufträgen gilt,
7. für Lose von Bauaufträgen nach Nummer 4: 1 Million Euro oder bei Losen unterhalb von 1 Million Euro deren addierter Wert ab 20 vom Hundert des Gesamtwertes aller Lose und

Teil 2 VgV § 2

8. **für Lose von Dienstleistungsaufträgen nach Nummer 2 oder 3: 80 000 Euro oder bei Losen unterhalb von 80 000 Euro deren addierter Wert ab 20 vom Hundert des Gesamtwertes aller Lose; dies gilt nicht im Sektorenbereich.**

3115   Das Vergaberecht des GWB und der VgV – und damit der Primärrechtsschutz – gilt nach § 100 GWB nur für Aufträge, welche die **Auftragswerte erreichen oder überschreiten,** die durch Rechtsverordnung nach § 127 GWB festgelegt sind (Schwellenwerte). **§ 2 VgV legt diese Schwellenwerte fest;** § 3 VgV enthält Regelungen zur Berechnung der Schwellenwerte.

41.1 Änderungen durch die VgV 2006

3116   Die **Änderungen der Dritten Verordnung zur Änderung der Vergabeverordnung** passen die **Schwellenwerte des § 2 an die Verordnung (EG) Nr. 2083/2005 der Kommission vom 19. 12. 2005** zur Änderung der Richtlinien 2004/17/EG und 2004/18/EG des Europäischen Parlaments und des Rates im Hinblick auf die Schwellenwerte für die Anwendung auf Verfahren zur Auftragsvergabe (ABl. EU Nr. L 333 S. 28) **an.** Die Schwellenwerte wurden von der Europäischen Kommission neu festgesetzt, um für den Zeitraum 1. Januar 2006 bis 31. Dezember 2007 **eine Übereinstimmung der Richtlinien mit dem WTO-Beschaffungsübereinkommen hinsichtlich der Auftragswerte** zu erreichen. Die Werte sind im WTO-Beschaffungsübereinkommen in Sonderziehungsrechten ausgedrückt und müssen zweijährlich hinsichtlich der Gegenwerte in Euro überprüft und ggf. angepasst werden.

3117   Außerdem wird **§ 2 Nr. 2 an Artikel 7 Buchstabe a) der** insoweit umzusetzenden **EG-Vergabekoordinierungsrichtlinie angepasst.**

41.2 Grundlage der Schwellenwerte

3118   Die Festlegung der Schwellenwerte und des sich daran anknüpfenden Vergabeverfahrens setzt die entsprechenden Vorgaben der Vergaberichtlinien (**Vergabekoordinierungsrichtlinie** sowie **Sektorenrichtlinie**) um, die als **zentrale Bestimmungen im öffentlichen Auftragswesen** die Herstellung eines echten Wettbewerbs in der Europäischen Union und damit die Verwirklichung der innerhalb der Gemeinschaft geltenden Grundfreiheiten (Dienstleistungs-, Niederlassungs- und Warenverkehrsfreiheit) zum Ziel haben. Art. 10 EG-Vertrag legt den Organen der Mitgliedstaaten die umfassende Pflicht zu gemeinschaftsrechtskonformem Verhalten auf und verlangt damit von ihnen, die nationalen Umsetzungsvorschriften im Sinne des Wortlauts und des Zwecks der zugrunde liegenden Richtlinienbestimmungen auszulegen und anzuwenden. Der in dem Versäumnis einer EU-weiten Ausschreibung liegende Verstoß gegen maßgebliche Wettbewerbsvorschriften auf zwei Rechtsebenen und das Gebot zu gemeinschaftskonformem Verhalten wiegt schwer (OLG Koblenz, B. v. 10. 4. 2003 – Az.: 1 Verg 1/03).

3119   Für die Mitgliedstaaten, die nicht am Euro teilnehmen (Großbritannien, Dänemark, Schweden) hat die Kommission im Amtsblatt der Europäischen Union (309/14 vom 19. 12. 2003) die Gegenwerte der Schwellenwerte mitgeteilt.

41.3 Vereinbarkeit der Schwellenwerte mit dem Grundgesetz

3120   Die **Begrenzung des Primärrechtsschutzes verstößt nicht gegen Art. 3 Abs. 1 Grundgesetz** (OLG Stuttgart, Urteil vom 11. 4. 2002 – Az.: 2 U 240/01; Saarländisches OLG, B. v. 29. 4. 2003 – Az.: 5 Verg 4/02); vgl. im Einzelnen die Kommentierung zu § 100 GWB RZ 1240.

41.4 Berechnung der Schwellenwerte nur nach der VgV

3121   Nach Inkrafttreten der Vergabeverordnung richten sich die einschlägigen **Schwellenwerte ausschließlich nach § 2 VgV.** Eine **Modifizierung** der Schwellenwerte z. B. **durch § 1 a Nr. 2 VOB/A findet nicht statt** (1. VK Bund, B. v. 2. 5. 2003 – Az.: VK 1-25/03; VK Nordbayern, B. v. 24. 9. 2003 – Az.: 320.VK-3194-30/03).

3122   Der Bestimmung in § 1 a Nr. 2 VOB/A soll der Gedanke zugrunde liegen, dass Lieferungen, für die die Lieferkoordinierungsrichtlinie einschlägig ist, nicht dadurch dem Anwendungsbereich dieser Richtlinie und den dort festgesetzten, niedrigeren Schwellenwerten entzogen werden, dass sie infolge des Einbaus, der nur eine Nebenarbeit darstellt, zu Bauleistungen im Sinne der VOB werden; auch in diesen Fällen sollten die Schwellenwerte maßgebend sein. § 1 a Nr. 2 VOB/A soll somit auch als Korrektiv dafür gedacht gewesen sein, dass derartige Aufträge nach nationalem Recht als Bauaufträge, nach Gemeinschaftsrecht aber unter Umständen als Lieferaufträge einzustufen sind.

§ 1 a Nr. 2 VOB/A kann diese ihm ursprünglich auch zugedachte Funktion jedenfalls in Bezug auf die nach § 100 Abs. 1 GWB für die Anwendbarkeit des vierten Teils des GWB maßgeblichen Schwellenwerte nach Inkrafttreten der Vergabeverordnung nicht mehr erfüllen. Die **Schwellenwerte sind jetzt in § 2 VgV eigens geregelt.** Damit ist jede Grundlage dafür entfallen, Bestimmungen in den Verdingungsordnungen, welche die Anwendung der a-Paragrafen regeln, zugleich als Schwellenwert-Festlegungen im Sinne des § 100 Abs. 1 GWB aufzufassen (BayObLG, B. v. 23. 7. 2002 – Az.: Verg 17/02). 3123

Diese **Rechtsprechung ist mit der Bezugnahme in der VOB/A 2006 auf die Schwellenwerte der VgV in die VOB/A 2006 umgesetzt** worden. 3124

41.5 Schwellenwert für Bauaufträge (§ 2 Nr. 4)

Vgl. für den Begriff des Bauauftrags die Kommentierung zu § 99 GWB RZ 1089. 3125

41.6 Schwellenwert für Lose von Bauaufträgen (§ 2 Nr. 7)

41.6.1 Nach der VgV europaweit auszuschreibende Lose

Nach § 2 Nr. 7 sind Lose von Bauaufträgen dann europaweit auszuschreiben, wenn 3126
– ihr **einzelner Wert 1 Mio. €** beträgt oder
– bei Losen unterhalb von 1 Million € deren addierter Wert ab 20 vom Hundert des Gesamtwertes aller Lose beträgt; in diesen Fällen hat der Auftraggeber also die Möglichkeit, bis zu 20% der Bauleistungen nur national auszuschreiben.

41.6.2 Wahlrecht des Auftraggebers für die Bestimmung der nur national auszuschreibenden Lose (Bagatellklausel)

Die Regelung des § 2 Nr. 7 soll es dem Auftraggeber ermöglichen, **kleinere Lose nicht EU-weit ausschreiben zu müssen,** da solche Lose in der Regel nur für Bieter im nationalen Bereich von Interesse sind und für den EU-weiten Wettbewerb außer acht gelassen werden können. 3127

Kleinere Lose können auch am Anfang eines Bauvorhabens stehen (Vorwegmaßnahmen, Abrissarbeiten, Erdaushub). Es ergäbe wenig Sinn, dem Auftraggeber eine EU-weite Ausschreibung kleiner Lose nur deshalb vorzuschreiben, weil sie in die Anfangsphase seiner Ausschreibungen fallen, während vergleichbar kleine Lose in der Endphase der Ausschreibungen von der Pflicht zur EU-weiten Ausschreibung freigestellt sind. Die Auslegung, dass **dem Auftraggeber keine bestimmte Reihenfolge für EU-weite und nationale Vergaben vorgeschrieben ist, solange die nationalen Vergaben von Losen unter 1 Mio. € insgesamt nicht mehr als 20% der Gesamtauftragssumme ausmachen (sog. 20%-Kontingent),** wird durch die gemeinschaftsrechtliche Regelung bestätigt. In Art. 9 Abs. 5 Buchstabe a) der Vergabekoordinierungsrichtlinie wird den Auftraggebern ein Abweichen von den Bestimmungen der Richtlinie bei Losen unter 1 Mio. € gestattet, sofern der kumulierte Auftragswert dieser Lose 20% des kumulierten Wertes aller Lose nicht übersteigt. Eine bestimmte zeitliche Reihenfolge in dem Sinne, dass zunächst alle Lose unabhängig von ihrem Auftragswert ausgeschrieben werden müssten, bis 80% des Gesamtauftragswertes erreicht sind, lässt sich dieser Richtlinienbestimmung nicht entnehmen (BayObLG, B. v. 27. 4. 2001 – Az.: Verg 5/01). 3128

41.6.3 Ausübung des Wahlrechts durch Benennung einer Vergabekammer als Nachprüfungsbehörde

Der Auftraggeber muss sich spätestens bei der Bekanntmachung der Ausschreibung dafür entscheiden, ob er das Los nur national oder europaweit ausschreiben und damit einem Nachprüfungsverfahren zugänglich machen will. Eine Zuordnung zum 20%-Kontingent ist aus **Gründen der Transparenz allerdings nur zulässig, soweit sie eine nach außen erkennbare klare Zuordnung zu diesem Kontingent getroffen** hat (VK Berlin, B. v. 2. 1. 2006 – Az.: VK-B 2 57/05). 3129

Teil 2 VgV § 2 Vergabeverordnung

3130 Gibt die Vergabestelle in der europaweiten Bekanntmachung als **Nachprüfungsbehörde eine Vergabekammer** an, hat die Vergabestelle den rechtlichen Rahmen für die Nachprüfung festgelegt. Die Wirkung dieser Festlegung besteht in einer **Selbstbindung der Verwaltung** im Rahmen des ihr eingeräumten Ermessens, ob sie ein Los dem 20%-Kontingent zuordnet, das nicht EU-weit ausgeschrieben werden muss. Die Vergabestelle kann in einem solchen Fall im Beschwerdeverfahren wirksam nicht mehr erklären, ein Nachprüfungsverfahren stehe nicht zur Verfügung, weil die Vergabe des Loses dem 20%-Kontingent zugerechnet werde (BayObLG, B. v. 1. 10. 2001 – Az.: Verg 6/01; VK Baden-Württemberg, B. v. 27. 12. 2004 – Az.: 1 VK 79/04; B. v. 7. 4. 2004 – Az.: 1 VK 13/04; VK Lüneburg, B. v. 29. 8. 2002 – Az.: 203-VgK-13/2002; VK Rheinland-Pfalz, B. v. 11. 4. 2003 – Az.: VK 4/03; VK Lüneburg, B. v. 10. 3. 2003 – Az.: 203-VgK-01/2003).

3131 Ordnet hingegen die Vergabestelle einen Bauauftrag als Einzellos unter 1 Mio. € dem 20%-Kontingent zu und **schreibt ihn national aus,** ist die **Angabe** in der Vergabebekanntmachung, die zur Nachprüfung von Vergabeverstößen zuständige Stelle sei die **Vergabekammer, regelmäßig nur ein fehlerhafter Hinweis** auf einen nicht vorhandenen Rechtsweg, durch den der Anwendungsbereich des Vierten Teils des GWB nicht eröffnet wird (BayObLG, B. v. 23. 5. 2002 – Az.: Verg 7/02).

41.6.4 Ausübung des Wahlrechts durch eine EU-weite Ausschreibung und Benennung einer Vergabekammer als Nachprüfungsbehörde

3132 Wählt die Vergabestelle die **EU-weite Ausschreibung** im offenen Verfahren und gibt sie eine **Vergabekammer als Nachprüfungsbehörde** in der Bekanntmachung an, hat sie kund getan, die streitgegenständliche Leistung dem sog. 80%-Kontingent (§ 1a VOB/A) zuordnen zu wollen, so dass der **Anwendungsbereich des vierten Abschnitts des GWB eröffnet** ist (VK Schleswig-Holstein, B. v. 31. 1. 2006 – Az.: VK-SH 33/05; B. v. 21. 12. 2005 – Az.: VK-SH 29/05; VK Bremen, B. v. 21. 9. 2005 – Az.: VK 10/05; 1. VK Sachsen, B. v. 10. 5. 2006 – Az.: 1/SVK/037-06; B. v. 11. 11. 2005 – Az.: 1/SVK/130-05; VK Südbayern, B. v. 10. 6. 2005 – Az.: 20-04/05; B. v. 28. 4. 2005 – Az.: 09-03/05; B. v. 16. 7. 2003 – Az.: 25-06/03; VK Lüneburg, B. v. 5. 7. 2005 – Az.: VgK-26/2005; B. v. 3. 5. 2005 – Az.: VgK-14/2005; B. v. 26. 1. 2005 – Az.: 203-VgK-56/2004; B. v. 11. 1. 2005 – Az.: 203-VgK-55/2004; B. v. 20. 12. 2004 – Az.: 203-VgK-54/2004; B. v. 3. 12. 2004 – Az.: 203-VgK-52/2004; B. v. 21. 10. 2004 – Az.: 203-VgK-47/2004; B. v. 20. 8. 2004 – Az.: 203-VgK-41/2004; B. v. 29. 1. 2004 – Az.: 203-VgK-40/2003; B. v. 26. 1. 2004 – Az.: 203-VgK-39/2003; B. v. 15. 9. 2003 – Az.: 203-VgK-22/2003; VK Brandenburg, B. v. 25. 2. 2005 – Az.: VK 4/05; B. v. 25. 2. 2005 – Az.: VK 3/05; VK Saarland, B. v. 1. 3. 2005 – Az.: 1 VK 01/2005).

41.6.5 Ausübung des Wahlrechts durch eine EU-weite Ausschreibung und Nichtbenennung einer Vergabekammer als Nachprüfungsbehörde

3133 Schreibt die Vergabestelle **europaweit aus** und gibt sie in der Bekanntmachung als **Nachprüfungsbehörde die VOB-Stelle oder eine fasche Vergabekammer an,** kann die Ausschreibung auch nicht dem 20%-Kontingent zugeordnet werden, sondern fällt unter das 80%-Kontingent – § 2 Nr. 7 VgV – (VK Schleswig-Holstein, B. v. 13. 12. 2004 – Az.: VK-SH-33/04; VK Nordbayern, B. v. 24. 7. 2001 – Az.: 320.VK-3194-21/01).

3134 Ob es der Auftraggeber **auch dann, wenn bereits mehr als 80% des Gesamtauftragswerts aller Bauaufträge für die bauliche Anlage vergeben ist,** allein durch die Art der Vergabe, nämlich bei Bauleistungen im europaweiten Offenen Verfahren nach § 3a VOB/A oder im nationalen Verfahren durch Öffentliche Ausschreibung nach § 3 Nr. 1 Abs. 1 VOB/A, noch in der Hand hat, den Anwendungsbereich der §§ 97 ff. GWB zu eröffnen, ist umstritten. Die Vergabekammer Südbayern (B. v. 5. 8. 2003 – Az.: 29-07/03) neigt hierbei zu der Auffassung, **erst bei bereits erfolgter Vergabe von mehr als 80% des Gesamtauftragswertes in EU-weiten Verfahren auch bei Benennung der Kammer nicht mehr zuständig zu sein.** Sind zum Zeitpunkt der Absendung einer Bekanntmachung jedoch erst ca. 74% aller Aufträge durch EU-weite Verfahren vergeben, stellt die Kammer nicht auf den Anteil der bei Einleitung des streitgegenständlichen Vergabeverfahrens EU-weit bereits veröffentlichten Aufträge ab, da es der Auftraggeber bei Aufträgen unterhalb des Los-Schwellenwertes nach einer Aufhebung des EU-weiten Verfahrens in der Hand hätte, dieses dann in der Folge nur noch national auszuschreiben. Die Kammer ist insoweit der Ansicht, **trotz Nichtbenennung der Kammer als Nachprüfungsbehörde für die Überprüfung zuständig zu sein.** Der von der Antrags-

Vergabeverordnung VgV § 2 **Teil 2**

gegnerin durch die Anwendung der a-Paragrafen gesetzte Vertrauenstatbestand begründet nach Meinung der Kammer unter Berücksichtigung, dass erst ca. 74% der Aufträge EU-weit vergeben sind, einen Anspruch auf Durchführung eines Nachprüfungsverfahrens.

41.6.6 Ausübung des Wahlrechts durch eine EU-weite Ausschreibung und eine Mitteilung nach § 13 VgV

Handelt es sich bei einem Einzellos um einen Auftragswert unter 1 Mio. €, besteht für den Auftraggeber grundsätzlich die Möglichkeit, unter Anwendung der Bagatellklausel ein Kontingent von bis zu 20% nicht der Anwendung der A-Paragraphen zu unterstellen. Die **Ausschreibung im „Offenen Verfahren" und die Mitteilung nach § 13 VgV indizieren insoweit die Zuordnung zum 80%-Kontingent,** weshalb der 4. Teil des GWB anwendbar ist (VK Berlin, B.v. 2. 1. 2006 – Az.: VK-B 2 57/05; VK Rheinland-Pfalz, B.v. 29. 11. 2004 – Az.: VK 20/04). 3135

41.6.7 Ausschreibung von Losen mit einem Wert von mindestens 1 Mio. € und einem Gesamtauftragswert unterhalb von 5 Mio. €

Ein Einzelauftrag über 1 Mio. € führt zwar zur Anwendung der „a"-Paragrafen der VOB, **nicht aber zur Zuständigkeit der Vergabekammer,** da der maßgebliche Schwellenwert des § 2 Nr. 4 VgV nicht erreicht wird. Die Ausführungen in § 2 Nr. 7 VgV kommen nur zur Anwendung, wenn es sich um Lose von Bauaufträgen nach der Nr. 4 des § 2 VgV handelt. Der vierte Teil des GWB ist somit nicht eröffnet, da die durch Rechtsverordnung festgelegten Schwellenwerte nicht erreicht werden (VK Südbayern, B.v. 12. 6. 2002 – Az.: 21-05/02). 3136

41.7 Schwellenwert für Lose von Lieferaufträgen (§ 2 Nr. 8)

41.7.1 Nach der VgV europaweit auszuschreibende Lose

Nach § 2 Nr. 8 sind Lose von Lieferaufträgen dann europaweit auszuschreiben, wenn 3137
– ihr **einzelner Wert 80 000 €** beträgt oder
– bei Losen unterhalb von 80 000 € deren addierter Wert ab 20 vom Hundert des Gesamtwertes aller Lose beträgt, mit Ausnahme des Sektorenbereichs; in diesen Fällen hat der Auftraggeber also die Möglichkeit, bis zu 20% der Bauleistungen nur national auszuschreiben.

41.7.2 Ausübung des Wahlrechts durch Benennung einer Vergabekammer als Nachprüfungsbehörde

Der Auftraggeber muss sich spätestens bei der Bekanntmachung der Ausschreibung dafür entscheiden, ob er das Los nur national oder europaweit ausschreiben und damit einem Nachprüfungsverfahren zugänglich machen will. 3138

Gibt die Vergabestelle in der europaweiten Bekanntmachung als **Nachprüfungsbehörde eine Vergabekammer** an, hat die Vergabestelle den rechtlichen Rahmen für die Nachprüfung festgelegt. Die Wirkung dieser Festlegung besteht – wie bei Losen von Bauaufträgen – in einer **Selbstbindung der Verwaltung** im Rahmen des ihr eingeräumten Ermessens, ob sie ein Los dem 20%-Kontingent zuordnet, das nicht EU-weit ausgeschrieben werden muss. Die Vergabestelle hat damit das Los dem maßgeblichen Schwellenwert von 80 000 € zugeordnet (VK Brandenburg, B. v. 28. 8. 2002 – Az.: VK 49/02). 3139

41.8 Wegfall des Schwellenwertes bei einer Teilaufhebung?

Die Rechtsprechung hierzu ist nicht einheitlich. 3140

Die VK Münster (B. v. 17. 1. 2002 – Az.: VK 23/01) hält es für zulässig, nach der Aufhebung eines Loses einer Ausschreibung – wodurch der Schwellenwert nicht mehr erreicht wird – **für das weitere Vergabeverfahren den geringeren Auftragswert zu Grunde zu legen.** 3141

Demgegenüber vertritt die 2. VK Bund (B. v. 27. 8. 2002 – Az.: VK 2-60/02) die Auffassung, das ein **einmal erreichter Schwellenwert nicht dadurch infrage gestellt** werden kann, dass sich der geschätzte Auftragswert des bekannt gemachten Vergabeverfahrens nachträglich **durch Teilaufhebung der Ausschreibung verringert.** Diese Aufhebung, mag sie auch 3142

Teil 2 VgV § 2 Vergabeverordnung

ex-tunc-Wirkung entfalten, kann letztlich nicht dazu führen, die nach § 3 Abs. 10 VgV maßgebliche Schätzung zu ändern. An diese Schätzung ist der öffentliche Auftraggeber nach dem Willen des Gesetzgebers gebunden, unabhängig davon, dass sich zu einem späteren Zeitpunkt, aus welchen Gründen auch immer, ein anderer Auftragswert ergibt.

3143   Im Ergebnis ist auch das KG Berlin (B. v. 7. 11. 2001 – Az.: KartVerg 8/01) der Meinung, dass sich die Vergabestelle dem Wettbewerb nicht dadurch entziehen und die Voraussetzungen für eine weniger wettbewerbsintensive Vergabe schaffen darf, dass sie den Auftrag teilweise abgewickelt hat.

3144   Genauso ist der Fall zu beurteilen, dass **bei der Ausschreibung von Planungsleistungen im Rahmen eines VOF-Verfahrens einzelne Leistungsphasen der HOAI aus der Auftragsvergabe herausgenommen** werden und sich dadurch der Auftragswert entsprechend verringert (VK Schleswig-Holstein, B. v. 31. 5. 2005 – Az.: VK-SH 09/05).

41.9 Schwellenwert bei Sammelbestellungen und Rahmenverträgen

3145   Bei Sammelbestellungen ist für die Bemessung des Auftragswertes **auf den (gebündelten) Bedarf abzustellen** und im Nachprüfungsverfahren bei jedem Auftraggeber der volle Auftragswert des in Aussicht genommenen Rahmenvertrages in Ansatz zu bringen (OLG Düsseldorf, B. v. 26. 7. 2002 – Az.: Verg 28/02).

41.10 Schwellenwert bei freiberuflichen Dienstleistungsaufträgen nach der VOF

41.10.1 Schwellenwert bei freiberuflichen Dienstleistungsaufträgen nach der VOF und abschnittsweiser Beauftragung

3146   Gibt die Vergabestelle in der Ausschreibung an, dass zwar die Beauftragung über die Leistungsphasen 1 bis 3 HOAI erfolgt, aber eine Weiterbeauftragung für Phase 4 vorgesehen ist und erfolgt die Übertragung dieser weiteren Leistung erst nach Genehmigung der Haushaltsunterlage Bau und durch schriftliche, zusätzliche Beauftragung und soll ein Rechtsanspruch seitens der Beigeladenen auf Übertragung weiterer Leistungen nicht bestehen, führt **die im Grundsatz getroffene Entscheidung** der Vergabestelle, die **Leistung insgesamt ausgeführt haben zu wollen,** dazu, dass die **beabsichtigte Beauftragung der Leistungsphase 4 in die Berechnung des Schwellenwertes eingeht.** Wäre dies nicht so, dann würde Umgehungsversuchen Tür und Tor geöffnet. Insoweit wird auch auf § 3 Abs. 6 VOF verwiesen, wobei dahingestellt bleiben kann, ob es sich bei der in Aussicht genommenen Beauftragung der Leistungsphase 4 um ein Optionsrecht handelt oder nicht. Vergaberechtlich ist entscheidend, dass in der Ausschreibung „eine Weiterbeauftragung für Phase 4" in Aussicht gestellt worden ist und dass die Vergabestelle ihre Absicht bekundet hat, „dem Auftragnehmer bei Fortsetzung der Planung weitere Leistungen (Leistungsphase 4 § 64 HOAI) zu übertragen". Dass die spätere Übertragung von finanziellen und haushaltsrechtlichen Bedingungen abhängig ist und dass kein Rechtsanspruch besteht, ändert daran nichts (1. VK Bremen, B. v. 25. 9. 2001 – Az.: VK 5/01).

41.10.2 Einbeziehung der Nebenkosten

3147   Nach der Auffassung der VK des Bundes ist es im Rahmen der Prüfung des Auswahlkriteriums „Preis" bei einem VOF-Verfahren nicht zu beanstanden, wenn der Auftraggeber die Nebenkosten beim Preis mit hineinrechnet. Auch eine **Nebenkostenpauschale, die in ihrer jeweils angebotenen Höhe durchaus stark differieren kann, ist durch den Auftraggeber zu bezahlen und zählt daher zu dem Wertungskriterium „Preis"** (1. VK Bund, B. v. 11. 11. 2003 – Az.: VK 1-101/03).

3148   Nach dieser Argumentation sind **auch die Nebenkosten im Rahmen eines VOF-Auftrages in den Schwellenwert einzubeziehen.**

41.11 Schwellenwert bei einer einheitlichen Bau- und Lieferausschreibung, wobei nur der – geringere – Lieferauftrag den Schwellenwert erreicht

3149   Schreibt ein Auftraggeber in einem **einheitlichen Verfahren Bau- und Lieferleistungen** aus und **erreicht nur der – zahlenmäßig geringere – Lieferanteil den Schwellenwert,** ist die **gesamte Ausschreibung einer Nachprüfung** durch die Vergabekammer grundsätzlich **zugänglich** (VK Lüneburg, B. v. 25. 2. 2004 – Az.: 203-VgK-02/2004).

41.12 Schwellenwerte für die Länder Dänemark, Schweden und Großbritannien

Diese Länder haben als Währung nicht den Euro, so dass die Schwellenwerte entsprechend umgerechnet werden müssen. Die Schwellenwerte für diese Länder sind im Amtsblatt der Europäischen Union C-309/14 vom 19. 12. 2003 bekannt gemacht. 3150

41.13 Schwellenwerte vor Inkrafttreten der VgV 2006

Nach der Rechtsprechung der VK Sachsen waren **ab dem 1. 2. 2006 die Schwellenwerte nach europäischem Recht, nämlich der Verordnung (EG) Nr. 2083/2005 vom 19. 12. 2005 (ABl. EG 05 Nr. L 333, S. 28) zu berechnen** (1. VK Sachsen, B. v. 19. 7. 2006 – Az.: 1/SVK/060-06; B. v. 19. 7. 2006 – Az.: 1/SVK/059-06). 3151

42. § 3 VgV – Schätzung der Auftragswerte

(1) Bei der Schätzung des Auftragswertes ist von der geschätzten Gesamtvergütung für die vorgesehene Leistung einschließlich etwaiger Prämien oder Zahlungen an Bewerber oder Bieter auszugehen.

(2) Der Wert eines beabsichtigten Auftrages darf nicht in der Absicht geschätzt oder aufgeteilt werden, ihn der Anwendung dieser Bestimmungen zu entziehen.

(3) Bei zeitlich begrenzten Lieferaufträgen mit einer Laufzeit bis zu zwölf Monaten sowie bei Dienstleistungsaufträgen bis zu 48 Monaten Laufzeit, für die kein Gesamtpreis angegeben wird, ist bei der Schätzung des Auftragswertes der Gesamtwert für die Laufzeit des Vertrages zugrunde zu legen. Bei Lieferaufträgen mit einer Laufzeit von mehr als zwölf Monaten ist der Gesamtwert einschließlich des geschätzten Restwertes zugrunde zu legen. Bei unbefristeten Verträgen oder bei nicht absehbarer Vertragsdauer folgt der Vertragswert aus der monatlichen Zahlung multipliziert mit 48.

(4) Bei regelmäßigen Aufträgen oder Daueraufträgen über Lieferungen oder Dienstleistungen ist bei der Schätzung des Auftragswertes entweder der tatsächliche Gesamtauftragswert entsprechender Aufträge für ähnliche Arten von Lieferungen oder Dienstleistungen aus den vorangegangenen zwölf Monaten oder dem vorangegangenen Haushaltsjahr, unter Anpassung an voraussichtliche Änderungen bei Mengen oder Kosten während der auf die erste Lieferung oder Dienstleistung folgenden zwölf Monate oder der geschätzte Gesamtwert während der auf die erste Lieferung oder Dienstleistung folgenden zwölf Monate oder während der Laufzeit des Vertrages, soweit diese länger als zwölf Monate ist, zugrunde zu legen.

(5) Bestehen die zu vergebenden Aufträge aus mehreren Losen, für die jeweils ein gesonderter Auftrag vergeben wird, müssen bei der Schätzung alle Lose berücksichtigt werden. Bei Lieferaufträgen gilt dies nur für Lose über gleichartige Lieferungen.

(6) Sieht der beabsichtigte Auftrag über Lieferungen oder Dienstleistungen Optionsrechte oder Vertragsverlängerungen vor, so ist der voraussichtliche Vertragswert aufgrund des größtmöglichen Auftragswertes unter Einbeziehung der Optionsrechte oder Vertragsverlängerungen zu schätzen.

(7) Bei der Schätzung Abs. Auftragswertes von Bauleistungen ist außer dem Auftragswert der Bauaufträge der geschätzte Wert der Lieferungen zu berücksichtigen, die für die Ausführung der Bauleistungen erforderlich sind und vom Auftraggeber zur Verfügung gestellt werden.

(8) Der Wert einer Rahmenvereinbarung wird auf der Grundlage des geschätzten Höchstwertes aller für diesen Zeitraum geplanten Aufträge berechnet. Eine Rahmenvereinbarung ist eine Vereinbarung mit einem oder mehreren Unternehmen, in der

die Bedingungen für Einzelaufträge festgelegt werden, die im Laufe eines bestimmten Zeitraumes vergeben werden sollen, insbesondere über den in Aussicht genommenen Preis und gegebenenfalls die in Aussicht genommene Menge.

(9) Bei Auslobungsverfahren, die zu einem Dienstleistungsauftrag führen sollen, ist dessen Auftragswert einschließlich Preisgelder und Zahlungen an Teilnehmer zu schätzen, bei allen übrigen Auslobungsverfahren die Summe der Preisgelder und Zahlungen an Teilnehmer einschließlich des geschätzten Auftragswertes eines Dienstleistungsauftrages, der später vergeben werden könnte, soweit der Auftraggeber dies in der Bekanntmachung des Wettbewerbs nicht ausschließt.

(10) Maßgeblicher Zeitpunkt für die Schätzung des Auftragswertes ist der Tag der Absendung der Bekanntmachung der beabsichtigten Auftragsvergabe oder die sonstige Einleitung des Vergabeverfahrens.

3152 Die **Überschreitung des maßgeblichen Schwellenwerts** ist eine Anwendungsvoraussetzung des vergaberechtlichen Nachprüfungs- und Beschwerdeverfahrens und daher **jederzeit von Amts wegen zu prüfen** (Schleswig-Holsteinisches OLG, B. v. 30. 3. 2004 – Az.: 6 Verg 1/03).

42.1 Änderungen durch die VgV 2006

3153 In Absatz 1 sind nach dem Wort „Leistung" die **Wörter „einschließlich etwaiger Prämien oder Zahlungen an Bewerber oder Bieter"** eingefügt.

3154 In Absatz 6 sind jeweils nach dem Wort „Optionsrechte" die **Wörter „oder Vertragsverlängerungen"** eingefügt.

3155 Absatz 8 Satz 2 sollte **aufgehoben** werden, wurde aber dann beibehalten.

3156 Absatz 9 ist **neu gefasst**.

42.2 Geschätzte Gesamtvergütung für die vorgesehene Leistung (§ 3 Abs. 1)

3157 Nach § 3 Abs. 1 VgV ist bei der Schätzung des Auftragswertes von der geschätzten Gesamtvergütung für die vorgesehene Leistung **einschließlich etwaiger Prämien oder Zahlungen an Bewerber oder Bieter** auszugehen.

3158 Die Änderung durch die Dritte Verordnung zur Änderung der Vergabeverordnung dient der Anpassung an Artikel 17 Abs. 1 zweiter Unterabsatz der Richtlinie 2004/17/EG und Artikel 9 Abs. 2 zweiter Unterabsatz der Richtlinie 2004/18/EG.

42.2.1 Anforderungen an die Schätzung

3159 An die erforderliche Schätzung des Auftragswertes durch den Auftraggeber dürfen **keine übertriebenen Anforderungen** gestellt werden (BayObLG, B. v. 18. 6. 2002 – Az.: Verg 8/02; VK Brandenburg, B. v. 25. 4. 2003 – Az.: VK 21/03). Ein **pflichtgemäß geschätzter Auftragswert** ist jener Wert, den ein umsichtiger und sachkundiger öffentlicher Auftraggeber nach sorgfältiger Prüfung des relevanten Marktsegmentes und im Einklang mit den Erfordernissen betriebswirtschaftlicher Finanzplanung bei der Anschaffung der vergabegegenständlichen Sachen veranschlagen würde (VK Südbayern, B. v. 29. 11. 2005 – Az.: Z3-3-3194-1-46-09/05; B. v. 22. 7. 2005 – Az.: 27-05/05; 2. VK Bund, B. v. 17. 8. 2005 – Az.: VK 2-81/05; VK Nordbayern, B. v. 26. 3. 2002 – Az.: 320.VK-3194-05/02; OLG Düsseldorf, B. v. 30. 7. 2003 – Az.: Verg 5/03). Die Schätzung hat **nach rein objektiven Kriterien** zu erfolgen (OLG Düsseldorf, B. v. 8. 5. 2002 – Az.: Verg 5/02; 2. VK Brandenburg, B. v. 11. 11. 2005 – Az.: 2 VK 68/05; VK Düsseldorf, B. v. 30. 9. 2005 – Az.: VK-25/2005-L; 2. VK Bund, B. v. 17. 8. 2005 – Az.: VK 2-81/05; VK Südbayern, B. v. 29. 11. 2005 – Az.: Z3-3-3194-1-46-09/05; B. v. 22. 7. 2005 – Az.: 27-05/05; B. v. 3. 8. 2004 – Az.: 43-06/04).

3160 **Auftragswertschätzungen nach Kostenrichtwerten**, z. B. dem Kostenrichtwert der Bayerischen Richtlinien für Zuwendungen zu wasserwirtschaftlichen Vorhaben, **sind für die Schätzung des Auftragswerts nach § 3 VgV untauglich.** Kostenrichtwerte für Abwasseranlagen dienen der Ermittlung einer Kostenpauschale bei Fördermaßnahmen im Bereich der Wasserwirtschaft und geben lediglich einen Anhaltspunkt über die durchschnittlich zu erwartenden

Vergabeverordnung VgV § 3 **Teil 2**

Kosten von Kläranlagen in Bayern. Im Kostenrichtwert ist lediglich die Größe einer Kläranlage (Einwohnerwerte) berücksichtigt. **Konkret projektbezogene Kostenfaktoren** – wie z. B. ortsübliche Preise, konjunkturelle Einflüsse, Erreichbarkeit der Baustelle, Verwirklichungszeitraum, etc. – **werden von Kostenrichtwerten nicht erfasst** (VK Nordbayern, B. v. 26. 7. 2005 – Az.: 320.VK-3194-26/05).

Holt der **Auftraggeber zur Markterkundung Angebote** ein und liegen die **Angebote äußerst knapp unter 200 000,– Euro,** wobei ein Angebot noch als „Sonderangebot" bezeichnet wird, hätte eine **objektive und sorgfältige Prüfung des Marktsegments ergeben, dass die von dem Auftraggeber geforderte Leistung nicht zu einem Preis unter 200 000,– Euro zu erhalten sein wird.** Das bestätigen letztlich auch die Preise der nach Ausschreibung eingegangenen Angebote, die mit mehreren 100 000,– Euro weit über dem Schwellenwert liegen. Eine solche Schätzung kann nicht dazu führen, dass das Vergaberecht keine Anwendung findet (VK Düsseldorf, B. v. 30. 9. 2005 – Az.: VK-25/2005-L). 3161

42.2.2 Erhebliche Differenzen zwischen der Schätzung des Auftragswertes und dem Inhalt des Leistungsverzeichnisses

Bleibt das Ergebnis der Kostenschätzung unterhalb des Schwellenwertes, ergibt sich aber aus dem Leistungsverzeichnis eine Überschreitung des Schwellenwertes, so ist **das Leistungsverzeichnis maßgebend.** Zwar können bei der Ermittlung des Schwellenwertes gewisse rechnerische Ungenauigkeiten, Abweichungen des Leistungsverzeichnisses von den Kostenermittlungen und so genannte **Fehlertoleranzen zugestanden** werden. Werden aber **wesentliche** und die Auftragssumme betragsmäßig merklich beeinflussende **Leistungsanteile,** die in das Leistungsverzeichnis Eingang gefunden haben, in einer Kostenermittlung **nicht berücksichtigt, kann dies nicht hingenommen** werden. Denn die Kostenermittlungen sollen – vor allem deswegen, weil sie dem Auftraggeber einen möglichst genauen und zuverlässigen Überblick über die zu erwartenden Kosten geben sollen – ihrerseits so genau, planungsaktuell und vollständig sein, wie dies nach den Umständen, insbesondere nach dem Stadium, in dem sich die Planungen im Zeitpunkt der Kostenermittlung befinden, darstellbar ist (OLG Düsseldorf, B. v. 4. 7. 2001 – Az.: Verg 20/01). 3162

42.2.3 Fehlende Schätzung des Auftraggebers

Die Rechtsprechung löst dieses Problem unterschiedlich: 3163

Grundsätzlich ist der **Auftraggeber** zur Beurteilung der Überschreitung des EU-Schwellenwertes **verpflichtet, den Vertragswert zu schätzen.** Kommt er dieser Verpflichtung nicht nach, **ist die Kammer** mangels vorliegender Einschätzung des Auftraggebers zur Bestimmung ihrer Zuständigkeit **zur eigenständigen Wertermittlung verpflichtet und berechtigt.** Sie kann sich dabei am angebotenen Kostenvolumen des preisgünstigsten Anbieters orientieren (2. VK Brandenburg, B. v. 11. 11. 2005 – Az.: 2 VK 68/05; VK Halle, B. v. 16. 8. 2001 – Az.: VK Hal 14/01; 1. VK Sachsen, B. v. 25. 6. 2001 – Az.: 1/SVK/55-01), aber auch die übrigen Angebotspreise berücksichtigen (VK Schleswig-Holstein, B. v. 5. 1. 2006 – Az.: VK-SH 31/05; 2. VK Brandenburg, B. v. 11. 11. 2005 – Az.: 2 VK 68/05; VK Hessen, B. v. 24. 3. 2004 – Az.: 69 d-VK-09/2004). 3164

Nach Auffassung der VK Brandenburg (B. v. 25. 4. 2003 – Az.: VK 21/03) führt die fehlende Schätzung nicht dazu, dass **angesichts der vom Auftraggeber ohnehin vorgenommenen europaweiten Ausschreibung** des Bauauftrags die Überschreitung des Schwellenwertes unterstellt werden kann. Wenn sich **aus den Vergabeakten Anhaltspunkte für die voraussichtlichen Baurichtungskosten** ergeben und der **Auftraggeber diese Kosten** erkennbar dazu **zur Grundlage seiner Vergabekonzeption gemacht** hat, so ist davon auszugehen, dass er diese Kosten zur Grundlage einer ordnungsgemäßen Kostenschätzung gemacht hätte, wenn ihm bewusst gewesen wäre, dass er eine solche wegen § 3 Abs. 1, 10 VgV durchzuführen gehabt hätte. 3165

Werden im Leistungsverzeichnis bei den Grundpositionen keine konkreten Massen angegeben und weist das Leistungsverzeichnis Spannen aus, so kann die Vergabestelle bei der Wertung der Angebote die jeweiligen Mittelwerte berücksichtigen (VK Baden-Württemberg, B. v. 27. 6. 2003 – Az.: 1 VK 29/03). 3166

Die Vergabekammer muss sich bei der Prüfung, ob der Schwellenwert überschritten ist, **bei freiberuflichen Leistungen ohne Honorarordnung an dem aktuellen Marktpreis – nicht aber an der Palette der angebotenen Preise – für vergleichbare Leistungen orientieren,** der sich aus dem Zusammenfinden von Angebot und Nachfrage ergibt. Dabei müssen auch 3167

609

Teil 2 VgV § 3   Vergabeverordnung

im Bereich der Unternehmensberatung **Teilmärkte** – etwa ein aktuell besonders umkämpfter Teilmarkt ÖPP-Beratung für öffentliche Auftraggeber – **differenziert betrachtet werden** (2. VK Brandenburg, B. v. 11. 11. 2005 – Az.: 2 VK 68/05).

42.2.4 Erreichung des Schwellenwertes durch die Angebote bei einer Schätzung unterhalb des Schwellenwertes

3168   Nach § 3 Abs. 10 VgV muss die Vergabestelle eine Vorab-Schätzung vornehmen. Dabei muss sie eine **realistische, seriöse und nachvollziehbare Prognose** treffen. Hat sich eine Vergabestelle an diese Vorgaben gehalten und ist nach einer nicht zu beanstandenden Schätzung von einem Auftragswert unter 5 Mio. € ausgegangen, dann wird **nicht etwa deswegen (nachträglich) eine Pflicht zur europaweiten Ausschreibung** begründet, wenn sich die eingegangenen Angebote über 5 Mio. € bewegen. Etwas anderes hätte nur dann zu gelten, wenn die Auftraggeber bewusst den Auftragswert unterhalb der Grenze der Schwellenwerte für die europaweite Ausschreibung ansetzt, um eine derartige Ausschreibung zu vermeiden (2. VK Bund, B. v. 12. 5. 2003 – Az.: VK 2-20/03; im Ergebnis ebenso Hanseatisches OLG Bremen, B. v. 18. 5. 2006 – Az.: Verg 3/2005; VK Südbayern, B. v. 29. 11. 2005 – Az.: Z3-3-3194-1-46-09/05; 2. VK Brandenburg, B. v. 11. 11. 2005 – Az.: 2 VK 68/05).

3169   Allein die Tatsache, dass die auf die Ausschreibung ergangenen Angebotssummen überwiegend den Schwellenwert deutlich überschritten haben, lässt noch nicht den Schluss auf eine von vornherein missbräuchlich niedrige Schätzung der Vergabestelle zu. Lässt sich dies angesichts der angebotenen Auftragssummen jedoch nicht mit Sicherheit ausschließen, so muss, um den Rechtsschutz des Antragstellers nicht abzuschneiden, **das Erreichen der Schwellenwerte (für die Frage der Zustellung des Nachprüfungsantrags durch die Kammer) unterstellt werden** (2. VK Bund, B. v. 10. 7. 2002 – Az.: VK 2-24/02).

3170   Aus der Tatsache, dass **von 17 Angeboten lediglich 3 Angebote einen Auftragswert von über 5 Millionen Euro veranschlagten, lässt sich nachträglich nicht schließen,** dass die Schätzung nicht offensichtlich ordnungsgemäß und sachlich zutreffend war (VK Münster, B. v. 6. 4. 2005 – Az.: VK 07/05).

42.2.5 Nichterreichung des geschätzten Schwellenwertes durch die Angebote

3171   Hat der Auftraggeber die Schätzung des Auftragswertes unter Berücksichtigung der damals bekannten Marktgegebenheiten in seriöser, nachvollziehbarer Weise vollzogen, hat die Tatsache, dass einige der eingegangenen Angebote den Schwellenwert nicht erreichen, auf **die Wahl des Vergabeverfahrens keinen Einfluss** und beseitigt **nicht die Zulässigkeit der Anrufung der Vergabekammer** (2. VK Bund, B. v. 12. 11. 2002 – Az.: VK 2-86/02; ebenso Hanseatisches OLG Bremen, B. v. 18. 5. 2006 – Az.: Verg 3/2005; OLG Naumburg, B. v. 30. 5. 2002 – Az.: 1 Verg 14/01; OLG Celle, B. v. 18. 12. 2003 – Az.: 13 Verg 22/03; VK Lüneburg, B. v. 18. 11. 2004 – Az.: 203-VgK-49/2004; B. v. 12. 10. 2004 – Az.: 203-VgK-45/2004).

3172   **Dasselbe gilt, wenn alle Angebote den Schwellenwert nicht erreichen.** Maßgebend für die Nachprüfbarkeit des Vergabeverfahrens durch die Kammer ist nämlich nach § 3 Abs. 1 VgV der geschätzte Auftragswert. Um die für den Schwellenwert maßgebliche Schätzung des Auftragswertes von schädlichen Einflüssen freizuhalten, bestimmt § 3 Abs. 10 VgV als maßgeblichen Zeitpunkt für die Schätzung des Auftragswertes die Absendung der Bekanntmachung oder die Einleitung des Vergabeverfahrens, also einen Zeitpunkt, der es ausschließt, dass bereits das Angebot irgendeines Bieters vorliegt. **Damit ist sichergestellt, dass eine pflichtgemäße Schätzung nach rein objektiven Gesichtspunkten in der Art erfolgt, die auch ein privatwirtschaftlicher Auftraggeber nach sorgfältiger Prüfung des relevanten Marktsegments und im Einklang mit den Erfordernissen betriebswirtschaftlicher Finanzplanung veranschlagen würde** (VK Baden-Württemberg, B. v. 21. 6. 2005 – Az.: 1 VK 33/05; VK Schleswig-Holstein, Urteil vom 22. 12. 2004 – Az.: VK-SH 34/04).

42.2.6 Gesamtvergütung

42.2.6.1 Ausgangspunkt ist Verkehrs- oder Marktwert

3173   Bei der Schätzung des Auftragswertes ist von der geschätzten Gesamtvergütung für die vorgesehene Leistung auszugehen. **Maßgebend ist der Verkehrs- oder Marktwert, zu dem eine bestimmte Leistung zum maßgebenden Zeitpunkt bezogen werden kann** (OLG Celle, B. v. 5. 2. 2004 – Az.: 13 Verg 26/03).

Vergabeverordnung VgV § 3 **Teil 2**

42.2.6.2 Umsatzsteuer

Die **Umsatzsteuer bleibt** nach § 1 VgV bei der Schätzung des Auftragswertes **außer Betracht** (OLG Düsseldorf, B. v. 9. 11. 2001 – Az.: Verg 38/01). Da die Höhe der Umsatzsteuer in den einzelnen Mitgliedsländern unterschiedlich ist, darf sie zur Berechnung der Schwellenwerte, die in der EG einheitlich gelten sollen, nicht herangezogen werden (BayObLG, B. v. 19. 2. 2003 – Az.: Verg 32/02). 3174

42.2.6.3 Versicherungssteuer

Die **Rechtsprechung hat noch nicht eindeutig beantwortet,** ob bei Ausschreibung von Versicherungsdienstleistungen die **Bruttoangebotssummen** bei der Ermittlung des (geschätzten) Auftragswertes **möglicherweise analog zu § 1 VgV um den Versicherungssteueranteil zu mindern** sind, da auf die Versicherungsleistungen keine Umsatzsteuer jedoch die Versicherungssteuer erhoben wird (OLG Celle, B. v. 18. 12. 2003 – Az.: 13 Verg 22/03; VK Schleswig-Holstein, B. v. 5. 1. 2006 – Az.: VK-SH 31/05). 3175

42.2.6.4 Berücksichtigung der Erlöse des Auftragnehmers von Dritten

42.2.6.4.1 Allgemeines.
Der geschätzte Auftragswert ist nichts anderes als ein durch die Vergabestelle simuliertes Angebot. Dieses stellt nichts anderes dar als die Vergütung, welche der Auftragnehmer für die im Rahmen der Ausschreibung enthaltenen Leistungen voraussichtlich fordern würde, das finanzielle Pendant zur zu erbringenden Leistung. Die **Form, Art und Weise, auf welche der Auftragnehmer seine Vergütung im Rahmen der Vertragsabwicklung erhält ist ohne jeden Einfluss auf die Höhe der Ermittlung der voraussichtlichen Kosten (Kostenberechnung).** Falls der Auftragnehmer einen Teil seiner Vergütung über sonstige Erlöse erhalten würde, wäre auch dieses nichts anderes als eine mögliche Form der Vergütung für die erbrachte Leistung. Wäre die anteilige Vergütung des Auftragnehmers über Erlöse auftragssummenmindernd, würde dieses dazu führen, dass das Entgelt (Erlöse sind auch nicht anderes als Entgelt) immer bei der voraussichtlichen Kosten gegen zu rechnen wäre, damit sich permanent ein voraussichtlicher Auftragswert von Null ergeben würde (VK Thüringen, B. v. 28. 3. 2003 – Az.: 216-4003.20-003/03-ABG). Das Entgelt erfasst also jede Art von Vergütung, die einen Geldwert darstellen kann (OLG Celle, B. v. 5. 2. 2004 – Az.: 13 Verg 26/03; VK Lüneburg, B. v. 12. 11. 2003 – Az.: 203-VgK-27/2003). 3176

Dies kann aber nur dann gelten, wenn dem Auftragnehmer die **sonstigen Erlöse im wirtschaftlichen Sinne auch endgültig verbleiben;** sind sie nur durchlaufender Posten, können sie bei dem Auftragswert nicht berücksichtigt werden (VK Detmold, B. v. 24. 1. 2003 – Az.: VK.21-42/02). 3177

Ebenfalls ist bei einer Schätzung des Auftragswertes nur einzurechnen, was **rechtlich zulässigerweise** von dem öffentlichen Auftraggeber im Rahmen der beabsichtigten Vergabe **beschafft** und damit übertragen werden sowie das, was von ihm **nicht schon anderweitig vergeben** worden ist (OLG Düsseldorf, B. v. 30. 7. 2003 – Az.: Verg 5/03). 3178

42.2.6.4.2 Änderung durch die Dritte Verordnung zur Änderung der VgV.
Mit der Änderung durch die Dritte Verordnung zur Änderung der VgV ist in Übereinstimmung mit der neuen Basis- und Sektorenrichtlinie klargestellt worden, dass **auch etwaige Prämien oder Zahlungen an Bewerber oder Bieter zur Leistung** und damit **zum Schwellenwert zu rechnen** sind. Dies spricht dafür, auch **Erlöse des Auftragnehmers von Dritten** zur Leistung zu zählen. 3179

42.2.6.4.3 Beispiele aus der Rechtsprechung
– der Auftraggeber vergütet dem Bieter seine zu erbringende Leistung dadurch, dass er ihm die **geldwerten Beträge, die er für das Verwerten und den Verkauf des Altpapiers erzielt, überlässt.** Diese erzielbaren Erlöse sind dem vereinbarten Preis in Höhe von 0 € hinzuzurechnen (OLG Celle, B. v. 5. 2. 2004 – Az.: 13 Verg 26/03; VK Lüneburg, B. v. 12. 11. 2003 – Az.: 203-VgK-27/2003). 3180

42.2.6.5 Berücksichtigung von Förderungen Dritter bzw. eines „Eigenanteils"

Bei der Ermittlung des Gesamtauftragswertes ist der **„Wert" der angebotenen Dienstleistung ohne Abzug** in Ansatz zu bringen. Es ist insbesondere auch dann kein Abzug vorzunehmen, weil ein Teil der Dienstleistung (möglicherweise) eine **Förderung z. B. durch das Arbeitsamt** erfährt. Eine solche Förderung mindert nicht den „Wert" der erbrachten Dienstleistung. Es ist auch kein Abzug vorzunehmen, weil die zu erbringende Leistung einen Mehr- 3181

Teil 2 VgV § 3 — Vergabeverordnung

wertsteueranteil nicht beinhaltet. Es ist schließlich **kein Abzug in Höhe eines geforderten Einbehaltes eines Eigenanteils** von 10% zu machen. Auch ein solcher „Einbehalt" berührt, unabhängig von der hier (noch) nicht zu entscheidenden Frage der Zulässigkeit einer solchen Forderung, nicht den Wert der erbrachten Leistung selbst. Für die Ermittlung des Gesamtauftragswertes war daher ein solcher Abzug nicht zu berücksichtigen (VK Thüringen, B. v. 27. 2. 2002 – Az.: 216-4003.20-007/02-ESA-S; im **Ergebnis ebenso für Zuzahlungen von krankenversicherten Personen** VK Düsseldorf, B. v. 31. 8. 2006 – Az.: VK-38/2006-L).

3182 Mit der Änderung durch die Dritte Verordnung zur Änderung der VgV ist in Übereinstimmung mit der neuen Basis- und Sektorenrichtlinie klargestellt worden, dass **auch etwaige Prämien oder Zahlungen an Bewerber oder Bieter zur Leistung** und damit **zum Schwellenwert zu rechnen** sind. Dies spricht dafür, auch **Förderungen Dritter** zur Leistung zu zählen.

42.2.6.6 Berücksichtigung von Eventualpositionen

3183 Der Schwellenwert ist unter Berücksichtigung der nach der Leistungsbeschreibung größtmöglichen Auftragssumme zu schätzen. Dies bedeutet, dass **auch der Wert von Eventualpositionen in die Schätzung einzubeziehen** ist (VK Baden-Württemberg, B. v. 27. 6. 2003 – Az.: 1 VK 29/03).

3184 Dies gilt auch für die **Einbeziehung von Dienstleistungsoptionen** (z. B. Facility-Management-Leistungen oder Wartungsleistungen) **bei der Ausschreibung eines Bauauftrages** z. B. als PPP-Modell (VK Arnsberg, B. v. 7. 3. 2005 – Az.: VK 2/2005).

42.2.6.7 Berücksichtigung der Kosten für Unvorhergesehenes

3185 Die **Kosten für Unvorhergesehenes müssen vollständig in den Gesamtauftragswert eingehen.** Dass ein genereller Zuschlag für Unvorhergesehenes auf den ermittelten Schätzwert grundsätzlich nicht mit einzurechnen ist, kann nur dann gelten, wenn diese Kosten eigens ausgewiesen werden und nicht in die einzelnen Kostengruppen der Kostenberechnung eingerechnet wurden (VK Südbayern, B. v. 3. 8. 2004 – Az.: 43-06/04).

42.2.6.8 Berücksichtigung der Kosten für die vom Auftraggeber durchgeführte Bauüberwachung

3186 **Auch die Kosten für die Bauüberwachung (KGR 6.2.7) sind in den Gesamtauftragswert einzubeziehen. Es handelt sich dabei nicht um Baunebenkosten.** Gemäß § 4 Nr. 5 VOB/B hat der Auftragnehmer die von ihm ausgeführten Leistungen bis zur Abnahme vor Beschädigung und Diebstahl zu schützen. Die Bieter haben dies bei ihrer Kalkulation zu berücksichtigen. Übernimmt der Auftraggeber diese Leistungen, handelt es sich um „etwaige vom Auftraggeber bereitgestellte Leistungen" im Sinn von § 1a Nr. 1 Abs. 1 Satz 2 VOB/A, die zum Gesamtauftragswert hinzuzurechnen sind (VK Südbayern, B. v. 3. 8. 2004 – Az.: 43-06/04).

42.2.6.9 Berücksichtigung der Kosten für bewegliche Ausrüstungsgegenstände

3187 **Nicht zu berücksichtigen sind bewegliche Ausrüstungsgegenstände** wie z. B. Stühle, Tische, etc. (VK Südbayern, B. v. 3. 8. 2004 – Az.: 43-06/04).

42.2.7 Vorgesehene Leistung

42.2.7.1 Zusammenfassung mehrerer Bauvorhaben

3188 Fasst der Auftraggeber **in einer Ausschreibung mehrere Bauvorhaben zusammen** und fordert er zur Abgabe von Angeboten für beide Vorhaben auf, sind die **jeweiligen Auftragswerte für die Berechnung des Schwellenwerts zusammenzurechnen.** Diese Auslegung entspricht der Funktion der Schwellenwerte, größere Aufträge, die für ausländische Bieter regelmäßig von Interesse sind und eine grenzüberschreitende Relevanz aufweisen, dem Anwendungsbereich der EG-Vergaberichtlinie zuzuordnen (OLG Stuttgart, B. v. 9. 8. 2001 – Az.: 2 Verg 3/01).

42.2.7.2 Funktionale Betrachtungsweise bei Bauvorhaben

3189 Zur Berechnung des Schwellenwertes kommt es nicht darauf an, ob die Teile der Gesamtmaßnahme (technisch oder zeitlich) aufeinander aufbauen und daher möglicherweise nacheinander (u. U. basierend auf den Ergebnissen der vorangegangen Ausschreibung) ausgeschrieben

Vergabeverordnung VgV § 3 **Teil 2**

werden. Auch dass eine „Systemausschreibung" und eine „Bauausschreibung" womöglich unterschiedliche Märkte ansprechen, ist zunächst eine subjektive Wahrnehmung und führt – die Richtigkeit dieser Annahme unterstellt – nicht zur Zulässigkeit der Trennung beider Maßnahmen in Bezug auf die Schwellenwertberechung. Vielmehr ist eine **funktionale Betrachtungsweise angezeigt, d. h. macht die Beschaffung des einen Teils ohne den anderen Teil einen Sinn** (VK Schleswig-Holstein, B. v. 30. 8. 2006 – Az.: VK-SH 20/06).

42.2.7.3 Lieferaufträge unselbständiger Behörden eines öffentlichen Auftraggebers

Schließen **unselbständige Behörden** (z. B. Schulen als nicht rechtsfähige Einrichtungen eines Landes) **zum annähernd gleichen Zeitpunkt und mit grundsätzlich gleichem Inhalt Lieferverträge** (Schulbücher), so werden **diese Verträge im Namen einer juristischen Person des öffentlichen Rechts** (z. B. des – gemeinsamen – Schulträgers) geschlossen; die jeweiligen **Auftragswerte sind zur Ermittlung des Schwellenwertes zusammen zu rechnen** (VK Arnsberg, B. v. 27. 10. 2003 – Az.: VK 2-22/2003). 3190

42.2.8 Gesamtvergütung für die vorgesehene Auftragsleistung bei Architekten- und Ingenieurleistungen

Hinsichtlich der Gesamtvergütung für die vorgesehene Auftragsleistung bei Architekten- und Ingenieurleistungen vgl. die Kommentierung zu § 3 VOF RZ 7833. 3191

42.2.9 Schätzung bei freiberuflichen Leistungen ohne eine Honorarordnung

Bezugspunkte für die Schätzung solcher Leistungen müssen **einerseits der geforderte Beratungsaufwand** und **andererseits das am Markt für vergleichbare Leistungen durchgesetzte Honorar,** d. h. der Marktpreis sein. Unbeachtlich ist dagegen, dass für vergleichbare Leistungen auch Angebote mit deutlich höheren Preisen eingereicht werden (2. VK Brandenburg, B. v. 11. 11. 2005 – Az.: 2 VK 68/05). 3192

42.3 Manipulationen bei der Schätzung oder Aufteilung des Auftragswertes (§ 3 Abs. 2)

Der Wert eines beabsichtigten Auftrages darf nicht in der Absicht geschätzt oder aufgeteilt werden, ihn der Anwendung dieser Bestimmungen zu entziehen. **Verboten ist** dem öffentlichen Auftraggeber folglich **nicht per se eine Anschaffungsmaßnahme unterhalb der Schwellenwerte,** sondern **nur eine Manipulation des Auftragswertes** mit dem Ziel der Umgehung der vergaberechtlichen Bestimmungen (OLG Düsseldorf, B. v. 9. 11. 2001 – Az.: Verg 38/01; VK Südbayern, B. v. 22. 9. 2003 – Az.: 41-08/03). 3193

Es ist auch **grundsätzlich nicht zu beanstanden,** wenn der Auftraggeber den Nebengedanken hegt, eine **finanziell aufwändige Ausschreibung zu vermeiden** (OLG Frankfurt, B. v. 7. 9. 2004 – Az.: 11 Verg 11/04 und 12/04). 3194

42.3.1 Differenz zwischen Schätzung und Angeboten

Allein die Tatsache, dass die auf die Ausschreibung ergangenen **Angebotssummen überwiegend den Schwellenwert deutlich überschritten haben,** lässt **noch nicht den Schluss auf** eine von vornherein **missbräuchlich niedrige Schätzung** der Vergabestelle zu. Umgekehrt lässt sich dies angesichts der angebotenen Auftragssummen auch nicht mit Sicherheit ausschließen, so dass, um den Rechtsschutz des Antragstellers nicht abzuschneiden, das Erreichen der Schwellenwerte (für die Frage der Zustellung des Nachprüfungsantrags durch die Kammer) unterstellt werden musste (2. VK Bund, B. v. 10. 7. 2002 – Az.: VK 2-24/02). 3195

42.3.2 Befristung eines Auftrags

Allein die **Befristung eines Auftrages** ist **noch kein Indiz** dafür, dass ein Vergabevorgang durch Aufteilung des Auftrages dem **Vergaberecht entzogen** wird; nur der regelmäßige Abschluss befristeter Verträge mit **unüblich kurzen Vertragslaufzeiten** könnte auf eine Umgehung des EG-Vergaberechts hindeuten (VK Münster, B. v. 17. 1. 2002 – Az.: VK 23/01). 3196

Teil 2 VgV § 3   Vergabeverordnung

42.3.3 Reduzierung der Laufzeit eines Vertrages zur Umgehung des Schwellenwertes

3197 Die Rechtsprechung hierzu orientiert sich sehr stark an den Umständen des Einzelfalles:

3198 Von einer Überschreitung des Schwellenwertes ist auszugehen, wenn die ausschreibende Stelle die **Vertragslaufzeit nur deshalb auf zwei Jahre begrenzt hat, um die Auftragsvergabe den Vergaberechtsbestimmungen zu entziehen** (§ 3 Abs. 2 VgV). Die ursprünglich vorgesehene Vertragslaufzeit von fünf Jahren war mit Rücksicht auf die zur Vertragsdurchführung erforderlichen Investitionen der Auftragnehmer sachlich geboten. Von dieser – nachvollziehbaren – Einschätzung ist die Vergabestelle im weiteren Verlauf des Vergabeverfahrens ohne erkennbaren rechtfertigenden Grund abgerückt. Irgendeine sachliche Rechtfertigung, die Vertragslaufzeit von fünf auf zwei Jahre zu verkürzen, ist der Vergabeakte nicht zu entnehmen. Dazu ist auch sonst nichts ersichtlich. Nach Lage der Dinge ist die Reduzierung der Vertragsdauer vielmehr durch die Absicht motiviert, rechnerisch den Schwellenwert zu unterschreiten und die Auftragsvergabe damit dem Vergaberechtsregime zu entziehen. Die darauf beruhende **Unterschreitung des Schwellenwertes ist rechtlich unbeachtlich und steht der Geltung der Vergaberechtsregeln nicht entgegen** (OLG Düsseldorf, B. v. 25. 5. 2002 – Az.: 5 Verg/02; im Ergebnis ebenso OLG Frankfurt, B. v. 7. 9. 2004 – Az.: 11 Verg 11/04 und 12/04).

3199 Die Annahme einer sachwidrigen Aufteilung des Auftrages durch Verkürzung der Laufzeit z. B. auf zwei Jahre bedarf einer **besonderen Begründung.** Diese kann beispielsweise in einer durchlaufenden **Modell-/Testphase** liegen, wenn ein für die Bürger ungewohntes Abfall-Bringsystem eingeführt werden soll. Der Auftraggeber hat ein weites Ermessen, wie er sein Vorhaben in solchen Fällen angeht. Was andernorts funktioniert, muss nicht notwendig in gleichem Maße auch an dem in Rede stehenden Standort Akzeptanz finden. Die **Grenze ist bei der Sachwidrigkeit zu ziehen,** die in Bezug auf die zweijährige Vertragsdauer nicht erreicht ist. Auch hier greift das Argument, eine zweijährige Beauftragung würde sich nicht amortisieren, mit Blick auf die ersichtlich längerfristigeren unternehmerischen Zielsetzungen potentieller Bieter zu kurz und ändert nichts daran, dass der öffentliche Auftraggeber berechtigt ist, den Modellgedanken zum Tragen zu bringen. Es ist auch nicht zu beanstanden, wenn der Auftraggeber den Nebengedanken hegt, eine Ausschreibung, die finanziell aufwendig ist, zu vermeiden. Unzulässig ist nach § 3 Abs. 2 VgV nur, einen Auftrag in der Absicht zu schätzen oder aufzuteilen, ihn der Anwendung der Vergabebestimmungen zu entziehen (OLG Düsseldorf, B. v. 30. 7. 2003 – Az.: Verg 5/03).

42.3.4 Verbotene Umgehung im Baubereich

3200 § 3 Abs. 2 VgV untersagt dem Auftraggeber, den Wert eines beabsichtigten Auftrages bewusst abweichend von den Vorgaben der VOB/A zu schätzen oder aufzuteilen zu dem Zwecke, den Auftrag dem Geltungsbereich des vergaberechtlichen Nachprüfungsverfahrens bzw. den Vorschriften der a-Paragrafen der VOB/A zu entziehen.

3201 Eine **verbotene Umgehung liegt danach vor,** wenn
– eine einzige Baumaßnahme dergestalt aufgeteilt wird, dass einzelne, sich in Wirklichkeit als Los eines einzigen Bauwerkes darstellende Aufträge vergeben werden und
– die Aufteilung dieser einen baulichen Anlage nicht durch objektive Gründe gerechtfertigt ist
(VK Brandenburg, B. v. 11. 6. 2004 – Az.: VK 19/04; B. v. 25. 4. 2003 – Az.: VK 21/03).

3202 Weder eine **gewisse zeitliche Streckung eines Bauverlaufes** noch eine **Teilung in unterschiedlichste Gewerke oder sonstige „objektive" Vielfältigkeit bedingen eine wertmäßige Aufteilung** einer einheitlichen Baumaßnahme. Hier kann der Bauherr schlicht Lose innerhalb einer Bekanntmachung bilden oder mehrere Bekanntmachungen veröffentlichen (VK Düsseldorf, B. v. 14. 8. 2006 – Az.: VK-32/2006-B).

3203 **Absicht heißt,** dass die **Schätzung oder die Aufteilung mit dem bewussten und gewollten Ziel** vorgenommen wird, den Auftrag nicht unter die Bestimmungen des Abschnitts 2, 3 oder 4 der VOB/A und damit unter die Vorschriften der VgV und der §§ 97 ff. GWB einzuordnen. Hierbei ist zu berücksichtigen, dass dem **Auftraggeber bei seiner Entscheidung, wie er ein Beschaffungsvorhaben umsetzt, ein Ermessensspielraum zukommt.** Dieser Ermessensspielraum kann von der Kammer nur eingeschränkt auf schwere Fehler hin überprüft werden (VK Südbayern, B. v. 29. 11. 2005 – Az.: Z3-3-3194-1-46-09/05).

Vergabeverordnung VgV § 3 **Teil 2**

42.3.5 Umgehung bei grundloser Differenzierung zwischen verschiedenen Leistungsanbietern

Schließt ein öffentlicher Auftraggeber im Rahmen **vergleichbarer Ausschreibungen Verträge durchweg mit Verlängerungsklauseln** ab und schließt sie **allein über eine Leistung einen Vertrag ohne Verlängerungsmöglichkeit,** um einen weiteren Wettbewerb gegebenenfalls zeitlich später durchzuführen, erscheint **eine solche Vorgehensweise als willkürliche Aufteilung** eines beabsichtigten Auftrages (VK Düsseldorf, B. v. 31. 8. 2006 – Az.: VK-38/2006-L). 3204

42.3.6 Weitere Beispiele aus der Rechtsprechung

– das Einsammeln, das Transportieren, das Sortieren und das Verwerten von **Elektronikschrott** ist als ein Auftrag im Sinne des Vergaberechts zu betrachten (VK Baden-Württemberg, B. v. 17. 7. 2001 – Az.: 1 VK 13/01). 3204a

42.4 Berücksichtigung der Laufzeit von Liefer- und Dienstleistungsaufträgen bei der Schätzung (§ 3 Abs. 3)

§ 3 Abs. 3 VgV regelt nur das Schätzverfahren für Liefer- und Dienstleistungsaufträge mit einer Laufzeit bis zu 12 Monaten (Satz 1) einerseits, mit unbefristeter Laufzeit oder nicht absehbarer Vertragsdauer (Satz 3) andererseits. **Liefer- und Dienstleistungsverträge mit einer bestimmten Laufzeit von mehr als 12 Monaten erfasst die Vorschrift nicht** (BayObLG, B. v. 21. 11. 2003 – Az.: Verg 18/03, B. v. 21. 11. 2003 – Az.: Verg 19/03). 3205

42.4.1 Zeitlich begrenzte Lieferaufträge mit einer Laufzeit bis zu 12 Monaten (§ 3 Abs. 3 Satz 1)

Bei zeitlich begrenzten Lieferaufträgen mit einer Laufzeit bis zu 12 Monaten ist bei der Schätzung des Auftragswertes der Gesamtwert für die Laufzeit des Vertrages zugrunde zu legen. 3206

Hat die Vergabestelle in den Besonderen Vertragsbestimmungen eine **begrenzte Vertragslaufzeit und gleichzeitig nach Ablauf dieser Frist eine Kündigungsfrist von einem Monat** festgelegt, so ist der Vertrag als **unbefristeter Vertrag** zu qualifizieren mit der Folge, dass gem. § 3 Abs. 3 Satz 3 VgV für die Schätzung des Auftragswertes der Vertragswert aus der monatlichen Zahlung multipliziert mit 48 zu berücksichtigen ist (VK Nordbayern, B. v. 23. 1. 2003 – Az.: 320.VK-3194-47/02). 3207

42.4.2 Zeitlich begrenzte Dienstleistungsaufträge mit einer Laufzeit bis zu 48 Monaten (§ 3 Abs. 3 Satz 1)

Bei zeitlich begrenzten Dienstleistungsaufträgen mit einer Laufzeit bis zu 48 Monaten ist bei der Schätzung des Auftragswertes der Gesamtwert für die Laufzeit des Vertrages zugrunde zu legen. 3208

Hat die Vergabestelle in den Besonderen Vertragsbestimmungen eine **begrenzte Vertragslaufzeit und gleichzeitig nach Ablauf dieser Frist eine Kündigungsfrist von einem Monat** festgelegt, so ist der Vertrag als **unbefristeter Vertrag** zu qualifizieren mit der Folge, dass gem. § 3 Abs. 3 Satz 3 VgV für die Schätzung des Auftragswertes der Vertragswert aus der monatlichen Zahlung multipliziert mit 48 zu berücksichtigen ist (VK Nordbayern, B. v. 23. 1. 2003 – Az.: 320.VK-3194-47/02). 3209

42.4.3 Zeitlich begrenzte Dienstleistungsaufträge mit einer Laufzeit von mehr als 48 Monaten

§ 3 **VgV** enthält für befristete Dienstleistungsverträge, für die eine längere Laufzeit als 48 Monate vorgesehen ist, **unmittelbar keine Regelung.** Diese Vorschrift ist jedoch im Lichte des Art. 9 Abs. 6 Buchstabe b) der Richtlinie 2004/18/EG auszulegen, da durch diese Vorschrift die Richtlinie insoweit in deutsches Recht umgesetzt wurde. Danach ist bei Verträgen mit einer **Laufzeit von mehr als 48 Monaten der Vertragswert aus der monatlichen Zahlung multipliziert mit 48 zugrunde zu legen.** Dieses Auslegungsergebnis wird auch durch fol- 3210

Teil 2 VgV § 3

gende Überlegung gestützt: Nach § 3 Abs. 3 Satz 3 VgV folgt bei unbefristeten Verträgen oder bei nicht absehbarer Vertragsdauer „der Vertragswert aus der monatlichen Zahlung multipliziert mit 48". Es wäre systemwidrig, wenn bei einem befristeten Vertrag, der eine längere Laufzeit als 48 Monate aufweist, die gesamte Laufzeit der Berechnung zugrunde gelegt wird. In diesem Fall würde bei einem befristeten Vertrag eine längere Laufzeit angenommen als bei einem unbefristeten (VK Magdeburg, B. v. 23. 1. 2002 – Az.: 33-32571/07 VK 18/01 MD).

42.4.4 Lieferaufträge mit einer Laufzeit von mehr als 12 Monaten (§ 3 Abs. 3 Satz 2)

3211 Bei Lieferaufträgen mit einer Laufzeit von mehr als 12 Monaten ist der Gesamtwert einschließlich des geschätzten Restwertes zugrunde zu legen (Abs. 3 Satz 2)

42.4.5 Unbefristete Verträge oder nicht absehbare Vertragsdauer (§ 3 Abs. 3 Satz 3)

3212 Bei unbefristeten Verträgen oder bei nicht absehbarer Vertragsdauer folgt der Vertragswert aus der monatlichen Zahlung multipliziert mit 48.

42.5 Regelmäßige Aufträge oder Daueraufträge über Liefer- oder Dienstleistungen (§ 3 Abs. 4)

3213 Bei regelmäßigen Aufträgen oder Daueraufträgen über Liefer- oder Dienstleistungen ist bei der Schätzung des Auftragswertes entweder der tatsächliche Gesamtauftragswert entsprechender Aufträge für ähnliche Arten von Lieferungen oder Dienstleistungen aus den vorangegangenen zwölf Monaten oder dem vorangegangenen Haushaltsjahr, nach Möglichkeit unter Anpassung an voraussichtliche Änderungen bei den Mengen oder Kosten während der auf die erste Lieferung oder Dienstleistung folgenden zwölf Monate oder der geschätzte Gesamtwert während der auf die erste Lieferung oder Dienstleistung folgenden zwölf Monate oder während der Laufzeit des Vertrages, soweit diese länger als zwölf Monate ist, zugrunde zu legen.

42.6 Berücksichtigung von Losen für den Schwellenwert (§ 3 Abs. 5)

42.6.1 Grundsatz

3214 Bestehen die zu vergebenden Aufträge aus mehreren Losen, für die jeweils ein gesonderter Auftrag vergeben wird, müssen gemäß § 3 Abs. 5 Satz 1 **bei der Schätzung alle Lose berücksichtigt** werden (VK Münster, B. v. 17. 1. 2002 – Az.: VK 23/01).

42.6.2 Lose bei Lieferleistungen

3215 Zwar müssen gemäß § 3 Abs. 5 Satz 1 VgV bei der Schätzung alle Lose berücksichtigt werden, wenn die zu vergebenden Aufträge aus mehreren Losen bestehen, für die jeweils ein gesonderter Auftrag vergeben wird. Bei Lieferaufträgen gilt dies jedoch nur für **Lose über gleichartige Lieferungen** (§ 3 Abs. 5 Satz 2 VgV). Die Lieferungen müssen also in einem inneren Zusammenhang stehen (VK Nordbayern, B. v. 26. 3. 2002 – Az.: 320.VK-3194-05/02).

42.6.3 Lose bei freiberuflichen Dienstleistungsaufträgen nach der VOF

3216 Für die Berechnung des Schwellenwertes sind die **anrechenbaren Kosten für alle drei Lose der technischen Ausrüstung** gemäß § 3 Abs. 3 VOF zusammen zu zählen. Soweit die zu vergebende Leistung in mehrere Teilaufträge derselben freiberuflichen Leistungen aufgeteilt wird, muss ihr Wert bei der Berechnung des geschätzten Gesamtwertes addiert werden (§ 3 Abs. 3 VOF). Für die Klassifizierung, ob die Leistung des Planers dieselbe Leistung im Sinne des § 3 Abs. 3 VOF ist, ist auf den konkreten Auftrag abzustellen. Die ausgeschriebene Planungsleistung für die technische Ausrüstung umfasst unter Los 1 die Technik für Heizung, Klima, Lüftung und Sanitär, unter Los 2 die Elektrotechnik und unter Los 3 die Bühnen- und Aufzugstechnik. All diese Planungsleistungen für die technische Ausrüstung können von demselben Fachplaner erbracht werden (1. VK Sachsen, B. v. 30. 4. 2001 – Az.: 1/SVK/23-01).

3217 Vgl. hierzu im Einzelnen die Kommentierung zu § 3 VOF RZ 7835.

42.7 Einbeziehung von Optionsrechten oder Vertragsverlängerungen (§ 3 Abs. 6)

Sieht der beabsichtigte Auftrag über Lieferungen oder Dienstleistungen Optionsrechte oder Vertragsverlängerungen vor, so ist der voraussichtliche Vertragswert aufgrund des größtmöglichen Auftragswertes unter Einbeziehung der Optionsrechte und der Vertragsverlängerungen zu schätzen. 3218

42.7.1 Begriff des Optionsrechtes und Einbeziehung von Bedarfspositionen

Der Begriff der Optionsrechte wird weder im Abschnitt 2 der VOL/A noch in der Vergabekoordinierungsrichtlinie definiert. Es kann daher ohne weiteres **der allgemein übliche Begriff des Optionsrechts** zugrunde gelegt werden (VK Baden-Württemberg, B. v. 10. 7. 2001 – Az.: 1 VK 10/01). 3219

Das Optionsrecht ist **das Recht, durch einseitige Erklärung einen Vertrag zustande zu bringen.** Da die Vergabestelle durch eine spätere Erklärung, sie wolle die **Bedarfsposition** in Auftrag geben, einen entsprechenden Liefervertrag mit dem Auftragnehmer, der nach dem Zuschlag an sein Angebot gebunden ist, schließen kann, sind diese Positionen bei der Berechnung des Schwellenwertes zu berücksichtigen (BayObLG, B. v. 18. 6. 2002 – Az.: Verg 8/02). 3220

Eine **Klausel des Inhalts, dass „bei Bedarf und unter der Berücksichtigung der bisherigen Erfahrungen mit der Maßnahmedurchführung – soweit entsprechende Haushaltsmittel verfügbar sind – der Vertragszeitraum um jeweils ein Jahr bis zu einer Gesamtlaufzeit von drei Jahren verlängert werden kann, wenn die Maßnahme zu angemessenen Kostenansätzen angeboten wird"**, stellt jedoch keine Option dar. Nach dieser Klausel ist weder der Auftragnehmer des ausgeschriebenen Auftrags noch die Antragsgegnerin als Auftraggeberin berechtigt, die Vertragslaufzeit durch einseitige Erklärung zu verlängern. Vielmehr bedarf es dazu einer vertraglichen Einigung der Vertragspartner, die überdies unter dem Vorbehalt steht, dass ein entsprechender Beschaffungsbedarf der Antragsgegnerin vorhanden ist, die erforderlichen Haushaltsmittel bewilligt sind, der Auftragnehmer sich bewährt hat und die Leistungen für die Verlängerungszeit vom Auftragnehmer zu angemessenen Kostenansätzen angeboten wird. Die Vertragsklausel beinhaltet damit im Ergebnis kein Optionsrecht, sondern stellt lediglich eine einvernehmlich zu vereinbarende Verlängerung der Vertragslaufzeit in Aussicht (OLG Düsseldorf, B. v. 27. 11. 2003 – Az.: VII-Verg 63/03). 3221

42.7.2 Einbeziehung von Optionsrechten bei Bauverträgen

Die fehlende Erwähnung der Behandlung von Optionen bei der Ermittlung des Auftragswerts im Baubereich steht einer **analogen Anwendung der genannten Bestimmung nicht entgegen.** Insbesondere kann hieraus nicht gefolgert werden, dass der Gesetzgeber die Möglichkeit einer Vertragsvereinbarung im Baubereich oder der Berücksichtigung des Werts des Optionsrechte bei der Ermittlung des Gesamtauftragswertes ausschließen wollte. Vielmehr ist davon auszugehen, dass **im Baubereich die Einräumung von Optionsrechten selten und deshalb eine Regelung unterblieben** ist (OLG Stuttgart, B. v. 9. 8. 2001 – Az.: 2 Verg 3/01). Diese Auslegung entspricht der Funktion der Schwellenwerte, größere Aufträge, die für ausländische Bieter von Interesse sind und eine grenzüberschreitende Relevanz aufweisen, dem Anwendungsbereich der EG-Vergaberichtlinien zuzuordnen (VK Baden-Württemberg, B. v. 9. 10. 2001 – Az.: 1 VK 27/01). 3222

Art. 9 Abs. 1 der neuen Vergabekoordinierungsrichtlinie (2004/17/EG) gilt ausdrücklich **sowohl für Bau- als auch für Liefer- als auch für Dienstleistungen,** sodass die o. a. Rechtsprechung bestätigt ist. 3223

42.7.3 Vertragsverlängerungen

Mit der Dritten Verordnung zur Änderung der VgV sind **Vertragsverlängerungen ausdrücklich in § 3 Abs. 6 aufgenommen** worden. Absatz 6 ist insoweit an Artikel 17 Abs. 1 erster Unterabsatz der Richtlinie 2004/17/EG und Artikel 9 Abs. 1 erster Unterabsatz der Richtlinie 2004/18/EG angepasst worden. 3224

Teil 2 VgV § 3   Vergabeverordnung

42.8 Schätzung des Auftragswertes von Bauleistungen

42.8.1 Keine Berücksichtigung des Wertes der Baunebenkosten

3225   Für Bauaufträge bestimmt die Vergabeverordnung einen Schwellenwert von 5 Mio. € (§ 2 Nr. 4 VgV). Der insoweit maßgebliche Gesamtauftragswert errechnet sich aus der **Summe aller für die Erstellung der baulichen Anlage erforderlichen Leistungen ohne Umsatzsteuer; nicht** zum Gesamtauftragswert gehören unter anderem die **Baunebenkosten** (OLG Stuttgart, B. v. 12. 8. 2002 – Az.: 2 Verg. 9/02; OLG Celle, B. v. 14. 11. 2002 – Az.: 13 Verg 8/02).

3226   Zu den **Baunebenkosten** gehören alle Kosten, die neben der Vergütung für die ausgeschriebene Bauleistung im Zusammenhang mit dem Bauvorhaben entstehen, wie z. B. **Kosten für Architekten- und Ingenieurleistungen** (soweit diese nicht ausnahmsweise auch zum ausgeschriebenen Bauauftrag gehören), für **Verwaltungsleistungen des Auftraggebers** bei Vorbereitung und Durchführung des Bauvorhabens, für die **Baugenehmigung, für die Bauversicherung, Finanzierungskosten,** etc. (VK Südbayern, B. v. 3. 8. 2004 – Az.: 43-06/04; für Planungsleistungen ebenso VK Nordbayern, B. v. 26. 7. 2005 – Az.: 320.VK-3194-26/05).

42.8.2 Keine Berücksichtigung des Grundstückswertes

3227   **Unberücksichtigt** bei den Gesamtkosten bleiben der **Wert des zu bebauenden Grundstückes,** die Baunebenkosten und weitere, begrifflich nicht zur Bauerrichtung zählende Kosten (VK Düsseldorf, B. v. 11. 9. 2001 – Az.: VK-19/2001-B; Brandenburgisches OLG, B. v. 20. 8. 2002 – Az.: Verg W 4/02; VK Brandenburg, B. v. 25. 4. 2003 – Az.: VK 21/03).

42.8.3 Keine Berücksichtigung des Wertes von beweglichen Ausstattungsgegenständen

3228   Baunebenkosten und **bewegliche Ausstattungsgegenstände rechnen nicht zum Auftragswert einer baulichen Anlage** (VK Baden-Württemberg, B. v. 15. 7. 2002 – Az.: 1 VK 35/02).

42.8.4 Keine Berücksichtigung des Wertes von Planungsleistungen

3229   **Architekten- Ingenieur- und Statikerleistungen fallen nicht unter den Begriff des Bauwerkes** nach § 99 Abs. 3 GWB **oder der Bauleistung** gemäß § 1 VOB/A. Sie werden nicht nach dem Regelwerk der VOB beauftragt und deshalb auch nicht nach VOB/A vergeben. Sie bleiben folglich für die Berechnung des Gesamtwertes einer Bauleistung außer Acht, es sei denn, dass der zu vergebende Auftrag Planung und Ausführung gleichzeitig beinhaltet (§ 99 Abs. 3 GWB). Zwar sind die vom Auftraggeber beigestellten Leistungen grundsätzlich in den Gesamtwert aufzunehmen (§ 1a Nr. 1 Abs. 1 Satz 2, § 1b Nr. 1 Abs. 1 Satz 2 VOB/A). Es muss sich jedoch um Bauleistungen gemäß § 1 VOB/A, § 99 GWB handeln. Die vom Auftraggeber vorliegend selbst erbrachten Planungsleistungen sind überwiegend nicht als unselbständige Planungsbestandteile einer eigentlichen Bauleistung anzusehen, sondern **stellen eigenständige Planungsleistungen dar, die, wie oben ausgeführt, nicht unter den Begriff einer Bauleistung oder eines Bauwerkes zu fassen sind.** Allein der Umstand, dass der Bauherr sie selbst ausführt, macht sie nicht zu Bauleistungen (VK Düsseldorf, B. v. 11. 9. 2001 – Az.: VK-19/2001 – B).

42.8.5 Berücksichtigung des Wertes der Bauleitung

3230   Übernimmt der Bauherr die **Bauleitung** selbst, **stellt** diese Leistung **einen werthaltigen Bestandteil der Bauleistung** dar, die als beigestellte Leistung zu beziffern und **auf den Gesamtauftragswert anzurechnen** ist. Nach den Honorartafeln der HOAI ist die Bauüberwachung (überschlägig berechnet) mit etwa 30% eines Zehntels der (ex-ante geschätzten) anrechenbaren Bausumme anzusetzen (VK Düsseldorf, B. v. 11. 9. 2001 – Az.: VK-19/2001 – B).

42.8.6 Berücksichtigung von zusammengefassten Auftragswerten eines öffentlichen und eines privaten Auftraggebers

3231   Der Schwellenwert einer Bauleistung bestimmt sich nur dann nach den **zusammengefassten Auftragswerten eines öffentlichen und eines privaten Auftraggebers,** wenn **auch** die Maßnahme des privaten Bauherrn überwiegend öffentlich finanziert oder ein sonstiges Merkmal aus § 98 Nr. 1–6 GWB erfüllt ist. Ein bloßes entgeltliches Nutzungsverhältnis zwischen dem öffentlichen und dem privaten Auftraggeber (hier: Weiterleitung vorgeklärter Abwässer in eine gleichzeitig ausgebaute private Industriekläranlage) reicht dafür nicht aus (VK Düsseldorf, B. v. 11. 9. 2001 – Az.: VK-19/2001 – B).

42.9 Schätzung des Auftragswerts bei Rahmenvereinbarungen (§ 3 Abs. 8)

42.9.1 Wert einer Rahmenvereinbarung (§ 3 Abs. 8 Satz 1)

Der Wert einer Rahmenvereinbarung wird auf der Grundlage des geschätzten **Höchstwertes aller für diesen Zeitraum geplanten Aufträge** berechnet (VK Arnsberg, B. v. 21. 5. 2002 – Az.: VK 7-10/2003). Schließen **mehrere Auftraggeber eine Rahmenvereinbarung** zur gemeinsamen Beschaffung ab, ist auch für die **Bemessung des Auftragswertes auf diesen (gebündelten) Bedarf abzustellen** und **jedem der Auftraggeber gegenüber** der volle Auftragswert des in Aussicht genommenen Rahmenvertrages **in Ansatz zu bringen** (OLG Düsseldorf, B. v. 26. 7. 2002 – Az.: Verg 28/02).   3232

42.9.2 Definition der Rahmenvereinbarung (§ 3 Abs. 8 Satz 2)

Die **Definition des Rahmenvertrages** ist **nicht in der Vergabe- und Vertragsordnung (VOB/A – Ausgabe 2006) und nicht in der Verdingungsordnung für freiberufliche Leistungen (VOF – Ausgabe 2006) enthalten.** Daraus soll nach der Begründung zur dritten Änderungsverordnung zur Vergabeverordnung **nicht der Schluss gezogen werden, dass Rahmenvereinbarungen dort nicht möglich seien,** obwohl das Artikel 14 der Richtlinie 2004/17/EG und Artikel 32 der Richtlinie 2004/18/EG für alle Beschaffungsgegenstände und damit auch für den Bau- und Dienstleistungsbereich allgemein zulässt. Der **Begriff der Rahmenvereinbarung ist zudem im deutschen Rechtskreis mit Blick auf den Begriff des Rahmenvertrags noch nicht Allgemeingut,** sodass dieser mit den EG-Richtlinien rechtsförmlich eingeführte Begriff einer Erläuterung bedarf.   3233

Zu den **allgemeinen Anforderungen an Rahmenvereinbarungen** vgl. die Kommentierung zu § 99 GWB RZ 1194.   3234

42.10 Schätzung des Auftragswerts bei Sammelbestellungen

Eine Schätzung für gemeinsame Bestellungen von mehreren Städten kann **auf die Ergebnisse vorangegangener „Sammelbestellungen" gestützt** werden und muss nicht fiktiv auf die Summen der denkbaren Einzelbestellungen oder auf den Preis für ein optimales Produkt abstellen (VK Arnsberg, B. v. 15. 2. 2002 – Az.: VK 2-01/2002).   3235

42.11 Schwellenwert bei Auslobungsverfahren (§ 3 Abs. 9)

§ 3 Absatz 9 ist mit der Änderung **an Artikel 61 der Richtlinie 2004/17/EG und Artikel 67 Abs. 2 der Richtlinie 2004/18/EG angepasst** worden.

42.12 Maßgeblicher Zeitpunkt für die Schätzung des Auftragswerts (§ 3 Abs. 10)

Maßgeblicher Zeitpunkt für die Schätzung des Auftragswertes ist der **Tag der Absendung der Bekanntmachung der beabsichtigten Auftragsvergabe** oder die **sonstige Einleitung des Vergabeverfahrens.** In Ermangelung einer formellen Bekanntmachung ist auf die **erste das Bauvorhaben betreffende nichtförmliche Ausschreibung** abzustellen (VK Baden-Württemberg, B. v. 9. 10. 2001 – Az.: 1 VK 27/01).   3236

Ist eine Kostenberechnung bereits frühzeitig erfolgt, ist grundsätzlich eine **Aktualisierung zum Zeitpunkt der Einleitung des Vergabeverfahrens erforderlich.** Dies gilt jedoch nur dann zwingend in den Fällen in denen zweifelhaft ist, ob der Schwellenwert über- oder unterschritten wird, wenn es sich also um einen **Grenzfall** handelt (VK Baden-Württemberg, B. v. 15. 7. 2002 – Az.: 1 VK 35/02).   3237

43. § 4 VgV – Vergabe von Liefer- und Dienstleistungsaufträgen

(1) Auftraggeber nach § 98 Nr. 1 bis 3 des Gesetzes gegen Wettbewerbsbeschränkungen haben bei der Vergabe von Liefer- und Dienstleistungsaufträgen sowie bei der Durchführung von Auslobungsverfahren, die zu Dienstleistungen führen sollen, die Bestimmungen des 2. Abschnittes des Teiles A der Verdingungsordnung für Leistungen (VOL/A) in der Fassung der Bekanntmachung vom 6. April 2006 (BAnz. Nr. 100 a vom 30. Mai 2006, BAnz. S. 4368) anzuwenden, wenn in den §§ 5 und 6 nichts anderes bestimmt ist. Satz 1 findet auf Aufträge im Sektorenbereich keine Anwendung.

(2) Für Auftraggeber nach § 98 Nr. 5 des Gesetzes gegen Wettbewerbsbeschränkungen gilt Absatz 1 hinsichtlich der Vergabe von Dienstleistungsaufträgen und für Auslobungsverfahren, die zu Dienstleistungen führen sollen.

(3) Bei Aufträgen, deren Gegenstand Personennahverkehrsleistungen der Kategorie Eisenbahnen sind, gilt Absatz 1 mit folgenden Maßgaben:

1. Bei Verträgen über einzelne Linien mit einer Laufzeit von bis zu drei Jahren ist einmalig auch eine freihändige Vergabe ohne sonstige Voraussetzungen zulässig.
2. Bei längerfristigen Verträgen ist eine freihändige Vergabe ohne sonstige Voraussetzungen im Rahmen des § 15 Abs. 2 des Allgemeinen Eisenbahngesetzes zulässig, wenn ein wesentlicher Teil der durch den Vertrag bestellten Leistungen während der Vertragslaufzeit ausläuft und anschließend im Wettbewerb vergeben wird. Die Laufzeit des Vertrages soll zwölf Jahre nicht überschreiten. Der Umfang und die vorgesehenen Modalitäten des Auslaufens des Vertrages sind nach Abschluss des Vertrages in geeigneter Weise öffentlich bekannt zu machen.

(4) Bei der Anwendung des Absatzes 1 ist § 7 Nr. 2 Abs. 1 des Abschnittes 2 des Teiles A der Verdingungsordnung für Leistungen (VOL/A) mit der Maßgabe anzuwenden, dass der Auftragnehmer sich bei der Erfüllung der Leistung der Fähigkeiten anderer Unternehmen bedienen kann.

(5) Hat ein Bieter oder Bewerber vor Einleitung des Vergabeverfahrens den Auftraggeber beraten oder sonst unterstützt, so hat der Auftraggeber sicherzustellen, dass der Wettbewerb durch die Teilnahme des Bieters oder Bewerbers nicht verfälscht wird.

43.1 Änderungen durch die VgV 2006

3238   In § 4 Abs. 1 Satz 1 wird – neben einer redaktionellen Änderung – der **statische Verweis** auf die Bekanntmachung der **VOL/A 2006** aktualisiert. Abs. 2 ist ebenfalls **redaktionell geändert**.

43.2 Allgemeines

3239   § 4 VgV regelt, welche Vorschriften für bestimmte öffentliche Auftraggeber bei der Vergabe von Liefer- und Dienstleistungsaufträgen – bei Aufträgen ab den Schwellenwerten – anzuwenden sind.

3240   § 4 hat damit im Kaskadenaufbau des Vergaberechts Scharnierfunktion zwischen GWB und VOB/VOL/VOF.

43.3 Personennahverkehrsleistungen der Kategorie Eisenbahnen (§ 4 Abs. 3)

43.3.1 Allgemeines

3241   Mit der Ersten Verordnung zur Änderung der Vergabeverordnung vom 7. November 2002 (BGBl. I S. 4338) sind besondere Regelungen für Aufträge über Personennahverkehrsleistungen der Kategorie Eisenbahnen eingefügt worden.

3242   Nach der Begründung der Änderungsverordnung dient die Änderungsverordnung der **Anpassung des Vergaberechtes an die verkehrspolitischen Erfordernisse des Schienen-**

Vergabeverordnung VgV § 4 **Teil 2**

personennahverkehrs unter Festschreibung eines Übergangs in den Wettbewerb. Die Bundesländer erhalten für einen Übergangszeitraum den erforderlichen Ermessensspielraum, eine geeignete Wettbewerbsstrategie zu entwickeln

Vergabemittel zur Erreichung dieses Zweckes ist der Einsatz des Verhandlungsverfahrens (der in der Änderungsverordnung benutzte Terminus der freihändigen Vergabe ist nicht völlig korrekt). 3243

Die Änderung selbst ist wirtschaftspolitisch nicht unumstritten. 3244

43.3.2 Vereinbarkeit der Änderung mit dem materiellen Vergaberecht

Inwieweit die **Änderung** der Vergabeverordnung **mit dem Vergaberecht vereinbar** ist, wird erst die künftige Rechtsprechung zeigen. Zum **Rechtszustand vor der Änderung** hat jedenfalls das OLG Koblenz die Auffassung geäußert, dass das Verhandlungsverfahren nach heutigem nationalem und europäischem Recht nur unter engen, bei der Vergabe von Verkehrsdienstleistungen regelmäßig nicht vorliegenden Voraussetzungen zulässig ist (B. v. 5. 9. 2002 – Az.: 1 Verg. 2/02). 3245

43.3.3 Vereinbarkeit der Änderung mit dem formellen Vergaberecht

Nach Auffassung der VK Brandenburg (B. v. 14. 3. 2003 – Az.: VK 14/03) ist der neu eingefügte **§ 4 Abs. 3 VgV von der Ermächtigungsgrundlage des § 97 Abs. 6 GWB nicht gedeckt,** soweit gemeinwirtschaftliche Leistungen im Sinne von §§ 15 AEG, 4 RegG betroffen sind. Denn das Normprogramm des § 97 Abs. 6 GWB ist nur auf die **Ausgestaltung des allgemeinen Vergabeverfahrensrechts** im Sinne des Vierten Teils des GWB der §§ 97 ff., 102 ff. GWB ausgerichtet. § 97 Abs. 6 GWB gilt nicht für die Konkretisierung von nicht dem Anwendungsbereich der §§ 97 ff. GWB unterfallenden spezialgesetzlich geregelten Sachverhalten wie der Vergabe von gemeinwirtschaftlichen Personenverkehrsleistungen nach § 15 Abs. 2 AEG in Verbindung mit § 4 RegG § 4 Abs. 3 VgV kann als Rechtsverordnung auch nicht die vom Gesetzgeber vorgenommene Zuordnung der Vergabe von gemeinwirtschaftlichen Dienstleistungen im Sinne von § 15 AEG, 4 RegG zu dem speziellen vergabeverfahrensrechtlichen Gesetz des § 15 Abs. 2 AEG verdrängen (zum Hintergrund vgl. die Kommentierung zu § 100 GWB RZ 1333). 3246

43.4 Änderung des § 4 VgV durch das ÖPP-Gesetz

43.4.1 Allgemeines

Durch das **Gesetz zur Beschleunigung der Umsetzung von Öffentlich Privaten Partnerschaften und zur Verbesserung gesetzlicher Rahmenbedingungen für Öffentlich Private Partnerschaften vom 1. 9. 2005** (BGBl. I S. 2676) ist § 4 um einen Absatz 4 dahingehend ergänzt worden, dass bei der Anwendung des Absatzes 1 des § 4 VgV § 7 Nr. 2 Abs. 1 des Abschnittes 2 des Teiles A der Verdingungsordnung für Leistungen (VOL/A) mit der Maßgabe anzuwenden ist, dass der **Auftragnehmer sich bei der Erfüllung der Leistung der Fähigkeiten anderer Unternehmen bedienen kann.** 3247

Die **Anwendung der VOL/A** bedarf nach der Gesetzesbegründung zum ÖPP-Gesetz der Modifikation: So wird **zukünftig auf die gesetzliche Vorgabe eines Eigenleistungserfordernisses verzichtet.** Aus § 7 Nr. 2 Abs. 1 VOL/A wurde bisher in der deutschen Rechtsprechung die Verpflichtung des Auftragnehmers abgeleitet, einen substantiellen Anteil der vertraglichen Leistung als Eigenleistung zu erbringen. Problematisch ist dieses Eigenleistungserfordernis insbesondere **vor dem Hintergrund der jüngeren EuGH-Rechtsprechung** (zuletzt Rs. C-314/01 – Siemens/ARGE Telekom), wonach die verpflichtende Vorgabe eines Eigenleistungsanteils nicht mit den Vorgaben des Gemeinschaftsrechts vereinbar ist. Bieter können danach nicht deshalb ausgeschlossen werden, weil sie sich bei der Auftragsvergabe auf die Leistungsfähigkeit eines Dritten berufen, soweit sie den Nachweis erbringen, dass sie über die Mittel dieses leistungsfähigen Dritten verbindlich verfügen können (OLG Düsseldorf, B. v. 28. 6. 2006 – Az.: VII – Verg 18/06). Hinzu kommt die Überlegung, dass gesetzliche Eigenleistungsquoten den Kreis potenzieller Bieter erheblich einschränken. Durch solche **Quoten wird die gerade für die Realisierung von ÖPP wichtige Möglichkeit der Projektfinanzierung durch institutionelle Kapitalgeber erschwert.** Nach alledem kann sich in Zukunft ein Unternehmen bei der Erfüllung eines Auftrages der Kapazitäten anderer Unternehmen bedienen. Gleiches gilt auch für Bietergemeinschaften. 3248

Teil 2 VgV § 5   Vergabeverordnung

3249 Durch das **Gesetz zur Beschleunigung der Umsetzung von Öffentlich Privaten Partnerschaften und zur Verbesserung gesetzlicher Rahmenbedingungen für Öffentlich Private Partnerschaften vom 1. 9. 2005** (BGBl. I S. 2676) ist § 4 um einen Absatz 5 dahingehend ergänzt worden, dass dann, wenn ein Bieter oder Bewerber vor Einleitung des Vergabeverfahrens den **Auftraggeber beraten oder sonst unterstützt hat, der Auftraggeber sicherzustellen hat, dass der Wettbewerb durch die Teilnahme des Bieters oder Bewerbers nicht verfälscht wird.**

3250 Der **neu eingefügte Absatz 5 soll die so genannte Projektantenproblematik klären.** Sie betrifft die Frage, wie mit Unternehmen und Beratern umzugehen ist, die den Auftraggeber zunächst bei der Vorbereitung des Vergabeverfahrens beraten oder unterstützen und anschließend, nach Beginn des Vergabeverfahrens, als Bewerber bzw. Bieter am Vergabeverfahren teilnehmen möchten. In diesen Fällen können Gefahren für den Vergabewettbewerb bestehen, denn einerseits verfügt der Projektant durch seine vorbereitende Tätigkeit möglicherweise über einen (erheblichen) Informationsvorsprung. Zum andern kann ein Projektant möglicherweise durch seine vorbereitende Tätigkeit das Vergabeverfahren so beeinflussen, dass ihn z. B. die Leistungsbeschreibung einseitig begünstigt.

3251 **In ÖPP-Vorhaben stellt sich die Projektantenproblematik häufig in besonderem Maße, da die Auftraggeber frühzeitig auf externen spezialisierten Sachverstand angewiesen sind.** Darüber hinaus greifen öffentliche Auftraggeber bei ÖPP-Vorhaben häufig im Vorfeld auf die Kompetenz späterer Bieter zurück, um die Marktfähigkeit und Realisierbarkeit des Vorhabens frühzeitig sicherzustellen. In vielen Fällen beruhen ÖPP-Vorhaben auch auf der Initiative potentieller Anbieter.

3252 Die deutsche Rechtsprechung zur Projektantenproblematik ist bislang uneinheitlich. Auf europäischer Ebene hat der EuGH mit Urteil vom 3. März 2005 über eine explizite Regelung zur Projektantenproblematik im belgischen Recht entschieden (Rs. C-21/03 und C-34/03). Der EuGH kam zunächst zu dem Ergebnis, dass die Beteiligung von Projektanten auf Bieterseite im Vergabeverfahren grundsätzlich geeignet ist, den ordnungsgemäßen Vergabewettbewerb zu gefährden. Er hielt jedoch eine Regelung für unverhältnismäßig und gemeinschaftsrechtswidrig, nach der jeder, der an der Vorbereitung des Vergabeverfahrens mitgewirkt habe, generell vom Vergabeverfahren auszuschließen sei. Es sei vielmehr geboten, in jedem Einzelfall zu hinterfragen, ob die Beteiligung im Vorfeld den Vergabewettbewerb nachhaltig negativ beeinflussen könne.

3253 In Übereinstimmung mit den Vorgaben des europäischen Rechts **verpflichtet die Neuregelung in Absatz 5 den Auftraggeber, bei einem Einsatz von sog. Projektanten sicherzustellen, dass der Wettbewerb nicht verfälscht wird.** Dies kann insbesondere bedeuten, dass der Auftraggeber einen etwaigen Informationsvorsprung des Projektanten gegenüber anderen Bietern oder Bewerbern ausgleicht. Nur wenn keine geeigneten Maßnahmen in Betracht kommen, die eine Verfälschung des Wettbewerbs verhindern, kommt ein Ausschluss des Projektanten vom Vergabeverfahren in Betracht.

43.4.2 Literatur

3254 – Müller-Wrede, Malte/Lux, Johannes, Die Behandlung von Projektanten im Vergabeverfahren – Zugleich eine Anmerkung zu OLG Düsseldorf, Beschl. vom 25. 10. 2005 – Verg 67/05 und VK Bund, Beschl. vom 6. 6. 2005 – VK 2-33/05, ZfBR 2006, 327

44. § 5 VgV – Vergabe freiberuflicher Dienstleistungen

Auftraggeber nach § 98 Nr. 1 bis 3 und 5 des Gesetzes gegen Wettbewerbsbeschränkungen haben bei der Vergabe von Dienstleistungen, die im Rahmen einer freiberuflichen Tätigkeit erbracht oder im Wettbewerb mit freiberuflich Tätigen angeboten werden, sowie bei Auslobungsverfahren, die zu solchen Dienstleistungen führen sollen, die Verdingungsordnung für freiberufliche Leistungen (VOF) in der Fassung der Bekanntmachung vom 16. März 2006 (BAnz. Nr. 91a vom 13. Mai 2006) anzuwenden. Dies gilt nicht für Dienstleistungen, deren Gegenstand eine Aufgabe ist, deren Lösung vorab eindeutig und erschöpfend beschrieben werden kann. Satz 1 findet auf Aufträge im Sektorenbereich keine Anwendung.

Vergabeverordnung   VgV § 6   Teil 2

44.1 Änderungen durch die VgV 2006

In § 5 Satz 1 wird – neben einer redaktionellen Änderung – der **statische Verweis** auf die   3255
Bekanntmachung der **VOF 2006 aktualisiert.**

44.2 Allgemeines

§ 5 VgV regelt, welche Vorschriften für bestimmte öffentliche Auftraggeber bei der Vergabe   3256
von freiberuflichen Dienstleistungsaufträgen – bei Aufträgen ab den Schwellenwerten – anzuwenden sind.

§ 5 hat damit im Kaskadenaufbau des Vergaberechts Scharnierfunktion zwischen GWB und   3257
VOL/VOF.

44.3 Anwendung des GWB im Sektorenbereich (§ 5 Satz 3)

Umstritten ist, ob das **Nachprüfungsverfahren** nach dem Vierten Teil des GWB bei der   3258
Vergabe freiberuflicher Dienstleistungen durch Sektorenauftraggeber – mit Blick auf § 5 Satz 3 –
überhaupt eröffnet ist. Das Thüringische OLG lässt die Frage offen und merkt nur an, dass
diese Vorschrift Sektorenauftraggeber nach ihrem Wortlaut lediglich von der Anwendung der
VOF befreit und hinsichtlich der generellen Anwendbarkeit des 4. Kapitels des GWB bei Erreichen der entsprechenden Schwellenwerte keine Aussage trifft (B. v. 16. 1. 2002 – Az.: 6 Verg 7/
01).

Nach Auffassung des OLG Frankfurt hingegen wird das **Nachprüfungsverfahren gem.**   3259
§§ 98 ff. GWB nicht durch § 5 Satz 3 VgV ausgeschlossen. Es kommt allein darauf an, ob
ein öffentlicher Auftrag gem. § 99 GWB vorliegt, der den Schwellenwert übersteigt und nicht
von der Anwendung des Vergaberechtsnachprüfungsverfahrens ausgeschlossen ist (§ 100 GWB).
§ 5 VgV enthält keine Regelung zum Ausschluss des Nachprüfungsverfahrens, sondern bestimmt lediglich, dass öffentliche Auftraggeber nach § 98 Nr. 1–3 und 5
GWB bei der Vergabe bestimmter Dienstleistungen die VOF anzuwenden haben. Aus
der Nichterwähnung der Auftraggeber gemäß § 98 Nr. 4 GWB bzw. der Bestimmung in Satz 3,
wonach Satz 1 auf Aufträge im Sektorenbereich keine Anwendung findet, folgt nicht, dass
das gesamte Vergabenachprüfungsverfahren gem. §§ 98 ff. GWB auf Auftraggeber nach § 98 Nr. 4
GWB nicht anzuwenden wäre, sondern dass für Auftraggeber nach § 98 Nr. 4 GWB insoweit
die VOF nicht anzuwenden ist. **Welche Bestimmungen Sektorenauftraggeber gem. § 98**
Nr. 4 GWB im Übrigen anzuwenden haben, folgt aus § 7 Abs. 2 VgV. Dass sie vom
Vergaberechtsregime insgesamt ausgenommen sind, wird an keiner Stelle geregelt.
Die VgV trifft nur nähere Bestimmungen über das Verfahren, das bei der Vergabe
öffentlicher Aufträge einzuhalten ist, nicht ob ein Nachprüfungsverfahren stattfindet
(OLG Frankfurt, B. v. 28. 2. 2006 – Az.: 11 Verg 15/05 und 16/05).

45. § 6 VgV – Vergabe von Bauleistungen

(1) **Auftraggeber nach § 98 Nr. 1 bis 3, 5 und 6 des Gesetzes gegen Wettbewerbsbeschränkungen haben bei der Vergabe von Bauaufträgen und Baukonzessionen die**
Bestimmungen des 2. Abschnittes des Teiles A der Verdingungsordnung für Bauleistungen (VOB/A) in der Fassung der Bekanntmachung vom 20. März 2006 (BAnz.
Nr. 94 a vom 18. Mai 2006) anzuwenden; für die in § 98 Nr. 6 genannten Auftraggeber gilt dies nur hinsichtlich der Bestimmungen, die auf diese Auftraggeber
Bezug nehmen. Baukonzessionen sind Bauaufträge, bei denen die Gegenleistung für
die Bauarbeiten statt in einer Vergütung in dem Recht auf Nutzung der baulichen
Anlage, gegebenenfalls zuzüglich der Zahlung eines Preises besteht. Satz 1 findet auf
Aufträge im Sektorenbereich keine Anwendung.
(2) **Bei der Anwendung des Absatzes 1 gelten die Bestimmungen des Abschnittes 2**
des Teiles A der Vergabe- und Vertragsordnung für Bauleistungen (VOB/A) mit folgenden Maßgaben:
1. **§ 2 Nr. 1 und § 25 Nr. 2 VOB/A gelten bei einer Auftragsvergabe an mehrere Unternehmen mit der Maßgabe, dass der Auftraggeber nur für den Fall der Auftrags-**

Teil 2 VgV § 6   Vergabeverordnung

vergabe verlangen kann, dass eine Bietergemeinschaft eine bestimmte Rechtsform annehmen muss, sofern dies für die ordnungsgemäße Durchführung des Auftrages notwendig ist.

2. § 8 Nr. 2 Abs. 1 und § 25 Nr. 6 VOB/A finden mit der Maßgabe Anwendung, dass der Auftragnehmer sich bei der Erfüllung der Leistung der Fähigkeiten anderer Unternehmen bedienen kann.

3. § 10 Nr. 5 Abs. 3 VOB/A gilt mit der Maßgabe, dass der Auftragnehmer bei der Weitervergabe von Bauleistungen nur die Bestimmungen des Teiles B der Vergabe- und Vertragsordnung für Bauleistungen (VOB/B) zugrunde zu legen hat.

(3) § 4 Abs. 5 gilt entsprechend.

45.1 Änderungen durch die VgV 2006

3260   In § 6 Abs. 1 Satz 1 wird – neben einer redaktionellen Änderung – der **statische Verweis** auf die Bekanntmachung der **VOB/A 2006 aktualisiert**.

45.2 Allgemeines

3261   § 6 VgV regelt, welche Vorschriften für bestimmte öffentliche Auftraggeber bei der Vergabe von Bauleistungen – bei Aufträgen ab den Schwellenwerten – anzuwenden sind.

3262   § 6 hat damit im Kaskadenaufbau des Vergaberechts Scharnierfunktion zwischen GWB und VOB.

45.3 Anwendung des GWB im Sektorenbereich (§ 6 Abs. 1 Satz 2)

3263   Umstritten ist, ob das **Nachprüfungsverfahren** nach dem Vierten Teil des GWB bei der Vergabe von Bauleistungen durch Sektorenauftraggeber – mit Blick auf § 6 Satz 2 – **überhaupt eröffnet** ist. Das Thüringische OLG lässt – für den parallelen Fall der Vergabe von freiberuflichen Leistungen – die Frage offen und merkt nur an, dass diese Vorschrift Sektorenauftraggeber nach ihrem Wortlaut lediglich von der Anwendung der VOF befreit und hinsichtlich der generellen Anwendbarkeit des 4. Kapitels des GWB bei Erreichen der entsprechenden Schwellenwerte keine Aussage trifft (B. v. 16. 1. 2002 – Az.: 6 Verg 7/01).

45.4 Baukonzessionen (§ 6 Abs. 1 Satz 2)

3264   Baukonzessionen sind Bauaufträge, bei denen die Gegenleistung für die Bauarbeiten statt in einer Vergütung in dem Recht auf Nutzung der baulichen Anlage, ggf. zuzüglich der Zahlung eines Preises besteht.

3265   Zu den Einzelheiten vgl. die Kommentierung zu § 99 GWB RZ 1131.

45.5 Anwendbares Recht für Sektorenauftraggeber, die finanziell gefördert werden (§ 6 Abs. 1 Satz 3)

3266   Wie sich **aus § 6 Abs. 1 S. 3 VgV** eindeutig ergibt, haben **auch öffentliche Auftraggeber nach § 98 Nr. 5 GWB bei einer mehr als 50%igen Fördermittelunterzetzung im Sektorenbereich** nicht den zweiten Abschnitt der VOB/A anzuwenden, sondern **es gilt vielmehr § 7 VgV**, der im Bereich des Verkehrs für einen öffentlichen Auftraggeber nach § 98 Nr. 2 GWB **den dritten Abschnitt der VOB/A für anwendbar erklärt**. Die Regelung des § 6 Abs. 1 S. 3 VgV widerspricht dabei auch nicht etwa europäischen Richtlinien. Vielmehr regelt Art 4 der Baukoordinierungsrichtlinie BKR ausdrücklich, dass die BKR gerade keine Anwendung findet auf die Vergabe von Aufträgen, die in der (alten) Sektorenrichtlinie genannt sind. In gleicher Weise bestimmt auch Art 4 Abs. 1 der SKR die Sonderstellung der Sektorenauftraggeber auch im Baubereich (1. VK Sachsen, B. v. 24. 3. 2005 – Az.: 1/SVK/019-05).

45.6 Änderung des § 6 VgV durch das ÖPP-Gesetz

3267   Durch das **Gesetz zur Beschleunigung der Umsetzung von Öffentlich Privaten Partnerschaften und zur Verbesserung gesetzlicher Rahmenbedingungen für Öffentlich

Vergabeverordnung VgV § 6a **Teil 2**

Private Partnerschaften vom 1. 9. 2005 (BGBl. I S. 2676) ist § 6 dahingehend geändert worden, dass der bisherige Wortlaut Absatz 1 wird und die Absätze 2 und 3 angefügt werden.

Nach Absatz 2 Nr. 1 gelten § 2 Nr. 1 und § 25 Nr. 2 VOB/A bei einer Auftragsvergabe an mehrere Unternehmen mit der Maßgabe, dass der Auftraggeber nur für den Fall der Auftragsvergabe verlangen kann, dass **eine Bietergemeinschaft eine bestimmte Rechtsform annehmen muss, sofern dies für die ordnungsgemäße Durchführung des Auftrages notwendig ist.** 3268

§ 6 Abs. 2 Nr. 1 übernimmt bei einer Auftragsvergabe an mehrere Unternehmen bzw. an eine Bietergemeinschaft **den Regelungsgehalt des § 7 a Nr. 2 Abs. 6 VOL/A**. Danach kann der Auftraggeber für den Fall der Auftragserteilung verlangen, dass eine Bietergemeinschaft eine bestimmte Rechtsform annehmen muss, sofern dies für die ordnungsgemäße Durchführung des Auftrages notwendig ist. Die Vorschrift korrigiert die Vergabepraxis für ÖPP-Vorhaben, wo gelegentlich bereits im Teilnahmewettbewerb von den Bewerbern verlangt wurde, dass sich diese schon zu diesem Zeitpunkt in der Rechtsform der zukünftigen Projektgesellschaft bewerben. Aufgrund des mit der Gesellschaftsgründung verbundenen Aufwandes wird durch diese Praxis insbesondere der Mittelstand belastet. Hierdurch kann der Erfolg von ÖPP beeinträchtigt werden. Auch aus Sicht der Wirtschaft ist eine flexible Lösung vorzuziehen. 3269

Auch der EuGH hat in der Rechtssache C-57/01 (Makedonio Metro) entschieden, dass bei der Vergabe einer öffentlichen Baukonzession von einer Bietergemeinschaft die Annahme einer bestimmten Rechtsform erst nach Zuschlagserteilung verlangt werden kann. 3270

Außerdem finden § 8 Nr. 2 Abs. 1 und § 25 Nr. 6 VOB/A mit der Maßgabe Anwendung, dass der **Auftragnehmer sich bei der Erfüllung der Leistung der Fähigkeiten anderer Unternehmen bedienen kann.** 3271

Nach § 6 Abs. 2 Nr. 2 ist also der **Auftragnehmer nicht verpflichtet, einen wesentlichen Anteil der vertraglichen Leistung als Eigenanteil zu erbringen;** zur Begründung vgl. RZ 3247. 3272

Drittens **gilt § 10 Nr. 5 Abs. 3 VOB/A mit der Maßgabe, dass der Auftragnehmer** bei der **Weitervergabe von Bauleistungen nur die Bestimmungen des Teiles B der Vergabe- und Vertragsleistungen für Bauleistungen (VOB/B) zugrunde** zu legen hat. 3273

Nach geltendem Recht (§ 4 Nr. 8 Abs. 2 VOB/B) haben Auftragnehmer bei der Weitervergabe von Bauleistungen „die Vergabe- und Vertragsordnung für Bauleistungen zugrunde zu legen". **Allerdings war bislang unklar, ob der weitervergebende Auftragnehmer die VOB insgesamt, d. h. die VOB/A, VOB/B und VOB/C, oder lediglich die VOB/B anzuwenden hatte.** Die Neuregelung des § 6 Abs. 2 Nr. 3 stellt klar, dass sich diese **Verpflichtung nur auf die Verwendung der VOB/B bezieht.** 3274

Viertens gilt § 4 Abs. 5 entsprechend. Die **Regelung über die Behandlung von sog. Projektanten ist also entsprechend auch für die Vergabe von Bauleistungen** anzuwenden; vgl. RZ 3247. 3275

46. § 6a VgV – Wettbewerblicher Dialog

(1) **Die staatlichen Auftraggeber können für die Vergabe eines Liefer-, Dienstleistungs- oder Bauauftrags oberhalb der Schwellenwerte einen wettbewerblichen Dialog durchführen, sofern sie objektiv nicht in der Lage sind,**
1. die technischen Mittel anzugeben, mit denen ihre Bedürfnisse und Ziele erfüllt werden können oder
2. die rechtlichen oder finanziellen Bedingungen des Vorhabens anzugeben.
(2) **Die staatlichen Auftraggeber haben ihre Bedürfnisse und Anforderungen europaweit bekannt zu machen; die Erläuterung dieser Anforderungen erfolgt in der Bekanntmachung oder in einer Beschreibung.**
(3) **Mit den im Anschluss an die Bekanntmachung nach Absatz 2 ausgewählten Unternehmen ist ein Dialog zu eröffnen, in dem die staatlichen Auftraggeber ermitteln und festlegen, wie ihre Bedürfnisse am besten erfüllt werden können. Bei diesem Dialog können sie mit den ausgewählten Unternehmen alle Einzelheiten des Auftrages erörtern. Die staatlichen Auftraggeber haben dafür zu sorgen, dass alle Unternehmen bei dem Dialog gleich behandelt werden. Insbesondere dürfen sie nicht**

Informationen so weitergeben, dass bestimmte Unternehmen begünstigt werden könnten. Die staatlichen Auftraggeber dürfen Lösungsvorschläge oder vertrauliche Informationen eines Unternehmens nicht ohne dessen Zustimmung an die anderen Unternehmen weitergeben und diese nur im Rahmen des Vergabeverfahrens verwenden.

(4) Die staatlichen Auftraggeber können vorsehen, dass der Dialog in verschiedenen aufeinander folgenden Phasen abgewickelt wird, um die Zahl der in der Dialogphase zu erörternden Lösungen anhand der in der Bekanntmachung oder in der Beschreibung angegebenen Zuschlagskriterien zu verringern. Im Fall des Satzes 1 ist dies in der Bekanntmachung oder in einer Beschreibung anzugeben. Die staatlichen Auftraggeber haben die Unternehmen, deren Lösungen nicht für die nächstfolgende Dialogphase vorgesehen sind, darüber zu informieren.

(5) Die staatlichen Auftraggeber haben den Dialog für abgeschlossen zu erklären, wenn

1. eine Lösung gefunden worden ist, die ihre Bedürfnisse erfüllt oder
2. erkennbar ist, dass keine Lösung gefunden werden kann;

sie haben die Unternehmen darüber zu informieren. Im Fall des Satzes 1 Nr. 1 haben sie die Unternehmen aufzufordern, auf der Grundlage der eingereichten und in der Dialogphase näher ausgeführten Lösungen ihr endgültiges Angebot vorzulegen. Die Angebote müssen alle zur Ausführung des Projekts erforderlichen Einzelheiten enthalten. Der staatliche Auftraggeber kann verlangen, dass Präzisierungen, Klarstellungen und Ergänzungen zu diesen Angeboten gemacht werden. Diese Präzisierungen, Klarstellungen oder Ergänzungen dürfen jedoch keine Änderung der grundlegenden Elemente des Angebotes oder der Ausschreibung zur Folge haben, die den Wettbewerb verfälschen oder diskriminierend wirken könnte.

(6) Die staatlichen Auftraggeber haben die Angebote auf Grund der in der Bekanntmachung oder in der Beschreibung festgelegten Zuschlagskriterien zu bewerten und das wirtschaftlichste Angebot auszuwählen. Die staatlichen Auftraggeber dürfen das Unternehmen, dessen Angebot als das wirtschaftlichste ermittelt wurde, auffordern, bestimmte Einzelheiten des Angebotes näher zu erläutern oder im Angebot enthaltene Zusagen zu bestätigen. Dies darf nicht dazu führen, dass wesentliche Aspekte des Angebotes oder der Ausschreibung geändert werden, und dass der Wettbewerb verzerrt wird oder andere am Verfahren beteiligte Unternehmen diskriminiert werden.

(7) Verlangen die staatlichen Auftraggeber, dass die am wettbewerblichen Dialog teilnehmenden Unternehmen Entwürfe, Pläne, Zeichnungen, Berechnungen oder andere Unterlagen ausarbeiten, müssen sie einheitlich für alle Unternehmen, die die geforderte Unterlage rechtzeitig vorgelegt haben, eine angemessene Kostenerstattung hierfür gewähren.

46.1 Änderungen durch die VgV 2006

3276 § 6a **VgV** ist im Zuge der VgV 2006 **nicht geändert** worden.

46.2 Gesetzliche Regelung des wettbewerblichen Dialogs

3277 Die Vorschrift des § 6a konkretisiert die Anforderungen an einen **wettbewerblichen Dialog im Sinne des neuen § 101 Abs. 5 GWB.** Die Regelung übernimmt im Wesentlichen die Vorgaben der neuen EU-Vergabekoordinierungsrichtlinie (2004/18/EG).

3278 Um dem **Bedürfnis der Praxis nach einem Dialog zwischen dem Auftraggeber und den potenziellen Bietern zwecks Definition der zu erbringenden Leistung entgegenzukommen,** wurde im EG-Vergaberecht (Richtlinie 2004/18/EG) die Möglichkeit geschaffen, das Verfahren des wettbewerblichen Dialogs einzuführen. Da es noch keine Erfahrungen mit diesem Verfahren gibt und die Regelungen in der Koordinierungsrichtlinie 2004/18/EG z.T. unbestimmt und vage sind, wird es **den Anwendern in die Verantwortung gegeben, die Vorteile dieses Verfahrens sachgerecht zu nutzen.** Die Auftraggeber müssen ihren Beurteilungsspielraum anhand der Grundsätze des Wettbewerbs, der Transparenz und der Gleichbehandlung ausüben und die Gründe für die Entscheidung zur Wahl des wettbewerblichen Dialogs ausreichend dokumentieren.

Die Durchführung des wettbewerblichen Dialogs ist an das **Vorliegen bestimmter Voraussetzungen geknüpft.** Nach § 101 Abs. 5 GWB muss es sich **um besonders komplexe Leistungen** handeln. Eine Leistung gilt als besonders komplex, wenn es dem Auftraggeber objektiv unmöglich ist, die erforderlichen technischen Mittel oder die rechtlichen und finanziellen Bedingungen anzugeben, mit denen sich seine Bedürfnisse erfüllen lassen. **Objektiv unmöglich** heißt, dass dies dem Auftraggeber nicht anzulasten ist (Erwägungsgrund 31 der Richtlinie 2004/18/EG). Eine **subjektive Unmöglichkeit aufgrund von Unzulänglichkeiten des Auftraggebers oder fehlendem Willens ist keine ausreichende Voraussetzung.** Ausreichend ist jedoch, wenn der Auftraggeber aufgrund des besonderen Charakters der Leistung nicht in der Lage ist, die technischen Mittel oder rechtlichen und finanziellen Bedingungen zu beschreiben, wenn es z.B. der erste Auftrag seiner Art ist, es für den Auftraggeber mit unverhältnismäßig hohem Kosten- und/oder Zeitaufwand verbunden wäre, die für die Beschreibung notwendigen Kenntnisse zu erlangen oder wenn die Komplexität der Leistung es mit sich bringt, dass eine vorherige Beschreibung der technischen, rechtlichen oder finanziellen Bedingungen zu einer erheblichen Verengung des Wettbewerbs führt. 3279

46.3 Verringerung der Zahl der in den Dialogphasen zu erörternden Lösungen allein anhand der angegebenen Zuschlagskriterien (§ 6a Abs. 4)

Nach § 6a Abs. 4 kann die **Zahl der in den Dialogphasen zu erörternden Lösungen allein anhand der angegebenen Zuschlagskriterien verringert** werden, **alles andere liefe auf eine willkürliche Entscheidung** hinaus. In § 6a VgV findet sich keine Regelung, wonach ein öffentlicher Auftraggeber eine Art von Mindestbedingungen formuliert und allein diese zum Kriterium zur Verringerung der Lösungen nimmt. Wenn der **Auftraggeber im Verfahren erkennt, dass die von ihm gesetzten Zuschlagskriterien nicht geeignet sind, wesentliche Umstände der nachgefragten Leistung überhaupt zu erfassen,** kann er nicht dahin ausweichen, Lösungen aufgrund von „Anforderungen" auszuscheiden, die sich erst während des Dialoges bilden oder konkretisieren. Damit hätte der Auftraggeber es in der Hand, die ihm nicht genehmen Produkte, Leistungen oder Unternehmen auszuscheiden, ohne dass eine objektive Überprüfung dieser Entscheidung entweder anhand vorher eindeutig festgelegter Leistungsanforderungen oder vorher festgelegter Zuschlagskriterien möglich wäre. Die Anforderungen an ein transparentes und gleiches Verfahren einerseits und die notwendige Bestimmungsfreiheit des Auftraggebers andererseits lassen sich im wettbewerblichen Dialog nur so vereinbaren, dass die **Zuschlagskriterien so hinreichend sorgfältig erarbeitet werden, um – etwa durch das Zusammenspiel von abstrakten und konkreten Anforderungen – die Zielerreichung aller angebotenen Lösungen in unterschiedlichen Stadien des wettbewerblichen Dialogs abbilden zu können.** Dies mag aufwendig erscheinen, allerdings dürfte bei den für den wettbewerblichen Dialog vorgesehenen innovativen (Groß-)Projekten eine genaue, wenn auch abstrakte Zieldefinition für den Auftraggeber ohnehin unerlässlich sein, wenn er nicht zum Spielball seiner Dialogpartner werden will (VK Düsseldorf, B. v. 11. 8. 2006 – Az.: VK-30/2006-L). 3280

46.4 Literatur

- Heiermann, Wolfgang, Der wettbewerbliche Dialog, ZfBR 2005, 766
- Ollmann, Horst, Wettbewerblicher Dialog eingeführt – Änderung des Vergaberechts durch das ÖPP-Beschleunigungsgesetz, VergabeR 2005, 685
- Opitz, Wie funktioniert der wettbewerbliche Dialog? – Rechtliche und Praktische Probleme, VergabeR 2006, 451
- Pünder, Hermann/Franzius, Ingo, Auftragsvergabe im wettbewerblichen Dialog, ZfBR 2006, 20

3281

47. § 7 VgV – Aufträge im Sektorenbereich

(1) **Die in § 98 Nr. 1 bis 3 des Gesetzes gegen Wettbewerbsbeschränkungen genannten Auftraggeber, die eine Tätigkeit nach § 8 Nr. 1, Nr. 4 Buchstabe b oder Nr. 4 Buchstabe c ausüben, haben bei der Vergabe von Aufträgen die folgenden Bestimmungen anzuwenden:**

Teil 2 VgV § 7   Vergabeverordnung

1. im Fall von Liefer- und Dienstleistungsaufträgen sowie Auslobungsverfahren, die zu Dienstleistungen führen sollen, die Bestimmungen des 3. Abschnittes des Teiles A der Verdingungsordnung für Leistungen (VOL/A). Dies gilt nicht für Aufträge im Sinne des § 5;
2. im Fall von Bauaufträgen die Bestimmungen des 3. Abschnittes des Teiles A der Verdingungsordnung für Bauleistungen (VOB/A).

(2) Die in § 98 Nr. 1 bis 3 des Gesetzes gegen Wettbewerbsbeschränkungen genannten Auftraggeber, die eine Tätigkeit nach § 8 Nr. 2, Nr. 3 oder Nr. 4 Buchstabe a ausüben, und die in § 98 Nr. 4 des Gesetzes gegen Wettbewerbsbeschränkungen genannten Auftraggeber haben bei der Vergabe von Aufträgen die folgenden Bestimmungen anzuwenden:

1. im Fall von Liefer- und Dienstleistungsaufträgen sowie Auslobungsverfahren, die zu Dienstleistungen führen sollen, die Bestimmungen des 4. Abschnittes des Teiles A der Verdingungsordnung für Leistungen (VOL/A). Dies gilt nicht für Aufträge im Sinne des § 5;
2. im Fall von Bauaufträgen die Bestimmungen des 4. Abschnittes des Teiles A der Verdingungsordnung für Bauleistungen (VOB/A).

47.1 Änderungen durch die VgV 2006

3282 § 7 ist lediglich **redaktionell geändert**.

3283 In einem ersten Entwurf der **dritten Verordnung zur Änderung der VgV** war vorgesehen, dass künftig alle Auftraggeber in den Sektorenbereichen gleich behandelt werden; sie sollten nur – soweit EU-rechtlich zwingend – zur Anwendung der Vergaberegeln gesetzlich verpflichtet werden. Diese **sind in den – ebenso angepassten – jeweiligen Abschnitten 4 der VOL/A und VOB/A enthalten.** Damit sollte nach der Gesetzesbegründung nicht nur EU-Recht 1:1 umgesetzt, sondern auch den Liberalisierungsfortschritten in diesen Bereichen besser Rechnung getragen werden. Der **dritte Abschnitt der VOB/A und der VOL/A sollten also damit keinen Anwendungsbereich mehr** haben. Im Zuge der Diskussion über den Entwurf wurde dieser Änderungsvorschlag fallen gelassen; er soll im Zuge der umfassenden Neustrukturierung des Vergaberechts aufgegriffen werden.

47.2 Allgemeines

3284 § 7 VgV regelt, welche Vorschriften für öffentliche Auftraggeber, die in Sektorenbereichen tätig sind, bei der Vergabe von Bauleistungen – bei Aufträgen ab den Schwellenwerten – anzuwenden sind.

3285 § 7 verweist für den sachlichen Anwendungsbereich auf § 8 VgV. Im Zusammenhang mit § 8 VgV sind jeweils § 9 und 10 VgV zu beachten, die Ausnahmen vom sachlichen Anwendungsbereich definieren.

3286 Mit der Regelung des § 7 **wollte es der bundesdeutsche Gesetzgeber ermöglichen, dass das Sektorenunternehmen die Geschäfte auf dem Sektor, auf dem es agiert, ohne vergaberechtliche Vorgaben steuern kann.** Insoweit handelt es sich um eine richtlinienkonforme Umsetzung der Richtlinie 93/38/EWG vom 14. Juni 1993, geändert durch die Richtlinie 94/4/EG vom 16. Februar 1998. Grundsatz der Sektorenrichtlinie ist es also, die Beschaffung des Materials für die Hauptaktivitäten eines Sektorenauftraggebers aus dem Vergaberegime herauszuziehen. Um diese sektoreninterne Tätigkeit der Sektorenauftraggeber generell dem Vergaberecht und damit konsequenter Weise auch dem Anwendungsbereich des GWB insgesamt zu entziehen, ist zudem **1999 § 100 Absatz 2 lit. f) GWB in den vierten Abschnitt des GWB aufgenommen** worden. Dieser bestimmt, dass der 4. Abschnitt des GWB nicht für Aufträge gilt, die von Auftraggebern, die auf dem Gebiet der Trinkwasser- oder Energieversorgung oder des Verkehrs oder der Telekommunikation tätig sind, nach Maßgabe der VgV auf dem Gebiet vergeben werden, auf dem sie selbst tätig sind (1. VK Sachsen, B.v. 15. 10. 2004 – Az.: 1/SVK/090-04).

47.3 Sektorenfremde Beschaffungen

3287 § 9 Abs. 2 VgV sieht eine Ausnahme für sog. **sektorenfremde Beschaffungen** vor. Danach gilt **§ 7 VgV nicht für solche Aufträge,** die zwar **von Sektorenauftraggebern** vergeben

Vergabeverordnung VgV § 8 Teil 2

werden, aber im Zusammenhang mit einer **Tätigkeit** stehen, die **nicht von § 8 VgV erfasst** wird (VK Südbayern, B. v. 17. 7. 2001 – Az.: 23-06/01; **ebenso für die Sektorenrichtlinie EuGH**, Urteil vom 16. 6. 2005 – Az.: C-462/03, C-463/03).

Die **Fälle einer möglichen Geltung der klassischen Vergaberichtlinie** 2004/18/EG im Falle der Freistellung von den Vorschriften der Sektorenrichtlinie 2004/17/EG sind **fallbezogen von dem rechtlichen Status der Beschaffungsstelle** nach § 98 Nr. 1 bis 3 des Gesetzes gegen Wettbewerbsbeschränkung (GWB) **abhängig**. 3288

47.4 Beschaffung von Wasser

47.4.1 Allgemeines

Gemäß § 9 Abs. 5 Nr. 1 VgV gilt § 7 VgV, der die Vergaberechtspflichtigkeit von Aufträgen im Sektorenbereich regelt, nicht für Aufträge, die bei Tätigkeiten nach § 8 Nr. 1 VgV die **Beschaffung von Wasser** zum Gegenstand haben (VK Lüneburg, B. v. 15. 1. 2002 – Az.: 203-VgK-24/2001). 3289

47.4.2 Literatur

– Koenig, Christian/Haratsch, Andreas, Die Ausschreibung von Versorgungsgebieten in der Wasserwirtschaft, DVBl 2004, 1387 3290

48. § 8 VgV – Tätigkeit im Sektorenbereich

Tätigkeiten auf dem Gebiet der Trinkwasser- oder Energieversorgung oder im Verkehrsbereich (Sektorenbereich) sind die im Folgenden genannten Tätigkeiten:

1. Trinkwasserversorgung:
   die Bereitstellung und das Betreiben fester Netze zur Versorgung der Öffentlichkeit im Zusammenhang mit der Gewinnung, dem Transport oder der Verteilung von Trinkwasser sowie die Versorgung dieser Netze mit Trinkwasser; dies gilt auch, wenn diese Tätigkeit mit der Ableitung und Klärung von Abwässern oder mit Wasserbauvorhaben sowie Vorhaben auf dem Gebiet der Bewässerung und der Entwässerung im Zusammenhang steht, sofern die zur Trinkwasserversorgung bestimmte Wassermenge mehr als 20 vom Hundert der mit dem Vorhaben oder Bewässerungs- oder Entwässerungsanlagen zur Verfügung gestellten Gesamtwassermenge ausmacht;

2. Elektrizitäts- und Gasversorgung:
   die Bereitstellung und das Betreiben fester Netze zur Versorgung der Öffentlichkeit im Zusammenhang mit der Erzeugung, dem Transport oder der Verteilung von Strom oder der Gewinnung von Gas sowie die Versorgung dieser Netze mit Strom oder Gas durch Unternehmen im Sinne des § 2 Abs. 3 des Energiewirtschaftsgesetzes;

3. Wärmeversorgung:
   die Bereitstellung und das Betreiben fester Netze zur Versorgung der Öffentlichkeit im Zusammenhang mit der Erzeugung, dem Transport oder der Verteilung von Wärme sowie die Versorgung dieser Netze mit Wärme;

4. Verkehrsbereich:
   a) die Nutzung eines geographisch abgegrenzten Gebietes zum Zwecke der Versorgung von Beförderungsunternehmen im Luftverkehr mit Flughäfen durch Flughafenunternehmer, die eine Genehmigung nach § 38 Abs. 2 Nr. 1 der Luftverkehrs-Zulassungsordnung in der Fassung der Bekanntmachung vom 27. März 1999 (BGBl. I S. 610) erhalten haben oder einer solchen bedürfen;

   b) die Nutzung eines geographisch abgegrenzten Gebietes zum Zwecke der Versorgung von Beförderungsunternehmen im See- oder Binnenschiffverkehr mit Häfen oder anderen Verkehrsendeinrichtungen;

   c) das Betreiben von Netzen zur Versorgung der Öffentlichkeit im Eisenbahn-, Straßenbahn- oder sonstigen Schienenverkehr, im öffentlichen Personenverkehr

Teil 2 VgV § 9

auch mit Kraftomnibussen und Oberleitungsbussen, mit Seilbahnen sowie mit automatischen Systemen. Im Verkehrsbereich ist ein Netz auch vorhanden, wenn die Verkehrsleistungen auf Grund einer behördlichen Auflage erbracht werden; dazu gehören die Festlegung der Strecken, Transportkapazitäten oder Fahrpläne.

48.1 Änderungen durch die VgV 2006

3291 § 8 VgV ist im Zuge der VgV 2006 **nicht geändert** worden.

48.2 Allgemeines

3292 § 8 VgV definiert die Tätigkeiten in den Sektorenbereichen:
– Trinkwasserversorgung
– Elektrizitäts- und Gasversorgung
– Wärmeversorgung und
– Verkehrsbereich

3293 Der Telekommunikationsbereich ist nicht mehr enthalten.

48.3 Ausnahmen

3294 § 9 VgV enthält Ausnahmen im Sektorenbereich.

49. § 9 VgV – Ausnahmen im Sektorenbereich

(1) **Die Tätigkeit des Auftraggebers nach § 98 Nr. 4 des Gesetzes gegen Wettbewerbsbeschränkungen gilt nicht als eine Tätigkeit**
1. im Sinne des § 8 Nr. 1, sofern die Gewinnung von Trinkwasser für die Ausübung einer anderen Tätigkeit als der Trinkwasserversorgung der Öffentlichkeit erforderlich ist, die Lieferung an das öffentliche Netz nur von seinem Eigenverbrauch abhängt und unter Zugrundelegung des Mittels der letzten drei Jahre einschließlich des laufenden Jahres nicht mehr als 30 vom Hundert seiner gesamten Trinkwassergewinnung ausmacht;
2. im Sinne des § 8 Nr. 2, sofern die Erzeugung von Strom für die Ausübung einer anderen Tätigkeit als der Versorgung der Öffentlichkeit erforderlich ist, die Lieferung von Strom an das öffentliche Netz nur von seinem Eigenverbrauch abhängt und unter Zugrundelegung des Mittels der letzten drei Jahre einschließlich des laufenden Jahres nicht mehr als 30 vom Hundert seiner gesamten Energieerzeugung ausmacht;
3. im Sinne des § 8 Nr. 2, sofern die Erzeugung von Gas sich zwangsläufig aus der Ausübung einer anderen Tätigkeit ergibt, die Lieferung an das öffentliche Netz nur darauf abzielt, diese Erzeugung wirtschaftlich zu nutzen und unter Zugrundelegung des Mittels der letzten drei Jahre einschließlich des laufenden Jahres nicht mehr als 20 vom Hundert des Umsatzes des betreffenden Auftraggebers ausgemacht hat;
4. im Sinne des § 8 Nr. 3, sofern die Erzeugung von Wärme sich zwangsläufig aus der Ausübung einer anderen Tätigkeit ergibt, die Lieferung an das öffentliche Netz nur darauf abzielt, diese Erzeugung wirtschaftlich zu nutzen und unter Zugrundelegung des Mittels der letzten drei Jahre einschließlich des laufenden Jahres nicht mehr als 20 vom Hundert des Umsatzes des Auftraggebers ausgemacht hat.

(2) § 7 gilt nicht für Aufträge, die anderen Zwecken als der Durchführung der in § 8 genannten Tätigkeiten dienen.

(3) § 7 gilt nicht für Aufträge, die zur Durchführung der in § 8 genannten Tätigkeiten außerhalb des Gebietes, in dem der Vertrag zur Gründung der Europäischen

Vergabeverordnung VgV § 9 **Teil 2**

Gemeinschaft gilt, vergeben werden, wenn sie nicht mit der tatsächlichen Nutzung eines Netzes oder einer Anlage innerhalb dieses Gebietes verbunden sind. Die betreffenden Auftraggeber teilen der Kommission der Europäischen Gemeinschaften auf deren Anfrage alle Tätigkeiten mit, die nach ihrer Auffassung unter Satz 1 fallen. Eine Kopie des Schreibens an die Kommission übersenden sie unaufgefordert dem Bundesministerium für Wirtschaft und Technologie.

(4) § 7 gilt nicht für Aufträge, die zum Zwecke der Weiterveräußerung oder Weitervermietung an Dritte vergeben werden, vorausgesetzt, dass der Auftraggeber kein besonderes oder ausschließliches Recht zum Verkauf oder zur Vermietung des Auftragsgegenstandes besitzt und dass andere Unternehmen die Möglichkeit haben, diese Waren unter gleichen Bedingungen wie der betreffende Auftraggeber zu verkaufen oder zu vermieten. Die betreffenden Auftraggeber teilen der Kommission der Europäischen Gemeinschaften auf deren Anfrage alle Arten von Erzeugnissen mit, die nach ihrer Auffassung unter Satz 1 fallen. Eine Kopie des Schreibens an die Kommission übersenden sie unaufgefordert dem Bundesministerium für Wirtschaft und Technologie.

(5) § 7 gilt nicht für Aufträge, die
1. bei Tätigkeiten nach § 8 Nr. 1 die Beschaffung von Wasser oder
2. bei Tätigkeiten nach § 8 Nr. 2 und 3 die Beschaffung von Energie oder von Brennstoffen zum Zwecke der Energieerzeugung

zum Gegenstand haben.

49.1 Änderungen durch die VgV 2006

§ 9 **VgV** ist im Zuge der VgV 2006 **lediglich redaktionell geändert** worden. 3295

49.2 Allgemeines

§ 9 VgV definiert die Ausnahmen im Sektorenbereich. Zu den von der Rechtsprechung bereits entschiedenen Konstellationen vgl. die Kommentierung zu § 7 VgV. 3296

49.3 Telekommunikationsbereich

Die EU-Kommission hat im Amtsblatt der Europäischen Union vom 30. 4. 2004 (C 115/7) 3297 gemäß Artikel 8 der Richtlinie 93/38/EWG eine **Liste der Dienstleistungen,** die unter die **Ausnahmeregelung nach Artikel 8 der Richtlinie 93/38/EWG** des Rates vom 14. Juni 1993 zur Koordinierung der Auftragsvergabe durch Auftraggeber im Bereich der Wasser-, Energie- und Verkehrsversorgung sowie im Telekommunikationssektor **fallen, veröffentlicht** (2004/C 115/03). Aufgrund der Anwendung des Artikels 8 Abs. 1 unterliegen **Aufträge im Hinblick auf die Bereitstellung von Telekommunikationsdiensten in allen 15 Mitgliedstaaten nicht mehr den Einzelbestimmungen dieser Richtlinie.**

Es handelt sich um **folgende Dienstleistungen:** 3298
- Öffentlicher Telefondienst (Festnetz)
- Öffentlicher Telefondienst (Mobilnetz)
- Satellitendienste
- Datenübertragung/Mehrwertdienste (Telefonkarten, Internet, Rückrufdienste).

49.4 Begriff der Beschaffung in § 9 Abs. 5

Unter dem **Begriff der Beschaffung ist nur die reine Lieferleistung zu verstehen.** Be- 3299 schafft ein Auftraggeber also z.B. Brennstoffe zum Zweck der Energieerzeugung, sind eventuell nachfolgende Dienstleistungen wie der Rücktransport und die Entsorgung der Reststoffe, die dem potentiellen Auftragnehmer besondere Pflichten nach Kreislaufwirtschafts-/Abfallgesetz oder BImSchG auferlegen, nicht umfasst. Sähe man das anders, läge es in der Hand des jeweiligen Auftraggebers, durch eine entsprechend gewählte Vertragskonstellation sich den EG-Richt-

Teil 2 VgV § 10   Vergabeverordnung

linien zum öffentlichen Vergaberecht bzw. den Bestimmungen des GWB zu entziehen (1. VK Sachsen, B. v. 15. 10. 2004 – Az.: 1/SVK/090-04).

50. § 10 VgV – Freistellung verbundener Unternehmen

(1) § 7 gilt nicht für Dienstleistungsaufträge,

1. die ein Auftraggeber an ein mit ihm verbundenes Unternehmen vergibt,
2. die ein gemeinsames Unternehmen, das mehrere Auftraggeber zur Durchführung von Tätigkeiten im Sinne des § 8 gebildet haben, an einen dieser Auftraggeber oder an ein Unternehmen vergibt, das mit einem dieser Auftraggeber verbunden ist,

sofern mindestens 80 vom Hundert des von diesem Unternehmen während der letzten drei Jahre in der Europäischen Gemeinschaft erzielten durchschnittlichen Umsatzes im Dienstleistungssektor aus der Erbringung dieser Dienstleistungen für die mit ihm verbundenen Unternehmen stammen. Satz 1 gilt auch, sofern das Unternehmen noch keine drei Jahre besteht, wenn zu erwarten ist, dass in den ersten drei Jahren seines Bestehens mindestens 80 vom Hundert erreicht werden. Werden die gleichen oder gleichartigen Dienstleistungen von mehr als einem mit dem Auftraggeber verbundenen Unternehmen erbracht, ist der Gesamtumsatz in der Europäischen Gemeinschaft zu berücksichtigen, der sich für diese Unternehmen aus der Erbringung von Dienstleistungen ergibt. Die Auftraggeber teilen der Kommission der Europäischen Gemeinschaften auf deren Verlangen den Namen der Unternehmen, die Art und den Wert des jeweiligen Dienstleistungsauftrages und alle Angaben mit, welche die Kommission der Europäischen Gemeinschaften zur Prüfung für erforderlich hält.

(2) Ein verbundenes Unternehmen im Sinne des Absatzes 1 ist ein Unternehmen, das als Mutter- oder Tochterunternehmen im Sinne des § 290 Abs. 1 des Handelsgesetzbuches gilt, ohne dass es auf die Rechtsform und den Sitz ankommt. Im Fall von Auftraggebern, auf die § 290 Abs. 1 des Handelsgesetzbuches nicht zutrifft, sind verbundene Unternehmen diejenigen, auf die der Auftraggeber unmittelbar oder mittelbar einen beherrschenden Einfluss ausüben kann, insbesondere auf Grund der Eigentumsverhältnisse, der finanziellen Beteiligung oder der für das Unternehmen geltenden Vorschriften. Es wird vermutet, dass ein beherrschender Einfluss ausgeübt wird, wenn der Auftraggeber

1. die Mehrheit des gezeichneten Kapitals des Unternehmens besitzt oder
2. über die Mehrheit der mit den Anteilen des Unternehmens verbundenen Stimmrechte verfügt oder
3. mehr als die Hälfte der Mitglieder des Verwaltungs-, Leitungs- oder Aufsichtsorgans des Unternehmens bestellen kann.

Verbundene Unternehmen sind auch diejenigen, die einen beherrschenden Einfluss im Sinne des Satzes 3 auf den Auftraggeber ausüben können oder die ebenso wie der Auftraggeber einem beherrschenden Einfluss eines anderen Unternehmens unterliegen.

50.1 Änderungen durch die VgV 2006

3300   § 10 VgV ist im Zuge der VgV 2006 **nicht geändert** worden.

50.2 Allgemeines

3301   § 10 VgV definiert für Dienstleistungsaufträge ebenfalls eine Ausnahme vom Anwendungsbereich des § 7.

50.3 Verknüpfung zu den „Inhouse-Geschäften"

3302   Im Rahmen von „Inhouse-Geschäften" wird zur Ausfüllung des Merkmals „Tätigkeit im Wesentlichen für den öffentlichen Auftraggeber" u. a. auf § 10 VgV zurückgegriffen; das bedeutet,

Vergabeverordnung   VgV § 11   **Teil 2**

dass das **Fremdgeschäft der beauftragten verbundenen Unternehmen nicht mehr als 20%** betragen darf; dieser Ansatz ist zwischenzeitlich durch die **Rechtsprechung des EuGH überholt** (vgl. im Einzelnen die Kommentierung zu § 99 GWB RZ 1007).

51. § 11 VgV – Auftraggeber nach dem Bundesberggesetz

(1) **Die in § 98 Nr. 1 bis 4** des Gesetzes gegen Wettbewerbsbeschränkungen genannten Auftraggeber, die nach dem Bundesberggesetz eine Berechtigung zur Aufsuchung oder Gewinnung von Erdöl, Gas, Kohle oder anderen Festbrennstoffen erhalten haben, haben bei der Vergabe von Aufträgen zum Zwecke der Durchführung der zuvor bezeichneten Tätigkeiten den Grundsatz der Nichtdiskriminierung und der wettbewerbsorientierten Auftragsvergabe zu beachten. Insbesondere haben sie Unternehmen, die ein Interesse an einem solchen Auftrag haben können, ausreichende Informationen zur Verfügung zu stellen und bei der Auftragsvergabe objektive Kriterien zugrunde zu legen. Auf Aufträge, die die Beschaffung von Energie oder Brennstoffen zur Energieerzeugung zum Gegenstand haben, sind die Sätze 1 und 2 nicht anzuwenden.

(2) **Die in Absatz 1 genannten Auftraggeber** erteilen der Kommission der Europäischen Gemeinschaften unter den von dieser festgelegten Bedingungen Auskunft über die Vergabe der unter diese Vorschrift fallenden Aufträge.

51.1 Änderungen durch die VgV 2006

§ **11 VgV** ist im Zuge der VgV 2006 **redaktionell geändert** worden. 3303

51.2 Allgemeines

Auftraggeber nach dem Bundesberggesetz genießen eine **weitgehende Freiheit bei der** 3304 **Gestaltung der Auftragsvergabe.** Sie haben nach dem Wortlaut des § 11 den **Grundsatz der Nichtdiskriminierung und der wettbewerbsorientierten Auftragsvergabe** zu beachten. Dabei haben sie insbesondere den beteiligten Unternehmen ausreichende Informationen zur Verfügung zu stellen und bei der Auftragsvergabe objektive Kriterien zu Grunde zu legen (VK Arnsberg, B. v. 11. 4. 2002 – Az.: VK 2-06/2002).

51.3 Keine Freistellung insgesamt von der VgV

Die Vorschrift des § 11 enthält eine Privilegierung dieser Auftraggeber hinsichtlich der von 3305 ihr durchzuführenden Vergabeverfahren. Der § **11 enthält nicht eine vollständige Freistellung von der Vergabeverordnung im Ganzen.** § 11 stellt die unveränderte Übernahme des § 5 der alten Vergabeverordnung in die neue Verordnung dar. Aus dem Vergleich der beiden Vergabeverordnungen ergibt sich, dass § 5 alter Fassung von 1994 eine Freistellung bergbaulicher Unternehmen von der Anwendung der Abschnitte 4 der VOL/A und VOB/A beinhaltet hat, also der Verdingungsverordnungen. § 6 der alten Vergabeverordnung beinhaltet ferner die Auftragstypen, auf die die gesamte Vergabeverordnung keine Anwendung finden sollte. Aus der Gegenüberstellung dieser beiden alten Vorschriften wird unzweifelhaft deutlich, dass die besondere Privilegierung der bergbaulichen Unternehmen uneingeschränkt bestehen bleiben sollte, nicht aber ein vollständiger Ausschluss von dem Anwendungsbereich der VgV. Weder nach altem Recht noch nach neuem Recht sind die Bergbauunternehmen von den Bestimmungen des GWB vollständig freigestellt. Vielmehr sind ihnen wesentliche Erleichterungen hinsichtlich des eigentlichen Verfahrens in Form der Befreiung von der Anwendung der VOL/A und der VOB/A gewährt (VK Arnsberg, B. v. 11. 4. 2002 – Az.: VK 2-06/2002).

51.4 Anwendbarkeit des § 13

Die **Anwendung des § 13 VgV bleibt vollständig unberührt.** Auch nach dem Sinn und 3306 Zweck des § 13 VgV ist nichts anderes möglich. Gerade in einem (Verhandlungs-)Verfahren, das

633

die weitgehend bieterschützenden Regelungen der Verdingungsordnungen ausschließt, ist das Minimum der Rechtsschutzgarantie des § 13 von besonderer Bedeutung. § 13 ist entwickelt worden, um den grundsätzlichen Bieterschutz in jeder Art von Vergabeverfahren zu gewährleisten. Die bislang ergangenen Entscheidungen zu § 13 VgV spiegeln regelmäßig die Erkenntnis, dass **§ 13 VgV auf grundsätzlich jedes Verfahren Anwendung finden muss** (VK Arnsberg, B. v. 11. 4. 2002 – Az.: VK 2-06/2002).

52. § 12 VgV – Drittlandsklausel

Auftraggeber, die eine der in § 8 genannten Tätigkeiten ausüben, können bei Lieferaufträgen Angebote zurückweisen, bei denen der Warenanteil zu mehr als 50 vom Hundert des Gesamtwertes aus Ländern stammt, die nicht Vertragsparteien des Abkommens über den Europäischen Wirtschaftsraum sind und mit denen auch keine sonstigen Vereinbarungen über gegenseitigen Marktzugang bestehen. Das Bundesministerium für Wirtschaft und Arbeit gibt im Bundesanzeiger bekannt, mit welchen Ländern und auf welchen Sektoren solche Vereinbarungen bestehen. Sind zwei oder mehrere Warenangebote nach den Zuschlagskriterien des § 25 b Nr. 1 Abs. 1 oder § 11 SKR Nr. 1 Abs. 1 VOL/A gleichwertig, so ist das Angebot zu bevorzugen, das nicht nach Satz 1 zurückgewiesen werden kann. Die Preise sind als gleichwertig anzusehen, wenn sie um nicht mehr als 3 vom Hundert voneinander abweichen. Die Bevorzugung unterbleibt, sofern sie den Auftraggeber zum Erwerb von Ausrüstungen zwingen würde, die andere technische Merkmale als bereits genutzte Ausrüstungen haben und dadurch zu Inkompatibilität oder technischen Schwierigkeiten bei Betrieb und Wartung oder zu unverhältnismäßigen Kosten führen würden. Software, die in der Ausstattung für Telekommunikationsnetze verwendet wird, gilt als Ware im Sinne dieses Absatzes.

52.1 Änderungen durch die VgV 2006

3307 § 12 VgV ist im Zuge der VgV 2006 **nicht geändert** worden.

52.2 Zurückweisung von Angeboten

3308 Auftraggeber, die im Sektorenbereich nach § 8 VgV tätig sind, können bei Lieferaufträgen **Angebote zurückweisen,** bei denen der Warenanteil zu mehr als 50 vom Hundert des Gesamtwertes aus Ländern stammt, die nicht Vertragsparteien des Abkommens über den Europäischen Wirtschaftsraum sind und mit denen auch **keine sonstigen Vereinbarungen über gegenseitigen Marktzugang** bestehen.

52.3 Vereinbarungen über gegenseitigen Marktzugang

3309 Das Bundesministerium für Wirtschaft und Technologie (BMWi) gibt im Bundesanzeiger bekannt, mit welchen Ländern und auf welchen Sektoren Vereinbarungen über gegenseitigen Marktzugang bestehen.

3310 Mit Bekanntmachung vom 8. 4. 2003 (Bundesanzeiger Nr. 77 vom 24. 4. 2003 S. 8529) hat das BMWi eine entsprechende Mitteilung veröffentlicht.

53. § 13 VgV – Informationspflicht

Der Auftraggeber informiert die Bieter, deren Angebote nicht berücksichtigt werden sollen, über den Namen des Bieters, dessen Angebot angenommen werden soll und über den Grund der vorgesehenen Nichtberücksichtigung ihres Angebotes. Er sendet diese Information in Textform spätestens 14 Kalendertage vor dem Vertragsabschluß an die Bieter ab. Die Frist beginnt am Tag nach der Absendung der Information durch den Auftraggeber. Auf den Tag des Zugangs der Information beim

Bieter kommt es nicht an. Ein Vertrag darf vor Ablauf der Frist oder ohne daß die Information erteilt worden und die Frist abgelaufen ist, nicht geschlossen werden. Ein dennoch abgeschlossener Vertrag ist nichtig.

Der Auftraggeber hat neben den Informationspflichten aus VOB, VOL und VOF eine eigenständige Informationspflicht nach § 13 VgV. Inhalt und Reichweite dieser Informationspflicht sind sehr umstritten.

53.1 Änderungen durch die VgV 2006

§ 13 VgV ist im Zuge der VgV 2006 **nicht geändert** worden.

53.2 Sinn und Zweck der Regelung

Die Informationspflicht des Auftraggebers nach § 13 VgV dient primär dazu, die **Bieter durch einen Vertragsschluss nicht vor vollendete Tatsachen zu stellen** und sie so der Möglichkeit zu berauben, die Zuschlagsentscheidung des Auftraggebers überprüfen zu lassen (Bundesgerichtshof, Urteil vom 22. 2. 2005 – Az.: KZR 36/03; VK Baden-Württemberg, B. v. 13. 2. 2006 – Az.: 1 VK 1/06; VK Südbayern, B. v. 31. 10. 2002 – Az.: 42-10/02). Die Verpflichtung des Auftraggebers, diejenigen Bieter, die er nicht berücksichtigen will, vor der endgültigen Auftragsvergabe nach Maßgabe von § 13 VgV zu informieren, und das an den Auftraggeber gerichtete sanktionsbewehrte Verbot, innerhalb der Schutzfrist von 14 Tage den ins Auge gefassten Vertrag zustande zu bringen, **verschaffen den von einer Absage betroffenen Bietern die Gelegenheit, bis zum Fristablauf Vergaberechtsschutz in Anspruch zu nehmen** (OLG Dresden, B. v. 11. 4. 2005 – Az.: WVerg 05/05; VK Baden-Württemberg, B. v. 13. 2. 2006 – Az.: 1 VK 1/06).

Die **Nichtigkeitsfolge sichert die Einhaltung dieser Frist. Sie schützt den unterlegenen Bieter,** indem sie verhindert, dass durch die Erteilung des Zuschlags unumkehrbare Rechtsfolgen eintreten. **Mit dieser Regelung entspricht der Verordnungsgeber dem gemeinschaftsrechtlichen Gebot,** die dem Vertragsschluss vorangehende Entscheidung des Auftraggebers darüber, mit welchem Bieter eines Vergabeverfahrens er den Vertrag schließt, in jedem Fall einem Nachprüfungsverfahren zugänglich zu machen (BGH, Urteil vom 22. 2. 2005 – Az.: KZR 36/03).

§ 13 VgV hat damit **zwei Regelungstatbestände:** Die Begründung eines subjektiven Rechts der Bieter auf Informationen über die beabsichtigte Auftragsvergabe und die an ein gesetzlich aufgestelltes Verbot geknüpfte Nichtigkeit des unter Verstoß gegen diese Informationspflicht abgeschlossenen Vertrages (VK Brandenburg, B. v. 21. 4. 2004 – Az.: VK 12/04).

53.3 Ermächtigungsnorm für § 13

§ 97 Abs. 6 ist eine ausreichende Ermächtigungsnorm für § 13 VgV. § 97 Abs. 6 GWB erlaubt, nähere Bestimmungen über das bei der Vergabe einzuhaltende Verfahren zu treffen. Dadurch sind der **Inhalt und der Zweck der durch diese Vorschrift erteilten Ermächtigung bestimmt,** wie es Art. 80 Abs. 1 Satz 2 GG verlangt. Aber auch die Gestaltung des – wie es in § 97 Abs. 6 GWB formuliert ist – „Näheren" ist nicht etwa in vollem Umfang dem Verordnungsgeber überlassen, was die Verfassungswidrigkeit der Ermächtigungsnorm zur Folge hätte. **Auch das Ausmaß der Ermächtigung ist vielmehr festgelegt.** Die dem Verordnungsgeber gesetzten Grenzen müssen nicht in der Ermächtigungsnorm selbst vollständig niedergelegt sein. Es reicht aus, wenn der Sinnzusammenhang der Ermächtigungsnorm mit anderen Vorschriften des Gesetzes und das insgesamt vom Gesetzgeber mit diesem verfolgte Ziel den notwendigen Rahmen ergeben. Das ist hier der Fall. **Zum einen knüpft § 97 Abs. 6 GWB ersichtlich an die allgemeinen Grundsätze eines Vergabeverfahrens an, die der Gesetzgeber in § 97 Abs. 1–5 GWB festgelegt hat.** Die Bundesregierung soll hiernach die Regeln verordnen dürfen, bei deren Beachtung sich ein Vergabeverfahren ergibt, das diesen gesetzgeberischen Anforderungen genügt und gerecht wird (geregeltes Vergabeverfahren). Da ausweislich § 97 Abs. 7 GWB nach Maßgabe dieser Anforderungen subjektive Rechte der betroffenen Unternehmen bestehen sollen und die §§ 107 ff. GWB als gesetzgeberischen Willen insoweit ferner zum Ausdruck bringen, dass deren Wahrnehmung effektiv im Wege primären Rechtsschutzes in einem besonderen Verfahren gewährleistet sein soll, liegt zum anderen im

Rahmen der Ermächtigung aber auch die Vorsorge, die insoweit bereits durch Bestimmungen zur Dauer des geregelten Vergabeverfahrens möglich ist. Das kommt auch in § 97 Abs. 6 GWB selbst zum Ausdruck. **Die Dauer ist jedenfalls eine „sonstige Frage" des geregelten Vergabeverfahrens.** Aber **auch der Abschluss des Vertrags ist ausdrücklich als Gegenstand der Bestimmungen genannt, zu denen § 97 Abs. 6 GWB ermächtigt.** Diese Ermächtigung schließt damit ein, die Voraussetzungen festzulegen, unter denen durch Abschluss des Vertrags mit einem Bieter das geregelte Vergabeverfahren endet (BGH, B. v. 9. 2. 2004 – Az.: X ZB 44/03; Urteil vom 22. 2. 2005 – Az.: KZR 36/03; VK Baden-Württemberg, B. v. 11. 8. 2004 – Az.: 1 VK 56/04).

53.4 Personelle Reichweite der Informationspflicht

53.4.1 Bieter

3317 **§ 13 VgV trägt,** in gleicher Weise wie etwa Vorschriften über Dokumentationspflichten im Vergabeverfahren, **zunächst instrumentellen Charakter;** die darin getroffenen Regelungen sind nicht um ihrer selbst willen umzusetzen, sie dienen vielmehr der Absicherung der Rechtsschutzmöglichkeiten der Beteiligten. Die Entstehungsgeschichte des § 13 VgV belegt, dass der Verordnungsgeber damit den Zweck verfolgt hat, **einem betroffenen Bieter** die zur rechtzeitigen Geltendmachung eines Nachprüfungsverfahrens erforderliche Kenntnis von dem beabsichtigten Abschluss des Vergabeverfahrens zu seinem Nachteil zu verschaffen und ihm damit den Zugang zu einem Verfahren des Primärrechtsschutzes vor einer diesen abschneidenden Entscheidung der Vergabestelle offen zu halten. Dieser Zweck legt nicht nur den vom Senat gezogenen Schluss nahe, dass die Berufung auf eine Verletzung der dem Auftraggeber obliegenden Pflichten aus § 13 VgV und auf die sich daraus etwa ergebenden Rechtsfolgen **nur den Beteiligten des vorangegangenen Vergabeverfahrens** (samt denen, die hieran vergaberechtskonform hätten beteiligt werden müssen), nicht aber außenstehenden Dritten möglich ist. Er spricht auch dafür, dass der vorgenannte Adressatenkreis der bieterschützenden Wirkung von § 13 VgV diesen **Schutz nur innerhalb eines** (den üblichen Zulässigkeitsschranken unterliegenden) **Nachprüfungsverfahrens geltend machen kann, dessen Erreichbarkeit für den Bieter § 13 VgV gerade sicherstellen will** (OLG Dresden, B. v. 14. 2. 2003 – Az.: WVerg 0011/01).

3318 Es besteht auch keine Veranlassung, bei einer auf § 13 Satz 4 VgV beruhenden Vertragsnichtigkeit außenstehenden Dritten in einer derartigen Konstellation **weitergehende Rechte einzuräumen, als sie den am Vergabeverfahren beteiligten Unternehmen** zuständen. Erschöpft sich für diese die über § 115 Abs. 1 GWB hinausgehende Rechtsfolgen des § 13 VgV in einer zusätzlichen Absicherung der Zugangsmöglichkeit zu einem zulässigen Vergabenachprüfungsverfahren, so ist es außenstehenden Dritten nicht möglich, allein unter Berufung auf einen den Beteiligten gegenüber erfolgten Verstoß gegen § 13 VgV die Aufhebung eines im Übrigen ordnungsgemäßen Vergabeverfahrens und eine erneute Ausschreibung zu verlangen. Wollte man dies annehmen, so müsste sich der Dritte mit einem solchen Begehren (und dies grundsätzlich unbefristet und allenfalls durch die an seinen eigenen Kenntnisstand geknüpfte Präklusionswirkung des 107 Abs. 3 GWB zeitlich begrenzt) auch durchsetzen, wenn keiner der am Vergabeverfahren Beteiligten eine Verletzung des § 13 VgV beanstandet hat. Das entspricht nicht dem Regelungszweck dieser Vorschrift (OLG Dresden, B. v. 9. 11. 2001 – Az.: WVerg 0009/01).

3319 **Auch derjenige Bieter muss nach § 13 VgV informiert werden, der zwar ein Angebot abgegeben hat, aber dieses ggf. nicht innerhalb der gesetzten Einreichungsfrist dem Verhandlungsleiter zugegangen ist.** Denn z.B. § 23 Nr. 1a) VOL/A bestimmt lediglich, dass verspätet eingegangene Angebote nicht geprüft zu werden brauchen. Die Verspätung nimmt dem Absender dieser Angebote aber nicht die Rechtsstellung eines Bieters, also eines Dienstleistungserbringers, der ein Angebot eingereicht hat. Würde man diese Bieter von der ab Erreichen der EU-Schwellenwerte automatisch vorzunehmenden Vorinformation ausnehmen, würde diese um ihre Primärrechtsschutzmöglichkeiten gebracht, zu deren Realisierung gerade § 13 VgV am 1. 2. 2001 eingeführt wurde. Wie z.B. § 23 Nr. 1a VOL/A nämlich weiter zeigt, kann auch ein verspätetes Angebot noch in die Wertung gelangen, wenn der verspätete Eingang durch Umstände verursacht worden ist, die nicht vom Bieter zu vertreten sind. Wird der verspätete Bieter aber vor Zuschlagserteilung nicht von dem verspäteten Eingang seines Angebots informiert, hat er keine effektiven Rechtsschutzmöglichkeiten mehr, letztgenannten Ausnahmetatbestand geltend zu machen (1. VK Sachsen, B. v. 16. 12. 2004 – Az.: 1/SVK/118-04).

Vergabeverordnung VgV § 13 **Teil 2**

53.4.2 Bieter, denen der Zuschlag erteilt werden soll

Die Bestimmung des **§ 13 VgV soll den voraussichtlich unterliegenden Bieter schützen.** Diesem soll aufgrund der Vorabinformation ermöglicht werden, mit Erfolg effektiven Primärrechtsschutz in einem Nachprüfungsverfahren zu suchen. Er soll in die Lage versetzt werden, die Vergabeentscheidung und die Aussichten des ihm zustehenden Vergaberechtsschutzes zu beurteilen. Dazu installierte der Verordnungsgeber im Anschluss an die Entscheidung des EuGH vom 28. 10. 1999, Rechtssache C-81/68 („Alcatel Austria") mit § 13 Satz 4 VgV eine den Rechtsschutz flankierende Nichtigkeitsanordnung, die einen wirksamen Vertragsschluss vor einer Überprüfung der Vergabeentscheidung verhindert. **Geschützte Adressaten der in der Vorschrift begründeten Informationspflicht sind mithin allein die unterliegenden Bieter.** Wenn aber schon die Spezialnormen des Vergaberechts nicht den obsiegenden Bieter schützen sollen, dann ist nicht zu sehen, wieso ihm ein irgendwie gearteter Schutz nach Abschluss des Vergabeverfahrens zufallen soll. Insgesamt lässt sich daher Einiges dafür anführen, im **Wege der teleologischen Reduktion** dem obsiegenden Bieter ganz allgemein zu versagen, sich gegenüber dem öffentlichen Auftraggeber nach Erteilung des Zuschlages auf die Unwirksamkeit gemäß § 13 Satz 4 VgV (a. F.) zu berufen (OLG Düsseldorf, Urteil vom 25. 6. 2003 – Az.: U (Kart) 36/02). 3320

53.4.3 Anonyme Rügeführer

Weder § 97 Abs. 7 GWB noch die Rechtsmittelrichtlinie erfordern, dass dem Unternehmen freigestellt ist, wie es bei einem Nachprüfungsverfahren vorgeht. Denn die **Rechtsmittelrichtlinie und § 97 Abs. 7 GWB beziehen sich auf ein geordnetes rechtliches Nachprüfungsverfahren.** Ein solches Nachprüfungsverfahren hat die Antragstellerin nicht angestrengt, bevor die beanstandeten Verträge geschlossen wurden. Es **genügt für ein Nachprüfungsverfahren in diesem Sinne nicht, ohne Namensnennung Beanstandungen erheben zu lassen. Zu jedem rechtlich geordneten Verfahren gehört, dass die Beteiligten namhaft gemacht sind.** Denn nur so können sie für ihre Verhaltensweise im Verfahren auch zur Verantwortung gezogen werden. Ein Verfahren mit einem unbekannten Verfahrensbeteiligten ist für niemanden zumutbar und nicht im Hinblick auf die Kosten, die ein Verfahren auslöst, für den Gegner des unbenannten Verfahrensbeteiligten unübersehbar. Es verstößt gegen die Prinzipien rechtsstaatlicher Verfahren, einem nicht bekannten Akteur zu ermöglichen, andere staatlichen Maßnahmen, die mit jedem förmlichen Verfahren verbunden sind, auszusetzen. Im Vergabeverfahren kommt hinzu, dass wegen der Bedeutung der Eigenschaften des antragstellenden Unternehmens für die Vergabe und die Beurteilung des Vergabeverfahrens (z. B. Eignung des Unternehmens, ausgeschlossene Personen gemäß § 16 VgV) die Kenntnis um die Person des (zukünftigen) Antragstellers für die Sachbehandlung von großer Bedeutung ist (OLG Celle, B. v. 25. 8. 2005 – Az.: 13 Verg 8/05). 3321

53.5 Verfahrensmäßige Reichweite der Informationspflicht

53.5.1 Informationspflicht beim Verhandlungsverfahren

53.5.1.1 Grundsatz

§ 13 VgV gilt in allen seinen Bestimmungen auch für Verhandlungsverfahren (OLG Düsseldorf, B. v. 24. 2. 2005 – Az.: VII – Verg 88/04; B. v. 23. 2. 2005 – Az.: VII – Verg 87/04; B. v. 23. 2. 2005 – Az.: VII – Verg 86/04; B. v. 23. 2. 2005 – Az.: VII – Verg 85/04; OLG Celle, B. v. 5. 2. 2004 – Az.: 13 Verg 26/03; Schleswig-Holsteinisches OLG, B. v. 28. 11. 2005 – Az.: 6 Verg 7/05; Thüringer OLG, B. v. 28. 1. 2004 – Az.: 6 Verg 11/03; B. v. 14. 10. 2003 – Az.: 6 Verg 5/03; 3. VK Bund, B. v. 29. 9. 2005 – Az.: VK 3-121/05; VK Berlin, B. v. 26. 8. 2004 – VK-B 1-36/04; VK Halle, B. v. 22. 4. 2002 – Az.: VK Hal 05/02, B. v. 2. 10. 2002 – Az.: VK Hal 24/02); denn nach seinem Wortlaut deutet nichts darauf hin, dass von der Informationspflicht und den Rechtsfolgen bei der Verletzung der Informationspflicht eine Ausnahme für Verhandlungsverfahren gemacht werden sollte. Auch nach dem Zweck der Vorschrift müssen Verhandlungsverfahren in ihren Geltungsbereich einbezogen werden. Dabei kann es zum Schutz der Bieter, die sich an dem Verhandlungsverfahren mit einem Angebot beteiligt haben, **nicht darauf ankommen, ob das Verhandlungsverfahren mit oder ohne veröffentlichte Vergabebekanntmachung** eingeleitet und durchgeführt worden ist (VK Hessen, B. v. Juni 2001 – Az.: 69d VK-17/2001). Das Unterlassen einer öffentlichen Bekanntmachung war – da die Antragsgegnerin ein öffentlicher Auftraggeber ist – ein Vergaberechtsverstoß. Ein in dieser Phase 3322

Teil 2 VgV § 13   Vergabeverordnung

begangener Vergaberechtsverstoß kann es aber nicht rechtfertigen, dass sich deshalb die Pflichtenlage des öffentlichen Auftraggebers in einer späteren Phase des Vergabeverfahrens verringert. Denn die Anwendbarkeit des § 13 VgV richtet sich nach der objektiven Rechtslage; der öffentliche Auftraggeber hat nicht die rechtliche Kompetenz, durch sein Verhalten über den Eintritt und die Reichweite der Nichtigkeitsfolgen des § 13 Satz 4 VgV (aF) zu disponieren (OLG Düsseldorf, B. v. 30. 4. 2003 – Az.: Verg 67/02; ebenso VK Lüneburg, B. v. 12. 11. 2003 – Az.: 203-VgK-27/2003 – für die neue Fassung des § 13).

3323   Ein **effektiver Rechtsschutz ist außerdem völlig ausgehöhlt,** wenn bei besonders weitgehenden Verstößen gegen die Vergabebestimmungen, nämlich der Wahl der am meisten diskriminierenden Vergabeart oder der direkten Vergabe gänzlich ohne Bezug zum Vergaberecht, sanktionslos Fakten geschaffen werden. Ein anderes, ausschließlich am Wortlaut orientiertes Verständnis der Norm würde dazu führen, dass die Norm mit der europarechtlichen Forderung nach effektivem Rechtsschutz kaum vereinbar wäre. Mit **Praktikabilitätserwägungen, z. B. der Unüberschaubarkeit des Kreises der potentiellen Bieter und damit der nach § 13 VgV zu Informierenden, kann die Pflicht nach § 13 VgV nicht ausgehebelt werden.** Wer sich für die am weitestgehend wettbewerbsverengenden und damit diskriminierenden Vergabearten entscheidet, **kennt das Risiko und nimmt es bewusst in Kauf** (VK Düsseldorf, B. v. 15. 8. 2003 – Az.: VK-23/2003-L).

53.5.1.2 Einschränkungen

3324   Nach Auffassung des Thüringer Oberlandesgerichts (B. v. 28. 1. 2004 – Az.: 6 Verg 11/03) und der VK Thüringen (VK Thüringen, B. v. 24. 10. 2003 – Az.: 216-4002.20-025/03-ABG) kommt bei einem Verhandlungsverfahren ohne vorherige Bekanntmachung **nicht jeder eventuell auf dem Markt agierende Bieter auch als Antragsteller in Betracht.** Voraussetzung für die Antragsbefugnis ist eine **konkrete, aktive, willensgetragene Äußerung** einer Firma **gegenüber der Vergabestelle** die den Willen zur Ausführung von Leistungen der zu vergebenden Art im Vorfeld der Ausschreibung zum Ausdruck bringt. Nur diese aktive willensgetragene Äußerung qualifiziert dann diejenige Firma zu einem Bieter im Sinne der §§ 102 ff. GWB und damit auch zu einem Bieter der zu betreffenden Verhandlungsverfahren die Antragsbefugnis besitzt (VK Arnsberg, B. v. 22. 10. 2004 – Az.: VK 2-20/2004). Allein die Teilnahme an einem vorher von der Vergabestelle durchgeführten Vergabeverfahren stellt nach Auffassung der VK nicht eine wie oben geforderte aktive willensgetragene Äußerung einer Firma dar, die diese damit zu einem Bieter im Sinne der §§ 102 ff. GWB qualifizieren würde. Das bloße Vorhandensein einer in dem konkreten Marktsektor tätigen Firma qualifiziert diese nicht als antragsbefugten Bieter im Sinne der §§ 102 ff. GWB, da die **Rechtssicherheit betreffend einmal geschlossener Verträge faktisch aufgehoben würde** und zum anderen **eine zeitlich unbegrenzte Antragsmöglichkeit** eventueller Bieter, mit den daraus möglicherweise resultierenden Konsequenzen wie z. B. der o. g. permanenten Rechtsunsicherheit bei geschlossenen Verträgen, bestehen würde.

3325   Zusätzlich vertritt die VK Thüringen die Auffassung, dass die aktive, willensgetragene **Äußerung vor der Einleitung des Vergabeverfahrens zu erfolgen hat,** da nur dann auch seitens der Vergabestelle die Teilnahme dieser Firma an dem Vergabeverfahren erwogen werden kann, zum anderen bei einer nachträglichen Willensbekundung die o. g. Probleme der Rechtssicherheit aufträten (ähnlich im Ergebnis OLG Celle, B. v. 5. 2. 2004 – Az.: 13 Verg 26/03; VK Berlin, B. v. 26. 8. 2004 – VK-B 1-36/04).

3326   **Es verstößt auch keineswegs gegen allgemeine Grundsätze des Zivilrechts, die Geltungskraft des § 13 S. 6 VgV entsprechend dem Schutzzweck der Bestimmung zu relativieren.** Die Figur der relativen Unwirksamkeit ist dem geltenden Recht nicht fremd (vgl. §§ 135, 136 BGB). Die Rechtsordnung kennt im Übrigen Konstellationen, in denen dem Einzelnen aus Treu und Glauben (§ 242 BGB) die Geltendmachung einer andere Rechtsteilnehmer bindenden Nichtigkeit versagt ist. So ist etwa anerkannt, dass es eine Form unzulässiger Rechtsausübung darstellen kann, wenn sich Vertragsparteien auf eine fehlende Schriftform berufen, während der gleiche Einwand mit Erfolg von einem Dritten geltend gemacht werden kann. Der Grund für eine solche Relativierung der ihrer Grundkonzeption nach für und gegen jedermann geltenden Nichtigkeit liegt darin, dass die Anwendung auf den Einzelfall davon abhängen kann, ob der Betreffende dem mit dem Nichtigkeitsgebot bezweckten Schutzbereich untersteht (Thüringer OLG, B. v. 28. 1. 2004 – Az.: 6 Verg 11/03).

3327   Soweit außerdem ein öffentlicher Auftraggeber einen **Auftrag** nicht (mehr) im Rahmen einer öffentlichen Ausschreibung sondern **freihändig, ohne ein förmliches Verfahren vergibt, besteht eine Informationspflicht nach § 13 VgV jedenfalls dann nicht,** wenn der

Vergabeverordnung　　　　　　　　　　　　　　　　　　　　　　　VgV § 13　**Teil 2**

Auftraggeber nur mit einem Bieter in Verhandlungen eingetreten ist (OLG Celle, B. v. 14. 9. 2006 – Az.: 13 Verg 3/06, B. v. 14. 9. 2006 – Az.: 13 Verg 2/06; OLG Düsseldorf, B. v. 27. 10. 2004 – Az.: VII – Verg 41/04; VK Düsseldorf, B. v. 27. 4. 2006 – Az.: VK-12/2006-L; VK Baden-Württemberg, B. v. 13. 4. 2005 – Az.: 1 VK 07/05; VK Schleswig-Holstein, B. v. 10. 2. 2005 – VK-SH 02/05; 1. VK Bund, B. v. 20. 10. 2004 – Az.: VK 1-183/04; B. v. 7. 10. 2004 – Az.: VK 1-189/04; B. v. 7. 10. 2004 – Az.: VK 1-186/04; B. v. 7. 10. 2004 – Az.: VK 1-180/04; B. v. 29. 9. 2004 – Az.: VK 1-162/04; B. v. 23. 9. 2004 – Az.: VK 1-192/04; 2. VK Bund, B. v. 22. 12. 2004 – Az.: VK 2-157/04; B. v. 13. 10. 2004 – Az.: VK 2-184/04; 3. VK Bund, B. v. 12. 10. 2004 – Az.: VK 3-185/04; B. v. 12. 10. 2004 – Az.: VK 3-182/04; B. v. 30. 9. 2004 – Az.: VK 3-116/04).

In **neueren Entscheidungen** stellt das **OLG Düsseldorf** (B. v. 24. 2. 2005 – Az.: VII-Verg 3328 88/04; B. v. 23. 2. 2005 – Az.: VII-Verg 87/04; B. v. 23. 2. 2005 – Az.: VII-Verg 86/04; B. v. 23. 2. 2005 – Az.: VII-Verg 85/04; B. v. 23. 2. 2005 – Az.: VII-Verg 78/04) darauf ab, dass für den öffentlichen Auftraggeber **dann die Informationspflichten des § 13 VgV entstehen,** wenn **zu einem bestimmten Beschaffungsvorhaben mehrere Angebote bekannter Bieter eingegangen** sind oder in **Bezug auf eine bestimmte Beschaffung** – nicht notwendig durch Einreichen eines Angebots – **mehrere Unternehmen dem Auftraggeber gegenüber ein Interesse am Auftrag angezeigt oder sich um eine Auftragserteilung beworben** haben. Unbeachtlich ist lediglich das potentielle Interesse eines Unternehmens an einer Auftragserteilung, das dem Auftraggeber gegenüber nicht hervorgetreten ist. **Darauf,** ob – isoliert betrachtet – der **Auftraggeber mit mehreren Bietern oder Bewerbern oder nur mit einem einzigen Bieter tatsächlich verhandelt** hat, **kommt es demnach nicht an.** Ebenso wenig ist entscheidend, ob der Auftraggeber einem am Auftrag interessierten Unternehmen formal eine Bieter- oder Bewerbereigenschaft eingeräumt hat. Hat ein Unternehmen ein Interesse an einer Auftragserteilung bekundet, hat der Auftraggeber den dadurch gegebenen Bieterstatus im weiteren Verfahren in der Regel zu beachten. Die Unternehmen, denen ein Bieterstatus zuzuerkennen ist, sind in den Schutzbereich des § 13 VgV einbezogen.

Ein solcher **formaler Bieterstatus geht auch nicht dadurch verloren, dass ein öffent- 3329 licher Auftraggeber das öffentliche Vergabeverfahren aufhebt** und ein **Verhandlungsverfahren mit nur einem einzigen Bieter einleitet.** Sieht man die Aufhebung des öffentlichen Vergabeverfahrens als eine Beendigung des Vergabeverfahrens an, so steht damit die Bieterstellung zur Disposition des öffentlichen Auftraggebers. Dies ist mit einem materiellen Verständnis des Vergabeverfahrens als konkreten Beschaffungsvorhabens des öffentlichen Auftraggebers nicht zu vereinbaren. Die **Aufhebung des formellen Vergabeverfahrens bildet damit keine Zäsur für den Abschluss eines eingeleiteten konkreten Beschaffungsvorhabens eines öffentlichen Auftragsgebers, wenn** unverändert dessen Absicht besteht, die nachgefragte Leistung **auf dem Markt zu beschaffen.** Der öffentliche Auftraggeber ist somit vor der Freihändigen Vergabe der gleichen Leistung verpflichtet, die **bereits an vorausgegangenen förmlichen Verfahren mit einem Angebot beteiligten** und damit ihr Interesse dokumentierenden Bieter über die beabsichtigte Erteilung des Zuschlages an einen anderen **Bieter unter Einhaltung der Frist des § 13 Satz 2 VgV zu unterrichten.** Verletzt er diese gesetzliche Pflicht, hat dies zur Folge, dass der geschlossene Vertrag nach § 13 Satz 6 VgV nichtig ist (OLG Celle, B. v. 14. 9. 2006 – Az.: 13 Verg 3/06, B. v. 14. 9. 2006 – Az.: 13 Verg 2/06; OLG Düsseldorf, B. v. 23. 2. 2005 – Az.: VII-Verg 87/04; B. v. 23. 2. 2005 – Az.: VII-Verg 86/04; B. v. 23. 2. 2005 – Az.: VII-Verg 85/04; B. v. 23. 2. 2005 – Az.: VII-Verg 78/04).

53.5.1.3 Informationspflicht beim Verhandlungsverfahren nach VOF

Zwar spricht der Wortlaut des § 13 VgV **von Bietern, nicht von Bewerbern.** Zudem ver- 3330 langt § 13 VgV auch die Mitteilung des Bieters, der den Zuschlag erhalten soll, was aber nach Abschluss des Auswahlverfahrens noch gar nicht möglich ist. Es besteht aber ein Anspruch auf Mitteilung nach § 13 VgV auch für solche Beteiligten, die nur deshalb keine Bieterstellung erlangen, weil sie von der Vergabestelle rechtswidrigerweise vom Vergabeverfahren ausgeschlossen wurden. Solche **potenziell Beteiligten sind vom Schutzzweck des § 13 VgV erfasst,** da es sonst die Vergabestelle in der Hand hätte, durch vergaberechtswidrige Nichtberücksichtigung die Informationspflicht ins Leere laufen zu lassen (OLG Naumburg, B. v. 25. 9. 2006 – Az.: 1 Verg 10/06; OLG Schleswig-Holstein, B. v. 28. 11. 2005 – Az.: 6 Verg 7/05; B. v. 1. 9. 2006 – Az.: 1 (6) Verg 8/05; VK Schleswig-Holstein, B. v. 31. 5. 2005 – Az.: VK-SH 09/05; VK Brandenburg, B. v. 27. 1. 2005 – VK 79/04; VK Halle, B. v. 2. 10. 2002 – Az.: VK Hal 24/02).

§ 17 IV VOF wird der Sach- und Rechtslage nicht gerecht, da diese Bestimmung ei- 3331 nen vorherigen schriftlichen Antrag voraussetzt und bei einem Verstoß nicht die Rechtsfolge der

Nichtigkeit anordnet. Fraglich ist, ob hinsichtlich einer Informationspflicht zwischen Bewerbern, die bereits im Auswahlverfahren ausgeschieden werden, und Bietern, die erst mit Abschluss des Verhandlungsverfahrens ausscheiden, unterschieden werden muss. Für letztere gilt ohnehin § 13 VgV, während für erstere § 17 Abs. 4 VOF mit der Maßgabe herangezogen werden könnte, dass diesen lediglich das Ergebnis des Auswahlverfahrens mitgeteilt wird. Letztlich ist festzustellen, dass die **Bewerber am Teilnahmewettbewerb entweder nach Auswahl der Verhandlungspartner Mitteilung über den Ausgang des Teilnahmewettbewerbs erhalten oder aber spätestens am Ende des Verhandlungsverfahrens in die Mitteilung nach § 13 VgV einbezogen werden.** In diesem Falle ist der bereits im Auswahlverfahren ausgeschiedene Bewerber mit dem Tatbestand konfrontiert, dass er **erst in einem Zeitpunkt die Kammer anrufen kann, in dem nicht nur das Auswahlverfahren sondern auch das Verhandlungsverfahren abgeschlossen ist** (VK Baden-Württemberg, B. v. 23. 1. 2003 – Az.: 1 VK 70/02).

53.5.1.4 Informationspflicht beim Wettbewerbsverfahren nach §§ 20, 25 VOF

3332   Der Entscheidung eines Preisgerichts in einem Wettbewerbsverfahren kommt wegen der ihr eigenen Verbindlichkeit (§ 661 Abs. 2 S. 2 BGB) eine dem Zuschlag entsprechende Wirkung zu. Sie stellt die maßgebliche Zäsur im Auslobungsverfahren dar und beendet es. **Eine Vorabmitteilung nach § 13 VgV kann der Auslober, da er keinen Einfluss auf die Entscheidung des Preisgerichts hat, nicht versenden. Die damit einhergehende Minderung der Rechtsschutzmöglichkeiten liegt in der Natur der preisrichterlichen Entscheidung begründet,** die ohnehin nur in engem Rahmen nachprüfbar ist (OLG Düsseldorf, B. v. 31. 3. 2004 – Az.: Verg 4/04).

53.5.2 Informationspflicht nach Verpflichtung des Auftraggebers zur erneuten Wertung der Angebote

3333   Wenn eine Vergabekammer oder ein Vergabesenat die Verfahrensrückversetzung auf die fachtechnische Prüfung festlegt und dieses ausdrücklich für alle Angebote festlegt, sind alle Angebote beginnend mit der fachtechnischen Prüfung erneut zu prüfen und zu werten. Diese **neue Prüfung und Wertung begründet zwingend eine neue Vorinformation** an alle im Verfahren beteiligten Bieter gemäß § 13 VgV (VK Thüringen, B. v. 27. 2. 2003 – Az.: 216-4002.20-041/02-G-S).

53.5.3 Informationspflicht bei De-facto-Vergaben

3334   Die **Rechtsprechung** hierzu ist **nicht einheitlich.**

53.5.3.1 Unmittelbare Anwendung des § 13

3335   Teilweise wird die Auffassung vertreten, dass § 13 VgV bei De-facto-Vergaben **nicht anwendbar** ist. Die Unterlassung jeglichen Vergabeverfahrens ist als schwerster denkbarer Verstoß gegen das Vergaberecht zu werten. Jedoch ist es **nicht möglich über eine unmittelbare Anwendung des § 13 VgV die Nichtigkeitsfolge einer „De-facto-Vergabe" zu erreichen.** Die Nichtigkeitsfolge des § 13 VgV und die Folge der Nichtigkeit des Vertrages im Falle ihrer Verletzung gilt nur in laufenden Vergabeverfahren. § 13 Satz 1 VgV verpflichtet den öffentlichen Auftraggeber, die nicht für den Zuschlag vorgesehenen „Bieter" von der beabsichtigten Zuschlagsentscheidung zu unterrichten. Nur sie sind Adressaten der Vorabinformation und ausschließlich die Missachtung der ihnen gegenüber bestehenden Informationspflicht zieht gemäß § 13 Satz 6 VgV die Nichtigkeit des erteilten Zuschlags nach sich. Der **Begriff „Bieter"** wiederum setzt nach der **vergaberechtlichen Terminologie** (vgl. etwa § 8, § 8a, § 24 Nr. 1 Abs. 1, Nr. 2, § 25 Nr. 1 Abs. 2, Nr. 2 Abs. 1, § 28 Nr. 1 Abs. 1, Nr. 2 Abs. 2 VOB/A; § 24 Nr. 1 Abs. 1 und 2, Nr. 2 Abs. 2, § 25 Nr. 2 Abs. 1 und 2, § 28 Nr. 1 Abs. 1 VOL/A) **ein Vergabeverfahren voraus. § 13 VgV findet mithin außerhalb eines Vergabeverfahrens keine Anwendung** (OLG Düsseldorf, B. v. 3. 12. 2003 – Az.: VII-Verg 37/03; OLG München, B. v. 7. 6. 2005 – Az.: Verg 004/05; VK Schleswig-Holstein, B. v. 2. 2. 2005 – Az.: VK-SH 01/05; 3. VK Bund, B. v. 12. 10. 2004 – Az.: VK 3-185/04; 3. VK Bund, B. v. 12. 10. 2004 – Az.: VK 3-185/04; VK Arnsberg, B. v. 17. 6. 2004 – Az.: VK 2-06/2004; 2. VK Bund, B. v. 11. 4. 2003 – Az.: VK 2-10/03).

3336   Eine andere Auslegung ist mit herkömmlichen Auslegungsmethoden nicht zu begründen. Es mag sein, dass böswillig agierende öffentliche Auftraggeber hier ein „Schlupfloch" erkennen und nutzen. Diese Erkenntnis rechtfertigt jedoch nicht eine beliebig weite Auslegung der Vorschrift. Eine Erstreckung der Informationspflicht auf Auftraggeber, die – irrtümlich oder vorsätzlich – eine gebotene Ausschreibung unterlassen ist unangemessen, weil diese die Informationsverpflichtung von vornherein nicht erfüllen können. Konsequent wäre es, rechtswidrig ohne Ausschreibung geschlossene Verträge unmittelbar mit der Nichtigkeitsfolge zu belegen, wenn diese gewünscht ist. Hierfür bedürfte es aber einer entsprechenden, klaren Entscheidung des Verordnungs- oder besser des Gesetzgebers. Dies ist jedoch zurzeit noch nicht erfolgt (VK Hamburg (FB), B. v. 27. 4. 2006 – Az.: VgK FB 2/06; VK Schleswig-Holstein, B. v. 10. 2. 2005 – VK-SH 02/05; B. v. 2. 2. 2005 – Az.: VK-SH 01/05; VK Thüringen, B. v. 28. 3. 2003 – Az.: 216-4003.20-003/03-ABG; VK Lüneburg, B. v. 15. 1. 2002 – Az.: 203-VgK-24/2001).

Ähnlich argumentiert das Thüringer OLG (B. v. 14. 10. 2003 – Az.: 6 Verg 5/03). **Voraussetzung für die Anwendung des § 13 VgV** ist im Falle eines Verhandlungsverfahrens ohne veröffentlichte Vergabebekanntmachung, dass außer dem beauftragten Bieter **weitere Konkurrenten vorhanden sind,** da nur dann ein „Bieterverfahren" im Sinne einer Wettbewerbssituation vorliegt (ebenso OLG Düsseldorf, B. v. 3. 12. 2003 – Az.: VII-Verg 37/03). Während in einem förmlichen Vergabeverfahren nur ein tatsächlich beteiligter Bieter die Vergabeüberprüfungsinstanzen anrufen kann, besteht bei De-facto-Vergaben grundsätzlich die Möglichkeit, dass jeder beliebige Marktteilnehmer, der – womöglich erst nach geraumer Zeit – von der freihändigen Vergabe eines zu seinem Leistungssortiment zählenden Auftrags zugunsten eines Dritten erfährt, vergaberechtlichen Primärrechtsschutz begehrt. Eine Öffnung des Nachprüfungsverfahrens für den gesamten Markt würde der **subjektiv-bieterbezogenen Ausrichtung der §§ 102 ff. GWB, aber auch dem Sinn und Zweck des § 13 VgV zuwider laufen.** Das Tatbestandsmerkmal des „Bieters" im Sinne des § 13 VgV ist im Rahmen einer De-facto-Vergabe **jedenfalls dann erfüllt,** wenn ein Antragsteller zwar nicht durch die Vorlage eines förmlichen Angebots, wohl aber **durch eine ausdrückliche Erklärung gegenüber der Vergabestelle sich um den Erhalt des Auftrags beworben bzw. sein Interesse angezeigt hat.** 3337

Der BGH hat diese Auffassung bestätigt. § 13 VgV ist eine Regelung, die das Verfahren näher bestimmt, das § 97 Abs. 1 bis 5 GWB für die Beschaffung von Dienstleistungen durch öffentliche Auftraggeber vorschreibt. Die **Informationspflicht und die öffentliche Aufträge nach § 99 Abs. 1 GWB treffende Nichtigkeitsfolge im Falle ihrer Missachtung sind damit Teil eines nach Maßgabe des Gesetzes gegen Wettbewerbsbeschränkungen eingeleiteten und durchgeführten geregelten Vergabeverfahrens.** Das hat zur Folge, dass diese Bestimmung **nicht unmittelbar anwendbar ist, wenn bislang ein derart geregeltes Verfahren nicht stattgefunden** hat (BGH, B. v. 1. 2. 2005 – Az.: X ZB 27/04; OLG Celle, B. v. 14. 9. 2006 – Az.: 13 Verg 3/06; B. v. 14. 9. 2006 – Az.: 13 Verg 2/06; VK Lüneburg, B. v. 30. 6. 2006 – Az.: VgK-13/2006; VK Düsseldorf, B. v. 27. 4. 2006 – Az.: VK-12/2006-L; B. v. 30. 9. 2005 – Az.: VK-25/2005-L). 3338

Die Gegenmeinung hält § 13 VgV auch dann für anwendbar, wenn kein förmliches Vergabeverfahren vorliegt. Hat die Vergabestelle in materieller Hinsicht ein Vergabeverfahren, wenn auch kein förmliches Verfahren, durchgeführt, indem sie Angebote von mehreren Bietern eingeholt hat, besteht **kein Anlass, die Anwendbarkeit des § 13 VgV davon abhängig zu machen, ob ein öffentlicher Auftraggeber seiner gesetzlichen Verpflichtung zur Durchführung eines dem Kartellvergaberecht unterliegenden Vergabeverfahrens nachkommt** (OLG Frankfurt, B. v. 7. 9. 2004 – Az.: 11 Verg 11/04 und 12/04; 1. VK Bund, B. v. 20. 5. 2003 – Az.: VK 1-35/03, B. v. 12. 12. 2002 – Az.: VK 1-83/02; VK Münster, B. v. 24. 1. 2002 – Az.: VK 24/01). 3339

Normadressat der §§ 97 ff. GWB ist jeder öffentliche Auftraggeber, der einen ausschreibungspflichtigen Auftrag vergeben will. Dementsprechend kann die Vergabekammer gerade auch in den Fällen vergaberechtswidrig unterlassener Ausschreibungen nach dem GWB angerufen werden. Der **Begriff „in einem Vergabeverfahren" ist nicht formal, sondern materiell zu verstehen.** Ein besonders schwerwiegender Vergabefehler bestehe gerade darin, wenn eine Ausschreibung der Vergabe überhaupt rechtswidrig unterbleibe. Das Nachprüfungsverfahren sei deshalb das zulässige Mittel eines Rechtsschutzes bei den so genannten De-facto-Vergaben. Hieraus folgt nach Ansicht der Kammer weiter, dass die Bestimmungen des 4. Abschnitts des GWB über das Vergabeverfahren, einschließlich der auf § 97 Abs. 6 beruhenden Bestimmungen, die dieses näher regeln und somit auch § 13 VgV, auch bei unterbliebener Ausschreibung Anwendung finden. Dies **gebietet auch das Erfordernis eines effektiven Rechtsschutzes.** Zwar ist der ablehnenden Meinung zuzustimmen, dass es keine EG-Richtlinie gibt, die explizit die Mitgliedstaaten für den Bereich unterbliebener Ausschreibung zur Einführung einer Regelung verpflichtet, die mit § 13 VgV vergleichbar ist. Doch verpflichtet Art 2 Abs. 1 Buchstabe a und b in Verbindung mit Art 6 Unterabs. 2 der Richtlinie 89/65 EWG die Mitgliedstaaten all- 3340 gemein, die dem Vertragsschluss vorangehende Entscheidung des Auftraggebers darüber, mit wem er einen Vertrag schließen will, in jedem Fall einer gerichtlichen Nachprüfung zugänglich zu machen. Die Richtlinie unterscheidet dabei nicht zwischen beabsichtigten Vertragsschlüssen innerhalb oder außerhalb eines förmlichen Vergabeverfahrens. Da nach deutschem Recht diese Nachprüfungsmöglichkeit nach den §§ 102 ff. GWB, die sich, wie oben ausgeführt, sowohl auf förmliche als auch De-facto-Vergaben erstreckt, nicht gewährleistet war, hat der Verordnungsgeber im Hinblick auf die Entscheidung des EuGH, diese Lücke durch Aufnahme des § 13 in die Vergabeverordnung diese Lücke schließen wollen (VK Baden-Württemberg, B. v. 26. 3. 2002 – Az.: 1 VK 7/02).

53.5.3.2 Analoge Anwendung des § 13

3341   Die **Rechtsprechung** ist insoweit **nicht einheitlich.**

3342   Nach der älteren Rechtsprechung **verbietet sich** eine **analoge Anwendung** schon deshalb, **weil es an einer planwidrigen Gesetzeslücke fehlt.** Dem Gesetzgeber war bei Erlass der vergaberechtlichen Bestimmungen bewusst, dass die Bieterrechte nicht nur durch ein nicht ordnungsgemäßes Vergabeverfahren, sondern auch dadurch verletzt werden können, dass der öffentliche Auftraggeber von der Durchführung eines an sich gebotenen Vergabeverfahrens gänzlich absieht. Gleichwohl hat der Gesetzgeber in § 114 Abs. 2 Satz 1 GWB den Grundsatz normiert, dass auch der unter Verletzung des Vergaberechts abgeschlossene Vertrag rechtsgültig ist, und der Verordnungsgeber hat in § 13 Satz 6 VgV hiervon eine Ausnahme lediglich für den Fall vorgesehen, dass der öffentliche Auftraggeber zwar ein Vergabeverfahren mit Bieterwettbewerb durchgeführt, den Zuschlag aber ohne die vorgeschriebene Bieterinformation erteilt hat. **Aus dieser Gesetzeslage kann nur der Schluss gezogen werden, dass der Normgeber bewusst davon abgesehen hat, die Nichtigkeit des erteilten Auftrags auch für die Fälle einer Auftragsvergabe ohne Bieterwettbewerb anzuordnen.** Für jene Sachverhalte liegt dann aber eine planwidrige Gesetzeslücke, die durch eine analoge Anwendung des § 13 Satz 6 VgV geschlossen werden könnte, nicht vor (OLG Düsseldorf, B. v. 3. 12. 2003 – Az.: VII-Verg 37/03; VK Hamburg (FB), B. v. 27. 4. 2006 – Az.: VgK FB 2/06; VK Thüringen, B. v. 28. 3. 2003 – Az.: 216-4003.20-003/03-ABG; VK Lüneburg, B. v. 15. 1. 2002 – Az.: 203-VgK-24/2001).

3343   Einer analogen Anwendung des § 13 Satz 6 VgV auf die Fälle einer De-facto-Vergabe steht überdies entgegen, dass **beiden Fallgestaltungen eine nicht vergleichbare Sachlage zugrunde liegt.** § 13 VgV verpflichtet den öffentlichen Auftraggeber, vor einer Zuschlagserteilung diejenigen Unternehmen, die sich an dem Vergabeverfahren beteiligt haben, über die Nichtberücksichtigung ihres Angebots und den Namen des für den Zuschlag ausgewählten Bieters zu unterrichten. Kommt der Auftraggeber dieser Verpflichtung nicht nach, knüpft sich daran die Nichtigkeit des erteilten Zuschlags. Bei der De-facto-Vergabe ist eine andere Ausgangslage gegeben. Einen begrenzten Adressatenkreis wie bei § 13 Satz 1 VgV gibt es nicht. Dem öffentlichen Auftraggeber sind im Allgemeinen diejenigen Unternehmen, die ein Interesse an dem vergebenen Auftrag gehabt hätten und die deshalb als zu informierende potentielle Bieter in Betracht kommen, nicht bekannt. Dementsprechend scheidet bei einer De-facto-Vergabe eine Bieterinformation – an deren Unterbleiben sich nach der Systematik des § 13 VgV gerade die Nichtigkeitsfolge knüpft – in aller Regel aus.

3344   Grundlegende Unterschiede zwischen den Regelungsfällen des § 13 VgV einerseits und einer De-facto-Vergabe andererseits bestehen darüber hinaus, wenn man **das Verhalten des Auftraggebers wertend betrachtet.** Die Entscheidung des öffentlichen Auftraggebers, von der Durchführung eines Vergabeverfahrens abzusehen, **kann ohne weiteres auf einer irrigen Beurteilung der Rechtslage beruhen,** indem etwa der Begriff des öffentlichen Auftraggebers im Sinne von § 98 GWB oder des öffentlichen Auftrags im Sinne von § 99 GWB nicht zutreffend erfasst oder angewendet, der Schwellenwert unzutreffend berechnet oder der Ausschreibungsgegenstand zu Unrecht als eine vergaberechtsfreie Dienstleistungskonzession qualifiziert worden ist. In diesen Fällen **mag gegen den öffentlichen Auftraggeber der Vorwurf gerechtfertigt sein, fahrlässig die Rechtslage** – und damit auch die Notwendigkeit zur Durchführung eines Vergabeverfahrens – **verkannt zu haben.** In vielen Fällen wird der **Auftraggeber dabei allerdings guten Glaubens** und gerade ohne das Bewusstsein gehandelt haben, die Rechte anderer zu verletzen oder zu beeinträchtigen. Das verbietet es, die Vorschrift des § 13 Satz 6 VgV analog auf die De-facto-Vergabe eines Auftrags anzuwenden.

3345   Es kommt hinzu, dass die analoge Anwendung des § 13 Satz 6 VgV auf die Fälle der De-facto-Vergabe auch **zu einer nicht hinnehmbaren Rechtsunsicherheit** führt, weil die

Vergabeverordnung VgV § 13 **Teil 2**

Wirksamkeit eines erteilten Auftrags in einer Vielzahl von nicht vorhersehbaren Fällen und Fallkonstellationen sowie überdies noch nach Ablauf geraumer Zeit geltend gemacht werden könnte (OLG Düsseldorf, B. v. 3. 12. 2003 – Az.: VII-Verg 37/03; VK Hamburg (FB), B. v. 27. 4. 2006 – Az.: VgK FB 2/06).

Der **Bundesgerichtshof wendet hingegen § 13 VgV analog auf die „De-facto-Vergabe" an.** § 13 VgV ordnet die Informationspflicht und die Nichtigkeit eines ohne Information geschlossenen öffentlichen Auftrags an, weil anderenfalls ein übergangener Bieter zunächst unerkannten Verstößen gegen das Vergaberecht nicht mehr mit Aussicht auf Erfolg begegnen könnte. Das sich hieraus ergebende Anliegen ist nicht auf den mit der Vorschrift geregelten Fall beschränkt. In ihm kommt vielmehr ein **Grundgedanke effektiven Rechtsschutzes** zum Ausdruck. Damit steht die Regelung für eine Heranziehung bei vergleichbaren Sachverhalten zur Verfügung. § 114 Abs. 2 Satz 1 GWB, aus dem verschiedentlich geschlossen wird, § 13 VgV sei eine der Analogie nicht zugängliche Einzelfallregelung, verbietet diese Wertung nicht. Die damit gegebene **Regelungslücke kann auch ohne weiteres mit der unter der Sanktion der Nichtigkeit stehenden Informationspflicht nach § 13 VgV ausgefüllt werden,** wenn z.B. die Beschaffung einer Dienstleistung immerhin zur Beteiligung mehrerer Unternehmen, zu verschiedenen Angeboten und schließlich zu einer Auswahl durch den öffentlichen Auftraggeber geführt hat. Eine Unkenntnis von der Notwendigkeit eines geregelten Vergabeverfahrens mit entsprechender Information von Unternehmen, die ebenfalls als Argument gegen eine entsprechende Anwendung von § 13 VgV ins Feld geführt wird, kann hingegen allenfalls bestehen, wenn der öffentliche Auftraggeber verkannt hat, dass er öffentlicher Auftraggeber ist, dass die beabsichtigte Beschaffung auf einen öffentlichen Auftrag im Sinne des § 99 Abs. 1 GWB gerichtet ist oder dass dieser Vertrag den Schwellenwert erreicht oder übersteigt. Die **richtige rechtliche Einordnung eines geplanten Vorgehens gehört aber zum allgemeinen Risiko, das jeder zu tragen hat, der am Rechtsleben teilnehmen will** (Bundesgerichtshof, B. v. 1. 2. 2005 – Az.: X ZB 27/04; ebenso OLG Celle, B. v. 25. 8. 2005 – Az.: 13 Verg 8/05; OLG München, B. v. 7. 6. 2005 – Az.: Verg 004/05; VK Münster, B. v. 19. 9. 2006 – Az.: VK 12/06; VK Lüneburg, B. v. 30. 6. 2006 – Az.: VgK-13/2006; VK Düsseldorf, B. v. 27. 4. 2006 – Az.: VK-12/2006-L; Beschluss vom 30. 9. 2005 – Az.: VK-25/2005-L; 3. VK Bund, B. v. 29. 6. 2005 – Az.: VK 3-52/05).

3346

Diese **Konsequenz gilt auch, wenn mit mehreren Bietern ein förmliches Verfahren mit fälschlicherweise nationaler Ausschreibung** eines Teilnahmewettbewerbs durchgeführt wurde. Auch die eventuelle Unkenntnis des Antragsgegners von der Notwendigkeit einer entsprechenden Informationspflicht gegenüber den Unternehmen, die nicht berücksichtigt werden sollen, da er verkannt hat, dass der Vertrag den Schwellenwert übersteigt, steht der Anwendung des § 13 VgV nicht entgegen. Vielmehr gehört dieses Risiko zum allgemeinen Risiko, dass jeder zu tragen hat, der am Rechtsleben teilnimmt (VK Düsseldorf, Beschluss vom 30. 9. 2005 – Az.: VK-25/2005-L).

3347

53.5.3.3 Die neue Rechtsprechung des EuGH

Auch nach dem Urteil des EuGH vom 11. 1. 2005 (in der Rechtssache Stadt Halle u. a. gegen TREA Leuna – C-26/03) ist die **Aussicht gering, dass einen abgeschlossenen Vertrag wegen einer unterbliebenen Bieterinformation die – von Amts wegen zu prüfende – Nichtigkeitsfolge des § 13 Satz 6 VgV treffen kann.** In ihrem hier interessierenden ersten Teil betrifft die Entscheidung des EuGH lediglich die Frage, ob sich – und zwar bei einem noch nicht erteilten Auftrag – die Vergabenachprüfung auch auf nicht in einem förmlichen Vergabeverfahren und im Vorfeld einer förmlichen Ausschreibung ergangene Entscheidungen des öffentlichen Auftraggebers erstreckt. Hiervon unterscheidet sich der **Fall, dass der Auftrag bereits erteilt** worden ist. Dieser Fall ist nach der bisherigen Rechtsprechung der Vergabesenate zu § 13 VgV voraussichtlich dahin zu entscheiden, dass der **Vertragsabschluss nicht nichtig** ist, weil die Antragstellerin nach derzeitiger Sachlage kein Angebot und keine Bewerbung an die Antragsgegnerin gerichtet und mit der Folge, dass die Antragsgegnerin sie an der Vergabe hätte beteiligen müssen, zuvor auch sonst kein Interesse an einer Auftragserteilung hätte ersichtlich werden lassen (OLG Düsseldorf, B. v. 25. 1. 2005 – Az.: VII-Verg 93/04).

3348

Diese **Ansicht ist mit dem grundsätzlichen Ansatz des EuGH, den Anwendungsbereich des Vergaberechts** zum Schutz des Wettbewerbs sehr weit zu definieren (z.B. hinsichtlich der Begriffe des öffentlichen Auftrags oder des öffentlichen Auftraggebers), **nicht zu vereinbaren.** Konsequenterweise muss daher § 13 Satz 6 VgV auf alle De-facto-Vergaben Anwendung finden.

3349

643

Teil 2 VgV § 13   Vergabeverordnung

53.5.3.4 Literatur

3350
- Beckmann, Martin, In-house-Geschäfte und De-Facto-Vergaben – EuGH schließt Lücken des Vergaberechts, AbfallR 2005, 37
- Bergmann, Bettina/Grittmann, Joachim, Keine Nichtigkeit bei De-Facto-Vergabe, NVwZ 2004, 600
- Hertwig, Stefan, Nichtigkeit des Zuschlags bei De-facto-Vergaben, BauR 2005, 219
- Jasper, Ute/Pooth, Stefan, De-facto-Vergabe und Vertragsnichtigkeit, ZfBR 2004, 543
- Lück, Dominik/Oexle, Anno, Zur Nichtigkeit von De-Facto-Vergaben ohne wettbewerbliches Verfahren, VergabeR 2004, 302

53.5.4 Informationspflicht bei vorsätzlicher Umgehung der Ausschreibungspflicht

3351 Wenn schon der Irrtum eines Unternehmens, das sich über seine Auftraggebereigenschaft irrt, nicht prämiert werden darf durch die Nichtanwendung des § 13 VgV, kann erst recht nicht ein unstreitig öffentlicher Auftraggeber im Sinne des § 98 Nr. 1 GWB in **seinem vorsätzlichen Bestreben der Umgehung des Vergaberechts unterstützt werden.** Das **Nichtigkeitsgebot des § 13 VgV muss gerade in einem solchen Fall uneingeschränkt Anwendung finden können,** da andernfalls der Umgehung des Vergaberechts Tür und Tor geöffnet ist. Alles andere würde dazu führen, dass es ein Auftraggeber in der Hand hat zu entscheiden, ob es ihm genehm ist, die bestehende Rechtslage zu beachten oder nicht (VK Arnsberg, B. v. 27. 10. 2003 – Az.: VK 2-22/2003).

53.5.5 Informationspflicht bei vergaberechtswidrig nicht europaweit durchgeführten Ausschreibungen

3352 Gilt eine Informationspflicht für öffentliche Auftraggeber, die gar kein Vergabeverfahren durchführen, so **muss dies auch für Auftragsvergaben gelten, die nach einem nicht einschlägigen Verfahren durchgeführt werden.** Die Bestimmungen des 4. Abschnitts des GWB über das Vergabeverfahren, einschließlich der auf § 97 Abs. 6 beruhenden Bestimmungen, die dieses näher regeln und somit auch § 13 VgV, auch bei unterbliebener Ausschreibung oder, wie hier, bei Ausschreibungen nach dem nicht einschlägigen Abschnitt der Verdingungsordnung für die Auftraggeber finden also Anwendung. Dies gebietet auch das Erfordernis eines effektiven Rechtsschutzes (VK Baden-Württemberg, B. v. 27. 6. 2003 – Az.: 1 VK 29/03; VK Münster, B. v. 4. 12. 2003 – Az.: VK 21/03).

3353 Da jeder Auftraggeber grundsätzlich für seine Irrtümer selbst einstehen muss und der Irrtum als solcher objektives Recht nicht beseitigen kann, ist ein **Irrtum über die Einschlägigkeit des Vergaberechts – hier über die Ausschreibungspflichtigkeit an sich – für die Anwendung des § 13 Satz 5 und 6 VgV unerheblich** (VK Lüneburg, B. v. 12. 11. 2003 – Az.: 203-VgK-27/2003).

53.5.6 Informationspflicht im Rahmen eines Teilnahmewettbewerbes

3354 Zwar spricht der Wortlaut des § 13 VgV von Bietern, nicht von Bewerbern. Zudem verlangt § 13 VgV auch die Mitteilung des Bieters, der den Zuschlag erhalten soll, was aber nach Abschluss des Auswahlverfahrens noch gar nicht möglich ist. Es besteht aber ein Anspruch auf Mitteilung nach § 13 VgV auch für solche Beteiligten, die nur deshalb keine Bieterstellung erlangen, weil sie von der Vergabestelle vom Vergabeverfahren rechtswidrigerweise ausgeschlossen wurden. **Solche potenziell Beteiligten sind vom Schutzzweck des § 13 VgV erfasst, da es sonst die Vergabestelle in der Hand hätte, durch vergaberechtswidrige Nichtberücksichtigung die Informationspflicht ins Leere laufen zu lassen.** Letztlich ist festzustellen, dass die Bewerber am Teilnahmewettbewerb entweder nach Auswahl der Verhandlungspartner Mitteilung über den Ausgang des Teilnahmewettbewerbs erhalten oder aber spätestens am Ende des Verhandlungsverfahrens in die Mitteilung nach § 13 VgV einbezogen werden. In diesem Falle ist der bereits im Auswahlverfahren ausgeschiedene Bewerber mit dem Tatbestand konfrontiert, dass er erst in einem Zeitpunkt die Kammer anrufen kann, in dem nicht nur das Auswahlverfahren sondern auch das Verhandlungsverfahren abgeschlossen ist (VK Baden-Württemberg, B. v. 23. 1. 2003 – Az.: 1 VK 70/02).

Vergabeverordnung VgV § 13 **Teil 2**

53.5.7 Informationspflicht im Rahmen der Vergabeverfahren von Auftraggebern nach dem Bundesberggesetz (§ 11)

§ 13 VgV gilt auch im Rahmen der Vergabeverfahren von Auftraggebern nach dem Bundes- **3355** berggesetz (§ 11 VgV). Zu den Einzelheiten vgl. die Kommentierung zu § 11 VgV.

53.5.8 Informationspflicht bei Nachlieferungen im Sinne des § 3a Nr. 2 lit. e) VOL/A

Rechtsfolge des § 3a Nr. 2 lit. e) VOL/A ist nicht nur, dass die Vergabestelle den Auftrag im **3356** Verhandlungsverfahren ohne öffentliche Vergabebekanntmachung vergeben kann. Auch eine **Vorabbenachrichtigung nach § 13 VgV erübrigt sich infolge dieser Befreiung von der Vergabebekanntmachung.** Das ergibt sich schon aus dem systematischen Ineinandergreifen der Vorschriften. Eine Vergabestelle, die eine beabsichtigte Vergabe nicht veröffentlicht, erhält auch keine Angebote und kennt in der Regel noch nicht einmal alle potentiellen Bieter. Eine Benachrichtigung von – oft unbekannten – Unternehmen ist dann im Sinne des § 13 VgV schon faktisch nicht möglich, zumal es sich allenfalls um Interessenten handeln würde. Im Fall § 3a Nr. 2 lit. e) VOL/A kommt folgende Überlegung hinzu. Wenn ein Wechsel des Lieferanten dazu führen würde, dass der dann notwendige Erwerb von Waren mit unterschiedlichen technischen Merkmalen unverhältnismäßige technische Schwierigkeiten mit sich bringen würde, wird von § 3a Nr. 2 lit. e) VOL/A die Beauftragung der ursprünglichen Auftragnehmern auch ohne vorherigen Vergleich mit anderen Angeboten als sachgerecht angesehen, wodurch das Wettbewerbsprinzip für diesen – eng auszulegenden Ausnahmefall – faktisch hintangestellt wird. Wenn aber von vornherein schon aus technischen Gründen nur ein einziger Anbieter in Betracht kommt, laufen die Verfahrensrechte der potentiellen Bieter aus dem Vergaberecht ins Leere (2. VK Bund, B. v. 11. 4. 2003 – Az.: VK 2-10/03).

53.5.9 Informationspflicht nach einer Entscheidung der Vergabestelle zugunsten eines Bewerbers

Prüft die Vergabestelle die Rüge eines Antragstellers betreffend die Verletzung von Vergabe- **3357** vorschriften auf ihre Berechtigung hin, ist sie nach dem Sinn der Vorschrift des § 107 Abs. 3 Satz 1 GWB, die der Vergabestelle Gelegenheit geben will, einen behaupteten Vergaberechtsverstoß ohne Nachprüfungsverfahren abzustellen, hierzu berechtigt und verpflichtet. Das führt **grundsätzlich nicht zur Unterbrechung oder Verlängerung der Frist des § 13 VgV,** weil es anderenfalls der Bieter in der Hand hätte, diese Frist durch seine bloße Rüge im Ergebnis nahezu beliebig zu verlängern. **Anders ist es aber für den Fall, dass die Vergabestelle den beanstandeten Vergabeverstoß korrigiert und damit der Rüge abhilft.** Sonst wäre eine Abhilfeentscheidung, die zur Fortsetzung des Verfahrens führt, für den Rügenden nutzlos und hätte bloße Alibi-Funktion. Vielmehr hat **der erfolgreich Rügende einen Anspruch auf Mitteilung der Gründe, warum der Auftraggeber trotz Abhilfe und damit neuer Wertungsgesichtspunkte weiterhin an seiner ursprünglichen Entscheidung festhält.** Waren diese Gründe nicht Gegenstand eines vorausgegangenen Informationsschreibens, sodass der Rügende hiervon keine Kenntnis hatte, bedarf es einer Information über die unveränderte Vergabeentscheidung, um der Informationspflicht nach § 13 VgV zu genügen (VK Brandenburg, B. v. 27. 1. 2005 – VK 79/04).

53.5.10 Informationspflicht bei entsprechender Kenntnis eines Bieters und Einleitung eines Nachprüfungsverfahrens vor der Information

§ 13 VgV dient der Gewährung des Primärrechtsschutzes im Vergabeverfahren. Die **Nichtig- 3358 keitsfolge soll keinen allgemeinen Gerechtigkeitsgedanken absichern,** sondern das in § 97 Abs. 7 GWB entsprechend Art. 2 Abs. 1 der Rechtsmittelrichtlinie (89/665 EWG vom 21. Dezember 1989, geändert durch Richtlinie 92/50/EWG vom 18. Juni 1992) normierte Recht auf Nachprüfung im Primärrechtsschutzverfahren. Diese **Zielrichtung des § 13 Satz 6 VgV macht eine teleologische Reduktion des Geltungsumfangs der Nichtigkeitsbestimmung (auch) dahin erforderlich, dass sich ein Bieter, der vor der Zuschlagserteilung von dem vermeintlichen Vergaberechtsverstoß erfahren und Primärrechtsschutz im Nachprüfungsverfahren beantragt hat, auf die Nichtigkeitsfolge nicht berufen kann** (OLG Celle, B. v. 8. 12. 2005 – Az.: 13 Verg 2/05).

Teil 2 VgV § 13   Vergabeverordnung

3359 **Ähnlich** ist der Fall zu beurteilen, dass **ein bereits informierter Bieter in anderer, verlässlicher Weise erfährt, dass an der zuvor mitgeteilten Vergabeabsicht nicht festgehalten** wird. In diesem Fall muss der Auftraggeber die Kenntnis des (bereits informierten) Bieters nicht noch zusätzlich in Textform herstellen (OLG Schleswig-Holstein, B. v. 1. 9. 2006 – Az.: 1 (6) Verg 8/05).

53.5.11 Informationspflicht bei Vergabeverfahren unterhalb der Schwellenwerte

3360 **§ 13 VgV gilt nur für öffentliche Aufträge,** deren **geschätzte Auftragswerte** die in § 2 VgV geregelten **Schwellenwerte erreichen oder übersteigen.** Für eine **analoge Anwendung des § 13 VgV auf Vergabeverfahren unterhalb der Schwellenwerte** sieht die Kammer nach der im Eilverfahren allein möglichen summarischen Prüfung keine Veranlassung (VG Neustadt an der Weinstraße, B. v. 19. 10. 2005 – Az.: 4 L 1715/05).

53.6 Frist für die Information

3361 Der Auftraggeber sendet die Information in Textform spätestens 14 Kalendertage vor dem Vertragsschluss ab.

3362 Die **Zweiwochenfrist** des § 13 Satz 5 VgV **dient nicht allein dem Schutz des Bieters.** Vielmehr **dient** die Regelung **auch den Interessen der Vergabestelle,** die bei fehlender Rüge davon ausgehen darf, dass nach Ablauf der Frist grundsätzlich einer Zuschlagserteilung nichts im Wege steht. Für diesen Schutzzweck zugunsten des Auftraggebers spricht auch der Umstand, dass es nach dem Willen des Gesetzgebers für den Fristbeginn nicht auf den Zugang des Informationsschreibens beim Bieter, sondern auf dessen Absendung ankommt (OLG Naumburg, B. v. 25. 1. 2005 – Az.: 1 Verg 22/04).

53.6.1 Beginn der Frist

3363 § 13 VgV a. F. wurde **dahin geändert,** dass es für den Beginn der Frist nicht auf den Zugang beim letzten Bieter ankommt, sondern die **Frist am Tage nach der Absendung der Information durch den Auftraggeber beginnt** (§ 13 Satz 3 und Satz 4 VgV).

53.6.2 Fristbeginn ab Absendung der Information an den letzten Bieter

3364 **Entscheidend** für die Einhaltung der Frist des § 13 VgV ist, **wann die Information** nach § 13 VgV **an den letzten Bieter abgesandt wurde;** erst dann beginnt einheitlich die Frist des § 13 VgV zu laufen (1. VK Bund, B. v. 20. 1. 2003 – Az.: VK 1-99/02; im Ergebnis ebenso für den neuen Rechtszustand BGH, B. v. 9. 2. 2004 – Az.: X ZB 44/03; VK Brandenburg, B. v. 27. 1. 2005 – VK 79/04).

53.6.3 Verlängerung der Frist durch die ausschreibende Stelle

3365 Welche Konsequenzen eine von § 13 VgV abweichende Nennung einer längeren Frist durch den Auftraggeber hat, ist in der Rechtsprechung streitig.

3366 Nach einer Auffassung hat dies keine Wirkung. Erklärt also der Auftraggeber, dass er beabsichtigt, den Zuschlag später als nach Ablauf der 14-Tage-Frist zu erteilen, führt dies **nicht dazu,** dass **statt der gesetzlichen Frist** wegen des Gebotes des Vertrauensschutzes und des Grundsatzes der Selbstbindung der Verwaltung **das in der Vorabinformation genannte spätere Fristende gilt** (1. VK Bund, B. v. 27. 9. 2002 – Az.: VK 1-63/02; VK Bremen, B. v. 16. 7. 2003 – Az.: VK 12/03; VK Münster, B. v. 10. 2. 2004 – Az.: VK 01/04; Hanseatisches OLG Bremen, B. v. 18. 8. 2003 – Az.: Verg 6/2003).

3367 Nach der Gegenmeinung wird das **Zuschlagsverbot** nach § 13 Satz 3 VgV durch eine Vorabinformation **nicht beseitigt,** wenn diese infolge schwerer inhaltlicher Fehler den Bieter davon abhält, rechtzeitig Rechtsschutz zu suchen. Ein solcher Fehler liegt vor, wenn die gesetzliche Frist des § 13 VgV nicht durch die im Ablehnungsschreiben genannte längere Frist ersetzt wird; dann war die angegebene Einspruchsfrist unrichtig und hat die Rechtsschutzmöglichkeiten des Bieters beeinträchtigt. Der Auftraggeber ist also an die angegebene längere Frist gebunden (2. VK Bund, B. v. 16. 7. 2002 – Az.: VK 2-50/02).

3368 Vgl. zu den **Auswirkungen einer Verlängerung der Frist des § 13 VgV auf die Rügefrist** die Kommentierung zu § 107 GWB RZ 1948.

53.6.4 Unterbrechung der Frist durch die Überprüfung der Vergabeentscheidung durch die Vergabestelle

Prüft die Vergabestelle die Rüge eines Antragstellers betreffend die Verletzung von Vergabevorschriften auf ihre Berechtigung hin, ist sie nach dem Sinn der Vorschrift des § 107 Abs. 3 Satz 1 GWB, die der Vergabestelle Gelegenheit geben will, einen behaupteten Vergaberechtsverstoß ohne Nachprüfungsverfahren abzustellen, hierzu berechtigt und verpflichtet. Das führt indessen **nicht zur Unterbrechung oder Verlängerung der Frist des § 13 VgV**, weil es andernfalls der Bieter in der Hand hätte, diese Frist durch seine bloße Rüge im Ergebnis nahezu beliebig zu verlängern. Das wäre mit der erforderlichen Rechtssicherheit angesichts der Nichtigkeitsfolge des § 13 VgV nicht vereinbar (Thüringer OLG, B. v. 29. 5. 2002 – Az.: 6 Verg 2/02). 3369

53.6.5 Berechnung der Frist (§ 13 Satz 3)

Die **Informationsfrist beginnt mit dem Tag nach der Absendung der Vorinformation und endet am 14. Kalendertag um 24.00 Uhr.** Diese Sicht wird ebenfalls dadurch gestützt, dass der Verordnungsgeber von Kalendertagen spricht und damit 14 Tage mit je 24 Stunden als Informationsfrist angibt. Schwierig und aufwendig nachzuvollziehen bzw. zu beweisen wäre ein Fristlaufbeginn mit dem Zeitpunkt der Absendung des Informationsschreibens, die Bieter wüssten den Zeitpunkt des Beginns der Informationsfrist nicht und damit auch nicht deren Ende, Rechtsunsicherheit wäre damit vorprogrammiert (VK Thüringen, B. v. 1. 3. 2002 – Az.: 216-4002.20-004/02-EF-S). 3370

Dementsprechend wurde § 13 VgV klarstellend geändert. 3371

53.6.6 Absendung erst nach Entscheidung des zuständigen Gremiums über den Zuschlag

Man muss verlangen, dass das Vorinformationsschreiben **erst** zu einem Zeitpunkt an die nicht berücksichtigten Bieter **abgesandt** wird, zu dem das **für die Zuschlagsentscheidung berufene Gremium** seinen Abwägungsprozess samt interner **Zuschlagsentscheidung tatsächlich getroffen** hat (1. VK Sachsen, B. v. 23. 5. 2003 – Az.: 1/SVK/030-03). 3372

53.6.7 Fristbeginn bei nicht nachgewiesener Absendung und nachgewiesenem Zugang beim Bieter

Ist eine **Absendung** der Vorabinformation nach § 13 Satz 1 VgV an eine Bieterin **nicht erfolgt**, so läuft die Frist des § 13 Satz 2 und 6 VgV jedenfalls ab Zugang der Vorabinformation bei dieser Bieterin (OLG Naumburg, B. v. 17. 2. 2004 – Az.: 1 Verg 15/03). 3373

53.6.8 Rechtsfolge des Ablaufs der Frist

Der **Ablauf der Frist** des § 13 VgV **bewirkt** nur, dass der **Auftraggeber fortan in seinem Vergabeverhalten den Einschränkungen des § 13 VgV nicht mehr unterliegt**, d. h. die von ihm beabsichtigte Vergabeentscheidung nunmehr treffen kann, und dass rügewillige Bieter fortan eben damit und folglich auch mit der Gefahr rechnen müssen, dass ein zulässiges Nachprüfungsverfahren nicht mehr eingeleitet werden kann, wenn der Auftraggeber von den ihm durch den Fristablauf eröffneten Möglichkeiten rechtzeitig Gebrauch gemacht hat. **Solange er dies aber nicht getan hat**, bewirken weder die Vorabinformation selbst noch das Ende der Frist aus § 13 VgV eine **Beendigung des Vergabeverfahrens unmittelbar oder ein Ausscheiden der betroffenen Bieter** aus diesem Verfahren (OLG Dresden, B. v. 11. 4. 2005 – Az.: WVerg 05/05). 3374

53.7 Inhalt der Information

Der Auftraggeber informiert die Bieter, deren Angebote nicht berücksichtigt werden sollen, über den Namen des Bieters, dessen Angebot angenommen werden soll und über den Grund der vorgesehenen Nichtberücksichtigung ihres Angebotes (BGH, Urteil vom 22. 2. 2005 – Az.: KZR 36/03). 3375

Teil 2 VgV § 13   Vergabeverordnung

53.7.1 Grundsatz

3376 Grundsätzlich ist davon auszugehen, dass **keine allzu großen Anforderungen** an die Vorinformation nach § 13 VgV zu stellen sind (1. VK Saarland, B. v. 27. 4. 2004 – Az.: 1 VK 02/2004; VK Brandenburg, B. v. 12. 4. 2002 – Az.: VK 15/02; 1. VK Sachsen, B. v. 13. 5. 2002 – Az.: 1/SVK/043-02). Im **Regelfall** reicht es also aus, dass der Grund für die Nichtberücksichtigung verständlich und präzis benannt werden muss. Dies kann aber nur für den Fall Anwendung finden, wenn der Bieter aus der Vorinformation und/oder den ihm vorliegenden Verdingungsunterlagen, erkennen kann, warum die Prüfung seines Angebotes zur Ablehnung desselben geführt hat und wie diese Ablehnung begründet ist. Eine ordnungsgemäße Vorabinformation muss den Bieter also zumindest in die Lage versetzen, seinen Stand im Vergabeverfahren sowie die Sinnhaftigkeit eines Nachprüfungsverfahrens hinreichend zu ermessen (1. VK Saarland, B. v. 27. 4. 2004 – Az.: 1 VK 02/2004; 1. VK Bund, B. v. 14. 11. 2003 – Az.: VK 1-109/03).

3377 Der notwendige Inhalt einer solchen Mitteilung hängt also von den Umständen des Einzelfalles ab (VK Thüringen, B. v. 30. 8. 2002 – Az.: 216-4003.20-045/02-EF-S).

3378 Schon aus dem Wortlaut der Norm (§ 13 Satz 1 VgV), die den Auftraggeber verpflichtet, „den Grund" für die Nichtberücksichtigung des Angebots anzugeben, **nicht aber in der Mehrzahl von den „Gründen" oder von einer für die Angebotsablehnung zu gebenden „Begründung"** spricht, muss gefolgert werden, dass die Norm dem Auftraggeber gestattet, sich kurz zu fassen, und ihm nicht gebietet, das Informationsschreiben mit Gründen zu versehen, die dem (z. B.) die Angebotsauswertung fixierenden Vergabevermerk oder der Begründung eines schriftlichen Verwaltungsakts entsprechen. Die Nennung eines von mehreren Gründen genügt (VK Schleswig-Holstein, B. v. 27. 7. 2006 – Az.: VK-SH 17/06; VK Baden-Württemberg, B. v. 13. 2. 2006 – Az.: 1 VK 1/06; B. v. 5. 8. 2003 – Az.: 1 VK 31/03).

3379 Im übrigen ist **eine eher zurückhaltende Auslegung** des § 13 Satz 1 VgV, die keine hohen Anforderungen an die Erfüllung der Informationspflicht stellt, auch deshalb angezeigt, weil die **Einhaltung der Vorschrift für den Auftraggeber auch bei einer großen Anzahl zu informierender Bieter noch praktikabel bleiben muss,** ferner weil die Praktizierung der Vorschrift nicht ihrerseits zu einer Investitionsbremse werden darf, und schließlich weil hohe Anforderungen an die Informationspflicht auch bei pflichtbewussten Auftraggebern tendenziell (zu) oft zu einem Eingreifen der Nichtigkeitsfolge des § 13 Satz 4 VgV führen können. Allgemeingültige, für alle denkbaren Fälle erschöpfende Aussagen über den notwendigen Inhalt der (schriftlichen) Information an die Bieter, die nach der Vorentscheidung des Auftraggebers nicht zum Zuge kommen sollen, wird man nicht geben können, weil die Anforderungen an die Verständlichkeit des Informationsschreibens zu einem Teil auch von den besonderen Umständen des Einzelfalls abhängen (OLG Düsseldorf, B. v. 6. 8. 2001 – Az.: Verg 28/01; VK Bremen, B. v. 16. 7. 2003 – Az.: VK 12/03).

53.7.2 Name des Bieters

3380 Die **Rechtsprechung** ist insoweit **nicht einheitlich.**

3381 Nach einer Auffassung verlangt § 13 VgV zwingend die Nennung des erfolgreichen Bieters (VK Lüneburg, B. v. 26. 1. 2005 – Az.: 203-VgK-56/2004; VK Südbayern, B. v. 10. 11. 2003 – Az.: 49-10/03).

3382 Die **Angabe des Namens des Bieters muss** nach dem Sinn und Zweck der Vorschrift dem nicht berücksichtigten Bieter **die Identifizierung** des für den Zuschlag in Aussicht genommenen Bieters **ermöglichen,** um gegen die beabsichtigte Zuschlagserteilung Gründe geltend machen zu können, die in der Person dieses Bieters liegen. Es ist auch nicht schädlich, wenn die Postleitzahl des Unternehmens von der Vergabestelle nicht korrekt angegeben wurde, wenn die Identifizierbarkeit des Bieters möglich ist (1. VK Bund, B. v. 3. 2. 2004 – Az.: VK 1-147/03; B. v. 27. 9. 2002 – Az.: VK 1-63/02).

3383 Demgegenüber ist das OLG Naumburg **im Wege der teleologischen Reduktion** (B. v. 26. 4. 2004 – Az.: 1 Verg 2/04) der Auffassung, dass dann, wenn die Vergabestelle es versäumt, dem unterlegenen Bieter in dem Informationsschreiben gemäß § 13 VgV den Name desjenigen mitzuteilen, der den Zuschlag erhalten soll, die **Nichtigkeitsfolge des § 13 Satz 6 VgV jedenfalls dann nicht eintritt, wenn die Nichtberücksichtigung des Bieters allein auf preislichen Erwägungen beruht, ihm dies unter Angabe des niedrigeren Preises des obsiegenden Angebotes mitgeteilt wurde und er rechtzeitig vor Ablauf der Frist des § 13 Satz 2 VgV von der Identität des Begünstigten Kenntnis erlangt.**

53.7.3 Grund der vorgesehenen Nichtberücksichtigung

Der nach § 13 Satz 1 VgV informierte Bieter muss auf Grund der Mitteilung zumindest in Ansätzen nachvollziehen können, welche konkreten Erwägungen für die Vergabestelle bei der Nichtberücksichtigung seines Angebots ausschlaggebend waren. Die bloße zusammenfassende Mitteilung des Ergebnisses des Wertungsvorgangs, **das Angebot sei nicht das wirtschaftlichste gewesen, reicht dafür nicht aus** (KG Berlin, B. v. 4. 4. 2002 – Az.: KartVerg 5/02). 3384

53.7.4 Inhalt des Informationsschreibens bei zahlreichen Nebenangeboten

Auch wenn die Rechtsprechung üblicherweise an Form und Inhalt eines Absageschreibens keine überzogenen Anforderungen stellt, so muss etwas anderes gelten, wenn der **Antragsteller zahlreiche wertbare Nebenangebote** abgegeben hat. Dort wird man, insbesondere wenn auch das Musterformular der Auftraggeberin dies ohnehin vorsieht, verlangen, dass der **Bieter zumindest erfährt, welche seiner Nebenangebote (formelhaft begründet) nicht zum Zuge kamen** (1. VK Sachsen, B. v. 23. 5. 2003 – Az.: 1/SVK/030-03). 3385

53.7.5 Wahrheitsgemäße Information

Die **Rechtsprechung** ist insoweit **nicht einheitlich**. 3386

Selbst wenn die obergerichtliche Rechtsprechung dem Auftraggeber für den Umfang der Informationspflicht keine überspannten Anforderungen auferlegt, so ist im Umkehrschluss jedoch **unabdingbare Voraussetzung** für das Informationsschreiben nach § 13 VgV, dass der dort – vielleicht auch nur durch eine knappe Information in einem vorformulierten Standardschreiben – **vorgesehene Grund der Nichtberücksichtigung wahrheitsgemäß erfolgen muss** (2. VK Bund, B. v. 25. 4. 2005 – Az.: VK 2-21/05). Ansonsten wäre der mit der Einführung des § 13 VgV beabsichtigte Lückenschluss in der effektiven Verfolgung von Bieterrechten nach § 97 Abs. 7 GWB ad absurdum geführt (1. VK Sachsen, B. v. 27. 1. 2003 – Az.: 1/SVK/123-02, 1/SVK/123-02G). 3387

Das Thüringer OLG ist anderer Auffassung. Ist eine **Vorabinformation, obzwar unzureichend oder unzutreffend begründet, rechtzeitig erfolgt**, so hat der **Bieter jedenfalls die Möglichkeit, sein subjektives Recht auf eine umfassende und richtige Information einzufordern und ggf. im Wege eines Nachprüfungsverfahrens zu erzwingen.** Unter Rechtsschutzgesichtspunkten besteht mithin kein Anlass, in diesem Fall den Bieter zusätzlich über den Eintritt einer Nichtigkeitsfolge abzusichern. Vielmehr liegt es allein in seiner Hand, seine Rechte im Rahmen des ihm tatsächlich eröffneten Nachprüfungsverfahrens zur Geltung zu bringen (Thüringer OLG, B. v. 14. 2. 2005 – Az.: 9 Verg 1/05). 3388

Ich tendiere eher zur Auffassung, dass eine wahrheitsgemäße Information notwendig ist. **Nur dann kann der Bieter wirklich abwägen, ob ein Nachprüfungsantrag Chancen auf Erfolg hat oder nicht.** 3389

53.7.6 Heilung von inhaltlichen Mängeln

Der **Auftraggeber kann Mängel eines Vorinformationsschreibens** nach § 13 VgV **noch vor Einleitung eines Nachprüfungsverfahrens oder auch erst im Laufe des Nachprüfungsverfahrens heilen.** Primäres Ziel der nachträglich eingeführten Vorinformation vor Zuschlagserteilung war es, die in § 114 Abs. 1 GWB vorgesehene – zivilrechtlichen Grundsätzen folgende – Unumkehrbarkeit eines einmal erteilten Zuschlags im Sinne eines effektiven Rechtsschutzes dadurch zu relativieren, dass die nicht berücksichtigten Bieter im Vorfeld von dem späterhin beabsichtigten Zuschlag samt bezuschlagtem Unternehmen erfahren und ihr individuelles Hemmnis im Hinblick auf den Zuschlag mitgeteilt bekommen. Die Vorinformation dient somit keinem eigenständigen vergaberechtlichen Selbstzweck. Auf einen Verstoß gegen § 13 VgV allein kann ein Bieter einen Nachprüfungsantrag somit nicht stützen (1. VK Sachsen, B. v. 27. 1. 2003 – Az.: 1/SVK/123-02, 1/SVK/123-02G). 3390

Eine Heilung kann auch durch den Beschluss einer Vergabekammer erfolgen (1. VK Brandenburg, B. v. 19. 9. 2001 – Az.: 1 VK 85/01). 3391

53.7.7 Heilung von formalen Mängeln

Formale Mängel der Information nach § 13 VgV, wie etwa der Verstoß einer vorfristigen Information durch den legitimierenden Beschluss des ordnungsgemäßen Beschlussorgans, kön- 3392

Teil 2 VgV § 13　　　　　　　　　　　　　　　　　　　　　Vergabeverordnung

nen **geheilt werden** und allenfalls kostenrechtliche Konsequenzen nach sich ziehen (1. VK Sachsen, B. v. 23. 5. 2003 – Az.: 1/SVK/030-03).

53.8 Adressat der Information

53.8.1 Bieter

53.8.1.1 Allgemeines

3393　Der Auftraggeber erfüllt seine Informationspflicht sicherlich, wenn er die Information an den Bieter übersendet.

53.8.1.2 Entsprechende Anwendung des § 130 Abs. 1 BGB

3394　§ 130 Abs. 1 BGB ist zumindest hinsichtlich der Frage, an wen die Vorabinformation nach § 13 Satz 1 VgV abzusenden ist, **entsprechend anzuwenden.** Danach genügt das Absenden einer Vorabinformation an eine Zweigstelle nicht, wenn diese nicht als Empfangsstelle für Informationen an die tatsächliche Bieterin zu betrachten ist. Es ist zu unterscheiden zwischen dem Interessenten für eine Ausschreibung und dem tatsächlichen Bieter (OLG Naumburg, B. v. 17. 2. 2004 – Az.: 1 Verg 15/03).

53.8.2 Bevollmächtigte

3395　Auch die alleinige Unterrichtung des Bevollmächtigten genügt den Anforderungen des § 13 VgV, wenn die Bevollmächtigten sich bereits im Zusammenhang mit dem von ihnen verfassten Rügeschreiben für den Antragsteller gemeldet hatten; der Auftraggeber durfte daher auch das Informationsschreiben nach § 13 VgV an die Bevollmächtigten richten (so sinngemäß auch § 14 Abs. 3 VwVfG). Wenn in Satz 1 des § 13 VgV formuliert ist, dass die „Bieter" informiert werden, so schließt dies **eine Information an einen bevollmächtigten Vertreter nicht aus; für eine restriktive Anwendung besteht keinerlei Anlass** (VK Hessen, B. v. 2. 1. 2003 – Az.: 69 d VK-53/2002).

53.9 Form der Information

53.9.1 Verwendung von Formblättern

3396　Bereits der Wortlaut des § 13 VgV spricht nur von der Verpflichtung, den Grund für die Nichtberücksichtigung anzugeben, und nicht von Gründen oder gar einer Begründung. Daraus muss gefolgert werden, dass der Auftraggeber sich kurz fassen und auch **im Wege der Verwaltungsvereinfachung zu vorformulierten Schreiben greifen darf** (BayObLG, B. v. 18. 6. 2002 – Az.: Verg 8/02; VK Baden-Württemberg, B. v. 18. 10. 2005 – Az.: 1 VK 62/05; 2. VK Bund, B. v. 25. 4. 2005 – Az.: VK 2-21/05; VK Lüneburg, B. v. 26. 1. 2005 – Az.: 203-VgK-56/2004).

53.9.2 Verwendung des Formblattes EFB Info/Abs EG des VHB

3397　Verwendet ein Auftraggeber zur Information nach § 13 VgV das **Formblatt (EFB (B) Info/Abs EG) aus dem Vergabehandbuch** für die Durchführung von Bauaufgaben des Bundes im Zuständigkeitsbereich der Finanzbauverwaltungen (**VHB**), so kann der Adressat aus diesem Formblatt ersehen, welcher namentlich benannte Bieter den Zuschlag erhalten soll und die Begründung für die Ablehnung seines eigenen Angebotes. Die **Information unter Einsatz des Formblattes genügt** daher für eine ordnungsgemäße Vorabinformation im Sinne des § 13 VgV (VK Brandenburg, B. v. 24. 2. 2005 – VK 01/05; VK Lüneburg, B. v. 26. 1. 2005 – Az.: 203-VgK-56/2004; VK Lüneburg, B. v. 8. 11. 2002 – Az.: 24/02).

53.9.3 Information durch mehrere Schreiben

3398　Die Vorschrift des § 13 VgV **fordert nicht,** dass die erforderlichen Angaben **in einem Schreiben** zu erfolgen haben. Es erscheint im Hinblick auf den Zweck der Vorschrift vielmehr als ausreichend, wenn die notwendigen Angaben 14 Tage vor dem Vertragsschluss vollständig erteilt worden sind (VK Hamburg, B. v. 18. 12. 2001 – Az.: VgK FB 8/01).

Vergabeverordnung   VgV § 13 **Teil 2**

53.9.4 Verwendung der Textform

Nach der Neufassung der VgV zum 15. 2. 2003 kann die Information nach § 13 VgV in 3399
Textform erfolgen. Dieser Begriff – anstelle der „Schriftlichkeit" – wurde gewählt, um zusätzliche Wege der schnellen Information (Fax, E-Mail) zu ermöglichen.

Nach § 126 b BGB bedarf es bei der Verwendung einer Textform weder einer Unterschrift 3400
noch einer digitalen Signatur.

Sinn und Zweck des § 13 VgV ist es, zu verhindern, dass der unterlegene Bewerber durch ei- 3401
nen plötzlichen Vertragsschluss überrascht wird und das Vergabeverfahren so der Nachprüfung entzogen wird. **Wenn der Bewerber jedoch schon unmissverständlich, eindeutig und abschließend mündlich informiert wird und er diese mündliche Information so ernst nimmt, dass er den vermeintlichen Vergabefehler formgerecht rügt, ist die Textform nicht mehr erforderlich,** um den Primärrechtsschutz sicherzustellen. Es widerspricht sowohl dem Beschleunigungsgrundsatz als auch den Grundsätzen von Treu und Glauben, in diesem Einzelfall noch eine schriftliche Bestätigung der mündlich erteilten Information abzuwarten. Denn wird ein Antragsteller nicht gehindert, rechtzeitig einen Nachprüfungsantrag zu stellen, der nach Zustellung das Zuschlagsverbot auslöst, ist der Primärrechtsschutz damit eröffnet und das Ziel des § 13 VgV erreicht. Der **Vergaberechtsschutz des unzureichend informierten Bewerbers ist also auch ohne die Nichtigkeitsfolge ausreichend gesichert.** Er kann nach rechtzeitiger Rüge einen Nachprüfungsantrag stellen, und zwar innerhalb eines Zeitrahmens von 14 Tagen, mit dem Ziel, die Vergabestelle zu verpflichten, ihm eine schriftliche Begründung zu erteilen. Demgemäß ist es nach dem Schutzzweck der Vorschrift überflüssig, in das Verbot des § 13 VgV und die Nichtigkeitsfolge diesen Sonderfall mit einzubeziehen (Schleswig-Holsteinisches OLG, B. v. 28. 11. 2005 – Az.: 6 Verg 7/05; VK Schleswig-Holstein, B. v. 31. 5. 2005 – Az.: VK-SH 09/05).

53.9.5 Beispiele aus der Rechtsprechung

– sendet der Auftraggeber **anstelle eines Informationsschreibens gem. § 13 VgV ledig- 3402
  lich ein Absageschreiben gem. § 27 Nr. 1 VOB/A** unter Verwendung des entsprechenden Formblattes EFB (B/Z) Abs. 1 des VHB zu, in dem den Bietern lediglich unter kurzer Angabe der Gründe mitgeteilt wird, dass auf ihre Angebote kein Zuschlag erteilt wird, **erfüllt diese Information die Mindestanforderungen des § 13 Satz 1 VgV nur teilweise,** weil sie keine Auskunft über den Namen des Bieters, dessen Angebot angenommen werden soll, gibt. Daher ist der **gleichwohl zustande gekommene Vertrag nichtig** (VK Lüneburg, B. v. 26. 1. 2005 – Az.: 203-VgK-56/2004)
– die Kammer hält es auf der Grundlage der hier zur Anwendung kommenden VOF grundsätzlich für ausreichend, wenn die **Wertung dahingehend zusammenfassend** mitgeteilt wird, dass der Bieter, der den Auftrag erhalten soll, **die höchste Punktzahl erhalten hat und infolgedessen der Empfänger des Schreibens niedriger bewertet wurde** … Die ergebnishafte Angabe, der Bieter sei aufgrund der Bewertungsmatrix und der hierzu durchgeführten Präsentation unterlegen, erscheint grundsätzlich ausreichend und trägt der Intention des § 13 VgV Rechnung (VK Baden-Württemberg, B. v. 7. 10. 2002 – Az.: 1 VK 48/02)
– eine **pauschale Angabe** wie „das Fehlen der geforderten Leistungsfähigkeit" **genügt der Informationspflicht des § 13 VgV nicht,** da der Bieter ein Recht hat zu erfahren, aus welchen Gründe sein Angebot oder seine Bewerbung abgelehnt wurde. Hier wären die einzelnen Gründe anzugeben (mangelhaft qualifiziertes Personal, nicht geeignete Subunternehmer, fehlende Sachausstattung etc.), die den Auftraggeber bewegen festzustellen, dass der Bieter nicht leistungsfähig ist (VK Südbayern, B. v. 12. 5. 2001 – Az.: 20-06/01)
– die Vergabestelle teilte dem Antragsteller 14 Tage vor Zuschlagserteilung mit, dass sie den Zuschlag nicht erhalten werde, wer den Zuschlag erhalten solle und die Gründe ihrer Nichtberücksichtigung. Dabei kann sich die Vergabestelle einer kurzen Begründung bedienen, wobei hier auf die Wirtschaftlichkeit abgestellt wurde. Diese wurde weiter durch die Vergabestelle unterlegt. Ein **expliziter Punktenachweis,** so wie der Antragsteller dies forderte, **bedarf es bei der Absage nicht** (VK Thüringen, B. v. 31. 1. 2002 – Az.: 216-4004.20-002/02-GTH).

53.10 Rechtsfolge eines Verstoßes gegen die Informationspflicht

53.10.1 Nichtigkeit (§ 13 Satz 5)

Rechtsfolge eines Verstoßes gegen die Informationspflicht ist grundsätzlich die 3403
Nichtigkeit des Zuschlags gemäß § 13 Satz 4 VgV (a. F.) i. V. m. § 134 BGB (1. VK Bund, B. v. 20. 1. 2003 – Az.: VK 1-99/02).

Teil 2 VgV § 13

53.10.1.1 Keine Allgemeine Nichtigkeit

3404 Die **Rechtsprechung** ist insoweit **nicht einheitlich**.

3405 Nach einer Auffassung gilt die **Nichtigkeit allgemein** und nicht etwa nur zugunsten des Bieters, dem gegenüber die § 13 VgV-Frist nicht eingehalten wurde. § 134 BGB kennt keine nur inter partes wirkende, relative Unwirksamkeit. Auf die Nichtigkeit eines Rechtsgeschäftes kann sich jeder berufen, und zwar grundsätzlich sogar dann, wenn der durch den Nichtigkeitsgrund Geschützte das Rechtsgeschäft gelten lassen will (1. VK Bund, B. v. 20. 1. 2003 – Az.: VK 1-99/02).

3406 Nach Auffassung des Bundesgerichtshofs **geht eine generelle Nichtigkeit des durch den Zuschlag zustande gekommenen Vertrages, selbst wenn kein unzureichend informierter unterlegener Bieter Rechtsschutz gegen die Vergabeentscheidung begehrt, über dasjenige hinaus, was der Zweck der Norm gebietet.** Die allein dem Primärrechtsschutz des unterlegenen Bieters dienende Zielrichtung des § 13 Satz 4 VgV a. F. macht eine teleologische Reduktion des Geltungsumfangs der Nichtigkeitsbestimmung des § 13 Satz 4 VgV a. F. erforderlich. Dies hat zur Folge, dass eine Nichtigkeit des durch den Zuschlag begründeten Vertragsschlusses in der Regel nur dann eintritt, wenn ein in seinen Informationsrechten verletzter unterlegener Bieter eine Verletzung seiner Informationsrechte geltend macht und auf ein Nachprüfungsverfahren anträgt (BGH, Urteil vom 22. 2. 2005 – Az.: KZR 36/03).

3407 Die **Rechtsprechung des Bundesgerichtshofs** zu § 13 Satz 4 a. F. **gilt** nach dem Sinn und Zweck der Vorschrift **auch für § 13 Satz 6 VgV n. F.**

53.10.1.2 Rückwirkung der Nichtigkeit

3408 Wird ein Bieter 14 Tage vor Vertragsschluss nicht davon informiert, dass er den Auftrag nicht erhalten soll und warum er ihn nicht erhalten soll, ist der Vertrag in entsprechender Anwendung des § 13 VgV nichtig. Zum Schutz des Beigeladenen erfolgte die **Feststellung der Nichtigkeit** nach den Grundsätzen der so genannten fehlerhaften Vertragsverhältnisse **mit Wirkung ex nunc** (VK Baden-Württemberg, B. v. 26. 3. 2002 – Az.: 1 VK 7/02).

53.10.2 Ausschluss der Nichtigkeit

3409 Ein Informationsschreiben der Vergabestelle, das inhaltlich nicht die Anforderungen des § 13 Satz 1 VgV erfüllt, löst nicht die Nichtigkeitssanktion des § 13 VgV aus (Thüringer OLG, B. v. 9. 9. 2002 – Az.: 6 Verg 4/02).

3410 Das wäre mit dem **Grundsatz der Rechtssicherheit und -klarheit unvereinbar.** Denn die Beantwortung der Frage nach einer ausreichenden Informationsbegründung wird stets auch von den Umständen des Einzelfalls, insbesondere dem ohnehin schon vorhandenen Kenntnisstand des Rechtsschutz suchenden Bieters und dem Gegenstand der von ihm beabsichtigten Fehlerrüge abhängen. Eine Begründung, die für den einen Bieter völlig nichts sagend ist, kann dem anderen Bewerber, der seine Kenntnisse schon im Verlaufe des Verfahrens erlangt hat und für die Formulierung seiner beabsichtigten Rüge eigentlich keiner zusätzlichen Information mehr bedarf, ausreichen, den Vergaberechtsschutz rechtzeitig vor Zuschlagserteilung durch Anbringen eines Nachprüfungsantrags in Anspruch zu nehmen. Die Anwendung des § 13 Satz 3 und 4 VgV führte in einem solchen Fall zu einer Relativierung der Nichtigkeitsfolge, die nicht mehr von objektiven, sondern von subjektiven, in der Person des einzelnen Bewerbers liegenden Voraussetzungen abhinge. Die Wirksamkeit oder Nichtigkeit eines erfolgten Zuschlags bliebe damit für alle Beteiligten im Ungewissen.

3411 Der **Vergaberechtsschutz** des unzureichend informierten Bieters ist auch ohne die Nichtigkeitsfolge **ausreichend gesichert.** Er kann – nach rechtzeitiger Rüge gegenüber der Vergabestelle (§ 107 Abs. 3 Satz 1 GWB) – vor Zuschlagserteilung die Verletzung des § 13 Satz 1 VgV mit einem Nachprüfungsantrag bei der Vergabekammer geltend machen mit dem Ziel, die Vergabestelle zu verpflichten, ihm eine ausreichende Begründung zu erteilen. Bis zur Entscheidung der Vergabekammer und Ablauf der Beschwerdefrist bliebe er durch das Zuschlagsverbot des § 115 Abs. 1 GWB vor einem Rechtsverlust geschützt. Demgemäß ist es nach dem Schutzzweck der Vorschrift überflüssig, in das Verbot des § 13 Satz 3 VgV und die Nichtigkeitsfolge die Fälle einer inhaltlich unzureichenden Informationsbegründung mit einzubeziehen (OLG Koblenz, B. v. 25. 3. 2002 – Az.: 1 Verg. 1/02; BayObLG, B. v. 3. 7. 2002 – Az.: Verg 13/02; 1. VK Sachsen, B. v. 27. 6. 2002 – Az.: 1/SVK/057-02).

Vergabeverordnung VgV § 13 Teil 2

53.10.3 Kausalität zwischen mangelhafter Information und (drohendem) Schaden

Macht ein Antragsteller – gestützt auf § 13 VgV – eine Verletzung von Informationspflichtenpflichten im Vergabeverfahren geltend, muss die **behauptete unzureichende Vorabinformation ursächlich für einen (drohenden) Schaden des Antragstellers im Vergabeverfahren,** z.B. die Nichtberücksichtigung der Bewerbung des Antragstellers sein (VK Südbayern, B. v. 31. 10. 2002 – Az.: 42-10/02). 3412

Wird der Antragsteller also nicht gehindert, rechtzeitig einen Nachprüfungsantrag zu stellen, der nach Zustellung das Zuschlagsverbot auslöst, ist der Primärrechtsschutz damit eröffnet und das Ziel des § 13 VgV erreicht (OLG Düsseldorf, B.v. 7. 1. 2002 – Az.: Verg 36/01; 1. VK Brandenburg, B.v. 24. 11. 2005 – Az.: 1 VK 69/05; B.v. 26. 8. 2005 – Az.: 1 VK 47/05; VK Baden-Württemberg, B.v. 18. 10. 2005 – Az.: 1 VK 62/05; B.v. 12. 11. 2004 – Az.: 1 VK 70/04; B.v. 11. 9. 2003 – Az.: 1 VK 52/03). Die Vorgaben des § 13 VgV haben nämlich lediglich das **Ziel, den Einstieg in den Primärrechtsschutz eines Nachprüfungsverfahrens zu gewährleisten.** Sie sind nicht geeignet, z.B. einen Schaden im Sinne des § 107 Abs. 2 Satz 2 GWB zu begründen oder die Zuschlagschancen oder sonstige Erfolgsaussichten des Bieters zu verbessern (1. VK Brandenburg, B.v. 24. 11. 2005 – Az.: 1 VK 69/05; VK Hessen, B.v. 2. 1. 2003 – Az.: 69 d VK-53/2002). 3413

Deshalb kommt einem **Bieter, wenn er in einem noch nicht durch Zuschlagserteilung abgeschlossenen Vergabeverfahren ein Nachprüfungsverfahren einleitet, kein schutzwürdiges Interesse** im Hinblick auf die Einhaltung der Vorschriften des § 13 VgV mehr zu (3. VK Bund, B.v. 1. 8. 2005 – Az.: VK 3-79/05; VK Brandenburg, B.v. 14. 3. 2005 – Az.: VK 7/05; B.v. 1. 3. 2005 – Az.: VK 8/05; B.v. 28. 2. 2005 – VK 02/05; B.v. 24. 9. 2004 – VK 49/04). 3414

53.10.4 Zusätzlicher Vergabeverstoß

Ein gerügter Verstoß gegen § 13 VgV ist stets in der Weise ergebnisorientiert, dass zu ihm ein vergaberechtliches Fehlverhalten des Auftraggebers in der Sache hinzutreten muss, damit das Nachprüfungsverfahren Erfolg haben kann (OLG Dresden, B.v. 14. 2. 2003 – Az.: WVerg 0011/01; im Ergebnis ähnlich OLG Naumburg, B.v. 26. 4. 2004 – Az.: 1 Verg 2/04; VK Brandenburg, B.v. 24. 2. 2005 – VK 01/05; B.v. 21. 4. 2004 – Az.: VK 12/04). Ein **über eine Verletzung von § 13 VgV nicht hinausgehender Verstoß ist im Ergebnis ohne Belang** (Brandenburgisches OLG, B.v. 18. 5. 2004 – Az.: Verg W 03/04; VK Brandenburg, B.v. 1. 3. 2005 – Az.: VK 8/05; B.v. 24. 2. 2005 – VK 01/05). 3415

53.10.5 Nichtigkeitsfolge bei präkludierten Vergaberechtsverstößen

Die **Eröffnung des Rechtsweges zu den vergaberechtlichen Nachprüfungsinstanzen und die Berufung auf § 13 VgV bleibt nach Sinn und Zweck der Präklusionsregelung dem Bieter abgeschnitten,** der z.B. die erkennbar falsche Wahl der Verdingungsordnung **nicht rechtzeitig gerügt** hat. Die Rügeobliegenheit ist den Bietern nämlich vom Gesetz auferlegt worden, um im Interesse des das gesamte Vergaberecht beherrschenden Beschleunigungsgebotes zu verhindern, dass sie erkennbare Fehler im Vergabeverfahren zunächst in der Erwartung unbeanstandet lassen, den Auftrag zu erhalten, um erst später als Notbehelf auf diesen Fehler zurückzukommen, wenn sich die gehegte Erwartung, den Zuschlag zu erhalten, zu zerschlagen droht (VK Brandenburg, B.v. 27. 5. 2004 – Az.: VK 17/04). 3416

53.10.6 Literatur

– Gehlen, Hans, Vertragsnichtigkeit bei unzulässiger De-facto-Vergabe, NZBau 2005, 503
– Haussmann, Friedrich/Bultmann, Peter, Zur Auftraggebereigenschaft von Wohnungsunternehmen und zur Nichtigkeit und Nachprüfbarkeit von De-facto-Vergaben – Anmerkung zum Beschluss des KG vom 11. 11. 2004-2 Verg 16/04, ZfBR 2005, 310
– Kaiser, Christoph, Die Nichtigkeit so genannter De-facto-Verträge oder: „In dubio pro submissione publica", NZBau 2005, 311
– Rosenkötter, Annette, Kehrtwende oder konsequente Fortführung – § 13 S. 6 VgV und das OLG Düsseldorf, NZBau 2004, 136

3417

Teil 2 VgV § 13   Vergabeverordnung

53.11 Verhältnis zwischen § 13 VgV und §§ 27, 27 a VOB/A bzw. VOL/A

53.11.1 Praktische Bedeutung der §§ 27 a VOB/A, VOL/A

3418   Nach Erlass des § 13 VgV **spielen §§ 27 a VOB/A bzw. VOL/A im Ergebnis keine Rolle mehr.** Vor Erlass des § 13 VgV musste sich ein Bieter, der ein Nachprüfungsverfahren einleiten wollte, die zur Begründung des Nachprüfungsantrags erforderlichen Kenntnisse erforderlichenfalls durch Geltendmachung seines Anspruchs auf Vorabinformation vor Zuschlagserteilung nach § 27 a VOB/A bzw. VOL/A verschaffen (OLG Koblenz, B. v. 22. 3. 2001 – Az.: 1 Verg. 9/00).

53.11.2 Abgrenzung durch Auslegung

3419   Bei Auftragsvergaben nach dem 2. Abschnitt der VOB/A bzw. VOL/A kann es zwischen dem Anwendungsbereich von § 27 a VOB/A bzw. VOL/A einerseits und § 13 VgV andererseits zu **Überschneidungen** kommen. Schon deshalb ist eine **sorgfältige Prüfung angezeigt, worum es dem jeweiligen Bieter geht.** Ist eine Verfahrenssituation dadurch gekennzeichnet, dass die Vergabestelle eine Vorinformation im Sinne von § 13 VgV erteilt hat, liegt es fern, die unmittelbare Erwiderung eines Bieters hierauf als einen Antrag auf Erteilung der Information nach § 27 a VOB/A bzw. VOL/A aufzufassen. Ein solcher Antrag wird typischerweise bereits in den Verdingungsunterlagen oder ansonsten selbstständig gestellt, nicht aber als unmittelbare Reaktion auf eine Information nach § 13 VgV. Es schadet insoweit auch nicht, dass in der Reaktion auf die Bestimmung des § 27 a VOB/A bzw. VOL/A Bezug genommen wird (KG Berlin, B. v. 4. 4. 2002 – Az.: KartVerg 5/02).

53.11.3 Bedeutung der §§ 27 a VOB/A, VOL/A, für die Auslegung des § 13 VgV

3420   Die Vorschriften der §§ 27, 27 a VOB/A bzw. VOL/A können auch **nicht zur Auslegung des § 13 VgV herangezogen werden,** weil die dort aufgeführten Informationen erst nach Erteilung des Zuschlags und auf einen entsprechenden Antrag des Bieters zu erfolgen haben (BayObLG, B. v. 18. 6. 2002 – Az.: Verg 8/02, B. v. 22. 4. 2002 – Az.: Verg 8/02; VK Thüringen, B. v. 9. 9. 2003 – Az.: 216-4003.20-015/03-GTH, B. v. 25. 7. 2003 – Az.: 216-4003.20-038/03-EF-S).

53.11.4 Verhältnis zu §§ 27 VOB/A bzw. VOL/A

3421   Nach § 13 VgV hat die Vergabestelle die Bieter, deren Angebot nicht berücksichtigt werden sollen, über den Namen des Bieters, dessen Angebot angenommen werden soll und über den Grund der vorgesehenen Nichtberücksichtigung zu informieren. Hierbei **reicht es nicht aus,** dass die Vergabestelle eine **Information nach § 27 VOB/A bzw. VOL/A herausgibt,** in der Gründe angegeben wurden und sich dann **in einem späteren Schreiben nach § 13 VgV auf dieses Schreiben** und die Gründe **nur noch bezieht,** die Gründe selbst aber nicht mehr angibt.

3422   Einmal davon abgesehen, ist bei solch einer Handlungsweise nicht eindeutig klar, wann die 14 Tagefrist des § 13 VgV zu laufen anfängt. Ob diese Frist bereits mit Abgabe der Gründe durch das Schreiben nach § 27 VOB/A oder erst mit Abgabe des Schreibens nach § 13 VgV ohne Angabe der Gründe zu laufen beginnt bleibt unklar. Darüber hinaus schreibt der Wortlaut des § 13 VgV eindeutig vor, dass die Gründe mitzuteilen sind.

3423   Im Übrigen hat der **§ 27 VOB/A bzw. VOL/A eine ganz andere Zielrichtung** und eine eigene Informationsverpflichtung, so dass dieser nicht als „Vorschaltschreiben" hinsichtlich der Gründe für ein Schreiben nach § 13 VgV dienen kann. Das Schreiben nach § 27 VOB/A bzw. VOL/A dient vorrangig dazu, dem Bieter möglichst frühzeitig darüber zu informieren, dass sein Angebot nicht weiter berücksichtigt werde, um ihn vor finanziellen Verlusten insoweit zu bewahren, dass er im Glauben darauf, dass er weiter im Rennen sei, Personal und Ressourcen vorhält. Ein Schreiben nach § 13 VgV dient vorrangig dazu dem Bieter die Möglichkeit zu geben, vor Zuschlagserteilung einen Nachprüfungsantrag zu stellen, wenn er mit den Gründen, die ihm mitgeteilt wurden nicht einverstanden ist. Beide Vorschriften stehen selbstständig nebeneinander, haben somit eine jeweils eigene Informationsverpflichtung der Vergabestelle. Ein aufeinander beziehen scheidet daher aus (VK Thüringen, B. v. 9. 4. 2002 – Az.: 216-4002.20-009/02-EF-S).

Vergabeverordnung VgV § 14 **Teil 2**

53.12 Literatur

- Braun, Joachim, Zur Wirksamkeit des Zuschlags von kartellvergabewidrig nicht gemeinschaftsweit durchgeführten Vergabeverfahren der öffentlichen Hand, NvWZ 2004, 441
- Jasper, Ute/Pooth, Stefan, de-facto-vergabe und Vertragsnichtigkeit, ZfBR 2004, 543
- Klingner, Matthias, Die Vorabinformationspflicht des öffentlichen Auftraggebers – effektiver Rechtsschutz gegen Zuschlagsentscheidung und Aufhebung der Ausschreibung im europäischen und deutschen Vergaberecht, Dissertation, Berlin, 2005
- Rojahn, Dieter, Die Regelung des § 13 VgV im Spiegel der höchstrichterlichen Rechtsprechung, NZBau 2004, 382

3424

54. § 14 VgV – Bekanntmachungen

Bei Bekanntmachungen im Amtsblatt der Europäischen Gemeinschaften nach diesen Bestimmungen haben die Auftraggeber die Bezeichnungen des Gemeinsamen Vokabulars für das öffentliche Auftragswesen (Common Procurement Vocabulary – CPV) zur Beschreibung des Auftragsgegenstandes zu verwenden. Das Bundesministerium für Wirtschaft und Technologie gibt das CPV im Bundesanzeiger bekannt.

Bei Bekanntmachungen im Amtsblatt der Europäischen Gemeinschaften nach den Bestimmungen der Vergabeverordnung **haben** die Auftraggeber die Bezeichnungen des **Gemeinsamen Vokabulars für das öffentliche Auftragswesen (Common Procurement Vocabulary – CPV)** zur Beschreibung des Auftragsgegenstandes verwenden (§ 14 Satz 1 VgV).

3425

54.1 Änderungen durch die VgV 2006

Die **Anwendung der gemeinschaftlichen Nomenklatur CPV** ist **künftig zwingend** (vgl. die Kommentierung RZ 3432); **dementsprechend** ist § 14 Satz 1 VgV **geändert**; § 14 Satz 2 VgV ist **redaktionell angepasst** worden.

3426

54.2 Inhalt des CPV

Das Gemeinsame Vokabular für öffentliche Aufträge (Common Procurement Vocabulary – CPV) stellt eine **Weiterentwicklung und Verbesserung der CPA-Nomenklatur** (Statistische Güterklassifikation in Verbindung mit den Wirtschaftszweigen in der Europäischen Wirtschaftsgemeinschaft) **und der NACE Rev. 1** (Allgemeine Systematik der Wirtschaftszweige in den Europäischen Gemeinschaften) im Sinne einer besseren Anpassung an die Besonderheiten des öffentlichen Beschaffungswesens dar. Es ist speziell auf das Vergabeverfahren ausgerichtet, während die CPA eine rein statistische Nomenklatur darstellt.

3427

Das CPV besteht aus einem **Hauptteil**, der die wesentlichen Elemente für die Definition des Auftragsgegenstandes enthält, sowie einem **Zusatzteil,** der die Festlegung ergänzender Qualitätsmerkmale ermöglicht. Der Hauptteil ist hierarchisch aufgebaut und gliedert sich in fünf Ebenen, der Zusatzteil umfasst zwei Ebenen. Jedem Code entspricht eine Bezeichnung, die Lieferungen, Bauarbeiten oder Dienstleistungen beschreibt und in allen Amtssprachen vorliegt.

3428

Der CPV-Code wird vom **Amt für amtliche Veröffentlichungen** in Luxemburg **bei allen Vergabebekanntmachungen,** die im Supplement des EG-Amtsblattes erscheinen, benutzt. Die Veröffentlichung von Bekanntmachungen im Supplement des EG-Amtsblatts in den elf Gemeinschaftssprachen für sämtliche öffentliche Aufträge, die in den Anwendungsbereich der EG-Richtlinien über offene und faire Vergabeverfahren fallen, ist Vorschrift. Sie ist wichtig, um zu gewährleisten, dass potentielle Bieter über die Auftragsmöglichkeiten in sämtlichen Mitgliedstaaten unterrichtet sind, und **trägt auf diese Weise zur Öffnung der Beschaffungsmärkte bei.** Durch die Verwendung der Standardbegriffe des CPV können potentielle Bewerber und Bieter die Bekanntmachungen besser verstehen und die Art von Aufträgen, an denen sie interessiert sind, leichter identifizieren. Außerdem können die Bekanntmachungen zum Zwecke ihrer Veröffentlichung im EG-Amtsblatt schneller und genauer übersetzt werden.

3429

3430 Die Verwendung des CPV ist besonders wichtig, um mit Hilfe der Datenbank Tenders Electronic Daily (TED), die im EG-Amtsblatt veröffentlichte Bekanntmachungen online anbietet, interessante Aufträge zu identifizieren.

54.3 Veröffentlichung des CPV

3431 Das CPV wurde in einer aktualisierten Fassung im Bundesanzeiger vom 8. 1. 2004 (S. 2804) veröffentlicht (§ 14 Satz 2 VgV).

54.4 Verbindliche einheitliche Einführung des CPV

3432 Das Europäische Parlament und der Rat der Europäischen Union haben mit der **Verordnung (EG) Nr. 2151/2003 vom 16. 12. 2003** (Amtsblatt der Europäischen Union L 329/1 vom 17. 12. 2003, berichtigt durch Amtsblatt der Europäischen Union L 330/34 vom 18. 12. 2003) über das Gemeinsame Vokabular für öffentliche Aufträge (CPV) **ein einheitliches Klassifikationssystem** für öffentliche Aufträge, das Gemeinsame Vokabular für öffentliche Aufträge (Common Procurement Vocabulary – CPV), eingeführt. Die **Verordnung ist am 20. 12. 2003** in Kraft getreten.

3433 Die öffentlichen Auftraggeber sind also verpflichtet, ab dem 20. 12. 2003 das CPV anzuwenden.

3434 Der Text des CPV ist in Anhang I der Verordnung enthalten.

3435 Die **indikativen Tabellen der Entsprechungen** zwischen dem CPV und der „Güterklassifikation in Verbindung mit den Wirtschaftszweigen in der Europäischen Wirtschaftsgemeinschaft" (CPA), der „Zentralen Gütersystematik" (CPC Prov.) der Vereinten Nationen, der „Allgemeinen Systematik der Wirtschaftszweige in den Europäischen Gemeinschaften" (NACE Rev. 1) und der „Kombinierten Nomenklatur" (KN) **sind in den Anhängen II, III, IV bzw.** der Verordnung enthalten.

55. § 15 VgV – Elektronische Angebotsabgabe

Durch die Dritte Verordnung zur Änderung der VgV vom 23. 10. 2006 ist **§ 15 VgV gestrichen** worden. Die Anforderungen an die elektronische Abwicklung von Vergabeverfahren sind **in die Vergabe- und Verdingungsordnungen aufgenommen** wurden. Eine **gesonderte Regelung in der Vergabeverordnung ist daher nicht mehr erforderlich.**

56. § 16 VgV – Ausgeschlossene Personen

(1) **Als Organmitglied oder Mitarbeiter eines Auftraggebers oder als Beauftragter oder als Mitarbeiter eines Beauftragten eines Auftraggebers dürfen bei Entscheidungen in einem Vergabeverfahren für einen Auftraggeber als voreingenommen geltende natürliche Personen nicht mitwirken, soweit sie in diesem Verfahren:**
1. Bieter oder Bewerber sind,
2. einen Bieter oder Bewerber beraten oder sonst unterstützen oder als gesetzlicher Vertreter oder nur in dem Vergabeverfahren vertreten,
3. a) bei einem Bieter oder Bewerber gegen Entgelt beschäftigt oder bei ihm als Mitglied des Vorstandes, Aufsichtsrates oder gleichartigen Organs tätig sind, oder
   b) für ein in das Vergabeverfahren eingeschaltetes Unternehmen tätig sind, wenn dieses Unternehmen zugleich geschäftliche Beziehungen zum Auftraggeber und zum Bieter oder Bewerber hat,
es sei denn, dass dadurch für die Personen kein Interessenkonflikt besteht oder sich die Tätigkeiten nicht auf die Entscheidungen in dem Vergabeverfahren auswirken.

Vergabeverordnung VgV § 16 **Teil 2**

(2) **Als voreingenommen gelten auch die Personen, deren Angehörige die Voraussetzungen nach Absatz 1 Nr. 1 bis 3 erfüllen.** Angehörige sind der Verlobte, der Ehegatte, Lebenspartner, Verwandte und Verschwägerte gerader Linie, Geschwister, Kinder der Geschwister, Ehegatten und Lebenspartner der Geschwister und Geschwister der Ehegatten und Lebenspartner, Geschwister der Eltern sowie Pflegeeltern und Pflegekinder.

Nach § 16 VgV dürfen bei Entscheidungen in einem Vergabeverfahren für den Auftraggeber als voreingenommen geltende natürliche Personen nicht mitwirken, soweit sie in diesem Verfahren Bieter oder Bewerber sind, es sei denn, dass dadurch für die Personen kein Interessenkonflikt besteht oder sich die Tätigkeiten nicht auf die Entscheidungen in dem Vergabeverfahren auswirken. **Geboten ist die Einhaltung des vergaberechtlichen Gleichbehandlungsprinzips und verboten ist eine tatsächliche relevante Diskriminierung.** 3436

56.1 Änderungen durch die VgV 2006

§ 16 VgV ist im Zuge der VgV 2006 **nicht geändert** worden. 3437

56.2 Sinn und Zweck der Regelung

Diese Regelung ist eine **Konkretisierung des mit dem vergaberechtlichen Gleichbehandlungsgebot in engem Zusammenhang stehenden Neutralitätsgebots.** Der das gesamte Vergaberecht bestimmende Gleichbehandlungsgrundsatz erfordert es sicherzustellen, dass für den Auftraggeber nur Personen tätig werden, deren Interessen weder mit denen eines Bieters noch mit den Interessen eines Beauftragten des Bieters verknüpft sind. Als voreingenommen in diesem Sinne gelten der Bieter und der Bewerber, die ihn in diesem Verfahren vertretenden oder beratenden Personen sowie deren nähere Verwandte. Bei diesen Personen wird unwiderleglich vermutet, dass sie voreingenommen sind. Sie können nicht „neutral" sein (VK Lüneburg, B. v. 6. 9. 2004 – Az.: 203-VgK-39/2004). 3438

56.3 Ausschlussgrund des „bösen Scheines"?

Das OLG Brandenburg hat in einem **vor Inkrafttreten der Vergabeverordnung ergangenen Beschluss** (vom 3. 8. 1999 – Az.: 6 Verg 1/99) die Auffassung vertreten, dass **bereits der „böse Schein" einer Parteilichkeit genügt,** um Personen aus einem Vergabeverfahren auszuschließen. 3439

§ 16 VgV verfolgt diesen Ansatz nicht, sondern lässt eine Entkräftung des Interessenkonflikts zu. 3440

Auch die sonstige **Rechtsprechung vertritt** – im Gegensatz zur Auffassung des OLG Brandenburg – die **Auffassung, dass der Neutralitätsgrundsatz nur dann verletzt ist, wenn Anhaltspunkte vorliegen, dass der öffentliche Auftraggeber** tatsächlich einen der Bieter im Vergabeverfahren **ungerechtfertigt bevorzugt** hat. Der „böse Schein" der Parteilichkeit, der durch ein Doppelmandat eines Verwaltungsbeamten oder eines Politikers erweckt wird, reicht danach allein nicht aus (3. VK Saarland, B. v. 12. 12. 2005 – Az.: 3 VK 03/2005 und 3 VK 04/2005). § 16 VgV ist, wie auch der gesamte für das Vergabeverfahren maßgebliche Vierte Teil des GWB, die mitgliedstaatliche Umsetzung europäischen Vergaberechts. Das **europäische Vergaberecht will** aber nicht einen imaginären „bösen Schein", sondern **tatsächliche Diskriminierungen vermeiden.** Der strenge Maßstab des OLG Brandenburg würde in letzter Konsequenz dazu führen, dass Unternehmen, an denen die öffentliche Hand beteiligt ist, von Ausschreibungen grundsätzlich ausgeschlossen werden und auch beteiligte Bieterunternehmen – wie im vorliegenden Fall – nicht einmal als Finanzierungspartner zur Verfügung stehen dürfen, da andernfalls die öffentliche Hand immer gleichzeitig auf der Auftraggeberseite und auf der Bieterseite zu finden wäre. 3441

Hat der öffentliche Auftraggeber jedoch eine Interessenkollision zwischen dem Auftraggeber und einem der Bieter festgestellt, so ist er verpflichtet, **bei der Vorbereitung und dem Erlass der Entscheidung über die Folgen des fraglichen Vergabeverfahrens mit aller erforderlichen Sorgfalt vorzugehen und die Entscheidung auf der Grundlage aller einschlägigen Informationen zu treffen.** Diese Verpflichtung ergibt sich insbesondere aus den 3442

Grundsätzen der ordnungsgemäßen Verwaltung und der Gleichbehandlung (Europäisches Gericht 1. Instanz, Urteil vom 17. 3. 2005 – Az.: T-160/03).

3443 Nach der Regelung des § 16 Abs. 1 VgV ist eine **Doppelmandatschaft dann vergaberechtlich unschädlich,** wenn für die Personen kein Interessenkonflikt besteht oder sich die Tätigkeiten nicht auf die Entscheidungen in dem Vergabeverfahren auswirken. Der Gesetzgeber ist somit der strengen Auslegung des OLG Brandenburg, wonach bereits der „böse Schein" der Parteilichkeit für den Ausschluss aus dem Vergabeverfahren genügen soll, ausdrücklich nicht gefolgt (VK Lüneburg, B. v. 6. 9. 2004 – Az.: 203-VgK-39/2004; B. v. 14. 1. 2002 – Az.: 203-VgK-22/2001, B. v. 21. 1. 2003 – Az.: 203-VgK-30/2002).

3444 Der Wortlaut des § 16 VgV lässt sich darüber hinaus nur dahingehend auslegen, dass **nur solche Personen** als voreingenommen im Sinne dieser Vorschrift gelten können, die **in ein und demselben Vergabeverfahren sowohl auf Seiten des Auftraggebers wie auch auf Seiten eines in diesem Vergabeverfahren beteiligten Bieters tätig** werden (VK Lüneburg, B. v. 6. 9. 2004 – Az.: 203-VgK-39/2004).

56.4 Persönlicher Anwendungsbereich

56.4.1 Mitglieder von Gemeindevertretungen

3445 Ein **Mitglied der Gemeindevertretung ist ein Organmitglied im Sinne von § 16 VgV,** da die Gemeindevertretung als Volksvertretung ein Organ der Gemeinde ist (1. VK Brandenburg, B. v. 19. 9. 2001 – Az.: 1 VK 85/01).

56.4.2 Projektanten

3446 Das Problem der Projektantenstellung eines am Vergabeverfahren Beteiligten liegt weniger im Bereich des § 16 VgV als bei den **Sonderregelungen der § 7 VOB/A, § 6 VOL/A und § 6 VOF.** Problemstellung, Voraussetzungen und mögliche Rechtsfolgen sind daher bei der Kommentierung zu diesen Vorschriften erläutert.

56.4.3 Interessensbeziehung zu einem Bieter

3447 **§ 16 VgV setzt eine Interessensbeziehung zu einem Bieter voraus.** Besteht eine solche Interessensbeziehung (z. B. die Mandatsbeziehung eines Rechtsanwaltes) nicht zu dem Bieter, sondern zu dessen Gesellschafter, der in das Vergabeverfahren selbst nicht involviert ist, wird eine solche Konstellation von keiner der Tatbestandsalternativen des § 16 VgV erfasst (OLG Dresden, B. v. 23. 7. 2002 – Az.: WVerg 0007/02).

3448 § 16 Abs. 1 Nr. 2 VgV setzt die Beratung eines Bieters oder Bewerbers voraus. Dieser Fall wird durch **die isolierte Einholung eines Honorarangebotes durch einen Bieter bei einem den Auftraggeber beratenden Ingenieur nicht begründet** (VK Hessen, B. v. 16. 7. 2004 – Az.: 69 d-VK-39/2004).

56.4.4 Interessensbeziehung bei lediglich beratenden Beiräten

3449 Gleichartige Organe im Sinne von § 16 Abs. 1 Nr. 3 Buchstabe a) VgV sind wie die ausdrücklich genannten Vorstände und Aufsichtsräte **nur solche, die vertreten und kontrollieren. Lediglich beratende Beiräte fallen daher nicht in den Anwendungsbereich** des § 16 Abs. 1 Nr. 3 lit. a VgV. Bei ihnen **besteht jedoch grundsätzlich die Ausschlussmöglichkeit nach § 16 Nr. 2 VgV** (VK Lüneburg, B. v. 14. 6. 2005 – Az.: VgK-22/2005).

56.4.5 Personen mit beruflichen Kontakten zu potenziellen Bietern

3450 Die **Tatsache, dass Personen, die einer ausschreibenden Stelle angehören, berufliche Kontakte zu potenziellen Bietern haben** (etwa im Bereich der Arbeitsvermittlung), **erfüllt keinen der in § 16 VgV normierten Tatbestände.** Die Betreuung im Rahmen dieser Aufgabe ist eine Aufgabe, die sich aus der Anstellung der Personen ergibt. So stellen z. B. die Mitarbeiter der Agentur für Arbeit bei erfolgreichen Bietern sicher, dass die an sie vergebenen Maßnahmen von diesen auch ordnungsgemäß durchgeführt werden. Dies geschieht im Interesse der Agentur bzw. der Maßnahmeteilnehmer. Die persönlichen Beziehungen allein, die sich aus

Vergabeverordnung VgV § 16 Teil 2

diesen beruflichen Kontakten ergeben, erfüllen somit nicht den Tatbestand des § 16 VgV (1. VK Bund, B. v. 3. 7. 2006 – Az.: VK 1-43/06).

56.5 Sachliche Reichweite des Mitwirkungsverbotes

56.5.1 Bescheidung einer Rüge

Die **Bescheidung einer Rüge ist in aller Regel eine Entscheidung im Sinne des § 16 VgV,** an der ein Mitarbeiter, dessen Vater dem Aufsichtsrat eines Bewerbers/Bieters angehört, nicht mitwirken darf (§ 16 Abs. 1 Nr. 3 lit. a VgV) – OLG Koblenz, B. v. 5. 9. 2002 – Az.: 1 Verg. 2/02. 3451

56.5.2 Ausschreibungsvorbereitungen

56.5.2.1 Allgemeines

Die Rechtsprechung hierzu ist nicht einheitlich. 3452

Da nach dem Wortlaut das Mitwirkungsverbot Bieter oder Personen betrifft, welche Bieter nach Maßgabe eines der in § 16 VgV näher bestimmten Verhältnisses unterstützen, **setzt § 16 VgV die Existenz von Bietern** voraus. Diese ist erst dann möglich, wenn das **Vergabeverfahren durch Ausschreibungsbekanntmachung eingeleitet** ist (VK Lüneburg, B. v. 17. 10. 2003 – Az.: 203-VgK-23/2003). **Die Entscheidung,** ein Beschaffungsprojekt in ein Vergabeverfahren überzuleiten, also **die Ausschreibung** nicht nur zu konzipieren, sondern sie **nach außen zu veröffentlichen** (vgl. § 17 VOL/A, § 5 Abs. 1 VOF), mag eine „Entscheidung in einem Vergabeverfahren" sein. Sie **fällt indessen nicht in den Geltungsbereich des § 16 VgV,** weil es an Bietern fehlt, welche an dieser Entscheidung mitgewirkt haben können (Thüringer OLG, B. v. 8. 4. 2003 – Az.: 6 Verg 9/02). **Weder der Wortlaut noch der Sinn und Zweck der Norm** lassen bei einer Ausschreibung im Offenen Verfahren eine **Erstreckung des Mitwirkungsverbots auf das Vorbereitungsstadium** zu (OLG Koblenz, B. v. 5. 9. 2002 – Az.: 1 Verg. 2/02). 3453

Nach der Gegenmeinung fallen jedoch auch **Vorbereitungsmaßnahmen für eine Ausschreibung,** z. B. die Erarbeitung der technischen Leistungsbeschreibung, **in den Geltungsbereich des § 16 VgV** (Hanseatisches OLG Hamburg, B. v. 4. 11. 2002 – Az.: 1 Verg 3/02; 1. VK Brandenburg, B. v. 19. 9. 2001 – Az.: 1 VK 85/01). 3454

56.5.2.2 Beispiele aus der Rechtsprechung

– die **Anwendung des § 16 VgV setzt die förmliche Einleitung eines Vergabeverfahrens voraus. Im Vorfeld eines Beschaffungsprojekts liegende Handlungen eines Projektanten sind vom Geltungsbereich des § 16 VgV ausgeschlossen,** weil er zu diesem Zeitpunkt noch nicht die Rechtsstellung eines Bewerbers in einem Vergabeverfahren hat (2. VK Bund, B. v. 6. 6. 2005 – Az.: VK 2-33/05). 3455

– die **Entscheidung, einen Förderantrag in ein Vergabeverfahren** (Verhandlungsverfahren nach Teilnahmewettbewerb) **überzuleiten,** also die Unterlagen für die Beantragung von Fördermitteln nicht nur zu konzipieren, sondern sie nach außen zu veröffentlichen (vgl. § 17 VOL/A, § 5 Abs. 1 VOF), mag eine „Entscheidung in einem Vergabeverfahren" sein. Sie **fällt indessen nicht in den Geltungsbereich des § 16 VgV,** weil es an Bietern fehlt, welche an dieser Entscheidung mitgewirkt haben können.

56.5.3 Informationserteilung

Die bloße Unterrichtung eines Aufsichtsrats erfüllt den Ausschlusstatbestand nicht. § 16 Abs. 1 Nr. 3 VgV untersagt schon nach seinem klaren Wortlaut lediglich, dass die näher bezeichneten (voreingenommenen) Personen an „Entscheidungen" in einem Vergabeverfahren mitwirken. Die **schlichte Informationserteilung wird von dem Mitwirkungsverbot nicht erfasst.** Das entspricht im Übrigen auch ausdrücklich der Begründung des Regierungsentwurfs zur Vergabeverordnung (OLG Düsseldorf, B. v. 9. 4. 2003 – Az.: Verg 66/02). 3456

56.5.4 Mitwirkung an einem Leitfaden oder Ausschreibungsmuster

Die **Mitwirkung eines Unternehmens an der Erstellung eines Leitfadens oder eines Ausschreibungsmusters** ist **keine Mitwirkung an Entscheidungen** in einem Vergabeverfahren im Sinne des § 16 Abs. 1 VgV (VK Lüneburg, B. v. 7. 9. 2005 – Az.: VgK-38/2005). 3457

Teil 2 VgV § 16

56.6 Darlegungslast und Beweislastverteilung für einen Interessenkonflikt

3458 Nach dem Wortlaut von § 16 VgV sind bestimmte Personen vom Vergabeverfahren ausgeschlossen, es sei denn, dass dadurch für die Personen kein Interessenkonflikt besteht oder sich die Tätigkeiten nicht auf die Entscheidungen in dem Vergabeverfahren auswirken. Damit hat **derjenige, der einen Interessenkonflikt behauptet, die entsprechende Darlegungslast;** die **Beweislast für das Fehlen eines Interessenskonflikts** kann nur an einen **konkreten Vortrag anknüpfen,** der zu widerlegen wäre (VK Baden-Württemberg, B. v. 3. 6. 2002 – Az.: 1 VK 20/02).

3459 Ist dann nur die Feststellung möglich, dass – durch die Beteiligten eines Vergabeverfahrens – **Handlungen oder Maßnahmen nicht ersichtlich oder nachgewiesen** sind, die als solche den Schluss auf die Voreingenommenheit zulassen könnten, besteht **kein Anlass, Personen** vom Vergabeverfahren **auszuschließen** (VK Thüringen, B. v. 29. 11. 2002 – Az.: 216-4004.20-015/02-SON).

3460 Liegt ein **Interessenkonflikt** – z. B. aufgrund einer doppelten Beschäftigung – vor, wird eine **Voreingenommenheit – widerlegbar – vermutet.** Das Mitwirkungsverbot ist lediglich dann unbeachtlich („es sei denn"), wenn dadurch für die betroffene Person kein Interessenkonflikt besteht oder sich die Tätigkeiten auf die Entscheidungen im Vergabeverfahren nicht auswirken (Kausalität). Die **Beweislast hierfür trägt der Auftraggeber** (VK Lüneburg, B. v. 14. 6. 2005 – Az.: VgK-22/2005). Sind dann **konkrete Anhaltspunkte für** das **Fehlen eines Interessenkonflikts** oder eine **mangelnde Einflussnahme nicht ersichtlich** ist eine **Voreingenommenheit zu unterstellen** und von einem Verstoß gegen § 16 VgV auszugehen (VK Hamburg, B. v. 25. 7. 2002 – Az.: VgK FB 1/02).

3461 Die **Vermutung** des § 16 Abs. 1 VgV gilt bereits dann als **widerlegt, wenn sicher gestellt ist,** dass die fragliche **Person keinen Einfluss auf das Vergabeverfahren** haben konnte. Dies ist z. B. mit dem faktischen Ausscheiden eines Gesellschafters der Fall, wenn zu diesem Zeitpunkt das Vergabeverfahren bereits eingeleitet war und die maßgeblichen Entscheidungen über die Bewertung der vorgelegten Angebote zu diesem Zeitpunkt noch weit in der Zukunft lagen (1. VK Sachsen, B. v. 13. 5. 2002 – Az.: 1/SVK/029-02)

56.7 Rechtsfolge eines Verstoßes gegen § 16

56.7.1 Heilung des Verstoßes

3462 Das geltende **Recht enthält keine Regelung** darüber, wie sich die Vergabestelle verhalten soll, wenn sie feststellt oder darauf aufmerksam gemacht wird, dass ein Verstoß gegen § 16 VgV vorliegt. Die Mitwirkung eines als voreingenommen geltenden Mitarbeiters macht die betreffende Entscheidung verfahrensfehlerhaft.

3463 Die **Rechtsordnung lässt die Heilung auch schwerwiegender Verfahrensfehler durch Nachholung oder Neuvornahme zu** (z. B. § 41 SGB X, § 45 VwVfG: Unterlassen der erforderlichen Anhörung eines Beteiligten; § 29 Abs. 2 Satz 2 StPO: Mitwirkung eines befangenen Richters). Die gegen die Zulassung einer Heilungsmöglichkeit im Vergabeverfahren gerichtete Argumentation lässt sich auch auf das Verwaltungsverfahren übertragen: Die Verwaltungsbehörde könnte faktisch weitgehend risikolos ihre verfahrensrechtlichen, teils aus dem Grundgesetz abgeleiteten Pflichten ignorieren und abwarten, ob dies auffällt und von einen Anfechtungsberechtigten beanstandet wird. Trotzdem hat sich der Gesetzgeber nicht nur entschlossen, die Heilung grundsätzlich zuzulassen. Er hat vielmehr im Interesse der Beschleunigung verwaltungsrechtlicher Verfahren mit Änderung des § 45 Abs. 2 VwVfG durch das GenBschlG 1996 der Verwaltungsbehörde sogar die Möglichkeit eingeräumt, der aussichtsreichen Klage eines Verfahrensbeteiligten durch Heilung bis zum Abschluss des verwaltungsgerichtlichen Verfahrens die Grundlage zu entziehen. Dass dem Beschleunigungsgrundsatz gerade auch im Vergaberecht ein hoher Stellenwert zukommt, ergibt sich u. a. aus den § 110 Abs. 1 Satz 2, § 113 GWB (OLG Koblenz, B. v. 5. 9. 2002 – Az.: 1 Verg. 2/02).

3464 Eine **Heilung des Verfahrensverstoßes ist also möglich** (VK Lüneburg, B. v. 14. 6. 2005 – Az.: VgK-22/2005).

56.7.2 Ausschluss des betroffenen Bieters

3465 Als Konsequenz eines Interessenskonflikts ist **auch der Ausschluss des betroffenen Bieters aus dem Vergabeverfahren denkbar** (VK Köln, B. v. 11. 12. 2001 – Az.: VK 20/2001; im Ergebnis ebenso Thüringer OLG, B. v. 20. 6. 2005 – Az.: 9 Verg 3/05).

Vergabeverordnung   VgV § 17 **Teil 2**

56.7.3 Aufhebung des Ausschreibungsverfahrens

Der **Verstoß gegen § 16 VgV legt eine Aufhebung nahe,** da ein Auftraggeber eine Ausschreibung grundsätzlich gemäß § 26 Nr. 1d VOL/A aufzuheben hat, wenn ein Bieter mit Entwurfs- oder Planungsaufgaben betraut wurde und er hierdurch im Vergabeverfahren einen den Wettbewerb verzerrenden Informationsvorsprung erhält. Auch wenn hier offen ist, ob es tatsächlich zu einem Wettbewerbsvorsprung gekommen ist, liegt gleichwohl ein Verstoß gegen den vom Gleichbehandlungsgebot des § 97 Abs. 2 GWB geschützten Neutralitätsgrundsatz vor (VK Hamburg, B. v. 25. 7. 2002 – Az.: VgK FB 1/02; Hanseatisches OLG Hamburg, B. v. 4. 11. 2002 – Az.: 1 Verg 3/02). 3466

Diese Ansicht wird vom Thüringer OLG (B. v. 20. 6. 2005 – Az.: 9 Verg 3/05) **ausdrücklich abgelehnt.** 3467

56.8 Hinweis auf die Änderung des § 4 VgV durch das ÖPP-Beschleunigungsgesetz

Durch das **Gesetz zur Beschleunigung der Umsetzung von Öffentlich Privaten Partnerschaften und zur Verbesserung gesetzlicher Rahmenbedingungen für Öffentlich Private Partnerschaften vom 1. 9. 2005** (BGBl. I S. 2676) ist § 4 VgV um einen Absatz 5 dahingehend ergänzt worden, dass dann, wenn ein Bieter oder Bewerber vor Einleitung des Vergabeverfahrens den **Auftraggeber beraten oder sonst unterstützt hat, der Auftraggeber sicherzustellen hat, dass der Wettbewerb durch die Teilnahme des Bieters oder Bewerbers nicht verfälscht wird.** 3468

Zu den **Einzelheiten** vgl. die **Kommentierung** zu § 4 VgV RZ 3247. 3469

56.9 Literatur

– Drömann, Dietrich/Finke, Mathias, PPP-Vergaben und Kompetenzzentren – Zur Tatbestandsmäßigkeit von § 16 I Nr. 2 Alt. 2 VgV im Falle von Doppelfunktionen, NZBau 2006, 79 3470
– Kirch, Thomas, Zwingender Ausschluss? – § 16 VgV und Gesellschaftsmitglieder kommunaler Unternehmen, ZfBR 2004, 769
– Winnes, Michael, Verbietet § 16 VgV die „umgekehrte Befangenheit"?, NZBau 2004, 423

57. § 17 VgV – Angabe der Vergabekammer

Die Auftraggeber geben in der Vergabebekanntmachung und den Vergabeunterlagen die Anschrift der Vergabekammer an, der die Nachprüfung obliegt. Soweit eine Vergabeprüfstelle gemäß § 103 des Gesetzes gegen Wettbewerbsbeschränkungen besteht, kann diese zusätzlich genannt werden.

57.1 Änderungen durch die VgV 2006

§ **17 VgV** ist im Zuge der VgV 2006 **redaktionell geändert** worden. 3471

57.2 Allgemeines

Die Auftraggeber geben in der Vergabebekanntmachung und den Vergabeunterlagen die Anschrift der Vergabekammer an, der die Nachprüfung obliegt. 3472

Einrichtung und Organisation der Vergabekammern beruhen auf § 106 GWB (vgl. die entsprechende Kommentierung). 3473

57.3 Angabe mehrerer Vergabekammern

Fraglich ist, ob der von einem Auftraggeber beschrittene Weg, den Auftragsgegenstand nicht nur gemeinsam mit einem anderen, selbständigen öffentlichen Auftraggeber zu beschaffen, sondern **beide Vergabeverfahren,** die in zivilrechtlich selbständige Verträge münden sollen, **in** 3474

Teil 2 VgV § 18   Vergabeverordnung

einer gemeinsamen Ausschreibung zusammenzufassen und für jeden Auftraggeber und **Auftragsgegenstand eine andere,** nämlich die für den jeweiligen Sitz des Auftraggebers zuständige **Vergabekammer anzugeben,** vergaberechtlich zulässig ist.

3475   Die Vergabekammer hat insoweit zu prüfen, ob sie das streitbefangene Vergabeverfahren wegen Verstoßes gegen formales Vergaberecht aufzuheben hat, weil durch die Angabe zweier unterschiedlicher Vergabekammern die **Gefahr besteht, dass beide Kammern mit dem gleichen Sachverhalt befasst werden und möglicherweise zu unterschiedlichen Ergebnissen** kommen. Diese vom Gesetzgeber bei der Schaffung des Primärrechtsschutzes im Vergaberecht durch die Verabschiedung des Vergaberechtsänderungsgesetzes und der Vergabeverordnung offenbar nicht berücksichtigte Konstellation kann auch im Falle eines zweitinstanzlichen Nachprüfungsverfahrens vor den zuständigen Vergabesenaten auftreten.

3476   Im Ergebnis wäre diese Problematik indessen jedoch auch aufgetreten, wenn die beiden Auftraggeber den von ihnen jeweils zu beschaffenden Gegenstand in gesonderten Vergabeverfahren beschafft hätten. Auch hier hätten beide Vergabeverfahren und die angestrebten Verträge inhaltlich exakt aufeinander abgestimmt werden müssen, da beide Gegenstände Teil eines übergreifenden Projektes sind. Die Möglichkeit, sich unabhängig voneinander zu unterschiedlichen Gegenständen zu entscheiden, bestand daher für beide öffentlichen Auftraggeber unabhängig von den haushaltsrechtlichen und -praktischen Vorgaben nicht. Auch bei einer getrennten Ausschreibung hätte also durchaus ebenso die Möglichkeit bestanden, dass sich zwei Vergabekammern mit dem gleichen Sachverhalt und den gleichen vergaberechtlichen Fragen befassen müssen und ggf. zu unterschiedlichen Ergebnissen kommen.

3477   Die Vergabekammer vertritt daher die Auffassung, dass **aufgrund dieser besonderen Sachlage die gemeinsame Ausschreibung** zweier öffentlicher Auftraggeber und die **Benennung beider für diese Auftraggeber zuständigen Vergabekammern** im Ergebnis **vergaberechtlich unschädlich** ist (VK Lüneburg, B. v. 7. 12. 2001 – Az.: 203-VgK-20/2001).

57.4 Rechtsfolge der unterlassenen Angabe der Vergabekammer

3478   Hat die Vergabestelle **entgegen § 17 VgV** entweder in der Bekanntmachung der Vorinformation zur Auftragsvergabe **nicht die** für das Nachprüfungsverfahren **zuständige Vergabekammer genannt** und hat sie dieses Versäumnis auch nicht durch einen entsprechenden Hinweis in den Ausschreibungsunterlagen geheilt, liegt ein **objektiver Verstoß gegen § 17 VgV** vor. Ein Bieter kann jedoch **nicht geltend machen,** dass ihm durch diesen Vergaberechtsverstoß ein **Schaden entstanden** ist, **wenn die Vergabekammer** auf Antrag des Bieters **das Nachprüfungsverfahren eingeleitet** hat (VK Südbayern, B. v. 26. 11. 2002 – Az.: 46-11/02).

3479   Dieser Fehler führt auch nicht zur Unzuständigkeit der Vergabekammer, da diesbezüglich nur das Erreichen der entsprechenden Schwellenwerte ausschlaggebend ist (VK Südbayern, B. v. 21. 8. 2003 – Az.: 32-07/03).

58. § 18 VgV – Zuständigkeit der Vergabekammern

(1) **Die Vergabekammer des Bundes ist zuständig für die Nachprüfung der Vergabeverfahren des Bundes und von Auftraggebern im Sinne des § 98 Nr. 2 des Gesetzes gegen Wettbewerbsbeschränkungen, sofern der Bund die Beteiligung verwaltet oder die sonstige Finanzierung überwiegend gewährt hat oder der Bund über die Leitung überwiegend die Aufsicht ausübt oder die Mitglieder des zur Geschäftsführung oder zur Aufsicht berufenen Organs überwiegend bestimmt hat. Erfolgt die Beteiligung, sonstige Finanzierung oder Aufsicht über die Leitung oder Bestimmung der Mitglieder der Geschäftsführung oder des zur Aufsicht berufenen Organs durch mehrere Stellen und davon überwiegend durch den Bund, so ist die Vergabekammer des Bundes die zuständige Vergabekammer, es sei denn, die Beteiligten haben sich auf die Zuständigkeit einer anderen Vergabekammer geeinigt.**

(2) **Übt der Bund auf Auftraggeber im Sinne des § 98 Nr. 4 des Gesetzes gegen Wettbewerbsbeschränkungen einzeln einen beherrschenden Einfluss aus, ist die Vergabekammer des Bundes zuständig. Wird der beherrschende Einfluss gemeinsam mit einem anderen Auftraggeber nach § 98 Nr. 1 bis 3 des Gesetzes gegen Wettbewerbsbeschränkungen ausgeübt, ist die Vergabekammer des Bundes zuständig, so-**

Vergabeverordnung VgV § 18 **Teil 2**

fern der Anteil des Bundes überwiegt. Ein beherrschender Einfluss wird angenommen, wenn die Stelle unmittelbar oder mittelbar die Mehrheit des gezeichneten Kapitals des Auftraggebers besitzt oder über die Mehrheit der mit den Anteilen des Auftraggebers verbundenen Stimmrechte verfügt oder mehr als die Hälfte der Mitglieder des Verwaltungs-, Leitungs- oder Aufsichtsorgans des Auftraggebers bestellen kann.

(3) Die Vergabekammer des Bundes ist zuständig für die Nachprüfung von Vergabeverfahren von Auftraggebern im Sinne des § 98 Nr. 5 des Gesetzes gegen Wettbewerbsbeschränkungen, sofern der Bund die Mittel allein oder überwiegend bewilligt hat.

(4) Ist bei Auftraggebern nach § 98 Nr. 6 des Gesetzes gegen Wettbewerbsbeschränkungen die Stelle, die unter § 98 Nr. 1 bis 3 des Gesetzes gegen Wettbewerbsbeschränkungen fällt, nach den Absätzen 1 bis 3 dem Bund zuzuordnen, ist die Vergabekammer des Bundes zuständig.

(5) Werden die Vergabeverfahren im Rahmen einer Organleihe für den Bund durchgeführt, ist die Vergabekammer des Bundes zuständig.

(6) Werden die Vergabeverfahren im Rahmen einer Auftragsverwaltung für den Bund durchgeführt, ist die Vergabekammer des jeweiligen Landes zuständig.

(7) Ist in entsprechender Anwendung der Absätze 1 bis 5 ein Auftraggeber einem Land zuzuordnen, ist die Vergabekammer des jeweiligen Landes zuständig.

(8) In allen anderen Fällen wird die Zuständigkeit der Vergabekammern nach dem Sitz des Auftraggebers bestimmt.

§ 18 VgV regelt im Wesentlichen die Abgrenzung der Zuständigkeiten der Vergabekammern des Bundes und der Länder.   3480

58.1 Änderungen durch die VgV 2006

§ 18 VgV ist im Zuge der VgV 2006 **redaktionell geändert** worden.   3481

58.2 Grundsätze

Für die Abgrenzung der Zuständigkeit zwischen den Bundes- und Landesvergabekammern kommt es darauf an, **wem die Aufträge „zuzurechnen" sind**. Das bestimmt sich danach, von welchem öffentlichen Auftraggeber im Sinne von § 98 GWB das Vergabeverfahren durchgeführt wird.   3482

Die **Gebietskörperschaften** (mit Ausnahme des Bundes) sind **den Ländern zuzurechnen**. Die **Anstalten und Körperschaften** des öffentlichen Rechts sind **nach ihrem Errichtungsstatut zuzuordnen** (VK Lüneburg, B. v. 18. 11. 2002 – Az.: 203-VgK-25/2002).   3483

Stellt der Bund bei einer **Stiftung des öffentlichen Rechts des Landes Berlin** den Vorsitzenden des zur Aufsicht über die Vergabestelle berufenen Kuratoriums, reicht dies in der Regel aus, um die **Zuständigkeit der VK des Bundes** zu begründen (2. VK Bund, B. v. 18. 7. 2002 – Az.: VK 2-40/02).   3484

58.3 Vergabeverfahren im Rahmen einer Organleihe für den Bund (§ 18 Abs. 5)

Die **Hochbauaufgaben des Bundes** werden – mit gewissen Ausnahmen – nicht von einer bundeseigenen Bauverwaltung, sondern **in der Regel von den so genannten Finanzbauverwaltungen der Länder im Wege einer Organleihe** für den Bund durchgeführt. Zuständige Vergabekammern sind also in diesen Fällen die Vergabekammern des Bundes.   3485

58.4 Vergabeverfahren im Rahmen einer Auftragsverwaltung für den Bund (§ 18 Abs. 6)

Werden z. B. **im Eigentum des Bundes stehende Autobahnen durch eine Landesverwaltung saniert, ist Antragsgegnerin in Baden-Württemberg das Land** auf der Grundlage der nach dem Grundgesetz bestehenden Auftragsverwaltung. Die Auftragsverwaltung ist   3486

Teil 2 VgV § 18   Vergabeverordnung

eine Form der Landesverwaltung. Das Land Baden-Württemberg übt hierbei Landesstaatsgewalt aus, ihre Behörde handelt als Landesorgan. Jedoch ist die Verwaltungskompetenz des Landes nach der ursprünglichen Zuweisung eingeschränkt. Unentziehbar steht dem Land nur die sogen. Wahrnehmungskompetenz zu. **Das Handeln und die Verantwortlichkeit nach außen, im Verhältnis zu Dritten, bleibt stets Landesangelegenheit.** Ein Eintrittsrecht des Bundes sieht Art. 85 GG nicht vor. Demzufolge vertritt das Land in vermögensrechtlichen Angelegenheiten den Bund im Bereich der Auftragsverwaltung gerichtlich und außergerichtlich. Das Vertretungsverhältnis des Landes gegenüber dem Bund soll aber im Rubrum offen gelegt werden (VK Baden-Württemberg, B. v. 23. 3. 2006 – Az.: 1 VK 6/06; B. v. 18. 10. 2005 – Az.: 1 VK 62/05; B. v. 18. 4. 2005 – Az.: 1 VK 10/05; B. v. 21. 11. 2002 – Az.: 1 VK 58/02, 1 VK 59/02, B. v. 21. 3. 2003 – Az.: 1 VK 10/03, B. v. 23. 6. 2003 – Az.: 1 VK 28/03).

3487   Auch in **Rheinland-Pfalz** ist ein Auftrag, der die Teilverlegung einer Bundesstraße betrifft, als Angelegenheit der Bundesauftragsverwaltung (Art. 90 Abs. 2 GG) gemäß § 127 Nr. 5 GWB in Verbindung mit § 18 Abs. 6 VgV der Vergabekammer des Landes Rheinland-Pfalz zur Nachprüfung zugewiesen (VK Rheinland-Pfalz, B. v. 31. 7. 2003 – Az.: VK 16/03).

3488   Ebenso ist in **Brandenburg** der Auftrag, der den Bau einer Brücke im Rahmen des Baus einer Bundesstraße betrifft, als Angelegenheit der Bundesauftragsverwaltung dem Land Brandenburg gemäß § 18 Abs. 6 VgV in Verbindung mit Art. 90 Abs. 2 GG zuzurechnen und damit die VK Brandenburg zuständig (VK Brandenburg, B. v. 19. 1. 2006 – Az.: 2 VK 76/05; B. v. 12. 5. 2005 – Az.: VK 14/05; B. v. 18. 11. 2004 – Az.: VK 66/04); das gilt auch z. B. für die Ausschreibung der Lieferung von Tausalz, das auf Autobahnen eingesetzt werden soll (VK Brandenburg, B. v. 27. 10. 2005 – Az.: 1 VK 61/05).

3489   Aufträge des Landes **Nordrhein-Westfalen,** die im Rahmen der Bundesauftragsverwaltung, also des Landesvollzugs von Bundesgesetzen im Auftrag und nach Weisung des Bundes ausgeführt werden, sind **Landesangelegenheiten und deshalb dem Land zuzurechnen.** Nach § 104 Abs. 1 GWB fallen **Aufträge eines Landes in die Zuständigkeit der örtlichen Landesvergabekammern.** Die Aufgaben des Bundes als Träger der Straßenbaulast für die Bundesautobahnen sind gemäß Art. 90 Abs. 2 GG den Ländern übertragen. In Nordrhein–Westfalen wurde durch das Zweite Gesetz zur Modernisierung von Regierung und Verwaltung in Nordrhein-Westfalen vom 9. 5. 2000 der Landesbetrieb Straßenbau als unselbständiger, organisatorisch abgesonderter Teil der Landesverwaltung mit der Aufgabe betraut, im Auftrag des Landes die Bundesautobahnen und sonstigen Bundesstraßen zu verwalten (Artikel 3, § 1; Artikel 10 Nr. 8 2. ModernG). Auch wenn die gesamte Tätigkeit im Auftrag des Bundes entfaltet wird und bei Großprojekten die Einwilligung erforderlich ist, wird sie doch durch die dazu bestimmten Niederlassungen des Straßenbaubetriebes bewältigt. Für die **örtliche Zuständigkeit der Vergabekammer** nach § 2 Absatz 3 der Zuständigkeitsverordnung für Nachprüfungsverfahren NRW kommt es daher auch nicht darauf an, wo die Zentralverwaltung des Auftraggebers ihren Sitz hat. Es sind **funktional die jeweiligen Niederlassungen, die den privaten Firmen als Vergabestelle gegenübertreten.** Die Aufgabenerledigung umfasst die Erstellung von Verdingungsunterlagen, die Abwicklung des Wettbewerbs, die technische Auswertung von Angeboten, den Vertragsschluss und die anschließende Vertragsdurchführung. Dies bewirkt die Auftraggeberstellung, die gegenüber den Bietern auch nur einheitlich sein kann. Ein **effektiver Rechtsschutz wäre nicht gewährleistet, wenn sich jeweils der Bund auf die Beauftragung der nach Landesrecht zuständigen Stelle und diese Stelle auf den Einwilligungsvorbehalt des Bundes berufen könnte** (VK Düsseldorf, B. v. 2. 5. 2006 – Az.: VK-17/2006-B; B. v. 7. 10. 2005 – VK-22/2005-B; VK Arnsberg, B. v. 22. 4. 2005 – Az.: VK 03/2005).

3490   Dies **gilt** im Ergebnis auch in **Niedersachsen** (VK Lüneburg, B. v. 19. 4. 2005 – Az.: VgK-11/2005).

3491   Öffentliche Aufträge von **Dienststellen der bundeseigenen Wasserstraßenverwaltung** nach Art. 89 Abs. 2 Satz 1 GG in Verbindung mit § 12 Abs. 1 BWStrG sind der **Bundesrepublik Deutschland gemäß § 104 Abs. 1 GWB als Bestandteil zuzurechnen.** Ein Fall der Bundesauftragsverwaltung durch ein Bundesland mit der Folge der Zuständigkeit der Vergabekammer nach **§ 18 Abs. 6 VgV ist nicht gegeben.** Der Nachprüfungsantrag richtet sich gegen die Bundesrepublik Deutschland (2. VK Bund, B. v. 3. 3. 2004 – Az.: VK 2-142/03; B. v. 8. 10. 2003 – Az.: VK 2-78/03).

58.5 Festlegung der Zuständigkeit durch die Bekanntmachung

3492   Hat ein öffentlicher Auftraggeber in der Vergabebekanntmachung **eine Vergabekammer als zuständige Vergabekammer benannt** und hat er durch **weitere Umstände** im laufenden

Vergabeverordnung　　　　　　　　　　　　　　　　　　　　　　VgV § 18　**Teil 2**

Vergabeverfahren eine die Zuständigkeit dieser Vergabekammer **nach außen dokumentiert,** kann die Vergabekammer diese Zuständigkeit annehmen (1. VK Sachsen, B. v. 25. 11. 2004 – Az.: 1/SVK/110-04; VK Lüneburg, B. v. 18. 11. 2002 – Az.: 203-VgK-25/2002).

58.6 Festlegung der Zuständigkeit bei mehreren Auftraggebern

Die **Rechtsprechung** hierzu ist **nicht einheitlich.**　　　　　　　　　　　　　　　　3493

Führen mehrere **öffentliche Auftraggeber** mit Sitz in unterschiedlichen Bundesländern und　3494 einer dadurch **unterschiedlichen Zuständigkeit der Vergabekammern** ein **einheitliches Vergabeverfahren** durch, ist aus dem Rechtsgedanken der Regelungen in § 18 VgV, wonach bei Abgrenzung zwischen Bundes- und Länderkammern immer der Spruchkörper zuständig sein soll, in dessen Zuständigkeitsbereich das Schwergewicht der Maßnahme, sei es durch beherrschenden Einfluss oder durch überwiegende Finanzierung eines Organs, anzusiedeln ist, zu folgern, dass die **Vergabekammer des Landes mit überwiegenden Einfluss mit der Nachprüfung betraut** sein soll (VK Schleswig-Holstein, B. v. 10. 1. 2006 – Az.: VK-SH 30/05; VK Rheinland-Pfalz, B. v. 30. 4. 2002 – Az.: VK 6/02 – aufgehoben durch B. des OLG Koblenz v. 5. 9. 2002 – Az.: 1 Verg. 2/02 – vgl. unten).

Für die VK Düsseldorf (B. v. 18. 4. 2002 – Az.: VK-5/2002-L) ist in solchen Fällen fraglich,　3495 ob die zuständige Vergabekammer von den öffentlichen Auftraggebern danach bestimmt werden kann, wer die Federführung bei der Auftragsvergabe hat bzw. wo der größte Anteil der Leistung zu erbringen ist. Nach Auffassung der VK Düsseldorf kommt es auf die Frage, ob die Antragsgegner mit der Angabe der Vergabekammer als Nachprüfungsstelle in den Verdingungsunterlagen **eine der zivilrechtlichen Gerichtsstandvereinbarung vergleichbare Festlegung** zulässigerweise getroffen haben oder ob sich die örtliche Zuständigkeit bei mehreren Auftraggebern **analog der Bestimmungen in § 18 VgV nach dem Schwerpunkt der Leistung** richtet, nicht an, wenn **beide Überlegungen zur Zuständigkeit derselben Vergabekammer** führen (VK Düsseldorf, B. v. 18. 4. 2002 – Az.: VK-5/2002-L).

Nach Auffassung des OLG Koblenz (B. v. 5. 9. 2002 – Az.: 1 Verg. 2/02; ebenso VK Hamburg, B. v. 21. 4. 2004 – Az.: VgK FB 1/04) hingegen enthält das **geltende Recht keine aus-　3496 drückliche Zuständigkeitsregelung für den Fall gemeinsamer Ausschreibung durch in verschiedenen Bundesländern ansässige Auftraggeber.** Eine Zuständigkeitsbestimmung nach dem „Schwergewicht der Maßnahme" ist bei Eingang eines Nachprüfungsantrages, wenn über die Frage der in den Zuschlagsverbot auslösenden Zustellung (§ 110 Abs. 2 Satz 1, § 115 Abs. 1 GWB) zu befinden ist, in der Regel noch nicht möglich. Außerdem sind Fälle denkbar, in denen der Schwerpunkt der Leistungserbringung eben nicht eindeutig ist, was zu Zuständigkeitsstreitigkeiten und in deren Folge zu mit dem Beschleunigungsgebot im Nachprüfungsverfahren nicht zu vereinbarenden Verzögerungen führen kann.

Solange der Verordnungsgeber den in § 127 Nr. 5 GWB normierten Auftrag, Regelungen　3497 über die genaue Abgrenzung der Zuständigkeiten der „Vergabekammern der Länder voneinander" zu treffen, nicht erfüllt, ist **§ 18 Abs. 8 VgV** – auch zur Gewährung eines effektiven Rechtsschutzes – so auszulegen, dass **im Falle gemeinsamer Ausschreibung durch in verschiedenen Bundesländern ansässige Auftraggeber die Vergabekammer eines jeden in Frage kommenden Landes zuständig** ist (VK Schleswig-Holstein, B. v. 10. 1. 2006 – Az.: VK-SH 30/05; OLG Koblenz, a. a. O.; VK Hamburg, B. v. 21. 4. 2004 – Az.: VgK FB 1/04; VK Baden-Württemberg, B. v. 28. 10. 2003 – Az.: 1 VK 60/03).

Nach Auffassung der VK Brandenburg (B. v. 14. 3. 2003 – Az.: VK 14/03) ist nur im **Falle** 3498 **eines einheitlichen Beschaffungsvorgangs** die Vergabekammer eines jeden Bundeslandes wahlweise zuständig. **Ansonsten** bleibt es bei der **separaten Zuständigkeit einer jeden Vergabekammer** für die der Sache nach getrennten Beschaffungsvorgänge. Jede Vergabekammer ist dann für den ihr zuzurechnenden Beschaffungsvorgang zuständig, nicht aber auch für den, der der anderen Vergabekammer allein zuzurechnen ist.

Gegebenenfalls kommt auch die **direkte oder analoge Anwendung des § 3 Abs. 2** 3499 **VwVfG** in Betracht. § 3 Abs. 2 VwVfG regelt, dass dann, wenn mehrere Behörden zuständig sind, die Behörde entscheidet, die zuerst mit der Sache befasst worden ist (VK Schleswig-Holstein, B. v. 10. 1. 2006 – Az.: VK-SH 30/05; VK Hamburg, B. v. 21. 4. 2004 – Az.: VgK FB 1/04), es sei denn, die gemeinsam fachlich zuständige Aufsichtsbehörde bestimmt, dass eine andere örtlich zuständige Behörde zu entscheiden hat. Fehlt eine gemeinsame Aufsichtsbehörde, so treffen die fachlich zuständigen Aufsichtsbehörden die Entscheidung gemeinsam (VK Lüneburg, B. v. 7. 12. 2001 – Az.: 203-VgK-20/2001).

Teil 2 VgV § 19 Vergabeverordnung

3500 Im Ergebnis ähnlich argumentieren die VK Schleswig-Holstein sowie die VK Hamburg, wenn sie die **Zuständigkeit danach regeln, welche Kammer zuerst mit dem Nachprüfungsantrag befasst ist und die Beteiligten damit einverstanden sind** (VK Schleswig-Holstein, B. v. 10. 1. 2006 – Az.: VK-SH 30/05; B. v. 26. 3. 2004 – Az.: VK-SH 09/04; VK Hamburg, B. v. 21. 4. 2004 – Az.: VgK FB 1/04).

3501 Nach **Auffassung der VK Münster** gilt die **Zuständigkeitsverordnung NRW** auch in den Fällen des § 98 Nr. 2 bis 6 GWB, wenn neben den Vergabestellen des Landes NRW auch Stellen anderer Länder beteiligt sind und die beteiligten Stellen **sich auf die Nachprüfung durch die im Land NRW dafür zuständigen Stellen schriftlich vor Beginn des Vergabeverfahrens geeinigt** haben (VK Münster, B. v. 10. 2. 2005 – Az.: VK 35/04).

3502 Zur falschen Angabe der zuständigen Vergabekammer in solchen Fällen vgl. die Kommentierung zu § 17 VgV.

58.7 Rückverweisung bei fehlerhafter Verweisung

3503 Hat eine Vergabekammer einen Nachprüfungsantrag fehlerhaft an eine andere Vergabekammer verwiesen, kommt eine **erneute Rückverweisung** trotz einer infolge offensichtlicher willkürlicher Rückverweisung fehlenden Bindungswirkung des Verweisungsbeschlusses allein deshalb nicht in Betracht, weil sie mit dem **Grundgedanken der Verfahrensbeschleunigung** des § 113 Abs. 1 Satz 1 GWB **nicht vereinbar** ist und die Herstellung der Rechtssicherheit für die Beteiligten noch länger verzögern würde (2. VK Bund, B. v. 8. 6. 2006 – Az.: VK 2-114/05).

58.8 Geltendmachung der örtlichen oder sachlichen Unzuständigkeit

3504 Eine **ausdrückliche Regelung über die Folge der fehlenden örtlichen Zuständigkeit der Vergabekammer im Beschwerdeverfahren ist dem Gesetz nicht zu entnehmen**. Das Vergabenachprüfungsverfahren ist – in Anlehnung an das Kartellverwaltungsverfahren – prozessähnlich ausgestaltet. Dies und das **Beschleunigungsziel im vergaberechtlichen Primärrechtsschutz erfordern eine entsprechende Anwendung des § 55 Abs. 2 GWB, der der allgemeinen Regelung in § 115 LVwG vorgeht.** Eine Beschwerde kann danach nicht darauf gestützt werden, dass die Vergabekammer ihre Zuständigkeit zu Unrecht angenommen hat, es sei denn, die örtliche Unzuständigkeit wäre von einem Beteiligten im Nachprüfungsverfahren geltend gemacht worden. Die **Regelung in § 55 Abs. 2 GWB entspricht allgemeinen prozessrechtlichen Grundsätzen** (vgl. § 513 Abs. 2 ZPO; § 83 VwGO iVm § 17a Abs. 5 GVG). Zuständigkeitsbestimmungen auf behördlicher Ebene haben keine vergleichbare Bedeutung, wie es für Vorschriften über gerichtliche Zuständigkeiten der Fall ist (vgl. z. B. für den Fall eines Zuständigkeitswechsels § 3 Abs. 3 VwVfG). Dem Mangel der örtlichen Zuständigkeit von Behörden kommt in der Regel keine entscheidende Bedeutung zu, wenn es, wie vorliegend, um die Anwendung bundesrechtlicher Vorgaben (§§ 97, 107 ff. GWB) geht. Etwas anderes kann gelten, wenn die Vergabekammer im Rahmen des § 114 Abs. 1 S. 2 GWB in ein im Einzelfall gegebenes Ermessen der Vergabestelle eingreift und „durchentscheidet" (Schleswig-Holsteinisches OLG, B. v. 13. 4. 2006 – Az.: 1 (6) Verg 10/05).

59. § 19 VgV – Bescheinigungsverfahren

(1) **Auftraggeber im Sinne von § 98 des Gesetzes gegen Wettbewerbsbeschränkungen, die im Sektorenbereich tätig sind, können ihre Vergabeverfahren und Vergabepraktiken regelmäßig von einem Prüfer untersuchen lassen, um eine Bescheinigung darüber zu erhalten, dass diese Verfahren und Praktiken mit § 97 bis 101 GWB und den nach §§ 7 bis 16 anzuwendenden Vergabebestimmungen übereinstimmen.**

(2) Für das Bescheinigungsverfahren gilt die Europäische Norm EN 45503.

(3) Akkreditierungsstelle für die Prüfer ist das Bundesamt für Wirtschaft und Ausfuhrkontrolle.

(4) **Die Prüfer sind unabhängig und müssen die Voraussetzungen der Europäischen Norm EN 45503 erfüllen.**

(5) **Die Prüfer berichten den Auftraggebern schriftlich über die Ergebnisse ihrer** nach der Europäischen Norm durchgeführten Prüfung.

(6) Auftraggeber, die eine Bescheinigung erhalten haben, können im Rahmen ihrer zu veröffentlichenden Bekanntmachung im Amtsblatt der Europäischen Gemeinschaften folgende Erklärung abgeben:

„Der Auftraggeber hat gemäß der Richtlinie 92/13/EWG des Rates vom 25. Februar 1992 zur Koordinierung der Rechts- und Verwaltungsvorschriften für die Anwendung der Gemeinschaftsvorschriften über die Auftragsvergabe durch Auftraggeber im Bereich der Wasser-, Energie- und Verkehrsversorgung sowie im Telekommunikationssektor (ABl. EG Nr. L 76 S. 14) eine Bescheinigung darüber erhalten, dass seine Vergabeverfahren und -praktiken am ... mit dem Gemeinschaftsrecht über die Auftragsvergabe und den einzelstaatlichen Vorschriften zur Umsetzung des Gemeinschaftsrechts übereinstimmen."

(7) Auftraggeber können auch das von einem anderen Staat eingerichtete Bescheinigungssystem, das der Europäischen Norm EN 45503 entspricht, nutzen.

59.1 Änderungen durch die VgV 2006

§ 19 VgV ist im Zuge der VgV 2006 **redaktionell angepasst** worden. 3505

59.2 Bedeutung

Die Vorschrift hat bisher weder in der Rechtsprechung noch in der Verwaltungspraxis eine 3506 praktische Bedeutung.

60. § 20 VgV – Schlichtungsverfahren

(1) Jeder Beteiligte an einem Vergabeverfahren von Auftraggebern im Sinne von § 98 des Gesetzes gegen Wettbewerbsbeschränkungen, die im Sektorenbereich tätig sind, oder jeder, dem im Zusammenhang mit einem solchen Vergabeverfahren durch einen Rechtsverstoß ein Schaden entstanden ist oder zu entstehen droht, kann ein nach den Absätzen 2 bis 7 geregeltes Schlichtungsverfahren in Anspruch nehmen.

(2) Der Antrag auf ein Schlichtungsverfahren ist an das Bundesministerium für Wirtschaft und Technologie zu richten, das den Antrag unverzüglich an die Kommission der Europäischen Gemeinschaften weiterleitet.

(3) Betrifft nach Auffassung der Kommission die Streitigkeit die korrekte Anwendung des Gemeinschaftsrechtes, informiert sie den Auftraggeber und bittet ihn, an dem Schlichtungsverfahren teilzunehmen. Das Schlichtungsverfahren wird nicht durchgeführt, falls der Auftraggeber dem Schlichtungsverfahren nicht beitritt. Der Antragsteller wird darüber informiert.

(4) Tritt der Auftraggeber dem Schlichtungsverfahren bei, schlägt die Kommission einen unabhängigen Schlichter vor. Jede Partei des Schlichtungsverfahrens erklärt, ob sie den Schlichter akzeptiert, und benennt einen weiteren Schlichter. Die Schlichter können bis zu zwei Personen als Sachverständige zu ihrer Beratung hinzuziehen. Die am Schlichtungsverfahren Beteiligten können die vorgesehenen Sachverständigen ablehnen.

(5) Jeder am Schlichtungsverfahren Beteiligte erhält die Möglichkeit, sich mündlich oder schriftlich zu äußern. Die Schlichter bemühen sich, möglichst rasch eine Einigung zwischen den Beteiligten herbeizuführen.

(6) Der Antragsteller und der Auftraggeber können jederzeit das Schlichtungsverfahren beenden. Beide kommen für ihre eigenen Kosten auf; die Kosten des Verfahrens sind hälftig zu tragen.

(7) Wird ein Antrag auf Nachprüfung nach § 107 des Gesetzes gegen Wettbewerbsbeschränkungen gestellt und hat bereits ein Beteiligter am Vergabeverfahren ein Schlichtungsverfahren eingeleitet, so hat der Auftraggeber die am Schlichtungsverfahren beteiligten Schlichter unverzüglich darüber zu informieren. Die Schlichter bieten dem Betroffenen an, dem Schlichtungsverfahren beizutreten. Die Schlichter können, falls sie es für angemessen erachten, entscheiden, das Schlichtungsverfahren zu beenden.

Teil 2 VgV §§ 21, 22   Vergabeverordnung

60.1 Änderungen durch die VgV 2006

3507 § 20 VgV ist im Zuge der VgV 2006 **redaktionell angepasst** worden.

60.2 Bedeutung

3508 Die Vorschrift hat bisher weder in der Rechtsprechung noch in der Verwaltungspraxis eine praktische Bedeutung.

61. § 21 VgV – Korrekturmechanismus der Kommission

(1) Erhält die Bundesregierung im Laufe eines Vergabeverfahrens vor Abschluss des Vertrages eine Mitteilung der Kommission der Europäischen Gemeinschaften, dass sie der Auffassung ist, dass ein klarer und eindeutiger Verstoß gegen das Gemeinschaftsrecht im Bereich der öffentlichen Aufträge vorliegt, der zu beseitigen ist, teilt das Bundesministerium für Wirtschaft und Technologie dies dem Auftraggeber mit.

(2) Der Auftraggeber ist verpflichtet, innerhalb von 14 Kalendertagen nach Eingang dieser Mitteilung dem Bundesministerium für Wirtschaft und Technologie zur Weitergabe an die Kommission eine Stellungnahme zu übermitteln, die insbesondere folgende Angaben enthält:
1. die Bestätigung, dass der Verstoß beseitigt wurde, oder
2. eine Begründung, warum der Verstoß nicht beseitigt wurde, gegebenenfalls dass das Vergabeverfahren bereits Gegenstand von Nachprüfungsverfahren nach dem Vierten Teil des Gesetzes gegen Wettbewerbsbeschränkungen ist, oder
3. Angabe, dass das Vergabeverfahren ausgesetzt wurde.

(3) Ist das Vergabeverfahren Gegenstand eines Nachprüfungsverfahrens nach dem Vierten Teil des Gesetzes gegen Wettbewerbsbeschränkungen oder wurde es ausgesetzt, so ist der Auftraggeber verpflichtet, das Bundesministerium für Wirtschaft und Technologie zur Weiterleitung an die Kommission unverzüglich über den Ausgang des Verfahrens zu informieren.

61.1 Änderungen durch die VgV 2006

3509 § 21 VgV ist im Zuge der VgV 2006 **redaktionell angepasst** worden.

61.2 Bedeutung

3510 Die Vorschrift hat bisher weder in der Rechtsprechung noch in der Verwaltungspraxis eine praktische Bedeutung.

62. § 22 VgV – Statistik

Die Vergabekammern und die Oberlandesgerichte informieren das Bundesministerium für Wirtschaft und Technologie unaufgefordert bis zum 31. Januar eines jeden Jahres, erstmals bis 31. Januar 2001, über die Anzahl der Nachprüfungsverfahren des Vorjahres und deren Ergebnisse.

62.1 Änderungen durch die VgV 2006

3511 § 22 VgV ist im Zuge der VgV 2006 **redaktionell angepasst** worden.

62.2 Bedeutung

3512 Die Vergabekammern und die Oberlandesgerichte informieren das Bundesministerium für Wirtschaft und Technologie unaufgefordert bis zum 31. Januar eines jeden Jahres, erstmals

Vergabeverordnung   VgV § 23   **Teil 2**

bis 31. 1. 2001, über die Anzahl der Nachprüfungsverfahren des Vorjahres und deren Ergebnisse.

Das Bundesministerium für Wirtschaft und Technologie hat erstmals mit Stand April 2003 die entsprechenden Meldungen der Oberlandesgerichte und der Vergabekammern für die Jahre 1999 bis 2002 vorgelegt und die Statistiken für die Jahre 2003 und 2004 fortgeschrieben.   3513

Danach lässt sich für die Nachprüfungsverfahren vor den Vergabekammern Folgendes festhalten: 3514

– 2004 gab es vor den Vergabekammern **1493 neue Nachprüfungsanträge**
– von diesen Nachprüfungsanträgen wurden **nur 4 von nichtdeutschen Antragstellern** eingereicht
– 664 Verfahren betrafen Leistungen nach der **VOB** (44%), 663 Verfahren nach der **VOL** (44%) und 132 Verfahren nach der **VOF** (9%)
– von den 1.493 Nachprüfungsanträgen gingen **223 Beschwerden zu den Vergabesenaten** (15%)
– **120 Anträge (30%)** wurden **zurückgenommen**
– **51 Anträge (13%)** waren **unzulässig**
– **95 Anträge (24%)** endeten mit einer **Sachentscheidung**
– **45 Nachprüfungsverfahren** endeten **zugunsten der öffentlichen Auftraggeber**
– **41 Nachprüfungsverfahren** endeten **zugunsten der Antragsteller**
– **15 Nachprüfungsverfahren** wurden **in sonstiger Weise erledigt**
– **14 Nachprüfungsverfahren** wurden **in 2004 nicht entschieden**
– in **22 Nachprüfungsverfahren** erfolgte eine **Verlängerung der Entscheidungsfrist**
– in **10 Nachprüfungsverfahren** wurde ein **Antrag auf Zuschlagsgestattung gestellt,** wovon **1 Antrag erfolgreich** war.

Für die Nachprüfungsverfahren vor den Vergabesenaten lässt sich Folgendes festhalten: 3515

– 2004 gab es vor den Vergabesenaten **314 Verfahren**
– **46 Anträge (15%)** waren **überwiegend erfolgreich**
– **93 Anträge (30%)** wurden **zurückgenommen**
– **100 Anträge (32%)** wurden **zurückgewiesen** bzw. **überwiegend zurückgewiesen**
– in **135 Verfahren (43%)** wurde ein **Antrag auf Verlängerung der aufschiebenden Wirkung** gestellt
– in **16 Nachprüfungsverfahren** wurde ein **Antrag auf Zuschlagsgestattung gestellt,** wovon **6 Anträge erfolgreich** war
– es gab **3 Vorlagen zum BGH und keine Vorlage zum EuGH**.

Nähere Einzelheiten können Sie den **Tabellen** entnehmen.

63. § 23 VgV – Übergangsbestimmungen

Bereits begonnene Vergabeverfahren werden nach dem Recht, das zum Zeitpunkt des Beginns des Verfahrens galt, beendet.

63.1 Änderungen durch die VgV 2006

§ 23 VgV ist im Zuge der VgV 2006 **nicht geändert** worden.   3516

63.2 Allgemeines

Die Regelung des § 23 a. F., wonach bereits begonnene Vergabeverfahren nach dem Recht, das zum Zeitpunkt des Beginns des Verfahrens galt, beendet werden, ist gestrichen.   3517

Teil 2 VgV § 23 Vergabeverordnung

3518 Vor dem Tag des Inkrafttretens der Dritten Änderung der VgV begonnene Vergabeverfahren von Auftraggebern nach § 98 Nr. 1 bis 3 des Gesetzes gegen Wettbewerbsbeschränkungen, die eine Tätigkeit nach § 8 Nr. 1, Nr. 4 Buchstabe b oder Nr. 4 Buchstabe c ausüben, werden nach dem Recht, das zum Zeitpunkt des Beginns des Vergabeverfahrens galt, beendet.

63.3 Sinn der Änderung

3519 Da für die Auftraggeber, für die in den Bereichen Trinkwasserversorgung, Versorgung mit Häfen und Versorgung mit Eisenbahn-, Straßenbahn und sonstigem Schienenverkehr auch mit Bussen, Seilbahnen oder mit automatischen Systemen **bislang die strengeren Regelungen der 3. Abschnitte von VOL/A und VOB/A galten,** ist eine **Übergangsregelung für bereits begonnene Vergabeverfahren erforderlich.** Nach dem Inkrafttreten der Verordnung beginnende Vergabeverfahren unterliegen dann lediglich den 1:1 umgesetzten Vorgaben der Richtlinie 2004/17/EG der jeweiligen 4. Abschnitte von VOL/A und VOB/A (vgl. die Kommentierung zu § 7 VgV).

63.4 Verbot der Rückwirkung

3520 **§ 23 VgV a. F.** enthielt einen **allgemeinen Rechtsgrundsatz, der aus dem Gesichtspunkt des Verbotes der Rückwirkung abzuleiten** ist. Danach haben Änderungen der Verfahrensvorschriften auf ein laufendes Verfahren keinen Einfluss (OLG Brandenburg, B. v. 2. 12. 2003 – Az.: Verg W 6/03). Dieser **Grundsatz hat auch weiterhin Bestand.**

63.5 Beginn des Vergabeverfahrens

3521 Zwar gibt es **keine eindeutige Regelung,** die den Beginn des Vergabeverfahrens gemäß § 23 VgV festlegt. Auch die Regierungsbegründung zu § 23 VgV a. F. und n. F. schweigt sich dazu aus. Aus mehreren Normen lässt sich jedoch zweifelsfrei ableiten, dass **bei einem Offenen Verfahren für den Beginn des eigentlichen Vergabeverfahrens auf das Datum der Absendung der Bekanntmachung der beabsichtigten Auftragsvergabe an das EU-Amtsblatt** abzustellen ist. Der Beginn des Verfahrens liegt **nicht schon in der unverbindlichen Vorinformation** gemäß § 17a VOB/A. Dies zeigt auch die Regelung des § 3 Abs. 10 VgV, der eigentlich die Schwellenwertberechnung betrifft. Dieser bestimmt, dass „Maßgeblicher Zeitpunkt für die Schätzung des Auftragswertes ist der Tag der Absendung der Bekanntmachung der beabsichtigten Auftragsvergabe oder die sonstige Einleitung des Vergabeverfahrens". Mit Bekanntmachung ist dabei die anhand des Anhangs B (Offenes Verfahren) zum Abschnitt 2 und nicht diejenige des Anhangs A (Vorinformationsverfahrens) gemeint. Dies ergibt sich zum einen aus einem Vergleich mit den zugehörigen EU-Richtlinien. So bestimmt Art. 5 Abs. 1b) der Lieferkoordinierungsrichtlinie in wörtlicher Übereinstimmung mit § 3 Abs. 10 VgV, dass „Maßgeblicher Zeitpunkt für die Schätzung des Auftragswerts der Tag der Absendung der Bekanntmachung der beabsichtigten Auftragsvergabe nach Art. 9 Abs. 2 der Richtlinie ist." Art. 9 Abs. 2 LKR betrifft jedoch die verbindliche Bekanntmachung und nicht die Bekanntmachung der unverbindlichen Vorinformation nach Art. 9 Abs. 1 LKR. Zum zweiten ist auch der Musteranhang der unverbindlichen Vorinformation insoweit eindeutig. Der Anhang A (Vorinformationsverfahren) zum 2. Abschnitt der VOB/A enthält unter Ziffer 3a) die Rubrik „Vorläufiger Zeitpunkt der Einleitung des Vergabeverfahrens". Die Parallelregelung für Liefer- und Dienstleistungen enthält in dem Anhang D zum 2. Abschnitt der VOL/A unter 3. folgende Fassungen: „Voraussichtlicher Zeitpunkt, zu dem das Verfahren zur Vergabe des Auftrags oder der Aufträge eingeleitet werden wird" bzw. „Geschätzter Zeitpunkt der Einleitung der Vergabeverfahren …". Diese Regelungen verdeutlichen somit eindeutig, dass die **Einleitung eines Offenes Verfahrens erst mit dem Datum der Absendung der verbindlichen Bekanntmachung an das EU-Amtsblatt und nicht schon mit der Absendung der Bekanntmachung zur Vorinformation beginnt** (VK Thüringen, B. v. 28. 5. 2001 – Az.: 216-4002.20-028/01-GTH).

3522 **Sinn und Zweck des § 23 VgV fordern eine kurze und klare Übergangsregelung.** Wäre auf das Vorinformationsverfahren abzustellen, könnte der Auftraggeber nahezu ein Jahr taktieren (vgl. § 18a Abs. 2 VOB/A n. F.), ob er das Verfahren durch eine verbindliche Bekanntmachung nach „angeblich geltenden altem" Recht zu Ende führt oder nicht. Vor diesem Hintergrund erscheint das Abstellen auf die eigentliche Bekanntmachung sachgerechter, dann die Angebots- und Zuschlagsfristen laufen und das Verfahren innerhalb einer überschaubaren

Zeit nach dann neuem Recht zu Ende geführt werden muss (1. VK Sachsen, B. v. 23. 5. 2001 – Az.: 1/SVK/34-01).

Die Rechtsprechung hat es **für Wehrbeschaffungen offen gelassen,** ob das Vergabeverfahren bereits mit der **Publikation** der Absicht der Vergabestelle, entsprechende Leistungen zu vergeben, **im Bulletin, Informationsblatt über Beschaffungen der Bundeswehr, German WEAG Bulletin,** beginnt. Da es sich bei dieser Veröffentlichung, wenn sie unter „I. Vergabeabsichten" erfolgt, wohl nur um eine unverbindliche Absichtserklärung bezüglich eines zukünftig durchzuführenden Vergabeverfahrens handelt, erscheint dies eher fraglich (1. VK Bund, B. v. 28. 8. 2002 – Az.: VK 1-65/02). 3523

Teil 3
Vergabe- und Vertragsordnung für Bauleistungen Teil A (VOB/A)

Inhaltsverzeichnis

Die Angaben beziehen sich auf Seitenzahlen

64.	Einführung	705
64.1	Allgemeines	705
64.2	Aktuelle Fassung	705
64.3	Inhalt und Aufbau	705
64.4	Fortschreibung	705
64.5	Über die Rechtsprechung hinausgehende Bestandteile der Kommentierung der VOB/A	705
64.5.1	Vergabehandbuch für die Durchführung von Bauaufgaben des Bundes im Zuständigkeitsbereich der Finanzbauverwaltungen (VHB)	706
64.5.2	Handbuch für die Vergabe und Ausführung von Bauleistungen im Straßen- und Brückenbau (HVA B-StB)	706
64.6	Literatur	706
65.	§ 1 VOB/A – Bauleistungen	706
65.1	Vergleichbare Regelungen	707
65.1.1	§ 99 Abs. 3 GWB	707
65.1.2	VOL/VOF	707
65.2	Änderungen in der VOB/A 2006	707
65.3	Bauleistungen	707
65.3.1	Allgemeines	707
65.3.2	Maschinelle und elektrotechnische/elektronische Anlagen und Anlagenteile	707
65.3.2.1	Allgemeines	707
65.3.2.2	Beispiele aus der Rechtsprechung	708
65.3.3	Montagearbeiten von Fenstern oder Türen	708
65.3.4	Baugeländevorarbeiten	708
65.3.5	Richtlinie des VHB 2002 zu § 1	708
65.3.6	Begriffsdefinition im Zusammenhang mit dem Steuerabzug von Vergütungen für im Inland erbrachte Bauleistungen (§§ 48 ff. EStG)	709
66.	§ 1 a VOB/A – Verpflichtung zur Anwendung der a-Paragraphen	710
66.1	Vergleichbare Regelungen	710
66.1.1	VOB/A, VOL/A	710
66.2	Änderungen in der VOB/A 2006	710
66.3	Zusätzliche Anwendung der a-Paragraphen	710
66.4	Auftraggeber	711
66.5	Schwellenwert	711
66.5.1	Verhältnis des § 1 a VOB/A zu § 2 VgV	711
66.5.2	Höhe der Schwellenwerte	711
66.6	Begriffe des Bauauftrages und des Bauwerkes	711
66.7	Bauleistung durch Dritte gemäß den vom Auftraggeber genannten Erfordernissen	711
66.8	Bauauftrag mit überwiegendem Lieferanteil	711
66.8.1	Anwendbarkeit des GWB	711
66.8.2	Anwendung der a-Paragraphen	712
66.9	Maßgeblicher Zeitpunkt für die Schätzung des Schwellenwertes (§ 1 a Nr. 3)	712
66.10	Verbot der Aufteilung einer baulichen Anlage zur Umgehung des Schwellenwertes	712
67.	§ 1 b VOB/A – Verpflichtung zur Anwendung der b-Paragraphen	712
67.1	Vergleichbare Regelungen	713
67.1.1	VgV	713
67.2	Änderungen in der VOB/A 2006	713
67.3	Zusätzliche Anwendung der b-Paragraphen	713
67.4	Auftraggeber	713

67.5	Schwellenwert	713
67.5.1	Verhältnis des § 1 b VOB/A zu § 2 VgV	713
67.5.2	Höhe der Schwellenwerte	713
67.6	**Begriffe des Bauauftrages und des Bauwerkes**	713
67.7	**Verbot der Aufteilung einer baulichen Anlage zur Umgehung des Schwellenwertes (§ 1 b Nr. 2)**	714
67.8	**Verknüpfung von Lieferleistungen mit einem Bauauftrag (§ 1 b Nr. 3)**	714
67.9	**Wert einer Rahmenvereinbarung (§ 1 b Nr. 4)**	714
67.10	**Maßgeblicher Zeitpunkt für die Schätzung des Schwellenwertes (§ 1 b Nr. 5)**	714
68.	**§ 2 VOB/A – Grundsätze der Vergabe**	714
68.1	**Vergleichbare Regelungen**	714
68.2	**Änderungen in der VOB/A 2006**	715
68.3	**Bieterschützende Vorschrift**	715
68.4	**Fachkunde, Leistungsfähigkeit und Zuverlässigkeit (§ 2 Nr. 1 Satz 1)**	715
68.4.1	Allgemeiner Inhalt der Eignung und der Eignungskriterien „Fachkunde, Leistungsfähigkeit und Zuverlässigkeit"	715
68.4.2	Baubezogene Einzelheiten der Eignungskriterien	715
68.5	**Vergabe zu angemessenen Preisen**	715
68.6	**Wettbewerbsprinzip (§ 2 Nr. 1 Satz 2 und Satz 3)**	715
68.7	**Diskriminierungsverbot (§ 2 Nr. 2)**	715
68.8	**Förderung der ganzjährigen Bautätigkeit (§ 2 Nr. 3)**	715
68.9	**Ausschließliche Verantwortung des Auftraggebers**	716
68.10	**Interpretierende Klarstellung des § 2 Abs. 2 durch das ÖPP-Beschleunigungsgesetz**	716
69.	**§ 2 b VOB/A – Schutz der Vertraulichkeit**	716
69.1	**Vergleichbare Regelungen**	716
69.2	**Änderungen in der VOB/A 2006**	716
69.3	**Allgemeiner Vertraulichkeitsgrundsatz**	716
69.4	**Schutz der Vertraulichkeit nach § 2 b**	716
70.	**§ 3 VOB/A – Arten der Vergabe**	717
70.1	**Vergleichbare Regelungen**	717
70.2	**Änderungen in der VOB/A 2006**	717
70.3	**Bieterschützende Vorschrift**	718
70.4	**Vorschriftenkongruenz und Übertragung der Rechtsprechung**	718
70.5	**Öffentliche Ausschreibung (§ 3 Nr. 1 Abs. 1)**	718
70.6	**Beschränkte Ausschreibung (§ 3 Nr. 1 Abs. 2)**	718
70.6.1	Wesentlicher Unterschied zum Nichtoffenen Verfahren des § 101 Abs. 3 GWB	718
70.6.2	Öffentlicher Teilnahmewettbewerb	718
70.6.3	Richtlinie des VHB 2002 zu § 3	718
70.7	**Freihändige Vergabe (§ 3 Nr. 1 Abs. 3)**	718
70.8	**Vorrang der Öffentlichen Ausschreibung (§ 3 Nr. 2)**	719
70.9	**Zulässigkeit einer Beschränkten Ausschreibung ohne Teilnahmewettbewerb (§ 3 Nr. 3 Abs. 1)**	719
70.9.1	Unverhältnismäßiger Aufwand (§ 3 Nr. 3 Abs. 1 Buchstabe a))	719
70.9.2	Fehlendes annehmbares Ergebnis einer Öffentlichen Ausschreibung (§ 3 Nr. 3 Abs. 1 Buchstabe b))	719
70.10	**Zulässigkeit einer Beschränkten Ausschreibung nach Teilnahmewettbewerb (§ 3 Nr. 3 Abs. 2)**	720
70.10.1	Außergewöhnliche Fachkunde, Leistungsfähigkeit oder Zuverlässigkeit (§ 3 Nr. 3 Abs. 2 Buchstabe a))	720
70.10.1.1	Grundsatz	720
70.10.1.2	Komplexe PPP-Ausschreibungen	720
70.10.1.3	Richtlinie des VHB 2002 zu § 3	720
70.11	**Zulässigkeit einer Freihändigen Vergabe (§ 3 Nr. 4)**	720
70.11.1	Richtlinie des VHB 2002 zu § 3	720

Vergabe- und Vertragsordnung für Bauleistungen Teil A **Inhaltsverzeichnis Teil 3**

70.11.2	Durchführung nur von einem bestimmten Unternehmen (§ 3 Nr. 4 Buchstabe a))	720
70.11.3	Eilbedürftigkeit (§ 3 Nr. 4 Buchstabe d))	721
70.11.3.1	Objektive Eilbedürftigkeit	721
70.11.3.2	Vergleich der Fristen	721
70.11.3.3	Abrufbarkeit von Fördermitteln	721
70.11.3.4	Hochwasserbedingte Beschaffungen	722
70.11.3.5	Auftragsvergabe im Insolvenzfall	722
71.	**§ 3 a VOB/A – Arten der Vergabe**	**722**
71.1	**Vergleichbare Regelungen**	**725**
71.2	**Änderungen in der VOB/A 2006**	**725**
71.3	**Bieterschützende Vorschrift**	**725**
71.4	**Allgemeine Fragen zu den Arten der Vergabe**	**725**
71.5	**Nichtoffenes Verfahren**	**726**
71.5.1	Zulässigkeit eines Nichtoffenen Verfahrens ohne Teilnahmewettbewerb	726
71.5.1.1	Unverhältnismäßiger Aufwand (§ 3 a Nr. 3, § 3 Nr. 3 Abs. 1 Buchstabe a))	726
71.5.2	Zulässigkeit eines Nichtoffenen Verfahrens nach Teilnahmewettbewerb	726
71.5.2.1	Außergewöhnliche Fachkunde, Leistungsfähigkeit oder Zuverlässigkeit (§ 3 a Nr. 3, § 3 Nr. 3 Abs. 2 Buchstabe a))	726
71.6	**Wettbewerblicher Dialog**	**726**
71.7	**Verhandlungsverfahren**	**726**
71.7.1	Zulässigkeit eines Verhandlungsverfahrens ohne Öffentliche Vergabebekanntmachung	726
71.7.1.1	Fehlende wirtschaftliche Angebote nach einem Offenen oder Nichtoffenen Verfahren (§ 3 a Nr. 6 Buchstabe a))	727
71.7.1.2	Fehlende oder nur auszuschließende Angebote nach einem Offenen oder Nichtoffenen Verfahren (§ 3 a Nr. 6 Buchstabe b))	728
71.7.1.3	Durchführung nur von einem bestimmten Unternehmen (§ 3 a Nr. 6 Buchstabe c))	728
71.7.1.4	Eilbedürftigkeit (§ 3 a Nr. 6 Buchstabe d))	728
72.	**§ 3 b VOB/A – Arten der Vergabe**	**730**
72.1	**Vergleichbare Regelungen**	**731**
72.2	**Änderungen in der VOB/A 2006**	**731**
72.3	**Bieterschützende Vorschrift**	**731**
72.4	**Allgemeine Fragen zu den Arten der Vergabe**	**731**
72.5	**Nichtoffenes Verfahren**	**731**
72.5.1	Anderer Aufruf zum Wettbewerb (§ 3 b Nr. 1 Buchstabe b))	731
72.6	**Verfahren ohne vorherigen Aufruf zum Wettbewerb (§ 3 b Nr. 2)**	**731**
72.6.1	Zulässigkeit eines Verfahrens ohne vorherigen Aufruf zum Wettbewerb (§ 3 b Nr. 2)	732
72.6.1.1	Fehlende oder keine geeigneten Angebote nach einem Verfahren mit vorherigem Aufruf zum Wettbewerb (§ 3 b Nr. 2 Buchstabe a))	732
72.6.1.2	Durchführung nur von bestimmten Unternehmen (§ 3 b Nr. 2 Buchstabe c))	732
72.6.1.3	Eilbedürftigkeit (§ 3 b Nr. 2 Buchstabe d))	732
72.6.1.4	Aufträge aufgrund einer Rahmenvereinbarung (§ 3 b Nr. 2 Buchstabe g))	733
73.	**§ 4 VOB/A – Einheitliche Vergabe, Vergabe nach Losen**	**733**
73.1	**Vergleichbare Regelungen**	**733**
73.2	**Änderungen in der VOB/A 2006**	**733**
73.3	**Bieterschützende Vorschrift**	**733**
73.4	**Einheitliche Vergabe (§ 4 Nr. 1)**	**734**
73.4.1	Allgemeines	734
73.4.2	Richtlinie des VHB 2002 zu § 4 Nr. 1	734
73.5	**Vergabe nach Losen (§ 4 Nr. 2 und Nr. 3)**	**734**
73.5.1	Grundsatzfragen der Vergabe nach Losen	734
73.5.2	Vorrang der Losvergabe im Baubereich	734
73.5.3	Teillose im Baubereich	735
73.5.4	Bauleistungen verschiedener Handwerks- oder Gewerbezweige	735
73.5.4.1	Richtlinie des VHB 2002 zu § 4 Nr. 3 Satz 1	735
73.5.4.2	Regelung des HVA B-StB 03/2006 zu § 4 Nr. 3 Satz 1	735
73.5.4.3	Gewerberechtliche Vorschriften	735
73.5.4.4	VOB/C	735
73.5.4.5	Positionspapier des DVA zu Fach- und Teillosen	735

677

Teil 3 Inhaltsverzeichnis Vergabe- und Vertragsordnung für Bauleistungen Teil A

73.5.5	Zusammenfassung von Fachlosen (§ 4 Nr. 3 Satz 2)	736
73.5.5.1	Ermessensregelung	736
73.5.5.2	Wirtschaftliche Gründe	736
73.5.5.3	Technische Gründe	736
73.5.5.4	Richtlinie des VHB 2002 zu § 4 Nr. 3 Satz 2	736
73.5.5.5	Positionspapier des DVA zu Fach- und Teillosen	736
73.5.5.6	Generalunternehmervergabe und Generalübernehmervergabe	737
74.	**§ 5 VOB/A – Leistungsvertrag, Stundenlohnvertrag, Selbstkostenerstattungsvertrag**	**737**
74.1	**Vergleichbare Regelungen**	**737**
74.2	**Änderungen in der VOB/A 2006**	**737**
74.3	**Leistungsvertrag**	**737**
74.3.1	Einheitspreisvertrag (§ 5 Nr. 1 Buchstabe a))	737
74.3.1.1	Richtlinie des VHB 2002 zu § 5 Nr. 1 Buchstabe a)	738
74.3.1.2	Verbindlichkeit von Zwischensummen in einem Einheitspreisangebot	738
74.3.2	Pauschalvertrag (§ 5 Nr. 1 Buchstabe b))	738
74.3.2.1	Inhalt	738
74.3.2.2	Bieterschützende Vorschrift	738
74.3.2.3	Pauschalvertrag auch für Teile einer Leistung	738
74.3.2.4	Leistung genau bestimmt/Änderungen bei der Ausführung	738
74.3.2.5	Kalkulationsirrtümer bei Ermittlung des Pauschalpreises	739
74.3.2.6	Pauschalangebot als Nebenangebot	739
74.3.2.7	Beweislast	741
74.3.2.8	VHB 2002	741
74.3.2.9	HVA B-StB	741
74.4	**Stundenlohnvertrag, Selbstkostenerstattungsvertrag**	**741**
75.	**§ 5 b VOB/A – Rahmenvereinbarung**	**742**
75.1	**Vergleichbare Regelungen**	**742**
75.2	**Änderungen in der VOB/A 2006**	**742**
75.3	**Vergaberechtliche Anforderungen an den Abschluss von Rahmenvereinbarungen**	**742**
75.4	**Vergabeverfahren (§ 5 b Nr. 2)**	**742**
75.5	**Analoge Anwendung des § 5 b auf andere Öffentliche Auftraggeber?**	**742**
76.	**§ 6 VOB/A – Angebotsverfahren**	**743**
76.1	**Vergleichbare Regelungen**	**743**
76.2	**Änderungen in der VOB/A 2006**	**743**
76.3	**Angebotsverfahren (§ 6 Nr. 1)**	**743**
76.3.1	Verknüpfung zu § 21	743
76.4	**Auf- und Abgebotsverfahren (§ 6 Nr. 2)**	**743**
76.4.1	Inhalt	743
76.4.2	Bedeutung in der Rechtsprechung	743
76.4.3	Bedeutung in der Praxis	744
76.4.4	Bindung des Auftraggebers	744
76.4.5	Zeitverträge	744
76.4.5.1	Zeitverträge als Rahmenvereinbarungen	744
76.4.5.2	VHB 2002 zu Zeitverträgen	744
76.4.5.3	Zulässigkeit von Umsatzrabatten	744
77.	**§ 7 VOB/A – Mitwirkung von Sachverständigen**	**745**
77.1	**Vergleichbare Regelungen**	**745**
77.2	**Änderungen in der VOB/A 2006**	**745**
77.3	**Bieterschützende Vorschrift**	**745**
77.4	**Einschaltung als Ermessensentscheidung**	**745**
77.5	**Funktionaler Begriff des Sachverständigen**	**746**
77.5.1	Grundsatz	746
77.5.2	Analoge Anwendung des § 7 Nr. 1?	746
77.6	**Weite Auslegung des Begriffs des Sachverständigen**	**746**
77.7	**Umfang der potenziellen Mitwirkung eines Sachverständigen**	**746**

77.8	**Beteiligungsverbot an der Vergabe**	747
77.8.1	Beteiligung an der Vergabe	747
77.8.2	Projektantenstellung eines Sachverständigen	747
77.8.2.1	Die Rechtsprechung des EuGH	747
77.8.2.2	Beteiligungsverbot nur bei besonderen Umständen	748
77.8.3	Bewerbungsverbot bei Personenidentität	749
77.8.4	VHB 2002	749
77.9	**§ 7 Abs. 1 als Ausdruck eines ungeschriebenen Objektivitäts- und Unbefangenheitsprinzips**	749
77.10	**Hinweis auf die Änderung des § 4 VgV durch das ÖPP-Beschleunigungsgesetz**	750
77.11	**Literatur**	750
77.12	**Weitere Beispiele aus der Rechtsprechung**	750
78.	**§ 8 VOB/A – Teilnehmer am Wettbewerb**	750
78.1	Vergleichbare Regelungen	752
78.2	Änderungen in der VOB/A 2006	752
78.3	Bieterschützende Vorschrift	752
78.4	Gleichbehandlungsgebot (§ 8 Nr. 1 Satz 1)	752
78.5	Örtliches Diskriminierungsverbot (§ 8 Nr. 1 Satz 2)	752
78.6	**Abgabe der Unterlagen bei Öffentlicher Ausschreibung (§ 8 Nr. 2 Abs. 1)**	752
78.6.1	Begriff des Bewerbers und des Bieters	752
78.6.2	Bietergemeinschaften	752
78.6.2.1	Begriff der Bietergemeinschaften	753
78.6.2.2	Rechtsform der Bietergemeinschaften	753
78.6.2.3	Interpretierende Klarstellung zu Bietergemeinschaften durch das ÖPP-Beschleunigungsgesetz	753
78.6.2.4	Bildung einer nachträglichen Bietergemeinschaft	753
78.6.2.5	verdeckte Bietergemeinschaft	755
78.6.2.6	Grundsätzliche Zulässigkeit der Forderung nach einer gesamtschuldnerischen Haftung einer Bietergemeinschaft	755
78.6.3	Arbeitsgemeinschaften	755
78.6.4	Keine vorgezogene Eignungsprüfung im Stadium der Abgabe der Unterlagen	755
78.6.5	Richtlinie des VHB 2002 zu § 8 Nr. 2 Abs. 1	756
78.6.6	Regelung des HVA B-StB 03/2006 zu § 8 Nr. 2 Abs. 1	756
78.7	**Auswahl der Teilnehmer bei einer beschränkten Ausschreibung**	756
78.7.1	Allgemeines	756
78.7.2	Richtlinie des VHB 2002 zu § 8 Nr. 2 Abs. 2 und 3	756
78.7.3	Regelung des HVA B-StB 03/2006 zu § 8 Nr. 2 Abs. 2 und 3	757
78.8	**Zeitpunkt der Prüfung der Eignung**	757
78.9	**Eignung (§ 8 Nr. 3 Abs. 1)**	757
78.9.1	Hinweis	757
78.9.2	Begriffsinhalte	757
78.9.3	Nachweis der Eignung	757
78.9.3.1	Allgemeine Anforderungen an vom Auftraggeber geforderte Nachweise	757
78.9.3.2	Umsatz des Unternehmers in den letzten 3 abgeschlossenen Geschäftsjahren (§ 8 Nr. 3 Abs. 1 Buchstabe a))	758
78.9.3.3	Die zur Verfügung stehende technische Ausrüstung (§ 8 Nr. 3 Abs. 1 Buchstabe d))	759
78.9.3.4	Für die Leitung und Aufsicht vorgesehenes technisches Personal (§ 8 Nr. 3 Abs. 1 Buchstabe e))	760
78.9.3.5	Eintragung in das Berufsregister (§ 8 Nr. 3 Abs. 1 Buchstabe f))	760
78.9.3.6	Andere, insbesondere für die Prüfung der Fachkunde geeignete Nachweise (§ 8 Nr. 3 Abs. 1 Buchstabe g))	762
78.9.3.7	Präqualifikation (§ 8 Nr. 3 Abs. 2)	765
78.9.3.8	Bezeichnung der Nachweise (§ 8 Nr. 3 Abs. 3)	766
78.9.3.9	Verzicht auf geforderte Nachweise bei dem Auftraggeber bekannten Unternehmen?	767
78.9.3.10	Aktualität der Nachweise	767
78.9.3.11	Beispiele aus der Rechtsprechung	767
78.10	**Besondere Ausschlussgründe (§ 8 Nr. 5)**	767
78.10.1	Ermessensentscheidung	767
78.10.2	Notwendigkeit eines Anfangsverdachts?	768

Teil 3 Inhaltsverzeichnis Vergabe- und Vertragsordnung für Bauleistungen Teil A

78.10.3	Unternehmer im Insolvenzverfahren und vergleichbare Fälle (§ 8 Nr. 5 Buchstabe a))	768
78.10.3.1	Vergleichbare Regelungen	768
78.10.3.2	Allgemeines	769
78.10.3.3	Insolvenz eines Mitgliedes einer Bietergemeinschaft	769
78.10.3.4	Ermessensentscheidung	769
78.10.4	Nachweislich festgestellte schwere Verfehlung (§ 8 Nr. 5 Buchstabe c))	769
78.10.4.1	Vergleichbare Regelungen	769
78.10.4.2	Begriff der schweren Verfehlung	769
78.10.4.3	Fälle schnell feststellbarer, objektiv nachweisbarer Eignungsdefizite	771
78.10.4.4	Unschuldsvermutung	772
78.10.4.5	Diskriminierungsverbot	772
78.10.4.6	Verantwortung für die schwere Verfehlung	772
78.10.4.7	Ausschluss vom Vergabeverfahren	772
78.10.4.8	„Selbstreinigung" des Unternehmens	773
78.10.4.9	Zeitliche Wiederzulassung von Unternehmen	773
78.10.4.10	Personenidentitäten bei einem formal neuen Bieter	774
78.10.4.11	Nachträgliche Berücksichtigung von schweren Verfehlungen	774
78.10.4.12	Beweislast für das Vorliegen einer schweren Verfehlung und rechtliches Gehör	774
78.10.4.13	Notwendigkeit einer umfassenden Aufklärung	774
78.10.4.14	Notwendigkeit einer Zeugenvernehmung	774
78.10.4.15	Möglichkeit auch der Zulassung von entsprechenden Bietern	775
78.10.4.16	Abschließende Regelung	775
78.10.4.17	Forderung des Auftraggebers nach einer Erklärung gemäß § 8 Nr. 5 Buchstabe c)	775
78.10.4.18	Entwurf eines Gesetzes zur Einrichtung eines Registers über unzuverlässige Unternehmen	775
78.10.4.19	Bestrafung auf Grund eines rechtskräftigen Urteils und daraus resultierende fehlende Zuverlässigkeit	775
78.10.4.20	Richtlinie des VHB 2002 zu § 8 Nr. 5 Buchstabe c)	775
78.10.4.21	Literatur	776
78.10.5	Nichterfüllung der Verpflichtung zur Zahlung der Steuern und Abgaben u. ä. (§ 8 Nr. 5 Buchstabe d))	776
78.10.5.1	Vergleichbare Regelungen	776
78.10.5.2	Unbedenklichkeitsbescheinigung des Finanzamts	776
78.10.5.3	Sozialkassenbeitrag nach ZVK	776
78.10.6	Vorsätzlich unzutreffende Erklärungen (§ 8 Nr. 5 Buchstabe e))	777
78.10.6.1	Vergleichbare Regelungen	777
78.10.6.2	Aufklärungspflicht des Bieters über nach Angebotsabgabe eintretende Änderungen der Eignung	777
78.10.6.3	Prüfung dieser Erklärungen und Rechtsfolge	777
78.10.6.4	Zurechnung vorsätzlich falscher Angaben in einem Konzern	777
78.10.6.5	Beispiele aus der Rechtsprechung	777
78.10.7	Ab dem 1. 2. 2006 geltendes Recht für einen Ausschluss wegen schwerwiegender Gründe	777
78.10.8	Literatur	778
78.11	**Verbot der Beteiligung nicht erwerbswirtschaftlich orientierter Institutionen am Wettbewerb (§ 8 Nr. 6)**	778
78.11.1	Allgemeines	778
78.11.2	Voraussetzungen	778
78.11.3	Richtlinie des VHB 2002 zu § 8 Nr. 6	778
78.12	**Richtlinien des Bundes für die Berücksichtigung von Werkstätten für Behinderte und Blindenwerkstätten bei der Vergabe öffentlicher Aufträge (Richtlinien Bevorzugte Bewerber)**	778
79.	**§ 8 a VOB/A – Teilnehmer am Wettbewerb**	779
79.1	**Vergleichbare Regelungen**	781
79.2	**Änderungen in der VOB/A 2006**	781
79.3	**Allgemeines**	781
79.4	**Zwingende Ausschlussgründe (§ 8 a Nr. 1)**	781
79.5	**Anzahl der Bewerber beim Nichtoffenen Verfahren (§ 8 a Nr. 3)**	781
79.6	**Anzahl der zu Verhandlungen aufzufordernden Bewerber beim Verhandlungsverfahren und beim Wettbewerblichen Dialog (§ 8 a Nr. 4)**	782
79.7	**Begrenzung der Anzahl der Teilnehmer (§ 8 a Nr. 6)**	782
79.8	**Nachweis der Eignung auf andere Art (§ 8 a Nr. 7)**	782

79.9	Rechtsform von Bietergemeinschaften (§ 8 a Nr. 8)	783
79.10	Beteiligung von Projektanten (§ 8 a Nr. 9)	783
79.11	Berücksichtigung der Kapazitäten Dritter (§ 8 a Nr. 10)	783
79.12	Umweltmanagementverfahren (§ 8 a Nr. 11 Abs. 1)	783
79.13	Qualitätssicherung (§ 8 a Nr. 11 Abs. 2)	784
80.	**§ 8 b VOB/A – Teilnehmer am Wettbewerb**	784
80.1	Vergleichbare Regelungen	786
80.2	Änderungen in der VOB/A 2006	786
80.3	Allgemeines	787
80.4	Zwingende Ausschlussgründe (§ 8 b Nr. 1)	787
80.5	Auswahl der Bewerber (§ 8 b Nr. 2)	787
80.5.1	Allgemeines	787
80.5.2	Anforderung der Bedingungen durch die Bewerber (§ 8 b Nr. 2 Abs. 1)	787
80.5.3	Leistungsfähigkeit, Fachkunde und Zuverlässigkeit (§ 8 b Nr. 2 Abs. 2)	787
80.5.4	Nachweis der Eignung gemäß § 8 Nr. 3 (§ 8 b Nr. 2 Abs. 2 Satz 2)	787
80.6	Ausschließungsgründe nach § 8 Nr. 5 Abs. 1 (§ 8 b Nr. 3)	787
80.7	Rechtsform der Bietergemeinschaften (§ 8 b Nr. 5)	788
80.8	Berücksichtigung der Kapazitäten Dritter (§ 8 b Nr. 7)	788
80.9	Umweltmanagementverfahren und Qualitätssicherung (§ 8 b Nr. 8)	788
80.10	Präqualifikationsverfahren (§ 8 b Nr. 9–13)	788
80.10.1	Begriffsvarianten der Präqualifikation	788
80.10.2	Qualifizierungsregeln und -kriterien (§ 8 b Nr. 9 Abs. 3)	788
80.10.3	Entzug der Präqualifikation (§ 8 b Nr. 13)	788
80.10.3.1	Entzug der Präqualifikation als Gegenstand eines Nachprüfungsverfahrens	788
80.10.3.2	Vorherige schriftliche Mitteilung	788
81.	**§ 9 VOB/A – Beschreibung der Leistung**	789
81.1	Vergleichbare Regelungen	791
81.2	Änderungen in der VOB/A 2006	791
81.3	Bieterschützende Vorschrift	792
81.3.1	§ 9 Nr. 1	792
81.3.2	§ 9 Nr. 2, Nr. 3 Abs. 1, Nr. 4 Abs. 1, Nr. 10	792
81.4	Grundsatz	792
81.4.1	Rechtsprechung	792
81.4.2	Richtlinie des VHB 2002 zu § 9	792
81.5	Festlegung der Bauaufgabe und damit Festlegung des Inhalts der Leistungsbeschreibung	792
81.5.1	Allgemeines	792
81.5.2	Begrenzung durch die Grundsätze des Wettbewerbs, der Transparenz und der Gleichbehandlung	793
81.5.3	Festlegung des Sicherheitsniveaus einer Leistungsbeschreibung	794
81.5.4	Bekanntgabe auch der später auszuschreibenden Lose?	794
81.5.5	Literatur	794
81.6	Notwendigkeit der Festlegung strategischer Ziele und Leistungsanforderungen in der Leistungsbeschreibung	794
81.7	Pflicht der Vergabestelle, bestehende Wettbewerbsvorteile und -nachteile potentieller Bieter durch die Gestaltung der Vergabeunterlagen „auszugleichen"?	795
81.7.1	Allgemeines	795
81.7.2	Beispiele aus der Rechtsprechung	795
81.8	Auslegung der Leistungsbeschreibung	796
81.8.1	Objektiver Empfängerhorizont	796
81.8.2	VOB-konforme Auslegung	797
81.8.3	Kein Vorrang des Leistungsverzeichnisses vor den Vorbemerkungen	797
81.8.4	Heranziehung der Eigenschaften von Leitfabrikaten	797
81.9	Eindeutigkeit der Leistungsbeschreibung (§ 9 Nr. 1 Satz 1)	797
81.9.1	Grundsätze (§ 9 Nr. 1 Satz 1)	797
81.9.2	Widersprüchliche Leistungsbeschreibungen, die keine Wertung zulassen	798
81.9.3	Fehlerhafte Leistungsbeschreibungen, die von Bietern erkannt werden	798

Teil 3 Inhaltsverzeichnis   Vergabe- und Vertragsordnung für Bauleistungen Teil A

81.9.4	Fehlerhafte Leistungsbeschreibungen, die von Bietern nicht erkannt werden	798
81.9.5	Unschädlichkeit einer fehlerhaften Leistungsbeschreibung	799
81.9.6	Verwendung eines nicht mehr am Markt erhältlichen Fabrikates	799
81.9.7	Fehlende Vorgabe der Lieferung von Bauteilen aus ungebrauchtem Material	799
81.9.8	Unzulässig hoher Umfang von Wahlpositionen	799
81.9.9	Keine eindeutige Bezeichnung von Bedarfspositionen	800
81.9.10	Bezeichnung von Alternativpositionen als Bedarfspositionen	800
81.9.11	Keine eindeutigen Zuschlagskriterien	800
81.9.12	Keine eindeutigen Eignungskriterien	800
81.9.13	Keine eindeutigen Kriterien für einen Wartungsvertrag	800
81.9.14	Keine Verpflichtung, alle denkbaren Rahmenbedingungen für eventuelle Nebenangebote aufzuführen	801
81.9.15	Begriff der Baustelleneinrichtung	801
81.9.16	weitere Beispiele aus der Rechtsprechung	801
81.9.17	Richtlinie des VHB 2002 zu § 9 Nr. 1 Satz 1	801
81.10	**Positionsarten einer Leistungsbeschreibung**	**802**
81.10.1	Normalpositionen	802
81.10.2	Grundpositionen	802
81.10.3	Bedarfspositionen/Eventualpositionen/Optionen (§ 9 Nr. 1 Satz 2)	802
81.10.3.1	Allgemeines	802
81.10.3.2	Bezeichnung als „nEP-Position"	802
81.10.3.3	Zulässigkeit in einer Leistungsbeschreibung	802
81.10.3.4	Wartung als Bedarfsposition	803
81.10.3.5	Keine eindeutige Bezeichnung von Bedarfspositionen	803
81.10.3.6	Beauftragung einer Bedarfsposition	803
81.10.3.7	Richtlinie des VHB 2002 zu Bedarfspositionen	803
81.10.3.8	Regelung des HVA B-StB 03/2006 zu Bedarfspositionen	804
81.10.4	Angehängte Stundenlohnarbeiten (§ 9 Nr. 1 Satz 3)	804
81.10.4.1	Richtlinie des VHB 2002 zu angehängten Stundenlohnarbeiten	804
81.10.4.2	Regelung des HVA B-StB 03/2006 zu angehängten Stundenlohnarbeiten	804
81.10.5	Wahlpositionen/Alternativpositionen	804
81.10.5.1	Begriff	804
81.10.5.2	Zulässigkeit in einer Leistungsbeschreibung	804
81.10.5.3	Formale Anforderungen im Leistungsverzeichnis	805
81.10.5.4	Bekanntgabe der Kriterien, die für die Inanspruchnahme der ausgeschriebenen Wahlpositionen maßgebend sein sollen	805
81.10.5.5	Richtlinie des VHB 2002 zu Wahlpositionen	805
81.10.5.6	Regelung des HVA B-StB 03/2006 zu Wahlpositionen	805
81.10.6	Zulagepositionen	805
81.11	**Verbot der Aufbürdung eines ungewöhnlichen Wagnisses auf den Auftragnehmer (§ 9 Nr. 2)**	**806**
81.11.1	Sinn und Zweck der Regelung	806
81.11.2	Grundsatz	806
81.11.3	Weite Auslegung zugunsten des Bieters	807
81.11.4	Leistungs- und Erfüllungsrisiko	807
81.11.5	Bestehen eines Auftragsbedarfes und Finanzierbarkeit	807
81.11.6	Abnahme- bzw. Verwendungsrisiko	807
81.11.7	Absicherung eines Risikos über die Vergütung	808
81.11.8	Zeitlicher Vorlauf zwischen Angebotseröffnung und Leistungsbeginn	808
81.11.9	Zulässigkeit der Forderung einer Mischkalkulation	809
81.11.10	Zulässigkeit von Umsatzrabatten	809
81.11.11	Keine eindeutige Bezeichnung von Bedarfspositionen	809
81.11.12	Vorhaltung von Personal	809
81.11.13	Gerüstvorhaltung für andere Unternehmen	809
81.11.14	Keine Mehrforderungen bei Mehr- oder Minderleistungen auch über 10%?	810
81.11.15	Abrechnung von losem Material als festes Material ohne Angabe eines Umrechnungsschlüssels	810
81.11.16	Vorgabe von Standards durch den Auftraggeber	810
81.11.17	Parallelausschreibung	811
81.11.18	Vereinbarung einer Vertragsstrafe	811
81.11.19	vorweggenommene Zustimmung zur Verlängerung der Bindefrist für den Fall eines Nachprüfungsverfahrens zum Zeitpunkt der Angebotsabgabe	811
81.11.20	Richtlinie des VHB 2002 zu § 9 Nr. 2	811
81.11.21	Literatur	812

81.12	**Angabe aller die Preisermittlung beeinflussenden Umstände (§ 9 Nr. 3 Abs. 1)** ...	812
81.12.1	Umfangreiche Prüfungen	812
81.12.2	Genaue Kennzeichnung der Bestandteile des Vertrages	812
81.12.3	Hinweise auf Asbestzementmaterial	812
81.12.4	Genaue Kennzeichnung der Kostenbestandteile des geforderten Angebotspreises	812
81.12.5	Richtlinie des VHB 2002 zu § 9 Nr. 3	813
81.12.5.1	Technische Richtigkeit einer Leistungsbeschreibung	813
81.12.5.2	Arbeiten in belegten Anlagen	813
81.12.5.3	Auswertung von Gutachten	813
81.12.6	Besondere Hinweise für die Ausschreibung von Lebenszeitkosten	813
81.12.7	Ausnahme	813
81.13	**Hinweise für das Aufstellen der Leistungsbeschreibung in den DIN 18299 ff. (§ 9 Nr. 3 Abs. 4)**	813
81.13.1	Aufbringen einer Haftbrücke	813
81.14	**Technische Spezifikationen (§ 9 Nr. 5)**	813
81.14.1	Allgemeines	813
81.14.2	Begriff der Technischen Spezifikationen	814
81.14.3	DIN-Normen	814
81.14.4	Vergleichbarkeit des GS-Prüfzeichens mit der CE-Kennzeichnung ...	814
81.14.5	Forderung nach einer RAL-Zertifizierung von Produkten	814
81.14.6	NATO-Vorschriften	815
81.15	**Formulierung von technischen Spezifikationen unter Bezugnahme auf die in Anhang TS definierten technischen Spezifikationen (§ 9 Nr. 6 Abs. 1)**	815
81.16	**Ersetzung von nationalen Normen (§ 9 Nr. 7)**	815
81.17	**Ersetzung von Leistungs- oder Funktionsanforderungen (§ 9 Nr. 8)**	815
81.18	**Spezifikationen für Umwelteigenschaften (§ 9 Nr. 9)**	816
81.19	**Nennung von Bezeichnungen für Produktion oder Herkunft oder ein besonderes Verfahren oder auf Marken, Patente, Typen eines bestimmten Ursprungs oder einer bestimmten Produktion (§ 9 Nr. 10)**	816
81.19.1	Allgemeines	816
81.19.2	Erster Ausnahmetatbestand	816
81.19.2.1	Sinn und Zweck	816
81.19.2.2	Objektive Kriterien	817
81.19.2.3	Sachliche Vertretbarkeit	817
81.19.2.4	Aufwand in Bezug auf Ersatzteilhaltung, Mitarbeiterschulung und Wartungsarbeiten	817
81.19.2.5	Schnittstellenrisiko	818
81.19.2.6	Wahl zwischen nur zwei Systemen	818
81.19.2.7	Festlegung auf nur ein Produkt	818
81.19.2.8	Bestimmte Art der Ausführung	818
81.19.2.9	Angabe von Leitfabrikaten für die Art der Dachabdichtung bei Flachdächern	819
81.19.3	Zweiter Ausnahmetatbestand	819
81.19.3.1	Sinn und Zweck	819
81.19.3.2	Inhaltliche Konsequenzen aus der Verwendung von Leitfabrikaten .	819
81.19.3.3	Praxis der Leistungsbeschreibungen	820
81.19.3.4	Zwingende Verwendung des Zusatzes „oder gleichwertiger Art"	820
81.19.3.5	Ersetzung des Zusatzes „oder gleichwertiger Art" durch die Möglichkeit der Abgabe von Nebenangeboten	820
81.19.3.6	Weitere Beispiele aus der Rechtsprechung	820
81.19.4	Unzulässige Verengung des Wettbewerbes durch Definitionen der Leistungsbeschreibung ..	820
81.19.5	Literatur	821
81.20	**Leistungsbeschreibung mit Leistungsverzeichnis (Nr. 11–14)**	821
81.20.1	Allgemeines	821
81.20.1.1	Richtlinie des VHB 2002 zu § 9 Nr. 11	821
81.20.1.2	Regelung des HVA B-StB 03/2006 zu § 9 Nr. 11	821
81.20.2	Baubeschreibung (§ 9 Nr. 11)	821
81.20.2.1	Allgemeines	821
81.20.2.2	Forderung nach einem Bauzeitenplan	822
81.20.2.3	Richtlinie des VHB 2002 zur Baubeschreibung	822
81.20.2.4	Regelung des HVA B-StB 03/2006 zur Baubeschreibung	822
81.20.3	In Teilleistungen gegliedertes Leistungsverzeichnis (§ 9 Nr. 11)	823
81.20.3.1	Richtlinie des VHB 2002 zum Leistungsverzeichnis	823
81.20.4	Zeichnerische Darstellung der Leistung oder durch Probestücke (§ 9 Nr. 12)	823
81.20.4.1	Vorrang der schriftlichen Leistungsbeschreibung	823

Teil 3 Inhaltsverzeichnis Vergabe- und Vertragsordnung für Bauleistungen Teil A

81.20.4.2	Darstellung in einer Entwurfsplanung	824
81.20.4.3	Richtlinie des VHB 2002 zu § 9 Nr. 12 (Pläne)	824
81.20.5	Nebenleistungen/Besondere Leistungen (§ 9 Nr. 13)	824
81.20.5.1	Gerüststellung für eigene Arbeiten	824
81.20.5.2	Richtlinie des VHB 2002 zu § 9 Nr. 13	824
81.21	**Leistungsbeschreibung mit Leistungsprogramm (§ 9 Nr. 15–17)**	825
81.21.1	Begriffe	825
81.21.2	Grundsatz	825
81.21.3	Anforderungen an die Transparenz des Verfahrens	826
81.21.4	Anforderungen an die Bestimmtheit des Verfahrens	826
81.21.5	Richtlinie des VHB 2002 zu § 9 Nr. 15	826
81.21.6	Notwendiger Inhalt des Leistungsprogramms (§ 9 Nr. 16)	827
81.21.6.1	Rechtsprechung	827
81.21.6.2	Auslegung der Leistungsbeschreibung mit Leistungsprogramm	827
81.21.6.3	Richtlinie des VHB 2002 zu § 9 Nr. 16	827
81.21.7	Notwendiger Inhalt des Angebots des Bieters (§ 9 Nr. 17)	828
81.21.7.1	Mengenaufteilung	828
81.21.7.2	Eigene Entwurfsplanung der Bieter	829
81.21.7.3	Richtlinie des VHB 2002 zu § 9 Nr. 17	829
81.21.8	Anforderungen an die Unklarheit einer Leistungsbeschreibung mit Leistungsprogramm	829
81.21.9	Funktionale Leistungsbeschreibung bei der Ausschreibung von Pionierprojekten	830
81.21.10	Beurteilungsspielraum bei der Wertung	830
81.22	**Änderung des Leistungsverzeichnisses durch den Auftraggeber während der Ausschreibung**	830
81.23	**Schadenersatzansprüche und Nachforderungen wegen Verletzung der Regelungen des § 9**	831
81.23.1	Grundsatz	831
81.23.2	Beispiele aus der Rechtsprechung	831
81.24	**Literatur**	832
82.	**§ 9 b VOB/A – Beschreibung der Leistung**	832
82.1	**Vergleichbare Regelungen**	833
82.2	**Änderungen in der VOB/A 2006**	833
82.3	**Bedeutung der Vorschrift**	833
83.	**§ 10 VOB/A – Vergabeunterlagen**	833
83.1	**Vergleichbare Regelungen**	835
83.2	**Änderungen in der VOB/A 2006**	835
83.3	**Vergabeunterlagen (§ 10 Nr. 1 Abs. 1)**	835
83.3.1	Begriffsbestimmung des § 10	835
83.3.2	Begriffsverwendung im Vergabenachprüfungsverfahren	835
83.3.3	Anschreiben (Aufforderung zur Angebotsabgabe)	835
83.3.4	Bewerbungsbedingungen	836
83.3.5	Verdingungsunterlagen (§ 10 Nr. 1 Abs. 1 Buchstabe b))	836
83.3.5.1	Begriff	836
83.3.5.2	Vorrang der Verdingungsunterlagen vor der Bekanntmachung	836
83.3.5.3	Auslegung der Verdingungsunterlagen	836
83.3.5.4	Richtlinie des VHB 2002 zu § 10 Nr. 1	836
83.4	**Vertragsbedingungen (§ 10 Nr. 2)**	836
83.4.1	Allgemeines	836
83.4.2	Allgemeine Vertragsbedingungen für die Ausführung von Bauleistungen	837
83.4.3	Zusätzliche Vertragsbedingungen für die Ausführung von Bauleistungen (ZVB)	837
83.4.4	Besondere Vertragsbedingungen für die Ausführung von Bauleistungen (§ 10 Nr. 2 Abs. 2)	837
83.4.5	Allgemeine Technische Vertragsbedingungen für die Ausführung von Bauleistungen (§ 10 Nr. 3)	837
83.4.6	Zusätzliche Technische Vertragsbedingungen für die Ausführung von Bauleistungen (ZTV)	837
83.4.6.1	Regelung des HVA B-StB 03/2006 zu ZTV'en	837
83.5	**Zusätzliche oder Besondere Vertragsbedingungen (§ 10 Nr. 4)**	837
83.5.1	Weitervergabe an Nachunternehmer (§ 10 Nr. 4 Abs. 1 Buchstabe c))	837

83.6	**Aufforderung zur Angebotsabgabe (§ 10 Nr. 5)**	838
83.6.1	Bestimmungen über die Ausführungszeit (§ 10 Nr. 5 Abs. 2 Buchstabe b))	838
83.6.1.1	Bereits im Ausschreibungsverfahren überholte Ausführungszeit	838
83.6.2	Nebenangebote (§ 10 Nr. 5 Abs. 2 Buchstabe n))	838
83.6.3	Vorbehalte wegen der Teilung in Lose und Vergabe der Lose an verschiedene Bieter (§ 10 Nr. 5 Abs. 2 Buchstabe o))	838
83.6.4	Sonstige Erfordernisse, die die Bewerber bei der Bearbeitung ihrer Angebote beachten müssen (§ 10 Nr. 5 Abs. 2 Buchstabe q))	838
83.6.4.1	Forderung nach einem Bauzeitenplan	838
83.6.4.2	Forderung nach einer Vertraulichkeitserklärung	839
83.6.4.3	Forderung nach einem Wartungsvertrag	839
83.6.4.4	Angabe der Wertungskriterien	840
83.6.4.5	Angabe der Forderung nach Vorlage der „Spezifikation des Herstellers"	840
83.6.5	Wesentliche Zahlungsbedingungen (§ 10 Nr. 5 Abs. 2 Buchstabe r))	840
83.6.5.1	Richtlinie des VHB 2002 zu Vorauszahlungen	840
83.6.6	Forderung nach Angabe der Leistungen, die an Nachunternehmer vergeben werden sollen (§ 10 Nr. 5 Abs. 3)	841
83.6.6.1	Rechtsprechung	841
83.6.6.2	Formularmuster	841
83.6.6.3	Interpretierende Klarstellung durch das ÖPP-Beschleunigungsgesetz	841
83.6.7	Nebenangebote (§ 10 Nr. 5 Abs. 4)	842
83.6.7.1	Allgemeines	842
83.6.7.2	Formen der Angebote	842
83.6.7.3	Nebenangebot	842
83.6.7.4	Ausschluss von Nebenangeboten	844
83.6.8	Bewerbungsbedingungen (§ 10 Nr. 5 Abs. 5)	846
83.6.8.1	Allgemeines	846
83.6.8.2	Sinn und Zweck der Bewerbungsbedingungen	847
83.6.8.3	Grenzen von Bewerbungsbedingungen	847
83.6.8.4	Beispiele aus der Rechtsprechung	847
84.	**§ 10 a VOB/A – Vergabeunterlagen**	847
84.1	**Vergleichbare Regelungen**	847
84.2	**Änderungen in der VOB/A 2006**	848
84.3	**Anwendungsbereich**	848
84.3.1	Allgemeines	848
84.3.2	Anwendung in einem dynamischen Verhandlungsverfahren	848
84.4	**Muss-Vorschrift**	848
84.5	**Allgemeiner Inhalt**	848
84.6	**Pflicht zur Bekanntmachung und Gewichtung der Wertungskriterien**	848
84.6.1	Sinn und Zweck der Bekanntmachung	848
84.6.2	Wahlrecht	849
84.6.3	Pflicht zur Bekanntmachung von Unterkriterien?	849
84.6.4	„Angabe" der Zuschlagskriterien	851
84.6.5	Klare und eindeutige Wertungskriterien	851
84.6.6	Folgen von unterschiedlichen Angaben in der Vergabebekanntmachung und in der Aufforderung zur Angebotsabgabe	851
84.6.7	Folgen der fehlenden Angabe der Wertungskriterien	852
84.7	**Bindung des Auftraggebers an die veröffentlichten Kriterien**	852
84.8	**Pflicht zur Angabe der Gewichtung der Zuschlagskriterien**	852
84.8.1	Hinweis	852
84.8.2	Angabe der Gewichtung der Zuschlagskriterien	852
84.9	**Pflicht zur Angabe der Absicht des Auftraggebers zur Begrenzung der Zahl der Angebote**	853
84.10	**Pflicht zur Aufforderung zur Teilnahme am Vergabeverfahren**	853
84.11	**Pflicht zur Angabe der Nennung von Mindestanforderungen für Nebenangebote**	853
84.12	**Pflicht zur Angabe der Nennung von Verfahrenseinzelheiten beim Wettbewerblichen Dialog**	853
85.	**§ 10 b VOB/A – Vergabeunterlagen**	853
85.1	**Vergleichbare Regelungen**	854
85.2	**Änderungen in der VOB/A 2006**	854

Teil 3 Inhaltsverzeichnis Vergabe- und Vertragsordnung für Bauleistungen Teil A

85.3	Anwendungsbereich	854
85.4	Muss-Vorschrift	854
85.5	Allgemeiner Inhalt	854
85.6	**Pflicht zur Bekanntmachung der maßgebenden Wertungskriterien**	854
85.6.1	Sinn und Zweck der Bekanntmachung	854
85.6.2	Wahlrecht	855
85.6.3	Pflicht zur Bekanntmachung von Unterkriterien?	855
85.6.4	„Angabe" der Zuschlagskriterien	855
85.6.5	Klare und eindeutige Wertungskriterien	855
85.6.6	Folgen von unterschiedlichen Angaben in der Vergabebekanntmachung und in der Aufforderung zur Angebotsabgabe	855
85.6.7	Folgen der fehlenden Angabe der Wertungskriterien	855
85.7	**Bindung des Auftraggebers an die veröffentlichten Kriterien**	855
85.8	**Pflicht zur Angabe der Gewichtung der Zuschlagskriterien**	855
85.8.1	Hinweis	855
85.8.2	Angabe der Gewichtung der Zuschlagskriterien	855
85.9	**Pflicht zur Angabe der Nennung von Mindestanforderungen für Nebenangebote**	855
86.	**§ 11 VOB/A – Ausführungsfristen**	856
86.1	**Vergleichbare Regelungen**	856
86.2	**Änderungen in der VOB/A 2006**	856
86.3	**Bieterschützende Vorschrift**	856
86.3.1	§ 11 Nr. 1	856
86.4	**Bemessung der Ausführungsfristen (§ 11 Nr. 1)**	856
86.4.1	Allgemeines	856
86.4.2	Indizien für eine nicht ausreichende Bemessung der Ausführungsfristen	857
86.4.3	Änderung der Ausführungsfrist durch eine Verlängerung der Bindefrist?	857
86.4.4	Folge einer Verlängerung der Bindefrist für die Ausführungszeit	857
86.4.5	Möglichkeit der Nachverhandlung über Ausführungsfristen?	858
86.4.6	Richtlinie des VHB 2002 zu § 11 Nr. 1	858
86.4.7	Ausführung erst nach Aufforderung durch den Auftraggeber	858
86.4.7.1	Grundsatz	858
86.4.7.2	Folge einer unzumutbaren Frist	859
86.4.8	Festlegung der Ausführungsfrist nach dem VHB 2002	859
86.5	**Bauzeitenplan (§ 11 Nr. 2 Abs. 2)**	859
86.5.1	Sinn und Zweck des Bauzeitenplans	859
86.5.2	Forderung nach einem Bauzeitenplan zur Angebotsabgabe	859
86.5.3	Möglichkeit des Nachreichens eines Bauzeitenplans	859
86.5.4	Möglichkeit der Nachverhandlung über einen Bauzeitenplan	859
86.5.5	Zulässigkeit eines Nebenangebots zu einem vorgegebenen Bauzeitenplan bei mehreren Losen	860
86.6	**Pauschalierung des Verzugsschadens (§ 11 Nr. 4)**	860
86.6.1	Richtlinie des VHB 2002 zu § 11 Nr. 4	860
87.	**§ 12 VOB/A – Vertragsstrafen und Beschleunigungsvergütungen**	860
87.1	**Vergleichbare Regelungen**	860
87.2	**Änderungen in der VOB/A 2006**	860
87.3	**Vertragsstrafe**	860
87.3.1	Sinn und Zweck	861
87.3.2	Vertragsstrafen auch für andere Fälle als die Überschreitung von Vertragsfristen	861
87.3.3	Forderung nach einer Vertraulichkeitserklärung	861
87.3.4	Ziffer 1.7.4 der ZTV-Asphalt-StB 94 als Vertragsstrafenregelung?	861
87.3.5	Vertragsstrafe mit dem Inhalt, dass die Höhe der Vertragsstrafe im billigen Ermessen des Auftraggebers steht	861
87.3.6	Angemessene Höhe der Vertragsstrafe	862
87.3.6.1	Grundsatz	862
87.3.6.2	Rechtsfolgen einer unangemessen hohen Vertragsstrafe	862
87.3.7	Geltendmachung der Vertragsstrafe nur bei tatsächlichen Nachteilen für den Auftraggeber	862
87.3.7.1	Grundsatz	862
87.3.7.2	Zulässigkeit bei abstrakter Möglichkeit eines erheblichen Nachteils	863
87.3.7.3	Zulässigkeit bei drohenden Ansprüchen eines Nachunternehmers	863

87.3.8	Richtlinie des VHB 2002 zu § 12 Nr. 1	863
87.3.9	Regelung des HVA B-StB 03/2006 zu Vertragsstrafen und Beschleunigungsvergütungen	863
87.4	**Beschleunigungsvergütung**	**864**
87.4.1	Inhalt	864
87.4.2	Umsatzsteuerpflicht	864
87.4.3	Beispiele aus der Rechtsprechung	864
88.	**§ 13 VOB/A – Verjährung der Mängelansprüche**	**864**
88.1	**Vergleichbare Regelungen**	**864**
88.2	**Änderungen in der VOB/A 2006**	**864**
88.3	**Verjährungsfristen nach § 13 Nr. 4 VOB/B**	**864**
88.4	**Verlängerung der Verjährung**	**865**
88.4.1	Generelle Verlängerung	865
88.4.2	Verlängerung bei Flachdacharbeiten	865
88.4.3	Neue Rechtsprechung des Bundesgerichtshofes zur Privilegierung der VOB/B	865
88.5	**Hemmung der Verjährung durch Anrufung einer VOB-Schiedsstelle**	**866**
88.6	**Richtlinie des VHB 2002 zu § 13**	**866**
88.7	**Regelung des HVA B-StB 03/2006 zu Mängelansprüchen**	**866**
89.	**§ 14 VOB/A – Sicherheitsleistung**	**867**
89.1	**Vergleichbare Regelungen**	**867**
89.2	**Änderungen in der VOB/A 2006**	**867**
89.3	**Restriktive Handhabung**	**867**
89.4	**Hinweis**	**867**
89.5	**Richtlinie des VHB 2002 zu § 14**	**867**
89.6	**Regelung des HVA B-StB 03/2006 zu Sicherheitsleistungen**	**869**
90.	**§ 15 VOB/A – Änderung der Vergütung**	**869**
90.1	**Vergleichbare Regelungen**	**869**
90.2	**Änderungen in der VOB/A 2006**	**870**
90.3	**Allgemeines**	**870**
90.4	**Unzulässigkeit des völligen Ausschlusses jeder Preisänderung**	**870**
90.5	**Ermessensvorschrift**	**870**
90.6	**Grundsätze zur Anwendung von Preisvorbehalten bei öffentlichen Aufträgen**	**870**
90.7	**Preisvorbehalte nur für den ausgeschriebenen Auftrag**	**871**
90.8	**Vorgabe von Preisvorbehalten nur durch den Auftraggeber**	**871**
90.9	**Längerfristige Verträge**	**871**
90.9.1	Allgemeines	871
90.9.2	Beispiele aus der Rechtsprechung	871
90.9.3	Richtlinie des VHB 2002 zu längerfristigen Verträgen	871
90.9.4	§ 15 Nr. 1 Buchstabe d) der Grundsätze zur Anwendung von Preisvorbehalten bei öffentlichen Aufträgen	871
90.9.5	Stoffpreisgleitklauseln für Stahl	872
90.9.6	Stoffpreisgleitklauseln für Nichteisenmetalle (Kupfer u. a.)	872
90.10	**Wesentliche Änderungen (Bagatell- und Selbstbehaltsklausel)**	**872**
90.10.1	Allgemeines	872
90.10.2	Beispiele aus der Rechtsprechung	872
90.10.3	Bagatellklausel bei Rückforderungen	872
90.10.4	Richtlinie des VHB 2002 zum Selbstbehalt (Ziffer 3)	872
90.10.5	§ 15 Nr. 2 Buchstabe b) und c) der Grundsätze zur Anwendung von Preisvorbehalten bei öffentlichen Aufträgen	873
90.11	**Möglichkeiten der Festlegung der Änderung der Vergütung in den Verdingungsunterlagen**	**873**
90.11.1	Lohngleitklausel	873
90.11.1.1	Allgemeines	873
90.11.1.2	Centklausel	873
90.11.1.3	Auslegung einer kombinierten Lohn-/Stoffpreisgleitklausel	873
90.11.1.4	Regelungen des VHB 2002 zur Lohngleitklausel	873
90.11.1.5	Regelung des HVA B-StB 03/2006 zur Lohngleitklausel	873

Teil 3 Inhaltsverzeichnis   Vergabe- und Vertragsordnung für Bauleistungen Teil A

90.11.2	Stoffpreisgleitklausel	873
90.11.2.1	Allgemeines	873
90.11.2.2	Auslegung einer kombinierten Lohn-/Stoffpreisgleitklausel	873
90.11.2.3	Regelungen des VHB 2002 zur Stoffpreisgleitklausel	874
90.11.2.4	Regelung des HVA B-StB 03/2006 zur Stoffpreisgleitklausel	874
90.11.3	Indexklausel	874
90.12	**Preisrechtliche Rahmenbedingungen**	**874**
90.13	**Preisänderungen nach Versendung der Vergabeunterlagen und vor Zuschlag**	**874**
91.	**§ 16 VOB/A – Grundsätze der Ausschreibung und Informationsübermittlung**	**874**
91.1	**Vergleichbare Regelungen**	**875**
91.2	**Änderungen in der VOB/A 2006**	**875**
91.3	**Bieterschützende Vorschrift**	**875**
91.4	**Sollvorschrift**	**875**
91.5	**Geltung auch für das Verhandlungsverfahren?**	**875**
91.6	**Fertigstellung aller Verdingungsunterlagen (§ 16 Nr. 1)**	**875**
91.6.1	Sonderfall der funktionalen Leistungsbeschreibung	876
91.6.2	Fehlende Finanzierung eines ausgeschriebenen Projektes	876
91.6.2.1	Grundsatz	876
91.6.2.2	Richtlinie des VHB 2002 zu § 16	876
91.6.2.3	Rechtsfolgen einer fehlenden Finanzierung	876
91.7	**Möglichkeit der Ausführung der Leistung (§ 16 Nr. 1)**	**877**
91.8	**Ausschreibungen für vergabefremde Zwecke (§ 16 Nr. 2)**	**877**
91.8.1	Allgemeines	877
91.8.2	Konkrete Vergabeabsicht	877
91.8.3	Markterkundung	877
91.8.4	Beispiele aus der Rechtsprechung	878
91.8.5	Parallelausschreibungen	878
91.8.5.1	Erscheinungsformen	878
91.8.5.2	Zulässigkeit einer Parallelausschreibung	879
91.8.5.3	Verwaltungsregelungen zur Parallelausschreibung	879
91.8.5.4	Angebotsfristen für Parallelausschreibungen	880
91.8.5.5	Festlegung gestaffelter Eröffnungstermine	880
91.8.5.6	Wertung von Parallelausschreibungen	880
91.9	**Angabe der Kommunikationsmittel**	**880**
91.10	**Beschafferprofil**	**880**
92.	**§ 16a VOB/A – Anforderungen an Teilnahmeanträge**	**880**
92.1	**Vergleichbare Regelungen**	**881**
92.2	**Änderungen in der VOB/A 2006**	**881**
92.3	**Sinn und Zweck der Vorschrift**	**881**
92.4	**Anforderungen an die Auftraggeber bei direkt, per Post oder elektronisch übermittelten Teilnahmeanträgen (§ 16a Nr. 1)**	**881**
92.5	**Anforderungen an die Bewerber bei direkt, per Post oder elektronisch übermittelten Teilnahmeanträgen (§ 16a Nr. 1)**	**881**
92.6	**Anforderungen an die Bewerber bei per Telefax oder telefonisch übermittelten Teilnahmeanträgen (§ 16a Nr. 2)**	**881**
92.7	**Geltung für alle Verfahren mit Teilnahmeanträgen**	**881**
93.	**§ 16b VOB/A – Anforderungen an Teilnahmeanträge**	**882**
93.1	**Vergleichbare Regelungen**	**882**
93.2	**Änderungen in der VOB/A 2006**	**882**
93.3	**Hinweis**	**882**
94.	**§ 17 VOB/A – Bekanntmachung, Versand der Vergabeunterlagen**	**882**
94.1	**Vergleichbare Regelungen**	**884**
94.2	**Änderungen in der VOB/A 2006**	**884**
94.3	**Bieterschützende Vorschrift**	**884**
94.3.1	Grundsatz	884
94.3.2	§ 17 Nr. 5	885

94.4	Bedeutung der Vorschriften über die Vergabebekanntmachung	885
94.5	Auslegung der Vergabebekanntmachung	885
94.5.1	Allgemeines	885
94.5.2	Beispiele aus der Rechtsprechung	885
94.6	Bindung des Auftraggebers an die Bekanntmachung	885
94.7	Bekanntmachung öffentlicher Ausschreibungen (§ 17 Nr. 1)	886
94.7.1	Sinn und Zweck der Bekanntmachung	886
94.7.2	Begriff der Bekanntmachung	886
94.7.3	Wahl des Bekanntmachungsmediums	886
94.7.3.1	Allgemeines	886
94.7.3.2	Bedeutung der EU-weiten Bekanntmachung	886
94.7.3.3	Elektronische Bekanntmachung	887
94.7.3.4	Richtlinie des VHB 2002 zu § 17 Nr. 1	887
94.7.3.5	Regelung des HVA B-StB 03/2006	887
94.7.4	Umfang der Bekanntmachung	887
94.7.4.1	Soll-Vorschrift	887
94.7.4.2	Rechtsprechung	887
94.7.5	Unterschiedliche Inhalte von Bekanntmachungen derselben Ausschreibung	888
94.7.6	Bezeichnung einer „Öffentlichen Ausschreibung" als „Offenes Verfahren"	888
94.7.7	Inhalt der Bekanntmachung (§ 17 Nr. 1 Abs. 2)	888
94.7.7.1	Kommunikationsdaten des Auftraggebers (§ 17 Nr. 1 Abs. 2 Buchstabe a))	888
94.7.7.2	Art und Umfang der auszuschreibenden Leistung (§ 17 Nr. 1 Abs. 2 Buchstabe e))	888
94.7.7.3	Verlangte Nachweise für die Beurteilung der Eignung der Bieter (§ 17 Nr. 1 Abs. 2 Buchstabe s))	888
94.7.7.4	Nebenangebote (§ 17 Nr. 1 Abs. 2 Buchstabe u))	889
94.7.7.5	Angabe der Wertungskriterien	889
94.8	Bekanntmachung Beschränkter Ausschreibungen nach Öffentlichem Teilnahmewettbewerb (§ 17 Nr. 2)	889
94.8.1	Allgemeines	889
94.8.2	Bindung des Auftraggebers an die Frist zur Einreichung von Teilnahmeanträgen (§ 17 Nr. 2 Abs. 2 Buchstabe j))	889
94.8.3	Nachweise für die Beurteilung der Eignung (§ 17 Nr. 2 Abs. 2 Buchstabe p))	890
94.9	Übermittlung der Vergabeunterlagen (§ 17 Nr. 4)	890
94.9.1	Anforderung der Vergabeunterlagen	890
94.9.2	Regelung des HVA B-StB 03/2006 zu § 17 Nr. 4	890
94.10	Abgabe der Vergabeunterlagen an die Bewerber (§ 17 Nr. 5)	890
94.10.1	Sinn und Zweck der doppelten Ausfertigung	890
94.10.2	Medien zur Übersendung der Unterlagen (Papier/Diskette)	890
94.10.3	Anforderungen bei der Übersendung von elektronischen Medien	891
94.10.3.1	Allgemeines	891
94.10.3.2	Beifügung einer entsprechenden Programmdiskette	891
94.10.4	Mitwirkungspflicht des Bewerbers bei erkennbaren Problemen mit der Übersendung ...	891
94.10.5	Pflicht des Auftraggebers zur erneuten Übersendung der Verdingungsunterlagen ...	891
94.10.6	Pflicht des Auftraggebers zur Dokumentation des Versands von Nachträgen und der Sicherstellung einer Rückmeldung über den Empfang	891
94.11	Auskünfte an die Bewerber (§ 17 Nr. 7)	892
94.11.1	Auskunftspflicht des Auftraggebers	892
94.11.2	Sinn und Zweck der Regelung	892
94.11.3	Form der Erteilung der Auskünfte	892
94.11.4	Begriff der „zusätzlichen Auskünfte"	892
94.11.5	Begriff der „sachdienlichen" Auskünfte	892
94.11.6	Begriff der „wichtigen Aufklärungen"	893
94.11.7	Unverzügliche Mitteilung	893
94.11.8	Beachtung des Gleichheitsgrundsatzes	893
94.11.9	Rechtsfolge einer durch den Bewerber nicht erfolgten Erkundigung	894
94.11.9.1	Reaktionsmöglichkeiten des Bieters auf eine unklare oder fehlerhafte Leistungsbeschreibung	894
94.11.9.2	Unterlassene Erkundigung	894
94.11.9.3	Unterlassene Erkundigung bei unvollständigen Vergabeunterlagen	894
94.11.10	Richtlinie des VHB 2002 zu § 17 Nr. 7	895
94.12	Änderung des Leistungsverzeichnisses durch den Auftraggeber während der Ausschreibung	895
94.13	Fehlende Unterlagen und Erkundigungspflicht des Bieters	895

Teil 3 Inhaltsverzeichnis
Vergabe- und Vertragsordnung für Bauleistungen Teil A

95.	§ 17a VOB/A – Vorinformation, Bekanntmachung, Versand der Vergabeunterlagen	895
95.1	Vergleichbare Regelungen	896
95.2	Änderungen in der VOB/A 2006	897
95.3	Bieterschützende Vorschrift	897
95.3.1	Grundsatz	897
95.3.2	§ 17a Nr. 2	897
95.4	Bedeutung der Vorschriften über die Vergabebekanntmachung	897
95.5	Auslegung der Vergabebekanntmachung	897
95.6	Bindung des Auftraggebers an die Bekanntmachung	897
95.7	Vorinformation (§ 17a Nr. 1)	897
95.7.1	Sinn und Zweck der Vorinformation	898
95.7.2	Bedeutung der Vorinformation	898
95.7.2.1	Ältere Rechtsprechung	898
95.7.2.2	Möglichkeit der Fristverkürzung	898
95.7.3	Richtlinie des VHB 2002 zur Vorinformation	898
95.7.4	Regelung des HVA B-StB 03/2006 zur Vorinformation	898
95.7.5	Verpflichtung zur Vorinformation für Aufträge über bauliche Anlagen	899
95.7.5.1	Bauliche Anlagen	899
95.7.5.2	Bauauftrag mit überwiegendem Lieferanteil	899
95.7.6	Zwingende Vorinformation (§ 17a Nr. 1 Abs. 2)	899
95.7.7	Form der Vorinformation (§ 17a Nr. 1 Abs. 3)	899
95.7.7.1	Regelung der VOB/A	899
95.7.7.2	Richtlinie des VHB 2002 zur Form der Vorinformation	899
95.7.7.3	Ausfüllanleitung des VHB 2002 zur Vorinformation	900
95.7.7.4	Regelung des HVA B-StB 03/2006 zur Form der Vorinformation	900
95.7.8	Zeitpunkt der Vorinformation (§ 17a Nr. 1 Abs. 3)	900
95.7.9	Übermittlung der Vorinformation	900
95.7.9.1	Zwingende Übermittlung der Vorinformation an das Amt für amtliche Veröffentlichungen der Europäischen Gemeinschaften	900
95.7.9.2	Form der Übermittlung der Vorinformation an das Amt für amtliche Veröffentlichungen der Europäischen Gemeinschaften	900
95.7.9.3	Übermittlung der Vorinformation durch Veröffentlichung im Beschafferprofil	900
95.7.9.4	Fakultative Übermittlung der Vorinformation an andere Bekanntmachungsblätter	901
95.7.10	Folge einer korrekten Vorinformation	901
95.8	Bekanntmachung Offener Verfahren, Nichtoffener Verfahren, eines Wettbewerblichen Dialogs oder eines Verhandlungsverfahrens mit Vergabebekanntmachung (§ 17a Nr. 2)	901
95.8.1	Sinn und Zweck der Bekanntmachung	901
95.8.2	Begriff der Bekanntmachung	901
95.8.3	Notwendiger Inhalt der Bekanntmachungen (§ 17a Nr. 2 Abs. 2 Satz 1)	901
95.8.4	Zwingende Veröffentlichung der Bekanntmachungen im Amtsblatt der Europäischen Gemeinschaften (§ 17a Nr. 2 Abs. 2 Satz 1)	901
95.8.5	Form und Umfang der Übermittlung der Bekanntmachungen an das Amt für amtliche Veröffentlichungen der Europäischen Gemeinschaften (§ 17a Nr. 2 Abs. 2 Satz 2)	901
95.8.6	Veröffentlichung der Bekanntmachungen im Supplement zum Amtsblatt der Europäischen Gemeinschaften (§ 17a Nr. 2 Abs. 4)	901
95.8.6.1	Allgemeines	902
95.8.6.2	Zulässigkeit einer rein elektronischen Bekanntmachung	902
95.8.6.3	Ausfüllanleitung des VHB 2002 zu den Veröffentlichungsmustern	902
95.8.7	Inländische Veröffentlichung der Bekanntmachungen (§ 17a Nr. 2 Abs. 5)	902
95.8.7.1	Wahl des Bekanntmachungsmediums	902
95.8.8	Veröffentlichung elektronischer Bekanntmachungen (§ 17a Nr. 2 Abs. 6)	903
95.9	Inhalt der Bekanntmachung (§ 17a Nr. 3)	903
95.9.1	Allgemeines	903
95.9.2	Inhalt der Bekanntmachung eines Verhandlungsverfahrens und eines Wettbewerblichen Dialogs (§ 17a Nr. 3 Abs. 2)	903
95.10	Muster für die Bekanntmachungen (§ 17a Nr. 4)	903
95.11	Unterschiedliche Inhalte von Bekanntmachungen derselben Ausschreibung	903
95.11.1	Kein Abgleich unterschiedlicher Bekanntmachungen	903
95.11.2	Vorrang der EU-Bekanntmachung	903
95.11.3	Bezeichnung eines „Offenen Verfahrens" als „öffentliche Ausschreibung"	903

95.12	**Anforderung der Vergabeunterlagen (§ 17a Nr. 5)**	904
95.12.1	Begriff der Vergabeunterlagen	904
95.12.2	Freie und direkte Verfügbarkeit der Vergabeunterlagen	904
95.12.3	Vollständige Verfügbarkeit der Vergabeunterlagen	904
95.13	**Auskünfte über die Vergabeunterlagen (§ 17a Nr. 6)**	904
95.13.1	Allgemeines	904
95.13.2	Zeitliche Rahmenbedingungen	904
95.14	**Literatur**	904
96.	**§ 17b VOB/A – Aufruf zum Wettbewerb**	905
96.1	Vergleichbare Regelungen	907
96.2	Änderungen in der VOB/A 2006	907
96.3	Hinweis	907
96.4	Bedeutung in der Rechtsprechung	907
96.5	Inhalt der Vorschrift	907
96.6	Regelmäßige nichtverbindliche Bekanntmachung ohne Aufruf zum Wettbewerb	908
96.6.1	Grundsatz	908
96.6.2	Verbindlichkeit der Bekanntmachung nach § 17b Nr. 2	908
96.7	Regelmäßige Bekanntmachung als Aufruf zum Wettbewerb	908
96.7.1	Allgemeines	908
96.7.2	Beschafferprofil	908
96.8	Aufruf zum Wettbewerb durch Veröffentlichung einer Bekanntmachung über das Bestehen eines Prüfsystems	908
96.8.1	Verfahrensablauf	908
96.8.2	Hinweis	908
96.9	Veröffentlichung im Amtsblatt (§ 17b Nr. 5)	908
96.10	Anforderung der Vergabeunterlagen (§ 17b Nr. 6)	908
96.11	Auskünfte über die Vergabeunterlagen (§ 17b Nr. 6)	909
97.	**§ 18 VOB/A – Angebotsfrist, Bewerbungsfrist**	909
97.1	Vergleichbare Regelungen	909
97.2	Änderungen in der VOB/A 2006	909
97.3	Bieterschützende Vorschrift	909
97.4	Rechtscharakter der Angebotsfrist	909
97.5	Wiedereinsetzung in den vorigen Stand bei Versäumung der Frist	910
97.6	Begriff der Angebotsfrist	910
97.6.1	Begriff der Angebotsfrist nach der VOB/A	910
97.6.2	Angebotsfrist im Sinne von § 107 Abs. 3 GWB	910
97.7	**Dauer der Angebotsfrist (§ 18 Nr. 1)**	910
97.7.1	Angemessenheit der Dauer der Angebotsfrist	910
97.7.2	Engagement und Personaleinsatz der Bewerber	911
97.7.3	Dauer der Angebotsfrist bei Parallelausschreibungen (einschließlich eines Generalunternehmerangebots)	911
97.7.4	Dauer der Angebotsfrist bei ÖPP-Projekten	911
97.7.5	Dauer der Angebotsfrist bei Leistungsbeschreibung mit Leistungsprogramm	911
97.7.5.1	Richtlinie des VHB 2002	911
97.7.6	Heilung einer zu kurz bemessenen Angebotsfrist?	911
97.7.7	Sofortige Prüfungspflicht der Verdingungsunterlagen durch die Bewerber?	912
97.7.8	Regelung des HVA B-StB 03/2006 zur Angebotsfrist	912
97.8	**Ende der Angebotsfrist (§ 18 Nr. 2)**	912
97.8.1	Bedeutung des Ablaufes der Angebotsfrist für die Wertung	912
97.8.2	Setzung unterschiedlicher Fristen für die Einreichung der Angebote und der Eröffnung der Angebote	912
97.8.3	Ende der Angebotsfrist an einem Sonntag	913
97.8.4	Einheitlicher, auf den ersten Eröffnungstermin festgesetzter Fristablauf für alle Angebote bei Parallelausschreibungen	913
97.8.5	Verlängerung des Endes der Angebotsfrist	913
97.8.5.1	Zulässigkeit der Verlängerung	913
97.8.5.2	Information aller Bieter	913

Teil 3 Inhaltsverzeichnis Vergabe- und Vertragsordnung für Bauleistungen Teil A

97.8.5.3	Aufhebung der Ausschreibung bei Verfahrensfehlern im Zusammenhang mit der Verlängerung	913
97.8.6	Richtlinie des VHB 2002	913
97.8.7	Regelung des HVA B-StB 03/2006	913
97.9	**Zurückziehung von Angeboten (§ 18 Nr. 3)**	914
97.9.1	Möglichkeit der Zurückziehung durch Abgabe eines unvollständigen Angebots?	914
97.9.2	Änderung von Angeboten	914
97.9.3	Begriff der Textform	914
98.	**§ 18 a VOB/A – Angebotsfrist, Bewerbungsfrist**	914
98.1	**Vergleichbare Regelungen**	916
98.2	**Änderungen in der VOB/A 2006**	916
98.3	**Bieterschützende Vorschrift**	916
98.4	**Berechnung der Fristen**	916
98.5	**Rechtscharakter der Angebotsfrist**	916
98.6	**Wiedereinsetzung in den vorigen Stand bei Versäumung der Frist**	916
98.7	**Heilung einer zu kurz bemessenen Angebotsfrist?**	916
98.8	**Sofortige Prüfungspflicht der Verdingungsunterlagen durch die Bewerber?**	916
98.9	**Begriff der Angebotsfrist (§ 18 a Nr. 1 Abs. 1)**	917
98.9.1	Begriff der Angebotsfrist nach der VOB/A	917
98.9.2	Angebotsfrist im Sinne von § 107 Abs. 3 GWB	917
98.10	**Dauer der Angebotsfrist beim Offenen Verfahren (§ 18 a Nr. 1 Abs. 1, Abs. 2)**	917
98.10.1	Regelfrist (§ 18 a Nr. 1 Abs. 1)	917
98.10.1.1	Angemessenheit der Dauer der Regelangebotsfrist	917
98.10.1.2	Engagement und Personaleinsatz der Bewerber	917
98.10.1.3	Dauer der Angebotsfrist bei Parallelausschreibungen (einschließlich eines Generalunternehmerangebots)	917
98.10.1.4	Dauer der Angebotsfrist bei ÖPP-Projekten	917
98.10.1.5	Dauer der Angebotsfrist bei Leistungsbeschreibung mit Leistungsprogramm	917
98.10.2	Abkürzung der Regelfrist bei einer Vorinformation (§ 18 a Nr. 1 Abs. 2)	917
98.10.2.1	Formale Voraussetzungen der Abkürzung der Regelfrist	917
98.10.2.2	Angemessenheit der abgekürzten Frist	918
98.10.2.3	Engagement und Personaleinsatz der Bewerber	918
98.10.2.4	Dauer der Angebotsfrist bei Parallelausschreibungen (einschließlich eines Generalunternehmerangebots)	918
98.10.2.5	Dauer der Angebotsfrist bei ÖPP-Projekten	918
98.10.2.6	Dauer der Angebotsfrist bei Leistungsbeschreibung mit Leistungsprogramm	918
98.10.3	Abkürzung der Regelfrist bei elektronischen Bekanntmachungen (§ 18 a Nr. 1 Abs. 4)	918
98.10.4	Abkürzung der Regelfrist bei freier, direkter und vollständiger Verfügbarkeit der Vergabeunterlagen (§ 18 a Nr. 1 Abs. 5)	919
98.10.4.1	Begriff der Verdingungsunterlagen und aller zusätzlichen Unterlagen	919
98.10.4.2	Freie und direkte Verfügbarkeit der Vergabeunterlagen	919
98.10.4.3	Vollständige Verfügbarkeit der Vergabeunterlagen	919
98.10.5	Maximale Kumulierung der Abkürzung der Regelfristen bei Offenen Verfahren (§ 18 a Nr. 1 Abs. 6)	919
98.10.6	Regelung des HVA B-StB 03/2006	919
98.11	**Dauer der Bewerbungsfrist beim Nichtoffenen Verfahren (§ 18 a Nr. 2 Abs. 1)**	919
98.11.1	Bewerbungsfrist (§ 18 a Nr. 2 Abs. 1)	919
98.11.1.1	Begriff	919
98.11.1.2	Regelfrist	919
98.11.1.3	Abkürzung der Regelfrist aus Gründen der Dringlichkeit (§ 18 a Nr. 2 Abs. 1 Satz 2)	920
98.11.1.4	Abkürzung der Regelfrist bei elektronischen Bekanntmachungen (§ 18 a Nr. 2 Abs. 2)	920
98.11.2	Dauer der Angebotsfrist beim Nichtoffenen Verfahren (§ 18 a Nr. 2 Abs. 3, Abs. 4)	920
98.11.2.1	Regelfrist	920
98.11.2.2	Abkürzung der Regelfrist bei Vorinformation (§ 18 a Nr. 2 Abs. 2 Satz 2)	921
98.11.2.3	Abkürzung der Regelfrist bzw. der verkürzten Frist aus Gründen der Dringlichkeit (§ 18 a Nr. 2 Abs. 4)	921
98.11.2.4	Abkürzung der Regelfrist bei freier, direkter und vollständiger Verfügbarkeit der Vergabeunterlagen (§ 18 a Nr. 2 Abs. 5)	921
98.12	**Wettbewerblicher Dialog und Verhandlungsverfahren (§ 18 a Nr. 3)**	921
98.13	**Richtlinie des VHB 2002 zu den Fristen**	921

99.	§ 18 b VOB/A – Angebotsfrist, Bewerbungsfrist	921
99.1	Vergleichbare Regelungen	922
99.2	Änderungen in der VOB/A 2006	922
99.3	Bieterschützende Vorschrift	923
99.4	Hinweis	923
99.5	Dauer der Angebotsfrist beim Offenen Verfahren (§ 18 b Nr. 1 Abs. 1)	923
99.6	Abkürzung der Regelfrist bei einer Vorinformation (§ 18 b Nr. 1 Abs. 2)	923
99.7	Abkürzung der Regelfrist bei elektronischen Bekanntmachungen (§ 18 b Nr. 1 Abs. 3)	923
99.8	Abkürzung der Regelfrist bei freier, direkter und vollständiger Verfügbarkeit der Vergabeunterlagen (§ 18 b Nr. 1 Abs. 4)	923
99.9	Maximale Kumulierung der Abkürzung der Regelfristen bei Offenen Verfahren (§ 18 b Nr. 1 Abs. 5)	923
99.10	Dauer der Bewerbungsfrist beim Nichtoffenen Verfahren und Verhandlungsverfahren mit vorherigem Aufruf zum Wettbewerb (§ 18 b Nr. 2)	924
99.11	Bedeutung in der Rechtsprechung	924
100.	§ 19 VOB/A – Zuschlags- und Bindefrist	924
100.1	Vergleichbare Regelungen	924
100.2	Änderungen in der VOB/A 2006	924
100.3	Bieterschützende Vorschrift	924
100.4	**Zuschlagsfrist**	924
100.4.1	Begriff	924
100.4.2	Sinn und Zweck	925
100.4.3	Dauer der Zuschlagsfrist	925
100.4.3.1	Grundsatz	925
100.4.3.2	Beispiele aus der Rechtsprechung	925
100.4.3.3	Richtlinie des VHB 2002	925
100.4.4	Fehlende Fristbestimmung	926
100.5	**Bindefrist (§ 19 Nr. 3)**	926
100.5.1	Begriff und Inhalt	926
100.5.2	Verlängerung der Zuschlags- und Bindefrist vor Ablauf	926
100.5.2.1	Grundsatz	926
100.5.2.2	Rechtsfolge	926
100.5.2.3	Sinn und Zweck der Verlängerung	927
100.5.2.4	Verbot der Manipulation des Vergabeverfahrens über die Verlängerung der Zuschlagsfristen	927
100.5.2.5	Verlängerung nur mit aussichtsreichen Bietern	927
100.5.2.6	Bitte um Verlängerung bedeutet keine Bitte um neue Angebote	927
100.5.2.7	Änderung der Ausführungsfrist durch eine Verlängerung der Bindefrist?	927
100.5.2.8	Verlängerung der Bindefrist durch den Bieter unter das Angebot abändernden Bedingungen	928
100.5.2.9	Folge des Ablaufs der Zuschlags- und Bindefrist	929
100.5.3	Verlängerung der Zuschlags- und Bindefrist nach Ablauf	929
100.5.3.1	Hinweis	929
100.5.3.2	Grundsätzliche Zulässigkeit der Verlängerung	929
100.5.3.3	Rechtsfolgen	930
100.5.3.4	Verpflichtung des Auftraggebers zur Zulassung neuer Angebote	931
100.5.3.5	Zugang der Annahmeerklärung des Bieters beim Auftraggeber	931
100.5.4	Regelung des HVA B-StB 03/2006	931
100.5.5	Literatur	931
100.6	**Geltung bei Freihändiger Vergabe (§ 19 Nr. 4)**	932
101.	§ 20 VOB/A – Kosten	932
101.1	Vergleichbare Regelungen	932
101.2	Änderungen in der VOB/A 2006	932
101.3	Bieterschützende Vorschrift	932
101.4	**Entgelt für die Leistungsbeschreibung und die anderen Unterlagen (§ 20 Nr. 1)**	932
101.4.1	Entgelt bei Öffentlicher Ausschreibung (§ 20 Nr. 1 Abs. 1)	932
101.4.2	Entgelt bei Beschränkter Ausschreibung und Freihändiger Vergabe (§ 20 Nr. 1 Abs. 2)	933

Teil 3 Inhaltsverzeichnis   Vergabe- und Vertragsordnung für Bauleistungen Teil A

101.4.3	Höhe des Entgeltes	933
101.4.3.1	Ermessensregelung	933
101.4.3.2	Vervielfältigen der Verdingungsunterlagen	933
101.4.3.3	Entgelt bei digitaler Übermittlung	933
101.4.3.4	Darlegungs- und Beweislast für die Höhe der Selbstkosten	933
101.4.4	Entgeltanspruch nur des öffentlichen Auftraggebers	933
101.4.5	Entgeltanspruch eines Dritten	934
101.4.6	Entschädigung für die Bearbeitung des Angebots (§ 20 Nr. 2)	934
101.4.6.1	Sinn und Zweck	934
101.4.6.2	Allgemeines	934
101.4.6.3	Inhalt der Regelung	934
101.4.6.4	Nebenangebote und Nachträge	935
101.4.6.5	Beispiele aus der Rechtsprechung	935
101.4.6.6	Schadensersatzansprüche bei fehlender, aber notwendiger Entschädigungsregelung	935
101.4.7	Urheberrecht des Bieters (§ 20 Nr. 3)	935
101.4.8	Richtlinie des VHB 2002 zu § 20	935
102.	**§ 21 VOB/A – Form und Inhalt der Angebote**	**935**
102.1	**Vergleichbare Regelungen**	**936**
102.2	**Änderungen in der VOB/A 2006**	**936**
102.3	**Bieterschützende Vorschrift**	**936**
102.3.1	§ 21	936
102.3.2	§ 21 Nr. 1 Abs. 1	936
102.3.3	§ 21 Nr. 3 Satz 2	937
102.4	**Allgemeine Anforderungen des § 21 für die Bieter**	**937**
102.5	**Auslegung des Angebots**	**937**
102.5.1	Grundsatz	937
102.5.2	Beispiele aus der Rechtsprechung	938
102.6	**Form der Angebote (§ 21 Nr. 1 Abs. 1)**	**938**
102.6.1	Schriftliche Angebote	938
102.6.1.1	Zwingende Zulassung von schriftlichen Angeboten bei Vergaben unterhalb der Schwellenwerte (§ 21 Nr. 1 Abs. 1 Satz 2)	938
102.6.1.2	Unterzeichnung der Angebote	938
102.6.2	Elektronische Angebote	942
102.6.2.1	Umsetzung der Vorgaben der Vergabekoordinierungsrichtlinie	942
102.6.2.2	Sonstige Regelungen über die elektronische Angebotsabgabe	942
102.6.2.3	Signaturanforderung (§ 21 Nr. 1 Abs. 1 Satz 4)	943
102.6.2.4	Bedeutung des elektronischen Angebots in Praxis und Rechtsprechung	943
102.6.2.5	Richtlinie des VHB 2002 zu digitalen Angeboten	943
102.6.2.6	Pilotprojekte	943
102.6.2.7	Literatur	944
102.7	**Gewährleistung der Integrität der Daten und der Vertraulichkeit der Angebote (§ 21 Nr. 1 Abs. 2)**	**944**
102.7.1	Schriftliche Angebote (§ 21 Nr. 1 Abs. 2 Satz 2)	944
102.7.1.1	Einreichung in einem verschlossenen Umschlag	944
102.7.1.2	Kennzeichnung und verschlossene Aufbewahrung	945
102.7.2	Elektronische Angebote (§ 21 Nr. 1 Abs. 2 Satz 3)	945
102.7.2.1	Verschlüsselung	945
102.7.2.2	Elektronische Angebote per Fax oder per E-Mail ohne Signatur und Verschlüsselung	946
102.8	**Angabe der Preise und sonstiger geforderter Angaben (§ 21 Nr. 1 Abs. 2 Satz 5)**	**946**
102.8.1	Sinn und Zweck der Vorschrift	946
102.8.2	Bedeutung der Vorschrift	946
102.8.3	Minus-Preise	946
102.8.4	Hinweis	947
102.9	**Änderungen des Bieters an seinen Eintragungen (§ 21 Nr. 1 Abs. 2 Satz 6)**	**947**
102.10	**Sonstige Formerfordernisse**	**947**
102.10.1	Durchgängige Verwendung der Ordnungsziffern eines Leistungsverzeichnisses	947
102.11	**Änderungen an den Verdingungsunterlagen (§ 21 Nr. 1 Abs. 3)**	**947**
102.12	**Selbstgefertigte Abschrift oder Kurzfassung des Leistungsverzeichnisses (§ 21 Nr. 1 Abs. 4)**	**947**
102.12.1	Sinn und Zweck der Regelung	947
102.12.2	Notwendiger Inhalt der Kurzfassung	948

102.13	Muster und Proben (§ 21 Nr. 1 Abs. 5)	948
102.14	Abweichungen von technischen Spezifikationen (§ 21 Nr. 2)	948
102.15	Nebenangebote (§ 21 Nr. 3)	948
102.16	Preisnachlässe (§ 21 Nr. 4)	948
102.17	Anwendbarkeit in Verfahren nach der VOB/A-SKR	948
103.	**§ 21 a VOB/A – Form der Angebote**	948
103.1	Vergleichbare Regelungen	948
103.2	Änderungen in der VOB/A 2006	949
103.3	Keine zwingende Zulassung von schriftlichen Angeboten bei Vergaben ab den Schwellenwerten	949
104.	**§ 22 VOB/A – Eröffnungstermin**	949
104.1	Vergleichbare Regelungen	950
104.2	Änderungen in der VOB/A 2006	950
104.3	**Bieterschützende Vorschrift**	950
104.3.1	Allgemeines	950
104.3.2	§ 22 Nr. 4	950
104.4	**Eröffnungstermin (§ 22 Nr. 1 Satz 1)**	950
104.4.1	Grundsatz	950
104.4.2	Gestaffelte Eröffnungstermine bei Parallelausschreibungen	950
104.4.3	Verlegung des Eröffnungstermins	951
104.4.4	Richtlinie des VHB 2002 zum Eröffnungstermin	951
104.5	**Verschlossener Umschlag (§ 22 Nr. 1 Satz 2)**	951
104.6	**Rechtzeitig vorliegende Angebote (§ 22 Nr. 2)**	951
104.6.1	Übermittlungsrisiko des Bieters für die Rechtzeitigkeit	951
104.6.2	(Nur) Mitverschulden des Bieters an der Verspätung	952
104.6.3	Ausnahme vom Übermittlungsrisiko des Bieters für die Rechtzeitigkeit	952
104.6.4	Ausnahme vom Übermittlungsrisiko des Bieters für die Rechtzeitigkeit bei sonstigem Verschulden des Auftraggebers	952
104.6.5	Teilweise verspätetes Angebot	952
104.6.6	Neues Angebot nach Ablauf der Bindefrist	952
104.6.7	Darlegungs- und Beweislast	953
104.6.8	Weitere Beispiele aus der Rechtsprechung	953
104.6.8	Schadenersatzansprüche wegen verspäteter Zustellung	953
104.7	**Ablauf des Eröffnungstermins (§ 22 Nr. 3)**	953
104.7.1	Leitung des Eröffnungstermins	953
104.7.1.1	Allgemeines	953
104.7.1.2	Richtlinie des VHB 2002	953
104.7.1.3	Regelung des HVA B-StB 03/2006	953
104.7.2	Prüfung der am Eröffnungstermin teilnehmenden Personen	953
104.7.2.1	Allgemeines	953
104.7.2.2	Regelung des HVA B-StB 03/2006	953
104.7.3	Prüfung des Verschlusses der schriftlichen Angebote bzw. der Verschlüsselung der elektronischen Angebote (§ 22 Nr. 3 Abs. 1)	953
104.7.3.1	Allgemeines	953
104.7.3.2	Regelung des HVA B-StB 03/2006	954
104.7.4	Öffnung der Angebote (§ 22 Nr. 3 Abs. 2 Satz 1)	954
104.7.4.1	Begriff der Öffnung	954
104.7.4.2	Regelung des HVA B-StB 03/2006	954
104.7.5	Kennzeichnung der Angebote im Eröffnungstermin (§ 22 Nr. 3 Abs. 2 Satz 1)	954
104.7.5.1	Allgemeines	954
104.7.5.2	Richtlinie des VHB 2002 zur Kennzeichnung im Eröffnungstermin	955
104.7.5.3	Regelung des HVA B-StB 03/2006	955
104.7.6	Verlesung (§ 22 Nr. 3 Abs. 2)	955
104.7.6.1	Verlesung aller Angebote	955
104.7.6.2	Bedeutung des vorgelesenen Inhalts der Angebote	955
104.7.6.3	Bedeutung eines nicht vorgelesenen Preisnachlasses	955
104.7.6.4	Verlesung von Nebenangeboten	955
104.7.6.5	Regelung des HVA B-StB 03/2006	956
104.8	**Niederschrift (§ 22 Nr. 4)**	956
104.8.1	Zwingende Regelung	956

Teil 3 Inhaltsverzeichnis Vergabe- und Vertragsordnung für Bauleistungen Teil A

104.8.2	Bestandteile der Niederschrift	956
104.8.3	Rechtscharakter der Niederschrift und Beweislastverteilung	956
104.9	**Verspätete, aber noch zuzulassende Angebote (§ 22 Nr. 6)**	957
104.9.1	Grundsatz	957
104.9.2	Begriff des Zugangs	957
104.9.3	Verspätete Angebote wegen Ablaufs der Bindefrist	958
104.9.4	Beispiele aus der Rechtsprechung	958
104.9.5	Benachrichtigungspflicht (§ 22 Nr. 6 Abs. 2)	959
104.9.6	Richtlinie des VHB 2002 zu verspäteten Angeboten	959
104.9.7	Regelung des HVA B-StB 03/2006 zu verspäteten Angeboten	959
104.10	**Mitteilungen (§ 22 Nr. 7)**	959
104.10.1	Mitteilungspflicht bei Parallelausschreibungen	959
104.10.2	Richtlinie des VHB 2002 zu Nr. 7	959
104.11	**Geheimhaltungsgebot (§ 22 Nr. 8)**	959
104.11.1	Grundsatz	959
104.11.2	Sinn und Zweck des Geheimhaltungsgebots	960
104.11.3	Beispiele aus der Rechtsprechung	960
104.11.4	Geheimhaltungsgebot im kommunalen Bereich	960
104.11.5	Richtlinie des VHB 2002	960
104.12	**Öffnung von Teilnahmeanträgen**	960
105.	**§ 23 VOB/A – Prüfung der Angebote**	961
105.1	**Vergleichbare Regelungen**	961
105.2	**Änderungen in der VOB/A 2006**	961
105.3	**Inhalt der Vorschrift**	961
105.4	**Verspätete Angebote (§ 23 Nr. 1)**	961
105.4.1	Hinweis	961
105.4.2	Prüfungsermessen	961
105.5	**Sonstige formal fehlerhafte Angebote (§ 23 Nr. 1)**	962
105.5.1	Allgemeines	962
105.5.2	Prüfungsermessen	962
105.6	**Rechnerische, technische und wirtschaftliche Prüfung (§ 23 Nr. 2)**	962
105.6.1	Rechnerische Prüfung	962
105.6.1.1	Verbindung der rechnerischen Prüfung mit einer allgemeinen Durchsicht der Angebote	962
105.6.1.2	Richtlinie des VHB 2002 zur Durchsicht und rechnerischen Prüfung	962
105.6.1.3	Regelung des HVA B-StB 03/2006 zur Durchsicht und rechnerischen Prüfung	962
105.6.2	Korrekturen im Rahmen der rechnerischen Prüfung (§ 23 Nr. 3 Abs. 1)	963
105.6.2.1	Allgemeines	963
105.6.2.2	Bedeutung des Einheitspreises	963
105.6.2.3	Ergänzung eines fehlenden Einheitspreises durch Rückgriff auf die Konkurrenzangebote	963
105.6.2.4	Berücksichtigung von offensichtlichen Übertragungsfehlern beim Gesamtpreis	964
105.6.2.5	Berücksichtigung von offensichtlich falsch eingetragenen Einheits- und Gesamtpreisen	964
105.6.2.6	Hinzurechnung von Preisen durch den Auftraggeber	965
105.6.2.7	Änderung der Massen im Angebot durch den Auftraggeber	965
105.6.2.8	Richtlinie des VHB 2002 zum Auseinanderfallen von Einheitspreis und Gesamtbetrag	965
105.6.2.9	Zuschlag auf ein rechnerisch ungeprüftes Angebot?	965
105.6.3	Technische und wirtschaftliche Prüfung	965
105.6.3.1	Richtlinie des VHB 2002 zur technischen und wirtschaftlichen Prüfung	965
105.6.3.2	Regelung des HVA B-StB 03/2006 zur technischen und wirtschaftlichen Prüfung	966
106.	**§ 24 VOB/A – Aufklärung des Angebotsinhalts**	966
106.1	**Vergleichbare Regelungen**	966
106.2	**Änderungen in der VOB/A 2006**	966
106.3	**Sinn und Zweck der Vorschrift**	966
106.4	**Bieterschützende Vorschrift**	967
106.4.1	Grundsatz	967
106.4.2	Bieterschützende Vorschrift für den Bieter, mit dem unstatthafte Verhandlungen geführt werden?	967
106.5	**Verpflichtung des Auftraggebers zur Führung von Aufklärungsgesprächen**	967
106.5.1	Grundsatz	967
106.5.2	Ausnahmen	967
106.5.2.1	Treu und Glauben	967

Vergabe- und Vertragsordnung für Bauleistungen Teil A **Inhaltsverzeichnis Teil 3**

106.5.2.2	Offenkundiges Versehen des Bieters	967
106.5.2.3	Verursachung des Aufklärungsbedarfs durch den Auftraggeber	968
106.5.2.4	Glaubhafte Darlegungen des Bieters	968
106.5.2.5	Ausforschung durch die Vergabestelle?	968
106.6	**Aufklärungsgespräche (§ 24 Nr. 1)**	**968**
106.6.1	Allgemeines	968
106.6.2	Aufklärungsbedarf	969
106.6.3	Ansprechpartner	969
106.6.4	Gleichbehandlung der Bieter	969
106.6.5	Beschränkung der Gespräche auf aussichtsreiche Bieter	970
106.6.6	Anspruch auf Wiederholung von Aufklärungsgesprächen	970
106.6.7	Möglicher Inhalt von Aufklärungsgesprächen	970
106.6.7.1	Aufklärungsgespräch über Preise	970
106.6.7.2	Aufklärungsgespräch über einen Bauzeitenplan	970
106.6.7.3	Aufklärungsgespräch über die Art der Ausführung	970
106.6.7.4	Aufklärungsgespräch über die Kalkulation	971
106.6.7.5	Aufklärungsgespräch über Materialien, Fabrikate und Verrechnungssätze für Stundenlohnarbeiten	971
106.6.7.6	Aufklärungsgespräch über die Eignung	972
106.6.7.7	Aufklärungsgespräch über Verbindlichkeit der Unterschrift	972
106.6.7.8	Aufklärungsgespräch über die ungenügende Beschreibung eines Nebenangebots	973
106.6.7.9	Weitere Beispiele aus der Rechtsprechung	973
106.6.8	Dokumentation und Geheimhaltung der Ergebnisse (§ 24 Nr. 1 Abs. 2)	973
106.6.9	Richtlinie des VHB 2002	974
106.7	**Verweigerung von Aufklärungen und Angaben durch den Bieter (§ 24 Nr. 2)**	**974**
106.7.1	Grundsatz	974
106.7.2	Unterbliebene Reaktion auf geforderte Aufklärungen und Angaben	974
106.7.3	Setzung einer Ausschlussfrist	974
106.7.3.1	Zulässigkeit	974
106.7.3.2	Anforderungen	975
106.7.4	Begründungspflicht	975
106.7.5	weitere Beispiele aus der Rechtsprechung	975
106.7.6	Richtlinie des VHB 2002	975
106.8	**Unstatthafte Nachverhandlungen (§ 24 Nr. 3)**	**976**
106.8.1	Initiator von unstatthaften Nachverhandlungen	976
106.8.2	Beachtung der Rechtsprechung des Bundesgerichtshofes zur Vollständigkeit von Angeboten	976
106.8.3	Verbot der unzulässigen Nachverhandlungen für Sektorenauftraggeber	976
106.8.4	Beispiele aus der Rechtsprechung für unzulässige Nachverhandlungen	976
106.9	**Rechtsfolge einer unstatthaften Nachverhandlung**	**978**
106.10	**Statthafte Nachverhandlungen nach § 24 Nr. 3**	**978**
106.10.1	Nachverhandlungen über Nebenangebote	979
106.10.1.1	Grundsatz	979
106.10.1.2	Beispiele aus der Rechtsprechung	979
106.10.2	Nachverhandlungen bei Leistungsbeschreibungen mittels Leistungsprogramm	979
106.10.3	Verbindung eines Leistungsprogramms und eines Bemusterungstermins	979
106.10.4	Notwendigkeit von unumgänglichen technischen Änderungen geringen Umfangs und daraus sich ergebende Änderungen der Preise	980
106.10.4.1	Grundsatz	980
106.10.4.2	Beurteilungsspielraum des Auftraggebers	980
106.10.4.3	Beispiele aus der Rechtsprechung	980
106.11	**Sonstige statthafte Nachverhandlungen**	**981**
106.11.1	Beeinflussung der Reihenfolge der Bieter und ähnliche Fälle	981
106.11.2	Nachverhandlungen über unerhebliche Änderungen	981
106.12	**Verhandlungsverfahren**	**981**
106.13	**Regelung des HVA B-StB 03/2006 zu § 24**	**981**
106.14	**Literatur**	**982**
107.	**§ 25 VOB/A – Wertung der Angebote**	**982**
107.1	Vergleichbare Regelungen	983
107.2	Änderungen in der VOB/A 2006	983

697

Teil 3 Inhaltsverzeichnis   Vergabe- und Vertragsordnung für Bauleistungen Teil A

107.3	**Bieterschützende Vorschrift**	983
107.3.1	§ 25	983
107.3.2	§ 25 Nr. 1 Abs. 1 Buchstabe b)	983
107.3.3	§ 25 Nr. 2	983
107.3.4	§ 25 Nr. 3	983
107.3.5	§ 25 Nr. 3 Abs. 1	984
107.3.6	§ 25 Nr. 3 Abs. 2	984
107.4	**Wertungsstufen**	985
107.4.1	Allgemeines	985
107.4.2	Grundsätzliche Trennung der einzelnen Stufen bei der Wertung	985
107.4.3	Verpflichtung zur umfassenden Prüfung und Wertung aller Angebote?	985
107.5	**1. Wertungsstufe: Ausschluss nach § 25 Nr. 1**	985
107.5.1	Zwingender Ausschluss (§ 25 Nr. 1 Abs. 1)	986
107.5.1.1	Verspätete Angebote (§ 25 Nr. 1 Abs. 1 Buchstabe a))	986
107.5.1.2	Angebote, die dem § 21 Nr. 1 Abs. 1 nicht entsprechen (§ 25 Nr. 1 Abs. 1 Buchstabe b))	986
107.5.1.3	Angebote, die dem § 21 Nr. 1 Abs. 3 nicht entsprechen – Änderungen an den Verdingungsunterlagen (§ 25 Nr. 1 Abs. 1 Buchstabe b))	1023
107.5.1.4	Angebote auf der Basis einer unzulässigen wettbewerbsbeschränkenden Abrede (§ 25 Nr. 1 Abs. 1 Buchstabe c))	1038
107.5.1.5	Nicht zugelassene Nebenangebote (§ 25 Nr. 1 Abs. 1 Buchstabe d))	1039
107.5.1.6	Zwingender Ausschluss wegen Nichterfüllung der Anforderungen des Leistungsverzeichnisses	1039
107.5.1.7	Zwingender Ausschluss wegen Unklarheit des Angebots	1039
107.5.2	Fakultativer Ausschluss (§ 25 Nr. 1 Abs. 2)	1039
107.5.2.1	Fehlende Kennzeichnung eines Nebenangebotes	1039
107.5.2.2	Fehlende Nennung der Anzahl von Nebenangeboten an einer vom Auftraggeber bezeichneten Stelle	1040
107.5.2.3	Tatbestände des § 8 Nr. 5	1041
107.5.3	Besondere Prüfungspflicht bei einer Häufung von formalen Fehlern der Bieter	1041
107.5.4	Regelung des HVA B-StB 03/2006 zu Angeboten von Unternehmen, die vom Auftraggeber keine Aufforderung zur Angebotsabgabe erhalten haben	1041
107.5.5	Regelung des HVA B-StB 03/2006 zur Formalprüfung	1041
107.6	**2. Wertungsstufe: Eignungsprüfung (§ 25 Nr. 2)**	1042
107.6.1	Allgemeines	1042
107.6.2	Interpretierende Klarstellung des § 25 Abs. 2 durch das ÖPP-Beschleunigungsgesetz	1042
107.7	**3. Wertungsstufe: Prüfung der Angebotspreise (§ 25 Nr. 3)**	1042
107.7.1	Richtlinie des VHB 2002	1042
107.7.2	Angebote mit einem unangemessen hohen oder niedrigen Preis (§ 25 Nr. 3 Abs. 1)	1042
107.7.2.1	Unangemessen niedriger oder hoher Preis	1043
107.7.2.2	Folgerung aus der Feststellung eines unangemessen niedrigen Preises	1047
107.7.2.3	Prüfungspflicht des Auftraggebers	1047
107.7.2.4	Wertung eines Angebots mit einem unangemessen niedrigen Preis	1050
107.7.2.5	Beweislast	1054
107.7.2.6	Spekulationsangebote	1055
107.7.3	Literatur	1057
107.84.	Wertungsstufe: Auswahl des wirtschaftlichsten Angebots (§ 25 Nr. 3 Abs. 3)	1057
107.9	**Angebote mit Abweichungen von technischen Spezifikationen (§ 25 Nr. 4)**	1058
107.9.1	Sinn und Zweck der Vorschrift	1058
107.9.2	Begriff der technischen Spezifikation	1058
107.9.3	Eindeutige Bezeichnung der Abweichung im Angebot	1058
107.9.4	Nachweis der Gleichwertigkeit	1058
107.9.4.1	Zeitpunkt des Nachweises	1058
107.9.4.2	Inhaltliche Anforderungen	1059
107.9.4.3	Ausnahmen	1059
107.9.5	Prüfungspflicht des Auftraggebers	1059
107.9.5.1	Grundsatz	1059
107.9.5.2	Firmenbroschüren und Produktkataloge	1059
107.9.5.3	Beispiele aus der Rechtsprechung zum Prüfungsumfang	1060
107.9.6	Beispiele aus der Rechtsprechung zu Abweichungen von Spezifikationen	1060
107.9.7	Richtlinie des VHB 2002 zu Abweichungen von technischen Spezifikationen	1060
107.10	**Wertung von Nebenangeboten (§ 25 Nr. 5 Satz 1)**	1060
107.10.1	Hinweis	1061
107.10.2	Formvorschriften für Nebenangebote (§ 21 Nr. 3, § 25 Nr. 1 Abs. 2)	1061

107.10.3	Prüfungsstufen für ein Nebenangebot	1061
107.10.4	Beurteilungsspielraum bei der Wertung und Grenzen der Überprüfbarkeit der Entscheidung	1061
107.10.5	Wertungskriterien für Nebenangebote	1062
107.10.5.1	Allgemeines	1062
107.10.5.2	Rechtsprechung des Europäischen Gerichtshofes	1062
107.10.5.3	Konsequenzen aus der Rechtsprechung des Europäischen Gerichtshofes	1062
107.10.5.4	Rechtsprechung vor und nach der Entscheidung des Europäischen Gerichtshofes	1066
107.10.6	Prüfungspflicht des Auftraggebers	1072
107.10.6.1	Grundsatz	1072
107.10.6.2	Einschränkungen	1072
107.10.7	Unterschiedliche Gutachteräußerungen	1073
107.10.8	Einheitliche Wertung eines Nebenangebotes?	1073
107.10.9	Wertung eines Pauschalpreisangebotes als Nebenangebot	1073
17.10.10	Umdeutung eines wegen Änderungen unzulässigen Angebots in ein Nebenangebot	1073
17.10.11	Richtlinie des VHB 2002 zu Nebenangeboten	1073
17.10.11.1	Richtlinie des VHB 2002 zu § 21	1073
17.10.11.2	Richtlinie des VHB 2002 zu § 25	1073
17.10.11.3	Regelung des HVA B-StB 03/2006 zu Besonderheiten der Prüfung und Wertung von Nebenangeboten	1074
17.10.12	Literatur	1074
107.11	**Wertung von Preisnachlässen**	**1074**
107.11.1	Begriff	1074
107.11.2	Verbot der Aufnahme von Preisnachlässen und Skonti in das Angebot	1074
107.11.3	Preisnachlässe mit Bedingungen	1074
107.11.3.1	Preisnachlässe mit Bedingungen, deren Erfüllung im Einflussbereich des Bieters liegen	1074
107.11.3.2	Preisnachlässe mit Bedingungen, deren Erfüllung im Einflussbereich des Auftraggebers liegen	1075
107.11.3.3	Regelung des HVA B-StB 03/2006 zu Preisnachlässen mit Bedingung	1076
107.11.4	Preisnachlässe ohne Bedingungen (§ 25 Nr. 5 Satz 2)	1076
107.11.4.1	Begriff	1076
107.11.4.2	Formgrundsatz	1076
107.11.4.3	Sinn und Zweck	1077
107.11.4.4	Umfasste Preisnachlässe	1077
107.11.4.5	Begriff des „Aufführens"	1077
107.11.4.6	Beispiele aus der Rechtsprechung	1077
107.11.4.7	Regelung des HVA B-StB 03/2006 zu Preisnachlässen ohne Bedingung	1077
107.11.5	Missverständliche und widersprüchliche Preisnachlässe	1077
107.11.5.1	Grundsatz	1077
107.11.5.2	Beispiele aus der Rechtsprechung	1077
107.11.6	Vom Auftraggeber ausgeschlossene Pauschalnachlässe	1078
107.11.7	Richtlinie des VHB 2002 zu Preisnachlässen	1078
107.11.7.1	Richtlinie des VHB 2002 zu § 21	1078
107.11.7.2	Richtlinie des VHB 2002 zu § 25	1078
107.12	**Nachträgliche Beseitigung von Wertungsfehlern des Auftraggebers**	**1078**
107.13	**Bietergemeinschaften (§ 25 Nr. 6)**	**1078**
107.14	**Wertung und Zuschlag im Wege eines Vergleiches**	**1078**
107.15	**Geltung des § 25 Nr. 1 Abs. 1 lit. b) auch im Verhandlungsverfahren (Nr. 7)**	**1079**
108.	**§ 25 a VOB/A – Wertung der Angebote**	**1079**
108.1	**Vergleichbare Regelungen**	**1079**
108.2	**Änderungen in der VOB/A 2006**	**1079**
108.3	**Bieterschützende Vorschrift**	**1079**
108.4	**Bindung der ausschreibenden Stelle an die veröffentlichten Zuschlagskriterien**	**1079**
108.4.1	Sinn und Zweck der Bindung	1079
108.4.2	Ausprägungen der Bindung	1080
108.4.3	Beispiele aus der Rechtsprechung	1081
108.4.4	Ausnahmen	1081
108.5	**Geltung des § 25 a nur für Ausschreibungen ab den Schwellenwerten**	**1082**
108.6	**Geltung des § 25 a auch für Eignungskriterien nach § 97 Abs. 4 Halbsatz 2**	**1082**
108.7	**Geltung des § 25 a auch im Verhandlungsverfahren im Sektorenbereich**	**1082**
108.8	**Folgen einer fehlenden Angabe von Zuschlagskriterien**	**1082**

Teil 3 Inhaltsverzeichnis Vergabe- und Vertragsordnung für Bauleistungen Teil A

108.9	Aufgrund einer staatlichen Beihilfe ungewöhnlich niedrige Angebote (§ 25 a Nr. 2)	1083
108.9.1	Grundsatz	1083
108.9.2	Rechtsfolge eines aufgrund einer staatlichen Beihilfe ungewöhnlich niedrigen Angebots	1083
108.10	Mindestanforderungen an Nebenangebote (§ 25 a Nr. 3)	1083
109.	§ 25 b VOB/A – Wertung der Angebote	1084
109.1	Vergleichbare Regelungen	1084
109.2	Änderungen in der VOB/A 2006	1084
109.3	Bieterschützende Vorschrift	1084
109.4	Inhalt der Vorschrift	1084
110.	§ 26 VOB/A – Aufhebung der Ausschreibung	1084
110.1	Vergleichbare Regelungen	1084
110.2	Änderungen in der VOB/A 2006	1085
110.3	Bieterschützende Vorschrift	1085
110.4	Sinn und Zweck der Vorschrift	1085
110.5	Geltungsbereich	1085
110.5.1	Ausschreibungen	1085
110.5.2	Freihändige Vergabe bzw. Verhandlungsverfahren oder Wettbewerblicher Dialog	1085
110.5.2.1	Grundsatz	1085
110.5.2.2	Geltung des Transparenzgebotes und des Diskriminierungsverbots	1086
110.5.2.3	Verhandlungsverfahren über Kreativleistungen	1086
110.5.3	Aufhebung von Verfahren nach der VOB/A-SKR	1086
110.6	Ermessensentscheidung	1087
110.6.1	Allgemeines	1087
110.6.2	Enge Auslegung	1088
110.6.3	Alternative zur Aufhebung	1089
110.6.4	Pflicht zur Aufhebung	1089
110.6.5	Literatur	1090
110.7	Teilaufhebung	1090
110.7.1	Teilaufhebung von einzelnen Losen	1090
110.7.2	Teilaufhebung von einzelnen Positionen	1090
110.8	Aufhebungsgründe des § 26 VOB/A	1090
110.8.1	Kein den Ausschreibungsbedingungen entsprechendes Angebot (§ 26 Nr. 1 Buchstabe a))	1090
110.8.2	Notwendigkeit der grundlegenden Änderung der Verdingungsunterlagen (§ 26 Nr. 1 Buchstabe b))	1091
110.8.2.1	Keine vorherige Kenntnis des Auftraggebers von der Notwendigkeit der Änderung	1091
110.8.2.2	Keine Zurechenbarkeit der Gründe zum Auftraggeber	1091
110.8.2.3	Allgemeines zur Notwendigkeit der grundlegenden Änderung	1091
110.8.2.4	Fehlerhaftes Leistungsverzeichnis	1092
110.8.2.5	Weitere Beispiele aus der Rechtsprechung	1092
110.8.3	Andere schwerwiegende Gründe (§ 26 Nr. 1 Buchstabe c))	1093
110.8.3.1	Keine vorherige Kenntnis des Auftraggebers von den Gründen	1093
110.8.3.2	Keine Zurechenbarkeit der Gründe zum Auftraggeber	1093
110.8.3.3	Strenge Anforderungen	1093
110.8.3.4	Schwerwiegender Grund als Summe von Einzelgesichtspunkten	1093
110.8.3.5	Unzureichende Finanzierung	1093
110.8.3.6	„Inhaltsleere" von Angeboten auf eine funktionale Leistungsbeschreibung	1095
110.8.3.7	Fehlerhafte Leistungsbeschreibung	1095
110.8.3.8	Unwirtschaftliches Ergebnis der Ausschreibung	1095
110.8.3.9	Veränderung von Terminen durch ein Nachprüfungsverfahren	1096
110.8.3.10	Ablauf der Zuschlags- und Bindefrist	1096
110.8.3.11	Mangelnde Eignung aller Bieter	1097
110.8.3.12	Anders nicht heilbarer Vergaberechtsfehler	1097
110.8.3.13	Vergleichbare Entscheidung einer Vergabekammer	1097
110.8.3.14	Entschluss zur Aufgabe des Beschaffungsvorhabens	1097
110.8.3.15	Verlängerung der Bauzeit und geänderte Losaufteilung	1097
110.8.3.16	Drohender Verfall von Fördermitteln	1097
110.8.3.17	Politische Neubewertung eines Beschaffungsvorhabens	1097
110.8.3.18	Richtlinie des VHB 2002 zu § 26 Nr. 1 Buchstabe c)	1098

110.9	**Sonstige Aufhebungsgründe**	1098
110.9.1	Kein Kontrahierungszwang	1098
110.9.2	Rechtsfolge einer sonstigen Aufhebung (Schadensersatz)	1098
110.9.2.1	Allgemeines	1098
110.9.2.2	Aufhebung einer Ausschreibung ohne anschließende Auftragsvergabe	1099
110.9.2.3	Aufhebung einer Ausschreibung mit anschließender – unveränderter – Auftragsvergabe	1099
110.9.2.4	Aufhebung einer Ausschreibung mit anschließender – veränderter – Auftragsvergabe	1099
110.9.2.5	Verzicht auf die Vergabe einer ausgeschriebenen Leistung	1099
110.9.2.6	Literatur	1100
110.9.3	Beispiele aus der Rechtsprechung	1100
110.10	**Beweislast für das Vorliegen von Aufhebungsgründen**	1101
110.11	**Rechtsnatur der Aufhebung**	1101
110.12	**Bekanntmachung der Aufhebung**	1101
110.13	**Rechtsfolge der Bekanntmachung**	1101
110.14	**Unterrichtungspflicht (§ 26 Nr. 2)**	1102
110.14.1	Sinn und Zweck	1102
110.14.2	Form	1102
110.14.3	Notwendiger Inhalt bei einer Aufhebung nach § 26 Nr. 1 Buchstabe a)	1102
110.14.4	Regelung des HVA B-StB 03/2006	1102
110.15	**Rücknahme der Aufhebung**	1103
110.16	**Missbrauch der Aufhebungsmöglichkeit (Scheinaufhebung)**	1103
110.16.1	Allgemeines	1103
110.16.2	Gesamtzusammenhang	1103
110.16.3	Offensichtliche Bevorzugung eines Bieters	1103
110.16.4	Rechtsfolge einer Scheinaufhebung	1103
110.17	**Neues Vergabeverfahren im Anschluss an die Aufhebung**	1104
110.17.1	Allgemeines	1104
110.17.2	Entsprechende Anwendung des § 26 Nr. 5 VOL/A	1104
110.17.3	Regelung des HVA B-StB 03/2006	1104
110.18	**Überprüfung der Aufhebungsentscheidung in einem Vergabenachprüfungsverfahren**	1105
110.19	**Richtlinie des VHB 2002**	1105
111.	**§ 26 a VOB/A – Mitteilung über den Verzicht auf die Vergabe**	1105
111.1	**Vergleichbare Regelungen**	1105
111.2	**Änderungen in der VOB/A 2006**	1105
111.3	**Bieterschützende Vorschrift**	1105
111.4	**Umfang der Mitteilungspflicht**	1105
111.5	**Gründe für die Einstellung eines Vergabeverfahrens und Überprüfbarkeit einer entsprechenden Entscheidung**	1106
111.6	**Beendigung eines Vergabeverfahrens**	1106
111.6.1	Beendigung eines Vergabeverfahrens wegen Ablaufs der Zuschlags- und Bindefrist?	1106
111.6.2	Beendigung eines Vergabeverfahrens bei einem nichtigen Vertrag	1106
112.	**§ 27 VOB/A – Nicht berücksichtigte Bewerbungen und Angebote**	1106
112.1	**Vergleichbare Regelungen**	1107
112.2	**Änderungen in der VOB/A 2006**	1107
112.3	**Optionsrecht des Bieters**	1107
112.4	**Nachträglicher Informationsanspruch**	1107
112.5	**Verhältnis zu § 13 VgV**	1107
112.6	**Benachrichtigung der Bieter (§ 27 Nr. 1)**	1107
112.6.1	Benachrichtigung der Bieter, deren Angebote ausgeschlossen worden sind bzw. deren Angebote nicht in die engere Wahl kommen	1107
112.6.2	Forderung nach einem frankierten Rückumschlag	1107
112.7	**Mitteilung der Gründe für die Nichtberücksichtigung bzw. Nennung des Namens des Auftraggebers (§ 27 Nr. 2)**	1108
112.7.1	Formale Anforderungen	1108
112.7.2	Mitteilung bei einer Beschränkten Ausschreibung mit Teilnahmewettbewerb bzw. einem Nichtoffenen Verfahren	1108

Teil 3 Inhaltsverzeichnis Vergabe- und Vertragsordnung für Bauleistungen Teil A

112.8	Antrag auf Feststellung einer Verletzung des § 27	1108
112.9	Behandlung und Aufbewahrung der nichtberücksichtigten Angebote	1108
112.9.1	Regelung des HVA B-StB 03/2006	1108
113.	§ 27a VOB/A – Nicht berücksichtigte Bewerbungen	1108
113.1	Vergleichbare Regelungen	1109
113.2	Änderungen in der VOB/A 2006	1109
113.3	Verhältnis des § 27a zu § 13 VgV	1109
113.4	Nachträglicher Informationsanspruch	1109
113.5	Bewerber und Bieter	1109
113.6	Mitteilung der Entscheidung über den Vertragsabschluss, der Gründe für die Nichtberücksichtigung bzw. Nennung des Namens des Auftraggebers (§ 27a Nr. 1)	1109
113.6.1	Allgemeines	1109
113.6.2	Nichtoffenes Verfahren	1110
113.7	Form der Mitteilung	1110
113.8	Richtlinie des VHB 2002	1110
114.	§ 27b VOB/A – Mitteilungspflichten	1110
114.1	Vergleichbare Regelungen	1111
114.2	Änderungen in der VOB/A 2006	1111
114.3	Bedeutung in der Rechtsprechung	1111
115.	§ 28 VOB/A – Zuschlag	1111
115.1	Vergleichbare Regelungen	1111
115.2	Änderungen in der VOB/A 2006	1111
115.3	Begriff des Zuschlags	1111
115.4	Begriff des Zugangs	1111
115.5	Zuschlag mit Erweiterungen, Einschränkungen, Änderungen oder Verspätung (§ 28 Nr. 2)	1112
115.5.1	Sinn und Zweck der Regelung	1112
115.5.2	Rechtliche Bedeutung	1112
115.6	Richtlinie des VHB 2002 zu § 28	1112
115.7	Regelung des HVA B-StB 03/2006 zu § 28	1113
116.	§ 28a VOB/A – Bekanntmachung der Auftragserteilung	1113
116.1	Vergleichbare Regelungen	1114
116.2	Änderungen in der VOB/A 2006	1114
116.3	Richtlinie des VHB 2002	1114
117.	§ 28b VOB/A – Bekanntmachung der Auftragserteilung	1114
117.1	Vergleichbare Regelungen	1115
117.2	Änderungen in der VOB/A 2006	1115
117.3	Bedeutung in der Rechtsprechung	1115
118.	§ 29 VOB/A – Vertragsurkunde	1115
118.1	Vergleichbare Regelungen	1115
118.2	Änderungen in der VOB/A 2006	1115
118.3	Bedeutung in der Rechtsprechung	1115
118.4	Literatur	1115
119.	§ 30 VOB/A – Vergabevermerk	1115
119.1	Vergleichbare Regelungen	1116
119.2	Änderungen in der VOB/A 2006	1116
119.3	Bieterschützende Vorschrift	1116
119.4	Hinweis	1116
119.5	Richtlinie des VHB 2002	1116
119.6	Regelung des HVA B-StB	1117

120.	§ 30 a VOB/A – Vergabevermerk	1120
120.1	Vergleichbare Regelungen	1120
120.2	Änderungen in der VOB/A 2006	1120
120.3	Bieterschützende Vorschrift	1120
120.4	Inhalt	1121
121.	§ 31 VOB/A – Nachprüfungsstellen	1121
121.1	Vergleichbare Regelungen	1121
121.2	Änderungen in der VOB/A 2006	1121
121.3	Anwendungsbereich	1121
121.4	Nachprüfungsstellen	1121
121.5	Konkrete Angabe	1121
121.6	Bindung der Vergabestelle an Anordnungen der Aufsichtsbehörde	1121
121.7	Hinweis	1121
121.8	Richtlinie des VHB 2002	1121
121.9	Regelung des HVA B-StB 03/2006	1122
122.	§ 31 a VOB/A – Nachprüfungsbehörden	1122
122.1	Vergleichbare Regelungen	1122
122.2	Änderungen in der VOB/A 2006	1122
122.3	Anwendungsbereich	1122
122.4	Aufbau der Nachprüfungsbehörden	1122
122.4.1	Vergabeprüfstellen (§ 103 GWB)	1122
122.4.2	Vergabekammern (§ 104 GWB)	1122
122.4.3	Vergabesenate (§ 116 Abs. 3 GWB)	1122
122.5	Konkrete Angabe	1123
122.6	Nachprüfungsbehörden bei der Ausschreibung von Losen von Bau- bzw. Lieferaufträgen	1123
122.7	Fehler bei der Nennung der Nachprüfungsbehörde	1123
122.7.1	Verspätete Bekanntgabe der Anschrift der zuständigen Vergabekammer	1123
122.7.2	Kausalität zwischen einer fehlerhaften Bekanntgabe und einem eventuellen Schaden	1123
122.8	Richtlinie des VHB 2002	1123
123.	§ 31 b VOB/A – Nachprüfungsbehörden	1123
123.1	Vergleichbare Regelungen	1123
123.2	Änderungen in der VOB/A 2006	1124
123.3	Hinweis	1124
124.	§ 32 VOB/A – Baukonzessionen	1124
124.1	Vergleichbare Regelungen	1124
124.2	Änderungen in der VOB/A 2006	1124
124.3	Hinweis	1124
124.4	Ausschreibung und Vergabe der Baukonzession (§ 32 Nr. 2)	1124
124.4.1	Grundsatz	1124
124.4.2	Beispiele aus der Rechtsprechung	1124
124.5	Literatur	1125
125.	§ 32 a VOB/A – Baukonzessionen	1125
125.1	Vergleichbare Regelungen	1125
125.2	Änderungen in der VOB/A 2006	1126
125.3	Hinweis	1126
125.4	Ausschreibung und Vergabe der Baukonzession (§ 32 a Nr. 1)	1126
125.4.1	Grundsatz	1126
125.4.2	Beispiele aus der Rechtsprechung	1126
125.5	Ausschreibung und Vergabe von Bauaufträgen des Konzessionärs an Dritte (§ 32 a Nr. 2, Nr. 3)	1126
125.5.1	Private Konzessionäre (§ 32 a Nr. 2)	1126

125.5.2	Begriff des „Dritten"	1126
125.5.3	Öffentlich-rechtliche Konzessionäre (§ 32a Nr. 3)	1126
125.6	Literatur	1127
126.	§ 32 b VOB/A – Baukonzessionen	1127
126.1	Vergleichbare Regelungen	1127
126.2	Änderungen in der VOB/A 2006	1127
126.3	Regelungsinhalt	1127
127.	§ 33 a VOB/A – Melde- und Berichtspflichten	1128
127.1	Vergleichbare Regelungen	1128
127.2	Änderungen in der VOB/A 2006	1128
127.3	Richtlinie des VHB 2002	1128
127.4	Bedeutung in der Rechtsprechung	1129
128.	§ 33 b VOB/A – Aufbewahrungs- und Berichtspflichten	1129
128.1	Vergleichbare Regelungen	1129
128.2	Änderungen in der VOB/A 2006	1129
128.3	Bedeutung in der Rechtsprechung	1129
129.	Einführung	1129
129.1	Allgemeines	1129
129.2	Aktuelle Fassung	1129
129.2.1	VOL/A	1129
129.2.2	VOL/B	1129
129.3	Inhalt und Aufbau	1130
129.4	Fortschreibung	1130
129.5	Wesentliche Änderungen der VOL/A 2006	1130
129.6	Literatur	1130

64. Einführung

64.1 Allgemeines

Die Vergabe- und Vertragsordnung für Bauleistungen (VOB) ist neben der Verdingungsordnung für freiberufliche Leistungen (VOF) und der Verdingungsordnung für Leistungen – ausgenommen Bauleistungen – (VOL) die dritte große Säule innerhalb der Verdingungsordnungen.   3524

64.2 Aktuelle Fassung

Im Zuge des neuen Vergaberechts wurde auch die VOB/A geändert. Die VOB/A 2006 vom 20. 3. 2006 wurde im **Bundesanzeiger Nr. 94 a vom 18. 5. 2006** bekannt gemacht; sie ist mit den Abschnitten 2–4 **am 1. 11. 2006 – bundesweit – in Kraft getreten.** Die Anwendbarkeit des 1. Abschnittes bestimmt sich nach der jeweiligen Einführungsregelung z. B. des Bundes bzw. der einzelnen Bundesländer. Das **Bundesministerium für Verkehr, Bau und Stadtentwicklung** etwa hat mit Erlass vom 30. 10. 2006 (Az.: B 15 – O 1095 – 524) geregelt, dass die ihm nachgeordneten Bauverwaltungen sowie die Bauverwaltungen der Länder, die Bauaufgaben für den Bund ausführen, die VOB/A 2006 – 1. Abschnitt – ab dem 1. 11. 2006 anwenden müssen.   3525

64.3 Inhalt und Aufbau

Die VOB regelt die Vergabe von Bauaufträgen.   3526

Sie ist in drei Teile gegliedert: 3527

- **VOB Teil A: Allgemeine Bestimmungen für die Vergabe von Bauleistungen** (Verfahren von der Erstellung der Ausschreibungsunterlagen bis zur Vergabe bzw. Aufhebung der Ausschreibung)
- **VOB Teil B: Allgemeine Vertragsbedingungen für die Ausführung von Bauleistungen** (Verfahren der Abwicklung eines rechtsverbindlich abgeschlossenen Bauvertrages)
- **VOB Teil C: Allgemeine Technische Vertragsbedingungen für Bauleistungen – ATV'en –** (gewerkespezifische Hinweise für das Aufstellen der Leistungsbeschreibung, den Geltungsbereich, die Stoffe und Bauteile, die Ausführung, die Nebenleistungen und besonderen Leistungen sowie die Abrechnung)

64.4 Fortschreibung

Verantwortlich für die inhaltliche Fortschreibung der VOB ist der Deutsche Vergabe- und Vertragsausschuss für Bauleistungen (DVA); die Geschäftsführung liegt beim Bundesministerium für Verkehr, Bau und Stadtentwicklung.   3528

64.5 Über die Rechtsprechung hinausgehende Bestandteile der Kommentierung der VOB/A

Um den Kommentar für die Praxis **noch aktueller und anwendungsfreundlicher** zu gestalten, sind in die Kommentierung   3529

- das Vergabehandbuch für die Durchführung von Bauaufgaben des Bundes im Zuständigkeitsbereich der Finanzbauverwaltungen **(VHB)** und
- das Handbuch für die Vergabe und Ausführung von Bauleistungen im Straßen- und Brückenbau **(HVA B-StB)** (Hinweis: Mit Urteil vom 6. 7. 2006 – Az.: I ZR 175/03 hat der BGH entschieden, dass das dieses Handbuch, soweit es von Mitgliedern des Ausschusses geschaffen worden ist, ein amtliches Werk im Sinne des § 5 Abs. 1 UrhG ist und dementsprechend keinen urheberrechtlichen Schutz genießt)

eingearbeitet worden.

Teil 3 VOB/A § 1   Vergabe- und Vertragsordnung für Bauleistungen Teil A

64.5.1 Vergabehandbuch für die Durchführung von Bauaufgaben des Bundes im Zuständigkeitsbereich der Finanzbauverwaltungen (VHB)

3530   Das „Vergabehandbuch für die Durchführung von Bauaufgaben des Bundes im Zuständigkeitsbereich der Finanzbauverwaltungen" hat sich in den **mehr als 25 Jahren seines Bestehens** zu einem wichtigen Arbeitsmittel der Vorbereitung und Abwicklung von Bauverträgen entwickelt. Das von einer Bund-Länder-Arbeitsgruppe geschaffene Vergabehandbuch ist nicht nur **verbindliche Arbeitsgrundlage für die Baumaßnahmen des Bundeshochbaus,** sondern wird **von den Ländern** bei der Vorbereitung und Durchführung ihrer Hochbaumaßnahmen, zum Teil durch Hinzufügung landesspezifischer Regelungen, **ebenfalls genutzt.** Es hat aber auch darüber hinaus im kommunalen und selbst im privatwirtschaftlichen Bereich ein breites Anwendungsfeld gefunden.

3531   Das jetzt gültige VHB 2002 wurde mit Erlass vom 13. 2. 2003 eingeführt. Das Bundesministerium für Verkehr, Bau und Stadtentwicklung **veröffentlicht jeweils im April bzw. Oktober eine elektronische Aktualisierung.** Die **letzte Aktualisierung (Stand 1. 2. 2006)** finden Sie in den **Materialien bei ibr-online** (www.ibr-online.de/2007-10) bzw. auf der Internetseite www.bmvbs.de.

64.5.2 Handbuch für die Vergabe und Ausführung von Bauleistungen im Straßen- und Brückenbau (HVA B-StB)

3532   Das „Handbuch für die Vergabe und Ausführung von Bauleistungen im Straßen- und Brückenbau (HVA B-StB)" ist eine vom Bundesministerium für Verkehr, Bau und Stadtentwicklung (BMVBS), Abteilung Straßenbau, Straßenverkehr (S), herausgegebene **Loseblatt-Sammlung von Regelungen zur Vertragsgestaltung für die Vergabe von Aufträgen und die Abwicklung von Verträgen über Bauleistungen** nach der „Verdingungsordnung für Bauleistungen (VOB)".

3533   Es wurde vom BMVBS, Abteilung S, und den Straßenbauverwaltungen der Länder im „Hauptausschuss Verdingungswesen im Straßen- und Brückenbau (HAV StB)" erarbeitet. Das **Handbuch ist vom BMVBW für die Bundesfernstraßen und von den Ländern für die in ihrem Zuständigkeitsbereich liegenden Straßen eingeführt.**

3534   Das **jetzt gültige HVA B-StB (Ausgabe März 2006)** wurde mit **Allgemeinem Rundschreiben Straßenbau (ARS) Nr. 08/2006 vom 28. 3. 2006** eingeführt.

64.6 Literatur

3535
- Heiermann/Riedl/Rusam, Handkommentar zur VOB (A + B), Vieweg Verlag, 10. Auflage, 2003
- Heiermann/Zeiss/Kullack/Blaufuß, juris Praxiskommentar, Vergaberecht, GWB-VgV-VOB/A, 1. Auflage, 2005
- Ingenstau/Korbion, VOB Teile A und B, Kommentar, 15. Auflage, Werner Verlag, 2004
- Kapellmann, Klaus/Messerschmidt, Burkhard, VOB Teile A und B (Vergabe- und Vertragsordnung für Bauleistungen), Verlag C. H. Beck, München, 2003
- Kuß, Horst, Vergabe- und Vertragsordnung für Bauleistungen Teile A und B, Kommentar, Verlag C. H. Beck, München, 4. Auflage, 2003
- Leinemann, Ralf, Die Vergabe öffentlicher Aufträge, Carl Heymanns Verlag, 3. Auflage, 2004
- Reidt/Stickler/Glahs, Vergaberecht/Kommentar, Verlag Dr. Otto Schmidt, Köln, 2. Auflage, 2003

65. § 1 VOB/A – Bauleistungen

Bauleistungen sind Arbeiten jeder Art, durch die eine bauliche Anlage hergestellt, instand gehalten, geändert oder beseitigt wird.

Vergabe- und Vertragsordnung für Bauleistungen Teil A VOB/A § 1 **Teil 3**

65.1 Vergleichbare Regelungen

65.1.1 § 99 Abs. 3 GWB

Maßgebend für den Anwendungsbereich des Vierten Teils des GWB ist die Definition des Bauauftrages in § 99 Abs. 3 GWB, die **weitgehend der Definition in Art. 1 der Richtlinie 93/37/EWG des Rates vom 14. Juni 1993 zur Koordinierung der Verfahren zur Vergabe öffentlicher Bauaufträge (im Folgenden BKR) entspricht.** Anhaltspunkte für die Frage, ob ein Bauauftrag vorliegt, ergeben sich im Einzelnen aus dem „Verzeichnis der Berufstätigkeiten im Baugewerbe entsprechend dem allgemeinen Verzeichnis der wirtschaftlichen Tätigkeiten in der Europäischen Gemeinschaft (NACE)", das als Anhang II Bestandteil der BKR ist (OLG München, B. v. 28. 9. 2005 – Az.: Verg 019/05; VK Brandenburg, B. v. 26. 11. 2003 – Az.: VK 72/03). Für die Frage, ob der Vierte Teil des GWB eröffnet ist, ist dagegen **grundsätzlich nicht die Definition des Bauauftrages in § 1 VOB/A maßgeblich;** allerdings decken sich der Anwendungsbereich von § 99 Abs. 3 GWB und § 1 VOB/A weitgehend, so dass ein Rückgriff auf die Rechtsprechung und Literatur zur VOB/A möglich ist, soweit ein Widerspruch zum gemeinschaftsrechtlich geprägten Begriff in § 99 Abs. 3 GWB nicht besteht (OLG München, B. v. 28. 9. 2005 – Az.: Verg 019/05; VK Südbayern, B. v. 29. 11. 2005 – Az.: Z3-3-3194-1-46-09/05; 1. VK Bund, B. v. 2. 5. 2003 – Az.: VK 1-25/03).

3536

An den europarechtlichen Rahmenbedingungen hat sich durch die neue EU-Vergabekoordinierungsrichtlinie (Richtlinie 2004/18/EG) inhaltlich nichts geändert, so dass die o. a. Rechtsprechung weiterhin Gültigkeit hat.

3537

65.1.2 VOL/VOF

Der **Vorschrift des § 1 VOB – als Abgrenzungsregelungen – im Grundsatz vergleichbar** sind im Bereich der VOL § 1 VOL/A und im Bereich der VOF § 1 VOF. Die Kommentierungen zu diesen Vorschriften können daher ergänzend zu der Kommentierung des § 1 herangezogen werden.

3538

65.2 Änderungen in der VOB/A 2006

In § 1 VOB/A 2006 erfolgten **keine Änderungen.**

3539

65.3 Bauleistungen

65.3.1 Allgemeines

Nach § 1 VOB/A sind **Bauleistungen Arbeiten jeder Art, durch die eine bauliche Anlage hergestellt, instand gehalten, geändert oder beseitigt wird. Die Anwendungsbereiche von § 99 Abs. 3 GWB und § 1 VOB/A decken sich weitgehend,** so dass ein Rückgriff auf die Rechtsprechung und Literatur zu § 99 Abs. 3 GWB möglich ist. Vgl. daher zum sachlichen Anwendungsbereich der VOB/A im Einzelnen die Kommentierung zu § 99 GWB.

3540

65.3.2 Maschinelle und elektrotechnische/elektronische Anlagen und Anlagenteile

65.3.2.1 Allgemeines

Zu den Bauleistungen zählen insbesondere auch die Lieferung und Montage der für die bauliche Anlage erforderlichen maschinellen und elektrotechnischen/elektronischen Anlagen und Anlagenteile. Auch **die Ergänzung und der Neueinbau solcher Anlagen in einem bestehenden Gebäude fallen unter den Begriff der Bauleistung,** wenn sie für den bestimmungsgemäßen Bestand der baulichen Anlage bzw. für ein funktionsfähiges Bauwerk erforderlich und von wesentlicher Bedeutung sind. **Entscheidend ist, dass das Gebäude ohne den Einbau der Anlagen noch nicht als vollständig fertig anzusehen** ist. Für die Frage, ob der Einbau solcher Anlagen für den bestimmungsgemäßen Bestand der baulichen Anlage bzw. für ein funktionsfähiges Bauwerk erforderlich und von wesentlicher

3541

Bedeutung ist, ist auf die jeweilige Zweckbestimmung des Bauwerkes im konkreten Einzelfall abzustellen. Die Erforderlichkeit und die wesentliche Bedeutung werden dabei von der im Zeitpunkt des Einbaus herrschenden Verkehrsanschauung bestimmt. **Unerheblich ist dagegen, ob diese Anlagen wesentliche Bestandteile des Gebäudes werden.** Auch wenn die Anlagen nicht wesentliche Bestandteile des Gebäudes werden, kann es sich um eine Bauleistung handeln. Nicht maßgeblich für die Frage, ob ein Bauauftrag gemäß § 99 Abs. 3 GWB vorliegt oder nicht, ist weiterhin das Kriterium, ob die elektronischen/elektrotechnischen Anlagen von dem Bauwerk abgetrennt und einer eigenständigen Nutzung zugeführt werden können. Dieses Kriterium mag für die Frage, ob ein Bauauftrag gemäß § 1 VOB/A vorliegt, relevant sein, hat jedoch im Rahmen des § 99 Abs. 3 GWB nach allgemeiner Auffassung keine Bedeutung. In Abgrenzung dazu stellt der **Einbau elektrotechnischer und elektronischer Anlagen dann keine Bauleistung dar, wenn die technische Anlage lediglich in dem Bauwerk untergebracht ist, das Bauwerk aber auch ohne sie nach seiner Zweckbestimmung funktionsfähig ist** (BayObLG, B. v. 23. 7. 2002 – Az.: Verg 17/02; VK Südbayern, B. v. 29. 11. 2005 – Az.: Z3-3-3194-1-46-09/05; 1. VK Bund, B. v. 2. 5. 2003 – Az.: VK 1-25/03).

65.3.2.2 Beispiele aus der Rechtsprechung

– zu den Bauleistungen gehört auch ein **Kassen- und Kontrollsystem für ein Großstadion** (VK Baden-Württemberg, B. v. 28. 10. 2004 – Az.: 1 VK 68/04)

– zu den Bauleistungen zählen insbesondere auch die **Lieferung und Montage von Telefon-, Kommunikations- und fernmeldetechnischen Vermittlungs- und Übertragungseinrichtungen.** Ein etwaiger hoher Lieferanteil nimmt dem Auftrag nicht den Charakter eines der VOB/A unterfallenden Bauauftrags. Das zeigt ergänzend § 1a Nr. 2 VOB/A; danach gilt auch für Bauaufträge mit überwiegendem Lieferanteil – nach näherer Maßgabe der dort getroffenen Regelung – die VOB/A und nicht etwa die VOL/A (VK Brandenburg, B. v. 26. 11. 2003 – Az.: VK 72/03)

– sofern die elektrotechnischen Einrichtungen von der baulichen Anlage ohne Beeinträchtigung der Vollständigkeit oder Benutzbarkeit abgetrennt werden können und einem selbständigen Nutzungszweck dienen, fallen diese Einrichtungen unter die VOL/A. Darunter fallen auch **Kommunikationsanlagen und EDV-Anlagen,** sofern sie nicht zur Funktion einer baulichen Anlage erforderlich sind (VK Lüneburg, B. v. 18. 12. 2003 – Az.: 203-VgK-35/2003).

65.3.3 Montagearbeiten von Fenstern oder Türen

3542 Auch die **Montagearbeiten von Fenstern oder Türen stellen Bauleistungen dar** (VK Südbayern, B. v. 20. 11. 2002 – Az.: 43-10/02; Landgericht Kiel, Urteil vom 17. 4. 2003 – Az.: 4 O 304/02).

3543 Von der Frage der Anwendbarkeit der VOB/A ist die **Frage zu trennen,** ob **reine Montagearbeiten eine handwerksrechtliche Befähigung voraussetzen** bzw. ob **reine Montagearbeiten,** die einen hohen Nachunternehmeranteil voraussetzen, nämlich die gesamte Fertigung der Türen und Fenster, **mit dem Selbstausführungsgebot der VOB vereinbar sind** (vgl. dazu die Kommentierung zu §§ 8, 25 VOB/A).

65.3.4 Baugeländevorarbeiten

3544 Zum Bauwerk gehören auch **Baugeländevorarbeiten** (VK Düsseldorf, B. v. 11. 9. 2001 – Az.: VK – 19/2001 – B).

65.3.5 Richtlinie des VHB 2002 zu § 1

3545 Das „Vergabehandbuch für die Durchführung von Bauaufgaben des Bundes im Zuständigkeitsbereich der Finanzbauverwaltungen" (VHB Bund), Fassung 2002, definiert in seiner Richtlinie zu § 1 VOB/A Bauleistungen folgendermaßen:

3546 **Bauleistungen sind:**

– Arbeiten im Rahmen der Bauunterhaltung sowie Kleiner und Großer Baumaßnahmen

– die Lieferung und der Einbau maschineller und elektrotechnischer/elektronischer Anlagen bzw. Anlagenteile, die Teil der baulichen Anlage werden, ohne den diese ihre Zweckbestimmung nicht erfüllen kann.

Vergabe- und Vertragsordnung für Bauleistungen Teil A VOB/A § 1 **Teil 3**

Bauleistungen sind nicht: 3547
- Leistungen, für die die Entgelte aufgrund gesetzlicher Vorschriften berechnet werden, z. B. für Leistungen freiberuflich Tätiger nach der HOAI oder für sonstige Leistungen im Rahmen einer freiberuflichen Tätigkeit (z. B. Leistungen von Künstlern und nicht in der HOAI geregelte Leistungen von Ingenieuren). Dies gilt auch für Unternehmen, die vorgenannte Leistungen erbringen
- Beiträge oder Gebühren, die aufgrund von Satzungen oder Gebührenordnungen zu entrichten sind, z. B. für Leistungen der Kommunen, Versorgungsunternehmen, Zweckverbände usw., für die öffentliche Erschließung oder für Leistungen von Anstalten des öffentlichen Rechts (Materialprüfungsanstalten, Landesgewerbeanstalten u. dgl.) oder beliehener Unternehmer (z. B. Prüfungsingenieure, TÜV), für Gutachten und Prüfungen
- Bauleistungen liegen auch dann nicht vor, wenn ein Auftraggeber Zahlungen aufgrund öffentlich-rechtlicher Verträge (z. B. im Rahmen der öffentlichen Erschließung) oder Ausgleichsabgaben aufgrund landesrechtlicher Bestimmungen oder aufgrund von Ortssatzungen (z. B. Ablösung von Stellplätzen) zu leisten hat

65.3.6 Begriffsdefinition im Zusammenhang mit dem Steuerabzug von Vergütungen für im Inland erbrachte Bauleistungen (§§ 48 ff. EStG)

Im Zusammenhang mit dem **Steuerabzug von Vergütungen für im Inland erbrachte** 3548
Bauleistungen (§§ 48 ff. EStG) hat das Bundesministerium der Finanzen mit Schreiben vom 27. 12. 2002 (IV A 5 – S 2272 – 1/02) den Begriff der Bauleistungen näher definiert, wobei in einzelnen Punkten (z. B. Gerüstbau) Widersprüche zur Rechtsprechung zu § 99 Abs. 3 GWB bzw. § 1 VOB/A bestehen. Die wichtigsten Einzelheiten sind nachfolgend aufgenommen:
- unter Bauleistung sind alle Leistungen zu verstehen, die der Herstellung, Instandsetzung oder Instandhaltung, Änderung oder Beseitigung von Bauwerken dienen (§ 48 Abs. 1 Satz 3 EStG). Diese Definition entspricht der Regelung in § 211 Abs. 1 Satz 2 SGB III in Verbindung mit der Baubetriebe-Verordnung (abgedruckt im Anhang), wobei zu den Bauleistungen im Sinne des Steuerabzugs nach § 48 EStG auch die Gewerke gehören, die von der Winterbauförderung gemäß § 2 Baubetriebe-Verordnung ausgeschlossen sind. Der Begriff des Bauwerks ist in Übereinstimmung mit der Rechtsprechung des Bundesarbeitsgerichts (BAG-Urteil vom 21. 1. 1976 – Az.: 4 AZR 71/75 –) weit auszulegen und umfasst demzufolge nicht nur Gebäude, sondern darüber hinaus sämtliche irgendwie mit dem Erdboden verbundene oder infolge ihrer eigenen Schwere auf ihm ruhende, aus Baustoffen oder Bauteilen mit baulichem Gerät hergestellte Anlagen. Zu den Bauleistungen gehören u. a. der Einbau von Fenstern und Türen sowie Bodenbelägen, Aufzügen, Rolltreppen und Heizungsanlagen, aber auch von Einrichtungsgegenständen, wenn sie mit einem Gebäude fest verbunden sind, wie z. B. Ladeneinbauten, Schaufensteranlagen, Gaststätteneinrichtungen. Ebenfalls zu den Bauleistungen zählen die Installation einer Lichtwerbeanlage, Dachbegrünung eines Bauwerks oder der Hausanschluss durch Energieversorgungsunternehmen (die Hausanschlusskosten umfassen regelmäßig Erdarbeiten, Mauerdurchbruch, Installation des Hausanschlusskastens und Verlegung des Hausanschlusskabels vom Netz des Elektrizitätsversorgungsunternehmens (EVU) zum Hausanschlusskasten).
- die in der Baubetriebe-Verordnung aufgeführten Tätigkeiten sind nicht in allen Fällen dem Steuerabzug zu unterwerfen. Voraussetzung für den Steuerabzug ist immer, dass die in der Baubetriebe-Verordnung aufgeführten Tätigkeiten im Zusammenhang mit einem Bauwerk durchgeführt werden, also der Herstellung, Instandsetzung, Instandhaltung, Änderung oder Beseitigung von Bauwerken. Die Annahme einer Bauleistung setzt voraus, dass sie sich unmittelbar auf die Substanz des Bauwerks auswirkt, d. h. eine Substanzveränderung im Sinne einer Substanzerweiterung, Substanzverbesserung oder Substanzbeseitigung bewirkt, hierzu zählen auch Erhaltungsaufwendungen.
- reine Wartungsarbeiten an Bauwerken oder Teilen von Bauwerken stellen keine Bauleistung dar, solange nicht Teile verändert, bearbeitet oder ausgetauscht werden.

Teil 3 VOB/A § 1a   Vergabe- und Vertragsordnung für Bauleistungen Teil A

66. § 1a VOB/A – Verpflichtung zur Anwendung der a-Paragraphen

1. (1) Die Bestimmungen der a-Paragraphen sind zusätzlich zu den Basisparagraphen von Auftraggebern im Sinne von § 98 Nr. 1 bis 3, 5 und 6 des Gesetzes gegen Wettbewerbsbeschränkungen für Bauaufträge anzuwenden, bei denen der geschätzte Gesamtauftragswert der Baumaßnahme bzw. des Bauwerks (alle Bauaufträge für eine bauliche Anlage) mindestens dem in § 2 Nr. 4 der Vergabeverordnung (VgV) genannten Schwellenwert ohne Umsatzsteuer entspricht. Der Gesamtauftragswert umfasst auch den geschätzten Wert der vom Auftraggeber beigestellten Stoffe, Bauteile und Leistungen. Als Bauaufträge gelten Verträge entweder über die Ausführung oder die gleichzeitige Planung und Ausführung eines Bauvorhabens oder eines Bauwerks, das Ergebnis von Tief- oder Hochbauarbeiten ist und eine wirtschaftliche und technische Funktion erfüllen soll, oder einer Bauleistung durch Dritte gemäß den vom Auftraggeber genannten Erfordernissen (z. B. Bauträgervertrag, Mietkauf- oder Leasing-Vertrag).

   (2) Werden die Bauaufträge im Sinne von Absatz 1 für eine bauliche Anlage in Losen vergeben, sind die Bestimmungen der a-Paragraphen anzuwenden
   - bei jedem Los mit einem geschätzten Auftragswert von 1 Million Euro und mehr,
   - unabhängig davon für alle Bauaufträge, bis mindestens 80 v. H. des geschätzten Gesamtauftragswertes aller Bauaufträge für die bauliche Anlage erreicht sind.

2. Die Bestimmungen der a-Paragraphen sind auch anzuwenden,
   - von den im Anhang IV der Richtlinie 2004/18/EG genannten Beschaffungsstellen, wenn eine Baumaßnahme aus nur einem Bauauftrag mit mindestens einem Auftragswert nach § 2 Nr. 2 VgV ohne Umsatzsteuer besteht,
   - von allen übrigen Auftraggebern, wenn eine Baumaßnahme aus nur einem Bauauftrag mit mindestens einem Auftragswert nach § 2 Nr. 3 VgV ohne Umsatzsteuer besteht,

   und bei dem die Lieferung so überwiegt, dass das Verlegen und Anbringen lediglich eine Nebenarbeit darstellt.

3. Maßgebender Zeitpunkt für die Schätzung des Gesamtauftragswerts ist die Einleitung des ersten Vergabeverfahrens für die bauliche Anlage.

4. Eine bauliche Anlage darf für die Schwellenwertermittlung nicht in der Absicht aufgeteilt werden, sie der Anwendung der a-Paragraphen zu entziehen.

66.1 Vergleichbare Regelungen

66.1.1 VOB/A, VOL/A

3549   Der **Vorschrift des § 1a VOB/A vergleichbar** sind – zumindest im Ansatz – §§ 1b VOB/A, 1a, 1b VOL/A. Die Kommentierungen zu diesen Vorschriften können daher ergänzend zu der Kommentierung des § 1a herangezogen werden.

66.2 Änderungen in der VOB/A 2006

3550   In § 1a Nr. 1 Abs. 1 und Nr. 2 VOB/A 2006 wird zur **Bestimmung des sachlichen Anwendungsbereiches** der a-Paragraphen der VOB/A nicht mehr auf die in der VgV enthaltenen Schwellenwerte abgestellt, sondern auf die **jeweiligen Bestimmungen der VgV selbst**. Eine sachliche Änderung ist damit **nicht verbunden**.

3551   In § 1a Nr. 2 VOB/A 2006 wird die **Bezugnahme auf die neue EU-Vergabekoordinierungsrichtlinie (Richtlinie 2004/18/EG) aktualisiert**.

66.3 Zusätzliche Anwendung der a-Paragraphen

3552   Die Bestimmungen der a-Paragraphen sind zusätzlich zu den Basisparagraphen von bestimmten Auftraggebern anzuwenden, sofern bestimmte Schwellenwerte überschritten sind.

66.4 Auftraggeber

Wer zur Anwendung des Vierten Teils des GWB, der VgV und der a-Paragraphen der VOB/A verpflichtet ist, ergibt sich aus § 6 VgV in Verbindung mit § 98 Nr. 1 bis 3, 5 und 6 GWB. Vgl. insoweit die entsprechenden Kommentierungen. 3553

66.5 Schwellenwert

66.5.1 Verhältnis des § 1a VOB/A zu § 2 VgV

Nach Inkrafttreten der Vergabeverordnung richten sich die einschlägigen **Schwellenwerte ausschließlich nach § 2 VgV.** Eine **Modifizierung** der Schwellenwerte z.B. **durch § 1a Nr. 2 VOB/A findet nicht statt** (1. VK Bund, B. v. 2. 5. 2003 – Az.: VK 1-25/03; VK Nordbayern, B. v. 24. 9. 2003 – Az.: 320.VK-3194-30/03). Entscheidend sind die Regelungen der Vergabeverordnung. § 1a VOB/A hat also insoweit keine eigenständige Bedeutung mehr (BayObLG, B. v. 23. 7. 2002 – Az.: Verg 17/02). 3554

Dementsprechend enthält § 1a VOB/A 2006 auch keinerlei Regelungen mehr zu den Schwellenwerten. 3555

66.5.2 Höhe der Schwellenwerte

Zur Höhe der Schwellenwerte – auch für Lose von Bauleistungen – vgl. die Kommentierung zu § 2 VgV. 3556

66.6 Begriffe des Bauauftrages und des Bauwerkes

Vgl. hierzu die Kommentierung zu § 99 Abs. 3 GWB RZ 1090. 3557

66.7 Bauleistung durch Dritte gemäß den vom Auftraggeber genannten Erfordernissen

Vgl. hierzu die Kommentierung zu § 99 Abs. 3 GWB sowie die Kommentierung zu § 100 GWB RZ 1296. 3558

66.8 Bauauftrag mit überwiegendem Lieferanteil

66.8.1 Anwendbarkeit des GWB

Der Bestimmung in § 1a Nr. 2 VOB/A soll der Gedanke zugrunde liegen, dass Lieferungen, für die die Lieferkoordinierungsrichtlinie einschlägig ist, nicht dadurch dem Anwendungsbereich dieser Richtlinie und den dort festgesetzten, niedrigeren Schwellenwerten entzogen werden, dass sie infolge des Einbaus, der nur eine Nebenarbeit darstellt, zu Bauleistungen im Sinne der VOB werden; auch in diesen Fällen sollten die Schwellenwerte der Lieferkoordinierungsrichtlinie maßgebend sein. **§ 1a Nr. 2 VOB/A soll somit auch als Korrektiv dafür gedacht gewesen sein, dass derartige Aufträge nach nationalem Recht als Bauaufträge, nach Gemeinschaftsrecht aber unter Umständen als Lieferaufträge einzustufen sind.** 3559

§ 1a Nr. 2 VOB/A kann nach der Rechtsprechung diese ihm ursprünglich auch **zugedachte Funktion** jedenfalls in Bezug auf die nach § 100 Abs. 1 GWB für die Anwendbarkeit des vierten Teils des GWB maßgeblichen Schwellenwerte nach Inkrafttreten der Vergabeverordnung **nicht mehr erfüllen.** Die Schwellenwerte sind jetzt in § 2 VgV eigens geregelt. Damit ist jede Grundlage dafür entfallen, Bestimmungen in den Verdingungsordnungen, die die Anwendung der a-Paragraphen regeln, zugleich als Schwellenwert-Festlegungen im Sinne des § 100 Abs. 1 GWB aufzufassen. Diese Interpretation war schon nach Inkrafttreten des Vergaberechtsänderungsgesetzes zum 1. 1. 1999 unter der damals noch fortgeltenden Vergabeverordnung vom 22. 2. 1994 fragwürdig; sie wurde in Übereinstimmung mit der allgemeinen Rechtsprechungspraxis zur Vermeidung eines ansonsten grob gemeinschaftsrechtswidrigen primärrechtsschutzlosen Zustandes hingenommen. Für eine solche Auslegung ist nach Erlass der Vergabeverordnung kein Raum mehr. 3560

3561 An diesem Ergebnis können die **gemeinschaftsrechtlichen Vorgaben der Vergaberichtlinien nichts ändern**. Der Vorrang des Gemeinschaftsrechts, der den nationalen Richter gegebenenfalls zur Nichtanwendung entgegenstehenden nationalen Rechts berechtigt und verpflichtet, gilt nur für unmittelbar anwendbares Gemeinschaftsrecht. Die den Rechtsschutz im Vergabeverfahren regelnde Rechtsmittelrichtlinie ist insoweit aber nicht unmittelbar anwendbar. Auch das Gebot der richtlinienkonformen Auslegung führt nicht weiter. Sie setzt voraus, dass das nationale Recht Auslegungsspielräume eröffnet, die im Sinne einer integrationsfreundlichen Auslegung genutzt werden können. Gerade das ist hier nicht der Fall. **Für Bauaufträge enthält § 2 VgV eindeutig nur die Schwellenwerte von 5 Mio. € und 1 Mio. €; eine Ausnahme für Bauaufträge, bei denen der Lieferanteil überwiegt, findet sich nicht** (BayObLG, B. v. 23. 7. 2002 – Az.: Verg 17/02).

66.8.2 Anwendung der a-Paragraphen

3562 Es kann daher Fälle geben, in denen auf Bauaufträge, bei denen der Lieferungsanteil deutlich überwiegt, zwar nicht das Vergaberecht des Vierten Teils des GWB, aber dennoch die a-Paragraphen anzuwenden sind.

3563 Wann die Voraussetzungen des § 1 Nr. 2 VOB/A aber im Einzelnen vorliegen, ist weder in EG-Richtlinien, noch in Gesetzen oder den Verdingungsordnungen festgelegt. **Entscheidend ist letztlich, dass das Wertverhältnis zwischen der Lieferung und dem Verlegen oder Anbringen so erdrückend zugunsten der Lieferung** ist, so dass letzteres kalkulatorisch eine zwar vergütungsmäßig anzusetzende Leistung, jedoch insofern eine Nebensache darstellt. In Betracht kommen hier z. B. die bloße Montage maschineller oder sonstiger technischer Einrichtungen, die ohne nennenswerte bauliche Vorkehrungen vonstatten geht (VK Südbayern, B. v. 18. 1. 2000 – Az.: 120.3-3194.1-20-12/99).

3564 Zur Anwendbarkeit bei der Ausschreibung von **Lieferung und Einbau von Labormöbeln in ein Universitätsgebäude und vergleichbaren Fällen** vgl. die **Kommentierung zu § 99 GWB**.

66.9 Maßgeblicher Zeitpunkt für die Schätzung des Schwellenwertes (§ 1 a Nr. 3)

3565 Maßgebender Zeitpunkt für die Schätzung des Gesamtauftragswerts ist die Einleitung des ersten Vergabeverfahrens für die bauliche Anlage. Diese **Bestimmung weicht** mindestens im Wortlaut **von der Regelung des § 3 Abs. 10 VgV ab** und hat mit Blick auf die Rechtsprechung zur Vorrangigkeit der Vergabeverordnung **keine Bedeutung mehr**. Der **maßgebliche Zeitpunkt** bestimmt sich also nach § 3 Abs. 10 VgV (vgl. die Kommentierung zu § 3 VgV).

66.10 Verbot der Aufteilung einer baulichen Anlage zur Umgehung des Schwellenwertes

3566 Eine bauliche Anlage darf für die Schwellenwertermittlung nicht in der Absicht aufgeteilt werden, sie der Anwendung der a-Paragraphen zu entziehen. Diese Bestimmung entspricht von ihrer Zielrichtung her § 3 Abs. 2 VgV und hat mit Blick auf die Rechtsprechung zur Vorrangigkeit der Vergabeverordnung **keine Bedeutung mehr**. Eine **eventuelle Umgehung** bestimmt sich also nach § 3 Abs. 2 VgV.

67. § 1 b VOB/A – Verpflichtung zur Anwendung der b-Paragraphen

1. (1) Die Bestimmungen der b-Paragraphen sind zusätzlich zu den Basisparagraphen von Sektorenauftraggebern für Bauaufträge anzuwenden, bei denen der geschätzte Gesamtauftragswert der Baumaßnahme bzw. des Bauwerks (alle Bauaufträge für eine bauliche Anlage) mindestens dem in § 2 Nr. 4 Vergabeverordnung (VgV) genannten Schwellenwert ohne Umsatzsteuer entspricht. Der Gesamtauftragswert umfasst auch den geschätzten Wert der vom Auftraggeber beigestellten Stoffe, Bauteile und Leistungen.

(2) Werden die Bauaufträge im Sinne von Absatz 1 für eine bauliche Anlage in Losen vergeben, sind die Bestimmungen der b-Paragraphen anzuwenden
- bei jedem Los mit einem geschätzten Auftragswert von 1 Million Euro und mehr,
- unabhängig davon für alle Bauaufträge, bis mindestens 80 v. H. des geschätzten Gesamtauftragswertes aller Bauaufträge für die bauliche Anlage erreicht sind.

2. Eine bauliche Anlage darf für die Schwellenwertermittlung nicht in der Absicht aufgeteilt werden, sie der Anwendung der b-Paragraphen zu entziehen.
3. Lieferungen, die nicht zur Ausführung der baulichen Anlage erforderlich sind, dürfen dann nicht mit einem Bauauftrag vergeben werden, wenn dadurch für sie die Anwendung der für Lieferleistungen geltenden EG-Vergabebestimmungen umgangen wird.
4. Der Wert einer Rahmenvereinbarung (§ 5 b) wird auf der Grundlage des geschätzten Höchstwertes aller für den Zeitraum ihrer Geltung geplanten Aufträge berechnet.
5. Maßgebender Zeitpunkt für die Schätzung des Gesamtauftragswertes ist die Einleitung des ersten Vergabeverfahrens für die bauliche Anlage.

67.1 Vergleichbare Regelungen

67.1.1 VgV

Der Vorschrift des § 1 b VOB/A für die Schwellenwerte vergleichbar sind §§ 2, 3 VgV. 3567

67.2 Änderungen in der VOB/A 2006

In § 1 b Nr. 1 Abs. 1 VOB/A 2006 wird zur **Bestimmung des sachlichen Anwendungsbereiches** der b-Paragraphen der VOB/A nicht mehr auf die in der VgV enthaltenen Schwellenwerte abgestellt, sondern auf die **jeweiligen Bestimmungen der VgV selbst**. Eine **sachliche Änderung** ist damit **nicht verbunden**. 3568

67.3 Zusätzliche Anwendung der b-Paragraphen

Die Bestimmungen der b-Paragraphen sind zusätzlich zu den Basisparagraphen von bestimmten Auftraggebern anzuwenden, sofern bestimmte Schwellenwerte überschritten sind. 3569

67.4 Auftraggeber

Wer zur **Anwendung** des Vierten Teils des GWB, der VgV und **der b-Paragraphen der VOB/A** verpflichtet ist, **ergibt sich aus § 7 Abs. 1 VgV** (1. VK Sachsen, B. v. 14. 12. 2001 – Az.: 1/SVK/123-01) **in Verbindung mit § 98 Nr. 1 bis 3, 5 und 6 GWB**. Vgl. insoweit die entsprechenden Kommentierungen. 3570

67.5 Schwellenwert

67.5.1 Verhältnis des § 1 b VOB/A zu § 2 VgV

Vgl. dazu die Kommentierung zu § 1 a VOB/A RZ 3554. 3571

67.5.2 Höhe der Schwellenwerte

Zur Höhe der Schwellenwerte – auch für Lose von Bauleistungen – vgl. die Kommentierung zu § 2 VgV. 3572

67.6 Begriffe des Bauauftrages und des Bauwerkes

Vgl. hierzu die Kommentierung zu § 99 Abs. 3 GWB. 3573

Teil 3 VOB/A § 2   Vergabe- und Vertragsordnung für Bauleistungen Teil A

67.7 Verbot der Aufteilung einer baulichen Anlage zur Umgehung des Schwellenwertes (§ 1 b Nr. 2)

3574   Vgl. dazu die Kommentierung zu § 1 a VOB/A RZ 3566.

67.8 Verknüpfung von Lieferleistungen mit einem Bauauftrag (§ 1 b Nr. 3)

3575   Lieferungen, die nicht zur Ausführung der baulichen Anlage erforderlich sind, dürfen dann nicht mit einem Bauauftrag vergeben werden, wenn dadurch für sie die Anwendung der für Lieferleistungen geltenden EG-Vergabebestimmungen umgangen wird.

3576   **§ 1 b Nr. 3 korrespondiert** von seinem Ansatz her **mit § 1 a Nr. 2 VOB/A**. Auch dieser Regelung liegt der Gedanke zugrunde, dass Lieferungen, für die die Lieferkoordinierungsrichtlinie einschlägig ist, nicht dadurch dem Anwendungsbereich dieser Richtlinie und den dort festgesetzten, niedrigeren Schwellenwerten entzogen werden, dass sie infolge des Einbaus, der nur eine Nebenarbeit darstellt, zu Bauleistungen im Sinne der VOB werden; auch in diesen Fällen sollten die Schwellenwerte der Lieferkoordinierungsrichtlinie maßgebend sein.

3577   **§ 1 b Nr. 3 entspricht von seiner Zielrichtung her auch § 3 Abs. 2 VgV** und hat mit Blick auf die Rechtsprechung zur Vorrangigkeit der Vergabeverordnung (vgl. die Kommentierung zu § 1 a VOB/A Ziffer 91.7) **keine Bedeutung mehr.** Eine eventuelle Umgehung bestimmt sich also nach § 3 Abs. 2 VgV.

67.9 Wert einer Rahmenvereinbarung (§ 1 b Nr. 4)

3578   Der Wert einer Rahmenvereinbarung (§ 5 b) wird auf der Grundlage des geschätzten Höchstwertes aller für den Zeitraum ihrer Geltung geplanten Aufträge berechnet. **§ 1 b Nr. 4 entspricht im Wesentlichen § 3 Abs. 8 VgV** und hat mit Blick auf die Rechtsprechung zur Vorrangigkeit der Vergabeverordnung (vgl. die Kommentierung zu § 1 a VOB/A Ziffer 91.7) **keine Bedeutung mehr.** Der Wert einer Rahmenvereinbarung bestimmt sich also nach § 3 Abs. 8 VgV.

67.10 Maßgeblicher Zeitpunkt für die Schätzung des Schwellenwertes (§ 1 b Nr. 5)

3579   Maßgebender Zeitpunkt für die Schätzung des Gesamtauftragswerts ist die Einleitung des ersten Vergabeverfahrens für die bauliche Anlage. Diese **Bestimmung weicht** mindestens im Wortlaut **von der Regelung des § 3 Abs. 10 VgV ab** und hat mit Blick auf die Rechtsprechung zur Vorrangigkeit der Vergabeverordnung (vgl. die Kommentierung zu § 1 a VOB/A Ziffer 91.7) **keine Bedeutung mehr.** Der maßgebliche Zeitpunkt bestimmt sich also nach § 3 Abs. 10 VgV (vgl. die Kommentierung zu § 3 VgV).

68. § 2 VOB/A – Grundsätze der Vergabe

1. Bauleistungen sind an fachkundige, leistungsfähige und zuverlässige Unternehmer zu angemessenen Preisen zu vergeben. Der Wettbewerb soll die Regel sein. Ungesunde Begleiterscheinungen, wie z. B. wettbewerbsbeschränkende Verhaltensweisen, sind zu bekämpfen.
2. Bei der Vergabe von Bauleistungen darf kein Unternehmer diskriminiert werden.
3. Es ist anzustreben, die Aufträge so zu erteilen, dass die ganzjährige Bautätigkeit gefördert wird.

68.1 Vergleichbare Regelungen

3580   Der **Vorschrift des § 2 VOB/A vergleichbar** sind im Bereich des GWB § 97, im Bereich der VOL **§ 2 VOL/A** sowie im Bereich der VOF **§ 4 VOF.** Die Kommentierungen zu diesen Vorschriften können daher ergänzend zu der Kommentierung des § 2 herangezogen werden.

68.2 Änderungen in der VOB/A 2006

In § 2 VOB/A 2006 erfolgten **keine Änderungen**. 3581

68.3 Bieterschützende Vorschrift

§ 2 Nr. 1 Satz 1 dient dem Schutz des Auftraggebers. Die Einhaltung dieser Vorschrift **be-** 3582
gründet aber auch für die Bieter subjektive Rechte, da sie einen Anspruch darauf haben,
sich im Wettbewerb grundsätzlich nur mit geeigneten Konkurrenten messen zu müssen (VK
Südbayern, B. v. 6. 5. 2002 – Az.: 12-04/02).

Die umfassend zu verstehende **Durchsetzung des wettbewerblichen Prinzips** bei der Be- 3583
darfsdeckung der öffentlichen Hand (§ 2 Nr. 1) liegt – was stets zu beachten ist – nicht nur im
Interesse des jeweiligen öffentlichen Auftraggebers, sondern auch des potentiellen Auftragnehmers, **soll also auch den Bewerber oder Bieter im Vergabeverfahren schützen** (OLG
Düsseldorf, B. v. 17. 6. 2002 – Az.: Verg 18/02).

68.4 Fachkunde, Leistungsfähigkeit und Zuverlässigkeit (§ 2 Nr. 1 Satz 1)

Bauleistungen sind an fachkundige, leistungsfähige und zuverlässige Unternehmer zu ange- 3584
messenen Preisen zu vergeben.

68.4.1 Allgemeiner Inhalt der Eignung und der Eignungskriterien „Fachkunde, Leistungsfähigkeit und Zuverlässigkeit"

Zu dem allgemeinen Inhalt der Eignung und der Eignungskriterien „Fachkunde, Leistungs- 3585
fähigkeit und Zuverlässigkeit" sowie zum rechtlichen Inhalt und zur Nachprüfbarkeit vgl. die
Kommentierung zu § 97 GWB RZ 392.

68.4.2 Baubezogene Einzelheiten der Eignungskriterien

Zu den baubezogenen Einzelheiten der Eignungskriterien vgl. die Kommentierung zu § 8 3586
VOB/A.

68.5 Vergabe zu angemessenen Preisen

Das **Tatbestandsmerkmal** des „angemessenen Preises" wird **konkretisiert in § 25** 3587
VOB/A; vgl. deshalb zum Inhalt die Kommentierung zu § 25 VOB/A.

68.6 Wettbewerbsprinzip (§ 2 Nr. 1 Satz 2 und Satz 3)

Zum Wettbewerbsprinzip selbst, zu Inhalt und Reichweite sowie zu wichtigen Ausprägungen 3588
des Wettbewerbsprinzips in der Rechtsprechung vgl. die Kommentierung zu § 97 GWB
RZ 94.

68.7 Diskriminierungsverbot (§ 2 Nr. 2)

Bei der Vergabe von Bauleistungen darf kein Unternehmer diskriminiert werden. 3589

Das Diskriminierungsverbot ist die negative Ausformulierung des Gleichbehandlungsgebots 3590
des § 97 Abs. 2 GWB. Zu Inhalt, Reichweite und Beispielsfällen vgl. die Kommentierung zu
§ 97 GWB RZ 254.

68.8 Förderung der ganzjährigen Bautätigkeit (§ 2 Nr. 3)

Es ist anzustreben, die Aufträge so zu erteilen, dass die ganzjährige Bautätigkeit gefördert 3591
wird. Die Vorschrift spielt in der Rechtsprechung keine Rolle.

68.9 Ausschließliche Verantwortung des Auftraggebers

3592 Im Gegensatz zu § 2 Nr. 3 VOL/A und § 4 Abs. 1 VOF enthält die VOB/A keine ausdrückliche Regelung, dass Aufträge unter ausschließlicher Verantwortung des Auftraggebers zu vergeben sind. Dieser **Vergabegrundsatz gilt aber auch für die VOB/A** (OLG München, B. v. 15. 7. 2005 – Az.: Verg 014/05; VK Baden-Württemberg, B. v. 21. 5. 2001 – Az.: 1 VK 7/01).

3593 Vgl. im Einzelnen die Kommentierung zu § 97 GWB RZ 187.

3594 Zur Notwendigkeit eines eigenen Vergabevermerks des Auftraggebers vgl. die Kommentierung zu § 97 GWB RZ 242.

68.10 Interpretierende Klarstellung des § 2 Abs. 2 durch das ÖPP-Beschleunigungsgesetz

3595 Durch das **Gesetz zur Beschleunigung der Umsetzung von Öffentlich Privaten Partnerschaften und zur Verbesserung gesetzlicher Rahmenbedingungen für Öffentlich Private Partnerschaften vom 1. 9. 2005** (BGBl. I S. 2676) ist § 6 VgV dahingehend geändert worden, dass der bisherige Wortlaut Absatz 1 wird und die Absätze 2 und 3 angefügt werden. Nach Absatz 2 Nr. 1 VgV gelten **§ 2 Nr. 1** und § 25 Nr. 2 **VOB/A** bei einer Auftragsvergabe an mehrere Unternehmen mit der Maßgabe, dass der Auftraggeber nur für den Fall der Auftragsvergabe verlangen kann, dass **eine Bietergemeinschaft eine bestimmte Rechtsform annehmen muss, sofern dies für die ordnungsgemäße Durchführung des Auftrages notwendig ist.**

3596 Zu den **Einzelheiten** vgl. die **Kommentierung zu § 6 VgV** RZ 2398.

69. § 2 b VOB/A – Schutz der Vertraulichkeit

1. Die Übermittlung technischer Spezifikationen für interessierte Unternehmer, die Prüfung und Auswahl von Unternehmern und die Auftragsvergabe können die Auftraggeber mit Auflagen zum Schutz der Vertraulichkeit verbinden.
2. Das Recht der Unternehmer, von einem Auftraggeber in Übereinstimmung mit innerstaatlichen Rechtsvorschriften die Vertraulichkeit der von ihnen zur Verfügung gestellten Informationen zu verlangen, wird nicht eingeschränkt.

69.1 Vergleichbare Regelungen

3597 Der Vorschrift des § 2 b VOB/A vergleichbar sind im Bereich der VOL § 2 b VOL/A sowie im Bereich der VOF § 4 VOF. Die Kommentierungen zu diesen Vorschriften können daher ergänzend zu der Kommentierung des § 2 b herangezogen werden.

69.2 Änderungen in der VOB/A 2006

3598 In § 2 b VOB/A 2006 erfolgten **keine Änderungen.**

69.3 Allgemeiner Vertraulichkeitsgrundsatz

3599 Zum allgemeinen Vertraulichkeitsgrundsatz vgl. die Kommentierung zu § 97 GWB RZ 261.

69.4 Schutz der Vertraulichkeit nach § 2 b

3600 Das Recht der Unternehmer, von einem Auftraggeber in Übereinstimmung mit innerstaatlichen Rechtsvorschriften die Vertraulichkeit der von ihnen zur Verfügung gestellten Informationen zu verlangen, wird nicht eingeschränkt.

3601 § 2 b stellt eine konkrete Ausformung des allgemeinen Vertraulichkeitsgrundsatzes dar. Die Vorschrift spielt in der Rechtsprechung bisher keine Rolle.

70. § 3 VOB/A – Arten der Vergabe

1. (1) **Bei Öffentlicher Ausschreibung** werden Bauleistungen im vorgeschriebenen Verfahren nach öffentlicher Aufforderung einer unbeschränkten Zahl von Unternehmern zur Einreichung von Angeboten vergeben.

   (2) **Bei Beschränkter Ausschreibung** werden Bauleistungen im vorgeschriebenen Verfahren nach Aufforderung einer beschränkten Zahl von Unternehmern zur Einreichung von Angeboten vergeben, gegebenenfalls nach öffentlicher Aufforderung, Teilnahmeanträge zu stellen (Beschränkte Ausschreibung nach Öffentlichem Teilnahmewettbewerb).

   (3) **Bei Freihändiger Vergabe** werden Bauleistungen ohne ein förmliches Verfahren vergeben.

2. **Öffentliche Ausschreibung** muss stattfinden, wenn nicht die Eigenart der Leistung oder besondere Umstände eine Abweichung rechtfertigen.

3. (1) **Beschränkte Ausschreibung** ist zulässig,

   a) wenn die Öffentliche Ausschreibung für den Auftraggeber oder die Bewerber einen Aufwand verursachen würde, der zu dem erreichbaren Vorteil oder dem Wert der Leistung im Missverhältnis stehen würde,

   b) wenn eine Öffentliche Ausschreibung kein annehmbares Ergebnis gehabt hat,

   c) wenn die Öffentliche Ausschreibung aus anderen Gründen (z. B. Dringlichkeit, Geheimhaltung) unzweckmäßig ist.

   (2) **Beschränkte Ausschreibung nach Öffentlichem Teilnahmewettbewerb** ist zulässig,

   a) wenn die Leistung nach ihrer Eigenart nur von einem beschränkten Kreis von Unternehmern in geeigneter Weise ausgeführt werden kann, besonders wenn außergewöhnliche Zuverlässigkeit oder Leistungsfähigkeit (z. B. Erfahrung, technische Einrichtungen oder fachkundige Arbeitskräfte) erforderlich ist,

   b) wenn die Bearbeitung des Angebots wegen der Eigenart der Leistung einen außergewöhnlich hohen Aufwand erfordert.

4. **Freihändige Vergabe** ist zulässig, wenn die Öffentliche Ausschreibung oder Beschränkte Ausschreibung unzweckmäßig ist, besonders

   a) weil für die Leistung aus besonderen Gründen (z. B. Patentschutz, besondere Erfahrung oder Geräte) nur ein bestimmter Unternehmer in Betracht kommt,

   b) weil die Leistung nach Art und Umfang vor der Vergabe nicht eindeutig und erschöpfend festgelegt werden kann,

   c) weil sich eine kleine Leistung von einer vergebenen größeren Leistung nicht ohne Nachteil trennen lässt,

   d) weil die Leistung besonders dringlich ist,

   e) weil nach Aufhebung einer Öffentlichen Ausschreibung oder Beschränkten Ausschreibung eine erneute Ausschreibung kein annehmbares Ergebnis verspricht,

   f) weil die auszuführende Leistung Geheimhaltungsvorschriften unterworfen ist.

70.1 Vergleichbare Regelungen

Der **Vorschrift des § 3 VOB/A vergleichbar** sind im Bereich des GWB § 101, im Bereich der VOB §§ **3a, 3b VOB/A** und im Bereich der VOL §§ **3, 3a, 3b VOL/A**. Die Kommentierungen zu diesen Vorschriften können daher ergänzend zu der Kommentierung des § 3 herangezogen werden.

70.2 Änderungen in der VOB/A 2006

In § 3 VOB/A 2006 erfolgten **keine Änderungen**.

70.3 Bieterschützende Vorschrift

3604   Die **Vorschriften über die Auswahl der richtigen Verfahrensart nach § 101 GWB, §§ 3, 3 a, 3 b VOB/A und VOL/A sind bieterschützend** und begründen damit subjektive Rechte im Sinn von § 97 Abs. 7 GWB. Die Hierarchie der Verfahrensarten soll ein möglichst hohes Maß an Objektivität und einen möglichst breiten Wettbewerb gewährleisten (VK Brandenburg, B. v. 23. 11. 2004 – Az.: VK 58/04).

3605   Ein Antragsteller hat also nach § 97 Abs. 7 GWB einen Anspruch darauf, dass die Vergabestelle die Leistungen im Wege eines transparenten Vergabeverfahrens im Sinne des § 97 Abs. 1 beschafft. Dabei muss nach **§ 3 Nr. 2 VOB/A eine Öffentliche Ausschreibung stattfinden, soweit nicht die Natur des Geschäfts oder besondere Umstände eine Ausnahme rechtfertigen** (VK Magdeburg, B. v. 6. 6. 2002 – Az.: 33-32571/07 VK 05/02 MD).

3606   Der in § 101 Abs. 5 Satz 1 GWB in Verbindung mit § 3 VOB/A geregelte **Vorrang des offenen Verfahrens bzw. der öffentlichen Ausschreibung ist also eine bieterschützende Bestimmung** (1. VK Bund, B. v. 20. 7. 2004 – Az.: VK 1-75/04 – für den Bereich der VOL/A).

70.4 Vorschriftenkongruenz und Übertragung der Rechtsprechung

3607   § 3 deckt sich von seinem Inhalt her in wesentlichen Punkten mit § 101 GWB und § 3 a VOB/A. Insoweit kann die Kommentierung zu diesen Vorschriften auch für § 3 VOB/A herangezogen werden.

70.5 Öffentliche Ausschreibung (§ 3 Nr. 1 Abs. 1)

3608   Bei öffentlicher Ausschreibung werden Bauleistungen im vorgeschriebenen Verfahren nach öffentlicher Aufforderung einer unbeschränkten Zahl von Unternehmen zur Einreichung von Angeboten vergeben. Die **Vorschrift deckt sich im Wesentlichen mit der Regelung des § 101 Abs. 2 GWB**.

70.6 Beschränkte Ausschreibung (§ 3 Nr. 1 Abs. 2)

3609   Bei Beschränkter Ausschreibung werden Bauleistungen im vorgeschriebenen Verfahren nach Aufforderung einer beschränkten Zahl von Unternehmern zur Einreichung von Angeboten vergeben, ggf. nach öffentlicher Aufforderung, Teilnahmeanträge zu stellen (Beschränkte Ausschreibung nach Öffentlichem Teilnahmewettbewerb).

70.6.1 Wesentlicher Unterschied zum Nichtoffenen Verfahren des § 101 Abs. 3 GWB

3610   Die **Vorschrift über die Beschränkte Ausschreibung unterscheidet sich von der Regelung des § 101 Abs. 3 GWB über das Nichtoffene Verfahren** dadurch, dass der Öffentliche Teilnahmewettbewerb bei der Beschränkten Ausschreibung fakultativ, beim Nichtoffenen Verfahren jedoch zwingender Bestandteil des Vergabeverfahrens ist.

70.6.2 Öffentlicher Teilnahmewettbewerb

3611   Vgl. insoweit die Kommentierung zu § 101 GWB RZ 1360.

70.6.3 Richtlinie des VHB 2002 zu § 3

3612   Ein Öffentlicher Teilnahmewettbewerb vor einer Beschränkten Ausschreibung kann eine an sich gebotene Öffentliche Ausschreibung nicht ersetzen (Nr. 2.1).

70.7 Freihändige Vergabe (§ 3 Nr. 1 Abs. 3)

3613   Bei Freihändiger Vergabe werden Bauleistungen ohne ein förmliches Verfahren vergeben. § 3 Nr. 1 Abs. 3 deckt sich von seinem Inhalt her im Wesentlichen mit der Regelung des § 101 Abs. 4 GWB über das Verhandlungsverfahren.

70.8 Vorrang der Öffentlichen Ausschreibung (§ 3 Nr. 2)

Auch für Vergaben, die nicht europaweit nach Abschnitt 2, sondern nur national nach den Basisparagraphen des 1. Abschnitts der VOB/A erfolgen, gilt gemäß **§ 3 Nr. 2 VOB/A der Vorrang der öffentlichen Ausschreibung,** um so einen möglichst freien Wettbewerb zu gewährleisten. Der Vorrang der öffentlichen Ausschreibung ergibt sich für öffentliche Auftraggeber **außerdem aus haushaltsrechtlichen Restriktionen.** Die § 30 Haushaltsgrundsätzegesetz, § 55 Abs. 1 der Bundes- und Landeshaushaltsordnungen sowie die Regelungen der Gemeindehaushaltsverordnungen bestimmen, dass dem Abschluss von Verträgen über Lieferungen und Leistungen eine öffentliche Ausschreibung vorauszugehen hat, sofern nicht besondere Umstände eine Ausnahme rechtfertigen (VK Lüneburg, B. v. 25. 8. 2003 – Az.: 203-VgK-18/2003). 3614

Die **Entscheidung, eine beschränkte Ausschreibung oder eine Freihändige Vergabe durchzuführen, beinhaltet einen durch die Nachprüfungsinstanzen nur beschränkt überprüfbaren Beurteilungsspielraum der Vergabestelle.** Die Nachprüfungsinstanzen sind daher lediglich befugt, die Einhaltung der Grenzen dieses Beurteilungsspielraums und dabei insbesondere **zu überprüfen,** ob das vorgeschriebene Verfahren eingehalten wurde, die Vergabestelle von einem zutreffend und vollständig ermittelten Sachverhalt ausgegangen ist, den ihr eingeräumten Beurteilungsspielraum zutreffend interpretiert hat und ob die Einschätzung auf unsachgemäßen bzw. willkürlichen Erwägungen beruht. Die **Nachprüfungsinstanzen dürfen ihre Wertung hierbei jedoch grundsätzlich nicht an die Stelle der Vergabestelle setzen** (2. VK Bund, B. v. 1. 9. 2005 – Az.: VK 2-99/05). 3615

70.9 Zulässigkeit einer Beschränkten Ausschreibung ohne Teilnahmewettbewerb (§ 3 Nr. 3 Abs. 1)

70.9.1 Unverhältnismäßiger Aufwand (§ 3 Nr. 3 Abs. 1 Buchstabe a))

Wenn das Offene Verfahren für den Auftraggeber oder die Bewerber einen Aufwand verursachen würde, der zu dem erreichbaren Vorteil oder dem Wert der Leistung im Missverhältnis steht, kann der Auftraggeber gemäß § 3 Nr. 3 Abs. 1a VOB/A die Beschränkte Ausschreibung wählen. **§ 3 Nr. 3 Abs. 1a VOB/A soll dabei sowohl den Auftraggeber als auch die Bewerber schützen,** um unnötigen, sachlich nicht gerechtfertigten Aufwand oder Kosten auf beiden Seiten zu ersparen. Stets muss der **absolute Ausnahmecharakter der Beschränkten Ausschreibung** gegenüber der Öffentlichen Ausschreibung beachtet werden. Der **Auftraggeber muss im Rahmen des § 3 Nr. 3 Abs. 1a VOB/A eine Prognose anstellen,** welchen konkreten Aufwand die Öffentliche Ausschreibung bei ihm, aber auch bei der noch unbekannten Anzahl potenzieller Bieter voraussichtlich verursachen würde. Dabei hat er auf Grundlage benötigter Verdingungsunterlagen, den Kalkulationsaufwand eines durchschnittlichen Bieters für die Erstellung und Übersendung der Angebote und dessen sonstige Kosten (Einholung von Auskünften bei Zulieferern etc.) zu schätzen. Zum Teil kann der Auftraggeber auch auf Erfahrungswerte parallel gelagerter Ausschreibungen zurückgreifen oder auf eigene Schätzungen. Diese ermittelten **Schätzkosten sind danach in ein Verhältnis zu dem beim Auftraggeber durch die Öffentliche Ausschreibung erreichbaren Vorteil oder dem Wert der Leistung zu setzen** (OLG Naumburg, B. v. 10. 11. 2003 – Az.: 1 Verg 14/03; 1. VK Sachsen, B. v. 20. 8. 2004 – Az.: 1/SVK/067-04 – sehr instruktives Beispiel – für den Bereich der VOL/A). 3616

70.9.2 Fehlendes annehmbares Ergebnis einer Öffentlichen Ausschreibung (§ 3 Nr. 3 Abs. 1 Buchstabe b))

Nach § 3 Nr. 3 Abs. 1 Buchstabe b) ist eine Beschränkte Ausschreibung zulässig, wenn eine Öffentliche Ausschreibung kein annehmbares Ergebnis gehabt hat. **Voraussetzung** ist somit, dass **ausschließlich Angebote in der Öffentlichen Ausschreibung** vorgelegen haben müssen, die nach Prüfung, unter Zugrundelegung allgemeiner Erfahrungssätze sowie der in der Ausschreibung genannten Wirtschaftlichkeitskriterien, **nicht annehmbar** waren. Hierfür ist der Auftraggeber grundsätzlich darlegungs- und beweispflichtig. Der bloße Hinweis, dass die finanziellen Mittel nicht ausreichen, vermag diese Darlegungs- und Beweispflicht nicht zu begründen (VK Südbayern, B. v. 21. 8. 2003 – Az.: 32-07/03). 3617

Teil 3 VOB/A § 3   Vergabe- und Vertragsordnung für Bauleistungen Teil A

3618   Der Vergabestelle ist aber der **Zugang zu der „nachrangigen" Beschränkten Ausschreibung nur dann** ohne weiteres **eröffnet, wenn ihr nicht das Scheitern des vorangegangenen** – und an sich vorrangigen – **Verfahrens zuzurechnen** ist, weil die von ihr zu verantwortenden Ausschreibungsbedingungen die Erfüllung des ausgeschriebenen Auftrags bis an die Grenze der Unmöglichkeit erschwerten und deshalb keine oder keine wirtschaftlichen Angebote eingegangen sind (OLG Dresden, B. v. 16. 10. 2001 – Az.: WVerg 0007/01).

70.10 Zulässigkeit einer Beschränkten Ausschreibung nach Teilnahmewettbewerb (§ 3 Nr. 3 Abs. 2)

70.10.1 Außergewöhnliche Fachkunde, Leistungsfähigkeit oder Zuverlässigkeit (§ 3 Nr. 3 Abs. 2 Buchstabe a))

70.10.1.1 Grundsatz

3619   Gemäß § 3 Nr. 3 Abs. 2a VOB/A ist eine Beschränkte Ausschreibung zulässig, wenn die Leistung nach ihrer Eigenart nur von einem beschränkten Kreis von Unternehmen in geeigneter Weise ausgeführt werden kann, besonders, wenn außergewöhnliche Fachkunde, Leistungsfähigkeit und Zuverlässigkeit erforderlich ist. § 3 Nr. 3 Abs. 2a VOB/A **betrifft nur ganz spezielle Leistungen, die objektiv aus der Sicht eines neutralen Dritten nur von einem oder zumindest sehr wenigen spezialisierten Unternehmen erbracht werden können.** Anknüpfungspunkt für diese Sonderbeschaffung muss dabei eine Eigenart der zu beschaffenden Leistung sein, die eine sachgerechte Ausführung nur von einem auf diese Eigenart spezialisierten, besonders geeigneten Unternehmen möglich erscheinen lässt. Die **rein subjektive Einschätzung des Auftraggebers spielt insoweit keine entscheidende Rolle.** Aufgrund seines Ausnahmecharakters ist **§ 3 Nr. 3 Abs. 2a VOB/A eng auszulegen** (OLG Naumburg, B. v. 10. 11. 2003 – Az.: 1 Verg 14/03).

70.10.1.2 Komplexe PPP-Ausschreibungen

3620   Vom offenen Verfahren kann unter anderem abgewichen werden, wenn die Leistung nach ihrer Eigenart nur von einem beschränkten Kreis von Unternehmen in geeigneter Weise ausgeführt werden kann, besonders, wenn außergewöhnliche Fachkunde oder Leistungsfähigkeit oder Zuverlässigkeit erforderlich ist. Dies ist **bei einem komplexen Kooperationsvertrag im Rahmen einer Public Private Partnership (PPP) zumindest regelmäßig der Fall.** Dabei dürfte für solche Kooperationsmodelle nicht nur ein nichtoffenes Verfahren, sondern häufig sogar das Verhandlungsverfahren nach vorheriger Vergabebekanntmachung gerechtfertigt sein. Dies gilt erst recht, wenn es sich z. B. um einen **anspruchsvollen und sensiblen Dienstleistungsbereich wie den Betrieb eines Krankenhauses** handelt (VK Lüneburg, B. v. 5. 11. 2004 – Az.: 203-VgK-48/2004).

3621   Mit einer **ähnlichen Begründung bejaht das OLG München die Zulässigkeit eines VOF-Verfahrens** (OLG München, B. v. 28. 4. 2006 – Az.: Verg 6/06).

70.10.1.3 Richtlinie des VHB 2002 zu § 3

3622   Wenn für die Ausführung der Leistung nur ein beschränkter Kreis von Unternehmern in Betracht kommt, muss vor einer Beschränkten Ausschreibung ein Öffentlicher Teilnahmewettbewerb durchgeführt werden (Nr. 2.2).

70.11 Zulässigkeit einer Freihändigen Vergabe (§ 3 Nr. 4)

70.11.1 Richtlinie des VHB 2002 zu § 3

3623   Auch bei einer nach § 3 Nr. 4 VOB/A zulässigen Freihändigen Vergabe sind mehrere Unternehmer zur Angebotsabgabe aufzufordern (Nr. 2.5).

70.11.2 Durchführung nur von einem bestimmten Unternehmen (§ 3 Nr. 4 Buchstabe a))

3624   Diese Ausnahmevorschrift **umfasst abschließend** die Fälle, in denen bereits vor der Auftragsvergabe die Person des Auftragnehmers feststeht, so dass ein Wettbewerb um den Auftrag von vornherein ausscheidet. Die **Ausnahmevorschrift ist eng auszulegen.** Die Beweis dafür, dass die erforderlichen außergewöhnlichen Umstände vorliegen, ist von demjenigen zu erbringen, der sich auf sie beruft, das heißt in der Regel vom Auftraggeber. Der Auftraggeber kommt dieser Beweislast nicht bereits dadurch nach, indem er beweist, dass ein bestimmter Anbieter den Auftrag am besten ausführen kann, sondern er **muss beweisen, dass alleine dieser Anbieter für die Ausführung des Auftrages in Betracht kommt** (EuGH, Urteil vom 2. 6. 2005 – Az.: C-394/02; 1. VK Bund, B. v. 20. 5. 2003 – Az.: VK 1-35/03).

Die Anwendung dieser Bestimmung erfordert nach der Rechtsprechung zwei **Voraussetzungen, die kumulativ zu erfüllen** sind: Zum einen müssen die **Arbeiten**, die Gegenstand des Auftrags sind, **eine technische Besonderheit aufweisen,** und zum anderen muss es **aufgrund dieser technischen Besonderheit unbedingt erforderlich sein, den Auftrag an ein bestimmtes Unternehmen zu vergeben** (Europäischer Gerichtshof, Urteil vom 2. 6. 2005 – Az.: C-394/02). 3625

Beruft sich ein Auftraggeber darauf, dass ein Auftrag aufgrund des Schutzes eines Ausschließlichkeitsrechts (Patentrecht) nur von einem bestimmten Unternehmen durchgeführt werden kann, **müssen die Patentvoraussetzungen erfüllt sein und im konkreten Fall von der technischen Lehre des Patents Gebrauch gemacht werden** (OLG Düsseldorf, B. v. 28. 5. 2003 – Az.: Verg 10/03). 3626

70.11.3 Eilbedürftigkeit (§ 3 Nr. 4 Buchstabe d))

70.11.3.1 Objektive Eilbedürftigkeit

Die Vorschrift setzt voraus, dass für den Auftraggeber ein unvorhergesehenes Ereignis vorliegt, dass **dringende und zwingende Gründe** gegeben sind, welche die Einhaltung der vorgeschriebenen Fristen nicht zulassen und **dass zwischen dem unvorhergesehenen Ereignis und den sich daraus ergebenden dringlichen, zwingenden Gründen ein Kausalzusammenhang** besteht. **Gründe, die dem Verantwortungsbereich des Auftraggebers zuzurechnen sind**, **scheiden** als Rechtfertigung **aus** (1. VK Bund, B. v. 20. 5. 2003 – Az.: VK 1-35/03). 3627

Das Erfordernis einer besonderen Dringlichkeit ist nur dann erfüllt, wenn **akute Gefahrensituationen oder unvorhergesehene Katastrophenfälle** abzuwenden sind. Gleiches gilt für einen **drohenden vertraglosen Zustand in Fällen der Daseinsvorsorge** (OLG Düsseldorf, B. v. 19. 11. 2003 – Az.: VII – Verg 59/03). 3628

Einen unbefristeten Vertrag **aus einer punktuellen Engpasslage** im Verhandlungsverfahren **ohne vorherige Bekanntmachung an zumeist lokale Anbieter** zu vergeben, **sprengt den Ausnahmetatbestand** des § 3 Nr. 4d VOB/A (1. VK Sachsen, B. v. 7. 4. 2004 – Az.: 1/SVK/023-04). 3629

Hat ein Auftraggeber seit geraumer Zeit auf eine entsprechende Auftragsvergabe hingearbeitet, war er aber aus internen Gründen (Finanznot, Vorrang der Suche nach einem privaten Investor) an einer früheren Bekanntmachung des Wettbewerbes gehindert, **rechtfertigen solche internen Gründe es nicht, dann später den Wettbewerb für die Bieter einzuschränken** (VK Düsseldorf, B. v. 30. 9. 2002 – Az.: VK – 26/2002 – L). 3630

70.11.3.2 Vergleich der Fristen

Außerdem sind die jeweiligen Fristen für die unterschiedlichen Verfahren miteinander zu vergleichen, ob überhaupt ein Zeitgewinn zu erzielen ist (2. VK Bund, B. v. 31. 5. 2002 – Az.: VK 2-20/02). 3631

70.11.3.3 Abrufbarkeit von Fördermitteln

Auch kann die **Abrufbarkeit von Fördermitteln bis zu einem bestimmten Termin nicht als Enddatum einer Projektplanung die Wahl der Vergabeart bestimmen.** Die Gewährung von Fördermitteln ist ein innerhalb der öffentlichen Verwaltung ablaufender, steuerbarer Vorgang. Er kann, ebenso wenig wie etwa ein von einer vorgesetzten Behörde gesetzter Termin oder der Ablauf des Haushaltsjahres, nicht die objektive Dringlichkeit einer Beschaffungsmaßnahme und damit die Begrenzung des Wettbewerbs begründen. Anderenfalls hätten es die öffentlichen Auftraggeber in der Hand, selbst eine Dringlichkeit zu erzeugen, etwa durch den Zeitpunkt der Beantragung von Fördermitteln oder deren Begründung. Diese **Dringlichkeit kann sich nur aus dem Bedarf und/oder dem angestrebten Zweck selbst ergeben** (VK Düsseldorf, B. v. 31. 3. 2000 – Az.: VK – 3/2000 – B). 3632

Teil 3 VOB/A § 3a   Vergabe- und Vertragsordnung für Bauleistungen Teil A

70.11.3.4 Hochwasserbedingte Beschaffungen

3633   Nach § 3 Nr. 4 Buchstabe f) VOL/A und § 3 Nr. 4 Buchstabe d) VOB/A können Leistungen freihändig vergeben werden, wenn die Leistung besonders dringlich ist. Eine solche Dringlichkeit ist gegeben, wenn sich aus einer nicht vorher erkennbaren Lage heraus die Notwendigkeit der unverzüglichen Leistungserbringung ergibt, um aufgrund eines unvorhersehbaren Ereignisses entstandene Schäden zu beseitigen oder weitergehende Schäden zu verhindern. Hierbei muss die Leistung so dringlich sein, dass selbst eine Beschränkte Ausschreibung nicht durchgeführt werden kann. **Mit dem Hochwasserereignis liegt ein vom öffentlichen Auftraggeber nicht verursachtes und nicht voraussehbares Ereignis vor. Leistungen, die im Zusammenhang mit der Hochwasserkatastrophe erforderlich sind, um nicht vorhersehbare Schäden oder Gefahren zu verhindern, können im Wege der Freihändigen Vergabe beauftragt werden** (Bundesministerium für Verkehr, Bau und Stadtentwicklung, Erlass vom 20. 8. 2002 – Az.: BS 11-0 1082-103/5).

70.11.3.5 Auftragsvergabe im Insolvenzfall

3634   Kündigt ein Auftraggeber einen Bauvertrag nach § 8 Nr. 2 Abs. 1 VOB/A z.B. wegen Beantragung eines Insolvenzverfahrens, macht oftmals schon die Tatsache des laufenden Bauvorhabens oder die zeitliche und logistische Verknüpfung mehrerer Fach- bzw. Teillose eine **öffentliche Ausschreibung der gekündigten Leistungen unmöglich. In aller Regel wird bei diesen Konstellationen nur eine freihändige Vergabe** in Betracht kommen (3. VK Bund, B. v. 29. 6. 2005 – Az.: VK 3-52/05).

3635   Es gibt zwar keine Vorschrift, die es dem Auftraggeber bei einer freihändigen Vergabe auferlegt, mit einer bestimmten Mindestanzahl von Bietern zu verhandeln. Auch bei der freihändigen Vergabe gilt jedoch der allgemeine Wettbewerbs- und der Gleichbehandlungsgrundsatz. Diese allgemeinen Grundsätze gebieten es, die Tatsache zu berücksichtigen, dass **der freihändigen Vergabe eine öffentliche Ausschreibung vorangegangen** war, aus dem interessierte und für das Bauvorhaben geeignete Bieter bekannt waren. Im Ergebnis stellt sich die Situation dann so dar, als hätte der Auftraggeber die beabsichtigte Vergabe öffentlich bekannt gemacht. Vor diesem Hintergrund ist es unter Berücksichtigung der genannten Grundsätze **geboten, die für das Verhandlungsverfahren mit vorangegangener Vergabebekanntmachung geltende Vorschrift des § 8a Nr. 3 VOB/A analog anzuwenden; der Auftraggeber ist also verpflichtet, mindestens drei Bewerber, darunter auch die in der öffentlichen Ausschreibung zweit- und drittplatzierten Bieter, in die freihändige Vergabe mit einzubeziehen** (3. VK Bund, B. v. 29. 6. 2005 – Az.: VK 3-52/05).

71. § 3a VOB/A – Arten der Vergabe

1. Bauaufträge im Sinne von § 1a werden vergeben:

    a) im Offenen Verfahren, das der Öffentlichen Ausschreibung (§ 3 Nr. 1 Abs. 1) entspricht,

    b) im Nichtoffenen Verfahren, das der Beschränkten Ausschreibung nach Öffentlichem Teilnahmewettbewerb (§ 3 Nr. 1 Abs. 2) entspricht,

    c) im **Wettbewerblichen Dialog**; ein Wettbewerblicher Dialog ist ein Verfahren zur Vergabe besonders komplexer Aufträge. In diesem Verfahren erfolgen eine Aufforderung zur Teilnahme und anschließend Verhandlungen mit ausgewählten Unternehmen über alle Einzelheiten des Auftrags,

    d) im **Verhandlungsverfahren**, das an die Stelle der Freihändigen Vergabe (§ 3 Nr. 1 Abs. 3) tritt. Beim Verhandlungsverfahren wendet sich der Auftraggeber an ausgewählte Unternehmer und verhandelt mit einem oder mehreren dieser Unternehmer über den Auftragsinhalt, gegebenenfalls nach Öffentlicher Vergabebekanntmachung.

2. Das Offene Verfahren muss angewendet werden, wenn die Voraussetzungen des § 3 Nr. 2 vorliegen.

3. Das Nichtoffene Verfahren ist zulässig, wenn die Voraussetzungen des § 3 Nr. 3 vorliegen sowie nach Aufhebung eines Offenen Verfahrens oder Nichtoffenen Verfahrens, sofern nicht das Verhandlungsverfahren zulässig ist.

4. (1) Der Wettbewerbliche Dialog ist zulässig, wenn der Auftraggeber objektiv nicht in der Lage ist,

   a) die technischen Mittel anzugeben, mit denen seine Bedürfnisse und Ziele erfüllt werden können oder

   b) die rechtlichen oder finanziellen Bedingungen des Vorhabens anzugeben.

(2) Der Auftraggeber hat seine Bedürfnisse und Anforderungen bekannt zu machen; die Erläuterung dieser Anforderungen erfolgt in der Bekanntmachung oder in einer Beschreibung.

(3) Mit den im Anschluss an die Bekanntmachung nach Absatz 2 ausgewählten Unternehmen ist ein Dialog zu eröffnen, in dem der Auftraggeber ermittelt und festlegt, wie seine Bedürfnisse am besten erfüllt werden können. Bei diesem Dialog kann er mit den ausgewählten Unternehmen alle Einzelheiten des Auftrags erörtern. Der Auftraggeber hat dafür zu sorgen, dass alle Unternehmen bei dem Dialog gleich behandelt werden. Insbesondere darf er nicht Informationen so weitergeben, dass bestimmte Unternehmen begünstigt werden könnten. Der Auftraggeber darf Lösungsvorschläge oder vertrauliche Informationen eines Unternehmens nicht ohne dessen Zustimmung an die anderen Unternehmen weitergeben und diese nur im Rahmen des Vergabeverfahrens verwenden.

(4) Der Auftraggeber kann vorsehen, dass der Dialog in verschiedenen aufeinander folgenden Phasen abgewickelt wird, um die Zahl der in der Dialogphase zu erörternden Lösungen anhand der in der Bekanntmachung oder in den Vergabeunterlagen angegebenen Zuschlagskriterien zu verringern. Der Auftraggeber hat die Unternehmen, deren Lösungen nicht für die nächstfolgende Dialogphase vorgesehen sind, darüber zu informieren. In der Schlussphase müssen noch so viele Angebote vorliegen, dass ein echter Wettbewerb gewährleistet ist.

(5) Der Auftraggeber hat den Dialog für abgeschlossen zu erklären, wenn

   a) eine Lösung gefunden worden ist, die seine Bedürfnisse erfüllt oder

   b) erkennbar ist, dass keine Lösung gefunden werden kann;

er hat die Unternehmen darüber zu informieren. Im Fall von Buchstabe a hat er die Unternehmen aufzufordern, auf der Grundlage der eingereichten und in der Dialogphase näher ausgeführten Lösungen ihr endgültiges Angebot vorzulegen. Die Angebote müssen alle zur Ausführung des Projekts erforderlichen Einzelheiten enthalten. Der Auftraggeber kann verlangen, dass Präzisierungen, Klarstellungen und Ergänzungen zu diesen Angeboten gemacht werden. Diese Präzisierungen, Klarstellungen oder Ergänzungen dürfen jedoch keine Änderung der grundlegenden Elemente des Angebots oder der Ausschreibung zur Folge haben, die den Wettbewerb verfälschen oder diskriminierend wirken könnte.

(6) Der Auftraggeber hat die Angebote aufgrund der in der Bekanntmachung oder in der Beschreibung festgelegten Zuschlagskriterien zu bewerten und das wirtschaftlichste Angebot auszuwählen. Der Auftraggeber darf das Unternehmen, dessen Angebot als das wirtschaftlichste ermittelt wurde, auffordern, bestimmte Einzelheiten des Angebots näher zu erläutern oder im Angebot enthaltene Zusagen zu bestätigen. Dies darf nicht dazu führen, dass wesentliche Aspekte des Angebots oder der Ausschreibung geändert werden, und dass der Wettbewerb verzerrt wird oder andere am Verfahren beteiligte Unternehmen diskriminiert werden.

(7) Verlangt der Auftraggeber, dass die am Wettbewerblichen Dialog teilnehmenden Unternehmen Entwürfe, Pläne, Zeichnungen, Berechnungen oder andere Unterlagen ausarbeiten, muss er einheitlich für alle Unternehmen, die die geforderte Unterlage rechtzeitig vorgelegt haben, eine angemessene Kostenerstattung hierfür gewähren.

5. Das Verhandlungsverfahren ist zulässig nach Öffentlicher Vergabebekanntmachung,

   a) wenn bei einem Offenen Verfahren oder Nichtoffenen Verfahren keine annehmbaren Angebote abgegeben worden sind, sofern die ursprünglichen Verdingungsunterlagen nicht grundlegend geändert werden,

b) wenn die betroffenen Bauvorhaben nur zu Forschungs-, Versuchs- oder Entwicklungszwecken und nicht mit dem Ziel der Rentabilität oder der Deckung der Entwicklungskosten durchgeführt werden,

c) wenn im Ausnahmefall die Leistung nach Art und Umfang oder wegen der damit verbundenen Wagnisse nicht eindeutig und so erschöpfend beschrieben werden kann, dass eine einwandfreie Preisermittlung zwecks Vereinbarung einer festen Vergütung möglich ist.

6. Das Verhandlungsverfahren ist zulässig ohne Öffentliche Vergabebekanntmachung,

a) wenn bei einem Offenen Verfahren oder Nichtoffenen Verfahren keine annehmbaren Angebote abgegeben worden sind, sofern die ursprünglichen Verdingungsunterlagen nicht grundlegend geändert werden und in das Verhandlungsverfahren alle Bieter aus dem vorausgegangenen Verfahren einbezogen werden, die fachkundig, zuverlässig und leistungsfähig sind,

b) wenn bei einem Offenen Verfahren oder Nichtoffenen Verfahren keine oder nur nach § 25 Nr. 1 auszuschließende Angebote abgegeben worden sind, sofern die ursprünglichen Verdingungsunterlagen nicht grundlegend geändert werden (wegen der Berichtspflicht siehe § 33 a),

c) wenn die Arbeiten aus technischen oder künstlerischen Gründen oder aufgrund des Schutzes von Ausschließlichkeitsrechten nur von einem bestimmten Unternehmer ausgeführt werden können,

d) weil wegen der Dringlichkeit der Leistung aus zwingenden Gründen infolge von Ereignissen, die der Auftraggeber nicht verursacht hat und nicht voraussehen konnte, die in § 18 a Nr. 1, 2 und 3 vorgeschriebenen Fristen nicht eingehalten werden können,

e) wenn an einen Auftragnehmer zusätzliche Leistungen vergeben werden sollen, die weder in seinem Vertrag noch in dem ihm zugrunde liegenden Entwurf enthalten sind, jedoch wegen eines unvorhergesehenen Ereignisses zur Ausführung der im Hauptauftrag beschriebenen Leistung erforderlich sind, sofern diese Leistungen

– sich entweder aus technischen oder wirtschaftlichen Gründen nicht ohne wesentliche Nachteile für den Auftraggeber vom Hauptauftrag trennen lassen oder

– für die Vollendung der im Hauptauftrag beschriebenen Leistung unbedingt erforderlich sind, auch wenn sie getrennt vergeben werden könnten,

vorausgesetzt, dass die geschätzte Vergütung für alle solche zusätzlichen Leistungen die Hälfte der Vergütung der Leistung nach dem Hauptauftrag nicht überschreitet,

f) wenn gleichartige Bauleistungen wiederholt werden, die durch denselben Auftraggeber an den Auftragnehmer vergeben werden, der den ersten Auftrag erhalten hat, sofern sie einem Grundentwurf entsprechen und dieser Entwurf Gegenstand des ersten Auftrags war, der nach den in § 3 a genannten Verfahren vergeben wurde. Die Möglichkeit der Anwendung dieses Verfahrens muss bereits bei der Ausschreibung des ersten Bauabschnitts angegeben werden; der für die Fortsetzung der Bauarbeiten in Aussicht genommene Gesamtauftragswert wird vom öffentlichen Auftraggeber bei der Anwendung von § 1 a berücksichtigt. Dieses Verfahren darf jedoch nur binnen drei Jahren nach Abschluss des ersten Auftrags angewandt werden.

g) bei zusätzlichen Leistungen des ursprünglichen Auftragnehmers, die zur teilweisen Erneuerung von gelieferten Waren oder Einrichtungen zur laufenden Benutzung oder zur Erweiterung von Lieferungen oder bestehenden Einrichtungen bestimmt sind, wenn ein Wechsel des Unternehmers dazu führen würde, dass der Auftraggeber Waren mit unterschiedlichen technischen Merkmalen kaufen müsste und dies eine technische Unvereinbarkeit oder unverhältnismäßige technische Schwierigkeiten bei Gebrauch, Betrieb oder Wartung mit sich bringen würde. Die Laufzeit dieser Aufträge darf in der Regel drei Jahre nicht überschreiten.

Vergabe- und Vertragsordnung für Bauleistungen Teil A   VOB/A § 3a **Teil 3**

Die Fälle der Buchstaben e und f finden nur Anwendung bei der Vergabe von Aufträgen mit einem Schwellenwert nach § 1a Nr. 1 Abs. 2. Der Fall des Buchstaben g findet nur Anwendung bei der Vergabe von Aufträgen mit einem Schwellenwert nach § 1a Nr. 2.

7. (1) **Der Auftraggeber enthält sich beim Verhandlungsverfahren jeder diskriminierenden Weitergabe von Informationen, durch die bestimmte Bieter gegenüber anderen begünstigt werden können.**

(2) **Der Auftraggeber kann vorsehen, dass das Verhandlungsverfahren in verschiedenen aufeinander folgenden Phasen abgewickelt wird, um so die Zahl der Angebote, über die verhandelt wird, anhand der in der Bekanntmachung oder in den Verdingungsunterlagen angegebenen Zuschlagskriterien zu verringern. In der Schlussphase müssen noch so viele Angebote vorliegen, dass ein echter Wettbewerb gewährleistet ist.**

71.1 Vergleichbare Regelungen

Der **Vorschrift des § 3a VOB/A vergleichbar** sind im Bereich des GWB § 101, im Bereich der VOB §§ 3, 3b VOB/A und im Bereich der VOL §§ 3, 3a, 3b VOL/A. Die Kommentierungen zu diesen Vorschriften können daher ergänzend zu der Kommentierung des § 3a herangezogen werden. 3636

71.2 Änderungen in der VOB/A 2006

In § 3a Nr. 1 Buchstabe c) und Nr. 4 ist die **neue Vergabeart des „Wettbewerblichen Dialogs" eingeführt.** In § 3a Nr. 7 Abs. 1 ist **eine Verpflichtung aufgenommen,** wonach sich der Auftraggeber beim Verhandlungsverfahren jeder diskriminierenden Weitergabe von Informationen enthält, durch die bestimmte Bieter gegenüber anderen begünstigt werden. In § 3a Nr. 7 Abs. 2 ist **außerdem die Möglichkeit aufgenommen,** dass der Auftraggeber beim Verhandlungsverfahren vorsehen kann, dass das Verhandlungsverfahren in verschiedenen aufeinander folgenden Phasen abgewickelt wird, um so die Zahl der Angebote, über die verhandelt wird, anhand der in der Bekanntmachung oder in den Verdingungsunterlagen angegebenen Zuschlagskriterien zu verringern. 3637

71.3 Bieterschützende Vorschrift

Die **Vorschriften über die Auswahl der richtigen Verfahrensart nach § 101 GWB, §§ 3, 3a, 3b VOB/A und VOL/A sind bieterschützend** und begründen damit subjektive Rechte im Sinn von § 97 Abs. 7 GWB. Die Hierarchie der Verfahrensarten soll ein möglichst hohes Maß an Objektivität und einen möglichst breiten Wettbewerb gewährleisten (VK Brandenburg, B. v. 23. 11. 2004 – Az.: VK 58/04). 3638

Ein Antragsteller hat also nach § 97 Abs. 7 GWB einen Anspruch darauf, dass die Vergabestelle die Leistungen im Wege eines transparenten Vergabeverfahrens im Sinne des § 97 Abs. 1 beschafft. Dabei muss nach **§ 3 Nr. 2 VOB/A eine Öffentliche Ausschreibung stattfinden, soweit nicht die Natur des Geschäfts oder besondere Umstände eine Ausnahme rechtfertigen** (VK Magdeburg, B. v. 6. 6. 2002 – Az.: 33-32571/07 VK 05/02 MD; OLG Düsseldorf, B. v. 8. 5. 2002 – Az.: Verg 8-15/01). 3639

Der in § 101 Abs. 5 Satz 1 GWB in Verbindung mit § 3 VOB/A geregelte **Vorrang des offenen Verfahrens bzw. der öffentlichen Ausschreibung ist also eine bieterschützende Bestimmung** (1. VK Bund, B. v. 20. 7. 2004 – Az.: VK 1-75/04 – für den Bereich der VOL/A; B. v. 20. 7. 2004 – Az.: VK 1-78/04 – für den Bereich der VOL/A). 3640

71.4 Allgemeine Fragen zu den Arten der Vergabe

Allgemeine Fragen zu den Arten der Vergabe sind in der Kommentierung zu § 101 GWB sowie § 6a VgV behandelt. Die nachfolgende Kommentierung beschränkt sich auf die speziellen Regelungen des § 3a. 3641

Teil 3 VOB/A § 3a   Vergabe- und Vertragsordnung für Bauleistungen Teil A

71.5 Nichtoffenes Verfahren

3642 Allgemeine Fragen zu dem Nichtoffenen Verfahren sind in der Kommentierung zu § 101 GWB (RZ 1230) behandelt. Die nachfolgende Kommentierung beschränkt sich auf die speziellen Regelungen des § 3a.

71.5.1 Zulässigkeit eines Nichtoffenen Verfahrens ohne Teilnahmewettbewerb

71.5.1.1 Unverhältnismäßiger Aufwand (§ 3a Nr. 3, § 3 Nr. 3 Abs. 1 Buchstabe a))

3643 Vgl. dazu die Kommentierung zu § 3 VOB/A RZ 3616.

71.5.2 Zulässigkeit eines Nichtoffenen Verfahrens nach Teilnahmewettbewerb

71.5.2.1 Außergewöhnliche Fachkunde, Leistungsfähigkeit oder Zuverlässigkeit (§ 3a Nr. 3, § 3 Nr. 3 Abs. 2 Buchstabe a))

3644 Gemäß § 3a Nr. 3 in Verbindung mit § 3 Nr. 3 Abs. 2a VOB/A ist ein Nichtoffenes Verfahren zulässig, wenn die Leistung nach ihrer Eigenart nur von einem beschränkten Kreis von Unternehmen in geeigneter Weise ausgeführt werden kann, besonders, wenn außergewöhnliche Fachkunde, Leistungsfähigkeit und Zuverlässigkeit erforderlich ist. **§ 3 Nr. 3 Abs. 2a VOB/A betrifft nur ganz spezielle Leistungen, die objektiv aus der Sicht eines neutralen Dritten nur von einem oder zumindest sehr wenigen spezialisierten Unternehmen erbracht werden können.** Anknüpfungspunkt für diese Sonderbeschaffung muss dabei eine Eigenart der zu beschaffenden Leistung sein, die eine sachgerechte Ausführung nur von einem auf diese Eigenart spezialisierten, besonders geeigneten Unternehmen möglich erscheinen lässt. Die **rein subjektive Einschätzung des Auftraggebers spielt insoweit keine entscheidende Rolle.** Aufgrund seines Ausnahmecharakters ist **§ 3 Nr. 3 Abs. 2a VOB/A eng auszulegen** (OLG Naumburg, B. v. 10. 11. 2003 – Az.: 1 Verg 14/03).

3645 Das nichtoffene Verfahren mit vorangestelltem Teilnahmewettbewerb ist nach Maßgabe von § 3a Nr. 3 i.V.m. § 3 Nr. 3 Abs. 2 lit. a) VOB/A **für die Planung und der Bau einer Kläranlage zulässig,** da eine solche Leistung nur von einem beschränkten Kreis von Unternehmern in geeigneter Weise ausgefüllt werden kann, und eine außergewöhnliche Zuverlässigkeit bzw. Leistungsfähigkeit des Auftragnehmers (z. B. besondere Erfahrung, technische Einrichtungen oder fachkundige Arbeitskräfte) erforderlich ist (Saarländisches OLG, B. v. 23. 11. 2005 – Az.: 1 Verg 3/05; VK Saarland, B. v. 27. 5. 2005 – Az.: 3 VK 02/2005).

71.6 Wettbewerblicher Dialog

3646 § 3a Nr. 1 Buchstabe c) **definiert den Wettbewerblichen Dialog allgemein als Verfahren zur Vergabe besonders komplexer Aufträge.** In diesem Verfahren erfolgen eine Aufforderung zur Teilnahme und anschließend Verhandlungen mit ausgewählten Unternehmen über alle Einzelheiten des Auftrags. Die **Einzelheiten des Verfahrens des Wettbewerblichen Dialogs regelt § 3a Nr. 4.** Diese Vorschrift wiederum **stimmt in ihrem sachlichen Inhalt mit der Vorschrift des § 6a VgV überein,** sodass auf die dortige Kommentierung (RZ 2999) verwiesen wird.

71.7 Verhandlungsverfahren

3647 Allgemeine Fragen zu dem Verhandlungsverfahren sind in der Kommentierung zu § 101 GWB behandelt. Die nachfolgende Kommentierung beschränkt sich auf die speziellen Regelungen des § 3a.

71.7.1 Zulässigkeit eines Verhandlungsverfahrens ohne Öffentliche Vergabebekanntmachung

3648 Wie sich insbesondere aus der zwölften Begründungserwägung der Richtlinie 93/36 und der achten Begründungserwägung der Richtlinie 93/37 ergibt, hat das Verhandlungsverfahren Ausnahmecharakter und darf nur in bestimmten, genau festgelegten Fällen zur Anwendung gelan-

Vergabe- und Vertragsordnung für Bauleistungen Teil A   VOB/A § 3a **Teil 3**

gen. **Aus diesem Grund bestimmen die Artikel 6 Absatz 3 Buchstabe a der Richtlinie 93/36 und 7 Absatz 3 Buchstabe a der Richtlinie 93/37 abschließend die Fälle, in denen das Verhandlungsverfahren ohne vorherige öffentliche Vergabebekanntmachung angewandt werden kann.** Nach der Rechtsprechung sind die Ausnahmen von den Vorschriften, die die Wirksamkeit der Rechte nach dem Vertrag im Bereich der öffentlichen Bauaufträge gewährleisten sollen, **eng auszulegen;** die **Beweislast** dafür, dass die außergewöhnlichen Umstände, die die Ausnahme rechtfertigen, tatsächlich vorliegen, obliegt **demjenigen, der sich auf sie berufen will** (Europäischer Gerichtshof, Urteil vom 18. 11. 2004 – Az.: C-126/03). Die **Mitgliedstaaten** können daher **weder Tatbestände für die Anwendung des Verhandlungsverfahrens schaffen,** die in den genannten Richtlinien nicht vorgesehen sind, noch die ausdrücklich in diesen Richtlinien vorgesehenen **Tatbestände um neue Bestimmungen ergänzen,** die die Anwendung des genannten Verfahrens erleichtern, da sie sonst die praktische Wirksamkeit der betreffenden Richtlinien beseitigen würden (z.B. die Anwendung des Verhandlungsverfahrens zulassen, wenn ein Auftrag nicht in einem offenen oder nicht offenen Verfahren vergeben werden konnte oder die Bewerber nicht zum Vergabeverfahren zugelassen wurden, und die ursprünglichen Bedingungen des Auftrags bis auf den Preis, der nicht um mehr als 10% erhöht werden darf, nicht geändert werden) – (EuGH, Urteil vom 13. 1. 2005 – Az.: C-84/03).

Die Zulässigkeit der Durchführung eines Verhandlungsverfahrens ohne Vergabebekanntmachung richtet sich **ausschließlich nach § 3a Nr. 6 VOB/A 2. Abschnitt, ein Rückgriff auf die Vorschriften des § 3 Nr. 4 VOB/A ist nicht zulässig** (1. VK Bund, B. v. 20. 5. 2003 – Az.: VK 1-35/03). 3649

Ein Verhandlungsverfahren ohne Vergabebekanntmachung wegen Dringlichkeit ist nach europäischem Recht **nur anwendbar,** wenn **kumulativ drei Voraussetzungen** erfüllt sind. Es müssen ein **unvorhersehbares Ereignis, dringliche und zwingende Gründe,** die die Einhaltung der in anderen Verfahren vorgeschriebenen Fristen nicht zulassen, und ein **Kausalzusammenhang zwischen dem unvorhersehbaren Ereignis und den sich daraus ergebenden dringlichen, zwingenden Gründen** gegeben sein (EuGH, Urteil vom 2. 6. 2005 – Az.: C-394/02; Urteil vom 18. 11. 2004 – Az.: C-126/03). 3650

71.7.1.1 Fehlende wirtschaftliche Angebote nach einem Offenen oder Nichtoffenen Verfahren (§ 3a Nr. 6 Buchstabe a))

Nach § 3a Nr. 6 Buchstabe a) ist ein Verhandlungsverfahren ohne vorherige Öffentliche Bekanntmachung dann zulässig, wenn u. a. bei einem Offenen Verfahren oder Nichtoffenen Verfahren keine oder keine annehmbaren Angebote abgegeben worden sind, sofern die ursprünglichen Verdingungsunterlagen nicht grundlegend geändert werden. Erste **Voraussetzung** ist somit, dass **ausschließlich Angebote im Offenen Verfahren** vorgelegen haben müssen, die nach Prüfung, unter Zugrundelegung allgemeiner Erfahrungssätze sowie der in der Ausschreibung genannten Wirtschaftlichkeitskriterien, **in einem unangemessenen Preis-Leistungs-Verhältnis** standen. Für das Vorliegen eines unangemessenen Verhältnisses ist der Auftraggeber grundsätzlich darlegungs- und beweispflichtig. Der bloße Hinweis, dass die finanziellen Mittel nicht ausreichen, vermag diese Darlegungs- und Beweispflicht nicht zu begründen (VK Südbayern, B. v. 21. 8. 2003 – Az.: 32-07/03). 3651

Der Vergabestelle ist aber der **Zugang zu dem „nachrangigen" Verhandlungsverfahren nur dann** ohne weiteres **eröffnet,** wenn ihr nicht das Scheitern des vorangegangenen – und an sich vorrangigen – **Verfahrens zuzurechnen** ist, weil die von ihr zu verantwortenden Ausschreibungsbedingungen die Erfüllung des ausgeschriebenen Auftrags an die Grenze der Unmöglichkeit erschwerten und deshalb keine oder keine wirtschaftlichen Angebote eingegangen sind (OLG Dresden, B. v. 16. 10. 2001 – Az.: WVerg 0007/01). 3652

Verdingungsunterlagen müssen beispielsweise dann **grundlegend geändert** werden, wenn ursprünglich etatmäßig eingesetzte **Baumittel nachträglich gekürzt** oder ganz gestrichen werden, das vorgesehene **Bauprojekt an anderer Stelle errichtet** werden soll oder **Änderungen des Bauentwurfes notwendig** werden (VK Nordbayern, B. v. 27. 6. 2001 – Az.: 320.VK-3194-16/01). 3653

Der **Auftraggeber ist an die Zuschlagskriterien eines aufgehobenen Offenen Verfahrens auch im nachfolgenden Verhandlungsverfahren gebunden.** Die Vergabestelle weicht von diesen selbst aufgestellten Kriterien ab, wenn sie neue Kriterien in die Wertung einführt. Dies macht die Wertungsentscheidung intransparent und im Ergebnis fehlerhaft. Der Rechtsgedanke, der dem § 9a VOL/A zugrunde liegt und wonach die Zuschlagsentscheidung nicht auf 3654

Teil 3 VOB/A § 3a   Vergabe- und Vertragsordnung für Bauleistungen Teil A

Kriterien gestützt werden darf, die nicht vorher bekannt gegeben wurden, greift auch hier (VK Südbayern, B. v. 21. 4. 2004 – Az.: 24-04/04).

71.7.1.2 Fehlende oder nur auszuschließende Angebote nach einem Offenen oder Nichtoffenen Verfahren (§ 3 a Nr. 6 Buchstabe b))

3655   Eine **Verpflichtung, alle geeigneten Bieter aus dem Vorverfahren wieder einzubeziehen, besteht nach dem Wortlaut des § 3 a Nr. 6 b) VOB/A nicht.** Die Vergabestelle hat das Recht, den nunmehr aufzufordernden Bewerberkreis neu festzulegen. Die Bieter aus dem Vorverfahren haben somit keinen Rechtsanspruch auf Beteiligung am Verhandlungsverfahren. Aus welchen Gründen die Vergabestelle einen Bieter trotz seines mindestfordernden Angebotes im Offenen Verfahren nicht wieder zur Angebotsabgabe aufgefordert hat, kann in diesem Fall dahinstehen (VK Magdeburg, B. v. 27. 12. 2001 – Az.: VK-OFD LSA-07/01).

3656   Verdingungsunterlagen müssen beispielsweise dann **grundlegend geändert** werden, wenn ursprünglich etatmäßig eingesetzte **Baumittel nachträglich gekürzt oder ganz gestrichen** werden, das vorgesehene **Bauprojekt an anderer Stelle errichtet** werden soll oder **Änderungen des Bauentwurfes notwendig** werden (VK Nordbayern, B. v. 27. 6. 2001 – Az.: 320.VK-3194-16/01).

71.7.1.3 Durchführung nur von einem bestimmten Unternehmen (§ 3 a Nr. 6 Buchstabe c))

3657   Vgl. dazu die Kommentierung zu § 3 VOB/A RZ 3624.

71.7.1.4 Eilbedürftigkeit (§ 3 a Nr. 6 Buchstabe d))

3658   **71.7.1.4.1 Objektive Eilbedürftigkeit.** Vgl. dazu die Kommentierung zu § 3 VOB/A RZ 3627.

3659   **71.7.1.4.2 Voraussetzungen.** § 3a Nr. 6 Buchstabe d) setzt voraus, dass die Einhaltung der Fristen (Bewerbungs- und Angebotsfristen) aufgrund eines für den Auftraggeber nicht vorhersehbaren Ereignisses aus dringenden und zwingenden Gründen unmöglich ist und die Umstände, die die Dringlichkeit begründen, auf keinen Fall dem Verhalten des Auftraggebers zuzuschreiben sind. Diese **Voraussetzungen müssen kumulativ vorliegen,** um die Inanspruchnahme der Ausnahmeregelung zu rechtfertigen.

3660   An das **Vorliegen des Ausnahmetatbestandes sind hohe Anforderungen zu stellen.** Als zwingende und dringende Gründe kommen **nur akute Gefahrensituationen und höhere Gewalt,** z.B. durch Katastrophenfälle in Betracht, die **zur Vermeidung von Schäden für Leib und Leben der Allgemeinheit ein schnelles, die Einhaltung der Fristen ausschließendes Handeln erfordern.** Latente oder durch regelmäßige Wiederkehr (z.B. Frühlingshochwasser) **vorhersehbare Gefahren sind daher in der Regel keine zwingenden Gründe.** Latent vorhandene Gefahren können durch das Hinzutreten unvorhersehbarer Ereignisse allerdings zu akuten Gefahren werden, die einen dringlichen Handlungsbedarf begründen können. Dem Auftraggeber steht bei der Einschätzung der Gefahrenlage ein Beurteilungsspielraum zu, der sich aber an den Wertsetzungen des Vergaberechts orientieren und dem Ausnahmecharakter einer formlosen Vergabe Rechnung tragen muss.

3661   Ebenso ist an die **Unvorhersehbarkeit hohe Anforderungen zu stellen.** Vorhersehbar sind alle Umstände, die bei einer sorgfältigen Risikoabwägung unter Berücksichtigung der aktuellen Situation und deren möglicher Fortentwicklung nicht ganz unwahrscheinlich sind. Vorhersehbar sind dabei nicht nur Umstände, die nach dem gewöhnlichen Lauf der Dinge eintreten können, sondern auch nicht ganz lebensfremde Abweichungen vom üblichen Verlauf.

3662   **Zwischen den unvorhersehbaren Ereignissen und den zwingenden Gründen für die Unmöglichkeit der Einhaltung der Fristen muss ein Kausalzusammenhang bestehen.** Die Unmöglichkeit der Einhaltung der Fristen muss sich aus den unvorhersehbaren Ereignissen ergeben. Dabei ist zu berücksichtigen, dass eine Einhaltung auch der verkürzten Fristen nicht mehr möglich sein darf, da auch eine Veröffentlichung mit verkürzten Fristen dem Verhandlungsverfahren ohne Vergabebekanntmachung vorgeht.

3663   Dass die **die Dringlichkeit auslösenden Umstände auf keinen Fall dem Verhalten des Auftraggebers zuzurechnen sein** dürfen, setzt kein Verschulden beim Auftraggeber voraus. Es geht nicht um subjektive Vorwerfbarkeit, sondern darum, ob sie in der Sphäre des Auftraggebers begründet sind. Dazu gehören auch Verzögerungen, die sich aus der Abhängigkeit von

Entscheidungen anderer Behörden ergeben (VK Düsseldorf, B. v. 15. 8. 2003 – Az.: VK – 23/2003 – L).

Einen unbefristeten Vertrag **aus einer punktuellen Engpasslage** im Verhandlungsverfahren **ohne vorherige Bekanntmachung an zumeist lokale Anbieter** zu vergeben, **sprengt den Ausnahmetatbestand** des § 3a Nr. 6d VOB/A (1. VK Sachsen, B. v. 7. 4. 2004 – Az.: 1/SVK/023-04). 3664

71.7.1.4.3 Vergleich der Fristen. Außerdem sind die jeweiligen Fristen für die unterschiedlichen Verfahren miteinander zu vergleichen, ob überhaupt ein Zeitgewinn zu erzielen ist (2. VK Bund, B. v. 31. 5. 2002 – Az.: VK 2-20/02). 3665

71.7.1.4.4 Abrufbarkeit von Fördermitteln. Vgl. dazu die Kommentierung zu § 3 VOB/A RZ 3632. 3666

71.7.1.4.5 Eilbedürftigkeit während eines Nachprüfungsverfahrens. Ein **Auftraggeber ist bei dringenden, unaufschiebbaren Dienstleistungen** wie etwa bei Krankentransporten oder Schülerfreistellungsverkehren, **berechtigt und gegebenenfalls faktisch gezwungen, diese Dienstleistungen zeitlich befristet, bis zum rechtskräftigen Abschluss eines Nachprüfungsverfahrens im Verhandlungsverfahren ohne vorherige öffentliche Vergabebekanntmachung zu vergeben.** Die Alternative, die ausgeschriebenen Dienstleistungen während des schwebenden Nachprüfungs- oder zweitinstanzlichen Beschwerdeverfahrens gar nicht durchführen zu lassen, besteht für den Auftraggeber in diesen Fällen regelmäßig nicht. Auch über eigenes Personal zur vorübergehenden Durchführung der ausgeschriebenen Dienstleistungen verfügt ein Auftraggeber, wie im vorliegenden Fall, regelmäßig nicht. Dieses Interesse des Auftraggebers und ein eventuelles öffentliches Interesse überwiegen das Interesse der Antragstellerin, nach rechtskräftigem Abschluss des Nachprüfungsverfahrens einen möglichst ungeschmälerten Auftrag zu erhalten, jedoch nur, soweit die Verzögerung des Zuschlags durch das Nachprüfungsverfahren oder ein sich daran anschließendes Beschwerdeverfahren veranlasst ist (VK Lüneburg, B. v. 27. 6. 2003 – Az.: 203-VgK-14/2003). 3667

71.7.1.4.6 Hochwasserbedingte Beschaffungen. Die § 5 Abs. 2 Buchstabe f) VOF, § 3a Nr. 2 Buchstabe d) VOL/A und § 3a Nr. 6 Buchstabe d) VOB/A enthalten Regelungen, nach denen in Fällen der Dringlichkeit Leistungen im Verhandlungsverfahren ohne Öffentliche Vergabebekanntmachung (das der Freihändigen Vergabe im Wesentlichen entspricht) vergeben werden können. Voraussetzung ist, dass wegen der Dringlichkeit der Leistung aus zwingenden Gründen infolge von Ereignissen, die der Auftraggeber nicht verursacht hat und nicht voraussehen konnte, die für EU-weite Vergabeverfahren vorgesehenen Fristen nicht eingehalten werden können. Die in diesen Vorschriften genannten dringenden und zwingenden Gründe müssen dazu führen, dass die Erledigung des Auftrags im Interesse der Allgemeinheit keinen Aufschub duldet. Wann dies der Fall ist, stellt eine Frage des Einzelfalles dar. **In der Regel handelt es sich dabei um solche Fälle, die eine schnelle Leistungserbringung im Allgemeininteresse erfordern, um beispielsweise Sturm-, Brand- oder Wasserschäden oder gar daraus entstehende Gefahren zu beseitigen oder wenn die Leistung dazu dient, größere Schäden zu verhindern. Mit dem Hochwasserereignis liegt ein vom öffentlichen Auftraggeber nicht verursachtes und nicht voraussehbares Ereignis vor.** Die Vergabe von Leistungen, die im Zusammenhang mit der Hochwasserkatastrophe erforderlich sind, um plötzlich aufgetretene nicht vorhersehbare Schäden oder Gefahren zu beseitigen, oder größere Schäden zu verhindern, kann im Verhandlungsverfahren ohne Öffentliche Vergabebekanntmachung erfolgen (Bundesministerium für Verkehr, Bau und Stadtentwicklung, Erlass vom 20. 8. 2002 – Az.: BS 11-0 1082-103/5). 3668

71.7.1.4.7 Auftragsvergabe im Insolvenzfall. Kündigt ein Auftraggeber einen Bauvertrag nach § 8 Nr. 2 Abs. 1 VOB/A z. B. wegen Beantragung eines Insolvenzverfahrens, macht oftmals schon die Tatsache des laufenden Bauvorhabens oder die zeitliche und logistische Verknüpfung mehrerer Fach- bzw. Teillose eine **öffentliche Ausschreibung der gekündigten Leistungen unmöglich. In aller Regel wird bei diesen Konstellationen nur ein Verhandlungsverfahren** in Betracht kommen (3. VK Bund, B. v. 29. 6. 2005 – Az.: VK 3-52/05). 3669

Es gibt zwar keine Vorschrift, die es dem Auftraggeber bei einem Verhandlungsverfahren ohne öffentliche Vergabebekanntmachung auferlegt, mit einer bestimmten Mindestanzahl von Bietern zu verhandeln. Auch im Verhandlungsverfahren gilt jedoch der allgemeine Wettbewerbs- und der Gleichbehandlungsgrundsatz. Diese allgemeinen Grundsätze gebieten es, die Tatsache zu berücksichtigen, dass **dem Verhandlungsverfahren ein offenes Verfahren vorangegangen** war, aus dem interessierte und für das Bauvorhaben geeignete Bieter bekannt wa- 3670

Teil 3 VOB/A § 3b Vergabe- und Vertragsordnung für Bauleistungen Teil A

ren. Im Ergebnis stellt sich die Situation dann so dar, als hätte der Auftraggeber die beabsichtigte Vergabe öffentlich bekannt gemacht. Vor diesem Hintergrund ist es unter Berücksichtigung der genannten Grundsätze **geboten, die für das Verhandlungsverfahren mit vorangegangener Vergabebekanntmachung geltende Vorschrift des § 8a Nr. 3 VOB/A analog anzuwenden; der Auftraggeber ist also verpflichtet, mindestens drei Bewerber, darunter auch die im offenen Verfahren zweit- und drittplatzierten Bieter, in das Verhandlungsverfahren mit einzubeziehen** (3. VK Bund, B. v. 29. 6. 2005 – Az.: VK 3-52/05).

72. § 3b VOB/A – Arten der Vergabe

1. Bauaufträge im Sinne von § 1b werden vergeben:
   a) im Offenen Verfahren, das der Öffentlichen Ausschreibung (§ 3 Nr. 1 Abs. 1) entspricht,
   b) im Nichtoffenen Verfahren, das der Beschränkten Ausschreibung nach Öffentlichem Teilnahmewettbewerb (§ 3 Nr. 1 Abs. 2) oder einem anderen Aufruf zum Wettbewerb (§ 17b Nr. 1 Abs. 1 Buchstabe b und c) entspricht,
   c) im Verhandlungsverfahren, das an die Stelle der Freihändigen Vergabe (§ 3 Nr. 1 Abs. 3) tritt. Beim Verhandlungsverfahren wendet sich der Auftraggeber an ausgewählte Unternehmer und verhandelt mit einem oder mehreren dieser Unternehmer über den Auftragsinhalt, gegebenenfalls nach Aufruf zum Wettbewerb (§ 17b Nr. 1 Abs. 1).

2. Ein Verfahren ohne vorherigen Aufruf zum Wettbewerb kann durchgeführt werden,
   a) wenn im Rahmen eines Verfahrens mit vorherigem Aufruf zum Wettbewerb keine oder keine geeigneten Angebote oder keine Bewerbungen abgegeben worden sind, sofern die ursprünglichen Bedingungen des Auftrags nicht grundlegend geändert werden,
   b) wenn ein Auftrag nur zum Zweck von Forschungen, Versuchen, Untersuchungen oder Entwicklungen und nicht mit dem Ziel der Gewinnerzielung oder der Deckung der Forschungs- und Entwicklungskosten vergeben wird, sofern die Vergabe eines derartigen Auftrages einer wettbewerblichen Vergabe von Folgeaufträgen, die insbesondere diese Ziele verfolgen, nicht vorgreift,
   c) wenn der Auftrag wegen seiner technischen oder künstlerischen Besonderheiten oder aufgrund des Schutzes von Ausschließlichkeitsrechten nur von einem bestimmten Unternehmer durchgeführt werden kann,
   d) wenn dringliche Gründe im Zusammenhang mit Ereignissen, die der Auftraggeber nicht voraussehen konnte, es nicht zulassen, die in den Offenen Verfahren, Nichtoffenen Verfahren oder Verhandlungsverfahren vorgesehenen Fristen
   einzuhalten,
   e) bei zusätzlichen Bauarbeiten, die weder in dem der Vergabe zugrunde liegenden Entwurf noch im zuerst vergebenen Auftrag vorgesehen sind, die aber wegen eines unvorhergesehenen Ereignisses zur Ausführung dieses Auftrags erforderlich sind, sofern der Auftrag an den Unternehmer vergeben wird, der den ersten Auftrag ausführt,
   – wenn sich diese zusätzlichen Arbeiten in technischer oder wirtschaftlicher Hinsicht nicht ohne wesentlichen Nachteil für den Auftraggeber vom Hauptauftrag trennen lassen oder
   – wenn diese zusätzlichen Arbeiten zwar von der Ausführung des ersten Auftrags getrennt werden können, aber für dessen weitere Ausführungsstufen unbedingt erforderlich sind,
   f) bei neuen Bauarbeiten, die in der Wiederholung gleichartiger Arbeiten bestehen, die vom selben Auftraggeber an den Unternehmer vergeben werden, der den ersten Auftrag erhalten hat, sofern sie einem Grundentwurf entsprechen

Vergabe- und Vertragsordnung für Bauleistungen Teil A   VOB/A § 3b **Teil 3**

und dieser Entwurf Gegenstand eines ersten Auftrags war, der nach einem Aufruf zum Wettbewerb vergeben wurde. Die Möglichkeit der Anwendung dieses Verfahrens muss bereits bei der Bekanntmachung des ersten Bauauftrags des ersten Bauabschnitts angegeben werden; der für die Fortsetzung der Bauarbeiten in Aussicht genommene Gesamtauftragswert wird vom Auftraggeber für die Anwendung von § 1 b berücksichtigt,

g) bei Aufträgen, die aufgrund einer Rahmenvereinbarung vergeben werden sollen, sofern die in § 5 b Nr. 2 genannte Bedingung erfüllt ist.

72.1 Vergleichbare Regelungen

Der **Vorschrift des § 3 b VOB/A im Grundsatz vergleichbar** sind im Bereich des GWB § 101, im Bereich der VOB §§ 3, 3 a VOB/A und im Bereich der VOL §§ 3, 3 a, 3 b VOL/A. Die Kommentierungen zu diesen Vorschriften können daher ergänzend zu der Kommentierung des § 3 b herangezogen werden. 3671

72.2 Änderungen in der VOB/A 2006

In § 3 b VOB/A 2006 erfolgten **keine Änderungen.** 3672

72.3 Bieterschützende Vorschrift

Die **Vorschriften über die Auswahl der richtigen Verfahrensart nach § 101 GWB, §§ 3, 3 a, 3 b VOB/A und VOL/A sind bieterschützend** und begründen damit subjektive Rechte im Sinn von § 97 Abs. 7 GWB. Die Hierarchie der Verfahrensarten soll ein möglichst hohes Maß an Objektivität und einen möglichst breiten Wettbewerb gewährleisten (VK Brandenburg, B. v. 23. 11. 2004 – Az.: VK 58/04). 3673

Die **Verpflichtung des öffentlichen Auftraggebers nach § 3 b Nr. 2 VOB/A Abschnitt 3 öffentlich zum Wettbewerb aufzurufen,** hat als dasjenige Element des Vergabeverfahrens, das den (möglichen) Bietern die Vergabeabsicht des öffentlichen Auftraggebers in aller Regel erst zur Kenntnis bringt, also **bieterschützenden Charakter** (OLG Düsseldorf, B. v. 8. 5. 2002 – Az.: Verg 8-15/01; VK Magdeburg, B. v. 6. 6. 2002 – Az.: 33-32571/07 VK 05/02 MD). 3674

72.4 Allgemeine Fragen zu den Arten der Vergabe

Allgemeine Fragen zu den Arten der Vergabe – auch die Frage des Vorrangs des Offenen Verfahrens – sind in der Kommentierung zu § 101 GWB behandelt. Die nachfolgende Kommentierung beschränkt sich auf die speziellen Regelungen des § 3 b. 3675

72.5 Nichtoffenes Verfahren

Allgemeine Fragen zu dem Nichtoffenen Verfahren sind in der Kommentierung zu § 101 GWB behandelt. Die nachfolgende Kommentierung beschränkt sich auf die speziellen Regelungen des § 3 b. 3676

72.5.1 Anderer Aufruf zum Wettbewerb (§ 3 b Nr. 1 Buchstabe b))

Welche anderen Möglichkeiten des Aufrufs zum Wettbewerb neben dem Öffentlichen Teilnahmewettbewerb zur Verfügung stehen, ergibt sich aus § 17 b Nr. 1 Abs. 1 Buchstaben b) und c). 3677

72.6 Verfahren ohne vorherigen Aufruf zum Wettbewerb (§ 3 b Nr. 2)

Nach dem Wortlaut des § 3 b Nr. 2 sind solche Verfahren sowohl das Nichtoffene Verfahren als auch das Verhandlungsverfahren. 3678

Teil 3 VOB/A § 3b   Vergabe- und Vertragsordnung für Bauleistungen Teil A

72.6.1 Zulässigkeit eines Verfahrens ohne vorherigen Aufruf zum Wettbewerb (§ 3 b Nr. 2)

72.6.1.1 Fehlende oder keine geeigneten Angebote nach einem Verfahren mit vorherigem Aufruf zum Wettbewerb (§ 3 b Nr. 2 Buchstabe a))

3679 Nach § 3 b Nr. 2 Buchstabe a) ist ein Verfahren ohne vorherigen Aufruf zum Wettbewerb dann zulässig, wenn u. a. im Rahmen eines Verfahrens mit vorherigem Aufruf zum Wettbewerb keine oder keine geeigneten Angebote abgegeben worden sind, sofern die ursprünglichen Bedingungen des Auftrags nicht grundlegend geändert werden.

3680 Der Vergabestelle ist aber der **Zugang zu dem „nachrangigen" Verfahren** ohne vorherigen Aufruf zum Wettbewerb **nur dann** ohne weiteres **eröffnet, wenn** ihr nicht **das Scheitern des vorangegangenen** – und an sich vorrangigen – **Verfahrens zuzurechnen** ist, weil die von ihr zu verantwortenden Ausschreibungsbedingungen die Erfüllung des ausgeschriebenen Auftrags bis an die Grenze der Unmöglichkeit erschweren und deshalb keine oder keine wirtschaftlichen Angebote eingegangen sind (OLG Dresden, B. v. 16. 10. 2001 – Az.: WVerg 0007/01).

3681 Verdingungsunterlagen müssen beispielsweise dann **grundlegend geändert** werden, wenn ursprünglich etatmäßig eingesetzte **Baumittel nachträglich gekürzt oder ganz gestrichen** werden, das vorgesehene **Bauprojekt an anderer Stelle errichtet** werden soll oder **Änderungen des Bauentwurfes notwendig** werden (VK Nordbayern, B. v. 27. 6. 2001 – Az.: 320.VK-3194-16/01).

72.6.1.2 Durchführung nur von bestimmten Unternehmen (§ 3 b Nr. 2 Buchstabe c))

3682 Gemäß § 3 b Nr. 2 Buchstabe a) VOB/A ist ein Verfahren ohne vorherigen Aufruf zum Wettbewerb zulässig, wenn ein Auftrag wegen seiner technischen oder künstlerischen Besonderheiten oder des Schutzes von Ausschließlichkeitsrechten nur von bestimmten Unternehmern durchgeführt werden kann. § 3 b Nr. 2 Buchstabe a) VOB/A **betrifft nur ganz spezielle Leistungen, die objektiv aus der Sicht eines neutralen Dritten nur von einem oder zumindest sehr wenigen spezialisierten Unternehmen erbracht werden können.** Anknüpfungspunkt für diese Sonderbeschaffung muss dabei eine Eigenart der zu beschaffenden Leistung sein, die eine sachgerechte Ausführung nur von einem auf diese Eigenart spezialisierten, besonders geeigneten Unternehmen möglich erscheinen lässt. Die **rein subjektive Einschätzung des Auftraggebers spielt insoweit keine entscheidende Rolle.** Aufgrund seines Ausnahmecharakters ist **§ 3 b Nr. 2 Buchstabe a) VOB/A eng auszulegen** (OLG Naumburg, B. v. 10. 11. 2003 – Az.: 1 Verg 14/03).

3683 Beruft sich ein Auftraggeber darauf, dass ein Auftrag aufgrund des Schutzes eines Ausschließlichkeitsrechts (Patentrecht) nur von einem bestimmten Unternehmen durchgeführt werden kann, **müssen die Patentvoraussetzungen erfüllt sein und im konkreten Fall von der technischen Lehre des Patents Gebrauch gemacht werden** (OLG Düsseldorf, B. v. 28. 5. 2003 – Az.: Verg 10/03).

72.6.1.3 Eilbedürftigkeit (§ 3 b Nr. 2 Buchstabe d))

3684 **72.6.1.3.1 Objektive Eilbedürftigkeit.** Vgl. dazu die Kommentierung zu § 3 VOB/A RZ 3627.

3685 **72.6.1.3.2 Vergleich der Fristen.** Außerdem sind die jeweiligen Fristen für die unterschiedlichen Verfahren miteinander zu vergleichen, ob überhaupt ein Zeitgewinn zu erzielen ist (2. VK Bund, B. v. 31. 5. 2002 – Az.: VK 2-20/02).

3686 **72.6.1.3.3 Abrufbarkeit von Fördermitteln.** Vgl. dazu die Kommentierung zu § 3 VOB/A RZ 3632.

3687 **72.6.1.3.4 Eilbedürftigkeit während eines Nachprüfungsverfahrens.** Vgl. dazu die Kommentierung zu § 3 a VOB/A RZ 3667.

3688 **72.6.1.3.5 Hochwasserbedingte Beschaffungen.** Die § 5 Abs. 2 Buchstabe f) VOF, § 3 a Nr. 2 Buchstabe d) VOL/A und § 3 a Nr. 6 Buchstabe d) VOB/A enthalten Regelungen, nach denen in Fällen der Dringlichkeit Leistungen im Verhandlungsverfahren ohne Öffentliche Vergabebekanntmachung (das der Freihändigen Vergabe im Wesentlichen entspricht) vergeben werden können. Voraussetzung ist, dass wegen der Dringlichkeit der Leistung aus zwingenden Gründen infolge von Ereignissen, die der Auftraggeber nicht verursacht hat und nicht vorausse-

Vergabe- und Vertragsordnung für Bauleistungen Teil A VOB/A § 4 **Teil 3**

hen konnte, die für EU-weite Vergabeverfahren vorgesehenen Fristen nicht eingehalten werden können. Die in diesen Vorschriften genannten dringenden und zwingenden Gründe müssen dazu führen, dass die Erledigung des Auftrags im Interesse der Allgemeinheit keinen Aufschub duldet. Wann dies der Fall ist, stellt eine Frage des Einzelfalles dar. **In der Regel handelt es sich dabei um solche Fälle, die eine schnelle Leistungserbringung im Allgemeininteresse erfordern, um beispielsweise Sturm-, Brand- oder Wasserschäden oder gar daraus entstehende Gefahren zu beseitigen oder wenn die Leistung dazu dient, größere Schäden zu verhindern. Mit dem Hochwasserereignis liegt ein vom öffentlichen Auftraggeber nicht verursachtes und nicht voraussehbares Ereignis vor.** Die Vergabe von Leistungen, die im Zusammenhang mit der Hochwasserkatastrophe erforderlich sind, um plötzlich aufgetretene nicht vorhersehbare Schäden oder Gefahren zu beseitigen, oder größere Schäden zu verhindern, kann im Verhandlungsverfahren ohne Öffentliche Vergabebekanntmachung erfolgen (Bundesministerium für Verkehr, Bau und Stadtentwicklung, Erlass vom 20. 8. 2002 – Az.: BS 11-0 1082-103/5).

Diese Regelung ist auf die Vorschrift des § 3 b Nr. 2 Buchstabe d) VOB/A übertragbar. 3689

72.6.1.4 Aufträge aufgrund einer Rahmenvereinbarung (§ 3 b Nr. 2 Buchstabe g))

Gemäß § 3 b Nr. 2 Buchstabe g) VOB/A ist ein Verfahren ohne vorherigen Aufruf zum 3690
Wettbewerb zulässig bei Aufträgen, die aufgrund einer Rahmenvereinbarung vergeben werden sollen, sofern die in § 5 b Nr. 2 genannte Bedingung erfüllt ist.

72.6.1.4.1 Vergaberechtliche Grundanforderungen an Rahmenvereinbarungen. Vgl. 3691
hierzu die Kommentierung zu § 99 GWB RZ 1194.

72.6.1.4.2 Aufruf zum Wettbewerb. Ein Verfahren ohne vorherigen Aufruf zum Wettbe- 3692
werb ist zulässig bei Aufträgen, die aufgrund einer Rahmenvereinbarung vergeben werden sollen, sofern der Vergabe des Rahmenauftrages ein Aufruf zum Wettbewerb vorangegangen ist. Ein **unterbliebener Aufruf zum Wettbewerb hat zur Folge, dass jeder Vergabe eines Einzelauftrags nunmehr ein Aufruf zum Wettbewerb vorausgehen muss** (OLG Düsseldorf, B. v. 26. 7. 2002 – Az.: Verg 28/02).

73. § 4 VOB/A – Einheitliche Vergabe, Vergabe nach Losen

1. Bauleistungen sollen so vergeben werden, dass eine einheitliche Ausführung und zweifelsfreie umfassende Haftung für Mängelansprüche erreicht wird; sie sollen daher in der Regel mit den zur Leistung gehörigen Lieferungen vergeben werden.
2. Umfangreiche Bauleistungen sollen möglichst in Lose geteilt und nach Losen vergeben werden (Teillose).
3. Bauleistungen verschiedener Handwerks- oder Gewerbezweige sind in der Regel nach Fachgebieten oder Gewerbezweigen getrennt zu vergeben (Fachlose). Aus wirtschaftlichen oder technischen Gründen dürfen mehrere Fachlose zusammen vergeben werden.

73.1 Vergleichbare Regelungen

Der **Vorschrift des § 4 VOB/A vergleichbar** sind im Bereich des **GWB (teilweise) § 97** 3693
Abs. 3, im Bereich der VOL (teilweise) **§ 5 VOL/A** und im Bereich der VOF **§ 4 VOF.** Die Kommentierungen zu diesen Vorschriften können daher ergänzend zu der Kommentierung des § 4 herangezogen werden.

73.2 Änderungen in der VOB/A 2006

§ 4 wurde im Rahmen der VOB/A 2006 **nicht geändert.** 3694

73.3 Bieterschützende Vorschrift

Die Vorschrift des § 97 Abs. 3 GWB hat nicht nur den Charakter eines Programmsatzes, son- 3695
dern gehört zu den **Vorschriften, auf deren Beachtung der Bieter nach § 97 Abs. 7**

Teil 3 VOB/A § 4 Vergabe- und Vertragsordnung für Bauleistungen Teil A

GWB infolge der Prinzipien der Gleichbehandlung und des Wettbewerbs einen Anspruch hat. Daraus folgt, dass ein mittelständischer Bieter subjektive Rechte auf Beachtung der Losvergabe gegenüber dem Auftraggeber geltend machen kann (1. VK Bund, B. v. 1. 2. 2001 – Az.: VK 1-1/01; VK Magdeburg, B. v. 6. 6. 2002 – Az.: 33-32571/07 VK 05/02 MD; VK Arnsberg, B. v. 31. 1. 2001 – Az.: VK 2-01/2001).

3696 Diese Rechtsprechung gilt auch für § 4 VOB/A.

3697 Die **Möglichkeit des Auftraggebers, unter der Voraussetzung der Unwirtschaftlichkeit auf eine losweise Vergabe zu verzichten und eine Gesamtvergabe anzustreben, dient allein der Berücksichtigung haushaltsrechtlicher Aspekte, die ausschließlich im Interesse des Auftraggebers liegen.** Ein Bieter kann sich daher nicht zur Herleitung eines Anspruchs auf Gesamtvergabe hierauf berufen. Denn unwirtschaftlich kann die Zersplitterung der Leistung – unter der Voraussetzung kostendeckender Angebote – nur für den Auftraggeber sein. Die Möglichkeit, auf eine losweise Vergabe zu verzichten, hat also allein das Ziel, die ökonomische Verwendung der Haushaltsmittel zu sichern. Damit handelt es sich hier um eine der Sphäre des Haushaltsrechts zuzuordnende Einschränkungsmöglichkeit der losweisen Vergabe. **Das Haushaltsrecht stellt jedoch ein rein staatliches Innenrecht dar, aus dem Privatpersonen keine subjektiven Rechte für sich herleiten können.** Folglich kommt dem Petitum, eine Gesamtvergabe muss erfolgen, keine bieterschützende Wirkung zu (3. VK Bund, B. v. 29. 9. 2005 – Az.: VK 3-121/05).

73.4 Einheitliche Vergabe (§ 4 Nr. 1)

3698 Bauleistungen sollen so vergeben werden, dass eine einheitliche Ausführung und zweifelsfreie umfassende Haftung für Mängelansprüche erreicht wird; sie sollen daher in der Regel mit den zur Leistung gehörigen Lieferungen vergeben werden.

73.4.1 Allgemeines

3699 Mit der Regelung des § 4 Nr. 1 werden **klare und voneinander abgrenzbare Verantwortungsbereiche geschaffen,** für eine einheitliche Gewährleistung gesorgt und Streitpunkte über die Zuordnung etwaiger Mängel vermieden. Demgegenüber **können jedoch auch wirtschaftliche oder technische Überlegungen Anlass für eine Trennung zwischen der Beschaffung von Gegenständen und deren Einbau in das Bauwerk sein.** Beispielsweise ermöglicht die gesonderte Ausschreibung von Beleuchtungskörpern auch reinen Herstellerfirmen die Teilnahme am Wettbewerb. Zudem dürfte der Einbau von montagefertig gelieferten Leuchten keine großen handwerklichen oder organisatorischen Probleme aufwerfen, so dass auch insoweit eine gemeinsame Ausschreibung von Lieferung und Montage fachlich nicht geboten ist (OLG München, B. v. 28. 9. 2005 – Az.: Verg 019/05).

73.4.2 Richtlinie des VHB 2002 zu § 4 Nr. 1

3700 Von der Regel, dass Bauleistungen mit den zur Leistung gehörigen Lieferungen vergeben werden, **darf nur abgewichen werden, wenn**
 – dies technisch oder wirtschaftlich begründet oder
 – die Beistellung der Stoffe und Bauteile orts- oder gewerbeüblich ist.

3701 In der Leistungsbeschreibung ist mit allen erforderlichen Einzelheiten eindeutig anzugeben, welche Stoffe und Bauteile beigestellt werden.

73.5 Vergabe nach Losen (§ 4 Nr. 2 und Nr. 3)

73.5.1 Grundsatzfragen der Vergabe nach Losen

3702 Die Grundsatzfragen der Vergabe nach Losen sind kommentiert im Rahmen des § 97 GWB RZ 268.

73.5.2 Vorrang der Losvergabe im Baubereich

3703 Das **Bundesministerium für Verkehr, Bau und Stadtentwicklung** hat in Abstimmung mit dem **Bundesministerium für Wirtschaft und Technologie** und dem **Bundesministerium der Finanzen** in einem Schreiben an das Ministerium für Bauen und Wohnen des Lan-

Vergabe- und Vertragsordnung für Bauleistungen Teil A　　　VOB/A § 4　**Teil 3**

des Nordrhein-Westfalen seine **Haltung zur Vergabe von Bauleistungen an Generalunternehmer (GU) bzw. zur Bevorzugung von Fach- und Teillosvergabe** verdeutlicht:
- ein genereller Mittelstandsschutz verstößt nicht gegen Art. 49 EG
- es ist keine Grundlage dafür gegeben, das Gebot des Vorrangs der Fach und Teillosvergabe eng auszulegen
- Art. 30 Baukoordinierungsrichtlinie enthält keine Umkehrung des Regel/Ausnahmeverhältnisses zwischen Fach- und Teillosvergabe und GU-Vergabe
- bei der Generalunternehmervergabe ist eine generelle Berücksichtigung des Verwaltungsaufwandes nicht möglich.

73.5.3 Teillose im Baubereich

Regelfall der Aufteilung in Teillose werden **nur größere Einzel- oder Gesamtprojekte** sein können. Eine Teilung kann aber nur in Erwägung gezogen werden, wenn die räumliche Teilung in der Weise möglich ist, dass eine klare Trennung der einzelnen Aufgabengebiete sowohl in der Auftragsvergabe als insbesondere in der praktischen Bauausführung eindeutig möglich ist. Gerade die **Möglichkeit der eindeutigen Abgrenzung der Teilleistungen voneinander ist wesentliche Voraussetzung für Klarheit, Vollständigkeit und alle wichtigen Gesichtspunkte umfassende Vertragsverhandlungen.** Eine Missachtung dieses Gebotes würde den Keim späterer Streitigkeiten in sich tragen, da Meinungsverschiedenheiten im Bauvertragswesen in großem Maße dort zu finden sind, wo es um Umfang und Grenzen von Vertragspflichten geht (VK Halle, B. v. 24. 2. 2000 – Az.: VK Hal 02/00). 3704

73.5.4 Bauleistungen verschiedener Handwerks- oder Gewerbezweige

Bauleistungen verschiedener Handwerks- oder Gewerbezweige sind in der Regel nach Fachgebieten oder Gewerbezweigen getrennt zu vergeben (Fachlose). 3705

73.5.4.1 Richtlinie des VHB 2002 zu § 4 Nr. 3 Satz 1

Welche Leistungen zu einem Fachlos gehören, bestimmt sich nach den gewerberechtlichen Vorschriften und der allgemein oder regional üblichen Abgrenzung. 3706

73.5.4.2 Regelung des HVA B-StB 03/2006 zu § 4 Nr. 3 Satz 1

Bei Durchführung der Vergabeverfahren ist die nach § 4 Nr. 3 Satz 1 VOB/A vorgesehene Fachlosvergabe als Regelfall vorzusehen. Bei vergaben ab den EG-Schwellenwerten ist zusätzlich § 97 Abs. 3 GWB zu beachten. Gründe für ein Abweichen sind aktenkundig zu machen und dem Vergabevermerk beizufügen (2.0 Abs. 3). 3707

73.5.4.3 Gewerberechtliche Vorschriften

Die maßgebenden gewerberechtlichen Vorschriften finden sich vor allem in der Handwerksordnung und den Anlagen A und B der Handwerksordnung. 3708

73.5.4.4 VOB/C

Fachlose können auch unter Anwendung der Systematik der VOB/C gebildet werden. 3709

73.5.4.5 Positionspapier des DVA zu Fach- und Teillosen

Der **Deutsche Vergabe- und Vertragsausschuss für Bauleistungen (DVA)** – zuständig für die Fortentwicklung der VOB – hat ein **Positionspapier zu Fach- und Teillosen** veröffentlicht (30. 8. 2000). Danach bestimmt sich nach den gewerberechtlichen Vorschriften und der allgemein oder regional üblichen Abgrenzung, welche Leistungen zu einen Fachlos gehören. In einem **Fachlos werden jene Bauarbeiten zusammengefasst, die von einem baugewerblichen bzw. einem maschinen- oder elektrotechnischen Zweig ausgeführt werden**, unabhängig davon, in welchen Allgemeinen Technischen Vertragsbedingungen (ATV) des Teils C der VOB diese Arbeiten behandelt werden. Fachlose können regional verschieden sein. Allgemein ist es z.B. üblich, Erd-, Maurer-, Beton- und Stahlbetonarbeiten zusammen als ein Fachlos zu vergeben, obgleich sie verschiedenen ATV'en angehören. Die **Fachlosvergabe entspricht damit der Struktur der mit der Erbringung von Bauleistungen befassten Unternehmen.** 3710

73.5.5 Zusammenfassung von Fachlosen (§ 4 Nr. 3 Satz 2)

3711 Aus wirtschaftlichen oder technischen Gründen dürfen nach § 4 Nr. 3 Satz 2 mehrere Fachlose zusammen vergeben werden.

73.5.5.1 Ermessensregelung

3712 Die **Entscheidung** eines öffentlichen Auftraggebers, nach § 4 Nr. 3 Satz 2 VOB/A zu verfahren, **steht in seinem Ermessen** („dürfen ... vergeben werden"), das lediglich **auf fehlerfreie Ausübung hin überprüfbar** ist. Hierzu darf der Auftraggeber den Zweck der Ermessensvorschrift nicht verfehlt haben und muss seine Entscheidung auf sachliche Gründe stützen können, darf mithin nicht willkürlich entschieden haben (OLG Düsseldorf, B. v. 8. 9. 2004 – Az.: VII – Verg 38/04; 2. VK Bund, B. v. 8. 10. 2003 – Az.: VK 2-78/03).

73.5.5.2 Wirtschaftliche Gründe

3713 Die **Zweckmäßigkeit** der Losaufteilung ist immer **auf Grund des Einzelfalls zu beurteilen**. Dabei spielen der **Umfang des Auftrags**, die Gewährleistung in Bezug auf die Durchführung des Auftrags und die **Wirtschaftlichkeit** eine Rolle. Eine **unwirtschaftliche Zersplitterung** wäre gegeben, wenn die Vertragsgemäßheit, insbesondere die Einheitlichkeit der Leistungen, nicht oder nur mit unverhältnismäßigem Aufwand gesichert werden kann oder die Überwachung und Verfolgung von Gewährleistungsansprüchen **ungewöhnlich erschwert** wird (VK Hessen, B. v. 12. 9. 2001 – Az.: 69 d VK – 30/2001; im Ergebnis ebenso 1. VK Bund, B. v. 8. 1. 2004 – Az.: VK 1-117/03).

3714 Das **Vorliegen einer „unwirtschaftlichen Zersplitterung" bedarf jedoch mehr als nur gewisser, nach der Erfahrung zu erwartender Kostennachteile. Dass eine Mehrzahl von Auftraggebern** auch eine Mehrzahl von Gewährleistungsgegnern bedeutet, entspricht dem Wesen einer losweisen Vergabe und **wird vom Gesetz hingenommen.** Gleiches gilt für den Umstand, dass eine losweise Vergabe ein **kostenaufwändigeres Vergabeverfahren** verursachen würde (OLG Düsseldorf, B. v. 8. 9. 2004 – Az.: VII – Verg 38/04).

3715 Das **Ziel einer Gewährleistung aus einer Hand** kann jedoch allein **kein Grund für die Zusammenlegung von Leistung bilden,** weil dieses Anliegen in jedem Fall eine Umgehung des § 4 VOB/A ermöglichen würde (VK Arnsberg, B. v. 31. 1. 2001 – Az.: VK 2-01/2001).

3716 Außerdem sind für alle Überlegungen und Abwägungsgesichtspunkte, die eine Abweichung vom Vorrang der losweisen Vergabe begründen, **konkrete Nachweise erforderlich** (OLG Düsseldorf, B. v. 8. 9. 2004 – Az.: VII – Verg 38/04).

73.5.5.3 Technische Gründe

3717 Als **technisch anerkennungswürdige Gründe** kommen unter anderem **bautechnische Kopplungen benachbarter Baukörper** in Betracht, wobei als entscheidende Parameter die Plausibilität der von der Vergabestelle vorgetragenen technischen Besonderheiten, die einheitliche Betrachtungsweise dieser Besonderheiten insbesondere im Vorfeld der geplanten Ausschreibung, die Übereinstimmung der dargelegten Fakten mit den aktenkundig dokumentierten geotechnischen und geologischen Gutachten und den vorgelegten Bauwerksentwürfen anzusehen sind (2. VK Bund, B. v. 8. 10. 2003 – Az.: VK 2-78/03).

73.5.5.4 Richtlinie des VHB 2002 zu § 4 Nr. 3 Satz 2

3718 Die zusammengefasste Vergabe mehrerer Fachlose oder die Vergabe aller Fachlose an einen Generalunternehmer darf nur unter den Voraussetzungen des § 4 Nr. 3 Satz 2 VOB/A erfolgen. Die **erforderlichen Planungsunterlagen und die eindeutige und vollständige Beschreibung aller Leistungen** müssen **vor der Abgabe der Vergabeunterlagen** an die Bewerber vorliegen.

73.5.5.5 Positionspapier des DVA zu Fach- und Teillosen

3719 Durch die **Bündelung von Fachlosen** in einem Leistungspaket wird es **ermöglicht**,
– fachübergreifend anzubieten,
– den Koordinierungsaufwand zu minimieren und
– Synergieeffekte zu nutzen,

so dass dies zu einem wirtschaftlichen Ergebnis führen kann.

Die Vergabe nach Leistungspaketen kann eine bessere Anpassung an die Anforderungen im 3720
Einzelfall ermöglichen und somit aus technischen oder wirtschaftlichen Gründen in Betracht
kommen (vgl. Nr. 3 und Nr. 5). Kostengünstige Lösungen können im Einzelfall bei Vergabe
nach Leistungspaketen, in Verbindung mit Nebenangeboten sowie mit einer Leistungsbeschreibung mit Leistungsprogramm, erreicht werden.

Eine **Vergabe in Leistungspaketen kann** 3721
– eine einheitliche Gewährleistung für voneinander abhängige Fachlose ermöglichen,
– die Kosten- und Terminsicherheit erhöhen,
– den Koordinierungsaufwand reduzieren.

Die Vergabe in Leistungspaketen kann aber auch den Wettbewerb beschränken. Es gibt allerdings auch Möglichkeiten, dem durch den Vorbehalt einer losweisen Vergabe entgegenzuwirken. 3722

73.5.5.6 Generalunternehmervergabe und Generalübernehmervergabe

Vgl. dazu die Kommentierung zu § 97 GWB RZ 307. 3723

74. § 5 VOB/A – Leistungsvertrag, Stundenlohnvertrag, Selbstkostenerstattungsvertrag

1. Bauleistungen sollen so vergeben werden, dass die Vergütung nach Leistung bemessen wird (Leistungsvertrag), und zwar:
    a) in der Regel zu Einheitspreisen für technisch und wirtschaftlich einheitliche Teilleistungen, deren Menge nach Maß, Gewicht oder Stückzahl vom Auftraggeber in den Verdingungsunterlagen anzugeben ist (Einheitspreisvertrag),
    b) in geeigneten Fällen für eine Pauschalsumme, wenn die Leistung nach Ausführungsart und Umfang genau bestimmt ist und mit einer Änderung bei der Ausführung nicht zu rechnen ist (Pauschalvertrag).
2. Bauleistungen geringeren Umfangs, die überwiegend Lohnkosten verursachen, dürfen im Stundenlohn vergeben werden (Stundenlohnvertrag).
3. (1) Bauleistungen größeren Umfangs dürfen ausnahmsweise nach Selbstkosten vergeben werden, wenn sie vor der Vergabe nicht eindeutig und so erschöpfend bestimmt werden können, dass eine einwandfreie Preisermittlung möglich ist (Selbstkostenerstattungsvertrag).
    (2) **Bei der Vergabe ist festzulegen, wie Löhne, Stoffe, Gerätevorhaltung und andere Kosten einschließlich der Gemeinkosten zu vergüten sind und der Gewinn zu bemessen ist.**
    (3) **Wird während der Bauausführung eine einwandfreie Preisermittlung möglich, so soll ein Leistungsvertrag abgeschlossen werden. Wird das bereits Geleistete nicht in den Leistungsvertrag einbezogen, so ist auf klare Leistungsabgrenzung zu achten.**

74.1 Vergleichbare Regelungen

Eine der Regelung des § 5 VOB/A insgesamt vergleichbare Vorschrift gibt es im Bereich der 3724
VOL/A nicht; § 15 Nr. 1 Abs. 2 VOL/A ist § 5 Nr. 1 im Grundsatz vergleichbar.

74.2 Änderungen in der VOB/A 2006

§ 5 wurde im Rahmen der VOB/A 2006 **nicht geändert**. 3725

74.3 Leistungsvertrag

74.3.1 Einheitspreisvertrag (§ 5 Nr. 1 Buchstabe a))

Bauleistungen sollen in der Regel zu Einheitspreisen für technisch und wirtschaftlich einheit- 3726
liche Teilleistungen, deren Menge nach Maß, Gewicht oder Stückzahl vom Auftraggeber in den

Teil 3 VOB/A § 5   Vergabe- und Vertragsordnung für Bauleistungen Teil A

Verdingungsunterlagen anzugeben ist (Einheitspreisvertrag), vergeben werden. Der **Einheitspreisvertrag stellt also den Regelfall des Leistungsvertrages** dar (BayObLG, B. v. 2. 12. 2002 – Az.: Verg 24/02; VK Thüringen, B. v. 11. 5. 2000 – Az.: 216-4002.20-051/00-SLF).

74.3.1.1 Richtlinie des VHB 2002 zu § 5 Nr. 1 Buchstabe a)
3727   Die Vergütung ist in der Regel nach Einheitspreisen zu bemessen.

74.3.1.2 Verbindlichkeit von Zwischensummen in einem Einheitspreisangebot
3728   Zwischensummen sind bei einem Angebot für einen Einheitspreisvertrag nicht verbindlich (1. VK Bund, B. v. 16. 5. 2002 – Az.: VK 1-21/02).

74.3.2 Pauschalvertrag (§ 5 Nr. 1 Buchstabe b))

74.3.2.1 Inhalt
3729   Während bei Einheitspreisverträgen Mehrleistungen und zusätzlich zum Leistungsverzeichnis ausgeführte Leistungen vergütet werden (§ 2 Nr. 2 VOB/B), zeichnen sich **Pauschalverträge** dadurch aus, dass die **Vergütung** – abgesehen vom Fall des § 2 Nr. 7 VOB/B – **nicht abhängig von der tatsächlich ausgeführten Leistung** ist, sondern **vorweg festgelegt wird**. Die den **Einheitspreisvertrag kennzeichnenden Feststellungen des Umfangs der tatsächlich ausgeführten Leistung** (Aufmaß) werden **überflüssig** (VK Baden-Württemberg, B. v. 7. 3. 2003 – Az.: 1 VK 06/03, 1 VK 11/03). Die **Abrechnung der Arbeiten** wegen eines Verzichts auf Mengennachweise werden also **erheblich vereinfacht** (BayObLG, B. v. 2. 12. 2002 – Az.: Verg 24/02).

3730   Pauschalverträge dürfen aus verschiedenen Erwägungen nur unter den in § 5 genannten Voraussetzungen geschlossen werden. Zunächst soll die **Gefahr vermieden** werden, dass bei der Bauausführung erkannt wird, dass zusätzliche Leistungen oder Mehrleistungen erforderlich werden und die Vertragspartner darüber in Streit geraten, **wem die Abweichungen zuzurechnen sind** – dem Auftraggeber, weil er die Grundlagen für die Bauausführung falsch ermittelt hat oder dem Auftragnehmer, weil er das Angebot falsch zusammengestellt hat. Hinzu kommt die **Gefahr,** dass der Auftragnehmer versucht sein kann, **überraschende Mehrleistungen durch unbemerkte oder geduldete Schlechtleistung auszugleichen** (VK Münster, B. v. 22. 8. 2002 – Az.: VK 07/02, B. v. 10. 2. 2004 – Az.: VK 01/04; BayObLG, B. v. 2. 12. 2002 – Az.: Verg 24/02).

74.3.2.2 Bieterschützende Vorschrift
3731   Die **Verletzung des § 5 Nr. 1 lit. b) VOB/A kann sehr wohl im Nachprüfungsverfahren** geltend gemacht werden. § 97 Abs. 7 GWB ist wegen der grundlegenden Bedeutung der Prinzipien der Gleichbehandlung und des Wettbewerbs für das gesamte Vergaberecht weit auszulegen. Es ist daher eher als Ausnahme anzusehen, dass auf die Einhaltung einer „Bestimmung über das Vergabeverfahren" von Seiten der Bieter kein Anspruch, mithin kein eigenes Recht besteht (2. VK Mecklenburg-Vorpommern, B. v. 27. 11. 2001 – Az.: 2 VK 15/01).

74.3.2.3 Pauschalvertrag auch für Teile einer Leistung
3732   Erlaubt sind Pauschalpreisvereinbarungen auch für Teile einer Bauleistung (BayObLG, B. v. 2. 12. 2002 – Az.: Verg 24/02).

74.3.2.4 Leistung genau bestimmt/Änderungen bei der Ausführung
3733   Ein Pauschalvertrag darf u. a. nur dann geschlossen werden, wenn die **Leistung nach ihrem Umfang genau bestimmt** ist und **mit einer Änderung bei der Ausführung nicht zu rechnen ist** (2. VK Mecklenburg-Vorpommern, B. v. 27. 11. 2001 – Az.: 2 VK 15/01; VK Baden-Württemberg, B. v. 3. 12. 2001 – Az.: 1 VK 38/01).

3734   Diese **strengen Anforderungen** beruhen darauf, dass mit der Pauschalpreisvereinbarung die Vordersätze sozusagen „festgeschrieben" werden, der **Auftragnehmer also die vorgesehene Leistung grundsätzlich ohne Rücksicht darauf auszuführen hat, welche Mengen dafür tatsächlich erforderlich sind,** was aber auch zum Nachteil des Auftraggebers im Falle von Mindermengen ausschlagen kann (VK Baden-Württemberg, B. v. 3. 12. 2001 – Az.: 1 VK 38/01).

Vergabe- und Vertragsordnung für Bauleistungen Teil A   VOB/A § 5 **Teil 3**

Die Voraussetzungen einer Pauschalierung **dürften bei der Wasserhaltung in der Regel** 3735
nicht vorliegen (VK Nordbayern, B. v. 22. 12. 2004 – Az.: 320.VK – 3194-49/04).

74.3.2.4.1 Alternativ- oder Eventualpositionen im Leistungsverzeichnis. 3736
74.3.2.4.1.1 Grundsatz. Die Rechtsprechung ist insoweit nicht einheitlich.

Nach einer Auffassung steht das **Vorhandensein von Alternativ- oder Eventualposi-** 3737
tionen im Leistungsverzeichnis der Überzeugung des Auftraggebers, wonach mit Änderungen bei der Ausführung nicht zu rechnen ist, nicht entgegen (1. VK Bund, B. v. 11. 6. 2002 – Az.: VK 1-25/02).

Demgegenüber steht die Auffassung, dass Eventualpositionen nur solche Leistungen beschrei- 3738
ben, die erfahrungsgemäß bei der Ausführung der vertraglichen Leistung erforderlich werden können, über deren Notwendigkeit aber trotz aller örtlichen und fachlichen Kenntnisse erst bei der Durchführung der Leistung entschieden werden kann. Die Vergütung einer Eventualposition erfolgt nach dem angebotenen Einheitspreis und der tatsächlich ausgeführten Leistung (§ 2 Nr. 2 VOB/B). Bei Vereinbarung einer Pauschalsumme ist dagegen eine Leistung unabhängig von der tatsächlichen Ausführung zu vergüten. Daher **kann eine mit Eventualpositionen beschriebene Leistung grundsätzlich nicht durch eine Pauschalsumme ersetzt werden, wenn die Bieterreihung von der Berücksichtigung der Eventualpositionen abhängt und damit ein preislicher Vergleich zwischen einem Pauschalangebot und einem Angebot mit Eventualpositionen letztendlich nicht möglich** ist (VK Nordbayern, B. v. 23. 2. 2004 – Az.: 320.VK – 3194-03/04).

74.3.2.4.1.2 Vergütungsänderung bei Ausführung von Alternativ- oder Eventualpo- 3739
sitionen eines Detail-Pauschalpreisvertrages? Weicht im Rahmen der Bauausführung die ausgeführte Leistung von der vorgesehenen ab, so bleibt die Vergütung nach der in § 2 Nr. 7 Abs. 1 VOB/B enthaltenen Regelung beim **Pauschalpreisvertrag bis zur Grenze der Zumutbarkeit – § 242 BGB – und damit grundsätzlich unverändert.** Bei einer Konstellation, wo sich der Auftragnehmer aufgrund der Eventualpositionen im Leistungsverzeichnis von vornherein auch bei der **Pauschalpreiskalkulation auf die Eventualpositionen einrichten kann**, wird er sich im Falle von deren Realisation **nicht auf die Unzumutbarkeit des vereinbarten Pauschalpreises berufen können** (1. VK Bund, B. v. 11. 6. 2002 – Az.: VK 1-25/02).

74.3.2.5 Kalkulationsirrtümer bei Ermittlung des Pauschalpreises

Während der öffentliche Auftraggeber bei der Prüfung der Angebote gemäß § 23 Nr. 3 3740
Abs. 1 VOB/A gehalten ist, bei widersprüchlichen Angaben zwischen Gesamtbetrag und Einheitspreis anhand des Einheitspreises den korrekten Preis zu ermitteln und ggf. aus Billigkeitsgründen sogar verpflichtet sein kann, Einheitspreise, die in offensichtlichem Missverhältnis zu der verlangten Leistung stehen, in einem Aufklärungsgespräch mit dem Bieter gem. § 24 Nr. 1 Abs. 1 VOB/A aufzuklären, ist dies **bei einem Pauschalangebot weder geboten noch gestattet.** Gemäß § 23 Nr. 3 Abs. 2 VOB/A gilt bei Vergabe für eine Pauschalsumme diese ohne Rücksicht auf etwa angegebene Einzelpreise. Diese Regel gründet sich darauf, dass bei einem Pauschalpreis seitens des Auftraggebers nicht festgestellt werden kann, inwieweit er auf detailliert ermittelten Einzelpreisen basiert. Selbst der Bieter, der irrtümlich eine von ihm rechnerisch z. B. aus unrichtigen Einzelpreisen ermittelte Pauschalsumme offeriert, ist an sie gebunden. Es verbliebe ihm nur die Möglichkeit der Anfechtung seines Angebotes, sofern die hierzu erforderlichen Voraussetzungen der §§ 119 ff. BGB gegeben sind. Diese sind aber bei einem Kalkulationsirrtum nur in den seltensten Fällen vorhanden. **Jeder Unternehmer, der eine entsprechende Pauschalsumme anbietet, muss wissen, auf welches unternehmerische Risiko er sich einlässt. Der Bieter muss also den eingetragenen Pauschalpreis gegen sich gelten lassen und die Auftraggeberin ist gehalten, diesen Preis zu berücksichtigen, ungeachtet der Tatsache, dass er auf einem Kalkulationsirrtum beruht** (VK Lüneburg, B. v. 4. 7. 2003 – Az.: 203-VgK-11/2003).

74.3.2.6 Pauschalangebot als Nebenangebot

74.3.2.6.1 Inhalt. Ein **Pauschalangebot auf die Ausschreibung eines Einheitspreis-** 3741
vertrages beinhaltet keine technisch vom Leistungsverzeichnis abweichende Lösung, sondern vielmehr eine **Abweichung hinsichtlich des Bauvertragstyps**: Angebot eines Pauschalvertrages statt – wie in der Ausschreibung vorgesehen – eines Einheitspreisvertrages. Der Sache nach handelt es sich um ein **Nebenangebot** (1. VK Bund, B. v. 11. 6. 2002 – Az.: VK 1-25/02; 1. VK Sachsen, B. v. 1. 2. 2002 – Az.: 1/SVK/131-01).

Teil 3 VOB/A § 5   Vergabe- und Vertragsordnung für Bauleistungen Teil A

3742 **74.3.2.6.2 Zulässigkeit.** Die **Voraussetzungen für einen Pauschalvertrag bestehen unabhängig davon, ob die Pauschalierung auf die Leistungsbeschreibung des Auftraggebers oder auf ein Nebenangebot eines Bieters zurückgeht.** Der Wortlaut des § 5 Nr. 1 Buchstabe b) VOB/A unterscheidet nicht zwischen Haupt- und Nebenangeboten. Das wäre auch nicht sachgerecht, weil die Gefahren eines Pauschalangebots unabhängig davon sind, auf wen die Pauschalierung zurückzuführen ist (VK Münster, B. v. 22. 8. 2002 – Az.: VK 07/02).

3743 **74.3.2.6.3 Pauschalvergabe von Brückenbauleistungen im Bundesfernstraßenbau.** Pauschalpreisvereinbarungen **können zwar auch bei Nebenangeboten im Interesse des Auftraggebers liegen,** weil die Verantwortung für die Ausführbarkeit der Leistung auf der Grundlage eines Nebenangebots mit den darin enthaltenen Mengen ausschließlich der Bieter trägt. Eine **Ausnahme** kann sich jedoch ergeben, wenn die ausgeführte Leistung von der vertraglichen so erheblich abweicht, dass ein Festhalten an der Pauschalsumme nach Treu und Glauben unzumutbar ist (§ 2 Nr. 7 Abs. 1 VOB/B). So soll eine **Pauschalvergabe von Brückenbauleistungen im Bundesfernstraßenbau nur** vorgesehen werden, **wenn bei Vertragsabschluß alle technisch und preislich bedeutsamen Abmessungen und Baustoffmengen für das Bauwerk festgelegt werden können.** Das gilt auch für die Fälle, in denen ein Bieter ein Nebenangebot für den Verwaltungsentwurf mit etwaigen korrigierten Mengen zu einer Pauschalsumme angeboten hat. Um das Risiko einer nachträglichen Preisanpassung bei Pauschalvergaben auszuschließen, ist zumindest in aller Regel Voraussetzung für eine Pauschalvereinbarung, dass der Auftragnehmer die volle Verantwortung für die von ihm erstellten Unterlagen übernimmt und vertraglich festgelegt wird, dass eine Preisanpassung im Sinne von § 2 Nr. 7 Abs. 1 Satz 1 und 3 VOB/B ausgeschlossen ist. Eine Nachverhandlung über eine solche Vereinbarung ist ohne Verstoß gegen § 24 Nr. 3 VOB/A nicht möglich.

3744 Wird das **Risiko** einer Anpassung der vereinbarten Pauschale gem. § 2 Nr. 7 Abs. 1 VOB/B **nicht ausgeschlossen,** so liefern für den unerwarteten, jedoch nicht auszuschließenden Fall der erheblichen Abweichung der ausgeführten von der vereinbarten Leistung die Einheitspreise (bei einem Detail-Pauschalvertrag) den Anhaltspunkte für eine angemessene Änderung der Vergütung – § 2 Nr. 7 VOB/B – (OLG Frankfurt, B. v. 26. 3. 2002 – Az.: 11 Verg 3/01).

3745 **74.3.2.6.4 Leistung genau bestimmt/Änderungen bei der Ausführung.** Ein Pauschalvertrag darf u. a. nur dann geschlossen werden, wenn die Leistung nach ihrem Umfang genau bestimmt ist und mit einer Änderung bei der Ausführung nicht zu rechnen ist. Diese Voraussetzungen gelten auch für ein Pauschalangebot als Nebenangebot (2. VK Mecklenburg-Vorpommern, B. v. 27. 11. 2001 – Az.: 2 VK 15/01; VK Baden-Württemberg, B. v. 3. 12. 2001 – Az.: 1 VK 38/01).

3746 In einem Pauschalpreis-Nebenangebot müssen also – schon zum Vergleich bei der Angebotswertung nach § 25 VOB/A – **alle Fakten enthalten sein, die zur einwandfreien Ausführung der Leistung erforderlich werden.** Fehlt es an dieser Voraussetzung, ist es nicht wertbar. Die genaue Bestimmtheit der Ausführungsart erfordert, dass **zwischen Auftraggeber und Auftragnehmer zur Zeit des Vertragsschlusses völlige Klarheit darüber herrscht, in welcher Art und Weise das Bauvorhaben und seine Einzelheiten auszuführen sind.** Hierzu gehören nicht nur die Gestaltung, sondern auch alle damit zusammenhängenden Entscheidungen wie der hinreichenden Ermittlung der Vordersätze, der Materialart, des Arbeitseinsatzes und der Konstruktion, vor allem in statischer Hinsicht. Diese Forderung erhöht den vom Auftraggeber vorgegebenen Anspruch der eindeutigen und erschöpfenden Beschreibung der Leistung (1. VK Sachsen, B. v. 1. 2. 2002 – Az.: 1/SVK/131-01, B. v. 13. 2. 2002 – Az.: 1/SVK/002-02, B. v. 13. 2. 2002 – Az.: 1/SVK/003-02).

3747 Es obliegt deshalb der **Pflicht des Auftraggebers, eingehend zu prüfen, ob diese Voraussetzungen,** nämlich einer genauen Bestimmbarkeit der Leistung nach Ausführungsart und -umfang einerseits und das Ausscheiden einer Änderung bei der Ausführung andererseits, **tatsächlich gegeben sind.** Die **Begründung, dass mit der Pauschalierung die Kostensicherheit für den Auftraggeber gegeben sei, genügt dem nicht** und stellt keine Begründung zur Angemessenheit des Pauschalpreises dar (VK Halle, B. v. 25. 4. 2001 – Az.: VK Hal 04/01).

3748 Preislich vorteilhafter ist für den Auftraggeber **eine Pauschalierung vielmehr in der Regel nur, wenn die Ersparnis in jeder denkbaren Variante einer noch vertragsgerechten Leistungserbringung größer ist, als wenn nach Einheitspreisen abgerechnet würde.** Ist dies nach den Berechnungen der Vergabestelle nicht der Fall, kann das Nebenangebot unberücksichtigt bleiben (BayObLG, B. v. 2. 12. 2002 – Az.: Verg 24/02).

74.3.2.7 Beweislast

Der **Unternehmer hat die Beweislast, wenn er die Vereinbarung einer bestimmten Vergütung behauptet und diese Vergütung einklagt.** Behauptet der Besteller, es sei eine andere, niedrigere Vergütung vereinbart, so muss der Unternehmer seine eigene Behauptung beweisen und die Behauptung des Bestellers widerlegen. Das folgt aus dem Grundsatz, dass der **Kläger die seinen Anspruch begründenden Tatsachen zu beweisen hat.** Diese **Verteilung der Beweislast** gilt auch bei einem Bauvertrag, für den die Geltung der VOB vereinbart ist und **gilt für die Frage, ob ein Pauschal- oder ein Einheitspreisvertrag geschlossen worden ist.** Der VOB ist nicht zu entnehmen, dass nach Einheitspreisen immer dann abzurechnen wäre, wenn sich keine Vereinbarung über die Berechnungsart der Vergütung nicht feststellen lässt. In einem Bauvertrag wird nämlich in der Regel sowohl die Art der Berechnung als auch die Höhe der Vergütung vereinbart. Es lässt sich daher nicht sagen, im Baugewerbe würden die Vertragsteile schon deshalb im Regelfall keine Vereinbarung über die Berechnungsart treffen, weil die Abrechnung nach Einheitspreisen von ihnen als selbstverständlich vorausgesetzt werde. Vielmehr ist der Einheitspreisvertrag lediglich eine von mehreren in der VOB zur Wahl gestellten und auch von den Vertragsparteien genutzten Möglichkeiten für die Gestaltung von Bauverträgen. Die Abrechnung nach Einheitspreisen beruht somit nicht auf einem Handelsbrauch, dessen Wesen darin besteht, ohne Weiteres Vertragsinhalt zu werden. Sie setzt vielmehr eine entsprechende Abrede voraus (BGH, Urteil vom 9. 4. 1981 – Az: VII ZR 262/80).

3749

74.3.2.8 VHB 2002

74.3.2.8.1 Richtlinie zu § 5 Nr. 1 Buchstabe b). Pauschalpreise sind nur in geeigneten Fällen zu vereinbaren. Zuvor ist sorgfältig zu prüfen, ob

3750

– die Leistungen nach Ausführungsart und Umfang genau bestimmt und

– Änderungen bei der Ausführung nicht zu erwarten

sind.

Diejenigen Teile der Leistungen, deren Art oder Umfang sich im Zeitpunkt der Vergabe noch nicht genau bestimmen lassen – z. B. Erd- oder Gründungsarbeiten – sind zu Einheitspreisen zu vergeben.

3751

Weder die Vergabe aufgrund eines Leistungsprogramms noch die zusammengefaßte Vergabe sämtlicher Leistungen an einen Auftragnehmer zwingt zur Vereinbarung eines Pauschalpreises.

3752

74.3.2.8.2 Bewerbungsbedingungen. Nach Ziffer 5.4 der Bewerbungsbedingungen für die Vergabe von Bauleistungen sind Nebenangebote, soweit sie Teilleistungen (Positionen) des Leistungsverzeichnisses beeinflussen (ändern, ersetzen, entfallen lassen, zusätzlich erfordern), **nach Mengenansätzen und Einzelpreisen aufzugliedern (auch bei Vergütung durch Pauschalsumme.**

3753

74.3.2.9 HVA B-StB

74.3.2.9.1 Bewerbungsbedingungen. Nach Ziffer 5.4 der Bewerbungsbedingungen für die Vergabe von Bauleistungen im Straßen- und Brückenbau (Ausgabe März 2006) sind Nebenangebote oder Änderungsvorschläge, soweit sie Teilleistungen (Positionen) des Leistungsverzeichnisses beeinflussen (ändern, ersetzen, entfallen lassen, zusätzlich erfordern), **nach Mengenansätzen und Einzelpreisen aufzugliedern (auch bei Vergütung durch Pauschalsumme).**

3754

74.3.2.9.2 Abrechnung. Die Richtlinien für das Abwickeln von Verträgen des HVA B-StB (Teil 3) enthalten in Nr. 43–48 detaillierte Anweisungen zur Abrechnung pauschalierter Leistungen.

3755

74.4 Stundenlohnvertrag, Selbstkostenerstattungsvertrag

Stundenlohnvertrag und Selbstkostenerstattungsvertrag spielen in der Vergaberechtsprechung keine Rolle. Die Abrechnung von Stundenlohnarbeiten (VOB/B) beschäftigt jedoch häufiger die Gerichte.

3756

75. § 5 b VOB/A – Rahmenvereinbarung

1. Eine Rahmenvereinbarung ist eine Vereinbarung mit einem oder mehreren Unternehmern, in der die Bedingungen für die Aufträge festgelegt werden, die im Laufe eines bestimmten Zeitraums vergeben werden sollen, insbesondere über den in Aussicht genommenen Preis und gegebenenfalls die in Aussicht genommene Menge.
2. (1) Rahmenvereinbarungen können als Auftrag im Sinne dieser Vergabebestimmungen angesehen werden und aufgrund eines Verfahrens nach § 3 b Nr. 1 abgeschlossen werden.
   (2) § 3 b Nr. 2 Buchstabe g ohne vorherigen Ist eine Rahmenvereinbarung in einem Verfahren nach § 3 b Nr. 1 abgeschlossen worden, so kann ein Einzelauftrag aufgrund dieser Rahmenvereinbarung nach Aufruf zum Wettbewerb vergeben werden.
   (3) Ist eine Rahmenvereinbarung nicht in einem Verfahren nach § 3 b Nr. 1 abgeschlossen worden, so muss der Vergabe des Einzelauftrags ein Aufruf zum Wettbewerb vorausgehen.
3. Rahmenvereinbarungen dürfen nicht dazu missbraucht werden, den Wettbewerb zu verhindern, einzuschränken oder zu verfälschen.

75.1 Vergleichbare Regelungen

3757   Der Vorschrift des § 5 b VOB/A vergleichbar sind im Bereich der VOL § 5 b VOL/A. Die Kommentierungen zu dieser Vorschrift kann daher ergänzend zu der Kommentierung des § 5 b herangezogen werden.

75.2 Änderungen in der VOB/A 2006

3758   § 5 b wurde im Rahmen der VOB/A 2006 **nicht geändert.**

75.3 Vergaberechtliche Anforderungen an den Abschluss von Rahmenvereinbarungen

3759   Zu den vergaberechtlichen Anforderungen an den Abschluss von Rahmenvereinbarungen vgl. die Kommentierung zu § 99 GWB RZ 1194.

75.4 Vergabeverfahren (§ 5 b Nr. 2)

3760   Ist eine Rahmenvereinbarung in einem Verfahren nach § 3 b Nr. 1 abgeschlossen worden, so kann ein Einzelauftrag aufgrund dieser Rahmenvereinbarung nach § 3 b Nr. 2 Buchstabe g) ohne vorherigen Aufruf zum Wettbewerb vergeben werden. Ist eine Rahmenvereinbarung nicht in einem Verfahren nach § 3 b Nr. 1 abgeschlossen worden, so muss der **Vergabe des Einzelauftrags ein Aufruf zum Wettbewerb vorausgehen** (OLG Düsseldorf, B. v. 26. 7. 2002 – Az.: Verg 28/02).

75.5 Analoge Anwendung des § 5 b auf andere Öffentliche Auftraggeber?

3761   Die so genannten b-Paragraphen der VOB/A sind zusätzliche Bestimmungen nach der EG-Sektorenrichtlinie und galten nur für die darunter fallenden – privaten – Auftraggeber im Bereich Wasser-, Energie- und Verkehrsversorgung sowie im Telekommunikationssektor. Schon diese Besonderheit spricht gegen eine entsprechende Anwendung auf andere Öffentliche Auftraggeber. Es ist **keine die analoge Anwendung erlaubende Regelungslücke** zu ersehen. Vielmehr drängt sich auf, dass **eine nicht übertragbare Spezialregelung für die Sektorenauftraggeber** vorliegt, die gerade ihnen als Privaten durch Zuerkennung etwas erweiterten Freiraums eine besondere Behandlung angedeihen lässt (KG Berlin, B. v. 19. 4. 2000 – Az.: KartVerg 6/00).

76. § 6 VOB/A – Angebotsverfahren

1. Das Angebotsverfahren ist darauf abzustellen, dass der Bewerber die Preise, die er für seine Leistungen fordert, in die Leistungsbeschreibung einzusetzen oder in anderer Weise im Angebot anzugeben hat.
2. Das Auf- und Abgebotsverfahren, bei dem vom Auftraggeber angegebene Preise dem Auf- und Abgebot der Bieter unterstellt werden, soll nur ausnahmsweise bei regelmäßig wiederkehrenden Unterhaltungsarbeiten, deren Umfang möglichst zu umgrenzen ist, angewandt werden.

76.1 Vergleichbare Regelungen

Eine der Vorschrift des § 6 VOB/A vergleichbare Regelung gibt es im Bereich der VOL nicht.   3762

76.2 Änderungen in der VOB/A 2006

§ 6 wurde im Rahmen der VOB/A 2006 **nicht geändert**.   3763

76.3 Angebotsverfahren (§ 6 Nr. 1)

76.3.1 Verknüpfung zu § 21

Das **Erfordernis der Preisangabe** findet sich **nicht nur in § 21 Nr. 1 Abs. 1 Satz 3 VOB/A, sondern auch in § 6 Nr. 1 VOB/A.** Danach ist das Angebotsverfahren so auszugestalten, dass der Bewerber die Preise, die er für seine Leistungen erfordert, in das Leistungsverzeichnis einzusetzen oder in anderer Weise im Angebot anzugeben hat (VK Lüneburg, B. v. 25. 11. 2002 – Az.: 203-VgK-27/ 2002; VK Südbayern, B. v. 15. 6. 2001 – Az.: 18-05/01).   3764

76.4 Auf- und Abgebotsverfahren (§ 6 Nr. 2)

Das Auf- und Abgebotsverfahren, bei dem vom Auftraggeber angegebene Preise dem Auf- und Abgebot der Bieter unterstellt werden, soll nur ausnahmsweise bei regelmäßig wiederkehrenden Unterhaltungsarbeiten, deren Umfang möglichst zu umgrenzen ist, angewandt werden.   3765

76.4.1 Inhalt

Beim Auf- und Abgebotsverfahren nach § 6 Nr. 2 VOB/A sind vom Auftraggeber die Art der Leistung und die Preise vorzugeben. Der Bieter hat das Auf- und Abgebot, also die preislichen Änderungen, sowie die Stundenverrechnungssätze anzugeben.   3766

Der öffentliche Auftraggeber **bündelt** beim Auf- und Abgebotsverfahren **kleine und kleinste Baumaßnahmen,** um   3767
- sie einem geordneten Wettbewerb zuzuführen,
- den Verwaltungsaufwand zu minimieren,
- einen wirtschaftlichen Preis zu erzielen und
- eine Vielzahl von freihändigen Vergaben zu vermeiden.

76.4.2 Bedeutung in der Rechtsprechung

Das Auf- und Abgebotsverfahren des § 6 Nr. 2 VOB/A **spielt in der Rechtsprechung keine Rolle.** Dies liegt im wesentlichen daran, dass das Auf- und Abgebotsverfahren in der Praxis nur bei regelmäßig wiederkehrenden Unterhaltungsarbeiten – im Rahmen so genannter Zeitverträge – Anwendung findet und **bei diesen Zeitverträgen die Auftragswerte deutlich unter den Schwellenwerten der Vergabeverordnung** liegen.   3768

Teil 3 VOB/A § 6   Vergabe- und Vertragsordnung für Bauleistungen Teil A

3769   Die Anwendung des Auf- und Abgebotsverfahren muss im Umfang begrenzt bleiben. Ein Betrag von 600 000–700 000 Euro überschreitet bei weitem die **Geringfügigkeitsgrenze,** bei der die Ausnahmeregelung des § 6 Nr. 2 VOB/A Anwendung finden darf. Als Indiz dafür kann die Obergrenze von **10 000 € brutto** im Vergabehandbuch des Bundes dienen (VK Berlin, B. v. 10. 2. 2005 – Az.: VK – B 2-74/04).

76.4.3 Bedeutung in der Praxis

3770   Das Auf- und Abgebotsverfahren findet in der Praxis nur bei regelmäßig wiederkehrenden Unterhaltungsarbeiten – im Rahmen so genannter Zeitverträge – Anwendung. **Insbesondere die Finanzbauverwaltungen der Länder,** die für die Hochbauaufgaben des Bundes verantwortlich ist, setzen dieses Instrument ein.

76.4.4 Bindung des Auftraggebers

3771   Leistungen, die im Rahmenvertrag enthalten sind, dürfen grundsätzlich keinem anderen Unternehmer in Auftrag gegeben werden, als dem, mit dem der Rahmenvertrag abgeschlossen wurde. Der **Auftraggeber ist also an den Rahmenvertrag gebunden.**

76.4.5 Zeitverträge

76.4.5.1 Zeitverträge als Rahmenvereinbarungen

3772   Zeitverträge sind inhaltlich Rahmenvereinbarungen im Sinne der § 99 Abs. 4 GWB, § 5 b VOB/A und § 5 b VOL/A.

3773   Vergaberechtlich sind also insbesondere die in der Kommentierung zu § 99 GWB RZ 1194 dargestellten Bedingungen zu beachten.

76.4.5.2 VHB 2002 zu Zeitverträgen

3774   **76.4.5.2.1 Richtlinie zu § 6 Nr. 2.** Die wichtigsten Regelungen der Richtlinie zu § 6 Nr. 2 VOB/A sind:

3775   Zeitvertragsleistungen können entweder im
– Angebotsverfahren nach § 6 Nr. 1 VOB/A oder im
– Auf- und Abgebotsverfahren nach § 6 Nr. 2 VOB/A
vergeben werden.

3776   Beim Angebotsverfahren nach § 6 Nr. 1 VOB/A sind Art und Umfang der Leistung vom Auftraggeber vorzugeben; Preise sind vom Bieter anzugeben. Beim Auf- und Abgebotsverfahren nach § 6 Nr. 2 VOB/A sind vom Auftraggeber die Art der Leistung und die Preise vorzugeben. Der Bieter hat das Auf- und Abgebot sowie die Stundenverrechnungssätze anzugeben.

3777   Gegenstand des Rahmenvertrages sollen nur Teilleistungen werden, die für die Ausführung der Bauunterhaltungsarbeiten voraussichtlich benötigt werden.

3778   Im Einzelauftrag sind Art und Umfang der jeweils auszuführenden Leistungen und die Ausführungsfristen festzulegen. Für die erforderlichen Teilleistungen sind die Texte und die Einheitspreise aus dem Leistungsverzeichnis des Rahmenvertrages zu übernehmen. Die auszuführenden Mengen sind anzugeben.

3779   **76.4.5.2.2 Vergabeunterlagen.** Bei der Vergabe sind die Einheitlichen Verdingungsmuster – EVM(Z) – zu verwenden.

76.4.5.3 Zulässigkeit von Umsatzrabatten

3780   **Im Grundsatz** ist es **sachgerecht und nicht zu beanstanden,** dass der öffentliche Auftraggeber **Umsatzrabatte nach bestimmten Jahresumsatzzahlen gestaffelt bei den Bietern abfragt.** Je nachdem, ob und welche Angaben die Bieter hierzu machen, kann sich ein bestimmtes Angebot als wirtschaftlich vorzugswürdig erweisen. **Voraussetzung** für eine vergaberechtskonforme Angebotswertung ist dann jedoch, dass **die den Rabatten zugrunde gelegten (gestaffelten) Umsätze** im Rahmen der von der Vergabestelle vorzunehmenden Prognose genügend abgesichert sind, das heißt, **mit genügender Wahrscheinlichkeit auch erreicht werden können** (OLG Düsseldorf, B. v. 1. 10. 2003 – Az.: Verg 45/03).

77. § 7 VOB/A – Mitwirkung von Sachverständigen

1. Ist die Mitwirkung von besonderen Sachverständigen zweckmäßig, um
   a) die Vergabe, insbesondere die Verdingungsunterlagen, vorzubereiten oder
   b) die geforderten Preise einschließlich der Vergütungen für Stundenlohnarbeiten (Stundenlohnzuschläge, Verrechnungssätze) zu beurteilen oder
   c) die vertragsgemäße Ausführung der Leistung zu begutachten,

   so sollen die Sachverständigen von den Berufsvertretungen vorgeschlagen werden; diese Sachverständigen dürfen weder unmittelbar noch mittelbar an der betreffenden Vergabe beteiligt sein.
2. Sachverständige im Sinne von Nummer 1 sollen in geeigneten Fällen auf Antrag der Berufsvertretungen gehört werden, wenn dem Auftraggeber dadurch keine Kosten entstehen.

77.1 Vergleichbare Regelungen

Der **Vorschrift des § 7 VOB/A vergleichbar** sind im Bereich der VgV § 16 VgV – im Grundsatz –, im Bereich der VOF § 6 VOF und im Bereich der VOL § 6 VOL/A. Die Kommentierungen zu diesen Vorschriften können daher ergänzend zu der Kommentierung des § 7 herangezogen werden. 3781

77.2 Änderungen in der VOB/A 2006

§ 7 wurde im Rahmen der VOB/A 2006 **nicht geändert**. 3782

77.3 Bieterschützende Vorschrift

Schon an dem Wortlaut des § 7 VOB/A, der **keine Soll-, sondern eine Mussvorschrift** enthält, wird erkennbar, dass es sich um eine zwingende und im Ergebnis bieterschützende Norm handelt (2. VK Bund, B. v. 16. 9. 2003 – Az.: VK 2-70/03; 2. VK Bund, B. v. 7. 5. 2003 – Az.: VK 2-22/03). 3783

Die **Vorschrift trägt dem Umstand Rechnung, dass ein fairer und von leistungsfremden Einflüssen freier Bieterwettbewerb nur dann gewährleistet ist, wenn einzelne Bieter den öffentlichen Auftraggeber nicht zugleich bei der Vorbereitung oder Durchführung der Vergabe sachverständig unterstützen**. Eine derartige Mitwirkung verschafft dem betreffenden Bieter nämlich die Möglichkeit, im Rahmen des ihm erteilten Sachverständigenauftrags Einfluss auf das Vergabeverfahren (z. B. auf den Inhalt der Verdingungsunterlagen oder das Ergebnis der Angebotswertung) zu nehmen, und vermittelt ihm aufgrund seines Wissensvorsprungs zugleich einen Wettbewerbsvorteil gegenüber allen anderen Bewerbern um den ausgeschriebenen Auftrag (1. VK Sachsen, B. v. 25. 11. 2004 – Az.: 1/SVK/110-04; B. v. 18. 11. 2004 – Az.: 1/SVK/108-04). 3784

77.4 Einschaltung als Ermessensentscheidung

Wann die Mitwirkung eines Sachverständigen zweckmäßig im Sinne dieser Vorschrift ist, wird **grundsätzlich in das Ermessen** des den Sachverständigen beauftragenden Beteiligten, also **des Auftraggebers gestellt** (OLG Düsseldorf, B. v. 19. 1. 2005 – Az.: VII – Verg 58/04; VK Lüneburg, B. v. 11. 1. 2005 – Az.: 203-VgK-55/2004; B. v. 31. 5. 2002 – Az.: 203-VgK-09/2002). Gegebenenfalls **muss der öffentliche Auftraggeber diesen Weg auch einschlagen**, soweit die fachlichen Vorfragen nicht anders zu klären sind oder der Auftraggeber sie nicht selbst klären will (OLG Düsseldorf, B. v. 5. 10. 2000 – Az.: Verg 14/00; VK Lüneburg, B. v. 11. 1. 2005 – Az.: 203-VgK-55/2004). 3785

So kann etwa **bei komplexen Beschaffungen** nach den **Maßstäben der Wissenschaft eine wissenschaftliche Vorstudie** für die Beurteilung einer Leistung **zu fordern** gewesen sein. Es kann aber auch – im Rahmen eines fairen Vergabewettbewerbs – **zulässig sein, nur** 3786 eine vertretbare Vergabeentscheidung zu treffen, indem z. B. Arbeitsproben der Bieter in Augenschein genommen und sachverständig durch eigenes Personal geprüft, Erfahrungen anderer Auftraggeber mit einem vergleichbaren Auftrag ausgewertet und die daraus gezogenen Schlussfolgerungen durch eine Rückfrage bei einem anerkannten Fachmann verifiziert werden (OLG Düsseldorf, B. v. 19. 1. 2005 – Az.: VII – Verg 58/04).

77.5 Funktionaler Begriff des Sachverständigen

3787   Die Rechtsprechung hierzu ist im Ergebnis übereinstimmend, in der Begründung aber nicht einheitlich.

77.5.1 Grundsatz

3788   Der Sachverständigenbegriff mag sich von seiner Entstehungsgeschichte her an dem öffentlich bestellten und vereidigten Sachverständigen orientiert haben, ist aber nicht auf diesen Personenkreis beschränkt. Der **Begriff des Sachverständigen ist vielmehr funktional zu verstehen** (2. VK Bund, B. v. 6. 6. 2005 – Az.: VK 2-33/05; B. v. 7. 5. 2003 – Az.: VK 2-22/03 – zu § 6 VOL/A). Dabei kann es nicht darauf ankommen, ob die Sachverständigentätigkeit von einer natürlichen Person oder von einem Unternehmen in der Form einer juristischen Person ausgeübt wird. Eine **Begrenzung des Anwendungsbereichs** lässt sich weder aus dem Wortlaut noch aus dem Zweck der Vorschrift herleiten, eine Trennung zwischen den auf der Bieterseite und den auf der Auftraggeberseite an der Vergabe Beteiligten sicherzustellen. Eine Einschränkung des Anwendungsbereichs auf natürliche Personen hätte **diesen gegenüber auch diskriminierende Auswirkungen.** Ohne erkennbare sachliche Rechtfertigung wäre auf Grund derselben Tätigkeit eine natürliche Person vom Wettbewerb ausgeschlossen, während eine juristische Person sowohl als Sachverständiger als auch als Bieter agieren könnte (2. VK Bund, B. v. 6. 6. 2005 – Az.: VK 2-33/05; B. v. 16. 9. 2003 – Az.: VK 2-70/03).

77.5.2 Analoge Anwendung des § 7 Nr. 1?

3789   Ein auf der Seite des Auftraggebers **umfassend in das Vergabeverfahren einbezogener Dritter** ist **kein Sachverständiger im Sinne des § 7 Nr. 1 VOB/A,** weil er, anders als ein Sachverständiger, im Rahmen des Auftrags der Sachverwalter des Auftraggebers ist und seine Weisungen zu befolgen hat. Die genannten Grundsätze folgen aber aus einer **sinngemäßen Anwendung des § 7 Nr. 1 VOB/A unter Berücksichtigung des Gebots zur Gleichbehandlung** (§ 97 Abs. 2 GWB). Der Auftraggeber hat sicherzustellen, dass nicht einzelne Angebote bei der Vergabeentscheidung aufgrund eigener wirtschaftlicher Interessen der bei der Vergabe einbezogenen sachkundigen Person bevorzugt werden. Die Chancengleichheit unter den abgegebenen Angeboten muss gewährleistet sein (OLG Celle, B. v. 18. 12. 2003 – Az.: 13 Verg 22/03).

77.6 Weite Auslegung des Begriffs des Sachverständigen

3790   Den von § 7 VOB/A verfolgten Zwecken entsprechend muss der Begriff des „Sachverständigen" weit verstanden werden (Thüringer OLG, B. v. 8. 4. 2003 – Az.: 6 Verg 9/02; VK Berlin, B. v. 13. 8. 2004 – Az.: VK – B 2-34/04).

3791   Ähnlich versteht die VK Sachsen unter „Sachverständigen" **Personen, die aufgrund ihrer Aus- und Weiterbildung, ihres Wissens und auch ihrer Erfahrung in der Lage sind, sich für bestimmte Fachbereiche gutachterlich zu äußern** (VK Berlin, B. v. 13. 8. 2004 – Az.: VK – B 2-34/04). Der Sachverständigenbegriff setzt also keine behördliche Zulassung oder kein, durch Ablegung einer Prüfung nachgewiesenes, qualifiziertes Wissen voraus, sondern knüpft an die besondere Fachkunde an (1. VK Sachsen, B. v. 25. 11. 2004 – Az.: 1/SVK/110-04; B. v. 18. 11. 2004 – Az.: 1/SVK/108-04).

77.7 Umfang der potenziellen Mitwirkung eines Sachverständigen

3792   § 7 VOB/A beschränkt die Möglichkeit der Vergabestelle zur Einschaltung von Sachverständigen **nicht auf punktuelle gutachterliche Unterstützung in Einzelfragen,** sondern **erlaubt durchgängig dessen vorbereitende Steuerung** durch von der Vergabestelle hiermit

Vergabe- und Vertragsordnung für Bauleistungen Teil A VOB/A § 7 **Teil 3**

beauftragte Experten. Es muss nur gewährleistet sein, dass der Auftraggeber sich hiermit nicht einer eigenen verantwortlichen Vergabeentscheidung begibt, sei diese auch nach seinen Vorgaben oder nach Kriterien, die er sich zu eigen macht, (auch von Dritten) vorbereitet worden (VK Arnsberg, B. v. 28. 1. 2004 – Az.: VK 1-30/2003). Eine **engere Auslegung** des § 7 VOB/A würde es **insbesondere kleineren öffentlichen Auftraggebern,** die über vergaberechtliche Kompetenz aus eigener Kraft weder verfügen noch diese zu zumutbaren Bedingungen aufbauen können, etwa weil sie nennenswerte Aufträge ohnehin nur sporadisch vergeben werden, **im Ergebnis verwehren, überhaupt in sachgerechter Weise Vergabeverfahren zu betreiben;** dass dies allen Zielen des neuen Vergaberechts letztlich erst recht zuwider laufen würde, bedarf keiner weiteren Begründung (OLG Dresden, B. v. 29. 5. 2001 – Az.: WVerg 0003/01).

Der **Auftraggeber ist also nicht verpflichtet, das erforderliche personelle Know-how selbst in der Weise ständig oder auch nur zeitweise vorzuhalten, dass er entsprechende Fachkräfte beschäftigt.** Kann die Vergabestelle diese Aufgabe daher ganz oder teilweise nicht leisten, ist sie nicht nur berechtigt, sondern auch verpflichtet, einen fachkundigen Dritten damit zu betrauen (VK Lüneburg, B. v. 29. 4. 2004 – Az.: 203-VgK-11/2004; B. v. 26. 4. 2004 – Az.: 203-VgK-10/2004). 3793

So können z.B. die Erarbeitung von Vertragsbedingungen, Aufgabenbeschreibungen, die Bemessung von Angebots- oder Zuschlagsfristen, ferner die Begutachtung oder Auswertung von Angeboten sowie die Vorbereitung der Angebotswertung und der Zuschlagsentscheidung zum zulässigen Aufgabenbereich eines von der Vergabestelle hinzugezogenen Sachverständigen gehören (Schleswig-Holsteinisches OLG, B. v. 16. 4. 2002 – Az.: 6 Verg 11/02; VK Lüneburg, B. v. 11. 1. 2005 – Az.: 203-VgK-55/2004; B. v. 15. 9. 2003 – Az.: 203-VgK-22/2003). 3794

Die Vergabestelle kann auch dem Sachverständigen die **Federführung des VOB-Verfahrens vom Stadium der Erstellung der Ausschreibungsunterlagen bis hin zur endgültigen Auftragserteilung anvertrauen** und ihn mit Ausnahme der nicht delegierbaren Entscheidungsgewalt der Zuschlagserteilung mit allen Kompetenzen ausstatten (Thüringer OLG, B. v. 14. 10. 2003 – Az.: 6 Verg 8/03). 3795

Zur Notwendigkeit einer eigenen Vergabeentscheidung des Auftraggebers vgl. im Einzelnen die Kommentierung zu § 97 GWB RZ 187. 3796

77.8 Beteiligungsverbot an der Vergabe

77.8.1 Beteiligung an der Vergabe

Die Sachverständigen dürfen weder unmittelbar noch mittelbar an der betreffenden Vergabe beteiligt sein und auch nicht beteiligt werden (OLG Celle, B. v. 18. 12. 2003 – Az.: 13 Verg 22/03). 3797

Unmittelbare Beteiligung bedeutet, dass der betreffende Sachverständige Inhaber oder Leiter eines Unternehmens ist, das sich am Wettbewerb um den zu vergebenden Auftrag beteiligt. **Mittelbar beteiligt** sich jeder Sachverständige, der bewusst oder unbewusst dazu neigen kann, die mit der Vergabe zusammenhängenden Fragen nicht ganz frei von subjektiven Einflüssen zu betrachten (VK Südbayern, B. v. 21. 9. 2004, Az.: 120.3-3194.1-54-08/04). 3798

77.8.2 Projektantenstellung eines Sachverständigen

Praktisch relevant wird dieses Problem insbesondere im Bereich der so genannten Projektantenstellung eines Sachverständigen. 3799

77.8.2.1 Die Rechtsprechung des EuGH

Nach der Rechtsprechung des Europäischen Gerichtshofs muss einer Person, die mit Forschungs-, Erprobungs-, Planungs- oder Entwicklungsarbeiten für Bauleistungen, Lieferungen oder Dienstleistungen betraut war, die **Möglichkeit gegeben werden, zu beweisen, dass nach den Umständen des Einzelfalls die von ihr erworbene Erfahrung den Wettbewerb nicht hat verfälschen können** (Europäischer Gerichtshof, Urteil vom 3. 3. 2005 – Az.: C-21/03 und C-34/03). 3800

Ein **genereller Ausschluss vorbefasster Personen scheidet damit aus** (OLG Düsseldorf, B. v. 25. 10. 2005 – Az.: VII – Verg 67/05 – für den Bereich der VOF; VK Nordbayern, B. v. 4. 10. 2005 – Az.: 320.VK – 3194-30/05; 1. VK Bund, B. v. 1. 9. 2005 – Az.: VK 1-98/05 – für den Bereich der VOF; 2. VK Bund, B. v. 6. 6. 2005 – Az.: VK 2-33/05). 3801

Teil 3 VOB/A § 7   Vergabe- und Vertragsordnung für Bauleistungen Teil A

3802   Der öffentliche Auftraggeber ist also beim Vorliegen einer Interessenkollision zwischen dem Auftraggeber und einem der Bieter verpflichtet, **bei der Vorbereitung und dem Erlass der Entscheidung über die Folgen des fraglichen Vergabeverfahrens mit aller erforderlichen Sorgfalt vorzugehen und die Entscheidung auf der Grundlage aller einschlägigen Informationen zu treffen.** Diese Verpflichtung ergibt sich insbesondere aus den Grundsätzen der ordnungsgemäßen Verwaltung und der Gleichbehandlung (Europäisches Gericht 1. Instanz, Urteil vom 17. 3. 2005 – Az.: T-160/03).

3803   Dies bedeutet, dass die Vergabestelle verpflichtet ist, die aus der im Vorfeld der Vergabe erbrachten Projektantenleistung gewonnenen Informationen allen potenziellen Teilnehmern bekannt zu machen. Sie trifft die **Pflicht, alle Teilnehmer mit den gleichen Informationen zu versorgen.** Dies kann u. a. durch umfassende, transparente Verdingungsunterlagen erfolgen, die alle im Vorfeld einzelnen Teilnehmern bekannten Informationen enthalten. Die Vergabestelle **muss zudem ausreichend lange Fristen zur Bearbeitung der Verdingungsunterlagen gewähren, um Wettbewerbsvorteile auszugleichen** (1. VK Bund, B. v. 1. 9. 2005 – Az.: VK 1-98/05 – für den Bereich der VOF).

3804   Zu **praktikablen Ansatzpunkten** des Auftraggebers im Umgang mit Angeboten vorbefasster Bieter bzw. Bewerber vgl. Müller-Wrede/Greb, Behörden Spiegel Juli 2005, 21.

77.8.2.2 Beteiligungsverbot nur bei besonderen Umständen

3805   Es gibt also ein **Beteiligungsverbot nur bei besonderen Umständen.** Nach Meinung der VK Baden-Württemberg z. B. (B. v. 19. 4. 2005 – Az.: 1 VK 11/05; B. v. 23. 1. 2003 – Az.: 1 VK 70/02, B. v. 10. 2. 2003 – Az.: 1 VK 72/02, B. v. 28. 10. 2003 – Az.: 1 VK 60/03) können Interessenkollisionen in Beschaffungsvorgängen vor allem dann auftreten, wenn sich Bieter dergestalt an der Vergabe von öffentlichen Aufträgen beteiligt haben, dass sie im Vorfeld die Planung übernommen oder an der Erstellung der Leistungsbeschreibung mitgewirkt haben und diese sich dann später an der Ausführung der Maßnahmen beteiligen. Hier besteht die **Gefahr, dass es zu Wettbewerbsverzerrungen kommt und die Chancengleichheit der Bewerber beeinträchtigt wird.** Die Chancengleichheit wäre gefährdet, wenn eine Person durch ihre Tätigkeit als Sachverständiger einen eventuellen Wissensvorsprung gegenüber anderen Bewerbern nutzen könnte.

3806   Bei der Beurteilung der Schwere der Wettbewerbsverzerrung kommt es vor allem darauf an, ob lediglich eine Beteiligung an den Entwurfs- und Planungsarbeiten bestand, oder ob unmittelbar an den Vorarbeiten für die Ausschreibung, insbesondere bei der Erstellung des Leistungsverzeichnisses mitgewirkt wurde. **Für die Annahme einer Wettbewerbsverzerrung müssen besondere Umstände hinzukommen,** dass etwa Leistungsbeschreibungen auf die spezifischen Interessen des Sachverständigen zugeschnitten sind oder die Formulierung im Leistungsverzeichnis nur von diesem richtig verstanden werden kann. Um einen Ausschluss annehmen zu können, muss die Chancengleichheit der Bewerber dermaßen gefährdet sein, dass ein objektives Verfahren nicht mehr garantiert werden kann. Im Ergebnis ist daran festzuhalten, **dass sich deutliche Hinweise auf rechtswidrige Vorteile zeigen müssen,** die aus der Beziehung zwischen einem Sachverständigen und der Vergabestelle resultieren.

3807   Soweit sich Bieter an zuvor durchgeführten Ausschreibungen beteiligt haben, wäre es außerdem ein **Verstoß gegen die Wettbewerbsfreiheit, diese Bieter trotz gleicher Eignung und Leistungsfähigkeit künftig vom Wettbewerb auszuschließen,** was zum einen die Interessen des Bieters verletzt, zum anderen aber auch den Auftraggeber um einen potentiellen Bieter bringt, der zur Förderung des Wettbewerbs beiträgt (VK Südbayern, B. v. 3. 2. 2005 – Az.: 79-12/04; VK Baden-Württemberg, B. v. 19. 4. 2005 – Az.: 1 VK 11/05; B. v. 10. 2. 2003 – Az.: 1 VK 72/02).

3808   Auch nach Auffassung der VK Halle genügt der „**böse Schein" einer Voreingenommenheit nicht.** Hat ein **Auftraggeber alles unternommen, um den vorhandenen Informationsvorsprung eines Sachverständigen gegenüber allen anderen Teilnehmern am Verhandlungsverfahren zu neutralisieren** und damit einen Verstoß gegen das Wettbewerbsgebot des § 97 Abs. 1 GWB zu vermeiden, und kann auch im Nachprüfungsverfahren weder schriftlich noch in der mündlichen Verhandlung durch substantiierten Vortrag gegenüber der erkennenden Kammer dargelegt werden, welche speziellen Kenntnisse der Sachverständige gegenüber den anderen Teilnehmern vorgehalten hat, gibt es **keinen Grund für ein Teilnahmeverbot** (VK Halle, B. v. 2. 10. 2002 – VK Hal 24/02; ebenso VK Lüneburg, B. v. 7. 9. 2005 – Az.: VgK-38/2005).

77.8.3 Bewerbungsverbot bei Personenidentität

Eine BGB-Gesellschaft gemäß §§ 709, 714 BGB, bei welcher ein geschäftsführungs- und vertretungsbefugtes Mitglied nach § 6 Abs. 2 ausgeschlossen ist, kann als Gesellschaft eine VOF-Leistung nur unter Mitwirkung dieses Mitgliedes erbringen, so dass ein auf die Person des Gesellschafters beschränkter Ausschluss ebenso den Inhalt des Angebots verfälschte wie in den Gesellschaftsvertrag eingriffe; **auch die Gesellschaft ist daher nach § 6 Abs. 2 ausgeschlossen** (Thüringer OLG, B. v. 8. 4. 2003 – Az.: 6 Verg 9/02). 3809

Das gleiche gilt bei **Personenidentität des Geschäftsführers des sachverständigen Unternehmens und des Geschäftsführers eines Unternehmens einer Bietergemeinschaft.** Informationsvorsprünge und Einflussmöglichkeiten sind nämlich nicht nur dann gegeben, wenn das sachverständige Unternehmen selbst als Bieter auftritt, sondern auch dann, wenn Personenidentität des Geschäftsführers des sachverständigen Unternehmens und des Geschäftsführers eines Unternehmens einer Bietergemeinschaft besteht. Kraft seiner Stellung als Geschäftsführer des sachverständigen Unternehmens kann dieser sowohl von seinen Mitarbeitern Auskünfte über deren beim Erstellen des Leistungsverzeichnisses und der Kalkulation des Kostenanschlags gewonnenen Erkenntnisse verlangen als auch von sich aus Einblick in alle das Projekt betreffenden Unterlagen nehmen. Nur dies kann unter dem Aspekt der Gewährleistung gleicher Zuschlagschancen für alle Bieter relevant sein, nicht aber der – einem Beweis kaum zugängliche – Umstand, ob tatsächlich Informationen von dem sachverständigen Unternehmen an den Bieter weitergegeben worden sind (2. VK Bund, B. v. 16. 9. 2003 – Az.: VK 2-70/03; VK Südbayern, B. v. 21. 4. 2004 – Az.: 24-04/04; OLG Düsseldorf, B. v. 16. 10. 2003 – Az.: VII – Verg 57/03). 3810

77.8.4 VHB 2002

Für den VOB-Bereich hat das Bundesministerium für Verkehr, Bau und Stadtentwicklung (BMVBS) im VHB in Ziffer 1.2.1 der Richtlinie zu § 8 VOB/A die Regelung getroffen, dass Unternehmen, die mit der Planung und/oder Ausarbeitung der Verdingungsunterlagen beauftragt waren, **grundsätzlich nicht am Wettbewerb um die Vergabe von Bauleistungen beteiligt werden** dürfen. Diese Regelung ist aber auch Ausdruck des Grundsatzes der Trennung von Planungs- und Bauleistungen. 3811

77.9 § 7 Abs. 1 als Ausdruck eines ungeschriebenen Objektivitäts- und Unbefangenheitsprinzips

Das allen rechtsstaatlichen Verfahren eigene **Objektivitäts- und Unbefangenheitsprinzip,** nach dem auf Seiten der öffentlichen Verwaltung und Gerichte nur solche Personen tätig werden dürfen, bei denen keine Umstände vorliegen, die objektiv geeignet sind, Misstrauen gegen ein neutrales, unparteiisches Verhalten zu begründen, erfordert es **auch über § 7 hinaus,** eine **einzelfallbezogene Besorgnis der Befangenheit im Blick zu behalten.** Zwar **fehlt im Vergaberecht** dazu im Gegensatz zu anderen Verfahrensordnungen (vgl. z. B. §§ 20, 21 VwVfG, § 35 GO Rheinland-Pfalz, §§ 22–24, 74 StPO, §§ 41, 42, 406 ZPO) **eine ausdrückliche Regelung.** Die **Pflicht** zur umfassenden Beachtung des Objektivitäts- und Unbefangenheitsprinzips **ergibt sich jedoch bereits aus dem § 97 Abs. 2 GWB statuierten Gleichbehandlungsgrundsatz und Diskriminierungsverbot.** Auch der öffentliche Auftraggeber muss daher darauf achten, dass für ihn oder in seinem Auftrag keine Personen an der Entscheidungsfindung beteiligt werden, bei denen Anlass zur Besorgnis besteht, der Auftragsvergabe nicht unparteiisch gegenüber zu stehen. **Begründet** ist die Besorgnis einer solchen Befangenheit **aber nur, wenn dafür eine konkrete Tatschengrundlage vorliegt,** die nach objektiven und vernünftigen Erwägungen geeignet ist, Zweifel an einer unparteiischen Tätigkeit zu wecken (OLG Koblenz, B. v. 18. 9. 2003 – Az.: 1 Verg 4/03). 3812

Ähnlich argumentiert das OLG Düsseldorf: § 7 VOB/A normiert eine **Ausprägung des allgemeinen Wettbewerbsgrundsatzes (§ 97 Abs. 1 GWB).** Der dort zum Ausdruck kommende Rechtsgedanke, dass nämlich im Interesse eines fairen Bieterwettbewerbs derjenige, der den öffentlichen Auftraggeber sachverständig beraten und unterstützt hat, sich nicht als Bieter oder Bewerber an der von ihm betreuten Ausschreibung beteiligen darf, **beansprucht deshalb im gesamten Vergaberecht Geltung** (OLG Düsseldorf, B. v. 16. 10. 2003 – Az.: VII – Verg 57/03; 2. VK Bund, B. v. 6. 6. 2005 – Az.: VK 2-33/05). 3813

77.10 Hinweis auf die Änderung des § 4 VgV durch das ÖPP-Beschleunigungsgesetz

3814 Durch das **Gesetz zur Beschleunigung der Umsetzung von Öffentlich Privaten Partnerschaften und zur Verbesserung gesetzlicher Rahmenbedingungen für Öffentlich Private Partnerschaften vom 1. 9. 2005** (BGBl. I S. 2676) ist § 4 VgV um einen Absatz 5 dahingehend ergänzt worden, dass dann, wenn ein Bieter oder Bewerber vor Einleitung des Vergabeverfahrens den **Auftraggeber beraten oder sonst unterstützt hat, der Auftraggeber sicherzustellen hat, dass der Wettbewerb durch die Teilnahme des Bieters oder Bewerbers nicht verfälscht wird.**

3815 Zu den **Einzelheiten** vgl. die **Kommentierung** zu § 4 VgV RZ 3249.

77.11 Literatur

3816 – Drey, Franz, Ein Rest von Asbest – Vorbefasste Beteiligte und Verhältnismäßigkeit, Behörden Spiegel April 2005, 19

77.12 Weitere Beispiele aus der Rechtsprechung

3817 – die **Zulassung eines Bieters zu einem Vergabeverfahren als Bieter hat wettbewerbsverzerrende Auswirkungen, wenn der Bieter aufgrund seiner nicht bestreitbaren umfassenden Datenkenntnisse allein aus den vom Auftraggeber zugestandenen Dokumentationsarbeiten einen Wissensvorsprung gegenüber anderen Bietern hat** (sog. Projektantenstellung). Mit der Dokumentation der kompletten Vorentscheidungsprozesse und der Erfassung aller für relevant erachteten Daten verknüpft sich für den sachkundigen Bieter logisch auch die Kenntnis der Abwägungsentscheidungen, der Fakten und Daten, die als nicht relevant und/oder weniger relevant erachtet werden. Er ist auf diese Weise imstande, den Entscheidungsprozess des Auftraggebers in allen Einzelheiten zu rekonstruieren, auch wenn er formal an einzelnen Auswahlentscheidungen nicht teilgenommen haben mag. Darüber hinaus ist sie als Dokumentierende eines Prozesses informiert und beteiligt an den den Entscheidergruppen vorgelegten Datenzusammenstellungen. **Dies gilt auch für die unbestrittene umfassende Tätigkeit „Erstellung des Lastenheftes".** Damit ist deutlich mehr an Einflussnahme und Einflussmöglichkeit zu erkennen als es die Rechtsprechung zum „Bösen Schein" erfordert (VK Arnsberg, B. v. 13. 6. 2006 – Az.: VK 10/06)

78. § 8 VOB/A – Teilnehmer am Wettbewerb

1. Alle Bewerber oder Bieter sind gleich zu behandeln. Der Wettbewerb darf insbesondere nicht auf Bewerber beschränkt werden, die in bestimmten Regionen oder Orten ansässig sind.

2. (1) Bei Öffentlicher Ausschreibung sind die Unterlagen an alle Bewerber abzugeben, die sich gewerbsmäßig mit der Ausführung von Leistungen der ausgeschriebenen Art befassen.

   (2) Bei Beschränkter Ausschreibung sollen im Allgemeinen nur 3 bis 8 geeignete Bewerber aufgefordert werden. Werden von den Bewerbern umfangreiche Vorarbeiten verlangt, die einen besonderen Aufwand erfordern, so soll die Zahl der Bewerber möglichst eingeschränkt werden.

   (3) Bei Beschränkter Ausschreibung und Freihändiger Vergabe soll unter den Bewerbern möglichst gewechselt werden.

3. (1) Von den Bewerbern oder Bietern dürfen zum Nachweis ihrer Eignung (Fachkunde, Leistungsfähigkeit und Zuverlässigkeit) Angaben verlangt werden über

   a) den Umsatz des Unternehmers in den letzten drei abgeschlossenen Geschäftsjahren, soweit er Bauleistungen und andere Leistungen betrifft, die mit der zu vergebenden Leistung vergleichbar sind, unter Einschluss des Anteils bei gemeinsam mit anderen Unternehmern ausgeführten Aufträgen,

b) die Ausführung von Leistungen in den letzten drei abgeschlossenen Geschäftsjahren, die mit der zu vergebenden Leistung vergleichbar sind,

c) die Zahl der in den letzten drei abgeschlossenen Geschäftsjahren jahresdurchschnittlich beschäftigten Arbeitskräfte, gegliedert nach Berufsgruppen,

d) die dem Unternehmer für die Ausführung der zu vergebenden Leistung zur Verfügung stehende technische Ausrüstung,

e) das für die Leitung und Aufsicht vorgesehene technische Personal,

f) die Eintragung in das Berufsregister ihres Sitzes oder Wohnsitzes,

g) andere, insbesondere für die Prüfung der Fachkunde geeignete Nachweise.

Als Nachweise nach den Buchstaben a, c und f sind auch von der zuständigen Stelle ausgestellte Bescheinigungen zulässig, aus denen hervorgeht, dass der Unternehmer in einer amtlichen Liste in einer Gruppe geführt wird, die den genannten Leistungsmerkmalen entspricht.

(2) Als Nachweis der Eignung (Fachkunde, Leistungsfähigkeit und Zuverlässigkeit) ist insbesondere auch die vom Auftraggeber direkt abrufbare Eintragung in die allgemein zugängliche Liste des Vereins für die Präqualifikation von Bauunternehmen e. V. (Präqualifikationsverzeichnis) zulässig. Auf den konkreten Auftrag bezogene zusätzliche Nachweise können verlangt werden.

(3) Der Auftraggeber wird andere ihm geeignet erscheinende Nachweise der wirtschaftlichen und finanziellen Leistungsfähigkeit zulassen, wenn er feststellt, dass stichhaltige Gründe dafür bestehen.

(4) Bei Öffentlicher Ausschreibung sind in der Aufforderung zur Angebotsabgabe die Nachweise zu bezeichnen, deren Vorlage mit dem Angebot verlangt oder deren spätere Anforderung vorbehalten wird. Bei Beschränkter Ausschreibung nach Öffentlichem Teilnahmewettbewerb ist zu verlangen, dass die Nachweise bereits mit dem Teilnahmeantrag vorgelegt werden.

4. Bei Beschränkter Ausschreibung und Freihändiger Vergabe ist vor der Aufforderung zur Angebotsabgabe die Eignung der Bewerber zu prüfen. Dabei sind die Bewerber auszuwählen, deren Eignung die für die Erfüllung der vertraglichen Verpflichtungen notwendige Sicherheit bietet; dies bedeutet, dass sie die erforderliche Fachkunde, Leistungsfähigkeit und Zuverlässigkeit besitzen und über ausreichende technische und wirtschaftliche Mittel verfügen.

5. (1) Von der Teilnahme am Wettbewerb dürfen Unternehmer ausgeschlossen werden,

a) über deren Vermögen das Insolvenzverfahren oder ein vergleichbares gesetzlich geregeltes Verfahren eröffnet oder die Eröffnung beantragt worden ist oder der Antrag mangels Masse abgelehnt wurde.

b) deren Unternehmen sich in Liquidation befinden,

c) die nachweislich eine schwere Verfehlung begangen haben, die ihre Zuverlässigkeit als Bewerber in Frage stellt,

d) die ihre Verpflichtung zur Zahlung von Steuern und Abgaben sowie der Beiträge zur gesetzlichen Sozialversicherung nicht ordnungsgemäß erfüllt haben,

e) die im Vergabeverfahren vorsätzlich unzutreffende Erklärungen in Bezug auf ihre Fachkunde, Leistungsfähigkeit und Zuverlässigkeit abgegeben haben,

f) die sich nicht bei der Berufsgenossenschaft angemeldet haben.

(2) Der Auftraggeber darf von den Bewerbern oder Bietern entsprechende Bescheinigungen der zuständigen Stelle oder Erklärungen verlangen.

(3) Der Nachweis, dass Ausschlussgründe im Sinne von Absatz 1 nicht vorliegen, kann auch durch eine Bescheinigung nach Nummer 3 Abs. 2 geführt werden, es sei denn, dass dies widerlegt wird.

6. Justizvollzugsanstalten, Einrichtungen der Jugendhilfe, Aus- und Fortbildungsstätten und ähnliche Einrichtungen sowie Betriebe der öffentlichen Hand und Verwaltungen sind zum Wettbewerb mit gewerblichen Unternehmern nicht zuzulassen.

Teil 3 VOB/A § 8 Vergabe- und Vertragsordnung für Bauleistungen Teil A

78.1 Vergleichbare Regelungen

3818 Der **Vorschrift des § 8 VOB/A vergleichbar** sind im Bereich des GWB **§ 97 Abs. 4 GWB**, im Bereich der VOB **§§ 8a, 8b VOB/A**, im Bereich der VOF **§§ 4, 10, 11, 12, 13 VOF** und im Bereich der VOL **§§ 7, 7a, 7b VOL/A**. Die Kommentierungen zu diesen Vorschriften können daher ergänzend zu der Kommentierung des § 8 herangezogen werden.

78.2 Änderungen in der VOB/A 2006

3819 In § 8 Nr. 3 wird **neu der Abs. 2 aufgenommen,** wonach als Nachweis der Eignung (Fachkunde, Leistungsfähigkeit und Zuverlässigkeit) insbesondere auch die vom Auftraggeber direkt abrufbare Eintragung in die allgemein zugängliche Liste des Vereins für die Präqualifikation von Bauunternehmen e.V. (Präqualifikationsverzeichnis) zulässig ist. Auf den konkreten Auftrag bezogene zusätzliche Nachweise können verlangt werden. Mit dieser Änderung wird das **Präqualifizierungsverfahren in die VOB/A eingeführt.**

78.3 Bieterschützende Vorschrift

3820 Die Vorschrift aus **§ 8 Nr. 3 Absatz 4 VOB/A schützt die Bieter** in ihren Rechten auf ein diskriminierungsfreies Verfahren. Es handelt sich nicht um eine bloße an die Vergabestelle gerichtete Ordnungsvorschrift. Die abschließende Benennung der Eignungsnachweise schützt die Bieter einerseits davor, dass nachträglich höhere Anforderungen gestellt werden und davor, dass ein Wettbewerber durch nachträgliche Zulassung eines auf ihn zugeschnittenen Nachweises besser gestellt wird. Die Vorschrift unterliegt aufgrund ihrer auf aller Bieter gerichteten Schutzwirkung **nicht der Disposition einzelner Bieter und/oder der Vergabestelle** (VK Düsseldorf, B. v. 24. 1. 2001 – Az.: VK – 31/2000 – B; OLG Düsseldorf, B. v. 18. 7. 2001 – Az.: Verg 16/01).

78.4 Gleichbehandlungsgebot (§ 8 Nr. 1 Satz 1)

3821 Das Gleichbehandlungsgebot des § 8 Nr. 1 Satz 1 deckt sich inhaltlich mit der Regelung des § 97 Abs. 2 GWB. Vgl. insoweit die Kommentierung zu § 97 GWB RZ 254.

78.5 Örtliches Diskriminierungsverbot (§ 8 Nr. 1 Satz 2)

3822 Das örtliche Diskriminierungsverbot des § 8 Nr. 1 Satz 2 deckt sich inhaltlich mit der Regelung des § 97 Abs. 2 GWB. Vgl. insoweit die Kommentierung zu § 97 GWB RZ 254.

78.6 Abgabe der Unterlagen bei Öffentlicher Ausschreibung (§ 8 Nr. 2 Abs. 1)

3823 Bei Öffentlicher Ausschreibung sind die Unterlagen an alle Bewerber abzugeben, die sich gewerbsmäßig mit der Ausführung von Leistungen der ausgeschriebenen Art befassen.

78.6.1 Begriff des Bewerbers und des Bieters

3824 Als „Bewerber" werden herkömmlicherweise **um Aufträge bemühte Unternehmen bezeichnet, solange sie noch kein Angebot abgegeben haben,** also noch nicht zum „Bieter" geworden sind (BayObLG, B. v. 4. 2. 2003 – Az.: Verg 31/02; OLG Koblenz, B. v. 5. 9. 2002 – Az.: 1 Verg 2/02; VK Südbayern, B. v. 26. 11. 2002 – Az.: 46-11/02).

3825 **Bieter** ist, wer bereits ein Angebot abgegeben hat (OLG Koblenz, B. v. 5. 9. 2002 – Az.: 1 Verg. 2/02).

78.6.2 Bietergemeinschaften

3826 Teilnehmer am Vergabeverfahren können auch Bietergemeinschaften sein. Die **Rechtsform eines Bieters ist grundsätzlich kein Kriterium für die Zulassung bzw. für den Aus-

Vergabe- und Vertragsordnung für Bauleistungen Teil A   VOB/A § 8   **Teil 3**

schluss seines Angebotes; ein Angebot darf nicht deshalb ausgeschlossen werden, weil es von einer Bietergemeinschaft stammt (VK Brandenburg, B. v. 1. 2. 2002 – Az.: 2 VK 119/01).

78.6.2.1 Begriff der Bietergemeinschaften

Bietergemeinschaften sind **Zusammenschlüsse mehrerer Unternehmen zur gemein-** 3827
schaftlichen Abgabe eines Angebots mit dem Ziel, den durch die Verdingungsunterlagen beschriebenen Auftrag gemeinschaftlich zu erhalten und auszuführen (VK Arnsberg, B. v. 2. 2. 2006 – Az.: VK 30/05; VK Rheinland-Pfalz, B. v. 14. 6. 2005 – Az.: VK 16/05; VK Lüneburg, B. v. 14. 1. 2002 – Az.: 203-VgK-22/2001; 3. VK Bund, B. v. 4. 10. 2004 – Az.: VK 3-152/04). Damit haben auch kleine und mittlere Unternehmen die Möglichkeit, sich zusammen mit andern Unternehmen um Aufträge zu bewerben, die ihre Leistungsfähigkeit im Einzelfall überschreiten würden (VK Südbayern, B. v. 13. 9. 2002 – Az.: 37-08/02).

78.6.2.2 Rechtsform der Bietergemeinschaften

78.6.2.2.1 Allgemeines. Von **Bietergemeinschaften kann nicht verlangt werden, dass** 3828
sie zwecks Einreichung des Angebots eine bestimmte Rechtsform annehmen; dies kann jedoch verlangt werden, wenn ihnen der Auftrag erteilt worden ist. In Anlehnung an diese Regelungen sieht die VOL/A vor, dass Arbeitsgemeinschaften und andere gemeinschaftliche Bewerber Einzelbewerbern gleichzusetzen sind (§ 7a Nr. 1 Abs. 2 VOL/A) und dass der Auftraggeber für den Fall der Auftragserteilung verlangen kann, dass eine Bietergemeinschaft eine bestimmte Rechtsform annehmen muss, sofern dies für die ordnungsgemäße Durchführung des Auftrags notwendig ist (§ 7a Nr. 2 Abs. 6 VOL/A). Diese Regelung ist Ausdruck eines gerechten Ausgleichs zwischen den Interessen von Bietergemeinschaften und den Belangen der öffentlichen Auftraggeber. Ersteren würde es die Teilnahme am Wettbewerb über Gebühr erschweren, müssten sie stets schon für die Abgabe von Angeboten eine andere Rechtsform annehmen, als die, in der sie typischerweise auftreten, also als GbR, ggf. OHG. Letzteren kann es nicht verwehrt sein, auf die Annahme einer bestimmten Rechtsform zu bestehen, sofern dies für die ordnungsgemäße Durchführung des Auftrags notwendig ist (KG Berlin, B. v. 13. 8. 002 – Az.: KartVerg 8/02).

Diese Regelung der VOL/A kann auf den VOB-Bereich übertragen werden (vgl. auch § 8b 3829
Nr. 3 VOB/A).

Der Auftraggeber kann also verlangen, dass die Bieter die rechtlichen Voraussetzungen dafür 3830
erbringen müssen, um in der Rechtsform des beliehenen Unternehmens (z.B. gemäß § 44 Abs. 3 LHO für das Land Berlin) tätig werden zu können, also **für den Fall der Auftragserteilung die Rechtsform einer juristischen Person annehmen** (KG Berlin, B. v. 13. 8. 002 – Az.: KartVerg 8/02).

78.6.2.3 Interpretierende Klarstellung zu Bietergemeinschaften durch das ÖPP-Beschleunigungsgesetz

Durch das **Gesetz zur Beschleunigung der Umsetzung von Öffentlich Privaten Part-** 3831
nerschaften und zur Verbesserung gesetzlicher Rahmenbedingungen für Öffentlich Private Partnerschaften vom 1. 9. 2005 (BGBl. I S. 2676) ist § 6 VgV dahingehend geändert worden, dass der bisherige Wortlaut Absatz 1 wird und die Absätze 2 und 3 angefügt werden. Nach Absatz 2 Nr. 1 VgV gelten **§ 2 Nr. 1** und **§ 25 Nr. 2 VOB/A** bei einer Auftragsvergabe an mehrere Unternehmen mit der Maßgabe, dass der Auftraggeber nur für den Fall der Auftragsvergabe verlangen kann, dass **eine Bietergemeinschaft eine bestimmte Rechtsform annehmen muss, sofern dies für die ordnungsgemäße Durchführung des Auftrages notwendig ist.**

Zu den **Einzelheiten** vgl. die **Kommentierung zu § 6 VgV** RZ 3268.   3832

78.6.2.4 Bildung einer nachträglichen Bietergemeinschaft

78.6.2.4.1 Standpunkt des DVA. Der **Wunsch, eine Arbeitsgemeinschaft noch zwi-** 3833
schen Angebotsabgabe und Erteilung des Zuschlages zu bilden, um die Leistungsfähigkeit des Bieters, der das wirtschaftlichste Angebot abgegeben hat und auf dessen Angebot der Zuschlag erteilt werden soll, durch Hinzunahme eines weiteren Bieters zu vergrößern, ist **zulässig.** Der Deutsche Verdingungsausschuss (DVA) hat sich hierzu u. a. wie folgt geäußert: „... Auch zu der Frage, ob und unter welchen Voraussetzungen die Bildung von Bietergemeinschaften nach Angebotsabgabe noch zulässig sein sollen oder nicht, erscheint eine Regelung nicht

zweckmäßig, um den Bedürfnissen der Einzelfälle – die sehr verschieden gelagert sein können – Rechnung zu tragen". Dieser Aussage ist zu entnehmen, dass eine Arbeitsgemeinschaft nachträglich im Einzelfall auch erst im Falle einer Zuschlagserteilung gebildet werden kann, also nicht unvereinbar mit der VOB/A ist. Das Bestehen einer Bietergemeinschaft im Wettbewerb ist also nicht zwingend erforderlich und somit auch keine Voraussetzung für den Zusammenschluss zu einer Arbeitsgemeinschaft.

3834 **78.6.2.4.2 Rechtsprechung.** Die **Rechtsprechung** ist **nicht einheitlich.**

3835 **78.6.2.4.2.1 Grundsatz.** Im Zeitraum zwischen Angebotsabgabe und Zuschlagserteilung sind **Angebotsänderungen in sachlicher wie auch in personeller Hinsicht grundsätzlich unstatthaft.** Das **Verbot einer Änderung des Angebots erstreckt sich auch auf die Zusammensetzung einer Bietergemeinschaft.** Bietergemeinschaften können – wie der sinngemäßen Auslegung von § 21 Nr. 5 VOB/A zu entnehmen ist – nur bis zur Angebotsabgabe gebildet und geändert werden. Die Angebotsabgabe bildet hierfür eine zeitliche Zäsur. Nach der Angebotsabgabe bis zur Erteilung des Zuschlags sind Änderungen, namentlich Auswechslungen, grundsätzlich nicht mehr zuzulassen, da in ihnen eine unzulässige Änderung des Angebots liegt. **Bietergemeinschaften können grundsätzlich nur in der Zeit bis zum Einreichen des Angebots gebildet werden. Dasselbe hat für Veränderungen in der Zusammensetzung der Bietergemeinschaft (für ein Hinzutreten, einen Wegfall von Mitgliedern oder die Veräußerung eines Betriebsteils) in der Zeit nach Abgabe des Angebots bis zur Zuschlagserteilung zu gelten** (OLG Düsseldorf, B. v. 24. 5. 2005 – Az.: VII – Verg 28/05; B. v. 26. 1. 2005 – Az.: VII – Verg 45/04; VK Hessen, B. v. 28. 6. 2005 – Az.: 69 d VK – 07/2005; VK Nordbayern, B. v. 14. 4. 2005 – Az.: 320.VK – 3194-09/05).

3836 **78.6.2.4.2.2 Bietergemeinschaft mit einem ebenfalls am Wettbewerb teilnehmenden Unternehmen.** Die **Zulässigkeit der Bildung einer nachträglichen Bietergemeinschaft ist davon abhängig, ob die Grundsätze eines wettbewerbsmäßigen und nicht diskriminierenden Vergabeverfahrens durch den Zusammenschluss verletzt** werden. Insbesondere ist die Bildung einer Bietergemeinschaft nur dann gestattet, wenn derjenige Bieter, der sich nachträglich mit einem weiteren Unternehmen zu einer Arbeitsgemeinschaft zusammenschließt, auch ohne den Zusammenschluss den Auftrag erhalten hätte. Dies ist aber nur möglich, wenn der **Zusammenschluss mit einem Unternehmen erfolgt, das wenigstens am Vergabeverfahren teilgenommen hat.** Ein Zusammenschluss mit einem außenstehenden Unternehmen widerspricht den Grundsätzen einer wettbewerbsmäßigen Vergabe. **Generell** ist die nachträgliche Bildung einer Bietergemeinschaft vom Auftraggeber **restriktiv zu handhaben,** da sie den Wettbewerb zwischen den Bietern um einen öffentlichen Auftrag eingrenzt. Aus dieser Formulierung ergibt sich, dass eine Billigung der nachträglichen Bildung der Bietergemeinschaft im Ermessen des Auftraggebers steht und von dessen Einverständnis abhängig ist (VK Südbayern, B. v. 17. 7. 2001 – Az.: 23-06/01).

3837 **78.6.2.4.2.3 Verletzung des Wettbewerbs.** Die **Zulässigkeit der Bildung einer nachträglichen Bietergemeinschaft ist davon abhängig, ob die Grundsätze eines wettbewerbsmäßigen und nicht diskriminierenden Vergabeverfahrens durch den Zusammenschluss verletzt** werden. Unter Zugrundelegung dieses zutreffenden Maßstabs wäre es unzulässig, einem vorn liegenden Bieter mit einem angemessenen Preis, aber ungenügender Leistungsfähigkeit, zu gestatten, sich nachträglich durch den Zusammenschluss mit einem weiteren Unternehmen die erforderliche Leistungsfähigkeit zu verschaffen und dieser Arbeitsgemeinschaft dann den Auftrag zu erteilen. In diesem Fall würden die Wertungsgrundsätze dadurch verletzt, dass ein **Bieter,** dessen **Angebot wegen mangelnder Eignung auszuscheiden** ist, nur durch eben diese Maßnahme zum Auftrag verholfen wird, während der **Bieter, der die Eignungsvoraussetzungen erfüllt und dem aufgrund des Wettbewerbsergebnisses insgesamt daher der Auftrag zustehen würde, leer ausgeht** (VK Lüneburg, B. v. 28. 8. 2001 – Az.: 203-VgK-17/2001).

3838 **78.6.2.4.2.4 Verbot durch den Auftraggeber.** Verwendet ein öffentlicher Auftraggeber in seinen Bewerbungsbedingungen die **Regelung, dass beim Nichtoffenen Verfahren Angebote von Bietergemeinschaften, die sich erst nach Aufforderung zur Angebotsabgabe aus aufgeforderten Unternehmen gebildet haben, nicht zugelassen sind,** ist diese **Regelung auch mit den in § 2 Nr. 1 und 2 VOB/A verankerten Prinzipien eines fairen und diskriminierungsfreien Wettbewerbs zu vereinbaren.** Im Bereich des Nichtoffenen Verfahrens hat es der Auftraggeber, selbstverständlich unter Beachtung des Gleichbehandlungsgrundsatzes, in der Hand, den potentiellen Auftragnehmer – und auch bereits den Bieterkreis und damit unmittelbar den konkreten Wettbewerb für das durchzuführende Objekt durch die

Vergabe- und Vertragsordnung für Bauleistungen Teil A VOB/A § 8 **Teil 3**

Aufforderung von unter bestimmten Kriterien ausgesuchten Unternehmen zur Angebotsabgabe festzulegen. Inhaltlich stellt die Regelung in den Bewerbungsbedingungen eine weitere Angabe zu § 17 Nr. 2 Abs. 2 Buchstabe i) VOB/A bzw. § 17a Nr. 3 Abs. 1 VOB/A dar. Wenn der Auftraggeber vorgeben kann, welche Rechtsform eine Bietergemeinschaft haben muss, an die der Auftrag evtl. vergeben wird, schließt dies den Hinweis auf die – an sich selbstverständliche – Möglichkeit der Teilnahme als Bietergemeinschaft bzw. Unzulässigkeit eines nach Angebotsaufforderung erfolgten Zusammenschlusses ein (VK Brandenburg, B. v. 1. 2. 2002 – Az.: 2 VK 119/01).

78.6.2.4.2.5 Wertung der Rechtsprechung. Die sehr weitgehende Auffassung des OLG Düsseldorf ist **im Sinne eines einfach zu handhabenden und übersichtlichen Vergaberechts vorzuziehen.** 3839

Vgl. dazu auch die Kommentierung RZ 5586. 3840

78.6.2.4.2.6 Beispiele aus der Rechtsprechung 3841

– **veräußert ein Mitglied einer Bietergemeinschaft einen Teilbetrieb** an einen Dritten, **bleibt aber Mitglied der Bietergemeinschaft** und tritt der Erwerber des Teilbetriebs nicht in die Bietergemeinschaft ein, bleibt die **rechtliche Identität der Bietergemeinschaft erhalten** (OLG Düsseldorf, B. v. 26. 1. 2005 – Az.: VII – Verg 45/04).

78.6.2.5 verdeckte Bietergemeinschaft

Firmen können sich zusammenschließen, um gemeinschaftlich ein Angebot abzugeben, auch wenn dies nach außen nicht sichtbar wird, weil gegenüber der Vergabestelle nur eine Firma als Bieter auftritt. Das **Vorliegen einer verdeckten Bietergemeinschaft muss aus objektiven Umständen ableitbar sein,** z. B. einem „Letter of Intent", in denen dargelegt ist, dass die Parteien beabsichtigen, „gemeinschaftlich eine Leistung zu erbringen" und zusammen ein Angebot zu erstellen, wobei alle Kostensätze, Mengengerüste und Gewinnaufschläge „einvernehmlich" festgelegt werden sollen. Eine solche Vertragsgestaltung geht über das normale Verhältnis von Haupt- und Subunternehmer hinaus, welches in der Regel dadurch geprägt ist, dass der Subunternehmer einzelne Teilleistungen im Auftrag und auf Rechnung des Hauptunternehmers ausführt. Es liegt in solchen Fällen mithin eine Bietergemeinschaft zur gemeinschaftlichen Abgabe eines Angebots mit dem Ziel der gemeinschaftlichen Erbringung der Leistungen vor (VK Rheinland-Pfalz, B. v. 14. 6. 2005 – Az.: VK 16/05). 3842

78.6.2.6 Grundsätzliche Zulässigkeit der Forderung nach einer gesamtschuldnerischen Haftung einer Bietergemeinschaft

Zur **Zulässigkeit der Forderung nach einer gesamtschuldnerischen Haftung** genügt es darauf hinzuweisen, dass die **geforderte Erklärung die Bieter nicht unzumutbar belastet, dass dem Antragsgegner die Entscheidung darüber obliegt,** ob und gegebenenfalls welche Vorgaben er hinsichtlich einer Haftung des Auftragnehmers machen will, und dass eine **gesamtschuldnerische Haftung z. B. in Schadensfällen zweckmäßig sein kann.** Rechtliche Hindernisse, von einer Bietermehrheit eine gesamtschuldnerische Haftung zu verlangen, bestehen grundsätzlich nicht (OLG Düsseldorf, B. v. 29. 3. 2006 – Az.: VII – Verg 77/05). 3843

78.6.3 Arbeitsgemeinschaften

Als Arbeitsgemeinschaft wird der Zusammenschluss von Fachunternehmen bezeichnet, mit dem Ziel, den erhaltenen Auftrag gemeinsam auszuführen (VK Arnsberg, B. v. 2. 2. 2006 – Az.: VK 30/05). **Üblicherweise wandelt sich eine Bietergemeinschaft im Falle einer Auftragserteilung in eine Arbeitsgemeinschaft.** Sowohl Bietergemeinschaften als auch Arbeitsgemeinschaften sind Gesellschaften des bürgerlichen Rechts gemäß §§ 705 ff. BGB (VK Südbayern, B. v. 17. 7. 2001 – Az.: 23-06/01). 3844

78.6.4 Keine vorgezogene Eignungsprüfung im Stadium der Abgabe der Unterlagen

Grundsätzlich bestimmt § 8 Nr. 2 Abs. 1 VOB/A, dass bei Offenem Verfahren/Öffentlicher Ausschreibung die Unterlagen an alle Bewerber abzugeben sind, die sich gewerbsmäßig mit der Ausführung der Leistungen der ausgeschriebenen Art befassen. Dabei liegt es im Wesen des 3845

755

Teil 3 VOB/A § 8   Vergabe- und Vertragsordnung für Bauleistungen Teil A

Offenen Verfahrens/Öffentlichen Ausschreibung – im Gegensatz zum Nichtoffenen Verfahren/Beschränkten Ausschreibung und zum Verhandlungsverfahren – dass **gerade keine vorgezogene Eignungsprüfung in diesem Stadium stattfindet,** sondern diese erst als zweite Wertungsstufe nach Abgabe der Angebote bzw. in der ersten Wertungsstufe als fakultativer Ausschlussgrund (Prüfung des § 8 Nr. 5 VOB/A) stattfindet. Demgemäß ist ein Auftraggeber **auch nicht berechtigt, einem Unternehmen, das die Voraussetzungen der Nr. 2 Abs. 1 erfüllt, die Verdingungsunterlagen zu verweigern und damit faktisch eine Angebotsabgabe von vorn herein unmöglich zu machen** (1. VK Sachsen, B. v. 25. 6. 2003 – Az.: 1/SVK/051-03).

78.6.5 Richtlinie des VHB 2002 zu § 8 Nr. 2 Abs. 1

3846   Gewerbsmäßig befasst sich derjenige mit einer Leistung, der sich selbständig und nachhaltig am allgemeinen wirtschaftlichen Verkehr mit der Absicht beteiligt, einen Gewinn zu erzielen.

3847   **Bietergemeinschaften** sind grundsätzlich unter den gleichen Bedingungen **wie einzelne Bieter zum Wettbewerb zuzulassen** und bei Beschränkter Ausschreibung zur Teilnahme aufzufordern. Bei Beschränkter Ausschreibung sind **Angebote von Bietergemeinschaften, die sich erst nach der Aufforderung zur Angebotsabgabe aus aufgeforderten Unternehmern gebildet haben, nicht zuzulassen.** Ohne Aufforderung eingegangene Angebote derartiger Unternehmer sind auszuschließen (Ziffer 1.1).

3848   Soweit **gewerberechtliche Voraussetzungen** für die Ausübung der Tätigkeit gefordert werden, **müssen die Bieter diese erfüllen.** Die **Prüfung obliegt der nach Landesrecht zuständigen Behörde.** Stellt diese fest, dass die gewerberechtlichen Voraussetzungen nicht erfüllt sind, ist der Bewerber nicht zu beteiligen. Teilt eine für die Prüfung der gewerberechtlichen Voraussetzungen zuständige Behörde mit, dass ein **Verfahren wegen unberechtigter Ausübung eines Gewerbes oder gewerberechtlicher Unzuverlässigkeit** (Bußgeld- oder Gewerbeuntersagungsverfahren) **eingeleitet** ist, so ist **bis zum Abschluss des Verfahrens von der Beteiligung des betreffenden Unternehmers am Wettbewerb abzusehen.** Hat das Bauamt Zweifel, ob die gewerberechtlichen Voraussetzungen erfüllt sind, muss es im Rahmen der Prüfung von Fachkunde, Leistungsfähigkeit und Zuverlässigkeit Aufklärung herbeiführen (Ziffer 1.2).

78.6.6 Regelung des HVA B-StB 03/2006 zu § 8 Nr. 2 Abs. 1

3849   Vergabeunterlagen dürfen nur an Bewerber abgegeben werden, die sich **gewerbsmäßig mit der Ausführung von Bauleistungen der zu vergebenden Art befassen.** Hierzu gehören z. B. **nicht: Baustofflieferfirmen, Planungsfirmen, Baubetreuungsunternehmen, Transportunternehmen** sowie Stellen, die sich mit Baumarktstatistik u. ä. befassen.

3850   Wird bekannt, dass gegen einen Bewerber ein Verfahren wegen unberechtigter Ausübung eines Gewerbes eingeleitet ist, so ist bis zum Abschluss dieses Verfahrens von der Beteiligung des betreffenden Unternehmers am Wettbewerb abzusehen.

78.7 Auswahl der Teilnehmer bei einer beschränkten Ausschreibung

78.7.1 Allgemeines

3851   Bei Beschränkter Ausschreibung sollen im Allgemeinen nur 3 bis 8 geeignete Bewerber aufgefordert werden (Nr. 2 Abs. 2 Satz 1); bei Beschränkter Ausschreibung und Freihändiger Vergabe soll unter den Bewerbern möglichst gewechselt werden (Nr. 2 Abs. 3).

3852   Grundsätzlich ist der Auftraggeber gehalten, **bei der Auswahl der Teilnehmer einer beschränkten Ausschreibung nach sachgerechten Gesichtspunkten vorzugehen und willkürliche Ungleichbehandlungen zu unterlassen** (Schleswig-Holsteinisches OLG, B. v. 4. 5. 2001 – Az.: 6 Verg 2/2001).

78.7.2 Richtlinie des VHB 2002 zu § 8 Nr. 2 Abs. 2 und 3

3853   Bei Beschränkten Ausschreibungen bzw. Nichtoffenen Verfahren ist eine **Liste der aufzufordernden Unternehmer zu erstellen. Die Liste ist vertraulich zu behandeln.** Durch Wechsel der Unternehmer bei der Aufstellung der Liste ist sicherzustellen, dass einzelne nicht bevorzugt werden. Die Liste der aufzufordernden Unternehmer darf nicht allgemein zugänglich gemacht werden.

Die **Festlegung der aufzufordernden Unternehmer erfolgt durch den Behördenleiter oder einem von ihm Beauftragten** aus dem Bauamt, indem sie den **vorgeschlagenen Bieterkreis durch Streichung und/oder Ergänzung verändern.** Wenn darauf verzichtet wird, ist das im Vergabevermerk zu begründen. **Freiberuflich Tätige dürfen die aufzufordernden Unternehmer nicht bestimmen.** Sie können lediglich dem Bauamt Vorschläge unterbreiten (Ziffern 2.4, 2.5). 3854

78.7.3 Regelung des HVA B-StB 03/2006 zu § 8 Nr. 2 Abs. 2 und 3

Ist ein Abweichen von einer Öffentlichen Ausschreibung unumgänglich, ist dennoch ein **bestmöglicher Wettbewerb dadurch anzustreben,** dass 3855
– bei Beschränkten Ausschreibungen unter den Bewerbern zu wechseln ist und
– bei einer Freihändigen Vergabe möglichst mehrere Bewerber aufzufordern sind.

Die Gründe für die getroffene Auswahl der aufzufordernden Bewerber sind aktenkundig zu machen (Teil 2 Nr. 2.2 Abs. 2). 3856

78.8 Zeitpunkt der Prüfung der Eignung

Vgl. dazu die Kommentierung zu § 97 GWB RZ 487. 3857

78.9 Eignung (§ 8 Nr. 3 Abs. 1)

Die Eignung setzt sich aus den Eigenschaften Fachkunde, Leistungsfähigkeit und Zuverlässigkeit zusammen. 3858

78.9.1 Hinweis

Soweit sich die **Rechtsprechung allgemein mit der Eignung im Sinne des § 97 Abs. 4 GWB** auseinander gesetzt hat, ist die **Kommentierung auch im Rahmen des § 97 Abs. 4 GWB RZ 392 erfolgt.** Spezifisch bauleistungsbezogene Fragen sind nachfolgend dargestellt. 3859

78.9.2 Begriffsinhalte

Zu den Begriffsinhalten vgl. die Kommentierung zu § 97 Abs. 4 GWB RZ 392. 3860

78.9.3 Nachweis der Eignung

78.9.3.1 Allgemeine Anforderungen an vom Auftraggeber geforderte Nachweise

Der öffentliche Auftraggeber darf von den Bewerbern die Vorlage von Bescheinigungen oder Nachweisen verlangen, die **durch den Gegenstand des ausgeschriebenen Auftrags gerechtfertigt** erscheinen. Entscheidend ist, ob aus verständiger Sicht der Vergabestelle ein **berechtigtes Interesse an den in der Ausschreibung aufgestellten Forderungen** besteht, so dass diese als **sachlich gerechtfertigt und verhältnismäßig** erscheinen und den **Bieterwettbewerb nicht unnötig einschränken** (VK Münster, B. v. 23. 10. 2003 – Az.: VK 19/03). 3861

Das **Wort „Nachweis" ist im Sinne von „Beleg" zu verstehen.** Ist die Art der Belege in der Bekanntmachung nicht definiert, sind **Fremd- und Eigenbelege zulässig.** Bei der Wahl von Eigenbelegen sind mangels näherer Bestimmung selbst hergestellte Urkunden und Eigenerklärungen zugelassen. **Eigenerklärungen müssen** die Voraussetzungen eines „Nachweises" erfüllen, d.h. richtig, **vollständig und aus sich heraus verständlich sein** (OLG Düsseldorf, B. v. 6. 7. 2005 – Az.: VII – Verg 22/05). 3862

Der **Auftraggeber hat bei der Festlegung, welche Angaben und/oder Nachweise in finanzieller und wirtschaftlicher Hinsicht von Bietern gefordert werden, einen Ermessensspielraum.** Die insoweit in den Verdingungsordnungen aufgestellten Regeln sollen vornehmlich willkürliche Bewertungen verhindern und die Gleichbehandlung der Bieter sicherstellen. **Im Rahmen seines Ermessens kann der Auftraggeber deswegen auf exakte Vorgaben hinsichtlich der zum Nachweis von Eignungsmerkmalen vorzulegenden Un-** 3863 terlagen oder abzugebenden Erklärungen verzichten, sofern – was aus der Sicht eines verständigen Bieters zu bestimmen ist – die Mittel, derer sich am Auftrag interessierte Unternehmen zu Zwecken des Nachweises bedienen dürfen, in der Vergabebekanntmachung nach ihrer Art und Zielrichtung **bestimmbar angegeben sind,** und darüber hinaus **unmissverständlich klar gestellt** ist, dass mit den einzureichenden Unterlagen oder Angaben **bestimmte Eignungsmerkmale nachzuweisen** sind (OLG Düsseldorf, B. v. 13. 1. 2006 – Az.: VII – Verg 83/05).

78.9.3.2 Umsatz des Unternehmers in den letzten 3 abgeschlossenen Geschäftsjahren (§ 8 Nr. 3 Abs. 1 Buchstabe a))

3864 78.9.3.2.1 **Inhalt der Forderung nach Angaben zum Umsatz in den letzten drei abgeschlossenen Geschäftsjahren, soweit dieser Bauleistungen oder andere Leistungen betrifft, die mit der zu vergebenden Leistung vergleichbar sind. Erforderlich ist danach die Angabe des gesamten mit vergleichbaren Leistungen erzielten Umsatzes in dem betreffenden Zeitraum.** Dies **ergibt sich aus dem Wortlaut.** Die Angabe des gesamten Umsatzes und nicht nur eines Teils desselben ist **auch nach dem Sinn und Zweck der Anforderung erforderlich:** Der Auftraggeber will in die Lage versetzt werden, die wirtschaftliche und finanzielle Leistungsfähigkeit der Unternehmen beurteilen zu können, die sich mit einem Angebot am Wettbewerb um einen wirtschaftlich bedeutenden Bauauftrag beteiligen. Die Beurteilung der wirtschaftlichen und finanziellen Leistungsfähigkeit der jeweiligen Unternehmen erfordert aber aus Sicht des Auftraggebers offensichtlich nicht nur die Angabe ausgewählter Projekte und der mit diesen erzielten Umsätze, sondern der gesamten mit vergleichbaren Projekten erzielten Umsätze innerhalb des angegebenen Zeitraums. **Ansonsten** kann der Auftraggeber **ggf. nur die Angabe einiger Referenzprojekte mit entsprechenden Umsätzen,** nicht aber „seinen Umsatz in den letzten drei abgeschlossenen Geschäftsjahren" fordern (3. VK Bund, B. v. 6. 7. 2006 – Az.: VK 3-54/06).

3865 78.9.3.2.2 **Ausschluss von „Newcomern".** Zur damit verbundenen Problematik des Ausschlusses von „Newcomern" vgl. die Kommentierung zu § 97 GWB RZ 513.

3866 78.9.3.2.3 **Begriff der Vergleichbarkeit. 78.9.3.2.3.1 Allgemeines. Von der erfolgreichen Verwirklichung vergleichbarer Baumaßnahmen** kann eine Vergabestelle **Schlüsse auf die erfolgreiche Realisierung des eigenen Vorhabens ziehen,** da die nachgewiesene vorhandene Erfahrung aus bereits erfolgreichen Vorhaben die Vermutung einer weiteren erfolgreichen Vorhabensrealisierung gerechtfertigt erscheinen lässt (VK Thüringen, B. v. 18. 3. 2003 – Az.: 216-4002.20-001/03-MHL).

3867 Dies gilt **auch für Planungsleistungen nach der VOF** (VK Lüneburg, B. v. 25. 9. 2006 – Az.: VgK-19/2006).

3868 78.9.3.2.3.2 **Inhalt.** Die Anforderungen an quantitativ und qualitativ vergleichbare oder gleichartige Leistungen ist durch **Auslegung des Wortlauts der Verdingungsunterlagen unter Berücksichtigung von Sinn und Zweck der geforderten Angaben sowie unter Berücksichtigung des Wettbewerbs- und Gleichbehandlungsgrundsatzes des Vergabeverfahrens** (vgl. § 97 Abs. 1 und 2 GWB) zu bestimmen. Die vorgelegten Referenzen müssen danach den Schluss zulassen, dass der Bieter in der Lage sein wird, die ausgeschriebene Maßnahme vertragsgemäß durchzuführen (3. VK Bund, B. v. 12. 8. 2005 – Az.: VK 3-94/05; B. v. 12. 8. 2005 – Az.: VK 3-88/05; B. v. 11. 8. 2005 – Az.: VK 3-85/05).

3869 Die Formulierung in Ausschreibungsbedingungen **„vergleichbar" bedeutet nicht „gleich" oder gar identisch,** sondern dass Leistungen im technischen und organisatorischen Bereich ausgeführt wurden, die einen **gleich hohen oder höheren Schwierigkeitsgrad** hatten (3. VK Bund, B. v. 12. 8. 2005 – Az.: VK 3-94/05; B. v. 12. 8. 2005 – Az.: VK 3-88/05; B. v. 11. 8. 2005 – Az.: VK 3-85/05; VK Südbayern, B. v. 5. 3. 2001 – Az.: 02-02/01; VK Schleswig-Holstein, B. v. 24. 10. 2003 – Az.: VK-SH 24/03). Ein Auftraggeber kann nicht verlangen, dass ein Bewerber **in jedem Fall bereits gleichartige Bauwerke errichtet bzw. Baumaßnahmen ausgeführt haben muss,** denn dadurch würde der **Marktzutritt** für neue Marktteilnehmer unter Verletzung des Wettbewerbsgrundsatzes in § 2 Nr. 2 VOB/A und § 97 Abs. 1 GWB **unzumutbar erschwert oder unmöglich gemacht** (2. VK Bund, B. v. 10. 12. 2003 – Az.: VK 1-16/03; VK Brandenburg, B. v. 25. 8. 2002 – Az.: VK 45/02).

3870 78.9.3.2.3.3 **Beispiele aus der Rechtsprechung**
– ist eine von einem Bieter angeführte Baumaßnahme **zum Zeitpunkt der Beurteilung** durch die Vergabestelle **noch nicht fertig gestellt, kann sie auch nicht als Ausgangs-

Vergabe- und Vertragsordnung für Bauleistungen Teil A VOB/A § 8 **Teil 3**

punkt für eine erfolgreiche Ausführung** und daraus resultierende Schlussfolgerungen **für die Vergabestelle** herangezogen werden (VK Thüringen, B. v. 18. 3. 2003 – Az.: 216-4002.20-001/03-MHL).

78.9.3.2.4 Erfordernis eines bestimmten Jahresumsatzes. Anerkannt ist, dass eine Vergabestelle zur Frage der Leistungsfähigkeit Umsätze der Bieter abfragen darf. Wenn sie **aus den benannten Umsätzen Ausschlussgründe konstruiert,** so **bedürfen diese einer sachlichen Rechtfertigung,** um nicht einzelne Bieter zu diskriminieren (2. VK Bund, B. v. 16. 12. 2004 – Az.: VK 2-205/04). 3871

Das Erfordernis eines bestimmten Jahresumsatzes in den letzten drei Jahren kann sehr hoch erscheinen insbesondere angesichts der Marktstruktur auf einem relevanten Markt. Zumal für den Fall einer weiteren Losunterteilung erscheint es weder als gerechtfertigt noch als erforderlich, um die Leistungsfähigkeit des Auftragnehmers sicher zu stellen. Der **Wettbewerbsgrundsatz** – § 97 Abs. 1 GWB – **gebietet, den Kreis der Bieter nicht durch überzogen hohe Anforderungen an deren Leistungsfähigkeit über Gebühr einzuschränken** (1. VK Bund, B. v. 21. 9. 2001 – Az.: VK 1-33/01). 3872

Bei dem **Kriterium „Gesamtumsatz der letzten drei Jahre" ist es nicht zulässig, in die entsprechende Berechnung auch die Umsätze von Nachunternehmern einzubeziehen.** Die Berücksichtigung der Daten von Nachunternehmern für die Beurteilung der finanziellen und wirtschaftlichen Leistungsfähigkeit eines Bewerbers im Sinn von § 12 VOF ist nicht sachgerecht: Im Haftungsfall kann der Auftraggeber nur auf seinen Vertragspartner und dessen eigene Haftungsmasse zurückgreifen. Vertragspartner ist jedoch nur der Einzelbieter selbst bzw. sämtliche Mitglieder einer Bietergemeinschaft, nicht jedoch hierüber hinaus etwaige Nachunternehmer (3. VK Bund, B. v. 13. 9. 2005 – Az.: VK 3-82/05). 3873

78.9.3.3 Die zur Verfügung stehende technische Ausrüstung (§ 8 Nr. 3 Abs. 1 Buchstabe d))

78.9.3.3.1 Behördliche Genehmigungen. Die genannte Vorschrift gestattet es dem öffentlichen Auftraggeber, zum Nachweis der fachlichen Eignung und Leistungsfähigkeit des Bieters eine Beschreibung der zur Auftragsdurchführung vorgesehenen technischen Ausrüstung zu fordern. **Bedarf der Bieter zur Errichtung oder zum Einsatz dieser technischen Ausrüstung** (oder von Teilen derselben) **einer behördlichen Genehmigung, darf der Auftraggeber darüber hinaus auch den Nachweis dieser Genehmigung verlangen.** Das ergibt sich zwar nicht unmittelbar aus dem Wortlaut des § 7a Nr. 2 Abs. 2 lit. b) VOL/A 2. Abschnitt, der nur von einer „Beschreibung" der technischen Ausrüstung spricht, rechtfertigt sich aber zwanglos aus der Tatsache, dass sich die Vorschrift des § 7a Nr. 2 VOL/A 2. Abschnitt insgesamt über den „Nachweis" der technischen Leistungsfähigkeit des Bieters verhält. Benötigt der Bieter für die Herrichtung oder den Betrieb seiner technischen Ausrüstung eine behördliche Genehmigung, ist er nur bei Vorliegen dieser Genehmigung leistungsfähig. Das bedeutet, dass der Bieter in solchen Fällen seine Leistungsfähigkeit nur durch eine Beschreibung seiner technischen Ausrüstung in Verbindung mit der Vorlage der zum Einsatz der Gerätschaften erforderlichen Genehmigungen und Erlaubnisse nachweisen kann, und dass sich umgekehrt auch der Auftraggeber nur durch die Beschreibung der technischen Ausrüstung und die Vorlage der zum Betrieb der Ausrüstung erforderlichen Genehmigungen von der Leistungsfähigkeit des Bieters überzeugen kann. Bei verständiger Auslegung der Norm ist deshalb auch die Anforderung einer zur Errichtung und/oder zum Betrieb der technischen Ausrüstung benötigten behördlichen Erlaubnis von § 7a Nr. 2 Abs. 2 lit. b) VOL/A 2. Abschnitt gedeckt (OLG Düsseldorf, B. v. 9. 7. 2003 – Az.: Verg 26/03 – Genehmigung einer Abfallbehandlungsanlage). 3874

Dies gilt auch für § 8 Nr. 3 Abs. 1 Buchstabe d) VOB/A. 3875

78.9.3.3.2 Zeitpunkt des Vorliegens der technischen Ausrüstung. Die **Rechtsprechung** hierzu ist **nicht einheitlich.** 3876

Nach einer Auffassung muss dann, wenn zum Nachweis der Eignung vom Bieter Angaben über die **zur Ausführung der zu vergebenden Leistung zur Verfügung stehende technische Ausrüstung** verlangt werden, diese **technische Ausrüstung nicht schon zum Zeitpunkt der Angebotsabgabe zur Verfügung stehen,** denn es ist unerheblich, ob diese Geräte später angemietet oder angekauft werden oder sich bereits jetzt im Besitz des Bewerbers befinden (VK Südbayern, B. v. 5. 3. 2001 – Az.: 02-02/01). 3877

Nach der Gegenmeinung sind ausschließlich die Angaben im Geräteverzeichnis zugrunde zu legen. Der **Auftraggeber muss unberücksichtigt lassen, ob der Bieter in der Lage wäre,** 3878

759

Teil 3 VOB/A § 8 Vergabe- und Vertragsordnung für Bauleistungen Teil A

bei Bedarf zusätzliches Gerät kurzfristig zu erwerben oder anzumieten. Dass derartige hypothetische Erwägungen unstatthaft sind, folgt schon aus dem **Sinn und Zweck einer Geräteliste.** Sie soll dem öffentlichen Auftraggeber einen Überblick über diejenige technische Ausrüstung geben, die der Bieter zur Auftragsausführung zum Einsatz bringen will und über die er im Zeitpunkt der Auftragsdurchführung auch sicher verfügen wird. Nur auf der Grundlage dieser Daten kann der öffentliche Auftraggeber verantwortlich und zuverlässig überprüfen, ob dem jeweiligen Bieter aus technischer Sicht die vertragsgerechte Erledigung der ausgeschriebenen Leistungen möglich ist. Für den Bieter folgt daraus die Notwendigkeit, in das Geräteverzeichnis alle für die Auftragserledigung vorgesehenen Gerätschaften aufzuführen (2. VK Bund, B. v. 7. 7. 2005 – Az.: VK 2-66/05; B. v. 11. 1. 2005 – Az.: VK 2-220/04). **Handelt es sich um fremdes Gerät, muss überdies dargelegt werden, dass dem Bieter jene technische Ausrüstung im Zeitpunkt der Auftragsdurchführung mit hinreichender Gewissheit zur Verfügung stehen wird** (OLG Düsseldorf, B. v. 25. 2. 2004 – Az.: VII – Verg 77/03).

3879 78.9.3.3.3 Beispiele aus der Rechtsprechung
- unter „**Verfügbarkeit**" ist lediglich zu verstehen, dass derjenige oder diejenige, der oder die den Auftrag erhält, in der Lage sein muss, während des Jahres die genannten Geräte zur Erfüllung des erteilten Auftrages einzusetzen. Damit ist jedoch **nicht zugleich verlangt**, dass der Auftragnehmer schon im Zeitpunkt der Abgabe des Angebots entweder **Eigentümer dieser Maschinen sein müsse** oder kraft eines bereits zu diesem Zeitpunkt – unter Umständen aufschiebend bedingt – bestehenden schuldrechtlichen Verhältnisses die **(rechtliche) Sicherheit haben müsse**, diese Gerätschaften im Zeitraum auch tatsächlich nutzen zu können (Hanseatisches OLG Bremen, B. v. 24. 5. 2006 – Az.: Verg 1/2006)
- aufgrund des Umfangs und der Bedeutung der zu vergebenden Leistung war es der Vergabestelle nicht verwehrt, den **Nachweis der Kompetenzen und den Hintergrund des Investitionsinteresses** zu fordern. Sie beabsichtigt, den Entsorgungsvertrag für einen Zeitraum von 15 Jahren zunächst an ihre Eigengesellschaft zu vergeben, deren Geschäftsanteile zu 49% an ein privates Unternehmen veräußert werden sollen. Um die Leistungsfähigkeit der Bewerber beurteilen zu können, war es für die Vergabestelle von Bedeutung, zu erfahren, mit welcher Motivation und mit welchem strategischen Ziel die Unternehmen sich gerade um diesen Auftrag bewerben (VK Magdeburg, B. v. 24. 10. 2001 – Az.: 33-32571/07 VK 18/01 MD)
- besteht die **zu erbringende Leistung in Abfalltransporten,** die jedenfalls zu einem erheblichen Teil durch das Unternehmen selbst durchzuführen sind, hat die Vergabestelle ein **berechtigtes Interesse daran** zu erfahren, ob der Bewerber über das technische Gerät verfügt, um die anfallenden Transportleistungen zu einem erheblichen Teil selbst durchzuführen. Hierfür ist der **Nachweis über die auf den Bewerber zugelassenen Hakenliftfahrzeuge durch Vorlage einer Kopie des Fahrzeugbriefs** ein geeignetes Mittel (BayObLG, B. v. 12. 4. 2000 – Az.: Verg 1/00)

78.9.3.4 Für die Leitung und Aufsicht vorgesehenes technisches Personal (§ 8 Nr. 3 Abs. 1 Buchstabe e))

3880 Der Auftraggeber hat die Möglichkeit, eine Erklärung über die Benennung der einzusetzenden Führungskräfte auf der Baustelle zu fordern. Dass **Führungskräfte auf der Baustelle erforderlich sind, ist unstrittig,** der Bieter kann die Baustelle nicht ohne diese betreiben, schon im Eigeninteresse nicht. Da die **Führungskräfte zwingend erforderlich** sind, besteht für den Bieter **keine Wahlmöglichkeit hinsichtlich Einsatz oder Nichteinsatzes** (VK Thüringen, B. v. 29. 8. 2002 – Az.: 216-4002.20-036/02-J-S).

78.9.3.5 Eintragung in das Berufsregister (§ 8 Nr. 3 Abs. 1 Buchstabe f))

3881 78.9.3.5.1 **Allgemeines.** Gemäß § 25 Nr. 2 Abs. 1 VOB/A sind bei der Auswahl der Angebote für den Zuschlag nur solche Bieter zu berücksichtigen, die für die Erfüllung der vertraglichen Verpflichtungen die notwendigen Sicherheiten bieten, wozu u. a. der Nachweis über die erforderliche Leistungsfähigkeit und Zuverlässigkeit gehört. Hieran **kann es fehlen, wenn die ausgeschriebenen Leistungen von einem Bieter nicht ausgeführt werden dürfen, weil sie ein Handwerk betreffen, für das der Bieter nicht in der Handwerksrolle eingetragen** ist. Denn dann kann der Bieter die Ausführungen der Leistungen nicht sicherstellen, weil die **Gefahr besteht,** dass er **von Wettbewerbern auf Unterlassung in Anspruch genommen** wird (§ 1 UWG, § 1 Handwerksordnung) oder dass die **zuständige Behörde ihm die**

Betriebsfortsetzung von Amts wegen oder auf Antrag untersagt (OLG Celle, Urteil vom 27. 12. 2001 – Az.: 13 U 126/01).

Bauleistungen dürfen also nur von Unternehmen ausgeführt werden, die hierzu nach den gewerberechtlichen Bestimmungen berechtigt sind. Unternehmen müssen somit die zwingende Voraussetzung erfüllen, dass sie nachweislich „gewerbsmäßig" Bauleistungen ausführen, das heißt sich mit Bauleistungen im Sinne der VOB/A (§ 1) und im Sinne einer gewerbsmäßigen Betätigung befassen. Es **besteht zwar grundsätzlich Gewerbefreiheit, diese ist jedoch durch öffentlich-rechtliche Bestimmungen wie die Gewerbeordnung und die Handwerksordnung eingeschränkt.** Im Baubereich darf nur derjenige Unternehmer tätig werden, der bezüglich der auszuführenden Leistungen entweder in der Handwerksrolle eingetragen ist oder der Industrie- und Handelskammer angehört (VK Halle, B. v. 30. 4. 2001 – Az.: VK Hal 06/00). 3882

Bei dem Nachweis der Eintragung in ein Berufsregister handelt es sich um eine formelles Eignungskriterium, dessen **Zweck** darin besteht, eine **verlässliche Auskunft über die Existenz und sonstige wichtige Rechtsverhältnisse des Unternehmens** zu erhalten (OLG Düsseldorf, B. v. 16. 1. 2006 – Az.: VII – Verg 92/05; B. v. 9. 6. 2004 – Az.: VII – Verg 11/04). Für den Nachweis der Eintragung der Bewerber in das Handelsregister am Sitz ihrer Gesellschaft besteht beispielsweise ein **Informationsbedürfnis der Vergabestelle, wenn es in der Vergangenheit wiederholt zu Umstrukturierungen, Neugründungen und Insolvenzen bei den auf dem Markt befindlichen Bewerbern gekommen** ist (OLG Düsseldorf, B. v. 16. 1. 2006 – Az.: VII – Verg 92/05). 3883

Neben der Vorlage einer **Abschrift der Handelsregistereintragung** (vgl. § 9 Abs. 2 HGB) oder einer **Bestätigung** (vgl. § 9 Abs. 3 HGB) der **Eintragung durch das registerführende Amtsgericht** genügt aus Sicht des verständigen Bewerbers auch ein gleichwertiger schriftlicher Nachweis – z.B. ein Ausdruck einer elektronischen Datei. Diesen herkömmlichen (schriftlichen) Beweismitteln ist gemeinsam, dass es sich jeweils um Fremdbelege handelt. Auch die **Fotokopie des Ausdrucks einer vom zuständigen Amtsgericht erstellten pdf-Datei des Handelsregisterblattes ist zwar als Beweismittel grundsätzlich geeignet,** den Nachweis der Tatsache der Eintragung in das Handelsregister zu führen, da Aussteller (bzw. Urheber) der pdf-Datei das Amtsgericht ist. Der Nachweis der Eintragung setzt aber voraus, dass sich **aus der Fotokopie des Ausdrucks ergibt, dass der Bewerber unter seiner Firma im Handelsregister tatsächlich eingetragen** ist (OLG Düsseldorf, B. v. 16. 1. 2006 – Az.: VII – Verg 92/05). 3884

78.9.3.5.2 Gebäudereinigerinnung. **Nicht maßgebend** sein kann, ob eine **Firma Mitglied der Gebäudereinigerinnung** ist. Maßgebend ist nur, dass die Firma die Tätigkeit gewerbsmäßig ausführt (§ 7 Nr. 2 Abs. 1 VOL/A). Dieser Nachweis ist geführt, wenn die Firma im Handelsregister als Reinigungsbetrieb eingetragen ist. Abgesehen davon ist nicht nachvollziehbar, weshalb für die Reinigung von Außenflächen notwendig sein soll, der Gebäudereinigerinnung anzugehören (VK Baden-Württemberg, B. v. 31. 10. 2003 – Az.: 1 VK 63/03). 3885

78.9.3.5.3 **Pflicht eines ausländischen Unternehmens zur Eintragung in die Handwerksrolle.** In Bezug auf die Eintragung in die Handwerksrolle stellt es eine **Beschränkung im Sinne von Art. 49 EG** dar, wenn einem Unternehmen, das in einem Mitgliedstaat ansässig ist und in einem anderen Mitgliedstaat als Dienstleistender eine handwerkliche Tätigkeit ausüben möchte, die **Verpflichtung, sich in die Handwerksrolle des letztgenannten Mitgliedstaats eintragen zu lassen, auferlegt wird.** Eine Beschränkung der Dienstleistungsfreiheit kann zwar durch zwingende Gründe des Allgemeininteresses gerechtfertigt sein, etwa durch das Ziel, die Qualität der durchgeführten handwerklichen Arbeiten zu sichern und deren Abnehmer vor Schäden zu bewahren, doch muss die Anwendung der nationalen Regelungen eines Mitgliedstaats auf die in anderen Mitgliedstaaten niedergelassenen Dienstleistenden geeignet sein, die Verwirklichung des mit ihnen verfolgten Zieles zu gewährleisten, und darf nicht über das hinausgehen, was zur Erreichung dieses Zieles erforderlich ist. Folglich darf **das durch das Aufnahmeland eingerichtete Verfahren zur Erteilung der Erlaubnis die Ausübung des Rechts einer in einem anderen Mitgliedstaat ansässigen Person, ihre Dienstleistungen im Hoheitsgebiet des erstgenannten Staates zu erbringen, weder verzögern noch erschweren, nachdem die Voraussetzungen für die Aufnahme der betreffenden Tätigkeiten bereits geprüft worden sind und festgestellt** worden ist, dass diese Voraussetzungen erfüllt sind. Sind diese Voraussetzungen erfüllt, kann eine etwa erforderliche Eintragung in die Handwerksrolle des Aufnahmemitgliedstaats nur noch automatisch erfolgen, sie kann weder eine Voraussetzung für die Erbringung der Dienstleistung ein noch Verwaltungskosten für den betrof- 3886 fenen Leistenden verursachen, noch die obligatorische Zahlung von Beiträgen an die Handwerkskammern nach sich ziehen.

3887 Dies gilt **nicht nur für Leistende,** die die Absicht haben, **nur gelegentlich oder sogar nur ein einziges Mal** in einem Aufnahmemitgliedstaat Dienstleistungen zu erbringen, sondern **auch für Leistende, die wiederholt oder mehr oder weniger regelmäßig Dienstleistungen erbringen oder erbringen wollen** (EuGH, Urteil vom 11. 12. 2003 – Az.: C 215/01).

3888 **78.9.3.5.4 Prüfungspflicht des Auftraggebers der Eintragung in die Handwerksrolle.** Bauleistungen sind nur an fachkundige, leistungsfähige und zuverlässige Unternehmer zu vergeben. Hierzu gehört grundsätzlich auch, dass der Bieter überhaupt berechtigt ist, die angebotene Leistung auszuführen. Der **Auftraggeber ist folglich verpflichtet zu prüfen, ob derjenige, der einen geforderten Einbau vornimmt, für diese Tätigkeit in der Handwerksrolle eingetragen ist** (1. VK Sachsen, B. v. 9. 5. 2003 – Az.: 1/SVK/034-03; B. v. 4. 10. 2002 – Az.: 1/SVK/085-02). Ist ein Bieter **wegen seiner fehlenden Eintragung in der Handwerksrolle** zur Ausführung der ausgeschriebenen Handwerksleistungen nicht fähig, ist sein **Angebot wegen fehlender Eignung auszuschließen** (BayObLG, B. v. 24. 1. 2003 – Az.: Verg 30/02).

3889 Eine **Registrierung bei der Handwerkskammer** ist also – anders als die Registrierung bei der Industrie- und Handelskammer – eine **rechtliche Voraussetzung für die Ausübung einer Tätigkeit** (2. VK Brandenburg, B. v. 9. 8. 2005 – Az.: 2 VK 38/05).

3890 **78.9.3.5.5 Abgrenzung des Berufsbildes des Straßenbauer-Handwerks von dem des Garten- und Landschaftsbaus.** Gehören die **ausgeschriebenen Leistungen im Wesentlichen zum Straßenbauer-Handwerk** (Herstellung von Parkplätzen, Fahrbahnen und Gehwegen durch Pflasterarbeiten im Rahmen einer Innenhofgestaltung), ist **streitig, ob derartige Arbeiten von einem Garten- und Landschaftsbauunternehmen mit ausgeführt werden dürfen.** Nach der Rechtsprechung des Bundesverwaltungsgerichts ist ein Garten- und Landschaftsbauunternehmen schon dann zum Anlegen von Wegen und Plätzen berechtigt, wenn nur die herzustellende Anlage nach ihrem **Gesamtcharakter eine landschaftsgärtnerische Prägung** aufweist (Bundesverwaltungsgericht, Urteil vom 30. 3. 1993 – Az.: 1 C 26.91). Demgegenüber hält das OLG Köln für die Abgrenzung den **Schwerpunkt der Tätigkeit, den Eindruck, den die Gesamtfläche beim Betrachter hinterlässt, den Zweck, dem die Fläche dienen soll und auch das Verhältnis der entstehenden Kosten für maßgeblich** (OLG Celle, Urteil vom 27. 12. 2001 – Az.: 13 U 126/01).

3891 **78.9.3.5.6 Erdbewegungsarbeiten.** Die **Tätigkeit der Erdbewegung ist kein bauhandwerkliches Berufsbild, so dass es hierzu keiner Eintragung in die Handwerksrolle bedarf.** Soweit ein Bieter beabsichtigt, Ausschachtungsarbeiten als Vorarbeiten für andere Gewerke (Straßenbau, Betonbau) zu verrichten, handelt es sich dabei nicht um einen Teil eines Berufsbildes, der wesentliche Kenntnisse und Fertigkeiten nach handwerklicher Ausbildung erfordert und dieses Berufsbild im Kernbereich prägt. Das **Lösen und Fördern von Erdmassen begleitet das Tätigkeitsbild einiger (Bau-)Handwerke, ist aber nicht im Kernbereich prägend** (2. VK Brandenburg, B. v. 9. 8. 2005 – Az.: 2 VK 38/05; VK Düsseldorf, B. v. 12. 8. 2003 – Az.: VK – 22/2003 – B).

78.9.3.6 Andere, insbesondere für die Prüfung der Fachkunde geeignete Nachweise (§ 8 Nr. 3 Abs. 1 Buchstabe g))

3892 Der Auftraggeber kann über die § 8 Nr. 3 genannten Nachweise weitere Nachweise verlangen.

3893 **78.9.3.6.1 Unbedenklichkeitsbescheinigung des Finanzamts.** § 8 Nr. 5 Abs. 1 Buchstabe d) gestattet dem Auftraggeber, von der Teilnahme am Wettbewerb (u. a.) solche Unternehmen auszuschließen, die ihre Verpflichtung zur Zahlung von Steuern und Abgaben nicht ordnungsgemäß erfüllt haben. In § 8 Nr. 5 Abs. 2 VOB/A heißt es hierzu, dass der Auftraggeber dürfe von den Bewerbern oder Bietern entsprechende Bescheinigungen der zuständigen Stelle oder Erklärungen verlangen. Nach dieser Vorschrift ist ein Auftraggeber **(zwar nicht gezwungen, aber) befugt, bereits in der Bekanntmachung der Ausschreibung von den Bietern die Vorlage einer „gültigen Freistellungsbescheinigung" oder – mit anderen Worten – einer gültigen Unbedenklichkeitsbescheinigung des zuständigen Finanzamts zu verlangen,** um sich auf diese Weise rasch und verhältnismäßig sicher über einen wichtigen Aspekt der Zuverlässigkeit des jeweiligen Bieters vergewissern zu können. Denn die

Nichtzahlung oder die säumige Zahlung von Steuern mit einem Auflaufenlassen von Steuerrückständen ist ein Indiz für das Fehlen genügender wirtschaftlicher Leistungsfähigkeit. Ferner bezweckt § 8 Nr. 5 Abs. 1 Buchstabe d) VOB/A, dass der öffentliche Auftraggeber, der gemäß § 2 Nr. 1 Satz 3 VOB/A „ungesunde Begleiterscheinungen bekämpfen" muss, möglichst nur mit solchen Bieterunternehmen in vertragliche Beziehungen tritt, die sich gesetzmäßig verhalten und auch ihre steuerrechtlichen Pflichten erfüllen (BGH, Urteil vom 21. 3. 1985 – Az: VII ZR 192/83). Es ist schließlich auch der Zweck der Vorschrift, dass sich der Auftraggeber schon im Vorfeld bei der Angebotsprüfung vor der möglichen Inanspruchnahme durch Zwangsvollstreckungsmaßnahmen schützt, die das Finanzamt wegen der Steuerschulden des potentiellen Auftragnehmers verhängt (OLG Düsseldorf, B. v. 24. 6. 2002 – Az.: Verg 26/02).

Die Unbedenklichkeitsbescheinigung des Finanzamtes kann allerdings Bedenken gegen die Eignung grundsätzlich nicht ausräumen, da die **Unbedenklichkeitsbescheinigung nicht besagt, dass keine Steuerschulden bestehen**; die Steuerschulden können z. B. auch gestundet sein (VK Nordbayern, B. v. 28. 8. 2000 – Az.: 320.VK-3194-19/00). 3894

Das **Finanzamt** darf die **Ausstellung einer Unbedenklichkeitsbescheinigung nur dann von einer Gegenleistung abhängig machen, wenn diese in einem inneren Zusammenhang mit der beantragten Bescheinigung** steht. Der Bundesgerichtshof hat es bisher offen gelassen, ob ein solcher Zusammenhang zu bejahen ist, wenn die verlangte Gegenleistung dazu dient, die Voraussetzungen für die Erteilung der Bescheinigung zu schaffen, insbesondere ein der Erteilung entgegenstehendes Hindernis zu beseitigen. Er ist deshalb auch nicht darauf eingegangen, **ob es möglich ist, bei einem Bewerber, der mit Steuerzahlungen in Rückstand ist, die Ausstellung der Bescheinigung an die Erfüllung fälliger Steuerschulden zu knüpfen.** Nicht zulässig ist es jedenfalls, wenn die **Erteilung einer Unbedenklichkeitsbescheinigung** nicht der Sicherung bereits fälliger Steuerschulden dient, sondern **in erster Linie künftige Steuerschulden sichern soll** (BGH, Urteil vom 21. 3. 1985 – Az: VII ZR 192/83). 3895

78.9.3.6.2 Unbedenklichkeitsbescheinigungen von Sozialversicherungsträgern. Die **Zahlung der gesetzlichen Sozialversicherungsbeiträge erfolgt** zum (überwiegenden) Teil an die **Krankenkassen,** die für den Einzug bestimmter Sozialversicherungsbeiträge zuständig sind, nämlich die Beiträge zur Kranken-, Renten-, Pflege- und Arbeitslosenversicherung. Ein weiterer (geringerer) **Teil der Sozialversicherungsbeiträge,** nämlich die Unfallversicherungsbeiträge, werden von den **Berufsgenossenschaften** eingezogen. Die **Unbedenklichkeitsbescheinigungen der Krankenkasse sowie der Berufgenossenschaft geben somit Aufschluss darüber, ob der Bieter jeweils seiner Verpflichtung zur Entrichtung der vorgenanten Beiträge vollständig nachgekommen** ist. Sie lassen erkennen, ob er über die erforderlichen finanziellen Mittel und die notwendige Zuverlässigkeit verfügt, indem er seinen Verpflichtungen regelmäßig und umfassend nachkommt (1. VK Bund, B. v. 20. 4. 2005 – Az.: VK 1-23/05). 3896

Das **Verlangen einer Bescheinigung des Unfallversicherungsträgers verstößt nicht gegen § 8 Nr. 3 VOB/A.** Der Auffassung, die Vorlage einer Bescheinigung der Krankenkasse über die Abführung von Sozialversicherungsbeiträgen sei ausreichend, während die Vorlage einer Bescheinigung des Unfallversicherungsträgers nicht mehr erforderlich und damit unverhältnismäßig sei, kann nicht gefolgt werden. Es steht gemäß § 8 Nr. 3 VOB/A **grundsätzlich im Ermessen des Auftraggebers, ob und welche Eignungsnachweise er verlangt,** wobei der Grundsatz der Verhältnismäßigkeit Anwendung findet (1. VK Bund, B. v. 20. 4. 2005 – Az.: VK 1-23/05). 3897

78.9.3.6.3 Zertifizierung. Zur Frage, ob eine Vergabestelle die Zertifizierung nach DIN EN ISO 9001 als Eignungsnachweis für die Fachkunde fordern darf, vergleiche die Kommentierung zu § 97 GWB RZ 536. 3898

78.9.3.6.4 Referenzen. Vgl. zu Referenzen die Kommentierung zu § 97 GWB RZ 459. 3899

78.9.3.6.5 Bestätigungsvermerk eines Wirtschaftsprüfers. Bei dem **Bestätigungsvermerk einer Wirtschaftsprüfergesellschaft handelt es sich um die Zusammenfassung der Prüfung des Jahresabschlusses einer Kapitalgesellschaft.** Der Abschlussprüfer ist gemäß § 323 Abs. 1 Handelsgesetzbuch (HGB) zur gewissenhaften und unparteiischen Prüfung verpflichtet. Der Bestätigungsvermerk ist gemäß § 322 Abs. 2 HGB in geeigneter Weise zu ergänzen, wenn zusätzliche Bemerkungen erforderlich erscheinen, um einen falschen Eindruck über den Inhalt der Prüfung und die Tragweite des Bestätigungsvermerks zu vermeiden. In einem derartigen Bestätigungsvermerk sind gemäß § 322 Abs. 3 Satz 2 HGB insbesondere die Risiken der künftigen Entwicklung des Unternehmens zutreffend darzustellen. Ein **Bestäti-** 3900 gungsvermerk ist aufgrund der handelsrechtlichen Vorschriften eine ausreichend gesicherte Information,** die von einem Auftraggeber für die eigene Einschätzung der finanziellen Leistungsfähigkeit eines Bieters zugrunde gelegt werden kann. Auch der Lagebericht, auf den der Bestätigungsvermerk Bezug nimmt, ist eine ausreichend sichere Informationsquelle. Nach § 289 HGB ist im Lagebericht der Geschäftsverlauf und die Lage der Kapitalgesellschaft so darzustellen, dass ein den tatsächlichen Verhältnissen entsprechendes Bild vermittelt wird (2. VK Bund, B. v. 10. 2. 2004 – Az.: VK 2-150/03).

3901 **78.9.3.6.6 Auszug aus dem Bundeszentralregister.** Die Beibringung eines Auszuges aus dem Bundeszentralregister stellt **keine unverhältnismäßige Anforderung an die Bieter,** wenn die Vergabestelle die **Bearbeitungsfrist zur Erteilung eines Auszuges ausreichend berücksichtigt.** Dem kann die Vergabestelle dadurch Rechnung tragen, dass sie die Beantragung eines Auszugs akzeptiert, wenn dieser zeitnah nachgereicht wird. Sofern ein solcher Auszug gefordert wird, versteht es sich aus dem Sachzusammenhang von selbst, **dass dieser auch aktuell sein muss.** Denn je länger das Ausstellungsdatum zurückliegt, desto mehr verliert die Urkunde an Beweiskraft, weil mit dem nicht belegten Zeitraum auch die – zumindest theoretische – Möglichkeit einer nicht erfassten Straftat wächst. Dementsprechend bestimmt § 5 Abs. 1 Satz 3 SchwArbG, dass bei Bauaufträgen Auszüge aus dem Gewerbe- oder Bundeszentralregister nicht älter als drei Monate sein dürfen. Das Erfordernis der Aktualität ergibt sich auch aus § 30 Abs. 5 BRZG, wonach Führungszeugnisse zur Vorlage bei Behörden, nach Antragstellung direkt an diese übermittelt werden (VK Berlin, B. v. 1. 11. 2004 – Az.: VK – B 2-52/04).

3902 **78.9.3.6.7 Vorlage eines Meisterbriefs.** Nach **§ 97 Abs. 4 GWB** gilt, dass Aufträge an fachkundige, leistungsfähige und zuverlässige Unternehmen vergeben werden; andere oder weitergehende Anforderungen dürfen an einen Auftragnehmer nur gestellt werden, wenn dies durch Bundes- oder Landesrecht vorgesehen ist. Diese **Anforderungen müssen mit den Vorschriften des EG-Vertrages zum Diskriminierungsverbot sowie zum freien Waren- und Dienstleistungsverkehr vereinbar sein.** Nachdem die **deutsche Handwerksordnung hinsichtlich ihrer Regeln zur Eintragung in die Handwerksrolle in § 7 Abs. 2 a an das europäische Recht angepasst** wurde, besteht auch für Personen aus Mitgliedsstaaten der Europäischen Gemeinschaft die Möglichkeit, in die Handwerksrolle eingetragen zu werden. Auch besteht gem. § 8 Handwerksordnung die Möglichkeit der Ausnahmebewilligung zur Eintragung in die Handwerksrolle. Daneben darf gem. §§ 7 a und 7 b Handwerksordnung mittlerweile unter bestimmten Voraussetzungen auch ohne Eintragung in die Handwerksrolle ein Handwerk ausgeübt werden. **Verschärft der Auftraggeber** mit der **zusätzlichen Anforderung eines Meisterbriefes** die **Regelungen der Handwerksordnung** zur Eintragung in die Handwerksrolle, so versperrt er damit über das gesetzlich angeordnete Maß hinaus den Zugang zu einer europaweit ausgeschriebenen Bauleistung. Der Auftraggeber darf daher einen Ausschluss eines Angebots nicht auf die rechtswidrige Anforderung der Vorlage eines Meisterbriefs stützen (1. VK Bund, B. v. 9. 2. 2005 – Az.: VK 2-03/05).

3903 **78.9.3.6.8 Bankerklärungen.** Definiert der Auftraggeber nicht genau, welche Bankerklärung mit welchem Inhalt er möchte, kommt es darauf an, was ein durchschnittlicher Bieter darunter verstehen konnte und durfte. **Konkretisiert der Auftraggeber seine Nachweisforderung nicht, bleibt es den Bietern überlassen, mit welchem Inhalt solche Bankerklärungen abgegeben werden** (OLG Düsseldorf, B. v. 6. 7. 2005 – Az.: VII – Verg 22/05; VK Düsseldorf, B. v. 28. 10. 2005 – Az.: VK – 34/2005 – L).

3904 **78.9.3.6.9 Bonitätsindex bei Auskunfteien (Creditreform).** Auch wenn der Bonitätsindex eines Bewerbers nach den Definitionen der Creditreform bedeutet, dass eine „**sehr schwache Bonität**" vorliegt, führt dies **nicht an sich zur Verneinung der Eignung.** Dabei kann dahinstehen, inwieweit eine Auskunft der Creditreform grundsätzlich geeignet ist, aussagekräftige Informationen zur Frage der Eignung eines Bewerbers zu geben. Aber selbst eine – unterstellte – „sehr schwache Bonität" bedeutet nicht automatisch, dass das Unternehmen nicht geeignet ist. Insbesondere ist aufgrund dieser Einschätzung nicht zu erwarten, dass der Bewerber die Leistung nicht erfüllen und den Auftrag nicht einwandfrei ausführen wird (1. VK Bund, B. v. 27. 9. 2002 – Az.: VK 1-63/02).

3905 **78.9.3. 6.10 Nachweis der Zahlung der Beiträge an die zuständige Sozialversicherung des Baugewerbes.** In einigen Bundesländern haben die Vergabestellen aufgrund der jeweiligen Vergabegesetze die Möglichkeit bzw. die Verpflichtung, **bei dem Einsatz von Nachunternehmern den Nachweis zu verlangen, in vollständigem Umfang die Beiträge an die zuständige Sozialversicherung des Baugewerbes geleistet zu haben.** Wird dieser Nachweis nicht geführt und kalkuliert ein Beter **auf der Basis der Lohnnebenkosten**

Vergabe- und Vertragsordnung für Bauleistungen Teil A   VOB/A § 8 **Teil 3**

eines Landschafts- und Gartenbauunternehmens als Nachunternehmer, fehlt an der Vergleichbarkeit der eingereichten Angebote; das Angebot ist auszuschließen (Hanseatisches OLG Bremen, Urteil v. 23. 3. 2005 – Az.: 1 U 71/04).

78.9.3.7 Präqualifikation (§ 8 Nr. 3 Abs. 2)

Als Nachweis der Eignung (Fachkunde, Leistungsfähigkeit und Zuverlässigkeit) ist **insbesondere auch die vom Auftraggeber direkt abrufbare Eintragung in die allgemein zugängliche Liste des Vereins für die Präqualifikation von Bauunternehmen e. V. (Präqualifikationsverzeichnis) zulässig.** Auf den konkreten Auftrag bezogene zusätzliche Nachweise können verlangt werden.

78.9.3.7.1 Entwicklung. Im September 2003 hat die Unternehmensberatung BearingPoint GmbH im **Auftrag des Bundesministeriums für Wirtschaft und Technologie** die Ergebnisse eines Gutachtens zur Frage: „Können Präqualifikationsverfahren (PQV) einen Beitrag zum Bürokratieabbau leisten, und wie sollte ein Verfahren gestaltet werden, um dies effizient zu erreichen?" vorgestellt. 3906

Öffentliche Aufträge dürfen nach den geltenden Vergabevorschriften nur an geeignete, d. h. „fachkundige, zuverlässige und leistungsfähige" Unternehmen vergeben werden. Die **Eignung ist bei jedem öffentlichen Auftrag durch umfangreiche Nachweise zu belegen.** Dies führt sowohl bei Unternehmen, die sich um einen öffentlichen Auftrag bemühen, als auch bei den Behörden zu enormem bürokratischen Aufwand. Hier könnten Präqualifikationsverfahren abhelfen: Unternehmer weisen ihre Eignung periodisch etwa gegenüber einer Agentur oder einer Behörde nach, und „präqualifizieren" sich dadurch für bestimmte Produkt- oder Gewerbekategorien. Auftraggeber können dann im einzelnen Vergabeverfahren bei präqualifizierten Unternehmen weitgehend auf eigene Eignungsprüfungen verzichten. 3907

Bearing Point hat dazu mehrere **bestehende PQV** (u. a. in Belgien, Großbritannien, Frankreich und Österreich) **untersucht** und kam zu dem Ergebnis, dass **durch ein Präqualifikationsverfahren auf Seiten der Unternehmen Kosten in Höhe von etwa 2% des Gesamtauftragsvolumens eingespart werden könnten.** Bei einem Bau-Vergabevolumen von ca. 30 Milliarden € (im Jahr 2001) wären das insgesamt rund 600 Mio. €. Die prozentuale Einsparung sei für kleinere Unternehmen eher noch höher. 3908

78.9.3.7.2 Umsetzung. 78.9.3.7.2.1 Formelle Umsetzung. Das Bundesministerium für Verkehr, Bau und Stadtentwicklung hat mit **Erlass vom 16. 1. 2006 im Vorgriff auf die VOB/A 2006 (§ 8 Nr. 3 Abs. 2) die Anerkennung der Präqualifikation durch die öffentlichen Auftraggeber geregelt.** Danach führt ein privatrechtlich organisierter „Verein für die Präqualifikation von Bauunternehmen" auf der Grundlage von Präqualifizierungsstellen zur Verfügung gestellten Daten eine bundesweit einheitliche Liste von präqualifizierten Bauunternehmen (der **Liefer- und Dienstleistungsbereich ist also von der Präqualifizieung ausgenommen**). Die Eintragungen in die Liste können auf der Internet-Seite des Vereins www.pq-verein.de unter der Registriernummer des Unternehmens nachgesehen werden. 3909

Für die Einsicht in die konkreten Nachweise erhalten **Vergabestellen der öffentlichen Auftraggeber auf Anforderung per Email unter: info@pq-vob-verein.de vom Verein ein Passwort.** Näheres zu den Bedingungen entnehmen Sie der Homepage des Vereins. Mit dem durch den Verein erteilten Passwort werden die Detailansichten der Eignungsnachweise für die jeweiligen Leistungsbereiche zugänglich und können auch herunter geladen werden (ggf. für die Vergabeakten). 3910

Für den **Nachweis der Eignung der Bieter bei Bauaufträgen des Bundes sind neben der Prüfung bei der Einzelfallvergabe nur die Eintragungen der Bieter in die Liste des „Vereins für die Präqualifikation von Bauunternehmen" anzuerkennen.** Das Bundesministerium für Verkehr, Bau und Stadtentwicklung hat Inhalt und Procedere dieses Präqualifikationsverfahrens im Hinblick auf die Anforderungen der VOB/A überprüft und anerkannt; andere inzwischen angebotene Präqualifikationen sind für die Eignungsnachweise nicht zu berücksichtigen. Die im europäischen Recht verankerten Grundsätze der gegenseitigen Anerkennung bleiben unberührt. 3911

78.9.3.7.2.2 Materieller Inhalt. Unter Präqualifikation ist eine der Auftragsvergabe **vorgelagerte, auftragsunabhängige Prüfung der Eignungsnachweise auf der Basis der in § 8 VOB/A definierten Anforderungen und gegebenenfalls zusätzlicher Kriterien zu verstehen.** 3912

765

Teil 3 VOB/A § 8   Vergabe- und Vertragsordnung für Bauleistungen Teil A

3913   Mit der Präqualifikation werden **folgende Eignungskriterien erfüllt:**

3914   1. **rechtliche Zuverlässigkeit:**

- Nachweis, dass die in § 8 Nr. 5 Abs. 1 a) bis d) genannten Ausschlussgründe nicht vorliegen
- Nachweis der ordnungsgemäßen Gewerbeanmeldung und Eintragung im Handelsregister und im Berufsregister des Firmensitzes nach § 8 Nr. 3 Abs. 1 f) und Abs. 2 VOB/A
- gesetzliche Verpflichtungen:
  - Nachweis, dass keine Eintragungen im Gewerbezentralregister nach § 150 a GewO vorliegen, die z. B. einen Ausschluss nach § 21 SchwarzArbG oder nach § 5 Abs. 1 oder 2 Arbeitnehmerentsendegesetz rechtfertigen;
  - Nachweis der Verpflichtung zur Zahlung des Mindestlohns (§ 1 EntG), soweit diese Verpflichtung besteht
- Nachweis, dass keine Eintragung im Landeskorruptionsregister vorliegt
- Nachweis der Verpflichtung, nur Nachunternehmer einzusetzen, die ihrerseits präqualifiziert sind oder per Einzelnachweis belegen können, dass alle Präqualifikationskriterien erfüllt sind, dem öffentlichen Auftraggeber jeglichen Nachunternehmereinsatz mitzuteilen, rechtzeitig den Namen und die Kennziffer anzugeben, unter der der Nachunternehmer für den auszuführenden Leistungsbereich in der Liste präqualifizierter Unternehmer geführt wird, dem öffentlichen Auftraggeber auf Anforderung im Einzelfall die Eignungsnachweise des Nachunternehmers vorzulegen.

3915   2. **Leistungsfähigkeit und Fachkunde (§ 8 Nr. 3 Abs. 1 a) bis c), e) VOB/A) bezogen auf die präqualifizierten Leistungsbereiche**

- Nachweis des Gesamtumsatzes für Bauleistungen des Unternehmers in den letzten drei abgeschlossenen Geschäftsjahren
- Nachweis der auftragsgemäßen Ausführung von im eigenen Betrieb erbrachten Leistungen in den letzten drei abgeschlossenen Geschäftsjahren, für eine oder mehrere zu qualifizierende Einzelleistung und/oder Komplettleistung
- Nachweis der in den letzten drei abgeschlossenen Geschäftsjahren jahresdurchschnittlich beschäftigten Arbeitskräfte, gegliedert nach Lohngruppen mit extra ausgewiesenen technischem Leitungspersonal.

3916   Weiterhin **können folgende Angaben informativ entnommen** werden:

- Tariftreueerklärung Bund nach dem Erlass vom 7. 7. 1997 (B 12-0 1082-102/31);
- Tariftreueerklärungen der Länder;
- Nachweis über (bevorzugte) Bewerber nach der Richtlinie für die Berücksichtigung von Werkstätten für Behinderte und Blindenwerkstätten bei der Vergabe öffentlicher Aufträge.

3917   Die Gültigkeit der Nachweise ergibt sich aus dem aktuellen Internetauszug.

3918   Von der Präqualifikation unbenommen bleibt die Berücksichtigung aktuellerer Erkenntnisse der Vergabestellen mit dem betreffenden Unternehmen.

3919   Auf den konkreten Auftrag bezogene **zusätzliche Nachweise können verlangt** werden. Dieses betrifft beispielsweise Nachweise der fachlichen Eignung der Bieter in Bezug auf technische Anforderungen der ausgeschriebenen Bauleistung.

78.9.3.7.3 Literatur

- Werner, Michael, Einführung eines nationalen Präqualifizierungssystems am deutschen Baumarkt, NZBau 2006, 12

78.9.3.8 Bezeichnung der Nachweise (§ 8 Nr. 3 Abs. 3)

3920   Bei Öffentlicher Ausschreibung sind in der Aufforderung zur Angebotsabgabe die Nachweise zu bezeichnen, deren Vorlage mit dem Angebot verlangt oder deren spätere Anforderung vorbehalten wird. Bei Beschränkter Ausschreibung nach Öffentlichem Teilnahmewettbewerb ist zu verlangen, dass die Nachweise bereits mit dem Teilnahmeantrag vorgelegt werden (3. VK Bund, B. v. 19. 10. 2004 – Az.: VK 3-191/04; 2. VK Bund, B. v. 13. 2. 2003 – Az.: VK 2 98/02).

3921   **78.9.3.8.1 Kein Pauschaler Bezug auf § 8 Nr. 3 Abs. 3.** Macht der Auftraggeber bezüglich der zur Eignungsbeurteilung vorzulegenden Unterlagen oder Erklärungen mehrdeutige Vorgaben oder **fordert er pauschal Nachweise nach § 8 Nr. 3** Abs. 3, entbehrt dies der notwendigen Anpassung der in § 8 aufgeführten Nachweise auf die konkret nachgefragte Leistung. Diese Anpassung kann nicht von jedem Bieter nach dessen individuellem Verständnis erfolgen, sondern muss vom Auftraggeber zur Wahrung der Transparenz und Gleichbehandlung vorgegeben werden. **Unterlässt der Auftraggeber diese bewusste Auswahl, kann keiner der in der Vorschrift aufgeführten Nachweise als gefordert gelten** (VK Düsseldorf, B. v. 21. 11. 2003 – Az.: VK – 33/2003 – L).

78.9.3.9 Verzicht auf geforderte Nachweise bei dem Auftraggeber bekannten Unternehmen?

Grundsätzlich können auch Unternehmen, die dem Auftraggeber aus weiteren Geschäftskontakten bekannt sind, nicht auf die vorhandene Kenntnis beim Auftraggeber verweisen, wenn Eignungsnachweise ausdrücklich als „Mindestanforderungen" vorzulegen oder durch eine sonstige Formulierung als unverzichtbar gekennzeichnet sind. **Derart geforderte Angaben oder Unterlagen müssen bei Angebotsabgabe vorliegen** und **können auch nicht auf Anforderung nachgereicht werden** (VK Düsseldorf, B. v. 14. 7. 2003 – Az.: VK – 19/2003 – L). 3922

78.9.3.10 Aktualität der Nachweise

In Ausschreibungsbedingungen werden oftmals pauschal **aktuelle Nachweise** z. B. der Sozialversicherungsträger oder der Finanzbehörden gefordert, und zwar **ohne dass das Merkmal der Aktualität konkretisiert ist. Je länger das Ausstellungsdatum zurückliegt, desto mehr verliert die Urkunde an Beweiskraft, weil mit dem nicht belegten Zeitraum auch die – zumindest theoretische – Möglichkeit einer falschen Darstellung der Wirklichkeit steigt** (VK Berlin, B. v. 1. 11. 2004 – Az.: VK – B 2-52/04). Auf der anderen Seite ist **zugunsten der Bieter zu berücksichtigen, dass die Ausstellung aktueller Nachweise manchmal länger als die Angebotsfrist dauert.** In diesen Fällen genügt es, wenn der Bieter nachweist, dass er den aktuellen Nachweis unverzüglich beantragt hat und der Vergabestelle zusagt, ihn unverzüglich nachzureichen. **Spätester Zeitpunkt für die Ergänzung der Vergabeunterlagen ist jedoch die Entscheidung über das wirtschaftlichste Angebot** im Sinn von § 25 VOB/A durch den Auftraggeber. Ein **späterer Zeitpunkt ist mit dem legitimen Interesse des Auftraggebers an einer korrekten Vergabeentscheidung nicht zu vereinbaren.** 3923

78.9.3.11 Beispiele aus der Rechtsprechung

– Fügt ein Antragsteller seinem Angebot keine Kopie eines aktuellen Handelsregisterauszuges bei, sondern einen **selbst abgerufenen Ausdruck über die „Wiedergabe des aktuellen Registerinhalts",** Handelsregister B des Amtsgerichts, handelt es sich **hierbei um einen Nachweis, der mit der Vorlage einer Kopie aus dem Handelsregister gleichwertig** ist. Verfasser des vorgelegten Dokumentes ist nicht der Antragsteller selbst. Es handelt sich vielmehr um einen mittels Computer bei dem zuständigen Handelsregister abgerufenen Ausdruck über den aktuellen Registerinhalt, der ebenso wie eine Kopie eines aktuellen Handelsregisterauszuges die Richtigkeit der darin enthaltenen Angaben belegt (OLG Düsseldorf, B. v. 9. 6. 2004 – Az.: VII – Verg 11/04). 3924

78.10 Besondere Ausschlussgründe (§ 8 Nr. 5)

Ein Ausschluss mangels Zuverlässigkeit kann nicht nur auf die in § 8 Nr. 5 VOB/A geregelten Ausschlussgründe gestützt werden. Diese Auffassung ist schon vom rechtlichen Ansatz her verfehlt. Zwar enthält § 8 Nr. 5 VOB/A die Aufzählung einiger Einzeltatbestände, die auch im Rahmen der Beurteilung der Zuverlässigkeit eine Rolle spielen. **Das bedeutet aber nicht umgekehrt, dass die Annahme der Unzuverlässigkeit auf die in § 8 Nr. 5 VOL/A geregelten Einzeltatbestände beschränkt** ist. Dies lässt sich weder dem Wortlaut der §§ 8 Nr. 5, 25 Nr. 2 Abs. 1 VOB/A noch der dazu ergangenen Rechtsprechung entnehmen. Nach ständiger Rechtsprechung sind vielmehr Angebote solcher Bieter, die – aus welchen Gründen auch immer – nicht die erforderliche Fachkunde, Leistungsfähigkeit oder Zuverlässigkeit besitzen, von der Wertung auszuschließen (3. VK Bund, B. v. 29. 6. 2006 – Az.: VK 3-48/06; B. v. 29. 6. 2006 – Az.: VK 3-39/06). 3925

78.10.1 Ermessensentscheidung

Die Vergabestelle verfügt **auf der Tatbestandsseite des § 8 Nr. 5 über einen Beurteilungsspielraum** bei der Einschätzung, ob ein Bieter trotz des Vorliegens eines Ausschlussgrun- 3926

Teil 3 VOB/A § 8   Vergabe- und Vertragsordnung für Bauleistungen Teil A

des noch die erforderliche Eignung aufweist oder ob er vom Vergabewettbewerb auszuschließen ist. Die **Entscheidung über den Ausschluss (Rechtsfolgenseite) ist eine Ermessensentscheidung** (Hanseatisches OLG Bremen, B. v. 24. 5. 2006 – Az.: Verg 1/2006; OLG Frankfurt, B. v. 24. 6. 2004 – Az.: 11 Verg 6/04; Saarländisches OLG, B. v. 18. 12. 2003 – Az.: 1 Verg 4/03; VK Düsseldorf, B. v. 16. 2. 2006 – Az.: VK – 02/2006 – L; VK Lüneburg, B. v. 18. 10. 2005 – Az.: VgK-47/2005; 2. VK Bund, B. v. 17. 8. 2005 – Az.: VK 2-81/05; VK Hessen, B. v. 28. 6. 2005 – Az.: 69 d VK – 07/2005). Ermessen bedeutet, dass der Ausschreibende eine auf sachlichen Erwägungen beruhende Entscheidung über die weitere Teilnahme der einzelnen Bieter zu treffen hat. Der Anspruch der übrigen Teilnehmer an der Ausschreibung geht nicht weiter. Zwar können diese von ihr eine ermessensfehlerfreie Entscheidung verlangen. Auch das bedeutet jedoch nur, dass sie ihre Entscheidung nicht aus unsachlichen Gründen treffen darf und kann. Eine hinreichend sachlich motivierte und begründete Entscheidung zugunsten auch eines ungetreuen Bieters ist ihr jedoch auch danach nicht schlechthin verwehrt (BGH, Urteil vom 18. 9. 2001 – Az: X ZR 51/00).

3927   Das Vorliegen eines der in § 8 Nr. 5 VOB/A genannten Tatbestände lässt **grundsätzlich auf einen solch gravierenden Mangel an Eignung** schließen, dass ein **Ausschluss zwar regelmäßig gerechtfertigt nicht aber zwingend geboten** ist (1. VK Bund, B. v. 11. 10. 2002 – Az.: VK 1-75/02).

3928   Im Einzelfall kann sich dieses **Ermessen auf Null reduzieren** mit der Folge, dass eine Pflicht zum Ausschluss besteht. Maßgeblich muss unter dem Gesichtspunkt des Eignungsprinzips sein, ob und in welchem Umfang der zu beurteilende Sachverhalt geeignet ist, die Leistungsfähigkeit des Bieters in Frage zu stellen.

3929   Der **Beurteilungsspielraum wird nur dann überschritten,**
– wenn ein **vorgeschriebenes Verfahren nicht eingehalten** wird,
– wenn nicht von einem **zutreffenden und vollständig ermittelten Sachverhalt** ausgegangen wird (1. VK Sachsen, B. v. 28. 1. 2004 – Az.: 1/SVK/158-03),
– wenn **sachwidrige Erwägungen** in die Wertung **einbezogen** werden oder
– wenn der sich im Rahmen der Beurteilungsermächtigung haltende **Beurteilungsmaßstab nicht zutreffend angewandt** wird

(VK Nordbayern, B. v. 18. 9. 2003 – Az.: 320.VK-3194-31/ 03).

3930   Die **Ausübung des Ermessens muss erfolgen und dokumentiert** werden (VK Lüneburg, B. v. 18. 10. 2005 – Az.: VgK-47/2005).

3931   Zur **Bindung** des öffentlichen Auftraggebers **an eine einmal getroffene Ermessensentscheidung** vgl. die **Kommentierung** zu **§ 97 GWB** RZ 807.

78.10.2 Notwendigkeit eines Anfangsverdachts?

3932   **Grundsätzlich ist es unbedenklich, von Bewerbern Erklärungen, die sich auf die Ausschlussgründe des § 8 Nr. 5 Abs. 1 VOB/A beziehen, zu verlangen,** wie aus § 8 Nr. 5 Abs. 2 VOB/A folgt. **Voraussetzung dazu ist nicht bereits ein Anfangsverdacht oder gar ein schon konkretisierter Verdacht, der auf das Bestehen eines Ausschlussgrundes hindeutet.** Aus § 8 Nr. 5 Abs. 2 VOB/A ergibt sich diese Einschränkung nicht. Sie würde auch der Regelung in § 8a Nr. 2 Satz 4 VOB/A widersprechen, nach der die Eignungsnachweise bereits mit dem Teilnahmeantrag vorzulegen sind. Die Anforderung dient umfassend zur Aufklärung wie zur Feststellung. Gerade wenn sich die Vergabestelle wie hier in der Bekanntmachung zwingend festlegt, Bewerber auszuschließen, die einen Tatbestand des § 8 Abs. 5 Nr. 1 VOB/A erfüllen, kann ein Teilnehmer am Wettbewerb von der Vergabestelle auch erwarten, dass sie bereits zu diesem Zeitpunkt mit entsprechender Sorgfalt und Genauigkeit das Vorliegen solcher Gründe prüft und auf nahe liegende Möglichkeiten der Aufklärung, die einen Bewerber nicht unnötig bloßstellen, zurückgreift. Denn die Darlegungs- und Beweislast liegt beim Auftraggeber (OLG München, B. v. 27. 1. 2005 – Az.: Verg 002/05).

78.10.3 Unternehmer im Insolvenzverfahren und vergleichbare Fälle (§ 8 Nr. 5 Buchstabe a))

78.10.3.1 Vergleichbare Regelungen

3933   Der **Vorschrift des § 8 Nr. 5 Buchstabe a) VOB/A vergleichbar** sind im Bereich der VOL **§ 7 Nr. 5 Buchstaben a), b) VOL/A** und im Bereich der VOF **§ 11 Buchstabe a)**

Vergabe- und Vertragsordnung für Bauleistungen Teil A   VOB/A § 8 **Teil 3**

VOF. Die Kommentierungen zu diesen Vorschriften können daher ergänzend zu der Kommentierung des § 8 Nr. 5 Buchstabe a) herangezogen werden.

78.10.3.2 Allgemeines

Der Ausschlussgrund des § 8 Nr. 5 Abs. 1 Buchstabe a) VOB/A knüpft an den **Wegfall der** 3934 **finanziellen Leistungsfähigkeit** des Teilnehmers an. Der öffentliche Auftraggeber hat ein berechtigtes Interesse daran, dass der Bewerber bzw. Bieter während der Ausführung des Bauauftrags und für die Dauer der Gewährleistung über ausreichende finanzielle Mittel verfügt, um die Bauleistung ordnungsgemäß und pünktlich auszuführen und Gewährleistungsansprüche zu erfüllen (VK Nordbayern, B. v. 18. 9. 2003 – Az.: 320.VK-3194-31/03).

Ein **durchgeführter Verlustausgleich durch einen Gesellschafter stellt keine Insol-** 3935 **venzsituation** dar (2. VK Bund, B. v. 17. 8. 2005 – Az.: VK 2-81/05).

78.10.3.3 Insolvenz eines Mitgliedes einer Bietergemeinschaft

Allein die Tatsache der vorläufigen Insolvenz oder der Eröffnung des Insolvenzverfahrens über 3936 das Vermögen eines Mitglieds einer anbietenden Bietergemeinschaft führt nicht zur zwingenden Nichtberücksichtigung des Bieters wegen mangelnder Eignung, sondern **ermöglicht lediglich einen ermessensgebundenen Ausschlussgrund** (1. VK Sachsen, B. v. 1. 10. 2002 – Az.: 1/SVK/084-02).

Befindet sich **nur ein Partner einer Bietergemeinschaft in Insolvenz,** ist allerdings der 3937 **Ausschluss der gesamten Bietergemeinschaft gerechtfertigt** (VK Nordbayern, B. v. 18. 9. 2003 – Az.: 320.VK-3194-31/03).

78.10.3.4 Ermessensentscheidung

Der Auftraggeber hat gemäß § 8 Nr. 5 Abs. 1 lit. a) VOB/A einen **Beurteilungsspielraum,** 3938 den die Vergabekammer nicht vorwegnehmen kann (VK Arnsberg, B. v. 10. 3. 2006 – Az.: VK 03/06). Der Auftraggeber hat die finanzielle Leistungsfähigkeit der Bieter zu überprüfen. **Gegebenenfalls kommt eine Ermessensreduzierung auf Null** wegen Wegfall der finanziellen Leistungsfähigkeit in Betracht. Es **kann einem Auftraggeber auch nicht verwehrt werden, im Falle der Insolvenz mit dem Insolvenzverwalter „Verhandlungen" zu führen** (VK Brandenburg, B. v. 14. 3. 2005 – Az.: VK 7/05).

78.10.4 Nachweislich festgestellte schwere Verfehlung (§ 8 Nr. 5 Buchstabe c))

Von der Teilnahme am Vergabeverfahren können Bewerber ausgeschlossen werden, die nach- 3939 weislich eine schwere Verfehlung begangen haben, die ihre Zuverlässigkeit als Bewerber in Frage stellt.

78.10.4.1 Vergleichbare Regelungen

Der **Vorschrift des § 8 Nr. 5 Buchstabe c) VOB/A vergleichbar** sind im Bereich der 3940 VOL § 7 Nr. 5 Buchstabe c) VOL/A und im Bereich der VOF **§ 11 Buchstabe c) VOF.** Die Kommentierungen zu diesen Vorschriften können daher ergänzend zu der Kommentierung des § 8 Nr. 5 Buchstabe c) herangezogen werden.

78.10.4.2 Begriff der schweren Verfehlung

78.10.4.2.1 Allgemeines. Es besteht in Rechtsprechung und Schrifttum Einigkeit, dass **un-** 3941 **spezifizierte Vorwürfe, Vermutungen oder vage Verdachtsgründe nicht ausreichen** (Hanseatisches OLG Bremen, B. v. 24. 5. 2006 – Az.: Verg 1/2006; OLG Düsseldorf, B. v. 28. 7. 2005 – Az.: VII – Verg 42/05; VK Düsseldorf, B. v. 13. 3. 2006 – Az.: VK – 08/2006 – L). Vielmehr müssen die schwere Verfehlungen belegenden **Indiztatsachen einiges Gewicht** haben (LG Düsseldorf, Urteil vom 16. 3. 2005 – Az.: 12 O 225/04; VK Düsseldorf, B. v. 31. 10. 2005 – Az.: VK – 30/2005 – B). Sie müssen kritischer Prüfung durch ein mit der Sache befasstes Gericht standhalten und die Zuverlässigkeit des Bieters nachvollziehbar in Frage stellen. Voraussetzung für einen Ausschluss ist, dass **konkrete,** z.B. durch schriftlich fixierte Zeugenaussagen, sonstige Aufzeichnungen, Belege oder Schriftstücke **objektivierte Anhaltspunkte für schwere Verfehlungen bestehen.** Die verdachtbegründenden Umstände müssen zudem **aus seriösen Quellen** stammen und der Verdacht muss einen gewissen Grad an „Erhärtung" erfahren haben. Das **Vorliegen eines rechtskräftigen Urteils ist demgegenüber nicht erfor-**

derlich (VK Düsseldorf, B. v. 13. 3. 2006 – Az.: VK – 08/2006 – L). Auch die **Anklageerhebung und die Eröffnung des Hauptverfahrens brauchen nicht abgewartet zu werden.** Wollte man in Fällen, bei denen die zum Ausschluss führenden Verfehlungen ein strafrechtlich relevantes Verhalten zum Gegenstand haben, verlangen, dass eine Anklageerhebung oder gar eine rechtskräftige Verurteilung erfolgt ist, würde das in der Praxis zu schwer erträglichen Ergebnissen führen. Zwischen dem Bekannt werden strafbarer Handlungen, der Anklageerhebung und deren rechtskräftiger Aburteilung liegen – gerade bei Straftaten mit wirtschaftlichem Bezug – oft Jahre. Dem öffentlichen **Auftraggeber** kann bei dringenden Verdachtsmomenten, zumal, wenn sich die vorgeworfenen Taten gegen ihn selbst oder ihm nahe stehende Unternehmen richten, **nicht zugemutet werden,** mit dem betreffenden Bewerber dessen ungeachtet **weiter ohne Einschränkungen in Geschäftsverkehr zu treten,** denn dies setzt gegenseitiges Vertrauen voraus (Saarländisches OLG, B. v. 18. 12. 2003 – Az.: 1 Verg 4/03; LG Berlin, Urteil vom 22. 3. 2006 – Az.: 23 O 118/04).

3942   78.10.4.2.2 Tatbestände. **Nicht jedes Fehlverhalten** eines Bieters führt zwingend zum Ausschluss seines Angebots. Eine Verfehlung ist nur dann **schwer, wenn sie schuldhaft begangen wird und erhebliche Auswirkungen hat** (VK Düsseldorf, B. v. 31. 10. 2005 – Az.: VK – 30/2005 – B; 2. VK Bund, B. v. 13. 7. 2005 – Az.: VK 2-75/05; LG Düsseldorf, Urteil vom 16. 3. 2005 – Az.: 12 O 225/04).

3943   Unter schweren Verfehlungen sind nur folgende Umstände zu fassen: **Verstöße gegen strafrechtliche Vorschriften** (z. B. Beamtenbestechung, Vorteilsgewährung, Diebstahl, Unterschlagung, Erpressung, Betrug, Untreue und Urkundenfälschung, die noch zu einer – zumindest erstinstanzlichen – Verurteilung geführt haben, **Verstöße gegen das GWB** (z. B. Preisabsprachen) **und UWG sowie Verstöße gegen zivil- und arbeitsrechtliche Vorschriften**, wie z. B. nach §§ 823, 826, 123, 134, 138 BGB (1. VK Sachsen, B. v. 25. 6. 2003 – Az.: 1/SVK/051-03).

3944   Streitige **Tarifverstöße stellen** zurzeit **keine nachgewiesene schwere Verfehlung dar.** Soweit ein Unternehmer sich per Erklärung verpflichtet seine Beschäftigten nach dem in einem Bundesland geltenden Tarif zu bezahlen und weitergehend auch der Nachunternehmer dazu verpflichtet wird, stellt ein Verstoß gegen dieses Erklärung keinen Straftatbestand dar. Das **Fehlverhalten geht über das Niveau der Vertragsverletzung nicht hinaus.** Die Merkmale einer schweren Verfehlung werden nicht erfüllt (VK Hannover, B. v. 3. 9. 2003 – Az.: 26 045 – VgK – 13/2003).

3945   **Sachliche Meinungsverschiedenheiten reichen** demnach **nicht aus,** erst recht nicht etwa ein Streit über die Gewährleistungs- oder Abrechnungsfragen (LG Düsseldorf, Urteil vom 16. 3. 2005 – Az.: 12 O 225/04; VK Düsseldorf, B. v. 31. 10. 2005 – Az.: VK – 30/2005 – B) oder Mängel bei der Postzustellung oder ein gegenüber einem Wettbewerber erhöhter Rücklauf von Zustellsendungen dar, als Folge eines vorausgehenden Auftrag. Der Ausschluss von einem Vergabeverfahren darf **keine Sanktion für Probleme bei der Vertragsabwicklung bei einem anderen Vorhaben** sein (1. VK Sachsen, B. v. 25. 6. 2003 – Az.: 1/SVK/051-03).

3946   Der **Vorschlag eines Bieters, die Vergabekammer nicht einzuschalten, sofern der Auftraggeber bereit ist, den Bieter im weiteren Verfahren zu beteiligen, stellt keine schwere Verfehlung im Sinne von § 11 lit. c VOF dar,** wenn es zu Recht gerügte Verfahrensfehler gibt, die sich nur dadurch beseitigen lassen, dass der Auftraggeber von sich aus oder nach Anweisung durch die Vergabekammer den Bieter am weiteren Vergabeverfahren beteiligt (OLG Düsseldorf, B. v. 7. 12. 2005 – Az.: VII – Verg 68/05).

3947   Der **Vorschlag eines Bieters, die Vergabekammer nicht einzuschalten, sofern der Auftraggeber bereit ist, dem Bieter sonstige Aufträge zu erteilen, stellt keine nachweisbare schwere Verfehlung** im Sinne von § 11 lit. c VOF dar, wenn es nach **Auffassung des Bieters darum geht, in einen Pool von Bietern zu gelangen,** an die z. B. Planungsaufträge üblicherweise und rechtmäßig freihändig vergeben werden (OLG Düsseldorf, B. v. 7. 12. 2005 – Az.: VII – Verg 68/05).

3948   Auch kann ein besonders vorwerfbares Verhalten, wie z. B. **die bewusste Nichterfüllung einer vertraglichen Verpflichtung, eine schwere Verfehlung darstellen,** sofern dem **Auftraggeber** angesichts des Verhaltens des Bieters unter Berücksichtigung der Grundsätze des Vergabeverfahrens **nicht zugemutet werden kann, mit diesem in vertragliche Beziehung zu treten und somit eine schwerwiegende Störung des für Vertragspartner unabdingbaren Vertrauensverhältnisses vorliegt.** Insbesondere eine schuldhafte Verletzung vertraglicher Beziehungen kann jedoch nur dann einen zulässigen Ausschlussgrund dar-

Vergabe- und Vertragsordnung für Bauleistungen Teil A VOB/A § 8 **Teil 3**

stellen, wenn die Vertragsverletzung aufgrund einseitigen Verschuldens des Auftragnehmers eingetreten ist und der Auftragnehmer durch sein Verhalten das erneute Eingehen einer Vertragsbeziehung für den Auftraggeber unzumutbar gemacht hat. Andernfalls wäre ein genereller Ausschluss des Bieters vom Verfahren unangemessen (VK Düsseldorf, B. v. 31. 10. 2005 – Az.: VK – 30/2005 – B)

Auch **eine bruchstückhafte und erst auf Nachfrage sukzessive Offenlegung der Verhältnisse in einem für die Vergabestelle erkennbar sensiblen Punkt** stellt bereits ein Fehlverhalten dar, das die Zuverlässigkeit in Frage stellt (VK Düsseldorf, B. v. 13. 3. 2006 – Az.: VK – 08/2006 – L). 3949

78.10.4.2.3 Tatbestände nach dem Hamburgischen Korruptionsregistergesetz. Nach § 1 Abs. 1 Hamburgisches Gesetz zur Einrichtung und Führung eines Korruptionsregisters – HmbKorRegG – vom 18. 2. 2004 (Hamburgisches Gesetz- und Verordnungsblatt, Teil I, Nr. 12 vom 3. 3. 2004, Satz 98) liegt eine Verfehlung vor, wenn im Falle eines Selbstständigen durch denjenigen in eigener Person, im Falle eines sonstigen Unternehmens durch einen verantwortlich Handelnden im Rahmen der wirtschaftlichen Betätigung 3950

– eine Straftat nach §§ 334, 335 (Bestechung, besonders schwere Fälle der Bestechung), § 333 (Vorteilsgewährung), § 253 (Erpressung), § 261 (Geldwäsche, Verschleierung unrechtmäßig erlangter Vermögenswerte), § 263 (Betrug), § 264 (Subventionsbetrug), § 265b (Kreditbetrug), § 266a (Vorenthalten und Veruntreuen von Arbeitsentgelt), § 267 (Urkundenfälschung), § 298 (Wettbewerbsbeschränkende Absprachen bei Ausschreibungen), § 299 (Bestechlichkeit und Bestechung im geschäftlichen Verkehr) Strafgesetzbuch (StGB), §§ 19, 20, 20a oder 22 des Gesetzes über die Kontrolle von Kriegswaffen,

– ein Verstoß gegen § 81 des Gesetzes gegen Wettbewerbsbeschränkungen (GWB), insbesondere nach § 14 GWB durch Preisabsprachen und Absprachen über die Teilnahme am Wettbewerb oder

– ein Verstoß nach § 5 Schwarzarbeitsgesetz, gegen § 6 Arbeitnehmer-Entsendegesetz, § 16 Arbeitnehmer-Überlassungsgesetz und §§ 3 und 4 des Hamburgischen Vergabegesetzes

begangen wurde.

78.10.4.3 Fälle schnell feststellbarer, objektiv nachweisbarer Eignungsdefizite

Weil der Anwendungsbereich des § 7 Nr. 5 VOL/A – und damit auch des § 8 Nr. 5 VOB/A – nach richtiger Auffassung aus Gründen der praktischen Handhabbarkeit **auf Fälle schnell feststellbarer, objektiv nachweisbarer Eignungsdefizite beschränkt** ist, kommt der Ausschluss eines Bieters nach dieser Vorschrift nur in Betracht, wenn bereits nach Aktenlage ein konkreter, ohne weiteres greifbarer Verdacht besteht. Sind die vom Auftraggeber zum Nachweis der Unzuverlässigkeit unterbreiteten Indiztatsachen so schwach und zweifelhaft, dass sie nur durch umfangreiche Beweiserhebungen erhärtet und konkretisiert werden könnten, wäre ein Ausschluss nach § 8 Nr. 5 lit. c) bzw. § 7 Nr. 5 lit. c) VOL/A nicht gerechtfertigt. Es ist mit dem Sinn des unter dem Beschleunigungsgrundsatz stehenden Vergabenachprüfungsverfahrens nicht vereinbar, wenn eine ausufernde Beweisaufnahme zwecks Feststellung, ob schwere Verfehlungen „nachweislich" sind, durchgeführt werden müsste (Saarländisches OLG, B. v. 18. 12. 2003 – Az.: 1 Verg 4/03, B. v. 8. 7. 2003 – Az.: 5 Verg 5/02; OLG Frankfurt, B. v. 24. 6. 2004 – Az.: 11 Verg 6/04). 3951

Voraussetzung für einen Ausschluss von der Teilnahme am Wettbewerb wegen einer schweren Verfehlung ist, dass es **zumindest konkrete Anhaltspunkte gibt**, z.B. durch entsprechende Aufzeichnungen, Belege oder andere Schriftstücke, wobei allerdings reine Verdachtsmomente nicht ausreichend sind. **Nicht erforderlich ist das Vorliegen eines rechtskräftigen Bußgeldbescheides oder Urteils.** Auch das **Vorliegen einer Anklageschrift oder eines Eröffnungsbeschlusses muss nicht abgewartet werden** (LG Berlin, Urteil vom 22. 3. 2006 – Az.: 23 O 118/04; OLG Frankfurt, B. v. 24. 6. 2004 – Az.: 11 Verg 6/04; VK Düsseldorf, B. v. 16. 2. 2006 – Az.: VK – 02/2006 – L; VK Lüneburg, B. v. 18. 10. 2005 – Az.: VgK-47/2005). 3952

Ist eine Person, der eine schwere Verfehlung vorgeworfen wird, **in der ersten Instanz freigesprochen** worden, **kann der Auftraggeber den erfolgten Freispruch zum Anlass nehmen, den Verdächtigen nicht wegen einer schweren Verfehlung für unzuverlässig zu halten.** Es erscheint nicht ermessensfehlerhaft, wenn eine Vergabestelle sich an einem strafgerichtlichen Freispruch orientiert. Dabei ist dem **Auftraggeber zuzugestehen, dass er selbst keine weitergehenden Ermittlungen als eine Ermittlungsbehörde vornehmen kann.** Auch wenn z.B. die **Staatsanwaltschaft im Strafverfahren Berufung eingelegt hat,** 3953 erscheint es nicht ermessensfehlerhaft, dass sich eine Vergabestelle an der Unschuldsvermutung orientiert und den erstinstanzlich erfolgten Freispruch ihrer Entscheidung zu Grunde legt. Sie muss nicht den weiteren Fortgang des Verfahrens abwarten und damit das eigene Vergabeverfahren verzögern. Insbesondere eine Anhörung der beschuldigten Person wird nur bedingt brauchbar sein, da im Falle einer schweren Verfehlung nicht zwangsläufig von einer Selbstbelastung der angehörten Person auszugehen ist (VK Düsseldorf, B. v. 16. 2. 2006 – Az.: VK – 02/2006 – L).

78.10.4.4 Unschuldsvermutung

3954 Die Unschuldsvermutung als Ausprägung des Rechtsanspruches auf ein faires Verfahren (Art 6 Abs. 2 MRK) will sicherstellen, dass niemand als schuldig behandelt wird, ohne dass ihm in einem gesetzlich geregelten Verfahren seine Schuld nachgewiesen ist. Daraus folgt, dass Maßnahmen, die den vollen Nachweis der Schuld erfordern, nicht getroffen werden dürfen, bevor jener erbracht ist. **Schwere, die Zuverlässigkeit in Frage stellende Verfehlungen im Sinne von § 7 Nr. 5 c VOL/A müssen nicht unbedingt strafbare Handlungen sein.** Ihre Annahme setzt, auch wenn ein kriminelles Verhalten im Raum steht, **nicht den vollen Nachweis strafrechtlicher Schuld** voraus. Die Unschuldsvermutung besagt im Übrigen nicht, dass einem Tatverdächtigen bis zur rechtskräftigen Verurteilung als Folge der Straftaten, deren er verdächtig ist, überhaupt keine Nachteile entstehen dürfen. So berührt die Unschuldsvermutung beispielsweise nicht die Zulässigkeit von Strafverfolgungsmaßnahmen. Selbst ein so einschneidender freiheitsbeschränkender Eingriff wie die Anordnung von Untersuchungshaft ist zulässig, sofern ein dringender Tatverdacht besteht und ein Haftgrund vorliegt. Die **Unschuldsvermutung hindert dementsprechend auch nicht geschäftliche Nachteile als Folge eines durch den dringenden Verdacht strafbarer Handlungen provozierten Vertrauensverlustes** (Saarländisches OLG, B. v. 18. 12. 2003 – Az.: 1 Verg 4/03).

78.10.4.5 Diskriminierungsverbot

3955 Das **Diskriminierungsverbot** – eines der Grundprinzipien des Vergaberechtes –, das für öffentliche Auftraggeber schon aus Art. 3 Grundgesetz folgt, weil die Grundrechte nach allgemeiner Auffassung fiskalische Hilfsgeschäfte der öffentlichen Verwaltung und hiermit zusammenhängende öffentliche Auftragsvergaben erfassen, **steht der Berücksichtigung noch nicht rechtskräftig abgeurteilter strafbarer Handlungen ebenfalls nicht entgegen.** Das Gebot der Gleichbehandlung besagt nur, dass allen Bewerbern die gleichen Chancen eingeräumt werden müssen und dass kein Bewerber ohne sachliche Gründe bevorzugt oder benachteiligt werden darf. Steht ein Bewerber im dringenden Verdacht, strafbare Handlungen zum Nachteil des Auftraggebers begangen zu haben, liegt ein sachlicher Grund für dessen Ausschluss vor (Saarländisches OLG, B. v. 18. 12. 2003 – Az.: 1 Verg 4/03).

78.10.4.6 Verantwortung für die schwere Verfehlung

3956 Wegen des Ausschlussgrundes kommt es bei juristischen Personen selbstverständlich nicht auf diese selbst, sondern auf die verantwortlich Handelnden an, bei einer GmbH also auf den **Geschäftsführer** (OLG Düsseldorf, B. v. 28. 7. 2005 – Az.: VII – Verg 42/05; Saarländisches OLG, B. v. 18. 12. 2003 – Az.: 1 Verg 4/03).

78.10.4.7 Ausschluss vom Vergabeverfahren

3957 **78.10.4.7.1 Ausschluss für das laufende Verfahren.** Es ist anerkannt, dass so genannte **Auftragssperren** – nicht zuletzt wegen europäischer Überlagerungen und Eingriffen in grundrechtlich geschützte Rechtsgüter – **höchst problematisch** sind. Dabei besteht Einigkeit, dass eine – unterstellte – **schwere Verfehlung (zunächst) nur zum Ausschluss im laufenden Verfahren** führen darf. Rechtmäßig können demnach nur Ausschlüsse von der Teilnahme am Wettbewerb eines laufenden Vergabeverfahrens sein (1. VK Sachsen, B. v. 25. 6. 2003 – Az.: 1/SVK/051-03).

3958 Wird gegen ein Organ einer Bieterin wegen wettbewerbsbeschränkender Abreden rechtskräftig ein Bußgeld verhängt, ist die Vergabestelle nicht gehindert, die **Bieterin vom Vergabeverfahren auszuschließen, sofern die entsprechenden Taten der Organe einen überschaubaren Zeitraum zurückliegen.** Dass die entsprechenden Geschäftsführer die ihnen vorgeworfenen Taten für andere Firmen der Firmengruppe begangen haben, der die Bieterin angehört, ist unerheblich (OLG Celle, Urteil vom 26. 11. 1998 – Az: 14 U 283/97).

Vergabe- und Vertragsordnung für Bauleistungen Teil A   VOB/A § 8 **Teil 3**

78.10.4.7.2 Ausschluss für künftige Verfahren. Eine auf einen Gemeinsamen Runderlass 3959
einer Landesregierung gestützte **Vergabesperre stellt keine unbillige Behinderung oder
Diskriminierung des betroffenen Unternehmens dar,** wenn dessen Geschäftsführer nach
rechtskräftiger Verurteilung eines bestochenen Landesbediensteten schwerwiegende Kartellordnungswidrigkeiten nach GWB zum Nachteil des Landes vorzuwerfen sind (OLG Frankfurt,
Urteil vom 10. 6. 1997 – Az: 11 U (Kart) 10/97).

Welche **Sperrdauer gerechtfertigt** ist, lässt sich **nur unter Würdigung der Umstände** 3960
des Einzelfalles beurteilen. Maßgebend ist zum einen die **Schwere der Tat,** wobei es auf die
Anzahl der Fälle, den Tatzeitraum, die Höhe des Schadens sowie die Anzahl und Stellung der
beteiligten Personen ankommt. Zum anderen ist auf die **sozialen Folgen für das ausgeschlossene Unternehmen** abzustellen. Dabei ist zu berücksichtigen, ob die Personen, die Verfehlungen begangen haben, ersetzt worden sind (LG Berlin, Urteil vom 22. 3. 2006 – Az.: 23 O
118/04).

78.10.4.8 „Selbstreinigung" des Unternehmens

Fehlt die Zuverlässigkeit, kann ein davon betroffenes Unternehmen die Zuverlässigkeit mittels 3961
einer „Selbstreinigung" wieder herstellen. Hierzu kommen verschiedene Maßnahmen in Betracht.

Notwendig ist, dass sich ein Unternehmen z. B. nach dem Bekannt werden von Bestechungs- 3962
vorwürfen **ernsthaft und nachhaltig darum bemüht, die Vorgänge aufzuklären und die
erforderlichen personellen und organisatorischen Konsequenzen zu ziehen,** etwa durch
Veranlassung einer Sonderprüfung über ihre Aufsichtsratsmitglieder, der Überlassung des Sonderprüfungsberichtes an die Ermittlungsbehörde, der konsequenten Verfolgung aller Verdachtsmomente, der Trennung von allen Mitarbeitern, die in dem Verdacht stehen, von den Machenschaften gewusst oder an ihnen mitgewirkt zu haben, der Trennung vom gesamten Vorstand
sowie von einem großen Teil der leitenden Angestellten, der Überprüfung aller Prokuren und
Handlungsvollmachten und der Neuerteilung von Handlungsvollmacht und Prokura nur an
diejenige Personen, gegen die nach einer entsprechenden Überprüfung kein Verdacht der
Mittäterschaft oder Mitwisserschaft bestand. **Belegen in der Zusammenschau diese vielfältigen Anstrengungen, dass das Unternehmen die „Selbstreinigung" ernsthaft und
konsequent betrieben** hat, berechtigt dies zu der Erwartung, dass das Unternehmen auch
in Zukunft etwaig auftretenden Verdachtsmomenten nachgehen und bei Vorliegen eines hinreichenden Verdachts die gebotenen personellen und/oder organisatorischen Maßnahmen ergreifen wird. Daraus leitet sich die **Feststellung** her, dass das **Unternehmen die für eine
Auftragsvergabe erforderliche Zuverlässigkeit besitzt** (OLG Düsseldorf, B. v. 9. 4. 2003 –
Az.: Verg 66/02, B. v. 9. 4. 2003 – Az.: Verg 43/02; LG Berlin, Urteil vom 22. 3. 2006 – Az.:
23 O 118/04).

Trennt sich ein Unternehmen nicht unverzüglich und vollständig von einer Person, 3963
**der die schwere Verfehlung begangen hat, und verwehrt ihm jeden Einfluss auf die
Geschäftsführung,** muss sich das Unternehmen die schwere Verfehlung weiterhin zurechnen
lassen. Dies kommt auch in Betracht, wenn neue Geschäftsführer mit dieser Person Treuhandverträge über Geschäftsanteile schließen, die dieser Person die tatsächliche und
die rechtliche Möglichkeit zur Einflussnahme auf die Geschäftsführung belassen (OLG Düsseldorf, B. v. 28. 7.
2005 – Az.: VII – Verg 42/05; VK Düsseldorf, B. v. 13. 3. 2006 – Az.: VK – 08/2006 – L).
Eine **bruchstückhafte und erst auf Nachfrage sukzessive Offenlegung der Verhältnisse**
über die Treuhandverträge in einem für die Vergabestelle erkennbar sensiblen Punkt stellt ein
**Fehlverhalten dar, das die Zuverlässigkeit der heute tätigen Geschäftsführer – für sich
allein genommen und aus einem neuen selbständigen Grund – in Frage stellt** (OLG
Düsseldorf, B. v. 28. 7. 2005 – Az.: VII – Verg 42/05).

78.10.4.9 Zeitliche Wiederzulassung von Unternehmen

In diesem Zusammenhang ist zu berücksichtigen, dass eine **längerfristige Nichtberück-** 3964
sichtigung eines Unternehmens wegen Unzuverlässigkeit **gravierende Folgen für das
betroffene Unternehmen** haben kann, so dass ein **Ausschluss über längere Zeit ohnehin
nur bei besonders schwerwiegenden Verstößen gerechtfertigt** sein dürfte (1. VK Bund,
B. v. 11. 10. 2002 – Az.: VK 1-75/02; im Ergebnis ebenso VK Düsseldorf, B. v. 13. 3. 2006 –
Az.: VK – 08/2006 – L).

Liegt die **definitive organisatorische und personelle Trennung des Bewerbers** von den 3965
dafür verantwortlichen Personen mehr als ein Jahr zurück, kann der Auftraggeber bei

Teil 3 VOB/A § 8   Vergabe- und Vertragsordnung für Bauleistungen Teil A

seiner Eignungsbewertung ermessensfehlerfrei das Fehlverhalten dieser Personen nicht mehr zu Lasten des Bewerbers berücksichtigen (1. VK Bund, B. v. 11. 10. 2002 – Az.: VK 1-75/02).

3966 Es erscheint außerdem fraglich, ob **nach einem Zeitraum von ca. 4 Jahren nach einer strafrechtlichen Verurteilung diese Verfehlungen** überhaupt noch **eine Unzuverlässigkeit** im vergaberechtlichen Sinne **rechtfertigen können** (1. VK Bund, B. v. 11. 10. 2002 – Az.: VK 1-75/02).

78.10.4.10 Personenidentitäten bei einem formal neuen Bieter

3967 Ist es **außer Streit,** dass **bestimmte Personen schwere Verfehlungen begangen haben,** kann an der Anwendbarkeit der Vorschriften über den Ausschluss eine formale Firmenneugründung nichts ändern, solange interne Beteiligungs- und Weisungsrechte **diesen Personen tatsächlich die gleiche Einflussnahme auf das neue Unternehmen** gewährleisten. In einem solchen Fall erscheint es **ermessensfehlerhaft, das formal neu gegründete Unternehmen als zuverlässig einzustufen** (OLG Düsseldorf, B. v. 18. 7. 2001 – Az.: Verg 16/01).

78.10.4.11 Nachträgliche Berücksichtigung von schweren Verfehlungen

3968 Wenn die **Vergabestelle von schweren Verfehlungen erst nachträglich** – also z. B. zu einem Zeitpunkt, in dem ein neu gegründetes Unternehmen nach dem Teilnahmewettbewerb bei Beschränkter Ausschreibung bereits zum weiteren Angebotswettbewerb zugelassen worden ist – **erfährt, ist sie nicht gehindert und sogar verpflichtet, die Zuverlässigkeits- und Zulassungsprüfung nochmals aufzugreifen.** Sollte nämlich die Vergabestelle bei Beschränkter Ausschreibung erst nach dem Abschluss des Teilnahmewettbewerbs von schweren Verfehlungen eines – inzwischen bereits zugelassenen – Bewerbers erfahren, so dass sie ihr Ermessen nach dieser Vorschrift bis zur Zulassungsentscheidung gar nicht hat ausüben können, würde es dem Zweck dieser Bestimmung in unerträglicher Weise widersprechen, wenn die Vergabestelle an ihre Zulassungsentscheidung in dem Sinne gebunden wäre, dass sie die Zuverlässigkeitsprüfung in der Phase unmittelbar vor der Wertung der Angebote nicht mehr nachholen könnte (OLG Düsseldorf, B. v. 18. 7. 2001 – Az.: Verg 16/01).

78.10.4.12 Beweislast für das Vorliegen einer schweren Verfehlung und rechtliches Gehör

3969 Für das Vorliegen einer schweren Verfehlung ist der **Auftraggeber beweispflichtig** (VK Lüneburg, B. v. 18. 10. 2005 – Az.: VgK-47/2005; VK Hessen, B. v. 9. 2. 2004 – Az.: 69 d – VK – 79/2003 + 80/2003). Soweit **Grundlage eine nicht rechtskräftige Entscheidung** ist, ist dem **Bewerber,** der ausgeschlossen werden soll, **rechtliches Gehör zu gewähren,** in dem ihm unter Nennung der maßgeblichen Tatsachen, Gelegenheit zur Stellungnahme gegeben wird. Für das Tatbestandsmerkmal **„nachweislich"** sind **hohe Anforderungen** zu stellen. Bestehen **begründete Zweifel,** kann von einem **Nachweis nicht gesprochen werden** (1. VK Sachsen, B. v. 25. 6. 2003 – Az.: 1/SVK/051-03).

78.10.4.13 Notwendigkeit einer umfassenden Aufklärung

3970 Die Vergabestelle ist im Rahmen der Ermittlung des Sachverhalts einer angenommenen schweren Verfehlung bzw. anschließender Selbstreinigung **innerhalb des ihr zumutbaren Rahmens auch verpflichtet, die zugrunde liegenden Tatsachen aufzuklären und zu berücksichtigen und die Besonderheiten des Einzelfalls in ihre Entscheidung mit einzubeziehen** (VK Düsseldorf, B. v. 13. 3. 2006 – Az.: VK – 08/2006 – L).

78.10.4.14 Notwendigkeit einer Zeugenvernehmung

3971 Trotz Geltung des Untersuchungsgrundsatzes (§ 110 GWB) und der in § 120 Abs. 2 GWB vorgenommenen Verweisung auf Verfahrensvorschriften der ZPO ist es **nicht unbedingt notwendig, dass der Nachweis der Unzuverlässigkeit,** soweit er auch auf Angaben von Zeugen gründet, **ausnahmslos durch unmittelbare Vernehmung der Zeugen im Vergabenachprüfungsverfahren zu führen ist.** Es können im Wege des Urkundenbeweises auch **polizeiliche Vernehmungsprotokolle verwertet** werden, aus denen sich der Inhalt von Zeugenaussagen in anderen Verfahren ergibt. Eine **Vernehmung kann allerdings geboten sein,** wenn der vom Auftraggeber zu führende Nachweis mit einer **einzigen belastenden Zeugenaussage „steht oder fällt"** und wenn es entscheidend auf die persönliche Glaubwürdigkeit gerade dieses Zeugen ankommt (Saarländisches OLG, B. v. 18. 12. 2003 – Az.: 1 Verg 4/03).

Vergabe- und Vertragsordnung für Bauleistungen Teil A VOB/A § 8 **Teil 3**

78.10.4.15 Möglichkeit auch der Zulassung von entsprechenden Bietern

Die Regelung eröffnet dem Ausschreibenden nur eine **in seinem Ermessen stehende** 3972 **Möglichkeit, ungetreue Bewerber auszuschließen,** nicht jedoch eine entsprechende zwingende rechtliche Verpflichtung (VK Düsseldorf, B. v. 31. 10. 2005 – Az.: VK – 30/2005 – B; VK Schleswig-Holstein, B. v. 26. 10. 2004 – Az.: VK-SH 26/04). Ermessen bedeutet, dass der Ausschreibende eine auf sachlichen Erwägungen beruhende Entscheidung über die weitere Teilnahme der einzelnen Bewerber zu treffen hat (OLG München, B. v. 21. 4. 2006 – Az.: Verg 8/06). Der Anspruch der übrigen Teilnehmer an der Ausschreibung geht nicht weiter. Zwar können diese von der Vergabestelle eine ermessensfehlerfreie Entscheidung verlangen. Auch das bedeutet jedoch nur, dass sie ihre Entscheidung nicht aus unsachlichen Gründen treffen darf und kann. Eine **hinreichend sachlich motivierte und begründete Entscheidung zugunsten auch eines ungetreuen Bewerbers ist ihr jedoch auch danach nicht schlechthin verwehrt** (BGH, Urteil vom 18. 9. 2001 – Az: X ZR 51/00; VK Lüneburg, B. v. 18. 10. 2005 – Az.: VgK-47/2005).

78.10.4.16 Abschließende Regelung

Die Vorschrift des § 8 Nr. 5 lit. c) VOB/A enthält jedenfalls in ihrem wortsinngemäßen An- 3973 wendungsbereich, der eine einzelne Verfehlung des Bewerbers zum Gegenstand hat, eine **abschließende Regelung** (OLG Düsseldorf, B. v. 7. 12. 2005 – Az.: VII – Verg 68/05).

Die **in § 11 VOF genannten Ausschlussgründe sind enummerativ** und einer Erweite- 3974 rung durch die Vergabestelle nicht zugänglich. So kennt z. B. § 11 VOF **keinen Ausschlussgrund der „Nichtliquidität"** (VK Hessen, B. v. 23. 1. 2006 – Az.: 69 d VK – 93/2005).

78.10.4.17 Forderung des Auftraggebers nach einer Erklärung gemäß § 8 Nr. 5 Buchstabe c)

Die Forderung des Auftraggebers nach einer pauschalen Erklärung des Bieters zu dem mögli- 3975 chen Ausschlussgrund des § 8 Nr. 5 lit. c) VOB/A ist viel zu unbestimmt, als dass sie **sinnvoll außer mit „nein"** beantwortet werden könnte (2. VK Brandenburg, B. v. 15. 2. 2006 – Az.: 2 VK 82/05).

78.10.4.18 Entwurf eines Gesetzes zur Einrichtung eines Registers über unzuverlässige Unternehmen

Die Bundesregierung hatte am 11. 6. 2002 den **Entwurf eines Gesetzes zur Einrichtung** 3976 **eines Registers über unzuverlässige Unternehmen** in den Bundestag eingebracht. Der Bundesrat hat am 27. 9. 2002 dieses Gesetz zur Einrichtung eines Registers über unzuverlässige Unternehmen („Korruptionsregister") abgelehnt, nachdem zuvor im Vermittlungsausschuss keine Einigung erzielt worden war.

78.10.4.19 Bestrafung auf Grund eines rechtskräftigen Urteils und daraus resultierende fehlende Zuverlässigkeit

Nach **§ 11 Buchstabe b) VOF** können von der Teilnahme am Vergabeverfahren Bewerber 3977 ausgeschlossen werden, die aufgrund eines rechtskräftigen Urteils aus Gründen bestraft worden sind, die ihre berufliche Zuverlässigkeit in Frage stellen. Eine **vergleichbare Regelung existiert inzwischen in §§ 8 a, 8 b VOB/A und in §§ 7 a, 7 b VOL/A.**

78.10.4.20 Richtlinie des VHB 2002 zu § 8 Nr. 5 Buchstabe c)

Verfehlungen nach § 8 Nr. 5 c VOB/A **sind z. B.:** 3978

– vollendete oder versuchte Beamtenbestechung, Vorteilsgewährung sowie schwerwiegende Straftaten, die im Geschäftsverkehr begangen worden sind, insbesondere Diebstahl, Unterschlagung, Erpressung, Betrug, Untreue und Urkundenfälschung
– Verstöße gegen das Gesetz gegen Wettbewerbsbeschränkungen (GWB), unter anderem die Beteiligung an Absprachen über Preise oder Preisbestandteile, verbotene Preisempfehlungen, die Beteiligung an Empfehlungen oder Absprachen über die Abgabe oder Nichtabgabe von Angeboten, über die Aufrechnung von Ausfallentschädigungen sowie über Gewinnbeteiligung und Abgaben an andere Bewerber

775

78.10.4.21 Literatur

3979
- Battis, Ulrich/Kersten, Jens, Die Deutsche Bahn AG als Untersuchungsrichter in eigener Sache? – Zur Verfassungswidrigkeit der „Verdachtssperre" in der Richtlinie der Deutschen Bahn AG zur Sperrung von Auftragnehmern und Lieferanten vom 4. 11. 2003, NZBau 2004, 303
- Gabriel, Marc, Einflussnahme von Unternehmen auf öffentliche Auftragsvergaben: Persuasion, Kollusion oder Korruption?, VergabeR 2006, 173
- Ohle, Mario/Gregoritza, Anna, Grenzen des Anwendungsbereichs von Auftragssperren der öffentlichen Hand – am Beispiel der Gesetzes- und Verordnungslage des Landes Berlin –, ZfBR 2004, 16
- Pietzcker, Jost, Die Richtlinien der Deutschen Bahn AG über die Sperrung von Auftragnehmern, NZBau 2004, 530

78.10.5 Nichterfüllung der Verpflichtung zur Zahlung der Steuern und Abgaben u. ä. (§ 8 Nr. 5 Buchstabe d))

3980 Von der Teilnahme am Vergabeverfahren können Unternehmer ausgeschlossen werden, die ihre Verpflichtung zur Zahlung der Steuern und Abgaben sowie der Beiträge zur gesetzlichen Sozialversicherung nicht ordnungsgemäß erfüllt haben.

3981 Die **EU-Vergaberichtlinien stehen einer nationalen Regelung oder Verwaltungspraxis nicht entgegen,** nach der ein Leistungserbringer, der bei Ablauf der Frist für die Einreichung des Antrags auf Teilnahme am Vergabeverfahren seine **Verpflichtungen im Bereich der Sozialbeiträge sowie der Steuern und Abgaben nicht durch vollständige Zahlung der entsprechenden Beträge erfüllt hat, seine Situation**

- aufgrund staatlicher Maßnahmen der Steueramnestie oder der steuerlichen Milde oder
- aufgrund einer mit der Verwaltung getroffenen Vereinbarung über Ratenzahlung oder Schuldenentlastung oder
- durch Einlegung eines verwaltungsrechtlichen oder gerichtlichen Rechtsbehelfs

nachträglich regularisieren kann, sofern er innerhalb der in der nationalen Regelung oder durch die Verwaltungspraxis festgelegten Frist nachweist, dass er Begünstigter solcher Maßnahmen oder einer solchen Vereinbarung war oder dass er innerhalb dieser Frist ein solches Rechtsmittel eingelegt hat (EuGH, Urteil vom 9. 2. 2006 – Az.: C-228/04, C-226/04).

78.10.5.1 Vergleichbare Regelungen

3982 Der **Vorschrift des § 8 Nr. 5 Buchstabe d) VOB/A vergleichbar** sind im Bereich der VOL **§ 7 Nr. 5 Buchstabe d) VOL/A** und im Bereich der VOF **§ 11 Buchstabe d) VOF.** Die Kommentierungen zu diesen Vorschriften können daher ergänzend zu der Kommentierung des § 8 Nr. 5 Buchstabe d) herangezogen werden.

78.10.5.2 Unbedenklichkeitsbescheinigung des Finanzamts

3983 Vgl. im Einzelnen die Kommentierung RZ 3893.

78.10.5.3 Sozialkassenbeitrag nach ZVK

3984 Nach § 8 Nr. 5 Abs. 1 d) knüpft die Möglichkeit eines Ausschlusses an die nicht ordnungsgemäße Erfüllung der **Beitragspflichten zur „gesetzlichen Sozialversicherung"** an. Darum geht es im Zusammenhang mit dem von der ZVK geforderten „Sozialkassenbeitrag" nicht. Dieser **Beitrag dient der Finanzierung von Urlaubs-, Lohnausgleichs- und sonstigen Leistungen** (vgl. § 18 VTV). Er beruht nicht auf Gesetz, sondern auf Tarifvertrag. Der Umstand, dass der Tarifvertrag gem. § 5 TVG für allgemeinverbindlich erklärt worden ist, „erhebt" ihn nicht zum Gesetz und ändert – insbesondere – den Charakter der „Sozialkasse" nicht in eine „gesetzliche Sozialversicherung" i. S. d. § 8 Nr. 5 Abs. 1 d VOB/A um. Als Sozialversicherungen sind gem. § 1 SGB IV die Kranken-, Unfall-, Renten- und Arbeitslosenversicherung anzusehen. Von den Arbeitgeberverbänden und den Gewerkschaften getragene Sozialkassen sind demgegenüber tarifvertraglich geschaffene gemeinsame Einrichtungen. Eine – schon aus allgemeinen Erwägungen abzulehnende – **erweiternde Auslegung des § 8 Nr. 5 Abs. 1 d VOB/A auf Sozialkassenbeiträge** ist auch nicht mit dem Risiko einer „Sekundärhaftung" für Sozialkassenbeiträge zu begründen (Schleswig-Holsteinisches OLG, Urteil vom 6. 11. 2001 – Az: 6 U 50/01).

78.10.6 Vorsätzlich unzutreffende Erklärungen (§ 8 Nr. 5 Buchstabe e))

Von der Teilnahme am Vergabeverfahren können Unternehmer ausgeschlossen werden, die im Vergabeverfahren vorsätzlich unzutreffende Erklärungen in Bezug auf ihre Fachkunde, Leistungsfähigkeit und Zuverlässigkeit abgegeben haben. 3985

78.10.6.1 Vergleichbare Regelungen

Der **Vorschrift des § 8 Nr. 5 Buchstabe e) VOB/A** vergleichbar sind im Bereich der VOL **§ 7 Nr. 5 Buchstabe e) VOL/A** und im Bereich der VOF **§ 11 Buchstabe e) VOF**. Die Kommentierungen zu diesen Vorschriften können daher ergänzend zu der Kommentierung des § 8 Nr. 5 Buchstabe e) herangezogen werden. 3986

78.10.6.2 Aufklärungspflicht des Bieters über nach Angebotsabgabe eintretende Änderungen der Eignung

Bei einer entscheidenden Bedeutung der Eignungskriterien für die Auftragserteilung besteht eine Aufklärungspflicht eines Bieters auch über solche Umstände, nach denen der Auftraggeber zwar nicht gefragt, die aber für die Beurteilung offensichtlich bedeutsam sind, weil sie den Vertragszweck vereiteln oder gefährden könnten. Diese Darlegungspflicht ist eine selbstverständliche Obliegenheit eines Bieters, die auf der Tatsache beruht, dass er zur Erfüllung des Auftrags über die erforderlichen personellen und/oder technischen Mittel verfügt und diese Verfügungsbefugnis durch den Eintritt neuer Umstände auch nicht verloren hat. Dazu kann auch ein Gesellschafterwechsel gehören, wenn er entscheidende Auswirkungen auf die Ausstattung der Gesellschaft, insbesondere hinsichtlich der Personalstärke und des Verlustes von Personal mit dem für den Auftrag nötigen Know-how hat. Ein **Bieter** darf daher diesen Umstand nicht verschweigen, sondern hätte **die Vergabestelle von sich aus darauf hinweisen müssen,** damit diese Gelegenheit erhielt, die Eignung unter Zugrundelegung der neuen Aspekte nochmals zu überprüfen (VK Hessen, B. v. 28. 6. 2005 – Az.: 69 d VK – 07/2005). 3987

78.10.6.3 Prüfung dieser Erklärungen und Rechtsfolge

Dem Auftraggeber bleibt es überlassen zu entscheiden, ob sein **Vertrauensverhältnis** durch vorsätzlich unzutreffende Erklärungen eines Unternehmens **so nachhaltig gestört** ist, dass eine vertragliche Bindung nicht mehr zumutbar ist und somit eine **Teilnahme dieses Unternehmens** am Wettbewerb **von vornherein nutzlos** wäre (VK Nordbayern, B. v. 21. 5. 2003 – Az.: 320.VK-3194-14/03, 320.VK-3194-15/03). 3988

78.10.6.4 Zurechnung vorsätzlich falscher Angaben in einem Konzern

Eine **juristische Person muss sich regelmäßig das Verschulden (und natürlich auch den Vorsatz) ihrer Mitglieder anrechnen lassen.** Das Ergebnis, dass auf diesem Wege an sich weitgehend unabhängige Niederlassungen durch das Fehlverhalten ihrer Mitarbeiter in Zentralen und anderen Niederlassungen betroffen sein können, muss hingenommen werden, da anderenfalls jede Zentrale jede Niederlassung jederzeit exkulpieren könnte und eine Zurechenbarkeit im Sinne der Regelung und letztlich auch im Sinne der zugrunde liegenden europäischen Richtlinie regelmäßig unterlaufen werden könnte (VK Arnsberg, B. v. 22. 10. 2001 – Az.: VK 2-13/2001). 3989

78.10.6.5 Beispiele aus der Rechtsprechung

– Vorlage alter Gewerberegisterauszüge (VK Arnsberg, B. v. 22. 10. 2001 – Az.: VK 2-13/ 2001). 3990

78.10.7 Ab dem 1. 2. 2006 geltendes Recht für einen Ausschluss wegen schwerwiegender Gründe

Ab dem 1. 2. 2006 gelten die **Richtlinien 2004/17/EG** des Europäischen Parlaments und des Rates vom 31. März 2004 zur Koordinierung der Zuschlagserteilung durch Auftraggeber im Bereich der Wasser-, Energie- und Verkehrsversorgung sowie der Postdienste **und 2004/18/ EG** des Europäischen Parlaments und des Rates vom 31. März 2004 über die Koordinierung der Verfahren zur Vergabe öffentlicher Bauaufträge, Lieferaufträge und Dienstleistungsaufträge **unmittelbar.** Das **Bundesministerium für Wirtschaft und Technologie** hat dazu mit **Rund-** 3991 schreiben vom 26. 1. 2006 sowie 31. 1. 2006 einige **Erläuterungen veröffentlicht,** die auch den Ausschluss wegen schwerwiegender Delikte betreffen.

3992 Diese Regelungen sind **in der VOB/A 2006 nur für Ausschreibungen ab den Schwellenwerten umgesetzt** worden; vgl. insoweit die Kommentierung zu § 8a VOB/A.

78.10.8 Literatur

3993 – Götting, Susanne/Götting, Bert, Kriminalisierung des Kartellrechts? Eine Analyse von Gesetzgebung und Rechtsprechung – zugleich eine Anmerkung zu BGH – Urteil vom 11. 7. 2001 – 1 StR 576/00 (ZfBR 2002, 82 ff.), ZfBR 2004, 341.

78.11 Verbot der Beteiligung nicht erwerbswirtschaftlich orientierter Institutionen am Wettbewerb (§ 8 Nr. 6)

78.11.1 Allgemeines

3994 Nach § 8 Nr. 6 VOB/A sind Justizvollzugsanstalten, Einrichtungen der Jugendhilfe, Aus- und Fortbildungsstätten und ähnliche Einrichtungen sowie Betriebe der öffentlichen Hand und Verwaltungen zum Wettbewerb mit gewerblichen Unternehmern nicht zuzulassen.

3995 Zu dem Verbot der Beteiligung dieser nicht erwerbswirtschaftlich orientierten Institutionen vergleiche die Kommentierung zu § 97 GWB RZ 154.

3996 Zur Zulässigkeit der gebietsüberschreitenden Tätigkeit kommunaler Unternehmen vergleiche die Kommentierung zu § 97 GWB RZ 134.

78.11.2 Voraussetzungen

3997 Nach dem Wortlaut der Vorschrift genügt es, dass die Vergabe von Leistungen an Justizvollzugsanstalten, Einrichtungen der Jugendhilfe, Aus- und Fortbildungsstätten oder ähnliche Einrichtungen sowie Betriebe der öffentlichen Hand und Verwaltungen durch die Vergabestelle beabsichtigt ist. **Es müssen vom Auftraggeber keine weiteren besonderen Umstände dargelegt und bewiesen sein, die die freihändige Vergabe an öffentliche Einrichtungen rechtfertigen.**

3998 § 8 Nr. 6 VOB/A legt **keine zusätzlichen tatbestandlichen Voraussetzungen für eine zulässige freihändige Vergabe fest.** Eine solche Beschränkung des Anwendungsbereichs des § 8 Nr. 6 VOB/A widerspricht dem Wortlaut der Vorschrift und findet weder eine Grundlage in der Gesetzessystematik noch im Sinn und Zweck der Regelung.

3999 Dem **Auftraggeber steht ein Ermessensspielraum zu hinsichtlich der Entscheidung zwischen der freihändigen Vergabe an die in § 8 Nr. 6 VOB/A genannten Einrichtungen einerseits oder der öffentlichen Ausschreibung unter Beteiligung erwerbswirtschaftlicher Bieter andererseits.** Denn außer dass der Kreis der beteiligten Bieter auf die dort genannten Unternehmen beschränkt sein muss, stellt § 8 Nr. 6 VOB/A nur noch auf das subjektive Element der Absicht der Vergabestelle ab und setzt damit den Ermessensspielraum des Auftraggebers voraus (1. VK Bund, B. v. 20. 7. 2004 – Az.: VK 1-75/04; B. v. 20. 7. 2004 – Az.: VK 1-78/04).

78.11.3 Richtlinie des VHB 2002 zu § 8 Nr. 6

4000 Justizvollzugsanstalten, Einrichtungen der Jugendhilfe, Aus- und Fortbildungsstätten und ähnliche Einrichtungen sowie Betriebe der öffentlichen Hand und Verwaltungen sind zum Wettbewerb mit gewerblichen Unternehmern nicht zuzulassen. **Angebote, die bei einer Öffentlichen Ausschreibung abgegeben worden sind, dürfen nicht berücksichtigt werden.** Aufträge dürfen derartige Einrichtungen nur in begründeten Ausnahmefällen und nur dann erteilt werden, wenn sie von ihnen zu Bedingungen ausgeführt werden, die nicht ungünstiger sind als die, unter denen sie die private Wirtschaft ausführen würde. Sie sind **freihändig zu vergeben.**

78.12 Richtlinien des Bundes für die Berücksichtigung von Werkstätten für Behinderte und Blindenwerkstätten bei der Vergabe öffentlicher Aufträge (Richtlinien Bevorzugte Bewerber)

4001 Auf Grund der §§ 56 und 58 Schwerbehindertengesetz (SchwbG) sind Aufträge der öffentlichen Hand, die von Werkstätten für Behinderte und Blindenwerkstätten ausgeführt werden

Vergabe- und Vertragsordnung für Bauleistungen Teil A   VOB/A § 8a **Teil 3**

können, diesen bevorzugt anzubieten. Um diesem Anliegen Rechnung zu tragen, hat die **Bundesregierung Richtlinien für die Berücksichtigung von Werkstätten für Behinderte und Blindenwerkstätten bei der Vergabe öffentlicher Aufträge (Richtlinien Bevorzugte Bewerber vom 10. 5. 2001)** erlassen (Bundesanzeiger Nr. 109 S. 11 773–11 774). Die Richtlinie ist allerdings **nur bei allen Beschränkten Ausschreibungen und Freihändigen Vergaben nach Abschnitt 1 der VOL/A bzw. VOB/A** zu beachten.

79. § 8a VOB/A – Teilnehmer am Wettbewerb

1. (1) Ein Unternehmen ist von der Teilnahme an einem Vergabeverfahren wegen Unzuverlässigkeit auszuschließen, wenn der Auftraggeber Kenntnis davon hat, dass eine Person, deren Verhalten dem Unternehmen zuzurechnen ist, rechtskräftig wegen Verstoßes gegen eine der folgenden Vorschriften verurteilt worden ist:

   a) § 129 des Strafgesetzbuches (Bildung krimineller Vereinigungen), § 129a des Strafgesetzbuches (Bildung terroristischer Vereinigungen), § 129b des Strafgesetzbuches (kriminelle und terroristische Vereinigungen im Ausland),

   b) § 261 des Strafgesetzbuches (Geldwäsche, Verschleierung unrechtmäßig erlangter Vermögenswerte),

   c) § 263 des Strafgesetzbuches (Betrug), soweit sich die Straftat gegen den Haushalt der EG oder gegen Haushalte richtet, die von der EG oder in ihrem Auftrag verwaltet werden,

   d) § 264 des Strafgesetzbuches (Subventionsbetrug), soweit sich die Straftat gegen den Haushalt der EG oder gegen Haushalte richtet, die von der EG oder in ihrem Auftrag verwaltet werden,

   e) § 334 des Strafgesetzbuches (Bestechung), auch in Verbindung mit Artikel 2 des EU-Bestechungsgesetzes, Artikel 2 § 1 des Gesetzes zur Bekämpfung internationaler Bestechung, Artikel 7 Abs. 2 Nr. 10 des Vierten Strafrechtsänderungsgesetzes und § 2 des Gesetzes über das Ruhen der Verfolgungsverjährung und die Gleichstellung der Richter und Bediensteten des Internationalen Strafgerichtshofes,

   f) Artikel 2 § 2 des Gesetzes zur Bekämpfung internationaler Bestechung (Bestechung ausländischer Abgeordneter im Zusammenhang mit internationalem Geschäftsverkehr) ,

   g) § 370 der Abgabenordnung, auch in Verbindung mit § 12 des Gesetzes zur Durchführung der gemeinsamen Marktorganisationen und der Direktzahlungen (MOG), soweit sich die Straftat gegen den Haushalt der EG oder gegen Haushalte richtet, die von der EG oder in ihrem Auftrag verwaltet werden.

   Einem Verstoß gegen diese Vorschriften gleichgesetzt sind Verstöße gegen entsprechende Strafnormen anderer Staaten. Ein Verhalten ist einem Unternehmen zuzurechnen, wenn eine für dieses Unternehmen für die Führung der Geschäfte verantwortlich handelnde Person selbst gehandelt hat oder ein Aufsichts- oder Organisationsverschulden gemäß § 130 des Gesetzes über Ordnungswidrigkeiten (OWiG) dieser Person im Hinblick auf das Verhalten einer anderen für den Bewerber handelnden Person vorliegt.

   (2) Als Nachweis, dass die Kenntnis nach Absatz 1 unrichtig ist, akzeptiert der Auftraggeber eine Urkunde einer zuständigen Gerichts- oder Verwaltungsbehörde des Herkunftslands. Wenn eine Urkunde oder Bescheinigung vom Herkunftsland nicht ausgestellt ist oder nicht vollständig alle vorgesehenen Fälle erwähnt, kann dies durch eine eidesstattliche Erklärung oder eine förmliche Erklärung vor einer zuständigen Gerichts- oder Verwaltungsbehörde, einem Notar oder einer dafür qualifizierten Berufsorganisation des Herkunftslands ersetzt werden.

   (3) **Von einem Ausschluss nach Absatz 1 kann nur abgesehen werden, wenn zwingende Gründe des Allgemeininteresses vorliegen und andere die Leistung nicht angemessen erbringen können oder wenn aufgrund besonderer Umstände

Teil 3 VOB/A § 8a — Vergabe- und Vertragsordnung für Bauleistungen Teil A

des Einzelfalls der Verstoß die Zuverlässigkeit des Unternehmens nicht in Frage stellt.

2. Beim Offenen Verfahren gilt § 8 Nr. 2 Abs. 1.

3. Beim Nichtoffenen Verfahren müssen mindestens 5 geeignete Bewerber aufgefordert werden. § 8 Nr. 2 Abs. 2 Satz 1 gilt nicht. Auf jeden Fall muss die Zahl der aufgeforderten Bewerber einen echten Wettbewerb sicherstellen. Die Eignung ist anhand der mit dem Teilnahmeantrag vorgelegten Nachweise zu prüfen.

4. Beim Verhandlungsverfahren mit Vergabebekanntmachung und beim Wettbewerblichen Dialog darf bei einer hinreichenden Anzahl geeigneter Bewerber die Zahl der zu Verhandlungen aufzufordernden Bewerber nicht unter drei liegen. Es sind jedoch so viele Bewerber zu berücksichtigen, dass ein Wettbewerb gewährleistet ist.

5. Beim Verhandlungsverfahren gilt § 8 Nr. 3 bis 5.

6. Will der Auftraggeber im Nichtoffenen Verfahren, im Wettbewerblichen Dialog oder im Verhandlungsverfahren die Zahl der Teilnehmer begrenzen, so gibt er in der Bekanntmachung die von ihm vorgesehenen objektiven und nicht diskriminierenden, auftragsbezogenen Kriterien, die vorgesehene Mindestzahl und gegebenenfalls auch die Höchstzahl an einzuladenden Bewerbern an.

7. Kann ein Unternehmer aus einem berechtigten Grund die geforderten Nachweise nicht beibringen, so kann er den Nachweis seiner Eignung durch Vorlage jedes anderen vom Auftraggeber als geeignet erachteten Belegs erbringen.

8. Der Auftraggeber kann von Bietergemeinschaften die Annahme einer bestimmten Rechtsform nur für den Fall der Auftragserteilung verlangen und sofern dies für die ordnungsgemäße Durchführung des Auftrages notwendig ist.

9. Hat ein Bieter oder Bewerber vor Einleitung des Vergabeverfahrens den Auftraggeber beraten oder sonst unterstützt, so hat der Auftraggeber sicherzustellen, dass der Wettbewerb durch die Teilnahme des Bieters oder Bewerbers nicht verfälscht wird.

10. Ein Bieter kann sich, ggf. auch als Mitglied einer Bietergemeinschaft, bei der Erfüllung eines Auftrags der Fähigkeiten anderer Unternehmen bedienen, ungeachtet des rechtlichen Charakters der zwischen ihm und diesen Unternehmen bestehenden Verbindungen. Er muss in diesem Fall dem Auftraggeber gegenüber nachweisen, dass ihm die erforderlichen Mittel zur Verfügung stehen, indem er beispielsweise eine entsprechende Verpflichtungserklärung dieser Unternehmen vorlegt.

11. (1) Auftraggeber können zusätzlich Angaben über Umweltmanagementverfahren verlangen, die der Bewerber oder Bieter bei der Ausführung des Auftrags gegebenenfalls anwenden will. In diesen Fällen kann der Auftraggeber zum Nachweis dafür, dass der Bewerber oder Bieter bestimmte Normen für das Umweltmanagement erfüllt, die Vorlage von Bescheinigungen unabhängiger Stellen verlangen. In diesen Fällen nehmen sie auf das Gemeinschaftssystem für das Umweltmanagement und die Umweltbetriebsprüfung (**EMAS**) oder auf Normen für das Umweltmanagement Bezug, die auf den einschlägigen europäischen oder internationalen Normen beruhen und von entsprechenden Stellen zertifiziert sind, die dem Gemeinschaftsrecht oder einschlägigen europäischen oder internationalen Zertifizierungsnormen entsprechen. Gleichwertige Bescheinigungen von Stellen in anderen Mitgliedstaaten sind anzuerkennen. Die Auftraggeber erkennen auch andere Nachweise für gleichwertige Umweltmanagement-Maßnahmen an, die von Bewerbern oder Bietern vorgelegt werden.

(2) Auftraggeber können zum Nachweis dafür, dass der Bewerber oder Bieter bestimmte Qualitätssicherungsnormen erfüllt, die Vorlage von Bescheinigungen unabhängiger Stellen verlangen. In diesen Fällen nehmen sie auf Qualitätssicherungsverfahren Bezug, die den einschlägigen europäischen Normen genügen und von entsprechenden Stellen zertifiziert sind, die den europäischen Zertifizierungsnormen entsprechen. Gleichwertige Bescheinigungen von Stellen aus anderen Mitgliedstaaten sind anzuerkennen. Die Auftraggeber erkennen auch andere gleichwertige Nachweise für Qualitätssicherungsmaßnahmen an.

79.1 Vergleichbare Regelungen

Der **Vorschrift des § 8a VOB/A vergleichbar** sind im Bereich des GWB § 97 Abs. 4 GWB, im Bereich der VOB §§ 8, 8b VOB/A, im Bereich der VOF §§ 4, 10, 11, 12, 13 VOF und im Bereich der VOL §§ 7, 7a, 7b VOL/A. Die Kommentierungen zu diesen Vorschriften können daher ergänzend zu der Kommentierung des § 8a herangezogen werden. 4002

79.2 Änderungen in der VOB/A 2006

In § 8a ist **neu die Nr. 1 aufgenommen,** wonach der Auftraggeber Unternehmen von der Teilnahme an einem Vergabeverfahren **wegen Unzuverlässigkeit auszuschließen** sind, wenn der Auftraggeber Kenntnis davon hat, dass eine Person, deren Verhalten dem Unternehmen zuzurechnen ist, rechtskräftig wegen Verstoßes gegen bestimmte Vorschriften verurteilt worden ist. 4003

In § 8a ist **neu die Nr. 8 aufgenommen,** wonach der Auftraggeber von Bietergemeinschaften die Annahme einer bestimmten Rechtsform nur für den Fall der Auftragserteilung verlangen kann und sofern dies für die ordnungsgemäße Durchführung des Auftrages notwendig ist. 4004

In § 8a ist **neu die Nr. 9 aufgenommen,** wonach dann, wenn ein Bieter oder Bewerber vor Einleitung des Vergabeverfahrens den Auftraggeber beraten oder sonst unterstützt hat, der Auftraggeber sicherzustellen hat, dass der Wettbewerb durch die Teilnahme des Bieters oder Bewerbers nicht verfälscht wird. 4005

In § 8a ist **neu die Nr. 10 aufgenommen,** wonach Bieter sich, gegebenenfalls auch als Mitglied einer Bietergemeinschaft, bei der Erfüllung eines Auftrags der Fähigkeiten anderer Unternehmen bedienen kann, ungeachtet des rechtlichen Charakters der zwischen ihm und diesen Unternehmen bestehenden Verbindungen. 4006

In § 8a ist **neu die Nr. 11 aufgenommen,** wonach Auftraggeber zusätzlich Angaben über Umweltmanagementverfahren bzw. Qualitätssicherungsnormen verlangen können. 4007

Weitere kleinere Änderungen des § 8a werden – soweit notwendig – bei der jeweiligen Regelung erläutert. 4008

79.3 Allgemeines

Soweit § 8a keine von § 8 abweichenden Regelungen trifft, gilt § 8 auch bei Verfahren ab den Schwellenwerten. 4009

79.4 Zwingende Ausschlussgründe (§ 8a Nr. 1)

In § 8a ist **neu die Nr. 1 aufgenommen,** wonach Unternehmen von der Teilnahme an einem Vergabeverfahren **wegen Unzuverlässigkeit auszuschließen** sind, wenn der Auftraggeber Kenntnis davon hat, dass eine Person, deren Verhalten dem Unternehmen zuzurechnen ist, rechtskräftig wegen Verstoßes gegen bestimmte Vorschriften verurteilt worden ist. Ein **Verhalten einer rechtskräftig verurteilten Person ist einem Unternehmen zuzurechnen,** wenn sie für dieses Unternehmen für die Führung der Geschäfte selbst verantwortlich gehandelt hat oder ein Aufsichts- oder Organisationsverschulden gemäß § 130 des Gesetzes über Ordnungswidrigkeiten (OWiG) einer Person im Hinblick auf das Verhalten einer anderen für das Unternehmen handelnden, rechtskräftig verurteilten Person vorliegt. 4010

Diese **Regelung entspricht der zwingenden Vorschrift des Art. 45 Abs. 1 der Vergabekoordinierungsrichtlinie,** die in die nationalen Straf- und Ordnungswidrigkeitsbestimmungen umgesetzt wurde. 4011

79.5 Anzahl der Bewerber beim Nichtoffenen Verfahren (§ 8a Nr. 3)

Nach § 8a Nr. 3 Satz 1 VOB/A müssen beim Nichtoffenen Verfahren **mindestens 5 geeignete Bewerber zur Angebotsabgabe aufgefordert werden.** Die analoge Bestimmung in § 8 VOB/A, wonach bei Beschränkter Ausschreibung im Allgemeinen nur 3 bis 8 Bewerber 4012

Teil 3 VOB/A § 8a Vergabe- und Vertragsordnung für Bauleistungen Teil A

aufgefordert werden sollen, gilt hier nicht, da dies in § 8 a Nr. 3 Satz 2 VOB/A ausdrücklich für europaweite Ausschreibungen ausgeschlossen ist. Beim **Nichtoffenen Verfahren** ist eine **deutlich höhere Zahl von aufzufordernden Bewerbern erwünscht.** 5 Bewerber sind die absolute Untergrenze. In der Regel werden deutlich mehr als 5 Bewerber aufzufordern sein, oftmals wird die Zahl zwischen 10 und 20 Bewerbern liegen. **Entscheidend für die angemessene Anzahl ist das jeweilige Ergebnis des vorausgegangenen Teilnahmewettbewerbes.** Haben sehr viele Bewerber ihr Interesse bekundet, so sind entsprechend viele zur Angebotsabgabe aufzufordern. Nach § 8 a Nr. 3 Satz 3 VOB/A muss die Zahl der aufgeforderten Bewerber auf jeden Fall einen echten Wettbewerb sicherstellen. Unter Gewährleistung des Wettbewerbsgrundsatzes kann der öffentliche Auftraggeber nach Art 44 Abs. 3 VKR für die Vergabe eines Auftrages im Nichtoffenen Verfahren **eine Marge bestimmen,** innerhalb derer die Zahl der zur Angebotsabgabe aufgeforderten Unternehmen liegen wird. In einem solchen Fall ist die **Marge stets in der Bekanntmachung anzugeben** (BayObLG, B. v. 20. 4. 2005 – Az.: Verg 026/04; VK Halle, B. v. 22. 10. 2001 – Az.: VK Hal 19/01).

4013   Mögliche Kriterien für die angemessene Anzahl von zu beteiligenden Unternehmen können die **Art des anstehenden Bauvorhabens** und das **Ergebnis des vorausgegangenen Teilnahmewettbewerbs** sein (BayObLG, B. v. 20. 4. 2005 – Az.: Verg 026/04).

79.6 Anzahl der zu Verhandlungen aufzufordernden Bewerber beim Verhandlungsverfahren und beim Wettbewerblichen Dialog (§ 8 a Nr. 4)

4014   Gemäß § 8 a Nr. 4 VOB/A darf bei einer geeigneten Anzahl von Bewerbern die **Zahl derjenigen, die zu Verhandlungen aufzufordern sind, nicht unter drei** liegen. Es sind jedoch so viele Bewerber zu berücksichtigen, dass ein Wettbewerb gewährleistet ist. Diese **Regelung entspricht der zwingenden Vorschrift des Art. 44 Abs. 3 Unterabsatz 2 Satz 2 und 3 der Vergabekoordinierungsrichtlinie.**

4015   Daraus folgt **nicht, dass bis zum Ende des Verhandlungsverfahrens mit allen Interessenten weiter verhandelt werden muss.** Die sukzessive Beschränkung auf immer weniger Verhandlungspartner mit dem Ergebnis, dass am Ende nur noch ein Bieter verbleibt, ist für sich noch keine Diskriminierung, sondern entspricht dem Wesen und dem üblichen Ablauf eines Verhandlungsverfahrens (vgl. zu den Einzelheiten des Verhandlungsverfahrens die Kommentierung zu § 101 GWB RZ 1376).

79.7 Begrenzung der Anzahl der Teilnehmer (§ 8 a Nr. 6)

4016   In § 8 a ist **neu die Nr. 6 aufgenommen,** wonach dann, wenn der Auftraggeber im Nichtoffenen Verfahren, im Wettbewerblichen Dialog oder im Verhandlungsverfahren die Zahl der Teilnehmer begrenzen will, er in der Bekanntmachung die von ihm vorgesehenen objektiven und nicht diskriminierenden, auftragsbezogenen Kriterien, die vorgesehene Mindestzahl und gegebenenfalls auch die Höchstzahl an einzuladenden Bewerbern angibt. Diese **Regelung entspricht der zwingenden Vorschrift des Art. 44 Abs. 3 Unterabsatz 1 der Vergabekoordinierungsrichtlinie.** Befolgt der **Auftraggeber diese Verpflichtung nicht, darf er die Zahl der Teilnehmer nicht begrenzen.**

4017   **Anderer Auffassung** ist insoweit die **VK Lüneburg.** Auch aus der neuen Formulierung in der nunmehr – bis zur ausstehenden Umsetzung in nationales Recht – **unmittelbar geltenden Regelung des Art. 44 Abs. 3 Unterabsatz 1** der Richtlinie 2004/18 EG vom 31. März 2004 über die Koordinierung der Verfahren zur Vergabe öffentlicher Aufträge, Lieferaufträge und Dienstleistungsaufträge **lässt sich die zwingende Angabe einer Höchstzahl der aufzufordernden Bewerber nicht ableiten** (VK Lüneburg, B. v. 21. 8. 2006 – Az.: VgK-18/2006).

4018   Vgl. im Einzelnen die Kommentierung RZ 1366.

79.8 Nachweis der Eignung auf andere Art (§ 8 a Nr. 7)

4019   In § 8 a ist **neu die Nr. 7 aufgenommen,** wonach dann, wenn ein Unternehmer aus einem berechtigten Grund die geforderten Nachweise nicht beibringen kann, er den Nachweis seiner Eignung durch Vorlage jedes anderen vom Auftraggeber als geeignet erachteten Belegs erbringen kann. Diese **Regelung entspricht der zwingenden Vorschrift des Art. 47 Abs. 5 der Vergabekoordinierungsrichtlinie.** Der **Auftraggeber** ist **verpflichtet,** die von ihm als geeignet erachteten **Belege anzuerkennen.**

79.9 Rechtsform von Bietergemeinschaften (§ 8a Nr. 8)

In § 8a ist **neu die Nr. 8 aufgenommen,** wonach der Auftraggeber von Bietergemeinschaften die Annahme einer bestimmten Rechtsform nur für den Fall der Auftragserteilung verlangen kann und sofern dies für die ordnungsgemäße Durchführung des Auftrages notwendig ist. Der Text entspricht im Wesentlichen dem Text des durch das ÖPP-Beschleunigungsgesetzes neu in die VgV aufgenommenen **§ 6 Abs. 2 Nr. 1 VgV** sowie **der zwingenden Vorschrift des Art. 4 Abs. 2 Satz 2 der Vergabekoordinierungsrichtlinie;** vgl. insoweit die **Kommentierung zu § 6 Abs. 2 VgV.** 4020

79.10 Beteiligung von Projektanten (§ 8a Nr. 9)

In § 8a ist **neu die Nr. 9 aufgenommen,** wonach dann, wenn ein Bieter oder Bewerber vor Einleitung des Vergabeverfahrens den Auftraggeber beraten oder sonst unterstützt hat, der Auftraggeber sicherzustellen hat, dass der Wettbewerb durch die Teilnahme des Bieters oder Bewerbers nicht verfälscht wird. Der Text entspricht dem Text des durch das ÖPP-Beschleunigungsgesetz neu in die VgV aufgenommenen **§ 4 Abs. 5 VgV** sowie **der Rechtsprechung des EuGH zur Projektantenproblematik;** vgl. insoweit die **Kommentierung zu § 4 Abs. 5 VgV.** 4021

79.11 Berücksichtigung der Kapazitäten Dritter (§ 8a Nr. 10)

In § 8a ist **neu die Nr. 10 aufgenommen,** wonach Bieter sich, gegebenenfalls auch als Mitglied einer Bietergemeinschaft, bei der Erfüllung eines Auftrags der Fähigkeiten anderer Unternehmen bedienen können, ungeachtet des rechtlichen Charakters der zwischen ihm und diesen Unternehmen bestehenden Verbindungen. Er muss in diesem Fall dem Auftraggeber gegenüber nachweisen, dass ihm die erforderlichen Mittel zur Verfügung stehen, indem er beispielsweise eine entsprechende Verpflichtungserklärung dieser Unternehmen vorlegt. Der Text entspricht dem Text des durch das ÖPP-Beschleunigungsgesetz neu in die VgV aufgenommenen **§ 6 Abs. 2 Nr. 2 VgV** sowie **der Rechtsprechung des EuGH zur Zulässigkeit eines Generalunternehmer- bzw. Generalübernehmereinsatzes;** vgl. insoweit die **Kommentierung zu § 6 Abs. 2 VgV** sowie die Kommentierung zu § 97 GWB RZ 349. 4022

79.12 Umweltmanagementverfahren (§ 8a Nr. 11 Abs. 1)

In § 8a ist **neu die Nr. 11 Abs. 1 aufgenommen,** wonach Auftraggeber zusätzlich Angaben über Umweltmanagementverfahren verlangen können, die der Bewerber oder Bieter bei der Ausführung des Auftrags gegebenenfalls anwenden will. Diese **Regelung entspricht der fakultativen Vorschrift des Art. 50 der Vergabekoordinierungsrichtlinie.** 4023

Der Auftraggeber kann zum Nachweis dafür, dass der Bewerber oder Bieter bestimmte Normen für das Umweltmanagement erfüllt, die Vorlage von Bescheinigungen unabhängiger Stellen verlangen. In diesen Fällen kann er u. a. **auf das Gemeinschaftssystem für das Umweltmanagement und die Umweltbetriebsprüfung (EMAS)** Bezug nehmen. 4024

Der **Begriff EMAS steht für „Eco-Management and Audit Scheme". EMAS ist die höchste europäische Auszeichnung für betriebliches Umweltmanagement. Sie beruht auf der EG-Umwelt-Audit-Verordnung (Verordnung (EG) Nr. 761/2001).** Das Bundesumweltministerium wirbt zusammen mit dem Bundeswirtschaftsministerium dafür, dass die Bundesbehörden in geeigneten Fällen der Teilnahme am europäischen Umweltmanagementsystem EMAS berücksichtigen. Mit einem gemeinsamen **Schreiben vom 30. 8. 2004** haben sich die beiden Ministerien an alle Bundesbehörden gewandt. In dem Schreiben der beiden Ministerien an die Bundesbehörden wird erläutert, wie EMAS bei der öffentlichen Auftragsvergabe berücksichtigt werden kann. Dem Schreiben liegen detaillierte Hinweise des Bundesumweltministeriums zum rechtlichen Rahmen bei. 4025

Teil 3 VOB/A § 8b Vergabe- und Vertragsordnung für Bauleistungen Teil A

79.13 Qualitätssicherung (§ 8a Nr. 11 Abs. 2)

4026 In § 8a ist **neu die Nr. 11 Abs. 2 aufgenommen,** wonach Auftraggeber zum Nachweis dafür, dass der Bewerber oder Bieter bestimmte Qualitätssicherungsnormen erfüllt, die Vorlage von Bescheinigungen unabhängiger Stellen verlangen können. Diese **Regelung entspricht der fakultativen Vorschrift des Art. 49 der Vergabekoordinierungsrichtlinie.**

80. § 8b VOB/A – Teilnehmer am Wettbewerb

1. (1) Ein Unternehmen ist von der Teilnahme an einem Vergabeverfahren wegen Unzuverlässigkeit auszuschließen, wenn der Auftraggeber Kenntnis davon hat, dass eine Person, deren Verhalten dem Unternehmen zuzurechnen ist, rechtskräftig wegen Verstoßes gegen eine der folgenden Vorschriften verurteilt worden ist:

   a) § 129 des Strafgesetzbuches (Bildung krimineller Vereinigungen), § 129a des Strafgesetzbuches (Bildung terroristischer Vereinigungen), § 129b des Strafgesetzbuches (kriminelle und terroristische Vereinigungen im Ausland),

   b) 261 des Strafgesetzbuches (Geldwäsche, Verschleierung unrechtmäßig erlangter Vermögenswerte),

   c) § 263 des Strafgesetzbuches (Betrug), soweit sich die Straftat gegen den Haushalt der EG oder gegen Haushalte richtet, die von der EG oder in ihrem Auftrag verwaltet werden,

   d) § 264 des Strafgesetzbuches (Subventionsbetrug), soweit sich die Straftat gegen den Haushalt der EG oder gegen Haushalte richtet, die von der EG oder in ihrem Auftrag verwaltet werden,

   e) § 334 des Strafgesetzbuches (Bestechung), auch in Verbindung mit Artikel 2 des EU-Bestechungsgesetzes, Artikel 2 § 1 des Gesetzes zur Bekämpfung internationaler Bestechung, Artikel 7 Abs. 2 Nr. 10 des Vierten Strafrechtsänderungsgesetzes und § 2 des Gesetzes über das Ruhen der Verfolgungsverjährung und die Gleichstellung der Richter und Bediensteten des Internationalen Strafgerichtshofes,

   f) Artikel 2 § 2 des Gesetzes zur Bekämpfung internationaler Bestechung (Bestechung ausländischer Abgeordneter im Zusammenhang mit internationalem Geschäftsverkehr),

   g) § 370 der Abgabenordnung, auch in Verbindung mit § 12 des Gesetzes zur Durchführung der gemeinsamen Marktorganisationen und der Direktzahlungen (MOG), soweit sich die Straftat gegen den Haushalt der EG oder gegen Haushalte richtet, die von der EG oder in ihrem Auftrag verwaltet werden.

   Einem Verstoß gegen diese Vorschriften gleichgesetzt sind Verstöße gegen entsprechende Strafnormen anderer Staaten. Ein Verhalten ist einem Unternehmen zuzurechnen, wenn eine für dieses Unternehmen für die Führung der Geschäfte verantwortlich handelnde Person selbst gehandelt hat oder ein Aufsichts- oder Organisationsverschulden gemäß § 130 des Gesetzes über Ordnungswidrigkeiten (OWiG) dieser Person im Hinblick auf das Verhalten einer anderen für den Bewerber handelnden Person vorliegt.

   (2) Als Nachweis, dass die Kenntnis nach Absatz 1 unrichtig ist, akzeptiert der Auftraggeber eine Urkunde einer zuständigen Gerichts- oder Verwaltungsbehörde des Herkunftslands. Wenn eine Urkunde oder Bescheinigung vom Herkunftsland nicht ausgestellt ist oder nicht vollständig alle vorgesehenen Fälle erwähnt, kann dies durch eine eidesstattliche Erklärung oder eine förmliche Erklärung vor einer zuständigen Gerichts- oder Verwaltungsbehörde, einem Notar oder einer dafür qualifizierten Berufsorganisation des Herkunftslands ersetzt werden.

   (3) Von einem Ausschluss nach Absatz 1 kann nur abgesehen werden, wenn zwingende Gründe des Allgemeininteresses vorliegen und andere die Leistung

nicht angemessen erbringen können oder wenn aufgrund besonderer Umstände des Einzelfalls der Verstoß die Zuverlässigkeit des Bewerbers nicht in Frage stellt.

2. (1) Auftraggeber, die Bewerber für die Teilnahme an einem Nichtoffenen Verfahren oder an einem Verhandlungsverfahren auswählen, richten sich dabei nach objektiven Regeln und Kriterien. Diese Regeln und Kriterien legen sie schriftlich fest und stellen sie interessierten Unternehmern zur Verfügung.

(2) Kriterien im Sinne des Absatzes 1 sind insbesondere Fachkunde, Leistungsfähigkeit und Zuverlässigkeit. Zu deren Nachweis können z. B. Angaben nach § 8 Nr. 3 verlangt werden.

3. Kriterien nach Nummer 1 können auch Ausschließungsgründe nach § 8 Nr. 5 Abs. 1 sein.

4. Ein Kriterium kann auch die objektive Notwendigkeit sein, die Zahl der Bewerber so weit zu verringern, dass ein angemessenes Verhältnis zwischen den besonderen Merkmalen des Vergabeverfahrens und dem zur Durchführung notwendigen Aufwand sichergestellt ist. Es sind jedoch so viele Bewerber zu berücksichtigen, dass ein Wettbewerb gewährleistet ist.

5. Von Bietergemeinschaften kann nicht verlangt werden, dass sie zwecks Einreichung eines Angebots oder für das Verhandlungsverfahren eine bestimmte Rechtsform annehmen; von der den Zuschlag erhaltenden Gemeinschaft kann dies jedoch verlangt werden, sofern es für die ordnungsgemäße Durchführung des Auftrags notwendig ist.

6. Bei der Auswahl der Teilnehmer an einem Nichtoffenen Verfahren oder Verhandlungsverfahren sowie bei der Entscheidung über die Qualifikation sowie bei der Überarbeitung der Prüfungskriterien und -regeln dürfen die Auftraggeber nicht

– bestimmten Unternehmern administrative, technische oder finanzielle Verpflichtungen auferlegen, die sie anderen Unternehmern nicht auferlegt hätten,

– Prüfungen und Nachweise verlangen, die sich mit bereits vorliegenden objektiven Nachweisen überschneiden.

7. Ein Bieter kann sich, gegebenenfalls auch als Mitglied einer Bietergemeinschaft, bei der Erfüllung eines Auftrags der Fähigkeiten anderer Unternehmen bedienen, ungeachtet des rechtlichen Charakters der zwischen ihm und diesem Unternehmen bestehenden Verbindung. Er muss in diesem Fall dem Auftraggeber gegenüber nachweisen, dass ihm die erforderlichen Mittel zur Verfügung stehen, indem er beispielsweise eine entsprechende Verpflichtungserklärung dieser Unternehmen vorlegt.

8. (1) Auftraggeber können zusätzlich Angaben über Umweltmanagementverfahren verlangen, die der Bewerber oder Bieter bei der Ausführung des Auftrags gegebenenfalls anwenden will. In diesen Fällen kann der Auftraggeber zum Nachweis dafür, dass der Bewerber oder Bieter bestimmte Normen für das Umweltmanagement erfüllt, die Vorlage von Bescheinigungen unabhängiger Stellen verlangen. In diesen Fällen nehmen sie auf das Gemeinschaftssystem für das Umweltmanagement und die Umweltbetriebsprüfung (EMAS) oder auf Normen für das Umweltmanagement Bezug, die auf den einschlägigen europäischen oder internationalen Normen beruhen und von entsprechenden Stellen zertifiziert sind, die dem Gemeinschaftsrecht oder einschlägigen europäischen oder internationalen Zertifizierungsnormen entsprechen. Gleichwertige Bescheinigungen von Stellen in anderen Mitgliedstaaten sind anzuerkennen. Die Auftraggeber erkennen auch andere Nachweise für gleichwertige Umweltmanagement-Maßnahmen an, die von Bewerbern oder Bietern vorgelegt werden.

(2) Auftraggeber können zum Nachweis dafür, dass der Bewerber oder Bieter bestimmte Qualitätssicherungsnormen erfüllt, die Vorlage von Bescheinigungen unabhängiger Stellen verlangen. In diesen Fällen nehmen sie auf Qualitätssicherungsverfahren Bezug, die den einschlägigen europäischen Normen genügen und von entsprechenden Stellen zertifiziert sind, die den europäischen Zertifizierungsnormen entsprechen. Gleichwertige Bescheinigungen von Stellen aus anderen Mitgliedstaaten sind anzuerkennen. Die Auftraggeber erkennen auch andere gleichwertige Nachweise für Qualitätssicherungsmaßnahmen an.

Teil 3   VOB/A § 8b   Vergabe- und Vertragsordnung für Bauleistungen Teil A

9. (1) **Auftraggeber können ein System zur Prüfung von Unternehmern (Präqualifikationsverfahren) einrichten und anwenden.** Sie sorgen dann dafür, dass sich Unternehmen jederzeit einer Prüfung unterziehen können.

(2) **Das System kann mehrere Qualifikationsstufen umfassen.** Es wird auf der Grundlage der vom Auftraggeber aufgestellten objektiven Regeln und Kriterien gehandhabt. Der Auftraggeber nimmt dabei auf geeignete europäische Normen über die Qualifizierung von Unternehmern Bezug. Diese Kriterien und Regeln können erforderlichenfalls auf den neuesten Stand gebracht werden.

(3) **Auf Verlangen** werden diese Qualifizierungsregeln und -kriterien sowie deren Fortschreibung interessierten Unternehmern übermittelt. Bezieht sich der Auftraggeber auf das Qualifizierungssystem einer anderen Einrichtung, so teilt er deren Namen mit.

(4) **Enthalten die Qualifizierungsregeln Anforderungen** an die wirtschaftlichen und finanziellen sowie technischen und/oder beruflichen Fähigkeiten des Unternehmens, kann sich dieses gegebenenfalls auf die Fähigkeit anderer Unternehmen stützen, unabhängig von dem Rechtsverhältnis, in dem es zu diesen Unternehmen steht. In diesem Fall muss es dem Auftraggeber nachweisen, dass es während der gesamten Gültigkeit des Prüfsystems über diese Ressourcen verfügt, beispielsweise durch eine entsprechende Verpflichtungserklärung dieser Unternehmen.

10. Die Auftraggeber unterrichten die Antragsteller innerhalb von 6 Monaten über die Entscheidung zu deren Qualifikation. Kann diese Entscheidung nicht innerhalb von 4 Monaten nach Eingang des Prüfungsantrags getroffen werden, hat der Auftraggeber dem Antragsteller spätestens zwei Monate nach Eingang des Antrags die Gründe für eine längere Bearbeitungszeit mitzuteilen und anzugeben, wann über die Annahme oder die Ablehnung seines Antrags entschieden wird.

11. Negative Entscheidungen über die Qualifikation werden unverzüglich, spätestens jedoch innerhalb von 15 Kalendertagen nach der Entscheidung den Antragstellern unter Angabe der Gründe mitgeteilt. Die Gründe müssen sich auf die in Nummer 9 erwähnten Prüfungskriterien beziehen.

12. Die als qualifiziert anerkannten Unternehmer sind in ein Verzeichnis aufzunehmen. Dabei ist eine Untergliederung nach Fachgebieten möglich.

13. Die Auftraggeber können einem Unternehmer die Qualifikation nur aus Gründen aberkennen, die auf den in Nummer 9 erwähnten Kriterien beruhen. Die beabsichtigte Aberkennung muss dem betroffenen Unternehmer mindestens 15 Kalendertage vor dem für die Aberkennung vorgesehenen Termin schriftlich unter Angabe der Gründe mitgeteilt werden.

80.1 Vergleichbare Regelungen

4027   Der **Vorschrift des § 8b VOB/A vergleichbar** sind im Bereich des GWB **§ 97 Abs. 4 GWB,** im Bereich der VOB **§§ 8, 8a VOB/A,** im Bereich der VOF **§§ 4, 10, 11, 12, 13 VOF** und im Bereich der VOL **§§ 7, 7a, 7b VOL/A.** Die Kommentierungen zu diesen Vorschriften können daher ergänzend zu der Kommentierung des § 8b herangezogen werden.

80.2 Änderungen in der VOB/A 2006

4028   In § 8b ist **neu die Nr. 1 aufgenommen,** wonach der Auftraggeber Unternehmen von der Teilnahme an einem Vergabeverfahren **wegen Unzuverlässigkeit auszuschließen** sind, wenn der Auftraggeber Kenntnis davon hat, dass eine Person, deren Verhalten dem Unternehmen zuzurechnen ist, rechtskräftig wegen Verstoßes gegen bestimmte Vorschriften verurteilt worden ist.

4029   In § 8b ist **neu die Nr. 5 aufgenommen,** wonach der Auftraggeber von Bietergemeinschaften die Annahme einer bestimmten Rechtsform nur für den Fall der Auftragserteilung verlangen kann und sofern dies für die ordnungsgemäße Durchführung des Auftrages notwendig ist.

4030   In § 8b ist **neu die Nr. 7 aufgenommen,** wonach dann, wenn ein Bieter oder Bewerber vor Einleitung des Vergabeverfahrens den Auftraggeber beraten oder sonst unterstützt hat, der

Vergabe- und Vertragsordnung für Bauleistungen Teil A   VOB/A § 8b   **Teil 3**

Auftraggeber sicherzustellen hat, dass der Wettbewerb durch die Teilnahme des Bieters oder Bewerbers nicht verfälscht wird.

In § 8b ist **neu die Nr. 8 aufgenommen,** wonach Auftraggeber zusätzlich Angaben über Umweltmanagementverfahren bzw. Qualitätssicherungsnormen verlangen können.   4031

80.3 Allgemeines

Soweit § 8b keine von § 8 abweichenden Regelungen trifft, gilt § 8 auch bei Verfahren ab den Schwellenwerten.   4032

80.4 Zwingende Ausschlussgründe (§ 8b Nr. 1)

Vgl. dazu die Kommentierung zu § 8a RZ 4010.   4033

80.5 Auswahl der Bewerber (§ 8b Nr. 2)

80.5.1 Allgemeines

Die **Prüfung nach § 8b VOB/A erfolgt in zwei Schritten.** Zunächst werden die geeigneten Bewerber von den ungeeigneten Bewerbern geschieden. In der zweiten Stufe wählt der Auftraggeber unter den verbliebenen, geeigneten Bewerbern diejenigen aus, die er dann zur Angebotsabgabe auffordert. Für die Auswahl der Bieter im Nichtoffenen Verfahren sehen weder das Gesetz noch die Vergabebedingungen, hier der dritte Abschnitt der VOB/A, entsprechende Auswahlkriterien vor. Die Bewerber haben keinen subjektiven Anspruch auf Beteiligung an dem Teilnahmewettbewerb folgenden Nichtoffenen Verfahren. Selbst bei nachgewiesener grundsätzlicher Eignung kann ein Bewerber keinen Anspruch zur Angebotsabgabe herleiten. Die Vorschriften des § 8 bzw. § 8b VOB/A verpflichten einen Auftraggeber nämlich nicht, allen Bewerbern, die die verlangten Nachweise bezüglich ihrer Eignung vollständig beigebracht haben, zur Abgabe eines Angebotes aufzufordern. Die Vorschrift lässt dem Auftraggeber im Gegenteil einen gewissen Beurteilungsspielraum bei seiner Auswahlentscheidung. Er hat dabei aber alles zu unterlassen, was zu einer Benachteiligung bzw. Diskriminierung bestimmter Bewerber führen könnte (VK Südbayern, B. v. 28. 5. 2001 – Az.: 09-04/01).   4034

Vgl. im Einzelnen die Kommentierung zu § 101 GWB RZ 1369.   4035

80.5.2 Anforderung der Bedingungen durch die Bewerber (§ 8b Nr. 2 Abs. 1)

Gemäß § 8b Nr. 1 Abs. 1 VOB/A haben sich die Auftraggeber bei der Auswahl der Bewerber für die Teilnahme an einem Nichtoffenen Verfahren nach objektiven Regeln und Kriterien zu richten. Diese Regeln legen sie schriftlich fest und stellen sie interessierten Unternehmern zur Verfügung. Dies **setzt jedoch voraus, dass ein Unternehmen an den Auftraggeber mit der Bitte herantritt, diese schriftlich festgelegten Kriterien zu erhalten** (VK Südbayern, B. v. 28. 5. 2001 – Az.: 09-04/01).   4036

80.5.3 Leistungsfähigkeit, Fachkunde und Zuverlässigkeit (§ 8b Nr. 2 Abs. 2)

Zu den Begriffen Leistungsfähigkeit, Fachkunde und Zuverlässigkeit vgl. die Kommentierung zu § 97 GWB RZ 392.   4037

80.5.4 Nachweis der Eignung gemäß § 8 Nr. 3 (§ 8b Nr. 2 Abs. 2 Satz 2)

Zum Nachweis von Fachkunde, Leistungsfähigkeit und Zuverlässigkeit können Angaben nach § 8 Nr. 3 VOB/A verlangt werden. Vgl. hierzu die Kommentierung zu § 8 VOB/A RZ 3858.   4038

80.6 Ausschließungsgründe nach § 8 Nr. 5 Abs. 1 (§ 8b Nr. 3)

Zu den Ausschließungsgründen nach § 8 Nr. 5 Abs. 1 VOB/A vgl. die Kommentierung zu § 8 VOB/A RZ 3926.   4039

80.7 Rechtsform der Bietergemeinschaften (§ 8b Nr. 5)

4040 Vgl. zunächst die Kommentierung zu § 8 VOB/A RZ 3826.

4041 Von **Bietergemeinschaften kann nicht verlangt werden, dass sie zwecks Einreichung des Angebots eine bestimmte Rechtsform annehmen;** dies kann jedoch verlangt werden, wenn ihnen der Auftrag erteilt worden ist. Diese Regelung ist Ausdruck eines gerechten Ausgleichs zwischen den Interessen von Bietergemeinschaften und den Belangen der öffentlichen Auftraggeber. Ersteren würde es die Teilnahme am Wettbewerb über Gebühr erschweren, müssten sie stets schon für die Abgabe von Angeboten eine andere Rechtsform annehmen, als die, in der sie typischerweise auftreten, also als GbR, ggf. OHG. Letzteren kann es nicht verwehrt sein, auf die Annahme einer bestimmten Rechtsform zu bestehen, sofern dies für die ordnungsgemäße Durchführung des Auftrags notwendig ist (KG Berlin, B. v. 13. 8. 002 – Az.: KartVerg 8/02).

4042 Der Auftraggeber kann also verlangen, dass die Bieter die rechtlichen Voraussetzungen dafür erbringen müssen, um in der Rechtsform des beliehenen Unternehmens (z. B. gemäß § 44 Abs. 3 LHO für das Land Berlin) tätig werden zu können, also **für den Fall der Auftragserteilung die Rechtsform einer juristischen Person annehmen** (KG Berlin, B. v. 13. 8. 002 – Az.: KartVerg 8/02).

80.8 Berücksichtigung der Kapazitäten Dritter (§ 8b Nr. 7)

4043 Vgl. insoweit die Kommentierung zu § 8 VOB/A RZ 4022.

80.9 Umweltmanagementverfahren und Qualitätssicherung (§ 8b Nr. 8)

4044 Vgl. insoweit die Kommentierung zu § 8 VOB/A RZ 4023.

80.10 Präqualifikationsverfahren (§ 8b Nr. 9–13)

80.10.1 Begriffsvarianten der Präqualifikation

4045 In der vergaberechtlichen Literatur und Rechtsprechung wird „**Präqualifikation**" teilweise verstanden als Erfüllung der Voraussetzungen eines Teilnahmewettbewerbs vor einem Nichtoffenen Verfahren bzw. Verhandlungsverfahren. Dieses **Begriffsverständnis hat nichts mit der Präqualifikation im Sinne von § 8b Nr. 5ff. VOB/A bzw. § 7b Nr. 5ff. VOL/A zu tun.**

4046 Die Präqualifikation des § 8b Nr. 9–13 hat auch **nichts mit dem neu in die Basis- und a-Paragraphen aufgenommenen Präqualifizierungssystem des § 8 Nr. 3 Abs. 1 zu tun.**

80.10.2 Qualifizierungsregeln und -kriterien (§ 8b Nr. 9 Abs. 3)

4047 Als objektive Regel oder Kriterium im Sinne des § 8b Nr. 9 kommt **nur ein vorher festgeschriebenes Prüfsystem, gegebenenfalls unter Hinziehung einer neutralen Prüfinstitution**, in Betracht, das vom öffentlichen Auftraggeber bekannt gegeben wurde und deren objektive Prüfergebnisse einer Entscheidung zu Grunde gelegt werden können (VK Detmold, B. v. 4. 5. 2001 – Az.: VK.21-11/01).

80.10.3 Entzug der Präqualifikation (§ 8b Nr. 13)

80.10.3.1 Entzug der Präqualifikation als Gegenstand eines Nachprüfungsverfahrens

4048 Der **Entzug der Präqualifikation** (§§ 8b Nr. 9ff. VOB/A) kann auch über das konkrete Vergabeverfahren hinaus und damit **isoliert Gegenstand einer Nachprüfung sein** (VK Detmold, B. v. 4. 5. 2001 – Az.: VK.21-11/01).

4049 Vgl. hierzu näher die Kommentierung zu § 114 GWB RZ 2253.

80.10.3.2 Vorherige schriftliche Mitteilung

4050 Gemäß § 8b Nr. 13 muss die beabsichtigte Aberkennung dem betroffenen Unternehmen **im Voraus schriftlich unter Angabe der Gründe mitgeteilt** werden. **Sinn und Zweck** dieser

Regelung ist es, dem **Betroffenen noch vor einem Entzug ausreichend und umfassend Gelegenheit** zu geben, mit sachlichen Gründen das **auszuräumen**, was ihm der Auftraggeber vorhält (VK Detmold, B. v. 4. 5. 2001 – Az.: VK.21-11/01).

81. § 9 VOB/A – Beschreibung der Leistung

Allgemeines

1. Die Leistung ist eindeutig und so erschöpfend zu beschreiben, dass alle Bewerber die Beschreibung im gleichen Sinne verstehen müssen und ihre Preise sicher und ohne umfangreiche Vorarbeiten berechnen können. Bedarfspositionen (Eventualpositionen) dürfen nur ausnahmsweise in die Leistungsbeschreibung aufgenommen werden. Angehängte Stundenlohnarbeiten dürfen nur in dem unbedingt erforderlichen Umfang in die Leistungsbeschreibung aufgenommen werden.

2. Dem Auftragnehmer darf kein ungewöhnliches Wagnis aufgebürdet werden für Umstände und Ereignisse, auf die er keinen Einfluss hat und deren Einwirkung auf die Preise und Fristen er nicht im Voraus schätzen kann.

3. (1) Um eine einwandfreie Preisermittlung zu ermöglichen, sind alle sie beeinflussenden Umstände festzustellen und in den Verdingungsunterlagen anzugeben.

   (2) Erforderlichenfalls sind auch der Zweck und die vorgesehene Beanspruchung der fertigen Leistung anzugeben.

   (3) Die für die Ausführung der Leistung wesentlichen Verhältnisse der Baustelle, z. B. Boden- und Wasserverhältnisse, sind so zu beschreiben, dass der Bewerber ihre Auswirkungen auf die bauliche Anlage und die Bauausführung hinreichend beurteilen kann.

   (4) Die „Hinweise für das Aufstellen der Leistungsbeschreibung" in Abschnitt 0 der Allgemeinen Technischen Vertragsbedingungen für Bauleistungen, DIN 18299 ff., sind zu beachten.

4. Bei der Beschreibung der Leistung sind die verkehrsüblichen Bezeichnungen zu beachten.

Technische Spezifikationen

5. Die technischen Anforderungen (Spezifikationen – siehe Anhang TS Nr. 1) an den Auftragsgegenstand müssen allen Bietern gleichermaßen zugänglich sein und dürfen den Wettbewerb nicht in unzulässiger Weise behindern.

6. Die technischen Spezifikationen sind in den Verdingungsunterlagen zu formulieren:

   (1) entweder unter Bezugnahme auf die in Anhang TS definierten technischen Spezifikationen in der Rangfolge

   a) nationale Normen, mit denen europäische Normen umgesetzt werden,

   b) europäische technische Zulassungen,

   c) gemeinsame technische Spezifikationen,

   d) internationale Normen und andere technische Bezugsysteme, die von den europäischen Normungsgremien erarbeitet wurden oder,

   e) falls solche Normen und Spezifikationen fehlen, nationale Normen, nationale technische Zulassungen oder nationale technische Spezifikationen für die Planung, Berechnung und Ausführung von Bauwerken und den Einsatz von Produkten.

   Jede Bezugnahme ist mit dem Zusatz „oder gleichwertig" zu versehen;

   (2) oder in Form von Leistungs- oder Funktionsanforderungen, die so genau zu fassen sind, dass sie den Unternehmen ein klares Bild vom Auftragsgegenstand vermitteln und dem Auftraggeber die Erteilung des Zuschlags ermöglichen;

(3) oder in Kombination von Absatz 1 und Absatz 2, d. h.

a) in Form von Leistungs- oder Funktionsanforderungen unter Bezugnahme auf die Spezifikationen gemäß Absatz 1 als Mittel zur Vermutung der Konformität mit diesen Leistungs- oder Funktionsanforderungen;

b) oder mit Bezugnahme auf die Spezifikationen gemäß Absatz 1 hinsichtlich bestimmter Merkmale und mit Bezugnahme auf die Leistungs- oder Funktionsanforderungen gemäß Nummer 2 hinsichtlich anderer Merkmale.

7. Verweist der Auftraggeber in der Leistungsbeschreibung auf die in Nummer 6 Abs. 1 Buchstabe a genannten Spezifikationen, so darf er ein Angebot nicht mit der Begründung ablehnen, die angebotene Leistung entspräche nicht den herangezogenen Spezifikationen, sofern der Bieter in seinem Angebot dem Auftraggeber nachweist, dass die von ihm vorgeschlagenen Lösungen den Anforderungen der technischen Spezifikation, auf die Bezug genommen wurde, gleichermaßen entsprechen. Als geeignetes Mittel kann eine technische Beschreibung des Herstellers oder ein Prüfbericht einer anerkannten Stelle gelten.

8. Legt der Auftraggeber die technischen Spezifikationen in Form von Leistungs- oder Funktionsanforderungen fest, so darf er ein Angebot, das einer nationalen Norm entspricht, mit der eine europäische Norm umgesetzt wird, oder einer europäischen technischen Zulassung, einer gemeinsamen technischen Spezifikation, einer internationalen Norm oder einem technischen Bezugssystem, das von den europäischen Normungsgremien erarbeitet wurde, entspricht, nicht zurückweisen, wenn diese Spezifikationen die geforderten Leistungs- oder Funktionsanforderungen betreffen. Der Bieter muss in seinem Angebot mit geeigneten Mitteln dem Auftraggeber nachweisen, dass die der Norm entsprechende jeweilige Leistung den Leistungs- oder Funktionsanforderungen des Auftraggebers entspricht. Als geeignetes Mittel kann eine technische Beschreibung des Herstellers oder ein Prüfbericht einer anerkannten Stelle gelten.

9. Schreibt der Auftraggeber Umwelteigenschaften in Form von Leistungs- oder Funktionsanforderungen vor, so kann er die Spezifikationen verwenden, die in europäischen, multinationalen oder anderen Umweltgütezeichen definiert sind, wenn

a) sie sich zur Definition der Merkmale des Auftragsgegenstands eignen,

b) die Anforderungen des Umweltgütezeichens auf Grundlage von wissenschaftlich abgesicherten Informationen ausgearbeitet werden,

c) die Umweltgütezeichen im Rahmen eines Verfahrens erlassen werden, an dem interessierte Kreise – wie z. B. staatliche Stellen, Verbraucher, Hersteller, Händler und Umweltorganisationen – teilnehmen können, und

d) wenn das Umweltgütezeichen für alle Betroffenen zugänglich und verfügbar ist.

Der Auftraggeber kann in den Vergabeunterlagen angeben, dass bei Leistungen, die mit einem Umweltgütezeichen ausgestattet sind, vermutet wird, dass sie den in der Leistungsbeschreibung festgelegten technischen Spezifikationen genügen. Der Auftraggeber muss jedoch auch jedes andere geeignete Beweismittel, wie technische Unterlagen des Herstellers oder Prüfberichte anerkannter Stellen, akzeptieren. Anerkannte Stellen sind die Prüf- und Eichlaboratorien sowie die Inspektions- und Zertifizierungsstellen, die mit den anwendbaren europäischen Normen übereinstimmen. Der Auftraggeber erkennt Bescheinigungen von in anderen Mitgliedstaaten ansässigen anerkannten Stellen an.

10. Soweit es nicht durch den Auftragsgegenstand gerechtfertigt ist, darf in technischen Spezifikationen nicht auf eine bestimmte Produktion oder Herkunft oder ein besonderes Verfahren oder auf Marken, Patente, Typen eines bestimmten Ursprungs oder einer bestimmten Produktion verwiesen werden, wenn dadurch bestimmte Unternehmen oder bestimmte Produkte begünstigt oder ausgeschlossen werden. Solche Verweise sind jedoch ausnahmsweise zulässig, wenn der Auftragsgegenstand nicht hinreichend genau und allgemein verständlich beschrieben werden kann; solche Verweise sind mit dem Zusatz „oder gleichwertig" zu versehen.

Vergabe- und Vertragsordnung für Bauleistungen Teil A   VOB/A § 9 **Teil 3**

Leistungsbeschreibung mit Leistungsverzeichnis

11. Die Leistung soll in der Regel durch eine allgemeine Darstellung der Bauaufgabe (Baubeschreibung) und ein in Teilleistungen gegliedertes Leistungsverzeichnis beschrieben werden.
12. Erforderlichenfalls ist die Leistung auch zeichnerisch oder durch Probestücke darzustellen oder anders zu erklären, z. B. durch Hinweise auf ähnliche Leistungen, durch Mengen- oder statische Berechnungen. Zeichnungen und Proben, die für die Ausführung maßgebend sein sollen, sind eindeutig zu bezeichnen.
13. Leistungen, die nach den Vertragsbedingungen, den Technischen Vertragsbedingungen oder der gewerblichen Verkehrssitte zu der geforderten Leistung gehören (§ 2 Nr. 1 VOB/B), brauchen nicht besonders aufgeführt zu werden.
14. Im Leistungsverzeichnis ist die Leistung derart aufzugliedern, dass unter einer Ordnungszahl (Position) nur solche Leistungen aufgenommen werden, die nach ihrer technischen Beschaffenheit und für die Preisbildung als in sich gleichartig anzusehen sind. Ungleichartige Leistungen sollen unter einer Ordnungszahl (Sammelposition) nur zusammengefasst werden, wenn eine Teilleistung gegenüber einer anderen für die Bildung eines Durchschnittspreises ohne nennenswerten Einfluss ist.

Leistungsbeschreibung mit Leistungsprogramm

15. Wenn es nach Abwägen aller Umstände zweckmäßig ist, abweichend von Nummer 11 zusammen mit der Bauausführung auch den Entwurf für die Leistung dem Wettbewerb zu unterstellen, um die technisch, wirtschaftlich und gestalterisch beste sowie funktionsgerechte Lösung der Bauaufgabe zu ermitteln, kann die Leistung durch ein Leistungsprogramm dargestellt werden.
16. (1) Das Leistungsprogramm umfasst eine Beschreibung der Bauaufgabe, aus der die Bewerber alle für die Entwurfsbearbeitung und ihr Angebot maßgebenden Bedingungen und Umstände erkennen können und in der sowohl der Zweck der fertigen Leistung als auch die an sie gestellten technischen, wirtschaftlichen, gestalterischen und funktionsbedingten Anforderungen angegeben sind, sowie gegebenenfalls ein Musterleistungsverzeichnis, in dem die Mengenangaben ganz oder teilweise offen gelassen sind.
    (2) Die Nummern 12 bis 14 gelten sinngemäß.
17. Von dem Bieter ist ein Angebot zu verlangen, das außer der Ausführung der Leistung den Entwurf nebst eingehender Erläuterung und eine Darstellung der Bauausführung sowie eine eingehende und zweckmäßig gegliederte Beschreibung der Leistung – gegebenenfalls mit Mengen- und Preisangaben für Teile der Leistung – umfasst. Bei Beschreibung der Leistung mit Mengen- und Preisangaben ist vom Bieter zu verlangen, dass er
    a) die Vollständigkeit seiner Angaben, insbesondere die von ihm selbst ermittelten Mengen, entweder ohne Einschränkung oder im Rahmen einer in den Verdingungsunterlagen anzugebenden Mengentoleranz vertritt und, dass er
    b) etwaige Annahmen, zu denen er in besonderen Fällen gezwungen ist, weil zum Zeitpunkt der Angebotsabgabe einzelne Teilleistungen nach Art und Menge noch nicht bestimmt werden können (z. B. Aushub-, Abbruch- oder Wasserhaltungsarbeiten) – erforderlichenfalls anhand von Plänen und Mengenermittlungen – begründet.

81.1 Vergleichbare Regelungen

Der **Vorschrift des § 9 VOB/A vergleichbar** sind im Bereich der VOB **§ 9b VOB/A**, 4051 im Bereich der VOF **§ 8 VOF** und im Bereich der VOL **§§ 8, 8a, 8b VOL/A**. Die Kommentierungen zu diesen Vorschriften können daher ergänzend zu der Kommentierung des § 9 herangezogen werden.

81.2 Änderungen in der VOB/A 2006

In § 9 sind in den Nummern 5–10 **Regelungen über technische Spezifikationen neu** 4052 **aufgenommen**.

Teil 3 VOB/A § 9   Vergabe- und Vertragsordnung für Bauleistungen Teil A

81.3 Bieterschützende Vorschrift

81.3.1 § 9 Nr. 1

4053   Die **Vorschrift zielt** darauf ab, den **Bietern eine klare Kalkulationsgrundlage zu liefern.** Zugleich – und damit korrespondierend – hat sie den **Zweck, die Vergleichbarkeit der Angebote zu sichern.** Dass die eindeutige und erschöpfende Leistungsbeschreibung auch zutreffend in dem Sinne sein muss, dass die Ausführung der beschriebenen Leistung aller Voraussicht nach zur Erreichung des seitens des Auftraggebers mit dem Auftrag verfolgten Zwecks führt, wird in § 9 VOB/A zwar zumindest nicht ausdrücklich gesagt, kann jedoch die Grundvoraussetzung dafür sein, dass die Beschreibung der Leistungen eine hinreichende Kalkulationsgrundlage bildet. Soweit Leistungen wegen ersichtlicher Unausführbarkeit nicht verlässlich kalkuliert werden können, stellen sie keine hinreichende Basis für einen Vergleich der Angebote dar. Eine **unzutreffende Leistungsbeschreibung kann insoweit Bieterrechte verletzen** (VK Baden-Württemberg, B. v. 26. 7. 2005 – Az.: 1 VK 39/05; 1. VK Bund, B. v. 6. 3. 2002 – Az.: VK 1-05/02; Saarländisches OLG, B. v. 23. 11. 2005 – Az.: 1 Verg 3/05; B. v. 29. 9. 2004 – Az.: 1 Verg 6/04 für den vergleichbaren § 8 Nr. 1 VOL/A; 2. VK Bund, B. v. 16. 2. 2004 – Az.: VK 2-22/04). Der **Wortlaut der Nr. 1 des § 9 VOB/A hat also eindeutig eine bieterschützende Tendenz.** Ist das Nachprüfungsverfahren im Falle europaweiter Publizität des Vergabeverfahrens eröffnet, so kann ein Bieter im Falle eines Verstoßes gegen § 9 Nr. 1 VOB/A die Wiederholung des Vergabeverfahrens erzwingen (VK Lüneburg, B. v. 29. 1. 2004 – Az.: 203-VgK-40/2003, B. v. 30. 10. 2003 – Az.: 203-VgK-21/2003).

81.3.2 § 9 Nr. 2, Nr. 3 Abs. 1, Nr. 4 Abs. 1, Nr. 10

4054   Die entsprechenden Vorschriften der VOB/A **dienen der Chancengleichheit der Bieter und dem Schutz vor einer unangemessenen Überbürdung von Risiken** durch den Auftraggeber (Saarländisches OLG, B. v. 29. 9. 2004 – Az.: 1 Verg 6/04; OLG Düsseldorf, B. v. 5. 12. 2001 – Az.: Verg 32/01).

4055   § 9 Nr. 10 VOB/A hat bieterschützende Funktion. Die **Aufrechterhaltung eines funktionierenden Wettbewerbes dient der Wahrung der Bieterrechte;** diese können sich auf die Verletzung des Gebots zur produktneutralen Ausschreibung berufen (BayObLG, B. v. 15. 9. 2004 – Az.: Verg 026/03; im Ergebnis ebenso VK Südbayern, B. v. 28. 4. 2005 – Az.: 13-03/05).

81.4 Grundsatz

81.4.1 Rechtsprechung

4056   Die in § 9 geregelten **Anforderungen an die Gestaltung der Leistungsbeschreibung sind sowohl für das Vergabeverfahren als auch für die spätere Vertragsdurchführung mit dem erfolgreichen Bieter von fundamentaler Bedeutung.** Die **Leistungsbeschreibung bildet dabei das Kernstück der Vergabeunterlagen** (VK Lüneburg, B. v. 12. 4. 2002 – Az.: 203-VgK-05/2002).

81.4.2 Richtlinie des VHB 2002 zu § 9

4057   Eine ordnungsgemäße, objektbezogene Leistungsbeschreibung ist Voraussetzung für die zuverlässige Bearbeitung der Angebote durch den Bieter, für die zutreffende Wertung der Angebote und die richtige Vergabeentscheidung sowie für die reibungslose und technisch einwandfreie Ausführung der Leistung und für die vertragsgemäße und regelgerechte Abrechnung. Die gedankliche Vorwegnahme der Herstellung des Werkes ist hierzu unerlässlich (Ziffer 1.1).

81.5 Festlegung der Bauaufgabe und damit Festlegung des Inhalts der Leistungsbeschreibung

81.5.1 Allgemeines

4058   Es ist **Sache des Auftraggebers,** zu entscheiden, **welche Bauaufgabe verwirklicht** werden soll. Der öffentliche Auftraggeber ist also grundsätzlich frei in der Definition dessen, was er beschaffen möchte (Thüringer OLG, B. v. 26. 6. 2006 – Az.: 9 Verg 2/06; OLG Düsseldorf, B. v. 14. 4. 2005 – Az.: VII – Verg 93/04; 2. VK Brandenburg, B. v. 15. 2. 2006 – Az.: 2 VK 82/05; B. v. 21. 9. 2005 – Az.: 2 VK 54/05; VK Münster, B. v. 20. 4. 2005 – Az.: VK 6/05). Das Risiko, dass der von ihm bestimmte Leistungsgegenstand sich als nicht geeignet zur Erreichung der mit ihm verfolgten Zwecke erweist, trägt der Auftraggeber (1. VK Bund, B. v. 6. 3. 2002 – Az.: VK 1-05/02; im Ergebnis ebenso VK Lüneburg, B. v. 18. 6. 2004 – Az.: 203-VgK-29/2004, B. v. 18. 12. 2003 – Az.: 203-VgK-35/2003).

Schon in Ermangelung entsprechender vergaberechtlicher Vorschriften, deren Einhaltung überprüft werden könnte, ist es auch **nicht Aufgabe vergaberechtlicher Nachprüfungsinstanzen und liegt auch nicht in deren Kompetenz, zu überprüfen, ob dieser Bedarf in sinnvoller Weise definiert wurde oder ob andere als die nachgefragten Varianten vorteilhafter bzw. wirtschaftlicher wären** (OLG Düsseldorf, B. v. 6. 7. 2005 – Az.: VII – Verg 26/05; B. v. 14. 4. 2005 – Az.: VII – Verg 93/04; VK Münster, B. v. 20. 4. 2005 – Az.: VK 6/05). Anders als z.B. bei der Frage, in welcher Weise die Leistung auszuschreiben ist oder welcher Bieter im Einklang mit dem Vergaberecht den Zuschlag erhalten darf, ist der Auftraggeber bei der Formulierung des Bedarfs grundsätzlich autonom. Der **öffentliche Auftraggeber muss als späterer Nutzer der nachgefragten Leistung schließlich am besten wissen, was er braucht** (VK Baden-Württemberg, B. v. 17. 3. 2004 – Az.: 1 VK 12/04; 1. VK Bund, B. v. 8. 1. 2004 – Az.: VK 1-117/03). 4059

Dies gilt selbst dann, wenn eine vom Bieter angebotene Technologie zwar nicht den sich aus dem Leistungsverzeichnis konkludent ergebenden, objektiven gesetzlichen Konsequenzen, wohl aber den im Leistungsverzeichnis niedergelegten Anforderungen entspricht. Beschließt also beispielsweise eine Vergabestelle, ein Auto zu beschaffen, ohne im Leistungsverzeichnis eine TÜV-Zulassung zu verlangen, so braucht auch nur ein Auto ohne TÜV-Zulassung angeboten zu werden, auch wenn die Vergabestelle erkennbar vorhat, später damit am öffentlichen Straßenverkehr teilzunehmen. Ob und wie sich die Vergabestelle diese TÜV-Zulassung später besorgt, ist nicht Sache des Bieters (VK Baden-Württemberg, B. v. 17. 3. 2004 – Az.: 1 VK 12/04). 4060

Das Vergaberecht regelt grundsätzlich nicht das „Ob" oder „Was" einer Beschaffung, sondern lediglich das „Wie". Sofern an die Beschaffenheit der Leistung keine ungewöhnlichen Anforderungen gestellt werden, ist es deshalb **vergaberechtlich auch nicht zu beanstanden, wenn der Auftraggeber mit der bisherigen Bedarfsdeckung zufrieden ist und daher den nunmehr zu vergebenden neuen öffentlichen Auftrag unter Verwendung ähnlicher oder gleicher Bedingungen dem Wettbewerb unterstellt** (VK Lüneburg, B. v. 7. 9. 2005 – Az.: VgK-38/2005). 4061

Die Vergabestelle ist auch **nicht verpflichtet,** ihren **Bedarf so auszurichten, dass möglichst alle auf dem Markt agierenden Teilnehmer leistungs- und angebotsfähig sind** (VK Münster, B. v. 20. 4. 2005 – Az.: VK 6/05). 4062

81.5.2 Begrenzung durch die Grundsätze des Wettbewerbs, der Transparenz und der Gleichbehandlung

Die Definitionsmacht des öffentlichen Auftraggebers hinsichtlich des Beschaffungsgegenstandes wird allerdings **begrenzt durch die Verpflichtung, den vergaberechtlichen Grundsätzen des Wettbewerbs, der Transparenz und der Gleichbehandlung Rechnung zu tragen.** Eine willkürliche Diskriminierung von Bietern im Wege der Leistungsbeschreibung ist daher unzulässig, und eine Leistungsbeschreibung darf nicht in solchem Maße fehlerhaft sein, dass eine Vergleichbarkeit der auf ihr basierenden Angebote schlechterdings ausgeschlossen erscheint (1. VK Bund, B. v. 6. 3. 2002 – Az.: VK 1-05/02; VK Lüneburg, B. v. 18. 12. 2003 – Az.: 203-VgK-35/2003). 4063

Der öffentliche Auftraggeber und die Vergabenachprüfungsinstanzen müssen **auch auf die Abgrenzung achten, ob das einer Ausschreibung zugrunde gelegte Leistungsprofil der allein der Disposition der Vergabestelle überlassenen „Bauleistung" im Sinn von § 1 VOB/A zuzurechnen ist oder aber innerhalb dieses Rahmens als produkt- bzw. verfahrensspezifische Beschränkung zu gelten hat,** die den bieterschützenden Anforderungen des § 9 Nr. 5 VOB/A unterliegt. Maßgebend für diese Abgrenzung sind die – anhand der Einzelfallumstände zu ermittelnden – mit dem Beschaffungsprojekt verfolgten Ziele und Zwecke (Thüringer OLG, B. v. 26. 6. 2006 – Az.: 9 Verg 2/06). 4064

81.5.3 Festlegung des Sicherheitsniveaus einer Leistungsbeschreibung

4065 Es ist **Aufgabe der Vergabestelle bereits in der Vorphase eines Vergabeverfahrens, das Sicherheitsniveau festzulegen, nach dem die ausgeschriebenen Bauarbeiten auszuführen sind.** Diese Festlegung gilt in allererster Linie bereits für das der Ausschreibungskonzeption zugrunde zu legende Sicherheitskonzept.

4066 Hierbei **verbleibt der Vergabestelle** bei allen die Sicherheit der Baumaßnahmen z. B. im Kanalbau betreffenden Fragen auch nach Klärung der technischen Aspekte, die mit einzelnen Lösungsvorschlägen verbunden sind, **grundsätzlich ein Beurteilungsspielraum, den sie mit ihren Wertungen ausfüllen kann.** Die Vergabestelle kann sich ohne Verstoß gegen vergaberechtliche Vorschriften **unter mehreren möglichen Lösungen,** die alle technisch durchführbar und innerhalb einer bestimmten Bandbreite sicher sind, **entweder für die eher konservative,** dafür aber bewährte Lösung **oder für die eher fortschrittliche,** dafür aber aus Sicht der Vergabestelle mit gewissen Risiken behaftete **Lösung entscheiden** (2. VK Bund, B. v. 8. 10. 2003 – Az.: VK 2-78/03).

81.5.4 Bekanntgabe auch der später auszuschreibenden Lose?

4067 **Bei der getrennten Ausschreibung und Vergabe eines einzelnen Loses ist den Bietern nicht bekannt zu geben, dass der Gesamtbedarf ein weiteres, getrennt ausgeschriebenes und zu vergebendes Los umfasst.** Dies kann zwar kalkulationsrelevant sein, weil bei der Preisermittlung für das erste Angebot die reelle Chance auf die Erteilung des Zuschlags für den nachfolgenden Leistungszeitraum mit berücksichtigt werden kann. Im Ergebnis wird damit aber die Eröffnung einer Spekulationsmöglichkeit begehrt, denn es ist völlig unsicher, wer den Zuschlag für den Zweitauftrag erhält. Dies ist **vom Schutzzweck des Transparenzgebots jedoch nicht umfasst.** Die Eröffnung solcher Spekulationsmöglichkeiten steht der Vergleichbarkeit der Angebote der beteiligten Bieter und damit den Grundsätzen der Gleichbehandlung und Transparenz geradezu entgegen: Um eine möglichst weitgehende Vergleichbarkeit der abgegebenen Angebote zu erreichen, sind durch das Vergaberecht nicht nur Pflichten für den Auftraggeber, z. B. bei der Gestaltung der Leistungsbeschreibung, festgelegt. Vielmehr ist auch der Bieter gehalten, seine Preise seriös und auskömmlich zu kalkulieren (3. VK Bund, B. v. 29. 9. 2005 – Az.: VK 3-121/05).

81.5.5 Literatur

4068 – Erdl, Cornelia, Unklare Leistungsbeschreibung des öffentlichen Auftraggebers im Vergabe- und im Nachprüfungsverfahren, BauR 2004, 166

– Kenter, Carolin/Brügmann, Klaus, Dominierendes Bestimmungsrecht des Auftraggebers, BauR 2004, 395

– Kummermehr, Wolfgang, Angebotsbearbeitung und Kalkulation des Bieters bei unklarer Leistungsbeschreibung, BauR 2004, 161

– Markus, Jochen, Ansprüche des Auftragnehmers nach wirksamer Zuschlagserteilung bei „unklarer Leistungsbeschreibung" des Auftraggebers, BauR 2004, 180

– Noch, Rainer, nicht immer zwingend – Leistungsbeschreibung und subjektive Rechte, Behörden Spiegel, September 2005, 21

– Prieß, Hans-Joachim, Die Leistungsbeschreibung – Kernstück des Vergabeverfahrens (Teil 1), NZBau 2004, 20

– Prieß, Hans-Joachim, Die Leistungsbeschreibung – Kernstück des Vergabeverfahrens (Teil 2), NZBau 2004, 87

81.6 Notwendigkeit der Festlegung strategischer Ziele und Leistungsanforderungen in der Leistungsbeschreibung

4069 Ein **Auftraggeber, der im Vorfeld einer Ausschreibung,** noch unbeeinflusst von der Kenntnis möglicher Angebote der Bieter, **nicht zumindest eigene strategische Ziele und Leistungsanforderungen definiert,** ist im Rahmen einer späteren Wertung der Angebote regelmäßig auch nicht in der Lage, die für ihn wesentlichen Nutzen- und Kostenaspekte der einzelnen Angebote zu analysieren. Er setzt sich der Gefahr aus, seine Zuschlagentscheidung letztlich fremdbestimmt zu treffen. Hierin liegt eine **Verletzung des Wettbewerbsprinzips und auch des Diskriminierungsverbotes,** weil eine Gleichbehandlung aller Angebote auf dieser Grundlage nicht gewährleistet ist (OLG Naumburg, B. v. 16. 9. 2002 – Az.: 1 Verg 02/02).

81.7 Pflicht der Vergabestelle, bestehende Wettbewerbsvorteile und -nachteile potentieller Bieter durch die Gestaltung der Vergabeunterlagen „auszugleichen"?

81.7.1 Allgemeines

Es ist letztlich Sache der Unternehmen, auf welche technischen Verfahren sie sich am Markt spezialisieren. Dies **kann in Vergabeverfahren grundsätzlich nicht dazu führen, dass ihnen eine wirtschaftliche Ausnutzung eines möglicherweise bestehenden Marktvorteils zum Nachteil ausgelegt wird und ihre Teilnahmechancen am vergaberechtlichen Wettbewerb beschnitten werden.** Dies liefe dem Wettbewerbsprinzip des § 97 Abs. 1 GWB gerade zuwider (2. VK Bund, B. v. 8. 10. 2003 – Az.: VK 2-78/03). 4070

Auch ist ein **Informationsvorsprung nicht per se wettbewerbswidrig** (BayObLG, B. v. 5. 11. 2002 – Az.: Verg 22/02). Es ist eine **Tatsache,** die weder abänderbar noch zu beanstanden, sondern im Gegenteil **wünschenswert ist, dass die Bieter in einem Vergabeverfahren unterschiedliche Wettbewerbsvoraussetzungen mitbringen.** Es ist die praktische Umsetzung des auch dem Vergaberecht zugrunde liegenden allgemeinen Wettbewerbsgedankens, § 97 Abs. 1 GWB, dass diese vorhandenen Wettbewerbsvorteile bei der Angebotserstellung – und zwar auch im Rahmen von Nebenangeboten – nutzbar gemacht werden. Es wäre **lebensfremd** und würde dem Wettbewerbsprinzip zuwiderlaufen, die **Ausnutzung eines derartigen Wettbewerbsvorteils zu bestrafen,** indem der Vergabestelle verboten wird, ein darauf basierendes Angebot zu werten und gegebenenfalls den Zuschlag hierauf zu erteilen, solange die Vergabestelle nicht ihrerseits den Wettbewerbsvorteil in diskriminierender Weise verschafft hat (VK Hessen, B. v. 13. 10. 2005 – Az.: 69d VK – 69/2005; 1. VK Bund, B. v. 11. 6. 2002 – Az.: VK 1-25/02). 4071

Ebenso ist ein **Kostenvorteil durch mehrere Aufträge nicht zu beanstanden** (2. VK Bund, B. v. 18. 11. 2004 – Az.: VK 2-169/04). 4072

Vgl. hierzu auch die Kommentierung zu § 7 VOB/A RZ 3812. 4073

81.7.2 Beispiele aus der Rechtsprechung

– aus der **Möglichkeit sowohl neue als auch gebrauchte Abfallbehälter in die Angebote der Lose 1 und 2 aufzunehmen, ergibt sich kein unzulässiger Wettbewerbsvorteil.** Grundsätzlich bleibt es allen Bietern unbenommen, ganz oder teilweise neue oder gebrauche Behälter aus dem eigenen Unternehmen zur Verfügung zu stellen oder – neu oder gebraucht – zu erwerben. Möglicherweise entsteht hieraus ein Vorteil für diejenigen Bewerber, die bereits über einen ausreichenden Vorrat gebrauchter Behälter auch in den erforderlichen Farben und Erhaltungszuständen verfügen. Allerdings müssten auch diese Behälter zu einem früheren Zeitpunkt angeschafft und die Kosten hierfür aufgewendet haben (VK Hessen, B. v. 1. 6. 2005 – Az.: 69d VK – 33/200) 4074

– der Auftraggeber ist **nicht verpflichtet,** Leistungen, die er aufgrund eigener Erfahrungen in der Vergangenheit bedarfsgerecht ausgeschrieben und bewertet hat, **bei jeder Neuausschreibung abzuändern** nur um den bisherigen Anbietern keinen (vermeintlichen) Wettbewerbsvorteil zu eröffnen (3. VK Bund, B. v. 28. 1. 2005 – Az.: VK 3-221/04 – für den Bereich der VOL/A)

– **patentrechtlich gesicherte Bauverfahren** (2. VK Bund, B. v. 8. 10. 2003 – Az.: VK 2-78/03)

– ein **aufgrund besonderer Geschäftsbeziehungen erlangter Informationsvorsprung** der hier in Frage stehenden Art ist nicht per se wettbewerbswidrig. Besondere Umstände, die das Verhalten etwa als unlauter oder kartellrechtswidrig erscheinen lassen könnten, sind weder dem Sachvortrag der Beteiligten noch dem sonstigen Akteninhalt zu entnehmen (BayObLG, B. v. 5. 11. 2002 – Az.: Verg 22/02)

Teil 3 VOB/A § 9 Vergabe- und Vertragsordnung für Bauleistungen Teil A

- allein die Tatsache, dass **ein Bieter bereits durch frühere Forschungstätigkeit Erfahrungen gesammelt hat** und damit im Gegensatz zu anderen Bietern einen Wettbewerbsvorteil besitzt, bedeutet noch keinen Verstoß gegen das Gleichbehandlungsgebot. Denn bei derartigen Erfahrungen handelt es sich um Werte, die **aufgrund eigener wirtschaftlicher Leistung erworben wurden und damit auch in der Vergabeentscheidung positiv berücksichtigt werden können** (2. VK Bund, B. v. 26. 9. 2003 – Az.: VK 2-66/03)
- die **Möglichkeit, ein Pauschalangebot zu kalkulieren,** hatte lediglich der Bieter, der aufgrund der bei ihm vorhandenen Kenntnisse – **allgemeine Ortskenntnis infolge vorangegangener Aufträge, konkrete Kenntnisse bezüglich des Auftrags infolge Ortsbesichtigung** – über Informationen verfügte, die über die Leistungsbeschreibung hinausgingen. Ihm kam ein – zulässiger – Wissensvorsprung und damit ein Wettbewerbsvorteil im Verhältnis zu den Konkurrenten um den Auftrag zu (1. VK Bund, B. v. 11. 6. 2002 – Az.: VK 1-25/02)
- der **Eignungsgrad und die unternehmensspezifischen Kosten,** die mit einer Auftragsübernahme verbunden wären, differieren je nach personeller und materieller Ausstattung, Lage der Betriebsstätten, der Auslastung und unternehmensspezifischen Erfahrungen. Ein an den Auftraggeber gerichtetes Gebot, derartige Wettbewerbsvorteile bereits bei der Entscheidung über die Leistung, die beschafft werden soll, auszugleichen, gibt es grundsätzlich nicht. Vielmehr **kann ein Auftraggeber,** wenn es vernünftige Gründe dafür gibt, den **Leistungsinhalt so bestimmen, dass einzelne Bieter Wettbewerbsvorteile gegenüber anderen haben.** Der Auftraggeber darf sich dabei z. B. von Erwägungen der Wirtschaftlichkeit leiten lassen, selbstredend jedoch nicht von der Absicht der Bevorzugung eines bestimmten Unternehmens (VK Münster, B. v. 14. 11. 2002 – Az.: VK 16/02)

81.8 Auslegung der Leistungsbeschreibung

81.8.1 Objektiver Empfängerhorizont

4075 Beim **Vergabeverfahren nach der VOB/A ist maßgebend der objektive Empfängerhorizont,** also die **Sicht der potentiellen Bieter** (BGH, Urteil vom 23. 1. 2003 – Az.: VII ZR 10/01, Urteil vom 18. 4. 2002 – Az: VII ZR 38/01, Urteil vom 28. 2. 2002 – Az.: VII ZR 376/00; OLG Koblenz, Urteil v. 19. 5. 2006 – Az.: 8 U 69/05; Brandenburgisches OLG, B. v. 5. 1. 2006 – Az.: Verg W 12/05; OLG München, B. v. 11. 8. 2005 – Az.: Verg 012/05; OLG Saarbrücken, B. v. 13. 11. 2002 – Az.: 5 Verg 1/02; 3. VK Bund, B. v. 14. 7. 2006 – Az.: VK 3-63/06; VK Schleswig-Holstein, B. v. 12. 6. 2006 – Az.: VK-SH 12/06; B. v. 28. 4. 2006 – Az.: VK-SH 05/06; VK Südbayern, B. v. 13. 7. 2004 – Az.: 46-06/04; 1. VK Bund, B. v. 11. 11. 2003 – Az.: VK 1-103/03), **die mit der geforderten Leistung in technischer Hinsicht vertraut sind** (OLG München, B. v. 11. 8. 2005 – Az.: Verg 012/05; BayObLG, B. v. 17. 2. 2005 – Verg 027/04; OLG Düsseldorf, B. v. 8. 2. 2005 – Az.: VII – Verg 100/04; B. v. 15. 5. 2002 – Az.: Verg 4/01, B. v. 29. 12. 2001 – Az.: Verg 22/01; Brandenburgisches OLG, B. v. 14. 9. 2004 – Az.: Verg W 5/04; VK Schleswig-Holstein, B. v. 12. 6. 2006 – Az.: VK-SH 12/06; B. v. 28. 4. 2006 – Az.: VK-SH 05/06; VK Münster, B. v. 5. 4. 2006 – Az.: VK 5/06; ; B. v. 17. 11. 2005 – Az.: VK 21/05; VK Südbayern, B. v. 10. 5. 2005 – Az.: 14-03/05; 3. VK Bund, B. v. 1. 8. 2006 – Az.: VK 3-72/06; B. v. 14. 7. 2006 – Az.: VK 3-63/06; B. v. 22. 3. 2005 – Az.: VK 3-13/05). Das **mögliche Verständnis nur einzelner Empfänger kann nicht berücksichtigt** werden (OLG Koblenz, Urteil v. 19. 5. 2006 – Az.: 8 U 69/05; B. v. 26. 10. 2005 – Az.: 1 Verg 4/05; OLG Düsseldorf, B. v. 23. 3. 2005 – Az.: VII – Verg 02/05; VK Schleswig-Holstein, B. v. 28. 4. 2006 – Az.: VK-SH 05/06).

4076 Dabei ist zu berücksichtigen, dass der **jeweils für die Abgabe eines Angebots in Frage kommende Bieterkreis über ein erhebliches Fachwissen verfügen muss.** Das bedeutet, dass beispielsweise **selbstverständliche fachliche Zusammenhänge, die für jeden Bieter offensichtlich sind oder von ihm ohne weiteres erkannt werden können, nicht eigens dargestellt und erläutert zu werden brauchen.** Dies gilt umso mehr, weil es der Bieter in der Hand hat, vor Abgabe seines Angebots etwaige für ihn bestehende Unklarheiten zum Inhalt der Leistungsbeschreibung durch eine Anfrage bei der Vergabestelle aufzuklären (VK Schleswig-Holstein, B. v. 12. 6. 2006 – Az.: VK-SH 12/06; B. v. 28. 4. 2006 – Az.: VK-SH 05/06; B. v. 14. 9. 2005 – Az.: VK-SH 21/05; VK Münster, B. v. 17. 11. 2005 – Az.: VK 21/05;).

4077 Neben dem Wortlaut sind bei der Auslegung die **Umstände des Einzelfalls,** unter anderem die konkreten Verhältnisse des Bauwerks **zu berücksichtigen** (BGH, Urteil vom 18. 4. 2002 – Az: VII ZR 38/01; VK Schleswig-Holstein, B. v. 28. 4. 2006 – Az.: VK-SH 05/06; 1. VK

Bund, B. v. 11. 11. 2003 – Az.: VK 1-103/03). **Besonders bedeutsam** ist auch der **Wortlaut** (BGH, Urteil vom 9. 1. 1997 – Az.: VII ZR 259/95; OLG Koblenz, Urteil v. 19. 5. 2006 – Az.: 8 U 69/05; B. v. 26. 10. 2005 – Az.: 1 Verg 4/05; Brandenburgisches OLG, B. v. 14. 9. 2004 – Az.: Verg W 5/04; OLG Düsseldorf, Urteil vom 31. 1. 2001 – Az.: U (Kart) 9/00; OLG Braunschweig, Urteil vom 19. 7. 2001 – Az.: 8 U 134/00; VK Schleswig-Holstein, B. v. 28. 4. 2006 – Az.: VK-SH 05/06; VK Südbayern, B. v. 13. 7. 2004 – Az.: 46-06/04).

Bei der **Frage, wie ein Leistungsverzeichnis zu verstehen ist,** darf der **Bieter nicht einfach von der für ihn günstigsten Auslegungsmöglichkeit ausgehen** und unterstellen, nur diese könnte gemeint sein. Er muss sich stattdessen **ernsthaft fragen, was die Vergabestelle aus ihrer Interessenlage heraus wirklich gewollt** hat. Wenn ihm bei dieser Überlegung Zweifel kommen müssen, ob seine Auslegung tatsächlich dem Willen der Vergabestelle entspricht, ist es ihm zumutbar, diese **Zweifel durch eine Anfrage bei der Vergabestelle aufzuklären** (VK Schleswig-Holstein, B. v. 12. 6. 2006 – Az.: VK-SH 12/06; B. v. 28. 4. 2006 – Az.: VK-SH 05/06; 2. VK Bund, B. v. 22. 1. 2003 – Az.: VK 2-94/02). 4078

Intensive Auslegungsbemühungen, wie sie im Streitfall einem Gericht obliegen, sind von einem **Bieter regelmäßig nicht zu erwarten** (OLG Koblenz, B. v. 26. 10. 2005 – Az.: 1 Verg 4/05). 4079

81.8.2 VOB-konforme Auslegung

Der Bieter einer Ausschreibung nach der VOB/A darf **bei möglichen Auslegungszweifeln eine Ausschreibung als den Anforderungen der VOB/A entsprechend verstehen.** Kann also beispielsweise ein Leistungsverzeichnis unter anderem auch in einer Weise verstanden werden, dass dem Bieter kein ungewöhnliches Wagnis zugemutet wird, so darf der Bieter die Ausschreibung in diesem, mit den Anforderungen der VOB/A übereinstimmenden Sinne verstehen (BGH, Urteil vom 9. 1. 1997 – Az.: VII ZR 259/95, Urteil vom 11. 11. 1993 – VII ZR 47/93; OLG Koblenz, Urteil v. 19. 5. 2006 – Az.: 8 U 69/05; VK Schleswig-Holstein, B. v. 12. 6. 2006 – Az.: VK-SH 12/06;). 4080

81.8.3 Kein Vorrang des Leistungsverzeichnisses vor den Vorbemerkungen

Es gibt **innerhalb der Leistungsbeschreibung (§ 1 Nr. 2 a VOB/B) keinen grundsätzlichen Vorrang des Leistungsverzeichnisses vor den Vorbemerkungen.** Zur Leistungsbeschreibung gehören sowohl die Vorbemerkungen als auch die einzelnen Positionen des Leistungsverzeichnisses. In aller Regel enthalten die Vorbemerkungen wesentliche Angaben, die zum Verständnis der Bauaufgabe und zur Preisermittlung erforderlich sind. Diese Angaben sind in Verbindung mit dem Leistungsverzeichnis und auch anderen vertraglichen Unterlagen als sinnvolles Ganzes auszulegen. Konkret auf das Bauvorhaben bezogenen Vorbemerkungen kann bei der Auslegung der Leistungsbeschreibung allerdings größeres Gewicht zukommen als nicht genügend angepasste Formulierungen eines Standardleistungsverzeichnisses (BGH, Urteil vom 11. 3. 1999 – Az.: VII ZR 179/98). 4081

81.8.4 Heranziehung der Eigenschaften von Leitfabrikaten

Soweit die verbale Leistungsbeschreibung über eine wesentliche Eigenschaft eines zu liefernden Produkts keine ausreichend differenzierte Aussage trifft, ist **im Zweifel auf die entsprechende Produkteigenschaft des Leitfabrikats zurückzugreifen** (OLG Naumburg, B. v. 8. 2. 2005 – Az.: 1 Verg 20/04). 4082

81.9 Eindeutigkeit der Leistungsbeschreibung (§ 9 Nr. 1 Satz 1)

81.9.1 Grundsätze (§ 9 Nr. 1 Satz 1)

Nach § 9 Nr. 1 Satz 1 VOB/A **bezweckt** das Gebot der eindeutigen und erschöpfenden Leistungsbeschreibung, die **Vorstellungen des Auftraggebers von der gewünschten Leistung in Bezug auf technische Merkmale oder Funktionen, Menge und Qualität für den Auftragnehmer so deutlich werden zu lassen, dass dieser Gegenstand, Art und Umfang der Leistung zweifelsfrei erkennen kann.** Dieses Gebot hat sich an der Durchführbarkeit der Leistung zu orientieren und soll die exakte Preisermittlung sowie die Vergleich- 4083

Teil 3 VOB/A § 9   Vergabe- und Vertragsordnung für Bauleistungen Teil A

barkeit der Angebote gewährleisten (1. VK Bund, B. v. 7. 4. 2004 – Az.: VK 1-15/04, B. v. 1. 4. 2004 – Az.: VK 1-11/04, B. v. 30. 3. 2004 – Az.: VK 1-05/04).

4084   Leistungsbeschreibungen sind also **klar und eindeutig abzufassen,** dass – abgestellt auf **einen durchschnittlichen und mit der Art der ausgeschriebenen Leistung vertrauten Empfänger** – alle Bewerber sie notwendig in einem **gleichen Sinn verstehen** müssen (OLG Düsseldorf, B. v. 2. 8. 2002 – Az.: Verg 25/02; 3. VK Bund, B. v. 29. 3. 2006 – Az.: VK 3-15/06). Diese Anforderungen sind nicht erfüllt, wenn die **Leistungsbeschreibung Angaben lediglich allgemeiner Natur enthält oder verschiedene Auslegungsmöglichkeiten zulässt oder Zweifelsfragen aufkommen lässt** (2. VK Bund, B. v. 11. 11. 2004 – Az.: VK 2-196/04).

4085   Eindeutig und erschöpfend bedeutet, dass die Leistungsbeschreibung klar und unmissverständlich, aber auch **gründlich und vollständig** sein muss (VK Düsseldorf, B. v. 22. 7. 2002 – Az.: VK – 19/2002 – L). Es gilt somit der Grundsatz: **Je detaillierter, desto besser** (OLG Koblenz, B. v. 5. 9. 2002 – Az.: 1 Verg. 2/02). Eindeutig heißt auch, dass die Leistungsbeschreibung so beschaffen sein muss, dass **aus der Perspektive des Bieters bei Anlegung eines professionellen Sorgfaltsmaßstabes auch ohne „intensive Auslegungsbemühungen" ohne weiteres klar ist, welche Leistung von ihm in welcher Form gefordert** wird. Erschöpfend bedeutet, dass **keine Restbereiche** verbleiben dürfen, die **seitens der Vergabestelle nicht schon klar umrissen** sind (Saarländisches OLG, B. v. 29. 9. 2004 – Az.: 1 Verg 6/04). Allerdings liegt **allein darin, dass der Inhalt der Leistungsbeschreibung auslegungsfähig ist, noch kein Verstoß gegen § 9 VOB/A.** Auch bei sorgfältiger Erstellung eines Leistungsverzeichnisses kann nie ausgeschlossen werden, dass geringe Unklarheiten auftreten, da jeder Begriff der Sprache auslegungsfähig ist und das genaue Verständnis stets vom Empfängerhorizont abhängt. Würde man bei jeder noch so geringen Unklarheit dem Auftraggeber die Verantwortung aufbürden, bestünde die Gefahr, dass die Bieter durch geschickte Argumentation nachträglich Unklarheiten in die Leistungsbeschreibung hineininterpretieren könnten, um Vorteile aus diesem „Fehler" der Vergabestelle bei der Erstellung des Leistungsverzeichnisses unverhältnismäßig zu erhöhen (Brandenburgisches OLG, B. v. 14. 9. 2004 – Az.: Verg W 5/04). Der **Auftraggeber** muss also **den Bietern alle Angaben und Daten** mitteilen, die **für eine sachgerechte Kalkulation** einerseits und **für eine Vergleichbarkeit und Wertbarkeit der Angebote** andererseits **erforderlich** sind (3. VK Bund, B. v. 29. 3. 2006 – Az.: VK 3-15/06).

4086   Dieses **Gebot der eindeutigen und erschöpfenden Leistungsbeschreibung** gilt auch für das Verhandlungsverfahren (OLG Düsseldorf, B. v. 2. 8. 2002 – Az.: Verg 25/02) und die funktionale Leistungsbeschreibung (1. VK Bund, B. v. 7. 4. 2004 – Az.: VK 1-15/04).

81.9.2 Widersprüchliche Leistungsbeschreibungen, die keine Wertung zulassen

4087   **Enthält das Leistungsverzeichnis eine unerfüllbare Forderung,** muss der Auftraggeber das eingeleitete Vergabeverfahren entweder gemäß § 26 Nr. 1 VOB/A **aufheben oder** diskriminierungsfrei das Leistungsprogramm, soweit zur Beseitigung unerfüllbarer Anforderungen erforderlich, **ändern** und den **Bietern angemessene Gelegenheit zur Abgabe neuer Angebote** auf der Basis des veränderten Leistungsprogramms geben (BGH, B. v. 26. 9. 2006 – Az.: X ZB 14/06; Urteil v. 1. 8. 2006 – Az.: X ZR 115/04).

4088   Ist ein Auftraggeber aufgrund von widersprüchlichen Angaben in den Verdingungsunterlagen **nicht in der Lage, überhaupt ein zuschlagfähiges Hauptangebot zu ermitteln,** das die von ihm verbindlich vorgegebene Qualitätsanforderung durchweg einhält, muss die Ausschreibung aufgehoben werden (VK Lüneburg, B. v. 29. 1. 2004 – Az.: 203-VgK-40/2003).

81.9.3 Fehlerhafte Leistungsbeschreibungen, die von Bietern erkannt werden

4089   Zu den Rechtsfolgen einer unterlassenen Aufklärung durch den Bieter vgl. die Kommentierung zu § 17 VOB/A.

81.9.4 Fehlerhafte Leistungsbeschreibungen, die von Bietern nicht erkannt werden

4090   In solchen Fällen ist diejenige **bieterfreundliche und praktikable Anpassung** des fehlerhaften Textes der Leistungsbeschreibung vorzunehmen, die den **Interessen eines objektiven Betrachters entgegen kommt.** Verdingungsunterlagen müssen nach dieser Entscheidung nur insoweit unverändert bleiben wie sie rechtmäßig sind. Danach kann bei einem Leistungsverzeichnis, was eine längst außer Kraft getretene DIN benennt, **entweder nur eine Aufhebung der Ausschreibung wegen fehlerhaften Leistungsverzeichnisses** erfolgen oder die **Anforderung nach der DIN muss vollständig bei der Bewertung der Angebote entfallen.** Eine nur teilweise Geltung dieser Vorgabe erscheint nicht sachgerecht (1. VK Sachsen, B. v. 9. 4. 2002 – Az.: 1/SVK/021-02).

In Betracht kommt auch, die **Bieter auf fehlerhafte Erklärungen im Angebot,** die auf einer fehlerhaften Leistungsbeschreibung beruhen, **hinzuweisen und** ihnen im Rahmen der Prüfung und Wertung **Gelegenheit zur Nachbesserung zu geben.** Dem steht auch nicht eine in den Vergabeunterlagen gesetzte Nachfragefrist entgegen, die die Bewerber einhalten mussten, wenn die Vergabeunterlagen nach ihrer Auffassung Unklarheiten enthielten. Mit dieser Vergabebestimmung kann sich der Auftraggeber nicht seiner Verantwortung für objektiv nicht eindeutig genug formulierte Vergabebedingungen entledigen (OLG Düsseldorf, B. v. 19. 12. 2001 – Az.: Verg 42/01). 4091

81.9.5 Unschädlichkeit einer fehlerhaften Leistungsbeschreibung

Eine **unzureichende Leistungsbeschreibung** kann ausnahmsweise dann, wenn **alle Bieter sie einheitlich und richtig verstehen,** für das Vergabeverfahren **unschädlich** sein (OLG Naumburg, B. v. 16. 9. 2002 – Az.: 1 Verg 02/02; VK Düsseldorf, B. v. 22. 7. 2002 – Az.: VK – 19/2002 – L). 4092

81.9.6 Verwendung eines nicht mehr am Markt erhältlichen Fabrikates

Der Auftraggeber **verstößt** zu Lasten der Bieter **gegen das Gebot der eindeutigen Leistungsbeschreibung** gemäß § 9 Nr. 1 VOB/A und damit gegen das Transparenzgebot gemäß § 97 Abs. 1 GWB, wenn **er für eine Position ein Leitfabrikat vorgibt, das nicht nur am Markt nicht mehr erhältlich ist,** sondern mit dem sich vor allem das von ihr gleichfalls in den Verdingungsunterlagen geforderte Leistungsziel (z. B. ein bestimmtes Schalldämmmaß) faktisch nicht einhalten lässt (VK Lüneburg, B. v. 30. 10. 2003 – Az.: 203-VgK-21/2003). 4093

Der **Bieter darf** in solchen Fällen jedoch **nicht von sich aus ein anderes Fabrikat in das Leistungsverzeichnis einsetzen.** Er ist vielmehr gehalten, den **Auftraggeber auf diesen Umstand hinzuweisen** und eine **entsprechende Änderung der Verdingungsunterlagen zu erwirken** (VK Lüneburg, B. v. 29. 10. 2002 – Az.: 23/02). 4094

81.9.7 Fehlende Vorgabe der Lieferung von Bauteilen aus ungebrauchtem Material

Enthalten **weder die Leistungsbeschreibung noch der Leistungsverzeichnistext selbst Angaben dazu, ob die zu liefernden Bauteile** (z. B. Schienen, Betonschwellen und Bremsprellböcke) **aus neuem oder altem Material sein müssen, ist dies kein Verstoß gegen das Gebot der eindeutigen Leistungsbeschreibung.** Nach § 9 Nr. 13 VOB/A brauchen Leistungen, die nach den Technischen Vertragsbedingungen zu der geforderten Leistung gehören, nicht besonders in der Leistungsbeschreibung aufgeführt werden. Die **Vorgabe der Lieferung von Bauteilen aus ungebrauchtem Material ergibt sich aus der VOB/C, Ziffer 2.3.1 der ATV DIN 18299,** welche nach der Leistungsbeschreibung (Ziffer 0.10.4) – entsprechend § 10 Nr. 1 Abs. 2 VOB/A – Vertragsbestandteil sein soll. Dabei gelten als ungebrauchte Materialien auch wiederaufbereitete (Recycling-) Stoffe unter der Voraussetzung, dass sie für den jeweiligen Verwendungszweck geeignet und aufeinander abgestimmt sind. Die ATV DIN 18299 unterscheiden jedoch ausdrücklich zwischen solchermaßen wiederaufbereiteten und gebrauchten Stoffen. Letztere sind eindeutig nicht zugelassen. Im Folgenden sind mit ungebrauchten Materialien auch wiederaufbereitete gemeint, die die genannten Voraussetzungen erfüllen (1. VK Bund, B. v. 19. 4. 2002 – Az.: VK 1-09/02). 4095

81.9.8 Unzulässig hoher Umfang von Wahlpositionen

Eine **Ausschreibung von Wahl- oder Alternativleistungen** stellt deswegen jedenfalls dann einen **Verstoß gegen das Vergaberecht** dar, wenn diese – was ihren aus der Leistungsbeschreibung ersichtlichen Umfang und die Wertung der Angebote anbelangt – keinen mehr oder minder geringfügigen Teil der Leistungen betreffen, sondern **im Vergleich zu den Haupt- oder Grundleistungen ein gleich großes Gewicht erhalten,** und sie der Bedeu- 4096 tung der Haupt- oder Grundleistungen für die Zuschlagsentscheidung daher gleich gestellt sind. In einem solchen Fall ist das Gebot einer eindeutigen und erschöpfenden Leistungsbeschreibung verletzt (OLG Düsseldorf, B. v. 2. 8. 2002 – Az.: Verg 25/02; VK Magdeburg, B. v. 22. 2. 2001 – Az: 33-32571/07 VK 15/00 MD).

4097 Das Gebot der eindeutigen und erschöpfenden Leistungsbeschreibung ist auch dann verletzt, wenn die **Ausschreibung mit zahlreichen Leistungsvarianten erst dazu diese soll, ein Konzept für die erwartete Leistung zu erarbeiten,** das im Zeitpunkt der Ausschreibung noch nicht vorliegt (z. B. 80 unterschiedliche Varianten für ein Stadtbuslinie). In einem solchen Fall liegt **kein anerkennenswertes Bedürfnis des Auftraggebers für die Ausschreibung verschiedener Wahlleistungen** vor (VK Hessen, B. v. 28. 7. 2004 – Az.: 69 d VK – 49/2004).

81.9.9 Keine eindeutige Bezeichnung von Bedarfspositionen

4098 **Behandelt ein Auftraggeber** verschiedene **Einzelpositionen** eines Leistungsverzeichnisses **als Bedarfspositionen, obwohl er diese im Leistungsverzeichnis nicht als Bedarfspositionen gekennzeichnet** hat, **verstößt er** sowohl **gegen die Verpflichtung** gemäß § 9 Nr. 1 Satz 1 VOB/A, die **Leistung eindeutig und so erschöpfend zu beschreiben,** dass alle Bewerber die Beschreibung im gleichen Sinne verstehen müssen und ihre Preise sicher und ohne umfangreiche Vorarbeiten berechnen zu können. Er verstößt ferner gegen das Gebot gemäß § 9 Nr. 2 VOB/A, dem Auftragnehmer kein ungewöhnliches Wagnis aufzubürden für Umstände und Ereignisse, auf die er keinen Einfluss hat und deren Einwirkung auf die Preise und Fristen er nicht im Voraus schätzen kann. Der Auftraggeber hat ferner gemäß § 9 Nr. 3 Abs. 1 VOB/A zur Ermöglichung einer einwandfreien Preisermittlung alle sie beeinflussenden Umstände festzustellen und in den Verdingungsunterlagen anzugeben. Dazu gehört zweifelsohne auch die Kennzeichnung sämtlicher Bedarfspositionen, da der Bieter bei der Kalkulation seines Gesamtangebotes wissen muss, von welchem Umfang einer Beauftragung er ausgehen kann bzw. welche abgefragten Positionen gegebenenfalls entfallen können (VK Lüneburg, B. v. 10. 3. 2003 – Az.: 203-VgK-01/2003).

81.9.10 Bezeichnung von Alternativpositionen als Bedarfspositionen

4099 Können die Bieter **aus der Formulierung der Positionen erkennen,** dass es sich hier **nicht um Bedarfspositionen, sondern um Alternativpositionen** handelt, verletzt die Tatsache, dass der Auftraggeber einige Positionen als Alternativpositionen gewertet hat, obwohl er diese irrtümlich im Leistungsverzeichnis als Bedarfspositionen bezeichnet hat, die Bieter nicht in ihren Rechten (VK Lüneburg, B. v. 17. 9. 2001 – Az.: 203-VgK-18/2001).

81.9.11 Keine eindeutigen Zuschlagskriterien

4100 **Bei unklaren Zuschlagskriterien** (z. B. Preis- und Zahlungsbedingungen) **sowie widersprüchlichen Kriterien** (z. B. fehlende Abgrenzung zwischen „Lieferbedingungen" und „logistische Abwicklung der Lieferung in die einzelnen Anlieferungsstellen") fehlt es an einer eindeutigen und erschöpfenden Leistungsbeschreibung (VK Düsseldorf, B. v. 22. 7. 2002 – Az.: VK – 19/2002 – L).

81.9.12 Keine eindeutigen Eignungskriterien

4101 **Bei unklaren Eignungskriterien** (z. B. wechselweise Forderung der Eignungsnachweise gleichzeitig mit dem Angebot oder teilweise auf Verlangen) fehlt es an einer eindeutigen und erschöpfenden Leistungsbeschreibung. Der **Auftraggeber** hätte es in der Hand, **sich nach Belieben** auf die Forderung nach gleichzeitiger Vorlage oder die Vorlage auf Verlangen zu berufen. Der **Bieter kann nicht erkennen,** ob er mit seinem Angebot Gefahr läuft, wegen Unvollständigkeit ausgeschlossen zu werden oder ob er seine Reaktionszeit voll zur kaufmännischen Erstellung des Angebotes nutzen kann, weil ihm für die Beschaffung der Eignungsnachweise noch nach dem Angebotsabgabetermin Zeit genug bleibt (VK Düsseldorf, B. v. 22. 7. 2002 – Az.: VK – 19/2002 – L).

81.9.13 Keine eindeutigen Kriterien für einen Wartungsvertrag

4102 **Ist der Inhalt eines Wartungsvertrages nicht vorgegeben, sind die Vertragsangebote per se nicht vergleichbar.** Soweit sie allerdings vorgelegt werden, enthalten sie selbstverständlich Preisangebote. Diese Preise aber sind Grundlage der Kalkulation des jeweiligen Bieters. Damit sind die Angebote mit und ohne Wartungsvertrag nicht mehr vergleichbar. Die zwingende Forderung nach einem Wartungsvertrag mag zum Einen weitere Bieter, die nicht im unmittelbaren Umfeld von dem Leistungsort ihren Sitz haben, zum Angebot abschrecken, weil die Wartung über mehrere Jahre auf längere Distanz kaum kalkulierbar und leistbar ist. Dies schränkt den Wettbewerb also auf ortsnahe Bieter ein noch dazu, wo der Bieterkreis für diese Art Aufträge in der Regel den kleinen und mittelständischen Unternehmen zuzurechnen ist. Soweit die Bieter dann ohne Wartungsangebot anbieten, riskieren sie den Ausschluss, so dass sich die Erarbeitung eines Angebots als unsinnig oder als unrentabel darstellt. **Diese Forderung des Leistungsverzeichnisses ist mithin wettbewerbsverzerrend** (VK Arnsberg, B. v. 5. 4. 2004 – Az.: VK 1-4/04).

81.9.14 Keine Verpflichtung, alle denkbaren Rahmenbedingungen für eventuelle Nebenangebote aufzuführen

Wenn ein **Bieter im Rahmen eines Nebenangebots Annahmen** – sei es in negativer oder positiver Ausprägung – **trifft,** die durch den Inhalt der Ausschreibung nicht bzw. nicht eindeutig bestimmt werden, so **trägt allein er das Risiko entsprechender Fehleinschätzungen.** Er weicht in einem solchen Falle – bei späterer Konkretisierung möglicher bzw. nicht erkennbarer ausgeschlossener Vorstellungen durch den Auftraggeber – mit seinem Angebot vom Inhalt des Leistungsverzeichnisses und den darin enthaltenen Zielbestimmungen des Auftraggebers ab. Will er dies vermeiden, besteht die **Möglichkeit** im Hinblick auf von ihm beabsichtigte Änderung im Nebenangebot **entsprechende Information zum Zwecke der Verifizierung seiner – zunächst spekulativen – Annahme einzuholen** (VK Hessen, B. v. 14. 3. 2002 – Az.: 69 d VK – 07/2002; VK Baden-Württemberg, B. v. 21. 5. 2001 – Az.: 1 VK 7/01).

4103

81.9.15 Begriff der Baustelleneinrichtung

Der **Begriff der Baustelleneinrichtung ist nicht gesetzlich definiert.** Er wird in **Leistungsverzeichnissen auch nicht stets in übereinstimmender Bedeutung gebraucht.** Anhand der Definitionen der Baustelleneinrichtung in der Literatur kann keine zwingende Ableitung hinsichtlich der Zuordnung einzelner Leistungen erfolgen. Nach einer verbreiteten Definition (siehe Englert/Grauvogl/Maurer, Handbuch des Baugrund- und Tiefbaurechts Rn 417) **umfasst die Baustelleneinrichtung die Bereitstellung, Aufstellung, Instandhaltung und den Abbau aller Gerüste, Geräte und Maschinen und Einrichtungen, die für die vertragsgemäße Ausführung der Leistung erforderlich sind.** Nach dieser Definition wäre der Betrieb eines Kranes während der Bauzeit nicht erfasst (OLG München, B. v. 24. 5. 2006 – Az.: Verg 10/06).

4104

81.9.16 weitere Beispiele aus der Rechtsprechung

– ein **behördlich gefordertes Schadstoffkataster ist bereits vor Ausschreibung** der zu beauftragenden Leistungen durch den Auftraggeber anfertigen zu lassen (LG Stralsund, Urteil vom 12. 4. 2005 – Az: 3 O 73/03)

4105

81.9.17 Richtlinie des VHB 2002 zu § 9 Nr. 1 Satz 1

Eine Leistungsbeschreibung ist eindeutig, wenn sie

4106

– Art und Umfang der geforderten Leistungen mit allen dafür maßgebenden Bedingungen, z. B. hinsichtlich Qualität, Beanspruchungsgrad, technische und bauphysikalische Bedingungen, zu erwartende Erschwernisse, besondere Bedingungen der Ausführung und etwa notwendige Regelungen zur Ermittlung des Leistungsumfanges zweifelsfrei erkennen lässt,

– keine Widersprüche in sich, zu den Plänen oder zu anderen vertraglichen Regelungen enthält (Ziffer 1.2.1).

Eine Leistungsbeschreibung ist vollständig, wenn sie

4107

– Art und Zweck des Bauwerks bzw. der Leistung,

– Art und Umfang aller zur Herstellung des Werks erforderlichen Teilleistungen,

– alle für die Herstellung des Werks spezifische Bedingungen und Anforderungen

darstellt (Ziffer 1.2.2).

81.10 Positionsarten einer Leistungsbeschreibung

4108 In einer Leistungsbeschreibung können mehrere Positionsarten verwendet werden. Man kann unterscheiden zwischen:

- Normalpositionen,
- Grundpositionen,
- Bedarfspositionen (Eventualpositionen)
- Wahlpositionen (Alternativpositionen)
- Zulagepositionen.

81.10.1 Normalpositionen

4109 Sie sind in der VOB/A nicht ausdrücklich geregelt. Mit „Normalpositionen" sind alle Teilleistungen zu beschreiben, die ausgeführt werden sollen. Sie werden nicht besonders gekennzeichnet.

81.10.2 Grundpositionen

4110 „Grundpositionen" beschreiben Teilleistungen, die durch „Wahlpositionen" ersetzt werden können. Grund- und Wahlpositionen werden als solche gekennzeichnet; der jeweiligen Ordnungszahl (OZ) können z. B. ein „G" bzw. „W" beigefügt werden.

81.10.3 Bedarfspositionen/Eventualpositionen/Optionen (§ 9 Nr. 1 Satz 2)

4111 Bedarfspositionen (Eventualpositionen bzw. Optionen) dürfen nur ausnahmsweise in die Leistungsbeschreibung aufgenommen werden.

81.10.3.1 Allgemeines

4112 Nur solche Positionen, bei denen **trotz Ausschöpfung aller örtlichen und technischen Erkenntnismöglichkeiten** im Zeitpunkt der Ausschreibung **objektiv nicht feststellbar** ist, ob und in welchem Umfang **Leistungen zur Ausführung gelangen** (BGH, Urteil vom 23. 1. 2003 – Az.: VII ZR 10/01; OLG München, B. v. 15. 7. 2005 – Az.: Verg 014/05; 2. VK Bremen, B. v. 10. 9. 2004 – Az.: VK 03/04) dürfen als Eventualpositionen ausgeschrieben und bei der Wertung berücksichtigt werden (VK Nordbayern, B. v. 4. 10. 2005 – Az.: 320.VK – 3194-30/05; VK Schleswig-Holstein, B. v. 3. 11. 2004 – Az.: VK-SH 28/04; VK Arnsberg, B. v. 28. 1. 2004 – Az.: VK 1-30/2003; VK Hessen, B. v. 5. 5. 2003 – Az.: 69 d VK – 16/2003; VK Baden-Württemberg, B. v. 15. 1. 2003 – Az.: 1 VK 71/02; 2. VK Mecklenburg-Vorpommern, B. v. 27. 11. 2001 – Az.: 2 VK 15/01).

4113 Der Auftraggeber befindet hierüber **nach pflichtgemäßem Ermessen** (VK Nordbayern, B. v. 4. 10. 2005 – Az.: 320.VK – 3194-30/05).

4114 Bedarfsleistungen beinhalten also Leistungen mit dem Vorbehalt, dass sie **unter Umständen zusätzlich zu einer im Leistungsverzeichnis enthaltenen Leistung auszuführen** sind. Es handelt sich um Leistungen mit dem Anspruch des Auftraggebers, auf ihre Ausführung verzichten zu können, ohne dass dadurch die Notwendigkeit einer Teilkündigung entsteht. Deshalb sind die **Bedarfspositionen nicht mit dem Zuschlag, sondern erst bei Bedarf in Auftrag zu geben** (VK Nordbayern, B. v. 4. 10. 2005 – Az.: 320.VK – 3194-30/05).

81.10.3.2 Bezeichnung als „nEP-Position"

4115 Es ist verbreitet, mit der Abkürzung **„nEP"** Eventualpositionen zu bezeichnen (BGH, Urteil vom 23. 1. 2003 – Az.: VII ZR 10/01).

81.10.3.3 Zulässigkeit in einer Leistungsbeschreibung

4116 Zwar dürfen **Bedarfs- oder Eventualpositionen nur im Ausnahmefall und in begrenztem Umfang** ausgeschrieben werden, deren **grundsätzliche Zulässigkeit steht aber nicht mehr außer Zweifel.** Sie dürfen allerdings nicht dazu führen, Mängel einer unzureichenden Planung auszugleichen. Ein Grund für eine restriktive Handhabung von Bedarfspositionen ist, dass sie den Grundsätzen einer eindeutigen und erschöpfenden Leistungsbeschreibung widersprechen, die den Bieter in die Lage versetzen soll, seine Preise sicher zu berechnen. Der **Auftraggeber soll nicht das Risiko von Fehlbestellungen auf den Auftragnehmer abwälzen können** (VK Schleswig-Holstein, B. v. 3. 11. 2004 – Az.: VK-SH 28/04).

Bedarfspositionen sind unzulässig, wenn sie **von der Zahl oder ihrem Gewicht her** keine sichere Beurteilung mehr erlauben, welches Angebot das wirtschaftlichste ist, insbesondere dann, wenn diese Bestandteile der Ausschreibung ein solches Gewicht in der Wertung erhalten sollen, dass sie der **Bedeutung der Haupt- und Grundpositionen für die Zuschlagserteilungen gleichkommen** (OLG Celle, B. v. 18. 12. 2003 – Az.: 13 Verg 22/03). Außerdem muss der Auftraggeber hinsichtlich der Ausübung der Bedarfsposition eine **ernsthafte Durchführungsabsicht** haben (1. VK Bund, B. v. 15. 7. 2003 – Az.: VK 1-53/03). 4117

Gegen die Ausschreibung von Wahl- oder Bedarfspositionen sind außerdem Bedenken angebracht, wenn sie den **Grundsätzen einer eindeutigen und erschöpfenden Leistungsbeschreibung widersprechen**, die **Gefahr von Angebotsmanipulationen erhöhen** oder zur **Undurchsichtigkeit der Transparenz des Wettbewerbes** führen können (VK Hessen, B. v. 28. 7. 2004 – Az.: 69 d VK – 49/2004). 4118

Unabhängig davon, ob man die Zulässigkeitsgrenze für Bedarfspositionen nun bei in der Regel 10% des geschätzten Auftragsvolumens ansetzt, wird **eine absolute, keine Ausnahme mehr zulassende Obergrenze jedenfalls bei 15% anzusetzen sein** (1. VK Bund, B. v. 14. 7. 2005 – Az.: VK 1-50/05). 4119

81.10.3.4 Wartung als Bedarfsposition

Bereits die **Angabe der Wartung als Zuschlagskriterium widerspricht dem Verständnis der Bedarfsposition,** denn das Zuschlagskriterium selbst kann nicht je nach Bedarf wegfallen oder zur Anwendung gelangen (VK Hessen, B. v. 5. 5. 2003 – Az.: 69 d VK – 16/2003). 4120

81.10.3.5 Keine eindeutige Bezeichnung von Bedarfspositionen

Bedarfspositionen **müssen als Bedarfspositionen gekennzeichnet sein;** ansonsten verstößt der Auftraggeber mindestens gegen das Gebot der eindeutigen und erschöpfenden Leistungsbeschreibung; vgl. **im Einzelnen die Kommentierung** RZ 4098. 4121

81.10.3.6 Beauftragung einer Bedarfspositionen

Die **Option bei der Beauftragung einer Wahlposition liegt für den Auftraggeber allein darin, dass es ihm freigestellt ist, die Eventualposition überhaupt in Auftrag zu geben;** wenn er sie aber in Anspruch nimmt, muss er sie bei seinem Vertragspartner abrufen, es sei denn, er entzieht ihm den Auftrag. Nur in diesem Sinne ist eine Eventualposition als „Angebotsblanken" zu begreifen, für deren Ausführung es einer Anordnung des Auftraggebers bedarf. **Meinungsstreit besteht in der Literatur auch nur darüber,** ob die Eventualposition bei der Auftragsvergabe bereits als zusätzliche Leistung aufschiebend bedingt beauftragt worden ist oder ob dies durch gesonderte Anordnung des Auftraggebers während der Bauausführung bei Bedarf zu erfolgen hat (Hanseatisches OLG Hamburg, Urteil vom 7. 11. 2003 – Az.: 1 U 108/02). 4122

81.10.3.7 Richtlinie des VHB 2002 zu Bedarfspositionen

Wahl- und Bedarfspositionen dürfen nicht aufgenommen werden, um die Mängel einer unzureichenden Planung auszugleichen. Sie sind **als solche im Leistungsverzeichnis zu kennzeichnen.** Damit ihre Preise richtig kalkuliert werden können, sind **möglichst genaue Mengenansätze anzugeben.** Die **Spalte für den Gesamtbetrag** dieser Positionen ist **zu sperren,** damit er nicht in die Angebotssumme einbezogen wird; hinsichtlich der Wertung siehe § 25 A Nr. 1.6.3 VHB (Ziffer 4.1). 4123

Bedarfspositionen enthalten Leistungen, die nur bei Bedarf ausgeführt werden sollen. Sie dürfen nur ausnahmsweise in die Leistungsbeschreibung aufgenommen werden; der **Umfang der Bedarfspositionen darf in diesen Ausnahmefällen dann in der Regel 10 v.H. des geschätzten Auftragswertes nicht überschreiten.** Bedarfspositionen dürfen nur Leistungen enthalten, die zur Ausführung der vertraglichen Leistung erforderlich werden können und deren Notwendigkeit zum Zeitpunkt der Aufstellung der Leistungsbeschreibung trotz aller örtlichen und fachlichen Kenntnisse nicht festzustellen ist (z.B. Wasserhaltung) (Ziffer 4.2). 4124

Teil 3   VOB/A § 9   Vergabe- und Vertragsordnung für Bauleistungen Teil A

81.10.3.8 Regelung des HVA B-StB 03/2006 zu Bedarfspositionen

4125   Bedarfspositionen (§ 9 Nr. 1 Satz 2 VOB/A) sind nicht zu verwenden (Ziffer 1.4 Nr. 32).

81.10.4 Angehängte Stundenlohnarbeiten (§ 9 Nr. 1 Satz 3)

4126   Angehängte Stundenlohnarbeiten dürfen nur in dem unbedingt erforderlichen Umfang in die Leistungsbeschreibung aufgenommen werden.

81.10.4.1 Richtlinie des VHB 2002 zu angehängten Stundenlohnarbeiten

4127   Angehängte Stundenlohnarbeiten dürfen nur in dem unbedingt erforderlichen Umfang unter den Voraussetzungen des § 5 Nr. 2 VOB/A aufgenommen werden (Ziffer 4.3).

81.10.4.2 Regelung des HVA B-StB 03/2006 zu angehängten Stundenlohnarbeiten

4128   Positionen (Verrechnungssätze) für Stundenlohnarbeiten (§ 9 Nr. 1 Satz 3 VOB/A) sind nicht zu verwenden (Ziffer 1.4 Nr. 32).

81.10.5 Wahlpositionen/Alternativpositionen

4129   Sie sind in § 9 nicht ausdrücklich geregelt.

81.10.5.1 Begriff

4130   Wahl- oder Alternativleistungen sind generell **dadurch gekennzeichnet,** dass bei Fertigstellung der Verdingungsunterlagen noch nicht feststeht, ob die Leistung in der einen oder anderen Ausführungsart tatsächlich erbracht werden soll, und der **Auftraggeber sich** – darin liegt der wirtschaftliche Sinn – die **dahingehende Entscheidung bis zur Auftragserteilung vorbehalten will** – Wahlschuldverhältnis – (OLG Düsseldorf, B. v. 2. 8. 2002 – Az.: Verg 25/02; Schleswig-Holsteinisches OLG, Urteil vom 17. 2. 2000 – Az: 11 U 91/98; VK Arnsberg, B. v. 28. 1. 2004 – Az.: VK 1-30/2003).

4131   Wahlpositionen kommen **grundsätzlich nur an Stelle der alternativ im Leistungsverzeichnis aufgeführten Grundposition zur Ausführung.** Werden Wahlpositionen ausgeführt, verdrängen sie somit die entsprechende Hauptposition (OLG München, B. v. 27. 1. 2006 – Az.: VII – Verg 1/06; VK Nordbayern, B. v. 12. 12. 2001 – Az.: 320.VK-3194-41/01).

81.10.5.2 Zulässigkeit in einer Leistungsbeschreibung

4132   Die Aufnahme von Wahlpositionen in das Leistungsverzeichnis ist **nicht per se vergaberechtlich unstatthaft.** Sie beeinträchtigt allerdings die Bestimmtheit und Eindeutigkeit der Leistungsbeschreibung. Die Verwendung von Wahlpositionen tangiert überdies die Transparenz des Vergabeverfahrens. Denn sie versetzt den öffentlichen Auftraggeber in die Lage, vermöge seiner Entscheidung für oder gegen eine Wahlposition das Wertungsergebnis aus vergaberechtsfremden Erwägungen zu beeinflussen. Aus diesem Grund ist der **Ansatz von Wahlpositionen nur unter engen Voraussetzungen statthaft.** Er kommt nur in Betracht, wenn und soweit ein berechtigtes Bedürfnis des öffentlichen Auftraggebers besteht, die zu beauftragende Leistung in den betreffenden Punkten einstweilen offen zu halten (OLG München, B. v. 27. 1. 2006 – Az.: VII – Verg 1/06; OLG Düsseldorf, B. v. 24. 3. 2004 – Az.: Verg 7/04).

4133   Alternativpositionen in Leistungsbeschreibungen sind nicht zulässig, um **Mängel einer unzureichenden Planung auszugleichen** (Schleswig-Holsteinisches OLG, Urteil vom 17. 2. 2000 – Az: 11 U 91/98; VK Arnsberg, B. v. 28. 1. 2004 – Az.: VK 1-30/2003). Ebenso sind sie unzulässig, wenn sie **von der Zahl oder ihrem Gewicht her** keine sichere Beurteilung mehr erlauben, welches Angebot das wirtschaftlichste ist (Schleswig-Holsteinisches OLG, Urteil vom 17. 2. 2000 – Az: 11 U 91/98), insbesondere dann, wenn diese Bestandteile der Ausschreibung ein solches Gewicht in der Wertung erhalten sollen, dass sie der **Bedeutung der Haupt- und Grundpositionen für die Zuschlagserteilungen gleichkommen** (VK Lüneburg, B. v. 17. 9. 2001 – Az.: 203-VgK-18/2001).

4134   Gegen die Ausschreibung von Wahl- oder Bedarfspositionen sind außerdem Bedenken angebracht, wenn sie die **Gefahr von Angebotsmanipulationen erhöhen** (VK Hessen, B. v. 28. 7. 2004 – Az.: 69d VK – 49/2004).

Eine Bedarfsposition muss sich außerdem an den Erfordernissen des § 9 Nr. 2 VOB/A messen 4135
lassen. Sie darf somit **kein ungewöhnliches Wagnis** darstellen (1. VK Bund, B. v. 23. 9. 2004
– Az.: VK 1-132/04).

Eröffnet das Leistungsverzeichnis das Angebot von **Wahlpositionen, müssen auch diese** 4136
den technischen Mindestbedingungen entsprechen, die das Leistungsverzeichnis fordert, und zwar zum Zeitpunkt der Angebotsabgabe (OLG München, B. v. 27. 1. 2006 – Az.:
VII – Verg 1/06).

81.10.5.3 Formale Anforderungen im Leistungsverzeichnis

Da das Austauschen und Zusammenstellen verschiedener Alternativen sehr wohl mit dem 4137
Blick auf einen favorisierten Bieter erfolgen kann und Manipulationsmöglichkeiten damit eröffnet werden, sind sie **sorgfältig zu kennzeichnen, möglichst genaue Mengen anzugeben**
und auf keinen Fall in den Gesamtbetrag einzubeziehen. Aus diesem Grunde muss die **Gesamtbetragsspalte bei der Aufstellung des Leistungsverzeichnisses entsprechend gesperrt** werden (VK Arnsberg, B. v. 28. 1. 2004 – Az.: VK 1-30/2003).

81.10.5.4 Bekanntgabe der Kriterien, die für die Inanspruchnahme der ausgeschriebenen Wahlpositionen maßgebend sein sollen

Zur Gewährleistung eines transparenten Vergabeverfahrens bei Verwendung einer nicht unbe- 4138
achtlichen Anzahl von Wahlpositionen **muss der Auftraggeber dem Bieterkreis vorab die**
Kriterien bekannt geben, die für die Inanspruchnahme der ausgeschriebenen Wahlpositionen maßgebend sein sollen. Er muss dazu z. B. in den Verdingungsunterlagen auf
begrenzte Haushaltsmittel als entscheidender Maßstab für die Inanspruchnahme der Grundoder einer der Wahlpositionen hinweisen sowie festlegen, in welcher Reihenfolge die aufgrund
der Wahlpositionen in Betracht kommenden Ausführungsvarianten von ihm bevorzugt werden.
Hierdurch wird nicht nur die Transparenz des Vergabeverfahrens gewährleistet, sondern auch
ausgeschlossen, dass die Zuschlagsentscheidung mit Hilfe der Wahlpositionen manipuliert werden kann. Überdies stehen bei einer solchen Vorgehensweise die Bieter letztlich nicht anders, als
wenn der Auftraggeber die von ihm in Aussicht genommenen Ausführungsvarianten nacheinander in jeweils separaten Vergabeverfahren ausschreibt (OLG Düsseldorf, B. v. 24. 3. 2004 – Az.:
Verg 7/04).

81.10.5.5 Richtlinie des VHB 2002 zu Wahlpositionen

Wahl- und Bedarfspositionen dürfen nicht aufgenommen werden, um die Mängel einer un- 4139
zureichenden Planung auszugleichen. Sie sind als solche im Leistungsverzeichnis zu kennzeichnen. Damit ihre Preise richtig kalkuliert werden können, sind **möglichst genaue Mengenansätze anzugeben. Die Spalte für den Gesamtbetrag dieser Positionen ist zu sperren,**
damit er nicht in die Angebotssumme einbezogen wird; hinsichtlich der Wertung siehe § 25 A
Nr. 1.6.3 VHB. Wahlpositionen für Leistungen, die statt einer im Leistungsverzeichnis vorgesehenen anderen Teilleistung ausgeführt werden sollen, sind nur vorzusehen, wenn nicht von
vornherein feststeht, welche der beiden Leistungen ausgeführt werden soll (Ziffer 4.1).

81.10.5.6 Regelung des HVA B-StB 03/2006 zu Wahlpositionen

„Wahlpositionen" sind nur vorzusehen, wenn sich von mehreren brauchbaren und technisch 4140
gleichwertigen Bauweisen nicht von vornherein die wirtschaftlichste bestimmen lässt (Ziffer 1.4
Nr. 34).

81.10.6 Zulagepositionen

Zulagen sind Positionen, bei denen bestimmte Voraussetzungen festgelegt sind, 4141
unter denen eine zusätzliche Vergütung gezahlt werden soll. Im Fall einer Zulageposition wird der **Auftrag zur Hauptposition unter der aufschiebenden Bedingung** (§ 158
BGB) erteilt, dass die zusätzliche Vergütung bezahlt wird, wenn im einzelnen vom späteren Auftragnehmer nachgewiesen wird, dass und inwieweit die von der Zulage erfassten Erschwernisse
eingetreten sind. Die **Zulagepositionen weisen also bedingte Mehrkosten aus,** die auf
der vierten Wertungsstufe bei Beurteilung der Frage, welches Angebot das wirtschaftlichste ist,
sowie in der Phase der Abrechnung der Leistung eine Bedeutung erlangen können (OLG Düsseldorf, B. v. 5. 4. 2006 – Az.: VII – Verg 3/06).

81.11 Verbot der Aufbürdung eines ungewöhnlichen Wagnisses auf den Auftragnehmer (§ 9 Nr. 2)

4142   Dem Auftragnehmer darf kein ungewöhnliches Wagnis aufgebürdet werden für Umstände und Ereignisse, auf die er keinen Einfluss hat und deren Einwirkung auf die Preise und Fristen er nicht im Voraus schätzen kann.

81.11.1 Sinn und Zweck der Regelung

4143   Hintergrund der Regelung des § 9 Nr. 2 VOB/A ist, dass die **öffentliche Hand als Nachfrager regelmäßig über erweiterte Handlungsspielräume** verfügt. Daher kann sie die **Vertragsbedingungen** oftmals ihre Vertragspartner **diktieren** und somit dem Auftragnehmer auf dem betreffenden Markt Wagnisse jeder Art aufbürden. Aufgabe des § 9 Nr. 2 VOB/A ist daher, **angesichts dieses Ungleichgewichts zwischen den Vertragsparteien die Lauterkeit des Rechtsverkehrs zu wahren** (Saarländisches OLG, B. v. 29. 9. 2004 – Az.: 1 Verg 6/04; 2. VK Bund, B. v. 26. 3. 2003 – Az.: VK 2-06/03).

81.11.2 Grundsatz

4144   **Maßstab** der Regelung ist, **welche Risiken ein Auftragnehmer üblicherweise in der Branche zu tragen hat.** Folglich ist zur Klärung der Frage, welches Wagnis ungewöhnlich und damit vergaberechtlich nicht zulässig ist, **einzelfallbezogen vorzugehen** (Saarländisches OLG, B. v. 29. 9. 2004 – Az.: 1 Verg 6/04; 2. VK Bund, B. v. 26. 3. 2003 – Az.: VK 2-06/03).

4145   Der Auftragnehmer kann nur dann im Sinne von § 9 Nr. 1 VOB/A die Einwirkung des ihm überbürdeten Wagnisses auf die Preise schätzen, wenn **er im konkreten Fall das Risiko selbst abzusehen und die daraus resultierenden Auswirkungen auf den Preis zu ermessen vermag.** Hierzu muss für ihn überschaubar sein, mit welcher Wahrscheinlichkeit sich das Wagnis voraussichtlich realisieren und wirtschaftlich für ihn auswirken wird (OLG Düsseldorf, B. v. 9. 6. 2004 – Az.: VII – Verg 18/04; 2. VK Brandenburg, B. v. 8. 12. 2005 – Az.: 2 VK 72/05; 3. VK Bund, B. v. 6. 5. 2005 – Az.: VK 3-28/05).

4146   Unter § 9 Nr. 2 VOB/A fallen **weder allgemeine Bauwagnisse noch besondere Wagnisse, die mit einer bestimmten Bauausführung oder einem Teil derselben ursächlich verbunden** sind. Nicht „ungewöhnlich" i. S. des § 9 Nr. 2 VOB/A sind in der Regel auch **solche Wagnisse und Risiken, auf die der Auftraggeber ausdrücklich hinweist,** so dass der Auftragnehmer sich entscheiden kann, ob er sie übernehmen möchte (OLG Naumburg, Urteil vom 15. 12. 2005 – Az.: 1 U 5/05).

4147   Die **Übertragung eines ungewöhnlichen Wagnisses liegt vor, wenn dem Auftragnehmer Risiken aufgebürdet werden, die er nach der in dem jeweiligen Vertragstyp üblicherweise geltenden Wagnisverteilung an sich nicht zu tragen hat.** Zu derartigen Umständen und Ereignissen können **beispielsweise Beistellungen, Leistungen vorgeschriebener Unterauftragnehmer, Ersatzteilbedarf und Wartungsaufwand in der Nutzungsphase sowie andere Leistungsziele** zählen. Zu einem ungewöhnlichem Wagnis wird aber auch in diesen Fällen das dem Auftragnehmer auferlegte Risiko erst dann, wenn es darüber hinaus nach Art der Vertragsgestaltung und nach dem allgemein geplanten Ablauf nicht zu erwarten ist und im Einzelfall wirtschaftlich schwerwiegende Folgen für den Auftragnehmer mit sich bringen kann (VK Lüneburg, B. v. 18. 6. 2004 – Az.: 203-VgK-29/2004 – für den Bereich der VOL/A). Die Vorschrift findet deshalb von vornherein **auf solche Risiken keine Anwendung, die vertragstypisch ohnehin den Auftragnehmer treffen** (OLG Düsseldorf, B. v. 9. 7. 2003 – Az.: Verg 26/03).

4148   So ist z. B. die **Munitionsberäumung eines ehemaligen militärischen Truppenübungsplatzes** typischerweise dadurch gekennzeichnet, dass der Aufwand zur Abarbeitung des Auftrages vorab nicht hinreichend sicher zu ermitteln ist. Die Erstellung einer Leistungsbeschreibung für den Auftrag auf der Grundlage der „Hochrechnung" der Ergebnisse der Beräumung eines repräsentativen Testfeldes ist insoweit nicht als fehlerhaft im Sinne von § 9 VOB/A anzusehen. Dies gilt auch dann, wenn der Auftraggeber im Leistungsverzeichnis nicht die Anzahl der Arbeitsstunden, sondern die Zahl bzw. das Gewicht der Fundstücke zur Grundlage der Berechnung der Vergütung erhebt. Es ist dann die **ureigenste Aufgabe der Bieter, diesem für die hier zu erbringende Arbeit typischen Risiko durch eine entsprechend angepasste Kalkulation Rechnung zu tragen, etwa in dem aufgrund des diesem Vertrag immanenten, nicht zu vermeidenden und daher auch nicht ungewöhnlichen „Wagnisses" angemessene Zuschläge einkalkuliert werden (OLG Naumburg, Urteil vom 15. 12. 2005 – Az.: 1 U 5/05; Urteil vom 22. 1. 2002 – Az.: 1 U (Kart) 2/01).

81.11.3 Weite Auslegung zugunsten des Bieters

Die Regelung dient dem **Schutz des Auftragnehmers vor unangemessenen Vertragsbedingungen** (VK Hamburg, B. v. 25. 7. 2002 – Az.: VgK FB 1/02). Entsprechend diesem Normzweck des § 9 Nr. 1 VOB/A ist die Vorschrift nicht eng, sondern **eher weit auszulegen** (2. VK Bund, B. v. 13. 7. 2005 – Az.: VK 2-69/05; B. v. 19. 3. 2002 – Az.: VK 2-06/02; 1. VK Bund, B. v. 19. 7. 2002 – Az.: VK 1-37/02). 4149

81.11.4 Leistungs- und Erfüllungsrisiko

Die **Übertragung eines ungewöhnlichen Risikos liegt nicht im Leistungs- und Erfüllungsrisiko.** Der Auftragnehmer eines Bauauftrags trägt nach allgemeinen Grundsätzen nicht nur das Risiko, seine vertraglich übernommen Verpflichtungen erfüllen zu können; ihm ist nach allgemeinem Vertragsrecht überdies auch das Risiko zugewiesen, die versprochene Leistung über die gesamte Vertragslaufzeit zu dem vereinbarten Preis kostendeckend erbringen zu können. Es fällt mithin auch **in seinen Risikobereich, wenn bei einem unverändert bleibenden Leistungsgegenstand seine Kosten aufgrund veränderter gesetzlicher (oder wirtschaftlicher) Rahmenbedingungen steigen,** so dass er seine Vertragsleistung mit einem erhöhten Kostenaufwand erbringen muss. Es ist nach der vertragstypischen Risikoverteilung – auch im Bauvertrag – vielmehr Sache des Auftragnehmers, für derartige Kostensteigerungen Vorsorge zu treffen und sie durch einen entsprechenden Wagniszuschlag in seiner Preiskalkulation zu berücksichtigen (OLG Düsseldorf, B. v. 9. 7. 2003 – Az.: Verg 26/03). 4150

81.11.5 Bestehen eines Auftragsbedarfes und Finanzierbarkeit

Behält sich der **Auftraggeber** die Möglichkeit vor, die **Vertragsdauer durch einseitige Erklärung um ein Jahr zu verlängern, unter der Voraussetzung eines entsprechenden Bedarfs und der Finanzierbarkeit,** wird das Risiko, dass nach einem bestimmten Zeitpunkt noch Bedarf für die Beratungsleistung besteht oder dass diese zu diesem Zeitpunkt finanzierbar ist – das ein Risiko darstellt, das grundsätzlich vom Auftraggeber zu tragen ist – **entgegen der leistungstypischen Risikostruktur des Dienstleistungsvertrages auf den Auftragnehmer übertragen.** Das hierdurch für den Auftragnehmer begründete ungewöhnliche Wagnis beruht auf Umständen und Ereignissen, auf die der Auftragnehmer keinen Einfluss nehmen kann (3. VK Bund, B. v. 19. 4. 2004 – Az.: VK 3-44/04). 4151

Ein außergewöhnliches Kündigungsrecht des Auftraggebers aus Haushaltsgründen beinhaltet grundsätzlich ein vergaberechtswidriges ungewöhnliches Wagnis für den Auftragnehmer. Es ist **nicht zu rechtfertigen, dem Auftragnehmer das Haushaltsrisiko des Auftraggebers zu überbürden** (VK Lüneburg, B. v. 10. 3. 2006 – Az.: VgK-06/2006). 4152

81.11.6 Abnahme- bzw. Verwendungsrisiko

Die **Rechtsprechung** ist **nicht einheitlich**. 4153

Nach einer Auffassung ist nicht jegliche, und sei es auch eine nur geringfügige Verlagerung des Verwendungsrisikos auf den Auftragnehmer mit einem unzulässigen Wagnis gleichzusetzen. Das Vergaberecht selbst trägt mit der grundsätzlichen Zulassung von Bedarfs- oder Alternativpositionen dem Umstand Rechnung, dass der Auftraggeber zum Zeitpunkt der Ausschreibung noch nicht in vollem Umfang Klarheit über seinen Bedarf hat und setzt für einen solchen Fall dem Auftraggeber lediglich Grenzen für die Aufnahme derartiger Positionen. Entsprechend ist auch zu verfahren, wenn der Auftraggeber eine Vertragsgestaltung wählen möchte, die von der herkömmlichen Risikostruktur des Vertrags abweicht. Eine Risikoverlagerung in Höhe von 10% des Gesamtauftragswertes, für die der Auftragnehmer das Verwendungsrisiko trägt, erscheint hinnehmbar, wenn es sich um ein bestimmtes und quantitativ eingegrenztes Risiko handelt, das in der Kalkulation mit berücksichtigt werden kann, und wenn Möglichkeiten bestehen, die nachteiligen wirtschaftlichen Folgen, die aus der Risikoverlagerung 4154

Teil 3 VOB/A § 9   Vergabe- und Vertragsordnung für Bauleistungen Teil A

entstehen können, abzumildern, z. B. durch **Übernahme des Belegungsrisikos** oder durch einen **erheblichen gestalterischen und organisatorischen Spielraum des Auftragnehmers** bei der Verteilung der Teilnehmer auf die Berufsfelder und damit auch auf die von ihm für die Erbringung der Leistung eingeplanten und vorgehaltenen Personal- und Sachmittel (3. VK Bund, B. v. 6. 5. 2005 – Az.: VK 3-28/05; B. v. 24. 3. 2004 – Az.: VK 3-36/04; 1. VK Bund, B. v 8. 8. 2006 – Az.: VK 1-67/06; B. v. 7. 4. 2004 – Az.: VK 1-15/04, B. v. 1. 4. 2004 – Az.: VK 1-11/04).

4155   Jedoch ist eine Abweichung von der gesetzlichen Risikoverteilung, nach der der **Auftragnehmer 20% der vereinbarten Vertragsleistung zusätzlich vorzuhalten hat, nicht unerheblich und bedeutet die Überwälzung eines unzulässigen Wagnisses** (1. VK Bund, B. v. 20. 10. 2004 – Az.: VK 1-123/04; B. v. 29. 9. 2004 – Az.: VK 1-162/04; B. v. 23. 9. 2004 – Az.: VK 1-132/04; B. v. 23. 9. 2004 – Az.: VK 1-129/04; B. v. 23. 9. 2004 – Az.: VK 1-126/04; B. v. 26. 8. 2004 – Az.: VK 1-111/04; B. v. 26. 8. 2004 – Az.: VK 1-105/04; B. v. 26. 8. 2004 – Az.: VK 1-108/04); ebenso bei einer Überwälzung von 30% des Verwendungsrisikos (OLG Düsseldorf, B. v. 9. 6. 2004 – Az.: VII – Verg 18/04). In dieser Entscheidung tendiert das OLG Düsseldorf sogar dazu, **grundsätzlich jegliche Überwälzung des Verwendungsrisikos für unzulässig** zu erachten; mit Beschluss vom 23. 3. 2005 (Az.: VII – Verg 77/04) entscheidet das OLG im Sinne dieses Grundsatzes.

4156   Wenn jedoch die **grundsätzliche Gefahrenverteilung bei Bauverträgen,** die darin besteht, dass der Auftraggeber das Abnahmerisiko trägt **(was bestellt ist, wird auch bezahlt), durch die Ausschreibungsbedingungen im Ergebnis umgekehrt wird,** handelt es sich um die **Aufbürdung eines ungewöhnlichen Wagnisses** selbst dann, wenn diese Risikoverlagerung in sehr begrenztem Umfang durch geringfügige Kostengarantien abgefedert wird (2. VK Bund, B. v. 19. 3. 2002 – Az.: VK 2-06/02).

4157   Auch wird durch eine Vergütungsregelung das **Risiko mengenmäßiger Bedarfsschwankungen in nicht unerheblichem Umfang auf den Auftragnehmer überwälzt,** wenn z. B. eine Vergütung pro Kunde und Monat gezahlt werden soll, sich also danach richtet, wie viele Kunden tatsächlich betreut werden und im Vertragszeitraum mindestens 1150 und höchstens 2100 Bewerber zu betreuen sein werden, wobei die Mindestzahl von 1150 Bewerbern garantiert ist. Der **Abstand** zwischen der garantierten Mindestzahl und der Höchstzahl von Bewerbern ist dann **so hoch, dass sich der Umfang der zu erbringenden Leistung nicht im Voraus abschätzen lässt.** Es handelt sich um eine Abweichung, die fast 50% beträgt. In diesem Umfang übernimmt der Auftragnehmer das Risiko, dass Bewerber in ausreichender Zahl vorhanden sind, von dem Auftraggeber zugewiesen werden und auch tatsächlich erscheinen. Entscheidet dann allein der Auftraggeber über die Zuweisung der Bewerber, handelt es sich um die Übertragung eines ungewöhnlichen Risikos (3. VK Bund, B. v. 19. 4. 2004 – Az.: VK 3-44/04).

4158   Wenn die **grundsätzliche Gefahrenverteilung bei Leistungsverträgen,** die darin besteht, dass der Auftraggeber das Abnahmerisiko trägt **(was bestellt ist, wird auch bezahlt), durch die Ausschreibungsbedingungen im Ergebnis umgekehrt wird,** handelt es sich um die **Aufbürdung eines ungewöhnlichen Wagnisses** selbst dann, wenn diese Risikoverlagerung in sehr begrenztem Umfang durch geringfügige Kostengarantien abgefedert wird (2. VK Bund, B. v. 19. 3. 2002, Az.: VK 2-06/02).

81.11.7 Absicherung eines Risikos über die Vergütung

4159   Ein ungewöhnliches Wagnis im Sinne des § 9 Nr. 2 VOB/A liegt **dann nicht** vor, wenn der **Auftragnehmer die Möglichkeit hat, das Wagnis in wirtschaftlicher,** also in vergütungsmäßiger **Hinsicht, abzusichern** (OLG Koblenz, Urteil v. 19. 5. 2006 – Az.: 8 U 69/05; OLG Naumburg, Urteil vom 22. 1. 2002 – Az.: 1 U (Kart) 2/01).

81.11.8 Zeitlicher Vorlauf zwischen Angebotseröffnung und Leistungsbeginn

4160   Für einen **umfangreichen Auftrag für die Sammlung und den Transport von Abfällen, Behälterwirtschaftung, Verwertung von Altpapier pp.** hat die Rechtsprechung entschieden, dass ein **zeitlicher Vorlauf von 17 Monaten bzw. 24 Monaten** nicht nur den fachkundigen **Bietern zumutbar,** sondern **für den Auftraggeber auch geboten ist.** Zum einen ist zu berücksichtigen, dass der Bieter, der den Auftrag letztlich erhält, eine umfangreiche Logistik und gegebenenfalls einen Standort im Entsorgungsgebiet aufbauen muss. Ferner muss der Auftraggeber, wie die Praxis der Vergabekammern zeigt, bei einem derartig umfangreichen,

Vergabe- und Vertragsordnung für Bauleistungen Teil A   VOB/A § 9 **Teil 3**

auch von der Auftragssumme bedeutenden Auftrag, berücksichtigen, dass sich die Auftragserteilung durch Wahrnehmung der Bieterrechte gemäß §§ 97 ff. GWB und Stellung eines Nachprüfungsantrages erheblich verzögert (VK Lüneburg, B. v. 8. 5. 2006 – Az.: VgK-07/2006; B. v. 12. 11. 2001 – Az.: VgK-19/2001).

Entsprechende Beschlüsse für den Bereich der VOB/A gibt es nicht.   4161

81.11.9 Zulässigkeit der Forderung einer Mischkalkulation

Die **Bildung einer Mischkalkulation bedeutet für die Bieter keine Übernahme eines**   4162
ungewöhnlichen und unzumutbaren Risikos, wenn der tatsächliche **Umfang der erforderlichen Arbeiten** zum Zeitpunkt der Erstellung der Kalkulation **der Größenordnung nach erkennbar** gewesen ist (BGH, Urteil vom 18. 4. 2002 – Az: VII ZR 38/01).

81.11.10 Zulässigkeit von Umsatzrabatten

Im Grundsatz ist es **sachgerecht und nicht zu beanstanden,** dass der öffentliche Auf-   4163
traggeber **Umsatzrabatte nach bestimmten Jahresumsatzzahlen gestaffelt bei den Bietern abfragt.** Je nachdem, ob und welche Angaben die Bieter hierzu machen, kann sich ein bestimmtes Angebot als wirtschaftlich vorzugswürdig erweisen. **Voraussetzung** für eine vergaberechtskonforme Angebotswertung ist dann jedoch, dass **die den Rabatten zugrunde gelegten (gestaffelten) Umsätze** im Rahmen der von der Vergabestelle vorzunehmenden Prognose genügend abgesichert sind, das heißt, **mit genügender Wahrscheinlichkeit auch erreicht werden können** (OLG Düsseldorf, B. v. 1. 10. 2003 – Az.: Verg 45/03).

81.11.11 Keine eindeutige Bezeichnung von Bedarfspositionen

Bedarfspositionen müssen als Bedarfspositionen gekennzeichnet sein; ansonsten verstößt der   4164
Auftraggeber mindestens gegen das Gebot der eindeutigen und erschöpfenden Leistungsbeschreibung; vgl. im Einzelnen die Kommentierung RZ 4098.

81.11.12 Vorhaltung von Personal

Ein öffentlicher Auftraggeber bürdet Bietern mit seiner Auffassung, dass **bereits die Abgabe**   4165
eines Angebots in einem anderen Vergabeverfahren unter Benennung des jeweiligen
Personals als eine Verplanung des Personals anzusehen ist, ein ungewöhnliches Wagnis auf. Er zwingt damit die Bieter, ihr Personal bis zum Ablauf der Bindefrist zugunsten der Vergabestelle vorzuhalten, so dass sich die Bieter nicht gleichzeitig mit diesem Personal um andere Maßnahmen bewerben können. Da die Teilnahme an einem Vergabeverfahren für den **Bieter letztlich nur die Chance auf Zuschlagserteilung** bedeutet, er aber darauf angewiesen ist, sein Personal auszulasten, muss ihm die **Möglichkeit offen stehen, durch gleichzeitige Abgabe mehrerer Angebote die Chancen auf Erlangung wenigstens einiger Aufträge zu erhöhen.** Indem ein öffentlicher Auftraggeber die Bieter hinsichtlich dieser Möglichkeit einengt, beschränkt er deren wettbewerbliche Handlungsfreiheit in nicht hinnehmbarer Weise. Darin liegt gleichzeitig auch eine für die Bieter unangemessene Bedingung (1. VK Bund, B. v. 19. 7. 2002 – Az.: VK 1-37/02).

81.11.13 Gerüstvorhaltung für andere Unternehmen

Es begegnet auch **keinen Bedenken,** wenn ein **öffentlicher Auftraggeber** in der Aus-   4166
schreibung **fordert, dass die Gerüste für die Dauer der Arbeiten auch anderen genau bezeichneten Unternehmern „vorzuhalten" sind,** weil es wirtschaftlich nicht sinnvoll ist, dass jeder Unternehmer, der tätig wird und ein Gerüst benötigt, mit entsprechendem Kostenaufwand sein Gerüst selbst stellt und wieder abbaut und auf diese Weise der Auftraggeber mehr bezahlen muss, als wenn ein Gerüst einmal gestellt wird. Entgegen der Auffassung des Berufungsgerichts **überbürdet ein Auftraggeber dem Anbieter kein unüberschaubares und für ihn in keiner Weise beeinflussbares Preisrisiko,** wenn er bei den Vorhalten von Gerüsten **keine Angaben über die Dauer der Arbeiten** macht. Hiergegen spricht schon der Umstand, dass üblicherweise in einer Ausschreibung auch Ausführungsfristen genannt sind. Selbst wenn für das den Bieter betreffende Gewerk die hierauf vorgesehene Ausführungsfrist genannt ist und nicht für die nachfolgenden, ändert dies nichts an der Beurteilung. Der **Bieter hat ver-**

schiedene Möglichkeiten, sich Aufschluss über die voraussichtliche Dauer der Gerüstvorhaltung zu verschaffen und deren Wert zu kalkulieren. Er kann sich beim öffentlichen Auftraggeber erkundigen. Er hat auch die Möglichkeit, einen Einheitspreis zu kalkulieren, der für die Zeit nach Abschluss der eigenen Arbeiten nach Zeiteinheiten berechnet wird. Er hat die Möglichkeit, hierauf in den Anmerkungen zum Angebot hinzuweisen. Schließlich darf auch nicht die unternehmerische Erfahrung außer Acht gelassen werden. Ein Bieter ist als Fachunternehmen damit vertraut, wie sich der Ablauf bei Übernahme eines solchen Auftrages auch mit Nachfolgearbeiten anderer Handwerker und Unternehmer gestaltet (BGH, Urteil vom 8. 9. 1998 – Az.: X ZR 85/97).

81.11.14 Keine Mehrforderungen bei Mehr- oder Minderleistungen auch über 10%?

4167   Hat ein öffentlicher Auftraggeber in seinen **Verdingungsunterlagen, ohne dies optisch oder sonst wie hervorzuheben,** die Bestimmung getroffen, dass **Mehr- oder Minderleistungen auch über 10% nicht zu Mehrforderungen berechtigen,** bürdet dies den Bietern ein **ungewöhnliches Wagnis** auf und **widerspricht dem einzubeziehenden Regelwerk der VOB/B.** Das Wagnis wird dadurch verstärkt, dass auch alle angegebenen Maße nicht ohne Prüfung übernommen werden dürfen und die Bieter die Eignung der Verfahren und Materialien fortwährend zu überprüfen haben. Die Verdingungsunterlagen verlagern das Risiko der Arbeiten an einem nicht im Einzelnen von der Konsistenz, Stärke und Neigung her bekannten Mauerwerk auf den Bieter, versagen ihm aber die Mehrforderungen bei Mehrleistungen. Dies verstößt nicht nur gegen die bieterschützende Vorschrift aus § 9 Nr. 2 VOB/A, sondern lässt auch **berechtigte Zweifel daran aufkommen, ob alle Bieter die Abweichung von der VOB/B erkannt und in ihre Preiskalkulation miteinbezogen haben.** Die vorliegende Unsicherheit, was den Bieter an Anforderungen erwartet, kann durchaus verglichen werden etwa mit den Wasser- und Bodenverhältnissen, deren Unwägbarkeiten auch nicht komplett auf den Bieter übergewälzt werden dürfen (VK Düsseldorf, B. v. 24. 1. 2001 – Az.: VK – 31/2000 – B).

81.11.15 Abrechnung von losem Material als festes Material ohne Angabe eines Umrechnungsschlüssels

4168   Eine Vertragsklausel, nach der **tatsächlich lose anfallendes Material ohne Angabe eines Umrechnungsschlüssels fiktiv als fest abzurechnen** ist, schiebt dem Auftragnehmer unter Verstoß gegen die VOB/A **ein unangemessenes Wagnis** zu, indem sie ihm zumutet, auf eigenes Risiko einen Umrechnungsmodus anzunehmen und zur Grundlage seines Angebotes zu machen. Da es für diesen Umrechnungsmodus verschiedene Möglichkeiten gibt und nach Auffassung des Berufungsgerichts sogar Experimente erforderlich sein können, wäre zudem nicht gewährleistet, dass alle Bieter die Ausschreibung im gleichen Sinne verstehen (§ 9 Nr. 1 VOB/A). Schließlich würde die Ausschreibung auch gegen die Vorgabe verstoßen, dass Preise leicht zu ermitteln sein sollen. Im Ergebnis müsste bei der vom Berufungsgericht für richtig gehaltenen Auslegung der Bieter selbst zunächst einmal für den Einbau ggf. auch nach Probewägungen den zu beschaffenden Materialbedarf abschätzen (BGH, Urteil vom 9. 1. 1997 – Az.: VII ZR 259/95).

81.11.16 Vorgabe von Standards durch den Auftraggeber

4169   Ein öffentlicher Auftraggeber kann Anforderungen stellen, die über die gesetzlichen Mindesterfordernisse hinausgehen und für die er einen höheren Preis zu zahlen bereit ist. Solche Anforderungen sind nicht zwangsläufig als „ungewöhnliche Wagnisse" anzusehen. Es ist **dem Auftraggeber überlassen, welche Qualität einer Leistung er haben möchte; er muss sich nicht mit Mindeststandards begnügen.** Er muss dabei allerdings z.B. beachten, dass die Leistung eindeutig beschrieben und der Gleichbehandlungsgrundsatz gewahrt wird und die höheren Anforderungen nicht nur gestellt werden, um den Wettbewerb auszuschalten und einem bestimmten bevorzugten Bewerber den Auftrag zukommen lassen zu können. Die **Forderung nach Vorlage aller erforderlichen Genehmigungen etc.** oder die Verpflichtung zur Duldung von Probenahmen erscheint **legitim, zumindest aber nicht überzogen** (VK Hessen, B. v. 20. 2. 2002 – Az.: 69d VK – 47/2001).

81.11.17 Parallelausschreibung

Unter bestimmten Voraussetzungen kann eine Parallelausschreibung gegen das Gebot der eindeutigen Leistungsbeschreibung verstoßen. Vgl. hierzu im Einzelnen die Kommentierung zu § 16 VOB/A RZ 4619.

81.11.18 Vereinbarung einer Vertragsstrafe

Die **Vereinbarung von Vertragsstrafen ist grundsätzlich nicht ungewöhnlich.** Damit muss ein Auftragnehmer rechnen. Ergibt sich außerdem die Höhe der Vertragsstrafe aus einer gesetzlichen Regelung (z. B. einem Tariftreuegesetz) und übernimmt die vertragliche Regelung lediglich die gesetzliche Vorgabe, so „überbürdet" oder verlagert der Auftraggeber mit dieser Regelung kein Risiko auf die Bieter, mit dessen Eintritt nach dem allgemeinen und vorhersehbaren Ablauf einer Vertragsbeziehung bzw. bei der Durchführung des Vertrages nicht gerechnet werden muss, wobei dem Bieter die Möglichkeit genommen wird, die für ihn nachteiligen wirtschaftlichen Folgen abzuwenden (VK Münster, B. v. 24. 9. 2004 – Az.: VK 24/04).

81.11.19 vorweggenommene Zustimmung zur Verlängerung der Bindefrist für den Fall eines Nachprüfungsverfahrens zum Zeitpunkt der Angebotsabgabe

Die **Verpflichtung der Beter durch den Auftraggeber, bereits zum Zeitpunkt der Angebotsabgabe die vorweggenommene Zustimmung zur Verlängerung der Bindefrist mindestens bis zur Rechtskraft des letzten Beschlusses im Nachprüfungsverfahren zu verlangen, sofern der Bieter Beteiligter des Nachprüfungsverfahrens ist, stellt kein ungewöhnliches Wagnis** dar. Nicht nur ein öffentlicher Auftraggeber, sondern auch die Bieter müssen bei europaweiten Vergabeverfahren stets damit rechnen, dass ein Bieter von seinem **Rechtsschutz nach den §§ 107 ff. GWB Gebrauch** macht. **Darin liegt kein ungewöhnliches Kalkulationsrisiko.** Auch ist zu berücksichtigen, dass sich die Forderung nach der antizipierten Zustimmung zur Bindefristverlängerung ausdrücklich nur auf die Bieter beschränkt, die Beteiligte eines Nachprüfungsverfahrens werden. Dies sind **neben dem jeweiligen Antragsteller regelmäßig nur die Bieter, die nach dem derzeitigen Stand des Vergabeverfahrens die aussichtsreichsten Angebote abgegeben haben und deshalb von der Vergabekammer gemäß § 109 GWB zum Nachprüfungsverfahren beigeladen** werden. Eine Rechtsverletzung im Sinne des § 114 Abs. 1 Satz 1 GWB durch die antizipierte Zustimmungserklärung scheidet für diesen Bieterkreis aus. Für den Antragsteller folgt dies schon daraus, dass er ohne Zustimmung zur Bindefristverlängerung bis zum rechtskräftigen Abschluss des Nachprüfungsverfahrens die Antragsbefugnis im Nachprüfungsverfahren gemäß § 107 Abs. 2 GWB verliert, wenn das Zuschlagsverbot gemäß § 115 Abs. 1 GWB die Zuschlags- und Bindefrist nach § 19 VOL/A bzw. VOB/A überholt. Das Zuschlagsverbot des § 115 Abs. 1 GWB und die damit verbundene Verzögerung des Vergabeverfahrens dient gerade den Interessen des Antragstellers und ist die zentrale Regelung des vergaberechtlichen Primärrechtsschutzes. Der damit verbundene Bieterschutz aber läuft ins Leere, wenn der Antragsteller den Zuschlag nach rechtskräftigem Abschluss des Nachprüfungsverfahrens schon deshalb nicht erhalten kann, weil er mangels Verlängerung der Bindefrist kein wirksames Angebot mehr vorweisen kann. Da der **Gesetzgeber bislang der Problematik, dass die Wirkung des Zuschlagsverbots gemäß § 115 Abs. 1 GWB die Zuschlags- und Bindefrist überholt, nicht Rechnung getragen hat, ist die Lösung über eine antizipierte Zustimmungserklärung zur Bindefristverlängerung eine recht- und zweckmäßige Regelung,** die den Antragsteller nicht in seinen Rechten verletzt (VK Lüneburg, B. v. 8. 5. 2006 – Az.: VgK-07/2006).

Diese Auffassung muss **differenziert betrachtet** werden; sie ist **mit Blick z. B. auf mögliche Materialpreissteigerungen bei Stahl oder Nichteisenmetalle (Kupfer) nicht haltbar.**

81.11.20 Richtlinie des VHB 2002 zu § 9 Nr. 2

Die Leistungsbeschreibung darf zudem keine ungewöhnlichen Risiken enthalten, insbesondere dürfen dem Auftragnehmer keine Aufgaben der Planung und der Bauvorbereitung, die je nach Art der Leistungsbeschreibung dem Auftraggeber obliegen, überbürdet und keine Garantien für die Vollständigkeit der Leistungsbeschreibung abverlangt werden (Ziffer 1.2.3).

Teil 3 VOB/A § 9   Vergabe- und Vertragsordnung für Bauleistungen Teil A

81.11.21 Literatur

4175 – Roth, Frank, Die Risikoverteilung bei Öffentlich Privaten Partnerschaften (ÖPP) aus vergaberechtlicher Sicht, NZBau 2006, 84

81.12 Angabe aller die Preisermittlung beeinflussenden Umstände (§ 9 Nr. 3 Abs. 1)

4176   Um eine einwandfreie Preisermittlung zu ermöglichen, sind alle sie beeinflussenden Umstände festzustellen und in den Verdingungsunterlagen anzugeben.

81.12.1 Umfangreiche Prüfungen

4177   Der Forderung an die Vergabestelle, „alle" die Preisermittlung beeinflussenden Umstände festzustellen, ist zu entnehmen, dass der öffentliche Auftraggeber **umfangreiche Prüfungen gegebenenfalls durch Sachverständige vorzunehmen hat,** um den Bietern auch tatsächlich alle Umstände mitteilen zu können, die sich auf die Preisermittlung auswirken können (2. VK Bund, B. v. 24. 6. 2003 – Az.: VK 2-46/03).

4178   Die Pflicht des Auftraggebers, alle kalkulationsrelevanten Parameter zu ermitteln und zusammenzustellen und damit den genauen Leistungsgegenstand und -umfang vor Erstellung der Leistungsbeschreibung aufzuklären, **unterliegt der Grenze des Mach- und Zumutbaren.** Er ist daher einerseits verpflichtet, zumutbaren finanziellen Aufwand zu treiben, um die kalkulationsrelevanten Grundlagen der Leistungsbeschreibung zu ermitteln. Diese Pflicht des Auftraggebers endet jedoch, **wo eine in allen Punkten eindeutige Leistungsbeschreibung nur mit unverhältnismäßigem Kostenaufwand möglich ist.** Soweit der Auftraggeber tatsächlich bestehende Möglichkeiten zu einer vollständigen Ermittlung nicht nutzt, **obliegt ihm der konkrete Nachweis, dass eine vollständige Aufklärung wegen des damit verbundenen Aufwands trotz Aufklärungspflicht unzumutbar** ist (VK Lüneburg, B. v. 7. 9. 2005 – Az.: VgK-38/2005).

81.12.2 Genaue Kennzeichnung der Bestandteile des Vertrages

4179   Der **Auftraggeber** ist **verpflichtet, genau zu kennzeichnen, welche Teile der Verdingungsunterlagen Bestandteil des Vertrages werden** und also die Bewertung beeinflussen können. Ein **Vertragsmuster für einen Wartungsvertrag, welches vom Bieter mit Preisen zu versehen ist, muss dies deutlich erkennen lassen.** Es wird nicht bereits dadurch zum Vertragsbestandteil, dass es den Verdingungsunterlagen beigefügt ist, sondern der **Bieter muss auf diese Tatsache hingewiesen werden** sowie **darauf, dass er bereits jetzt verpflichtet ist, Preisangaben für einen zu einem späteren Zeitpunkt abzuschließenden Wartungsvertrag zu machen.** Hierfür sind die anzukreuzenden Optionen auf dem Vorblatt des üblichen Wartungsvertragsmusters sowie gegebenenfalls sonstige Angaben (z.B. EVM(B)Ang) vorgesehen. Unterlässt der Auftraggeber es, hier die geforderten Angaben zu machen, entspricht dies nicht den Anforderungen, die gemäß § 9 Nr. 3 VOB/A an den Auftraggeber zu stellen sind (1. VK Sachsen, B. v. 11. 10. 2001 – Az.: 1/SVK/94-01).

81.12.3 Hinweise auf Asbestzementmaterial

4180   Ein nach VOB/A erstelltes Leistungsverzeichnis über die **Demontage von Abflussrohren** muss auf etwaig erforderliche **besondere Schutz- und Entsorgungsmaßnahmen aus der Behandlung und Beseitigung von Asbestzementmaterial ausdrücklich hinweisen** (OLG Celle, Urteil vom 3. 5. 2001 – Az.: 13 U 186/00).

81.12.4 Genaue Kennzeichnung der Kostenbestandteile des geforderten Angebotspreises

4181   Aus den Verdingungsunterlagen muss deutlich werden, **aus welchen Kostenbestandteilen sich der im Preisblatt anzugebende Angebotspreis zusammensetzen** soll (3. VK Bund, B. v. 24. 9. 2004 – Az.: VK 3-161/04).

81.12.5 Richtlinie des VHB 2002 zu § 9 Nr. 3

81.12.5.1 Technische Richtigkeit einer Leistungsbeschreibung

Eine Leistungsbeschreibung ist technisch richtig, wenn sie Art, Qualität und Modalitäten der Ausführung der geforderten Leistung entsprechend den anerkannten Regeln der Technik, den Allgemeinen Technischen Vertragsbedingungen oder etwaigen leistungs- und produktspezifischen Vorgaben zutreffend festlegt (Ziffer 1.2.3). 4182

81.12.5.2 Arbeiten in belegten Anlagen

Wenn Leistungen in Bauwerken/Anlagen ausgeführt werden sollen, in denen der Betrieb weitergeführt wird, ist vor Aufstellung der Leistungsbeschreibung mit der nutzenden Verwaltung abzustimmen, welche besonderen Vorkehrungen bei der Ausführung getroffen werden müssen, siehe Nr. 0.2.2 der ATV DIN 18299 (Ziffer 6.1). 4183

81.12.5.3 Auswertung von Gutachten

Wenn Gutachten – z.B. über Baugrund, Grundwasser oder Altlasten – eingeholt werden, sind deren Ergebnisse und die dadurch begründeten Anforderungen in der Leistungsbeschreibung vollständig und eindeutig anzugeben; das bloße Beifügen des Gutachtens reicht für eine ordnungsgemäße Leistungsbeschreibung nicht aus (Ziffer 6.2). 4184

81.12.6 Besondere Hinweise für die Ausschreibung von Lebenszeitkosten

Im Rahmen von Lebenszeitkosten eines Produktes oder einer Anlage, die vom Bieter anzugeben ist, kann ein Auftraggeber Art, Umfang und Häufigkeit von Wartungsarbeiten nicht im Einzelnen vorgeben, weil diese in technischer Hinsicht von der Konstruktion und den gewählten Materialien/Komponenten des jeweiligen zum Einsatz kommenden Produkts abhängen. Hieraus folgt zwangsläufig und liegt es in der Natur der Sache, dass der **jeweilige Bieter die erforderlichen Wartungsarbeiten individuell bestimmt und die hierfür anfallenden Kosten in seine Berechnung mit einbezieht.** Der **Auftraggeber kann daher lediglich die Anforderungen an die Leistungsfähigkeit und Nutzungsdauer des Produkts im Leistungsverzeichnis definieren.** Dies macht er hinreichend dadurch, dass er fordert, dass die Teile und Komponenten des Systems auf eine Nutzungsdauer von z.B. 10 Jahren auszulegen – und bei geringerer Nutzungsdauer einzelner Teile – deren Wartungs- und Austauschaufwand als Folgekosten in die Rechnung einzustellen sind (Saarländisches OLG, B. v. 9.11.2005 – Az.: 1 Verg 4/05). 4185

81.12.7 Ausnahme

Schützenswerte Interessen eines Auftraggebers können es in Ausnahmefällen rechtfertigen, von der Verpflichtung aus § 9 Nr. 3 Abs. 1 VOB/A abzusehen. Dies kommt **nur dann in Betracht, wenn die Bieter sich die Informationen mit verhältnismäßig geringem, jedenfalls geringerem Aufwand als der Auftraggeber selbst beschaffen können und die Vergleichbarkeit der Angebote darunter nicht leidet** (OLG Celle, B. v. 15.12.2005 – Az.: 13 Verg 14/05). 4186

81.13 Hinweise für das Aufstellen der Leistungsbeschreibung in den DIN 18299 ff. (§ 9 Nr. 3 Abs. 4)

81.13.1 Aufbringen einer Haftbrücke

Wenn eine **Haftbrücke** aufgebracht werden soll, muss dies im Leistungsverzeichnis verzeichnet sein; denn es handelt sich hier **um eine Besondere Leistung** – VOB/C, DIN 18353 Nr. 4.2.6, DIN 18299 Nr. 4.2 – (VK Münster, B. v. 25.2.2003 – Az.: VK 01/03). 4187

81.14 Technische Spezifikationen (§ 9 Nr. 5)

81.14.1 Allgemeines

In § 9 sind in den Nummern 5–10 **Regelungen über technische Spezifikationen neu aufgenommen** worden. Diese **Regelungen entsprechen der Vorschrift des Art. 23 der Vergabekoordinierungsrichtlinie.** 4188

81.14.2 Begriff der Technischen Spezifikationen

4189 Der Begriff „technische Spezifikation" wird **unterschiedlich verwendet:** Teilweise werden die **konkreten technischen Anforderungen im Leistungsverzeichnis** als „technische Spezifikationen" angesehen, teilweise werden darunter **nur die technischen Regelwerke** verstanden. Die **Begriffsbestimmungen im Anhang TS zur VOB/A sind insoweit nicht eindeutig.** Nach Nr. 1 des Anhangs TS sind technische Spezifikationen sämtliche, insbesondere in den Verdingungsunterlagen enthaltenen, technischen Anforderungen an eine Bauleistung, ein Material, ein Erzeugnis oder eine Lieferung, mit deren Hilfe die Bauleistung, das Material, das Erzeugnis oder die Lieferung so bezeichnet werden können, dass sie einen durch den öffentlichen Auftraggeber festgelegten Verwendungszweck erfüllen. Danach könnten auch die technischen Anforderungen im Leistungsverzeichnis als „technische Spezifikation" angesehen werden. Nach Nr. 2 des Anhangs TS wird dagegen eine „Norm" als technische Spezifikation bezeichnet (OLG Koblenz, B. v. 15. 5. 2003 – Az.: 1 Verg 3/03; Brandenburgisches OLG, B. v. 20. 8. 2002 – Az.: Verg W 6/02; VK Südbayern, B. v. 10. 6. 2005 – Az.: 20-04/05).

4190 Nach einer anderen Auffassung zählen **individuelle Festlegungen des Leistungsverzeichnisses** an die zu erbringende Leistung **nicht zu den technischen Spezifikationen.** Dies ergibt sich aus § 9 Nr. 4 Abs. 2 und 3 VOB/A (a. F.), wonach in den Verdingungsunterlagen auf die technischen Spezifikationen Bezug zu nehmen ist (OLG München, B. v. 11. 8. 2005 – Az.: Verg 012/05; VK Münster, B. v. 17. 6. 2005 – Az.: VK 12/05; VK Südbayern, B. v. 10. 6. 2005 – Az.: 20-04/05; VK Nordbayern, B. v. 18. 1. 2005 – Az.: 320.VK – 3194-54/04).

4191 Diese **unterschiedliche Rechtsprechung hat weiterhin Bestand,** da sich an den **Definitionen des Anhangs TS insoweit nichts geändert** hat und die **technischen Spezifikationen in den Verdingungsunterlagen zu formulieren sind** entweder unter Bezug auf die in Anhang TS definierten technischen Spezifikationen in einer bestimmten Reihenfolge oder in Form von Leistungs- oder Funktionsanforderungen, die genau so zu fassen sind, dass sie den Bewerbern oder Bietern ein klares Bild vom Auftragsgegenstand vermitteln und dem Auftraggeber die Erteilung des Zuschlags ermöglichen oder als Kombination von beidem (§ 9 Nr. 6).

81.14.3 DIN-Normen

4192 Bei der **Normreihe DIN handelt es sich um technische Spezifikationen im Sinne von § 9 Nr. 4 Abs. 2 VOB/A** entsprechend der Begriffsbestimmung im Anhang TS Ziffer 1. Sie sind produktbezogen. Die **DIN-Normen sind keine Rechtsnormen, sondern private technische Regelungen mit Empfehlungscharakter.** DIN-Normen können die anerkannten Regeln der Technik wiedergeben oder hinter diesen zurückbleiben. Sie werden von dem gemeinnützigen Verein Deutsche Normen erarbeitet und von ihm herausgegeben. Dass bei Stoffen und Bauteilen, für die DIN-Normen bestehen, die Beschreibung der DIN-Güte- und Maßbestimmungen entsprechen muss, ergibt sich aus § 9 Nr. 3 Abs. 4 VOB/A, wonach die DIN 18299 ff. zu beachten sind (VK Brandenburg, B. v. 24. 1. 2002 – Az.: 2 VK 114/01).

4193 Der **Auftraggeber** ist **nicht gehindert,** bei den Anforderungen an eine Leistung im Rahmen der Leistungsbeschreibung **über die Vorgaben der jeweiligen DIN hinauszugehen.** DIN-Normen spiegeln einen bestimmten technischen Standard wieder, der aber durch die laufende Fortentwicklung von Produkten überholt werden kann (VK Münster, B. v. 20. 4. 2005 – Az.: VK 6/05).

81.14.4 Vergleichbarkeit des GS-Prüfzeichens mit der CE-Kennzeichnung

4194 Nach § 12 Abs. 3 Bauproduktengesetz (BauPG) hat ein Bauprodukt, das die CE-Kennzeichnung trägt, die widerlegbare Vermutung für sich, dass es im Sinne des § 5 BauPG brauchbar ist und dass die Konformität nach § 8 BauPG nachgewiesen worden ist. Der **durch die Konformitätserklärung und die CE-Kennzeichnung dokumentierte Sicherheitsstandard ist gleichwertig mit dem GS-Prüfzeichen,** das vom Prüf- und Zertifizierungsinstitut des Verbandes Deutscher Elektrotechniker (VDE) vergeben wird, denn die **Bedeutung der Europäischen Normen entspricht den DIN-Normen in ihrem Verhältnis zu den anerkannten Regeln der Technik** (VK Brandenburg, B. v. 24. 1. 2002 – Az.: 2 VK 114/01).

81.14.5 Forderung nach einer RAL-Zertifizierung von Produkten

4195 Die Forderung eines Auftraggebers nach RAL-Zertifizierung stellt **nicht eine Vorgabe bestimmter Erzeugnisse oder Verfahren im Sinne des § 9 Nr. 10 VOB/A dar,** da grundsätzlich jedem Hersteller die Möglichkeit offen steht, seine Produkte RAL zertifizieren zu lassen. Es liegt jedoch ein **Verstoß gegen § 9 Nr. 4 VOB/A** vor. Danach sind bei der Beschreibung der Leistung die verkehrsüblichen Bezeichnungen zu verwenden, wobei auf „einschlägige Normen" dabei Bezug genommen werden darf. Diese müssen jedoch allgemein anerkannt sein und dürfen Anbieter aus anderen Mitgliedstaaten nicht benachteiligen, was bei europaweit eingeführten Normen durch einen Zusatz (z. B. – EN) angezeigt wird. Bei nur nationalen Normen und Zertifizierungen wie z. B. dem RAL-Gütezeichen, die naturgemäß Produkten aus dem EU-Ausland nicht zu eigen sind, **muss hingegen zwingend der Zusatz „oder gleichwertig" erfolgen, nur dann können die im Bezug genommenen Normen als diskriminierungsfreie Richtwerte verstanden werden** (OLG Koblenz, B. v. 15. 3. 2001 – Az.: 1 Verg. 1/01; VK Berlin, B. v. 15. 2. 2006 – Az.: VK – B 1-63/05; VK Thüringen, B. v. 7. 2. 2006 – Az.: 360-4002.20-063/05-EF-S; 3. VK Saarland, B. v. 19. 1. 2004 – Az.: 3 VK 05/2003; VK Köln, B. v. 3. 7. 2002 – Az.: VK VOL 4/2002; VK Hessen, B. v. Juni 2001 – Az.: 69 d VK 14/2001; VK Rheinland-Pfalz, B. v. 13. 2. 2001 – Az.: VK 28/00).

81.14.6 NATO-Vorschriften

Es ist **fraglich,** ob auf einer NATO-Vorschrift basierende technische Vorgaben technische Spezifikationen im Sinne des insoweit maßgeblichen Anhangs TS (Technische Spezifikationen) der VOB/A sind (1. VK Bund, B. v. 11. 11. 2003 – Az.: VK 1-103/03). 4196

81.15 Formulierung von technischen Spezifikationen unter Bezugnahme auf die in Anhang TS definierten technischen Spezifikationen (§ 9 Nr. 6 Abs. 1)

Werden **technische Spezifikationen in den Verdingungsunterlagen** unter Bezug auf die in Anhang TS definierten technischen Spezifikationen formuliert und zwar **durch Bezugnahme auf nationale Normen,** mit denen europäische Normen umgesetzt werden, **europäische technische Zulassungen, gemeinsame technische Spezifikationen, internationale Normen und andere technische Bezugssysteme,** die von den europäischen Normungsgremien erarbeitet wurden oder, falls solche Normen und Spezifikationen fehlen, **nationale Normen, nationale technische Zulassungen oder nationale technische Spezifikationen für die Planung, Berechnung und Ausführung von Bauwerken und den Einsatz von Produkten,** ist **jede Bezugnahme mit dem Zusatz „oder gleichwertig" zu versehen.** 4197

Werden **technische Spezifikationen in den Verdingungsunterlagen** dagegen formuliert in Form von Leistungs- oder Funktionsanforderungen, **entfällt der Zusatz „oder gleichwertig".** 4198

81.16 Ersetzung von nationalen Normen (§ 9 Nr. 7)

Verweist der Auftraggeber in der Leistungs- oder Aufgabenbeschreibung **auf die in nationalen Normen genannten Spezifikationen,** so darf er ein Angebot nicht mit der Begründung ablehnen, die angebotene Leistung entspräche nicht den herangezogenen Spezifikationen, sofern der **Bieter in seinem Angebot dem Auftraggeber nachweist, dass die von ihm vorgeschlagenen Lösungen den Anforderungen der technischen Spezifikation, auf die Bezug genommen wurde, gleichermaßen entsprechen.** Als geeignetes Mittel kann eine technische Beschreibung des Herstellers oder ein Prüfbericht einer anerkannten Stelle gelten. Die **Nachweispflicht liegt** also **beim Bieter.** 4199

81.17 Ersetzung von Leistungs- oder Funktionsanforderungen (§ 9 Nr. 8)

Nimmt ein **Bieter zur Darlegung der Erfüllung der vom Auftraggeber geforderten Leistungs- oder Funktionsanforderungen** auf nationale Normen, mit der eine europäische Norm umgesetzt wird oder eine europäische technische Zulassung, eine gemeinsame technische Spezifikation, eine internationale Norm oder ein technisches Bezugssystem, das von den europäischen Normungsgremien erarbeitet wurde, **Bezug, muss er dem Auftraggeber nachweisen,** dass die der Norm entsprechende jeweilige Leistung den Leistungs- oder Funktionsanforderungen des Auftraggebers entspricht. 4200

81.18 Spezifikationen für Umwelteigenschaften (§ 9 Nr. 9)

4201 Schreibt der Auftraggeber **Umwelteigenschaften in Form von Leistungs- oder Funktionsanforderungen** vor, so kann er unter bestimmten Bedingungen die Spezifikationen verwenden, die in **europäischen, multinationalen Umweltgütezeichen oder anderen Umweltgütezeichen definiert** sind.

81.19 Nennung von Bezeichnungen für Produktion oder Herkunft oder ein besonderes Verfahren oder auf Marken, Patente, Typen eines bestimmten Ursprungs oder einer bestimmten Produktion (§ 9 Nr. 10)

4202 Soweit es nicht durch den **Auftragsgegenstand gerechtfertigt** ist, darf in technischen Spezifikationen nicht auf eine bestimmte Produktion oder Herkunft oder ein besonderes Verfahren oder auf Marken, Patente, Typen eines bestimmten Ursprungs oder einer bestimmten Produktion verwiesen werden, wenn dadurch bestimmte Unternehmen oder bestimmte Produkte begünstigt oder ausgeschlossen werden. Solche Verweise sind jedoch ausnahmsweise zulässig, wenn der Auftragsgegenstand nicht hinreichend genau und allgemein verständlich beschrieben werden kann; solche Verweise sind mit dem Zusatz „oder gleichwertig" zu versehen.

81.19.1 Allgemeines

4203 Nach seinem Wortlaut lässt § 9 Nr. 10 **zwei Ausnahmen von dem Verbot der Verweisung** auf eine bestimmte Produktion oder Herkunft oder ein besonderes Verfahren oder auf Marken, Patente, Typen eines bestimmten Ursprungs oder einer bestimmten Produktion zu; **einmal ist eine Rechtfertigung durch den Auftragsgegenstand möglich; zweitens ist eine Verweisung dann zulässig, wenn der Auftragsgegenstand nicht hinreichend genau und allgemein verständlich beschrieben werden kann;** solche Verweise sind mit dem Zusatz „oder gleichwertig" zu versehen.

81.19.2 Erster Ausnahmetatbestand

81.19.2.1 Sinn und Zweck

4204 **Die VOB kann ein legitimes Interesse des Auftraggebers, ein bestimmtes Produkt zu verwenden oder eine bestimmte Art der Ausführung zu erhalten, nicht einschränken** (OLG Frankfurt, B. v. 28. 10. 2003 – Az.: 11 Verg 9/03; Saarländisches OLG, B. v. 29. 10. 2003 – Az.: 1 Verg 2/03; 2. VK Bund, B. v. 9. 8. 2006 – Az.: VK 2-77/06; VK Lüneburg, B. v. 12. 5. 2005 – Az.: VgK-15/2005). Gründe für die Vorgabe eines bestimmten Fabrikats können insbesondere in technischen Zwängen liegen, gestalterischen Gründen folgen oder der Zweckmäßigkeit einer einheitlichen Wartung dienen (OLG Frankfurt, B. v. 28. 10. 2003 – Az.: 11 Verg 9/03; 2. VK Bund, B. v. 9. 8. 2006 – Az.: VK 2-77/06; VK Südbayern, B. v. 19. 10. 2004, Az.: 120.3-3194.1-60-08/04; VK Lüneburg, B. v. 12. 5. 2005 – Az.: VgK-15/2005; B. v. 29. 1. 2004 – Az.: 203-VgK-40/2003). Auch die Erweiterung eines Gebäudes kann ein tragfähiger Grund sein (VK Südbayern, B. v. 28. 4. 2005 – Az.: 13-03/05). Hat ein Auftraggeber jedoch bei der Abfassung der Verdingungsunterlagen aufgrund eigener Vorstellungen oder aufgrund einer Beratung durch den Architekten oder ein Ingenieurbüro ein konkretes Leitfabrikat im Auge, genügt es nicht, die technischen Spezifikationen dieses Baustoffes in allen Einzelheiten in das Leistungsverzeichnis zu übernehmen, weil andere Produkte diese technischen Spezifikationen nicht in Gänze erfüllen könnten. Angebote unter Verwendung anderer Fabrikate könnten dann nur als Nebenangebote gewertet werden, die aber nicht in allen Punkten gleichwertig wären. Eine derartige Ausschreibungspraxis würde sowohl gegen § 9 Nr. 10 VOB/A als auch gegen den Wettbewerbsgrundsatz des § 2 Nr. 1 Abs. 2 VOB/A und das Diskriminierungsverbot des § 2 Nr. 2 VOB/A verstoßen (VK Lüneburg, B. v. 30. 10. 2003 – Az.: 203-VgK-21/2003).

4205 Die Vorschriften der Verdingungsordnungen schränken die in der Leistungsbeschreibung vorgenommene Festlegung auf ein bestimmtes Produkt oder eine bestimmte Leistung lediglich dahin ein, dass es **dafür einer sachlichen Rechtfertigung durch die Art der zu vergebenden Leistung bedarf.** Zu einer sachlichen Rechtfertigung bedarf es **objektiver, in der Sache selbst liegender Gründe,** die sich zum Beispiel aus der besonderen Aufgabenstellung des Auftraggebers, aus technischen oder gestalterischen Anforderungen oder auch aus der Nutzung der Sache ergeben können. Allerdings genügt, dass sich die Forderung besonderer Leistungsmerkmale, bezogen auf die Art der zu vergebenden Leistung, „rechtfertigen" lässt, mithin sachlich vertretbar ist, womit dem Umstand Rechnung zu tragen ist, dass in die (auch) kaufmännische Entscheidung des Auftraggebers, welche Leistung mit welchen Merkmalen beschafft werden soll, regelmäßig eine Vielzahl von Gesichtspunkten einfließt, die sich etwa daraus ergeben können, dass sich die auf dem Markt angebotenen Leistungen trotz grundsätzlicher Gleichartigkeit regelmäßig in einer Reihe von Eigenschaften voneinander unterscheiden (VK Südbayern, B. v. 19. 10. 2004, Az.: 120.3-3194.1-60-08/04). Eine **Differenzierung nach solchen Kriterien, soweit sie auf die Art der zu vergebenden Leistung bezogen sind, kann dem Auftraggeber nicht verwehrt werden.** Nach welchen sachbezogenen Kriterien die Beschaffungsentscheidung auszurichten ist, ist ihm (auch in einem Nachprüfungsverfahren) nicht vorzuschreiben. Dem Auftraggeber steht hierbei ein **– letztlich in der Privatautonomie wurzelndes – Beurteilungsermessen** zu, dessen Ausübung im Ergebnis nur darauf kontrolliert werden kann, ob seine Entscheidung sachlich vertretbar ist (OLG Düsseldorf, B. v. 14. 4. 2005 – Az.: VII – Verg 93/04).

81.19.2.2 Objektive Kriterien

Maßgebend für die Vorgabe von bestimmten Erzeugnissen oder Verfahren dürfen hierbei immer **nur die Eigenart und Beschaffenheit der zu vergebenden Leistung** und **nicht die subjektiven Erwägungen und Überlegungen des öffentlichen Auftraggebers** sein (2. VK Bund, B. v. 8. 8. 2003 – Az.: VK 2-52/03; OLG Düsseldorf, B. v. 14. 3. 2001 – Az.: Verg 32/00). 4206

81.19.2.3 Sachliche Vertretbarkeit

Bestimmte Erzeugnisse oder Verfahren dürfen nur dann vorgeschrieben werden, wenn dies durch die Art der zu vergebenden Leistung gerechtfertigt ist. Hierbei **genügt grundsätzlich, dass sich eine solche Ausnahme unter technischen Gesichtspunkten rechtfertigen lässt, also sachlich vertretbar** ist (OLG Düsseldorf, B. v. 6. 7. 2005 – Az.: VII – Verg 26/05; VK Hessen, B. v. 13. 10. 2005 – Az.: 69 d VK – 69/2005; 2. VK Bund, B. v. 8. 8. 2003 – Az.: VK 2-52/03). Entscheidend ist dann, ob aufgrund der vom Auftraggeber geltend gemachten besonderen Umstände des Einzelfalls ein **legitimes Interesse anzuerkennen ist, ein bestimmtes Produkt vorzuschreiben** (OLG Frankfurt, B. v. 28. 10. 2003 – Az.: 11 Verg 9/03). 4207

Damit wird **dem Umstand Rechnung getragen,** dass in die (auch kaufmännische) Entscheidung des Auftraggebers, welche Leistung mit welchen Merkmalen nachgefragt und ausgeschrieben werden soll, regelmäßig **eine Vielzahl von Gesichtspunkten einfließt,** die sich etwa daraus ergeben, dass sich die auf dem Markt angebotenen Leistungen trotz grundsätzlicher Gleichartigkeit regelmäßig in einer Reihe von Eigenschaften unterscheiden. Eine **Differenzierung nach solchen Kriterien,** soweit sie auf die Art der zu vergebenden Leistung bezogen sind, **kann dem Auftraggeber nicht verwehrt werden,** und nach welchen sachbezogenen Kriterien er seine Entscheidung auszurichten hat, **ist ihm im Nachprüfungsverfahren nicht vorzuschreiben** (OLG Düsseldorf, B. v. 14. 3. 2001 – Az.: Verg 32/00). 4208

81.19.2.4 Aufwand in Bezug auf Ersatzteilhaltung, Mitarbeiterschulung und Wartungsarbeiten

Von dem grundsätzlichen Gebot der Produktneutralität darf nur abgewichen werden, wenn dies ausnahmsweise durch die Art der geforderten Leistung gerechtfertigt ist. Muss sich z. B. eine **ausgeschriebene Anlage in eine Gesamtliegenschaft einfügen, die bereits mit Geräten von bestimmten Herstellern ausgestattet ist,** bestehen berechtigte Interessen an der konkreten Produktvorgabe. Die **Gründe, z. B. den mit der MSR-Technik für die Universität und die Universitätskliniken verbundenen Aufwand in Bezug auf Ersatzteilhaltung, Mitarbeiterschulung und Wartungsarbeiten in einem wirtschaftlich vertretbaren Rahmen zu halten,** entsprechen der gebotenen wirtschaftlichen Beschaffung und genügen für die Zulässigkeit der Produktvorgabe. In dieser besonderen Situation erscheint eine auf spezielle Produkte zugeschnittene Ausschreibung gerechtfertigt (BayObLG, B. v. 15. 9. 2004 – Az.: Verg 026/03; Saarländisches OLG, B. v. 29. 10. 2003 – Az.: 1 Verg 2/03; OLG Frankfurt, B. v. 28. 10. 2003 – Az.: 11 Verg 9/03; 1. VK Sachsen, B. v. 23. 1. 2004 – Az.: 1/SVK/160-03). 4209

In solchen Fällen muss der **Auftraggeber darlegen, inwieweit und nach welchen Kriterien er eine Ersatzteillagerung vornimmt.** Ersatzteile sind nämlich jederzeit bei den Herstellern z. B. von Beschlägen bestellbar. Aus Sicht der Vergabekammer ist bei einem Defekt da- 4210

Teil 3 VOB/A § 9   Vergabe- und Vertragsordnung für Bauleistungen Teil A

her weniger eine Lagerhaltung bei dem Auftraggeber notwendig, als vorrangig eine Beschaffung bei dem Hersteller zu gewährleisten. Der Auftraggeber kann sich hierfür zur Absicherung bei der Auftragsvergabe die Gewährleistung einer Ersatzteilversorgung über einen bestimmten Zeitraum vertraglich zusichern lassen. Aber selbst wenn man unterstellt, es ist eine gewisse Vorhaltung von Ersatzteilen erforderlich, so sind in bestimmten Fällen nur relativ wenige und vor allem kleine Ersatzteile von z. B. bestimmten anfälligeren Teilen der Beschläge (z. B. Schließmechanismus der Auszugssperre) vorzuhalten. **Hierfür ist keine umfangreiche Bereithaltung von Lagerkapazitäten erforderlich, die einen Ausschluss des Wettbewerbs rechtfertigt** (2. VK Bund, B. v. 23. 1. 2006 – Az.: VK 2-168/05).

81.19.2.5 Schnittstellenrisiko

4211   Ein öffentlicher Auftraggeber muss sich nicht darauf verweisen lassen, dass ein Bieter anbietet, durch Installation einer produktneutralen Schnittstelle die Kompatibilität – etwa im Mess-, Steuer- und Regeltechnikbereich bzw. Elektronikbereich – erst herzustellen. Allein die **Notwendigkeit einer zusätzlichen Anbindung begründet ein Risiko, welches der Auftraggeber unter Berücksichtigung seiner legitimen Risiken nicht übernehmen muss** (OLG Frankfurt, B. v. 28. 10. 2003 – Az.: 11 Verg 9/03; 1. VK Sachsen, B. v. 23. 1. 2004 – Az.: 1/SVK/160-03).

4212   Zu **Abwägungsfragen bei Schnittstellenrisiken im IuK- und EDV-Bereich** vgl. die Kommentierung zu § 8 VOL/A RZ 6665.

81.19.2.6 Wahl zwischen nur zwei Systemen

4213   Stehen **nur zwei innovative Systeme zu Gebote und besitzt noch keines eine allgemeine Zulassung,** so sind keine durchgreifenden Gründe erkennbar, dass die Vergabestelle nicht sich für eines entscheiden, die Einzelzulassung aus Gründen der Verfahrensbeschleunigung und der Kostenbegrenzung betreiben und einzelsystemspezifisch ausschreiben dürfte. Andernfalls stünde sie in der Gefahr, die auf die beiden innovativen Systeme hin ausgerichteten Angebote, welche sie breit abgerufen hatte, selbst einer Zulassung zuführen zu müssen. In dieser aufgezeigten besonderen Situation erscheint **eine auf ein spezielles System zugeschnittene Ausschreibung gerechtfertigt** (OLG Stuttgart, B. v. 15. 1. 2003 – Az.: 2 Verg 17/02).

81.19.2.7 Festlegung auf nur ein Produkt

4214   Nach Auffassung der VK Münster **kann auch eine Leistungsbeschreibung auf ein als einziges derzeit marktgängiges Produkt hinauslaufen.** Dies führt nicht per se zu einer wettbewerbsfeindlichen Verengung des Angebotsmarktes, die durch § 9 Nr. 5 Abs. 1 VOB/A verhindert werden soll. Wenn nämlich die Bieter sich dieses Produkt besorgen können und die Bieter von der Möglichkeit eines Bezugs von der Herstellerfirma weder aus rechtlichen noch aus tatsächlichen Gründen ausgeschlossen sind, haben sie auch die Möglichkeit, sich dieses Produkt zu „besorgen" und in ihrem Angebot anzubieten. Dass dies nicht wirtschaftlich ist, wenn man selbst ein ähnliches Produkt herstellt, kann nicht zum Anlass genommen werden, der Vergabestelle vorzuhalten, dass sie ein Produkt mit ganz bestimmten technischen Merkmalen nicht fordern darf (VK Münster, B. v. 20. 4. 2005 – Az.: VK 6/05).

81.19.2.8 Bestimmte Art der Ausführung

4215   Die geforderte Leistung (Ausführung einer Sprinkleranlage) **rechtfertigt eine Festlegung auf eine bestimmte Art der Ausführung** (Bau einer Sprinkleranlage nur durch ein Unternehmen, das auf der Errichterliste der VdS Schadensverhütung GmbH steht) aber **nur, wenn eine andere Art der Ausführung für den Bauherrn unzumutbare Härten oder wirtschaftliche Nachteile** mit sich bringen würden. Findet sich dafür kein Hinweis und ist die entsprechende Position des Leistungsverzeichnisses auch nicht mit dem Zusatz „oder gleichwertiger Art" versehen, stellt dies einen Verstoß gegen § 9 Nr. 10 VOB/A dar, der den Bieter in seinen Rechten verletzt (VK Südbayern, B. v. 4. 10. 2001 – Az.: 31-09/01).

4216   Das **Thüringer OLG zieht die Grenzen insoweit deutlich enger.** Der öffentliche **Auftraggeber darf nicht nur ein spezielles technologisches** – unter mehreren für die Aufgabenstellung theoretisch in Betracht kommenden – Verfahren (z. B. Hochdruck- oder Niederdruckwassernebelsystem) **näher untersuchen und zur Feststellung gelangen, dass gerade dieses Verfahren exakt seinen Wünschen und Anforderungen genügt.** Eine solche Vorgehensweise entspricht weder den Grundsätzen einer sparsamen und wirtschaftlichen Haushaltsführung noch den Vorgaben des Wettbewerbsprinzips. Hiernach ist der Auftraggeber vielmehr gehalten, vor Festlegung der Ausschreibungsbedingungen sich einen möglichst breiten Überblick über die in Betracht kommenden Lösungsvarianten zu verschaffen und diese nicht gleichsam schon ex ante auszublenden. Nur so ist gewährleistet, dass die Beschaffung tatsächlich in der technisch und wirtschaftlich effizientesten Weise erfolgt. **Schließt daher die Vergabestelle kraft der Definition ihrer Ausschreibungsbedingungen ausdrücklich oder inzident** – durch Vorgabe bestimmter Parameter – **ein Verfahren aus, hat sie nicht nur zu prüfen, ob die zugelassene Lösung den Ausschreibungszweck erfüllt, sondern darüber hinaus zu prüfen und positiv festzustellen, dass und aus welchen Gründen ein hiernach ausgeschlossenes Verfahren nicht geeignet erscheint.** Zwar wird man der Vergabestelle im Rahmen einer solchen Prüfung eine gewisse **Einschätzungsprärogative** zubilligen müssen, da sie die Schwerpunkte und Nuancen ihrer Wünsche und Vorstellungen bezogen auf die Leistungsanforderungen am besten kennt. Das entbindet sie aber andererseits nicht, ihren zur Verfügung stehenden Beurteilungsspielraum auch auszuschöpfen und in eigener Verantwortung eine substantiierte Einschätzung zu treffen (Thüringer OLG, B. v. 26. 6. 2006 – Az.: 9 Verg 2/06).

81.19.2.9 Angabe von Leitfabrikaten für die Art der Dachabdichtung bei Flachdächern

Die Montage eines Flachdaches mag zwar bestimmte Erzeugnisse, wie Plastomerbitumen-Schweißbahnen, bedingen. **Nicht unumgänglich notwendig ist aber die Bezeichnung für diese bestimmten Erzeugnisse in Form der Angabe eines Leitfabrikats. Denn es ist möglich, die Art der Dachabdichtung und die hierfür verwendeten Erzeugnisse durch hinreichend genaue und allgemein verständliche Bezeichnungen zu beschreiben.** Auch der Zusatz „oder gleichwertiger Art" bzw. die Vorgaben im Leistungsverzeichnis, welchen Anforderungen andere als die angegebenen Fabrikate genügen sollten, führt deshalb nicht zu einer ordnungsgemäßen Leistungsbeschreibung (BayObLG, B. v. 15. 9. 2004 – Az.: Verg 026/03). 4217

81.19.3 Zweiter Ausnahmetatbestand

81.19.3.1 Sinn und Zweck

Leitfabrikate dürfen nur ausnahmsweise verwendet werden, wenn eine Beschreibung durch hinreichend genaue, allgemein verständliche Bezeichnungen nicht möglich ist. Grund für diese Einschränkung ist, dass man im Allgemeinen davon ausgehen muss, dass es **Sache der Bieter** ist, **aufgrund ihrer Sach- und Fachkunde die für die Ausführung der Leistung notwendigen Erzeugnisse oder Verfahren auszuwählen.** Dies ergibt sich daraus, dass sie insoweit die Leistung unter eigener Verantwortung eigenständig und selbstständig auszuführen haben (§ 4 Nr. 2 VOB/B). Außerdem **schließt der Auftraggeber** – oft zum eigenen Nachteil – **den technischen und kaufmännischen Wettbewerb** aus, wenn er bestimmte Erzeugnisse oder Verfahren vorschreibt, da die unnötige Nennung eines Richtfabrikates die potenziellen Bewerber in Richtung dieses Richtfabrikates lenkt und somit den Wettbewerb negativ beeinflusst (BayObLG, B. v. 15. 9. 2004 – Az.: Verg 026/03; VK Südbayern, B. v. 28. 4. 2005 – Az.: 13-03/05; B. v. 19. 10. 2004, Az.: 120.3-3194.1-60-08/04; VK Lüneburg, B. v. 12. 5. 2005 – Az.: VgK-15/2005; B. v. 29. 1. 2004 – Az.: 203-VgK-40/2003; VK Halle, B. v. 21. 12. 2000 – Az.: VK Hal 22/00). Eine zusätzliche negative Begleiterscheinung der Nennung eines Richtfabrikates ist auch, dass es **potenziellen Bewerbern nur sehr schwer möglich** ist, die **Gleichwertigkeit** eines anderen Produktes oder Systems **gegenüber dem Richtfabrikat nachzuweisen** (VK Halle, B. v. 21. 12. 2000 – Az.: VK Hal 22/00). 4218

Aus dem Wortlaut „sind nur ausnahmsweise zulässig" folgt, dass eine Ausschreibung für bestimmte Produkte jedenfalls die Ausnahme zu sein hat; **§ 9 Nr. 10 VOB/A ist eng auszulegen** (BayObLG, B. v. 15. 9. 2004 – Az.: Verg 026/03; VK Berlin, B. v. 15. 2. 2006 – Az.: VK – B 1-63/05; VK Lüneburg, B. v. 12. 5. 2005 – Az.: VgK-15/2005). 4219

81.19.3.2 Inhaltliche Konsequenzen aus der Verwendung von Leitfabrikaten

Werden die **Anforderungen an die Leistung** nicht nur durch die ausdrückliche Angabe von Anforderungen im Leistungsverzeichnis, sondern **erkennbar auch durch nicht genannte Eigenschaften von Leitfabrikaten beschrieben, sind alle Eigenschaften der Leitfabrikate, die Bezug zu Gebrauchstauglichkeit, Sicherheit und Gesundheit haben, zwin- 4220

Teil 3 VOB/A § 9   Vergabe- und Vertragsordnung für Bauleistungen Teil A

gende Anforderungen an die Leistung. Ist dies nicht gewollt, muss der Auftraggeber verdeutlichen, welche Eigenschaften des Leitfabrikats zwingend und welche entbehrlich sind. Bereits **geringfügige Unterschreitungen der durch die Vorgabe des Leitfabrikats geschaffenen Anforderungen bedeuten, dass die betreffende Anforderung nicht im gleichen Maße erfüllt wird** und das Fabrikat hinsichtlich dieser Anforderung nicht den gleichen Wert besitzt (VK Thüringen, B. v. 1. 3. 2002 – Az.: 216-4002.20-004/02-EF-S). Dies kann auch nicht durch eine höhere Wertigkeit bei einer anderen Anforderung ausgeglichen werden. Beispielsweise ist ein Weniger an Brandsicherheit nicht durch ein Mehr an Schallschutz kompensierbar (VK Münster, B. v. 15. 1. 2003 – Az.: VK 22/02).

81.19.3.3 Praxis der Leistungsbeschreibungen

4221   Eine Vorgabe von Leitfabrikaten ist ausnahmsweise nur dann zulässig, wenn eine Beschreibung durch hinreichend genaue, allgemein verständliche Vorschriften nicht möglich ist. Dies müsste eigentlich in den seltensten Fällen einschlägig sein. Diese Einschränkung der Vorschrift wird jedoch nach Kenntnis der Vergabekammern nicht immer wahrgenommen: Es **entspricht vielfältiger Praxis, dass sich Vergabestellen, ob mit oder ohne Unterstützung durch Planungsbüros, bereits vor der Ausschreibung für ein bestimmtes Produkt oder System entscheiden.** Die technischen Spezifikationen werden sodann – mehr oder weniger kleinteilig – in der Leistungsverzeichnis übernommen (1. VK Sachsen, B. v. 13. 9. 2002 – Az.: 1/SVK/080-02).

81.19.3.4 Zwingende Verwendung des Zusatzes „oder gleichwertiger Art"

4222   Voraussetzung für die ausnahmsweise Zulässigkeit oder Verwendung von Hersteller- und/oder Markennamen u. ä. ist, dass diese mit dem **Zusatz „oder gleichwertiger Art"** verwendet werden (VK Berlin, B. v. 15. 2. 2006 – Az.: VK – B 1-63/05; VK Lüneburg, B. v. 30. 10. 2003 – Az.: 203-VgK-21/2003).

81.19.3.5 Ersetzung des Zusatzes „oder gleichwertiger Art" durch die Möglichkeit der Abgabe von Nebenangeboten

4223   Der Umstand, dass ein öffentlicher Auftraggeber die Festlegung eines Fabrikats nicht mit dem Zusatz oder „gleichwertiger Art" entsprechend § 9 Nr. 10 VOB/A versehen hat, führt nicht dazu, dass **Angebote gleichwertiger Art im Sinne dieser Vorschrift von der Wertung ausgeschlossen werden, da Nebenangebote ausdrücklich zugelassen waren.** Hätte der Auftraggeber diesen Zusatz in die Ausschreibung jeweils bei der Angabe des gewünschten Herstellers aufgenommen, hätte das Angebot eines Bieters und die Wertung keinen anderen Inhalt gehabt (VK Hessen, B. v. 16. 6. 2003 – Az.: 69d VK – 19/2003; 1. VK Sachsen, B. v. 23. 1. 2004 – Az.: 1/SVK/160-03).

81.19.3.6 Weitere Beispiele aus der Rechtsprechung

4224   – so sind z.B. im Falle von Sanierungen, Um- und Erweiterungsbauten **bestimmte gestalterische Anforderungen hinsichtlich eines einheitlichen Gestaltungsbildes denkbar. Die Festlegung auf einen bestimmten Farbton sowie Technische Daten hinsichtlich Druckfestigkeit, Wasseraufnahme etc. eines Steinfußbodens sind mit den Anforderungen für eine neutrale Leistungsbeschreibung nicht vereinbar** (VK Hessen, B. v. 13. 10. 2005 – Az.: 69d VK – 69/2005)

81.19.4 Unzulässige Verengung des Wettbewerbes durch Definitionen der Leistungsbeschreibung

4225   Eine **Behinderung des Wettbewerbs** liegt im Übrigen nicht erst dann vor, wenn Merkmale des geforderten Produkts durch einen Produkt- oder Markennamen bezeichnet werden, sondern **bereits dann, wenn das Leistungsverzeichnis nach Form, Stofflichkeit, Aussehen und technischen Merkmalen so präzise definiert ist, dass dem Bieter keinerlei Ausweichmöglichkeit mehr bleibt.** Hierbei kommt es nicht auf die Feststellung einer subjektiven Absicht der Vergabestelle an, bestimmte Unternehmen zu bevorzugen zu wollen. Entscheidend ist vielmehr die Frage, ob die **Leistungsbeschreibung bei objektiver Betrachtung geeignet** ist, **bestimmte Unternehmen oder Erzeugnisse bevorzugen zu wollen** (Thüringer OLG, B. v. 26. 6. 2006 – Az.: 9 Verg 2/06; 1. VK Sachsen, B. v. 7. 2. 2003 – Az.: 1/SVK/007-03).

81.19.5 Literatur

- Ax, Thomas/Ortlinghaus, Julica, Produkt- und materialbezogene Ausschreibungen in den neuen Mitgliedstaaten, NZBau 2005, 676   4226
- Schneider, Matthias/Häfner, Sascha, Erhebliche rechtliche Schwierigkeiten – Beschaffung von Computern für Schulen, Behörden Spiegel Februar 2006, 20

81.20 Leistungsbeschreibung mit Leistungsverzeichnis (Nr. 11–14)

81.20.1 Allgemeines

Die Leistung soll in der Regel durch eine allgemeine Darstellung der Bauaufgabe (Baubeschreibung) und ein in Teilleistungen gegliedertes Leistungsverzeichnis beschrieben werden.   4227

81.20.1.1 Richtlinie des VHB 2002 zu § 9 Nr. 11

Vor dem Aufstellen der Leistungsbeschreibung müssen die Pläne, insbesondere die Ausführungszeichnungen, soweit sie nicht vom Auftragnehmer zu beschaffen sind, und die Mengenberechnungen rechtzeitig vorliegen (Ziffer 2.1).   4228

Die Leistungsbeschreibung ist zu gliedern in   4229
- die Baubeschreibung,
- das Leistungsverzeichnis, bestehend aus den Vorbemerkungen und der Beschreibung der Teilleistungen

(Ziffer 2.2).

81.20.1.2 Regelung des HVA B-StB 03/2006 zu § 9 Nr. 11

Beim Aufstellen der Leistungsbeschreibung ist insbesondere § 9 VOB/A zu beachten. Im **Regelfall ist die Leistungsbeschreibung mit Leistungsverzeichnis** gemäß § 9 Nrn. 11 bis 14 VOB/A aufzustellen. Die **Leistungsbeschreibung mit Leistungsprogramm** gemäß § 9 Nrn. 15 bis 17 VOB/A soll **nur im Ausnahmefall** angewendet werden (Ziffer 1.4 Nr. 1).   4230

Die Leistungsbeschreibung mit Leistungsverzeichnis umfasst im Regelfall   4231
- Titelblatt,
- Baubeschreibung,
- Leistungsverzeichnis,
- Anlagen für Bietereintragungen,
- Sonstige Anlagen

(Ziffer 1.4 Nr. 2).   4232

81.20.2 Baubeschreibung (§ 9 Nr. 11)

81.20.2.1 Allgemeines

Die **Baubeschreibung,** die als Teil des Leistungsverzeichnisses die allgemeine Darstellung des Bauauftrags zum Gegenstand hat, **enthält die Angaben, die zum Verständnis der Bauaufgabe und zur Preisermittlung erforderlich sind und die sich nicht aus der Beschreibung der einzelnen Teilleistungen unmittelbar ergeben.** Die Baubeschreibung **steht unter der zwingenden Regelung des § 9 Nr. 1 Satz 1 VOB/A,** nach der die Leistung eindeutig und so erschöpfend zu beschreiben ist, dass die Bewerber die Beschreibung im gleichen Sinne verstehen müssen und ihre Preise sicher und ohne umfangreiche Vorarbeiten berechnen können. Sie hat sich auf **technische Angaben zum Verständnis der Bauaufgabe** zu beschränken, dient aber nicht dazu, die Voraussetzungen aufzustellen, die für eine Teilnahme am Wettbewerb zwingend erforderlich sind (BayObLG, B. v. 28. 5. 2003 – Az.: Verg 6/03). Es ist also kein Sinn und Zweck der Baubeschreibung, festzulegen, **welche Erklärungen im Angebot enthalten sein müssen und damit zwingend zur Vertragsbedingung werden** (VK Nordbayern, B. v. 1. 4. 2003 – Az.: 320.VK-3194-08/03).   4233

Deshalb gehören **nicht in die Baubeschreibung rechtliche Vertragsbedingungen über die Preisermittlungen.** Solche Bedingungen sind im Rahmen einer Baubeschreibung über-   4234

Teil 3 VOB/A § 9   Vergabe- und Vertragsordnung für Bauleistungen Teil A

raschende Klauseln und damit nach § 305 c Abs. 1 BGB unwirksam** (VK Brandenburg, B. v. 30. 4. 2004 – Az.: VK 13/04).

81.20.2.2 Forderung nach einem Bauzeitenplan

4235   **81.20.2.2.1 Sinn und Zweck des Bauzeitenplans.** Ein **Bauzeitenplan beschreibt den Bauablauf in zeitlicher Hinsicht** und stellt als solcher **in der Regel ein Betriebsinternum des Auftragnehmers** dar; er kann zwar auch der Feststellung des Auftraggebers dienen, ob der Bieter zeitlich plausibel in der Lage ist, die Bauleistung zu bewältigen; er ermöglicht dem Auftraggeber vor Vertragsschluss, den geplanten Ablauf auf Übereinstimmung mit etwaigen Vertragsterminen, auf innere Stimmigkeit, auf korrekte Mengenansätze und auf plausible Zeitverbrauchsparameter zu überprüfen. In der Regel bildet der **Bauzeitenplan keinen Beleg für die Eignung,** sondern **soll der Vergabestelle einen leichteren Überblick über den Ablauf der Bauleistung** und deren Koordination mit anderen Unternehmen ermöglichen. Bauzeitenpläne, zumal vom Unternehmer erstellt, haben in der Regel also nur Kontrollfristenqualität. Denn im Allgemeinen hat der Auftraggeber nur ein Interesse daran, dass die Vertragsleistung in ihrer Gesamtheit fristgerecht begonnen und beendet wird; dagegen unterliegt der Zeitraum zwischen Beginn und Vollendung grundsätzlich der Disposition des Unternehmers (BayObLG, B. v. 28. 5. 2003 – Az.: Verg 6/03).

4236   **81.20.2.2.2 Forderung nach einem Bauzeitenplan zur Angebotsabgabe. 81.20.2.2.2.1 Grundsatz.** Der öffentliche Auftraggeber **kann auch die Forderung nach Vorlage eines Bauzeitenplanes bereits zur Angebotsabgabe aufstellen.** Er muss diese Forderung dann klar und eindeutig entweder in der Bekanntmachung oder im Anschreiben (Aufforderung zur Angebotsabgabe) stellen und **die für die Bieter notwendigen Fristen angeben** (VK Nordbayern, B. v. 1. 4. 2003 – Az.: 320.VK-3194-08/03).

4237   **81.20.2.2.2.2 Forderung nach einem Bauzeitenplan zur Angebotsabgabe in der Baubeschreibung.** Nach Auffassung der VK Nordbayern **kann ein Bauzeitenplan zur Angebotsabgabe in der Baubeschreibung nicht gefordert werden.** Nach § 9 Nr. 11 VOB/A soll die Baubeschreibung dazu dienen, die Leistung durch eine allgemeine Darstellung der Bauaufgabe zu beschreiben. Dazu sind von Auftraggeberseite allgemeine Angaben zu machen, die zum Verständnis der Bauaufgabe und zur Preisermittlung erforderlich sind. In diesem Zusammenhang steht die Forderung, vor Baubeginn einen Bauzeitenplan vorzulegen. Der Auftraggeber möchte anhand des Bauzeitenplanes prüfen, ob die in den Besonderen Vertragsbedingungen festgelegte Baufrist sicher eingehalten wird. Dazu reicht es aus, dass der Bauzeitenplan rechtzeitig vor Beginn der Bauarbeiten vorgelegt wird (VK Nordbayern, B. v. 1. 4. 2003 – Az.: 320.VK-3194-08/03).

81.20.2.3 Richtlinie des VHB 2002 zur Baubeschreibung

4238   In der Baubeschreibung sind die allgemeinen Angaben zu machen, die zum Verständnis der Bauaufgabe und zur Preisermittlung erforderlich sind und die sich nicht aus der Beschreibung der einzelnen Teilleistungen unmittelbar ergeben. Hierzu gehören – abhängig von den Erfordernissen des Einzelfalles – z. B. Angaben über

– Zweck, Art und Nutzung des Bauwerks bzw. der technischen Anlage,
– ausgeführte Vorarbeiten und Leistungen,
– gleichzeitig laufende Arbeiten,
– Lage und örtliche Gegebenheiten, Verkehrsverhältnisse,
– Konstruktion des Bauwerks bzw. Konzept der technischen Anlage.

81.20.2.4 Regelung des HVA B-StB 03/2006 zur Baubeschreibung

4239   In der „Baubeschreibung" ist eine allgemeine Darstellung der Bauaufgabe zu geben. Darin sind alle objektbezogenen Angaben, Anforderungen und Bedingungen aufzunehmen, die zur Beschreibung der Leistung neben dem „Leistungsverzeichnis" erforderlich sind und dem Verständnis der Beschreibung der einzelnen Teilleistungen dienen. Leistungen, die sich nach Art und Umfang bestimmen lassen, sind nicht in der Baubeschreibung anzugeben, sondern als Positionen in das „Leistungsverzeichnis" aufzunehmen (Ziffer 1.4 Nr. 7).

4240   Die Baubeschreibung ist wie folgt zu gliedern:
1. Allgemeine Beschreibung der Leistung
2. Angaben zur Baustelle

3. Angaben zur Ausführung
4. Ausführungsunterlagen
5. Zusätzliche Technische Vertragsbedingungen
(Ziffer 1.4 Nr. 8)

81.20.3 In Teilleistungen gegliedertes Leistungsverzeichnis (§ 9 Nr. 11)

81.20.3.1 Richtlinie des VHB 2002 zum Leistungsverzeichnis

Im Leistungsverzeichnis sind ausschließlich Art und Umfang der zu erbringenden Leistungen sowie alle die Ausführung der Leistung beeinflussenden Umstände zu beschreiben. 4241

Allgemeine, für die Ausführung wichtige Angaben, z.B. Ausführungsfristen, Preisform, Zahlungsweise, Sicherheitsleistung, etwaige Gleitklauseln, Verjährungsfrist für Mängelansprüche sind **in den Besonderen Vertragsbedingungen** zu machen (vgl. Anlage zu § 10 A VHB). 4242

In die **Vorbemerkungen zum Leistungsverzeichnis dürfen nur Regelungen technischen Inhalts** aufgenommen werden, die einheitlich für alle beschriebenen Leistungen gelten. Wiederholungen oder Abweichungen von Allgemeinen und Zusätzlichen Technischen Vertragsbedingungen sind zu vermeiden. 4243

Die **technischen Anforderungen gemäß Anhang TS** (§ 9 Nr. 5 VOB/A) werden in den Verdingungsunterlagen zutreffend festgelegt, wenn die Texte für die Leistungsbeschreibung dem Standardleistungsbuch entnommen werden. Im Übrigen darf auf deutsche Normen oder andere deutsche Regelwerke nur noch unter den in § 9 Nr. 4 Abs. 3 und 4 VOB/A genannten Voraussetzungen Bezug genommen werden. 4244

Die **Ausführung der Leistung beeinflussende Umstände, beispielsweise technische Vorschriften,** Angaben zur Baustelle, zur Ausführung oder zu Arbeitserschwernissen, sind **grundsätzlich bei der Ordnungszahl (Position) anzugeben.** Nur wenn sie einheitlich für einen Abschnitt gelten oder für alle Leistungen, sind sie dem Abschnitt bzw. dem Leistungsverzeichnis in den Vorbemerkungen voranzustellen. 4245

Bei der **Aufgliederung der Leistung in Teilleistungen** dürfen **unter einer Ordnungszahl nur Leistungen erfasst werden, die technisch gleichartig sind und unter den gleichen Umständen ausgeführt werden,** damit deren Preis auf einheitlicher Grundlage ermittelt werden kann. 4246

Bei der **Ordnungszahl sind insbesondere anzugeben:** 4247
– die Mengen aufgrund genauer Mengenberechnungen,
– die Art der Leistungen mit den erforderlichen Erläuterungen über Konstruktion und -Baustoffe,
– die einzuhaltenden Maße mit den gegebenenfalls zulässigen Abweichungen (Festmaße, Mindestmaße, Höchstmaße),
– besondere technische und bauphysikalische Forderungen wie Lastannahmen, Mindestwerte der Wärmedämmung und des Schallschutzes, Mindestinnentemperaturen bei bestimmter Außentemperatur, andere wesentliche, durch den Zweck der baulichen Anlage (Gebäude, Bauwerk) bestimmte Daten,
– besonders örtliche Gegebenheiten, z.B. Baugrund, Wasserverhältnisse, Altlasten,
– andere als die in den Allgemeinen Technischen Vertragsbedingungen vorgesehenen Anforderungen an die Leistung,
– besondere Anforderungen an die Qualitätssicherung,
– die zutreffende Abrechnungseinheit entsprechend den Vorgaben im Abschnitt 05 der jeweiligen Allgemeinen Technischen Vertragsbedingungen (ATV),
– besondere Abrechnungsbestimmungen, soweit in VOB/C keine Regelung vorhanden ist.

81.20.4 Zeichnerische Darstellung der Leistung oder durch Probestücke (§ 9 Nr. 12)

81.20.4.1 Vorrang der schriftlichen Leistungsbeschreibung

Es kann **dahinstehen,** ob die schriftliche Leistungsbeschreibung den Ergänzungsmitteln zumindest dann vorgeht, wenn kein eindeutiger Hinweis auf die Maßgeblichkeit der Zeichnung in 4248

Teil 3 VOB/A § 9 Vergabe- und Vertragsordnung für Bauleistungen Teil A

der Leistungsbeschreibung im Sinne von § 9 Nr. 12 VOB/A enthalten ist, ob schriftliche und zeichnerische Darstellung grundsätzlich gleichwertig sind oder ob es im Einzelfall auf eine Auslegung dessen ankommt, was aus Sicht des objektiven Empfängers zu erwarten war (Brandenburgisches OLG, Urteil vom 17. 1. 2002 – Az.: 12 U 126/01).

4249   Es ist jedenfalls nicht die Regel, sondern die Ausnahme, die Leistung über die allgemeine Beschreibung der Bauaufgabe und ein in Teilleistungen gegliedertes Leistungsverzeichnis hinaus vorab auch noch zeichnerisch, etwa durch Pläne, darzustellen (vgl. § 9 Nr. 11 und Nr. 12 VOB/A). **In der Regel sind nämlich Zeichnungen und Pläne nur notwendig, wenn dies nach der besonderen Art der Leistung zu einer klaren Darstellung erforderlich ist** (BayObLG, B. v. 17. 11. 2004 – Az.: Verg 016/04).

81.20.4.2 Darstellung in einer Entwurfsplanung

4250   **Wesen der Entwurfsplanung** ist es, dass diese **nicht letztverbindlich die tatsächlich bei der Errichtung anfallenden Mengen und Massen wiedergibt.** Die endgültigen Mengen und Massen sind **vielmehr erst in der Ausführungsplanung enthalten,** die aus der Entwurfsplanung entwickelt wird, dementsprechend allerdings auch von dieser noch abweichen kann soweit sich aus den statischen und konstruktiven Erfordernissen Änderungserfordernisse ergeben (Brandenburgisches OLG, Urteil vom 17. 1. 2002 – Az.: 12 U 126/01).

81.20.4.3 Richtlinie des VHB 2002 zu § 9 Nr. 12 (Pläne)

4251   Pläne, die zur zeichnerischen Erläuterung der Leistung beigefügt werden, dienen der Ergänzung und Verdeutlichung; sie entbinden nicht von der Pflicht zur umfassenden Beschreibung der Teilleistungen (Ziffer 6.4).

81.20.5 Nebenleistungen/Besondere Leistungen (§ 9 Nr. 13)

4252   Leistungen, die nach den Vertragsbedingungen, den Technischen Vertragsbedingungen oder der gewerblichen Verkehrssitte zu der geforderten Leistung gehören (§ 2 Nr. 1 VOB/B), brauchen nicht besonders aufgeführt zu werden.

81.20.5.1 Gerüststellung für eigene Arbeiten

4253   Soweit ein vom öffentlichen Auftraggeber verlangtes **Gerüst für die eigenen Arbeiten des Auftragnehmers** erforderlich ist, handelt es sich insoweit **um eine Nebenleistung,** wie sie in verschiedenen DIN-Regelungen vorgesehen ist. Der Auftragnehmer kann seine Vertragsleistung nur mit einem Gerüst erbringen, und deshalb gehört die Gerüststellung notwendigerweise dazu (BGH, Urteil vom 8. 9. 1998 – Az.: X ZR 85/97).

4254   Zu der Vorhaltung für andere Arbeiten vgl. die Kommentierung RZ 4166.

81.20.5.2 Richtlinie des VHB 2002 zu § 9 Nr. 13

4255   **Nebenleistungen** im Sinne des Abschn. 4.1 der ATV DIN 18299 und 18300ff. sind **Teile der Leistung, die auch ohne Erwähnung im Vertrag zur vertraglichen Leistung gehören** (§ 2 Nr. 1 VOB/B). Sie werden deshalb von der Leistungspflicht des Auftragnehmers erfasst und mit der für die Leistung vereinbarten Vergütung abgegolten, auch wenn sie in der Leistungsbeschreibung nicht erwähnt sind. **Nebenleistungen sind grundsätzlich nicht in die Leistungsbeschreibung aufzunehmen.** Sie sind jedoch **ausnahmsweise unter einer besonderen Ordnungszahl im Leistungsverzeichnis** zu erfassen, wenn ihre **Kosten von erheblicher Bedeutung für die Preisbildung sind** und deshalb eine selbständige Vergütung – anstelle der Abgeltung mit den Einheitspreisen – zur Erleichterung einer ordnungsgemäßen Preisermittlung und Abrechnung geboten ist (vgl. Abschnitt 0.4.1 der ATV DIN 18299). Hierzu gehören **z.B. das Einrichten und Räumen der Baustelle** (vgl. Nr. 6.5), soweit sie erhebliche Kosten erwarten lassen (Ziffer 3.1.1).

4256   Die **Aufzählung in Nr. 4.1 der ATV DIN 18299 und 18300ff. umfasst die wesentlichen Nebenleistungen.** Sie ist nicht abschließend, weil der Umfang der gewerblichen Verkehrssitte nicht für alle Teilleistungen umfassend und verbindlich bestimmt werden kann (Ziffer 3.1.2).

4257   **Besondere Leistungen** im Sinne des Abschnitts 4.2 der ATV DIN 18299 und 18300ff. **hat der Auftragnehmer nur zu erbringen, soweit sie in der Leistungsbeschreibung ausdrücklich erwähnt sind.** Er hat hierfür Anspruch auf Vergütung. Sie müssen deshalb in die

Beschreibung aufgenommen werden (vgl. Abschnitt 0.4.2 ATV DIN 18299). Die Aufzählung in Abschnitt 4.2 der ATV ist nicht vollständig; sie enthält nur Beispiele für solche Leistungen, bei denen in der Praxis Zweifel an der Vergütungspflicht auftreten. Werden **Besondere Leistungen, die in der Leistungsbeschreibung nicht enthalten sind, nachträglich erforderlich, sind sie zusätzliche Leistungen;** für die Leistungspflicht und die Vereinbarung der Vergütung gelten § 1 Nr. 4 Satz 1 und § 2 Nr. 6 VOB/B (Ziffer 3.2).

Ordnungszahlen, die gemäß Nr. 3.1 dieser Richtlinie für die **Baustelleneinrichtung** in die Leistungsbeschreibung aufgenommen werden sollen, sind **nur für das Einrichten und Räumen der Baustelle,** nicht für das Vorhalten der Baustelleneinrichtung vorzusehen (Ziffer 6.5). 4258

81.21 Leistungsbeschreibung mit Leistungsprogramm (§ 9 Nr. 15–17)

81.21.1 Begriffe

Die Besonderheit des Leistungsprogramms besteht darin, dass bei dieser Art von Leistungsbeschreibung **nur der Zweck bzw. die Funktion der gewünschten Bauleistung vorgegeben** wird. Die **konstruktive Lösung der Bauaufgabe obliegt den Bietern,** wodurch ihnen ein **Spielraum bei der Gestaltung der Leistung** einzuräumen ist. Die Leistungsbeschreibung mit Leistungsprogramm wird in der Praxis und der Vergaberechtsprechung deshalb auch **als funktionale Leistungsbeschreibung bezeichnet** (VK Saarland, B. v. 27. 5. 2005 – Az.: 3 VK 02/2005). 4259

81.21.2 Grundsatz

Die Ausschreibungstechnik der funktionalen Leistungsbeschreibung ist verbreitet und in Fachkreisen allgemein bekannt. Sie **kombiniert einen Wettbewerb, der eine Planung und Konzeptionierung der Leistung verlangt, mit der Vergabe der Ausführung der Leistung** (VK Brandenburg, B. v. 31. 1. 2003 – Az.: VK 37/02, VK 39/02, VK 41/02) und unterscheidet sich hierdurch vom reinen Wettbewerb. Jedoch unterliegt auch die funktionale Leistungsbeschreibung der Anforderung, den **Beschaffungsbedarf des Auftraggebers optimal und mit größtmöglicher Bestimmtheit zum Ausdruck zu bringen** (OLG Naumburg, B. v. 16. 9. 2002 – Az.: 1 Verg 02/02). 4260

Die Wahl einer **funktionalen Leistungsbeschreibung** steht im Ermessen der ausschreibenden Stelle. Es sind dabei eingehende Überlegungen von Auftraggeberseite notwendig, ob die Voraussetzungen für diesen Ausnahmefall vorliegen. Typischerweise ist eine funktionale Ausschreibung im Bereich des „industrialisierten Bauens" zweckmäßig, wenn es sich um Bauten des Massenbedarfs handelt, die mehrfach in der gleichen Ausführung errichtet werden sollen. Insbesondere ist **zu berücksichtigen, dass den Bietern im Rahmen der Ausschreibung Planungsleistungen aufgebürdet werden, die Bieter dadurch erhebliche Kosten für die Ausschreibung aufzuwenden haben** (VK Lüneburg, B. v. 11. 8. 2005 – Az.: VgK-33/2005). 4261

Mit der Zulassung von funktionalen Leistungsbeschreibungen wird **praktischen Bedürfnissen im Vergabewesen Rechnung** getragen. Bei immer komplexer werdenden Beschaffungsvorgängen ist es dem **Auftraggeber mangels ausreichender Marktkenntnis oftmals nicht möglich, den Leistungsgegenstand nach Art, Beschaffenheit und Umfang hinreichend zu beschreiben.** In solchen Fällen kann der Auftraggeber den Zweck und die Funktion des Beschaffungsvorgangs beschreiben und hinsichtlich der Umsetzung auf die technische Vielfalt der Anbieter vertrauen. Damit werden auch **traditionelle Beschaffungsvorgänge modernen Entwicklungen angepasst** (VK Baden-Württemberg, B. v. 16. 8. 2005 – Az.: 1 VK 48/05). 4262

Der Auftraggeber **kann hierdurch unternehmerisches „know-how" abschöpfen** (OLG Naumburg, B. v. 16. 9. 2002 – Az.: 1 Verg 02/02; 1. VK Bund, B. v. 7. 4. 2004 – Az.: VK 1-15/04, B. v. 1. 4. 2004 – Az.: VK 1-11/04). 4263

Der Auftraggeber kann auch – typisch für die funktionale Leistungsbeschreibung – **Risiken auf den Bieter verlagern** (OLG Düsseldorf, B. v. 14. 2. 2001 – Az.: Verg 14/00; OLG Celle, Urteil vom 29. 12. 2000 – Az.: 7 U 249/96). Die Ausschreibungstechnik der funktionalen Leistungsbeschreibung ist verbreitet und in Fachkreisen allgemein bekannt. Ein **sachkundiger Auftragnehmer kann sich deshalb nicht darauf berufen,** die damit verbundene Risikoverlagerung habe er nicht erkennen können oder nicht zu erkennen brauchen (BGH, Urteil vom 4264

Teil 3 VOB/A § 9   Vergabe- und Vertragsordnung für Bauleistungen Teil A

27. 6. 1996 – Az.: VII ZR 59/95). Für die Wirksamkeit einer funktional beschriebenen Leistungsverpflichtung kommt es also nicht darauf an, dass der **Auftragnehmer den Umfang der übernommenen Verpflichtung genau kennt oder zuverlässig ermitteln kann** (BGH, Urteil vom 23. 1. 1997 – Az: VII ZR 65/96).

81.21.3 Anforderungen an die Transparenz des Verfahrens

4265   Der **Gewährleistung der Transparenz** des Vergabeverfahrens kommt bei Verfahren, in denen die Leistungsbeschreibung in Form einer Funktionalausschreibung erfolgt und die insbesondere als Verhandlungsverfahren geführt werden, **eine besondere Bedeutung** zu. Denn in solchen Verfahren ist das gemeinsame Bedürfnis von Bietern und Auftraggeber an der Gewährleistung und Transparenz einer willkürfreien Verfahrensdurchführung durch den Auftraggeber erhöht, weil die **Angebote wegen der teilweisen Übertragung der konzeptionellen Arbeit auf die Bieter regelmäßig in geringerem Maße miteinander vergleichbar** sind und weil im **Verhandlungsverfahren die Handlungsmöglichkeiten des Auftraggebers** wegen der grundsätzlichen Verhandelbarkeit von Angebotsinhalt und Angebotspreis **größer sind** (OLG Naumburg, B. v. 16. 9. 2002 – Az.: 1 Verg 02/02).

81.21.4 Anforderungen an die Bestimmtheit des Verfahrens

4266   Auch die funktionale Leistungsbeschreibung unterliegt **gewissen Anforderungen an die Bestimmtheit.** Der Auftraggeber **darf nicht von jeder eigenen Planungstätigkeit absehen** und diese – etwa um Kostenaufwand, Zeit und/oder Personal einzusparen – **gänzlich den Bietern übertragen.** Die **eigene Planung** des Auftraggebers muss vor einer Ausschreibung vielmehr **insoweit feststehen,** als die **Kriterien für die spätere Angebotsbewertung festliegen und das Leistungsziel, die Rahmenbedingungen sowie die wesentlichen Einzelheiten der Leistung in der Weise bekannt sind, dass mit Veränderungen nicht mehr zu rechnen ist.** Dies folgt aus dem selbstverständlichen Gebot, dass auch die funktionale Leistungsbeschreibung Missverständnisse bei den Bietern vermeiden und damit letztlich sicherstellen soll, dass miteinander vergleichbare Angebote abgegeben werden, die nachher einer ordnungsgemäßen Bewertung zugänglich sind. **Erfüllt** eine funktionale Leistungsbeschreibung **diese Anforderungen nicht, fehlt es** der Ausschreibung **an der Vergabereife;** sie kann keine Grundlage für einen Zuschlag auf das wirtschaftlichste Angebot sein (OLG Düsseldorf, B. v. 14. 2. 2001 – Az.: Verg 14/00; OLG Naumburg, B. v. 16. 9. 2002 – Az.: 1 Verg 02/02).

81.21.5 Richtlinie des VHB 2002 zu § 9 Nr. 15

4267   Bei der Leistungsbeschreibung mit Leistungsprogramm werden von den Bietern Planungsleistungen (Entwurf und/oder Ausführungsunterlagen) und die Ausarbeitung wesentlicher Teile der Angebotsunterlagen (§ 9 Nr. 17 VOB/A) gefordert. Ziel dieser Beschreibungsart ist es, die wirtschaftlich, technisch, funktionell und gestalterisch beste Lösung der Bauaufgabe zu finden. Die **Suche nach gestalterischen Lösungen allein rechtfertigt die Leistungsbeschreibung durch Leistungsprogramm nicht** (Ziffer 7.1.1).

4268   Die Leistungsbeschreibung mit Leistungsprogramm kann sich auf Teile eines Bauwerkes (z. B. Heizungs-, Lüftungs-, Aufzugsanlagen), aber auch auf das gesamte Bauwerk erstrecken (Ziffer 7.1.2).

4269   Eine Leistungsbeschreibung mit Leistungsprogramm **kann zweckmäßig** sein,

– wenn dies wegen der fertigungsgerechten Planung in Fällen notwendig ist, in denen es – beispielsweise bei Fertigteilbauten – wegen der Verschiedenartigkeit von Systemen den Bietern freigestellt sein muss, die Gesamtleistung so aufzugliedern und anzubieten, wie es ihrem System entspricht,

– wenn mehrere technische Lösungen möglich sind, die nicht im Einzelnen neutral beschrieben werden können, und der Auftraggeber seine Entscheidung unter dem Gesichtspunkt der Wirtschaftlichkeit und Funktionsgerechtigkeit erst aufgrund der Angebote treffen will.

4270   Dabei ist sorgfältig zu prüfen, ob **die durch die Übertragung von Planungsaufgaben auf die Bieter entstehenden Kosten in angemessenem Verhältnis zum Nutzen** stehen, und ob für die Ausarbeitung der Pläne und Angebote leistungsfähige Unternehmer in so großer Zahl vorhanden sind, dass ein wirksamer Wettbewerb gewährleistet ist. Eilbedürftigkeit allein ist kein Grund für die Wahl dieser Beschreibungsart (Ziffer 7.1.3).

81.21.6 Notwendiger Inhalt des Leistungsprogramms (§ 9 Nr. 16)

81.21.6.1 Rechtsprechung

Das Leistungsprogramm enthält eine Beschreibung der Bauaufgabe, aus der die Bewerber alle für die Entwurfsbearbeitung und ihr Angebot maßgebenden Umstände und Bedingungen erkennen können. Der Bauherr bzw. sein Architekt erstellt neben diesen Unterlagen regelmäßig nur die Vorentwurfsplanung, teilweise nicht einmal diese. **Entscheidend für die Frage der Vollständigkeit ist, dass der Bieter mit seinem Angebot die ausgeschriebene Funktionalität erfüllt** (VK Nordbayern, B. v. 26. 1. 2004 – Az.: 320.VK-3194-47/03). Macht der Auftraggeber ergänzend zum Leistungsprogramm detaillierte Vorgaben, **muss sich aus den Ausschreibungsunterlagen ergeben, ob diese Vorgaben zwingend sind bzw. einen Mindeststandard vorgeben sollen.** Es muss also feststehen, inwiefern die Detailvorgaben das vom Bieter mit seinem Angebot zu erfüllende Bausoll abschließend definieren sollen. **Zentrales Problem** der funktionalen Ausschreibung ist weiter regelmäßig die **konkrete Feststellung, welche Planungsleistungen von dem Bieter tatsächlich erwartet werden.** Einerseits muss der **Bauherr das Anforderungsprofil genau festlegen,** andernfalls es an einer Vergleichbarkeit der Angebote fehlt. Der Auftraggeber hat die Pflicht, eine Leistung so eindeutig und so erschöpfend wie möglich zu beschreiben, damit alle Bewerber die Beschreibung im gleichen Sinne verstehen können, ansonsten die Gefahr des Eingehens nicht vergleichbarer Angebote besteht. Andererseits **müssen das Leistungsprogramm, die Planungsunterlagen und die Beschreibungen dem Bieter einen gewissen Gestaltungsfreiraum belassen, ansonsten die funktionelle Ausschreibung unzulässig ist** (Brandenburgisches OLG, B. v. 19. 9. 2003 – Az.: Verg W 4/03). 4271

Aber selbst wenn das Angebot die ausgeschriebene Funktionalität nicht gänzlich erfüllt, muss es nicht grundsätzlich ausgeschlossen werden. In solchen Fällen ist zunächst zu klären, ob es mit einer **technischen Änderung geringen Umfangs nachgebessert** werden kann. Solche Verhandlungen sind nach § 24 Nr. 3 VOB/A bei Angeboten aufgrund eines Leistungsprogramms **statthaft** (VK Nordbayern, B. v. 26. 1. 2004 – Az.: 320.VK-3194-47/03). 4272

81.21.6.2 Auslegung der Leistungsbeschreibung mit Leistungsprogramm

Haben die Parteien nach längeren Verhandlungen die **Leistung funktional vollständig beschrieben,** so kommt einem **Angebot mit Leistungsverzeichnis, das Grundlage der Verhandlungen bildet,** hinsichtlich dem Umfang der funktional beschriebenen Leistung **keine entscheidende Auslegungsbedeutung** mehr zu (BGH, Urteil vom 23. 1. 1997 – Az: VII ZR 65/96). 4273

81.21.6.3 Richtlinie des VHB 2002 zu § 9 Nr. 16

Eine Leistungsbeschreibung mit Leistungsprogramm stellt **besonders hohe Anforderungen an die Sorgfalt der Bearbeitung.** Die Beschreibung muss eine einwandfreie Angebotsbearbeitung durch die Bieter ermöglichen und gewährleisten, dass die zu erwartenden Angebote vergleichbar sind. **Bevor das Leistungsprogramm** aufgestellt werden darf, müssen ein **vollständiges Raumprogramm,** das nachträglich nicht mehr geändert werden darf, und **eine genehmigte Haushaltsunterlage – Bau –** vorliegen. Außerdem müssen **sämtliche für das Bauvorhaben bedeutsamen öffentlich-rechtlichen Forderungen** (städtebaulicher und bauaufsichtlicher Art) **geklärt** sein (Ziffer 7.2.1). 4274

Bei der Aufstellung des Leistungsprogramms ist besonders darauf zu achten, dass die in § 9 Nr. 3 bis 5 VOB/A geforderten Angaben eindeutig und vollständig gemacht werden (Ziffer 7.2.2). 4275

Als Anhalt für Angaben zum Leistungsprogramm und deren Gliederung kann die nachfolgende Aufstellung dienen. Dabei ist jeweils im Einzelfall zu prüfen, welche dieser Angaben für eine genaue Beschreibung erforderlich sind (Ziffer 7.2.3). 4276

Angaben des Auftraggebers für die Ausführung: 4277
- Beschreibung des Bauwerks/der Teile des Bauwerks
- allgemeine Beschreibung des Gegenstandes der Leistung nach Art, Zweck und Lage
- Beschreibung der örtlichen Gegebenheiten wie z.B. Klimazone, Baugrund, Zufahrtswege, Anschlüsse, Versorgungseinrichtungen
- Beschreibung der Anforderungen an die Leistung

Teil 3 VOB/A § 9   Vergabe- und Vertragsordnung für Bauleistungen Teil A

- Flächen- und Raumprogramm, z. B. Größenangaben, Nutz- und Nebenflächen, Zuordnungen, Orientierung
- Art der Nutzung, z. B. Funktion, Betriebsabläufe, Beanspruchung
- Konstruktion: ggf. bestimmte grundsätzliche Forderungen, z. B. Stahl oder Stahlbeton, statisches System
- Einzelangaben zur Ausführung, z. B.
  - Rastermaße, zulässige Toleranzen, Flexibilität
  - Tragfähigkeit, Belastbarkeit
  - Akustik (Schallerzeugung, -dämmung, -dämpfung)
  - Klima (Wärmedämmung, Heizung, Lüftungs- und Klimatechnik)
  - Licht- und Installationstechnik, Aufzüge
  - hygienische Anforderungen
  - besondere physikalische Anforderungen (Elastizität, Rutschfestigkeit, elektrostatisches Verhalten)
  - sonstige Eigenschaften und Qualitätsmerkmale
  - vorgeschriebene Baustoffe und Bauteile
  - Anforderungen an die Gestaltung (Dachform, Fassadengestaltung, Farbgebung, Formgebung)
- Abgrenzung zu Vor- und Folgeleistungen
- Normen oder etwaige Richtlinien der nutzenden Verwaltung, die zusätzlich zu beachten sind
- öffentlich-rechtliche Anforderungen, z. B. spezielle planungsrechtliche, bauordnungsrechtliche, wasser- oder gewerberechtliche Bestimmungen oder Auflagen (Ziffer 7.2.3.1)

4278 **Unterlagen, die der Auftraggeber zur Verfügung stellt:**

4279 Dem Leistungsprogramm sind als Anlage beizufügen z. B. das Raumprogramm, Pläne, Erläuterungsberichte, Baugrundgutachten, besondere Richtlinien der nutzenden Verwaltung.

4280 Die mit der Ausführung von Vor- und Folgeleistungen beauftragten Unternehmer sind zu benennen.

4281 Die Einzelheiten über deren Leistungen sind anzugeben, soweit sie für die Angebotsbearbeitung und die Ausführung von Bedeutung sind, z. B.:
- Belastbarkeit der vorhandenen Konstruktionen
- Baufristen
- Vorhaltung von Gerüsten und Versorgungseinrichtungen (Ziffer 7.2.3.2)

4282 **Ergänzende Angaben des Bieters:**

Soweit im Einzelfall erforderlich, kann der Bieter z. B. zur Abgabe folgender Erklärungen oder zur Einreichung folgender Unterlagen aufgefordert werden:
- Angaben zur Baustelleneinrichtung, z. B. Platzbedarf, Art der Fertigung
- Angaben über eine für die Bauausführung erforderliche Mitwirkung oder Zustimmung des Auftraggebers
- Baufristenplan, u. U. auch weitere Pläne abweichend von der vorgeschriebenen Bauzeit
- Zahlungsplan, wenn die Bestimmung der Zahlungsbedingungen dem Bieter überlassen werden soll
- Erklärung, dass und wie die nach dem öffentlichen Recht erforderlichen Genehmigungen usw. beigebracht werden können
- Wirtschaftlichkeitsberechnung unter Einbeziehung der Folgekosten, unterteilt in Betriebskosten und Unterhaltungskosten, soweit im Einzelfall erforderlich (Ziffer 7.2.3.3)

81.21.7 Notwendiger Inhalt des Angebots des Bieters (§ 9 Nr. 17)

81.21.7.1 Mengenaufteilung

4283 Soll der Wille des Auftraggebers bei der Ausschreibung auf Klarstellung einer positions- und gebäudebezogenen Mengenaufteilung gerichtet sein, muss er eine **Aufforderung zur geglie-**

derten Mengendarstellung in klarer, unmissverständlicher Weise** im Zusammenhang mit den übrigen Anforderungen an ein vollständiges, ordnungsgemäßes Angebot **in den Ausschreibungsunterlagen formulieren.** Andernfalls kann dem Bieter bei Unterlassen derartiger Darstellungen kein Nachteil bei der Wertung erwachsen. Unklarheiten oder Missverständnisse der Leistungsbeschreibung fallen in den Verantwortungsbereich des Auftraggebers und können nicht zu Lasten des Bieters gehen (Brandenburgisches OLG, B. v. 19. 9. 2003 – Az.: Verg W 4/03).

81.21.7.2 Eigene Entwurfsplanung der Bieter

Dass die **eigenen planerischen Leistungen des Bieters im Rahmen einer funktionalen Ausschreibung eine Selbstverständlichkeit darstellen,** also auch ohne explizite Forderung des Auftraggebers ein eigener Entwurf zu erbringen sei, **ist nicht anzunehmen.** § 9 Nr. 17 VOB/A präzisiert diejenigen Anforderungen, die der Auftraggeber an den Bieter zu stellen hat. Danach soll Erstgenannter vom Bieter verlangen, dass das Angebot außer der Ausführung der Leistung den Entwurf nebst eingehender Erläuterung und eine Darstellung der Bauausführung sowie eine eingehende zweckmäßig gegliederte Beschreibung der Leistung – gegebenenfalls mit Mengen- und Preisangaben für Teile der Leistung – umfasst. **Um die Vergleichbarkeit der Angebote der Bieter zu sichern, ist der Auftraggeber gehalten, diese Anforderungen im Hinblick auf die ihm zu unterbreitende Leistung unmissverständlich in den Ausschreibungsunterlagen darzustellen** (Brandenburgisches OLG, B. v. 19. 9. 2003 – Az.: Verg W 4/03). 4284

81.21.7.3 Richtlinie des VHB 2002 zu § 9 Nr. 17

Bei Leistungsbeschreibung mit Leistungsprogramm sind die EVM anzuwenden. Dabei ist in der Aufforderung zur Angebotsabgabe zu regeln, inwieweit Nr. 3.3 der Bewerbungsbedingungen gelten soll (Ziffer 7.3.1). 4285

Außerdem ist in der Aufforderung zur Angebotsabgabe vom Bieter zu verlangen, dass er sein **Angebot so aufstellt,** dass 4286

– Art und Umfang der Leistung eindeutig bestimmt,
– die Erfüllung der Forderungen des Leistungsprogramms nachgewiesen,
– die Angemessenheit der geforderten Preise beurteilt und
– nach Abschluss der Arbeit die vertragsgemäße Erfüllung zweifelsfrei geprüft werden kann.

Dabei ist anzugeben, wie die Angebote gegliedert und durch Angabe von Kennzahlen oder dergleichen erläutert werden sollen (Ziffer 7.3.2). 4287

Der **Bieter ist ferner aufzufordern,** sämtliche zur Beurteilung des Angebots erforderlichen Pläne und sonstige Unterlagen mit einer eingehenden Erläuterung, insbesondere der Konstruktionsprinzipien und der Materialwahl seinem Angebot beizufügen (Ziffer 7.3.3). 4288

Er ist außerdem zu verpflichten, **Pläne und Unterlagen,** die nicht schon für die Beurteilung des Angebots, sondern erst für die Ausführung und Abrechnung erforderlich sind, zu bezeichnen und zu erklären, dass er alle für die Ausführung und Abrechnung erforderlichen Pläne im Falle der Auftragserteilung dem Auftraggeber rechtzeitig zur Zustimmung vorlegen werde (Ziffer 7.3.4). 4289

Der Auftraggeber hat **Pläne und sonstige Unterlagen, deren Vorlage er bei Angebotsabgabe für erforderlich hält, nach Art und Maßstab im Einzelnen anzugeben.** Mengen- und Preisangaben sind zu fordern, soweit diese für einen einwandfreien Vergleich bei der Wertung notwendig sind. In diesen Fällen ist in den Verdingungsunterlagen eine Regelung nach § 9 Nr. 17 Satz 2 VOB/A zu treffen (Ziffer 7.3.5). 4290

81.21.8 Anforderungen an die Unklarheit einer Leistungsbeschreibung mit Leistungsprogramm

Eine behauptete **Unklarheit der Leistungsbeschreibung mit Leistungsprogramm ist dieser Ausschreibungsart bis zu einem gewissen Grade immanent.** Bei einer funktionalen Ausschreibung gibt es gerade kein detailliertes Leistungsverzeichnis, der Auftraggeber überlässt vielmehr auch und gerade die Erstellung des Entwurfs der Leistung dem Wettbewerb, § 9 Nr. 15 VOB/A. Deshalb können die Bieter von dem Auftraggeber beispielsweise nicht verlan- 4291

Teil 3 VOB/A § 9   Vergabe- und Vertragsordnung für Bauleistungen Teil A

gen, dass er im Einzelnen alle auszuführenden Arbeiten beschreibt. Nach § 9 Nr. 15 VOB/A umfasst das Leistungsprogramm eine Beschreibung der Bauaufgabe, aus der die Bewerber alle für die Entwurfsbearbeitung und ihr Angebot maßgebenden Bedingungen und Umstände erkennen können und in der sowohl der Zweck der fertigen Leistung als auch die an sie gestellten technischen, wirtschaftlichen, gestalterischen und funktionsbedingten Anforderungen angegeben sind. Ein Leistungsverzeichnis ist nicht erforderlich, gegebenenfalls kann das Leistungsprogramm ein Musterleistungsverzeichnis enthalten, bei dem aber zulässigerweise die Mengenangaben ganz oder teilweise offen gelassen werden dürfen. **Angesichts dieser Charakteristika einer funktionalen Ausschreibung bedarf es besonderer Anhaltspunkte dafür, dass sie derart unklar ist, dass der Auftraggeber diese Unklarheiten nicht beseitigen kann** (Brandenburgisches OLG, B. v. 28. 11. 2002 – Az.: Verg W 8/02).

81.21.9 Funktionale Leistungsbeschreibung bei der Ausschreibung von Pionierprojekten

4292 Ein öffentlicher Auftraggeber muss gerade **bei zukunftsbezogenen Projekten,** die eine gewisse Pionierfunktion haben und bei denen man nur begrenzt auf Erfahrungswerte zurückgreifen kann, die **Möglichkeit haben,** in der Weise funktional auszuschreiben, dass **auch auf quantitative Vorgaben verzichtet werden kann, wenn ansonsten die Bieter in ihrer Freiheit, gänzlich neue Lösungsansätze zu suchen, beschränkt würden** (2. VK Bund, B. v. 4. 9. 2002 – Az.: VK 2-58/02).

81.21.10 Beurteilungsspielraum bei der Wertung

4293 Der **Beurteilungsspielraum** für die Entscheidung, welches Angebot das wirtschaftlichste ist, ist **bei Angeboten auf der Grundlage einer funktionalen Leistungsbeschreibung größer als bei Ausschreibungen auf der Grundlage eines Leistungsverzeichnisses.** Wenn Angebote auf einer funktionalen Leistungsbeschreibung beruhen, muss der Auftraggeber auch die Variationen der angebotenen Leistungen hinsichtlich ihrer technischen und wirtschaftlichen sowie ggf. auch gestalterischen und funktionsbedingten Merkmale **gegeneinander abwägen** und mit den dafür geforderten **Preisen vergleichen.** Ein **direkter Vergleich der Angebote untereinander ist dabei nur bedingt möglich.** Eine vergleichende Wertung scheitert bei geforderten Lösungskonzepten an den unterschiedlichen Wegen, die zum geforderten Ziel führen. Die Qualitätsstandards sind bei funktionalen Leistungsbeschreibungen weitgehend offen, so dass jeder Bieter selbst entscheidet, ob er für seine technische Lösung mit den zur Erfüllung des Zwecks hinreichenden Grundstandards arbeitet oder aber höhere Standards zu höheren Preisen anbietet. Steht es den Bietern frei, über die Einreichung von Nebenangeboten mehrere technische Lösungen anzubieten, hängt die Entscheidung, welchen Standard der Auftraggeber letztendlich bezuschlagt, von den konkreten Anforderungen an die ausgeschriebene Lösung ab. Speziell die höheren Standards müssen aus Gründen der Wirtschaftlichkeit aber immer gegen den Preis abgewogen werden (VK Baden-Württemberg, B. v. 17. 3. 2004 – Az.: 1 VK 12/04; VK Magdeburg, B. v. 1. 3. 2001 – Az.: VK-OFD LSA-02/01).

81.22 Änderung des Leistungsverzeichnisses durch den Auftraggeber während der Ausschreibung

4294 Bis zum Eröffnungstermin hat der Auftraggeber die Möglichkeit, etwaige Fehler im Leistungsverzeichnis zu korrigieren, das heißt, er kann Teile des Leistungsverzeichnisses zurückziehen oder Änderungen am Leistungsverzeichnis vornehmen.

4295 Dabei ist er verpflichtet**, jedem der beteiligten oder interessierten Unternehmer** wesentliche Änderungen der Angebotsgrundlagen unverzüglich bekannt zu geben (BGH, Urteil vom 24. 4. 1997 – Az.: VII ZR 106/95). Hierbei sollte er sich auch dahingehend **absichern,** dass ihm alle Bewerber den Empfang der Mitteilung bestätigen (VK Halle, B. v. 25. 4. 2001 – Az.: VK Hal 04/01).

4296 Eine Änderung des Leistungsverzeichnisses ist demgemäß zulässig, wenn sie **vor Ablauf der Angebotsfrist** erfolgt und **alle Bewerber darüber informiert** werden, Gleichbehandlung **also gegeben** ist (1. VK Bund, B. v. 19. 12. 2002 – Az.: VK 1-95/02).

4297 Die VK Hessen fordert darüber hinaus, dass **einer der Tatbestände des § 26 Nr. 1 VOB/A zur Rechtfertigung einer Änderung vorliegen muss. Eine Änderung allein aus „sachlichen Gründen" ist dagegen nicht zulässig,** denn Interessierte an einer Ausschreibung müssen sich grundsätzlich darauf verlassen können, dass sie die Leistung wie zunächst gefordert auch anbieten können. In einer Vielzahl von Fällen mag es sachliche Gründe für Änderungen der Ausschreibungen geben. Wäre in all diesen Fällen eine inhaltliche Änderung abgesehen von Korrekturen offensichtlicher Unrichtigkeiten zulässig müssten Bieter häufig damit rechnen, dass in einem vorher nicht erkennbaren Umfang noch Einzelheiten der Ausschreibung nachträglich geändert werden (VK Hessen, B. v. 1. 6. 2005 – Az.: 69 d VK – 33/2005).

Nach erfolgter Eröffnung der Angebote obliegt es ihm nicht, nachträglich Korrekturen am Leistungsverzeichnis vorzunehmen (VK Halle, B. v. 25. 4. 2001 – Az.: VK Hal 04/01). So kann eine Veränderung der Kalkulationsunterlagen bzw. von Rechengrößen, die direkt in die Preisbildung einfließen kann, insbesondere nach Ablauf der Angebotsfrist und Eröffnung der Angebote, nicht mehr erfolgen. Sie verbietet sich aufgrund der **Selbstbindung der Vergabestelle und dem Vertrauensschutz der Bieter** (VK Düsseldorf, B. v. 3. 3. 2000 – Az.: VK – 1/2000 – L). 4298

81.23 Schadenersatzansprüche und Nachforderungen wegen Verletzung der Regelungen des § 9

81.23.1 Grundsatz

Ein etwaiger **Verstoß einer öffentlichen Ausschreibung gegen § 9 VOB/A** begründet **allein noch keinen Anspruch aus Verschulden bei Vertragsschluss.** Erforderlich ist vielmehr, dass der **Auftragnehmer/Bieter in seinem schutzwürdigen Vertrauen auf die Einhaltung der VOB/A enttäuscht worden** ist. Ein Vertrauen in diesem Sinne ist nur gegeben, wenn der Antragnehmer/Bieter den maßgeblichen Verstoß gegen die VOB/A nicht erkannt hat. Darüber hinaus **muss sein Vertrauen schutzwürdig** sein. Das ist in der Regel **nicht der Fall, wenn er den Verstoß bei der ihm im jeweiligen Fall zumutbaren Prüfung hätte erkennen können**. Die an die Prüfung des Bieters zu stellenden Anforderungen hängen von den Umständen des Einzelfalles ab. Maßstab ist ein sorgfältiger Bieter mit dem branchen-spezifischen Fachwissen. Ein Bieter muss sich jedenfalls ein Bild darüber verschaffen, ob er alle für eine sichere Kalkulation erforderlichen Angaben zur Verfügung hat. Zweifelsfragen sind durch vorherige Besichtigung der Gegebenheiten vor Ort sowie durch Einsichtnahme in vorhandene Planungsunterlagen oder durch entsprechende Rückfragen und Hinweise beim Auftraggeber zu klären. Diese Aufklärungspflicht besteht unabhängig davon, ob sie vom Auftraggeber in der öffentlichen Ausschreibung vorgegeben wird (OLG Naumburg, Urteil vom 30. 11. 2000 – Az: 2 U 149/00). 4299

Ist eine private oder öffentliche Leistungsbeschreibung erkanntermaßen oder zumindest für den **Fachmann ersichtlich unklar/risikoreich, darf der Bieter diese Lückenhaftigkeit nicht durch eigene für ihn günstige Kalkulationsannahmen ausfüllen.** Tut er es **dennoch, handelt er auf eigenes Risiko** und kann später keine Mehrkosten beanspruchen, wenn sich seine Erwartungen als falsch erweisen. Ein etwaiger vom öffentlichen Auftraggeber begangener **Verstoß gegen § 9 VOB/A wird durch das spätere Verhalten des Bieters kompensiert.** Etwas anderes kann in Betracht kommen, wenn die Ausschreibung den Bietern ein derart ungewöhnliches Wagnis auflegt, dass es dem Auftraggeber nach Treu und Glauben versagt wäre, sich auf die Risikoverlagerung auf den Bieter zu berufen (OLG Düsseldorf, Urteil vom 18. 11. 2003 – Az: I-23 U 27/03). 4300

Es existiert also **kein Rechtsgrundsatz dahin, dass ein Werkunternehmer riskante Leistungen** (auch im Rahmen einer VOB/A-Vergabe) **nicht übernehmen könnte** (OLG Koblenz, Urteil vom 17. 4. 2002 – Az: 1 U 829/99). 4301

81.23.2 Beispiele aus der Rechtsprechung

– **eine nicht ordnungsgemäße und daher unvollständige Beschreibung einer Leistung in einem Leistungsverzeichnis kann grundsätzlich Ansprüche unter dem Gesichtspunkt der c. i. c. auslösen.** Dies gilt erst Recht, wenn der Auftraggeber schuldhaft falsche oder unvollständige Angaben über solche ihm bekannten Umstände macht, die für die Preisermittlung von Bedeutung sind (OLG Naumburg, Urteil vom 15. 12. 2005 – Az.: 1 U 5/05) 4302

– ein ungewöhnliches Wagnis i. S. v. § 9 Nr. 2 VOB/A wird dem potenziellen Auftragnehmer aufgebürdet, wenn der Auftraggeber die Vorerkundung auf den vorab ausgewählten Testfeldern nicht vollständig durchführt und die Vorerkundungsergebnisse nicht vollständig in der Leistungsbeschreibung darstellt (hier: Abbruch der Testberäumung eines von drei Testfeldern

Teil 3 VOB/A § 9b   Vergabe- und Vertragsordnung für Bauleistungen Teil A

und Verschweigen der Vorerkundungsergebnisse dieses besonders hoch belasteten Testfelds). Im Falle positiver Kenntnis außergewöhnlich hoher Bodenbelastungen in Teilbereichen der zu beräumenden Fläche verstößt es auch gegen das vergaberechtliche Transparenzgebot, wenn der Auftraggeber nur pauschal auf die Möglichkeit von Belastungsabweichungen von einer durchschnittlichen Belastung hinweist, und zwar selbst dann, wenn er – entgegen der Auffassung des von ihm beauftragten Sachverständigen – die Ergebnisse des hoch belasteten Testfelds als nicht repräsentativ ansieht (OLG Naumburg, Urteil vom 15. 12. 2005 – Az.: 1 U 5/05)

– die im Rahmen eines öffentlichen Bauauftrags getroffene Vereinbarung, dass für die Vertragserfüllung erforderliche zusätzliche Leistungen auch dann nicht vergütet werden, wenn sie bei Vertragsschluss nicht bekannt und/oder nicht absehbar waren, ist trotz eines Verstoßes gegen § 9 VOB/A weder sittenwidrig noch nach § 134 BGB unwirksam. Bei einer derartigen **gegen § 9 VOB/A verstoßenden offenen Risikozuweisung stehen dem Auftragnehmer auch keine Ansprüche aus enttäuschtem Vertrauen oder wegen Wegfalls der Geschäftsgrundlage** zu (Landgericht Berlin, Urteil vom 12. 11. 2002 – Az.: 13 O 264/02)

– wenn ein **Bodengutachten** auf konkrete Risiken hinweist, darf der Bieter den **Nichteintritt dieses Risikos** (z. B. Wassereinbrüche infolge hoher Bodendurchlässigkeit) **nicht als sicher unterstellen** und dies seinem Angebot (bei der Einheitspreisberechnung für die Wasserhaltung) zu Grunde legen (OLG Koblenz, Urteil vom 17. 4. 2002 – Az.: 1 U 829/99)

– wenn das schriftliche Leistungsverzeichnis lediglich eine **funktionale Leistungsbeschreibung ohne genaue Maße** enthält und sich die endgültigen Maße erst aus der aus der Entwurfsplanung zu entwickelnden Ausführungsplanung ergeben, gehören derartige **Maßänderungen zum Leistungsumfang.** Sie liegen im Vergütungsrisiko des Unternehmers und **berechtigen ihn nicht zu einer Nachforderung** (Brandenburgisches OLG, Urteil vom 17. 1. 2002 – Az.: 12 U 126/01)

– wenn in der **erfolgsorientiert funktional gestalteten Leistungsbeschreibung** für eine von einer Gemeinde ausgeschriebene Schmutzwasserkanalisation der Baugrund mit Bodenklasse 3 bis 5 angegeben ist, muss der (den Zuschlag erhaltende) Tiefbauunternehmer auch das Vorhandensein einer sog. Tonlinse (i. e. hier: eine 270 m lange und mehrere Meter dicke wasserundurchlässige tonige Schluffschicht) einkalkulieren. Das **„Baugrundrisiko" trifft den Unternehmer.** Er kann dann keine Zusatzvergütung deshalb verlangen, weil er die Wasserhaltung durch Minifilter ergänzen muss (OLG Celle, Urteil vom 29. 12. 2000 – Az.: 7 U 249/96 – durch Nichtannahmebeschluss vom Bundesgerichtshof bestätigt)

– ein Schadensersatzanspruch aus culpa in contrahendo wegen lückenhafter, unvollständiger oder missverständlicher Ausschreibung der Bauleistung ist ausgeschlossen, wenn der **Auftragnehmer den Ausschreibungsmangel kennt und diesen in Kauf nimmt, um den Auftrag zu erhalten** (OLG Bamberg, Urteil vom 7. 6. 1999 – Az.: 4 U 255/98)

– gibt ein Leistungsverzeichnis, das nach den Grundsätzen der VOB/A aufgestellt ist, eine **Vergütung für das Herstellen von Mauerwerksöffnungen als Zulage** vor, werden damit alle verbundenen Schwierigkeiten vollständig abgegolten. Eine solche Vereinbarung bewirkt aber **nicht auch noch zusätzlich einen Ausschluss der Abrechnungsregeln nach den ATV DIN 18330** VOB/C Nr. 5.2.1 und 5.2.2. Aus fachtechnischer Sicht ist das Leistungsverzeichnis so zu verstehen, dass zwar eine Zusatzvergütung erfolgen soll, das Mauerwerk selbst aber nach DIN 18330 Abschnitt 5 aufgemessen werden muss (OLG Düsseldorf, Urteil vom 30. 1. 1998 – Az.: 22 U 149/97)

81.24 Literatur

4303 – Quack, Friedrich, Warum § 9 VOB/A keine Anspruchsgrundlage für vertragliche Kompensationsansprüche des erfolgreichen Bieters sein kann, ZfBR 2003, 107

82. § 9b VOB/A – Beschreibung der Leistung

Die Auftraggeber teilen dem an einem Auftrag interessierten Unternehmer auf Anfrage die technischen Spezifikationen mit, die regelmäßig in ihren Bauaufträgen genannt werden oder die sie bei Beschaffungen im Zusammenhang mit regelmäßigen nichtverbindlichen Bekanntmachungen gemäß § 17b Nr. 2 benutzen. Soweit

sich solche technischen Spezifikationen aus Unterlagen ergeben, die interessierten Unternehmern zur Verfügung stehen, genügt eine Bezugnahme auf diese Unterlagen.

82.1 Vergleichbare Regelungen

Der **Vorschrift des § 9b VOB/A vergleichbar** sind im Bereich der VOB § 9 VOB/A, im Bereich der VOF § 8 VOF und im Bereich der VOL §§ 8, 8a, 8b VOL/A. Die Kommentierungen zu diesen Vorschriften können daher ergänzend zu der Kommentierung des § 9b herangezogen werden.

4304

82.2 Änderungen in der VOB/A 2006

Die **Nummern 1–4 von § 9b a. F. sind gestrichen** worden.

4305

82.3 Bedeutung der Vorschrift

§ 9b VOB/A spielt in der Rechtsprechung keine Rolle.

4306

83. § 10 VOB/A – Vergabeunterlagen

1. (1) Die Vergabeunterlagen bestehen aus

   a) dem Anschreiben (Aufforderung zur Angebotsabgabe), gegebenenfalls Bewerbungsbedingungen (§ 10 Nr. 5) und

   b) den Verdingungsunterlagen (§§ 9 und 10 Nr. 1 Abs. 2 und Nr. 2 bis 4).

   (2) In den Verdingungsunterlagen ist vorzuschreiben, dass die Allgemeinen Vertragsbedingungen für die Ausführung von Bauleistungen (VOB/B) und die Allgemeinen Technischen Vertragsbedingungen für Bauleistungen (VOB/C) Bestandteile des Vertrags werden. Das gilt auch für etwaige Zusätzliche Vertragsbedingungen und etwaige Zusätzliche Technische Vertragsbedingungen, soweit sie Bestandteile des Vertrags werden sollen.

2. (1) Die Allgemeinen Vertragsbedingungen bleiben grundsätzlich unverändert. Sie dürfen von Auftraggebern, die ständig Bauleistungen vergeben, für die bei ihnen allgemein gegebenen Verhältnisse durch Zusätzliche Vertragsbedingungen ergänzt werden. Diese dürfen den Allgemeinen Vertragsbedingungen nicht widersprechen.

   (2) Für die Erfordernisse des Einzelfalles sind die Allgemeinen Vertragsbedingungen und etwaige Zusätzliche Vertragsbedingungen durch Besondere Vertragsbedingungen zu ergänzen. In diesen sollen sich Abweichungen von den Allgemeinen Vertragsbedingungen auf die Fälle beschränken, in denen dort besondere Vereinbarungen ausdrücklich vorgesehen sind und auch nur soweit es die Eigenart der Leistung und ihre Ausführung erfordern.

3. Die Allgemeinen Technischen Vertragsbedingungen bleiben grundsätzlich unverändert. Sie dürfen von Auftraggebern, die ständig Bauleistungen vergeben, für die bei ihnen allgemein gegebenen Verhältnisse durch Zusätzliche Technische Vertragsbedingungen ergänzt werden. Für die Erfordernisse des Einzelfalles sind Ergänzungen und Änderungen in der Leistungsbeschreibung festzulegen.

4. (1) In den Zusätzlichen Vertragsbedingungen oder in den Besonderen Vertragsbedingungen sollen, soweit erforderlich, folgende Punkte geregelt werden:

   a) Unterlagen (§ 20 Nr. 3, § 3 Nr. 5 und 6 VOB/B),

   b) Benutzung von Lager- und Arbeitsplätzen, Zufahrtswegen, Anschlussgleisen, Wasser- und Energieanschlüssen (§ 4 Nr. 4 VOB/B),

   c) Weitervergabe an Nachunternehmer (§ 4 Nr. 8 VOB/B),

   d) Ausführungsfristen (§ 11, § 5 VOB/B),

   e) Haftung (§ 10 Nr. 2 VOB/B),

f) Vertragsstrafen und Beschleunigungsvergütungen (§ 12, § 11 VOB/B),

g) Abnahme (§ 12 VOB/B),

h) Vertragsart (§ 5), Abrechnung (§ 14 VOB/B),

i) Stundenlohnarbeiten (§ 15 VOB/B),

j) Zahlungen, Vorauszahlungen (§ 16 VOB/B),

k) Sicherheitsleistung (§ 14, § 17 VOB/B),

l) Gerichtsstand (§ 18 Nr. 1 VOB/B),

m) Lohn- und Gehaltsnebenkosten, n) Änderung der Vertragspreise (§ 15).

(2) Im Einzelfall erforderliche besondere Vereinbarungen über die Mängelansprüche sowie deren Verjährung (§ 13, § 13 Nr. 1, 4 und 7 VOB/B) und über die Verteilung der Gefahr bei Schäden, die durch Hochwasser, Sturmfluten, Grundwasser, Wind, Schnee, Eis und dergleichen entstehen können (§ 7 VOB/B), sind in den Besonderen Vertragsbedingungen zu treffen. Sind für bestimmte Bauleistungen gleichgelagerte Voraussetzungen im Sinne von § 13 gegeben, so dürfen die besonderen Vereinbarungen auch in Zusätzlichen Technischen Vertragsbedingungen vorgesehen werden.

5. (1) Für die Versendung der Verdingungsunterlagen (§ 17 Nr. 3) ist ein Anschreiben (Aufforderung zur Angebotsabgabe) zu verfassen, das alle Angaben enthält, die außer den Verdingungsunterlagen für den Entschluss zur Abgabe eines Angebots notwendig sind.

(2) In dem Anschreiben sind insbesondere anzugeben:

a) Art und Umfang der Leistung sowie der Ausführungsort,

b) etwaige Bestimmungen über die Ausführungszeit,

c) Bezeichnung (Anschrift) der zur Angebotsabgabe auffordernden Stelle und der den Zuschlag erteilenden Stelle,

d) Name und Anschrift der Stelle, bei der zusätzliche Unterlagen angefordert und eingesehen werden können,

e) gegebenenfalls Höhe und Einzelheiten der Zahlung des Entgelts für die Übersendung dieser Unterlagen,

f) Art der Vergabe (§ 3),

g) etwaige Ortsbesichtigungen,

h) gegebenenfalls Zulassung von digitalen Angeboten und Verfahren zu ihrer Ver- und Entschlüsselung,

i) genaue Aufschrift der schriftlichen Angebote oder Bezeichnung der digitalen Angebote,

j) gegebenenfalls auch Anschrift, an die digitale Angebote zu richten sind,

k) Ort und Zeit des Eröffnungstermins (Ablauf der Angebotsfrist, § 18 Nr. 2) sowie Angabe, welche Personen zum Eröffnungstermin zugelassen sind (§ 22 Nr. 1 Satz 1),

l) etwa vom Auftraggeber zur Vorlage für die Beurteilung der Eignung des Bieters verlangte Unterlagen (§ 8 Nr. 3 und 4),

m) die Höhe etwa geforderter Sicherheitsleistungen,

n) Nebenangebote (vgl. Absatz 4),

o) etwaige Vorbehalte wegen der Teilung in Lose und Vergabe der Lose an verschiedene Bieter,

p) Zuschlags- und Bindefrist (§ 19),

q) sonstige Erfordernisse, die die Bewerber bei der Bearbeitung ihrer Angebote beachten müssen,

r) die wesentlichen Zahlungsbedingungen oder Angabe der Unterlagen, in denen sie enthalten sind (z. B. § 16 VOB/B),

s) die Stelle, an die sich der Bewerber oder Bieter zur Nachprüfung behaupteter Verstöße gegen die Vergabebestimmungen wenden kann.

(3) Der Auftraggeber kann die Bieter auffordern, in ihrem Angebot die Leistungen anzugeben, die sie an Nachunternehmer zu vergeben beabsichtigen.

(4) Wenn der Auftraggeber Nebenangebote wünscht oder nicht zulassen will, so ist dies anzugeben; ebenso ist anzugeben, wenn Nebenangebote ohne gleichzeitige Abgabe eines Hauptangebots ausnahmsweise ausgeschlossen werden. Von Bietern, die eine Leistung anbieten, deren Ausführung nicht in Allgemeinen Technischen Vertragsbedingungen oder in den Verdingungsunterlagen geregelt ist, sind im Angebot entsprechende Angaben über Ausführung und Beschaffenheit dieser Leistung zu verlangen.

(5) Auftraggeber, die ständig Bauleistungen vergeben, sollen die Erfordernisse, die die Bewerber bei der Bearbeitung ihrer Angebote beachten müssen, in den Bewerbungsbedingungen zusammenfassen und dem Anschreiben beifügen.

6. Sollen Streitigkeiten aus dem Vertrag unter Ausschluss des ordentlichen Rechtswegs im schiedsrichterlichen Verfahren ausgetragen werden, so ist es in besonderer, nur das Schiedsverfahren betreffender Urkunde zu vereinbaren, soweit nicht § 1031 Abs. 2 der Zivilprozessordnung auch eine andere Form der Vereinbarung zulässt.

83.1 Vergleichbare Regelungen

Der **Vorschrift des § 10 VOB/A vergleichbar** sind im Bereich der VOB **§§ 10 a, 10 b VOB/A** und im Bereich der VOL **§§ 9, 9 a, 9 b VOL/A.** Die Kommentierungen zu diesen Vorschriften können daher ergänzend zu der Kommentierung des § 10 herangezogen werden. 4307

83.2 Änderungen in der VOB/A 2006

In § 10 Nr. 5 Abs. 2 Buchstabe n) und § 10 Nr. 5 Abs. 4 ist – **wie in der übrigen VOB/A auch** – der **Begriff des „Änderungsvorschlags"** gestrichen worden. 4308

83.3 Vergabeunterlagen (§ 10 Nr. 1 Abs. 1)

83.3.1 Begriffsbestimmung des § 10

Die Vergabeunterlagen bestehen aus 4309
– dem Anschreiben (Aufforderung zur Angebotsabgabe),
– gegebenenfalls den Bewerbungsbedingungen (§ 10 Nr. 5) und
– den Verdingungsunterlagen (§§ 9 und 10 Nr. 1 Abs. 2 und Nr. 2 bis 4).

83.3.2 Begriffsverwendung im Vergabenachprüfungsverfahren

Insbesondere im Vergabenachprüfungsverfahren wird der Begriff der „Vergabeunterlagen" manchmal weiter gefasst, nämlich im Sinne von allen Unterlagen, die sich auf ein Ausschreibungsverfahren beziehen, also die „Vergabeakten". 4310

83.3.3 Anschreiben (Aufforderung zur Angebotsabgabe)

Der Auftraggeber übersendet die Verdingungsunterlagen zusammen mit einem Anschreiben (Aufforderung zur Angebotsabgabe). Die Bauverwaltungen des Bundes haben hierfür Muster entwickelt: 4311

– **VHB 2002:**   EVM (B) A 211 (für Ausschreibungen unterhalb der Schwellenwerte) und EVM (B) A EG 211 EG (für Ausschreibungen ab den Schwellenwerten)
– **HVA B-StB:**   Muster 1.1-1 (für Ausschreibungen unterhalb der Schwellenwerte) und Muster 1.1-2 (für Ausschreibungen ab den Schwellenwerten)

Zu den Einzelheiten vgl. die Kommentierung zu § 10 Nr. 5 RZ 4330. 4312

Teil 3 VOB/A § 10   Vergabe- und Vertragsordnung für Bauleistungen Teil A

83.3.4 Bewerbungsbedingungen

4313   Vgl. zu den Bewerbungsbedingungen die Kommentierung zu § 10 Nr. 5 RZ 4398.

83.3.5 Verdingungsunterlagen (§ 10 Nr. 1 Abs. 1 Buchstabe b))

83.3.5.1 Begriff

4314   § 10 Nr. 1 Abs. 1 VOB/A definiert **die Verdingungsunterlagen als Teil der Vergabeunterlagen** und grenzt sie von diesem Oberbegriff in der Weise ab, dass diejenigen **Teile der Vergabeunterlagen, die nicht Teil der „Aufforderung zur Angebotsabgabe" nebst Bewerbungsbedingungen im Sinne von § 10 Nr. 5 VOB/A sind** (vgl. Buchstabe a)), eben „Verdingungsunterlagen" (Buchstabe b)) sind (OLG Dresden, B. v. 12. 6. 2002 – Az.: WVerg 0006/02).

4315   Die **Verdingungsunterlagen bestehen aus den Allgemeinen, Besonderen und gegebenenfalls Technischen Vergabebedingungen.** Diese dürfen entsprechend § 10 Nr. 2 VOB/A nicht verändert werden, weil sie das vertragliche Verhältnis der Parteien zueinander regeln und im Fall einer Abänderung der Bedingungen nicht ein Zuschlag im Rechtssinne erfolgen kann (1. VK Sachsen, B. v. 7. 5. 2002 – Az.: 1/SVK/035-02, B. v. 4. 6. 2002 – Az.: 1/SVK/049-02).

83.3.5.2 Vorrang der Verdingungsunterlagen vor der Bekanntmachung

4316   Da die **Verdingungsunterlagen der Veröffentlichung nachfolgen und die wesentlich eingehendere Befassung mit dem Beschaffungsvorhaben des Auftraggebers darstellen als die Veröffentlichung,** die regelmäßig eine zusammenfassende Darstellung des Beschaffungsbegehrens und der Wettbewerbsbedingungen enthält, ist es **sachgerecht und ganz herrschende Praxis, den Verdingungsunterlagen hier für das Verständnis der Verdingungsbedingungen den Vorrang zu geben.** Es entspräche auch nicht dem Grundsatz der Gestaltung eines fairen Verfahrens, wenn durch einen vom Auftraggeber zu verantwortenden Widerspruch zwischen Veröffentlichung und Verdingungsunterlagen eine beim Bieter sich aufdrängende Vorstellung von der Erwartungshaltung des Auftraggebers zu dessen Ausschluss führen könnte (VK Düsseldorf, B. v. 22. 7. 2002 – Az.: VK – 19/2002 – L).

83.3.5.3 Auslegung der Verdingungsunterlagen

4317   Verdingungsunterlagen sind **der Auslegung zugänglich.** Ihr **Inhalt bestimmt sich nach dem objektiven Empfängerhorizont. Maßgeblich** sind nicht die (einseitigen) Vorstellungen des Auftraggebers, sondern die **Verständnismöglichkeiten des durch die Ausschreibung insgesamt angesprochenen Empfängerkreises** (OLG Düsseldorf, B. v. 30. 4. 2003 – Az.: Verg 64/02).

83.3.5.4 Richtlinie des VHB 2002 zu § 10 Nr. 1

4318   Bei der Vergabe sind die Einheitlichen Verdingungsmuster EVM – (Teil II) zu verwenden. Die Vordrucke Angebotsanforderung, Angebotsschreiben, Besondere Vertragsbedingungen und Auftragsschreiben sind nach den Richtlinien zu den §§ 10 bis 15 VOB/A auszufüllen; die Vordrucke Bewerbungsbedingungen und Zusätzliche Vertragsbedingungen dürfen nicht geändert werden. Soweit erforderlich, sind die Ergänzungen der Einheitlichen Verdingungsmuster EVM-Erg – (Teil II) den Verdingungsunterlagen beizufügen. Für die Vereinbarung Weiterer Besonderer Vertragsbedingungen – WBVB – in Nr. 10 bzw. Nr. 9 der EVM (B/L) BVB – 214/234 sind die in der Anlage zu dieser Richtlinie enthaltenen Texte zu verwenden (Ziffer 1.1).

4319   Die Einheitlichen Verdingungsmuster für Leistungen EVM (L) – 230 sind bei der eigenständigen Vergabe von Leistungen anzuwenden, die nicht Teil der baulichen Anlage werden. Sie sind nicht anzuwenden, wenn sie zusammen mit Bauleistungen vergeben werden (Ziffer 1.2).

83.4 Vertragsbedingungen (§ 10 Nr. 2)

83.4.1 Allgemeines

4320   Bestandteil von Ausschreibungen nach der VOB/A sind eine Vielzahl von Vertragsbedingungen. Man kann unterscheiden:
– Allgemeine Vertragsbedingungen für die Ausführung von Bauleistungen (= VOB/B)
– Zusätzliche Vertragsbedingungen für die Ausführung von Bauleistungen

Vergabe- und Vertragsordnung für Bauleistungen Teil A   VOB/A § 10 **Teil 3**

– Besondere Vertragsbedingungen für die Ausführung von Bauleistungen
– Allgemeine Technische Vertragsbedingungen für die Ausführung von Bauleistungen (= VOB/C)
– Zusätzliche Technische Vertragsbedingungen für die Ausführung von Bauleistungen

83.4.2 Allgemeine Vertragsbedingungen für die Ausführung von Bauleistungen

Die Allgemeinen Vertragsbedingungen (= VOB/B) bleiben grundsätzlich unverändert. Sie dürfen von Auftraggebern, die ständig Bauleistungen vergeben, für die bei ihnen allgemein gegebenen Verhältnisse durch Zusätzliche Vertragsbedingungen ergänzt werden. Diese dürfen den Allgemeinen Vertragsbedingungen nicht widersprechen. 4321

83.4.3 Zusätzliche Vertragsbedingungen für die Ausführung von Bauleistungen (ZVB)

Die Bauverwaltungen des Bundes haben Muster für Zusätzliche Vertragsbedingungen entwickelt: 4322
– **VHB 2002:**   EVM (B) ZVB/E 215 (Fassung November 2005)
– **HVA B-StB:** ZVB/E-StB 2006
Die Zusätzlichen Vertragsbedingungen bleiben grundsätzlich unverändert. 4323

83.4.4 Besondere Vertragsbedingungen für die Ausführung von Bauleistungen (§ 10 Nr. 2 Abs. 2)

Besondere Vertragsbedingungen sind **auf den Einzelfall abgestellte Ergänzungen der VOB/B und der Zusätzlichen Vertragsbedingungen** im Sinne von § 10 Nr. 2 Abs. 2 und Nr. 4 VOB/A. Sie sind vom öffentlichen Auftraggeber bei jeder Ausschreibung individuell aufzustellen. 4324

Die Bauverwaltungen des Bundes haben Muster für Besondere Vertragsbedingungen entwickelt: 4325
– **VHB 2002:**   EVM (B) BVB 214
– **HVA B-StB:** HVA B-StB-Besondere Vertragsbedingungen

83.4.5 Allgemeine Technische Vertragsbedingungen für die Ausführung von Bauleistungen (§ 10 Nr. 3)

Die Allgemeinen Technischen Vertragsbedingungen (= VOB/C) bleiben grundsätzlich unverändert. Sie dürfen von Auftraggebern, die ständig Bauleistungen vergeben, für die bei ihnen allgemein gegebenen Verhältnisse durch Zusätzliche Technische Vertragsbedingungen ergänzt werden. Für die Erfordernisse des Einzelfalles sind Ergänzungen und Änderungen in der Leistungsbeschreibung festzulegen. 4326

83.4.6 Zusätzliche Technische Vertragsbedingungen für die Ausführung von Bauleistungen (ZTV)

83.4.6.1 Regelung des HVA B-StB 03/2006 zu ZTV'en

Anzuwendende „Zusätzliche Technische Vertragsbedingungen" (z. B. ZTV/E-StB, ZTV Asphalt-StB, ZTV-ING) sind mit ihrem Ausgabedatum aufzulisten. Sonstige anzuwendende technische Regelwerke sind nur anzugeben, wenn sie nicht schon an anderer Stelle in den Verdingungsunterlagen zum Bestandteil des Vertrages bestimmt sind. 4327

83.5 Zusätzliche oder Besondere Vertragsbedingungen (§ 10 Nr. 4)

83.5.1 Weitervergabe an Nachunternehmer (§ 10 Nr. 4 Abs. 1 Buchstabe c))

Nach der älteren Rechtsprechung war der **Ausschluss des Einsatzes von Nachunternehmern grundsätzlich zulässig, weswegen auch seine Beschränkung oder Modifika-** 4328

Teil 3 VOB/A § 10   Vergabe- und Vertragsordnung für Bauleistungen Teil A

tion unter dem Gesichtspunkt eines geringeren Eingriffs berechtigt ist (VK Hamburg, B. v. 21. 4. 2004 – Az.: VgK FB 1/04).

4329 Diese nationale Rechtsprechung ist durch die **Rechtsprechung insbesondere des Europäischen Gerichtshofes zum Einsatz von Nachunternehmern im Zusammenhang mit der Vergabe an Generalüber- und -unternehmer überholt**; vgl. die Kommentierung zu § 97 GWB RZ 307.

83.6 Aufforderung zur Angebotsabgabe (§ 10 Nr. 5)

83.6.1 Bestimmungen über die Ausführungszeit (§ 10 Nr. 5 Abs. 2 Buchstabe b))

83.6.1.1 Bereits im Ausschreibungsverfahren überholte Ausführungszeit

4330 Soweit der vorgesehene **Bauvertrag seinem Inhalt nach auf eine überholte Ausführungszeit gerichtet ist, hindert dies sein Wirksamwerden durch Zuschlagserteilung nicht.** Dies folgt im allgemeinen Vertragsrecht aus der Regelung des § 271 BGB, nach der die Leistungszeit zwar zu einer wesentlichen Vertragsmodalität gehört, ihr Fehlen aber einen wirksamen Vertragsschluss nicht entgegensteht. Von den seltenen Ausnahmefällen eines relativen oder absoluten Fixgeschäfts abgesehen lässt sich die Leistungszeit nach Vertragsschluss entsprechend den dann geltenden Vertragsregeln, hier der VOB/B anpassen. Dazu besteht unter den Vertragsparteien infolge der Erklärungen zur Zuschlagsfristverlängerung eine gesteigerte Kooperationspflicht (BayObLG, B. v. 15. 7. 2002 – Az.: Verg 15/02).

83.6.2 Nebenangebote (§ 10 Nr. 5 Abs. 2 Buchstabe n))

4331 Vgl. hierzu die Kommentierung zu § 10 Nr. 5 Abs. 4 RZ 4356.

83.6.3 Vorbehalte wegen der Teilung in Lose und Vergabe der Lose an verschiedene Bieter (§ 10 Nr. 5 Abs. 2 Buchstabe o))

4332 Die **Frage eines Vorbehalts der Vergabe nach Losen wird gem. § 10 Nr. 5 VOB/A durch das Anschreiben (Aufforderung zur Angebotsabgabe) gegenüber den Bietern verbindlich festgelegt.** Die Angabe, dass nicht nach einzelnen Losen vergeben werden soll, ist für die Kalkulation des Bieters von Bedeutung. (3. VK Bund, B. v. 21. 9. 2004 – Az.: VK 3-110/04; B. v. 16. 9. 2004 – Az.: VK 3-104/04). Wer für mehrere Fach- oder Teillose ein Angebot abgeben kann, wird möglicherweise günstiger kalkulieren können. Das Anschreiben gehört zwar nicht zu den Verdingungsunterlagen, ist aber trotzdem für die Festlegung der Vergabe entscheidend. Das Anschreiben enthält außer den Verdingungsunterlagen alle Angaben, die für den Entschluss zur Abgabe eines Angebots notwendig sind. Durch Fehler im Anschreiben würde der Bieter nicht die Informationen erhalten, die er für eine erfolgreiche Teilnahme am Vergabeverfahren benötigt (VK Baden-Württemberg, B. v. 14. 9. 2001 – Az.: 1 VK 24/01).

4333 Aus der in der Aufforderung zur Angebotsabgabe enthaltenen Formulierung: **„Losweise Vergabe bleibt vorbehalten"** ergibt sich, sowohl **eine Gesamtvergabe** möglich bleiben soll **als auch eine losweise Vergabe** als zusätzliche Möglichkeit eingeführt werden soll (3. VK Bund, B. v. 21. 9. 2004 – Az.: VK 3-110/04; B. v. 16. 9. 2004 – Az.: VK 3-104/04).

83.6.4 Sonstige Erfordernisse, die die Bewerber bei der Bearbeitung ihrer Angebote beachten müssen (§ 10 Nr. 5 Abs. 2 Buchstabe q))

83.6.4.1 Forderung nach einem Bauzeitenplan

4334 Nach Auffassung der VK Nordbayern **kann ein Bauzeitenplan zur Angebotsabgabe in der Baubeschreibung nicht gefordert werden.** Nach § 9 Nr. 11 VOB/A soll die Baubeschreibung dazu dienen, die Leistung durch eine allgemeine Darstellung der Bauaufgabe zu beschreiben. Dazu sind von Auftraggeberseite allgemeine Angaben zu machen, die zum Verständnis der Bauaufgabe und zur Preisermittlung erforderlich sind. In diesem Zusammenhang steht die Forderung, vor Baubeginn einen Bauzeitenplan vorzulegen. **Der Auftraggeber möchte anhand des Bauzeitenplanes prüfen, ob die in den Besonderen Vertragsbedingungen** festgelegte Baufrist sicher eingehalten wird. Dazu reicht es aus, dass der Bauzeitenplan rechtzeitig vor Beginn der Bauarbeiten vorgelegt wird (VK Nordbayern, B. v. 1. 4. 2003 – Az.: 320.VK-3194-08/03).

Wenn der öffentliche Auftraggeber einen **Bauzeitenplan als eine von den Bietern geforderte Erklärung** verlangen will, ist er **im Anschreiben selbst aufzuführen.** Das folgt aus § 10 Nr. 1 Abs. 1 Buchstabe a) VOB/A i. V. m. § 10 Nr. 5 Abs. 2 Buchstabe q) VOB/A. Aufzuführen sind im Anschreiben alle Angaben, die außer den Verdingungsunterlagen für den Entschluss zur Angebotsabgabe notwendig sind (§ 10 Nr. 5 Abs. 1 VOB/A). Dazu zählen insbesondere auch Erfordernisse, die die Bewerber bei der Bearbeitung ihrer Angebote beachten müssen, etwa die Forderung des Auftraggebers nach der Aufstellung bestimmter Terminspläne für die Ausführung der Bauleistung. Dies ist **für den Bieter** zum einen **von Bedeutung, um den Aufwand abzuschätzen, den er mit dem Angebot hat,** zum anderen aber auch wesentlich für die **Konformität seines Angebots im Sinne von § 21 Nr. 1 Abs. 1 Satz 3 VOB/A** (BayObLG, B. v. 28. 5. 2003 – Az.: Verg 6/03). 4335

83.6.4.2 Forderung nach einer Vertraulichkeitserklärung

Eine vom Auftraggeber den Bietern vorgegebene **Vertraulichkeitserklärung** stellt eine **Vertragsstrafe im Sinne der §§ 339 ff. BGB im Sinne eines unselbständigen an eine auf ein Tun oder Unterlassen gerichtete Hauptverbindlichkeit angelehntes vertraglich determiniertes Strafversprechen dar,** welches die Erfüllung der Hauptverbindlichkeit im Sinne eines Druckmittels sichern und den Gläubiger – hier der Auftraggeber – den Schadensbeweis ersparen soll. Die durch die Bieter als Erklärende zu sichernde Hauptverbindlichkeit besteht in dem Unterlassen der Aufzeichnung, Weitergabe und Verwertung der aus den Angebotsunterlagen der Antragsgegnerin erlangten Informationen und der Sicherstellung dieser Unterlassung durch Beschäftigte und Beauftragte des Erklärenden. Das an diese Hauptverbindlichkeit angelehnte Strafversprechen besteht in der Erklärung, im Falle der Zuwiderhandlung gegen die vom Bieter übernommenen Verpflichtungen der Hauptverbindlichkeit eine der Höhe nach festgelegte bestimmte Geldstrafe zu zahlen. Ob diese unter Berücksichtigung der §§ 307 ff. BGB unwirksam sein können, ist – unbeschadet der Frage, ob es sich vorliegend um Allgemeine Geschäftsbedingungen im Sinne des § 305 BGB handelt – nicht im Hinblick auf § 97 Abs. 7 GWB, also vergaberechtlich, sondern ausschließlich vertragsrechtlich von Bedeutung. Sollten die Bestimmungen materiell-rechtlich unwirksam sein, kann eine vergaberechtliche Einschränkung und damit Rechtsverletzung bereits deshalb nicht bestehen, weil in diesem Falle eine Verwirkung der Vertragsstrafe nicht eintreten kann (VK Hessen, B. v. 7. 8. 2003 – Az.: 69 d VK – 26/2003). 4336

83.6.4.3 Forderung nach einem Wartungsvertrag

83.6.4.3.1 Zulässigkeit. Die **Angabe eines Wartungsvertrags ist ein geeignetes Kriterium, das wirtschaftlichste Angebot zu ermitteln,** dem der Zuschlag zu erteilen ist. Der niedrigste Angebotspreis ist dafür nicht allein entscheidend. Denn das Angebot eines Wartungsvertrages beeinflusst die Wirtschaftlichkeit eines Gesamtangebots unter dem Gesichtspunkt der Folgekosten (OLG Düsseldorf, B. v. 30. 6. 2004 – Az.: VII – Verg 22/04). 4337

83.6.4.3.2 Richtlinie des VHB 2002. Das Bauamt hat bereits vor Aufstellung der Verdingungsunterlagen mit der für den Anlagenbetrieb zuständigen Stelle zu klären, ob und für welchen Zeitraum sie bei Anlagen bzw. Anlagenteile, für die eine Wartung oder Instandhaltung nach öffentlich-rechtlichen Vorschriften verpflichtend, notwendig bzw. zu empfehlen ist, mit dem Auftragnehmer, der die Anlage erstellt, einen Wartungs- oder Instandhaltungsvertrag abschließen oder Eigenwartung durchführen will. Das Ergebnis ist schriftlich festzuhalten und von der für den Anlagenbetrieb zuständigen Stelle unterschriftlich zu bestätigen. Sofern ein Wartungs- oder Instandhaltungsvertrag abgeschlossen werden soll, ist zugleich dessen Dauer in den Verdingungsunterlagen verbindlich festzulegen (Ziffer 12.1). 4338

Die für den Anlagenbetrieb zuständige Stelle ist darauf hinzuweisen, die Wartung oder Instandhaltung dem Ersteller der Anlage zu übertragen, sofern nicht zwingende Gründe gegeben sind davon abzuweichen. Die Übertragung der Wartung/Instandhaltung kommt nur in Betracht für Anlagen bzw. Anlagenteile der technischen Gebäudeausrüstung, bei denen eine ordnungsgemäße Wartung/Instandhaltung einen erheblichen Einfluss auf die Sicherheit und Funktionsfähigkeit der Anlage hat. Nur um eine vierjährige Verjährungsfrist für Mängelansprüche erreichen zu können, darf ein Wartungs- oder Instandhaltungsvertrag nicht abgeschlossen werden (Ziffer 12.2). 4339

4340 Sofern die Wartungs-/Instandhaltungskosten die Wertung der Angebote erheblich beeinflussen können, hat das Bauamt mit dem Angebot für die Erstellung der Anlage auch ein Angebot für die Wartung/Instandhaltung anzufordern. Das gilt unter der Voraussetzung, dass
- die ausgeschriebene Leistung überwiegend aus störanfälligen Anlagen bzw. Anlagenteilen besteht, die als wartungs- oder instandhaltungsbedürftig einzustufen sind und
- die für den Anlagenbetrieb zuständige Stelle einen Wartungs- oder Instandhaltungsvertrag abschließen will.

(Ziffer 12.3).

83.6.4.4 Angabe der Wertungskriterien

4341 Die Verdingungsordnung für Bauleistungen, Teil A, verlangt in ihrem ersten Abschnitt, der für die bundesweiten Ausschreibungen gilt, – anders als § 25a VOB/A im zweiten Abschnitt der VOB/A für die EU-weiten Vergabeverfahren – **keine förmliche Angabe der Wertungskriterien im Einzelnen in der Vergabebekanntmachung bzw. in den Verdingungsunterlagen.** Es genügt, wenn das Anforderungsprofil des Auftraggebers in den an die Bieter übermittelten Verdingungsunterlagen hinreichenden Ausdruck gefunden hat (OLG Naumburg, Urteil vom 29. 3. 2003 – Az.: 1 U 119/02).

83.6.4.5 Angabe der Forderung nach Vorlage der „Spezifikation des Herstellers"

4342 Der öffentliche Auftraggeber muss prüfen, ob die **Forderung der Vorlage der „Spezifikation des Herstellers" (z. B. von Wasserbausteinen)** aufgrund der Regelung des § 10 Nr. 1 Abs. 1 lit. a in Verbindung mit § 10 Nr. 5 Abs. 2 lit. q VOB/A in das Aufforderungsschreiben zur Angebotsabgabe aufzunehmen war. Technische Lieferbedingungen z. B. für Wasserbausteine sind regelmäßig zwar bereits Teil der Verdingungsunterlagen. Sie ergänzen gemäß § 10 Nr. 3 Satz 2 VOB/A die Allgemeinen Technischen Vertragsbedingungen. Dennoch ist nicht auszuschließen, dass insbesondere solche Bieter aus der EU, die sich erstmals an einem solchen Vergabeverfahren beteiligen, davon überrascht werden, dass die Technischen Lieferbedingungen für Wasserbausteine von ihnen eine Erklärung hinsichtlich der Qualität der Wasserbausteine verlangen, die für die Vergabeentscheidung relevant sein soll (2. VK Bund, B. v. 11. 2. 2005 – Az.: VK 2-223/04).

83.6.5 Wesentliche Zahlungsbedingungen (§ 10 Nr. 5 Abs. 2 Buchstabe r))

83.6.5.1 Richtlinie des VHB 2002 zu Vorauszahlungen

4343 Vorauszahlungen können in den Verdingungsunterlagen vorgesehen werden, wenn dies
- allgemein üblich oder
- durch besondere Umstände gerechtfertigt ist (§ 56 Abs. 1 BHO).

(Ziffer 10.2).

4344 Als allgemein üblich sind Vorauszahlungen anzusehen, wenn in dem betreffenden Wirtschaftszweig regelmäßig, d. h. auch bei nicht öffentlichen Auftraggebern, Vorauszahlungen ausbedungen werden. Bei maschinellen und elektrotechnischen Einrichtungen sind Vorauszahlungen allgemein üblich (Ziffer 10.3).

4345 Besondere Umstände für Vorauszahlungen liegen z. B. vor, wenn die Ausführung der Leistung infolge ihres Umfangs oder ihrer Eigenart für den Auftragnehmer mit einer unzumutbaren Kapitalinanspruchnahme verbunden ist. Die Gründe für die Vereinbarung von Vorauszahlungen sind aktenkundig zu machen. Ein besonderer Umstand ist nicht gegeben, wenn am Ende des Haushaltsjahres Ausgaben vor Fälligkeit geleistet werden, um zu verhindern, dass die Ausgaben sonst verfallen.

4346 Lässt sich bei Aufstellung der Verdingungsunterlagen nicht ausreichend übersehen, ob die Voraussetzungen für Vorauszahlungen bei allen voraussichtlichen Bietern gleichmäßig gegeben sind, so können die Zahlungsbedingungen dem Wettbewerb unterstellt werden. In diesem Fall sind von den Bietern Angaben zu verlangen über
- die Höhe der Vorauszahlungen und
- die Zahlungstermine.

4347 Bei der Wertung der Angebote ist auch die verlangte Zahlungsweise zu berücksichtigen (Ziffer 10.4).

Vergabe- und Vertragsordnung für Bauleistungen Teil A VOB/A § 10 **Teil 3**

Für Vorauszahlungen ist stets Sicherheit in Höhe der Vorauszahlung durch selbstschuldneri- 4348
sche Bürgschaft eines
- in den Europäischen Gemeinschaften oder
- in einem Staat der Vertragsparteien des Abkommens über den Europäischen Wirtschaftraum oder
- in einem Staat der Vertragsparteien des WTO-Übereinkommens über das öffentliche Beschaffungswesen

zugelassenen Kreditinstituts bzw. Kredit- oder Kautionsversicherers nach vorgeschriebenen Formblatt EFB-Sich 3-323.3 zu fordern (Ziffer 10.6).

83.6.6 Forderung nach Angabe der Leistungen, die an Nachunternehmer vergeben werden sollen (§ 10 Nr. 5 Abs. 3)

Der Auftraggeber kann die Bieter auffordern, in ihrem Angebot die Leistungen anzugeben, 4349
die sie an Nachunternehmer zu vergeben beabsichtigen.

83.6.6.1 Rechtsprechung

Die **Vergabestelle** ist gemäß Art. 47 Abs. 2 und Art. 48 Abs. 3 der Vergabekoordinierungs- 4350
richtlinie 2004/18/EG vom 31. März 2004 und § 10 Nr. 5 Abs. 3 VOB/A **berechtigt, vom
Bieter Angaben über den beabsichtigten Nachunternehmereinsatz zu fordern** (Schleswig-Holsteinisches OLG, B. v. 10. 3. 2006 – Az.: 1 (6) Verg 13/05; OLG Koblenz, B. v. 13. 2.
2006 – Az.: 1 Verg 1/06; BayObLG, B. v. 11. 2. 2004 – Az.: Verg 1/04, B. v. 8. 11. 2002 – Az.:
Verg 27/02, B. v. 17. 6. 2002 – Az.: Verg 14/02; OLG Dresden, B. v. 12. 6. 2002 – Az.: WVerg
0006/02; VK Nordbayern, B. v. 9. 10. 2006 – Az.: 21.VK – 3194-30/06; B. v. 9. 8. 2005 – Az.:
320.VK – 3194-27/05; B. v. 12. 2. 2004 – Az.: 320.VK-3194-01/04, B. v. 13. 11. 2003 – Az.:
320.VK-3194-40/03, B. v. 6. 2. 2003 – Az.: 320.VK3194-01/03; 1. VK Sachsen, Beschluss
vom 23. 8. 2005 – Az.: 1/SVK/098-05; B. v. 22. 7. 2005 – Az.: 1/SVK/080-05; VK Rheinland-Pfalz, B. v. 16. 3. 2005 – Az.: VK 05/04; B. v. 29. 11. 2004 – Az.: VK 20/04; B. v. 10. 10.
2003 – Az.: VK 18/03; 2. VK Bund, B. v. 30. 8. 2006 – Az.: VK 2-95/06; B. v. 6. 10. 2003 –
Az.: VK 2-80/03; VK Südbayern, B. v. 10. 2. 2005 – Az.: 81-12/04; B. v. 1. 7. 2004 – Az.:
40-06/04; B. v. 13. 7. 2004 – Az.: 39-05/04; B. v. 3. 6. 2004 – Az.: 36-05/04; B. v. 17. 5. 2004
– Az.: 17-03/04; B. v. 27. 8. 2003 – Az.: 35-08/03, B. v. 27. 8. 2003 – Az.: 34-07/03, B. v.
12. 3. 2003 – Az.: 04-02/03). Die Angaben sind insbesondere **bedeutsam für die Beurteilung der Sachkunde, Leistungsfähigkeit und Zuverlässigkeit** des Bieters. Überdies ist es
im Rahmen der **Bauorganisation** für den Auftraggeber von Interesse, mit welchen Unternehmen er es zu tun hat (BayObLG, B. v. 11. 2. 2004 – Az.: Verg 1/04).

Der Auftraggeber ist berechtigt, diese **Forderung entweder in das Anschreiben aufzu-** 4351
**nehmen oder sie im Wege von Besonderen Vertragsbedingungen zur Vorgabe zu
machen** (OLG Koblenz, B. v. 7. 7. 2004 – Az.: 1 Verg 1 und 2/04).

Eine **vergleichbare Regelung enthält** § 7 Nr. 4 VOB/A-SKR. Auch nach dieser Vor- 4352
schrift kann der Auftraggeber die Bieter auffordern, in ihrem Angebot die Leistungen anzugeben, die sie an Nachunternehmer zu vergeben beabsichtigen (VK Nordbayern, B. v. 25. 6. 2004
– Az.: 320.VK – 3194-19/04).

83.6.6.2 Formularmuster

Die Bauverwaltungen des Bundes haben Muster für Nachunternehmererklärungen entwi- 4353
ckelt:
- **VHB 2002:**   EFB NU 317a und EFB NU 317b
- **HVA B-StB:**   Muster 1.0-3 „Verzeichnis der Nachunternehmerleistungen"

83.6.6.3 Interpretierende Klarstellung durch das ÖPP-Beschleunigungsgesetz

Durch das **Gesetz zur Beschleunigung der Umsetzung von Öffentlich Privaten Part-** 4354
**nerschaften und zur Verbesserung gesetzlicher Rahmenbedingungen für Öffentlich
Private Partnerschaften vom 1. 9. 2005** (BGBl. I S. 2676) ist § 6 VgV dahingehend geändert worden, dass der bisherige Wortlaut Absatz 1 wird und die Absätze 2 und 3 angefügt werden. Nach § 6 Abs. 2 Nr. 3 VgV **gilt § 10 Nr. 5 Abs. 3 VOB/A mit der Maßgabe, dass**

841

der Auftragnehmer bei der **Weitervergabe von Bauleistungen nur die Bestimmungen des Teiles B der Vergabe- und Vertragsleistungen für Bauleistungen (VOB/B)** zugrunde zu legen hat.

4355 Zu den **Einzelheiten** vgl. die **Kommentierung** zu § 6 VgV.

83.6.7 Nebenangebote (§ 10 Nr. 5 Abs. 4)

83.6.7.1 Allgemeines

4356 Ein **Nebenangebot** liegt **immer dann** vor, wenn ein Bieter **eine andere als nach der Leistungsbeschreibung oder dem Leistungsverzeichnis vorgesehene Art der Ausführung** anbietet (VK Schleswig-Holstein, B. v. 3. 11. 2004 – Az.: VK-SH 28/04; 1. VK Sachsen, B. v. 27. 4. 2004 – Az.: 1/SVK/031-04; 1. VK Bund, B. v. 25. 3. 2003 – Az.: VK 1-11/03; VK Hamburg, B. v. 21. 4. 2004 – Az.: VgK FB 1/04).

4357 Der Begriff „Nebenangebot" setzt also eine Abweichung vom geforderten Angebot voraus, und zwar einer **Abweichung jeder Art, unabhängig von ihrem Grad, ihrer Gewichtung oder ihrem Umfang;** deshalb werden **selbst Bietervorschläge, die eine völlig andere als die vorgeschlagene Leistung zum Gegenstand haben, als Nebenangebote angesehen.** Ein Nebenangebot liegt somit auch dann vor, wenn der Bieter ein Angebot abgibt, das einen Preisnachlass enthält, der an bestimmte Bedingungen geknüpft wird (VK Brandenburg, B. v. 1. 3. 2005 – Az.: VK 8/05).

4358 Entsprechend argumentiert das OLG Düsseldorf für den **Bereich der VOL/A:** Nach den Erläuterungen des Deutschen Verdingungsausschusses für Leistungen (DVAL) zu § 17 Nr. 3 Abs. 5 Satz 1 VOL/A, die zwar keinen rechtsverbindlichen Charakter haben, aber in Zweifelsfällen bei der Auslegung der Verdingungsordnung herangezogen werden können, **umfasst der Begriff „Nebenangebot" jede Abweichung vom geforderten Angebot.** Selbst Änderungsvorschläge sind danach als Nebenangebote zu betrachten.

4359 Auf eine **genaue Bezeichnung als Nebenangebot kommt es nicht an.** Entscheidend ist, dass es der Sache nach jedenfalls eine Änderung der im Leistungsverzeichnis und im Hauptangebot vorgesehenen Leistung beinhaltet (OLG Düsseldorf, B. v. 4. 7. 2001 – Az.: Verg 20/01; 1. VK Sachsen, B. v. 16. 6. 2005 – Az.: 1/SVK/056-05; 1. VK Bund, B. v. 25. 3. 2003 – Az.: VK 1-11/03).

83.6.7.2 Formen der Angebote

4360 Die **Rechtsprechung** hierzu ist **nicht einheitlich.**

4361 Eine **Zweiteilung in Hauptangebot und Nebenangebot findet nicht statt.** Nach den Erläuterungen des Deutschen Verdingungsausschusses für Leistungen (DVAL) zu § 17 Nr. 3 Abs. 5 Satz 1 VOL/A, die zwar keinen rechtsverbindlichen Charakter haben, aber in Zweifelsfällen bei der Auslegung der Verdingungsordnung herangezogen werden können, **umfasst der Begriff „Nebenangebot" jede Abweichung vom geforderten Angebot.** Selbst Änderungsvorschläge sind danach als Nebenangebote zu betrachten. Dies widerspricht auch nicht den europäischen Vergaberechtsrichtlinien. So wird in der Sektorenkoordinationsrichtlinie nicht weiter zwischen Nebenangeboten und Änderungsvorschlägen unterschieden, sondern es ist einheitlich von „Varianten" die Rede (Art. 34 Abs. 3) – OLG Düsseldorf, B. v. 9. 4. 2003 – Az.: Verg 69/02.

4362 Nach Auffassung der 1. VK Bund ist hingegen der Begriff des Hauptangebots zwar nicht definiert, er versteht sich aber von selbst: Umfasst der Begriff des „Nebenangebots" jede Abweichung vom geforderten Angebot, so muss das **Hauptangebot definitionsgemäß exakt die im Leistungsverzeichnis geforderte Leistung anbieten,** so dass **Deckungsgleichheit zwischen Leistungsbeschreibung und Angebot** besteht (1. VK Bund, B. v. 17. 7. 2003 – Az.: VK 1-55/03).

83.6.7.3 Nebenangebot

4363 **83.6.7.3.1 Begriff.** Ein Nebenangebot liegt vor, wenn es sich um die **Änderung entweder des gesamten vorgesehenen Leistungsinhalts oder jedenfalls ganzer Abschnitte davon** handelt (VK Brandenburg, B. v. 26. 3. 2002 – Az.: VK 4/02). Auf die **genaue Bezeichnung als Nebenangebot kommt es nicht an.** Entscheidend ist, dass es der Sache nach jedenfalls eine Änderung der im Leistungsverzeichnis und im Hauptangebot vorgesehenen Leistung beinhaltet (OLG Düsseldorf, B. v. 4. 7. 2001 – Az.: Verg 20/01).

Der Begriff „Nebenangebot" setzt also eine **Abweichung vom geforderten Angebot** voraus, und zwar eine **Abweichung jeder Art, unabhängig von ihrem Grad, ihrer Gewichtung oder ihrem Umfang;** deshalb werden selbst Bietervorschläge, die eine völlig andere als die vorgeschlagene Leistung zum Gegenstand haben, als Nebenangebot angesehen (VK Südbayern, B. v. 11. 8. 2005 – Az.: 35-07/05 – für den Bereich der VOL/A). 4364

83.6.7.3.2 Sinn und Zweck. Es liegt gerade in der Intention der Zulassung von Nebenangeboten, die **Erfahrung und den Sachverstand teilnehmender Unternehmen in einem Bereich jenseits der durch die Gleichwertigkeitsmaxime gesetzten Schranken nutzbar zu machen,** weil auf diese Weise das mit der Ausschreibung verfolgte Planungskonzept optimiert und die Leistungsmerkmale dem einem Beschaffungsvorhaben übergeordneten Leistungszweck angepasst werden können. Vergaberechtliche Bedenken sind insoweit nicht zu erheben, weil Vergabestelle und Bieter gleichermaßen von einem konstruktiven „Ideenwettbewerb" – in den genannten Grenzen – profitieren können (Thüringer OLG, B. v. 19. 3. 2004 – Az.: 6 U 1000/03). 4365

Grundsätzlich kann es erwünscht sein, dass **Bieter** im Blick auf den geforderten Leistungsumfang hinsichtlich von Kosten und Nutzen **Ideen entwickeln** und im Rahmen von Nebenangeboten **Einsparungspotentiale anbieten,** die eine andere Ausführung der Bauleistung abweichend von der Ausschreibung vorschlagen. Im Blick auf die Konkurrenzsituation im Wettbewerb der Bieter **sind diesem Verhalten jedoch Grenzen gesetzt,** die der Auftraggeber bei der Wertung beachten muss (VK Baden-Württemberg, B. v. 15. 5. 2003 – Az.: 1 VK 20/03). 4366

83.6.7.3.3 Beispiele aus der Rechtsprechung. 83.6.7.3.3.1 Unbedingter Preisnachlass. Auch eine **Erklärung über einen globalen Preisnachlass ohne Bedingungen kann in Form eines Nebenangebotes abgegeben** werden. Denn ein Nebenangebot setzt lediglich eine Abweichung vom geforderten oder abgegebenen Angebot voraus, wobei diese Abweichung jeglicher Art sein kann, unabhängig von ihrem Grad, ihrer Gewichtung oder ihrem Umfang. Das bedeutet gleichzeitig, dass nicht nur technische Abweichungen, sondern auch solche wirtschaftlicher, rechtlicher oder rechnerischer Art als Nebenangebot zu qualifizieren sind (VK Münster, B. v. 21. 12. 2005 – Az.: VK 25/05; VK Schleswig-Holstein, B. v. 1. 4. 2004 – Az.: VK-SH 05/04). 4367

83.6.7.3.3.2 Bedingter Preisnachlass (Skonto). 83.6.7.3.3.2.1 Rechtsprechung. Die **Rechtsprechung** ist insoweit **nicht einheitlich.** 4368

Nach einer Auffassung liegt in dem Angebot „**Bei Zahlung der Rechnungen innerhalb von 14 Tagen nach Rechnungseingang gewähren wir ein Skonto in Höhe von ...% auf den jeweiligen Rechnungsbetrag (netto)**" bei wortlautgemäßer Aussage das **Angebot eines bedingten Preisnachlasses, nicht aber einer Änderung des im Leistungsverzeichnis aufgeführten Leistungsinhalts oder auch nur einzelner Abschnitte** davon. Vielmehr handelt es sich lediglich um die Zusage eines Preisabschlags innerhalb der genannten 14-Tagesfrist ab Rechnungseingang. Ein solcher bedingter Preisnachlass ist aber keine inhaltliche Änderung dessen, was ein Bieter dem Auftraggeber als Bauleistung angeboten hat (VK Brandenburg, B. v. 26. 3. 2002 – Az.: VK 4/02). 4369

Von dieser Rechtsprechung rückt die VK Brandenburg in einer neueren Entscheidung ab. Danach liegt ein **Nebenangebot auch dann vor, wenn der Bieter ein Angebot abgibt, das einen Preisnachlass enthält, der an bestimmte Bedingungen geknüpft wird** (VK Brandenburg, B. v. 1. 3. 2005 – Az.: VK 8/05). 4370

Auf der anderen Seite wird das **Angebot eines Nachlasses für den Fall einer Vorauszahlung** nach § 16 Nr. 2 Abs. 1 VOB/B **gegen Gewährung einer entsprechenden Bürgschaft als Nebenangebot** behandelt (VK Brandenburg, B. v. 21. 10. 2002 – Az.: VK 55/02). 4371

83.6.7.3.3.2.2 Literatur 4372

– Stellmann, Frank/Isler, Tim, Der Skontoabzug im Bauvertragswesen – Ein dogmatischer und praktischer Leitfaden, ZfBR 2004, 633

83.6.7.3.3.3 Pauschalpreisangebot. Als **Nebenangebot** ist es **auch** anzusehen, wenn **ohne Änderung des Leistungsinhalts** eine **andere Vergütungsart,** als in der Ausschreibung verlangt **(Pauschalpreisangebot)** angeboten wird (BayObLG, B. v. 2. 12. 2002 – Az.: Verg 24/02; VK Münster, B. v. 10. 2. 2004 – Az.: VK 01/04; VK Thüringen, B. v. 7. 11. 2003 – Az.: 216-4002.20-055/03-EF-S). 4373

4374 Das Pauschalangebot beinhaltet also **keine technisch vom Leistungsverzeichnis abweichende Lösung,** sondern vielmehr eine **Abweichung hinsichtlich des Bauvertragstyps:** Angebot eines Pauschalvertrages statt – wie in der Ausschreibung vorgesehen – eines Einheitspreisvertrages. Der Sache nach handelt es sich um ein Nebenangebot (1. VK Bund, B. v. 11. 6. 2002 – Az.: VK 1-25/02).

4375 83.6.7.3.3.4 **Angebot mit zum Leitfabrikat gleichwertigen Produkten.** Ist die Leistungsbeschreibung insoweit offen, als bei Positionen der Zusatz „oder gleichwertig" zu einem genau bezeichneten Leitfabrikat beigefügt wird, ist dieser Zusatz aus rechtlichen Gründen auch erforderlich, da § 9 Nr. 10 VOB/A die Verwendung bestimmter Fabrikatsangaben etc. im Leistungsverzeichnis nur mit diesem Zusatz erlaubt. Folglich stellt ein **Angebot, das nicht das Leitfabrikat anbietet, dann kein Nebenangebot dar, wenn die angebotenen Produkte hiermit gleichwertig sind;** würde man jede Abweichung vom Leitfabrikat als Nebenangebot ansehen, so würde die in § 9 Nr. 10 VOB/A beinhaltete Vorgabe unterlaufen (1. VK Bund, B. v. 17. 7. 2003 – Az.: VK 1-55/03).

4376 83.6.7.3.3.5 **Angebot mit einer anderen Bauweise.** Wird mit einem Nebenangebot eine andere als die in den Ausschreibungsunterlagen verlangte Bauweise angeboten, so setzt die **Zulässigkeit des Nebenangebots** in aller Regel **nicht voraus, dass der Auftraggeber diese Bauweise ausdrücklich als zugelassen oder erwünscht bezeichnet hat** (OLG Celle, B. v. 21. 8. 2003 – Az.: 13 Verg 13/03).

4377 83.6.7.3.3.6 **Nebenangebote, die vom Eintritt einer Bedingung abhängig sind.** Nebenangebote, die vom Eintritt einer Bedingung abhängig sind, sind grundsätzlich zulässig. **Unzulässig sind lediglich solche Nebenangebote, die eine Bedingung enthalten, deren Eintritt vom Verhalten des Bieters abhängt.** Eine so geartete Fallkonstellation ist jedoch **nicht gegeben, wenn z. B. die Durchführung des Nebenangebots von einer behördlichen Genehmigung abhängt.** Diese Genehmigung hat nicht der Bieter, sondern die Vergabestelle einzuholen. Der Bedingungseintritt ist folglich nicht vom Verhalten des Bieters abhängig. Zwar hat die Vergabestelle es nicht in der Hand, den Eintritt der Bedingung unmittelbar und selbst herbeizuführen. Das ändert jedoch nichts daran, dass der Eintritt der Bedingung in ihrer Risikosphäre liegt. Sie hat eine Prognoseentscheidung zu treffen, ob sie den Eintritt der Bedingung herbeiführen kann. Die Vergabestelle hat hierbei prognostiziert, dass sie in der Lage sein wird, die erforderliche Genehmigung der Gewässerdirektion herbeizuführen (VK Baden-Württemberg, B. v. 18. 10. 2002 – Az.: 1 VK 53/02).

4378 Insbesondere dann, wenn **für den Nichteintritt einer Bedingung keine vertragliche Regelung im Sinne eines Auffangtatbestandes vorhanden ist, der Eintritt der Bedingung in der Risikosphäre des Bieters liegt und die Wertung eines Nebenangebots die Stellung im Wettbewerb beeinflusst,** müssen an eine Prognoseentscheidung so hohe Anforderungen gestellt werden, dass der **Nichteintritt der Bedingung nahezu ausgeschlossen** ist (1. VK Saarland, B. v. 27. 4. 2004 – Az.: 1 VK 02/2004).

4379 83.6.7.3.4 **Erläuterung der Mindestanforderungen an Nebenangebote.** Ein öffentlicher Auftraggeber, der nicht ausgeschlossen hat, dass Nebenangebote vorgelegt werden, ist **verpflichtet, in den Verdingungsunterlagen die Mindestanforderungen zu erläutern, die diese Nebenangebot erfüllen müssen.** Denn nur eine Erläuterung in den Verdingungsunterlagen ermöglicht den Bietern in gleicher Weise die Kenntnis von den Mindestanforderungen, die ihre Nebenangebote erfüllen müssen, um vom Auftraggeber berücksichtigt werden zu können. Es geht dabei um eine **Verpflichtung zur Transparenz, die die Beachtung des Grundsatzes der Gleichbehandlung der Bieter gewährleisten soll,** der bei jedem von der Richtlinie erfassten Vergabeverfahren für Aufträge einzuhalten ist. Hat der Auftraggeber entgegen Art. 24 der Vergabekoordinierungsrichtlinie keine Angaben zu Mindestanforderungen gemacht, kann folglich ein Nebenangebot selbst dann nicht berücksichtigt werden, wenn die Änderungsvorschläge nicht, wie in Art. 24 Abs. 2 vorgesehen, in der Bekanntmachung für unzulässig erklärt worden sind (EuGH, Urteil vom 16. 10. 2003 – Az.: C-421/01).

4380 Im Ergebnis wird damit die Regelung des § 10b Nr. 2 Satz 2 auch für den zweiten Abschnitt der VOB/A eingeführt.

4381 Vgl. dazu **im Einzelnen die Kommentierung zu § 25 VOB/A** RZ 5729.

83.6.7.4 Ausschluss von Nebenangeboten

4382 Wenn der Auftraggeber Nebenangebote wünscht oder nicht zulassen will, so ist dies anzugeben. § 10 VOB/A lässt offen, in welcher Art und Weise der Auftraggeber diese Bedingung zum Ausdruck bringt.

Nach der älteren Rechtsprechung war die Zulassung von Nebenangeboten der Regelfall, ein 4383
eventueller Ausschluss bedarf sowohl besonderer Gründe als auch besonderer Erwähnung (Schleswig-Holsteinisches OLG, B. v. 15. 2. 2005 – Az.: 6 Verg 6/04).

Diese **Rechtsprechung hat seit dem 1. 2. 2006 zumindest für Aufträge ab den** 4384
Schwellenwerten keinen Bestand mehr. Nach Art. 24 Abs. 2, 3 und 4 Satz 1 der Richtlinie 2004/18/EG (Vergabekoordinierungsrichtlinie) geben die öffentlichen Auftraggeber in der Bekanntmachung an, ob Nebenangebote zulässig sind; **fehlt eine entsprechende Angabe, so sind keine Nebenangebote zugelassen.**

83.6.7.4.1 **Genereller Ausschluss.** Ein Auftraggeber kann **Nebenangebote generell** 4385
nicht zulassen (VK Nordbayern, B. v. 25. 3. 2002 – Az.: 320.VK-3194-06/02), muss dies jedoch ausdrücklich und für alle Bieter unmissverständlich erklären (VK Nordbayern, B. v. 18. 10. 2001 – Az.: 320.VK-3194-34/01).

Eine einmal getroffene Festlegung zur Nichtzulassung von Nebenangeboten kann 4386
späterhin in Verdingungsunterlagen nicht mehr rückgängig gemacht werden. Will der Auftraggeber seine bisherige Zulassungspraxis ändern, muss er eine **Korrektur der Bekanntmachung vornehmen und gleichzeitig die Angebotsfristen angemessen verlängern.** Ansonsten kommen nur die Bewerber in den Genuss der Änderung, die sich von dem Verbot von Nebenangeboten nicht haben abschrecken lassen oder die ggf. sogar die Änderung der Sichtweise des Auftraggebers – aus welchen Gründen auch immer – vorhergesehen haben. Der Manipulation des Auftraggebers sind bei Zulassung derartiger Änderungen erst mit den Bewerbern, die die Verdingungsunterlagen abfordern, Tür und Tor geöffnet (1. VK Sachsen, B. v. 13. 4. 2005 – Az.: 1/SVK/018-05).

83.6.7.4.2 **Besondere Kriterien für den Ausschluss.** Der **Auftraggeber** legt die Anfor- 4387
derungen an den Inhalt der Angebote fest. Es steht ihm **frei,** in den Verdingungsunterlagen nicht nur über die generelle Zulässigkeit von Nebenangeboten und Änderungsvorschlägen zu entscheiden, sondern er kann darüber hinaus in die Verdingungsunterlagen auch **besondere Kriterien für die Zulassung von Nebenangeboten aufnehmen** (VK Rheinland-Pfalz, B. v. 7. 6. 2002 – Az.: VK 13/02).

83.6.7.4.3 **Eindeutige Formulierungen in den Verdingungsunterlagen.** Ein öffentli- 4388
cher Auftraggeber muss eine verbindliche Vorgabe im Sinne eines Ausschlusskriteriums klar zum Ausdruck bringen (2. VK Bund, B. v. 30. 4. 2002 – Az.: VK 2-10/02).

Der Auftraggeber kann auch **durch eindeutige Formulierungen in den Verdingungs-** 4389
unterlagen klarstellen, dass **bestimmte Festlegungen** des Leistungsverzeichnisses **verbindlich** sind und **Nebenangebote hierzu nicht zugelassen** werden (VK Lüneburg, B. v. 26. 1. 2004 – Az.: 203-VgK-39/2003; VK Arnsberg, B. v. 27. 1. 2004 – Az.: VK 1-31/2003; VK Nordbayern, B. v. 20. 3. 2003 – Az.: 320.VK-3194-07/03, B. v. 18. 10. 2001 – Az.: 320.VK-3194-34/01). Verbindliche Festlegungen (sog. K.O.-Kriterien) können auch im Wege der Auslegung der Verdingungsunterlagen erfolgen (VK Arnsberg, B. v. 11. 6. 2003, Az.: VK 1-10/2003).

83.6.7.4.4 **Ausschluss durch Auslegung der Vergabeunterlagen.** Die **Gesamtbetrach-** 4390
tung und Auslegung der Angaben zu den Nebenangeboten kann den Schluss zulassen, dass die Vergabestelle die Abgabe von Nebenangeboten nicht für zulässig erklärt hat (VK Arnsberg, B. v. 27. 1. 2004 – Az.: VK 1-31/2003).

Unzulässig sind auch solche Nebenangebote, **bei denen die Bieter bei objektiver Be-** 4391
trachtung nicht damit rechnen können, dass sie angeboten werden dürfen. Dies kann der Fall sein, wenn sie **von verbindlichen Festlegungen in den Verdingungsordnung abweichen.** Dies gilt aber auch dann, wenn sich dies nur mittelbar im Wege der **Auslegung der Verdingungsunterlagen oder aus allgemeinen Erwägungen heraus** ergibt (VK Baden-Württemberg, B. v. 2. 12. 2004 – Az.: 1 VK 74/04).

Der Umstand, dass die Fabrikatsangabe einer Leistungsposition – anders als andere Positionen 4392
im Leistungsverzeichnis – nicht mit dem Zusatz „oder gleichwertig" versehen wird, ist für die Frage der Zulassung von Nebenangeboten unergiebig. Der genannte **Zusatz zielt** dort, wo er verwendet wird, **nicht auf ein Nebenangebot** ab, vielmehr bewegt sich ein Bieter, der ein Produkt im Rahmen des „Leitprodukts" mit der Erweiterung „oder gleichwertig" anbietet, noch im Rahmen des Hauptangebots (Schleswig-Holsteinisches OLG, B. v. 15. 2. 2005 – Az.: 6 Verg 6/04).

83.6.7.4.5 **Mehrdeutige Auslegung der Angaben zu Nebenangeboten.** Die **Gesamt-** 4393
betrachtung und Auslegung der Angaben zu den Nebenangeboten (VK Arnsberg, B. v.

11. 6. 2003, Az.: VK 1-10/2003) nach dem Empfängerhorizont (§§ 133, 157 BGB) kann den Schluss zulassen, dass die Vergabestelle die Abgabe von Nebenangeboten grundsätzlich für zulässig erklärt. Gerade vor dem **Hintergrund von zahlreichen inhaltlichen Anforderungen an Nebenangebote in den Bewerbungsbedingungen** kann ein Bewerber davon ausgehen, dass die Abgabe solcher Angebote grundsätzlich zugelassen ist (VK Rheinland-Pfalz, B. v. 31. 7. 2003 – Az.: VK 16/03).

4394 83.6.7.4.6 **Ausnahmsweiser Ausschluss von Nebenangeboten ohne gleichzeitige Abgabe eines Hauptangebots.** Nach den Verdingungsunterlagen kann die Abgabe von Nebenangeboten nur zugelassen werden, wenn auch ein Hauptangebot vorliegt. Diese **Verknüpfung hat** für die Vergabestelle **regelmäßig den Sinn, sicherzustellen,** dass auch **tatsächlich annehmbare Angebote eingehen und damit das Vergabeverfahren auch mit Erfolg abgeschlossen werden kann;** ist die isolierte Abgabe von Nebenangeboten zugelassen, so besteht die Gefahr, dass ausschließlich Nebenangebote eingehen, die aus Sicht der Vergabestelle sämtlich nicht in Betracht kommen, beispielsweise wegen fehlender Gleichwertigkeit, und das Vergabeverfahren daher nicht erfolgreich mit der Erteilung des Zuschlags beendet werden kann. Die hier vom Auftraggeber aufgestellte **Bedingung für die Nebenangebote ist folglich legitim** und findet über diese allgemeinen Erwägungen hinaus eine ausdrückliche Anerkennung in der Bestimmung des § 7 Nr. 2 Abs. 3 Satz 1 VOB/A-SKR (1. VK Bund, B. v. 17. 7. 2003 – Az.: VK 1-55/03).

4395 83.6.7.4.7 **Beispiele aus der Rechtsprechung**

– die Vergabestelle hat **in der Baubeschreibung bestimmt,** dass eine Glas-Aluminium-Warmfassade mit Profilen der Ansichtsbreiten von 50 mm auszuführen war. Diese **generelle Festlegung für die Fassadenansicht** legt die Vergabestelle auch für die Fassade der großen (Pos. 2.13.2021) und kleinen (Pos. 2.13.2029) Dachausgänge fest, indem sie das System FW 50, was eine Profilansichtsbreite von 50 mm beschreibt, vorgibt. Auch die Bautiefe ist mit 150 mm konkret festgelegt. Damit sind die Profilansichtsbreite und die Profiltiefe verbindlich festgelegt und können auch mit Nebenangeboten nicht zulässigerweise verändert werden (VK Nordbayern, B. v. 20. 3. 2003 – Az.: 320.VK-3194-07/03)

– eine Gleichwertigkeitsprüfung war nicht schon deshalb entbehrlich, weil die Vergabestelle in der Leistungsbeschreibung **Stahlbetonrohre angegeben und diesbezüglich sehr detaillierte Anforderungen formuliert** hatte. Denn diese waren für die Bieter nicht zwingend dahin zu verstehen, dass Nebenangebote, die andere Rohrmaterialien zum Gegenstand haben, von vornherein nicht erwünscht seien. Eine solche verbindliche Vorgabe im Sinne eines Ausschlusskriteriums hätte die Vergabestelle klar zum Ausdruck bringen müssen (2. VK Bund, B. v. 30. 4. 2002 – Az.: VK 2-10/02).

4396 83.6.7.4.8 **Anforderungen an Nebenangebote im Rahmen der Prüfung und Wertung.** Vgl. dazu die Kommentierung zu § 25 RZ 5727.

4397 83.6.7.4.9 **Richtlinie des VHB 2002 zu § 10 Nr. 5 Abs. 4.** Sofern ausnahmsweise Nebenangebote ausgeschlossen werden sollen, ist in Nr. 5.2 der „Aufforderung zur Angebotsabgabe" EVM (B) A – 211 die hierfür vorgesehene Zeile anzukreuzen. Mindestanforderungen an Nebenangebote sind nur in EG-Verfahren zu stellen. Sollen ausnahmsweise Alternativen von Festlegungen in den Besonderen oder Zusätzlichen Vertragsbedingungen zugelassen werden, z. B. abweichende Ausführungsfristen oder abweichende Zahlungsbedingungen, so ist dies als zusätzliche Festlegung zu Nr. 5 der Bewerbungsbedingungen im EVM (B) A – 211 anzukreuzen und einzutragen. An dieser Stelle können auch Festlegungen zur Zulassung von Nebenangeboten ohne gleichzeitige Abgabe eines Hauptangebotes getroffen werden.

83.6.8 Bewerbungsbedingungen (§ 10 Nr. 5 Abs. 5)

83.6.8.1 Allgemeines

4398 Auftraggeber, die ständig Bauleistungen vergeben, sollen die Erfordernisse, die die Bewerber bei der Bearbeitung ihrer Angebote beachten müssen, in den Bewerbungsbedingungen zusammenfassen und dem Anschreiben beifügen.

4399 Die Bauverwaltungen des Bundes haben Muster für Besondere Vertragsbedingungen entwickelt:

– **VHB 2002:** EVM (B) BwB/E 212 (November 2005) für Vergaben unterhalb der Schwellenwerte und EVM (B) BwB/E EG 212 EG (November 2005) für Vergaben ab den Schwellenwerten

Vergabe- und Vertragsordnung für Bauleistungen Teil A   VOB/A § 10a **Teil 3**

– **HVA B-StB:**   Muster 1.0-1 Bewerbungsbedingungen (März 2006); sie setzen sich aus dem für den Hoch-, Straßen- und Wasserbau vereinheitlichten Teil A und aus einem erheblich erweiterten Teil B, der nur für den Straßen- und Brückenbau gilt, zusammen

83.6.8.2 Sinn und Zweck der Bewerbungsbedingungen

Die Vorschrift des § 10 Nr. 5 Abs. 5 dient der **Rationalisierung der Aufstellung und** 4400 **Prüfung von Verdingungsunterlagen;** sie ermöglicht es, ständig verwendete Standardvorgaben statt ins Anschreiben in allgemeine Bedingungen aufzunehmen. Es ist **allein Sache des Auftraggebers zu entscheiden, welche Bestimmungen er in diesen Bedingungen zusammenfasst.** Diese muss der Bieter in gleicher Weise beachten, wie die des Anschreibens selbst (OLG Koblenz, B. v. 7. 7. 2004 – Az.: 1 Verg 1 und 2/04).

83.6.8.3 Grenzen von Bewerbungsbedingungen

Eine **Einschränkung der Gültigkeit von Bewerbungsbedingungen ergibt sich,** da die- 4401 se den Rechtscharakter von allgemeinen Geschäftsbedingungen tragen, **nur aus den §§ 305 ff. BGB** (OLG Koblenz, B. v. 7. 7. 2004 – Az.: 1 Verg 1 und 2/04).

83.6.8.4 Beispiele aus der Rechtsprechung

– der Auftraggeber ist berechtigt, die **Forderung nach Benennung der Nachunternehmer** 4402 **in Besondere Vertragsbedingungen aufzunehmen** (OLG Koblenz, B. v. 7. 7. 2004 – Az.: 1 Verg 1 und 2/04).

84. § 10a VOB/A – Vergabeunterlagen

Bei Bauaufträgen im Sinne von § 1a muss das Anschreiben (Aufforderung zur Angebotsabgabe) außer den Angaben nach § 10 Nr. 5 Abs. 2 folgendes enthalten:

a) Die maßgebenden Wertungskriterien im Sinne von § 25 Nr. 3, sofern nicht in der Bekanntmachung angegeben (§ 17a Nr. 2 bis 4). Dabei ist die Gewichtung der einzelnen Kriterien anzugeben. Kann die Gewichtung aus nachvollziehbaren Gründen nicht angegeben werden, sind in der Aufforderung zur Angebotsabgabe die Kriterien in der absteigenden Reihenfolge ihrer Bedeutung zu nennen.

b) Die Angabe, dass die Angebote in deutscher Sprache abzufassen sind.

c) Einen Hinweis auf die Bekanntmachung nach § 17a Nr. 3 beim Nichtoffenen Verfahren und beim Verhandlungsverfahren.

d) Die Angabe, ob beabsichtigt ist, ein Verhandlungsverfahren oder einen Wettbewerblichen Dialog in verschiedenen, aufeinander folgenden Phasen abzuwickeln, um hierbei die Zahl der Angebote zu begrenzen.

e) Bei Nichtoffenen Verfahren, bei Verhandlungsverfahren mit vorheriger europaweiter Bekanntmachung und beim Wettbewerblichen Dialog die gleichzeitige Aufforderung in Textform an die ausgewählten Bewerber ihre Angebote einzureichen, zu verhandeln oder am Wettbewerblichen Dialog teilzunehmen. Die Aufforderung enthält entweder die Verdingungsunterlagen bzw. Beschreibung und zusätzliche Unterlagen oder die Angabe des Zugriffs auf die Verdingungsunterlagen, wenn diese auf elektronischem Wege unmittelbar zugänglich gemacht werden.

f) Die Nennung von Mindestanforderungen für Nebenangebote, sofern diese nicht ausgeschlossen sind,

g) Beim Wettbewerblichen Dialog die Nennung von Termin und Ort des Beginns der Konsultationsphase.

84.1 Vergleichbare Regelungen

Der **Vorschrift des § 10a VOB/A vergleichbar** sind im Bereich der VOB **§§ 10, 10b** 4403 **VOB/A** und im Bereich der VOL **§§ 9, 9a, 9b VOL/A.** Die Kommentierungen zu diesen Vorschriften können daher ergänzend zu der Kommentierung des § 10a herangezogen werden.

84.2 Änderungen in der VOB/A 2006

4404 In § 10a Buchstabe a) ist die **Regelung eingefügt**, dass bei der Angabe der maßgebenden Wertungskriterien die **Gewichtung der einzelnen Kriterien anzugeben** ist.

4405 In § 10a Buchstaben d), e) und g) sind **verschiedene Verfahrensregelungen** für das Nichtoffene Verfahren, das Verhandlungsverfahren und den Wettbewerblichen Dialog eingefügt.

4406 In § 10a Buchstabe f) ist außerdem die Regelung eingefügt, dass die Aufforderung zur Angebotsabgabe die **Nennung von Mindestanforderungen für Nebenangebote** enthalten muss, sofern diese nicht ausgeschlossen sind.

84.3 Anwendungsbereich

84.3.1 Allgemeines

4407 § 10a VOB/A gilt für alle Vergabeverfahren über Bauaufträge im Sinne von § 1a VOB/A, also auch in Verhandlungsverfahren (OLG Frankfurt am Main, B. v. 10. 4. 2001 – Az.: 11 Verg. 1/01; 1. VK Bund, B. v. 6. 7. 2005 – Az.: VK 1-53/05 – für den Bereich der VOL/A; VK Halle, B. v. 9. 1. 2003 – Az.: VK Hal 27/02).

84.3.2 Anwendung in einem dynamischen Verhandlungsverfahren

4408 Aus dem Transparenz- und Gleichbehandlungsgrundsatz folgt, dass die Beurteilungskriterien den Bietern bekannt zu geben sind, sobald diese feststehen. Dies kann auch zu einem Zeitpunkt geschehen, in dem die Bieter bereits Angebote abgegeben haben, da im Verhandlungsverfahren die Bieter ihre Angebote nachbessern können, um den Anforderungen des Auftraggebers zu entsprechen. **Werden die Beurteilungskriterien des Auftraggebers erst im Laufe des Verhandlungsverfahrens in einem dynamischen Verfahren konkretisiert, so muss der Auftraggeber spätestens vor der letzten Verhandlungsrunde und vor seiner abschließenden Wertung die Beurteilungskriterien allen Bietern bekannt geben, um die Gleichbehandlung aller Bieter und die Vorlage vergleichbarer Angebote sicher zu stellen** (1. VK Bund, B. v. 6. 7. 2005 – Az.: VK 1-53/05).

84.4 Muss-Vorschrift

4409 Aus der Formulierung des § 10a VOB/A ergibt sich, dass **§ 10a VOB/A eine Muss-Vorschrift** ist. Im Gegensatz zu Vergaben, die ausschließlich den VOB/A-Vorschriften des Abschnitts 1 unterliegen, sind die **Auftraggeber** bei Vergaben im Bereich des europaweiten Wettbewerbs gemäß Abschnitt 2 **zwingend verpflichtet, diese Angaben zu machen** (VK Südbayern, B. v. 21. 7. 2003, Az.: 26-06/03, B. v. 16. 4. 2003 – Az.: 12-03/03; VK Nordbayern, B. v. 27. 6. 2003 – Az.: 320.VK-3194-20/03).

84.5 Allgemeiner Inhalt

4410 Der Auftraggeber ist verpflichtet, bei Aufträgen ab den Schwellenwerten im Anschreiben (Aufforderung zur Angebotsabgabe) außer den Angaben nach § 10 Nr. 5 Abs. 2 weitere Angaben zu machen.

84.6 Pflicht zur Bekanntmachung und Gewichtung der Wertungskriterien

4411 Nach § 10a Buchstabe a) VOB/A sind die **relevanten Kriterien für die Auftragserteilung und die Gewichtung der einzelnen Kriterien in der Bekanntmachung oder in der Aufforderung zur Angebotsabgabe aufzuführen** (1. VK Bund, B. v. 10. 8. 2006 – Az.: VK 1-55/06; VK Nordbayern, B. v. 14. 2. 2003 – Az.: 320.VK-3194-02/03).

84.6.1 Sinn und Zweck der Bekanntmachung

4412 Die **Pflicht zur Bekanntmachung der Wertungskriterien**, die sich nicht nur aus § 25 Nr. 3 Abs. 3 VOB/A, sondern auch aus §§ 10a, 17 Nr. 3 Abs. 1 VOB/A ergibt, und die **Beschränkung der Auswahlentscheidung auf diese Kriterien** aus § 25a VOB/A hat den

Sinn, die Erwartungshaltung des Auftraggebers zu konkretisieren. Der **Bewerberkreis soll vorhersehen können, worauf es dem Auftraggeber in besonderem Maße ankommt** und dies bei der Angebotserstellung berücksichtigen können (VK Düsseldorf, B. v. 22. 7. 2002 – Az.: VK – 19/2002 – L). Dies gilt **insbesondere in Vergabeverfahren, bei denen den Leistungsinhalten eines Angebots im Verhältnis zum Angebotspreis die überwiegende Bedeutung** zukommt (1. VK Bund, B. v. 5. 6. 2003 – Az.: VK 1-41/03). Der Auftraggeber soll einerseits auf seinen Bedarf besonders ausgerichtete Angebote erhalten, andererseits bei der Auswahl nicht manipulieren können. Die Manipulationsmöglichkeit läge jedoch auf der Hand, wenn der Auftraggeber die Auswahl nach Gutdünken treffen könnte und sich entweder an seine Wertungskriterien nicht halten müsste oder sie nach Öffnen der Angebote und Kenntnisnahme von deren Inhalt ändern dürfte. Um dies auszuschließen, umfasst die Pflicht, nur die bekannt gemachten Wertungskriterien zu berücksichtigen, zugleich die Pflicht, die Angebote aber auch an den bekannt gemachten Kriterien zu messen. Der Auftraggeber darf nicht nach Belieben von den veröffentlichten Kriterien abrücken, da dies ebenso zu Manipulationsmöglichkeiten führt. Lässt der Auftraggeber die von ihm bekannt gemachten Wertungskriterien außer acht, liegt ein Wertungsausfall vor, der den Wettbewerb verzerrt (VK Düsseldorf, B. v. 9. 4. 2003 – Az.: VK – 8/2003 – B).

84.6.2 Wahlrecht

Die Zuschlagskriterien und, falls möglich, deren Gewichtung sind in dem Anschreiben (Aufforderung zur Angebotsabgabe) oder in der Vergabebekanntmachung anzugeben. Der **Auftraggeber hat die Wahl zwischen diesen beiden Möglichkeiten.** Die Mitteilung der Zuschlagskriterien in der Vergabebekanntmachung ist also nicht mehr erforderlich, wenn sie bereits in den Verdingungsunterlagen aufgeführt werden (VK Südbayern, B. v. 18. 3. 2002 – Az.: 04-02/02). 4413

Die **VK Sachsen lässt dieses Wahlrecht offen.** Der Vergabekammer erscheint es sachgerechter die Bestimmung des § 10a VOB/A zu den Zuschlagskriterien **nicht als generelles Wahlrecht des Auftraggebers** (Angabe in den Verdingungsunterlagen oder der Bekanntmachung) zu verstehen, **sondern als Verpflichtungen, die sich danach richten, welches Vergabeverfahren gemäß § 3 VOB/A gewählt wurde.** Für ein derartiges Verständnis, das einerseits bei veröffentlichten Bekanntmachungen (im Offenen, Nichtoffenen und Verhandlungsverfahren mit vorheriger Bekanntmachung) eine Angabe der Zuschlagskriterien schon in der Bekanntmachung erfordert und nur beim Verhandlungsverfahren ohne vorherige Öffentliche Vergabebekanntmachung gemäß § 3a Nr. 5 VOB/A naturgemäß einzig und allein die Angabe der Zuschlagskriterien in den Verdingungsunterlagen erlaubt, spricht die Tatsache, dass insbesondere im Nichtoffenen Verfahren die Auswahl und Gewichtung der Zuschlagskriterien für den Bewerber schon ein wichtiges Indiz sein kann, ob er sich überhaupt am Vergabeverfahren beteiligen will (1. VK Sachsen, B. v. 10. 8. 2005 – Az.: 1/SVK/088-05; B. v. 4. 4. 2005 – Az.: 1/SVK/025-05; B. v. 29. 11. 2001 – Az.: 1/SVK/110-01). 4414

Findet sich **lediglich im Leistungsverzeichnis ein Hinweis auf ein Wertungskriterium, kann dieses Kriterium jedoch nicht in die Wertung miteinbezogen werden.** Dies widerspricht § 10a VOB/A, wonach die Kriterien aus Gründen der Transparenz entweder in der Bekanntmachung oder der Aufforderung zur Abgabe von Angeboten anzugeben sind (VK Baden-Württemberg, B. v. 15. 1. 2003 – Az.: 1 VK 71/02). 4415

84.6.3 Pflicht zur Bekanntmachung von Unterkriterien?

Die **Rechtsprechung** ist insoweit **nicht einheitlich.** 4416

Nach einer Auffassung kann man **nicht verlangen,** dass **auch die sog. Unterkriterien in der Vergabebekanntmachung oder in den Verdingungsunterlagen genannt werden müssen.** Unterkriterien dienen dem Auftraggeber im Rahmen des Bewertungsverfahrens methodisch dazu, für jedes Zuschlagskriterium zu einem Ergebnis im Hinblick auf die Wirtschaftlichkeit des abgegeben Angebotes zu gelangen. Während die konkrete Wichtung von Zuschlagskriterien für ein solches Verfahren der Entscheidungsfindung maßgebende Bedeutung im Hinblick auf den Inhalt eines durch einen Bieter abzugebenden Angebotes hat, kommt diese Aufgabe und Funktion den sog. Unterkriterien nicht zu. Ihre **Funktion** ist es vielmehr, **der Vergabestelle Kriterien an die Hand zu geben, die geeignet und erforderlich sind um zu einer Entscheidung in der Bewertung der einzelnen Zuschlagskriterien zu gelan-** 4417

Teil 3 VOB/A § 10a Vergabe- und Vertragsordnung für Bauleistungen Teil A

gen. Die Vergabestelle ist nicht gehindert die Unterkriterien zur Ermittlung der Bedeutung gewichteter Zuschlagskriterien auch den Bietern bekannt zu geben; einer verpflichtenden „Bekanntgabe" dieser Unterkriterien in Form ihrer Bekanntmachung oder ihrer Kennzeichnung in den Verdingungsunterlagen bedarf es indes nicht (3. VK Bund, B. v. 7. 6. 2006 – Az.: VK 3-33/06; B. v. 19. 7. 2005 – Az.: VK 3-58/05; VK Thüringen, B. v. 14. 4. 2005 – Az.: 360-4003.20-017/05-G-S; B. v. 30. 8. 2002 – Az.: 216-4003.20-045/02-EF-S).

4418   Im Ergebnis wäre eine solche **generelle Pflicht zur Bekanntgabe aller von der Vergabestelle verwendeten Unterkriterien auch zu weitgehend.** Bei der Angebotswertung steht der Vergabestelle ein weiter, nur begrenzt überprüfbarer Beurteilungsspielraum zu. Integraler Bestandteil eines jeden Wertungsvorgangs ist die Auslegung und Konkretisierung von Zuschlagskriterien und ihre Anwendung auf den jeweiligen Einzelfall. Würde man der Vergabestelle bei jeder Wertung aufgeben, die Art und Weise der Konkretisierung der Zuschlagskriterien schon vorab bis ins Detail festzulegen, so wäre ihr damit **jegliche Flexibilität im weiteren Verlauf des Vergabeverfahrens genommen.** Sie könnte beispielsweise neue Aspekte besonders innovativer Angebote nicht mehr berücksichtigen, weil sie diesen neuen, ihr bis dahin noch unbekannten Aspekt noch nicht als Unterkriterium angeben konnte. Dem Auftraggeber muss es möglich bleiben, unter Verwendung der angekündigten Wertungskriterien und unter Beschränkung hierauf ein sachgerechtes und plausibles Wertungssystem erst im Laufe des Wertungsprozesses, d.h. auch in Ansehung ihm vorliegender Angebote zu entwickeln (3. VK Bund, B. v. 4. 5. 2005 – Az.: VK 3-25/05).

4419   Nach der Gegenmeinung fordert die **Vorschrift des § 9a VOL/A** in der Auslegung, welche die Richtlinie 93/36 durch das in der Rechtssache „Universale-Bau AG" ergangene Urteil des EuGH vom 12. 12. 2002 erhalten hat, in einem wörtlich zu verstehenden Sinn die **Bekanntgabe aller vorgesehenen Zuschlagskriterien einschließlich sog. Unterkriterien,** die – vor einer Angebotsabgabe – in der Vergabebekanntmachung oder in den Verdingungsunterlagen zu erfolgen hat (OLG Düsseldorf, B. v. 16. 2. 2005 – Az.: VII – Verg 74/04; VK Thüringen, B. v. 16. 1. 2006 – Az.: 360-4004.20-025/05-ARN; VK Münster, B. v. 22. 7. 2005 – VK 16/05; VK Brandenburg, B. v. 27. 1. 2005 – VK 79/04; VK Südbayern, B. v. 1. 9. 2004, Az.: 120.3-3194.1-53-08/04). Entsprechend müssen auch §§ 10a, 25a VOB/A interpretiert werden.

4420   Auch nach § 16 Abs. 3 VOF sind **alle Unterkriterien einer Bewertungsmatrix, die die genannten Wertungskriterien konkretisieren, den Bewerbern bzw. Bietern bekannt zu geben.** Nur so werden die Grundsätze der Gleichbehandlung und Transparenz gewahrt und gewährleistet, dass die Vergabeentscheidung nach objektiven und nachprüfbaren Kriterien erfolgt (OLG Frankfurt, B. v. 28. 2. 2006 – Az.: 11 Verg 15/05 und 16/05; 3. VK Bund, B. v. 7. 6. 2006 – Az.: VK 3-33/06; VK Brandenburg, B. v. 27. 1. 2005 – VK 79/04; im Ergebnis ebenso **auch für „Unterkriterien der Unterkriterien"** 1. VK Sachsen, B. v. 5. 9. 2005 – Az.: 1/SVK/104-05).

4421   Eine vermittelnde Auffassung vertritt die VK Arnsberg. Danach ist die **Verwendung nicht zuvor bekannt gemachter Unterkriterien zulässig, sofern sie die in den Unterlagen oder in der Bekanntmachung des Auftrags bestimmten Zuschlagskriterien für den Auftrag nicht ändern, nichts enthalten, was, wenn es bei der Vorbereitung der Angebote bekannt gewesen wäre, diese Vorbereitung hätte beeinflussen können und nicht unter Berücksichtigung von Umständen erlassen wurden, die einen der Bieter diskriminieren konnten** (VK Arnsberg, B. v. 1. 2. 2006 – Az.: VK 28/05).

4422   **In diesem Sinn hat sich auch der EuGH geäußert.** Artikel 36 der Richtlinie 92/50/EWG des Rates vom 18. Juni 1992 über die Koordinierung der Verfahren zur Vergabe öffentlicher Dienstleistungsaufträge und Artikel 34 der Richtlinie 93/38/EWG des Rates vom 14. Juni 1993 zur Koordinierung der Auftragsvergabe durch Auftraggeber im Bereich der Wasser-, Energie- und Verkehrsversorgung sowie im Telekommunikationssektor sind dahin auszulegen, dass **das Gemeinschaftsrecht es einer Vergabekommission nicht verwehrt, Unterkriterien eines zuvor festgelegten Zuschlagskriteriums** dadurch **besonders zu gewichten,** dass sie die vom öffentlichen Auftraggeber bei der Erstellung der Verdingungsunterlagen oder der Bekanntmachung des Auftrags für dieses Kriterium vorgesehenen Punkte auf die Unterkriterien verteilt, sofern eine solche Entscheidung

– die in den Verdingungsunterlagen oder in der Bekanntmachung des Auftrags bestimmten Zuschlagskriterien für den Auftrag nicht ändert,

– nichts enthält, was, wenn es bei der Vorbereitung der Angebote bekannt gewesen wäre, diese Vorbereitung hätte beeinflussen können, und

– nicht unter Berücksichtigung von Umständen erlassen wurde, die einen der Bieter diskriminieren konnten

(EuGH, Urteil v. 24. 11. 2005 – Az.: C-331/04).

84.6.4 „Angabe" der Zuschlagskriterien

Unter dem „Angeben" von Wertungskriterien im Sinne dieser Bestimmung ist allein deren **ausdrückliche Nennung** zu verstehen; Kriterien, die nicht ausdrücklich genannt sind, sondern die sich möglicherweise konkludent, aus dem Gesamtkontext der konkreten Umstände des Vergabeverfahrens herleiten lassen oder nahe liegen, fallen nicht unter § 10a VOB/A und stellen damit keine relevanten Wertungskriterien dar (1. VK Bund, B. v. 2. 7. 2002 – Az.: VK 1-31/02). 4423

Der **Verpflichtung, die im Voraus aufgestellten Zuschlagskriterien den Bietern bekannt zu geben, ist ein Auftraggeber nicht deshalb enthoben, weil bestimmte Veröffentlichungen über die Zuschlagskriterien existieren.** Es mag zwar sein, dass diese Veröffentlichungen allgemein zugänglich und den Fachunternehmen in der Regel bekannt sind. Dies **entbindet den Auftraggeber jedoch nicht von der aus § 10a VOB/A folgenden Verpflichtung zur Bekanntgabe der Zuschlagskriterien – einschließlich der Unterkriterien – im Vergabeverfahren.** Entscheidend ist allein, ob die Grundsätze der Transparenz und der Gleichbehandlung der Bieter im Vergabeverfahren gewahrt werden. Dies ist nur gewährleistet, wenn der öffentliche Auftraggeber neben den eigentlichen Zuschlagskriterien auch die im Voraus aufgestellten Unterkriterien bekannt gibt. Anderenfalls ist es für die Bieter undurchsichtig, welche Kriterien vom öffentlichen Auftraggeber tatsächlich zu Grunde gelegt werden (OLG Düsseldorf, B. v. 16. 11. 2005 – Az.: VII – Verg 59/05). 4424

84.6.5 Klare und eindeutige Wertungskriterien

Die **Wertungskriterien müssen klar und eindeutig angegeben werden und als solche erkennbar sein.** Die Bestimmung des § 10a VOB/A dient der Transparenz des Vergabeverfahrens und der Wahrung der Chancengleichheit. Die Angabe von Wertungskriterien soll jeden Bieter in die Lage versetzen, die Vergabeunterlagen im gleichen Sinne zu verstehen und vergleichbare Angebote abgeben zu können. Eine **Ausnahme** von dem Erfordernis der Bekanntgabe von Wertungskriterien besteht **auch nicht** deshalb, weil es sich um eine **funktionale Ausschreibung** handelt. Zwar darf der Entwurf zusammen mit der Ausführung (nur) dem Wettbewerb unterstellt werden, wenn die technisch, wirtschaftlich, gestalterisch beste sowie funktionsgerechteste Lösung zu ermitteln ist (§ 9 Nr. 15 VOB/A). Unabhängig davon gehen §§ 10a, 25a VOB/A als speziellere Normen bei der Auftragserteilung für Bauaufträge gem. § 1a VOB/A vor, so dass **auch in Fällen der Funktionalausschreibung ein Wertungskriterienkatalog bekannt zu geben ist.** Wegen des Wortlauts von § 10a Buchstabe a) VOB/A verbietet es sich, die Berücksichtigung von gestalterischen Elementen in der Wertung als selbstverständlich und ihre ausdrückliche Erwähnung deshalb als nicht notwendig anzusehen. Das wirtschaftlichste Angebot kann aufgrund einer Vielzahl verschiedener Kriterien ermittelt werden. Ihre Berücksichtigung und Gewichtung liegt im Ermessen des Auftraggebers. Es **entspricht deshalb dem Gebot der Klarheit und Transparenz, dass der Auftraggeber die für ihn entscheidenden Gesichtspunkte ausdrücklich angibt** (OLG Frankfurt am Main, B. v. 10. 4. 2001 – Az.: 11 Verg. 1/01). 4425

Gibt der öffentliche Auftraggeber in der Bekanntmachung **als Zuschlagskriterium lediglich § 25 Nr. 3 Abs. 3 Satz 2 VOB/A wieder, so gibt er nur einen generellen Hinweis auf mögliche Zuschlagskriterien.** § 10a Buchstabe a), § 17a Nr. 3 Abs. 1 Spiegelstrich 2 und § 25a VOB/A meinen aber Kriterien, auf die der Auftraggeber bei der konkreten Vergabe abstellen will. Werden solche auf die konkrete Vergabe bezogene Kriterien nicht genannt, so genügt ein genereller Hinweis auf die Wertungskriterien nach § 25 Nr. 3 Abs. 3 VOB/A nicht, um andere Kriterien als das des niedrigsten Preises anwendbar zu machen (BayObLG, B. v. 12. 9. 2000 – Az.: Verg 4/00; VK Südbayern, B. v. 7. 6. 2000 – Az.: 120.3-3194.1-08-05/00). 4426

84.6.6 Folgen von unterschiedlichen Angaben in der Vergabebekanntmachung und in der Aufforderung zur Angebotsabgabe

Die **Rechtsprechung** hierzu ist **nicht einheitlich**. 4427

4428 Ein **unterschiedliches Ankreuzen der Wertungskriterien in der Vergabebekanntmachung und in der Aufforderung zur Angebotsabgabe ist ein Vergabeverstoß,** da die Wertungskriterien in den Verdingungsunterlagen nicht eindeutig benannt sind. Dieser **Vergabeverstoß führt zur Aufhebung der Ausschreibung** (VK Münster, B. v. 4. 10. 2000 – Az.: VK 10/00).

4429 Nach anderer Auffassung hingegen ist **Entscheidungsgrundlage für einen Bewerber** hinsichtlich der Abforderung der Verdingungsunterlagen und damit der voraussichtlichen Teilnahme am Wettbewerb **die Bekanntmachung.** Aus dieser entnimmt der Bewerber die zu erbringende Leistung, aber auch den von der Vergabestelle gesetzten Rahmen, u. a. die Kriterien für die Zuschlagserteilung. Wenn die Bekanntmachung und deren Inhalt aber die Entscheidungsgrundlage für einen potentiellen Bewerber bezüglich der Teilnahme am Wettbewerb ist, sind diese von der Vergabestelle gemachten Angaben auch im Vergabeverfahren beizubehalten. Dieses umso mehr, wenn andere Kriterien für die Zuschlagserteilung bei einem mehr in der Aufforderung zur Angebotsabgabe geeignet wären sich beteiligende Bewerber schlechter zu stellen als im Anwendungsfall der Kriterien aus der Bekanntmachung, bzw. im Umkehrfall bei einem weniger sich u. U. ein größerer Bewerberkreis an der Ausschreibung hätte beteiligen können (Wettbewerbseinschränkung durch Abschreckung). Dies bedeutet, **dass in einem Fall der Nichtübereinstimmung von Kriterien für die Zuschlagserteilung laut Bekanntmachung und Aufforderung zur Angebotsabgabe diejenigen der Bekanntmachung zur Anwendung zu kommen haben** (VK Schleswig-Holstein, B. v. 12. 7. 2005 – Az.: VK-SH 14/05; 1. VK Sachsen, B. v. 17. 6. 2005 – Az.: 1/SVK/058-05; VK Thüringen, B. v. 28. 11. 2002 – Az.: 216-4002.20-057/02-EF-S).

4430 Allein die Tatsache, dass die Vergabestelle in den Ausschreibungsunterlagen im Vergleich zur Bekanntmachung zwei zusätzliche Zuschlagskriterien genannt hat, begründet keinen Vergaberechtsverstoß. Nach § 10a VOB/A sind die **Zuschlagskriterien entweder in den Verdingungsunterlagen oder in der Vergabebekanntmachung anzugeben.** Der Sinn dieser Regelung liegt in dem das Vergabeverfahren beherrschenden Transparenzgebot. Der Bieter soll vor Abgabe seines Angebots wissen, welche Kriterien im Einzelfall ausschlaggebend sein werden. Dieses Gebot wird nicht verletzt, wenn die Vergabestelle **in den Verdingungsunterlagen zwei zusätzliche Kriterien nennt, die zu den in der Bekanntmachung angegebenen nicht in Widerspruch stehen.** Bei den Bietern kann unter diesen Umständen keine Unklarheit entstehen, an welchen Maßstäben ihr Angebot gemessen wird (2. VK Bund, B. v. 5. 9. 2002, Az.: VK 2-68/02).

84.6.7 Folgen der fehlenden Angabe der Wertungskriterien

4431 Die fehlende Angabe der Zuschlagskriterien führt **nicht automatisch zur Rechtswidrigkeit des Vergabeverfahrens.** Aus der unterbliebenen Angabe von Wertungskriterien entgegen § 10a VOB/A folgt nur, dass die Vergabestelle bei der Entscheidung über die Auftragsvergabe solche Kriterien nicht berücksichtigen darf (§ 25a VOB/A), sondern **ausschließlich der niedrigste Preis entscheidend** ist (vgl. im Einzelnen die Kommentierung zu § 25a VOB/A RZ 5862).

84.7 Bindung des Auftraggebers an die veröffentlichten Kriterien

4432 Zur Bindung des Auftraggebers an die veröffentlichten Kriterien vgl. die Kommentierung zu § 25a VOB/A.

84.8 Pflicht zur Angabe der Gewichtung der Zuschlagskriterien

84.8.1 Hinweis

4433 Vgl. zunächst zu den Eignungskriterien die Kommentierung zu § 97 GWB RZ 429 und zu den Zuschlagskriterien die Kommentierung zu § 97 GWB RZ 621.

84.8.2 Angabe der Gewichtung der Zuschlagskriterien

4434 In **§ 10a Buchstabe a) VOB/A 2006 ist die Regelung eingefügt,** dass bei der Angabe der maßgebenden Wertungskriterien die **Gewichtung der einzelnen Kriterien anzugeben** ist. Kann die Gewichtung aus nachvollziehbaren Gründen nicht angegeben werden, sind in der

Aufforderung zur Angebotsabgabe die Kriterien in der absteigenden Reihenfolge ihrer Bedeutung zu nennen. Diese **Regelungen entsprechen im Wesentlichen der Vorschrift des Art. 53 Abs. 2 der Vergabekoordinierungsrichtlinie.**

Der **Auftraggeber ist verpflichtet,** im Vergabevermerk die Gründe zu dokumentieren, weshalb eine Gewichtung nicht angegeben werden kann. 4435

Aus der überragenden Bedeutung des das Vergaberecht beherrschenden Transparenzgebotes sind die **Gründe,** aus denen heraus eine Gewichtung nicht angegeben werden kann, **sehr restriktiv zu handhaben.** 4436

Vgl. zu den Einzelheiten die Kommentierung zu § 97 GWB RZ 621. 4437

84.9 Pflicht zur Angabe der Absicht des Auftraggebers zur Begrenzung der Zahl der Angebote

In § 10 a Buchstabe d) **ist die Regelung eingefügt,** dass anzugeben ist, ob beabsichtigt ist, ein Verhandlungsverfahren oder einen Wettbewerblichen Dialog in verschiedenen, aufeinander folgenden Phasen abzuwickeln, um hierbei die Zahl der Angebote zu begrenzen. Diese **Regelungen entsprechen den Vorschriften des Art. 29 Abs. 4 und 30 Abs. 4 der Vergabekoordinierungsrichtlinie.** 4438

84.10 Pflicht zur Aufforderung zur Teilnahme am Vergabeverfahren

In § 10 a Buchstabe e) **ist die Regelung eingefügt,** dass die Aufforderung zur Angebotsabgabe bei Nichtoffenen Verfahren, bei Verhandlungsverfahren mit vorheriger europaweiter Bekanntmachung und beim Wettbewerblichen Dialog die gleichzeitige Aufforderung in Textform an die ausgewählten Bewerber enthalten muss, ihre Angebote einzureichen, zu verhandeln oder am Wettbewerblichen Dialog teilzunehmen. Die Aufforderung enthält entweder die Verdingungsunterlagen bzw. Beschreibung und zusätzliche Unterlagen oder die Angabe des Zugriffs auf die Verdingungsunterlagen, wenn diese auf elektronischem Wege unmittelbar zugänglich gemacht werden. Diese **Regelung entspricht im Wesentlichen der Vorschrift des Art. 40 Abs. 1 der Vergabekoordinierungsrichtlinie.** 4439

84.11 Pflicht zur Angabe der Nennung von Mindestanforderungen für Nebenangebote

In § 10 a Buchstabe f) **ist die Regelung eingefügt,** dass die Aufforderung zur Angebotsabgabe die Nennung von Mindestanforderungen für Nebenangebote enthalten muss, sofern diese nicht ausgeschlossen sind. Diese **Regelung entspricht im Wesentlichen der Vorschrift des Art. 24 Abs. 3 der Vergabekoordinierungsrichtlinie.** 4440

Zu den **inhaltlichen Voraussetzungen** vgl. insoweit die **Kommentierung zu § 25 VOB/A** RZ 5729. 4441

84.12 Pflicht zur Angabe der Nennung von Verfahrenseinzelheiten beim Wettbewerblichen Dialog

In § 10 a Buchstabe g) **ist die Regelung eingefügt,** dass die Aufforderung zur Angebotsabgabe beim Wettbewerblichen Dialog die Nennung von Termin und Ort des Beginns der Konsultationsphase enthalten muss. Diese **Regelung entspricht im Wesentlichen der Vorschrift des Art. 40 Abs. 5 Buchstabe c) der Vergabekoordinierungsrichtlinie.** 4442

85. § 10 b VOB/A – Vergabeunterlagen

1. Bei Bauaufträgen im Sinne von § 1 b muss das Anschreiben (Aufforderung zur Angebotsabgabe) außer den Angaben nach § 10 Nr. 5 Abs. 2 Folgendes enthalten:
  a) sofern nicht in der Bekanntmachung, der Aufforderung zur Interessenbestätigung (§ 17 b Nr. 2 Abs. 4 c), der Aufforderung zur Verhandlung oder den Ver-

Teil 3 VOB/A § 10b Vergabe- und Vertragsordnung für Bauleistungen Teil A

dingungsunterlagen angegeben (§ 17b Nr. 1 Abs. 1 Buchstabe a), die maßgebenden Wertungskriterien im Sinne von § 25 Nr. 3. Dabei ist die Gewichtung der einzelnen Kriterien anzugeben. Kann die Gewichtung aus nachvollziehbaren Gründen nicht angegeben werden, sind die Kriterien in der absteigenden Reihenfolge ihrer Bedeutung zu nennen:

b) die Angabe, dass die Angebote in deutscher Sprache abzufassen sind,

c) der Hinweis auf die Veröffentlichung der Bekanntmachung,

d) gegebenenfalls der Tag bis zu dem die zusätzlichen Unterlagen angefordert werden können,

e) die Angabe der Unterlagen, die gegebenenfalls beizufügen sind.

2. Der Auftraggeber benennt die Mindestanforderungen für Nebenangebote, sofern er diese nicht ausgeschlossen hat.

85.1 Vergleichbare Regelungen

4443 Der **Vorschrift des § 10b VOB/A vergleichbar** sind im Bereich der VOB **§§ 10, 10a VOB/A** und im Bereich der VOL **§§ 9, 9a, 9b VOL/A.** Die Kommentierungen zu diesen Vorschriften können daher ergänzend zu der Kommentierung des § 10b herangezogen werden.

85.2 Änderungen in der VOB/A 2006

4444 In **§ 10b Nr. 1 Buchstabe a) ist die Regelung eingefügt,** dass bei der Angabe der maßgebenden Wertungskriterien die **Gewichtung der einzelnen Kriterien anzugeben** ist.

85.3 Anwendungsbereich

4445 **§ 10b VOB/A gilt für alle Vergabeverfahren über Bauaufträge im Sinne von § 1b VOB/A,** also auch in Verhandlungsverfahren (OLG Frankfurt am Main, B. v. 10. 4. 2001 – Az.: 11 Verg 1/01; VK Halle, B. v. 9. 1. 2003 – Az.: VK Hal 27/02).

85.4 Muss-Vorschrift

4446 Aus der Formulierung des § 10b VOB/A ergibt sich, dass **§ 10b VOB/A eine Muss-Vorschrift** ist. Im Gegensatz zu Vergaben, die ausschließlich den VOB/A-Vorschriften des Abschnittes 1 unterliegen, sind die **Auftraggeber** bei Vergaben im Bereich des europaweiten Wettbewerbs gemäß Abschnitt 3 **zwingend verpflichtet, diese Angaben zu machen** (VK Südbayern, B. v. 21. 7. 2003 – Az.: 26-06/03, B. v. 16. 4. 2003 – Az.: 12-03/03; VK Nordbayern, B. v. 27. 6. 2003 – Az.: 320.VK-3194-20/03).

85.5 Allgemeiner Inhalt

4447 Der Auftraggeber ist verpflichtet, bei Aufträgen ab den Schwellenwerten im Anschreiben (Aufforderung zur Angebotsabgabe) außer den Angaben nach § 10 Nr. 5 Abs. 2 weitere Angaben zu machen.

85.6 Pflicht zur Bekanntmachung der maßgebenden Wertungskriterien

4448 Nach § 10b Nr. 1 Buchstabe a) VOB/A sind die **relevanten Kriterien für die Auftragserteilung und deren Gewichtung in der Bekanntmachung oder in der Aufforderung zur Angebotsabgabe aufzuführen** (VK Nordbayern, B. v. 14. 2. 2003 – Az.: 320.VK3194-02/03).

85.6.1 Sinn und Zweck der Bekanntmachung

4449 Vgl. dazu die Kommentierung zu § 10a VOB/A RZ 4412.

85.6.2 Wahlrecht
Vgl. dazu die Kommentierung zu § 10a VOB/A RZ 4413. 4450

85.6.3 Pflicht zur Bekanntmachung von Unterkriterien?
Vgl. dazu die Kommentierung zu § 10a VOB/A RZ 4416. 4451

85.6.4 „Angabe" der Zuschlagskriterien
Vgl. dazu die Kommentierung zu § 10a VOB/A RZ 4423. 4452

85.6.5 Klare und eindeutige Wertungskriterien
Vgl. dazu die Kommentierung zu § 10a VOB/A RZ 4425. 4453

85.6.6 Folgen von unterschiedlichen Angaben in der Vergabebekanntmachung und in der Aufforderung zur Angebotsabgabe
Vgl. dazu die Kommentierung zu § 10a VOB/A RZ 4427. 4454

85.6.7 Folgen der fehlenden Angabe der Wertungskriterien
Vgl. dazu die Kommentierung zu § 10a VOB/A RZ 4431. 4455

85.7 Bindung des Auftraggebers an die veröffentlichten Kriterien
Zur Bindung des Auftraggebers an die veröffentlichten Kriterien vgl. die Kommentierung zu § 25b VOB/A. 4456

85.8 Pflicht zur Angabe der Gewichtung der Zuschlagskriterien

85.8.1 Hinweis
Vgl. zunächst zu den Eignungskriterien die Kommentierung zu § 97 GWB RZ 429 und zu den Zuschlagskriterien die Kommentierung zu § 97 GWB RZ 621 4457

85.8.2 Angabe der Gewichtung der Zuschlagskriterien
In § 10a Nr. 1 Buchstabe b) ist die Regelung eingefügt, dass bei der Angabe der maßgebenden Wertungskriterien die **Gewichtung der einzelnen Kriterien anzugeben** ist. Kann die Gewichtung aus nachvollziehbaren Gründen nicht angegeben werden, sind in der Aufforderung zur Angebotsabgabe die Kriterien in der absteigenden Reihenfolge ihrer Bedeutung zu nennen. Diese **Regelungen entsprechen im Wesentlichen der Vorschrift des Art. 55 Abs. 2 der Sektorenrichtlinie.** 4458

Der **Auftraggeber ist verpflichtet, im Vergabevermerk die Gründe zu dokumentieren,** weshalb eine Gewichtung nicht angegeben werden kann. 4459

Aus der überragenden Bedeutung des das Vergaberecht beherrschenden Transparenzgebots sind die **Gründe,** aus denen heraus eine Gewichtung nicht angegeben werden kann, **sehr restriktiv zu handhaben.** 4460

85.9 Pflicht zur Angabe der Nennung von Mindestanforderungen für Nebenangebote
In § 10b Nr. 2 ist die dem § 10a Buchstabe f) entsprechende Regelung eingefügt, dass die Aufforderung zur Angebotsabgabe die Nennung von Mindestanforderungen für Nebenangebote enthalten muss, sofern diese nicht ausgeschlossen sind. Diese **Regelung entspricht im Wesentlichen der Vorschrift des Art. 36 Abs. 1 der Sektorenrichtlinie.** 4461

Zu den **inhaltlichen Voraussetzungen** vgl. insoweit die **Kommentierung zu § 25 VOB/A** RZ 5729. 4462

86. § 11 VOB/A – Ausführungsfristen

1. (1) Die Ausführungsfristen sind ausreichend zu bemessen; Jahreszeit, Arbeitsbedingungen und etwaige besondere Schwierigkeiten sind zu berücksichtigen. Für die Bauvorbereitung ist dem Auftragnehmer genügend Zeit zu gewähren.
(2) Außergewöhnlich kurze Fristen sind nur bei besonderer Dringlichkeit vorzusehen.
(3) Soll vereinbart werden, dass mit der Ausführung erst nach Aufforderung zu beginnen ist (§ 5 Nr. 2 VOB/B), so muss die Frist, innerhalb derer die Aufforderung ausgesprochen werden kann, unter billiger Berücksichtigung der für die Ausführung maßgebenden Verhältnisse zumutbar sein; sie ist in den Verdingungsunterlagen festzulegen.
2. (1) Wenn es ein erhebliches Interesse des Auftraggebers erfordert, sind Einzelfristen für in sich abgeschlossene Teile der Leistung zu bestimmen.
(2) Wird ein Bauzeitenplan aufgestellt, damit die Leistungen aller Unternehmer sicher ineinander greifen, so sollen nur die für den Fortgang der Gesamtarbeit besonders wichtigen Einzelfristen als vertraglich verbindliche Fristen (Vertragsfristen) bezeichnet werden.
3. Ist für die Einhaltung von Ausführungsfristen die Übergabe von Zeichnungen oder anderen Unterlagen wichtig, so soll hierfür ebenfalls eine Frist festgelegt werden.
4. Der Auftraggeber darf in den Verdingungsunterlagen eine Pauschalierung des Verzugsschadens (§ 5 Nr. 4 VOB/B) vorsehen; sie soll 5 v. H. der Auftragssumme nicht überschreiten. Der Nachweis eines geringeren Schadens ist zuzulassen.

86.1 Vergleichbare Regelungen

4463 Der Vorschrift des § 11 VOB/A vergleichbar ist im Bereich der VOL § 11 VOL/A. Die Kommentierung zu dieser Vorschrift kann daher ergänzend zu der Kommentierung des § 11 herangezogen werden.

86.2 Änderungen in der VOB/A 2006

4464 In der VOB/A 2006 erfolgten **keine Änderungen**.

86.3 Bieterschützende Vorschrift

86.3.1 § 11 Nr. 1

4465 Der **Bieter hat Anspruch darauf, dass die Ausführungsfristen ausreichend zu bemessen sind** (OLG Düsseldorf, B. v. 28. 2. 2002 – Az.: Verg 37/01, B. v. 28. 2. 2002 – Az.: Verg 40/01; KG Berlin, B. v. 5. 1. 2000 – Az.: Kart Verg 11/99; 1. VK Bund, B. v. 15. 9. 1999 – Az.: VK 1-19/99).

86.4 Bemessung der Ausführungsfristen (§ 11 Nr. 1)

4466 Die Ausführungsfristen sind ausreichend zu bemessen; Jahreszeit, Arbeitsbedingungen und etwaige besondere Schwierigkeiten sind zu berücksichtigen. Für die Bauvorbereitung ist dem Auftragnehmer genügend Zeit zu gewähren (Nr. 1 Abs. 1). Außergewöhnlich kurze Fristen sind nur bei besonderer Dringlichkeit vorsehen (Nr. 1 Abs. 2). Soll vereinbart werden, dass mit der Ausführung erst nach Aufforderung zu beginnen ist (§ 5 Nr. 2 VOB/B), so muss die Frist, innerhalb derer die Aufforderung ausgesprochen werden kann, unter billiger Berücksichtigung der für die Ausführung maßgebenden Verhältnisse zumutbar sein; sie ist in den Verdingungsunterlagen festzulegen (Nr. 1 Abs. 3).

86.4.1 Allgemeines

4467 § 11 Nr. 1 Abs. 1 VOB/A sieht zwingend vor, dass die Ausführungsfristen ausreichend zu bemessen sind. Da **§ 11 Nr. 1 Abs. 1 VOB/A lediglich den allgemeinen Grundsatz** für

Vergabe- und Vertragsordnung für Bauleistungen Teil A VOB/A § 11 **Teil 3**

die Bemessung der Ausführungsfristen bestimmt, kommt es für die Frage, ob eine konkrete Frist ausreichend ist, **auf die Umstände des jeweiligen Falles** an (1. VK Bund, B. v. 15. 9. 1999 – Az.: VK 1-19/99).

86.4.2 Indizien für eine nicht ausreichende Bemessung der Ausführungsfristen

Allein, dass **nach vielen Abforderungen der Verdingungsunterlagen nur von sehr wenigen Unternehmen Angebote eingereicht werden** und sich davon **nur eines vorbehaltlos an die Fristenvorgabe hält, ist deutliches Indiz dafür, dass die Fristen zu kurz bemessen** waren. Die kurze Bemessung der Ausführungsfristen lässt sich auch nicht damit rechtfertigen, dass sich gerade dadurch die leistungsfähigsten Anbieter herauskristallisierten. Wenn dabei solch ein dürftiges Ergebnis herauskommt, dass letztlich nur ein Unternehmen vorbehaltlos die Anforderungen erfüllt, ist der Zweck des Ausschreibungsverfahrens, ein gewisses Maß an Vergleichsmöglichkeiten als Grundlage für die Vergabeentscheidung zu schaffen, nicht mehr gewährleistet. Es spielen dann ersichtlich Zufälligkeiten eine Rolle (KG Berlin, B. v. 5. 1. 2000 – Az.: Kart Verg 11/99). 4468

86.4.3 Änderung der Ausführungsfrist durch eine Verlängerung der Bindefrist?

Die bloße **Bitte einer Vergabestelle, einer Binde- und Zuschlagsfristverlängerung zuzustimmen,** enthält auch in Fällen, in denen eine derartige Verlängerung die vorgegebene materielle Ausführungsfrist (§§ 11, 17 Nr. 1 Abs. 2 Buchstabe e) VOB/A) berührt, **keinerlei Erklärungen zur veränderten Ausführungszeit.** Spiegelbildlich stellt dann auch das Einverständnis des Bieters mit der Bindefristverlängerung keine sein ursprüngliches Angebot ändernde Erklärung zur Ausführungsfrist dar. **Maßgeblich für die Zuschlagserteilung ist und bleibt das Ursprungsangebot des Bieters** mit den dort aufgeführten, freilich zeitlich überholten Ausführungsfristen. Binde- und Zuschlagsfristverlängerungen, die sich noch im Zuge der Ausschreibung selbst, etwa im Rahmen der Angebotswertung, als notwendig erweisen, sind in ihren Auswirkungen auf die Ausführungsfristen nicht anders zu beurteilen als solche, sich erst aufgrund eines eingeleiteten Nachprüfungsverfahrens ergeben. Denn für den betroffenen Bieter macht es keinen Unterschied, ob die zeitliche Verzögerung durch den Entscheidungsprozeß des Auftraggebers oder durch das Verhalten von Mitbietern ausgelöst ist. Im einen wie im anderen Fall liegt im Verhältnis zum potenziellen Auftragnehmer die Verzögerung im Risikobereich des Auftraggebers (BayObLG, B. v. 15. 7. 2002 – Az.: Verg 15/02). 4469

86.4.4 Folge einer Verlängerung der Bindefrist für die Ausführungszeit

Die **Rechtsprechung** hierzu ist **nicht völlig einheitlich.** 4470

Das Thüringer OLG vertritt für den Fall, dass es wegen eines Nachprüfungsantrags einer anderen Bietergemeinschaft zu einer nicht von den Beteiligten zu vertretenden Verzögerung der Zuschlagserteilung kommt, die Ansicht, dass – nach einer Auslegung der entsprechenden Willenserklärungen – der durch die Verzögerung bewirkte **zeitliche Aufschub der Arbeitsausführung den dem Angebot zugrunde liegenden Ausführungsfristen im Sinne einer Komplettverschiebung hinzuzurechnen** ist und auf den offerierten Preis grundsätzlich keinen Einfluss hat. Die Wirksamkeit von Schuldverhältnissen hängt nämlich nicht von einer vertraglichen Bestimmung der Leistungszeit nicht ab. Fehlt sie, gilt grundsätzlich § 271 BGB, der auch bei Werkverträgen einschlägig ist. Auch im Bauvertragsrecht ist eine Vereinbarung der Leistungszeit entbehrlich und durchaus **Raum für eine nachträgliche, dem eigentlichen Vertragsschluss nachfolgende Festlegung der Ausführungsfristen.** Finden die Vertragsparteien insoweit keine Übereinstimmung, wird lückenfüllend auf die Bestimmungen der VOB/B (§ 5 Nr. 2, § 16), deren Anwendbarkeit hier vereinbart ist, zurückzugreifen sein. Entsprechendes ergibt sich aus der ohnehin bestehenden Kooperationsverpflichtung der Vertragsparteien eines VOB/B-Vertrages (Thüringer OLG, B. v. 28. 6. 2000 – Az.: 6 Verg 2/00). 4471

Nach Auffassung des Bayerischen Obersten Landesgerichts hingegen beinhaltet ein solches Verständnis **eine Angebotsmodifizierung nicht unerheblichen Umfangs,** die sich typischerweise auf die Disposition der Betriebsmittel und auf die kalkulierten Preise auswirkt. Dem Auftragnehmer wird zugemutet, einseitig und unter Ausblendung der übrigen Konkurrenten ein besonderes Risiko zu übernehmen. Inhalt seiner Angebotskalkulation ist nämlich auch der in der Ausschreibung vorgegebene günstige oder ungünstige Zeitraum der Bauausführung. Bei einem nachträglich verschobenen Zeitrahmen führt ein preislich unverändertes Angebot zu einem 4472

857

Teil 3 VOB/A § 11 Vergabe- und Vertragsordnung für Bauleistungen Teil A

Nachlass, ohne dass alle Bieter Gelegenheit hatten, ihre Angebote anzupassen. Zudem wird dem Bieter ohne genaues Wissen um die neue Leistungszeit und ohne Möglichkeit, darauf Einfluss zu nehmen, zugemutet, der Änderung seines Angebots unter Beibehaltung des ursprünglichen Preises zuzustimmen. Im Falle des Zuschlags werden also die alten, inzwischen überholten Ausführungsfristen, Vertragsinhalt (BayObLG, B. v. 15. 7. 2002 – Az.: Verg 15/02).

4473   Der in Aussicht genommene **VOB-Vertrag bietet auch ein im allgemeinen geeignetes und ausreichendes Regelwerk, um die tatsächlichen und wirtschaftlichen Folgen für das Angebot**, die mit der Änderung der Ausführungsfristen verbunden sind, **wettbewerbsneutral auszugleichen**. So lässt sich die Anpassung der Leistungszeit über § 6 Nr. 2 und Nr. 4, § 5 VOB/B regeln. Die Vergütung kann auf der Grundlage der ursprünglichen Preisermittlung angepasst werden (§ 2 Nr. 5 VOB/B). Dazu bieten die Angaben zur Preisermittlung (EFB-Preis 1) sowie die Aufgliederung wichtiger Einheitspreise (EFB-Preis 2), die im Angebot enthalten sind, eine wichtige Hilfe. Die Grundlage der Ausschreibung wird bei diesem Vorgehen nicht berührt (BayObLG, B. v. 15. 7. 2002 – Az.: Verg 15/02; VK Baden-Württemberg, B. v. 18. 10. 2002 – Az.: 1 VK 53/02).

86.4.5 Möglichkeit der Nachverhandlung über Ausführungsfristen?

4474   Zweck der nach **§ 24 Nr. 1 Abs. 1 VOB/A zulässigen Bietergespräche ist die Unterrichtung des Auftraggebers** u. a. über die vom jeweiligen Bieter geplante Art der Durchführung der Baumaßnahmen, z. B. die Aufklärung der vom jeweiligen Bieter beabsichtigten Ausführungsfristen. Die **Aufklärung hat demgemäß passiv zu erfolgen,** d. h. ohne dass der Auftraggeber dem Bieter **neue, von den Verdingungsunterlagen abweichende Vorgaben** (hier: Verkürzung von Einzelfristen) **macht und deren „Bestätigung" abfragt** (OLG Naumburg, B. v. 29. 4. 2003 – Az.: 1 U 119/02).

86.4.6 Richtlinie des VHB 2002 zu § 11 Nr. 1

4475   Ausführungsfristen können bemessen werden entweder durch Angabe eines Anfangs- und/oder eines Endzeitpunktes (Datum) oder nach Zeiteinheiten: Werktage, Wochen. Werktage sind alle Tage mit Ausnahme von Sonn- und Feiertagen (Ziffer 1.1).

4476   Die Fristbestimmung durch Angabe von Daten soll nur dann gewählt werden,
– wenn der Auftraggeber den Beginn der Ausführung verbindlich festlegen kann und
– ein bestimmter Endtermin eingehalten werden muss.

4477   Auch bei Fristbemessung nach Zeiteinheiten soll der Beginn der Ausführung möglichst genau genannt werden. Treten vor Zuschlagserteilung die Voraussetzungen für eine nach Daten zu bestimmende Frist ein, sind die Daten, der vorgesehenen Ausführungsfrist entsprechend, im Auftragsschreiben festzulegen (Ziffer 1.2).

4478   Bei Bemessung der Ausführungsfristen ist zu berücksichtigen,
– welche zeitliche Abhängigkeit von vorausgehenden und nachfolgenden Leistungen besteht,
– zu welchem Zeitpunkt die zur Ausführung erforderlichen Unterlagen vom Auftraggeber zur Verfügung gestellt werden können,
– in welchem Umfang arbeitsfreie Tage – Samstage, Sonn- und Feiertage – in die vorgesehene Frist fallen,
– inwieweit mit Ausfalltagen durch Witterungseinflüsse während der Ausführungszeit normalerweise gerechnet werden muss (Ziffer 1.3).

4479   Werden Wahl- oder Bedarfspositionen vorgesehen, so ist darauf zu achten, ob und inwieweit dadurch die Ausführungsfristen beeinflusst werden können; ggf. sind entsprechende Änderungen der Baufristen vorzusehen (Ziffer 2).

86.4.7 Ausführung erst nach Aufforderung durch den Auftraggeber

86.4.7.1 Grundsatz

4480   Soll vereinbart werden, dass mit der Ausführung erst nach Aufforderung zu beginnen ist (§ 5 Nr. 2 VOB/B), so muss die Frist, innerhalb derer die Aufforderung ausgesprochen werden kann, unter billiger Berücksichtigung der für die Ausführung maßgebenden Verhältnisse zumutbar sein; sie ist in den Verdingungsunterlagen festzulegen.

Vergabe- und Vertragsordnung für Bauleistungen Teil A   VOB/A § 11 **Teil 3**

86.4.7.2 Folge einer unzumutbaren Frist

Ist in den Vergabeunterlagen zu einer Bauausschreibung keine Ausführungsfrist genannt, hat sich der Ausschreibende vielmehr im Leistungsverzeichnis vorbehalten, die Ausführungsfrist beim Zuschlag zu bestimmen, kommt **allein dadurch, dass der Ausschreibende bei Zuschlag an den Mindestbieter eine Ausführungsfrist bestimmt, noch kein Bauvertrag zustande.** Der Ausschreibende gibt mit dem Zuschlag unter Bestimmung der Ausführungsfrist vielmehr ein **neues Angebot** ab. Der Bieter darf die Fristbestimmung nicht als Angebot auf Ergänzung eines unabhängig davon durch Annahme seines Angebots zustande gekommenen Bauvertrages werten. **Lehnt der Mindestbieter die Bauausführung** innerhalb der bei Zuschlag bestimmten Fertigstellungsfrist **ab,** weil diese so **unangemessen kurz** ist, dass sie von ihm nicht eingehalten werden kann, kann er **von dem Ausschreibenden Schadenersatz aus dem Gesichtspunkt des Verschuldens bei den Vertragsverhandlungen** verlangen. Der Ausschreibende hat mit dem Zuschlag einen Vertragstatbestand für das Zustandekommen des Vertrages geschaffen, aufgrund dessen der Bewerber nicht mit einer außergewöhnlich kurzen Ausführungsfrist zu rechnen braucht. Die Enttäuschung dieser Erwartung begründet einen **Anspruch des Mindestbieters auf Ersatz des negativen Interesses** (z. B. der Angebotskosten). **Entgangenen Gewinn** kann er **nicht verlangen** (OLG München, Urteil vom 6. 7. 1993 – Az.: 13 U 6930/92). 4481

86.4.8 Festlegung der Ausführungsfrist nach dem VHB 2002

Die verschiedenen Möglichkeiten der Festlegung von Ausführungsfristen sind in Nr. 1 der Besonderen Vertragsbedingungen (BVB) aufgeführt. 4482

86.5 Bauzeitenplan (§ 11 Nr. 2 Abs. 2)

Wird ein Bauzeitenplan aufgestellt, damit die Leistungen aller Unternehmer sicher ineinander greifen, so sollen nur die für den Fortgang der Gesamtarbeit besonders wichtigen Einzelfristen als vertraglich verbindliche Fristen (Vertragsfristen) bezeichnet werden. 4483

86.5.1 Sinn und Zweck des Bauzeitenplans

Vgl. dazu die Kommentierung zu § 9 VOB/A RZ 4235. 4484

86.5.2 Forderung nach einem Bauzeitenplan zur Angebotsabgabe

Vgl. dazu die Kommentierung zu § 9 VOB/A RZ 4236. 4485

86.5.3 Möglichkeit des Nachreichens eines Bauzeitenplans

Fordert der öffentliche Auftraggeber einen Bauzeitenplan zur Angebotsabgabe und legt der Bieter diesen Bauzeitenplan erst nachträglich vor, schadet dies nicht. Durch das Fehlen eines Bauzeitenplans bei der Angebotsabgabe hat ein Bieter keinen Wettbewerbsvorteil. Nach § 4 Nr. 2 VOB/B hat der Auftragnehmer die Leistung unter eigener Verantwortung auszuführen. Der Auftragnehmer disponiert in eigener Verantwortung über den notwendigen Personal- und Geräteeinsatz, damit die Leistungen innerhalb der Vertragsfristen ausgeführt werden. Die Bauabwicklung innerhalb der vorgegebenen Fertigstellungsfrist ist grundsätzlich Sache des Auftragnehmers. Eine Überprüfung, wie ein Unternehmen die Arbeiten innerhalb des vorgegebenen Zeitraumes abwickeln will, dient lediglich der Information des Auftraggebers. Bauzeitenpläne werden aufgestellt, damit Leistungen aller Unternehmer sicher ineinander greifen. Sie dienen der Kontrolle des Baufortschritts und sind im Grundsatz unverbindlich. Das **Fehlen einer unverbindlichen Erklärung führt nicht dazu, dass ein Bieter deswegen ausgeschlossen werden muss** (VK Nordbayern, B. v. 1. 4. 2003 – Az.: 320.VK-3194-08/03). 4486

86.5.4 Möglichkeit der Nachverhandlung über einen Bauzeitenplan

Eine Nachverhandlung im Sinne von § 24 VOB/A über einen Bauzeitenplan ist nicht zulässig. 4487

86.5.5 Zulässigkeit eines Nebenangebots zu einem vorgegebenen Bauzeitenplan bei mehreren Losen

4488 Ist Bestandteil einer Leistungsbeschreibung ein Bauzeitenplan, in dem u. a. die Arbeiten für mehrere Lose zeitlich koordiniert werden und hat die Vergabestelle die Absicht, von der in der Ausschreibung vorgesehenen Möglichkeit Gebrauch zu machen, die Ausführung der Lose unterschiedliche Bieter zu vergeben, ist es unter diesen Voraussetzungen nicht zulässig, dass ein Bieter durch Änderungsvorschläge zu einem bestimmten Los in den Zeitplan für ein anderes Los eingreift und auf diese Weise dem Auftragnehmer für das andere Los einen veränderten Zeitplan aufzwingt. Der Bauzeitenplan bildet eine wesentliche Voraussetzung für das Angebot eines Bieters, u. a. schon für die grundlegende Frage, ob er überhaupt willens und in der Lage ist, zu den vorgegebenen Zeiten ein Angebot zu unterbreiten. Eine durch einen Mitbieter vorgeschlagene Änderung des Bauzeitenplans kann daher zu einer Wettbewerbsverzerrung führen, weil entweder Bieter ihr Angebot zurücknehmen oder modifizieren müssen, wenn ihnen die neuen Zeiten nicht passen, oder andere Interessenten, die bisher wegen der Zeitplanung auf die Abgabe eines Angebots verzichtet haben, nunmehr in der Lage wären, ein Angebot abzugeben (2. VK Bund, B. v. 19. 1. 2001 – Az.: VK 2-42/00).

86.6 Pauschalierung des Verzugsschadens (§ 11 Nr. 4)

4489 Der Auftraggeber darf in den Verdingungsunterlagen eine Pauschalierung des Verzugsschadens (§ 5 Nr. 4 VOB/B) vorsehen; sie soll 5 v. H. der Auftragssumme nicht überschreiten. Der Nachweis eines geringeren Schadens ist zuzulassen.

86.6.1 Richtlinie des VHB 2002 zu § 11 Nr. 4

4490 Eine Pauschalierung des Verzugsschadens kann **in den Fällen** vereinbart werden, in denen eine **Begrenzung des Verzugsschadens der Höhe nach branchenüblich** ist, z. B. in der **Elektrotechnischen Industrie und im Bereich des Maschinen- und Anlagenbaus** (Ziffer 4).

87. § 12 VOB/A – Vertragsstrafen und Beschleunigungsvergütungen

1. **Vertragsstrafen für die Überschreitung von Vertragsfristen sind nur auszubedingen, wenn die Überschreitung erhebliche Nachteile verursachen kann. Die Strafe ist in angemessenen Grenzen zu halten.**
2. **Beschleunigungsvergütungen (Prämien) sind nur vorzusehen, wenn die Fertigstellung vor Ablauf der Vertragsfristen erhebliche Vorteile bringt.**

87.1 Vergleichbare Regelungen

4491 Der Vorschrift des § 12 VOB/A vergleichbar ist im Bereich der VOL **§ 12 VOL/A**. Die Kommentierung zu dieser Vorschrift kann daher ergänzend zu der Kommentierung des § 12 herangezogen werden.

87.2 Änderungen in der VOB/A 2006

4492 In der VOB/A 2006 erfolgten **keine Änderungen**.

87.3 Vertragsstrafe

4493 **§ 12 VOB/A hat bei Vergaben unterhalb der Schwellenwerte nach §§ 1a und 1b VOB/A keine Rechtssatzqualität.** Es handelt sich insoweit um eine **innerdienstliche Verwaltungsvorschrift,** die unmittelbare Rechtswirkungen im Außenverhältnis nicht begründen kann. **§ 12 VOB/A** hat damit keine unmittelbare Auswirkung auf das Vertragsverhältnis zwischen **Auftraggeber und Auftragnehmer.** Die VOB/A enthält kein zwingendes Vertragsrecht in der Weise, dass statt geschlossener Vereinbarungen das Vertragsinhalt wird, was der VOB/A entspricht. Das gilt auch für Vorschriften der VOB/A, die dem Schutz des Bieters dienen sollen (BGH, Urteil vom 30. 3. 2006 – Az.: VII ZR 44/05).

87.3.1 Sinn und Zweck

Die Vertragsstrafe ist **einerseits ein Druckmittel,** um die termingerechte Fertigstellung des Bauwerks zu sichern, **andererseits** bietet sie die **Möglichkeit einer erleichterten Schadloshaltung ohne Einzelnachweis** (BGH, Urteil vom 23. 1. 2003 – Az.: VII ZR 210/01; BayObLG, B. v. 27. 2. 2003 – Az.: Verg 1/03). 4494

87.3.2 Vertragsstrafen auch für andere Fälle als die Überschreitung von Vertragsfristen

Unbestritten ist, dass Vertragsstrafen auch für andere Fälle als die Überschreitung von Ausführungsfristen vorgesehen und vereinbart werden können. Zwar „sollen" Vertragsstrafen „nur für die Überschreitung von Ausführungsfristen" vereinbart werden und somit – auf den objektiven Gehalt der Formulierung abgestellt – für andere Fälle grundsätzlich nicht in Betracht kommen. Allerdings hat der für den Wortlaut der VOL/A zuständige Hauptausschuss für Leistungen (DVAL) in seinen Beratungen erklärt, dass Vertragsfristen auch für andere Tatbestände der Vertragsverletzung als die Überschreitung von Ausführungsfristen ausbedungen werden können. **Ob dies das Vorliegen zwingender Gründe voraussetzt oder andere Vereinbarungen nicht durch zwingende Gründe gerechtfertigt sein müssen, kann dahinstehen.** Einem solchen – aus der Interessenlage des Auftraggebers resultierenden – zwingenden Grund wird man im Sinne eines anderen Tatbestandes der Vertragsverletzung als der Überschreitung von Ausführungsfristen keine höhere Interessenwertigkeit als der Fristüberschreitung zumessen dürfen: Ist für den letztgenannten Fall das Ausbedingen einer Vertragsstrafe im Hinblick auf die darin liegenden Nachteile allein durch die das Interesse des Auftraggebers an der rechtzeitigen Leistungserbringung gerechtfertigt, sind vergleichbare – durch das Interesse des Auftraggebers bestimmte – Vertragserfüllungen im Sinne „zwingender Gründe" an eben diesem Maßstab zu messen und zu beurteilen. Das **Interesse an der Geheimhaltung von im Vergabeverfahren sowie im Vertragsabwicklungsverfahren bekannt gewordenen bzw. werdender und aus Sicht des Auftraggebers – objektiv nachvollziehbarer – bedeutsamer finanzieller, technischer und sozialer Informationen aus seinem Sphärenbereich ist aber im Hinblick auf diese durch den Auftraggeber zugemessene Wertigkeit zumindest nicht anders zu beurteilen als das Interesse an der rechtzeitigen Leistungserbringung** (VK Hessen, B. v. 7. 8. 2003 – Az.: 69 d VK – 26/2003). 4495

87.3.3 Forderung nach einer Vertraulichkeitserklärung

Vgl. dazu die Kommentierung zu § 10 VOB/A RZ 4336. 4496

87.3.4 Ziffer 1.7.4 der ZTV-Asphalt-StB 94 als Vertragsstrafenregelung?

Gemäß **Ziffer 1.7.4 der ZTV-Asphalt-StB 94** ist der **Auftraggeber berechtigt,** bei **Nichteinhalten** der (vorgegebenen und vereinbarten) **Grenzwerte** für das Einbaugewicht, die Einbaudicke, den Bindemittelgehalt, den Verdichtungsgrad und die Ebenheit **Abzüge** gemäß einem gleichfalls vereinbarten Anhang 1 **vorzunehmen. Sinn und Zweck dieser Klausel ist nicht die Vereinbarung einer Vertragsstrafe,** sondern eine **erleichterte Abzugsregelung zur Durchsetzung von Mängelgewährleistungsansprüchen** zu Gunsten des Auftraggebers (OLG Celle, Urteil vom 6. 3. 2003 – Az.: 14 U 112/02 – Revision zugelassen). 4497

87.3.5 Vertragsstrafe mit dem Inhalt, dass die Höhe der Vertragsstrafe im billigen Ermessen des Auftraggebers steht

Gemäß § 12 Nr. 1 Satz 2 VOB/A ist die **Strafe in angemessenen Grenzen** zu halten. Die **Einhaltung dieser Grenzen** ist durch eine Formulierung in der Vertragsstrafenklausel, wonach die **Höhe der Vertragsstrafe im billigen Ermessen des Auftraggebers stehe,** welche im 4498

Streitfall durch das zuständige Gericht überprüft werden kann, gewährleistet. Entscheidend für die angemessene Höhe einer Vertragsstrafe sind jeweils die Umstände des Einzelfalls. Abzuwägen sind dabei die Bedeutung der – von § 12 VOB/A geregelten – Einhaltung von Ausführungsfristen für den betreffenden öffentlichen Auftraggeber, das Ausmaß des zu erwartenden Schadens bei einer Fristüberschreitung, der Wert des rückständigen Teiles der Leistung sowie der wirtschaftlichen Verhältnisse des Auftragnehmers. Die Festlegung einer angemessenen Vertragsstrafe, sofern sie im Rahmen des Vertragsverhältnisses zu verhängen ist, wird somit auch durch die vom Auftraggeber formulierte Vertragsstrafenklausel ermöglicht (VK Lüneburg, B. v. 12. 11. 2001 – Az.: 203-VgK-19/2001).

87.3.6 Angemessene Höhe der Vertragsstrafe

4499 Die Strafe ist in angemessenen Grenzen zu halten.

87.3.6.1 Grundsatz

4500 Eine in Allgemeinen Geschäftsbedingungen vereinbarte **Vertragsstrafe muss** auch unter Berücksichtigung ihrer Druck- und Kompensationsfunktion **in einem angemessen Verhältnis zu dem Werklohn stehen, den der Auftragnehmer durch seine Leistung verdient.** Die Schöpfung neuer, vom Sachinteresse des Auftraggebers losgelöster Geldforderungen ist nicht Sinn der Vertragsstrafe. Aus diesem Grund hat der Bundesgerichtshof bereits zur Höchstgrenze des Tagessatzes hervorgehoben, dass **eine Vertragsstrafe unangemessen ist, wenn durch den Verzug in wenigen Tagen typischer Weise der Gewinn des Auftragnehmers aufgezehrt** ist. Die Angemessenheitskontrolle von Vertragsbedingungen über Vertragsstrafen hat nach einer generalisierenden Betrachtungsweise zu erfolgen. Das bedeutet, dass sich die Obergrenze der Vertragsstrafe sich daran messen lassen muss, ob sie generell und typischerweise in Bauverträgen, für die sie vorformuliert ist, angemessen ist. Dabei ist, soweit sich aus der Vorformulierung nicht etwas anderes ergibt, eine Unterscheidung zwischen Bauverträgen mit hohen oder niedrigen Auftragssummen wegen der damit verbundenen Abgrenzungsschwierigkeiten nicht vorzunehmen. **Nach diesem Maßstab ist in Bauverträgen eine Vertragsstrafe für die verzögerte Fertigstellung, deren Obergrenze 5% der Auftragssumme überschreitet, unangemessen** (BGH, Urteil vom 23. 1. 2003 – Az.: VII ZR 210/01).

87.3.6.2 Rechtsfolgen einer unangemessen hohen Vertragsstrafe

4501 Der Bundesgerichtshof entscheidet in ständiger Rechtsprechung, dass eine **Vertragsstrafenvereinbarung in Allgemeinen Geschäftsbedingungen auch die Interessen des Auftragnehmers ausreichend berücksichtigen muss.** Eine **unangemessen hohe Vertragsstrafe führt zur Nichtigkeit der Vertragsklausel.** Eine geltungserhaltende Reduktion findet **nicht statt** (BGH, Urteil vom 23. 1. 2003 – Az.: VII ZR 210/01).

87.3.7 Geltendmachung der Vertragsstrafe nur bei tatsächlichen Nachteilen für den Auftraggeber

87.3.7.1 Grundsatz

4502 Die **Rechtsprechung** ist **nicht einheitlich.**

4503 Nach einer Auffassung kann der Vertragspartner eines öffentlichen Auftraggebers davon ausgehen, dass der Auftraggeber seine innerdienstliche Anweisung befolgen will und das Bauvergabeverfahren nach den Regeln des Teils A der VOB durchführt, auch wenn die Ausschreibung dies nicht ausdrücklich zum Ausdruck bringt. **Die nach der VOB/A verfahrenden öffentlichen Auftraggeber erklären ihren Vertragspartnern, dass sie Vertragsstrafen nur ausbedingen, wenn die besonderen Gründe nach § 12 Nr. 1 Satz 1 VOB/A das rechtfertigen. Das bedeutet, dass sie solche Gründe substantiiert vorzutragen und gegebenenfalls zu beweisen haben,** wollen sie sich nicht treuwidrig widersprüchliches Verhalten entgegenhalten lassen (Thüringer OLG, Urteil vom 22. 10. 1996 – Az.: 8 U 474/96 – Nichtannahmebeschluss des BGH).

4504 Nach einer anderen Meinung ist eine **Vertragsstrafenregelung auch dann wirksam, wenn dem Auftraggeber durch die Überschreitung der Vertragsfrist keine erheblichen Nachteile im Sinne des § 12 Nr. 1 VOB/A entstanden** sind (KG Berlin, Urteil vom 7. 1. 2002 – Az.: 24 U 9084/00).

Nach **Auffassung des BGH steht ein Verstoß gegen** § 12 Nr. 1 Satz 1 VOB/A der Geltendmachung der Vertragsstrafe nach den Grundsätzen von Treu und Glauben **nur entgegen,** wenn der **Auftragnehmer das Verhalten des Auftraggebers bei Abgabe des Angebots als widersprüchlich** werten durfte und er in seinem schutzwürdigen **Vertrauen** darauf, dass der Auftraggeber sich an die Regelung des § 12 Nr. 1 Satz 1 VOB/A halten werde, **enttäuscht worden** ist. **Allein der Umstand, dass eine Vertragsstrafe vereinbart** worden ist, ohne dass die Voraussetzungen des § 12 Nr. 1 Satz 1 VOB/A objektiv vorlagen, **rechtfertigt es nicht, der vereinbarten Vertragsstrafe ihre Wirkung zu nehmen.** Denn damit würde der Regelung eine vertragsgestaltende Wirkung zukommen, die nicht zu rechtfertigen ist. Ein **widersprüchliches Verhalten liegt nicht vor, wenn** der Auftraggeber bei seiner Ausschreibung subjektiv und nicht unvertretbar zu der Einschätzung gekommen ist, dass die Überschreitung der Vertragsfrist erhebliche Nachteile verursachen kann und deshalb eine Vertragsstrafe vorsieht. Ein schutzwürdiges Vertrauen darauf, dass der Auftraggeber sich an § 12 Nr. 1 Satz 1 VOB/A gehalten hat, liegt nicht vor, wenn dem Auftragnehmer bereits bei Abgabe des Angebots die Umstände bekannt sind oder er sie bei zumutbarer Prüfung hätte erkennen können, die den Schluss rechtfertigen, dass die Voraussetzungen für die Vereinbarung einer Vertragsstrafe im konkreten Fall nicht vorliegen (BGH, Urteil vom 30. 3. 2006 – Az.: VII ZR 44/05)

4505

87.3.7.2 Zulässigkeit bei abstrakter Möglichkeit eines erheblichen Nachteils

Es kommt nach dem **Wortlaut des § 12 Nr. 1 VOB/A ausschließlich darauf an**, ob die **abstrakte Möglichkeit besteht, dass der öffentliche Auftraggeber durch die Terminsüberschreitung einen erheblichen Nachteil erleidet.** Es ist dagegen unerheblich, ob solche Nachteile tatsächlich eingetreten sind. Hat der Auftraggeber im Übrigen dargelegt, dass ihm bei nicht fristgerechter Fertigstellung der Arbeiten der Verlust von bewilligten Fördermitteln droht, ist dies ausreichend, um die Möglichkeit eines erheblichen Nachteils anzunehmen (OLG Naumburg, Urteil vom 8. 1. 2001 – Az.: 4 U 152/00).

4506

87.3.7.3 Zulässigkeit bei drohenden Ansprüchen eines Nachunternehmers

Für die **Zulässigkeit der Vertragsstrafenregelung reicht bereits aus,** dass dem Auftraggeber **Ansprüche eines Nachunternehmers drohen,** der nicht zu dem mit ihm vereinbarten Termin seine Arbeiten aufnehmen konnte. **Nicht erforderlich** ist, dass der mögliche **Anspruch des Nachunternehmers in der Höhe die vereinbarte Vertragsstrafe erreicht.** Diese dient gerade dazu, den Mindestschaden nicht konkret nachweisen zu müssen. Andernfalls könnte jede Vertragsstrafe mit dem Argument für unwirksam erachtet werden, der tatsächlich eingetretene Schaden liege unterhalb der Vertragsstrafe (OLG Celle, Urteil vom 11. 7. 2002 – Az.: 22 U 190/01).

4507

87.3.8 Richtlinie des VHB 2002 zu § 12 Nr. 1

Bei der Bemessung von Vertragsstrafen ist zu berücksichtigen, dass der Bieter die damit verbundene Erhöhung des Wagnisses in den Angebotspreis einkalkulieren kann. Anhaltspunkt für die Bemessung kann das Ausmaß der Nachteile sein, die bei verzögerter Fertigstellung voraussichtlich eintreten werden (Ziffer 1).

4508

Sind Vertragsstrafen für Einzelfristen zu vereinbaren, so ist nur die Überschreitung solcher Einzelfristen für in sich abgeschlossene Teile der Leistung unter Strafe zu stellen, von denen der Baufortschritt entscheidend abhängt (Ziffer 2).

4509

Die Höhe der Vertragsstrafe ist in Nr. 2.3 EVM (B) BVB – 214 zu begrenzen. Sie soll 0,1 v. H. je Werktag, insgesamt jedoch 5 v. H. der Abrechnungssumme nicht überschreiten (Ziffer 3).

4510

87.3.9 Regelung des HVA B-StB 03/2006 zu Vertragsstrafen und Beschleunigungsvergütungen

Vertragsstrafen bei Überschreitung der Vertragsfristen sind nur in begründeten Ausnahmefällen festzulegen; § 12 VOB/A ist zu beachten.

4511

Eine Vertragsstrafe ist als Betrag pro Werktag festzulegen; dessen Höhe soll 0,1 bis 0,25 v. H. der voraussichtlichen Auftragssumme nicht überschreiten.

4512

Bei beschleunigten Arbeiten auf BAB-Betriebsstrecken sind für die Vertragsstrafen (sowie gegebenenfalls Beschleunigungsvergütungen) gesonderte Regelungen zu treffen.

4513

Teil 3 VOB/A § 13   Vergabe- und Vertragsordnung für Bauleistungen Teil A

87.4 Beschleunigungsvergütung

87.4.1 Inhalt

4514   Bei der Beschleunigungsvergütung – als „Gegenteil" der Vertragsstrafe – handelt es sich in der Sache um einen **gesondert geregelten Teil der vom Auftraggeber für die vereinbarte Leistung zu zahlenden Vergütung.** Forderungen des Bauunternehmers, die durch die Ausführung der vertraglichen Arbeiten entstanden sind, sind ungeachtet ihrer Bezeichnung (etwa als „Schadensersatz" o. ä.) Teil der geschuldeten Vergütung, wenn sie ein (zusätzliches) Äquivalent für die Bauleistungen darstellen. Eine vereinbarte Beschleunigungsprämie ist ein solch zusätzliches Entgelt (OLG Köln, Urteil vom 14. 4. 2000 – Az.: 11 U 221/99).

4515   Der **Wegfall einer Beschleunigungsvergütung** stellt sich regelmäßig nicht als entgangener Gewinn, sondern in gleicher Weise wie bei einer verwirkten Vertragsstrafe **als Einbuße des ansonsten voll verdienten Werklohnes** dar (Brandenburgisches OLG, Urteil vom 14. 1. 2003 – Az.: 11 U 74/02).

87.4.2 Umsatzsteuerpflicht

4516   **Beschleunigungsvergütungen** im Sinne von § 12 VOB/A sind **Teil der vom Auftraggeber geschuldeten und vertraglich vereinbarten Vergütung.** Sie **sind daher** – wie die übrigen Teile der Vergütung – **umsatzsteuerpflichtig,** sodass der Auftraggeber zur Zahlung der hierauf entfallenden Umsatzsteuer verpflichtet ist, wenn der Auftragnehmer die Umsatzsteuer geltend macht (OLG Köln, Urteil vom 14. 4. 2000 – Az.: 11 U 221/99).

87.4.3 Beispiele aus der Rechtsprechung

4517   – „**Nebenangebote mit Bauzeitverkürzung** sind erwünscht und **werden mit dem geldwerten Vorteil gewertet:** geldwerter Vorteil/Tag = Vertragsstrafe DM/Tag – angebotene Mehrkosten/Tag" (VK Baden-Württemberg, B. v. 8. 1. 2002 – Az.: 1 VK 46/01).

88. § 13 VOB/A – Verjährung der Mängelansprüche

Andere Verjährungsfristen als nach § 13 Nr. 4 VOB/B sollen nur vorgesehen werden, wenn dies wegen der Eigenart der Leistung erforderlich ist. In solchen Fällen sind alle Umstände gegeneinander abzuwägen, insbesondere, wann etwaige Mängel wahrscheinlich erkennbar werden und wieweit die Mängelursachen noch nachgewiesen werden können, aber auch die Wirkung auf die Preise und die Notwendigkeit einer billigen Bemessung der Verjährungsfristen für Mängelansprüche.

88.1 Vergleichbare Regelungen

4518   Der **Vorschrift des § 13 VOB/A** vergleichbar ist im Bereich der VOL **§ 13 VOL/A.** Die Kommentierung zu dieser Vorschrift kann daher ergänzend zu der Kommentierung des § 13 herangezogen werden.

88.2 Änderungen in der VOB/A 2006

4519   In der VOB/A 2006 erfolgten **keine Änderungen.**

88.3 Verjährungsfristen nach § 13 Nr. 4 VOB/B

4520   Mit der VOB 2002 sind die Verjährungsfristen des § 13 Nr. 4 VOB/B neu geregelt worden:

4521   Ist für Mängelansprüche keine Verjährungsfrist im Vertrag vereinbart, so beträgt sie für Bauwerke 4 Jahre, für Arbeiten an einem Grundstück und für die vom Feuer berührten Teile von Feuerungsanlagen 2 Jahre.

Bei maschinellen und elektrotechnischen/elektronischen Anlagen oder Teilen davon, bei denen die Wartung Einfluss auf die Sicherheit und Funktionsfähigkeit hat, beträgt die Verjährungsfrist für Mängelansprüche abweichend von Abs. 1 2 Jahre, wenn der Auftraggeber sich dafür entschieden hat, dem Auftragnehmer die Wartung für die Dauer der Verjährungsfrist nicht zu übertragen. 4522

Die Frist beginnt mit der Abnahme der gesamten Leistung; nur für in sich abgeschlossene Teile der Leistung beginnt sie mit der Teilabnahme (§ 12 Nr. 2). 4523

88.4 Verlängerung der Verjährung

88.4.1 Generelle Verlängerung

Die Klausel, „für die Gewährleistung gilt VOB/B/Paragraph 13, **jedoch beträgt die Verjährungsfrist in Abänderung von Satz 4 generell fünf Jahre**", hält der Inhaltskontrolle nach dem BGB (vorher AGBG) stand (BGH, Urteil vom 23. 2. 1989, Az.: VII ZR 89/87; OLG Düsseldorf, Urteil vom 7. 6. 1994 – Az.: 21 U 90/92). 4524

88.4.2 Verlängerung bei Flachdacharbeiten

Der Bundesgerichtshof hält die **Verlängerung der Verjährungsfrist auf zehn Jahre und einen Monat für wirksam, wenn sie für Flachdacharbeiten vereinbart** ist. Eine unangemessene Benachteiligung des Unternehmers liegt nicht vor. Die Klausel weicht von der gesetzlichen Regelfrist wesentlich ab. Sie verlängert die in § 638 Abs. 1 BGB für Bauwerke vorgesehene Verjährungsfrist von fünf Jahren auf zehn Jahre und einen Monat. Diese Abweichung von der gesetzlichen Regelung ist jedoch, jedenfalls wenn sie Flachdacharbeiten betrifft, durch besondere Interessen des Auftraggebers gerechtfertigt. Dies gilt auch wenn die VOB/B vereinbart ist. Die gesetzliche Frist beruht darauf, dass aus der Sicht des historischen Gesetzgebers schwerwiegende Baumängel regelmäßig innerhalb fünf Jahren hervortreten. Der Gesetzgeber hat auch diese Fünfjahresfrist nicht für außergewöhnlich lang angesehen, denn er hat für die gesamte werkvertragliche Gewährleistung, abweichend von der Regel des § 225 BGB eine vertragliche Fristverlängerung zugelassen. **Diese Frist ist für bestimmte moderne Bautechniken und Baustoffe verhältnismäßig kurz und kann deshalb unangemessen sein.** 4525

Bei **Flachdacharbeiten hat der Auftraggeber ein erhöhtes Bedürfnis an einer ausreichenden Bemessung der Verjährungsfrist, weil Ausführungsmängel wie auch Planungsmängel an Flachdächern häufig vorkommen und erfahrungsgemäß oft erst später als fünf Jahre nach der Abnahme auftreten.** Dies belegen neuere Untersuchungen. 4526

Es spielt für die gebotene Interessenabwägung **keine Rolle, ob eine konkrete Gefahr, Mängel erst nach Ablauf von fünf Jahren zu entdecken,** im vorliegenden Fall wegen besonders intensiver Überwachung der Dacharbeiten nicht bestand. Anzuwenden ist ein genereller, überindividueller Prüfungsmaßstab also eine typisierende Betrachtungsweise; auf die speziellen Umstände des Einzelfalls kommt es insoweit nicht an (BGH, Urteil vom 9. 5. 1996 – Az.: VII ZR 259/94; OLG Köln, Urteil vom 29. 4. 1988 – Az: 19 U 298/87 – für eine Verlängerung auf sieben Jahre). 4527

88.4.3 Neue Rechtsprechung des Bundesgerichtshofes zur Privilegierung der VOB/B

Nach der älteren Rechtsprechung des Bundesgerichtshofes unterlagen die einzelnen Regelungen der VOB/B nicht der Inhaltskontrolle nach dem Gesetz über die Allgemeinen Geschäftsbedingungen (jetzt BGB), wenn der **Verwender die VOB/B ohne ins Gewicht fallende Einschränkung übernommen** hat. Dieser Rechtsprechung liegt die Erwägung zugrunde, dass die VOB/B einen billigen Interessenausgleich zwischen Auftragnehmer und Auftraggeber bezweckt. Würden einzelne Regelungen der Inhaltskontrolle unterzogen, so könnte der bezweckte Interessenausgleich gestört sein. Die VOB/B ist deshalb der Inhaltskontrolle entzogen worden, wenn der von ihr verwirklichte Interessenausgleich durch die Vertragsgestaltung nicht wesentlich beeinträchtigt worden ist. Die Inhaltskontrolle war eröffnet, wenn der Vertrag Regelungen vorsah, die in den Kernbereich der VOB/B eingreifen. Diese Rechtsprechung hatte teilweise insoweit Widerspruch erfahren, als keine klaren Abgrenzungskriterien entwickelt worden seien, unter welchen Voraussetzungen eine wesentliche Beeinträchtigung des in der VOB/B verwirklichten Interessenausgleichs angenommen werden könne. Dem ist zuzu- 4528 stimmen. **Im Interesse der Rechtssicherheit ist grundsätzlich jede inhaltliche Abweichung von der VOB/B als eine Störung des von ihr beabsichtigten Interessenausgleichs zu bewerten.** Denn anderenfalls wäre die im Recht der Allgemeinen Geschäftsbedingungen notwendige Transparenz (vgl. § 307 Abs. 1 Satz 2 BGB n. F.) nicht zu gewährleisten. Die VOB/B ist demnach nur dann einer Inhaltskontrolle nach dem AGB-Gesetz entzogen, wenn sie als Ganzes vereinbart worden ist. Es kommt nicht darauf an, welches Gewicht der Eingriff hat. **Damit ist die Inhaltskontrolle auch dann eröffnet, wenn nur geringfügige inhaltliche Abweichungen von der VOB/B vorliegen und auch unabhängig davon, ob eventuell benachteiligende Regelungen im vorrangigen Vertragswerk möglicherweise durch andere Regelungen „ausgeglichen" werden.** Der Bundesgerichtshof lässt aber ausdrücklich offen, ob die neue Rechtsprechung zur VOB/B als Ganzes auch auf Fälle unter Geltung des Gesetzes zur Modernisierung des Schuldrechts anwendbar ist (BGH, Urteil vom 22. 4. 2004 – Az.: VII ZR 419/02).

4529 Es spricht dennoch vieles dafür, dass auch nach dem neuen Recht des BGB jede Verlängerung der Frist für Mängelansprüche die Inhaltskontrolle nach dem BGB (früher AGB-Gesetz) eröffnet – mit allen daraus resultierenden Konsequenzen.

88.5 Hemmung der Verjährung durch Anrufung einer VOB-Schiedsstelle

4530 Finden **zwischen Auftraggeber und Auftragnehmer** hinsichtlich strittiger Positionen einer Schlussrechnung **Verhandlungen mit dem Ziel eines Konsenses,** um langjährige und kostenträchtige gerichtliche Auseinandersetzungen zu vermeiden, statt und wird beschlossen, die Möglichkeit einer Vorlage zu einer VOB-Schiedsstelle abzuklären, können diese Absprachen über die Anrufung der Schiedsstelle bei interessengerechter Auslegung **Stillhalteabkommen** enthalten. Die strittigen Positionen sollen, um möglichst Zeit und Geld zu sparen, für beide Seiten verbindlich bis zum Abschluss des Schlichtungsverfahrens einer gerichtlichen Auseinandersetzung entzogen werden. Die **Verjährung ist dann für diesen Zeitraum gehemmt,** § 202 Abs. 1, § 205 BGB – (BGH, Urteil vom 28. 2. 2002 – Az.: VII ZR 455/00).

88.6 Richtlinie des VHB 2002 zu § 13

4531 Die Regelfrist für die Verjährung von Mängelansprüchen beträgt bei Bauwerken 4 Jahre. Das gilt grundsätzlich auch für maschinelle und elektrotechnische/elektronische Anlagen und Anlagenteile. Ob ausnahmsweise eine Verjährungsfrist für Mängelansprüche gemäß § 13 Nr. 4 Abs. 2 VOB/B gilt, bestimmt sich nach den Umständen des Einzelfalls (Ziffer 1).

4532 Bauunterhaltungsarbeiten können Arbeiten an einem Bauwerk oder Arbeiten an einem Grundstück sein. Für diese Arbeiten ist in der Regel eine 4-jährige Verjährungsfrist zu vereinbaren (Ziffer 2).

4533 Sofern ausnahmsweise von der Regelfrist des § 13 Nr. 4 Abs. 1 VOB/B abweichende Verjährungsfristen vereinbart werden sollen, können folgende Umstände als Anhalt für die Bemessung der Fristen dienen:

– die Frist, innerhalb der bei Bauleistungen der betreffenden Art Mängelansprüche üblicherweise noch erkennbar werden

– der Zeitpunkt, bis zu dem einwandfrei festgestellt werden kann, ob aufgetretene Mängel auf vertragswidrige Leistung oder auf andere Ursachen, z. B. übliche Abnutzung, zurückzuführen sind, z. B. üblicher Verschleiß oder Abnutzung durch vertragsgemäßen Gebrauch

– die Abwägung, ob Preiserhöhungen oder -minderungen durch Berücksichtigung des erhöhten oder geminderten Mängelansprüche – Risikos in einem angemessenen Verhältnis zu dem erzielbaren Vorteil stehen (Ziffer 3.1)

4534 Bei Verwendung neuartiger Baustoffe und Baukonstruktionen ist stets zu prüfen, inwieweit die Verjährungsfrist verlängert werden muss, weil über das Auftreten von Mängeln noch keine Erfahrungen vorliegen (Ziffer 4).

88.7 Regelung des HVA B-StB 03/2006 zu Mängelansprüchen

4535 Soweit für Leistungen in den „Zusätzlichen Technischen Vertragsbedingungen" Verjährungsfristen für die Mängelansprüche festgelegt sind, ist in der Regel keine Vereinbarung vorzunehmen (Ziffer 1.3 Nr. 17).

Vergabe- und Vertragsordnung für Bauleistungen Teil A VOB/A § 14 **Teil 3**

Sind Erd- und Oberbauarbeiten in einem Bauvertrag erfasst, so soll für diese Arbeiten die in den „Zusätzlichen Technischen Vertragsbedingungen" angegebene Verjährungsfrist für die Oberbauarbeiten eingetragen werden. Beispiel: „Für Erd- und Oberbauarbeiten = 4 Jahre" (Ziffer 1.3 Nr. 18). 4536

Für Leistungen, für die in „Zusätzlichen Technischen Vertragsbedingungen" keine Verjährungsfristen festgelegt sind, z. B. für Schutzplanken, Beschilderung o. ä., ist zu prüfen, ob eine andere Verjährungsfrist als die in § 13 Nr. 4 VOB/B vereinbart werden soll (Ziffer 1.3 Nr. 19). 4537

89. § 14 VOB/A – Sicherheitsleistung

1. **Auf Sicherheitsleistung soll ganz oder teilweise verzichtet werden, wenn Mängel der Leistung voraussichtlich nicht eintreten oder wenn der Auftragnehmer hinreichend bekannt ist und genügende Gewähr für die vertragsgemäße Leistung und die Beseitigung etwa auftretender Mängel bietet. Bei Beschränkter Ausschreibung sowie bei Freihändiger Vergabe sollen Sicherheitsleistungen in der Regel nicht verlangt werden.**
2. **Die Sicherheit soll nicht höher bemessen und ihre Rückgabe nicht für einen späteren Zeitpunkt vorgesehen werden, als nötig ist, um den Auftraggeber vor Schaden zu bewahren. Die Sicherheit für die Erfüllung sämtlicher Verpflichtungen aus dem Vertrag soll 5 v. H. der Auftragssumme nicht überschreiten. Die Sicherheit für Mängelansprüche soll 3 v. H. der Abrechnungssumme nicht überschreiten.**

89.1 Vergleichbare Regelungen

Der Vorschrift des § 14 VOB/A vergleichbar ist im Bereich der VOL § 14 VOL/A. Die Kommentierung zu dieser Vorschrift kann daher ergänzend zu der Kommentierung des § 14 herangezogen werden. 4538

89.2 Änderungen in der VOB/A 2006

In der VOB/A 2006 erfolgten **keine Änderungen**. 4539

89.3 Restriktive Handhabung

§ 14 VOB/A sieht vor, dass **öffentliche Auftraggeber Sicherheiten nur restriktiv verlangen sollen.** Es widerspricht dem Grundgedanken dieser Regelungen, wenn in allgemeinen Vertragsbedingungen ohne Prüfung des Einzelfalles Klauseln mit dem Inhalt eines Sicherheitseinbehalts von 5%, der durch eine selbstschuldnerische Bürgschaft und eine Bürgschaft auf erstes Anfordern gesichert wird, vereinbart werden (OLG Hamm, Urteil vom 1. 7. 2003 – Az.: 19 U 38/03). 4540

89.4 Hinweis

§ 14 VOB/A spielt ansonsten in der Rechtsprechung keine Rolle. Die wesentlichen Grundsätze der Rechtsprechung zu Sicherheitsleistungen (u. a. Unzulässigkeit der Bürgschaft auf erstes Anfordern) finden sich in den Kommentierungen zu § 17 VOB/B. 4541

89.5 Richtlinie des VHB 2002 zu § 14

Ein **Bedürfnis nach Sicherheitsleistung** kann bestehen 4542
– dafür, dass der Auftragnehmer
  – die ihm übertragene Leistung einschließlich der Abrechnung vertragsmäßig erbringt,
  – Mängel- und Schadensersatzansprüche erfüllt (Ziffer 1.1);
  – bei Abschlagszahlungen für angefertigte, bereitgestellte Bauteile oder für auf der Baustelle angelieferte Stoffe und Bauteile (Ziffer 1.2);
– bei Vorauszahlungen (Ziffer 1.3.).

867

Teil 3 VOB/A § 14   Vergabe- und Vertragsordnung für Bauleistungen Teil A

4543 **Sicherheiten**

– für die vertragsgemäße Erfüllung sind
  – bei Öffentlicher Ausschreibung, Offenem Verfahren und bei internationaler NATO-Ausschreibung erst ab einer voraussichtlichen Auftragssumme von 250 000 € zu verlangen,
  – bei Beschränkter Ausschreibung, Beschränkter Ausschreibung nach Öffentlichem Teilnahmewettbewerb, Freihändiger Vergabe, Nichtoffenem Verfahren und Verhandlungsverfahren in der Regel nicht zu verlangen (Ziffer 2.1);
– sind für die Erfüllung der Mängelansprüche in der Regel ab einer Auftragssumme bzw. der Abrechnungssumme von 250 000 € zu fordern (Ziffer 2.2);
– sind für Abschlagszahlungen oder Vorauszahlungen zu verlangen. Dabei sind § 16 B Nr. 1.4 und Nr. 2.2 VHB zu beachten (Ziffer 2.3).

4544 **Art der Sicherheiten**

Nach § 17 Nr. 2 in Verbindung mit Nr. 3 VOB/B hat der Auftragnehmer die Wahl zwischen den folgenden Arten der Sicherheit

– Einbehalt von Geld (§ 17 Nr. 6)
– Hinterlegung von Geld (§ 17 Nr. 5) und
– Stellung einer Bürgschaft (§ 17 Nr. 4).

4545 Der Auftragnehmer kann im Laufe der Vertragsabwicklung eine einmal gewählte Art der Sicherheit durch eine andere der vorgenannten ersetzen.

Für vereinbarte Abschlagszahlungen im Sinne des § 16 Nr. 1 Abs. 1 Satz 3 VOB/B und vereinbarte Vorauszahlungen kann Sicherheit nur durch Bürgschaft geleistet werden (Ziffer 3).

4546 **Höhe der Sicherheiten**

Ist für die vertragsgemäße Erfüllung und/oder die Mängelansprüche eine Sicherheit erforderlich, ist Nr. 4.1 des EVM (B) BVB – 214 bzw. Nr. 6.1 des EVM (L) BVB – 234 der Vomhundertsatz einzutragen. Als Sicherheit für die vertragsgemäße Erfüllung sollen in der Regel bis zu 5 v. H. der Auftragssumme vorgesehen werden. Höhere Sicherheiten dürfen nur ausnahmsweise gefordert werden, wenn ein ungewöhnliches Risiko für den Auftraggeber zu erwarten ist. Die Sicherheit darf in diesem Fall 10 v. H. der Auftragssumme nicht überschreiten. Als Sicherheit für die Mängelansprüche sollen in der Regel 3 v. H., höchstens jedoch bis zu 5 v. H. der Auftragssumme einschließlich erteilter Nachträge vorgesehen werden (Ziffer 4).

4547 **Rückgabezeitpunkt für Mängelanspruchsicherheit**

Die Rückgabe der Sicherheit richtet sich nach § 17 Nr. 8 VOB/B. Sofern im Einzelfall höheres Sicherheitsbedürfnis besteht, ist abweichend von der zweijährigen Regelfrist ein anderer Rückgabezeitpunkt festzulegen (Ziffer 5).

4548 **Verzicht auf Sicherheiten**

In geeigneten Fällen kann sich der Auftraggeber vorbehalten, bei Zuschlagserteilung auf die Stellung einer Sicherheit zu verzichten. In diesen Fällen ist in den Verdingungsunterlagen vorzusehen, dass der Bieter anzugeben hat, um welchen Satz sich die Angebotspreise vermindern. Diese Angabe ist bei der Wertung der Angebote nicht zu berücksichtigen (Ziffer 6).

4549 **Bürgen**

Als Bürgen kommen nur die

– in den Europäischen Gemeinschaften oder
– in einem Staat der Vertragsparteien des Abkommens über den Europäischen Wirtschaftsraum oder
– in einem Staat der Vertragsparteien des WTO-Übereinkommens über das öffentliche Beschaffungswesen

4550 zugelassenen Kreditinstitute bzw. Kredit- oder Kautionsversicherer in Betracht. Die Kreditinstitute der EU sind in einer von der Kommission der Europäischen Gemeinschaften erstellten und jeweils im Amtsblatt der Europäischen Gemeinschaften veröffentlichten Bankenliste aufgeführt. Eine Liste der Bundesrepublik Deutschland zugelassenen Kredit- bzw. Kautionsversicherer befindet sich in Teil IV. Bei der Vorlage von Bürgschaften anderer Kreditinstitute bzw. Kredit- oder Kautionsversicherer – die also nicht in den vorgenannten Listen aufgeführt sind – hat der Bieter/Auftragnehmer den Nachweis der Zulassung zu führen (Ziffer 7).

89.6 Regelung des HVA B-StB 03/2006 zu Sicherheitsleistungen

Sicherheitsleistungen (Ziffer 3.6)

(1) Für Sicherheitsleistungen sind die Nrn. 22, 23 und 116 ZVB/E-StB 2002 in Verbindung mit § 17 VOB/B zu beachten. Für Bürgschaften nach Nr. 23 ZVB/E-StB 2002 sind die Vordrucke HVA B-StB-Vertragserfüllungsbürgschaft (siehe Muster 3.6-1), HVA B-StB-Bürgschaft für Mängelansprüche (siehe Muster 3.6-2) und HVA B-StBAbschlagszahlungs-/Vorauszahlungsbürgschaft (siehe Muster 3.6-3) zu verwenden.

(2) Es ist darauf zu achten, dass auch
– bei einer Arbeitsgemeinschaft als Auftragnehmer oder
– bei möglicher Teilabnahme

nur eine Bürgschaftsurkunde über den Gesamtbetrag der Sicherheit gemäß Nr. 23.4 ZVB/E-StB 2002 anzunehmen ist. Verlangt der Auftragnehmer nach einer Teilabnahme eine entsprechende Verringerung der Sicherheit, so ist dem stattzugeben, wenn
– für den abgenommenen Teil der Leistung die Voraussetzungen nach § 17 Nr. 8 Abs. 1 VOB/B und 116.2 ZVB/E-StB 2002 erfüllt sind und
– der Auftragnehmer für den noch nicht abgenommenen Teil der Leistung eine Vertragserfüllungsbürgschaft gestellt hat.

(3) Es ist darauf hinzuwirken, dass der Auftragnehmer die Vertragserfüllungsbürgschaft gemäß § 17 Nr. 7 VOB/B binnen 18 Werktagen nach Auftragserteilung vorlegt. Solange er dieser Verpflichtung nicht nachkommt, sind von den Abschlagszahlungen Einbehalte gemäß § 17 Nr. 7 VOB/B vorzunehmen.

(4) Für Abschlagszahlungen auf noch nicht eingebaute Stoffe und Bauteile ist besondere Sicherheit durch Bürgschaft zu leisten (Nr. 23.5 ZVB/E-StB 2002). Bei Großbauteilen, die für die geforderte Leistung eigens angefertigt und bereitgestellt werden, z.B. Brückenüberbauteile oder Tunnelelemente, genügt deren Eigentumsübertragung auf den Auftraggeber.

(5) Abschlagszahlungen für Teile von Kunstbauten, die auf der Baustelle zunächst nicht in endgültiger Lage hergestellt werden (Nr. 110 ZVB/E-StB 2002), werden ohne besondere Sicherheit und ohne Eigentumsübertragung gewährt.

(6) Bis zur Schlusszahlung kann zur Sicherstellung der Beseitigung gerügter Mängel – ungeachtet vorliegender Bürgschaften – in der Regel ein Betrag in dreifacher Höhe der geschätzten Mängelbeseitigungskosten als Sicherheit einbehalten werden. Nach Mängelbeseitigung ist der einbehaltene Betrag auszuzahlen.

(7) Zahlt der Bürge einer Sicherheit nach HVA B-StB nicht, dann ist zu prüfen, ob die Zahlung in einem Urkundenprozess nach §§ 592 ff. ZPO erreicht werden kann.

(8) Vor Inanspruchnahme einer Bürgschaft ist zu prüfen, ob Aufrechnungsmöglichkeiten bestehen (Abschnitt 3.14 „Aufrechnungsfälle") und zweckmäßig sind.

(9) Der Austausch der Vertragserfüllungsbürgschaft gegen eine Bürgschaft für Mängelansprüche erfolgt nach § 17 Nr. 8 Abs. 1 VOB/B. Für bei der Abnahme vorbehaltene Mängel ist ggf. ein Einbehalt in dreifacher Höhe der voraussichtlichen Mängelbeseitigungskosten vorzunehmen (siehe § 641 Abs. 3 BGB und Nr. (6)). Soweit ein solcher Einbehalt nicht mehr möglich ist, ist der entsprechende Teil der Vertragserfüllungsbürgschaft einzubehalten (Nr. 116.2 ZVB/E-StB 2002).

90. § 15 VOB/A – Änderung der Vergütung

Sind wesentliche Änderungen der Preisermittlungsgrundlagen zu erwarten, deren Eintritt oder Ausmaß ungewiss ist, so kann eine angemessene Änderung der Vergütung in den Verdingungsunterlagen vorgesehen werden. Die Einzelheiten der Preisänderungen sind festzulegen.

90.1 Vergleichbare Regelungen

Der Vorschrift des § 15 VOB/A vergleichbar ist im Bereich der VOL § 15 VOL/A. Die Kommentierung zu dieser Vorschrift kann daher ergänzend zu der Kommentierung des § 15 herangezogen werden.

90.2 Änderungen in der VOB/A 2006

4562 In der VOB/A 2006 erfolgten **keine Änderungen.**

90.3 Allgemeines

4563 Im Regelfall werden **Bauverträge auf der Basis einer ordnungsgemäßen Leistungsbeschreibung (§ 9 VOB/A) zu festen vertraglichen Konditionen abgeschlossen** (Preis, Leistungsinhalt, Leistungsort, Qualitäten usw.). Für **nach Vertragsschluss eintretende Änderungen** stellt die VOB/B das entsprechende Instrumentarium zur Verfügung.

4564 Unter einem **festen Preis** ist **eine beide Vertragspartner bindende Vereinbarung über die Vergütung zu verstehen, die nicht einseitig abgeändert werden kann** (VK Saarland, B. v. 31. 1. 2006 – Az.: 1 VK 05/2005; VK Münster, B. v. 5. 10. 2005 – Az.: VK 19/05).

4565 § 15 VOB/A hingegen regelt den **Fall, dass bereits bei der Ausschreibung wesentliche Änderungen der Preisermittlungsgrundlagen zu erwarten sind,** deren Eintritt oder Ausmaß ungewiss ist; dann kann eine angemessene Änderung der Vergütung in den Verdingungsunterlagen vorgesehen werden.

90.4 Unzulässigkeit des völligen Ausschlusses jeder Preisänderung

4566 Enthalten die Ausschreibungsbedingungen eine **Klausel, dass eine Preiskorrektur, ganz gleich aus welchem Grund, nicht anerkannt wird, ist diese Regelung unwirksam,** da es sich um eine Allgemeine Geschäftsbedingung handelt und sie eine **unangemessene Benachteiligung zu Lasten der Bewerber bzw. Bieter** beinhaltet (§§ 307 Abs. 1 und 2, 305 BGB). Bei einer solchen Klausel handelt es sich um einen kompletten, alles umfassenden Ausschluss, der keine Ausnahmetatbestände zulässt, selbst dann nicht, wenn nach der gesetzlichen Lage eine Preisänderung in Betracht käme (z. B. bei dem Wegfall der Geschäftsgrundlage oder bei einem Irrtum). Damit **versucht der Auftraggeber, durch einseitige Vertragsgestaltung missbräuchlich eigene Interessen auf Kosten des Vertragspartners durchzusetzen,** ohne von vornherein auch dessen Belange hinreichend zu berücksichtigen und ihm einen angemessenen Ausgleich zuzugestehen. Zwar sollen bei einem Vertrag, dem die VOB/A zu Grunde liegt, Leistungen zu festen Preisen vergeben werden (§ 5 Nr. 1 Buchstabe a) VOB/A), d.h. beide Vertragspartner sollen eine bindende Vereinbarung über die Vergütung treffen, die nicht einseitig abgeändert werden kann. Diese dient der Sicherheit des öffentlichen Auftraggebers bezüglich der Angebotspreise, die seiner Haushaltsplanung zugute kommt. Das bedeutet aber nicht, dass keine Ausnahmen zulässig sein dürfen. **Vielmehr muss bei längerfristigen Verträgen eine Ausnahmeregelung möglich sein.** Dafür spricht bereits der Wortlaut des § 15 VOB/A. Im Übrigen ergibt sich auch aus § 2 VOB/B, dass bei der Abwicklung eines Vertrages, der der VOB unterliegt, unter bestimmten Bedingungen ein neuer Preis vereinbart werden muss (VK Hessen, B. v. 19. 9. 2002 – Az.: 69d VK – 46/2002).

90.5 Ermessensvorschrift

4567 Nach § 15 VOB/A **kann** eine angemessene Änderung der Vergütung in den Verdingungsunterlagen **vorgesehen werden.** Der Auftraggeber hat also die Pflicht, bereits bei der Aufstellung der Leistungsbeschreibung zu prüfen, ob die Voraussetzungen des § 15 voraussichtlich eintreten werden. Hierbei hat der Auftraggeber einen **Ermessensspielraum** (VK Hessen, B. v. 19. 9. 2002 – Az.: 69d VK – 46/2002; OLG Dresden, Urteil vom 29. 11. 2001 – Az.: 19 U 1833/01), der – in analoger Anwendung der von der Rechtsprechung entwickelten Rechtsgrundsätze (z. B. bei der Eignung) – **nur begrenzt überprüfbar** ist.

90.6 Grundsätze zur Anwendung von Preisvorbehalten bei öffentlichen Aufträgen

4568 Der Bundesminister für Wirtschaft und Finanzen hat 1972 **Grundsätze zur Anwendung von Preisvorbehalten bei öffentlichen Aufträgen** bekannt gemacht. Sie sollen von öffentlichen Auftraggebern bei Fällen des § 15 VOB/A beachtet werden. Die Grundsätze sind im **VHB 2002, Teil IV,** abgedruckt.

90.7 Preisvorbehalte nur für den ausgeschriebenen Auftrag

Die Vereinbarung einer Preisgleitklausel ist nur zulässig für Änderungen der Preisermittlungsgrundlagen im Rahmen eines aktuell zur Vergabe anstehenden Auftrags; eine **Preisgleitklausel darf nicht vereinbart werden, um Preise in einem zukünftigen Vergabeverfahren zu präjudizieren** (1. VK Bund, B. v. 10. 12. 2002 – Az.: VK 1-91/02).

4569

90.8 Vorgabe von Preisvorbehalten nur durch den Auftraggeber

Preisgleitklauseln können **nur einheitlich durch entsprechende Vorgaben in den Verdingungsunterlagen** von allen Bietern angeboten werden, um Vergleichbarkeit herzustellen. Eine **in einem Nebenvorschlag enthaltene Preisgleitklausel eines Bieters darf nicht berücksichtigt werden.** Die Preisgleitklausel würde eine unterschiedliche Art und Weise der Bewertung des Preises der Antragstellerin und der übrigen Bieter bedingen und damit die Preise untereinander nicht vergleichbar erscheinen lassen (VK Düsseldorf, B. v. 7. 6. 2001 – Az.: VK – 13/2001 – B).

4570

90.9 Längerfristige Verträge

90.9.1 Allgemeines

§ 15 VOB/A setzt nach seinem Sinn und Zweck den Abschluss längerfristiger Verträge voraus. Denn nur beim Abschluss von **längerfristigen Verträgen kann** es für den Unternehmer wegen der Ungewissheit künftiger Entwicklungen z. B. der Rohstoffpreise in Verbindung mit einer langen Ausführungszeit der Baumaßnahme **unter Umständen zur Übernahme eines nur schwer kalkulierbaren Risikos** kommen.

4571

Eine generalisierende Aussage, wann ein längerfristiger Vertrag vorliegt, der eine Änderungsregelung notwendig oder sinnvoll macht, kann nicht getroffen werden.

4572

90.9.2 Beispiele aus der Rechtsprechung

– als längerfristig ist ein Vertrag anzusehen, der sich über einen **Zeitraum von mindestens zehn Monaten** erstreckt (BayObLG, B. v. 21. 10. 2004 – Az.: Verg 017/04)
– längerfristige Verträge liegen vor, wenn eine **Mindestlaufzeit von 10 Monaten vereinbart** wird (VK Hessen, B. v. 19. 9. 2002 – Az.: 69 d VK – 46/2002)
– eine **Festschreibung des vereinbarten Preises für die Laufzeit des Vertrages von einem Kalenderjahr ist gerechtfertigt**; da nach diesem Zeitraum eine Preisanpassungsklausel vorgesehen ist, ist kein Verstoß gegen das AGB-Gesetz (jetzt das BGB – Anm. des Verfassers) ersichtlich (VK Hessen, B. v. 19. 9. 2002 – Az.: 69 d VK – 46/2002)

4573

90.9.3 Richtlinie des VHB 2002 zu längerfristigen Verträgen

Die Vereinbarung von Gleitklauseln ist auf Verträge zu beschränken, bei denen die Zeitspanne von dem für die Angebotsabgabe festgesetzten Zeitpunkt bis zur vereinbarten Lieferung bzw. Fertigstellung **mehr als 10 Monate** beträgt. Von dieser Regelung darf ausnahmsweise abgewichen werden, wenn das mit der Vereinbarung von festen Preisen verbundene Wagnis im Einzelfall besonders hoch ist und die Zeitspanne von dem für die Angebotsabgabe festgesetzten Zeitpunkt bis zur vereinbarten Lieferung bzw. Fertigstellung **mindestens 6 Monate** beträgt (Ziffer 1.3).

4574

90.9.4 § 15 Nr. 1 Buchstabe d) der Grundsätze zur Anwendung von Preisvorbehalten bei öffentlichen Aufträgen

Von der Vereinbarung von Preisvorbehalten ist abzusehen, wenn der Zeitraum zwischen der Angebotsabgabe und dem Zeitpunkt der vereinbarten Lieferung bzw. Fertigstellung nicht **mindestens 10 Monate** beträgt. Ist das mit der Vereinbarung von festen Preisen verbundene Wagnis im Einzelfall besonders hoch, so darf ausnahmsweise von der zeitlichen Begrenzung nach Satz 1 abgesehen werden. Dies gilt jedoch nicht, wenn der Zeitraum zwischen der Angebotsab-

4575

gabe und dem Zeitpunkt der vereinbarten Lieferung bzw. Fertigstellung **weniger als 6 Monate** beträgt.

90.9.5 Stoffpreisgleitklauseln für Stahl

4576 Die Bundesministerien für Verkehr, Bau und Stadtentwicklung sowie Wirtschaft und Technologie haben mit Erlass vom 10. 4. 2005 geregelt, dass die Preisgrundsätze für die Lieferung von Stahl und Stahlerzeugnissen dahingehend ausgelegt werden können, dass **Stoffpreisgleitklauseln für Stahl auch bei Bauverträgen mit einer Laufzeit ab einem Monat vereinbart werden können.** Diese Regelung ist **bis zum 31. 3. 2006 verlängert** worden.

90.9.6 Stoffpreisgleitklauseln für Nichteisenmetalle (Kupfer u. a.)

4577 Das Bundesministerium für Verkehr, Bau und Stadtentwicklung hat mit Erlass vom 1. 9. 2006 geregelt, dass abweichend vom Grundsatz fester Preisvereinbarungen es **im Einzelfall nach Entscheidung der Vergabestellen möglich ist, Preisvorbehalte in Form einer Preisbemessungsklausel für Kupfer, Blei, Aluminium oder andere Nichteisenmetalle beim Abschluss längerfristiger Verträge** unter den Voraussetzungen gemäß den Grundsätzen zur Anwendung von Preisvorbehalten bei öffentlichen Aufträgen vom 4. 5. 1972 zu vereinbaren. Die **Einzelheiten** sind **gemäß den Regelungen des VHB** zu vereinbaren.

90.10 Wesentliche Änderungen (Bagatell- und Selbstbehaltsklausel)

90.10.1 Allgemeines

4578 § 15 setzt voraus, dass wesentliche Änderungen der Preisermittlungsgrundlagen zu erwarten sind. Eine **generalisierende Aussage** ist auch zu diesem Punkt **nicht möglich;** der Auftraggeber muss insoweit im Einzelfall eine pflichtgemäße Entscheidung treffen.

90.10.2 Beispiele aus der Rechtsprechung

4579 – ein aufgrund einer Preisklausel entstehender Mehr- und Minderbetrag wird nur erstattet, soweit er **0,5 v. H. der Abrechnungssumme** überschreitet (Bagatell- und Selbstbeteiligungsklausel). Eine entsprechende Klausel ist so zu verstehen, dass der Auftragnehmer sich mit einem Betrag von 0,5 v. H. der Auftragssumme auch dann an den Mehrkosten zu beteiligen hat, wenn diese darüber hinausgehen (Bundesgerichtshof, Urteil vom 22. 11. 2001 – Az.: VII ZR 150/01)

– es ist nicht zu beanstanden, wenn die Preisanpassung vom Überschreiten einer angemessenen **Bagatellgrenze** abhängig gemacht wird. Das Risiko einer Preissteigerung von bis zu **3%** ist für den Auftragnehmer kalkulierbar und zumutbar. Die Aufnahme einer derartigen Bagatellgrenze ist daher **nicht nur sinnvoll, sondern auch üblich** (VK Lüneburg, B. v. 12. 11. 2001 – Az.: 203-VgK-19/2001)

– im Übrigen können außergewöhnliche Preisentwicklungen durch die Vereinbarung von Preisgleitklauseln berücksichtigt werden, die **ab einer bestimmten Abweichung (z. B. ab +/– 5%) wirksam** werden (VK Lüneburg, B. v. 21. 1. 2003 – Az.: 203-VgK-30/2002)

90.10.3 Bagatellklausel bei Rückforderungen

4580 Durch den Bezug auf die Abrechnungssumme wird die Höhe des Selbstbehalts durch Faktoren bestimmt, auf die der Auftragnehmer keinerlei Einfluss nehmen kann, z. B. Zusatzaufträge. Diese kalkulatorischen Unwägbarkeiten sind angesichts des Wettbewerbsdrucks so hoch, dass es **gegen Treu und Glauben verstößt, bei der Rückforderung die Bagatellklausel anzuwenden** (OLG Nürnberg, Urteil vom 26. 1. 2000 – Az.: 4 U 3249/99).

90.10.4 Richtlinie des VHB 2002 zum Selbstbehalt (Ziffer 3)

4581 Wenn in Abschlagsrechnungen die Erstattung von Mehraufwendungen für Löhne gefordert wird, darf wegen des vereinbarten Selbstbehalts Zahlung erst geleistet werden, wenn die nachgewiesenen **Mehraufwendungen 0,5 v. H. der Auftragssumme überschritten** haben.

90.10.5 § 15 Nr. 2 Buchstabe b) und c) der Grundsätze zur Anwendung von Preisvorbehalten bei öffentlichen Aufträgen

Preisgleitklauseln sind grundsätzlich so zu vereinbaren, dass sie erst wirksam werden, wenn ein bestimmter Mindestbetrag der Kostenänderung überschritten wird (Bagatellklausel). Nach Überschreiten dieses Mindestbetrages kommt die volle Preisänderung, vermindert um eine gemäß Buchstaben d zu vereinbarende Selbstbeteiligung, zur Auswirkung. Die Auftragnehmer sind in der Regel in einer im Vertrag festzulegenden Höhe an den Mehrkosten angemessen zu beteiligen. Entsprechendes gilt bei Kosteneinsparungen (Selbstbeteiligungsklausel). 4582

90.11 Möglichkeiten der Festlegung der Änderung der Vergütung in den Verdingungsunterlagen

Zur Abdeckung von wesentlichen Änderungen der Preisermittlungsgrundlagen kommen mehrere Möglichkeiten in Betracht. 4583

90.11.1 Lohngleitklausel

90.11.1.1 Allgemeines

In der Praxis kann nach den Verfahrensvorschriften der öffentlichen Auftraggeber der Bieter zusätzlich zum Hauptangebot ein Angebot mit Lohngleitklausel abgeben, bei dem Lohn- und Gehaltsmehr- oder -minderaufwendungen erstattet werden (Festpreisvertrag mit Preisvorbehalt). 4584

90.11.1.2 Centklausel

Die Praxis arbeitet regelmäßig mit einer so genannten Centklausel (früher Pfennigklausel). Dabei wird bei einer Lohnänderung um einen Cent je Stunde die Vergütung für die zu erbringende Leistung – und zwar nach dem Wirksamwerden der Lohnänderung um einen im Vertrag enthaltenen Änderungssatz – erhöht oder verringert. 4585

90.11.1.3 Auslegung einer kombinierten Lohn-/Stoffpreisgleitklausel

Enthalten die Ausschreibungsunterlagen eines öffentlichen Auftraggebers sowohl eine Lohn- als auch eine Materialpreisgleitklausel, trägt aber der **Bieter nur im Formblatt für die Lohnmehrkosten einen Änderungssatz ein,** nicht jedoch auch im Formblatt für Stoffmehrkosten, und teilt er nach der Submission mit, dass sich der angebotene Änderungssatz nur auf die im Leistungsverzeichnis aufgeführten Lohnbestandteile bezieht, so ist – auch bei der Wertung des Angebots – die „Pfennigklausel" dahin zu verstehen, dass **nicht die nach der Lohnänderung erbrachte Gesamtleistung, sondern nur der Lohnanteil dieser Leistung zu berücksichtigen ist** (OLG Bamberg, Urteil vom 20. 2. 1992 – Az.: 1 U 139/89). 4586

90.11.1.4 Regelungen des VHB 2002 zur Lohngleitklausel

Das VHB 2002 enthält in der Richtlinie zu § 15 ausführliche Regelungen zur Lohngleitklausel. Die Richtlinie wird ergänzt durch das Einheitliche Formblatt „Angebot Lohngleitklausel" einschließlich der „Vertragsbedingungen Lohngleitklausel". 4587

90.11.1.5 Regelung des HVA B-StB 03/2006 zur Lohngleitklausel

Das HVA B-StB enthält Regelungen zur Vereinbarung von Lohngleitklauseln in den Hinweisen zur Leistungsbeschreibung **(einschließlich von Beispielen)** und in den Besonderen Vertragsbedingungen sowie den Vordruck HVA B-StB-Lohngleitklausel „Lohngleitklausel für Bauverträge im Straßen- und Brückenbau". 4588

90.11.2 Stoffpreisgleitklausel

90.11.2.1 Allgemeines

Für die Praxis spielen Stoffpreisgleitklauseln insbesondere bei energiepreisabhängigen Rohstoffen eine nicht zu unterschätzende Rolle. 4589

90.11.2.2 Auslegung einer kombinierten Lohn-/Stoffpreisgleitklausel

Enthalten die Ausschreibungsunterlagen eines öffentlichen Auftraggebers sowohl eine Lohn- als auch eine Materialpreisgleitklausel, trägt aber der **Bieter nur im Formblatt für die Lohn-** 4590

Teil 3 VOB/A § 16 Vergabe- und Vertragsordnung für Bauleistungen Teil A

mehrkosten einen Änderungssatz ein, nicht jedoch auch im Formblatt für Stoffmehrkosten, und teilt er nach der Submission mit, dass sich der angebotene Änderungssatz nur auf die im Leistungsverzeichnis aufgeführten Lohnbestandteile bezieht, so ist – auch bei der Wertung des Angebots – die „Pfennigklausel" dahin zu verstehen, dass **nicht die nach der Lohnänderung erbrachte Gesamtleistung, sondern nur der Lohnanteil dieser Leistung zu berücksichtigen ist** (OLG Bamberg, Urteil vom 20. 2. 1992 – Az.: 1 U 139/89).

90.11.2.3 Regelungen des VHB 2002 zur Stoffpreisgleitklausel

4591   In das VHB 2002 ist mit Erlass des Bundesministeriums für Verkehr, Bau und Stadtentwicklung vom 10. 5. 2004 eine Stoffpreisgleitklausel für Stahl eingefügt worden.

90.11.2.4 Regelung des HVA B-StB 03/2006 zur Stoffpreisgleitklausel

4592   Das HVA B-StB enthält Regelungen zur Vereinbarung von Stoffpreisgleitklauseln in den Hinweisen zur Leistungsbeschreibung und in den Besonderen Vertragsbedingungen sowie den Vordruck HVA B-StB-Stoffpreisgleitklausel „Stoffpreisgleitklausel für Bauverträge im Straßen- und Brückenbau" und den Vordruck „Verzeichnis für Stoffpreisgleitklausel".

90.11.3 Indexklausel

4593   Bei Indexklauseln werden Preisänderungen auf der Basis amtlicher Indizes geändert. Sie sind je nach den Umständen des Einzelfalls praktikabler zu handhaben, im Ergebnis aber auch weniger zielgenau als etwa die Centklausel.

90.12 Preisrechtliche Rahmenbedingungen

4594   Grundsätzlich sind Preisklauseln verboten (§ 2 Abs. 1 Satz 1 des Preisangaben- und Preisklauselgesetzes vom 3. 12. 1984 (BGBl. I S. 1429), zuletzt geändert durch Art. 9 § 4 des Gesetzes vom 9. 6. 1998 (BGBl. I S. 1242).

4595   Das Verbot von Preisklauseln gilt nach § 1 Nr. 2 Preisklauselverordnung (PrKV) vom 23. 9. 1998 (BGBl. I S. 1998, 3043), zuletzt geändert durch Art. 8 Abs. 7 des Gesetzes vom 19. 6. 2001 (BGBl. I S. 1149), u. a. nicht für **Klauseln, bei denen die in ein Verhältnis zueinander gesetzten Güter oder Leistungen im Wesentlichen gleichartig oder zumindest vergleichbar sind (Spannungsklauseln).**

4596   Da insbesondere bei der **Centklausel** vergleichbare Parameter (z.B. Löhne) miteinander verglichen werden, handelt es sich insoweit um eine **Spannungsklausel** (OLG München, Urteil vom 23. 5. 2000 – Az.: 13 U 5932/99), die genehmigungsfrei ist.

4597   Außerdem gab es bereits vor Inkrafttreten der Preisklauselverordnung eine generelle Genehmigung der Deutschen Bundesbank für die Pfennigklausel. Da solche Genehmigungen nach § 8 PrKV weiter gelten, ist die Centklausel – auch aus diesem Grund – genehmigungsfrei.

90.13 Preisänderungen nach Versendung der Vergabeunterlagen und vor Zuschlag

4598   In Ausnahmefällen kann **eine der Regelung des § 15 VOB/A vergleichbare Situation auch in der Zeitspanne nach Versendung der Vergabeunterlagen und vor Zuschlag** eintreten. Je nach Verfahrensstadium kann der **Auftraggeber die Vergabeunterlagen entsprechend ergänzen oder die Ausschreibung aufheben.**

91. § 16 VOB/A – Grundsätze der Ausschreibung und Informationsübermittlung

1. Der Auftraggeber soll erst dann ausschreiben, wenn alle Verdingungsunterlagen fertig gestellt sind und wenn innerhalb der angegebenen Fristen mit der Ausführung begonnen werden kann.
2. Ausschreibungen für vergabefremde Zwecke (z. B. Ertragsberechnungen) sind unzulässig.

3. (1) Die Auftraggeber geben in der Bekanntmachung oder den Verdingungsunterlagen an, ob Informationen per Post, Telefax, direkt, elektronisch oder durch eine Kombination dieser Kommunikationsmittel übermittelt werden.

(2) Das für die elektronische Übermittlung gewählte Netz muss allgemein verfügbar sein und darf den Zugang der Bewerber und Bieter zu den Vergabeverfahren nicht beschränken. Die dafür zu verwendenden Programme und ihre technischen Merkmale müssen nichtdiskriminierend, allgemein zugänglich und kompatibel mit allgemein verbreiteten Erzeugnissen der Informations- und Kommunikationstechnologie sein.

(3) Die Auftraggeber haben dafür Sorge zu tragen, dass den interessierten Unternehmen die Informationen über die Spezifikationen der Geräte, die für die elektronische Übermittlung der Anträge auf Teilnahme und der Angebote erforderlich sind, einschließlich Verschlüsselung zugänglich sind. Außerdem muss gewährleistet sein, dass die in Anhang I genannten Anforderungen erfüllt sind.

4. Der Auftraggeber kann im Internet ein Beschafferprofil einrichten, in dem allgemeine Informationen wie Kontaktstelle, Telefon- und Faxnummer, Postanschrift und E-Mail-Adresse sowie Angaben über Ausschreibungen, geplante und vergebene Aufträge oder aufgehobene Verfahren veröffentlicht werden können.

91.1 Vergleichbare Regelungen

Der Vorschrift des § 16 VOB/A vergleichbar ist im Bereich der VOL § 16 VOL/A. Die Kommentierung zu dieser Vorschrift kann daher ergänzend zu der Kommentierung des § 16 herangezogen werden. 4599

91.2 Änderungen in der VOB/A 2006

In § 16 Abs. 3 ist die Regelung eingefügt, dass die Auftraggeber in der Bekanntmachung oder den Vergabeunterlagen angeben, ob Informationen per Post, Telefax, direkt, elektronisch oder durch eine Kombination dieser Kommunikationsmittel übermittelt werden sowie die Verfügbarkeitsvoraussetzungen für die elektronische Kommunikation angeben. Entsprechend ist auch die **Überschrift des § 16 geändert**. 4600

In § 16 Abs. 4 ist außerdem die Regelung eingefügt, dass der Auftraggeber im Internet ein Beschafferprofil einrichten kann. 4601

91.3 Bieterschützende Vorschrift

§ 16 Nr. 1 VOB/A ist eine **bieterschützende Regelung** (OLG Düsseldorf, B. v. 8. 9. 2005 – Az.: Verg 35/04). 4602

91.4 Sollvorschrift

Zwar handelt es sich bei § 16 Nr. 1 VOB/A um eine **Sollvorschrift** und es kommt gemäß der Formulierung zuerst einmal auf die **subjektive Einschätzung des Auftraggebers** an, jedoch ist dies anders zu beurteilen, **wenn von vornherein objektiv die Möglichkeit einer fristgemäßen Ausführung fehlt** (VK Thüringen, B. v. 1. 2. 2002 – Az.: 216-4003.20-077/01-SLZ). 4603

91.5 Geltung auch für das Verhandlungsverfahren?

Nach Auffassung der VK Düsseldorf erscheint es fraglich, ob das für das Offene/Nichtoffene Verfahren geltende grundsätzliche **Verbot von Markterkundung** und Bedarfspositionen **auf ein Verhandlungsverfahren überhaupt übertragbar** ist (VK Düsseldorf, B. v. 13. 4. 2000 – Az.: VK – 4/2000 – L). 4604

91.6 Fertigstellung aller Verdingungsunterlagen (§ 16 Nr. 1)

Der Auftraggeber soll erst dann ausschreiben, wenn alle Verdingungsunterlagen fertig gestellt sind. Die **Vergabestelle muss sich darüber Klarheit** verschafft haben, dass die **Leistung** 4605

Teil 3 VOB/A § 16   Vergabe- und Vertragsordnung für Bauleistungen Teil A

innerhalb der in den Verdingungsunterlagen angegebenen Frist auch durchgeführt werden kann. Es kommt dabei **vor allem auf den subjektiven Eindruck** und in zweiter Linie darauf an, ob die Leistung in tatsächlicher Hinsicht aufgrund der technischen Möglichkeiten auch tatsächlich fristgerecht erbracht werden kann. In **rechtlicher Hinsicht** ist die **Vergabestelle verpflichtet, alle privatrechtlichen und öffentlich-rechtlichen Voraussetzungen** dafür **zu schaffen,** dass mit den ausgeschriebenen Leistungen **innerhalb der angegebenen Fristen begonnen** werden kann (OLG Düsseldorf, B. v. 8. 9. 2005 – Az.: Verg 35/04).

91.6.1 Sonderfall der funktionalen Leistungsbeschreibung

4606   Auch die funktionale Leistungsbeschreibung unterliegt **gewissen Anforderungen an die Bestimmtheit.** Der Auftraggeber **darf nicht von jeder eigenen Planungstätigkeit absehen** und diese – etwa um Kostenaufwand, Zeit und/oder Personal einzusparen – **gänzlich den Bietern übertragen.** Die **eigene Planung** des Auftraggebers muss vor einer Ausschreibung vielmehr **insoweit feststehen,** als die **Kriterien für die spätere Angebotsbewertung festliegen und das Leistungsziel, die Rahmenbedingungen sowie die wesentlichen Einzelheiten der Leistung in der Weise bekannt sind, dass mit Veränderungen nicht mehr zu rechnen ist.** Dies folgt aus dem selbstverständlichen Gebot, dass auch die funktionale Leistungsbeschreibung Missverständnisse bei den Bietern vermeiden und damit letztlich sicherstellen soll, dass miteinander vergleichbare Angebote abgegeben werden, die nachher einer ordnungsgemäßen Bewertung zugänglich sind. **Erfüllt** eine funktionale Leistungsbeschreibung **diese Anforderungen nicht,** fehlt es der Ausschreibung **an der Vergabereife;** sie kann keine Grundlage für einen Zuschlag auf das wirtschaftlichste Angebot sein (OLG Düsseldorf, B. v. 14. 2. 2001 – Az.: Verg 14/00; OLG Naumburg, B. v. 16. 9. 2002 – Az.: 1 Verg 02/02).

91.6.2 Fehlende Finanzierung eines ausgeschriebenen Projektes

91.6.2.1 Grundsatz

4607   Der öffentliche Auftraggeber soll erst ausschreiben, wenn die Finanzierung einer Beschaffungsmaßnahme gesichert ist.

91.6.2.2 Richtlinie des VHB 2002 zu § 16

4608   Zur Angebotsabgabe darf erst aufgefordert werden, wenn die erforderlichen Ausgabemittel zugewiesen sind und/oder eine Verpflichtungsermächtigung erteilt ist.

91.6.2.3 Rechtsfolgen einer fehlenden Finanzierung

4609   91.6.2.3.1 Vergaberecht. Die **fehlende finanzielle Sicherung eines ausgeschriebenen Projekts** kann aus Gründen, die in der Natur der Sache liegen, **nicht zum Gegenstand eines Nachprüfungsverfahrens** nach dem Vierten Teil des GWB **gemacht werden.** Den Bietern steht insoweit kein anerkennenswertes Bedürfnis zur Inanspruchnahme von vergaberechtlichern Primärrechtsschutz zu. Das Verfahren nach den §§ 107 ff. GWB ist darauf ausgerichtet, auftretende Unregelmäßigkeiten noch im laufenden Vergabeverfahren abzustellen. Stehen die für die Durchführung des Vorhabens nötigen finanziellen Mittel nicht bereit, kann dieser Mangel nicht durch eine Entscheidung der VK nach § 114 Abs. 1 GWB behoben werden. Der in seiner diesbezüglichen Erwartung **enttäuschte Bieter ist vielmehr von vornherein auf die Geltendmachung von Schadensersatz angewiesen, wenn die Vergabestelle nicht auf die fehlende Finanzierung hingewiesen** hat (KG Berlin, B. v. 22. 8. 2001 – Az.: KartVerg 03/01).

4610   91.6.2.3.2 Schadenersatz. Da die Finanzierung für die spätere Auftragsvergabe ein wesentlicher Umstand ist, darf jeder Bewerber auch ohne besondere Rückfrage und unabhängig von der Regelung des § 16 Nr. 1 VOB/A erwarten, **zusammen mit der Ausschreibung informiert zu werden, wenn die Finanzierung nicht sichergestellt und damit die Durchführung des Vorhabens im Ergebnis noch völlig offen ist.** Demgemäß ist der Ausschreibende zur Aufklärung über diesen Umstand verpflichtet; eine Verletzung dieser Verpflichtung kann Ersatzansprüche der betroffenen Unternehmen auslösen (BGH, Urteil vom 8. 9. 1998 – Az.: X ZR 48/97).

4611   Zu eventuellen Schadenersatzansprüchen aufgrund einer von § 26 VOB/A nicht gedeckten Aufhebung einer Ausschreibung wegen mangelnder Finanzierung vgl. die Kommentierung zu § 26 VOB/A.

91.7 Möglichkeit der Ausführung der Leistung (§ 16 Nr. 1)

Auf Grund dieser Vorschrift muss der **Auftraggeber alles erforderliche tun, damit der Bieter innerhalb der vorgesehenen Frist mit der Ausführung seiner Leistung beginnen** kann. Hierzu gehören alle Maßnahmen, die dem Auftraggeber obliegen wie z.B. die **Zurverfügungstellung des Gebäudes oder des Grundstücks** (VK Thüringen, B. v. 1. 2. 2002 – Az.: 216-4003.20-077/01-SLZ). 4612

91.8 Ausschreibungen für vergabefremde Zwecke (§ 16 Nr. 2)

91.8.1 Allgemeines

Ausschreibungen für vergabefremde Zwecke (z.B. Ertragsberechnungen) sind unzulässig. Hierunter sind alle Fälle zu verstehen, in denen die **Vergabestelle** ihren **im Vorfeld der Ausschreibung zukommenden Pflichten** (Markterkundung, Wirtschaftlichkeitsermittlungen, resultierende Vorentscheidungen) **nicht nachkommt,** sondern diese **eigenen Vorleistungen den Bietern auferlegt** (VK Thüringen, B. v. 20. 3. 2001 – Az.: 216-4003.20-001/01-SHL-S). 4613

91.8.2 Konkrete Vergabeabsicht

Ausschreibungen für vergabefremde Zwecke (u. a. für eine Markterkundung) sind unzulässig. Es muss also eine **konkrete Vergabeabsicht** und auch die **tatsächliche Möglichkeit der (unbedingten) Zuschlagserteilung** bestehen. Dies lässt sich für die konkrete Vergabeabsicht aus § 16 Nr. 1 und 2 VOB/A und für die unbedingte Zuschlagserteilung aus dem Sinn und Zweck eines Vergabeverfahrens ableiten (VK Hessen, B. v. 20. 2. 2002 – Az.: 69d VK – 47/2001). Der **Tatbestand einer Scheinausschreibung** ist also nur dann gegeben, wenn die Ausschreibung erkennbar in der Absicht durchgeführt wird, lediglich Preislisten und Kostenschläge einzuholen, **ohne** dass dahinter der **ernsthafte Wille zur Einholung von Angeboten und zur Vergabe** steht (VK Lüneburg, B. v. 29. 4. 2005 – Az.: VgK-19/2005; VK Detmold, B. v. 19. 12. 2002 – Az.: VK.21-41/02; OLG Frankfurt, B. v. 20. 2. 2003 – Az.: 11 Verg 1/02). 4614

Grundsätzlich kann es auch gegen § 97 Abs. 1, Abs. 5 GWB und § 16 Nr. 2 VOB/A verstoßen, wenn die **Zuschlagserteilung letztlich von einem Zugeständnis abhängig gemacht wird, das mit dem eigentlich ausgeschriebenen Vertragsgegenstand nichts zu tun hat** (VK Lüneburg, B. v. 12. 11. 2001 – Az.: 203-VgK-19/2001). 4615

91.8.3 Markterkundung

Hat ein **Auftraggeber Zweifel,** ob die zurzeit angebotenen **Qualitäten und Preise** für eine Beschaffung in Frage kommen oder **im bereitstehenden Budget noch enthalten sind,** und will er Erkenntnisse dieser Art erlangen, muss er **vor der Ausschreibung eine Markterkundung** durchführen. Die Einbindung von Markterkundungselementen in die Ausschreibung ist rechtlich ausgeschlossen (VK Lüneburg, B. v. 29. 4. 2005 – Az.: VgK-19/2005; VK Düsseldorf, B. v. 4. 8. 2000 – Az.: VK – 14/2000 – L). 4616

Darunter fällt **auch die Marktinformation für Dritte.** Steht z.B. für den Gewinner einer Ausschreibung in keiner Weise fest, ob er in Ausführung eines abgeschlossenen Rahmenvertrages auch nur einen einzelnen der von ihm vorzuhaltenden Bauleistungen tatsächlich veräußern kann und hat die ausschreibende Stelle hierauf auch keinen Einfluss und erlangt der Gewinner der Ausschreibung nicht mehr als die mehr oder weniger realistische Chance, die sich mit der Aufnahme der von ihm angebotenen Bauleistungen in einen Katalog oder ein elektronisches Bestellsystem verbindet und fällt die Entscheidung über eine Bestellung allein bei den „Kunden" der ausschreibenden Stelle, ist für diese ist der Katalog nicht mehr als ein Mittel zur Erkundung des Marktes: Haben sie Beschaffungen vor, werden sie sich – das liegt jedenfalls nicht fern – zunächst an den im Katalog befindlichen Angeboten orientieren und anhand der hier gefundenen Maßstäbe nach Einholung von Vergleichsangeboten die Entscheidung treffen, ob sie die Bauleistungen über die ausschreibende Stelle beziehen, sie bei Dritten erwerben oder aber – einen entsprechenden Umfang der Beschaffung vorausgesetzt – selbst ein Ausschreibungsverfahren durchführen. Den Abnehmern dienen die in den Katalog aufgenommenen Bauleistungen jedenfalls dem Zwecke der Markterkundung, indem sie sie mit Informationen darüber versorgen, welche Angebote sich in einer schon einmal durchgeführten Ausschreibung durchgesetzt 4617

Teil 3 VOB/A § 16   Vergabe- und Vertragsordnung für Bauleistungen Teil A

haben. Damit **ist der Zweck der durchgeführten Ausschreibung nicht auf die Vergabe der ausgeschriebenen Leistung gerichtet, sondern darauf, die Angebote des erfolgreichen Unternehmens ihren potenziellen Interessenten zu präsentieren; eine zu einem solchen Zweck durchgeführte Ausschreibung ist unzulässig** (KG Berlin, B. v. 15. 4. 2004 – Az.: 2 Verg 22/03 – für den Bereich der VOL/A).

91.8.4 Beispiele aus der Rechtsprechung

4618 – das **Einholen von Angeboten geht über die Markterkundung hinaus** (VK Düsseldorf, B. v. 12. 9. 2006 – Az.: VK – 37/2006 – L – **instruktives Beispiel**)

– ein **vorsorglich und zu „Preisvergleichszwecken" geführtes Verhandlungsverfahren** über die bereits in einer Ausschreibung enthaltenen identischen Leistungen verstößt gegen das in § 16 Nr. 2 VOB/A geregelte Verbot einer Ausschreibung für vergabefremde Zwecke (VK Lüneburg, B. v. 29. 4. 2005 – Az.: VgK-19/2005)

– **Forderung des Auftraggebers an die Bieter, kostenlos Werbeflächen zur Verfügung zu stellen** (VK Lüneburg, B. v. 12. 11. 2001 – Az.: 203-VgK-19/2001)

– ist **Ziel einer Ausschreibung die Feststellung, ob und auf welcher tatsächlichen und preislichen Grundlage eine landwirtschaftliche Verwertung von Klärschlamm in Betracht kommen** könnte, wird das unbedingte Ziel einer Zuschlagserteilung bei Vorliegen eines zuschlagsfähigen Angebots nicht verfolgt (VK Hessen, B. v. 20. 2. 2002 – Az.: 69 d VK – 47/2001; zweifelnd OLG Frankfurt, B. v. 20. 2. 2003 – Az.: 11 Verg 1/02)

91.8.5 Parallelausschreibungen

91.8.5.1 Erscheinungsformen

4619 Parallelausschreibungen treten in mehreren Erscheinungsformen auf.

4620 **91.8.5.1.1 Ausschreibung derselben Leistung als Generalunternehmervergabe und Fach- bzw. Teillosvergabe.** Die in der Praxis am häufigsten verwendete Erscheinungsform der Parallelausschreibung ist die Ausschreibung derselben Leistung einmal als Generalunternehmerpaket und zum anderen als einzelne Fach- bzw. Teillospakete.

4621 Eine solche durch die Ausschreibung ermöglichte **wahlweise Abgabe von Angeboten für einzelne Fachlose und/oder für zusammengefasste Gruppen von Einzellosen bzw. für alle Lose** enthält keinen Verstoß gegen das Transparenzgebot (§ 9 Nr. 1 VOB/A). Insbesondere handelt es sich **nicht um eine unzulässige Doppelausschreibung identischer Leistungen** als Teilleistung in mehreren Losen, weil die **Vergabeeinheiten** für die Generalunternehmer- und die Einzelangebote **sich inhaltlich nicht überschneiden, sondern decken** (Hanseatisches OLG Bremen, B. v. 22. 10. 2001 – Az.: Verg 2/2001; im Ergebnis ebenso OLG Naumburg, B. v. 13. 10. 2006 – Az.: 1 Verg 12/06; VK Nordbayern, B. v. 27. 11. 2000 – Az.: 320.VK-3194-30/00; VK Magdeburg, B. v. 23. 6. 1999 – Az.: VK-OFD LSA1/99).

4622 **91.8.5.1.2 Ausschreibung einer Bauleistung verbunden mit einer Finanzierungsleistung.** Bei einer solchen Ausschreibung wird üblicherweise in einem Ausschreibungsverfahren als **ein Los die Bauleistung** ausgeschrieben, als **ein weiteres Los die Finanzierungsleistung für diese Bauleistung** und als **weiteres Los die Kombination der Bauleistung und der Finanzierungsleistung.** Die Wertung der einzelnen Angebote erfolgt wie bei jeder losweisen Ausschreibung (vgl. im Einzelnen die Kommentierung zu § 25 VOB/A).

4623 Die Literatur verwendet für diese Variante auch den Begriff der **„Doppelausschreibung"** (Gutachten PPP im öffentlichen Hochbau, 19. 9. 2003, Band II: Rechtliche Rahmenbedingungen, Teilband 2: Vergaberecht, Steuerrecht, Recht der öffentlichen Förderung, Kapitel 7.8).

4624 In der Rechtsprechung noch nicht dezidiert beantwortet ist die Frage, ob bei solchen Ausschreibungen die VOB/A oder die VOL/A anzuwenden ist; die Beantwortung dieser Frage ist entscheidend u. a. dafür, ob der Schwellenwert 5 Mio. € (Bauleistung) oder 200 000 € (Dienstleistung) beträgt. Entsprechend den allgemeinen Regeln entscheidet darüber die **überwiegende wirtschaftliche Bedeutung entweder der Bau- oder Finanzierungsleistung (§ 99 Abs. 6 GWB).**

4625 **91.8.5.1.3 A-B-C-Modell.** Bei diesem Modell werden im Rahmen einer einheitlichen Ausschreibung als **ein Los die Baumaßnahmen,** als **ein weiteres Los die Finanzierung**

Vergabe- und Vertragsordnung für Bauleistungen Teil A VOB/A § 16 **Teil 3**

dieser Baumaßnahme und **als drittes Los die Betriebsführung für das mit der Baumaßnahme umzusetzende Projekt** ausgeschrieben. Anwendung findet dieses Modell insbesondere im Abfall- und Abwasserbereich.

91.8.5.2 Zulässigkeit einer Parallelausschreibung

91.8.5.2.1 Doppelte Ausschreibung des identischen Leistungsgegenstands. Die VOB/A bzw. die VOL/A gehen in ihrem gesamten Aufbau und Inhalt **von einer konkret zu vergebenden Leistung** und dem dazugehörigen Vergabeverfahren zur Findung des Angebotes aus, das den Zuschlag erhalten soll. Vergabeverfahren, die nicht die Auftragsvergabe unmittelbar zum Ziel haben, also auch solche, die zu anderen Verfahren zur vergleichenden Wertung herangezogen werden, sind nach § 16 Nr. 2 VOB/A bzw. VOL/A unzulässig. Bei **Beachtung der Einheit von beabsichtigter Leistungsvergabe/Leistungsgegenstand und Vergabeverfahren ist eine doppelte Ausschreibung zum gleichen Leistungsgegenstand nicht zulässig**, da bereits mit Ausschreibungsbeginn feststehen würde, dass zu einem der beiden Vergabeverfahren die zu vergebende Leistung fehlt (dieselbe Leistung kann nicht zweimal vergeben werden), ebenso wäre die Aufhebung der zweiten Ausschreibung problematisch, da diese für sich betrachtet im Normalfall ein bezuschlagungsfähiges Angebot beinhalten würde, der Aufhebungsgrund „fehlender Wirtschaftlichkeit" für dieses konkrete, separate Vergabeverfahren nicht zuträfe (VK Thüringen, B. v. 20. 3. 2001 – Az.: 216-4003.20-001/01-SHL-S; VK Lüneburg, B. v. 9. 5. 2001 – Az.: 203-VgK-04/2001; im Ergebnis ebenso OLG Naumburg, B. v. 13. 10. 2006 – Az.: 1 Verg 12/06; B. v. 13. 10. 2006 – Az.: 1 Verg 11/06). 4626

91.8.5.2.2 Durchführung nur eines Ausschreibungsverfahrens. Gegen **Parallelausschreibungen in einem Verfahren bestehen keine durchgreifenden Bedenken** (VK Lüneburg, B. v. 8. 3. 2004 – Az.: 203-VgK-03/2004, B. v. 9. 5. 2001 – Az.: 203-VgK-04/ 2001; 1. VK Sachsen, B. v. 1. 2. 2002 – Az.: 1/SVK/131-01, B. v. 1. 2. 2002 – Az.: 1/SVK/135-01, B. v. 1. 2. 2002 – Az.: 1/SVK/139-01, B. v. 13. 2. 2002 – Az.: 1/SVK/003-02; BayObLG, B. v. 21. 12. 2000 – Az.: Verg 13/00), sofern die berechtigten Interessen der Bieter im Hinblick auf einen zumutbaren Arbeitsaufwand gewahrt werden, das Verfahren für die Beteiligten hinreichend transparent ist und sichergestellt ist, dass die wirtschaftlichste Verfahrensweise zum Zuge kommt (KG Berlin, B. v. 22. 8. 2001 – Az.: KartVerg 03/01; Hanseatisches OLG in Bremen, B. v. 22. 10. 2001 – Az.: Verg 2/2001; im Ergebnis ebenso VK Lüneburg, B. v. 8. 3. 2004 – Az.: 203-VgK03/2004, B. v. 12. 11. 2001 – Az.: 203-VgK-19/2001). 4627

Eine Parallelausschreibung **kann daher unzulässig** sein, wenn **berechtigte Interessen der Bieter im Hinblick auf einen unzumutbaren Arbeitsaufwand nicht gewahrt** werden bzw. **für die Bieter** trotz der Darstellung in den Angebotsunterlagen **nicht erkennbar ist, nach welchen Kriterien letztlich vergeben** wird. So können z. B. Bauunternehmen in einem Ausschreibungsverfahren für Bau und Betrieb einer Abwasserbeseitigungsanlage ihre Chancen in einem solchen Verfahren auf Erhalt des Auftrags deshalb nicht einschätzen, weil Bauunternehmen üblicherweise die betriebswirtschaftlichen und kalkulatorischen Grundlagen der Abwasserbeseitigung, einem streng in öffentlich-rechtliche Vorgaben und Notwendigkeiten eingebundenen Bereich, nicht kennen. Es ist **unzumutbar für einen Bieter, mit Dritten, die nach unbekannten Kriterien arbeiten und von ihm nicht eingeschätzt werden können, in Wettbewerb zu treten** und für die Hergabe eines Angebotes erhebliche Aufwendungen zu machen. Eine so angelegte Vergabe wird intransparent und stellt im Übrigen einen Verstoß gegen das Gleichbehandlungsgebot des § 97 Abs. 2 GWB dar, da die gewählte Vergabeform einen Vergleich von Angeboten mit unterschiedlichen Leistungsinhalten und Leistungszielen voraussetzt, mithin Ungleiches gleich behandelt (OLG Celle, B. v. 8. 11. 2001 – Az.: 13 Verg 11/01, B. v. 8. 11. 2001 – Az.: 13 Verg 10/01, B. v. 8. 11. 2001 – Az.: 13 Verg 9/01). 4628

91.8.5.3 Verwaltungsregelungen zur Parallelausschreibung

Verschiedene Bundesländer haben Verwaltungsregelungen zur Parallelausschreibung getroffen: 4629

Niedersachsen: → Runderlass des Niedersächsischen Ministeriums für Wirtschaft und Verkehr vom 15. 11. 1996 („Schlüsselfertiges Bauen"), Ministerialblatt 1996, S. 1904 (Zulassung des Verfahrens der Ausschreibung von Losen und eines Generalunternehmerangebots) 4630

Baden-Württemberg: → arallelausschreibungen werden auch zukünftig in geeigneten Fällen durchgeführt 4631

Bayern: → Gemeinsame Bekanntmachung der Staatsministerien des Innern, der Finanzen und für Landesentwicklung und für Umweltfragen vom 20. 3. 2001, AllMBl. Nr. 4/2001, S. 148ff. (Parallelausschreibung nur im Grundmodell Los- und Gesamtvergabe) 4632

Teil 3 VOB/A § 16a Vergabe- und Vertragsordnung für Bauleistungen Teil A

4633 **Nordrhein-Westfalen:** → Bekanntmachung der baupolitischen Ziele des Landes Nordrhein-Westfalen, Runderlasse des Ministeriums für Städtebau und Wohnen, Kultur und Sport vom 19. 10. 2002, Ministerialblatt NRW Nr. 57 vom 8. 11. 2002 (in geeigneten Fällen Anwendung aller oben genannten Arten der Parallelausschreibung).

91.8.5.4 Angebotsfristen für Parallelausschreibungen

4634 Zu den Anforderungen an die Festlegung von Angebotsfristen bei Parallelausschreibungen vgl. die Kommentierung zu § 18 VOB/A Ziffer 122.6.3.

91.8.5.5 Festlegung gestaffelter Eröffnungstermine

4635 Zur Festlegung gestaffelter Eröffnungstermine bei Parallelausschreibungen vgl. die Kommentierung zu § 22 VOB/A RZ 5093.

91.8.5.6 Wertung von Parallelausschreibungen

4636 Neben der Notwendigkeit der Erstellung von komplexen Vergabeunterlagen ist das wesentliche Problem der Parallelausschreibung die Wertung der Angebote; vgl. hierzu die Kommentierung zu § 97 GWB RZ 779.

91.9 Angabe der Kommunikationsmittel

4637 In § 16 Abs. 3 ist die Regelung eingefügt, dass die Auftraggeber in der Bekanntmachung oder den Vergabeunterlagen angeben, ob Informationen per Post, Telefax, direkt, elektronisch oder durch eine Kombination dieser Kommunikationsmittel übermittelt werden sowie die Verfügbarkeitsvoraussetzungen für die elektronische Kommunikation angeben. Diese **Regelung entspricht im Wesentlichen der Vorschrift des Art. 42 Abs. 1, 2 und 4 der Vergabekoordinierungsrichtlinie.**

91.10 Beschafferprofil

4638 In § 16 Abs. 4 ist die Regelung eingefügt, dass der Auftraggeber im Internet ein Beschafferprofil einrichten kann, in dem allgemeine Informationen wie Kontaktstelle, Telefon- und Faxnummer, Postanschrift und E-Mail-Adresse sowie Angaben über Ausschreibungen, geplante und vergebene Aufträge oder aufgehobene Verfahren veröffentlicht werden können. Die Regelung nimmt die Bemühungen der EU-Kommission um die verstärkte Nutzung des Internet für die Ausschreibung und Vergabe öffentlicher Aufträge auf. Ein **Beschafferprofil kann auf der Internetseite** http://simap.eu.int eingerichtet werden.

92. § 16a VOB/A – Anforderungen an Teilnahmeanträge

1. **Die Auftraggeber haben die Integrität der Daten und die Vertraulichkeit der übermittelten Anträge auf Teilnahme am Vergabeverfahren auf geeignete Weise zu gewährleisten.** Per Post oder direkt übermittelte Anträge auf Teilnahme am Vergabeverfahren sind in einem verschlossenen Umschlag einzureichen, als solche zu kennzeichnen und bis zum Ablauf der für ihre Einreichung vorgesehenen Frist unter Verschluss zu halten. Bei elektronisch übermittelten Teilnahmeanträgen ist dies durch entsprechende organisatorische und technische Lösungen nach den Anforderungen des Auftraggebers und durch Verschlüsselung sicherzustellen. Die Verschlüsselung muss bis zum Ablauf der für ihre Einreichung vorgesehenen Frist aufrecht erhalten bleiben.

2. Anträge auf Teilnahme am Vergabeverfahren können auch per Telefax oder telefonisch gestellt werden. Werden Anträge auf Teilnahme telefonisch oder per Telefax gestellt, sind diese vom Bewerber bis zum Ablauf der Frist für die Abgabe der Teilnahmeanträge durch Übermittlung per Post, direkt oder elektronisch zu bestätigen.

92.1 Vergleichbare Regelungen

Der **Vorschrift des § 16a VOB/A vergleichbar** sind im Bereich der VOB §§ 16, 16b 4639
VOB/A, im Bereich der VOL §§ 16, 16a, 16b VOL/A und im Bereich der VOF § 4 VOF
(teilweise). Die Kommentierungen zu diesen Vorschriften können daher ergänzend zu der Kommentierung des § 16a herangezogen werden.

92.2 Änderungen in der VOB/A 2006

§ 16a ist in die VOB/A 2006 **neu eingefügt** worden. 4640

92.3 Sinn und Zweck der Vorschrift

In Umsetzung von Art. 42 Abs. 3 und 6 der Vergabekoordinierungsrichtlinie war die **An-** 4641
**tragstellung auf Teilnahme einerseits für alle Mittel der Informationsübertragung in
Textform oder telefonisch zu öffnen** und andererseits die **Anforderungen an die Sicherstellung der Vertraulichkeit durch den Auftraggeber auch für Teilnahmeanträge aufzunehmen**.

92.4 Anforderungen an die Auftraggeber bei direkt, per Post oder elektronisch übermittelten Teilnahmeanträgen (§ 16a Nr. 1)

Die Auftraggeber haben die Integrität der Daten und die Vertraulichkeit der übermittelten 4642
Teilnahmeanträge bei direkt, per Post oder elektronisch übermittelten Teilnahmeanträgen **wie
bei Angeboten sicher zu stellen**. Dies bedeutet **in der Praxis eine Änderung der bisherigen Handhabung**, da schon aus Gründen der Beschleunigung z.B. eines VOF-Verfahrens
Teilnahmeanträge, die schon vor Ablauf der für ihre Einreichung vorgesehenen Frist eingereicht
wurden, bereits geprüft wurden. Die **Auftraggeber müssen also einen entsprechenden
Verfahrensablauf sicherstellen**.

92.5 Anforderungen an die Bewerber bei direkt, per Post oder elektronisch übermittelten Teilnahmeanträgen (§ 16a Nr. 1)

Die **Bewerber** müssen die Teilnahmeanträge bei direkt und per Post übermittelten Teilnah- 4643
meanträgen **in einem verschlossenen Umschlag einreichen**. Auch diese Anforderung kann
in der Praxis eine Änderung der bisherigen Handhabung bedeuten.

92.6 Anforderungen an die Bewerber bei per Telefax oder telefonisch übermittelten Teilnahmeanträgen (§ 16a Nr. 2)

Teilnahmeanträge können auch per Telefax oder telefonisch gestellt werden. In die- 4644
sen Fällen sind diese **vom Bewerber bis zum Ablauf der Frist für die Abgabe der Teilnahmeanträge durch Übermittlung per Post, direkt oder elektronisch zu bestätigen**.
Einmal bedeutet diese Regelung eine **Erleichterung für die Bewerber**, um vielleicht eine
Frist für die Abgabe einer Bewerbung noch einhalten zu können. Auf der anderen Seite
ist eine **Bestätigung der Bewerbung zwingend erforderlich**; ansonsten ist der Teilnahmeantrag nach dem Wortlaut des § 16a Nr. 2 **zwingend auszuschließen**.

92.7 Geltung für alle Verfahren mit Teilnahmeanträgen

§ 16a **gilt für alle Verfahren mit Teilnahmeanträgen**, also für das Nichtoffene Verfahren, 4645
das Verhandlungsverfahren und den Wettbewerblichen Dialog.

93. § 16 b VOB/A – Anforderungen an Teilnahmeanträge

1. Die Auftraggeber haben die Integrität der Daten und die Vertraulichkeit der übermittelten Anträge auf Teilnahme am Vergabeverfahren auf geeignete Weise zu gewährleisten. Per Post oder direkt übermittelte Anträge auf Teilnahme am Vergabeverfahren sind in einem verschlossenen Umschlag einzureichen, als solche zu kennzeichnen und bis zum Ablauf der für ihre Einreichung vorgesehenen Frist unter Verschluss zu halten. Bei elektronisch übermittelten Teilnahmeanträgen ist dies durch entsprechende organisatorische und technische Lösungen nach den Anforderungen des Auftraggebers und durch Verschlüsselung sicherzustellen. Die Verschlüsselung muss bis zum Ablauf der für ihre Einreichung vorgesehenen Frist aufrecht erhalten bleiben.
2. Anträge auf Teilnahme am Vergabeverfahren können auch per Telefax oder telefonisch gestellt werden. Werden Anträge auf Teilnahme telefonisch oder per Telefax gestellt, sind diese vom Bewerber bis zum Ablauf der Frist für die Abgabe der Teilnahmeanträge durch Übermittlung per Post, direkt oder elektronisch zu bestätigen.

93.1 Vergleichbare Regelungen

4646 Der **Vorschrift des § 16 b VOB/A vergleichbar** sind im Bereich der VOB **§§ 16, 16 a VOB/A**, im Bereich der VOL **§§ 16, 16 a, 16 b VOL/A** und im Bereich der VOF **§ 4 VOF** (teilweise). Die Kommentierungen zu diesen Vorschriften können daher ergänzend zu der Kommentierung des § 16 a herangezogen werden.

93.2 Änderungen in der VOB/A 2006

4647 § 16 b ist in die VOB/A 2006 **neu eingefügt** worden.

93.3 Hinweis

4648 § 16 b entspricht der Regelung des § 16 a; vgl. insoweit zum Inhalt die Kommentierung zu § 16 a RZ 4641.

94. § 17 VOB/A – Bekanntmachung, Versand der Vergabeunterlagen

1. (1) Öffentliche Ausschreibungen sind bekannt zu machen, z. B. in Tageszeitungen, amtlichen Veröffentlichungsblättern oder auf Internetportalen.
   (2) Diese Bekanntmachungen sollen folgende Angaben enthalten:
   a) Name, Anschrift, Telefon-, Telefaxnummer sowie E-Mailadresse des Auftraggebers (Vergabestelle),
   b) gewähltes Vergabeverfahren,
   c) Art des Auftrags, der Gegenstand der Ausschreibung ist,
   d) Ort der Ausführung,
   e) Art und Umfang der Leistung, allgemeine Merkmale der baulichen Anlage,
   f) falls die bauliche Anlage oder der Auftrag in mehrere Lose aufgeteilt ist, Art und Umfang der einzelnen Lose und Möglichkeit, Angebote für eines, mehrere oder alle Lose einzureichen,
   g) Angaben über den Zweck der baulichen Anlage oder des Auftrags, wenn auch Planungsleistungen gefordert werden,
   h) etwaige Frist für die Ausführung,
   i) Name und Anschrift der Stelle, bei der die Verdingungsunterlagen und zusätzlichen Unterlagen angefordert und eingesehen werden können, falls die Unter-

lagen auch digital eingesehen und angefordert werden können, ist dies anzugeben,

j) gegebenenfalls Höhe und Einzelheiten der Zahlung des Entgelts für die Übersendung dieser Unterlagen,

k) Ablauf der Frist für die Einreichung der Angebote,

l) Anschrift, an die die Angebote schriftlich auf direktem Weg oder per Post zu richten sind, gegebenenfalls auch Anschrift, an die Angebote digital zu richten sind,

m) Sprache, in der die Angebote abgefasst sein müssen,

n) Personen, die bei der Eröffnung der Angebote anwesend sein dürfen,

o) Datum, Uhrzeit und Ort der Eröffnung der Angebote,

p) gegebenenfalls geforderte Sicherheiten,

q) wesentliche Zahlungsbedingungen und/oder Verweisung auf die Vorschriften, in denen sie enthalten sind,

r) gegebenenfalls Rechtsform, die die Bietergemeinschaft, an die der Auftrag vergeben wird, haben muss,

s) verlangte Nachweise für die Beurteilung der Eignung des Bieters,

t) Ablauf der Zuschlags- und Bindefrist,

u) gegebenenfalls Nichtzulassung von Nebenangeboten,

v) sonstige Angaben, insbesondere die Stelle, an die sich der Bewerber oder Bieter zur Nachprüfung behaupteter Verstöße gegen Vergabebestimmungen wenden kann.

2. (1) Bei Beschränkten Ausschreibungen nach Öffentlichem Teilnahmewettbewerb sind die Unternehmer durch Bekanntmachungen, z. B. in Tageszeitungen, amtlichen Veröffentlichungsblättern oder auf Internetportalen, aufzufordern, ihre Teilnahme am Wettbewerb zu beantragen.

(2) Diese Bekanntmachungen sollen folgende Angaben enthalten:

a) Name, Anschrift, Telefon-, Telefaxnummer sowie E-Mailadresse des Auftraggebers (Vergabestelle),

b) gewähltes Vergabeverfahren,

c) Art des Auftrags, der Gegenstand der Ausschreibung ist,

d) Ort der Ausführung,

e) Art und Umfang der Leistung, allgemeine Merkmale der baulichen Anlage,

f) falls die bauliche Anlage oder der Auftrag in mehrere Lose aufgeteilt ist, Art und Umfang der einzelnen Lose und Möglichkeit, Angebote für eines, mehrere oder alle Lose einzureichen,

g) Angaben über den Zweck der baulichen Anlage oder des Auftrags, wenn auch Planungsleistungen gefordert werden,

h) etwaige Frist für die Ausführung,

i) gegebenenfalls Rechtsform, die die Bietergemeinschaft, an die der Auftrag vergeben wird, haben muss,

j) Ablauf der Einsendefrist für die Anträge auf Teilnahme,

k) Anschrift, an die diese Anträge zu richten sind,

l) Sprache, in der diese Anträge abgefasst sein müssen,

m) Tag, an dem die Aufforderungen zur Angebotsabgabe spätestens abgesandt werden,

n) gegebenenfalls geforderte Sicherheiten,

o) wesentliche Zahlungsbedingungen und/oder Verweis auf die Vorschriften, in denen sie enthalten sind,

Teil 3 VOB/A § 17   Vergabe- und Vertragsordnung für Bauleistungen Teil A

p) mit dem Teilnahmeantrag verlangte Nachweise für die Beurteilung der Eignung (Fachkunde, Leistungsfähigkeit, Zuverlässigkeit) des Bewerbers,

q) gegebenenfalls Nichtzulassung von Nebenangeboten,

r) sonstige Angaben, insbesondere die Stelle, an die sich der Bewerber oder Bieter zur Nachprüfung behaupteter Verstöße gegen Vergabebestimmungen wenden kann.

3. Anträge auf Teilnahme sind auch dann zu berücksichtigen, wenn sie durch Telefon, Telefax oder in sonstiger Weise elektronisch übermittelt werden, sofern die sonstigen Teilnahmebedingungen erfüllt sind.

4. (1) Die Vergabeunterlagen sind den Bewerbern in kürzestmöglicher Frist und in geeigneter Weise zu übermitteln.

(2) Die Vergabeunterlagen sind bei Beschränkter Ausschreibung nach Öffentlichem Teilnahmewettbewerb an alle ausgewählten Bewerber am selben Tag abzusenden.

5. Jeder Bewerber soll die Leistungsbeschreibung doppelt und alle anderen für die Preisermittlung wesentlichen Unterlagen einfach erhalten. Wenn von den Unterlagen (außer der Leistungsbeschreibung) keine Vervielfältigungen abgegeben werden können, sind sie in ausreichender Weise zur Einsicht auszulegen, wenn nötig, nicht nur am Geschäftssitz des Auftraggebers, sondern auch am Ausführungsort oder an einem Nachbarort.

6. Die Namen der Bewerber, die Vergabeunterlagen erhalten oder eingesehen haben, sind geheim zu halten.

7. (1) Erbitten Bewerber zusätzliche sachdienliche Auskünfte über die Vergabeunterlagen, so sind die Auskünfte unverzüglich zu erteilen.

(2) Werden einem Bewerber wichtige Aufklärungen über die geforderte Leistung oder die Grundlagen der Preisermittlung gegeben, so sind sie auch den anderen Bewerbern unverzüglich mitzuteilen, soweit diese bekannt sind.

94.1 Vergleichbare Regelungen

4649   Der **Vorschrift des § 17 VOB/A vergleichbar** sind im Bereich der VOB §§ 17 a, 17 b VOB/A, im Bereich der VOL §§ 17, 17 a, 17 b VOL/A und im Bereich der VOF §§ 9, 14 VOF. Die Kommentierungen zu diesen Vorschriften können daher ergänzend zu der Kommentierung des § 17 herangezogen werden.

94.2 Änderungen in der VOB/A 2006

4650   § 17 ist **in kleinerem Umfang** (Nr. 1 Abs. 1, Nr. 1 Abs. 2, Nr. 2 Abs. 1, Nr. 2 Abs. 2) **an die modernen Kommunikationswege angepasst** worden.

94.3 Bieterschützende Vorschrift

94.3.1 Grundsatz

4651   Die **Bestimmungen über die Veröffentlichung von Vergabevorhaben besitzen generell bieterschützende, die Diskriminierungsfreiheit sichernde Wirkung** (VK Südbayern, B. v. 26. 11. 2002 – Az.: 46-11/02, B. v. 18. 3. 2002 – Az.: 04-02/02) dahingehend, dass durch die Veröffentlichung gesichert werden soll, dass **ein möglichst breiter Markt von der Vergabeabsicht Kenntnis erlangen und sich an den Ausschreibungen beteiligen** kann. Die Beschränkung auf nationale oder gar regionale Märkte unter Ausgrenzung externer Marktteilnehmer soll vermieden werden. Es besteht dementsprechend ein Anspruch auf Information über die Vergabevorhaben, der nach § 97 Abs. 7 GWB einklagbar ist. Die Bestimmungen über die Veröffentlichung haben zudem **insbesondere in ihrer konkreten Bestimmung der Inhalte der Veröffentlichung nach den Bekanntmachungsmustern und der Festlegung, was mindestens zu den Verdingungsunterlagen gehört** sowie, **in welcher Form sie den Bewerbern auszuhändigen sind, bieterschützende Wirkung** zur Sicherung der Gleichbehandlung und wiederum der Diskriminierungsfreiheit, damit alle Bewerber

Vergabe- und Vertragsordnung für Bauleistungen Teil A   VOB/A § 17 **Teil 3**

ihre Angebote auf dem Stand gleicher Information und gleicher Chancen abgeben können. Hierzu gehört auch die Chancengleichheit hinsichtlich der verfügbaren Zeit zur Erstellung des kompletten Angebotes (VK Düsseldorf, B. v. 17. 10. 2003 – Az.: VK – 31/2003 – L; VK Münster, B. v. 21. 8. 2003 – Az.: VK 18/03).

94.3.2 § 17 Nr. 5

Ein Verstoß gegen die **Regelung des § 17 Nr. 5 VOB/A führt zu einer Rechtsverletzung der Bieter.** Die Regelung dient der Gewährleistung eines umfassenden Wettbewerbs, der den eigentlichen Zweck eines Vergabeverfahrens darstellt und hat somit **bieterschützenden Charakter** (VK Magdeburg, B. v. 6. 3. 2000 – Az.: VK-OFD LSA-01/00).   4652

94.4 Bedeutung der Vorschriften über die Vergabebekanntmachung

Bei den Vorschriften über die Vergabebekanntmachung handelt es sich **nicht um reine Formvorschriften, sondern um Ordnungsbestimmungen, die die Transparenz des grenzüberschreitenden Wettbewerbs in der EG fördern** und die ungerechtfertigte Bevorzugung von Unternehmen durch die Vergabestellen des eigenen Landes erschweren sollen (VK Südbayern, B. v. 18. 3. 2002 – Az.: 04-02/02; BayObLG, B. v. 4. 2. 2003 – Az.: Verg 31/02 – für die öffentliche Ausschreibung).   4653

94.5 Auslegung der Vergabebekanntmachung

94.5.1 Allgemeines

Hierbei kommt es (ebenso wie für Auslegung von Vergabe- und Verdingungsunterlagen) allein auf die Frage an, wie die Bekanntmachung von Seiten der potentiellen Bieter und Bewerber zu verstehen ist – **objektiver Empfängerhorizont** – (OLG Düsseldorf, B. v. 24. 5. 2006 – Az.: VII – Verg 14/06; 2. VK Bund, B. v. 5. 6. 2003 – Az.: VK 2-42/03).   4654

Für die Auslegung der Bekanntmachung ist unerheblich, welchen Inhalt die später den Bietern übersandten Verdingungsunterlagen hatten. Für die Bekanntmachung **auslegungsrelevant sind nur solche die Umstände, die bis zur Veröffentlichung gegeben waren.** Nur bis dahin hervorgetretene Umstände können bedeutsam dafür sein, wie die Bekanntmachung zu dem maßgebenden Zeitpunkt ihrer Veröffentlichung objektiv zu verstehen war und welchen Inhalt sie deshalb hatte und fortan behielt. Hat eine Vergabebekanntmachung einen bestimmten (durch Auslegung) festgestellten Inhalt, kann dieser nicht durch die später übersandten Verdingungsunterlagen verändert werden. **Abweichende Vergabe- und Verdingungsunterlagen werfen (nur noch) die Frage auf, ob sie eine zulässige Konkretisierung der Bekanntmachung darstellen** (was zurückhaltend zu beurteilen ist) oder **ob sie als unbeachtlich zu verwerfen** sind, weil es für das richtige Verständnis der Bekanntmachung grundsätzlich nur auf den Inhalt der Vergabebekanntmachung ankommen kann (OLG Düsseldorf, B. v. 24. 5. 2006 – Az.: VII – Verg 14/06).   4655

94.5.2 Beispiele aus der Rechtsprechung

– schreibt der öffentliche Auftraggeber einen **Auftrag mit einer Leistungszeit von 36 Monaten** aus und fordert er zulässigerweise bestimmte Eignungsnachweise, müssen die **Eignungsnachweise auch ohne besonderen Hinweis die gesamte Vertragslaufzeit abdecken** (OLG Düsseldorf, B. v. 24. 5. 2006 – Az.: VII – Verg 14/06)   4656

94.6 Bindung des Auftraggebers an die Bekanntmachung

Grundsätzlich ist die **Vergabestelle an ihre Bekanntmachung gebunden; sie kann sich allenfalls in engen Grenzen durch „widersprechende" bzw. konkretisierende Verdingungsunterlagen von diesen Festlegungen befreien.** Insbesondere ist zu bedenken, dass potentielle Bewerber nicht nur nach Erhalt der Verdingungsunterlagen darüber entscheiden, ob sie ein Angebot abgeben oder nicht. Eine **negative Entscheidung treffen viele potentielle Bewerber nämlich schon aufgrund der Bekanntmachung.** Das betrifft nicht nur solche Bewerber, die wegen einer fehlenden oder fehlerhaften Bekanntmachung keine Kenntnis von   4657 dem Vergabevorgang haben), sondern auch solche Bewerber, für die von vornherein feststeht, dass sie ausschließlich (z.B. wegen ihres beschränkten Leistungsspektrums) Nebenangebote abgeben können. Diese Bewerber werden schon aufgrund einer solchen Bekanntmachung, die isolierte Nebenangebote ausschließt, von einer Bewerbung und bereits von einer Anforderung der Ausschreibungsunterlagen Abstand nehmen. Würde die Vergabestelle nachträglich doch z. B. auf das bereits bekannt gemachte Erfordernis eines Hauptangebotes verzichten, so würde dadurch der Wettbewerb zu Lasten dieser Bieter (und zu Gunsten derjenigen, die die Anforderungen der Bekanntmachung nicht ernst nehmen) verzerrt werden. Im Ergebnis könnte es dem Auftraggeber also gestattet sein, die Bedingungen der Bekanntmachung gegebenenfalls in einem verschärfenden Sinne zu konkretisieren, eine **nachträgliche Aufhebung dieser Bedingungen durch die Leistungsbeschreibung aber wäre ihr aus Gründen des Gleichbehandlungs- und Transparenzgebotes nicht mehr erlaubt.** Dies wäre nur bei einer vorherigen Korrektur der Bekanntmachung möglich (2. VK Bund, B. v. 5. 6. 2003 – Az.: VK 2-42/03).

94.7 Bekanntmachung öffentlicher Ausschreibungen (§ 17 Nr. 1)

94.7.1 Sinn und Zweck der Bekanntmachung

4658 § 17 Nr. 1 VOB/A sieht eine Pflicht zur Bekanntmachung öffentlicher Ausschreibungen beispielsweise durch Tageszeitungen, amtliche Veröffentlichungsblätter oder Internetportalen vor. **Dadurch soll** – nicht anders als durch die EU-weite Ausschreibung nach § 17a VOB/A – **ein transparentes und am Wettbewerbsprinzip orientiertes Vergabeverfahren gefördert werden** (BayObLG, B. v. 4. 2. 2003 – Az.: Verg 31/02).

94.7.2 Begriff der Bekanntmachung

4659 Unter „Bekanntmachung" ist **nicht nur die Bekanntmachung im Supplement zum Amtsblatt der Europäischen Gemeinschaften** zu verstehen, sondern **jede Bekanntgabe einer öffentlichen Ausschreibung in Tageszeitungen oder in einem amtlichen Veröffentlichungsblatt** (KG Berlin, B. v. 10. 10. 2002 – Az.: 2 KartVerg 13/02 – für den Bereich des § 107 GWB).

94.7.3 Wahl des Bekanntmachungsmediums

4660 Die Bekanntmachungen erfolgen in der Praxis in Druckmedien oder elektronischen Medien. **Entsprechend ist in § 17 Nr. 1 Abs. 1 und Nr. 2 Abs. 1 der Begriff der Fachzeitschriften durch den Begriff der Internetportale ersetzt** worden.

94.7.3.1 Allgemeines

4661 Bei der Wahl des Publikationsorgans hat der Auftraggeber darauf zu achten, dass **mit dem gewählten Medium die in Betracht kommenden Wirtschaftskreise erreicht werden.** Entsprechend dem Sinn und Zweck der öffentlichen Ausschreibung muss **ein ausreichend großer, prinzipiell unbeschränkter Bewerberkreis angesprochen** werden. Deshalb kann etwa die Bekanntmachung allein in einem nur regional verbreiteten Veröffentlichungsblatt im Einzelfall unzureichend sein (BayObLG, B. v. 4. 2. 2003 – Az.: Verg 31/02).

4662 Es verstößt also gegen Vergaberecht, wenn der zu erstrebende Wettbewerb durch die Veröffentlichung der **Ausschreibung in einer Lokalzeitung unzulässigerweise auf Bewerber beschränkt wird, die in einer bestimmten Region bzw. in bestimmten Orten ansässig** sind. Die in einer Tageszeitung veröffentlichte Ausschreibung muss überregionalen Wettbewerb zulassen. Die **Forderung nach Wettbewerb steht auch gleichberechtigt neben dem Ziel, mit Haushaltsmitteln sparsam zu wirtschaften.** Die Ausschreibung darf nicht ihrer Funktion als Auswahlverfahren zur Ermittlung des wirtschaftlichsten Angebots beraubt werden und die Mitbewerber um ihre Chance bringen, im Leistungswettbewerb um den Auftrag zu kämpfen (OVG Schleswig-Holstein, Urteil vom 23. 8. 2001 – Az: 4 L 5/01).

94.7.3.2 Bedeutung der EU-weiten Bekanntmachung

4663 Mit der **EU-weiten Bekanntmachung nach § 17a VOB/A wird bereits der territorial weitestgehende Verbreitungsgrad** erreicht. Sinn und Zweck der Publizitätspflicht erfordern eine **Parallelveröffentlichung in inländischen Veröffentlichungsblättern jedenfalls nicht generell.** Mag auch im Einzelfall eine zusätzliche inländische Bekanntmachung durchaus sinnvoll erscheinen, so ist doch eine allgemeine rechtliche Verpflichtung hierzu zu verneinen. Die Veröffentlichung im Amtsblatt der EG erfüllt im Regelfall zugleich die Anforderungen des § 17 VOB/A. Dabei kann offen bleiben, ob das Amtsblatt der EG nicht ohnehin unter den Wortlaut „amtliche Veröffentlichungsblätter" in § 17 Nr. 1 VOB/A fällt, da es sich zwar nicht um ein inländisches, aber im Inland Geltung beanspruchendes amtliches Veröffentlichungsblatt handelt. Jedenfalls wird **durch die Veröffentlichung im Amtsblatt der EG die durch § 17 VOB/A bezweckte Publizität und Transparenz in der erforderlichen Breitenwirkung hergestellt** und damit dem Sinn des § 17 VOB/A Rechnung getragen (BayObLG, B. v. 4. 2. 2003 – Az.: Verg 31/02).

94.7.3.3 Elektronische Bekanntmachung

Für öffentliche **Aufträge ab den Schwellenwerten** hat die Rechtsprechung klar gestellt, dass eine **elektronische Bekanntmachung ausreichend** ist. Das Supplement zum Amtsblatt der Europäischen Gemeinschaften, in dem alle EU-weiten Ausschreibungen erscheinen, wird seit April 1999 nicht mehr in gedruckter, sondern ausschließlich in elektronischer Form auf zwei Arten zur Verfügung gestellt, nämlich über das Internet mit Zugriff auf die Ausschreibungs-Datenbank TED (http://ted.europa.eu) und auf einer im Abonnement erhältlichen CD-Rom. Die TED-Datenbank ist einfach handhabbar und ermöglicht eine gezielte, auf die individuellen Bedürfnisse des Unternehmers zugeschnittene Suche nach ihn interessierenden Ausschreibungen. Angesichts der allgemeinen Verbreitung elektronischer Mittel im Wirtschaftsleben kann davon ausgegangen werden, dass eine **regelmäßige Datenbank-Recherche über Internet auch für mittlere und kleine Unternehmen keine unzumutbare Hürde** darstellt (BayObLG, B. v. 4. 2. 2003 – Az.: Verg 31/02).

4664

94.7.3.4 Richtlinie des VHB 2002 zu § 17 Nr. 1

Öffentliche Ausschreibungen und Teilnahmewettbewerbe vor Beschränkten Ausschreibungen sind **auf dem Internetportal der Bundesverwaltung** (www.bund.de) zu veröffentlichen. Daneben sollen Ausschreibungen und Aufforderungen auch in Tageszeitungen oder Fachzeitschriften veröffentlicht werden, wenn dies zur Erfüllung des Ausschreibungszwecks nötig ist (Nr. 1.2).

4665

94.7.3.5 Regelung des HVA B-StB 03/2006

Öffentliche Ausschreibungen und Teilnahmewettbewerbe von Beschränkten Ausschreibungen sind öffentlich bekannt zu geben. Beträgt der Wert der zu vergebenden Bauleistung mehr als 12 500 €, ist für Bundesmaßnahmen die Bekanntmachung zentral auf dem Internetportal der Bundesverwaltung, www.bund.de, zu veröffentlichen (Ziffer 2.1 Nr. 6).

4666

94.7.4 Umfang der Bekanntmachung

94.7.4.1 Soll-Vorschrift

§ 17 Nr. 1 Abs. 2 und § 17 Nr. 2 Abs. 2 sind Soll-Vorschriften. In der Praxis führt dies dazu, dass öffentliche Auftraggeber schon aus Gründen der Reduzierung von Veröffentlichungskosten nicht alle in § 17 Nr. 1 Abs. 2 und § 17 Nr. 2 Abs. 2 genannten Angaben veröffentlichen.

4667

94.7.4.2 Rechtsprechung

Der **öffentliche Auftraggeber ist nicht verpflichtet, sämtliche Einzelheiten** z. B. seiner Nachweisforderungen **schon in der Bekanntmachung anzugeben.** Es reicht vielmehr aus, wenn der Auftraggeber in der Vergabebekanntmachung angibt, welche Nachweise er von den Bietern fordert. Ein darüber hinausgehender Inhalt der Vergabebekanntmachung, insbesondere die Auflistung und Konkretisierung von Nachweisen mit weiteren Einzelheiten, muss nicht in der Bekanntmachung, sondern **kann in den Verdingungsunterlagen erfolgen** (OLG Düsseldorf, B. v. 9. 7. 2003 – Az.: Verg 26/03; VK Schleswig-Holstein, B. v. 27. 7. 2006 – Az.: VK-SH 17/06; VK Münster, B. v. 23. 10. 2003 – Az.: VK 19/03).

4668

Um dem Transparenzgebot und dem Diskriminierungsverbot zu genügen, muss jedoch eine Eignungsanforderung so hinreichend klar und deutlich formuliert sein, dass es einem **verständigen Bieter ohne eigene Interpretation eindeutig erkennbar wird, was ein öffentlicher Auftraggeber fordert.** Etwaige Unklarheiten dürfen nicht zu Lasten der Bieter gehen (VK Düsseldorf, B. v. 16. 2. 2006 – Az.: VK – 02/2006 – L).

4669

Teil 3 VOB/A § 17 Vergabe- und Vertragsordnung für Bauleistungen Teil A

4670 Noch weiter geht das Schleswig-Holsteinische Oberlandesgericht. Die **europaweite Vergabebekanntmachung schließt es nicht aus,** dass **zu einzelnen Anforderungen der Ausschreibung präzisierte Anforderungen angegeben werden.** Der Wortlaut der für das Aufforderungsschreiben zur Angebotsabgabe maßgeblichen Vorschrift in § 10 Nr. 5 Abs. 1 VOB/A bestätigt dies, denn für dieses Schreiben wird verlangt, dass es „alle Angaben" enthält, die „für den Entschluss zur Abgabe eines Angebots notwendig sind". Damit ist klar, **dass die für die Abgabe eines wertungsfähigen Angebots zu erfüllenden Anforderungen allein auf der Grundlage der europaweiten Vergabebekanntmachung nicht abschließend zu bestimmen sind.** Bei Bauausschreibungen ist das Anschreiben (**Aufforderung zur Angebotsabgabe**) **für die Bestimmung der geforderten Nachweise maßgeblich.** Es bedarf somit zur verlässlichen Bestimmung der mit der Abgabe eines Angebots verbundenen Anforderungen der Prüfung des Angebotsanforderungsschreibens i. S. d. § 10 Nr. 5 Abs. 1 VOB/A und der diesem beigefügten Angaben i. S. d. § 10 Nr. 5 Abs. 2 VOB/A (Schleswig-Holsteinisches OLG, B. v. 22. 5. 2006 – Az.: 1 Verg 5/06). Nach dieser Rechtsprechung muss die **Forderung nach Vorlage eines Gewerbezentralregisterauszugs nicht unbedingt in der Vergabebekanntmachung erfolgen.**

94.7.5 Unterschiedliche Inhalte von Bekanntmachungen derselben Ausschreibung

4671 Ein **Bewerber muss darauf vertrauen können, dass die Bekanntmachungsvorschriften vollständig beachtet werden,** insbesondere dass die Aufforderung zur Angebotsabgabe alle in der VOB/A genannten Angaben enthält und insofern vollständig ist. **Der Bewerber braucht auch z. B. die Aufforderung zur Angebotsabgabe nicht anhand einer anderen Veröffentlichung,** z. B. der europaweiten Vergabebekanntmachung auf ihre Vollständigkeit **zu überprüfen** (VK Münster, B. v. 18. 1. 2005 – VK 32/04; B. v. 21. 8. 2003 – Az.: VK 18/03).

94.7.6 Bezeichnung einer „Öffentlichen Ausschreibung" als „Offenes Verfahren"

4672 Nicht jede ungenaue oder falsche Angabe in der Bekanntmachung beeinträchtigt die Transparenz des Vergabeverfahrens und macht dieses fehlerhaft. **Erforderlich ist, dass bei den Bewerbern Unklarheiten über die Modalitäten der Ausschreibung aufkommen können.** Hieran fehlt es u. a. dann, wenn in einer im Amtsblatt der EG zu veröffentlichenden Ausschreibung von „Öffentlicher Ausschreibung" statt von einem „Offenen Verfahren" die Rede ist. Dies muss erst recht gelten, wenn die europaweite Publikation unter Nennung der richtigen Verfahrensart erfolgt und lediglich in den nationalen Publikationsorganen die Verfahrensart fehlerhaft bezeichnet wird. Eine Aufhebung und erneute Ausschreibung ist nicht erforderlich (VK Schleswig-Holstein, B. v. 5. 8. 2004 – Az.: VK-SH 19/04). Dies muss auch für den umgekehrten Fall gelten.

94.7.7 Inhalt der Bekanntmachung (§ 17 Nr. 1 Abs. 2)

94.7.7.1 Kommunikationsdaten des Auftraggebers (§ 17 Nr. 1 Abs. 2 Buchstabe a))

4673 In § 17 Nr. 2 Abs. 1 Buchstabe a) ist die **Angabe der Telegrafen-, Fernschreib- und Fernkopiernummer durch die Angabe der Telefaxnummer und der E-Mailadresse ersetzt** worden.

94.7.7.2 Art und Umfang der auszuschreibenden Leistung (§ 17 Nr. 1 Abs. 2 Buchstabe e))

4674 Nach § 17 Nr. 1 Abs. 2 lit. e) VOB/A sind Art und Umfang der auszuschreibenden Leistung in der Vergabebekanntmachung anzugeben. **Nicht erforderlich** ist die **Angabe der Einzelheiten der zu erbringenden Leistungen.** Notwendig sind aber erschöpfende Angaben, anhand denen sich die Unternehmen ein Bild vom Auftrag machen und abschätzen können, **ob sich dieser Auftrag zur Abgabe eines Angebots eignet** (VK Brandenburg, B. v. 25. 4. 2003 – Az.: VK 21/03).

94.7.7.3 Verlangte Nachweise für die Beurteilung der Eignung der Bieter (§ 17 Nr. 1 Abs. 2 Buchstabe s))

4675 Eine Vergabestelle ist nach § 17 Nr. 1 Abs. 2 Buchstabe s) **nicht verpflichtet, die Gewichtung der Eignungsnachweise in der Bekanntmachung anzugeben.** Nach § 17 Nr. 1

Abs. 2 Buchstabe s) soll die Bekanntmachung Angaben darüber enthalten, welche Nachweise für die Beurteilung der Eignung des Bewerbers verlangt werden. Weitere Angaben, insbesondere mit welcher Gewichtung diese Nachweise in die Entscheidung des Auftraggebers eingehen, müssen in der Bekanntmachung nicht aufgeführt werden (VK Nordbayern, B. v. 27. 10. 2000 – Az.: 320.VK-3194-26/00).

Aus § 17 Nr. 1 Abs. 2 lit. s) VOB/A folgt, dass **allein die Anforderung der Nachweise gemäß der Vergabebekanntmachung rechtlich verbindlich** ist, ohne dass der Auftraggeber von diesen Forderungen im Rahmen des Aufforderungsschreibens abweichen darf (3. VK Bund, B. v. 22. 11. 2004 – Az.: VK 3-203/04). **Über die Vergabebekanntmachung hinausgehende Nachweise** im Aufforderungsschreiben oder in den Verdingungsunterlagen **dürfen nicht gefordert,** ihre Nichtvorlage somit auch **nicht bei der Angebotswertung berücksichtigt** werden. Beides liefe den Vorgaben des Transparenz- und des Gleichbehandlungsgebots nach § 97 Abs. 1 und 2 GWB zuwider, in dessen Lichte die Vorschriften der VOB/A auszulegen und zu handhaben sind (VK Düsseldorf, B. v. 16. 2. 2006 – Az.: VK – 02/2006 – L; B. v. 28. 11. 2005 – Az.: VK – 40/2005 – B; VK Thüringen, B. v. 23. 9. 2005 – Az.: 360-4002.20-007/05-NDH; VK Münster, B. v. 21. 12. 2005 – Az.: VK 25/05; B. v. 18. 1. 2005 – VK 32/04; 3. VK Bund, B. v. 13. 10. 2004 – Az.: VK 3-194/04). 4676

Anderer Auffassung ist das **Schleswig-Holsteinische Oberlandesgericht.** Danach sind verbindlich allein die Vorgaben in der Bekanntmachung bzw. in dem Aufforderungsschreiben zur Abgabe eines Angebots (Schleswig-Holsteinisches Oberlandesgericht, B. v. 8. 9. 2006 – Az.: 1 Verg 6/06). 4677

Ein transparentes Vergabeverfahren und die Gleichbehandlung aller Bieter ist ohne weiteres dann noch sichergestellt, wenn der Auftraggeber in der Bekanntmachung mitteilt, welche der Nachweise die Bieter beizubringen haben, und er die **weiteren Einzelheiten dieser Nachweisanforderung sodann in den Verdingungsunterlagen näher konkretisiert** (VK Münster, B. v. 21. 12. 2005 – Az.: VK 25/05; B. v. 18. 1. 2005 – VK 32/04). 4678

Im Falle **widersprüchlicher oder mehrdeutiger Formulierungen** geht der **Inhalt der Bekanntmachung den Aussagen in den Verdingungsunterlagen vor** (VK Düsseldorf, B. v. 14. 8. 2006 – Az.: VK – 32/2006 – B). 4679

94.7.7.4 Nebenangebote (§ 17 Nr. 1 Abs. 2 Buchstabe u))

In § 17 Nr. 1 Abs. 2 Buchstabe u) ist – wie in der gesamten VOB/A – der **Begriff des Änderungsvorschlags gestrichen** worden. 4680

94.7.7.5 Angabe der Wertungskriterien

Die Verdingungsordnung für Bauleistungen, Teil A, verlangt in ihrem ersten Abschnitt, der für die bundesweiten Ausschreibungen gilt, – anders als § 25a VOB/A im zweiten Abschnitt der VOB/A für die EU-weiten Vergabeverfahren – **keine förmliche Angabe der Wertungskriterien im Einzelnen in der Vergabebekanntmachung bzw. in den Verdingungsunterlagen.** Es genügt, wenn das Anforderungsprofil des Auftraggebers in den an die Bieter übermittelten Verdingungsunterlagen hinreichenden Ausdruck gefunden hat (OLG Naumburg, Urteil vom 29. 3. 2003 – Az.: 1 U 119/02). 4681

94.8 Bekanntmachung Beschränkter Ausschreibungen nach Öffentlichem Teilnahmewettbewerb (§ 17 Nr. 2)

94.8.1 Allgemeines

Für die Bekanntmachung Beschränkter Ausschreibungen nach Öffentlichem Teilnahmewettbewerb gelten die Kommentierungen zu § 17 Nr. 1 VOB/A RZ 4673. 4682

94.8.2 Bindung des Auftraggebers an die Frist zur Einreichung von Teilnahmeanträgen (§ 17 Nr. 2 Abs. 2 Buchstabe j))

Bei einer Vergabe mittels einer Beschränkten Ausschreibung mit Öffentlichem Teilnahmewettbewerb sind die Unternehmen durch die vorgeschriebene Bekanntmachung aufzufordern, sich um Teilnahme zu bewerben. Diese **Bekanntmachung hat unter anderem die Einsendefrist für die Anträge auf Teilnahme mitzuteilen.** An die Beachtung dieser Einsende- 4683

Teil 3 VOB/A § 17   Vergabe- und Vertragsordnung für Bauleistungen Teil A

frist ist auch der Auftraggeber bei der Prüfung der Teilnahmeanträge (und der späteren Angebote) mit Blick auf die Gebote des Wettbewerbs und der Gleichbehandlung (§ 97 Abs. 1 und 2 GWB) **gebunden** (OLG Düsseldorf, B. v. 30. 5. 2001 – Az.: Verg 23/00).

94.8.3 Nachweise für die Beurteilung der Eignung (§ 17 Nr. 2 Abs. 2 Buchstabe p))

4684   Vgl. hierzu die Kommentierung RZ 4675.

94.9 Übermittlung der Vergabeunterlagen (§ 17 Nr. 4)

94.9.1 Anforderung der Vergabeunterlagen

4685   Eine **ordnungsgemäße „Anforderung"** der Verdingungsunterlagen liegt **nur** vor, **wenn sie nach der Bekanntmachung der Ausschreibung erfolgt.** Das Argument, die VOB/A sehe keinen frühestmöglichen Zeitpunkt für die Anforderung vor, weshalb eine Interessensbekundung auch schon vor Beginn des Vergabeverfahrens als gültig anzusehen sei, trifft so nicht zu. **Das gesamte Verfahren** ist mit seinen Bestimmungen über die Bekanntmachung, Aufforderung zur Angebotsabgabe sowie die einzuhaltenden Formen und Fristen (§§ 17, 17a, 18, 18a VOB/A) **auf einen Startpunkt gerichtet,** ab dem die Unternehmen unter gleichen Wettbewerbsbedingungen um den Auftrag konkurrieren. Erst mit der Bekanntmachung wird der zu vergebende Auftrag in seiner konkreten Gestalt mit Außenwirkung festgelegt und für jeden Interessenten ersichtlich. Es ist **dem Auftraggeber nicht zuzumuten** – und wäre unter den Gesichtspunkten von Gleichbehandlung und Transparenz des Verfahrens auch bedenklich –, wenn **Interessenten aufgrund früherer Interessenbekundung eine gleichsam „automatische" Zusendung der Verdingungsunterlagen erwarten könnten.** Umgekehrt ist auch denjenigen Interessenten, die wie hier aufgrund bestehender Vertragsbeziehung mit dem Auftraggeber schon vorher von der beabsichtigten Ausschreibung wissen, **eine Anforderung der Verdingungsunterlagen nach Erscheinen der Bekanntmachung ohne weiteres zumutbar.** Im Ergebnis hat der Auftraggeber die Verdingungsunterlagen daher an alle diejenigen Interessenten auszuhändigen, die nach der Bekanntmachung ihr Interesse bekunden (BayObLG, B. v. 4. 2. 2003 – Az.: Verg 31/02).

94.9.2 Regelung des HVA B-StB 03/2006 zu § 17 Nr. 4

4686   Bei Öffentlicher Ausschreibung sind die Vergabeunterlagen so rechtzeitig aufzustellen und in ausreichender Stückzahl herzustellen, dass sie entsprechend der Ankündigung in der Vergabebekanntmachung abgegeben werden können. Eine Einschränkung der Abgabe (etwa mit der Maßgabe „solange der Vorrat reicht") darf nicht erfolgen (Ziffer 1 Nr. 9).

94.10 Abgabe der Vergabeunterlagen an die Bewerber (§ 17 Nr. 5)

4687   Jeder Bewerber soll die Leistungsbeschreibung doppelt und alle anderen für die Preisermittlung wesentlichen Unterlagen einfach erhalten.

94.10.1 Sinn und Zweck der doppelten Ausfertigung

4688   Diese Regelung dient zum einen der **Vereinfachung in der Handhabung.** Zum anderen ist die doppelte Versendung vor dem Hintergrund vorgesehen, dass sich der **Bieter für den Fall der Zuschlagserteilung in hinreichender Art und Weise auf die Ausführung der Leistung vorbereiten kann.** Dazu verbleibt das Zweitexemplar des erarbeiteten Angebotes beim Bieter (VK Magdeburg, B. v. 6. 3. 2000 – Az.: VK-OFD LSA-01/00).

4689   Die Bestimmung soll außerdem **sicherstellen, dass die Bewerber die Angebotsunterlagen vollständig erhalten,** damit sie in der Lage sind, ein entsprechendes Angebot abzugeben (VK Lüneburg, B. v. 26. 1. 2005 – Az.: 203-VgK-56/2004).

94.10.2 Medien zur Übersendung der Unterlagen (Papier/Diskette)

4690   Gemäß § 17 Nr. 5 VOB/A soll jeder Bewerber die Leistungsbeschreibung doppelt und alle anderen für die Preisermittlung wesentlichen Unterlagen in einfacher Ausfertigung erhalten. Die

Vergabe- und Vertragsordnung für Bauleistungen Teil A VOB/A § 17 **Teil 3**

Bestimmung legt nicht fest, dass es sich um eine doppelte Papierausfertigung handeln muss. Mit der Übersendung der Verdingungsunterlagen einmal in Papierform und einmal per Datenträger erhalten die Bewerber die Leistungsbeschreibung in **doppelter Ausfertigung,** wenn auch mittels unterschiedlicher Medien (VK Magdeburg, B. v. 6. 3. 2000 – Az.: VK-OFD LSA-01/00).

94.10.3 Anforderungen bei der Übersendung von elektronischen Medien

94.10.3.1 Allgemeines

Im Baubereich erfolgt bereits großenteils die Übersendung der Unterlagen in elektronischer 4691 Form. Basis der Unterlagen ist ein Dateistandard, der vom Gemeinsamen Ausschuss für Elektronik im Bauwesen (GAEB) entwickelt worden ist und der von den allermeisten DV-Programmen, die bei der Ausschreibung, Vergabe und Abrechnung (AVA) eingesetzt werden, übernommen worden ist.

Der jeweils aktuelle Standard ist unter der Internet-Adresse www.gaeb.de abrufbar. 4692

94.10.3.2 Beifügung einer entsprechenden Programmdiskette

Der **Auftraggeber** ist dann, wenn er Unterlagen in elektronischer Fassung abgibt, auch **ver-** 4693 **pflichtet,** eine entsprechende **Programmdiskette beizufügen.** Das Argument einer Vergabestelle, es sei davon auszugehen, dass die Teilnehmer an öffentlichen Ausschreibungen üblicherweise mit der entsprechenden Software ausgerüstet seien, überzeugt nicht. Es handelt sich dabei um eine bloße Annahme, die den Versand der Programmdiskette „Angebot" nicht entbehrlich macht. Zur **Gleichbehandlung aller Bieter ist es erforderlich, die Programmdiskette unaufgefordert den Datenträgern beizufügen,** damit alle Bieter bereits mit Übersendung der Verdingungsunterlagen in die Lage versetzt werden, ein Angebot per Diskette zu erarbeiten. Dies gilt insbesondere in dem Fall, in dem Datenträger die zweite Ausfertigung der Verdingungsunterlagen gemäß § 17 Nr. 5 VOB/A darstellen (VK Magdeburg, B. v. 6. 3. 2000 – Az.: VK-OFD LSA-01/00).

94.10.4 Mitwirkungspflicht des Bewerbers bei erkennbaren Problemen mit der Übersendung

Den Bieter können im Rahmen eines Vergabeverfahrens zur Wahrung seiner Interessen ge- 4694 wisse Obliegenheiten treffen. Insbesondere **obliegt es einem Bewerber, der die Verdingungsunterlagen angefordert hat, die Vergabestelle frühzeitig zu benachrichtigen, falls er die Unterlagen nicht innerhalb der für einen normalen Postlauf anzusetzenden Zeitspanne erhält und daher ein postalisches Versehen nahe liegt.** Den aus dem Verstoß gegen die Obliegenheit resultierenden Nachteil, dass sich ein Bieter an dem Vergabeverfahren nicht mehr beteiligen kann, hat er selbst zu tragen. Er kann nicht erwarten, dass die Vergabestelle Obliegenheitsverletzung des Bieters dadurch „kompensiert", dass sie den Submissionstermin um die für eine Angebotserstellung benötigte Zeit verschiebt (OLG Düsseldorf, B. v. 21. 12. 2005 – Az.: VII – Verg 75/05; 2. VK Bund, B. v. 28. 9. 2005 – Az.: VK 2-120/05).

94.10.5 Pflicht des Auftraggebers zur erneuten Übersendung der Verdingungsunterlagen

Die **Vergabestelle** ist im Rahmen des Möglichen und Zumutbaren **grundsätzlich ver-** 4695 **pflichtet, dem Bieter die Verdingungsunterlagen erneut zuzusenden,** wenn sie z. B. auf dem Postweg verloren gegangen sind. Insoweit ist es auch **nicht Sache der Vergabestelle, zu entscheiden, ob noch eine ausreichende Kalkulationszeit verbleibt oder nicht; dies ist Angelegenheit des Bieters** (OLG Düsseldorf, B. v. 21. 12. 2005 – Az.: VII – Verg 75/05).

94.10.6 Pflicht des Auftraggebers zur Dokumentation des Versands von Nachträgen und der Sicherstellung einer Rückmeldung über den Empfang

Zwar **konstatiert die VOB/A keine Verpflichtung des Auftraggebers** etwa einen Ku- 4696 rierdienst oder andere Sonderzustellungswege zu wählen und **gestattet durchaus die Über-**

mittlung per Post, entbindet den Auftraggeber aber nicht davon letztendlich dafür Sorge zu tragen, dass die Bieter von gleichen Voraussetzungen ausgehen können. Damit korrespondiert die Pflicht des Bieters, alle abgefragten Erklärungen abzugeben und die Verdingungsunterlagen nicht abzuändern. Befindet sich hinsichtlich von **Nachträgen zur Leistungsbeschreibung** jedoch in der Vergabeakte **lediglich eine Abschrift des jeweiligen Schriftsatzes ohne Postabgangsvermerk,** so dass zum einen nicht nachvollziehbar ist, wie und in welcher zeitlichen Reihenfolge diese Nachträge versandt worden sind und keineswegs sichergestellt werden ist, ob ein Empfang stattgefunden hat, versäumt der Auftraggeber es, durch den **Verzicht auf jede Art von Rückmeldung über den Empfang,** eine gleiche Beurteilungsbasis für die zu erstellenden Angebote herzustellen. Die **Ausschreibung ist ab Versand der Verdingungsunterlagen zu wiederholen** (VK Arnsberg, B. v. 14. 7. 2006 – Az.: VK 18/06).

94.11 Auskünfte an die Bewerber (§ 17 Nr. 7)

94.11.1 Auskunftspflicht des Auftraggebers

4697   Nach § 17 Nr. 7 Abs. 1 VOB/A können die Bieter eines Vergabeverfahrens von der Vergabestelle während des Laufes der Angebotsfrist sachdienliche Auskünfte verlangen; die **Vergabestelle ist zur unverzüglichen und (natürlich auch) inhaltlich zutreffenden Beantwortung dieser Anfragen verpflichtet** (OLG Naumburg, B. v. 23. 7. 2001 – Az.: 1 Verg 2/01).

94.11.2 Sinn und Zweck der Regelung

4698   Die Auskunftspflicht des öffentlichen Auftraggebers **dient der Einhaltung eines fairen, mit möglichst großer Beteiligung geführten Wettbewerbs** und damit auch der **Gleichbehandlung der beteiligten Bewerber** (OLG Naumburg, B. v. 23. 7. 2001 – Az.: 1 Verg 2/01).

94.11.3 Form der Erteilung der Auskünfte

4699   Eine **bestimmte Form,** die der Auftraggeber bei Erteilung der Auskünfte einzuhalten hat, ist **nicht vorgeschrieben.** Wenn ein Bieter **verbindliche Auskünfte der Vergabestelle** haben will, kann ihm nur geraten werden, **seine Anfragen zur Leistungsbeschreibung offiziell und insbesondere schriftlich gegenüber der Vergabestelle zu stellen.** Die Vergabestelle ist dann wegen des Gleichbehandlungsgrundsatzes verpflichtet, wettbewerbsrelevante Fragen und Antworten auch den übrigen Bietern zukommen zu lassen. Dieses rechtlich korrekte Verfahren hat für die Bieter im übrigen auch den Vorteil, dass sie die Auskünfte rechtzeitig erlangen und ihnen nicht entgegengehalten werden kann, sie hätten mit unzuständigen Mitarbeitern gesprochen oder deren Auskünfte falsch verstanden (2. VK Bund, B. v. 11. 9. 2002 – Az.: VK 2-42/02).

94.11.4 Begriff der „zusätzlichen Auskünfte"

4700   Bei zusätzlichen Auskünften handelt es sich um **Mitteilungen, die nur für den anfragenden Bewerber wichtig sind,** weil er z.B. die Aufgabenstellung oder das Anschreiben vollständig oder in einzelnen Punkten missverstanden oder nicht genau gelesen hat (2. VK Bund, B. v. 24. 6. 2003 – Az.: VK 2-46/03; VK Lüneburg, B. v. 27. 6. 2005 – Az.: VgK-23/2005; B. v. 24. 11. 2003 – Az.: 203-VgK-29/2003).

94.11.5 Begriff der „sachdienlichen" Auskünfte

4701   Um eine sachdienliche Auskunft handelt es sich, wenn die Information, die erbeten wird, individuelle Missverständnisse des Bewerbers beheben oder individuelle Verständnisfragen hinsichtlich der Verdingungsunterlagen oder des Anschreibens beantworten soll, also **Auskünfte über technische Fragen ebenso wie solche, die für die vom Bewerber vorzunehmende Preiskalkulation von Bedeutung sein können.** Die Individualität der erteilten Auskunft macht es entbehrlich, diese allen anderen Bewerbern zur Kenntnis zu geben (OLG Düsseldorf, B. v. 23. 3. 2005 – Az.: VII – Verg 77/04). Die Auskunftspflicht des öffentlichen Auftraggebers dient der Einhaltung eines fairen, mit möglichst großer Beteiligung geführten Wettbewerbs und

Vergabe- und Vertragsordnung für Bauleistungen Teil A   VOB/A § 17 **Teil 3**

damit auch der Gleichbehandlung der beteiligten Bewerber (OLG Naumburg, B. v. 23. 7. 2001 – Az.: 1 Verg. 2/01).

94.11.6 Begriff der „wichtigen Aufklärungen"

Bei zusätzlichen Auskünften handelte es sich um Mitteilungen, die nur für den anfragenden Bewerber wichtig sind, weil er z.B. die Verdingungsunterlagen oder das Anschreiben vollständig oder in einzelnen Punkten missverstanden oder nicht genau gelesen hat. Erst **wenn derartige Missverständnisse nicht subjektiv, sondern objektiv bedingt sind, weil sie sich als eine Folge von Unzulänglichkeiten der Leistungsbeschreibung darstellen,** liegt **eine wichtige Auskunft** im Sinne des Abs. 2 vor. Teilweise wird sogar die Häufung von Nachfragen der Bewerber vorausgesetzt, bevor der Auftraggeber prüfen muss, ob dies nicht eine Folge objektiv missverständlicher Passagen in der Leistungsbeschreibung ist (OLG Düsseldorf, B. v. 23. 3. 2005 – Az.: VII – Verg 77/04; 2. VK Bund, B. v. 24. 6. 2003 – Az.: VK 2-46/03; VK Lüneburg, B. v. 27. 6. 2005 – Az.: VgK-23/2005; B. v. 24. 11. 2003 – Az.: 203-VgK-29/2003). 4702

94.11.7 Unverzügliche Mitteilung

Zusätzliche sachdienliche Auskünfte über die Vergabeunterlagen sind unverzüglich zu erteilen (Nr. 7 Abs. 1); wichtige Aufklärungen über die geforderte Leistung oder die Grundlagen der Preisermittlung sind auch anderen Bewerbern unverzüglich mitzuteilen (Nr. 7 Abs. 2). 4703

Eine Rückäußerung am Angebotsabgabetermin ist dabei materiell gesehen nicht unverzüglich (1. VK Sachsen, B. v. 5. 10. 2002 – Az.: 1/SVK/87-01). 4704

Ein Bieter hat jedoch dann **keinen Anspruch darauf,** über die einem anderen Bieter nach § 17 Nr. 7 VOB/A erteilten Auskünfte seinerseits unterrichtet zu werden, wenn der **Auftraggeber den Bietern die begehrte Aufklärung im Zeitpunkt der individuell erteilten Auskunft schon auf andere Weise erteilt hat, Bieter ohne Weiteres und uneingeschränkt die Gelegenheit haben, auf die Aufklärung zuzugreifen und den Inhalt der Aufklärung unschwer feststellen können.** In einem solchen Fall hat der Auftraggeber die von ihm erwartete Aufklärung bereits geleistet, mit der Folge, dass den Bietern – aus Anlass einer einem Bieter vom Auftraggeber individuell erteilten Auskunft – ein gesondertes Aufklärungsinteresse nicht mehr zuzuerkennen ist (OLG Düsseldorf, B. v. 23. 3. 2005 – Az.: VII – Verg 77/04). 4705

94.11.8 Beachtung des Gleichheitsgrundsatzes

Stellt eine Vergabestelle nur einem Bieter wettbewerbs- und preisrelevante Kalkulationsgrundlagen zur Verfügung und macht sie diese anderen Bietern nicht auch zugänglich, liegt eine Ungleichbehandlung vor, die mangels vergleichbarer Angebote zur Aufhebung des Vergabeverfahrens führt. Grundlage der Regelung des § 17 Nr. 7 Abs. 2 VOB/A wie auch der Parallelregelung in § 17 Nr. 6 Abs. 2 VOL/A ist das Prinzip der Gleichbehandlung aller Teilnehmer an einem Vergabeverfahren. Während im Falle des Abs. 1 des § 17 Nr. 6 VOL/A und des § 17 Nr. 7 VOB/A zusätzliche Auskünfte nur dem anfragenden Bewerber, nicht aber seinen Mitbewerbern übermittelt werden, müssen **„wichtige Aufklärungen" im Sinne des Abs. 2 dieser Vorschriften ausdrücklich allen Bewerbern mitgeteilt werden.** Die Erklärung dafür liegt in der unterschiedlichen Begriffsdefinition der zusätzlichen sachdienlichen Auskünfte einerseits und der wichtigen Aufklärungen andererseits. Bei den erstgenannten zusätzlichen Auskünften handelt es sich um Mitteilungen, die nur für den anfragenden Bewerber wichtig sind, weil er z.B. die Verdingungsunterlagen oder das Anschreiben vollständig oder in einzelnen Punkten missverstanden oder nicht genau gelesen hat. Dann brauchen die Auskünfte den anderen Bewerbern grundsätzlich nicht bekannt gegeben zu werden. Eine „wichtige Aufklärung" im Sinne der Nr. 2 dieser Vorschriften ist dagegen gegeben, wenn es sich um eine Aufklärung handelt über die geforderte Leistung und über Grundlagen der Preisberechnung. Hier geht es dann um zusätzliche wichtige Aufklärungen zur Leistungsbeschreibung, die ihrerseits die wesentliche Grundlage der Preisberechnung ist (VK Lüneburg, B. v. 24. 11. 2003 – Az.: 203-VgK-29/2003). 4706

Der Verstoß gegen § 17 Nr. 7 Abs. 2 VOB/A ist auch nicht etwa durch eine Verpflichtung des Auftraggebers zur erneuten Angebotswertung unter Berücksichtigung der Rechtsauffassung der Vergabekammer heilbar, da dieser Verstoß gegen die Informationspflicht unmittelbar Aus- 4707

Teil 3 VOB/A § 17   Vergabe- und Vertragsordnung für Bauleistungen Teil A

wirkungen auf die Angebotskalkulation haben musste. Eine **nachträgliche Korrektur der Angebotskalkulationen und damit der Angebotspreise bei allen Bietern ist in einem laufenden Vergabeverfahren nicht möglich** (VK Lüneburg, B. v. 24. 11. 2003 – Az.: 203-VgK-29/2003).

94.11.9 Rechtsfolge einer durch den Bewerber nicht erfolgten Erkundigung

94.11.9.1 Reaktionsmöglichkeiten des Bieters auf eine unklare oder fehlerhafte Leistungsbeschreibung

4708   Die **Rechtsprechung** ist insoweit **nicht einheitlich.**

4709   Nach einer Auffassung hat bei **widersprüchlichen, unverständlichen oder in sich nicht schlüssigen Leistungsbeschreibungen** der Bieter **unterschiedliche Möglichkeiten,** darauf zu reagieren. Er kann **erstens eine Aufklärungsfrage** an die Vergabestelle richten. Zweitens kann er, wenn er befürchtet, dass ihm durch die – von der Vergabestelle gemäß § 17 Nr. 7 Abs. 2 VOB/A allen Bietern bekannt zu gebende – Aufklärungsfrage und deren Beantwortung einen Wettbewerbsvorsprung vor seinen Wettbewerbern verlieren würde, **mehrere Angebote** (z. B. Haupt- und Nebenangebot) **auf der Basis jeweils eines unterschiedlichen Verständnisses von den Angebotsbedingungen** abgeben (2. VK Bund, B. v. 22. 1. 2003 – Az.: VK 2-94/02).

4710   Bei Ausschreibungen ab den Schwellenwerten kann der Bieter gegebenenfalls die **unverzügliche Rüge der mangelnden Transparenz der Ausschreibung** innerhalb der Angebotsfrist (wegen § 107 Abs. 3 Satz 2 GWB) aussprechen (OLG Naumburg, B. v. 29. 10. 2001 – Az.: 1 Verg 11/01).

4711   Nach einer anderen Meinung **darf der Bieter eine Leistungsbeschreibung, die nach seiner Auffassung den Vorschriften des § 9 VOB/A zuwiderläuft, nicht einfach hinnehmen. Vielmehr muss er sich aus der Leistungsbeschreibung ergebende Zweifelsfragen vor Abgabe seines Angebotes klären,** notfalls auch durch Hinzuziehung rechtlichen Beistandes (OLG Frankfurt, B. v. 23. 12. 2005 – Az.: 11 Verg 13/05; VK Schleswig-Holstein, B. v. 21. 12. 2005 – Az.: VK-SH 29/05; 1. VK Sachsen, B. v. 7. 7. 2005 – Az.: 1/SVK/061-05). Er hat Erkundigungen einzuholen und ggf. den öffentlichen Auftraggeber aufzufordern, notwendige Konkretisierungen vorzunehmen. Diese Verpflichtung der Kontaktaufnahme zur Vergabestelle bei Ungereimtheiten in den Verdingungsunterlagen ist zwingend geboten, da nur so etwaige Unklarheiten unmittelbar aufgeklärt und korrigiert werden können (VK Schleswig-Holstein, B. v. 21. 12. 2005 – Az.: VK-SH 29/05). Unverzüglichkeit verlangt daher in diesen Fällen (vor Abgabe des Angebotes), dass sich der Bieter umgehend mit der Vergabestelle in Verbindung setzt (VK Lüneburg, B. v. 26. 1. 2005 – Az.: 203-VgK-56/2004; VK Schleswig-Holstein, B. v. 5. 3. 2004 – Az.: VK-SH 03/04).

4712   Regelmäßig enthalten die **Bewerbungsbedingungen öffentlicher Auftraggeber** auch eine **Verpflichtung, den Auftraggeber auf solche Fehler hinzuweisen** (BayObLG, B. v. 22. 6. 2004 – Az.: Verg 013/04; VK Nordbayern, B. v. 9. 4. 2003 – Az.: 320.VK-3194-10/03; VK Lüneburg, B. v. 29. 10. 2002 – Az.: 23/02).

94.11.9.2 Unterlassene Erkundigung

4713   **Unterbleibt** eine **Nachfrage, muss der Bieter die versäumte Sachaufklärung gegen sich gelten lassen** und kann dem Leistungsverzeichnis nicht eigenmächtig seine Version aufdrängen (BayObLG, B. v. 22. 6. 2004 – Az.: Verg 013/04; 1. VK Sachsen, B. v. 28. 5. 2003 – Az.: 1/SVK/046-03; VK Nordbayern, B. v. 9. 4. 2003 – Az.: 320.VK-3194-10/03). Die unterbliebene Sachaufklärung muss also ein Bieter gegen sich gelten lassen. Er ist daher mit seinem Angebot so zu werten, wie es bei Submission vorliegt (1. VK Sachsen, B. v. 17. 7. 2002 – Az.: 1/SVK/069-02).

94.11.9.3 Unterlassene Erkundigung bei unvollständigen Vergabeunterlagen

4714   Grundsätzlich trägt der Bieter nach den allgemeinen Grundsätzen die Darlegungs- und Beweislast dafür, dass er ein vollständiges Angebot eingereicht hat. Etwas anderes muss aber gelten, wenn der Bieter ein unvollständiges Angebot nur deshalb einreicht, weil er selbst keine vollständigen Verdingungsunterlagen von der Vergabestelle erhalten hat. Die **Vergabestelle trägt insoweit grundsätzlich die Beweislast dafür, dass die von ihr zur Verfügung gestellten Unterlagen vollständig** waren. Diese **Beweislast spielt aber dann keine Rolle, wenn der**

Bieter aufgrund des Inhalts der Vergabeunterlagen erkennen musste, dass die Unterlagen nicht vollständig sind; dann besteht eine Erkundigungspflicht des Bieters (2. VK Bund, B. v. 9. 2. 2005 – Az.: VK 2-12/05).

94.11.10 Richtlinie des VHB 2002 zu § 17 Nr. 7

Beim Einholen zusätzlicher sachdienlicher Auskünfte durch Bewerber ist zu prüfen, ob im Hinblick auf den Wissensgleichstand aller Teilnehmer am Wettbewerb diese über den Sachverhalt zu informieren sind. Die Beantwortung von Rückfragen hat schriftlich durch das Bauamt zu erfolgen. 4715

94.12 Änderung des Leistungsverzeichnisses durch den Auftraggeber während der Ausschreibung

Zu den Anforderungen an eine Änderung des Leistungsverzeichnisses durch den Auftraggeber während der Ausschreibung vgl. die Kommentierung zu § 9 VOB/A RZ 4294. 4716

94.13 Fehlende Unterlagen und Erkundigungspflicht des Bieters

Fehlen bei den Vergabeunterlagen Bestandteile, **auf die an mehreren Stellen der Verdingungsunterlagen hingewiesen wird**, hat der **Bieter die Pflicht, fehlende Unterlagen bei der Vergabestelle unverzüglich nachzufordern**. Ein ohne diese Bestandteile abgegebenes Angebot ist wegen Unvollständigkeit auszuschließen (VK Nordbayern, B. v. 25. 9. 2002 – Az.: 320.VK-3194-26/02). Eine Pflicht der Vergabestelle zur Aufhebung der Ausschreibung besteht nicht. 4717

95. § 17a VOB/A – Vorinformation, Bekanntmachung, Versand der Vergabeunterlagen

1. (1) **Die wesentlichen Merkmale für**
   – eine beabsichtigte bauliche Anlage mit mindestens einem geschätzten Gesamtauftragswert nach § 2 Nr. 4 VgV ohne Umsatzsteuer,
   – einen beabsichtigten Bauauftrag, bei dem der Wert der zu liefernden Stoffe und Bauteile weit überwiegt, mit einem geschätzten Auftragswert von mindestens 750 000 Euro,
   sind als Vorinformation bekannt zu machen.
   (2) Die Vorinformation ist nur dann zwingend vorgeschrieben, wenn die Auftraggeber die Möglichkeit wahrnehmen, die Frist für den Eingang der Angebote gemäß § 18a Nr. 1 Abs. 2 zu verkürzen.
   (3) Die Vorinformation ist nach dem in Anhang I der Verordnung (EG) Nr. 1564/2005 enthaltenen Muster zu erstellen.
   (4) Sie sind sobald wie möglich nach Genehmigung der Planung dem Amt für amtliche Veröffentlichungen der Europäischen Gemeinschaften zu übermitteln oder im Beschafferprofil nach § 16 Nr. 4 zu veröffentlichen; in diesem Fall ist dem Amt für amtliche Veröffentlichungen zuvor auf elektronischem Wege die Veröffentlichung mit dem in Anhang VIII der Verordnung (EG) Nr. 1564/2005 enthaltenem Muster zu melden. Die Vorinformation kann außerdem in Tageszeitungen, amtlichen Veröffentlichungsblättern oder Internetportalen veröffentlicht werden.
2. (1) **Werden Bauaufträge im Sinne von § 1a im Wege eines Offenen Verfahrens, eines Nichtoffenen Verfahrens, eines Wettbewerblichen Dialogs oder eines Verhandlungsverfahrens mit Vergabebekanntmachung vergeben, sind die Unternehmer durch Bekanntmachungen aufzufordern, ihre Teilnahme am Wettbewerb zu beantragen.**

Teil 3 VOB/A § 17a Vergabe- und Vertragsordnung für Bauleistungen Teil A

(2) Die Bekanntmachungen müssen die in Anhang II der Verordnung (EG) Nr. 1564/2005 geforderten Informationen enthalten und sind im Amtsblatt der Europäischen Gemeinschaften zu veröffentlichen. Sie sind dem Amt für amtliche Veröffentlichungen der Europäischen Gemeinschaften unverzüglich, in Fällen des beschleunigten Verfahrens per Telefax oder elektronisch zu übermitteln. Die Bekanntmachung soll sich auf ca. 650 Wörter beschränken.

(3) Der Tag der Absendung an das Amt für amtliche Veröffentlichungen der Europäischen Gemeinschaften muss nachgewiesen werden können.

(4) Die Bekanntmachung wird unentgeltlich, spätestens 12 Tage nach der Absendung im Supplement zum Amtsblatt der Europäischen Gemeinschaften in der Originalsprache veröffentlicht. Eine Zusammenfassung der wichtigsten Angaben wird in den übrigen Amtssprachen der Gemeinschaften veröffentlicht; der Wortlaut in der Originalsprache ist verbindlich.

(5) Die Bekanntmachungen können auch inländisch veröffentlicht werden, z. B. in Tageszeitungen, amtlichen Veröffentlichungsblättern oder Internetportalen. Sie dürfen nur die dem Amt für amtliche Veröffentlichungen der Europäischen Gemeinschaften übermittelten Angaben enthalten und dürfen nicht vor Absendung an dieses Amt veröffentlicht werden.

(6) Bekanntmachungen, die über das Internetportal des Amtes für amtliche Veröffentlichungen der Europäischen Gemeinschaften auf elektronischem Wege erstellt und übermittelt wurden (elektronische Bekanntmachung), werden abweichend von Abs. 4 spätestens 5 Kalendertage nach ihrer Absendung veröffentlicht.

3. (1) Die Bekanntmachung eines Offenen Verfahrens oder Nichtoffenen Verfahrens muss außer den Angaben nach § 17 Nr. 1 Abs. 2 bzw. § 17 Nr. 2 Abs. 2 folgende Angaben enthalten:
– gegebenenfalls Hinweis auf beschleunigtes Verfahren wegen Dringlichkeit,
– Kriterien und deren Gewichtung für die Auftragserteilung, wenn diese nicht im Anschreiben (Aufforderung zur Angebotsabgabe) genannt werden (siehe § 10a),
– Tag der Veröffentlichung der Vorinformation im Amtsblatt der Europäischen Gemeinschaften oder Hinweis auf ihre Nichtveröffentlichung,
– Tag der Absendung der Bekanntmachung.

(2) Die Bekanntmachung eines Verhandlungsverfahrens und eines Wettbewerblichen Dialogs muss die in Anhang II der Verordnung (EG) Nr. 1564/2005 geforderten Angaben enthalten.

4. (1) Die Bekanntmachung ist beim Offenen Verfahren, Nichtoffenen Verfahren, Verhandlungsverfahren und Wettbewerblichen Dialog nach dem im Anhang II der Verordnung (EG) Nr. 1564/2005 enthaltenen Muster zu erstellen.

(2) Dabei sind zu allen Nummern Angaben zu machen; die Texte des Musters sind nicht zu wiederholen.

5. Sind bei Offenen Verfahren die Vergabeunterlagen nicht auf elektronischem Weg frei, direkt und vollständig verfügbar, werden die Vergabeunterlagen den Bewerbern binnen 6 Kalendertagen nach Eingang des Antrags zugesandt, sofern dieser Antrag rechtzeitig vor dem Schlusstermin für den Eingang der Angebote eingegangen ist.

6. Rechtzeitig beantragte Auskünfte über die Vergabeunterlagen sind spätestens 6 Kalendertage vor Ablauf der Angebotsfrist zu erteilen. Bei Nichtoffenen Verfahren und beschleunigten Verhandlungsverfahren nach § 18a Nr. 2 Abs. 4a beträgt diese Frist 4 Kalendertage.

95.1 Vergleichbare Regelungen

4718 Der **Vorschrift des § 17a VOB/A vergleichbar** sind im Bereich der VOB §§ 17, 17b VOB/A, im Bereich der VOL §§ 17, 17a, 17b VOL/A und im Bereich der VOF §§ 9, 14 VOF. Die Kommentierungen zu diesen Vorschriften können daher ergänzend zu der Kommentierung des § 17a herangezogen werden.

95.2 Änderungen in der VOB/A 2006

In **§ 17a Nr. 1 Abs. 1 1. Spiegelstrich** ist zur **Bestimmung des sachlichen Anwendungsbereiches** nicht mehr auf die in der Vergabeverordnung (VgV) enthaltenen Euro-Beträge abgestellt, sondern auf die **jeweiligen Bestimmungen der VgV selbst**. 4719

In **§ 17a Nr. 1 Abs. 3 und Nr. 2 Abs. 2 ist** die Bezugnahme hinsichtlich des Bekanntmachungsmusters aus Anhang I der Verordnung (EG) Nr. 1564/2005 aktualisiert. 4720

In **§ 17a Nr. 1 ist der Abs. 2 neu eingefügt,** wonach die Vorinformation nur dann zwingend vorgeschrieben ist, wenn die Auftraggeber die Möglichkeit wahrnehmen, die Frist für den Eingang der Angebote gem. § 18a Nr. 1 Abs. 2 zu verkürzen. 4721

In **§ 17a Nr. 2** ist ein **neuer Abs. 6** eingefügt, wonach Bekanntmachungen, die über das Internetportal des Amts für amtliche Veröffentlichungen der Europäischen Gemeinschaften auf elektronischem Weg erstellt und übermittelt wurden (elektronische Bekanntmachung), abweichend von Abs. 4 spätestens nach 5 Kalendertagen veröffentlicht werden. 4722

In **§ 17a Nr. 3 Abs. 1 2. Spiegelstrich ist** eine neue Regelung eingefügt, wonach in der Bekanntmachung die **Kriterien und deren Gewichtung** für die Auftragserteilung zu nennen sind, wenn diese nicht im Anschreiben (Aufforderung zur Angebotsabgabe) genannt werden. 4723

In **§ 17a** ist eine **neue Nr. 5** eingefügt, wonach dann, wenn bei Offenen Verfahren die Vergabeunterlagen nicht auf elektronischem Weg frei, direkt und vollständig verfügbar sind, die Vergabeunterlagen den Bewerbern binnen 6 Kalendertagen nach Eingang des Antrags zugesandt werden, sofern dieser Antrag rechtzeitig vor dem Schlusstermin für den Eingang der Angebote eingegangen ist. 4724

95.3 Bieterschützende Vorschrift

95.3.1 Grundsatz

Vgl. dazu die Kommentierung zu § 17 VOB/A RZ 4053. 4725

95.3.2 § 17a Nr. 2

Die Vorschrift des § 17a Nr. 2 hat bieterschützenden Charakter (OLG Naumburg, B. v. 16. 9. 2002 – Az.: 1 Verg 02/02). 4726

95.4 Bedeutung der Vorschriften über die Vergabebekanntmachung

Bei den Vorschriften über die Vergabebekanntmachung handelt es sich **nicht um reine Formvorschriften, sondern um Ordnungsbestimmungen, die die Transparenz des grenzüberschreitenden Wettbewerbs in der EG fördern** und die ungerechtfertigte Bevorzugung von Unternehmen durch die Vergabestellen des eigenen Landes erschweren sollen (VK Südbayern, B. v. 18. 3. 2002 – Az.: 04-02/02; BayObLG, B. v. 4. 2. 2003 – Az.: Verg 31/02 – für die öffentliche Ausschreibung). 4727

95.5 Auslegung der Vergabebekanntmachung

Hierbei kommt es allein auf die Frage an, wie die Bekanntmachung von Seiten der potentiellen Bieter und Bewerber zu verstehen ist – **objektiver Empfängerhorizont** – (2. VK Bund, B. v. 5. 6. 2003 – Az.: VK 2-42/03). 4728

95.6 Bindung des Auftraggebers an die Bekanntmachung

Vgl. dazu die Kommentierung zu § 17 VOB/A RZ 4657. 4729

95.7 Vorinformation (§ 17a Nr. 1)

Nach § 17a Nr. 1 Abs. 1 veröffentlichen die Auftraggeber sobald wie möglich nach Genehmigung der Planung eine Vorinformation über die wesentlichen Merkmale für bestimmte bau- 4730

Teil 3 VOB/A § 17a   Vergabe- und Vertragsordnung für Bauleistungen Teil A

liche Anlagen und für bestimmte Bauaufträge, sofern bestimmte Schwellenwerte erreicht oder überschritten sind.

95.7.1 Sinn und Zweck der Vorinformation

4731   Das Verfahren der Vorinformation ist im Rahmen der Bekanntmachungsvorschriften der Vergabekoordinierungsrichtlinie geregelt. Diese **Vorschriften sollen die Entstehung eines echten Wettbewerbs auf dem Gebiet des öffentlichen Auftragswesens auf Gemeinschaftsebene fördern,** indem sie sicherstellen, dass die potenziellen Bieter aus anderen Mitgliedstaaten auf die verschiedenen Angebote unter vergleichbaren Bedingungen wie die nationalen Bieter antworten können (EuGH, Urteil vom 26. 9. 2000 – Az.: C-225/98).

95.7.2 Bedeutung der Vorinformation

95.7.2.1 Ältere Rechtsprechung

4732   Der Gemeinschaftsgesetzgeber wollte den potenziellen Bietern dadurch, dass er die Ausübung der Befugnis des öffentlichen Auftraggebers, die Fristen für den Eingang der Gebote zu verkürzen, von der Verpflichtung abhängig machte, die Bekanntmachung einer Vorinformation zu veröffentlichen, dieselben Fristen für die Ausarbeitung ihres Angebots gewährleisten, die ihnen bei Geltung der normalen Fristen zur Verfügung gestanden hätten. Die **Veröffentlichung der Bekanntmachung einer Vorinformation ist daher nur zwingend, wenn die öffentlichen Auftraggeber von der Möglichkeit Gebrauch machen, die Fristen für den Eingang der Gebote zu verkürzen** (EuGH, Urteil vom 26. 9. 2000 – Az.: C-225/98).

4733   **Bei der Vorinformation handelt es sich dennoch nicht um eine bloße Formalität, sondern ihr kommt wegen der hoch angesiedelten Transparenz materielle Bedeutung zu** (VK Thüringen, B. v. 21. 11. 2001 – Az.: 216-4004.20-059/01-G-S).

4734   Jedoch folgt aus dem Charakter der Vorinformation als einer dem Vergabeverfahren vorgeschalteten Information (langfristige unverbindliche Information zu einem beabsichtigten Vergabeverfahren ohne konkrete Angaben, die eine Kalkulation ermöglichen könnten), dass **Verstöße des Auftraggebers gegen § 17a VOB/A nicht zur Rechtswidrigkeit des Vergabeverfahrens führen können** (VK Thüringen, B. v. 28. 5. 2001 – Az.: 216-4002.20-028/01-GTH, B. v. 9. 9. 2003, Az.: 216-4003.20-015/03-GTH).

95.7.2.2 Möglichkeit der Fristverkürzung

4735   Nach **§ 18a Nr. 1 Abs. 2** kann die **Frist für den Eingang der Angebote verkürzt** werden, wenn eine Vorinformation gemäß § 17a Nr. 1 nach dem vorgeschriebenen Muster (Anhang I der Verordnung (EG) Nr. 1564/2005) mindestens 52 Kalendertage, höchstens aber 12 Monate vor dem Zeitpunkt der Absendung der Bekanntmachung des Auftrags im Offenen Verfahren nach § 17a Nr. 2 an das Amtsblatt der Europäischen Gemeinschaften abgesandt wurde. Auch in dieser Regelung kommt das **Bemühen insbesondere der EU-Kommission zum Ausdruck, öffentliche Aufträge möglichst elektronisch abzuwickeln.**

95.7.3 Richtlinie des VHB 2002 zur Vorinformation

4736   Die Vorinformation ist immer bekannt zu machen. Es genügt in die Bekanntmachung alle Informationen aufzunehmen, die zum Zeitpunkt der Absendung der Bekanntmachung vorliegen.

4737   Sollen aufgrund einer Vorinformation verkürzte Bewerbungs- bzw. Angebotsfristen festgelegt werden, muss eine nach § 18a noch gültige Vorinformation vorliegen. Dafür muss die Vorinformation nach dem vorgeschriebenen Muster mindestens 52 Kalendertage, höchstens aber 12 Monate vor dem Zeitpunkt der Absendung der Bekanntmachung für das Vergabeverfahren an das Amtsblatt der Europäischen Gemeinschaften abgesandt worden sein; ggf. ist die Vorinformation rechtzeitig zu erneuern.

95.7.4 Regelung des HVA B-StB 03/2006 zur Vorinformation

4738   Bei Vergaben ab den EG-Schwellenwerten ist immer eine Vorinformation zu veröffentlichen. Dabei genügt es, in die Vorinformation nur die Informationen aufzunehmen, die zum Zeitpunkt der Absendung verfügbar sind (Ziffer 2.1 Nr. 1).

95.7.5 Verpflichtung zur Vorinformation für Aufträge über bauliche Anlagen

Die Verpflichtung zur Vorinformation gilt einmal für eine beabsichtigte bauliche Anlage mit mindestens einem geschätzten Gesamtauftragswert nach § 2 Nr. 4 VgV ohne Umsatzsteuer. Es wird also zur **Bestimmung des sachlichen Anwendungsbereiches** nicht mehr auf die in der Vergabeverordnung (VgV) enthaltenen Euro-Beträge abgestellt, sondern auf die **jeweiligen Bestimmungen der VgV selbst**. 4739

95.7.5.1 Bauliche Anlagen

Der **Begriff der „baulichen Anlage"** ist identisch mit dem Begriff „Bauwerk" wie er in der Baukoordinierungsrichtlinie verwendet wird (VK Rheinland-Pfalz, B. v. 10. 6. 2003 – Az.: VK 10/03; VK Münster, B. v. 6. 6. 2001 – Az.: VK 12/01). 4740

Für die Einzelheiten vgl. die Kommentierung zu § 99 Abs. 3 GWB RZ 1090. 4741

95.7.5.2 Bauauftrag mit überwiegendem Lieferanteil

95.7.5.2.1 Allgemeines. § 17a Nr. 1 Abs. 1 2. Alternative deckt sich – bis auf den Schwellenwert – mit der Regelung des § 1a Nr. 2 2. Alternative VOB/A. 4742

95.7.5.2.2 Anwendbarkeit des Vergaberechts (GWB) und der a-Paragraphen. Für Bauaufträge enthält § 2 VgV eindeutig nur die Schwellenwerte von 5 Mio. € und 1 Mio. €; eine Ausnahme für Bauaufträge, bei denen der Lieferanteil überwiegt, findet sich nicht (BayObLG, B. v. 23. 7. 2002 – Az.: Verg 17/02). Es kann daher **Fälle** geben, in denen auf Bauaufträge, bei denen der Lieferungsanteil deutlich überwiegt, **zwar nicht das Vergaberecht des Vierten Teils des GWB, aber dennoch die a-Paragraphen anzuwenden** sind. 4743

Vgl. dazu im Einzelnen die Kommentierung zu § 1a VOB/A RZ 3559. 4744

95.7.6 Zwingende Vorinformation (§ 17a Nr. 1 Abs. 2)

Die Vorinformation ist **nur dann zwingend** vorgeschrieben, wenn die **Auftraggeber die Möglichkeit wahrnehmen, die Frist für den Eingang der Angebote gem. § 18a Nr. 1 Abs. 2 zu verkürzen**. 4745

95.7.7 Form der Vorinformation (§ 17a Nr. 1 Abs. 3)

95.7.7.1 Regelung der VOB/A

Bekanntmachungsmuster werden nunmehr in der Verordnung (EG) Nr. 1564/2005 vorgegeben. Ihre **Anwendung ist damit direkt gültig; es bedarf keiner Umsetzung in nationales Recht**. Auf die Aufnahme der Bekanntmachungsmuster in die VOB/A wurde daher verzichtet; anstelle der Verweise der VOB/A wurde direkt auf die Anhänge in der Verordnung (EG) Nr. 1564/2005 verwiesen. Die **Vorinformation** ist nach dem **in Anhang I der Verordnung (EG) Nr. 1564/2005 enthaltenen Muster zu erstellen**. 4746

95.7.7.2 Richtlinie des VHB 2002 zur Form der Vorinformation

Bekanntmachungen im Amtsblatt der EG von Vorinformationen, Offenen und Nichtoffenen Verfahren, Verhandlungsverfahren sowie Wettbewerblichem Dialog sind auf der homepage des Amtes für amtliche Veröffentlichungen der Europäischen Gemeinschaften in Luxemburg online unter www.simap.eu.int unter dem Link „Auftraggeberseite/Formulare" zu veröffentlichen. 4747

Bekanntmachungen bei innerstaatlichen Veröffentlichungsstellen von Vorinformationen, Offenen und Nichtoffenen Verfahren, Verhandlungsverfahren sowie Wettbewerblichem Dialog sind **auf dem Internetportal des Bundes** (www.bund.de) sowie ggf. auch in Tageszeitungen oder Fachzeitschriften zu veröffentlichen, wenn dies zur Erfüllung des Ausschreibungszwecks nötig ist. Die Veröffentlichung im Internetportal des Bundes (www.bund.de) kann durch Verlinkung auf das EU-Internetportal erfolgen. Daneben können auch die in Dateiform (pdf) vorliegenden ausgefüllten EU-Bekanntmachungsmuster zur Veröffentlichung übermittelt werden. Für die Veröffentlichung in Tageszeitungen oder Fachzeitschriften können die Angaben auf die für die 4748

Teil 3 VOB/A § 17a   Vergabe- und Vertragsordnung für Bauleistungen Teil A

innerstaatlichen Bieter und Bewerber notwendigen Informationen beschränkt werden. Hierfür sind folgende Einheitliche Formblätter (Teil III) zu verwenden:

- EFB-(B/Z)Veröff 2-345 – Anschreiben an innerstaatliche Veröffentlichungsblätter
- EFB-Bek O – 346/1 – Bekanntmachungsmuster Offenes Verfahren
- EFB-Bek N – 346/2 – Bekanntmachungsmuster Nichtoffenes Verfahren
- EFB-Bek V – 346/3 – Bekanntmachungsmuster Verhandlungsverfahren.

95.7.7.3 Ausfüllanleitung des VHB 2002 zur Vorinformation

4749   Das VHB 2002 bietet eine Ausfüllanleitung zum korrekten Umgang mit den Veröffentlichungsmustern (EFB BekAn 347) an (!).

95.7.7.4 Regelung des HVA B-StB 03/2006 zur Form der Vorinformation

4750   Bekanntmachungen im Amtsblatt der EG von Vorinformationen, Offenen und Nichtoffenen Verfahren, Verhandlungsverfahren sowie Wettbewerblichem Dialog sind auf der Homepage des Amtes für amtliche Veröffentlichungen der Europäischen Gemeinschaften in Luxemburg online unter www.simap.eu.int unter dem Link „Auftraggeberseite/Formulare" zu veröffentlichen.

4751   Ist eine Online-Bearbeitung nicht möglich oder nicht zweckmäßig, sind die Bekanntmachungen mit den genannten Vordrucken zu erstellen und an das Amtsblatt der EG zu senden.

4752   Für die Vorinformation und das Anschreiben sind folgende Vordrucke zu verwenden:

- Vordruck HVA B-StB-Anschreiben EG-Ausschreibung „EG-Ausschreibung"
- Vordruck VOB/A Anhang I Vorinformationsverfahren „Vorinformation"

95.7.8 Zeitpunkt der Vorinformation (§ 17 a Nr. 1 Abs. 3)

4753   Die Vorinformation muss zeitlich nach den Regeln des § 17 a Nr. 1 Abs. 4 VOB/A erfolgen, also alsbald wie möglich nach Genehmigung der Planung. **Ein „vor Jahren" durchgeführtes Vorinformationsverfahren genügt diesen Anforderungen nicht** (VK Thüringen, B. v. 21. 11. 2001 – Az.: 216-4002.20-004/02-G-S).

95.7.9 Übermittlung der Vorinformation

95.7.9.1 Zwingende Übermittlung der Vorinformation an das Amt für amtliche Veröffentlichungen der Europäischen Gemeinschaften

4754   Die Vorinformation ist zwingend dem Amt für amtliche Veröffentlichungen der Europäischen Gemeinschaften (2, rue Mercier, L-2985 Luxemburg, Telefax 00352/2929–44619; -42623; -42670; E-Mail mp-ojs@opoce.cec.eu.int) zu übermitteln.

95.7.9.2 Form der Übermittlung der Vorinformation an das Amt für amtliche Veröffentlichungen der Europäischen Gemeinschaften

4755   Die Vorinformation kann schriftlich oder elektronisch per E-Mail übermittelt werden. Inzwischen bietet das Amt für amtliche Veröffentlichungen der Europäischen Gemeinschaften auch die Möglichkeit, **Bekanntmachungen online unter www.simap.eu.int unter der Rubrik „Auftraggeber-Seite" zu veröffentlichen.** Bei Nutzung der Online-Formulare ist eine vorherige Anmeldung und Registrierung erforderlich. Aus diesem Angebot des Amtes für amtliche Veröffentlichungen der Europäischen Gemeinschaften kann geschlossen werden, dass auch eine Übermittlung per E-Mail zulässig ist.

95.7.9.3 Übermittlung der Vorinformation durch Veröffentlichung im Beschafferprofil

4756   Eine weitere **neu in die VOB/A 2006 aufgenommene Möglichkeit** der Übermittlung der Vorinformation ist die **Veröffentlichung im Beschafferprofil** nach § 16 Nr. 4; in diesem Fall ist dem Amt für amtliche Veröffentlichungen zuvor auf elektronischem Wege die Veröffentlichung mit dem in Anhang VIII der Verordnung (EG) Nr. 1564/2005 enthaltenen Muster zu melden.

Vergabe- und Vertragsordnung für Bauleistungen Teil A   VOB/A § 17a **Teil 3**

95.7.9.4 Fakultative Übermittlung der Vorinformation an andere Bekanntmachungsblätter

Die Vorinformation muss – im Gegensatz zur Bekanntmachung z. B. von Offenen Verfahren – nicht zwingend auch in anderen Bekanntmachungsblättern veröffentlicht werden; sie **kann außerdem** in Tageszeitungen, amtlichen Veröffentlichungsblättern oder **– neu in die VOB/A 2006 aufgenommen – Internetportalen** veröffentlicht werden.   4757

95.7.10 Folge einer korrekten Vorinformation

Nach § 18a Nr. 1 Abs. 2 kann im Falle einer inhaltlich und zeitlich korrekten Vorinformation die Frist für den Eingang der Angebote abgekürzt werden, ein nicht zu unterschätzender Zeitgewinn bei knappen Ausführungsfristen.   4758

95.8 Bekanntmachung Offener Verfahren, Nichtoffener Verfahren, eines Wettbewerblichen Dialogs oder eines Verhandlungsverfahrens mit Vergabebekanntmachung (§ 17a Nr. 2)

95.8.1 Sinn und Zweck der Bekanntmachung

§ 17a Nr. 2 VOB/A sieht eine Pflicht zur Bekanntmachung öffentlicher Ausschreibungen vor. **Dadurch soll ein transparentes und am Wettbewerbsprinzip orientiertes Vergabeverfahren gefördert werden** (BayObLG, B. v. 4. 2. 2003 – Az.: Verg 31/02).   4759

95.8.2 Begriff der Bekanntmachung

Vgl. die Kommentierung zu § 17 VOB/A RZ 4659.   4760

95.8.3 Notwendiger Inhalt der Bekanntmachungen (§ 17a Nr. 2 Abs. 2 Satz 1)

Nach dem **neu in die VOB/A eingefügten** § 17 Nr. 2 Abs. 2 1. Halbsatz müssen die Bekanntmachungen die in Anhang II der Verordnung (EG) Nr. 1564/2005 geforderten Informationen enthalten; vgl. zu der Verordnung (EG) Nr. 1564/2005 die Kommentierung RZ 4746.   4761

95.8.4 Zwingende Veröffentlichung der Bekanntmachungen im Amtsblatt der Europäischen Gemeinschaften (§ 17a Nr. 2 Abs. 2 Satz 1)

Die **Bekanntmachungen sind zwingend im Amtsblatt der Europäischen Gemeinschaften** zu veröffentlichen. Die Veröffentlichung erfolgt durch **das Amt für amtliche Veröffentlichungen der Europäischen Gemeinschaften** (2, rue Mercier, L-2985 Luxemburg, Telefax 0 03 52/29 29–4 46 19; -4 26 23; -4 26 70; E-Mail mp-ojs@opoce.cec. eu.int).   4762

95.8.5 Form und Umfang der Übermittlung der Bekanntmachungen an das Amt für amtliche Veröffentlichungen der Europäischen Gemeinschaften (§ 17a Nr. 2 Abs. 2 Satz 2)

Die Bekanntmachungen können einmal schriftlich übermittelt werden. Inzwischen bietet das Amt für amtliche Veröffentlichungen der Europäischen Gemeinschaften auch die Möglichkeit, **Bekanntmachungen online unter www.simap.eu.int unter der Rubrik „Auftraggeber-Seite" zu veröffentlichen**. Bei Nutzung der Online-Formulare ist eine vorherige Anmeldung und Registrierung erforderlich.   4763

Mit der VOB/A 2006 wurde die **zwingende Begrenzung des Umfangs auf 650 Wörter** in eine Soll-Vorschrift umgewandelt.   4764

95.8.6 Veröffentlichung der Bekanntmachungen im Supplement zum Amtsblatt der Europäischen Gemeinschaften (§ 17a Nr. 2 Abs. 4)

Die Bekanntmachung wird unentgeltlich, spätestens 12 Tage nach der Absendung **im Supplement zum Amtsblatt der Europäischen Gemeinschaften in der Originalsprache** veröffentlicht. Eine Zusammenfassung der wichtigsten Angaben wird in den übrigen   4765

Teil 3 VOB/A § 17a Vergabe- und Vertragsordnung für Bauleistungen Teil A

Amtssprachen der Gemeinschaften veröffentlicht; der Wortlaut in der Originalsprache ist verbindlich.

95.8.6.1 Allgemeines

4766   Die **schriftliche Version** des Supplements ist seit April 1999 **eingestellt** worden. Zugang zu den im Supplement enthaltenen Informationen gibt es über

– Amtsblatt/Reihe S auf CD-ROM,

– Online-Datenbank **TED (Tenders Electronic Daily)**.

4767   Die CD-ROM mit täglich ca. 650 Ausschreibungen kann als tägliche Ausgabe oder als zweimal wöchentlich erscheinende Ausgabe abonniert werden. Ansprechpartner für ein Abonnement sind die EUR-OP-Vertriebsstellen.

4768   TED ist die Internet-Version des Supplements zum Amtsblatt (http://ted.europa.eu) mit einer täglichen Aktualisierung. Der Zugang erfolgt ab dem 1. 1. 1999 kostenlos online über das Internet, eine für die Unternehmen sicher sehr zu begrüßende Initiative der EU.

95.8.6.2 Zulässigkeit einer rein elektronischen Bekanntmachung

4769   Die TED-Datenbank ist einfach handhabbar und ermöglicht eine gezielte, auf die individuellen Bedürfnisse des Unternehmers zugeschnittene Suche nach ihn interessierenden Ausschreibungen. Angesichts der allgemeinen Verbreitung elektronischer Mittel im Wirtschaftsleben kann davon ausgegangen werden, dass eine **regelmäßige Datenbank-Recherche über Internet auch für mittlere und kleine Unternehmen keine unzumutbare Hürde** darstellt (BayObLG, B. v. 4. 2. 2003 – Az.: Verg 31/02).

95.8.6.3 Ausfüllanleitung des VHB 2002 zu den Veröffentlichungsmustern

4770   Das VHB 2002 bietet eine Ausfüllanleitung zum korrekten Umgang mit den Veröffentlichungsmustern (EFB BekAn 347) an (!).

95.8.7 Inländische Veröffentlichung der Bekanntmachungen (§ 17a Nr. 2 Abs. 5)

4771   Nach der **älteren Rechtsprechung und der VOB/A 2002** waren die **Bekanntmachungen zwingend auch inländisch zu veröffentlichen,** z. B. in Tageszeitungen, amtlichen Veröffentlichungsblättern oder Fachzeitschriften. Sie dürfen nur die dem Amt für amtliche Veröffentlichungen der Europäischen Gemeinschaften übermittelten Angaben enthalten (1. VK Sachsen, B. v. 23. 4. 2004 – Az.: 1/SVK/026-04) und dürfen nicht vor Absendung an dieses Amt veröffentlicht werden.

4772   **Nach der neuen VOB/A 2006 können** die Bekanntmachungen auch inländisch veröffentlicht werden, z. B. in Tageszeitungen, amtlichen Veröffentlichungsblättern oder **– ebenfalls neu in die VOB/A 2006 eingefügt – Internetportalen.** Der **Auftraggeber** hat also ein entsprechendes **Auswahlermessen.**

95.8.7.1 Wahl des Bekanntmachungsmediums

4773   Die Bekanntmachungen erfolgen in der Praxis in Druckmedien oder elektronischen Medien.

4774   **95.8.7.1.1 Allgemeines.** Vgl. dazu die Kommentierung zu § 17 VOB/A RZ 4661.

4775   **95.8.7.1.2 Elektronische Bekanntmachung.** Für öffentliche **Aufträge ab den Schwellenwerten** hat die Rechtsprechung klar gestellt, dass eine **elektronische Bekanntmachung ausreichend** ist. Das Supplement zum Amtsblatt der Europäischen Gemeinschaften, in dem alle EU-weiten Ausschreibungen erscheinen, wird seit April 1999 nicht mehr in gedruckter, sondern ausschließlich in elektronischer Form auf zwei Arten zur Verfügung gestellt, nämlich über das Internet mit Zugriff auf die Ausschreibungs-Datenbank TED (http://www.ted.eur-op.eu.int) und auf einer im Abonnement erhältlichen CD-Rom. Die TED-Datenbank ist einfach handhabbar und ermöglicht eine gezielte, auf die individuellen Bedürfnisse des Unternehmers zugeschnittene Suche nach ihn interessierenden Ausschreibungen. Angesichts der allgemeinen Verbreitung elektronischer Mittel im Wirtschaftsleben kann davon ausgegangen werden, dass eine **regelmäßige Datenbank-Recherche über Internet auch für mittlere und kleine Unternehmen keine unzumutbare Hürde,** darstellt (BayObLG, B. v. 4. 2. 2003 – Az.: Verg 31/02).

4776   Diese Begründung gilt gleichermaßen für Aufträge unterhalb der Schwellenwerte.

95.8.8 Veröffentlichung elektronischer Bekanntmachungen (§ 17a Nr. 2 Abs. 6)

Bekanntmachungen, die über das Internetportal des Amts für amtliche Veröffentlichungen der Europäischen Gemeinschaften auf elektronischem Weg erstellt und übermittelt wurden (elektronische Bekanntmachung), werden abweichend von Abs. 4 **spätestens 5 Kalendertage nach ihrer Absendung veröffentlicht.** 4777

Die Vorschrift ist **Ausdruck der Bemühung der EU-Kommission um eine möglichst weite und möglichst freie Verbreitung von öffentlichen Aufträgen.** 4778

95.9 Inhalt der Bekanntmachung (§ 17a Nr. 3)

95.9.1 Allgemeines

Im Gegensatz zu § 17 verlangt § 17a Nr. 3 zwingend bestimmte Inhalte der Bekanntmachung. 4779

Zu einzelnen Inhaltspunkten vgl. die Kommentierung zu § 17 VOB/A RZ 4673. 4780

95.9.2 Inhalt der Bekanntmachung eines Verhandlungsverfahrens und eines Wettbewerblichen Dialogs (§ 17a Nr. 3 Abs. 2)

In **§ 17a Nr. 3 Abs. 2** wird die neue Vergabeart des Wettbewerblichen Dialogs ergänzt und die Bezugnahme hinsichtlich des Bekanntmachungsmusters aus Anhang I der Verordnung (EG) Nr. 1564/2005 aktualisiert. 4781

95.10 Muster für die Bekanntmachungen (§ 17a Nr. 4)

In **§ 17a Nr. 4 Abs. 1** wird die neue Vergabeart des Wettbewerblichen Dialogs ergänzt und die Bezugnahme hinsichtlich des Bekanntmachungsmusters aus Anhang I der Verordnung (EG) Nr. 1564/2005 aktualisiert. 4782

95.11 Unterschiedliche Inhalte von Bekanntmachungen derselben Ausschreibung

95.11.1 Kein Abgleich unterschiedlicher Bekanntmachungen

Ein **Bewerber muss darauf vertrauen können, dass die Bekanntmachungsvorschriften vollständig beachtet werden,** insbesondere dass die Aufforderung zur Angebotsabgabe alle in der VOB/A genannten Angaben enthält und insofern vollständig ist. **Der Bewerber braucht auch z. B. die Aufforderung zur Angebotsabgabe nicht anhand einer anderen Veröffentlichung,** z. B. der europaweiten Vergabebekanntmachung auf ihre Vollständigkeit **zu überprüfen** (VK Münster, B. v. 21. 8. 2003 – Az.: VK 18/03). 4783

95.11.2 Vorrang der EU-Bekanntmachung

Für die Frage, welche Eignungsnachweise obligatorisch vorzulegen sind, wenn die Vergabestelle im Supplement, im Ausschreibungsanzeiger und in den Verdingungsunterlagen **unterschiedliche Anforderungen an die Eignungsnachweise veröffentlicht,** ist **auf den Inhalt der EU-weiten Vergabebekanntmachung abzustellen.** Der Interessent soll bereits aus der Vergabebekanntmachung und vor der Veranlassung eigener Aufwendungen erkennen können, ob für ihn eine Bewerbung in Betracht kommt; hierfür besitzt die Bekanntgabe der Eignungskriterien und geforderten Eignungsnachweise besondere Bedeutung. Der Vergabestelle ist eine vollständige und verbindliche Angabe dieser Daten im Rahmen der Vergabebekanntmachung zumutbar. Dies hat Niederschlag in den Regelungen der §§ 17a Nr. 1 Abs. 3 Satz 2 und 7a Nr. 2 Abs. 3 Satz 1 VOL/A gefunden (OLG Naumburg, B. v. 26. 2. 2004 – Az.: 1 Verg 17/03; VK Münster, B. v. 17. 11. 2005 – Az.: VK 21/05). 4784

95.11.3 Bezeichnung eines „Offenen Verfahrens" als „öffentliche Ausschreibung"

Nicht jede ungenaue oder falsche Angabe in der Bekanntmachung beeinträchtigt die Transparenz des Vergabeverfahrens und macht dieses fehlerhaft. **Erforderlich ist, dass bei den Be-** 4785 werbern Unklarheiten über die Modalitäten der Ausschreibung aufkommen können. Hieran fehlt es u. a. dann, wenn in einer im Amtsblatt der EG zu veröffentlichenden Ausschreibung von „Öffentlicher Ausschreibung" statt von einem „Offenen Verfahren" die Rede ist. Dies muss erst recht gelten, wenn die europaweite Publikation unter Nennung der richtigen Verfahrensart erfolgt und lediglich in den nationalen Publikationsorganen die Verfahrensart fehlerhaft bezeichnet wird. Eine Aufhebung und erneute Ausschreibung ist nicht erforderlich (VK Schleswig-Holstein, B. v. 5. 8. 2004 – Az.: VK-SH 19/04).

95.12 Anforderung der Vergabeunterlagen (§ 17 a Nr. 5)

4786 In § 17 a ist im Ergebnis eine **neue Nr. 5** eingefügt, wonach dann, wenn bei Offenen Verfahren die Vergabeunterlagen nicht auf elektronischem Weg frei, direkt und vollständig verfügbar sind, die Vergabeunterlagen den Bewerbern binnen 6 Kalendertagen nach Eingang des Antrags zugesandt werden, sofern dieser Antrag rechtzeitig vor dem Schlusstermin für den Eingang der Angebote eingegangen ist. Die **Regelung entspricht der Vorschrift des Art. 39 Abs. 1 der Vergabekoordinierungsrichtlinie.**

95.12.1 Begriff der Vergabeunterlagen

4787 Nach Art. 38 bzw. 39 der Vergabekoordinierungsrichtlinie sind unter dem Begriff der Vergabeunterlagen die Verdingungsunterlagen und alle zusätzlichen Unterlagen zu verstehen. Nach nationalem Recht handelt es sich um die Vergabeunterlagen des § 10 VOB/A.

95.12.2 Freie und direkte Verfügbarkeit der Vergabeunterlagen

4788 Vergabeunterlagen sind auf elektronischem Weg frei und direkt verfügbar, wenn **keinerlei Zugangsbeschränkungen für einen Interessenten bestehen.** Bereits die **kostenlose Verpflichtung zur Registrierung** eines Interessenten, mehr aber noch die nur **kostenpflichtige elektronische Abgabe** der Vergabeunterlagen **schließen eine freie und direkte Verfügbarkeit aus.**

95.12.3 Vollständige Verfügbarkeit der Vergabeunterlagen

4789 Eine vollständige Verfügbarkeit beinhaltet, dass **alle Teile der Vergabeunterlagen,** also auch **Pläne,** aber ebenso in der Leistungsbeschreibung zitierte **ATV'en** verfügbar sind; speziell der letzte Punkt dürfte in der Praxis erhebliche Schwierigkeiten aufwerfen.

95.13 Auskünfte über die Vergabeunterlagen (§ 17 a Nr. 6)

4790 Rechtzeitig beantragte Auskünfte über die Vergabeunterlagen sind spätestens 6 Kalendertage vor Ablauf der Angebotsfrist zu erteilen. Bei Nichtoffenen Verfahren und beschleunigten Verhandlungsverfahren nach § 18 a Nr. 2 Abs. 4a beträgt diese Frist 4 Kalendertage.

95.13.1 Allgemeines

4791 Zu den Einzelheiten der Auskünfte über die Vergabeunterlagen vgl. die Kommentierung zu § 17 VOB/A RZ 4697.

95.13.2 Zeitliche Rahmenbedingungen

4792 Im Gegensatz zu § 17 Nr. 7 VOB/A hat der öffentliche Auftraggeber bei Auskünften nach § 17 a Nr. 6 zeitliche Rahmenbedingungen zu beachten.

95.14 Literatur

4793 – Diercks, Gritt, Einfach die andere Sprache? – Fehler in der Verordnung zu den neuen EU-Formularen, Behörden Spiegel April 2006, S. 19

– Lindenthal, Burkhard, Erläuterungen zu den neuen Standardmustern für Veröffentlichungen im EU-Amtsblatt gemäß Verordnung EG/1564/2005, VergabeR 2006, 1

– Lindenthal, Burkhard, Gültigkeit der neuen kartellvergaberechtlichen Veröffentlichungsformulare, NZBau 2005, 679

96. § 17 b VOB/A – Aufruf zum Wettbewerb

1. (1) Ein Aufruf zum Wettbewerb kann erfolgen

   a) durch Veröffentlichung einer Bekanntmachung nach Anhang V der Verordnung (EG) Nr. 1564/2005,

   b) durch Veröffentlichung einer regelmäßigen nichtverbindlichen Bekanntmachung nach Nummer 2,

   c) durch Veröffentlichung einer Bekanntmachung über das Bestehen eines Prüfsystems nach § 8 b Nr. 9.

   (2) Die Kosten der Veröffentlichung der Bekanntmachungen im Amtsblatt der Europäischen Gemeinschaften werden von den Gemeinschaften getragen.

2. (1) Die wesentlichen Merkmale für eine beabsichtigte bauliche Anlage mit einem geschätzten Gesamtauftragswert nach § 1 b Nr. 1 Abs. 1 sind als regelmäßige nichtverbindliche Bekanntmachung mindestens einmal jährlich nach Anhang IV der Verordnung (EG) Nr. 1564/2005 zu veröffentlichen, wenn die regelmäßige nichtverbindliche Bekanntmachung nicht als Aufruf zum Wettbewerb verwendet wird.

   (2) Die Bekanntmachung ist nur dann zwingend vorgeschrieben, wenn die Auftraggeber die Möglichkeit wahrnehmen, die Frist für den Eingang der Angebote gemäß § 18 b Nr. 1 Abs. 2 zu verkürzen.

   (3) Die Bekanntmachungen als Aufruf zum Wettbewerb sind unverzüglich nach der Entscheidung mit der die beabsichtigte bauliche Anlage oder die ihr zugrunde liegende Planung genehmigt wird nach dem in Anhang V der Verordnung (EG) Nr. 1564/2005 enthaltenen Muster zu erstellen und dem Amt für amtliche Veröffentlichung der Europäischen Gemeinschaften zu übermitteln.

   (4) Hat der Auftraggeber im Internet ein Beschafferprofil eingerichtet, so kann er regelmäßige nichtverbindliche Bekanntmachungen auch dort veröffentlichen. In diesem Fall meldet er der EU-Kommission auf elektronischem Wege die Veröffentlichung mit dem in Anhang VIII der Verordnung (EG) Nr. 1564/2005 enthaltenen Muster.

   (5) Erfolgt der Aufruf zum Wettbewerb durch Veröffentlichungen einer regelmäßigen nichtverbindlichen Bekanntmachung, so

   a) müssen in der Bekanntmachung Bauarbeiten, die Gegenstand des zu vergebenden Auftrags sein werden, nach Art und Umfang genannt sein und die in Anhang V der Verordnung (EG) Nr. 1564/2005 geforderten Angaben enthalten,

   b) muss die Bekanntmachung den Hinweis, dass dieser Auftrag im Nichtoffenen Verfahren oder Verhandlungsverfahren ohne spätere Veröffentlichung eines Aufrufs zur Angebotsabgabe vergeben wird, sowie die Aufforderung an die interessierten Unternehmer enthalten, ihr Interesse schriftlich mitzuteilen,

   c) müssen die Auftraggeber später alle Bewerber mindestens auf der Grundlage der nachfolgend aufgelisteten Angaben über den Auftrag auffordern, ihr Interesse zu bestätigen, bevor mit der Auswahl der Bieter oder der Teilnehmer an einer Verhandlung begonnen wird:

       I Art und Menge, einschließlich etwaiger Optionen auf zusätzliche Aufträge, und möglichenfalls veranschlagte Frist für die Inanspruchnahme dieser Optionen; bei wiederkehrenden Aufträgen Art und Menge und möglichenfalls veranschlagte Frist für die Veröffentlichung der Bekanntmachungen späterer Ausschreibungen für die Bauarbeiten, die Gegenstand des Auftrags sein sollen;

       II Art des Verfahrens; Nichtoffenes Verfahren oder Verhandlungsverfahren;

       III gegebenenfalls Zeitpunkt, zu dem die Leistungen beginnen bzw. abgeschlossen werden;

IV Anschrift und letzter Tag für die Vorlage des Antrags auf Aufforderung zur Angebotsabgabe sowie die Sprache oder Sprachen, in denen die Angebote abzugeben sind;

V Anschrift der Stelle, die den Zuschlag erteilt und die Auskünfte gibt, die für den Erhalt der Spezifikationen und anderer Dokumente notwendig sind;

VI alle wirtschaftlichen und technischen Anforderungen, finanziellen Garantien und Angaben, die von Auftragnehmern verlangt werden;

VII Höhe der für die Vergabeunterlagen zu entrichtenden Beträge und Zahlungsbedingungen;

VIII Art des Auftrags, der Gegenstand des Vergabeverfahrens ist;

IX die Zuschlagskriterien sowie deren Gewichtung oder gegebenenfalls die nach ihrer Bedeutung eingestufte Reihenfolge der Kriterien, wenn diese Angaben nicht in der Bekanntmachung, der Aufforderung zur Interessenbestätigung, der Aufforderung zur Verhandlung oder den Verdingungsunterlagen enthalten sind.

d) dürfen zwischen deren Veröffentlichung und dem Zeitpunkt der Zusendung der Aufforderung an die Bewerber gemäß Nummer 2 Abs. 3, Buchstabe c höchstens 12 Monate vergangen sein. Im Übrigen gilt § 18b Nr. 2.

3. Entscheidet sich der Auftraggeber für die Einführung eines Prüfsystems so ist dies Gegenstand einer Bekanntmachung nach Anhang VII der Verordnung (EG) Nr. 1564/2005, die über den Zweck des Prüfsystems und darüber informiert, wie die Qualifizierungsregeln angefordert werden können. Beträgt die Laufzeit des Systems mehr als drei Jahre so ist die Bekanntmachung jährlich zu veröffentlichen. Bei kürzerer Laufzeit genügt eine Bekanntmachung zu Beginn des Verfahrens.

4. Erfolgt ein Aufruf zum Wettbewerb durch Veröffentlichung einer Bekanntmachung über das Bestehen eines Prüfsystems, so werden die Bieter in einem Nichtoffenen Verfahren oder die Teilnehmer an einem Verhandlungsverfahren unter den Bewerbern ausgewählt, die sich im Rahmen eines solchen Systems qualifiziert haben.

5. (1) Der Tag der Absendung der Bekanntmachung muss nachgewiesen werden können. Vor dem Tag der Absendung darf die Bekanntmachung nicht veröffentlicht werden.

(2) Alle Veröffentlichungen dürfen nur die dem Amt für amtliche Veröffentlichungen der Europäischen Gemeinschaften übermittelten Angaben enthalten.

(3) Die Bekanntmachung wird unentgeltlich, spätestens 12 Kalendertage nach der Absendung im Supplement zum Amtsblatt der Europäischen Gemeinschaften in der Originalsprache veröffentlicht. Eine Zusammenfassung der wichtigsten Angaben wird in den übrigen Amtssprachen der Gemeinschaft veröffentlicht; der Wortlaut in der Originalsprache ist verbindlich. Bekanntmachungen, die über das Internetportal des Amtes für amtliche Veröffentlichungen der Europäischen Gemeinschaften?2) auf elektronischem Wege erstellt und übermittelt wurden (elektronische Bekanntmachung), werden abweichend von Satz 1 spätestens 5 Kalendertage nach ihrer Absendung veröffentlicht.

6. Sind bei offenen Verfahren die Vergabeunterlagen nicht auf elektronischem Weg frei, direkt und vollständig verfügbar, werden die Vergabeunterlagen den Bewerbern binnen 6 Kalendertagen nach Eingang des Antrags zugesandt, sofern dieser Antrag rechtzeitig vor dem Schlusstermin für den Eingang der Angebote eingegangen ist.

7. Rechtzeitig beantragte Auskünfte über die Vergabeunterlagen sind spätestens 6 Kalendertage vor Ablauf der Angebotsfrist zu erteilen.

8. Die Vergabeunterlagen sind beim Nichtoffenen Verfahren und beim Verhandlungsverfahren mit vorherigem Aufruf zum Wettbewerb an alle ausgewählten Bewerber am selben Tag abzusenden.

96.1 Vergleichbare Regelungen

Der **Vorschrift des § 17b VOB/A im Grundsatz vergleichbar** sind im Bereich der VOB **§§ 17, 17a VOB/A**, im Bereich der VOL **§§ 17, 17a, 17b VOL/A** und im Bereich der VOF **§§ 9, 14 VOF**. Die Kommentierungen zu diesen Vorschriften können daher ergänzend zu der Kommentierung des § 17b herangezogen werden. 4794

96.2 Änderungen in der VOB/A 2006

In **§ 17b Nr. 1 Abs. 1 Buchstabe a), Nr. 2 Abs. 1, Abs. 3, Abs. 4, Abs. 5 Buchstabe a) und Nr. 3** wird die Bezugnahme hinsichtlich der Bekanntmachungsmuster aus der Verordnung (EG) Nr. 1564/2005 aktualisiert. 4795

Bei der **Bekanntmachung nach § 17b Nr. 2, die der Vorinformation entspricht,** wird entsprechend den Regelungen über die Vorinformation klargestellt, dass es sich um eine **nichtverbindliche Bekanntmachung** handelt (§ 17b Nr. 1 Buchstabe b), § 17b Nr. 2 Abs. 1, Abs. 4, Abs. 5). 4796

In **§ 17b Nr. 2 ist der Abs. 2 neu eingefügt,** wonach die Bekanntmachung nur dann zwingend vorgeschrieben ist, wenn der Auftraggeber die Möglichkeit wahrnehmen, die Frist für den Eingang der Angebote gem. § 18b Nr. 1 Abs. 2 zu verkürzen. 4797

In **§ 17b Nr. 5 Abs. 3** ist ein **neuer Satz 3** eingefügt, wonach Bekanntmachungen, die über das Internetportal des Amts für amtliche Veröffentlichungen der Europäischen Gemeinschaften auf elektronischem Weg erstellt und übermittelt wurden (elektronische Bekanntmachung), abweichend von Abs. 4 spätestens 5 Kalendertage veröffentlicht werden. 4798

In **§ 17b** ist eine **neue Nr. 6** eingefügt, wonach dann, wenn bei Offenen Verfahren die Vergabeunterlagen nicht auf elektronischem Weg frei, direkt und vollständig verfügbar sind, die Vergabeunterlagen den Bewerbern binnen 6 Kalendertagen nach Eingang des Antrags zugesandt werden, sofern dieser Antrag rechtzeitig vor dem Schlusstermin für den Eingang der Angebote eingegangen ist. 4799

96.3 Hinweis

Zu den allgemeinen Punkten 4800
– bieterschützende Regelung,
– Bedeutung der Vorschriften über die Vergabebekanntmachung,
– Auslegung der Vergabebekanntmachung,
– Bindung des Auftraggebers an die Bekanntmachung

vgl. die **Kommentierung zu § 17a VOB/A** RZ 4651 ff. 4801

96.4 Bedeutung in der Rechtsprechung

Die Vorschrift hat in der Rechtsprechung keine Bedeutung. 4802

96.5 Inhalt der Vorschrift

§ 17b gibt den Sektorenauftraggebern (§ 7 Abs. 1 VgV in Verbindung mit § 98 Nr. 1 bis 3, 5 und 6 GWB) **vier Möglichkeiten, Aufträge im Wettbewerb bekannt zu machen,** und zwar 4803

a) durch **Veröffentlichung einer Bekanntmachung nach Anhang V der Verordnung (EG) Nr. 1564/2005** (entspricht im Grundsatz dem Offenen Verfahren),
b) durch **Veröffentlichung einer regelmäßigen nichtverbindlichen Bekanntmachung ohne Aufruf zum Wettbewerb nach Nummer 2 Abs. 1** (entspricht im Grundsatz der Vorinformation),
c) durch **Veröffentlichung einer regelmäßigen Bekanntmachung als Aufruf zum Wettbewerb nach Nummer 2 Abs. 3 und 5** (entspricht im Grundsatz dem Teilnahmewettbewerb des § 17a VOB/A) und
d) durch **Veröffentlichung einer Bekanntmachung über das Bestehen eines Prüfsystems nach § 8b Nr. 5.**

96.6 Regelmäßige nichtverbindliche Bekanntmachung ohne Aufruf zum Wettbewerb

96.6.1 Grundsatz

4804   Die regelmäßige Bekanntmachung ohne Aufruf zum Wettbewerb entspricht im Grundsatz dem Vorinformationsverfahren des § 17a Nr. 1 VOB/A.

4805   Zu den Einzelheiten vgl. daher die Kommentierung zu § 17a VOB/A RZ 4730.

96.6.2 Verbindlichkeit der Bekanntmachung nach § 17b Nr. 2

4806   Die Bekanntmachung ist nur dann zwingend vorgeschrieben, wenn die Auftraggeber die Möglichkeit wahrnehmen, die Frist für den Eingang der Angebote gem. § 18b Nr. 1 Abs. 2 zu verkürzen. Diese Regelung ist deckungsgleich mit § 17a Nr. 1 Abs. 2; vgl. insoweit die Kommentierung RZ 4745.

96.7 Regelmäßige Bekanntmachung als Aufruf zum Wettbewerb

96.7.1 Allgemeines

4807   Die regelmäßige Bekanntmachung als Aufruf zum Wettbewerb entspricht im Grundsatz dem Teilnahmewettbewerb des § 17 Nr. 2 Abs. 2, 17a Nr. 3 Abs. 1 bzw. Abs. 2 VOB/A.

4808   Zu den Einzelheiten vgl. daher zunächst die Kommentierung zu §§ 17, 17a VOB/A.

4809   Besonderheiten des Inhalts und des Ablaufs der regelmäßigen Bekanntmachung als Aufruf zum Wettbewerb sind in § 17b Nr. 2 Abs. 3 und 5 geregelt.

96.7.2 Beschafferprofil

4810   In § 17b Nr. 2 Abs. 4 wird das Procedere für den Fall der Bekanntmachung einer Bekanntmachung im Beschafferprofil (§ 16b Abs. 4) geregelt.

96.8 Aufruf zum Wettbewerb durch Veröffentlichung einer Bekanntmachung über das Bestehen eines Prüfsystems

96.8.1 Verfahrensablauf

4811   Nach § 8b Nr. 5 VOB/A können Auftraggeber ein System zur Prüfung von Unternehmern (Präqualifikationsverfahren) einrichten und anwenden. Unternehmen, die dieses Präqualifikationsverfahren erfolgreich durchlaufen haben, sind nach § 8b Nr. 9 VOB/A in ein Verzeichnis aufzunehmen. Aus diesem Verzeichnis werden dann die Bieter für ein Nichtoffenes bzw. Verhandlungsverfahren ausgewählt.

96.8.2 Hinweis

4812   Zu den Einzelheiten eines solchen Präqualifikationsverfahrens vgl. die Kommentierung zu § 8b VOB/A RZ 4045.

96.9 Veröffentlichung im Amtsblatt (§ 17b Nr. 5)

4813   § 17b Nr. 5 entspricht im Wesentlichen der Vorschrift des § 17a Nr. 2 Abs. 3, 4 und 6; vgl. daher die Kommentierung zu § 17a VOB/A RZ 4759 ff..

96.10 Anforderung der Vergabeunterlagen (§ 17b Nr. 6)

4814   Die Regelung entspricht im Wesentlichen der Vorschrift des § 17a Nr. 5; vgl. daher die Kommentierung zu § 17a VOB/A RZ 4786.

96.11 Auskünfte über die Vergabeunterlagen (§ 17b Nr. 6)

Die Regelung entspricht im Wesentlichen der Vorschrift des § 17a Nr. 5; vgl. daher die Kommentierung zu § 17a VOB/A RZ 4786. 4815

97. § 18 VOB/A – Angebotsfrist, Bewerbungsfrist

1. Für die Bearbeitung und Einreichung der Angebote ist eine ausreichende Angebotsfrist vorzusehen, auch bei Dringlichkeit nicht unter 10 Kalendertagen. Dabei ist insbesondere der zusätzliche Aufwand für die Besichtigung von Baustellen oder die Beschaffung von Unterlagen für die Angebotsbearbeitung zu berücksichtigen.
2. Die Angebotsfrist läuft ab, sobald im Eröffnungstermin der Verhandlungsleiter mit der Öffnung der Angebote beginnt.
3. Bis zum Ablauf der Angebotsfrist können Angebote in Textform zurückgezogen werden.
4. Für die Einreichung von Teilnahmeanträgen bei Beschränkter Ausschreibung nach Öffentlichem Teilnahmewettbewerb ist eine ausreichende Bewerbungsfrist vorzusehen.

97.1 Vergleichbare Regelungen

Der **Vorschrift des § 18 VOB/A vergleichbar** sind im Bereich der VOB **§§ 18a, 18b VOB/A**, im Bereich der VOF **§ 14 VOF** und im Bereich der VOL **§§ 18, 18a, 18b VOL/A**. Die Kommentierungen zu diesen Vorschriften können daher ergänzend zu der Kommentierung des § 18 herangezogen werden. 4816

97.2 Änderungen in der VOB/A 2006

In § 18 Nr. 3 werden die Worte „schriftlich, fernschriftlich, telegrafisch oder digital" durch die Worte „in Textform" ersetzt. 4817

97.3 Bieterschützende Vorschrift

Bei § 18 VOB/A handelt es sich um eine Norm mit bieterschützendem Charakter im Sinne des im Sinne des § 97 Abs. 7 GWB. Denn **nur bei ausreichenden Fristen haben die Bieter die Möglichkeit, ein ordnungsgemäßes Angebot zu erstellen**. § 18 VOB/A ist demnach nicht eine bloße Ordnungsvorschrift, sondern eine subjektiv bieterschützende Regelung (2. VK Bund, B. v. 28. 9. 2005 – Az.: VK 2-120/05; B. v. 17. 4. 2003 – Az.: VK 2-16/03). 4818

97.4 Rechtscharakter der Angebotsfrist

Bei der Angebotsfrist handelt es sich um eine **materiellrechtliche Ausschlussfrist** (VK Münster, B. v. 15. 1. 2003 – Az.: VK 22/02). Um eine Ausschlussfrist handelt es sich immer dann, wenn der **Sinn der gesetzlichen Regelung mit der Fristbeachtung steht und fällt**. Sinn und Zweck des § 18 Nr. 2 und des § 22 Nr. 2 VOB/A ist einen ordnungsgemäßen Wettbewerb zu gewährleisten und eine mögliche Manipulationsgefahr auszuschließen. Überschreitet ein Bieter die Angebotsfrist, verschafft er sich schon insoweit einen **Wettbewerbsvorteil, als ihm mehr Zeit zur Erarbeitung der Angebotsunterlagen zur Verfügung** steht als einem Konkurrenten, der sich den zeitlichen Schranken unterwirft. Darüber hinaus kann die Abgabe einer verspätet abgegebenen Erklärung auch deshalb vorteilhaft sein, weil **etwaige kurzfristige Entwicklungen wirtschaftlicher Rahmenbedingungen** – wie etwa Preisänderungen von Zulieferprodukten oder Einkaufskonditionen – **in die Kalkulation einfließen** können, während konkurrierende fristkonforme Bewerbungen einer zeitlichen Bindung unterliegen und nicht mehr abänderbar sind (Thüringer OLG, B. v. 22. 4. 2004 – Az.: 6 Verg 2/04). 4819

Teil 3 VOB/A § 18   Vergabe- und Vertragsordnung für Bauleistungen Teil A

4820 Eine Ausnahme ist in § 22 Nr. 6 Abs. 1 VOB/A (bzw. § 25 Nr. 1 Abs. 1 Buchstabe e) VOL/A) nur für den Fall vorgesehen, dass ein Angebot nachweislich vor Ablauf der Angebotsfrist dem Auftraggeber zugegangen war, aber bei Öffnung des ersten Angebots aus vom Bieter nicht zu vertretenden Gründen dem Verhandlungsleiter nicht vorgelegen hat. Abgesehen von dieser Ausnahme kommt es auf die Gründe, die zum verspäteten Eingang eines Angebots geführt haben, nicht an; die **rechtzeitige Übermittlung der Angebote ist ausschließlich Sache der Bieter** (1. VK Sachsen, B. v. 29. 12. 2004 – Az.: 1/SVK/123-04; VK Nordbayern, B. v. 18. 8. 2000 – Az.: 320.VK-3194-18/00).

97.5 Wiedereinsetzung in den vorigen Stand bei Versäumung der Frist

4821 Bei Ausschlussfristen ist eine **Wiedereinsetzung in den vorigen Stand nur möglich, wenn sie ausnahmsweise ausdrücklich durch eine Rechtsvorschrift zugelassen** ist. Ob eine Frist eine Ausschlussfrist in diesem Sinne ist, ist Auslegungsfrage, die vor allem nach dem Zweck der Regelung zu beantworten ist. Um eine Ausschlussfrist handelt es sich immer dann, wenn der Sinn der gesetzlichen Regelung mit der Fristbeachtung steht und fällt. Sinn und Zweck des § 18 Nr. 2 und des § 22 Nr. 2 VOB/A ist einen **ordnungsgemäßen Wettbewerb zu gewährleisten und eine mögliche Manipulationsgefahr auszuschließen.** Insoweit kommt eine **Wiedereinsetzung nicht in Betracht** (VK Nordbayern, B. v. 18. 8. 2000 – Az.: 320.VK-3194-18/00; 2. VK Bund, B. v. 26. 9. 2001 – Az.: VK 2-30/01).

4822 Angebotsfristen im Vergabeverfahren sind auch **weder Fristen des Gerichts- noch des Verwaltungsverfahrens. Diese können mangels Regelungslücke und Vergleichbarkeit der Konstellationen auch nicht analog auf das Vergabeverfahren angewendet werden.** Ebenso verbietet sich ein „erst-recht-Schluss". Angebotsabgabefristen im Vergabeverfahren unterscheiden sich nach ihrem Sinn und Zweck grundlegend von den Fristen des Gerichts- und Verwaltungsverfahrens. Letztere dienen vorrangig der Beschleunigung des Verfahrens, während die Angebotsabgabefrist im Vergabeverfahren in erster Linie Ausfluss des Transparenz- und des Gleichbehandlungsgebotes ist (2. VK Bund, B. v. 26. 9. 2001 – Az.: VK 2-30/01).

97.6 Begriff der Angebotsfrist

97.6.1 Begriff der Angebotsfrist nach der VOB/A

4823 § 18a Nr. 1 Abs. 1 definiert die Angebotsfrist als Frist für den Eingang der Angebote.

97.6.2 Angebotsfrist im Sinne von § 107 Abs. 3 GWB

4824 Zum Verständnis der Angebotsfrist im Sinne von § 107 Abs. 3 GWB vgl. die Kommentierung zu § 107 GWB RZ 1970.

97.7 Dauer der Angebotsfrist (§ 18 Nr. 1)

4825 Nach § 18 Nr. 1 ist für die Bearbeitung und Einreichung der Angebote eine ausreichende Angebotsfrist vorzusehen, auch bei Dringlichkeit nicht unter 10 Kalendertagen. Dabei ist insbesondere der zusätzliche Aufwand für die Besichtigung von Baustellen oder die Beschaffung von Unterlagen für die Angebotsbearbeitung zu berücksichtigen.

4826 Durch die in § 18 Nr. 1 vorgesehene Mindestfrist für die Bearbeitung und Einreichung der Angebote **soll sichergestellt werden, dass den Bietern für die Angebotserstellung ausreichend Zeit zur Verfügung steht und Nachteile aufgrund einer nicht ordnungsgemäßen Kalkulation vermieden werden** (2. VK Bund, B. v. 28. 9. 2005 – Az.: VK 2-120/05).

97.7.1 Angemessenheit der Dauer der Angebotsfrist

4827 Gemäß § 18 Abs. 1 Abs. 2 Satz 3 VOB/A müssen die – auch verkürzten – Fristen ausreichend sein, um ordnungsgemäße Angebote abgeben zu können. Dies bedeutet, dass der **Auftraggeber nur dann von der Verkürzung der Angebotsfrist Gebrauch machen soll, wenn die Angebotsfrist für die teilnehmenden Unternehmen als ausreichend angese-

Vergabe- und Vertragsordnung für Bauleistungen Teil A VOB/A § 18 **Teil 3**

hen werden kann. Der **unbestimmte Rechtsbegriff der Angemessenheit ist entsprechend den Realitäten auszulegen.** Abzustellen ist mithin auch auf den **Umfang der zu vergebenden Leistung** und der **Verdingungsunterlagen** (1. VK Sachsen, B. v. 9. 12. 2002 – Az.: 1/SVK/102-02).

97.7.2 Engagement und Personaleinsatz der Bewerber

Es **bleibt der Organisation und damit der Risikosphäre eines Bieters überlassen, mit welchem Engagement und Personaleinsatz er sich an einer Ausschreibung beteiligt.** Er kann aber umgekehrt **einen zu knappen Personaleinsatz nicht dem Auftraggeber entgegenhalten**, indem er geltend macht, eine Angebotsfrist sei zu knapp bemessen (VK Lüneburg, B. v. 20. 11. 2000 – Az.: 203-VgK-13/2000). 4828

Vgl. **im Einzelnen** die Kommentierung RZ 1974. 4829

97.7.3 Dauer der Angebotsfrist bei Parallelausschreibungen (einschließlich eines Generalunternehmerangebots)

Bei der Bemessung der Dauer der Angebotsfrist für die Abgabe eines vollständig ausgepreisten, mit einer Nachunternehmerliste versehenen Generalunternehmerangebots ist zu bedenken, dass die entsprechenden **Vorgaben der VOB/A gerade auf eher kleinteilige losweise Vergaben zugeschnitten** sind und damit **für die Beurteilung einer Generalunternehmerausschreibung nicht geeignet** sind. Es dürfte (sieht man von der Dringlichkeitsfrist von 10 Tagen ab) für einen Einzellosbieter unproblematisch sein, auch innerhalb einer (abgekürzten) Angebotsfrist von 36 Tagen die entsprechenden Unterlagen zu bearbeiten und die Preise zu kalkulieren. Dies liegt daran, dass er innerhalb seines gewohnten Tätigkeitsfeldes agiert und auch nur für dieses ein Angebot abgibt. Bei einem **Generalunternehmer** ist dies jedoch nicht der Fall. Er **ist üblicherweise auf dem Gebiet des Bauhauptgewerbes tätig** und **muss sich für einen Großteil der ausgeschriebenen Lose zuverlässige Nachunternehmer suchen** und diese entsprechend an sich binden. Hinzu kommt, dass auch Personal gebunden wird, um die vom Generalunternehmer im eigenen Unternehmen durchgeführten Leistungen zu kalkulieren. Dieses Vorgehen erfordert nach oben stehenden Erwägungen deutlich mehr Zeit und Personal als bei der Bearbeitung eines Angebots zu einem Einzellos. Insoweit ist eine **Angebotsfrist von 41 Tagen nicht ausreichend** (1. VK Sachsen, B. v. 1. 2. 2002 – Az.: 1/SVK/139-01). 4830

97.7.4 Dauer der Angebotsfrist bei ÖPP-Projekten

Die Frist soll bei solchen Projekten im Baubereich die Erstellung eines sorgfältigen Angebots, die Zeit zur Übermittlung des Angebots und den zusätzlichen Aufwand zur Besichtigung von Baustellen oder die Beschaffung von Unterlagen berücksichtigen. Unter anderem muss den Bietern auch **ausreichend Zeit für die Klärung der steuerrechtlichen Vor- und Nachteile** eines Gesamtpaketes, das sie anbieten möchten, zur Verfügung gestellt werden. Bei komplexen ÖPP-Modellen ist insgesamt **eine den Schwierigkeiten angepasste, eher großzügige Fristsetzung** angeraten (Bundesministerium für Verkehr, Bau und Stadtentwicklung, Gutachten PPP im öffentlichen Hochbau, 19. 9. 2003, Band II: Rechtliche Rahmenbedingungen, Teilband 2: Vergaberecht, Steuerrecht, Recht der öffentlichen Förderung, S. 343). 4831

97.7.5 Dauer der Angebotsfrist bei Leistungsbeschreibung mit Leistungsprogramm

97.7.5.1 Richtlinie des VHB 2002

Bei Leistungsbeschreibung mit Leistungsprogramm ist die Angebotsfrist dem erhöhten Arbeitsumfang entsprechend zu bemessen. 4832

97.7.6 Heilung einer zu kurz bemessenen Angebotsfrist?

Im **Verwaltungsrecht ist anerkannt,** dass bei Nichteinhaltung von Verfahrens- und Formfehlern durch die Nachholung der in Frage stehenden Verfahrenshandlung der **Verfahrens- bzw. Formfehler geheilt werden** kann, § 45 VwVfG. Im Interesse der Verfahrensökonomie 4833 soll durch diese Vorschriften verhindert werden, dass ein im Übrigen rechtmäßiges Verfahren an der Verletzung von Formalvorschriften scheitert, die für die Verwaltungsentscheidung an sich nicht weiter maßgeblich sind. Auch wenn das **Vergabeverfahren nicht auf den Erlass eines Verwaltungsaktes gerichtet** ist und deshalb fraglich ist, ob das VwVfG auch im Nachprüfungsverfahren gilt, kann man dazu neigen, **diese Grundsätze auch im Vergaberecht anzuwenden.** Denn auch in diesem formellen Verfahren darf die Verletzung von Formvorschriften nicht zur Aufhebung des Vergabeverfahrens führen, wenn tatsächlich der mit der Formvorschrift bezweckte Erfolg auf anderem Wege erreicht worden ist, ohne die Rechte des Bieters im Ergebnis einzuschränken (2. VK Bund, B. v. 17. 4. 2003 – Az.: VK 2-16/03).

97.7.7 Sofortige Prüfungspflicht der Verdingungsunterlagen durch die Bewerber?

4834   Die **Bieter** sind **nicht verpflichtet, die Verdingungsunterlagen sofort nach dem Empfang** auf Vollständigkeit, Angemessenheit des Kostenbeitrages oder möglicherweise Problemen bei der Arbeit mit den Datenträgern zu **überprüfen,** da davon auszugehen ist, dass die Vergabestelle ordnungsgemäße Verdingungsunterlagen zur Verfügung stellt, die eine reibungslose Angebotserarbeitung sowohl auf elektronischem Wege als auch schriftlich ermöglichen (VK Magdeburg, B. v. 6. 3. 2000 – Az.: VK-OFD LSA-01/00).

97.7.8 Regelung des HVA B-StB 03/2006 zur Angebotsfrist

4835   Der Eröffnungs-/Einreichungstermin ist grundsätzlich nicht auf einen Tag nach arbeitsfreien Tagen zu legen. Den Bietern ist nach den Erfordernissen des Einzelfalls ausreichend Zeit für die Angebotsbearbeitung zu geben. Die Mindestfristen gemäß § 18 bzw. § 18 a VOB/A sind nicht als Regelfristen zu verwenden (Ziffer 1.1 Nr. 9).

97.8 Ende der Angebotsfrist (§ 18 Nr. 2)

4836   Die Angebotsfrist läuft ab, sobald im Eröffnungstermin der Verhandlungsleiter mit der Öffnung der Angebote beginnt.

97.8.1 Bedeutung des Ablaufes der Angebotsfrist für die Wertung

4837   Einmal ist für die **Wertung** das **Angebot in dieser zum Eröffnungstermin vorliegenden inhaltlichen und formellen Form zugrunde zu legen** (VK Münster, B. v. 15. 1. 2003 – Az.: VK 22/02; VK Nordbayern, B. v. 18. 8. 2000 – Az.: 320.VK-3194-18/00).

4838   Zum andern werden nach **§ 25 Nr. 1 Abs. 1 Buchstabe a) VOB/A Angebote, die im Eröffnungstermin dem Verhandlungsleiter bei Öffnung des ersten Angebots nicht vorgelegen haben, ausgeschlossen,** ausgenommen Angebote nach § 22 Nr. 6 VOB/A.

97.8.2 Setzung unterschiedlicher Fristen für die Einreichung der Angebote und der Eröffnung der Angebote

4839   Die **Setzung unterschiedlicher Fristen für die Einreichung der Angebote und der Eröffnung der Angebote widerspricht § 18 Nr. 2 VOB/A,** der das **Ende der Angebotsfrist mit der Eröffnung zusammenfallen** lässt (BayObLG, B. v. 21. 12. 2000 – Az.: Verg 13/00; VK Thüringen, B. v. 15. 11. 2000 – Az.: 216-4002.20-041/00-G-S). Diese Koppelung wird zudem durch die Regelung des § 22 Nr. 6 Abs. 1 VOB/A verdeutlicht, der sogar Angebote zulässt, die zwar aus nicht vom Bieter zu vertretenden Umständen bei Eröffnung der Angebote dem Verhandlungsleiter nicht vorlagen, aber schon derart in den Machtbereich des Auftraggebers gelangt waren, dass von einem wirksamen Zugang des Angebots auszugehen ist (1. VK Sachsen, B. v. 22. 2. 2000 – Az.: 1/SVK/4-00; OLG Dresden, B. v. 14. 4. 2000 – Az.: WVerg 0001/00).

4840   Da aber jeder Bieter damit rechnen muss, bei einer gegen § 18 Nr. 2 VOB/A verstoßenden Ankündigung mit einem im Sinne der Ankündigung nicht fristgemäßen Angebot ausgeschlossen zu werden, **muss er,** um dem zu begegnen, **in der Frist des § 107 Abs. 3 GWB das zeitliche Auseinanderfallen von Angebots- und Eröffnungstermin beanstanden** (OLG Dresden, B. v. 14. 4. 2000 – Az.: WVerg 0001/00).

4841   Zum Ausnahmefall der Parallelausschreibung vgl. RZ 5093.

97.8.3 Ende der Angebotsfrist an einem Sonntag

Bei einem **auf einen Sonntag festgesetzten Frist zur Abgabe der Angebote endet die** 4842
Angebotsfrist mangels besonderer Vereinbarung gemäß § 193 BGB **am Montag um
24.00 Uhr** (Thüringer OLG, B. v. 14. 11. 2001 – Az.: 6 Verg 6/01; VK Thüringen, B. v.
24. 10. 2001 – Az.: 216-4003.20-124/01-EF-S).

97.8.4 Einheitlicher, auf den ersten Eröffnungstermin festgesetzter Fristablauf für alle Angebote bei Parallelausschreibungen

Gegen die Parallelausschreibung als solche sowie gegen die Festsetzung gestaffelter Eröff- 4843
nungstermine für das Generalunternehmerangebot und die einzelnen Fachlose bestehen keine
Bedenken. **Auch die Bestimmung des ersten Eröffnungstermins (Generalunternehmerangebot) als Frist für die Einreichung aller Angebote – auch soweit für sie ein
späterer Eröffnungstermin festgesetzt ist – steht mit dem Vergaberecht in Einklang.**
Nach § 18 Nr. 2 VOB/A läuft die Angebotsfrist ab, sobald im Eröffnungstermin der Verhandlungsleiter mit der Öffnung der Angebote beginnt. Dies lässt für die Festsetzung einer gesonderten Einreichungsfrist, die schon vor dem Eröffnungstermin abläuft, grundsätzlich keinen Raum.
Dem steht jedoch nicht entgegen, im Verfahren der Parallelausschreibung mit gestaffelten Eröffnungsterminen den ersten, der Gesamtleistung geltenden Eröffnungstermin als für das Ende der Angebotsfrist maßgeblich zu erklären. Hierfür spricht die **besondere wettbewerbliche Situation im Parallelverfahren.** Es muss Vorsorge dagegen getroffen werden, dass Bieter aus der Kenntnis der Eröffnung der Angebote für die Gesamtleistung
Wettbewerbsvorteile für ihre erst später zu eröffnenden Angebote für Fachlose ziehen können
(1. VK Sachsen, B. v. 1. 2. 2002 – Az.: 1/SVK/139-01). Ein einheitlicher, auf den ersten Eröffnungstermin festgesetzter Fristablauf für alle Angebote ist zweifelsohne geeignet, jegliche Gefahr in
dieser Richtung von vornherein auszuschließen (BayObLG, B. v. 21. 12. 2000 – Az.: Verg
13/00; VK Nordbayern, B. v. 27. 11. 2000 – Az.: 320.VK-3194-30/00).

97.8.5 Verlängerung des Endes der Angebotsfrist

97.8.5.1 Zulässigkeit der Verlängerung

Eine Verlängerung des Endes der Angebotsfrist ist nach der Rechtsprechung zulässig. 4844

97.8.5.2 Information aller Bieter

Die **Vergabestelle verletzt den Gleichbehandlungsgrundsatz** des GWB § 97 Abs. 2, 4845
VOB A § 8 Nr. 1 Satz 1, wenn sie zunächst entgegen VOB A § 18 Nr. 2 als Termin der Angebotsabgabe einen vor dem Eröffnungstermin liegenden Tag benennt, dann aber die **Angebotsfrist bis zum Eröffnungstermin verlängert, ohne sämtliche Bieter entsprechend zu
informieren** (OLG Dresden, B. v. 14. 4. 2000 – Az.: WVerg 0001/00).

97.8.5.3 Aufhebung der Ausschreibung bei Verfahrensfehlern im Zusammenhang mit der Verlängerung

Ist die **Verlängerung des Endes der Angebotsfrist verfahrensmäßig fehlerhaft,** kann 4846
eine Vergabekammer zu Recht die Rechtswidrigkeit des Vergabeverfahrens annehmen und mit
der **Entscheidung, das Vergabeverfahren aufzuheben,** eine im Sinne des § 114 Abs. 1
Satz 1 GWB geeignete Maßnahme treffen, um die Rechtsverletzung zu beseitigen (OLG Dresden, B. v. 14. 4. 2000 – Az.: WVerg 0001/00).

97.8.6 Richtlinie des VHB 2002

Die Frist für die Abgabe von Angeboten soll nicht an einem Werktag unmittelbar vor oder 4847
nach einem Sonn- oder Feiertag enden (Ziffer 1).

97.8.7 Regelung des HVA B-StB 03/2006

Nach Ablauf der Angebotsfrist, aber vor Öffnung des ersten Angebotes eingegangene Ange- 4848
bote sind zu berücksichtigen (Ziffer 2.3 Nr. 9).

97.9 Zurückziehung von Angeboten (§ 18 Nr. 3)

4849 Bis zum Ablauf der Angebotsfrist können Angebote **in Textform** zurückgezogen werden.

97.9.1 Möglichkeit der Zurückziehung durch Abgabe eines unvollständigen Angebots?

4850 Ein Bieter, der **kein annahmefähiges Angebot** abgegeben hat, weil in seinem Angebot in der Ausschreibung geforderte Erklärungen fehlen (z. B. eine Nachunternehmererklärung), ist an sein Angebot nicht gebunden. Räumt man diesem Bieter die Möglichkeit ein, über sein Angebot nach Angebotsergänzung zu disponieren (z. B. Ergänzung des Angebots), hätte es dieser infolge seines nicht annahmefähigen Angebots nicht gebundene Bieter nach dem Eröffnungstermin in der Hand, in Kenntnis des Ergebnisses der Ausschreibung sein Angebot entweder durch Nachreichen der im Angebot nicht enthaltenen Erklärung annahmefähig zu machen oder durch die Weigerung, sein Angebot entsprechend den Anforderungen der Ausschreibung zu vervollständigen, den Ausschluss des Angebots herbeizuführen **und somit sein Angebot entgegen den rechtlichen Vorgaben des § 18 Nr. 3 VOB/A faktisch auch nach Ablauf der Angebotsfrist zurückzuziehen.** Da dem Bewerber somit nur unter Schädigung des Wettbewerbs die Möglichkeit eingeräumt werden könnte, sein Angebot durch Nachholung der fehlenden Erklärungen zu vervollständigen, ist **in diesen Fällen das Angebot auszuschließen** (BayObLG, B. v. 19. 3. 2002 – Az.: Verg 2/02; VK Südbayern, B. v. 1. 7. 2003 – Az.: 22-06/03, B. v. 12. 3. 2003 – Az.: 04-02/03; VK Nordbayern, B. v. 13. 11. 2002 – Az.: 320.VK-3194-35/02).

97.9.2 Änderung von Angeboten

4851 Auch **nachträgliche Korrekturen eines Angebotes sind nur bis zum Ablauf der Angebotsfrist möglich,** um letztlich eine Gleichbehandlung aller Bieter zu gewährleisten (2. VK Bund, B. v. 10. 10. 2002 – Az.: VK 2-76/02; VK Münster, B. v. 25. 2. 2003 – Az.: VK 01/03).

97.9.3 Begriff der Textform

4852 In § 18 Nr. 3 sind die Worte „schriftlich, fernschriftlich, telegrafisch oder digital" durch die Worte „in Textform" ersetzt. Zur **Bestimmung des Begriffs der Textform ist auf § 126 b BGB zurückzugreifen.** Danach **fallen unter den Begriff der Textform von einen schriftliche Urkunden,** aber auch jede andere lesbare Form, sofern die **dauerhafte Wiedergabe in Schriftzeichen gewährleistet ist und die Person des Erklärenden genannt** wird. **Taugliche Medien für die Übermittlung in Textform** sind **insbesondere Telefax, CDs, Disketten und E-Mails** aber natürlich auch herkömmliche Schriftstücke.

98. § 18a VOB/A – Angebotsfrist, Bewerbungsfrist

1. (1) Beim Offenen Verfahren beträgt die Frist für den Eingang der Angebote (Angebotsfrist) mindestens 52 Kalendertage, gerechnet vom Tag nach Absendung der Bekanntmachung.

(2) Die Frist für den Eingang der Angebote kann verkürzt werden, wenn eine Vorinformation gemäß § 17a Nr. 1 nach dem vorgeschriebenen Muster (Anhang I der Verordnung (EG) Nr. 1564/2005) mindestens 52 Kalendertage, höchstens aber 12 Monate vor dem Zeitpunkt der Absendung der Bekanntmachung des Auftrags im Offenen Verfahren nach § 17a Nr. 2 an das Amtsblatt der Europäischen Gemeinschaften abgesandt wurde. Diese Vorinformation muss mindestens die im Muster einer Bekanntmachung (Anhang II der Verordnung (EG) Nr. 1564/2005) für das Offene Verfahren geforderten Angaben enthalten, soweit diese Informationen zum Zeitpunkt der Absendung der Vorinformation vorlagen.

Die verkürzte Frist muss für die Interessenten ausreichen, um ordnungsgemäße Angebote einreichen zu können. Sie sollte generell mindestens 36 Kalendertage vom Zeitpunkt der Absendung der Bekanntmachung des Auftrags an betragen; sie darf 22 Kalendertage nicht unterschreiten.

(3) Können die Verdingungsunterlagen, die zusätzlichen Unterlagen oder die geforderten Auskünfte wegen ihres großen Umfangs nicht innerhalb der in § 17a Nr. 5 und 6 genannten Fristen zugesandt bzw. erteilt werden, sind die in den Absätzen 1 und 2 vorgesehenen Fristen angemessen zu verlängern.

(4) Bei Bekanntmachungen, die über das Internetportal des Amtes für amtliche Veröffentlichungen der Europäischen Gemeinschaften[2)] auf elektronischem Wege erstellt und übermittelt werden (elektronische Bekanntmachung), können die in Absatz 1 und 2 genannten Angebotsfristen um 7 Kalendertage verkürzt werden.

(5) Die Angebotsfrist kann um weitere 5 Kalendertage verkürzt werden, wenn ab der Veröffentlichung der Bekanntmachung die Verdingungsunterlagen und alle zusätzlichen Unterlagen auf elektronischem Wege frei, direkt und vollständig verfügbar gemacht werden; in der Bekanntmachung ist die Internetadresse anzugeben, unter der diese Unterlagen abrufbar sind.

(6) Im Offenen Verfahren darf die Kumulierung der Verkürzungen keinesfalls zu einer Angebotsfrist führen, die kürzer ist als 15 Kalendertage, gerechnet vom Tag nach Absendung der Bekanntmachung.

2. (1) Beim Nichtoffenen Verfahren beträgt die Frist für den Eingang der Anträge auf Teilnahme (Bewerbungsfrist) mindestens 37 Kalendertage, gerechnet vom Tag nach Absendung der Bekanntmachung. Aus Gründen der Dringlichkeit kann die Bewerbungsfrist auf 15 Kalendertage verkürzt werden.

(2) Die Bewerbungsfrist kann bei elektronischen Bekanntmachungen gemäß Nummer 1 Abs. 4 um 7 Kalendertage verkürzt werden.

(3) Beim Nichtoffenen Verfahren beträgt die Angebotsfrist mindestens 40 Kalendertage, gerechnet vom Tag nach Absendung der Aufforderung zur Angebotsabgabe. Die Frist für den Eingang der Angebote kann auf 26 Kalendertage verkürzt werden, wenn eine Vorinformation gemäß § 17a Nr. 1 nach dem vorgeschriebenen Muster (Anhang I der Verordnung (EG) Nr. 1564/2005) mindestens 52 Kalendertage, höchstens aber 12 Monate vor dem Zeitpunkt der Absendung der Bekanntmachung des Auftrags im Nichtoffenen Verfahren nach § 17a Nr. 2 an das Amtsblatt der Europäischen Gemeinschaften abgesandt wurde. Diese Vorinformation muss mindestens die im Muster einer Bekanntmachung (Anhang II der Verordnung (EG) Nr. 1564/2005) für das Nichtoffene Verfahren oder gegebenenfalls die im Muster einer Bekanntmachung (Anhang II der Verordnung (EG) Nr. 1564/2005) für das Verhandlungsverfahren geforderten Angaben enthalten, soweit diese Informationen zum Zeitpunkt der Absendung der Vorinformation vorlagen.

(4) Aus Gründen der Dringlichkeit können diese Fristen wie folgt verkürzt werden:

a) auf mindestens 15 Kalendertage für den Eingang der Anträge auf Teilnahme bzw. mindestens 10 Kalendertage bei elektronischer Bekanntmachung gemäß Nummer 1 Abs. 4,

b) bei Nichtoffenen Verfahren auf mindestens 10 Kalendertage für den Eingang der Angebote.

(5) Die Angebotsfrist kann um weitere 5 Kalendertage verkürzt werden, wenn ab der Veröffentlichung der Bekanntmachung die Verdingungsunterlagen und alle zusätzlichen Unterlagen auf elektronischem Wege frei, direkt und vollständig verfügbar gemacht werden; in der Bekanntmachung ist die Internetadresse anzugeben, unter der diese Unterlagen abrufbar sind.

3. Beim Wettbewerblichen Dialog ist entsprechend Nummer 2 Abs. 1 Satz 1 und Abs. 2 und beim Verhandlungsverfahren mit Vergabebekanntmachung ist entsprechend Nummer 2 Abs. 1 und 2 zu verfahren.

4. Können die Angebote nur nach einer Ortsbesichtigung oder Einsichtnahme in nicht übersandte Unterlagen erstellt werden und können die Fristen der Nummern 1 und 2 deswegen nicht eingehalten werden, so sind sie angemessen zu verlängern.

§ 18a VOB/A enthält besondere Regelungen für die Bemessung der Angebots- und Bewerbungsfrist bei Ausschreibungen ab den Schwellenwerten.

Teil 3 VOB/A § 18a Vergabe- und Vertragsordnung für Bauleistungen Teil A

98.1 Vergleichbare Regelungen

4854 Der **Vorschrift des § 18a VOB/A vergleichbar** sind im Bereich der VOB **§§ 18, 18b VOB/A**, im Bereich der VOF **§ 14 VOF** und im Bereich der VOL **§§ 18, 18a, 18b VOL/A**. Die Kommentierungen zu diesen Vorschriften können daher ergänzend zu der Kommentierung des § 18a herangezogen werden.

98.2 Änderungen in der VOB/A 2006

4855 In § 18a Nr. 1 Abs. 2 und Nr. 2 Abs. 3 sind die Bezugnahmen hinsichtlich der Bekanntmachungsmuster aus der Verordnung (EG) Nr. 1564/2005 aktualisiert.

4856 In § 18a Nr. 1 ist ein **neuer Abs. 4** eingefügt, wonach bei elektronischen Bekanntmachungen Angebotsfristen verkürzt werden können.

4857 In § 18a Nr. 1 ist ein **neuer Abs. 5** eingefügt, wonach die Angebotsfrist weiter verkürzt werden kann, wenn ab der Veröffentlichung der Bekanntmachung die Verdingungsunterlagen und alle zusätzlichen Unterlagen auf elektronischem Wege frei, direkt und vollständig verfügbar gemacht werden.

4858 In § 18a Nr. 1 ist ein **neuer Abs. 6** eingefügt, wonach im Offenen Verfahren die Kumulierung der Verkürzungen keinesfalls zu einer Angebotsfrist führen darf, die kürzer ist als 15 Kalendertage, gerechnet vom Tag nach Absendung der Bekanntmachung.

4859 In § 18a Nr. 2 ist ein **neuer Abs. 2** eingefügt, wonach die Bewerbungsfrist bei elektronischen Bekanntmachungen verkürzt werden kann.

4860 In § 18a Nr. 2 ist ein **neuer Abs. 4** eingefügt, wonach aus Gründen der Dringlichkeit die Fristen verkürzt werden können.

98.3 Bieterschützende Vorschrift

4861 Bei § 18a VOB/A handelt es sich um eine Norm mit bieterschützendem Charakter im Sinne des im Sinne des § 97 Abs. 7 GWB. Denn **nur bei ausreichenden Fristen haben die Bieter die Möglichkeit, ein ordnungsgemäßes Angebot zu erstellen**. § 18a VOB/A ist – ebenso wie § 18a VOL/A – demnach nicht eine bloße Ordnungsvorschrift, sondern eine subjektiv bieterschützende Regelung (2. VK Bund, B. v. 17. 4. 2003 – Az.: VK 2-16/03).

98.4 Berechnung der Fristen

4862 Die Berechnung der Fristen erfolgt nach der **Verordnung** (EWG/Euratom) Nr. 1182/71 des Rates vom 3. Juni 1971 **zur Festlegung der Regeln für die Fristen, Daten und Termine**, ABl. EG Nr. L 124 S. 1 (vgl. Anhang II). So gelten zum Beispiel als **Tage alle Tage einschließlich Feiertage, Sonntage und Sonnabende** (Saarländisches OLG, B. v. 9. 11. 2005 – Az.: 1 Verg 4/05).

98.5 Rechtscharakter der Angebotsfrist

4863 Vgl. dazu die Kommentierung zu § 18 VOB/A RZ 4819.

98.6 Wiedereinsetzung in den vorigen Stand bei Versäumung der Frist

4864 Vgl. dazu die Kommentierung zu § 18 VOB/A RZ 4821.

98.7 Heilung einer zu kurz bemessenen Angebotsfrist?

4865 Vgl. dazu die Kommentierung zu § 18 VOB/A RZ 4833.

98.8 Sofortige Prüfungspflicht der Verdingungsunterlagen durch die Bewerber?

4866 Vgl. dazu die Kommentierung zu § 18 VOB/A RZ 4834.

Vergabe- und Vertragsordnung für Bauleistungen Teil A   VOB/A § 18a **Teil 3**

98.9 Begriff der Angebotsfrist (§ 18a Nr. 1 Abs. 1)

98.9.1 Begriff der Angebotsfrist nach der VOB/A

§ 18a Nr. 1 Abs. 1 definiert die Angebotsfrist als Frist für den Eingang der Angebote. 4867

98.9.2 Angebotsfrist im Sinne von § 107 Abs. 3 GWB

Zum Verständnis der Angebotsfrist im Sinne von § 107 Abs. 3 GWB vgl. die Kommentierung zu § 107 GWB RZ 1970. 4868

98.10 Dauer der Angebotsfrist beim Offenen Verfahren (§ 18a Nr. 1 Abs. 1, Abs. 2)

98.10.1 Regelfrist (§ 18a Nr. 1 Abs. 1)

Beim Offenen Verfahren beträgt die Frist für den Eingang der Angebote (Angebotsfrist) mindestens 52 Kalendertage, **gerechnet vom Tag nach Absendung der Bekanntmachung. Es ist für die Angebotsfrist also nicht entscheidend, wann der Bewerber die Verdingungsunterlagen zugesandt erhalten hat oder er die (nationale) Ausschreibung zur Kenntnis genommen hat.** Vielmehr ist gemäß § 18a Nr. 1 Abs. 1 und Abs. 2 VOB/A der Beginn der Angebotsfrist an den Zeitpunkt der Absendung der Bekanntmachung an das EU-Amtsblatt gekoppelt. Dabei nimmt der Verordnungsgeber in Kauf, dass die Bekanntmachung gegebenenfalls erst bis zu 12 Tage später tatsächlich veröffentlicht wird, § 17a Nr. 1 Abs. 4 VOB/A (1. VK Sachsen, B. v. 9. 12. 2002 – Az.: 1/SVK/ 102-02, B. v. 2. 10. 2001 – Az.: 1/SVK/88-01). 4869

98.10.1.1 Angemessenheit der Dauer der Regelangebotsfrist

Die Angebotsfristen müssen ausreichend sein, um ordnungsgemäße Angebote abgeben zu können. Dies bedeutet, dass der **Auftraggeber nur dann von der Verkürzung der Angebotsfrist Gebrauch machen soll, wenn die Angebotsfrist für die teilnehmenden Unternehmen als ausreichend angesehen werden kann.** Der unbestimmte Rechtsbegriff der Angemessenheit ist entsprechend den Realitäten auszulegen. Abzustellen ist mithin auch auf den **Umfang der zu vergebenden Leistung** und der **Verdingungsunterlagen** (1. VK Sachsen, B. v. 9. 12. 2002 – Az.: 1/SVK/102-02). 4870

98.10.1.2 Engagement und Personaleinsatz der Bewerber

Vgl. dazu die Kommentierung zu § 18 VOB/A RZ 4828. 4871

98.10.1.3 Dauer der Angebotsfrist bei Parallelausschreibungen (einschließlich eines Generalunternehmerangebots)

Vgl. dazu die Kommentierung zu § 18 VOB/A RZ 4830. 4872

98.10.1.4 Dauer der Angebotsfrist bei ÖPP-Projekten

Vgl. dazu die Kommentierung zu § 18 VOB/A RZ 4831. 4873

98.10.1.5 Dauer der Angebotsfrist bei Leistungsbeschreibung mit Leistungsprogramm

98.10.1.5.1 Richtlinie des VHB 2002. Bei Leistungsbeschreibung mit Leistungsprogramm ist die Angebotsfrist dem erhöhten Arbeitsumfang entsprechend zu bemessen. 4874

98.10.2 Abkürzung der Regelfrist bei einer Vorinformation (§ 18a Nr. 1 Abs. 2)

98.10.2.1 Formale Voraussetzungen der Abkürzung der Regelfrist

Eine Abkürzung der Regelfrist ist nur zulässig, wenn eine regelmäßige Bekanntmachung gemäß § 17a Nr. 1 nach dem vorgeschriebenen Muster (Anhang I der Verordnung (EG) 4875

Teil 3 VOB/A § 18a Vergabe- und Vertragsordnung für Bauleistungen Teil A

Nr. 1564/2005) mindestens 52 Kalendertage, höchstens aber 12 Monate vor dem Zeitpunkt der Absendung der Bekanntmachung des Auftrags im Offenen Verfahren nach § 17a Nr. 2 an das Amtsblatt der Europäischen Gemeinschaften abgesandt wurde.

4876 Erste Voraussetzung ist also die Absendung einer Vorinformation (vgl. dazu die Kommentierung zu § 17a VOB/A RZ 4754) an das Amtsblatt der Europäischen Gemeinschaften.

4877 **Zweite Voraussetzung** ist die **Einhaltung von zeitlichen Rahmenbedingungen für die Bekanntmachung der Vorinformation,** nämlich mindestens 52 Kalendertage, höchstens aber 12 Monate vor dem Zeitpunkt der Absendung der Bekanntmachung des Auftrags.

98.10.2.2 Angemessenheit der abgekürzten Frist

4878 Die in § 18a Nr. 1 und 2 VOB/A bzw. § 18a Nr. 1 und 2 VOL/A genannten **Fristen sind Mindestfristen, und die Möglichkeit einer Fristverkürzung nach Vorinformation ist nicht zwingend.** Gemäß § 18 Nr. 1 Satz 3 VOB/A bzw. § 18 Nr. 1 Abs. 1 Satz 1 VOL/A, der im Umkehrschluss aus § 1a Nr. 1 Abs. 1 VOB/A bzw. VOL/A als Basisparagraph neben den a-Paragraphen anzuwenden ist, müssen aber auch die verkürzten Fristen ausreichend sein, um ordnungsgemäße Angebote abgeben zu können. Dies bedeutet, dass der Auftraggeber nur dann von der Verkürzung der Angebotsfrist Gebrauch machen soll, wenn die Angebotsfrist für die teilnehmenden Unternehmen als ausreichend angesehen werden kann, also dass die Mindestfristen des § 18a VOB/A bzw. VOL/A nicht in jedem Fall angemessen sind (1. VK Sachsen, B. v. 1. 2. 2002 – Az.: 1/SVK/139-01). Der **unbestimmte Rechtsbegriff der Angemessenheit ist entsprechend den Realitäten auszulegen.** Abzustellen ist mithin auch auf den **Umfang der zu vergebenden Leistung** und der **Verdingungsunterlagen** (1. VK Sachsen, B. v. 9. 12. 2002 – Az.: 1/SVK/ 102-02).

4879 Die Veröffentlichung einer **Vorinformation** gem. § 18a Nr. 1 Abs. 2 VOB/A stellt **keine automatische Begründung für die Reduzierung der Angebotsfristen** dar. Diese müssen vom Auftraggeber stets im Einzelfall auf ihre Angemessenheit überprüft werden (1. VK Sachsen, B. v. 9. 12. 2002 – Az.: 1/SVK/102-02).

4880 Der Auftraggeber muss insbesondere in den **Fällen,** in denen er von der ohnehin schon **verkürzten Angebotsfrist von 36 Tagen** ab Absendung der Bekanntmachung **weiter nach unten abweichen will,** sicher stellen, dass für sämtliche Teilsegmente des Ausschreibungsverfahrens ausreichend Zeit für die Bewerber und Bieter vorgesehen ist (1. VK Sachsen, B. v. 9. 12. 2002 – Az.: 1/SVK/102-02).

4881 Die **22-Tages-Frist** des § 18a Nr. 1 Abs. 2 VOB/A bzw. § 18a Nr. 1 Abs. 2 Buchstabe b) VOL/A ist **nicht als zulässige Regelfrist, sondern als absolute Untergrenze ausgestaltet,** für deren Verwendung außergewöhnliche Ausnahmetatbestände erforderlich sind (1. VK Sachsen, B. v. 2. 10. 2001 – Az.: 1/SVK/88-01).

98.10.2.3 Engagement und Personaleinsatz der Bewerber

4882 Vgl. die Kommentierung RZ 4828.

98.10.2.4 Dauer der Angebotsfrist bei Parallelausschreibungen (einschließlich eines Generalunternehmerangebots)

4883 Vgl. die Kommentierung RZ 4830.

98.10.2.5 Dauer der Angebotsfrist bei ÖPP-Projekten

4884 Vgl. die Kommentierung RZ 4831.

98.10.2.6 Dauer der Angebotsfrist bei Leistungsbeschreibung mit Leistungsprogramm

4885 98.10.2.6.1 Richtlinie des VHB 2002. Bei Leistungsbeschreibung mit Leistungsprogramm ist die Angebotsfrist dem erhöhten Arbeitsumfang entsprechend zu bemessen.

98.10.3 Abkürzung der Regelfrist bei elektronischen Bekanntmachungen (§ 18a Nr. 1 Abs. 4)

4886 In § 18a Nr. 1 ist ein **neuer Abs. 4** eingefügt, wonach bei Bekanntmachungen, die über das Internetportal des Amts für amtliche Veröffentlichungen der Europäischen Gemeinschaften

Vergabe- und Vertragsordnung für Bauleistungen Teil A   VOB/A § 18a **Teil 3**

auf elektronischem Weg erstellt und übermittelt wurden (elektronische Bekanntmachung), die in Abs. 1 und 2 genannten Angebotsfristen um 7 Kalendertage verkürzt werden können. Die **Regelung entspricht der Vorschrift des Art. 38 Abs. 5 der Vergabekoordinierungsrichtlinie.**

98.10.4 Abkürzung der Regelfrist bei freier, direkter und vollständiger Verfügbarkeit der Vergabeunterlagen (§ 18a Nr. 1 Abs. 5)

In § 18a Nr. 1 ist ein **neuer Abs. 5** eingefügt, wonach die Angebotsfrist um weitere 5 Kalendertage verkürzt werden kann, wenn ab der Veröffentlichung der Bekanntmachung die Verdingungsunterlagen und alle zusätzlichen Unterlagen auf elektronischem Wege frei, direkt und vollständig verfügbar gemacht werden; in der Bekanntmachung ist die Internetadresse anzugeben, unter der diese Unterlagen abrufbar sind. Die **Regelung entspricht im Wesentlichen der Vorschrift des Art. 38 Abs. 6 der Vergabekoordinierungsrichtlinie.** 4887

98.10.4.1 Begriff der Verdingungsunterlagen und aller zusätzlichen Unterlagen

Nach Art. 38 bzw. 39 der Vergabekoordinierungsrichtlinie sind unter dem Begriff der Vergabeunterlagen die Verdingungsunterlagen und alle zusätzlichen Unterlagen zu verstehen. Nach **nationalem Recht handelt es sich um die Vergabeunterlagen des § 10 VOB/A.** 4888

98.10.4.2 Freie und direkte Verfügbarkeit der Vergabeunterlagen

Vergabeunterlagen sind auf elektronischem Weg frei und direkt verfügbar, wenn **keinerlei Zugangsbeschränkungen für einen Interessenten bestehen**. Bereits die **kostenlose Verpflichtung zur Registrierung** eines Interessenten, mehr aber noch die nur **kostenpflichtige elektronische Abgabe** der Vergabeunterlagen **schließen eine freie und direkte Verfügbarkeit aus.** 4889

98.10.4.3 Vollständige Verfügbarkeit der Vergabeunterlagen

Eine vollständige Verfügbarkeit beinhaltet, dass **alle Teile der Vergabeunterlagen,** also auch **Pläne,** aber ebenso in der Leistungsbeschreibung zitierte **ATV'en** verfügbar sind; speziell der letzte Punkt dürfte in der Praxis erhebliche Schwierigkeiten aufwerfen. 4890

98.10.5 Maximale Kumulierung der Abkürzung der Regelfristen bei Offenen Verfahren (§ 18a Nr. 1 Abs. 6)

In § 18a Nr. 1 ist ein **neuer Abs. 6** eingefügt, wonach im Offenen Verfahren die Kumulierung der Verkürzungen keinesfalls zu einer Angebotsfrist führen darf, die **kürzer ist als 15 Kalendertage,** gerechnet vom Tag nach Absendung der Bekanntmachung. 4891

98.10.6 Regelung des HVA B-StB 03/2006

Der Eröffnungs-/Einreichungstermin ist grundsätzlich nicht auf einen Tag nach arbeitsfreien Tagen zu legen. Den Bietern ist nach den Erfordernissen des Einzelfalls ausreichend Zeit für die Angebotsbearbeitung zu geben. Die Mindestfristen gemäß § 18 bzw. § 18a VOB/A sind nicht als Regelfristen zu verwenden (Ziffer 1.1 Nr. 9). 4892

98.11 Dauer der Bewerbungsfrist beim Nichtoffenen Verfahren (§ 18a Nr. 2 Abs. 1)

98.11.1 Bewerbungsfrist (§ 18a Nr. 2 Abs. 1)

98.11.1.1 Begriff

Bewerbungsfrist ist die Frist für den Eingang der Anträge auf Teilnahme beim Auftraggeber. 4893

98.11.1.2 Regelfrist

Beim Nichtoffenen Verfahren beträgt die Bewerbungsfrist mindestens 37 Kalendertage, gerechnet vom Tage nach Absendung der Bekanntmachung. 4894

Teil 3 VOB/A § 18a Vergabe- und Vertragsordnung für Bauleistungen Teil A

98.11.1.3 Abkürzung der Regelfrist aus Gründen der Dringlichkeit (§ 18a Nr. 2 Abs. 1 Satz 2)

4895 Die Regelfrist kann nach § 18a Nr. 2 Abs. 1 Satz aus Gründen der Dringlichkeit auf 15 Kalendertage verkürzt werden.

4896 98.11.1.3.1 **Dringlichkeit.** Das Tatbestandsmerkmal der besonderen Dringlichkeit kennzeichnet die **nach objektiven Gesichtspunkten zu beurteilende Eilbedürftigkeit der beabsichtigten Beschaffung** (OLG Düsseldorf, B. v. 1. 8. 2005 – Az.: VII – Verg 41/05). Ein messbarer Unterschied zu der Voraussetzung der (bloßen) Dringlichkeit, die nach § 18a Nr. 2 Abs. 1 Satz 2 VOB/A eine Abkürzung der Bewerbungsfrist rechtfertigt, ist dem Merkmal der besonderen Dringlichkeit in der genannten Bestimmung der VOL/A nicht zuzuerkennen. Nach der der genannten Vorschrift der VOB/A zugrunde liegenden Wertung findet hier **eine Abwägung des Interesses an der in Rede stehenden Beschaffung und der Belange potentieller Bewerber um eine Auftragsvergabe nicht statt.** Es ist auch dem von ihnen selbst zu tragenden unternehmerischen Risiko möglicher Bewerber zuzuordnen, dass die Abkürzung der Bewerbungsfrist die zur Verfügung stehende Zeit beschränkt, mit anderen interessierten Bewerbern Bietergemeinschaften einzugehen. Mit Blick auf den Beschaffungszweck ist es nur folgerichtig, dass **den Bedarfsträgern und den mit der Umsetzung betrauten Vergabestellen** in einem **rechtlich nur beschränkt nachprüfbaren Rahmen** auch die **Wahl der zweckentsprechenden Mittel und Maßnahmen sowie die Entscheidung übertragen** ist, ob und mit welchem wo ansetzenden Beschleunigungsgrad diese beschafft und/oder verwirklicht werden sollen. Damit ist nicht die Möglichkeit zu einer willkürlichen Handhabung eines Vergabeverfahrens und der anschließenden Auftragsvergabe eröffnet. Denn die das Vergabeverfahren betreffenden **Entscheidungen, bleiben nach den allgemeinen Grundsätzen darauf überprüfbar,** ob die Vergabestelle ihre Entscheidung auf der **Grundlage eines zutreffend ermittelten Sachverhalts getroffen** und diese **nicht mit sachfremden Erwägungen und willkürfrei begründet** hat. (OLG Düsseldorf, B. v. 17. 7. 2002 – Az.: Verg 30/02).

4897 Die Verkürzung der Frist ist **nur in eng zu fassenden Ausnahmefällen zulässig, weil dadurch der europaweite Wettbewerb faktisch begrenzt wird zugunsten der beschleunigten Durchführung des Verfahrens.** Die besondere Dringlichkeit setzt die nach objektiven Gesichtspunkten zu beurteilende Eilbedürftigkeit der beabsichtigten Beschaffung voraus. Die Eilbedürftigkeit muss sich zudem in aller Regel **aus Umständen ergeben, die nicht der organisatorischen Sphäre des öffentlichen Auftraggebers selbst zuzurechnen sind** (OLG Düsseldorf, B. v. 1. 8. 2005 – Az.: VII – Verg 41/05; 3. VK Bund, B. v. 9. 6. 2005 – Az.: VK 3-49/05).

4898 98.11.1.3.2 **Beispiele aus der Rechtsprechung**
– in der Bundesrepublik Deutschland besteht eine (latente) **Gefahrenlage,** der zu Folge es jeder Zeit zu **terroristischen Anschlägen** kommen kann, die ähnliche Ziele und ähnliche Auswirkungen haben können wie diejenigen, die sich am 11. 9. 2001 in den Vereinigten Staaten von Amerika ereignet haben. Dies entspricht der Einschätzung der politischen Instanzen in der Bundesrepublik (namentlich der Bundesregierung) und der sie unterstützenden Sicherheitsbehörden, denen im Rahmen dieser Beurteilung eine **Einschätzungsprärogative** zuzuerkennen ist, mit der Folge, dass ihre Beurteilung der Sicherheitslage von den Betroffenen hingenommen werden muss. Bei dieser Sachlage ist die Beschaffung als besonders dringlich einzustufen (OLG Düsseldorf, B. v. 17. 7. 2002 – Az.: Verg 30/02).

98.11.1.4 Abkürzung der Regelfrist bei elektronischen Bekanntmachungen (§ 18a Nr. 2 Abs. 2)

4899 In § 18a Nr. 2 ist ein **neuer Abs. 2** eingefügt, wonach die Bewerbungsfrist bei elektronischen Bekanntmachungen gemäß Nummer 1 Abs. 4 um 7 Kalendertage verkürzt werden kann. Die **Regelung entspricht der Vorschrift des Art. 38 Abs. 5 der Vergabekoordinierungsrichtlinie.**

98.11.2 Dauer der Angebotsfrist beim Nichtoffenen Verfahren (§ 18a Nr. 2 Abs. 3, Abs. 4)

98.11.2.1 Regelfrist

4900 Beim Nichtoffenen Verfahren beträgt die Angebotsfrist mindestens 40 Kalendertage, gerechnet vom Tag nach Absendung der Aufforderung zur Angebotsabgabe.

Vergabe- und Vertragsordnung für Bauleistungen Teil A VOB/A § 18b **Teil 3**

98.11.2.2 Abkürzung der Regelfrist bei Vorinformation (§ 18 a Nr. 2 Abs. 2 Satz 2)

Die Regelfrist kann nach § 18 a Nr. 2 Abs. 2 Satz 2 auf 26 Kalendertage verkürzt werden, wenn eine Vorinformation erfolgt ist. 4901

98.11.2.2.1 Formale Voraussetzungen der Abkürzung der Regelfrist. Vgl. die Kommentierung RZ 4875. 4902

98.11.2.2.2 Inhaltliche Voraussetzungen der Abkürzung der Regelfrist. Vgl. die Kommentierung RZ 4878 ff. 4903

98.11.2.3 Abkürzung der Regelfrist bzw. der verkürzten Frist aus Gründen der Dringlichkeit (§ 18 a Nr. 2 Abs. 4)

Die Regelfrist bzw. abgekürzte Frist kann nach § 18 a Nr. 2 Abs. 4 aus Gründen der Dringlichkeit bis auf 10 Kalendertage verkürzt werden. 4904

98.11.2.3.1 Dringlichkeit. Vgl. die Kommentierung RZ 4895. 4905

98.11.2.4 Abkürzung der Regelfrist bei freier, direkter und vollständiger Verfügbarkeit der Vergabeunterlagen (§ 18 a Nr. 2 Abs. 5)

In § 18 a Nr. 2 ist ein **neuer Abs. 5** eingefügt, wonach die Angebotsfrist um weitere 5 Kalendertage verkürzt werden kann, wenn ab der Veröffentlichung der Bekanntmachung die Verdingungsunterlagen und alle zusätzlichen Unterlagen auf elektronischem Wege frei, direkt und vollständig verfügbar gemacht werden; in der Bekanntmachung ist die Internetadresse anzugeben, unter der diese Unterlagen abrufbar sind. Die **Regelung entspricht im Wesentlichen der Vorschrift des Art. 38 Abs. 6 der Vergabekoordinierungsrichtlinie.** 4906

Vgl. zu den Einzelheiten die Kommentierung RZ 4887. 4907

98.12 Wettbewerblicher Dialog und Verhandlungsverfahren (§ 18 a Nr. 3)

Beim Wettbewerblichen Dialog ist entsprechend Nummer 2 Abs. 1 Satz 1 und Abs. 2 und beim Verhandlungsverfahren mit Vergabebekanntmachung ist entsprechend Nummer 2 Abs. 1 und 2 zu verfahren. 4908

Zu der **Befugnis des Auftraggebers,** Angebotsfristen im Laufe eines Wettbewerblichen Dialogs und eines Verhandlungsverfahrens als **Ausschlussfristen** zu setzen, vgl. die Kommentierung zu § 101 Abs. 4 GWB RZ 1396. 4909

98.13 Richtlinie des VHB 2002 zu den Fristen

Das Vergabehandbuch enthält in der Richtlinie zu § 18a VOB/A eine **umfassende Übersicht** zu 4910
- den Regelfristen,
- den verkürzten Angebotsfristen bei Vorinformation,
- den Fristen für die Übersendung der Vergabeunterlagen und zusätzlicher Unterlagen und die Auskunftserteilung,
- der Unterrichtung nicht berücksichtigter Bewerber und Bieter und,
- der Bekanntmachung der Auftragserteilung.

99. § 18 b VOB/A – Angebotsfrist, Bewerbungsfrist

1. **(1) Beim Offenen Verfahren beträgt die Frist für den Eingang der Angebote (Angebotsfrist) mindestens 52 Kalendertage, gerechnet vom Tag nach Absendung der Bekanntmachung.**
(2) Hat der Auftraggeber eine regelmäßige nichtverbindliche Bekanntmachung gemäß § 17b Nr. 2 Abs. 2 nach dem vorgeschriebenen Muster (Anhang IV der Verordnung (EG) Nr. 1564/2005) mindestens 52 Kalendertage, höchstens aber 12 Monate vor dem Zeitpunkt der Absendung der Bekanntmachung des Auftrags

Teil 3 VOB/A § 18b Vergabe- und Vertragsordnung für Bauleistungen Teil A

nach § 17b Nr. 1 Abs. 1 Buchstabe a an das Amtsblatt der Europäischen Gemeinschaften abgesandt, so beträgt die Frist für den Eingang der Angebote im Offenen Verfahren grundsätzlich mindestens 36 Kalendertage, keinesfalls jedoch weniger als 22 Kalendertage, gerechnet ab dem Tag der Absendung der regelmäßigen nichtverbindlichen Bekanntmachung nach § 17b Nr. 2 Abs. 2.

(3) Bei Bekanntmachungen, die über das Internetportal des Amtes für amtliche Veröffentlichungen der Europäischen Gemeinschaften auf elektronischem Wege erstellt und übermittelt werden (elektronische Bekanntmachung), können die in Abs. 1 und 2 genannten Angebotsfristen um 7 Kalendertage verkürzt werden.

(4) Die Angebotsfrist kann um weitere 5 Kalendertage verkürzt werden, wenn ab der Veröffentlichung der Bekanntmachung die Verdingungsunterlagen und alle zusätzlichen Unterlagen auf elektronischem Wege frei, direkt und vollständig verfügbar gemacht werden; in der Bekanntmachung ist die Internetadresse anzugeben, unter der diese Unterlagen abrufbar sind.

(5) Im Offenen Verfahren darf die Kumulierung der Verkürzungen keinesfalls zu einer Angebotsfrist führen, die kürzer ist als 15 Kalendertage, gerechnet vom Tag nach Absendung der Bekanntmachung.

2. Beim Nichtoffenen Verfahren und Verhandlungsverfahren mit vorherigem Aufruf zum Wettbewerb gilt:

a) Die Frist für den Eingang von Teilnahmeanträgen (Bewerbungsfrist) aufgrund einer Bekanntmachung nach § 17b Nr. 1 Abs. 1 Buchstabe a oder der Aufforderung nach § 17b Nr. 2 Abs. 5 Buchstabe c beträgt in der Regel mindestens 37 Kalendertage, gerechnet vom Tag nach Absendung der Bekanntmachung oder Aufforderung an. Sie darf auf keinen Fall kürzer sein als 22 Kalendertage, bei elektronischer Übermittlung der Bekanntmachung nicht kürzer als 15 Kalendertage.

b) Die Bewerbungsfrist kann bei elektronischen Bekanntmachungen gemäß Nummer 1 Absatz 3 um 7 Kalendertage verkürzt werden.

c) Die Angebotsfrist kann zwischen dem Auftraggeber und den ausgewählten Bewerbern einvernehmlich festgelegt werden, vorausgesetzt, dass allen Bewerbern dieselbe Frist für die Erstellung und Einreichung von Angeboten eingeräumt wird.

d) Falls eine einvernehmliche Festlegung der Angebotsfrist nicht möglich ist, setzt der Auftraggeber im Regelfall eine Frist von mindestens 24 Kalendertagen fest. Sie darf jedoch keinesfalls kürzer als 10 Kalendertage, gerechnet vom Tag nach Absendung der Aufforderung zur Angebotsabgabe, sein. Bei der Festlegung der Frist werden nur die in Nummer 3 genannten Faktoren berücksichtigt.

3. Können die Angebote nur nach Prüfung von umfangreichen Unterlagen, z.B. ausführlichen technischen Spezifikationen, oder nur nach einer Ortsbesichtigung oder Einsichtnahme in ergänzende Unterlagen zu den Vergabeunterlagen erstellt werden und können die Fristen der Nummern 1 und 2 deswegen nicht eingehalten werden, so sind sie angemessen zu verlängern.

4911 § 18b VOB/A enthält besondere Regelungen für die Bemessung der Angebots- und Bewerbungsfrist bei Ausschreibungen ab den Schwellenwerten.

99.1 Vergleichbare Regelungen

4912 Der **Vorschrift des § 18b VOB/A vergleichbar** sind im Bereich der VOB **§§ 18, 18a VOB/A,** im Bereich der VOF **§ 14 VOF** und im Bereich der VOL **§§ 18, 18a, 18b VOL/A.** Die Kommentierungen zu diesen Vorschriften können daher ergänzend zur Kommentierung des § 18b herangezogen werden.

99.2 Änderungen in der VOB/A 2006

4913 In **§ 18b Nr. 1 Abs. 2** ist die Bezugnahme hinsichtlich der Bekanntmachungsmuster aus der Verordnung (EG) Nr. 1564/2005 aktualisiert.

Nach **§ 18 b Nr. 1 Abs. 3, Nr. 2 Buchstabe b)** können bei elektronischen Bekanntmachungen Angebots- bzw. Bewerbungsfristen verkürzt werden können.   4914

In § 18 b Nr. 1 ist ein **neuer Abs. 4** eingefügt, wonach die Angebotsfrist weiter verkürzt werden kann, wenn ab der Veröffentlichung der Bekanntmachung die Verdingungsunterlagen und alle zusätzlichen Unterlagen auf elektronischem Wege frei, direkt und vollständig verfügbar gemacht werden.   4915

In **§ 18 b Nr. 1** ist ein **neuer Abs. 5** eingefügt, wonach im Offenen Verfahren die Kumulierung der Verkürzungen keinesfalls zu einer Angebotsfrist führen darf, die kürzer ist als 15 Kalendertage, gerechnet vom Tag nach Absendung der Bekanntmachung.   4916

99.3 Bieterschützende Vorschrift

Bei § 18 b VOB/A handelt es sich um eine Norm mit bieterschützendem Charakter im Sinne des im Sinne des § 97 Abs. 7 GWB. Denn **nur bei ausreichenden Fristen haben die Bieter die Möglichkeit, ein ordnungsgemäßes Angebot zu erstellen.** § 18 b VOB/A ist demnach nicht eine bloße Ordnungsvorschrift, sondern eine subjektiv bieterschützende Regelung (2. VK Bund, B. v. 17. 4. 2003 – Az.: VK 2-16/03).   4917

99.4 Hinweis

Zu den Punkten   4918
– Berechnung der Fristen,
– Rechtscharakter der Angebotsfrist,
– Wiedereinsetzung in den vorigen Stand bei Versäumung der Frist,
– Heilung einer zu kurz bemessenen Angebotsfrist?,
– Begriff der Angebotsfrist
vgl. die Kommentierung zu § 18 a VOB/A RZ 4862.

99.5 Dauer der Angebotsfrist beim Offenen Verfahren (§ 18 b Nr. 1 Abs. 1)

§ 18 b Nr. 1 Abs. 1 deckt sich im Wesentlichen mit § 18 a Nr. 1 Abs. 1; vgl. insoweit die Kommentierung zu § 18 a VOB/A RZ 4869.   4919

99.6 Abkürzung der Regelfrist bei einer Vorinformation (§ 18 b Nr. 1 Abs. 2)

§ 18 b Nr. 1 Abs. 2 deckt sich im Wesentlichen mit § 18 a Nr. 1 Abs. 2; vgl. insoweit die Kommentierung zu § 18 a VOB/A RZ 4875.   4920

99.7 Abkürzung der Regelfrist bei elektronischen Bekanntmachungen (§ 18 b Nr. 1 Abs. 3)

§ 18 b Nr. 1 Abs. 3 deckt sich im Wesentlichen mit § 18 a Nr. 1 Abs. 4; vgl. insoweit die Kommentierung zu § 18 a VOB/A RZ 4886.   4921

99.8 Abkürzung der Regelfrist bei freier, direkter und vollständiger Verfügbarkeit der Vergabeunterlagen (§ 18 b Nr. 1 Abs. 4)

§ 18 b Nr. 1 Abs. 3 deckt sich im Wesentlichen mit § 18 a Nr. 1 Abs. 4; vgl. insoweit die Kommentierung zu § 18 a VOB/A RZ 4887.   4922

99.9 Maximale Kumulierung der Abkürzung der Regelfristen bei Offenen Verfahren (§ 18 b Nr. 1 Abs. 5)

§ 18 b Nr. 1 Abs. 5 deckt sich im Wesentlichen mit § 18 a Nr. 1 Abs. 6; vgl. insoweit die Kommentierung zu § 18 a VOB/A RZ 4891.   4923

99.10 Dauer der Bewerbungsfrist beim Nichtoffenen Verfahren und Verhandlungsverfahren mit vorherigem Aufruf zum Wettbewerb (§ 18b Nr. 2)

4924 Bei der Angebotsfrist gibt es insoweit eine **Besonderheit gegenüber § 18a VOB/A,** als nach § 18b Nr. 2 Buchstabe c) die **Angebotsfrist** zwischen dem Auftraggeber und den ausgewählten Bewerbern **einvernehmlich festgelegt** werden kann, vorausgesetzt, dass allen Bewerbern dieselbe Frist für die Erstellung und Einreichung von Angeboten eingeräumt wird.

4925 Falls eine einvernehmliche Festlegung der Angebotsfrist nicht möglich ist, setzt der Auftraggeber im Regelfall eine Frist von mindestens 24 Kalendertagen fest. Sie darf jedoch keinesfalls kürzer als 10 Kalendertage, gerechnet vom Tag nach Absendung der Aufforderung zur Angebotsabgabe, sein.

99.11 Bedeutung in der Rechtsprechung

4926 § 18b Nr. 2 VOB/A hat in der Rechtsprechung keine Bedeutung.

100. § 19 VOB/A – Zuschlags- und Bindefrist

1. Die Zuschlagsfrist beginnt mit dem Eröffnungstermin.
2. Die Zuschlagsfrist soll so kurz wie möglich und nicht länger bemessen werden, als der Auftraggeber für eine zügige Prüfung und Wertung der Angebote (§§ 23 bis 25) benötigt. Sie soll nicht mehr als 30 Kalendertage betragen; eine längere Zuschlagsfrist soll nur in begründeten Fällen festgelegt werden. Das Ende der Zuschlagsfrist ist durch Angabe des Kalendertages zu bezeichnen.
3. Es ist vorzusehen, dass der Bieter bis zum Ablauf der Zuschlagsfrist an sein Angebot gebunden ist (Bindefrist).
4. Die Nummern 1 bis 3 gelten bei Freihändiger Vergabe entsprechend.

100.1 Vergleichbare Regelungen

4927 Der Vorschrift des § 19 VOB/A vergleichbar ist im Bereich der VOL **§ 19 VOL/A.** Die Kommentierung zu dieser Vorschrift kann daher ergänzend zu der Kommentierung des § 19 herangezogen werden.

100.2 Änderungen in der VOB/A 2006

4928 § 19 wurde im Rahmen der VOB/A 2006 **nicht geändert.**

100.3 Bieterschützende Vorschrift

4929 Dass eine einheitliche Zuschlagsfrist anzugeben und dabei möglichst kurz zu bemessen ist, ist ein **Gebot mit bieterschützendem Charakter** (2. VK Bund, B. v. 16. 7. 2002 – Az.: VK 2-50/02).

100.4 Zuschlagsfrist

100.4.1 Begriff

4930 Unter Zuschlagsfrist versteht man den **Zeitraum, den der Auftraggeber darauf verwendet, festzustellen,** welches der eingereichten Angebote für ihn das Geeignetste ist und welches er dementsprechend annehmen, d. h. **worauf er den Zuschlag erteilen will** (VK Südbayern, B. v. 28. 5. 2002 – Az.: 15-04/02).

100.4.2 Sinn und Zweck

Bei der Zuschlagsfrist handelt es sich um eine **Annahmefrist des Bieters im Sinne des § 148 BGB.** Sie berührt die Interessen des Bieters primär dadurch, dass sie – was gemäß § 19 Nr. 3 VOB/A bzw. § 19 Nr. 3 VOL/A klargestellt werden soll – **mit der Bindefrist übereinstimmt.** Ein Zuschlag innerhalb der Zuschlagsfrist stellt die fristgerechte Annahme des vom Bieter unterbreiteten Angebots dar und lässt daher den Vertrag mit dem Inhalt des Angebots zustande kommen. Während der **Zuschlagsfrist muss der Bieter folglich mit seiner Beauftragung rechnen und sich darauf einrichten.** Die Angabe der einheitlichen Zuschlagsfrist ermöglicht es den Bietern, ihre Vorhaltekosten zu kalkulieren und im Angebotspreis zu berücksichtigen. Sie fördert insofern die Verfahrenstransparenz und die Vergleichbarkeit der Angebote. Dem Interesse, Vorhaltekosten gering zu halten, trägt eine – von § 19 Nr. 2 Satz 1 VOB/A bzw. § 19 Nr. 2 Satz 1 VOL/A verlangte – möglichst kurze Bemessung der Zuschlagsfrist Rechnung (2. VK Bund, B. v. 16. 7. 2002 – Az.: VK 2-50/02). 4931

100.4.3 Dauer der Zuschlagsfrist

100.4.3.1 Grundsatz

Grundsätzlich soll die **Zuschlagsfrist nicht mehr als 30 Kalendertage** betragen (§ 19 Nr. 2 Satz 2 VOB/A), nur in begründeten Fällen ist die Festlegung einer längeren Zuschlagsfrist zulässig (VK Südbayern, B. v. 28. 5. 2002 – Az.: 15-04/02). 4932

Die in § 19 VOB/A genannte Frist ist also **nicht eine Art Höchstfrist („Obergrenze").** Das ist offensichtlich nicht der Sinn der Bestimmung. Es wird in ihr im Gegenteil vorausgesetzt, dass **auch eine längere Frist angemessen** sein kann, und zwar unter allgemeinen Vorgaben einer zügigen Prüfung (BGH, Urteil vom 21. 11. 1991 – Az.: VII ZR 203/90, Urteil vom 19. 12. 1985 – Az.: VII ZR 188/84). Die nach der VOB/A ausschreibenden öffentlichen Auftraggeber beanspruchen, ohne besondere Gründe angeben zu müssen, eine **regelmäßige Prüfungsfrist von bis zu 30 Tagen.** Hingegen müssen für eine längere Frist besondere Gründe vorliegen. Damit erklären die nach der VOB/A verfahrenden Auftraggeber, dass sie längere Fristen nur vorschreiben, wenn besondere Gründe unter den allgemeinen Vorgaben des Satz 1 das rechtfertigen. **Prozessual** gewendet bedeutet das, dass sie **solche Gründe substantiiert vorzutragen und gegebenenfalls auch zu beweisen** haben (BGH, Urteil v. 21. 11. 1991 – Az.: VII ZR 203/90). 4933

Die **Vergabestelle kann den Zuschlag jederzeit innerhalb der Zuschlagsfrist erteilen;** sie muss nicht das Ende der Frist abwarten (VG Neustadt an der Weinstraße, B. v. 20. 2. 2006 – Az.: 4 L 210/06). 4934

100.4.3.2 Beispiele aus der Rechtsprechung

– die **Organisationsbedingungen in einer Kommune** sind schon durch die Beteiligung Ehrenamtlicher anders als in einer Bundes- oder Landesverwaltung; dies kann ein Grund sein, in einer Kommune **längere Zuschlags- und Bindefristen** vorzusehen (BGH, Urteil v. 21. 11. 1991 – Az.: VII ZR 203/90); dabei bedarf es aber einer **Prüfung im einzelnen,** was angemessen ist, und zwar unter der Berücksichtigung der allgemeinen Vorgaben von § 19 Nr. 2 Satz 1 VOB/A. Es verhält sich also nicht so, dass kommunale Auftraggeber wegen ihrer organisatorischen Bedingungen die Regelfrist ohne weiteres überschreiten dürften; vielmehr gilt im Ausgangspunkt die Regelfrist auch für sie (OLG Düsseldorf, Urteil vom 9. 7. 1999 – Az.: 12 U 91/98) 4935

– zur Ermittlung der **Gleichwertigkeit eines Nebenangebotes** sind **Nachforschungen nur im Rahmen der verfügbaren Erkenntnismöglichkeiten und innerhalb der zeitlichen Grenzen der Zuschlags- und Bindefrist** anzustellen (1. VK Sachsen, B. v. 10. 3. 2003 – Az.: 1/SVK/012-03; 1. VK Bund, B. v. 25. 3. 2003 – Az.: VK 1-11/03)

100.4.3.3 Richtlinie des VHB 2002

100.4.3.3.1 EG-Vergabeverfahren. Nach § 13 der Vergabeverordnung (VgV) sind spätestens 14 Kalendertage vor einer beabsichtigten Auftragserteilung nach § 28 VOB/A die Bieter, deren Angebote nicht berücksichtigt werden sollen, schriftlich zu informieren. Die Frist beginnt am Tage nach der Absendung der Information. Der Tag der Absendung ist im Vergabevermerk festzuhalten. In EG-Verfahren kann deshalb die Zuschlags- und Bindefrist, die grundsätzlich nicht mehr als 30 Kalendertage betragen soll, um bis zu 14 Kalendertage verlängert werden (Ziffer 1). 4936

Teil 3 VOB/A § 19 Vergabe- und Vertragsordnung für Bauleistungen Teil A

4937 **100.4.3.3.2 Nachprüfungsverfahren nach dem GWB.** Gemäß § 115 GWB darf nach Zustellung eines Antrags auf Nachprüfung an den Auftraggeber dieser vor einer Entscheidung der VK und dem Ablauf der Beschwerdefrist nach § 117 Abs. 1 GWB den Zuschlag nicht erteilen. In diesen Fällen ist die festgesetzte Zuschlags- und Bindefrist häufig nicht ausreichend. Die Vergabestelle hat dann die Zuschlags- und Bindefrist zunächst um die voraussichtliche Dauer des Nachprüfungsverfahrens vor der VK zu verlängern und hierfür bei den Bietern deren Zustimmung einzuholen. Gemäß § 113 GWB trifft und begründet die Vergabekammer ihre Entscheidung schriftlich innerhalb einer Frist von 5 Wochen ab Eingang des Antrags (Ziffer 2).

100.4.4 Fehlende Fristbestimmung

4938 **Ohne Fristbestimmung** in den Verdingungsunterlagen gilt der **Grundsatz des § 147 Abs. 2 BGB: Der einem Abwesenden gemachte Antrag kann nur bis zu dem Zeitpunkt angenommen werden, in welchem der Antragende den Eingang der Antwort unter regelmäßigen Umständen erwarten darf** (OLG Düsseldorf, Urteil vom 19. 12. 1978 – Az.: 23 U 121/78).

100.5 Bindefrist (§ 19 Nr. 3)

4939 Es ist vorzusehen, dass der Bieter bis zum Ablauf der Zuschlagsfrist an sein Angebot gebunden ist (Bindefrist).

100.5.1 Begriff und Inhalt

4940 Die mit der Zuschlagsfrist gleichlaufende (§ 19 Nr. 3 VOB/A bzw. VOL/A) **Bindefrist bedeutet die Zeitspanne, für die der Bieter an das von ihm abgegebene Angebot gebunden ist** – §§ 145, 148 BGB – (BayObLG, B. v. 1. 10. 2001 – Az.: Verg 6/01). Die Bindefrist des Bieters **beginnt mit dem Eröffnungstermin** und endet mit dem Ende der Zuschlagsfrist. Daraus folgt, dass der Zuschlagsfrist der Bindefrist gleichzusetzen ist (VK Südbayern, B. v. 28. 5. 2002 – Az.: 15-04/02). Der Bieter kann sein **Angebot** grundsätzlich, gleich aus welchen Gründen, **weder zurückziehen noch abändern** (Thüringer OLG, B. v. 28. 6. 2000 – Az.: 6 Verg 2/00).

4941 Als **Gründe für das sanktionslose Zurückziehen eines abgegebenen Angebotes** können **nur solche Umstände berücksichtigt werden, die nach Treu und Glauben unter verständiger Würdigung der beiderseitigen Interessen ein Ausscheiden gerechtfertigt erscheinen lassen. Gründe, die allein der Risikosphäre des Bieters zuzurechnen sind,** wie z. B. mangelnde Leistungsfähigkeit oder eine nicht kalkulierte Vorlaufzeit für die Organisation der angebotenen Leistung, **können keine Rechtfertigung begründen,** da derjenige, der sich an einem Ausschreibungsverfahren beteiligt, weiß oder wissen muss, dass er innerhalb der gesetzlichen Bindungsfrist ohne weiteres an seinem Angebot festgehalten werden kann und zu den von ihm angebotenen Bedingungen den Vertrag erfüllen muss. Wenn ein Bieter sein Angebot ohne rechtfertigenden Grund vor Ablauf der Bindungsfrist zurückzieht, haftet er unter dem Aspekt der culpa in contrahendo auf Schadenersatz. Der zu ersetzende Vertrauensschaden kann dann dem Nichterfüllungsschaden entsprechen (AG Siegburg, Urteil vom 28. 5. 1998 – Az.: 4a C 279/97).

100.5.2 Verlängerung der Zuschlags- und Bindefrist vor Ablauf

100.5.2.1 Grundsatz

4942 Es entspricht einhelliger Rechtsprechung, dass die **Bindefrist im Einvernehmen des Bieters mit dem Auftraggeber verlängert werden kann** (OLG Düsseldorf, B. v. 29. 12. 2001 – Az.: Verg 22/01; VK Schleswig-Holstein, B. v. 2. 2. 2005 – Az.: VK-SH 01/05).

100.5.2.2 Rechtsfolge

4943 Bieter, die sich mit der Verlängerung der Zuschlags- und Bindefrist einverstanden erklärt haben, sind **bis zum Ablauf der Zuschlags- und Bindefrist an ihre Angebote gebunden** (VK Magdeburg, B. v. 14. 11. 2000 – Az.: 33-32571/07 VK 18/00 MD).

100.5.2.3 Sinn und Zweck der Verlängerung

Ein Bieter, der nicht bereit ist, Vorhaltekosten in Kauf zu nehmen, die durch einen verspäteten Vertragsschluss bewirkt würden, kann sie durch eine Ablehnung des Antrags des Auftraggebers vermeiden. Da der Auftraggeber mit einer solchen Ablehnung rechnen muss, liegt es in seinem **Interesse, sich von vornherein Klarheit darüber zu verschaffen, ob die nach dem jeweiligen Verfahrensstand für den Auftrag noch in Betracht kommenden Bieter weiterhin zu ihrem Angebot stehen.** Diesem Zweck dient die Bitte um Zustimmung zur Verlängerung der Zuschlagsfrist. Der Auftraggeber kann also die Zuschlagsfrist nicht von sich aus verlängern; dogmatisch folgt dies bereits daraus, dass es sich bei der Zuschlagsfrist um eine Annahmefrist des Bieters im Sinne des § 148 BGB handelt, die daher nicht einseitig durch den Adressaten des Angebots verändert werden kann (2. VK Bund, B. v. 16. 7. 2002 – Az.: VK 2-50/02). 4944

100.5.2.4 Verbot der Manipulation des Vergabeverfahrens über die Verlängerung der Zuschlagsfristen

100.5.2.4.1 Allgemeines. Manipulationsstrategien einer Vergabestelle, die darin bestehen könnten, die **Wertung so lange zu verzögern,** dass **Bieter mit aussichtsreich platzierten Angeboten veranlasst werden, ihr Einverständnis mit einer Fristverlängerung zu verweigern,** so dass der Wettbewerb zugunsten eines bestimmten Bieters verengt wird, sind nicht zulässig (2. VK Bund, B. v. 16. 7. 2002 – Az.: VK 2-50/02). 4945

100.5.2.4.2 Mehrmalige grundlose Verlängerung. Eine **mehrmalige Verlängerung der Zuschlags- und Bindefrist ohne sachlichen Grund** kann die **Aufhebung einer Ausschreibung** erfordern (1. VK Sachsen, B. v. 29. 11. 2001 – Az.: 1/SVK/110-01, B. v. 29. 11. 2001 – Az.: 1/SVK/109-01). 4946

100.5.2.5 Verlängerung nur mit aussichtsreichen Bietern

Nach dem **Zweck der Verlängerung der Zuschlagsfrist,** dem Auftraggeber Gewissheit über den Fortbestand der Annahmebereitschaft der Bieter zu verschaffen, **kann es nur auf die Bereitschaft derjenigen Bieter ankommen, die der Auftraggeber nach dem erreichten Verfahrensstand noch für den Zuschlag in Betracht zieht** (VK Thüringen, B. v. 7. 3. 2001 – Az.: 216-4002.20-001/01-SCZ). Hierbei ist auf das jeweils erreichte Verfahrensstadium abzustellen (1. VK Sachsen, B. v. 4. 6. 2002 – Az.: 1/SVK/049-02). Ist die Wertung noch nicht abgeschlossen – dies ist der typische Grund für die Verlängerung der Zuschlagsfrist -, so werden aus Sicht des Auftraggebers regelmäßig noch alle Bieter für den Zuschlag in Betracht kommen, die sich auf der letzten erreichten Wertungsstufe befinden. Hat die Wertung auf der letzten Stufe hingegen bereits zu einem Ergebnis geführt und ist in einer solchen Situation derjenige Bieter, dem der Zuschlag erteilt werden soll, mit der Verlängerung der Bindefrist einverstanden, d. h. weiterhin zum Vertragsschluss mit dem Auftraggeber bereit, so besteht kein Grund, ihm den Auftrag nicht zu erteilen. Für die Annahmefähigkeit des Angebotes des ausgewählten Bieters ist es dabei unerheblich, ob er sein Einverständnis mit der Fristverlängerung innerhalb der ursprünglichen Bindefrist oder nach deren Ablauf erklärt hat (2. VK Bund, B. v. 16. 7. 2002 – Az.: VK 2-50/02; VK Südbayern, B. v. 19. 1. 2001 – Az.: 27-12/00). 4947

100.5.2.6 Bitte um Verlängerung bedeutet keine Bitte um neue Angebote

In einer **vom öffentlichen Auftraggeber gewünschten Zustimmung zur Verlängerung der Zuschlagsfrist liegt nicht konkludent** die auftraggeberseits **gewünschte Vorlage von neuen Angeboten.** Die zulässige Abgabe von weiteren Angeboten bzw. Nebenangeboten (z. B. bedingter Preisnachlass) würde die Beendigung des laufenden Vergabeverfahrens und die Durchführung eines erneuten Verfahrens, z. B. eines Verhandlungsverfahrens, voraussetzen. Eine Ausschreibung kann in zulässiger Weise aber nur durch Zuschlag oder durch Aufhebung (z. B. wegen nicht mehr möglicher Ausführungsfristen) beendet werden. Durch das Ablaufen der Zuschlags- und Bindefrist allein wird das Vergabeverfahren noch nicht beendet (VK Südbayern, B. v. 25. 7. 2002 – Az.: 26-06/02). 4948

100.5.2.7 Änderung der Ausführungsfrist durch eine Verlängerung der Bindefrist?

Die bloße **Bitte einer Vergabestelle, einer Binde- und Zuschlagsfristverlängerung zuzustimmen,** enthält auch in Fällen, in denen eine derartige Verlängerung die vorgegebene materielle Ausführungsfrist (§§ 11, 17 Nr. 1 Abs. 2 Buchstabe e) VOB/A) berührt, **keinerlei** 4949

Erklärungen zur veränderten Ausführungszeit. Spiegelbildlich stellt dann auch das Einverständnis des Bieters mit der Bindefristverlängerung keine sein ursprüngliches Angebot ändernde Erklärung zur Ausführungsfrist dar. **Maßgeblich für die Zuschlagserteilung ist und bleibt das Ursprungsangebot des Bieters** mit den dort aufgeführten, freilich zeitlich überholten Ausführungsfristen. Binde- und Zuschlagsfristverlängerungen, die sich noch im Zuge der Ausschreibung selbst, etwa im Rahmen der Angebotswertung, als notwendig erweisen, sind in ihren Auswirkungen auf die Ausführungsfristen nicht anders zu beurteilen als solche, sich erst aufgrund eines eingeleiteten Nachprüfungsverfahrens ergeben. Denn für den betroffenen Bieter macht es keinen Unterschied, ob die zeitliche Verzögerung durch den Entscheidungsprozeß des Auftraggebers oder durch das Verhalten von Mitbietern ausgelöst ist. Im einen wie im anderen Fall liegt im Verhältnis zum potenziellen Auftragnehmer die **Verzögerung im Risikobereich des Auftraggebers** (Thüringer OLG, Urteil v. 22. 3. 2005 – Az.: 8 U 318/04; BayObLG, B. v. 15. 7. 2002 – Az.: Verg 15/02).

4950   Aus der im allgemeinen Vertragsrecht angesiedelten Regelung des § 271 BGB folgt, dass die **Leistungszeit zwar eine wesentliche Vertragsmodalität** darstellt, **ihr Fehlen aber einem wirksamen Vertragsschluss nicht entgegensteht.** Von den **Ausnahmefällen eines absoluten oder relativen Fixgeschäfts** abgesehen, ist die Vereinbarung der Leistungszeit bereits bei Vertragsschluss nicht erforderlich. Vielmehr kann die Leistungszeit auch noch in Nachfolge des Vertragsschlusses festgelegt werden. Steht das Fehlen einer Leistungszeitbestimmung bei Vertragsschluss dem wirksamen Zustandekommen eines Vertrages nicht entgegen, kann nichts anderes gelten, wenn ein Vertragsangebot angenommen wird, dem bestimmte Terminsvorstellungen im Hinblick auf die Ausführungszeit zugrunde liegen, die im Zeitpunkt der Annahmeerklärung bereits (teilweise) überholt sind. Die hiermit verbundene **Problemstellung hat keine Auswirkungen auf das Zustandekommen des Vertrages, sondern ist lediglich für die Bestimmung dessen Inhalts und der hieraus folgenden wechselseitigen Pflichten der Vertragsparteien von Bedeutung** (Thüringer OLG, Urteil v. 22. 3. 2005 – Az.: 8 U 318/04).

4951   Mit einer **Verlängerung der Bindefrist werden die Ausführungsfristen nicht komplett verschoben.** Der Vergaberechtsschutz nach den Vorschriften des GWB soll die Rechtsstellung der Bieter gegenüber dem (öffentlichen) Auftraggeber stärken und nicht schwächen. Wird dieser Rechtsschutz von einem Bieter in Anspruch genommen, darf dies jedenfalls nicht dazu führen, dass ein anderer Bieter am Ende des Rechtsschutzverfahrens wirtschaftlich schlechter dasteht als zuvor, indem ihn die Verzögerungskosten treffen. Um der Gefahr der Entwertung des zur Rechts- und Interessenwahrung der Bieter geschaffenen Vergaberechtsschutzes zu begegnen, darf die Verzögerung des Vergabeverfahrens nicht zu Lasten des sich im Wettbewerb durchsetzenden Bieters gehen. **Vielmehr muss das Verzögerungsrisiko grundsätzlich der (öffentliche) Auftraggeber tragen** (Thüringer OLG, Urteil v. 22. 3. 2005 – Az.: 8 U 318/04).

100.5.2.8 Verlängerung der Bindefrist durch den Bieter unter das Angebot abändernden Bedingungen

4952   **100.5.2.8.1 Allgemeines.** Die **Bindung des Bieters an sein Angebot** (vgl. § 19 Nr. 3 VOB/A bzw. VOL/A) reicht **über die** von der Vergabestelle zunächst bestimmte **Bindefrist nur hinaus, soweit der Bieter einer (gegebenenfalls wiederholten) zeitlichen Erstreckung ohne Vorbehalt zugestimmt** hat. Wird innerhalb einer offenen Bindefrist weder eine Sachentscheidung über den Zuschlag getroffen noch eine im vorgenannten Sinne einschränkungslose Zustimmung des Bieters zu einer Fristverlängerung vorgelegt, so **erlischt das ursprüngliche** – bis dahin nicht angenommene – **Angebot mit Ablauf der Bindefrist** und steht damit für eine spätere Annahme seitens der Vergabestelle nicht mehr zur Verfügung (BayObLG, B. v. 21. 8. 2002 – Az.: Verg 21/02). Das gilt selbst dann, wenn der Bieter nach Fristablauf bei anderer Gelegenheit erklärt, er stimme – neuerlichen – Bindefristverlängerungen nunmehr wieder ohne Vorbehalt zu oder wenn er auf den zuvor geltend gemachten Vorbehalt verzichtet. Denn dadurch lebt nicht etwa das untergegangene Ursprungsangebot wieder auf; der **Bieter legt damit vielmehr ein neues Angebot vor,** welches – ebenso wie das mit dem zwischenzeitlichen Änderungsverlangen verbundene – schon deshalb nicht gewertet werden darf, weil es erst nach Ablauf der Angebotsfrist vorgelegt worden ist (OLG Dresden, B. v. 8. 11. 2002 – Az.: WVerg 0019/02).

4953   Stimmt ein Bieter einer Fristverlängerung nicht zu, so hat das **nur Auswirkungen auf seine (weitere) Beteiligung an dem Vergabeverfahren.** Diejenigen Bieter, die einer Verlängerung

Vergabe- und Vertragsordnung für Bauleistungen Teil A VOB/A § 19 **Teil 3**

zugestimmt haben, sind weiterhin an dem Verfahren beteiligt. Es entspräche dagegen nicht der Zielsetzung des Nachprüfungsverfahrens, wenn es ein Bieter in der Hand hätte, durch Stellung des Nachprüfungsantrags und Verweigerung der Zustimmung zur Fristverlängerung das Vergabeverfahren praktisch zu beenden (VK Hamburg, B. v. 18. 12. 2001 – Az.: VgK FB 8/01).

100.5.2.8.2 Beispiele aus der Rechtsprechung 4954

– fordert ein Bieter **aufgrund zeitlich bedingter, geänderter, technischer und wirtschaftlicher Rahmenbedingungen** für die Zustimmung zur Zuschlags- und Bindefristverlängerung als **Bedingung einen schon jetzt anzuerkennenden Pauschalnachtrag**, führt dies nach Ablauf der bisherigen Zuschlags- und Bindefrist zum **Entfallen der Bindung des Submissionsangebotes und zum Ausschluss des abgeänderten Angebotes** nach §§ 24, 25 Nr. 1 lit. a) VOB/A (1. VK Sachsen, B. v. 1. 10. 2002 – Az.: 1/SVK/08402).

100.5.2.9 Folge des Ablaufs der Zuschlags- und Bindefrist

Wenn die **Zuschlags- und Bindefrist abgelaufen** ist, wird die **Ausschreibung nicht automatisch beendet.** Eine Ausschreibung kann nur durch Zuschlag oder durch Aufhebung nach § 26 VOB/A bzw. VOL/A beendet werden, von dem Fall, dass überhaupt kein Angebot eingeht, einmal abgesehen. Die Ausschreibung dauert folglich noch an. Der Auftraggeber ist nach wie vor in der Lage, einem Bieter den Zuschlag zu erteilen. Die **Folge des Ablaufs der Frist ist lediglich, dass der Bieter nicht mehr an sein Angebot gebunden** ist, so dass sich der Zuschlag nunmehr als neues Angebot der Auftraggeber im Sinne von § 150 Abs. 1 BGB darstellt (OLG Naumburg, B. v. 1. 9. 2004 – Az.: 1 Verg 11/04; Hanseatisches OLG, B. v. 25. 2. 2002 – Az.: 1 Verg 1/01; BayObLG, B. v. 15. 7. 2002 – Az.: Verg 15/02, B. v. 1. 10. 2001 – Az.: Verg 6/01; OLG Naumburg, B. v. 28. 9. 2001 – Az.: 1 Verg 6/01; OLG Dresden, B. v. 9. 11. 2001 – Az.: WVerg 0009/01; 1. VK Bund, B. v. 12. 11. 2003 – Az.: VK 1-107/03; 1. VK Bremen, B. v. 6. 2. 2003 – Az.: VK 1/03; 1. VK Sachsen, B. v. 5. 9. 2002 – Az.: 1/SVK/073-02). 4955

Anderer Auffassung ist das OLG Thüringen. Ein zur Ausschreibung eingereichtes Angebot stellt einen Antrag im zivilrechtlichen Sinne dar, für den die §§ 145 ff. BGB gelten. Nach § 146 BGB **erlischt jedoch ein Antrag**, wenn er nicht dem Antragenden gegenüber nach den §§ 147 bis 149 BGB rechtzeitig angenommen wird. Ein **Zuschlag kann nicht mehr erteilt** werden. Auch **aus Sicht der Vergabestelle kommt eine rückwirkende Annahmeerklärung nicht mehr Betracht.** Die verspätete Annahme eines Antrags regelt § 150 Abs. 1 BGB. Hiernach gilt die Annahme als neuer Antrag, den der ursprünglich Antragende durch eine gesonderte Erklärung anzunehmen hat. **Dem entspricht § 28 Nr. 2 Abs. 2 VOB/A**, wonach der Bieter im Falle eines verspäteten Zuschlags aufzufordern ist, „sich unverzüglich über die Annahme zu erklären". Auch dieser Formulierung liegt ersichtlich der Vorstellung zugrunde, dass die Bindung an das ursprüngliche Angebot nicht fortbesteht, da es sonst einer erneuten Annahmeerklärung – und zwar nunmehr auf das Angebot der Vergabestelle – seitens des Bieters nicht bedürfte. Danach **kann ein Zuschlag – im Sinne einer einfachen Annahmeerklärung gem. § 146 BGB – auf ein mittlerweile erloschenes Angebot nicht mehr erteilt werden.** Jedenfalls in seinem ursprünglichen Bestand nimmt dieses somit nicht mehr an der Ausschreibung teil (OLG Thüringen, B. v. 30. 10. 2006 – Az.: 9 Verg 4/06). 4956

100.5.3 Verlängerung der Zuschlags- und Bindefrist nach Ablauf

100.5.3.1 Hinweis

Die Ausführungen zur **Verlängerung der Zuschlags- und Bindefrist vor Ablauf** gelten auch für die **Verlängerung der Zuschlags- und Bindefrist nach Ablauf.** 4957

100.5.3.2 Grundsätzliche Zulässigkeit der Verlängerung

Im Rahmen des § 28 Nr. 2 Abs. 2 VOB/A bzw. § 28 Nr. 2 Abs. 2 VOL/A ist eine **Verlängerung der Zuschlags- und Bindefrist auch nach Ablauf der Zuschlags- und Bindefrist zulässig** (Hanseatisches OLG, B. v. 25. 2. 2002 – Az.: 1 Verg 1/01; BayObLG, B. v. 12. 9. 2000 – Az.: Verg 4/00; VK Schleswig-Holstein, B. v. 2. 2. 2005 – Az.: VK-SH 01/05; 1. VK Sachsen, B. v. 21. 8. 2002 – Az.: 1/SVK/077-02; VK Bremen, B. v. 16. 7. 2003 – Az.: VK 12/03). Die Möglichkeit einer Zuschlagserteilung auch außerhalb der Bindefrist ist **ausdrücklich nur im Anwendungsbereich der VOB/A** vorgesehen (vgl. § 28 Abs. 2 VOB/A). Dem steht die für den Bereich der VOL/A vorgesehene **Regelung des § 28 Abs. 2 VOL/A** je- 4958

Teil 3 VOB/A § 19   Vergabe- und Vertragsordnung für Bauleistungen Teil A

doch nicht entgegen. Auch hier erscheint es im Interesse eines Bieters möglich, dass ein Zuschlag nach Fristablauf erfolgt mit der Folge, dass der Zuschlag das vertragliche Angebot darstellt, das der Bieter im Anschluss annehmen oder ablehnen kann.

4959   Dem kann nicht entgegen gehalten werden, eine mehrmonatige Verlängerung der Zuschlags- und Bindefrist beeinträchtige die Dispositionsmöglichkeit der Bieter in unzulässiger Weise. Da die Bindefristbestimmung insbesondere die Bieter der engeren Wahl schützen soll, können gerade diese auf diesen Schutz verzichten bzw. eine weitergehende Bindung nach eigener Kalkulation und aktueller Risikoabschätzung „anbieten" (1. VK Sachsen, B. v. 5. 9. 2002 − Az.: 1/SVK/073-02; VK Hamburg, B. v. 18. 12. 2001 − Az.: VgK FB 8/01; B. v. 14. 8. 2003 − Az.: VgK FB 3/03; OLG Düsseldorf, B. v. 29. 12. 2001 − Az.: Verg 22/01).

4960   Den Grundsätzen des Wettbewerbs (§ 97 Abs. 1 GWB) und der Gleichbehandlung (§ 97 Abs. 2 GWB) wird bereits in hinreichender Weise Rechnung getragen, wenn **nach Fristablauf allen für die Vergabe noch in Betracht kommenden Bietern die Möglichkeit gegeben wird, weiterhin am Verfahren teilzunehmen** (OLG Naumburg, B. v. 13. 5. 2003 − Az.: 1 Verg 2/03; 1. VK Sachsen, B. v. 5. 10. 2001 − Az.: 1/SVK/87-01). Dazu ist ausreichend, dass diese Bieter aufgefordert werden, der sachlich gebotenen Fristverlängerung zuzustimmen (VK Hamburg, B. v. 18. 12. 2001 − Az.: VgK FB 8/01; 2. VK des Bundes, B. v. 4. 5. 2001 − Az.: VK 2-12/01).

100.5.3.3 Rechtsfolgen

4961   **100.5.3.3.1 Neues Angebot des Auftraggebers.** Die VOB/A bzw. die VOL/A sieht zwar vor, dass der Zuschlag innerhalb der Zuschlags- und Bindefrist zu erteilen ist (§ 28 Nr. 1 VOB/A bzw. § 28 Nr. 1 VOL/A), geht jedoch selbst davon aus, dass der Zuschlag auch nach Fristablauf erteilt werden kann (§ 28 Nr. 2 Abs. 2 VOB/A bzw. § 28 Nr. 2 Abs. 2 VOL/A). Dann wird allerdings der Vertrag nicht schon mit dem Zuschlag geschlossen (BayObLG, B. v. 1. 10. 2001 − Az.: Verg 6/01). **Nach dem Ablauf der Bindefrist** stellt der **Zuschlag** seitens des Auftraggebers lediglich eine verspätete Annahme dar, die gemäß § 150 Abs. 1 BGB als **neuer Antrag** zu werten ist (OLG Thüringen, B. v. 30. 10. 2006 − Az.: 9 Verg 4/06; Saarländisches OLG, Urteil v. 21. 3. 2006 − Az.: 4 U 51/05-79; Hanseatisches OLG, B. v. 25. 2. 2002 − Az.: 1 Verg 1/01; 1. VK Sachsen, B. v. 26. 7. 2001 − Az.: 1/SVK/73-01; VK Südbayern, B. v. 30. 1. 2001 − Az.: 09-05/00). Die Bieter haben dann die Möglichkeit, diesen Antrag anzunehmen oder abzulehnen.

4962   Bieter, die sich mit der Verlängerung der Zuschlags- und Bindefrist einverstanden erklärt haben, sind **bis zum Ablauf der neuen Zuschlags- und Bindefrist an ihre Angebote gebunden** (VK Magdeburg, B. v. 14. 11. 2000 − Az.: 33-32571/07 VK 18/00 MD). Auf dieses **Angebot kann** der **Zuschlag erteilt werden** (VK Saarland, B. v. 8. 7. 2003 − Az.: 1 VK 05/2003).

4963   Ob die Zuschlags- und Bindefrist **mit Wirkung im Verhältnis zu den übrigen Bietern verlängert** werden kann oder ob die Verweigerung der Zustimmung durch einen Bieter das verhindert, ist umstritten. Der **Wortlaut des § 28 Nr. 2 Abs. 2 VOL/A spricht dafür,** dass **jedenfalls alle in Betracht kommenden Bieter zustimmen müssen,** um eine wirksame Verlängerung der Frist vornehmen zu können (Hanseatisches OLG, B. v. 25. 2. 2002 − Az.: 1 Verg 1/01).

4964   Nur wenn die Bieter die Zuschlagsfristverlängerung ablehnen und aufgrund des verspäteten Zuschlags mit keinem Bieter ein Vertrag zustande kommt, ist das Vergabeverfahren durch **Aufhebung aus schwerwiegendem Grund** (§ 26 Nr. 1 Buchstabe c) VOB/A) zu beenden. Allein der Fristablauf genügt zur Beendigung nicht (BayObLG, B. v. 1. 10. 2001 − Az.: Verg 6/01).

4965   **100.5.3.3.2 Verpflichtung des Auftraggebers zur Nachfrage, ob der wirtschaftlichste Bieter noch zu seinem Angebot steht.** Da die **öffentliche Hand zur sparsamen und effizienten Verwendung der von den Bürgern aufgebrachten Mittel verpflichtet** ist (vgl. u. a. § 7 BHO), hat die in § 150 Abs. 1 BGB vorgesehene Möglichkeit zugleich eine **Verpflichtung des Auftraggebers zur Folge, entsprechend zu verfahren, wenn das Angebot mit dem sachlichen Inhalt des alten Angebots das annehmbarste darstellt.** Mit den haushaltsrechtlichen Bindungen, denen öffentliche Auftraggeber unterliegen, ist es in der Regel unvereinbar, ein preislich günstiges Angebot von der Wertung zur Auftragsvergabe nur deshalb auszunehmen, weil auf es der Zuschlag nicht mehr durch einfache Annahmeerklärung erteilt werden kann, sondern ein eigener entsprechender Antrag und die Annahme durch den Bieter nötig sind (BGH, Urteil vom 28. 10. 2003 − Az.: X ZB 14/03).

100.5.3.4 Verpflichtung des Auftraggebers zur Zulassung neuer Angebote

Das OLG Thüringen lässt zwar keine Verlängerung einer bereits abgelaufenen Bindefrist zu, kommt aber im Ergebnis zu dem gleichen Ergebnis. Nach Ansicht des OLG Thüringen ist es jedenfalls **(auch) Sache der Vergabestelle, für die Einhaltung der Zuschlagsfrist Sorge zu tragen.** Deshalb wird man eine **Obliegenheit** annehmen müssen, nach der sie **rechtzeitig vor Ablauf einer in den Ausschreibungsbedingungen festgelegten Bindefrist auf alle Bieter mit dem Ziel einer Fristverlängerung zuzugehen** hat, wenn sich abzeichnet, dass diese aus bestimmten Gründen (z. B. wegen der Einleitung eines Nachprüfungsverfahrens) nicht eingehalten werden kann. Zwar liegt es daneben (auch) im Verantwortungsbereich der einzelnen Bieter, die ununterbrochene Bindung an sein Angebot sicherzustellen und ein Erlöschen im Sinne des § 146 BGB zu verhindern. Doch **spricht zumindest unter Gleichbehandlungsgesichtspunkten** viel dafür, **eine Ausschreibung nicht schon vorschnell** an dem – möglicherweise durch ein laufendes Nachprüfungsverfahren in den Hintergrund geratenen und daher von allen Verfahrensbeteiligten unter Einschluss der Vergabestelle übersehenen – Umstand scheitern zu lassen, dass die Angebote sämtlicher Bieter wegen Überschreitens der Bindefrist erloschen sind. Es wäre mit dem Ziel des effektiven Wettbewerbsschutzes kaum vereinbar, in einem solchen Falle die Ausschreibung aufzuheben und der Vergabestelle zu gestatten, freihändig den Zuschlag zu erteilen. Da **weder eine Bevorzugung noch eine Benachteiligung eines einzelnen Bieters zu besorgen** ist, liegt es vielmehr unter den genannten Vorzeichen auf der Hand, die Vergabestelle noch nachträglich zu verpflichten, die Bindefrist mit gleicher Wirkung für alle Bieter neu zu bestimmen und diesen die Chance zu geben, sämtliche – obschon gem. § 146 BGB formal erloschenen – Angebote mit identischem Inhalt erneut einzureichen, und der Ausschreibung auf diese Weise ihren Fortgang zu geben (OLG Thüringen, B. v. 30. 10. 2006 – Az.: 9 Verg 4/06).

4966

100.5.3.5 Zugang der Annahmeerklärung des Bieters beim Auftraggeber

Um einen wirksamen Bauvertrag zu schließen, muss der Bieter die verspätete Annahmeerklärung des öffentlichen Auftraggebers, die ja ein neues Angebot darstellt, annehmen und diese **Annahme muss dem Auftraggeber wiederum zugehen** (1. VK Sachsen, B. v. 26. 7. 2001 – Az.: 1/SVK/73-01).

4967

Spätestens zum Zeitpunkt der Aufnahme der Arbeiten durch den Bieter ist von einem Vertragsschluss durch konkludentes Handeln auszugehen (VK Halle, B. v. 13. 3. 2001 – Az.: VK Hal 23/99).

4968

100.5.4 Regelung des HVA B-StB 03/2006

Eine Verlängerung der Zuschlags- und Bindefrist ist nach Möglichkeit zu vermeiden. Ist vorauszusehen, dass der Auftrag ausnahmsweise nicht innerhalb der Zuschlags- und Bindefrist erteilt werden kann, so sind rechtzeitig die für eine Auftragserteilung in Betracht kommenden Bieter zu einer einheitlichen Verlängerung der Bindefrist mit Vordruck HVA B-StB Aufforderung zur Bindefristverlängerung (siehe Muster 2.5-1) schriftlich aufzufordern. Den Bietern ist zusammen mit dieser Aufforderung der Vordruck HVA B-StB Bindefristverlängerung (siehe Muster 2.5-2) zu übersenden. Die Gründe für eine Verlängerung sind im Vergabevermerk festzuhalten (Ziffer 2.5 Nr. 4).

4969

Stimmen für die Auftragserteilung in Betracht kommende Bieter der Verlängerung der Bindefrist nur unter Bedingungen zu, gilt dies als neues Angebot, das aufgrund des Verhandlungsverbots nach § 24 VOB/A nicht gewertet werden darf. Die ursprünglichen Angebote gelten bis zum Ablauf der ursprünglichen Bindefrist (Ziffer 2.5 Nr. 5).

4970

Trotz Verlängerung der Bindefrist wird der Zuschlag auf das ursprüngliche Angebot mit den darin enthaltenen Vertragsbedingungen erteilt. Etwaige Auswirkungen des verspäteten Zuschlags sind im Rahmen der Vertragsabwicklung zu regeln. Ist vorauszusehen, dass sich erhebliche Auswirkungen auf die Grundlagen der Preisermittlung ergeben können, ist zu prüfen, ob die Ausschreibung aufzuheben ist (Ziffer 2.5 Nr. 6).

4971

100.5.5 Literatur

– Kapellmann, Klaus, Zeitliche und geldliche Folgen eines nach Verlängerung der Bindefrist erteilten Zuschlags, NZBau 2003, 1

4972

Teil 3 VOB/A § 20 Vergabe- und Vertragsordnung für Bauleistungen Teil A

100.6 Geltung bei Freihändiger Vergabe (§ 19 Nr. 4)

4973 Im Verhandlungsverfahren gelten auch einige in der VOB/A bzw. VOL/A festgelegte Regeln entsprechend, beispielsweise die **Vorschriften über die Zuschlags- und Bindefrist** (VK Münster, B. v. 23. 5. 2003 – Az.: VK 09/03).

4974 Zu der Befugnis des öffentlichen Auftraggebers, Fristen im Verhandlungsverfahren bzw. bei Freihändiger Vergabe zu setzen, vgl. die Kommentierung zu § 101 Abs. 4 GWB RZ 1396.

101. § 20 VOB/A – Kosten

1. (1) **Bei Öffentlicher Ausschreibung darf für die Leistungsbeschreibung und die anderen Unterlagen ein Entgelt gefordert werden.** Dieses Entgelt darf nicht höher sein als die Selbstkosten des Auftraggebers für die Vervielfältigung der Leistungsbeschreibung und der anderen Unterlagen sowie der Kosten der postalischen Versendung an die betreffenden Bieter; dies gilt auch bei digitaler Übermittlung. In der Bekanntmachung (§ 17 Nr. 1) ist anzugeben, wie hoch es ist und dass es nicht erstattet wird.

   (2) Bei Beschränkter Ausschreibung und Freihändiger Vergabe sind alle Unterlagen unentgeltlich abzugeben.

2. (1) Für die Bearbeitung des Angebots wird keine Entschädigung gewährt. Verlangt jedoch der Auftraggeber, dass der Bewerber Entwürfe, Pläne, Zeichnungen, statische Berechnungen, Mengenberechnungen oder andere Unterlagen ausarbeitet, insbesondere in den Fällen des § 9 Nr. 15 bis 17, so ist einheitlich für alle Bieter in der Ausschreibung eine angemessene Entschädigung festzusetzen. Ist eine Entschädigung festgesetzt, so steht sie jedem Bieter zu, der ein der Ausschreibung entsprechendes Angebot mit den geforderten Unterlagen rechtzeitig eingereicht hat.

   (2) Diese Grundsätze gelten für die Freihändige Vergabe entsprechend.

3. Der Auftraggeber darf Angebotsunterlagen und die in den Angeboten enthaltenen eigenen Vorschläge eines Bieters nur für die Prüfung und Wertung der Angebote (§§ 23 und 25) verwenden. Eine darüber hinausgehende Verwendung bedarf der vorherigen schriftlichen Vereinbarung.

101.1 Vergleichbare Regelungen

4975 Der Vorschrift des § 20 VOB/A vergleichbar ist im Bereich der VOL **§ 20 VOL/A**. Die Kommentierung zu dieser Vorschrift kann daher ergänzend zu der Kommentierung des § 20 herangezogen werden.

101.2 Änderungen in der VOB/A 2006

4976 § 20 VOB/A 2006 wird in Nr. 2 Abs. 1 durch die **geänderte Bezugnahme auf § 9 Nummern 15–17** nur redaktionell geändert.

101.3 Bieterschützende Vorschrift

4977 § 20 Nr. 1 Abs. 1 VOB/A **ist eine bieterschützende Vorschrift** im Sinne von § 97 Abs. 7 GWB (1. VK Sachsen, B. v. 12. 3. 2001 – Az.: 1/SVK/9-01).

101.4 Entgelt für die Leistungsbeschreibung und die anderen Unterlagen (§ 20 Nr. 1)

101.4.1 Entgelt bei Öffentlicher Ausschreibung (§ 20 Nr. 1 Abs. 1)

4978 Bei Öffentlicher Ausschreibung darf für die Leistungsbeschreibung und die anderen Unterlagen ein Entgelt gefordert werden.

101.4.2 Entgelt bei Beschränkter Ausschreibung und Freihändiger Vergabe (§ 20 Nr. 1 Abs. 2)

Bei Beschränkter Ausschreibung und Freihändiger Vergabe sind alle Unterlagen unentgeltlich abzugeben. 4979

101.4.3 Höhe des Entgeltes

Das Entgelt darf nicht höher sein als die Selbstkosten des Auftraggebers für die Vervielfältigung der Leistungsbeschreibung und der anderen Unterlagen sowie der Kosten der postalischen Versendung an die betreffenden Bieter. 4980

Die Kosten für die erstmalige Erstellung der Vergabeunterlagen sind also nicht erstattungsfähig. 4981

101.4.3.1 Ermessensregelung

Der öffentliche Auftraggeber **darf ein Entgelt fordern,** er ist nicht dazu verpflichtet. Im Sinne eines **wirtschaftlichen Verwaltungshandelns** muss er also abwägen, ob das Entgelt die mit der Berechnung und Vereinnahmung des Entgelts entstehenden Kosten für den Auftraggeber deutlich übersteigt. 4982

101.4.3.2 Vervielfältigen der Verdingungsunterlagen

Hinsichtlich der Höhe der Kosten **regelt die VOB bzw. die VOL/A selbst regelt nicht, welche Ansätze für das Vervielfältigen der Verdingungsunterlagen zu gelten haben.** Ist kein Kostenrahmen durch Verordnung vorgegeben, muss an Hand des **Zwecks der Vorschrift** des § 20 Nr. 1 Abs. 1 VOB/A bzw. VOL/A ermittelt werden, **aus welchen Faktoren sich die Selbstkosten der Vervielfältigung zusammen setzen dürfen.** Dabei sind sich die einschlägigen Kommentierungen über verschiedene Aspekte einig: **Bestandteil der Kosten sind Stoffkosten für Papier, Toner usw.; Abschreibungs- und Instandhaltungskosten für die genutzten Geräte, Gemeinkosten und die Umsatzsteuer,** soweit der Auftraggeber umsatzsteuerpflichtig ist. **Umstritten** ist jedoch, in welchem Umfang die **aufgewendete Arbeit** zu bemessen ist. Während eine Meinung diese einschließlich der Arbeitgeberanteile der Sozialversicherungen für den Vervielfältiger für die ihn beaufsichtigenden Personen für absetzbar hält, schränkt eine andere Meinung dies ein: Die Lohnkosten für den Drucker sollen nur dann absetzbar sein, wenn Angestellte des Auftraggebers eigens für die Aufgabe des Vervielfältigens dieser Unterlagen eingestellt wurden. Da dies im Bereich der öffentlichen Hand praktisch nie der Fall sein dürfte, fallen nach der zweiten Ansicht die Personalkosten faktisch aus. Nach dem **Sinn der Vorschrift ist dies auch gerechtfertigt, denn Gegenstand des Anspruchs ist die Entschädigung der** (über die Fixkosten hinaus gehenden) **Aufwendungen für die Vervielfältigung** (1. VK Sachsen, B. v. 12. 3. 2001 – Az.: 1/SVK/9-01). 4983

101.4.3.3 Entgelt bei digitaler Übermittlung

Mit Blick auf die elektronische Ausschreibung öffentlicher Aufträge wurde § 20 Nr. 1 Abs. 1 VOB/A dahingehend ergänzt, dass auch bei digitaler Übermittlung die Kostenregelung für schriftliche Unterlagen gilt. Dies bedeutet, dass auch bei digitaler Vervielfältigung und Übermittlung **nur die tatsächlich angefallenen Kosten für diese Tätigkeit** in Rechnung gestellt werden können. Dies wiederum beinhaltet in der Praxis, dass angesichts der kaum fassbaren Kosten z. B. der digitalen Übermittlung ein Kostenerstattungsanspruch nicht besteht (VK Lüneburg, B. v. 17. 10. 2006 – Az.: VgK-25/2006). 4984

101.4.3.4 Darlegungs- und Beweislast für die Höhe der Selbstkosten

Der öffentliche Auftraggeber ist im Streitfall für die Höhe der Selbstkosten darlegungs- und beweispflichtig (VK Magdeburg, B. v. 6. 3. 2000 – Az.: VK-OFD LSA-01/00). 4985

101.4.4 Entgeltanspruch nur des öffentlichen Auftraggebers

§ 20 VOB/A bzw. VOL/A gibt der **ausschreibenden Stelle einen höchstpersönlichen Anspruch auf eine Entschädigung** für die Leistungsbeschreibung und die anderen Unterlagen. Schaltet der Auftraggeber zur Vervielfältigung und Aushändigung einen Dritten ein, so muss er, wenn der **Dritte** gegen die Unternehmen, welche die Vergabeunterlagen abholen, 4986

Teil 3 VOB/A § 20   Vergabe- und Vertragsordnung für Bauleistungen Teil A

einen Kostenersatzanspruch haben soll, den Anspruch nach § 20 VOB/A bzw. VOL/A an den Dritten abtreten. Die Einräumung eines eigenständigen Kostenanspruches des Dritten gegen die Unternehmen, welche die Vergabeunterlagen abholen, ist ein gegen die Privatautonomie verstoßender und damit unzulässiger Vertrag zu Lasten Dritter (1. VK Sachsen, B. v. 12. 3. 2001 – Az.: 1/SVK/9-01).

101.4.5 Entgeltanspruch eines Dritten

4987   Auch ein **Erfüllungsgehilfe des öffentlichen Auftraggebers,** der durch vertragliche Ausgestaltung quasi die Stelle des Auftraggebers einnimmt, kann gegenüber den Bietern **nur mit den Rechten agieren, die der Auftraggeber selbst für sich in Anspruch nehmen kann.** Das bedeutet z. B. für die Erstattung der Aufwendungen für die Vervielfältigung der Leistungsverzeichnisse, dass der Auftraggeber diesen Anspruch an den Erfüllungsgehilfen abtreten muss, damit er wirksam geltend gemacht werden kann. Ein **abgetretener Anspruch kann aber nicht mehr Rechte umfassen als der Auftraggeber geltend machen kann.** Der Erfüllungsgehilfe ist dann aber auch an die Vorgabe aus § 20 Nr. 1 Abs. 1 VOB/A bzw. VOL/A gebunden, dass diese **Entschädigung die Selbstkosten der Vervielfältigung nicht überschreiten darf.** Der Erfüllungsgehilfe kann ebenfalls die Personalkosten bei der Vervielfältigung der Unterlagen nur dann in die Selbstkosten mit einbeziehen, wenn das hierfür eingesetzte Personal eigens dafür eingestellt wurde (1. VK Sachsen, B. v. 12. 3. 2001 – Az.: 1/SVK/9-01).

101.4.6 Entschädigung für die Bearbeitung des Angebots (§ 20 Nr. 2)

101.4.6.1 Sinn und Zweck

4988   Sinn dieser Vorschrift ist es, den **Bieter vor Forderungen des Auftraggebers zu schützen,** Planungs- und Projektierungsleistungen bereits mit dem Angebot erbringen zu müssen, ohne die dafür nach HOAI vorgesehenen Kosten erstattet zu bekommen (VK Südbayern, B. v. 20. 6. 2001 – Az.: 15-05/01).

101.4.6.2 Allgemeines

4989   Wer sich in einem Wettbewerb um einen Auftrag für ein Bauvorhaben oder eine andere Leistung bemüht, muss nicht nur damit rechnen, dass er bei der Erteilung des Zuschlages unberücksichtigt bleibt. Er weiß außerdem – jedenfalls muss er damit rechnen –, dass **der Veranstalter des Wettbewerbes, der eine Entschädigung nicht ausdrücklich festgesetzt hat, dazu im Allgemeinen auch nicht bereit ist. Darauf muss er sich einstellen.** Als Anbieter vermag er auch hinreichend sicher zu beurteilen, ob der zu seiner Abgabe seines Angebotes bzw. zur Erlangung des Zuschlages erforderliche Aufwand das Risiko seiner Beteiligung an dem Wettbewerb und zusätzlicher Kosten lohnt. Glaubt er, diesen Aufwand nicht wagen zu können, ist aber gleichwohl an dem Auftrag interessiert, so muss er entweder versuchen, mit dem Veranstalter des Wettbewerbes eine Einigung über die Kosten des Angebotes herbeizuführen oder aber von dem Angebot bzw. den zusätzlich geforderten Musterarbeiten absehen und dies den Konkurrenten überlassen, die zur Übernahme dieses Risikos bereit geblieben sind (OLG Düsseldorf, Urteil vom 30. 1. 2003 – Az.: I-5 U 13/02, 5 U 13/02).

101.4.6.3 Inhalt der Regelung

4990   § 20 Nr. 2 bezieht sich **nur auf die Ausarbeitung von Unterlagen** und erfasst daher **nicht die Herstellung z. B. von Musterflächen.** Zwar ist die Aufzählung in § 20 Abs. 2 Nr. 1 nicht abschließend, sondern nur beispielhaft. Es muss sich jedoch immer um andere „Unterlagen" handeln; **auf andere „Leistungen" im Allgemeinen ist die genannte Vorschrift nicht anwendbar.** Denn § 20 Nr. 2 Abs. 1 Satz 2 bezweckt eine Entschädigung des Bieters für den Fall, dass der Bauherr das Bauvorhaben vor Einholen von Angeboten nicht vollständig hat planen lassen, sondern **Planungsleistungen von den Bietern im Rahmen ihrer Angebote verlangt.** Mithin geht § 20 Nr. 2 Satz 2 von der Vorstellung aus, dass es üblicherweise Sache des Auftraggebers ist, diese Unterlagen auszuarbeiten und sie zusammen mit der danach aufgestellten Leistungsbeschreibung (Leistungsverzeichnis) in dem erforderlichen Umfang als „Verdingungsunterlagen" den Bewerbern zur Verfügung zu stellen. Die vorstehende **Auslegung wird bestätigt durch die Verweisung des § 20 Nr. 2 Abs. 1 Satz 2 VOB/A auf die Fälle des § 9 Nr. 15 bis 17 VOB/A, das sind Leistungsbeschreibungen mit Leistungsprogramm,** in denen es dem Unternehmer zunächst überlassen bleibt, die Grundlagen für eine

Angebotsabgabe zu schaffen (OLG Düsseldorf, Urteil vom 30. 1. 2003 – Az.: I-5 U 13/02, 5 U 13/02).

101.4.6.4 Nebenangebote und Nachträge

Im Sinne dieser Rechtsprechung hat ein Bieter bzw. Auftragnehmer auch keinen Anspruch auf Erstattung der durch die Ausarbeitung von Nebenangeboten bzw. Nachträgen entstehenden Kosten. 4991

101.4.6.5 Beispiele aus der Rechtsprechung

– werden von den Bietern zumindest **Mengenermittlungen als Basis für die Angebotsermittlung** verlangt, ist eine Entschädigung fest zu setzen (VK Thüringen, B. v. 15. 11. 2000 – Az.: 216-4002.20-041/00-G-S) 4992

101.4.6.6 Schadenersatzansprüche bei fehlender, aber notwendiger Entschädigungsregelung

Schadensersatzansprüche des Bieters in Höhe einer angemessenen Entschädigung kommen in Betracht, wenn der Ausschreibende entgegen seiner Verpflichtung aus § 20 Nr. 2 Abs. 1 Satz 2 VOB/A eine angemessene Entschädigung in der Ausschreibung nicht festgesetzt hat. **Grundlage für solche Schadensersatzansprüche sind die Grundsätze über das Verschulden bei Vertragsschluss.** Es ist aber nicht pflichtwidrig, für die Erstellung anderer Leistungen, z. B. Musterflächen, eine Entschädigung nicht festzusetzen, weil die Erstellung dieser Leistungen nicht unter den Anwendungsbereich dieser Vorschrift fällt (OLG Düsseldorf, Urteil vom 30. 1. 2003 – Az.: I-5 U 13/02, 5 U 13/02). 4993

101.4.7 Urheberrecht des Bieters (§ 20 Nr. 3)

Soweit es um das von § 20 Nr. 3 VOB/A miterfasste Urheberrecht geht, besteht dieses nicht uneingeschränkt an allen Unterlagen, die der Bieter angefertigt hat, oder an allen seinen Vorschlägen. Vielmehr ergibt sich aus dem **Begriff des Urheberrechts, dass dieses bzw. der Schutz des Bieters nur soweit reichen kann, wie urheberrechtlich geschützte Verhältnisse gegeben sind** (OLG München, Urteil v. 4. 8. 2005 – Az.: 8 U 1540/05). 4994

101.4.8 Richtlinie des VHB 2002 zu § 20

Bei Öffentlicher Ausschreibung ist stets ein Entgelt in Höhe der Selbstkosten für die Vervielfältigung der Leistungsbeschreibung und der anderen Unterlagen sowie der Kosten der postalischen Versendung zu fordern, wenn das Entgelt den Betrag von 5 € übersteigt. 4995

102. § 21 VOB/A – Form und Inhalt der Angebote

1. (1) Der Auftraggeber legt fest, in welcher Form die Angebote einzureichen sind. Schriftlich eingereichte Angebote sind immer zuzulassen. Sie müssen unterzeichnet sein. Elektronisch übermittelte Angebote sind nach Wahl des Auftraggebers mit einer fortgeschrittenen elektronischen Signatur nach dem Signaturgesetz und den Anforderungen des Auftraggebers oder mit einer qualifizierten elektronischen Signatur nach dem Signaturgesetz zu versehen.

(2) Die Auftraggeber haben die Integrität der Daten und die Vertraulichkeit der Angebote auf geeignete Weise zu gewährleisten. Per Post oder direkt übermittelte Angebote sind in einem verschlossenen Umschlag einzureichen, als solche zu kennzeichnen und bis zum Ablauf der für die Einreichung vorgesehenen Frist unter Verschluss zu halten. Bei elektronisch übermittelten Angeboten ist dies durch entsprechende technische Lösungen nach den Anforderungen des Auftraggebers und durch Verschlüsselung sicherzustellen. Die Verschlüsselung muss bis zum Ablauf der Frist zur Einreichung der Angebote aufrecht erhalten bleiben. Die Angebote sollen nur die Preise und die geforderten Erklärungen enthalten. Änderungen des Bieters an seinen Eintragungen müssen zweifelsfrei sein.

Teil 3 VOB/A § 21

Vergabe- und Vertragsordnung für Bauleistungen Teil A

(3) Änderungen an den Verdingungsunterlagen sind unzulässig.

(4) Der Auftraggeber soll allgemein oder im Einzelfall zulassen, dass Bieter für die Angebotsabgabe eine selbstgefertigte Abschrift oder stattdessen eine selbstgefertigte Kurzfassung des Leistungsverzeichnisses benutzen, wenn sie den vom Auftraggeber verfassten Wortlaut der Urschrift des Leistungsverzeichnisses als allein verbindlich schriftlich anerkennen; Kurzfassungen müssen jedoch die Ordnungszahlen (Positionen) vollzählig, in der gleichen Reihenfolge und mit den gleichen Nummern wie in der Urschrift, wiedergeben.

(5) Muster und Proben der Bieter müssen als zum Angebot gehörig gekennzeichnet sein.

2. Eine Leistung, die von den vorgesehenen technischen Spezifikationen abweicht, darf angeboten werden, wenn sie mit dem geforderten Schutzniveau in Bezug auf Sicherheit, Gesundheit und Gebrauchstauglichkeit gleichwertig ist. Die Abweichung muss im Angebot eindeutig bezeichnet sein. Die Gleichwertigkeit ist mit dem Angebot nachzuweisen.

3. Die Anzahl von Nebenangeboten ist an einer vom Auftraggeber in den Verdingungsunterlagen bezeichneten Stelle aufzuführen. Etwaige Nebenangebote müssen auf besonderer Anlage gemacht und als solche deutlich gekennzeichnet werden.

4. Soweit Preisnachlässe ohne Bedingungen gewährt werden, sind diese an einer vom Auftraggeber in den Verdingungsunterlagen bezeichneten Stelle aufzuführen.

5. (1) Bietergemeinschaften haben eines ihrer Mitglieder als bevollmächtigten Vertreter für den Abschluss und die Durchführung des Vertrags zu bezeichnen.

(2) Fehlt die Bezeichnung im Angebot, so ist sie vor der Zuschlagserteilung beizubringen.

6. Der Auftraggeber hat die Anforderungen an den Inhalt der Angebote nach den Nummern 1 bis 5 in die Vergabeunterlagen aufzunehmen.

102.1 Vergleichbare Regelungen

4996 Der Vorschrift des § 21 VOB/A vergleichbar sind im Bereich der VOB/A §§ 21a, 21b VOB/A und im Bereich der VOL § 21 VOL/A. Die Kommentierung zu diesen Vorschriften kann daher ergänzend zu der Kommentierung des § 21 herangezogen werden.

102.2 Änderungen in der VOB/A 2006

4997 In § 21 ist eine **neue Nr. 1 Abs. 1** eingefügt, wonach der Auftraggeber festlegt, in welcher Form die Angebote einzureichen sind.

4998 In § 21 ist außerdem eine **neue Nr. 1 Abs. 2** eingefügt, wonach die Auftraggeber die Integrität der Daten und die Vertraulichkeit der Angebote auf geeignete Weise zu gewährleisten haben.

102.3 Bieterschützende Vorschrift

102.3.1 § 21

4999 Die Regelung des § 21 entfaltet bieterschützende Wirkung (1. VK Sachsen, B. v. 5. 9. 2002 – Az.: 1/SVK/073-02).

102.3.2 § 21 Nr. 1 Abs. 1

5000 Die Frage, ob ein **Angebot rechtsverbindlich unterschrieben** ist, ist **keine Bestimmung, die ein subjektives Recht gemäß § 97 Abs. 7 GWB eines Bieters darstellt** und dessen Verletzung er rügen kann. Zwar ist die Vorschrift des § 21 Nr. 1 Abs. 1 VOB/A eine vergaberechtliche Regelung, die **(auch) einen bieterschützenden Zweck** im Sinne des § 97 Abs. 7 GWB hat. Es besteht jedoch **kein** darüber hinausgehender **Anspruch eines Bieters, dass ein Angebot eines Mitbieters auch rechtsverbindlich unterschrieben sein müsste**.

Dies ergibt sich bereits aus dem Fehlen einer derartigen Bestimmung in der VOB/A seit dem Jahr 2000. Darüber hinaus kann ein Bieter auch keine weitergehenden Rechte bezogen auf Formvorschriften gegen einen Mitbieter haben als die Vergabestelle selbst (VK Hessen, B. v. 27. 2. 2003 – Az.: 69 d VK – 70/2002).

102.3.3 § 21 Nr. 3 Satz 2

§ 21 Nr. 3 S. 2 VOB/A bzw. § 21 Nr. 2 VOL/A soll die **Transparenz gegenüber allen** 5001 **Bietern gewährleisten, indem Nebenangebote als solche erkennbar aufgeführt und im Eröffnungstermin als solche auch identifiziert werden können.** Dies gilt insbesondere dann, wenn in Nebenangeboten eine technische Abweichung angeboten wird. Eine solche Abweichung im Angebot eines Bieters ist für die übrigen Bieter entgegen § 97 Abs. 1, 2 GWB nicht als solche erkennbar, so dass sie sich darauf und eine diesbezüglich fehlerfreie Durchführung des Vergabeverfahrens nicht von vornherein einstellen können. **§ 21 Nr. 3 Satz 2 hat deshalb bieterschützenden Charakter** (VK Düsseldorf, B. v. 14. 8. 2006 – Az.: VK – 32/2006 – B; VK Brandenburg, B. v. 12. 3. 2003 – Az.: VK 07/03).

102.4 Allgemeine Anforderungen des § 21 für die Bieter

Das Vergabeverfahren **verlangt als formalisiertes Verfahren vom Bieter eine große** 5002 **Genauigkeit bei der Gestaltung seiner Angebotsunterlagen. Ungenauigkeiten** beim Ausfüllen der Angebotsunterlagen **fallen in die Risikosphäre des Bieters** und können nicht durch Nachsichtigkeit der Vergabestelle korrigiert werden (VK Rheinland-Pfalz, B. v. 7. 6. 2002 – Az.: VK 13/02).

102.5 Auslegung des Angebots

102.5.1 Grundsatz

Bei dem **Angebot** eines Bieters handelt es sich um eine bürgerlichrechtliche **empfangsbe-** 5003 **dürftige Willenserklärung,** die nach den §§ 133, 157 BGB unter Berücksichtigung der von der Rechtsprechung entwickelten Grundsätze **auszulegen** ist. Bei der Ermittlung des Inhaltes ist **nicht am Wortlaut zu haften** (OLG Celle, B. v. 13. 3. 2002 – Az.: 13 Verg 4/02). Vielmehr sind empfangsbedürftige Willenserklärungen so auszulegen, wie sie der **Erklärungsempfänger nach Treu und Glauben unter Berücksichtigung der Verkehrssitte verstehen muss** (OLG Celle, B. v. 13. 3. 2002 – Az.: 13 Verg 4/02; Thüringer OLG, B. v. 5. 12. 2001 – Az.: 6 Verg 4/01; VK Schleswig-Holstein, B. v. 15. 5. 2006 – Az.: VK-SH 10/06; VK Nordbayern, B. v. 14. 4. 2005 – Az.: 320.VK – 3194-09/05; VK Südbayern, B. v. 19. 4. 2005 – Az.: 10-03/05; B. v. 17. 2. 2004 – Az.: 03-01/04; B. v. 17. 2. 2004 – Az.: 67-12/03; 1. VK Sachsen, B. v. 27. 9. 2001 – Az.: 1/SVK/85-01, 1/SVK/85-01G). Bei der Auslegung dürfen nur solche Umstände berücksichtigt werden, die bei Zugang der Erklärung für den Empfänger erkennbar waren. Auf dessen Horizont und Verständnismöglichkeit ist die Auslegung abzustellen (VK Schleswig-Holstein, B. v. 15. 5. 2006 – Az.: VK-SH 10/06; VK Hessen, B. v. 11. 2. 2002 – Az.: 69 d VK – 48/2001). Dies gilt auch dann, wenn der Erklärende die Erklärung anders verstanden hat und auch verstehen durfte. **Entscheidend** ist im Ergebnis nicht der empirische Wille des Erklärenden, sondern **der durch normative Auslegung zu ermittelnde objektive Erklärungswert** seines Verhaltens (OLG Naumburg, B. v. 12. 6. 2001 – Az.: 1 Verg 1/01; VK Schleswig-Holstein, B. v. 15. 5. 2006 – Az.: VK-SH 10/06; VK Nordbayern, B. v. 29. 12. 2005 – Az.: 320.VK – 3194-40/05; VK Südbayern, B. v. 19. 4. 2005 – Az.: 10-03/05; B. v. 17. 2. 2004 – Az.: 03-01/04; B. v. 17. 2. 2004 – Az.: 67-12/03). Beachtet werden muss bei der Interpretation von Bietererklärungen schließlich auch das in § 97 Abs. 1 und 2 GWB aufgestellte Gebot der Auftragsvergabe im Rahmen eines transparenten Wettbewerbs unter Gleichbehandlung der Bieter (BayObLG, B. v. 16. 9. 2002 – Az.: Verg 19/02; VK Südbayern, B. v. 16. 7. 2003 – Az.: 25-06/03, B. v. 3. 4. 2003 – Az.: 10-03/03).

Eine **Auslegungsbedürftigkeit** als Voraussetzung für eine Auslegung **besteht jedoch dann** 5004 **nicht, wenn die Willenserklärung nach Wortlaut und Zweck einem eindeutigen Inhalt hat und für eine Auslegung kein Raum** ist (VK Schleswig-Holstein, B. v. 15. 5. 2006 – Az.: VK-SH 10/06).

Teil 3 VOB/A § 21 Vergabe- und Vertragsordnung für Bauleistungen Teil A

102.5.2 Beispiele aus der Rechtsprechung

5005 – macht ein Bieter in seinem Angebot beispielsweise **zu geforderten Zuschlägen keinerlei Angaben,** kann dies nach dem objektiven Erklärungswert aus der Sicht eines verständigen Auftraggebers aber nicht derart aufgefasst werden, dass der Bieter in den Positionen keine Zuschläge kalkuliert hat und somit im Bedarfsfall auch keine entsprechende Vergütung beansprucht. Der **Auftraggeber muss hingegen von einem unvollständigen Angebot ausgehen** (VK Südbayern, B. v. 16. 7. 2003 – Az.: 25-06/03).

102.6 Form der Angebote (§ 21 Nr. 1 Abs. 1)

5006 Der Auftraggeber legt fest, in welcher Form die Angebote einzureichen sind. Der **Auftraggeber entscheidet also darüber, ob Bieter die Angebote schriftlich oder elektronisch einreichen können.**

102.6.1 Schriftliche Angebote

102.6.1.1 Zwingende Zulassung von schriftlichen Angeboten bei Vergaben unterhalb der Schwellenwerte (§ 21 Nr. 1 Abs. 1 Satz 2)

5007 Nach § 21 Nr. 1 Abs. 1 Satz 2 sind die **Auftraggeber verpflichtet, bei Vergaben unterhalb der Schwellenwerte schriftlich eingereichte Angebote immer zuzulassen.** Mit dieser Regelung soll insbesondere Rücksicht auf kleine und mittlere Unternehmen genommen werden.

5008 Zur Erfüllung der Schriftlichkeit ist grundsätzlich die **Eintragung der Angebotspreise in die Urschrift des Leistungsverzeichnisses zulässig und ausreichend;** dies entspricht gerade dem Regelfall, den die Vorschrift des § 21 Nr. 1 Abs. 1 vor Augen hat. Die Auffassung, dass diesem Erfordernis lediglich durch Einreichung eines EDV-Angebotes Genüge getan wird, ist falsch (Saarländisches OLG, B. v. 29. 10. 2003 – Az.: 1 Verg 2/03).

102.6.1.2 Unterzeichnung der Angebote

5009 **102.6.1.2.1 Allgemeines.** Nach § 21 Nr. 1 Abs. 1 Satz 3 **müssen schriftliche Angebote unterzeichnet** sein.

5010 Angebote **ohne Unterschrift sind keine Angebote im Rechtssinne** und haben schon aus diesem Grunde auszuscheiden (3. VK Bund, B. v. 27. 4. 2006 – Az.: VK 3-21/06; VK Düsseldorf, B. v. 21. 4. 2006 – Az.: VK – 16/2006 – L). Das nachträgliche Einholen der Unterschrift ist unzulässig. Durch den Verzicht auf das Erfordernis der „Rechtsverbindlichkeit" in § 21 Nr. 1 Abs. 1 VOB/A bzw. VOL/A – gegenüber älteren Fassungen des § 21 VOB/A bzw. VOL/A – soll lediglich klargestellt werden, dass für die Angebotsabgabe keine über die Formvorschriften des BGB hinausgehenden Anforderungen gelten sollen (3. VK Bund, B. v. 29. 6. 2006 – Az.: VK 3-48/06; B. v. 29. 6. 2006 – Az.: VK 3-39/06; VK Lüneburg, B. v. 28. 7. 2003 – Az.: 203-VgK-13/2003); hinsichtlich der **Wirksamkeit eines von einem Prokuristen unterzeichneten Angebotes wird auf § 50 Abs. 1 HGB** verwiesen (VK Hessen, B. v. 16. 12. 2005 – 69 d VK – 88/2005).

5011 Aufgrund der **vergaberechtlichen Kaskade,** die in § 6 Abs. 1 VgV bzw. § 4 Abs. 1 VgV die Anwendung der VOB/A bzw. der VOL/A verbindlich macht, handelt es sich um ein im materiellen Sinne **gesetzliches Schriftformerfordernis.** Wird hiergegen verstoßen, so bestimmt sich die Rechtsfolge nach § 125 BGB, wonach das **Angebot nichtig** ist (3. VK Bund, B. v. 27. 4. 2006 – Az.: VK 3-21/06).

5012 Das Merkmal der „rechtsverbindlichen" Unterschrift hielt den Auftraggeber dazu an, die Vertretungsbefugnis der unterzeichnenden Person (oder deren Mehrheit) und die Rechtswirksamkeit des Angebots, einer Willenserklärung im bürgerlich-rechtlichen Sinn, zu überprüfen. Diese Anforderung ist im Zuge der Neufassung der VOB/A zw. VOL/A aufgegeben worden, weil es **unzweckmäßig erschien, dem Auftraggeber die nicht selten mit weiteren Nachforschungen verbundene Prüfung einer Bevollmächtigung des Angebotsunterzeichners aufzuerlegen** (OLG Düsseldorf, B. v. 22. 12. 2004 – Az.: VII – Verg 81/04).

5013 Der **Auftraggeber ist rechtlich nicht gehindert, zu den früher geltenden strengeren Anforderungen einer rechtsverbindlichen Unterschrift – oder anderen Anforderungen**

– zurückzukehren (1. VK Sachsen-Anhalt, B. v. 7. 3. 2006 – Az: 1 VK LVwA 01/06), zumal sich sachliche Gründe dafür nicht verneinen lassen. Denn das Erfordernis der Verbindlichkeit des Angebots, das ohne Weiteres mit dem Begriff der „Rechtsverbindlichkeit" gleichzusetzen ist, stellt klar, dass das Angebot als bürgerlich-rechtliche Willenserklärung des Bieters rechtsgültig und wirksam zu sein hat, so gefasst sein muss, dass es nur noch einer Annahmeerklärung des Auftraggebers bedarf und dass es den Auftraggeber von der Ungewissheit und den Verzögerungen freistellt, die mit der Angebotsunterzeichnung durch einen Vertreter ohne Vertretungsmacht verbunden sein können. Angebote, zu denen es dem Unterzeichner an der Vertretungsberechtigung mangelt, sind schwebend unwirksam (§ 177 Abs. 1 BGB). Ihre Wirksamkeit hängt von einer – nach Aufforderung des anderen Teils befristet zu erklärenden – Genehmigung durch den Vertretenen ab (§ 177 Abs. 2, § 182 Abs. 1, § 184 Abs. 1 BGB). Es ist **zu respektieren, wenn sich der Auftraggeber den daraus resultierenden möglichen Erschwernissen** (freilich unter Inkaufnahme anderer, die Verbindlichkeit betreffender Prüfungsobliegenheiten) **nicht stellen will** und über ein lediglich „unterschriebenes" Angebot hinaus in den Verdingungsunterlagen die **Rechtsverbindlichkeit der Angebotserklärung fordert** (OLG Düsseldorf, B. v. 22. 12. 2004 – Az.: VII – Verg 81/04).

102.6.1.2.2 Prüfung der Unterzeichnung? Auf die Prüfung, ob tatsächlich die gesetzlichen Vertreter der Bieter unterzeichnet hatten, kam und kommt es also nicht an. Ab der ab dem Jahre 2000 geltenden Fassung der VOB/A bzw. VOL/A hat der Verordnungsgeber bewusst auf das zusätzliche Merkmal der „rechtsverbindlichen" Unterschrift in den Regelungen der §§ 21 und 25 VOB/A bzw. VOL/A verzichtet. Ein Bieter muss also grundsätzlich ein Angebot, soweit es nur unterschrieben ist, gegen sich gelten lassen, wobei **im Zweifelsfall von dem Vorliegen einer Anscheinsvollmacht auszugehen** ist (1. VK Sachsen, B. v. 31. 1. 2005 – Az.: 1/SVK/144-04; VK Hessen, B. v. 27. 2. 2003 – Az.: 69 d VK – 70/2002). 5014

102.6.1.2.3 Stelle der Unterzeichnung. Es ist erforderlich, dass **mit der Unterschrift zweifelsfrei der gesamte Angebotsinhalt abgedeckt** wird. Ein Angebot muss ausgeschieden werden, wenn letzteres nicht der Fall ist. Die Unterschrift hat auf dem Angebot in einer Weise zu erfolgen, die deutlich macht, dass sich der Unterzeichner das gesamte Angebot mit seiner Unterschrift zu Eigen macht (OLG Düsseldorf, B. v. 18. 7. 2005 – Az.: VII – Verg 39/05; OLG Celle, B. v. 19. 8. 2003 – Az.: 13 Verg 20/03; VK Düsseldorf, B. v. 21. 4. 2006 – Az.: VK – 16/2006 – L; 3. VK Bund, B. v. 6. 6. 2005 – Az.: VK 3-43/05). Grundsätzlich wird dann eine Unterschrift am Ende des Angebotes oder auf dem Anschreiben, das auf das beigefügte Angebot Bezug nimmt, diesem Erfordernis genügen (VK Düsseldorf, B. v. 21. 4. 2006 – Az.: VK – 16/2006 – L; VK Lüneburg, B. v. 28. 7. 2003 – Az.: 203-VgK-13/2003). 5015

An welcher Stelle der Angebote die **Unterschrift bzw. Unterschriften anzubringen** sind, **lässt § 21 VOB/A bzw. VOL/A offen.** Deshalb fügen viele Auftraggeber den Vergabeunterlagen ein **Formblatt „Angebot"** bei, durch dessen Gestaltung sichergestellt wird, dass die darauf angebrachte Unterschrift sich auf das gesamte Angebot bezieht. Ist eine Unterschrift vorhanden, befindet sie sich aber **nicht an der eindeutig gekennzeichneten und geforderten Stelle im Angebot, so ist dieses Angebot auszuschließen** (VK Düsseldorf, B. v. 21. 4. 2006 – Az.: VK – 16/2006 – L; VK Lüneburg, B. v. 28. 7. 2003 – Az.: 203-VgK-13/2003). **Weist allerdings das Formblatt keine Unterschriftsleiste auf** und gibt es zudem in den Verdingungsunterlagen andere Gelegenheiten zur (abschließenden) Unterschrift, **schadet eine fehlende Unterschrift auf dem Formblatt „Angebot" nicht** (OLG Düsseldorf, B. v. 21. 6. 2006 – Az.: VII – Verg 24/06). Eine **Berichtigung eines Formfehlers,** das heißt ein Nachholen der Unterschrift an der richtigen Stelle kommt eventuell in Betracht, wenn zweifelsfrei erkennbar ist, dass sich die an falscher Stelle befindliche Unterschrift auf das gesamte Angebot beziehen soll (VK Nordbayern, B. v. 28. 2. 2001 – Az.: 320.VK-3194-25/00). 5016

102.6.1.2.4 Anzahl der Unterschriften. Der Auftraggeber kann z. B. in den Vergabeunterlagen vorgeben, dass auch die Bewerbererklärung rechtsverbindlich unterzeichnet sowie dokumentenecht sein muss. Der Auftraggeber macht dann von der **Möglichkeit der Ermessensausübung** Gebrauch, die den Vergabevorschriften nicht entgegensteht (VK Halle, B. v. 30. 5. 2002 – Az.: VK Hal 11/02). 5017

Hat ein Auftraggeber in den Vergabeunterlagen vorgegeben, dass das Angebot rechtsverbindlich **auf dem Leistungsverzeichnis mit seinen Anlagen und den Besonderen Vertragsbedingungen unterschrieben** sein muss, hat er von der Möglichkeit der Ermessensausübung Gebrauch gemacht, die den Vergabevorschriften nicht entgegensteht (VK Halle, B. v. 12. 7. 2001 – Az.: VK Hal 09/01). 5018

Teil 3 VOB/A § 21 Vergabe- und Vertragsordnung für Bauleistungen Teil A

5019   **102.6.1.2.5 Identität des Bieters. 102.6.1.2.5.1 Allgemeines. Angebote müssen die Identität des Bieters erkennen lassen.** Maßgeblicher Zeitpunkt für die Bestimmung, wem ein Angebot zuzurechnen ist, ist das zum Eröffnungstermin vorliegende Angebot. Dieses legt die Identität des Bieters fest. Besteht Streit, wer als Bieter eines bestimmten Angebots anzusehen ist, ist **durch Auslegung zu ermitteln,** wer das Angebot abgegeben hat. Dabei ist auf den „**objektiven Empfängerhorizont**" abzustellen; entscheidend ist, wie ein mit den Umständen des Einzelfalles vertrauter Dritter in der Lage der Antragsgegnerin die Erklärung nach Treu und Glauben mit Rücksicht auf die Verkehrssitte verstehen musste oder durfte (OLG Düsseldorf, B. v. 3. 1. 2005 – Az.: VII – Verg 82/04; VK Südbayern, B. v. 10. 11. 2003 – Az.: 49-10/03).

5020   **102.6.1.2.5.2 Angebot eines Bieters für einen Dritten.** Ein Bieter, der in gewillkürter Verfahrensstandschaft für ein anderes Unternehmen am Wettbewerb teilnimmt, will nicht selbst Auftragnehmer für die maßgebliche Vertragsleistung werden, sondern nur Vermittler des Auftrags für den Dritten sein. Anders wäre dies nur zu beurteilen, wenn die Ausschreibung selbst die Vermittlung entsprechender Leistungen etwa im Sinne einer Maklertätigkeit (vgl. § 652 BGB) beträfe. Dann entspräche die angebotene auch der ausgeschriebenen Leistung. **Ansonsten muss die Identität des ausgeschriebenen Auftrags gewahrt bleiben. Davon kann jedenfalls dann nicht mehr die Rede sein, wenn zentrale Leistungen des künftigen Vertrags nicht Gegenstand des Angebots des Bieters sind, sondern der Auftraggeber wegen dieser Leistungen in vertragliche Beziehungen mit einem Dritten treten müsste** (BayObLG, B. v. 29. 10. 2004 – Az.: Verg 022/04).

5021   Vgl. insoweit auch RZ 5024.

5022   **102.6.1.2.5.3 Beispiele aus der Rechtsprechung**
– weist das Angebotsbegleitschreiben eine andere Anschrift als die Anschrift des Bieters aus und trägt die Unterschrift im Angebot einen anderen Stempel, zeigt es aber eindeutig die Handelsregisternummer des Bieters, ist das Angebot dem Bieter zuzurechnen (VK Südbayern, B. v. 10. 11. 2003, Az.: 49-10/03).

5023   **102.6.1.2.6 Unterzeichnung des Angebotes bei Bietergemeinschaften. 102.6.1.2.6.1 Begriff.** Zum Begriff und zur Rechtsform von Bietergemeinschaften vgl. die Kommentierung zu § 8 VOB/A RZ 3826.

5024   **102.6.1.2.6.2 Angebot eines Einzelbieters oder Angebot einer Bietergemeinschaft? Angebote müssen die Identität des Bieters erkennen lassen.** Das gilt für Einzelbieter wie für Bietergemeinschaften. Aus dem **Angebot einer Bietergemeinschaft muss hervorgehen, dass es sich um das Angebot einer Bietergemeinschaft handelt und welche Unternehmen diese Bietergemeinschaft bilden.** Maßgeblicher Zeitpunkt für die Bestimmung, wem ein Angebot zuzurechnen ist, ist das zum Eröffnungstermin vorliegende Angebot. Dieses legt die Identität des Bieters fest. Besteht Streit, wer als Bieter eines bestimmten Angebots anzusehen ist, ist durch Auslegung zu ermitteln, wer das Angebot abgegeben hat. Dabei ist auf den „objektiven Empfängerhorizont" abzustellen; entscheidend ist, wie ein mit den Umständen des Einzelfalles vertrauter Dritter in der Lage der Vergabestelle die Erklärung nach Treu und Glauben mit Rücksicht auf die Verkehrssitte verstehen musste oder durfte. Ein entscheidender Punkt bei dieser Auslegung ist, wer das Angebot unterschrieben hat (BayObLG, B. v. 20. 8. 2001 – Az.: Verg 11/01).

5025   **102.6.1.2.6.3 Grundsätzliche Anforderung an die Unterzeichnung von Angeboten einer Bietergemeinschaft.** Sinn und Zweck des Ausschreibungsverfahrens ist die Einholung verbindlicher Angebote. Wann dies der Fall ist, richtet sich nach **allgemeinen zivilrechtlichen Regeln. Bietergemeinschaften** treten in der Praxis als **Gesellschaft bürgerlichen Rechts** auf. Eine **rechtsverbindliche Unterschrift** liegt in diesem Fall nur dann vor, wenn **alle am Angebot beteiligten Unternehmer unterschreiben** (VK Hessen, B. v. 27. 2. 2003 – Az.: 69 d VK – 70/2002; VK Südbayern, B. v. 17. 7. 2001 – Az.: 23-06/01), weil grundsätzlich allen von ihnen Außenvertretungsvollmacht zukommt. Die Vertretungsbefugnis richtet sich in der Regel nach der Geschäftsführungsbefugnis. Ein Gesellschafter ist gemäß § 714 BGB nur dann berechtigt, die anderen Gesellschafter gegenüber Dritten zu vertreten, wenn ihm nach dem Gesellschaftsvertrag die alleinige Geschäftsbefugnis zusteht (VK Brandenburg, B. v. 26. 3. 2002 – Az.: VK 3/02).

5026   **102.6.1.2.6.4 Unterzeichnung von Angeboten einer Bietergemeinschaft durch einen Bevollmächtigten. Die Unterschrift des Angebots einer Bietergemeinschaft kann auch durch einen nach allgemeinen Regeln hierzu Bevollmächtigten abgegeben werden** (Schleswig-Holsteinisches OLG, B. v. 15. 2. 2005 – Az.: 6 Verg 6/04). Bietergemeinschaften haben in der Regel die Rechtsqualität einer Gesellschaft des bürgerlichen Rechts (GbR) gemäß den §§ 705 ff. BGB. Die Vertretungsbefugnis richtet sich nach der Geschäftsführungsbefugnis. Ein Gesellschafter ist gem. § 714 BGB in der Regel nur dann berechtigt, die anderen Gesellschafter gegenüber Dritten zu vertreten, wenn ihm nach dem Gesellschaftsvertrag die alleinige Geschäftsführungsbefugnis zusteht. Von dem Grundsatz, dass alle Mitglieder einer Bietergemeinschaft das Angebot zu unterzeichnen haben, gibt es **nur die Ausnahme, dass einer mit Vertretungsmacht für die anderen Mitglieder der Bietergemeinschaft handelt.** Bestehen **Zweifel** daran, dass ein Teilnehmer einer Bietergemeinschaft mit wirksamer Vertretungsmacht für die anderen handelt, dann führt dies dazu, dass die **Unterschriften der übrigen nicht entbehrlich sind** (VK Lüneburg, B. v. 17. 10. 2003 – Az.: 203-VgK-20/2003).

Nach den Umständen des Einzelfalls kann man aber auch davon auszugehen, dass 5027 **ein Vertreter befugt sein soll, eine Bietergemeinschaft als Einzelvertreter zu vertreten.** Deutlich in diese Richtung weist der Umstand, dass der Einzelvertreter im Besitz eines Namensstempels der übrigen Mitglieder der Bietergemeinschaft, den er auf dem Angebot anbringt; mangels gegenteiliger Anhaltspunkte ist davon auszugehen, dass dieser Stempel mit den Willen der übrigen Mitglieder der Bietergemeinschaft und mit deren Einverständnis, Erklärungen im Namen der Bietergemeinschaft abzugeben, zu ihm gelangt ist. Vor allem aber spricht für eine Einzelvertretungsmacht, dass die von den einzelnen Mitgliedern der Bietergemeinschaft abgegebenen Angebotsbestandteile dem Auftraggeber in einem Umschlag zugingen, dass sie also zuvor dem Einzelvertreter von den übrigen Geschäftsführern zu dem Zweck zugeleitet worden waren, sie dem Gesamt-Angebot beizufügen und dieses einheitliche Angebot abzugeben. Dies lässt vernünftigerweise nur den Schluss zu, dass der Einzelvertreter das Angebot nach dem Willen der übrigen Mitglieder der Bietergemeinschaft in deren Namen allein abgeben sollte (OLG Frankfurt, B. v. 20. 7. 2004 – 11 Verg 14/04).

102.6.1.2.6.5 Nachträgliche Genehmigung bei fehlender Unterschrift aller Mitglie- 5028 **der von Bietergemeinschaften.** Die **Rechtsprechung** ist insoweit **nicht einheitlich.**

Im **Schrifttum** ist **umstritten,** ob die Grundsätze über die nachträgliche Genehmigungsfähigkeit der rechtsgeschäftlichen Willenserklärung vollmachtloser Vertreter im Falle von Bietergemeinschaften anwendbar sind. Zum Teil wird dies **verneint,** weil die strenge Förmlichkeit des § 25 Nr. 1 Abs. 1 lit. b) VOL/A ebenso wie § 25 Nr. 1 Abs. 1 lit. b) VOB/A das allgemeine Recht des BGB verdränge. Im Interesse eines für alle Bieter chancengleichen Wettbewerbs sei dies auch sachgerecht. **Andernfalls seien Manipulationen nicht auszuschließen,** da es Teilnehmern einer Bietergemeinschaft sonst nach Kenntnisnahme der Angebote anderer Bieter freistünde, je nach Auslastung der eigenen Betriebe und der Akquisition möglicherweise ertragreicherer anderer Angebote eine Genehmigung der Willenserklärung der vollmachtlosen Vertreter abzugeben oder zu verweigern. Nach einer **anderen Auffassung** ist im Falle der Unterschriftsvertretung bei Bietergemeinschaften mit der Vorlage des Angebots nicht zwingend ein Vollmachtsnachweis vorzulegen. Auch nach dieser Auffassung werden aber in den Fällen, in denen lediglich ein Mitglied einer Bietergemeinschaft ein Angebot in Vertretung der anderen Mitglieder unterschreibt, die **Voraussetzungen der Rechtsscheinvollmachten regelmäßig nur begrenzt nachzuweisen sein.** Die Duldungs- bzw. die Anscheinsvollmacht **setzt voraus, dass der Vertretene wissentlich zulässt bzw. hätte erkennen müssen,** dass jemand für ihn wie ein Vertreter auftritt und Dritte nach Treu und Glauben bei Anwendung der ihnen jeweils zumutbaren Sorgfalt auf die Erteilung einer entsprechenden Vollmacht schließen dürfen. Dabei muss das Verhalten des einen Teils, aus dem der Geschäftspartner die Bevollmächtigung eines Dritten vermeintlich schließen kann, **von einer gewissen Häufigkeit und Dauer** sein. Eine solche **Häufigkeit und Dauer der Stellvertretung wird bei einer Angebotsunterzeichnung eines Mitglieds einer Bietergemeinschaft in Vertretung eines anderen Mitglieds regelmäßig nicht gegeben sein** (VK Lüneburg, B. v. 17. 10. 2003 – Az.: 203-VgK-20/2003). Eine nachträgliche Genehmigung scheidet dann aus.

Demgegenüber ist nach einer anderen Meinung im Falle der Unterschriftsvertretung bei Bie- 5030 tergemeinschaften mit der Vorlage des Angebots **nicht zwingend ein Vollmachtsnachweis vorzulegen. Es ist ausreichend,** dass die **Vollmacht rechtzeitig vor Zuschlagserteilung vorgelegt** wird (VK Baden-Württemberg, B. v. 20. 9. 2001 – Az.: 1 VK 26/01; ähnlich VK Südbayern, B. v. 17. 7. 2001 – Az.: 23-06/01).

Je nach den Umständen des Einzelfalls kommt auch eine **konkludente Genehmigung** in 5031 Betracht, z. B. wenn die Mitglieder einer Bietergemeinschaft die das jeweilige Unternehmen betreffenden Angebotsunterlagen an einen Einzelvertreter übersenden. Jedenfalls aber liegt eine **konkludente Genehmigung darin,** dass die Mitglieder der Bietergemeinschaft einen **Nach-**

prüfungsantrag nach § 107 GWB und eine vorliegende sofortige Beschwerde erheben (OLG Frankfurt, B. v. 20. 7. 2004 – 11 Verg 14/04).

5032 **102.6.1.2.6.6 Anwendung der Grundsätze über die Duldungs- und Anscheinsvollmacht und das Handeln eines vollmachtslosen Vertreters.** Nach Auffassung des OLG Frankfurt muss für das derzeit geltende Recht (VOL/A 2002 bzw. VOB/A 2002) davon ausgegangen werden, dass für die Angebotsabgabe keine über das BGB hinaus gehende Anforderungen gestellt werden dürfen. Dies hat vor allem zur Folge, dass sowohl die **Grundsätze über die Duldungs- und Anscheinsvollmacht als auch über das Handeln eines vollmachtslosen Vertreters im Vergabeverfahren uneingeschränkt Anwendung finden,** so dass dessen Handeln auch noch nach dem Beginn der Angebotswertung nachträglich genehmigt werden kann (OLG Frankfurt, B. v. 20. 7. 2004 – 11 Verg 14/04; im Ergebnis ebenso 1. VK Sachsen, B. v. 16. 6. 2005 – Az.: 1/SVK/056-05).

5033 **102.6.1.2.6.7 Regelung des VHB 2002 und des HVA B-StB 03/2006.** Ziffer 5.1 der EVM (B) BwB/E 212 (Bewerbungsbedingungen) des VHB 2002 sowie der HVA B-StB-Bewerbungsbedingungen/E2 (12/02) enthalten folgende Regelung:

5034 Die Bietergemeinschaft hat mit ihrem Angebot eine von allen Mitgliedern unterzeichnete Erklärung abzugeben,

– in der die Bildung einer Arbeitsgemeinschaft im Auftragsfall erklärt ist,

– in der alle Mitglieder aufgeführt sind und der für die Durchführung des Vertrags bevollmächtigte Vertreter bezeichnet ist,

– dass der bevollmächtigte Vertreter die Mitglieder gegenüber dem Auftraggeber rechtsverbindlich vertritt,

– dass alle Mitglieder als Gesamtschuldner haften.

5035 Damit wird, um Unklarheiten zu vermeiden, **schon in den Verdingungsunterlagen klargestellt,** dass im Falle eines durch Vertreter unterschriebenen Angebots einer Bietergemeinschaft **den Angebotsunterlagen eine Vollmacht beizufügen** ist (VK Lüneburg, B. v. 17. 10. 2003 – Az.: 203VgK-20/2003).

5036 **102.6.1.2.7 Wertung von Angeboten mit unvollständigen Unterschriften.** Zur Wertung von Angeboten mit unvollständigen Unterschriften vgl. die Kommentierung zu § 25 VOB/A RZ 5315.

102.6.2 Elektronische Angebote

5037 §§ 21, § 21a und 21b stellen für alle Abschnitte der VOB die Ermächtigung dar, auch elektronische Angebote zuzulassen. Die **elektronische Angebotsabgabe ist Teil des umfassenden und ganzheitlichen Prozesses der elektronischen Ausschreibung und Vergabe (E-Vergabe).** Dieser Prozess steht auf der Prioritätenliste der Kommission der Europäischen Gemeinschaften und der Politik in der Bundesrepublik Deutschland relativ weit oben, hat aber bisher aus vielfältigen Gründen den **Durchbruch im Bereich der Angebotsabgabe nicht geschafft.**

5038 Mit der Änderung der Vergabeverordnung und der neuen VOB/A 2006 sowie VOL/A 2006 wurden die **rechtlichen Regelungen über elektronische Angebote in die VOB/A 2006 sowie VOL/A 2006 aufgenommen; § 15 VgV ist gestrichen** worden.

102.6.2.1 Umsetzung der Vorgaben der Vergabekoordinierungsrichtlinie

5039 §§ 21, § 21a und 21b setzen die Vorgaben des Art. 42 Abs. 1–3 der Vergabekoordinierungsrichtlinie um.

102.6.2.2 Sonstige Regelungen über die elektronische Angebotsabgabe

5040 Der Bereich der E-Vergabe wird nicht nur durch unmittelbare vergaberechtliche Vorschriften geregelt, sondern durch eine Vielzahl weiterer Vorschriften bestimmt.

5041 **102.6.2.2.1 Europarechtliche Regelungen. 102.6.2.2.1.1 Richtlinie über den elektronischen Geschäftsverkehr (e-commerce-Richtlinie).** Diese Richtlinie umfasst nach ihrem Inhalt auch die öffentlichen Aufträge, sofern sie elektronisch abgewickelt werden.

5042 **102.6.2.2.1.2 Recht auf Abgabe eines elektronischen Angebots?** In der vergaberechtlichen Literatur ist **umstritten, ob sich aus der e-commerce-Richtlinie eine Verpflich-**

tung der öffentlichen Auftraggeber zur Zulassung elektronischer Angebote ergibt. Bund, Bundesländer und der Großteil der Literatur lehnen diese Auffassung ab. Nach Art. 22 der europäischen Richtlinie über den elektronischen Geschäftsverkehr (e-commerce-Richtlinie) sind die Mitgliedstaaten der EU (lediglich) verpflichtet, die erforderlichen Rechts- und Verwaltungsvorschriften zur Umsetzung der e-commerce-Richtlinie in Kraft zu setzen, um dieser Richtlinie vor dem 17. 1. 2002 nachzukommen. Diese Verpflichtung hatte die Bundesrepublik Deutschland für den Bereich der öffentlichen Aufträge durch die Vergabeverordnung vom 9. 1. 2001 sowie die VOB 2000 und die VOL 2000 erfüllt. Die **Vergabe öffentlicher Aufträge kann elektronisch abgewickelt werden.**

Ist die grundsätzliche Verpflichtung zur Umsetzung der e-commerce-Richtlinie erfüllt, werden die Einzelheiten durch die speziellere Regelung der Vergabekoordinierungsrichtlinie und der Sektorenrichtlinie geregelt. **Nach diesen Richtlinien – in ihrer novellierten Fassung – können die öffentlichen Auftraggeber elektronische Angebote zulassen. Entsprechend lauten die Formulierungen in der Vergabeverordnung bzw. der VOB und der VOL.** 5043

Es gibt also **aus der e-commerce-Richtlinie kein Recht auf Abgabe eines elektronischen Angebotes.** 5044

102.6.2.2.1.3 Signaturrichtlinie. Das Europäische Parlament und der Rat der Europäischen Union haben die Richtlinie 1999/93/EG über gemeinschaftliche Rahmenbedingungen für elektronische Signaturen vom 13. Dezember 1999 beschlossen. Auch der Bereich der öffentlichen Aufträge wird grundsätzlich vom Regelungsgehalt der Signaturrichtlinie umfasst. 5045

102.6.2.2.2 Nationale Regelungen. Zur Ausfüllung insbesondere der europäischen Richtlinien hat die Bundesrepublik Deutschland verschiedene Vorschriften erlassen, um die elektronische Angebotsabgabe bzw. den Prozess der ganzheitlichen eVergabe möglich zu machen. Es sind dies insbesondere: 5046

– das Gesetz über Rahmenbedingungen für elektronische Signaturen und zur Änderung weiterer Vorschriften vom 16. Mai 2001 (Bundesgesetzblatt I 2001 S. 876)
– die Verordnung zur elektronischen Signatur (Signaturverordnung – SigV) vom 16. November 2001 (BGBl. I S. 3074)
– das Gesetz zur Anpassung der Formvorschriften des Privatrechts und anderer Vorschriften an den modernen Rechtsgeschäftsverkehr vom 13. Juli 2001 (Bundesgesetzblatt I 2001 S. 1542 ff.)
– das Dritte Gesetz zur Änderung verwaltungsverfahrensrechtlicher Vorschriften (3. VwVfÄndG) vom 21. August 2002 (BGBl. I 2002 S. 3322)

102.6.2.3 Signaturanforderung (§ 21 Nr. 1 Abs. 1 Satz 4)

102.6.2.3.1 Signaturstufe. § 21 Nr. 1 Abs. 1 Satz 4 verlangt – als **Äquivalent der Unterschrift** – nach Wahl des Auftraggebers eine fortgeschrittene elektronische Signatur nach dem Signaturgesetz und den Anforderungen des Auftraggebers oder eine qualifizierte elektronische Signatur nach dem Signaturgesetz. 5047

Zur Erleichterung der elektronischen Angebotsabgabe wurde **mit der VOB/A 2006** neben der bisherigen qualifizierten elektronischen Signatur nunmehr **auch die fortgeschrittene elektronische Signatur nach dem Signaturgesetz in Verbindung mit den Anforderungen des Auftraggebers als Wahloption** für die Auftraggeber vorgesehen. 5048

102.6.2.4 Bedeutung des elektronischen Angebots in Praxis und Rechtsprechung

Das elektronische Angebot spielt bisher weder in der Praxis noch in der Rechtsprechung eine Rolle. 5049

102.6.2.5 Richtlinie des VHB 2002 zu digitalen Angeboten

Digitale Angebote gem. § 21 Nr. 1 Abs. 1 VOB/A können zugelassen werden, wenn die technischen Voraussetzungen gegeben sind und der Auftraggeber ein entsprechendes DV-Verfahren freigegeben hat (Ziffer 2). 5050

102.6.2.6 Pilotprojekte

Der Bund, verschiedene Bundesländer sowie andere Institutionen unternehmen derzeit Pilotprojekte, um die Anwendung der elektronischen Vergabe als geschlossenes System umzusetzen. 5051

5052 **Wichtige Pilotprojekte** finden Sie unter
- www.evergabe-online.de (identisch mit www.e-vergabe.bund.de),
- www.vergabe.bayern.de
- www.vergabe.berlin.de
- www.evergabe.nrw.de.

102.6.2.7 Literatur

5053
- Burgi, Martin, Ein gangbarer Weg zur elektronischen Vergabe: Die Angebotsabgabe in einer Kombinationslösung, VergabeR 2006, 149
- Denk, Heiko/Paul, Sandra/Roßnagel, Alexander/Schnellenbach-Held, Martina, Der Einsatz intelligenter Softwareagenten im elektronischen Vergabeverfahren, NZBau 2004, 131
- Fährmann, Uwe: Integrierte E-Procurement-Lösungen für öffentliche Auftraggeber, E-Government in der Praxis – Leitfaden für Politik und Verwaltung, Frankfurt 2005, 83
- Faßnacht, Klaus, Sparen mit E-Vergabe, Prozessanalyse belegt Einspareffekte elektronischer Beschaffungssysteme, Jahrbuch Verwaltungsmodernisierung 2005/2006, Wegweiser GmbH, 2005, 98
- Heinze, Florian, Die elektronische Vergabe öffentlicher Aufträge, Dissertation, Frankfurt am Main, 2005
- Jansen, Stephan/Dippel, Norbert, Elektronische Beschaffung und Vergabe in der öffentlichen Verwaltung: Rechtliche, organisatorische und wirtschaftliche Aspekte, Köln, 2005
- Kosilek, Ernest, Elektronische Beschaffung in Kommunen, Dissertation, Lohmar, 2004
- Müller, Martin/Ernst, Tobias, Elektronische Vergabe ante portas – Übersicht über aktuelle und zukünftige Rechtsfragen, NJW 2004, 1768

102.7 Gewährleistung der Integrität der Daten und der Vertraulichkeit der Angebote (§ 21 Nr. 1 Abs. 2)

5054 Nach § 21 Nr. 1 Abs. 2 Satz 1 haben die **Auftraggeber die Integrität der Daten und die Vertraulichkeit der Angebote auf geeignete Weise zu gewährleisten.**

102.7.1 Schriftliche Angebote (§ 21 Nr. 1 Abs. 2 Satz 2)

5055 Per Post oder direkt übermittelte Angebote sind **in einem verschlossenen Umschlag einzureichen, als solche zu kennzeichnen** und **bis zum Ablauf der für die Einreichung vorgesehenen Frist unter Verschluss zu halten.**

102.7.1.1 Einreichung in einem verschlossenen Umschlag

5056 102.7.1.1.1 Sinn und Zweck der Regelung. Der **Zweck** der Regelung besteht darin, die **Möglichkeit einer Einsichtnahme in Angebote vor Angebotseröffnung im Submissionstermin auch seitens der Vergabestelle auszuschließen.** Der Grundsatz, dass Angebote bei Ausschreibungen verschlossen einzugehen haben und erstmals im Submissionstermin geöffnet werden, ist grundlegend für den gesamten Ablauf derartiger Vergabeverfahren (1. VK Bund, B. v. 13. 5. 2003 – Az.: VK 1-31/03).

5057 102.7.1.1.2 Schutz des Angebotes durch einen Umschlag oder ähnliche Mittel. Ein **Behältnis** gilt dann als **verschlossen,** wenn es **mit Vorkehrungen versehen** ist, die **der Kenntnisnahme ein deutliches Hindernis bereiten.** Ein bloßes Zusammenfalten oder Zusammenhalten reicht nicht aus. Nur bei einem mit Klebeband verschlossenen Karton lässt sich, ebenso wie bei einem zugeklebten Umschlag im Eröffnungstermin erkennen, ob die Angebote ordnungsgemäß verschlossen sind, was nach § 22 Nr. 3 Abs. 1 VOB/A bzw. § 22 Nr. 3 Buchstabe a) VOL/A ausdrücklich zu prüfen ist oder ob der Karton oder sonstiges Behältnis im Zeitraum zwischen Zustellung und Beginn des Öffnungstermins schon einmal geöffnet wurden. Bei lediglich zusammengefalteten Kartondeckeln kann der Verhandlungsleiter diese zwingende Feststellung nicht treffen (VK Lüneburg, B. v. 20. 8. 2002 – Az.: 203-VgK-12/2002).

In Fällen, in denen das Angebot zu dick ist, um in einen herkömmlichen Umschlag im Wortsinne der §§ 21, 22 VOB/A bzw. VOL/A zu passen, **muss eine andere Art der Verpackung möglich und zulässig sein.** Erforderlich ist aber stets, dass **dem Zweck der Norm Rechung getragen** wird, der darin besteht, die Möglichkeit einer Einsichtnahme in Angebote vor Angebotseröffnung im Submissionstermin auch seitens der Vergabestelle auszuschließen. Eine verschlossene Verpackung, die in ihrer Wirkung einem verschlossenen Umschlag gleichkommt, ist **z. B. ein vollständiges Verpacken eines Ordners in Packpapier und Verkleben desselben mit Paketklebeband.** Es geht zu Lasten eines Bieters, wenn er eine wenig professionelle Verpackungsart wählt, welche die unbefugte Einsichtnahme in sein Angebot möglich macht (1. VK Bund, B. v. 13. 5. 2003 – Az.: VK 1-31/03). 5058

102.7.1.2 Kennzeichnung und verschlossene Aufbewahrung

102.7.1.2.1 Sinn und Zweck. Die Regelung des § 21 Nr. 1 Abs. 2 Satz 3 VOB/A bzw. § 21 Nr. 1 Abs. 2 Satz 2, nach der schriftliche Angebote auf dem ungeöffneten Umschlag zu kennzeichnen sind und bis zum Zeitpunkt der Öffnung unter Verschluss zu halten sind, **dient den Interessen der Bieter,** da diese Regelung einen fairen Wettbewerb sichern soll. Dieser soll unter gleichen Bedingungen stattfinden und verhindern, dass einzelne Bieter nachträglich ihr eigenes Angebot verändern, falls sie Einzelheiten von Angeboten ihrer Konkurrenz erfahren, was insbesondere im Zusammenwirken mit einem Mitarbeiter einer Vergabestelle bei unverschlossenen Angeboten möglich wäre (VK Lüneburg, B. v. 20. 8. 2002 – Az.: 203-VgK-12/2002). 5059

102.7.1.2.2 Richtlinie des VHB 2002 zur Kennzeichnung und verschlossenen Aufbewahrung. Alle schriftlich zugegangenen Angebote sind auf dem Umschlag mit Datum und Uhrzeit des Eingangs zu kennzeichnen und unmittelbar, unverzüglich und ungeöffnet dem für die Verwahrung zuständigen Bediensteten, der an der Vergabe nicht beteiligt sein darf, zuzuleiten. Zur Verdingungsverhandlung sind dem Verhandlungsleiter die EFB-Verd 1-3 zu übergeben. Im EFB-Verd 2-3 sind vorher Namen und Wohnort der Firmen, in der Reihenfolge der Angebotsanforderung, einzutragen (Ziffer 1.1). 5060

102.7.1.2.3 Regelung des HVA B-StB 03/2006 zur Kennzeichnung und verschlossenen Aufbewahrung. Die Angebote sind sofort nach ihrem Eingang in der Reihenfolge des Eingangs fortlaufend zu nummerieren, mit dem Eingangsstempel, der Uhrzeit des Eingangs und Namenszeichen des Entgegennehmenden zu versehen und zu prüfen, ob die Verschlüsse der Angebote unversehrt sind (Ziffer 2.3 Abs. 2). Falls der Verschluss eines Angebotes beschädigt ist, ist der Umschlag mit einem Vermerk über Art und vermutliche Ursache der Beschädigung zu versehen (Ziffer 2.3 Abs. 3). Die Annahme von Angeboten in nicht verschlossenen Umschlägen ist zu verweigern. Sie sind dem Absender ohne Einsichtnahme umgehend zurückzugeben (Ziffer 2.3 Abs. 4). Unmittelbar nach der Kennzeichnung und Prüfung der Umschläge sind die Angebote unter Verschluss zu halten und vertraulich zu behandeln (Ziffer 2.3 Abs. 5). 5061

102.7.2 Elektronische Angebote (§ 21 Nr. 1 Abs. 2 Satz 3)

Bei elektronisch übermittelten Angeboten ist die Integrität der Daten und die Vertraulichkeit der Angebote durch entsprechende technische Lösungen nach den Anforderungen des Auftraggebers und durch Verschlüsselung sicherzustellen. Die Verschlüsselung muss bis zum Ablauf der Frist zur Einreichung der Angebote aufrechterhalten bleiben. 5062

102.7.2.1 Verschlüsselung

Im Vergleich mit den schriftlich eingereichten Angeboten übernimmt die **Verschlüsselung die Funktion des „ungeöffneten Umschlags"** im Sinne von § 22 VOB/A bzw. VOL/A. Im Gegensatz zur elektronischen Signatur **gibt es für die Verschlüsselung (die Kryptographie) keinerlei aktuelle gesetzliche Grundlage.** 5063

Nach **§ 10 Nr. 5 Abs. 2 Buchstabe h) VOB/A** kann der Auftraggeber bei Zulassung elektronischer Angebote auch Angaben zu den Verfahren zur Ver- und Entschlüsselung der Angebote machen. Dies wird in der Praxis auch Angaben zum Verfahren der elektronischen Signatur einschließen. Der **öffentliche Auftraggeber wird also Verfahren zur Ver- und Entschlüsselung angeben müssen.** Ansonsten besteht die Gefahr, dass er im Rahmen des Ausschreibungs- und Vergabeprozesses mit Verfahren konfrontiert wird, auf die er technisch nicht eingerichtet ist. 5064

Teil 3 VOB/A § 21 Vergabe- und Vertragsordnung für Bauleistungen Teil A

102.7.2.2 Elektronische Angebote per Fax oder per E-Mail ohne Signatur und Verschlüsselung

5065 Die Übermittlung von Angeboten mittels Fax oder einfachem E-Mail, bei dem das Angebot eingescannt wurde, ist unzulässig. In Frage kommen nur digitale Angebote, die u. a. zu verschlüsseln sind. Die Verschlüsselung ist hierbei bis zum Ablauf der für die Einreichung der Angebote festgelegten Frist aufrechtzuerhalten (VK Baden-Württemberg, B. v. 19. 4. 2005 – Az.: 1 VK 11/05).

5066 Ein **Auftraggeber ist nicht berechtigt, die Abgabe von Angeboten per Fax oder einfachem E-Mail zuzulassen.** Es steht ihm insoweit kein Ermessensspielraum zu. Bieter sind nicht berechtigt auf diesem Wege Angebote einzureichen (VK Baden-Württemberg, B. v. 19. 4. 2005 – Az.: 1 VK 11/05).

102.8 Angabe der Preise und sonstiger geforderter Angaben (§ 21 Nr. 1 Abs. 2 Satz 5)

102.8.1 Sinn und Zweck der Vorschrift

5067 Die Bestimmung des § 21 Nr. 1 Abs. 2 Satz 5 VOB/A bzw. § 21 Nr. 1 Abs. 1 VOL/A liegt im Sinne eines echten Wettbewerbes, indem sie **speziell der leichteren Vergleichbarkeit der Angebote durch den Auftraggeber dienen soll.** Hinsichtlich der Beschränkung auf die Einsetzung der Preise ist eine Verbindung zu § 6 Nr. 1 VOB/A zu sehen, wonach das Angebotsverfahren darauf abzustellen ist, dass der Bewerber die Preise, die er für seine Leistung fordert, in das Leistungsverzeichnis einzusetzen oder in anderer Weise im Angebot anzugeben hat (VK Südbayern, B. v. 5. 9. 2003 – Az.: 37-08/03).

5068 Gemäß dem Wortlaut, aber auch nach Sinn und Zweck der Vorschrift begründet § 21 Nr. 1 Abs. 2 Satz 5 VOB/A bzw. § 21 Nr. 1 Abs. 1 Satz 1 VOL/A für die Bieter die **durch keinen Vorbehalt eingeschränkte Obliegenheit, die geforderten Angaben und Erklärungen mit dem Angebot zu machen.** In der dahingehenden Forderung **kommt zum Ausdruck, dass der Auftraggeber alle für seine Vergabeentscheidung wesentlichen Angaben in den eingehenden Angeboten vorfinden und sich dadurch in die Lage gesetzt sehen will, die Angebote in jeder sich aus den Verdingungsunterlagen ergebenden Hinsicht miteinander zu vergleichen.** Dagegen muss der Auftraggeber sich nicht darauf verweisen lassen, den Inhalt vom Bieter als bekannt vorausgesetzter Angaben im Wege eigener Nachforschungen auf sein Vorliegen und seine Aktualität zu überprüfen und dazu gegebenenfalls Erkundigungen bei ausgeschiedenen Bediensteten, anderen Abteilungen seines Geschäftsbereichs oder unter Umständen auch bei den eigenen Gesellschaftern einzuholen. In der Regel kennt der Auftraggeber zudem nicht den Grund, warum ein Bieter von einer geforderten Angabe oder Erklärung abgesehen hat. Das Unterbleiben kann auch auf einem Versehen des Bieters beruhen (OLG Düsseldorf, B. v. 21. 12. 2005 – Az.: VII – Verg 69/05).

102.8.2 Bedeutung der Vorschrift

5069 Aus der Formulierung in § 21 Nr. 1 Abs. 2 Satz 5 folgt im Umkehrschluss, dass die **Angebote die Preise und geforderten Erklärungen enthalten müssen.** Angebote, die dieser Anforderung nicht genügen, sind unvollständig und werden deshalb bei der Wertung nach § 25 Nr. 1 Abs. 1 b VOB/A ausgeschlossen (VK Südbayern, B. v. 5. 9. 2003 – Az.: 37-08/03).

5070 Ein Bieter genügt den Anforderungen des § 21 Nr. 1 Abs. 2 Satz 5 VOB/A nur dann, wenn er **alle Preise angibt bzw. zu allen Positionen der Leistungsbeschreibung Stellung nimmt** (VK Brandenburg, B. v. 18. 6. 2003 – Az.: VK 31/03).

102.8.3 Minus-Preise

5071 **Minuspreise sind,** selbst wenn die entsprechenden Positionen des Leistungsverzeichnisses dem Bieter voraussichtlich einen nicht zu vermeidenden Aufwand abverlangen, **nicht von vornherein ausgeschlossen.** Das gilt jedenfalls dann, wenn die Ausschreibungsunterlagen negative Einheitspreise ausdrücklich gestatten (OLG Dresden, B. v. 28. 3. 2006 – Az.: WVerg 0004/06).

Vergabe- und Vertragsordnung für Bauleistungen Teil A VOB/A § 21 **Teil 3**

102.8.4 Hinweis

Durch die enge Verknüpfung des § 21 Nr. 1 Abs. 2 Satz 5 und Satz 6 mit § 25 Nr. 1 Abs. 1 5072
Buchstabe b) VOB/A – in der Praxis der Vergabestellen und der Rechtsprechung – erfolgt eine
zusammenhängende Kommentierung bei § 25 VOB/A RZ 5334 ff.

102.9 Änderungen des Bieters an seinen Eintragungen (§ 21 Nr. 1 Abs. 2 Satz 6)

Durch die enge Verknüpfung des § 21 Nr. 1 Abs. 2 Satz 5 und Satz 6 mit § 25 Nr. 1 Abs. 1 5073
Buchstabe b) VOB/A – in der Praxis der Vergabestellen und der Rechtsprechung – erfolgt eine
zusammenhängende Kommentierung bei § 25 VOB/A RZ 5525 ff.

102.10 Sonstige Formerfordernisse

102.10.1 Durchgängige Verwendung der Ordnungsziffern eines Leistungsverzeichnisses

Ein wertbares Angebot verlangt **zwingend die Angabe der Ordnungsziffern. Die na-** 5074
mentliche Beschreibung der Teilleistung allein reicht nicht aus. Für die Vergabestelle ist
ohne Angabe der Ordnungsziffern nicht eindeutig erkennbar, in welchem Umfang Leistungen
z. B. durch Nachunternehmer erbracht werden sollen. Um den Nachunternehmer-Angebotsinhalt auf der Grundlage der Ausschreibungsbedingungen hinreichend zu ermitteln, müsste
die Vergabestelle von sich aus sämtliche Positionen des Leistungsverzeichnisses entsprechend
überprüfen. Es ist jedoch **weder Aufgabe der Vergabestelle noch ist es für sie zumutbar,
erst durch intensive Durchsicht der Angebotsunterlagen herauszufinden, in welchem
Umfang der Bieter z. B. den Einsatz von Nachunternehmern angeboten hat.** Dies
würde zu einer **unzulässigen Umkehr der Pflichten von Vergabestelle und Bietern** führen. Die Verpflichtung der Vergabestelle, den Leistungsinhalt eindeutig und erschöpfend zu beschreiben (vgl. § 9 Nr. 1 VOB/A), entspricht auf der anderen Seite die Verpflichtung der Bieter,
die geforderten Erklärungen z. B. zum Eigenleistungs- und Nachunternehmeranteil in einer
präzisen und unmissverständlichen Weise abzugeben. Der Auftraggeber kann von diesem Erfordernis auch nicht absehen, da dies eine Verletzung der Grundsätze von Transparenz und Gleichbehandlung zur Folge haben würde. Die Angebotsbedingungen gelten gleichermaßen für alle
Bieter des Vergabeverfahrens. Der öffentliche Auftraggeber hat hier keinen Ermessensspielraum
(VK Rheinland-Pfalz, B. v. 10. 10. 2003 – Az.: VK 18/03).

102.11 Änderungen an den Verdingungsunterlagen (§ 21 Nr. 1 Abs. 3)

Durch die Verknüpfung des § 21 Nr. 1 Abs. 2 Satz 5 und Satz 6 sowie Nr. 3 mit § 25 Nr. 1 5075
Abs. 1 Buchstabe b) VOB/A – in der Praxis der Vergabestellen und der Rechtsprechung – erfolgt eine **zusammenhängende Kommentierung bei § 25 VOB/A** RZ 5532.

102.12 Selbstgefertigte Abschrift oder Kurzfassung des Leistungsverzeichnisses (§ 21 Nr. 1 Abs. 4)

102.12.1 Sinn und Zweck der Regelung

Die in § 21 Nr. 1 Abs. 4 VOB/A vorgesehenen Kurzfassungen bieten die **Möglichkeit, aus** 5076
**Gründen der Vereinfachung davon abzusehen, den allein verbindlichen Wortlaut der
Urschrift des Leistungsverzeichnisses vollständig im Angebot wiederzugeben;** das
zwingende Erfordernis der Vollständigkeit der in der Urschrift des Leistungsverzeichnisses geforderten Angaben des Bieters bleibt hiervon unberührt. Die **Verwendung von Kurzfassungen
liegt im Interesse des Bieters;** ihm soll eine rationale Alternative für die Angebotsabgabe
eröffnet werden. Es besteht daher kein Grund für die Annahme, die ausschreibende Stelle ver-
zichte bei Einreichung von Angeboten in Kurzfassung auf die vollständige Angabe sämtlicher im
Leistungsverzeichnis verlangter Preisangaben und Textergänzungen (BayObLG, B. v. 18. 9. 2001
– Az.: Verg 10/01; VK Südbayern, B. v. 16. 7. 2003 – Az.: 25-06/03).

Teil 3 VOB/A § 21a   Vergabe- und Vertragsordnung für Bauleistungen Teil A

102.12.2 Notwendiger Inhalt der Kurzfassung

5077   Die **Kurzfassung** ist regelmäßig zusammen mit dem vom Auftraggeber übersandten Leistungsverzeichnis **Bestandteil des Angebots** und somit führt das **Fehlen von im Leistungsverzeichnis ausdrücklich verlangten Angaben zur Unvollständigkeit der eingereichten Kurzfassung** (VK Halle, B. v. 16. 1. 2001 – Az.: VK Hal 35/00). Daher muss die auch bei Kurzfassungen verlangte Angabe des Einheitspreises nach Vorgabe des Leistungsverzeichnisses entsprechend verstanden werden, nämlich als in Lohn- und Materialkosten aufgegliederte Angabe von Einheitspreisen (BayObLG, B. v. 18. 9. 2001 – Az.: Verg 10/01).

102.13 Muster und Proben (§ 21 Nr. 1 Abs. 5)

5078   Muster sollen dazu dienen, **Leistungsangebote noch klarer und eindeutiger,** als durch eine reine Wortbeschreibung möglich, **zu verdeutlichen sowie etwaige Zweifelsfragen zu klären,** um Missverständnissen von vornherein zu begegnen (VK Baden-Württemberg, B. v. 4. 12. 2003 – Az.: 1 VK 64/03).

102.14 Abweichungen von technischen Spezifikationen (§ 21 Nr. 2)

5079   Durch die Verknüpfung des § 21 Nr. 2 mit § 25 Nr. 4 VOB/A – in der Praxis der Vergabestellen und der Rechtsprechung – erfolgt eine zusammenhängende Kommentierung bei § 25 VOB/A RZ 5708.

102.15 Nebenangebote (§ 21 Nr. 3)

5080   Die Anzahl von Nebenangeboten ist an einer vom Auftraggeber in den Verdingungsunterlagen bezeichneten Stelle aufzuführen. Etwaige Nebenangebote müssen auf besonderer Anlage gemacht und als solche deutlich gekennzeichnet werden.

5081   Durch die Verknüpfung des § 21 Nr. 3 mit § 25 VOB/A – in der Praxis der Vergabestellen und der Rechtsprechung – erfolgt eine zusammenhängende Kommentierung bei § 25 Nr. 5 VOB/A RZ 5722.

102.16 Preisnachlässe (§ 21 Nr. 4)

5082   Durch die Verknüpfung des § 21 Nr. 4 mit § 25 VOB/A – in der Praxis der Vergabestellen und der Rechtsprechung – erfolgt eine zusammenhängende Kommentierung bei § 25 VOB/A RZ 5808.

102.17 Anwendbarkeit in Verfahren nach der VOB/A-SKR

5083   Auch bei der Anwendung der VOB/A-SKR sind die allgemeinen Rechtsgedanken des § 97 GWB, insbesondere hinsichtlich der Transparenz der Vergabeentscheidung und der Gleichbehandlung der Bieter, maßgeblich. **Heranzuziehen ist daher auch § 21 Nr. 1 Abs. 2 S. 5 VOB/A zumindest in entsprechender Weise,** der die Regelungen über die Abgabe von Willenserklärungen (§§ 133 ff. BGB) konkretisiert und eine Ausprägung des Prinzips der Chancengleichheit ist. **Ebenfalls anwendbar ist als Ausdruck des vergaberechtlichen Gleichbehandlungsprinzips § 21 Nr. 1 Abs. 3 VOB/A** zumindest in analoger Weise, soweit nicht der Charakter des Verhandlungsverfahrens eine andere Beurteilung zulässt (VK Baden-Württemberg, B. v. 21. 6. 2005 – Az.: 1 VK 33/05).

103. § 21a VOB/A – Form der Angebote

§ 21 Nr. 1 Abs. 1 Satz 2 gilt nicht.

103.1 Vergleichbare Regelungen

5084   Der Vorschrift des § 21a VOB/A vergleichbar sind im Bereich der VOB/A **§§ 21, 21b VOB/A** und im Bereich der VOL **§ 21 VOL/A.** Die Kommentierung zu diesen Vorschriften kann daher ergänzend zu der Kommentierung des § 21 herangezogen werden.

103.2 Änderungen in der VOB/A 2006

§ 21a ist neu in die VOB/A 2006 eingefügt worden.   5085

103.3 Keine zwingende Zulassung von schriftlichen Angeboten bei Vergaben ab den Schwellenwerten

Während nach § 21 Nr. 1 Abs. 1 Satz 2 die **Auftraggeber verpflichtet sind, bei Vergaben** 5086
unterhalb der Schwellenwerte schriftlich eingereichte Angebote immer zuzulassen,
entfällt diese Verpflichtung bei Vergaben ab den Schwellenwerten. Der **Auftraggeber hat ein**
Ermessen, in diesen Fällen schriftliche Angebote zuzulassen oder auszuschließen.

104. § 22 VOB/A – Eröffnungstermin

1. Bei Ausschreibungen ist für die Öffnung und Verlesung (Eröffnung) der Angebote ein Eröffnungstermin abzuhalten, in dem nur die Bieter und ihre Bevollmächtigten zugegen sein dürfen. Bis zu diesem Termin sind die auf direktem Weg oder per Post schriftlich zugegangenen Angebote, die beim Eingang auf dem ungeöffneten Umschlag zu kennzeichnen sind, unter Verschluss zu halten; entsprechend sind digitale Angebote zu kennzeichnen und verschlüsselt aufzubewahren.

2. Zur Eröffnung zuzulassen sind nur Angebote, die dem Verhandlungsleiter bei Öffnung des ersten Angebots vorliegen.

3. (1) Der Verhandlungsleiter stellt fest, ob der Verschluss der schriftlichen Angebote unversehrt ist und die digitalen Angebote verschlüsselt sind.

   (2) Die Angebote werden geöffnet und in allen wesentlichen Teilen im Eröffnungstermin gekennzeichnet. Name und Wohnort der Bieter und die Endbeträge der Angebote oder ihrer einzelnen Abschnitte, ferner andere den Preis betreffende Angaben werden verlesen. Es wird bekannt gegeben, ob und von wem Nebenangebote eingereicht sind. Weiteres aus dem Inhalt der Angebote soll nicht mitgeteilt werden.

   (3) Muster und Proben der Bieter müssen im Termin zur Stelle sein.

4. (1) Über den Eröffnungstermin ist eine Niederschrift zu fertigen. Sie ist zu verlesen; in ihr ist zu vermerken, dass sie verlesen und als richtig anerkannt worden ist oder welche Einwendungen erhoben worden sind.

   (2) Sie ist vom Verhandlungsleiter zu unterschreiben; die anwesenden Bieter und Bevollmächtigten sind berechtigt, mit zu unterzeichnen.

5. Angebote, die bei der Öffnung des ersten Angebots nicht vorgelegen haben (Nummer 2), sind in der Niederschrift oder in einem Nachtrag besonders aufzuführen. Die Eingangszeiten und die etwa bekannten Gründe, aus denen die Angebote nicht vorgelegen haben, sind zu vermerken. Der Umschlag und andere Beweismittel sind aufzubewahren.

6. (1) Ein Angebot, das nachweislich vor Ablauf der Angebotsfrist dem Auftraggeber zugegangen war, aber bei Öffnung des ersten Angebots aus vom Bieter nicht zu vertretenden Gründen dem Verhandlungsleiter nicht vorgelegen hat, ist wie ein rechtzeitig vorliegendes Angebot zu behandeln.

   (2) Den Bietern ist dieser Sachverhalt unverzüglich schriftlich mitzuteilen. In die Mitteilung sind die Feststellung, dass der Verschluss unversehrt war und die Angaben nach Nummer 3 Abs. 2 aufzunehmen.

   (3) Dieses Angebot ist mit allen Angaben in die Niederschrift oder in einen Nachtrag aufzunehmen. Im Übrigen gilt Nummer 5 Satz 2 und 3.

7. Den Bietern und ihren Bevollmächtigten ist die Einsicht in die Niederschrift und ihre Nachträge (Nummern 5 und 6 sowie § 23 Nr. 4) zu gestatten; den Bietern können die Namen der Bieter sowie die verlesenen und die nachgerechneten End-

Teil 3 VOB/A § 22 Vergabe- und Vertragsordnung für Bauleistungen Teil A

beträge der Angebote sowie die Zahl ihrer Nebenangebote nach der rechnerischen Prüfung mitgeteilt werden. Nach Antragstellung hat dies unverzüglich zu erfolgen. Die Niederschrift darf nicht veröffentlicht werden.

8. Die Angebote und ihre Anlagen sind sorgfältig zu verwahren und geheim zu halten; dies gilt auch bei Freihändiger Vergabe.

104.1 Vergleichbare Regelungen

5087 Der Vorschrift des § 22 VOB/A vergleichbar ist im Bereich der VOL **§ 22 VOL/A.** Die Kommentierung zu dieser Vorschrift kann daher ergänzend zu der Kommentierung des § 22 herangezogen werden.

104.2 Änderungen in der VOB/A 2006

5088 In § 22 Nr. 3 Abs. 2 und Nr. 7 ist – wie insgesamt in der VOB/A 2006 – der **Begriff des Änderungsvorschlags gestrichen worden.**

104.3 Bieterschützende Vorschrift

104.3.1 Allgemeines

5089 Sinn und Zweck der Submission besteht unter Anderem darin, dass sich die **Bieter einen Überblick über die Angebotssummen ihres Angebots im Vergleich mit den anderen Bietern und ihre Aussichten im Wettbewerb machen können. In dieser Hinsicht** muss § 22 VOB/A daher als **Bieter schützend** eingestuft werden (1. VK Sachsen, B. v. 1. 2. 2002 – Az.: 1/SVK/131-01, B. v. 1. 2. 2002 – Az.: 1/SVK/135-01, B. v. 1. 2. 2002 – Az.: 1/SVK/139-01, B. v. 13. 2. 2002 – Az.: 1/SVK/002-02).

104.3.2 § 22 Nr. 4

5090 Die Vergabestelle verstößt mit der unvollständigen Führung der Niederschrift zur Angebotseröffnung (fehlende Angebotssummen) gegen § 97 Abs. 1 und 7 GWB in Verbindung mit § 22 Nr. 4 VOB/A. Diese Bestimmung ist eine „Ist" Bestimmung, d. h. es ist so zu verfahren, Abweichungen von der Bestimmung sind nicht zulässig. Die **Niederschrift über die Verhandlung dient den Interessen des Bieters und denen der Vergabestelle indem bestimmte Daten gesichert werden, gleichzeitig aber auch als Beweis deren Vorliegens und damit der Verfahrenstransparenz.** Mit z. B. der Nichteintragung der Angebotssummen und von Nebenangeboten in die Niederschrift zur Verhandlung liegt eine **Verletzung des § 97 Abs. 7 GWB** vor, indem die Bestimmungen über das Vergabeverfahren, § 22 Nr. 4 VOB/A, nicht eingehalten werden (VK beim Landesverwaltungsamt Thüringen, B. v. 26. 6. 2001 – Az.: 216-4003.20-027/01-J-S).

104.4 Eröffnungstermin (§ 22 Nr. 1 Satz 1)

104.4.1 Grundsatz

5091 Bei Ausschreibungen ist für die Öffnung und Verlesung (Eröffnung) der Angebote ein Eröffnungstermin abzuhalten, in dem nur die Bieter und ihre Bevollmächtigten zugegen sein dürfen.

5092 Der **Eröffnungstermin** ist bei Vergabeverfahren nach der VOB/A **wesentlich für die Absicherung der notwendigen Verfahrenstransparenz.** Die Bieter erfahren durch die Verlesung der angebotsrelevanten Angebotsteile ihren Stand im Verfahren und können Schlussfolgerungen für ihre weiteren Aktivitäten ziehen. Die angebotsrelevanten Angebotsteile sind im Protokoll zu vermerken (VK Thüringen, B. v. 8. 9. 2000 – Az.: 216-4002.20-014/00-SLF).

104.4.2 Gestaffelte Eröffnungstermine bei Parallelausschreibungen

5093 Gegen die Parallelausschreibung selbst und die **Festlegung gestaffelter Eröffnungstermine** bestehen **keine Bedenken rechtlicher Art.** Auch die **Bestimmung eines gemeinsamen** letzten Einreichungstermins für alle Angebote steht mit dem Vergaberecht im Einklang (BayObLG, B. v. 21. 12. 2000 – Az.: Verg 13/00). Dies ist auch sinnvoll wegen der besonderen wettbewerblichen Situation bei gestaffelten Eröffnungsterminen. So wird Vorsorge dagegen getroffen, dass Bieter Kenntnisse aus früheren Eröffnungsterminen erlangen und wettbewerbswidrig Vorteile für ihre erst später zu eröffnenden Angebote ziehen könnten (1. VK Sachsen, B. v. 1. 2. 2002 – Az.: 1/SVK/131-01, B. v. 1. 2. 2002 – Az.: 1/SVK/135-01; B. v. 1. 2. 2002 – Az.: 1/SVK/139-01, B. v. 13. 2. 2002 – Az.: 1/SVK/003-02; VK Nordbayern, B. v. 27. 11. 2000 – Az.: 320.VK-3194-30/00).

104.4.3 Verlegung des Eröffnungstermins

Der öffentliche Auftraggeber kann den Eröffnungstermin bei Vorliegen triftiger Gründe – auch auf Wunsch mehrerer Bieter – verschieben (VK Südbayern, B. v. 30. 6. 2000 – Az.: 09-05/00). 5094

Auch eine **geringfügige Verschiebung des Eröffnungstermins,** die sich im Rahmen von 15 bis maximal 30 Minuten hält, ist als vergaberechtlich tolerierbar anzusehen (VK Lüneburg, B. v. 20. 12. 2004 – Az.: 203-VgK-54/2004). 5095

Die **Vergabestelle** ist jedoch dann, wenn **glaubhaft gemacht wurde, dass die Verdingungsunterlagen z. B. auf dem Postweg nur zu einem Bieter verloren gegangen sind, nicht zur Verschiebung des Eröffnungstermins verpflichtet** (OLG Düsseldorf, B. v. 21. 12. 2005 – Az.: VII – Verg 75/05). 5096

104.4.4 Richtlinie des VHB 2002 zum Eröffnungstermin

Der Eröffnungstermin soll von einem mit der Vergabe nicht befassten Bediensteten geleitet werden. Zur Unterstützung des Verhandlungsleiters ist ein Schriftführer zuzuziehen, der eine Niederschrift nach Formblatt EFB-Verd 1-4 (Teil III) anzufertigen hat. Er soll an der Bearbeitung der Verdingungsunterlagen und an der Vergabe nicht beteiligt sein (Ziffer 1.2). Der Eröffnungstermin ist pünktlich wahrzunehmen (Ziffer 1.3). 5097

104.5 Verschlossener Umschlag (§ 22 Nr. 1 Satz 2)

Nach § 22 Nr. 1 Satz 2 sind bis zum Eröffnungstermin die auf direktem Weg oder per Post schriftlich zugegangenen Angebote, die beim Eingang auf dem ungeöffneten Umschlag zu kennzeichnen sind, unter Verschluss zu halten. Daraus ergibt sich, dass die Angebote in einem verschlossenen Umschlag einzureichen sind. Die Regelung deckt sich im Wesentlichen mit der Neufassung des § 21 Nr. 1 Abs. 2 Satz 3; vgl. insoweit die Kommentierung RZ 5059. 5098

104.6 Rechtzeitig vorliegende Angebote (§ 22 Nr. 2)

Zur Eröffnung zuzulassen sind nur Angebote, die dem Verhandlungsleiter bei Öffnung des ersten Angebots vorliegen. Ausgeschlossen werden die Angebote, die im Eröffnungstermin dem Verhandlungsleiter bei Öffnung des ersten Angebots nicht vorgelegen haben, ausgenommen Angebote nach § 22 Nr. 6 (§ 25 Nr. 1 Abs. 1 Buchstabe a)). Die Vergabestelle hat wegen der **zwingenden Vorschrift des § 22 Nr. 2 VOB/A** keinerlei Ermessensspielraum, ob verspätete Angebote zugelassen werden oder nicht (1. VK Sachsen, B. v. 29. 12. 2004 – Az.: 1/SVK/123-04; VK Nordbayern, B. v. 18. 8. 2000 – Az.: 320.VK3194-18/00). 5099

104.6.1 Übermittlungsrisiko des Bieters für die Rechtzeitigkeit

Das Übermittlungsrisiko für die Rechtzeitigkeit eines Angebotes trägt der Bieter. Insbesondere kann ein verspätet eingegangenes Angebot auch dann nicht zur Wertung zugelassen werden, wenn die **Verspätung etwa damit begründet wird, dass das Angebot so frühzeitig zur Post gegeben worden sei, dass mit einem rechtzeitigen Eingang zu rechnen gewesen sei** oder die **Deutsche Post das Angebot falsch zugestellt hat.** Der rechtzeitige Zugang liegt insoweit in der Risikosphäre des jeweiligen Bieters, ist daher von ihm zu vertreten (1. VK Sachsen, B. v. 29. 12. 2004 – Az.: 1/SVK/123-04; VK Baden-Württemberg, B. v. 1. 7. 2002 – Az.: 1 VK 31/02). **Anderer Auffassung** ist insoweit die 3. VK Bund **für den Fall, dass konkrete Anhaltspunkte** dafür bestehen, dass im **Verantwortungsbereich der Vergabestelle** 5100

Teil 3 VOB/A § 22   Vergabe- und Vertragsordnung für Bauleistungen Teil A

Ursachen für die Nichterweislichkeit ausschlussrelevanter Tatsachen gesetzt wurde (3. VK Bund, B. v. 1. 9. 2006 – Az.: VK 3-105/06; B. v. 28. 8. 2006 – Az.: VK 3-102/06; B. v. 28. 8. 2006 – Az.: VK 3-99/06).

5101   Hat der **Auftraggeber eine bestimmte Stelle (z. B. ein bestimmtes Zimmer) benannt, muss das Angebot auch dort abgegeben werden.** Gibt der Bieter dann das Angebot z. B. beim Pförtner ab, ist es **als verspätet zurückzuweisen.** **Pförtner** kontrollieren den Zugang zu Gebäuden oder Betriebsgeländen. Sie sind erste Ansprechpartner für Besucher. Besonders in sicherheitsrelevanten Bereichen verhindern sie das Eindringen von Unbefugten und überwachen zeitliche bzw. örtliche Zugangsberechtigungen. Pförtner sind **keine Empfangsvertreter.** Wenn die Mitarbeiter der Wache auch nicht angewiesen sind, eingehende Postsendungen, die Angebote zu einem Ausschreibungsverfahren enthalten, unverzüglich persönlich der Submissionsstelle zu überbringen, sind sie **auch keine Empfangsboten** (VK Brandenburg, B. v. 26. 1. 2005 – VK 81/04).

104.6.2 (Nur) Mitverschulden des Bieters an der Verspätung

5102   Nach § 22 Nr. 6 VOB/A bzw. § 25 Nr. 1 Abs. 1 Buchstabe e) VOL/A ist nur ein Angebot, das nachweislich vor Ablauf der Angebotsfrist dem Auftraggeber zugegangen war, aber bei Öffnung des ersten Angebotes aus vom Bieter nicht zu vertretenden Gründen dem Verhandlungsleiter nicht vorgelegen hat, wie ein rechtzeitig vorliegendes Angebot zu behandeln. **Bereits aus dem gesetzlichen Wortlaut folgt somit, dass bei einem Mitverschulden dieses Bieters eine Wertung nicht mehr in Betracht kommen kann** und das Angebot zwingend auszuschließen ist (VK Köln, B. v. 18. 7. 2002 – Az.: VK VOB 8/2002).

104.6.3 Ausnahme vom Übermittlungsrisiko des Bieters für die Rechtzeitigkeit

5103   § 22 Nr. 6 enthält eine Ausnahme vom Übermittlungsrisiko des Bieters für die Rechtzeitigkeit; vgl. die Kommentierung RZ 5143.

104.6.4 Ausnahme vom Übermittlungsrisiko des Bieters für die Rechtzeitigkeit bei sonstigem Verschulden des Auftraggebers

5104   Ein Angebot kann nicht gewertet werden, wenn es dem Verhandlungsleiter bei der Öffnung des ersten Angebots nicht vorliegt und es sich zu diesem Zeitpunkt nicht im Geschäftsbereich der Vergabestelle befindet (§ 22 Nr. 6). Ist das **Nichtvorliegen jedoch nicht vom Bieter zu vertreten,** weil das Angebot die Vergabestelle rechtzeitig erreicht hätte, wenn der Eröffnungstermin – wie in der Aufforderung zur Abgabe des Angebots angegeben – **termingerecht und nicht früher stattgefunden hätte,** macht dies die Aufhebung des gesamten Vergabeverfahrens unumgänglich (VK Nordbayern, B. v. 15. 4. 2002 – Az.: 320.VK-3194-08/02).

104.6.5 Teilweise verspätetes Angebot

5105   Das Gebot der Formstrenge gebietet es, Angebote, die verspätet eingegangen sind, von der Wertung auszuschließen. Dies **gilt auch, wenn ein Bieter zwar fristgerecht ein Angebotsanschreiben einreicht, wesentliche Bestandteile wie z. B. die ausgefüllten Verdingungsunterlagen aber erst verspätet folgen** (VK Lüneburg, B. v. 24. 11. 2003 – Az.: 203-VgK-29/2003).

5106   In diesen Fällen kommt auch ein Ausschluss wegen Unvollständigkeit in Betracht.

104.6.6 Neues Angebot nach Ablauf der Bindefrist

5107   Eine von einem Bieter erst **nachträglich nach Ablauf der Bindefrist vorgenommene Fristverlängerung** kann zwar im Wege rechtsgeschäftlicher Auslegung (§§ 133, 157 BGB) ohne weiteres als Abgabe eines neuen Angebots angesehen werden, welches seinem Inhalt nach mit dem zuvor erloschenen identisch ist. Trotz dieser inhaltlichen Übereinstimmung darf es gleichwohl **aufgrund der zwingenden Vorschrift des § 25 Nr. 1 Abs. 1 lit. a) VOB/A bzw. des § 25 Nr. 1 Abs. 1 lit. e) VOL/A nicht gewertet** werden, da die Angebotsfrist überschritten ist und in dieser Hinsicht weder der Vergabestelle noch den Vergabeprüfungsinstanzen ein Ermessensspielraum eingeräumt wäre (OLG Thüringen, B. v. 30. 10. 2006 – Az.: 9 Verg 4/06).

104.6.7 Darlegungs- und Beweislast

Der **Bieter** trägt die **Darlegung- und Beweislast für den vollständigen Zugang seines** 5108
Angebotes. Gelingt ihm dieser nicht oder bleibt es beim non liquet, ist sein Angebot somit zwingend auszuschließen (1. VK Sachsen, B. v. 29. 2. 2004 – Az.: 1/SVK/157-03 bei Ermessensreduzierung auf Null).

104.6.8 Weitere Beispiele aus der Rechtsprechung

– schreibt der Bieter auf den Kennklebezettel des Angebotsumschlages – wie gefordert – das 5109
Submissionszimmer und zusätzlich den **Namen des zuständigen Sachbearbeiters,** schadet dies nicht; darin liegt auch kein Mitverschulden des Bieters (OLG Düsseldorf, B. v. 21. 8. 2002 – Az.: Verg 39/02).

104.6.8 Schadenersatzansprüche wegen verspäteter Zustellung

Ein **Bieter** kann gegen ein Postzustellungsunternehmen wegen Überschreitung der für 5110
den eingelieferten Express-Brief vereinbarten Lieferfrist einen **Schadensersatzanspruch aus § 425 Abs. 1 HGB** haben (OLG Köln, Urteil vom 24. 5. 2005 – Az.: 3 U 195/04).

104.7 Ablauf des Eröffnungstermins (§ 22 Nr. 3)

104.7.1 Leitung des Eröffnungstermins

104.7.1.1 Allgemeines

Im Gegensatz zu § 22 VOL/A **verpflichtet die VOB/A den öffentlichen Auftraggeber** 5111
nicht, den Eröffnungstermin von mehreren Personen durchführen zu lassen. Sinn und Zweck des § 22, nämlich kontrollierte Angebotseröffnung, Vermeidung von Manipulationen (VK Thüringen, B. v. 12. 2. 2001 – Az.: 216-4003.20-001/01-GTH), sprechen aber dafür.

104.7.1.2 Richtlinie des VHB 2002

Der Eröffnungstermin soll von einem mit der Vergabe nicht befassten Bediensteten geleitet 5112
werden. Zur Unterstützung des Verhandlungsleiters ist ein Schriftführer zuzuziehen, der eine Niederschrift nach Formblatt EFB-Verd 1-4 (Teil III) anzufertigen hat. Er soll an der Bearbeitung der Verdingungsunterlagen und an der Vergabe nicht beteiligt sein (Ziffer 1.2).

104.7.1.3 Regelung des HVA B-StB 03/2006

Der Verhandlungsleiter soll mit der Aufstellung der Vergabeunterlagen und der Weiterbe- 5113
handlung der Angebote nicht befasst sein. Am Eröffnungstermin ist ein zweiter Bediensteter als Schriftführer zu beteiligen, der die zu fertigende Niederschrift mit zu unterzeichnen hat (Ziffer 2.3 Abs. 6).

104.7.2 Prüfung der am Eröffnungstermin teilnehmenden Personen

104.7.2.1 Allgemeines

Da im Eröffnungstermin nur die Bieter und ihre Bevollmächtigten zugegen sein dürfen, ist 5114
diese Voraussetzung vom Verhandlungsleiter zu überprüfen.

104.7.2.2 Regelung des HVA B-StB 03/2006

Die am Eröffnungstermin teilnehmenden Bieter bzw. deren Bevollmächtigte haben sich vor Be- 5115
ginn der Öffnung des 1. Angebotes in die Teilnehmerliste der „Niederschrift über die Angebotseröffnung" (siehe Muster 2.3-1 (Seite 5)) einzutragen. Danach prüft der Verhandlungsleiter, ob von allen in der Teilnehmerliste eingetragenen Firmen Angebote vorliegen (Ziffer 2.3 Abs. 7).

104.7.3 Prüfung des Verschlusses der schriftlichen Angebote bzw. der Verschlüsselung der elektronischen Angebote (§ 22 Nr. 3 Abs. 1)

104.7.3.1 Allgemeines

Nach § 22 Nr. 3 Abs. 1 VOB/A stellt der Verhandlungsleiter zunächst fest, ob der Verschluss 5116
der schriftlichen Angebote unversehrt ist. Daher sind **auch nicht ordnungsgemäß verschlos-**

Teil 3 VOB/A § 22   Vergabe- und Vertragsordnung für Bauleistungen Teil A

sene bzw. **verschlüsselte Angebote im Eröffnungsverfahren zuzulassen,** und zwar jedenfalls für die **Konstellation, dass auf Grund der Umstände ohne vernünftige Zweifel ausgeschlossen werden kann, dass das nicht verschlossene Angebot noch auf Grund von Informationen nachgebessert wurde,** welche der Anbieter erst im Eröffnungstermin erlangt hat (OLG Naumburg, Urteil vom 18. 11. 1999 – Az.: 3 U 169/98; 2. VK Bund, B. v. 20. 6. 2002 – Az.: VK 2-28/02).

5117   Zur Möglichkeit der weiteren Prüfung und Wertung solcher Angebote vgl. die Kommentierung zu § 23 VOB/A RZ 5172.

104.7.3.2 Regelung des HVA B-StB 03/2006

5118   Der Verhandlungsleiter hat die Angebote vor der Öffnung darauf zu überprüfen, ob
- die Verschlüsse noch unversehrt,
- nur in dem durch Vermerk bereits festgestellten Umfange beschädigt,
- sie vor Ablauf der Angebotsfrist eingegangen sind (Ziffer 2.3 Abs. 7).

104.7.4 Öffnung der Angebote (§ 22 Nr. 3 Abs. 2 Satz 1)

5119   Die Bedeutung des Zeitpunktes der Öffnung der Angebote ergibt sich aus § 18 Nr. 2, wonach die Angebotsfrist mit Öffnung der Angebote abläuft.

104.7.4.1 Begriff der Öffnung

5120   Eine „Öffnung" im Sinne von § 22 VOB/A bzw. VOL/A kann dann als gegeben angenommen werden, wenn der **Umschlag soweit geöffnet** ist, dass zumindest die **Möglichkeit eines Blickes auf die erste Seite des Angebotes und einen dort unter Umständen befindlichen Preis gegeben** ist. Das Ansetzen der Schere ist nicht entscheidend (VK Lüneburg, B. v. 1. 3. 2000 – Az.: 203-VgK-02/2000).

104.7.4.2 Regelung des HVA B-StB 03/2006

5121   Die Angebote sind sodann in der Reihenfolge ihrer Nummerierung von dem Verhandlungsleiter oder dem Schriftführer zu öffnen und auf der ersten Seite des Angebotsschreibens mit der auf dem Umschlag vermerkten Nummer und Namenszeichen mit Datumsangabe zu versehen. Nach Ablauf der Angebotsfrist, aber vor Öffnung des ersten Angebotes eingegangene Angebote sind zu berücksichtigen. Der Sachverhalt ist in der „Niederschrift über die Angebotsöffnung" (siehe Muster 2.3-1) unter Nr. II.1 festzuhalten (Ziffer 2.3 Abs. 9).

104.7.5 Kennzeichnung der Angebote im Eröffnungstermin (§ 22 Nr. 3 Abs. 2 Satz 1)

104.7.5.1 Allgemeines

5122   Die Angebote werden geöffnet und in allen wesentlichen Teilen im Eröffnungstermin gekennzeichnet.

5123   Es entspricht dem wahrscheinlichen Interesse der im Eröffnungstermin anwesenden Bieter, dass die **Angebote zuerst verlesen werden und dann erst der langwierige Prozess der Kennzeichnung erfolgt** (Hanseatisches OLG Hamburg, B. v. 21. 1. 2004 – Az.: 1 Verg 5/03).

5124   Eine **mit Bleistift aufgetragene eingekreiste Ziffer auf den Angeboten** erfüllt die **Kennzeichnungspflicht nicht** (1. VK Sachsen, B. v. 24. 2. 2005 – Az.: 1/SVK/004-05).

5125   Die im Sinne von § 22 VOB/A **unterlassene Kennzeichnung der vorgelegten Angebote stellt einen gravierenden Vergaberechtsverstoß dar,** der objektiv selbst durch eine Rückversetzung des Vergabeverfahrens auf den Zeitpunkt der Angebotseröffnung kein rechtmäßiges Vergabeverfahren mehr erwarten lässt. Damit können die entsprechend § 22 Nr. 3 VOB/A erforderlichen Feststellungen durch den Auftraggeber nicht mehr zweifelsfrei getroffen werden. Der **Auftraggeber hat keine Möglichkeit** bei einer Verpflichtung durch die Vergabekammer zur erneuten Prüfung der Angebote diesen **Kennzeichnungsmangel zu heilen** (1. VK Sachsen, B. v. 24. 2. 2005 – Az.: 1/SVK/004-05).

104.7.5.2 Richtlinie des VHB 2002 zur Kennzeichnung im Eröffnungstermin

Im Eröffnungstermin sind die Angebote mit allen Anlagen durch Lochen oder auf andere geeignete Weise so zu kennzeichnen, dass nachträgliche Änderungen und Ergänzungen verhindert werden (Ziffer 1.5).

104.7.5.3 Regelung des HVA B-StB 03/2006

Die Angebote einschließlich aller Nebenangebote sind während des Eröffnungstermins nach Öffnung der Angebote im Beisein der Bieter bzw. Bevollmächtigten zu kennzeichnen (z.B. durch Lochstempel). Das Gerät zur Kennzeichnung ist im Übrigen sorgfältig zu verwahren (Ziffer 2.3 Abs. 10).

104.7.6 Verlesung (§ 22 Nr. 3 Abs. 2)

Im Eröffnungstermin werden Name und Wohnort der Bieter und die Endbeträge der Angebote oder ihrer einzelnen Abschnitte, ferner andere den Preis betreffende Angaben verlesen. Es wird bekannt gegeben, ob und von wem Änderungsvorschläge oder Nebenangebote eingereicht sind. Weiteres aus dem Inhalt der Angebote soll nicht mitgeteilt werden.

104.7.6.1 Verlesung aller Angebote

Der Begriff **Angebot zum Verfahren umfasst alle Angebote der Bieter, die zum betreffenden Zeitpunkt vorgelegen haben.** Würde dem Verhandlungsleiter zu diesem Zeitpunkt eine Entscheidungsbefugnis zustehen, welche Angebote er verliest, z.B. weil er von einem versehentlich falsch abgegebenen Angebot ausgeht, so hätte die Wahrnehmung derselben Auswirkungen auf den Wettbewerb. Die Angebote würden somit nicht verlesen und von vornherein einer späteren Wertung entzogen (VK Halle, B. v. 8. 9. 1999 – Az.: VK Hal 17/99).

104.7.6.2 Bedeutung des vorgelesenen Inhalts der Angebote

Es spielt für die Frage, welchen Inhalt das Angebot der Bieter hat, **keine Rolle, was in dem Submissionstermin verlesen oder protokolliert** wurde. Der **eindeutige Erklärungsgehalt des Angebots der Bieter** kann nicht dadurch nachträglich abgeändert werden, dass er in diesem Termin **möglicherweise falsch verlesen** wurde (1. VK Bund, B. v. 16. 5. 2002 – Az.: VK 1-19/02).

Zur Beweislastverteilung vgl. RZ 5142.

104.7.6.3 Bedeutung eines nicht vorgelesenen Preisnachlasses

Nach § 25 Nr. 5 Satz 2 VOB/A sind Preisnachlässe ohne Bedingungen dann nicht zu werten, wenn sie nicht an der vom Auftraggeber nach § 21 Nr. 4 bezeichneten Stelle aufgeführt sind. Weitere formale Gründe für eine Nichtberücksichtigung von Preisnachlässen ohne Bedingungen nennt die VOB/A nicht. Nach § 22 Nr. 3 Abs. 2 VOB/A sind im Eröffnungstermin die Endbeträge der Angebote sowie andere den Preis betreffende Angaben, wozu auch Nachlässe ohne Bedingungen gehören, zu verlesen. **Wird ein Nachlass ohne Bedingungen nicht bekannt gegeben, stellt dies zwar einen Verstoß gegen die Formvorschrift des § 22 Nr. 3 Abs. 2 VOB/A dar.** Dies hat jedoch **nicht zur Folge, dass dieser bei der Wertung nicht zu berücksichtigen wäre.** Entscheidend ist vielmehr, dass das Angebot mit diesen Angaben im Eröffnungstermin vorgelegen hat. Ist dies der Fall, ist ein Preisnachlass bei der materiellen Wertung nach § 25 VOB/A zu berücksichtigen (VK Baden-Württemberg, B. v. 22. 6. 2004 – Az.: 1 VK 32/04; VK Nordbayern, B. v. 30. 11. 2001 – Az.: 320.VK-3194-40/01).

Zur Beweislastverteilung vgl. RZ 5142.

104.7.6.4 Verlesung von Nebenangeboten

Hinsichtlich Nebenangebote ist bekannt zu geben, ob und von wem Nebenangebote eingereicht sind. Weiteres aus dem Inhalt der Angebote und damit auch die Angebotssumme soll nicht mitgeteilt werden. Diese Bestimmung hat ihren Sinn darin, dass sich die **Endpreise aus Haupt- und Nebenangeboten nicht ohne weiteres vergleichen lassen, weshalb ein Vergleich zu falschen Schlüssen auf der Bieterseite führen könnte** (VK Lüneburg, B. v. 11. 6. 2001 – Az.: 203-VgK-08/2001).

Der Endpreis eines Alternativ- bzw. Nebenangebots muss also in der Verdingungsverhandlung nicht bekannt gegeben werden, **weder in der vom Bieter bezeichneten Höhe noch bezo-**

Teil 3 VOB/A § 22   Vergabe- und Vertragsordnung für Bauleistungen Teil A

gen auf das Ergebnis einer rechnerischen Prüfung (OLG Braunschweig, Urteil vom 27. 7. 1994 – Az: 3 U 231/92).

5136 Allein die Tatsache, dass (abgegebene) **Nebenangebote** in der Submission **nicht** gemäß § 22 Nr. 3 Abs. 2 Satz 3 VOB/A **verlesen werden, führt nicht zum automatischen Ausschluss** dieser Angebote. In den zwingenden Ausschlussvarianten des § 25 Nr. 1 VOB/A ist diese Konstellation gerade nicht erwähnt (Thüringer OLG, B. v. 22. 12. 1999 – Az.: 6 Verg 3/99; 1. VK Sachsen, B. v. 23. 5. 2003 – Az.: 1/SVK/030-03).

5137 Zur Beweislastverteilung vgl. RZ 5142.

104.7.6.5 Regelung des HVA B-StB 03/2006

5138 Von einem Nebenangebot, das ohne ein Hauptangebot abgegeben wurde, sind die Angaben wie bei einem Hauptangebot zu verlesen (Ziffer 2.3 Abs. 11).

104.8 Niederschrift (§ 22 Nr. 4)

104.8.1 Zwingende Regelung

5139 § 22 Nr. 4 ist eine „**Ist**"-**Bestimmung,** das heißt es ist so zu verfahren, **Abweichungen von der Bestimmung sind nicht zulässig.** Die Niederschrift über die Verhandlung dient den Interessen des Bieters und denen der Vergabestelle, indem bestimmte Daten gesichert werden, gleichzeitig aber auch als Beweis deren Vorliegens und damit der Verfahrenstransparenz (VK Thüringen, B. v. 26. 6. 2001 – Az.: 216-4003.20-027/01-J-S, B. v. 7. 3. 2001 – Az.: 216-4002.20-001/01-SCZ).

104.8.2 Bestandteile der Niederschrift

5140 Der **Inhalt der Niederschrift ist in der VOB nicht im Einzelnen geregelt.** In § 23 Nr. 4 VOB/A wird von der festgestellten Angebotssumme, in § 22 Nr. 7 von Nachträgen in Verbindung mit verspätet eingetroffenen Angeboten sowie von bei der Angebotseröffnung bereits dem Auftraggeber nachweislich ohne Verschulden des Bieters zugegangenen Angeboten gesprochen.

5141 Es ist verfehlt, wenn sich die Nachträge in der Niederschrift ausschließlich auf diese Punkte beschränken, zumal gerade dadurch der Grundsatz der Verfahrenstransparenz in Verbindung mit im Rahmen der Angebotsprüfung festgestellten und nachweislich bereits zum Eröffnungstermin vorliegenden angebotsrelevanten Angebotsteilen verletzt würde. **Nachträgliche, im Rahmen der Angebotsprüfung festgestellte Nachlässe, Skonti, Nebenangebote und andere angebotsrelevante Angaben sind in die Niederschrift nachzutragen** (VK Thüringen, B. v. 26. 6. 2001 – Az.: 216-4003.20-027/01-J-S).

104.8.3 Rechtscharakter der Niederschrift und Beweislastverteilung

5142 Die Niederschrift ist lediglich eine **Privaturkunde,** mit der der Nachweis des Fehlens oder des Nichteintritts von Tatsachen, die nicht in die Urkunde aufgenommen wurden, nicht ohne weiteres geführt werden kann. Der **öffentliche Auftraggeber** hat jedoch nach § 22 Nr. 4 VOB/A auch im Verhältnis zu den Bietern die **Verpflichtung zur Anfertigung einer Niederschrift** über den Verlauf des Eröffnungstermins, **in der alle wesentlichen Vorgänge und Sachverhalte festzuhalten sind.** Dazu gehören hinsichtlich der Angebote insbesondere die für die Bemessung des Preises wesentlichen Angaben einschließlich der Zahl der Nebenangebote und etwaiger Änderungsvorschläge. In die Protokollierungspflicht eingeschlossen sind damit auch Angaben über nicht im eigentlichen Gebot enthaltene zusätzliche Preisnachlässe in Neben- oder Hauptangeboten, soweit sie Auswirkungen auf die anderweitig genannten und ohne ihre Berücksichtigung bestimmten Angebotspreise aufweisen können. **Kommt der Ausschreibende dem bei der Protokollierung des Eröffnungstermins nicht nach,** liegt darin die **Verletzung einer vertraglichen Nebenpflicht,** die es ihm **verwehrt, sich im Verhältnis zu den betroffenen Bietern auf die Unvollständigkeit des Protokolls zu berufen.** Er muss sich diesen gegenüber jedenfalls bis zu dem ihm obliegenden Gegenbeweis diesen gegenüber vielmehr so behandeln lassen, als sei die Niederschrift vollständig und inhaltlich richtig. Soweit diese z. B. streitige Preisnachlässe nicht aufführt, ist es somit nicht Sache des Bieters, nachzuweisen, dass diese im Eröffnungstermin noch nicht vorlagen. Die Beweislast für ihre vorhergehende

Vergabe- und Vertragsordnung für Bauleistungen Teil A VOB/A § 22 **Teil 3**

Einreichung trifft vielmehr im Ergebnis den öffentlichen Auftraggeber (BGH, Urteil vom 26. 10. 1999 – Az.: X ZR 30/98).

104.9 Verspätete, aber noch zuzulassende Angebote (§ 22 Nr. 6)

104.9.1 Grundsatz

Nach § 22 Nr. 6 Abs. 1 VOB/A ist ein Angebot, das nachweislich vor Ablauf der Angebotsfrist dem Auftraggeber zugegangen war, aber bei Öffnung des ersten Angebotes aus vom Bieter nicht zu vertretenden Gründen dem Verhandlungsleiter nicht vorgelegen hat, wie ein rechtzeitig vorgelegtes Angebot zu behandeln. Derartige **Angebote sind nachträglich in den Wettbewerb aufzunehmen und gelten als gleichwertiges Angebot** (VK Halle, B. v. 16. 1. 2001 – Az.: VK Hal 35/00). 5143

104.9.2 Begriff des Zugangs

Entscheidend für den Zugang sind **gemäß § 130 BGB der Übergang in den Machtbereich des Empfängers und seine Möglichkeit, unter normalen Umständen Kenntnis erlangen zu können** (3. VK Bund, B. v. 1. 9. 2006 – Az.: VK 3-105/06; B. v. 28. 8. 2006 – Az.: VK 3-102/06; B. v. 28. 8. 2006 – Az.: VK 3-99/06). Wird in der Ausschreibung keine Zimmernummer benannt, ist die erstmalige Aushändigung an einen Empfangsgehilfen der Vergabestelle maßgeblich. Als Beweis für den rechtzeitigen Zugang genügt z. B. der die Sendungsverfolgung abschließende „Scanner-"Ausdruck mit einer bestimmten Zeitangabe. Diese Sendungsverfolgung inklusive dem „Scanner-"Ausdruck ist auch ein geeigneter Urkundenbeweis gem. § 110 Abs. 1 GWB (1. VK Sachsen, B. v. 29. 9. 1999-1 VK 16/99). 5144

Ist eine **juristische Person Auftraggeber,** ist der **Einwurf in den Postbriefkasten der juristischen Person** (z. B. im Rathaus) im Sinne des Übergangs in den Machtbereich des Empfängers **ausreichend,** da ein an eine Behörde gerichtetes Schreiben mit Eingang bei der hierfür eingerichteten Stelle und nicht erst bei Vorlage bei dem zuständigen Bediensteten zugeht. Auch wenn in den Verdingungsunterlagen bestimmt ist, dass das „Angebot an einem bestimmten Tag in einem bestimmten Zimmer vorliegen muss, ändert sich daran nichts. Eine zur Fristwahrung notwendige Handlung darf nämlich grundsätzlich bis zum Ablauf des letzten Tages (24:00 Uhr) vorgenommen werden; allerdings ist der **Erklärungsempfänger (Behörde) nur bis zum Ende der üblichen Zeit (Dienstschluss) zur Mitwirkung verpflichtet** (VK Schleswig-Holstein, B. v. 26. 10. 2004 – Az.: VK-SH 26/04). 5145

Der **Übergang der Sendung in den Machtbereich der Angebotsstelle ist auch bereits durch Einlegung der Sendung in das Postfach erfolgt.** Unabhängig davon, wie häufig ein Postfach tatsächlich geleert wird, besteht die grundsätzliche Möglichkeit des Postfachinhabers, jederzeit auf den Inhalt des Postfachs Zugriff zu nehmen. Es ist insoweit vergleichbar mit einem Briefkasten, für den anerkannt ist, dass sich darin befindliche Post bereits im Machtbereich des Briefkasteninhabers befindet. Allerdings hat die **Vergabestelle die Möglichkeit, aus ihrem Machtbereich einzelne Bereiche herauszugreifen und den wirksamen Zugang auf diese Orte zu beschränken.** Aus der Vorgabe in Verdingungsunterlagen, dass die Angebote an die Hausanschrift der Angebotsstelle zu adressieren sind, lässt sich jedoch nicht ableiten, dass nur die Hausanschrift zulässiger Eingangsort für Angebote ist, denn in den Verdingungsunterlagen war ausdrücklich die Versendung der Angebote per Post gestattet. **Folgerichtig sind alle für Post üblichen Zugangsorte im Machtbereich der Angebotsstelle als Eingangsort zulässig. Dazu gehört auch das Postfach.** Postsendungen werden nämlich gemäß den „Allgemeinen Geschäftsbedingungen der Deutschen Post AG für die Nutzung von Postfächern (AGB Postfach)" Ziffer 3 Abs. 4 „in der Regel" in das Postfach eingelegt „wenn nichts anderes vereinbart worden ist". Maßgeblich für die Möglichkeit der Kenntnisnahme und damit für den Zugangszeitpunkt ist dann nicht der Zeitpunkt der üblichen Leerung des Postfaches, sondern der Zeitpunkt des Ablaufs der Angebotsfrist, in dem das Postfach von dem Auftraggeber nochmals hätte geleert werden müssen. Zwar wird bei der Zustellung in Postfächer für die Möglichkeit der Kenntnisnahme und damit für den Zugangszeitpunkt in der Regel auf den Zeitpunkt der üblichen Leerung des Postfachs abgestellt. **Wenn der Postfachinhaber indes mit dem Eingang fristgebundener Sendungen rechnet bzw. rechnen muss, ist nach der Verkehrsanschauung zu erwarten, dass das Postfach neben den üblichen Leerungen auch zum Zeitpunkt des Fristablaufs geleert wird** (3. VK Bund, B. v. 1. 9. 2006 – Az.: VK 3-105/06; B. v. 28. 8. 2006 – Az.: VK 3-102/06; B. v. 28. 8. 2006 – Az.: VK 3-99/06). 5146

5147 Ist eine E-Mail nicht an die allgemeine offene Mail-Adresse der ausschreibenden Stelle, sondern an die persönliche Geschäftsadresse eines Beschäftigten der ausschreibenden Stelle gerichtet und befindet sich dieser außer Haus, gilt die Willenserklärung als zugegangen, **sobald die betreffende Person nach Rückkehr im üblichen Rahmen die während ihrer Abwesenheit eingegangenen Mails sichtet** (VK Baden-Württemberg, B. v. 19. 4. 2005 – Az.: 1 VK 11/05).

104.9.3 Verspätete Angebote wegen Ablaufs der Bindefrist

5148 Es ist **jedenfalls (auch) Sache der Vergabestelle, für die Einhaltung der Zuschlagsfrist Sorge zu tragen.** Dann wird man **auch eine Obliegenheit annehmen müssen, nach der sie rechtzeitig vor Ablauf einer in den Ausschreibungsbedingungen festgelegten Bindefrist auf alle Bieter mit dem Ziel einer Fristverlängerung zuzugehen** hat, wenn sich abzeichnet, dass diese aus bestimmten Gründen (z. B. wegen der Einleitung eines Nachprüfungsverfahrens) nicht eingehalten werden kann. Zwar liegt es daneben (auch) im Verantwortungsbereich des einzelnen Bieters, die ununterbrochene Bindung an sein Angebot sicherzustellen und ein Erlöschen im Sinne des § 146 BGB zu verhindern. Doch spricht zumindest unter Gleichbehandlungsgesichtspunkten viel dafür, eine Ausschreibung nicht schon vorschnell an dem – möglicherweise durch ein laufendes Nachprüfungsverfahren in den Hintergrund geratenen und daher von allen Verfahrensbeteiligten unter Einschluss der Vergabestelle übersehenen – Umstand scheitern zu lassen, dass die Angebote sämtlicher Bieter wegen Überschreitens der Bindefrist erloschen sind. Es wäre mit dem Ziel des effektiven Wettbewerbsschutzes kaum vereinbar, in einem solchen Falle die Ausschreibung aufzuheben und der Vergabestelle zu gestatten, freihändig den Zuschlag zu erteilen. Da weder eine Bevorzugung noch eine Benachteiligung eines einzelnen Bieters zu besorgen ist, liegt es vielmehr unter den genannten Vorzeichen auf der Hand, die Vergabestelle noch nachträglich zu verpflichten, die Bindefrist mit gleicher Wirkung für alle Bieter neu zu bestimmen und diesen die Chance zu geben, sämtliche – obschon gem. § 146 BGB formal erloschenen – Angebote mit identischem Inhalt erneut einzureichen, und der Ausschreibung auf diese Weise ihren Fortgang zu geben (OLG Thüringen, B. v. 30. 10. 2006 – Az.: 9 Verg 4/06).

5149 **Rechtstechnisch** lässt sich eine solche Konsequenz zwanglos damit begründen, dass die gegenüber der ursprünglichen Angebotsfrist **verspätete Angebotsabgabe** durch Umstände im Sinne des § 22 Nr. 6 VOB/A bzw. § 25 Nr. 1 Abs. 1 lit. e VOL/A verursacht sind, die nicht in der Sphäre des einzelnen Bieters, sondern vielmehr in der Sphäre aller Bieter liegen und **mehr noch im Verantwortungsbereich der Vergabestelle anzusiedeln** sind (OLG Thüringen, B. v. 30. 10. 2006 – Az.: 9 Verg 4/06).

104.9.4 Beispiele aus der Rechtsprechung

5150 – hat die Deutsche Post AG auf ihrem Auslieferungsbeleg festgehalten, dass sie die Sendung in das Postfach der Vergabestelle eingelegt hat, ist damit jedoch nicht unumstößlich bewiesen, dass dies tatsächlich auch der Fall war. Dagegen spricht, dass es keinen weiteren Beleg dafür gibt, dass das Einschreiben tatsächlich in den Empfangsbereich der Vergabestelle gelangte. Obwohl der Posteingang in einem standardisierten Verfahren abläuft, der dazu hätte führen müssen, dass die Sendung registriert wird, fehlt eine solche Registrierung. Weitgehend ausgeschlossen kann auch, dass die Sendung, ohne dass sie registriert wurde, in den Postlauf gegeben wurde. Jeder Bedienstete, dem die Sendung versehentlich zugeleitet worden wäre, hätte auf Anhieb deren Dringlichkeit erkannt und diese an das zuständige Bauamt weitergeleitet. Die auffälligen Aufkleber ließen keinen Zweifel an der Wichtigkeit und Eilbedürftigkeit des Einschreibens zu. Dass das Poststück das Bauamt nicht auf diesem Wege erreichte, lässt annehmen, dass dieses der Vergabestelle nicht zugegangen war. Der **Sachverhalt lässt vermuten, dass das Einschreiben entgegen der Aussage auf dem Auslieferungsvermerk doch nicht in das Postfach der Stadt eingelegt wurde** (VK Baden-Württemberg, B. v. 13. 10. 2003 – Az.: 1 VK 57/03)

– als im Sinne des § 22 Nr. 6 Abs. 1 VOB/A nicht vom Anbieter zu vertretender Grund ist unter anderem die **irrtümlich nicht korrekte Zuordnung von Angeboten zum Vergabeverfahren durch den Auftraggeber** zu verstehen (VK Halle, B. v. 16. 1. 2001 – Az.: VK Hal 35/00)

Vergabe- und Vertragsordnung für Bauleistungen Teil A VOB/A § 22 **Teil 3**

104.9.5 Benachrichtigungspflicht (§ 22 Nr. 6 Abs. 2)

Den Bietern ist ein entsprechender Sachverhalt unverzüglich schriftlich mitzuteilen. In die 5151
Mitteilung sind die Feststellung, dass der Verschluss unversehrt war und die Angaben nach Nr. 3
Abs. 2 aufzunehmen.

Hat ein öffentlicher Auftraggeber es **verabsäumt**, die beteiligten Bieter gem. § 22 Nr. 6 5152
Abs. 2 VOB/A unverzüglich **schriftlich davon in Kenntnis zu setzen,** dass es verspätete
Angebote gibt, die zum Wettbewerb zugelassen werden, kann – da es sich bei der Vorschrift des
§ 22 Nr. 6 Abs. 2 lediglich um eine den Auftraggeber bindende Ordnungsvorschrift handelt –
dieses **Versäumnis keine rechtlichen Konsequenzen für die Bewertung der Angebote
der Bieter** haben (VK Halle, B. v. 16. 1. 2001 – Az.: VK Hal 35/00).

104.9.6 Richtlinie des VHB 2002 zu verspäteten Angeboten

In den Fällen des § 22 Nr. 6 VOB/A ist das Angebot unmittelbar dem Verhandlungsleiter 5153
und seinem Schriftführer vorzulegen. Diese haben festzustellen, dass der Umschlag des Angebots
unversehrt ist. Die Umstände der nicht fristgerechten Vorlage sind im EFB-Verd 4 aktenkundig
zu vermerken (Ziffer 1.6).

104.9.7 Regelung des HVA B-StB 03/2006 zu verspäteten Angeboten

Verspätet (d.h. nach Öffnung des ersten Angebotes) eingegangene Angebote (siehe § 22 5154
Nrn. 2 und 5 VOB/A) sind während des Eröffnungstermins nicht zu öffnen (Ziffer 2.3 Abs. 12).

104.10 Mitteilungen (§ 22 Nr. 7)

104.10.1 Mitteilungspflicht bei Parallelausschreibungen

Bei einer **Parallelausschreibung** dergestalt, dass die Leistungen einmal als Generalunter- 5155
nehmerleistung und zum andern als gewerkeweise aufgegliederte Leistungspakete ausgeschrieben
werden, sind hinsichtlich der Submission bestimmte **Erweiterungen der Bieterrechte sinnvoll, um die notwendige Transparenz des Wettbewerbs zu sichern.** Zum Bieterschutz
gehört in einem solchen Verfahren die Information an die Bieter, die nur für ein oder mehrere,
aber nicht für alle Einzelgewerke anbieten, **darüber, dass es noch einen weiteren Bieter
gibt, der aber als Generalunternehmer außerhalb der Losvergaben konkurriert.** Denn
in einem solchen Verfahren müssen die Bieter wissen, dass die Tatsache, dass sie zwar nach dem
Submissionsergebnis auf einem der vorderen Plätze oder gar an vorderster Stelle, liegen, noch
dadurch relativiert werden kann, dass es ein weiteres Angebot gibt. Mehr als diese Information
müssen sie nicht erhalten, auch nicht den Preis des Generalunternehmerangebotes, den sie ohnehin nicht in eine korrekte Relation zu ihren eigenen Geboten setzen können (1. VK Sachsen,
B. v. 1. 2. 2002 – Az.: 1/SVK/131-01, B. v. 1. 2. 2002 – Az.: 1/SVK/135-01).

104.10.2 Richtlinie des VHB 2002 zu Nr. 7

Andere als die in § 22 Nr. 7 VOB/A genannten Angaben dürfen den Bietern nicht mitgeteilt 5156
werden. Dies gilt insbesondere für Auskünfte über

– den Inhalt der Angebote sowie etwaiger Nebenangebote und Änderungsvorschläge,
– den Stand des Vergabeverfahrens,
– die in die engere Wahl gezogenen Angebote und die hierfür maßgebenden Gründe (Ziffer 3.1).

Die Mitteilung an die Bieter nach § 22 Nr. 7 Satz 1 VOB/A soll nicht fernmündlich erfolgen 5157
(Ziffer 3.2). Mitteilungen an Dritte sind nicht zulässig (Ziffer 3.3).

104.11 Geheimhaltungsgebot (§ 22 Nr. 8)

104.11.1 Grundsatz

Die Angebote und ihre Anlagen sind sorgfältig zu verwahren und geheim zu halten; dies gilt 5158
auch bei Freihändiger Vergabe.

104.11.2 Sinn und Zweck des Geheimhaltungsgebots

5159   Sinn der Geheimhaltungsvorschrift ist es, den **Wettbewerb zu sichern** und auch nach der Öffnung der Angebote durch ihre vertrauliche Behandlung zu verhindern, dass Außenstehende Einfluss auf die weitere Behandlung der Angebote, insbesondere auf die Entscheidung über den Zuschlag, dadurch nehmen, dass sie sich mit Kenntnis von dem Inhalt der einzelnen Angebote verschaffen. Dieser **Gesichtspunkt gelangt gerade im Verhandlungsverfahren zu besonderer Bedeutung,** da das Verhandlungsverfahren Nachträge und Nachbesserungen des abgegebenen Angebotes bis zur Zuschlagsentscheidung zulässt (VK Düsseldorf, B. v. 25. 7. 2000 – Az.: VK – 14/2000 – L).

104.11.3 Beispiele aus der Rechtsprechung

5160   – erhält der öffentliche Auftraggeber im Rahmen einer öffentlichen Ausschreibung einen kostengünstigen Sondervorschlag, teilt er diesen Sondervorschlag den übrigen Bietern zur Nachkalkulation ihrer eigenen Angebote mit und **verhandelt er außerdem mit dem Bieter über den Sondervorschlag solange, bis aus seiner Sicht ein wirtschaftliches Preis-Leistungs-Verhältnis erreicht wird, verstößt dieses Vorgehen einmal gegen das Geheimhaltungsgebot des Inhalts der Angebote.** Es stellt darüber hinaus eine unzulässige Nachverhandlung im Sinne von § 24 Nr. 3 VOB/A dar (VK Baden-Württemberg, B. v. 11. 10. 2000 – Az.: 1 VK 24/00).

104.11.4 Geheimhaltungsgebot im kommunalen Bereich

5161   Gerade im **kommunalen Bereich ist es oft schwierig, das Geheimhaltungsgebot einzuhalten.** Die **VK Sachsen** sieht insoweit **keinen Verstoß gegen bieterschützende Vorschriften,** wenn ein (geplanter) Zuschlagsbieter vor der formellen Entscheidung des Auftraggebers öffentlich (in der Presse) bekannt wird; dies deshalb, weil ein Verwaltungsfachausschuss eine entsprechend gleich lautende Verwaltungsvorlage favorisierte und zudem der Landrat ausdrücklich auf die noch zu treffende Entscheidung des Ausschusses hingewiesen hatte (1. VK Sachsen, B. v. 8. 7. 2004 – Az.: 1/SVK/044-04).

5162   Die Entscheidung setzt sich mit dem Geheimhaltungsgebot im Wesentlichen über § 30 VwVfG auseinander und ist **im Ergebnis abzulehnen.** Auch im kommunalen Bereich sollten die Vertreter der Kommunen (Stadt- und Gemeinderäte, Bürgermeister usw.) aus den in RZ 5159 genannten Gründen die **Geheimhaltungspflicht beachten.**

104.11.5 Richtlinie des VHB 2002

5163   Hat der Bieter die Absicht mitgeteilt, Angaben aus seinem Angebot für die Anmeldung eines gewerblichen Schutzrechtes zu verwerten – vgl. Nr. 3.5 des EVM(B)BwB –, ist sicherzustellen, dass nur die mit der Sache befassten Bearbeiter Kenntnis vom Angebot erhalten (Ziffer 2).

5164   Die Angebote dürfen nur den unmittelbar mit der Bearbeitung beauftragten Personen zugänglich gemacht werden. Dies gilt auch, wenn freiberuflich Tätige an der Prüfung und Wertung beteiligt werden. Im Übrigen sind die Angebote mit allen Anlagen bis zur Zuschlagserteilung unter Verschluss zu halten (Ziffer 4).

104.12 Öffnung von Teilnahmeanträgen

5165   **§ 22 VOB/A gilt für die Durchführung eines Teilnahmewettbewerbes weder unmittelbar noch in entsprechender Anwendung.** § 22 VOB/A regelt ausdrücklich nur die Öffnung und Behandlung von Angeboten bei öffentlichen und beschränkten Ausschreibungsverfahren. Einem solchen förmlichen Verfahren ist die Durchführung eines Teilnahmewettbewerbes nicht gleichzusetzen. **Weder das GWB noch die VOB geben der ausschreibenden Stelle vor, wann die Teilnahmeanträge zu öffnen sind** (VK Nordbayern, B. v. 27. 10. 2000 – Az.: 320.VK-3194-26/00).

5166   Diese **Rechtsprechung ist mindestens für Verfahren ab den Schwellenwerten durch §§ 16 a, 16 b VOB/A 2006 gegenstandslos;** vgl. die Kommentierung zu § 16 a VOB/A RZ 4642.

105. § 23 VOB/A – Prüfung der Angebote

1. Angebote, die im Eröffnungstermin dem Verhandlungsleiter bei Öffnung des ersten Angebots nicht vorgelegen haben, und Angebote, die den Bestimmungen des § 21 Nr. 1 Abs. 1 bis 3 nicht entsprechen, brauchen nicht geprüft zu werden.
2. Die übrigen Angebote sind rechnerisch, technisch und wirtschaftlich zu prüfen, gegebenenfalls mit Hilfe von Sachverständigen (§ 7).
3. (1) Entspricht der Gesamtbetrag einer Ordnungszahl (Position) nicht dem Ergebnis der Multiplikation von Mengenansatz und Einheitspreis, so ist der Einheitspreis maßgebend. Ist der Einheitspreis in Ziffern und in Worten angegeben und stimmen diese Angaben nicht überein, so gilt der dem Gesamtbetrag der Ordnungszahl entsprechende Einheitspreis. Entspricht weder der in Worten noch der in Ziffern angegebene Einheitspreis dem Gesamtbetrag der Ordnungszahl, so gilt der in Worten angegebene Einheitspreis.
   (2) Bei Vergabe für eine Pauschalsumme gilt diese ohne Rücksicht auf etwa angegebene Einzelpreise.
   (3) Absätze 1 und 2 gelten auch bei Freihändiger Vergabe.
4. Die aufgrund der Prüfung festgestellten Angebotsendsummen sind in der Niederschrift über den Eröffnungstermin zu vermerken.

105.1 Vergleichbare Regelungen

Der Vorschrift des § 23 VOB/A vergleichbar ist im Bereich der VOL **§ 23 VOL/A**. Die Kommentierung zu dieser Vorschrift kann daher ergänzend zu der Kommentierung des § 23 herangezogen werden.

5167

105.2 Änderungen in der VOB/A 2006

Bis auf eine **redaktionelle Änderung in § 23 Nr. 1** bleibt die Vorschrift unverändert.

5168

105.3 Inhalt der Vorschrift

§ 23 bildet mit § 25 die zentrale Vorschrift zur Prüfung und Wertung der Angebote. Nach § 23 hat der Auftraggeber die Angebote

5169

– rechnerisch,
– technisch,
– wirtschaftlich

zu prüfen und die Ergebnisse dieser Prüfung der Wertung zu Grunde zu legen.

105.4 Verspätete Angebote (§ 23 Nr. 1)

Angebote, die im Eröffnungstermin dem Verhandlungsleiter bei Öffnung des ersten Angebotes nicht vorgelegen haben, brauchen nicht geprüft zu werden.

5170

105.4.1 Hinweis

Zu den Einzelheiten, wann von einem verspäteten Angebot gesprochen werden kann, vgl. die Kommentierung zu § 22 VOB/A RZ 5099.

5171

105.4.2 Prüfungsermessen

Nach § 23 Nr. 1 VOB/A hat der Auftraggeber im Falle eines nicht ordnungsgemäß eingegangenen Angebots einen **Ermessensspielraum, ob er das Angebot gleichwohl berücksichtigen will**. Die Vergabestelle kann ihr Ermessen in dieser Frage dahin gehend ausüben, das

5172

Teil 3 VOB/A § 23   Vergabe- und Vertragsordnung für Bauleistungen Teil A

Angebot in die Wertung einzubeziehen (2. VK Bund, B. v. 20. 6. 2002, Az.: VK 2-28/02), soweit die Prüfung des § 23 davon betroffen ist. Zur **Wertung solcher Angebote im Rahmen des § 25** vgl. die Kommentierung zu § 25 RZ 5312.

105.5 Sonstige formal fehlerhafte Angebote (§ 23 Nr. 1)

105.5.1 Allgemeines

5173   Angebote, die den Bestimmungen des § 21 Nr. 1 Abs. 1 bis 3 nicht entsprechen, brauchen nicht geprüft zu werden.

5174   Zu den Einzelheiten vgl. die Kommentierung zu § 21 VOB/A RZ 5067 ff.

105.5.2 Prüfungsermessen

5175   Nach § 23 Nr. 1 VOB/A hat der Auftraggeber im Falle von formal fehlerhaften Angeboten einen **Ermessensspielraum, ob er das Angebot gleichwohl berücksichtigen will**. Die Vergabestelle kann ihr Ermessen in dieser Frage dahin gehend ausüben, das Angebot in die Wertung einzubeziehen (2. VK Bund, B. v. 20. 6. 2002 – Az.: VK 2-28/02), soweit die Prüfung des § 23 davon betroffen ist.

5176   Sie **kann aber auch das Angebot ausschließen**, z. B. wenn sie anwaltlichen Rat dahingehend eingeholt hat (VK Lüneburg, B. v. 20. 8. 2002 – Az.: 203-VgK-12/2002).

105.6 Rechnerische, technische und wirtschaftliche Prüfung (§ 23 Nr. 2)

5177   Die übrigen Angebote sind rechnerisch, technisch und wirtschaftlich zu prüfen, gegebenenfalls mit Hilfe von Sachverständigen (§ 7).

105.6.1 Rechnerische Prüfung

105.6.1.1 Verbindung der rechnerischen Prüfung mit einer allgemeinen Durchsicht der Angebote

5178   Es bietet sich an und hat sich mit Blick auf das weitere Prüfungs- und Wertungsverfahren bewährt, die rechnerische Prüfung der Angebote mit einer allgemeinen Durchsicht der Angebote hinsichtlich Auffälligkeiten und Fehler zu verbinden.

105.6.1.2 Richtlinie des VHB 2002 zur Durchsicht und rechnerischen Prüfung

5179   Die Durchsicht der Angebote und die rechnerische Prüfung der Angebote hat allein das Bauamt durchzuführen. Diese sind von Bediensteten durchzuführen, die nicht mit der Vergabeentscheidung und der Durchführung der Maßnahme befasst sind. Mit der Nachrechnung sollen möglichst mehrere Bedienstete betraut werden (Ziffer 1.1). Die Angebote sind daraufhin durchzusehen, ob Auffälligkeiten den Schluss zulassen, dass das Wettbewerbsergebnis verfälscht werden soll, bzw. eine Manipulationsabsicht besteht. Es sollte auch nicht auf die Prüfung von Einzelheiten des Angebots verzichtet werden, wenn der Angebotspreis insgesamt als angemessen anzusehen ist. Auffälligkeiten sind z. B. fehlende, überschriebene, überlackte oder mit Bleistift eingetragene Preise oder Erklärungen und Doppelblätter (Ziffer 1.2).

105.6.1.3 Regelung des HVA B-StB 03/2006 zur Durchsicht und rechnerischen Prüfung

5180   Alle Angebote sind rechnerisch zu prüfen (nachzurechnen), sofern nicht § 23 Nr. 1 VOB/A Anwendung findet bzw. ein Angebot aus sonstigen formalen Gründen von der Wertung ausgeschlossen worden ist (Ziffer 2.4 Abs. 9). Fehlende Einheitspreise sind für die Nachrechnung mit „0,00" anzusetzen (Ziffer 2.4 Abs. 10). Der Änderungssatz für Lohnänderung ist bei der Nachrechnung wie ein Einheitspreis zu behandeln, jedoch ist ein angebotener Preisnachlass auf ihn nicht anzuwenden (Ziffer 2.4 Abs. 11). Der am Schluss des Angebots eingetragene Steuersatz für die Umsatzsteuer (Mehrwertsteuer) ist gegebenenfalls auf den bei Ablauf der Angebotsfrist geltenden Steuersatz zu ändern und der sich daraus ergebende Umsatzsteuerbetrag entsprechend umzurechnen (Ziffer 2.4 Abs. 12). Ein gemäß § 21 Nr. 4 VOB/A unter Nr. 4 im „Angebotsschreiben" angebotener Preisnachlass ohne Bedingungen ist von der Angebotssumme abzusetzen. Alle anderen Preisnachlässe sind zunächst von der Angebotssumme des Hauptangebotes nicht abzusetzen (Ziffer 2.4 Abs. 13). Fehlende oder nicht zweifelsfreie Preiseintragungen sowie erhebliche Rechenfehler des Angebotes sind zu vermerken (Ziffer 2.4 Abs. 14). Nach der Nachrechnung sind die Hauptangebote in aufsteigender Rangfolge, die sich aus der Höhe der nachgerechneten Angebotsendsummen ergibt, in einer „Bieterliste" zusammenzustellen (Ziffer 2.4 Abs. 15). Die Einzelpreise der Hauptangebote sind in einem „Preisspiegel" zusammenzustellen; dabei sind die Angebote in der Reihenfolge der Bieterliste aufzunehmen. In der Regel braucht nur für die fünf niedrigsten Hauptangebote ein Preisspiegel aufgestellt zu werden (Ziffer 2.4 Abs. 16).

105.6.2 Korrekturen im Rahmen der rechnerischen Prüfung (§ 23 Nr. 3 Abs. 1)

Entspricht der Gesamtbetrag einer Ordnungszahl (Position) nicht dem Ergebnis der Multiplikation von Mengenansatz und Einheitspreis, so ist der Einheitspreis maßgebend. Ist der Einheitspreis in Ziffern und in Worten angegeben und stimmen diese Angaben nicht überein, so gilt der dem Gesamtbetrag der Ordnungszahl entsprechende Einheitspreis. Entspricht weder der in Worten noch der in Ziffern angegebene Einheitspreis dem Gesamtbetrag der Ordnungszahl, so gilt der in Worten angegebene Einheitspreis   5181

105.6.2.1 Allgemeines

Nach den Vorgaben der VOB ist ein **rechnerisch fehlerhaftes Angebot grundsätzlich nicht von der weiteren Vergabe auszuschließen** (2. VK Bund, B. v. 24. 5. 2005 – Az.: VK 2-42/05).   5182

Einzig zulässige Korrekturen, welche der Auftraggeber bei der rechnerischen Bewertung der Angebote vornehmen darf, sind **Additionsfehler und Multiplikationsfehler.** § 23 Nr. 3 Abs. 1 stellt jedoch deutlich dar, dass der **angegebene Einheitspreis** maßgeblich für eine eventuelle rechnerische Korrektur ist. Dieser darf folglich **unter keinen Umständen von der Auftraggeberseite verändert** werden (1. VK Sachsen, B. v. 3. 7. 2003 – Az.: 1/SVK/067-03, B. v. 17. 7. 2002 – Az.: 1/SVK/069-02).   5183

Eine **Korrektur** im Rahmen der rechnerischen Prüfung nach § 23 Nr. 2 in Verbindung mit Nr. 3 Abs. 1 VOB/A **scheidet aus, wenn die Multiplikation von Mengenansatz und Einheitspreis dem eingesetzten Gesamtbetrag entspricht;** ein rechnerischer Widerspruch oder Rechenfehler besteht dann nicht (2. VK Bund, B. v. 28. 7. 2006 – Az.: VK 2-50/06; 1. VK Sachsen, B. v. 3. 7. 2003 – Az.: 1/SVK/067-03; VK Hessen, B. v. 18. 3. 2002 – Az.: 69 d VK – 03/2002).   5184

105.6.2.2 Bedeutung des Einheitspreises

Die **Rechtsprechung** ist insoweit **nicht einheitlich.**   5185

Ergibt das Produkt aus Menge und Einheitspreis nicht den angegebenen Gesamtbetrag, so ist gemäß § 23 Nr. 3 Abs. 1 Satz 1 VOB/A die **Multiplikation der Menge mit dem angegebenen Einheitspreis maßgebend.** Von dieser **Regel** ist **auch dann nicht abzuweichen, wenn der Einheitspreis offenbar falsch ist.** Dies gilt unabhängig davon, ob der falsche Einheitspreis versehentlich oder mit Absicht in das Angebot eingesetzt wurde. Nur durch die konsequente Anwendung der Rechenregel des § 23 Nr. 3 Abs. 1 Satz 1 VOB/A kann Manipulationsversuchen wirksam begegnet werden. Es wird im Einzelfall nämlich kaum nachzuweisen sein, wann der Fall einer absichtlichen Veränderung des Einheitspreises vorliegt und wann nicht. Jeder Bieter muss sich daran festhalten lassen, dass er grundsätzlich für die von ihm gemachten Preisangaben selbst verantwortlich ist (LG Köln, Urteil vom 23. 2. 2005 – Az.: 28 O (Kart) 561/04; VK Nordbayern, B. v. 30. 11. 2001 – Az.: 320.VK-3194-40/01).   5186

Nach einer anderen Auffassung hingegen kommt eine **Korrektur des Einheitspreises** nach den Grundsätzen zur Auslegung von Willenserklärungen im Sinne von § 133 BGB **in Betracht, wenn der Einheitspreis offensichtlich zu hoch oder zu niedrig angegeben** ist. Hierfür muss sich aus dem Angebot eindeutig ergeben, dass hinsichtlich des Einheitspreises ein Schreibfehler vorliegt (2. VK Bund, B. v. 24. 5. 2005 – Az.: VK 2-42/05).   5187

105.6.2.3 Ergänzung eines fehlenden Einheitspreises durch Rückgriff auf die Konkurrenzangebote

105.6.2.3.1 Ältere Rechtsprechung. Wenn es möglich ist, **bei angegebenen Einzelpreisen und fehlendem Gesamtpreis letzteren** ohne Verstoß gegen § 21 Nr. 1 Abs. 1 Satz 3   5188

Teil 3 VOB/A § 23   Vergabe- und Vertragsordnung für Bauleistungen Teil A

VOB/A **durch schlichte Addition zu ermitteln,** dann ist es **nur konsequent, auch die umgekehrte Rechenoperation für vergaberechtskonform zu halten,** nämlich aus einem vorhandenen Gesamtpreis und – mit Ausnahme eines einzigen – vorhandenen Einzelpreisen den allein fehlenden Preis durch Rückrechnung zu ermitteln (OLG Dresden, B. v. 18. 10. 2001 – Az.: WVerg 0008/01).

5189   **105.6.2.3.2 Neuere Rechtsprechung des Bundesgerichtshofes.** Diese ältere Rechtsprechung ist mit der neuen Rechtsprechung des Bundesgerichtshofes zur Vollständigkeit von Angeboten nicht vereinbar; vgl. im Einzelnen die Kommentierung zu § 25 VOB/A RZ 5321.

5190   Außerdem **obliegen die Kalkulation und damit eine für eine Leistungsposition verlangte Vergütung dem ausschließlichen Aufgabenbereich des Bieters.** Die Angebotskalkulation berührt den Kernbereich unternehmerischen Handelns im Wettbewerb um öffentliche Aufträge und damit die Freiheit des Wettbewerbs in diesem Marktgeschehen schlechthin. Vom Bieter zu treffende Kalkulationsannahmen können deshalb durch Ansätze von Auftraggeberseite nicht ersetzt werden (VK Nordbayern, B. v. 12. 11. 2004 – Az.: 320.VK – 3194-43/04).

105.6.2.4 Berücksichtigung von offensichtlichen Übertragungsfehlern beim Gesamtpreis

5191   Weist ein Angebot für eine Position einen Einheitspreis („EP") aus und sind ferner unter der gleichen Positionsnummer die jeweiligen Preise einer ersten, zweiten, dritten und vierten folgenden Leistung (z. B. Wartung) einzeln aufgelistet, bleibt aber das **Feld für den daraus resultierenden Gesamtpreis („GP") leer,** folgt daraus, dass der Bieter nur den Einheitspreis einer einzigen Leistung in seine Gesamtkalkulation hat einfließen lassen. Der auf dem Schlussblatt des Angebots ermittelte **Gesamtbetrag beruht mithin auf einem offensichtlichen Übertragungsfehler,** da er nicht alle in den jeweiligen Leistungssegmenten aufgeführten Einzelpreise umfasst. Es begegnet **keinen Bedenken, wenn die Vergabestelle diesen Mangel dahingehend bereinigt,** dass sie die bezifferten vier Einzelpreise berücksichtigt und anstelle des isoliert veranschlagten Einheitspreises der Auftragssumme hinzufügt. Eine solche rechnerische Ergänzung eines lediglich im Übertrag und damit offensichtlich unvollständigen Angebots ist bei einer am objektiven Empfängerhorizont ausgerichteten Auslegung sogar geboten, denn die Vergabestelle darf die Erklärung des Bieters so verstehen, dass jeder der ausgepreisten Positionen Bestandteil der Offerte sein soll. Das gilt jedenfalls dann, wenn die Nachrechnung keinen Unklarheiten oder Zweifeln unterliegt und allein auf den im Angebot selbst enthaltenen Angaben gründet. Hierin liegt auch keine Abweichung von der Rechtsprechung des Bundesgerichtshofs (Thüringer OLG, B. v. 16. 7. 2003 – Az.: 6 Verg 3/03).

105.6.2.5 Berücksichtigung von offensichtlich falsch eingetragenen Einheits- und Gesamtpreisen

5192   Hat ein Bieter **Preise anstelle von Minderkosten als Additionsposten eingetragen** und entsprechend addiert, ist diese Konstellation in § 23 Nr. 3 Abs. 1 VOB/A nicht vorgesehen. Es liegt **kein Multiplikationsfehler von Mengenansatz und Einheitspreis** vor. Es ist daher nicht zulässig, in Absprache mit dem Bieter diese positive Posten in Minderkosten umzuwandeln und damit unzulässig über den Preis nach zu verhandeln (1. VK Sachsen, B. v. 3. 7. 2003 – Az.: 1/SVK/067-03).

5193   Ein transparentes, gemäß § 97 II GWB auf Gleichbehandlung aller Bieter beruhendes Vergabeverfahren, wie es die VOB/A gewährleisten soll, ist nur zu erreichen, in jeder sich aus den Verdingungsunterlagen ergebenden Hinsicht ohne weiteres vergleichbare Angebote abgegeben werden. Die nach der Submission hergestellte Vergleichbarkeit der Angebote wäre gefährdet, wenn Angebote verändert werden könnten. Das **alleinige Risiko richtiger Kalkulation sowie das Risiko einer Fehlkalkulation trifft grds. den Anbieter. Jeder Bieter muss sich daran festhalten lassen, dass er für die von ihm gemachten Preisangaben selbst verantwortlich ist. Von dieser Regel ist auch dann nicht abzuweichen, wenn der Einheitspreis offenbar falsch ist.** Dies gilt unabhängig davon, ob der falsche Einheitspreis versehentlich oder mit Absicht in das Angebot eingesetzt wurde. Nur durch konsequente Anwendung der Regel kann Manipulationsversuchen wirksam begegnet werden. Es wird im Einzelfall nämlich kaum nachzuweisen sein, wann der Fall einer absichtlichen Veränderung des Einheitspreises vorliegt und wann nicht. Es kommt grds. nicht darauf an, aus welchen Gründen und mit welcher Absicht ein Bieter Einheitspreise nicht wie gefordert angibt (VK Baden-Württemberg, B. v. 27. 12. 2004 – Az.: 1 VK 79/04).

Vergabe- und Vertragsordnung für Bauleistungen Teil A   VOB/A § 23 **Teil 3**

105.6.2.6 Hinzurechnung von Preisen durch den Auftraggeber

Ziel der Leistungsbeschreibung ist es hinsichtlich der ausgeschriebenen Leistung eine ex-ante-Transparenz herzustellen, um dadurch dem Bieter die Möglichkeit zu geben, seine Erfolgsaussichten bei der Beteiligung an einer Ausschreibung abzuschätzen. Diese Abschätzbarkeit für den Bieter würde vollständig entwertet, wenn er damit rechnen müsste, dass **sein eigener Angebotspreis durch Hinzurechnung seitens der Vergabestelle erhöht würde, weil andere Bieter Leistungsmerkmale anbieten, die über die Leistungsbeschreibung hinausgehen** (1. VK Bund, B. v. 11. 10. 2002 – Az.: VK 1-75/02).   5194

105.6.2.7 Änderung der Massen im Angebot durch den Auftraggeber

105.6.2.7.1 Ältere Rechtsprechung. Der Auftraggeber kann den am Verfahren beteiligten Bietern rechtzeitig vor dem Eröffnungstermin Korrekturen von Massen im Leistungsverzeichnis mitteilen, die dann bei der Abgabe der Angebote zu berücksichtigen sind. **Beachtet ein Bieter diese Massenänderungen offenbar versehentlich nicht,** obwohl er selbst zuvor auf die Notwendigkeit hingewiesen hat, ist der Auftraggeber berechtigt, dem Angebot des Bieters die korrigierten Massen zugrunde zu legen, um eine Vergleichbarkeit der Angebote zu erreichen (VK Baden-Württemberg, B. v. 23. 4. 2002 – Az.: 1 VK 16/02).   5195

105.6.2.7.2 Neuere Rechtsprechung des Bundesgerichtshofes und anderer Instanzen. Ob diese ältere Rechtsprechung mit der neuen Rechtsprechung des Bundesgerichtshofes zur Vollständigkeit von Angeboten vereinbar ist (vgl. die Einzelnen die Kommentierung zu § 25 VOB/A RZ 5321), bleibt abzuwarten, ist aber **eher unwahrscheinlich.**   5196

Die **neuere Rechtsprechung** geht insoweit von einer **unzulässigen Auslegung des Angebots** aus (2. VK Bund, B. v. 28. 7. 2006 – Az.: VK 2-50/06).   5197

105.6.2.8 Richtlinie des VHB 2002 zum Auseinanderfallen von Einheitspreis und Gesamtbetrag

Bei einem Einheitspreisvertrag ist nur der Einheitspreis die verbindlich vereinbarte Vergütung. Die Angabe des Gesamtbetrags einer Ordnungszahl (Position) dient lediglich dem Zweck, die voraussichtlichen Kosten der Teilleistungen anhand der vorgegebenen Mengen zu ermitteln. Der endgültige Gesamtbetrag lässt sich erst aufgrund der tatsächlich ausgeführten Leistungen feststellen. Dementsprechend legt § 23 Nr. 3 VOB/A für die rechnerische Prüfung fest, dass ein etwa abweichender Gesamtbetrag entsprechend dem verbindlichen Einheitspreis berichtigt werden muss. Diese Regelung entbindet aber nicht von der Verpflichtung, den Preis gemäß § 25 VOB/A zu werten. Gründe für das Auseinanderfallen von Einheitspreis und Gesamtbetrag sind – erforderlichenfalls gemäß § 24 VOB/A – aufzuklären, insbesondere um festzustellen, ob die Abweichung dazu dienen sollte, das Wettbewerbsergebnis zu verfälschen (Ziffer 4).   5198

105.6.2.9 Zuschlag auf ein rechnerisch ungeprüftes Angebot?

Auf ein rechnerisch ungeprüftes Angebot **kann kein Zuschlag erteilt** werden, da dies ein Verstoß gegen § 25 VOB/A wäre. Zum einen ist im Rahmen der Prüfung und Wertung von Angeboten festzustellen, welche Preisangebote abgegeben wurden und dann, ob die Preise angemessen sind (VK Südbayern, B. v. 14. 8. 2002 – Az.: 32-07/02).   5199

105.6.3 Technische und wirtschaftliche Prüfung

105.6.3.1 Richtlinie des VHB 2002 zur technischen und wirtschaftlichen Prüfung

Die Grundsätze und Maßstäbe, nach denen die technische und wirtschaftliche Prüfung durchgeführt wird, müssen innerhalb einer Ausschreibung einheitlich sein (Ziffer 2.1). Die Prüfung hat sich zunächst darauf zu richten, ob die Angebote – einschließlich vorgesehener Textergänzungen und Bieterangaben – vollständig sind. Außerdem ist zu prüfen, ob die angebotene mit der geforderten Leistung übereinstimmt. Nebenangebote der Bieter sind daraufhin zu untersuchen, ob sie den Vertragszweck erfüllen. Soweit erforderlich, ist zu prüfen, ob   5200

– das vorgesehene Arbeitsverfahren technisch möglich und für eine vertragsgemäße Ausführung geeignet ist,
– die vorgesehenen Maschinen und Geräte dem Arbeitsverfahren entsprechen,
– der vorgesehene Maschinen- und Geräteeinsatz für die Ausführung der Leistung in der vorgeschriebenen Bauzeit ausreicht.

Teil 3 VOB/A § 24 Vergabe- und Vertragsordnung für Bauleistungen Teil A

5201 Angebote über Leistungen mit von der Leistungsbeschreibung abweichenden Spezifikationen sind daraufhin zu prüfen, ob sie mit dem geforderten Schutzniveau in Bezug auf Sicherheit, Gesundheit und Gebrauchstauglichkeit gleichwertig sind und die Gleichwertigkeit nachgewiesen ist (Ziffer 2.2).

105.6.3.2 Regelung des HVA B-StB 03/2006 zur technischen und wirtschaftlichen Prüfung

5202 Zu prüfen ist, ob nach den Bieterangaben die angebotene mit der geforderten Leistung übereinstimmt (Ziffer 2.4 Abs. 30). Soweit es die Besonderheiten der Leistung erfordern, ist, gegebenenfalls durch Aufklärung nach § 24 VOB/A, zu prüfen, ob das vorgesehene Arbeitsverfahren und der vorgesehene Geräteeinsatz für eine vertragsgemäße Ausführung geeignet erscheinen. Ferner ist festzustellen, welche wirtschaftlichen Auswirkungen (z. B. Nutzungsdauer, Unterhaltungsaufwand) zulässige unterschiedliche Leistungsinhalte der einzelnen Angebote für den Auftraggeber haben können (Ziffer 2.4 Abs. 31).

106. § 24 VOB/A – Aufklärung des Angebotsinhalts

1. (1) **Bei Ausschreibungen darf der Auftraggeber nach Öffnung der Angebote bis zur Zuschlagserteilung mit einem Bieter nur verhandeln, um sich über seine Eignung, insbesondere seine technische und wirtschaftliche Leistungsfähigkeit, das Angebot selbst, etwaige Nebenangebote, die geplante Art der Durchführung, etwaige Ursprungsorte oder Bezugsquellen von Stoffen oder Bauteilen und über die Angemessenheit der Preise, wenn nötig durch Einsicht in die vorzulegenden Preisermittlungen (Kalkulationen), zu unterrichten.**

   (2) **Die Ergebnisse solcher Verhandlungen sind geheim zu halten. Sie sollen schriftlich niedergelegt werden.**

2. **Verweigert ein Bieter die geforderten Aufklärungen und Angaben, so kann sein Angebot unberücksichtigt bleiben.**

3. **Andere Verhandlungen, besonders über Änderung der Angebote oder Preise, sind unstatthaft, außer wenn sie bei Nebenangeboten oder Angeboten aufgrund eines Leistungsprogramms nötig sind, um unumgängliche technische Änderungen geringen Umfangs und daraus sich ergebende Änderungen der Preise zu vereinbaren.**

106.1 Vergleichbare Regelungen

5203 Der Vorschrift des § 24 VOB/A vergleichbar ist im Bereich der VOL **§ 24 VOL/A.** Die Kommentierung zu dieser Vorschrift kann daher ergänzend zu der Kommentierung des § 24 herangezogen werden.

106.2 Änderungen in der VOB/A 2006

5204 In § 24 Nr. 1 Abs. 1 und Nr. 3 wird – wie in der gesamten VOB/A 2006 – jeweils der **Begriff des Änderungsvorschlags gestrichen.**

106.3 Sinn und Zweck der Vorschrift

5205 Das Verhandlungsverbot hat auch einen **deutlichen Bezug zur sparsamen Haushaltsführung.** Entgegen anders lautenden Stimmen verhindert es keineswegs die Erzielung günstiger Preise für den Auftrageber. Die **Erfahrung zeigt vielmehr, dass gerade die formal korrekt durchgeführte öffentliche Ausschreibung den günstigsten Angebotspreis zur Folge hat,** weil alle Bieter an die Grenze ihrer Auftragskalkulation gehen müssen, um eine Chance auf den Zuschlag zu haben. Sie können nämlich nicht von vornherein einen Aufschlag kalkulieren, den sie sich im Nachhinein (teilweise) abverhandeln lassen (OVG Nordrhein-Westfalen, Urteil v. 22. 2. 2005 – Az.: 15 A 1065/04)

Vergabe- und Vertragsordnung für Bauleistungen Teil A VOB/A § 24 **Teil 3**

106.4 Bieterschützende Vorschrift

106.4.1 Grundsatz

§ 24 VOB/A bzw. VOL/A ist eine **bieterschützende Vorschrift** (OLG Düsseldorf, B. v. 5206
14. 3. 2001 – Az.: Verg 30/00; 1. VK Sachsen, B. v. 13. 12. 2002 – Az.: 1/SVK/105-02, B. v.
1. 2. 2002 – Az.: 1/SVK/139-01; VK Halle, B. v. 6. 6. 2000 – Az.: VK Hal 09/00).

106.4.2 Bieterschützende Vorschrift für den Bieter, mit dem unstatthafte Verhandlungen geführt werden?

§ 24 Nr. 3 VOB/A bzw. § 24 Nr. 2 VOL/A **bezweckt nicht den Schutz des Bieters,** 5206a
mit dem unzulässige Nachverhandlungen geführt werden. Sinn des sich aus § 24 Nr. 3
VOB/A ergebenden Nachverhandlungsverbots ist es, den Wettbewerb unter gleichen Bedingungen für alle Bieter aufrechtzuerhalten. Würde man den Bieter, mit dem unzulässige Nachverhandlungen geführt werden, in den Schutzbereich des § 24 Nr. 3 VOB/A bzw. § 24 Nr. 2
VOL/A einbeziehen, würde man ihm eine durch Verfälschung des Wettbewerbs erlangte Position einräumen, die die Regelung des § 24 Nr. 3 VOB/A bzw. § 24 Nr. 2 VOL/A gerade missbilligt (1. VK des Bundes, B. v. 18. 10. 1999 – Az.: VK 1-25/99).

106.5 Verpflichtung des Auftraggebers zur Führung von Aufklärungsgesprächen

106.5.1 Grundsatz

Einen **Anspruch auf Nachverhandlung hat der Bieter,** der ein unklares Angebot vorge- 5207
legt hat, **grundsätzlich nicht** (OLG Frankfurt, B. v. 16. 9. 2003 – Az.: 11 Verg 11/03; OLG
Dresden, B. v. 9. 1. 2004 – Az.: WVerg 16/03, B. v. 10. 7. 2003 – Az.: WVerg 0015/02;
VK Lüneburg, B. v. 26. 7. 2005 – Az.: VgK-31/2005; B. v. 12. 7. 2005 – Az.: VgK-29/2005;
3. VK Bund, B. v. 21. 7. 2005 – Az.: VK 3-61/05; 1. VK Bund, B. v. 13. 7. 2005 – Az.: VK
1-59/05; VK Arnsberg, B. v. 24. 5. 2004 – Az.: VK 1-5/04; VK Hessen, B. v. 21. 3. 2003 –
Az.: 69d VK – 11/2003; 1. VK Sachsen, B. v. 5. 4. 2006 – Az.: 1/SVK/027-06; B. v. 23. 1.
2004 – Az.: 1/SVK/160-03, B. v. 10. 3. 2003 – Az.: 1/SVK/012-03; VK Thüringen, B. v.
25. 1. 2002 – Az.: 216-4002.20-081/01-GTH, B. v. 10. 12. 2001 – Az.: 216-4002.20-081/01-GTH; VK Düsseldorf, B. v. 7. 6. 2001 – Az.: VK – 13/2001 – B, B. v. 2. 8. 2000 – Az.: VK – 15/2000 – L).

106.5.2 Ausnahmen

106.5.2.1 Treu und Glauben

Eine Pflicht zur Führung eines Aufklärungsgesprächs kann unter dem Gesichtspunkt von 5208
Treu und Glauben in Betracht kommen, wenn der öffentliche Auftraggeber **in der Vergangenheit einen konkreten Vertrauenstatbestand gesetzt** hat (OLG Dresden, B. v. 10. 7.
2003 – Az.: WVerg 0015/02; ähnlich OLG Frankfurt, B. v. 26. 3. 2002 – Az.: 11 Verg 3/01).

Zum Gesichtspunkt von Treu und Glauben vgl. die Kommentierung zu § 97 GWB RZ 267. 5209

106.5.2.2 Offenkundiges Versehen des Bieters

Die **Rechtsprechung** ist insoweit **nicht einheitlich.** 5210

Nach einer Meinung fällt es zwar grundsätzlich in den Verantwortungsbereich des Bieters, ein 5211
vollständiges Angebot abzugeben und damit gehen Unvollständigkeiten zu seinen Lasten. Allerdings besteht in einer **Situation**, in der **ein Versehen des Bieters für die Vergabestelle**
offenkundig ist, die Pflicht, beim Bieter nachzufragen. § 24 Nr. 1 Abs. 1 lässt diese
Möglichkeit, Zweifel über die Angebote zu beheben, ausdrücklich zu (1. VK Bund, B. v. 25. 9.
2002 – Az.: VK 1-71/02).

Nach einer anderen Auffassung **besteht eine solche Nachfragepflicht** z.B. bei einem of- 5212
fensichtlich überhöhten Einheitspreis **nicht** (VK Hessen, B. v. 18. 3. 2002 – Az.: 69d VK –
03/2002).

Teil 3 VOB/A § 24 Vergabe- und Vertragsordnung für Bauleistungen Teil A

106.5.2.3 Verursachung des Aufklärungsbedarfs durch den Auftraggeber

5213   In dem Fall einer eindeutigen Angebotsabgabe ist davon auszugehen, dass sich das grundsätzlich im Rahmen des § 24 Nr. 1 Abs. 1 VOB/A bzw. VOL/A bestehende Aufklärungsermessen des Auftraggebers zu einer **Aufklärungspflicht verdichtet, wenn nicht der Bieter, sondern der öffentliche Auftraggeber selbst durch eigene Recherchen die Zweifel in Bezug auf das Angebot verursacht.** In einem solchen Fall ist der Auftraggeber verpflichtet, die Zweifel durch Nachfrage bei dem Bieter aufzuklären (VK Schleswig-Holstein, B. v. 12. 7. 2005 – Az.: VK-SH 14/05; 3. VK Bund, B. v. 12. 1. 2005 – Az.: VK 3-218/04; 1. VK Bund, B. v. 22. 5. 2003 – Az.: VK 1-29/03; ähnlich OLG Celle, B. v. 21. 8. 2003 – Az.: 13 Verg 13/03).

5214   Ist eine **Ausschreibung unklar** und **legt ein Bieter sie vertretbar anders aus** als vom Ausschreibenden beabsichtigt, ist der **Ausschreibende zu einer Unterrichtung über den genauen Inhalt des Angebotes verpflichtet** (OLG Köln, Urteil vom 16. 12. 1999 – Az.: 7 U 27/99).

5215   **Weist ein Bieter mit dem Angebot darauf hin,** dass ein **Teil** der ausgeschriebenen Leistung **nicht mehr lieferbar** ist, darf der öffentliche Auftraggeber nicht einfach aus den Angeboten der anderen Bieter die gegenteilige Behauptung als wahr unterstellen. Vielmehr **muss der Auftraggeber diesen Hinweisen durch Aufklärung nachgehen,** anstatt zu Lasten eines Bieters einen nicht geklärten Sachverhalt zu unterstellen. Die Vergabestelle geht dann bei der **Wertung von einem nicht zutreffenden oder nicht vollständig ermittelten Sachverhalt** aus (VK Münster, B. v. 10. 3. 2006 – Az.: VK 2/06).

106.5.2.4 Glaubhafte Darlegungen des Bieters

5216   Hätte ein öffentlicher Auftraggeber die entsprechenden Bemerkungen eines Bieters in seinen Angebotsunterlagen in einem **Bietergespräch aufklären können,** unterlässt er dies jedoch und schließt das Angebot ohne weitere Prüfung aus, **entspricht dies nicht einer sachgerechten Prüfung der Angebote** (1. VK Sachsen, B. v. 21. 5. 2001 – Az.: 1/SVK/32-01).

106.5.2.5 Ausforschung durch die Vergabestelle?

5217   Ein **Aufklärungsanspruch liegt fern,** wenn ein Angebot keine ergänzungsfähigen Angaben zur Eignung des Bieters enthält, sondern sich – zudem ohne jeden Nachweis im eigentlichen Sinne – auf **unsubstantiierte Pauschalbehauptungen** beschränkt, die geradezu **Gegenstand einer Ausforschung durch die Vergabestelle** sein müssten, damit zu den geforderten Eignungskriterien Klarheit gewonnen werden könnte (OLG Dresden, B. v. 17. 8. 2001 – Az.: WVerg 0005/01).

106.6 Aufklärungsgespräche (§ 24 Nr. 1)

106.6.1 Allgemeines

5218   Nach § 24 Nr. 1 darf der Auftraggeber nach der Öffnung der Angebote bis zur Zuschlagsentscheidung mit einem Bieter nur verhandeln, um sich über seine Eignung, insbesondere seine technische und wirtschaftliche Leistungsfähigkeit, das Angebot selbst, etwaige Änderungsvorschläge und Nebenangebote, die geplante Art der Durchführung, etwaige Ursprungsorte oder Bezugsquellen von Stoffen oder Bauteilen sowie über die Angemessenheit der Preise zu unterrichten. § 24 VOB/A ist eine **Ausnahmevorschrift, deren Grenzen restriktiv zu sehen** sind (OVG Nordrhein-Westfalen, Urteil v. 22. 2. 2005 – Az.: 15 A 1065/04; VK Lüneburg, B. v. 6. 6. 2006 – Az.: VgK-11/2006; B. v. 26. 7. 2005 – Az.: VgK-31/2005; B. v. 20. 5. 2005 – Az.: VgK-18/2005; 3. VK Bund, B. v. 21. 7. 2005 – Az.: VK 3-61/05; 1. VK Sachsen, B. v. 21. 5. 2001 – Az.: 1/SVK/32-01, B. v. 1. 2. 2002 – Az.: 1/SVK/139-01).

5219   Die Nachverhandlung ist dem Auftraggeber **ausschließlich als eine Aufklärungsmaßnahme im engeren Sinne gestattet.** Sie **darf nicht dazu dienen, dem Bieter eine inhaltliche Änderung oder Ergänzung seines Angebots zu ermöglichen** (VK Lüneburg, B. v. 6. 6. 2006 – Az.: VgK-11/2006; B. v. 20. 5. 2005 – Az.: VgK-18/2005; 1. VK Sachsen, B. v. 5. 4. 2006 – Az.: 1/SVK/027-06; 2. VK Bund, B. v. 19. 11. 2003 – Az.: VK 2-114/03); folglich können im Wege einer Nachverhandlung insbesondere nicht fehlende, zwingende Angaben im Angebot nachgeholt werden (OLG Düsseldorf, B. v. 30. 7. 2003 – Az.: Verg 32/03; OLG Celle, B. v. 2. 7. 2002 – Az.: 13 Verg 6/02; 1. VK Sachsen, B. v. 5. 4. 2006 – Az.: 1/SVK/027-06). Aufklärungsverhandlungen können insgesamt nur dazu dienen, **einen feststehenden**

Vergabe- und Vertragsordnung für Bauleistungen Teil A   VOB/A § 24 **Teil 3**

Sachverhalt aufzuklären, nicht aber diesen zu verändern (OLG Düsseldorf, B. v. 14. 3. 2001 – Az.: Verg 30/00; VK Lüneburg, B. v. 6. 6. 2006 – Az.: VgK-11/2006; B. v. 20. 5. 2005 – Az.: VgK-18/2005; 1. VK Sachsen, B. v. 5. 4. 2006 – Az.: 1/SVK/027-06; B. v. 27. 9. 2001 – Az.: 1/SVK/85-01, 1/SVK/85-01G).

Dies ergibt sich **aus dem der VOB/A zugrunde liegenden Wettbewerbsgedanken.** Es   5220
soll nämlich verhindert werden, dass die Wettbewerbslage durch nachträgliche Zugeständnisse von Bietern verändert wird bzw. einzelne Bieter bevorzugt werden (VK Südbayern, B. v. 18. 3. 2002 – Az.: 04-02/02). Daher müssen solche Verhandlungen, die im Widerspruch zum Wettbewerbsprinzip stehen, eine eindeutige Ausnahme bilden (1. VK Bund, B. v. 29. 5. 2002 – Az.: VK 1-23/02; VK Südbayern, B. v. 14. 8. 2002 – Az.: 32-07/02).

106.6.2 Aufklärungsbedarf

Voraussetzung für ein Aufklärungsgespräch ist, **dass überhaupt Aufklärungsbedarf be-**   5221
steht und der Auftraggeber für eine ordnungsgemäße Wertung des Angebots auf die nachgereichten Angaben bzw. Unterlagen angewiesen ist (Thüringer OLG, B. v. 14. 11. 2002 – Az.: 6 Verg 7/02).

So ist ein **Aufklärungsverlangen hinsichtlich der Grundlagen der Preisermittlung**   5222
eines Bieters – insbesondere unter Berücksichtigung des im Vergabeverfahren geltenden Verhältnismäßigkeitsgrundsatzes – **nur zulässig,** wenn das Angebot inhaltlich bewertet wird und die Vergabestelle einem für die Vergabeentscheidung erheblichen Informationsbedürfnis, d. h. einem im Zusammenhang mit einem konkreten Ausschlussgrund bzw. mit der Prüfung eines zuvor bekannt gemachten Zuschlagskriteriums stehenden Informationsbedürfnis folgt, wenn die **geforderten Angaben geeignet sind, dieses Informationsbedürfnis der Vergabestelle zu befriedigen, und wenn der Vergabestelle die Erlangung dieser Informationen auf einfachere Weise nicht möglich** ist (OLG Naumburg, B. v. 22. 9. 2005 – Az.: 1 Verg 8/05).

106.6.3 Ansprechpartner

Die **Vergabestelle ist nicht gehalten,** sich wegen Einzelheiten von aufklärungsbedürftigen   5223
Sachverhalten (z. B. Produkten) selbst z. B. **an die jeweiligen Hersteller der betreffenden Produkte** zu wenden. Sie kann die entsprechenden Unterlagen jedenfalls von ihren potentiellen Vertragspartnern, also von Bietern verlangen, welche nach dem Submissionsergebnis Zuschlagsaussicht haben (Thüringer OLG, B. v. 14. 11. 2002 – Az.: 6 Verg 7/02).

Die Formulierung in § 24 VOB/A bzw. VOL/A **besagt jedoch nicht, dass „nur mit ei-**   5224
nem (dem) Bieter" verhandelt werden dürfe, sondern dass der Auftraggeber „mit einem Bieter nur verhandeln darf, um sich zu unterrichten." Schon sprachlich, aber auch von Sinn und Zweck der Vorschrift kann daraus nicht abgeleitet werden, die Vergabestelle dürfe nicht auch andere Informationen nutzen. Sicherlich wird die Vergabestelle gehalten sein, sich in erster Linie an den Bieter zu halten, und wird dies in aller Regel auch tun, zumal es oftmals um Sachverhalte oder Fragen geht, die ohnehin nur der Bieter klären bzw. beantworten kann. Im Übrigen **ist es dem Auftraggeber aber unbenommen, zu seiner Absicherung auch andere Erkenntnisquellen zu nutzen** (VK Hessen, B. v. 7. 10. 2004 – Az.: 69 d – VK – 60/2004).

106.6.4 Gleichbehandlung der Bieter

Der verfassungsrechtlich verankerte (Art. 3 GG) Gleichheitsgrundsatz gehört seit jeher zu den   5225
elementaren Prinzipien des deutschen Vergaberechts und hat in § 97 Abs. 2 GWB, § 2 Nr. 2 VOB/A, § 8 Nr. 1 VOB/A eine spezifische gesetzliche und verdingungsrechtliche Normierung erfahren. Er ist in allen Phasen des Vergabeverfahrens zu beachten und dient dazu, die Vergabeentscheidung im Interesse eines funktionierenden Wettbewerbs auf willkürfreie, sachliche Erwägungen zu stützen. **Macht der Auftraggeber von seiner ihm in § 24 VOB/A bzw. VOL/A eingeräumten Möglichkeit Gebrauch, nach Öffnung der Angebote technische Detailfragen mit einzelnen Bietern aufzuklären, so muss er diese Möglichkeit zur Vermeidung von Wettbewerbsnachteilen in gleichem Umfange auch allen anderen Bietern gewähren.** Er ist zur Vermeidung einer gleichbehandlungswidrigen Diskriminierung insbesondere daran gehindert, bei der Beurteilung der Aufklärungsfähigkeit gegenüber einzelnen Bietern strengere Maßstäbe anzulegen (OLG Saarbrücken, B. v. 29. 5. 2002 – Az.: 5 Verg 1/01).

Teil 3 VOB/A § 24   Vergabe- und Vertragsordnung für Bauleistungen Teil A

5226 Eine Vergabestelle muss auch mit allen Bietern Gespräche führen, in deren Angebote der aufklärungsbedürftige Sachverhalt enthalten ist (2. VK Bund, B. v. 20. 6. 2002 – Az.: VK 2-28/02).

5227 Dementsprechend stellt ein **Aufklärungsgespräch** zum Inhalt der Ausschreibung **mit nur einem Bieter keinen Verstoß gegen den Gleichbehandlungsgrundsatz dar, wenn alle übrigen Bieter die Ausschreibung im Sinne des Auftraggebers verstanden** haben (2. VK Brandenburg, B. v. 18. 10. 2005 – Az.: 2 VK 62/05).

106.6.5 Beschränkung der Gespräche auf aussichtsreiche Bieter

5228 Es erscheint zulässig und wirtschaftlich geboten, dass **Aufklärungen des Angebotsinhalts auf solche Angebote beschränkt werden, die in der Wertung an erster, zweiter und gegebenenfalls an dritter Stelle stehen** (VK Baden-Württemberg, B. v. 7. 8. 2003 – Az.: 1 VK 33/03, 1 VK 34/03, 1 VK 35/03).

106.6.6 Anspruch auf Wiederholung von Aufklärungsgesprächen

5229 Betrifft die Aufklärungsverhandlung „das Angebot selbst" im Sinne von § 24 Nr. 1 Absatz 1 VOB/A bzw. VOL/A, so hat der Bieter alle Vorbereitungen zu treffen, um den erfolgreichen Abschluss der Verhandlung zu gewährleisten. **Misslingt die Aufklärungsverhandlung wegen fehlender Fachkompetenz der vom Bieter entsandten Vertreter/Mitarbeiter, so muss sich dies der Bieter zurechnen lassen** (§ 166 Abs. 1, § 278 BGB). Eine **Wiederholung** der Aufklärungsverhandlung mit geänderten oder angepassten Randbedingungen würde zu einer Benachteiligung der anderen Bieter führen und ist deshalb **unzulässig** (1. VK Bund, B. v. 7. 6. 1999 – Az.: VK 1-11/99; VK Brandenburg, B. v. 12. 4. 2002 – Az.: VK 15/02).

106.6.7 Möglicher Inhalt von Aufklärungsgesprächen

106.6.7.1 Aufklärungsgespräch über Preise

5230 Nach Öffnung der Angebote bis zur Zuschlagerteilung darf der Auftraggeber sich zwar über ein zweifelhaft formuliertes Angebot oder die Angemessenheit der Preise informieren. Die **Verhandlungen dürfen jedoch nicht den eindeutigen Inhalt des Angebots verändern** (OLG Celle, B. v. 22. 5. 2003 – Az.: 13 Verg 10/03; VK Lüneburg, B. v. 6. 6. 2006 – Az.: VgK-11/2006). **Nachträgliche Preisangaben übersteigen den Rahmen von § 24 VOB/A bzw. VOL/A.** Blieben fehlende Preisangaben Nachverhandlungen vorbehalten, könnte der Bieter sein Angebot nach Abgabe noch erheblich, möglicherweise entscheidend verändern. Dies ist mit dem Wettbewerbs- und Gleichbehandlungsgrundsatz nach § 97 Abs. 1 u. 2 GWB nicht vereinbar (VK Nordbayern, B. v. 12. 11. 2004 – Az.: 320.VK – 3194-43/04).

5231 **Auch die Klärung von widersprüchlichen Preisangaben kann nicht Gegenstand einer zulässigen Nachverhandlung sein.** Lässt man die Modifizierung von wesentlichen Preisangaben eines Angebots in einer Nachverhandlung zu, so eröffnet man dem jeweiligen Bieter – gegebenenfalls in Zusammenspiel mit dem Auftraggeber – einen unkontrollierbaren Spielraum zur nachträglichen Manipulation von wertungsrelevanten Positionen. Dies ist nicht mehr von § 24 VOB/A bzw. VOL/A gedeckt (VK Lüneburg, B. v. 6. 6. 2006 – Az.: VgK-11/2006; 3. VK Bund, B. v. 21. 7. 2005 – Az.: VK 3-61/05).

106.6.7.2 Aufklärungsgespräch über einen Bauzeitenplan

5232 Zweck der nach § 24 Nr. 1 Abs. 1 VOB/A zulässigen Bietergespräche ist die Unterrichtung des Auftraggebers unter anderem über die vom jeweiligen Bieter geplante Art der Durchführung der Baumaßnahmen, das heißt die **Aufklärung der vom jeweiligen Bieter beabsichtigten Ausführungsfristen. Die Aufklärung hat dem gemäß passiv zu erfolgen,** das heißt ohne dass der Auftraggeber dem Bieter neue, von den Verdingungsunterlagen abweichende Vorgaben macht und deren „Bestätigung" abfragt (OLG Naumburg, Urteil vom 29. 3. 2003 – Az.: 1 U 119/02). Die erstmalige Festlegung von z. B. Lieferfristen ist daher nicht zulässig (VK Arnsberg, B. v. 24. 5. 2004 – Az.: VK 1-5/04).

106.6.7.3 Aufklärungsgespräch über die Art der Ausführung

5233 Die **Rechtsprechung** hierzu ist **nicht einheitlich.**

5234 Die **Erklärung des Bieters, er werde den Beschrieb der Position erfüllen, stellt keine Verhandlung im Sinne eines Forderns und Nachgebens bzw. keine Änderung des

Vergabe- und Vertragsordnung für Bauleistungen Teil A VOB/A § 24 **Teil 3**

Angebotes dar, denn die Qualität des Ausgeschriebenen bietet bzw. schuldet er sowieso. Der **Bieter verhandelt insoweit nicht.** Er stellt lediglich klar, dass er unabhängig vom bezeichneten Produkt so wie ausgeschrieben leisten wird. Wenn in dieser Erklärung eine Änderung des Angebotes vorliegt, dann darin, dass der Bieter gewissermaßen zum Ausgeschriebenen zurückkehrt, also das bietet was der Beschrieb vorgibt. Unstatthaft wäre dagegen die Änderung, die zu einem gegenüber dem Leistungsverzeichnis veränderten Leistungsumfang führen würde. Soweit **beispielsweise die vergebende Stelle eine Qualitätsminderung akzeptiert, ist die Grenze des § 24 Nr. 3 VOB/A bzw. § 24 Nr. 2 VOL/A erreicht** (VK Hannover, B. v. 13. 8. 2002 – Az.: 26 045 – VgK – 9/2002).

Dagegen betont eine andere Meinung, dass es eine über den Verhandlungsspielraum des § 24 Nr. 1 VOB/A bzw. VOL/A hinausgehende **unzulässige Nachverhandlung** nach § 24 Nr. 3 VOB/A bzw. § 24 Nr. 2 VOL/A darstellt, wenn der **Auftraggeber nach Angebotsabgabe auf Nachfrage „kostenneutrale" Leistungsergänzungen (= Hebungen auf LV-Niveau) des bisherigen Angebotsinhalts** zugestanden erhält (1. VK Sachsen, B. v. 13. 12. 2002 – Az.: 1/SVK/105-02). 5235

106.6.7.4 Aufklärungsgespräch über die Kalkulation

Ein Aufklärungsgespräch kann auch **über die Kalkulation eines Angebotes** geführt werden. Insoweit genügt die **Vorlage der Urkalkulation zum Zeitpunkt des Aufklärungsgespräches** (VK Brandenburg, B. v. 26. 3. 2002 – Az.: VK 4/02). 5236

Bei vom Auftraggeber zwingend vorgegebenen Kalkulationsgrundlagen dient – wie sich aus § 9 Nr. 1 S. 1 VOB/A bzw. § 8 VOL/A ergibt, wonach die Leistungsbeschreibung u. a. so abgefasst sein muss, dass alle Bewerber die Beschreibung „im gleichen Sinne verstehen müssen" und ihre Preise entsprechend „sicher" berechnen können – die **einheitliche Preiskalkulation sämtlicher Bieter entsprechend den Vorgaben der Vergabestelle dem chancengleichen Bieterwettbewerb im Sinn des § 97 Abs. 1, 2 GWB, § 2 Nr. 1 S. 2, § 8 Nr. 1 VOB/A bzw. VOL/A.** Um der Vergabestelle die einheitliche Würdigung sämtlicher Angebote zu ermöglichen, ist es ihr **folgerichtig gemäß § 24 Nr. 1 Abs. 1 VOB/A bzw. VOL/A auch gestattet, zur Aufklärung des Angebotsinhalts u. a. „Einsicht in die vorzulegenden Preisermittlungen (Kalkulationen)" zu nehmen.** Anderenfalls können die Angebote der einzelnen Bieter nicht miteinander verglichen und untereinander bewertet werden. Billigt man einzelnen Bietern eine eigenmächtige Abänderung der Vorgaben zu, werden diejenigen Bieter benachteiligt, die sich an die Vorgaben halten. Die Bieter haben lediglich die Möglichkeit, im Rahmen der Angebotserstellung auf eine ihrer Meinung nach gegebene Fehlerhaftigkeit der zwingend einzuhaltenden Vorgaben hinzuweisen. Die Vergabestelle kann dann auf diese Vorschläge reagieren und die ggf. daraufhin vorgenommenen Änderungen an der Leistungsbeschreibung allen Bietern gleichermaßen zugänglich machen (3. VK Bund, B. v. 3. 5. 2005 – Az.: VK 3-19/05). 5237

106.6.7.5 Aufklärungsgespräch über Materialien, Fabrikate und Verrechnungssätze für Stundenlohnarbeiten

Fehlen die an verschiedenen Stellen des Leistungsverzeichnisses einzutragenden Angaben zu Materialien und Fabrikaten, die gesamten einzutragenden Verrechnungssätze für Stundenlohnarbeiten, insgesamt etwa 100 Angaben, die von dem Bieter nach Ablauf der Angebotsfrist nachgefordert und nachgeliefert werden, werden **keine Zweifelsfragen geklärt, sondern fehlende, aber zwingend zu machende Angaben umfassend nachgeholt;** dies ist nicht zulässig (VK Düsseldorf, B. v. 7. 6. 2001 – Az.: VK – 13/2001 – B). 5238

Speziell die **Angabe von Fabrikaten ist eine Qualitätsaussage,** die wesentliche Auswirkungen auf den Angebotspreis hat und damit **dem Nachverhandlungsverbot des § 24 VOB/A bzw. VOL/A unterfällt** (VK Münster, B. v. 15. 10. 2004 – Az.: VK 28/04; im Ergebnis ebenso VK Südbayern, B. v. 11. 5. 2005 – Az.: 17-04/05). 5239

Anderer Auffassung ist insoweit die **VK Lüneburg:** Ist vom Bieter die Angabe von einzubauenden Fabrikaten gefordert und bietet ein Bieter ein Leitfabrikat oder ein gleichwertiges Fabrikat an, fehlt zwar eine geforderte Angabe, weil sich der Bieter nicht – obwohl gefordert – auf ein Fabrikat festlegt. Die **fehlende Angabe kann aber durch eine Aufklärung nachgetragen werden.** Die Stellung des Angebots in der Wertung kann sich nicht verändern, weil der Bieter sich hinsichtlich der Eigenschaften des Fabrikats durch die Bezugnahme auf das Leitfabrikat festgelegt hat. Das Angebot muss nicht zwingend ausgeschlossen werden (VK Lüneburg, B. v. 3. 5. 2005 – Az.: VgK-14/2005). 5240

Teil 3 VOB/A § 24 Vergabe- und Vertragsordnung für Bauleistungen Teil A

5241 **Bietet hingegen der Bieter nicht das Leitfabrikat, sondern ein davon abweichendes Fabrikat an und fehlen in einer Vielzahl von Positionen die ausdrücklich geforderten Typenangaben,** ist das Angebot zwingend auszuschließen, eine **Aufklärung nach § 24 VOB/A bzw. VOL/A nicht zulässig** (VK Lüneburg, B. v. 26. 7. 2005 – Az.: VgK-31/ 2005).

5242 Nach § 21 Nr. 1 Abs. 1 VOB/A bzw. VOL/A ist es nicht erforderlich, dass die Gleichwertigkeit des vom Bieter angebotenen Produkts mit dem Angebot nachgewiesen wird. Vielmehr kann die **Vergabestelle sich die Gleichwertigkeit des angebotenen Produktes (Alternativproduktes) auch noch im Laufe eines Vergabeverfahrens nachweisen lassen** und entsprechende Aufklärungsgespräche nach § 24 Nr. 1 Abs. 1 VOB/A bzw. VOL/A mit dem Bieter führen. Allerdings ist die Vergabestelle dazu nicht verpflichtet (VK Münster, B. v. 17. 6. 2005 – Az.: VK 12/05).

5243 **Zulässig sind auch ergänzende Angaben über das von dem Bieter gewählte Erzeugnis oder Fabrikat** (VK Nordbayern, B. v. 28. 6. 2005 – Az.: 320.VK – 3194-21/05).

5244 **Verhandlungen über geforderte, aber nicht eindeutig benannte Typangaben sind demgegenüber nicht zulässig** (VK Hessen, B. v. 7. 10. 2004 – Az.: 69 d – VK – 60/2004).

5245 Vgl. hierzu auch die Kommentierung zu § 25 VOB/A RZ 5453 ff.

106.6.7.6 Aufklärungsgespräch über die Eignung

5246 Die **Rechtsprechung** hierzu ist **nicht einheitlich.**

5247 Erlaubt sind nach § 24 VOB/A bzw. VOL/A so genannte **Aufklärungsverhandlungen, bei denen es in erster Linie um die Eignung des Bieters,** insbesondere seine Fachkunde, Leistungsfähigkeit und Zuverlässigkeit geht (Saarländisches OLG, B. v. 28. 4. 2004 – Az.: 1 Verg 4/04).

5248 Nach der Gegenansicht kommt ein **Nachfordern fehlender Eignungsnachweise** seitens des Auftraggebers **nicht in Betracht, da sonst den Geboten der Transparenz und des chancengleichen Wettbewerbs des § 97 Abs. 1, 2 GWB nicht** Rechnung getragen würde. Eine nachträgliche Anforderung stellt eine unzulässige Nachverhandlung im Sinn von § 24 VOB/A bzw. VOL/A dar. Die Nachverhandlung ist dem Auftraggeber ausschließlich als eine Aufklärungsmaßnahme im engeren Sinne gestattet. Sie darf nicht dazu dienen, dem Bieter eine inhaltliche Änderung oder Ergänzung seines Angebots zu ermöglichen; folglich können insbesondere nicht im Angebot fehlende, zwingende Angaben nachgeholt werden (3. VK Bund, B. v. 20. 7. 2004 – Az.: VK 3-80/04).

5249 Ein **Nachreichen eines lesbaren Handelsregisterauszuges kommt also nach § 24 VOB/A bzw. VOL/A nicht in Betracht** (OLG Düsseldorf, B. v. 16. 1. 2006 – Az.: VII – Verg 92/05).

5250 Dies gilt **auch für einen vorgeschalteten Teilnahmewettbewerb,** in dem ein Bieter z. B. unvollständige Eignungsnachweise vorlegt (3. VK Bund, B. v. 19. 10. 2004 – Az.: VK 3-191/04).

5251 Ein Aufklärungsgespräch über bzw. ein Nachreichen einer **fehlenden oder unvollständigen Verfügbarkeitserklärung ist nicht zulässig** (OLG München, B. v. 6. 11. 2006 – Az.: Verg 17/06; 1. VK Bund, B. v. 22. 9. 2006 – Az.: VK 1-103/06; 2. VK Bund, B. v. 9. 8. 2006 – Az.: VK 2-80/06).

106.6.7.7 Aufklärungsgespräch über Verbindlichkeit der Unterschrift

5252 Zur rechtsverbindlichen Unterschrift bei einer GmbH ist der Geschäftsführer zuständig. Zwar ist es nicht zwingend erforderlich, dass der Geschäftsführer selbst das Angebot unterschreibt, doch ist **bei der Unterschrift durch einen Angestellten nicht ohne weiteres vom Vorliegen einer Bevollmächtigung im Innenverhältnis auszugehen,** sofern nicht der Rechtsschein einer Anscheins- oder Duldungsvollmacht vorliegt. Vielmehr hat der Unterzeichnende, wenn er nicht begründet davon ausgehen darf, dass die Vergabestelle seine Vertretungsbefugnis kennt, seine Berechtigung nachzuweisen. **Fehlt dieser Nachweis, ist der Auftraggeber gehalten, dies bei der Prüfung des Angebots aufzuklären** und den Nachweis der Bevollmächtigung im Rahmen der §§ 24 VOB/A bzw. 24 VOL/A nachzufordern (VK Baden-Württemberg, B. v. 6. 9. 2004 – Az.: 1 VK 54/04).

106.6.7.8 Aufklärungsgespräch über die ungenügende Beschreibung eines Nebenangebots

Die ungenügende Beschreibung eines Nebenangebotes kann nicht mit einer Aufklärung des Angebotsinhalts nach § 24 VOB/A bzw. VOL/A nachgebessert werden. **Wird der Nachweis der Gleichwertigkeit eines Nebenangebotes nicht, wie gefordert, mit der Angebotsabgabe erbracht, so kann der Nachweis nicht im Wege des § 24 VOB/A bzw. VOL/A nachgeholt werden.** Derartig weit reichende nachgereichte Angaben sind im Hinblick auf das Verhandlungsverbot nicht zulässig. Soweit die erforderlichen Präzisierungen Nebenangebote dazu führen, dass der Bieter den Leistungsumfang ändern und im Rahmen der sog. „Aufklärung" eine in seinem Angebot so nicht enthaltene Leistung anbieten kann, entstehen **Manipulationsmöglichkeiten** (VK Lüneburg, B. v. 12. 7. 2005 – Az.: VgK-29/2005).

5253

106.6.7.9 Weitere Beispiele aus der Rechtsprechung

– **beabsichtigt der Auftraggeber entweder, einen Bieter zu beauftragen und hierbei in nicht unerheblichem Umfang vom Ursprungsangebot abzuweichen oder will er zunächst den Zuschlag auf das Ursprungsangebot erteilen mit der Absicht, den Leistungsumfang anschließend entsprechend der mit der Beigeladenen getroffenen Absprache zu den ausgehandelten Konditionen wieder einzuschränken**, verstößt diese Vorgehensweise gegen Vergaberecht (VK Baden-Württemberg, B. v. 15. 8. 2005 – Az.: 1 VK 47/05)

5254

– eine **nachträgliche Spezifizierung** zu den Angaben zum **Nachunternehmereinsatz** bzw. zum **Verfügbarkeitsnachweis** im Sinne der Rechtsprechung des EuGH zum **Generalübernehmerangebot** ist unzulässig (VK Nordbayern, B. v. 9. 10. 2006 – Az.: 21.VK – 3194-30/06; VK Hessen, B. v. 5. 10. 2004 – Az.: 69 d – VK – 56/2004; B. v. 25. 8. 2004 – Az.: 69 d – VK – 52/2004)

– die **Nachunternehmererklärung kann nicht im Rahmen des Aufklärungsgespräches nach § 24 Nr. 1, Abs. 1 Nr. 3 VOB/A „nachgeschoben" werden**. § 24 VOB/A dient lediglich der Nachverhandlung mit dem Ziel der Aufklärung, wenn damit der ansonsten schon feststehende Sachverhalt nicht verändert wird. Die nachträgliche Benennung von Nachunternehmern mit einem Leistungsumfang von über 30% kommt in jedem Fall einer unstatthaften Änderung des Angebotes gleich, die dem Nachverhandlungsverbot des § 24 Nr. 3 VOB/A unterfällt (OLG Koblenz, B. v. 13. 2. 2006 – Az.: 1 Verg 1/06; VK Schleswig-Holstein, B. v. 5. 8. 2004 – Az.: VK-SH 19/04; im Ergebnis ebenso VK Nordbayern, B. v. 8. 3. 2005 – Az.: 320.VK – 3194-05/05; VK Münster, B. v. 15. 10. 2004 – Az.: VK 28/04)

– ein **nicht bestimmbarer Eigenleistungsanteil** eines Bieters kann nicht nachträglich im Sinne von § 24 VOB/A geklärt werden (VK Südbayern, B. v. 17. 5. 2004 – Az.: 17-03/04; VK Nordbayern, B. v. 12. 2. 2004 – Az.: 320.VK-3194-01/04)

– eine Vergabestelle hält sich **im Rahmen des ihr zustehenden Ermessens**, wenn sie einem Bieter eine Ergänzung seines Angebotes, das nur in zwei Positionen unvollständig ist, gestattet, während sie mit einem anderen Bieter, dessen Angebot in mehr als 40 Positionen Unvollständigkeiten aufweist und der Vergabestelle auch nicht als das wirtschaftlich günstigste Angebot erscheint, keine Aufklärungsgespräche führt (OLG Frankfurt, B. v. 16. 9. 2003 – Az.: 11 Verg 11/03)

– bringt ein Bieter im Bietergespräch zum Ausdruck, dass **niedrige Preise daraus resultieren,** dass er im Auftragsfall beabsichtigt, **Teile des ausgehobenen Bodens, sofern geeignet, einzubauen,** setzt er sich mit dieser Darlegung der Wiederverwendung nicht in Widerspruch zu seinem ursprünglichen Angebot, sondern **erläutert dieses nur** (1. VK Sachsen, B. v. 12. 4. 2002 – Az.: 1/SVK/024-02, 1/SVK/024-02 g)

– eine **vorweggenommene summenmäßige Nachtragsbegrenzung** ist keine unzulässige Nachverhandlung im Sinne des § 24 Nr. 3 VOB/A, da sie inhaltlich keine Frage der Zuschlagserteilung, sondern der Abwicklung ist (1. VK Sachsen, B. v. 12. 4. 2002 – Az.: 1/SVK/024-02, 1/SVK/024-02 g).

106.6.8 Dokumentation und Geheimhaltung der Ergebnisse (§ 24 Nr. 1 Abs. 2)

Der Auftraggeberin hat die Ergebnisse der Aufklärungsgespräche gemäß § 24 Nr. 1 Abs. 2 Satz 2 schriftlich nieder zu legen. Es ist insoweit **nicht zu beanstanden, dass der Bieter keine Abschrift dieses Gesprächsprotokolls erhält**. Gemäß § 24 Nr. 1 Abs. 2 Satz 1 VOB/A

5255

Teil 3 VOB/A § 24 Vergabe- und Vertragsordnung für Bauleistungen Teil A

sind die Ergebnisse solcher Verhandlungen geheim zu halten (VK Lüneburg, B. v. 11. 6. 2001 – Az.: 203-VgK08/2001).

106.6.9 Richtlinie des VHB 2002

5256　Verhandlungen mit Bietern sind nur zulässig, wenn Zweifel an der Fachkunde, Leistungsfähigkeit und Zuverlässigkeit des Bieters, an Einzelheiten des Angebots oder der Angemessenheit der Preise ausgeräumt werden sollen. Diese Verhandlungen dürfen nur der Aufklärung dienen; Änderungen des Angebots oder der Preise sind – abgesehen von den in § 24 Nr. 3 VOB/A vorgesehenen Ausnahmen – nicht zulässig. Der Aufklärung dienen auch Erörterungen mit den Bietern über die Angaben in den EFB-Preis. Bei Zweifeln an deren Schlüssigkeit oder Richtigkeit soll das Bauamt Klärung herbeiführen und nötigenfalls die Berichtigung in den Formblättern verlangen. Diese Berichtigung muss sich im Rahmen der Kalkulation des Bieters halten, sie darf nicht zur Korrektur einer nicht ordnungsgemäßen Preisermittlung führen. Werden die Formblätter nicht abgegeben, sind diese nachzufordern.

106.7 Verweigerung von Aufklärungen und Angaben durch den Bieter (§ 24 Nr. 2)

106.7.1 Grundsatz

5257　Verweigert ein Bieter die geforderten Aufklärungen und Angaben, so kann sein Angebot unberücksichtigt bleiben.

106.7.2 Unterbliebene Reaktion auf geforderte Aufklärungen und Angaben

5258　Leistet ein Bieter vom Auftraggeber geforderte Aufklärungen nicht, ist **dieses Verhalten einer Verweigerung im Sinne des § 24 Nr. 2 VOB/A bzw. § 24 Nr. 1 Abs. 2 VOL/A gleichzusetzen.** Es stellt keinen Unterschied dar, ob ein Bieter sich einem berechtigten Aufklärungsersuchen des Auftraggebers durch Nichtreagieren vollständig verschließt oder dem Aufklärungsersuchen durch unzureichende Angaben nicht nachkommt. Die gegenteilige Ansicht würde dazu führen, dass ein Bieter, obwohl der Inhalt eines Aufklärungsersuchens für ihn erkennbar ist, durch unzureichende Angaben oder ein Aufklärungsersuchen des Auftraggebers die Rechtsfolge des § 24 Nr. 2 VOB/A bzw. § 24 Nr. 1 Abs. 2 VOL/A umgehen könnte und **dadurch eine Vergabeentscheidung ungerechtfertigter Weise hinauszögert** (1. VK Bund, B. v. 14. 11. 2003 – Az.: VK 1-109/03).

106.7.3 Setzung einer Ausschlussfrist

106.7.3.1 Zulässigkeit

5259　**Sinn und Zweck der Regelung des § 24 gebieten es, dem Auftraggeber ein Recht zur Setzung von Ausschlussfristen zur Einreichung von erläuternden Erklärungen einzuräumen.** Letztendlich resultiert Aufklärungsbedarf im Sinne von § 24 Nr. 1 VOB/A bzw. VOL/A nämlich aus Lücken in einem Angebot. Auch wenn der Bieter diese Lücken ohne Verletzung des Nachverhandlungsverbots durch ergänzende Unterrichtung des Auftraggebers schließen kann und wenn der Auftraggeber sie hinnehmen muss, ohne das Angebot sofort ausschließen zu können, so enthält § 24 Nr. 1 VOB/A bzw. VOL/A eine Ausnahme vom Grundsatz, dass im offenen Verfahren nach der VOB/A bzw. VOL/A die Angebote vollständig und wertungsfähig zum Eröffnungstermin vorliegen müssen (vgl. § 23 Nr. 2 VOB/A, § 23 Nr. 2 VOL/A). Aus dem Grundsatz des vollständigen und sofort wertungsfähigen Angebots folgt, dass die öffentlichen Auftraggeber prinzipiell davon ausgehen können, die Bewertung der eröffneten Angebote werde nicht durch nachinformationsbedingte Verzögerungen hinausgeschoben werden, so dass der Auftraggeber den für die Beschaffung insgesamt vorgesehenen Zeitrahmen mit dieser Vorgabe bestimmen kann. Ergibt sich dennoch programmwidrig zusätzlicher Aufklärungsbedarf, so ist es **sachgerecht und vergaberechtlich unbedenklich, eine so bewirkte Verschiebung des Beschaffungsrahmens durch Fristsetzung entweder ganz zu vermeiden oder auf ein mit dem Beschaffungsbedarf vereinbares Maß zu beschränken.** Hierbei ist auch zu bedenken, dass ein zusätzlicher, gemäß § 24 Nr. 1 VOB/A bzw. VOL/A zu bewältigender Aufklärungsbedarf die für die Ausschreibung geltenden Zuschlags- und Bindefristen und damit das Gleichbehandlungsprinzip berührt, auf dessen Wahrung alle Bieter Anspruch haben.

Im Interesse eines zügigen und strukturierten weiteren Verfahrensablaufs muss es daher für den Auftraggeber möglich sein, den Bietern, soweit Aufklärungsbedarf besteht, hierfür entsprechende Fristen zu setzen. Eine solche Frist kann der Auftraggeber auch im Sinne einer Ausschlussfrist setzen mit der Folge, dass grundsätzlich eine verspätete Information als verweigerte Information behandelt wird, so dass das im Sinne von § 24 Nr. 1 VOB/A bzw. VOL/A lückenhafte Angebot dem Wertungsausschluss unterfällt. Eine andere Auslegung des § 24 Nr. 1, 2 VOB/A bzw. VOL/A würde dazu führen, dass die Bieter jederzeit bis zur Zuschlagserteilung weitere Unterlagen übersenden könnten, die der Auftraggeber prüfen müsste und die ggf. zu einer anderen Wertung führen würden. Damit bestünde die **Gefahr, das Vergabeverfahren unabsehbar zu verzögern und nicht mehr handhabbar zu gestalten.** Das Verfahren wäre außerdem mit dem Gleichbehandlungsprinzip als einem der elementaren Vergaberechtssätze nicht mehr vereinbar (Thüringer OLG, B. v. 14. 11. 2002 – Az.: 6 Verg 7/02; VK Thüringen, B. v. 6. 9. 2002 – Az.: 216-4002.20-021/02-GRZ).

106.7.3.2 Anforderungen

Die Folge, dass die nach Ablauf einer vom Auftraggeber gesetzten Angebotsergänzungsfrist **5260** der Vergabestelle übergebenen Unterlagen nicht zur Kenntnis genommen werden, weil die Auskunft inzwischen als verweigert gilt, erfordert, dass die **Vergabestelle,** wenn sie in einem Fall des § 24 Nr. 1 VOB/A bzw. VOL/A zum Mittel der Ausschlussfrist greift, den **Charakter dieser Frist als Ausschlussfrist für den Bieter eindeutig erkennbar macht,** denn die Annahme einer Auskunftsverweigerung ist nur dann haltbar, wenn der betroffene Bieter zweifelsfrei weiß, wovon der Auftraggeber ausgeht und wie er sich verhalten wird, sollte der Bieter seine „Chance" zu angebotsergänzenden Angaben nicht fristgemäß wahrnehmen. Dazu braucht sich die **Vergabestelle zwar nicht des Ausdrucks „Ausschlussfrist" zu bedienen,** sie muss aber **unmissverständlich darauf hinweisen oder sonst zu erkennen geben,** dass es sich dabei um die **letzte und abschließende Möglichkeit zur Vorlage der Unterlagen** handelt. Zu solcher Klarheit besteht vor allem dann Anlass, wenn der Bieter vor Fristablauf dem Auftraggeber bzw. der Vergabestelle zu erkennen gegeben hat, dass er gewillt ist, dem Aufklärungsbedarf der Vergabestelle Rechnung zu tragen, sich hierzu in der ursprünglich gesetzten Frist aber außer Stande sieht. Will die Vergabestelle in einer solchen Situation gegenüber einem aufklärungsbereiten Bieter allein aus dem Versäumnis einer gesetzten Frist die Rechtsfolgen des § 24 Nr. 2 VOB/A bzw. VOL/A ableiten, muss sie hierauf in einer beim Bieter jeden Zweifel ausschließenden Weise hinweisen (Thüringer OLG, B. v. 14. 11. 2002 – Az.: 6 Verg 7/02).

106.7.4 Begründungspflicht

Bei einer Entscheidung nach § 24 Abs. 2 VOB/A bzw. VOL/A **trifft die Vergabestelle** **5261** **eine gesteigerte Begründungspflicht,** da es sich hier um eine Ermessensvorschrift handelt. Anhand der Vergabeakte muss sich nachvollziehen lassen, ob die Vergabestelle ihr Ermessen überhaupt ausgeübt hat und welche Erwägungen der Entscheidung zugrunde gelegen haben (Bundeskartellamt, VKA des Bundes, B. v. 22. 10. 2002 – Az.: VKA – 02/01).

106.7.5 weitere Beispiele aus der Rechtsprechung

– eine **unvollständige Aufklärung kann nicht darin gesehen werden, dass der Bieter** **5262** **die Vorlage der Kalkulation der Nachunternehmer unterlassen** hat. Die Vorlage dieser Kalkulation kann vom Bieter nicht verlangt werden. Zwar ist er im Rahmen der gebotenen Aufklärung bei Verdacht des Vorliegens einer Mischkalkulation auch gehalten, zu den Nachunternehmerangeboten vorzutragen. Kalkulationsgrundlage eines Bieters in einem solchen Falle ist nämlich der vom Nachunternehmer angebotene Preis. Bei Wertung der Angebote liegt jedoch im Regelfall eine vertragliche Bindung des Nachunternehmers noch gar nicht vor, da der Bieter nicht weiß, ob er den Auftrag erlangen wird. Der Bieter ist daher allenfalls im Besitz eines Angebotes des Nachunternehmers. Der Auftraggeber kann daher bei Nachunternehmerpreisen nur Auskunft über die Zusammensetzung desselben unter Berücksichtigung eines etwaigen Generalunternehmer-Zuschlages verlangen, sich aber nicht die Kalkulation vorlegen lassen (Brandenburgisches OLG, B. v. 13. 9. 2005 – Az.: Verg W 9/05)

106.7.6 Richtlinie des VHB 2002

Wird durch die Nichtabgabe der Formblätter oder die Weigerung des Bieters, die in den **5263** Formblättern geforderten Einzelangaben zu machen, eine ordnungsgemäße und zutreffende

Teil 3 VOB/A § 24   Vergabe- und Vertragsordnung für Bauleistungen Teil A

Wertung behindert oder vereitelt, ist das Angebot nach § 24 Nr. 2 VOB/A unberücksichtigt zu lassen.

106.8 Unstatthafte Nachverhandlungen (§ 24 Nr. 3)

5264   Verhandlungen, die nicht von § 24 Nr. 1 gedeckt sind, besonders Verhandlungen über Änderung der Angebote oder Preise, sind unstatthaft.

5265   Dieses Verbot soll das **EU-rechtliche Gleichbehandlungsgebot** – in § 97 Abs. 2 GWB verankert – sicherstellen und den **Wettbewerb nach § 97 Abs. 1 GWB unter gleichen Bedingungen für alle Bieter aufrechterhalten** (1. VK Sachsen, B. v. 21. 7. 2004 – Az.: 1/SVK/050-04).

106.8.1 Initiator von unstatthaften Nachverhandlungen

5266   Auch wenn ein **Bieter von sich aus anbietet, das Angebot zu ändern oder Preisnachlässe zu gewähren, darf der Auftraggeber darauf nicht eingehen.** Denn § 24 Nr. 3 VOB/A bzw. § 24 Nr. 2 Abs. 1 VOL/A verbietet nicht nur eine Verhandlungsinitiative des Auftraggebers, sondern Angebotsänderungen insgesamt, wenn nicht ein Ausnahmetatbestand eingreift. Dadurch soll der ordnungsgemäße Wettbewerb gesichert werden. Dieser wäre gefährdet, wenn man Änderungen von Angeboten zwar nicht auf Wunsch des Auftraggebers, aber nach Vorschlägen einzelner Bieter zuließe (VK Südbayern, B. v. 25. 7. 2002 – Az.: 26-06/02).

106.8.2 Beachtung der Rechtsprechung des Bundesgerichtshofes zur Vollständigkeit von Angeboten

5267   Der Bundesgerichtshof – und sich ihm anschließend – die Vergabesenate und Vergabekammern haben die Anforderungen an die Vollständigkeit von Angeboten sehr viel strenger gefasst (vgl. im Einzelnen die Kommentierung zu § 25 VOB/A RZ 5321). Aus dieser Rechtsprechung wird auch der mögliche Umfang von zulässigen Nachverhandlungen stark verkleinert.

106.8.3 Verbot der unzulässigen Nachverhandlungen für Sektorenauftraggeber

5268   Die Freiheit der privaten Sektorenauftraggeber, das Vergabeverfahren wählen zu können, **bedeutet nicht, dass Elemente verschiedener Verfahrensarten miteinander kombiniert werden können.** Unterwirft sich ein privater Sektorenauftraggeber beispielsweise freiwillig einem **offenen oder nichtoffenen Verfahren**, so muss er dies auch **konsequent zu Ende führen.** Insoweit unterliegt er im wesentlichen gleichen Anforderungen wie ein öffentlicher Auftraggeber im Sinne des § 98 Nr. 1 bis 3 GWB (VK Südbayern, B. v. 17. 7. 2001 – Az.: 23-06/01).

106.8.4 Beispiele aus der Rechtsprechung für unzulässige Nachverhandlungen

5269   – ist eine **Aufgliederung des Stundenverrechnungssatzes** (z. B. bei der Ausschreibung von Reinigungsdienstleistungen) **als Vordruck den Verdingungsunterlagen beigefügt und mit diesen ausgefüllt zurückzureichen, so ist die Unterlage wesentliches Element der Preisdarstellung** und ermöglicht allein die für den Auftraggeber wichtige Überprüfung der Auskömmlichkeit der kalkulierten Preise. **Angebote, die diese Unterlage nicht enthalten, fehlt daher eine für die Wertung wesentliche Preisangabe. Sie sind daher nach § 25 Nr. 1 Absatz 1a) VOL/A zwingend auszuschließen, eine Nachreichung kommt nicht in Betracht** (VK Düsseldorf, B. v. 11. 1. 2006 – Az.: VK – 50/2005 – L)

– vergaberechtlich gibt es gemäß § 24 Nr. 3 VOB/A das Verbot von Nachverhandlungen, weil anderenfalls die Transparenz des Vergabeverfahrens verloren ginge. **Insbesondere widerspräche es der Grundidee des Vergabeverfahrens, wenn die werkvertragliche Vergütung nach der Erteilung des Zuschlags noch erhöht werden könnte, wie zum Beispiel durch den Wegfall eines angebotenen Nachlasses** (OLG Naumburg, Urteil vom 23. 12. 2004 – Az.: 4 U 162/04)

– handelt es sich bei ungezwungener Betrachtung der Vorgänge **nicht um eine „Klarstellung" des Preises, sondern um eine einverständliche Preisänderung,** wodurch die Vergleichbarkeit der Angebote gestört worden ist, handelt es sich um eine unzulässige Nachverhandlung (BGH, Urteil vom 6. 2. 2002 – Az.: X ZR 185/99; VGH Baden-Württemberg, Urteil vom 5. 8. 2002 – Az.: 1 S 379/01)

- **fehlende Angaben zum beabsichtigten Nachunternehmereinsatz** dürfen nicht durch Nachverhandlungen nachgeholt werden (OLG Düsseldorf, B. v. 30. 7. 2003 – Az.: Verg 32/03; BayObLG, B. v. 17. 6. 2002 – Az.: Verg 14/02; VK Rheinland-Pfalz, B. v. 10. 10. 2003 – Az.: VK 18/03; 2. VK Bund, B. v. 6. 10. 2003 – Az.: VK 2-80/03; VK Nordbayern, B. v. 9. 8. 2005 – Az.: 320.VK – 3194-27/05; B. v. 17. 7. 2003 – Az.: 320.VK-3194-24/03, B. v. 11. 11. 2002 – Az.: 320.VK-3194-34/02, B. v. 7. 6. 2002 – Az.: 320.VK-3194-17/02, B. v. 21. 5. 2002 – Az.: 320.VK-3194-13/02; VK Südbayern, B. v. 12. 3. 2003 – Az.: 04-02/03, B. v. 9. 10. 2002 – Az.: 40-09/02)

- eine **nachträgliche Spezifizierung** der in der Liste der Nachunternehmerleistungen enthaltenen Leistungen (ohne die durch konzernrechtlich verbundene Unternehmen zu erbringenden Leistung) im Sinne einer Zuweisung der Leistungen **zu Leistungen im „eigenen Betrieb"** im Sinne der Ziffer 10.2 EVM (B) BVB (= Leistung konzernrechtlich verbundener Unternehmen) **einerseits und „echten" Nachunternehmerleistungen andererseits** greift unmittelbar in die vorgenommene Bestimmung des Nachunternehmereinsatzes (im Sinne einer Reduzierung) ein und übersteigt das durch § 24 VOB/A vorgegebene Maß der informatorischen Aufklärung bereits insoweit, als die Antragstellerin als Bieterin entscheiden könnte, ob sie ihr Angebot zuschlagsgeeignet werden lassen will oder nicht. Dies würde aber gerade dem Wettbewerbs- und Gleichbehandlungsgrundsatz (§ 97 Abs. 1 und 2 GWB) widersprechen (VK Hessen, B. v. 21. 3. 2003 – Az.: 69 d – VK 11/2003)

- die **nachträglich erklärte Bereitschaft** des Bieters, die **Leistung nach Maßgabe der Leistungsbeschreibung zu erbringen,** muss aus Rechtsgründen außer Betracht bleiben. In einem solchen Fall handelt es sich bei einem „Aufklärungsgespräch" in Wahrheit um eine **unstatthafte Nachverhandlung** (2. VK Bund, B. v. 5. 3. 2003 – Az.: VK 2-04/03)

- hat ein Bieter **Preise anstelle von Minderkosten als Additionsposten eingetragen** und entsprechend addiert, liegt **kein Multiplikationsfehler von Mengenansatz und Einheitspreis** vor. Es ist daher nicht zulässig, in Absprache mit dem Bieter diese positive Posten in Minderkosten umzuwandeln und damit unzulässig über den Preis nach zu verhandeln (1. VK Sachsen, B. v. 3. 7. 2003 – Az.: 1/SVK/067-03)

- Nachverhandlungen mit dem Ziel, **einem infolge unvollständiger Preisangaben nicht annahmefähigen Angebot** durch **Ergänzungen zur Annahmefähigkeit zu verhelfen,** sind als Verhandlungen über Änderung der Angebote nach § 24 Nr. 3 VOB/A **unstatthaft** (VK des Landes Brandenburg, B. v. 18. 6. 2003 – Az.: VK 31/03)

- Verhandlungen über eine Änderung der Angebote und der Preise sind unstatthaft, dies gilt vor allem auch für erst **nach Angebotseröffnung zur Sprache kommende Preisnachlässe** (VK Brandenburg, B. v. 21. 10. 2002 – Az.: VK 55/02)

- ein unzulässiges Nachverhandeln liegt deshalb auch bereits dann vor, wenn ein Vertreter des Bieters vor der Vergabe bei einer telefonischen Rückfrage **Gelegenheit erhält, einen zweifelhaften Preisnachlass zu bestätigen** (VK Lüneburg, B. v. 10. 9. 2002 – Az.: 203-VgK-15/2002)

- **fordert ein Bieter** aufgrund zeitlich bedingter, geänderter, technischer und wirtschaftlicher Rahmenbedingungen **für die Zustimmung zur Zuschlags- und Bindefristverlängerung als Bedingung einen** schon jetzt anzuerkennenden **Pauschalnachtrag,** führt dies nach Ablauf der bisherigen Zuschlags- und Bindefrist zum Entfallen der Bindung des Submissionsangebotes und zum Ausschluss des abgeänderten Angebotes nach §§ 24, 25 Nr. 1 lit. a) VOB/A (1. VK Sachsen, B. v. 1. 10. 2002 – Az.: 1/SVK/084-02)

- ein Bieter verhandelt durch das **Angebot eines 2%igen Abschlags im Fall der Verlängerung der Zuschlags- und Bindefrist unstatthaft** im Sinne von § 24 Nr. 3 VOB/A nach. Denn durch sein Vorgehen wird nach Angebotseröffnung der Preis eines Bieters zu Lasten der anderen Bieter unzulässig gedrückt (BayObLG, B. v. 21. 8. 2002 – Az.: Verg 21/02, B. v. 15. 7. 2002 – Az.: Verg 15/02)

- der Auftraggeber ist nicht befugt, den Bieter zu Handlungen zu bewegen, die eine Änderung des Inhaltes seines Angebotes, insbesondere seiner Preisgestaltung, bedeuten. Namentlich geht es nicht an, **im Wege von Verhandlungen gemeinschaftlich Kalkulationsirrtümer oder sonstige Fehlkalkulationen des Bieters zu beseitigen.** Denn dies wäre in besonderer Weise geeignet, den Bieterwettbewerb zu beeinträchtigen (OLG Düsseldorf, B. v. 30. 4. 2002 – Az.: Verg 3/02; 1. VK Sachsen, B. v. 21. 7. 2004 – Az.: 1/SVK/050-04)

Teil 3 VOB/A § 24 Vergabe- und Vertragsordnung für Bauleistungen Teil A

- die **ungenügende Beschreibung eines Nebenangebotes** kann nicht mit einer Aufklärung des Angebotsinhalts nach § 24 VOB/A nachgebessert werden (VK Nordbayern, B. v. 25. 3. 2002 – Az.: 320.VK-3194-06/02)
- es liegt eine unzulässige Nachverhandlung vor, wenn im Rahmen eines Aufklärungsgespräches **Änderungen in den Verdingungsunterlagen vorgenommen und das ursprüngliche Angebot entsprechend geändert wird**, z.B. nachträglich vereinbart wird, die Baustelleneinrichtung, die als Position nach Leistungserbringung abzurechnen ist, jetzt nach Bautenstand abzurechnen (1. VK Sachsen, B. v. 12. 4. 2002 – Az.: 1/SVK/024-02, 1/SVK/024-02 g)
- ein öffentlicher Auftraggeber verstößt gegen § 24 VOB/A, wenn er sich für ein Nebenangebot vom Bieter bestätigen lässt, dass eine **Preisanpassung nach § 2 Nr. 7 Abs. 1 VOB/B ausgeschlossen** wird. Ein Verstoß liegt vor, weil es in § 2 Nr. 7 Abs. 1 VOB/B letztlich um eine Preisänderung geht, die ein nach § 24 Nr. 3 VOB/A verbotenes Gesprächsthema ist (2. VK Mecklenburg-Vorpommern, B. v. 27. 11. 2001 – Az.: 2 VK 15/01)
- hat ein **Nebenangebot nach den Erläuterungen** des Bieters im Aufklärungsgespräch einen **Inhalt, der von dem abweicht**, was sich aus einer Auslegung des schriftlich abgegebenen Nebenangebots nach dem objektiven Verständnis aus der Sicht des Erklärungsempfängers ergibt, so liegt eine **grundsätzlich unzulässige nachträgliche Änderung des Nebenangebots** vor, die dazu zwingt, es von der Wertung auszuschließen (VK Baden-Württemberg, B. v. 15. 5. 2003 – Az.: 1 VK 20/03)
- der Vergabestelle ist es verwehrt, **nach der Angebotsfrist eine Veränderung der Mengenansätze des Leistungsverzeichnisses** vorzunehmen. Dies käme einer unstatthaften Änderung der Angebote im Sinne des § 24 Nr. 3 VOB/A gleich (VK Nordbayern, B. v. 11. 10. 2006 – Az.: 21.VK-3194-31/06; B. v. 27. 6. 2001 – Az.: 320.VK-3194-16/01)
- erhält der öffentliche Auftraggeber im Rahmen einer öffentlichen Ausschreibung einen kostengünstigen Sondervorschlag, teilt er diesen Sondervorschlag den übrigen Bietern zur Nachkalkulation ihrer eigenen Angebote mit und **verhandelt er außerdem mit dem Bieter über den Sondervorschlag solange, bis aus seiner Sicht ein wirtschaftliches Preis-Leistungs-Verhältnis erreicht wird,** verstößt dieses Vorgehen einmal gegen das Geheimhaltungsgebot des Inhalts der Angebote. Es stellt darüber hinaus **eine unzulässige Nachverhandlung** im Sinne von § 24 Nr. 3 VOB/A dar (VK Baden-Württemberg, B. v. 11. 10. 2000 – Az.: 1 VK 24/00)

106.9 Rechtsfolge einer unstatthaften Nachverhandlung

5270   Durch die Verbotsnorm des § 24 Nr. 3 VOB/A bzw. § 24 Nr. 2 Abs. 1 VOL/A soll der Wettbewerb für alle Bieter unter gleichen Bedingungen aufrechterhalten werden. Dieses Ziel wird bereits dadurch erreicht, dass ein gegen das Nachverhandlungsverbot verstoßendes Verhalten von Bieter und Auftraggeber eine Rechtsverletzung zu Lasten anderer Bieter darstellen kann, die von diesen Bietern entweder in einem Vergabenachprüfungsverfahren geltend gemacht werden kann oder im Falle eines bereits erfolgten Zuschlags Schadensersatzansprüche aus culpa in contrahendo auslösen kann. Ein darüber hinaus gehender Sanktionscharakter erscheint weder geboten noch interessengerecht. **Vergaberechtliche Bestimmungen stehen also der Berücksichtigung des ursprünglichen Angebots bei der erneuten Entscheidung über den Zuschlag nicht entgegen** (1. VK Bund, B. v. 22. 7. 2002 – Az.: VK 1-59/02). Ein Ausschluss des Bieters, der nicht verhandelt hat, ist nicht notwendig, sondern nur der **Ausschluss des nachverhandelten Angebots** (BGH, Urteil vom 6. 2. 2002 – Az.: X ZR 185/99; OLG München, B. v. 9. 8. 2005 – Az.: Verg 011/05; BayObLG, B. v. 15. 7. 2002 – Az.: Verg 15/02; VK Baden-Württemberg, B. v. 16. 3. 2006 – Az.: 1 VK 8/06; 1. VK Sachsen, B. v. 16. 12. 2003 – Az.: 1/SVK/146-03; B. v. 7. 5. 2002 – Az.: 1/SVK/035-02, B. v. 12. 4. 2002 – Az.: 1/SVK/024-02, 1/SVK/024-02 g; 2. VK Mecklenburg-Vorpommern, B. v. 27. 11. 2001 – Az.: 2 VK 15/01).

106.10 Statthafte Nachverhandlungen nach § 24 Nr. 3

5271   Verhandlungen, besonders über Änderung der Angebote oder Preise, sind statthaft, wenn sie bei Nebenangeboten oder Angeboten auf Grund eines Leistungsprogramms nötig sind, um unumgängliche technische Änderungen geringen Umfangs und daraus sich ergebende Änderungen der Preise zu vereinbaren.

106.10.1 Nachverhandlungen über Nebenangebote

106.10.1.1 Grundsatz

Bei **Nebenangeboten,** die sich nach einigen zwingenden Mindestvoraussetzungen richten, die in den Verdingungsunterlagen erkennbar sind, ist es **in der Regel erforderlich, die Angebote den örtlichen Gegebenheiten oder den spezifischen Anforderungen des Auftraggebers anzupassen.** Sinn und Zweck der Regelung ist es eine Leistung zu beauftragen, die den Wünschen des Auftraggebers entspricht, ohne jedoch die Ausschreibung aufheben zu müssen (KG Berlin, B. v. 13. 10. 1999 – Az.: KartVerg 31/99) und ohne den Grundsatz des freien Wettbewerbs unter gleichberechtigten und gleichbehandelten Bietern zu verletzen (VK Arnsberg, B. v. 4. 11. 2002 – Az.: VK 1-23/02).

5272

106.10.1.2 Beispiele aus der Rechtsprechung

- trotz des größeren Spielraums, den § 24 Nr. 3 Abs. 2 VOB/A für Nachverhandlungen bei Nebenangeboten grundsätzlich eröffnet, wäre die **zulässige Grenze überschritten,** wenn die Vergabestelle bei einem im Abgabezeitpunkt nicht gleichwertigen Nebenangebot **im Nachverhandlungswege für die Gleichwertigkeit sorgt** (OLG Frankfurt, B. v. 26. 3. 2002 – Az.: 11 Verg 3/01; VK Baden-Württemberg, B. v. 7. 4. 2004 – Az.: 1 VK 13/04; 1. VK Bund, B. v. 26. 3. 2002 – Az.: VK 1-07/02; VK Nordbayern, B. v. 18. 10. 2001 – Az.: 320.VK-3194-34/01)
- dies gilt auch, wenn die **Unterlagen den zuvor völlig ungeklärt gebliebenen Kern des Nebenangebots beschreiben** (VK Münster, B. v. 15. 1. 2003 – Az.: VK 22/02)
- die von einem Bieter (sinngemäß) gewählte **Ausdrucksweise „Erstellung nach Wahl des Auftragnehmers" oder „in geänderter Ausführungsweise"** in Nebenvorschlägen beinhaltet keine aufklärungsfähigen technischen oder wirtschaftlichen Fachausdrücke, sondern **bedeutet schlicht, dass die gesamte technische Beschreibung der angebotenen Leistungen noch aussteht**; damit ist der Rahmen des § 24 Nr. 3 überschritten (VK Düsseldorf, B. v. 7. 6. 2001 – Az.: VK – 13/2001 – B)
- eine **Ergänzung eines Nebenangebotes beispielsweise um technische Zusatzmaßnahmen** überschreitet den Rahmen des § 24 Nr. 3 (2. VK Brandenburg, B. v. 23. 8. 2001 – Az.: 2 VK 82/01)
- grundsätzlich **ausgeschlossen sind technische Aufklärungsgespräche,** die mit dem **Ziel einer Angebotsergänzung** geführt werden (2. VK Brandenburg, B. v. 23. 8. 2001 – Az.: 2 VK 82/01)

5273

106.10.2 Nachverhandlungen bei Leistungsbeschreibungen mittels Leistungsprogramm

Mit der Zulassung von Leistungsbeschreibungen mittels Leistungsprogramm wird **praktischen Bedürfnissen im Vergabewesen Rechnung getragen.** Bei immer komplexer werdenden Beschaffungsvorgängen ist es dem Auftraggeber mangels ausreichender Marktkenntnis oftmals nicht möglich, den Leistungsgegenstand nach Art, Beschaffenheit und Umfang hinreichend zu beschreiben. In solchen Fällen kann der Auftraggeber den Zweck und die Funktion des Beschaffungsvorgangs beschreiben und hinsichtlich der Umsetzung auf die technische Vielfalt der Anbieter vertrauen. Damit werden auch **traditionelle Beschaffungsvorgänge modernen Entwicklungen angepasst.** Infolgedessen wird bei hinreichend begründeten funktionalen Leistungsbeschreibungen die Möglichkeit eröffnet, im Rahmen der geforderten Leistung über unbedingt notwendige technische Änderungen geringen Umfangs zu verhandeln. **Damit der Wettbewerbsgrundsatz und das Gleichbehandlungsgebot gewahrt bleiben, müssen die beiden Eingrenzungen „notwendige" technische Änderungen „geringen" Umfangs unbedingt eingehalten werden** (VK Baden-Württemberg, B. v. 16. 8. 2005 – Az.: 1 VK 48/05).

5274

Vgl. **im Einzelnen** die **Kommentierung zu § 9 VOB/A** RZ 4259.

5275

106.10.3 Verbindung eines Leistungsprogramms und eines Bemusterungstermins

Verbinden die Ausschreibungsbedingungen eine für unterschiedliche technische Lösungsvarianten **offene Leistungsbeschreibung mit der Ankündigung eines obligatorischen Be-**

5276

Teil 3 VOB/A § 24 Vergabe- und Vertragsordnung für Bauleistungen Teil A

musterungstermins, in dem die angebotene Leistung vorgestellt und erläutert werden soll, so kann der **Angebotsinhalt jedenfalls nach Abschluss der Bemusterung grundsätzlich nicht mehr geändert werden** (OLG Dresden, B. v. 9. 1. 2004 – Az.: WVerg 16/03).

106.10.4 Notwendigkeit von unumgänglichen technischen Änderungen geringen Umfangs und daraus sich ergebende Änderungen der Preise

106.10.4.1 Grundsatz

5277 Es sind – bei einem Nebenangebot (§ 17 Nr. 3 Abs. 5) oder bei einem Angebot aufgrund funktionaler Leistungsbeschreibung – nur Änderungen zulässig, die zwingend notwendig sind, also solche, ohne die die sachgerechte Durchführung des Bauvorhabens nicht möglich wäre.

5278 Als **technische Änderung geringen Umfangs** im Sinne dieser Vorschrift sind **nur solche** anzusehen, die **im Vergleich zur bisherigen Ausführungsart und zum bisherigen Ausführungsumfang eine nur unwesentliche Bedeutung haben,** wobei man diese Grenze einerseits an den **Auswirkungen auf die Preise,** andererseits an der **Menge der Änderungen** insgesamt wird messen können (VK Saarland, B. v. 27. 5. 2005 – Az.: 3 VK 02/2005).

106.10.4.2 Beurteilungsspielraum des Auftraggebers

5279 Im Zusammenhang der Bewertung der Frage, welches ein geringfügiger Umfang wäre und welches den Maßstab des geringen Umfangs überschreite, **hat der Auftraggeber einen entsprechenden Beurteilungsspielraum.** Sind die **Erwägungen des Auftraggebers,** die erforderlichen Abänderungen des Angebots als nicht mehr geringfügig zu betrachten, **nicht als sachwidrig zu erkennen,** kann der Auftraggeber das Nebenangebot ausschließen (VK Arnsberg, B. v. 4. 11. 2002 – Az.: VK 1-23/02).

106.10.4.3 Beispiele aus der Rechtsprechung

5280 – eine **Lücke** im Angebot eines Bieters, die zu einem **Kostennebenaufwand von lediglich ca. 15 000 EUR** führt, ist gemessen am Gesamtleistungsumfang und der Preisdifferenz zwischen den Angeboten des Bieters und des Antragstellers **marginal,** wenn sich der **kalkulatorische Vorteil auf nicht einmal 2 Promille der Bruttoauftragssumme des Bieters beläuft** und **gerade 2% des Unterschiedsbetrages** zwischen dessen Angebot und dem des Antragstellers als dem nächstgünstigsten Bieter ausmacht (Saarländisches OLG, B. v. 23. 11. 2005 – Az.: 1 Verg 3/05)

– auch in der Addition der Defizite, die – lässt man die Mängel im anfänglichen Angebot der Antragstellerin außer Betracht – Kostenvorteile von insgesamt 60 000 EUR für die Beigeladene ergeben, fehlt den Angebotslücken die Relevanz und die Eignung, die Wettbewerbsstellung der Beigeladenen unter Wertungsgesichtspunkten zum Nachteil der Antragstellerin signifikant zu ändern

– es handelt sich dann um eine Änderung von unwesentlicher Bedeutung, wenn bei einer **Kläranlagenausschreibung Messgeräte statt in einer gemeinsamen Mess-Station direkt in den jeweiligen Becken installiert werden** (VK Saarland, B. v. 27. 5. 2005 – Az.: 3 VK 02/2005)

– es ist unter Beachtung der Regelung des § 24 VOL/A wettbewerbsverzerrend gegenüber den Mitbietern, wenn das **Angebot eines Bieters durch eine Zusatzforderung nach einer Verpflichtungserklärung ergänzt** wird (VK Baden-Württemberg, B. v. 16. 8. 2005 – Az.: 1 VK 48/05)

– dienen die Veränderungen hingegen **lediglich der Optimierung der Leistung, sind diese Voraussetzungen nicht erfüllt** (VK Baden-Württemberg, B. v. 21. 5. 2001 – Az.: 1 VK 7/01)

– sind Ziel des Aufklärungsgesprächs nicht unumgängliche technische Änderungen geringen Umfangs, sondern der **Verzicht auf einen Teil der ausgeschriebenen Baumaßnahme, ist dies ein Verstoß gegen § 24 Nr. 3 VOB/A** (VK Brandenburg, B. v. 31. 1. 2003 – Az.: VK 37/02, VK 39/02, VK 41/02)

– die von einem Bieter beantragte Preisänderung bzw. Preiskorrektur kann nicht mehr als geringe Änderung aufgefasst werden, wenn der **Bieter eine Preiskorrektur des Angebots um ca. 50% begehrt** (VK Südbayern, B. v. 14. 8. 2002 – Az.: 32-07/02)

Vergabe- und Vertragsordnung für Bauleistungen Teil A VOB/A § 24 **Teil 3**

- ist unklar der **Umstand**, dass **ein vom Bieter ausgearbeitetes statischen Konzept** zur Anwendung kommen soll, wogegen der Statiker erhebliche Bedenken eingewandt hat, sind **unklar ferner die zum Einbau kommenden Fabrikate,** kann von einem geringfügigem Aufklärungsbedarf nicht die Rede sein, so dass der **Aufklärungsrahmen des § 24 Nr. 3 VOB/A eindeutig überschritten** wird (1. VK Sachsen, B. v. 1. 2. 2002 – Az.: 1/SVK/139-01)
- bietet ein Unternehmen im Rahmen einer funktionalen Leistungsbeschreibung ein **abgerundetes Glasleisten-System an Stelle der von der Vergabestelle geforderten Glashalteleisten** an und kündigt der Bieter dann an, dass er die Glasleisten einbauen wird, ist diese geringfügige Änderung des Angebotes **zulässig** (VK Nordbayern, B. v. 26. 1. 2004 – Az.: 320.VK-3194-47/03)

106.11 Sonstige statthafte Nachverhandlungen

Die Rechtsprechung lässt in mehreren Fallkonstellationen Nachverhandlungen über den Wortlaut des § 24 Nr. 3 hinaus zu.   5281

106.11.1 Beeinflussung der Reihenfolge der Bieter und ähnliche Fälle

Das „Nachverhandlungsverbot" des § 24 Nr. 3 VOB/A bzw. VOL/A ist **kein** in dem Sinne   5282
„**absolutes Verbot",** dass jeder Verstoß hiergegen gleichzeitig mit einer Verletzung der Rechte der Mitbewerber einhergehen muss. Es kommt vielmehr auch hier darauf an, ob **durch die Nachverhandlung in die Wettbewerbsposition anderer Bieter eingegriffen** wurde und/oder ob **deren Interessen** hierdurch sonst **in irgendeiner Form tangiert** sein konnten (VK Bremen, B. v. 16. 7. 2003 – Az.: VK 12/03).

Unzulässige Nachverhandlungen führen also **nicht in jedem Falle zum Ausschluss** des   5283
daran beteiligten Bieters. Entscheidend ist vielmehr, ob derartige Nachverhandlungen die **Reihenfolge der Bieter beeinflussen** (Hanseatisches OLG in Bremen, B. v. 18. 8. 2003 – Az.: Verg 6/2003).

Diese **Rechtsprechung lehnt sich an die – ältere – Rechtsprechung zur Vollständigkeit von Angeboten an;** ob sie mit der neueren Rechtsprechung des Bundesgerichtshofs zur Vollständigkeit von Angeboten (vgl. die Kommentierung RZ 5321) vereinbart werden kann, ist eher zweifelhaft.   5284

106.11.2 Nachverhandlungen über unerhebliche Änderungen

Es ist mit einem ordnungsgemäßen Wettbewerb vereinbar, wenn mit dem Bieter, dessen Angebot als das wirtschaftlichste gewertet wurde und der deshalb den Auftrag erhalten muss, eine **Vereinbarung über eine unerhebliche Änderung des Angebots** getroffen wird (VK Nordbayern, B. v. 26. 8. 2003 – Az.: 320.VK-3194-28/03).   5285

Diese Rechtsprechung **kommt** sicherlich **einem Bedürfnis der Praxis entgegen.** Der Rechtsprechung des Bundesgerichtshofs zur Vollständigkeit von Angeboten entsprechend dürfte es aber sehr schwer sein, den Begriff der unerheblichen Änderung so greifbar zu machen, dass Manipulationen ausgeschlossen sind und nicht eine weitere nur schwer überschaubare Einzelfallrechtsprechung entsteht.   5286

106.12 Verhandlungsverfahren

§ 24 VOB/A bzw. VOL/A ist **für Verhandlungsverfahren nicht anzuwenden.** Vielmehr   5287
entsprechen Nachverhandlungen des Angebotsinhaltes gerade dem Sinn und Zweck des Verhandlungsverfahrens (VK Südbayern, B. v. 8. 2. 2002 – Az.: 41-11/01).

106.13 Regelung des HVA B-StB 03/2006 zu § 24

Verhandlungen gemäß § 24 VOB/A sind nur für die dort vorgesehenen Zwecke und nur so-   5288
weit notwendig zu führen (Ziffer 2.4 Abs. 48). Bei Ausschreibungen ist zu beachten, dass mit der Angebotseröffnung der Wettbewerb abgeschlossen ist. Eine nachträgliche Veränderung der Angebote und damit des Wettbewerbsergebnisses, z.B. durch Preiszugeständnisse durch Bieter,

sachlich nicht begründete Auslegung von Erklärungen, Nebenangeboten usw. durch Bieter oder Änderungen der Person des Bieters dadurch, dass mehrere getrennt aufgetretene Bieter eine Arbeitsgemeinschaft bilden wollen oder eine Bietergemeinschaft in ihrer Zusammensetzung geändert werden soll, ist unzulässig (Ziffer 2.4 Abs. 49). Soweit die Ergebnisse der Aufklärung bzw. Verhandlungen über den Angebotsinhalt nach § 24 Nr. 1 VOB/A bzw. Änderungen von Nebenangeboten nach § 24 Nr. 3 VOB/A für die Zuschlagserteilung rechtserheblich sein können, ist vom jeweiligen Bieter eine schriftliche Erklärung einzuholen, dass das Ergebnis Gegenstand seines Angebots ist (siehe Abschnitt 2.5 „Abschluss des Vergabeverfahrens", Nr. (10)). Dabei ist zu beachten, dass mit Ablauf der Zuschlagsfrist der Bieter an sein Angebot nicht mehr gebunden ist (§§ 146, 148 BGB) und ein verspäteter Zuschlag und/oder ein Zuschlag, der Änderungen des Angebots enthält, wenn auch nur Änderungen einzelner Teile des Angebots (z. B. der Ausführungsfristen oder einzelner Leistungen), als Ablehnung des Angebots und zugleich als neues Angebot des Auftraggebers gilt (§ 150 Abs. 2 BGB) (Ziffer 2.4 Abs. 51).

106.14 Literatur

5289 – Ziekow, Jan/Siegel, Thorsten, Zulassung von Nachverhandlungen im Vergabeverfahren? – Rechtliche Rahmenbedingungen und erste Zwischenergebnisse des Zweiten Modellversuchs des Landes Nordrhein-Westfalen, NZBau 2005, 22

107. § 25 VOB/A – Wertung der Angebote

1. (1) Ausgeschlossen werden:

   a) Angebote, die im Eröffnungstermin dem Verhandlungsleiter bei Öffnung des ersten Angebots nicht vorgelegen haben, ausgenommen Angebote nach § 22 Nr. 6,

   b) Angebote, die dem § 21 Nr. 1 Abs. 1 bis 3 nicht entsprechen,

   c) Angebote von Bietern, die in Bezug auf die Ausschreibung eine Abrede getroffen haben, die eine unzulässige Wettbewerbsbeschränkung darstellt,

   d) Nebenangebote, wenn der Auftraggeber in der Bekanntmachung oder in den Vergabeunterlagen erklärt hat, dass er diese nicht zulässt.

   (2) Außerdem können Angebote von Bietern nach § 8 Nr. 5 sowie Angebote, die dem § 21 Nr. 3 Satz 2 nicht entsprechen, ausgeschlossen werden.

2. (1) Bei Öffentlicher Ausschreibung ist zunächst die Eignung der Bieter zu prüfen. Dabei sind anhand der vorgelegten Nachweise die Angebote der Bieter auszuwählen, deren Eignung die für die Erfüllung der vertraglichen Verpflichtungen notwendigen Sicherheiten bietet; dies bedeutet, dass sie die erforderliche Fachkunde, Leistungsfähigkeit und Zuverlässigkeit besitzen und über ausreichende technische und wirtschaftliche Mittel verfügen.

   (2) Bei Beschränkter Ausschreibung und Freihändiger Vergabe sind nur Umstände zu berücksichtigen, die nach Aufforderung zur Angebotsabgabe Zweifel an der Eignung des Bieters begründen (vgl. § 8 Nr. 4).

3. (1) Auf ein Angebot mit einem unangemessen hohen oder niedrigen Preis darf der Zuschlag nicht erteilt werden.

   (2) Erscheint ein Angebotspreis unangemessen niedrig und ist anhand vorliegender Unterlagen über die Preisermittlung die Angemessenheit nicht zu beurteilen, ist in Textform vom Bieter Aufklärung über die Ermittlung der Preise für die Gesamtleistung oder für Teilleistungen zu verlangen, gegebenenfalls unter Festlegung einer zumutbaren Antwortfrist. Bei der Beurteilung der Angemessenheit sind die Wirtschaftlichkeit des Bauverfahrens, die gewählten technischen Lösungen oder sonstige günstige Ausführungsbedingungen zu berücksichtigen.

   (3) In die engere Wahl kommen nur solche Angebote, die unter Berücksichtigung rationellen Baubetriebs und sparsamer Wirtschaftsführung eine einwandfreie Ausführung einschließlich Haftung für Mängelansprüche erwarten lassen. Unter die-

Vergabe- und Vertragsordnung für Bauleistungen Teil A   VOB/A § 25 **Teil 3**

sen Angeboten soll der Zuschlag auf das Angebot erteilt werden, das unter Berücksichtigung aller Gesichtspunkte, wie z. B. Qualität, Preis, technischer Wert, Ästhetik, Zweckmäßigkeit, Umwelteigenschaften, Betriebs- und Folgekosten, Rentabilität, Kundendienst und technische Hilfe oder Ausführungsfrist als das wirtschaftlichste erscheint. Der niedrigste Angebotspreis allein ist nicht entscheidend.

4. Ein Angebot nach § 21 Nr. 2 ist wie ein Hauptangebot zu werten.
5. Nebenangebote sind zu werten, es sei denn, der Auftraggeber hat sie in der Bekanntmachung oder in den Vergabeunterlagen nicht zugelassen. Preisnachlässe ohne Bedingung sind nicht zu werten, wenn sie nicht an der vom Auftraggeber nach § 21 Nr. 4 bezeichneten Stelle aufgeführt sind.
6. Bietergemeinschaften sind Einzelbietern gleichzusetzen, wenn sie die Arbeiten im eigenen Betrieb oder in den Betrieben der Mitglieder ausführen.
7. Die Bestimmungen der Nummern 2 und 3 gelten auch bei Freihändiger Vergabe. Die Nummern 1, 4, 5 und 6 sind entsprechend auch bei Freihändiger Vergabe anzuwenden.

107.1 Vergleichbare Regelungen

Der **Vorschrift des § 25 VOB/A vergleichbar** sind im Bereich des GWB **§ 97 Abs. 4 GWB**, im Bereich der VOB **§§ 25 a, 25 b VOB/A**, im Bereich der VOF **§ 16 VOF** und im Bereich der VOL **§§ 25, 25 b VOL/A**. Die Kommentierungen zu diesen Vorschriften können daher ergänzend zu der Kommentierung des § 25 herangezogen werden. 5290

107.2 Änderungen in der VOB/A 2006

In **§ 25 Nr. 1 Abs. 1 Buchstabe b)** werden die zwingenden **Ausschlussgründe des § 21 Nr. 1 Abs. 1–3** entsprechend der Änderung des § 21 erweitert. 5291

Gemäß **§ 25 Nr. 3 Abs. 2** muss der Auftraggeber bei Unterkostenangeboten **in Textform** vom Bieter Aufklärung über die Ermittlung der Preise für die Gesamtleistung oder für Teilleistungen verlangen. 5292

In **§ 25 Nr. 3 Abs. 3** sind die beispielhaft aufgezählten Zuschlagskriterien neu gefasst. 5293

107.3 Bieterschützende Vorschrift

107.3.1 § 25

Die Regelung des § 25 entfaltet bieterschützende Wirkung (1. VK Sachsen, B. v. 13. 12. 2002 – Az.: 1/SVK/105-02, B. v. 5. 9. 2002 – Az.: 1/SVK/073-02). 5294

107.3.2 § 25 Nr. 1 Abs. 1 Buchstabe b)

Die Vorschriften aus §§ 21 Nr. 1 Abs. 2, 25 Nr. 1 Abs. 1 Buchst. b VOB/A, die sich auf die Sicherung der Vergleichbarkeit der Angebote beziehen, **schützen die übrigen Bieter in ihrem Anspruch auf transparente, gleiche Behandlung der Angebote** (VK Düsseldorf, B. v. 14. 8. 2006 – Az.: VK – 32/2006 – B). 5295

107.3.3 § 25 Nr. 2

Bei **§ 25 Nr. 2 VOB/A** handelt es sich wie bei § 25 Nr. 3 VOB/A um eine **bieterschützende Vorschrift** (1. VK Sachsen, B. v. 23. 5. 2002 – Az.: 1/SVK/039-02). 5296

107.3.4 § 25 Nr. 3

Bei § 25 Nr. 3 VOB/A handelt es sich wie bei § 25 Nr. 2 VOB/A um eine **Bieter schützende Vorschrift** (1. VK Sachsen, B. v. 23. 5. 2002 – Az.: 1/SVK/039-02, B. v. 11. 10. 2001 – Az.: 1/SVK/98-01, 1/SVK/98-01g; VK Düsseldorf, B. v. 23. 1. 2001 – Az.: VK – 1/2001 – B). 5297

107.3.5 § 25 Nr. 3 Abs. 1

5298 Die **Rechtsprechung** ist **nicht einheitlich**.

5299 § 25 Nr. 3 Abs. 1 VOB/A stellt eine berechtigte **Schutzvorschrift für den Auftraggeber** dar, als bei einem Bieter mit einem unauskömmlichen Preis die Gefahr oder zumindest die Vermutung besteht, dass er entweder in eine qualitativ schlechte Leistung oder aber in unberechtigte Nachforderungen „auszuweichen" versucht. § 25 Nr. 3 Abs. 1 VOB/A **dient aber auch dem Schutz aller anderen Bieter, die bei einem echten Wettbewerb ihre Preise aufgrund einer ordnungsgemäßen Kalkulation berechnen.** Der nächstgünstigste Bieter hat deshalb ein Recht, diesen Vergabeverstoß in einem Nachprüfungsverfahren zu unterbinden (Saarländisches OLG, B. v. 29. 10. 2003 – Az.: 1 Verg 2/03; B. v. 2. 8. 2004 – Verg 016/04; BayObLG, B. v. 3. 7. 2002 – Az.: Verg 13/02; OLG Düsseldorf, B. v. 17. 6. 2002 – Az.: Verg 18/02, B. v. 19. 12. 2000 – Az.: Verg 28/00; 1. VK Sachsen, B. v. 1. 10. 2002 – Az.: 1/SVK/084-02, B. v. 13. 9. 2002 – Az.: 1/SVK/082-02; im Ergebnis ebenso VK Düsseldorf, B. v. 23. 1. 2001 – Az.: VK – 1/2001 – B).

5300 Nach einer **anderen Auffassung sind die Vorschrift des § 25 Nr. 3 Abs. 1 VOB/A 3. Abschnitt, ebenso wie die entsprechende Vorschrift des § 25 Nr. 2 Abs. 3 VOL/A, und zwar jeweils in der Variante des „unangemessen niedrigen Preises", keine bieterschützenden Vorschriften** im Sinne des § 97 Abs. 7, § 107 Abs. 2 Satz 1 GWB. Es ist nicht der Schutzzweck des § 25 Nr. 3 Abs. 1 VOB/A, den an einem Vergabeverfahren beteiligten Bietern auskömmliche Preise zu garantieren. Vielmehr soll diese Vorschrift den Auftraggeber davor schützen, ein Angebot zu bezuschlagen, dessen Erfüllung infolge nichtauskömmlicher Preise ungewiss ist oder in eine qualitativ schlechte Leistung oder unberechtigte Nachforderung abzugleiten droht, weil der Bieter nicht mehr kostendeckend und somit zuverlässig und vertragsgerecht leistet (1. VK Bund, B. v. 21. 9. 2006 – Az.: VK 1-100/06; VK Schleswig-Holstein, B. v. 15. 5. 2006 – Az.: VK-SH 10/06; VK Düsseldorf, B. v. 2. 5. 2006 – Az.: VK – 17/2006 – B; VK Baden-Württemberg, B. v. 28. 10. 2004 – Az.: 1 VK 68/04; VK Brandenburg, B. v. 14. 3. 2005 – Az.: VK 7/05; B. v. 30. 4. 2004 – Az.: VK 13/04; 3. VK Bund, B. v. 4. 5. 2005 – Az.: VK 3-22/05 – abgelehnt; B. v. 22. 3. 2005 – Az.: VK 3-13/05). Nur der Ausnahmefall der wettbewerbsbeschränkenden Verdrängungsabsicht kann unter bestimmten Umständen eine Antragsbefugnis vermitteln (2. VK Bund, B. v. 20. 12. 2005 – Az.: VK 2-159/05; B. v. 20. 12. 2005 – Az.: VK 2-156/05; B. v. 21. 1. 2004 – Az.: VK 2-126/03, B. v. 8. 1. 2004 – Az.: VK 2-124/03).

5301 Jedoch gibt es von dem Grundsatz, dass § 25 Nr. 3 Abs. 1 VOB/A keinen bieterschützenden Charakter hat, **zwei Ausnahmen.** Die eine bezieht sich auf **Unterkostenangebote, die den Bieter im konkreten Einzelfall selbst in wirtschaftliche Schwierigkeiten bringen,** so dass er den Auftrag nicht mehr vertragsgerecht durchführen kann, die andere auf solche, die in der **zielgerichteten Absicht abgegeben werden oder zumindest die Gefahr begründen, dass ein oder mehrere bestimmte Mitbewerber vom Markt ganz verdrängt** werden (1. VK Bund, B. v. 21. 9. 2006 – Az.: VK 1-100/06; VK Schleswig-Holstein, B. v. 15. 5. 2006 – Az.: VK-SH 10/06; VK Düsseldorf, B. v. 2. 5. 2006 – Az.: VK – 17/2006 – B; 3. VK Bund, B. v. 22. 3. 2005 – Az.: VK 3-13/05; VK Baden-Württemberg, B. v. 28. 10. 2004 – Az.: 1 VK 68/04; VK Brandenburg, B. v. 14. 3. 2005 – Az.: VK 7/05; B. v. 30. 4. 2004 – Az.: VK 13/04; 2. VK Bund, B. v. 20. 12. 2005 – Az.: VK 2-159/05; B. v. 20. 12. 2005 – Az.: VK 2-156/05; B. v. 8. 1. 2004 – Az.: VK 2-124/03).

5302 Mit einer vergleichbaren Argumentation lehnt die VK des Bundes **grundsätzlich die bieterschützende Wirkung von § 10 Nr. 2 Abs. 1 VOB/A-SKR ab** (2. VK Bund, B. v. 4. 5. 2005 – Az.: VK 2-27/05).

5303 Nach Auffassung des **Hanseatischen OLG Bremen** kann außerhalb von besonderen wettbewerbs- und kartellrechtlichen Umstände ein **Drittschutz** des § 25 Nr. 3 Abs. 1 VOB/A **jedenfalls dann nicht eingreifen, wenn der Auftraggeber sich an die Vorgaben des § 25 Nr. 3 Abs. 2 VOB/A gehalten hat,** denn ein Ausschluss nach Abs. 1 setzt ein Vorgehen und eine Beurteilung der Angemessenheit nach Abs. 2 voraus (Hanseatisches OLG Bremen, B. v. 24. 5. 2006 – Az.: Verg 1/2006).

107.3.6 § 25 Nr. 3 Abs. 2

5304 Die Vorschrift des **§ 25 Nr. 3 Abs. 2** hat **drittschützenden Charakter** (1. VK Sachsen, B. v. 1. 10. 2002 – Az.: 1/SVK/084-02).

107.4 Wertungsstufen

107.4.1 Allgemeines

Bei der Wertung nach § 25 VOB/A werden die **Angebote nach ihrer Gesamtheit betrachtet** und **miteinander** hinsichtlich ihres Inhalts und ihrer Preise **verglichen**. Die Wertung der Angebote erfolgt in **vier Stufen:** 5305

- Ermittlung der Angebote, die wegen inhaltlicher oder formeller Mängel auszuschließen sind (§ 25 Nr. 1 VOB/A),
- Prüfung und Eignung der Bieter in persönlicher und sachlicher Hinsicht (§ 25 Nr. 2 VOB/A),
- Prüfung der Angebotspreise (§ 25 Nr. 3 Abs. 1 u. 2 VOB/A) und
- Auswahl des wirtschaftlichsten Angebots (§ 25 Nr. 3 Abs. 3 VOB/A).

Im Wertungsvorgang ist somit **nacheinander zu untersuchen,** ob Angebote ausgeschlossen werden müssen, ob die Bieter geeignet sind, welche in der Wertung verbliebenen Angebote in die engere Wahl kommen und welches von diesen Angeboten das annehmbarste Angebot ist (OLG Celle, B. v. 3. 3. 2005 – Az.: 13 Verg 21/04; Thüringer OLG, Urteil vom 27. 2. 2002 – Az.: 6 U 360/01; VK Südbayern, B. v. 21. 7. 2005 – Az.: 30-06/05; B. v. 11. 5. 2005 – Az.: 17-04/05; 1. VK Sachsen, B. v. 11. 2. 2005 – Az.: 1/SVK/128-04; 1/SVK/003-05; VK Lüneburg, B. v. 23. 2. 2004 – Az.: 203-VgK-01/2004; 2. VK Bund, B. v. 10. 12. 2003 – Az.: VK 1-116/03; 1. VK Bund, B. v. 11. 11. 2003 – Az.: VK 1-103/03; VK Baden-Württemberg, B. v. 18. 7. 2003 – Az.: 1 VK 30/03, B. v. 21. 11. 2001 – Az.: 1 VK 37/01). Die Vergabestelle hat auf dieser Grundlage das wirtschaftlich annehmbarste Angebot auszuwählen, auf das der Zuschlag zu erteilen ist. Diese **strenge Struktur ergibt sich aus den Vorgaben des Europäischen Vergaberechts** (2. VK Bremen, B. v. 25. 6. 2003 – Az.: VK 10/03). 5306

107.4.2 Grundsätzliche Trennung der einzelnen Stufen bei der Wertung

Die vier strikt vorgegebenen Wertungsstufen sind **unbedingt voneinander zu trennen.** Eine **Vermischung der Wertungsstufen** ist unzulässig und **kann zur Rechtswidrigkeit des Vergabeverfahrens führen** (Thüringer OLG, Urteil vom 27. 2. 2002 – Az.: 6 U 360/01; VK Münster, B. v. 17. 11. 2005 – Az.: VK 21/05; VK Südbayern, B. v. 21. 7. 2005 – Az.: 30-06/05; B. v. 11. 5. 2005 – Az.: 17-04/05; VK Sachsen, B. v. 11. 2. 2005 – Az.: 1/SVK/128-04; 2. VK Bremen, B. v. 25. 6. 2003 – Az.: VK 10/03; VK Brandenburg, B. v. 26. 4. 2004 – Az.: VK 7/04; B. v. 27. 10. 2003 – Az.: VK 60/03, B. v. 18. 11. 2002 – Az.: VK 60/02). 5307

107.4.3 Verpflichtung zur umfassenden Prüfung und Wertung aller Angebote?

Aus den gesetzlichen Vorschriften lässt sich **keine Verpflichtung der Vergabestelle** herleiten, **alle eingegangenen Angebote bis ins letzte Detail abschließend zu prüfen,** wenn klar erkennbar ist, dass bestimmte Details für das Wertungsergebnis unter keinen denkbaren Umständen von Relevanz sind. Die gegenteilige Auffassung führt dazu, dass die Ressourcen der Vergabestelle in der Kürze der ihr zur Verfügung stehenden Prüfungszeit übermäßig beansprucht würden, ohne dass dem ein für die Wertung bedeutsames Resultat gegenüberstehen würde. Das gilt insbesondere für Fälle, bei dem die Prüfung mit einem großen personellen und Sachaufwand verbunden ist (2. VK Bund, B. v. 18. 7. 2002, Az.: VK 2-40/02). 5308

Es ist **unter Wahrung der Wettbewerbsgrundsätze zulässig, bei Vorliegen sehr vieler Angebote zunächst die 10 preisgünstigsten Angebote** auf formale Korrektheit, Eignung und Wirtschaftlichkeit zu überprüfen und, sollte sich daraus kein zuschlagsfähiges Angebot ermitteln lassen, **dann die nächste Preisgruppe zu prüfen, wenn die strikte inhaltliche Trennung der Wertungsstufen eingehalten** wird (VK Düsseldorf, B. v. 11. 1. 2006 – Az.: VK – 50/2005 – L). 5309

107.5 1. Wertungsstufe: Ausschluss nach § 25 Nr. 1

Daraus, dass die Ausschlussgründe von Angeboten in der Vergabekoordinierungsrichtlinie (Richtlinie 2004/18/EG) nicht geregelt sind, lassen sich, da die Richtlinie kein umfassendes und 5310

Teil 3 VOB/A § 25   Vergabe- und Vertragsordnung für Bauleistungen Teil A

abschließendes Regelwerk beinhaltet, keine Rückschlüsse auf die Unzulässigkeit eines Ausschlussgrundes ziehen. **Die Richtlinie enthält insbesondere keinen abschließenden Katalog der von der Vergabestelle zu berücksichtigenden Ausschlusskriterien. Vielmehr gilt, soweit die Richtlinie keine Regelung enthält, das bisherige Recht weiter** (OLG München, B. v. 7. 4. 2006 – Az.: Verg 05/06).

107.5.1 Zwingender Ausschluss (§ 25 Nr. 1 Abs. 1)

5311   § 25 Nr. 1 Abs. 1 nennt verschiedene zwingende Ausschlussgründe für Angebote. Trifft der **Auftraggeber** aber **in den Vergabeunterlagen widersprüchliche Aussagen** hinsichtlich der Rechtsfolge fehlender Angaben (z. B. erfolgt nach einer Formulierung wegen fehlender Einheitspreisangaben zwingend und nach einer anderen Aussage nur ein fakultativer Ausschluss des Angebotes), kann **kein zwingender Ausschluss** vorgenommen werden; es muss eine **Einzelfallprüfung** erfolgen (1. VK Sachsen, B. v. 5. 7. 2002 – Az.: 1/SVK/064-02).

107.5.1.1 Verspätete Angebote (§ 25 Nr. 1 Abs. 1 Buchstabe a))

5312   Der Ausschluss verspätet eingegangener Angebote ist nach dem Inhalt dieser Bestimmung **zwingend** (VK Nordbayern, B. v. 15. 4. 2002 – Az.: 320.VK-3194-08/02).

5313   Zu den Einzelheiten, wann von einem verspäteten Angebot gesprochen werden kann, vgl. die Kommentierung zu § 22 VOB/A RZ 5099.

107.5.1.2 Angebote, die dem § 21 Nr. 1 Abs. 1 nicht entsprechen (§ 25 Nr. 1 Abs. 1 Buchstabe b))

5314   107.5.1.2.1 Nicht unterzeichnete Angebote. 107.5.1.2.1.1 Allgemeines. Zu den Anforderungen an die Unterschrift vgl. im Einzelnen die Kommentierung zu § 21 VOB/A RZ 5009.

5315   107.5.1.2.1.2 Beispiele aus der Rechtsprechung
– über das den Verdingungsunterlagen beiliegende und im EVM(B)Ang unter Anlagen aufgeführte Formblatt Erg Wart, sowie der Verweisung in diesem Formblatt auf den beiliegenden Wartungsvertrag, der wiederum den Verdingungsunterlagen beilag, **wird letzterer nach Auffassung der Vergabekammer Angebotsbestandteil, gehört zu den unter Punkt 8 des EVM(B)Ang auf Seite 1 aufgeführten Anlagen, wird damit auch von den von der Bietergemeinschaft geleisteten Unterschriften unter dem EVM(B)Ang abgedeckt.** Damit ist der Sinn und Zweck des § 21 Nr. 1 Abs. 1 Satz 1 VOB/A, verbindliche Angebote durch Unterschriftsleistung, erfüllt. **Unerheblich** ist es deshalb nach Auffassung der Vergabekammer, dass die auf Seite 6 des Wartungsvertrages **nochmals zu leistende Unterschrift** der Bietergemeinschaft **nicht vorhanden** ist, diese wurde bereits mit der Unterschrift auf Seite 3 des EVM(B)Ang geleistet (VK Thüringen, B. v. 18. 3. 2003 – Az.: 216-4002.20-001/03-MHL)

– die **Unterschrift des Bieters auf dem Angebotsschreiben umfasst** nur diejenigen **Angebote, die unter den Anlagen zum Angebotsschreiben aufgeführt sind.** Ist ein Angebot bei diesen Anlagen nicht genannt, muss es zwingend gesondert unterschrieben werden. Wenn die gesonderte Unterschrift (z. B. für den Wartungsvertrag) ebenfalls fehlt, ist das Gesamtangebot unvollständig und gemäß § 25 Nr. 1 Abs. 1 Buchstabe b) VOB/A auszuschließen (VK Nordbayern, B. v. 3. 8. 2001 – Az.: 320.VK-3194-23/01)

5316   107.5.1.2.1.3 Nicht eindeutig unterschriebene Angebote. Der **Fall der nicht eindeutig unterschriebenen Angebote,** bei denen also der Vertragspartner nicht eindeutig ermittelt werden kann, ist in der VOB/A nicht geregelt. Die **Rechtsprechung wendet auf diese Fälle § 25 Nr. 1 Abs. 1 Buchstabe b) VOB/A an und kommt so zu einem zwingenden Ausschluss** dieser Angebote (3. VK Bund, B. v. 4. 10. 2004 – Az.: VK 3-152/04).

5317   107.5.1.2.1.4 Unvollständige Unterschrift im kommunalen Bereich. Die Gemeindeordnungen – z. B. § 64 Abs. 1 GO NRW – können bei den die Gemeinde verpflichtenden Erklärungen das **Erfordernis einer Gesamtvertretung** durch den Bürgermeister oder seinen Stellvertreter und einen vertretungsberechtigten Beamten oder Angestellten konstituieren. **Fehlt dann** bei einem Angebot z. B. die Unterschrift des Bürgermeisters oder seines Stellvertreters, ist das **Angebt zwingend auszuschließen** (OLG Düsseldorf, B. v. 22. 12. 2004 – Az.: VII – Verg 81/04).

107.5.1.2.2 Angebote ohne entsprechende Signatur. § 21 Nr. 1 Abs. 1 Satz 4 verlangt – 5318 als **Äquivalent der Unterschrift** – bei elektronischen Angeboten nach Wahl des Auftraggebers eine fortgeschrittene elektronische Signatur nach dem Signaturgesetz und den Anforderungen des Auftraggebers oder eine qualifizierte elektronische Signatur nach dem Signaturgesetz. **Fehlt eine entsprechende Signatur, ist das Angebot zwingend auszuschließen.**

107.5.1.2.3 Angebote mit fehlenden Preisen und sonstigen Erklärungen. 5319
107.5.1.2.3.1 Allgemeines. Nach dem Wortlaut des § 25 Nr. 1 Abs. 1 Buchstabe b) sind alle Angebote, die dem § 21 Nr. 1 Abs. 1 nicht entsprechen, **zwingend auszuschließen.** Demgegenüber spricht § 21 Nr. 1 Abs. 1 nur davon, dass **Angebote bestimmte Inhalte haben sollen.** Dieser Widerspruch zwischen „weicheren" Anforderungen an den Umfang und die Form eines Angebots und der „harten" Sanktion des Ausschlusses haben zu einer **Flut von teils widersprüchlichen Entscheidungen der Vergabekammern und Vergabesenate** geführt. Hierbei waren diese **Entscheidungen in ihrem Kern oftmals ergebnisorientiert,** z. B. dergestalt, dass es als unzumutbar empfunden wurde, bei einem mindestfordernden Angebot über 2 Mio. €, bei dem ein Einheitspreis von 10 € fehlte, und einem zweitmindestfordernden – vollständigen – Angebot über 2,1 Mio. € das mindestfordernde Angebot auszuschließen und – aus der Sicht des Auftraggebers wirtschaftlich betrachtet – eine Differenz von 100 000 € zu zahlen.

Im Ergebnis läuft diese Diskussion darauf hinaus, zu entscheiden, **welche Angaben die Bie-** 5320 **ter bereits bei Angebotsabgabe machen müssen und welche – fehlenden – Angaben noch nachgefordert oder ergänzt werden können.** Eine Zäsur und Hinwendung zu einer eher einheitlichen Auffassung der sehr unterschiedlichen Meinungen und Rechtsprechung erfolgte durch die **Rechtsprechung des Bundesgerichtshofs.**

107.5.1.2.3.2 Rechtsprechung des Bundesgerichtshofes. Der Wortlaut von § 25 Nr. 1 5321 Abs. 1 VOB/A Abschnitt 2 („ausgeschlossen werden") weist aus, dass der öffentliche **Auftraggeber bei Vorliegen der dort aufgestellten Voraussetzungen kein Recht zu einer wie auch immer gearteten großzügigen Handhabe hat, sondern gezwungen ist, das betreffende Angebot aus der Wertung zu nehmen** (BGH, Urteil vom 7. 6. 2005 – Az.: X ZR 19/02; Urteil vom 8. 9. 1998 – Az.: X ZR 85/97; OLG Düsseldorf, B. v. 5. 4. 2006 – Az.: VII – Verg 3/06; B. v. 26. 11. 2003 – Az.: VII – Verg 53/03; 2. VK Sachsen-Anhalt, B. v. 6. 3. 2006 – Az.: VK 2-LVwA LSA 3/06; B. v. 28. 9. 2005 – Az.: VK 2-LVwA LSA 31/05; VK Hessen, B. v. 16. 12. 2005-69 d VK – 88/2005; B. v. 4. 4. 2005 – Az.: 69 d VK – 05/2005; B. v. 7. 10. 2004 – Az.: 69 d – VK – 60/2004; 1. VK Sachsen-Anhalt, B. v. 21. 11. 2005 – Az.: 1 VK LVwA 44/05; VK Düsseldorf, B. v. 7. 10. 2005 – VK – 22/2005 – B; VK Brandenburg, B. v. 5. 4. 2005 – Az.: VK 9/05; VK Nordbayern, B. v. 8. 3. 2005 – Az.: 320.VK – 3194-05/05; B. v. 1. 2. 2005 – Az.: 320.VK – 3194-56/04). Im Falle des Fehlens geforderter Erklärungen ändert hieran auch nichts, dass § 21 Nr. 1 Satz 2 VOB/A Abschnitt 2 nur als Sollvorschrift formuliert ist. Dies erklärt sich aus der Handlungsfreiheit, die außerhalb bereits bestehender rechtlicher Beziehungen in Anspruch genommen werden kann. Sie schließt ein, nicht zur Abgabe eines bestimmten Angebots verpflichtet zu sein. **Gleichbehandlung aller Bieter, die § 97 Abs. 2 GWB von dem Ausschreibenden verlangt, ist jedoch nur gewährleistet, soweit die Angebote auch die geforderten Erklärungen enthalten.** Da der öffentliche Auftraggeber sich durch die Ausschreibung dem Gleichbehandlungsgebot unterworfen hat, darf er deshalb nur solche Angebote werten. Der **Ausschlusstatbestand** des § 25 Nr. 1 Abs. 1b VOB/A Abschnitt 2 ist daher **auch nicht etwa erst dann gegeben, wenn das betreffende Angebot im Ergebnis nicht mit den anderen abgegebenen Angeboten verglichen werden kann.** Ein **transparentes,** auf **Gleichbehandlung aller Bieter** beruhendes Vergabeverfahren ist **nur zu erreichen, wenn lediglich in jeder sich aus den Verdingungsunterlagen ergebenden Hinsicht vergleichbare Angebote gewertet werden** (BGH, Urteil vom 24. 5. 2005 – Az.: X ZR 243/02; B. v. 18. 5. 2004 – Az.: X ZB 7/04, Urteil vom 7. 1. 2003 – Az.: X ZR 50/01; Hanseatisches OLG Bremen, Urteil v. 23. 3. 2005 – Az.: 1 U 71/04; VG Neustadt an der Weinstraße, B. v. 4. 6. 2006 – Az.: 4 L 544/06; VK Südbayern, B. v. 23. 10. 2006 – Az.: 30-09/06; VK Nordbayern, B. v. 9. 10. 2006 – Az.: 21.VK – 3194-30/06; 1. VK Sachsen-Anhalt, B. v. 23. 8. 2005 – Az: 1 VK LVwA 31/05; 2. VK Sachsen-Anhalt, B. v. 6. 3. 2006 – Az.: VK 2-LVwA LSA 3/06; B. v. 28. 9. 2005 – Az.: VK 2-LVwA LSA 31/05; VK Hessen, B. v. 16. 12. 2005-69 d VK – 88/2005; B. v. 24. 10. 2005 – Az.: 69 d – VK – 62/2005; B. v. 5. 4. 2005 – Az.: VK 9/05; B. v. 4. 4. 2005 – Az.: 69 d VK – 05/2005; VK Brandenburg, B. v. 15. 11. 2005 – Az.: 2 VK 64/05; 1. VK Sachsen, B. v. 23. 8. 2005 – Az.: 1/SVK/098-05; B. v. 22. 7. 2005 – Az.: 1/SVK/080-05). Dies erfordert, dass **hinsichtlich jeder Position der Leistungsbeschreibung alle zur Kennzeichnung der insoweit angebotenen Leistung geeigneten Parameter bekannt sind,** deren **Angabe den Bieter nicht unzumutbar belastet,** aber aus-

Teil 3 VOB/A § 25 Vergabe- und Vertragsordnung für Bauleistungen Teil A

weislich der Ausschreibungsunterlagen gefordert war, so dass sie als Umstände ausgewiesen sind, die für die Vergabeentscheidung relevant sein sollen (BGH, Urteil vom 24. 5. 2005 – Az.: X ZR 243/02; Urteil vom 7. 6. 2005 – Az.: X ZR 19/02; B. v. 18. 2. 2003 – Az.: X ZB 43/02, Urteil vom 16. 3. 2004 – Az.: X ZR 23/03; VK Südbayern, B. v. 23. 10. 2006 – Az.: 30-09/06; VK Brandenburg, B. v. 5. 4. 2005 – Az.: VK 9/05; VK Hessen, B. v. 4. 4. 2005 – Az.: 69d VK – 05/2005; B. v. 7. 10. 2004 – Az.: 69d – VK – 60/2004).

5322   Ist allerdings eine **Vorgabe der Leistungsbeschreibung tatsächlich objektiv nicht erfüllbar,** ist sie **für die Bieter unzumutbar** mit der Folge, dass **Angebote,** die sie **nicht einhalten, nicht ausgeschlossen** werden dürfen (BGH, Urteil v. 1. 8. 2006 – Az.: X ZR 115/04).

5323   **107.5.1.2.3.3 Rechtsprechung nach den Entscheidungen des Bundesgerichtshofes. 107.5.1.2.3.3.1 Allgemeines.** Der Rechtsprechung des Bundesgerichtshofes haben sich im Wesentlichen die **Vergabekammern und Vergabesenate angeschlossen** (z. B. – über die im Folgenden genannten Beispiele hinaus – OLG München, B. v. 5. 7. 2005 – Az.: Verg 009/05; OLG Celle, B. v. 3. 3. 2005 – Az.: 13 Verg 21/04; OLG Koblenz, B. v. 7. 7. 2004 – Az.: 1 Verg 1 und 2/04; BayObLG, B. v. 1. 3. 2004 – Az.: Verg 2/04; Hanseatisches OLG Hamburg, B. v. 21. 1. 2004 – Az.: 1 Verg 5/03; OLG Düsseldorf, B. v. 16. 5. 2006 – Az.: VII – Verg 19/06; B. v. 26. 11. 2003 – Az.: VII – Verg 53/03; VK Düsseldorf, B. v. 7. 10. 2005 – VK – 22/2005 – B; 1. VK Sachsen, Beschluss vom 23. 8. 2005 – Az.: 1/SVK/098-05; B. v. 22. 7. 2005 – Az.: 1/SVK/080-05; VK Baden-Württemberg, B. v. 21. 6. 2005 – Az.: 1 VK 32/05; VK Münster, B. v. 15. 10. 2004 – Az.: VK 28/04; VK Hessen, B. v. 7. 10. 2004 – Az.: 69d – VK – 60/2004; VK Schleswig-Holstein, B. v. 5. 3. 2004 – Az.: VK-SH 04/04; VK Arnsberg, B. v. 16. 6. 2004 – Az.: VK 1-07/2004; 1. VK Bund, B. v. 11. 3. 2004 – Az.: VK 1-155/03; 2. VK Bund, B. v. 18. 3. 2004 – Az.: VK 2-152/03, B. v. 21. 1. 2004 – VK 2-126/03, B. v. 30. 7. 2003, Az.: VK 2-56/03; VK Nordbayern, B. v. 28. 6. 2005 – Az.: 320.VK – 3194-21/05; B. v. 17. 7. 2003 – 320.VK-3194-24/03; VK Südbayern, B. v. 23. 10. 2006 – Az.: 30-09/06; B. v. 17. 8. 2004 – Az.: 20-04/04).

5324   Nach Auffassung des Bayerischen Obersten Landesgerichts und des Oberlandesgerichts Frankfurt setzt sich der **Bundesgerichtshof** im Rahmen seiner Entscheidung **nicht im Einzelnen mit der Rechtsprechung der Obergerichte** auseinander, nach der eine **Unterscheidung in wettbewerbsrelevante Erklärungen einerseits und solche Erklärungen andererseits vorgenommen wird, deren Fehlen keinen Einfluss auf die Preise, den Wettbewerb oder die Eindeutigkeit des Angebotsinhalts haben** (BayObLG, B. v. 28. 5. 2003 – Az.: Verg 6/03, B. v. 25. 9. 2003 – Az.: Verg 14/03; OLG Frankfurt, B. v. 16. 9. 2003 – Az.: 11 Verg 11/03). Der Rechtsprechung des Bundesgerichtshofs muss nach Auffassung des Oberlandesgerichts Frankfurt jedoch entnommen werden, dass es dafür, ob eine geforderte Erklärung vorliegt, nicht unbedingt darauf ankommt, ob diese unmittelbar den Angebotsinhalt oder darüber hinausgehend die rechtlichen und sonstigen Rahmenbedingungen der zu erbringenden Leistung betreffen. Der **Auftraggeber kann aus einem berechtigten Interesse heraus dazu befugt sein, Erklärungen zu verlangen, die ihn etwa in die Lage versetzen, den geplanten Ablauf eines umfangreichen Bauvorhabens zu überblicken** (OLG Frankfurt, B. v. 16. 9. 2003 – Az.: 11 Verg 11/03).

5325   Das OLG Dresden hat vor der neuen Rechtsprechung des Bundesgerichtshofs in **atypischen Sonderfällen einen Wertungsausschluss bei fehlenden Angaben ausnahmsweise nicht als geboten angenommen,** wenn das **Fehlen der geforderten Angaben unter keinem denkbaren Gesichtspunkt zu einer Wettbewerbsverzerrung führen kann.** Der sachliche Grund für die im Ansatz strikte Interpretation von § 25 Nr. 1 Abs. 1b und von § 21 Nr. 1 Abs. 1 Satz 3 VOB/A liegt nämlich darin, dass fehlende Angaben die Vergleichbarkeit der Angebote beeinträchtigen und damit potentiell wettbewerbsverzerrend wirken. Steht mithin ungeachtet eines Erklärungsdefizits fest, dass dieses die Wettbewerbsposition der Beteiligten nicht berührt, die fehlenden Angaben für die Wertung also von vornherein irrelevant sind, besteht in der Sache wenig Anlass, gleichwohl einen zwingenden Wertungsausschluss für geboten zu halten. **Es lässt nun ausdrücklich offen,** ob die vom Senat im praktischen Ergebnis für richtig gehaltene Einschränkung des zwingenden Wertungsausschlusses bei auslegungsfähigem Angebotsinhalt und nur formal unvollständigen Erklärungen im Sinne des § 21 Nr. 1 Abs. 1 Satz 3 VOB/A sich im Lichte des Beschlusses des Bundesgerichtshofs vom 18. 2. 2003 **weiterhin aufrechterhalten lässt** (OLG Dresden, B. v. 10. 7. 2003 – Az.: WVerg 0015/02).

5326   In neueren Entscheidungen kehrt das Bayerische Oberste Landesgericht – ihm folgend das OLG München – sowie das Schleswig-Holsteinische Oberlandesgericht hingegen im Ergebnis wieder zur älteren Rechtsprechung zurück, wonach die strikte Anwendung der Entscheidungssätze des Bundesgerichtshofes dazu führt, dass auch Angebote von der Wertung auszuschließen wären, bei denen entweder nur unbedeutende oder sich auf den Wettbewerb nicht auswirkende Erklärungen fehlen. Dies wäre ein **überspitzter Formalismus, der dem Wettbewerb nicht dienlich ist. Ist demnach eine Wettbewerbsrelevanz offensichtlich ausgeschlossen,** kann also das Fehlen der geforderten Erklärungen unter keinem denkbaren Gesichtspunkt zu einer Wettbewerbsbeeinträchtigung führen, kann das Angebot nicht ausgeschlossen werden (Schleswig-Holsteinisches OLG, B. v. 10. 3. 2006 – Az.: 1 (6) Verg 13/05; OLG München, B. v. 5. 7. 2005 – Az.: Verg 009/05; BayObLG, B. v. 15. 9. 2004 – Az.: Verg 026/03; ebenso VK Brandenburg, B. v. 21. 12. 2004 – Az.: VK 64/04). **Auch nach der Auffassung des OLG Düsseldorf** ist die **fehlende Angabe z. B. von Fassadenplänen für den Auftraggeber objektiv ohne Bedeutung und dazu ohne Relevanz für den Bieterwettbewerb** (OLG Düsseldorf, B. v. 5. 4. 2006 – Az.: VII – Verg 3/06).

In eine **ähnliche Richtung tendiert die VK Baden-Württemberg in einer neuen Entscheidung zur Zulässigkeit einer Mischkalkulation.** Danach lässt ein Angebot eine Verletzung des Gleichbehandlungsgebots unter den konkurrierenden Bietern und einen Verstoß gegen die wettbewerblich gebotene Transparenz des Verfahrens nicht erkennen, auch wenn in Abweichung vom Wortlaut des Leistungsverzeichnisses die Kalkulation eines Leistungsbestandteils einer Pauschalpreis-Position in einer anderen Pauschalpreis-Position erfolgt. Eine Ausnahme hinsichtlich des formal gebotenen Ausschlusses von Angeboten, die entsprechend § 21 Nr. 1 Abs. 1 S. 3 VOB/A nicht vollständige Preise enthalten, ist dann geboten, wenn eine **Wettbewerbsrelevanz offensichtlich ausgeschlossen ist, wenn also das Fehlen der geforderten Preisangaben oder der geforderten Erklärungen unter keinem denkbaren Gesichtspunkt zu einer Wettbewerbsbeeinträchtigung führen kann** (VK Baden-Württemberg, B. v. 18. 4. 2005 – Az.: 1 VK 10/05). 5327

Nach Auffassung der VK Bund **bedeutet diese Rechtsprechung auch, dass der zwingende Ausschluss selbst dann greift, wenn nach den Ausschreibungsbedingungen das Angebot bei Fehlen der Unterlagen lediglich ausgeschlossen werden kann und ein Ausschluss des Bieters somit im Ermessen des Auftraggebers liegen soll.** Dem steht entgegen, dass nach dem Wortlaut des § 25 Nr. 1 Abs. 1 VOB/A der Auftraggeber bei Vorliegen der in dieser Norm aufgestellten Voraussetzungen kein Ermessen auszuüben hat, sondern gezwungen ist, das betreffende Angebot aus der Wertung auszuschließen. Spielraum für eine großzügige Handhabe bleibt dabei nicht. Außerdem ist bei dieser Sachlage jede nachträgliche Aufklärung unzulässig, da Nachverhandlungen gemäß § 24 Nr. 3 VOB/A unstatthaft sind (1. VK Bund, B. v. 3. 6. 2005 – Az.: VK 1-47/05). 5328

Ein zwingender Ausschluss ist auch dann erforderlich, wenn die Vergabestelle in den Verdingungsunterlagen den **Ausschlussgrund einmal als Ermessensentscheidung und an einer anderen Stelle als zwingend formuliert** (VK Südbayern, B. v. 28. 4. 2005 – Az.: 09-03/05). 5329

107.5.1.2.3.3.2 Hinweis auf die Sanktion des Ausschlusses. In der **Rechtsprechung ist streitig,** inwieweit auf die Sanktion des Ausschlusses bei fehlenden Preisen oder Erklärungen ausdrücklich hingewiesen werden muss. 5330

Nach einer Auffassung muss auf die **zwingende Vorlage schon mit dem Angebot und darüber hinaus auch unter Hinweis auf die Sanktion des Angebotsausschlusses im Fall der Nichtvorlage deutlich, vorzugsweise im Angebotsanschreiben gem. § 10 Nr. 1 Abs. 1 lit. a) VOB/A hingewiesen werden** (VK Lüneburg, B. v. 11. 6. 2004 – Az.: 203-VgK-18/2004). 5331

Nach einer weniger restriktiven Auffassung kann ein Bieter sich auf eine Verletzung des Transparenzgebots mit der Begründung, die Vergabestelle habe in den Vergabeunterlagen auf den drohenden Angebotsausschluss bei fehlender Nachunternehmererklärung nicht hingewiesen, nicht berufen, wenn – abgesehen von den insoweit eindeutigen Vorschriften der §§ 10 Nr. 5 Abs. 3, 21 Nr. 1 Abs. 1 S. 3, 25 Nr. 1 Abs. 1 lit. b) VOB/A – in den **Bewerbungsbedingungen ein entsprechender Hinweis enthalten** ist (z. B. der Hinweis: „Das Angebot muss vollständig sein, unvollständige Angebote können ausgeschlossen werden. Das Angebot muss die Preise und die in den Verdingungsunterlagen geforderten Erklärungen und Angaben enthalten"). Zweifel über die Ausschlussfolge bei Vorlage eines unvollständigen Angebots können danach objektiv betrachtet nicht aufkommen (OLG Koblenz, B. v. 7. 7. 2004 – Az.: 1 Verg 1 und 2/04). 5332

Teil 3 VOB/A § 25 Vergabe- und Vertragsordnung für Bauleistungen Teil A

5333   **107.5.1.2.3.3.3 Fehlende Preise.** Jedes **Angebot, dass nicht alle geforderten Preise mit dem Betrag** angibt, der für die betreffende Leistung beansprucht wird, ist **auszuschließen** (OLG Koblenz, B. v. 15. 5. 2003 – Az.: 1 Verg. 3/03; VK Bund, B. v. 14. 8. 2003 – Az.: VK 2-62/03).

5334   **107.5.1.2.3.3.3.1 Möglichkeit des rechnerischen Nachvollziehens fehlender Preise.** Auf Grund der vom Bundesgerichtshof aufgestellten Grundsätze **kann ein Angebot selbst dann nicht um Preisangaben ergänzt werden, wenn diese durch einfache Rechenschritte zweifelsfrei nachvollzogen werden könnten** und auch keine Hinweise erkennbar sind, die den Verdacht begründen könnten, dass die Preiseintragungen aus spekulativen Beweggründen unterlassen worden seien. Vielmehr ist **jedes Angebot zwingend auszuschließen, das nicht alle geforderten Preise mit dem Betrag angibt, der für die betreffende Leistung beansprucht wird** und **auch jedes Angebot, bei dem nicht alle ausweislich der Ausschreibungsunterlagen geforderten Erklärungen und Angaben enthalten sind** (VK Hamburg, B. v. 6. 10. 2003 – Az.: VKBB-3/03; VK Bund, B. v. 14. 8. 2003 – Az.: VK 2-62/03).

5335   Auch die **fiktive Ergänzung eines fehlenden Angebotspreises mittels Rückgriff auf den teuersten Einheitspreis der anderen Angebote ist nicht möglich.** Ein Rückgriff auf ein anderes Angebot und wenn auch nur eine fiktive Ergänzung kann nicht zum Ziel führen, da die Angebotskalkulation der anderen Bieter, deren individuelle technischen und wirtschaftlichen Möglichkeiten nichts mit einem anderen Angebot zu tun haben. Ein solch fiktives Implantat kann niemals die individuelle Kalkulation eines Bieters ersetzen, bringt nicht den preislichen Willen des Bieters für diese Position zum Ausdruck, kann niemals zu einem vergleichbaren Angebot führen (VK Thüringen, B. v. 22. 3. 2005 – Az.: 360-4002.20-002/05-MGN).

5336   Füllt ein Bieter in einem Angebotsformular das Feld „**Endbetrag einschließlich Umsatzsteuer**" nicht aus, ergibt sich aber der abgefragte Endbetrag aus der „**Zusammenstellung" auf der letzten Seite des Angebotes** und wird hieraus **auch in der Submission verlesen**, ist das **Fehlen** des Betrages an der im Angebotsformular vorgesehenen Stelle **nicht wettbewerbserheblich und muss daher ausnahmsweise nicht zum Ausschluss des Angebotes führen** (VK Hessen, B. v. 19. 9. 2005 – Az.: 69d VK – 42/2005).

5337   **107.5.1.2.3.3.3.2 Auslegung fehlender Preisangaben als Verzicht auf einen Preis.** Bei dem **Angebot** eines Bieters handelt es sich um eine bürgerlichrechtliche empfangsbedürftige **Willenserklärung**, die nach den §§ 133, 157 BGB unter Berücksichtigung der von der Rechtsprechung entwickelten Grundsätze **auszulegen** ist. Danach sind **empfangsbedürftige Willenserklärungen so auszulegen, wie sie der Erklärungsempfänger nach Treu und Glauben unter Berücksichtigung der Verkehrssitte verstehen muss.** Bei der Auslegung dürfen nur solche Umstände berücksichtigt werden, die bei Zugang der Erklärung für den Empfänger erkennbar waren. Auf dessen Horizont und Verständnismöglichkeit ist die Auslegung abzustellen. Dies gilt auch dann, wenn der Erklärende die Erklärung anders verstanden hat und auch anders verstehen durfte. Entscheidend ist im Ergebnis nicht der empirische Wille des Erklärenden, sondern der **durch normative Auslegung zu ermittelnde objektive Erklärungswert seines Verhaltens.** Beachtet werden muss bei der Interpretation von Bietererklärungen schließlich auch das in § 97 Abs. 1 und 2 GWB aufgestellte Gebot der Auftragsvergabe im Rahmen eines transparenten Wettbewerbs unter Gleichbehandlung der Bieter. Macht ein Bieter in seinem Angebot beispielsweise **zu geforderten Zuschlägen keinerlei Angaben,** kann dies nach dem objektiven Erklärungswert aus der Sicht eines verständigen Auftraggebers aber nicht derart aufgefasst werden, dass der Bieter in den Positionen keine Zuschläge kalkuliert hat und somit im Bedarfsfall auch keine entsprechende Vergütung beansprucht. Der Auftraggeber muss hingegen von einem **unvollständigen Angebot** ausgehen (VK Südbayern, B. v. 16. 7. 2003 – Az.: 25-06/03), das zwingend auszuschließen ist.

5338   **107.5.1.2.3.3.3.3 Angabe nur eines symbolischen Preises (1 € bzw. 1 Cent). 107.5.1.2.3.3.3.3.1 Die Rechtsprechung des Bundesgerichtshofs (Mischkalkulation).** An einer für die Berücksichtigung eines Angebots erforderlichen vollständigen und den Betrag, der für die betreffende Leistung beansprucht wird, benennenden Erklärung über den Preis fehlt es bei einem Angebot, wenn dieses Angebot auf einer Mischkalkulation beruht, bei der durch so genanntes „Abpreisen" bestimmter ausgeschriebener Leistungen auf einen Einheitspreis von 0,01 € und so genanntes „Aufpreisen" der Einheitspreise anderer angebotener Positionen Preise benannt werden, die die für die jeweiligen Leistungen geforderten tatsächlichen Preise weder vollständig noch zutreffend wiedergeben. Ein Bieter, der in seinem Angebot die von ihm tatsächlich für einzelne Leistungspositionen geforderten Einheitspreise auf verschiedene Einheits-

Vergabe- und Vertragsordnung für Bauleistungen Teil A   VOB/A § 25   **Teil 3**

preise anderer Leistungspositionen verteilt, benennt nicht die von ihm geforderten Preise im Sinne von § 21 Nr. 1 Abs. 1 Satz 3 VOB/A, sondern „versteckt" die von ihm geforderten Angaben zu den Preisen der ausgeschriebenen Leistungen in der Gesamtheit seines Angebots. Ein solches Angebot widerspricht dem in § 21 Nr. 1 Abs. 1 VOB/A niedergelegten Grundsatz, weil es grundsätzlich ungeeignet ist, einer transparenten und alle Bieter gleichbehandelnden Vergabeentscheidung ohne weiteres zu Grunde gelegt zu werden. Deshalb sind **Angebote, bei denen der Bieter die Einheitspreise einzelner Leistungspositionen in „Mischkalkulationen" auf andere Leistungspositionen umlegt, grundsätzlich von der Wertung auszuschließen** (BGH, Urteil vom 7. 6. 2005 – Az.: X ZR 19/02; B. v. 18. 5. 2004 – Az.: X ZB 7/04; Thüringer OLG, B. v. 23. 1. 2006 – Az.: 9 Verg 8/05; OLG Frankfurt, B. v. 17. 10. 2005 – Az. 11 Verg 8/05; B. v. 16. 8. 2005 – Az.: 11 Verg 7/05; OLG Naumburg, B. v. 22. 9. 2005 – Az.: 1 Verg 7/05; B. v. 22. 9. 2005 – Az.: 1 Verg 8/05; B. v. 5. 8. 2005 – Az.: 1 Verg 7/05; Brandenburgisches OLG, B. v. 13. 9. 2005 – Az.: Verg W 9/05; OLG Dresden, B. v. 1. 7. 2005 – Az.: WVerg 0007/05; OLG Rostock, B. v. 6. 7. 2005 – Az.: 17 Verg 8/05; B. v. 17. 6. 2005 – Az.: 17 Verg 8/05; B. v. 10. 6. 2005 – Az.: 17 Verg 9/05; VK Baden-Württemberg, B. v. 18. 10. 2005 – Az.: 1 VK 62/05; VK Schleswig-Holstein, B. v. 28. 7. 2006 – Az.: VK-SH 18/06; B. v. 15. 5. 2006 – Az.: VK-SH 10/06; B. v. 6. 10. 2005 – Az.: VK-SH 27/05; VK Lüneburg, B. v. 14. 9. 2005 – Az.: VgK-40/2005; VK Thüringen, B. v. 28. 4. 2005 – Az.: 360-4002.20-005/05-MGN; 3. VK Bund, B. v. 22. 3. 2005 – Az.: VK 3-13/05; 1. VK Sachsen, B. v. 14. 3. 2005 – Az.: 1/SVK/011-05; B. v. 11. 3. 2005 – Az.: 1/SVK/009-05; 2. VK Bund, B. v. 11. 1. 2005 – Az.: VK 2-220/04; VK Hannover, B. v. 17. 11. 2004 – Az.: 26 045 – VgK 11/2004; VK Hessen, B. v. 21. 4. 2005 – Az.: 69 d VK – 20/2005; B. v. 21. 4. 2005 – Az.: 69 d VK – 09/2005; B. v. 25. 8. 2004 – Az.: 69 d – VK – 52/2004).

Da ein sich an der Ausschreibung nach Einheitspreisen beteiligender Bieter gemäß § 21 Nr. 1   5339
Abs. 1 VOB/A bei Meidung des Ausschlusses seines Angebots von der Wertung gehalten ist, die für die jeweiligen Leistungen geforderten tatsächlichen Preise vollständig und zutreffend anzugeben, kommt es **für die Frage, ob ein Angebot dieser Voraussetzung genügt, nicht auf die Frage an, aus welchen Gründen ein Bieter in seinem Angebot Einheitspreise für bestimmte Leistungspositionen auf andere Leistungspositionen verteilt und so die tatsächlich für die jeweiligen Leistungen geforderten Preise nicht wie in der Ausschreibung gefordert angibt** (BGH, B. v. 18. 5. 2004 – Az.: X ZB 7/04).

Nach dieser Rechtsprechung sind Einzelpreise von z. B. 0,01 € u. ä. also **nur dann nicht zu-**   5340
lässig, wenn eine Mischkalkulation stattfindet, Preisbestandteile also in mehreren Positionen enthalten sind. Liegen hierfür keine Anhaltspunkte vor, kann es sich gegebenenfalls um ein unangemessen niedriges oder hohes Angebot handeln (Brandenburgisches OLG, B. v. 13. 9. 2005 – Az.: Verg W 9/05; VK Schleswig-Holstein, B. v. 28. 6. 2006 – Az.: VK-SH 18/06; 1. VK Sachsen, B. v. 11. 3. 2005 – Az.: 1/SVK/009-05; vgl. dazu die Kommentierung RZ 5627).

Gibt es ebenso keine „überpreisten" Positionen, verbietet sich die Annahme einer   5341
kompensatorischen Preisverlagerung (Mischkalkulation). Ein Ausschlussgrund kann in einem solchen Fall nicht angenommen werden (VK Schleswig-Holstein, B. v. 6. 10. 2005 – Az.: VK-SH 27/05). Ein Angebotsausschluss wegen einer Mischkalkulation setzt also die (Sachverhalts-)Feststellung voraus, dass die **„Aufpreisung" bzw. „Abpreisung" einzelner Positionen unmittelbar miteinander korrespondiert – Konnexität –** (Thüringer OLG, B. v. 23. 1. 2006 – Az.: 9 Verg 8/05).

Es **fehlt nicht an einer Preisangabe,** wenn ein Bieter bei der Darstellung der Kalkulation   5342
des von ihm geforderten Preises (eine Preisposition), **einen Preisnachlass bei einer der Positionen der Kalkulation berücksichtigt.** Hierin ist kein unzulässiges Verschieben von Preisangaben im Sinne der Entscheidung des BGH vom 18. 5. 2004, X ZB 7/04 zu sehen (VK Baden-Württemberg, B. v. 16. 3. 2006 – Az.: 1 VK 8/06).

107.5.1.2.3.3.3.3.2 Aufklärung und Beweislast. Der **Nachweis** einer Mischkalkulation   5343
ist **geführt, wenn der Bieter selbst eingesteht, eine Mischkalkulation vorgenommen zu haben** (VK Schleswig-Holstein, B. v. 28. 7. 2006 – Az.: VK-SH 18/06; VK Lüneburg, B. v. 14. 9. 2005 – Az.: VgK-40/2005).

Für den Fall, dass Zweifel daran bestehen, ob die Einheitspreise die tatsächlich geforderten   5344
Preise für die jeweilige Position enthalten, ist eine **Aufklärung darüber erforderlich** (OLG Frankfurt, B. v. 17. 10. 2005 – Az. 11 Verg 8/05; B. v. 16. 8. 2005 – Az.: 11 Verg 7/05; OLG Naumburg, B. v. 5. 8. 2005 – Az.: 1 Verg 7/05). **Insbesondere ungewöhnlich niedrig bepreiste Angebote in einzelnen Leistungsverzeichnispositionen begründen eine wi-**

derlegliche Vermutung für eine Mischkalkulation. Sie **widersprechen dem allgemeinen Erfahrungssatz, ein Bieter kalkuliere auf dem einschlägigen Markt seinen Preis so, dass eine einwandfreie Leistungsausführung einschließlich Gewährleistung und die Erzielung einer Gewinnspanne möglich ist** (Brandenburgisches OLG, B. v. 13. 9. 2005 – Az.: Verg W 9/05). Ergibt die Aufklärung auf Grund der von dem Bieter gelieferten Angaben, dass die **ausgewiesenen Preise tatsächlich die von dem Bieter für die Leistung geforderten Preise nachvollziehbar ausweisen,** kann das **Angebot nicht** mehr gemäß § 25 Nr. 1 Abs. 1 lit. b) VOB/A **ausgeschlossen** werden. Ist der Bieter jedoch **nicht in der Lage, nachzuweisen,** dass die von ihm angebotenen Einheitspreise den tatsächlich von ihm geforderten Betrag für die Leistung ausweisen, ist die **Vergabestelle nicht verpflichtet weitere Ermittlungen** darüber **anzustellen,** welche Preise für die Leistung tatsächlich gefordert werden. Die Vergabestelle ist auch nicht verpflichtet nachzuweisen in welche Positionen Kostenanteile anderer Positionen verlagert wurden, was im Fall einer Verteilung auf mehrere Positionen so gut wie ausgeschlossen wäre. Es reicht der Beleg aus, dass im Angebot des Bieters nach Aufklärung Einheitspreise vorliegen, die nicht den tatsächlich für diese Leistung geforderten Betrag enthalten (ist die Leistung zu diesem Preis nach Angabe der Umstände und individuellen Möglichkeiten des Bieters, sowie der anfallenden Kosten so wie angegeben durch den Bieter realisierbar). **Kann der Bieter diese Frage nicht nachvollziehbar beantworten ist das Angebot** des Bieters gemäß § 25 Nr. 1 Abs. 1 lit. b) in Verbindung mit § 21 Nr. 1 Abs. 1 VOB/A **auszuschließen.** Das bedeutet auch, dass **betreffend des Nachweises über das Vorliegen tatsächlicher Einheitspreise der Bieter in der Pflicht ist und nicht die Vergabestelle.** Die gelieferten Nachweise müssen für die Vergabestelle nachvollziehbar sein, haben im Bedarfsfall auch die Kalkulationsgrundlagen (Aufgliederung der Leistung in deren Einzelbestandteile) zu enthalten. Die Vergabestelle hat die von dem Bieter vorgelegten Erklärungen zu prüfen und zu bewerten, vorausgesetzt die abgegebenen Erklärungen des Bieters sind nachvollziehbar und ermöglichen somit überhaupt eine Prüfung (VK Schleswig-Holstein, B. v. 28. 7. 2006 – Az.: VK-SH 18/06; VK Lüneburg, B. v. 5. 7. 2005 – Az.: VgK-26/2005; VK Thüringen, B. v. 23. 9. 2005 – Az.: 360-4002.20-007/05-NDH; B. v. 28. 4. 2005 – Az.: 360-4002.20-005/05-MGN).

5345 Im Rahmen der Überprüfung auffälliger Cent-Positionen kommt es bei der vergaberechtlichen Nachprüfung durch die Vergabekammer einzig und allein darauf an, was der betroffene Bieter aufgrund einer fristgebundenen Vorlageverpflichtung des Auftraggebers in concreto zu deren Rechtfertigung vorlegen sollte – und auch vorgelegt hat –, nicht aber darauf, was etwa ein Allgemeines Rundschreiben (z.B. das ARS 25/2004) abstrakt fordert oder welche Nachweise danach tauglich oder weniger tauglich erscheinen (Brandenburgisches OLG, B. v. 13. 9. 2005 – Az.: Verg W 9/05; 1. VK Sachsen, B. v. 14. 3. 2005 – Az.: 1/SVK/011-05; B. v. 11. 3. 2005 – Az.: 1/SVK/009-05). Würde man dies anders sehen wollen, hätte es die Vergabestelle in der Hand, eine an der Oberfläche bleibende Abfrage beim betroffenen Bieter vorzunehmen, um dessen Angebot dann – ohne konkrete Nachfrage oder Bietergespräch – nur deshalb nach § 25 Nr. 1 Abs. 1 lit. b) i.V.m. § 21 Nr. 1 Abs. 2 S. 5 VOB/A auszuschließen, weil dieser seiner (nur) aus dem Allgemeinen Rundschreiben abgeleiteten Nachweispflicht nicht tiefgründig genug nachgekommen ist. Bei einer derart sanktionierten Vorgehensweise wäre der Manipulation, insbesondere in mehrzügigen Entscheidungsprozessen mit unterschiedlichen Behörden, Tür und Tor geöffnet (1. VK Sachsen, B. v. 27. 4. 2005 – Az.: 1/SVK/032-05).

5346 **Entscheidend ist also, ob ein Bieter zu streitigen Positionen des Leistungsverzeichnisses plausible Erklärungen samt abgeforderter Unterlagen beibringt** und den Verdacht einer Mischkalkulation etc. durch Vorlage der Urkalkulation zerstreut; dann ist ein Ausschluss unter Hinweis auf ein angeblich höheres Nachweisniveau (z.B. aufgrund eines Allgemeinen Rundschreibens) vergaberechtswidrig (OLG Frankfurt, B. v. 17. 10. 2005 – Az.: 11 Verg 8/05; B. v. 16. 8. 2005 – Az.: 11 Verg 7/05; OLG Rostock, B. v. 6. 7. 2005 – Az.: 17 Verg 8/05; OLG Dresden, B. v. 1. 7. 2005 – Az.: WVerg 0007/05; VK Schleswig-Holstein, B. v. 6. 10. 2005 – Az.: VK-SH 27/05; 1. VK Sachsen, B. v. 12. 7. 2005 – Az.: 1/SVK/073-05; B. v. 27. 4. 2005 – Az.: 1/SVK/032-05; B. v. 11. 3. 2005 – Az.: 1/SVK/009-05).

5347 Das **OLG Koblenz** stellt dagegen darauf ab, ob eine **Mischkalkulation erkennbar** ist, welche **Erklärung der Bieter zu sehr niedrigen Preisen abgibt** und ob es **konkrete Anhaltspunkte für eine Mischkalkulation** gibt (OLG Koblenz, B. v. 10. 5. 2005 – Az.: 1 Verg 3/05; im Ergebnis ebenso Brandenburgisches OLG, B. v. 13. 9. 2005 – Az.: Verg W 9/05).

5348 Nach Auffassung des Oberlandesgerichts Naumburg ist **in solchen Fällen im Zweifelsfalle der Nachweis der Unvollständigkeit eines Angebots von der Vergabestelle zu führen,** die sich auf das Vorliegen eines zwingenden Ausschlussgrundes nach § 25 Nr. 1 Abs. 1 VOB/A beruft. Es gilt nichts Anderes als für alle anderen zwingenden Ausschlussgründe nach § 25 Nr. 1 Abs. 1 VOB/A. Im Zweifel sind also die Preisangaben von Bietern als vollständig und zutreffend gemacht hinzunehmen (OLG Naumburg, B. v. 22. 9. 2005 – Az.: 1 Verg 7/05; B. v. 5. 8. 2005 – Az.: 1 Verg 7/05; im Ergebnis ebenso OLG Rostock, B. v. 8. 3. 2006 – Az.: 17 Verg 16/05; B. v. 6. 7. 2005 – Az.: 17 Verg 8/05; B. v. 17. 6. 2005 – Az.: 17 Verg 8/05; OLG Frankfurt, B. v. 17. 10. 2005 – Az. 11 Verg 8/05; B. v. 16. 8. 2005 – Az.: 11 Verg 7/05; VK Schleswig-Holstein, B. v. 15. 5. 2006 – Az.: VK-SH 10/06; VK Baden-Württemberg, B. v. 18. 10. 2005 – Az.: 1 VK 62/05; VK Hessen, B. v. 21. 4. 2005 – Az.: 69 d VK – 20/2005; B. v. 21. 4. 2005 – Az.: 69 d VK – 09/2005; 1. VK Sachsen, B. v. 14. 3. 2005 – Az.: 1/SVK/011-05).

Im **Grundsatz gilt, dass die Vergabestelle einen von ihr behaupteten Ausschlussgrund** im Angebot eines Bieters **konkret zu benennen** hat und im Zweifelsfall die **Feststellungslast für dessen Vorliegen** trägt, wobei der Begriff der objektiven Feststellungslast den im zivilprozessualen Beibringungsverfahren gebräuchlichen Begriff der Beweislast ersetzt. An **dieser Regel ist auch für die Prüfung einer Mischkalkulation festzuhalten. Eine Umkehr der Feststellungslast zulasten eines Bieters tritt nicht dadurch ein, dass in seinem Angebot besonders hohe und niedrige Einheitspreise zusammentreffen und er daher seinerseits das Fehlen einer Konnexität nachzuweisen hätte.** Gegen einen solchen Ansatz spricht, dass **andernfalls die Kalkulationshoheit des Unternehmens empfindlich beeinträchtigt** würde. Um schon dem Verdacht einer Mischkalkulation bzw. dem Risiko eines Ausschlusses sicher zu entgehen, müsste es eng am üblichen Marktpreis kalkulieren und jegliche Preisabweichungen nach oben und nach unten strikt vermeiden. Das hätte nicht nur zur Folge, dass die Möglichkeiten des Wettbewerbs im Ganzen gesehen erheblich beschnitten würden und faktisch nur noch eine Preisgestaltung in einem eng segmentierten Bereich opportun wäre, sondern liefe auch einem der Grundziele des Wettbewerbs, nämlich der kostengünstigen Beschaffung im Interesse der Schonung der öffentlichen Haushalte, zuwider. 5349

Noch gravierender erscheint die Gefahr willkürlicher Ausschreibungsergebnisse. Wenn allein das Zusammentreffen außergewöhnlich hoher und niedriger Einheitspreise schon eine unzulässige Mischkalkulation indizieren und ggf. zum Ausschluss eines Angebots führen sollte, hätte es die Vergabestelle häufig in der Hand, einen von ihr nicht gewünschten Bieter aus dem Wettbewerb zu drängen (Thüringer OLG, B. v. 23. 1. 2006 – Az.: 9 Verg 8/05).

Eine **unzulässige Mischkalkulation liegt nicht vor**, wenn ein **Bieter ohne Auf- und Abpreisung so genannte Bereitstellungsgeräte** (Baukran einschließlich Lohnkosten Kranführer) **in die Position Baustelleneinrichtung einrechnet, wenn der Wortlaut des Leistungsverzeichnisses dies bei vertretbarer Auslegung zulässt**, weil eine ausdrückliche Position für diese Kosten im Leistungsverzeichnis fehlt (OLG München, B. v. 24. 5. 2006 – Az.: Verg 10/06). 5350

Eine **Verweigerung der Vorlage entsprechender Nachweise (z. B. Verträge) mit dem Hinweis darauf, es handele sich um vertrauliche Betriebsgeheimnisse, führt dazu, dass die Angaben des Bieters für den Auftraggeber letztlich nicht verifizierbar** sind. Der Bieter kommt mit diesen Angaben zwar grundsätzlich nicht der Erklärungspflicht nach, die ihr die Rechtsprechung gegenüber Nachfragen der Vergabestelle zu nach dem Angebotsinhalt nicht nachvollziehbaren Preisangaben auferlegt. Ein Auftraggeber, der sich in diesem Zusammenhang auf bloße verbale Beteuerungen eines Bieters, und seien sie in sich auch plausibel, verweisen lassen müsste, ohne entsprechend aussagekräftige Nachweise für den Inhalt der Erklärung verlangen zu können, gewinnt damit keine belastbaren und der Transparenz des Vergabeverfahrens förderlichen Erkenntnisse. Die **Vergabestellen haben demgegenüber keine ernsthaften Überprüfungsmöglichkeiten mehr.** Bietern, die durch ihre Angebotsgestaltung den Verdacht unzulässiger Preisverlagerung ausgelöst haben, sind daher alle Erklärungen abzuverlangen, die geeignet sind, diese Zweifel auszuräumen. Den Bietern obliegt mithin auch die entsprechende Darlegungs- und Beweislast. Erst eine solcherart geschaffene nachvollziehbare Tatsachengrundlage versetzt die Vergabestelle auch in die Lage, den betroffenen Bieter gegenüber ansonsten nahe liegenden Beanstandungen konkurrierender Beteiligter in der Wertung zu belassen, ohne das Risiko gegenläufiger Nachprüfungsbegehren fürchten zu müssen. Der Einwand, z. B. bestehende Verträge und deren Details als Betriebsgeheimnisse nicht offen legen zu wollen, greift nicht, da diese Unterlagen im Vergabeverfahren vertraulich behandelt und die Interessen des Bieters damit gewahrt werden (OLG Rostock, B. v. 8. 3. 2006 – Az.: 17 Verg 16/05). 5351

107.5.1.2.3.3.3.3 Mischkalkulation durch Übernahme einer Mischkalkulation eines Nachunternehmers. Gibt ein **Nachunternehmer gegenüber dem Bieter Preise an, die** 5352 eine Mischkalkulation beinhalten, und übernimmt der Bieter diese Preise – zuzüglich eines Aufschlags für Wagnis und Gewinn – **handelt es sich nicht um die wahren Preise,** weil ausgelassene Kosten (z. B. anteilige Kosten für Personal, AfA, Verwaltungskosten, kalkulatorischer Verschleiß und Kosten der Baustelleneinrichtung) tatsächlich ebenfalls beansprucht werden, aber nicht berücksichtigt worden sind, weil der Nachunternehmer diese Kostenbestandteile in andere Leistungspositionen eingerechnet hat. Ein **Bieter, der unzutreffende Preisangaben des Nachunternehmers unberichtigt übernimmt, macht diese zum Gegenstand seines Angebots,** dies jedenfalls dann, wenn die Nachunternehmerleistungen im Angebotsblankett nach den Positionen des Leistungsverzeichnisses aufgegliedert werden. Die Angebotspreise sind in diesen Fällen unvollständig und unzutreffend, mit der Folge, dass das Angebot einem zwingenden Wertungsausschluss unterliegt. **Darauf, ob unvollständige und unzutreffende Preisangaben des Nachunternehmers vom Bieter bewusst übernommen werden, kommt es nicht an. Maßgebend ist der objektive Befund** (OLG Düsseldorf, B. v. 16. 5. 2006 – Az.: VII – Verg 19/06).

5353   **107.5.1.2.3.3.3.3.4 Prüfungssystematik für die Feststellung einer Mischkalkulation.**
Faktisch erschöpft sich die Nachprüfbarkeit einer unzulässigen Mischkalkulation aus Sicht der Vergabestelle **im ersten Stadium nach Öffnung der Angebote in einer summarischen Bewertung der Angemessenheit der Einheitspreise.** Weichen diese in einzelnen Positionen in besonders auffälliger Weise nach oben und nach unten ab, wobei als Vergleichsmaßstab die übrigen Bestandteile des eigenen Angebots (insbesondere die Preisgestaltung gleichartiger Leistungen), der Bieterpreisspiegel und schließlich, soweit vorhanden, ein Marktpreis in Betracht kommen können, kann dies ein hinreichender Anlass zu weiteren Ermittlungen bieten. **Keinesfalls rechtfertigt jedoch ein solcher Befund bereits den Ausschluss eines Angebots.** Denn das bloße Zusammentreffen außergewöhnlich hoher und außergewöhnlich niedriger Positionspreise in einem Angebot erlaubt schon deshalb nicht ohne weiteres den Schluss auf eine unzulässige Mischkalkulation, weil sie unverbunden nebeneinander zulässig sind. **Mithin bedarf es vor Ausschluss eines Angebots zusätzlich der gesonderten Feststellung der Konnexität auffälliger Angebotspreise.** Es liegt auf der Hand, in einem **zweiten Schritt die interne Kalkulation des Bieters** in den Blick zu nehmen. Da dies allerdings die **geschützte, dem besonderen Geheimhaltungsinteresse** (vgl. § 111 Abs. 2 GWB) **des Unternehmens unterliegende Sphäre** berührt, liegt es zunächst an ihm, an einer solchen Einbeziehung mitzuwirken oder aber sie zu versagen und ggf. nachteilige Konsequenzen hinsichtlich der Beweislast in Kauf zu nehmen. Auf Anforderung der Vergabestelle bzw. der Vergabeprüfungsinstanzen wird der Bieter zur Vermeidung von Verfahrensnachteilen namentlich die sog. **schriftliche Urkalkulation offen zu legen** haben, worin üblicherweise im Zuge der Angebotsvorbereitung die für die einzelnen Leistungen aus Sicht des Unternehmens anfallenden Kosten und Erträge bilanzierend gegenüber gestellt werden. **Ergeben sich insoweit Abweichungen oder Lücken im Sinne einer Preisverlagerung** gegenüber dem im Angebot verlautbarten Preisgefüge, führt das zum **Ausschluss** gem. §§ 25 Nr. 1 Abs. 1 lit. b, 21 Nr. 1 Abs. 1 S. 3 VOB/A. Finden hingegen die nach außen deklarierten Einheitspreise in den privaten Kalkulationsunterlagen ihre Entsprechung, so wird das Angebot vorläufig als mangelfrei zu gelten haben, da es sich dann um die nach Aktenlage tatsächlich kalkulierten Preise handelt. Ist **in den internen Kalkulationsunterlagen nicht einmal angedeutet,** dass **ein niedriger, ggf. sogar unter Selbstkosten liegender Einheitspreis gerade mit der Erhöhung eines anderen signifikant hohen Einheitspreises aufgefangen werden soll,** so schließt das zwar einen gegenteiligen unternehmerischen Willen nicht aus. Jedoch kommt **im Rahmen der Prüfung einer Preisverlagerung ein Rückgriff auf externe Vergleichsmaßstäbe nicht in Betracht.** Denn für die – wie meist bei subjektiven Merkmalen – schwierige Ermittlung eines unternehmerischen Willens geben weder der Preisspiegel der übrigen Angebote noch die Höhe des Marktpreises etwas her. Räumt daher der Bieter die Konnexität verschiedener Einheitspreise nicht von sich aus ein, **kommt in einem dritten Prüfungsschritt ein Nachweis nur durch eine auf die konkreten Umstände des Einzelfalls bezogene förmliche Beweisaufnahme in Betracht,** soweit sich dadurch weiterführende Erkenntnisse, etwa hinsichtlich entsprechender Willensäußerungen der handelnden Organe des Unternehmens, gewinnen lassen (Thüringer OLG, B. v. 23. 1. 2006 – Az.: 9 Verg 8/05).

5354   **107.5.1.2.3.3.3.3.5 Weitere Beispiele aus der Rechtsprechung**
– fehlt es an einer **Vorgabe der Vergabestelle zur Berücksichtigung der Gemeinkosten im Leistungsverzeichnis, können** diese **Kosten** auch **nicht in unzulässiger Weise verlagert** worden sein (OLG Rostock, B. v. 8. 3. 2006 – Az.: 17 Verg 16/05)

Vergabe- und Vertragsordnung für Bauleistungen Teil A VOB/A § 25 **Teil 3**

- **ein nachvollziehbarer Kalkulationsirrtum** kann den Anschein einer Mischkalkulation entkräften (OLG Rostock, B. v. 6. 7. 2005 – Az.: 17 Verg 8/05)
- auch wenn in Abweichung vom Wortlaut des Leistungsverzeichnisses die Kalkulation eines Leistungsbestandteils einer Pauschalpreis-Position in einer anderen Pauschalpreis-Position erfolgt, ist ein Ausschluss nicht geboten, wenn eine **Wettbewerbsrelevanz offensichtlich ausgeschlossen ist, wenn also das Fehlen der geforderten Preisangaben oder der geforderten Erklärungen unter keinem denkbaren Gesichtspunkt zu einer Wettbewerbsbeeinträchtigung führen kann** (VK Baden-Württemberg, B. v. 18. 4. 2005 – Az.: 1 VK 10/05)
- die Tatsache, dass ein Bieter für verschiedene Positionen **wesentlich günstigere Preise anbietet als die anderen Bieter**, indiziert nicht, dass eine unzulässige Mischkalkulation vorliegt. Insbesondere ist nicht ersichtlich, dass unterstellte „Abpreisungen" in einzelnen Positionen zu „Aufpreisungen" in anderen Positionen geführt hätten, da Einzelpreise und Gesamtpreis günstig sind (VK Lüneburg, B. v. 5. 7. 2005 – Az.: VgK-26/2005; 3. VK Bund, B. v. 22. 3. 2005 – Az.: VK 3-13/05)
- allerdings **kann die Kammer im Ergebnis nicht nachweisen, dass der eigentlich zu fordernde Preis in anderen Positionen aufgefangen** wurde. Es mag mangels Entscheidungsrelevanz daher dahingestellt bleiben, ob die strengen Vorgaben des Bundesministeriums für ... einen Ausschluss aufgrund der 1-Cent-Preise gerechtfertigt hätten (2. VK Bund, B. v. 11. 1. 2005 – Az.: VK 2-220/04)

107.5.1.2.3.3.3.4 Die Rechtsprechung vor der Entscheidung des Bundesgerichtshofs. Die **Rechtsprechung** war insoweit **nicht einheitlich**. 5355

Schreibt der **Bieter in eine Position einen Preiseintrag „1 €"** und veranschlagt er die Bereitstellung dieser Position tatsächlich mit einem Kostenbetrag von rund 140 000 € – unter Einrechnung dieser Kosten in eine andere Position, ohne dies aber offen zu legen – enthält das Angebot bei dieser Position des Leistungsverzeichnisses nicht die geforderte Preisangabe; es ist **aufgrund dieser Unvollständigkeit zwingend von der Wertung auszuschließen** (OLG Düsseldorf, B. v. 26. 11. 2003 – Az.: VII – Verg 53/03; VK Düsseldorf, B. v. 12. 8. 2003 – Az.: VK – 22/2003 – B). 5356

Diese **Ansicht** teilen andere Vergabesenate und Vergabekammern **nicht**. Ein Bieter, der bei einzelnen Positionen einen **Einheitspreis von 0,01 €** einsetzt, gibt **seine Preise** im Sinne der § 21 Nr. 1 Abs. 1 Satz 1, § 25 Nr. 1 lit. b) VOB/A **vollständig an.** Bei diesem Preis handelt es sich dann um den für die jeweilige Einheit verlangten Preis, auf den sich der Auftraggeber bei der Angebotswertung einstellen kann. Daran ändert sich nichts, wenn der Bieter gleichzeitig, gleichsam zum „betriebswirtschaftlichen Ausgleich" andere Positionen (deutlich) höher kalkuliert und dafür entsprechend deutlich mehr verlangt, als dies bei den Ausschreibungskonkurrenten zu beobachten ist. Ein Bieter, der auf diese Weise kalkuliert, nimmt lediglich im Wege von betriebswirtschaftlich motivierten kalkulatorischen Rechenoperationen eine angebotsbezogene Umgruppierung verschiedener jeweils unselbstständiger Kalkulationsposten innerhalb des Gesamtangebots vor. Das kann ihm wettbewerbs- und vergaberechtlich auch unter Berücksichtigung der wohl verstandenen und berechtigten Interessen des Auftraggeberseite nicht verwehrt werden. Die **Angebotskalkulation berührt den Kernbereich unternehmerischen Handelns im Wettbewerb um öffentliche Aufträge und damit die Freiheit des Wettbewerbs in diesem Marktgeschehen schlechthin. Vorschriften, auf welche Weise der Unternehmen zu kalkulieren hat, kann es in einer freien Wirtschaftsordnung nicht geben.** Das hat im Übrigen auch plausible tatsächliche Gründe. Auf Grund der vielfältigsten Variablen, die nach den jeweiligen betrieblichen und sonstigen vom Unternehmen zu berücksichtigenden Verhältnisse zulässigerweise in die Kalkulation eines Angebots einfließen können, lässt sich ein wie auch immer aufzufassender „leistungsgerechter" Einheitspreis des einzelnen anbietenden Unternehmens kaum je objektiv feststellen (OLG Rostock, B. v. 8. 3. 2006 – Az.: 17 Verg 16/05; KG Berlin, B. v. 26. 2. 2004 – Az.: 2 Verg 16/03, B. v. 15. 3. 2004 – Az.: 2 Verg 17/03; BayObLG, B. v. 1. 3. 2004 – Az.: Verg 2/04; 1. VK Sachsen, B. v. 22. 3. 2004 – Az.: 1/SVK/014-04, 1/SVK/014-04G; im Ergebnis ebenso 1. VK Bund, B. v. 24. 8. 2006 – Az.: VK 1-91/06). 5357

107.5.1.2.3.3.3.5 Literatur 5358

- Freise, Harald, Mischkalkulationen bei öffentlichen Aufträgen: Der BGH hat entschieden – und nun?, NZBau 2005, 135
- Hausmann, Friedrich/Bultmann, Peter, Der Ausschluss spekulativer Angebote, ZfBR 2004, 671

- Köster, Bernd, Die Zulässigkeit von Mischkalkulation und Niedrigpreisangeboten bei Ausschreibungen nach der VOB im Spiegel der neueren Rechtsprechung, BauR 2004, 1374
- Leinemann, Ralf/Kirch, Thomas, Der Angriff auf die Kalkulationsfreiheit – Die systematische Verdrehung der BGH-Entscheidung zur „Mischkalkulation", VergabeR 2005, 563
- Müller-Wrede, Malte, Die Behandlung von Mischkalkulationen unter besonderer Berücksichtigung der Darlegungs- und Beweislast, NZBau 2006, 73
- Stemmer, Michael, Vergabe und Vergütung bei misch- und auffällig hoch oder niedrig kalkulierten Einheitspreisen, ZfBR 2006, 128

5359　107.5.1.2.3.3.3.6 Angabe eines symbolischen Preises und des Zusatzes „in Position xy enthalten" in einer Position. Nach der neuen Rechtsprechung des Bundesgerichtshofs zur Unzulässigkeit der Angabe nur eines symbolischen Preises **führen solche Preisangaben ebenfalls zum zwingenden Ausschluss eines Angebots, wenn eine Mischkalkulation und eine Verteilung eines Preises auf mehrere Positionen stattfinden** (Saarländisches OLG, B. v. 9. 11. 2005 – Az.: 1 Verg 4/05).

5360　Die ältere Rechtsprechung zog diese strikte Konsequenz nicht immer: Trägt ein Bieter bei einer Position statt eines Einheitspreises einen symbolischen Preis (z. B. die Zahl 1 oder 0) **und die Worte „in Position xy enthalten" ein, so ist dies keine klare Preisangabe und verstößt gegen § 21 Nr. 1 Abs. 1 VOB/A.** Das Angebot kann ausgeschlossen werden (VK Südbayern, B. v. 5. 9. 2003 – Az.: 37-08/03).

5361　Zur Möglichkeit, solche Angaben in Sonderfällen auch als Änderung der Verdingungsunterlagen zu behandeln, vgl. die Kommentierung RZ 5570.

5362　107.5.1.2.3.3.3.7 Angabe „enthalten ... 0,00" bzw. „in Pos. enthalten ... 0,00" bzw. „incl.". Nach der neuen Rechtsprechung des Bundesgerichtshofs zur Unzulässigkeit der Angabe nur eines symbolischen Preises **führen solche Preisangaben ebenfalls zum zwingenden Ausschluss eines Angebots, wenn eine Mischkalkulation und eine Verteilung eines Preises auf mehrere Positionen stattfinden** (Saarländisches OLG, B. v. 9. 11. 2005 – Az.: 1 Verg 4/05).

5363　Die **Angabe „in Pos. bereits enthalten" kann auch als Preisangabe „Null" ausgelegt werden.** Eine solche Preisangabe ist nicht von vornherein unzulässig, sondern nur dann, wenn die mit „Null" bepreiste Position in eine andere Position eingerechnet worden ist; nur dann liegt eine unzulässige Mischkalkulation vor. Dies ist z.B. nicht der Fall, wenn Lizenzgebühren wegen der eigenen Softwareentwicklung seitens des Anbieters nicht anfallen (OLG München, B. v. 5. 7. 2005 – Az.: Verg 009/05).

5364　Die ältere Rechtsprechung zog diese strikte Konsequenz nicht immer: Auch die **Angabe „enthalten ... 0,00" bzw. „in Pos. enthalten ... 0,00", ist eine verbindliche Preisangabe,** an die sich der Bieter auch festhalten lassen muss (OLG Düsseldorf, B. v. 30. 4. 2002 – Az.: Verg 3/02, ebenso die Angabe **„incl."** (VK Nordbayern, B. v. 10. 3. 2004 – Az.: 320.VK-3194-04/04).

5365　Die **Rechtsprechung zur Mischkalkulation fordert vom Bieter jedoch nicht die Zerlegung eines wahren Preises in Unterpreise, die es für die vom Bieter angebotene technische Lösung nicht gibt** und die vom Auftraggeber nur für den Fall einer anderen technischen Lösung abgefragt werden. Die Preisangabe „in vorgenannter Type enthalten" ist also dann nicht unvollständig, wenn **ein Produkt zusammen mit einem anderen Produkt ein einheitliches Bauteil bildet,** so dass eine gesonderte Preisausweisung für Bestandteile dieses Bauteiles unmöglich ist (OLG München, B. v. 5. 7. 2005 – Az.: Verg 009/05).

5366　107.5.1.2.3.3.3.8 **Fehlende Preisangaben im Wartungsvertrag.** Lässt ein Bieter einen **Wartungsvertrag** für einen Zeitraum von fünf Jahren, der nach der Vergabebekanntmachung **Bestandteil der Angebote** ist, **unausgefüllt** und **fehlen auch in der Zusammenfassung des Angebotes,** die auszufüllen ist, **sämtliche Preisangaben,** rechtfertigt dies den **Ausschluss des Angebots** (VK Brandenburg, B. v. 18. 6. 2003 – Az.: VK 31/03; VK Nordbayern, B. v. 25. 9. 2002 – Az.: 320.VK3194-26/02).

5367　**Gibt der Bieter** in einem Formularmuster unter der Überschrift „Vergütung" **nicht an, wie die Vergütung** (die Zahlungsweise) **erfolgen soll, ist das Angebot unvollständig,** denn dadurch ist ein wesentlicher Vertragsbestandteil, die Zahlungsmodalität, offen geblieben; das **Angebot ist zwingend auszuschließen** (VK Hessen, B. v. 27. 3. 2006 – Az.: 69 d VK – 10/2006).

107.5.1.2.3.3.3.9 Fehlende Preisangaben bei einer Leistungsbeschreibung mit Leistungsprogramm. Es ist **zulässig**, in einer **Leistungsbeschreibung mit Leistungsprogramm** die **wesentlichen Positionen mit Preisangaben** zu versehen. Mit diesen Preisangaben zu den Einheitspreisen sollen die wesentlichen Positionen (Hauptpositionen der Leistungsbeschreibung) ausdrücklich einzeln ausgewiesen und damit detailliert aufgeschlüsselt werden. Die in den Einheitspreislisten abgegebenen **Einheitspreise sind kalkulationsrelevant** und lassen **Rückschlüsse auf die Angemessenheit angegebener Pauschalpreise** bei der Bewertung des Angebots zu. Sie sind zudem **Kalkulationsgrundlage für** gegebenenfalls während der Bauphase erforderlich werdende **Änderungen der Bauausführung**. Werden diese **Positionen nicht mit Preisen versehen**, ist das **Angebot auszuschließen** (Hanseatisches OLG Hamburg, B. v. 21. 1. 2004 – Az.: 1 Verg 5/03; VK Hamburg, B. v. 6. 10. 2003 – Az.: VKBB-3/03). 5368

107.5.1.2.3.3.3.10 Fehlende bzw. geänderte Preisangaben in einem Kurz-Leistungsverzeichnis. Weicht ein Bieter **im Kurz-Leistungsverzeichnis mit selbst erfundenen Leistungspositionen von den Vorgaben des Muster-Leistungsverzeichnisses** des Auftraggebers **ab,** das derartig bezeichnete Leistungspositionen gar nicht aufweist, machen diese Angaben das **Angebot unvollständig** und führen **zwingend zum Ausschluss** des Angebots. Insoweit ist es wegen der identitätswahrenden Wirkung des Kurz-Leistungsverzeichnisses und der Vergleichbarkeit der Angebote irrelevant, wenn diese Positionen inhaltlich (wohl) den tatsächlichen Leistungspositionen entsprechen (1. VK Sachsen, B. v. 13. 6. 2003 – Az.: 1/SVK/053-03). 5369

107.5.1.2.3.3.3.11 Fehlende Preisangaben über in Einheitspreise einkalkulierte Zuschläge. Fordert der Auftraggeber **Angaben über in Einheitspreise einkalkulierte Zuschläge** (z. B. bei Rohrleitungen), so ist dies **vom Bieter grundsätzlich zu befolgen,** zumal solche Angaben durchaus hilfreich für die Ermittlung veränderter Nachtragspreise nach Vertragsabschluß, z.B. gemäß § 2 Nr. 3 bis 7 VOB/B sein können (VK Südbayern, B. v. 16. 7. 2003 – Az.: 25-06/03). 5370

107.5.1.2.3.3.3.12 Fehlender Gesamtpreis bei mehreren Bedarfspositionen. Unterlässt ein Bieter es in einem Angebot, in seinem Angebot so genannte **Bedarfspositionen zu einem Gesamtpreis auf zu addieren** und ist es allen Beteiligten und für jeden Laien klar ersichtlich, dass in keinem Fall eine Beauftragung aller Bedarfspositionen angedacht ist, ist eine **Gesamtberechnung der Kosten aller Bedarfspositionen ersichtlich sinnlos.** Auf die Abgabe einer solchen Erklärung aber kann der Auftraggeber keinen Anspruch haben. Welche Bedeutung die Forderung nach Bildung dieses Gesamtpreises hat, ist nicht klar. Die **Nichterfüllung kann jedenfalls nicht zum Ausschluss des Angebots führen** (VK Arnsberg, B. v. 28. 1. 2004 – Az.: VK 1-30/2003). 5371

107.5.1.2.3.3.3.13 Fehlende Preise bei einem Vergabeverfahren nach der VOB/A-SKR. Es findet sich **in der VOB/A-SKR keine den §§ 21 Nr. 1 Abs. 2 Satz 5, 25 Nr. 1 Abs. 1 lit. b VOB/A entsprechende Regelung im Sinne eines zwingenden Ausschlussgrundes**. **Eine analoge Anwendung der Vorschriften ist nach dem eindeutigen Inhalt der VOB/A-SKR nicht angezeigt:** Weder ist eine unbewusste Regelungslücke erkennbar, noch ist die Interessenlage der – durch den Abschnitt 3 der VOB/A erfassten – klassischen öffentlichen Sektorenauftraggeber mit der der – durch den Abschnitt 4 VOB/A erfassten – privaten Sektorenauftraggeber vergleichbar. Der Auftraggeber ist insoweit nicht verpflichtet, unvollständige Angebote zwingend auszuschließen. 5372

Dem steht die **Rechtsprechung des Bundesgerichtshofs nicht entgegen**: Der Beschluss des Bundesgerichtshofs vom 18. 2. 2003 (Az.: X ZB 43/02) basiert im Hinblick auf die Ausschlusspflicht eines unvollständigen Angebots auf den §§ 21, 25 VOB/A und die Anwendung der „Muss" – Regelung des § 25 Nr. 1 Abs. 1 lit. b VOB/A, die unbeschadet der „Soll" – Vorschrift des § 21 Nr. 2 Satz 5 VOB/A zwingend anzuwenden ist. Eine solche Ausschlusspflicht sieht die VOB/A-SKR aber gerade nicht vor. Soweit auf das Gleichbehandlungsgebot im Sinne der Entscheidung des Bundesgerichtshofs vom 7. 1. 2003 (Az.: X ZR 50/01) abgestellt wird, gilt im Sinne der entsprechenden Ausprägung durch die §§ 21 Nr. 1 Abs. 1 Satz 5, 25 Nr. 1 Abs. 1 lit. b VOB/A nichts anderes (VK Hessen, B. v. 30. 3. 2004 – Az.: 69d – VK – 08/2004). 5373

107.5.1.2.3.3.3.14 Fehlende Preise bei einer Alternativposition. Das **Fehlen einer Preisangabe für eine Alternativposition** führt **zwingend zum Ausschluss** des dadurch unvollständigen Angebots (OLG Naumburg, B. v. 5. 5. 2004 – Az.: 1 Verg 7/04). 5374

107.5.1.2.3.3.3.15 Fehlende Aufschlüsselung der Preise. Die Bestimmung des § 21 Nr. 1 Abs. 2 S. 5 VOB/A ist nach der Rechtsprechung dahin zu verstehen, dass die Angebote 5375

Teil 3 VOB/A § 25 Vergabe- und Vertragsordnung für Bauleistungen Teil A

die geforderten Erklärungen enthalten müssen. **Darunter fällt auch, dass der Bieter im Angebot die jeweils geforderten Einzelpreise nennt, da es sonst nicht vollständig ist.** Verlangt der Auftraggeber die **aufgegliederte Angabe von Einheitspreisen, so muss der Bieter auch dies befolgen.** Nimmt z. B. ein Bieter eine Aufgliederung der Einheitspreise in solche für Zargen und Türblätter nicht vor, ist sein Angebot zwingend auszuschließen. Das Argument, die Grundpreise werden von den Türherstellern nicht mitgeteilt und deshalb ist eine Aufteilung der Preise in Zargen und Türblätter nicht möglich, verfängt schon im Ansatz nicht. Gefordert sind ein Angebot des Bieters und seine Aufschlüsselung der Einheitspreise, nicht diejenigen von Vorlieferanten (OLG Düsseldorf, B. v. 23. 3. 2005 – Az.: VII – Verg 02/05).

5376   107.5.1.2.3.3.3.16 Häufung von Fantasiepreisen als fehlende Preise. Es ist davon auszugehen, dass ein **Bieter die geforderten Preise nicht angibt, wenn er eine Vielzahl von Positionen in einem ganzen Titel des Leistungsverzeichnisses wahllos einheitlich mit einem Phantasiebetrag bepreist,** der ersichtlich in keinem Zusammenhang mit der Leistungsbeschreibung und dem Leistungsverzeichnis steht. Ein solcher Fall ist so zu behandeln, als wenn der Bieter in dem gesamten Titel überhaupt keine Preise auswiest. Wollte man dies anders sehen, ginge die Forderung des Auftraggebers, für die einzelnen Positionen des Leistungsverzeichnisses Preise anzugeben, ins Leere. Der Bieter könnte dann irgendwelche Preise angeben, wenn am Ende nur die von ihm geforderte Summe für den Gesamtauftrag erscheint (Brandenburgisches OLG, B. v. 30. 11. 2004 – Az.: Verg W 10/04).

5377   107.5.1.2.3.3.3.17 Einrechnen von Leistungsbestandteilen in eine Position entgegen der Positionsbeschreibung. Rechnet der Bieter Leistungsbestandteile in eine Position ein, obwohl der Inhalt dieser Position genau beschrieben ist und diese Leistungsbestandteile nicht umfasst, verstößt er gegen § 21 Nr. 1 Abs. 2 S. 5 VOB/A, der dem Bieter vorschreibt, Preise und sonstige Erklärungen so wie in den Ausschreibungsunterlagen gefordert, vollständig und zutreffend anzugeben. Der angebotene Preis entspricht dann nicht dem beschriebenen Leistungsumfang. Er bezieht darüber hinausgehende Leistungsbestandteile mit ein und ist damit gemessen an der Vorgabe des Leistungsverzeichnisses unzutreffend. Das **Angebot ist zwingend auszuschließen.** Ob der Bieter im Gegenzug in anderen Leistungspositionen „Abpreisungen" vorgenommen, d. h. ein Angebot unterhalb des tatsächlich kalkulierten und beanspruchten Preises abgegeben und damit noch in weiteren Punkten unzutreffende (und unvollständige) Preisangaben gemacht hat, kann in solchen Fällen dahinstehen. Solche den Bereich der Leistungsbeschreibung zu Einheitspreisen (§ 5 Nr. 1 Buchst. a VOB/A) betreffenden Mischkalkulationen durch „Auf- und Abpreisen" sind besondere, aber nicht die einzigen Fälle vorschriftswidriger Preisangaben. **Ist die Leistung, wie z. B. die Baustelleneinrichtung, nach Umfang und Ausführungsart genau bestimmt (§ 5 Nr. 1 Buchst. b VOB/A), liegt eine unzutreffende Erklärung zum Preis schon dann vor, wenn dieser nur in der entsprechenden Position nicht der Leistungsvorgabe entspricht.** Unerheblich sind auch die subjektiven Beweggründe, die den Bieter zu der unrichtigen Preisangabe veranlasst haben. Maßgeblich ist allein der objektive Erklärungsinhalt. Selbst wenn der Bieter der Auffassung ist, dass z. B. die Betriebs-, Vorhalte- und Gerätemietkosten anderen Teilleistungen nicht zugerechnet und die Vorgabe des Leistungsverzeichnisses daher nicht erfüllt werden können, darf er sich über den erklärten Willen des Auftraggebers nicht einfach hinwegsetzen. Es ist dann seine Aufgabe, das Leistungsverzeichnis als unvollständig zu rügen und den Auftraggeber zur Abhilfe aufzufordern (OLG Koblenz, B. v. 2. 1. 2006 – Az.: 1 Verg 6/05).

5378   107.5.1.2.3.3.3.18 Umrechnungszeitpunkt bei Angeboten mit anderer Währung. Der **Auftraggeber kann auch Angebote in anderen Währungen als den Euro zulassen. Für die Festlegung des Umrechnungskurses ist auf den Submissionstermin abzustellen. Dieser Tag ist der einzige Fixtermin für alle Bieter in Bezug auf das Angebot und ermöglicht eine diskriminierungsfreie und transparente Umrechnung der (jeweiligen) Währung.** Daher kann der Auftraggeber weder auf die Angebotseinreichung abstellen noch einen von ihm willkürlich festgelegten Wertungstermin als entscheidenden Zeitpunkt für die Bestimmung des Umrechnungskurses wählen. Unschädlich ist auch, dass dieser festgestellte Preis am Tag der Submission, Schwankungen des Wechselkurses vorausgesetzt, nicht der letztlich von dem Auftraggeber zu zahlenden Summe entsprechen wird. Das Risiko der Abweichung hat der Auftraggeber durch die Eröffnung der Möglichkeit, Angebote in der jeweiligen Landeswährung abgeben zu können, übernommen (2. VK Bund, B. v. 15. 2. 2005 – Az.: VK 2-06/05).

5379   107.5.1.2.3.3.3.19 Minus-Preise. Eine **geforderte Preisangabe** – der Betrag, der für die betreffende Leistung beansprucht wird – **„fehlt" nicht allein deshalb, weil sie negativ ist.**

Bedenklich können Minuspreise allerdings werden, wenn der konkrete Verdacht einer grundsätzlich unzulässigen Mischkalkulation besteht, bei der durch „Aufpreisen" der Einheitspreise anderer angebotener Positionen Preise benannt werden, die kompensatorisch wirken und deshalb die geforderten tatsächlichen Preise weder vollständig noch zutreffend wiedergeben (OLG Dresden, B. v. 28. 3. 2006 – Az.: WVerg 0004/06). **Vgl. zur Mischkalkulation** die Kommentierung RZ 5338.

107.5.1.2.3.3.3.20 Widersprüchliche Preisangaben. Enthält ein Angebot widersprüchliche Preisangaben, so dass für den Auftraggeber der tatsächlich gewollte Preis nicht erkennbar ist, ist dies **dem Fehlen von Preisangaben gleichzustellen,** da wegen der Nichterkennbarkeit des tatsächlich gewollten Preises eine vergleichende Wertung mit anderen Angeboten nicht möglich ist (VK Münster, B. v. 17. 11. 2005 – Az.: VK 21/05). 5380

107.5.1.2.3.3.4 Fehlende geforderte Erklärungen. Geforderte **Erklärungen sind solche, die nicht bereits Inhalt der Ausschreibungsunterlagen sind und von einem Bieter aufgrund eines entsprechenden Verlangens des Auftraggebers zwingend abgegeben werden müssen,** damit sie Bestandteil seines Angebots und späterhin des Vertrages werden können (2. VK Bund, B. v. 21. 1. 2004 – Az.: VK 2-126/03). 5381

Geforderte Erklärungen können **sowohl den technischen Inhalt als auch die rechtlichen und sonstigen Rahmenbedingungen** der zu erbringenden Leistung **betreffen.** Die Erklärungen müssen sich auch genau auf die ausgeschriebene Leistung beziehen (VK Südbayern, B. v. 5. 8. 2003 – Az.: 29-07/03). 5382

Geforderte Erklärungen, Nachweise oder sonstige mit Angebotsabgabe zu erfüllende Vorgaben **müssen vom jeweiligen Bieter selbst erbracht werden. Jedes Angebot ist für sich gesondert dahin zu prüfen, ob es den Vorgaben der Ausschreibung entspricht.** Kein Bieter kann sich darauf berufen, dass z. B. geforderte Mustersteine bereits von einem anderen Bieter vorgelegt wurden und er die gleichen Steine angeboten habe wie dieser andere Bieter (VK Hessen, B. v. 11. 3. 2004 – Az.: 69 d – VK – 06/2004). 5383

Auf Grund der vom Bundesgerichtshof aufgestellten Grundsätze ist jedes Angebot zwingend auszuschließen, das nicht alle geforderten Preise mit dem Betrag angibt, der für die betreffende Leistung beansprucht wird und **auch jedes Angebot, bei dem nicht alle ausweislich der Ausschreibungsunterlagen geforderten Erklärungen und Angaben enthalten sind** (BGH, Urteil vom 7. 6. 2005 – Az.: X ZR 19/02; VK Hamburg, B. v. 6. 10. 2003 – Az.: VKBB-3/03). 5384

Diese Forderung ist **auch dann erfüllt, wenn zwar eine geforderte Erklärung** (z. B. eine Systemangabe) **nicht ausdrücklich abgegeben** wird, sich jedoch **aus dem Kontext des Angebotes die Erklärung** (z. B. das System) **eindeutig und zweifelsfrei ergibt** (VK Bremen, B. v. 21. 9. 2005 – Az.: VK 10/05). 5385

107.5.1.2.3.3.4.1 Eindeutige Bestimmung der geforderten Unterlagen. Die Rechtsprechung ist insoweit **nicht eindeutig.** 5386

Die mit dem Fehlen von Erklärungen verbundenen schwerwiegenden Folgen gebieten es, dass die **ausschreibende Stelle eindeutig bestimmt, welche Erklärungen sie für die Angebotswertung fordert.** Wie die Leistung selbst eindeutig und erschöpfend zu beschreiben ist (vgl. § 9 Nr. 1 VOB/A), erfordert es das Prinzip der Gleichbehandlung (§ 2 Nr. 2 VOB/A) auch, eine objektive Mehrdeutigkeit der Ausschreibungsunterlagen in den geforderten Belegen nicht zum Nachteil eines Bieters ausschlagen zu lassen (OLG Rostock, B. v. 8. 3. 2006 – Az.: 17 Verg 16/05; BayObLG, B. v. 28. 5. 2003 – Az.: Verg 6/03; 2. VK Bund, B. v. 20. 12. 2005 – Az.: VK 2-159/05; B. v. 20. 12. 2005 – Az.: VK 2-156/05; VK Nordbayern, B. v. 28. 6. 2005 – Az.: 320.VK – 3194-21/05; B. v. 28. 7. 2005 – Az.: 320.VK-3194-26/03; im Ergebnis ebenso 1. VK Bund, B. v. 20. 3. 2003 – Az.: VK 1-13/03). 5387

Eindeutig feststehen muss aus Gründen der Gleichbehandlung auch, **zu welchem Zeitpunkt die Erklärungen vorliegen müssen** (mit dem Angebot oder zu einem späteren Zeitpunkt). Aufgrund einer Unklarheit in den Verdingungsunterlagen kann sich die Nichtvorlage oder fehlerhafte Vorlage von geforderten Belegen nicht zum Nachteil der Bieter z. B. in Form eines Ausschlusses aus dem Vergabeverfahren auswirken (OLG Düsseldorf, B. v. 7. 4. 2005 – Az.: VII – Verg 12/05; VK Nordbayern, B. v. 28. 6. 2005 – Az.: 320.VK – 3194-21/05; 2. VK Bund, B. v. 11. 2. 2005 – Az.: VK 2-223/04). 5388

Ergibt sich aus den vom Auftraggeber verwendeten unterschiedlichen Formblättern **nicht eindeutig, ob mit dem Angebot auch die Namen der möglichen Nachunternehmer** 5389 anzugeben sind, kann ein **Angebot** mit der Begründung, die Namen seien nicht angegeben worden, **nicht ausgeschlossen werden** (1. VK Bund, B. v. 24. 3. 2005 – Az.: VK 1-14/05).

5390 Demgegenüber lässt die VK Magdeburg bei Widersprüchlichkeiten auch eine entsprechende **Auslegung der Verdingungsunterlagen** zu (VK Magdeburg, B. v. 24. 6. 2003 – Az.: 33-32571/07 VK 05/03 MD).

5391 **107.5.1.2.3.3.4.2 Eindeutige Forderung nach Abgabe zusammen mit dem Angebot.** Enthält die Aufforderung zur Angebotsabgabe die Angabe, dass der Nachweis z. B. bereits erbrachter vergleichbarer Leistungen von den Bietern **nur auf Verlangen zu erbringen** war, ist die Nachreichung der Referenzlisten nach oder während einer entsprechenden Aufforderung ausreichend; **ein Ausschluss ist nicht zulässig** (2. VK Bund, B. v. 10. 12. 2003 – Az.: VK 1-116/03; im Ergebnis ebenso 2. VK Brandenburg, B. v. 18. 10. 2005 – Az.: 2 VK 62/05).

5392 Ein **Ausschluss** ist **ebenfalls nicht zulässig,** wenn sich **Forderungen nach Abgabe von Nachweisen** nicht an die Bieter, sondern **an den Auftragnehmer richten.** Damit werden die Nachweise nicht bei Angebotsabgabe verlangt, sondern erst vor einer Auftragserteilung (VK Nordbayern, B. v. 30. 9. 2004 – Az.: 320.VK – 3194-39/04).

5393 **107.5.1.2.3.3.4.3 Eindeutige Forderung und Hinweis auf die Ausschlusssanktion.** Die **Rechtsprechung** hierzu ist **nicht eindeutig.**

5394 Nach einer Auffassung muss auf die zwingende Vorlage bestimmter Unterlagen, z. B. eines Bauzeitenplans, **schon mit dem Angebot und darüber hinaus auch unter Hinweis auf die Sanktion des Angebotsausschlusses im Fall der Nichtvorlage deutlich, vorzugsweise im Angebotsanschreiben** gem. § 10 Nr. 1 Abs. 1 lit. a VOB/A **hingewiesen** werden (VK Lüneburg, B. v. 11. 6. 2004 – Az.: 203-VgK-18/2004).

5395 Nach der Gegenmeinung kommt es nicht darauf an, ob die Verdingungsunterlagen den Ausschluss vom Verfahren als Konsequenz explizit benennen, sofern entsprechende Erklärungen (z. B. über Nachunternehmerleistungen) nicht vorliegen. Diese **Konsequenz ergibt sich zwingend aus dem Gesetz und hat, sofern sie in den Verdingungsunterlagen genannt wird, lediglich deklaratorische Bedeutung.** Es kommt nur darauf an, dass entsprechende Erklärungen eingefordert werden (VK Schleswig-Holstein, B. v. 5. 8. 2004 – Az.: VK-SH 19/04).

5396 **107.5.1.2.3.3.4.4 Fehlende oder unvollständige Preisblätter nach dem VHB.** Werden in den Ausschreibungsunterlagen Erklärungen nach den Formblättern EFB-Preis 1 a, 1 b und 2 gefordert, dann sind diese Erklärungen als Umstände ausgewiesen, die für die Vergabeentscheidung relevant sein sollen, so dass die Nichtabgabe dieser Erklärungen mit dem Angebot zwingend zum Ausschluss nach § 25 Nr. 1 Abs. 1 Buchst. b VOB/A führt. Soweit die Auffassung vertreten wird, die Nichtabgabe der genannten Formblätter führt nicht zum Ausschluss des betreffenden Angebots von der Wertung, ist dies mit dem von § 25 Nr. 1 Abs. 1 Buchst. b, § 21 Nr. 1 Abs. 2 VOB angestrebten Zweck, ein transparentes und alle Bieter gleich behandelndes Vergabeverfahren zu gewährleisten, in dem ohne weiteres vergleichbare Angebote auf der Grundlage der Ausschreibungsunterlagen vorliegen, nicht zu vereinbaren (BGH, Urteil vom 7. 6. 2005 – Az.: X ZR 19/02; OLG München, B. v. 7. 4. 2006 – Az.: Verg 05/06; OLG Düsseldorf, B. v. 9. 2. 2006 – Az.: VII – Verg 4/06; OLG Frankfurt, B. v. 23. 12. 2005 – Az.: 11 Verg 13/05; OLG Naumburg, B. v. 26. 10. 2005 – Az.: 1 Verg 12/05; 2. VK Sachsen-Anhalt, B. v. 6. 3. 2006 – Az.: VK 2-LVwA LSA 3/06; VK Nordbayern, B. v. 24. 2. 2006 – Az.: 21.VK – 3194-04/06; VK Thüringen, B. v. 7. 2. 2006 – Az.: 360-4002.20-063/05-EF-S; VK Schleswig-Holstein, B. v. 31. 1. 2006 – Az.: VK-SH 33/05; 1. VK Bund, B. v. 14. 12. 2005 – Az.: VK 1-143/05; VK Südbayern, B. v. 19. 1. 2006 – Az.: Z3-3-3194-1-56-12/05; B. v. 7. 11. 2005 – Az. Z3-3-3194-1-40-09/05). Für die Rechtsfolge des zwingenden Angebotsausschlusses **spielt es auch keine Rolle,** wenn auf einem Formblatt der Hinweis vermerkt ist, dass die Nichtabgabe zum Ausschluss führen **kann** (OLG München, B. v. 7. 4. 2006 – Az.: Verg 05/06; OLG Düsseldorf, B. v. 9. 2. 2006 – Az.: VII – Verg 4/06; 1. VK Bund, B. v. 8. 3. 2006 – Az.: VK 1-07/06). Dies **gilt auch dann,** wenn die **Formblätter nur unvollständig ausgefüllt** werden (2. VK Sachsen-Anhalt, B. v. 6. 3. 2006 – Az.: VK 2-LVwA LSA 3/06).

5397 Diese **Rechtsprechung gilt auch für das Formblatt EFB-Preis 1 c** (OLG Düsseldorf, B. v. 12. 4. 2006 – Az.: VII – Verg 4/06; 1. VK Bund, B. v. 8. 3. 2006 – Az.: VK 1-07/06), **wobei dieses Formblatt auch von Generalunternehmern auszufüllen ist** (OLG Düsseldorf, B. v. 9. 2. 2006 – Az.: VII – Verg 4/06), **gegebenenfalls auch zusätzlich zum Formblatt EFB-Preis 1a** (OLG Düsseldorf, B. v. 12. 4. 2006 – Az.: VII – Verg 4/06).

Diese **Rechtsprechung gilt auch für das Formblatt EFB-Preis 1d** (VK Schleswig- 5398
Holstein, B. v. 21. 12. 2005 – Az.: VK-SH 29/05; VK Südbayern, B. v. 7. 11. 2005 – Az. Z3-3-
3194-1-40-09/05) und zwar auch dann, wenn das der Ausschreibung beigefügte Formblatt
EFB-Preis 1 d auf „Leistungen für Maschinenbau und Elektrotechnik" bezogen ist, für die ausgeschriebenen Leistungen der Medizintechnik aber das Formblatt EFB-Preis 1 c „Sonstige Leistungen" zutreffend ist (VK Lüneburg, B. v. 3. 11. 2005 – Az.: VgK-49/2005).

Der **Vergabestelle steht bei der Entscheidung über den Ausschluss kein Ermessens-** 5399
spielraum zu. Dem steht auch nicht entgegen, dass die entsprechende Bestimmung in § 21
Nr. 1 Abs. 2 Satz 5 VOB/A als Sollvorschrift formuliert ist. Der Sollcharakter der Vorschrift
bezieht sich lediglich darauf, dass das Angebot keine weiteren als die geforderten Erklärungen
enthält. Der **Auftraggeber hat jedoch bei Nichtvorliegen der verlangten Erklärungen
kein Recht zu einer wie auch immer gearteten großzügigen Verfahrensweise.** Dies gilt
nach dem Wortlaut des § 25 Nr. 1 Abs. 1 lit. b) VOB/A ohne jede Einschränkung (OLG München, B. v. 7. 4. 2006 – Az.: Verg 05/06; VK Schleswig-Holstein, B. v. 31. 1. 2006 – Az.: VK-
SH 33/05; B. v. 21. 12. 2005 – Az.: VK-SH 29/05; 1. VK Bund, B. v. 14. 12. 2005 – Az.: VK
1-143/05).

Nach Auffassung der 1. VK des Bundes ist ein **Ausschluss aber nicht zwingend geboten,** 5400
**wenn für den Bieter nicht deutlich wird, welches Formblatt er eigentlich ausfüllen
soll** – EFB-Preis 1 a, 1 b oder 1Sc – (2. VK Bund, B. v. 20. 12. 2005 – Az.: VK 2-159/05; B. v.
20. 12. 2005 – Az.: VK 2-156/05 – **in diesem Punkt aufgehoben!**). Dieser **Auffassung**
kann man zwar zustimmen; sie wird aber **erst dann entscheidungserheblich, wenn ein Bieter diese Unklarheit entsprechend früh rügt.**

Füllt ein Bieter zwar das EFB-Preisblatt 1 a nicht aus, fügt er aber ein vollständig ausgefülltes 5401
EFB-Preisblatt 1 b (Angaben zur Kalkulation über die Endsumme) bei, schadet dies nichts, wenn
der **Bieter aus den Vergabeunterlagen den Schluss ziehen darf, dass er die vom Auftraggeber zur Verfügung gestellten EFB-Preisblätter alternativ ausfüllen** muss (VK Lüneburg, B. v. 22. 3. 2006 – Az.: VgK-05/2006).

Auch wenn man annimmt, dass die Formblätter EFB Preis 1 a und 1 b alternativ auszufüllen 5402
sind, weil sie verschiedene Kalkulationsmethoden zum Gegenstand haben, nämlich die „Kalkulation mit vorbestimmten Zuschlägen" und die „Kalkulation über die Endsumme", **erstreckt
sich das Alternativverhältnis nicht auf das Formblatt EFB Preis 1 c. Denn dieses fordert über die Formblätter 1 a und b hinaus die Angabe von Kalkulationszuschlägen
für die Leistungen des Ausbaugewerbes, weshalb es in jedem Falle zusätzlich auszufüllen** ist. Der Auftraggeber will damit in Erfahrung bringen, welche Zuschläge die Bieter auf
die vielfältigen Ausbauleistungen berechnen. Dies ist für ihn unter mehreren nachvollziehbaren
Gesichtspunkten von Interesse, namentlich für die Beurteilung der Preisermittlungsgrundlagen
im Falle späterer Preisverhandlungen nach § 2 Nr. 5 und 6 VOB/B (OLG Düsseldorf, B. v. 9. 2.
2006 – Az.: VII – Verg 4/06).

107.5.1.2.3.3.4.5 Fehlende oder unvollständige oder widersprüchliche Angabe der 5403
Nachunternehmerleistungen. 107.5.1.2.3.3.4.5.1 Grundsatz. Insbesondere die **Bundesländer** fordern – **auf der rechtlichen Grundlage von Tariftreue- oder Landesvergabegesetzen** (vgl. die Kommentierung zu § 97 Abs. 4 GWB RZ 392) – von den Bewerbern die **Angabe, welche Leistungen an Nachunternehmer vergeben** werden.

Öffentliche Auftraggeber können auch nach **§ 10 Nr. 5 Abs. 3 VOB/A** die Bieter auffor- 5404
dern, in ihrem Angebot die Leistungen anzugeben, die sie an Nachunternehmer zu vergeben
beabsichtigen (vgl. im Einzelnen die Kommentierung zu § 10 VOB/A RZ 4349).

107.5.1.2.3.3.4.5.2 Forderung nach Angabe der Nachunternehmer „der zweiten 5405
Reihe". Zur **Forderung bzw. Verpflichtung nach Angabe der Nachunternehmer „der
zweiten Reihe"** vgl. die Kommentierung RZ 376.

107.5.1.2.3.3.4.5.3 Auslegung einer Nachunternehmererklärung. Die Erklärungen 5406
zum Nachunternehmereinsatz sind **nach § 133 BGB auszulegen.** Nur solche Umstände dürfen
dabei berücksichtigt werden, die bei dem Zugang der Erklärung für den **Empfänger** erkennbar
waren. Auf dessen **Horizont und Verständnismöglichkeit** ist bei der Auslegung abzustellen.
Dies gilt auch dann, wenn der Erklärende die Erklärung anders verstanden hat. **Entscheidend ist**
im Ergebnis nicht der empirische Wille des Erklärenden, sondern **der durch normative Auslegung zu ermittelnde objektive Erklärungswert** seines Verhaltens. In diesem Zusammenhang
ist auf die **Sicht eines „verständigen Auftraggebers in dessen damaliger Situation"** abzustellen. Beachtet werden muss bei der Interpretation von Biererklärungen schließlich auch

das in § 97 Abs. 1 und 2 GWB aufgestellte Gebot der Auftragsvergabe im Rahmen eines transparenten Wettbewerbs und der Gleichbehandlung der Bieter (BayObLG, B. v. 11. 2. 2004 – Az.: Verg 1/04; VK Schleswig-Holstein, B. v. 17. 1. 2006 – Az.: VK-SH 32/05).

5407 Muss ein Bieter aufgrund der Gestaltung der Verdingungsunterlagen erkennen, dass mit den beiden grundlegenden Alternativen (z. B. nach den Mustern des VHB) verschiedene und sich gegenseitig ausschließende Unternehmenseigenschaften abgefragt waren, denn entweder konnte ein Unternehmen darauf eingerichtet oder nicht darauf eingerichtet sein, die angebotenen Leistungen im eigenen Betrieb zu erbringen, hat ein **Schweigen eines Bieters in diesem Punkt keinen Erklärungswert. Es ist erst recht nicht dahin auszulegen, er habe erklären wollen, die Leistungen vollständig im eigenen Unternehmen zu erbringen.** Für ein derartiges Verständnis fehlt es an zureichenden Anhaltspunkten. So bleibt denkbar, dass Angaben versehentlich unterblieben waren. Genauso wenig ist auszuschließen, dass ein Bieter Angaben bewusst unterlässt und eine Zustimmung des Auftraggebers erwartet, wenn sich in der Ausführungsphase herausstellen sollte, dass Nachunternehmer zuziehen sein würden. Ausdrückliche Erklärungen zur Ausführung im eigenen Betrieb werden abgefordert, damit in der Phase der Auftragsausführung klare Verhältnisse darüber herrschen, ob der Auftragnehmer die Leistungen selbst oder durch einen Nachunternehmer erbringt. Darum sind **Angaben zur Ausführung im eigenen Unternehmen – sofern sie bei der Angebotsabgabe abgefragt werden – vom Bieter zwingend zu machen. Das Unterlassen einer dahingehenden Erklärung kann nicht durch eine Auslegung ersetzt werden,** der zufolge es so angesehen werden soll, als sei das Unternehmen des Bieters auf eine Selbstausführung eingerichtet und werde die Leistungen im eigenen Unternehmen erbringen (OLG Düsseldorf, B. v. 30. 6. 2004 – Az.: VII – Verg 22/04).

5408 Es ist jedoch insoweit **weder Aufgabe der Vergabestelle, noch ist es für sie zumutbar, erst durch intensive Durchsicht der Angebotsunterlagen herauszufinden, in welchem Umfang der Bieter den Einsatz von Nachunternehmern angeboten** hat. Dies würde zu einer unzulässigen Umkehr der Pflichten von Vergabestelle und Bietern führen. Die Verpflichtung der Vergabestelle, den Leistungsinhalt eindeutig und erschöpfend zu beschreiben (vgl. § 9 Nr. 1 VOB/A), entspricht auf der anderen Seite die Verpflichtung der Bieter, die geforderten Erklärungen zum Eigenleistungs- und Nachunternehmeranteil in einer präzisen und unmissverständlichen Weise abzugeben. Der Auftraggeber kann von diesem Erfordernis auch nicht absehen, da dies eine Verletzung der Grundsätze von Transparenz und Gleichbehandlung zur Folge haben würde. Die Angebotsbedingungen gelten gleichermaßen für alle Bieter des Vergabeverfahrens. Der öffentliche Auftraggeber hat hier keinen Ermessensspielraum (VG Neustadt an der Weinstraße, B. v. 20. 2. 2006 – Az.: 4 L 210/06; VK Rheinland-Pfalz, B. v. 16. 3. 2005 – Az.: VK 05/04).

5409 Das **Schleswig-Holsteinische OLG** vertritt im Gegensatz dazu eine **eher moderate Position.** Nach dieser Auffassung ist **die zu einzelnen Positionen erfolgte Angabe, Nachunternehmer nur „anteilig" beauftragen zu wollen, nicht unbestimmt.** Soweit sie sich **auf Leistungspositionen bezieht, die sich „querschnittsartig" im Leistungsverzeichnis finden** (z. B. Baustelleneinrichtung), ist sie – sinnvoll – **dahin zu verstehen, dass die „anteilige" Zuordnung dieser Querschnittspositionen in Bezug auf die jeweils betroffene Nachunternehmerleistung erfolgen soll.** Im Übrigen ergibt sich bei der gebotenen Auslegung der Erklärung nach dem objektiven Empfängerhorizont eines fachkundigen Bieters (§ 133 BGB), dass die „anteilige" Tätigkeit von Nachunternehmern sich auf die – schlagwortartig bezeichnete – Teilleistung (z. B. „Fräsarbeiten") aus einer Position bezieht, die jeweils an einen Nachunternehmer vergeben werden soll. Es **mag sein, dass eine andere Auslegung denkbar ist** (z. B. hinsichtlich der Mengensätze), wenngleich **dies nicht als nahe liegend** erscheint. Allein wegen dieser Möglichkeit kann aber nicht von einer mangelhaften Erklärung i. S. d. § 21 Nr. 1 Abs. 1 S. 3 VOB/A ausgegangen werden. Zum einen ist dazu **im Rahmen des § 24 VOB/A eine Aufklärung zulässig,** ohne dass insoweit der Angebotsinhalt verändert wird. Zum anderen ist zu berücksichtigen, dass von der Angabe „anteilig" nur wenige Bereiche des sehr umfangreichen Leistungsverzeichnisses betroffen sind. Der „Wert" der Nachunternehmerleistung bleibt bei verständiger Angebotsauslegung ermittelbar. Die Nachunternehmererklärung ermöglicht es der Vergabestelle, sich über den Inhalt einer (unterstellt) zu Gunsten der Beschwerdeführerin erfolgenden Vergabeentscheidung hinreichende Gewissheit verschaffen kann (Schleswig-Holsteinisches OLG, B. v. 10. 3. 2006 – Az.: 1 (6) Verg 13/05).

5410 **107.5.1.2.3.3.4.5.4 Fehlende „Verfügbarkeitserklärung" hinsichtlich der Nachunternehmerleistungen.** Mit Blick insbesondere auf die **Rechtsprechung des EuGH zum Einsatz von Nachunternehmern und die **Pflicht des Bieters, auch ohne besondere Erklärung darzulegen, inwieweit die Ressourcen des Nachunternehmers dem Bieter tatsächlich zur Verfügung stehen** (vgl. im Einzelnen die Kommentierung zu § 97 GWB RZ 353), hat u. a. der Bund das **VHB geändert** und sieht im **Formblatt EFB U EG 317 (317 EG)** – für Vergaben ab den Schwellenwerten – vor, dass **mit dem Angebot Nachweise darüber vorzulegen sind,** dass dem Bieter die erforderlichen Mittel der Nachunternehmer zur Verfügung stehen, ungeachtet des rechtlichen Charakters der zwischen dem Bieter und diesen Unternehmen bestehenden Verbindungen.

Die **Vorlage einer Erklärung des Nachunternehmers,** dass dieser dem Bieter im Falle 5411 der Auftragserteilung **zur Verfügung steht, eröffnet der Vergabestelle eine größere Sicherheit bei der Überprüfung der Angaben der Bieter.** Denn es ist durchaus möglich, dass ein Bieter einen Nachunternehmer benennt, ohne sich dessen Mitwirkung zu versichern. Ein solcher Bieter würde sich auf Kosten der übrigen Bieter, die mit ihren Nachunternehmern möglicherweise bereits Vorverträge geschlossen haben, einen Wettbewerbsvorteil verschaffen. Die Vergabestelle kann bei der Angebotswertung aufgrund der Papierform eine Verifizierung der Angaben der Bieter aber nicht vornehmen. Es ist daher **aus ihrer Sicht sinnvoll, sich für den Fall des Einsatzes von Nachunternehmern bei der Angebotsabgabe gleichzeitig eine Erklärung bzw. einen Nachweis vorlegen zu lassen, dass der Bieter über die genannten Ressourcen auch verfügt** (2. VK Bund, B. v. 9. 8. 2006 – Az.: VK 2-80/06).

Fehlt eine solche **Verfügbarkeitserklärung, ist das Angebot zwingend auszuschließen** 5412 (VK Südbayern, B. v. 23. 10. 2006 – Az.: 30-09/06; VK Thüringen, B. v. 11. 10. 2006 – Az.: 360-4002.20-026/06-SLF; 1. VK Bund, B. v. 22. 9. 2006 – Az.: VK 1-103/06; 2. VK Bund, B. v. 9. 8. 2006 – Az.: VK 2-80/06). Ein **Nachreichen ist nicht zulässig** (1. VK Bund, B. v. 22. 9. 2006 – Az.: VK 1-103/06).

Nach allgemeinen Grundsätzen versteht man unter einer Verpflichtungserklärung die **Ver-** 5413 **pflichtung eines Rechtsträgers zur Vornahme eines Tuns, Duldens oder Unterlassens.** Im Normalfall bedeutet diese Verpflichtung, dass ein anderer Rechtsträger dieses Tun, Dulden oder Unterlassen von dem Verpflichteten einfordern kann, d.h., es entsteht ein Anspruch gegen den Verpflichteten. Hierzu genügen keinesfalls unverbindliche Absichtserklärungen. Vielmehr muss der Bieter von seinem benannten Nachunternehmer nach Zuschlagserteilung die Durchführung des Werkvertrages fordern können. **Dies bedeutet, dass für eine Verpflichtungserklärung nur aufschiebend bedingte, verbindliche Vorverträge oder rechtlich verbindliche Einstandsverpflichtungserklärungen (harte Patronatserklärung) von der Vergabestelle akzeptiert werden können.** Nur so kann die „wirtschaftliche Einheit" von Bieter und Nachunternehmer für den Auftraggeber gewährleistet werden (VK Südbayern, B. v. 23. 10. 2006 – Az.: 30-09/06).

Führen die Nachunternehmer in den Nachunternehmererklärungen **lediglich aus, dass** 5414 **ihnen selbst die erforderlichen Mittel zur Verfügung stehen, genügt eine dsolche Erklärung nicht,** insbesondere dann, wenn sie **ohne jeden Hinweis** auf die für den konkreten Ausführungszeitraum vorhandene **Vertragsgestaltung** mit den Nachunternehmern, auf die der Bieter dann verbindlich zurückgreifen könnte, sind (VK Südbayern, B. v. 23. 10. 2006 – Az.: 30-09/06).

107.5.1.2.3.3.4.5.5 Beispiele aus der Rechtsprechung 5415

– ist aus einer beigelegten Liste der Nachunternehmer **objektiv für den Auftraggeber nicht erkennbar,** ob es sich bei dem dort dargestellten **Nachunternehmereinsatz um solche Nachunternehmerleistungen handelt auf die das eigene Unternehmen des Antragstellers nicht eingestellt ist oder um solche, die auch durch das Unternehmen des Antragstellers erbracht werden können,** hat das Fehlen dieser alternativ abzugebenden, sich gegenseitig ggf. ausschließenden Erklärungen zur Folge, dass das Angebot seinem Inhalt nach weder eindeutig noch bestimmbar und damit **nicht annahmefähig** ist (1. VK Sachsen, B. v. 22. 7. 2005 – Az.: 1/SVK/080-05)

– weist ein **Bieter in einem Aufklärungsgespräch erstmals darauf hin, dass er selbst nicht im Besitz des großen Schweißnachweises** ist und somit die entsprechenden Leistungen an einen Nachunternehmer übertragen muss, hat er das Formblatt 5.2 in seinem Angebot unvollständig ausgefüllt. Es fehlen darin Leistungen, auf die sein Betrieb nicht eingerichtet ist; das **Angebot ist zwingend auszuschließen** (VK Südbayern, B. v. 2. 12. 2005 – Az.: Z3-3-3194-1-48-10/05)

Teil 3 VOB/A § 25

- ein Angebot ist gemäß § 25 Nr. 1 Abs. 1 lit. b) VOB/A zwingend auszuschließen, wenn **geforderte Angaben zum tatsächlichen Nachunternehmereinsatz nicht in zweifelsfreier und vollständiger Art und Weise gemacht** wurden. Dies betrifft auch im Leistungsverzeichnis abgeforderte **Planungsleistungen** (hier im konstruktiven Ingenieurbau als gesonderter Titel des Leistungsverzeichnisses geforderte Ausführungs- und Tragwerksplanung), wenn der Bieter auf diese Leistungen im eigenen Betrieb unstreitig nicht eingerichtet war und ist (1. VK Sachsen, B. v. 8. 6. 2005 – Az.: 1/SVK/051-05)

- durch die Angabe „**Teilleistungen**" (ohne Angabe der Ordnungszahlen der Leistungsbeschreibung) auf Nachunternehmer übertragen zu wollen, ist **Art und Umfang der zu übertragenden Arbeiten nicht hinreichend bestimmbar** und das Angebot zwingend auszuschließen (VK Hamburg, B. v. 27. 10. 2005 – Az.: VK BSU-3/05; VK Hamburg, B. v. 3. 11. 2005 – Az.: VK BSU-3/05; 1. VK Sachsen-Anhalt, B. v. 21. 4. 2005 – Az.: 1 VK LVwA 17/05)

- durch die Angabe, die „**Holzarbeiten**" und die „**Hilfs- und Transportarbeiten**" (ohne Angabe der Ordnungszahlen der Leistungsbeschreibung) auf Nachunternehmer übertragen zu wollen, ist **Art und Umfang der zu übertragenden Arbeiten nicht hinreichend bestimmbar** und das Angebot zwingend auszuschließen (VK Nordbayern, B. v. 9. 8. 2005 – Az.: 320.VK – 3194-27/05)

- bei **Widersprüchen hinsichtlich der Nachunternehmerleistungen durch unterschiedliche Angaben im Formblatt EVM NU bzw. EFB-Preis ist das Angebot zwingend auszuschließen** (VG Neustadt an der Weinstraße, B. v. 20. 2. 2006 – Az.: 4 L 210/06; VK Nordbayern, B. v. 4. 4. 2006 – Az.: 21.VK – 3194-09/06; B. v. 8. 3. 2005 – Az.: 320.VK – 3194-05/05; VK Brandenburg, B. v. 25. 2. 2005 – Az.: VK 4/05; B. v. 25. 2. 2005 – Az.: VK 3/05)

- **fehlt** die von der Vergabestelle geforderte **Erklärung** darüber, **welche Leistungen** denn an Nachunternehmer **vergeben werden sollen,** ist der **Umfang der an Nachunternehmer zu vergebenden Leistungen unklar** und **behält sich der Bieter vor,** Teile dieser Leistungen **selber auszuführen,** ist das Angebot zwingend auszuschließen (VK Thüringen, B. v. 28. 4. 2005 – Az.: 360-4002.20-005/05-MGN)

- bei der **Übertragung der ingenieurtechnischen Leistungen** eines Bauauftrages kann es sich um einen Nachunternehmereinsatz handeln. Fordert der Auftraggeber bei dieser Ausschreibung die Angabe der wesentlichen Nachunternehmeranteile, sind auch die ingenieurtechnischen Leistungen anzugeben; fehlt diese Angabe, ist das Angebot zwingend auszuschließen (OLG Naumburg, B. v. 26. 1. 2005 – Az.: 1 Verg 21/04; B. v. 9. 12. 2004 – Az.: 1 Verg 21/04)

- die fehlende Angabe von Ordnungsziffern in der Nachunternehmererklärung soll in den Fällen nicht zum Angebotsausschluss führen, in denen sich aus der **schlagwortartigen Bezeichnung der Leistung eindeutig ergibt, welche Arbeiten an Nachunternehmer übertragen werden sollen.** Bei der **Gesamtvergabe eines Titels an einen Nachunternehmer** kann auf die zusätzliche Bezeichnung sämtlicher einzelner Ordnungsziffern verzichtet werden, sofern diese Absicht des Bieters nachvollziehbar ist (OLG Dresden, B. v. 11. 4. 2006 – Az.: WVerg 0006/06; VK Schleswig-Holstein, B. v. 17. 1. 2006 – Az.: VK-SH 32/05)

- **fehlt die geforderte Zuordnung der Nachunternehmerleistungen zu den Ordnungsziffern,** ist das Angebot **zwingend auszuschließen** (OLG Dresden, B. v. 11. 4. 2006 – Az.: WVerg 0006/06; OLG Koblenz, B. v. 13. 2. 2006 – Az.: 1 Verg 1/06; Schleswig-Holsteinisches OLG, B. v. 8. 12. 2005 – Az.: 6 Verg 12/05; OLG Naumburg, B. v. 25. 10. 2005 – Az.: 1 Verg 5/05; B. v. 18. 7. 2005 – Az.: 1 Verg 5/05; VK Schleswig-Holstein, B. v. 17. 1. 2006 – Az.: VK-SH 32/05; VK Thüringen, B. v. 9. 9. 2005 – Az.: 360-4002.20-009/05-SON; VK Sachsen, Beschluss vom 14. 2. 2006 – Az.: 1/SVK/005-06, 1/SVK/005-06G; B. v. 23. 8. 2005 – Az.: 1/SVK/098-05; VK Arnsberg, B. v. 27. 7. 2005 – Az.: VK 10/2005; VK Rheinland-Pfalz, B. v. 16. 3. 2005 – Az.: VK 05/04; B. v. 29. 11. 2004 – Az.: VK 20/04; VK Südbayern, B. v. 3. 6. 2004 – Az.: 36-05/04); nur **ausnahmsweise** kann die fehlende Angabe von Ordnungsziffern in der Nachunternehmererklärung nicht zum Angebotsausschluss führen und zwar in den Fällen, in denen sich **aus der schlagwortartigen Bezeichnung der Leistung eindeutig ergibt, welche Arbeiten an Nachunternehmer übertragen werden sollen** (Schleswig-Holsteinisches OLG, B. v. 8. 12. 2005 – Az.: 6 Verg 12/05; VK Hamburg, B. v. 27. 10. 2005 – Az.: VK BSU-3/05; VK Schleswig-

Holstein, B. v. 17. 1. 2006 – Az.: VK-SH 32/05; B. v. 6. 10. 2005 – Az.: VK-SH 27/05; VK Arnsberg, B. v. 27. 7. 2005 – Az.: VK 10/2005; VK Rheinland-Pfalz, B. v. 16. 3. 2005 – Az.: VK 05/04)

– angesichts der in tatrichterlicher Würdigung der Ausschreibungsunterlagen getroffenen Feststellung des Berufungsgerichts, die Bieter hätten Art und Umfang der durch Nachunternehmer auszuführenden Leistungen und die Namen der vorgesehenen Nachunternehmer angeben müssen, war das **Angebot der Klägerin jedenfalls deshalb gemäß § 25 Nr. 1 Abs. 1 b VOB/A i. V. m. § 21 Nr. 1 Abs. 1 Satz 3 VOB/A auszuschließen, weil die Klägerin nicht einmal angegeben hatte, welche Arbeiten sie durch Nachunternehmer ausführen lassen würde** (BGH, Urteil vom 16. 3. 2004 – Az.: X ZR 23/03)

– die **unterbliebene Vorlage des Nachunternehmerverzeichnisses** zieht **zwingend den Ausschluss** des Angebots nach sich (OLG Düsseldorf, B. v. 30. 7. 2003 – Az.: Verg 32/03)

– verwendet ein Bieter bei der Auflistung der von ihm zur Übertragung an Nachunternehmer vorgesehenen Leistungen unter anderem den **Begriff „Baumeisterarbeiten", lässt sich diesem Begriff aufgrund seines nicht eindeutigen Aussagegehalts keine konkreten Positionen** des mit den Verdingungsunterlagen übersandte Leistungsverzeichnis **zuordnen**; das Angebot ist auszuschließen (1. VK Bund, B. v. 14. 7. 2004 – Az.: VK 1-81/04)

– ergibt die Prüfung der Nachunternehmererklärung, dass **einige Positionen widersprüchlich und unklar** sind (der Bieter gibt an, 140 m² an Nachunternehmer weiter zu geben, von der Vergabestelle wurden jedoch nur 18 m² ausgeschrieben, vom Bieter wird eine Zahl in m² angegeben, von der Vergabestelle jedoch Stückzahlen verlangt), handelt es sich keineswegs um einzelne Ungereimtheiten, die „von der Vergabestelle ohne weiteres als Schreibfehler erkennbar gewesen sind", vielmehr ist diese Nachunternehmererklärung widersprüchlich und unklar (VK Südbayern, B. v. 17. 5. 2004 – Az.: 17-03/04)

– werden **die zu vergebenden Teilleistungen nicht eindeutig beschrieben, Ordnungszahlen nicht benannt** und die **Nachunternehmer nicht benannt,** ist das Angebot auszuschließen (2. VK Bund, B. v. 14. 4. 2004 – Az.: VK 2-34/04)

– dem Angebot der Antragstellerin fehlt die Nachunternehmererklärung. **Nach der ständigen neueren Rechtsprechung ist dieser als wettbewerbsrelevant anzusehen.** Das Angebot ist auszuschließen (VK Arnsberg, B. v. 5. 4. 2004 – Az.: VK 1-4/04)

– die **fehlende Angabe über den Umfang der Nachunternehmerleistungen** zieht **zwingend den Ausschluss** des Angebots nach sich (VK Nordbayern, B. v. 17. 7. 2003 – Az.: 320.VK-3194-24/03; VK Münster, B. v. 15. 10. 2004 – Az.: VK 28/04; VK Schleswig-Holstein, B. v. 5. 8. 2004 – Az.: VK-SH 19/04, B. v. 5. 3. 2004 – Az.: VK-SH 04/04)

– wird im Angebot für einzelne Leistungsbereiche ein **Nachunternehmereinsatz bis zu 30% des Gesamtauftragswertes erklärt,** stellt diese Angabe wegen der **fehlenden konkreten Zuordnung keine vollständige Erklärung** zu Art und Umfang des geplanten Nachunternehmereinsatzes dar; das Angebot ist auszuschließen (BayObLG, B. v. 25. 9. 2003 – Az.: Verg 14/03)

– erklärt ein Bieter, dass „**wie branchenüblich** die Versetzarbeiten durch Nachunternehmen ausgeführt werden", ist die Erklärung **unklar,** weil sie eine konkrete Festlegung zum Umfang der Nachunternehmerleistung nicht enthält (VK Nordbayern, B. v. 12. 2. 2004 – Az.: 320.VK-3194-1/04)

– erklärt der Bieter, die **Lohnleistungsanteile bestimmter LV-Gruppen weiter zu vergeben,** ist diese **Erklärung unklar,** weil sie eine konkrete Festlegung zum Umfang der Nachunternehmerleistung nicht enthält. Es ist nicht erkennbar, welcher Lohnanteil in diesen LV-Gruppen enthalten ist. Damit kann der Umfang der Nachunternehmerleistung nicht ermittelt werden. Ist der **Umfang des beabsichtigten Nachunternehmereinsatzes unzureichend feststellbar, kann das Angebot unberücksichtigt bleiben** (VK Nordbayern, B. v. 13. 11. 2003 – Az.: 320.VK-3194-40/03)

– ein wertbares Angebot verlangt **zwingend die Angabe der Ordnungsziffern.** Die namentliche Beschreibung der Teilleistung allein reicht nicht aus. **Für die Vergabestelle ist ohne Angabe der Ordnungsziffern nicht eindeutig erkennbar, in welchem Umfang Leistungen durch Nachunternehmer erbracht werden sollen.** Um den Nachunternehmer-Angebotsinhalt auf der Grundlage der Ausschreibungsbedingungen hinreichend zu ermitteln, müsste die Vergabestelle von sich aus sämtliche Positionen des Leistungsverzeichnisses darauf hin überprüfen, ob sie einen Anteil an Erdarbeiten, Entwässerung, Straßenbau,

Teil 3 VOB/A § 25 Vergabe- und Vertragsordnung für Bauleistungen Teil A

Abbruch etc. aufweisen. Es ist jedoch **weder Aufgabe der Vergabestelle noch ist es für sie zumutbar, erst durch intensive Durchsicht der Angebotsunterlagen herauszufinden, in welchem Umfang der Bieter den Einsatz von Nachunternehmern angeboten hat.** Dies würde zu einer unzulässigen Umkehr der Pflichten von Vergabestelle und Bietern führen. Die Verpflichtung der Vergabestelle, den Leistungsinhalt eindeutig und erschöpfend zu beschreiben (vgl. § 9 Nr. 1 VOB/A), entspricht auf der anderen Seite die Verpflichtung der Bieter, die geforderten Erklärungen zum Eigenleistungs- und Nachunternehmeranteil in einer präzisen und unmissverständlichen Weise abzugeben (VK Rheinland-Pfalz, B. v. 10. 10. 2003 – Az.: VK 18/03)

– durch die Angabe, „**teilweise** Beton- und Stahlarbeiten", „teilweise Metall- und Schlosserarbeiten" und „teilweise Vereisung" **auf Nachunternehmer übertragen zu wollen,** ist allenfalls in Grundzügen die Art der zu übertragenden Arbeiten, jedenfalls **nicht deren Umfang ersichtlich.** Der Auftraggeber kann nicht abschätzen, welche konkreten Teilleistungen aus den angegebenen Bereichen nicht vom Bieter durchgeführt werden können. Insbesondere der exakte Umfang der zu übertragenden Leistungen steht nicht fest; das **Angebot ist zwingend auszuschließen** (2. VK Bund, B. v. 6. 10. 2003 – Az.: VK 2-80/03)

– das **EFB-Preis 1 a-Formblatt** weist nur aus, welchen Anteil die Nachunternehmerleistungen am Angebotsendpreis haben, **besagt aber nicht, welche Arbeiten übertragen werden sollen** und in welchem Umfang. Das **EFB Preis 2-Formblatt,** das die Aufgliederung wichtiger Einheitspreise beinhaltet, enthält zwar die Angaben, ob die entsprechenden Positionen an Nachunternehmer vergeben werden. Wie die Bezeichnung schon sagt, **beinhaltet das Preisblatt jedoch nur wichtige Einheitspreise, nicht jedoch sämtliche Positionen des Leistungsverzeichnisses.** Hinsichtlich der übrigen, nicht abgedeckten Positionen bleibt damit offen, ob und wenn ja inwieweit im Bieter hier Nachunternehmer zu beauftragen gedenkt. Er **bleibt damit die geforderte Nachunternehmererklärung schuldig**; das **Angebot ist zwingend auszuschließen** (3. VK Bund, B. v. 13. 10. 2004 – Az.: VK 3-194/04; 1. VK Bund, B. v. 17. 9. 2003 – Az.: VK 1-75/03)

– ergibt sich **trotz der Verwendung eines falschen Formblattes** aus handschriftlich angemerkten Begründungen, dass Nachunternehmer nur für Leistungen eingesetzt werden, auf die das Unternehmen nicht eingerichtet ist, liegt ein offensichtlicher Irrtum des Bieters beim Verwenden der Formblätter vor; dieser **Irrtum ist unbeachtlich** (BayObLG, B. v. 1. 3. 2004 – Az.: Verg 2/04)

– **unterlässt** ein Bieter es, den **Anteil der Nachunternehmer im Formular EFB-Preis 2** 312 (Aufgliederung wichtiger Einheitspreise) anzugeben, obwohl für diese Position **ausweislich des Formulars EFB NU 317 ein Nachunternehmer benannt** ist, muss das **Angebot zwingend ausgeschlossen** werden (2. VK Bund, B. v. 18. 3. 2004 – Az.: VK 2-152/03)

– macht ein Bieter zwar deutlich, dass er beabsichtigt, Teile der Leistung durch Nachunternehmer erbringen zu lassen, **füllt er aber ein vom Auftraggeber vorgegebenes Formblatt** (z.B. EFB NU – 317, in welchem in der Folge anzugeben war, welche Leistungsteile auf Nachunternehmer übertragen werden sollen) **nicht aus** und macht er die **erforderlichen Angaben zu Art und Umfang der Nachunternehmerleistungen auch nicht** – was die fehlende Erklärung EFB NU – 317 möglicherweise hätte kompensieren können – **an anderer Stelle,** ist das **Angebot zwingend auszuschließen** (1. VK Bund, B. v. 17. 9. 2003 – Az.: VK 1-75/03)

– gibt ein Bieter in Bezug auf den Eigenanteil an den ausgeschriebenen Leistungen dadurch ein **widersprüchliches Angebot** ab, dass er nach den mit dem Angebot eingereichten Angaben zur Preisermittlung (Vordruck **EFB-Preis** 1b) den **weit überwiegenden Anteil der Leistungen als Subunternehmerleistung** angeboten hat, während er **im Angebotsschreiben ausdrücklich erklärt,** dass er für Leistungen, auf die sein Betrieb eingerichtet ist, nach § 4 Nr. 8 VOB/B die **Leistung im eigenen Betrieb ausführen wird** und hinsichtlich von Leistungen, auf die sein Betrieb nicht eingerichtet ist, keine Angaben macht, ist das **Angebot zwingend auszuschließen** (VK Lüneburg, B. v. 15. 7. 2003 – Az.: 203-VgK-15/2003, B. v. 12. 8. 2003 – Az.: 203-VgK-15/2003)

– **erklärt** der Bieter **im Angebot, keine Nachunternehmer** einzusetzen, und gibt er im **Formblatt EFB-Preis** dennoch einen Zuschlag **für Nachunternehmerleistungen** an, ist die **Erklärung im Angebot entscheidend** (VK Südbayern, B. v. 14. 1. 2004 – Az.: 62-12/03)

– eine **nachträgliche Spezifizierung** der in der Liste der Nachunternehmerleistungen enthaltenen Leistungen (ohne die durch konzernrechtlich verbundene Unternehmen zu erbringenden Leistung) im Sinne einer Zuweisung der Leistungen **zu Leistungen im „eigenen Betrieb"** im Sinne der Ziffer 10.2 EVM (B) BVB (= Leistung konzernrechtlich verbundener Unternehmen) **einerseits und „echten" Nachunternehmerleistungen andererseits** greift unmittelbar in die vorgenommene Bestimmung des Nachunternehmereinsatzes (im Sinne einer Reduzierung) ein und übersteigt das durch § 24 VOB/A vorgegebene Maß der informatorischen Aufklärung bereits insoweit, als die Antragstellerin als Bieterin entscheiden könnte, ob sie ihr Angebot zuschlagsgeeignet werden lassen will oder nicht. Dies würde aber gerade dem Wettbewerbs- und Gleichbehandlungsgrundsatz (§ 97 Abs. 1 und 2 GWB) widersprechen (VK Hessen, B. v. 21. 3. 2003 – Az.: 69 d VK – 11/ 2003)

– erklärt der Bieter, dass er derzeit den Umfang des Nachunternehmereinsatzes nicht absehen kann, dieser aber **optional zwischen 0% und maximal 30% liegen** werde, gibt er damit eine geforderte Erklärung – nämlich die Nennung des Umfangs eines beabsichtigten Nachunternehmereinsatzes – nicht ab. Er hält sich vielmehr vor, erst nach Auftragserteilung, je nach Auslastung des eigenen Personals, variabel zu entscheiden, ob er Nachunternehmer einsetzen will oder nicht. Er **schafft sich damit gegenüber den Mitbewerbern einen Wettbewerbsvorteil;** das Angebot ist auszuschließen (BayObLG, B. v. 25. 9. 2003 – Az.: Verg 14/03; VK Südbayern, B. v. 27. 8. 2003 – Az.: 34-07/03, B. v. 27. 8. 2003 – Az.: 35-07/03).

107.5.1.2.3.3.4.5.6 Rechtsfolge bei geringfügig unklarem Umfang. Die **Rechtsprechung** ist insoweit **nicht einheitlich**. 5416

Nach einer Auffassung ist auch dann, wenn die an einen **Nachunternehmer zu vergebenden Leistungen nur einen ganz geringfügigen Anteil an dem Gesamtauftrag ausmachen,** ein **Angebot ohne Angaben zum Nachunternehmereinsatz unvollständig** und damit nicht ohne weiteres annahmefähig (BayObLG, B. v. 25. 9. 2003 – Az.: Verg 14/03; VK Südbayern, B. v. 2. 12. 2005 – Az.: Z3-3-3194-1-48-10/05; VK Schleswig-Holstein, B. v. 5. 3. 2004 – Az.: VK-SH 04/04). 5417

Nach der VK Nordbayern kann dahinstehen, ob ein Angebot ausgeschlossen werden muss, wenn der **unklare Umfang der Nachunternehmerleistung nur einen ganz geringfügigen Anteil an dem Gesamtauftrag** ausmacht. Bei einem **Anteil von rd. 65% des Gesamtauftrages** kann das Angebot **ausgeschlossen** werden (VK Nordbayern, B. v. 13. 11. 2003 – Az.: 320.VK-3194-40/03). 5418

Ob ein **Nachunternehmereinsatz lediglich untergeordneter Natur** ist, kann nur **aufgrund einer funktionalen Betrachtung des Gesamtauftrags** beurteilt werden, für die der auf den Nachunternehmerauftrag entfallende Teil des Angebotspreises oder die an den Nachunternehmer zu entrichtende Vergütung allein nicht ausschlaggebend sind. Auf den Streitfall bezogen ist mit Blick hierauf festzustellen, dass die Entsorgungsleistungen ohne einen Behälteränderungsdienst lückenhaft und unvollständig wären. Damit die Entsorgung insgesamt funktioniert, muss auch ein Austausch oder eine Ausgabe von Abfallbehältern, und zwar auch soweit diese bei Änderungen oder Neuansiedlungen von den Einwohnern bei einer Auslieferungsstelle selbst abgeholt werden sollen, reibungslos gewährleistet sein (OLG Düsseldorf, B. v. 22. 12. 2004 – Az.: VII – Verg 81/04). 5419

107.5.1.2.3.3.4.5.7 Rechtsfolge bei langjähriger Übung der Möglichkeit, Nachunternehmererklärungen nachzureichen. Die Rechtsprechung ist **nicht einheitlich.** 5420

Handhabt eine Vergabestelle die **Bedingung über den Ausschluss von Angeboten bei Nichtvorlage einer entsprechenden Erklärung mit dem Angebot nicht wortgetreu,** sondern lässt sie Nachunternehmererklärungen auch dann zu, wenn sie nicht bereits dem Angebot beigefügt waren, dort nur angekündigt und auf Anforderung der Vergabestelle nachgereicht wurden, erweckt die Vergabestelle beim betroffenen Bieterkreis, der als Auftragnehmer von Bauleistungen der in Rede stehenden Art (z. B. Straßen- und Brückenbau) in Betracht kommt, den nachhaltigen Eindruck, durch die vorgenannte Vorgehensweise dem Erfordernis der Vorlage eines Nachunternehmerverzeichnisses genügen zu können. Unter den Bietern wird damit ein entsprechendes **Vertrauen geschaffen.** Der Vergabestelle ist es daher **nach dem Grundsatz von Treu und Glauben,** der als allgemeiner Rechtsgrundsatz auch im Vergaberecht gilt, verwehrt, ohne eine entsprechende rechtzeitige und deutliche Vorankündigung gegenüber dem Bieterkreis sich auf den Wortlaut der Bewerbungsbedingungen zu **berufen** und in Abweichung von ihrer bisherigen Vergabepraxis ein Angebot als unvollständig zu betrachten, weil die Nachunternehmererklärung dem Angebot nicht beigefügt, sondern nur 5421 angekündigt war (OLG Düsseldorf, B. v. 23. 7. 2003 – Az.: Verg 24/03, B. v. 28. 5. 2003 – Az.: Verg 9/03, B. v. 20. 3. 2003 – Az.: Verg 08/03).

5422　Nach einer anderen Auffassung können **Usancen in der Geschäftsverbindung von Parteien** zwar als zu berücksichtigende Begleitumstände die **Auslegung der konkreten Willenserklärung beeinflussen.** Ob hiervon angesichts von nur punktuellen Kontakte des Bieters mit der Vergabestelle überhaupt gesprochen werden kann, mag dahinstehen. Jedenfalls wird die **zivilrechtliche Auslegung überlagert durch das vergaberechtliche Transparenzgebot.** Dieses verlangt, dass **nur solche Begleitumstände in die Auslegung** einbezogen werden können, die nicht nur für die beteiligten Vertragspartner, sondern darüber hinaus zumindest auch **für alle noch für die Auftragsvergabe in Frage kommenden Bieter erkennbar sind.** Denn **andernfalls** wären **Manipulationsmöglichkeiten** für öffentliche Auftraggeber und die von ihnen bevorzugten Bieter eröffnet, die durch die Gestaltung des Vergabeverfahrens gerade verhindert werden sollen. Vor diesem Hintergrund muss auch die **Berufung auf ein gewachsenes Vertrauen Einschränkungen erfahren** (BayObLG, B. v. 16. 9. 2002 – Az.: Verg 19/02).

5423　Noch weiter geht die 2. VK des Bundes: danach vermag eine **fehlerhafte Anwendung der vergaberechtlichen Vorschriften in früheren Verfahren keinen Vertrauenstatbestand zugunsten eines Bieters zu begründen.** Der Vergabestelle steht es grundsätzlich frei, die Anforderungen für jedes Vergabeverfahren neu zu definieren. Dies muss umso mehr bei einer **Korrektur einer vergaberechtswidrigen Praxis** gelten. Nur in den Fällen, in denen die bisherige Praxis nicht vergaberechtswidrig war, kann durch eine langjährige und gegenüber allen Bietern gleichermaßen praktizierte Übung ein schutzwürdiges Vertrauen auf Seiten der Bieter entstehen. Auch aus Gründen der Transparenz des Verfahrens – insbesondere im Hinblick auf die schutzwürdigen Interessen von Erstbietern – ist eine Fortführung von vergaberechtswidrigen Praktiken nicht zu tolerieren (2. VK Bund, B. v. 14. 4. 2004 – Az.: VK 2-34/04).

5424　Zum Grundsatz von Treu und Glauben im Vergaberecht vgl. die Kommentierung zu § 97 GWB RZ 267.

5425　**107.5.1.2.3.3.4.5.8 Nachträgliche Vorlage oder Änderung der Nachunternehmererklärung.** Die **Rechtsprechung** ist insoweit **nicht einheitlich.**

5426　Werden die **Erklärungen zum Nachunternehmereinsatz** von der Vergabestelle **zwingend** (muss benennen) **abgefragt** und sind sie von dem Bieter **mit dem Angebot abzugeben** (§ 21 Nr. 1 Abs. 1 VOB/A), ist die **Nachholung oder Änderung der Erklärung nicht zulässig** (§ 24 Nr. 3 VOB/A), da eine kalkulationserheblichen Inhalts ist (OLG Düsseldorf, B. v. 5. 5. 2004 – Az.: VII – Verg 10/04). Das Fehlen der Erklärungen zum Nachunternehmereinsatz bzw. deren Unvollständigkeit und nachfolgende Vervollständigung bzw. Erweiterung führt zum **Ausschluss des Angebotes** gemäß § 25 Nr. 1 Abs. 1 lit. b) VOB/A (VK Schleswig-Holstein, B. v. 5. 3. 2004 – Az.: VK-SH 04/04; VK Thüringen, B. v. 29. 8. 2003 – Az.: 216-4002.20-015/03HIG).

5427　Das OLG Celle ist anderer Auffassung: wenngleich die **Frage des Nachunternehmereinsatzes für die Beurteilung der Eignung des Bieters von entscheidender Bedeutung ist,** rechtfertigt die **Nichteinreichung eines Nachunternehmerverzeichnisses jedenfalls nicht ohne weiteres den Ausschluss** vom Vergabeverfahren. Die Vergabestelle hätte die Antragstellerin zunächst auffordern müssen, die fehlende Liste einzureichen (OLG Celle, B. v. 22. 5. 2003 – Az.: 13 Verg 10/03; ebenso VK Lüneburg, B. v. 11. 6. 2004 – Az.: 203-VgK-18/2004).

5428　**107.5.1.2.3.3.4.5.9 Nachträgliche Vorlage der Nachunternehmererklärung bei entsprechender Vorgabe der Verdingungsunterlagen.** Räumt ein öffentlicher Auftraggeber in seinen Bewerbungsbedingungen ausdrücklich die Möglichkeit ein, die zunächst nur angekündigte **Nachunternehmererklärung auf Anforderung nachzureichen,** bestehen dagegen auch **vergaberechtlich keine durchgreifenden Bedenken.** Dem Auftraggeber steht es nämlich frei, die Nachunternehmererklärung mit dem Angebot zu fordern oder deren Vorlage auch noch in einem späteren Stadium des Vergabeverfahrens zuzulassen. Zwar könnte die zweitgenannte Möglichkeit von den Bietern dazu genutzt werden, den Umfang und/oder den Gegenstand des Nachunternehmereinsatzes anders als ursprünglich vorgesehen zu deklarieren. Dies allein rechtfertigt indes nicht die Annahme, dem Auftraggeber sei es vergaberechtlich versagt, den Bietern die Nachreichung des Nachunternehmerverzeichnisses zu gestatten (OLG Düsseldorf, B. v. 28. 5. 2003 – Az.: Verg 9/03, B. v. 28. 5. 2003 – Az.: Verg 8/03).

5429　**107.5.1.2.3.3.4.5.10 Fehlen eines an sich durch den Auftraggeber vorgesehenen Formblattes.** Wird in einem formularmäßig vorgefertigten Anschreiben ein **Hinweis auf das**

Formblatt „EFB NU-317" zur Nachunternehmererklärung vor Versendung an die Bewerber durchgestrichen und befindet sich die **Streichung vor dem Text des Anschreibens in der Anlagenliste, ist dies unschädlich.** Die Streichung enthält damit objektiv nur die Mitteilung, dass das bezeichnete Formblatt dem Anschreiben nicht beigefügt ist. Eine (konkludente) Aussage, dass eine entsprechende Erklärung entgegen z. B. den Bewerbungsbedingungen in keinem Fall erforderlich sein soll, lässt sich der Streichung weder für sich noch in Verbindung mit der Nichtbeifügung des Formblatts entnehmen. Einer solchen Annahme fehlte schon deswegen die Grundlage, weil die Angaben zum Nachunternehmereinsatz nicht von der Verfügbarkeit eines bestimmten Formulars abhängig sind (OLG Koblenz, B. v. 7. 7. 2004 – Az.: 1 Verg 1 und 2/04). Das **Formular hat außerdem lediglich den Sinn und Zweck der Arbeitserleichterung.** Auf Seiten der Bieter wird die Abgabe der geforderten Erklärung erleichtert, weil die konkreten Inhalte der Erklärungen formularmäßig vorgegeben werden. Auf Seiten der Vergabestelle wird der Vergleich der Angebote erleichtert (VK Schleswig-Holstein, B. v. 5. 8. 2004 – Az.: VK-SH 19/04).

Das **bloße Fehlen** eines an den Bieter seitens des Auftraggebers zu übermittelnden **Vordrucks** zur Abgabe einer Erklärung **berechtigt einen Bieter grundsätzlich nicht dazu, die geforderte Erklärung zu unterlassen** (1. VK Sachsen, B. v. 13. 4. 2006 – Az.: 1/SVK/028-06). 5430

107.5.1.2.3.3.4.5.11 Zumutbarkeit der Nachunternehmererklärung in Form der Nennung der Nachunternehmer. Ein typisches Beispiel für die Frage, ob die Erklärung den Bieter – im Sinne der Rechtsprechung des Bundesgerichtshofs – **unzumutbar belastet,** ist die **Forderung des Auftraggebers nach Benennung der Nachunternehmer.** Insoweit fasst die VK Sachsen in einer älteren Entscheidung die Interessenlage folgendermaßen zusammen: 5431

Die **Eintragung eines Bieters „o. glw." bei der Benennung ihrer Nachunternehmer führt nicht zum zwingenden Ausschluss** aus dem Bieterfeld. Zwar behält sich der Bieter mit dieser Bezeichnung vor, den namentlich genannten Nachunternehmer eventuell durch einen anderen zu ersetzen, und sich in soweit nicht zu 100% an ihr Angebot gebunden. Dies muss jedoch nicht zu einem zwingenden Ausschluss von der Wertung führen. Ein zwingender Ausschluss ist nur dann geboten, wenn sich das Angebot durch die fehlenden bzw. nicht zu 100% zugesicherten Nachunternehmer-Angaben insgesamt nicht mehr werten lasse. Dies muss erst recht gelten, wenn nur ein verschwindend geringer Anteil der ausgeschriebenen Leistung an Nachunternehmer vergeben werden soll. Es ist dem Auftraggeber zuzumuten, dass die von dem Bieter zunächst benannten Nachunternehmer gegebenenfalls noch ausgetauscht werden. **Vor Erteilung des Zuschlags auf einen Bieter ist es diesem unmöglich, verbindliche Vertragsverhandlungen mit seinen Nachunternehmern zu führen.** Es widerspräche den **Grundsätzen der Wirtschaftlichkeit,** wenn ein Bieter in jedem Fall einen Nachunternehmer binden müsste und dieser dann bis zur Entscheidung über den Zuschlag die entsprechenden Kapazitäten frei halten müsste. Dies ist schon deswegen nicht zu fordern, weil Unternehmen bekanntermaßen an einer Vielzahl von Auslobungsverfahren gleich welcher Art teilnehmen (müssen), um in einem oder zwei Fällen tatsächlich den Zuschlag zu erhalten. Es **müsste dann eigentlich ständig fest gebundene Nachunternehmer „vorhalten", um rechtlich einwandfreie Nachunternehmerlisten abgeben zu können.** 1. VK Sachsen, B. v. 6. 5. 2002 – Az.: 1/SVK/ 034-02; im Ergebnis ebenso OLG Celle, B. v. 8. 11. 2001 – Az.: 13 Verg 12/01). 5432

Das OLG Düsseldorf hingegen (B. v. 5. 5. 2004 – Az.: VII – Verg 10/04) vertritt die Auffassung, dass dann, wenn der **Bieter** in seinem Angebot einen Nachunternehmer benennt, er **mit Ablauf der Angebotsabgabefrist hieran gebunden** ist. Er kann für die betreffenden Arbeiten weder einen anderen noch einen zusätzlichen Nachunternehmer anbieten. Ebenso wenig darf der öffentliche Auftraggeber eine dahingehende Angebotsänderung gestatten. Der Bieter ist **in gleicher Weise gehindert, sein Angebot dahin abzuändern, dass die in Rede stehenden Arbeiten nicht mehr durch einen Nachunternehmer, sondern im eigenen Betrieb ausgeführt werden sollen** (OLG Düsseldorf, B. v. 5. 5. 2004 – Az.: VII – Verg 10/04). 5433

Sehen Verdingungsunterlagen vor, dass **Nachunternehmer nur „auf Verlangen" der Vergabestelle zu benennen** sind, müssen die Nachunternehmer nicht zwingend bei Angebotsabgabe benannt werden. Aus einem den Verdingungsunterlagen beigefügten **Formular, das Spalten zur Angabe von Nachunternehmern enthält, ergibt sich nichts** Anderes (VK Schleswig-Holstein, B. v. 6. 10. 2005 – Az.: VK-SH 27/05). 5434

Anderer Auffassung sind insoweit die **VK Brandenburg** und die **VK Rheinland-Pfalz.** Der Auftraggeber spricht bereits durch die **Übersendung des Vordrucks „Verzeichnis der** 5435

Teil 3 VOB/A § 25   Vergabe- und Vertragsordnung für Bauleistungen Teil A

Nachunternehmerleistungen" sein Verlangen aus, die Nachunternehmer zu bezeichnen (1. VK Brandenburg, B. v. 30. 6. 2005 – Az.: VK 29/05; VK Rheinland-Pfalz, B. v. 24. 2. 2005 – Az.: VK 28/04).

5436 Die **alternative Angabe von mehreren Nachunternehmern zu einer Teilleistung ist nicht eindeutig,** wenn „der" Name des Nachunternehmers, also desjenigen Unternehmens, das im Auftragsfalle auch den Auftrag ausführen soll, anzugeben ist. Durch Alternativangaben ist für den Auftraggeber nicht eindeutig, welches Unternehmen im Auftragsfalle eingesetzt werden soll, denn durch die Angabe mehrerer Nachunternehmer **behält sich der Bieter die Option vor, den einen oder anderen Nachunternehmer einzusetzen.** Hierdurch behält er zum einen die **Möglichkeit, noch einen preisrelevanten Wettbewerb innerhalb der Nachunternehmer mit Kostenvorteilen durchzuführen.** Zum anderen kann er – anders als Bieter mit eindeutig angegebenen Nachunternehmern, denen bei Wegfall des vorgesehenen Nachunternehmers der Einsatz eines gleichwertigen anderen Nachunternehmers oder ein Umschwenken auf nunmehrige Eigenleistung versagt ist – dem Ausschluss seines Angebotes entgehen und dennoch im Wettbewerb verbleiben. Der **Auftraggeber kann zudem bei solchen mehrdeutigen Angaben die Eignung der Nachunternehmer nicht überprüfen.** Nicht eindeutig ist darüber hinaus die Benennung mehrerer Unternehmen, wenn gleichzeitig mehrere Teilleistungen beschrieben werden (z. B. „Erdarbeiten/Rohrgräben/Baustraßen/Abbruch" oder „HDI, Verbau, Grundwasserhaltung"). In diesem Zusammenhang ist unklar, ob ein Unternehmen sämtliche Teilleistungen einer genannten Position ausführen soll oder ob die Einzelleistungen von verschiedenen der alternativ benannten Nachunternehmer erbracht werden. Welcher Nachunternehmer im letzteren Fall jeweils für welche Einzelleistung eingesetzt werden soll, bleibt ebenfalls fraglich (1. VK Brandenburg, B. v. 30. 6. 2005 – Az.: VK 29/05).

5437 **107.5.1.2.3.3.4.5.12 Berechnung des Nachunternehmeranteils.** Vgl. zur Berechnung des Nachunternehmeranteils die Kommentierung zu § 97 GWB RZ 334.

5438 **107.5.1.2.3.3.4.5.13 Leistungen, auf die ein Betrieb eingerichtet ist.** In der **Vergabepraxis** knüpft die Zulässigkeit eines Nachunternehmereinsatzes davon ab, ob ein Bieter Leistungen anbietet, auf die sein Betrieb eingerichtet ist oder nicht. Was im Einzelnen darunter zu verstehen ist, dass ein Betrieb nicht auf eine Leistung eingerichtet ist, ist **in Rechtsprechung und Literatur nicht abschließend geklärt.** Während zum Teil angenommen wird, ein Betrieb sei dann nicht auf eine Leistung eingerichtet, wenn „betriebsfremde Leistungen" durchgeführt werden sollen bzw. der Auftragnehmer nach seiner betrieblichen Tätigkeit und Einrichtung zur Leistung nicht imstande ist, stellen andere auf ein funktionales Verständnis ab. Danach soll ein Betrieb dann auf eine Leistung eingerichtet sein, wenn der Bieter das in seinem Betrieb beschäftigte Personal und die ihm zur Verfügung stehenden Sachmittel zur Erbringung der geschuldeten Bauleistung auf der Baustelle, in seiner Betriebsstätte oder sonst wo einsetzen kann. Nach Auffassung des Vergabesenats des Bayerischen Obersten Landesgerichts ist ein **Betrieb dann auf eine Leistung eingerichtet, wenn er nach seiner Struktur, seiner Organisation und seinen internen Betriebsabläufen generell darauf ausgerichtet ist** (BayObLG, B. v. 27. 7. 2004 – Verg 014/04).

5439 **107.5.1.2.3.3.4.6 Fehlende Fabrikatsangaben. 107.5.1.2.3.3.4.6.1 Allgemeines.** Grundsätzlich sind nach der Rechtsprechung des BGH **Angebote mit fehlenden Fabrikatsangaben von der Wertung auszuschließen** (VG Neustadt an der Weinstraße, B. v. 6. 4. 2006 – Az.: 4 L 544/06; VK Nordbayern, B. v. 9. 5. 2006 – Az.: 21.VK – 3194-13/06; VK Saarland, B. v. 15. 3. 2006 – Az.: 3 VK 02/2006; 2. VK Brandenburg, B. v. 15. 11. 2005 – Az.: 2 VK 64/05; VK Südbayern, B. v. 19. 1. 2006 – Az.: Z3-3-3194-1-56-12/05; B. v. 11. 5. 2005 – Az.: 17-04/05). Dabei kommt es nicht darauf an, ob es sich – bezogen auf die Gesamtleistung – **um eine untergeordnete Fabrikatsangabe** handelt (BGH, Urteil vom 7. 6. 2005 – Az.: X ZR 19/02; VG Neustadt an der Weinstraße, B. v. 6. 4. 2006 – Az.: 4 L 544/06; 2. VK Brandenburg, B. v. 15. 11. 2005 – Az.: 2 VK 64/05; VK Thüringen, B. v. 8. 9. 2005 – Az.: 360-4002.20-028/05-SLF; B. v. 22. 3. 2005 – Az.: 360-4002.20-002/05-MGN; VK Nordbayern, B. v. 9. 5. 2006 – Az.: 21.VK – 3194-13/06; B. v. 16. 2. 2005 – Az.: 320.VK – 3194-02/05; VK Hessen, B. v. 20. 10. 2004 – Az.: 69 d – VK – 61/2004; VK Münster, B. v. 15. 10. 2004 – Az.: VK 28/04).

5440 Trägt ein Bieter den **Namen eines Lieferanten und nicht den des Hersteller**s ein, obwohl dieser abgefragt wurde, **fehlt ein eindeutiges Fabrikat;** das Angebot ist zwingend auszuschließen (VK Nordbayern, B. v. 9. 8. 2005 – Az.: 320.VK – 3194-27/05).

Vergabe- und Vertragsordnung für Bauleistungen Teil A VOB/A § 25 **Teil 3**

Die **Forderung nach einer Fabrikatsangabe wird durch die Nennung zweier Hersteller mit jeweils einer Palette von Fabrikaten nicht erfüllt.** Es fehlen insoweit produktidentifizierende Angaben (VK Arnsberg, B. v. 2. 10. 2005 – Az.: VK 18/2005). 5441

Wenn der vom Bieter benannte **Hersteller unter dem angegebenen Fabrikat mehrere geeignete Produkte anbietet,** ist weder die erforderliche Vergleichbarkeit mit den entsprechenden Positionen in einem insoweit vollständigen Angebot eines anderen Bieters gewährleistet noch die Möglichkeit von nachträglichen Manipulationen ausgeschlossen; das **Angebot ist deshalb mangels produktidentifizierender Angaben zwingend auszuschließen** (VK Nordbayern, B. v. 9. 5. 2006 – Az.: 21.VK – 3194-13/06). 5442

Noch weiter geht die **VK Südbayern.** Die Vergabekammer erkennt **keinen Ermessensspielraum für den Auftraggeber, ein Angebot schon deshalb zu werten, weil es von der vom Bieter benannten Herstellerfirma nur ein Produkt gibt, das die Systemparameter des Leistungsverzeichnisses erfüllt** („produktidentifizierende Angabe"). Es kann insoweit auch nicht auf den „objektiven Empfängerhorizont" abgestellt werden, wonach entscheidend ist, wie ein mit den Umständen des Einzelfalles vertrauter Dritter in der Lage des Auftraggebers die Erklärung nach Treu und Glauben mit Rücksicht auf die Verkehrssitte verstehen muss oder darf. Der Auftraggeber hat eine Erklärung zum „Fabrikat (insbesondere Herstellerangabe und genaue Typenbezeichnung)" gefordert, die vom Bieter so nicht abgegeben wurde, weil er lediglich die Herstellerfirma benannt hat. Das Angebot ist somit auszuschließen (VK Südbayern, B. v. 19. 1. 2006 – Az.: Z3-3-3194-1-56-12/05). 5443

Trägt ein **Bieter das Fabrikat mit dem Zusatz „o. glw." ein,** ist diese Angabe nach allgemeinen Grundsätzen auszulegen. Nach den gesamten Umständen kann sie dahin verstanden werden, dass der Bieter das jeweils angegebene Fabrikat anbieten, dem Auftraggeber aber die Möglichkeit einräumen will, bei der Bauausführung den Einsatz eines gleichwertigen Alternativherstellers bzw. -produkts zu bestimmen. Diese **Erklärung zum Auswählen ist nach dem bürgerlichen Recht in Verbindung mit § 28 Nr. 2 VOB/A ausgeschlossen,** weil eine derartige Erklärung kein „Angebot" ist. Ein Vertrag kommt dadurch zustande, dass der Bauherr auf ein Angebot eines Bieters die vorbehaltlose Annahme des Angebotes erklärt. In § 28 Nr. 2 Abs. 1 VOB/A wird ergänzend festgelegt, dass der Vertrag geschlossen ist, wenn auf ein Angebot ohne Abänderungen der Zuschlag erteilt wird. Ein **Angebot muss also so konkret sein, dass ohne weitere Festlegung, Ergänzung oder Differenzierung der angebotenen Leistungen der Zuschlag durch ein einfaches „Ja" erteilt werden** kann (VK Hessen, B. v. 1. 11. 2005 – Az.: 69 d VK – 68/2005; VK Südbayern, B. v. 11. 5. 2005 – Az.: 17 04/05). 5444

107.5.1.2.3.3.4.6.2 Unbedingte Forderung nach Fabrikatsangaben. Fordert der Auftraggeber im Leistungsverzeichnis, dass der **Bieter in bestimmten Positionen unbedingt das Fabrikat der dort benannten Leistung angibt** (z. B. Kunststoff-Sockelleisten) und **weist er ausdrücklich darauf hin, dass das Angebot sonst nicht gewertet werden** könne, führt das **Fehlen der Fabrikatsangabe zum zwingenden Angebotsausschluss** (VK Brandenburg, B. v. 15. 11. 2005 – Az.: 2 VK 64/05; B. v. 7. 7. 2003 – Az.: VK 35/03; im Ergebnis ebenso OLG Koblenz, B. v. 9. 6. 2004 – Az.: 1 Verg 4/04; 1. VK Sachsen, B. v. 18. 6. 2003 – Az.: 1/SVK/042-03). 5445

107.5.1.2.3.3.4.6.3 Fabrikatsangaben im Kurz-Leistungsverzeichnis. Wenn der Bieter ein **Kurz-Leistungsverzeichnis** abgibt, ist er ebenfalls **verpflichtet, geforderte Fabrikatsangaben zu machen.** Er kann ohne weiteres im Kurz-Leistungsverzeichnis integriert oder auf einer gesonderten Auflistung die im Leistungsverzeichnis über die Preiseintragungen hinaus geforderten Erklärungen machen, da sie über die Ordnungsziffern des Leistungsverzeichnisses eindeutig zugeordnet werden können. Fehlen die Angaben, ist das Angebot zwingend auszuschließen (VK Düsseldorf, B. v. 30. 9. 2003 – Az.: VK – 25/2003 – B). 5446

107.5.1.2.3.3.4.6.4 Fiktion der Angabe der Leitfabrikate. Der öffentliche **Auftraggeber** kann **vorschreiben**, dass bei **Nichtabgabe von eigenen Erklärungen über angebotene Fabrikate** bei Vorhandensein eines „Leitfabrikates" das **Leitfabrikat als angegeben** gilt. Dann sind **fehlende Fabrikatsangaben** gemäß den Ausschreibungsbedingungen **nicht als fehlende Erklärung,** sondern als Angebot des Leitfabrikates anzusehen (VK Saarland, B. v. 15. 3. 2006 – Az.: 3 VK 02/2006; VK Thüringen, B. v. 22. 3. 2005 – Az.: 360-4002.20-002/05-MGN; VK Düsseldorf, B. v. 30. 9. 2003 – Az.: VK – 25/2003 – B). In einer **neueren Entscheidung** vertritt hingegen die VK Thüringen die Auffassung, dass **fehlende Fabrikatsangaben trotz Nennung von Leitfabrikaten und der Klausel, dass dann, wenn der Bieter keine Fabrikatsangabe macht, das Leitfabrikat als angeboten gilt, zum zwin- 5447

Teil 3 VOB/A § 25 Vergabe- und Vertragsordnung für Bauleistungen Teil A

genden Ausschluss des Angebots führen (VK Thüringen, B. v. 3. 3. 2006 – Az.: 360-4002.20-004/06-ABG).

5448 Mit Erlass vom 23. 11. 2004 (Az.: B 15 – O 1080-114) hat das Bundesministerium für Verkehr, Bau und Stadtentwicklung Nr. 3.3 EVM (B) BwB/E 212 das VHB dergestalt geändert, dass bei Ausschreibungen, denen das VHB des Bundes zugrunde liegt, **auch bei Vorgabe eines Leitfabrikats das angebotene Fabrikat eingetragen werden muss; ansonsten ist das Angebot auszuschließen** (VK Südbayern, B. v. 19. 1. 2006 – Az.: Z3-3-3194-1-56-12/05).

5449 Ist vom Bieter die Angabe von einzubauenden Fabrikaten gefordert und **bietet ein Bieter ein Leitfabrikat oder ein gleichwertiges Fabrikat** an, fehlt zwar eine geforderte **Angabe,** weil sich der Bieter nicht – obwohl gefordert – auf ein Fabrikat festlegt. Die **fehlende Angabe kann aber durch eine Aufklärung nachgetragen werden.** Die Stellung des Angebots in der Wertung kann sich nicht verändern, weil der Bieter sich hinsichtlich der Eigenschaften des Fabrikats durch die Bezugnahme auf das Leitfabrikat festgelegt hat. Das Angebot muss nicht zwingend ausgeschlossen werden (VK Lüneburg, B. v. 3. 5. 2005 – Az.: VgK-14/2005).

5450 **Anderer Auffassung** ist insoweit die **VK Baden-Württemberg.** Die Kammer hält das Verhalten eines Bieters, das von ihm anzubietende Fabrikat durch Angabe von zwei Fabrikaten mit dem Zusatz „oder gleichwertig" nicht definitiv anzugeben, also offen zu halten, vergaberechtlich nicht für zulässig, weil der Bieter nach Zuschlagserteilung ein Fabrikat seiner Wahl anbieten könnte, über welches Streit hinsichtlich der Gleichwertigkeit entstehen kann. **Ein Offenhalten des Fabrikats stellt eine Abweichung von den Ausschreibungsunterlagen dar, die dazu führt, dass kein ausschreibungskonformes Angebot vorliegt. Es darf auch nicht durch Nachverhandlungen annahmefähig gemacht werden** (VK Baden-Württemberg, B. v. 25. 5. 2005 – Az.: 1 VK 25/05).

5451 Eine **Angabe des Bieters** mit dem Inhalt „wie ausgeschrieben" bzw. „Element wie ausgeschrieben" ist eine Willenserklärung der Antragstellerin. Diese Eintragung **verhindert, dass eine Fiktion z. B. einer Typenangabe eintritt** (1. VK Sachsen, B. v. 9. 5. 2006 – Az.: 1/SVK/036-06; B. v. 20. 4. 2006 – Az.: 1/SVK/029-06).

5452 107.5.1.2.3.3.4.6.5 **Keine Fabrikatsangabe durch die Angabe des Herstellers.** Weist ein Angebot insofern Defizite bei den geforderten Fabrikatsangaben auf, **als nur immer der Hersteller und bei einigen Positionen zusätzlich noch die Zulassungsnummer angegeben wird und fehlen weitere Angaben zu den tatsächlich angebotenen Fabrikaten/Produkten, ist das Angebot hinsichtlich dieser Positionen nicht eindeutig;** gerade wegen der fehlenden weiteren Angaben zu den angebotenen Fabrikaten ist eine **eindeutige Identifizierung und vergleichende Beurteilung nicht möglich.** Dieses Manko kann auch nicht durch eine eventuelle Nachverhandlung behoben werden (VK Hannover, B. v. 10. 5. 2004 – Az.: 26 045 – VgK 02/2004).

5453 107.5.1.2.3.3.4.7 **Fehlende Typen- und Herstellerangaben.** Ein transparentes, auf Gleichbehandlung aller Bieter beruhendes Vergabeverfahren ist nur zu erreichen, wenn lediglich Angebote gewertet werden, die in jeder sich aus den Verdingungsunterlagen ergebenden Hinsicht vergleichbar sind. **Fehlende Typenangaben** eines Bieters **beeinträchtigen** die **Vergleichbarkeit seines Angebots mit den Angeboten anderer Bieter.** Dem Angebot ist letztlich nicht zu entnehmen, ob er mit den von ihm zur Verwendung vorgesehenen Produkten die abstrakten Anforderungen des Leistungsverzeichnisses wird erfüllen können, weil seine Angaben zur Produktidentifizierung nicht ausreichen. Das Angebot ist zwingend auszuschließen (BGH, Urteil vom 7. 6. 2005 – Az.: X ZR 19/02; OLG Frankfurt, B. v. 16. 9. 2003 – Az.: 11 Verg 11/03; OLG Dresden, B. v. 10. 7. 2003 – Az.: WVerg 0015/02; VK Thüringen, B. v. 11. 10. 2006 – Az.: 360-4002.20-026/06-SLF; 1. VK Sachsen-Anhalt, B. v. 21. 11. 2005 – Az.: 1 VK LVwA 44/05; VK Lüneburg, B. v. 26. 7. 2005 – Az.: VgK-31/2005; VK Baden-Württemberg, B. v. 21. 6. 2005 – Az.: 1 VK 32/05; VK Brandenburg, B. v. 15. 11. 2005 – Az.: 2 VK 64/05; B. v. 28. 6. 2005 – Az.: VK 20/05; B. v. 5. 4. 2005 – Az.: VK 9/05; VK Nordbayern, B. v. 16. 2. 2005 – Az.: 320.VK – 3194-02/05; B. v. 4. 11. 2004 – Az.: 320.VK – 3194-41/04; B. v. 8. 9. 2004 – Az.: 320.VK – 3194-31/04; VK Hessen, B. v. 24. 10. 2005 – Az.: 69 d – VK – 62/2005; B. v. 20. 10. 2004 – Az.: 69 d – VK – 61/2004; B. v. 19. 9. 2005 – Az.: 69 d VK – 42/2005; 2. VK Südbayern, B. v. 13. 7. 2004 – Az.: 46-06/04; VK Bund, B. v. 21. 1. 2004 – Az.: VK 2-126/03; 1. VK Sachsen, B. v. 18. 6. 2003 – Az.: 1/SVK/042-03).

5454 Dies gilt **nicht bei einer Fiktion der Angabe der Typenangaben** (2. VK Bund, B. v. 12. 2. 2004 – Az.: VK 2-128/03).

Fordert der Auftraggeber trotz der Vorgabe von Leitfabrikaten eine Angabe von Hersteller- 5455
bzw. Typangaben – auch durch Wiederholung der Leitangaben – so ist **der Vermerk „LV"
bei den geforderten Hersteller- bzw. Typangaben grundsätzlich ausreichend** (VK Lüneburg, B. v. 26. 7. 2005 – Az.: VgK-31/2005).

Eine ausdrückliche Angabe von Hersteller- und Typangaben kann auch in der Wei- 5456
**se erfolgen, dass der Bieter durch Wiederholungszeichen vorstehende Textpassagen
in Bezug nimmt.** Bei Wiederholungszeichen- umgangssprachlich auch „Gänsefüsschen" genannt – handelt es sich um in der deutschen Schriftsprache übliche Zeichen, die die allgemein bekannte Aussage beinhalten, dass der über ihnen stehende Text wiederholt wird. Ihre Verwendung führt auch zu eindeutigen Erklärungen, wenn der Bieter die Wiederholungszeichen nicht fortlaufend benutzt, so dass zweifelhaft sein kannte, auf welche Textpassage sie sich überhaupt beziehen, und wenn der Bieter diese Zeichen stets mittig unter die Textpassage setzt, die wiederholt werden soll. Wenn zu den einzelnen Leistungspositionen jeweils der Hersteller und die Typbezeichnung der angebotenen Produkts anzugeben sind, ist bei verständiger Auslegung auch offensichtlich, dass die Wiederholungszeichen sowohl die darüber stehende Angabe des Herstellers als auch die darüber stehende Angabe der Typbezeichnung und nicht etwa nur eines von beidem in Bezug nehmen (2. VK Bund, B. v. 20. 12. 2005 – Az.: VK 2-159/05; B. v. 20. 12. 2005 – Az.: VK 2-156/05).

Im Gegensatz zur unter RZ 4723 dargestellten Rechtsprechung vertritt das OLG Düsseldorf 5457
in einer neueren Entscheidung die Auffassung, dass **bei Angabe des ausgeschriebenen Leitfabrikats durch den Bieter und lediglich zwei fehlenden Typenbezeichnungen die
Vergabestelle davon ausgehen kann, dass auch der vorgegebene Typ angeboten wird;**
das Angebot ist also vollständig und nicht auszuschließen (OLG Düsseldorf, B. v. 4. 7. 2005 – Az.: VII – Verg 35/05; 2. VK Bund, B. v. 12. 5. 2005 – Az.: VK – 2-24/05).

Eine weitere **Ausnahme von der Rechtsfolge des zwingenden Angebotsausschlusses** 5458
macht die VK Brandenburg für den Fall, dass der **Bieter das vom ihm angebotene Gerät
durch eine Vielzahl von sachgerecht geforderten Spezifikationen beschreibt, jedoch
auf eine detaillierte Typ-Angabe verzichtet, weil** z.B. der angebotene Herd eine **Sonderanfertigung** sein wird und er als Typangabe „Herd" angibt (2. VK Brandenburg, B. v. 28. 6. 2005 – Az.: VK 20/05).

Ein **verständiger Bieter, der ein Leitfabrikat anbietet, kann davon ausgehen, dass** 5459
**das vom Antragsgegner ausgewählte Leitfabrikat sonstige zusätzlich genannte
Funktionen z.B. als Notabdichtung erfüllt und es der Vorlage einer Herstellererklärung nicht bedarf.** Ein anderes Verständnis muss in den Verdingungsunterlagen unmissverständlich und klar zum Ausdruck kommen, wenn nach den Vorstellungen des Auftraggebers auf eine unterlassene Vorlage der Erklärung des Herstellers des Leitfabrikats der Ausschluss eines Angebots gestützt werden soll (OLG Düsseldorf, B. v. 5. 4. 2006 – Az.: VII – Verg 3/06).

Nach Auffassung der VK Hessen muss ein **Bieter, wenn er der Auffassung ist, er brauche** 5460
deshalb den jeweiligen Typ nicht zu nennen, weil es von dem Hersteller **keine Typbezeichnung gibt,** die Vergabestelle hierauf hinweisen bzw. die Forderung nach Nennung eines Typs bei der Position des Leistungsverzeichnisses **rügen** (VK Hessen, B. v. 4. 4. 2005 – Az.: 69 d VK – 05/2005).

107.5.1.2.3.3.4.8 Fehlender Versicherungsnachweis. Ein fehlender aktueller Nach- 5461
weis über die Gültigkeit der Haftpflichtversicherung führt zwingend zum Ausschluss des Angebots (1. VK Sachsen, B. v. 12. 6. 2003 – Az.: 1/SVK/054-03).

107.5.1.2.3.3.4.9 Fehlende Tariftreueerklärung. Vgl. zu den Tariftreuegesetzen der Bun- 5462
desländer und der Rechtsprechung insbesondere zu fehlenden Tariftreueerklärungen die Kommentierung zu § 97 GWB RZ 584.

107.5.1.2.3.3.4.10 Fehlender Bauzeitenplan. Die fehlende **Vorlage des unverbind-** 5463
lichen Bauzeitenplans im Submissionstermin ist dann **unschädlich,** wenn sie **nicht eindeutig in den Verdingungsunterlagen zu diesem Zeitpunkt gefordert** wird. Sie eröffnet darüber hinaus **auch keine Manipulationsmöglichkeiten.** Denn die in ihm genannten Fristen sind keine vertraglichen. Das Angebot bleibt davon unberührt und damit auch seine Vergleichbarkeit. Gebunden ist der Bieter unabhängig von der Vorlage des Bauzeitenplans nämlich an die im Formblatt EVM BVB aufgeführten Fristen und an die Verpflichtung, noch vor Baubeginn einen verbindlichen Bauzeiten- und Ablaufplan unter Berücksichtigung der zeitlichen Vorgaben in Nr. 17 der Baubeschreibung aufzustellen (BayObLG, B. v. 28. 5. 2003 – Az.: Verg

6/03; VK Lüneburg, B. v. 11. 6. 2004 – Az.: 203-VgK-18/2004; VK Nordbayern, B. v. 1. 4. 2003 – Az.: 320.VK-3194-08/03).

5464 **107.5.1.2.3.3.4.11 Fehlender Nachweis der Entsorgung.** Bei der **Beseitigung chemischer Altlasten ist der lückenlose Nachweis einer vorschriftsmäßigen Entsorgung unverzichtbar.** Denn bei diesen Erklärungen und Nachweisen handelt es sich um unverzichtbare Grundlagen des Angebotes, ohne die es nicht angenommen werden kann (OLG Naumburg, B. v. 11. 6. 2003 – Az.: 1 Verg 06/03).

5465 Auch **fehlende Annahmeerklärungen von Entsorgungsanlagen** führen zum zwingenden Ausschluss des Angebots (3. VK Bund, B. v. 20. 3. 2006 – Az.: VK 3-09/06).

5466 **107.5.1.2.3.3.4.12 Fehlende bauaufsichtliche Zulassung.** Legt ein Bieter die von der Vergabestelle geforderte **bauaufsichtliche Zulassung nicht vor**, ist das **Angebot zwingend auszuschließen** (VK Magdeburg, B. v. 24. 6. 2003 – Az.: 33-32571/07 VK 05/03 MD).

5467 **107.5.1.2.3.3.4.13 Fehlende Eignungsnachweise.** Angebote, denen die nach der Bekanntmachung der Antragsgegnerin **geforderten Eignungsnachweise nicht beigefügt waren, sind zwingend von der Wertung auszuschließen.** Das folgt aus § 25 Nr. 2 Abs. 1 VOB/A 2. Abschnitt. Nach dieser Vorschrift sind anhand der vorgelegten Nachweise nur die Angebote derjenigen Bieter auszuwählen, deren Eignung die für die Erfüllung der vertraglichen Verpflichtungen notwendigen Sicherheiten bietet. Dementsprechend darf auch das Angebot eines Bieters nur dann gewertet werden, wenn ihm sämtliche geforderten Eignungsbelege beigefügt gewesen sind. Der entsprechende Nachweis obliegt dem Bieter. Denn er trägt nach allgemeinen Grundsätzen die Darlegungs- und Beweislast dafür, dass er ein vollständiges Angebot eingereicht hat (OLG Düsseldorf, B. v. 28. 6. 2006 – Az.: VII – Verg 18/06; B. v. 7. 3. 2006 – Az.: VII – Verg 98/05; B. v. 14. 10. 2005 – Az.: VII – Verg 40/05; B. v. 16. 11. 2003 – Az.: VII – Verg 47/03; VK Hessen, B. v. 30. 11. 2005 – Az.: 69 d VK – 83/2005; VK Südbayern, B. v. 24. 11. 2005 – Az.: Z3-3-3194-1-42-09/05; 3. VK Bund, B. v. 29. 7. 2005 – Az.: VK 3-76/05; B. v. 22. 11. 2004 – Az.: VK 3-203/04).

5468 Die zum **Nachweis der Eignung geforderten Belege unterfallen nicht dem Begriff der „Erklärungen" in § 21 Nr. 1 Abs. 2 Satz 5 VOB/A** (OLG Düsseldorf, B. v. 28. 6. 2006 – Az.: VII – Verg 18/06; B. v. 14. 10. 2005 – Az.: VII – Verg 40/05; 1. VK Sachsen, B. v. 13. 4. 2006 – Az.: 1/SVK/028-06; 3. VK Saarland, B. v. 12. 12. 2005 – Az.: 3 VK 03/2005 und 3 VK 04/2005; VK Hessen, B. v. 30. 11. 2005 – Az.: 69 d VK – 83/2005; VK Südbayern, B. v. 24. 11. 2005 – Az.: Z3-3-3194-1-42-09/05).

5469 **Unterlagen, deren Vorlage vom Auftraggeber im Sinn einer Teilnahmebedingung gefordert ist, sind also nach der zugrunde zu legenden Auffassung eines verständigen Bieters mit dem Angebot einzureichen.** Nur so ist auch sicherzustellen, dass die Eignungsprüfung sinnvoll durchgeführt werden kann (OLG Düsseldorf, B. v. 13. 1. 2006 – Az.: VII – Verg 83/05).

5470 Fordert der Auftraggeber z. B. die **Bilanzen für je drei aufeinander folgende Geschäftsjahre** und legt der Bieter lediglich zwei Bilanzen vor, erfüllt der Bieter die geforderten Nachweise nicht. **Die fehlende dritte Bilanz wird auch nicht dadurch ersetzt, dass in einer Bilanz auch die Zahlen des Vorjahres angegeben sind.** Die Angaben der entsprechenden Vorjahreszahlen des Vorjahres sind vielmehr zwingender Bestandteil einer vollständigen Bilanz. Eine komplette Bilanz muss die Aktiva, Passiva und die jeweiligen Vorjahresdaten ausweisen. Darauf muss der Auftraggeber die Bieter nicht etwa in den Verdingungsunterlagen hinweisen, dieser Mindestgehalt folgt vielmehr unmittelbar aus § 265 Abs. 2 Satz 1 HGB (VK Lüneburg, B. v. 6. 9. 2004 – Az.: 203-VgK-39/2004).

5471 Fordert der Auftraggeber z. B. ein **Gütezeichen oder einen bestehenden Vertrag über eine Fremdüberwachung**, ist die **Vorlage eines Antrags auf Fremdüberwachung beim Güteschutz nicht ausreichend** und das Angebot zwingend auszuschließen (1. VK Sachsen, B. v. 29. 10. 2004 – Az.: 1/SVK/101-04).

5472 Fordert z. B. der Auftraggeber als Teilnahmebedingung von den Teilnehmern, dass sie zum Nachweis ihrer technischen Leistungsfähigkeit Referenzen vorlegen, die u. a. **Angaben zur Leistungszeit und zum Rechnungswert** enthalten und legt ein Bieter mit seinem Angebot jedoch nur eine – wenn auch umfangreiche – Liste mit den Namen und einer kurzen Beschreibung des Vertragsinhalts bei, lassen sich weder die Leistungszeit noch der Rechnungswert diesen Angaben entnehmen, sodass das **Angebot zwingend auszuschließen** ist (3. VK Bund, B. v. 29. 7. 2005 – Az.: VK 3-76/05; im Ergebnis ebenso VK Schleswig-Holstein, B. v. 30. 8. 2006 – Az.: VK-SH 20/06; VK Südbayern, B. v. 24. 11. 2005 – Az.: Z3-3-3194-1-42-09/05).

Die VK Schleswig-Holstein lässt von diesem **Grundsatz eine Ausnahme für den Fall** 5473
zu, dass **sämtliche fristgerecht eingegangenen Angebote hinsichtlich der geforderten
Nachweise** (mehr oder weniger) **unvollständig** sind; dann erscheint es der Kammer unter
Berücksichtigung einer objektiven Dringlichkeit der Beschaffung gerechtfertigt, von dem
Grunde nach angezeigten Ausschluss aller Angebote – mit der Folge einer Aufhebung der
Ausschreibung – abzusehen, da dieses – auch im Angesicht des Gleichbehandlungsgrundsatzes – **unverhältnismäßig** wäre (VK Schleswig-Holstein, B. v. 8. 7. 2005 – Az.: VK-SH 18/05).

Eine weitere Ausnahme lässt die VK Düsseldorf bei geforderten, aber im Angebot 5474
nicht enthaltenen Auftragswerten zu. Bei Referenzangaben im Reinigungsgewerbe handelt
es sich nicht um zeitaufwendig differenziert auf den jeweils ausgeschriebenen Auftrag abzustellende und individuell zu erstellende Listen, sondern in aller Regel um Computerdateien, die in
jedem Unternehmen zur Vorbereitung von Angeboten oder zu Reklamezwecken gespeichert
und häufig auch im Internet einzusehen sind. Vor diesem Hintergrund ist dem **Umstand, dass
die Referenzliste der Antragstellerin keine Auftragswerte enthielt, kein wettbewerbsverzerrender Zeitvorteil bei der Angebotserstellung zu entnehmen, der zum Ausschluss des Angebotes zwingen würde.** Die im Hinblick auf den zwingenden Ausschluss
unvollständiger Angebote sehr strenge Rechtsprechung bezieht sich auf die geforderten Angaben zur Wertung der Angebote, bei den geforderten Nachweisen zur Eignung besteht nach wie
vor die Grenze dort, wo die Chancengleichheit der Bieter oder der Wettbewerbsgrundsatz berührt wird. Beides ist in dieser Fallkonstellation nicht ersichtlich (VK Düsseldorf, B. v. 11. 1.
2006 – Az.: VK – 50/2005 – L).

Verhindert ein Bieter z. B. durch eine Geheimhaltungsbedingung, dass der Auf- 5475
**traggeber vom Inhalt eines Eignungsnachweises (z. B. einer Bilanz) Kenntnis nehmen
kann, sind solche Vorbehalte oder Bedingungen vom öffentlichen Auftraggeber zu
beachten.** Der Auftraggeber ist nicht befugt, die von einem Bieter eingereichten Unterlagen
oder Erklärungen gegen dessen erklärten Willen zu öffnen und einzusehen. Er ist an die diesbezüglichen Vorgaben eines Bieters – z. B. an die Bedingung, dass dabei ein Vertreter anwesend
sein muss – rechtlich gebunden. Solche Vorgaben, Bedingungen und Vorbehalte sind vergaberechtlich indes nicht zugelassen und nicht hinzunehmen. **Werden sie von einem Bieter dennoch gemacht, ist die mit einer Bedingung oder einem Vorbehalt belegte Angabe,
Erklärung oder Unterlage im Rechtssinn als nicht eingereicht zu werten.** Die eingegangenen Angebote müssen dem öffentlichen Auftraggeber in jeder durch die Vergabebekanntmachung und die Verdingungsunterlagen vorgegebenen Hinsicht zur vorbehaltlosen Kenntnisnahme und Prüfung offen stehen. Anders ist nicht sicherzustellen, dass in jeder Hinsicht
vergleichbare Angebote gewertet werden und die Vergabeentscheidung das im Vergabeverfahren
zu beachtende Gebot der Gleichbehandlung der Bieter wahrt (OLG Düsseldorf, B. v. 13. 1.
2006 – Az.: VII – Verg 83/05).

107.5.1.2.3.3.4.14 Fehlende Eignungsnachweise bei Sektorenauftraggebern. Zwin- 5476
gende Ausschlussgründe sind im 4. Abschnitt der VOB/A nicht geregelt. Allerdings
gelten die allgemeinen vergaberechtlichen Grundsätze des § 97 GWB, also insbesondere das
Transparenzgebot (Abs. 1) und der Gleichbehandlungsgrundsatz (Abs. 2), auch in Vergabeverfahren nach dem 4. Abschnitt (VK Südbayern, B. v. 28. 10. 2005 – Az.: Z3-3-3194-1-44-09/05). So kann ein **Angebotsausschluss zwingend geboten sein, wenn das Angebot an
so schwerwiegenden Mängeln leidet, dass sein Nichtausschluss andere Bieter benachteiligen würde und hierdurch der Bieterwettbewerb beeinträchtigt würde.** Dies
kann der Fall sein, wenn das Angebot die in der Ausschreibung geforderten Mindestbedingungen nicht einhält (2. VK Bund, B. v. 14. 12. 2004 – Az.: VK 2-208/04).

107.5.1.2.3.3.4.15 Fehlende Wartungsanweisung und fehlender Entwurf eines War- 5477
tungsvertrages. Fehlt es einem Angebot an einer **ausführlichen Wartungsanweisung und
der vorläufigen Fassung eines Wartungsvertrages, ohne die eine sachgerechte und
ordnungsgemäße Wertung nicht möglich ist** und die daher Einfluss auf die Preiskalkulation
und damit auf das Wettbewerbsergebnis haben, ist das Angebot zwingend auszuschließen (VK
Schleswig-Holstein, B. v. 1. 4. 2004 – Az.: VK-SH 05/04).

107.5.1.2.3.3.4.16 Fehlende Angaben zu Schutzmaßnahmen und Lackierung. Feh- 5478
len beim Angebot eines Bieters die geforderten Eintragungen zu den Schutzmaßnahmen und zu
der Lackierung (Grundierung und Endlackierung), ist das **Angebot zwingend auszuschließen** (VK Nordbayern, B. v. 4. 8. 2004 – Az.: 320.VK – 3194-28/04).

Teil 3 VOB/A § 25   Vergabe- und Vertragsordnung für Bauleistungen Teil A

5479 **107.5.1.2.3.3.4.17 Fehlende Prüfzeugnisse.** Sind geforderte Prüfzeugnisse (z. B. für einen Dachaufbau) nicht erforderlich, kann das Angebot wegen des Fehlens der Prüfzeugnisse nicht ausgeschlossen werden (BayObLG, B. v. 15. 9. 2004 – Az.: Verg 026/03).

5480 Werden vom Auftraggeber **bestimmte Qualitätsanforderungen gestellt, kann er auch angebotene Produkte akzeptieren, die für die Zertifizierung erfolgreich geprüft, für die aber die Zertifikate zum Zeitpunkt des Angebotes noch nicht ausgestellt sind, sofern er nicht die Abgabe der Zertifikate zusammen mit dem Angebot eindeutig gefordert hat** (2. VK Brandenburg, B. v. 18. 10. 2005 – Az.: 2 VK 62/05).

5481 Ein gefordertes **Prüfzeugnis wird im Falle der Zuschlagserteilung (selbst) nicht Vertragsbestandteil.** Es dient nur dem **Nachweis der vertraglich geforderten Leistungsqualität** nach DIN EN 1317-2. Indem ein Bieter eine dieser DIN entsprechende Schutzeinrichtung angeboten hat, hat er die für die angebotene Leistung „geforderte Erklärung" im Sinn von § 21 Nr. 1 Abs. 1 Satz 3 VOB/A abgegeben. Das **Prüfzeugnis kann auch nachgereicht werden**, weil damit gemäß § 24 VOB/A nur aufgeklärt wird, ob das angebotene Produkt die Anforderungen der DIN EN 1317-2 erfüllt. Der Angebotsinhalt wie auch der Bieterwettbewerb werden dadurch nicht nachträglich verändert (Schleswig-Holsteinisches OLG, B. v. 10. 3. 2006 – Az.: 1 (6) Verg 13/05).

5482 **107.5.1.2.3.3.4.18 Fehlende Garantieerklärung.** Eine von der Vergabestelle geforderte Garantieerklärung ist in dem dafür vorgegebenen Formblatt abzugeben. **Müssen bestimmte Werte, die die Bieter im Rahmen einer Garantieerklärung abzugeben haben, von der Vergabestelle noch errechnet und in das dafür vorgesehene Formblatt übertragen werden, liegt keine Garantieerklärung** vor, mit der Folge, dass das betreffende Angebot von der Wertung auszuschließen ist (OLG Frankfurt, B. v. 8. 2. 2005 – Az.: 11 Verg 24/04; VK Hessen, B. v. 12. 7. 2004 – Az.: 69d – VK – 31/2004). Gerade wegen der verschärften Haftungsfolgen bei Annahme einer Garantie muss eine **Garantiezusage klar und eindeutig erfolgen** (OLG Frankfurt, B. v. 8. 2. 2005 – Az.: 11 Verg 24/04).

5483 **107.5.1.2.3.3.4.19 Fehlende Angaben über die Zahlung von Steuern und Sozialabgaben.** Die **Rechtsprechung** hierzu ist **nicht eindeutig.**

5484 Ob das Fehlen von geforderten Erklärungen zum Ausschluss eines Angebotes führen muss, richtet sich danach, ob es sich um Nachweise handelt, die ohne Einfluss auf das Ergebnis des Wettbewerbs nachträglich eingeholt werden können. **Noch ausstehende Erklärungen über die Zahlung von Steuern und Sozialabgaben haben keine Auswirkungen auf die Preisangaben und weiteren Leistungsinhalte des Angebotes.** Der Bieter kann seine Position durch die nachträgliche Vorlage der Nachweise nicht mehr verbessern, allenfalls kann er, wenn der Nachweis nicht erbracht werden kann, seine Position zugunsten der übrigen Wettbewerber wieder verlieren. Es ist daher kein Verstoß gegen Vergabebestimmungen, wenn der Bieter nicht wegen fehlender Erklärungen mit ihrem Angebot ausgeschlossen wird (VK Düsseldorf, B. v. 22. 7. 2002 – Az.: VK – 19/2002 – L).

5485 Nach anderer Auffassung (VK Münster, B. v. 9. 3. 2004 – Az.: VK 02/04; ebenso OLG Düsseldorf, B. v. 9. 6. 2004 – Az.: VII – Verg 11/04; 1. VK Sachsen, B. v. 13. 4. 2006 – Az.: 1/SVK/028-06; 1. VK Bund, B. v. 28. 4. 2005 – Az.: VK 1-35/05) führt eine **verspätet vorgelegte Unbedenklichkeitsbescheinigung** des Finanzamtes zum **zwingenden Ausschluss des Angebots.**

5486 **107.5.1.2.3.3.4.20 Fehlende Gliederung des Angebots entsprechend den Vorgaben des Auftraggebers.** Stellt die Vergabestelle in den Bewerbungsbedingungen ausdrücklich klar, dass das **Angebot jedes Bieters analog den Verdingungsunterlagen zu gliedern ist und fehlt es einem Angebot daran, ist das Angebot unvollständig und zwingend auszuschließen** (OLG Frankfurt, B. v. 8. 2. 2005 – Az.: 11 Verg 24/04).

5487 **107.5.1.2.3.3.4.21 Fehlende bzw. fehlerhafte Vertragsentwürfe.** Fordert der Auftraggeber die Vorlage des Entwurfs eines Forfaitierungsvertrages und legt der Bieter ein Formular für die Abtretung von Mietzinsforderungen zu Sicherungszwecken, also eine so genannte fiduziarische Abtretung bzw. Sicherungszession vor, ist die **Forderung des Leistungsverzeichnisses nicht erfüllt.** Die Forfaitierung ist ein Ankauf der Forderung (z. B. der Mietzinsforderung) unter Verzicht auf den Rückgriff gegen den bisherigen Gläubiger, das heißt es findet ein Gläubigerwechsel statt, der private Investor haftet nach dem Forderungsverkauf, bei dem die Abtretung der Forderung Erfüllungshandlung ist, nur für den rechtlichen Bestand der Forderung, nicht für deren Einbringlichkeit (OLG Naumburg, B. v. 11. 10. 2005 – Az.: 1 Verg 10/05).

107.5.1.2.3.3.4.22 Fehlende Darstellung zum Personal- und Geräteeinsatz. Entspricht die Darstellung zum Personal- und Geräteeinsatz nicht den Anforderungen der Verdingungsunterlagen, führt dies zum (**zwingenden**) **Ausschluss der Antragstellerofferte** gemäß § 25 Nr. 1 Abs. 1 lit. b) i. V. m. § 21 Nr. 1 Abs. 1 Satz 3 VOB/A (VK Schleswig-Holstein, B. v. 30. 8. 2006 – Az.: VK-SH 20/06). 5488

107.5.1.2.3.3.4.23 Forderung nach unerfüllbaren Erklärungen. Zwar ordnen § 25 Nr. 1 Abs. 1 VOB/A bzw. § 25 Nr. 1 Abs. 2 lit. a) VOL/A an, dass Angebote ausgeschlossen werden müssen bzw. können, die nicht die geforderten Angaben und Erklärungen enthalten. Hierzu gehören auch Erklärungen Dritter, die als Nachweis für die Qualität der angebotenen Leistung im Hinblick darauf gefordert werden, dass nach § 97 Abs. 5 GWB der öffentliche Auftraggeber die Wirtschaftlichkeit eines Angebots zu prüfen und festzustellen hat. § 25 Nr. 1 Abs. 1 VOB/A bzw. § 25 Nr. 1 Abs. 2 a VOL/A gehen aber davon aus, dass die geforderten Angaben und Erklärungen **erfüllt werden können**. Denn **etwas, was für jedermann unmöglich ist, kann schlechterdings nicht durchgesetzt werden. Das verbietet, aus der Nichterfüllung eines hierauf gerichteten Verlangens nachteilige Folgen für die Bieter herzuleiten.** Bei einer unerfüllbaren Anforderung leidet das Vergabeverfahren vielmehr an einem grundlegenden Mangel, dessentwegen es nicht in Betracht kommt, überhaupt auf dieser Grundlage einen Auftrag für die nachgefragte Leistung zu erteilen. **Das gilt nicht nur für den Fall, dass die Erbringung der nachgefragten Leistung selbst ganz oder teilweise objektiv unmöglich ist, sondern gleichermaßen, wenn bestimmte Nachweise über die Beschaffenheit der angebotenen Leistung verlangt werden, aber nicht rechtzeitig beigebracht werden können.** Denn auch dann fehlt eine vom öffentlichen Auftraggeber für wesentlich gehaltene Grundlage für den Vergleich der abgegebenen Angebote und damit für die sachgerechte Entscheidung, der das eingeleitete Vergabeverfahren dienen soll. In einem unter anderem durch eine unmöglich zu erfüllende Vorgabe gekennzeichneten Vergabeverfahren darf deshalb auch in einem solchen Fall kein Auftrag vergeben werden. Kann der grundlegende Mangel des eingeleiteten Vergabeverfahrens nicht durch transparente und diskriminierungsfreie Änderung der betreffenden Vorgabe behoben werden und/oder macht der öffentliche Auftraggeber von dieser Möglichkeit keinen Gebrauch, ist er deshalb gehalten, die Ausschreibung wegen des ihr anhaftenden Mangels aufzuheben. Die Handhabe hierzu bietet § 26 Nr. 1 VOL/A, wobei mangels hiervon abhängender unterschiedlicher Rechtsfolgen dahinstehen kann, ob eine unerfüllbare Anforderung die Alternative a oder die Alternative d ausfüllt. Ein **Ausschluss bloß einzelner Bieter und die Erteilung des Auftrags an einen anderen Bieter, der ebenfalls den gewünschten Nachweis nicht rechtzeitig vorgelegt hat, kommt jedenfalls nicht in Betracht** (BGH, Beschluss v. 26. 9. 2006 – Az.: X ZB 14/06; 1. VK Bund, B. v 22. 9. 2006 – Az.: VK 1-103/06). 5489

Ist es einem Bieter auf Grund der Praxis einiger Finanzämter, steuerliche **Unbedenklichkeitsbescheinigungen** grundsätzlich nicht mehr zu erteilen, objektiv unmöglich, diesen geforderten Nachweis beizubringen, **genügt der Nachweis durch eine Eigenerklärung des Bieters** (1. VK Bund, B. v 22. 9. 2006 – Az.: VK 1-103/06). 5490

107.5.1.2.3.3.4.24 Fehlende geforderte Muster. Angeforderte Muster der angebotenen Leistung sollen nähere Erklärungen der Bieter, wie diese beschaffen ist, ersetzen. **Das gebietet, sie den vom öffentlichen Auftraggeber geforderten Erklärungen vergaberechtlich gleich zu behandeln.** Fehlen Muster, deren Vorlage der öffentliche Auftraggeber im Hinblick auf die Prüfung der Wirtschaftlichkeit des Angebots wünscht, oder ist das verlangte Muster unvollständig, ist mithin die Anwendung von § 25 Nr. 1 Abs. 1 lit. d) VOB/A eröffnet (BGH, B. v. 26. 9. 2006 – Az.: X ZB 14/06). 5491

107.5.1.2.3.3.4.25 Weitere Beispiele aus der Rechtsprechung 5492

– aus dem **Umstand, dass Blatt 1 des Angebotsvordrucks EVM (B) Ang EG 213 EG fehlt**, lässt sich im konkreten Fall **nicht die rechtliche Konsequenz ziehen**, dass das **Angebot als solches** wegen fehlender Nachweise oder Erklärungen zwingend als „unvollständig" im Sinne der einschlägigen Rechtsprechung des BGH gemäß § 25 Nr. 1 VOB/A **von der Wertung auszuschließen** ist. Der Bieter hat seinem Angebot sämtliche von der Vergabestelle vorgegebenen Anlagen und Erklärungen beigefügt. Er hat auch auf Blatt 3 des Angebotsschreibens mit Unterschrift u. a. bestätigt, dass die Unterschrift für alle Teile des Angebotes Geltung haben soll. Dies folgt aus Nr. 8 der Angebotserklärung. Insofern hat er damit zweifelsfrei und rechtsverbindlich erklärt, dass die dem Angebot beigefügten Anlagen Bestandteil des Angebotsinhalts werden so wie es – zusätzlich – auch Nr. 1.1 des Angebotsvordrucks (Seite 1) als Erklärungsinhalt verlangt. **Einzige Rechtfertigung und Zielsetzung des dreiseitigen Angebotsvordrucks ist es, unmissverständlich deutlich zu machen, dass sich die Unterschrift des Bieters auf alle Teile des Angebots bezieht.** Bei dem Angebot des Bieters ist dies nach den konkreten Umständen dieses Einzelfalles so erfüllt. Es wäre eine **unerträgliche Förmelei**, trotz der unterschriebenen Erklärung: „die nachstehende Unterschrift gilt für alle Teile des Angebots" das Angebot des Bieters allein wegen Fehlens der Liste der von der Vergabestelle verlangten und dem Angebot des Beters tatsächlich beigefügten Anlagen als unvollständig auszuschließen (VK Köln, B. v. 30. 8. 2006 – Az.: VK VOB 27/2006)

- der Antragsgegner hat die Bieter wirksam dazu aufgefordert, mit ihrem Angebot einen **Bauablaufplan, einen Baustelleneinrichtungsplan und eine Erläuterung zum Gerüst** abzugeben. Die Antragstellerin ist dieser Verpflichtung nicht nachgekommen. **Jede einzelne fehlende Erklärung rechtfertigt bereits den Ausschluss** der Antragstellerin vom Vergabeverfahren (VK Düsseldorf, B. v. 7. 10. 2005 – VK – 22/2005 – B)

- die in der **Objektbeschreibung geforderte Dokumentation der dort genannten Einbauten durch Prospekte und Farbfotos** zählt auch zu den in § 21 Nr. 1 Abs. 1 VOB/A genannten „geforderten Erklärungen". Hierzu zählen nämlich nicht nur Willenserklärungen im rechtlichen Sinne, sondern beispielsweise auch die Unterlagen, die ein Bieter zum Nachweis seiner Eignung vorzulegen hat, sowie Nachweise, die zur näheren Bewertung der Angebote nach § 25 VOB/A erforderlich sind (VK Köln, B. v. 24. 1. 2005 – Az.: VK VOB 47/2004)

5493 **107.5.1.2.3.3.3.5 Durch den Auftraggeber eingeräumte Möglichkeit der Ergänzung fehlender Unterlagen in den Verdingungsunterlagen.** Wenn der **Auftraggeber in den Verdingungsunterlagen selbst** die Relevanz der z.B. zum Eignungsnachweis geforderten Erklärungen und Unterlagen relativiert, indem er, falls er die Notwendigkeit dafür sieht, eine **Vervollständigung oder Erläuterung fordern will,** ist ein **zwingender Ausschluss beim Fehlen z.B. von Eignungsunterlagen nicht geboten.** Der Auftraggeber bestimmt, welche Angaben und Nachweise er z.B. für die Eignungsüberprüfung benötigt. Eine Verselbständigung der Anforderung dergestalt, dass alle genannten Angaben und Nachweise mit dem Angebot vorzulegen sind ohne Berücksichtigung weiterer Aussagen, die der Auftraggeber selbst dazu trifft, erscheint deshalb auch **aus den Grundsätzen der Wertungstransparenz und Gleichbehandlung nicht ableitbar;** insbesondere dann nicht, wenn der Auftraggeber gleichzeitig die – für ihn – zwingenden Ausschlussgründe deutlich macht und bei der Auswertung nach seinen aufgestellten Vorgaben auch tatsächlich verfährt (VK Düsseldorf, B. v. 22. 10. 2003 – Az.: VK – 29/2003 – L).

5494 **107.5.1.2.3.3.3.6 Durch den Auftraggeber eingeräumte Möglichkeit der Ergänzung fehlender Unterlagen (ohne Benennung in den Verdingungsunterlagen).** An dem zwingenden Ausschluss von Angeboten, bei denen Preise oder Erklärungen fehlen, **ändert auch der Umstand nichts, dass ein Auftraggeber selbst um das Nachreichen der fehlenden Erklärungen und Nachweise bittet.** Denn der Ausschluss gemäß § 25 Nr. 1 Abs. 1b VOB/A ist zwingend. Es spielt keine Rolle, ob der Auftraggeber ihn erkennt und berücksichtigt (OLG Naumburg, B. v. 11. 6. 2003 – Az.: 1 Verg 06/03).

5495 **107.5.1.2.3.3.3.7 Fehlende Preise oder Erklärungen in einem Nebenangebot.** Auch **Nebenangebote** sind gemäß den oben dargestellten Grundsätzen **wegen Fehlens wesentlicher geforderter Erklärungen** gemäß § 21 Nr. 1 Abs. 2 Satz 5, § 25 Nr. 1 Abs. 1 lit. b) VOB/A Abschnitt 2 **zwingend von der Wertung auszuschließen** (OLG Koblenz, B. v. 29. 8. 2003 – Az.: 1 Verg 7/03).

5496 Auch wenn ein Bieter in einem Nebenangebot eine zum Teil technisch abweichende Leistung anbietet, muss er **die in „Sammelpositionen" enthaltenen Leistungen im Einzelnen nach Einheits- und Gesamtpreisen getrennt ausweisen.** Solche Angaben sind auch nicht unzumutbar. Schon wegen der Kalkulation etwaiger Mehrvergütungen gemäß § 2 Nr. 3 bis 7 VOB/B sind die Preise nicht ohne Einfluss auf die Kalkulation und damit auf den Wettbewerb (OLG Koblenz, B. v. 15. 5. 2003 – Az.: 1 Verg. 3/03; VK Rheinland-Pfalz, B. v. 11. 4. 2003 – Az.: VK 4/03).

5497 **107.5.1.2.3.3.3.8 Beweislast für die Vollständigkeit eines Angebots.** Der **Nachweis für die Vollständigkeit eines Angebots obliegt dem Bieter.** Denn er trägt nach allgemeinen Grundsätzen die Darlegungs- und Beweislast dafür, dass er ein vollständiges Angebot eingereicht hat (OLG Düsseldorf, B. v. 16. 11. 2003 – Az.: VII – Verg 47/03; VK Baden-Württemberg, B. v. 23. 3. 2006 – Az.: 1 VK 6/06).

Die **Beweislast für das Vorliegen eines Ausschlussgrundes (z. B. wegen Unvollständigkeit) trägt derjenige, der sich auf den Ausschlussgrund beruft**, also z. b. der Auftraggeber oder ein Antragsteller, der sich im Rahmen eines Nachprüfungsverfahrens auf die Unvollständigkeit des Angebots eines anderen Bieters beruft (OLG Karlsruhe, B. v. 11. 5. 2005 – Az.: 6 W 31/05). 5498

107.5.1.2.3.4 Ältere mit der Rechtsprechung des Bundesgerichtshofes vereinbare Entscheidungen. 107.5.1.2.3.4.1 Fehlende Preise. 107.5.1.2.3.4.1.1 Ergänzung fehlender Preise durch Bildung von Mittelpreisen. Eine Lösung, einen **Mittelpreis aus dem Zweit- und Drittplazierten in die Positionen einzusetzen, bei denen Preise eines mindestfordenden Angebotes fehlen,** ist ebenfalls nicht praktikabel, da **nicht rechtsverbindlich** (1. VK Sachsen, B. v. 12. 3. 2003 – Az.: 1/SVK/ 015-03). 5499

107.5.1.2.3.4.1.2 Fehlende Preise und Zusammenfassung in einer einzigen Position. Das **Unterlassen von Preisangaben in einer Vielzahl von Leistungspositionen führt dazu, dass das Angebot preislich unvollständig abgegeben** wird. Ist der Auftraggeber auf der einen Seite verpflichtet, die Verdingungsunterlagen klar, eindeutig und erschöpfend aufzustellen (§ 9 VOB/A), so entspricht dies auf der anderen Seite der Verpflichtung der Bieter, ihren Angeboten die Angaben des Leistungsverzeichnisses vollinhaltlich zugrunde zu legen. Erst dies ermöglicht dem Auftraggeber in der Prüfungs- und Wertungsphase die Angebote miteinander zu vergleichen. Das Vermischen von Leistungspositionen mit den dazu gehörigen Preisen **beseitigt die Vergleichbarkeit mit den Angeboten der anderen Bieter, beeinträchtigt die Transparenz der Vergabeentscheidung und verletzt den Grundsatz des fairen Wettbewerbs der Bieter** (VK Rheinland-Pfalz, B. v. 11. 4. 2003 – Az.: VK 4/03). 5500

107.5.1.2.3.4.1.3 Fehlender Einheitspreis und Eintragung „kein Angebot". Enthält ein **Angebot anstelle des Einheitspreises den Eintrag „kein Angebot",** kann das unvollständige **Hauptangebot nicht gewertet werden,** weil die Grundposition – im Gegensatz zu Alternativpositionen – unbedingt in die Wertung einbezogen werden muss (VK Hannover, B. v. 5. 7. 2002 – Az.: 26 045 – VgK – 4/2002). 5501

107.5.1.2.3.4.1.4 Fehlende Preisangaben bei einer Leistungsbeschreibung mit Leistungsprogramm. Verlangt der öffentliche Auftraggeber bei einer Leistungsbeschreibung mit Leistungsprogramm über den Endpreis hinaus die **Angabe von Einheitspreisen, ist der Bieter verpflichtet, diese Preisangaben auch zu tätigen.** Macht er dies **nicht**, ist das **Angebot zwingend auszuschließen** (VK Magdeburg, B. v. 23. 8. 2001 – Az.: 33-32571/07 VK 16/01 MD). 5502

107.5.1.2.3.4.1.5 Fehlende Preisuntergliederung in Material- und Lohnkosten. Fordert der Auftraggeber die **aufgegliederte Angabe von Einheitspreisen in Material- und Lohnkosten,** so muss der **Bieter das grundsätzlich befolgen,** zumal solche Preisbestandteile durchaus hilfreich für die Ermittlung veränderter Preise nach Vertragsabschluss sein können. Folgt der Bieter dieser Vorgabe nicht, ist das Angebot auszuschließen (VK Südbayern, B. v. 3. 6. 2004 – Az.: 36-05/04; 2. VK Bund, B. v. 19. 2. 2002 – Az.: VK 2-02/02). 5503

107.5.1.2.3.4.1.6 Fehlende Preise im schriftlichen Angebot, die sich aber auf einem Datenträger befinden. Im **schriftlichen Angebot** fehlende **Preise** können auch **nicht dadurch geheilt** werden, dass gegebenenfalls **beigefügte Disketten die Preise** enthalten, da das **Gebot der Schriftlichkeit nicht erfüllt** ist. Die EMV-Erg DV, die Bestandteil der Verdingungsunterlagen sein können, bestimmen in Übereinstimmung mit diesen rechtlichen Rahmenbedingungen in Ziffer 1.3 ausdrücklich, dass dem schriftlichen Angebot beigefügte Disketten lediglich als Arbeitsmittel dienen und bei inhaltlichen Widersprüchen zwischen Diskette und schriftlicher Fassung ausschließlich das schriftliche Angebot gilt (1. VK Bund, B. v. 6. 2. 2001 – Az.: VK 1-3/01, B. v. 16. 5. 2002 – Az.: VK 1-21/02). 5504

107.5.1.2.3.4.2 Fehlende sonstige Angaben oder Erklärungen. 107.5.1.2.3.4.2.1 Fehlender oder veralteter Gewerbezentralregisterauszug. Der **Gewerbezentralregisterauszug** (§ 150 GWO) ist für den Auftraggeber ein **Hilfsmittel zur Beurteilung der Zuverlässigkeit** eines Bieters oder Bewerbers im Sinne des § 7 Nr. 4 VOL/A (VK Lüneburg, B. v. 27. 10. 2006 – Az.: VgK-26/2006). 5505

Die **Rechtsprechung** hierzu ist **nicht einheitlich.** 5506

Nach einer Auffassung ist nach dem Wortlaut des § 25 Nr. 1 Abs. Buchstabe b) VOB/A **im Fall eines fehlenden Gewerbezentralregisterauszuges der Ausschluss des Angebots zwingend.** Insoweit steht der Vergabestelle kein Ermessensspielraum zu. Soweit die Auffassung 5507

Teil 3 VOB/A § 25 Vergabe- und Vertragsordnung für Bauleistungen Teil A

vertreten wird, es sei unerheblich, wenn Erklärungen fehlten, die ohne Einfluss auf die Preise und auf das Wettbewerbsergebnis seien, so kann dem nicht gefolgt werden. Hiergegen spricht schon der Wortlaut der Regelung, die insoweit keine Einschränkung beinhaltet. Vielmehr ordnet die Regelung den Ausschluss des Angebotes unabhängig von der Art der fehlenden Erklärungen an (§ 25 Nr. 1 Abs. 1 Buchstabe b VOB/A). **Allein entscheidend ist vielmehr, dass das Angebot den Anforderungen aus § 21 Nr. 1 Abs. 1 und 2 VOB/A nicht entspricht.** Die Vergabestelle ist vor diesem Hintergrund **nicht befugt, die fehlenden Erklärungen nachzufordern.** Es ist hierbei zu bedenken, dass eine Nachforderung dieser Unterlagen sehr wohl einen Einfluss auf den Wettbewerb hätte. Dies gilt vor allem unter Berücksichtigung der Tatsache, dass weitere Bieter die Forderungen der Vergabestelle diesbezüglich erfüllt hatten (OLG Frankfurt, B. v. 23. 12. 2005 – Az.: 11 Verg 13/05; VK Hessen, B. v. 27. 3. 2006 – Az.: 69 d VK – 10/2006; 1. VK Sachsen, B. v. 12. 5. 2005 – Az.: 1/SVK/038-05; 1. VK Sachsen-Anhalt, B. v. 21. 4. 2005 – Az.: 1 VK LVwA 17/05; VK Magdeburg, B. v. 5. 3. 2003 – Az.: 33-32571/07 VK 02/03 MD).

5508 Der in § 97 Abs. 2 GWB normierte Gleichbehandlungsgrundsatz verlangt von dem Ausschreibenden verlangt, dass alle Bieter gleich behandelt werden. Ein transparentes und auf Gleichbehandlung aller Bieter beruhendes Vergabeverfahren ist nur zu erreichen, wenn lediglich in jeder, sich aus den Verdingungsunterlagen ergebenden Hinsicht, vergleichbare Angebote gewertet werden. **Fordert daher der Auftraggeber z. B. in der Bekanntmachung bestimmte wirtschaftliche und technische Mindestanforderungen von den Bietern, die mit der Vorlage von den dort geforderten Nachweisen erfüllt werden sollen, dann zwingt allein die verspätete Vorlage der geforderten Nachweise die Vergabestelle zum Ausschluss eines entsprechenden Angebotes.** Ihr steht insoweit kein Beurteilungsspielraum zu (Schleswig-Holsteinisches OLG, B. v. 22. 5. 2006 – Az.: 1 Verg 5/06; OLG Frankfurt, B. v. 23. 12. 2005 – Az.: 11 Verg 13/05; VK Hessen, B. v. 27. 3. 2006 – Az.: 69 d VK – 10/2006; VK Schleswig-Holstein, B. v. 31. 1. 2006 – Az.: VK-SH 33/05; B. v. 17. 1. 2006 – Az.: VK-SH 32/05).

5509 Andere Vergabekammern tendieren zu einer anderen Ansicht: der **Gewerbezentralregisterauszug dient zur Prüfung** der Zuverlässigkeit und damit **der Eignung eines Bieters.** Es handelt sich um eine bieterbezogene Erklärung. **Für die Vergleichbarkeit der Angebote an sich ist der Gewerbezentralregisterauszug nicht erforderlich.** Er ist nicht preiswirksam und insoweit ohne Einfluss auf die Wettbewerbsposition der Bieter (1. VK Bund, B. v. 27. 9. 2002 – Az.: VK 1-63/02; VK Thüringen, B. v. 29. 8. 2002 – Az.: 216-4002.20-036/02-J-S).

5510 Weist ein Auftraggeber den Bieter darauf hin, einen fehlenden Gewerbezentralregisterauszug bis zu einem bestimmten Datum nachzureichen, kann der Bieter nicht darauf vertrauen, nach diesem Zeitpunkt nochmals Gelegenheit zum Nachreichen weiterer Unterlagen zu erhalten. **Legt er dann – entgegen einer ausdrücklichen Vorgabe des Leistungsverzeichnisses – einen veralteten Auszug aus dem Gewerbezentralregister vor, erfüllt er damit eine wesentliche Forderung nicht.** Dem Auftraggeber ist es somit nicht möglich, die Zuverlässigkeit und damit die Eignung des Bieters zeitnah und abschließend zu beurteilen. **Der Auftraggeber ist auch nicht verpflichtet, hierüber weitere Nachforschungen anzustellen.** Auf Grund der kurzen Fristen im Vergabeverfahren ist der administrative Aufwand der Vergabestelle bei der Eignungsprüfung in vertretbaren Grenzen zu halten. Darüber hinaus begründet das Vergaberecht hinsichtlich des Nachweises der Eignung Obliegenheiten für Bieter und Bewerber, deren Nichtbeachtung zu ihren Lasten gehen. Die Darlegungslast über die Erfüllung der Eignungskriterien liegt deshalb beim Bieter (VK Südbayern, B. v. 10. 11. 2003 – Az.: 49-10/03).

5511 Entscheidend für die **Aktualität eines Gewerbezentralregisterauszuges ist der Zeitpunkt des Endes der Angebotsfrist** (VK Schleswig-Holstein, B. v. 27. 7. 2006 – Az.: VK-SH 17/06).

5512 **107.5.1.2.3.4.2.2 Fehlende Urkalkulation.** Schon aus § 24 Nr. 1 Abs. 1 am Ende sowie § 25 Nr. 2 Abs. 3 VOB/A folgt, dass **Kalkulationen nur im Ausnahmefall vorzulegen** sind, wenn sie nötig sind, um die Angemessenheit der Preise zu überprüfen. Danach ist es **ausreichend, dass die erforderlichen Unterlagen für den Fall der Auftragserteilung nachgereicht werden,** da die in der Urkalkulation und der Preisaufgliederung enthaltenen Angaben erst im Rahmen des § 2 VOB/B nach Vertragsschluss relevant werden können (VK Brandenburg, B. v. 25. 8. 2002 – Az.: VK 45/02).

5513 Dies gilt **selbst dann,** wenn die **Vorlage der Urkalkulation ausdrücklich mit der Angebotsabgabe gefordert wird** (VK Thüringen, B. v. 15. 1. 2004 – Az.: 360-4003.20-030/03-GTH; im Ergebnis ebenso 2. VK Bund, B. v. 21. 1. 2004 – Az.: VK 2-126/03).

Eine **Urkalkulation des Nachunternehmers kann aus der Interessensituation heraus ebenfalls nicht verlangt werden** (Brandenburgisches OLG, B. v. 13. 9. 2005 – Az.: Verg W 9/05); vgl. im Einzelnen die Kommentierung zu § 24 VOB/A RZ 5262.

107.5.1.2.3.4.2.3 Fehlende Hersteller- und Typangaben. Eine **Typangabe verlangt die individuelle und unverwechselbare Kennzeichnung eines ganz bestimmten Objekts**, wodurch dieses **eindeutig identifizierbar** ist. Wird dieselbe Angabe bei einer Mehrzahl ganz verschiedener Beschaffungsgegenstände/Positionen vorgenommen (und zudem auch bei Gegenständen, für die nur die Fabrikats-/Herstellerangabe gefordert war), so kann sich diese Angabe keinesfalls zugleich als eindeutige Bezeichnung des Typs und damit zur Identifizierung des Artikels eignen und lässt somit für den Auftraggeber auch keine eindeutige Beurteilung zu, ob der angebotene Artikel der Ausschreibung entspricht (VK Hessen, B. v. 7. 10. 2004 – Az.: 69 d – VK – 60/2004).

Mit Hilfe von **Hersteller- und Typangaben** will sich der **Auftraggeber eine Überprüfungsmöglichkeit dafür schaffen, ob das, was angeboten wird, auch wirklich den Vorgaben des Leistungsverzeichnisses entspricht.** Die Informationen über Hersteller und Typ der angebotenen Komponenten haben für den Auftraggeber insoweit Bedeutung, als sie Auseinandersetzungen bzw. Rechtsstreitigkeiten zu einem späteren Zeitpunkt auf der vertraglichen Ebene darüber vermeiden helfen, ob auch wirklich vertragsgerecht geliefert wurde. Entscheidet der Auftraggeber, sich in bestimmten Punkten nicht darauf verlassen zu wollen, dass der Bieter gemäß dem Leistungsverzeichnis anbietet, sondern will er sich auch mittels Hersteller- und Typenangabe schon im Angebot davon überzeugen, so ist dies vor dem Hintergrund der geschilderten Interessenlage **als legitim anzuerkennen** und eine diesbezügliche Nachfrage im Leistungsverzeichnis zulässig. Sachlich geht es dabei um eine Überprüfungsmöglichkeit auf einer der Wertung im engeren Sinn vorrangigen Stufe, nämlich um die Prüfung, ob das Angebot dem Leistungsverzeichnis entspricht oder aber von diesem abweicht. Der Gefahr, dass mit den Hersteller- und Typenangaben Wertungskriterien eingeführt werden, die zuvor nicht bekannt gegeben wurden, kann gegebenenfalls mit einem Nachprüfungsantrag entgegengetreten werden, wenn die Wertungsentscheidung auf derartige Gründe gestützt wird. Die **Hersteller- und Typenangaben sind folglich erforderlich im Sinne von § 21 Nr. 1 Abs. 2 Satz 5 VOB/A;** fehlen sie, ist das Angebot auszuschließen (VK Nordbayern, B. v. 4. 11. 2004 – Az.: 320.VK – 3194-41/04; 1. VK Bund, B. v. 10. 12. 2002 – Az.: VK 1-91/02).

107.5.1.2.3.4.2.4 Zumutbarkeit der Beschaffung von Nachweisen. Soweit die Vorlage eines Nachweises (z.B. eines Gewerbezentralregisterauszuges) mit dem Angebot verlangt wird, wird eine Obliegenheit des Bieters begründet, deren Nichterfüllung zu seinen Lasten geht. Es **kann zwar durchaus Fälle geben, in denen die Beschaffung eines Nachweises** (z.B. eines Gewerbezentralregisterauszuges) **für den Bieter mit einem sehr großen Aufwand verbunden** ist. Lässt sich aber entnehmen, dass hinsichtlich der Beschaffung **keine Unmöglichkeit** besteht, **muss der Bieter ein entsprechendes Engagement zur Beschaffung der Nachweise aufwenden** (VK Schleswig-Holstein, B. v. 27. 7. 2006 – Az.: VK-SH 17/06).

107.5.1.2.3.5 Literatur

– Kus, Alexander, Der Auftraggeber gibt die Spielregeln vor, NZBau 2004, 425
– Maier, Clemens, Der Ausschluss eines unvollständigen Angebots im Vergabeverfahren, NZBau 2005, 374
– Möllenkamp, Christian, Ausschluss unvollständiger Angebote, NZBau 2005, 557

107.5.1.2.4 Angebote mit nicht verlangten Eintragungen. 107.5.1.2.4.1 Nicht verlangte Kalkulationsposten. Macht ein Bieter durch das **Einsetzen der Kalkulationsposten** in den Unterbeschreibungen des Leistungsverzeichnisses **mehr, als von ihm verlangt ist**, wird dadurch sein Angebot aber weder im Sinne des § 21 Nr. 1 VOB/A geändert, noch hat er Änderungen vorgenommen. Das **Angebot ist auch in sich nicht missverständlich,** wenn der geforderte Preis ohne weiteres aus den Einzelpositionen zu errechnen ist (BGH, Urteil vom 6. 2. 2002 – Az.: X ZR 185/99).

107.5.1.2.4.2 Irrtümlich enthaltene Positionen. Ist offensichtlich, dass ein Bieter **bestimmte Positionen versehentlich in das Angebot** (Kurz-Leistungsverzeichnis) **eingefügt** hat, ist dies **unschädlich,** weil der Fehler für jedermann leicht erkennbar ist (OLG Celle, B. v. 13. 3. 2002 – Az.: 13 Verg 4/02).

107.5.1.2.4.3 Aufnahme eines Wahlrechtes zugunsten des Auftraggebers durch den Bieter. Die Bedingung in § 21 Nr. 1 Abs. 2 Satz 5 VOB/A: „Die Angebote sollen nur die

Teil 3 VOB/A § 25   Vergabe- und Vertragsordnung für Bauleistungen Teil A

Preise und die geforderten Erklärungen enthalten", schließt eine Herstellerauswahl zugunsten des Auftraggebers nicht per se aus. **Eine Erklärung zum Auswählen eines Herstellers ist aber nach dem bürgerlichen Recht in Verbindung mit § 28 Nr. 2 VOB/A ausgeschlossen, weil eine derartige Erklärung kein „Angebot" ist.** Ein Vertrag kommt dadurch zustande, dass auf ein Angebot die vorbehaltlose Annahme des Angebotes erklärt wird. In § 28 Nr. 2 Abs. 1 VOB/A wird ergänzend festgelegt, dass der Vertrag geschlossen ist, wenn auf ein Angebot ohne Abänderungen der Zuschlag erteilt wird. Ein Angebot muss also so konkret sein, dass ohne weitere Festlegung, Ergänzung oder Differenzierung der angebotenen Leistungen der Zuschlag erteilt werden kann. Diese Qualität haben Angebote nicht, die eine Herstellerauswahl zugunsten des Auftraggebers enthalten (VK Hannover, B. v. 16. 1. 2004 – Az.: 26045 – VgK 14/2003).

5522   **107.5.1.2.5 Angebote mit mehrdeutigen Angaben, mit unklärbaren Mehrdeutigkeiten und Widersprüchen.** Angebote mit mehrdeutigen Angaben, mit unklärbaren Mehrdeutigkeiten und Widersprüchen (also unklare Angebote) **führen zum Angebotsausschluss** nach § 25 Nr. 1 Abs. 1 Buchstabe b) i. V. m. § 21 Nr. 1 Abs. 1 Satz 3 VOB/A bzw. VOL/A. Dies gilt namentlich auch im Bereich von Nachunternehmererklärungen (BayObLG, B. v. 27. 7. 2004 – Az.: Verg 014/04; B. v. 11. 2. 2004 – Az.: Verg 1/04; im Ergebnis ebenso VK Nordbayern, B. v. 29. 12. 2005 – Az.: 320.VK – 3194-40/05).

5523   **107.5.1.2.6 Doppelangebote.** **Ein Doppelangebot ist grundsätzlich vergaberechtswidrig und daher zwingend vom Verfahren auszuschließen.** Es handelt sich nämlich um ein Angebot, das nicht den Anforderungen des § 21 Nr. 1 VOB/A entspricht und nach § 25 Nr. 1 Abs. 1 b) VOB/A nicht am Verfahren teilnehmen darf. Sofern nicht vor dem Abgabetermin ein Angebot zurückgezogen wird, sind beide Angebote auszuschließen, **da nicht klar ist, welcher Preis maßgebend sein soll.** Dies ist so zu werten, wie wenn der Bieter eine Änderung an seinem Angebot vornimmt, die nicht zweifelsfrei ist (§ 25 Nr. 1 Abs. 1 Satz 3 VOB/A). Eine Anwendung dieser Vorschrift auch für den Fall, dass ein Bieter sein Angebot dadurch ändert, dass er neben diesem ein weiteres Angebot mit anderem Preis einreicht, ist vom Sinn und Zweck der Vorschrift gerechtfertigt. Denn **nur so kann sichergestellt werden, dass sich ein Bieter nicht auf Kosten des Wettbewerbs und zu Lasten seiner Mitbewerber unzulässige Vorteile verschafft.** Andernfalls verschafft sich der Bieter, der mehrere Angebote einreicht, wettbewerbswidrige Vorteile, indem er seine Zuschlagschancen gegenüber anderen in unlauterer Weise erhöht. Denn er könnte sich einerseits auf den höheren Preis berufen, sofern dieser der günstigere wäre, zum anderen den niedrigeren Preis heranziehen, wenn ein Konkurrent ein Angebot abgibt, das zwischen den beiden Preisen liegt (VK Berlin, B. v. 10. 2. 2005 – Az.: VK – B 2-74/04).

5524   Verlangt der Auftraggeber eindeutig für ein Angebot entweder die Abgabe eines Angebots für ein Misch- oder Gesamtlos oder die getrennte Abgabe für eins der beiden Einzellose, hat der Bieter mithin die Wahl, seine Preise für ein Gesamtangebot zu kalkulieren oder Angebote für die einzelnen Fachlose abzugeben. Bei dieser Form der Ausschreibung will und muss die Vergabestelle bei allem Bestreben, möglichst viele Kombinationsmöglichkeiten zu erschließen, vermeiden, dass Doppelangebote für dieselbe Leistung abgegeben werden, die ggf. im Preis differieren können. Deshalb ist die **Abgabe von Doppelangeboten in diesen Fällen nicht zulässig.** Bei Doppelangeboten ist nämlich ein eindeutiger Wille des Anbietenden nicht mehr sicher ermittelbar, wenn der Angebotsinhalt grundsätzlich differieren kann (VK Arnsberg, B. v. 23. 6. 2005 – Az.: VK 5/2005).

5525   **107.5.1.2.7 Angebote mit nicht zweifelsfreien Änderungen an den Eintragungen.** Zwingend auszuschließen sind auch Angebote, in denen Änderungen des Bieters an seinen Eintragungen nicht zweifelsfrei sind.

5526   Die **Eindeutigkeit einer Abänderung setzt voraus, dass sie den Abändernden unzweifelhaft erkennen lässt sowie den Zeitpunkt der Abänderung deutlich macht.** Dies ist **bei bloßen Durchstreichungen** und der Verwendung von „Blanko-Fluid" (einem „Tipp-Ex" vergleichbaren Produkt) oder „Blanco-Roller" ohne namentliche Abzeichnung samt Datumsangabe **nicht gegeben.** Änderungen des Bieters an seinen Eintragungen **müssen daher zumindest mit einem Signum der ändernden Person und sollten zusätzlich noch mit einer Datumsangabe versehen** sein (VK Schleswig-Holstein, B. v. 5. 1. 2006 – Az.: VK-SH 31/05).

5527   **107.5.1.2.7.1 Angebote unter Verwendung von „Tipp-ex".** Die **Rechtsprechung** ist insoweit **nicht eindeutig.**

Änderungen des Bieters an seinen Eintragungen müssen zweifelsfrei sein. **„Tipp-ex-Eintragungen sind nicht zweifelsfrei,** weil bereits bei normalem Gebrauch sich der Korrekturlack ablösen kann und damit der überschriebene (ebenfalls „dokumentenechte") Einheitspreis zur Wertung kommt. **Der mit Korrekturlack überdeckte Einheitspreis ist damit hinsichtlich der Änderung des Antragstellers durch überdecken und Eintrag eines neuen „dokumentenechten" Einheitspreises nicht mehr zweifelsfrei** (VK Südbayern, B. v. 14. 12. 2004 – Az.: 69-10/04). 5528

Nach einer anderen Auffassung sind – allerdings in einem Einzelfall – die **mit Tipp-Ex vorgenommenen Änderungen** nach den Feststellungen der Vergabekammer **zweifelsfrei.** Zwar lässt sich durch den aufgetragenen Tipp-Ex-Streifen **ein zunächst angegebener Preis „erahnen".** Jedoch ist aus dem Preisblatt **eindeutig erkennbar,** dass dieser – ursprüngliche – Preis nicht mehr **maßgeblich** sein sollte, sondern **der neue, über den Tipp-Ex-Streifen geschriebene Preis.** Dieser ist auch eindeutig lesbar (3. VK Bund, B. v. 29. 6. 2006 – Az.: VK 3-48/06; B. v. 29. 6. 2006 – Az.: VK 3-39/06) 5529

107.5.1.2.7.2 Angebote unter Verwendung von Korrekturband. Bei Benutzung von Korrekturband kann sich das Korrekturband selbst bei intensiverer mechanischer Behandlung nicht ablösen lassen, ohne das darunter befindliche Papier (mit den ursprünglichen Eintragungen) mit zu entfernen; bei diesen Fällen greift die unter RZ 5588 dargestellte Begründung nicht. **Dennoch besteht auch in diesen Fällen die Forderung der VOB/A und der VOL/A, dass Änderungen an den Eintragungen des Bieters nicht nur als solche sondern auch als vom Bieter stammend erkennbar sein müssen Ist dies nicht der Fall, ist das Angebot unter Manipulations- und Korruptionsgesichtspunkten auszuschließen.** Zwar sollen z. B. durch § 21 Nr. 1 Abs. 2 Satz 2 VOL/A auch Missverständnisse oder Mehrdeutigkeiten hinsichtlich des vom Bieter Erklärten vermieden werden, da nicht zweifelsfreie Änderungen ein Angebot mehrdeutig und damit für den Vergleich mit den anderen Angeboten unbrauchbar machen. Es ist im Lichte der Korruptionsprävention jedoch ebenfalls ein anerkennenswertes Bedürfnis des öffentlichen Auftraggebers, dass über die Frage, ob die vorgenommenen Änderungen schon vor Angebotsabgabe oder erst im Nachhinein vorgenommen wurden, kein Streit entsteht. **Das Interesse des Auftraggebers an einer Bekämpfung möglicher Korruptions- und Manipulationsmöglichkeiten ist grundsätzlich anerkennenswert** (VK Schleswig-Holstein, B. v. 5. 1. 2006 – Az.: VK-SH 31/05). 5530

Das **Schleswig-Holsteinische Oberlandesgericht** (B. v. 11. 8. 2006 – Az.: 1 Verg 1/06) relativiert diese Auffassung. Ist die Person, die auf dem Korrekturband geschriebenen Zahlen eingetragen hat, mittels der verwendeten Handschrift zu ermitteln, werden dadurch theoretisch denkbare nachträgliche Manipulationen zumindest erschwert. Das **Interesse des Auftraggebers,** (unter Umständen korruptionsbeeinflusste) **nachträgliche Angebotsmanipulationen auszuschließen, ist zwar grundsätzlich anzuerkennen. Der Auftraggeber muss hierfür aber die entsprechenden Vorkehrungen ergreifen** (Forderung nach einem Angebotsdoppel, interne Kontrollmechanismen usw.). Soweit **dennoch Möglichkeiten rechtswidriger oder (gar) strafbarer Manipulationen theoretisch denkbar bleiben, kann allein der Hinweis auf derartige Möglichkeiten nicht zu Lasten des Bieters** gehen. 5531

107.5.1.3 Angebote, die dem § 21 Nr. 1 Abs. 3 nicht entsprechen – Änderungen an den Verdingungsunterlagen (§ 25 Nr. 1 Abs. 1 Buchstabe b))

Gemäß § 21 Nr. 1 Abs. 3 VOB/A sind Änderungen an den Verdingungsunterlagen durch den Bieter unzulässig. Sie haben nach § 25 Nr. 1 Abs. 1 lit. b) VOB/A zur Folge, dass das Angebot, welches nicht der Leistungsbeschreibung des Auftraggebers entspricht, von der Wertung ausgeschlossen werden muss. 5532

107.5.1.3.1 Sinn und Zweck der Vorschrift des § 21 Nr. 1 Abs. 3 VOB/A. § 21 Nr. 1 Abs. 3 VOB/A bzw. § 21 Nr. 1 Abs. 3 VOL/A soll sicherstellen, dass das **Angebot den ausgeschriebenen Leistungen und den sonstigen Verdingungsunterlagen entspricht.** Es geht nicht allein darum, dass der Auftraggeber eigenverantwortlich bestimmt, zu welchen Bedingungen er den Vertrag abschließen möchte, sondern auch darum, dass die **übrigen Teilnehmer an der Ausschreibung nicht durch eine Änderung der Verdingungsunterlagen durch einen Mitbieter einen Wettbewerbsnachteil erleiden.** Der durch die öffentliche Ausschreibung eröffnete Wettbewerb der Bieter kann nur gewährleistet werden, wenn **Änderungen an den Verdingungsunterlagen ausgeschlossen werden,** weil andernfalls die Vergleichbarkeit der Angebote leidet (OLG Frankfurt am Main, B. v. 8. 2. 2005 – Az.: 11 Verg 24/04; VK Saarland, B. v. 15. 3. 2006 – Az.: 3 VK 02/2006; B. v. 31. 1. 2006 – Az.: 1 VK 5533

Teil 3 VOB/A § 25   Vergabe- und Vertragsordnung für Bauleistungen Teil A

05/2005; VK Münster, B. v. 25. 1. 2006 – Az.: VK 23/05; B. v. 21. 12. 2005 – Az.: VK 25/05; B. v. 5. 10. 2005 – Az.: VK 19/05; B. v. 20. 4. 2005 – Az.: VK 6/05; VK Schleswig-Holstein, B. v. 15. 5. 2006 – Az.: VK-SH 10/06; B. v. 28. 4. 2006 – Az.: VK-SH 05/06; B. v. 13. 12. 2004 – Az.: VK-SH-33/04; 1. VK Sachsen, B. v. 5. 4. 2006 – Az.: 1/SVK/027-06; B. v. 16. 9. 2005 – Az.: 1/SVK/114-05; 3. VK Bund, B. v. 21. 7. 2004 – Az.: VK 3-83/04; VK Nordbayern, B. v. 4. 4. 2006 – Az.: 21.VK – 3194-09/06; B. v. 16. 2. 2005 – Az.: 320.VK – 3194-02/05; B. v. 11. 2. 2005 – Az.: 320.VK-3194-51/04; B. v. 1. 2. 2005 – Az.: 320.VK – 3194-56/04; B. v. 4. 11. 2004 – Az.: 320.VK – 3194-41/04; B. v. 4. 8. 2004 – Az.: 320.VK – 3194-28/04; VK Lüneburg, B. v. 5. 11. 2004 – Az.: 203-VgK-48/2004; B. v. 9. 7. 2004 – Az.: 203-VgK-22/2004; VK Südbayern, B. v. 17. 2. 2004 – Az.: 03-01/04, B. v. 17. 2. 2004 – Az.: 67-12/03; VK Halle, B. v. 16. 1. 2001 – Az.: VK Hal 35/00; 2. VK Brandenburg, B. v. 25. 2. 2005 – Az.: VK 6/05; B. v. 10. 6. 2004 – Az.: VK 21/04; B. v. 20. 8. 2001 – Az.: 2 VK 80/01).

5533a Außerdem soll der **Auftraggeber davor geschützt werden,** den Zuschlag auf ein unbemerkt geändertes Angebot in der möglicherweise irrigen Annahme zu erteilen, dieses sei das wirtschaftlichste (BayObLG, B. v. 16. 9. 2002 – Az.: Verg 19/02; VK Nordbayern, B. v. 4. 8. 2004 – Az.: 320.VK – 3194-28/04).

5534 Ein derartiges Angebot muss auch schon deshalb unberücksichtigt bleiben, weil es **wegen der sich nicht deckenden Willenserklärungen** zwischen Auftraggeber und Auftragnehmer **nicht zu dem** beabsichtigten **Vertragsabschluss** führen kann (VK Münster, B. v. 20. 4. 2005 – Az.: VK 6/05; VK Nordbayern, B. v. 9. 5. 2006 – Az.: 21.VK – 3194-13/06; B. v. 4. 4. 2006 – Az.: 21.VK – 3194-09/06; B. v. 16. 2. 2005 – Az.: 320.VK – 3194-02/05).

5535 Hat ein Bieter die Absicht, von den Verdingungsunterlagen abweichende Angebote einzureichen, **muss er dies in Form eines Nebenangebotes tun.** Änderungen an den Verdingungsunterlagen selbst sind jedoch in jedem Fall, also auch im Falle von Nebenangeboten unzulässig, da sie die Vergleichbarkeit der Angebote gefährden. Gehen die Bieter von unterschiedlichen Voraussetzungen aus, fehlt es an der Vergleichbarkeit der eingereichten Angebote (VK Brandenburg, B. v. 25. 2. 2005 – Az.: VK 6/05; VK Lüneburg, B. v. 21. 9. 2004 – Az.: 203-VgK-42/2004).

5536 Auch **soll durch diese Regelung verhindert werden, dass Bieter bewusst mehrdeutige Änderungen an ihren Eintragungen vornehmen, in der Absicht, die Vergabestelle werde sie schon zu ihrem Gunsten auslegen** (Saarländisches OLG, B. v. 9. 11. 2005 – Az.: 1 Verg 4/05).

5537 **Welche Teile der Verdingungsunterlagen geändert oder ergänzt werden, ist dabei unbeachtlich.** Denn die Verdingungsunterlagen als Ganzes und in allen ihren Teilen sind Grundlage der Angebote der sich beteiligenden Bieter; diese müssen also – um vergleichbar zu bleiben – von dem gleichen unveränderten Text, wie ihn der Auftraggeber aufgrund der VOL/A erarbeitet und an die Bieter verschickt hat, ausgehen (OLG Düsseldorf, B. v. 28. 7. 2005 – Az.: VII – Verg 45/05; B. v. 18. 7. 2005 – Az.: VII – Verg 39/05; OLG Frankfurt, B. v. 21. 4. 2005 – Az.: 11 Verg 1/05; VK Saarland, B. v. 15. 3. 2006 – Az.: 3 VK 02/2006; B. v. 31. 1. 2006 – Az.: 1 VK 05/2005; VK Münster, B. v. 5. 4. 2006 – Az.: VK 5/06; B. v. 10. 3. 2006 – Az.: VK 2/06; B. v. 25. 1. 2006 – Az.: VK 23/05; B. v. 21. 12. 2005 – Az.: VK 25/05; 3. VK Bund, B. v. 6. 6. 2005 – Az.: VK 3-43/05; VK Schleswig-Holstein, B. v. 15. 5. 2006 – Az.: VK-SH 10/06; B. v. 13. 12. 2004 – Az.: VK-SH-33/04; VK Lüneburg, B. v. 18. 12. 2003 – Az.: 203-VgK-35/2003).

5538 **107.5.1.3.2 Begriff der Änderungen der Verdingungsunterlagen.** Änderungen können in **Ergänzungen und Streichungen** bestehen; sie können sich aber auch **auf den (technischen) Inhalt der Leistungen** beziehen. Eine Änderung der Verdingungsunterlagen liegt daher vor, wenn der Bieter die zu erbringende Leistung abändert und eine andere als die ausgeschriebene Leistung anbietet (OLG Düsseldorf, B. v. 29. 3. 2006 – Az.: VII – Verg 77/05; B. v. 28. 7. 2005 – Az.: VII – Verg 45/05; B. v. 20. 5. 2005 – Az.: VII – Verg 19/05; OLG Frankfurt, B. v. 21. 4. 2005 – Az.: 11 Verg 1/05; B. v. 8. 2. 2005 – Az.: 11 Verg 24/04; VK Thüringen, B. v. 25. 9. 2006 – Az.: 360-4002.20-017/06-NDH; B. v. 6. 7. 2006 – Az.: 360-4003.20-010/06-HIG; 1. VK Bund, B. v. 27. 6. 2006 – Az.: VK 1-40/06; VK Nordbayern, B. v. 9. 5. 2006 – Az.: 21.VK – 3194-13/06; VK Saarland, B. v. 15. 3. 2006 – Az.: 3 VK 02/2006; B. v. 31. 1. 2006 – Az.: 1 VK 05/2005; VK Baden-Württemberg, B. v. 26. 7. 2005 – Az.: 1 VK 39/05; VK Münster, B. v. 5. 4. 2006 – Az.: VK 5/06; B. v. 10. 3. 2006 – Az.: VK 2/06; B. v. 25. 1. 2006 – Az.: VK 23/05; B. v. 21. 12. 2005 – Az.: VK 25/05; B. v. 5. 10. 2005 – Az.: VK 19/05; B. v. 20. 4. 2005 – Az.: VK 6/05; 1. VK Sachsen, B. v. 5. 4. 2006 – Az.: 1/SVK/027-06; B. v. 7. 7. 2005 – Az.: 1/SVK/061-05; 3. VK Bund, B. v. 6. 6. 2005 – Az.: VK 3-43/05).

Vergabe- und Vertragsordnung für Bauleistungen Teil A VOB/A § 25 **Teil 3**

Dies ist dann **anders zu beurteilen, wenn der Auftraggeber keine eindeutigen Vergabeunterlagen herausgibt,** der **Bieter die Widersprüche in der Leistungsbeschreibung** (z. B. zwischen Plänen und Textbeschreibung) durch eine Anfrage beim Auftraggeber **zu klären versucht und der Auftraggeber diese Anfrage nicht beantwortet** (VK Baden-Württemberg, B. v. 26. 7. 2005 – Az.: 1 VK 39/05).

Dieses **Verständnis deckt sich mit der Interpretation, die die Verfasser der VOL/A dem Begriff der Änderungsvorschläge und Nebenangebote in den Erläuterungen zu § 17 Nr. 3 Abs. 5 VOL/A beigelegt haben.** Verändert ein Bieter inhaltlich die in den Verdingungsunterlagen enthaltenen Anforderungen des Auftraggebers, ist sein Angebot ohne Rücksicht darauf, ob der Auftraggeber diesen Mangel selbst erkannt und sanktioniert hat, zwingend von der Wertung auszunehmen (OLG Düsseldorf, B. v. 28. 7. 2005 – Az.: VII – Verg 45/05). 5539

Auch **Abweichungen von den Vorgaben der Verdingungsunterlagen** ändern die Verdingungsunterlagen in unzulässiger Weise (BGH, B. v. 26. 9. 2006 – Az.: X ZB 14/06; Urteil v. 1. 8. 2006 – Az.: X ZR 115/04; VK Nordbayern, B. v. 4. 4. 2006 – Az.: 21.VK – 3194-09/06; VK Saarland, B. v. 15. 3. 2006 – Az.: 3 VK 02/2006). 5540

Änderungen können aber auch in der Person des Anbietenden entstehen, z. B. der **Ersetzung einer Bietergemeinschaft durch einen Einzelbieter** oder der **Änderung der Mitglieder einer Bietergemeinschaft** (OLG Düsseldorf, B. v. 24. 5. 2005 – Az.: VII – Verg 28/05) oder der **Bieteränderung durch Gesellschaftsauflösung im Wege der Gesamtrechtsnachfolge** (OLG Düsseldorf, B. v. 25. 5. 2005 – Az.: VII – Verg 08/05; 3. VK Bund, B. v. 26. 7. 2005 – Az.: VK 3-73/05). 5541

Keine Änderung beinhaltet die **reine Umfirmierung** eines Bieters unter **Beibehaltung der Struktur und der Identität** z. B. der Gesellschaft (VK Lüneburg, B. v. 8. 5. 2006 – Az.: VgK-07/2006). 5542

Die **Feststellung der Abweichung** eines Bieterangebots von den in den Verdingungsunterlagen gemachten Vorgaben **setzt voraus, dass der Gegenstand und Inhalt der Leistung eindeutig beschrieben** sind und die am Auftrag interessierten Unternehmen daran klar erkennen können, wann jeweils die Grenze zu einer inhaltlichen Änderung der Leistungsanforderungen des Auftraggebers überschritten ist. Unter welchen Voraussetzungen das Angebot die Rechtsfolge einer Änderung der Verdingungsunterlagen zwingenden Angebotsausschlusses § 25 Nr. 1 Abs. 1 lit. b, § 21 Nr. 1 Abs. 3 VOB/A trifft, **muss für die am Auftrag interessierten Unternehmen aus Gründen der Gleichbehandlung der Bieter und der Transparenz des Vergabeverfahrens anhand der Verdingungsunterlagen selbst klar und unmissverständlich zu erkennen** sein (OLG Düsseldorf, B. v. 20. 5. 2005 – Az.: VII – Verg 19/05). 5543

Streitig ist, ob die **nachträgliche Korrektur eines Preises oder eines sonstigen Angebotsbestandteils eine Änderung des Angebots** im Sinn von § 25 VOB/A darstellt. Selbst wenn dies so gesehen wird, führt dies lediglich dazu, dass das **Angebot nicht mit dem korrigierten, sondern mit dem ursprünglichen Angebotspreis zu bewerten** ist. Einen Angebotsausschluss kann dieses Verhalten jedoch nicht nach sich ziehen (3. VK Bund, B. v. 19. 7. 2005 – Az.: VK 3-58/05). 5544

Auch ein Begleitschreiben gehört zu den Verdingungsunterlagen. Die Vorschrift des § 21 Nr. 1 Abs. 3 VOB/A soll allgemein verhindern, dass etwaige Änderungen oder Ergänzungen bei der Prüfung der Angebote unbemerkt bleiben und der Zuschlag auf ein solches Angebot in der irrigen Annahme, es sei das Wirtschaftlichste, erteilt wird. Diese **Gefahr ist bei Änderungen, die in einem Begleitschreiben enthalten sind, das Anmerkungen enthält, die mit den Intentionen des Auftraggebers möglicherweise nicht übereinstimmen, eher noch größer als in dem Fall, dass sichtbare Änderungen in der Leistungsbeschreibung oder anderen Verdingungsunterlagen vorgenommen werden.** Dabei ist auch unerheblich, ob im Einzelfall der „Ergänzungsversuch" des Bieters deswegen ins Leere geht, weil die Verdingungsunterlagen des Auftraggebers lückenlos sind. Es ist ein anerkennenswertes Auftraggeberinteresse zu verhindern, dass über die Geltung von Vertragsbedingungen nachträglich Streit entsteht bzw. von vornherein einen solchen Streit dadurch zu unterbinden, dass ergänzende Bedingungen als Abweichung von den Verdingungsunterlagen behandelt werden (1. VK Sachsen, B. v. 16. 9. 2005 – Az.: 1/SVK/114-05; VK Brandenburg, B. v. 25. 2. 2005 – Az.: VK 6/05). 5545

Ein Bieter ändert die von der Vergabestelle geforderte Verbindlichkeitserklärung der Angebote bis zum Ende der Zuschlags- und Angebotsbindefrist dadurch ab, dass er Teile seines Angebo- 5546 tes mit „Richtpreisen", also unverbindlichen Preisen versieht. Darin liegt eine **unzulässige Veränderung der Verdingungsunterlagen vor (aus verbindlichen Preisen werden unverbindliche Richtpreise),** die zwingend zum Ausschluss führt (VK Thüringen, B. v. 3. 3. 2006 – Az.: 360-4002.20-004/06-ABG).

5547 Auch die **Änderung des Standorts eines Krans** oder die **Änderung von Montagemodalitäten** bedeuten eine unzulässige Änderung an den Vergabeunterlagen (1. VK Sachsen, B. v. 7. 7. 2005 – Az.: 1/SVK/061-05).

5548 **107.5.1.3.3 Berücksichtigung des Umfangs der Änderungen und der wirtschaftlichen Auswirkungen. Es spielt keine Rolle, ob die vom Bieter vorgenommenen Änderungen zentrale und wichtige oder eher unwesentliche Leistungspositionen betreffen. Ebenso wenig kommt es darauf an, ob die Abweichungen letztlich irgendeinen Einfluss auf das Wettbewerbsergebnis haben können.** Dafür spricht schon der Wortlaut der genannten Vorschriften. Weder § 21 Nr. 1 Abs. 3 VOB/A noch § 25 Nr. 1 Abs. 1 lit. b) VOB/A bzw. § 21 Nr. 1 Abs. 3 VOL/A noch § 25 Nr. 1 Abs. 1 lit. d) VOL/A ist eine Beschränkung auf sachlich oder betragsmäßig ins Gewicht fallende Leistungsposition zu entnehmen. § 21 Nr. 1 Abs. 3 VOB/A bzw. § 21 Nr. 1 Abs. 3 VOL/A untersagt jedwede Abänderung der Verdingungsunterlagen und § 25 Nr. 1 Abs. 1 lit. b) VOB/A ordnet den Angebotsausschluss zwingend für jeden Fall einer unzulässigen Änderung der Verdingungsunterlagen und ohne Rücksicht auf die Bedeutung der betroffenen Leistungspositionen und die wirtschaftlichen Auswirkungen der vorgenommenen Änderung an. Nur ein solches Verständnis wird auch dem **Normenzweck der Vorschriften gerecht, durchsichtige,** in den ausgewiesenen Leistungspositionen **identische und miteinander ohne weiteres vergleichbare Vertragsangebote zu gewährleisten,** um so einen **echten fairen Wettbewerb unter den Bietern sicherzustellen** (OLG Düsseldorf, B. v. 28. 7. 2005 – Az.: VII – Verg 45/05; B. v. 15. 12. 2004 – Az.: VII – Verg 47/04; B. v. 14. 3. 2001 – Az.: Verg 32/00; VK Saarland, B. v. 15. 3. 2006 – Az.: 3 VK 02/2006; B. v. 31. 1. 2006 – Az.: 1 VK 05/2005; 3. VK Bund, B. v. 6. 6. 2005 – Az.: VK 3-43/05; VK Münster, B. v. 20. 4. 2005 – Az.: VK 6/05; VK Schleswig-Holstein, B. v. 15. 5. 2006 – Az.: VK-SH 10/06; B. v. 17. 3. 2006 – Az.: VK-SH 02/06; B. v. 31. 3. 2005 – Az.: VK-SH 05/05; B. v. 13. 12. 2004 – Az.: VK-SH-33/04; VK Brandenburg, B. v. 25. 2. 2005 – Az.: VK 6/05; B. v. 10. 6. 2004 – Az.: VK 21/04; B. v. 18. 6. 2003 – Az.: VK 31/03, B. v. 31. 1. 2003 – Az.: VK 37/02, VK 39/02, VK 41/02; VK Südbayern, B. v. 10. 5. 2005 – Az.: 14-03/05; B. v. 3. 4. 2003 – Az.: 10-03/03, B. v. 25. 3. 2002 – Az.: 05-02/02, B. v. 20. 6. 2001 – Az.: 15-05/011; 1. VK Bund, B. v. 27. 6. 2006 – Az.: VK 1-40/06; B. v. 19. 4. 2002 – Az.: VK 1-09/02; VK Nordbayern, B. v. 29. 5. 2001 – Az.: 320.VK-3194-08/01).

5549 **107.5.1.3.4 Auslegung entsprechender Erklärungen.** Die Erklärung eines Bieters zu seinem Angebot, die gegebenenfalls eine Änderung bedeutet, ist **so auszulegen, wie sie von einem verständigen Empfänger in der Lage des Auftraggebers objektiv aufzufassen war,** es kommt also nicht darauf an, wie der Auftraggeber sie im vorliegenden Einzelfall tatsächlich verstanden hat (1. VK Sachsen, B. v. 13. 2. 2002 – Az.: 1/SVK/002-02).

5550 Vgl. im Einzelnen die Kommentierung zu § 21 VOB/A RZ 5003.

5551 **107.5.1.3.5 Begriff der Verdingungsunterlagen.** Die Verdingungsunterlagen sind definiert in § 10 Nr. 1 Abs. 1 Buchstabe b) VOB/A.

5552 Das **Anschreiben gehört nicht zu den Verdingungsunterlagen** (1. VK Sachsen, B. v. 7. 5. 2002 – Az.: 1/SVK/035-02, B. v. 4. 6. 2002 – Az.: 1/SVK/049-02).

5553 Vgl. im Einzelnen die Kommentierung zu § 10 VOB/A RZ 4309.

5554 **107.5.1.3.6 Nebenangebot als Änderung?** Da es **zum Wesen eines Nebenangebotes** gehört, **von den Vorgaben der Leistungsbeschreibung zumindest teilweise abzuweichen** (Thüringer OLG, B. v. 19. 3. 2004 – Az.: 6 U 1000/03; B. v. 18. 3. 2004 – Az.: 6 Verg 1/04) und die VOB/A von der grundsätzlichen Möglichkeit der Abgabe und Wertung von Nebenangeboten ausgeht (vgl. etwa § 25 Nr. 5 Satz 1 VOB/A), können **§ 25 Nr. 1 Abs. 1 lit. b) VOB/A i. V. m. § 21 Nr. 1 Abs. 3 VOB/A nicht für Nebenangebote gelten** (1. VK Bund, B. v. 19. 4. 2002 – Az.: VK 1-09/02).

5555 **107.5.1.3.7 Änderung durch Beifügen von Allgemeinen Geschäftsbedingungen durch den Bieter.** Die **Rechtsprechung** hierzu ist **nicht einheitlich.**

5556 Nach einer Auffassung **schaden Allgemeine Geschäftsbedingungen für Leistungen eines Bieters auf der Rückseite des Anschreibens zum Angebot nicht.** Ein solches Anschreiben enthält keine Bestandteile/Informationen, die auf das Angebot wirken. Es ist nach Aufmachung und Inhalt ein reines Übersendungsschreiben. Das Angebot selbst ist das von dem Bieter zum Eröffnungstermin abgegebene Einheitliche Verdingungsmuster – EVM (B) Ang 213 mit den darin aufgeführten und beigefügten Anlagen. Unter Nr. 1.6 dieses EVM's hätte der Bieter die Möglichkeit gehabt, eigene Geschäftsbedingungen mit zum Vertragsbestandteil zu erklären, hiervon ist jedoch kein Gebrauch gemacht worden. Aus diesen Gründen sind die Allgemeinen Geschäftsbedingungen für Bauverträge, die auf der Rückseite des Übersendungsschreibens abgedruckt sind, **nicht als Änderung an den Verdingungsunterlagen im Sinne von § 21 Nr. 1 Abs. 3 VOB/A bzw. der VOL/A zu betrachten** (VK Brandenburg, B. v. 16. 12. 2004 – Az.: VK 70/04; VK Hannover, B. v. 6. 9. 2002 – Az.: 26 045 – VgK – 11/2002).

Im Gegensatz dazu führt nach anderer Meinung die Einbeziehung eigener Allgemeiner Geschäftsbedingungen durch einen Bewerber als **unzulässige Ergänzung der Verdingungsunterlagen grundsätzlich zum Ausschluss des Angebots.** Es kann offen bleiben, ob dieser Rechtssatz auch dann gilt, wenn die Verdingungsunterlagen keine Ausschließlichkeit erkennen lassen; ebenso bedarf es keiner Entscheidung darüber, wann ein solches Schweigen als Einverständnis der Vergabestelle mit Auftragnehmerbedingungen zu werten ist. Jedenfalls dort, wo die Vergabestelle Ergänzungen ausdrücklich mit dem Ausschluss des Angebots sanktioniert, ist für zusätzliche Vertragsbedingungen des Auftragnehmers kein Raum, so dass ein mit solchen Bedingungen ausgestattetes Angebot die Verdingungsunterlagen ändert. Dabei ist auch unerheblich, ob im Einzelfall der „Ergänzungsversuch" des Bieters deswegen ins Leere geht, weil die Verdingungsunterlagen des Auftraggebers lückenlos sind. Es ist ein **anerkennenswertes Auftraggeberinteresse,** zu verhindern, dass **über die Geltung von Vertragsbedingungen nachträglich Streit entsteht bzw. von vornherein einen solchen Streit dadurch zu unterbinden, dass ergänzende Bedingungen als Abweichung von den Verdingungsunterlagen behandelt werden** (Thüringer OLG, B. v. 17. 3. 2003 – Az.: 6 Verg 2/03; VK Schleswig-Holstein, B. v. 17. 3. 2006 – Az.: VK-SH 02/06; B. v. 7. 3. 2005 – Az.: VK-SH 03/05; VK Saarland, B. v. 1. 3. 2005 – Az.: 1 VK 01/2005; VK Hessen, B. v. 20. 10. 2004 – Az.: 69 d – VK – 61/2004; 3. VK Bund, B. v. 21. 7. 2004 – Az.: VK 3-83/04; 1. VK Sachsen, B. v. 14. 1. 2004 – Az.: 1/SVK/153-03). 5557

Auch nach Meinung der VK Magdeburg ist ein **Angebot** bereits deshalb nach § 25 Nr. 1 Abs. 1 Buchstabe b) i.V.m. § 21 Nr. 1 Abs. 2 VOB/A bzw. VOL/A vom Vergabeverfahren **auszuschließen,** weil die Verdingungsunterlagen abgeändert wurden. Der **Bieter hat seinem Angebot eigene Allgemeine Geschäftsbedingungen beigelegt.** Damit hat er zum Ausdruck gebracht, dass er die seitens der Vergabestelle den Verdingungsunterlagen beigelegten Besonderen Vertragsbedingungen – EVM (B) BVB, die Zusätzlichen Vertragsbedingungen für die Ausführung von Bauleistungen – EVM (B) ZVB/E, die in der Leistungsbeschreibung angegebenen Zusätzlichen Technischen Vertragsbedingungen, die Allgemeinen Vertragsbedingungen für die Ausführung von Bauleistungen (VOB/B) sowie die Allgemeinen Technischen Vertragsbedingungen für Bauleistungen (VOB/C), die Vertragsbestandteil werden sollen, nicht anerkannt. Die vom Bieter **beigelegten Allgemeinen Geschäftsbedingungen weichen in mehrfacher Hinsicht wesentlich von den Vertragsbedingungen der Vergabestelle ab** (VK Magdeburg, B. v. 16. 10. 2002 – Az.: 33-32571/07 VK MD 11/02; ähnlich VK Arnsberg, B. v. 20. 11. 2001 – Az.: VK 2-14/2001). 5558

Nach Auffassung der VK Nordbayern ist dann, wenn ein Bieter sein Angebot auf seinem Briefpapier abgibt, auf dem die **eigenen Zahlungsbedingungen vorgedruckt** sind, und diese **eigenen Zahlungsbedingungen den Vorgaben der Vergabestelle widersprechen,** das Angebot wegen unzulässiger Änderungen an den Verdingungsunterlagen **auszuschließen** (VK Nordbayern, B. v. 21. 7. 2004 – Az.: 320.VK – 3194-24/04). Hat ein Bieter auf jeder Seite der von ihm mit einem EDV-Ausdruck selbst gefertigten Kurzfassung des Leistungsverzeichnisses **„Zahlbar innerhalb 8 Tagen ohne Abzug"** angegeben, ist diese Zahlungsfrist Wille des Bieters zur Angebotsabgabe und Inhalt des Angebots. Ein verständiger Empfänger muss diese eindeutige Formulierung jedenfalls so verstehen. Daran ändert die Tatsache nichts, dass diese Zahlungsfrist auf dem EDV-Papier vorgedruckt ist. Eine Erklärung ist immer so zu verstehen wie sie formuliert ist (VK Nordbayern, B. v. 21. 9. 2001 – Az.: 320.VK-3194-32/01). 5559

Die eigenen Verkaufs- und **Lieferbedingungen verlieren auch nicht ihre Gültigkeit, wenn der Bieter in der Biebererklärung durch rechtsverbindliche Unterschrift die Zusätzlichen Vertragsbedingungen für Lieferungen und Leistungen der Vergabestelle anerkennt.** Dadurch wird zumindest unklar, welche Allgemeinen Geschäftsbedingungen für die Ausführung der Lieferleistungen gelten sollen. Der Auftraggeber ist jedoch verpflichtet eine eingehende, vergleichende Wertung durchzuführen. Dies ist **nur mit klaren, in sich unwi-** 5560

Teil 3 VOB/A § 25 Vergabe- und Vertragsordnung für Bauleistungen Teil A

dersprüchlichen Angeboten möglich (VK Nordbayern, B. v. 21. 7. 2004 – Az.: 320.VK – 3194-24/04).

5561 Eine Änderung an den Verdingungsunterlagen ist auch nicht dadurch ausgeschlossen, dass die Vertragsbedingungen des Auftraggebers in der Regel eine **AGB-rechtliche Abwehrklausel** enthalten. Im Zweifel enthalten auch die Allgemeinen Geschäftsbedingungen des Auftragnehmers solche Abwehrklauseln, so dass dies nach der Rechtsprechung zur Folge hat, dass **bei zwei widersprechenden Allgemeinen Geschäftsbedingungen keine dieser Vertragsbedingungen gilt.** Es liegt dann **ein Dissens** vor, der dazu führt, dass die vom Auftraggeber gewollte Vertragsbedingung gerade nicht zum Vertragsbestandteil wird, wenn es zur Zuschlagserteilung kommt (VK Lüneburg, B. v. 20. 8. 2004 – Az.: 203-VgK-41/2004).

5562 Fügt der Bieter **entgegen den ausdrücklichen Vergabeunterlagen eigene allgemeine Geschäftsbedingungen bei, ist das Angebot zwingend auszuschließen** (VK Thüringen, B. v. 14. 4. 2005 – Az.: 360-4003.20-017/05-G-S; B. v. 22. 7. 2004 – Az.: 360-4003.20-047/04-EF-S).

5563 Der **Auffassung, dass allein das Beifügen von allgemeinen Geschäftsbedingungen eine unzulässige Änderung der Verdingungsunterlagen beinhaltet, ist zuzustimmen.** Neben den bereits genannten Argumenten ist aus Sicht des Auftraggebers hervorzuheben, dass es eine **unzumutbare Überforderung des** oftmals nicht juristisch ausgebildeten bzw. unterstützten **Auftraggebers** bedeutet, solche unklaren Angebote rechtlich zu bewerten; außerdem bringen diese unklaren Angebote immer Verzögerungen der Auftragsvergabe mit sich, die mit dem **Ziel der schnellen und reibungslosen Umsetzung von Investitionsvorhaben** – einem neben dem Bieterschutz wesentlichen Hauptanliegen des Vergaberechts – nicht vereinbar sind.

5564 Wenn aber die Beifügung eigener Geschäftsbedingungen eine Änderung der Verdingungsunterlagen darstellt, kann überhaupt gar kein Zweifel daran bestehen, dass auch **die ausdrückliche Weigerung, die Geschäftsbedingungen des Auftraggebers sowie die Mindestbedingungen der Leistungsbeschreibung anzuerkennen,** die **Folge eines zwingenden Angebotsausschlusses** verwirklicht (VK Schleswig-Holstein, B. v. 17. 3. 2006 – Az.: VK-SH 02/06).

5565 Die **2. VK Bund hingegen verpflichtet den Auftraggeber, zu prüfen, ob die beigefügten AGB überhaupt rechtlich wirksamer Bestandteil des Angebots geworden** sind. Grundsätzlich gilt, dass AGB des Verwenders nur dann in das Angebot einbezogen werden, wenn der Verwender ausdrücklich darauf hinweist, dass der Vertrag unter Zugrundelegung seiner AGB abgeschlossen werden soll (§ 305 Abs. 2 Nr. 1 BGB). Nicht ausreichend ist beispielsweise der bloße Abdruck der AGB auf der Rückseite des Vertrages oder in einem Katalog (2. VK Bund, B. v. 29. 3. 2006 – Az.: VK 2-11/06).

5566 **107.5.1.3.8 Änderung durch Abweichung von den Kalkulationsgrundlagen.** Gibt der öffentliche **Auftraggeber Vorgaben für die Kalkulation der Bieter** (z. B. eine bestimmte Räumleistung pro Tag bei einem mit Altmunition verseuchten Gelände), ist der **Bieter an diese Vorgaben gebunden.** Auch wenn der Bieter der Auffassung ist, dass die vom Auftraggeber genannten Vorgaben nicht sachgemäß sind und nur der Bieter selbst die durchschnittliche Räumleistung bestimmen könne, so darf er diese zwingenden Vorgaben – selbst wenn seine Einschätzung in der Sache zutreffend sein sollte – nicht eigenmächtig im Rahmen seines Hauptangebotes verändern. Denn **würde man einzelnen Bietern eine eigenmächtige Abänderung zubilligen, würden die Bieter benachteiligt, die sich an die Vorgaben halten.** Der **Bieter** hat lediglich die **Möglichkeit, im Rahmen der Angebotserstellung auf die Fehlerhaftigkeit der zwingend einzuhaltenden Vorgaben hinzuweisen.** Die Vergabestelle kann dann auf diese Vorschläge reagieren und die gegebenenfalls daraufhin vorgenommenen Änderungen an der Leistungsbeschreibung allen Bietern gleichermaßen zugänglich machen (2. VK Bund, B. v. 14. 10. 2003 – Az.: VK 2-90/03, B. v. 14. 10. 2003 – Az.: VK 2-96/03; 3. VK Bund, B. v. 3. 5. 2005 – Az.: VK 3-19/05; B. v. 5. 4. 2004 – Az.: VK 3-38/04).

5567 **Fordert** eine Leistungsbeschreibung für jede der betreffenden Leistungspositionen die **Einhaltung einer technischen Vorgabe** (z. B. eines Schallleistungspegels von 80 dB), sind die Vorgaben des Leistungsverzeichnisses folglich schon dann nicht erfüllt, wenn bei **bloß einer Position der zugelassene Maximalwert überschritten wird.** An die Überschreitung dieses vorgegebenen Höchstwertes knüpft sich – und zwar ohne Rücksicht, in welchem Umfang der Maximalwert nicht eingehalten wird – zwingend der Ausschluss des Angebots (OLG Düsseldorf, B. v. 8. 5. 2002 – Az.: Verg 4/02).

Vergabe- und Vertragsordnung für Bauleistungen Teil A VOB/A § 25 **Teil 3**

Gibt der **Auftraggeber zwingend bestimmte Zeitfenster vor,** in denen die Leistung er- 5568
bracht werden muss, und weicht ein Bieter hiervon ab, ist das Angebot auszuschließen (OLG
Naumburg, B. v. 6. 4. 2004 – Az.: 1 Verg 3/04; 1. VK Bund, B. v. 21. 4. 2004 – Az.: VK
1-45/04).

Hat der **Auftraggeber unstreitig Mengenänderungen vorgenommen und diese den** 5569
Bietern mitgeteilt, kalkuliert jedoch ein **Bieter noch mit den alten Mengenangaben,**
liegt eine **unzulässige Änderung der Vergabeunterlagen** vor (2. VK Bund, B. v. 28. 7. 2006
– Az.: VK 2-50/06).

107.5.1.3.9 Änderung durch die Preisangabe „in Pos ... enthalten". Die Recht- 5570
sprechung ist insoweit **nicht einheitlich.**

Nach einer Meinung stellt die **Preisangabe „in Pos. ... enthalten" keine Änderung** 5571
der Verdingungsunterlagen gemäß § 25 Nr. 1 b in Verbindung mit 21 Nr. 3 VOB/A dar.
Dies folgt daraus, dass Verdingungsunterlagen gem. § 10 Nr. 1 bis Nr. 4 VOB/A ausschließlich
vom Auftraggeber hergestellt werden. Aus ihnen fertigt der Bieter durch seine Angaben gem.
§ 21 Nr. 1 VOB/A sein Angebot. Die Eintragung „In Pos. ... enthalten" in der Spalte „Preis"
kann daher schon begrifflich keine Änderung der Verdingungsunterlagen sein (1. VK Sachsen,
B. v. 24. 7. 2002 – Az.: 1/SVK/ 063-02).

Nach einer anderen Auffassung ist **durch die Vermengung von Leistungspositionen,** die 5572
entgegen den Vorgaben des Leistungsverzeichnisses vorgenommen wurde (Einrechnung von
Positionen in andere Positionen), die **Vergleichbarkeit der Angebote in den Einheitsprei-**
sen nicht mehr möglich. Der Bieter hat dadurch die **Verdingungsunterlagen in unzuläs-**
siger Weise geändert (Saarländisches OLG, B. v. 9. 11. 2005 – Az.: 1 Verg 4/05; VK Rheinland-Pfalz, B. v. 11. 4. 2003 – Az.: VK 4/03; VK Südbayern, B. v. 15. 6. 2001 – Az.: 18-05/
01). Nur in **Ausnahmefällen** kann durch Hinweis auf Sammelpositionen abgewichen werden
und zwar allenfalls dann, wenn es sich um **geringfügige Verstöße handelt, die keinerlei**
Auswirkungen auf die Wettbewerbsposition des Bieters haben und **keine Beeinträchti-**
gung der Vergleichbarkeit der Angebote nach sich ziehen (VK Rheinland-Pfalz, B. v.
11. 4. 2003 – Az.: VK 4/03).

107.5.1.3.10 Änderungen durch nicht verlangte Preisangaben. Macht ein Bieter durch 5573
das **Einsetzen der Kalkulationsposten** in den Unterbeschreibungen des Leistungsverzeichnisses **mehr, als von ihm verlangt ist,** wird dadurch sein Angebot aber weder im Sinne des § 21
Nr. 1 VOB/A geändert, noch hat er **Änderungen** vorgenommen. Das **Angebot ist auch in**
sich nicht missverständlich, wenn der geforderte Preis ohne weiteres aus den Einzelpositionen zu errechnen ist (BGH, Urteil vom 6. 2. 2002 – Az.: X ZR 185/99).

107.5.1.3.11 Änderungen durch nicht angebotene Teile der ausgeschriebenen Leis- 5574
tung. Bietet ein Unternehmen **wesentliche Teile der ausgeschriebenen Leistung nicht**
an, hat er damit die Vorgaben der Leistungsbeschreibung nicht anerkannt. Auch dies **stellt eine**
Veränderung der Verdingungsunterlagen dar. Damit ist auch insoweit ein Vergleich mit
den Angeboten anderer Bieter ausgeschlossen (VK Thüringen, B. v. 6. 7. 2006 – Az.: 360-
4003.20-010/06-HIG; VK Magdeburg, B. v. 23. 8. 2001 – Az.: 33-32571/07 VK 16/01 MD).

Dies ist dann **anders zu beurteilen, wenn der Auftraggeber keine eindeutigen Verga-** 5575
beunterlagen herausgibt, der **Bieter die Widersprüche in der Leistungsbeschreibung**
(z. B. zwischen Plänen und Textbeschreibung) durch eine Anfrage beim Auftraggeber **zu klären**
versucht und der Auftraggeber diese Anfrage nicht beantwortet (VK Baden-Württemberg, B. v. 26. 7. 2005 – Az.: 1 VK 39/05).

107.5.1.3.12 Änderungen durch Nichtabgabe von verlangten Erklärungen. Gibt ein 5576
Bieter mit seinem Angebot eine vom Auftraggeber geforderte Erklärung (z. B. „Aus-
schreibungsanerkennung") **nicht ab,** obwohl diese Erklärung Bestandteil der Verdingungsunterlagen ist und hat der Bieter dahingehend, ob diese Erklärung überhaupt verlangt werden durfte,
keine Rügen erhoben, hat der **Bieter dadurch die Verdingungsunterlagen unzulässig**
geändert (VK Südbayern, B. v. 10. 11. 2003 – Az.: 49-10/03). Dies gilt auch, wenn der Bieter
eine **geforderte Erklärung der gesamtschuldnerischen Haftung nicht abgibt** (OLG
Düsseldorf, B. v. 29. 3. 2006 – Az.: VII – Verg 77/05; OLG Naumburg, B. v. 31. 3. 2004 – Az.:
1 Verg 1/04).

107.5.1.3.13 Änderungen durch Streichungen im Leistungsverzeichnis. Nimmt ein 5577
Bieter **mehrfach Streichungen an dem vom Auftraggeber vorgegebenen Leistungsver-**
zeichnis vor und sind diese von erheblichem Gewicht, liegt darin eine **Änderung der Ver-**
dingungsunterlagen. Auch aufgrund dieser Änderung ist ein Vergleich mit allen anderen An-

geboten, in denen die Vorgaben der Verdingungsunterlagen eingehalten werden, nicht möglich (VK Magdeburg, B. v. 23. 8. 2001 – Az.: 33-32571/07 VK 16/01 MD).

5578 **107.5.1.3.14 Änderungen durch Angaben zum Ausführungstermin.** Macht ein **Bieter die Leistungszeit von der Verhandlung und Klärung aller technischen Einzelheiten abhängig,** hält sich der Bieter in seiner Eigenschaft als potentieller Auftragnehmer objektiv einen Punkt des Vertrags, über den nach der Erklärung des Auftraggebers eine Vereinbarung getroffen werden soll, zunächst **offen** (§ 154 Abs. 1 Satz 1 BGB). Dass in dem Anschreiben der Vergabestelle nach § 10 Nr. 5 VOB/A die Frist für die Ausführung dagegen nur mit „voraussichtlich" umschrieben ist, ist unerheblich, weil das Anschreiben nicht zu den Verdingungsunterlagen gehört und damit nicht Vertragsbestandteil wird. Ein entsprechendes Angebot ist wegen Änderung auszuschließen (BayObLG, B. v. 16. 9. 2002 – Az.: Verg 19/02).

5579 **107.5.1.3.15 Änderung durch Widersprüche zwischen Muster und schriftlichem Angebot.** Widersprechen sich Muster und schriftliches Angebot, so ergibt sich für den Auftraggeber das **Risiko, nicht sicher sein zu können, wonach sich die Leistung bei einer Beauftragung dieses Bieters richten würde,** da unklar ist, was genau angeboten wird. Bei einer Beauftragung bestünde die Gefahr, dass der Bieter unter Berufung auf sein Muster Leistungen erbringt, die von dem Leistungsverzeichnis des Auftraggebers abweichen, so dass der Auftraggeber etwas anderes als das eigentlich ausgeschriebene erhält. Aus diesem Grund ist ein **durch die abweichende Bemusterung als widersprüchlich zu kennzeichnendes Angebot aus der Wertung auszuschließen** (VK Baden-Württemberg, B. v. 4. 12. 2003 – Az.: 1 VK 64/03).

5580 **107.5.1.3.16 Änderung der Mängelanspruchsfrist.** Unzulässig ist eine Änderung der vom Auftraggeber vorgegebenen Mängelanspruchsfrist (2. VK Bund, B. v. 23. 1. 2004 – Az.: VK 2 132/03).

5581 **107.5.1.3.17 Änderung durch Beifügung einer eigenen Tariftreueerklärung.** Legt der Bieter dem Angebot eine selbst verfasste und unterzeichnete „Erklärung zur Einhaltung des tariflichen Mindestlohnes im Baugewerbe (Mindestlohnerklärung)" mit einem anderen Wortlaut als die Tariftreueerklärung des Auftraggebers bei, verändert er den Inhalt der Verdingungsunterlagen. Auch die Argumentation, dass die eigene „Tariftreueerklärung" nichts Gegenteiliges zu derjenigen der Vergabestelle beinhaltet, führt nicht dazu, dass keine Veränderung der Verdingungsunterlage vorliegt. Welchen Sinn würde es machen, wenn eine eigene verfasste Erklärung extra dem Angebot beigefügt wird, wenn nicht den, dass dessen Inhalt zum Gegenstand des Angebotes wird – im Gegensatz zu derjenigen Erklärung, die die Vergabestelle bereits vorgab (VK Thüringen, B. v. 1. 11. 2004 – Az.: 360-4002.20-033/04-MGN).

5582 **107.5.1.3.18 Änderung durch Ersetzung von Eigengeräten durch Fremdgeräte.** Allein in der Durchführung der zu vergebenden Leistungen **mit Fremdgeräten anstatt mit Eigengeräten** liegt **keine vergaberechtlich unzulässige Angebotsänderung,** weil die **Identität der für die Leistungsausführung durch die Bietergemeinschaft einzusetzenden Geräte vollständig erhalten bleibt.** Das Angebot in Verbindung z. B. mit der Geräteliste enthält die Erklärung des Anbietenden, dass das Gerät (und Personal) in tatsächlicher und rechtlicher Hinsicht bei der Ausführung der Leistung zur Verfügung steht. Diese Erklärung ist nach wie vor richtig, wenn sich nur die rechtlichen Verhältnisse bezüglich der Eigentümerstellung – wie zum Beispiel im Falle einer Sicherungsübereignung von Geräten an eine Bank – geändert haben. Die Änderung der Eigentümerstellung unter Erhalt ihrer Verfügbarkeit berührt den Inhalt des Angebots nicht (OLG Düsseldorf, B. v. 26. 1. 2005 – Az.: VII – Verg 45/04).

5583 **107.5.1.3.19 Änderung durch Nichtbeachtung von tariflichen Entlohnungsregelungen.** Gibt eine Vergabestelle in den Verdingungsunterlagen vor, dass die **Bieter bei der Kalkulation ihrer Angebote von einem bestimmten Tarif auszugehen haben** und entspricht ein Angebot z. B. in einem Stundensatz **nicht dem tariflich vorgegebenen Stundensatz,** kommt dies einer **Änderung der Verdingungsunterlagen** gleich. Der Bieter verschafft sich damit gegenüber anderen Bietern, die sich an die diesbezüglichen Vorgaben halten, einen ungerechtfertigten Wettbewerbsvorteil; das Angebot ist zwingend auszuschließen (2. VK Sachsen-Anhalt, B. v. 1. 9. 2004 – Az.: VK 2 – LVwA 26/04).

5584 **107.5.1.3.20 Änderung durch Modifizierungen der Leistungsbeschreibung.** Wird eine **Lösung (als Hauptangebot) angeboten, die von den Vorgaben der Verdingungsunterlagen – und zwar der Leistungsbeschreibung – abweicht** und damit die Anforderungen der Verdingungsunterlagen nicht erfüllt, stellen diese Änderungen der Leistungsbeschreibung als Teil der Verdingungsunterlagen **Verstöße gegen § 21 Nr. 1 Abs. 3 VOB/A** dar;

Vergabe- und Vertragsordnung für Bauleistungen Teil A　　VOB/A § 25 **Teil 3**

dementsprechend sind Angebote, denen abgeänderte Leistungsbeschreibungen zugrunde liegen, zwingend auszuschließen (1. VK Bund, B. v. 27. 1. 2005 – Az.: VK 1-225/04).

107.5.1.3.21 Änderung der Zuschlags- und Bindefrist. Die Zuschlagsfrist wird einseitig 5585
durch den Auftraggeber gegenüber dem Bieter festgesetzt. Der Auftraggeber muss einen einheitlichen Zeitpunkt für den Fristablauf festlegen, weil er den Zuschlag nur auf ein Angebot erteilen kann und es insbesondere wegen des geltenden Gleichbehandlungsgrundsatzes darauf ankommt, dass für sämtliche Bieter dieselbe Annahmefrist gilt. Ein **Bieter ist nicht berechtigt, die in den Verdingungsunterlagen vorgesehene Zuschlags- und Bindefrist einseitig abzuändern.** Der aus einer entsprechenden Verletzung resultierende Angebotsausschluss ist zwingend (2. VK Bund, B. v. 3. 4. 2006 – Az.: VK 2-14/06; VK Rheinland-Pfalz, B. v. 10. 12. 2004 – Az.: VK 23/04). Dies **gilt auch im Verhandlungsverfahren,** weil es auch im Verhandlungsverfahren eines bindenden und damit annahmefähigen Angebots als Grundlage weiterführender Verhandlungen bedarf (2. VK Bund, B. v. 3. 4. 2006 – Az.: VK 2-14/06).

107.5.1.3.22 Änderungen in der Person des Bieters. 107.5.1.3.22.1 Rechtsprechung. 5586
Vergaberechtlich führt z. B. die Beendigung der Bietergemeinschaft und die „Übernahme" des Angebots durch ein ehemaliges Mitglied zu einem Wechsel in der Person des Bieters, denn die **Person (die Identität) des Bieters ist Bestandteil des Angebots.** Inhalt des Angebots ist nicht nur die Beschaffenheit der versprochenen Leistungen, sondern auch die Person des Leistenden (oder deren Mehrheit). Im Zeitraum zwischen Angebotsabgabe und Zuschlagserteilung sind jedoch einseitige Angebotsänderungen in sachlicher wie auch in personeller Hinsicht grundsätzlich unstatthaft. Das **Verbot einer (nachträglichen) Änderung des Angebots erstreckt sich auch auf die Zusammensetzung einer Bietergemeinschaft.** Bietergemeinschaften können nur bis zur Angebotsabgabe gebildet und geändert werden. Die Angebotsabgabe bildet hierfür eine zeitliche Zäsur. Nach der Angebotsabgabe sind Änderungen – namentlich Auswechslungen – grundsätzlich nicht mehr zuzulassen, da in ihnen eine unzulässige Änderung des Angebots liegt. Eine **Änderung an der Person des Bieters und an der Zusammensetzung einer Bietergemeinschaft nach Angebotseinreichung und -eröffnung und vor Zuschlagserteilung kommt wegen der ansonsten gegebenen, erheblichen Wettbewerbseinflüsse auf den ordnungsgemäßen Vergabewettbewerb nicht in Betracht.** Das gilt selbst dann, wenn das Angebot inhaltlich unverändert bleibt und an die Stelle der bisherigen zweigliedrigen Bietergemeinschaft nach dem Ausscheiden der verbleibende Gesellschafter an die Stelle der Bietergemeinschaft tritt. Änderungen an der Person eines Bieters oder der Zusammensetzung einer Bietergemeinschaft können außerdem nicht grundsätzlich unter Hinweis darauf, dass sie den Vergabewettbewerb nicht beeinträchtigten, gutgeheißen werden (OLG Düsseldorf, B. v. 24. 5. 2005 – Az.: VII – Verg 28/05; VK Hessen, B. v. 28. 6. 2005 – Az.: 69 d VK – 07/2005).

Auch die **Auflösung einer Kommanditgesellschaft und die Ersetzung durch eine** 5587
GmbH erweist sich nicht eine als bloß „strukturelle", d. h. wettbewerbsneutrale Maßnahme, sondern als vollständiger Austausch des bislang bietenden Rechtsträgers. An die Stelle der bislang beteiligten Kommanditgesellschaft tritt eine andere Rechtsperson. Daran ändert nichts, dass die GmbH zuvor Gesellschafterin in der KG war und deren Vermögen übernommen hat. Sofern derartige Maßnahmen nach Zuschlagserteilung vergaberechtlich unbedenklich sein sollen, greift dieser Gesichtspunkt im hier nachzuprüfenden Vergabeverfahren schon im Ansatz nicht durch. Denn **nach Zuschlagserteilung ergriffene Maßnahmen sind schon per se nicht geeignet, einen eingeleiteten Bieterwettbewerb zu stören.** Insofern macht es einen durchgreifenden Unterschied, ob die Änderung der Rechtspersönlichkeit eines Bieters „eine juristische Sekunde vor oder nach Zuschlagserteilung" vorgenommen worden ist. Nur im ersten Falle ist der noch unentschiedene Bieterwettbewerb in Gefahr. Ein **Wertungswiderspruch zwischen Zivil- und Vergaberecht** im Falle eines Angebotsausschlusses besteht für einen solchen Fall in Wirklichkeit nicht. **Zivilrechtsordnung und Vergaberecht schützen unterschiedliche Rechtsgüter.** Die zivilrechtliche Vertragsfreiheit, die sich in der Fortwirkung des Angebotes der S. GmbH & Co. KG äußert, stößt hier vielmehr – wie nicht selten – an die Grenzen des Vergaberechts, das einen fairen, gleichen und transparenten Bieterwettbewerb zu gewährleisten hat (OLG Düsseldorf, B. v. 25. 5. 2005 – Az.: VII – Verg 08/05; 3. VK Bund, B. v. 26. 7. 2005 – Az.: VK 3-73/05).

Der **Austausch einer Vertragspartei stellt also eine besonders tief greifende Ange-** 5588
botsänderung dar, weil ein Kernelement des anzubahnenden Vertragsverhältnisses – Parteien, Leistung, Gegenleistung – verändert wird (OLG Düsseldorf, B. v. 6. 10. 2005 – Az.: VII – Verg 56/05; B. v. 16. 11. 2005 – Az.: VII – Verg 56/05).

Vgl. dazu auch die Kommentierung RZ 3833.　　　　　　　　　　　　　　　　　　5589

Teil 3 VOB/A § 25 Vergabe- und Vertragsordnung für Bauleistungen Teil A

5590 **107.5.1.3.22.2 Literatur**

– Roth, Frank, Änderung der Zusammensetzung von Bietergemeinschaften und Austausch von Nachunternehmern im laufenden Vergabeverfahren, NZBau 2005, 316

5591 **107.5.1.3.23 Änderung von Mengenangaben im Kurz-Leistungsverzeichnis.** Die Rechtsprechung ist insoweit **nicht einheitlich.**

5592 Sinn macht die Möglichkeit der Abgabe eines eigenen Kurz-Leistungsverzeichnis nur dann, wenn zum einen die angestrebte Arbeitserleichterung beim Bewerber eintritt und zum anderen aber die Vergabestelle die Leistungen angeboten bekommt, die sie in ihrem Lang-Leistungsverzeichnis ausgeschrieben hat. **Da bei selbst erstellten Kurz-Leistungsverzeichnissen Flüchtigkeitsfehler auftreten oder unter Umständen Verkürzungen gewählt werden können, die die ausgeschriebene Leistungen nur unvollkommen und vielleicht sogar fehlerhaft ausdrücken, trug der Verordnungsgeber diesem mit der vom Bewerber abzugebenden Verbindlichkeitserklärung des Lang-Leistungsverzeichnisses Rechnung.** Damit wurde mittels der Abgabe der Erklärung abgesichert, dass Angebotsgegenstand nur die ausgeschriebene Leistung der Vergabestelle und eben nicht der Text des Kurz-Leistungsverzeichnisses ist. Konsequenz ist damit, dass **im Fall von geänderten Mengenansätzen diese als Teil des Leistungsverzeichnisses auf die Menge des Lang-Leistungsverzeichnisses der Vergabestelle zu korrigieren und im Rahmen der Wertung diese zu verwenden sind.** Auch für den Fall des Widerspruches von Angaben im Leistungstext des Kurz-Leistungsverzeichnisses sind diese unerheblich. Eine Veränderung der Verdingungsunterlagen in Verbindung mit der Abgabe eines Kurz-Leistungsverzeichnisses liegt nur dann vor, wenn der Bieter im Lang-Leistungsverzeichnisses der Vergabestelle ausdrücklich Änderungen vorgenommen hätte oder in Ergänzung zum Kurz-Leistungsverzeichnis die ausdrücklich abgegebene Anerkennung des Langtextes durch zusätzliche Erklärungen einschränkt, abändert oder in Frage stellt (VK Thüringen, B. v. 9. 9. 2005 – Az.: 360-4002.20-009/05-SON).

5593 Nach einer anderen Auffassung ist **bei einer Mengenänderung das Angebot preislich nicht mit den übrigen Angeboten vergleichbar. Daran ändert die Anerkennung der „alleinigen Verbindlichkeit" des Langtextes nichts, da dieses nur die Leistung beschreibt, während der Bieter den Preis bildet.** Eine „Berichtigung" des Angebotsinhaltes ist weder einseitig durch den Auftraggeber noch durch Aufklärung (§ 24 VOB/A) möglich. Die **Erklärung zur „alleinigen Verbindlichkeit" des Langtextes stellt kein Einverständnis dar, dass die Gegenleistung vom Vertragspartner (Vergabestelle) selbst bestimmt werden dürfte in der Form der Errechnung eines „richtigen" Angebotspreises.** Sie kann allenfalls den Anbieter an seine Erklärung binden. Bei Ablauf der Angebotsfrist müssen die Preise und sonstigen Angebotsinhalte vom Bieter selbst vorgelegt worden sein. Auch wenn der Mengenansatz dieser Position durch eine bloßen Irrtum und nicht in manipulativer Absicht falsch in das Kurz-Leistungsverzeichnis übertragen worden sein sollte, muss die **Transparenz des Vergabeverfahrens vorrangig berücksichtigt werden.** Die objektiv bestehende Möglichkeit für einen Bieter, sein Angebot nachträglich entweder „richtig zu stellen" oder das Angebot durch Aufrechterhaltung der Unstimmigkeit aus der Welt zu schaffen, kann in einem Offenen Verfahren nicht hingenommen werden. Es kann deshalb nicht darauf ankommen, aus welchem Grund eine Unrichtigkeit im Angebot entstanden ist (VK Düsseldorf, B. v. 14. 8. 2006 – Az.: VK – 32/2006 – B).

5594 Vgl. zur **notwendig vollständigen Erklärung eines Bieters zur Übereinstimmung** den **instruktiven Fall** der 2. VK Bund, B. v. 28. 7. 2006 – Az.: VK 2-50/06.

5595 **107.5.1.3.24 Änderung durch Weglassen einer als Ausschlusskriterium gekennzeichneten Anforderung.** Bei der unvollständigen Ausfüllung eines Leistungsverzeichnisses in der Weise, dass **eine als Ausschlusskriterium gekennzeichnete Anforderung nicht nur oberflächlich oder ausweichend beantwortet, sondern komplett ignoriert oder ausgelassen wird bzw. schlicht unausgefüllt bleibt, handelt es sich um eine Änderung des Bieters an den Verdingungsunterlagen** im Sinne des § 21 Nr. 1 Abs. 3 VOL/A, die gemäß § 25 Nr. 1 Abs. 1 lit. d) VOL/A zwingend einen Ausschluss des Angebots zur Folge hat, da sie die Vergleichbarkeit der Angebote gefährdet. Denn die Nichtbeachtung eines Ausschlusskriteriums kann nicht anders gewertet werden als seine ausdrückliche Kennzeichnung als „nicht erfüllt", was ebenso zum Ausschluss des Angebots aus der Wertung führen würde. Dementsprechend werden als Änderungen an den Verdingungsunterlagen nicht nur Streichungen oder Ergänzungen angesehen, sondern auch z.B. die Herausnahme von Teilen aus den Verdingungsunterlagen. Die Änderungen können sich sowohl auf den technischen Inhalt (Abänderung der zu erbringenden Leistung) als auch auf die vertraglichen Regelungen (z.B. Ausführungsfristen,

Vergabe- und Vertragsordnung für Bauleistungen Teil A VOB/A § 25 **Teil 3**

Gewährleistungsfristen, Sicherheitsleistungen, Zahlungsweise) beziehen (VK Thüringen, B. v. 14. 4. 2005 – Az.: 360-4003.20-017/05-G-S; 2. VK Bund, B. v. 5. 3. 2003 – Az.: VK 2-04/03).

107.5.1.3.25 Änderung durch Einrechnung von wesentlichen Preisangaben in andere Positionen. Rechnet ein Bieter **Einheitspreise einer Teilleistung in andere Positionen** des Leistungsverzeichnisses **ein,** ist durch diese Vermengung von Leistungspositionen, die vom Bieter entgegen den Vorgaben des Leistungsverzeichnisses vorgenommen wurde, die Vergleichbarkeit der Angebote in den Einheitspreisen nicht mehr möglich. Dadurch **ändert der Bieter die Verdingungsunterlagen in unzulässiger Weise** (VK Südbayern, B. v. 27. 8. 2003 – Az.: 33-07/03). 5596

107.5.1.3.26 Änderung durch Nichtangabe des zur Vergabe an Nachunternehmer vorgesehenen Leistungsumfangs. Die Änderung der Verdingungsunterlagen ist hierbei darin zu sehen, dass der **Bieter** – entgegen seiner bestehenden Verpflichtung – **mit der Abgabe des Angebotes auf die Benennung des dazu zu übertragenden Leistungsumfanges verzichtet.** Er schafft damit nicht nur die Möglichkeit des falschen Eindrucks von dem Umfang der zu übertragenden Leistung, sondern bezeichnet darüber hinaus den zu übertragenden Leistungsumfang nicht zutreffend (VK Thüringen, B. v. 14. 4. 2005 – Az.: 360-4003.20-017/05-G-S). 5597

107.5.1.3.27 Weitere Beispiele aus der Rechtsprechung 5598

– wenn ein **Bieter in zeitlicher Hinsicht einen anderen Personaleinsatz anbietet,** als ausweislich der Verdingungsunterlagen vom Auftraggeber nachgefragt, **ändert er die Verdingungsunterlagen unzulässigerweise.** Das Angebot ist daher zwingend von der Wertung auszuschließen (3. VK Bund, B. v. 14. 7. 2006 – Az.: VK 3-63/06)

– das Angebot einer **teilweisen Unterbringung von Asylbewerbern in Wohnungen** stellt eine unzulässige **Änderung** der Verdingungsunterlagen dar, wenn diese eine **Unterbringung in einer Gemeinschaftsunterkunft vorsehen** (VK Thüringen, B. v. 6. 7. 2006 – Az.: 360-4003.20-010/06-HIG)

– **definiert der Auftraggeber als Arbeitstage auch die Samstage** und **fordert ein Bieter Zuschläge für Samstagsarbeit,** ändert er die Vergabeunterlagen; das Angebot ist zwingend auszuschließen (VK Saarland, B. v. 15. 3. 2006 – Az.: 3 VK 02/2006)

– eine **Ergänzung des Leistungsverzeichnisses durch den Zusatz „in Position ... enthalten"** stellt eine Anmerkung dar, die offensichtlich zur Erläuterung des mit 0,00 Euro angegebenen Preises gegeben wurde. Auch derartige Erläuterungen **dürfen nicht in den Verdingungsunterlagen angebracht werden,** sondern sind auf einer besonderen Anlage dem Angebot beizufügen (Saarländisches OLG, B. v. 9. 11. 2005 – Az.: 1 Verg 4/05)

– benutzt ein Antragsteller bei seinem Angebot **veraltete Verdingungsunterlagen, ändert er die Verdingungsunterlagen** (OLG Düsseldorf, B. v. 28. 7. 2005 – Az.: VII – Verg 45/05)

– **Angaben eines Bieters zur Erläuterung der Preisermittlung** werden nicht Vertragsinhalt, sondern **bleiben bloße interne Kalkulationsgrundlagen,** solange sie keinen Niederschlag im Vertragstext finden; solche Angaben bedeuten keine Änderung der Vergabeunterlagen (OLG Naumburg, B. v. 22. 9. 2005 – Az.: 1 Verg 7/05)

– die **Verwendung eigener Formulare** durch den Bieter **an Stelle der Formulare des Auftraggebers ohne inhaltliche Änderung** stellt **keine unzulässige Änderung der Vergabeunterlagen** dar (VK Thüringen, B. v. 23. 9. 2005 – Az.: 360-4002.20-007/05-NDH)

– **ergänzt ein Bieter die in der Leistungsbeschreibung geforderten Leistungen eigenständig um weitere Leistungen, ändert er gleichzeitig** das Angebot (1. VK Sachsen, B. v. 21. 12. 2004 – Az.: 1/SVK/112-04)

– mit dem **Angebot eines ungeprüften statt eines in der Ausschreibung geforderten geprüften Filters ändert** der Bieter die Verdingungsunterlagen (1. VK Sachsen, B. v. 18. 11. 2004 – Az.: 1/SVK/108-04)

– mit dem **Zusatz „Mehrwertsteuer in jeweils gesetzlicher Höhe, z. Zt. 16%" ändert** der Bieter **nicht** die Verdingungsunterlagen (1. VK Sachsen, B. v. 13. 9. 2004 – Az.: 1/SVK/080-04)

– mit dem **Zusatz „zuzüglich der jeweils gültigen Umsatzsteuer (derzeit 16%") ändert** der Bieter **nicht** die Verdingungsunterlagen (1. VK Sachsen, B. v. 8. 6. 2006 – Az.: 1/SVK/047-06)

Teil 3 VOB/A § 25 Vergabe- und Vertragsordnung für Bauleistungen Teil A

- legt eine Vergabestelle fest, dass die Bezahlung nach Lieferung und Abnahme erfolgt und Abschlags-, Zwischenzahlungen oder Vorauskasse ausgeschlossen sind und bietet ein Interessent als Zahlungsbedingung „20% Anzahlung bei Vertragsabschluss" an, **ändert er somit die Zahlungsbedingungen der Vergabestelle ab;** das Angebot ist zwingend auszuschließen (VK Nordbayern, B. v. 11. 2. 2005 – Az.: 320.VK-3194-51/04)
- trägt ein Bieter in Positionen des Leistungsverzeichnisses „bauseits" ein, bedeutet dies, dass die Leistung durch die Vergabestelle zu erfolgen hat; damit wird **ein Teil der ausgeschriebenen Leistung auf die Vergabestelle verlagert, ein weniger an Leistung angeboten** als ausgeschrieben ist, was eine Leistungsreduzierung bzw. Leistungsverlagerung und eine unzulässige Veränderung der Verdingungsunterlagen darstellt, die gemäß § 21 Nr. 1 Abs. 2, 25 Nr. 1 Abs. 1 lit. b VOB/A zum Ausschluss führt (VK Thüringen, B. v. 22. 3. 2005 – Az.: 360-4002.20-002/05-MGN)
- bietet ein Unternehmen **statt eines festen Gesamtpreises auf der Grundlage einer „unverbindlichen" jährlichen Aufwandsschätzung einen „voraussichtlichen" Gesamtaufwand** an, ist das Angebot zwingend auszuschließen (OLG Düsseldorf, B. v. 3. 1. 2005 – Az.: VII – Verg 82/04)
- die Anmerkung in einem Anschreiben, mit dem das Angebot vorgelegt und in dem ausgeführt wird, dass die **aufgeführten Preise Gültigkeit bis zu einem bestimmten Datum besitzen,** verstößt gegen den Grundsatz der Abgabe klarer und eindeutiger Angebote (VK Baden-Württemberg, B. v. 21. 12. 2004 – Az.: 1 VK 83/04)
- mit dem **Zusatz „(NCS – ohne genaue Farbangabe lt. Hersteller nicht anbietbar!)"** macht der Bieter deutlich, dass er der Forderung des Auftraggebers (NCS-Farbton nach Wahl des Auftraggebers, ohne das dieser vor Angebotsabgabe genau bezeichnet wird) nicht entsprechen will oder kann; bietet er stattdessen einen RAL-Farbton an, ändert er die Angebotsunterlagen (VK Schleswig-Holstein, B. v. 13. 12. 2004 – Az.: VK-SH-33/04)
- mit dem Zusatz **„Für die Berechnung der Mehrwertsteuer gilt der am Tage der Abnahme gültige Mehrwertsteuersatz" ändert der Bieter nicht unzulässigerweise** die Verdingungsunterlagen; dieser Zusatz muss gemäß §§ 133, 157 BGG BGB steuerrechtskonform ausgelegt werden (OLG Schleswig-Holstein, B. v. 22. 5. 2006 – Az.: 1 Verg 5/06; VK Schleswig-Holstein, B. v. 17. 1. 2006 – Az.: VK-SH 32/05; **anderer Auffassung** ist die **1. VK Sachsen** in einem – allerdings nach der Rechtsprechung der 1. VK Sachsen **nicht mehr aktuellen – Beschluss** (1. VK Sachsen, B. v. 16. 9. 2005 – Az.: 1/SVK/114-05)
- mit dem Zusatz **„Für die Berechnung der Mehrwertsteuer gilt der am Tage der Abnahme gültige Mehrwertsteuersatz" ändert der Bieter unzulässigerweise** die Verdingungsunterlagen (VK Thüringen, B. v. 22. 3. 2005 – Az.: 360-4002.20-002/05-MGN; 1. VK Sachsen, B. v. 12. 2. 2004 – Az.: 1/SVK/164-03, 1/SVK/164-03G)
- mit dem Zusatz **„Für die Berechnung der Mehrwertsteuer gilt der am Tage der Rechnungslegung gültige Mehrwertsteuersatz" ändert der Bieter unzulässigerweise** die Verdingungsunterlagen (VK Thüringen, B. v. 22. 3. 2005 – Az.: 360-4002.20-002/05-MGN)
- die **Änderung der Parameter einer Preisgleitklausel** stellt eine unzulässige Änderung der Verdingungsunterlagen dar (VK Baden-Württemberg, B. v. 23. 2. 2004 – Az.: 1 VK 03/04; VK Südbayern, B. v. 17. 2. 2004 – Az.: 03-01/04)
- das **Streichen der LV-Vorgabe** Edelstahl in einer Position des Leistungsverzeichnisses ist eine unzulässige Änderung an den Verdingungsunterlagen (1. VK Sachsen, B. v. 10. 9. 2003 – Az.: 1/SVK/107-03)
- die **Änderung einer vorgesehenen Kopplung des Strompreises an den marktüblichen Strompreis** stellt eine unzulässige Änderung der Verdingungsunterlagen dar (VK Baden-Württemberg, B. v. 23. 2. 2004 – Az.: 1 VK 03/04)
- die **Aufnahme einer verbindlichen Stromabnahmemenge** durch den Bieter stellt eine unzulässige Änderung der Verdingungsunterlagen dar (VK Baden-Württemberg, B. v. 23. 2. 2004 – Az.: 1 VK 03/04)
- die **Änderung der vorgeschriebenen Vorratshaltung für Heizmaterial** durch den Bieter stellt eine unzulässige Änderung der Verdingungsunterlagen dar (VK Baden-Württemberg, B. v. 23. 2. 2004 – Az.: 1 VK 03/04)
- legt der Bieter lediglich dar, dass ihm auf Grund der überaus langen Ausführungsfristen eine **reelle Kalkulation nur für einen bestimmten Zeitraum möglich** ist und **verweist** er

ferner **auf § 9 Nr. 2 VOB/A,** nach dem ihm kein ungewöhnliches Wagnis aufgebürdet werden darf, ist diese Aussage eher als eine **Rüge** über die Wahl des Ausschreibungszeitraums sowie die vorgesehene Ausführungsfrist zu sehen **als** eine (einseitige) **Einschränkung der Bindefrist** (1. VK Sachsen, B. v. 13. 2. 2002 – Az.: 1/SVK/002-02)

– die Tatsache, dass ein **Bieter irrtümlich ein falsches Muster beifügt,** das im Übrigen die gleiche Verpackung wie die von ihm angebotene und vom Auftraggeber geforderte Ausführung und sogar eine gemeinsame Abbildung als Etikett aufweist, ist zwar geeignet, beim Auftraggeber entsprechende Zweifel über die Beschaffenheit des Angebotes zu wecken. Ein **zwingender Angebotsausschluss – wegen Änderung der Verdingungsunterlagen – lässt sich daraus jedoch nicht ableiten.** Vielmehr ist der Auftraggeber gehalten, gem. § 24 Nr. 1 Abs. 1 VOL/A die damit verbundenen Zweifel in einem Aufklärungsgespräch mit dem Bieter aufzuklären (VK Lüneburg, B. v. 15. 9. 2003 – Az.: 203-VgK-13/2003)

– nimmt der Bieter in sein Angebotsschreiben den Satz auf, dass beim Vorkommen von verunreinigtem Material, das nicht zur Erddeponie verbracht werden kann und/oder dessen Beseitigung zusätzliche Maßnahmen erfordert, jegliche Entsorgungskosten einschließlich Genehmigungsbeschaffung und Gebühren gesondert zu vergüten seien, handelt es sich im Blick auf § 2 Nr. 1 VOB/B um einen **klarstellenden Hinweis,** der auf keine bestimmte Position des Leistungsverzeichnisses bezogen ist. Der Satz ist als allgemeiner Hinweis auf das Baugrundrisiko für den Fall zu verstehen, dass derzeit nicht bekannte Kontaminationen des Bodens festgestellt werden. Eine einseitige Abänderung des Leistungsverzeichnisses ist nicht gewollt und ergibt sich aus dem Wortlaut selbst nicht (VK Baden-Württemberg, B. v. 31. 10. 2001 – Az.: 1 VK 36/01)

– ein Verstoß gegen § 21 Nr. 1 Abs. 3 VOB/A liegt vor, wenn der **Bieter einen Kranstandort verändert** (VK Brandenburg, B. v. 10. 6. 2004 – Az.: VK 21/04)

– legt sich eine Ausschreibung durch die Angabe der Bezugsbasis und die den Bietern vorgegebene Gestaltung der Angebotsunterlagen **auf eine variable Ausgestaltung etwaiger Preisnachlässe fest,** so liegt in der **Einreichung eines Angebots mit einem pauschalen Preisnachlass** nicht nur eine mathematisch variierte Ausdrucksform für den gleichen Sachverhalt, sondern **etwas sachlich Verschiedenes,** das sich dem Vergleich mit variablen Nachlassofferten letztlich entzieht und daher eine an identischen Wertungsmaßstäben orientierte Angebotsauswahl ausschließt (OLG Dresden, B. v. 8. 11. 2002 – Az.: WVerg 0018/02); ein **solches Angebot** ist wegen Änderung der Verdingungsunterlagen **auszuschließen;** anderer Auffassung VK Münster, B. v. 21. 12. 2005 – Az.: VK 25/05

– ein Angebot ist zwingend aus der Wertung auszuschließen, wenn der **Bieter das Angebotsschreiben abweichend von den Vorgaben des Auftraggebers ausgefüllt hat,** da der Bieter unzulässigerweise die Verdingungsunterlagen geändert hat; jedenfalls wird das Angebotsschreiben zu den Verdingungsunterlagen zu zählen sein, so dass Änderungen des Bieters an dessen vorgegebenem Inhalt grundsätzlich in den Anwendungsbereich der § 21 Nr. 1 Abs. 3, § 25 Nr. 1 Abs. 1 b VOB/A fallen (OLG Dresden, B. v. 8. 11. 2002 – Az.: WVerg 0018/02)

– fügt ein Bieter **einem unvollständigen Kurzleistungsverzeichnis Unterlagen hinzu,** die im Ergebnis **eine Änderung der Verdingungsunterlagen** beinhalten, muss der Auftraggeber als Empfänger des Hauptangebotes die Beifügung der – später – so genannten Erläuterungen als eine – ebenfalls verbindliche – **Ergänzung des Kurzleistungsverzeichnisses** interpretieren; dies insbesondere dann, wenn die so genannten Erläuterungen des Angebotes an keiner Stelle etwa als unverbindliche Informationen oder Erläuterungen gekennzeichnet sind. Dann spricht die Unvollständigkeit des Kurzleistungsverzeichnisses dafür, die dort fehlenden obligatorischen Bieterangaben in den beigelegten Unterlagen zu suchen (OLG Naumburg, B. v. 12. 6. 2001 – Az.: 1 Verg 1/01)

– zwar werden als Änderung der Verdingungsunterlagen **typischerweise Streichungen aus oder Ergänzungen der Verdingungsunterlagen** angesehen. Jedoch ist nach dem Sinn und Zweck der Vorschrift auch ein **Angebot, das nicht den Vorgaben der Leistungsbeschreibung entspricht,** als eine **Abänderung anzusehen.** Die Vorschriften über den zwingenden Ausschluss der Angebote bei veränderten Verdingungsunterlagen sollen gerade verhindern, dass Angebote bezuschlagt werden, die nicht den Bedürfnissen des Auftraggebers entsprechen und durch die Berücksichtigung solcher Angebote im Wertungsprozess andere Bieter in ihren Wettbewerbschancen benachteiligt werden (1. VK Bund, B. v. 11. 11. 2003 – Az.: VK 1-103/03)

Teil 3 VOB/A § 25   Vergabe- und Vertragsordnung für Bauleistungen Teil A

- die Aufnahme des **Hinweises – durch den Bieter – auf die Geltung der VOB in der neuesten Fassung** im Fall der Zuschlagserteilung bedeutet **keine unzulässige Änderung, wenn Bestandteil der Ausschreibungsunterlagen ebenfalls die VOB in der neuesten Fassung** ist (2. VK Bund, B. v. 21. 1. 2004 – Az.: VK 2-126/03; VK Thüringen, B. v. 20. 10. 2003 – Az.: 216-4002.20-055/03EF-S-G)

- verwendet der **Bieter andere Preisblätter als vom Auftraggeber gefordert,** handelt es sich **nicht um eine Abänderung der Leistungsbeschreibung.** Die **Preisblätter selbst** werden bei Auftragserteilung **nicht selbst Vertragsbestandteil,** denn letztlich soll nur die im Leistungsverzeichnis umschriebene Leistung geschuldet werden. Für die Vergabestelle als Auftraggeber ergibt sich aus den Angaben im Preisblatt auch nicht ein Anspruch darauf, dass die einzelnen im Preisblatt aufgeführten Teilleistungen auch zu dem genannten Preis erbracht werden. Soweit veraltete statt neuer Preisblätter dem Angebot beigelegt wurden, ist die **Nachforderung der neuen Preisblätter nicht geeignet, dem Bieter einen vergaberechtswidrigen Wettbewerbsvorteil** zu verschaffen. Der Bieter hat sich bereits im Rahmen seines Angebotes hinsichtlich des Gesamtpreises festgelegt und kann damit durch das Nachreichen der Preisblätter nicht mehr sein Angebot manipulieren. Sollte ein Bieter differierende Angaben in den mit dem Angebot abgegebenen und den nachgereichten Preisblättern gemacht haben, kann eine Vergabestelle außerdem die gegebenenfalls bestehenden Abweichungen feststellen. Demnach ist allein durch die Möglichkeit des Nachreichens der aktuellen Preisblätter keine Wettbewerbsverzerrung zu befürchten (2. VK Bund, B. v. 26. 9. 2003 – Az.: VK 2-88/03)

- enthält ein Angebot eine **abweichende Erklärung zur Bindefrist,** eine **abweichende Erklärung zu den Bürgschaftsbedingungen, eigene AGB, abweichende Erklärungen bezüglich. der Regelungen der Vertragsstrafen,** sind diese Erklärungen regelmäßig preisrelevant und damit von der Wertung auszuschließen (VK Arnsberg, B. v. 20. 11. 2001 – Az.: VK 2-14/2001)

- schreibt ein Bieter **in zahlreiche Leistungspositionen handschriftlich Produkte hinein,** die insbesondere in technischer Hinsicht von den geforderten Anforderungen des Leistungsverzeichnisses abweichen, ändert er die Verdingungsunterlagen; das Angebots ist zwingend auszuschließen (1. VK Sachsen, B. v. 9. 5. 2003 – Az.: 1/SVK/034-03)

- das **Vermischen von Einheits- und Gesamtpreispositionen mit einer Sammelposition** stellt eine nach § 21 Nr. 1 Abs. 2 VOB/A **unzulässige Änderung der Verdingungsunterlagen** dar. Der Bieter weicht vom Leistungsverzeichnis insoweit ab, als er die Eintragung der geforderten Einheits- und Gesamtpreispositionen unterlässt und diese Positionen stattdessen in eine Sammelposition einrechnet. Durch das Vermengen von Leistungspositionen ist für den **Auftraggeber nicht mehr erkennbar, welche Preisgrundlagen für die Leistung z. B. im Falle von Nachträgen gelten** bzw. ob angemessene Preise verlangt werden. Leistungspositionen enthalten ein Nachtragspotential und der Auftraggeber kann bei vermischten Preispositionen nicht mehr sicher sein, welcher Preisanteil für die nachgerechnete Leistung gelten soll, ob z. B. 10 oder 90% der Gesamtpreisposition zugrunde zu legen sind. Der Auftraggeber kann daher besonderen Wert darauf legen, dass die Einzelleistungen ausgewiesen sind (VK Rheinland-Pfalz, B. v. 11. 4. 2003 – Az.: VK 4/03)

- bietet ein **Unternehmen entgegen den Vergabeunterlagen Vorauszahlungen an** (z. B. bei Auftragserteilung 30%; bei Lieferung 30%; bei Montageende 30%; nach erfolgreichem Probebetrieb und Abnahme 10%), ändert er damit die Verdingungsunterlagen und das Angebot des Bieters ist gemäß § 25 Nr. 1 Abs. 1 lit. b) VOB/A in Verbindung mit § 21 Nr. 1 Abs. 3 VOB/A **auszuschließen** (VK Thüringen, B. v. 18. 3. 2003 – Az.: 216-4002.20-001/03-MHL)

- wollen oder können **Bewerber** die Leistung nicht nach Maßgabe der Verdingungsunterlagen anbieten, so steht es ihnen **frei,** besonders gekennzeichnete **Nebenangebote** abzugeben, sofern diese zugelassen waren. **Änderungen** der vom Auftraggeber vorgegebenen **Fabrikate sind nicht zulässig** (VK Rheinland-Pfalz, B. v. 8. 5. 2002 – Az.: VK 8/02; VK Nordbayern, B. v. 15. 2. 2002 – Az.: 320.VK-3194-02/02)

- eine **Änderung der Fabrikate nach Angebotsabgabe** ist nicht mehr zulässig und bedeutet eine **unzulässige Änderung des Angebots,** die zum Ausschluss des Angebots führen muss (VK Hannover, B. v. 6. 9. 2002 – Az.: 26 045 – VgK – 11/2002)

- bietet ein Unternehmen **sechs Grundpositionen des Leistungsverzeichnisses als Alternativpositionen und eine Position, die überhaupt nicht angefragt war,** an, handelt es sich um **unzulässige Änderungen der Verdingungsunterlagen**. Hierbei ist es unerheblich, ob vom Bieter vorgenommene Änderungen unwesentliche Leistungspositionen betreffen oder nicht. Auch kommt es nicht darauf an, ob die Abweichung letztlich irgendeinen Einfluss auf das Wettbewerbsergebnis haben kann (VK Südbayern, B. v. 18. 12. 2002 – Az.: 51-11/02)

– gibt der Bieter im Angebot an, dass er **bestimmte Leistungen an Nachunternehmer** vergeben will und reicht er ein Formblatt EFB-Preis nach, aus dem zu entnehmen ist, dass er nur **Teile von Lohnleistungen an Nachunternehmer** vergeben möchte, bedeutet dies eine unzulässige **Änderung der Verdingungsunterlagen** (VK Südbayern, B. v. 25. 3. 2002 – Az.: 05-02/02)

– ein Bieter ist gehalten, die Formulare des Auftraggebers zu akzeptieren und sein Angebot darauf einzustellen. Macht ein Bieter dies nicht und **benennt er an Stelle des vorgesehenen** (und vorgedruckten) **prozentualen Nachlasses eine absolute Zahl,** nimmt er damit **Änderungen an den Verdingungsunterlagen** vor; daher ist das Angebot zwingend auszuschließen (1. VK Sachsen, B. v. 13. 9. 2002 – Az.: 1/SVK/ 082-02)

– als Änderungen an den Verdingungsunterlagen im Sinne des § 21 Nr. 1 Abs. 3 VOB/A gelten **Streichungen oder Ergänzungen bzw. die Herausnahme von Teilen aus den Verdingungsunterlagen.** Sie können sich sowohl auf den technischen Inhalt (Abänderung der zu erbringenden Leistung) beziehen, als auch auf die vertraglichen Regelungen. Derart geänderte Angebote dürfen nicht gewertet werden. Unschädlich ist, wenn ein Bieter **allgemeine Erläuterungen zum besseren Verständnis seines Angebotes** macht. Dies könnte, ohne jegliche Ergänzung oder Abänderung der Verdingungsunterlagen auf einer gesonderten Anlage erfolgen (VK Halle, B. v. 16. 1. 2001 – Az.: VK Hal 35/00)

– bietet ein **Unternehmen sowohl die ausgeschriebenen Versicherungsdienstleistungen als auch eine Mitgliedschaft in seinem Versicherungsverein auf Gegenseitigkeit an,** wird mit dem Angebot **keine andere als die ausgeschriebene Leistung angeboten** (OLG Düsseldorf, B. v. 29. 3. 2006 – Az.: VII – Verg 77/05; VK Thüringen, B. v. 6. 12. 2005 – Az.: 360-4003.20-026/05-SLZ)

– bietet ein **Unternehmen eine Mitgliedschaft in ihrem Versicherungsverein auf Gegenseitigkeit an,** sucht der Auftraggeber jedoch **einen Vertragspartner für Versicherungsdienstleistungen,** wird mit dem Angebot **eine andere als die ausgeschriebene Leistung angeboten;** außerdem sind die Angebote wegen der Möglichkeit der Nachschussverpflichtung inhaltlich nicht mit den anderen Angeboten vergleichbar (VK Münster, B. v. 5. 10. 2005 – Az.: VK 19/05; aufgehoben durch OLG Düsseldorf, B. v. 29. 3. 2006 – Az.: VII – Verg 77/05)

– hat ein Bieter ausschreibungswidrig für die Ausrüstung der eingesetzten Busfahrzeuge an den Fahrerterminals **keinen Bordrechner mit Tastatur** angeboten, bei dem ein **spürbarer Druckpunkt** vorhanden ist, kann sie dem nicht entgegenhalten, bei der von ihr angebotenen **Touch-Screen-Oberfläche** sei die Tastatur auf dem Bildschirm vorhanden. Die Touch-Screen-Oberfläche war nicht ausgeschrieben und ist auch nicht gleichwertig; das Angebot ist wegen Änderung der Verdingungsunterlagen auszuschließen (Brandenburgisches OLG, B. v. 27. 2. 2003 – Az.: Verg W 2/03)

– gibt der Auftraggeber eine Zahlungsfrist von 21 Kalendertagen nach Eingang der Rechnung vor und „erbittet" die Antragstellerin eine Zahlungsfrist von 30 Tagen nach Rechnungsdatum, ist diese Zahlungsfrist isoliert gesehen zwar länger. Die Anknüpfung des Rechnungsdatum kann – je nach Eingang der Rechnung – aber im Einzelfall die Zahlungsfrist von 21 Kalendertagen unterschreiten. Dass der Bieter das Zahlungsziel „erbittet", ändert an der **Beurteilung einer Änderung** nichts, weil im Falle der Zuschlagserteilung dieser Bitte entsprochen werden würde und der Vertrag mit dem von dem Bieter „erbetenen" – und insoweit gestellten – Zahlungsmodalität zustande kommen würde (VK Hessen, B. v. 2. 6. 2004 - Az.: 69 d – VK – 24/2004)

107.5.1.3.28 Umdeutung eines wegen Änderungen unzulässigen Angebots in ein 5599 **Nebenangebot.** Es würde eine **Umgehung der eindeutigen Vorschriften der § 21 Nr. 1 Abs. 3 VOB/A und § 25 Nr. 1 Abs. 1 lit. b) VOB/A bzw. § 21 Nr. 1 Abs. 3 VOL/A und § 25 Nr. 1 Abs. 1 lit. d) VOL/A bedeuten,** wenn ein Angebot, das unzulässigerweise die Verdingungsunterlagen ändert und deshalb zwingend auszuschließen ist, in ein wertungsfähiges Nebenangebot umgedeutet werden könnte. Dies widerspräche der Zielsetzung des § 21 Nr. 1 Abs. 2 VOB/A, an den ein strenger Maßstab anzulegen ist, um die Vergleichbarkeit der Angebote zu sichern. Eine Qualifizierung als Nebenangebot, das lediglich gegen § 21 Nr. 3

VOB/A verstößt, kommt nur in Betracht, wenn aus einer Erklärung des Bieters oder aus der äußeren Gestaltung des Angebotes erkennbar ist, dass der Bieter ein Nebenangebot abgeben wollte (1. VK Bund, B. v. 30. 1. 2004 – Az.: VK 1-141/03, B. v. 19. 4. 2002 – Az.: VK 1-09/02; im Ergebnis ebenso 1. VK Sachsen, B. v. 9. 5. 2003 – Az.: 1/SVK/034-03; VK Südbayern, B. v. 10. 11. 2003 – Az.: 49 10/03).

5600   Hinzu kommt, dass es **Sache des Bieters** ist, zu entscheiden, **ob er ein Haupt- oder ein Nebenangebot abgeben möchte;** wollte der Bieter ein Hauptangebot abgeben, so darf die Vergabestelle sich keine Korrekturfunktion anmaßen und ein als solches gewolltes Hauptangebot in ein Nebenangebot umdeuten. Der Wille, ein Nebenangebot abzugeben, muss im Angebot selbst deutlich werden (1. VK Bund, B. v. 30. 1. 2004 – Az.: VK 1-141/03).

5601   **107.5.1.3.29 Änderungen nur in einem Exemplar des Angebots.** Die Änderung an der Verdingungsunterlage wiegt nicht deswegen weniger schwer, weil sie **nur auf einem Exemplar des Angebots vorgenommen** wurde. Das **Verbot der Änderung an Verdingungsunterlagen gilt für jede Ausfertigung des Angebots.** Der Auftraggeber muss sich darauf verlassen können, identische Exemplare zu erhalten, die jeweils das Veränderungsverbot beachten. Bei nicht durchgängig in jedem Angebot vorgenommenen Änderungen ist die Gefahr besonders groß, dass diese zunächst vom Auftraggeber unbemerkt bleiben, weil er nach Durchsicht eines oder mehrerer unveränderter Exemplare darauf vertraut, die übrigen Ausfertigungen seien inhaltlich identisch (2. VK Bund, B. v. 3. 4. 2006 – Az.: VK 2-14/06).

5602   **107.5.1.3.30 Zulässige Änderungen durch den Bieter.** Die Rechtsprechung gibt **für seltenste Ausnahmefälle** dem **Bieter die Befugnis zur eigenmächtigen Änderung** der Verdingungsunterlagen:

– es kann nicht zu Lasten des Bieters gehen, wenn er die Verdingungsunterlagen mit gut vertretbarem Ergebnis auslegt, mit diesem Inhalt seinem Angebot zu Grunde legt (z. B. Begriffe in der Leistungsbeschreibung durchstreicht und ändert) und den Auftraggeber darauf hinweist, wie er die Verdingungsunterlagen in diesem Punkt verstanden hat. Solche Hinweise sollten zweckmäßigerweise zwar in Form eines Vermerks angebracht werden, es ist jedoch unschädlich, wenn der Bieter den Weg der Streichung und Ersetzung im Angebotsblankett gewählt hat. Eine Änderung der Verdingungsunterlagen im Sinne von § 21 Nr. 1 Abs. 3 VOB/A ist darin bei wertender Betrachtung nicht zu sehen; ein **Ausschluss des Bieters bei vom Auftraggeber zu verantwortenden Missverständnissen kommt nicht in Betracht** (KG Berlin, B. v. 22. 8. 2001 – Az.: KartVerg 03/01; 1. VK Bund, B. v. 19. 4. 2002 – Az.: VK 1-09/02)

– ein Bieter kann Änderungen in dem Fall vornehmen, dass es **widersprüchliche Leistungsverzeichnis-Vorgaben** des Auftraggebers gibt und dieser **auf Nachfragen nach den §§ 17 und 17a VOB/A überhaupt nicht reagiert** (1. VK Sachsen, B. v. 15. 5. 2002 – Az.: 1/SVK/032-02)

– ein Bieter kann Änderungen vornehmen, wenn er aufgrund einer Abstimmung mit dem **Auftraggeber dazu ermächtigt** wurde (VK Südbayern, B. v. 18. 3. 2002 – Az.: 04-02/02)

– eine Ausnahme des Verbots von Änderungen wird nur anerkannt, wenn in seltenen Fällen die **Ergänzungen die Vergleichbarkeit des Angebotes nicht beeinträchtigen** und lediglich **der Erleichterung der Auswertetätigkeit des Auftraggebers** dienen (VK Düsseldorf, B. v. 30. 9. 2002 – Az.: VK – 26/2002 – L)

107.5.1.4 Angebote auf der Basis einer unzulässigen wettbewerbsbeschränkenden Abrede (§ 25 Nr. 1 Abs. 1 Buchstabe c))

5603   **Begriff und wichtige Fälle** aus der Rechtsprechung zu Fragen einer unzulässigen Wettbewerbsbeschränkung sind in der Kommentierung zu § 97 GWB RZ 97 dargestellt:

– parallele Beteiligung zweier Unternehmen mit identischer Geschäftsführung bzw. konzernverbundener Unternehmen am Wettbewerb

– parallele Beteiligung als Einzelbewerber und Mitglied einer Bewerbergemeinschaft

– Ausschluss des Angebots einer Bietergemeinschaft wegen Wettbewerbsbeschränkung?

– (gebietsüberschreitende) Beteiligung eines kommunalen Unternehmens an einem Vergabeverfahren

– Einkaufskooperationen öffentlicher Auftraggeber

107.5.1.5 Nicht zugelassene Nebenangebote (§ 25 Nr. 1 Abs. 1 Buchstabe d))

Gemäß § 25 Nr. 1 Abs. 1 lit. d) VOB/A sind Nebenangebote auszuschließen, wenn der Auftraggeber in der Bekanntmachung oder in den Vergabeunterlagen erklärt, dass er diese nicht zulässt. Dieser **Ausschlussgrund gilt auch dafür, dass der Auftraggeber weitere besondere Kriterien für den Ausschluss oder die Zulassung von Nebenangeboten in den Verdingungsunterlagen ausdrücklich niedergelegt hat und diese Formvorschriften nicht erfüllt werden** (VK Lüneburg, B. v. 3. 12. 2004 – Az.: 203-VgK-52/2004). 5604

107.5.1.6 Zwingender Ausschluss wegen Nichterfüllung der Anforderungen des Leistungsverzeichnisses

Zwar ist der **Ausschlussgrund der Nichterfüllung der Anforderungen des Leistungsverzeichnisses nicht ausdrücklich in der VOB/A oder der VOL/A genannt,** doch **muss ein derartiges Angebot ausgeschlossen werden,** weil es wegen der sich nicht deckenden Willenserklärungen nicht zu dem beabsichtigten Vertragsschluss führen kann (BayObLG, B. v. 8. 12. 2004 – Az.: Verg 019/04; im Ergebnis ebenso VK Schleswig-Holstein, B. v. 14. 9. 2005 – Az.: VK-SH 21/05; VK Hannover, B. v. 29. 9. 2004 – Az.: 26 045 – VgK 09/2004; VK Nordbayern, B. v. 12. 11. 2004 – Az.: 320.VK – 3194-43/04). 5605

Es genügt in diesem Sinne vergaberechtlich auch nicht, dass die für das Inverkehrbringen oder die Inbetriebnahme erforderlichen technischen Voraussetzungen eines Gerätes erst zum Zeitpunkt der Lieferung vorliegen. Vielmehr **kommt es für die Frage, ob das Gerät der Leistungsbeschreibung entspricht, auf den Zeitpunkt der Angebotslegung an.** Wollte man auf den in der Zukunft liegenden Lieferzeitpunkt abstellen, würde in das Vergabeverfahren eine nicht tolerierbare Unsicherheit getragen. Es wäre nämlich nicht sicher, ob die Voraussetzung z. B. der MPG-Konformität jemals vorliegen wird und damit ein Vertrag über die Lieferung des Geräts zustande kommt, für das der Zuschlag erteilt werden soll. Dies **gilt auch dann, wenn diese Unsicherheit nur bei einem optional angebotenen Gerät besteht und ggf. auf die Standardposition zurückgegriffen werden kann** (OLG München, B. v. 27. 1. 2006 – Az.: VII – Verg 1/06). 5606

107.5.1.7 Zwingender Ausschluss wegen Unklarheit des Angebots

Ein Ausschlussgrund kann sich auch daraus ergeben, dass das Angebot hinsichtlich seines Leistungsinhalts ungenau ist. Das Angebot muss so klar und eindeutig formuliert sein, dass der Auftraggeber nur noch durch einfache Annahmeerklärung (den Zuschlag) einen eindeutigen Vertrag zustande bringen kann, ohne dass er sich der Gefahr aussetzt, dass es im Laufe der Vertragsabwicklung zu Auseinandersetzungen über den Angebotsinhalt kommt. Erfüllt das Angebot diese Vorgaben nicht, so stellt dies einen Ausschlussgrund dar. Wenn schon Änderungen des Bieters an seinen Angaben zweifelsfrei sein müssen, so muss dies nämlich erst recht das Angebot als solches sein (3. VK Bund, B. v. 16. 2. 2006 – Az.: VK 3-03/06). 5607

Auch dieser **Ausschlussgrund** ist **nicht ausdrücklich in der VOB/A oder der VOL/A genannt.** 5608

107.5.2 Fakultativer Ausschluss (§ 25 Nr. 1 Abs. 2)

107.5.2.1 Fehlende Kennzeichnung eines Nebenangebotes

107.5.2.1.1 Sinn und Zweck der Regelung. Ein Nebenangebot muss gemäß § 21 Nr. 3 Satz 2 VOB/A bzw. § 21 Nr. 2 VOL/A auf besonderer Anlage gemacht und als solches deutlich gekennzeichnet werden. **Ziel dieser Vorschrift** ist, Nebenangebote leicht zu erkennen und dadurch ihre Bekanntgabe im Submissionstermin sicherzustellen. Dies trägt wesentlich zur **Gewährleistung transparenter Vergabeverfahren** im Sinne des § 97 Abs. 1 GWB bei und **bewahrt den Auftraggeber vor ungerechtfertigten Manipulationsvorwürfen** von Seiten der Bieter (VK Nordbayern, B. v. 26. 10. 2001 – Az.: 320.VK-3194-37/01). 5609

Ein Angebot ist **als Nebenangebot deutlich gekennzeichnet, wenn die Anlageblätter z. B. mit den Kennzeichnungen „N1 bis N8" versehen** sind. Die von § 21 Nr. 2 VOL/A verlangte **körperliche Trennung des Hauptangebots vom Nebenangebot** ist auch gegeben, wenn das Nebenangebot in erster Linie aus den Anlageblättern N1 bis N8 sowie aus den Anlageblättern H1 bis H3 sowie H5 und H6 besteht. Die zuletzt genannten Blätter müssen nicht ein zweites Mal mit dem Nebenangebot eingereicht werden, wenn sie dem Nebenangebot 5610

Teil 3 VOB/A § 25   Vergabe- und Vertragsordnung für Bauleistungen Teil A

gedanklich und körperlich ohne weiteres zugeordnet werden können (OLG Düsseldorf, B. v. 29. 3. 2006 – Az.: VII – Verg 77/05).

5611 **107.5.2.1.2 Ermessensregelung.** Die **Rechtsprechung** ist insoweit **nicht einheitlich.**

5612 Eine mangelhafte – oder gar fehlende – Bezeichnung kann nach § 25 Nr. 1 Abs. 2 VOB/A bzw. § 25 Nr. 2 VOL/A zum Ausschluss führen. Der Auftraggeber ist nicht verpflichtet, derartige Nebenangebote in die Wertung einzubeziehen (VK Nordbayern, B. v. 26. 10. 2001 – Az.: 320.VK-3194-37/01). Der **Verstoß führt also nicht zwingend zum Ausschluss.** § 25 Nr. 1 Abs. 2 VOB/A bzw. § 25 Nr. 2 VOL/A sieht insoweit nur einen **fakultativen Ausschlussgrund** vor, von dem der Auftraggeber keinen Gebrauch machen muss (OLG Düsseldorf, B. v. 29. 3. 2006 – Az.: VII – Verg 77/05; BayObLG, B. v. 29. 4. 2002 – Az.: Verg 10/02).

5613 Nach einer etwas **strengeren Meinung** hingegen stellt § 25 Nr. 1 Abs. 2 VOB/A bzw. § 25 Nr. 2 VOL/A einen **Ausschluss zwar in das Ermessen des Auftraggebers, wenn ein Nebenangebot nicht nach § 21 Nr. 2 Satz 2 VOB/A gekennzeichnet ist.** Dies soll auch für den Fall gelten, dass ein Hauptangebot in technischer Hinsicht von der Leistungsbeschreibung abweicht, auf die Kennzeichnung soll es in diesem Fall nicht ankommen. Allerdings ist ein solches **Ermessen des Auftraggebers wegen des systematischen Zusammenhangs mit § 21 Nr. 3 Satz 1 VOB/A im Regelfall dahingehend reduziert, das Angebot** wegen des bieterschützenden Gebots eines transparenten, chancengleichen Wettbewerbs des § 97 Abs. 1, 2 GWB nach § 25 Nr. 2 Abs. 2 VOB/A **auszuschließen.** § 21 Nr. 3 Satz 1 VOB/A soll die Transparenz gegenüber allen Bietern gewährleisten, indem Nebenangebote als solche erkennbar aufgeführt und im Eröffnungstermin als solche auch identifiziert werden können. Dies gilt insbesondere dann, wenn in Nebenangeboten eine technische Abweichung angeboten wird. Eine solche Abweichung im Angebot eines Bieters ist für die übrigen Bieter bei fehlender Kennzeichnung entgegen § 97 Abs. 1, 2 GWB nicht als solche erkennbar, so dass sie sich darauf und eine diesbezüglich fehlerfreie Durchführung des Vergabeverfahrens nicht von vornherein einstellen können. **Gründe, die ausnahmsweise die Berücksichtigung des Angebots als Nebenangebot erfordern können, müssen erkennbar sein** (VK Brandenburg, B. v. 12. 3. 2003 – Az.: VK 07/03; 1. VK Sachsen, B. v. 9. 5. 2003 – Az.: 1/SVK/034-03).

5614 Noch weiter geht die Meinung, dass Nebenangebote nur zu werten sind, wenn sie die Formalien des § 21 Nr. 3 VOB/A erfüllen. Hat ein **Bieter sein Nebenangebot nicht so eindeutig bezeichnet,** wie es nach § 21 Nr. 3 Satz 2 VOB/A sowie in den Verdingungsunterlagen (Angebotsschreiben EVM (B) Ang) erforderlich ist, **kann wegen dieses gravierenden formalen Verstoßes das Angebot nicht gewertet werden** (VK Hannover, B. v. 5. 7. 2002 – Az.: 26 045 – VgK – 3/2002; ähnlich VK Magdeburg, B. v. 20. 7. 2001 – Az.: VK-OFD LSA- 05/01).

107.5.2.2 Fehlende Nennung der Anzahl von Nebenangeboten an einer vom Auftraggeber bezeichneten Stelle

5615 **107.5.2.2.1 Grundsatz.** Die VOB/A verlangt zwar in § 21 Nr. 3 Satz 1, dass die Anzahl von Nebenangeboten oder Änderungsvorschlägen an einer vom Auftraggeber in den Verdingungsunterlagen bezeichneten Stelle aufzuführen sind, aber **eine Sanktion wie etwa zum § 21 Nr. 3 Satz 2 in § 25 Nr. 1 Abs. 2 VOB/A bestimmt sie nicht.** Der öffentliche **Auftraggeber** hat also ein **Ermessen,** ob er etwaige Fehler der Bieter zum Anlass nimmt, das Angebot auszuschließen oder nicht (BayObLG, B. v. 29. 4. 2002 – Az.: Verg 10/02). Die Vergabekammer kann dieses Ermessen der vergebenden Stelle auf Fehler überprüfen (VK Hannover, B. v. 15. 11. 2002 – Az.: 26 045 – VgK – 15/2002; VK Magdeburg, B. v. 20. 7. 2001 – Az.: VK-OFD LSA-05/01).

5616 **107.5.2.2.2 Beispiele aus der Rechtsprechung**

– erkennt der öffentliche Auftraggeber sein in der Frage der Zulässigkeit solcher Angebote eingeräumtes **Ermessen nicht,** erklärt er aber in der mündlichen Verhandlung des Nachprüfungsverfahrens, dass der „Einsparungsvorschlag" jedoch im Übrigen formal korrekt auf besonderer Anlage in Verbindung mit einem Hauptangebot abgegeben wurde und interessante technische Vorschläge enthielt, ist **gegen eine Wertung des Angebots nichts einzuwenden** (VK Hannover, B. v. 15. 11. 2002 – Az.: 26 045 – VgK – 15/2002).

5617 **107.5.2.2.3 Richtlinie des VHB 2002 zu § 25 Nr. 1 Abs. 2.** Grundsätzlich sind **Nebenangebote auszuschließen,** die nicht auf besonderer Anlage gemacht und als solche deutlich gekennzeichnet sind (Ziffer 1.2).

Vergabe- und Vertragsordnung für Bauleistungen Teil A VOB/A § 25 **Teil 3**

107.5.2.3 Tatbestände des § 8 Nr. 5

Für die Entscheidung, wer von der Teilnahme am Wettbewerb überhaupt auszu- 5618
schließen ist, gilt **§ 8 Nr. 5 VOB/A**. Erklärungen nach § 8 Nr. 5 Abs. 2 VOB/A sind keine
Erklärungen im Sinn von § 21 Nr. 1 Abs. 2 Satz 5 VOB/A; ansonsten würde sich § 25 Nr. 1
Abs. 2 VOB/A weitgehend erübrigen. Die letztgenannte Bestimmung belegt vielmehr, dass die
**Vergabestelle Angebote von Bietern bei der Wertung unberücksichtigt lassen darf,
die schon mangels Eignung vom Wettbewerb hätten ausgeschlossen werden können.**
Insoweit **verlängert § 25 Nr. 1 Abs. 2 VOB/A den fakultativen Ausschlussgrund des
§ 8 Nr. 5 VOB/A in die Phase der Angebotswertung** (OLG München, B. v. 15. 3. 2005 –
Az.: Verg 002/05; B. v. 27. 1. 2005 – Az.: Verg 002/05).

Zu den einzelnen Tatbeständen des § 8 Nr. 5 vgl. die Kommentierung zu § 8 VOB/A 5619
RZ 3926.

107.5.3 Besondere Prüfungspflicht bei einer Häufung von formalen Fehlern der Bieter

Wenn bei einem offenen Vergabeverfahren von 21 Angeboten 20 von der Wertung ausge- 5620
schlossen werden sollen, ist der **Sinn und Zweck des Verfahrens, der oftmals in einem
Preis- und Wirtschaftlichkeitsvergleich zu sehen ist, gefährdet.** Ein Preisvergleich sowie
auch ein Vergleich der Wirtschaftlichkeit verschiedener Angebote sind aber nicht möglich,
wenn zuvor schon aus formalen oder auch aus technischen Gründen heraus sämtliche Angebote
bis auf ein einziges aus der Wertung ausgeschlossen werden. Aufgrund solcher besonderen Umstände besteht eine **verschärfte Prüfungspflicht des öffentlichen Auftraggebers, deren
Erfüllung auch nachvollziehbar dokumentiert werden muss** (2. VK Bund, B. v. 17. 1.
2002 – Az.: VK 2-46/01).

107.5.4 Regelung des HVA B-StB 03/2006 zu Angeboten von Unternehmen, die vom Auftraggeber keine Aufforderung zur Angebotsabgabe erhalten haben

Angebote von Unternehmen, die von der Baudienststelle keine Aufforderung zur Angebots- 5621
abgabe erhalten haben,
– sind bei Öffentlicher Ausschreibung wie Angebote der anderen Bieter zu behandeln,
– sind bei Beschränkter Ausschreibung wie Angebote der anderen Bieter zu behandeln, wenn
  die erforderliche Eignung gegeben ist (Ziffer 2.4 Nr. 2).

107.5.5 Regelung des HVA B-StB 03/2006 zur Formalprüfung

Zunächst sind die Angebote in formaler Hinsicht zu prüfen. Dabei ist gemäß § 21 VOB/A, 5622
den Angaben in den „Bewerbungsbedingungen" und in der „Aufforderung zur Angebotsabgabe" insbesondere festzustellen,
– ob die Angebote unvollständig sind (Preise, Erklärungen, Unterschrift, geforderte Unterlagen
  usw.),
– ob Änderungen des Bieters an seinen Eintragungen zweifelhaft sind,
– ob Hauptangebote mit negativen Einheitspreisen (siehe Nr. 3 „Bewerbungsbedingungen",
  Teil B) angeboten sind,
– ob Preisnachlässe als Betrag (Pauschale), Preisnachlässe als v. H.-Betrag bezogen auf die Angebots-/Auftragssumme sowie Preisnachlässe, die Nachträge ausschließen, angeboten sind (siehe
  Nr. 3 „Bewerbungsbedingungen", Teil B),
– ob eine selbstgefertigte Kurzfassung des Leistungsverzeichnisses dem geforderten Aufbau nicht
  entspricht,
– ob angebotene Preisnachlässe ohne Bedingungen nicht unter Nr. 4 des „Angebotsschreibens"
  eingetragen sind (siehe Nr. 3.4 „Bewerbungsbedingungen", Teil A),
– ob Preisnachlässe mit Bedingungen für die Zahlungsfrist (Skonti) (siehe Nr. 3.4 „Bewerbungsbedingungen", Teil A) angeboten sind (Ziffer 2.4 Abs. 5),
– ob sie Änderungen an den Verdingungsunterlagen enthalten, auch ob ein Bieter eigene Allgemeine Geschäftsbedingungen zum Bestandteil seines Angebotes gemacht hat,

Teil 3 VOB/A § 25 Vergabe- und Vertragsordnung für Bauleistungen Teil A

- ob bei Bietergemeinschaften die geforderte Erklärung in der „Erklärung der Bieter-/Arbeitsgemeinschaft" (siehe Nr. 5.1 „Bewerbungsbedingungen", Teil A) fehlt oder unvollständig ausgefüllt ist, und ob auf dem „Angebotsschreiben" Stempel und Unterschrift des bevollmächtigten Vertreters fehlen,
- ob bei Beschränkter Ausschreibung Angebote von Unternehmen vorliegen, die nicht zur Abgabe eines Angebotes aufgefordert wurden,
- ob ausdrücklich „nicht zugelassene" Nebenangebote/Änderungsvorschläge eingereicht wurden,
- ob die Anzahl der abgegebenen Nebenangebote/Änderungsvorschläge unter Nr. 3 des „Angebotsschreibens" eingetragen wurden,
- ob Nebenangebote oder Änderungsvorschläge nicht auf besonderer Anlage gemacht und ob sie nicht als solche deutlich gekennzeichnet sind,
- ob bei Nebenangeboten mit negativen Preisen die betroffenen Teilleistungen (OZ, Positionen) als Pauschalen (siehe Nr. 4.2 „Bewerbungsbedingungen", Teil B) angeboten wurden (Ziffer 2.4 Abs. 8).

107.6 2. Wertungsstufe: Eignungsprüfung (§ 25 Nr. 2)

107.6.1 Allgemeines

5623 § 25 Nr. 2 VOB/A deckt sich inhaltlich im Wesentlichen mit § 97 Abs. 4 Halbsatz 1 bzw. § 25 Nr. 2 Abs. 1 VOL/A. Deshalb erfolgt eine einheitliche Kommentierung dieser Wertungsstufe bei § 97 Abs. 4 GWB RZ 392.

107.6.2 Interpretierende Klarstellung des § 25 Abs. 2 durch das ÖPP-Beschleunigungsgesetz

5624 Durch das **Gesetz zur Beschleunigung der Umsetzung von Öffentlich Privaten Partnerschaften und zur Verbesserung gesetzlicher Rahmenbedingungen für Öffentlich Private Partnerschaften vom 1. 9. 2005** (BGBl. I S. 2676) ist § 6 VgV dahingehend geändert worden, dass der bisherige Wortlaut Absatz 1 wird und die Absätze 2 und 3 angefügt werden. Nach Absatz 2 Nr. 1 VgV gelten § 2 Nr. 1 und **§ 25 Nr. 2 VOB/A** bei einer Auftragsvergabe an mehrere Unternehmen mit der Maßgabe, dass der Auftraggeber nur für den Fall der Auftragsvergabe verlangen kann, dass **eine Bietergemeinschaft eine bestimmte Rechtsform annehmen muss, sofern dies für die ordnungsgemäße Durchführung des Auftrages notwendig ist.**

5625 Diese **Regelung ist in § 8a Nr. 8 VOB/A umgesetzt** worden. Zu den **Einzelheiten** vgl. die Kommentierung zu § 6 VgV RZ 3268 ff.

107.7 3. Wertungsstufe: Prüfung der Angebotspreise (§ 25 Nr. 3)

107.7.1 Richtlinie des VHB 2002

5626 Bei der Wertung ist zu untersuchen, ob das Angebot
- in sich schlüssig ist, also im Kostenaufbau und im Verhältnis der Einheitspreise zueinander eine ordnungsgemäße Kalkulation erkennen lässt; dabei ist zu berücksichtigen, dass Einzel- und Gemeinkosten nicht bei allen Betrieben gleich abgegrenzt werden;
- wesentlich von den anderen in die engere Wahl gekommenen Angeboten abweicht, dabei sind etwaige Kostenunterschiede infolge der von den Bietern gewählten unterschiedlichen Arbeitsverfahren und Ausführungsarten sowie die sich daraus ergebenden Verschiebungen zwischen den einzelnen Kostengruppen (arbeits- und geräteintensive Ausführung, Verwendung vorgefertigter Bauteile oder reine Baustellenfertigung usw.) zu berücksichtigen (Ziffer 1.5.6).

107.7.2 Angebote mit einem unangemessen hohen oder niedrigen Preis (§ 25 Nr. 3 Abs. 1)

5627 Auf ein Angebot mit einem unangemessen hohen oder niedrigen Preis darf der Zuschlag nicht erteilt werden. Dieses **Verbot dient dem Ziel, die wirklich seriös kalkulierten An-**

gebote in die letzte **Wertungsphase einzubeziehen** (OLG Düsseldorf, B. v. 19. 11. 2003 – Az.: VII – Verg 22/03). Die Regelung des § 25 Nr. 3 Abs. 1 und des § 25 Nr. 2 Abs. 3 VOL/A dienen in erster Linie dem **Schutz des Auftraggebers vor der Eingehung eines wirtschaftlichen Risikos, nicht jedoch den Schutz des Bieters vor seinem eigenen zu niedrigen Angebot** (VK Baden-Württemberg, B. v. 18. 10. 2005 – Az.: 1 VK 62/05). Der Auftraggeber läuft bei der Zuschlagserteilung auf ein solches Unterangebot Gefahr, dass der Auftragnehmer in wirtschaftliche Schwierigkeiten gerät und den Auftrag nicht oder nicht ordnungsgemäß, insbesondere nicht mängelfrei, zu Ende führt (BayObLG, B. v. 18. 9. 2003 – Az.: Verg 12/03; VK Düsseldorf, B. v. 2. 5. 2006 – Az.: VK – 17/2006 – B).

107.7.2.1 Unangemessen niedriger oder hoher Preis

107.7.2.1.1 Allgemeines. Von einem unangemessen hohen oder niedrigen Preis ist dann auszugehen, wenn der angebotene (Gesamt-)Preis derart **eklatant von dem an sich angemessenen Preis abweicht,** dass eine **genauere Überprüfung nicht im einzelnen erforderlich** ist und die **Unangemessenheit des Angebotspreises sofort ins Auge fällt** (OLG Düsseldorf, B. v. 19. 11. 2003 – Az.: Verg 22/03; 3. VK Bund, B. v. 2. 8. 2006 – Az.: VK 3-75/06; VK Südbayern, B. v. 10. 2. 2006 – Az. Z3-3-3194-1-57-12/05; 3. VK Saarland, B. v. 12. 12. 2005 – Az.: 3 VK 03/2005 und 3 VK 04/2005; VK Lüneburg, B. v. 5. 7. 2005 – Az.: VgK-26/2005; B. v. 3. 5. 2005 – Az.: VgK-14/2005; VK Hessen, B. v. 30. 5. 2005 – Az.: 69d VK – 10/2005; VK Rheinland-Pfalz, B. v. 4. 5. 2005 – Az.: VK 08/05; B. v. 6. 4. 2005 – Az.: VK 09/05; B. v. 4. 4. 2005 – Az.: VK 08/04; VK Schleswig-Holstein, B. v. 10. 2. 2005 – VK-SH 02/05; VK Münster, B. v. 2. 7. 2004 – Az.: VK 13/04; VK Thüringen, B. v. 30. 1. 2006 – Az.: 360-4003.20-055/05-EF-S; B. v. 21. 1. 2004 – Az.: 360-4002.20-037/03-MHL; VK Baden-Württemberg, B. v. 11. 9. 2003 – Az.: 1 VK 52/03, B. v. 30. 4. 2002 – Az.: 1 VK 17/02). Ein **beträchtlicher Preisabstand** zwischen dem niedrigsten und den nachfolgenden Angeboten **allein ist für sich genommen noch kein hinreichendes Merkmal** dafür, dass der niedrige Preis auch im Verhältnis zur zu erbringenden Leistung ungewöhnlich niedrig sei. Hinzukommen müssen vielmehr **Anhaltspunkte dafür, dass der Niedrigpreis wettbewerblich nicht begründet** ist. Dabei ist zu berücksichtigen, dass der **Bieter mangels verbindlicher Kalkulationsregeln grundsätzlich in seiner Preisgestaltung frei** bleibt (BGH, B. v. 18. 5. 2004 – Az.: X ZB 7/04; OLG Naumburg, B. v. 22. 9. 2005 – Az.: 1 Verg 7/05; VK Thüringen, B. v. 30. 1. 2006 – Az.: 360-4003.20-055/05-EF-S; 3. VK Saarland, B. v. 12. 12. 2005 – Az.: 3 VK 03/2005 und 3 VK 04/2005; 1. VK Sachsen, B. v. 27. 4. 2005 – Az.: 1/SVK/032-05; VK Lüneburg, B. v. 5. 7. 2005 – Az.: VgK-26/2005; B. v. 3. 5. 2005 – Az.: VgK-14/2005; B. v. 24. 5. 2004 – Az.: 203-VgK-14/2004; B. v. 29. 4. 2004 – Az.: 203-VgK-11/2004, B. v. 24. 11. 2003 – Az.: 203-VgK-29/2003, B. v. 24. 9. 2003 – Az.: 203-VgK-17/2003, B. v. 10. 3. 2003 – Az.: 203VgK-01/2003; VK Rheinland-Pfalz, B. v. 4. 5. 2005 – Az.: VK 08/05; B. v. 4. 4. 2005 – Az.: VK 08/04).

107.7.2.1.2 Gesamtpreis als Ausgangspunkt der Beurteilung der Unangemessenheit. Für die Prüfung der Angemessenheit des Angebotes ist **nicht auf einzelne Positionen des Leistungsverzeichnisses, sondern auf den Gesamtpreis,** die Endsumme des Angebotes **abzustellen** (OLG Rostock, B. v. 6. 7. 2005 – Az.: 17 Verg 8/05; B. v. 17. 6. 2005 – Az.: 17 Verg 8/05; VK Schleswig-Holstein, B. v. 15. 5. 2006 – Az.: VK-SH 10/06; 3. VK Saarland, B. v. 12. 12. 2005 – Az.: 3 VK 03/2005 und 3 VK 04/2005; VK Lüneburg, B. v. 5. 7. 2005 – Az.: VgK-26/2005; B. v. 3. 5. 2005 – Az.: VgK-14/2005; VK Rheinland-Pfalz, B. v. 6. 4. 2005 – Az.: VK 09/05; VK Baden-Württemberg, B. v. 18. 10. 2005 – Az.: 1 VK 62/05, B. v. 11. 9. 2003 – Az.: 1 VK 52/03). Deshalb liegt noch kein Missverhältnis zwischen Preis und Leistung vor, wenn ein Bieter für eine bestimmte Einzelleistung entweder keinen oder einen auffallend niedrigen Preis eingesetzt hat, **sofern er dies bei entsprechend hoher Kalkulation bei anderen Positionen ausgleichen kann** (KG Berlin, B. v. 26. 2. 2004 – Az.: 2 Verg 16/03, B. v. 15. 3. 2004 – Az.: 2 Verg 17/03; BayObLG, B. v. 18. 9. 2003 – Az.: Verg 12/03; OLG Celle, B. v. 25. 7. 2003 – Az.: 13 Verg 10/03; OLG Dresden, B. v. 6. 6. 2002 – Az.: WVerg 0005/02; VK Rheinland-Pfalz, B. v. 6. 4. 2005 – Az.: VK 09/05; VK Thüringen, B. v. 21. 1. 2004 – Az.: 360-4002.20-037/03MHL; 2. VK Bund, B. v. 10. 12. 2003 – Az.: VK 1-116/03; VK Lüneburg, B. v. 24. 5. 2004 – Az.: 203-VgK-14/2004; B. v. 29. 4. 2004 – Az.: 203-VgK-11/2004, B. v. 24. 9. 2003 – Az.: 203-VgK-17/2003; VK Baden-Württemberg, B. v. 30. 4. 2002 – Az.: 1 VK 17/02, B. v. 20. 3. 2002 – Az.: 1 VK 4/02; 1. VK Sachsen, B. v. 16. 7. 2002 – Az.: 1/SVK/061-02, B. v. 23. 5. 2002 – Az.: 1/SVK/039-02, B. v. 12. 4. 2002 – Az.: 1/SVK/024-02, 1/SVK/024-02g).

Teil 3   VOB/A § 25   Vergabe- und Vertragsordnung für Bauleistungen Teil A

5630   **107.7.2.1.3 Einzelpreise als Punkt der Beurteilung der Unangemessenheit.**
107.7.2.1.3.1 Grundsatz. Der Auftraggeber ist **auch berechtigt und verpflichtet, die Preise für einzelne Leistungspositionen zu prüfen** (BayObLG, B. v. 18. 9. 2003 – Az.: Verg 12/03; OLG Naumburg, B. v. 7. 5. 2002 – Az.: 1 Verg 19/01; VK Schleswig-Holstein, B. v. 15. 5. 2006 – Az.: VK-SH 10/06; 1. VK Sachsen, B. v. 12. 4. 2002 – Az.: 1/SVK/024-02, 1/SVK/024-02 g; 2. VK Brandenburg, B. v. 18. 10. 2005 – Az.: 2 VK 62/05). Ist bei gewichtigen Einzelpositionen ein Missverhältnis zwischen Leistung und Preis festzustellen, kommt es darauf an, ob **an anderer Stelle des Angebots ein entsprechender Ausgleich geschaffen** ist und damit das Angebot insgesamt kein Missverhältnis zwischen Leistung und Preis aufweist (VK Nordbayern, B. v. 15. 1. 2004 – Az.: 320.VK-3194-46/03).

5631   **107.7.2.1.3.2 Preise von 0,01 € u. ä.** Vgl. dazu und **insbesondere zur Rechtsprechung des BGH zur Mischkalkulation** die Kommentierung RZ 5338.

5632   Nach dieser Rechtsprechung sind Einzelpreise von z. B. 0,01 € u. ä. also nur dann nicht zulässig, wenn eine Mischkalkulation stattfindet, Preisbestandteile also in mehreren Positionen enthalten sind. **Handelt es sich um einen unangemessen niedrigen oder hohen Preis, der nicht auf andere Positionen „ausstrahlt", ist das Angebot vollständig** und entsprechend den nachfolgenden Grundsätzen zu prüfen (VK Schleswig-Holstein, B. v. 28. 6. 2006 – Az.: VK-SH 18/06; VK Hessen, B. v. 25. 8. 2004 – Az.: 69 d.– VK – 52/2004).

5633   **107.7.2.1.4 Anhaltspunkte für die Unangemessenheit.** Als Anhaltspunkt sind grundsätzlich die **Preisvorstellungen des Auftraggebers (Haushaltsansatz) und die Angebotssummen der anderen Bieter** heranzuziehen (3. VK Bund, B. v. 2. 8. 2006 – Az.: VK 3-75/06; VK Thüringen, B. v. 30. 1. 2006 – Az.: 360-4003.20-055/05-EF-S; B. v. 21. 1. 2004 – Az.: 360-4002.20-037/03-MHL; VK Südbayern, B. v. 10. 2. 2006 – Az. Z3-3-3194-1-57-12/05; 1. VK Sachsen, B. v. 11. 10. 2001 – Az.: 1/SVK/98-01, 1/SVK/98-01 g, B. v. 10. 9. 2003 – Az.: 1/SVK/107-03). Die **VK Hessen spricht insoweit vom Erwartungswert**, der in erster Linie der Kostenschätzung dient, die erforderlich ist, um die für die Vergabe nötigen Mittel in den Haushalt einzustellen und den Auftragswert für die beabsichtigte Ausschreibung zu schätzen (VK Hessen, B. v. 30. 5. 2005 – Az.: 69 d VK – 16/2005; B. v. 30. 5. 2005 – Az.: 69 d VK – 10/2005). Bei einem solchen **Preisvergleich sind die Angebote, die zwingend ausgeschlossen werden müssen, nicht zu berücksichtigen** (OLG Koblenz, B. v. 23. 12. 2003 – Az.: 1 Verg 8/03).

5634   Liegt eine große Differenz (mehr als 10%) zwischen dem Angebot des preisgünstigsten Bieters und dem des nachfolgenden Bieters vor, ist **auch die Aussagekraft der zweiten Vergleichsgröße, der Kostenberechnung, kritisch zu hinterfragen** (mögliche Projektänderungen nach Aufstellung der Kostenberechnung, war es überhaupt eine Kostenberechnung oder nur Kostenschätzung, Beachtung der Genauigkeit der Kostenermittlung (Kostenberechnung, Kostenschätzung oder anderes), aktuelle Basisdaten, Gruppenbildung von Angeboten unterhalb der Kostenberechnung, usw.). Erst nach diesen Betrachtungen kann die Kostenberechnung als aussagekräftige Vergleichsgröße herangezogen, oder ausgeschlossen werden. **Hilfsweise** kann nach Ausschluss der Kostenberechnung, im Falle des Vorliegens einer Angebotsgruppe (Angebote, die eng beieinander liegen) **deren Mittelpreis als Vergleichsgröße** (möglicher Marktpreis) angenommen werden. Liegen bei diesen Vergleichen die Differenzen zum preisgünstigsten Angebot weit über 10% ist von den Bietern Aufklärung zu verlangen (VK Thüringen, B. v. 30. 1. 2006 – Az.: 360-4003.20-055/05-EF-S; B. v. 6. 7. 2001 – Az.: 216-4002.20-020/01-NDH).

5635   Demgegenüber besagt nach Auffassung des Oberlandesgerichts Koblenz der **prozentuale Abstand zu Angebotspreisen besser platzierter Bieter für sich allein nichts darüber, ob ein Missverhältnis zwischen Preis und Leistung besteht.** Es ist vielmehr mangels entgegenstehender Indizien davon auszugehen, dass **jeder im Wettbewerb stehende und ernsthaft am Auftrag interessierte Bieter ein marktorientiertes Angebot** abgibt. Dass es angesichts unterschiedlicher betriebsindividueller Verhältnisse dabei auch zu größeren Preisunterschieden kommen kann, liegt in der Natur der Sache (OLG Koblenz, B. v. 23. 12. 2003 – Az.: 1 Verg 8/03).

5636   Unterschreitet **bei losweiser Ausschreibung** der Angebotspreis des Bieters, dem der Zuschlag erteilt werden soll, den **unteren Durchschnittspreis der vom Auftraggeber festgestellten Bandbreite um knapp 8%, ist diese Preisunterschreitung kein überzeugungskräftiges Anzeichen dafür, dass der von diesem Bieter angebotene Preis im Verhältnis zu der zu erbringenden Leistung ungewöhnlich niedrig** ist. Es handelt sich um eine vergleichsweise geringe Abweichung vom Durchschnittspreis, die die Gefahr einer nicht zuverlässigen und vertragsgerechten Erbringung der Leistung nicht zu begründen vermag. Von daher kommt es auch nicht darauf an, dass zwischen dem Angebot des Bieters, dem der Zuschlag erteilt werden soll, und dem des nächstfolgenden Angebots ein preislicher Abstand von etwa 20% gegeben ist. Der Preisabstand ist kein ausreichendes Indiz für einen ungewöhnlich niedrigen Preis. Denn es spricht nichts dafür, dass gerade das höhere Preisangebot das allein marktgerechte ist (OLG Düsseldorf, B. v. 23. 3. 2005 – Az.: VII – Verg 68/04).

107.7.2.1.5 Beispiele aus der Rechtsprechung. 107.7.2.1.5.1 Beispiele für die Vermutung eines unangemessen niedrigen Preises 5637

– **es spielt keine Rolle**, dass ausweislich der Vergabeempfehlung **von einem Abstand von 9,5% ausgegangen wurde, dieser tatsächlich jedoch über 11% betrug**. Denn selbst eine Abweichung des Preises des niedrigsten Angebotes zu dem nächst höherem **Angebot von mehr als 20% rechtfertigt** nach der Rechtsprechung **für sich allein noch nicht die Annahme, dass ein offenbares Missverhältnis** vorliegt. Hinzukommen müssen vielmehr **Anhaltspunkte**, dass der **Niedrigpreis wettbewerblich nicht begründet** ist, es sich also um keinen Wettbewerbspreis handelt (VK Hessen, B. v. 30. 5. 2005 – Az.: 69 d VK – 10/2005)

– geht es um einen **Preisunterschied von annähernd 50% zum Zweitbieter**, greift unstreitig die Vermutung für einen unangemessen niedrigen Preis (VK Südbayern, B. v. 10. 2. 2006 – Az. Z3-3-3194-1-57-12/05)

– in der überwiegenden Anzahl der Fälle ist **bei Differenzen von größer 10% die Vermutung für das Vorliegen eines nicht angemessenen Angebotspreises** gegeben (VK Thüringen, B. v. 30. 1. 2006 – Az.: 360-4003.20-055/05-EF-S)

– ein **offenbares Missverhältnis** ist erst dann anzunehmen, wenn zwischen dem günstigsten Angebot (hier der Beigeladenen) und dem nächsten Angebot ein **preislicher Abstand von mehr als 20% gegeben ist** (3. VK Bund, B. v. 2. 8. 2006 – Az.: VK 3-75/06; 2. VK Bund, B. v. 24. 8. 2004 – Az.: VK 2-115/04)

– eine **Nachfrage- bzw. Aufklärungspflicht** setzt **etwa bei einer Abweichung von mehr als 20%** vom günstigsten der eingegangenen übrigen Angebote an (OLG Frankfurt am Main, B. v. 30. 3. 2004 – Az.: 11 Verg 4/04, 5/04)

– ein **prozentualer Abstand zu Angebotspreisen der besser platzierten Bieter (bis zu knapp 8%) besagt für sich allein nichts darüber,** ob ein Missverhältnis zwischen Preis und Leistung besteht. Es ist vielmehr mangels entgegenstehender Indizien davon auszugehen, dass jeder im Wettbewerb stehende und ernsthaft am Auftrag interessierte Bieter ein marktorientiertes Angebot abgibt. Dass es angesichts unterschiedlicher betriebsindividueller Verhältnisse dabei auch zu größeren Preisunterschieden kommen kann, liegt in der Natur der Sache (OLG Koblenz, B. v. 18. 12. 2003 – Az.: 1 Verg 8/03)

– beträgt die **Differenz** zu dem nach Angebotseröffnung nächst platzierten Bieter **fast 13%** und **zu dem niedrigsten** in der abschließenden Wertung verbliebenen Angebot – ohne Berücksichtigung des eingeräumten Nachlasses – **rund 22%,** liegt ein Unterangebot vor (BayObLG, B. v. 18. 9. 2003 – Az.: Verg 12/03)

– liegt ein Angebot **18,4% unter dem nächsthöheren Angebot** bzw. beträgt die **Differenz** zwischen einem Angebot und dem nächsthöheren Angebot **21,35%,** ist ein solcher Preisabstand zwischen dem niedrigsten und den nachfolgenden Angeboten für **sich genommen kein hinreichendes Merkmal dafür,** dass der niedrige Preis auch im Verhältnis zur zu erbringenden Leistung ungewöhnlich niedrig ist oder gar in offenbarem Missverhältnis zu ihr steht (BayObLG, B. v. 3. 7. 2002 – Az.: Verg 13/02)

– liegt ein **Angebot im Preis knapp 35% unter dem nächstniedrigen Angebot und ca. 52% unter dem höchsten Angebot,** kann zunächst von einem unangemessen niedrigen Preis ausgegangen werden (OLG Celle, B. v. 18. 12. 2003 – Az.: 13 Verg 22/03; VK Lüneburg, B. v. 24. 9. 2003 – Az.: 203-VgK-17/2003)

– angesichts eines **Preisabstandes von 9%** hat der Auftraggeber keine Veranlassung, ein Angebot als ungewöhnlich niedrig einzustufen und einer Angemessenheitsprüfung zu unterziehen (VK Lüneburg, B. v. 14. 5. 2004 – Az.: 203-VgK-13/2004)

– angesichts eines **Preisabstandes von 30%** hat der Auftraggeber ein Angebot als ungewöhnlich niedrig einzustufen und einer Angemessenheitsprüfung zu unterziehen (VK Lüneburg, B. v. 2. 7. 2004 – Az.: VK 13/04; B. v. 29. 4. 2004 – Az.: 203-VgK-11/2004)

– angesichts eines **geringen Preisabstandes von 5,47%** hat der Auftraggeber keine Veranlassung, ein Angebot als ungewöhnlich niedrig einzustufen und einer Angemessenheitsprüfung zu unterziehen (VK Lüneburg, B. v. 26. 4. 2004 – Az.: 203-VgK-10/2004)

Teil 3 VOB/A § 25   Vergabe- und Vertragsordnung für Bauleistungen Teil A

- liegt im Hinblick auf den Gesamtpreis (Angebotssumme) das **Angebot des Antragstellers um weniger als 1% niedriger als das Angebot des Beigeladenen,** ist ein aufklärungsbedürftiges Missverhältnis von Preis und Leistung nicht gegeben (VK Thüringen, B. v. 21. 1. 2004 – Az.: 360-4002.20-037/03-MHL)
- weicht ein Angebot von dem nächst günstigeren Angebot **um ca. 44% nach unten** ab, ist eine Angemessenheitsprüfung notwendig (VK Lüneburg, B. v. 24. 11. 2003 – Az.: 203-VgK-29/2003)
- liegt ein Angebot **lediglich 16,9% unter dem nächstfolgenden** und berücksichtigt man, dass der **Angebotspreis einen Anteil Gewinn und Wagnis beinhaltet,** so wird die Differenz zwischen einem auskömmlichen und einem nicht auskömmlichen Angebot nochmals deutlich geringer. Insgesamt betrachtet kann somit erst von einem Angebot gesprochen werden, dessen Preis in einem offenbaren Missverhältnis zur Leistung steht, wenn sich die **Preisabweichung** grob darstellt, wovon ausgegangen wird, wenn diese **über 20 bis 25% liegt** (VK Baden-Württemberg, B. v. 18. 7. 2003 – Az.: 1 VK 30/03)
- liegt ein **Angebot ca. 15,6% unterhalb des nächsten Angebots und ca. 17% unterhalb des über alle fünf Angebote gemittelten Angebotspreises** ($^1/_5$ der Summe aller Angebotspreise), ist ein solcher **Preisabstand** zwischen dem niedrigsten und dem nachfolgenden Angebot für sich genommen **kein hinreichendes Merkmal** dafür, dass der niedrige Preis auch im Verhältnis zu der angebotenen Leistung ungewöhnlich niedrig ist oder gar in einem offenbaren Missverhältnis hierzu steht; auch ein auffälliger Abstand kann darauf zurückzuführen sein, dass die anderen Angebote überhöht sind, z.B. weil es sich um Kartellpreise handelt (VK Baden-Württemberg, B. v. 30. 4. 2002 – Az.: – 1 VK 17/02); vielmehr müssen in jedem Fall Anhaltspunkte hinzukommen, dass der niedrige Preis wettbewerbrechtlich nicht begründet ist, es sich also nicht um einen echten Wettbewerbspreis handelt (VK Bremen, B. v. 16. 7. 2003 – Az.: VK 12/03)
- beträgt – bezogen auf den Mittelpreis der vorgelegten Angebote – die **Abweichung ca. 18%,** darf bei einem solchen Preisunterschied der Auftraggeber gemäß § 25 Nr. 3 Abs. 1 VOB/A den Zuschlag **nicht ohne jegliche Prüfung der Angemessenheit des Preises** auf dieses Angebot erteilen (VK Lüneburg, B. v. 10. 3. 2003 – Az.: 203-VgK-01/2003)
- in der Regel werden **bei durchschnittlich dynamischen Märkten preisliche Abweichungen von 15 bis 20% als nicht bedenklich** einzustufen sein (VK Baden-Württemberg, B. v. 16. 11. 2004 – Az.: 1 VK 69/04; 2. VK Bund, B. v. 27. 8. 2002 – Az.: VK 2-60/02)
- eine **10-%-Differenz ist von der Rechtsprechung als Grenzwert entwickelt** worden. Die Überschreitung dieser Grenze zieht jedoch nicht automatisch den Ausschluss eines Angebotes nach sich, sondern es wird eine Überprüfung der niedrigen Angebotssumme erforderlich (1. VK Sachsen, B. v. 4. 7. 2003 – Az.: 1/SVK/073-03, 1/SVK/073-03g, B. v. 13. 9. 2002 – Az.: 1/SVK/082-02; VK Nordbayern, B. v. 15. 1. 2004 – Az.: 320.VK-3194-46/03)
- nach herrschender Meinung wird davon ausgegangen, dass eine **Differenz** des preisgünstigsten Bieters zum zweitgünstigsten Bieter **von ca. 10% keinen Anlass zu Bedenken** hinsichtlich der Angemessenheit des Angebotspreises gibt (VK Thüringen, B. v. 25. 9. 2001 – Az.: 216-4002.20-036/01-G-S)
- eine Aufklärung der Angemessenheit des Gesamtpreises ist nicht geboten, wenn der Preisabstand zum Angebot der Antragstellerin **nur etwa 2,5%** und zu den nächstplatzierten Angeboten **etwa 8,5%** ausmacht und die einschlägige Rechtsprechung eine Angemessenheitsprüfung des Preises nach § 25 Nr. 3 Abs. 2 VOB/A erst oberhalb von 10% Preisabstand für zwingend hält (VK Münster, B. v. 10. 2. 2004 – Az.: VK 1/04)
- die **Differenz** der Endsummen der Angebote beträgt im vorliegenden Fall **nur 3,8%.** Allgemein wird die **kritische Grenze bei einer Abweichung von 10%** zum nächst höheren Angebot gezogen (1. VK Sachsen, B. v. 23. 5. 2002 – Az.: 1/SVK/039-02)
- der Auftraggeber hat angesichts der **Abweichung des Angebots** vom nächst günstigeren Angebot **um 16% Anlass,** dieses Angebot gem. § 25 Nr. 2 Abs. 2 VOL/A zu prüfen (VK Lüneburg, B. v. 12. 11. 2001 – Az.: 203-VgK-19/2001)
- der Angebotspreis liegt **um 2% vor dem nächstliegenden Angebot und um 4% vor dem Hauptangebot.** Von einem unangemessenen niedrigen Angebotspreis kann deshalb nicht ausgegangen werden (VK Nordbayern, B. v. 27. 6. 2001 – Az.: 320.VK-3194-16/01)

– problematisch ist die Feststellung eines nicht auskömmlichen Preises in einem **Fall, in dem es keine Erfahrungswerte für eine wettbewerbliche Preisbildung gibt,** weil es sich bei dem nachgefragten Produkt um eine Spezialanfertigung handelt, für die es bisher keinen Markt gibt. **Nur der Vergleich mit den Angebotspreisen der anderen Bieter** ist zur Annahme eines nicht auskömmlichen Preis **nicht ausreichend** (2. VK Bund, B. v. 22. 4. 2002 – Az.: VK 2-08/02)

107.7.2.1.5.2 Beispiele für die Vermutung eines unangemessen hohen Preises 5638

– da **in der Praxis Überangebote keine Rolle spielen,** gibt es zur Frage, bei welchem relativen Abstand zu einem günstigeren Angebot ein Missverhältnis zur Leistung anzunehmen ist, bezogen auf die VOB/A und auf die VOL/A kaum verwertbare Rechtsprechung. Es sind aber **keine Gründe ersichtlich,** anders als bei der Feststellung eines unangemessen niedrigen Angebots **nicht auf einen Preisvergleich mit anderen Anbietern abzustellen. Ebenso erscheint die Spanne von 10% zum nächsten Angebot, die die Rechtsprechung als Kriterium eines unangemessen niedrigen Preises ansieht, als brauchbares Beurteilungskriterium.** Das schließt nicht aus, dass im Einzelfall auch das zweithöchste Angebot übersteuert oder umgekehrt bereits unangemessen niedrig ist (OLG München, B. v. 2. 6. 2006 – Az.: Verg 12/06)

– zwar übersteigt der Angebotspreis des in Rede stehenden Bieters die **Preise der anderen Bieter in einer Größenordnung zwischen 66% und 100%.** Daraus alleine kann indes nicht auf ein offenbares Missverhältnis zwischen Preis und Leistung geschlossen werden (OLG Düsseldorf, B. v. 19. 11. 2003 – Az.: VII – Verg 22/03).

107.7.2.1.5.3 Richtlinie des VHB 2002 zu Angeboten mit einem unangemessen 5639 hohen Preis.

Auf ein Angebot mit einem unangemessen hohen Preis, der eine wirtschaftliche und sparsame Verwendung der Mittel vereiteln würde, darf der Zuschlag nicht erteilt werden. Wenn Ausschreibungen unangemessen hohe Preise erbringen, sind sie nach § 26 Nr. 1 c VOB/A aufzuheben (Ziffer 1.5.2).

107.7.2.1.5.4 Richtlinie des VHB 2002 zu Angeboten mit einem unangemessen 5640 niedrigen Preis.

Auf ein Angebot mit einem unangemessen niedrigen Preis darf der Zuschlag nicht erteilt werden. Zweifel an der Angemessenheit können sich insbesondere ergeben, wenn die Angebotssummen eines oder einiger weniger Bieter erheblicher geringer sind als die übrigen. Zur Aufklärung der Frage, ob es sich um ein Angebot mit einem unangemessen niedrigen Preis handelt, sind zumindest die EFB-Preis – 311/312 – zu fordern. Ein Angebot mit einem unangemessen niedrigen Preis darf nur dann ausgeschieden werden, wenn zuvor vom Bieter schriftlich Aufklärung über die Ermittlung der Preise für die Gesamtleistung oder für Teilleistungen verlangt worden ist (Ziffer 1.5.4).

107.7.2.2 Folgerung aus der Feststellung eines unangemessen niedrigen Preises

Der Auftraggeber hat nicht allein deshalb, weil ein Angebot im Preis ungewöhnlich niedrig 5641 ist, Anlass, es unberücksichtigt zu lassen. Er hat das **Angebot aber in den Einzelpositionen zu überprüfen** und von dem Bieter die erforderlichen Belege zu verlangen (OLG Celle, B. v. 18. 12. 2003 – Az.: 13 Verg 22/03; VK Arnsberg, B. v. 8. 8. 2006 – Az.: VK 21/06; VK Südbayern, B. v. 10. 2. 2006 – Az. Z3-3-3194-1-57-12/05; 3. VK Saarland, B. v 12. 12. 2005 – Az.: 3 VK 03/2005 und 3 VK 04/2005; 1. VK Bund, B. v. 20. 4. 2005 – Az.: VK 1-23/05; B. v. 25. 2. 2005 – Az.: VK 1-08/05; VK Thüringen, B. v. 4. 10. 2004 – Az.: 360-4003.20-037/04-SLF; VK Düsseldorf, B. v. 26. 8. 2004 – Az.: VK – 30/2004 – L; VK Lüneburg, B. v. 24. 9. 2003 – Az.: 203-VgK-17/2003; 1. VK Sachsen, B. v. 11. 2. 2005 – Az.: 1/SVK/128-04; B. v. 8. 2. 2005 – Az.: 1/SVK/003-05; B. v. 26. 7. 2001 – Az.: 1/SVK/73-01; ebenso **für Aufträge der europäischen Kommission** Europäisches Gericht 1. Instanz, Urteil vom 6. 7. 2005 – Az.: T-148/04).

107.7.2.3 Prüfungspflicht des Auftraggebers

107.7.2.3.1 Allgemeines. Die Vergabestelle verfügt über **keinerlei Ermessen dahinge-** 5642 **hend, ob sie eine Überprüfung durchführt oder davon absieht.** Die Aufklärungspflicht setzt ein, sobald die Vergabestelle Anhaltspunkte für einen ungewöhnlich niedrigen Angebotspreis hat (1. VK Sachsen-Anhalt, B. v. 7. 9. 2006 – Az.: 1 VK LVwA 11/06; VK Südbayern, B. v. 10. 2. 2006 – Az. Z3-3-3194-1-57-12/05; 1. VK Bund, B. v. 20. 4. 2005 – Az.: VK 1-23/05).

Der Auftraggeber muss das Angebot hinsichtlich seiner Angemessenheit überprüfen und zu 5643 diesem Zwecke **nicht nur die Einzelpositionen überprüfen, sondern dafür auch vom**

Teil 3 VOB/A § 25   Vergabe- und Vertragsordnung für Bauleistungen Teil A

Bieter die erforderlichen Belege verlangen und ihm gegebenenfalls mitteilen, welche Unterlagen oder Positionen für unannehmbar erachtet werden. Selbst in den Fällen, in denen ein Angebot nach Auffassung des Auftraggebers unrealistisch ist, ist der Bieter dennoch zur Stellungnahme aufzufordern (VK Südbayern, B. v. 10. 2. 2006 – Az. Z3-3-3194-1-57-12/05; 1. VK Sachsen, B. v. 8. 2. 2005 – Az.: 1/SVK/003-05; VK Lüneburg, B. v. 24. 9. 2003 – Az.: 203-VgK-17/2003, B. v. 25. 8. 2003 – Az.: 203-VgK-18/2003).

5644   Bei der **Prüfung spielt es insbesondere keine Rolle, ob die Kalkulationsmethode des Bieters branchenüblich ist oder nicht.** Entscheidend ist vielmehr ihre **Nachvollziehbarkeit** aus betriebswirtschaftlicher und rechtlicher Sicht. Wenn diese Nachvollziehbarkeit gegeben ist, besteht auch kein Grund zur Annahme einer Unauskömmlichkeit z. B. im Sinne des § 25 Nr. 2 Abs. 3 VOL/A (1. VK Bund, B. v. 9. 5. 2005 – Az.: VK 2-20/05; B. v. 20. 4. 2005 – Az.: VK 1-23/05; B. v. 25. 2. 2005 – Az.: VK 1-08/05 – instruktiver Fall aus der Gebäudereinigung).

5645   Der **Sinn der Auskömmlichkeitsprüfung** liegt darin, dem Bieter die Möglichkeit einzuräumen, mit seinen Argumenten darzulegen, dass er in der Lage ist, seine Leistungen auftragsgerecht zu erbringen (1. VK Sachsen, B. v. 8. 2. 2005 – Az.: 1/SVK/003-05). Dabei darf nicht vergessen werden, dass es sich bei der **Bewertung der dann abgegebenen Antworten um eine Prognoseentscheidung handelt, die der Auftraggeber auf der Grundlage des Angebots und der hierzu von dem Bieter erteilten Auskünfte zu treffen hat.** Bei dieser Prognoseentscheidung hat der öffentliche Auftraggeber zwar keinen Ermessensspielraum, dafür aber einen Beurteilungsspielraum, der einer nur eingeschränkten Nachprüfbarkeit durch die Vergabekammer unterliegt. Eine Verletzung dieses Beurteilungsspielraums liegt nur dann vor, wenn die von der Vergabestelle getroffenen Sachverhaltsermittlungen und -feststellungen oder die Anwendung vergaberechtlicher Rechtsbegriffe auf willkürlichen und sachwidrigen Erwägungen beruhen (1. VK Sachsen, B. v. 27. 3. 2006 – Az.: 1/SVK/021-06).

5646   **107.7.2.3.2 Prüfungspflicht aufgrund gesetzlicher Regelungen.** Verschiedene Bundesländer haben Vergabegesetze bzw. Vergaberichtlinien erlassen, in denen u. a. auch eine Prüfungspflicht hinsichtlich unangemessen hoher oder niedriger Preise geregelt sind.

5647   107.7.2.3.2.1 **Niedersachsen.** Nach § 5 Abs. 1 Landesvergabegesetz Niedersachsen besteht eine Prüfpflicht des öffentlichen Auftraggebers hinsichtlich der – eventuellen – Unangemessenheit eines Angebotes, auf das der Zuschlag erteilt werden könnte, **wenn dieses Angebot um mindestens 10 vom Hundert vom nächst höheren Angebot abweicht.**

5648   107.7.2.3.2.2 **Bremen.** Nach § 6 Abs. 1 Vergabegesetz für das Land Bremen hat der Auftraggeber ein Angebot vertieft zu prüfen, wenn dieses Angebot, auf das der Zuschlag erteilt werden könnte, unangemessen niedrig erscheint. Von der Vermutung, dass ein unangemessen niedriges Angebot vorliegt, kann im Regelfall immer dann ausgegangen werden, wenn die **rechnerisch geprüfte Angebotssumme um mindestens 20 v. H. unter der Kostenschätzung des Auftraggebers liegt oder das zu prüfende Angebot um mehr als 10 v. H. vom nächst höheren Angebot abweicht.**

5649   107.7.2.3.2.3 **Nordrhein-Westfalen.** Nach § 5 Tariftreuegesetz Nordrhein-Westfalen hat die Vergabestelle die Kalkulation des Angebots zu überprüfen, wenn bei Angeboten über 50 000 € ein Angebot, auf das der Zuschlag erteilt werden könnte, **um mindestens 10 vom Hundert vom nächst höheren Angebot abweicht.**

5650   107.7.2.3.2.4 **Hamburg.** Nach § 5 Hamburgisches Vergabegesetz hat die Vergabestelle dann, wenn ein Angebot, auf das der Zuschlag erteilt werden könnte, **um mindestens 10 Prozent vom nächst höheren Angebot abweicht,** die Kalkulation des Angebots zu überprüfen. Im Rahmen dieser Überprüfung sind die Bieter verpflichtet, die ordnungsgemäße Kalkulation nachzuweisen. Kommen die Bieter dieser Verpflichtung nicht nach, so kann die Vergabestelle sie vom weiteren Vergabeverfahren ausschließen.

5651   107.7.2.3.2.5 **Thüringen.** Nach Ziffer 7.1 der Richtlinie zur Mittelstandsförderung und Berücksichtigung Freier Berufe sowie zum Ausschluss ungeeigneter Bewerber bei der Vergabe öffentlicher Aufträge des Landes Thüringen (Vergabe-Mittelstandsrichtlinie) **soll die Prüfung der Angemessenheit insbesondere in den Fällen erfolgen, in denen das preislich billigste Angebot zehn v. H. unter der eigenen Preisvorstellung oder dem preislich folgenden Angebot liegt.** Besteht danach die widerlegbare Vermutung eines unangemessen niedrigen Preises, auf den der Zuschlag nicht erteilt werden darf, ist eine Aufklärung der Gründe für den niedrigen Preis notwendig. Die **Gründe für den niedrigen Angebotspreis sind auf ihre Nachvollziehbarkeit zu überprüfen.**

107.7.2.3.3 Festsetzung eines Schwellenwerts für eine Prüfung durch den Auftraggeber. Gegen die Festlegung einer „Aufklärungsschwelle" durch den öffentlichen Auftraggeber bestehen keine Bedenken (OLG Düsseldorf, B. v. 30. 11. 2005 – Az.: VII – Verg 65/05; B. v. 23. 11. 2005 – Az.: VII – Verg 66/05; 3. VK Bund, B. v. 4. 7. 2006 – Az.: VK 3-60/06; B. v. 29. 6. 2006 – Az.: VK 3-48/06; B. v. 29. 6. 2006 – Az.: VK 3-39/06). So ist es z. B. im Reinigungsbereich **bei einer Abweichung einzelner Leistungsmaße von mehr als 25% über dem Durchschnitt der noch im Wettbewerb befindlichen Bieter** sachgerecht, die insoweit betroffenen Bieter um konkrete Aufklärung hinsichtlich der Auskömmlichkeit ihres Angebots zu ersuchen. Bei den Reinigungsdienstleistungen handelt es sich nämlich um personalintensive Dienstleistungen, die einer Rationalisierung durch Arbeitsorganisation sowie den Einsatz von Maschinen und Geräten zwar zugänglich sind, deren Rationalisierung aber gerade wegen der Personalintensität auch natürliche Grenzen gesetzt sind. Vor diesem Hintergrund ist es vergaberechtlich nicht zu beanstanden, wenn der Auftraggeber zumindest solche Angebote einer Auskömmlichkeitsprüfung unterzieht, bei denen die pro Stunde durch eine Reinigungskraft erbrachte qm-Leistung (das sog. Leistungsmaß) deutlich über dem Bieterdurchschnitt liegt (1. VK Bund, B. v. 20. 4. 2005 – Az.: VK 1-23/05).

Hat sich ein Auftraggeber auf eine Größenordnung zur Festlegung einer Aufgreifschwelle verständigt, bei deren Unterschreiten das Verfahren zur Aufklärung von Angeboten eingeleitet werden soll, **tritt mit der Festlegung der Grenzwerte für die Angebotswertung jedoch keine endgültige Bindung** in der Frage ein, ob und unter welchen Voraussetzungen ein Angebot preislich ungewöhnlich niedrig erschien, **wenn die Festlegung** – z. B. bei einer bundesweiten Ausschreibung – **von den Preisen der eingehenden Angebote und von den regional zu erwartenden Schwankungen abhängig** ist (OLG Düsseldorf, B. v. 23. 11. 2005 – Az.: VII – Verg 66/05).

107.7.2.3.4 Besondere Vergleichsrechnung bei Reinigungsdienstleistungen. Das offenbare Missverhältnis von Preis und Leistung kann bei Reinigungsleistungen ermessensfehlerfrei mit einer **besonderen Vergleichsrechnung** festgestellt werden. Die Bieter haben auf der Basis einer raumbezogenen Leistungsbeschreibung Einzelpreise für die Raumarten angeboten. Bei der Prüfung auf Auskömmlichkeit wurden alle Leistungswerte der Raumarten der Voll- und Sichtreinigung miteinander verglichen. Die Gesamtzahl der Prüfungen ergab sich aus der Anzahl der Räume in der Voll- und Sichtreinigung. Die Vorgehensweise und Struktur wird im Folgenden anhand einer Raumart bei der Vollreinigung beschrieben. Die Anwendung bei der Sichtreinigung erfolgte analog. Das beschriebene Verfahren wurde für jede Raumart durchgeführt.

– die Anzahl der Räume, die sich in Vollreinigung befinden wird ermittelt
– aus den preislich besten fünf Bietern wird der Mittelwert für die Vollreinigung gebildet
– weicht ein Anbieter 15 von Hundert von diesem Mittelwert nach oben ab (d.h. ist der Leistungswert im Vergleich zum Leistungsmittel zu hoch), kann von einer unauskömmlichen Angabe ausgegangen werden, der Anbieter erhält für diese Raumart bei der Vollreinigung einen Fehler
– der Fehler wiegt umso schwerer, je mehr Räume sich bei dieser Raumart in der Vollreinigung befinden, dieser Fehler wird mit der Anzahl der Räume der Vollreinigung multipliziert
– nach diesem Verfahren wird bei jedem Leistungswert der Voll- und Sichtreinigung jeder Raumart der Mittelwert der preislich besten fünf Anbieter ermittelt und bewertet
– die Anzahl der Gesamtprüfungen ist die Addition der Prüfungen aller Raumarten bei der Voll- und Sichtreinigung
– werden insgesamt 15 vom Hundert Fehler im Bezug auf die Gesamtprüfungen erreicht, wird von einem Unauskömmlichen Angebot ausgegangen und es erfolgt der Ausschluss des Angebotes.

Die **Ermessensausübung hält der Betrachtung Stand.** Die **Bieter werden bei dem beschriebenen Verfahren gleich behandelt.** Die Eingangswerte der Berechnung werden von den Bietern selbst im Angebot bezeichnet und brauchten nur in die Berechnung übernommen zu werden. Durch die Begrenzung des Mittelwerts auf die Gruppe der 5 mindestfordernden tauglichen Angebote, wird erreicht, dass das Niveau den wirtschaftlich anbietenden Unternehmern eine echte Chance auf Zuschlag einräumt. Durch die zweiten „15%" wird gewährleistet, dass die Bieter bei der Kalkulation einen Freiraum haben und sich „gute" gegen „schlechte" Positionen in Grenzen ausgleichen können (VK OFD Hannover, B. v. 19. 7. 2006 – VgK 1/2006).

Teil 3 VOB/A § 25   Vergabe- und Vertragsordnung für Bauleistungen Teil A

5655 107.7.2.3.5 **Aufklärungsverlangen in Textform (§ 25 Nr. 3 Abs. 2 Satz 1).** Mit der VOB/A 2006 und VOL/A 2006 ist die vorgeschriebene **Schriftlichkeit des Aufklärungsverlangens durch die Textform ersetzt** worden. Zum Inhalt der Textform vgl. die Kommentierung zu § 18 RZ 4852.

5656 **Sinn der Vorschrift** ist es, dem Bieter die Möglichkeit einzuräumen, mit seinen Argumenten darzulegen, dass er in der Lage ist, seine Leistungen auftragsgerecht zu erbringen, und **ihn vor der Willkür des Auftraggebers zu schützen.** Es reicht auch nicht, wenn bei Aufklärungsgesprächen ein Hinweis auf Zweifel an der Angemessenheit der Preise erfolgt. Spätestens nach Abschluss des Aufklärungsgespräches muss der Auftraggeber von dem Bieter eine Aufklärung in Textform verlangen (BayObLG, B. v. 18. 9. 2003 – Az.: Verg 12/03; 2. VK Bund, B. v. 24. 5. 2005 – Az.: VK 2-42/05; VK Nordbayern, B. v. 15. 1. 2004 – Az.: 320.VK-3194-46/03). § 25 Nr. 3 Abs. 2 Satz 1 ist letztlich auf **Art. 55 Abs. 1 der Vergabekoordinierungsrichtlinie** und die gefestigte Rechtsprechung des Europäischen Gerichtshofes zur ehemaligen Baukoordinierungsrichtlinie zurückzuführen (OLG Naumburg, B. v. 7. 5. 2002 – Az.: 1 Verg 19/01).

5657 107.7.2.3.6 **Zumutbare Frist für eine Antwort des Bieters (§ 25 Nr. 3 Abs. 2 Satz 1).** Dem Bieter ist eine angemessene Frist für zusätzliche Angaben einzuräumen (VK Lüneburg, B. v. 24. 9. 2003 – Az.: 203-VgK-17/2003).

5658 107.7.2.3.7 **Verweigerung einer notwendigen Mitarbeit des Bieters.** Der Bieter **muss** zwar die **entsprechenden Auskünfte nicht erteilen,** er wird der Aufforderung in der Regel aber nachkommen, **um einen Ausschluss zu vermeiden** (OLG Celle, B. v. 18. 12. 2003 – Az.: 13 Verg 22/03; VK Lüneburg, B. v. 24. 9. 2003 – Az.: 203-VgK17/2003).

5659 **Verweigert der Bieter** eine entsprechende **Mitarbeit** bei der Aufklärung und ist er auch im Rahmen des Beschwerdeverfahrens nicht bereit, dem Auftraggeber eine seriöse Chance zur Prüfung dieser Angaben einzuräumen, ist das **Angebot auszuschließen** (OLG Naumburg, B. v. 6. 4. 2004 – Az.: 1 Verg 3/04).

107.7.2.4 Wertung eines Angebots mit einem unangemessen niedrigen Preis

5660 107.7.2.4.1 **Grundsatz. Unterkostenangebote sind für sich gesehen nicht unzulässig** (OLG Koblenz, B. v. 26. 10. 2005 – Az.: 1 Verg 4/05; OLG Düsseldorf, B. v. 12. 10. 2005 – Az.: VII – Verg 37/05; OLG Dresden, B. v. 1. 7. 2005 – Az.: WVerg 0007/05). Auch ein **öffentlicher Auftraggeber ist nicht verpflichtet, nur „auskömmliche" Angebote zu berücksichtigen** (1. VK Saarland, B. v. 8. 7. 2003 – Az.: 1 VK 05/2003; 1. VK Sachsen, B. v. 23. 5. 2002 – Az.: 1/SVK/039-02), sofern er nach Prüfung zu dem Ergebnis gelangt, dass der **Anbieter auch zu diesen Preisen zuverlässig und vertragsgerecht wird leisten können** (OLG Düsseldorf, B. v. 12. 10. 2005 – Az.: VII – Verg 37/05; B. v. 17. 6. 2002 – Az.: Verg 18/02; ; VK Arnsberg, B. v. 8. 8. 2006 – Az.: VK 21/06; VK Lüneburg, B. v. 8. 5. 2006 – Az.: VgK-07/2006; VK Düsseldorf, B. v. 2. 5. 2006 – Az.: VK – 17/2006 – B; ähnlich 2. VK Brandenburg, B. v. 5. 11. 2005 – Az.: 2 VK 64/05; VK. 18. 10. 2005 – Az.: VK 62/05). Bei einem grundsätzlich leistungsfähigen Bieter kann es verschiedene Gründe geben, im Einzelfall auch ein nicht auskömmliches oder jedenfalls sehr knapp kalkuliertes Angebot abzugeben (OLG Celle, B. v. 18. 12. 2003 – Az.: 13 Verg 22/03, B. v. 24. 4. 2003 – Az.: 13 Verg 4/03; BayObLG, B. v. 18. 9. 2003 – Az.: Verg 12/03; 3. VK Saarland, B. v. 12. 12. 2005 – Az.: 3 VK 03/2005 und 3 VK 04/2005; VK Düsseldorf, B. v. 26. 8. 2004 – Az.: VK – 30/2004 – L; VK Nordbayern, B. v. 21. 11. 2003 – Az.: 320.VK-3194-38/03; VK Lüneburg, B. v. 8. 5. 2006 – Az.: VgK-07/2006; B. v. 5. 7. 2005 – Az.: VgK-26/2005; B. v. 3. 5. 2005 – Az.: VgK-14/2005; B. v. 24. 5. 2004 – Az.: 203-VgK-14/2004; B. v. 29. 4. 2004 – Az.: 203-VgK-11/2004; B. v. 10. 3. 2003 – Az.: 203-VgK-01/2003), z.B. einen **Deckungsbeitrag zu den eigenen Gemeinkosten zu erlangen,** oder als „Newcomer" ins Geschäft zu kommen (Brandenburgisches OLG, B. v. 13. 9. 2005 – Az.: Verg W 9/05; OLG Düsseldorf, B. v. 12. 10. 2005 – Az.: VII – Verg 37/05; B. v. 17. 6. 2002 – Az.: Verg 18/02; 2. VK Brandenburg, B. v. 15. 11. 2005 – Az.: 2 VK 64/05; VK Düsseldorf, B. v. 26. 8. 2004 – Az.: VK – 30/2004 – L); auch **besonders günstige Einkaufsmöglichkeiten für Baumaterial** oder die **Verlagerung eines Teils der Produktion in das Ausland** können tragende Gründe sein (1. VK Sachsen, B. v. 26. 7. 2001 – Az.: 1/SVK/73-01), ebenso der **gegenwärtige Arbeitsmarkt** für Botenfahrer (VK Hamburg, B. v. 17. 12. 2002 – Az.: VgK FB 3/02); auch ein **nachvollziehbarer Kalkulationsirrtum** kann Ursache eines solchen Angebots sein (OLG Rostock, B. v. 6. 7. 2005 – Az.: 17 Verg 8/05) oder **das zur Zeit in der Bauwirtschaft herrschende niedrige Preisniveau** (OLG Düsseldorf, B. v. 4. 7. 2005 – Az.: VII – Verg 35/05). Es würde geradezu einen **Verstoß gegen das** – für die Auslegung des § 25 Nr. 2 Abs. 3 VOL/A, § 25 Nr. 3 Abs. 1 VOB/A verbindliche –

Vergabe- und Vertragsordnung für Bauleistungen Teil A VOB/A § 25 **Teil 3**

europäische Richtlinienrecht bedeuten,** wenn man einen öffentlichen Auftraggeber dazu verpflichten würde, **nur auskömmliche oder kostendeckende Preise der Bieter zu akzeptieren** (OLG Düsseldorf, B. v. 17. 6. 2002 – Az.: Verg 18/02).

Es ist auch nicht Sinn der Vorschrift aus § 25 Nr. 3 VOB/A bzw. § 25 Nr. 2 VOL/A, den Bietern (mittelbar) kostendeckende Preise zu garantieren (VK Düsseldorf, B. v. 22. 10. 2003 – Az.: VK – 29/2003 – L). 5661

107.7.2.4.2 Ausnahmen. Angebote, die in der **Absicht** abgegeben werden oder die zumindest die **Gefahr begründen, andere Marktteilnehmer zu verdrängen** (2. VK Brandenburg, B. v. 15. 11. 2005 – Az.: 2 VK 64/05; 1. VK Bund, B. v. 10. 8. 2005 – Az.: VK 1-86/05; 1. VK Sachsen, B. v. 1. 10. 2002 – Az.: 1/SVK/084-02; VK Münster, B. v. 17. 6. 2005 – Az.: VK 12/05) **oder die erwarten lassen, dass der Anbieter den Auftrag nicht wird durchführen können** (KG Berlin, B. v. 26. 2. 2004 – Az.: 2 Verg 16/03, B. v. 15. 3. 2004 – Az.: 2 Verg 17/03, B. v. 22. 8. 2001 – Az.: KartVerg 03/01; 2. VK Brandenburg, B. v. 15. 11. 2005 – Az.: 2 VK 64/05; VK Nordbayern, B. v. 21. 11. 2003 – Az.: 320.VK-3194-38/03) oder wenn das **Angebot von vornherein darauf angelegt ist, den Auftraggeber im Rahmen der Bauausführung zu übervorteilen** (VK Düsseldorf, B. v. 26. 8. 2004 – Az.: VK – 30/2004 – L), schädigen auch die übrigen Bieter, die entweder einem gezielten Verdrängungswettbewerb ausgesetzt sind oder bei Ausfall des ersten Auftragnehmers nun nicht mehr genügend freie Kapazitäten haben, um den Auftrag zu übernehmen (OLG Düsseldorf, B. v. 17. 6. 2002 – Az.: Verg 18/02; VK Düsseldorf, B. v. 22. 10. 2003 – Az.: VK – 29/2003 – L; VK Saarland, B. v. 8. 7. 2003 – Az.: 1 VK 05/2003; VK Baden-Württemberg, B. v. 21. 2. 2002 – Az.: 1 VK 52/01). Ein solches Angebot ist auszuschließen. 5662

Die **Wettbewerbswidrigkeit** eines solchen ohne Rücksicht auf die Konsequenzen abgegebenen Angebots ist darin zu erblicken, dass es für die anderen höher und kostendeckend anbietenden Mitbewerber die schädigende Folge haben kann, dass sie in einem Zeitpunkt, in dem sie den Auftrag gut hätten annehmen und durchführen können, den Auftrag nicht erhalten, zu einem späteren Zeitpunkt aber den Auftrag (nachdem der erste Auftragnehmer wegen seines Unterangebots gescheitert ist) wegen der weiteren Entwicklung der geschäftlichen Verhältnisse – aus welchen Gründen auch immer – nicht mehr übernehmen können (OLG Düsseldorf, B. v. 17. 6. 2002 – Az.: Verg 18/02). 5663

Die **Darlegungs- und Beweislast für eine Marktverdrängungsabsicht** liegt bei demjenigen, der sich darauf beruft, also **beim Auftraggeber oder einem konkurrierenden Bieter** (OLG Düsseldorf, B. v. 12. 10. 2005 – Az.: VII – Verg 37/05; VK Schleswig-Holstein, B. v. 15. 5. 2006 – Az.: VK-SH 10/06; 1. VK Bund, B. v. 10. 8. 2005 – Az.: VK 1-86/05 – sehr instruktiver Beschluss). 5664

107.7.2.4.3 Überhöhte Baustelleneinrichtung. Ein deutlich überhöhter Preis für die Baustelleneinrichtung reicht **für sich allein genommen nicht aus, um die Nichtberücksichtigung des Angebots** – unter Heranziehung haushaltsrechtlicher Gesichtspunkte – **zu rechtfertigen.** Gerade haushaltsrechtliche Belange legen es nämlich nahe, den Nachteilen einer solchen Überzahlung die Preiswürdigkeit des Angebots im Übrigen gegenüberzustellen und seine Nutzen und Risiken bzw. Nachteile abzuwägen. Die Risiken bestehen im Verlust des auf künftige Leistungen entfallenden Teils der Abschlagzahlung durch etwaige Insolvenz des Auftragnehmers und die sonstigen haushaltsrechtlichen Nachteile im Wesentlichen im drohenden Zinsverlust (KG Berlin, B. v. 15. 3. 2004 – Az.: 2 Verg 17/03). 5665

Setzt ein Bieter für die **Baustelleneinrichtung einen deutlich überhöhten Preis** an, ist dies **in die Wirtschaftlichkeitsprüfung einzubeziehen.** Ordnet nämlich ein Bieter sonstige Kostenanteile dem Baustelleneinrichtungspreis in der Erwartung zu, dass dieser gleich nach Baubeginn ausgezahlt wird, bedeutet dies **im wirtschaftlichen Ergebnis für den Auftraggeber eine verfrühte Vergütungszahlung, die mit Zinsverlusten einhergeht.** Im Ergebnis ist dies aber unerheblich, wenn durch den möglichen Zinsverlust des Auftraggebers die Preisdifferenz zwischen den beiden mindestfordernden Angeboten nicht annähernd aufgezehrt werden kann (Thüringer OLG, Urteil vom 27. 2. 2002 – Az.: 6 U 360/01). In **solchen Fällen ist auch stets die Möglichkeit einer Mischkalkulation zu prüfen** (vgl. dazu die Kommentierung RZ 5338). 5666

Die Position „Baustelleneinrichtung" beeinflusst das Wertungsergebnis. Während auf diese Leistungsposition nämlich vom Auftraggeber üblicherweise Abschlagszahlungen gezahlt werden, ist das Entgelt für sonstige Leistungspositionen nicht vor deren Fertigstellung zu entrichten. Diesem Gesichtspunkt kommt bei der Zuschlagsentscheidung zwischen zwei ansonsten gleichen 5667

1051

Teil 3 VOB/A § 25   Vergabe- und Vertragsordnung für Bauleistungen Teil A

Angeboten auch entscheidendes Gewicht zu. Denn **ein Angebot mit einer geringeren Abschlagszahlungslast ist für den öffentlichen Auftraggeber wirtschaftlicher (§ 97 Abs. 5 GWB) als ein vergleichbares Angebot mit einer höheren Abschlagszahlungspflicht** (OLG Düsseldorf, B. v. 26. 11. 2003 – Az.: VII – Verg 53/03).

5668   **107.7.2.4.4 Erhebliches Preisrisiko für den Auftraggeber.** Werden einzelne Einheitspreise bewusst zu niedrig in ein Angebot eingesetzt, kann sich daraus **bei Mengenänderungen ein erhebliches Preisrisiko für den Auftraggeber** ergeben. Ist das der Fall, kann ein Zuschlag auf ein preislich etwas höheres, aber mit weniger Risiken behaftetes Angebot durchaus wirtschaftlicher sein, da in diesem Fall das niedrigere Angebot unter Berücksichtigung des Wirtschaftlichkeitsgesichtspunkts in Wahrheit nicht das wirtschaftlichste ist. Voraussetzung hierfür ist indessen, dass die fraglichen Einheitspreise ganz erheblich aus dem Rahmen fallen, mit größeren Mengenänderungen bei den betreffenden Positionen gerechnet werden muss und das damit verbundene Preisrisiko für den Auftraggeber beträchtlich ist (Thüringer OLG, Urteil vom 27. 2. 2002 – Az.: 6 U 360/01).

5669   **107.7.2.4.5 Nicht plausibel erklärte Angebote.** Der Auftraggeber läuft bei der Zuschlagserteilung auf ein Unterangebot Gefahr, dass der Auftragnehmer in wirtschaftliche Schwierigkeiten gerät und den Auftrag nicht oder nicht ordnungsgemäß, insbesondere nicht mängelfrei, zu Ende führt. **Vor diesem Hintergrund kann es dem Auftraggeber nicht zugemutet werden kann, ein ihm unauskömmlich erscheinendes Angebot zunächst anzunehmen und bei nicht ordnungsgemäßer Leistungserbringung seine Rechte sodann auf der Ebene der Vertragsdurchführung durchzusetzen.** Das Vergaberecht will gerade dies verhindern, indem es Angebote, die erhebliche Zweifel an einer ordnungsgemäßen Vertragsdurchführung erwarten lassen, von vornherein aus dem Kreis der zuschlagsfähigen Angebote ausschließt. Dabei handelt es sich um eine **Prognoseentscheidung,** die der Auftraggeber auf der Grundlage des Angebots und der hierzu von dem Bieter erteilten Auskünfte zu treffen hat (1. VK Bund, B. v. 20. 4. 2005 – Az.: VK 1-23/05).

5670   Bei dieser Prognoseentscheidung hat der öffentliche **Auftraggeber zwar keinen Ermessensspielraum, dafür aber einen Beurteilungsspielraum,** der einer nur eingeschränkten Nachprüfbarkeit durch die Vergabekammer unterliegt. Eine Verletzung dieses Beurteilungsspielraums liegt nur dann vor, wenn die von der Vergabestelle getroffenen Sachverhaltsermittlungen und -feststellungen oder die Anwendung vergaberechtlicher Rechtsbegriffe auf willkürlichen und sachwidrigen Erwägungen beruhen (1. VK Bund, B. v. 20. 4. 2005 – Az.: VK 1-23/05).

5671   Zur Frage der **Beweislast** vgl. die Kommentierung RZ 5685.

5672   **Benennt der Bieter z. B. individuelle und nachprüfbare Sonderkonditionen** (etwa nachgewiesene Einsparungen, Bezugspreise, Rabatte, abgeschriebene Maschinen und Geräte usw.) nach schriftlicher Aufforderung und **legt er sie schlüssig dar,** sind diese **nachgewiesenen Vorteile** (Kosteneinsparpotential) **dem Angebot** des Bieters im Rahmen einer fiktiven „Internen Addition zum Angebotspreis" **hinzuzufügen.** Liegt der abschließende fiktive Angebotspreis unter Beachtung nur der glaubwürdigen Einsparpotenziale danach unter 10% zum Nächstbieter, so kann von der Wahrscheinlichkeit eines angemessenen Preises ausgegangen werden. Macht der Bieter demgegenüber **keine, nur pauschale** (wir stehen zu dem Preis, der Preis ist angemessen, widersprüchliche Angaben usw.) oder **keine plausiblen Erklärungen für sein Niedrigstangebot, ist der Nachweis des Vorliegens eines angemessenen Angebotspreises nicht erbracht,** das Angebot in der vierten Wertungsstufe nicht mit einzubeziehen (VK Thüringen, B. v. 9. 9. 2005 – Az.: 360-4002.20-009/05-SON, B. v. 13. 11. 2002 – Az.: 216-4002.20-057/02-EF-S).

5673   **107.7.2.4.6 Überschreitung der 10%-Grenze trotz Erklärung.** Nach der Rechtsprechung der VK Sachsen darf dann, wenn **trotz Einbeziehung der quantifizierten Einsparpotenziale die Lücke nach wie vor über 10 Prozent bleibt, auf das Angebot entsprechend § 25 Nr. 2 Abs. 3 VOL/A der Zuschlag nicht erteilt werden.** Dabei geht die VK Sachsen in ständiger Rechtsprechung auf Grundlage des klaren Wortlauts etwa des § 25 Nr. 2 Abs. 3 VOL/A davon aus, dass es einem Auftraggeber entgegen durchaus anders lautender Rechtsprechung nicht erlaubt ist, ein erkanntes Dumpingangebot dennoch zu bezuschlagen. Wollte man dies nämlich anders sehen, so müsste man Selbiges auch bei einer festgestellten Nichteignung eines Bieters nach § 25 Nr. 2 Abs. 1 VOL/A oder bei einer Diskriminierung eines Bieters entsprechend § 2 Nr. 2 VOL/A (darf kein Unternehmen diskriminiert werden – darf der Zuschlag nicht erteilt werden, § 25 Nr. 2 Abs. 3 VOL/A) anerkennen, was in der Rechtsprechung erkennbar ebenfalls nicht vertreten wird (1. VK Sachsen, B. v. 8. 7. 2004 – Az.: 1/SVK/044-04; B. v. 17. 6. 2004 – Az.: 1/SVK/038-04, 1/SVK/038-04G).

Vergabe- und Vertragsordnung für Bauleistungen Teil A   VOB/A § 25 **Teil 3**

107.7.2.4.7 Beispiele aus der Rechtsprechung   5674

– der Bieter will nach Überzeugung der Vergabekammer **mit seinem aggressiven Niedrigstangebot** (25% unter allen anderen Bietern) **den lokalen Markt gezielt von Konkurrenten frei halten** (1. VK Sachsen, B. v. 1. 10. 2002 – Az.: 1/SVK/084-02)

– führt ein Bieter Restrukturierungsmaßnahmen in der Firma, einen abgeschlossenen günstigen Haustarif für die Fahrer und eingebrochene Gewinnmargen ohne nähere Erläuterungen als Begründung für niedrige Angebote an, kann ein **Angebot wegen mangelnder finanzieller Leistungsfähigkeit ausgeschlossen** werden (VK Hessen, B. v. 16. 1. 2004 – Az.: 69 d VK – 72/2003)

– **legt ein Bieter bei Gebäudereinigungsleistungen dem Angebot im Vergleich zu den anderen noch im Wettbewerb befindlichen Bietern in der ganz überwiegenden Zahl der Raumgruppen ungewöhnlich hohe Leistungsmaße zugrunde** und übersteigen die Leistungsmaße selbst den vom Auftraggeber festgelegten Grenzwert für eine Nachfrage nochmals erheblich, drängen sich erhebliche Zweifel an der Auskömmlichkeit des Angebots auf; beschränken sich die **Erklärungen des Bieters überwiegend auf generalisierende Aussagen** (Organisation der Arbeitsabläufe sowie auf die Motivation und Leistungsbereitschaft der Mitarbeiter), **kann das Angebot ausgeschlossen werden** (1. VK Bund, B. v. 20. 4. 2005 – Az.: VK 1-23/05).

107.7.2.4.8 Richtlinie des VHB 2002. Die Angemessenheit der Preise für Teilleistungen 5675 (Einheitspreise) ist grundsätzlich nicht für sich, sondern im Rahmen der Angebotssumme zu beurteilen. Sind jedoch die Preise für einzelne Teilleistungen erkennbar unangemessen, so kann dies Zweifel an einer sachgerechten Preisermittlung begründen. Dies macht eine Aufklärung nach § 24 VOB/A und eine Prüfung auch der Einzelansätze notwendig (Ziffer 1.6.2).

Bei Zweifeln an der Angemessenheit von Angebotspreisen sind die vorliegenden EFB-Preis – 5676 311/312 – gesondert auszuwerten, dabei sind die Einzelansätze zu vergleichen und unter folgenden Gesichtspunkten objekt- und betriebsbezogen zu untersuchen,

die **Lohnkosten** darauf, ob

– der Zeitansatz pro Leistungseinheit bzw. die Gesamtstundenzahl den bautechnisch erforderlichen Ansätzen entsprechen,

– der **Mittellohn** sowie die Zuschläge für lohngebundene und lohnabhängige Kosten sich im Rahmen der tarifvertraglichen Vereinbarungen und der gesetzlichen Verpflichtungen halten,

– die **Stoffkosten** darauf, ob sie den üblichen Ansätzen entsprechen,

– die **Baustellengemeinkosten** darauf, ob ausreichende Ansätze für alle gesetzlich (z.B. Umwelt-, Arbeits- und Unfallschutz), technisch und betriebswirtschaftlich notwendigen Aufwendungen enthalten sind.

Ein Angebot, das diese Anforderungen nicht erfüllt, begründet die Vermutung, dass der Bie- 5677 ter nicht in der Lage sein wird, seine Leistung vertragsgerecht zu erbringen. Die Vermutung kann nur dadurch widerlegt werden, dass der Bieter nachweist, dass er aus objektbezogenen, sachlich gerechtfertigten Gründen die Ansätze knapper als die übrigen Bieter kalkulieren konnte, beispielsweise deswegen, weil er rationellere Fertigungsverfahren anwendet oder über günstigere Baustoffbezugsquellen oder über Produktionsvorrichtungen verfügt, die andere Bieter nicht haben oder erst beschaffen müssen, oder weil sich sein Gerät bereits auf oder in der Nähe der Baustelle befindet (Ziffer 1.6.4).

Die Prüfung der Einzelansätze hat sich ferner darauf zu erstrecken, inwieweit sich die Ansätze 5678 für die Gerätevorhaltekosten, für allgemeine Geschäfts- und Sonderkosten (einschließlich Einzelwagnisse) im wirtschaftlich vertretbaren Rahmen halten. Niedrige Ansätze begründen aber hier nicht ohne weiteres die Vermutung eines zu geringen Preises im Sinne von § 25 Nr. 3 Abs. 3 VOB/A, weil der Bieter Anlass haben kann, auf die Ansätze teilweise zu verzichten. In diesen Fällen ist daher lediglich zu prüfen, ob dem sachgerechte Erwägungen zugrunde liegen. Bei Fehlen eines Ansatzes für Wagnis und Gewinn ist keine weitere Aufklärung erforderlich (Ziffer 1.6.5).

107.7.2.4.9 Regelung des HVA B-StB 03/2006 zur Prüfung und Wertung der An- 5679 gemessenheit der Preise. Bauleistungen dürfen nur zu angemessenen Preisen vergeben werden (§ 2 Nr. 1 Satz 1, § 25 Nr. 3 Abs. 1 VOB/A). Die Angemessenheit der Preise für Teilleistungen ist in der Regel nicht für sich, sondern im Rahmen der Angebotsendsumme zu

1053

Teil 3 VOB/A § 25 Vergabe- und Vertragsordnung für Bauleistungen Teil A

beurteilen. Bei der Prüfung ist zu untersuchen, ob der Preis eine einwandfreie Ausführung gemäß § 25 Nr. 3 Abs. 3 VOB/A erwarten lässt (Ziffer 2.4 Nr. 41).

5680   Zweifel an der Angemessenheit können sich insbesondere ergeben, wenn die Angebotsendsumme eines oder einiger weniger Bieter erheblich geringer ist als die der Übrigen. Ob derartige Abweichungen als erheblich anzusehen sind, ist nach den Gegebenheiten des Einzelfalls zu beurteilen. Weichen beispielsweise die Angebotsendsummen der aus dem Rahmen fallenden Angebote um mehr als 10 v.H. von den nächsthöheren ab, ist eine Aufklärung der Ursachen im Rahmen des § 24 VOB/A unerlässlich. Dazu ist vom Bieter eine schriftliche Aufklärung über die Ermittlung der Preise für die Gesamtleistung zu verlangen (Ziffer 2.4 Nr. 42).

5681   Bei solchen Angeboten sind die Einzelansätze unter folgenden Gesichtspunkten objekt- und betriebsbezogen zu untersuchen:

„Lohnkosten" für eigene und fremde Arbeitskräfte darauf, ob

– der Zeitansatz pro Leistungseinheit bzw. Gesamtstundenzahl den bautechnisch erforderlichen Ansätzen entspricht,

– der Mittellohn und die lohnabhängigen einschließlich lohngebundenen Kosten sich im Rahmen der tarifvertraglichen Vereinbarungen und der gesetzlichen Verpflichtungen halten,

„Einzelstoffkosten" darauf, ob sie den üblichen Ansätzen entsprechen,

5682   „Baustellengemeinkosten" darauf, ob ausreichende Ansätze für alle gesetzlich (z.B. Umwelt-, Arbeits- und Unfallschutz), technisch und betriebswirtschaftlich notwendigen Aufwendungen enthalten sind. Trifft dies nicht zu, ist zu prüfen, ob der Bieter aus sachlich gerechtfertigten Gründen die Ansätze knapper als die übrigen Bieter kalkulieren konnte, beispielsweise deswegen, weil er rationellere Fertigungsverfahren anwendet oder über günstigere Baustoffbezugsquellen oder über Produktionsvorrichtungen verfügt, die andere Bieter nicht haben oder erst beschaffen müssen, oder weil sich sein Gerät bereits auf oder in der Nähe der Baustelle befindet. Die Prüfung hat sich ferner darauf zu erstrecken, inwieweit sich die Ansätze für die Gerätevorhaltekosten, für allgemeine Geschäfts- und Sonderkosten einschließlich Einzelwagnissen in wirtschaftlich vertretbarem Rahmen halten. Niedrige Ansätze begründen nicht ohne weiteres die Vermutung eines unangemessen niedrigen Preises, weil der Bieter Anlass haben kann, auf einzelne dieser Ansätze teilweise zu verzichten. In diesen Fällen ist daher lediglich zu prüfen, ob dem sachgerechte Erwägungen zugrunde liegen. Das Fehlen eines Ansatzes für Wagnis und Gewinn ist unbeachtlich.

5683   **107.7.2.4.10 Regelung des HVA B-StB 03/2006 zur Prüfung und Wertung der Angebote hinsichtlich Spekulation.** Sind Mängel (Fehler) in den Ausschreibungsunterlagen auszuschließen und liegt ein Angebot mit spekulativen Einheitspreisen preislich an erster Stelle, sind für dieses Angebot die für den Auftraggeber möglichen finanziellen Risiken zu ermitteln. Ist mit dem spekulativen Angebot ein hohes wirtschaftliches Risiko für den Auftraggeber verbunden, kann ein preislich teureres Angebot als das wirtschaftlichste Angebot gemäß § 25 Nr. 3 Abs. 3 VOB/A für den Zuschlag vorgesehen werden (Ziffer 2.4 Nr. 46).

5684   Können dagegen Mängel in den Ausschreibungsunterlagen (z.B. Fehler in der Mengenermittlung) nicht ausgeschlossen werden und liegt nach der bisherigen Prüfung und Wertung ein Angebot mit spekulativen Einheitspreisen preislich an erster Stelle, sind die aus dem Mangel in der Leistungsbeschreibung resultierenden wirtschaftlichen Auswirkungen für den Auftraggeber abzuschätzen. Dazu werden die Angebote der engeren Wahl mit den korrigierten Mengen und den Angebotspreisen neu berechnet. Ergibt sich dabei ein Wechsel des Mindestbietenden, ist zu prüfen, ob die Ausschreibung gemäß § 26 Nr. 1b) oder c) aufzuheben ist (Ziffer 2.4 Nr. 47).

107.7.2.5 Beweislast

5685   Der **Auftraggeber ist für das Vorliegen eines unangemessenen Verhältnisses zwischen Preis und Leistung darlegungs- und beweispflichtig.** Diese Wertung geht davon aus, dass es sich bei § 25 Nr. 3 VOB/A grundsätzlich um eine nicht die Bieter, sondern die Auftraggeber schützende Vorschrift handelt. Die so vorgenommene Verteilung der Beweislast lässt sich auf den Fall nicht anwenden, in dem sich nicht der Auftraggeber vor einem Niedrigangebot schützen will, sondern den Zuschlag auf dieses erteilen will. Eine Verlagerung der Beweislast auf einen diese Entscheidung anfechtenden Bieter wäre nicht sachgerecht, da dieser die (geheim zu haltenden) Kalkulationsgrundlagen des Angebots, auf das der Zuschlag erteilt werden soll, nicht einmal kennen darf. Der Wortlaut des § 25 Nr. 3 Abs. 2 VOB/A löst jedoch das Problem, denn er verpflichtet den Auftraggeber, sich bei einem unangemessen niedrig anmutenden Angebot beim Bieter nach den Gründen für das Abweichen des Preises zu erkundigen. Dies bedeutet aber logischerweise, dass die **Beweislast im Falle der Nachfrage auf diesen Bieter übergeht,** denn eine Nachfrage allein beseitigt den Anschein der Unwirtschaftlichkeit nicht. Der Bieter ist gehalten, dem Auftraggeber auf dessen Nachfrage schlüssig darzulegen, dass es sich bei seinem Angebot um die ausgeschriebene Leistung handelt. Alles Andere würde die zwingend in § 25 Nr. 3 Abs. 2 VOB/A normierte Nachfragepflicht zu einer Farce werden lassen. Der Auftraggeber muss durch die Auskunft des Bieters in die Lage versetzt werden, sich selbst und den Wettbewerb vor unangemessen niedrigen Angeboten zu schützen (1. VK Sachsen, B. v. 11. 10. 2001 – Az.: 1/SVK/98-01/SVK/ 98-01 g; im Ergebnis ebenso VK Thüringen, B. v. 9. 9. 2005 – Az.: 360-4002.20-009/05-SON).

Diese **Beweislastverteilung ist sachgerecht, weil nur der betreffende Bieter in der Lage ist, zur** (zweifelhaften) **Auskömmlichkeit seiner Kalkulation Stellung zu nehmen** und die dem Anschein nach berechtigten Bedenken der Vergabestelle zu entkräften (1. VK Bund, B. v. 20. 4. 2005 – Az.: VK 1-23/05). 5686

Ausnahmetatbestände hat der **konkurrierende Bieter selbst mit eigenständigen Tatsachen vorzutragen** (OLG Dresden, B. v. 6. 6. 2002 – Az.: WVerg 0005/02); gegebenenfalls können solche **auch aus den weiteren Umständen erkennbar** sein (VK Düsseldorf, B. v. 22. 10. 2003 – Az.: VK – 29/2003 – L; VK Bremen, B. v. 16. 7. 2003 – Az.: VK 12/03). 5687

107.7.2.6 Spekulationsangebote

Spekulationsangebote sind eine **besondere Ausprägung eines unangemessen hohen bzw. niedrigen Angebotes** (VK Baden-Württemberg, B. v. 20. 3. 2002 – Az.: 1 VK 4/02). Deshalb kann die unter RZ 5627 ff. dargestellte Rechtsprechung auch für Spekulationsangebote im Grundsatz herangezogen werden. 5688

107.7.2.6.1 Grundsatz. Spekulationsangebote und Spekulationspreise liegen dann vor, wenn der im Leistungsverzeichnis eingetragene Preis nicht ausreicht, den mit der einzelnen Leistung verbundenen Aufwand zu decken, oder bei denen der Preis deutlich über dem Wert liegt, der am Markt üblicherweise für eine Leistung der ausgeschriebenen Art erzielt werden kann. Erhofft sich ein Bieter größere Mengen als ausgeschrieben, so setzt er in Erwartung von Nachtragsaufträgen für diesen Positionen einen hohen Preis an. Geht der Bieter davon aus, dass sich die Menge der ausgeschriebenen Leistungen verringert, setzt er niedrigere Beträge an, weil er dann die Mindermengen dem Bauherrn vergüten müsste. Um bei hoch angesetzten Preisen für erwartete Mehrmengen die Chance auf den Auftrag nicht zu verschlechtern, reduziert er den Preis bei anderen Positionen, damit sein Angebot insgesamt das günstigste bleibt (Brandenburgisches OLG, B. v. 13. 9. 2005 – Az.: Verg W 9/05). 5689

Spekulative, das heißt in ihrer wirtschaftlichen Risikobelastung für den Bieter nicht abschließend geklärte **Angebote** sind, soweit sie nicht allein in wettbewerbsverdrängender Absicht erfolgen, **nicht grundsätzlich verboten** (Brandenburgisches OLG, B. v. 13. 9. 2005 – Az.: Verg W 9/05; OLG Dresden, B. v. 6. 6. 2002 – Az.: WVerg 0005/02; Thüringer OLG, Urteil vom 27. 2. 2002 – Az.: 6 U 360/01). 5690

Da die **Preisgestaltung ausschließlich Angelegenheit des Bieters** ist (BGH, B. v. 18. 5. 2004 – Az.: X ZB 7/04; 1. VK Sachsen, B. v. 27. 4. 2005 – Az.: 1/SVK/032-05), ist es also vom Grundsatz her **nicht zu beanstanden,** dass ein Bieter – gegebenenfalls unter Ausnutzung einer mangelhaften Leistungsbeschreibung oder besonderer Kenntnisse über die örtlichen Verhältnisse – **einzelne Einzelpreise abweichend von einem ordnungsgemäß ermittelten Preis anbietet.** Sie sind regelmäßig wertbar und können **allenfalls dann zu einer Nichtwertbarkeit führen, wenn zahlreiche Positionen mit Spekulationspreisen versehen sind.** Bestehen hierfür keine Anhaltspunkte, hat – selbst wenn es sich um einen spekulativen Preis handelt – das Angebot eines Bieters in der Wertung zu verbleiben (VK Rheinland-Pfalz, B. v. 10. 10. 2003 – Az.: VK 19/03). 5691

107.7.2.6.2 Wertung von Spekulationspreisen. 107.7.2.6.2.1 Rechtsprechung. Spekulationspreise können eine **Verpflichtung der Vergabestelle begründen,** ein für den Auftraggeber aus dieser Spekulation gegebenenfalls folgendes **wirtschaftliches Risiko zu prüfen,** um auch auf diese Weise ihrer Verpflichtung zur Vergabe auf das wirtschaftlichste Angebot zu genügen. In diesem Zusammenhang mögen auch „sachwidrig" kalkulierte Einzelpreise vergaberechtlich relevant werden, wenn zwar der angebotene Gesamtpreis angemessen ist (etwa weil unter- und überkalkulierte Einzelpreise sich kompensieren), aber **absehbar das Risiko der Verschiebung von „billigen" Leistungsanteilen zu für sich gesehen unangemessen hoch** 5692 kalkulierten anderen Leistungsteilen in der Auftragsabwicklung besteht, die Spekulation des Bieters also – jedenfalls auch – ins Kalkül zieht, dass er ohnehin Nachforderungen werde stellen können, die den Angebotsendpreis letztlich als unrealistisch erscheinen lassen mögen. Wenn der Auftraggeber dieses Risiko sieht, muss er ihm nachgehen und das „Gefahrenpotential" aufklären; er mag auch verpflichtet sein, bei der Prüfung der Wirtschaftlichkeit eines Angebots das Preisrisiko zu berücksichtigen, das im Fall von konkret zu erwartenden Mengenänderungen mit Spekulationsangeboten verbunden ist (OLG Dresden, B. v. 6. 6. 2002 – Az.: WVerg 0005/02).

5693   Der Auftraggeber ist **vergaberechtlich nicht verpflichtet, bei Ungewissheiten durch ein Spekulationsangebot zu Gunsten des spekulierenden Unternehmens** seine Hoffnung darauf zu setzen, dass die möglichen Nachforderungen sich in solchen Grenzen halten werden, dass die Preiswürdigkeit seines Angebots am Ende gewahrt bleibt. So können im Rahmen einer **Prognoseentscheidung** verschiedene spekulative Risiken eines Angebots in ihrer Gesamtheit sowohl in Bezug auf die Wahrscheinlichkeit ihrer Verwirklichung als auch hinsichtlich ihres möglichen Ausmaßes groß genug sein, um die anfängliche Preiswürdigkeit des Angebots zu kompensieren und den **Auftraggeber zu berechtigen, es nicht als das wirtschaftlichste einzustufen** (Brandenburgisches OLG, B. v. 13. 9. 2005 – Az.: Verg W 9/05; KG Berlin, B. v. 15. 3. 2004 – Az.: 2 Verg 17/03; VK Südbayern, B. v. 23. 8. 2004, Az.: 120.3-3194.1-48-07/04; Stemmer, IBR 2005, 233).

5694   Lässt sich eine Spekulationsabsicht des Bieters ausmachen, so kann dieser auf Stufe 2 der Wertung bei der Prüfung der Zuverlässigkeit des Bieters Relevanz zukommen. **Auf die Unzuverlässigkeit des Bieters kann z. B. geschlossen werden, wenn dieser die Unrichtigkeit des vom Auftraggebers aufgestellten Leistungsverzeichnisses erkennt, welches in einer Position weit überhöhte Mengenansätze enthält, auf diese Unwichtigkeit nicht hinweist, sondern statt dessen durch aus dem Rahmen fallende niedrige Einheitspreise eine günstige Stelle im Ausschreibungsverfahren zu erlangen sucht** (Brandenburgisches OLG, B. v. 13. 9. 2005 – Az.: Verg W 9/05).

5695   107.7.2.6.2.2 Literatur

– Konrad, Heinrich, Das Ende so genannter Spekulationsangebote bei öffentlichen Ausschreibungen nach der VOB/A, NZBau 2004, 524

– Stemmer, Darf bei spekulativer Preisbildung mit berichtigten Mengen gewertet werden?, IBR 2005, 233

5696   **107.7.2.6.3 Voraussetzungen für einen Angebotsausschluss. 107.7.2.6.3.1 Angebotsausschluss bei Mischkalkulationen.** Vgl. dazu die Kommentierung RZ 5338.

5697   Diese Rechtsprechung greift auch für den Fall, dass ein Bieter einen **prozentualen Anteil von Stoffkosten für eine spätere Wartung** z. B. sanitärer Anlagen **bereits in die Einheitspreise für die Montage übernimmt** (VK Hannover, B. v. 17. 11. 2004 – Az.: 26 045 – VgK 11/2004).

5698   **107.7.2.6.3.2 Sonstige Fallkonstellationen.** Die **Rechtsprechung** hierzu ist **nicht einheitlich**.

5699   **Erkennt ein Bieter, dass einzelne Positionen im Leistungsverzeichnis mit weit überhöhten Mengenansätzen ausgeschrieben sind und gibt er deshalb für diese Positionen weit aus dem Rahmen fallende niedrige Einheitspreise an, ohne den Auftraggeber entgegen den Bewerbungsbedingungen auf die Unrichtigkeit des Leistungsverzeichnisses hinzuweisen, ist er nicht ausreichend zuverlässig** im Sinne von § 25 Nr. 2 Abs. 1 VOB/A. Bedenken gegen die Vorgaben im Leistungsverzeichnis hat der einzelne Bieter im Ausschreibungsverfahren dem Auftraggeber mitzuteilen, damit dieser noch vor Zuschlag den Fehler beheben und zu einem ordnungsgemäßen Ende des Ausschreibungsverfahrens kommen kann. So weist bereits der erste Satz der Bewerbungsbedingungen darauf hin, dass der Bieter bei Unklarheiten des Leistungsverzeichnisses den Auftraggeber zu informieren hat. Dies muss erst recht für eine vom Bieter als fehlerhaft oder zweifelhaft angesehene Position des Leistungsverzeichnisses gelten. Der Bieter darf den Vertrag nicht unter dem geheimen Vorbehalt schließen, eine bestimmte Leistung gar nicht erbringen zu wollen. Erbringt er sie tatsächlich nicht, begeht er eine Vertragsverletzung, da er nach dem objektiven Erklärungswert seines Angebotes eine Leistung angeboten hat, welche dem Leistungsverzeichnis entspricht. Muss er sie aus irgendwelchen Gründen doch erbringen, sei es, wie hier möglich, weil sich die Witterungsverhältnisse anders entwickeln oder der Untergrund doch schlechter ist als angenommen, ist der Auftrag für ihn unwirtschaftlich (BayObLG, B. v. 18. 9. 2003 – Az.: Verg 12/03).

Nach einer anderen Auffassung kann es der Bieterseite auch nicht generell, sondern **allenfalls** 5700
**in außergewöhnlichen Sachverhaltsgestaltungen nach den Grundsätzen von Treu und
Glauben auferlegt werden, die Auftraggeber auf fehlerhaft oder zweifelhaft angesehene Positionen hinzuweisen,** ähnlich wie die Auftraggeber nach der Rechtsprechung des
Bundesgerichtshofs nur in engen Grenzen verpflichtet sind, die Bieter auf Kalkulationsirrtümer
hinzuweisen. Den Bietern kann generell nicht angesonnen werden, den Interessen der Marktgegenseite nur deshalb erhöhte Rücksichtnahme zukommen zu lassen, **weil es sich dabei um
öffentliche Auftraggeber handelt.** Diese können im Vergabewettbewerb keine wie auch
immer geartete Sonderbehandlung im Vergleich zu privaten Parteien beanspruchen. Die Gefahr
ihrer prinzipiellen unangemessenen Übervorteilung resultiert aus dieser Sicht nicht, weil der
Wettbewerb selbst und die damit verbundene Notwendigkeit, das preiswerteste Angebot abzugeben, um einen Auftrag zu erlangen, das immanente Korrektiv gegen eventuelle übermäßige
Preisspekulationen bietet (KG Berlin, B. v. 26. 2. 2004 – Az.: 2 Verg 16/03, B. v. 15. 3. 2004 –
Az.: 2 Verg 17/03).

Soweit es Angebote mit signifikanten Aufpreisungen bei einzelnen Einheiten betrifft, sind die 5701
**schützenswerten Interessen der öffentlichen Auftraggeber erst dann erheblich berührt, wenn die Gefahr besteht, dass sich das bei der Wertung vermeintlich wirtschaftlichste Angebot infolge der Aufpreisungen im Nachhinein auf Grund von abrechnungsfähigen Mehrmengen als nachteilig und letztlich teurer erweisen könnte,
als ein Angebot mit einem höheren Submissionspreis.** Ob diese Gefahr spekulativer
Übervorteilung der Vergabestelle besteht, ist regelmäßig im Rahmen einer Prognoseentscheidung zu beurteilen. Dabei dürfen sich der Auftraggeber oder die Nachprüfungsinstanzen nicht
mit bloßen Mutmaßungen zufrieden geben. Vielmehr müssen Umstände festgestellt werden
können, die mit einiger Wahrscheinlichkeit die Annahme rechtfertigen, dass es bei diesen Positionen zu erheblichen Nachforderungen kommen kann. Dabei ist das mutmaßliche finanzielle
Ausmaß der potentiellen überproportionalen Nachforderungen schon deshalb von erheblicher
Bedeutung, weil die befürchteten nachträglichen Verteuerungen auf Grund des Gebots zur
möglichst wirtschaftlichen Beschaffung in Beziehung zu setzen sind zu den Vorteilen, die
das auszuschließende Angebot auf Grund des preislichen Abstands zu demjenigen Angebot aufweist,
das an seiner Stelle angenommen werden soll. Außerdem ist zu prüfen, ob sich eventuell Vorteile auf Grund der vorgenommenen Abpreisungen bei anderen Positionen ergeben könnten (KG
Berlin, B. v. 26. 2. 2004 – Az.: 2 Verg 16/03, B. v. 15. 3. 2004 – Az.: 2 Verg 17/03).

Das KG Berlin hat deshalb die Frage dem Bundesgerichtshof nach § 124 GWB zur Entscheidung vorgelegt. 5702

107.7.2.6.4 Wertung von Spekulationspreisen bei Bedarfspositionen. Im Rahmen der 5703
Prognose über die Wirtschaftlichkeit des (Spekulations-)Angebots der Antragstellerin ist der
Auftraggeber berechtigt zu unterstellen, dass die Bedarfsposition in voller Höhe erforderlich werden kann. Es ist nicht zu beanstanden, wenn der Auftraggeber bei seiner Prüfung **gleichsam den schlimmsten Fall in den Blick nimmt.** Es ist lebensnah anzunehmen,
dass ein Bieter, der einen Auftrag erhalten hat, in dem er bestimmte Positionen spekulativ aufgepreist hat, bei der Bauausführung nach Kräften versuchen wird, daraus Nutzen zu ziehen (KG
Berlin, B. v. 15. 3. 2004 – Az.: 2 Verg 17/03; VK Hessen, B. v. 25. 8. 2004 – Az.: 69 d – VK –
52/2004).

107.7.3 Literatur

– Bechtolsheim, Caroline/Fichtner, Leonie, Stolperstein Angemessenheitsprüfung" – Die Prüfung von Auskömmlichkeit und Angemessenheit i. S. von § 25 Nr. 2 II und III VOL/A und 5704
§ 25 Nr. 3 I VOB/A unter Auswertung aktueller Rechtsprechung, VergabeR 2005, 574

107.8 4. Wertungsstufe: Auswahl des wirtschaftlichsten Angebots (§ 25 Nr. 3 Abs. 3)

In die engere Wahl kommen nur solche Angebote, die unter Berücksichtigung rationellen 5705
Baubetriebs und sparsamer Wirtschaftsführung eine einwandfreie Ausführung einschließlich
Mängelansprüche erwarten lassen. Unter diesen Angeboten soll der Zuschlag auf das Angebot
erteilt werden, das unter Berücksichtigung aller Gesichtspunkte, wie z. B. Qualität, Preis, technischer Wert, Ästhetik, Zweckmäßigkeit, Umwelteigenschaften, Betriebs- und Folgekosten, Rentabilität, Kundendienst und technische Hilfe oder Ausführungsfrist als das wirtschaftlichste erscheint. Der niedrigste Angebotspreis allein ist nicht entscheidend.

Teil 3 VOB/A § 25   Vergabe- und Vertragsordnung für Bauleistungen Teil A

5706   In § 25 Nr. 3 Abs. 3 sind im Zuge der VOB/A 2006 die beispielhaft aufgezählten Zuschlagskriterien dahingehend neu gefasst, dass Qualität, Preis, technischer Wert, Ästhetik, Zweckmäßigkeit, Umwelteigenschaften, Betriebs- und Folgekosten, Rentabilität, Kundendienst und technische Hilfe oder Ausführungsfrist genannt sind. Die **Regelung entspricht im Wesentlichen der Vorschrift des Art. 53 Abs. 1 Buchstabe a) der Vergabekoordinierungsrichtlinie.**

5707   § 25 Nr. 3 VOB/A und § 25 Nr. 3 decken sich inhaltlich im Wesentlichen mit § 97 Abs. 5. Deshalb erfolgt eine einheitliche Kommentierung dieser Wertungsstufe bei § 97 Abs. 5 GWB RZ 607.

107.9 Angebote mit Abweichungen von technischen Spezifikationen (§ 25 Nr. 4)

5708   Ein Angebot nach § 21 Nr. 2 ist wie ein Hauptangebot zu werten. Nach § 21 Nr. 2 darf eine Leistung, die von den vorgesehenen technischen Spezifikationen abweicht, angeboten werden, wenn sie mit dem geforderten Schutzniveau in Bezug auf Sicherheit, Gesundheit und Gebrauchstauglichkeit gleichwertig ist. Die Abweichung muss im Angebot eindeutig bezeichnet sein. Die Gleichwertigkeit ist mit dem Angebot nachzuweisen.

107.9.1 Sinn und Zweck der Vorschrift

5709   Die Nachweispflicht gemäß § 21 Nr. 2 Satz 3 VOB/A **dient dem Schutz des Auftraggebers und der Erleichterung der Prüfung von Änderungsvorschlägen der Bieter.** Der Auftraggeber soll in die Lage versetzt werden, rasch und zuverlässig die fachliche Geeignetheit (Gleichwertigkeit) eines Nebenangebots zu beurteilen (OLG Düsseldorf, B. v. 4. 7. 2001 – Az.: Verg 20/01).

5710   § 21 Nr. 2 Satz 3 ist eine **Muss-Vorschrift** (VK Schleswig-Holstein, B. v. 19. 1. 2005 – Az.: VK-SH 37/04).

107.9.2 Begriff der technischen Spezifikation

5711   Zum Begriff der technischen Spezifikation vgl. die Kommentierung zu § 9 VOB/A RZ 4189.

107.9.3 Eindeutige Bezeichnung der Abweichung im Angebot

5712   Bei Vorliegen einer Abweichung der „technischen Spezifikation" fordert § 21 Nr. 2 Satz 2 VOB/A die **eindeutige Bezeichnung der Abweichung im Angebot.** Der **Bieter muss nicht nur darlegen, dass er etwas anders macht, sondern auch, was genau er anders macht.** Die eindeutige Bezeichnung der Abweichung ist nämlich Grundbedingung für die Prüfung des abweichenden Angebots durch den Auftraggeber (VK Südbayern, B. v. 23. 10. 2001 – Az.: 34-09/01). In den betreffenden Angebotspositionen, den davon erfassten Positionsgruppen, dem jeweiligen Abschnitt oder unter Umständen im ganzen Angebot ist eindeutig und klar verständlich zu sagen, dass eine Abweichung von den technischen Spezifikationen vorliegt und worin sie liegt (VK Lüneburg, B. v. 21. 10. 2004 – Az.: 203-VgK-47/2004). Der **pauschale Hinweis** im Angebotsschreiben, „systembedingt (seien) naturgemäß Abweichungen in der Technik vorhanden", **genügt nicht** (OLG Koblenz, B. v. 15. 5. 2003 – Az.: 1 Verg. 3/03).

107.9.4 Nachweis der Gleichwertigkeit

107.9.4.1 Zeitpunkt des Nachweises

5713   Nach **§ 21 Nr. 2 Satz 3** VOB/A, der als **Muss-Vorschrift** zu verstehen ist, ist der nach der genannten Bestimmung erforderliche **Nachweis der Gleichwertigkeit** der abweichenden Leistung mit dem geforderten Schutzniveau in Bezug auf Sicherheit, Gesundheit und Gleichwertigkeit **zusammen mit der Angebotsabgabe** zu erbringen, um Transparenz, Nachprüfbarkeit und Diskriminierungsfreiheit des Verfahrens zu gewährleisten. Liegt die Gleichwertigkeit nicht auf der Hand, bedarf es also eines Nachweises der Gleichwertigkeit schon zusammen mit dem Angebot, um der Antragsgegnerin die notwendige Prüfung zu ermöglichen (BayObLG,

B. v. 21. 11. 2001 – Az.: Verg 17/01). Die **Nachweise sind dem Angebot beizufügen,** da es sonst nicht vollständig ist. **Unterlässt** der Bieter den Nachweis, so ist sein **Angebot unvollständig und aus diesem Grund aus der Wertung auszuschließen** (Brandenburgisches OLG, B. v. 12. 11. 2002 – Az.: Verg W 16/02; VK Münster, B. v. 17. 6. 2005 – Az.: VK 12/05; VK Schleswig-Holstein, B. v. 19. 1. 2005 – Az.: VK-SH 37/04; 1. VK Sachsen, B. v. 8. 7. 2004 – Az.: 1/SVK/042-04; 2. VK Bund, B. v. 24. 4. 2003 – Az.: VK 2-18/03, B. v. 17. 1. 2002 – Az.: VK 2-46/01). Nur wenn die oben genannten Voraussetzungen gegeben sind, ist nach § 25 Nr. 4 VOB/A das Angebot als Hauptangebot zu werten (VK Rheinland-Pfalz, B. v. 8. 5. 2002 – Az.: VK 8/02; VK Nordbayern, B. v. 15. 2. 2002 – Az.: 320.VK-3194-02/02).

107.9.4.2 Inhaltliche Anforderungen

Ob die Abweichung gewertet werden kann, hängt davon ab, ob sie dem Vorschlag der ausschreibenden Stelle in **qualitativer Hinsicht entspricht.** In der Regel kann ein Sondervorschlag nur dann zum Zuge kommen, wenn er **unter Abwägung aller technischer und wirtschaftlicher gegebenenfalls auch gestalterischer und funktionsbedingter Gesichtspunkten annehmbarer ist als der Auftraggebervorschlag.** Annehmbarer heißt, dass der Bietervorschlag entweder eine bessere Lösung darstellt und nicht teurer ist oder eine gleichwertige Lösung darstellt und preislich günstiger ist (VK Baden-Württemberg, B. v. 21. 5. 2001 – Az.: 1 VK 7/01). 5714

107.9.4.3 Ausnahmen

Ist der öffentliche **Auftraggeber** im Vergabeverfahren **sachverständig beraten, bestätigt** der **Berater die grundsätzliche Gleichwertigkeit** der Abweichung der technischen Spezifikation und gehen sowohl der Auftraggeber als auch der Bieter aufgrund ihrer eigenen oder durch Berater vermittelten Fachkunde übereinstimmend davon aus, dass die **Abweichung von der technischen Spezifikation der Vorgabe des Leistungsverzeichnisses sachlich gleichwertig** ist, darf der Auftraggeber auf den an sich vorgeschriebenen Nachweis einer Gleichwertigkeit selbst ausnahmsweise verzichten (OLG Düsseldorf, B. v. 4. 7. 2001 – Az.: Verg 20/01; VK Schleswig-Holstein, B. v. 19. 1. 2005 – Az.: VK-SH 37/04). 5715

107.9.5 Prüfungspflicht des Auftraggebers

107.9.5.1 Grundsatz

Der **Auftraggeber muss** ein Angebot mit Abweichungen von den technischen Spezifikationen **mit einer den Umständen angemessenen Sorgfalt und Genauigkeit prüfen,** ob die Abweichungen von den technischen Spezifikationen technisch gleichwertig sind (VK Südbayern, B. v. 23. 10. 2001 – Az.: 34-09/01). Eine **Einzelfallprüfung für jede Einzelposition** ist, unter Umständen unter Hinzuziehung von Beratern und Sachverständigen entsprechend § 7 VOB/A, zwingende Voraussetzung für die fehlerfreie Bewertung der technischen Gleichwertigkeit (1. VK Sachsen, B. v. 7. 10. 2003 – Az.: 1/SVK/111-03, B. v. 3. 4. 2002 – Az.: 1/SVK/020-02, B. v. 8. 4. 2002 – Az.: 1/SVK/022-02). 5716

Zu **eigenen Nachforschungen über die technische Gleichwertigkeit** bei Fehlen des Nachweises ist er jedoch **nicht verpflichtet** (VK Südbayern, B. v. 23. 10. 2001 – Az.: 34-09/01; VK Halle, B. v. 27. 8. 2001 – Az.: VK Hal 13/01). Entscheidend ist, ob der Auftraggeber in der Lage ist, die (mögliche) Annehmbarkeit **beim ersten Vergleich der Angebote und Nebenvorschläge abschätzen zu können,** ohne direkt in Aufklärungsgespräche einsteigen zu müssen (VK Düsseldorf, B. v. 7. 6. 2001 – Az.: VK – 13/2001 – B). 5717

107.9.5.2 Firmenbroschüren und Produktkataloge

Firmenbroschüren sind hinsichtlich technischer Einzelheiten **in der Regel nicht aussagekräftig** und genügen den Anforderungen des § 21 Nr. 2 VOB/A nicht. Ein **Produktkatalog ist ebenfalls kein Nachweis im Sinne von § 21 Nr. 2 VOB/A, wenn er eine Vielzahl** von Produktangaben und technischen Daten zu allen möglichen Produktvarianten und Typen, die einem System zugeordnet werden und eingebaut werden können, **enthält** und **wenn sich daraus nicht ergibt, welche konkreten Typen mit dem in der Leistungsanforderung geforderten technischen Daten vergleichbar und gleichwertig sind,** wenn es also keine Verbindung zwischen dem Produktkatalog, dem Leistungsverzeichnis und dem Angebot gibt, es vielmehr dem Auftraggeber überlassen bleibt, sich die Angaben selbst aus dem Pro- 5718 duktkatalog herauszusuchen und mit dem Angebot abzugleichen (VK Münster, B. v. 17. 6. 2005 – Az.: VK 12/05).

107.9.5.3 Beispiele aus der Rechtsprechung zum Prüfungsumfang

5719
- an einer solchen Prüfung der Gleichwertigkeit fehlt es, wenn **weder ein vom Auftraggeber beauftragtes Büro in seiner Zuarbeit noch der Auftraggeber selbst** für alle abweichenden Positionen nachvollziehbar ausführen, aus welchen Gründen die technischen Abweichungen akzeptabel sind. **Lapidare und formelhafte Begründungen** („trotz der Abweichung wird auf Grund jahrelanger Praxiserprobung dieser Maschinen und der Erreichung guter Ergebnisse von einer technischen Gleichwertigkeit ausgegangen") **genügen nicht** (1. VK Sachsen, B. v. 3. 4. 2002 – Az.: 1/SVK/020-02, B. v. 8. 4. 2002 – Az.: 1/SVK/022-02)

- zu einer **Prüfung** eines Alternativfabrikats **auf Gleichwertigkeit gehört eine Gegenüberstellung der Anforderungen des Leistungsverzeichnisses**, gegebenenfalls der Eigenschaften des Leitfabrikats, **mit den diesbezüglichen Eigenschaften des Alternativfabrikats**, das heißt, dass alle Eigenschaften, die Bezug zu Gebrauchstauglichkeit, Sicherheit und Gesundheit haben, verglichen werden müssen (VK Brandenburg, B. v. 26. 2. 2003 – Az.: VK 77/02)

107.9.6 Beispiele aus der Rechtsprechung zu Abweichungen von Spezifikationen

5720
- da der Bieter nicht nachgewiesen hat, dass **PEX-Rohrleitungen gleichwertig mit den ausgeschriebenen Kupferrohrleitungen** sind, ist das Angebot auszuschließen (1. VK Bund, B. v. 4. 3. 2003 – Az.: VK 1-05/03)

- nennt das Leistungsverzeichnis **Mindestabmessungen** für einzelne Leistungsteile, ist daraus unmissverständlich erkennbar, dass diese **Leistungsteile auch größer sein dürfen.** Machen Bieter von dieser, im Leistungsverzeichnis eingeräumten Möglichkeit Gebrauch, beinhaltet das Angebot daher nicht eine „geringfügig abweichende technische Spezifikation" (1. VK Bund, B. v. 1. 3. 2002 – Az.: VK 1-3/02)

- beruft sich ein Auftraggeber rechtmäßigerweise darauf, dass er die **Krankenhausbaurichtlinie anzuwenden hat,** welche als Dämmstoff nicht brennbare Baustoffe fordert, darf er ein Nebenangebot, welches lediglich schwer entflammbare Baustoffe anbietet, von der Wertung ausschließen. Dies ist selbst dann der Fall, wenn die vom Bieter angebotene Konstruktion eine objektiv niedrigere Brandlast (in Übereinstimmung mit der Flachdachrichtlinie) hat, z.B. Ausschreibung einer teilweise bekiesten, teilweise begrünten Betondachkonstruktion (1. VK Sachsen, B. v. 16. 7. 2001 – Az.: 1/SVK/68-01)

- bietet ein Unternehmen **anstelle eines die ganze Baustelle abdeckenden ortsfesten Gerüsts ein verziehbares Arbeits- und Schutzgerüst** an, entstehen dadurch, dass das angebotene Gerüst nicht während der gesamten Bauausführung auf der gesamten Länge der Baustelle vorhanden ist, und dadurch, dass das Gerüst verschoben werden muss, Sicherheitseinbußen gegenüber dem ausgeschriebenen Gerüst; damit ist das **Nebenangebot im Schutzniveau nicht gleichwertig** (VK Münster, B. v. 22. 8. 2002 – Az.: VK 07/02)

- der Bieter muss die **Gleichwertigkeit der Materialien durch Prüfzeugnisse, Gutachten, Qualitätszertifikate etc. nachweisen** (OLG Rostock, B. v. 20. 8. 2003 – Az.: 17 Verg 9/03)

107.9.7 Richtlinie des VHB 2002 zu Abweichungen von technischen Spezifikationen

5721
Ein Angebot mit einer Leistung, die von den vorgesehenen technischen Spezifikationen abweicht, aber mit dem geforderten Schutzniveau in Bezug auf Sicherheit, Gesundheit und Gebrauchstauglichkeit gleichwertig ist, ist nicht als Nebenangebot, sondern als Hauptangebot zu behandeln. Das Angebot muss gewertet werden (zu § 21 Ziffer 3).

107.10 Wertung von Nebenangeboten (§ 25 Nr. 5 Satz 1)

5722
Nebenangebote sind zu werten, es sei denn, der Auftraggeber hat sie in der Bekanntmachung oder in den Vergabeunterlagen nicht zugelassen. **Nebenangebote sollen dem Auftraggeber die Kenntnis von anderen, ihm nicht bekannten oder von ihm nicht bedachten Aus-**

führungsmöglichkeiten vermitteln (OLG Celle, B. v. 21. 8. 2003 – Az.: 13 Verg 13/03). Grundsätzlich kann es also **erwünscht sein,** dass Bieter im **Blick auf den geforderten Leistungsumfang hinsichtlich von Kosten und Nutzen Ideen entwickeln und im Rahmen von Nebenangeboten Einsparungspotentiale anbieten,** die eine andere Ausführung der Bauleistung abweichend von der Ausschreibung vorschlagen (VK Baden-Württemberg, B. v. 18. 10. 2005 – Az.: 1 VK 62/05; B. v. 2. 8. 2005 – Az.: 1 VK 43/05).

107.10.1 Hinweis

Vgl. zu dem Begriff des Nebenangebotes, den möglichen Inhalten sowie zum Ausschluss von Nebenangeboten die Kommentierung zu § 10 VOB/A RZ 4356 ff. 5723

107.10.2 Formvorschriften für Nebenangebote (§ 21 Nr. 3, § 25 Nr. 1 Abs. 2)

Vgl. insoweit die Kommentierung RZ 5609. 5724

107.10.3 Prüfungsstufen für ein Nebenangebot

Bei Nebenangeboten ist **zunächst** zu prüfen, ob **Nebenangebote überhaupt vom Auftraggeber zugelassen** sind. Danach ist zu prüfen, ob das **Nebenangebot die vorgegebenen Mindestbedingungen erfüllt.** Dabei ist im nächsten Schritt zu klären, ob das **Nebenangebot in der Fassung der Angebotsabgabe den Nachweis der Gleichwertigkeit erbracht** hat. Erst danach ist in einer vierten Stufe zu untersuchen, ob die **behauptete Gleichwertigkeit auch objektiv gegeben** ist. Erst am Schluss dieses Prüfkanons ist die **Vergleichsprüfung** vorzunehmen, ob sich das Nebenangebot gegenüber dem wirtschaftlichsten Hauptangebot oder anderen – wertbaren – Nebenangeboten als **wirtschaftlicher/vorteilhafter** darstellt (1. VK Sachsen, B. v. 23. 5. 2003 – Az.: 1/SVK/030-03). 5725

Die Wertung eines Nebenangebots erfordert also einen **zusätzlichen, bei Hauptangeboten nicht erforderlichen Prüfungsschritt:** Festzustellen ist, ob das Nebenangebot im Verhältnis zu den Vorgaben des Leistungsverzeichnisses und den daraufhin abgegebenen Hauptangeboten **qualitativ und quantitativ gleichwertig** ist (OLG Naumburg, B. v. 8. 2. 2005 – Az.: 1 Verg 20/04; VK Hessen, B. v. 16. 7. 2004 – Az.: 69 d – VK – 39/2004; 1. VK Bund, B. v. 26. 3. 2002 – Az.: VK 1-07/02, B. v. 19. 4. 2002 – Az.: VK 1-09/02). 5726

107.10.4 Beurteilungsspielraum bei der Wertung und Grenzen der Überprüfbarkeit der Entscheidung

Hinsichtlich der **Wertung von Nebenangeboten** ist der Vergabestelle ein **objektiver und subjektiver Beurteilungsspielraum** eingeräumt (OLG Hamm, B. v. 25. 10. 2005 – Az.: 24 U 39/05; OLG Naumburg, B. v. 8. 2. 2005 – Az.: 1 Verg 20/04; VK Baden-Württemberg, B. v. 18. 10. 2005 – Az.: 1 VK 62/05; B. v. 25. 5. 2005 – Az.: 1 VK 25/05; 2. VK Brandenburg, B. v. 21. 9. 2005 – Az.: 2 VK 54/05; VK Lüneburg B. v. 19. 4. 2005 – Az.: VgK-11/2005). Zwar gilt grundsätzlich, dass die Auslegung und Anwendung von unbestimmten Rechtsbegriffen einer vollständigen Nachprüfung unterliegt. Sofern aber im Einzelfall bei der Wertung von Angeboten ein Beurteilungsspielraum bzw. eine Bewertungsprärogative besteht, **können die Vergabekammer bzw. der Vergabesenat nicht ihre Wertung an die Stelle der Wertung der Vergabestelle setzen.** Dann wird lediglich geprüft, ob die **Verwaltung die gesetzlichen Grenzen eingehalten und dem Zweck der Ermächtigung entsprechend Gebrauch gemacht** hat. Im Blick auf § 25 Nr. 3 Abs. 3 VOB/A ergibt sich, dass es um die Gesamtschau zahlreicher, die Entscheidung beeinflussender Einzelumstände und somit um eine Wertung geht, die im Gegensatz zur Anwendung bloßer Verfahrensregeln der VOB/A bzw. der VOL/A einen angemessenen Beurteilungsspielraum voraussetzt. Hiernach ist bei der **Wertung von Nebenangeboten** eine **Überschreitung des gegebenen Bewertungsspielraums nur dann** anzunehmen, wenn das **vorgeschriebene Verfahren nicht eingehalten** wird, **nicht von einem zutreffenden und vollständig ermittelten Sachverhalt ausgegangen** wird, **sachwidrige Erwägungen in die Wertung einbezogen** werden oder der sich im Rahmen der Beurteilungsermächtigung haltende **Beurteilungsmaßstab nicht zutreffend angewandt** wird (VK Schleswig-Holstein, B. v. 17. 3. 2006 – Az.: VK-SH 02/06; B. v. 3. 11. 2004 – Az.: VK-SH 28/04; VK Berlin, B. v. 29. 6. 2004 – Az.: VK – B 1-24/04; 1. VK Sachsen, B. v. 26. 1. 2004 – Az.: 1/SVK/161-03, B. v. 4. 7. 2003 – Az.: 1/SVK/073-03, 1/SVK/073-03 g; VK Baden- 5727

Teil 3 VOB/A § 25   Vergabe- und Vertragsordnung für Bauleistungen Teil A

Württemberg, B. v. 18. 10. 2005 – Az.: 1 VK 62/05; B. v. 25. 5. 2005 – Az.: 1 VK 25/05; B. v. 23. 6. 2003 – Az.: 1 VK 28/03, B. v. 20. 3. 2002 – Az.: 1 VK 4/02, B. v. 7. 3. 2003 – Az.: 1 VK 06/03, 1 VK 11/03; 2. VK Bremen, B. v. 19. 2. 2003 – Az.: VK 2/03; VK Rheinland-Pfalz, B. v. 4. 6. 2002 – Az.: VK 14/02, B. v. 7. 3. 2002 – Az.: VK 2/02; VK Hessen, B. v. 14. 3. 2002 – Az.: 69 d – VK 07/2002; B. v. 16. 7. 2004 – Az.: 69 d – VK – 39/2004).

107.10.5 Wertungskriterien für Nebenangebote

107.10.5.1 Allgemeines

5728   In der Vergangenheit gab es eine sehr umfangreiche Rechtsprechung dazu, unter welchen inhaltlichen Voraussetzungen Nebenangebote zu werten sind. Im Ergebnis kreist die Diskussion immer darum, **ob Nebenangebote zu dem Hauptangebot gleichwertig sind**. Das **Merkmal der Gleichwertigkeit findet sich allerdings weder in den Basisparagraphen noch in den a-Paragraphen;** es ist lediglich in § 21 Nr. 2 für die Fallgruppe der Abweichung von technischen Spezifikationen erwähnt; solche Abweichungen von technischen Spezifikationen gelten aber nach § 25 Nr. 4 gerade nicht als Nebenangebot (ein instruktives Beispiel für die Parallelität der Gleichwertigkeitsprüfung findet sich in der Entscheidung des Brandenburgischen Oberlandesgerichtes, B. v. 20. 8. 2002 – Az.: Verg W 6/02).

107.10.5.2 Rechtsprechung des Europäischen Gerichtshofes

5729   Nach der Rechtsprechung des Europäischen Gerichtshofes ist ein öffentlicher Auftraggeber, der nicht ausgeschlossen hat, dass Änderungsvorschläge vorgelegt werden, **verpflichtet, in den Verdingungsunterlagen die Mindestanforderungen zu erläutern, die diese Änderungsvorschläge erfüllen müssen**. Denn nur eine Erläuterung in den Verdingungsunterlagen ermöglicht den Bietern in gleicher Weise die Kenntnis von den Mindestanforderungen, die ihre Änderungsvorschläge erfüllen müssen, um vom Auftraggeber berücksichtigt werden zu können. Es geht dabei um eine **Verpflichtung zur Transparenz, die die Beachtung des Grundsatzes der Gleichbehandlung der Bieter gewährleisten soll,** der bei jedem von der Richtlinie erfassten Vergabeverfahren für Aufträge einzuhalten ist. Hat der Auftraggeber entgegen Art. 24 Abs. 3 der Vergabekoordinierungsrichtlinie keine Angaben zu Mindestanforderungen gemacht, **kann** folglich **ein Nebenangebot selbst dann nicht berücksichtigt werden, wenn die Änderungsvorschläge nicht,** wie in Art. 24 Abs. 2 vorgesehen, in der Bekanntmachung **für unzulässig erklärt worden** sind (EuGH, Urteil vom 16. 10. 2003 – Az.: C-421/01; OLG Düsseldorf, B. v. 29. 3. 2006 – Az.: VII – Verg 77/05; B. v. 27. 4. 2005 – Az.: VII – Verg 23/05; VK Nordbayern, B. v. 4. 10. 2005 – Az.: 320.VK – 3194-30/05; B. v. 11. 8. 2005 – Az.: 320.VK-3194-25/05; B. v. 21. 7. 2004 – Az.: 320.VK – 3194-24/04). Der **allgemeine Hinweis des Auftraggebers auf das Erfordernis einer Gleichwertigkeit des Nebenangebots mit dem Hauptangebot genügt nicht** (OLG Düsseldorf, B. v. 29. 3. 2006 – Az.: VII – Verg 77/05).

5730   Für **Vergaben ab den Schwellenwerten** der VOB/A ist diese Rechtsprechung über die Regelungen der §§ 10a Buchstabe f), 10b Nr. 2, 25a Nr. 3, 25b Nr. 3 in die neue VOB/A 2006 eingefügt worden. Für **Ausschreibungen unterhalb der Schwellenwerte** soll diese **Rechtsprechung damit nicht gelten.**

107.10.5.3 Konsequenzen aus der Rechtsprechung des Europäischen Gerichtshofes

5731   107.10.5.3.1 Grundsatz. Es ist damit nicht mehr zulässig – zumindest für Ausschreibungen ab den Schwellenwerten – Nebenangebote überhaupt zu prüfen oder werten, wenn der Auftraggeber versäumt hat, die **Mindestanforderungen zu erläutern, die diese Nebenangebote erfüllen müssen** (OLG Koblenz, B. v. 31. 5. 2006 – Az.: 1 Verg 3/06; Schleswig-Holsteinisches OLG, B. v. 15. 2. 2005 – Az.: 6 Verg 6/04; OLG München, B. v. 11. 8. 2005 – Az.: Verg 012/05; B. v. 15. 7. 2005 – Az.: Verg 014/05; B. v. 5. 7. 2005 – Az.: Verg 009/05; BayObLG, B. v. 22. 6. 2004 – Az.: Verg 013/04; VK Münster, B. v. 10. 3. 2006 – Az.: VK 2/06; B. v. 25. 1. 2006 – Az.: VK 23/05; 1. VK Sachsen, B. v. 9. 1. 2006 – Az.: 1/SVK/149-05; VK Münster, B. v. 21. 12. 2005 – Az.: VK 25/05; 1. VK Bund, B. v. 30. 9. 2005 – Az.: VK 1-122/05; VK Südbayern, B. v. 10. 6. 2005 – Az.: 20-04/05, B. v. 3. 5. 2005 – Az.: 15-03/05, B. v. 23. 8. 2004, Az.: 120.3-3194.1-48-07/04; VK Arnsberg, B. v. 13. 6. 2006 – Az.: VK 15/06; B. v. 16. 8. 2005 – Az.: VK 14/2005; B. v. 16. 8. 2005 – Az.: VK 13/2005; VK Düsseldorf, B. v. 8. 8. 2005 – Az.: VK-07/2005-B; 2. VK Bund, B. v. 25. 4. 2005 – Az.: VK 2-21/05; VK Brandenburg, B. v. 18. 10. 2005 – Az.: 2 VK 56/05; B. v. 5. 4. 2005 – Az.: VK 9/05; B. v. 1. 3.

2005 – Az.: VK 8/05; B. v. 28. 2. 2005 – VK 02/05; VK Lüneburg, B. v. 19. 4. 2005 – Az.: VgK-11/2005; VK Thüringen, B. v. 1. 11. 2004 – Az.: 360-4002.20-033/04-MGN; VK Nordbayern, B. v. 7. 11. 2005 – Az.: 320.VK – 3194-35/05; B. v. 4. 10. 2005 – Az.: 320.VK – 3194-30/05; B. v. 11. 8. 2005 – Az.: 320.VK-3194-25/05; B. v. 18. 1. 2005 – Az.: 320.VK – 3194-54/04; B. v. 2. 12. 2004 – Az.: 320.VK – 3194-47/04; B. v. 24. 8. 2004 – Az.: 320.VK – 3194-30/04; B. v. 6. 8. 2004 – Az.: 320.VK – 3194-26/04).

Ebenso ist die Rechtsprechung der Vergabesenate und Vergabekammern aus der Vergangenheit zur Wertung von Nebenangeboten für Ausschreibungen ab den Schwellenwerten nur sehr eingeschränkt verwertbar. 5732

107.10.5.3.2 Notwendigkeit der Erläuterung der technischen Mindestanforderungen? Streitig ist in der Rechtsprechung, ob zur Erfüllung der vom Europäischen Gerichtshof aufgestellten Forderung genügt, **ob – lediglich – formale Mindestanforderungen** oder **ob auch technische Mindestanforderungen formuliert werden müssen.** 5733

Der **Auftraggeber, der von bestimmten technischen Entwicklungen oder neuen Produkten auf dem Markt keine Kenntnis hat, kann eine Leistungsbeschreibung gar nicht formulieren,** die diese Möglichkeiten einbezieht. Das bedeutet, dass der Bieter sein Nebenangebot selbst so planen und kalkulieren muss, dass es keine unabwägbaren Risiken wie z. B. das Mengen- und Preis- oder Realisierungsrisiko enthält. Folgt man der Gegenansicht, würde das Risiko der Leistungsbeschreibung für Nebenangebote dem öffentlichen Auftraggeber zugemutet, was letztlich dazu führen würde, dass **aufgrund mangelnder Kenntnis von neuen Produkten oder Entwicklungen Nebenangebote nicht mehr zugelassen werden könnten,** wenn der öffentliche Auftraggeber diese nicht schon bei Erstellung der Leistungsbeschreibung im Blick gehabt hätte. **Eine derartige Betrachtung würde dem Zweck von Nebenangeboten zuwiderlaufen und ist daher vom EuGH auch so nicht formuliert worden** (VK Lüneburg, B. v. 22. 3. 2006 – Az.: VgK-05/2006; B. v. 20. 3. 2006 – Az.: VgK-04/2006; B. v. 27. 5. 2005 – Az.: VgK-23/2005; B. v. 20. 5. 2005 – Az.: VgK-18/2005; B. v. 3. 5. 2005 – Az.: VgK-14/2005; B. v. 19. 4. 2005 – Az.: VgK-11/2005; B. v. 11. 1. 2005 – Az.: 203-VgK-55/2004; B. v. 6. 12. 2004 – Az.: 203-VgK-50/2004; 2. VK Bund, B. v. 25. 4. 2005 – Az.: VK 2-21/05; VK Schleswig-Holstein, B. v. 3. 11. 2004 – Az.: VK-SH 28/04). 5734

Die durch Artikel 24 Abs. 4 VKR geforderten Mindestanforderungen **sollen lediglich gewährleisten, dass sich die Bieter über den Rahmen klar sind, in dem sie von den Festlegungen für das Hauptangebot abweichen dürfen und mit einer Akzeptanz ihrer Nebenangebote rechnen können.** Dazu bedarf es grundsätzlich **keiner Festlegung von Mindestbedingungen in Form eines „Schattenleistungsverzeichnisses" für Nebenangebote** (VK Lüneburg, B. v. 22. 3. 2006 – Az.: VgK-05/2006; B. v. 20. 3. 2006 – Az.: VgK-04/2006). 5735

Nach anderer Auffassung **müssen die Vergabeunterlagen auch technische Mindestanforderungen enthalten** (OLG Koblenz, B. v. 31. 5. 2006 – Az.: 1 Verg 3/06; BayObLG, B. v. 22. 6. 2004 – Az.: Verg 13/04). **Rein formelle Vorgaben in den Verdingungsunterlagen, die bei der Abgabe von Nebenangeboten einzuhalten sind, genügen nicht,** z. B. Vorgaben zur äußeren Form des Nebenangebots (deutliche Kennzeichnung als Nebenangebot, umfassende Beschreibung etc.) und inwieweit sie auch ohne die Abgabe eines Hauptangebots zugelassen sind. Dem Transparenzgrundsatz ist jedoch nur dann gedient, wenn ein Mindestmaß an inhaltlichen Vorgaben, denen die Nebenangebote entsprechen müssen, in den Verdingungsunterlagen enthalten ist (OLG Koblenz, B. v. 31. 5. 2006 – Az.: 1 Verg 3/06; OLG München, B. v. 5. 7. 2005 – Az.: Verg 009/05; VK Münster, B. v. 10. 3. 2006 – Az.: VK 2/06; B. v. 25. 1. 2006 – Az.: VK 23/05; VK Nordbayern, B. v. 7. 11. 2005 – Az.: 320.VK – 3194-35/05; VK Düsseldorf, B. v. 8. 8. 2005 – Az.: VK-07/2005-B; 2. VK Bund, B. v. 25. 4. 2005 – Az.: VK 2-21/05; 1. VK Bund, B. v. 30. 9. 2005 – Az.: VK 1-122/05; B. v. 24. 3. 2005 – Az.: VK 1-14/05; VK Brandenburg, B. v. 18. 10. 2005 – Az.: 2 VK 56/05; B. v. 1. 3. 2005 – Az.: VK 8/05; B. v. 21. 12. 2004 – Az.: VK 64/04). 5736

Da der europäische Gesetzgeber und der EuGH den Grundsätzen der Transparenz und Chancengleichheit aller Bieter die **höchste Priorität** einräumen, ist der **Einwand der mangelnden Praktikabilität** aufgrund eines erheblichen zusätzlichen Planungsaufwandes durch die Vergabestelle in diesem Zusammenhang zurückzuweisen. Auch die **Problematik, dass die Forderung von Mindestbedingungen für Nebenangebote dem Sinn und Zweck des Vergabeverfahrens entgegenstünden,** da sonst kostengünstige und innovative Unternehmen nicht mehr zum Zug kämen, ist vor diesem Hintergrund **hinzunehmen** (OLG Koblenz, B. v. 31. 5. 2006 – Az.: 1 Verg 3/06; VK Düsseldorf, B. v. 8. 8. 2005 – Az.: VK-07/2005-B). 5737

Teil 3 VOB/A § 25 Vergabe- und Vertragsordnung für Bauleistungen Teil A

5738 Die **Zielvorstellung des nationalen Rechts (Praktikabilität) ist nicht die der europäischen Vergaberichtlinie.** Ihr geht es vielmehr um die **Verpflichtung zur Transparenz und die Gewährleistung der Gleichbehandlung aller Bieter.** Diese **Bestrebung ist als vorrangig zu akzeptieren.** Entscheidend ist daher der Gesichtspunkt, dass alle an der Abgabe von Nebenangeboten interessierten Bieter mit denselben Vorgaben umgehen und nur diejenigen Berücksichtigung finden sollen, die mit ihren Angeboten die aufgestellten Anforderungen erfüllen. Nur in diesem Rahmen kann der Zweck der nationalen Vorschriften noch Berücksichtigung finden (OLG Koblenz, B. v. 31. 5. 2006 – Az.: 1 Verg 3/06).

5739 Die in dem **Formblatt EVM(B) BWB/E 212 des Vergabehandbuches enthaltenen Bedingungen** für die Einreichung von Nebenangeboten stellen nach dieser Auffassung **solche Anforderungen nicht dar** (1. VK Bund, B. v. 30. 9. 2005 – Az.: VK 1-122/05; VK Brandenburg, B. v. 5. 4. 2005 – Az.: VK 9/05; B. v. 1. 3. 2005 – Az.: VK 8/05; B. v. 28. 2. 2005 – VK 02/05).

5740 Es kann **auch nicht auf die Anforderungen zurückgegriffen werden, welche das Leistungsverzeichnis aufstellt.** Denn das Leistungsverzeichnis befasst sich nur mit den Anforderungen, welche an das Hauptangebot gestellt werden. Hingegen ist es Sinn eines Nebenangebotes, eine vom Hauptangebot abweichende Lösung vorzuschlagen. Würde man also die Mindestanforderungen an Nebenangebote mit den Anforderungen an Hauptangebote gleichstellen, könnte es keine Nebenangebote mehr geben, weil diese dem Leistungsverzeichnis gerade nicht entsprechen. Das **Argument, es sei der Vergabestelle in der Praxis unmöglich, im Vorhinein alle Kriterien anzugeben,** da sie nicht wisse und auch nicht wissen könne, in welchen Punkten Alternativen angeboten würden, **greift nicht durch.** Denn der Auftraggeber ist in der Lage, diese Erwartungen an die ausgeschriebene Leistung und die in den einzelnen Unterpunkten enthaltenen Leistungsbeschreibungen zu formulieren. In der **Ausschreibung einer Bauleistung dürfte vor allem das vom Auftraggeber erwartete Ergebnis zu formulieren sein** (1. VK Bund, B. v. 30. 9. 2005 – Az.: VK 1-122/05).

5741 Einen **vermittelnden – und eher praxisgerechten – Ansatz** wählt die VK des Bundes im Einzelfall. Ein Auftraggeber kommt den Anforderungen des § 24 Vergabekoordinierungsrichtlinie nach, wenn er **fordert, dass ein Nebenangebot den Konstruktionsprinzipien und den vom Auftraggeber vorgesehenen Planungsvorgaben entsprechen muss.** Dies ist ausreichend. Weitergehende Anforderungen an Mindestbedingungen sind aus der Rechtsprechung des EuGH nicht ableitbar. Sinn eines Nebenangebotes ist es, eine vom Hauptangebot abweichende Lösung vorzuschlagen. Damit sollen im Vergabeverfahren innovative Vorschläge berücksichtigt werden können, über welche die Vergabestelle zum Zeitpunkt der Ausschreibung naturgemäß keine weitergehenden Vorstellungen hat. Eine weitergehende Aufnahme von technischen Mindestanforderungen beispielsweise für einzelne Bestandteile des Leistungsverzeichnisses würde den Auftraggeber, der schließlich bereits ein bestimmtes Planungskonzept aufgestellt hat, überfordern. Es bleibt ihm hinsichtlich der Festlegung von Mindestbedingungen für Nebenangebote nur die Möglichkeit, die Gleichwertigkeit mit den allgemeinen Planungsvorgaben und Konstruktionsprinzipien festzuschreiben. **Anderenfalls bliebe die Kreativität eines Bieters, über ein Nebenangebot ein anderes (günstigeres) Verfahren oder andere Teile vorzuschlagen, auf der Strecke** (2. VK Bund, B. v. 25. 4. 2005 – Az.: VK 2-21/05; B. v. 14. 12. 2004 – Az.: VK 2-208/04; ähnlich 2. VK Brandenburg, B. v. 18. 10. 2005 – Az.: 2 VK 56/05).

5742 Ähnlich argumentiert das Schleswig-Holsteinische OLG (B. v. 15. 2. 2005 – Az.: 6 Verg 6/04), wenn es fordert, dass die Angabe von Mindestbedingungen **nur dort erforderlich** ist, wo **Nebenangebote eine Anforderung betreffen, die nicht schon aus dem Kontext der Verdingungsunterlagen heraus hinreichend klar bestimmbar** sind.

5743 Ähnlich argumentiert auch die VK Arnsberg mit der **Bewertung, dass der Auftraggeber nur dazu verpflichtet sein kann, die für ihn erkennbaren Rahmen zu umreißen, den die gewünschte Leistung benötigt** (VK Arnsberg, B. v. 13. 6. 2006 – Az.: VK 15/06; B. v. 16. 8. 2005 – Az.: VK 13/2005).

5744 Ähnlich argumentiert auch die VK Münster. Eine Vergabestelle ist nicht verpflichtet, positiv alle möglichen Gesichtspunkte aufzuführen, die von einem Nebenangebot erfüllt werden sollen. Dies kann sie in der Regel auch nicht und dies würde auch dazu führen, dass die Bieter keine innovativen Vorschläge zum Entwurf der ausschreibenden Stelle mehr machen können. Vielmehr ist es völlig ausreichend, wenn eine **Vergabestelle eine „Negativabgrenzung" macht, indem sie klarstellt, welche Besonderheiten oder Mindestanforderungen ein Nebenangebot erfüllen soll.** In diesem Sinne hat der öffentliche Auftraggeber in seinen Verdingungsunterlagen aus Gründen der Transparenz und Gleichbehandlung zu erläutern, welche grundlegenden Anforderungen die Nebenangebote erfüllen müssen. Schließlich **bestimmt der Artikel 24 der Vergabekoordinierungsrichtlinie lediglich, dass Mindestanforderungen gestellt werden, aber es wird nicht verlangt, dass ein öffentlicher Auftraggeber „Mindestinhalte" für Nebenangebote positiv formuliert und diese den Bietern vorgibt** (VK Münster, B. v. 25. 1. 2006 – Az.: VK 23/05). Folgende Hinweise für Nebenangebote erfüllen diese Voraussetzung:

- wenn im Nebenangebot die Ausführungsfrist geändert werden sollte, dann ist aber der Fertigstellungstermin zu beachten;
- die Kostensumme im Nebenangebot ist wie im Hauptangebot nach Einzelpreisen aufzugliedern;
- rechtsverbindliche Unterschrift im Nebenangebot und eine Massengarantie;
- andere Rohr- und Schachtmaterialien (wie im Entwurf der ausschreibenden Stelle) werden nicht zugelassen

(VK Münster, B. v. 10. 3. 2006 – Az.: VK 2/06; B. v. 21. 12. 2005 – Az.: VK 25/05).

Soweit für die ausgeschriebenen Leistungen gesetzliche Bestimmungen bzw. Rechtsverordnungen gelten (z. B. KrW-/AbfG, BImSchG, BBodSchG; Berufsgenossenschaftliches Regelwerk (BGR)), **bedarf es deren Angabe (Wiederholung) als „Mindestbedingungen" in den Ausschreibungsunterlagen nicht.** Der Auftraggeber ist auch **nicht gehalten, die aus allgemein geltenden öffentlich-rechtlichen Vorschriften abzuleitenden Prozess- oder Produktanforderungen in der Ausschreibung zu benennen** (Schleswig-Holsteinisches OLG, B. v. 5. 4. 2005 – Az.: 6 Verg 1/05).

Die Voraussetzungen der Rechtsprechung des EuGH werden **durch Runderlasse, die bestimmte konkrete Anforderungen z. B. im baulichen oder umweltschutztechnischen Bereich stellen, erfüllt** (OLG Düsseldorf, B. v. 7. 1. 2005 – Az.: VII – Verg 106/04). Es **genügt auch ein Baugrund- und Gründungsgutachten** (VK Baden-Württemberg, B. v. 2. 8. 2005 – Az.: 1 VK 43/05).

Die **„Bewerbungsbedingungen Bauleistungen" der Deutschen Bahn AG (dort Ziff. 4.4: „Das Nebenangebot muss den Konstruktionsprinzipien und den vom Auftraggeber vorgesehenen Planungsvorgaben entsprechen."**) im Zusammenhang mit der Leistungsbeschreibung erfüllen ebenfalls die Vorgaben der Rechtsprechung des EuGH, wenn für einen verständigen Bieter aufgrund der umfangreichen Anforderungen in der Leistungsbeschreibung (Einhaltung der Vorgaben eines Planfeststellungsbeschlusses, umfangreiche Vorgaben in Bezug auf Abmessungen, Baustoffe, Entwässerungen etc,) erkennbar ist, welchen baulichen und konstruktiven Anforderungen ein etwaiges Nebenangebot zu entsprechen hat (1. VK Bund, B. v. 14. 7. 2005 – Az.: VK 1-50/05).

Nach Auffassung der 3. VK des Bundes wird der **Rechtsprechung des EuGH dadurch Rechnung getragen, dass es sich bei den Nebenangeboten um technische Nebenangebote handeln muss.** Bei dieser Forderung handelt es sich nicht nur um Vorgaben zur äußeren Form der abzugebenden Nebenangebote. Die Auftraggeber macht mit der Forderung nach technischen Nebenangeboten vielmehr eine Vorgabe zur Ausgestaltung und Konzeption des Nebenangebots – und damit zum Inhalt desselben –, dem Nebenangebote mindestens genügen müssen (3. VK Bund, B. v. 4. 5. 2005 – Az.: VK 3-22/05).

107.10.5.3.3 Notwendigkeit der Erläuterung der kaufmännischen Mindestanforderungen? Art. 24 VKR unterscheidet nicht zwischen der Art der Nebenangebote. Deswegen ist es grundsätzlich unerheblich, ob es sich bei einem Nebenangebot um eine technische oder kaufmännische Abweichung von den Verdingungsunterlagen handelt. **Auch bei kaufmännischen Nebenangeboten sind bereits in der Vergabebekanntmachung oder in den Verdingungsunterlagen die Mindestbedingungen zu erläutern** (VK Brandenburg, B. v. 1. 3. 2005 – Az.: VK 8/05; VK Nordbayern, B. v. 11. 2. 2005 – Az.: 320.VK-3194-55/04; B. v. 22. 12. 2004 – Az.:320.VK – 3194-49/04).

107.10.5.3.4 Notwendigkeit der Prüfung der gesamten Vergabeunterlagen. Jedenfalls ist der **Umfang der Benennung der Mindestanforderungen in wirtschaftlicher, technischer oder formaler Hinsicht nicht festgelegt. Entscheidend** für den EuGH und für die europäische Norm ist die **Erkennbarkeit für den Bieter.** Diese **ergibt sich aus** dem Wortlaut sowohl der europäischen Richtlinien als auch der Entscheidung selbst aus **den (gesamten) Vergabe – und Verdingungsunterlagen** (VK Arnsberg, B. v. 16. 8. 2005 – Az.: VK 13/2005; B. v. 16. 8. 2005 – Az.: VK 13/2005).

Teil 3 VOB/A § 25   Vergabe- und Vertragsordnung für Bauleistungen Teil A

5752 **107.10.5.3.5 Notwendigkeit der separaten Festlegung bei losweiser Ausschreibung.** Bejaht man die Notwendigkeit der Festlegung von technischen Mindestanforderungen an Nebenangebote, bedarf es **für eine aus mehreren Losen bestehende Ausschreibung einer separaten Festlegung von Mindestanforderungen,** wenn durch ihre Zulassung Leistungspositionen anderer Lose betroffen sein können (VK Brandenburg, B. v. 5. 4. 2005 – Az.: VK 9/05; B. v. 28. 2. 2005 – VK 02/05).

5753 **107.10.5.3.6 Literatur**

- Freise, Harald, Mindestanforderungen an Nebenangebote, – Das „Aus" für Nebenangebote oberhalb der Schwellenwerte? -, NZBau 2006, 548
- Müller-Stoy, Der Einfluss des Europäischen Gerichtshofes auf das deutsche Vergaberecht in Bausachen, ibr-online 12/2004 (www.ibr-online.de/2007-11) (einschließlich einer intensiven Auseinandersetzung mit den Argumenten, die aus Sicht der Vergabepraxis gegen eine umfassende Umsetzung der Rechtsprechung des EuGH sprechen)
- Wagner, Volkmar/Steinkemper, Ursula, Bedingungen für die Berücksichtigung von Nebenangeboten und Änderungsvorschlägen, NZBau 2004, 253

107.10.5.4 Rechtsprechung vor und nach der Entscheidung des Europäischen Gerichtshofes

5754 **107.10.5.4.1 Gleichwertigkeit eines Nebenangebotes. 107.10.5.4.1.1 Inhalt der Gleichwertigkeit.** Für die Frage der Gleichwertigkeit eines angebotenen Fabrikats im Verhältnis zum ausgeschriebenen Fabrikat ist **in erster Linie auf die sonstige allgemeine Leistungsbeschreibung abzustellen;** denn mit ihr bringt der Auftraggeber für die Bieter erkennbar zum Ausdruck, auf welche Leistungsmerkmale es ihm wesentlich ankommt (BayObLG, B. v. 29. 4. 2002 – Az.: Verg 10/02; VK Schleswig-Holstein, B. v. 17. 3. 2006 – Az.: VK-SH 02/06; VK Südbayern, B. v. 24. 6. 2004 – Az.: 37-05/04).

5755 **Ansonsten kommt es nicht darauf an, ob einzelne Eigenschaften von Produkten voneinander abweichen oder nicht. Vielmehr ist insoweit eine Gesamtbetrachtung vorzunehmen.** Andernfalls ist, da eine vollständige Gleichwertigkeit in allen Bereichen und hinsichtlich aller Eigenschaften bei nahezu keinem Produkt zu erreichen sein wird, die vertraglich vorausgesetzte Gleichwertigkeit eines verwandten Produkts mit dem Leitprodukt in den überwiegenden Fällen nicht zu erzielen (OLG Naumburg, Urteil v. 15. 3. 2005 – Az.: 9 U 135/04).

5756 **107.10.5.4.1.2 Anforderungen an die Gleichwertigkeit. 107.10.5.4.1.2.1 Grundsatz.** Ein Nebenangebot kann nur berücksichtigt werden, wenn er **im Vergleich zur ausgeschriebenen Leistung annehmbarer** ist. Annehmbarer heißt, dass der **Bietervorschlag entweder eine bessere Lösung darstellt und nicht teuerer ist oder eine gleichwertige Lösung darstellt und preislich günstiger** ist (VK Nordbayern, B. v. 6. 2. 2003 – Az.: 320.VK-3194-01/03) oder das Alternativangebot die **Qualität der ausgeschriebenen Bauleistung sogar noch übertrifft,** dabei aber preislich im Rahmen des Hauptangebots bleibt (VK Baden-Württemberg, B. v. 23. 4. 2002 – Az.: 1 VK 16/02, B. v. 8. 1. 2002 – Az.: 1 VK 46/01).

5757 Nach der Definition der VK Brandenburg ist in der Regel davon auszugehen, dass ein **Bietervorschlag nur dann zum Zuge** kommen kann, wenn er **unter Abwägung aller technischen und wirtschaftlichen, gegebenenfalls auch gestalterischen und funktionsbedingten Gesichtspunkten wirtschaftlicher ist als der Auftraggebervorschlag,** wobei es hinsichtlich der Wirtschaftlichkeit nicht nur auf die Baukosten, sondern **auch auf die Folgekosten** (zum Beispiel Unterhaltungskosten, Betriebskosten, Lebensdauer) **ankommt** (VK Brandenburg, B. v. 26. 3. 2002 – Az.: VK 3/02; instruktiv VK Schleswig-Holstein, B. v. 19. 1. 2005 – Az.: VK-SH 37/04).

5758 Das Nebenangebot muss auch den **Zweck, den der Auftraggeber mittels der nachgefragten Leistung erreichen will, erfüllen.** Dabei geht es entscheidend um die Frage, ob das Nebenangebot, so wie es vorliegt, mit hinreichender Sicherheit geeignet ist, dem Willen des Auftraggebers in allen technischen und wirtschaftlichen Einzelheiten gerecht zu werden (VK Schleswig-Holstein, B. v. 17. 3. 2006 – Az.: VK-SH 02/06; 1. VK Sachsen, B. v. 23. 1. 2004 – Az.: 1/SVK/160-03, B. v. 10. 3. 2003 – Az.: 1/SVK/012-03, B. v. 5. 11. 2002 – Az.: 1/SVK/096-02; VK Baden-Württemberg, B. v. 29. 10. 2002 – Az.: 1 VK 50/02; VK Brandenburg, B. v. 26. 3. 2002 – Az.: VK 3/02).

5759 Ein Nebenangebot kann auch nur dann gleichwertig sein, wenn die angebotene und von den Vorgaben abweichende Leistung in **tatsächlicher wie technischer und rechtlicher Hinsicht**

Vergabe- und Vertragsordnung für Bauleistungen Teil A VOB/A § 25 **Teil 3**

durchführbar ist (VK Brandenburg, B. v. 29. 5. 2002 – Az.: VK 19/02; 1. VK Bund, B. v. 26. 3. 2002 – Az.: VK 1-07/02).

107.10.5.4.1.2.2 Qualitative und quantitative Gleichwertigkeit. Nebenangebote müssen einem Hauptangebot qualitativ und quantitativ gleichwertig sein. 5760

Als **nicht quantitativ gleichwertig** sind Nebenangebote zu bezeichnen, die einen **geringeren als den vom Auftraggeber vorgesehenen Leistungsumfang zum Inhalt** haben (VK Nordbayern, B. v. 30. 9. 2004 – Az.: 320.VK – 3194-39/04; B. v. 6. 2. 2003 – Az.: 320.VK3194-01/03). 5761

Eine **qualitative Gleichwertigkeit** ist nicht schon dadurch gegeben, dass mit dem Alternativangebot lediglich der Zweck der nachgefragten Leistung erreicht werden kann. Vielmehr ist die Alternative dahingehend zu prüfen, ob sie den **Mindestbedingungen des Leistungsverzeichnisses entspricht.** Eine Gleichwertigkeit zum Vorschlag der ausschreibenden Stelle kann nur dann festgestellt werden, wenn die Alternative die verbindlichen qualitativen Vorgaben des Leistungsverzeichnisses erfüllt (Thüringer OLG, B. v. 18. 3. 2004 – Az.: 6 Verg 1/04; VK Schleswig-Holstein, B. v. 17. 3. 2006 – Az.: VK-SH 02/06; VK Baden-Württemberg, B. v. 2. 8. 2005 – Az.: 1 VK 43/05; VK Nordbayern, B. v. 6. 4. 2004 – Az.: 320.VK-3194-09/04). 5762

Nebenangebote dürfen daher auch **nicht von verbindlichen Festlegungen des Leistungsverzeichnisses,** die für Haupt- und Nebenangebote gleichermaßen gelten, **abweichen**. Die Verbindlichkeit kann sich durch Auslegung der Verdingungsunterlagen oder aus allgemeinen Erwägungen ergeben. Bieter, die ein zugelassenes Nebenangebot abgeben, müssen dies berücksichtigen und im Zweifel um Klarstellung bitten (OLG Naumburg, B. v. 8. 2. 2005 – Az.: 1 Verg 20/04). 5763

107.10.5.4.1.2.3 Abmagerungsangebote. „Abmagerungsangebote", die gegenüber dem Hauptangebot lediglich einen geänderten Leistungsumfang aufweisen, sind **unzulässig,** weil nicht gleichwertig. Nebenangebote, die quantitativ nicht gleichwertig sind, dürfen darüber hinaus vom Auftraggeber nicht gewertet werden, da diese den Wettbewerb verzerren. Dies deshalb, da nicht auszuschließen ist, dass andere Bieter bei Kenntnis des entsprechend veränderten Leistungsumfangs günstigere Angebote abgegeben hätten. Nur für den Fall, dass eine Wettbewerbsverzerrung mit Sicherheit ausgeschlossen werden kann, darf ein solcher Bietervorschlag gewertet werden (OLG Hamm, B. v. 25. 10. 2005 – Az.: 24 U 39/05; VK Baden-Württemberg, B. v. 2. 8. 2005 – Az.: 1 VK 43/05; VK Südbayern, B. v. 9. 9. 2003 – Az.: 38-08/03, B. v. 5. 8. 2003, Az.: 29-07/03). 5764

Um kein abgemagertes Nebenangebot handelt es sich demgegenüber, wenn sich aus der Leistungsbeschreibung erkennen lässt, dass **Überkapazitäten gefordert** werden, und ein **Bieter** daraufhin nicht diese Überkapazität anbietet, sondern **den geschuldeten Erfolg mit einem geringeren Aufwand anbietet** und damit denselben Leistungsumfang mit weniger Aufwand realisiert (VK Baden-Württemberg, B. v. 23. 2. 2004 – Az.: 1 VK 03/04). 5765

107.10.5.4.1.2.4 Veränderung der Standards einer Ausschreibung. Eine **einsetzende Wettbewerbsverzerrung** kann gegeben sein, wenn **durch einen Bieter Standards der Leistung verändert** werden und die dadurch veränderte Leistung der Konkurrenzsituation der anderen Bieter entzogen wird, also nicht festgestellt werden kann, welche Angebote die Konkurrenten bei von vornherein geänderten Standards abgegeben hätten. Eine **Zulassung solcher Abweichungen von den Standards würde zu einem willkürlichen Verhalten,** d. h. einer **freien Entscheidung des Auftraggebers** führen, die zu einer Ungleichbehandlung der Teilnehmer am Vergabeverfahren führen würde (OLG Hamm, B. v. 25. 10. 2005 – Az.: 24 U 39/05; VK Schleswig-Holstein, B. v. 17. 3. 2006 – Az.: VK-SH 02/06; VK Baden-Württemberg, B. v. 2. 8. 2005 – Az.: 1 VK 43/05; B. v. 15. 5. 2003 – Az.: 1 VK 20/03). 5766

107.10.5.4.1.2.5 Sonstige nachteilige Nebenangebote. Im Nebenangebot dargelegte technische Vorschläge, die den gestellten Anforderungen zwar grundsätzlich genügen, aber **in anderer Hinsicht,** etwa bezüglich **Störungsanfälligkeit, Wartungsintensität oder Verschleiß,** hinter dem Vorschlag der ausschreibenden Stelle zurückbleiben, sind damit nicht gleichwertig (VK Baden-Württemberg, B. v. 29. 10. 2002 – Az.: 1 VK 50/02). 5767

107.10.5.4.1.2.6 Massenänderungen. Da es bei einer **bloßen Reduzierung von Mengenansätzen des Leistungsverzeichnisses (definitionsgemäß) an einem gleichwertigen Nebenangebot fehlt,** müssen die (verringerten) Mengenansätze in einem Nebenangebot erkennbar gemacht und der technische Weg zu ihrer Realisierung bei Angebotsabgabe erläutert werden. Zwar können sich Massenreduzierungen als Folge eines technisch durchdachten Nebenangebotes ergeben. Der Bieter muss die Vergabestelle dann aber darüber aufklären, dass die 5768

1067

Teil 3 VOB/A § 25   Vergabe- und Vertragsordnung für Bauleistungen Teil A

Einsparungen auf der gewählten Alternativkonstruktion und nicht auf bloßen Mengenreduzierungen beruhen, so dass sie von dem Verwaltungsvorschlag nicht in gleicher Weise erzielt werden können. Andernfalls wäre der Auftraggeber nicht in der Lage, eine bloße Massenreduzierung auszuschließen. Auf mögliche und vorhersehbare Bedenken und Einwände der Vergabestelle muss der Bieter aber bereits bei Abgabe des Angebots eingehen. Das setzt voraus, dass die **Masseneinsparungen transparent gemacht und erklärt werden.** Eine Wertung eines Nebenangebots kann deshalb daran scheitern, dass der Bieter nicht alle Angaben, die zur Feststellung der Gleichwertigkeit erforderlich waren, bei Angebotsabgabe gemacht hat. Soweit ein Bieter verspätet vorträgt, die erzielten Masseneinsparungen seien Folge des von ihm gewählten technischen Konzeptes, muss er sich darauf verweisen lassen, dass er eben dies in der Erläuterung ihres Nebenangebots bei Angebotsabgabe hätte darlegen und eine bloße Mengenreduzierung ausschließen müssen (OLG Frankfurt, B. v. 26. 3. 2002 – Az.: 11 Verg 3/01).

5769   **107.10.5.4.1.2.7 Ausführung nach Wahl des Auftragnehmers.** Die Einbeziehung eines Nebenangebotes in die Wertung nach § 25 Nr. 5 VOB/A bzw. § 25 Nr. 4 VOL/A setzt voraus, dass sich der Auftraggeber ein klares Bild über die im Rahmen eines Nebenangebotes vorgesehene Ausführung machen kann. Nebenangebote müssen so gestaltet sein, dass der Auftraggeber in der Lage ist, diese zu prüfen und zu werten. Bei der Auslegung des Nebenangebotes ist folglich gemäß den §§ 133, 157 BGB auf den Empfängerhorizont des Auftraggebers abzustellen. **Enthält das Nebenangebot die Formulierung „nach Wahl des Auftragnehmers", ist das Nebenangebot aus Sicht des Auftraggebers zu unbestimmt und darf nicht gewertet werden** (1. VK Sachsen, B. v. 21. 5. 2004 – Az.: 1/SVK/036-04; B. v. 14. 12. 2001 – Az.: 1/SVK/123-01).

5770   **107.10.5.4.1.2.8 Gänzlich unterschiedliche Leistungsinhalte.** Haben konkurrierende Angebote nach Art oder Umfang **gänzlich unterschiedliche Leistungsinhalte** zum Gegenstand, so ist einem wirtschaftlichen Vergleich der Boden entzogen, weil es an einer gemeinsamen Bezugsgröße fehlt (Thüringer OLG, B. v. 19. 3. 2004 – Az.: 6 U 1000/03; B. v. 18. 3. 2004 – Az.: 6 Verg 1/04).

5771   **107.10.5.4.1.2.9 Teilweise unterschiedliche Leistungsinhalte.** Fasst ein Bieter in einem Nebenangebot Teilleistungen aus verschiedenen Losen zusammen und hält er sich im Übrigen bewusst nicht an die Gliederung des Hauptangebotes und **bietet er damit eine eigene, abgeschlossene Leistung an,** die nach Auffassung des Bieters vollständiger und weniger problematisch als den Losen getrennte Ausschreibung, ist **die Vergabestelle weder verpflichtet, das unvollständige Angebot,** z. B. durch die Hereinnahme von Leistungsteilen durch andere Bieter **zu vervollständigen noch darf sie** durch Verhandlungen im Rahmen des § 24 VOB/A **inhaltlich unklare oder unvollständige Angebote präzisieren oder vervollständigen.** Nebenangebote müssen aus sich heraus so gestaltet sein, dass der Auftraggeber anhand des von ihm erstellten Leistungsverzeichnisses ohne weiteres in der Lage ist, das Angebot zu prüfen und zu werten, insbesondere auch festzustellen, ob die Gleichwertigkeit vorliegt (VK Hessen, B. v. 20. 10. 2004 – Az.: 69 d – VK – 62/2004).

5772   **107.10.5.4.1.2.10 Beispiele aus der Rechtsprechung**
- der Planung der Innenraumgestaltung von Gebäuden liegt in aller Regel ein **gestalterisches Gesamtkonzept** zu Grunde, das **grundsätzlich keine beliebigen Abweichungen von den Farbvorgaben bei Bodenbelägen erlaubt;** deswegen kann ein Nebenangebot wegen Abweichung von der vorgeschriebenen Farbgebung ausgeschlossen werden (OLG Naumburg, B. v. 8. 2. 2005 – Az.: 1 Verg 20/04)
- ein **Nebenangebot, das von der Vorgabe „fabrikneues Material",** die eindeutig, verbindlich und daher weder für die Auftraggeber selbst noch für die Bieter disponibel ist, **abweicht, darf nicht gewertet** werden (VK Lüneburg, B. v. 12. 10. 2004 – Az.: 203-VgK-45/2004)
- schreibt ein Auftraggeber Stabparkett aus und wird alternativ ein Hochkantlamellenparkett angeboten, ist dieses Nebenangebot nicht gleichwertig (VK Nordbayern, B. v. 6. 4. 2004 – Az.: 320.VK-3194-09/04).
- bei **verbindlich vorgegebenen Vertragsstrafenregelungen** können und dürfen sich die Bieter darauf einstellen, dass **Nebenangebote ohne Vertragsstrafenregelungen nicht zulässig** sind (VK Lüneburg, B. v. 21. 9. 2004 – Az.: 203-VgK-42/2004)

5773   **107.10.5.4.1.3 Darlegung der Gleichwertigkeit. 107.10.5.4.1.3.1 Umfassende Darlegung.** Die **Gleichwertigkeit** muss **soweit dargelegt** werden, dass **der Auftraggeber sie ohne besondere Schwierigkeit prüfen kann** (1. VK Sachsen, B. v. 9. 1. 2006 – Az.:

1/SVK/149-05; B. v. 6. 4. 2005 – Az.: 1/SVK/022-05; 1. VK Brandenburg, B. v. 24. 11. 2005
– Az.: 1 VK 69/05; VK Hessen, B. v. 1. 11. 2005 – Az.: 69 d VK – 68/2005; VK Baden-Württemberg, B. v. 18. 10. 2005 – Az.: 1 VK 62/05; B. v. 2. 8. 2005 – Az.: 1 VK 43/05; B. v. 25. 5. 2005 – Az.: 1 VK 25/05; 3. VK Bund, B. v. 22. 3. 2005 – Az.: VK 3-13/05; 2. VK Mecklenburg-Vorpommern, B. v. 27. 11. 2001 – Az.: 2 VK 15/01). Weicht das Nebenangebot in technischer Hinsicht vom Hauptangebot ab, ist es Aufgabe des Bieters, die Gleichwertigkeit durch entsprechende Unterlagen wie Prüfzeugnisse, Gutachten, Qualitätszertifikate etc. nachzuweisen (VK Baden-Württemberg, B. v. 18. 10. 2005 – Az.: 1 VK 62/05; B. v. 2. 8. 2005 – Az.: 1 VK 43/05; B. v. 25. 5. 2005 – Az.: 1 VK 25/05; B. v. 15. 5. 2003 – Az.: 1 VK 20/03; VK Brandenburg, B. v. 21. 12. 2004 – Az.: VK 64/04). Dabei ist die **Darlegung der Gleichwertigkeit nicht auf die Feststellung einer abstraktgenerellen Eignung** für die alternativ angebotene technische Lösung zur Durchführung des Bauvorhabens zu beschränken, so dass es nicht nur z. B. auf die grundsätzliche Verwendbarkeit von z. B. zwei unterschiedlichen Materialien – duktiles Gusseisen und Polyethylen – in der Wasserversorgung ankommt. **Maßgeblich ist die Gesamtschau aller wertbildenden Kriterien,** zu denen neben dem technischen Wert und dem Preis **insbesondere auch die Betriebs- und Folgekosten** gehören. Dementsprechend muss die Beschreibung des Nebenangebots es dem Auftraggeber ermöglichen, im Vergleich der Lösung des Nebenangebots mit der ausgeschriebenen Hauptleistung die **relativen Vor- und Nachteile unter allen maßgeblichen Gesichtspunkten** zu erkennen (OLG Koblenz, B. v. 5. 9. 2002 – Az.: Verg 4/02; Brandenburgisches OLG, B. v. 12. 11. 2002 – Az.: Verg W 16/02; VK Hessen, B. v. 1. 11. 2005 – Az.: 69 d VK – 68/2005; 2. VK Brandenburg, B. v. 21. 9. 2005 – Az.: 2 VK 54/05).

107.10.5.4.1.3.2 Analoge Anwendung des § 9. Die Verantwortung für die Vollständigkeit der Unterlagen zur Prüfung der Gleichwertigkeit liegt in der Zuständigkeit des Bieters. Stets ist der Zusammenhang zu den Hauptangeboten herzustellen, so dass die Vergabestelle eine eindeutige und nachprüfbare Zuschlagsentscheidung treffen kann. Dazu ist eine **klare und in sich geschlossene übersichtliche und erschöpfende Beschreibung des Nebenangebots zwingend erforderlich** (VK Nordbayern, B. v. 21. 5. 2003 – Az.: 320.VK-3194-14/03, 320.VK-3194-15/03; VK Schleswig-Holstein, B. v. 5. 8. 2004 – Az.: VK-SH 19/04; VK Hannover, B. v. 15. 11. 2002 – Az.: 26 045 – VgK – 15/2002). Im Besonderen müssen die Leistungsangaben des Bieters den Anforderungen entsprechen, wie sie für das umgekehrte Verhältnis in Teil A **§ 9 VOB/A bzw. § 8 VOL/A** festgelegt sind (VK Südbayern, B. v. 3. 9. 2003 – Az.: 36-08/03, B. v. 30. 8. 2002 – Az.: 29-07/02). Den Bieter treffen damit **bei Erstellung von Nebenangeboten die gleichen Pflichten wie sie gemäß § 9 VOB/A bzw. § 8 VOL/A an den Auftraggeber bei Abfassung der Leistungsbeschreibung zu stellen sind** (OLG Koblenz, B. v. 29. 8. 2003 – Az.: 1 Verg 7/03, B. v. 15. 5. 2003, Az.: 1 Verg 3/03, B. v. 5. 9. 2002 – Az.: Verg 4/02; 3. VK Bund, B. v. 22. 3. 2005 – Az.: VK 3-13/05; VK Baden-Württemberg, B. v. 2. 8. 2005 – Az.: 1 VK 43/05, B. v. 7. 4. 2004 – Az.: 1 VK 13/04, B. v. 15. 5. 2003 – Az.: 1 VK 20/03; VK Hannover, B. v. 5. 2. 2004 – Az.: 26 045 – VgK 15/2003; 1. VK Bund, B. v. 25. 3. 2003 – Az.: VK 1-11/03; VK Thüringen, B. v. 8. 4. 2003 – Az.: 216-4002.20-002/03-J-S; VK Südbayern, B. v. 3. 5. 2005 – Az.: 15-03/05; B. v. 5. 9. 2002 – Az.: 35-07/02; VK Nordbayern, B. v. 22. 12. 2004 – Az.: 320.VK – 3194-49/04; B. v. 28. 10. 2002 – Az.: 320.VK-3194-32/02; 1. VK Sachsen, B. v. 27. 6. 2005 – Az.: 1/SVK/064-05; B. v. 23. 1. 2004 – Az.: 1/SVK/160-03, B. v. 5. 11. 2002 – Az.: 1/SVK/096-02; VK Brandenburg, B. v. 29. 5. 2002 – Az.: VK 19/02).

Eine **eindeutige und erschöpfende, nach Teilleistungen aufgespaltene Beschreibung** ist grundsätzlich erforderlich, damit die Vergabestelle überprüfen kann, 5775

– ob ein Nebenangebot vollständig und damit technisch möglich ist oder unvollständig ist,
– ob ein Nebenangebot den technischen Vorschriften entspricht,
– ob ein unvollständiges Nebenangebot durch unumgängliche technische Änderungen geringen Umfangs (§ 24 Nr. 3 VOB/A) zuschlagstauglich gemacht werden kann,
– ob ein Nebenangebot gegen zwingende Vorgaben der Verdingungsunterlagen verstößt,
– ob ein Nebenangebot wirtschaftlich und mit einem angemessenen Preis versehen ist, und
– welche wertungserheblichen Vor- und Nachteile ein Nebenangebots gegenüber anderen Angeboten hat und
– im Stadium der Auftragsausführung – ob die Ausführung der Leistung vertragsgemäß ist.

Außerdem ist das Angebot die Grundlage für die Abrechnung der Leistung. 5776

Teil 3 VOB/A § 25 Vergabe- und Vertragsordnung für Bauleistungen Teil A

5777 Dafür ist es grundsätzlich ausreichend, dass der **Bieter eines Nebenangebots eine Baubeschreibung und ein Leistungsverzeichnis für sein Nebenangebot vorlegt,** denn dann ist erkennbar, ob alle erforderlichen Teilleistungen berücksichtigt und mit ausreichenden Mengen angeboten wurden, Materialien und Bauteile die erforderlichen Eigenschaften haben und ggf. welche zusätzlichen Leistungen zur Tauglichkeit des Angebots im Rahmen einer Aufklärung nach § 24 Nr. 3 VOB/A vereinbart werden müssten. Gleichfalls ermöglicht ein Leistungsverzeichnis eine Abschätzung des Preises auf Angemessenheit oder auf Kostenunterdeckung und die Prüfung auf Einhaltung des Vertrags.

5778 Der Bieter eines Nebenangebots kann **anstelle eines Leistungsverzeichnisses eine andere Art der Leistungsbeschreibung wählen,** die o. a. Anforderungen erfüllt und einen gewissen Detaillierungsgrad besitzt. Für Ausschreibungen mit Leistungsprogramm wird dies dadurch verdeutlicht, dass die Beschreibung der Leistung eingehend und zweckmäßig gegliedert sein soll (§ 9 Nr. 12 VOB/A), und ggf. die Angabe von Mengen- und Preisangaben für Teile der Leistung enthalten sein soll (VK Münster, B. v. 22. 8. 2002 – Az.: VK 07/02).

5779 Ein Nebenangebot muss **auch die baurechtliche Zulässigkeit erkennen lassen** (VK Südbayern, B. v. 3. 5. 2005 – Az.: 15-03/05; VK Nordbayern, B. v. 22. 12. 2004 – Az.: 320.VK – 3194-49/04).

5780 **107.10.5.4.1.3.3 Darlegung des Umfangs der Ersetzung des Hauptangebots.** Bei Nebenangeboten, die sich **nur auf einen Teil des Hauptangebotes beziehen,** muss **für die Vergabestelle erkennbar sein, welche Bestandteile des Hauptangebotes durch das Nebenangebot ersetzt oder verändert werden** sollen und welche Teile des Hauptangebotes unverändert weiter gelten sollen. Erfüllt ein Nebenangebot diese Anforderungen nicht, ist es als unklar und widersprüchlich nach § 25 Nr. 1 Abs. 1 lit. b), § 21 Nr. 1 Abs. 2 VOB/A auszuschließen (VK Südbayern, B. v. 19. 3. 2002 – Az.: 06-02/02).

5781 **107.10.5.4.1.3.4 Zeitpunkt der Darlegung der Gleichwertigkeit.** Die **Rechtsprechung** ist insoweit **nicht eindeutig.**

5782 Bei der Prüfung von Nebenangeboten ist **nach einer Ansicht zwingend auf den Zeitpunkt der Angebotsabgabe abzustellen.** Es ist weder im Rahmen von Aufklärungsgesprächen noch mit Hilfe von nachgereichten Gutachten möglich, ein bei Angebotsabgabe unvollständiges Angebot inhaltlich zu ergänzen. Im Sinne von § 24 Nr. 1 VOB/A können sich Aufklärungsverhandlungen nur auf ein feststehendes, vom Bieter zweifelsfrei formuliertes Angebot beziehen. **Verspätet vorgelegte Gleichwertigkeitsnachweise** mit den notwendigen inhaltlichen Konkretisierungen des Nebenangebotes können von der Vergabestelle auch im Rahmen ihres grundsätzlich bei der Wertung von Nebenangeboten bestehenden Beurteilungsspielraums **nicht mehr berücksichtigt** werden (VK Rheinland-Pfalz, B. v. 31. 7. 2003 – Az.: VK 16/03; 1. VK Sachsen, B. v. 23. 1. 2004 – Az.: 1/SVK/160 03).

5783 Das **Vergabeverfahren steht unter Zeitdruck.** Wenn immer wieder – auf Grund nachgereichter Unterlagen – neu in die Prüfung der Angebote eingetreten werden müsste, käme es zu erheblichen Verzögerungen. Es ist deshalb das **Risiko des Bieters, wenn er derartige Unterlagen nicht bereits bei Angebotsabgabe, sondern „peu à peu" einreicht** (Brandenburgisches OLG, B. v. 20. 8. 2002 – Az.: Verg W 6/02; 1. VK Sachsen, B. v. 23. 1. 2004 – Az.: 1/SVK/160-03).

5784 **Nach einer anderen Auffassung** bewegen sich **Maßnahmen zur Beurteilung der Gleichwertigkeit eines feststehenden Nebenangebotes – auch Nachforderungen von Unterlagen wie z. B. eine Vorstatik – im Rahmen des § 24 Nr. 1 Abs. 1 VOB/A und sind deshalb zulässig** (VK Lüneburg, B. v. 20. 5. 2005 – Az.: VgK-18/2005).

5785 **107.10.5.4.1.3.5 Verzichtbarkeit der Darlegung der Gleichwertigkeit.** Die Nachweispflicht des Bieters trifft aber nur in dem Rahmen zu, wo für die Vergabestelle bei der Aufklärung/Prüfung des Nebenangebots erhöhter Eigenaufwand erforderlich wird. **Keine Nachweise** sind **in den Fällen erforderlich,** wo es sich um Angaben handelt, die **im täglichen Gebrauch der Vergabestelle** (Planer) **Normalität** sind, **vorhandenes, anwendungsbereites Wissen darstellen** (z. B. gängige übliche Materialien, Erzeugnisse und deren Materialkennwerte, Leistungswerte). Hierbei geht ein Bieter aber bei Nichtnachweis immer das Risiko ein, dass er auf einen fachfremden Planer trifft (VK Thüringen, B. v. 18. 3. 2003 – Az.: 216-4002.20-001/03-MHL).

5786 Es handelt sich also um den Ausnahmefall, dass ein **Nachweis verzichtbar** ist, da die **Gleichwertigkeit des Nebenangebotes offensichtlich** ist oder ein **Auftraggeber sie auf**

Vergabe- und Vertragsordnung für Bauleistungen Teil A VOB/A § 25 **Teil 3**

Grund vorhandenen Sachverstands ohne Weiteres erkennen kann (VK Rheinland-Pfalz, B. v. 31. 7. 2003 – Az.: VK 16/03).

107.10.5.4.1.3.6 Darlegungs- und Beweislast für die Gleichwertigkeit. Ist fraglich, 5787
ob ein im Nebenangebot unterbreitetes technisches Alternativangebot in den jeweiligen Kriterien **gleichwertig** mit dem Vorschlag der ausschreibenden Stelle ist, so **geht dies zulasten des Bieters**. Auch wenn ausdrücklich Nebenangebote im Vergabeverfahren zugelassen sind, ist es dem **Auftraggeber nicht zuzumuten, in jedem Einzelfall dem Bieter den Nachweis über die Nicht-Gleichwertigkeit von dessen Angebot zu liefern** (VK Baden-Württemberg, B. v. 23. 6. 2003 – Az.: 1 VK 28/03, B. v. 7. 3. 2003 – Az.: 1 VK 06/03, 1 VK 11/03, B. v. 29. 10. 2002 – Az.: 1 VK 50/02).

107.10.5.4.1.3.7 Beispiele aus der Rechtsprechung 5788

– bei einem Nebenangebot über einen alternativen Baugrubenverbau ist es notwendig, eine **eigene statische Berechung beizufügen;** diese ist allenfalls bei funktionaler Ausschreibung entbehrlich (1. VK Sachsen, B. v. 21. 5. 2004 – Az.: 1/SVK/036-04)

– enthält ein **Nebenangebot eine erhebliche Bauzeitverkürzung ohne nähere Begründung,** ist dieses Angebot mangels jeglicher Konkretisierung und Erläuterung als **nicht gleichwertig** zu betrachten (VK Arnsberg, B. v. 20. 7. 2004 – Az.: Az.: VK 1-10/2004)

– ein Bieter entspricht seiner Darlegungslast mit dem **pauschalen Hinweis auf ein „geeignetes Bindemittel" nicht** (VK Rheinland-Pfalz, B. v. 31. 7. 2003 – Az.: VK 16/03)

– **pauschale Äußerungen,** wie „es geht schon", oder „es wird eingehalten werden", aber auch „es gibt keine Auswirkungen", **reichen nicht als Nachweis der Einhaltung der Forderungen oder der Gleichwertigkeit** aus (VK Thüringen, B. v. 8. 4. 2003 – Az.: 216-4002.20-002/03-J-S)

– ist **für den Auftraggeber nicht ohne Weiteres ersichtlich,** inwieweit die Vorschläge im Nebenangebot zu einer **Einsparung** führen können, ist er vielmehr **gezwungen, den Angebotsendpreis bei Einbeziehung der beiden Nebenangebote selbst zu ermitteln** und ist diese **Berechnung** angesichts der Länge des Leistungsverzeichnisses und der Tatsache, dass die Positionen im Nebenangebot unterschiedlichen Titeln zuzurechnen sind und sich die Zwischensummen auch entsprechend ändern, **sehr komplex** und bedarf einer erweiterten rechnerischen Überprüfung des gesamten Angebotes für jedes der beiden Nebenangebote, sind die Nebenangebote nicht eindeutig und nicht wertbar. Die Vergleichsrechnung kann der Bieter nicht auf den Auftraggeber abwälzen (1. VK Sachsen, B. v. 12. 6. 2003 – Az.: 1/SVK/054-03)

– **weicht ein Bieter von einem verbindlichen Terminplan** ab, ist das Nebenangebot **nicht gleichwertig** (VK Lüneburg, B. v. 4. 7. 2003 – Az.: 203-VgK-11/2003)

– den Anforderungen an ein Nebenangebot genügt ein Nebenangebot nicht, wenn der **Bieter ein Produkt anbietet, welches noch nicht existiert,** sondern sich nur in Prospekten wieder findet (1. VK Sachsen, B. v. 24. 4. 2003 – Az.: 1/SVK/031-03)

– als Auftraggeberin hat die Vergabestelle letztlich das Risiko für jede von ihr akzeptierte Lösung zu tragen. Es ist daher in ihren **Ermessensspielraum gestellt, ob sie sich für eine teurere, dafür aber risikoärmere Lösung oder für eine zwar preiswertere, dafür aber mit nicht absehbaren Risiken verbundene Lösung entscheiden** will. Unter Berücksichtigung der wissenschaftlichen Zwecke, denen die Räumlichkeiten mit ihren technischen Einrichtungen dienen sollen, hat sie sich ohne Verstoß gegen vergaberechtliche Vorschriften für die sichere Lösung entschieden und die Gleichwertigkeit der von dem Bieter vorgeschlagenen Lösung verneint (2. VK Bund, B. v. 18. 7. 2002 – Az.: VK 2-40/02)

– hat der Auftraggeber ausdrücklich eine **Aufschlüsselung des Nebenangebots nach Mengenansätzen und Einheitspreisen gefordert** und bestimmt, dass Nebenangebote, die dieser Forderung nicht entsprechen, von der Wertung ausgeschlossen werden können, kann ein **Pauschalpreisnebenangebot nicht zur Wertung zugelassen** werden, weil Einheitspreise und Mengenangaben fehlen. Der Auftraggeber kann damit das Risiko einer Mehrvergütung nach § 2 Nr. 7 VOB/B – also bei einer erheblichen Abweichung von der vertraglich vorgesehenen Leistung – ebenso wenig prüfen wie das Risiko einer Mehrvergütung nach § 2 Nr. 3 bis 6 VOB/B. **Auch bei Pauschalangeboten besteht das Risiko einer nachträglichen Preisanpassung nach § 2 Nr. 7 Abs. 1 VOB/B** (VK Münster, B. v. 22. 8. 2002 – Az.: VK 07/02; OLG Frankfurt, B. v. 26. 3. 2002 – Az.: 11 Verg 3/01)

Teil 3 VOB/A § 25   Vergabe- und Vertragsordnung für Bauleistungen Teil A

- in einem Pauschalpreis-Nebenangebot müssen – schon zum Vergleich bei der Angebotswertung nach § 25 VOB/A – **alle Fakten enthalten sein, die zur einwandfreien Ausführung der Leistung erforderlich werden.** Fehlt es an dieser Voraussetzung, ist es nicht wertbar (1. VK Sachsen, B. v. 13. 2. 2002 – Az.: 1/SVK/003-02)
- Nebenangebote sind mit den Vorgaben der Lieferung und des Einbaus von ungebrauchten Bauteilen nicht gleichwertig, wenn **gebrauchte Materialien verwendet werden,** weil z.B. die Qualität von gebrauchten, nicht wiederaufbereiteten Schienen, Schwellen und Bremsprellböcken geringer ist und z.B. wegen der Abnutzung und der Materialermüdung von einer verkürzten Restnutzungsdauer auszugehen ist (1. VK Bund, B. v. 19. 4. 2002 – Az.: VK 1-09/02)
- ein öffentlicher Auftraggeber ist nicht völlig frei in der Bewertung der Nebenangebote, sondern sein **Ermessen kann durch behördliche Genehmigungen,** z.B. eine von der Unteren Wasserbehörde vorgegebene Genehmigung, die wesentliche bauliche Festlegungen wie etwa die zweimalige Siebung des Abwassers enthält, **eingeschränkt sein.** Diese **Vorgaben** hat der öffentliche Auftraggeber bei der Wertung eines Nebenangebots **zu beachten** (1. VK Sachsen, B. v. 13. 5. 2002 – Az.: 1/SVK/ 043-02)

5789   **107.10.5.4.1.4 Rechtsfolge der fehlenden Gleichwertigkeit.** Die **Rechtsprechung** ist insoweit **nicht einheitlich.**

5790   Nach einer Auffassung darf **ein nicht gleichwertiges Angebot in die Wertung nur dann einbezogen werden, wenn eine Wettbewerbsverzerrung mit Sicherheit ausgeschlossen werden kann.** Es muss gesichert sein, dass nicht ein anderer Anbieter in Kenntnis des Umstandes, dass der Auftraggeber auch einen geänderten Standard der Leistung akzeptiert, ein noch günstigeres Angebot abgegeben hätte. Zwar geht die VOB/A in § 28 Nr. 2 Abs. 2 selbst davon aus, dass beim Zuschlag u. U. Erweiterungen, Einschränkungen oder Änderungen vorgenommen werden können, eine Leistungsmodifizierung darf jedoch den Regelungssinn des Änderungsverbots nach § 24 Nr. 3 VOB/A nicht unterlaufen, nämlich die Sicherstellung eines ordnungsgemäßen Wettbewerbs. Demnach ist eine **Leistungsmodifizierung bei Zuschlagserteilung nicht möglich, wenn diese zu einer völligen Umgestaltung der ausgeschriebenen Leistung** und damit zu einer Wettbewerbsverzerrung führen würde (VK Nordbayern, B. v. 6. 4. 2004 – Az.: 320.VK-3194-09/04).

5791   Nach einer anderen Auffassung darf dann, wenn die **Gleichwertigkeit zu verneinen ist, das Nebenangebot nicht berücksichtigt werden,** da andernfalls eine nachträgliche Abwandlung des ursprünglichen Anforderungsprofils durch die Vergabestelle gegeben wäre, die in Widerspruch zum Gebot der Gleichbehandlung aller Bieter steht (VK Südbayern, B. v. 9. 9. 2003 – Az.: 38-08/03).

107.10.6 Prüfungspflicht des Auftraggebers

107.10.6.1 Grundsatz

5792   Bei Nebenangeboten hat der **Auftraggeber** eine **besonders eingehende und alle Vergabekriterien gewichtende und zueinander ins Verhältnis setzende, vergleichend abwägende Wertung durchzuführen** (VK Südbayern, B. v. 3. 9. 2003 – Az.: 36-08/03, B. v. 30. 8. 2002 – Az.: 29-07/02; VK Lüneburg, B. v. 29. 8. 2002 – Az.: 203-VgK13/2002).

5793   Der Auftraggeber **genügt seiner Aufklärungspflicht,** wenn er z.B. mit der Beigeladenen zwei **Aufklärungsgespräche** führt und sich die **Urkalkulationen sowie die Kalkulationen einzelner Einheitspreise vorlegen** lässt (1. VK Sachsen, B. v. 12. 4. 2002 – Az.: 1/SVK/024-02, 1/SVK/024-02 g).

107.10.6.2 Einschränkungen

5794   Dem öffentlichen Auftraggeber kann im Rahmen der von ihm anzustellenden Ermittlungen **nicht abverlangt werden,** sämtliche inhaltliche Versäumnisse eines oder mehrerer am Vergabeverfahren teilnehmender **Bieter zu heilen;** dies **verstieße auch** gegen die wichtigste Verpflichtung, die das Vergaberechtsänderungsgesetz den öffentlichen Auftraggebern auferlegt hat, **den Wettbewerbsgrundsatz** aus § 97 Abs. 1 GWB. Bestandteil des Wettbewerbs ist auch die vollständige, übersichtliche und nachvollziehbare Präsentation der eigenen Angebote und die Herausstellung der Vor- und ggf. Nachteile abweichender technischer Lösungen gegenüber dem Verwaltungsentwurf unter Berücksichtigung der speziellen subjektiven Anforderungen des Auftraggebers im jeweils vorliegenden Verfahren. Einem öffentlichen Auftraggeber kann keineswegs eine Pflicht auferlegt werden, dass er **bei einem nicht vollständig als gleichwertig ausgestalteten Nebenangebot stets auf eine eventuell technisch mögliche Ergänzung zur Gleichwertigkeit hinwirkt;** eine solche Pflicht kann allenfalls im Zuge des Gleichbehandlungsgrundsatzes aus vorhergehenden entsprechenden Hinweisen an Mitbewerber resultieren (VK Brandenburg, B. v. 29. 5. 2002 – Az.: VK 19/02). Im Übrigen liegt es in der Risikosphäre des Bieters, ob ein Nebenangebot tatsächlich Gleichwertigkeit erreicht und damit berücksichtigungsfähig bleibt (VK Südbayern, B. v. 30. 8. 2002 – Az.: 29-07/02).

Die **Vergabestelle** ist also **nicht verpflichtet, mit eigenen Mitteln weitere Nachforschungen zur Gleichwertigkeit des Nebenangebots anzustellen.** Eigene Nachforschungen obliegen ihr **nur im Rahmen der verfügbaren Erkenntnisquellen und innerhalb der zeitlichen Grenzen der Zuschlags- und Angebotsfrist** (OLG Koblenz, B. v. 5. 9. 2002 – Az.: Verg 4/02; Brandenburgisches OLG, B. v. 20. 8. 2002 – Az.: Verg W 6/02; OLG Rostock, B. v. 5. 3. 2002 – Az.: 17 Verg 3/02; VK Brandenburg, B. v. 24. 11. 2005 – Az.: 1 VK 69/05; B. v. 21. 12. 2004 – Az.: VK 64/04; 1. VK Sachsen, B. v. 27. 6. 2005 – Az.: 1/SVK/064-05; B. v. 23. 1. 2004 – Az.: 1/SVK/160-03; VK Rheinland-Pfalz, B. v. 31. 7. 2003 – Az.: VK 16/03, B. v. 7. 3. 2002 – Az.: VK 2/02; 1. VK Bund, B. v. 25. 3. 2003 – Az.: VK 1-11/03). 5795

107.10.7 Unterschiedliche Gutachteräußerungen

Es steht im Ermessen der Vergabestelle, **im Falle sich widersprechender Gutachteräußerungen** sich auf **dasjenige Verfahren festzulegen, das die geringsten Risiken** birgt. Ein solche Entscheidung ist nicht ermessensfehlerhaft (Hanseatisches OLG in Bremen, B. v. 4. 9. 2003 – Az.: Verg 5/2003) 5796

107.10.8 Einheitliche Wertung eines Nebenangebotes?

Ein einheitlich abgegebenes Nebenangebot kann, auch wenn es technisch in voneinander unabhängige Teile aufgegliedert werden kann und dies der Vergabestelle erkennbar war, **jedenfalls dann nicht teilweise gewertet werden, wenn der Bieter sein Einverständnis hierzu nicht mit dem Angebot zweifelsfrei zum Ausdruck gebracht hat** (OLG Dresden, B. v. 6. 6. 2002 – Az.: WVerg 0005/02). 5797

107.10.9 Wertung eines Pauschalpreisangebotes als Nebenangebot

Preislich **vorteilhafter** ist für den Auftraggeber eine **Pauschalierung in der Regel nur**, wenn die Ersparnis in jeder denkbaren Variante einer noch vertragsgerechten Leistungserbringung größer ist, als wenn nach Einheitspreisen abgerechnet würde (BayObLG, B. v. 2. 12. 2002 – Az.: Verg 24/02). 5798

17.10.10 Umdeutung eines wegen Änderungen unzulässigen Angebots in ein Nebenangebot

Es würde eine **Umgehung der eindeutigen Vorschriften der § 21 Nr. 2 VOB/A und § 25 Nr. 1 Abs. 1 lit. b) VOB/A bedeuten,** wenn ein Angebot, das unzulässigerweise die Verdingungsunterlagen ändert und deshalb zwingend auszuschließen ist, in ein wertungsfähiges Nebenangebot umgedeutet werden könnte; vgl. im Einzelnen die Kommentierung RZ 5599. 5799

17.10.11 Richtlinie des VHB 2002 zu Nebenangeboten

17.10.11.1 Richtlinie des VHB 2002 zu § 21

Nebenangebote, die nicht im Angebotsschreiben an der dafür vorgesehenen Stelle aufgeführt sind, verstoßen gegen § 21 VOB/A bzw. die Bewerbungsbedingungen. Sie können jedoch nicht ausgeschlossen werden, da dies nach § 25 Nrn. 4 und 5 VOB/A kein Ausschlussgrund ist. 5800

Nebenangebote sind nach § 25 Nr. 1 Abs. 2 VOB/A grundsätzlich auszuschließen, wenn sie nicht auf besonderer Anlage gemacht und als solche deutlich gekennzeichnet sind (zu § 21 Ziffer 4). 5801

17.10.11.2 Richtlinie des VHB 2002 zu § 25

Bei der wirtschaftlichen Beurteilung zugelassener Nebenangebote (siehe § 21 A Nr. 4 VHB) sind neben der Prüfung der Angemessenheit der Preise auch die Vorteile zu berücksichtigen, welche die vom Bieter vorgeschlagene andere Ausführung oder andere Ausführungsfristen und 5802

Teil 3 VOB/A § 25 Vergabe- und Vertragsordnung für Bauleistungen Teil A

die sich daraus ergebende mögliche frühere oder spätere Benutzbarkeit von Teilen der Bauleistung usw. bieten können (Ziffer 2).

17.10.11.3 Regelung des HVA B-StB 03/2006 zu Besonderheiten der Prüfung und Wertung von Nebenangeboten

5803   Nebenangebote, die den Nrn. 5.1 erster Halbsatz, 5.2, 5.3 und 5.4 im Teil A sowie den zu Nr. 5 im Teil B der „Bewerbungsbedingungen" bzw. der „EG-Bewerbungsbedingungen" nicht entsprechen, werden von der Wertung ausgeschlossen (Ziffer 2.4 Ziffer 37). Ansonsten sind Nebenangebote, soweit zutreffend, entsprechend den Nrn. (8)–(27) zu prüfen und zu werten.

5804   Preisnachlässe mit Bedingungen sind wie Nebenangebote zu behandeln, die jedoch bei der Ermittlung der Wertungssumme nicht berücksichtigt werden. Nicht zu wertende Preisnachlässe (ohne oder mit Bedingungen) bleiben rechtsverbindlicher Inhalt des Angebotes und werden im Fall der Auftragserteilung Vertragsinhalt (siehe Nr. (59)) (Ziffer 2.4 Nr. 38).

5805   Nebenangebote dürfen bei EG-Vergaben nur gewertet werden, wenn hierzu in der Aufforderung zur Angebotsabgabe (siehe Abschnitt 1.1 „Aufforderung zur Angebotsabgabe" Nr. (10)) bzw. in der Baubeschreibung (siehe Abschnitt 1.4 „Leistungsbeschreibung" (Nr. 9)) Mindestanforderungen genannt worden sind. Wird die Erfüllung von Mindestanforderungen mit Angebotsabgabe nachgewiesen, ist das Nebenangebot als wertbar anzusehen (Ziffer 2.4 Nr. 39).

5806   Soweit bei Vergaben unterhalb der EG-Schwellenwerte keine Mindestanforderungen genannt wurden, ist zu prüfen, ob das Nebenangebot in technischer, wirtschaftlicher, terminlicher, gegebenenfalls gestalterischer usw. Hinsicht der geforderten Leistung gleichwertig ist. Die Gleichwertigkeit muss sich aus dem Nebenangebot, so wie es vorliegt, ergeben. Zu eigenen Nachforschungen ist der Auftraggeber nur im Rahmen der verfügbaren Erkenntnisquellen und innerhalb der zeitlichen Grenzen der Zuschlagsfrist verpflichtet. Defizite hinsichtlich der vorgelegten Unterlagen braucht der Auftraggeber nicht durch eigene Nachforschungen auszugleichen. Ein Nebenangebot darf nicht durch Nachreichen von Unterlagen nachgebessert und damit gleichwertig gemacht werden (Ziffer 2.4 Nr. 40).

17.10.12 Literatur

5807   – Bartl, Harald, Zur falschen Praxis bei Nebenangeboten und Änderungsvorschlägen, WRP 2004, 712

– Wagner, Volkmar/Steinkemper, Ursula, Bedingungen für die Berücksichtigung von Nebenangeboten und Änderungsvorschlägen, NZBau 2004, 253

– Wirner, Helmut, Nebenangebote und Änderungsvorschläge bei der Vergabe öffentlicher Bauaufträge in der Entscheidungspraxis der Vergabekammern und Oberlandesgerichte, ZfBR 2005, 152

107.11 Wertung von Preisnachlässen

107.11.1 Begriff

5808   **Preisnachlass** bedeutet einen **prozentualen oder als EURO-Betrag angebotenen Abzug von der Angebots- oder Abrechnungssumme** (VK Brandenburg, B. v. 21. 10. 2002 – Az.: VK 55/02).

107.11.2 Verbot der Aufnahme von Preisnachlässen und Skonti in das Angebot

5809   Es ist für die Auswirkung eines zulässigen Preisnachlasses ohne Bedingung letztlich ohne Belang, ob dieser von vornherein im Preis mit einbezogen wird oder an gesonderter Stelle auf den Einheitspreis/Endpreis ausdrücklich gewährt wird. Eine Regelung, die von den **Bietern verlangt, Preisnachlässe und Skonti in die Einheitspreise einzukalkulieren, beschwert die Bieter daher nicht** (VK Lüneburg, B. v. 12. 11. 2001 – Az.: 203-VgK-19/2001).

107.11.3 Preisnachlässe mit Bedingungen

107.11.3.1 Preisnachlässe mit Bedingungen, deren Erfüllung im Einflussbereich des Bieters liegen

5810   Ein Nachlass, der unter der **Bedingung** steht, die der **Nachlassgewährende bestimmen oder beeinflussen kann** (z. B. ein **Preisnachlass, der sich an die Durchführung einzel-**

ner Teile der vom Bieter auszuführenden Bauleistung knüpft), **verfälscht den Wettbewerb und kann nicht hingenommen werden**. Das Nebenangebot kann im Wettbewerb mit anderen Bietern nicht herangezogen werden, da eine Wertung zu Wettbewerbsverzerrungen der Vergabeentscheidung führen würde (VK Baden-Württemberg, B. v. 7. 3. 2003 – Az.: 1 VK 06/03, 1 VK 11/03, B. v. 31. 10. 2001 – Az.: 1 VK 36/01).

107.11.3.2 Preisnachlässe mit Bedingungen, deren Erfüllung im Einflussbereich des Auftraggebers liegen

107.11.3.2.1 Allgemeines. Bei der Frage der Berücksichtigung von Preisnachlässen mit Bedingungen kommt es auf die **faktische Erfüllbarkeit der Bedingung durch den Auftraggeber** an (VK Baden-Württemberg, B. v. 31. 10. 2001 – Az.: 1 VK 36/01). Diese ist dann **nicht gegeben, wenn sich der Eintritt der Bedingung einer exakten Vorhersage (Beurteilung) durch den Auftraggeber entzieht.** Denn es vermag nicht zu überzeugen, wenn der Auftraggeber aufgrund seiner Einschätzung den Preisnachlass wertet, sich dadurch die Bieterrangfolge verschiebt und am Ende vielleicht der Nachlass gar nicht genutzt werden kann, weil die Bedingung nicht eingetreten ist. Konsequenterweise kann deshalb ein Angebot nicht gewertet werden, wenn es die Erfüllung der ausgeschriebenen Leistung mit Bedingungen verknüpft, deren Eintritt ungewiss ist (VK Brandenburg, B. v. 21. 10. 2002 – Az.: VK 55/02).

107.11.3.2.2 Skonto. 107.11.3.2.2.1 Begriff. Skonto bedeutet einen **prozentualen Abzug vom Rechnungsbetrag**, der **bei sofortiger oder kurzfristiger** (hinsichtlich des Zeitraums im Einzelnen festgelegter) **Zahlung gewährt** wird (VK Baden-Württemberg, B. v. 7. 3. 2003 – Az.: 1 VK 06/03, 1 VK 11/03). Bei der **Skontoabrede handelt es sich also um einen aufschiebend bedingten Teilerlass der Forderung für den Fall fristgerechter Zahlung.** Ausgangspunkt ist stets der von den Parteien des Vertrags ausgehandelte Preis als Forderung für eine bestimmte Leistung. Der Skonto ist die Inaussichtstellung einer Prämie für zügige bzw. fristgerechte Zahlung, also eine Zahlungsmodalität, die weder die rechtlichen Rahmenbedingungen für die Ausführung der Leistung noch den Preis als solchen ändert (BayObLG, B. v. 9. 9. 2004 – Az.: Verg 018/04).

5811

5812

107.11.3.2.2.2 Eindeutige Skontobedingungen. Skontoabzüge können bei der Wertung nur dann berücksichtigt werden, wenn die **Bedingungen für den Skontoabzug klar und vollständig** sind (VK Lüneburg, B. v. 30. 9. 2004 – Az.: 203-VgK-44/2004; B. v. 21. 9. 2004 – Az.: 203-VgK-42/2004; VK Baden-Württemberg, B. v. 15. 7. 2004 – Az.: 1 VK 34/04). Enthält ein Angebot die Bedingung, für die kompletten Leistungen ein Skonto von 3% innerhalb 20 Tage zu gewähren, lässt das Angebot die Art der skontierfähigen Zahlungen (Abschlags- oder Schlusszahlungen), die Skontierungsvoraussetzung (Skonto bei jeder einzelnen Zahlung oder nur bei pünktlicher Entrichtung aller Zahlungen) und den Zeitpunkt des Abzugs (bei jeder einzelnen bedingungsgemäßen Zahlung oder erst bei der Schlusszahlung) offen (VK Nordbayern, B. v. 20. 3. 2003 – Az.: 320.VK-3194-07/03).

5813

Heißt es im Anschreiben des Bieters: „**Skonto nach Vereinbarung, z. Bsp.**", kann der Auftraggeber nicht davon ausgehen, dass der Rabatt unbedingt gewährt wird und es nicht vielmehr noch weiterer Verhandlungen mit dem Bieter bedarf. Vor diesem Hintergrund hat der **Bieter keinen Anspruch auf Wertung des Nachlasses** (1. VK Sachsen, B. v. 25. 7. 2001 – Az.: 1/SVK/71-01).

5814

Bei **Staffelpreisen ist der höchste Staffelpreis der angebotene Einheitspreis. Die niedrigeren Staffelpreise sind vergaberechtlich als Nachlässe zu behandeln,** die in der Regel an Bedingungen (z.B. das Erreichen einer bestimmten durchschnittlichen Tagesmenge von Zustellungen) geknüpft sind (VK Lüneburg, B. v. 30. 9. 2004 – Az.: 203-VgK-44/2004).

5815

107.11.3.2.2.3 Wertung. Eine **grundsätzliche Verpflichtung des Auftraggebers zur Berücksichtigung angebotener Skonti** im Rahmen der Bewertung des wirtschaftlichen Angebots **gibt es nicht**. Zwar ist der öffentliche Auftraggeber einerseits zur sparsamen und wirtschaftlichen Verwendung öffentlicher Mittel verpflichtet, andererseits ist aber gerade bei einer wirtschaftlichen Betrachtung zu prüfen, ob die vom Auftragnehmer an die Skontogewährung geknüpften Zahlungsfristen für eine ordnungsgemäße Prüfung der Rechnung und Zahlungsabwicklung ausreichen (1. VK Bund, B. v. 22. 5. 2003 – Az.: VK 1-29/03).

5816

Nebenangebote mit bedingten Preisnachlässen, deren Erfüllbarkeit fraglich ist und die nicht hinreichend bestimmbar sind, müssen zur Vermeidung von Manipulationsversuchen von der Wertung ausgeschlossen werden. Denn es vermag nicht zu überzeugen, wenn der Auftraggeber aufgrund seiner Einschätzung den Preisnachlass wertet und sich

5817

dadurch die Bieterrangfolge verschiebt, aber am Ende vielleicht der Nachlass gar nicht genutzt werden kann, weil die Bedingung nicht eingetreten ist (VK Brandenburg, B. v. 1. 3. 2005 – Az.: VK 8/05).

5818 **Maßgebend** für die Wertung ist also, ob **die für eine Skontogewährung gestellten Bedingungen realistischerweise eintreten** werden (VK Baden-Württemberg, B. v. 7. 3. 2003 – Az.: 1 VK 06/03, 1 VK 11/03). Dies lässt sich für die angebotene (übliche) **Skontofrist von 14 Tagen** annehmen (OLG Düsseldorf, B. v. 1. 10. 2003 – Az.: Verg 45/03).

5819 **107.11.3.2.2.4 Wertung, wenn der Preis das ausschließliche Zuschlagskriterium darstellt.** Der Skonto ist die Inaussichtstellung einer Prämie für zügige bzw. fristgerechte Zahlung, also eine Zahlungsmodalität, die weder die rechtlichen Rahmenbedingungen für die Ausführung der Leistung noch den Preis als solchen ändert. Der Eintritt der Bedingung für einen Teilerlass ist zunächst ungewiss. Unter dem Zuschlagskriterium der Wirtschaftlichkeit mag es angehen, den Preisnachlass mit der Notwendigkeit abzuwägen, den Zahlungsvorgang zu beschleunigen. Ist **hingegen der für die Leistung verlangte Preis allein ausschlaggebendes Kriterium, erscheint es konsequent, in der Zukunft liegende ungewisse Ereignisse, die den Preis beeinflussen können, ohne ihn selbst aber zu ändern, nicht zu berücksichtigen** (BayObLG, B. v. 9. 9. 2004 – Az.: Verg 018/04).

5820 **107.11.3.2.2.5 Richtlinie des VHB 2002 zu Skonti.** Preisnachlässe mit Bedingungen, die vom Bieter bei Einhaltung von Zahlungsfristen angeboten werden (Skonti), sind bei der Wertung nicht zu berücksichtigen (Ziffer 3.3.2). Nicht zu wertende Preisnachlässe (ohne Bedingungen oder mit Bedingungen für Zahlungsfristen) bleiben aber rechtsverbindlicher Inhalt des Angebotes und werden im Fall der Auftragserteilung Vertragsinhalt (Ziffer 3.3.3).

5821 **107.11.3.2.2.6 Rechtsprechung zur Richtlinie des VHB 2002 zu Skonti.** Legt der Auftraggeber seiner Ausschreibung ausweislich der Ausschreibungsunterlagen, die auch von allen Bietern akzeptiert wurden, die Regelung des VHB zu Skonti zugrunde, ist hiergegen **nichts einzuwenden** (VK Brandenburg, B. v. 26. 3. 2002 – Az.: VK 4/02).

5822 **107.11.3.2.3 Andere Preisnachlässe mit sonstigen Bedingungen.** Durch die Bedingung **darf keine unzulässige Änderung der Verdingungsunterlagen bewirkt** werden (VK Baden-Württemberg, B. v. 15. 7. 2004 – Az.: 1 VK 34/04, B. v. 7. 3. 2003 – Az.: 1 VK 06/03, 1 VK 11/03).

5823 Die Bedingung – **Einräumung eines Nachlasses nur für den Fall, dass der Bieter nicht ohnehin zum Zuge kommt** – ist offensichtlich unvereinbar mit dem vergaberechtlichen Wettbewerbsprinzip und daher schon aus diesem Grund **unzulässig** (BayObLG, B. v. 21. 8. 2002 – Az.: Verg 21/02; 1. VK Sachsen, B. v. 21. 5. 2004 – Az.: 1/SVK/036-04).

107.11.3.3 Regelung des HVA B-StB 03/2006 zu Preisnachlässen mit Bedingung

5824 Preisnachlässe mit Bedingungen sind wie Nebenangebote zu behandeln, die jedoch bei der Ermittlung der Wertungssumme nicht berücksichtigt werden. Nicht zu wertende Preisnachlässe (ohne Bedingungen oder mit Bedingungen) bleiben rechtsverbindlicher Inhalt des Angebotes und werden im Fall der Auftragserteilung Vertragsinhalt (siehe Nr. (59)). Wie folgt behandelt:

107.11.4 Preisnachlässe ohne Bedingungen (§ 25 Nr. 5 Satz 2)

107.11.4.1 Begriff

5825 Ein unbedingter Preisnachlass liegt vor, wenn der **Auftraggeber gegen einen geringeren Preis genau das erhalten soll** was er nach dem Inhalt seiner Ausschreibung erwartet (2. VK Mecklenburg-Vorpommern, B. v. 27. 11. 2001 – Az.: 2 VK 15/01).

107.11.4.2 Formgrundsatz

5826 Gemäß § 21 Nr. 4 VOB/A sind Preisnachlässe ohne Bedingungen **an einer vom Auftraggeber in den Verdingungsunterlagen bezeichneten Stelle** aufzuführen. Ist dies nicht der Fall, so **dürfen sie nach § 25 Nr. 5 Satz 2 VOB/A nicht gewertet werden** (VK Thüringen, B. v. 15. 6. 2006 – Az.: 360-4002.20-024/06-J-S; VK Nordbayern, B. v. 26. 10. 2001 – Az.: 320.VK-3194-37/01; VK Schleswig-Holstein, B. v. 1. 4. 2004 – Az.: VK-SH 05/04).

5827 Dieser **Formgrundsatz** ist **auch für Preisnachlässe, die nur für ein Nebenangebot gelten sollen,** zu beachten (VK Münster, B. v. 21. 12. 2005 – Az.: VK 25/05; VK Schleswig-Holstein, B. v. 1. 4. 2004 – Az.: VK-SH 05/04).

Vergabe- und Vertragsordnung für Bauleistungen Teil A   VOB/A § 25 **Teil 3**

Wenn eine Vergabestelle – in Kenntnis der Tatsache, dass Preisnachlässe in unterschiedlicher 5828 Form gewährt werden können – die Angabe eines Vomhundertsatzes fordert, dann **schließt sie damit zunächst die Möglichkeit eines pauschalen Preisnachlasses durch ihre Verdingungsunterlagen aus.** Ansonsten muss sie auch für diese Form eines Preisnachlasses den Bietern Eintragungsmöglichkeiten einräumen (VK Thüringen, B. v. 15. 6. 2006 – Az.: 360-4002.20-024/06-J-S; VK Münster, B. v. 21. 12. 2005 – Az.: VK 25/05).

107.11.4.3 Sinn und Zweck

Diese **Regelung dient dem Interesse an einer transparenten Vergabe.** Es soll verhindert werden, dass Preisnachlässe in die Angebotswertung Eingang finden können, deren **Herkunft und deren inhaltliches und zeitliches Zustandekommen nachträglich nicht mehr eindeutig nachvollziehbar sind** (VK Baden-Württemberg, B. v. 4. 4. 2002 – Az.: 1 VK 8/02; 1. VK Sachsen, B. v. 13. 5. 2002 – Az.: 1/SVK/043-02). 5829

107.11.4.4 Umfasste Preisnachlässe

Die Regelung des § 21 Nr. 4 VOB/A **betrifft nicht Nachlässe bei den Einheitspreisen für einzelne Leistungspositionen** im Rahmen der Kalkulation, sondern **nur Preisabschläge für das Gesamtangebot** (OLG München, B. v. 24. 5. 2006 – Az.: Verg 10/06). 5830

107.11.4.5 Begriff des „Aufführens"

Hat ein Bieter an der **im Formular** (z. B. EVM (B) Ang) für die Abgabe von Nachlässen **bezeichneten Stelle eine Zahl eingetragen** und die **Nachlässe selbst im Angebotsanschreiben formuliert, genügt** er den Erfordernissen des § 25 Nr. 5 Satz 2 (1. VK Sachsen, B. v. 13. 5. 2002 – Az.: 1/SVK/043-02). 5831

107.11.4.6 Beispiele aus der Rechtsprechung

– auch Preisnachlässe bei Losausschreibungen mit Vorbehalt der Einzellosvergabe sind **an einer vom Auftraggeber in den Verdingungsunterlagen bezeichneten Stelle** aufzuführen. Ist dies nicht der Fall, so **dürfen sie nach § 25 Nr. 5 Satz 2 VOB/A nicht gewertet werden** (VK Nordbayern, B. v. 26. 10. 2001 – Az.: 320.VK-3194-37/01). 5832

107.11.4.7 Regelung des HVA B-StB 03/2006 zu Preisnachlässen ohne Bedingung

Preisnachlässe ohne Bedingungen, die nicht unter Nr. 4 des „Angebotsschreibens" angeboten wurden (siehe Nr. (13)), sowie Nebenangebote, die bei der Wertung der Angebote aus Wettbewerbsgründen nicht berücksichtigt werden konnten (siehe Nrn. 37–40)), können bei der Zuschlagserteilung an den Bieter, der im Übrigen das wirtschaftlichste Angebot abgegeben hat, berücksichtigt werden. Bei Grund- und Wahlpositionen darf eine teurere Variante (Grund- oder Wahlposition) nur dann beauftragt werden, wenn dies nicht zu einer Änderung der Bieterreihenfolge führt und haushaltsrechtlich begründet werden kann. 5833

107.11.5 Missverständliche und widersprüchliche Preisnachlässe

107.11.5.1 Grundsatz

Gerade weil auslegungsbedürftige Preisnachlässe von Bietern die Transparenz des Vergabeverfahrens beeinträchtigen können, sind **missverständliche Preisnachlässe** („Gesamtrabatt") **unzulässig** und stellen auch einen Verstoß gegen § 21 Nr. 2 VOB/A dar, sodass ein Ausschlussgrund vorliegt (LG Chemnitz, Urteil vom 23. 5. 2002 – Az.: 1 0 4857/01; im Ergebnis ebenso VK Baden-Württemberg, B. v. 7. 3. 2003 – Az.: 1 VK 06/03, 1 VK 11/03). 5834

Hat ein Bieter in seinem Anschreiben zum Angebot sowie auf dem Formblatt EVM (L) Ang jeweils einen Preisnachlass in Höhe von 10% eingetragen, aber – dem widersprechend – in seiner Erläuterung zum Komplettangebot die Höhe des Nachlasses mit jeweils 8% angegeben und das Zustandekommen dieses Preisnachlasses erläutert, handelt es sich um ein **widersprüchliches Angebot, das zwingend auszuschließen** ist (OLG Naumburg, B. v. 30. 7. 2004 – Az.: 1 Verg 10/04). 5835

107.11.5.2 Beispiele aus der Rechtsprechung

– bei Unklarheit darüber, ob der Nachlass sich **auf einen Brutto- oder Nettobetrag bezieht,** kann der Nachlass **nicht gewertet** werden (VK Thüringen, B. v. 9. 4. 2002 – Az.: 216-4002.20-009/02-EF-S) 5836

Teil 3 VOB/A § 25   Vergabe- und Vertragsordnung für Bauleistungen Teil A

– bei einem Angebot mit dem Inhalt „**bei Vergabe mehrerer Lose gemeinsam gewähren wir einen Nachlass von 3%** auf die Angebotssumme" kann aus der Nachlassofferte nicht geschlossen werden, ob der Nachlass für das Gesamtangebot aller Lose gelten soll (VK Nordbayern, B. v. 26. 10. 2001 – Az.: 320.VK-3194-37/01)

107.11.6 Vom Auftraggeber ausgeschlossene Pauschalnachlässe

5837   **Gibt ein Auftraggeber** nach seinen Bewerbungsbedingungen (z. B. EVM(B) BwB/E EG 212EG) **vor, dass Nachlässe ohne Bedingung nur als Vomhundertsatz auf die Abrechnungssumme gewertet werden** und gibt ein Beter einen **Pauschalnachlass** an, entspricht dieser nicht den von der Vergabestelle vorgegebenen Forderungen laut Bewerbungsbedingungen; er ist **damit nicht zu werten** (VK Thüringen, B. v. 15. 6. 2006 – Az.: 360-4002.20-024/06-J-S).

107.11.7 Richtlinie des VHB 2002 zu Preisnachlässen

107.11.7.1 Richtlinie des VHB 2002 zu § 21

5838   Preisnachlässe ohne Bedingungen, die nicht im Angebotsschreiben an der dafür vorgesehenen Stelle aufgeführt sind (§ 25 Nr. 5 Satz 2 VOB/A) und Preisnachlässe mit Bedingungen für Zahlungsfristen (Skonti) dürfen bei der Wertung der Angebote nicht berücksichtigt werden. Nicht zu wertende Preisnachlässe (ohne Bedingungen oder mit Bedingungen für Zahlungsfristen) bleiben rechtsverbindlicher Inhalt des Angebotes und werden im Fall der Auftragserteilung Vertragsinhalt (zu § 21 Ziffer 5).

107.11.7.2 Richtlinie des VHB 2002 zu § 25

5839   Preisnachlässe ohne Bedingungen sind bei der Prüfung und Wertung rechnerisch nur zu berücksichtigen, wenn sie im Angebotsschreiben an der dort bezeichneten Stelle aufgeführt sind (Ziffer 3.3.1).

5840   Preisnachlässe mit Bedingungen, die vom Bieter bei Einhaltung von Zahlungsfristen angeboten werden (Skonti), sind bei der Wertung nicht zu berücksichtigen (Ziffer 3.3.2).

5841   Nicht zu wertende Preisnachlässe (ohne Bedingungen oder mit Bedingungen für Zahlungsfristen) bleiben aber rechtsverbindlicher Inhalt des Angebotes und werden im Fall der Auftragserteilung Vertragsinhalt (Ziffer 3.3.3).

107.12 Nachträgliche Beseitigung von Wertungsfehlern des Auftraggebers

5842   Vgl. dazu im Einzelnen die Kommentierung zu § 97 GWB RZ 807.

107.13 Bietergemeinschaften (§ 25 Nr. 6)

5843   Vgl. zur Eignung einer Bietergemeinschaft die Kommentierung zu § 97 RZ 527 und zum Begriff und der Rechtsform einer Bietergemeinschaft die Kommentierung zu § 8 VOB/A RZ 3826.

107.14 Wertung und Zuschlag im Wege eines Vergleiches

5844   Das **Vergaberecht ist nicht generell vergleichsfeindlich.** In der üblichen Konstellation von einem ausgewählten Bieter und dem Antragsteller in einem Nachprüfungsverfahren kann es durchaus einen wettbewerbsgerechten Ausgleich zwischen den Beteiligten geben. In einer **solchen Regelung ist jedoch immer auch die Wettbewerbssituation aller Beteiligten am Verfahren zu berücksichtigen. Soweit der Vergleich in die Wettbewerbsposition Dritter eingreift, sind die Wettbewerbsbelange der Dritten in den Vergleich einzubeziehen,** was im Einzelfall durchaus zum Ausschluss einer Vergleichsmöglichkeit führen kann. Sind z. B. alle Angebote wirtschaftlich gleichwertig, sind alle Bieter durch den Vergleich in ihren Chancen in gleichem Maße betroffen. Daher sind die Chancen aller Bieter bei einem Vergleich zu berücksichtigen, z. B. durch die Zusicherung eines vergleichbaren Auftragsanteils (VK Düsseldorf, B. v. 15. 10. 2003 – Az.: VK – 28/2003).

107.15 Geltung des § 25 Nr. 1 Abs. 1 lit. b) auch im Verhandlungsverfahren (Nr. 7)

Nach § 25 Nr. 7 Satz 2 VOB/A sind die Bestimmungen u.a. des § 25 Nr. 1 Abs. 1 lit. b) VOB/A im **Verhandlungsverfahren entsprechend anzuwenden**. Wird in einer Verhandlungsrunde von den **Bietern die Abgabe einer Erklärung bzw. Vertragsunterlage zwingend innerhalb der Frist zur Abgabe des ersten Angebotes gefordert, so ist das Angebot, welches diese obligatorische Erklärung nicht enthält, zwingend auszuschließen** (OLG Naumburg, B. v. 8. 9. 2005 – Az.: 1 Verg 10/05). 5845

108. § 25a VOB/A – Wertung der Angebote

1. Bei der Wertung der Angebote dürfen nur Kriterien berücksichtigt werden, die in der Bekanntmachung oder in den Vergabeunterlagen genannt sind.
2. Angebote, die aufgrund einer staatlichen Beihilfe ungewöhnlich niedrig sind, können allein aus diesem Grund nur dann zurückgewiesen werden, wenn der Bieter nach Aufforderung innerhalb einer vom Auftraggeber festzulegenden ausreichenden Frist nicht nachweisen kann, dass die betreffende Beihilfe rechtmäßig gewährt wurde. Auftraggeber, die unter diesen Umständen ein Angebot zurückweisen, müssen die Kommission der Europäischen Gemeinschaften darüber unterrichten.
3. Der Auftraggeber berücksichtigt nur Nebenangebote, die die von ihm verlangten Mindestanforderungen erfüllen.

108.1 Vergleichbare Regelungen

Der **Vorschrift des § 25a VOB/A vergleichbar** sind im Bereich des GWB § 97 Abs. 4, Abs. 5 GWB, im Bereich der VOB §§ 25, 25b VOB/A, im Bereich der VOF § 16 VOF und im Bereich der VOL §§ 25, 25b VOL/A. Die Kommentierungen zu diesen Vorschriften können daher ergänzend zu der Kommentierung des § 25a herangezogen werden. 5846

108.2 Änderungen in der VOB/A 2006

In § 25a ist eine **neue Nr. 2** über Angebote, die aufgrund einer staatlichen Beihilfe ungewöhnlich niedrig sind, eingefügt. 5847

In § 25a ist außerdem eine **neue Nr. 3** eingefügt, wonach der Auftraggeber nur Nebenangebote berücksichtigt, die die von ihm verlangten Mindestanforderungen erfüllen. 5848

108.3 Bieterschützende Vorschrift

§ 25a VOB/A hat bieterschützenden Charakter und ein Bieter Anspruch darauf, dass ein öffentlicher Auftraggeber diese Bestimmung beachtet (KG Berlin, B. v. 18. 8. 1999 – Az.: KartVerg 4/99). 5849

108.4 Bindung der ausschreibenden Stelle an die veröffentlichten Zuschlagskriterien

108.4.1 Sinn und Zweck der Bindung

Der **Bewerberkreis soll vorhersehen** können, **worauf es dem Auftraggeber in besonderem Maße ankommt** und dies bei der Angebotserstellung berücksichtigen können (VK Südbayern, B. v. 1. 8. 2001 – Az.: 24-07/01). Der **Auftraggeber** soll einerseits auf seinen Bedarf besonders **ausgerichtete Angebote** erhalten, andererseits bei der Auswahl **nicht manipulieren können** (OLG Frankfurt am Main, B. v. 20. 12. 2000 – Az.: 11 Verg 1/00). Die Manipulationsmöglichkeit läge jedoch auf der Hand, wenn der Auftraggeber die Auswahl nach Gutdünken treffen könnte und sich entweder an seine Wertungskriterien nicht halten müsste 5850 oder sie nach Öffnen der Angebote und Kenntnisnahme von deren Inhalt ändern dürfte (1. VK Sachsen, B. v. 8. 2. 2005 – Az.: 1/SVK/003-05; VK Düsseldorf, B. v. 9. 4. 2003 – Az.: VK – 8/2003 – B).

5851 Eine Vergabestelle ist also **aus Gründen der Rechtsstaatlichkeit, Vorhersehbarkeit und Transparenz** des Wertungsverfahrens an die Wertungskriterien gebunden, d. h. es dürfen dann nur Zuschlagskriterien bei der Wertung zur Anwendung gelangen, die zuvor in der Vergabebekanntmachung oder in den Verdingungsunterlagen genannt sind (VK Nordbayern, B. v. 23. 5. 2006 – Az.: 21.VK – 3194-16/06; VK Thüringen, B. v. 16. 1. 2006 – Az.: 360-4004.20-025/05-ARN; 2. VK Bund, B. v. 10. 12. 2003 – Az.: VK 1-116/031; 1. VK Bund, B. v. 11. 10. 2002 – Az.: VK 1-75/02).

5852 Mit **Angabe der Auftragskriterien in der Vergabebekanntmachung tritt eine Selbstbindung des Auftraggebers** ein. Es ist daher vergaberechtswidrig, ein als Auftragskriterium angekündigtes Merkmal wieder fallen zu lassen, oder etwa nach Aufforderung zur Angebotsabgabe neue Kriterien einzuführen. Es ist unzulässig, der Entscheidung gemäß § 16 VOF andere als die bekannt gemachten Kriterien zugrunde zu legen. Die **Bestimmung des § 16 Abs. 3 VOF ist ohne weiteres der Regelung des § 9 a VOL/A vergleichbar,** wonach die Auftraggeber in den Verdingungsunterlagen oder in der Vergabebekanntmachung alle Zuschlagskriterien angeben, deren Verwendung sie vorsehen, und zwar möglichst in der Reihenfolge der ihnen zuerkannten Bedeutung. Die damit bezweckte Vorhersehbarkeit des Wertungsmaßstabs und der Schutz der Bieter vor Willkür schließen es aus, dass der Auftraggeber nachträglich von den bekannt gegebenen Zuschlagskriterien abweicht, was bedeutet, dass die angegebenen Kriterien berücksichtigt werden müssen. **Auch der nach Sinn und Zweck vergleichbare § 25 a VOB/A** bestimmt, dass bei der Wertung der Angebote nur Kriterien berücksichtigt werden dürfen, die in der Bekanntmachung oder in den Vergabeunterlagen genannt sind. Daher ist der Auftraggeber gehalten, sämtliche der bekannt gegebenen Wertungskriterien auch tatsächlich zu berücksichtigen. Nur dann ist dem Gebot eines transparenten Vergabeverfahrens (§ 97 Abs. 1 GWB) und der Gleichbehandlung aller Bieter (§ 97 Abs. 2 GWB) Genüge getan. Mit der Bekanntmachung der Wertungskriterien reduziert die Vergabestelle ihren eigenen Beurteilungs- und Ermessensspielraum. Der **Bieter wäre der Willkür ausgesetzt, wenn die Vergabestelle nach Abgabe der Angebote im Wertungsverfahren die Zuschlagskriterien beliebig ändern oder anders gewichten könnte** (OLG Frankfurt, B. v. 28. 2. 2006 – Az.: 11 Verg 15/05 und 16/05; 2. VK Bund, B. v. 29. 3. 2006 – Az.: VK 2-11/06; VK Schleswig-Holstein, B. v. 11. 1. 2006 – Az.: VK-SH 28/05; 1. VK Sachsen, B. v. 5. 9. 2005 – Az.: 1/SVK/104-05).

108.4.2 Ausprägungen der Bindung

5853 Der Auftraggeber darf **weder ursprünglich bekannt gemachte Kriterien bei der Wertung nicht mehr berücksichtigen, noch darf er diese verschärfen.** Könnte der Auftraggeber den Kriterienkatalog nachträglich verändern oder neu gewichten, wäre eine Überprüfung der Vergabeentscheidung nach objektiven Kriterien nicht mehr gewährleistet. Der **Bieter wäre der Willkür des Auftraggebers ausgeliefert.** Es widerspricht dem Grundsatz der Transparenz, wenn der Auftraggeber andere Bewertungskriterien seiner Wertungsentscheidung zugrunde legt, als er veröffentlicht hat oder nicht ausgeschriebene Bewertungskriterien der Wertungsentscheidung zugrunde legt (OLG Düsseldorf, B. v. 7. 7. 2003 – Az.: Verg 34/03; 2. VK Bund, B. v. 29. 3. 2006 – Az.: VK 2-11/06; 1. VK Sachsen, B. v. 10. 8. 2005 – Az.: 1/SVK/088-05; B. v. 4. 4. 2005 – Az.: 1/SVK/025-05; B. v. 8. 2. 2005 – Az.: 1/SVK/003-05; B. v. 7. 10. 2003 – Az.: 1/SVK/111-03, B. v. 13. 6. 2002 – Az.: 1/SVK/042-02; VK Düsseldorf, B. v. 9. 4. 2003 – Az.: VK – 8/2003 – B; VK Nordbayern, B. v. 14. 2. 2003 – Az.: 320.VK3194-02/03).

5854 Der Auftraggeber ist auch **verpflichtet, alle bekannt gegebenen Kriterien zu werten** (OLG Düsseldorf, B. v. 7. 7. 2003 – Az.: Verg 34/03; OLG Frankfurt am Main, B. v. 20. 12. 2000 – Az.: 11 Verg 1/00; VK Nordbayern, B. v. 23. 5. 2006 – Az.: 21.VK – 3194-16/06; B. v. 9. 1. 2006 – Az.: 21.VK – 3194-42/05; 1. VK Sachsen-Anhalt, B. v. 25. 4. 2006 – Az.: 1 VK LVwA 08/06; 2. VK Bund, B. v. 29. 3. 2006 – Az.: VK 2-11/06; 2. VK Sachsen-Anhalt, B. v. 13. 4. 2006 – Az.: VK 2-LVwA LSA 7/06; 1. VK Sachsen, B. v. 17. 6. 2005 – Az.: 1/SVK/058-05; B. v. 4. 4. 2005 – Az.: 1/SVK/025-05; B. v. 9. 4. 2002 – Az.: 1/SVK/021-02, B. v. 8. 4. 2002 – Az.: 1/SVK/022-02, B. v. 3. 4. 2002 – Az.: 1/SVK/020-02; VK Düsseldorf, B. v. 9. 4. 2003 – Az.: VK – 8/2003 – B).

5855 Der – fehlerhaft – unterbliebenen Anwendung bekannt gemachter Zuschlagskriterien **gleichzustellen ist dabei auch der Tatbestand des Zusammenführens zweier Zuschlagskriterien zur Verwendung als eigenständiges, neues Zuschlagskriterium (VK Thüringen, B. v. 16. 1. 2006 – Az.: 360-4004.20-025/05-ARN).

Eine Änderung oder Erweiterung von Zuschlagskriterien ist **auch dann nicht mehr zulässig, wenn bereits Angebote abgegeben** und gewertet wurden, aber das **Vergabeverfahren – wegen sonstiger Verfahrensverstöße – ab der zweiten Stufe wiederholt werden muss.** Würde man eine Erweiterung oder Änderung der Vergabekriterien auch noch nach einem ersten Wertungsdurchgang zulassen, so wäre nicht auszuschließen, dass **Bieter ihr (erstes) Angebot auf Kriterien ausgerichtet haben, die im zweiten Verfahrensdurchgang keine oder nur noch eine untergeordnete Rolle spielen,** während der Auftraggeber Kriterien in den Vordergrund rückt, auf die sich die Bieter bislang nicht einstellen konnten (OLG Frankfurt, B. v. 28. 2. 2006 – Az.: 11 Verg 15/05 und 16/05). 5856

108.4.3 Beispiele aus der Rechtsprechung

– **unproblematisch ist die Veränderung des Zuschlagskriteriums „Referenzen" in „Referenzen für vergleichbare Projekte".** Die Veränderung stellt lediglich eine im Kontext der Ausschreibung stehende Konkretisierung nicht aber Veränderung des bereits benannten Zuschlagskriteriums dar (2. VK Bund, B. v. 29. 3. 2006 – Az.: VK 2-11/06) 5857

– gibt der Auftraggeber in der Bekanntmachung als ein **Wertungskriterium „Erfahrung"** an, handelt es sich hierbei um einen **Aspekt der Fachkunde.** Weist hingegen das in der Aufforderung zur Angebotsabgabe nunmehr verwendete **Kriterium „Stamm und Ausstattung des Unternehmens" die Leistungsfähigkeit** des Unternehmens nach, handelt es sich zwar bei beiden Kriterien um Eignungskriterien, allerdings sind sie als **Unterkriterien unterschiedlicher Natur und deshalb nicht austauschbar** (2. VK Bund, B. v. 29. 3. 2006 – Az.: VK 2-11/06)

– **will ein Auftraggeber einen Stundenverrechnungssatz von 65% als Mindestgrenze werten, muss er diesen vorher bekannt machen,** um für alle Interessenten eine chancengleiche und transparente Wettbewerbssituation zu schaffen. Eine solche **Mindestgrenze wirkt sich nämlich faktisch wie ein Ausschlusskriterium aus,** da die Angebote mit einem niedrigeren Stundenverrechnungssatz ohne weitere Prüfung als unauskömmlich ausgeschlossen werden. Damit werden die **Bieter benachteiligt, die sich um eine besonders günstige Kostenstruktur bemühen, dabei aber die Zahlung des Nettotariflohnes sicherstellen können.** Wenn dies ohne Ankündigung geschieht, können Bieter sich nicht darauf einstellen und laufen Gefahr, gerade mit einem besonders engagierten Angebot einen Misserfolg zu erleiden. Die Grenze von 65% für den Stundenverrechnungssatz ist ohne Ankündigung nur verwertbar für die Ermittlung der Angebote, bei denen die Preisgestaltung nach § 25 Nr. 2 Absatz 2 VOL/A überprüft werden kann oder muss (1. VK Sachsen, B. v. 8. 2. 2005 – Az.: 1/SVK/003-05)

– hat der Auftraggeber unmissverständlich und bindend gegenüber allen Bietern erklärt, dass eine Fremdvergabe des Auftragsgegenstandes für ihn nur in Betracht kommt, wenn eine Kostengrenze unterschritten wird, ist der Auftraggeber **schon deswegen daran gebunden, weil andere potentielle Bieter möglicherweise aufgrund dieser knapp kalkulierten Kostenobergrenze von einer Beteiligung am streitbefangenen Vergabeverfahren abgesehen haben.** Ein **nachträglicher Verzicht** des Auftraggebers auf diese selbst gesetzte Grenze würde sowohl **gegen den Transparenzgrundsatz** gemäß § 97 Abs. 1 GWB als auch **gegen den Gleichbehandlungsgrundsatz** gemäß § 97 Abs. 2 GWB verstoßen. Die Alternative, in diesem Vergabeverfahren den Zuschlag auf ein Angebot zu erteilen, dessen Preis die selbst gesetzte Grenze überschreitet, besteht für den Auftraggeber vergaberechtlich daher nicht (VK Lüneburg, B. v. 7. 11. 2003 – Az.: 203-VgK-32/2003).

108.4.4 Ausnahmen

Ein **Ausnahmefall** könnte gegeben sein, wenn der Auftraggeber an ein **zentrales Zuschlagskriterium,** das er in den Verdingungsunterlagen oder in der Vergabebekanntmachung mitgeteilt hat, **nachträglich höhere Anforderungen stellt,** weil er im Verlauf des Vergabeverfahrens nach Abgabe der Angebote erkennt, dass sein Bedarf nur durch eine Leistung mit geringfügigen technischen Änderungen, die die erhöhten Anforderungen erfüllt, gedeckt werden kann. Eine **Aufhebung der Ausschreibung nach A § 26 ist nicht zwingend erforderlich.** Die Vergabestelle muss in diesem Fall die Spitzenbewerber, die aufgrund der bis- 5858 herigen Wertung für einen Zuschlag in die engere Auswahl kommen, gleichermaßen über die höheren Anforderungen an das betreffende Zuschlagskriterium informieren und ihnen Gelegenheit zur Anpassung ihrer Angebote durch eine technische Änderung geringen Umfangs mit einer ebenfalls geringfügigen Preisanpassung geben (in **entsprechender Anwendung des § 24**), um eine Verletzung des vergaberechtlichen Gleichbehandlungs- und Transparenzgebotes (§ 97 Abs. 1 und Abs. 2 GWB) auszuschließen (VK Südbayern, B. v. 18. 3. 2002 – Az.: 04-02/02).

108.5 Geltung des § 25a nur für Ausschreibungen ab den Schwellenwerten

5859   Die **Verdingungsordnung für Bauleistungen, Teil A, verlangt in ihrem ersten Abschnitt,** der für die bundesweiten Ausschreibungen gilt, – anders als § 25a VOB/A im zweiten Abschnitt der VOB/A für die EU-weiten Vergabeverfahren – **keine förmliche Angabe der Wirtschaftlichkeitskriterien im Einzelnen in der Vergabebekanntmachung bzw. in den Verdingungsunterlagen.** Es genügt, wenn das Anforderungsprofil des Auftraggebers in den an die Bieter übermittelten Verdingungsunterlagen hinreichenden Ausdruck gefunden hat (OLG Naumburg, Urteil vom 29. 3. 2003 – Az.: 1 U 119/02).

108.6 Geltung des § 25a auch für Eignungskriterien nach § 97 Abs. 4 Halbsatz 2

5860   Die – landesrechtliche – Vorschrift des § 4 Abs. 2 VergabeG LSA – zwischenzeitlich aufgehoben – ist bundes- und gemeinschaftsrechtskonform einschränkend dahin auszulegen, dass die darin aufgeführten Wertungskriterien von einem öffentlichen Auftraggeber nur in die Angebotswertung einbezogen werden dürfen, wenn sie zuvor in der Bekanntmachung bzw. in den Verdingungsunterlagen den Bietern auch mitgeteilt worden sind. Zwar hat der Landesgesetzgeber diese Einschränkung nicht ausdrücklich ausgesprochen. Dass ein öffentlicher Auftraggeber im Rahmen seiner Angebotswertung nur auf solche Kriterien zurück greifen darf, die entweder in der Bekanntmachung der Ausschreibung oder aber in den Ausschreibungsunterlagen den Bietern angekündigt waren, ergibt sich jedoch zumindest für EU-weite Vergaben sowohl aus dem höherrangigen Bundesrecht als auch aus dem Recht der Europäischen Gemeinschaften (OLG Naumburg, B. v. 7. 5. 2002 – Az.: 1 Verg 19/01).

108.7 Geltung des § 25a auch im Verhandlungsverfahren im Sektorenbereich

5861   Die **Bindung des öffentlichen Auftraggebers an die veröffentlichten Zuschlagskriterien besteht auch in einem Verhandlungsverfahren im Sektorenbereich** (OLG München, B. v. 20. 4. 2005 – Az.: Verg 008/05).

108.8 Folgen einer fehlenden Angabe von Zuschlagskriterien

5862   Die fehlende Angabe der Zuschlagskriterien führt **nicht automatisch zur Rechtswidrigkeit des Vergabeverfahrens.** Aus der unterbliebenen Angabe von Wertungskriterien entgegen § 10a VOB/A folgt nur, dass die Vergabestelle bei der Entscheidung über die Auftragsvergabe solche Kriterien nicht berücksichtigen darf (§ 25a VOB/A), sondern **ausschließlich der niedrigste Preis entscheidend** ist (BayObLG, B. v. 3. 7. 2002 – Az.: Verg 13/02, B. v. 12. 9. 2000 – Az.: Verg 4/00; OLG Frankfurt am Main, B. v. 10. 4. 2001 – Az.: 11 Verg 1/01; im Ergebnis ebenso VK Lüneburg, B. v. 6. 12. 2004 – Az.: 203-VgK-50/2004; VK Nordbayern, B. v. 5. 6. 2003 – Az.: 320.VK-3194-16/03; VK Magdeburg, B. v. 8. 5. 2003 – Az.: 33-32571/07 VK 04/03 MD; VK Hamburg, B. v. 17. 12. 2002 – Az.: VgK FB 3/02; VK Baden-Württemberg, B. v. 14. 8. 2002 – Az.: 1 VK 36/02; 1. VK Bund, B. v. 13. 11. 2002 – Az.: VK 1-87/02, B. v. 2. 7. 2002 – Az.: VK 1-31/02; VK Thüringen, B. v. 9. 4. 2002 – Az.: 216-4002.20-009/02-EF-S); der **Angebotspreis ist auch ohne die Bekanntgabe von Wertungskriterien stets wertungsrelevant** (VK Münster, B. v. 4. 4. 2001 – Az.: VK 11/01). Diese Auffassung ergibt sich aus einem Umkehrschluss aus Art. 53 Abs. 2 VKR. Eine Berücksichtigung nachträglich gebildeter, nicht bekannt gemachter Kriterien wäre mit dem Erfordernis der Gleichbehandlung der Bieter und einer Vergabe nach sachlichen Kriterien nicht vereinbar. Könnte der Auftraggeber im

Wertungsverfahren die Zuschlagskriterien ändern, wäre der **Bieter der Willkür der Vergabestelle ausgeliefert**. Schon aus Gründen der Rechtsstaatlichkeit, zu denen auch die Vorhersehbarkeit, Messbarkeit und Transparenz staatlichen Handelns gehören, ist es deshalb unabdingbar, dass die Zuschlagskriterien vorher, d. h. bei der Aufforderung zur Angebotsabgabe, bekannt werden, damit sich die interessierten Unternehmen hierauf einstellen können (VK Nordbayern, B. v. 14. 2. 2003 – Az.: 320.VK-3194-02/03; VK Hamburg, B. v. 17. 12. 2002 – Az.: VgK FB 3/02).

Aus § 10a VOB/A kann **nicht der Schluss gezogen** werden, dass ein **Auftraggeber bei Unterlassung der Bekanntmachung von Zuschlagskriterien gezwungen werden kann, den Zuschlag auch auf ein für ihn untaugliches Angebot zu erteilen.** Eine derartige Entscheidung würde ihrerseits gegen das Gebot, den Zuschlag auf das wirtschaftlichste Angebot zu erteilen, verstoßen, da eine derartige Beschaffung, ungeachtet eines niedrigen Preises, niemals wirtschaftlich sein kann (VK Lüneburg, B. v. 12. 4. 2002 – Az.: 203-VgK-05/2002). 5863

108.9 Aufgrund einer staatlichen Beihilfe ungewöhnlich niedrige Angebote (§ 25a Nr. 2)

108.9.1 Grundsatz

In § 25a VOB/A 2006 ist eine **neue Nr. 2** eingefügt, wonach Angebote, die aufgrund einer staatlichen Beihilfe ungewöhnlich niedrig sind, allein aus diesem Grund nur zurückgewiesen werden können, wenn der Bieter nach Aufforderung innerhalb einer vom Auftraggeber festzulegenden ausreichenden Frist nicht nachweisen kann, dass die Beihilfe rechtmäßig gewährt wurde. Auftraggeber, die unter diesen Umständen ein Angebot zurückweisen, müssen die Kommission der Europäischen Gemeinschaften darüber unterrichten. Die **Regelung entspricht im Wesentlichen der Vorschrift des Art. 55 Abs. 3 der Vergabekoordinierungsrichtlinie.** 5864

108.9.2 Rechtsfolge eines aufgrund einer staatlichen Beihilfe ungewöhnlich niedrigen Angebots

An keiner Stelle lässt sich dem Vergaberecht entnehmen, dass der **Erhalt nicht notifizierter Beihilfen zum Angebotsausschluss führt oder die Vergabestelle verpflichtet ist, durch eine Erhöhung des Angebotspreises die nicht notifizierte Beihilfe zu neutralisieren.** Der Empfang nicht notifizierter Beihilfen findet im Gegenteil ausschließlich Erwähnung im Zusammenhang mit dem Verbot, den Zuschlag auf ein Angebot zu erteilen, dessen Preise in einem offenbaren Missverhältnis zu der angebotenen Leistung steht. Die VOB hält den öffentlichen Auftraggeber dazu an, den betreffenden Bieter vor einer Ablehnung seines Angebots über die Bedenken an der Angemessenheit seiner Preise zu unterrichten und ihm Gelegenheit zur Stellungnahme zu geben Dieselbe Verpflichtung trifft die Vergabestelle dann, wenn der ungewöhnlich niedrige Angebotspreis auf dem Erhalt einer nicht notifizierte Beihilfe beruht. In einem solchen Fall muss der Auftraggeber dem Bieter Gelegenheit für den Nachweis geben, dass die Beihilfe der Kommission der Europäischen Union angezeigt oder von ihr genehmigt worden ist; einen Ausschluss des Angebotes hat die Vergabestelle zudem der Kommission der Europäischen Union mitzuteilen. **Ausschließlich diese Anhörungs- und Informationspflicht normiert die Verdingungsordnung,** wenn der Angebotspreis wegen zugeflossener staatlicher Fördermittel ungewöhnlich niedrig ausgefallen ist. **Daraus lässt sich im Umkehrschluss folgern, dass die Vergabestelle eine weitergehende Verpflichtung – namentlich die Pflicht zum Ausschluss des Angebotes oder zur Erhöhung des Angebotspreises um den Vorteil der erhaltenen und nicht notifizierten Beihilfe – nicht trifft** (OLG Düsseldorf, B. v. 26. 7. 2002 – Az.: Verg 22/02). 5865

108.10 Mindestanforderungen an Nebenangebote (§ 25a Nr. 3)

In § 25a VOB/A 2006 ist eine **neue Nr. 3** eingefügt, wonach der Auftraggeber nur Nebenangebote berücksichtigt, die die von ihm verlangten Mindestanforderungen erfüllen. Diese **Regelung entspricht im Wesentlichen der Vorschrift des Art. 24 Abs. 4 Unterabsatz 1 der Vergabekoordinierungsrichtlinie.** 5866

Zu den **Einzelheiten vgl. die Kommentierung** zu § 25 RZ 5725. 5867

109. § 25 b VOB/A – Wertung der Angebote

1. Bei der Wertung der Angebote dürfen nur Kriterien berücksichtigt werden, die in der Bekanntmachung oder in den Vergabeunterlagen genannt sind.
2. Angebote, die aufgrund einer staatlichen Beihilfe ungewöhnlich niedrig sind, dürfen von den Auftraggebern nur zurückgewiesen werden, wenn diese den Bieter darauf hingewiesen haben und dieser innerhalb einer vom Auftraggeber festzulegenden angemessenen Frist nicht den Nachweis liefern konnte, dass die Beihilfe der Kommission der Europäischen Gemeinschaften gemeldet oder von ihr genehmigt wurde. Auftraggeber, die unter diesen Umständen ein Angebot zurückweisen, müssen die Kommission der Europäischen Gemeinschaften darüber unterrichten.
3. Der Auftraggeber berücksichtigt nur Nebenangebote, die die von ihm verlangten Mindestanforderungen erfüllen.

109.1 Vergleichbare Regelungen

5868   Der **Vorschrift des § 25 b VOB/A vergleichbar** sind im Bereich des GWB **§ 97 Abs. 4, Abs. 5 GWB**, im Bereich der VOB **§§ 25, 25 a VOB/A**, im Bereich der VOF **§ 16 VOF** und im Bereich der VOL **§§ 25, 25 a, 25 b VOL/A**. Die Kommentierungen zu diesen Vorschriften können daher ergänzend zu der Kommentierung des § 25 b herangezogen werden.

109.2 Änderungen in der VOB/A 2006

5869   In § 25 b sind die **Nummern 2 und 3 im Wesentlichen redaktionell neu gefasst** worden.

109.3 Bieterschützende Vorschrift

5870   **§ 25 b VOB/A hat bieterschützenden Charakter** und ein Bieter Anspruch darauf, dass ein öffentlicher Auftraggeber diese Bestimmung beachtet (KG Berlin, B. v. 18. 8. 1999 – Az.: KartVerg 4/99).

109.4 Inhalt der Vorschrift

5871   **§ 25 b entspricht bis auf redaktionelle Abweichungen § 25 a VOB/A**; vgl. daher zu den Einzelheiten die Kommentierung zu § 25 a RZ 5850.

110. § 26 VOB/A – Aufhebung der Ausschreibung

1. Die Ausschreibung kann aufgehoben werden: a) wenn kein Angebot eingegangen ist, das den Ausschreibungsbedingungen entspricht, b) wenn die Verdingungsunterlagen grundlegend geändert werden müssen, c) wenn andere schwer wiegende Gründe bestehen.
2. Die Bewerber und Bieter sind von der Aufhebung der Ausschreibung unter Angabe der Gründe, gegebenenfalls über die Absicht, ein neues Vergabeverfahren einzuleiten, unverzüglich zu unterrichten. Die Unterrichtung erfolgt auf Antrag der Bewerber oder Bieter schriftlich.

110.1 Vergleichbare Regelungen

5872   Der **Vorschrift des § 26 VOB/A vergleichbar** sind im Bereich der VOB **§ 26 a VOB/A** und im Bereich der VOL **§§ 26, 26 a VOL/A**. Die Kommentierungen zu diesen Vorschriften können daher ergänzend zu der Kommentierung des § 26 herangezogen werden.

Vergabe- und Vertragsordnung für Bauleistungen Teil A   VOB/A § 26   **Teil 3**

110.2 Änderungen in der VOB/A 2006

In § 26 erfolgten im Rahmen der VOB/A 2006 **keine Änderungen**.   5873

110.3 Bieterschützende Vorschrift

Wie § 107 Abs. 2 Satz 1 GWB entnommen werden kann, ist das Verfahren vor der Vergabe- 5874 kammer eröffnet, wenn die Einhaltung von Vergabevorschriften nachzuprüfen sein kann, deren Nichtbeachtung Unternehmen in ihren Rechten nach § 97 Abs. 7 GWB verletzen kann. **Damit kann auch die Aufhebung einer im offenen Verfahren erfolgten Ausschreibung eines öffentlichen Bauauftrags nicht außerhalb der Nachprüfung im Verfahren nach §§ 107 ff. GWB stehen.** Diese Maßnahme kann nämlich der Regelung in § 26 Nr. 1, § 26 a Nr. 1 VOB/A Abschnitt 2 bzw. VOL/A widersprechen, bei der es sich um eine Bestimmung über das Vergabeverfahren handelt, auf deren Einhaltung Unternehmen nach § 97 Abs. 7 GWB Anspruch haben. Insoweit besteht Einigkeit, dass jedenfalls solche Bestimmungen § 97 Abs. 7 GWB unterfallen, die (auch) zum Schutz wohlberechtigter Interessen von am Vergabeverfahren teilnehmenden oder daran interessierten Unternehmen aufgestellt worden sind. **Um solch eine Bestimmung handelt es sich bei der Regelung in § 26 Nr. 1, § 26 a Nr. 1 VOB/A bzw. VOL/A Abschnitt 2.** § 26 Nr. 1 mag zwar ursprünglich allein aus haushaltsrechtlichen Gründen Aufnahme in die VOB/A bzw. VOL/A gefunden haben, um haushaltsrechtlich gebundenen Auftraggebern eine kostenfreie Loslösung von einer einmal eingeleiteten Ausschreibung zu ermöglichen. Jedenfalls durch die Verbindlichkeit, die § 26 Nr. 1, § 26 a Nr. 1 VOB/A Abschnitt 2 infolge § 6 VgV für Verfahren zur Vergabe öffentlicher Bauaufträge im Anwendungsbereich des § 100 GWB erlangt hat, beinhaltet diese Regelung jedoch in diesem Bereich ein vergaberechtliches Gebot, ein Vergabeverfahren nur aus den dort genannten Gründen aufzuheben. Dieses Gebot hat bieterschützende Wirkung. Es dient dazu sicherzustellen, dass die Aufhebung der Ausschreibung nicht als Maßnahme der Diskriminierung einzelner Bieter missbraucht werden kann, weil hiernach die Aufhebung der Ausschreibung nur in ganz engen Ausnahmefällen vergaberechtlich zulässig ist (BGH, B. v. 18. 2. 2003 – Az.: X ZB 43/02; OLG Koblenz, B. v. 10. 4. 2003 – Az.: 1 Verg 01/03; VK Schleswig-Holstein, B. v. 26. 7. 2006 – Az.: VK-SH 11/06; B. v. 28. 4. 2006 – Az.: VK-SH 05/06; B. v. 28. 4. 2006 – Az.: VK-SH 04/06; B. v. 28. 4. 2006 – Az.: VK-SH 03/06; B. v. 14. 9. 2005 – Az.: VK-SH 21/06; VK Hessen, B. v. 10. 6. 2004 – Az.: 69 d – VK – 27/2004; B. v. 10. 6. 2004 – Az.: 69 d – VK – 28/2004; 2. VK Bund, B. v. 15. 6. 2004 – Az.: VK 2-40/03; 1. VK Sachsen, B. v. 5. 9. 2002 – Az.: 1/SVK/073-02; VK Brandenburg, B. v. 30. 7. 2002 – Az.: VK 38/02).

110.4 Sinn und Zweck der Vorschrift

Die Bestimmungen über die Aufhebung der Ausschreibung (§ 26, § 26 a VOB/A, § 26   5875 VOL/A) **dienen neben einem Schutz der Bieter vor einer nutzlosen Erstellung zeit- und kostenintensiver Angebote auch der Diskriminierungsabwehr** (BayObLG, B. v. 15. 7. 2002 – Az.: Verg 15/02).

110.5 Geltungsbereich

110.5.1 Ausschreibungen

Die Vorschrift bezieht sich explizit nur auf „Ausschreibungen". Ausschreibungen finden nur 5876 bei offenen und nichtoffenen Verfahren statt, so dass schon aufgrund des Wortlauts grundsätzlich davon auszugehen sein dürfte, dass **§ 26 VOB/A bzw. VOL/A nur für diese Arten der Vergabe gilt, nicht dagegen für die freihändige Vergabe bzw. für das Verhandlungsverfahren** (1. VK Bund, B. v. 28. 4. 2003 – Az.: VK 1-19/03).

110.5.2 Freihändige Vergabe bzw. Verhandlungsverfahren oder Wettbewerblicher Dialog

110.5.2.1 Grundsatz

Die **Rechtsprechung** ist **nicht einheitlich**.   5877

Nach einer Auffassung bezieht sich die einschränkende Formulierung des § 26 Nr. 1 VOB/A   5878 bzw. VOL/A lediglich auf die Öffentliche (Offene) sowie die Beschränkte (Nichtoffene) Ausschreibung, nicht jedoch auf die Freihändige Vergabe (Verhandlungsverfahren). Dies bedeutet, dass eine **Aufhebung des Vergabeverfahrens auch auf andere, nicht in § 26 VOB/A bzw. VOL/A aufgeführte Gründe gestützt werden kann, ohne dass dies rechtlich zu beanstanden** ist (VK Detmold, B. v. 19. 12. 2002 – Az.: VK.21-41/02).

5879   Nach der Gegenmeinung ist **§ 26 VOB/A bzw. VOL/A im Rahmen des 2. Abschnitts im Lichte des höherrangigen § 101 Abs. 4 GWB auszulegen, der Verhandlungsverfahren einschließt.** § 26 VOB/A bzw. VOL/A gelten auch für die Aufhebung eines ausgeschriebenen Verhandlungsverfahrens (VK Brandenburg, B. v. 17. 9. 2002 – Az.: VK 50/02).

5880   § 26 VOB/A bzw. VOL/A ist auch auf die Aufhebung eines Verhandlungsverfahrens **auf der Stufe eines vorgeschalteten Teilnahmewettbewerbs** anzuwenden. Ein solcher Teilnahmewettbewerb ist lediglich ein **unselbständiger Annex zu dem eigentlich bezweckten Verhandlungsverfahren** und ist von der Existenz des Vergabeverfahrens abhängig. Eine **Aufhebung wirkt** in diesem Fall nicht als Aufhebung nur des vorgeschalteten Teilnahmewettbewerbs, sondern **stets als Aufhebung des Verhandlungsverfahrens** (VK Brandenburg, B. v. 30. 7. 2002 – Az.: VK 38/02).

110.5.2.2 Geltung des Transparenzgebotes und des Diskriminierungsverbots

5881   Verhandlungsverfahren sind zwar **weniger formalisiert als offene und nicht offene Verfahren;** eine Reihe von Vorschriften der VOB/A bzw. VOL/A, in deren Überschrift bzw. Text dies deutlich gemacht wird, gelten hier nicht. Trotz der dadurch bedingten größeren Freiheiten für den Auftraggeber handelt es sich beim Verhandlungsverfahren um eine von drei Vergabearten, § 101 Abs. 1 GWB, die ebenso wie die anderen Vergabearten – abgesehen von den ausdrücklich normierten Ausnahmen – **in vollem Umfang und in allen Verfahrensschritten der VOB/A bzw. der VOL/A und insbesondere den allgemeinen vergaberechtlichen Grundsätzen des § 97 GWB unterliegt.** Die Nichtgeltung von § 26 VOB/A bzw. VOL/A für die Verfahrenseinstellung impliziert nicht gleichzeitig eine Freistellung von allen anderen vergaberechtlichen Vorgaben; die Entscheidung, das Verfahren nicht fortzuführen, **muss sich vielmehr am Transparenzgebot und am Diskriminierungsverbot messen lassen** (1. VK Bund, B. v. 28. 4. 2003 – Az.: VK 1-19/03; VK Brandenburg, B. v. 30. 7. 2002 – Az.: VK 38/02).

110.5.2.3 Verhandlungsverfahren über Kreativleistungen

5882   Gerade **bei Kreativleistungen ist es Sinn des Verhandlungsverfahrens,** über Verhandlungen eine **Annäherung des Angebots an die Vorstellungen des Auftraggebers herbeizuführen.** Auch wenn man dem Auftraggeber einen weiten Beurteilungsspielraum hinsichtlich der Einschätzung der in der Präsentation gezeigten Kreativleistung zubilligt, so macht er es sich zu einfach und schafft keine ausreichende Beurteilungsbasis für die Ausübung seines Beurteilungsermessens, wenn er bei dieser Sachlage die Angebote ohne weitere, über Verhandlungen anzustellende Bemühungen verwirft und ein neues Verfahren in die Wege leitet, um dort neue Ideen präsentiert zu bekommen. Auch bei Zubilligung subjektiver Momente auf Seiten des Auftraggebers ist es willkürlich, wenn nicht mit herausragenden Bietern der Versuch einer Optimierung unternommen wird, sondern stattdessen einfach ein völlig neues Verfahren mit neuen Bietern begonnen wird. Diese **Vorgehensweise widerspricht dem Transparenzgebot** und **wird weder dem Anspruch** der Bieter – die erhebliche finanzielle Aufwendungen getätigt haben – **auf ein faires Verfahren gerecht, noch lässt es sich mit der generellen Verpflichtung öffentlicher Auftraggeber zu sorgfältigem Umgang mit Haushaltsmitteln vereinbaren.** Denn ein neues Verfahren ist nicht nur für die Bieter, sondern auch für den Auftraggeber mit erheblichen Kosten verbunden (1. VK Bund, B. v. 28. 4. 2003 – Az.: VK 1-19/03)

110.5.3 Aufhebung von Verfahren nach der VOB/A-SKR

5883   Vorschriften über die Aufhebung einer Ausschreibung fehlen in der VOB/A SKR bzw. VOL/A SKR. Ein **Rückgriff auf die Regelung in § 26 VOB/A bzw. VOL/A kann grundsätzlich nicht erfolgen.** Eine Beendigung des Verfahrens wird sicherlich jederzeit möglich sein, wenn die in § 26 VOB/A bzw. VOL/A genannten Gründe vorliegen. Darüber hinaus werden solche Umstände in Betracht kommen, die auch bei rein privaten Auftraggebern einen Abbruch von Vertragsverhandlungen zulassen, ohne dass dadurch schuldhaft das zwischen den Verhandlungsparteien bestehende vorvertragliche Vertrauensverhältnis verletzt wird. Wegen

Vergabe- und Vertragsordnung für Bauleistungen Teil A VOB/A § 26 **Teil 3**

dieses Pflichtenverhältnisses kann der Bieter auf die Einhaltung der grundlegenden Regeln eines Vergabeverfahrens vertrauen, da er seinerseits Geld und Zeit in die Bewerbung und das Ausfüllen des Leistungsverzeichnisses steckt. Deshalb ist ein **uneingeschränkter und willkürlicher Entschluss zur Aufhebung ebenso wenig zulässig wie eine nur zum Schein erfolgte Aufhebung. Eine Aufhebung darf nicht gegen das Diskriminierungsverbot verstoßen und muss dem Transparenzgebot genügen** (OLG München, B. v. 12. 7. 2005 – Az.: Verg 008/05).

110.6 Ermessensentscheidung

110.6.1 Allgemeines

Eine Aufhebungsentscheidung nach § 26 VOB/A bzw. VOL/A steht im **Ermessen der** 5884 **Vergabestelle** (OLG Naumburg, B. v. 26. 10. 2005 – Az.: 1 Verg 12/05; OLG Düsseldorf, B. v. 4. 7. 2005 – Az.: VII – Verg 35/05; Thüringer OLG, B. v. 20. 6. 2005 – Az.: 9 Verg 3/05; BayObLG, B. v. 17. 2. 2005 – Verg 027/04; OLG Koblenz, B. v. 23. 12. 2003 – Az.: 1 Verg 8/03; Hanseatisches OLG in Bremen, B. v. 17. 3. 2003 – Az.: Verg 2/2003; VK Münster, B. v. 13. 12. 2005 – Az.: VK 24/05; VK Schleswig-Holstein, B. v. 6. 10. 2005 – Az.: VK-SH 27/05; 2. VK Brandenburg, B. v. 28. 6. 2005 – Az.: VK 20/05; VK Südbayern, B. v. 14. 12. 2004 – Az.: 70-10/04; B. v. 14. 12. 2004 – Az.: 69-10/04; B. v. 14. 12. 2004 – Az.: 68-10/04; B. v. 13. 7. 2004 – Az.: 46-06/04; B. v. 13. 7. 2004 – Az.: 39-05/04). Ein **Bieter** hat – auch wenn ein Aufhebungsgrund vorliegen mag – **keinen Anspruch auf Aufhebung, sondern nur auf ermessensfehlerfreie Entscheidung** der Vergabestelle. Dieses **Ermessen kann** – wie sonst auch – **mit dem Ergebnis auf Null reduziert** sein, dass nur eine Aufhebung ermessensfehlerfrei wäre (OLG Dresden, B. v. 28. 3. 2006 – Az.: WVerg 0004/06; OLG Naumburg, B. v. 26. 10. 2005 – Az.: 1 Verg 12/05; OLG Dresden, B. v. 6. 6. 2002 – Az.: WVerg 0005/02; VK Münster, B. v. 13. 12. 2005 – Az.: VK 24/05; VK Schleswig-Holstein, B. v. 6. 10. 2005 – Az.: VK-SH 27/05; B. v. 1. 4. 2004 – Az.: VK-SH 05/04; VK Baden-Württemberg, B. v. 5. 9. 2005 – Az.: 1 VK 51/05; 1. VK Sachsen-Anhalt, B. v. 21. 4. 2005 – Az.: 1 VK LVwA 17/05).

Dies ist z.B. der Fall, wenn der **Aufhebungsgrund** nach § 26 Nr. 1 lit. a – c VOB/A 5885 **gleichzeitig einen Verstoß gegen andere Vergabevorschriften darstellt** und der Zuschlag schon deswegen rechtswidrig wäre. Weitere Voraussetzung ist, dass die **Rechtswidrigkeit nur durch die Aufhebung beseitigt werden kann** (VK Südbayern, B. v. 13. 7. 2004 – Az.: 46-06/04; B. v. 13. 7. 2004 – Az.: 39-05/04).

Eine Ermessensreduzierung auf Null kommt außerdem **nur in Ausnahmefällen** in Betracht, 5886 etwa dann, wenn eine **wettbewerblich und wirtschaftlich fundierte Vergabe nicht mehr möglich** ist oder ein **Bieter einseitig und schwerwiegend beeinträchtigt** wird (BayObLG, B. v. 17. 2. 2005 – Verg 027/04; VK Münster, B. v. 17. 11. 2005 – Az.: VK 21/05;).

Eine Pflicht zur Aufhebung kommt weiterhin namentlich bei der **Wahl eines unzulässigen** 5887 **Vergabeverfahrens** (z.B. der Wahl der nationalen öffentlichen statt des EU-weiten Offenen Verfahrens – VK Lüneburg, B. v. 10. 10. 2006 – Az.: VgK-23/2006 –), **der Erstellung grob unvollständiger oder falscher Verdingungsunterlagen oder der gezielten Verschaffung eines wettbewerbsverzerrenden Informationsvorsprungs zugunsten eines einzelnen Bieters** in Betracht (Thüringer OLG, B. v. 20. 6. 2005 – Az.: 9 Verg 3/05).

Der **öffentliche Auftraggeber kann auch berechtigte Gründe haben, warum er eines** 5888 **von sämtlich den Ausschreibungsbedingungen zuwiderlaufenden Angeboten dennoch als zuschlagsfähig einstuft, etwa weil ihm die vorgekommenen Abweichungen im Hinblick auf die eigenen Interessen als Auftraggeber nicht gewichtig erscheinen.** Es vermag nicht einzuleuchten, warum der Auftraggeber, der ein Beschaffungsvorhaben durch öffentliche Ausschreibung dem Wettbewerb öffnet, trotz des Scheiterns der Angebotseinholung jedem Bieter gegenüber weiterhin der Bindung an das Vergaberecht unterworfen und gezwungen werden soll, sein Interesse an einem möglichst zeitnahen Abschluss des Beschaffungsvorhabens zurückzustellen. Daher ist es legitim, in der genannten Sonderkonstellation ausnahmsweise den Zuschlag auf ein Angebot zu gestatten, wenn die Vergabestelle meint, mit diesem ungeachtet etwaiger Mängel das Beschaffungsvorhaben verwirklichen zu können; eine Pflicht zur Aufhebung besteht deshalb nicht (Thüringer OLG, B. v. 20. 6. 2005 – Az.: 9 Verg 3/05).

Die **Konstellation der Mangelhaftigkeit sämtlicher teilnehmenden Angebote allein** 5889 **reicht also zu einer Ermessensreduzierung auf Null und der Pflicht zur Aufhebung nicht aus,** da diese Konstellation dem § 26 Nr. 1 lit. a VOB/A bereits tatbestandsmäßig

Teil 3 VOB/A § 26   Vergabe- und Vertragsordnung für Bauleistungen Teil A

zugrunde liegt, ohne dass dies auf der Rechtsfolgeseite der Norm zwingend die Aufhebung zur Folge hätte (BGH, B. v. 26. 9. 2006 – Az.: X ZB 14/06; Urteil v. 1. 8. 2006 – Az.: X ZR 115/04; OLG Naumburg, B. v. 26. 10. 2005 – Az.: 1 Verg 12/05; 3. VK Bund, B. v. 20. 9. 2006 – Az.: VK 3-108/06; VK Münster, B. v. 13. 12. 2005 – Az.: VK 24/05; 1. VK Bund, B. v. 7. 12. 2005 – Az.: VK 1-146/05; 2. VK Brandenburg, B. v. 28. 6. 2005 – Az.: VK 20/05).

5890   **Auch das in § 97 Abs. 2 GWB verankerte Gleichbehandlungsgebot greift bei dieser Sachverhaltskonstellation nicht.** Schließt die Vergabestelle einen Bieter aus dem Wettbewerb aus, so erlischt das Rechtsverhältnis, aus dem sein Anspruch auf Gleichbehandlung erwächst, jedenfalls dann, wenn das beanstandete Angebot tatsächlich mit Mängeln behaftet ist, die ihm die Teilnahmefähigkeit am Wettbewerb und die Zuschlagsfähigkeit nehmen. **Gleiches gilt für den Fall, dass die Vergabeprüfungsinstanzen ein von der Vergabestelle vergaberechtswidrig zugelassenes mangelhaftes Angebot des Antragstellers ausschließen.** Das hindert zwar nicht das Fortbestehen etwaiger „nachvertraglicher" Treue- und Loyalitätspflichten, die dazu dienen, dem Bieter die Prüfung und Inanspruchnahme vergaberechtlichen Rechtsschutzes zu ermöglichen. Ein zwingend ausgeschlossener Bieter ist gleichwohl nicht länger „Teilnehmer an einem Vergabeverfahren" im Sinne des § 97 Abs. 2 GWB und ist insbesondere des Anspruchs auf Gleichbehandlung mit den übrigen im Wettbewerb verbliebenen Bietern verlustig gegangen. **Der rechtmäßige oder gar zwingende Ausschluss nimmt einem Bieter ohne Rücksicht auf die Wertungsfähigkeit anderer Angebote den Anspruch auf Gleichbehandlung nach § 97 Abs. 2 GWB** und führt zur Zurückweisung des Nachprüfungsantrags (OLG Naumburg, B. v. 26. 10. 2005 – Az.: 1 Verg 12/05).

5891   Sollte ein Auftraggeber also im Rahmen der Prüfung und Wertung zu dem Ergebnis gelangen, dass sämtliche Angebote Fehler enthalten, die zum zwingenden Angebotsausschluss führen, hat er zu prüfen, ob er **nach Ausübung pflichtgemäßen Ermessens die Ausschreibung nach § 26 Nr. 1 lit. a) VOB/A aufhebt.** In diesem Fall kann der Auftraggeber nach § 3a Nr. 4 lit. a) oder Nr. 5 lit. a) VOB/A **ggf. in einem vereinfachten Verfahren ein neues Vergabeverfahren einleiten.** Hält der Auftraggeber **ein solches Vorgehen nicht für zweckmäßig,** hat er **unter strikter Wahrung des Gleichbehandlungsgrundsatzes** (§ 97 Abs. 2 GWB) das **Vergabeverfahren fortzuführen.** Unzulässig ist es dann z. B., fehlende Nachweise und Erklärungen nur bei einem Bieter nachzufordern. Aus **Gründen der Chancengleichheit ist hierzu allen Bietern Gelegenheit zu geben.** Diese nachgereichten Unterlagen, die ordnungsgemäß und rechtzeitig beim Auftraggeber eingegangen sind, hat der Auftraggeber seiner wiederholten formalen Angebotsprüfung zugrunde zu legen und bei den weiteren Wertungsstufen zu berücksichtigen. Deshalb sind auch diese Stufen der Angebotswertung zu wiederholen. Die Ergebnisse hat der Auftraggeber im Vergabevermerk zu dokumentieren (2. VK Brandenburg, B. v. 15. 11. 2005 – Az.: 2 VK 64/05).

5892   Der Auftraggeber kann in diesen Fällen auch z. B. aus Gründen der Praktikabilität **den Mangel bei allen Angeboten unberücksichtigt lassen** und die Wertung weiter fortsetzen (3. VK Bund, B. v. 20. 9. 2006 – Az.: VK 3-108/06; B. v. 20. 3. 2006 – Az.: VK 3-09/06).

5893   In Anbetracht dessen, dass die Anordnung zur Aufhebung einer Ausschreibung eine endgültige Maßnahme darstellt und einen schwerwiegenden Eingriff in die Privatautonomie und die Vertragsfreiheit des öffentlichen Auftraggebers bildet, kann **nicht jede Unklarheit in den Verdingungsunterlagen zur Aufhebung der Ausschreibung führen** (VK Münster, B. v. 5. 4. 2006 – Az.: VK 5/06; B. v. 10. 3. 2006 – Az.: VK 2/06). Dies gilt z. B. dann, wenn es sich dabei nur um ein **untergeordnetes technisches Detail** handelt und die **Bieter die Verdingungsunterlagen offensichtlich alle aufgrund ihrer Fachkunde entsprechend richtig ausgelegt** haben, so dass **vergleichbare Angebote vorhanden** sind (VK Münster, B. v. 5. 4. 2006 – Az.: VK 5/06).

110.6.2 Enge Auslegung

5894   Die Vorschrift des § 26 VOB/A bzw. VOL/A ist **nach ihrem Sinn und Zweck eng auszulegen** (BGH, Urteil vom 8. 9. 1998 – Az.: X ZR 48/97; OLG Düsseldorf, Urteil vom 8. 1. 2002 – Az.: 21 U 82/01; 2. VK Bund, B. v. 2. 7. 2004 – Az.: VK 2-28/04; B. v. 24. 6. 2004 – Az.: VK 2-73/04). Sie trägt dem Vertrauen des Bieters darauf Rechnung, dass das Ausschreibungsverfahren entsprechend seinen Funktionen und seinem Regelungszusammenhang normalerweise durch den Zuschlag an einen der Teilnehmer, das heißt die Erteilung des Auftrags, seinen Abschluss findet (OLG Naumburg, B. v. 13. 10. 2006 – Az.: 1 Verg 7/06; B. v. 13. 10. 2006 – Az.: 1 Verg 6/06; BayObLG, B. v. 15. 7. 2002 – Az.: Verg 15/02; VK Südbayern, B. v. 17. 8. 2004 – Az.: 20-04/04).

Vergabe- und Vertragsordnung für Bauleistungen Teil A   VOB/A § 26 **Teil 3**

110.6.3 Alternative zur Aufhebung

Der Auftraggeber **muss im konkreten Fall prüfen, ob er die Ausschreibung aufhebt oder einen anderen, dem Verhältnismäßigkeitsgrundsatz eher entsprechenden Weg beschreiten** kann, um das von ihm mit der Aufhebung angestrebte Ziel – z. B. Änderung der Leistungsbeschreibung – zu erreichen. Kann etwa der Auftraggeber alle Bieter über einen Fehler im Leistungsverzeichnis informieren und kann er den Bietern Gelegenheit geben, neue Preisangebote einzureichen und entsteht hierdurch keine große Verzögerung des Verfahrens, ist eine solche Alternative in Betracht zu ziehen (OLG Düsseldorf, B. v. 19. 11. 2003 – Az.: VII – Verg 59/03; 1. VK Bund, B. v. 26. 9. 2003 – Az.: VK 1-81/03; ähnlich 2. VK Brandenburg, B. v. 15. 11. 2005 – Az.: 2 VK 64/05; VK Baden-Württemberg, B. v. 15. 8. 2005 – Az.: 1 VK 47/05). 5895

So berechtigen **etwaige Änderungen des Bauentwurfs, die nach Auftragserteilung über § 1 VOB/B angeordnet werden könnten, nicht zur Aufhebung** (OLG Düsseldorf, Urteil vom 8. 1. 2002 – Az.: 21 U 82/01). 5896

110.6.4 Pflicht zur Aufhebung

Eine Pflicht zur Aufhebung ist immer dann gegeben, wenn **ohne die Aufhebung das Wettbewerbsprinzip, das Gleichbehandlungsgebot oder das Diskriminierungsverbot verletzt** würde (VK Hamburg, B. v. 25. 7. 2002 – Az.: VgK FB 1/02) oder – als „ultima ratio" –, wenn das bisherige Verfahren mit **derart gravierenden Mängeln behaftet** ist, dass diese im Rahmen einer **chancengleichen und wettbewerbsgerechten Eignungs- und Angebotsprüfung nicht mehr heilbar** sind (OLG Koblenz, B. v. 26. 10. 2005 – Az.: 1 Verg 4/05; 1. VK Sachsen, B. v. 18. 8. 2006 – Az.: 1/SVK/077-06; VK Münster, B. v. 17. 11. 2005 – Az.: VK 21/05; VK Schleswig-Holstein, B. v. 6. 10. 2005 – Az.: VK-SH 27/05). 5897

Von einer derartigen Pflicht zur Aufhebung als einzig rechtmäßige Maßnahme ist ausnahmsweise auszugehen, wenn eine wettbewerblich und wirtschaftlich fundierte Vergabe nicht mehr möglich, sinnlos wäre oder aber Bieter einseitig und schwerwiegend beeinträchtigen würden. Eine derartige **Pflicht zur Aufhebung besteht etwa in den Fällen, in denen irreparable Mängel der Leistungsbeschreibung vorliegen, sofern diese erheblich sind.** In diesen Fällen kann einem Bieter ein vergaberechtlicher Anspruch auf Aufhebung des Vergabeverfahrens erwachsen, um so die Chance zu erhalten, in einem sich anschließenden, neuen Vergabeverfahren ein Angebot zu einem konkurrenzfähigen Preis anzubieten (VK Münster, B. v. 17. 11. 2005 – Az.: VK 21/05; VK Lüneburg, B. v. 4. 9. 2003 – Az.: 203-VgK-16/2003). 5898

Benennt ein Auftraggeber vergaberechtswidrig reine Eignungskriterien als Zuschlagskriterien, kann er diesem Vergabefehler nicht dadurch abhelfen, dass er bei der Wertung nur den Preis als Zuschlagskriterium verwendet und die Eignungskriterien außer Betracht lässt. Die Angabe der Zuschlagskriterien soll den Bietern die Möglichkeit einräumen, ihr Angebot den Kriterien entsprechend auszurichten. Es widerspricht dem Transparenzgrundsatz, nachträglich weitere Kriterien hinzuzufügen oder umgekehrt solche wegzulassen. Zwar ist nicht auszuschließen, dass die Bieterreihenfolge die gleiche ist, nennt ein Auftraggeber von vornherein nur den Preis als Zuschlagskriterium. Es kann aber auch nicht ausgeschlossen werden, dass Bieter bei einer solchen Konstellation andere Preise bieten. **Eine sachgerechte Wertung ist einem Auftraggeber deshalb in der Regel nicht mehr möglich.** Einerseits würde er gegen Vergaberecht verstoßen, würde der Wertung die Eignungskriterien neben dem Preis zugrunde legen, andererseits kann er die Wertung nicht nur auf den Preis stützen. Ist folglich eine sachgerechte Wertung der Angebote in aller Regel nicht mehr möglich, liegt **grundsätzlich ein wichtiger Grund nach § 26 Nr. 1 Buchst. c) VOB/A vor, der zur Aufhebung berechtigt bzw. verpflichtet** (VK Baden-Württemberg, B. v. 7. 10. 2005 – Az.: 1 VK 56/05). 5899

Dies gilt **jedoch nicht, wenn alle Bieter – außer einem – vom Verfahren auszuschließen sind**, da es dann gar nicht zu einem Vergleich der Angebote unter Zugrundelegung der unzulässigen Zuschlagskriterien kommt (VK Baden-Württemberg, B. v. 7. 10. 2005 – Az.: 1 VK 56/05). 5900

Versendet der Auftraggeber irrtümlicherweise ein unvollständiges Blankett des Leistungsverzeichnisses an die Bieter und stellt er darüber hinaus einigen Bietern das Leistungsverzeichnis in digitaler Form zur Verfügung, bei dem **zumindest bei zwei Bietern im schriftlichen Leistungsverzeichnis fehlende Positionen enthalten** sind, ist ein transparentes die Gleichbehandlung aller Bieter wahrendes Verfahren ist nicht mehr durch- 5901 führbar, da die Leistung nicht gemäß § 9 Nr. 1 VOB/A eindeutig und so erschöpfend beschrieben ist, dass alle Bieter die Beschreibung im gleichen Sinne verstehen müssen. Miteinander vergleichbare Angebote können daher nicht vorliegen. Der **Wettbewerb kann auf der Grundlage unterschiedlicher Leistungsverzeichnisse nicht aufrechterhalten werden und ist daher aufzuheben** (VK Düsseldorf, B. v. 31. 10. 2005 – Az.: VK – 30/2005 – B).

110.6.5 Literatur

5902   – Müller-Wrede, Malte/Schade, Verena, Anspruch ausgeschlossener Bieter auf Aufhebung, VergabeR 2005, 460

110.7 Teilaufhebung

110.7.1 Teilaufhebung von einzelnen Losen

5903   **§ 26 VOB/A lässt auch eine Teilaufhebung zu,** obwohl der Wortlaut dies – anders als § 26 Nr. 2 VOL/A – nicht ausdrücklich vorsieht. Wenn eine Ausschreibung, die mehrere Lose umfasst, wegen eines Aufhebungsgrundes, der nur ein Los betrifft, insgesamt aufgehoben werden müsste, so würden die **Bieter,** die für die anderen Lose Angebote abgegeben haben, **unverhältnismäßig benachteiligt.** Da die VOB/A den Zuschlag als den Normalfall und die Aufhebung als Ausnahmefall ansieht, ist die Aufhebung – soweit dies nicht mit sonstigen Nachteilen verbunden und technisch sowie wirtschaftlich sinnvoll ist – auf den erforderlichen Umfang zu beschränken. Die **Teilaufhebung einer Ausschreibung,** bezogen auf eines von mehreren Losen, kann beispielsweise **als milderes Mittel im Vergleich zur Gesamtaufhebung zulässig** sein, wenn nur die Verdingungsunterlagen für ein Los wesentlich geändert werden müssen oder für nur ein Los keine annehmbaren Angebote abgegeben wurden (VK Südbayern, B. v. 20. 7. 2002 – Az.: 27-06/02; 1. VK Sachsen, B. v. 17. 7. 2002 – Az.: 1/SVK/ 069-02).

110.7.2 Teilaufhebung von einzelnen Positionen

5904   Eine **Leistung, die nicht in Lose aufgeteilt wurde, ist einer weiteren Aufspaltung in kleinere Einheiten, die etwa als Lose gelten könnten, nicht zugänglich.** Eine solche Ausweitung der Analogie aus § 26 VOL/A ist nicht möglich und widerspricht der rechtlichen Systematik der Analogie. Denn wenn schon die Voraussetzungen für einen Analogieschluss bestehen (Regelungslücke, vergleichbarer Lebenssachverhalt, vergleichbare Vorschrift), so ist der dann gezogene Analogieschluss eng anzuwenden und darf nicht nochmals ausgeweitet werden. **In einer Ausschreibung können also nicht einzelne Positionen aufgehoben werden** (1. VK Sachsen, B. v. 17. 7. 2002 – Az.: 1/SVK/069-02).

110.8 Aufhebungsgründe des § 26 VOB/A

5905   § 26 nennt verschiedene Gründe, nach denen eine Ausschreibung aufgehoben werden kann. Die **Aufzählung in § 26 Nr. 1 VOB/A ist als abschließend zu betrachten** (VK Magdeburg, B. v. 6. 3. 2000 – Az.: VK-OFD LSA-01/00; VK Südbayern, B. v. 7. 6. 2000 – Az.: 120.3-3194.1-08-05/00, B. v. 20. 6. 2000 – Az.: 25-11/00, B. v. 27. 4. 2001 – Az.: 08-04/01).

110.8.1 Kein den Ausschreibungsbedingungen entsprechendes Angebot (§ 26 Nr. 1 Buchstabe a))

5906   Der Auftraggeber kann das Vergabeverfahren unter Beachtung der Mitteilungspflichten (§ 26a VOB/A bzw. VOL/A) gemäß § 26 Nr. 1 lit. a) VOB/A bzw. VOL/A aufheben, wenn **kein Angebot eingegangen ist, das den Ausschreibungsbedingungen entspricht** (VK Münster, B. v. 13. 12. 2005 – Az.: VK 24/05).

5907   Ein **Aufhebungsgrund** nach § 26 Nr. 1 lit. a) VOB/A bzw. VOL/A **besteht nicht, wenn zumindest ein Angebot eingegangen ist, das den Ausschreibungsbedingungen entspricht** (OLG Koblenz, B. v. 18. 12. 2003 – Az.: 1 Verg 8/03). Ein Angebot ist nicht nur nach dem Wortlaut des § 26 Nr. 1 lit. a) VOB/A bzw. VOL/A ausreichend, um den Aufhebungsgrund nach dieser Vorschrift zu versagen. Auch eine Entscheidung des Europäischen Gerichtshofes, wonach die eine Regelung im Vergaberecht, nach der die Aufhebung der Ausschreibung zulässig ist, wenn nur ein gültiges Angebot vorliegt, als richtlinienkonform zu werten ist, bedeutet im Unkehrschluss nicht, dass die Ausschreibung auch nach deutschem Recht aufgehoben werden kann, wenn lediglich ein wertbares Angebot vorliegt (VK Schleswig-Holstein, B. v. 24. 10. 2003 – Az.: VK-SH 24/03).

110.8.2 Notwendigkeit der grundlegenden Änderung der Verdingungsunterlagen (§ 26 Nr. 1 Buchstabe b))

110.8.2.1 Keine vorherige Kenntnis des Auftraggebers von der Notwendigkeit der Änderung

Für eine Aufhebung können **nur Gründe** angeführt werden, die **dem Ausschreibenden nicht bereits vor Einleitung der Verfahrens bekannt waren.** Erst nachträglich, das heißt **nach Beginn der Ausschreibung bekannt gewordene Gründe berechtigen zur Aufhebung** wegen der Notwendigkeit einer grundlegenden Änderung der Verdingungsunterlagen (OLG Düsseldorf, B. v. 8. 3. 2005 – Az.: VII – Verg 40/04; B. v. 3. 1. 2005 – Az.: VII – Verg 72/04; VK Nordbayern, B. v. 12. 10. 2006 – Az.: 21.VK – 3194-25/06; 1. VK Sachsen, B. v. 18. 8. 2006 – Az.: 1/SVK/077-06; VK Südbayern, B. v. 17. 8. 2004 – Az.: 20-04/04; VK Schleswig-Holstein, B. v. 24. 10. 2003 – Az.: VK-SH 24/03; VK Brandenburg, B. v. 17. 9. 2002 – Az.: VK 50/02, B. v. 30. 7. 2002 – Az.: VK 38/02). 5908

Die Vergabestelle hat vor Ausschreibung **mit der gebotenen und ihr möglichen Sorgfalt zu prüfen, ob alle erkennbaren Eventualitäten berücksichtigt** sind (OLG Düsseldorf, B. v. 8. 3. 2005 – Az.: VII – Verg 40/04; 2. VK Bremen, B. v. 23. 1. 2002 – Az.: VK 11/01). 5909

110.8.2.2 Keine Zurechenbarkeit der Gründe zum Auftraggeber

Die **Gründe, die eine Aufhebung rechtfertigen sollen, dürfen nicht der Vergabestelle zurechenbar** sein (OLG Düsseldorf, B. v. 8. 3. 2005 – Az.: VII – Verg 40/04; VK Nordbayern, B. v. 12. 10. 2006 – Az.: 21.VK – 3194-25/06; 1. VK Sachsen, B. v. 18. 8. 2006 – Az.: 1/SVK/077-06; VK Südbayern, B. v. 17. 8. 2004 – Az.: 20-04/04; 2. VK Bremen, B. v. 23. 1. 2002 – Az.: VK 11/01), z. B. ein **fehlerhaft erstelltes Leistungsverzeichnis** (2. VK Sachsen-Anhalt, B. v. 23. 5. 2006 – Az.: VK 2-LVwA LSA 17/06; B. v. 23. 5. 2006 – Az.: VK 2-LVwA LSA 16/06). 5910

110.8.2.3 Allgemeines zur Notwendigkeit der grundlegenden Änderung

Für eine grundlegende Änderung der Verhältnisse ist eine **derartige Änderung erforderlich, dass eine Auftragsvergabe** auf der Grundlage der bisherigen Verdingungsunterlagen **für den Auftraggeber oder die Bieter unzumutbar** geworden ist (OLG Düsseldorf, B. v. 3. 1. 2005 – Az.: VII – Verg 72/04; 2. VK Sachsen-Anhalt, B. v. 23. 5. 2006 – Az.: VK 2-LVwA LSA 17/06; B. v. 23. 5. 2006 – Az.: VK 2-LVwA LSA 16/06; VK Südbayern, B. v. 17. 8. 2004 – Az.: 20-04/04). Streitig ist in der Rechtsprechung, ob man die Maßstäbe anzulegen hat, wie sie für die Änderung der Geschäftsgrundlage (§ 313 BGB) gefordert werden (so 1. VK Sachsen, B. v. 8. 11. 2001 – Az.: 1/SVK/104-01, eher ablehnend BayObLG, B. v. 15. 7. 2002 – Az.: Verg 15/02). Die Umstände müssen aber **so erheblich sein, dass eine Anpassung der Angebote nicht in Betracht kommt.** Zu berücksichtigen ist bei der Anwendung des § 26 Nr. 1 Buchstabe b) VOB/A bzw. VOL/A auch, **in welchem Stadium sich das Vergabeverfahren befindet.** Je weiter es fortgeschritten ist, desto eher verdient das Vertrauen des Bieters in dessen Abschluss durch Zuschlagserteilung und damit seine Amortisationschance den Vorrang (BayObLG, B. v. 15. 7. 2002 – Az.: Verg 15/02). 5911

Eine wesentliche **Änderung kann auch auf der Bedarfs- oder der Finanzierungsseite liegen.** Mit dem Begriff „wesentlich" wird verdeutlicht, dass die **Änderung der Grundlagen der Ausschreibung** nicht unbedeutend, sondern **einschneidend und nachhaltig** sein muss (VK Hamburg, B. v. 14. 8. 2003 – Az.: VgK FB 3/03). 5912

Eine **reine Motivänderung auf Seiten der Vergabestelle** (z. B. die Entscheidung für eine wirtschaftlichere Ausführungsart) **reicht für eine Aufhebung nicht aus,** da § 26 Nr. 1 Buchstabe b VOB/A bzw. VOL/A nicht darauf abstellt, ob der Auftraggeber die Verdingungsunterlagen ändern will, sondern ob er sie ändern muss (VK Südbayern, B. v. 17. 8. 2004 – Az.: 20-04/04). 5913

110.8.2.4 Fehlerhaftes Leistungsverzeichnis

5914 Eine rechtmäßige Aufhebung mit der Begründung, die Verdingungsunterlagen müssen grundlegend geändert werden, setzt in jedem Fall voraus, dass die Gründe für die Änderung dem Ausschreibenden bei Erstellung der Verdingungsunterlagen nicht bekannt gewesen sind und nicht von dem Auftraggeber verursacht wurden. **Fehler und Unzulänglichkeiten in der Leistungsbeschreibung** zählen regelmäßig nicht dazu. Sie **sind in jedem Fall dem Ausschreibenden anzulasten.** Ein überarbeitungsbedürftiges Leistungsverzeichnis **aufgrund mangelnder Sorgfalt bei der Erstellung rechtfertigt keine Aufhebung nach § 26 Nr. 1 b VOB/A bzw. VOL/A** (OLG Naumburg, B. v. 13. 10. 2006 – Az.: 1 Verg 7/06; B. v. 13. 10. 2006 – Az.: 1 Verg 6/06; OLG Düsseldorf, B. v. 16. 2. 2005 – Az.: VII – Verg 72/04; 2. VK Sachsen-Anhalt, B. v. 23. 5. 2006 – Az.: VK 2-LVwA LSA 17/06; B. v. 23. 5. 2006 – Az.: VK 2-LVwA LSA 17/06; B. v. 23. 5. 2006 – Az.: VK 2-LVwA LSA 16/06; VK Magdeburg, B. v. 2. 4. 2001 – Az.: VK-OFD LSA-03/01).

5915 Ähnlich argumentiert das KG Berlin (B. v. 15. 3. 2004 – Az.: 2 Verg 17/03). Auch wenn falsche Mengenangaben in Leistungsverzeichnissen vergaberechtlich sehr bedenklich sind, gerade weil sie zur Spekulation einladen, **müssen sie im Interesse der Allgemeinheit am raschen Abschluss der Vergabeverfahren bis zu einem gewissen Maße toleriert werden, solange keine unlauteren Motive des Auftraggebers zu Tage treten.** Soweit in der Fachliteratur die Ansicht vertreten wird, für aus konkretem Anlass erfolgte fiktive Mengenänderungen müsste die in § 2 Nr. 3 VOB/B vorgesehene 10%ige Abweichung die Grenze des Zulässigen bilden und größere Abweichungen die Aufhebung des Vergabeverfahrens auslösen, kann dies jedenfalls nicht schon für derartige Abweichungen bei einzelnen Positionen, unabhängig von deren Volumen und Verhältnis zum gesamten Vergabeprojekt, gelten.

110.8.2.5 Weitere Beispiele aus der Rechtsprechung

5916 – ist eine **wettbewerblich und wirtschaftlich fundierte Vergabe nicht mehr möglich** und ist eine **Vergabe für den Auftraggeber sinnlos** geworden und sind je nach Entscheidung des Auftraggebers entweder diejenigen Bieter, die ihr Angebot nach der neuen oder nach der alten Ausbildungsverordnung strukturiert haben, einseitig und schwerwiegend beeinträchtigt, liegt ein schwerwiegender Aufhebungsgrund im Sinn von § 26 Abs. 1 lit. d) VOL/A vor, weil der Auftraggeber im laufenden Ausschreibungsverfahren feststellen musste, dass die von ihm erstellte **Leistungsbeschreibung hinsichtlich des entscheidenden Aspektes nicht hinreichend klar im Sinne des § 8 Nr. 1 Abs. 1 VOL/A war,** was die Bieter dazu veranlasst hatte, bei Erstellung ihrer Angebote von gänzlich unterschiedlichen Voraussetzungen auszugehen (1. VK Sachsen, B. v. 18. 8. 2006 – Az.: 1/SVK/077-06)

– eine kalkulationserhebliche **Unklarheit der Verdingungsunterlagen hat allerdings nicht zwingend die Aufhebung der Ausschreibung und Wiederholung des gesamten Vergabeverfahrens zur Folge.** Diese Maßnahme kommt als „ultima ratio" vielmehr nur dann in Betracht, wenn eine Korrektur im laufenden Verfahren nicht mehr möglich ist (etwa weil die Leistungsbeschreibung grundlegend überarbeitet werden muss). **Genügt hingegen eine Klarstellung zu einem einzigen Punkt,** reicht es aus, das Vergabeverfahren in ein früheres Stadium zurückzuversetzen, in dem eine Korrektur des Fehlers noch möglich ist und so den Bietern die Gelegenheit zu geben, ihre Angebote zu überarbeiten (OLG Koblenz, B. v. 26. 10. 2005 – Az.: 1 Verg 4/05)

– sollte sich herausstellen, dass tatsächlich ein **Dimensionsfehler** vorliegen würde und müsste es zutreffender Weise statt Kilogramm Tonnen heißen, kann eine Aufhebung der Ausschreibung insbesondere dann geboten sein, **wenn ein ordnungsgemäßes Leistungsverzeichnis mit einer gewissen Wahrscheinlichkeit zu einem anderen als dem tatsächlichen Wettbewerbsergebnis geführt hätte** (VK Nordbayern, B. v. 4. 10. 2005 – Az.: 320.VK – 3194-30/05)

– Gründe in rechtlicher Hinsicht können sein **nicht vorsehbare Verbote, Nutzungsbeschränkungen, das nicht Zustandekommen des bisher mit hinreichender Sicherheit zu erwartenden Eigentumserwerb sowie die Verweigerung umweltrechtlicher Genehmigungen;** in technischer Hinsicht können **gravierende Abweichungen der Boden- oder Grundwasserverhältnisse** von den bisherigen Berechnungen, die im Nachhinein erkannt werden, genannt werden (VK Südbayern, B. v. 17. 8. 2004 – Az.: 20-04/04)

110.8.3 Andere schwerwiegende Gründe (§ 26 Nr. 1 Buchstabe c))

Die Feststellung eines schwerwiegenden Grundes erfordert eine **Interessenabwägung, für die die jeweiligen Verhältnisse des Einzelfalls maßgeblich sind** (OLG Düsseldorf, B. v. 3. 1. 2005 – Az.: VII – Verg 72/04). 5917

110.8.3.1 Keine vorherige Kenntnis des Auftraggebers von den Gründen
Vgl. die Kommentierung RZ 5908. 5918

110.8.3.2 Keine Zurechenbarkeit der Gründe zum Auftraggeber
Vgl. die Kommentierung RZ 5910. 5919

110.8.3.3 Strenge Anforderungen

110.8.3.3.1 Rechtsprechung. Schwerwiegende Gründe sind nicht mit „triftigen" Gründen gleichzusetzen. An eine Aufhebung sind wegen der von den Bietern aufgewandten Kosten sowie der aufgewandten Zeit **strenge Anforderungen zu stellen** (OLG Dresden, B. v. 28. 3. 2006 – Az.: WVerg 0004/06; OLG München, B. v. 27. 1. 2006 – Az.: VII – Verg 1/06; OLG Düsseldorf, B. v. 26. 1. 2005 – Az.: VII – Verg 45/04; B. v. 3. 1. 2005 – Az.: VII – Verg 72/04; B. v. 19. 11. 2003 – Az.: VII – Verg 59/03; VK Nordbayern, B. v. 12. 10. 2006 – Az.: 21.VK – 3194-25/06; VK Schleswig-Holstein, B. v. 14. 9. 2005 – Az.: VK-SH 21/05; VK Lüneburg, B. v. 27. 1. 2005 – Az.: 203-VgK-57/2004; VK Baden-Württemberg B. v. 11. 8. 2004 – Az.: 1 VK 56/04; VK Hamburg, B. v. 25. 7. 2002 – Az.: VgK FB 1/02; VK Baden-Württemberg, B. v. 14. 9. 2001 – Az.: 1 VK 24/01; VK Magdeburg, B. v. 2. 4. 2001 – Az.: VK-OFD LSA- 03/01). 5920

Nicht jedes rechtlich oder tatsächlich fehlerhafte Verhalten der Vergabestelle reicht zur Begründung aus. Ein **Aufhebungsgrund ist daher nur dann zu bejahen, wenn einerseits der Fehler von so großem Gewicht ist, dass ein Festhalten des öffentlichen Auftraggebers an dem fehlerhaften Verfahren mit Gesetz und Recht schlechterdings nicht zu vereinbaren** wäre und andererseits von den **Bietern**, insbesondere auch mit Blick auf die Schwere des Fehlers, **erwartet werden kann, dass sie auf die Bindung des Ausschreibenden an Recht und Gesetz Rücksicht nehmen** (OLG Dresden, B. v. 28. 3. 2006 – Az.: WVerg 0004/06; OLG München, B. v. 27. 1. 2006 – Az.: VII – Verg 1/06). 5921

110.8.3.3.2 Regelung des HVA B-StB 03/2006. Wird die Aufhebung der Ausschreibung erwogen, so ist § 26, gegebenenfalls § 26a VOB/A zu beachten. Dabei sind an die Beurteilung der Aufhebungsvoraussetzungen sowie an die Beendigung des Vergabeverfahrens nach § 122 GWB strenge Anforderungen zu stellen (Ziffer 2.5 Abs. 16). 5922

110.8.3.4 Schwerwiegender Grund als Summe von Einzelgesichtspunkten

Ein **schwerwiegender Grund** kann sich auch aufgrund einer Gesamtbetrachtung **aus einer Reihe von Einzelgesichtspunkten** ergeben, die jeder für sich noch nicht schwerwiegend wären (1. VK Sachsen, B. v. 18. 8. 2006 – Az.: 1/SVK/077-06; VK Lüneburg, B. v. 27. 1. 2005 – Az.: 203-VgK-57/2004; VK Hamburg, B. v. 25. 7. 2002 – Az.: VgK FB 1/02). 5923

110.8.3.5 Unzureichende Finanzierung

110.8.3.5.1 Grundsatz. Die **Unternehmen,** die sich an einer Ausschreibung beteiligen, für die der Ausschreibende die Einhaltung der Regeln der VOB/A bzw. VOL/A zugesagt hat, **können erwarten**, dass der **Ausschreibende** sich im Hinblick darauf bereits im Vorfeld der Ausschreibung **entsprechend verhalten hat**. Der Bieter darf deshalb davon ausgehen, dass nur Leistungen ausgeschrieben sind, von denen der Ausschreibende bei pflichtgemäßer Ermittlung ihrer voraussichtlichen Kosten annehmen kann, sie mit den hierfür zur Verfügung stehenden Mitteln auch bezahlen zu können. Bei dem gebotenen strengen Maßstab, der insoweit anzulegen ist, ist demgemäß eine **Aufhebung der Ausschreibung regelmäßig dann nach § 26 Nr. 1b oder c VOB/A bzw. VOL/A gerechtfertigt, wenn die fehlende Finanzierung bei einer mit der gebotenen Sorgfalt durchgeführten Ermittlung des Kostenbedarfs bereits vor der Ausschreibung dem Ausschreibenden hätte bekannt sein müssen** (BGH, Urteil vom 5. 11. 2002 – Az.: X ZR 232/00; VK Schleswig-Holstein, B. v. 10. 2. 2005 – VK-SH 02/05; 1. VK Sachsen, B. v. 5. 9. 2002 – Az.: 1/SVK/073-02; im Ergebnis ebenso VK Hessen, B. v. 28. 2. 2006 – Az.: 69d VK – 02/2006). 5924

Teil 3 VOB/A § 26 Vergabe- und Vertragsordnung für Bauleistungen Teil A

5925 Unter § 26 Nr. 1 c) VOB/A bzw. VOL/A ist auch der Fall zu subsumieren, dass selbst das **Mindestangebot für zu hoch befunden** wird (VK Südbayern, B. v. 21. 8. 2003 – Az.: 32-07/03).

5926 **110.8.3.5.2 Anforderungen an die Kostenschätzung.** Die Umstände, welche die Beantwortung der Frage der ausreichenden Finanzierung entscheidend beeinflussen, stehen im vorhinein nicht fest; der eine Ausschreibung ins Auge fassende **Auftraggeber muss sich vielmehr aufgrund einer Prognose entscheiden, die aus nachträglicher Sicht unvollkommen sein kann.** Es ist deshalb schon im Ansatz verfehlt, der vom Auftraggeber durchgeführten Kostenschätzung entgegen zu halten, selbst das günstigste Bieterangebot habe deutlich über der Kostenschätzung gelegen, und schon aus dieser – erst nachträglich offenbar gewordenen – Differenz abzuleiten, die Kostenschätzung des Streithelfers sei offensichtlich falsch gewesen. Festzuhalten ist auch, dass eine **Prognose notwendigerweise Schätzung** ist. Eine genaue Kostenberechnung kann im Vorhinein nicht erfolgen. **Möglich ist nur eine zeitnahe Aufstellung,** die alle bereits bei ihrer Ausarbeitung erkennbaren Daten in einer der Materie angemessenen und methodisch vertretbaren Weise unter Berücksichtigung vorhersehbarer Kostenentwicklungen berücksichtigt. Ob eine solche Kostenermittlung gegeben ist, ist eine **Frage des Einzelfalls** (BGH, Urteil vom 5. 11. 2002 – Az.: X ZR 232/00; VK Schleswig-Holstein, B. v. 10. 2. 2005 – VK-SH 02/05; VK Südbayern, B. v. 21. 8. 2003 – Az.: 32-07/03).

5927 Die Beteiligten eines Vergabeverfahrens haben nach diesen Grundsätzen eine **Kostenschätzung hinzunehmen,** die aufgrund ihrer objektiv vorliegenden und erkennbaren Daten **als vertretbar** erscheint. Daran wird es **regelmäßig fehlen,** wenn die Kostenschätzung auf erkennbar unrichtigen Daten beruht oder wichtige Aspekte außer Acht lässt oder pauschal und auf ungeprüft anderen Kalkulationsgrundlagen beruhende Werte übernimmt (VK Hessen, B. v. 28. 2. 2006 – Az.: 69 d VK – 02/2006; VK Schleswig-Holstein, B. v. 10. 2. 2005 – VK-SH 02/05).

5928 **110.8.3.5.3 Beispiele aus der Rechtsprechung**

– die **Schätzung des Auftraggebers beruht auf den Preisen für die seither laufenden Dienstleistungsverträge** und einem **Abschlag von jeweils 30% bzw. 20% auf die einzelnen Lose.** Weder aus dem Vergabevermerk noch aus den Akten des Antragsgegners oder den in den beiden Nachprüfungsverfahren gewechselten Schriftsätzen ergibt sich jedoch eine nachvollziehbare Begründung für diese Abschläge. Es liegt also **keine Kostenschätzung vor, die Grundlage für die Behauptung eines unwirtschaftlichen Angebotes sein könnte.** Vielmehr gibt es nur eine unzureichende Kalkulation über den zu erwartenden Kostenumfang, auf die allein sich der Antragsgegner nicht als Beleg für die Behauptung, die Ausschreibung habe zu keinem wirtschaftlichen Ergebnis geführt, berufen könnte (VK Hessen, B. v. 28. 2. 2006 – Az.: 69 d VK – 02/2006)

– es entspricht der einhelligen Ansicht, dass der **Auftraggeber, der nach Öffnung der Angebote feststellt, dass er die ausgeschriebene Leistung in der ursprünglichen Form nicht haben möchte, etwa weil die Haushaltmittel nicht ausreichen,** diesen Konfliktfall nur durch Aufhebung und Neuausschreibung lösen kann (VK Baden-Württemberg, B. v. 15. 8. 2005 – Az.: 1 VK 47/05)

– die Vergabestelle hat grundsätzlich die Möglichkeit, bei einem sachlichen Grund von einer Ausschreibung Abstand zu nehmen und die Ausschreibung vorzeitig zu beenden. Diese **Möglichkeit ist insbesondere dann gegeben, wenn die abgegebenen Angebote deutlich über dem zur Verfügung stehenden Kosten liegen und die Vergabestelle als Teil der öffentlichen Hand wegen des Gebots, mit den ihr anvertrauten Mitteln sparsam umzugehen und zu wirtschaften, verpflichtet ist, ein Vergabevorhaben wegen der Finanzierungslücke aufzugeben** (VK Bremen, B. v. 21. 9. 2005 – Az.: VK 10/05)

– insbesondere **nicht voraussehbare, aber entscheidende Veränderungen der Finanzierungsgrundlage** können zur Aufhebung der Ausschreibung führen (VK Südbayern, B. v. 17. 8. 2004 – Az.: 20-04/04)

– eine **Überschreitung** der geplanten Haushaltmittel **in Höhe von ca. 0,5%** des Haushaltsansatzes ist **kein Aufhebungsgrund.** Eine Aufhebung ist nur gerechtfertigt, wenn die abgegebenen **Gebote deutlich über den geschätzten Kosten** liegen (VK Südbayern, B. v. 21. 8. 2003 – Az.: 32-07/03)

– werden die **haushaltsrechtlichen Vorgaben zur Finanzierung** einer Bauleistung auf **politischen Druck hin um 10% abgesenkt,** kann diese fehlerhafte Berechnung der Kosten der

Leistung keine Aufhebung rechtfertigen, die sich von der Höhe her auf das (scheinbare) Überschreiten dieses fehlerhaft ermittelten Haushaltsansatzes bezieht (1. VK Sachsen, B. v. 5. 9. 2002 – Az.: 1/SVK/073-02)

110.8.3.6 „Inhaltsleere" von Angeboten auf eine funktionale Leistungsbeschreibung

Für eine Aufhebung ist erforderlich, dass eine Auftragsvergabe auf der Grundlage der bisherigen Verdingungsunterlagen für den Antragsgegner oder die Bieter **unzumutbar** ist. Eine Unzumutbarkeit für die Bieter lässt sich nicht ohne weiteres feststellen, wenn sich mehrere Bieter zur Abgabe eines Angebotes im Stande gesehen haben. Auch für den Auftraggeber lässt sich eine solche **Unzumutbarkeit nicht eindeutig feststellen,** wenn die **Inhaltsleere einer funktionalen Leistungsbeschreibung auf den Vorgaben des Auftraggebers** beruht (Brandenburgisches OLG, B. v. 19. 9. 2003 – Az.: Verg W 4/03). 5929

110.8.3.7 Fehlerhafte Leistungsbeschreibung

Die **Rechtsprechung** ist insoweit **nicht einheitlich.** 5930

Eine fehlerhafte **Leistungsbeschreibung ist immer dem Auftraggeber zuzurechnen**; insoweit liegt **kein die Aufhebung rechtfertigender Grund im Sinne von § 26 Nr. 1 Buchstabe c) VOB/A bzw. VOL/A** vor (OLG Düsseldorf, B. v. 16. 2. 2005 – Az.: VII – Verg 72/04; VK Baden-Württemberg, B. v. 14. 9. 2001 – Az.: 1 VK 24/01). Dennoch **kann eine Ausschreibung** mit einer fehlerhaften Leistungsbeschreibung **aufgehoben werden,** was allerdings zu **Schadensersatzansprüchen** führen kann. 5931

Nach anderer Auffassung ist ein schwerwiegender Aufhebungsgrund im Sinn von § 26 Abs. 1 lit. d VOL/A gegeben, **wenn der Auftraggeber im laufenden Ausschreibungsverfahren feststellen muss, dass die von ihm erstellte Leistungsbeschreibung hinsichtlich mehrerer Aspekte nicht hinreichend eindeutig im Sinne des § 8 Nr. 1 Abs. 1 VOL/A ist,** was die Bieter mit großer Wahrscheinlichkeit dazu veranlasst hat, bei der Kalkulation ihrer Angebote von gänzlich unterschiedlichen Voraussetzungen auszugehen. Der schwerwiegende Grund ist hier gegeben, weil eine Reihe von Einzelgesichtspunkten vorliegen, welche jeder für sich wohl noch nicht schwerwiegend wäre, sich dies aber aus einer Summierung der Einzelgründe im Rahmen einer Gesamtbetrachtung ergibt **(14 zum Teil sehr umfängliche Rügen und Einwendungen der Bieter und daraus resultierend 3 Bieterrundschreiben mit ergänzenden Informationen, Forderungen der Bieter, auch mit anwaltlicher Unterstützung, nach Aufhebung der Ausschreibung u. a. wegen undurchsichtiger und widersprüchlicher Leistungsbeschreibung und Ausschreibungsunterlagen und eklatanter Verstöße gegen das Vergaberecht).** Der Auftraggeber ist dann angesichts der zahlreichen gerügten Widersprüche und Fehler in der Ausschreibung nicht mehr in der Lage, im Rahmen der Wertung der Angebote nachvollziehbar zu entscheiden, ob vergleichbare Angebote vorlagen, die seine Qualitätsanforderungen einhalten. Hinzu kommt, dass ganz erhebliche Differenzen in den Angebotsendsummen bestehen (VK Lüneburg, B. v. 27. 1. 2005 – Az.: 203-VgK-57/2004). 5932

Zu den Einzelheiten eines Schadenersatzanspruchs vgl. die Kommentierung RZ 5956. 5933

110.8.3.8 Unwirtschaftliches Ergebnis der Ausschreibung

110.8.3.8.1 Rechtsprechung. Der Aufhebungsgrund „unwirtschaftliches Ergebnis einer Ausschreibung" ist in der VOB/A – im Gegensatz zu § 26 Nr. 1 Buchstabe c) VOL/A – nicht ausdrücklich enthalten. Dieser Grund kann aber auch als schwerwiegender Grund angesehen werden. 5934

Das Ergebnis einer Ausschreibung ist dann **nicht wirtschaftlich, wenn das Preis-Leistungs-Verhältnis der Angebote für den öffentlichen Auftraggeber nicht akzeptabel** ist, oder es liegen qualitativ keine zufrieden stellenden Angebote vor, weil **den Bietern zum Beispiel die erforderliche Fachkunde fehlt** (VK Münster, B. v. 10. 7. 2001 – Az.: VK 15/01). 5935

Ein **bloßer preislicher Vorteil von 15,28% genügt nicht,** um per se die Unwirtschaftlichkeit der übrigen, preislich näher beieinander liegenden Angebote zu indizieren (VK Baden-Württemberg, B. v. 27. 9. 2004 – Az.: 1 VK 66/04). 5936

Ein **Angebot zu einem Preis, der unterhalb der Kostenschätzung der Vergabestelle selbst liegt, kann nicht unwirtschaftlich im Sinne von § 26 VOB/A bzw. VOL/A sein** 5937

Teil 3 VOB/A § 26   Vergabe- und Vertragsordnung für Bauleistungen Teil A

und schon gar nicht einen anderen schwerwiegenden Grund für die Aufhebung der Ausschreibung nach § 26 VOB/A bzw. VOL/A liefern. Anderenfalls hätte es die Vergabestelle bei einer Vielzahl von Vergaben in der Hand, im Falle eines ihr nicht genehmen wirtschaftlichen Ergebnisses der Ausschreibung diese aufzuheben, nämlich immer dann, wenn das Angebot des preisgünstigsten Bieters wegen formeller oder inhaltlicher Fehler auszuschließen ist. Mit Rücksicht auf die Schutzinteressen der Bieter, die sich häufig mit erheblichen finanziellen Aufwand an dem Ausschreibungsverfahren beteiligt haben, wäre dies nicht akzeptabel und mit dem Schutzzweck der bieterschützenden Vorschrift des § 26 VOB/A bzw. VOL/A, der die Aufhebung der Ausschreibung als Ausnahmefall verstanden wissen will, nicht zu vereinbaren (VK Schleswig-Holstein, B. v. 14. 9. 2005 – Az.: VK-SH 21/05).

5938   Die **Vergabestelle darf zur Feststellung einer Unwirtschaftlichkeit der eingegangenen Angebote nicht auf kostengünstigere Vergleichsangebote von Bietern abstellen, die sie zuvor wegen Nichterfüllung der Anforderungen der Ausschreibung ausgeschlossen hat oder ausschließen müsste.** Denn mit der Annahme des Ausschlussgrundes hat die Vergabestelle bereits inzident dessen kalkulationserhebliche, auf die Wettbewerbstellung der Bieter sich auswirkende Bedeutung bejaht, so dass sie folgerichtig von der Möglichkeit eines ursächlichen Zusammenhangs zwischen den Preisen der ausgeschlossenen Angebote und ihrer Mängel ausgehen muss. Damit entfällt die Eignung jener Angebote nicht nur für eine Zuschlagserteilung, sondern für jegliche wertende Berücksichtigung im Vergabeverfahren (VK Schleswig-Holstein, B. v. 14. 9. 2005 – Az.: VK-SH 21/05).

5939   Die **VK Hessen differenziert** in dieser Frage. Nach ihrer Auffassung kann das Angebot eines z. B. nach § 25 Nr. 1 Abs. 2 a) VOL/A ausgeschlossenen Bieters zur Beurteilung der Wirtschaftlichkeit der verbliebenen Angebote herangezogen werden, wenn die **Gründe für den Ausschluss nicht preisrelevant sein konnten** (VK Hessen, B. v. 28. 2. 2006 – Az.: 69 d VK – 02/2006).

5940   **110.8.3.8.2 Regelung des HVA B-StB 03/2006.** Die Aufhebung einer Ausschreibung kann in besonders begründeten Ausnahmefällen auch dann erwogen werden, wenn aufgrund von eingegangenen Nebenangeboten erkannt wird, dass unzweckmäßig ausgeschrieben wurde und dadurch eine wirtschaftliche und sparsame Verwendung der Mittel nicht gewährleistet wäre. Vor einer Verwertung der Idee eines Nebenangebots ist zu prüfen, ob Urheberrechte verletzt würden (§ 20 Nr. 3 und § 27 Nr. 3 VOB/A Ziffer 2.5 Nr. 18).

5941   Wird bei einer Beschränkten Ausschreibung die Ausschreibung wegen unangemessen hoher Preise aufgehoben, so sollte bei einer erneuten Beschränkten Ausschreibung der Bieterkreis gewechselt bzw. eine Öffentliche Ausschreibung vorgesehen werden (Ziffer 2.5 Nr. 19).

110.8.3.9 Veränderung von Terminen durch ein Nachprüfungsverfahren

5942   Kann der vertraglich vorgesehene **Anfangstermin** für die Inanspruchnahme von ausgeschriebenen Leistungen **auf Grund der Durchführung eines Nachprüfungsverfahrens nicht eingehalten** werden, zieht dies grundsätzlich **ebenso wenig die zwangsläufige Notwendigkeit nach sich, das Vergabeverfahren aufzuheben,** wie eine nachprüfungsbedingte Verzögerung des Baubeginns bei der Vergabe von Bauleistungen. Eine Aufhebung des Vergabeverfahrens kann sich nur dann als unumgänglich erweisen, wenn **Anpassungen an den Zeitablauf unmöglich und deshalb Wettbewerbsverzerrungen zu besorgen sind** (OLG Naumburg, B. v. 13. 10. 2006 – Az.: 1 Verg 7/06; B. v. 13. 10. 2006 – Az.: 1 Verg 6/06; 2. VK Sachsen-Anhalt, B. v. 23. 5. 2006 – Az.: VK 2-LVwA LSA 17/06; B. v. 23. 5. 2006 – Az.: VK 2-LVwA LSA 16/06; KG Berlin, B. v. 13. 8. 2002 – Az.: KartVerg 8/02).

110.8.3.10 Ablauf der Zuschlags- und Bindefrist

5943   Nach Ablauf der Zuschlags- und Bindefrist wird der Vertrag nicht schon mit dem Zuschlag geschlossen; vielmehr stellt der Zuschlag in diesem Fall ein neues Angebot dar, das der Annahme durch den Bieter bedarf. Nimmt der Bieter dann den Zuschlag an, kommt der Vertrag zustande. **Nur wenn er den Zuschlag ablehnt und aufgrund des verspäteten Zuschlags auch mit keinem anderen Bieter ein Vertrag zustande kommt, ist das Vergabeverfahren durch Aufhebung aus schwerwiegendem Grund (§ 26 Nr. 1 Buchstabe c) VOB/A bzw. VOL/A) zu beenden.** Allein der **Fristablauf** genügt zur Beendigung **nicht** (OLG Naumburg, B. v. 13. 10. 2006 – Az.: 1 Verg 7/06; B. v. 13. 10. 2006 – Az.: 1 Verg 6/06; BayObLG, B. v. 1. 10. 2001 – Az.: Verg 6/01, B. v. 12. 9. 2000 – Az.: Verg 4/00, B. v. 21. 5. 1999 – Az.: Verg 1/99; 2. VK Sachsen-Anhalt, B. v. 23. 5. 2006 – Az.: VK 2-LVwA LSA 17/06; B. v. 23. 5. 2006 – Az.: VK 2-LVwA LSA 16/06; VK Südbayern, B. v. 25. 7. 2002 – Az.: 26-06/02).

110.8.3.11 Mangelnde Eignung aller Bieter

Die **Nichteignung aller beteiligten Bieter** ist an sich geeignet, einen Aufhebungsgrund darzustellen (2. VK Bund, B. v. 24. 6. 2005 – Az.: VK 2-70/05; B. v. 24. 6. 2004 – Az.: VK 2-73/04).

110.8.3.12 Anders nicht heilbarer Vergaberechtsfehler

Die Aufhebung der Ausschreibung **wegen eines anders nicht heilbaren Vergaberechtsfehlers** aufgrund entsprechender Entscheidungen der Vergabekammer ist ein Aufhebungsgrund wegen eines schwerwiegenden Grundes (1. VK Bund, B. v. 29. 9. 2004 – Az.: VK 1-162/04; B. v. 23. 9. 2004 – Az.: VK 1-129/04; B. v. 23. 9. 2004 – Az.: VK 1-126/04; **ähnlich** VK Schleswig-Holstein, B. v. 14. 9. 2005 – Az.: VK-SH 21/05 **für einen schwerwiegenden Fehler des Vergabeverfahrens**).

110.8.3.13 Vergleichbare Entscheidung einer Vergabekammer

Hat eine Vergabekammer – z. B. unter Berufung auf Beschlüsse eines Vergabesenats zu vergleichbaren Sachverhalten – festgestellt, dass eine Leistungsbeschreibung ein ungewöhnliches Wagnis für die Bieter enthält und dem Auftraggeber aufgegeben, das zugrunde liegende Vergabeverfahren aufzuheben, bezieht sich diese Entscheidung zwar nur auf die diesen Nachprüfungsverfahren jeweils zugrunde liegenden Sachverhalte und entfalten keine unmittelbare Wirkung für andere Ausschreibungen. **Liegt jedoch derselbe Fehler auch anderen Ausschreibungen zugrunde, die eine identische Leistungsbeschreibung haben, ist es vergaberechtlich über § 26 Nr. 1 lit. c) VOB/A legitimiert, wenn der Auftraggeber als an Recht und Gesetz gebundener öffentlicher Auftraggeber die Vorgaben der Vergabekammer auch für ein Verfahren umsetzt, das nicht unmittelbar von dem Beschluss erfasst wird** (3. VK Bund, B. v. 30. 9. 2004 – Az.: VK 3-116/04).

110.8.3.14 Entschluss zur Aufgabe des Beschaffungsvorhabens

Ein schwerwiegender, nicht vorhersehbarer Grund kann darin liegen, dass der **Auftraggeber beschließt, von dem Beschaffungsvorhaben endgültig Abstand zu nehmen** (OLG Düsseldorf, B. v. 26. 1. 2005 – Az.: VII – Verg 45/04).

110.8.3.15 Verlängerung der Bauzeit und geänderte Losaufteilung

Eine **beabsichtigte Verlängerung der Bauzeit** von 36 Monaten auf 48 Monate und die **Aufteilung eines Loses 2 in zwei Teillose sind keine schwerwiegenden und für die Vergabestelle nicht vorhersehbaren Umstände,** die eine Rückgängigmachung der Ausschreibung erlauben, sondern dies sind Fragen der Planung des Umfangs des Beschaffungsvorhabens und damit für die Antragsgegnerin im Zeitpunkt der Planung vorhersehbare Umstände (OLG Düsseldorf, B. v. 26. 1. 2005 – Az.: VII – Verg 45/04).

110.8.3.16 Drohender Verfall von Fördermitteln

Bei einem VOF-Verfahren ist der Verzicht auf eine Auftragsvergabe nach der Rechtsprechung sachlich nachvollziehbar und damit **vergaberechtlich zulässig,** wenn ein **Auftraggeber durch zwei vorausgegangene Nachprüfungsverfahren in Zeitnot gerät und die Durchführung eines Projektes selbst erledigt,** um bewilligte Fördermittel zeitnah abrufen zu können (VK Brandenburg, B. v. 17. 8. 2004 – Az.: VK 23/04).

110.8.3.17 Politische Neubewertung eines Beschaffungsvorhabens

Die VK Brandenburg lässt die Aufhebung einer Ausschreibung auch dann zu, wenn sie auf sachlichen Gründen, nämlich auf einer politisch angestoßenen Neubewertung der mit der Gründung einer gemischtwirtschaftlichen Gesellschaft verbundenen Vor- und Nachteile, beruht. Maßgeblich ist allein die Sachlichkeit der der Aufhebung zugrunde liegenden Gründe. Bei der Beurteilung der Sachlichkeit ist ein objektiver Maßstab anzulegen. **Danach kann das Vorliegen eines sachlichen Grundes auch bejaht werden, wenn die Tatsachen, die zur ursprünglichen Entscheidung der Einleitung des Vergabeverfahrens geführt haben, sich nicht geändert haben, der Auftraggeber nunmehr eine andere Bewertung dieser Tatsachen vornimmt.** Solange diese abändernde Bewertung nicht auf unsachlichen Erwägungen des Auftraggebers beruht, steht es ihm frei, auf die Vergabe zu verzichten (VK Brandenburg, B. v. 30. 8. 2004 – Az.: VK 34/04).

5951   Diese Rechtsprechung **eröffnet dem Auftraggeber einen weiten Spielraum zur Aufhebung von Ausschreibungen**, ohne finanzielle Konsequenzen fürchten zu müssen, und ist mit der ganz überwiegenden Rechtsprechung zur engen Auslegung von § 26 VOB/A **nur schwer vereinbar**.

110.8.3.18 Richtlinie des VHB 2002 zu § 26 Nr. 1 Buchstabe c)

5952   Bei der Prüfung, ob eine Ausschreibung aus einem schwerwiegenden Grund aufgehoben werden darf, sind strenge Anforderungen zu stellen. Nur solche Gründe, die erst nach Einleitung des Vergabeverfahrens auftreten und nicht vom Auftraggeber zu vertreten sind, berechtigen zur Aufhebung ohne die Gefahr einer Schadensersatzpflicht (Nr. 1.1).

110.9 Sonstige Aufhebungsgründe

110.9.1 Kein Kontrahierungszwang

5953   In ständiger Rechtsprechung hat der Bundesgerichtshof herausgearbeitet, dass trotz Geltung der VOB/A (bzw. der VOL/A) der Ausschreibende auch dann, wenn kein Aufhebungsgrund nach § 26 VOB/A bzw. VOL/A besteht, **nicht gezwungen werden kann, einen der Ausschreibung entsprechenden Auftrag zu erteilen. Damit wäre die Annahme, es müsse in jedem Fall eines eingeleiteten Vergabeverfahrens ein Zuschlag erteilt werden, schlechthin unvereinbar** (BGH, B. v. 18. 2. 2003 – Az.: X ZB 43/02; BGH, Urteil vom 5. 11. 2002 – Az.: X ZR 232/00; EuGH, Urteil vom 16. 9. 1999 – Az.: C-27/98, Urteil vom 17. 12. 1998 – Az.: T-203/96.

5954   Vgl. im Einzelnen die Kommentierung zu § 114 GWB RZ 2189.

5955   Die **Ausschreibung** eines beabsichtigten öffentlichen Auftrages **stellt also noch kein Vertragsangebot des öffentlichen Auftraggebers dar, an das er letztlich nach zivilrechtlichen Grundsätzen gebunden wäre.** Auch wenn sich im Rahmen einer Ausschreibung ein vorvertragliches Vertrauensverhältnis entwickeln mag, können aus einer Verletzung der aus diesem Vertrauensverhältnis resultierenden Pflichten und der dieses Rechtsverhältnis prägenden Regeln durch den Ausschreibenden **lediglich Schadenersatzansprüche nach vertragsrechtlichen Grundsätzen** entstehen. Dagegen besteht kein Anspruch darauf, dass der öffentliche Auftraggeber einen der Ausschreibung entsprechenden Vertrag mit einem hierfür geeigneten Bieter auch tatsächlich abschließt. Die Ausschreibung selbst ist dafür kein Rechtsgrund und lässt sich auch nicht in entsprechender Weise hierfür heranziehen. Da die Vorschriften, die im einzelnen die Aufhebung einer Ausschreibung regeln, z.B. § 26 VOB/A, ebenfalls nicht als Rechtsgrundlage angesehen werden können und lediglich Grundlage für mögliche Schadenersatzansprüche bieten können, hat der jeweilige Bieter, auch wenn er das günstigste Angebot abgegeben haben sollte, letztlich keinen Anspruch darauf, dass in jedem Falle ein entsprechender Auftrag erteilt wird (OLG Frankfurt, B. v. 25. 9. 2000 – Az.: 11 Verg. 2/99).

110.9.2 Rechtsfolge einer sonstigen Aufhebung (Schadenersatz)

5956   Ob die Aufhebung einer Ausschreibung durch die in § 26 VOB/A normierten Gründe gedeckt ist, ist demnach **lediglich für die Frage nach Schadensersatzansprüchen bedeutsam** (OLG Celle, Urteil vom 30. 5. 2002 – Az.: 13 U 266/01; 1. VK Bund, B. v. 4. 12. 2001 – Az.: VK 1-43/01; VK Lüneburg, B. v. 22. 5. 2002 – Az.: 203-VgK-08/2002).

110.9.2.1 Allgemeines

5957   Der **Bieter mit dem annehmbarsten Angebot verdient im Interesse einer fairen Risikobegrenzung Vertrauensschutz davor, dass seine Amortisationschance durch zusätzliche Risiken vollständig beseitigt wird,** die in den vergaberechtlichen Bestimmungen keine Grundlage finden. Er darf mit Blick auf die mit Kosten und Arbeitsaufwand verbundene Erarbeitung eines Angebots bei einem öffentlichen Auftrag regelmäßig darauf vertrauen, dass die mit seiner Beteiligung verbundenen Aufwendungen nicht von vornherein nutzlos sind, insbesondere dass der Auftraggeber nicht leichtfertig ausschreibt und die Ausschreibung nicht aus anderen Gründen als den in § 26 VOB/A bzw. VOL/A genannten beendet (BGH, Urteil vom 8. 9. 1998 – Az.: X ZR 48/97; 2. VK Bund, B. v. 2. 7. 2004 – Az.: VK 2-28/04; BayObLG, B. v. 15. 7. 2002 – Az.: Verg 15/02).

Vergabe- und Vertragsordnung für Bauleistungen Teil A   VOB/A § 26 **Teil 3**

110.9.2.2 Aufhebung einer Ausschreibung ohne anschließende Auftragsvergabe

Erst durch die Erteilung des Auftrags erweist es sich als berechtigt, auf die eine Realisierung 5958
von Gewinn einschließende Durchführung der ausgeschriebenen Maßnahme vertraut zu haben.
Unterbleibt die Vergabe des Auftrags, kommt hingegen regelmäßig nur eine **Entschädigung im Hinblick auf Vertrauen in Betracht,** nicht im Ergebnis nutzlose Aufwendungen für die Erstellung des Angebots und die Teilnahme am Ausschreibungsverfahren tätigen zu müssen (BGH, Urteil vom 8. 9. 1998 – Az.: X ZR 48/97, Urteil vom 5. 11. 2002 – Az.: X ZR 232/00; OLG Düsseldorf, Urteil vom 31. 1. 2001 – Az.: U (Kart) 9/00).

110.9.2.3 Aufhebung einer Ausschreibung mit anschließender – unveränderter – Auftragsvergabe

Auch der Bieter, der im Rahmen einer geschehenen Ausschreibung das annehmbarste Ange- 5959
bot abgegeben hat, hat deshalb nicht von vornherein Anlass, darauf zu vertrauen, dass ihm der
ausgeschriebene Auftrag erteilt wird und er sein positives Interesse hieran realisieren kann. Regelmäßig kann vielmehr **ein sachlich gerechtfertigter Vertrauenstatbestand,** der zu einem
Ersatz entgangenen Gewinns einschließenden Anspruch führen kann, **erst dann gegeben** sein,
**wenn der ausgeschriebene Auftrag tatsächlich – wenn auch unter Verstoß gegen die
VOB/A – erteilt wurde.** Erst durch die Erteilung des Auftrags erweist es sich als berechtigt,
auf die eine Realisierung von Gewinn einschließende Durchführung der ausgeschriebenen
Maßnahme vertraut zu haben (BGH, Urteil vom 8. 9. 1998 – Az.: X ZR 48/97, Urteil vom
5. 11. 2002 – Az.: X ZR 232/00; OLG Düsseldorf, Urteil vom 12. 6. 2003 – Az.: 5 U 109/02).

Ein solcher Anspruch kommt vor allem in Betracht, wenn das Vergabeverfahren tatsächlich 5960
mit einer Auftragserteilung seinen Abschluss gefunden hat und der Zuschlag bei regelrechter
Durchführung des Vergabeverfahrens **nicht dem tatsächlich auserwählten Bieter, sondern
mit an Sicherheit grenzender Wahrscheinlichkeit dem (übergangenen) Bieter hätte
erteilt werden müssen** (OLG Dresden, Urteil v. 27. 1. 2006 – Az.: 20 U 1873/05; OLG Düsseldorf, Urteil vom 31. 1. 2001 – Az.: U (Kart) 9/00; Schleswig-Holsteinisches OLG, B. v.
18. 1. 2001 – Az.: 11 U 139/99).

Im Falle einer unzulässigen Aufhebung der Ausschreibung hat der öffentliche Auftraggeber 5961
dem **einzigen Bieter den entgangenen Gewinn (positives Interesse)** zu ersetzen, wenn
dieser mit seinem Angebot zu berücksichtigen gewesen wäre. Dies gilt erst Recht, wenn der
öffentliche **Auftraggeber das Vorhaben nicht endgültig aufgibt,** sondern die Ausführung
einzelner Gewerke über einen längeren Zeitraum hinweg nacheinander vornehmen
lässt (OLG Düsseldorf, Urteil vom 8. 1. 2002 – Az.: 21 U 82/01).

110.9.2.4 Aufhebung einer Ausschreibung mit anschließender – veränderter – Auftragsvergabe

Der Schluss, dass der annehmbarste Bieter berechtigterweise darauf vertrauen durfte, den Auf- 5962
trag zu erhalten, kann gleichwohl dann gezogen werden, **wenn der später tatsächlich erteilte Auftrag bei wirtschaftlicher Betrachtungsweise das gleiche Vorhaben und den gleichen Auftragsgegenstand betrifft** (OLG Dresden, Urteil v. 27. 1. 2006 – Az.: 20 U 1873/
05). **Bestehen insoweit erhebliche Unterschiede, kommt ein solcher Schluss hingegen
regelmäßig nicht in Betracht.** Die Unterschiede stehen dann dafür, dass der ausgeschriebene
Auftrag nicht zur Ausführung gelangt ist. Ein Anspruch, der den Ersatz entgangenen Gewinns
einschließt, kann deshalb in diesen Fällen regelmäßig nur dann bestehen, wenn der sich übergangen fühlende Bieter auf **Besonderheiten** verweisen kann, **die den Auftraggeber hätten
veranlassen müssen, ihm – auch – den geänderten Auftrag zu erteilen** (BGH, Urteil
vom 5. 11. 2002 – Az.: X ZR 232/00; Schleswig-Holsteinisches OLG, B. v. 18. 1. 2001 – Az.:
11 U 139/99).

110.9.2.5 Verzicht auf die Vergabe einer ausgeschriebenen Leistung

Dem öffentlichen Auftraggeber muss es möglich sein – also insbesondere ohne das Erfordernis 5963
schwerwiegender Gründe oder einer Ausnahmesituation – die **Aufhebung eines Vergabeverfahrens herbeizuführen, wenn er gänzlich Abstand von der Vergabe eines zunächst
ausgeschriebenen Auftrages nehmen will.** Denn er soll nicht allein deshalb, weil er ein öffentliches Vergabeverfahren eingeleitet hat, eine Leistung in Auftrag geben müssen, von deren
Beschaffung er aus welchen Gründen auch immer – mangelnde finanzielle Mittel, fehlerhafte

Einschätzung, Wegfall oder anderweitige Befriedigung des Bedürfnisses – nunmehr endgültig Abstand nehmen will. Einem solchen **Verzicht ist gleich zu setzen die Erledigung mit eigenen Möglichkeiten oder die Erledigung über ein Inhouse-Geschäft** (OLG Brandenburg, B. v. 19. 12. 2002 – Az.: Verg W 9/02).

5964   Ein solcher **Verzicht darf aber nicht sachwidrig** sein. Es ist mit den vergaberechtlichen Verfahrensgrundsätzen, insbesondere des Diskriminierungs- und des Willkürverbots **nicht vereinbar**, ein **Vergabeverfahren wegen des Mangels an mehreren geeigneten Bewerbern aufzuheben**, wenn der **Auftraggeber** durch die von ihm vorgenommene Auswahl der Eignungsanforderungen und der hierfür verbindlich geforderten Eignungsnachweise den **Schwerpunkt des Wettbewerbs in den Bereich der bieterbezogenen Eignungsprüfung verlagert hat,** was bei einer Ausschreibung freiberuflicher Leistungen nach VOF durchaus sinnvoll sein kann, zulässig erscheint und jedenfalls von keinem Bewerber gerügt worden ist. Die **geringe Zahl der Verhandlungspartner** – hier sogar die Reduzierung auf einen einzigen Bieter – ist notwendige, jedenfalls vorhersehbare Folge dieser Vergabestrategie und rechtfertigt daher nicht, auf die Fortführung des Verhandlungsverfahrens zu verzichten (OLG Naumburg, B. v. 17. 5. 2006 – Az.: 1 Verg 3/06).

110.9.2.6 Literatur

5965   – Dähne, Horst, Schadensersatz wegen unberechtigter Aufhebung einer Ausschreibung nach § 26 Nr. 1 VOB/A, VergabeR 2004, 32

110.9.3 Beispiele aus der Rechtsprechung

5966   – die **Befürchtung, mit einem Nachprüfungsverfahren überzogen zu werden, ist kein „anderer schwerwiegender Grund"** für eine Aufhebung (VK Nordbayern, B. v. 12. 10. 2006 – Az.: 21.VK – 3194-25/06)

– können **Wahlpositionen wegen** einer hierfür von der Vergabestelle **nicht erstellten Bewertungsmatrix nicht gewertet** werden, liegt hierin **kein schwerwiegender Grund**, der eine Aufhebung der Ausschreibung erfordert (OLG München, B. v. 27. 1. 2006 – Az.: VII – Verg 1/06)

– wenn **ein den Wettbewerb verzerrender Informationsvorsprung** zu einem vor allem in preislicher Hinsicht überlegenen Angebot des betreffenden Bieters führt und dieses Angebot für die Entscheidung über den Zuschlag relevant wäre, wird der Auftraggeber im Allgemeinen die Ausschreibung aufheben müssen (OLG Rostock, B. v. 9. 5. 2001 – Az.: 17 W 4/01)

– schwerwiegende Gründe, die eine Aufhebung des Verfahrens unabweisbar machen, müssen auch dann zu diesem Schritt berechtigen, **wenn die Aufhebungsgründe bereits bei Verfahrenseinleitung hätten bekannt sein können.** Die Vergabestelle kann nicht gehalten sein, ein Ausschreibungsverfahren fortzuführen, das erkennbar – und unheilbar – rechtswidrig ist und dessen Entscheidungen mit dem Risiko behaftet bleiben, jederzeit (verfahrenskonform) mit Aussicht auf Erfolg angegriffen zu werden. Die Konsequenzen eines fahrlässig fehlerhaft eingeleiteten Vergabeverfahrens sind vielmehr **evtl. Schadensersatzansprüche des benachteiligten Bieters** (VK Bremen, B. v. 6. 1. 2003 – Az.: VK 5/02)

– nicht jeder Fehler in einem Leistungsverzeichnis rechtfertigt die Aufhebung des Verfahrens aufgrund § 26 Nr. 1 c VOB/A. Eine **ungenaue Leistungsbeschreibung in fünf Positionen** (davon eine Bedarfsposition, die nicht in die Wertungssumme einfließt) **bei einem Gesamtumfang von über 110 Positionen kann nicht als schwerwiegender Grund** im Sinne des § 26 Nr. 1 c VOB/A angesehen werden (VK Magdeburg, B. v. 2. 4. 2001 – Az.: VK-OFD LSA-03/01)

– lediglich **geringfügige Änderungen einzelner Positionen** der auszuführenden Leistung sowie **geringfügige Änderungen in der Beschaffenheit der Leistung** sind **kein Grund zur Aufhebung der Ausschreibung,** sondern können zulässigerweise in der Vertragsabwicklung gemäß § 2 VOB/B aufgefangen werden (1. VK Sachsen, B. v. 8. 11. 2001 – Az.: 1/SVK/104-01)

– die **Unklarheiten einer Leistungsbeschreibung** führen jedoch dann nicht zur Aufhebung einer Ausschreibung, wenn infolge dieses Mangels **Angebote** eingehen, **die noch miteinander verglichen werden können** (VK Düsseldorf, B. v. 22. 7. 2002 – Az.: VK – 19/2002 – L)

- ein vom Antragsteller gegen den Auftraggeber durchsetzbarer zwingender Aufhebungsgrund gemäß § 26 Nr. 1b) VOB/A besteht nicht, wenn **nur marginale, aber keine grundlegenden Änderungen der Verdingungsunterlagen vonnöten sind** (1. VK Sachsen, B. v. 9. 4. 2002 – Az.: 1/SVK/021-02)
- ist dagegen ein **Leistungsverzeichnis missverständlich**, was z. B. dadurch bestätigt werden kann, dass mehrere Bieter das von der Vergabestelle Gewollte auch tatsächlich missverstanden haben und handelt es sich **der Sache nach um einen zentralen Punkt**, ist es der **Vergabestelle nicht zumutbar, den Zuschlag** trotz Aufdeckung der Missverständlichkeit **zu erteilen**. Eine grundlegende Änderung der Verdingungsunterlagen im Sinne einer Korrektur der missverständlichen Formulierungen ist in dieser Situation geboten, um nachfolgende Auseinandersetzungen auf der vertraglichen Ebene zu vermeiden (2. VK Bund, B. v. 19. 7. 2002 – Az.: VK 2-44/02)
- das **rechtswidrige Verlangen nach einer Tariftreueerklärung** und das **rechtswidrige Mitwirken einer nach § 16 VgV ausgeschlossenen Person** rechtfertigen eine Aufhebung wegen eines schwerwiegenden Grundes im Sinne von § 26 Nr. 1 Buchstabe c) (Hanseatisches OLG Hamburg, B. v. 4. 11. 2002 – Az.: 1 Verg 3/02)

110.10 Beweislast für das Vorliegen von Aufhebungsgründen

Der **öffentliche Auftraggeber trägt die Beweislast** dafür, dass er zur Aufhebung der Ausschreibung berechtigt ist (OLG Düsseldorf, B. v. 3. 1. 2005 – Az.: VII – Verg 72/04; OLG Saarbrücken, Urteil vom 2. 7. 2003 – Az: 1 U 113/03-31, 1 U 113/03). 5967

110.11 Rechtsnatur der Aufhebung

Bei der Aufhebung handelt es sich um einen **internen, aber endgültigen Beschluss des Auftraggebers, das Ausschreibungsverfahren zu beenden.** Dieser **Beschluss ist eine (nicht empfangsbedürftige) Willenserklärung,** die nicht unbedingt schriftlich niedergelegt sein muss, auch wenn dies aus Transparenzgründen zu empfehlen ist (VK Schleswig-Holstein, B. v. 14. 9. 2005 – Az.: VK-SH 21/05; B. v. 24. 10. 2003 – Az.: VK-SH 24/03; VK Brandenburg, B. v. 30. 7. 2002 – Az.: VK 38/02). 5968

110.12 Bekanntmachung der Aufhebung

Das (vorvertragliche) Rechtsverhältnis, welches durch die Ausschreibung zwischen dem öffentlichen Auftraggeber und den Bietern entsteht, kann nicht durch eine bloß behördeninterne Willensbildung, sondern nur dadurch beendet werden, dass die Entscheidung zur Aufhebung des Vergabeverfahrens den Bietern bekannt gemacht wird. Dies gebietet es, **für die Außenwirksamkeit der Aufhebungsentscheidung auf deren Bekanntgabe gegenüber dem jeweiligen Bieter abzustellen** (OLG Düsseldorf, B. v. 28. 2. 2002 – Az.: Verg 37/01; OLG Koblenz, B. v. 10. 4. 2003 – Az.: 1 Verg 1/03; VK Schleswig-Holstein, B. v. 10. 2. 2005 – VK-SH 02/05). 5969

Die **Bekanntmachung** kann insbesondere bei öffentlichen Auftraggebern im Sinne des § 98 Satz 1 Nr. 1 GWB nur durch dessen **zuständiges Organ** erfolgen. Eine **Bekanntmachung erfolgt auch nicht dadurch,** dass ein **Bieter irgendwie von dem internen Aufhebungsbeschluss erfährt**. Eine Bekanntmachung muss vielmehr zielgerichtet und mit Bekanntgabewillen an denjenigen erfolgen, den der Inhalt der bekannt zu gebenden Erklärung betrifft (VK Brandenburg, B. v. 30. 7. 2002 – Az.: VK 38/02). 5970

110.13 Rechtsfolge der Bekanntmachung

Die **Rechtsprechung** ist **nicht einheitlich.** 5971

Nach einer Auffassung ist durch die bekannt gemachte Aufhebung der Ausschreibung das **Vergabeverfahren ex tunc beendet.** Die Aufhebung bewirkt, dass **alle im Rahmen der Ausschreibung eingereichten Angebote erlöschen.** Dies gilt unabhängig davon, ob die Aufhebung rechtmäßig oder deshalb rechtswidrig ist, weil keiner der Aufhebungsgründe des § 26 VOB/A bzw. VOL/A vorliegt. Daran wird auch nichts dadurch geändert, dass alle Bieter 5972

Teil 3 VOB/A § 26 Vergabe- und Vertragsordnung für Bauleistungen Teil A

auf Rückfrage der Vergabestelle erklärt haben, sich an ihr Angebot gebunden halten. Die **Vergabestelle kann ein einmal aufgehobenes Verfahren nicht wieder aufnehmen.** Aus der Tatsache, dass im Interesse eines effektiven Rechtsschutzes die **Aufhebung einer Ausschreibung im Nachprüfungsverfahren überprüft und aufgehoben werden kann,** folgt aber nicht, dass die **Vergabestelle ihre Entscheidung über die Aufhebung der Vergabe als unwirksam einstufen bzw. die Aufhebung einer Ausschreibung aufheben** und ein einmal aufgehobenes Verfahren – auch nicht mit Zustimmung der Bieter – ohne weiteres einfach fortsetzen kann (2. VK Bremen, B. v. 13. 11. 2002 – Az.: VK 6/02).

5973 Nach einer anderen Meinung kann im Gegensatz zur Zuschlagserteilung die **Erklärung der Aufhebung schon durch das Handeln der Vergabestelle korrigiert, d. h. aufgehoben, zurückgenommen, widerrufen und damit in ihrem Inhalt abgeändert werden.** Die Vergabestelle ist nicht gehindert, die einmal erklärte Aufhebung einer Ausschreibung in der Weise zu korrigieren, dass sie nunmehr erklärt, das Vergabeverfahren (doch) fortsetzen zu wollen. Dies führt zwar nicht gleichsam automatisch dazu, dass die Bieter nunmehr wieder an ihr Angebot gebunden sind. Das **Vergabeverfahren kann aber jedenfalls mit den Angeboten fortgesetzt werden, zu denen sich die Bieter nach Korrektur der Aufhebungserklärung** („Aufhebung der Aufhebung") durch die Vergabestelle **positiv erklärt haben** (VK Thüringen, B. v. 13. 2. 2003 – Az.: 216-4002.20-003/ 03-EF-S).

5974 Das Vorliegen der Voraussetzungen **eines Aufhebungsgrundes nach § 26 VOB/A bzw. VOL/A** ist für die **Frage der Wirksamkeit der Aufhebung irrelevant** und daher nicht zu prüfen (1. VK Bund, B. v. 9. 4. 2001 – Az.: VK 1-7/01).

110.14 Unterrichtungspflicht (§ 26 Nr. 2)

110.14.1 Sinn und Zweck

5975 Von dem internen Verwaltungsentschluss der Aufhebung haben die beteiligten Wettbewerber zunächst keine Kenntnis und **halten nach wie vor Sach- und Personalmittel für die ausgeschriebene Leistung vor,** weshalb sie unverzüglich, das heißt ohne schuldhaftes Zögern (§ 121 BGB) zu benachrichtigen sind (VK Schleswig-Holstein, B. v. 24. 10. 2003 – Az.: VK-SH 24/03).

110.14.2 Form

5976 Eine **besondere Form der Unterrichtung ist zunächst nicht vergaberechtlich vorgeschrieben,** das heißt sie kann auch mündlich oder fernmündlich geschehen. Erst **auf Antrag** der Bewerber oder Bieter hat die Vergabestelle die Mitteilung der Aufhebungsgründe entsprechend **schriftlich vorzunehmen** (VK Schleswig-Holstein, B. v. 24. 10. 2003 – Az.: VK-SH 24/03).

110.14.3 Notwendiger Inhalt bei einer Aufhebung nach § 26 Nr. 1 Buchstabe a)

5977 Die **Rechtsprechung** ist **nicht einheitlich.**

5978 Die Vergabestelle ist nicht verpflichtet, bei einer Aufhebung nach § 26 Nr. 1 Buchstabe a) VOB/A bzw. VOL/A die Gründe detailliert mitzuteilen. Es **genügt vielmehr, den Wortlaut des § 26 Nr. 1 Buchstabe a) VOB/A bzw. VOL/A wiederzugeben** (VK Nordbayern, B. v. 2. 7. 1999 – Az.: 320.VK-3194-11/99).

5979 Nach einer anderen Meinung reicht eine **Formalbegründung im Fall des § 26 Nr. 1a VOB/A bzw. VOL/A nicht aus.** Der Bieter hat ein **Recht auf Information über die wirklichen Gründe der Aufhebung,** damit er sich über die Bedeutung im Hinblick auf ein eventuell neues Ausschreibungsverfahren ein hinreichendes Bild machen kann (VK Düsseldorf, B. v. 5. 2. 2001 – Az.: VK – 26/2000 – L).

110.14.4 Regelung des HVA B-StB 03/2006

5980 Alle Bewerber und Bieter sind von der Aufhebung der Ausschreibung bzw. Beendigung des Vergabeverfahrens gemäß § 122 GWB gemäß § 26 Nr. 2 bzw. § 26a Nr. 1 VOB/A zu unterrichten. Bei Vergaben ab den EG-Schwellenwerten ist gemäß § 26 Nr. 3 VOB/A auch das

Amt für amtliche Veröffentlichungen der EG über die Aufhebung bzw. Beendigung zu informieren (Ziffer 2.5 Nr. 20).

110.15 Rücknahme der Aufhebung

Vgl. dazu die Kommentierung RZ 5972.   5981

110.16 Missbrauch der Aufhebungsmöglichkeit (Scheinaufhebung)

In Ausnahmefällen ist zu prüfen, ob der öffentliche Auftraggeber wirklich ernsthaft aufgeho-   5982
ben hat oder ob er unter Missbrauch seiner Gestaltungsmöglichkeiten nur den Schein einer Aufhebung gesetzt hat.

110.16.1 Allgemeines

Ein Missbrauch der Aufhebungsmöglichkeit liegt noch nicht vor, wenn der vom Auftraggeber   5983
angenommene Aufhebungsgrund tatsächlich nicht vorliegt oder es sich um einen Grund handelt, der bereits bei Bekanntmachung der Ausschreibung vorgelegen hat. Für einen **Rechtsmissbrauch bedarf es vielmehr sachfremder, nicht am Grundsatz des fairen, transparenten und chancengleichen Vergabeverfahrens im Sinne des § 97 Abs. 1, 2 GWB orientierter Erwägungen** (VK Brandenburg, B. v. 17. 5. 2002 – Az.: VK 23/02).

110.16.2 Gesamtzusammenhang

Die Unwirksamkeit einer Aufhebung kann sich **aus dem Gesamtzusammenhang des**   5984
Vorgangs ergeben. Führt der Auftraggeber **in unmittelbarem zeitlichen Zusammenhang mit der Aufhebung eine Vergabe im freihändigen Verfahren** durch und **informiert er die Bieter nicht über die Absicht,** die Aufträge unverzüglich nach der Aufhebung freihändig zu vergeben, so dass die Tatsache der Zuschlagserteilung für einige Bieter völlig überraschend kommt und ihnen erst im Rahmen eines Nachprüfungsverfahrens bekannt wird, lässt also der Auftraggeber die Bieter bewusst im Unklaren und beteiligt sie nicht, um eine für ihn selbst möglichst genehme Art der Vergabe ohne Rücksicht auf die legitimen Interessen der Bieter durchführen zu können, handelt es sich bei diesem Sachverhalt um eine Scheinaufhebung, die die **Unwirksamkeit der Aufhebung zur Folge** hat (1. VK Bund, B. v. 26. 9. 2003 – Az.: VK 1-81/03; VK Münster, B. v. 17. 1. 2002 – Az.: VK 23/01).

110.16.3 Offensichtliche Bevorzugung eines Bieters

Soll die Aufhebung der Ausschreibung lediglich dazu dienen, der Vergabestelle entweder so-   5985
fort ohne weitere Ausschreibung vergaberechtswidriger Weise die **Möglichkeit zur freihändigen Vergabe an einen Bieter zu ermöglichen oder zumindest durch eine Neuausschreibung diesem die Möglichkeit zu eröffnen, ein erneutes Angebot vorzulegen,** wird die Möglichkeit der Aufhebung damit missbräuchlich verwandt, da die Vergabeabsicht der Vergabestelle unbestritten ist und offensichtlich darauf zielt, den Auftrag ausschließlich an einen bestimmten Bieter zu vergeben (OLG München, B. v. 12. 7. 2005 – Az.: Verg 008/05 – ein sehr anschaulicher Fall; OLG Düsseldorf, B. v. 19. 11. 2003 – Az.: VII – Verg 59/03; VK Schleswig-Holstein, B. v. 10. 2. 2005 – VK-SH 02/05; 2. VK Bund, B. v. 22. 12. 2004 – Az.: VK 2-157/04; B. v. 12. 11. 2004 – Az.: VK 2-163/04; 3. VK Bund, B. v. 30. 9. 2004 – Az.: VK 3-116/04; VK Arnsberg, B. v. 23. 1. 2003 – Az.: VK 2-27/2002; 1. VK Bund, B. v. 29. 9. 2004 – Az.: VK 1-162/04; B. v. 23. 9. 2004 – Az.: VK 1-132/04; B. v. 23. 9. 2004 – Az.: VK 1-129/04; B. v. 23. 9. 2004 – Az.: VK 1-126/04; B. v. 4. 12. 2001 – Az.: VK 1-43/01).

110.16.4 Rechtsfolge einer Scheinaufhebung

Bei einer Scheinaufhebung hat der Auftraggeber immer noch den Willen, einen öffentlichen   5986
Auftrag zu vergeben. Deshalb **hat das ursprüngliche Ausschreibungsverfahren seinen Fortgang zu nehmen, und zwar ab dem Punkt, zu welchem die rechtswidrige Aufhebung erfolgt ist.** Hat zu diesem Zeitpunkt ein Antragsteller sofortige Beschwerde eingelegt und der Senat z. B. die aufschiebende Wirkung des Rechtsmittels nach § 118 Abs. 1 Satz 3 GWB verlängert und wird in diesem Stadium durch die Vergabestelle in einem fortdauernden

Vergabeverfahren dennoch der Zuschlag erteilt, ist dieser wegen Verstoßes gegen ein gesetzliches Verbot nichtig, § 115 Abs. 1, § 118 Abs. 1 Satz 3 GWB, § 134 BGB. Dieselbe **Rechtsfolge, nämlich die Nichtigkeit des Zuschlages,** tritt auch dann ein, wenn nach der Aufhebung einer Aufhebung ein Ausschreibungsverfahren an der Stelle fortzusetzen ist, an welcher die rechtswidrige Aufhebung stattgefunden hat. Dem kann nicht entgegengehalten werden, der Zuschlag sei nicht in dem ursprünglichen, sondern in einem anderen neuen Verfahren erteilt worden. Würde man dies so sehen, wäre eine **Umgehung des Zuschlagsverbotes jederzeit leicht dadurch möglich, dass nach der Aufhebung einer Ausschreibung unverzüglich der betreffende oder lediglich abgewandelte Auftrag freihändig vergeben werden könnte;** der Bieterschutz durch ein geregeltes Vergabe- und Nachprüfungsverfahren wäre ad absurdum geführt. Handelt der Auftraggeber in dieser Weise, stellt dies deshalb eine unzulässige Umgehung des Zuschlagsverbots dar (OLG München, B. v. 12. 7. 2005 – Az.: Verg 008/05).

110.17 Neues Vergabeverfahren im Anschluss an die Aufhebung

110.17.1 Allgemeines

5987   Die Vergabestelle ist nach der Aufhebung der Ausschreibung in der **Wahl eines neuen Vergabeverfahrens nicht frei.** Sie muss vielmehr prüfen, welche Ausschreibung bzw. Vergabe nach den **Bestimmungen der §§ 3, 3a VOB/A bzw. VOL/A** zur Anwendung kommt (2. VK Bremen, B. v. 13. 11. 2002 – Az.: VK 6/02).

110.17.2 Entsprechende Anwendung des § 26 Nr. 5 VOL/A

5988   In entsprechender Anwendung des § 26 Nr. 5 VOL/A Abschnitt 2 wird anzunehmen sein, dass eine **Auftragsvergabe in dem neuen Verfahren dann vergaberechtswidrig wird, wenn gegen die Aufhebung des vorherigen Verfahrens ein Nachprüfungsantrag mit dem Ziel der Wiederaufnahme dieses Verfahrens gestellt wird.** Dafür spricht, dass ansonsten der von der höchstrichterlichen Rechtsprechung nunmehr für statthaft erachtete Rechtsschutz in bestimmten Fällen ins Leere liefe: Die Vergabestelle könnte das mit **Neuausschreibung** begründete Vergabeverfahren ungeachtet des Nachprüfungsantrags im vorherigen Verfahren weiterführen und dort **mit Auftragsvergabe durch Zuschlagserteilung vollendete Tatsachen schaffen.** Das Zuschlagsverbot nach § 115 Abs. 1 GWB hinderte diese Folge nicht: Es ist abhängig von der Zustellung des Nachprüfungsantrags an den Auftraggeber und damit nur wirksam in dem Verfahren, das mit dem Nachprüfungsantrag angegriffen wird. Richtet der Antrag sich gegen die Aufhebung der Ausschreibung, schützt das Zuschlagsverbot den Antragsteller mithin nur vor der – eher theoretischen – Möglichkeit, dass der Auftraggeber von sich aus das Verfahren wieder aufnimmt, fortführt und einem Konkurrenten den Zuschlag erteilt. In dem durch Neuausschreibung des Auftrags – möglicherweise nach Organisationsänderungen auch noch unter Regie einer anderen Vergabestelle – neu begründeten selbständigen Vergabeverfahren entfaltet das für das vorherige Verfahren geltende Verbot keine Wirkung. Vor diesem Hintergrund spricht bei dieser Konstellation viel dafür, dass der **Antragsteller,** um sein Ziel – Aufhebung der Aufhebung der Ausschreibung und Erlangung des Zuschlags im vorherigen Verfahren – erreichen zu können, **nach Stellung seines gegen die Aufhebung gerichteten Nachprüfungsantrags die Neuausschreibung gegenüber der zuständigen Vergabestelle unverzüglich rügen** (§ 107 Abs. 3 Satz 1 GWB) und, wenn die Rüge erfolglos bleibt, **in dem neuen Verfahren ebenfalls einen Nachprüfungsantrag stellen muss,** mit dessen Zustellung er auch dort vor einer anderweitigen Zuschlagserteilung geschützt wird. Unterlässt er eine unverzügliche Rüge der Neuausschreibung und ist er infolgedessen mit einem Nachprüfungsantrag in dem neuen Vergabeverfahren präkludiert, würde sein im Erstverfahren gestellter Nachprüfungsantrag auf eine Verfahrenssituation abzielen, die § 26 Nr. 5 VOL/A Abschnitt 2 gerade verhindern will: Die parallele Durchführung zweier selbständiger Vergabeverfahren über ein- und denselben Auftragsgegenstand (OLG Koblenz, B. v. 10. 4. 2003 – Az.: 1 Verg 1/03).

110.17.3 Regelung des HVA B-StB 03/2006

5989   Je nach Lage des Einzelfalls kann nach Aufhebung einer Ausschreibung in Betracht kommen:
– Zurückstellen der Baumaßnahme und spätere erneute Ausschreibung
– Unmittelbar anschließende erneute Ausschreibung

Vergabe- und Vertragsordnung für Bauleistungen Teil A VOB/A § 26a **Teil 3**

– Verhandlung mit einem oder mehreren Bietern über die Änderung der Angebote zwecks Freihändiger Vergabe bzw. Verhandlungsverfahren (§ 3 Nr. 4 bzw. § 3a Nrn. 4 und 5 VOB/A)

Nach Aufhebung eines Offenen oder Nichtoffenen Verfahrens darf ein neues Vergabeverfahren, sofern die ursprünglichen Vergabeunterlagen grundlegend geändert werden, grundsätzlich nur als Offenes, gegebenenfalls als Nichtoffenes Verfahren durchgeführt werden (Ziffer 2.5 Nr. 21). 5990

110.18 Überprüfung der Aufhebungsentscheidung in einem Vergabenachprüfungsverfahren

Vgl. zur Möglichkeit der Überprüfung der Aufhebungsentscheidung in einem Vergabenachprüfungsverfahren die Kommentierung zu § 114 GWB RZ 2186. 5991

110.19 Richtlinie des VHB 2002

Endet ein förmliches Vergabeverfahren nicht durch die Erteilung eines Auftrags, ist es ausdrücklich aufzuheben (Nr. 1.4). 5992

111. § 26a VOB/A – Mitteilung über den Verzicht auf die Vergabe

Den Bewerbern oder Bietern teilt der Auftraggeber unverzüglich die Gründe für seine Entscheidung mit, auf die Vergabe eines im Amtsblatt der Europäischen Gemeinschaften bekannt gemachten Auftrages zu verzichten oder das Verfahren erneut einzuleiten. Auf Antrag teilt er ihnen dies auch in Textform mit. Der Auftraggeber kann bestimmte Informationen nach Satz 1 zurückhalten, wenn die Weitergabe den Gesetzesvollzug vereiteln würde oder sonst nicht im öffentlichen Interesse läge, oder die berechtigten Geschäftsinteressen von Unternehmen oder den fairen Wettbewerb beeinträchtigen würde.

111.1 Vergleichbare Regelungen

Der **Vorschrift des § 26a VOB/A vergleichbar** sind im Bereich der VOB § 26 VOB/A und im Bereich der VOL **§§ 26, 26a VOL/A**. Die Kommentierungen zu diesen Vorschriften können daher ergänzend zu der Kommentierung des § 26a herangezogen werden. 5993

111.2 Änderungen in der VOB/A 2006

Die Vorschrift des § 26a ist inhaltlich vereinfacht und dementsprechend neu gefasst. 5994

111.3 Bieterschützende Vorschrift

Vgl. dazu die Kommentierung zu § 26 VOB/A RZ 5874. 5995

111.4 Umfang der Mitteilungspflicht

§ 26a VOB/A bzw. VOL/A soll **Transparenz und Willkürfreiheit des Vergabeverfahrens gewährleisten**. Insofern erfüllt § 26a VOB/A bzw. VOL/A **eine dem § 13 VgV vergleichbare Funktion für den Fall der Aufhebung eines Vergabeverfahrens**. Diesem Sinn und Zweck wird der Auftraggeber **nur gerecht, wenn er den Bewerbern seine Verzichts- bzw. Aufhebungsentscheidung nachvollziehbar darlegt**. Dazu gehört, dass der Bewerber aus den Gründen entnehmen können muss, was inhaltlich der Grund für den Verzicht war, da ansonsten eine mögliche Verletzung des Transparenz- und Gleichbehandlungsgebots gar nicht überprüfbar ist (VK Schleswig-Holstein, B. v. 10. 2. 2005 – VK-SH 02/05). 5996

Für die Mitteilung der Gründe im Sinne des § 26a VOB/A bzw. VOL/A kommt es also lediglich darauf an, dass die Gründe mitgeteilt werden, auf die sich der Auftraggeber bei seiner 5997

Teil 3 VOB/A § 27   Vergabe- und Vertragsordnung für Bauleistungen Teil A

Entscheidung gestützt hat. **Ob diese Gründe vergaberechtskonform sind, ist für die Mitteilung irrelevant.** Durch die Mitteilung im Sinne des § 26 a VOB/A bzw. VOL/A soll ein Bewerber lediglich in den Stand versetzt werden **zu prüfen, ob der Verzicht auf die Vergabe bzw. die Aufhebung des Vergabeverfahrens rechtmäßig ist oder nicht.** Werden Gründe mitgeteilt, die eine Aufhebung nicht zu tragen vermögen, so kann aber ein Bewerber ermessen, ob und inwieweit er Vergaberechtsschutz in Anspruch nehmen kann und will (VK Schleswig-Holstein, B. v. 10. 2. 2005 – VK-SH 02/05; VK Brandenburg, B. v. 17. 9. 2002 – Az.: VK 50/02).

5998   Die Vergabestelle ist also **nicht verpflichtet, eine erschöpfende und vollständige Mitteilung aller Aufhebungsgründe sowie eine bis in die Einzelheiten gehende Begründung zu liefern** (VK Schleswig-Holstein, B. v. 10. 2. 2005 – VK-SH 02/05).

111.5 Gründe für die Einstellung eines Vergabeverfahrens und Überprüfbarkeit einer entsprechenden Entscheidung

5999   Die Rechtsprechung hat sich bisher noch nicht explizit damit befasst, aufgrund welcher Kriterien ein öffentlicher Auftraggeber ein Vergabeverfahren einstellen kann; offen ist, ob beispielsweise § 26 VOB/A bzw. § 26 VOL/A analog anzuwenden sind.

6000   Jedenfalls unterliegt eine solche Entscheidung ebenso der Nachprüfung wie die Aufhebung eines förmlichen Vergabeverfahrens (BayObLG, B. v. 5. 11. 2002 – Az.: Verg 22/02).

111.6 Beendigung eines Vergabeverfahrens

6001   Mit Einstellung des Verhandlungsverfahren durch den Auftraggeber und entsprechender Mitteilung an die Bieter hat sich das dem Nachprüfungsverfahren zugrunde liegende Vergabeverfahren erledigt (1. VK Bund, B. v. 23. 12. 2003 – Az.: VK 1-119/03).

111.6.1 Beendigung eines Vergabeverfahrens wegen Ablaufs der Zuschlags- und Bindefrist?

6002   Wenn die Zuschlags- und Bindefrist abgelaufen ist, wird die Ausschreibung nicht automatisch beendet; vgl. im Einzelnen die Kommentierung zu § 19 VOB/A RZ 4955.

111.6.2 Beendigung eines Vergabeverfahrens bei einem nichtigen Vertrag

6003   Sind die von einem öffentlichen Auftraggeber abgeschlossenen **Beschaffungsverträge nichtig oder unwirksam**, ist das **Beschaffungsvorhaben** und damit das dementsprechende Vergabeverfahren im Rechtssinne **noch nicht beendet, sofern der Auftraggeber noch Leistungen entgegennimmt.** Dies geschieht, da die Verträge nichtig oder unwirksam sind, ohne jede Rechtsgrundlage. Dem Staat ist es aber insbesondere nach Haushaltsrecht und Vergaberecht untersagt, sich Leistungen von privatwirtschaftlichen Unternehmen erbringen zu lassen, ohne eine geeignete Rechtsgrundlage hierfür zu schaffen. Folglich liegt in jeder einzelnen Annahme einer Leistung (oder in jedem dementsprechenden Gewähren lassen) eine erneute „de-facto"-Vergabe. Das zeigt, dass das Vergabeverfahren im Rechtssinne nicht beendet ist, bevor nicht eine wirksame Rechtsgrundlage für die fortlaufenden Leistungen geschaffen ist (OLG Düsseldorf, B. v. 11. 3. 2002 – Az.: Verg 43/01).

112. § 27 VOB/A – Nicht berücksichtigte Bewerbungen und Angebote

1. Bieter, deren Angebote ausgeschlossen worden sind (§ 25 Nr. 1), und solche, deren Angebote nicht in die engere Wahl kommen, sollen so bald wie möglich verständigt werden. Die übrigen Bieter sind zu verständigen, sobald der Zuschlag erteilt worden ist.
2. Auf Verlangen sind den nicht berücksichtigten Bewerbern oder Bietern innerhalb einer Frist von 15 Kalendertagen nach Eingang ihres schriftlichen Antrags die

Vergabe- und Vertragsordnung für Bauleistungen Teil A　　　　VOB/A § 27　**Teil 3**

Gründe für die Nichtberücksichtigung ihrer Bewerbung oder ihres Angebots schriftlich mitzuteilen, den Bietern auch der Name des Auftragnehmers.
3. Nicht berücksichtigte Angebote und Ausarbeitungen der Bieter dürfen nicht für eine neue Vergabe oder für andere Zwecke benutzt werden.
4. Entwürfe, Ausarbeitungen, Muster und Proben zu nicht berücksichtigten Angeboten sind zurückzugeben, wenn dies im Angebot oder innerhalb von 30 Kalendertagen nach Ablehnung des Angebots verlangt wird.

112.1 Vergleichbare Regelungen

Der **Vorschrift des § 27 VOB/A vergleichbar** sind im Bereich der VOB §§ **27 a, 27 b VOB/A**, im Bereich der VOF **§ 17 VOF** und im Bereich der VOL §§ **27, 27 a, 27 b VOL/A**. Die Kommentierungen zu diesen Vorschriften können daher ergänzend zu der Kommentierung des § 27 herangezogen werden. 6004

112.2 Änderungen in der VOB/A 2006

Die Vorschrift des § 27 ist **nicht geändert**. 6005

112.3 Optionsrecht des Bieters

§§ 27, 27 a VOB/A bzw. VOL/A räumen dem Bieter bzw. Bewerber eine **bloße Option auf Auskünfte** ein, von der er nicht Gebrauch zu machen braucht. Eine der **Rügeobliegenheit des § 107 Abs. 3 GWB** gegebenenfalls korrespondierende Informationsobliegenheit der Bieter bzw. Bewerber mit dem Ziel, an weitere Informationen vom Auftraggeber zu gelangen, um gegebenenfalls Fehler im Wertungsprozess zu erkennen und die Unverzüglichkeit zu wahren, **ergibt sich aus diesen Vorschriften nicht** (VK Brandenburg, B. v. 26. 3. 2002 – Az.: VK 4/02). 6006

112.4 Nachträglicher Informationsanspruch

Die §§ 27, 27 a VOB/A geben – mit Ausnahme des § 27 Nr. 1 Satz 1 – dem unterlegenen Bieter **nach ihrem Wortlaut nur einen nachträglichen Informationsanspruch** über den Ausgang des mit Zuschlag abgeschlossenen Vergabeverfahrens (OLG Koblenz, B. v. 10. 8. 2000 – Az.: 1 Verg 2/00). 6007

112.5 Verhältnis zu § 13 VgV

Vgl. dazu im Einzelnen die Kommentierung zu § 13 VgV RZ 3418. 6008

112.6 Benachrichtigung der Bieter (§ 27 Nr. 1)

112.6.1 Benachrichtigung der Bieter, deren Angebote ausgeschlossen worden sind bzw. deren Angebote nicht in die engere Wahl kommen

Bieter, deren Angebote ausgeschlossen worden sind (§ 25 Nr. 1) und solche, deren Angebote nicht in die engere Wahl kommen, sollen sobald wie möglich – mithin auch vor dem Zuschlag – verständigt werden. 6009

Erfüllt der Auftraggeber diese Pflicht nicht, sondern lässt er die Bieter bis zu einem Zuschlag in dem Glauben, weiterhin aussichtsreich am Vergabeverfahren beteiligt zu sein, kann er sich nach den **Grundsätzen über das so genannte Verhandlungsverschulden (culpa in contrahendo) schadensersatzpflichtig machen** (OLG Düsseldorf, B. v. 19. 7. 2000 – Az.: Verg 10/00). 6010

112.6.2 Forderung nach einem frankierten Rückumschlag

Die **Forderung eines frankierten Rückumschlages bedeutet in der Sache keinen Vergaberechtsverstoß.** Denn es ist grundsätzlich nicht zu beanstanden, dass eine Behörde für ihre Auslagen Gebühren erhebt. Es bedeutete auch keinen Vergaberechtsverstoß, wenn bei 6011

Teil 3 VOB/A § 27a Vergabe- und Vertragsordnung für Bauleistungen Teil A

Durchführung von Vergabeverfahren eine Vergabestelle für die Übersendung der Verdingungsunterlagen ein Entgelt verlangt. Fordert eine Vergabestelle für die Übersendung der Begründung ihrer Vergabeentscheidung darüber hinaus einen frankierten Rückumschlag, bedeutet dies keine außer Verhältnis stehende weitere Belastung des Bieters (2. VK Bund, B. v. 14. 10. 2003 – Az.: VK 2-90/03).

112.7 Mitteilung der Gründe für die Nichtberücksichtigung bzw. Nennung des Namens des Auftraggebers (§ 27 Nr. 2)

112.7.1 Formale Anforderungen

6012 Hinsichtlich der formalen Anforderungen an das Schreiben nach Nr. 2 gibt es **keine gesetzlichen Anforderungen** (VK Magdeburg, B. v. 25. 11. 1999 – Az.: 33-32571/07 VK 43-99 MD). Die Mitteilung kann daher durch den Auftraggeber **auch mündlich** geschehen. Aus **Beweissicherungsgründen** sollte jedoch die **Schriftform vorgezogen** werden (VK Lüneburg, B. v. 15. 11. 2000 – Az.: 203-VgK-14/ 2000).

112.7.2 Mitteilung bei einer Beschränkten Ausschreibung mit Teilnahmewettbewerb bzw. einem Nichtoffenen Verfahren

6013 Bei einer Beschränkten Ausschreibung mit Teilnahmewettbewerb bzw. einem **Nichtoffenen Verfahren** hat der Auftraggeber den Bewerbern, die nicht zur Angebotsabgabe aufgefordert werden, nur die Gründe für die Nichtberücksichtigung mitzuteilen. Weiter gehende Auskunftspflichten der Vergabestelle, insbesondere die **Nennung der Bieter, die am Nichtoffenen Verfahren beteiligt werden sollen, sind aus § 27 VOB/A nicht ableitbar**. Eine solche Mitteilung würde gerade die **ordnungsgemäße Durchführung des** sich an den Teilnahmewettbewerb anschließenden **Nichtoffenen Verfahrens gefährden** (VK Nordbayern, B. v. 27. 10. 2000 – Az.: 320.VK-3194-26/00).

112.8 Antrag auf Feststellung einer Verletzung des § 27

6014 Ein Antrag festzustellen, dass ein öffentlicher Auftraggeber unter Verstoß gegen § 27 VOB/A bzw. VOL/A einen Bieter nicht rechtzeitig über den beabsichtigten Ausschluss des Angebots unterrichtet hat, ist **im Vergabenachprüfungsverfahren unzulässig**. Gemäß § 114 Abs. 2 GWB kann die Feststellung einer Rechtsverletzung (nur) beantragt werden, wenn sich das Nachprüfungsverfahren erledigt hat. § 114 Abs. 2 GWB stellt eine abschließende Regelung für das Nachprüfungsverfahren dar. Sonstige Feststellungsanträge passen nicht zu dem auf Primärrechtsschutz gerichteten Vergabenachprüfungsverfahren, das im Hinblick auf den noch zu erteilenden Zuschlag besonders eilbedürftig ist (OLG Frankfurt, B. v. 27. 6. 2003 – Az.: 11 Verg 3/03).

112.9 Behandlung und Aufbewahrung der nichtberücksichtigten Angebote

112.9.1 Regelung des HVA B-StB 03/2006

6015 Die unter 3 d), e) und f) genannten Angebote sind mit allen den Vergabevorgang betreffenden Unterlagen (Schreiben, Vermerke und sonstige Vorgänge) sechs Jahre nach Ablauf des Jahres, in dem die Schlusszahlung erfolgt ist, aufzubewahren (Ziffer 2.5 Nr. 24). Alle übrigen Angebote können zwei Monate nach Zuschlagserteilung vernichtet werden (Ziffer 2.5 Nr. 25).

113. § 27a VOB/A – Nicht berücksichtigte Bewerbungen

1. **Auf Verlangen sind den nicht berücksichtigten Bewerbern oder Bietern unverzüglich, spätestens jedoch innerhalb einer Frist von 15 Kalendertagen nach Eingang ihres schriftlichen Antrags die Entscheidung über den Vertragsabschluss sowie die Gründe für die Nichtberücksichtigung ihrer Bewerbung oder ihres Angebots mitzuteilen. Den Bietern, die ein ordnungsgemäßes Angebot eingereicht haben, sind**

auch die Merkmale und Vorteile des Angebots des erfolgreichen Bieters sowie dessen Name schriftlich mitzuteilen. § 26a Satz 3 gilt entsprechend.
2. Bei einem Verhandlungsverfahren mit Vergabebekanntmachung und beim Wettbewerblichen Dialog ist § 27 Nr. 2 entsprechend anzuwenden.

113.1 Vergleichbare Regelungen

Der **Vorschrift des § 27a VOB/A vergleichbar** sind im Bereich der VOB §§ 27, 27b VOB/A, im Bereich der VOF § 17 VOF und im Bereich der VOL §§ 27, 27a, 27b VOL/A. Die Kommentierungen zu diesen Vorschriften können daher ergänzend zu der Kommentierung des § 27a herangezogen werden. 6016

113.2 Änderungen in der VOB/A 2006

In § 27a Nr. 1 ist die **Frist für die Mitteilung bieterfreundlicher** formuliert. Inhaltlich muss der Auftraggeber **zusätzlich die Entscheidung über den Vertragsabschluss** mitteilen. In § 27 Nr. 2 ist der **Wettbewerbliche Dialog aufgenommen** worden. Die Regelungen entsprechen im Wesentlichen § 41 Vergabekoordinierungsrichtlinie. 6017

113.3 Verhältnis des § 27a zu § 13 VgV

Vgl. dazu im Einzelnen die Kommentierung zu § 13 VgV RZ 3418. 6018

113.4 Nachträglicher Informationsanspruch

Die §§ 27, 27a VOB/A geben – mit Ausnahme des § 27 Nr. 1 Satz 1 – dem unterlegenen Bieter **nach ihrem Wortlaut nur einen nachträglichen Informationsanspruch** über den Ausgang des mit Zuschlag abgeschlossenen Vergabeverfahrens (OLG Koblenz, B. v. 10. 8. 2000 – Az.: 1 Verg. 2/00). 6019

Die nach Zuschlagsentscheidung erfolgte Mitteilung des Auftraggebers gemäß § 27a VOB/A hat also **bloßen Informationscharakter in Bezug auf ein bereits feststehendes Wertungsergebnis** und kann die Rechtspositionen eines Bieters hinsichtlich des Vergabeverfahrens daher nicht beeinträchtigen (2. VK Brandenburg, B. v. 20. 12. 2001 – Az.: 2 VK 108/01). 6020

113.5 Bewerber und Bieter

Bei den von der Vorschrift erfassten **Bewerbern** handelt es sich um **Unternehmen, die sich** vor der eigentlichen Einreichung eines Angebotes **um Aufträge bemühen.** Dies geschieht beim Offenen Verfahren durch die Anforderung und Bearbeitung der Verdingungsunterlagen, beim Nichtoffenen Verfahren mit Öffentlichem Teilnahmewettbewerb sowie beim Verhandlungsverfahren mit vorheriger Vergabebekanntmachung durch das Stellen eines Teilnahmeantrags. Bei den von § 27a gleichfalls erfassten **Bietern handelt es sich um Unternehmen, die konkret ein Angebot beim Auftraggeber abgegeben haben** (VK Lüneburg, B. v. 15. 11. 2000 – Az.: 203-VgK-14/2000). 6021

113.6 Mitteilung der Entscheidung über den Vertragsabschluss, der Gründe für die Nichtberücksichtigung bzw. Nennung des Namens des Auftraggebers (§ 27a Nr. 1)

113.6.1 Allgemeines

Hinsichtlich des **Umfangs** vom Auftraggeber mitzuteilender Gründe **enthält § 27a keine näheren Festlegungen.** Aus dem Wortlaut geht nur hervor, dass dem beantragenden Bewerber – anders als dem Bieter – nicht der Name des erfolgreichen Bieters mitgeteilt werden darf. Eine **weitere Grenzziehung über die Mitteilung ergibt sich aus der Vertraulichkeits- und Geheimhaltungsvorschrift des § 22 Nr. 8,** die auch im Falle der EG-Vergabevorschrift des § 27a zur Anwendung kommt. Eng mit dieser Geheimhaltungs- und Vertrauenspflicht verknüpft ist der Datenschutz der Bewerber oder Bieter. Die Bekanntgabe von Gründen durch den Auftraggeber darf sich daher nur in diesem aufgezeigten Rahmen bewegen (VK Lüneburg, B. v. 15. 11. 2000 – Az.: 203-VgK-14/2000). 6022

Teil 3 VOB/A § 27b Vergabe- und Vertragsordnung für Bauleistungen Teil A

113.6.2 Nichtoffenes Verfahren

6023 Bei einem **Nichtoffenen Verfahren** hat der Auftraggeber den Bewerbern, die nicht zur Angebotsabgabe aufgefordert werden, nur die Gründe für die Nichtberücksichtigung mitzuteilen. Weiter gehende Auskunftspflichten der Vergabestelle, insbesondere die **Nennung der Bieter, die am Nichtoffenen Verfahren beteiligt werden sollen,** sind aus § 27a VOB/A nicht ableitbar. Eine solche Mitteilung würde gerade die **ordnungsgemäße Durchführung des** sich an den Teilnahmewettbewerb anschließenden **Nichtoffenen Verfahrens gefährden** (VK Nordbayern, B. v. 27. 10. 2000 – Az.: 320.VK-3194-26/00).

113.7 Form der Mitteilung

6024 Hinsichtlich der **Art der Mitteilungspflicht enthält § 27a keine Formvorgaben.** Die Mitteilung kann daher durch den Auftraggeber **auch mündlich** geschehen. Aus **Beweissicherungsgründen** sollte jedoch die **Schriftform vorgezogen** werden (VK Lüneburg, B. v. 15. 11. 2000 – Az.: 203-VgK-14/2000).

113.8 Richtlinie des VHB 2002

6025 Bei Baumaßnahmen, deren geschätzter Gesamtauftragswert über dem Schwellenwert liegt, ist in jedem EG-Vergabeverfahren allen Bietern, deren Angebote nicht berücksichtigt werden, spätestens 14 Kalendertage vor der Auftragserteilung
– der Name des Bieters, dessen Angebot angenommen werden soll, und
– der Grund der vorgesehenen Nichtberücksichtigung

mit dem Einheitlichen Formblatt EFB Info/Abs-EG – 306 mitzuteilen (§ 13 VgV).

6026 Das Einheitliche Formblatt EFB Info/Abs-EG – 306 ist an alle nichtberücksichtigten Bieter am gleichen Tag zu versenden. Der Tag der Absendung ist im Vergabevermerk festzuhalten (vgl. EFB Verg B – 351.B). Die Frist beginnt am Tage nach der Absendung der Information (Ziffer 1).

6027 Der Bieter, der den Zuschlag erhalten soll, ist über den Stand des Vergabeverfahrens gleichzeitig mit dem Einheitlichen Formblatt EFB Info-EG – 307 zu informieren (Ziffer 2).

6028 Wird von der ursprünglich beabsichtigten Vergabeentscheidung abgewichen, der der Mitteilung mit EFB Info/Abs-EG – 306 zugrunde lag, sind die Bieter erneut mit dem EFB Info/Abs-EG – 306 unter Einhaltung der Frist nach § 13 VgV zu unterrichten, bevor ein Zuschlag erteilt werden darf (Ziffer 3).

6029 Der Mitteilungspflicht gemäß § 27a Nr. 1 VOB/A/§ 27a Nr. 1 VOL/A kommt im Hinblick auf eine erfolgte Information nach § 13 VgV keine eigenständige Bedeutung mehr zu. Wird eine Information nach § 27a Nr. 1 VOB/A/§ 27a Nr. 1 VOL/A verlangt, ist die Anfrage schriftlich unter Hinweis auf die bereits mit dem Einheitlichen Formblatt EFB Info/Abs-EG – 306 erfolgte Mitteilung formlos zu beantworten. Wenn nichtberücksichtigte Bieter ein ordnungsgemäßes Angebot eingereicht haben, sind diesen die Merkmale und Vorteile des Angebotes des Bieters, auf das der Zuschlag erteilt ist, zusätzlich mitzuteilen (Ziffer 4).

6030 Den nichtberücksichtigten Bewerbern sind gemäß § 27a Nr. 1 VOB/A/§ 27a Nr. 1 VOL/A auf Verlangen die Gründe der Nichtberücksichtigung ihrer Bewerbung mit dem Einheitlichen Formblatt EFB (B/Z) Abs. 3–303 mitzuteilen (Ziffer 5).

114. § 27b VOB/A – Mitteilungspflichten

1. Sektorenauftraggeber teilen den teilnehmenden Unternehmen unverzüglich, spätestens jedoch innerhalb einer Frist von 15 Kalendertagen und auf Antrag in Textform ihre Entscheidungen über die Auftragsvergabe mit.

2. (1) **Auftraggeber gemäß Absatz 1 teilen innerhalb kürzester Frist nach Eingang eines entsprechenden schriftlichen Antrags Folgendes mit:**
    – den ausgeschlossenen Bewerbern oder Bietern die Gründe für die Ablehnung ihrer Bewerbung oder ihres Angebots,

– die Entscheidung einschließlich der Gründe, auf die Vergabe eines Auftrages zu verzichten oder das Verfahren erneut einzuleiten,
– den Bietern, die ein ordnungsgemäßes Angebot eingereicht haben, die Merkmale und relativen Vorteile des erfolgreichen Angebots und den Namen des erfolgreichen Bieters.

(2) Der Auftraggeber kann jedoch beschließen, bestimmte Auskünfte über den Zuschlag nicht zu erteilen, wenn eine derartige Bekanntgabe den Gesetzesvollzug behindern, dem öffentlichen Interesse zuwiderlaufen oder die legitimen Geschäftsinteressen von öffentlichen oder privaten Unternehmen einschließlich derjenigen des Unternehmens, das den Zuschlag erhalten hat, beeinträchtigen würde oder den lauteren Wettbewerb beeinträchtigen könnte.

114.1 Vergleichbare Regelungen

Der **Vorschrift des § 27 b VOB/A vergleichbar** sind im Bereich der VOB §§ 27, 27 a VOB/A, im Bereich der VOF § 17 VOF und im Bereich der VOL §§ 27, 27 a, 27 b VOL/A. Die Kommentierungen zu diesen Vorschriften können daher ergänzend zu der Kommentierung des § 27 b herangezogen werden. 6031

114.2 Änderungen in der VOB/A 2006

§ 27 b ist **vereinfacht und redaktionell neu gefasst** worden. 6032

114.3 Bedeutung in der Rechtsprechung

Die Vorschrift spielt in der Rechtsprechung keine Rolle. 6033

115. § 28 VOB/A – Zuschlag

1. Der Zuschlag ist möglichst bald, mindestens aber so rechtzeitig zu erteilen, dass dem Bieter die Erklärung noch vor Ablauf der Zuschlagsfrist (§ 19) zugeht.
2. (1) Wird auf ein Angebot rechtzeitig und ohne Abänderungen der Zuschlag erteilt, so ist damit nach allgemeinen Rechtsgrundsätzen der Vertrag abgeschlossen, auch wenn spätere urkundliche Festlegung vorgesehen ist.
(2) Werden dagegen Erweiterungen, Einschränkungen oder Änderungen vorgenommen oder wird der Zuschlag verspätet erteilt, so ist der Bieter bei Erteilung des Zuschlags aufzufordern, sich unverzüglich über die Annahme zu erklären.

115.1 Vergleichbare Regelungen

Der Vorschrift des § 28 VOB/A vergleichbar sind im Bereich der VOF § 16 VOF und im Bereich der VOL § 28 VOL/A. Die Kommentierungen zu diesen Vorschriften können daher ergänzend zu der Kommentierung des § 28 herangezogen werden. 6034

115.2 Änderungen in der VOB/A 2006

Die Vorschrift des § 28 ist im Zuge der VOB/A 2006 **nicht geändert** worden. 6035

115.3 Begriff des Zuschlags

Vgl. zum Begriff des Zuschlags im Einzelnen die Kommentierung zu § 114 GWB RZ 2223. 6036

115.4 Begriff des Zugangs

Vgl. zum Begriff des Zugangs im Einzelnen die Kommentierung zu § 114 GWB RZ 2295. 6037

115.5 Zuschlag mit Erweiterungen, Einschränkungen, Änderungen oder Verspätung (§ 28 Nr. 2)

6038 Werden in der Zuschlagserklärung Erweiterungen, Einschränkungen oder Änderungen vorgenommen oder wird der Zuschlag verspätet erteilt, so ist der Bieter bei Erteilung des Zuschlags aufzufordern, sich unverzüglich über die Annahme zu erklären.

115.5.1 Sinn und Zweck der Regelung

6039 Durch diese Vorschrift soll der Mindestbieter **vor den nachteiligen zivilrechtlichen Folgen geschützt** werden, die durch eine **nachträgliche Abänderung des Angebotes seitens der Vergabestelle** entstehen. Es soll gewährleistet werden, dass der Bieter Kenntnis davon hat, dass er für einen Vertragsschluss trotz des Zuschlages seine Annahme erklären muss. Ein darüber hinausgehender Regelungsgehalt ist der Vorschrift nicht zu entnehmen; insbesondere ergibt sich aus ihr nicht die Befugnis der Vergabestelle, vor der Wertungsentscheidung den Leistungsumfang abzuändern und die Angebote entsprechend anzupassen (2. VK Bund, B. v. 6. 5. 2003 – Az.: VK 2-28/03).

115.5.2 Rechtliche Bedeutung

6040 Eine **Annahme des Angebots unter Erweiterungen, Einschränkungen und sonstigen Änderungen gilt nach § 150 Abs. 2 BGB als Ablehnung, verbunden mit einem neuen Antrag.** Dieser Antrag des Auftraggebers auf Abschluss eines abgeänderten Vertrages **bedarf zu seiner Wirksamkeit** deshalb noch einer **Annahmeerklärung des Bieters,** die dem **Auftraggeber auch noch zugehen muss** (Saarländisches OLG, Urteil v. 21. 3. 2006 – Az.: 4 U 51/05-79; OLG Naumburg, B. v. 1. 9. 2004 – Az.: 1 Verg 11/04; 1. VK Sachsen, B. v. 4. 8. 2003 – Az.: 1/SVK/084-03, B. v. 12. 6. 2003 – Az.: 1/SVK/054-03).

6041 Vgl. im Einzelnen – auch zu der typischen Fallkonstellation des Zuschlags nach Ablauf der Zuschlags- und Bindefrist – die Kommentierung zu § 19 VOB/A RZ 4942.

115.6 Richtlinie des VHB 2002 zu § 28

6042 Die Annahme des Angebots durch die Vergabestelle ist auf die ausgeschriebene auszuführende Leistung zu beschränken. Die Vergabestelle darf keinen Zuschlag auf Angebote zur Wartung wartungsbedürftiger betriebstechnischer und Anlagen der technischen Gebäudeausrüstung erteilen. Durch die Zuschlagserteilung kommt ein Vertrag nur zustande, wenn das Angebot des Bieters in allen Teilen unverändert innerhalb der vorgesehenen Zuschlagsfrist angenommen wird (Ziffer 1.1).

6043 Eine verspätete Zuschlagserteilung oder eine Zuschlagserteilung mit Änderungen auch nur einzelner Teile des Angebots (z. B. der Ausführungsfristen oder einzelner Leistungen) gilt nach § 150 Abs. 2 BGB als Ablehnung des Angebots des Bieters und zugleich als neues Angebot des Auftraggebers. Ein Vertrag kommt in diesem Falle nur dann zustande, wenn der Bieter dieses Angebot des Auftraggebers annimmt. Dies kann auch stillschweigend beispielsweise durch Aufnahme der Arbeiten geschehen (Ziffer 1.2).

6044 Um die sich aus einer verspäteten Zuschlagserteilung oder einer Zuschlagserteilung mit Änderungen ergebenden nachteiligen Folgen – Ende der Bindung des Bieters an sein ursprüngliches Angebot – für den Auftraggeber abzuwenden, ist es erforderlich, dass über unumgänglich notwendige Änderungen vor Zuschlagserteilung mit dem Bieter Einigung erzielt und sichergestellt wird, dass die Vereinbarung über die Änderung zum Bestandteil des Angebots gemacht wird. Keine Änderungen des Angebots sind:
– die Bestimmungen des Leistungsumfanges durch Angabe bereits im Leistungsverzeichnis vorgesehener Wahl- oder Bedarfspositionen im Auftragsschreiben (Ziffer 1.3).

6045 Ist vorauszusehen, dass der Auftrag nicht innerhalb der vorgesehenen Zuschlagsfrist erteilt werden kann, so ist mit den für die Auftragserteilung in Betracht kommenden Bietern über eine angemessene Verlängerung der Zuschlagsfrist zu verhandeln. Die Vereinbarung über die Verlängerung ist schriftlich festzulegen. Wird wegen der Verlängerung der Zuschlagsfrist eine Änderung der Ausführungsfrist erforderlich, ist die Vereinbarung nach Nr. 1.3 rechtzeitig vor Auftragserteilung zu treffen (Ziffer 1.4).

Vergabe- und Vertragsordnung für Bauleistungen Teil A VOB/A § 28a **Teil 3**

Die Entscheidung über die Ausführung von in Wahlpositionen beschriebenen Leistungen ist 6046
in der Regel bei der Auftragserteilung zu treffen. Kann die Entscheidung erst nach Auftragserteilung getroffen werden, ist dem Auftragnehmer so früh wie möglich schriftlich mitzuteilen, welche Leistungen ausgeführt werden sollen. Der für die Haushaltsüberwachungsliste Verantwortliche ist schriftlich zu unterrichten (Ziffer 2.1).

Die Entscheidung über die Ausführung von in Bedarfspositionen beschriebenen Leistungen 6047
erfolgt nach der Auftragserteilung. Beträge aus Bedarfspositionen sind in die Auftragssumme grundsätzlich nicht einzubeziehen. Hierüber ist ein gesonderter Abrufauftrag zu erteilen (Ziffer 2.2).

Der Zuschlag ist schriftlich mit dem Einheitlichen Verdingungsmuster Auftragsschreiben – 6048
EVM (B/L) Atr – 201 zu erteilen (Ziffer 3.1). Wenn das Auftragsschreiben nicht mehr rechtzeitig vor Ablauf der – ggf. nach Nr. 1.4 zu verlängernden – Zuschlagsfrist beim Bieter eingehen wird und das Angebot in allen Teilen unverändert angenommen wird, kann der Zuschlag zunächst mündlich oder fernmündlich erteilt werden; er ist unverzüglich schriftlich zu bestätigen (Ziffer 3.2).

115.7 Regelung des HVA B-StB 03/2006 zu § 28

Nachdem unter Berücksichtigung aller Gesichtspunkte gemäß § 25 VOB/A das wirtschaft- 6049
lichste Angebot ermittelt worden ist, ist bei Vergaben unterhalb der EG-Schwellenwerte gemäß § 28 VOB/A der Zuschlag auf dieses Angebot zu erteilen. Bei Vergaben ab den EG-Schwellenwerten darf der Zuschlag nach § 28 VOB/A nur erteilt werden, wenn seit der Absendung der Information an die Bieter mindestens 14 Kalendertage vergangen sind und die Vergabekammer der Vergabestelle keinen Antrag auf ein Nachprüfungsverfahren zugestellt hat. Ein dennoch abgeschlossener Vertrag ist nichtig (Ziffer 2.5 Nr. 8).

Im Zuschlagsschreiben sind stets anzugeben: 6050

– Auftraggeber,
– Benennung der einzelnen Kostenträger,
– Auftragssumme,
– berücksichtigte Nachlässe,
– berücksichtigte Nebenangebote.

Gegebenenfalls sind auch anzugeben: 6051

– berichtigter Änderungssatz für Lohngleitklausel gemäß Abschnitt 2.4 „Prüfung und Wertung der Angebote", Nr. (34),
– OZ der auszuführenden Wahlpositionen Ziffer 2.5 Nr. 9).

Sind mit dem vorgesehenen Auftragnehmer Verhandlungen geführt worden, so ist auf die Er- 6052
klärung des Bieters (siehe Abschnitt 2.4 „Prüfung und Wertung der Angebote", Nr. (51)) ausdrücklich Bezug zu nehmen (Ziffer 2.5 Nr. 10).

Wenn zu erwarten ist, dass das Zuschlagsschreiben dem Auftragnehmer nicht mehr rechtzeitig 6053
vor Ablauf der – gegebenenfalls nach Nr. (4) verlängerten – Zuschlagsfrist zugeleitet werden kann, ist der Zuschlag fernmündlich bzw. fernschriftlich zu erteilen. Das Zuschlagsschreiben gemäß Nr. (9) ist umgehend nachzureichen; darin ist auf die erfolgte Zuschlagserteilung zu verweisen (Ziffer 2.5 Nr. 13).

Nach erfolgtem Zuschlag sind bei Vergaben unterhalb der EG-Schwellenwerte die nicht be- 6054
rücksichtigten Bieter gemäß § 27 Nr. 1 Satz 2 VOB/A zu benachrichtigen (Ziffer 2.5 Nr. 14).

116. § 28a VOB/A – Bekanntmachung der Auftragserteilung

1. **(1) In den Fällen, in denen eine Bekanntmachung nach § 17a Nr. 2 veröffentlicht wurde, ist die Erteilung des Auftrags bekannt zu machen.**

   (2) Die Bekanntmachung ist nach dem in Anhang III der Verordnung (EG) Nr. 1564/2005 enthaltenen Muster zu erstellen.

1113

Teil 3 VOB/A § 28b   Vergabe- und Vertragsordnung für Bauleistungen Teil A

(3) Angaben, deren Veröffentlichung
- den Gesetzesvollzug behindern,
- dem öffentlichen Interesse zuwiderlaufen,
- die berechtigten geschäftlichen Interessen öffentlicher oder privater Unternehmer berühren oder
- den fairen Wettbewerb zwischen Unternehmern beeinträchtigen würden,

sind nicht in die Bekanntmachung aufzunehmen.

2. Die Bekanntmachung ist dem Amt für amtliche Veröffentlichungen der Europäischen Gemeinschaften in kürzester Frist - spätestens 48 Kalendertage nach Auftragserteilung - zu übermitteln.

116.1 Vergleichbare Regelungen

6055 Der **Vorschrift des § 28a VOB/A vergleichbar** sind im Bereich der VOB § 28b VOB/A, im Bereich der VOF § 17 VOF und im Bereich der VOL §§ 28a, 28b VOL/A. Die Kommentierungen zu diesen Vorschriften können daher ergänzend zu der Kommentierung des § 28a herangezogen werden.

116.2 Änderungen in der VOB/A 2006

6056 In **§ 28a Nr. 1 Abs. 2** wird die Bezugnahmen hinsichtlich des Bekanntmachungsmusters aus Anhang III der Verordnung (EG) Nr. 1564/2005 aktualisiert.

116.3 Richtlinie des VHB 2002

6057 Vor der Zuschlagserteilung in EG-Vergabeverfahren ist der Informationspflicht nach § 13 VgV zu genügen. Ohne dass die vorgeschriebene Information erteilt worden und die Frist abgelaufen ist, darf der Zuschlag nicht erteilt werden. Ein dennoch abgeschlossener Vertrag ist nichtig (Ziffer 1).

6058 Für die Bekanntmachung der Auftragserteilung und ihre Übermittlung an das Amt für amtliche Veröffentlichungen der Europäischen Gemeinschaften spätestens 48 Kalendertage nach der Auftragserteilung ist das Muster des Anhangs III der Verordnung (EG) Nr. 1564/2005 zu verwenden. Hinsichtlich der Übermittlung der Bekanntmachung ist entsprechend § 17a A Nr. 2 VHB zu verfahren.

117. § 28b VOB/A – Bekanntmachung der Auftragserteilung

1. Der Kommission der Europäischen Gemeinschaften sind für jeden vergebenen Auftrag binnen zwei Monaten nach der Vergabe dieses Auftrags die Ergebnisse des Vergabeverfahrens durch eine nach Anhang VI der Verordnung (EG) Nr. 1564/2005 abgefasste Bekanntmachung mitzuteilen. Dies gilt nicht für jeden Einzelauftrag innerhalb einer Rahmenvereinbarung.
2. Die Angaben in Anhang VI der Verordnung (EG) Nr. 1564/2005 werden im Amtsblatt der Europäischen Gemeinschaften veröffentlicht. Dabei trägt die Kommission der Europäischen Gemeinschaften der Tatsache Rechnung, dass es sich bei den Angaben im Falle von Anhang VI der Verordnung (EG) Nr. 1564/2005 Nr. V.1.3, V.1.5, V.2.1, V.2.4, V.2.6, um in geschäftlicher Hinsicht empfindliche Angaben handelt, wenn der Auftraggeber dies bei der Übermittlung der Angaben über die Anzahl der eingegangenen Angebote, die Identität der Unternehmen und die Preise geltend macht.
3. Die Angaben in Anhang VI der Verordnung (EG) Nr. 1564/2005 Nr. V.2, die als nicht für die Veröffentlichung bestimmt gekennzeichnet sind, werden nicht oder nur in vereinfachter Form zu statistischen Zwecken veröffentlicht.

117.1 Vergleichbare Regelungen

Der **Vorschrift des § 28 b VOB/A vergleichbar** sind im Bereich der VOB § 28 a 6059
VOB/A, im Bereich der VOF § 17 VOF und im Bereich der VOL §§ 28 a, 28 b VOL/A.
Die Kommentierungen zu diesen Vorschriften können daher ergänzend zu der Kommentierung
des § 28 b herangezogen werden.

117.2 Änderungen in der VOB/A 2006

Die Vorschrift des § 28 b ist mit Blick auf die Vergabekoordinierungsrichtlinie neu gefasst. 6060

117.3 Bedeutung in der Rechtsprechung

Die Vorschrift spielt in der Rechtsprechung keine Rolle. 6061

118. § 29 VOB/A – Vertragsurkunde

1. Eine besondere Urkunde braucht über den Vertrag nur dann gefertigt zu werden, wenn der Vertragsinhalt nicht schon durch das Angebot mit den zugehörigen Unterlagen, das Zuschlagsschreiben und andere Schriftstücke eindeutig und erschöpfend festgelegt ist.
2. Die Urkunde ist doppelt auszufertigen und von den beiden Vertragsparteien zu unterzeichnen. Die Beglaubigung einer Unterschrift kann in besonderen Fällen verlangt werden.

118.1 Vergleichbare Regelungen

Der Vorschrift des § 29 VOB/A vergleichbar ist im Bereich der VOL **§ 29 VOL/A**. Die 6062
Kommentierung zu dieser Vorschrift kann daher ergänzend zu der Kommentierung des § 29
herangezogen werden.

118.2 Änderungen in der VOB/A 2006

Die Vorschrift des § 29 ist im Zuge der VOB/A 2006 **nicht geändert** worden. 6063

118.3 Bedeutung in der Rechtsprechung

Die Vorschrift spielt in der Rechtsprechung keine Rolle. 6064

118.4 Literatur

– Kramer, Johannes, Beurkundung von Angebot und Annahme im Vergabeverfahren, Verga- 6065
beR 2004, 706

119. § 30 VOB/A – Vergabevermerk

1. Über die Vergabe ist ein Vermerk zu fertigen, der die einzelnen Stufen des Verfahrens, die maßgebenden Feststellungen sowie die Begründung der einzelnen Entscheidungen enthält.
2. Wird auf die Vorlage zusätzlich zum Angebot verlangter Unterlagen und Nachweise verzichtet, ist dies im Vergabevermerk zu begründen.

Teil 3 VOB/A § 30   Vergabe- und Vertragsordnung für Bauleistungen Teil A

119.1 Vergleichbare Regelungen

6066   Der Vorschrift des § 30 VOB/A vergleichbar sind im Bereich der VOB/A **§ 30a VOB/A**, im Bereich der VOF **§ 18 VOF** und im Bereich der VOL **§ 30 VOL/A**. Die Kommentierungen zu diesen Vorschriften können daher ergänzend zu der Kommentierung des § 30 herangezogen werden.

119.2 Änderungen in der VOB/A 2006

6067   Die Vorschrift des § 30 ist im Zuge der VOB/A 2006 nicht geändert worden.

119.3 Bieterschützende Vorschrift

6068   Die **Vorschriften über die Dokumentationspflicht** und das Transparenzgebot **haben bieterschützenden Charakter.** Erst ein formalisierter und umfassender Vergabevermerk gewährleistet eine spätere Nachprüfbarkeit der Richtigkeit von Feststellungen und getroffenen Entscheidungen sowohl gegenüber den Bewerbern, als auch gegenüber Rechnungsprüfungsbehörden, Zuwendungsgebern sowie der EG-Kommission. Die Bieter haben ein subjektives Recht auf eine ausreichende Dokumentation und Begründung der einzelnen Verfahrensschritte (OLG Düsseldorf, B. v. 26. 7. 2002 – Az.: Verg 28/02; VK Saarland, B. v. 23. 1. 2006 – Az.: 1 VK 06/2005; 2. VK Bund, B. v. 10. 12. 2003 – Az.: VK 1-116/03; 1. VK Bund, B. v. 14. 10. 2003 – Az.: VK 1-95/03, B. v. 19. 9. 2003 – Az.: VK 1-77/03; VK Thüringen, B. v. 20. 12. 2002 – Az.: 216-4004.20-062/02-EF-S; VK Brandenburg, B. v. 1. 10. 2002 – Az.: VK 53/02, B. v. 30. 7. 2002 – Az.: VK 38/02; 1. VK Sachsen, B. v. 5. 11. 2002 – Az.: 1/SVK/096-02; VK Lüneburg, B. v. 11. 1. 2005 – Az.: 203-VgK-55/2004; B. v. 25. 7. 2002 – Az.: 203-VgK-11/2002, B. v. 14. 1. 2002 – Az.: 203-VgK-22/2001).

6069   Dies gilt **auch für § 30 VOB/A bzw. VOL/A** (OLG Rostock, B. v. 20. 8. 2003 – Az.: 17 Verg 9/03; VK Saarland, B. v. 23. 1. 2006 – Az.: 1 VK 06/2005; VK Lüneburg, B. v. 23. 2. 3004 – Az.: 203-VgK-01/2004, B. v. 3. 2. 2004 – Az.: 203-VgK41/2003).

119.4 Hinweis

6070   Vgl. im Einzelnen zur Dokumentation die Kommentierung zu § 97 GWB RZ 198.

119.5 Richtlinie des VHB 2002

6071   Bei der Vergabe von Bau- und Lieferleistungen muss die Vergabestelle unabhängig von der Höhe der Auftragssumme nach § 30 Nr. 1 VOB/A oder § 30 Nr. 1 VOL/A einen Vermerk anfertigen, der die einzelnen Stufen des Verfahrens, die maßgebenden Feststellungen sowie die Begründungen der einzelnen Entscheidungen enthält.

6072   Der Vergabevermerk ist zeitnah zu erstellen und laufend fortzuschreiben, damit das jeweils aktuelle Vergabeverhalten zu jedem gewünschten Zeitpunkt überprüft werden kann. Er muss zumindest die wesentlichen Zwischenentscheidungen bereits vor Zuschlagserteilung laufend und nachvollziehbar dokumentieren.

6073   Für den Bereich der Vergaben, deren Auftragswerte die EG-Schwellenwerte erreichen oder überschreiten (EU-weite Vergaben), hat der Vergabevermerk eine besondere Bedeutung. Ein Bieter hat ein subjektives Recht auf ordnungsgemäße Dokumentation (schriftliche Begründung) der wesentlichen Entscheidungen im Vergabeverfahren. Ein Dokumentationsmangel kann sich daher im Vergabenachprüfungsverfahren zum Nachteil der Vergabestelle auswirken.

6074   Folgende wichtige Entscheidungen eines Vergabeverfahrens sind mindestens zu dokumentieren:

– Wahl der Vergabeart

– Teilung bzw. Nichtteilung in Teil- und Fachlose

– Gesamtvergabe an einen Generalunternehmer

– Einschränkung des Grundsatzes der produktneutralen Ausschreibung

– Bewerberauswahl in Vorbereitung einer Beschränkten Ausschreibung bzw. im Rahmen eines Öffentlichen Teilnahmewettbewerbs

Vergabe- und Vertragsordnung für Bauleistungen Teil A   VOB/A § 30 **Teil 3**

– Ergebnis der Prüfung und Wertung der Angebote und Nebenangebote
– Gründe einer Aufhebung.

Hierzu wird die Anwendung der Formblätter Entscheidung Bekanntmachung / Angebotsanforderung (EFB Verg A – 351.A, Entscheidung über den Zuschlag (EFB Verg B – 351.B, EFB Firm 4) empfohlen: 6075

Eine detaillierte Darstellung der einzelnen Stufen des Verfahrens und der auf den einzelnen Stufen des Verfahrens ggf. erforderlichen weiteren Angaben und Begründungen enthält die „Arbeitshilfe Vergabevermerk". 6076

Die im Vergabevermerk ohnehin zu erstellenden EVM und EFB (200 ff., 300–340 und 360) sind Teil der Dokumentation. Außerdem können die in DV-Verfahren für Vergabe, Haushalt/ Kostenkontrolle dokumentierten einschlägigen Daten zur Dokumentation herangezogen werden. Die Dokumentation des Vergabeverfahrens ist auch für die Übermittlung von Angaben nach § 33a VOB/A an die EG-Kommission erforderlich. Sie ist mit besonderer Sorgfalt zu erstellen. 6077

Nach Auffassung der VK Lüneburg können die **Formblätter des VHB,** dessen Verwendung im Erlasswege den Vergabestellen des Landes verbindlich vorgegeben und den kommunalen Auftraggebern empfohlen wurde, **in erster Linie als „Checkliste" für ein ordnungsgemäßes Vergabeverfahren und einen aussagefähigen Vergabevermerk dienen.** Zumindest, soweit in den einzelnen Wertungsstufen maßgebliche, für einen Bieter negative Entscheidungen gefällt werden und zu begründen sind, wie etwa Entscheidungen über den Ausschluss von Angeboten wegen mangelnder Vollständigkeit oder mangelnder Eignung des Bieters, bedarf es ausführlicher, ergänzender Vermerke, um dem Transparenzgrundsatz des § 97 Abs. 1 GWB zu genügen (VK Lüneburg, B. v. 6. 12. 2004 – Az.: 203-VgK-50/2004). 6078

119.6 Regelung des HVA B-StB

Über das gesamte Vergabeverfahren ist gemäß § 30 VOB/A ein Vergabevermerk zu fertigen, der die einzelnen Stufen des Verfahrens, die maßgebenden Feststellungen sowie die Begründung der einzelnen Entscheidungen enthält (Ziffer 2.0 Nr. 10). 6079

Nach den Erfordernissen des Einzelfalls sind Aufbau und Inhalt des Vergabevermerks wie folgt zu fertigen: 6080

1. Bis zur Bekanntmachung: 6081

– Name, Anschrift des Auftraggebers,
– Bezeichnung der Baumaßnahme (bauliche Anlage),
– Bezeichnung der zu vergebenden Bauleistung,
– Aussagen zu den Grundsätzen der Ausschreibung gemäß § 16 VOB/A,
– Aussagen, dass die haushalts- und baurechtlichen Voraussetzungen vorliegen,
– geschätzter Gesamtauftragswert der baulichen Anlage bei Einleitung des ersten Vergabeverfahrens,
– geschätzter Auftragswert der zu vergebenden Leistung bzw. der einzelnen Lose,
– Aussagen, ob § 1a Nr. 1 (2) und Nr. 2 VOB/A zu beachten sind,
– Auswahl des Vergabeverfahrens; Begründung bei Abweichen vom Offenen Verfahren bzw. von der Öffentlichen Ausschreibung, erforderlichenfalls auch Begründung für nicht durchgeführte Teilnahmewettbewerbe,
– Begründung für das Abweichen von der Fachlosvergabe, bei Vergaben ab den EG-Schwellenwerten zusätzlich Begründung, ob mittelständische Interessen gemäß § 97 (3) GWB angemessen berücksichtigt sind,
– Angabe des zeitlichen Rahmens des Vergabeverfahrens, insbesondere über das Absendedatum der Vorinformation, der Bekanntmachung, die Anforderungsfrist, den Teilnahmeantrag, die Bewerbungsfrist, die Angebotsfrist, Datum der Angebotseröffnung, Zuschlags- und Bindefrist,
– ein zulässiges Abweichen von den Vorgaben der VOB/A hinsichtlich der Fristen ist zu begründen,

Teil 3 VOB/A § 30 Vergabe- und Vertragsordnung für Bauleistungen Teil A

- Angaben zum Vertragsinhalt, z. B.:
  - Ausführungsfristen,
  - Preisvorbehalte mit Begründung für Notwendigkeit,
  - Vertragsstrafen mit Begründung für Notwendigkeit,
  - abweichende Sicherheitsleistungen mit Begründung für Notwendigkeit,
  - Wahlpositionen mit Begründung für Notwendigkeit,
  - Pauschalvereinbarungen mit Begründung für Notwendigkeit,
  - Leistungsbeschreibung mit Leistungsprogramm mit Begründung für Notwendigkeit,
  - Begründung für die Wahl bestimmter Erzeugnisse oder Verfahren,
- Angaben zu Nebenangeboten z. B.:
  - Begründung der Notwendigkeit für Ausschluss/Eingrenzung,
  - Begründung für fehlende Nennung von Mindestanforderungen
- Angaben zu Wertungskriterien; Begründung für ein Abweichen von den Vorgaben,
- Angaben zu den Selbstkosten der Vergabeunterlagen und den Kosten für die postalische Versendung; Begründung für ein Abweichen von den Vorgaben,
- Angabe, wann und wo die Bekanntmachung der Baumaßnahme veröffentlicht werden soll.

6082 2. Bis zur Öffnung der Angebote:
6083 Besonderheiten bei Öffentlicher Ausschreibung/Offenem Verfahren:
- Name und Anschrift der Bewerber,
- Absendedatum der Angebotsunterlagen und zusätzlichen Unterlagen (Anforderungsliste mit Absendedatum),
- Gründe für den Ausschluss von Bewerbern (Gesonderte Liste mit Namen und Anschrift).

6084 Besonderheiten bei Verfahren mit Teilnahmewettbewerb:
- Auswahl und Festlegung der vorzulegenden Auskünfte/Erklärungen/Nachweise
- Auswahl und Festlegung der Auswahlkriterien
- Ergebnis der Prüfung und Wertung der eingereichten Unterlagen auf Vollständigkeit
- Ergebnis der Prüfung und Wertung auf Zuverlässigkeit
- Angaben zur Wichtung der Auswahlkriterien
- Ergebnis des Auswahlverfahrens und Festlegung der zur Angebotsabgabe aufzufordernden Bewerber.

6085 Besonderheiten bei Beschränkter Ausschreibung/Freihändiger Vergabe/Verhandlungsverfahren ohne öffentliche Vergabebekanntmachung:
- Name und Anschrift der Bewerber,
- Auswahl der Bewerber (Begründung; Festlegung durch wen),
- Gründe für ein Abweichen von § 8 Nr. 2 (2),
- Absendedatum der Angebots- und zusätzlichen Unterlagen.

6086 Für alle Vergabeverfahren:
- Angaben zur erfolgten Bekanntmachung (wann, wo),
- Anfragen/Hinweise von Bewerbern zu den Vergabeunterlagen (Behandlung der Anfragen/Hinweise, Konsequenzen, Information aller Bewerber),
- Angaben über Bewerber, die Einsicht in die nicht mitversandten Unterlagen genommen haben (Name des Bewerbers, Datum, Uhrzeit, Auskunft erteilende Person),
- Angaben zu Nachprüfungsverfahren,
- Angaben zu Anlagen des Vergabevermerks.

6087 3. Bis zur Auftragserteilung:
- Eröffnung der Angebote:
  - Niederschrift der Angebotseröffnung,
  - Erste Durchsicht,
- formale Prüfung der Angebote,
- rechnerische Prüfung der Hauptangebote und Nebenangebote,

- Feststellungen, Konsequenzen aus der formalen und rechnerischen Prüfung,
- Feststellungen und Festlegungen der Prüfung und Wertung auf Mischkalkulation
- Prüfung und Wertung der Eignung der Bieter (Feststellungen, Konsequenzen),
- Information der ausgeschlossenen Bieter bzw. der nicht in die engere Wahl kommenden Bieter,
- Prüfung und Wertung der Angebote der engeren Wahl:
  - Feststellungen aufgrund der technischen und wirtschaftlichen Prüfung,
  - Feststellungen aufgrund der Aufklärung des Angebotsinhalts,
  - Ergebnisse der Prüfung und Wertung von Wahlpositionen, Nachlässen, Preisvorbehalten, Angebote gemäß § 21 Nr. 2 VOB/A,
- Ergebnisse der Prüfung und Wertung von Nebenangeboten:
  - Feststellen der formalen Voraussetzungen,
  - Feststellungen und Folgerungen aus
    - formaler Prüfung
    - rechnerischer Prüfung (Preisvorteil)
    - Einhaltung der vorgegebenen Mindestanforderungen
    - Prüfung der Gleichwertigkeit bzw. Brauchbarkeit (Begründung der Vor- und Nachteile)
    - der Aufklärung des Angebotsinhalts
- Ergebnis der Prüfung und Wertung der Angemessenheit der Preise,
- Ergebnisse der Prüfung und Wertung der Angebote hinsichtlich Spekulation,
- Ermittlung der Wertungssummen,
- Bevorzugteneigenschaften,
- Ergebnis der Angebotswertung und Auswahl des wirtschaftlichsten Angebots (Vergabevorschlag),
- Ermittlung der Auftragssumme,
- Gründe für die Verlängerung der Zuschlags- und Bindefrist,
- Feststellungen und Folgerungen aus der Verlängerung der Zuschlags- und Bindefrist,
- ggf. Angaben zu Nachprüfungsverfahren,
- Zustimmung/Beteiligungen vorgesetzter Stellen,
- haushaltsmäßige bzw. rechtliche Voraussetzungen für die vorgesehene Vergabe,
- Zustimmung des BMVBS, Vergabeentscheid,
- Information der Bieter bei EG-Vergaben:
  - Absendetag der Information,
  - frühester Termin für Zuschlagserteilung (Nach Ablauf von 14 Kalendertagen nach dem Tag der Absendung),
- ggf. Ergebnis des Nachprüfungsverfahrens,
- ggf. Angaben zur Aufhebung der Ausschreibung bzw. Beendigung des Vergabeverfahrens,
- Angaben zu den Anlagen des Vergabevermerks (Ergänzung der bisherigen Anlagen), z.B. Niederschrift über die Angebotseröffnung, Bieterliste, Preisspiegel, Zusammenstellung der Nebenangebote, Vermerke/Schreiben über Aufklärungsgespräche.

4. Nach Auftragserteilung bzw. Aufhebung/Beendigung des Vergabeverfahrens: **6088**
   - Zuschlagserteilung:
     - mündlich (Datum, Namen),
     - schriftlich (Datum, Aktenzeichen),
   - Absageschreiben,
   - Informationspflicht des Auftraggebers (§ 27, § 27a VOB/A),

- Vergabebericht (BMVBS),
- Vergabemeldung (MELVER),
- Mitteilung an EG-Amtsblatt,
- nach Aufhebung/Beendigung des Vergabeverfahrens:
  - Benachrichtigung der Bieter (§ 26, § 26a VOB/A),
  - Mitteilung an EG-Amtsblatt (§ 26a Nr. 3 VOB/A),
- Sonstiges (Besondere Vorkommnisse, z. B. Einschaltung des Kartellamtes, der Staatsanwaltschaft, der Arbeitsverwaltung),
- Angaben zu den Anlagen des Vergabevermerkes (ggf. Ergänzungen aufführen).

120. § 30a VOB/A – Vergabevermerk

Über die Vergabe ist zeitnah ein Vermerk zu fertigen, der die einzelnen Stufen des Verfahrens, die maßgebenden Feststellungen sowie die Begründung der einzelnen Entscheidungen enthält. Dieser muss mindestens enthalten:

a) Name und Anschrift des Auftraggebers,

b) Art und Umfang der Leistung,

c) Wert des Auftrags,

d) Namen der berücksichtigten Bewerber oder Bieter und die Gründe für ihre Auswahl,

e) Namen der nicht berücksichtigten Bewerber oder Bieter und die Gründe für die Ablehnung,

f) Gründe für die Ablehnung von ungewöhnlich niedrigen Angeboten,

g) Name des Auftragnehmers und die Gründe für die Erteilung des Zuschlags auf sein Angebot,

h) Anteil der beabsichtigten Unteraufträge an Dritte, soweit bekannt,

i) beim Nichtoffenen Verfahren, Verhandlungsverfahren oder Wettbewerblichen Dialog die Gründe für die Wahl des jeweiligen Verfahrens,

j) gegebenenfalls die Gründe, aus denen der öffentliche Auftraggeber auf die Vergabe eines Auftrags verzichtet hat.

Der Auftraggeber trifft geeignete Maßnahmen, um den Ablauf der mit elektronischen Mitteln durchgeführten Vergabeverfahren zu dokumentieren.

120.1 Vergleichbare Regelungen

6089   Der Vorschrift des § 30a VOB/A vergleichbar sind im Bereich der VOB/A **§ 30a VOB/A**, im Bereich der VOF **§ 18 VOF** und im Bereich der VOL **§ 30 VOL/A**. Die Kommentierungen zu diesen Vorschriften können daher ergänzend zu der Kommentierung des § 30 herangezogen werden.

120.2 Änderungen in der VOB/A 2006

6090   Die Vorschrift des § 30a ist im Zuge der VOB/A 2006 **neu eingefügt** worden. **Art. 43 VKR** nennt detaillierte Mindestangaben für den Inhalt des Vergabevermerks, die in § 30a VOB/A übernommen wurden.

120.3 Bieterschützende Vorschrift

6091   Die **Vorschriften über die Dokumentationspflicht** und das Transparenzgebot **haben bieterschützenden Charakter** (vgl. im Einzelnen die Kommentierung zu § 30 VOB/A RZ 6068).

120.4 Inhalt

Zum Inhalt der in § 30a VOB/A zum Ausdruck kommenden Dokumentationspflicht vgl. die Kommentierung zu § 97 GWB RZ 198. 6092

121. § 31 VOB/A – Nachprüfungsstellen

In der Bekanntmachung und den Vergabeunterlagen sind die Nachprüfungsstellen mit Anschrift anzugeben, an die sich der Bewerber oder Bieter zur Nachprüfung behaupteter Verstöße gegen die Vergabebestimmungen wenden kann.

121.1 Vergleichbare Regelungen

Der **Vorschrift des § 31 VOB/A vergleichbar** ist grundsätzlich im Bereich der VOB **§§ 31a, 31b VOB/A,** im Bereich der VOF **§ 21 VOF** und im Bereich der VOL **§§ 32a, 32b VOL/A.** Die Kommentierungen zu diesen Vorschriften können daher ergänzend zu der Kommentierung des § 31 herangezogen werden. 6093

121.2 Änderungen in der VOB/A 2006

Die Vorschrift des § 31 ist im Zuge der VOB/A 2006 **nicht geändert** worden. 6094

121.3 Anwendungsbereich

§ 31 verpflichtet den Auftraggeber, bei Ausschreibungen unterhalb der Schwellenwerte die Stelle anzugeben, an die sich der Bewerber oder Bieter zur Nachprüfung behaupteter Verstöße gegen die Vergabebestimmungen wenden kann. 6095

121.4 Nachprüfungsstellen

Zuständige Nachprüfungsstellen sind die **Fach- und Rechtsaufsichtsbehörden.** 6096

121.5 Konkrete Angabe

Die Nachprüfungsstellen sind **so konkret anzugeben, dass sich die Bieter ohne eigenen Nachforschungsaufwand an sie wenden können.** Mindestens notwendig ist die Angabe des Behördennamens, des Ortes, der Straße und der Telefonnummer. 6097

121.6 Bindung der Vergabestelle an Anordnungen der Aufsichtsbehörde

Öffentliche Auftraggeber unterliegen stets der Rechts- und Fachaufsicht der nächst höheren Behörde (sofern es eine solche Behörde gibt). Die **Aufsichtsbehörde wird dabei von Amts wegen tätig,** wenn sie Kenntnis von Anhaltspunkten erhält, die einen Verstoß gegen vergaberechtliche Vorschriften begründen können. Erlangt die Fachaufsichtsbehörde die gesicherte Erkenntnis, dass zur Aufrechterhaltung der Rechtmäßigkeit des Vergabeverfahrens Anordnungen gegenüber der Vergabestelle zu erlassen sind, kann sie die **fehlerhaften Verfahrensteile durch bindende Anordnungen gegenüber der nachgeordneten Behörde korrigieren** (2. VK Bund, B. v. 10. 12. 2003 – Az.: VK 1-116/03). 6098

121.7 Hinweis

Zu weiteren Einzelheiten vgl. die Kommentierung zu § 102 GWB RZ 1465. 6099

121.8 Richtlinie des VHB 2002

In der Bekanntmachung nach § 17 VOB/A und in der Aufforderung zur Abgabe eines Angebots EVM (B/L) A – 211/231 ist die im jeweiligen Falle zuständige Nachprüfungsstelle (allgemeine Fach- und Rechtsaufsicht) mit Anschrift zu benennen. 6100

121.9 Regelung des HVA B-StB 03/2006

6101   Bei allen Ausschreibungen ist die Adresse der Nachprüfungsstelle (allgemeine Fach- und Rechtsaufsicht) anzugeben. Bei Vergabe ab den EG-Schwellenwerten sowie bei allen übrigen Losvergaben innerhalb des 20 v. H.-Kontingents einer Baumaßnahme mit einem geschätzten Gesamtwert ab den in § 2 Nr. 4 der Vergabeverordnung angegebenen Wert ist daneben die Adresse der Vergabekammer anzugeben. Die gilt auch für die Benennung der Vergabeprüfstelle, wenn in einem Bundesland für Vergaben ab den EG-Schwellenwerten eine solche Stelle eingerichtet worden ist (Ziffer 1.1 Nr. 8).

122. § 31a VOB/A – Nachprüfungsbehörden

In der Vergabebekanntmachung und den Vergabeunterlagen sind die Nachprüfungsbehörden mit Anschrift anzugeben, an die sich der Bewerber oder Bieter zur Nachprüfung behaupteter Verstöße gegen die Vergabebestimmungen wenden kann.

122.1 Vergleichbare Regelungen

6102   Der **Vorschrift des § 31a VOB/A vergleichbar** sind grundsätzlich im Bereich der VOB §§ 31, 31b VOB/A, im Bereich der VOF § 21 VOF und im Bereich der VOL §§ 32a, 32b VOL/A. Die Kommentierungen zu diesen Vorschriften können daher ergänzend zu der Kommentierung des § 31a herangezogen werden.

122.2 Änderungen in der VOB/A 2006

6103   Die Vorschrift des § 31a ist im Zuge der VOB/A 2006 **nicht geändert** worden.

122.3 Anwendungsbereich

6104   § 31a verpflichtet den Auftraggeber, bei **Ausschreibungen ab den Schwellenwerten** die Nachprüfungsbehörden mit Anschrift anzugeben, an die sich der Bewerber oder Bieter zur Nachprüfung behaupteter Verstöße gegen die Vergabebestimmungen wenden kann.

122.4 Aufbau der Nachprüfungsbehörden

6105   Die Nachprüfungsbehörden im Sinne von § 31a VOB/A sind geregelt in den §§ 102ff. GWB. **Zu unterscheiden** sind:
– die **Vergabeprüfstellen,**
– die **Vergabekammern** und
– die **Vergabesenate.**

122.4.1 Vergabeprüfstellen (§ 103 GWB)

6106   Zu den Einzelheiten, insbesondere den Adressen der Vergabeprüfstellen, vgl. die Kommentierung zu § 103 GWB RZ 1504.

122.4.2 Vergabekammern (§ 104 GWB)

6107   Zu den Einzelheiten, insbesondere den Adressen der Vergabekammern, vgl. die Kommentierung zu § 104 GWB RZ 1516.

6108   Die Vergabekammern müssen **zwingend** gemäß § 31a VOB/A **genannt** werden.

122.4.3 Vergabesenate (§ 116 Abs. 3 GWB)

6109   Zu den Einzelheiten vgl. die Kommentierung zu § 116 GWB RZ 2534.

122.5 Konkrete Angabe

Die Nachprüfungsbehörden sind **so konkret anzugeben, dass sich die Bieter ohne eigenen Nachforschungsaufwand an sie wenden können**. Mindestens notwendig ist die Angabe des Behördennamens, des Ortes, der Straße und der Telefonnummer. 6110

122.6 Nachprüfungsbehörden bei der Ausschreibung von Losen von Bau- bzw. Lieferaufträgen

Vgl. dazu im Einzelnen die Kommentierung zu § 2 VgV RZ 3126 ff. 6111

122.7 Fehler bei der Nennung der Nachprüfungsbehörde

122.7.1 Verspätete Bekanntgabe der Anschrift der zuständigen Vergabekammer

Eine **verspätete Bekanntgabe** der Anschrift der zuständigen Vergabestelle führt **nicht zur Unwirksamkeit** der Vergabeentscheidung, da dem **Bewerber die Nachfrage zumutbar** ist (OLG Rostock, B. v. 16. 5. 2001 – Az.: 17 W 1/01, 17 W 2/01). 6112

122.7.2 Kausalität zwischen einer fehlerhaften Bekanntgabe und einem eventuellen Schaden

Trifft es zu, dass der öffentliche Auftraggeber in der Bekanntmachung der Vorinformation zur Auftragsvergabe nicht die für das Nachprüfungsverfahren zuständige Vergabekammer genannt hat und dieses Versäumnis auch nicht durch einen entsprechenden Hinweis in den Ausschreibungsunterlagen geheilt hat, kann ein **Antragsteller im Nachprüfungsverfahren jedoch nicht geltend machen, dass ihnen durch diesen Vergaberechtsverstoß ein Schaden entstanden ist,** da die **Vergabekammer auf Antrag des Antragstellers das Nachprüfungsverfahren eingeleitet hat** (VK Südbayern, B. v. 26. 11. 2002 – Az.: 46-11/02). 6113

122.8 Richtlinie des VHB 2002

In der Bekanntmachung nach § 17a VOB/A und in der Aufforderung zur Abgabe eines Angebots EVM (B/L) A – 211/231 bzw. EVM (B/L) A EG – 211 EG/231 EG sind die im jeweiligen Falle zuständigen Nachprüfungsbehörden zu benennen: 6114

– Vergabekammer und
– Vergabeprüfstelle, soweit eingerichtet,

gemäß § 17 VgV.

Unbeschadet davon verbleiben die Prüfungsmöglichkeiten der allgemeinen Fach- und Rechtsaufsicht (§ 31 VOB/A). 6115

Die Vergabekammer ist bei allen Offenen Verfahren, Nichtoffenen Verfahren und Verhandlungsverfahren zu benennen. Die Benennung hat auch bei Öffentlichen Ausschreibungen, Beschränkten Ausschreibungen und Freihändigen Vergaben von Bauaufträgen zu erfolgen, bei denen nach § 1a Nr. 1 Abs. 2 2. Spiegelstrich die a-Paragraphen des Abschnittes 2 der VOB/A nicht angewendet werden müssen (so genanntes 20 v. H.-Kontingent). 6116

123. § 31b VOB/A – Nachprüfungsbehörden

In der Vergabebekanntmachung und den Vergabeunterlagen sind die Nachprüfungsbehörden mit Anschrift anzugeben, an die sich der Bewerber oder Bieter zur Nachprüfung behaupteter Verstöße gegen die Vergabebestimmungen wenden kann.

123.1 Vergleichbare Regelungen

Der **Vorschrift des § 31b VOB/A vergleichbar** sind grundsätzlich im Bereich der VOB §§ 31, 31a VOB/A, im Bereich der VOF § 21 VOF und im Bereich der VOL §§ 32a, 32b 6117

Teil 3 VOB/A § 32   Vergabe- und Vertragsordnung für Bauleistungen Teil A

VOL/A. Die Kommentierungen zu diesen Vorschriften können daher ergänzend zu der Kommentierung des § 31 b herangezogen werden.

123.2 Änderungen in der VOB/A 2006

6118   Die Vorschrift des § 31 b ist im Zuge der VOB/A 2006 **nicht geändert** worden.

123.3 Hinweis

6119   § 31 b entspricht von seinem Wortlaut § 31 a VOB/A, so dass ich auf die Kommentierung zu § 31 a VOB/A verweise.

124. § 32 VOB/A – Baukonzessionen

1. **Baukonzessionen sind Bauaufträge zwischen einem Auftraggeber und einem Unternehmer (Baukonzessionär), bei denen die Gegenleistung für die Bauarbeiten statt in einer Vergütung in dem Recht auf Nutzung der baulichen Anlage, gegebenenfalls zuzüglich der Zahlung eines Preises, besteht.**
2. **Für die Vergabe von Baukonzessionen sind die §§ 1 bis 31 sinngemäß anzuwenden.**

124.1 Vergleichbare Regelungen

6120   Der **Vorschrift des § 32 VOB/A vergleichbar** sind im Bereich der VOB **§ 32 a VOB/A**, im Bereich des GWB **§ 98 Nr. 6 GWB** und im Bereich der VgV **§ 6 Satz 2 VgV**. Die Kommentierungen zu diesen Vorschriften können daher ergänzend zu der Kommentierung des § 32 herangezogen werden.

124.2 Änderungen in der VOB/A 2006

6121   Die Vorschrift des § 32 ist im Zuge der VOB/A 2006 **nicht geändert** worden.

124.3 Hinweis

6122   Zum Begriff der Baukonzession und zur grundsätzlichen Anwendung des Vergaberechts vgl. die Kommentierung zu § 99 GWB RZ 1131.

124.4 Ausschreibung und Vergabe der Baukonzession (§ 32 Nr. 2)

124.4.1 Grundsatz

6123   Für die Vergabe von Baukonzessionen sind die **§§ 1 bis 31 sinngemäß anzuwenden.** Der öffentliche Auftraggeber als Konzessionsgeber ist also **zur Ausschreibung der Baukonzession verpflichtet;** der Baukonzessionsvertrag wird dann mit dem Baukonzessionär geschlossen.

124.4.2 Beispiele aus der Rechtsprechung

6124   – die Baukoordinierungsrichtlinie 93/37 steht nicht einer nationalen Regelung entgegen, die es untersagt, die **Zusammensetzung einer Bietergemeinschaft, die an einem Verfahren zur Vergabe eines öffentlichen Bauauftrags oder zur Erteilung einer öffentlichen Baukonzession teilnimmt, nach Abgabe der Angebote zu ändern;** der Auftraggeber kann also eine solche nachträgliche Bietergemeinschaft ausschließen (Europäischer Gerichtshof, Urteil vom 23. 1. 2003 – Az.: C-57/01; OLG Düsseldorf, B. v. 24. 5. 2005 – Az.: VII – Verg 28/05)

– bei einer **Ausschreibung einer Baukonzession im Verhandlungsverfahren nach öffentlicher Bekanntmachung** ist der öffentliche Auftraggeber verpflichtet, gemäß § 8 Nr. 4 VOB/A, der bei Baukonzessionen entsprechend anzuwenden ist, die **Eignungsprüfung**, also

Vergabe- und Vertragsordnung für Bauleistungen Teil A VOB/A § 32a **Teil 3**

die Prüfung der Fachkunde, Leistungsfähigkeit und Zuverlässigkeit eines Bewerbers, **bereits nach Eingang des Teilnahmeantrages durchzuführen** (VK Lüneburg, B. v. 14. 1. 2002 – Az.: 203-VgK-22/2001)

- dem Auftraggeber obliegt nach § 9 **Nr. 1 VOB/A** die Pflicht, die Leistung eindeutig und so erschöpfend zu beschreiben, dass alle Bewerber die Beschreibung im gleichen Sinne verstehen müssen, da ansonsten die Gefahr des Eingehens nicht vergleichbarer Angebote besteht. Dieser **Grundsatz gilt auch für alle Vergabearten und nach §§ 32, 32 a VOB/A auch für Baukonzessionen** (Brandenburgisches OLG, B. v. 3. 8. 1999 – Az.: 6 Verg 1/99)
- die **Informationspflichten des § 27 VOB/A bzw. § 13 VgV gelten auch für die Vergabe von Baukonzessionen** (im Ergebnis BayObLG, B. v. 19. 12. 2000 – Az.: Verg 7/00)
- **§ 30 VOB/A, der gem. §§ 32, 32 a VOB/A auch bei der Vergabe von Baukonzessionen entsprechend anzuwenden ist,** verpflichtet den Auftraggeber, einen Vergabevermerk zu fertigen, der „die einzelnen Stufen des Verfahrens, die maßgeblichen Feststellungen sowie die Begründungen der einzelnen Entscheidungen enthält" (VK Lüneburg, B. v. 14. 1. 2002 – Az.: 203-VgK-22/2001)

124.5 Literatur

– Horn, Lutz, Vergaberechtliche Rahmenbedingungen bei Verkehrsinfrastrukturprojekten im Fernstraßenbau, ZfBR 2004, 665   **6125**

125. § 32 a VOB/A – Baukonzessionen

1. (1) **Für die Vergabe von Baukonzessionen mit mindestens einem geschätzten Gesamtauftragswert nach § 2 Nr. 4 VgV ohne Umsatzsteuer sind die a-Paragraphen nicht anzuwenden, ausgenommen die Regelungen nach den Absätzen 2 bis 4.**

   (2) **Die Absicht eines öffentlichen Auftraggebers, eine Baukonzession zu vergeben, ist bekannt zu machen. Die Bekanntmachung hat nach Anhang X der Verordnung (EG) Nr. 1564/2005 zu erfolgen. Sie ist im Amtsblatt für amtliche Veröffentlichungen der Europäischen Gemeinschaften unverzüglich zu veröffentlichen.**

   (3) **§ 17 a Nr. 2 gilt entsprechend.**

   (4) **Die Frist für den Eingang von Bewerbungen für die Konzession beträgt mindestens 52 Kalendertage, gerechnet vom Tag nach Absendung der Bekanntmachung.**

2. (1) **Die Absicht eines Baukonzessionärs, Bauaufträge an Dritte zu vergeben, ist bekannt zu machen. Die Bekanntmachung hat nach Anhang XI der Verordnung (EG) Nr. 1564/2005 zu erfolgen. Sie ist im Amtsblatt der Europäischen Gemeinschaften unverzüglich zu veröffentlichen.**

   (2) **§ 17 a Nr. 2 gilt entsprechend.**

   (3) **Die Frist für den Eingang der Anträge auf Teilnahme beträgt mindestens 37 Kalendertage, gerechnet vom Tag nach Absendung der Bekanntmachung. Die Frist für den Eingang der Angebote beträgt mindestens 40 Kalendertage, gerechnet vom Tag der Absendung der Aufforderung zur Angebotsabgabe.**

3. **Baukonzessionäre, die öffentliche Auftraggeber sind, müssen bei der Vergabe von Bauaufträgen an Dritte mit mindestens einem geschätzten Gesamtauftragswert nach § 2 Nr. 4 VgV ohne Umsatzsteuer die Basisparagraphen mit a-Paragraphen anwenden.**

125.1 Vergleichbare Regelungen

Der **Vorschrift des § 32 a VOB/A vergleichbar** sind im Bereich der VOB **§§ 32, 32 b VOB/A,** im Bereich des GWB **§ 98 Nr. 6 GWB** und im Bereich der VgV **§ 6 Satz 2 VgV.** Die Kommentierungen zu diesen Vorschriften können daher ergänzend zu der Kommentierung des § 32 a herangezogen werden.   **6126**

125.2 Änderungen in der VOB/A 2006

6127 In § 32a Nr. 1 Abs. 2, Nr. 2 Abs. 1 sind die Bezugnahmen hinsichtlich der Bekanntmachungsmuster aus Anhang X und Anhang XI der Verordnung (EG) Nr. 1564/2005 aktualisiert.

6128 In § 32a Nr. 1 Abs. 1, Nr. 3 wird zur **Bestimmung des sachlichen Anwendungsbereiches** nicht mehr auf die in der Vergabeverordnung (VgV) enthaltenen Euro-Beträge abgestellt, sondern auf die **jeweiligen Bestimmungen der VgV selbst**.

125.3 Hinweis

6129 Zum Begriff der Baukonzession und zur grundsätzlichen Anwendung des Vergaberechts vgl. die Kommentierung zu § 99 GWB RZ 1131.

125.4 Ausschreibung und Vergabe der Baukonzession (§ 32a Nr. 1)

125.4.1 Grundsatz

6130 Bei der Ausschreibung und Vergabe von Baukonzessionen ab den Schwellenwerten sind **nicht alle a-Paragraphen, sondern nur die in § 32a Nr. 1 Abs. 1–4 genannten Regelungen** zu beachten. Dies sind:
– die Bekanntmachung und
– die Bewerbungsfrist.

6131 Ansonsten sind auch für die Ausschreibung und Vergabe von Baukonzessionen ab den Schwellenwerten die **§§ 1 bis 31 sinngemäß anzuwenden**. Der öffentliche Auftraggeber als Konzessionsgeber ist also **zur Ausschreibung der Baukonzession verpflichtet**; der Baukonzessionsvertrag wird dann mit dem Baukonzessionär geschlossen.

125.4.2 Beispiele aus der Rechtsprechung

6132 Vgl. insoweit die Kommentierung zu § 32 VOB/A RZ 6124.

125.5 Ausschreibung und Vergabe von Bauaufträgen des Konzessionärs an Dritte (§ 32a Nr. 2, Nr. 3)

125.5.1 Private Konzessionäre (§ 32a Nr. 2)

6133 Nach § 98 Nr. 6 GWB sind alle natürliche oder juristische Personen des privaten Rechts, die mit Stellen, die unter Nr. 1–3 fallen, einen Baukonzessionsvertrag abgeschlossen haben, öffentliche Auftraggeber. Diese Auftraggeber haben nach § 6 Satz 1 VgV bei der Vergabe von Bauaufträgen und Baukonzessionen die Bestimmungen des 2. Abschnittes des Teiles A der Vergabe- und Vertragsordnung für Bauleistungen (VOB/A) anzuwenden; für Baukonzessionäre gilt dies nach § 6 Satz 2 VgV allerdings nur hinsichtlich der Bestimmungen, die auf diese Auftraggeber Bezug nehmen, also § 32a Nr. 2. **Private Konzessionäre haben also bei der Vergabe von Aufträgen an Dritte nur die Regelungen des § 32a Nr. 2 zu beachten.**

125.5.2 Begriff des „Dritten"

6134 Nach dem Vergaberecht gelten **Unternehmen, die sich zusammengeschlossen haben, um eine Baukonzession zu erhalten, sowie mit den betreffenden Unternehmen verbundene Unternehmen nicht als Dritte** im Sinn von § 32a Nr. 2 VOB/A (OLG Naumburg, B. v. 1. 9. 2004 – Az.: 1 Verg 11/04).

125.5.3 Öffentlich-rechtliche Konzessionäre (§ 32a Nr. 3)

6135 **Baukonzessionäre, die nach anderen Vorschriften als § 98 Nr. 6 GWB öffentliche Auftraggeber** sind, müssen bei der Vergabe von Bauaufträgen an Dritte mit einem geschätzten Gesamtauftragswert von mindestens 5 Mio. € die Basisparagraphen mit a-Paragraphen anwenden.

125.6 Literatur

– Horn, Lutz, Vergaberechtliche Rahmenbedingungen bei Verkehrsinfrastrukturprojekten im Fernstraßenbau, ZfBR 2004, 665   6136

126. § 32 b VOB/A – Baukonzessionen

§ 32 gilt nicht für Baukonzessionen, die von Sektorenauftraggebern vergeben werden.

126.1 Vergleichbare Regelungen

Der **Vorschrift des § 32 b VOB/A vergleichbar** sind im Bereich der VOB §§ 32, 32 a VOB/A, im Bereich des GWB **§ 98 Nr. 6 GWB** und im Bereich der VgV **§ 6 Satz 2 VgV**. Die Kommentierungen zu diesen Vorschriften können daher ergänzend zu der Kommentierung des § 32 a herangezogen werden.   6137

126.2 Änderungen in der VOB/A 2006

§ 32 b ist im Zuge der VOB/A 2006 **neu eingefügt** worden.   6138

126.3 Regelungsinhalt

§ 32 b nimmt die **Baukonzessionen, die von Sektorenauftraggebern** vergeben werden, vom Anwendungsbereich des § 32 aus.   6139

127. § 33 a VOB/A – Melde- und Berichtspflichten

1. Auf Verlangen der Kommission der Europäischen Gemeinschaften ist der Vergabevermerk zu übermitteln.
2. Für die jährlich fällige EG-Statistik ist der zuständigen Stelle eine Meldung vorzulegen, die mindestens folgende Angaben enthält:
    a) bei den Ministerien des Bundes
    1. für jeden einzelnen öffentlichen Auftraggeber den geschätzten Gesamtwert der Aufträge unterhalb der Schwellenwerte;
    2. für jeden einzelnen öffentlichen Auftraggeber Anzahl und Wert der Aufträge über den Schwellenwerten, so weit wie möglich aufgeschlüsselt nach Verfahren, Kategorien von Bauarbeiten entsprechend der geltenden EG-Nomenklatur und Nationalität des Unternehmens, das den Zuschlag erhalten hat, bei Verhandlungsverfahren aufgeschlüsselt nach § 3 a Nr. 4 und 5, mit Angaben über Anzahl und Wert der Aufträge, die in die einzelnen Mitgliedstaaten und in Drittländer vergeben wurden;
    b) bei den anderen öffentlichen Auftraggebern im Sinne des § 98 des Gesetzes gegen Wettbewerbsbeschränkungen Angaben für jede Kategorie von Auftraggebern über Anzahl und Wert der Aufträge über den Schwellenwerten, so weit wie möglich aufgeschlüsselt nach Verfahren, Kategorien von Bauarbeiten entsprechend der geltenden EG-Nomenklatur und Nationalität des Unternehmens, das den Zuschlag erhalten hat, bei Verhandlungsverfahren aufgeschlüsselt nach § 3 a Nr. 4 und 5 mit Angaben über Anzahl und Wert der Aufträge, die in die einzelnen Mitgliedstaaten und in Drittländer vergeben wurden;
    c) bei den vorstehend unter Buchstabe a aufgeführten öffentlichen Auftraggebern Angaben für jeden Auftraggeber über Anzahl und Gesamtwert der Aufträge,

Teil 3 VOB/A § 33b Vergabe- und Vertragsordnung für Bauleistungen Teil A

die aufgrund von Ausnahmeregelungen zum Beschaffungsübereinkommen vergeben wurden; bei den anderen öffentlichen Auftraggebern im Sinne des § 98 des Gesetzes gegen Wettbewerbsbeschränkungen Angaben für jede Kategorie von Auftraggebern über den Gesamtwert der Aufträge, die aufgrund von Ausnahmeregelungen zum Beschaffungsübereinkommen vergeben wurden.

127.1 Vergleichbare Regelungen

6140   Der **Vorschrift des § 33a VOB/A** vergleichbar sind im Bereich der VOB **§ 33b VOB/A**, im Bereich der VOF **§ 19 VOF** und im Bereich der VOL **§§ 30a, 30b VOL/A**. Die Kommentierungen zu diesen Vorschriften können daher ergänzend zu der Kommentierung des § 33a herangezogen werden.

127.2 Änderungen in der VOB/A 2006

6141   Die Vorschrift des § 33a ist im Zuge der VOB/A 2006 **nicht geändert** worden.

127.3 Richtlinie des VHB 2002

6142   Auf Verlangen der Kommission der Europäischen Gemeinschaften ist der Vergabevermerk bzw. sein wesentlicher Inhalt zu übermitteln (Ziffer 1).

6143   Die Aufsicht führende Ebene hat für ihren Bereich die Daten für die jährlich zum 1.3. des Folgejahres fällige EG-Statistik nach den Bezeichnungen des Gemeinsamen Vokabulars für das Öffentliche Auftragswesen (Common Procurement Vocabulary – CPV) aufgegliedert, mit den Formblättern 501.EG 1-501.EG 6 und 501.EG 8-501.EG 10, zu erstellen und auf dem Dienstweg dem Bundesministerium für Verkehr, Bau und Stadtentwicklung, Berlin, vorzulegen.

6144   Das CPV wird vom Bundesminister für Wirtschaft und Technologie im Bundesanzeiger bekannt gegeben. Das CPV kann außerdem im Internet unter der Adresse http://simap.eu.int eingesehen werden (Ziffer 2).

127.4 Bedeutung in der Rechtsprechung

6145   § 33a spielt in der **Rechtsprechung keine Rolle.**

128. § 33b VOB/A – Aufbewahrungs- und Berichtspflichten

1. (1) Sachdienliche Unterlagen über jede Auftragsvergabe sind aufzubewahren, die es zu einem späteren Zeitpunkt ermöglichen, die Entscheidungen zu begründen über

   a) die Prüfung und Auswahl der Unternehmer und die Auftragsvergabe,

   b) den Rückgriff auf Verfahren ohne vorherigen Aufruf zum Wettbewerb gemäß § 3b Nr. 2,

   c) die Inanspruchnahme vorgesehener Abweichungsmöglichkeiten von der Anwendungsverpflichtung.

   d) Der Auftraggeber trifft geeignete Maßnahmen, um den Ablauf der mit elektronischen Mitteln durchgeführten Vergabeverfahren zu dokumentieren.

   (2) Die Unterlagen müssen mindestens vier Jahre lang ab der Auftragsvergabe aufbewahrt werden, damit der Auftraggeber der Kommission der Europäischen Gemeinschaften in dieser Zeit auf Anfrage die erforderlichen Auskünfte erteilen kann.

2. Die Sektorenauftraggeber übermitteln der Bundesregierung entsprechend deren Vorgaben jährlich eine statistische Aufstellung über den Gesamtwert der vergebenen Aufträge, die unterhalb der Schwellenwerte liegen und die jedoch ohne eine Schwellenwertbegrenzung diesen Regelungen unterliegen würden.

Vergabe- und Vertragsordnung für Bauleistungen Teil A   VOB/A § 33b **Teil 3**

3. Die Auftraggeber in den Bereichen der Trinkwasser- und Elektrizitätsversorgung, des Stadtbahn-, Straßenbahn-, O-Bus- oder Omnibusverkehrs, der Flughafeneinrichtungen und des See- oder Binnenhafenverkehrs oder anderer Verkehrsendpunkte teilen der Bundesregierung entsprechend deren Vorgaben jährlich den Gesamtwert der Aufträge mit, die im Vorjahr vergeben worden sind. Diese Meldepflicht gilt nicht, wenn der Auftraggeber im Berichtszeitraum keinen Auftrag über dem in § 1 b Nr. 1 genannten Schwellenwert zu vergeben hatte.

4. Die Auftraggeber übermitteln die Angaben nach den Nummern 2 und 3 spätestens bis zum 31. August jeden Jahres für das Vorjahr an das Bundesministerium für Wirtschaft und Technologie.

128.1 Vergleichbare Regelungen

Der **Vorschrift des § 33 b VOB/A vergleichbar** sind im Bereich der VOB **§ 33 a**   6146
VOB/A, im Bereich der VOF **§ 19 VOF** und im Bereich der VOL **§§ 30 a, 30 b VOL/A.**
Die Kommentierungen zu diesen Vorschriften können daher ergänzend zu der Kommentierung des § 33 b herangezogen werden.

128.2 Änderungen in der VOB/A 2006

Die Vorschrift des § 33 b ist im Zuge der VOB/A 2006 **redaktionell ergänzt und neu ge-**   6147
fasst worden.

128.3 Bedeutung in der Rechtsprechung

§ 33 b spielt in der **Rechtsprechung keine Rolle.**   6148

129. Einführung

129.1 Allgemeines

Die Verdingungsordnung für Leistungen – ausgenommen Bauleistungen – (VOL) ist neben   6149
der Vergabe- und Vertragsordnung für Bauleistungen (VOB) und der Verdingungsordnung für freiberufliche Leistungen (VOF) die dritte große Säule innerhalb der Verdingungsordnungen.

129.2 Aktuelle Fassung

129.2.1 VOL/A

Im Zuge der Aktualisierung der Verdingungsordnungen wurde auch die VOL geändert. Die   6150
VOL/A 2006 vom 6. 4. 2006 wurde im **Bundesanzeiger Nr. 100 a vom 30. 5. 2006** bekannt gemacht; sie ist mit den Abschnitten 2–4 **am 1. 11. 2006 – bundesweit – in Kraft getreten.** Die Anwendbarkeit des 1. Abschnittes bestimmt sich nach der jeweiligen Einführungsregelung z.B. des Bundes bzw. der einzelnen Bundesländer. Das **Bundesministerium für Verkehr, Bau und Stadtentwicklung** etwa hat mit Erlass vom 30. 10. 2006 (Az.: B 15 – O 1095-524) geregelt, dass die ihm nachgeordneten Bauverwaltungen sowie die Bauverwaltungen der Länder, die Bauaufgaben für den Bund ausführen, die VOL/A 2006 – 1. Abschnitt – ab dem 1. 11. 2006 anwenden müssen.

Eine **Berichtigung der VOL/A** erfolgte im **Bundesanzeiger Nr. 109 vom 13. 6. 2006,**   6151
S. 4368.

129.2.2 VOL/B

Die VOL/B 2003 wurde im Bundesanzeiger Nr. 178 a vom 5. 8. 2003 bekannt gemacht.   6152

1129

Teil 3 VOB/A § 33b   Vergabe- und Vertragsordnung für Bauleistungen Teil A

129.3 Inhalt und Aufbau

6153 Die VOL regelt die Vergabe von Lieferaufträgen.

6154 Sie ist in zwei Teile gegliedert:
- **VOL Teil A:** **Allgemeine Bestimmungen für die Vergabe von Leistungen** (Verfahren von der Erstellung der Ausschreibungsunterlagen bis zur Vergabe bzw. Aufhebung der Ausschreibung)
- **VOL Teil B:** **Allgemeine Vertragsbedingungen für die Ausführung von Leistungen** (Verfahren der Abwicklung eines rechtsverbindlich abgeschlossenen Liefervertrages)

129.4 Fortschreibung

6155 Verantwortlich für die inhaltliche Fortschreibung der VOL ist der Deutsche Verdingungsausschuss für Leistungen (DVAL); die Geschäftsführung liegt beim Bundesministerium für Wirtschaft und Technologie.

129.5 Wesentliche Änderungen der VOL/A 2006

6156 Die VOL/A dient der **Umsetzung der EG-Richtlinie 2004/18/EG** des Europäischen Parlaments und des Rates vom 31. März 2004 über die Koordinierung der Verfahren zur Vergabe öffentlicher Bauaufträge, Lieferaufträge und Dienstleistungsaufträge (ABl. EU Nr. L 134 vom 30. April 2004) in der korrigierten Fassung vom 26. November 2004 (ABl. EU Nr. L 351 vom 26. November 2004) und der **EG-Richtlinie 2004/17/EG** des Europäischen Parlaments und des Rates vom 31. März 2004 zur Koordinierung der Zuschlagserteilung durch Auftraggeber im Bereich des Wasser-, Energie- und Verkehrsversorgung sowie der Postdienste (ABl. EU Nr. L 134 vom 30. April 2004) sowie der EG-Richtlinie 2005/51/EG der Kommission zur Änderung des Anhangs VIII der EG-Richtlinie 2004/18/EG und des Anhangs XX der EG-Richtlinie 2004/17/EG (ABl. EU Nr. L 257 vom 1. Oktober 2005), soweit erforderlich, **in deutsches Recht.**

6157 Eine **Umsetzung der optionalen Verfahren „elektronische Auktion" und „dynamisches Beschaffungssystem" ist nicht erfolgt.** Der DVAL ist der Auffassung, dass dies weiterer Diskussion bedarf und ggf. einer späteren Änderung vorbehalten bleiben sollte.

6158 Um das **Ziel der EG-Richtlinien,** eine **verstärkte Nutzung neuer Informations- und Kommunikationstechnologien zu unterstützen,** wurden neue Grundsätze der Informationsübermittlung, insbesondere die Möglichkeit für öffentliche Auftraggeber, die Kommunikationsmittel und die Verwendung fortgeschrittener elektronischer Signaturen bei der Angebotsabgabe zu wählen, in die Basisparagraphen aufgenommen. Gleichwohl werden aber auch oberhalb der EU-Schwellenwerte Anforderungen an die Datenintegrität und Vertraulichkeit der Teilnahmeanträge erhoben.

6159 Außerdem **entfallen die Anhänge über die Bekanntmachungsmuster;** stattdessen wird auf die **Muster der jeweiligen Anhänge der Verordnung (EG) Nr. 1564/2005** verwiesen (Bekanntmachung vom 31. Oktober 2005, BAnz. Nr. 228a vom 2. Dezember 2005).

129.6 Literatur

6160
- Lamm/Ley/Weckmüller-Staschik, VOL-Handbuch unter Berücksichtigung der europäischen Vergaberichtlinien, Verlagsgruppe Jehle-Rehm, München, 2003, 14. Ergänzungslieferung
- Leinemann, Ralf, Die Vergabe öffentlicher Aufträge, Carl Heymanns Verlag, 3. Auflage, 2004
- Reidt/Stickler/Glahs, Vergaberecht/Kommentar, Verlag Dr. Otto Schmidt, Köln, 2. Auflage, 2003
- Schaller, Hans, Verdingungsordnung für Leistungen (VOL) – Teile A und B, Kommentar, Verlag C.H. Beck, München, 3. Auflage, 2004
- Weyand, Rudolf, Leitfaden Gebäudereinigung, Ausschreibung, Angebotsabgabe und Vergabe von Gebäudereinigungsleistungen (Unterhalts- und Glasreinigung) öffentlicher Auftraggeber, 2. Auflage, 2006

Teil 4
Verdingungsordnung für Leistungen Teil A
(VOL/A)

Inhaltsverzeichnis

Die Angaben beziehen sich auf Seitenzahlen

130.	**§ 1 VOL/A – Leistungen**	1159
130.1	**Vergleichbare Regelungen**	1159
130.1.1	§ 99 Abs. 2 GWB	1159
130.1.2	§ 99 Abs. 3 GWB	1159
130.1.3	VOB/A, VOF	1159
130.2	**Änderungen in der VOL/A 2006**	1159
130.3	**Lieferungen und Leistungen**	1159
130.3.1	Allgemeines	1159
130.3.2	Anwendungsbereich der VOB/A bzw. der VOL/A (1. Ausnahmeregelung)	1160
130.3.2.1	Allgemeines	1160
130.3.2.2	Erläuternde Hinweise der VOL/A	1160
130.3.3	Freiberufliche Tätigkeiten unterhalb der Schwellenwerte (2. Ausnahmeregelung)	1160
130.3.3.1	Freiberufliche Tätigkeiten	1160
130.3.3.2	Beispiele aus der Rechtsprechung	1161
130.3.3.3	Leistungen im Wettbewerb mit freiberuflich Tätigen	1161
130.3.3.4	Schwellenwerte	1161
130.3.3.5	Bestimmungen der Haushaltsordnungen	1161
130.3.3.6	Erfassung aller freiberuflichen Leistungen unterhalb der Schwellenwerte	1161
130.3.3.7	Erläuternde Hinweise der VOL/A	1161
130.3.4	Anwendungsbereich der VOF bzw. der VOL/A (3. Ausnahmeregelung)	1162
130.3.4.1	Schwellenwerte	1162
130.3.4.2	Freiberufliche Tätigkeiten	1162
130.3.4.3	Leistungen im Wettbewerb mit freiberuflich Tätigen	1162
130.3.4.4	Nicht eindeutig und erschöpfend beschreibbare freiberufliche Leistungen	1162
130.3.4.5	Erläuternde Hinweise der VOL/A	1162
130.4	**Gemischte Verträge**	1163
131.	**§ 1 a VOL/A – Verpflichtung zur Anwendung der a-Paragrafen**	1163
131.1	**Vergleichbare Regelungen**	1163
131.2	**Änderungen in der VOL/A 2006**	1163
131.3	**Zusätzliche Anwendung der a-Paragrafen**	1163
131.4	**Auftraggeber**	1163
131.5	**Schwellenwert**	1163
131.6	**Aufträge, deren Gegenstand Lieferungen und Dienstleistungen sind (§ 1 a Nr. 1 Abs. 2)**	1164
131.7	**Dienstleistungen des Anhangs I A und des Anhangs I B (§ 1 a Nr. 2)**	1164
131.7.1	Allgemeines	1164
131.7.2	Anwendungsbereich der VOL/A	1164
131.7.3	Anwendung der VOL/A für nicht freiberufliche Leistungen der VOF des Anhangs I A (§ 1 a Nr. 2 Abs. 1)	1164
131.7.4	Anwendung der VOL/A für nicht freiberufliche Leistungen der VOF des Anhangs I B (§ 1 a Nr. 2 Abs. 2)	1164
131.7.5	Dienstleistungen des Anhangs I A und des Anhangs I B	1164
131.7.5.1	Leistungen des Anhangs I A	1164
132.	**§ 1 b VOL/A – Verpflichtung zur Anwendung der a-Paragrafen**	1170
132.1	**Vergleichbare Regelungen**	1170
132.2	**Änderungen in der VOL/A 2006**	1170
132.3	**Zusätzliche Anwendung der b-Paragrafen**	1170
132.4	**Auftraggeber**	1170
132.5	**Hinweis**	1170
133.	**§ 2 VOL/A – Grundsätze der Vergabe**	1170
133.1	**Vergleichbare Regelungen**	1171
133.2	**Änderungen in der VOL/A 2006**	1171

Teil 4 Inhaltsverzeichnis Verdingungsordnung für Leistungen Teil A

133.3	Bieterschützende Vorschrift	1171
133.4	Wettbewerbsprinzip (§ 2 Nr. 1 Abs. 1, Abs. 2)	1171
133.5	Diskriminierungsverbot (§ 2 Nr. 2)	1171
133.6	Ausschließliche Verantwortung der Vergabestellen (§ 2 Nr. 3)	1171
133.6.1	Erläuternde Hinweise der VOL/A	1171
133.7	Fachkunde, Leistungsfähigkeit und Zuverlässigkeit (§ 2 Nr. 3)	1172
133.7.1	Allgemeiner Inhalt der Eignung und der Eignungskriterien „Fachkunde, Leistungsfähigkeit und Zuverlässigkeit"	1172
133.7.2	VOL-bezogene Einzelheiten der Eignungskriterien	1172
133.8	Umstände besonderer Art	1172
134.	§ 2 b VOL/A – Schutz der Vertraulichkeit	1172
134.1	Vergleichbare Regelungen	1172
134.2	Änderungen in der VOL/A 2006	1172
134.3	Allgemeiner Vertraulichkeitsgrundsatz	1172
134.4	Schutz der Vertraulichkeit nach § 2 b	1172
135.	§ 3 VOL/A – Arten der Vergabe	1173
135.1	Vergleichbare Regelungen	1174
135.2	Änderungen in der VOL/A 2006	1174
135.3	Bieterschützende Vorschrift	1174
135.4	Öffentliche Ausschreibung (§ 3 Nr. 1 Abs. 1)	1174
135.5	Beschränkte Ausschreibung (§ 3 Nr. 1 Abs. 2 und 4)	1174
135.5.1	Wesentlicher Unterschied zum Nichtoffenen Verfahren des § 101 Abs. 3 GWB	1174
135.5.2	Öffentlicher Teilnahmewettbewerb	1175
135.6	Freihändige Vergabe (§ 3 Nr. 1 Abs. 3, Abs. 4)	1175
135.6.1	Grundsatz	1175
135.6.2	Erläuternde Hinweise der VOL/A	1175
135.7	Vorrang der Öffentlichen Ausschreibung (§ 3 Nr. 2)	1175
135.7.1	Allgemeines	1175
135.7.2	Erläuternde Hinweise der VOL/A	1175
135.8	Zulässigkeit einer Beschränkten Ausschreibung (§ 3 Nr. 3)	1175
135.8.1	Erläuternde Hinweise der VOL/A	1175
135.8.2	Außergewöhnliche Fachkunde, Leistungsfähigkeit oder Zuverlässigkeit (§ 3 Nr. 3 Buchstabe a))	1176
135.8.2.1	Grundsatz	1176
135.8.2.2	Beispiele aus der Rechtsprechung	1176
135.8.3	Unverhältnismäßiger Aufwand (§ 3 Nr. 3 Buchstabe b))	1176
135.8.4	Fehlendes wirtschaftliches Ergebnis nach einer Öffentlichen Ausschreibung (§ 3 Nr. 3 Buchstabe c))	1176
135.9	Zulässigkeit der Freihändigen Vergabe (§ 3 Nr. 4)	1176
135.9.1	Erläuternde Hinweise der VOL/A	1176
135.9.2	Durchführung nur von einem bestimmten Unternehmen (Nr. 4 Buchstabe a))	1176
135.9.3	Dringlichkeit (§ 3 Nr. 4 Buchstabe f))	1176
135.9.3.1	Objektive Dringlichkeit	1176
135.9.3.2	Vergleich der Fristen	1177
135.9.3.3	Abrufbarkeit von Fördermitteln	1177
135.9.3.4	Gesundheitspolitische Beschaffungen	1177
135.9.3.5	Hochwasserbedingte Beschaffungen	1177
135.9.3.6	Auftragsvergabe im Insolvenzfall	1177
135.9.3.7	Erläuternde Hinweise der VOL/A	1177
135.9.4	Keine Möglichkeit einer eindeutigen und erschöpfenden Leistungsbeschreibung (Nr. 4 Buchstabe h))	1177
135.9.4.1	Rechtsprechung	1177
135.9.4.2	Erläuternde Hinweise der VOL/A	1177
135.9.5	Vorteilhafte Gelegenheit (§ 3 Nr. 4 Buchstabe m))	1178
135.9.5.1	Rechtsprechung	1178
135.9.5.2	Erläuternde Hinweise der VOL/A	1178
135.9.6	Kein voraussichtlich wirtschaftliches Ergebnis (§ 3 Nr. 4 Buchstabe n))	1178
135.9.7	Vergabe von Leistungen an Justizvollzugsanstalten, Einrichtungen der Jugendhilfe, Aus- und Fortbildungsstätten oder ähnliche Einrichtungen (§ 3 Nr. 4 Buchstabe o))	1178

135.9.7.1	Allgemeines	1178
135.9.7.2	Voraussetzungen	1178
136.	**§ 3a VOL/A – Arten der Vergabe**	1179
136.1	**Vergleichbare Regelungen**	1182
136.2	**Änderungen in der VOL/A 2006**	1182
136.3	**Bieterschützende Vorschrift**	1182
136.4	**Allgemeine Fragen zu den Arten der Vergabe**	1182
136.5	**Festlegung einer Höchstzahl von teilnehmenden Unternehmen (§ 3a Nr. 1 Abs. 2)**	1182
136.6	**Phasenabwicklung (§ 3a Nr. 1 Abs. 3)**	1183
136.7	**Verhandlungsverfahren**	1183
136.7.1	Zulässigkeit eines Verhandlungsverfahrens nach einer Vergabebekanntmachung (§ 3a Nr. 1 Abs. 5)	1183
136.7.1.1	Liefer- oder Dienstleistungsaufträge, die eine vorherige Festlegung eines Gesamtpreises nicht zulassen (Nr. 1 Abs. 5 Buchstabe b))	1183
136.7.1.2	Unmöglichkeit der Festlegung der vertraglichen Spezifikationen bei bestimmten Dienstleistungen (Nr. 1 Abs. 5 Buchstabe c))	1183
136.7.2	Zulässigkeit eines Verhandlungsverfahrens ohne Vergabebekanntmachung (§ 3a Nr. 2)	1183
136.7.2.1	Fehlende wirtschaftliche Angebote nach einem Offenen Verfahren (§ 3a Nr. 2 Buchstabe a))	1184
136.7.2.2	Durchführung nur von einem bestimmten Unternehmen (§ 3a Nr. 2 Buchstabe c))	1184
136.7.2.3	Dringlichkeit (§ 3a Nr. 2 Buchstabe d))	1184
136.7.2.4	Zusätzliche Lieferungen (§ 3a Nr. 2 Buchstabe e))	1185
136.7.2.5	Warenbörse (§ 3a Nr. 4 Buchstabe i))	1186
136.7.2.6	Vorteilhafte Gelegenheiten in Folge von Geschäftsaufgaben u.ä. (§ 3a Nr. 4 Buchstabe j))	1186
136.7.2.7	Auftragsvergabe im Insolvenzfall	1186
136.8	**Rahmenvereinbarungen (§ 3a Nr. 4)**	1186
137.	**§ 3b VOL/A – Arten der Vergabe**	1187
137.1	**Vergleichbare Regelungen**	1188
137.2	**Änderungen in der VOL/A 2006**	1188
137.3	**Bieterschützende Vorschrift**	1188
137.4	**Allgemeine Fragen zu den Arten der Vergabe**	1188
137.5	**Nichtoffenes Verfahren**	1188
137.5.1	Anderer Aufruf zum Wettbewerb (§ 3b Nr. 1 Buchstabe b))	1188
137.6	**Verfahren ohne vorherigen Aufruf zum Wettbewerb (§ 3b Nr. 2)**	1188
137.6.1	Zulässigkeit eines Verfahrens ohne vorherigen Aufruf zum Wettbewerb	1189
137.6.1.1	Fehlende oder keine geeigneten Angebote nach einem Verfahren mit vorherigem Aufruf zum Wettbewerb (§ 3b Nr. 2 Buchstabe a))	1189
137.6.1.2	Durchführung nur von bestimmten Unternehmen (§ 3b Nr. 2 Buchstabe c))	1189
137.6.1.3	Dringlichkeit (§ 3b Nr. 2 Buchstabe d))	1189
137.6.1.4	Aufträge aufgrund einer Rahmenvereinbarung (§ 3b Nr. 2 Buchstabe e))	1189
138.	**§ 4 VOL/A – Erkundung des Bewerberkreises**	1189
138.1	**Vergleichbare Regelungen**	1190
138.2	**Änderungen in der VOL/A 2006**	1190
138.3	**Markterkundung als Vorstufe des Vergabeverfahrens**	1190
138.4	**Inhalt**	1190
138.5	**Auftragsberatungsstellen**	1190
138.6	**Unzulässige Markterkundung**	1191
138.7	**Erläuternde Hinweise der VOL/A**	1191
138.8	**Bedeutung in der Rechtsprechung**	1191
139.	**§ 5 VOL/A – Vergabe nach Losen**	1191
139.1	**Vergleichbare Regelungen**	1191
139.2	**Änderungen in der VOL/A 2006**	1191
139.3	**Bieterschützende Vorschrift**	1192

Teil 4 Inhaltsverzeichnis Verdingungsordnung für Leistungen Teil A

139.4	**Vergabe nach Losen (§ 5 Nr. 1)**	1192
139.4.1	Grundsatzfragen der Vergabe nach Losen	1192
139.4.2	Vorrang der Losvergabe	1192
139.4.3	Zusammenfassung von Losen	1192
139.4.3.1	Ermessensregelung	1192
139.4.3.2	Zweckmäßigkeit	1192
139.4.3.3	Generalunternehmervergabe und Generalübernehmervergabe	1192
140.	**§ 5 b VOL/A – Rahmenvereinbarung**	1192
140.1	**Vergleichbare Regelungen**	1192
140.2	**Änderungen in der VOL/A 2006**	1193
140.3	**Vergaberechtliche Anforderungen an den Abschluss von Rahmenvereinbarungen**	1193
140.4	**Vergabeverfahren (§ 5 b Nr. 2)**	1193
140.5	**Analoge Anwendung des § 5 b auf andere Öffentliche Auftraggeber?**	1193
141.	**§ 6 VOL/A – Mitwirkung von Sachverständigen**	1193
141.1	**Vergleichbare Regelungen**	1193
141.2	**Änderungen in der VOL/A 2006**	1193
141.3	**Bieterschützende Vorschrift**	1194
141.4	**Einschaltung als Ermessensentscheidung**	1194
141.5	**Funktionaler Begriff des Sachverständigen**	1194
141.6	**Analoge Anwendung des § 6 Abs. 3?**	1194
141.7	**Weite Auslegung des Begriffs des Sachverständigen**	1194
141.8	**Umfang der potenziellen Mitwirkung eines Sachverständigen**	1194
141.9	**Beteiligungsverbot an der Vergabe**	1194
141.9.1	Beteiligung an der Vergabe	1194
141.9.2	Projektantenstellung eines Sachverständigen	1194
141.10	**§ 6 Nr. 3 als Ausdruck eines ungeschriebenen Objektivitäts- und Unbefangenheitsprinzips**	1194
141.11	**Ausschreibung von Versicherungsleistungen**	1194
141.11.1	Einschaltung von Versicherungsberatern bzw. Versicherungsmaklern	1194
141.11.2	Rechtsprechung	1194
141.11.2.1	Courtageanspruch des Sachverständigen gegen den Auftragnehmer	1194
141.11.2.2	Eigenes wirtschaftliches Interesse des Sachverständigen auch bei Courtageanspruch nur gegen den Auftraggeber	1195
141.11.3	Hinweis auf die Änderung des § 4 VgV durch das ÖPP-Gesetz	1195
141.11.4	Versicherungsverein auf Gegenseitigkeit als möglicher Bieter	1195
141.11.4.1	Rechtsprechung	1195
141.11.4.2	Literatur	1196
142.	**§ 7 VOL/A – Teilnehmer am Wettbewerb**	1196
142.1	**Vergleichbare Regelungen**	1197
142.2	**Änderungen in der VOL/A 2006**	1197
142.3	**Bieterschützende Vorschrift**	1197
142.3.1	§ 7 Nr. 4 VOL/A	1197
142.3.2	§ 7 Nr. 6 VOL/A	1197
142.4	**Gleichbehandlungsgebot (§ 7 Nr. 1 Abs. 1 Satz 1)**	1197
142.5	**Örtliches Diskriminierungsverbot (§ 7 Nr. 1 Abs. 1 Satz 2)**	1197
142.6	**Arbeitsgemeinschaften und andere gemeinschaftliche Bewerber (§ 7 Nr. 1 Abs. 2)**	1197
142.6.1	Vergleichbare Regelungen	1197
142.6.2	Hinweis	1198
142.7	**Abgabe der Unterlagen bei Öffentlicher Ausschreibung (§ 7 Nr. 2 Abs. 1)**	1198
142.8	**Auswahl der Teilnehmer bei einer beschränkten Ausschreibung (§ 7 Nr. 2 Abs. 2–4)**	1198
142.9	**Beteiligung kleiner und mittlerer Unternehmen (§ 7 Nr. 3)**	1198
142.10	**Eignung (§ 7 Nr. 4)**	1198
142.10.1	Hinweis	1198

142.10.2	Begriffsinhalte	1199
142.10.3	Zeitpunkt der Prüfung der Eignung	1199
142.11	**Nachweis der Eignung (§ 7 Nr. 4)**	**1199**
142.11.1	Allgemeine Anforderungen an vom Auftraggeber geforderte Nachweise	1199
142.11.2	Keine Aufzählung möglicher Nachweise	1199
142.11.3	Beispiele aus der Rechtsprechung	1199
142.11.3.1	Forderung nach einer Zertifizierung nach der Entsorgungsfachbetriebsverordnung	1199
142.11.3.2	Umsatz des Unternehmers in den letzten 3 abgeschlossenen Geschäftsjahren	1199
142.11.3.3	Erfordernis eines bestimmten Jahresumsatzes	1199
142.11.3.4	Zur Verfügung stehende technische Ausrüstung	1200
142.11.3.5	Eintragung in ein Berufsregister	1200
142.11.3.6	Vorlage eines Meisterbriefs	1200
142.11.3.7	Unbedenklichkeitsbescheinigung des Finanzamts	1200
142.11.3.8	Unbedenklichkeitsbescheinigungen von Sozialversicherungsträgern	1200
142.11.3.9	Zertifizierung	1201
142.11.3.10	Referenzen	1201
142.11.3.11	Bestätigungsvermerk eines Wirtschaftsprüfers	1201
142.11.3.12	Auszug aus dem Bundeszentralregister	1201
142.11.3.13	Bezeichnung der Nachweise	1201
142.11.3.14	Verzicht auf geforderte Nachweise bei dem Auftraggeber bekannten Unternehmen?	1201
142.11.3.15	Aktualität der Nachweise	1201
142.11.3.16	Beispiele aus der Rechtsprechung	1201
142.12	**Erläuternde Hinweise der VOL/A**	**1201**
142.13	**Besondere Ausschlussgründe (§ 7 Nr. 5)**	**1201**
142.13.1	Allgemeines	1201
142.13.2	Ab dem 1. 2. 2006 geltendes Recht für einen Ausschluss wegen schwerwiegender Gründe	1201
142.14	**Verbot der Beteiligung nicht erwerbswirtschaftlich orientierter Institutionen am Wettbewerb (§ 7 Nr. 6)**	**1202**
142.15	**Richtlinien des Bundes für die Berücksichtigung von Werkstätten für Behinderte und Blindenwerkstätten bei der Vergabe öffentlicher Aufträge (Richtlinien Bevorzugte Bewerber)**	**1202**
142.16	**Erläuternde Hinweise der VOL/A**	**1202**
143.	**§ 7 a VOL/A – Teilnehmer am Wettbewerb**	**1202**
143.1	**Vergleichbare Regelungen**	**1205**
143.2	**Änderungen in der VOL/A 2006**	**1205**
143.3	**Bieterschützende Vorschrift**	**1206**
143.4	**Rechtsform der Bewerber oder Bieter (§ 7 a Nr. 1)**	**1206**
143.5	**Zwingende Ausschlussgründe (§ 7 a Nr. 2)**	**1206**
143.6	**Leistungsfähigkeit (§ 7 a Nr. 3)**	**1206**
143.6.1	Hinweis	1206
143.6.2	Nachweise	1207
143.6.2.1	Begriff des Nachweises	1207
143.6.2.2	Kein Pauschaler Bezug auf § 7 a Nr. 3	1207
143.6.2.3	Begriff des Unternehmens	1207
143.6.3	Nachweise in finanzieller und wirtschaftlicher Hinsicht (§ 7 a Nr. 3 Abs. 1)	1207
143.6.3.1	Bankauskünfte (§ 7 a Nr. 3 Abs. 1 Buchstabe a))	1207
143.6.3.2	Umsatz des Unternehmers in den letzten 3 abgeschlossenen Geschäftsjahren (§ 7 a Nr. 3 Abs. 1 Buchstabe d))	1207
143.6.4	Nachweise in fachlicher und technischer Hinsicht (§ 7 a Nr. 3 Abs. 2)	1207
143.6.4.1	Abschließende Aufzählung?	1207
143.6.4.2	Beschreibung der technischen Ausrüstung (§ 7 a Nr. 3 Abs. 2 Buchstabe b))	1208
143.6.5	Angabe der Nachweise in der Bekanntmachung (§ 7 a Nr. 3 Abs. 3)	1208
143.6.5.1	Umfang der Angabe der Nachweise in der Bekanntmachung	1208
143.6.6	Bescheinigungen des Nichtvorliegens der Ausschlussgründe des § 7 Nr. 5 (§ 7 a Nr. 3 Abs. 4)	1208
143.6.7	Nachweise über Eintragungen im Berufs- oder Handelsregister (§ 7 a Nr. 3 Abs. 5)	1208
143.6.8	Berücksichtigung der Kapazitäten Dritter (§ 7 a Nr. 3 Abs. 6)	1209
143.6.9	Rechtsform von Bietergemeinschaften (§ 7 a Nr. 3 Abs. 7)	1209
143.7	**Auswahl der Teilnehmer bei einem Teilnahmewettbewerb (§ 7 a Nr. 4)**	**1209**

Teil 4 Inhaltsverzeichnis
Verdingungsordnung für Leistungen Teil A

143.8	Qualitätssicherung und Zertifizierung (§ 7 a Nr. 5 Abs. 1)	1209
143.8.1	Zertifizierung	1209
143.8.1.1	Hinweis	1209
143.8.1.2	Forderung nach einer Zertifizierung nach der Entsorgungsfachbetriebsverordnung	1209
143.9	Umweltmanagementverfahren (§ 7 a Nr. 5 Abs. 2)	1210
144.	§ 7 b VOL/A – Teilnehmer am Wettbewerb	1210
144.1	Vergleichbare Regelungen	1213
144.2	Änderungen in der VOL/A 2006	1213
144.3	Allgemeines	1213
144.4	Auswahl der Bewerber (§ 7 b Nr. 1)	1213
144.4.1	Allgemeines	1213
144.4.2	Anforderung der Bedingungen durch die Bewerber (§ 7 b Nr. 1 Abs. 1 Satz 2)	1214
144.4.3	Leistungsfähigkeit, Fachkunde und Zuverlässigkeit (§ 7 b Nr. 1 Abs. 2)	1214
144.4.4	Zwingende Ausschlussgründe (§ 7 b Nr. 1 Abs. 3–5)	1214
144.4.5	Nachweise in finanzieller und wirtschaftlicher Hinsicht (§ 7 b Nr. 1 Abs. 6)	1214
144.4.6	Nachweise in technischer Hinsicht (§ 7 b Nr. 1 Abs. 7)	1214
144.5	Ausschließungsgründe nach § 7 Nr. 5 (§ 7 b Nr. 2)	1214
144.6	Bietergemeinschaften (§ 7 b Nr. 4)	1214
144.7	Berücksichtigung der Kapazitäten Dritter (§ 7 b Nr. 5)	1215
144.8	Präqualifikationsverfahren (§ 7 b Nr. 6–12)	1215
144.9	Qualitätssicherung und Zertifizierung (§ 7 b Nr. 13 Abs. 1 und 2)	1215
144.10	Umweltmanagementverfahren (§ 7 b Nr. 13 Abs. 3)	1215
145.	§ 8 VOL/A – Leistungsbeschreibung	1215
145.1	Vergleichbare Regelungen	1216
145.2	Änderungen in der VOL/A 2006	1216
145.3	Bieterschützende Vorschrift	1216
145.3.1	§ 8 Nr. 1	1216
145.3.2	§ 8 Nr. 3	1216
145.3.3	§ 8 Nr. 3 Abs. 5	1216
145.4	Kernstück der Vergabeunterlagen	1216
145.5	Festlegung der Liefer- bzw. Dienstleistungsaufgabe und damit Festlegung des Inhalts der Leistungsbeschreibung	1216
145.5.1	Allgemeines	1216
145.5.2	Begrenzung durch die Grundsätze des Wettbewerbs, der Transparenz und der Gleichbehandlung	1216
145.5.3	Festlegung des Sicherheitsniveaus einer Leistungsbeschreibung	1216
145.5.4	Bekanntgabe auch der später auszuschreibenden Lose?	1217
145.5.5	Beispiele aus der Rechtsprechung	1217
145.5.6	Literatur	1217
145.6	Notwendigkeit der Festlegung strategischer Ziele und Leistungsanforderungen in der Leistungsbeschreibung	1217
145.7	Pflicht der Vergabestelle, bestehende Wettbewerbsvorteile und -nachteile potentieller Bieter durch die Gestaltung der Vergabeunterlagen „auszugleichen"?	1217
145.7.1	Allgemeines	1217
145.7.2	Beispiele aus der Rechtsprechung	1217
145.8	Auslegung der Leistungsbeschreibung	1217
145.8.1	Objektiver Empfängerhorizont	1217
145.8.2	VOL-konforme Auslegung	1217
145.8.3	Kein Vorrang des Leistungsverzeichnisses vor den Vorbemerkungen	1217
145.8.4	Heranziehung der Eigenschaften von Leitfabrikaten	1217
145.9	Eindeutigkeit der Leistungsbeschreibung (§ 8 Nr. 1 Abs. 1)	1217
145.9.1	Widersprüchliche Leistungsbeschreibungen, die keine Wertung zulassen	1217
145.9.2	Fehlerhafte Leistungsbeschreibungen, die von Bietern erkannt werden	1218
145.9.3	Fehlerhafte Leistungsbeschreibungen, die von Bietern nicht erkannt werden	1218
145.9.4	Unschädlichkeit einer fehlerhaften Leistungsbeschreibung	1218
145.9.5	Verwendung eines nicht mehr am Markt erhältlichen Fabrikates	1218
145.9.6	Unzulässig hoher Umfang von Wahlpositionen	1218

145.9.7	Keine eindeutige Bezeichnung von Bedarfspositionen	1218
145.9.8	Bezeichnung von Alternativpositionen als Bedarfspositionen	1218
145.9.9	Keine eindeutigen Zuschlagskriterien	1218
145.9.10	Keine eindeutigen Eignungskriterien	1218
145.9.11	Unklare Angaben über Personalvorgaben	1218
145.9.12	Keine Verpflichtung, alle denkbaren Rahmenbedingungen für eventuelle Nebenangebote aufzuführen	1218
145.9.13	Ausschreibung von Entsorgungsleistungen	1219
145.9.13.1	Entwicklung der Abfallmenge	1219
145.9.13.2	Wiedergabe der Straßenverhältnisse	1219
145.9.14	Ausschreibung von Personenbeförderungsleistungen	1219
145.9.15	Ausschreibung von Softwareprogrammen	1219
145.9.15.1	Rechtsprechung	1219
145.9.15.2	Literatur	1220
145.9.16	Hinweis auf die Bildschirmarbeitsverordnung und ihre Spezifizierung nach ISO 9241	1220
145.9.17	Keine Änderung des Einheitspreises bei Mehr- oder Mindermengen bis zu 10% der im Vertrag zugrunde gelegten Mengen	1220
145.9.18	Keine Mehrforderungen bei Mehr- oder Minderleistungen auch über 10%?	1220
145.9.19	Erläuternde Hinweise der VOL/A	1221
145.10	**Angabe aller die Preisermittlung beeinflussenden Umstände (§ 8 Nr. 1 Abs. 2)**	**1221**
145.10.1	Umfangreiche Prüfungen	1221
145.10.2	Genaue Kennzeichnung der Bestandteile des Vertrages	1221
145.10.3	Genaue Kennzeichnung der Kostenbestandteile des geforderten Angebotspreises	1221
145.10.4	Besondere Hinweise für die Ausschreibung von Lebenszeitkosten	1221
145.10.5	Ausnahme	1221
145.11	**Verbot der Aufbürdung eines ungewöhnlichen Wagnisses auf den Auftragnehmer (§ 8 Nr. 1 Abs. 3)**	**1221**
145.11.1	Sinn und Zweck der Regelung	1221
145.11.2	Grundsatz	1221
145.11.3	Weite Auslegung zugunsten des Bieters	1221
145.11.4	Leistungs- und Erfüllungsrisiko	1221
145.11.5	Bestehen eines Auftragsbedarfes und Finanzierbarkeit	1222
145.11.6	Abnahme- bzw. Verwendungsrisiko	1222
145.11.7	Absicherung eines Risikos über die Vergütung	1222
145.11.8	Zeitlicher Vorlauf zwischen Angebotseröffnung und Leistungsbeginn	1222
145.11.9	Diskrepanz zwischen verbindlichen Leistungspflichten und unsicheren Vergütungsansprüchen	1222
145.11.10	Zulässigkeit der Forderung einer Mischkalkulation	1222
145.11.11	Zulässigkeit von Umsatzrabatten	1222
145.11.12	Keine eindeutige Bezeichnung von Bedarfspositionen	1222
145.11.13	Vorhaltung von Personal	1222
145.11.14	Vorgabe von Standards durch den Auftraggeber	1223
145.11.15	Einseitige Vertragsverlängerungsoption zu Gunsten des Auftraggebers	1223
145.11.16	Abtretung von Mängelansprüchen	1223
145.11.17	Ausschreibung eines Bruttovertrages mit Anreizsystem im Personenverkehr (Bonus-Malus-Regelung)	1223
145.11.18	Option für Terrorversicherung im Rahmen von Versicherungsleistungen	1223
145.11.19	Gemeinsame Ausschreibung der gesamten PPK-Fraktion	1224
145.11.20	Vereinbarung von Vertragsstrafen	1224
145.11.21	vorweggenommene Zustimmung zur Verlängerung der Bindefrist für den Fall eines Nachprüfungsverfahrens zum Zeitpunkt der Angebotsabgabe	1224
145.11.22	Weitere Beispiele aus der Rechtsprechung	1224
145.11.23	Literatur	1224
145.12	**Arten der Leistungsbeschreibung (§ 8 Nr. 2)**	**1224**
145.12.1	Funktionale Leistungsbeschreibung	1224
145.12.1.1	Grundsatz	1224
145.12.1.2	Formen der Leistungsbeschreibung mit Leistungsprogramm	1225
145.12.1.3	Anforderungen an die Transparenz des Verfahrens	1225
145.12.1.4	Anforderungen an die Bestimmtheit des Verfahrens	1225
145.12.1.5	Anforderungen an den Inhalt der Leistungsbeschreibung	1225
145.12.1.6	Notwendigkeit der Vollständigkeit eines Angebotes	1226
145.12.1.7	Anforderungen an die Unklarheit einer Leistungsbeschreibung mit Leistungsprogramm ...	1226
145.12.1.8	Funktionale Leistungsbeschreibung bei der Ausschreibung von Pionierprojekten	1226
145.12.1.9	Beurteilungsspielraum bei der Wertung	1226

Teil 4 Inhaltsverzeichnis   Verdingungsordnung für Leistungen Teil A

145.12.1.10	Funktionale Leistungsbeschreibung im Abfallbereich	1226
145.12.1.11	Funktionale Leistungsbeschreibung im EDV-Bereich	1227
145.12.1.12	Funktionale Leistungsbeschreibung im Unterrichtsbereich	1227
145.12.1.13	Weitere Beispiele aus der Rechtsprechung	1227
145.12.1.14	Erläuternde Hinweise der VOL/A	1227
145.13	**Positionsarten einer Leistungsbeschreibung**	**1227**
145.13.1	Übertragbarkeit der Rechtsprechung zur VOB/A	1228
145.13.2	Normalpositionen	1228
145.13.3	Grundpositionen	1228
145.13.4	Bedarfspositionen/Eventualpositionen/Optionen	1228
145.13.4.1	Allgemeines	1228
145.13.4.2	Bezeichnung als „nEP-Position"	1228
145.13.4.3	Zulässigkeit in einer Leistungsbeschreibung	1228
145.13.4.4	Wartung als Bedarfsposition	1228
145.13.4.5	Keine eindeutige Bezeichnung von Bedarfspositionen	1228
145.13.4.6	Beauftragung einer Bedarfspositionen	1228
145.13.5	Angehängte Stundenlohnarbeiten	1228
145.13.6	Wahlpositionen/Alternativpositionen	1228
145.13.6.1	Begriff	1229
145.13.6.2	Zulässigkeit in einer Leistungsbeschreibung	1229
145.13.6.3	Formale Anforderungen im Leistungsverzeichnis	1229
145.13.6.4	Bekanntgabe der Kriterien, die für die Inanspruchnahme der ausgeschriebenen Wahlpositionen maßgebend sein sollen	1229
145.14	**Nennung von Bezeichnungen für bestimmte Erzeugnisse oder Verfahren (§ 8 Nr. 3)**	**1229**
145.14.1	Sinn und Zweck der Regelung	1229
145.14.2	Inhaltliche Konsequenzen aus der Verwendung von Leitfabrikaten	1230
145.14.3	Praxis der Leistungsbeschreibungen	1230
145.14.4	Zwingende Verwendung des Zusatzes „oder gleichwertiger Art"	1231
145.14.5	Ausnahmen vom Gebot der produktneutralen Ausschreibung und der Verwendung des Zusatzes „oder gleichwertiger Art"	1231
145.14.5.1	Objektive Kriterien	1231
145.14.5.2	Sachliche Vertretbarkeit	1231
145.14.5.3	Aufwand in Bezug auf Ersatzteilhaltung, Mitarbeiterschulung und Wartungsarbeiten	1231
145.14.5.4	Schnittstellenrisiko	1231
145.14.5.5	Wahl zwischen nur zwei Systemen	1231
145.14.5.6	Festlegung auf nur ein Produkt	1231
145.14.5.7	Ersetzung des Zusatzes „oder gleichwertiger Art" durch die Möglichkeit der Abgabe von Nebenangeboten	1232
145.14.5.8	Erläuternde Hinweise der VOL/A	1232
145.14.6	Beistellungen im Rahmen von Dienstleistungsaufträgen	1232
145.14.7	Literatur	1232
145.15	**Forderung nach einer RAL-Zertifizierung von Produkten**	**1232**
145.16	**Unzulässige Verengung des Wettbewerbes durch Definitionen der Leistungsbeschreibung (§ 8 Nr. 3 Abs. 4)**	**1232**
145.16.1	Allgemeines	1232
145.16.2	Ausnahmen	1232
145.17	**Änderung des Leistungsverzeichnisses durch den Auftraggeber während der Ausschreibung**	**1233**
145.18	**Schadenersatzansprüche und Nachforderungen wegen Verletzung der Regelungen des § 8**	**1233**
145.19	**Besondere Hinweise zur Ausschreibung von Versicherungsleistungen**	**1233**
145.19.1	Rechtsprechung	1233
145.19.1.1	Verwendung von Ausschreibungsmustern	1233
145.19.1.2	Fehlende Gebäudewerte	1233
145.19.1.3	Forderung nach einer Terrorversicherung	1233
145.19.1.4	Verträge öffentlicher Auftraggeber mit Kommunalversicherern	1234
145.19.2	Literatur	1234
145.20	**Besondere Hinweise zur Ausschreibung von Gebäudereinigungsleistungen**	**1234**
145.20.1	Festlegung von Richtleistungen	1234
145.20.2	Hinweis auf erhöhte Hygieneanforderungen wegen mehrfachbehinderter Schüler	1235
145.20.3	Literatur	1235

145.21	Besondere Hinweise zur Ausschreibung von Zustellungsleistungen, für die eine Entgeltgenehmigung nach dem PostG erforderlich ist	1235
145.21.1	Veröffentlichung genehmigter Entgelte und Geheimwettbewerb	1235
145.21.2	Festlegung von bestimmten Abholzeiten	1235
146.	**§ 8 a VOL/A – Leistungsbeschreibung**	**1236**
146.1	**Vergleichbare Regelungen**	**1237**
146.2	**Änderungen in der VOL/A 2006**	**1237**
146.3	**Technische Spezifikationen (§ 8 a Nr. 1)**	**1237**
146.3.1	Begriff der Technischen Spezifikationen	1237
146.3.2	DIN-Normen	1237
146.3.3	NATO-Vorschriften	1237
146.3.4	Formulierung von technischen Spezifikationen unter Bezugnahme auf die in Anhang TS definierten technischen Spezifikationen (§ 8 a Nr. 1 Abs. 1)	1237
146.3.5	Ersetzung von nationalen Normen (§ 8 a Nr. 2 Abs. 1)	1237
146.3.6	Ersetzung von Leistungs- oder Funktionsanforderungen (§ 8 a Nr. 2 Abs. 2)	1238
146.3.7	Spezifikationen für Umwelteigenschaften (§ 8 a Nr. 3)	1238
146.3.8	Nennung von Bezeichnungen für Produktion oder Herkunft oder ein besonderes Verfahren oder auf Marken, Patente, Typen eines bestimmten Ursprungs oder einer bestimmten Produktion (§ 8 a Nr. 5)	1238
146.3.8.2	Inhaltliche Kommentierung	1238
147.	**§ 8 b VOL/A – Leistungsbeschreibung**	**1238**
147.1	**Vergleichbare Regelungen**	**1239**
147.2	**Änderungen in der VOL/A 2006**	**1240**
147.3	**Inhaltliche Kommentierung**	**1240**
148.	**§ 9 VOL/A – Vergabeunterlagen, Vertragsbedingungen**	**1240**
148.1	**Vergleichbare Regelungen**	**1241**
148.2	**Änderungen in der VOL/A 2006**	**1241**
148.3	**Vergabeunterlagen (§ 9 Nr. 1)**	**1241**
148.3.1	Begriffsbestimmung des § 9	1241
148.3.2	Begriffsverwendung im Vergabenachprüfungsverfahren	1241
148.3.3	Anschreiben (Aufforderung zur Angebotsabgabe)	1241
148.3.4	Verdingungsunterlagen (§ 9 Nr. 1)	1241
148.3.4.1	Begriff	1241
148.3.4.2	Vorrang der Verdingungsunterlagen vor der Bekanntmachung	1241
148.3.4.3	Auslegung der Verdingungsunterlagen	1241
148.4	**Vertragsbedingungen (§ 9 Nr. 2)**	**1242**
148.4.1	Allgemeines	1242
148.4.2	Allgemeine Vertragsbedingungen für die Ausführung von Leistungen	1242
148.4.3	Zusätzliche Vertragsbedingungen für die Ausführung von Leistungen (ZVB)	1242
148.4.4	Ergänzende Vertragsbedingungen für die Ausführung von Leistungen (EVB)	1242
148.4.4.1	Ergänzende Vertragsbedingungen für die Beschaffung von Informationstechnik (EVB-IT)	1242
148.4.5	Besondere Vertragsbedingungen für die Ausführung von Leistungen	1243
148.4.5.1	Besondere Vertragsbedingungen für die Beschaffung von DV-Leistungen (BVB)	1244
148.4.6	Technische Vertragsbedingungen für die Ausführung von Leistungen	1244
149.	**§ 9 a VOL/A – Vergabeunterlagen**	**1244**
149.1	**Vergleichbare Regelungen**	**1244**
149.2	**Änderungen in der VOL/A 2006**	**1244**
149.3	**Anwendungsbereich**	**1245**
149.3.1	Allgemeines	1245
149.3.2	Anwendung in einem dynamischen Verhandlungsverfahren	1245
149.4	**Muss-Vorschrift**	**1245**
149.5	**Allgemeiner Inhalt**	**1245**
149.6	**Begriff des Zuschlagskriteriums**	**1245**
149.7	**Pflicht zur Bekanntmachung der Zuschlagskriterien**	**1245**
149.7.1	Sinn und Zweck der Bekanntmachung	1245
149.7.2	Wahlrecht	1245

149.7.3	Pflicht zur Bekanntmachung von Unterkriterien?	1245
149.7.4	„Angabe" der Zuschlagskriterien	1245
149.7.5	Klare und eindeutige Zuschlagskriterien	1245
149.7.6	Kriterien aus der Rechtsprechung	1246
149.7.7	Folgen von unterschiedlichen Angaben in der Vergabebekanntmachung und in der Aufforderung zur Angebotsabgabe	1246
149.7.8	Folgen der fehlenden Angabe der Zuschlagskriterien	1246
149.8	**Bindung des Auftraggebers an die veröffentlichten Kriterien**	**1246**
149.8.1	Allgemeines	1246
149.8.2	Ausprägungen der Bindung	1246
149.9	**Pflicht zur Angabe der Gewichtung der Zuschlagskriterien**	**1247**
149.9.1	Hinweis	1247
149.9.2	Angabe der Gewichtung der Zuschlagskriterien	1247
149.10	**Pflicht zur Angabe der Absicht des Auftraggebers zur Begrenzung der Zahl der Angebote**	**1247**
149.11	**Pflicht zur Angabe der Nennung von Mindestanforderungen für Nebenangebote**	**1247**
149.12	**Pflicht zur Angabe der Nennung von Verfahrenseinzelheiten beim Wettbewerblichen Dialog**	**1247**
150.	**§ 9 b VOL/A – Vergabeunterlagen**	**1247**
150.1	**Vergleichbare Regelungen**	**1248**
150.2	**Änderungen in der VOL/A 2006**	**1248**
150.3	**Anwendungsbereich**	**1248**
150.4	**Muss-Vorschrift**	**1248**
150.5	**Allgemeiner Inhalt**	**1248**
150.6	**Angabe der Wertungskriterien (§ 9 b Nr. 1 Buchstabe f))**	**1248**
150.6.1	Begriff des Wertungskriteriums	1248
150.6.2	Wertungskriterium der „Umwelteigenschaften"	1249
150.6.3	Pflicht zur Bekanntmachung der Wertungskriterien	1249
150.6.3.1	Sinn und Zweck der Bekanntmachung	1249
150.6.3.2	Wahlrecht	1249
150.6.3.3	Pflicht zur Bekanntmachung von Unterkriterien?	1249
150.6.3.4	„Angabe" der Wertungskriterien	1249
150.6.3.5	Klare und eindeutige Wertungskriterien	1249
150.6.3.6	Kriterien aus der Rechtsprechung	1249
150.6.4	Folgen von unterschiedlichen Angaben in der Vergabebekanntmachung und im Anschreiben	1249
150.6.5	Folgen der fehlenden Angabe der Wertungskriterien	1249
150.7	**Bindung des Auftraggebers an die veröffentlichten Kriterien**	**1249**
150.8	**Pflicht zur Angabe der Gewichtung der Wertungskriterien**	**1249**
150.9	**Anforderungen an Nebenangebote (§ 9 b Nr. 2)**	**1249**
150.9.1	Zulassung von Nebenangeboten	1249
150.9.2	Pflicht zur Angabe der Nennung von Mindestanforderungen an Nebenangebote	1250
150.10	**Forderung nach Angabe der Leistungen, die an Nachunternehmer vergeben werden sollen (§ 9 b Nr. 3)**	**1250**
151.	**§ 10 VOL/A – Unteraufträge**	**1250**
151.1	**Vergleichbare Regelungen**	**1250**
151.2	**Änderungen in der VOL/A 2006**	**1250**
151.3	**Bedeutung der Vorschrift in der Rechtsprechung**	**1250**
152.	**§ 11 VOL/A – Ausführungsfristen**	**1251**
152.1	**Vergleichbare Regelungen**	**1251**
152.2	**Änderungen in der VOL/A 2006**	**1251**
152.3	**Bieterschützende Vorschrift**	**1251**
152.4	**Bemessung der Ausführungsfristen**	**1251**
152.4.1	Allgemeines	1251
152.4.2	Indizien für eine nicht ausreichende Bemessung der Ausführungsfristen	1251
152.4.3	Änderung der Ausführungsfrist durch eine Verlängerung der Bindefrist?	1251

152.4.4	Folge einer Verlängerung der Bindefrist für die Ausführungszeit	1251
152.4.5	Möglichkeit der Nachverhandlung über Ausführungsfristen?	1251
152.5	**Erläuternde Hinweise der VOL/A**	1251
153.	**§ 12 VOL/A – Vertragsstrafen**	**1252**
153.1	**Vergleichbare Regelungen**	1252
153.2	**Änderungen in der VOL/A 2006**	1252
153.3	**Vertragsstrafe**	1252
153.3.1	Sinn und Zweck	1252
153.3.2	Vertragsstrafen auch für andere Fälle als die Überschreitung von Ausführungsfristen	1252
153.3.3	Forderung nach einer Vertraulichkeitserklärung	1252
153.3.4	Vertragsstrafe mit dem Inhalt, dass die Höhe der Vertragsstrafe im billigen Ermessen des Auftraggebers steht	1252
153.3.5	Geltendmachung der Vertragsstrafe nur bei tatsächlichen Nachteilen für den Auftraggeber	1252
153.3.5.1	Grundsatz	1252
153.3.5.2	Zulässigkeit bei abstrakter Möglichkeit eines erheblichen Nachteils	1252
153.3.5.3	Zulässigkeit bei drohenden Ansprüchen eines Nachunternehmers	1252
153.3.6	Angemessene Höhe der Vertragsstrafe	1252
153.3.6.1	Grundsatz	1252
153.3.6.2	Rechtsfolgen einer unangemessen hohen Vertragsstrafe	1253
153.4	**Beschleunigungsvergütung**	1253
153.4.1	Inhalt	1253
153.4.2	Umsatzsteuerpflicht	1253
153.4.3	Beispiele aus der Rechtsprechung	1253
154.	**§ 13 VOL/A – Verjährung der Mängelansprüche**	1253
154.1	**Vergleichbare Regelungen**	1253
154.2	**Änderungen in der VOL/A 2006**	1253
154.3	**Verjährungsfristen nach § 14 Nr. 3 VOL/B**	1253
154.4	**Verlängerung der Verjährung**	1253
154.4.1	Rechtsprechung des Bundesgerichtshofes zur VOB	1253
154.4.2	Neue Rechtsprechung des Bundesgerichtshofes zur Privilegierung der VOB/B	1254
154.5	**Hemmung der Verjährung durch Anrufung einer VOL-Schiedsstelle**	1254
155.	**§ 14 VOL/A – Sicherheitsleistung**	1254
155.1	**Vergleichbare Regelungen**	1254
155.2	**Änderungen in der VOL/A 2006**	1255
155.3	**Restriktive Handhabung**	1255
155.4	**Sicherheit in Höhe von 10% und Betriebsunterbrechungsversicherung**	1255
155.5	**Hinweis**	1255
156.	**§ 15 VOL/A – Preise**	1255
156.1	**Vergleichbare Regelungen**	1255
156.2	**Änderungen in der VOL/A 2006**	1255
156.3	**Vergabe zu festen Preisen (§ 15 Nr. 1 Abs. 1)**	1255
156.4	**Vorschriften über die Preise bei öffentlichen Aufträgen (§ 15 Nr. 1 Abs. 2)**	1255
156.5	**Unzulässigkeit des völligen Ausschlusses jeder Preisänderung**	1256
156.6	**Ermessensvorschrift**	1256
156.7	**Grundsätze zur Anwendung von Preisvorbehalten bei öffentlichen Aufträgen**	1256
156.8	**Preisvorbehalte nur für den ausgeschriebenen Auftrag**	1256
156.9	**Vorgabe von Preisvorbehalten nur durch den Auftraggeber**	1256
156.10	**Längerfristige Verträge**	1256
156.10.1	Allgemeines	1256
156.10.2	Beispiele aus der Rechtsprechung	1256
156.10.3	§ 15 Nr. 1 Buchstabe d) der Grundsätze zur Anwendung von Preisvorbehalten bei öffentlichen Aufträgen	1256
156.11	**Wesentliche Änderungen (Bagatell- und Selbstbehaltsklausel)**	1256
156.11.1	Allgemeines	1256
156.11.2	Beispiele aus der Rechtsprechung	1256

1143

156.11.3	Bagatellklausel bei Rückforderungen	1256
156.11.4	§ 15 Nr. 2 Buchstabe b) und c) der Grundsätze zur Anwendung von Preisvorbehalten bei öffentlichen Aufträgen	1257
156.12	**Möglichkeiten der Festlegung der Änderung der Vergütung in den Verdingungsunterlagen**	**1257**
156.12.1	Allgemeines (Lohngleitklausel usw.)	1257
156.12.2	Angabe eines Listenpreises verbunden mit einem Rabattsatz	1257
156.13	**Preisrechtliche Rahmenbedingungen**	**1257**
156.14	**Preisänderungen nach Versendung der Vergabeunterlagen und vor Zuschlag**	**1257**
157.	**§ 16 VOL/A – Grundsätze der Ausschreibung und der Informationsübermittlung**	**1257**
157.1	**Vergleichbare Regelungen**	**1258**
157.2	**Änderungen in der VOL/A 2006**	**1258**
157.3	**Bieterschützende Vorschrift**	**1258**
157.4	**Sollvorschrift**	**1258**
157.5	**Fertigstellung aller Verdingungsunterlagen (§ 16 Nr. 1)**	**1258**
157.5.1	Sonderfall der funktionalen Leistungsbeschreibung	1258
157.5.2	Fehlende Finanzierung eines ausgeschriebenen Projektes	1258
157.5.2.1	Grundsatz	1258
157.5.2.2	Rechtsfolgen einer fehlenden Finanzierung	1258
157.6	**Möglichkeit der Ausführung der Leistung (§ 16 Nr. 1)**	**1259**
157.7	**Ausschreibungen für vergabefremde Zwecke (§ 16 Nr. 2)**	**1259**
157.7.1	Allgemeines	1259
157.7.2	Konkrete Vergabeabsicht	1259
157.7.3	Markterkundung	1259
157.7.4	Beispiele aus der Rechtsprechung	1259
157.7.5	Parallelausschreibungen	1259
157.7.5.1	Erscheinungsformen	1259
157.7.5.2	Zulässigkeit einer Parallelausschreibung	1259
157.7.5.3	Verwaltungsregelungen zur Parallelausschreibung	1259
157.7.5.4	Angebotsfristen für Parallelausschreibungen	1259
157.7.5.5	Festlegung gestaffelter Eröffnungstermine	1259
157.7.5.6	Wertung von Parallelausschreibungen	1259
157.8	**Geltung auch für das Verhandlungsverfahren (§ 16 Nr. 3)**	**1259**
157.9	**Angabe der Kommunikationsmittel**	**1260**
158.	**§ 16 a VOL/A – Anforderungen an Teilnahmeanträge**	**1260**
158.1	**Vergleichbare Regelungen**	**1260**
158.2	**Änderungen in der VOB/A 2006**	**1260**
158.3	**Sinn und Zweck der Vorschrift**	**1260**
158.4	**Anforderungen an die Auftraggeber bei direkt, per Post oder elektronisch übermittelten Teilnahmeanträgen (§ 16 a Nr. 1)**	**1260**
158.5	**Anforderungen an die Bewerber bei direkt, per Post oder elektronisch übermittelten Teilnahmeanträgen (§ 16 a Nr. 1)**	**1261**
158.6	**Anforderungen an die Bewerber bei per Telefax oder telefonisch übermittelten Teilnahmeanträgen (§ 16 a Nr. 2)**	**1261**
158.7	**Geltung für alle Verfahren mit Teilnahmeanträgen**	**1261**
159.	**§ 16 b VOL/A – Anforderungen an Teilnahmeanträge**	**1261**
159.1	**Vergleichbare Regelungen**	**1261**
159.2	**Änderungen in der VOL/A 2006**	**1261**
159.3	**Hinweis**	**1261**
160.	**§ 17 VOL/A – Bekanntmachung, Aufforderung zur Angebotsabgabe**	**1262**
160.1	**Vergleichbare Regelungen**	**1264**
160.2	**Änderungen in der VOL/A 2006**	**1264**
160.3	**Bieterschützende Vorschrift**	**1264**
160.3.1	Grundsatz	1264
160.3.2	§ 17 Nr. 4	1264

160.4	Bedeutung der Vorschriften über die Vergabebekanntmachung	1264
160.5	Auslegung der Vergabebekanntmachung	1264
160.6	Bindung des Auftraggebers an die Bekanntmachung	1264
160.7	**Bekanntmachung öffentlicher Ausschreibungen (§ 17 Nr. 1)**	1264
160.7.1	Sinn und Zweck der Bekanntmachung	1264
160.7.2	Begriff der Bekanntmachung	1265
160.7.3	Wahl des Bekanntmachungsmediums	1265
160.7.3.1	Allgemeines	1265
160.7.3.2	Bedeutung der EU-weiten Bekanntmachung	1265
160.7.3.3	Elektronische Bekanntmachung	1265
160.7.4	Umfang der Bekanntmachung	1265
160.7.4.1	Soll-Vorschrift	1265
160.7.4.2	Rechtsprechung	1265
160.7.5	Unterschiedliche Inhalte von Bekanntmachungen derselben Ausschreibung	1265
160.7.6	Bezeichnung einer „Öffentlichen Ausschreibung" als „Offenes Verfahren"	1265
160.7.7	Inhalt der Bekanntmachung (§ 17 Nr. 1 Abs. 2)	1265
160.7.7.1	Art und Umfang der Leistung (§ 17 Nr. 1 Abs. 2 Buchstabe c))	1265
160.7.7.2	Verlangte Nachweise für die Beurteilung der Eignung der Bieter (§ 17 Nr. 1 Abs. 2 Buchstabe m))	1265
160.8	**Bekanntmachung Beschränkter Ausschreibungen nach Öffentlichem Teilnahmewettbewerb (§ 17 Nr. 2)**	1266
160.8.1	Allgemeines	1266
160.8.2	Art und Umfang der Leistung (§ 17 Nr. 2 Abs. 2 Buchstabe c))	1266
160.8.3	Bindung des Auftraggebers an die Frist zur Einreichung von Teilnahmeanträgen (§ 17 Nr. 2 Abs. 2 Buchstabe f))	1266
160.8.4	Nachweise für die Beurteilung der Eignung (§ 17 Nr. 2 Abs. 2 Buchstabe i))	1266
160.9	**Anschreiben (Aufforderung zur Angebotsabgabe) (§ 17 Nr. 3)**	1266
160.9.1	Vergleichbare Regelungen	1266
160.9.2	Art und Umfang der Leistung (§ 17 Nr. 3 Abs. 2 Buchstabe c))	1266
160.9.3	Vorbehalte wegen der Teilung in Lose (§ 17 Nr. 3 Abs. 2 Buchstabe d))	1266
160.9.4	Bestimmungen über die Ausführungszeit (§ 17 Nr. 3 Abs. 2 Buchstabe e))	1266
160.9.5	Nachweise für die Beurteilung der Eignung (§ 17 Nr. 3 Abs. 2 Buchstabe k))	1266
160.9.6	Sonstige Erfordernisse, die die Bewerber bei der Bearbeitung ihrer Angebote beachten müssen (§ 17 Nr. 3 Abs. 2 Buchstabe m))	1266
160.9.6.1	Forderung nach einer Vertraulichkeitserklärung	1266
160.9.6.2	Forderung nach Angabe der Leistungen, die an Nachunternehmer vergeben werden sollen	1267
160.9.7	Nebenangebote (Nr. 3 Abs. 2 Buchstabe o))	1267
160.10	**Besondere Vertragsbedingungen (Nr. 3 Abs. 4)**	1267
160.11	**Nebenangebote (Nr. 3 Abs. 5)**	1267
160.11.1	Allgemeines	1267
160.11.2	Formen der Angebote	1267
160.11.3	Nebenangebot	1267
160.11.3.1	Begriff	1267
160.11.3.2	Sinn und Zweck	1267
160.11.3.3	Beispiele aus der Rechtsprechung	1267
160.11.3.4	Erläuterung der Mindestanforderungen an Nebenangebote	1268
160.11.3.5	Ausschluss von Nebenangeboten	1268
160.12	**Anforderung der Vergabeunterlagen**	1268
160.13	**Abgabe der Vergabeunterlagen an die Bewerber (§ 17 Nr. 4)**	1268
160.13.1	Sinn und Zweck der doppelten Ausfertigung	1268
160.13.2	Medien zur Übersendung der Unterlagen (Papier/Diskette)	1268
160.13.3	Anforderungen bei der Übersendung von elektronischen Medien	1268
160.13.3.1	Allgemeines	1268
160.13.3.2	Beifügung einer entsprechenden Programmdiskette	1269
160.13.4	Mitwirkungspflicht des Bewerbers bei erkennbaren Problemen mit der Übersendung	1269
160.13.5	Pflicht des Auftraggebers zur erneuten Übersendung der Verdingungsunterlagen	1269
160.13.6	Pflicht des Auftraggebers zur Dokumentation des Versands von Nachträgen und der Sicherstellung einer Rückmeldung über den Empfang	1269
160.14	**Auskünfte an die Bewerber (§ 17 Nr. 6)**	1269
160.14.1	Auskunftspflicht des Auftraggebers	1269
160.14.2	Sinn und Zweck der Regelung	1269

Teil 4 Inhaltsverzeichnis   Verdingungsordnung für Leistungen Teil A

160.14.3	Form der Erteilung der Auskünfte	1269
160.14.4	Begriff der „zusätzlichen Auskünfte"	1269
160.14.5	Begriff der „sachdienlichen" Auskünfte	1269
160.14.6	Begriff der „wichtigen Aufklärungen" (§ 17 Nr. 6 Abs. 2)	1269
160.14.7	Unverzügliche Auskünfte	1269
160.14.8	Beachtung des Gleichheitsgrundsatzes	1269
160.14.9	Rechtsfolge einer durch den Bewerber nicht erfolgten Erkundigung	1269
160.14.9.1	Reaktionsmöglichkeiten des Bieters auf eine unklare oder fehlerhafte Leistungsbeschreibung	1269
160.14.9.2	Unterlassene Erkundigung	1270
160.14.9.3	Unterlassene Erkundigung bei unvollständigen Vergabeunterlagen	1270
160.15	**Änderung des Leistungsverzeichnisses durch den Auftraggeber während der Ausschreibung**	**1270**
160.16	**Fehlende Unterlagen und Erkundigungspflicht des Bieters**	**1270**
161.	**§ 17 a VOL/A – Bekanntmachung, Aufforderung zur Angebotsabgabe, Beschafferprofil, Vorinformation**	**1270**
161.1	**Vergleichbare Regelungen**	**1271**
161.2	**Änderungen in der VOL/A 2006**	**1271**
161.3	**Bieterschützende Vorschrift**	**1271**
161.3.1	Grundsatz	1271
161.3.2	§ 17 a Nr. 1	1271
161.4	**Bedeutung der Vorschriften über die Vergabebekanntmachung**	**1272**
161.5	**Auslegung der Vergabebekanntmachung**	**1272**
161.6	**Bindung des Auftraggebers an die Bekanntmachung**	**1272**
161.7	**Bekanntmachung Offener, Nichtoffener und Verhandlungsverfahren (§ 17 a Nr. 1)**	**1272**
161.7.1	Sinn und Zweck der Bekanntmachung	1272
161.7.2	Begriff der Bekanntmachung	1272
161.7.3	Zwingende Veröffentlichung der Bekanntmachungen im Amtsblatt der Europäischen Gemeinschaften (§ 17 a Nr. 1 Abs. 1 und 2)	1272
161.7.4	Form der Übermittlung der Bekanntmachung an das Amt für amtliche Veröffentlichungen der Europäischen Gemeinschaften (§ 17 a Nr. 1 Abs. 2)	1272
161.7.5	Umfang des Inhalts der Bekanntmachung im Supplement zum Amtsblatt der Europäischen Gemeinschaften (§ 17 a Nr. 1 Abs. 2 Satz 3)	1272
161.7.6	Veröffentlichung der Bekanntmachungen im Supplement zum Amtsblatt der Europäischen Gemeinschaften (§ 17 a Nr. 1 Abs. 3)	1272
161.7.6.1	Allgemeines	1273
161.7.6.2	Zulässigkeit einer rein elektronischen Bekanntmachung	1273
161.7.6.3	Schnellere Veröffentlichung elektronischer Bekanntmachungen	1273
161.7.7	Inländische Veröffentlichung der Bekanntmachungen (§ 17 a Nr. 1 Abs. 4)	1273
161.7.7.1	Wahl des Bekanntmachungsmediums	1273
161.7.7.2	Unterschiedliche Inhalte von Bekanntmachungen derselben Ausschreibung	1273
161.7.7.3	Bezeichnung eines „Offenen Verfahrens" als „öffentliche Ausschreibung"	1273
161.8	**Beschafferprofil (§ 17 a Nr. 2)**	**1273**
161.9	**Vorinformation (§ 17 a Nr. 3)**	**1274**
161.9.1	Sinn und Zweck der Vorinformation	1274
161.9.2	Bedeutung der Vorinformation	1274
161.9.3	Zwingende Vorinformation (§ 17 a Nr. 1 Abs. 2)	1274
161.9.4	Schwellenwerte für die Vorinformation	1274
161.9.5	Zeitpunkt der Vorinformation	1274
161.9.6	Übermittlung der Vorinformation	1274
161.9.6.1	Zwingende Übermittlung der Vorinformation an das Amt für amtliche Veröffentlichungen der Europäischen Gemeinschaften	1274
161.9.6.2	Form der Übermittlung der Vorinformation an das Amt für amtliche Veröffentlichungen der Europäischen Gemeinschaften	1274
161.9.6.3	Übermittlung der Vorinformation durch Veröffentlichung im Beschafferprofil	1275
161.9.6.4	Fakultative Übermittlung der Vorinformation an andere Bekanntmachungsblätter	1275
161.9.7	Folge einer korrekten Vorinformation	1275
161.10	**Neue Formulare**	**1275**
161.11	**Literatur**	**1275**

162.	§ 17 b VOL/A – Aufruf zum Wettbewerb	1275
162.1	Vergleichbare Regelungen	1277
162.2	Änderungen in der VOL/A 2006	1277
162.3	Hinweis	1277
162.4	Bedeutung in der Rechtsprechung	1278
162.5	Inhalt der Vorschrift	1278
162.6	Regelmäßige unverbindliche Bekanntmachung als Aufruf zum Wettbewerb (§ 17 b Nr. 3)	1278
162.7	Aufruf zum Wettbewerb durch Veröffentlichung einer Bekanntmachung über das Bestehen eines Prüfsystems (§ 17 b Nr. 4)	1278
162.7.1	Verfahrensablauf	1278
162.7.2	Hinweis	1278
162.8	Veröffentlichung im Amtsblatt (§ 17 b Nr. 5)	1278
162.9	Auskünfte über die Vergabeunterlagen (§ 17 b Nr. 7)	1278
163.	§ 18 VOL/A – Form und Frist der Angebote	1279
163.1	Vergleichbare Regelungen	1279
163.2	Änderungen in der VOL/A 2006	1279
163.3	Bieterschützende Vorschrift	1279
163.4	Rechtscharakter der Angebotsfrist	1279
163.5	Wiedereinsetzung in den vorigen Stand bei Versäumung der Frist	1279
163.6	Begriff der Angebotsfrist	1279
163.6.1	Begriff der Angebotsfrist nach der VOL/A	1279
163.6.2	Angebotsfrist im Sinne von § 107 Abs. 3 GWB	1279
163.7	Dauer der Angebotsfrist (§ 18 Nr. 1)	1279
163.7.1	Angemessenheit der Dauer der Angebotsfrist	1280
163.7.2	Engagement und Personaleinsatz der Bewerber	1280
163.7.3	Dauer der Angebotsfrist bei Parallelausschreibungen (einschließlich eines Generalunternehmerangebots)	1280
163.7.4	Dauer der Angebotsfrist bei ÖPP-Projekten	1280
163.7.5	Dauer der Angebotsfrist bei Leistungsbeschreibung mit Leistungsprogramm	1280
163.7.6	Heilung einer zu kurz bemessenen Angebotsfrist?	1280
163.7.7	Sofortige Prüfungspflicht der Verdingungsunterlagen durch die Bewerber?	1280
163.8	Ende der Angebotsfrist	1280
163.8.1	Bedeutung des Ablaufes der Angebotsfrist für die Wertung	1280
163.8.2	Setzung unterschiedlicher Fristen für die Einreichung der Angebote und der Eröffnung der Angebote	1280
163.8.3	Ende der Angebotsfrist an einem Sonntag	1281
163.8.4	Verlängerung des Endes der Angebotsfrist	1281
163.8.4.1	Zulässigkeit der Verlängerung	1281
163.8.4.2	Information aller Bieter	1281
163.8.4.3	Aufhebung der Ausschreibung bei Verfahrensfehlern im Zusammenhang mit der Verlängerung	1281
163.9	Kennzeichnung und verschlossener Umschlag (§ 18 Nr. 2 Satz 1)	1281
163.9.1	Sinn und Zweck	1281
163.9.2	Verschlossener Umschlag	1281
163.9.2.1	Sinn und Zweck der Regelung	1281
163.9.2.2	Schutz des Angebotes durch einen Umschlag oder ähnliche Mittel	1281
163.10	Schutz des Angebotsinhalts bei elektronischen Angeboten (§ 18 Nr. 2 Abs. 1 Satz 2)	1281
163.11	Zurückziehung von Angeboten (§ 18 Nr. 3)	1281
163.11.1	Möglichkeit der Zurückziehung durch Abgabe eines unvollständigen Angebots?	1281
163.11.2	Änderung von Angeboten	1281
164.	§ 18 a VOL/A – Formen und Fristen	1282
164.1	Vergleichbare Regelungen	1283
164.2	Änderungen in der VOL/A 2006	1283
164.3	Bieterschützende Vorschrift	1283
164.4	Berechnung der Fristen	1283

Teil 4 Inhaltsverzeichnis   Verdingungsordnung für Leistungen Teil A

164.5	Rechtscharakter der Angebotsfrist	1283
164.6	Wiedereinsetzung in den vorigen Stand bei Versäumung der Frist	1283
164.7	Heilung einer zu kurz bemessenen Angebotsfrist?	1283
164.8	Sofortige Prüfungspflicht der Verdingungsunterlagen durch die Bewerber?	1284
164.9	**Begriff der Angebotsfrist (§ 18 a Nr. 1 Abs. 1)**	1284
164.9.1	Begriff der Angebotsfrist nach der VOL/A	1284
164.9.2	Angebotsfrist im Sinne von § 107 Abs. 3 GWB	1284
164.10	**Dauer der Angebotsfrist beim Offenen Verfahren (§ 18 a Nr. 1 Abs. 1, Abs. 2)**	1284
164.10.1	Regelfrist (§ 18 a Nr. 1 Abs. 1)	1284
164.10.1.1	Angemessenheit der Dauer der Regelangebotsfrist	1284
164.10.1.2	Engagement und Personaleinsatz der Bewerber	1284
164.10.1.3	Dauer der Angebotsfrist bei Parallelausschreibungen (einschließlich eines Generalunternehmerangebots)	1284
164.10.1.4	Dauer der Angebotsfrist bei ÖPP-Projekten	1284
164.10.1.5	Dauer der Angebotsfrist bei Leistungsbeschreibung mit Leistungsprogramm	1284
164.10.2	Abkürzung der Regelfrist (§ 18 a Nr. 1 Abs. 2)	1284
164.10.2.1	Formale Voraussetzungen der Abkürzung der Regelfrist	1284
164.10.2.2	Angemessenheit der abgekürzten Frist	1285
164.10.2.3	Engagement und Personaleinsatz der Bewerber	1285
164.10.2.4	Dauer der Angebotsfrist bei Parallelausschreibungen (einschließlich eines Generalunternehmerangebots)	1285
164.10.2.5	Dauer der Angebotsfrist bei ÖPP-Projekten	1285
164.10.2.6	Dauer der Angebotsfrist bei Leistungsbeschreibung mit Leistungsprogramm	1285
164.10.3	Abkürzung der Regelfrist bei elektronischen Bekanntmachungen (§ 18 a Nr. 1 Abs. 4 Satz 1)	1285
164.10.4	Abkürzung der Regelfrist bei freier, direkter und vollständiger Verfügbarkeit der Vergabeunterlagen (§ 18 a Nr. 1 Abs. 4 Satz 2)	1285
164.10.4.1	Begriff der Verdingungsunterlagen und aller zusätzlichen Unterlagen	1285
164.10.4.2	Freie und direkte Verfügbarkeit der Vergabeunterlagen	1285
164.10.4.3	Vollständige Verfügbarkeit der Vergabeunterlagen	1286
164.11	**Dauer der Angebotsfrist beim Nichtoffenen Verfahren, beim Wettbewerblichen Dialog und im Verhandlungsverfahren in den Fällen des § 3 a Nr. 1 Abs. 5 (§ 18 a Nr. 2 Abs. 1 – Abs. 3)**	1286
164.11.1	Bewerbungsfrist (§ 18 a Nr. 2 Abs. 1)	1286
164.11.1.1	Begriff	1286
164.11.1.2	Regelfrist	1286
164.11.1.3	Abkürzung der Regelfrist aus Gründen der Dringlichkeit (§ 18 a Nr. 2 Abs. 1 Satz 2)	1286
164.11.1.4	Abkürzung der Regelfrist bei elektronischer Bekanntmachung (§ 18 a Nr. 2 Abs. 3 Satz 1)	1286
164.11.2	Dauer der Angebotsfrist beim Nichtoffenen Verfahren (§ 18 a Nr. 2 Abs. 2, Abs. 3)	1286
164.11.2.1	Regelfrist	1286
164.11.2.2	Abkürzung der Regelfrist bei Vorinformation (§ 18 a Nr. 2 Abs. 2 Satz 3)	1286
164.11.2.3	Abkürzung der Regelfrist bzw. der verkürzten Frist aus Gründen der Dringlichkeit (§ 18 a Nr. 2 Abs. 2 Satz 2)	1286
164.11.2.4	Abkürzung der Regelfrist bei freier, direkter und vollständiger Verfügbarkeit der Vergabeunterlagen (§ 18 a Nr. 2 Abs. 3 Satz 2)	1287
165.	**§ 18 b VOL/A – Angebotsfrist, Bewerbungsfrist**	1287
165.1	Vergleichbare Regelungen	1288
165.2	Änderungen in der VOL/A 2006	1288
165.3	Bieterschützende Vorschrift	1288
165.4	Hinweis	1289
165.5	Dauer der Angebotsfrist beim Offenen Verfahren (§ 18 b Nr. 1 Abs. 1, Abs. 2)	1289
165.6	Dauer der Angebotsfrist beim Nichtoffenen Verfahren und Verhandlungsverfahren mit vorherigem Aufruf zum Wettbewerb (§ 18 b Nr. 2)	1289
165.7	Erläuternde Hinweise der VOL/A	1289
165.8	Bedeutung in der Rechtsprechung	1289
166.	**§ 19 VOL/A – Zuschlags- und Bindefrist**	1289
166.1	Vergleichbare Regelungen	1289
166.2	Änderungen in der VOL/A 2006	1290

166.3	Bieterschützende Vorschrift	1290
166.4	**Zuschlagsfrist**	1290
166.4.1	Begriff	1290
166.4.2	Sinn und Zweck	1290
166.4.3	Dauer der Zuschlagsfrist	1290
166.4.3.1	Grundsatz	1290
166.4.3.2	Beispiele aus der Rechtsprechung	1290
166.4.4	Fehlende Fristbestimmung	1290
166.4.5	Erläuternde Hinweise der VOL/A	1290
166.5	**Bindefrist (§ 19 Nr. 3)**	1290
166.5.1	Begriff und Inhalt	1290
166.5.2	Verlängerung der Zuschlags- und Bindefrist vor Ablauf	1290
166.5.2.1	Grundsatz	1290
166.5.2.2	Rechtsfolge	1290
166.5.2.3	Sinn und Zweck der Verlängerung	1291
166.5.2.4	Verbot der Manipulation des Vergabeverfahrens über die Verlängerung der Zuschlagsfristen	1291
166.5.2.5	Verlängerung nur mit aussichtsreichen Bietern	1291
166.5.2.6	Bitte um Verlängerung bedeutet keine Bitte um neue Angebote	1291
166.5.2.7	Änderung der Ausführungsfrist durch eine Verlängerung der Bindefrist?	1291
166.5.2.8	Verlängerung der Bindefrist durch den Bieter unter das Angebot abändernden Bedingungen	1291
166.5.2.9	Folge des Ablaufs der Zuschlags- und Bindefrist	1291
166.5.3	Verlängerung der Zuschlags- und Bindefrist nach Ablauf	1291
166.5.3.1	Hinweis	1291
166.5.3.2	Grundsätzliche Zulässigkeit der Verlängerung	1291
166.5.3.3	Rechtsfolgen	1291
166.5.3.4	Zugang der Annahmeerklärung des Bieters beim Auftraggeber	1291
166.5.4	Literatur	1291
166.6	**Geltung bei Freihändiger Vergabe (§ 19 Nr. 4)**	1291
167.	**§ 20 VOL/A – Kosten**	1292
167.1	**Vergleichbare Regelungen**	1292
167.2	**Änderungen in der VOL/A 2006**	1292
167.3	**Bieterschützende Vorschrift**	1292
167.4	**Vervielfältigungskosten für die Verdingungsunterlagen (§ 20 Nr. 1)**	1292
167.4.1	Vervielfältigungskosten bei Öffentlicher Ausschreibung (§ 20 Nr. 1 Abs. 1)	1292
167.4.2	Entschädigung bei Beschränkter Ausschreibung und Freihändiger Vergabe (§ 20 Nr. 1 Abs. 2)	1292
167.4.3	Höhe der Vervielfältigungskosten	1292
167.4.3.1	Ermessensregelung	1292
167.4.3.2	Vervielfältigen der Verdingungsunterlagen	1293
167.4.3.3	Vervielfältigungskosten bei digitalen Unterlagen	1293
167.4.3.4	Darlegungs- und Beweislast für die Höhe der Selbstkosten	1293
167.4.4	Entgeltanspruch nur des öffentlichen Auftraggebers	1293
167.4.5	Entgeltanspruch eines Dritten	1293
167.4.6	Erläuternde Hinweise der VOL/A	1293
167.4.7	Entschädigung für die Bearbeitung des Angebots (§ 20 Nr. 2)	1293
167.4.7.1	Sinn und Zweck	1293
167.4.7.2	Allgemeines	1293
167.4.7.3	Inhalt der Regelung	1293
167.4.7.4	Nebenangebote und Nachträge	1293
167.4.7.5	Beispiele aus der Rechtsprechung	1293
167.4.7.6	Schadenersatzansprüche bei fehlender, aber notwendiger Entschädigung	1293
168.	**§ 21 VOL/A – Inhalt der Angebote**	1293
168.1	**Vergleichbare Regelungen**	1294
168.2	**Änderungen in der VOL/A 2006**	1294
168.3	**Bieterschützende Vorschrift**	1294
168.3.1	§ 21	1294
168.3.2	§ 21 Nr. 1 Abs. 2 Satz 5	1294
168.3.3	§ 21 Nr. 2	1295

Teil 4 Inhaltsverzeichnis Verdingungsordnung für Leistungen Teil A

168.4	Anforderungen des § 21 für die Bieter	1295
168.5	Auslegung des Angebots	1295
168.5.1	Grundsatz	1295
168.5.2	Beispiele aus der Rechtsprechung	1295
168.6	Angabe der Preise und sonstiger geforderter Angaben und Erklärungen (§ 21 Nr. 1 Abs. 1 Satz 1)	1295
168.6.1	Sinn und Zweck der Vorschrift	1295
168.6.2	Begriff der geforderten Angaben und Erklärungen	1295
168.6.2.1	Rechtsprechung	1295
168.6.2.2	Erläuternde Hinweise der VOL/A	1295
168.6.3	Hinweis	1295
168.7	Form der Angebote (§ 21 Nr. 1 Abs. 2)	1296
168.7.1	Schriftliche Angebote	1296
168.7.1.1	Keine zwingende Zulassung von schriftlichen Angeboten bei Vergaben unterhalb der Schwellenwerte	1296
168.7.2	Elektronische Angebote	1296
168.7.2.1	Umsetzung der Vorgaben der Vergabekoordinierungsrichtlinie	1296
168.7.2.2	Sonstige Regelungen über die elektronische Angebotsabgabe	1296
168.7.2.3	Bedeutung des elektronischen Angebots in Praxis und Rechtsprechung	1296
168.7.2.4	Pilotprojekte	1296
168.7.2.5	Literatur	1296
168.8	Gewährleistung der Integrität der Daten und die Vertraulichkeit der Angebote (§ 21 Nr. 1 Abs. 2)	1296
168.8.1	Schriftliche Angebote (§ 21 Nr. 1 Abs. 2 Satz 2)	1297
168.8.1.1	Einreichung in einem verschlossenen Umschlag	1297
168.8.1.2	Kennzeichnung und verschlossene Aufbewahrung	1297
168.8.2	Elektronische Angebote (§ 21 Nr. 1 Abs. 2 Satz 3)	1297
168.8.2.1	Verschlüsselung	1297
168.8.2.2	Elektronische Angebote per Fax oder per E-Mail ohne Signatur und Verschlüsselung	1297
168.9	Unterzeichnung der Angebote (§ 21 Nr. 1 Abs. 2 Satz 1)	1297
168.9.1	Allgemeines	1297
168.9.2	Prüfung der Unterzeichnung?	1297
168.9.3	Stelle der Unterzeichnung	1297
168.9.4	Anzahl der Unterschriften	1297
168.9.5	Identität des Bieters	1297
168.9.5.1	Allgemeines	1297
168.9.5.2	Angebot eines Bieters für einen Dritten	1297
168.9.5.3	Beispiele aus der Rechtsprechung	1297
168.9.6	Unterzeichnung des Angebotes bei Bietergemeinschaften	1298
168.9.6.1	Begriff	1298
168.9.6.2	Angebot eines Einzelbieters oder Angebot einer Bietergemeinschaft?	1298
168.9.6.3	Grundsätzliche Anforderung an die Unterzeichnung von Angeboten einer Bietergemeinschaft	1298
168.9.6.4	Unterzeichnung von Angeboten einer Bietergemeinschaft durch einen Bevollmächtigten	1298
168.9.6.5	Nachträgliche Genehmigung bei fehlender Unterschrift aller Mitglieder von Bietergemeinschaften	1298
168.9.6.6	Anwendung der Grundsätze über die Duldungs- und Anscheinsvollmacht und das Handeln eines vollmachtslosen Vertreters	1298
168.9.7	Wertung von Angeboten mit unvollständigen Unterschriften	1298
168.9.8	Signaturanforderung bei elektronischen Angeboten (§ 21 Nr. 1 Abs. 2 Satz 4)	1298
168.9.8.1	Signaturstufe	1298
168.10	Änderungen des Bieters an seinen Eintragungen (§ 21 Nr. 1 Abs. 3)	1298
168.11	Änderungen und Ergänzungen an den Verdingungsunterlagen (§ 21 Nr. 1 Abs. 4)	1298
168.12	Muster und Proben (§ 21 Nr. 1 Abs. 5)	1299
168.13	Sonstige Formerfordernisse	1299
168.13.1	Durchgängige Verwendung der Ordnungsziffern eines Leistungsverzeichnisses	1299
168.14	Nebenangebote (§ 21 Nr. 2)	1299
168.14.1	Hinweise	1299
168.15	Arbeitsgemeinschaften und andere gemeinschaftliche Bieter (§ 21 Nr. 4)	1299
168.16	Selbstgefertigte Abschrift oder Kurzfassung des Leistungsverzeichnisses	1299
168.17	Anwendbarkeit in Verfahren nach der VOL/A-SKR	1300

Verdingungsordnung für Leistungen Teil A Inhaltsverzeichnis **Teil 4**

169.	**§ 22 VOL/A – Öffnung der Angebote bei Ausschreibungen; Vertraulichkeit**	1300
169.1	**Vergleichbare Regelungen**	1301
169.2	**Änderungen in der VOL/A 2006**	1301
169.3	**Bieterschützende Vorschrift**	1301
169.4	**Schriftliche Angebote (§ 22 Nr. 1 Satz 1)**	1301
169.5	**Elektronische Angebote (§ 22 Nr. 1 Satz 2)**	1301
169.6	**Eröffnungstermin (§ 22 Nr. 2 Satz 1)**	1301
169.6.1	Grundsatz	1301
169.6.2	Verlegung des Eröffnungstermins	1301
169.6.3	Erläuternde Hinweise der VOL/A	1301
169.7	**Ablauf des Eröffnungstermins (§ 22 Nr. 2, Nr. 3)**	1301
169.7.1	Leitung des Eröffnungstermins	1301
169.7.2	Prüfung des Verschlusses und der äußeren Kennzeichnung der Angebote bzw. der Verschlüsselung (§ 22 Nr. 3 Abs. 1 Buchstabe a))	1302
169.7.3	Prüfung des Eingangs der Angebote bis zum Ablauf der Angebotsfrist (§ 22 Nr. 3 Abs. 1 Buchstabe b))	1302
169.7.3.1	Übermittlungsrisiko des Bieters für die Rechtzeitigkeit	1302
169.7.3.2	(Nur) Mitverschulden des Bieters an der Verspätung	1302
169.7.3.3	Ausnahme vom Übermittlungsrisiko des Bieters für die Rechtzeitigkeit	1302
169.7.3.4	Ausnahme vom Übermittlungsrisiko des Bieters für die Rechtzeitigkeit bei sonstigem Verschulden des Auftraggebers	1302
169.7.3.5	Teilweise verspätetes Angebot	1302
169.7.3.6	Darlegungs- und Beweislast	1302
169.7.3.7	Weitere Beispiele aus der Rechtsprechung	1302
169.7.4	Öffnung der Angebote (§ 22 Nr. 3 Satz 2)	1302
169.7.4.1	Begriff der Öffnung	1302
169.7.5	Kennzeichnung der Angebote im Eröffnungstermin (§ 22 Nr. 3 Satz 2)	1303
169.7.5.1	Allgemeines	1303
169.7.5.2	Erläuternde Hinweise der VOL/A	1303
169.8	**Niederschrift (§ 22 Nr. 4)**	1303
169.8.1	Zwingende Regelung	1303
169.8.2	Bestandteile der Niederschrift	1303
169.8.3	Rechtscharakter der Niederschrift und Beweislastverteilung	1303
169.9	**Geheimhaltungsgebot (§ 22 Nr. 6)**	1303
169.9.1	Grundsatz	1303
169.9.2	Sinn und Zweck des Geheimhaltungsgebots	1303
169.9.3	Geheimhaltungsgebot im kommunalen Bereich	1303
169.9.4	Beispiele aus der Rechtsprechung	1303
169.10	**Öffnung von Teilnahmeanträgen**	1303
170.	**§ 23 VOL/A – Prüfung der Angebote**	1304
170.1	**Vergleichbare Regelungen**	1304
170.2	**Änderungen in der VOL/A 2006**	1304
170.3	**Inhalt der Vorschrift**	1304
170.4	**Nicht ordnungsgemäße Angebote (§ 23 Nr. 1)**	1304
170.5	**Verspätete Angebote (§ 23 Nr. 1)**	1304
170.6	**Verspätete und nicht ordnungsgemäße, aber noch zuzulassende Angebote**	1305
170.6.1	Hinweis	1305
170.6.2	Grundsatz	1305
170.6.3	Begriff des Eingangs	1305
170.6.4	Beispiele aus der Rechtsprechung	1305
170.7	**Prüfungsermessen**	1305
170.8	**Sonstige formal fehlerhafte Angebote (§ 23 Nr. 1)**	1305
170.9	**Prüfung der Vollständigkeit sowie rechnerische, fachliche und wirtschaftliche Prüfung (§ 23 Nr. 2)**	1305
170.9.1	Rechnerische Prüfung	1305
170.9.1.1	Verbindung der rechnerischen Prüfung mit einer allgemeinen Durchsicht der Angebote ..	1305
170.9.1.2	Korrekturen im Rahmen der rechnerischen Prüfung (Rechtsprechung zu § 23 Nr. 3 VOB/A)	1306
170.9.2	Erläuternde Hinweise der VOL/A	1306

1151

Teil 4 Inhaltsverzeichnis Verdingungsordnung für Leistungen Teil A

171.	§ 24 VOL/A – Aufklärung des Angebotsinhalts	1306
171.1	Vergleichbare Regelungen	1306
171.2	Änderungen in der VOL/A 2006	1306
171.3	Sinn und Zweck der Vorschrift	1306
171.4	Bieterschützende Vorschrift	1306
171.4.1	Grundsatz	1306
171.4.2	Bieterschützende Vorschrift für den Bieter, mit dem unstatthafte Verhandlungen geführt werden?	1306
171.5	Verpflichtung des Auftraggebers zur Führung von Aufklärungsgesprächen	1307
171.5.1	Grundsatz	1307
171.5.2	Ausnahmen	1307
171.5.2.1	Treu und Glauben	1307
171.5.2.2	Offenkundiges Versehen des Bieters	1307
171.5.2.3	Verursachung des Aufklärungsbedarfs durch den Auftraggeber	1307
171.5.2.4	Glaubhafte Darlegungen des Bieters	1307
171.5.2.5	Ausforschung durch die Vergabestelle?	1307
171.6	Aufklärungsgespräche (§ 24 Nr. 1 Abs. 1)	1307
171.6.1	Allgemeines	1307
171.6.2	Aufklärungsbedarf	1307
171.6.3	Ansprechpartner	1308
171.6.4	Gleichbehandlung der Bieter	1308
171.6.5	Beschränkung der Gespräche auf aussichtsreiche Bieter	1308
171.6.6	Anspruch auf Wiederholung von Aufklärungsgesprächen	1308
171.6.7	Möglicher Inhalt von Aufklärungsgesprächen	1308
171.6.7.1	Aufklärungsgespräch über Preise	1308
171.6.7.2	Aufklärungsgespräch über die Art der Ausführung	1308
171.6.7.3	Aufklärungsgespräch über die Kalkulation	1308
171.6.7.4	Aufklärungsgespräch über Materialien, Fabrikate und Verrechnungssätze für Stundenlohnarbeiten	1308
171.6.7.5	Aufklärungsgespräch über die Eignung	1308
171.6.7.6	Aufklärungsgespräch über Lieferfristen	1308
171.6.7.7	Aufklärungsgespräch über Verbindlichkeit der Unterschrift	1308
171.6.7.8	Aufklärungsgespräch über die ungenügende Beschreibung eines Nebenangebots	1309
171.6.7.9	Weitere Beispiele aus der Rechtsprechung	1309
171.7	Verweigerung von Aufklärungen und Angaben durch den Bieter (§ 24 Nr. 1 Abs. 2)	1309
171.7.1	Grundsatz	1309
171.7.2	Unterbliebene Reaktion auf geforderte Aufklärungen und Angaben	1309
171.7.3	Setzung einer Ausschlussfrist	1309
171.7.3.1	Zulässigkeit	1309
171.7.3.2	Anforderungen	1309
171.7.4	Begründungspflicht	1309
171.8	Unstatthafte Nachverhandlungen (§ 24 Nr. 2 Abs. 1)	1309
171.8.1	Initiator von unstatthaften Nachverhandlungen	1309
171.8.2	Verbot der unzulässigen Nachverhandlungen für Sektorenauftraggeber	1309
171.8.3	Beispiele aus der Rechtsprechung für unzulässige Nachverhandlungen	1309
171.9	Rechtsfolge einer unstatthaften Nachverhandlung	1309
171.10	Statthafte Nachverhandlungen nach § 24 Nr. 2 Abs. 2	1310
171.10.1	Nachverhandlungen über Nebenangebote	1310
171.10.1.1	Grundsatz	1310
171.10.1.2	Beispiele aus der Rechtsprechung	1310
171.10.2	Nachverhandlungen bei funktionalen Leistungsbeschreibungen	1310
171.10.3	Verbindung eines Leistungsprogramms und eines Bemusterungstermins	1310
171.10.4	Notwendigkeit von technischen Änderungen geringen Umfangs und daraus sich ergebende Änderungen der Preise	1310
171.10.4.1	Grundsatz	1310
171.10.4.2	Beurteilungsspielraum des Auftraggebers	1310
171.10.4.3	Verhandlungen nur mit dem wirtschaftlichsten Bieter	1310
171.10.4.4	Beispiele aus der Rechtsprechung	1310
171.10.5	Erläuternde Hinweise der VOL/A	1310

Verdingungsordnung für Leistungen Teil A   Inhaltsverzeichnis **Teil 4**

171.11	Sonstige statthafte Nachverhandlungen	1310
171.11.1	Beeinflussung der Reihenfolge der Bieter und ähnliche Fälle	1311
171.11.2	Nachverhandlungen über unerhebliche Änderungen	1311
171.12	**Verhandlungsverfahren**	1311
171.13	**Dokumentation und Geheimhaltung der Ergebnisse (§ 24 Nr. 3)**	1311
171.14	**Literatur**	1311
172.	**§ 25 VOL/A – Wertung der Angebote**	1311
172.1	**Vergleichbare Regelungen**	1312
172.2	**Änderungen in der VOL/A 2006**	1312
172.3	**Bieterschützende Vorschrift**	1312
172.3.1	§ 25 Nr. 1 Abs. 1 Buchstabe d)	1312
172.3.2	§ 25 Nr. 1 Abs. 1 Buchstabe f)	1312
172.3.3	§ 25 Nr. 2 Abs. 2 Satz 1	1312
172.3.4	§ 25 Nr. 2 und Nr. 3	1312
172.4	**Wertungsstufen**	1314
172.4.1	Allgemeines	1314
172.4.2	Grundsätzliche Trennung der einzelnen Stufen bei der Wertung	1314
172.4.3	Verpflichtung zur umfassenden Prüfung und Wertung aller Angebote?	1314
172.5	**1. Wertungsstufe: Ausschluss nach § 25 Nr. 1**	1314
172.5.1	Zwingender Ausschluss (§ 25 Nr. 1 Abs. 1)	1314
172.5.1.1	Angebote mit fehlenden wesentlichen Preisangaben (§ 25 Nr. 1 Abs. 1 Buchstabe a))	1314
172.5.1.2	Nicht unterschriebene Angebote (§ 25 Nr. 1 Abs. 1 Buchstabe b))	1318
172.5.1.3	Angebote mit nicht zweifelsfreien Änderungen (§ 25 Nr. 1 Abs. 1 Buchstabe c))	1319
172.5.1.4	Angebote mit Änderungen oder Ergänzungen an den Verdingungsunterlagen (§ 25 Nr. 1 Abs. 1 Buchstabe d))	1319
172.5.1.5	Verspätete Angebote (§ 25 Nr. 1 Abs. 1 Buchstabe e))	1320
172.5.1.6	Angebote auf der Basis einer unzulässigen wettbewerbsbeschränkenden Abrede (§ 25 Nr. 1 Abs. 1 Buchstabe f))	1320
172.5.1.7	Ausgeschlossene Nebenangebote (§ 25 Nr. 1 Abs. 1 Buchstabe g))	1320
172.5.1.8	Angebote mit mehrdeutigen Angaben, mit unklärbaren Mehrdeutigkeiten und Widersprüchen	1321
172.5.1.9	Zwingender Ausschluss wegen Nichterfüllung der Anforderungen des Leistungsverzeichnisses	1321
172.5.1.10	Zwingender Ausschluss wegen Unklarheit des Angebots	1321
172.5.1.11	Doppelangebote	1321
172.5.1.12	Beweislast für die Vollständigkeit eines Angebots bzw. für Ausschlussgründe	1321
172.5.2	Fakultativer Ausschluss (§ 25 Nr. 1 Abs. 2)	1321
172.5.2.1	Ermessensregelung	1321
172.5.2.2	Dokumentation der Ausübung des Ermessens	1321
172.5.2.3	Ermessensreduzierung auf Null und eventuelle Konsequenzen	1321
172.5.2.4	Fehlende sonstige Angaben und Erklärungen (§ 25 Nr. 1 Abs. 2 Buchstabe a))	1322
172.5.2.5	Tatbestände des § 7 Nr. 5 (§ 25 Nr. 1 Abs. 2 Buchstabe b))	1329
172.5.2.6	Fehlende Kennzeichnung eines Nebenangebotes (§ 25 Nr. 1 Abs. 2 Buchstabe c))	1329
172.5.3	Besondere Prüfungspflicht bei einer Häufung von formalen Fehlern der Bieter	1329
172.6	**2. Wertungsstufe: Eignungsprüfung (§ 25 Nr. 2 Abs. 1)**	1329
172.7	**3. Wertungsstufe: Prüfung der Angebotspreise (§ 25 Nr. 2 Abs. 2 und Abs. 3)**	1329
172.7.1	Preise, die in offenbarem Missverhältnis zur Leistung stehen (§ 25 Nr. 2 Abs. 3)	1329
172.7.1.1	Ungewöhnlich niedrige Angebote (§ 25 Nr. 2 Abs. 2)	1329
172.7.1.2	Ungewöhnlich hoher Preis	1330
172.7.1.3	Folgerung aus der Feststellung eines ungewöhnlich niedrigen Preises	1330
172.7.1.4	Prüfungspflicht des Auftraggebers	1330
172.7.1.5	Wertung eines Angebots mit einem ungewöhnlich niedrigen Preis	1331
172.7.1.6	Beweislast	1331
172.7.1.7	Spekulationsangebote	1331
172.7.2	Literatur	1331
172.8	**4. Wertungsstufe: Auswahl des wirtschaftlichsten Angebots (§ 25 Nr. 3)**	1331
172.8.1	Allgemeines	1331
172.8.2	Erläuternde Hinweise der VOL/A	1332
172.9	**Wertung von Nebenangeboten (§ 25 Nr. 4)**	1332
172.9.1	Hinweis	1332

1153

Teil 4 Inhaltsverzeichnis Verdingungsordnung für Leistungen Teil A

172.9.2	Formvorschriften für Nebenangebote (§ 21 Nr. 2, § 25 Nr. 1 Abs. 1 Buchstabe g), Nr. 1 Abs. 2 Buchstabe c))	1332
172.9.3	Prüfungsstufen für ein Nebenangebot	1332
172.9.4	Beurteilungsspielraum bei der Wertung und Grenzen der Überprüfbarkeit der Entscheidung	1332
172.9.5	Wertungskriterien für Nebenangebote	1332
172.9.5.1	Allgemeines	1332
172.9.5.2	Rechtsprechung des Europäischen Gerichtshofes	1332
172.9.5.3	Konsequenzen aus der Rechtsprechung des Europäischen Gerichtshofes	1332
172.9.5.4	Rechtsprechung vor und nach der Entscheidung des Europäischen Gerichtshofes	1333
172.9.6	Prüfungspflicht des Auftraggebers	1334
172.9.6.1	Grundsatz	1334
172.9.6.2	Einschränkungen	1334
172.9.7	Unterschiedliche Gutachteräußerungen	1334
172.9.8	Einheitliche Wertung eines Nebenangebotes?	1334
172.9.9	Wertung eines Pauschalpreisangebotes als Nebenangebot	1334
172.9.10	Umdeutung eines wegen Änderungen unzulässigen Angebots in ein Nebenangebot	1334
172.9.11	Erläuternde Hinweise der VOL/A	1334
172.9.12	Literatur	1334
172.10	**Wertung von Preisnachlässen**	**1334**
172.10.1	Begriff	1334
172.10.2	Verbot der Aufnahme von Preisnachlässen und Skonti in das Angebot	1334
172.10.3	Preisnachlässe mit Bedingungen	1334
172.10.3.1	Preisnachlässe mit Bedingungen, deren Erfüllung im Einflussbereich des Bieters liegen	1334
172.10.3.2	Preisnachlässe mit Bedingungen, deren Erfüllung im Einflussbereich des Auftraggebers liegen	1334
172.10.4	Preisnachlässe ohne Bedingungen	1335
172.10.4.1	Begriff	1335
172.10.5	Missverständliche und widersprüchliche Preisnachlässe	1335
172.10.5.1	Grundsatz	1335
172.10.5.2	Beispiele aus der Rechtsprechung	1335
172.10.6	Vom Auftraggeber ausgeschlossene Pauschalnachlässe	1335
172.10.7	Unzulässige Preisnachlässe bei der Beschaffung von preisgebundenen Schulbüchern	1335
172.11	**Nachträgliche Beseitigung von Wertungsfehlern des Auftraggebers**	**1335**
172.12	**Wertung und Zuschlag im Wege eines Vergleiches**	**1336**
173.	**§ 25 a VOL/A – Zuschlagskriterien, staatliche Beihilfe**	**1336**
173.1	**Vergleichbare Regelungen**	**1336**
173.2	**Änderungen in der VOB/A 2006**	**1336**
173.3	**Bieterschützende Vorschrift**	**1336**
173.4	**Zuschlagskriterien (Nr. 1 Abs. 1 Satz 1)**	**1336**
173.5	**Angabe der Gewichtung der Zuschlagskriterien (Nr. 1 Abs. 1 Satz 2–4)**	**1336**
173.6	**Bindung der ausschreibenden Stelle an die veröffentlichten Zuschlagskriterien (Nr. 1 Abs. 2)**	**1337**
173.6.1	Sinn und Zweck der Bindung	1337
173.6.2	Ausprägungen der Bindung	1337
173.6.3	Beispiele aus der Rechtsprechung	1337
173.6.4	Ausnahmen	1337
173.7	**Geltung des § 25 a nur für Ausschreibungen ab den Schwellenwerten**	**1337**
173.8	**Geltung des § 25 a auch im Verhandlungsverfahren im Sektorenbereich**	**1337**
173.9	**Folgen einer fehlenden Angabe von Zuschlagskriterien**	**1337**
173.10	**Aufgrund einer staatlichen Beihilfe ungewöhnlich niedrige Angebote (§ 25 a Nr. 2)**	**1337**
173.10.1	Grundsatz	1337
173.10.2	Rechtsfolge eines aufgrund einer staatlichen Beihilfe ungewöhnlich niedrigen Angebots	1337
173.11	**Mindestanforderungen an Nebenangebote (§ 25 a Nr. 3)**	**1337**
174.	**§ 25 b VOL/A – Wertung der Angebote**	**1337**
174.1	**Vergleichbare Regelungen**	**1338**
174.2	**Änderungen in der VOL/A 2006**	**1338**
174.3	**Bieterschützende Vorschrift**	**1338**

Verdingungsordnung für Leistungen Teil A Inhaltsverzeichnis **Teil 4**

174.4	Zuschlag auf das wirtschaftlich günstigste Angebot (§ 25 b Nr. 1 Abs. 1)	1338
174.5	Zuschlagskriterien (§ 25 b Nr. 1 Abs. 1)	1339
174.6	Angabe der Gewichtung der Zuschlagskriterien (Nr. 1 Abs. 1 Satz 2–4)	1339
174.7	Bindung der ausschreibenden Stelle an die veröffentlichten Zuschlagskriterien (§ 25 b Nr. 1 Abs. 2)	1339
174.8	Ungewöhnlich niedrige Angebote (§ 25 b Nr. 2 Abs. 1)	1339
174.8.1	Hinweis	1339
174.8.2	Mögliche Begründungen für ein ungewöhnlich niedriges Angebot	1339
174.9	Aufgrund einer staatlichen Beihilfe ungewöhnlich niedrige Angebote (§ 25 b Nr. 2 Abs. 3)	1339
174.9.1	Erläuternde Hinweise der VOL/A	1339
174.10	Leistung, die von den vorgegebenen technischen Spezifikationen abweicht (§ 25 b Nr. 3)	1340
174.11	Nebenangebote (§ 25 b Nr. 4)	1340
175.	**§ 26 VOL/A – Aufhebung der Ausschreibung**	1340
175.1	Vergleichbare Regelungen	1340
175.2	Änderungen in der VOL/A 2006	1340
175.3	Bieterschützende Vorschrift	1340
175.4	Sinn und Zweck der Vorschrift	1340
175.5	Geltungsbereich	1341
175.5.1	Ausschreibungen	1341
175.5.2	Freihändige Vergabe bzw. Verhandlungsverfahren	1341
175.5.2.1	Grundsatz	1341
175.5.2.2	Geltung des Transparenzgebotes und des Diskriminierungsverbots	1341
175.5.2.3	Verhandlungsverfahren über Kreativleistungen	1341
175.5.3	Aufhebung von Verfahren nach der VOL/A-SKR	1341
175.6	Ermessensentscheidung	1341
175.6.1	Allgemeines	1341
175.6.2	Enge Auslegung	1341
175.6.3	Alternative zur Aufhebung	1341
175.6.4	Pflicht zur Aufhebung	1341
175.6.5	Literatur	1341
175.7	Teilaufhebung (§ 26 Nr. 2)	1341
175.7.1	Teilaufhebung von einzelnen Losen	1341
175.7.2	Teilaufhebung von einzelnen Positionen	1341
175.8	Aufhebungsgründe des § 26 VOL/A	1342
175.8.1	Kein den Ausschreibungsbedingungen entsprechendes Angebot (§ 26 Nr. 1 Buchstabe a))	1342
175.8.2	Notwendigkeit der grundlegenden Änderung der Verdingungsunterlagen (§ 26 Nr. 1 Buchstabe b)	1342
175.8.2.1	Keine vorherige Kenntnis des Auftraggebers von der Notwendigkeit der Änderung	1342
175.8.2.2	Keine Zurechenbarkeit der Gründe zum Auftraggeber	1342
175.8.2.3	Allgemeines zur Notwendigkeit der grundlegenden Änderung	1342
175.8.2.4	Fehlerhaftes Leistungsverzeichnis	1342
175.8.2.5	Weitere Beispiele aus der Rechtsprechung	1342
175.8.3	Unwirtschaftliches Ergebnis der Ausschreibung (§ 26 Nr. 1 Buchstabe c))	1342
175.8.3.1	Erläuternde Hinweise der VOL/A	1342
175.8.4	Andere schwerwiegende Gründe (§ 26 Nr. 1 Buchstabe d))	1342
175.8.4.1	Keine vorherige Kenntnis des Auftraggebers von den Gründen	1342
175.8.4.2	Keine Zurechenbarkeit der Gründe zum Auftraggeber	1342
175.8.4.3	Strenge Anforderungen	1342
175.8.4.4	Schwerwiegender Grund als Summe von Einzelgesichtspunkten	1343
175.8.4.5	Unzureichende Finanzierung	1343
175.8.4.6	„Inhaltsleere" von Angeboten auf eine funktionale Leistungsbeschreibung	1343
175.8.4.7	Fehlerhafte Leistungsbeschreibung	1343
175.8.4.8	Veränderung von Terminen durch ein Nachprüfungsverfahren	1343
175.8.4.9	Ablauf der Zuschlags- und Bindefrist	1343
175.8.4.10	Mangelnde Eignung aller Bieter	1343
175.8.4.11	Anders nicht heilbarer Vergaberechtsfehler	1343
175.8.4.12	Vergleichbare Entscheidung einer Vergabekammer	1343

1155

Teil 4 Inhaltsverzeichnis

Verdingungsordnung für Leistungen Teil A

175.8.4.13	Entschluss zur Aufgabe des Beschaffungsvorhabens	1343
175.8.4.14	Verlängerung der Lieferzeit und geänderte Losaufteilung	1343
175.8.4.15	Drohender Verfall von Fördermitteln	1343
175.8.4.16	Politische Neubewertung eines Beschaffungsvorhabens	1343
175.9	**Sonstige Aufhebungsgründe**	**1343**
175.9.1	Kein Kontrahierungszwang	1343
175.9.2	Rechtsfolge einer sonstigen Aufhebung (Schadenersatz)	1343
175.9.2.1	Allgemeines	1343
175.9.2.2	Aufhebung einer Ausschreibung ohne anschließende Auftragsvergabe	1344
175.9.2.3	Aufhebung einer Ausschreibung mit anschließender – unveränderter – Auftragsvergabe	1344
175.9.2.4	Aufhebung einer Ausschreibung mit anschließender – veränderter – Auftragsvergabe	1344
175.9.2.5	Verzicht auf die Vergabe einer ausgeschriebenen Leistung	1344
175.9.2.6	Literatur	1344
175.9.3	Beispiele aus der Rechtsprechung	1344
175.10	**Beweislast für das Vorliegen von Aufhebungsgründen**	**1344**
175.11	**Rechtsnatur der Aufhebung**	**1344**
175.12	**Bekanntmachung der Aufhebung**	**1344**
175.13	**Rechtsfolge der Bekanntmachung**	**1344**
175.14	**Unterrichtungspflicht (§ 26 Nr. 4)**	**1344**
175.14.1	Sinn und Zweck	1344
175.14.2	Form	1344
175.14.3	Notwendiger Inhalt bei einer Aufhebung nach § 26 Nr. 1 Buchstabe a)	1344
175.15	**Rücknahme der Aufhebung**	**1344**
175.16	**Missbrauch der Aufhebungsmöglichkeit (Scheinaufhebung)**	**1345**
175.16.1	Allgemeines	1345
175.16.2	Gesamtzusammenhang	1345
175.16.3	Offensichtliche Bevorzugung eines Bieters	1345
175.16.4	Rechtsfolge einer Scheinaufhebung	1345
175.17	**Neues Vergabeverfahren im Anschluss an die Aufhebung**	**1345**
175.17.1	Allgemeines	1345
175.17.2	Aufhebung als Voraussetzung für ein neues Vergabeverfahren (§ 26 Nr. 5)	1345
175.18	**Überprüfung der Aufhebungsentscheidung in einem Vergabenachprüfungsverfahren**	**1346**
176.	**§ 26 a VOL/A – Mitteilung über den Verzicht auf die Vergabe**	**1346**
176.1	**Vergleichbare Regelungen**	**1346**
176.2	**Änderungen in der VOL/A 2006**	**1346**
176.3	**Bieterschützende Vorschrift**	**1346**
176.4	**Umfang der Mitteilungspflicht**	**1346**
176.5	**Gründe für die Einstellung eines Vergabeverfahrens und Überprüfbarkeit einer entsprechenden Entscheidung**	**1346**
176.6	**Beendigung eines Vergabeverfahrens**	**1346**
176.6.1	Beendigung eines Vergabeverfahrens wegen Ablaufs der Zuschlags- und Bindefrist?	1346
176.6.2	Beendigung eines Vergabeverfahrens bei einem nichtigen Vertrag	1346
177.	**§ 27 VOL/A – Nicht berücksichtigte Angebote**	**1347**
177.1	**Vergleichbare Regelungen**	**1347**
177.2	**Änderungen in der VOL/A 2006**	**1347**
177.3	**Bedeutung der Vorschrift**	**1347**
177.4	**Optionsrecht des Bieters**	**1348**
177.5	**Nachträglicher Informationsanspruch**	**1348**
177.6	**Verhältnis zu § 13 VgV**	**1348**
177.7	**Benachrichtigung der Bieter (§ 27 Nr. 1)**	**1348**
177.7.1	Zeitpunkt der Benachrichtigung der erfolglosen Bieter	1348
177.7.2	Forderung nach einem frankierten Rückumschlag	1348
177.7.3	Erläuternde Hinweise der VOL/A	1348
177.8	**Mitteilung der Gründe (§ 27 Nr. 2)**	**1348**
177.8.1	Formale Anforderungen	1348

177.8.2	Mitteilung an die Bewerber bei einer Beschränkten Ausschreibung mit Teilnahmewettbewerb bzw. einem Nichtoffenen Verfahren	1348
177.8.3	Erläuternde Hinweise der VOL/A	1348
177.9	**Antrag auf Feststellung einer Verletzung des § 27**	1348
177.10	**Erläuternde Hinweise der VOL/A zu § 27 Nr. 4**	1348
177.11	**Erläuternde Hinweise der VOL/A zu § 27 Nr. 7**	1349
178.	**§ 27 a VOL/A – Nicht berücksichtigte Bewerbungen und Angebote**	1349
178.1	**Vergleichbare Regelungen**	1349
178.2	**Änderungen in der VOL/A 2006**	1349
178.3	**Verhältnis des § 27 a zu § 13 VgV**	1349
178.4	**Nachträglicher Informationsanspruch**	1349
178.5	**Bewerber und Bieter**	1349
178.6	**Mitteilung der Gründe für die Nichtberücksichtigung bzw. Nennung des Namens des Auftraggebers (§ 27 a Nr. 1)**	1349
178.6.1	Allgemeines	1349
178.6.2	Nichtoffenes Verfahren	1349
178.7	**Form der Mitteilung**	1350
179.	**§ 27 b VOL/A – Mitteilungspflichten**	1350
179.1	**Vergleichbare Regelungen**	1350
179.2	**Änderungen in der VOL/A 2006**	1350
179.3	**Bedeutung in der Rechtsprechung**	1350
180.	**§ 28 VOL/A – Zuschlag**	1350
180.1	**Vergleichbare Regelungen**	1351
180.2	**Änderungen in der VOL/A 2006**	1351
180.3	**Begriff des Zuschlags**	1351
180.4	**Begriff des Zugangs**	1351
180.5	**Verspäteter Zuschlag bzw. Zuschlag mit Abänderungen (§ 28 Nr. 2)**	1351
180.5.1	Sinn und Zweck der Regelung	1351
180.5.2	Rechtliche Bedeutung	1351
181.	**§ 28 a VOL/A – Bekanntmachung über die Auftragserteilung**	1351
181.1	**Vergleichbare Regelungen**	1352
181.2	**Änderungen in der VOL/A 2006**	1352
181.3	**Bedeutung in der Rechtsprechung**	1352
182.	**§ 28 b VOL/A – Bekanntmachung der Auftragserteilung**	1352
182.1	**Vergleichbare Regelungen**	1352
182.2	**Änderungen in der VOL/A 2006**	1353
182.3	**Bedeutung in der Rechtsprechung**	1353
183.	**§ 29 VOL/A – Vertragsurkunde**	1353
183.1	**Vergleichbare Regelungen**	1353
183.2	**Änderungen in der VOL/A 2006**	1353
183.3	**Sinn und Zweck der Vorschrift**	1353
183.4	**Bedeutung in der Rechtsprechung**	1353
184.	**§ 30 VOL/A – Vergabevermerk**	1353
184.1	**Vergleichbare Regelungen**	1353
184.2	**Änderungen in der VOL/A 2006**	1354
184.3	**Bieterschützende Vorschrift**	1354
184.4	**Hinweis**	1354
185.	**§ 30 a VOL/A – Melde- und Berichtspflichten**	1354
185.1	**Vergleichbare Regelungen**	1354
185.2	**Änderungen in der VOL/A 2006**	1355
185.3	**Bedeutung in der Rechtsprechung**	1355

Teil 4 Inhaltsverzeichnis

186.	§ 30 b VOL/A – Aufbewahrungs- und Berichtspflichten	1355
186.1	Vergleichbare Regelungen	1355
186.2	Änderungen in der VOL/A 2006	1355
186.3	Bedeutung in der Rechtsprechung	1356
187.	§ 31 a VOL/A – Wettbewerbe	1356
187.1	Vergleichbare Regelungen	1356
187.2	Änderungen in der VOL/A 2006	1356
187.3	Wettbewerbe nach VOF (§ 31 a Nr. 1 Abs. 2)	1357
187.4	Bedeutung in der Rechtsprechung	1357
188.	§ 31 b VOL/A – Wettbewerbe	1357
188.1	Vergleichbare Regelungen	1357
188.2	Änderungen in der VOL/A 2006	1357
188.3	Bedeutung in der Rechtsprechung	1358
189.	§ 32 a VOL/A – Nachprüfungsbehörden	1358
189.1	Vergleichbare Regelungen	1358
189.2	Änderungen in der VOL/A 2006	1358
189.3	Anwendungsbereich	1358
189.4	Aufbau der Nachprüfungsbehörden	1358
189.4.1	Vergabeprüfstellen (§ 103 GWB)	1358
189.4.2	Vergabekammern (§ 104 GWB)	1358
189.4.3	Vergabesenate (§ 116 Abs. 3 GWB)	1358
189.5	Konkrete Angabe	1358
189.6	Nachprüfungsbehörden bei der Ausschreibung von Losen von Liefer- bzw. Dienstleistungsaufträgen	1358
189.7	Fehler bei der Nennung der Nachprüfungsbehörde	1359
189.7.1	Verspätete Bekanntgabe der Anschrift der zuständigen Vergabekammer	1359
189.7.2	Kausalität zwischen einer fehlerhaften Bekanntgabe und einem eventuellen Schaden	1359
190.	§ 32 b VOL/A – Nachprüfungsbehörden	1359
190.1	Vergleichbare Regelungen	1359
190.2	Hinweis	1359
191.	Einführung	1359
191.1	Allgemeines	1359
191.2	Aktuelle Fassung	1359
191.3	Inhalt und Aufbau	1359
191.4	Fortschreibung	1360
191.5	Literatur	1360

130. § 1 VOL/A – Leistungen

Leistungen im Sinne der VOL sind alle Lieferungen und Leistungen, ausgenommen
- Leistungen, die unter die Vergabe- und Vertragsordnung für Bauleistungen – VOB – fallen (VOB/A § 1),
- Leistungen, die im Rahmen einer freiberuflichen Tätigkeit erbracht oder im Wettbewerb mit freiberuflich Tätigen angeboten werden, soweit deren Auftragswerte die in der Vergabeverordnung festgelegten Schwellenwerte nicht erreichen; die Bestimmungen der Haushaltsordnungen bleiben unberührt,
- Leistungen ab der in der Vergabeverordnung festgelegten Schwellenwerte, die im Rahmen einer freiberuflichen Tätigkeit erbracht oder im Wettbewerb mit freiberuflich Tätigen angeboten werden und deren Gegenstand eine Aufgabe ist, deren Lösung nicht vorab eindeutig und erschöpfend beschrieben werden kann; diese Leistungen fallen unter die Verdingungsordnung für freiberufliche Leistungen – VOF –.

Leistungen können sowohl Warenbeschaffungen als auch den Einkauf von Dienstleistungen umfassen. 6161

130.1 Vergleichbare Regelungen

130.1.1 § 99 Abs. 2 GWB

Maßgebend für den Anwendungsbereich des Vierten Teils des GWB ist – für Warenbeschaffungen – die Definition des Lieferauftrages in § 99 Abs. 2 GWB; vgl. im Einzelnen die Kommentierung zu § 99 GWB RZ 1086. 6162

130.1.2 § 99 Abs. 3 GWB

Maßgebend für den Anwendungsbereich des Vierten Teils des GWB ist – für Dienstleistungen – die Definition des Lieferauftrages in § 99 Abs. 4 GWB; vgl. im Einzelnen die Kommentierung zu § 99 GWB RZ 1155. 6163

130.1.3 VOB/A, VOF

Der **Vorschrift des § 1 VOL/A – als Abgrenzungsregelungen – im Grundsatz vergleichbar** sind im Bereich der VOB **§ 1 VOB/A** und im Bereich der VOF **§ 1 VOF**. Die Kommentierungen zu diesen Vorschriften können daher ergänzend zu der Kommentierung des § 1 herangezogen werden. 6164

130.2 Änderungen in der VOL/A 2006

In § 1 VOL/A 2006 die **Bezugnahme auf die VOB entsprechend der Bezeichnung der VOB als Vergabe- und Vertragsordnung geändert.** 6165

130.3 Lieferungen und Leistungen

130.3.1 Allgemeines

§ 1 VOL/A **grenzt den Anwendungsbereich der VOL/A negativ ab:** alle Beschaffungen, die nicht der VOB/A unterfallen, keine freiberuflichen Tätigkeiten unterhalb der Schwellenwerte darstellen und nicht der VOF unterfallen, sind **Lieferungen und Leistungen nach § 1 VOL/A.** 6166

Teil 4 VOL/A § 1   Verdingungsordnung für Leistungen Teil A

130.3.2 Anwendungsbereich der VOB/A bzw. der VOL/A (1. Ausnahmeregelung)

130.3.2.1 Allgemeines

6167 Vgl. zur Anwendung der VOL/A bzw. VOB/A bei Lieferung und Montage von für eine bauliche Anlage erforderlichen maschinellen und elektrotechnischen/elektronischen Anlagen und Anlagenteilen die Kommentierung zu § 1 VOB/A RZ 3541.

6168 Vgl. zur Anwendung der VOL/A bzw. VOB/A beim Lieferauftrag mit baulichen Nebenleistungen die Kommentierung zu § 99 GWB RZ 1142.

6169 Vgl. zur Anwendung der VOL/A bzw. VOB/A bei Betreiberleistungen die Kommentierung zu § 99 GWB RZ 1144.

6170 Vgl. zur Anwendung der VOL/A bzw. VOB/A beim Contracting die Kommentierung zu § 99 GWB RZ 1147.

6171 Vgl. zu weiteren Beispielen aus der Rechtsprechung für die Anwendung der VOL/A bzw. VOB/A die Kommentierung zu § 99 GWB RZ 1152.

130.3.2.2 Erläuternde Hinweise der VOL/A

6172 Bauleistungen sind Arbeiten jeder Art, durch die eine bauliche Anlage hergestellt, instand gehalten, geändert oder beseitigt wird. Darunter fallen auch alle zur Herstellung, Instandhaltung oder Änderung einer baulichen Anlage zu montierenden Bauteile, insbesondere die Lieferung und Montage maschineller und elektrotechnischer Einrichtungen. Einrichtungen, die jedoch von der baulichen Anlage ohne Beeinträchtigung der Vollständigkeit oder Benutzbarkeit abgetrennt werden können und einem selbständigen Nutzungszweck dienen, fallen unter die VOL/A.

130.3.3 Freiberufliche Tätigkeiten unterhalb der Schwellenwerte (2. Ausnahmeregelung)

6173 Leistungen, die im Rahmen einer freiberuflichen Tätigkeit erbracht oder im Wettbewerb mit freiberuflich Tätigen angeboten werden, soweit deren Auftragswerte die in der Vergabeverordnung festgelegten Schwellenwerte nicht erreichen, unterfallen nicht der VOL/A; die Bestimmungen der Haushaltsordnungen bleiben unberührt,

130.3.3.1 Freiberufliche Tätigkeiten

6174 Weder die VgV noch die VOF noch die VOL/A selbst definieren den Inhalt einer freiberuflichen Tätigkeit. Insoweit kann aber einmal auf die in der Fußnote zu § 1 VOL/A enthaltene **Definition des § 18 Abs. 1 Nr. 1 EStG** zurückgegriffen werden. Danach gehören zu der freiberuflichen Tätigkeit die **selbständig ausgeübte wissenschaftliche, künstlerische, schriftstellerische, unterrichtende oder erzieherische Tätigkeit,** die selbständige Berufstätigkeit der Ärzte, Zahnärzte, Tierärzte, Rechtsanwälte, Notare, Patentanwälte, Vermessungsingenieure, Ingenieure, Architekten, Handelschemiker, Wirtschaftsprüfer, Steuerberater, beratenden Volks- und Betriebswirte, vereidigten Buchprüfer (vereidigten Bücherrevisoren), Steuerbevollmächtigten, Heilpraktiker, Dentisten, Krankengymnasten, Journalisten, Bildberichterstatter, Dolmetscher, Übersetzer, Lotsen und ähnlicher Berufe. Die Definition des § 18 Abs. 1 Nr. 1 EStG ist **nicht abschließend.**

6175 Ähnlich definiert § 1 **Partnerschaftsgesellschaftsgesetz (PartGG)** die freiberufliche Tätigkeit: Die Freien Berufe haben im allgemeinen **auf der Grundlage besonderer beruflicher Qualifikation oder schöpferischer Begabung die persönliche, eigenverantwortliche und fachlich unabhängige Erbringung von Dienstleistungen höherer Art im Interesse der Auftraggeber und der Allgemeinheit** zum Inhalt. Ausübung eines Freien Berufs im Sinne dieses Gesetzes ist die selbständige Berufstätigkeit der Ärzte, Zahnärzte, Tierärzte, Heilpraktiker, Krankengymnasten, Hebammen, Heilmasseure, Diplom-Psychologen, Mitglieder der Rechtsanwaltskammern, Patentanwälte, Wirtschaftsprüfer, Steuerberater, beratenden Volks- und Betriebswirte, vereidigten Buchprüfer (vereidigte Buchrevisoren), Steuerbevollmächtigten, Ingenieure, Architekten, Handelschemiker, Lotsen, hauptberuflichen Sachverständigen, Journalisten, Bildberichterstatter, Dolmetscher, Übersetzer und ähnlicher Berufe sowie der Wissenschaftler, Künstler, Schriftsteller, Lehrer und Erzieher (im Ergebnis ebenso OLG München, B. v. 28. 4. 2006 – Az.: Verg 6/06).

Verdingungsordnung für Leistungen Teil A   VOL/A § 1 **Teil 4**

Der Europäische Gerichtshof hat sich – in einem steuerrechtlichen Zusammenhang – ebenfalls mit der Begriffsbestimmung des freien Berufes auseinandergesetzt. Freie Berufe sind danach **Tätigkeiten, die ausgesprochen intellektuellen Charakter** haben, eine **hohe Qualifikation verlangen** und gewöhnlich einer genauen und strengen berufsständischen Regelung unterliegen. Bei der Ausübung einer solchen Tätigkeit hat das **persönliche Element besondere Bedeutung,** und diese Ausübung setzt auf jeden Fall eine **große Selbständigkeit bei der Vornahme der beruflichen Handlungen** voraus (EuGH, Urteil vom 11. 10. 2001 – Az.: C-267/99).   6176

130.3.3.2 Beispiele aus der Rechtsprechung

– die ärztliche Tätigkeit ist, wenn sie selbständig ausgeübt wird, typischerweise freiberuflich (Saarländisches OLG, B. v. 20. 9. 2006 – Az.: 1 Verg 3/06)   6177

130.3.3.3 Leistungen im Wettbewerb mit freiberuflich Tätigen

Bei Leistungen, die im Wettbewerb mit freiberuflich Tätigen angeboten werden, handelt es sich um **freiberufliche Leistungen, die von Personen- oder Kapitalgesellschaften angeboten werden,** die von freiberuflich Tätigen gebildet worden sind; Leistungsanbieter sind also beispielsweise Gesellschaften des bürgerlichen Rechts (GbR), Gesellschaften mit beschränkter Haftung (GmbH) oder Aktiengesellschaften (AG).   6178

Obwohl solche Gesellschaften steuer- und gewerberechtlich Gewerbebetriebe sind, handelt es sich **vergaberechtlich um freiberufliche Leistungen.** § 1 hat also insofern klarstellenden Charakter.   6179

130.3.3.4 Schwellenwerte

Nach Inkrafttreten der Vergabeverordnung richten sich die einschlägigen **Schwellenwerte ausschließlich nach § 2 VgV** (1. VK Bund, B. v. 2. 5. 2003 – Az.: VK 1-25/03; VK Nordbayern, B. v. 24. 9. 2003 – Az.: 320.VK-3194-30/03).   6180

Vgl. dazu im Einzelnen die **Kommentierung zu § 2 VgV** RZ 3121.   6181

130.3.3.5 Bestimmungen der Haushaltsordnungen

Die Haushaltsordnungen von Bund, Ländern und Kommunen enthalten jeweils Regelungen über die Ausschreibung und Vergabe öffentlicher Aufträge. **Diese Regelungen betreffen im Wesentlichen den Vorrang der Öffentlichen Ausschreibung bzw. Hinweise zur Anwendung der VOB/A bzw. VOL/A.**   6182

130.3.3.6 Erfassung aller freiberuflichen Leistungen unterhalb der Schwellenwerte

Nach dem Wortlaut des § 1 (2. Ausnahmeregelung) werden **alle freiberuflichen Leistungen von der VOL/A freigestellt.** Unterhalb der Schwellenwerte gibt es also im Gegensatz zur VOF **keine Unterscheidung zwischen eindeutig und erschöpfend beschreibbaren freiberuflichen Leistungen** und **nicht eindeutig und erschöpfend beschreibbaren freiberuflichen Leistungen.** Im Ergebnis führt dies dazu, dass nicht eindeutig und erschöpfend beschreibbare freiberufliche Leistungen nur haushaltsrechtlichen Regelungen unterliegen; insoweit hat sich aber in Bund, Ländern und Kommunen die Auffassung gefestigt, dass aufgrund des besonderen Wesens dieser Leistungen nur eine freihändige Vergabe in Betracht kommt.   6183

130.3.3.7 Erläuternde Hinweise der VOL/A

Weiterhin sind alle „Leistungen, die im Rahmen einer freiberuflichen Tätigkeit erbracht" werden, den Basisparagraphen entzogen. Welche Leistungen hierunter fallen, ergibt sich aus dem Katalog des § 18 Abs. 1 Nr. 1 EStG. Die Aufzählung ist nicht abschließend.   6184

Wird eine freiberufliche Leistung gleichzeitig im Wettbewerb von einem Gewerbebetrieb angeboten, findet die VOL auch auf die entsprechende Leistung des Gewerbebetriebes keine Anwendung. Liegt zwischen freiberuflich Tätigen und Gewerbebetrieben ein Wettbewerbsverhältnis nicht vor, d.h., wird eine der Natur nach freiberufliche Leistung ausschließlich durch Gewerbebetriebe erbracht, ist die VOL hingegen uneingeschränkt anwendbar.   6185

Die Frage, ob ein Wettbewerbsverhältnis zwischen freiberuflich Tätigen und Gewerbebetrieben besteht, ist vom jeweiligen Auftraggeber im Einzelfall und im Voraus aufgrund der vorhandenen Marktübersicht zu beurteilen. Wird die Leistung nur von Gewerbebetrieben erbracht und   6186

Teil 4 VOL/A § 1   Verdingungsordnung für Leistungen Teil A

ist daher mit einem Parallelangebot der freiberuflich Tätigen nicht zu rechnen, ist die Leistung nach dem Verfahren der VOL zu vergeben.

6187 Stellt sich im Laufe des VOL-Verfahrens wider Erwarten heraus, dass auch freiberuflich Tätige die Leistung erbringen und sich u. U. sogar um den Auftrag bewerben, so ist entscheidend, dass diese Leistung in der Vergangenheit nicht von freiberuflich Tätigen, sondern nur von Gewerbebetrieben erbracht wurde. Es kommt daher nicht auf die potentielle Fähigkeit der freiberuflich Tätigen an, derartige Leistungen zu erbringen, sondern auf die Erfahrung des Auftraggebers, dass diese Leistungen in der Vergangenheit auch tatsächlich von freiberuflich Tätigen erbracht worden sind.

6188 § 1 zweiter Spiegelstrich lässt insbesondere §§ 7 und 55 BHO (bzw. die entsprechenden landes- und kommunalrechtlichen Bestimmungen) unberührt. Einheitliche Grundsätze für die Vergabe der Gesamtheit freiberuflicher Leistungen sind nicht vorhanden. Es ist daher nach den Rechtsgrundsätzen des § 55 BHO (bzw. den entsprechenden landes- oder kommunalrechtlichen Bestimmungen) zu verfahren. Nach § 55 Abs. 1 BHO muss dem Abschluss von Verträgen über Lieferungen und Leistungen eine Öffentliche Ausschreibung vorausgehen, sofern nicht die Natur des Geschäfts oder besondere Umstände eine Ausnahme rechtfertigen.

6189 Mit Rücksicht auf den Ausnahmecharakter bedarf es grundsätzlich für das Vorliegen der Ausnahmesituation des § 55 BHO der Prüfung im Einzelfall. Es kann jedoch davon ausgegangen werden, dass der Ausnahmetatbestand bei freiberuflichen Leistungen in der Regel erfüllt ist. Sie können daher grundsätzlich freihändig vergeben werden.

6190 Die Aufträge sind, soweit Leistungen an freiberuflich Tätige vergeben werden, an solche Freiberufler zu vergeben, deren Fachkunde, Leistungsfähigkeit und Zuverlässigkeit feststeht, die über ausreichende Erfahrungen verfügen und die Gewähr für eine wirtschaftliche Planung und Ausführung bieten. Die Aufträge sollen möglichst gestreut werden.

130.3.4 Anwendungsbereich der VOF bzw. der VOL/A (3. Ausnahmeregelung)

6191 Leistungen **ab der in der Vergabeverordnung festgelegten Schwellenwerte**, die im **Rahmen einer freiberuflichen Tätigkeit erbracht** oder **im Wettbewerb mit freiberuflich Tätigen angeboten werden** und deren Gegenstand eine **Aufgabe ist, deren Lösung nicht vorab eindeutig und erschöpfend beschrieben werden kann,** fallen unter die Verdingungsordnung für freiberufliche Leistungen – VOF.

130.3.4.1 Schwellenwerte

6192 Die Bestimmungen der VOF sind nur anzuwenden, **wenn bestimmte Schwellenwerte erreicht** sind, wenn also das Auftragsvolumen für den Dienstleistungserbringer ein bestimmtes Volumen erreicht. Vgl. dazu im Einzelnen die **Kommentierung zu § 2 VgV** RZ 3146.

130.3.4.2 Freiberufliche Tätigkeiten

6193 Vgl. dazu im Einzelnen die Kommentierung RZ 6174.

130.3.4.3 Leistungen im Wettbewerb mit freiberuflich Tätigen

6194 Vgl. dazu im Einzelnen die Kommentierung RZ 6178.

130.3.4.4 Nicht eindeutig und erschöpfend beschreibbare freiberufliche Leistungen

6195 130.3.4.4.1 Allgemeines. Nach § 1 Satz 1 (3. Ausnahmeregelung) VOL/A sowie § 2 Abs. 2 Satz 2 VOF sind **eindeutig und erschöpfend beschreibbare freiberufliche Leistungen** nicht nach der VOF, sondern nach der Verdingungsordnung für Leistungen (VOL) zu vergeben. **§ 5 Satz 2 VgV** definiert diese Ausnahme vom Anwendungsbereich der VOF weitergehend dergestalt, dass die VOF keine Anwendung findet bei **Dienstleistungen, deren Gegenstand eine Aufgabe ist, deren Lösung vorab eindeutig und erschöpfend beschrieben** werden kann. Aufgrund des Vorrangverhältnisses der VgV zur VOF und zur VOL/A ist die – weitergehende – Definition der VgV den jeweiligen Vergabeüberlegungen zugrunde zu legen.

6196 130.3.4.4.2 Hinweis. Vgl. dazu im Einzelnen die Kommentierung zu § 2 VOF RZ 7813.

130.3.4.5 Erläuternde Hinweise der VOL/A

6197 Oberhalb des EG-Schwellenwertes der EG-Richtlinie sind freiberufliche Leistungen nach der Verdingungsordnung für freiberufliche Leistungen (VOF) zu vergeben, sofern deren Gegenstand eine Aufgabe ist, deren Lösung nicht vorab eindeutig und erschöpfend beschrieben werden kann.

130.4 Gemischte Verträge

Vgl. zu gemischten Verträgen die Kommentierung zu § 99 GWB RZ 1137. 6198

131. § 1a VOL/A – Verpflichtung zur Anwendung der a-Paragrafen

1. **(1) Bei der Vergabe von Liefer- und Dienstleistungsaufträgen gelten die Bestimmungen der a-Paragraphen zusätzlich zu den Basisparagraphen. Soweit die Bestimmungen der a-Paragraphen nicht entgegenstehen, bleiben die Basisparagraphen unberührt.**
   (2) Aufträge, deren Gegenstand Lieferungen und Dienstleistungen sind, werden nach den Regelungen über diejenigen Aufträge vergeben, deren Wert überwiegt.
   (3) Soweit keine ausdrückliche Unterscheidung zwischen Liefer- und Dienstleistungsaufträgen erfolgt, gelten die Regelungen sowohl für Liefer- als auch für Dienstleistungsaufträge.
2. **(1) Aufträge, deren Gegenstand Dienstleistungen nach Anhang I A sind, werden nach den Bestimmungen dieses Abschnittes vergeben.**
   (2) Aufträge, deren Gegenstand Dienstleistungen nach Anhang I B sind, werden nach den Bestimmungen der Basisparagraphen dieses Abschnittes und der §§ 8a und 28a vergeben.
   (3) Aufträge, deren Gegenstand Dienstleistungen des Anhangs I A und des Anhangs I B sind, werden nach den Regelungen für diejenigen Dienstleistungen vergeben, deren Wert überwiegt.

131.1 Vergleichbare Regelungen

Der Vorschrift des § 1a VOL/A sind **§ 1b VOL/A** und – zumindest im Ansatz – **§§ 1a, 1b** 6199
VOB/A vergleichbar. Die Kommentierungen zu diesen Vorschriften können daher ergänzend zu der Kommentierung des § 1a herangezogen werden.

131.2 Änderungen in der VOL/A 2006

Im Zuge der VOL/A 2006 wurden **§ 1a Nr. 1 Abs. 1 Satz 1 redaktionell gestrafft** und 6200
zunächst **§ 1a Nr. 1 Abs. 1 Satz 2 gestrichen,** dann aber im Rahmen der Berichtigung vom 7. 6. 2006 (Bundesanzeiger Nr. 109 vom 13. 6. 2006, S. 4368) wieder eingefügt.

131.3 Zusätzliche Anwendung der a-Paragrafen

Die Bestimmungen der a-Paragrafen sind zusätzlich zu den Basisparagrafen von bestimmten 6201
Auftraggebern anzuwenden, sofern bestimmte Schwellenwerte überschritten sind.

131.4 Auftraggeber

Wer zur Anwendung des Vierten Teils des GWB, der VgV und der a-Paragrafen der VOL/A 6202
verpflichtet ist, ergibt sich aus **§ 4 VgV in Verbindung mit § 98 Nr. 1 bis 3, 5 und 6 GWB.** Vgl. insoweit die entsprechenden Kommentierungen.

131.5 Schwellenwert

Nach Inkrafttreten der Vergabeverordnung richten sich die einschlägigen Schwellenwerte aus- 6203
schließlich nach § 2 VgV. Zur Höhe der Schwellenwerte – auch für Lose von Liefer- bzw. Dienstleistungen – vgl. die **Kommentierung zu § 2 VgV** RZ 3137.

Teil 4 VOL/A § 1a   Verdingungsordnung für Leistungen Teil A

131.6 Aufträge, deren Gegenstand Lieferungen und Dienstleistungen sind (§ 1 a Nr. 1 Abs. 2)

6204   Aufträge, deren Gegenstand Lieferungen und Dienstleistungen sind, werden nach den Regelungen über diejenigen Aufträge vergeben, deren Wert überwiegt. Die **vergaberechtliche Einordnung** richtet sich also nach dem **Schwerpunkt der Leistungen** (OLG Naumburg, B. v. 30. 5. 2002 – Az.: 1 Verg 14/01).

131.7 Dienstleistungen des Anhangs I A und des Anhangs I B (§ 1 a Nr. 2)

131.7.1 Allgemeines

6205   Die **Anhänge I A und I B der VOL/A** entsprechen den **Anhängen II Teil A und II Teil B der Vergabekoordinierungsrichtlinie** (VKR).

6206   In den Anhängen wird in der aktuellen Fassung zur Kennzeichnung **sowohl auf die CPC-Referenz-Nummer als auch auf die CPV-Referenznummer Bezug genommen**. Die CPC-Referenz-Nummer stammt aus der Zentralen Gütersystematik der Vereinten Nationen (Central Product Classification). Die CPC-Referenz-Nummer ist ab dem **20. 12. 2003** durch ein einheitliches Klassifikationssystem für öffentliche Aufträge, das Gemeinsame Vokabular für öffentliche Aufträge (Common Procurement Vocabulary – CPV), ersetzt. Dieses CPV beruht auf der **Verordnung (EG) Nr. 2151/2003 vom 16. 12. 2003** über das **Gemeinsame Vokabular für öffentliche Aufträge (CPV)**; die Verordnung ist im Amtsblatt der Europäischen Union L 329/1 vom 17. 12. 2003, berichtigt durch Amtsblatt der Europäischen Union L 330/34 vom 18. 12. 2003, veröffentlicht; vgl. im Einzelnen die **Kommentierung zu § 14 VgV**.

6207   Bei **unterschiedlichen Auslegungen zwischen CPV und CPC gilt die CPC-Nomenklatur** (Art. 1 Abs. 14 Unterabsatz 2 VKR).

131.7.2 Anwendungsbereich der VOL/A

6208   Die in den Anhängen I A und I B genannten Dienstleistungen können nur dann von der VOL/A erfasst werden, wenn es sich **nicht um freiberufliche Leistungen im Sinne der §§ 1, 1a VOL/A, 1 VOF** handelt; nur für die **übrigen Dienstleistungen** der Anhänge I A und I B gelten die **Regelungen der VOL/A**.

131.7.3 Anwendung der VOL/A für nicht freiberufliche Leistungen der VOF des Anhangs I A (§ 1 a Nr. 2 Abs. 1)

6209   Für die in Anhang I A der VOL/A genannten Leistungen, die nicht der VOF unterfallen, gelten grundsätzlich alle Regelungen der VOL/A.

131.7.4 Anwendung der VOL/A für nicht freiberufliche Leistungen der VOF des Anhangs I B (§ 1 a Nr. 2 Abs. 2)

6210   Für die Vergabe der in Anhang I B genannten Leistungen, die nicht der VOF unterfallen **gelten nur § 8 a und § 28 a VOL/A**. Es ist also einmal zu beachten, dass bei der Leistungsbeschreibung die technischen Anforderungen unter Bezugnahme auf europäische Spezifikationen festzulegen sind; es **gelten die im Anhang TS vorgesehenen Regelungen**. Zum andern sind die Vorschriften über die Mitteilungen über vergebene Aufträge zu beachten.

131.7.5 Dienstleistungen des Anhangs I A und des Anhangs I B

131.7.5.1 Leistungen des Anhangs I A

6211   **131.7.5.1.1 Landverkehr einschließlich Geldtransport und Kurierdienste, ohne Postverkehr (Kategorie 2). 131.7.5.1.1.1 Allgemeines.** Kategorie 2 betrifft nicht den Eisenbahnverkehr; dieser fällt unter Anhang I B und dort die Kategorie 18.

131.7.5.1.1.2 Beispiele aus der Rechtsprechung

6212   – **Rettungs- und Krankentransporte ohne Begleitung eines Sanitäters** fallen unter Anhang I A, Kategorie 2 (Europäischer Gerichtshof, Urteil vom 24. 9. 1998 – Az.: C-76/97; BayObLG, B. v. 28. 5. 2003 – Az.: Verg 7/03).

131.7.5.1.2 Datenverarbeitung und verbundene Tätigkeiten (Kategorie 7). 6213
131.7.5.1.2.1 Begriffsinhalt. In der Kategorie 7 sind aufgeführt lediglich **zwei nur schwer fassbare Allgemeinbegriffe.** Mit Blick auf die einzelnen Tätigkeiten, die in dem ab dem 20. 12. 2003 geltenden Gemeinsamen Vokabular für öffentliche Aufträge (Common Procurement Vocabulary – CPV) unter dem Code 50 300 000 ff. aufgeführt sind, wird deutlich, dass **für jeden Einzelfall einer Ausschreibung entschieden** werden muss, ob es sich um eine freiberufliche oder eher gewerbliche Dienstleistung handelt. Während z. B. die Wartung und Reparatur von Büromaschinen eher eine gewerbliche Dienstleistung darstellt, dürfte die strategische Prüfung und Planung im Bereich Informationssysteme oder -technologie eine freiberufliche Dienstleistung sein.

131.7.5.1.2.2 Beispiele aus der Rechtsprechung 6214
– Erstellung eines **Softwaresystems für Abfallwirtschaftsbetriebe** von Städten und Landkreisen – Vergabe nach VOF – (VK Baden-Württemberg, B. v. 3. 6. 2002 – Az.: 1 VK 20/02)
– die **Vergabe von DV-Programmen** kann dann, wenn der **Leistungsumfang im Laufe des Verfahrens einem Entwicklungsprozess unterworfen** und von Anfang an nicht so vorstrukturiert ist, dass die Bieter das Leistungsprogramm ohne weiteres hätten abarbeiten können, die **Anwendung der VOF rechtfertigen** (VK Baden-Württemberg, B. v. 7. 1. 2003 – Az.: 1 VK 68/02)

131.7.5.1.3 Forschung und Entwicklung (Kategorie 8). Der Wortlaut der Kategorie 8 6215 deckt sich – einschließlich der Fußnote 4 – mit dem Wortlaut des § 100 Abs. 2 Buchstabe n) GWB, sodass auf die Kommentierung zu dieser Vorschrift (RZ 1189) zurückgegriffen werden kann.

131.7.5.1.3.1 Beispiele aus der Rechtsprechung 6216
– **Untersuchung von Rüstungsaltlastverdachtsstandorten** – freiberufliche Dienstleistung bejaht – (VK Südbayern, B. v. 27. 9. 2002 – Az.: 36-08/02; bestätigt durch BayObLG, B. v. 27. 2. 2003 – Az.: Verg 25/02)

131.7.5.1.4 Buchführung, -haltung und -prüfung (Kategorie 9). 131.7.5.1.4.1 Von 6217 **Kategorie 9 umfasste Dienstleistungen.** In der Kategorie 9 sind aufgeführt lediglich Buchführung, -haltung und -prüfung. Mit Blick auf die einzelnen Tätigkeiten, die in dem ab dem 20. 12. 2003 geltenden Gemeinsamen Vokabular für öffentliche Aufträge (Common Procurement Vocabulary – CPV) unter dem Code 74 121 000 ff. aufgeführt sind, fällt hierunter sicherlich **auch die Wirtschaftsprüfung.** Für dieses Ergebnis spricht ebenfalls, dass **§ 6 Abs. 5 der VgV vom 22. 2. 1994 ersatzlos gestrichen** wurde; diese Regelung beinhaltete, dass das Vergaberecht auf Dienstleistungsaufträge, deren Tätigkeit in der gesetzlich vorgeschriebenen Prüfung von Jahresabschlüssen durch Wirtschaftsprüfer bzw. Wirtschaftsprüfungsgesellschaften einschließlich der Prüfung nach § 53 Haushaltsgrundsätzegesetz bestand.

Inwieweit die von Kategorie 9 umfassten Dienstleistungen freiberuflicher oder nichtfreibe- 6218 ruflicher Art sind, muss **im Einzelfall** entschieden werden. Angesichts der Anforderungen an den Begriff der freiberuflichen Dienstleistung werden die **reine Buchführung und Buchhaltung eher nicht** als freiberuflich einzuordnen sein.

131.7.5.1.4.2 Beispiele aus der Rechtsprechung
– **Wirtschaftsprüferleistungen** – freiberufliche Dienstleistung im Ergebnis bejaht (KG Berlin, 6219 B. v. 6. 2. 2003 – Az.: 2 Verg 1/03)

131.7.5.1.5 Markt- und Meinungsforschung (Kategorie 10). 131.7.5.1.5.1 Von Kate- 6220 **gorie 10 umfasste Dienstleistungen.** Von Markt- und Meinungsforschung umfasst sind u. a.:
– Wirtschaftsforschung
– Sozialforschung
– Durchführbarkeitsstudien
– Statistische Dienstleistungen

Inwieweit die von Kategorie 10 umfassten Dienstleistungen freiberuflicher oder nichtfreibe- 6221 ruflicher Art sind, muss im Einzelfall entschieden werden.

131.7.5.1.6 Unternehmensberatung und verbundene Tätigkeiten (Kategorie 11). 6222 **131.7.5.1.6.1 Von Kategorie 11 umfasste Dienstleistungen.** Unter die Kategorie 11 fallen u. a.:
– Beratung im Bereich Forschung und Entwicklung
– Beratungsdienste im Bereich Wirtschaftsförderung

- Öffentlichkeitsarbeit
- Sicherheitsberatung
- Umweltschutzberatung
- Beratung im Bereich Energieeinsparung

6223 Inwieweit die von Kategorie 11 umfassten Dienstleistungen freiberuflicher oder nichtfreiberuflicher Art sind, muss **im Einzelfall** entschieden werden. Insgesamt dürften die freiberuflichen Dienstleistungen überwiegen.

6224 **131.7.5.1.6.2 Beispiele aus der Rechtsprechung.** Die Entscheidungen aus dem **Bereich insbesondere der Öffentlichkeitsarbeit machen deutlich, dass die öffentlichen Auftraggeber für die Ausschreibung von der Anwendbarkeit der VOL** ausgehen:
- OLG Düsseldorf, B. v. 5. 10. 2000 – Az.: Verg 14/00
- VK Bund, B. v. 28. 4. 2003 – Az.: VK 1-19/03

6225 **131.7.5.1.7 Architektur u. a. (Kategorie 12). 131.7.5.1.7.1 Von Kategorie 12 umfasste Dienstleistungen.** Die **Dienstleistungen der Kategorie 12 bilden den Schwerpunkt der freiberuflichen Dienstleistungen,** die von öffentlichen Auftraggebern nachgefragt werden.

6226 Unter die Kategorie 12 fallen u. a.:
- Dienstleistungen von Architekturbüros
- Architekturentwurf
- Dienstleistungen von Ingenieurbüros
- Dienstleistungen im Straßenbau
- Dienstleistungen im Eisenbahnbau
- Haustechnik
- Dienstleistungen im Bereich Gesundheitsschutz und Sicherheit
- Dienstleistungen im Bereich Bauwirtschaft
- Dienstleistungen in der Tragwerksplanung
- Dienstleistungen für die Prüfung der Tragwerksplanung
- Dienstleistungen im Bereich Maschinenbau und Elektrotechnik
- Stadtplanung und Landschaftsgestaltung
- Geologische und geophysikalische Beratung
- Bodenuntersuchungen
- Vermessungsdienste
- Kartographiedienste
- Luftbildvermessung
- Katastervermessung
- Zerstörungsfreie Prüfungen

6227 **131.7.5.1.7.2 Beispiele aus der Rechtsprechung**
- die nach der Ausschreibung primär durchzuführende **Fortschreibung des städtebaulichen Rahmenplanes sowie die Mitgestaltung von Bebauungsplanentwürfen sind planerische Tätigkeiten,** die im Zeitpunkt der Bekanntmachung durch die Auftraggeberin nicht durch eine Aufgabenbeschreibung in der Weise vorgegeben werden konnte, die es allen Bietern ermöglicht hätte, ohne Rücksprache mit der Auftraggeberin und ohne Vorarbeiten den Angebotspreis zu kalkulieren. Die **im Zusammenhang mit bzw. nach der Planung vorzunehmenden Arbeitsschritte, wie Erörterung der Sanierungsmaßnahmen mit Betroffenen, Fortschreibung und Kontrolle der Kosten- und Finanzierungsübersichten, Öffentlichkeitsarbeit usw. sind zwar allgemein beschreibbar, aber im Verhältnis zur planerischen Tätigkeit nur als Hilfsmittel zu qualifizieren,** um das Ziel der Aufgabenstellung zu erreichen. Sie können nicht dazu führen, die **Leistung des Sanierungsträgers** insgesamt eindeutig und erschöpfend beschreibbar zu machen (VK Brandenburg, B. v. 23. 11. 2004 – Az.: VK 58/04)

Verdingungsordnung für Leistungen Teil A   VOL/A § 1a **Teil 4**

– bei der **Vornahme einer archäologischen Baubegleitung, einer archäologischen Untersuchung sowie der Erstellung eines Grabungsberichts** handelt es sich um Tätigkeiten von intellektuellem Charakter, die eine hohe Qualifikation verlangen. Bei ihrer Ausübung hat das persönliche Element besondere Bedeutung und diese Ausübung setzt eine große Selbstständigkeit bei der Vornahme der beruflichen Handlungen voraus; außerdem erhält der Auftragnehmer ein tätigkeitsbezogenes Entgelt und nicht ein Erfolgshonorar. Deshalb ist die VOF anzuwenden (VK Brandenburg, B. v. 12. 5. 2004 – Az.: VK 8/04)

– Dienstleistungen zur **Erstellung und Ausführung von Plänen zur Errichtung einer Kinderklinik in einem Krankenhaus** und der **entsprechenden medizinischen Einrichtungen** fallen unter Kategorie 12 des Anhangs I A (Europäischer Gerichtshof, Urteil vom 4. 3. 1999 – Az.: C-258/97)

– **Planungsleistungen für den Neubau einer Dreifachturnhalle** mit Forum (Leistungsphasen 3–9 HOAI) an einer Realschule (VK Düsseldorf, B. v. 30. 1. 2001 – Az.: VK-32/2000)

– die **Projektsteuerung** ist eine Leistung nach Anhang I A, Kategorie 12. Nach in der Verordnung (EWG) Nr. 3693/93 des Rates niedergelegten CPA-Nomenklatur (Gemeinsames Vokabular für öffentliche Aufträge) erfasst der Anhang I A, Kategorie 12, CPV-Nr. 867 das **Projektmanagement im Bauwesen** (1. VK Sachsen, B. v. 19. 5. 2000 – Az.: 1/SVK/42-00, B. v. 5. 1. 2001 – Az.: 1/SVK/111-00; VK Thüringen, B. v. 22. 1. 2003, Az.: 216-4004.20-067/02-EF-S; VK Südbayern, B. v. 31. 10. 2002 – Az.: 42-10/02; VK Nordbayern, B. v. 19. 7. 2002 – Az.: 320.VK-3194-20/02)

131.7.5.1.8 Verlegen und Drucken gegen Vergütung oder auf vertraglicher Grundlage (Kategorie 15). 131.7.5.1.8.1 Beispiele aus der Rechtsprechung

– ein **Konzessionsvertrag über öffentliche Verlagsdienstleistungen** ist beim derzeitigen Stand des Gemeinschaftsrechts **vom Anwendungsbereich** der Richtlinie 92/50/EWG des Rates vom 18. Juni 1992 über die Koordinierung der Verfahren zur Vergabe öffentlicher Dienstleistungsaufträge in der durch die Richtlinie 97/52/EG des Europäischen Parlaments und des Rates vom 13. Oktober 1997 geänderten Fassung **ausgenommen**, obwohl er seinem spezifischen Gegenstand nach vom Anhang IA dieser Richtlinie, auf den deren Art. 8 verweist, erfasst wird (EuGH, Urteil vom 30. 5. 2002 – Az.: C-358/00 – Vorlage durch das OLG Düsseldorf, B. v. 2. 8. 2000 – Az.: Verg 7/00). 6228

131.7.5.2 Leistungen des Anhangs I B. 131.7.5.2.1 Hinweis. Zur Anwendbarkeit des Vergaberechts bei Leistungen nach Anhang I B vgl. die Kommentierung zu § 100 GWB RZ 1265. 6229

131.7.5.2.2 Gaststätten und Beherbergungsgewerbe (Kategorie 17). 131.7.5.2.2.1 Beispiele aus der Rechtsprechung 6230

– Verträge über das **Betreiben eines Flüchtlingswohnheims** – Anhang I B, Kategorien 17, 25, Anwendung der VOL/A – (VK Lüneburg, B. v. 25. 8. 2003 – Az.: 203-VgK-18/2003)

– Verträge über den **Betrieb einer Obdachlosenunterkunft für Frauen** – Anhang I B, Kategorien 17, 25 – Anwendung der VOL/A – (VK Lüneburg, B. v. 30. 8. 2004 – Az.: 203-VgK-38/2004)

131.7.5.2.3 Eisenbahnen (Kategorie 18). 131.7.5.2.3.1 Allgemeines. Kategorie 18 bedeutet inhaltlich eine Ausnahmen zu Kategorie 2 (Landverkehr einschließlich Geldtransport und Kurierdienste, ohne Postverkehr). 6231

131.7.5.2.3.2 Beispiele aus der Rechtsprechung 6232

– Verträge über **Schienenpersonennahverkehrsleistungen** – Anhang I B, Kategorie 18 VOL/A – (1. VK Sachsen, B. v. 16. 5. 2003 – Az.: 1/SVK/035-03)

131.7.5.2.4 Rechtsberatung (Kategorie 21). Unter die Kategorie 21 fallen u. a.: 6233

– Vertretung vor Gericht
– Rechtsberatung und -auskunft
– Software-Urheberrechtsberatung
– Rechtliche Dokumentations- und Beglaubigungsdienste

Da die Rechtsberatung gesetzlich im wesentlichen Rechtsanwälten, Patentanwälten und Notaren vorbehalten ist und diese Personengruppen typische Beispiele für freiberufliche Dienstleister sind, dürften **Rechtsberatungsdienstleistungen ganz überwiegend freiberufliche Leistungen** sein. 6234

Teil 4 VOL/A § 1a Verdingungsordnung für Leistungen Teil A

6235 **131.7.5.2.5 Arbeits- und Arbeitskräftevermittlung (Kategorie 22). 131.7.5.2.5.1 Beispiele aus der Rechtsprechung**
- **Durchführung von Eingliederungsmaßnahmen auf der Grundlage des § 37 II SGB III** – Anhang I B, Kategorie 22 (2. VK Bund, B. v. 17. 8. 2005 – Az.: VK 2-81/05)
- **Dienstleistungen der Konzeption und Durchführung von Beauftragungen mit der Vermittlung nach § 37a SGB III (nunmehr: § 37 SGB III)** – Anhang I B, Kategorie 22 VOL/A (1. VK Bund, B. v. 30. 3. 2004 – Az.: VK 1-03/04)
- **Einrichtung eines Bewerberzentrums in der Agentur für Arbeit im Rahmen des § 37 SGB III** – Anhang I B, Kategorie 22 VOL/A (3. VK Bund, B. v. 19. 4. 2004 – Az.: VK 3-44/04)

6236 **131.7.5.2.6 Auskunfts- und Schutzdienste, ohne Geldtransport (Kategorie 23). 131.7.5.2.6.1 Beispiele aus der Rechtsprechung**
- Verträge über **Auskunfts- und Schutzdienste** – Anhang I B, Kategorien 27 und 23, Anwendung der VOL/A (2. VK Bund, B. v. 10. 6. 2005 – Az.: VK 2-36/05)
- Verträge über die **Betreibung und Bewachung einer Erstaufnahmeeinrichtung für Asylbewerber** – Anhang I B, Kategorien 23, 27 VOL/A – (VK Brandenburg, B. v. 15. 9. 2003 – Az.: VK 57/03)
- **Ausführung der Informationsdienste und Dienste der Telefonzentrale** – Anhang I B, Kategorie 23 VOL/A (VK Lüneburg, B. v. 25. 3. 2004 – Az.: 203-VgK-07/2004)

6237 **131.7.5.2.7 Unterrichtswesen und Berufsausbildung (Kategorie 24). 131.7.5.2.7.1 Allgemeines.** Zu der Kategorie 24 zählen neben dem klassischen Schulunterricht, den die öffentlichen Auftraggeber traditionell und ganz überwiegend mit eigenem Lehrpersonal erbringen, u. a.:
- mit Ausbildungsprogrammen verbundene Dienstleistungen
- Schulungsseminare
- Berufsausbildung
- Fachausbildung
- Einführung und Ausbildung im Umgang mit Computern

6238 Insbesondere die Arbeitsverwaltungen des Bundes und der Bundesländer schreiben entsprechende Leistungen aus.

6239 Die Leistungen selbst sind – wie die Rechtsberatungsdienstleistungen – ganz überwiegend freiberufliche Leistungen.

6240 **131.7.5.2.7.2 Beispiele aus der Rechtsprechung**
- Durchführung von praxisbezogenen **Fortbildungsprogrammen für Nachwuchsführungskräfte aus Entwicklungsländern** in der Bundesrepublik Deutschland – Ausschreibung nach VOL/A – (2. VK Bund, B. v. 26. 3. 2003 – Az.: VK 2-06/03)
- Vergabe von **Maßnahmen nach § 241 SGB III (ausbildungsbegleitende Hilfen)** – Ausschreibung nach VOL/A – (1. VK Bund, B. v. 2. 7. 2003 – Az.: VK 1-49/03)
- **ausbildungsbegleitende Hilfen für lernbeeinträchtigte und sozial benachteiligte deutsche Auszubildende sowie ausländische Jugendliche** – Anwendung der VOL/A – (1. VK Bund, B. v. 19. 8. 2003 – Az.: VK 1-69/03)
- Verträge über **Unterrichtsleistungen** – Anhang I B, Kategorie 24, Anwendung der VOL/A – (1. VK Bund, B. v. 8. 1. 2004 – Az.: VK 1-117/03)
- **Konzeption und Durchführung von Maßnahmen der Eignungsfeststellung und Trainingsmaßnahmen im Sinne des § 48 SGB III** – Anwendung der VOL/A (3. VK Bund, B. v. 24. 3. 2004 – Az.: VK 3-36/04; 1. VK Bund, B. v. 25. 5. 2004 – Az.: VK 1-54/04; B. v. 13. 4. 2004 – Az.: VK 1-35/04; 2. VK Bund, B. v. 16. 2. 2004 – Az.: VK 2-22/04)
- **Abschluss von Verträgen über die Konzeption und Durchführung von Berufsvorbereitenden Bildungsmaßnahmen** – Anwendung der VOL/A (OLG Düsseldorf, B. v. 27. 10. 2004 – Az.: VII-Verg 52/04; 2. VK Bund, B. v. 20. 7. 2005 – Az.: VK 2-72/05; 1. VK Bund, B. v. 28. 12. 2004 – Az.: VK 1-141/04; B. v. 13. 5. 2004 – Az.: VK 1-42/04; B. v. 20. 7. 2004 – Az.: VK 1-75/04; B. v. 20. 7. 2004 – Az.: VK 1-78/04).

131.7.5.2.8 Gesundheits-, Veterinär- und Sozialwesen (Kategorie 25). 131.7.5.2.8.1 6241
Allgemeines. Unter die Kategorie 25 fallen u. a.:

- Dienstleistungen von Krankenhäusern und zugehörige Leistungen
- Dienstleistungen von praktischen Ärzten
- Dienstleistungen von Zahnarztpraxen
- Dialysedienste
- Einsatz von Krankenwagen
- Dienstleistungen im pharmazeutischen Bereich
- Behindertenfürsorgeleistungen
- Kinder- und Jugendfürsorgeleistungen
- Rehabilitation

131.7.5.2.8.2 Beispiele aus der Rechtsprechung 6242

- Verträge mit dem **Schwerpunkt bei labormedizinischen Dienstleistungen** (VK Saarland, B. v. 19. 5. 2006 – Az.: 3 VK 03/2006)
- Verträge über den **Betrieb einer Obdachlosenunterkunft für Frauen** – Anhang I B, Kategorien 17, 25 – Anwendung der VOL/A – (VK Lüneburg, B. v. 30. 8. 2004 – Az.: 203-VgK-38/2004)
- **Verträge über die Durchführung von Leistungen nach dem Bundessozialhilfegesetz** – Anhang I B, Kategorie 25 (VK Münster, B. v. 28. 5. 2004 – Az.: VK 10/04 – Anwendung der VOL/A)
- **BSE-Tests** unterfallen der Kategorie 25 (Gesundheits-, Veterinär- und Sozialwesen) des Anhangs I B der DLR. Zu den Dienstleistungen des Veterinärwesens gehören nach CPC 93 201 bzw. 93 209 Dienstleistungen des Veterinärwesens sowie nach CPC 93 199 Dienstleistungen von medizinischen Laboratorien und medizinische Analysedienste (OLG München, B. v. 21. 4. 2006 – Az.: Verg 8/06; VK Nordbayern, B. v. 14. 3. 2006 – Az.: 21. VK – 3194-07/06; VK Baden-Württemberg, B. v. 4. 5. 2004 – Az.: 1 VK 16/04 – Anwendung der VOL/A)
- die **Kategorie 25** des Anhangs I B bezieht sich **ausschließlich auf die medizinischen Aspekte der Gesundheitsdienstleistungen,** die Gegenstand eines öffentlichen Auftrags sind, und nicht auf die Beförderungsaspekte, die in die Kategorie 2 (Landverkehr) des Anhangs I A fallen (Europäischer Gerichtshof, Urteil vom 24. 9. 1998 – Az.: C-76/97; BayObLG, B. v. 28. 5. 2003 – Az.: Verg 7/03 – Anwendung der VOL/A)
- die **Leistungen für die Durchführung einer Erziehungs-, Ehe-, Familien- und Lebensberatungsstelle** sind Dienstleistungen nach Anhang I B, Kategorie 25 (VK Thüringen, B. v. 12. 2. 2001 – Az.: 216-4003.20-001/01-GTH – Anwendung der VOL/A)
- Verträge über das **Betreiben eines Flüchtlingswohnheims** – Anhang I B, Kategorien 17 und 25, Anwendung der VOL/A – (VK Lüneburg, B. v. 25. 8. 2003 – Az.: 203-VgK-18/2003)

131.7.5.2.9 Sonstige Dienstleistungen (Kategorie 27). 131.7.5.2.9.1 Allgemeines. Die 6243
Kategorie 27 hat Auffangcharakter.

131.7.5.2.9.2 Beispiele aus der Rechtsprechung 6244

- Verträge über **Auskunfts- und Schutzdienste** – Anhang I B, Kategorien 27 und 23, Anwendung der VOL/A (2. VK Bund, B. v. 10. 6. 2005 – Az.: VK 2-36/05)
- Verträge über die **Betreibung und Bewachung einer Erstaufnahmeeinrichtung für Asylbewerber** – Anhang I B, Kategorien 23 und 27, Anwendung der VOL/A – (VK Brandenburg, B. v. 15. 9. 2003 – Az.: VK 57/03)

131.7.5.3 Gemischte Leistungen des Anhangs I A und des Anhang I B. 6245
131.7.5.3.1 Allgemeines. Bei gemischten Verträgen entscheidet das Schwergewicht des Auftrags (§ 1 Nr. 2 Abs. 3).

131.7.5.3.2 Beispiele aus der Rechtsprechung 6246

- **Rettungs- und Krankentransporte unter Begleitung eines Sanitäters** fallen sowohl unter Anhang I A, Kategorie 2, als auch unter Anhang I B, Kategorie 25, so dass ein Auftrag, der solche Dienstleistungen zum Gegenstand hat, danach beurteilt werden muss, wo das Schwergewicht der Dienstleistungen liegt (EuGH, Urteil vom 24. 9. 1998 – Az.: C-76/97; BayObLG, B. v. 28. 5. 2003 – Az.: Verg 7/03).

132. § 1b VOL/A – Verpflichtung zur Anwendung der a-Paragrafen

1. **(1) Bei der Vergabe von Liefer- und Dienstleistungsaufträgen gelten die Bestimmungen der b-Paragraphen zusätzlich zu den Basisparagraphen. Soweit die Bestimmungen der b-Paragraphen nicht entgegenstehen, bleiben die Basisparagraphen dieses Abschnittes unberührt.**
   (2) Aufträge, deren Gegenstand Lieferungen und Dienstleistungen sind, werden nach den Regelungen über diejenigen Aufträge vergeben, deren Wert überwiegt.
   (3) Soweit keine ausdrückliche Unterscheidung zwischen Liefer- und Dienstleistungsaufträgen erfolgt, gelten die Regelungen sowohl für Liefer- als auch Dienstleistungsaufträge.
2. **(1) Aufträge, deren Gegenstand Dienstleistungen nach Anhang I A sind, werden nach den Bestimmungen dieses Abschnittes vergeben.**
   (2) Aufträge, deren Gegenstand Dienstleistungen nach Anhang I B sind, werden nach den Bestimmungen der Basisparagraphen und der §§ 8 b und 28 b vergeben.
   (3) Aufträge, deren Gegenstand Dienstleistungen des Anhangs I A und des Anhangs I B sind, werden nach den Regelungen für diejenigen Dienstleistungen vergeben, deren Wert überwiegt.

132.1 Vergleichbare Regelungen

6247 Der Vorschrift des § 1b VOL/A sind § 1a VOL/A und – zumindest im Ansatz – §§ 1a, 1b VOB/A vergleichbar. Die Kommentierungen zu diesen Vorschriften können daher ergänzend zu der Kommentierung des § 1b herangezogen werden.

132.2 Änderungen in der VOL/A 2006

6248 Im Zuge der VOL/A 2006 wurde **§ 1b nicht geändert.** Im Rahmen der Berichtigung vom 7. 6. 2006 (Bundesanzeiger Nr. 109 vom 13. 6. 2006, S. 4368) wurden in Satz 2 die Wörter „dieses Abschnitts" gestrichen.

132.3 Zusätzliche Anwendung der b-Paragrafen

6249 Die Bestimmungen der b-Paragrafen sind zusätzlich zu den Basisparagrafen von bestimmten Auftraggebern anzuwenden, sofern bestimmte Schwellenwerte überschritten sind.

132.4 Auftraggeber

6250 Wer zur Anwendung des Vierten Teils des GWB, der VgV und der b-Paragrafen der VOL/A verpflichtet ist, ergibt sich aus **§ 7 VgV in Verbindung mit § 98 Nr. 1 bis 3, 5 und 6 GWB.** Vgl. insoweit die Kommentierung zu § 7 VgV RZ 3284.

132.5 Hinweis

6251 Da § 1b VOL/A vom Wortlaut her im Wesentlichen der Vorschrift des § 1a VOL/A entspricht, verweise ich hinsichtlich der weiteren Einzelheiten auf die Kommentierung zu § 1 VOL/A RZ 6201.

133. § 2 VOL/A – Grundsätze der Vergabe

1. **(1) Leistungen sind in der Regel im Wettbewerb zu vergeben.**
   (2) Wettbewerbsbeschränkende und unlautere Verhaltensweisen sind zu bekämpfen.

Verdingungsordnung für Leistungen Teil A VOL/A § 2 **Teil 4**

2. Bei der Vergabe von Leistungen darf kein Unternehmen diskriminiert werden.
3. Leistungen sind unter ausschließlicher Verantwortung der Vergabestellen an fachkundige, leistungsfähige und zuverlässige Bewerber zu angemessenen Preisen zu vergeben.
4. Für die Berücksichtigung von Bewerbern, bei denen Umstände besonderer Art vorliegen, sind die jeweils hierüber erlassenen Rechts- und Verwaltungsvorschriften des Bundes und der Länder maßgebend.

133.1 Vergleichbare Regelungen

Der **Vorschrift des § 2 VOL/A vergleichbar** sind im Bereich des **GWB § 97**, im Bereich der VOB **§ 2 VOB/A** sowie im Bereich der VOF **§ 4 VOF**. Die Kommentierungen zu diesen Vorschriften können daher ergänzend zu der Kommentierung des § 2 herangezogen werden. 6252

133.2 Änderungen in der VOL/A 2006

Im Zuge der VOL/A 2006 wurde **§ 2 nicht geändert**. 6253

133.3 Bieterschützende Vorschrift

Die umfassend zu verstehende **Durchsetzung des wettbewerblichen Prinzips** bei der Bedarfsdeckung der öffentlichen Hand (§ 2 Nr. 1) liegt – was stets zu beachten ist – nicht nur im Interesse des jeweiligen öffentlichen Auftraggebers, sondern auch des potentiellen Auftragnehmers, **soll also auch den Bewerber oder Bieter im Vergabeverfahren schützen** (OLG Düsseldorf, B. v. 17. 6. 2002 – Az.: Verg 18/02). 6254

§ 2 Nr. 2 VOL/A ist eine bieterschützende Vorschrift (1. VK Bund, B. v. 20. 7. 2004 – Az.: VK 1-75/04; B. v. 20. 7. 2004 – Az.: VK 1-78/04). 6255

§ 2 Nr. 3 VOL/A dient dem Schutz des Auftraggebers. Die Einhaltung dieser Vorschrift **begründet aber auch für die Bieter subjektive Rechte,** da sie einen Anspruch darauf haben, sich im Wettbewerb grundsätzlich nur mit geeigneten Konkurrenten messen zu müssen (VK Südbayern, B. v. 6. 5. 2002 – Az.: 12-04/02). 6256

133.4 Wettbewerbsprinzip (§ 2 Nr. 1 Abs. 1, Abs. 2)

Zum Wettbewerbsprinzip selbst, zu Inhalt und Reichweite sowie zu wichtigen Ausprägungen des Wettbewerbsprinzips in der Rechtsprechung vgl. die **Kommentierung zu § 97 GWB** RZ 94. 6257

133.5 Diskriminierungsverbot (§ 2 Nr. 2)

Bei der Vergabe von Leistungen darf kein Unternehmer diskriminiert werden. 6258

Das Diskriminierungsverbot ist die **negative Ausformulierung des Gleichbehandlungsgebots** des § 97 Abs. 2 GWB. Zu Inhalt, Reichweite und Beispielsfällen vgl. die **Kommentierung zu § 97 GWB** RZ 254. 6259

133.6 Ausschließliche Verantwortung der Vergabestellen (§ 2 Nr. 3)

Leistungen sind unter ausschließlicher Verantwortung der Vergabestellen an fachkundige, leistungsfähige und zuverlässige Bewerber zu angemessenen Preisen zu vergeben. 6260

Vgl. hierzu die **Kommentierung zu § 97 GWB** RZ 187. 6261

133.6.1 Erläuternde Hinweise der VOL/A

Angemessene Preise sind solche, die dem Grundsatz der Wirtschaftlichkeit entsprechen (vgl. Erläuterungen zu § 25 Nr. 3). 6262

133.7 Fachkunde, Leistungsfähigkeit und Zuverlässigkeit (§ 2 Nr. 3)

6263 Leistungen sind an fachkundige, leistungsfähige und zuverlässige Unternehmer zu angemessenen Preisen zu vergeben.

133.7.1 Allgemeiner Inhalt der Eignung und der Eignungskriterien „Fachkunde, Leistungsfähigkeit und Zuverlässigkeit"

6264 Zu dem allgemeinen Inhalt der Eignung und der Eignungskriterien „Fachkunde, Leistungsfähigkeit und Zuverlässigkeit" sowie zum rechtlichen Inhalt und zur Nachprüfbarkeit vgl. die **Kommentierung zu § 97 GWB** RZ 393.

133.7.2 VOL-bezogene Einzelheiten der Eignungskriterien

6265 Zu den VOL-bezogenen Einzelheiten der Eignungskriterien vgl. die **Kommentierung zu § 7 VOL/A** RZ 6429.

133.8 Umstände besonderer Art

6266 Hierunter fallen alle Regelungen, die das Vergaberecht mit Bevorzugungen oder Benachteiligungen für bestimmte Personengruppen verknüpfen, z. B. Tariftreueregelungen, Frauenförderregelungen usw.

134. § 2 b VOL/A – Schutz der Vertraulichkeit

1. Die Übermittlung technischer Spezifikationen für interessierte Unternehmen, die Prüfung und die Auswahl von Unternehmen und die Auftragsvergabe können die Auftraggeber mit Auflagen zum Schutz der Vertraulichkeit verbinden.
2. Das Recht der Unternehmen, von einem Auftraggeber in Übereinstimmung mit innerstaatlichen Rechtsvorschriften die Vertraulichkeit der von ihnen zur Verfügung gestellten Informationen zu verlangen, wird nicht eingeschränkt.

134.1 Vergleichbare Regelungen

6267 Der Vorschrift des § 2 b VOL/A vergleichbar sind im Bereich der VOB § 2 b VOB/A sowie im Bereich der VOF § 4 VOF. Die Kommentierungen zu diesen Vorschriften können daher ergänzend zu der Kommentierung des § 2 b herangezogen werden.

134.2 Änderungen in der VOL/A 2006

6268 Im Zuge der VOL/A 2006 wurde **§ 2 b nicht geändert**.

134.3 Allgemeiner Vertraulichkeitsgrundsatz

6269 Zum allgemeinen Vertraulichkeitsgrundsatz vgl. die **Kommentierung zu § 97 GWB** RZ 261.

134.4 Schutz der Vertraulichkeit nach § 2 b

6270 Das Recht der Unternehmer, von einem Auftraggeber in Übereinstimmung mit innerstaatlichen Rechtsvorschriften die Vertraulichkeit der von ihnen zur Verfügung gestellten Informationen zu verlangen, wird nicht eingeschränkt.

6271 § 2 b stellt eine **konkrete Ausformung des allgemeinen Vertraulichkeitsgrundsatzes** dar. Die Vorschrift **spielt in der Rechtsprechung bisher keine Rolle**.

Verdingungsordnung für Leistungen Teil A § 3 VOL/A **Teil 4**

135. § 3 VOL/A – Arten der Vergabe

1. (1) Bei Öffentlicher Ausschreibung werden Leistungen im vorgeschriebenen Verfahren nach öffentlicher Aufforderung einer unbeschränkten Zahl von Unternehmen zur Einreichung von Angeboten vergeben.
   (2) Bei Beschränkter Ausschreibung werden Leistungen im vorgeschriebenen Verfahren nach Aufforderung einer beschränkten Zahl von Unternehmen zur Einreichung von Angeboten vergeben.
   (3) Bei Freihändiger Vergabe werden Leistungen ohne ein förmliches Verfahren vergeben.
   (4) Soweit es zweckmäßig ist, soll der Beschränkten Ausschreibung und der Freihändigen Vergabe eine öffentliche Aufforderung vorangehen, sich um Teilnahme zu bewerben (Beschränkte Ausschreibung mit Öffentlichem Teilnahmewettbewerb bzw. Freihändige Vergabe mit Öffentlichem Teilnahmewettbewerb).
2. Öffentliche Ausschreibung muss stattfinden, soweit nicht die Natur des Geschäfts oder besondere Umstände eine Ausnahme rechtfertigen.
3. Beschränkte Ausschreibung soll nur stattfinden,
   a) wenn die Leistung nach ihrer Eigenart nur von einem beschränkten Kreis von Unternehmen in geeigneter Weise ausgeführt werden kann, besonders wenn außergewöhnliche Fachkunde oder Leistungsfähigkeit oder Zuverlässigkeit erforderlich ist,
   b) wenn die Öffentliche Ausschreibung für den Auftraggeber oder die Bewerber einen Aufwand verursachen würde, der zu dem erreichbaren Vorteil oder dem Wert der Leistung im Missverhältnis stehen würde,
   c) wenn eine Öffentliche Ausschreibung kein wirtschaftliches Ergebnis gehabt hat,
   d) wenn eine Öffentliche Ausschreibung aus anderen Gründen (z. B. Dringlichkeit, Geheimhaltung) unzweckmäßig ist.
4. Freihändige Vergabe soll nur stattfinden,
   a) wenn für die Leistung aus besonderen Gründen (z. B. besondere Erfahrungen, Zuverlässigkeit oder Einrichtungen, bestimmte Ausführungsarten) nur ein Unternehmen in Betracht kommt,
   b) wenn im Anschluss an Entwicklungsleistungen Aufträge in angemessenem Umfang und für angemessene Zeit an Unternehmen, die an der Entwicklung beteiligt waren, vergeben werden müssen, es sei denn, dass dadurch die Wettbewerbsbedingungen verschlechtert werden,
   c) wenn für die Leistungen gewerbliche Schutzrechte zugunsten eines bestimmten Unternehmens bestehen, es sei denn, der Auftraggeber oder andere Unternehmen sind zur Nutzung dieser Rechte befugt,
   d) wenn bei geringfügigen Nachbestellungen im Anschluss an einen bestehenden Vertrag kein höherer Preis als für die ursprüngliche Leistung gefordert wird und von einer Ausschreibung kein wirtschaftlicheres Ergebnis zu erwarten ist. Die Nachbestellungen sollen insgesamt 20 vom Hundert des Wertes der ursprünglichen Leistung nicht überschreiten,
   e) wenn Ersatzteile oder Zubehörstücke zu Maschinen, Geräten usw. vom Lieferanten der ursprünglichen Leistung beschafft werden sollen und diese Stücke in brauchbarer Ausführung von anderen Unternehmen nicht oder nicht unter wirtschaftlichen Bedingungen bezogen werden können,
   f) wenn die Leistung besonders dringlich ist,
   g) wenn es aus Gründen der Geheimhaltung erforderlich ist,
   h) wenn die Leistung nach Art und Umfang vor der Vergabe nicht so eindeutig und erschöpfend beschrieben werden kann, dass hinreichend vergleichbare Angebote erwartet werden können,
   i) wenn es sich um Leistungen handelt, die besondere schöpferische Fähigkeiten verlangen,

k) wenn die Leistungen von Bewerbern angeboten werden, die zugelassenen, mit Preisabreden oder gemeinsamen Vertriebseinrichtungen verbundenen Kartellen angehören und keine kartellfremden Bewerber vorhanden sind,

l) wenn es sich um Börsenwaren handelt,

m) wenn es sich um eine vorteilhafte Gelegenheit handelt,

n) wenn nach Aufhebung einer Öffentlichen oder Beschränkten Ausschreibung eine erneute Ausschreibung kein wirtschaftliches Ergebnis verspricht,

o) wenn die Vergabe von Leistungen an Justizvollzugsanstalten, Einrichtungen der Jugendhilfe, Aus- und Fortbildungsstätten oder ähnliche Einrichtungen beabsichtigt ist,

p) wenn sie durch Ausführungsbestimmungen von einem Bundesminister – ggf. Landesminister – bis zu einem bestimmten Höchstwert zugelassen ist.

5. Es ist aktenkundig zu machen, weshalb von einer Öffentlichen oder Beschränkten Ausschreibung abgesehen worden ist.

135.1 Vergleichbare Regelungen

6272 Der **Vorschrift des § 3 VOL/A** vergleichbar sind im Bereich des **GWB § 101**, im Bereich der VOL §§ 3a, 3b VOL/A und im Bereich der VOB §§ 3, 3a, 3b VOB/A. Die Kommentierungen zu diesen Vorschriften können daher ergänzend zu der Kommentierung des § 3 herangezogen werden.

135.2 Änderungen in der VOL/A 2006

6273 Im Zuge der VOL/A 2006 wurde **§ 3 nicht geändert**.

135.3 Bieterschützende Vorschrift

6274 Die **Vorschriften über die Auswahl der richtigen Verfahrensart nach § 101 GWB, §§ 3, 3a, 3b VOB/A und VOL/A sind bieterschützend** und begründen damit subjektive Rechte im Sinn von § 97 Abs. 7 GWB. Die Hierarchie der Verfahrensarten soll ein möglichst hohes Maß an Objektivität und einen möglichst breiten Wettbewerb gewährleisten (VK Brandenburg, B. v. 23. 11. 2004 – Az.: VK 58/04).

6275 Vgl. dazu im Einzelnen die **Kommentierung zu § 3 VOB/A RZ 3604**, die auch für § 3 VOL/A gilt.

135.4 Öffentliche Ausschreibung (§ 3 Nr. 1 Abs. 1)

6276 Bei öffentlicher Ausschreibung werden Leistungen im vorgeschriebenen Verfahren nach öffentlicher Aufforderung einer unbeschränkten Zahl von Unternehmen zur Einreichung von Angeboten vergeben. Die **Vorschrift deckt sich inhaltlich im Wesentlichen mit der Regelung des § 101 Abs. 2 GWB**.

135.5 Beschränkte Ausschreibung (§ 3 Nr. 1 Abs. 2 und 4)

6277 Bei Beschränkter Ausschreibung werden Leistungen im vorgeschriebenen Verfahren nach Aufforderung einer beschränkten Zahl von Unternehmen zur Einreichung von Angeboten vergeben; soweit es zweckmäßig ist, soll der Beschränkten Ausschreibung eine öffentliche Aufforderung vorangehen, sich um Teilnahme zu bewerben (Beschränkte Ausschreibung mit Öffentlichem Teilnahmewettbewerb).

135.5.1 Wesentlicher Unterschied zum Nichtoffenen Verfahren des § 101 Abs. 3 GWB

6278 Die **Vorschrift über die Beschränkte Ausschreibung unterscheidet sich von der Regelung des § 101 Abs. 3 GWB über das Nichtoffene Verfahren** dadurch, dass der Öffentliche Teilnahmewettbewerb bei der Beschränkten Ausschreibung fakultativ, beim Nichtoffenen Verfahren jedoch zwingender Bestandteil des Vergabeverfahrens ist.

135.5.2 Öffentlicher Teilnahmewettbewerb

Vgl. insoweit die Kommentierung zu § 101 GWB RZ 1360. 6279

135.6 Freihändige Vergabe (§ 3 Nr. 1 Abs. 3, Abs. 4)

135.6.1 Grundsatz

Bei Freihändiger Vergabe werden Leistungen ohne ein förmliches Verfahren vergeben; soweit 6280 es zweckmäßig ist, soll der Freihändigen Vergabe eine öffentliche Aufforderung vorangehen, sich um Teilnahme zu bewerben (Freihändige Vergabe mit Öffentlichem Teilnahmewettbewerb). **§ 3 Nr. 1 Abs. 3, Abs. 4 deckt sich von seinem Inhalt her** im Wesentlichen mit der Regelung des **§ 101 Abs. 4 GWB** über das Verhandlungsverfahren. Vgl. daher die **Kommentierung zu § 101 Abs. 4 GWB** RZ 1376.

135.6.2 Erläuternde Hinweise der VOL/A

Unter dem Begriff „förmliches Verfahren" sind die Ausschreibungsverfahren (öffentlich 6281 bzw. beschränkt) zu verstehen. Diese unterscheiden sich von der Freihändigen Vergabe durch ihre Bindungen an weitergehende Formvorschriften (z. B. Preisverhandlungsverbot des § 24 VOL/A).

Alle Vorschriften des ersten Abschnittes der VOL/A gelten unmittelbar auch für die Freihän- 6282 dige Vergabe; Abweichungen von der unmittelbaren Anwendbarkeit sind entweder im Text (§ 20 Nr. 1 Abs. 1) oder in der Überschrift einzelner Vorschriften (§ 24) kenntlich gemacht. Soweit einige Bestimmungen oder Teile von ihnen auf die Freihändige Vergabe nur entsprechend anwendbar sein sollen, ist dies ausdrücklich im Wortlaut der Bestimmungen angeführt (§ 20 Nr. 2 Abs. 2).

135.7 Vorrang der Öffentlichen Ausschreibung (§ 3 Nr. 2)

135.7.1 Allgemeines

Auch für Vergaben, die nicht europaweit nach Abschnitt 2, sondern nur national nach den 6283 Basisparagrafen des 1. Abschnitts der VOL/A erfolgen, gilt gemäß **§ 3 Nr. 2 VOL/A der Vorrang der öffentlichen Ausschreibung,** um so einen möglichst freien Wettbewerb zu gewährleisten. Der Vorrang der öffentlichen Ausschreibung ergibt sich für öffentliche Auftraggeber **außerdem aus haushaltsrechtlichen Restriktionen.** Die § 30 Haushaltsgrundsätzegesetz, § 55 Abs. 1 der Bundes- und Landeshaushaltsordnungen sowie die Regelungen der Gemeindehaushaltsverordnungen bestimmen, dass dem Abschluss von Verträgen über Lieferungen und Leistungen eine öffentliche Ausschreibung vorauszugehen hat, sofern nicht besondere Umstände eine Ausnahme rechtfertigen (VK Lüneburg, B. v. 25. 8. 2003 – Az.: 203-VgK-18/2003).

Vgl. dazu im Einzelnen die **Kommentierung zu § 3 VOB/A RZ 3614, die auch für** 6284 **§ 3 VOL/A gilt.**

135.7.2 Erläuternde Hinweise der VOL/A

Die Ausgestaltung der Bestimmung als Mussvorschrift beruht auf § 30 Haushaltsgrundsätzege- 6285 setz bzw. § 55 BHO.

135.8 Zulässigkeit einer Beschränkten Ausschreibung (§ 3 Nr. 3)

135.8.1 Erläuternde Hinweise der VOL/A

Die unter den Buchstaben a) bis d) aufgeführten Tatbestände sind grundsätzlich abschließend. 6286

Teil 4 § 3 VOL/A   Verdingungsordnung für Leistungen Teil A

135.8.2 Außergewöhnliche Fachkunde, Leistungsfähigkeit oder Zuverlässigkeit (§ 3 Nr. 3 Buchstabe a))

135.8.2.1 Grundsatz

6287   Vgl. dazu im Einzelnen die **Kommentierung zu § 3 VOB/A RZ 3619, die auch für § 3 VOL/A gilt.**

135.8.2.2 Beispiele aus der Rechtsprechung

6288   − Einsatz-, Leit- und Unterstützungssystem für die Polizei (2. VK Bund, B. v. 31. 5. 2002 − Az.: VK 2-20/02)

135.8.3 Unverhältnismäßiger Aufwand (§ 3 Nr. 3 Buchstabe b))

6289   Vgl. dazu im Einzelnen die **Kommentierung zu § 3 VOB/A RZ 3616, die auch für § 3 VOL/A gilt.**

135.8.4 Fehlendes wirtschaftliches Ergebnis nach einer Öffentlichen Ausschreibung (§ 3 Nr. 3 Buchstabe c))

6290   Vgl. dazu im Einzelnen die **Kommentierung zu § 3 VOB/A RZ 3617, die auch für § 3 VOL/A gilt.**

135.9 Zulässigkeit der Freihändigen Vergabe (§ 3 Nr. 4)

135.9.1 Erläuternde Hinweise der VOL/A

6291   Die unter den Buchstaben a) bis p) aufgeführten Tatbestände sind grundsätzlich abschließend.

135.9.2 Durchführung nur von einem bestimmten Unternehmen (Nr. 4 Buchstabe a))

6292   Vgl. dazu grundsätzlich die **Kommentierung zu § 3 VOB/A RZ 3624, die auch für § 3 VOL/A gilt.**

6293   **Linienverkehrsgenehmigungen nach dem Personenbeförderungsgesetz (PersBefG) besitzen nicht die Qualität von Ausschließlichkeitsrechten.** Zwar ist zutreffend, dass nach § 13 Abs. 2 PBefG ein Antrag auf Genehmigung zu versagen ist, wenn der Verkehr mit den vorhandenen Verkehrsmitteln befriedigend bedient werden kann oder der neue Verkehr keine wesentlichen Verbesserungen der Verkehrsbedienung vorsieht. Dies ist insbesondere dann der Fall, wenn berücksichtigt werden muss, dass eine Verkehrsbedienung nur aufgrund von mit dem europäischen Beihilferecht nicht konformen Zuschüssen bzw. vertraglich vereinbarten Zahlungen garantiert werden kann. Auch liegt es durchaus im Bereich des Möglichen, dass die Genehmigungsbehörde von ihr erteilte Genehmigungen nach § 13 PBefG vor dem Hintergrund des Mahnschreibens der Europäischen Kommission an die Republik Österreich vom 13. 10. 2004 C (2004) 3808 nach § 48 Abs. 3 VwVfG zurücknimmt. Nach Auffassung der Kommission verstoßen Genehmigungen nach dem österreichischen Kraftliniengesetz, das mit dem PBefG weitgehend vergleichbar ist, gegen europäisches Gemeinschaftsrecht, wenn sie nicht im Rahmen eines transparenten und offenen Verfahrens für potentielle Bieter vergeben werden. Im Hinblick auf all diese Umstände **kann beim Vorliegen von Genehmigungen nach dem PBefG nicht von bestehenden Ausschließlichkeitsrechten ausgegangen werden** (VK Baden-Württemberg, B. v. 14. 3. 2005 − Az.: 1 VK 5/05).

135.9.3 Dringlichkeit (§ 3 Nr. 4 Buchstabe f))

135.9.3.1 Objektive Dringlichkeit

6294   Vgl. dazu im Einzelnen die **Kommentierung zu § 3 VOB/A RZ 3627, die auch für § 3 VOL/A gilt. Die Begriffe der Dringlichkeit in der VOB/A und der Eilbedürftigkeit in der VOL/A decken sich** von ihrem Inhalt her.

Verdingungsordnung für Leistungen Teil A § 3 VOL/A **Teil 4**

135.9.3.2 Vergleich der Fristen

Vgl. dazu im Einzelnen die **Kommentierung zu § 3 VOB/A RZ 3665, die auch für § 3 VOL/A gilt.** 6295

135.9.3.3 Abrufbarkeit von Fördermitteln

Vgl. dazu im Einzelnen die **Kommentierung zu § 3 VOB/A RZ 3632, die auch für § 3 VOL/A gilt.** 6296

135.9.3.4 Gesundheitspolitische Beschaffungen

Nach Inkrafttreten der so genannten **BSE-Verordnung** am 6. 12. 2000 mit der Pflicht, BSE-Tests durchzuführen, was durch Änderungsverordnung vom 25. 1. 2001 auf alle über 24 Monate alten Rinder ausgedehnt wurde, entstand schlagartig ein Untersuchungsbedarf in einer Größenordnung, die die Kapazitäten in der zuständigen Landesbehörde bei weitem überstieg. Gleichzeitig fehlten – zumal in räumlicher Nähe zu den Schlachtbetrieben – geeignete – und öffentlich-rechtlich zugelassene Privatlabors mit entsprechender Kapazität und Ausstattung, um die erforderlichen Tests verlässlich durchzuführen. Unter diesen Umständen ist dem öffentlichen Auftraggeber darin zu folgen, dass die **erforderliche Zeit für eine öffentliche Ausschreibung oder einen öffentlichen Teilnahmewettbewerb für eine beschränkte Ausschreibung im maßgeblichen Zeitraum nicht vorhanden gewesen wäre** (Schleswig-Holsteinisches OLG, B. v. 4. 5. 2001 – Az.: 6 Verg 2/2001). 6297

135.9.3.5 Hochwasserbedingte Beschaffungen

Vgl. dazu im Einzelnen die **Kommentierung RZ 3633, 3361 und 3381, die auch für § 3 VOL/A gilt.** 6298

135.9.3.6 Auftragsvergabe im Insolvenzfall

Vgl. dazu im Einzelnen die **Kommentierung zu § 3 VOB/A RZ 3634, die auch für § 3 VOL/A gilt.** 6299

135.9.3.7 Erläuternde Hinweise der VOL/A

Die Voraussetzungen für eine Inanspruchnahme dieses Tatbestandes sind enger als in § 3 Nr. 3 Buchstabe d: Nur in Fällen besonderer Dringlichkeit kann auf die Freihändige Vergabe zurückgegriffen werden. 6300

135.9.4 Keine Möglichkeit einer eindeutigen und erschöpfenden Leistungsbeschreibung (Nr. 4 Buchstabe h)

135.9.4.1 Rechtsprechung

Bei einer **komplexen Maßnahme des Anteilsverkaufs mit Sicherung der Stärkung und des Ausbaus des Betriebes** ist eine freihändige Vergabe nach § 3 Nr. 4h VOL/A zulässig. Mit dem Anteilsverkauf verbindet sich eine Vielzahl von Fragen, zu denen der Auftraggeber gerade kein feststehendes Leistungsprofil vorgeben, sondern sich Konzepte vorschlagen lassen will. Hinsichtlich des Personals sind personalvertretungsrechtliche Belange zu berücksichtigen, auf die der Auftraggeber nur eingeschränkt Einfluss hat. Die wirtschaftlichen Entwicklungsmöglichkeiten sind auch von der Strategie und der Finanzkraft des Erwerbers abhängig. Bei diesen Unwägbarkeiten kann eine feststehende Leistungsbeschreibung kaum erstellt werden (VK Düsseldorf, B. v. 14. 5. 2004 – Az.: VK-7/2004-L/VK-8/2004-L). 6301

Eingliederungsmaßnahmen gemäß § 421 i SGB III können nicht hinreichend eindeutig beschrieben werden. Aufgrund des Erprobungscharakters des § 421 i SGB III fehlen entsprechende Erfahrungswerte; diese Begründung ist plausibel (2. VK Bund, B. v. 1. 9. 2005 – Az.: VK 2-99/05). 6302

135.9.4.2 Erläuternde Hinweise der VOL/A

Die Worte „vor der Vergabe" bedeuten, dass die Leistung zu Beginn des Vergabeverfahrens nicht eindeutig beschrieben werden kann. Im Falle einer Ausschreibung wäre es schwierig, Angebote, die auf ungenaue Leistungsbeschreibungen eingehen, genügend zu vergleichen. Dieses entspricht inhaltlich § 3 Nr. 4 Buchstabe b VOB/A. 6303

1177

Teil 4 § 3 VOL/A   Verdingungsordnung für Leistungen Teil A

135.9.5 Vorteilhafte Gelegenheit (§ 3 Nr. 4 Buchstabe m))

135.9.5.1 Rechtsprechung

6304   Eine vorteilhafte Gelegenheit liegt nur dann vor, wenn es sich um **eine einmalige oder nur sehr kurzfristig sich bietende Beschaffungsmöglichkeit** handelt, die zudem noch Verkaufspreise unterhalb der üblichen Einkaufspreise für den Auftraggeber verspricht (OLG Düsseldorf, B. v. 8. 5. 2002 – Az.: Verg 5/02).

135.9.5.2 Erläuternde Hinweise der VOL/A

6305   Der Begriff „vorteilhafte Gelegenheit" ist eng auszulegen. Die Wahrnehmung einer vorteilhaften Gelegenheit muss zu einer wirtschaftlicheren Beschaffung führen, als diese bei Anwendung der Öffentlichen oder Beschränkten Ausschreibung der Fall wäre.

135.9.6 Kein voraussichtlich wirtschaftliches Ergebnis (§ 3 Nr. 4 Buchstabe n))

6306   Der Vergabestelle ist der **Zugang zu dem „nachrangigen" Verfahren der Freihändigen Vergabe nur dann** ohne weiteres **eröffnet, wenn** ihr nicht das Scheitern des vorangegangenen – und an sich vorrangigen – **Verfahrens zuzurechnen** ist, weil die von ihr zu verantwortenden Ausschreibungsbedingungen die Erfüllung des ausgeschriebenen Auftrags bis an die Grenze der Unmöglichkeit erschwerten und deshalb keine oder keine wirtschaftlichen Angebote eingegangen sind (OLG Dresden, B. v. 16. 10. 2001 – Az.: WVerg 0007/01).

135.9.7 Vergabe von Leistungen an Justizvollzugsanstalten, Einrichtungen der Jugendhilfe, Aus- und Fortbildungsstätten oder ähnliche Einrichtungen (§ 3 Nr. 4 Buchstabe o))

135.9.7.1 Allgemeines

6307   Vgl. dazu im Einzelnen die Kommentierung zu § 97 GWB RZ 153.

135.9.7.2 Voraussetzungen

6308   Nach dem Wortlaut der Vorschrift genügt es, dass die Vergabe von Leistungen an Justizvollzugsanstalten, Einrichtungen der Jugendhilfe, Aus- und Fortbildungsstätten oder ähnliche Einrichtungen durch die Vergabestelle beabsichtigt ist. **Es müssen vom Auftraggeber keine weiteren besonderen Umstände dargelegt und bewiesen sein, die die freihändige Vergabe an öffentliche Einrichtungen rechtfertigen.**

6309   § 3 Nr. 2 VOL/A legt **keine zusätzlichen tatbestandlichen Voraussetzungen für eine zulässige freihändige Vergabe fest.** Eine solche Beschränkung des Anwendungsbereichs des § 3 Nr. 4 lit. o VOL/A widerspricht dem Wortlaut der Vorschrift und findet weder eine Grundlage in der Gesetzessystematik noch im Sinn und Zweck der Regelung.

6310   § 3 Nr. 2 VOL/A ist § 3 Nr. 4 VOL/A als generelle Regelung vorangestellt. Die Fälle, in denen die Natur des Rechtsgeschäfts oder besondere Umstände eine freihändige Vergabe rechtfertigen, werden in der Folge durch die Ausnahmetatbestände des § 3 Nr. 4 VOL/A abschließend aufgezählt und gleichzeitig in ihren Voraussetzungen konkretisiert. Das gilt für alle Ausnahmetatbestände, auch für den Tatbestand des § 3 Nr. 4 lit. o VOL/A. Der besondere Umstand, der die freihändige Vergabe in diesem Fall rechtfertigt, ist der Ausschluss der öffentlichen Einrichtungen von der wettbewerblichen Vergabe durch § 7 Nr. 6 VOL/A.

6311   Weder der Wortlaut noch der Zweck des § 3 Nr. 4 Buchst. o) VOL/A (insbesondere in Verbindung mit § 3 Nr. 2 VOL/A) geben etwas für die Forderung her, Freihändige Vergaben an Einrichtungen im Sinne von § 7 Nr. 6 VOL/A **nur zuzulassen, sofern dies zur Erfüllung der vom Träger der Einrichtung wahrgenommenen sozialpolitischen Aufgaben erforderlich sei,** z.B. in solchen Fällen, in denen die zu beschaffende Dienstleistung einer Ausbildung und/oder Beschäftigung der der Einrichtungen selbst angehörenden Personen gelte. Eine **derart einschränkende Auslegung** ist weder aufgrund des Wortlauts der Vorschrift geboten noch durch ihren Zweck nahe gelegt. § 3 Nr. 4 Buchst. o) VOL/A trägt – im Sinn eines Sonderfalls der Zulässigkeit Freihändiger Vergabe – allein dem Umstand Rechnung, dass der Auftrag an eine der genannten Einrichtungen ergehen soll, die von einer Vergabe im Wettbewerb ausgeschlossen sind. Weitergehende Einschränkungen sind damit nicht verbunden, zumal dadurch der **Anwendungsbereich der Norm allzu sehr beschnitten** würde (OLG Düsseldorf, B. v. 27. 10. 2004 – Az.: VII-Verg 52/04).

Dem **Auftraggeber steht ein Ermessensspielraum zu** hinsichtlich der Entscheidung 6312
zwischen der freihändigen Vergabe an die in § 3 Nr. 4 lit. o VOL/A genannten Einrichtungen einerseits oder der öffentlichen Ausschreibung unter Beteiligung erwerbswirtschaftlicher Bieter andererseits. Denn außer dass der Kreis der beteiligten Bieter auf die dort genannten Unternehmen beschränkt sein muss, stellt § 3 Nr. 4 lit. o VOL/A nur noch auf das subjektive Element der Absicht der Vergabestelle ab und setzt damit den Ermessensspielraum des Auftraggebers voraus (1. VK Bund, B. v. 20. 7. 2004 – Az.: VK 1-75/04; B. v. 20. 7. 2004 – Az.: VK 1-78/04).

Die **Ermessensbetätigung** der Vergabestelle ist von den Vergabenachprüfungsinstanzen nach 6313
allgemeinen Grundsätzen **nur darauf überprüfbar, ob sie auf einem zutreffend ermittelten Sachverhalt** beruht und ob die **rechtlichen Grenzen zulässiger Ermessensausübung eingehalten** worden sind, insbesondere unsachgemäße und/oder diskriminierende Gesichtspunkte darin keinen Eingang gefunden haben (OLG Düsseldorf, B. v. 27. 10. 2004 – Az.: VII-Verg 52/04).

136. § 3a VOL/A – Arten der Vergabe

1. (1) Aufträge im Sinne des § 1a werden grundsätzlich im Wege des Offenen Verfahrens, das der Öffentlichen Ausschreibung gemäß § 3 Nr. 2 entspricht, in begründeten Fällen im Wege des Nichtoffenen Verfahrens, das der Beschränkten Ausschreibung mit Öffentlichem Teilnahmewettbewerb gemäß § 3 Nr. 1 Abs. 4 und Nr. 3 entspricht, vergeben. Unter den in Nr. 1 Abs. 5 und Nr. 2 genannten Voraussetzungen können sie auch im Verhandlungsverfahren mit oder ohne vorheriger Öffentlicher Vergabebekanntmachung vergeben werden; dabei wendet sich der Auftraggeber an Unternehmen seiner Wahl und verhandelt mit mehreren oder einem einzigen dieser Unternehmen über die Auftragsvergabe. Unter den in § 6a der Verordnung über die Vergabe öffentlicher Aufträge (Vergabeverordnung – VgV –) genannten Voraussetzungen können Aufträge auch im Wettbewerblichen Dialog vergeben werden.

(2) Vergeben die Auftraggeber einen Auftrag im Nichtoffenen Verfahren, im Verhandlungsverfahren mit vorheriger Bekanntmachung oder im Wettbewerblichen Dialog, so können sie eine Höchstzahl von Unternehmen bestimmen, die zur Angebotsabgabe oder zur Teilnahme am Dialog aufgefordert werden. Diese Zahl ist in der Bekanntmachung nach Absatz 3 anzugeben. Sie darf im Nichtoffenen Verfahren nicht unter fünf, im Verhandlungsverfahren mit vorheriger Bekanntmachung und im Wettbewerblichen Dialog nicht unter drei liegen.

(3) Die Auftraggeber können vorsehen, dass das Verhandlungsverfahren oder der Wettbewerbliche Dialog in verschiedenen aufeinander folgenden Phasen abgewickelt werden, um so die Zahl der Angebote, über die verhandelt wird, oder die zu erörternden Lösungen anhand der vorgegebenen Zuschlagskriterien zu verringern. Wenn die Auftraggeber dies vorsehen, geben sie dies in der Bekanntmachung oder in den Vergabeunterlagen an. In der Schlussphase des Verfahrens müssen so viele Angebote vorliegen, dass ein echter Wettbewerb gewährleistet ist.

(4) Auftraggeber, die einen Auftrag im Sinne des § 1a vergeben wollen, erklären ihre Absicht durch eine Bekanntmachung gemäß § 17a im Supplement zum Amtsblatt der Europäischen Gemeinschaften. Die Bekanntmachung enthält entweder die Aufforderung zur Abgabe von Angeboten (Offenes Verfahren) oder die Aufforderung, Teilnahmeanträge zu stellen (Nichtoffenes Verfahren, Verhandlungsverfahren mit Teilnahmewettbewerb, Wettbewerblicher Dialog).

(5) Die Auftraggeber können Aufträge im Verhandlungsverfahren vergeben, vorausgesetzt, dass sie eine Vergabebekanntmachung veröffentlicht haben:

a) wenn in einem Offenen oder einem Nichtoffenen Verfahren oder einem Wettbewerblichen Dialog nur Angebote im Sinne der §§ 23 Nr. 1 oder 25 Nr. 1 abgegeben worden sind, sofern die ursprünglichen Bedingungen des Auftrags nicht grundlegend geändert werden.

Die Auftraggeber können in diesen Fällen von einer Vergabebekanntmachung absehen, wenn sie in das Verhandlungsverfahren alle Unternehmen einbeziehen, welche die Voraussetzungen des § 25 Nr. 2 Abs. 1 erfüllen und in dem Offenen oder Nichtoffenen Verfahren oder Wettbewerblichen Dialog Angebote abgegeben haben, die nicht bereits aus formalen Gründen (§ 23 Nr. 1) nicht geprüft zu werden brauchen.

Bei einer erneuten Bekanntmachung gem. § 17a können sich auch Unternehmen beteiligen, die sich bei einer ersten Bekanntmachung nach Nummer 1 Abs. 3 nicht beteiligt hatten,

b) in Ausnahmefällen, wenn es sich um Liefer- oder Dienstleistungsaufträge handelt, die ihrer Natur nach oder wegen der damit verbundenen Risiken eine vorherige Festlegung eines Gesamtpreises nicht zulassen,

c) wenn die zu erbringenden Dienstleistungsaufträge, insbesondere geistig-schöpferische Dienstleistungen und Dienstleistungen der Kategorie 6 des Anhangs I A, dergestalt sind, dass vertragliche Spezifikationen nicht hinreichend genau festgelegt werden können, um den Auftrag durch die Wahl des besten Angebots in Übereinstimmung mit den Vorschriften über Offene und Nichtoffene Verfahren vergeben zu können.

2. Die Auftraggeber können in folgenden Fällen Aufträge im Verhandlungsverfahren ohne vorherige Öffentliche Vergabebekanntmachung vergeben:

a) wenn in einem Offenen oder einem Nichtoffenen Verfahren keine oder keine wirtschaftlichen Angebote abgegeben worden sind, sofern die ursprünglichen Bedingungen des Auftrags nicht grundlegend geändert werden; der Kommission der Europäischen Gemeinschaften ist auf ihren Wunsch ein Bericht vorzulegen.

b) wenn es sich um die Lieferung von Waren handelt, die nur zum Zwecke von Forschungen, Versuchen, Untersuchungen, Entwicklungen oder Verbesserungen hergestellt werden, wobei unter diese Bestimmung nicht eine Serienfertigung zum Nachweis der Marktfähigkeit des Produktes oder zur Deckung der Forschungs- und Entwicklungskosten fällt;

c) wenn der Auftrag wegen seiner technischen oder künstlerischen Besonderheiten oder aufgrund des Schutzes eines Ausschließlichkeitsrechts (z. B. Patent-, Urheberrecht) nur von einem bestimmten Unternehmen durchgeführt werden kann;

d) soweit dies unbedingt erforderlich ist, wenn aus dringlichen zwingenden Gründen, die der Auftraggeber nicht voraussehen konnte, die Fristen gemäß § 18a nicht eingehalten werden können. Die Umstände, die die zwingende Dringlichkeit begründen, dürfen auf keinen Fall dem Verhalten des Auftraggebers zuzuschreiben sein;

e) bei zusätzlichen Lieferungen des ursprünglichen Auftragnehmers, die entweder zur teilweisen Erneuerung von gelieferten Waren oder Einrichtungen zur laufenden Benutzung oder zur Erweiterung von Lieferungen oder bestehenden Einrichtungen bestimmt sind, wenn ein Wechsel des Unternehmens dazu führen würde, dass der Auftraggeber Waren mit unterschiedlichen technischen Merkmalen kaufen müsste und dies eine technische Unvereinbarkeit oder unverhältnismäßige technische Schwierigkeiten bei Gebrauch, Betrieb oder Wartung mit sich bringen würde. Die Laufzeit dieser Aufträge sowie die der Daueraufträge darf in der Regel drei Jahre nicht überschreiten;

f) für zusätzliche Dienstleistungen, die weder in dem der Vergabe zugrunde liegenden Entwurf noch im zuerst geschlossenen Vertrag vorgesehen sind, die aber wegen eines unvorhergesehenen Ereignisses zur Ausführung der darin beschriebenen Dienstleistungen erforderlich sind, sofern der Auftrag an das Unternehmen vergeben wird, das diese Dienstleistung erbringt, wenn sich die zusätzlichen Dienstleistungen in technischer und wirtschaftlicher Hinsicht nicht ohne wesentlichen Nachteil für den Auftraggeber vom Hauptauftrag trennen lassen oder wenn diese Dienstleistungen zwar von der Ausführung des ursprünglichen Auftrags getrennt werden können, aber für dessen Vollendung unbedingt erforderlich sind. Der Gesamtwert der Aufträge für die zusätzlichen Dienstleistungen darf jedoch 50 vom Hundert des Wertes des Hauptauftrags nicht überschreiten;

g) bei neuen Dienstleistungen, die in der Wiederholung gleichartiger Leistungen bestehen, die durch den gleichen Auftraggeber an das Unternehmen vergeben werden, das den ersten Auftrag erhalten hat, sofern sie einem Grundentwurf entsprechen und dieser Entwurf Gegenstand des ersten Auftrags war, der entweder im Offenen oder Nichtoffenen Verfahren vergeben wurde. Die Möglichkeit der Anwendung des Verhandlungsverfahrens muss bereits in der Ausschreibung des ersten Vorhabens angegeben werden; der für die nachfolgenden Dienstleistungen in Aussicht genommene Gesamtauftragswert wird vom Auftraggeber bei der Berechnung des Auftragswertes berücksichtigt. Das Verhandlungsverfahren darf jedoch nur innerhalb von drei Jahren nach Abschluss des ersten Auftrags angewandt werden;

h) wenn im Anschluss an einen Wettbewerb im Sinne des § 31a Nr. 1 Abs. 1 der Auftrag nach den Bedingungen dieses Wettbewerbs an den Gewinner oder an einen der Preisträger vergeben werden muss. Im letzteren Fall müssen alle Preisträger des Wettbewerbs zur Teilnahme an den Verhandlungen aufgefordert werden;

i) bei auf einer Warenbörse notierten und gekauften Ware;

j) wenn Waren zu besonders günstigen Bedingungen bei Lieferanten, die ihre Geschäftstätigkeit endgültig einstellen, oder bei Insolvenzverwaltern oder Liquidatoren im Rahmen eines Insolvenz-, Vergleichs- oder Ausgleichsverfahrens oder eines in den Vorschriften eines anderen Mitgliedstaates vorgesehenen gleichartigen Verfahrens erworben werden.

3. Es ist aktenkundig zu machen, weshalb von einem Offenen oder Nichtoffenen Verfahren abgewichen worden ist (vgl. §§ 30, 30 a).

4. (1) Rahmenvereinbarungen sind öffentliche Aufträge, die die Auftraggeber an ein oder mehrere Unternehmen vergeben können, um die Bedingungen für Einzelaufträge, die während eines bestimmten Zeitraumes vergeben werden sollen, festzulegen, insbesondere über den in Aussicht genommenen Preis. Das in Aussicht genommene Auftragsvolumen ist so genau wie möglich zu ermitteln und zu beschreiben, braucht aber nicht abschließend festgelegt zu werden. Die Auftraggeber dürfen für dieselbe Leistung nicht mehrere Rahmenvereinbarungen vergeben.

(2) Die Auftraggeber dürfen Rahmenvereinbarungen nicht missbräuchlich oder in einer Weise anwenden, die den Wettbewerb behindert, einschränkt oder verfälscht.

(3) Für den Abschluss einer Rahmenvereinbarung befolgen die Auftraggeber die Verfahrensvorschriften dieses Abschnittes in allen Phasen bis zur Zuschlagserteilung der Einzelaufträge, die auf diese Rahmenvereinbarung gestützt sind. Solche Einzelaufträge sind nur zwischen den von Anbeginn an der Rahmenvereinbarung beteiligten Auftraggebern und Unternehmen zulässig. Bei der Vergabe der auf einer Rahmenvereinbarung beruhenden Einzelaufträge dürfen keine grundlegenden Änderungen an den Bedingungen dieser Rahmenvereinbarung vorgenommen werden.

(4) Wird eine Rahmenvereinbarung mit einem Unternehmen geschlossen, so werden die auf dieser Rahmenvereinbarung beruhenden Einzelaufträge entsprechend den Bedingungen der Rahmenvereinbarung vergeben. Vor der Vergabe der Einzelaufträge kann die Vergabestelle das an der Rahmenvereinbarung beteiligte Unternehmen in Textform konsultieren und dabei auffordern, sein Angebot erforderlichenfalls zu vervollständigen.

(5) Wird eine Rahmenvereinbarung mit mehreren Unternehmen geschlossen, so müssen mindestens drei Unternehmen beteiligt sein, sofern eine ausreichend große Zahl von Unternehmen die Eignungskriterien und eine ausreichend große Zahl von zulässigen Angeboten die Zuschlagskriterien erfüllt.

(6) Die Vergabe von Einzelaufträgen, die auf einer mit mehreren Unternehmen geschlossenen Rahmenvereinbarung beruhen, erfolgt

a) sofern alle Bedingungen festgelegt sind, nach den Bedingungen der Rahmenvereinbarung ohne erneuten Aufruf zum Wettbewerb oder

b) sofern nicht alle Bedingungen in der Rahmenvereinbarung festgelegt sind, nach erneutem Aufruf der Parteien zum Wettbewerb zu denselben Bedingungen, die erforderlichenfalls zu präzisieren sind, oder nach anderen, in den Verdingungsunterlagen der Rahmenvereinbarung genannten Bedingungen.

(7) Im Fall von Absatz 6 Buchstabe b) ist folgendes Verfahren einzuhalten:

a) Vor Vergabe jedes Einzelauftrags konsultieren die Vergabestellen in Textform die Unternehmen, ob sie in der Lage sind, den Einzelauftrag auszuführen.

b) Die Vergabestellen setzen eine angemessene Frist für die Abgabe der Angebote für jeden Einzelauftrag; dabei berücksichtigen sie insbesondere die Komplexität des Auftragsgegenstands und die für die Übermittlung der Angebote erforderliche Zeit.

c) Die Vergabestellen geben an, in welcher Form die Angebote einzureichen sind, der Inhalt der Angebote ist bis zum Ablauf der Angebotsfrist geheim zu halten.

d) Die Vergabestellen vergeben die einzelnen Aufträge an das Unternehmen, das auf der Grundlage der in den Verdingungsunterlagen der Rahmenvereinbarung aufgestellten Zuschlagskriterien das wirtschaftlichste Angebot vorgelegt hat.

(8) Die Laufzeit einer Rahmenvereinbarung darf vier Jahre nicht überschreiten, es sei denn der Auftragsgegenstand oder andere besondere Umstände rechtfertigen eine Ausnahme.

136.1 Vergleichbare Regelungen

6314   Der **Vorschrift des § 3a VOL/A vergleichbar** sind im Bereich des **GWB § 101**, im Bereich der VOL **§§ 3, 3b VOL/A** und im Bereich der VOB **§§ 3, 3a, 3b VOB/A**. Die Kommentierungen zu diesen Vorschriften können daher ergänzend zu der Kommentierung des § 3a herangezogen werden.

136.2 Änderungen in der VOL/A 2006

6315   In § 3a Nr. 1 Abs. 1, Abs. 4 ist die **neue Vergabeart des „Wettbewerblichen Dialogs"** **eingeführt.** In § 3a Nr. 1 Abs. 2 ist **außerdem die Möglichkeit aufgenommen,** dass der Auftraggeber beim Verhandlungsverfahren und beim Wettbewerblichen Dialog vorsehen kann, dass das Verhandlungsverfahren und der Wettbewerbliche Dialog in verschiedenen aufeinander folgenden Phasen abgewickelt werden, um so die Zahl der Angebote, über die verhandelt wird, anhand der in der Bekanntmachung oder in den Verdingungsunterlagen angegebenen Zuschlagskriterien zu verringern.

6316   Der **Kreis der Möglichkeiten einer Auftragsvergabe im Wege des Verhandlungsverfahrens ohne vorherige Öffentliche Vergabebekanntmachung ist um zwei Alternativen erweitert** worden (Börsenwaren, vorteilhafte Gelegenheiten in Folge von Geschäftsaufgaben u. ä.).

6317   In § 3a Nr. 4 sind die **Rahmenvereinbarung definiert** sowie die **Bedingungen einer Auftragsvergabe auf der Basis einer Rahmenvereinbarung erläutert.**

136.3 Bieterschützende Vorschrift

6318   Vgl. dazu im Einzelnen die **Kommentierung zu § 3a VOB/A RZ 3638, die auch für § 3a VOL/A gilt.**

136.4 Allgemeine Fragen zu den Arten der Vergabe

6319   Allgemeine Fragen zu den Arten der Vergabe – einschließlich des Wettbewerblichen Dialogs – sind in der Kommentierung zu § 101 GWB behandelt. Die nachfolgende Kommentierung beschränkt sich auf die speziellen Regelungen des § 3a.

136.5 Festlegung einer Höchstzahl von teilnehmenden Unternehmen (§ 3a Nr. 1 Abs. 2)

6320   Im Rahmen der VOL/A 2006 ist die **Regelung über die Festlegung einer Höchstzahl von Unternehmen,** die im Rahmen von Nichtoffenen Verfahren, Verhandlungsverfahren mit

Verdingungsordnung für Leistungen Teil A § 3a VOL/A **Teil 4**

vorheriger Bekanntmachung oder Wettbewerblichen Dialog zur Angebotsabgabe oder zur Teilnahme am Dialog aufgefordert werden, **neu gefasst worden.**

136.6 Phasenabwicklung (§ 3a Nr. 1 Abs. 3)

Im Rahmen der VOL/A 2006 ist eine **ausdrückliche Regelung über die Möglichkeit** 6321 **einer phasenweisen Abwicklung eines Verhandlungsverfahren oder eines Wettbewerblichen Dialogs aufgenommen** worden, um so die Zahl der Angebote, über die verhandelt wird, oder die zu erörternden Lösungen anhand der vorgegebenen Zuschlagskriterien zu verringern. Wenn die Auftraggeber dies vorsehen, geben sie dies in der Bekanntmachung oder in den Vergabeunterlagen an. In der Schlussphase des Verfahrens müssen so viele Angebote vorliegen, dass ein echter Wettbewerb gewährleistet ist. Die **Regelung entspricht Art. 44 Abs. 3 VKR.**

136.7 Verhandlungsverfahren

Allgemeine Fragen zu dem Verhandlungsverfahren sind in der Kommentierung zu § 101 6322 GWB RZ 1376 behandelt. Die nachfolgende Kommentierung beschränkt sich auf die speziellen Regelungen des § 3a.

136.7.1 Zulässigkeit eines Verhandlungsverfahrens nach einer Vergabebekanntmachung (§ 3a Nr. 1 Abs. 5)

136.7.1.1 Liefer- oder Dienstleistungsaufträge, die eine vorherige Festlegung eines Gesamtpreises nicht zulassen (Nr. 1 Abs. 5 Buchstabe b))

Die Vorschrift des § 3a Nr. 1 Abs. 5 Buchstabe b) ist im Rahmen der VOL/A 2006 6323 auch für **Lieferaufträge geöffnet** worden.

Ein **Auftrag über die Restabfallentsorgung** bezieht sich auf eine Dienstleistung, die ihrer 6324 Natur nach oder wegen der damit verbundenen Risiken eine vorherige Festlegung der Gesamtleistung nicht zulässt. Auch die Auswahl der Teilnehmer mit Hilfe eines vorherigen Offenen Teilnehmerwettbewerbs ist nicht zu beanstanden (1. VK Sachsen, B. v. 13. 5. 2002 – Az.: 1/SVK/029-02; VK Baden-Württemberg, B. v. 12. 7. 2001 – Az.: 1 VK 12/01).

136.7.1.2 Unmöglichkeit der Festlegung der vertraglichen Spezifikationen bei bestimmten Dienstleistungen (Nr. 1 Abs. 5 Buchstabe c))

Die Bezugnahme des § 3a Nr. 1 Abs. 5c) VOL/A auf Dienstleistungen der Kategorie 6 des 6325 Anhangs I A stellt **weder eine Vermutung noch ein Indiz dafür dar, dass die dort genannten Versicherungsdienstleistungen** in ihren vertraglichen Spezifikationen vom öffentlichen Auftraggeber nicht hinreichend genau festgelegt werden können. Es bleibt damit auch für Versicherungsdienstleistungen bei dem Vorrang des Offenen Verfahrens/der öffentlichen Ausschreibung (OLG Düsseldorf, B. v. 18. Oktober 2000 – Az.: Verg 3/00).

136.7.2 Zulässigkeit eines Verhandlungsverfahrens ohne Vergabebekanntmachung (§ 3a Nr. 2)

Wie sich insbesondere aus der zwölften Begründungserwägung der Richtlinie 93/36 und der 6326 achten Begründungserwägung der Richtlinie 93/37 ergibt, hat das Verhandlungsverfahren Ausnahmecharakter und darf nur in bestimmten, genau festgelegten Fällen zur Anwendung gelangen. **Aus diesem Grund bestimmen die Artikel 6 Absatz 3 Buchstabe a der Richtlinie 93/36 und 7 Absatz 3 Buchstabe a der Richtlinie 93/37 abschließend die Fälle, in denen das Verhandlungsverfahren ohne eine vorherige öffentliche Vergabebekanntmachung angewandt werden kann.** Nach der Rechtsprechung sind die Ausnahmen von den Vorschriften, die die Wirksamkeit der Rechte nach dem Vertrag im Bereich der öffentlichen Bauaufträge gewährleisten sollen, **eng auszulegen;** die **Beweislast** dafür, dass die außergewöhnlichen Umstände, die die Ausnahme rechtfertigen, tatsächlich vorliegen, obliegt **demjenigen, der sich auf sie berufen will** (Europäischer Gerichtshof, Urteil vom 18. 11. 2004 – Az.: C-126/03). Die **Mitgliedstaaten** können daher **weder Tatbestände für die Anwendung des Verhandlungsverfahrens schaffen,** die in den genannten Richtlinien nicht vorgesehen

1183

Teil 4 § 3a VOL/A   Verdingungsordnung für Leistungen Teil A

sind, noch die ausdrücklich in diesen Richtlinien vorgesehenen **Tatbestände um neue Bestimmungen ergänzen,** die die Anwendung des genannten Verfahrens erleichtern, da sie sonst die praktische Wirksamkeit der betreffenden Richtlinien beseitigen würden (z. B. die Anwendung des Verhandlungsverfahrens zulassen, wenn ein Auftrag nicht in einem offenen oder nicht offenen Verfahren vergeben werden konnte oder die Bewerber nicht zum Vergabeverfahren zugelassen wurden, und die ursprünglichen Bedingungen des Auftrags bis auf den Preis, der nicht um mehr als 10% erhöht werden darf, nicht geändert werden) – (EuGH, Urteil vom 13. 1. 2005 – Az.: C-84/03).

6327 Die vom EuGH genannten Begründungserwägungen sind in der neuen Vergabekoordinierungsrichtlinie (2004/18/EG) nicht mehr ausdrücklich enthalten. Der **Ausnahmecharakter des Verhandlungsverfahrens ergibt sich aber eindeutig und zwingend aus dem Stufenverhältnis der Ausschreibungsarten.**

6328 Die Zulässigkeit der Durchführung eines Verhandlungsverfahrens ohne Teilnahmewettbewerb richtet sich **ausschließlich nach § 3a Nr. 2 VOL/A 2. Abschnitt, ein Rückgriff auf die Vorschriften des § 3 Nr. 4 VOL/A ist nicht zulässig** (1. VK Bund, B. v. 20. 5. 2003 – Az.: VK 1-35/03). Diese Auffassung ist nicht unumstritten (vgl. Ziffer 158.5.2.5.1).

136.7.2.1 Fehlende wirtschaftliche Angebote nach einem Offenen Verfahren (§ 3a Nr. 2 Buchstabe a))

6329 Nach § 3a Nr. 2 Buchstabe a) VOL/A ist ein Verhandlungsverfahren ohne vorherige Öffentliche Bekanntmachung dann zulässig, wenn bei einem Offenen Verfahren oder Nichtoffenen Verfahren keine oder keine wirtschaftlichen Angebote abgegeben worden sind, sofern die ursprünglichen Verdingungsunterlagen nicht grundlegend geändert werden. Erste **Voraussetzung** ist somit, dass **ausschließlich Angebote** im Offenen Verfahren vorgelegen haben müssen, die nach Prüfung, unter Zugrundelegung allgemeiner Erfahrungssätze sowie der in der Ausschreibung genannten Wirtschaftlichkeitskriterien, **in einem unangemessenen Preis-Leistungs-Verhältnis** standen. Für das Vorliegen eines unangemessenen Verhältnisses ist der **Auftraggeber grundsätzlich darlegungs- und beweispflichtig.** Der bloße Hinweis, dass die finanziellen Mittel nicht ausreichen, vermag diese Darlegungs- und Beweispflicht nicht zu begründen (VK Südbayern, B. v. 21. 8. 2003 – Az.: 32-07/03).

6330 Der Vergabestelle ist aber der **Zugang zu dem „nachrangigen" Verhandlungsverfahren** des § 3a Nr. 2a VOL/A **nur dann** ohne weiteres **eröffnet, wenn ihr nicht das Scheitern des vorangegangenen** – und an sich vorrangigen – **Verfahrens zuzurechnen** ist, weil die von ihr zu verantwortenden Ausschreibungsbedingungen die Erfüllung des ausgeschriebenen Auftrags bis an die Grenze der Unmöglichkeit erschweren und deshalb keine oder keine wirtschaftlichen Angebote eingegangen sind (OLG Dresden, B. v. 16. 10. 2001 – Az.: WVerg 0007/01).

6331 Der **Auftraggeber ist an die Zuschlagskriterien eines aufgehobenen Offenen Verfahrens auch im nachfolgenden Verhandlungsverfahren gebunden.** Die Vergabestelle weicht von diesen selbst aufgestellten Kriterien ab, wenn sie neue Kriterien in die Wertung einführt. Dies macht die Wertungsentscheidung intransparent und im Ergebnis fehlerhaft. Der Rechtsgedanke, der dem § 9a VOL/A zugrunde liegt und wonach die Zuschlagsentscheidung nicht auf Kriterien gestützt werden darf, die nicht vorher bekannt gegeben wurden, greift auch hier (VK Südbayern, B. v. 21. 4. 2004 – Az.: 24-04/04).

136.7.2.2 Durchführung nur von einem bestimmten Unternehmen (§ 3a Nr. 2 Buchstabe c))

6332 Vgl. dazu die Kommentierung zu § 3 VOL/A RZ 6292.

136.7.2.3 Dringlichkeit (§ 3a Nr. 2 Buchstabe d))

6333 **136.7.2.3.1 Hinweis.** Vgl. zunächst im Einzelnen die Kommentierung zu § 3 VOL/A RZ 6294.

6334 **136.7.2.3.2 Voraussetzungen.** Ein Verhandlungsverfahren ohne Vergabebekanntmachung wegen Dringlichkeit ist nach europäischem Recht **nur anwendbar,** wenn **kumulativ drei Voraussetzungen** erfüllt sind. Es müssen ein **unvorhersehbares Ereignis, dringliche und zwingende Gründe,** die die Einhaltung der in anderen Verfahren vorgeschriebenen Fristen nicht zulassen, und ein **Kausalzusammenhang zwischen dem unvorhersehbaren Ereignis und den sich daraus ergebenden dringlichen, zwingenden Gründen** gegeben sein (EuGH,

Verdingungsordnung für Leistungen Teil A § 3a VOL/A **Teil 4**

Urteil vom 2. 6. 2005 – Az.: C-394/02; Urteil vom 18. 11. 2004 – Az.: C-126/03; 1. VK Sachsen, B. v. 7. 4. 2004 – Az.: 1/SVK/023-04).

An das **Vorliegen des Ausnahmetatbestandes sind hohe Anforderungen zu stellen.** 6335
Als zwingende und dringende Gründe kommen **nur akute Gefahrensituationen und höhere Gewalt,** z. B. durch Katastrophenfälle in Betracht, die **zur Vermeidung von Schäden für Leib und Leben der Allgemeinheit ein schnelles, die Einhaltung der Fristen ausschließendes Handeln erfordern.** Latente oder durch regelmäßige Wiederkehr (z. B. Frühlingshochwasser) **vorsehbare Gefahren sind daher in der Regel keine zwingenden Gründe.** Latent vorhandene Gefahren können durch das Hinzutreten unvorhersehbarer Ereignisse allerdings zu akuten Gefahren werden, die einen dringlichen Handlungsbedarf begründen können. Dem Auftraggeber steht bei der Einschätzung der Gefahrenlage ein Beurteilungsspielraum zu, der sich aber an den Wertsetzungen des Vergaberechts orientieren und dem Ausnahmecharakter einer formlosen Vergabe Rechnung tragen muss.

Ebenso ist **an die Unvorhersehbarkeit hohe Anforderungen zu stellen.** Vorhersehbar 6336
sind alle Umstände, die bei einer sorgfältigen Risikoabwägung unter Berücksichtigung der aktuellen Situation und deren möglicher Fortentwicklung nicht ganz unwahrscheinlich sind. Vorhersehbar sind dabei nicht nur Umstände, die nach dem gewöhnlichen Lauf der Dinge eintreten können, sondern auch nicht ganz lebensfremde Abweichungen vom üblichen Verlauf.

Zwischen den unvorhersehbaren Ereignissen und den zwingenden Gründen für die 6337
Unmöglichkeit der Einhaltung der Fristen aus § 18a VOL/A muss ein Kausalzusammenhang bestehen. Die Unmöglichkeit der Einhaltung der Fristen muss sich aus den unvorhersehbaren Ereignissen ergeben. Dabei ist zu berücksichtigen, dass eine Einhaltung auch der verkürzten Fristen des § 18a VOL/A nicht mehr möglich sein darf, da auch eine Veröffentlichung mit verkürzten Fristen dem Verhandlungsverfahren ohne Vergabebekanntmachung vorgeht.

Dass die **die Dringlichkeit auslösenden Umstände auf keinen Fall dem Verhalten des** 6338
Auftraggebers zuzurechnen sein dürfen, setzt kein Verschulden beim Auftraggeber voraus. Es geht nicht um subjektive Vorwerfbarkeit, sondern darum, ob sie in der Sphäre des Auftraggebers begründet sind. Dazu gehören auch Verzögerungen, die sich aus der Abhängigkeit von Entscheidungen anderer Behörden ergeben (VK Düsseldorf, B. v. 15. 8. 2003 – Az.: VK-23/2003-L).

Einen unbefristeten Vertrag **aus einer punktuellen Engpasslage** im Verhandlungsverfahren 6339
ohne vorherige Bekanntmachung an zumeist lokale Anbieter zu vergeben, **sprengt den Ausnahmetatbestand** des § 3a Nr. 2d) VOL/A (1. VK Sachsen, B. v. 7. 4. 2004 – Az.: 1/SVK/023-04).

136.7.2.3.3 Eilbedürftigkeit während eines Nachprüfungsverfahrens. Ein **Auftrage-** 6340
ber ist bei dringenden, unaufschiebbaren Dienstleistungen wie etwa bei Krankentransporten oder Schülerfreistellungsverkehren, **berechtigt und gegebenenfalls faktisch gezwungen, diese Dienstleistungen zeitlich befristet, bis zum rechtskräftigen Abschluss eines Nachprüfungsverfahrens im Verhandlungsverfahren ohne vorherige öffentliche Vergabebekanntmachung gemäß § 3a Nr. 2 lit. d) VOL/A zu vergeben.** Die Alternative, die ausgeschriebenen Dienstleistungen während des schwebenden Nachprüfungs- oder zweitinstanzlichen Beschwerdeverfahrens gar nicht durchführen zu lassen, besteht für den Auftraggeber in diesen Fällen regelmäßig nicht. Auch über eigenes Personal zur vorübergehenden Durchführung der ausgeschriebenen Dienstleistungen verfügt ein Auftraggeber regelmäßig nicht. Dieses Interesse des Auftraggebers und das öffentliche Interesse z. B. an dem reibungslosen Betriebsablauf in der Klinik und die Durchführung der für Gesundheit und Leben der Patienten unabdingbaren Hygienemaßnahmen überwiegen das Interesse eines Antragstellers, nach rechtskräftigem Abschluss des Nachprüfungsverfahrens einen möglichst ungeschmälerten Auftrag zu erhalten, jedoch nur, soweit die Verzögerung des Zuschlags durch das Nachprüfungsverfahren oder ein sich daran anschließendes Beschwerdeverfahren veranlasst ist (VK Lüneburg, B. v. 27. 6. 2003 – Az.: 203-VgK-14/2003).

136.7.2.4 Zusätzliche Lieferungen (§ 3a Nr. 2 Buchstabe e))

Die Norm erlaubt auch für Ersatz- oder Ergänzungskäufe zu einer früheren Beschaffungs- 6341
maßnahme das Verhandlungsverfahren ohne öffentliche Vergabebekanntmachung nur unter der Bedingung, dass die Beauftragung eines anderen Lieferanten den Erwerb von Waren mit abweichenden technischen Merkmalen zur Folge hätte und diese Abweichungen zu unverhältnismäßigen technischen Schwierigkeiten beim Gebrauch führen würden. Daran **fehlt es von vornherein, wenn auch ein drittes Unternehmen (rechtlich und tatsächlich) dazu in der**

Teil 4 § 3a VOL/A Verdingungsordnung für Leistungen Teil A

Lage ist, den Ersatz- oder Ergänzungsbedarf zu decken und Waren zu liefern, die mit denjenigen der ursprünglichen Anschaffung identisch sind (OLG Düsseldorf, B. v. 28. 5. 2003 – Az.: Verg 10/03).

6342   Das Risiko für die Nichterweislichkeit der Tatbestandsvoraussetzungen des § 3a Nr. 2 VOL/A trägt allein die Vergabestelle, so dass sie bei Zweifelsfällen gut beraten ist, den Weg eines förmlichen Vergabeverfahrens mit Vorabbenachrichtigung zu wählen. Wenn jedoch die **Voraussetzungen des § 3 a Nr. 2 lit. e) VOL/A objektiv vorliegen** (z.B. Lieferung von Pockenimpfstoffen) und zwar auch, wenn es sich um Gründe aus dem subjektiven Interessenbereich des Auftraggebers handelt, braucht die Vergabestelle kein förmliches Vergabeverfahren einzuleiten (2. VK Bund, B. v. 11. 4. 2003 – Az.: VK 2-10/03).

136.7.2.5 Warenbörse (§ 3a Nr. 4 Buchstabe i))

6343   Der **Kreis der Möglichkeiten einer Auftragsvergabe im Wege des Verhandlungsverfahrens ohne vorherige Öffentliche Vergabebekanntmachung ist in der VOL/A 2006 um die Alternative** der auf einer Warenbörse notierten und gekauften Waren erweitert worden.

136.7.2.6 Vorteilhafte Gelegenheiten in Folge von Geschäftsaufgaben u.ä. (§ 3a Nr. 4 Buchstabe j))

6344   **136.7.2.6.1 Anwendbarkeit.** Der **Kreis der Möglichkeiten einer Auftragsvergabe im Wege des Verhandlungsverfahrens ohne vorherige Öffentliche Vergabebekanntmachung ist in der VOL/A 2006 um die Alternative** der vorteilhaften Gelegenheit in Folge von Geschäftsaufgaben u. ä. erweitert worden.

6345   Die ältere Rechtsprechung hatte insoweit die Regelung des § 3 Nr. 4 Buchstabe m) **auch für Aufträge angewendet, die den Schwellenwert erreichen bzw. überschreiten** (OLG Düsseldorf, B. v. 8. 5. 2002 – Az.: Verg 5/02). Diese **Rechtsprechung kann ggf. auch für andere Tatbestände herangezogen** werden; vgl. dazu die gegenteilige Auffassung in der Kommentierung RZ 6328.

6346   **136.7.2.6.2 Begriff der vorteilhaften Gelegenheit.** Eine vorteilhafte Gelegenheit liegt nur dann vor, wenn es sich um **eine einmalige oder nur sehr kurzfristig sich bietende Beschaffungsmöglichkeit handelt, die zudem noch Verkaufspreise unterhalb der üblichen Einkaufspreise für den Auftraggeber verspricht** (OLG Düsseldorf, B. v. 8. 5. 2002 – Az.: Verg 5/02).

136.7.2.7 Auftragsvergabe im Insolvenzfall

6347   Kündigt ein Auftraggeber einen Liefer- oder Dienstleistungsvertrag nach § 8 Nr. 1 VOL/B z.B. wegen Beantragung eines Insolvenzverfahrens, macht oftmals schon die Tatsache des laufenden Vertrages oder die zeitliche und logistische Verknüpfung mehrerer Fach- bzw. Teillose eine **öffentliche Ausschreibung der gekündigten Leistungen unmöglich. In aller Regel wird bei diesen Konstellationen nur eine freihändige Vergabe** in Betracht kommen (3. VK Bund, B. v. 29. 6. 2005 – Az.: VK 3-52/05).

6348   Es gibt zwar keine Vorschrift, die es dem Auftraggeber bei einem Verhandlungsverfahren ohne öffentliche Vergabebekanntmachung auferlegt, mit einer bestimmten Mindestanzahl von Bietern zu verhandeln. Auch im Verhandlungsverfahren gilt jedoch der allgemeine Wettbewerbs- und der Gleichbehandlungsgrundsatz. Diese allgemeinen Grundsätze gebieten es, die Tatsache zu berücksichtigen, dass **dem Verhandlungsverfahren ein offenes Verfahren vorangegangen** war, aus dem interessierte und für das Bauvorhaben geeignete Bieter bekannt waren. Im Ergebnis stellt sich die Situation dann so dar, als hätte der Auftraggeber die beabsichtigte Vergabe öffentlich bekannt gemacht. Vor diesem Hintergrund ist es unter Berücksichtigung der genannten Grundsätze **geboten, die für das Verhandlungsverfahren mit vorangegangener Vergabebekanntmachung geltende Vorschrift des § 3 a Nr. 1 Abs. 4 Buchstabe a) VOL/A analog anzuwenden; der Auftraggeber ist also verpflichtet, mindestens drei Bewerber, darunter auch die im offenen Verfahren zweit- und drittplatzierten Bieter, in das Verhandlungsverfahren mit einzubeziehen** (3. VK Bund, B. v. 29. 6. 2005 – Az.: VK 3-52/05).

136.8 Rahmenvereinbarungen (§ 3a Nr. 4)

6349   In § 3a Nr. 4 sind – als neue Regelungen der VOL/A 2006 – die **Rahmenvereinbarung definiert** sowie die **Bedingungen einer Auftragsvergabe auf der Basis einer Rahmenvereinbarung erläutert.**

Verdingungsordnung für Leistungen Teil A   § 3b VOL/A **Teil 4**

Zu den **vergaberechtlichen Anforderungen an Rahmenvereinbarungen** und die 6350
Abwicklung von Rahmenvereinbarungen vgl. die **Kommentierung zu § 99 GWB**
RZ 1194.

137. § 3 b VOL/A – Arten der Vergabe

1. Aufträge im Sinne von § 1 b werden in folgenden Verfahren vergeben:
   a) im Offenen Verfahren, das der Öffentlichen Ausschreibung (§ 3 Nr. 1 Abs. 1) entspricht,

   b) im Nichtoffenen Verfahren, das der Beschränkten Ausschreibung nach Öffentlichem Teilnahmewettbewerb (§ 3 Nr. 1 Abs. 3) oder einem anderen Aufruf zum Wettbewerb (§ 17 b Nr. 1 Abs. 1) entspricht,

   c) im Verhandlungsverfahren, das an die Stelle der Freihändigen Vergabe (§ 3 Nr. 1 Abs. 3) tritt. Beim Verhandlungsverfahren wendet sich der Auftraggeber an ausgewählte Unternehmen und verhandelt mit einem oder mehreren dieser Unternehmen über den Auftragsinhalt, gegebenenfalls nach Aufruf zum Wettbewerb (§ 17 b Nr. 1).

2. Die Auftraggeber können in folgenden Fällen ein Verfahren ohne vorherigen Aufruf zum Wettbewerb durchführen,

   a) wenn im Rahmen eines Verfahrens mit vorherigem Aufruf zum Wettbewerb keine oder keine geeigneten Angebote oder keine Bewerbungen abgegeben worden sind, sofern die ursprünglichen Bedingungen des Auftrages nicht grundlegend geändert werden; b)wenn ein Auftrag nur zum Zweck von Forschungen, Versuchen, Untersuchungen oder Entwicklungen und nicht mit dem Ziel der Gewinnerzielung oder der Deckung der Forschungs- und Entwicklungskosten beim Auftragnehmer vergeben wird und die Vergabe des Auftrags einem Aufruf zum Wettbewerb für Folgeaufträge, die insbesondere diese Ziele verfolgen, nicht vorgreift;

   c) wenn der Auftrag wegen seiner technischen oder künstlerischen Besonderheiten oder aufgrund des Schutzes von Ausschließlichkeitsrechten nur von einem bestimmten Unternehmen durchgeführt werden kann;

   d) soweit zwingend erforderlich und wenn bei äußerster Dringlichkeit im Zusammenhang mit Ereignissen, die der Auftraggeber nicht voraussehen konnte, es nicht möglich ist, die in den Offenen Verfahren, Nichtoffenen Verfahren oder Verhandlungsverfahren vorgesehenen Fristen für die Bekanntmachung einzuhalten;

   e) bei Aufträgen, die aufgrund einer Rahmenvereinbarung vergeben werden sollen, sofern die in § 5 b Nr. 2 Abs. 2 genannte Bedingung erfüllt ist;

   f) im Falle von Lieferaufträgen bei zusätzlichen, vom ursprünglichen Unternehmen durchzuführende Leistungen, die entweder zur teilweisen Erneuerung von gängigen Waren oder Einrichtungen oder zur Erweiterung von Lieferungen oder bestehenden Einrichtungen bestimmt sind, wenn ein Wechsel des Unternehmens dazu führen würde, dass der Auftraggeber Material unterschiedlicher technischer Merkmale kaufen müsste und dies eine technische Unvereinbarkeit oder unverhältnismäßige technische Schwierigkeiten bei Gebrauch und Wartung mit sich bringen würde;

   g) bei zusätzlichen Dienstleistungen, die weder in dem der Vergabe zugrunde liegenden Entwurf noch im zuerst vergebenen Auftrag vorgesehen sind, die aber wegen eines unvorhergesehenen Ereignisses zur Ausführung dieses Auftrages erforderlich sind, sofern der Auftrag an das Unternehmen vergeben wird, das den ersten Auftrag ausführt,

   – wenn sich diese zusätzlichen Dienstleistungen in technischer oder wirtschaftlicher Hinsicht nicht ohne wesentlichen Nachteil für den Auftraggeber vom Hauptauftrag trennen lassen,

Teil 4 § 3b VOL/A Verdingungsordnung für Leistungen Teil A

- oder wenn diese zusätzlichen Dienstleistungen zwar von der Ausführung des ersten Auftrags getrennt werden können, aber für dessen weitere Ausführungsstufen unbedingt erforderlich sind;
h) wenn es sich um Waren handelt, die an Rohstoffbörsen notiert und gekauft werden;
i) bei Gelegenheitskäufen, wenn Waren aufgrund einer besonders günstigen Gelegenheit, die sich für einen sehr kurzen Zeitraum ergeben hat, zu einem Preis gekauft werden können, der erheblich unter den normalerweise marktüblichen Preisen liegt;
k) bei dem zu besonders günstigen Bedingungen erfolgenden Kauf von Waren entweder bei einem Unternehmen, das seine gewerbliche Tätigkeit endgültig einstellt, oder bei den Verwaltern im Rahmen eines Konkurses, eines Vergleichsverfahrens oder eines in den einzelstaatlichen Rechtsvorschriften vorgesehenen gleichartigen Verfahrens;
l) wenn der betreffende Dienstleistungsauftrag im Anschluss an einen durchgeführten Wettbewerb gemäß den einschlägigen Bestimmungen an den Gewinner oder einen der Gewinner vergeben werden muss. Im letzteren Fall sind alle Gewinner des Wettbewerbs zur Teilnahme an Verhandlungen einzuladen.

137.1 Vergleichbare Regelungen

6351 Der **Vorschrift des § 3 b VOL/A im Grundsatz vergleichbar** sind im Bereich des **GWB § 101**, im Bereich der VOB §§ 3, 3 a VOL/A und im Bereich der VOB §§ 3, 3 a, 3 b VOB/A. Die Kommentierungen zu diesen Vorschriften können daher ergänzend zu der Kommentierung des § 3 b herangezogen werden.

137.2 Änderungen in der VOL/A 2006

6352 Im Rahmen der VOL/A 2006 ist die **Möglichkeit für ein Verfahren ohne vorherigen Aufruf zum Wettbewerb wegen Dringlichkeit** (Nr. 2 Buchstabe d) und **für den Kauf von Waren, die an Rohstoffbörsen notiert und gekauft werden** (Nr. 2 Buchstabe h) **enger gefasst** worden.

137.3 Bieterschützende Vorschrift

6353 Vgl. dazu im Einzelnen die **Kommentierung zu § 3 b VOB/A RZ 3673, die auch für § 3 b VOL/A gilt.**

137.4 Allgemeine Fragen zu den Arten der Vergabe

6354 Allgemeine Fragen zu den Arten der Vergabe – auch die Frage des Vorrangs des Offenen Verfahrens – sind in der Kommentierung zu § 101 GWB behandelt. Die nachfolgende Kommentierung beschränkt sich auf die speziellen Regelungen des § 3 b.

137.5 Nichtoffenes Verfahren

6355 Allgemeine Fragen zu dem Nichtoffenen Verfahren sind in der Kommentierung zu § 101 GWB (RZ 1230) behandelt. Die nachfolgende Kommentierung beschränkt sich auf die speziellen Regelungen des § 3 b.

137.5.1 Anderer Aufruf zum Wettbewerb (§ 3 b Nr. 1 Buchstabe b)

6356 Welche anderen Möglichkeiten des Aufrufs zum Wettbewerb neben dem Öffentlichen Teilnahmewettbewerb zur Verfügung stehen, ergibt sich aus § 17 b Nr. 2 Abs. 1 Buchstaben b) und c).

137.6 Verfahren ohne vorherigen Aufruf zum Wettbewerb (§ 3 b Nr. 2)

6357 Nach dem Wortlaut des § 3 b Nr. 2 sind solche Verfahren sowohl das Nichtoffene Verfahren als auch das Verhandlungsverfahren.

137.6.1 Zulässigkeit eines Verfahrens ohne vorherigen Aufruf zum Wettbewerb

137.6.1.1 Fehlende oder keine geeigneten Angebote nach einem Verfahren mit vorherigem Aufruf zum Wettbewerb (§ 3 b Nr. 2 Buchstabe a))

Nach § 3 b Nr. 2 Buchstabe a) ist ein Verfahren ohne vorherigen Aufruf zum Wettbewerb dann zulässig, wenn u. a. im Rahmen eines Verfahrens mit vorherigem Aufruf zum Wettbewerb keine oder keine geeigneten Angebote abgegeben worden sind, sofern die ursprünglichen Bedingungen des Auftrags nicht grundlegend geändert werden. 6358

Der Vergabestelle ist aber der **Zugang zu dem „nachrangigen" Verfahren** ohne vorherigen Aufruf zum Wettbewerb **nur dann** ohne weiteres **eröffnet, wenn** ihr nicht das **Scheitern des vorangegangenen** – und an sich vorrangigen – **Verfahrens zuzurechnen** ist, weil die von ihr zu verantwortenden Ausschreibungsbedingungen die Erfüllung des ausgeschriebenen Auftrags bis an die Grenze der Unmöglichkeit erschweren und deshalb keine oder keine wirtschaftlichen Angebote eingegangen sind (OLG Dresden, B. v. 16. 10. 2001 – Az.: WVerg 0007/01). 6359

Verdingungsunterlagen müssen beispielsweise dann **grundlegend geändert** werden, wenn ursprünglich etatmäßig eingesetzte **Baumittel nachträglich gekürzt oder ganz gestrichen** werden, das vorgesehene **Bauprojekt an anderer Stelle errichtet** werden soll oder Änderungen des Bauentwurfes notwendig werden (VK Nordbayern, B. v. 27. 6. 2001 – Az.: 320.VK-3194-16/01). 6360

137.6.1.2 Durchführung nur von bestimmten Unternehmen (§ 3 b Nr. 2 Buchstabe c))

Vgl. dazu die Kommentierung zu § 3 VOL/A RZ 6292. 6361

137.6.1.3 Dringlichkeit (§ 3 b Nr. 2 Buchstabe d))

Vgl. insoweit die Kommentierung zu § 3 a VOL/A RZ 6333. 6362

137.6.1.4 Aufträge aufgrund einer Rahmenvereinbarung (§ 3 b Nr. 2 Buchstabe e))

Gemäß § 3 b Nr. 2 Buchstabe e) VOL/A ist ein Verfahren ohne vorherigen Aufruf zum Wettbewerb zulässig bei Aufträgen, die aufgrund einer Rahmenvereinbarung vergeben werden sollen, sofern die in § 5 b Nr. 2 Abs. 2 genannte Bedingung erfüllt ist. 6363

137.6.1.4.1 Vergaberechtliche Grundanforderungen an Rahmenvereinbarungen.
Vgl. hierzu die Kommentierung zu § 99 GWB RZ 1194. 6364

137.6.1.4.2 Aufruf zum Wettbewerb.
Ein Verfahren ohne vorherigen Aufruf zum Wettbewerb ist zulässig bei Aufträgen, die aufgrund einer Rahmenvereinbarung vergeben werden sollen, sofern der Vergabe des Rahmenauftrages ein Aufruf zum Wettbewerb vorangegangen ist. Ein **unterbliebener Aufruf zum Wettbewerb hat zur Folge, dass jeder Vergabe eines Einzelauftrags nunmehr ein Aufruf zum Wettbewerb vorausgehen muss** (OLG Düsseldorf, B. v. 26. 7. 2002 – Az.: Verg 28/02). 6365

138. § 4 VOL/A – Erkundung des Bewerberkreises

1. **Vor einer Beschränkten Ausschreibung und vor einer Freihändigen Vergabe hat der Auftraggeber den in Betracht kommenden Bewerberkreis zu erkunden, sofern er keine ausreichende Marktübersicht hat.**

2. **(1) Hierzu kann er öffentlich auffordern, sich um Teilnahme zu bewerben (Teilnahmewettbewerb im Sinne von § 3 Nr. 1 Abs. 4).**

   (2) Bei Auftragswerten über 5000 Euro kann er sich ferner von der Auftragsberatungsstelle des Bundeslandes, in dem der Auftraggeber seinen Sitz hat, unter Beachtung von § 7 Nr. 1 geeignete Bewerber benennen lassen. Dabei ist der Auftragsberatungsstelle die zu vergebende Leistung hinreichend zu beschreiben. Der Auftraggeber kann der Auftragsberatungsstelle vorgeben, wie viele Unternehmen er benannt haben will; er kann ferner auf besondere Erfordernisse hinweisen, die von den Unternehmen zu erfüllen sind. Die Auftragsberatungsstelle soll in ihrer Mitteilung angeben, ob sie in der Lage ist, noch weitere Bewerber zu benennen.

Teil 4 § 4 VOL/A Verdingungsordnung für Leistungen Teil A

In der Regel hat der Auftraggeber die ihm benannten Unternehmen zur Angebotsabgabe aufzufordern.

3. Weitergehende Vereinbarungen, welche die Zusammenarbeit zwischen öffentlichen Auftraggebern, dem Bundesminister für Wirtschaft und Technologie und den Bundesländern bei der Vergabe öffentlicher Aufträge regeln, werden davon nicht berührt.

138.1 Vergleichbare Regelungen

6366   Eine der Vorschrift des § 4 VOL/A vergleichbare Regelung gibt es weder in der VOB/A noch in der VOF.

138.2 Änderungen in der VOL/A 2006

6367   Im Rahmen der VOL/A 2006 ist § **4 nicht geändert** worden.

138.3 Markterkundung als Vorstufe des Vergabeverfahrens

6368   Nach dem **materiellen Verständnis des Vergabeverfahrens** befindet sich der öffentliche Auftraggeber in einem Vergabeverfahren und ist ein solches Verfahren eingeleitet worden, wenn **der öffentliche Auftraggeber zur Deckung** eines fälligen oder demnächst fälligen **Bedarfs** an Waren, Bau- oder Dienstleistungen **entschlossen ist** und mit organisatorischen und/oder planenden Maßnahmen **begonnen hat zu regeln, auf welche Weise** (insbesondere in welcher Vergabeart) und mit welchen gegenständlichen Leistungsanforderungen das **Beschaffungsvorhaben eingeleitet und durchgeführt** und wie die Person oder der Personenkreis des oder der Leistenden ermittelt und mit dem Endziel des Abschlusses eines entgeltlichen und verbindlichen Vertrages ausgewählt werden soll. Eine Vergabetätigkeit des öffentlichen Auftraggebers in diesem Sinn ist **abzugrenzen gegen** eine dem Vergaberechtsregime nicht unterliegende **bloße Ausforschung des Marktes** durch den öffentlichen Auftraggeber und einen lediglich zu diesem Zweck aufgenommenen Kontakt (BayObLG, B. v. 28. 5. 2003 – Az.: Verg 7/03).

6369   Vgl. im Einzelnen die Kommentierung zu § 104 GWB RZ 1529.

138.4 Inhalt

6370   Vor einer Beschränkten Ausschreibung und vor einer Freihändigen Vergabe hat der Auftraggeber den in Betracht kommenden Bewerberkreis zu erkunden, sofern er keine ausreichende Marktübersicht hat. Er hat dazu zwei Alternativen, nämlich einmal die Durchführung eines Teilnahmewettbewerbs und zum andern eine Anfrage bei der zuständigen Auftragsberatungsstelle.

138.5 Auftragsberatungsstellen

6371   Die **Auftragsberatungsstellen/Landesauftragsstellen** gehören zu den **Selbstverwaltungseinrichtungen der Wirtschaft.** Sie sind **überwiegend gemeinschaftliche Dienstleistungseinrichtung der Industrie- und Handelskammern und Handwerkskammern des jeweiligen Landes** für die Unternehmen auf dem Gebiet des Öffentlichen Auftragswesens (Marktzugangshilfe). Sie sind in der Mehrzahl der Länder mit der zentralen Wahrnehmung, teilweise mit der Federführung der originären Kammeraufgabe „Beratung und Information im Öffentlichen Auftragswesen" betraut.

6372   Gleichzeitig sind sie der **offizielle Ansprechpartner für alle Beschaffungsstellen des Bundes, der Länder und Kommunen für Fragen um das nationale und internationale öffentliche Auftragswesen.** Insbesondere bei Auftragsvergaben von Liefer- und Dienstleistungen ist ihre Zuständigkeit aufgrund von Festschreibungen in öffentlich-rechtlichen Richtlinien (z.B. VOL – Markterkundungshilfe für ÖAG) und in einer Vielzahl von Regelungen und Richtlinien des Bundes und der Länder eindeutig definiert.

6373   Als **Mittler zwischen Öffentlichen Auftraggebern und der Wirtschaft** realisieren die Auftragsberatungsstellen im Wesentlichen folgende Aufgaben:

Verdingungsordnung für Leistungen Teil A   § 5 VOL/A **Teil 4**

- Beratung und Information über das Öffentliche Auftragswesen
- Registrierung von Unternehmen des jeweiligen Landes aus Industrie, Handwerk, Handel und Dienstleistung für eine mögliche Beteiligung an Ausschreibungen der öffentlichen Hand
- Benennung geeigneter Bewerber an Öffentliche Auftraggeber im Rahmen von Markterkundungen (z.B. nach § 4 VOL/A) vor nichtöffentlichen Ausschreibungen
- Unterstützung der Unternehmen bei der Akquisition öffentlicher Aufträge, dazu gehören z.B. die Information über veröffentlichte Ausschreibungen, die Durchführung von Recherchedienste in Datenbanken über öffentliche Ausschreibungen, Marketing – Strategien
- Durchführung von Schulungen/Seminaren auf dem Gebiet des öffentlichen Auftragswesen für Auftraggeber und Auftragnehmer

138.6 Unzulässige Markterkundung

Eine unzulässige Markterkundung stellt insbesondere eine Ausschreibung für vergabefremde Zwecke, nämlich für eine Markterkundung, dar; vgl. im Einzelnen die Kommentierung zu § 16 VOL/A. 6374

138.7 Erläuternde Hinweise der VOL/A

Vor der Benennung nimmt die Auftragsberatungsstelle, soweit der Auftraggeber dies nicht ausgeschlossen hat, mit den Unternehmen Kontakt zum Zwecke der Feststellung der Angebotsbereitschaft auf (zu § 4 Nr. 2 Abs. 2). 6375

Eine solche Vereinbarung besteht zurzeit zwischen den Bundesministerien der Verteidigung, für Wirtschaft und Technologie und den Ländern über die Zusammenarbeit bei der Vergabe von Aufträgen für den Bedarf der Bundeswehr, abgedruckt im BAnz. Nr. 25 vom 6. Februar 1998, S. 1401 f. (zu § 4 Nr. 3). 6376

138.8 Bedeutung in der Rechtsprechung

In seiner eigentlichen Funktion – Erkundung des Bewerberkreises – hat § 4 VOL/A in der Rechtsprechung keine Bedeutung. 6377

139. § 5 VOL/A – Vergabe nach Losen

1. **Der Auftraggeber hat in jedem Falle, in dem dies nach Art und Umfang der Leistung zweckmäßig ist, diese – z.B. nach Menge, Art – in Lose zu zerlegen, damit sich auch kleine und mittlere Unternehmen um Lose bewerben können. Die einzelnen Lose müssen so bemessen sein, dass eine unwirtschaftliche Zersplitterung vermieden wird.**
2. **Etwaige Vorbehalte wegen der Teilung in Lose, Umfang der Lose und mögliche Vergabe der Lose an verschiedene Bieter sind bereits in der Bekanntmachung (§ 17 Nr. 1 und 2) und bei der Aufforderung zur Angebotsabgabe (§ 17 Nr. 3) zu machen.**

139.1 Vergleichbare Regelungen

Der **Vorschrift des § 5 VOL/A vergleichbar** sind im Bereich des **GWB (teilweise) § 97 Abs. 3,** im Bereich der VOB **§ 4 VOB/A** und im Bereich der VOF **§ 4 VOF**. Die Kommentierungen zu diesen Vorschriften können daher ergänzend zur Kommentierung des § 5 herangezogen werden. 6378

139.2 Änderungen in der VOL/A 2006

Im Rahmen der VOL/A 2006 ist **§ 5 nicht geändert** worden. 6379

Teil 4   § 5 b VOL/A   Verdingungsordnung für Leistungen Teil A

139.3 Bieterschützende Vorschrift

6380   Vgl. dazu im Einzelnen die Kommentierung zu § 97 Abs. 3 GWB RZ 268. Diese **Rechtsprechung gilt auch für § 5 VOL/A**.

139.4 Vergabe nach Losen (§ 5 Nr. 1)

139.4.1 Grundsatzfragen der Vergabe nach Losen

6381   Die Grundsatzfragen der Vergabe nach Losen sind kommentiert im Rahmen des § 97 GWB RZ 268.

139.4.2 Vorrang der Losvergabe

6382   Vgl. dazu im Einzelnen die Kommentierung zu § 4 Nr. 2 und Nr. 3 VOB/A RZ 3702. Diese **Kommentierung – und damit der Vorrang der Losvergabe – gilt auch für § 5 VOL/A**.

139.4.3 Zusammenfassung von Losen

6383   Sofern es zweckmäßig ist, dürfen nach § 5 Nr. 1 Leistungen in Losen vergeben werden.

139.4.3.1 Ermessensregelung

6384   Vgl. dazu im Einzelnen die Kommentierung zu § 4 Nr. 3 VOB/A RZ 3712.

139.4.3.2 Zweckmäßigkeit

6385   Vgl. dazu im Einzelnen die Kommentierung zu § 4 Nr. 3 VOB/A RZ 3712.

139.4.3.3 Generalunternehmervergabe und Generalübernehmervergabe

6386   Vgl. dazu die Kommentierung zu § 97 GWB RZ 307.

140. § 5 b VOL/A – Rahmenvereinbarung

1. Eine Rahmenvereinbarung ist eine Vereinbarung mit einem oder mehreren Unternehmen, in der die Bedingungen für Einzelaufträge festgelegt werden, die im Laufe eines bestimmten Zeitraums vergeben werden sollen, insbesondere über den in Aussicht genommenen Preis und ggf. die in Aussicht genommene Menge.
2. (1) Rahmenvereinbarungen können als Auftrag im Sinne dieser Vergabebestimmungen angesehen werden und aufgrund eines Verfahrens nach § 3 b Nr. 1 abgeschlossen werden.

   (2) Ist eine Rahmenvereinbarung in einem Verfahren nach § 3 b Nr. 1 abgeschlossen worden, so kann ein Einzelauftrag aufgrund dieser Rahmenvereinbarung nach § 3 b Nr. 2 Buchstabe e) ohne vorherigen Aufruf zum Wettbewerb vergeben werden.

   (3) Ist eine Rahmenvereinbarung nicht in einem Verfahren nach § 3 b Nr. 1 abgeschlossen worden, so muss der Vergabe des Einzelauftrages ein Aufruf zum Wettbewerb vorausgehen.
3. Rahmenvereinbarungen dürfen nicht dazu missbraucht werden, den Wettbewerb zu verhindern, einzuschränken oder zu verfälschen.

140.1 Vergleichbare Regelungen

6387   Der Vorschrift des § 5 b VOL/A vergleichbar sind im Bereich der VgV § 3 Abs. 8 VgV, im Bereich der VOL/A § 3 a Nr. 4 und im Bereich der VOB § 5 b VOB/A. Die Kommentierun-

Verdingungsordnung für Leistungen Teil A § 6 VOL/A **Teil 4**

gen zu diesen Vorschriften können daher ergänzend zu der Kommentierung des § 5 b herangezogen werden.

140.2 Änderungen in der VOL/A 2006

Im Rahmen der VOL/A 2006 ist **§ 5 b nicht geändert** worden. 6388

140.3 Vergaberechtliche Anforderungen an den Abschluss von Rahmenvereinbarungen

Zu den vergaberechtlichen Anforderungen an den Abschluss von Rahmenvereinbarungen vgl. die Kommentierung zu § 99 GWB RZ 1194. 6389

140.4 Vergabeverfahren (§ 5 b Nr. 2)

Ist eine Rahmenvereinbarung in einem Verfahren nach § 3 b Nr. 1 abgeschlossen worden, so kann ein Einzelauftrag aufgrund dieser Rahmenvereinbarung nach § 3 b Nr. 2 Buchstabe g) ohne vorherigen Aufruf zum Wettbewerb vergeben werden. Ist eine Rahmenvereinbarung nicht in einem Verfahren nach § 3 b Nr. 1 abgeschlossen worden, so muss der **Vergabe des Einzelauftrags ein Aufruf zum Wettbewerb vorausgehen** (OLG Düsseldorf, B. v. 26. 7. 2002 – Az.: Verg 28/02). 6390

140.5 Analoge Anwendung des § 5 b auf andere Öffentliche Auftraggeber?

Die so genannten b-Paragrafen der VOL/A sind zusätzliche Bestimmungen nach der EG-Sektorenrichtlinie und gelten nur für die darunter fallenden – privaten – Auftraggeber im Bereich Wasser-, Energie- und Verkehrsversorgung sowie im Telekommunikationssektor. Schon diese Besonderheit spricht gegen eine entsprechende Anwendung auf andere Öffentliche Auftraggeber. Es ist **keine die analoge Anwendung erlaubende Regelungslücke** zu ersehen. Vielmehr drängt sich auf, dass **eine nicht übertragbare Spezialregelung für die Sektorenauftraggeber** vorliegt, die gerade ihnen als Privaten durch Zuerkennung etwas erweiterten Freiraums eine besondere Behandlung angedeihen lässt (KG Berlin, B. v. 19. 4. 2000 – Az.: KartVerg 6/00). 6391

141. § 6 VOL/A – Mitwirkung von Sachverständigen

1. Hält der Auftraggeber die Mitwirkung von Sachverständigen zur Klärung rein fachlicher Fragen für zweckmäßig, so sollen die Sachverständigen in der Regel von den Berufsvertretungen vorgeschlagen werden.
2. Sachverständige sollen in geeigneten Fällen auf Antrag der Berufsvertretungen gehört werden, wenn dem Auftraggeber dadurch keine Kosten entstehen und eine unzumutbare Verzögerung der Vergabe nicht eintritt.
3. Die Sachverständigen dürfen weder unmittelbar noch mittelbar an der betreffenden Vergabe beteiligt sein und beteiligt werden. Soweit die Klärung fachlicher Fragen die Erörterung von Preisen erfordert, hat sich die Beteiligung auf die Beurteilung im Sinne von § 23 Nr. 2 zu beschränken.

141.1 Vergleichbare Regelungen

Der **Vorschrift des § 6 VOL/A vergleichbar** sind im Bereich der VgV **§ 16 VgV – im Grundsatz –**, im Bereich der VOF **§ 6 VOF** und im Bereich der VOB **§ 7 VOB/A**. Die Kommentierungen zu diesen Vorschriften können daher ergänzend zu der Kommentierung des § 6 herangezogen werden. 6392

141.2 Änderungen in der VOL/A 2006

Im Rahmen der VOL/A 2006 ist **§ 6 nicht geändert** worden. 6393

141.3 Bieterschützende Vorschrift

6394   Vgl. dazu die Kommentierung zu § 7 VOB/A RZ 3783.

141.4 Einschaltung als Ermessensentscheidung

6395   Vgl. dazu die Kommentierung zu § 7 VOB/A RZ 3785.

141.5 Funktionaler Begriff des Sachverständigen

6396   Vgl. dazu die Kommentierung zu § 7 VOB/A RZ 3787.

141.6 Analoge Anwendung des § 6 Abs. 3?

6397   Vgl. dazu die Kommentierung zu § 7 VOB/A RZ 3789.

141.7 Weite Auslegung des Begriffs des Sachverständigen

6398   Vgl. dazu die Kommentierung zu § 7 VOB/A RZ 3790.

141.8 Umfang der potenziellen Mitwirkung eines Sachverständigen

6399   Vgl. dazu die Kommentierung zu § 7 VOB/A RZ 3792.

6400   Zur Notwendigkeit einer eigenen Vergabeentscheidung des Auftraggebers vgl. im Einzelnen die Kommentierung zu § 97 GWB RZ 187.

141.9 Beteiligungsverbot an der Vergabe

141.9.1 Beteiligung an der Vergabe

6401   Vgl. dazu die Kommentierung zu § 7 VOB/A RZ 3797.

141.9.2 Projektantenstellung eines Sachverständigen

6402   Vgl. dazu die Kommentierung zu § 7 VOB/A RZ 3799.

141.10 § 6 Nr. 3 als Ausdruck eines ungeschriebenen Objektivitäts- und Unbefangenheitsprinzips

6403   Vgl. dazu die Kommentierung zu § 7 VOB/A RZ 3812.

141.11 Ausschreibung von Versicherungsleistungen

141.11.1 Einschaltung von Versicherungsberatern bzw. Versicherungsmaklern

6404   Öffentliche Auftraggeber können bei der Ausschreibung von Versicherungsleistungen Versicherungsberater oder Versicherungsmakler einschalten. Im Gegensatz zum Versicherungsmakler ist der **Versicherungsberater gemäß Art. 1 § 1 Satz 2 Nr. 2 RBerG zur Rechtsberatung zugelassen** (VK Lüneburg, B. v. 24. 9. 2003 – Az.: 203-VgK-17/2003).

141.11.2 Rechtsprechung

6405   Die Rechtsprechung hatte sich schon mehrfach mit der Ausschreibung von Versicherungen unter Einschaltung eines Versicherungsmaklers bzw. Versicherungsberaters zu befassen.

141.11.2.1 Courtageanspruch des Sachverständigen gegen den Auftragnehmer

6406   Ist **das Versicherungsunternehmen, das den Zuschlag erhalten soll, verpflichtet, an den Sachverständigen ein Honorar** (eine Courtage) **zu zahlen,** liegt ein Verstoß gegen das

Vergaberecht vor. Soweit ein Bieter diese Maklerklausel akzeptiert, kommt insoweit ein Vertrag (zugunsten eines Dritten) mit dem öffentlichen Auftraggeber zustande. Durch diesen Vertrag wird eine Zahlungspflicht gegenüber dem Makler begründet, die ansonsten nicht bestünde; insoweit kommt der Vertrag der Übernahme einer Nichtschuld gleich. Soweit in Vergabebedingungen derartiges von den Bietern erwartet wird, verstößt dies gegen den Wettbewerbsgrundsatz gem. § 97 Abs. 1 GWB. Die Verknüpfung der Vergabeentscheidung mit der Bereitschaft einzelner Bieter, eine **Abschluss- und/oder Betreuungscourtage** an den von dem öffentlichen Auftraggeber beauftragten Makler zu zahlen, begründet Interessenkonflikte, die die **Chancengleichheit anderer Bieter beeinträchtigen** (Schleswig-Holsteinisches OLG, B. v. 16. 4. 2002 – Az.: 6 Verg 11/02; OLG Celle, B. v. 1. 3. 2001 – Az.: 13 Verg 1/01; OLG Düsseldorf, B. v. 18. 10. 2000 – Az.: Verg 3/00).

Dies ist **insbesondere zu bejahen,** wenn   6407

– der Sachverständige **überhaupt keinen Vergütungsanspruch (Provisionsanspruch) gegen den Auftraggeber** hat, sondern seine Vergütung (Provision) im Ergebnis von dem Bieter, der den Zuschlag bekommen soll, erhält (OLG Rostock, B. v. 1. 9. 1999 – Az: 17 W (Verg) 1/99) oder
– die Courtage nicht nur vom Versicherungsunternehmen anstelle des Versicherungssuchenden getragen werden soll, sondern die **Höhe der Courtage völlig offen gelassen** wird (sie war nicht einmal prozentual festgelegt) und ausdrücklich den **Verhandlungen des Versicherungsmaklers mit den Versicherungsunternehmen überlassen** wird (VK Lüneburg, B. v. 27. 9. 2000 – Az.: 203-VgK-10/2000).

141.11.2.2 Eigenes wirtschaftliches Interesse des Sachverständigen auch bei Courtageanspruch nur gegen den Auftraggeber

Erhält der Versicherungsberater zusätzlich zur erfolgsunabhängigen Vergütung einen **Bonus,** 6408 **der an die Kostenersparnis geknüpft ist,** führt dies zu einem – vergaberechtlich unzulässigen – **wirtschaftlichen Interesse des Versicherungsberaters,** welches darauf gerichtet ist, dass der Bieter mit dem preislich niedrigsten Angebot den Zuschlag erhält. Dem lässt sich nicht entgegenhalten, dass auch der Auftraggeber mit der Ausschreibung vorrangig das Ziel einer möglichst hohen Kostenreduzierung verfolgt. Ein **Auftraggeber,** der einem Versicherungsberater u. a. die Auswertung der Angebote und die Vorbereitung der Vergabeentscheidung überträgt, **muss sich sicher sein können, dass dieser frei von eigenen wirtschaftlichen Interessen alle Voraussetzungen für die Prüfung der einzelnen Angebote feststellt** und bei der anschließenden Prüfung der Angebote sämtliche Wertungsgesichtspunkte berücksichtigt und für die Vergabeentscheidung darlegt. Beispielsweise muss gewährleistet sein, dass der hinzugezogene Versicherungsberater bei einem besonders preisgünstigen Angebot etwaige Ausschlussgründe (§ 25 Nr. 1 VOL/A), die Eignung des betreffenden Bieters (§ 25 Nr. 2 Abs. 1 VOL/A) und die Möglichkeit eines offenbaren Missverhältnisses der Preise zur Leistung (§ 25 Nr. 2 Abs. 3 VOL/A) objektiv mit der gebotenen Gründlichkeit untersucht. Dies ist nicht sichergestellt, wenn der Versicherungsberater ein eigenes wirtschaftliches Interesse daran hat, dass der Zuschlag auf das Angebot mit dem besonders niedrigen Preis erfolgt (OLG Celle, B. v. 18. 12. 2003 – Az.: 13 Verg 22/03; OLG Naumburg, B. v. 26. 2. 2004 – Az.: 1 Verg 17/03).

141.11.3 Hinweis auf die Änderung des § 4 VgV durch das ÖPP-Gesetz

Durch das **Gesetz zur Beschleunigung der Umsetzung von Öffentlich Privaten Part-** 6409 **nerschaften und zur Verbesserung gesetzlicher Rahmenbedingungen für Öffentlich Private Partnerschaften vom 1. 9. 2005** (BGBl. I S. 2676) ist § 4 VgV um einen Absatz 5 dahingehend ergänzt worden, dass dann, wenn ein Bieter oder Bewerber vor Einleitung des Vergabeverfahrens den **Auftraggeber beraten oder sonst unterstützt hat, der Auftraggeber sicherzustellen hat, dass der Wettbewerb durch die Teilnahme des Bieters oder Bewerbers nicht verfälscht wird.**

Zu den **Einzelheiten** vgl. die **Kommentierung** zu § 4 VgV RZ 3249.   6410

141.11.4 Versicherungsverein auf Gegenseitigkeit als möglicher Bieter

141.11.4.1 Rechtsprechung

Ein **Auftraggeber muss** – wenn er bei Aufstellung der Verdingungsunterlagen die Möglich- 6411 keit einer Erhebung von Nachschüssen durch Bieter in der Rechtsform eines Versicherungsvereins auf Gegenseitigkeit erkannt, Zweifel an der Vergleichbarkeit der Angebotspreise gehegt und „fehlende" Preisangaben insofern zum Anlass hätte nehmen wollen, das betreffende Angebot von der weiteren Wertung auszuschließen – **in den Verdingungsunterlagen,** insbesondere im Preisblatt aus Gründen der Transparenz des Vergabeverfahrens, die ihrerseits der Gleichbehandlung der Bieter dient, die **Einbeziehung von Nachschüssen in die Angaben der Prämien ausdrücklich verlangen.** Macht er dies nicht, ist aus Sicht eines verständigen Bieters **eine Einbeziehung möglicher Nachschussbeiträge in die Angabe der Prämie nicht gefordert** und können unterbliebene Preisangaben insofern einen Angebotsausschluss keinesfalls rechtfertigen. Der Auftraggeber muss also seine Anforderungen an die Kalkulation der Preisangabe in den Verdingungsunterlagen und im Preisblatt so gestalten, dass für jeden Bieter – entsprechend seiner jeweiligen Rechtsform und seiner Abrechnungsweise – eindeutig ist, welche kalkulationserheblichen Faktoren er der Preisbildung zu Grunde legen muss. Zur Gewährleistung der Vergleichbarkeit der Angebotspreise der konkurrierenden Sachversicherer kann es auch gehören, dass **neben den Nachschüssen etwaige Beitragsrückerstattungen, die nach Abschluss eines Versicherungsjahres ausgeschüttet werden, in die Kalkulation des Preises einzubeziehen sind** (OLG Düsseldorf, B. v. 29. 3. 2006 – Az.: VII-Verg 77/05).

141.11.4.2 Literatur

6412 – Trautner, Wolfgang, Versicherungsvereine auf Gegenseitigkeit dürfen mitbieten – Auflösung eines Dilemmas? VergabeR 2006, 473

142. § 7 VOL/A – Teilnehmer am Wettbewerb

1. **(1) Inländische und ausländische Bewerber sind gleich zu behandeln. Der Wettbewerb darf insbesondere nicht auf Bewerber, die in bestimmten Bezirken ansässig sind, beschränkt werden.**

   (2) Arbeitsgemeinschaften und andere gemeinschaftliche Bewerber sind Einzelbewerbern gleichzusetzen.

2. **(1) Bei Öffentlicher Ausschreibung sind die Unterlagen an alle Bewerber abzugeben, die sich gewerbsmäßig mit der Ausführung von Leistungen der ausgeschriebenen Art befassen.**

   (2) Bei Beschränkter Ausschreibung sollen mehrere – im allgemeinen mindestens drei – Bewerber zur Angebotsabgabe aufgefordert werden.

   (3) Bei Freihändiger Vergabe sollen möglichst Angebote im Wettbewerb eingeholt werden.

   (4) Bei Beschränkter Ausschreibung und Freihändiger Vergabe soll unter den Bewerbern möglichst gewechselt werden.

3. **Bei Beschränkter Ausschreibung und Freihändiger Vergabe sind regelmäßig auch kleine und mittlere Unternehmen in angemessenem Umfang zur Angebotsabgabe aufzufordern.**

4. **Von den Bewerbern können zum Nachweis ihrer Fachkunde, Leistungsfähigkeit und Zuverlässigkeit entsprechende Angaben gefordert werden, soweit es durch den Gegenstand des Auftrags gerechtfertigt ist; dabei muss der Auftraggeber die berechtigten Interessen des Unternehmens am Schutz seiner Betriebsgeheimnisse berücksichtigen.**

5. **Von der Teilnahme am Wettbewerb können Bewerber ausgeschlossen werden,**
   a) über deren Vermögen das Insolvenzverfahren oder ein vergleichbares gesetzliches Verfahren eröffnet oder die Eröffnung beantragt oder dieser Antrag mangels Masse abgelehnt worden ist,
   b) die sich in Liquidation befinden,
   c) die nachweislich eine schwere Verfehlung begangen haben, die ihre Zuverlässigkeit als Bewerber in Frage stellt,
   d) die ihre Verpflichtung zur Zahlung von Steuern und Abgaben sowie der Beiträge zur gesetzlichen Sozialversicherung nicht ordnungsgemäß erfüllt haben,

e) die im Vergabeverfahren vorsätzlich unzutreffende Erklärungen in Bezug auf ihre Fachkunde, Leistungsfähigkeit und Zuverlässigkeit abgegeben haben.
6. Justizvollzugsanstalten, Einrichtungen der Jugendhilfe, Aus- und Fortbildungsstätten oder ähnliche Einrichtungen sind zum Wettbewerb mit gewerblichen Unternehmen nicht zuzulassen.

142.1 Vergleichbare Regelungen

Der **Vorschrift des § 7 VOL/A** vergleichbar sind im Bereich des GWB **§ 97 Abs. 4 GWB**, im Bereich der VOL **§§ 7a, 7b VOL/A**, im Bereich der VOF **§§ 4, 10, 11, 12, 13 VOF** und im Bereich der VOB **§§ 8, 8a VOB/A**. Die Kommentierungen zu diesen Vorschriften können daher ergänzend zu der Kommentierung des § 7 herangezogen werden. 6413

142.2 Änderungen in der VOL/A 2006

Im Rahmen der VOL/A 2006 ist **§ 7 nicht geändert** worden. 6414

142.3 Bieterschützende Vorschrift

142.3.1 § 7 Nr. 4 VOL/A

Die Vorschrift aus **§ 7 Nr. 4 VOL/A schützt die Bieter** in ihren Rechten auf ein diskriminierungsfreies Verfahren. Es handelt sich nicht um eine bloße an die Vergabestelle gerichtete Ordnungsvorschrift. Die abschließende Benennung der Eignungsnachweise schützt die Bieter einerseits davor, dass nachträglich höhere Anforderungen gestellt werden und davor, dass im Wettbewerber durch nachträgliche Zulassung eines auf ihn zugeschnittenen Nachweises besser gestellt wird. Die Vorschrift unterliegt aufgrund ihrer auf aller Bieter gerichteten Schutzwirkung **nicht der Disposition einzelner Bieter und/oder der Vergabestelle** (VK Düsseldorf, B. v. 24. 1. 2001 – Az.: VK-31/2000-B; OLG Düsseldorf, B. v. 18. 7. 2001 – Az.: Verg 16/01). 6415

142.3.2 § 7 Nr. 6 VOL/A

Bei **§ 7 Nr. 6 VOL/A** handelt es sich um eine **bieterschützende Vorschrift,** deren Anwendung nicht zur Disposition eines öffentlichen Auftraggebers steht (VK Münster, B. v. 2. 7. 2004 – Az.: VK 13/04; 1. VK Bund, B. v. 17. 3. 2004 – Az.: VK 1-07/04). 6416

142.4 Gleichbehandlungsgebot (§ 7 Nr. 1 Abs. 1 Satz 1)

Das Gleichbehandlungsgebot des § 7 Nr. 1 Abs. 1 Satz 1 deckt sich inhaltlich mit der Regelung des § 97 Abs. 2 GWB. Vgl. insoweit die Kommentierung zu § 97 GWB RZ 254. 6417

142.5 Örtliches Diskriminierungsverbot (§ 7 Nr. 1 Abs. 1 Satz 2)

Das örtliche Diskriminierungsverbot des § 7 Nr. 1 Abs. 1 Satz 2 deckt sich inhaltlich mit der Regelung des § 97 Abs. 2 GWB. Vgl. insoweit die Kommentierung zu § 97 GWB RZ 258. 6418

142.6 Arbeitsgemeinschaften und andere gemeinschaftliche Bewerber (§ 7 Nr. 1 Abs. 2)

Arbeitsgemeinschaften und andere gemeinschaftliche Bewerber sind Einzelbewerbern gleichzusetzen. 6419

142.6.1 Vergleichbare Regelungen

Der Vorschrift des § 7 Nr. 1 Abs. 2 VOL/A vergleichbar ist im Bereich der VOB § 25 Nr. 6 VOB/A. Die Kommentierung zu dieser Vorschrift kann daher ergänzend zu der Kommentierung des § 7 Nr. 1 Abs. 2 herangezogen werden. 6420

Teil 4 § 7 VOL/A   Verdingungsordnung für Leistungen Teil A

142.6.2 Hinweis

6421   Vgl.
- zum Begriff des Bewerbers und des Bieters,
- zum Begriff der Bietergemeinschaft,
- zur Rechtsform der Bietergemeinschaft,
- zur Bildung einer nachträglichen Bietergemeinschaft und
- zu Arbeitsgemeinschaften

die Kommentierung zu § 8 VOB/A RZ 3824 ff.

142.7 Abgabe der Unterlagen bei Öffentlicher Ausschreibung (§ 7 Nr. 2 Abs. 1)

6422   Bei Öffentlicher Ausschreibung sind die Unterlagen an alle Bewerber abzugeben, die sich gewerbsmäßig mit der Ausführung von Leistungen der ausgeschriebenen Art befassen.

6423   Die **Vorschrift des § 7 Nr. 2 VOL/A soll verhindern, dass Vermittler am Markt auftreten, ohne die Leistung selbst erbringen zu wollen**, sondern auf Dritte im Wege der Unterbeauftragung übergeben wollen (VK Baden-Württemberg, B. v. 7. 10. 2005 – Az.: 1 VK 56/05).

6424   Die **Vorschrift** ist aber durch die Regelung von Artikel 2 Nr. 1 des Gesetzes zur Beschleunigung der Umsetzung von Öffentlich Privaten Partnerschaften und zur Verbesserung gesetzlicher Rahmenbedingungen für Öffentlich Private Partnerschaften vom 1. 9. 2005 **im Wesentlichen gegenstandslos geworden** (vgl. die Kommentierung zu § 4 VgV RZ 3247).

142.8 Auswahl der Teilnehmer bei einer beschränkten Ausschreibung (§ 7 Nr. 2 Abs. 2–4)

6425   Bei Beschränkter Ausschreibung sollen mehrere – im Allgemeinen mindestens drei – Bewerber zur Angebotsabgabe aufgefordert werden (Nr. 2 Abs. 2). Bei Freihändiger Vergabe sollen möglichst Angebote im Wettbewerb eingeholt werden (Nr. 2 Abs. 3). Bei Beschränkter Ausschreibung und Freihändiger Vergabe soll unter den Bewerbern möglichst gewechselt werden (Nr. 2 Abs. 4).

6426   Grundsätzlich ist der Auftraggeber gehalten, **bei der Auswahl der Teilnehmer einer beschränkten Ausschreibung nach sachgerechten Gesichtspunkten vorzugehen und willkürliche Ungleichbehandlungen zu unterlassen** (Schleswig-Holsteinisches OLG, B. v. 4. 5. 2001 – Az.: 6 Verg 2/2001).

142.9 Beteiligung kleiner und mittlerer Unternehmen (§ 7 Nr. 3)

6427   Bei Beschränkter Ausschreibung und Freihändiger Vergabe sind regelmäßig auch kleine und mittlere Unternehmen in angemessenem Umfang zur Angebotsabgabe aufzufordern.

6428   Die Regelung des **§ 7 Nr. 3** ist – neben der Vorschrift des § 5 VOL/A – eine weitere **Ausprägung des Gebots der Berücksichtigung mittelständischer Interessen** (§ 97 Abs. 3 GWB). Zu den Einzelheiten des Gebots der Berücksichtigung mittelständischer Interessen vgl. die **Kommentierung** zu § 97 GWB RZ 268.

142.10 Eignung (§ 7 Nr. 4)

6429   Die **Eignung setzt sich aus den Eigenschaften Fachkunde, Leistungsfähigkeit und Zuverlässigkeit zusammen**. Im Gegensatz zur VOB/A **verwendet die VOL/A den Begriff der Eignung in § 7 nicht ausdrücklich**.

142.10.1 Hinweis

6430   Soweit sich die Rechtsprechung allgemein mit der Eignung im Sinne des § 97 Abs. 4 GWB auseinander setzt, erfolgt die Kommentierung im Rahmen des § 97 Abs. 4 GWB RZ 392. Spezifisch leistungsbezogene Fragen sind nachfolgend dargestellt.

142.10.2 Begriffsinhalte

Zu den Begriffsinhalten vgl. die Kommentierung zu § 97 Abs. 4 GWB RZ 393 ff.   6431

142.10.3 Zeitpunkt der Prüfung der Eignung

Im Gegensatz zur VOB/A (vgl. § 8 Nr. 3) **enthält die VOL/A keine Regelung über den Zeitpunkt der Eignungsprüfung.** Insofern können die **Bestimmungen der VOB/A auf die VOL/A übertragen** werden.   6432

Vgl. im Einzelnen die Kommentierung zu § 97 GWB RZ 487.   6433

142.11 Nachweis der Eignung (§ 7 Nr. 4)

142.11.1 Allgemeine Anforderungen an vom Auftraggeber geforderte Nachweise

Vgl. im Einzelnen die Kommentierung zu § 8 VOB/A RZ 3861.   6434

142.11.2 Keine Aufzählung möglicher Nachweise

§ 7 Nr. 4 VOL/A nennt im Gegensatz zu § 8 Nr. 3 VOB/A **keinen Katalog von einzelnen Nachweisen,** mittels derer ein Bieter seine Eignung nachweisen kann.   6435

142.11.3 Beispiele aus der Rechtsprechung

142.11.3.1 Forderung nach einer Zertifizierung nach der Entsorgungsfachbetriebsverordnung

142.11.3.1.1 Grundsatz. Es steht der **Vergabestelle grundsätzlich frei, welche Qualitätsanforderungen sie an die zu erbringende Leistung stellt.** Bei der Ausschreibung von umweltrelevanten Tätigkeiten ist sie deshalb auch berechtigt, die Einhaltung bestimmter umweltschützender Qualitätsstandards für diese Tätigkeiten zu fordern. Die Forderung nach Einhaltung bestimmter Umweltkriterien stellt nur dann ein unzulässiges, weil vergabefremdes Kriterium dar, wenn diese von dem Bieter ganz allgemein unabhängig von der zu erbringenden Leistung verlangt wird. **Zur Gewährleistung der vom Auftraggeber geforderten Qualitätsstandards ist die Zertifizierung nach der Entsorgungsfachbetriebsverordnung sowohl geeignet als auch erforderlich,** auch wenn die ausgeschriebenen Leistungen als solche ohne Zertifizierung erbracht werden könnten. Sie ist auch im engeren Sinne verhältnismäßig. Zwar sind die organisatorischen, personellen und sachlichen Voraussetzungen für die Zertifizierung nach der Entsorgungsfachbetriebsverordnung hoch. Jedoch haben die abfallrechtlich relevanten Tätigkeiten mehr als nur die Bedeutung einer Hilfstätigkeit zur Erbringung der Hauptleistung und prägen das Gesamtbild der Leistungen mit. Insofern unterscheiden sie sich von abfallrechtlich relevanten Tätigkeiten, wie sie in jedem Gewerbebetrieb untergeordnet anfallen (OLG Saarbrücken, B. v. 13. 11. 2002 – Az.: 5 Verg 1/02; im Ergebnis ebenso VK Baden-Württemberg, B. v. 16. 8. 2005 – Az.: 1 VK 48/05; VK Lüneburg, B. v. 10. 2. 2004 – Az.: 203-VgK-43/2003).   6436

142.11.3.1.2 Forderung für Nachunternehmer. Ein bereits zertifizierter Entsorgungsfachbetrieb **darf auch nicht zertifizierte Dritte unterbeauftragen,** sofern sich die Beauftragung – gemessen an der eigenen Tätigkeit – in einem **insgesamt unerheblichen Umfang** hält (VK Lüneburg, B. v. 10. 2. 2004 – Az.: 203-VgK-43/2003).   6437

142.11.3.2 Umsatz des Unternehmers in den letzten 3 abgeschlossenen Geschäftsjahren

142.11.3.2.1 Ausschluss von „Newcomern". Zur damit verbundenen Problematik des Ausschlusses von „Newcomern" vgl. die Kommentierung zu § 97 GWB RZ 513.   6438

142.11.3.2.2 Begriff der Vergleichbarkeit. Vgl. dazu die Kommentierung zu § 8 VOB/A RZ 3866.   6439

142.11.3.3 Erfordernis eines bestimmten Jahresumsatzes

Vgl. dazu die Kommentierung zu § 8 VOB/A RZ 3871.   6440

Teil 4 § 7 VOL/A   Verdingungsordnung für Leistungen Teil A

142.11.3.4 Zur Verfügung stehende technische Ausrüstung

6441 **142.11.3.4.1 Behördliche Genehmigungen.** Vgl. dazu die Kommentierung zu § 8 VOB/A RZ 3874.

6442 **142.11.3.4.2 Zeitpunkt des Vorliegens der technischen Ausrüstung.** Vgl. dazu die Kommentierung zu § 8 VOB/A RZ 3876.

142.11.3.5 Eintragung in ein Berufsregister

6443 **142.11.3.5.1 Allgemeines.** Es besteht zwar grundsätzlich Gewerbefreiheit, diese ist jedoch durch öffentlich-rechtliche Bestimmungen wie die Gewerbeordnung und die Handwerksordnung eingeschränkt. Im Liefer- und Leistungsbereich darf nur derjenige Unternehmer tätig werden, der bezüglich der auszuführenden Leistungen entweder in der Handwerksrolle eingetragen ist oder der Industrie- und Handelskammer angehört, sofern eine entsprechende Eintragungspflicht besteht (VK Halle, B. v. 30. 4. 2001 – Az.: VK Hal 06/00).

6444 Grundsätzlich ist aber eine **Registrierung bei der Industrie- und Handelskammer** – anders als die Registrierung bei der Handwerkskammer – **keine rechtliche Voraussetzung für die Ausübung einer Tätigkeit** (2. VK Brandenburg, B. v. 9. 8. 2005 – Az.: 2 VK 38/05).

6445 Bei dem Nachweis der Eintragung in ein Berufsregister handelt es sich um eine formelles Eignungskriterium, dessen **Zweck** darin besteht, eine **verlässliche Auskunft über die Existenz und sonstige wichtige Rechtsverhältnisse des Unternehmens** zu erhalten (OLG Düsseldorf, B. v. 16. 1. 2006 – Az.: VII-Verg 92/05; B. v. 9. 6. 2004 – Az.: VII-Verg 11/04). Für den Nachweis der Eintragung der Bewerber in das Handelsregister am Sitz ihrer Gesellschaft besteht beispielsweise ein **Informationsbedürfnis der Vergabestelle, wenn es in der Vergangenheit wiederholt zu Umstrukturierungen, Neugründungen und Insolvenzen bei den auf dem Markt befindlichen Bewerbern gekommen** ist (OLG Düsseldorf, B. v. 16. 1. 2006 – Az.: VII-Verg 92/05).

6446 Neben der Vorlage einer **Abschrift der Handelsregistereintragung** (vgl. § 9 Abs. 2 HGB) oder einer **Bestätigung** (vgl. § 9 Abs. 3 HGB) der **Eintragung durch das registerführende Amtsgericht** genügt aus Sicht des verständigen Bewerbers auch ein gleichwertiger schriftlicher Nachweis – z. B. ein Ausdruck einer elektronischen Datei. Diesen herkömmlichen (schriftlichen) Beweismitteln ist gemeinsam, dass es sich jeweils um Fremdbelege handelt. Auch die **Fotokopie des Ausdrucks einer vom zuständigen Amtsgericht erstellten pdf-Datei des Handelsregisterblattes ist zwar als Beweismittel grundsätzlich geeignet,** den Nachweis der Tatsache der Eintragung in das Handelsregister zu führen, da Aussteller (bzw. Urheber) der pdf-Datei das Amtsgericht ist. Der Nachweis der Eintragung setzt aber voraus, dass sich **aus der Fotokopie des Ausdrucks ergibt, dass der Bewerber unter seiner Firma im Handelsregister tatsächlich eingetragen** ist (OLG Düsseldorf, B. v. 16. 1. 2006 – Az.: VII-Verg 92/05).

6447 **142.11.3.5.2 Gebäudereinigerinnung.** Nicht maßgebend sein kann, ob eine **Firma Mitglied der Gebäudereinigerinnung** ist. Maßgebend ist nur, dass die Firma die Tätigkeit gewerbsmäßig ausführt (§ 7 Nr. 2 Abs. 1 VOL/A). Dieser Nachweis ist geführt, wenn die Firma im Handelsregister als Reinigungsbetrieb eingetragen ist. Abgesehen davon ist nicht nachvollziehbar, weshalb für die Reinigung von Außenflächen notwendig sein soll, der Gebäudereinigerinnung anzugehören (VK Baden-Württemberg, B. v. 31. 10. 2003 – Az.: 1 VK 63/03).

6448 **142.11.3.5.3 Pflicht eines ausländischen Unternehmens zur Eintragung in die Handwerksrolle.** Vgl. dazu die Kommentierung zu § 8 VOB/A RZ 3886.

6449 **142.11.3.5.4 Prüfungspflicht des Auftraggebers der Eintragung in die Handwerksrolle.** Vgl. dazu die Kommentierung zu § 8 VOB/A RZ 3888.

142.11.3.6 Vorlage eines Meisterbriefs

6450 Vgl. dazu die Kommentierung zu § 8 VOB/A RZ 3902.

142.11.3.7 Unbedenklichkeitsbescheinigung des Finanzamts

6451 Vgl. dazu die Kommentierung zu § 8 VOB/A RZ 3893.

142.11.3.8 Unbedenklichkeitsbescheinigungen von Sozialversicherungsträgern

6452 Vgl. dazu die Kommentierung zu § 8 VOB/A RZ 3896.

142.11.3.9 Zertifizierung

Zur Frage, ob eine Vergabestelle die Zertifizierung nach DIN EN ISO 9001 als Eignungsnachweis für die Fachkunde fordern darf, vergleiche die Kommentierung zu § 97 GWB RZ 536. **6453**

142.11.3.10 Referenzen

Vgl. zu Referenzen die Kommentierung zu § 97 GWB RZ 459. **6454**

142.11.3.11 Bestätigungsvermerk eines Wirtschaftsprüfers

Vgl. dazu die Kommentierung zu § 8 VOB/A RZ 3900. **6455**

142.11.3.12 Auszug aus dem Bundeszentralregister

Vgl. dazu die Kommentierung zu § 8 VOB/A RZ 3901. **6456**

142.11.3.13 Bezeichnung der Nachweise

Bei Öffentlicher Ausschreibung sind in der Aufforderung zur Angebotsabgabe die Nachweise zu bezeichnen, deren Vorlage mit dem Angebot verlangt oder deren spätere Anforderung vorbehalten wird. Bei Beschränkter Ausschreibung nach Öffentlichem Teilnahmewettbewerb ist zu verlangen, dass die Nachweise bereits mit dem Teilnahmeantrag vorgelegt werden (3. VK Bund, B. v. 19. 10. 2004 – Az.: VK 3-191/04; 2. VK Bund, B. v. 13. 2. 2003 – Az.: VK 2-98/02). **6457**

142.11.3.14 Verzicht auf geforderte Nachweise bei dem Auftraggeber bekannten Unternehmen?

Vgl. dazu die Kommentierung zu § 8 VOB/A RZ 3922. **6458**

142.11.3.15 Aktualität der Nachweise

Vgl. dazu die Kommentierung zu § 8 VOB/A RZ 3923. **6459**

142.11.3.16 Beispiele aus der Rechtsprechung

Vgl. dazu die Kommentierung zu § 8 VOB/A RZ 3924. **6460**

142.12 Erläuternde Hinweise der VOL/A

Die Forderung nach Vorlage von Angaben unterliegt dem Grundsatz der Verhältnismäßigkeit. Insbesondere sollen keine unangemessenen Nachweise von Bewerbern verlangt werden, deren Fachkunde, Leistungsfähigkeit und Zuverlässigkeit bekannt sind. **6461**

142.13 Besondere Ausschlussgründe (§ 7 Nr. 5)

Vgl. dazu die Kommentierung zu § 8 VOB/A RZ 3925.

142.13.1 Allgemeines

Vgl. dazu die Kommentierung zu § 8 VOB/A RZ 3926 ff. **6462**

142.13.2 Ab dem 1. 2. 2006 geltendes Recht für einen Ausschluss wegen schwerwiegender Gründe

Ab dem 1. 2. 2006 gilt die **Richtlinie 2004/18/EG** des Europäischen Parlaments und des Rates vom 31. März 2004 über die Koordinierung der Verfahren zur Vergabe öffentlicher Bauaufträge, Lieferaufträge und Dienstleistungsaufträge **unmittelbar.** Das **Bundesministerium für Wirtschaft** hat dazu mit **Rundschreiben vom 26. 1. 2006** einige **Erläuterungen veröffentlicht,** die auch den Ausschluss wegen schwerwiegender Delikte betreffen. **6463**

Diese Regelungen sind **in der VOL/A 2006 nur für Ausschreibungen ab den Schwellenwerten umgesetzt** worden; vgl. insoweit die Kommentierung zu § 7a RZ 6480. **6464**

142.14 Verbot der Beteiligung nicht erwerbswirtschaftlich orientierter Institutionen am Wettbewerb (§ 7 Nr. 6)

6465 Nach § 7 Nr. 6 VOL/A sind Justizvollzugsanstalten, Einrichtungen der Jugendhilfe, Aus- und Fortbildungsstätten oder ähnliche Einrichtungen zum Wettbewerb mit gewerblichen Unternehmern nicht zuzulassen.

6466 Zu dem Verbot der Beteiligung dieser nicht erwerbswirtschaftlich orientierten Institutionen vergleiche die Kommentierung zu § 97 GWB RZ 154.

6467 Zur Zulässigkeit der gebietsüberschreitenden Tätigkeit kommunaler Unternehmen vergleiche die Kommentierung zu § 97 GWB RZ 134.

142.15 Richtlinien des Bundes für die Berücksichtigung von Werkstätten für Behinderte und Blindenwerkstätten bei der Vergabe öffentlicher Aufträge (Richtlinien Bevorzugte Bewerber)

6468 Auf Grund der §§ 56 und 58 Schwerbehindertengesetz (SchwbG) sind Aufträge der öffentlichen Hand, die von Werkstätten für Behinderte und Blindenwerkstätten ausgeführt werden können, diesen bevorzugt anzubieten. Um diesem Anliegen Rechnung zu tragen, hat die **Bundesregierung Richtlinien für die Berücksichtigung von Werkstätten für Behinderte und Blindenwerkstätten bei der Vergabe öffentlicher Aufträge (Richtlinien Bevorzugte Bewerber vom 10. 5. 2001) erlassen** (Bundesanzeiger Nr. 109, Seiten 11 773 bis 11 774). Die Richtlinie ist allerdings **nur bei allen Beschränkten Ausschreibungen und Freihändigen Vergaben nach Abschnitt 1 der VOL/A bzw. VOB/A** zu beachten.

142.16 Erläuternde Hinweise der VOL/A

6469 Die in § 7 Nr. 6 genannten Einrichtungen verfolgen primär andere als erwerbswirtschaftliche Ziele. Aufgrund ihrer vielfach günstigeren Angebote ist damit zu rechnen, dass diese Einrichtungen im Falle einer wettbewerblichen Vergabe private Unternehmen verdrängen.

6470 Unter den Begriff „ähnliche Einrichtungen" können folglich auch nur solche Institutionen gefasst werden, die eine vergleichbare sozialpolitische Zielsetzung verfolgen und bei denen mit einer Verdrängung privater Unternehmen gerechnet werden muss. Diese Voraussetzungen sind in der Regel bei Regiebetrieben nicht gegeben; sie sind daher dem Wettbewerb zu unterstellen.

143. § 7a VOL/A – Teilnehmer am Wettbewerb

1. Bewerber oder Bieter, die gemäß den Rechtsvorschriften des Staates, in dem sie ansässig sind (Herkunftsland), zur Erbringung der betreffenden Leistung berechtigt sind, dürfen nicht allein deshalb zurückgewiesen werden, weil sie gemäß den einschlägigen deutschen Rechtsvorschriften entweder eine natürliche oder juristische Person sein müssten.

2. (1) Ein Unternehmen ist von der Teilnahme an einem Vergabeverfahren wegen Unzuverlässigkeit auszuschließen, wenn der Auftraggeber Kenntnis davon hat, dass eine Person, deren Verhalten dem Unternehmen zuzurechnen ist, rechtskräftig verurteilt ist wegen:

    a) § 129 des Strafgesetzbuches (Bildung krimineller Vereinigungen), § 129a des Strafgesetzbuches (Bildung terroristischer Vereinigungen), § 129b des Strafgesetzbuches (kriminelle und terroristische Vereinigungen im Ausland),

    b) § 261 des Strafgesetzbuches (Geldwäsche, Verschleierung unrechtmäßig erlangter Vermögenswerte),

    c) § 263 des Strafgesetzbuches (Betrug), soweit sich die Straftat gegen den Haushalt der Europäischen Gemeinschaften oder gegen Haushalte richtet, die von den Europäischen Gemeinschaften oder in deren Auftrag verwaltet werden,

    d) § 264 des Strafgesetzbuches (Subventionsbetrug), soweit sich die Straftat gegen den Haushalt der Europäischen Gemeinschaften oder gegen Haushalte richtet, die von den Europäischen Gemeinschaften oder in deren Auftrag verwaltet werden,

e) § 334 des Strafgesetzbuches (Bestechung), auch in Verbindung mit Artikel 2 des EU-Bestechungsgesetzes, Artikel 2 § 1 des Gesetzes zur Bekämpfung internationaler Bestechung, Artikel 7 Abs. 2 Nr. 10 des Vierten Strafrechtsänderungsgesetzes und § 2 des Gesetzes über das Ruhen der Verfolgungsverjährung und die Gleichstellung der Richter und Bediensteten des Internationalen Strafgerichtshofes,

f) Artikel 2 § 2 des Gesetzes zur Bekämpfung internationaler Bestechung (Bestechung ausländischer Abgeordneter im Zusammenhang mit internationalem Geschäftsverkehr) oder

g) § 370 Abgabenordnung, auch in Verbindung mit § 12 des Gesetzes zur Durchführung der gemeinsamen Marktorganisationen und der Direktzahlungen (MOG), soweit sich die Straftat gegen den Haushalt der Europäischen Gemeinschaften oder gegen Haushalte richtet, die von den Europäischen Gemeinschaften oder in deren Auftrag verwaltet werden.

Einem Verstoß gegen diese Vorschriften gleichgesetzt sind Verstöße gegen entsprechende Strafnormen anderer Staaten. Ein Verhalten einer rechtskräftig verurteilten Person ist einem Unternehmen zuzurechnen, wenn sie für dieses Unternehmen bei der Führung der Geschäfte selbst verantwortlich gehandelt hat oder ein Aufsichts- oder Organisationsverschulden gemäß § 130 des Gesetzes über Ordnungswidrigkeiten (OWiG) einer Person im Hinblick auf das Verhalten einer anderen für das Unternehmen handelnden, rechtskräftig verurteilten Person vorliegt.

(2) Als Nachweis, dass die Kenntnis gemäß Absatz 1 unrichtig ist und die in Absatz 1 genannten Fälle nicht vorliegen, akzeptieren die Auftraggeber einen Auszug aus dem Bundeszentralregister oder eine gleichwertige Urkunde einer zuständigen Gerichts- oder Verwaltungsbehörde des Herkunftslands. Wenn eine Urkunde oder Bescheinigung vom Herkunftsland nicht ausgestellt oder nicht vollständig alle vorgesehenen Fälle erwähnt, kann dies durch eine eidesstattliche Erklärung oder eine förmliche Erklärung vor einer zuständigen Gerichts- oder Verwaltungsbehörde, einem Notar oder einer dafür qualifizierten Berufsorganisation des Herkunftslands ersetzt werden.

(3) Von einem Ausschluss nach Absatz 1 kann nur abgesehen werden, wenn zwingende Gründe des Allgemeininteresses vorliegen und andere Unternehmen die Leistung nicht angemessen erbringen können oder wenn aufgrund besonderer Umstände des Einzelfalls der Verstoß die Zuverlässigkeit des Unternehmens nicht in Frage stellt.

3. (1) In finanzieller und wirtschaftlicher Hinsicht kann von dem Unternehmen zum Nachweis seiner Leistungsfähigkeit in der Regel Folgendes verlangt werden:

a) bei Lieferaufträgen Vorlage entsprechender Bankauskünfte,

b) bei Dienstleistungsaufträgen entweder entsprechende Bankerklärungen oder den Nachweis entsprechender Berufshaftpflichtversicherungsdeckung,

c) Vorlage von Bilanzen oder Bilanzauszügen des Unternehmens, falls deren Veröffentlichung nach dem Gesellschaftsrecht des Staates, in dem das Unternehmen ansässig ist, vorgeschrieben ist,

d) Erklärung über den Gesamtumsatz des Unternehmens sowie den Umsatz bezüglich der besonderen Leistungsart, die Gegenstand der Vergabe ist, jeweils bezogen auf die letzten drei Geschäftsjahre.

(2) In fachlicher und technischer Hinsicht kann das Unternehmen je nach Art, Menge und Verwendungszweck der zu erbringenden Leistung seine Leistungsfähigkeit folgendermaßen nachweisen:

a) durch eine Liste der wesentlichen in den letzten drei Jahren erbrachten Leistungen mit Angabe des Rechnungswertes, der Leistungszeit sowie der öffentlichen oder privaten Auftraggeber:

– bei Leistungen an öffentliche Auftraggeber durch eine von der zuständigen Behörde ausgestellte oder beglaubigte Bescheinigung,

- bei Leistungen an private Auftraggeber durch eine von diesen ausgestellte Bescheinigung; ist eine derartige Bescheinigung nicht erhältlich, so ist eine einfache Erklärung des Unternehmens zulässig,

b) durch die Beschreibung der technischen Ausrüstung, der Maßnahmen des Unternehmens zur Gewährleistung der Qualität sowie der Untersuchungs- und Forschungsmöglichkeiten des Unternehmens,

c) durch Angaben über die technische Leitung oder die technischen Stellen, unabhängig davon, ob sie dem Unternehmen angeschlossen sind oder nicht, und zwar insbesondere über diejenigen, die mit der Qualitätskontrolle beauftragt sind,

d) bei Lieferaufträgen durch Muster, Beschreibungen und/oder Fotografien der zu erbringenden Leistung, deren Echtheit auf Verlangen des Auftraggebers nachgewiesen werden muss,

e) bei Lieferaufträgen durch Bescheinigungen der zuständigen amtlichen Qualitätskontrollinstitute oder -dienststellen, mit denen bestätigt wird, dass die durch entsprechende Bezugnahmen genau gekennzeichneten Leistungen bestimmten Spezifikationen oder Normen entsprechen,

f) sind die zu erbringenden Leistungen komplexer Art oder sollen sie ausnahmsweise einem besonderen Zweck dienen, durch eine Kontrolle, die von den Behörden des Auftraggebers oder in deren Namen von einer anderen damit einverstandenen zuständigen amtlichen Stelle aus dem Land durchgeführt wird, in dem das Unternehmen ansässig ist; diese Kontrolle betrifft die Produktionskapazitäten und erforderlichenfalls die Untersuchungs- und Forschungsmöglichkeiten des Unternehmens sowie die von diesem zur Gewährleistung der Qualität getroffenen Vorkehrungen,

g) durch Studiennachweise und Bescheinigungen über die berufliche Befähigung, insbesondere der für die Leistungen verantwortlichen Personen.

(3) Der Auftraggeber gibt bereits in der Bekanntmachung (§§ 17 und 17a) an, welche Nachweise vorzulegen sind. Kann ein Unternehmen aus einem stichhaltigen Grund die vom Auftraggeber geforderten Nachweise nicht beibringen, so kann es seine Leistungsfähigkeit durch Vorlage anderer, vom Auftraggeber für geeignet erachteter Belege nachweisen.

(4) Der Auftraggeber kann von dem Bewerber oder Bieter entsprechende Bescheinigungen der zuständigen Stellen oder Erklärungen darüber verlangen, dass die in § 7 Nr. 5 genannten Ausschlussgründe auf ihn nicht zutreffen. Als ausreichender Nachweis für das Nichtvorliegen der in § 7 Nr. 5 genannten Tatbestände sind zu akzeptieren:

- bei den Buchstaben a) und b) ein Auszug aus dem Strafregister, eine Erklärung der Stelle, die das Insolvenzregister führt, oder – in Ermangelung solcher – eine gleichwertige Bescheinigung einer Gerichts- oder Verwaltungsbehörde des Ursprungs- oder Herkunftslandes des Unternehmens, aus der hervorgeht, dass sich das Unternehmen nicht in einer solchen Lage befindet,

- bei dem Buchstaben d) eine von der zuständigen Behörde des betreffenden Mitgliedstaates ausgestellte Bescheinigung.

Wird eine solche Bescheinigung in dem betreffenden Land nicht ausgestellt oder werden darin nicht alle in (§ 7 Nr. 5a) bis c) vorgesehenen Fälle erwähnt, so kann sie durch eine eidesstattliche Erklärung ersetzt werden, die das betreffende Unternehmen vor einer Gerichts- oder Verwaltungsbehörde, einem Notar oder jeder anderen befugten Behörde des betreffenden Staates abgibt.

In den Staaten, in denen es einen derartigen Eid nicht gibt, kann dieser durch eine feierliche Erklärung ersetzt werden. Die zuständige Behörde oder der Notar stellen eine Bescheinigung über die Echtheit der eidesstattlichen oder der feierlichen Erklärung aus.

(5) Unternehmen können aufgefordert werden, den Nachweis darüber zu erbringen, dass sie im Berufs- oder Handelsregister nach Maßgabe der Rechtsvorschriften des Landes der Gemeinschaft oder des Vertragsstaates des EWR-Abkommens eingetragen sind, in dem sie ansässig sind.

(6) Ein Unternehmen kann sich, auch als Mitglied einer Bietergemeinschaft, zum Nachweis der Leistungsfähigkeit und Fachkunde der Fähigkeiten anderer Unternehmen bedienen, ungeachtet des rechtlichen Charakters der zwischen ihm und diesen Unternehmen bestehenden Verbindungen. Er muss in diesem Fall dem Auftraggeber nachweisen, dass ihm die erforderlichen Mittel bei der Erfüllung des Auftrags zur Verfügung stehen, indem er beispielsweise eine entsprechende Verpflichtungserklärung dieser Unternehmen vorlegt.

(7) Nur für den Fall der Auftragserteilung kann der Auftraggeber verlangen, dass eine Bietergemeinschaft eine bestimmte Rechtsform annehmen muss, sofern dies für die ordnungsgemäße Durchführung des Auftrages notwendig ist.

4. Ist ein Teilnahmewettbewerb durchgeführt worden, so wählt der Auftraggeber anhand der gemäß Nummer 2 Abs. 2 und Nr. 3 geforderten, mit dem Teilnahmeantrag vorgelegten Unterlagen unter den Bewerbern, die den Anforderungen an Fachkunde, Leistungsfähigkeit und Zuverlässigkeit entsprechen, diejenigen aus, die er gleichzeitig und unter Beifügen der Verdingungsunterlagen in Textform auffordert, in einem Nichtoffenen Verfahren oder einem Verhandlungsverfahren ein Angebot einzureichen oder in einem Wettbewerblichen Dialog den Dialog zu eröffnen.

5. (1) Verlangt der Auftraggeber zum Nachweis dafür, dass das Unternehmen bestimmte Qualitätsanforderungen erfüllt, die Vorlage von Bescheinigungen von unabhängigen Qualitätsstellen, so nehmen diese auf Qualitätsnachweisverfahren auf der Grundlage der einschlägigen Normen und auf Bescheinigungen Bezug, die durch Stellen zertifiziert sind, die den europäischen Zertifizierungsnormen entsprechen. Gleichwertige Bescheinigungen von Stellen aus anderen Mitgliedstaaten sind anzuerkennen. Die Auftraggeber erkennen auch andere gleichwertige Nachweise für Qualitätssicherungsmaßnahmen an.

(2) Verlangen bei der Vergabe von Dienstleistungsaufträgen die Auftraggeber als Nachweis der technischen Leistungsfähigkeit, dass die Unternehmen bestimmte Normen für das Umweltmanagement erfüllen, die Vorlage von Bescheinigungen unabhängiger Stellen, so nehmen sie auf das Gemeinschaftssystem für das Umweltmanagement und die Umweltbetriebsprüfung (EMAS) oder auf Normen für das Umweltmanagement Bezug, die auf den einschlägigen europäischen oder internationalen Normen beruhen und von entsprechenden Stellen zertifiziert sind, die dem europäischen Gemeinschaftsrecht oder europäischen oder internationalen Zertifizierungsnormen entsprechen. Gleichwertige Bescheinigungen von Stellen in anderen Mitgliedstaaten sind anzuerkennen. Die Auftraggeber erkennen auch andere Nachweise für gleichwertige Umweltmanagementmaßnahmen an, die von den Unternehmen vorgelegt werden. Der Auftraggeber kann Unternehmen auffordern, die vorgelegten Bescheinigungen zu vervollständigen oder zu erläutern.

143.1 Vergleichbare Regelungen

Der **Vorschrift des § 7a VOL/A vergleichbar** sind im Bereich des GWB **§ 97 Abs. 4 GWB**, im Bereich der VOL **§§ 7, 7b VOL/A**, im Bereich der VOF **§§ 4, 10, 11, 12, 13 VOF** und im Bereich der VOB **§§ 8, 8a, 8b VOB/A**. Die Kommentierungen zu diesen Vorschriften können daher ergänzend zu der Kommentierung des § 7a herangezogen werden. 6471

143.2 Änderungen in der VOL/A 2006

In § 7a ist **neu die Nr. 1 aufgenommen,** wonach der Auftraggeber Unternehmen von der Teilnahme an einem Vergabeverfahren **wegen Unzuverlässigkeit ausschließen muss,** wenn der Auftraggeber Kenntnis davon hat, dass eine Person, deren Verhalten dem Unternehmen zuzurechnen ist, rechtskräftig wegen Verstoßes gegen bestimmte Vorschriften verurteilt worden ist. 6472

In § 7a ist **neu die Nr. 3 Abs. 6 aufgenommen,** wonach ein Bieter sich, gegebenenfalls auch als Mitglied einer Bietergemeinschaft, bei der Erfüllung eines Auftrags der Fähigkeiten anderer Unternehmen bedienen kann, ungeachtet des rechtlichen Charakters der zwischen ihm und diesen Unternehmen bestehenden Verbindungen. 6473

Teil 4 § 7a VOL/A   Verdingungsordnung für Leistungen Teil A

6474   In § 7a ist **die Nr. 3 Abs. 7 dahingehend verschärft worden,** dass der Auftraggeber von Bietergemeinschaften die Annahme einer bestimmten Rechtsform **nur für den Fall der Auftragserteilung** verlangen kann und sofern dies für die ordnungsgemäße Durchführung des Auftrages notwendig ist.

6475   In § 7a ist **neu die Nr. 5 aufgenommen,** wonach Auftraggeber zusätzlich Angaben über Umweltmanagementverfahren bzw. Qualitätssicherungsnormen verlangen können.

143.3 Bieterschützende Vorschrift

6476   Die Vorschrift aus **§ 7 Nr. 4 VOL/A schützt die Bieter** in ihren Rechten auf ein diskriminierungsfreies Verfahren. Es handelt sich nicht um eine bloße an die Vergabestelle gerichtete Ordnungsvorschrift. Die abschließende Benennung der Eignungsnachweise schützt die Bieter einerseits davor, dass nachträglich höhere Anforderungen gestellt werden und davor, dass ein Wettbewerber durch nachträgliche Zulassung eines auf ihn zugeschnittenen Nachweises besser gestellt wird. Die Vorschrift unterliegt aufgrund ihrer auf aller Bieter gerichteten Schutzwirkung **nicht der Disposition einzelner Bieter und/oder der Vergabestelle** (VK Düsseldorf, B. v. 24. 1. 2001 – Az.: VK-31/2000-B; OLG Düsseldorf, B. v. 18. 7. 2001 – Az.: Verg 16/01).

6477   Die Rechtsprechung ist auf § 7a Nr. 3 übertragbar.

143.4 Rechtsform der Bewerber oder Bieter (§ 7a Nr. 1)

6478   Bewerber oder Bieter, die gemäß den Rechtsvorschriften des EG-Mitgliedsstaates oder des Vertragsstaates des EWR-Abkommens, in dem sie ansässig sind, zur Erbringung der entsprechenden Dienstleistung berechtigt sind, dürfen nicht allein deshalb zurückgewiesen werden, weil sie gemäß den einschlägigen deutschen Rechtsvorschriften entweder eine natürliche oder juristische Person sein müssten.

6479   Die Regelung ist eine besondere Ausprägung des Gleichbehandlungsgebots. Sie hat keine praktische Bedeutung, da entsprechende Rechtsformvorschriften in der Bundesrepublik Deutschland nicht existieren.

143.5 Zwingende Ausschlussgründe (§ 7a Nr. 2)

6480   In § 7a ist **neu die Nr. 2 aufgenommen,** wonach Unternehmen von der Teilnahme an einem Vergabeverfahren **wegen Unzuverlässigkeit auszuschließen** sind, wenn der Auftraggeber Kenntnis davon hat, dass eine Person, deren Verhalten dem Unternehmen zuzurechnen ist, rechtskräftig wegen Verstoßes gegen bestimmte Vorschriften verurteilt worden ist. Ein **Verhalten einer rechtskräftig verurteilten Person ist einem Unternehmen zuzurechnen,** wenn sie für dieses Unternehmen bei der Führung der Geschäfte selbst verantwortlich gehandelt hat oder ein Aufsichts- oder Organisationsverschulden gemäß § 130 des Gesetzes über Ordnungswidrigkeiten (OWiG) einer Person im Hinblick auf das Verhalten einer anderen für das Unternehmen handelnden, rechtskräftig verurteilten Person vorliegt.

6481   Diese **Regelung entspricht der zwingenden Vorschrift des Art. 45 Abs. 1 der Vergabekoordinierungsrichtlinie,** die in die nationalen Straf- und Ordnungswidrigkeitsbestimmungen umgesetzt wurde.

143.6 Leistungsfähigkeit (§ 7a Nr. 3)

6482   § 7a Nr. 3 nennt von den Eignungskriterien Fachkunde, Leistungsfähigkeit und Zuverlässigkeit ausdrücklich nur die Leistungsfähigkeit. Allerdings beziehen sich beispielsweise § 7a Nr. 2 Abs. 2 und Abs. 4 auf Fachkunde und Zuverlässigkeit.

143.6.1 Hinweis

6483   Soweit sich die **Rechtsprechung allgemein mit der Eignung im Sinne des § 97 Abs. 4 GWB** auseinander gesetzt hat, ist die **Kommentierung auch im Rahmen des § 97 Abs. 4 GWB RZ 392 erfolgt.** Spezifisch leistungsbezogene Fragen sind nachfolgend dargestellt.

143.6.2 Nachweise

Der Auftraggeber kann von dem Unternehmen zum Nachweis seiner Leistungsfähigkeit in der Regel bestimmte Unterlagen verlangen. 6484

143.6.2.1 Begriff des Nachweises

Vgl. dazu die Kommentierung zu § 8 VOB/A RZ 3862. 6485

143.6.2.2 Kein Pauschaler Bezug auf § 7a Nr. 3

Eine **pauschale Anforderung von sämtlichen Nachweisen, die in § 7a VOL/A aufgeführt sind,** („Nachweise gemäß § 7a VOL/A") **entbehrt der in der Vorschrift angelegten notwendigen Auswahl durch den Auftraggeber** (nach Liefer- oder Dienstleistung, § 7a Nr. 3 Abs. 1 Buchstabe a) oder b)/Bankerklärung oder Versicherungsnachweis; nach Art, Menge oder Verwendungszweck der zu erbringenden Leistung, § 7a Nr. 3 Abs. 2 VOL/A). Die entsprechende notwendige Anpassung der in § 7a VOL/A aufgeführten Nachweise auf die konkret nachgefragte Leistung kann nicht von jedem Bieter nach dessen individuellem Verständnis erfolgen, sondern muss vom Auftraggeber zur Wahrung der Transparenz und Gleichbehandlung vorgegeben werden. **Unterlässt der Auftraggeber** diese bewusste **Auswahl, kann keiner der in der Vorschrift aufgeführten Nachweise als gefordert gelten** (VK Düsseldorf, B. v. 21. 11. 2003 – Az.: VK-33/2003-L). 6486

143.6.2.3 Begriff des Unternehmens

Fordert der Auftraggeber in den Verdingungsunterlagen eine Aufstellung der technischen **Ausstattung der Niederlassung, von der aus der Auftrag abgewickelt werden soll, ist hiermit „das Unternehmen" im Sinne von § 7a Nr. 3** gemeint, weil für jeden verständigen Betrachter klar sein muss, dass nach dem Sinn dieser Regelung in Verbindung mit dem Umstand, dass die zu bezuschlagende Niederlassung laut Verdingungsunterlagen nicht mehr als 30 km vom Bereich der zu erbringenden Leistung entfernt sein darf, regelungskonform mit Niederlassung das „Unternehmen" gemeint ist (VK Hessen, B. v. 2. 1. 2003 – Az.: 69d VK-53/2002). 6487

143.6.3 Nachweise in finanzieller und wirtschaftlicher Hinsicht (§ 7a Nr. 3 Abs. 1)

143.6.3.1 Bankauskünfte (§ 7a Nr. 3 Abs. 1 Buchstabe a))

Definiert der Auftraggeber nicht genau, welche Bankerklärung mit welchem Inhalt er möchte, kommt es darauf an, was ein durchschnittlicher Bieter darunter verstehen konnte und durfte. **Konkretisiert der Auftraggeber seine Nachweisforderung nicht, bleibt es den Bietern überlassen, mit welchem Inhalt solche Bankerklärungen abgegeben werden** (OLG Düsseldorf, B. v. 6. 7. 2005 – Az.: VII-Verg 22/05; VK Düsseldorf, B. v. 28. 10. 2005 – Az.: VK-34/2005-L). 6488

143.6.3.2 Umsatz des Unternehmers in den letzten 3 abgeschlossenen Geschäftsjahren (§ 7a Nr. 3 Abs. 1 Buchstabe d))

Eine **Anforderung des Auftraggebers über die Umsätze,** bezogen auf die letzten drei Geschäftsjahre, **gründet sich auf § 7a Nr. 3 Abs. 1 lit. d) VOL/A 2. Abschnitt** (1. VK Brandenburg, B. v. 30. 5. 2005 – Az.: VK 21/05). 6489

143.6.3.2.1 Ausschluss von „Newcomern". Zur damit verbundenen Problematik des Ausschlusses von „Newcomern" vgl. die Kommentierung zu § 97 GWB RZ 513. 6490

143.6.3.2.2 Begriff der Vergleichbarkeit. Vgl. dazu die Kommentierung zu § 7 VOL/A RZ 6439. 6491

143.6.3.2.3 Erfordernis eines bestimmten Jahresumsatzes. Vgl. dazu die Kommentierung zu § 7 VOL/A RZ 6440. 6492

143.6.4 Nachweise in fachlicher und technischer Hinsicht (§ 7a Nr. 3 Abs. 2)

143.6.4.1 Abschließende Aufzählung?

Die **Rechtsprechung** hierzu ist **nicht eindeutig.** 6493

Teil 4 § 7a VOL/A Verdingungsordnung für Leistungen Teil A

6494 Nach einer Auffassung kann bei einer europaweiten Ausschreibung der Auftraggeber die technische Leistungsfähigkeit und Fachkunde der Bieter an Hand der in **§ 7a Nr. 3 Abs. 2 VOL/A** genannten Kriterien überprüfen. Der **dort angegebene Kriterienkatalog ist abschließend;** weitere Merkmale kann der Auftraggeber nicht heranziehen (2. VK Bund, B. v. 23. 5. 2002 – Az.: VK 2-16/02, B. v. 23. 5. 2002 – Az.: VK 2-18/02; VK Halle, B. v. 16. 8. 2001 – Az: VK Hal 14/01).

6495 Andere Vergabekammern hingegen betrachten die **Aufzählung als nicht abschließend.** Der Verordnungsgeber hatte ausgeführt, dass in der Regel die dort genannten Nachweise verlangt werden können. Damit hat er nicht ausgeschlossen, dass die Vergabestelle auch noch weitere Unterlagen fordern kann. Darüber hinaus können nach § 7 Nr. 4 VOL/A von den Bewerbern zum Nachweis ihrer Eignung entsprechende Angaben gefordert werden, soweit es durch den Gegenstand des Auftrags gerechtfertigt ist (VK Magdeburg, B. v. 24. 10. 2001 – Az.: 33-32571/07 VK 18/01 MD). Außerdem **muss es einem Auftraggeber möglich bleiben, auch außerhalb des Kataloges des § 7a Nr. 3 Abs. 2 VOL/A spezifische Eignungskriterien festzulegen,** die zur sachgerechten Prüfung der fachlichen Eignung eines Bieter geeignet sind, sofern er dies den Teilnehmern am Wettbewerb zur Kenntnis bringt (3. VK Saarland, B. v. 19. 1. 2004 – Az.: 3 VK 05/2003).

143.6.4.2 Beschreibung der technischen Ausrüstung (§ 7a Nr. 3 Abs. 2 Buchstabe b))

6496 Vgl. dazu die Kommentierung zu § 7 VOL/A RZ 6441.

143.6.5 Angabe der Nachweise in der Bekanntmachung (§ 7a Nr. 3 Abs. 3)

143.6.5.1 Umfang der Angabe der Nachweise in der Bekanntmachung

6497 § 7a Nr. 3 Abs. 3 Satz 1 VOL/A 2. Abschnitt dient der Transparenz des Vergabeverfahrens (§ 97 Abs. 1 GWB) und der Gleichbehandlung aller Bieter (§ 97 Abs. 2 GWB). Aus der Verpflichtung des Auftraggebers, die geforderten Nachweise schon in der Bekanntmachung anzugeben, folgt im Umkehrschluss das Verbot, nach der Vergabebekanntmachung andere oder zusätzliche Nachweise zu fordern oder den Bietern über § 7a Nr. 3 Abs. 3 Satz 2 VOL/A 2. Abschnitt hinaus die Vorlage anderer als der bekannt gemachten Nachweise zu gestatten. Denn Beides liefe der Transparenz und Gleichbehandlung aller Bieter zuwider (3. VK Bund, B. v. 20. 7. 2004 – Az.: VK 3-80/04). **Aus § 7a Nr. 3 Abs. 3 Satz 1 VOL/A 2. Abschnitt kann demgegenüber nicht die Verpflichtung des öffentlichen Auftraggebers hergeleitet werden, sämtliche Einzelheiten seiner Nachweisforderung schon in der Bekanntmachung anzugeben.** Es reicht vielmehr aus, wenn der Auftraggeber in der Vergabebekanntmachung angibt, welche der in § 7a Nr. 3 Abs. 1 und 2 VOL/A 2. Abschnitt aufgeführten Nachweise er von den Bietern fordert. Das ist schon dem Wortlaut von § 7a Nr. 3 Abs. 3 Satz 1 VOL/A 2. Abschnitt zu entnehmen. Die Vorschrift – die inhaltlich auf die beiden vorstehenden Absätze Bezug nimmt, in denen aufgeführt ist, welche Nachweise der Auftraggeber fordern darf – verlangt lediglich die Bekanntgabe, „welche (dieser) Nachweise vorzulegen sind". Ein darüber hinausgehender Inhalt der Vergabebekanntmachung ist auch nicht aus dem Regelungszweck des § 7a Nr. 3 Abs. 3 Satz 1 VOL/A 2. Abschnitt abzuleiten. **Ein transparentes Vergabeverfahren und die Gleichbehandlung aller Bieter ist ohne weiteres dann noch sichergestellt, wenn der Auftraggeber in der Bekanntmachung mitteilt, welche der in § 7a Nr. 3 Abs. 1 und 2 VOL/A 2. Abschnitt aufgelisteten Nachweise die Bieter beizubringen haben, und er die weiteren Einzelheiten dieser Nachweisanforderung sodann in den Verdingungsunterlagen näher konkretisiert** (OLG Düsseldorf, B. v. 9. 7. 2003 – Az.: Verg 26/03, B. v. 25. 11. 2002 – Az.: Verg 56/02).

143.6.6 Bescheinigungen des Nichtvorliegens der Ausschlussgründe des § 7 Nr. 5 (§ 7a Nr. 3 Abs. 4)

6498 Vgl. zu den Ausschlussgründen die Kommentierung zu § 7 VOL/A RZ 6462.

143.6.7 Nachweise über Eintragungen im Berufs- oder Handelsregister (§ 7a Nr. 3 Abs. 5)

6499 Vgl. hierzu die Kommentierung zu § 7 VOL/A RZ 6443.

143.6.8 Berücksichtigung der Kapazitäten Dritter (§ 7a Nr. 3 Abs. 6)

In § 7a ist **neu die Nr. 3 Abs. 6 aufgenommen,** wonach Bieter sich, gegebenenfalls auch als Mitglied einer Bietergemeinschaft, bei der Erfüllung eines Auftrags der Fähigkeiten anderer Unternehmen bedienen können, ungeachtet des rechtlichen Charakters der zwischen ihm und diesen Unternehmen bestehenden Verbindungen. Er muss in diesem Fall dem Auftraggeber gegenüber nachweisen, dass ihm die erforderlichen Mittel zur Verfügung stehen, indem er beispielsweise eine entsprechende Verpflichtungserklärung dieser Unternehmen vorlegt. Der Text entspricht dem Text des durch das ÖPP-Beschleunigungsgesetz neu in die VgV aufgenommenen **§ 4 Abs. 4 VgV** sowie **der Rechtsprechung des EuGH zur Zulässigkeit eines Generalunternehmer- bzw. Generalübernehmereinsatzes;** vgl. insoweit die **Kommentierung zu § 4 Abs. 4 VgV** (RZ 2974) sowie die Kommentierung zu § 97 GWB (RZ 335).

6500

143.6.9 Rechtsform von Bietergemeinschaften (§ 7a Nr. 3 Abs. 7)

Vgl.
- zum Begriff des Bewerbers und des Bieters,
- zum Begriff der Bietergemeinschaft,
- zur Rechtsform der Bietergemeinschaft,
- zur Bildung einer nachträglichen Bietergemeinschaft und
- zu Arbeitsgemeinschaften

die Kommentierung zu § 8 VOB/A RZ 3824 ff.

6501

143.7 Auswahl der Teilnehmer bei einem Teilnahmewettbewerb (§ 7a Nr. 4)

Ist ein Teilnahmewettbewerb durchgeführt worden, so wählt der Auftraggeber anhand der gemäß Nummer 2 Abs. 2 und Nr. 3 geforderten, mit dem Teilnahmeantrag vorgelegten Unterlagen unter den Bewerbern, die den Anforderungen an Fachkunde, Leistungsfähigkeit und Zuverlässigkeit entsprechen, diejenigen aus, die er gleichzeitig und unter Beifügen der Verdingungsunterlagen in Textform auffordert, in einem Nichtoffenen Verfahren oder einem Verhandlungsverfahren ein Angebot einzureichen oder in einem Wettbewerblichen Dialog den Dialog zu eröffnen.

6502

In der VOL/A 2006 ist in § 7a Nr. 4 der **Begriff der Schriftlichkeit durch den Begriff der Textform ersetzt** worden. Zur **Bestimmung des Begriffs der Textform** ist auf § 126b BGB zurückzugreifen. Danach **fallen unter den Begriff der Textform zum einen schriftliche Urkunden,** aber auch jede andere lesbare Form, sofern die **dauerhafte Wiedergabe in Schriftzeichen** gewährleistet ist und die Person des Erklärenden genannt wird. **Taugliche Medien für die Übermittlung in Textform** sind insbesondere Telefax, CDs, Disketten und E-Mails aber natürlich auch herkömmliche Schriftstücke.

6503

Zu den Einzelheiten der Auswahl vgl. die Kommentierung zu § 101 RZ 1360.

6504

143.8 Qualitätssicherung und Zertifizierung (§ 7a Nr. 5 Abs. 1)

In § 7a ist **neu die Nr. 5 Abs. 1 aufgenommen,** wonach Auftraggeber zum Nachweis dafür, dass der Bewerber oder Bieter bestimmte Qualitätssicherungsnormen erfüllt, die Vorlage von Bescheinigungen unabhängiger Stellen verlangen können. Diese **Regelung entspricht der fakultativen Vorschrift des Art. 49 der Vergabekoordinierungsrichtlinie.**

6505

143.8.1 Zertifizierung

143.8.1.1 Hinweis

Zu allgemeinen Fragen der Zertifizierung vgl. die Kommentierung zu § 97 GWB RZ 536.

6506

143.8.1.2 Forderung nach einer Zertifizierung nach der Entsorgungsfachbetriebsverordnung

Vgl. dazu die Kommentierung zu § 7 VOL/A RZ 6436.

6507

143.9 Umweltmanagementverfahren (§ 7a Nr. 5 Abs. 2)

6508 In § 7a ist **neu die Nr. 5 Abs. 2 aufgenommen,** wonach Auftraggeber zusätzlich Angaben über Umweltmanagementverfahren verlangen können, die der Bewerber oder Bieter bei der Ausführung des Auftrags gegebenenfalls anwenden will. Diese **Regelung entspricht der fakultativen Vorschrift des Art. 50 der Vergabekoordinierungsrichtlinie.**

6509 Vgl. dazu im Einzelnen die **Kommentierung zu § 8a VOB/A** RZ 4023.

144. § 7b VOL/A – Teilnehmer am Wettbewerb

1. (1) Auftraggeber, die Bewerber für die Teilnahme an einem Nichtoffenen Verfahren oder an einem Verhandlungsverfahren auswählen, richten sich dabei nach objektiven Regeln und Kriterien. Diese Regeln und Kriterien legen sie fest und stellen sie Unternehmen, die ihr Interesse bekundet haben, zur Verfügung.
(2) Kriterien im Sinne des Abs. 1 sind insbesondere Fachkunde, Leistungsfähigkeit und Zuverlässigkeit. Zu deren Nachweis können entsprechende Angaben gefordert werden, soweit es durch den Gegenstand des Auftrags gerechtfertigt ist; dabei muss der Auftraggeber die berechtigten Interessen des Unternehmens am Schutz seiner Betriebsgeheimnisse berücksichtigen.
(3) Ein Unternehmen ist von der Teilnahme an einem Vergabeverfahren wegen Unzuverlässigkeit auszuschließen, wenn der Auftraggeber Kenntnis davon hat, dass eine Person, deren Verhalten dem Unternehmen zuzurechnen ist, rechtskräftig verurteilt ist wegen:
   a) § 129 des Strafgesetzbuches (Bildung krimineller Vereinigungen), § 129a des Strafgesetzbuches (Bildung terroristischer Vereinigungen), § 129b des Strafgesetzbuches (kriminelle und terroristische Vereinigungen im Ausland),
   b) § 261 des Strafgesetzbuches (Geldwäsche, Verschleierung unrechtmäßig erlangter Vermögenswerte).
   c) § 263 des Strafgesetzbuches (Betrug), soweit sich die Straftat gegen den Haushalt der Europäischen Gemeinschaften oder gegen Haushalte richtet, die von den Europäischen Gemeinschaften oder in deren Auftrag verwaltet werden,
   d) § 264 des Strafgesetzbuches (Subventionsbetrug), soweit sich die Straftat gegen den Haushalt der Europäischen Gemeinschaften oder gegen Haushalte richtet, die von den Europäischen Gemeinschaften oder in deren Auftrag verwaltet werden,
   e) § 334 des Strafgesetzbuches (Bestechung), auch in Verbindung mit Artikel 2 § 1 des EU-Bestechungsgesetzes, Artikel 2 § 1 des Gesetzes zur Bekämpfung internationaler Bestechung, Artikel 7 Abs. 2 Nr. 10 des Vierten Strafrechtsänderungsgesetzes und § 2 des Gesetzes über das Ruhen der Verfolgungsverjährung und die Gleichstellung der Richter und Bediensteten des Internationalen Strafgerichtshofes,
   f) Artikel 2 § 2 des Gesetzes zur Bekämpfung internationaler Bestechung (Bestechung ausländischer Abgeordneter im Zusammenhang mit internationalem Geschäftsverkehr),
   g) § 370 Abgabenordnung, auch in Verbindung mit § 12 des Gesetzes zur Durchführung der gemeinsamen Marktorganisationen und der Direktzahlungen (MOG), sich die Straftat gegen den Haushalt der Europäischen Gemeinschaften oder gegen Haushalte richtet, die von den Europäischen Gemeinschaften oder in deren Auftrag verwaltet werden. Einem Verstoß gegen diese Vorschriften gleichgesetzt sind Verstöße gegen entsprechende Strafnormen anderer Staaten. Ein Verhalten einer rechtskräftig verurteilten Person ist einem Unternehmen zuzurechnen, wenn sie für dieses Unternehmen für die Führung der Geschäfte selbst verantwortlich gehandelt hat oder ein Aufsichts- oder Organisationsverschulden gemäß § 130 des Gesetzes über Ordnungswidrigkeiten (OWiG) einer Person im Hinblick auf das Verhalten einer anderen für das Unternehmen handelnden, rechtskräftig verurteilten Person vorliegt.

(4) Als Nachweis, dass die Kenntnis nach Absatz 3 unrichtig ist und die in Absatz 3 genannten Fälle nicht vorliegen, akzeptieren die Auftraggeber einen Auszug aus einem Bundeszentralregister oder eine gleichwertige Urkunde einer zuständigen Gerichts- oder Verwaltungsbehörde des Herkunftslands. Wenn eine Urkunde oder Bescheinigung vom Herkunftsland nicht ausgestellt oder nicht vollständig alle vorgesehenen Fälle erwähnt, kann dies durch eine eidesstattliche Erklärung oder eine förmliche Erklärung vor einer zuständigen Gerichts- oder Verwaltungsbehörde, einem Notar oder einer dafür qualifizierten Berufsorganisation des Herkunftslands ersetzt werden.

(5) Von einem Ausschluss nach Absatz 3 kann nur abgesehen werden, wenn zwingende Gründe des Allgemeininteresses vorliegen und andere Unternehmen die Leistung nicht angemessen erbringen können oder wenn aufgrund besonderer Umstände des Einzelfalls der Verstoß die Zuverlässigkeit des Unternehmens nicht in Frage stellt.

(6) In finanzieller und wirtschaftlicher Hinsicht kann der Auftraggeber vom Unternehmen zum Nachweis der Leistungsfähigkeit in der Regel Folgendes verlangen:

a) Vorlage entsprechender Bankauskünfte,

b) Vorlage von Bilanzen oder Bilanzauszügen des Unternehmens,

c) Erklärung über den Gesamtumsatz des Unternehmens sowie den Umsatz bezüglich der besonderen Leistungsart, die Gegenstand der Vergabe ist, jeweils bezogen auf die letzten drei Geschäftsjahre.

Kann ein Unternehmen aus stichhaltigen Gründen die vom Auftraggeber geforderten Nachweise nicht erbringen, so können andere, vom Auftraggeber für geeignet erachtete Belege verlangt werden.

(7) In technischer Hinsicht kann der Auftraggeber vom Unternehmen je nach Art, Menge und Verwendungszweck der zu erbringenden Leistung zum Nachweis der Leistungsfähigkeit in der Regel Folgendes verlangen:

a) eine Liste der wesentlichen in den letzten drei Jahren erbrachten Leistungen mit Angabe des Rechnungswertes, der Leistungszeit sowie der öffentlichen oder privaten Auftraggeber:
   - bei Leistungen an öffentliche Auftraggeber durch eine von der zuständigen Behörde ausgestellte oder beglaubigte Bescheinigung,
   - bei Leistungen an private Auftraggeber durch eine von diesen ausgestellte Bescheinigung; ist eine derartige Bescheinigung nicht erhältlich, so ist eine einfache Erklärung des Unternehmens zulässig,

b) die Beschreibung der technischen Ausrüstung, der Maßnahmen des Unternehmens zur Gewährleistung der Qualität sowie die Untersuchungs- und Forschungsmöglichkeiten des Unternehmens,

c) Angaben über die technische Leitung oder die technischen Stellen, unabhängig davon, ob sie dem Unternehmen angeschlossen sind oder nicht, und zwar insbesondere über diejenigen, die mit der Qualitätskontrolle beauftragt sind,

d) bei Lieferaufträgen Muster, Beschreibungen und/oder Fotografien der zu erbringenden Leistung, deren Echtheit auf Verlangen des Auftraggebers nachgewiesen werden muss,

e) bei Lieferaufträgen Bescheinigungen der zuständigen amtlichen Qualitätskontrollinstitute oder -dienststellen, mit denen bestätigt wird, dass die durch entsprechende Bezugnahmen genau gekennzeichneten Leistungen bestimmten Spezifikationen oder Normen entsprechen,

f) sind die zu erbringenden Leistungen komplexer Art oder sollen sie ausnahmsweise einem besonderen Zweck dienen, eine Prüfung, die von dem Auftraggeber oder in dessen Namen von einer anderen damit einverstandenen Stelle durchgeführt wird; diese Prüfung betrifft die Produktionskapazitäten und erforderlichenfalls die Untersuchungs- und Forschungsmöglichkeiten des Unternehmens sowie die von diesem zur Gewährleistung der Qualität getroffenen Vorkehrungen.

2. Kriterien nach Nummer 1 können auch Ausschließungsgründe nach § 7 Nr. 5 sein.

3. Ein Kriterium kann auch die objektive Notwendigkeit sein, die Zahl der Bewerber soweit zu verringern, dass ein angemessenes Verhältnis zwischen den besonderen Merkmalen des Vergabeverfahrens und dem zur Durchführung notwendigen Aufwand sichergestellt ist. Es sind jedoch so viele Bewerber zu berücksichtigen, dass ein Wettbewerb gewährleistet ist.

4. Bietergemeinschaften sind Einzelbietern gleichzusetzen, wenn sie die Arbeiten im eigenen Betrieb oder in den Betrieben der Mitglieder ausführen. Von solchen Gemeinschaften kann nicht verlangt werden, dass sie zwecks Einreichung eines Angebots oder für das Verhandlungsverfahren eine bestimmte Rechtsform annehmen; von der den Zuschlag erhaltenden Gemeinschaft kann dies jedoch verlangt werden, sofern es für die ordnungsgemäße Durchführung des Auftrags notwendig ist.

5. Ein Unternehmen kann sich, auch als Mitglied einer Bietergemeinschaft, zum Nachweis der Leistungsfähigkeit und Fachkunde der Fähigkeiten anderer Unternehmen bedienen, ungeachtet des rechtlichen Charakters der zwischen ihm und diesen Unternehmen bestehenden Verbindungen. Er muss in diesem Fall dem Auftraggeber nachweisen, dass ihm die erforderlichen Mittel bei der Erfüllung des Auftrags zur Verfügung stehen, indem er beispielsweise eine entsprechende Verpflichtungserklärung dieser Unternehmen vorlegt.

6. (1) Auftraggeber können ein System zur Prüfung von Unternehmen (Präqualifikationsverfahren) einrichten und anwenden. Sie sorgen dann dafür, dass sich Unternehmen jederzeit einer Prüfung unterziehen können.

(2) Das System kann mehrere Qualifikationsstufen umfassen. Es wird auf der Grundlage der vom Auftraggeber aufgestellten objektiven Regeln und Kriterien gehandhabt. Der Auftraggeber kann dabei auf geeignete europäische Normen über die Qualifizierung von Unternehmen Bezug nehmen. Diese Kriterien und Regeln können erforderlichenfalls auf den neuesten Stand gebracht werden.

(3) Auf Verlangen werden diese Qualifizierungsregeln und -kriterien sowie deren Fortschreibung Unternehmen, die ihr Interesse bekundet haben, übermittelt. Bezieht sich der Auftraggeber auf das Qualifizierungssystem einer anderen Einrichtung, so teilt er deren Namen mit.

7. In ihrer Entscheidung über die Qualifikation sowie bei der Überarbeitung der Prüfungskriterien und -regeln dürfen die Auftraggeber nicht
   - bestimmten Unternehmen administrative, technische oder finanzielle Verpflichtungen auferlegen, die sie anderen Unternehmen nicht auferlegt hätten,
   - Prüfungen und Nachweise verlangen, die sich mit bereits vorliegenden objektiven Nachweisen überschneiden.

8. Die Auftraggeber unterrichten die Antragsteller innerhalb von 6 Monaten über die Entscheidung zu deren Qualifikation. Kann diese Entscheidung nicht innerhalb von vier Monaten nach Eingang des Prüfungsantrags getroffen werden, hat der Auftraggeber dem Antragsteller spätestens zwei Monate nach Eingang des Antrags die Gründe für eine längere Bearbeitungszeit mitzuteilen und anzugeben, wann über die Annahme oder die Ablehnung seines Antrags entschieden wird.

9. Negative Entscheidungen über die Qualifikation werden den Antragstellern unverzüglich, spätestens jedoch innerhalb von 15 Tagen nach der Entscheidung unter Angabe der Gründe mitgeteilt. Die Gründe müssen sich auf die in Nummer 6 erwähnten Prüfungskriterien beziehen.

10. Die als qualifiziert anerkannten Unternehmen sind in ein Verzeichnis aufzunehmen. Dabei ist eine Untergliederung nach Produktgruppen und Leistungsarten möglich.

11. Die Auftraggeber können einem Unternehmen die Qualifikation nur aus Gründen aberkennen, die auf den in Nummer 6 erwähnten Kriterien beruhen. Die beabsichtigte Aberkennung muss dem betroffenen Unternehmen mindestens 15 Tage vor dem für die Aberkennung vorgesehenen Termin in Textform unter Angabe der Gründe mitgeteilt werden.

12. (1) Das Prüfsystem ist nach dem im Anhang VII der Verordnung (EG) Nr. 1564/20051) enthaltenen Muster im Amtsblatt der Europäischen Gemeinschaften bekanntzumachen.

(2) Wenn das System mehr als drei Jahre gilt, ist die Bekanntmachung jährlich zu veröffentlichen. Bei kürzerer Dauer genügt eine Bekanntmachung zu Beginn des Verfahrens.

13. (1) Verlangt der Auftraggeber zum Nachweis dafür, dass die Unternehmen bestimmte Qualitätssicherungsnormen erfüllt, die Vorlage von Bescheinigungen von unabhängigen Stellen, so nehmen diese auf Qualitätssicherungsverfahren Bezug, die den einschlägigen europäischen Normen genügen und von entsprechenden Stellen gemäß den europäischen Zertifizierungsnormen zertifiziert sind.

(2) Gleichwertige Bescheinigungen von Stellen aus anderen EG-Mitgliedstaaten sind anzuerkennen. Die Auftraggeber erkennen auch andere gleichwertige Nachweise für Qualitätssicherungsmaßnahmen an.

(3) Verlangen bei der Vergabe von Dienstleistungsaufträgen die Auftraggeber als Nachweis der technischen Leistungsfähigkeit, dass die Unternehmen bestimmte Normen für das Umweltmanagement erfüllt, die Vorlage von Bescheinigungen unabhängiger Stellen, so nehmen sie auf das Gemeinschaftssystem für das Umweltmanagement und die Umweltbetriebsprüfung (EMAS) oder auf Normen für das Umweltmanagement Bezug, die auf den einschlägigen europäischen oder internationalen Normen beruhen und von entsprechenden Stellen zertifiziert sind, die dem europäischen Gemeinschaftsrecht oder europäischen oder internationalen Zertifizierungsnormen entsprechen. Gleichwertige Bescheinigungen von Stellen in anderen Mitgliedstaaten sind anzuerkennen. Die Auftraggeber erkennen auch andere Nachweise für gleichwertige Umweltmanagementmaßnahmen an, die von den Unternehmen vorgelegt werden.

144.1 Vergleichbare Regelungen

Der **Vorschrift des § 7b VOL/A vergleichbar** sind im Bereich des GWB **§ 97 Abs. 4 GWB**, im Bereich der VOL **§§ 7, 7a VOL/A**, im Bereich der VOF **§§ 4, 10, 11, 12, 13 VOF** und im Bereich der VOB **§§ 8, 8a, 8b VOB/A**. Die Kommentierungen zu diesen Vorschriften können daher ergänzend zu der Kommentierung des § 7b herangezogen werden. 6510

144.2 Änderungen in der VOL/A 2006

In § 7b ist **neu die Nr. 1 Abs. 3–5 aufgenommen,** wonach der Auftraggeber Unternehmen von der Teilnahme an einem Vergabeverfahren **wegen Unzuverlässigkeit ausschließen muss,** wenn der Auftraggeber Kenntnis davon hat, dass eine Person, deren Verhalten dem Unternehmen zuzurechnen ist, rechtskräftig wegen Verstoßes gegen bestimmte Vorschriften verurteilt worden ist. 6511

In § 7b ist **neu die Nr. 5 aufgenommen,** wonach Bieter sich, gegebenenfalls auch als Mitglied einer Bietergemeinschaft, bei der Erfüllung eines Auftrags der Fähigkeiten anderer Unternehmen bedienen kann, ungeachtet des rechtlichen Charakters der zwischen ihm und diesen Unternehmen bestehenden Verbindungen. 6512

In § 7b ist **neu die Nr. 13 Abs. 3 aufgenommen,** wonach Auftraggeber zusätzlich Angaben über Umweltmanagementverfahren bzw. Qualitätssicherungsnormen verlangen können. 6513

144.3 Allgemeines

Soweit § 7b keine von § 7 abweichenden Regelungen trifft, gilt § 7 auch bei Verfahren ab den Schwellenwerten. 6514

144.4 Auswahl der Bewerber (§ 7b Nr. 1)

144.4.1 Allgemeines

Die **Prüfung nach § 7b VOL/A erfolgt in zwei Schritten.** Zunächst werden die geeigneten Bewerber von den ungeeigneten Bewerbern geschieden. In der zweiten Stufe wählt der 6515

Teil 4 § 7b VOL/A   Verdingungsordnung für Leistungen Teil A

Auftraggeber unter den verbliebenen, geeigneten Bewerbern diejenigen aus, die er dann zur Angebotsabgabe auffordert. Für die Auswahl der Bieter im Nichtoffenen Verfahren sehen weder das Gesetz noch die Vergabebedingungen, hier der dritte Abschnitt der VOL/A, entsprechende Auswahlkriterien vor. Die Bewerber haben keinen subjektiven Anspruch auf Beteiligung an dem dem Teilnahmewettbewerb folgenden Nichtoffenen Verfahren. Selbst bei nachgewiesener grundsätzlicher Eignung kann ein Bewerber keinen Anspruch zur Angebotsabgabe herleiten. Die Vorschriften des § 7 bzw. § 7b VOL/A verpflichten einen Auftraggeber nämlich nicht, allen Bewerbern, die die verlangten Nachweise bezüglich ihrer Eignung vollständig beigebracht haben, zur Abgabe eines Angebotes aufzufordern. Die Vorschrift lässt dem Auftraggeber im Gegenteil einen gewissen Beurteilungsspielraum bei seiner Auswahlentscheidung. Er hat dabei aber alles zu unterlassen, was zu einer Benachteiligung bzw. Diskriminierung bestimmter Bewerber führen könnte (VK Südbayern, B. v. 28. 5. 2001 – Az.: 09-04/01).

6516   Vgl. im Einzelnen die Kommentierung zu § 101 GWB RZ 1360.

144.4.2 Anforderung der Bedingungen durch die Bewerber (§ 7 b Nr. 1 Abs. 1 Satz 2)

6517   Gemäß § 7 b Nr. 1 Abs. 1 haben sich die Auftraggeber bei der Auswahl der Bewerber für die Teilnahme an einem Nichtoffenen Verfahren nach objektiven Regeln und Kriterien zu richten. Diese Regeln legen sie schriftlich fest und stellen sie interessierten Unternehmern zur Verfügung. Dies **setzt jedoch voraus, dass ein Unternehmen an den Auftraggeber mit der Bitte herantritt, diese schriftlich festgelegten Kriterien zu erhalten** (VK Südbayern, B. v. 28. 5. 2001 – Az.: 09-04/01).

144.4.3 Leistungsfähigkeit, Fachkunde und Zuverlässigkeit (§ 7 b Nr. 1 Abs. 2)

6518   Zu den Begriffen Leistungsfähigkeit, Fachkunde und Zuverlässigkeit vgl. die Kommentierung zu § 97 GWB RZ 392.

144.4.4 Zwingende Ausschlussgründe (§ 7 b Nr. 1 Abs. 3–5)

6519   Vgl. dazu die Kommentierung zu § 7 a RZ 6480.

144.4.5 Nachweise in finanzieller und wirtschaftlicher Hinsicht (§ 7 b Nr. 1 Abs. 6)

6520   Zum Nachweis der Leistungsfähigkeit in wirtschaftlicher und finanzieller Hinsicht können bestimmte Angaben verlangt werden. Vgl. hierzu die Kommentierung zu § 7 a VOL/A RZ 6488.

144.4.6 Nachweise in technischer Hinsicht (§ 7 b Nr. 1 Abs. 7)

6521   Zum Nachweis der Leistungsfähigkeit in technischer Hinsicht können bestimmte Angaben verlangt werden. Vgl. hierzu die Kommentierung zu § 7 a VOL/A RZ 6493.

144.5 Ausschließungsgründe nach § 7 Nr. 5 (§ 7 b Nr. 2)

6522   Zu den Ausschließungsgründen nach § 7 Nr. 5 VOL/A vgl. die Kommentierung zu § 7 VOL/A RZ 6462.

144.6 Bietergemeinschaften (§ 7 b Nr. 4)

6523   Vgl.
– zum Begriff des Bewerbers und des Bieters,
– zum Begriff der Bietergemeinschaft,
– zur Rechtsform der Bietergemeinschaft,
– zur Bildung einer nachträglichen Bietergemeinschaft und
– zu Arbeitsgemeinschaften
die Kommentierung zu § 8 VOB/A RZ 3824 ff.

Verdingungsordnung für Leistungen Teil A § 8 VOL/A **Teil 4**

144.7 Berücksichtigung der Kapazitäten Dritter (§ 7 b Nr. 5)

Vgl. insoweit die Kommentierung zu § 7 a RZ 6500. 6524

144.8 Präqualifikationsverfahren (§ 7 b Nr. 6–12)

Vgl. dazu die Kommentierung zu § 8 b VOB/A RZ 4045. 6525

144.9 Qualitätssicherung und Zertifizierung (§ 7 b Nr. 13 Abs. 1 und 2)

Vgl. insoweit die Kommentierung zu § 7 a RZ 6505. 6526

144.10 Umweltmanagementverfahren (§ 7 b Nr. 13 Abs. 3)

Vgl. dazu im Einzelnen die **Kommentierung zu § 8 a VOB/A** RZ 4023. 6527

145. § 8 VOL/A – Leistungsbeschreibung

1. (1) Die Leistung ist eindeutig und so erschöpfend zu beschreiben, dass alle Bewerber die Beschreibung im gleichen Sinne verstehen müssen und die Angebote miteinander verglichen werden können.

   (2) Um eine einwandfreie Preisermittlung zu ermöglichen, sind alle sie beeinflussenden Umstände festzustellen und in den Verdingungsunterlagen anzugeben.

   (3) Dem Auftragnehmer soll kein ungewöhnliches Wagnis aufgebürdet werden für Umstände und Ereignisse, auf die er keinen Einfluss hat und deren Einwirkung auf die Preise und Fristen er nicht im Voraus schätzen kann.

2. (1) Soweit die Leistung oder Teile derselben durch verkehrsübliche Bezeichnungen nach Art, Beschaffenheit und Umgang nicht hinreichend beschreibbar sind, können sie

   a) sowohl durch eine Darstellung ihres Zweckes, ihrer Funktion sowie der an sie gestellten sonstigen Anforderungen

   b) als auch in ihren wesentlichen Merkmalen und konstruktiven Einzelheiten gegebenenfalls durch Verbindung der Beschreibungsarten, beschrieben werden.

   (2) Erforderlichenfalls ist die Leistung auch zeichnerisch oder durch Probestücke darzustellen oder anders zu erklären, z. B. durch Hinweise auf ähnliche Leistungen.

3. (1) An die Beschaffenheit der Leistung sind ungewöhnliche Anforderungen nur soweit zu stellen, wie es unbedingt notwendig ist.

   (2) Bei der Beschreibung der Leistung sind die verkehrsüblichen Bezeichnungen anzuwenden; auf einschlägige Normen kann Bezug genommen werden.

   (3) Bestimmte Erzeugnisse oder Verfahren sowie bestimmte Ursprungsorte und Bezugsquellen dürfen nur dann ausdrücklich vorgeschrieben werden, wenn dies durch die Art der zu vergebenden Leistung gerechtfertigt ist.

   (4) Die Beschreibung technischer Merkmale darf nicht die Wirkung haben, dass bestimmte Unternehmen oder Erzeugnisse bevorzugt oder ausgeschlossen werden, es sei denn, dass eine solche Beschreibung durch die zu vergebende Leistung gerechtfertigt ist.

   (5) Bezeichnungen für bestimmte Erzeugnisse oder Verfahren (z. B. Markennamen) dürfen ausnahmsweise, jedoch nur mit dem Zusatz „oder gleichwertiger Art", verwendet werden, wenn eine Beschreibung durch hinreichend genaue, allgemeinverständliche Bezeichnungen nicht möglich ist.

4. Wenn für die Beurteilung der Güte von Stoffen, Teilen oder Erzeugnissen die Herkunft oder die Angabe des Herstellers unentbehrlich ist, sind die entsprechen-

Teil 4 § 8 VOL/A   Verdingungsordnung für Leistungen Teil A

den Angaben von den Bewerbern zu fordern, soweit nötig auch Proben und Muster. Die Angaben sind vertraulich zu behandeln.

145.1 Vergleichbare Regelungen

6528   Der **Vorschrift des § 8 VOL/A vergleichbar** sind im Bereich der VOL **§§ 8a, 8b VOL/A**, im Bereich der VOF **§ 8 VOF** und im Bereich der VOB **§§ 9, 9a, 9b VOB/A**. Die Kommentierungen zu diesen Vorschriften können daher ergänzend zu der Kommentierung des § 8 herangezogen werden.

145.2 Änderungen in der VOL/A 2006

6529   Im Zuge der VOL/A 2006 ist **§ 8 nicht geändert** worden.

145.3 Bieterschützende Vorschrift

145.3.1 § 8 Nr. 1

6530   Vgl. dazu die **Kommentierung zu § 9 VOB/A** RZ 4053, die **auf § 8 Nr. 1 übertragen** werden kann.

145.3.2 § 8 Nr. 3

6531   Die entsprechenden Vorschriften der VOL/A **dienen der Chancengleichheit der Bieter und dem Schutz vor einer unangemessenen Überbürdung von Risiken** durch den Auftraggeber (Saarländisches OLG, B. v. 29. 9. 2004 – Az.: 1 Verg 6/04; OLG Düsseldorf, B. v. 5. 12. 2001 – Az.: Verg 32/01).

145.3.3 § 8 Nr. 3 Abs. 5

6532   § 8 Nr. 3 Abs. 5 VOL/A hat bieterschützende Funktion. Die **Aufrechterhaltung eines funktionierenden Wettbewerbes dient der Wahrung der Bieterrechte;** diese können sich auf die Verletzung des Gebots zur produktneutralen Ausschreibung berufen (BayObLG, B. v. 15. 9. 2004 – Az.: Verg 026/03; im Ergebnis ebenso VK Südbayern, B. v. 28. 4. 2005 – Az.: 13-03/05).

145.4 Kernstück der Vergabeunterlagen

6533   Die in § 8 geregelten **Anforderungen an die Gestaltung der Leistungsbeschreibung** sind sowohl für das Vergabeverfahren als auch für die spätere Vertragsdurchführung mit dem erfolgreichen Bieter von fundamentaler Bedeutung. Die **Leistungsbeschreibung bildet dabei das Kernstück der Vergabeunterlagen** (VK Lüneburg, B. v. 7. 9. 2005 – Az.: VgK-38/2005; VK Lüneburg, B. v. 12. 4. 2002 – Az.: 203-VgK-05/2002; Prieß, NZBau 2004, 21).

145.5 Festlegung der Liefer- bzw. Dienstleistungsaufgabe und damit Festlegung des Inhalts der Leistungsbeschreibung

145.5.1 Allgemeines

6534   Vgl. dazu die Kommentierung zu § 9 VOB/A RZ 4058.

145.5.2 Begrenzung durch die Grundsätze des Wettbewerbs, der Transparenz und der Gleichbehandlung

6535   Vgl. dazu die Kommentierung zu § 9 VOB/A RZ 4063.

145.5.3 Festlegung des Sicherheitsniveaus einer Leistungsbeschreibung

6536   Vgl. dazu die Kommentierung zu § 9 VOB/A RZ 4065.

Verdingungsordnung für Leistungen Teil A § 8 VOL/A **Teil 4**

145.5.4 Bekanntgabe auch der später auszuschreibenden Lose?

Vgl. dazu die Kommentierung zu § 9 VOB/A RZ 4067. 6537

145.5.5 Beispiele aus der Rechtsprechung 6538

– es bleibt den Auftraggebern als Träger des **öffentlichen Personennahverkehrs** unbenommen, die Erfüllung dieser gesetzlichen Pflichten über eine kombinierte Ausschreibung der Verkehrsdienstleistungen inklusive der Beschaffung der benötigten Fahrzeuge sicherzustellen, oder aber die benötigten Fahrzeuge selbst in einem gesonderten europaweiten Vergabeverfahren zu beschaffen und lediglich die Verkehrsdienstleistungen und damit die Bedienung der Schienenpersonennahverkehrslinien auszuschreiben (VK Lüneburg, B. v. 18. 6. 2004 – Az.: 203-VgK-29/2004)

145.5.6 Literatur

Vgl. dazu die Kommentierung zu § 9 VOB/A RZ 4068. 6539

145.6 Notwendigkeit der Festlegung strategischer Ziele und Leistungsanforderungen in der Leistungsbeschreibung

Vgl. dazu die Kommentierung zu § 9 VOB/A RZ 4069. 6540

145.7 Pflicht der Vergabestelle, bestehende Wettbewerbsvorteile und -nachteile potentieller Bieter durch die Gestaltung der Vergabeunterlagen „auszugleichen"?

145.7.1 Allgemeines

Vgl. dazu die Kommentierung zu § 9 VOB/A RZ 4070. 6541

145.7.2 Beispiele aus der Rechtsprechung

Vgl. dazu die Kommentierung zu § 9 VOB/A RZ 4074. 6542

145.8 Auslegung der Leistungsbeschreibung

145.8.1 Objektiver Empfängerhorizont

Vgl. dazu die Kommentierung zu § 9 VOB/A RZ 4075. 6543

145.8.2 VOL-konforme Auslegung

Vgl. dazu die Kommentierung zu § 9 VOB/A RZ 4080. 6544

145.8.3 Kein Vorrang des Leistungsverzeichnisses vor den Vorbemerkungen

Vgl. dazu die Kommentierung zu § 9 VOB/A RZ 4081. 6545

145.8.4 Heranziehung der Eigenschaften von Leitfabrikaten

Vgl. dazu die Kommentierung zu § 9 VOB/A RZ 4082. 6546

145.9 Eindeutigkeit der Leistungsbeschreibung (§ 8 Nr. 1 Abs. 1)

Vgl. dazu die Kommentierung zu § 9 VOB/A RZ 4082. 6547

145.9.1 Widersprüchliche Leistungsbeschreibungen, die keine Wertung zulassen

Vgl. dazu die Kommentierung zu § 9 VOB/A RZ 4087. 6548

1217

Teil 4 § 8 VOL/A   Verdingungsordnung für Leistungen Teil A

145.9.2 Fehlerhafte Leistungsbeschreibungen, die von Bietern erkannt werden

6549   Bei **widersprüchlichen, unverständlichen oder in sich nicht schlüssigen Leistungsbeschreibungen** hat der Bieter **unterschiedliche Möglichkeiten,** darauf zu reagieren. Er kann **erstens eine Aufklärungsfrage** an die Vergabestelle richten. Zweitens kann er, wenn er befürchtet, dass ihm durch die – von der Vergabestelle gemäß § 17 Nr. 6 Abs. 2 VOL/A allen Bietern bekannt zu gebende – Aufklärungsfrage und deren Beantwortung einen Wettbewerbsvorsprung vor seinen Wettbewerbern verlieren würde, **mehrere Angebote** (z. B. Haupt- und Nebenangebot) **auf der Basis jeweils eines unterschiedlichen Verständnisses von den Angebotsbedingungen** abgeben (2. VK Bund, B. v. 22. 1. 2003 – Az.: VK 2-94/02).

6550   Regelmäßig enthalten die **Bewerbungsbedingungen öffentlicher Auftraggeber** jedoch eine **Verpflichtung, den Auftraggeber auf solche Fehler hinzuweisen** (VK Lüneburg, B. v. 29. 10. 2002 – Az.: 23/02).

145.9.3 Fehlerhafte Leistungsbeschreibungen, die von Bietern nicht erkannt werden

6551   Vgl. dazu die Kommentierung zu § 9 VOB/A RZ 4090.

145.9.4 Unschädlichkeit einer fehlerhaften Leistungsbeschreibung

6552   Vgl. dazu die Kommentierung zu § 9 VOB/A RZ 4092.

145.9.5 Verwendung eines nicht mehr am Markt erhältlichen Fabrikates

6553   Vgl. dazu die Kommentierung zu § 9 VOB/A RZ 4093.

145.9.6 Unzulässig hoher Umfang von Wahlpositionen

6554   Vgl. dazu die Kommentierung zu § 9 VOB/A RZ 4096.

145.9.7 Keine eindeutige Bezeichnung von Bedarfspositionen

6555   Vgl. dazu die Kommentierung zu § 9 VOB/A RZ 4098.

145.9.8 Bezeichnung von Alternativpositionen als Bedarfspositionen

6556   Vgl. dazu die Kommentierung zu § 9 VOB/A RZ 4099.

145.9.9 Keine eindeutigen Zuschlagskriterien

6557   Vgl. dazu die Kommentierung zu § 9 VOB/A RZ 4100.

145.9.10 Keine eindeutigen Eignungskriterien

6558   Vgl. dazu die Kommentierung zu § 9 VOB/A RZ 4101.

145.9.11 Unklare Angaben über Personalvorgaben

6559   Bleibt im Rahmen der Leistungsbeschreibung ein **wesentlicher Umstand für die Preisermittlung unklar,** nämlich die Möglichkeit des Einsatzes von Honorarkräften – z. B. im Bildungsbereich –, ist ein einheitliches Verständnis der Leistungsbeschreibung durch die Bieter nicht mehr gewährleistet. Da die Beschäftigungsverhältnisse auch Auswirkung auf die Kalkulation der Angebote haben, sind die **Angebote insoweit nicht mehr vergleichbar** (3. VK Bund, B. v. 24. 3. 2004 – Az.: VK 3-36/04).

145.9.12 Keine Verpflichtung, alle denkbaren Rahmenbedingungen für eventuelle Nebenangebote aufzuführen

6560   Vgl. dazu die Kommentierung zu § 9 VOB/A RZ 4103.

145.9.13 Ausschreibung von Entsorgungsleistungen

145.9.13.1 Entwicklung der Abfallmenge

Der öffentliche Auftraggeber, der **Entsorgungsleistungen ausschreibt,** ist daher im Hinblick auf die Regelung des § 8 Nr. 1 Abs. 1 und Abs. 3 VOL/A **gehalten, von Prognosen hinsichtlich der Entwicklung der Abfallmenge nur zurückhaltend Gebrauch zu machen** und den **Bietern in erster Linie die Zahlen** an die Hand zu geben, die dem Auftraggeber insbesondere **hinsichtlich der jüngsten Entwicklung der für die Kalkulation maßgeblichen Fakten** wie Abfallmenge, Behälter, Anzahl und Behältergröße etc. **im Zeitpunkt der Abfassung der Verdingungsunterlagen aktuell bekannten und vorliegenden Zahlen** mitzuteilen (VK Lüneburg, B. v. 4. 9. 2003 – Az.: 203-VgK-16/2003).

6561

145.9.13.2 Wiedergabe der Straßenverhältnisse

Die Pflicht zur eindeutigen und erschöpfenden Leistungsbeschreibung gemäß § 8 Nr. 1 Abs. 1 VOL/A **beinhaltet nicht automatisch auch eine Pflicht zur lückenlosen, detaillierten Ermittlung und Wiedergabe der Straßenverhältnisse, insbesondere aller ständigen oder auch nur zeitlich begrenzten Hindernisse wie Sackgassenlagen, Baustellen und Veranstaltungen.** Es ist ausreichend, wenn der Auftraggeber die ihm zur Verfügung stehenden diesbezüglichen Informationen den Bietern zugänglich macht, ergänzend geeignetes Kartenmaterial benennt und den Bietern empfiehl, sich ein eigenes Bild über die Verhältnisse vor Ort zu machen. Auch dies versetzt den Kalkulator eines Fachunternehmens in einer Branche, in der der Aufbau einer Logistik und die Berücksichtigung von vorhandener Infrastruktur zum Kernbereich gehören, in die Lage, ein realistisches Angebot abzugeben (VK Lüneburg, B. v. 8. 5. 2006 – Az.: VgK-07/2006; B. v. 14. 5. 2004 – Az.: 203-VgK-13/2004).

6562

145.9.14 Ausschreibung von Personenbeförderungsleistungen

Die **Ausschreibung einer Personenbeförderung** verletzt nicht das in § 8 Nr. 1 Abs. 1 VOL/A verankerte Gebot eindeutiger und erschöpfender Leistungsbeschreibung, wenn sie sich **darauf beschränkt, Anzahl und Verlauf der Fahrtstrecken anzugeben.** Die Frage, welche Kilometerleistungen und Kosten für Leerfahrten – An- und Rückfahrten ohne die Anwesenheit der Fahrgäste – zu veranschlagen sind, berührt allein die unternehmerische Innensphäre des Bieters und braucht daher von der Leistungsbeschreibung nicht berücksichtigt zu werden (Thüringer OLG, B. v. 15. 7. 2003 – Az.: 6 Verg 7/03).

6563

145.9.15 Ausschreibung von Softwareprogrammen

145.9.15.1 Rechtsprechung

Gerade bei der **Beschaffung von Softwareprogrammen** ist ein öffentlicher **Auftraggeber besonders gehalten,** nicht nur die gewünschten Anwendungen und Funktionen, sondern **auch Anforderungen an den Benutzerkomfort, an Schnittstellen, Links etc. klar zu definieren und den Bietern mit den Vergabeunterlagen, sei es als unmittelbare Leistungsbeschreibung oder dieser Leistungsbeschreibung beigefügter Anlage in Form eines Pflichtenheftes in der gebotenen Ausführlichkeit mitzuteilen,** wobei sich der Umfang der Leistungsbeschreibung nach der Komplexität der zu beschaffenden Software richtet und auch nach der Vorgabe, ob Standardsoftware beschafft werden soll oder ein Entwicklungsauftrag für maßgeschneiderte Software in Auftrag gegeben werden soll. Gerade bei der Beschreibung von Software kommt es darauf an, **die erforderlichen Funktionen eindeutig und erschöpfend zu beschreiben,** so wie § 8 Abs. 1 Nr. 1 VOL/A es verlangt. Da eine bestimmte Software von bestimmten Herstellern nur in den engen Ausnahmefällen des § 8 Nr. 3 Abs. 3 VOL/A ausgeschrieben werden darf, ist u. a. zu überprüfen, ob eine Kompatibilität unterschiedlicher Produkte mit bereits vorhandener Anwendungssoftware oder Systemsoftware hergestellt werden kann. Ziel der Leistungsbeschreibung soll es sein, ein Höchstmaß an Verständlichkeit der Darstellung zu erreichen. Dieses Höchstmaß an Verständlichkeit führt letztlich zu einem klaren Angebot und damit zu einer klaren Entscheidungsgrundlage für den Auftraggeber. In der **Praxis hat sich deshalb das Verfahren durchgesetzt, vor Einleitung eines Vergabeverfahrens die Anforderungen an zu beschaffende Software sorgfältig zu ermitteln und in einem Pflichtenheft zu definieren** (VK Lüneburg, B. v. 12. 4. 2002 – Az.: 203-VgK-05/2002).

6564

Teil 4 § 8 VOL/A   Verdingungsordnung für Leistungen Teil A

6565   Nach einer **nicht so eng gefassten Auffassung** gibt es **bei IT-Ausschreibungen** eine Vielzahl von unterschiedlichen Geräten auf dem Markt, die in technischer Hinsicht ganz unterschiedliche Anforderungen erfüllen. Diese Anforderungen hat eine Vergabestelle im Hinblick auf die schützenswerten Rechte eines Bieters gemäß § 16 Nr. 1 VOL/A grundsätzlich vor Beginn der Ausschreibung festzulegen. Ausgehend von diesem Grundsatz hat eine **Vergabestelle ausnahmsweise die Möglichkeit, in ihren Verdingungsunterlagen Fehler und Ungenauigkeiten zu korrigieren** sowie Änderungen **und Ergänzungen mit einem geringen Umfang vorzunehmen.** Dabei hat die Vergabestelle darauf zu achten, dass die Grundlagen des Wettbewerbs und der Preisbildung nicht grundlegend verändert werden und auch alle Bewerber gleichzeitig diese Informationen erhalten (VK Münster, B. v. 25. 1. 2006 – Az.: VK 23/05).

145.9.15.2 Literatur

6566   – Bischof, Elke, Vergabe von IT-Leistungen: Das EU-weite Verhandlungsverfahren, Der IT-Rechtsberater 2005, 181
   – Bischof, Elke/Stoye, Jörg, Vergaberechtliche Neuerungen für IT/TK-Beschaffungen der öffentlichen Hand – Das ÖPP-Beschleunigungsgesetz als erste Umsetzung des EU-Richtlinienpakets, MMR 2006, 138
   – Demmel, Annette/Herten-Koch, Rut, Vergaberechtliche Probleme bei der Beschaffung von Open-Source-Software, NZBau 2004, 187
   – Heckmann, Dirk, IT-Vergabe, Open Source Software und Vergaberecht, CR 2004, 401
   – Heckmann, Dirk, IT-Beschaffung der öffentlichen Hand zwischen Haushalts- und Marktpolitik, CR 2005, 711
   – Lensdorf, Lars, Die Vergabe von öffentlichen IT- und Outsourcing-Projekten – Neue Möglichkeiten durch die Vergabe im Wege des wettbewerblichen Dialogs?, CR 2006, 138
   – Lensdorf, Lars/Steger, Udo, Auslagerung von IT-Leistungen auf Public Private Partnerships, CR 2005, 161
   – Müller Norman/Gerlach, Karsten, Open-Source-Software und Vergaberecht, CR 2005, 87

145.9.16 Hinweis auf die Bildschirmarbeitsverordnung und ihre Spezifizierung nach ISO 9241

6567   Dem öffentlichen Auftraggeber ist es zum einen **zumutbar** und unter Transparenzgesichtspunkten **auch geboten, wenigstens einen Hinweis auf die Anforderungen der Bildschirmarbeitsverordnung und ihre Spezifizierung nach ISO 9241** in die Verdingungsunterlagen mit aufzunehmen (VK Lüneburg, B. v. 12. 4. 2002 – Az.: 203-VgK-05/2002).

145.9.17 Keine Änderung des Einheitspreises bei Mehr- oder Mindermengen bis zu 10% der im Vertrag zugrunde gelegten Mengen

6568   Ein **Vergabeverstoß liegt nicht darin, dass Mehr- oder Mindermengen bis zu 10% der im Vertrag zugrunde gelegten Mengen keine Änderung des Einheitspreises zur Folge haben.** Zwar wird hiermit den Bietern innerhalb dieses Rahmens das Kalkulationsrisiko auferlegt, doch verstößt dies noch nicht gegen den Grundsatz des § 8 Nr. 1 VOL/A, wonach die Leistung eindeutig und erschöpfend zu beschreiben ist. Diese **Regelung entspricht der, die im Anwendungsbereich der VOB sogar ausdrücklich normiert wurde** (§ 2 Nr. 2 VOB/B) und die auch im Lieferbereich üblich ist. Sie ist als ausgewogen zu betrachten (VK Baden-Württemberg, B. v. 18. 6. 2003 – Az.: 1 VK 25/03).

145.9.18 Keine Mehrforderungen bei Mehr- oder Minderleistungen auch über 10%?

6569   Im Rahmen der VOB/A hat die Rechtsprechung entschieden, dass dann, wenn ein öffentlicher Auftraggeber in seinen **Verdingungsunterlagen, ohne dies optisch oder sonst wie hervorzuheben,** die Bestimmung getroffen hat, dass **Mehr- oder Minderleistungen auch über 10% nicht zu Mehrforderungen berechtigen,** dies den Bietern ein **ungewöhnliches Wagnis** aufbürdet und **dem einzubeziehenden Regelwerk der VOB/B widerspricht** (VK Düsseldorf, B. v. 24. 1. 2001 – Az.: VK-31/2000-B). Angesichts der Übertragung der 10%-

Verdingungsordnung für Leistungen Teil A § 8 VOL/A **Teil 4**

Regelung des § 2 VOB/B auf die VOL/A ist **auch die Übertragung dieser Rechtsprechung** auf die VOL/A logisch.

145.9.19 Erläuternde Hinweise der VOL/A

Die Verpflichtung, die Leistung eindeutig und erschöpfend zu beschreiben, liegt im Interesse von Auftragnehmer und Auftraggeber. Die Bestimmung soll sicherstellen, dass die Bewerber die Beschreibung im gleichen Sinne verstehen; die Auftraggeber sollen auf der Grundlage einer eindeutigen Leistungsbeschreibung in den Stand versetzt werden, die Angebote besser vergleichen zu können. 6570

145.10 Angabe aller die Preisermittlung beeinflussenden Umstände (§ 8 Nr. 1 Abs. 2)

Um eine einwandfreie Preisermittlung zu ermöglichen, sind alle sie beeinflussenden Umstände festzustellen und in den Verdingungsunterlagen anzugeben. 6571

145.10.1 Umfangreiche Prüfungen
Vgl. dazu die Kommentierung zu § 9 VOB/A RZ 4177. 6572

145.10.2 Genaue Kennzeichnung der Bestandteile des Vertrages
Vgl. dazu die Kommentierung zu § 9 VOB/A RZ 4179. 6573

145.10.3 Genaue Kennzeichnung der Kostenbestandteile des geforderten Angebotspreises
Vgl. dazu die Kommentierung zu § 9 VOB/A RZ 4181. 6574

145.10.4 Besondere Hinweise für die Ausschreibung von Lebenszeitkosten
Vgl. dazu die Kommentierung zu § 9 VOB/A RZ 4185. 6575

145.10.5 Ausnahme
Vgl. dazu die Kommentierung zu § 9 VOB/A RZ 4186. 6576

145.11 Verbot der Aufbürdung eines ungewöhnlichen Wagnisses auf den Auftragnehmer (§ 8 Nr. 1 Abs. 3)

Dem Auftragnehmer darf kein ungewöhnliches Wagnis aufgebürdet werden für Umstände und Ereignisse, auf die er keinen Einfluss hat und deren Einwirkung auf die Preise und Fristen er nicht im Voraus schätzen kann. 6577

145.11.1 Sinn und Zweck der Regelung
Vgl. dazu die Kommentierung zu § 9 VOB/A RZ 4143. 6578

145.11.2 Grundsatz
Vgl. dazu die Kommentierung zu § 9 VOB/A RZ 4144. 6579

145.11.3 Weite Auslegung zugunsten des Bieters
Vgl. dazu die Kommentierung zu § 9 VOB/A RZ 4149. 6580

145.11.4 Leistungs- und Erfüllungsrisiko
Vgl. dazu die Kommentierung zu § 9 VOB/A RZ 4150. 6581

145.11.5 Bestehen eines Auftragsbedarfes und Finanzierbarkeit

6582 Vgl. dazu die Kommentierung zu § 9 VOB/A RZ 4151.

145.11.6 Abnahme- bzw. Verwendungsrisiko

6583 Vgl. zu den **einheitlichen Grundsätzen für VOB/A- und VOL/A-Verfahren** die Kommentierung zu § 9 VOB/A RZ 4153.

6584 Es handelt sich um die **Aufbürdung eines ungewöhnlichen Wagnisses,** wenn der **Auftraggeber** z.B. eine **Qualifizierungsmaßnahme an verschiedenen Orten ausschreibt, den Bietern aber keine Möglichkeit gibt, die Teilnehmerzahlen abzuschätzen** (1. VK Bund, B. v. 8. 8. 2006 – Az.: VK 1-67/06; 2. VK Bund, B. v. 13. 7. 2005 – Az.: VK 2-69/05).

145.11.7 Absicherung eines Risikos über die Vergütung

6585 Vgl. dazu die Kommentierung zu § 9 VOB/A RZ 4159.

145.11.8 Zeitlicher Vorlauf zwischen Angebotseröffnung und Leistungsbeginn

6586 Vgl. dazu die Kommentierung zu § 9 VOB/A RZ 4160.

145.11.9 Diskrepanz zwischen verbindlichen Leistungspflichten und unsicheren Vergütungsansprüchen

6587 Eine **Diskrepanz zwischen verbindlichen Leistungspflichten einerseits und unsicheren Vergütungsansprüchen andererseits bürdet dem Auftragnehmer ein ungewöhnliches Wagnis auf.** Kann ein Bieter z.B. trotz eines hohen Fixkostenanteils nicht mit einer Preisanpassung rechnen, weil nach den allgemeinen Angaben des Auftraggebers zum Mengengerüst eine Über- oder Unterschreitung der Stückzahlen keine Auswirkungen auf die Einheitspreise haben soll und die Einheitspreise so kalkuliert sein sollen, dass sie auch bei einer Unterschreitung des Auftragsvolumens pro Jahr oder des gesamten Auftragsvolumen des Vertrages auskömmlich sind, wird eine Preisanpassung nach § 2 Nr. 3 VOL/B wegen Änderung in der Beschaffenheit der Leistung, wozu auch Änderungen des Beschaffungsbedarfs gehören können ausgeschlossen (OLG Saarbrücken, B. v. 13. 11. 2002 – Az.: 5 Verg 1/02).

6588 Sehen die Ausschreibungsbedingungen vor, dass der **Auftragnehmer uneingeschränkt leistungsbereit sein muss und die zur Erbringung der Dienstleistung erforderlichen Mittel** (räumliche und sachliche Ausstattung; Personal) **über die gesamte Vertragsdauer für die maximale Teilnehmerzahl vorzuhalten hat** und bestimmen sie auf der anderen Seite, dass **eine Vergütung nur insoweit geschuldet wird, wie Teilnehmer tatsächlich unterrichtet worden sind,** wobei eine taggenaue Abrechnung anhand der Anwesenheitslisten erfolgen soll, wird durch diese Vergütungsregelung wird – nach der Art der Vertragsgestaltung an sich vom Auftraggeber zu tragende – **Verwendungsrisiko einseitig auf den Auftragnehmer abgewälzt.** Entgegen der im Dienstleistungsvertrag angelegten Risikostruktur hat nicht mehr der Auftraggeber, sondern nunmehr der Auftragnehmer das Wagnis zu tragen, ob und gegebenenfalls in welchem Umfang die vertraglich geschuldete Leistung in Anspruch genommen werden kann (OLG Düsseldorf, B. v. 5. 10. 2001 – Az.: 28/01).

145.11.10 Zulässigkeit der Forderung einer Mischkalkulation

6589 Vgl. dazu die Kommentierung zu § 9 VOB/A RZ 4162.

145.11.11 Zulässigkeit von Umsatzrabatten

6590 Vgl. dazu die Kommentierung zu § 9 VOB/A RZ 4163.

145.11.12 Keine eindeutige Bezeichnung von Bedarfspositionen

6591 Vgl. dazu die Kommentierung zu § 9 VOB/A RZ 4098.

145.11.13 Vorhaltung von Personal

6592 Vgl. dazu die Kommentierung zu § 9 VOB/A RZ 4165.

Verdingungsordnung für Leistungen Teil A § 8 VOL/A **Teil 4**

145.11.14 Vorgabe von Standards durch den Auftraggeber

Vgl. dazu die Kommentierung zu § 9 VOB/A RZ 4169. 6593

145.11.15 Einseitige Vertragsverlängerungsoption zu Gunsten des Auftraggebers

Vertragsverlängerungsoptionen sind **im geschäftlichen Verkehr nicht ungewöhnlich und** 6594
werden auch im Vergaberecht von der Rechtsprechung generell für zulässig gehalten,
wenn sie hinsichtlich von Laufzeit und Anzahl hinreichend bestimmt sind (1.VK Bund, B. v.
20. 7. 2005 – Az.: VK 1-62/05).

Muss die **nur einmalig mögliche Verlängerung spätestens 4 Monate vor dem Ver-** 6595
tragsende schriftlich gegenüber dem Auftragnehmer erklärt werden, sind damit der Umfang und die Dauer der optionalen Leistung hinreichend bestimmt. Die 4-monatige Vorlaufzeit lässt dem Auftragnehmer auch genügend Zeit, sich entweder auf die Beendigung der vertraglichen Beziehung zum Auftraggeber oder auf die Fortsetzung der Geschäftsbeziehung einzustellen. Ebenso ist eine Preiskalkulation mit einem Vorlauf von ca. 17 Monaten im kaufmännischen Geschäftsverkehr nicht ungewöhnlich (1.VK Bund, B. v. 20. 7. 2005 – Az.: VK 1-62/05).

Eine einseitige Vertragsverlängerungsklausel zu Gunsten des Auftraggebers enthält **kein für** 6596
die Bieterunternehmen unkalkulierbares, ungewöhnliches Wagnis, wenn der Auftraggeber die Verlängerungsklausel dadurch abfedert, dass den Interessen sowohl des Auftraggebers wie auch denen der Unternehmen dadurch Rechnung getragen wird, dass der Vertrag hinsichtlich des Erlöses eine **Anknüpfung an eine objektive Preisbasis** (z.B. den jeweiligen EUWID-Preis – EUWID = Europäischer Wirtschaftsdienst Recycling und Entsorgung) vorsieht (VK Lüneburg, B. v. 26. 4. 2004 – Az.: 203-VgK-10/2004).

145.11.16 Abtretung von Mängelansprüchen

Eine **Abtretung von Mängelansprüchen macht nur dann ein umfassendes mietver-** 6597
tragliches Haftungsrisiko kalkulierbar, wenn dem Bieter alle für den Umfang der Gewährleistung und für die erfolgreiche Geltendmachung von abgeleiteten Ansprüchen gegenüber dem Hersteller erforderlichen Regelungen und Bestandteile des Werkvertrages sowie des Wartungs- und Instandhaltungsvertrages nebst allen Anlagen offen gelegt werden (VK Lüneburg, B. v. 18. 6. 2004 – Az.: 203-VgK-29/2004).

145.11.17 Ausschreibung eines Bruttovertrages mit Anreizsystem im Personenverkehr (Bonus-Malus-Regelung)

Die Ausschreibung eines **Bruttovertrages mit Anreizsystem ist vergaberechtlich unbe-** 6598
denklich. Die der Bonus-Malus-Regelung zugrunde liegenden Qualitätsstandards sind nicht willkürlich und gelten für alle am Auftrag interessierten Unternehmen gleichermaßen. Ein ungewöhnliches Wagnis (§ 8 Nr. 1 Abs. 3 VOL/A) wird niemandem aufgebürdet. Vielmehr kann der Gewinner der Ausschreibung genau das anstreben, was ihm nach Auffassung der Beschwerdegegnerin angeblich verwehrt wird: Die Verbesserung der Qualität des Schienenpersonennahverkehrs durch unternehmerische Kreativität, und zwar sowohl im eigenen als auch im Interesse der Bevölkerung (OLG Koblenz, B. v. 5. 9. 2002 – Az.: 1 Verg. 2/02).

145.11.18 Option für Terrorversicherung im Rahmen von Versicherungsleistungen

Will der Auftraggeber eine Terrorgefahr nach Möglichkeit mitversichern lassen, jedoch auch 6599
Bietern, die einen Ausschluss oder eine Einschränkung dieses Risikos bei ihrem Angebot für notwendig halten, die Teilnahme am Vergabeverfahren ermöglichen, ist eine **Ausschreibung in dieser Weise ebenso wie die Abfrage von Wahl- oder Alternativpositionen vergaberechtlich grundsätzlich zulässig, soweit sie sich in einem bestimmten Ausmaß bewegt.** In welchem Umfang solche Positionen abgefragt werden dürfen, hängt von den Umständen des Einzelfalles ab (OLG Celle, B. v. 18. 12. 2003 – Az.: 13 Verg 22/03; VK Lüneburg, B. v. 24. 11. 2003 – Az.: 203-VgK-29/2003).

Ist der Ausschreibung nicht zu entnehmen, ob die Präferenz des Auftraggebers beim Ein- 6600
schluss oder beim – preisgünstigeren – Ausschluss von Terrorschäden aus dem Versicherungsumfang liegt und sind auch die in den Verdingungsunterlagen mitgeteilten Risikoinformationen unzulänglich (fehlende Angabe der Gesamtschadensummen, fehlende Information über die An-

1223

zahl der Schadensfälle, untergliedert in verschiedene Größenordnungen der Einzelschadenssummen), ist die **Leistungsbeschreibung nicht eindeutig** (OLG Naumburg, B. v. 26. 2. 2004 – Az.: 1 Verg 17/03).

145.11.19 Gemeinsame Ausschreibung der gesamten PPK-Fraktion

6601 Schreibt ein öffentlicher Auftraggeber die gesamte – dem Vergaberecht unterfallende und nicht unterfallende PPK-Fraktion entsprechend dem vom Bundeskartellamt vorgegebenen Modalitäten aus – vgl. dazu im Einzelnen die Kommentierung zu § 99 GWB Ziffer 8.1.9.4 –, sind die damit verbundenen Risiken für das Entsorgungsunternehmen **dann zumutbar, wenn der Vertrag eine Preisanpassung bei der Minderung der Altpapiermenge im Falle einer anderweitigen Beauftragung durch die DSD AG oder einen sonstigen künftigen Systembetreiber im Sinne des § 6 VerpackV vorsieht** (VK Lüneburg, B. v. 26. 4. 2004 – Az.: 203-VgK-10/2004).

145.11.20 Vereinbarung von Vertragsstrafen

6602 Vgl. dazu die Kommentierung zu § 9 VOB/A RZ 4171.

145.11.21 vorweggenommene Zustimmung zur Verlängerung der Bindefrist für den Fall eines Nachprüfungsverfahrens zum Zeitpunkt der Angebotsabgabe

6603 Vgl. dazu die Kommentierung zu § 9 VOB/A RZ 4172.

145.11.22 Weitere Beispiele aus der Rechtsprechung

6604 – schreibt der Auftraggeber das **Leeren von anschlusslosen Kleinkläranlagen und Sickergruben sowie den Transport der Klärschlämme und Abwässer in die örtlichen Kläranlagen** aus, verstößt dies nicht gegen § 8 VOL/A. Dass heute der Anfall an Klärschlamm und Abwasser in den kommenden Jahren nicht eindeutig, sondern **nur näherungsweise aus den Daten der Vergangenheit bestimmt werden kann, dürfte klar sein.** Dass es bei der **Entsorgung eines Gebietes Schwankungen geben kann, die etwa durch die Bevölkerungsentwicklung** oder den fortschreitenden Anschluss von Häusern an die Entsorgungsnetze oder ähnliche Umstände beeinflusst werden, ist **unbestreitbar**. Auch der Umstand, dass zu einem verabredeten Termin für die Grubenentleerung der Grundstückseigentümer nicht da ist, ist nicht weltfremd. Diese Risiken eines Entsorgungsauftrages können aber auch vom Auftraggeber nicht besser eingeschätzt und bewertet werden. Sie sind diesem Geschäft immanent. **Solche Risiken sind von einem erfahrenen Unternehmen jedoch bewertbar und erfahrungsgemäß eher gering** (2. VK Brandenburg, B. v. 8. 12. 2005 – Az.: 2 VK 72/05)

– für einen **öffentlichen Auftraggeber ist es im Rahmen der Ausschreibung für den Briefversand nicht leistbar, für jeden potentiellen Bieter so aufbereitete Aufkommenszahlen zu ermitteln, dass er genau erkennen kann, wie viele Sendungen in sein Verbreitungsgebiet fallen und wie viele Sendungen er bei der DPAG aufgeben muss.** Der Auftraggeber kann nicht alle unterschiedlichen Verbreitungsgebiete kennen und deren Aufkommen angeben. Wenn der Auftraggeber auf der Grundlage einer 12-monatigen Erhebung den Bietern mitgeteilt hat, welches Aufkommen innerhalb und außerhalb des Bezirkes zu befördern ist, so erscheint diese Grundlage ausreichend (VK Düsseldorf, B. v. 14. 6. 2005 – Az.: VK-04/2005-L).

145.11.23 Literatur

6605 Vgl. dazu die Kommentierung zu § 9 VOB/A RZ 4175.

145.12 Arten der Leistungsbeschreibung (§ 8 Nr. 2)

145.12.1 Funktionale Leistungsbeschreibung

145.12.1.1 Grundsatz

6606 Bei dieser Form der Leistungsbeschreibung **gibt die Vergabestelle durch Umschreibung der Funktion, des Zwecks und weiterer Rahmenanforderungen ein Ziel vor, lässt**

Verdingungsordnung für Leistungen Teil A § 8 VOL/A **Teil 4**

aber den Weg im Wesentlichen offen. Dadurch soll erreicht werden, dass die Bieter bei der Ermittlung der technisch, wirtschaftlich und gestalterisch besten und funktionsgerechtesten Lösung mitwirken (1. VK Bund, B. v. 13. 4. 2004 – Az.: VK 1-35/04, B. v. 1. 4. 2004 – Az.: VK 1-11/04, B. v. 14. 1. 2003 – Az.: VK 1-97/02). Jedoch unterliegt auch die funktionale Leistungsbeschreibung der Anforderung, den **Beschaffungsbedarf des Auftraggebers optimal und mit größtmöglicher Bestimmtheit zum Ausdruck zu bringen** (OLG Naumburg, B. v. 16. 9. 2002 – Az.: 1 Verg 02/02).

Mit der Zulassung von funktionalen Leistungsbeschreibungen in § 8 Nr. 2 Abs. 1a) VOL/A wird **praktischen Bedürfnissen im Vergabewesen Rechnung** getragen. Bei immer komplexer werdenden Beschaffungsvorgängen ist es dem **Auftraggeber mangels ausreichender Marktkenntnis oftmals nicht möglich, den Leistungsgegenstand nach Art, Beschaffenheit und Umfang hinreichend zu beschreiben.** In solchen Fällen kann der Auftraggeber den Zweck und die Funktion des Beschaffungsvorgangs beschreiben und hinsichtlich der Umsetzung auf die technische Vielfalt der Anbieter vertrauen. Damit werden auch **traditionelle Beschaffungsvorgänge modernen Entwicklungen angepasst** (VK Baden-Württemberg, B. v. 16. 8. 2005 – Az.: 1 VK 48/05). 6607

Der Auftraggeber **kann hierdurch unternehmerisches „Know-how" abschöpfen** (OLG Naumburg, B. v. 16. 9. 2002 – Az.: 1 Verg 02/02; 1. VK Bund, B. v. 7. 4. 2004 – Az.: VK 1-15/04, B. v. 1. 4. 2004 – Az.: VK 1-11/04). 6608

Der Auftraggeber kann auch – typisch für die funktionale Leistungsbeschreibung – **Risiken auf den Bieter verlagern** (OLG Düsseldorf, B. v. 14. 2. 2001 – Az.: Verg 14/00; OLG Celle, Urteil vom 29. 12. 2000 – Az.: 7 U 249/96; OLG Düsseldorf, B. v. 5. 10. 2000 – Az.: Verg 14/00). Die Ausschreibungstechnik der funktionalen Leistungsbeschreibung ist verbreitet und in Fachkreisen allgemein bekannt. Ein **sachkundiger Auftragnehmer kann sich deshalb nicht darauf berufen,** die damit verbundene Risikoverlagerung habe er nicht erkennen können oder nicht zu erkennen brauchen (Bundesgerichtshof, Urteil vom 27. 6. 1996 – Az.: VII ZR 59/95). 6609

145.12.1.2 Formen der Leistungsbeschreibung mit Leistungsprogramm

145.12.1.2.1 Detailliertes Leistungsprogramm. Eine Ausschreibung kann auch als funktionale Ausschreibung **nach einem sehr detaillierten, Elemente eines Leistungsverzeichnisses aufnehmenden Leistungsprogramm** erfolgen (Saarländisches OLG, B. v. 29. 5. 2002 – Az.: 5 Verg 1/01). 6610

Ein solch detailliertes Leistungsprogramm kann auch ein **Leistungsverzeichnis mit aufgegliederten Einzelpositionen, versehen mit Vordersatz und Einheitspreis in Form von Preistabellen** beinhalten (VK Lüneburg, B. v. 24. 7. 2000 – Az.: 203-VgK-08/2000) 6611

145.12.1.2.2 Verbindung eines Leistungsprogramms und eines Leistungsverzeichnisses. Der Auftraggeber hat auch die Möglichkeit, eine **Leistungsbeschreibung mit Leistungsprogramm mit einer Leistungsbeschreibung mit Leistungsverzeichnis** z.B. abschnittsweise **zu kombinieren** (VK Thüringen, B. v. 12. 11. 2001 – Az.: 216-4002.20-053/01-G-S, B. v. 15. 11. 2000 – Az.: 216-4002.20-041/00-G-S, B. v. 12. 10. 2000 – Az.: 216-4002.20-091/00-SLF). 6612

145.12.1.2.3 Verbindung eines Leistungsprogramms und eines Bemusterungstermins. Verbinden die Ausschreibungsbedingungen eine für unterschiedliche technische Lösungsvarianten **offene Leistungsbeschreibung mit der Ankündigung eines obligatorischen Bemusterungstermins,** in dem die angebotene Leistung vorgestellt und erläutert werden soll, so kann der **Angebotsinhalt jedenfalls nach Abschluss der Bemusterung grundsätzlich nicht mehr geändert werden** (OLG Dresden, B.v. 9. 1. 2004 – Az.: WVerg 16/03). 6613

145.12.1.3 Anforderungen an die Transparenz des Verfahrens
Vgl. dazu die Kommentierung zu § 9 VOB/A RZ 4265. 6614

145.12.1.4 Anforderungen an die Bestimmtheit des Verfahrens
Vgl. dazu die Kommentierung zu § 9 VOB/A RZ 4266. 6615

145.12.1.5 Anforderungen an den Inhalt der Leistungsbeschreibung
Entscheidend für die Frage der Vollständigkeit ist, dass der Bieter mit seinem Angebot die ausgeschriebene Funktionalität erfüllt (VK Nordbayern, B. v. 26. 1. 2004 – 6616

1225

Teil 4 § 8 VOL/A   Verdingungsordnung für Leistungen Teil A

Az.: 320.VK-3194-47/03; 1. VK Bund, B. v. 7. 4. 2004 – Az.: VK 1-15/04). Macht der Auftraggeber ergänzend zum Leistungsprogramm detaillierte Vorgaben, **muss sich aus den Ausschreibungsunterlagen ergeben, ob diese Vorgaben zwingend sind bzw. einen Mindeststandard vorgeben sollen.** Es muss also feststehen, inwiefern die Detailvorgaben das vom Bieter mit seinem Angebot zu erfüllende Leistungssoll abschließend definieren sollen. **Zentrales Problem** der funktionalen Ausschreibung ist weiter regelmäßig die **konkrete Feststellung, welche Planungsleistungen von dem Bieter tatsächlich erwartet werden.** Einerseits muss der **Bauherr das Anforderungsprofil genau festlegen,** andernfalls es an einer Vergleichbarkeit der Angebote fehlt. Der Auftraggeber hat die Pflicht, eine Leistung so eindeutig und so erschöpfend wie möglich zu beschreiben, damit alle Bewerber die Beschreibung im gleichen Sinne verstehen können, ansonsten die Gefahr des Eingehens nicht vergleichbarer Angebote besteht (OLG Düsseldorf, B. v. 5. 10. 2000 – Az.: Verg 14/00). Andererseits **müssen das Leistungsprogramm, die Planungsunterlagen und die Beschreibungen dem Bieter einen gewissen Gestaltungsfreiraum belassen, ansonsten die funktionelle Ausschreibung unzulässig ist** (Brandenburgisches OLG, B. v. 19. 9. 2003 – Az.: Verg W 4/03).

6617   Aber selbst wenn das Angebot die ausgeschriebene Funktionalität nicht gänzlich erfüllt, muss es nicht grundsätzlich ausgeschlossen werden. In solchen Fällen ist zunächst zu klären, ob es mit einer **technischen Änderung geringen Umfangs nachgebessert** werden kann. Solche Verhandlungen sind nach § 24 Nr. 2 Abs. 2 VOL/A bei Angeboten aufgrund eines Leistungsprogramms **statthaft** (VK Nordbayern, B. v. 26. 1. 2004 – Az.: 320.VK-3194-47/03).

145.12.1.6 Notwendigkeit der Vollständigkeit eines Angebotes

6618   Ein Angebot – auch bei funktionaler Ausschreibung und im Verhandlungsverfahren – **muss prinzipiell vollständig sein.** Ein Angebot, das wesentliche Lücken enthält, kann nicht bewertet und deshalb auch nicht gewertet werden; es ist auszuschließen (1. VK der Freien Hansestadt Bremen, B. v. 11. 11. 2002 – Az.: VK 04/02).

145.12.1.7 Anforderungen an die Unklarheit einer Leistungsbeschreibung mit Leistungsprogramm

6619   Vgl. dazu die Kommentierung zu § 9 VOB/A RZ 4291.

145.12.1.8 Funktionale Leistungsbeschreibung bei der Ausschreibung von Pionierprojekten

6620   Vgl. dazu die Kommentierung zu § 9 VOB/A RZ 4292.

145.12.1.9 Beurteilungsspielraum bei der Wertung

6621   Vgl. dazu die Kommentierung zu § 9 VOB/A RZ 4293.

145.12.1.10 Funktionale Leistungsbeschreibung im Abfallbereich

6622   145.12.1.10.1 Grundsatz. Gerade **bei der Dienstleistung der Abfallbeseitigung** ist es gerechtfertigt, die **Leistungsbeschreibung so zu konzipieren, dass den Bietern ein eigenverantwortlicher Spielraum** für die inhaltliche Gestaltung bzgl. der Ausführung der Leistung **belassen wird.** Derartige Leistungen bieten erhebliche Möglichkeiten, Organisation, Betriebsabläufe, Personal- und Fahrzeugeinsatz etc. auch unter Berücksichtigung feststehender Eckpunkte (z.B. Beschränkung der Fahrzeiten, Öffnungszeiten von Deponien oder anderer Entsorgungsanlagen, örtliche oder sonstige gesetzliche Einschränkungen) unterschiedlich zu gestalten. Ein (öffentlicher) Auftraggeber wird es daher **sinnvollerweise in aller Regel dem fachkundigen Auftragnehmer überlassen,** wie er die ordnungsgemäße Durchführung des Auftrags bewältigt. Daraus folgt logischerweise, dass der Auftraggeber die **Leistung nicht umfassend und in allen Details vorgeben und beschreiben wird, sondern sich auf die Angabe der aus seiner Sicht wichtigen Ziele beschränkt** (VK Hessen, B. v. 2. 1. 2003 – Az.: 69 d VK-53/2002, B. v. 2. 1. 2003 – Az.: 69 d VK-54/2002, B. v. 2. 1. 2003 – Az.: 69 d VK-55/2002, B. v. 2. 1. 2003 – Az.: 69 d-VK-57/2002).

6623   145.12.1.10.2 Anforderungen an den Inhalt der funktionalen Leistungsbeschreibung. Anzumerken ist hierzu, dass **auch eine funktionale Leistungsbeschreibung für Leistungen der Abfallbeseitigung nicht ohne ein Mindestmaß an Angaben und Daten auskommt.** Es ist zu fordern, dass der Auftraggeber „nur", aber insoweit auch zwingend den Bewerbern **alle die Angaben und Daten an die Hand geben muss, die für eine sachgerechte Kalkulation**

Verdingungsordnung für Leistungen Teil A § 8 VOL/A **Teil 4**

einerseits und für eine Vergleichbarkeit und Wertbarkeit der Angebote andererseits erforderlich sind. Dies erfordert allerdings auch, dass die Bieter ihr „Konzept" nachprüfbar plausibel darstellen. Diese im Grundsatz zulässige Vorgehensweise bedingt selbstverständlich auch, dass die Angebote unter Umständen erhebliche Preisdifferenzen aufweisen können. Logische Konsequenz einer Ausschreibung mit funktionalen Elementen ist allerdings auch, dass es für eine ordnungsgemäße Wertung nicht allein auf den (niedrigsten) Preis ankommen kann, sondern zusätzliche Wertungskriterien erforderlich sind, die eine sachgerechte Bewertung der unterschiedlichen angebotenen Lösungen ermöglichen und dass die Nachvollziehbarkeit der Wertungsentscheidung möglich ist (VK Hessen, B.v. 2. 1. 2003 – Az.: 69d VK-53/2002, B.v. 2. 1. 2003 – Az.: 69d VK-54/ 2002, B.v. 2. 1. 2003 – Az.: 69d VK-55/2002, B.v. 2. 1. 2003 – Az.: 69d VK-57/2002).

145.12.1.11 Funktionale Leistungsbeschreibung im EDV-Bereich

Bei **immer komplexer werdenden Beschaffungsvorgängen, insbesondere im EDV-Bereich,** ist es dem Auftraggeber mangels ausreichender Marktkenntnis oftmals nicht möglich, den Leistungsgegenstand nach Art, Beschaffenheit und Umfang hinreichend zu beschreiben. In solchen Fällen kann der Auftraggeber den Zweck und die Funktion des Beschaffungsvorgangs beschreiben und hinsichtlich der Umsetzung auf die technische Vielfalt der Anbieter vertrauen (VK Baden-Württemberg, B. v. 17. 3. 2004 – Az.: 1 VK 12/04). 6624

145.12.1.12 Funktionale Leistungsbeschreibung im Unterrichtsbereich

Funktionale Leistungsbeschreibungen sind nicht nur dort zulässig, wo ein bestimmter Erfolg geschuldet ist, sondern auch im Dienstleistungsbereich. In dem Rahmen der nachgefragten Leistungen z. B. im Unterrichtsbereich kann den Bietern durch die Funktionalität der Leistungsbeschreibung ein kreativer Spielraum eingeräumt werden, der nicht hinter dem (vorrangigen) Wettbewerb und dem Gedanken der Vergleichbarkeit der angebotenen Leistungen zurückzutreten hat, weil die Bieter sich bewährter Leistungsmittel bedienen können. Infolgedessen ist auch die Vergleichbarkeit der Leistungen gewahrt (OLG Düsseldorf, B. v. 30. 11. 2005 – Az.: VII-Verg 65/05; B. v. 23. 11. 2005 – Az.: VII-Verg 66/05). 6625

145.12.1.13 Weitere Beispiele aus der Rechtsprechung

– Ausschreibung einer **nationalen Stützungsstruktur für die EG-Gemeinschaftsinitiative EQUAL** (OLG Düsseldorf, B. v. 5. 10. 2000 – Az.: Verg 14/00)
– **Einrichtung von „Voice over IP"** (OLG Naumburg, B. v. 2. 4. 2001 – Az.: 1 Verg 4/01)
– **Konzeption und Durchführung von Maßnahmen zur Eignungsfeststellung und Trainingsmaßnahmen** gemäß § 48 SGB III (1. VK Bund, B. v. 13. 4. 2004 – Az.: VK 1-35/04)
– **Lieferung, Installation und Konfiguration von Anlagen für die Überwachung der Telekommunikation** (1. VK Bund, B. v. 14. 1. 2003 – Az.: VK 1-97/02)
– **Sammlung und Beförderung von Abfällen pp.** (VK Lüneburg, B. v. 24. 7. 2000 – Az.: 203-VgK-08/2000)

6626

145.12.1.14 Erläuternde Hinweise der VOL/A

Einfache marktgängige, vor allem standardisierte Waren können durch verkehrsübliche Bezeichnungen nach Art, Beschaffenheit und Umfang beschrieben werden. 6627

Als weitere gleichrangige Formen der Leistungsbeschreibung stehen sowohl die „funktionale" (Buchstabe a) als auch die „konstruktive" (Buchstabe b) Leistungsbeschreibung zur Verfügung. 6628

Dabei ist eine Kombination der Beschreibungsarten möglich. Konstruktive Leistungsbeschreibungen können z. B. funktionale Elemente enthalten und umgekehrt. 6629

Die sog. funktionale Leistungsbeschreibung erlaubt es den Bewerbern, zur Bedarfsdeckung geeignete Leistungen in ihrer Vielfalt unter Einschluss technischer Neuerungen anzubieten. 6630

Bei der sog. konstruktiven Leistungsbeschreibung ist der durch die Leistungsbeschreibung vorgegebene Rahmen eingeengt, ohne dass dadurch der Wettbewerb ausgeschlossen wird. Die sog. konstruktive Leistungsbeschreibung erleichtert allerdings wegen der genaueren Leistungsbeschreibung den Vergleich der Angebote. 6631

145.13 Positionsarten einer Leistungsbeschreibung

In einer Leistungsbeschreibung können mehrere Positionsarten verwendet werden. 6632

Teil 4 § 8 VOL/A

145.13.1 Übertragbarkeit der Rechtsprechung zur VOB/A

6633　Die VOL/A macht zu den Positionsarten – im Gegensatz zur VOB/A – keine Aussagen. Die wesentlichen Grundsätze der Rechtsprechung zur VOB/A können **wegen der gleichen Interessenlage und der lückenhaften Regelung auf die VOL/A übertragen** werden (im Ergebnis wohl ebenso OLG Celle, B. v. 18. 12. 2003 – Az.: 13 Verg 22/03).

6634　Anderer Auffassung ist die VK Düsseldorf für Bedarfspositionen (Optionen). Da der **Bereich der VOL Beschaffungen erfasst, die abschließend planbar sind**, ist hier die **Ausschreibung von Optionen nicht zulässig**. Es besteht auch keine Regelungslücke, die Anlass sein könnte für eine analoge Anwendung der VOB. Mit der Aufnahme von Optionen in eine Leistungsbeschreibung nach VOL/A verstößt die ausschreibende Stelle gegen die – bieterschützende – Pflicht zur Erstellung eines eindeutigen Leistungsverzeichnisses (VK Düsseldorf, B. v. 25. 7. 2000 – Az.: VK-14/2000-L).

145.13.2 Normalpositionen

6635　Sie sind in der VOL/A nicht ausdrücklich geregelt. Mit „Normalpositionen" sind **alle Teilleistungen zu beschreiben, die ausgeführt werden sollen.** Sie werden nicht besonders gekennzeichnet.

145.13.3 Grundpositionen

6636　„Grundpositionen" beschreiben Teilleistungen, die durch „Wahlpositionen" ersetzt werden können. Grund- und Wahlpositionen werden als solche gekennzeichnet; der jeweiligen OZ können z. B. ein „G" bzw. „W" beigefügt werden.

145.13.4 Bedarfspositionen/Eventualpositionen/Optionen

6637　Bedarfspositionen (Eventualpositionen) dürfen nur ausnahmsweise in die Leistungsbeschreibung aufgenommen werden.

145.13.4.1 Allgemeines

6638　Vgl. dazu die Kommentierung zu § 9 VOB/A RZ 4112.

145.13.4.2 Bezeichnung als „nEP-Position"

6639　Es ist verbreitet, mit der Abkürzung „nEP" Eventualpositionen zu bezeichnen (BGH, Urteil vom 23. 1. 2003 – Az.: VII ZR 10/01).

145.13.4.3 Zulässigkeit in einer Leistungsbeschreibung

6640　Vgl. dazu die Kommentierung zu § 9 VOB/A RZ 4116.

145.13.4.4 Wartung als Bedarfsposition

6641　Vgl. dazu die Kommentierung zu § 9 VOB/A RZ 4120.

145.13.4.5 Keine eindeutige Bezeichnung von Bedarfspositionen

6642　Vgl. dazu die Kommentierung zu § 9 VOB/A RZ 4098.

145.13.4.6 Beauftragung einer Bedarfspositionen

6643　Vgl. dazu die Kommentierung zu § 9 VOB/A RZ 4122.

145.13.5 Angehängte Stundenlohnarbeiten

6644　Sie sind – im Gegensatz zur VOB/A – in der VOL/A nicht ausdrücklich geregelt. Fallen sie voraussichtlich an, sollen sie – in Analogie zur VOB/A – nur in dem unbedingt erforderlichen Umfang in die Leistungsbeschreibung aufgenommen werden.

145.13.6 Wahlpositionen/Alternativpositionen

6645　Sie sind weder in der VOB/A noch in der VOL/A ausdrücklich geregelt.

Verdingungsordnung für Leistungen Teil A § 8 VOL/A **Teil 4**

145.13.6.1 Begriff
Vgl. dazu die Kommentierung zu § 9 VOB/A RZ 4130. 6646

145.13.6.2 Zulässigkeit in einer Leistungsbeschreibung
Vgl. dazu die Kommentierung zu § 9 VOB/A RZ 4132. 6647

145.13.6.3 Formale Anforderungen im Leistungsverzeichnis
Vgl. dazu die Kommentierung zu § 9 VOB/A RZ 4137. 6648

145.13.6.4 Bekanntgabe der Kriterien, die für die Inanspruchnahme der ausgeschriebenen Wahlpositionen maßgebend sein sollen
Vgl. dazu die Kommentierung zu § 9 VOB/A RZ 4138. 6649

145.14 Nennung von Bezeichnungen für bestimmte Erzeugnisse oder Verfahren (§ 8 Nr. 3)

Bestimmte Erzeugnisse oder Verfahren sowie bestimmte Ursprungsorte und Bezugsquellen 6650
dürfen nur dann ausdrücklich vorgeschrieben werden, wenn dies durch die Art der geforderten Leistung gerechtfertigt ist (Nr. 3 Abs. 3). Bezeichnungen für bestimmte Erzeugnisse oder Verfahren (z. B. Markennamen) dürfen ausnahmsweise, jedoch nur mit dem Zusatz „oder gleichwertiger Art", verwendet werden, wenn eine Beschreibung durch hinreichend genaue, allgemeinverständliche Bezeichnungen nicht möglich ist (Nr. 3 Abs. 5).

145.14.1 Sinn und Zweck der Regelung

Leitfabrikate dürfen gemäß § 8 Nr. 3 VOL/A **nur ausnahmsweise verwendet werden,** 6651
wenn eine Beschreibung durch hinreichend genaue, allgemein verständliche Bezeichnungen nicht möglich ist. Grund für diese Einschränkung ist, dass man im Allgemeinen davon ausgehen muss, dass es **Sache der Bieter** ist, **aufgrund ihrer Sach- und Fachkunde die für die Ausführung der Leistung notwendigen Erzeugnisse oder Verfahren auszuwählen.** Dies ergibt sich daraus, dass sie insoweit die Leistung unter eigener Verantwortung eigenständig und selbstständig auszuführen haben (§ 4 VOL/B). Außerdem **schließt der Auftraggeber** – oft zum eigenen Nachteil – **den technischen und kaufmännischen Wettbewerb** aus, wenn er bestimmte Erzeugnisse oder Verfahren vorschreibt, da die unnötige Nennung eines Richtfabrikates die potenziellen Bewerber in Richtung dieses Richtfabrikates lenkt und somit den Wettbewerb negativ beeinflusst (BayObLG, B. v. 15. 9. 2004 – Az.: Verg 026/03; 2. VK Bund, B. v. 9. 8. 2006 – Az.: VK 2-77/06; VK Berlin, B. v. 15. 2. 2006 – Az.: VK-B 1-63/05; VK Südbayern, B. v. 28. 4. 2005 – Az.: 13-03/05; B. v. 19. 10. 2004, Az.: 120.3-3194.1-60-08/04; VK Lüneburg, B. v. 12. 5. 2005 – Az.: VgK-15/2005; B. v. 29. 1. 2004 – Az.: 203-VgK-40/2003; VK Halle, B. v. 21. 12. 2000 – Az.: VK Hal 22/00). Zweck der auf Art. 8 Abs. 6 der Lieferkoordinierungsrichtlinie beruhenden Bestimmungen des § 8 VOL/A ist es also auch, den **Marktzugang für die Bieter offen zu halten** und vor Beschränkungen des Wettbewerbs durch zu enge, auf bestimmte Produkte oder Bieter zugeschnittene Leistungsbeschreibungen zu schützen (VK Berlin, B. v. 15.02.206 – Az.: VK-B 1-63/05; VK Südbayern, B. v. 19. 10. 2004, Az.: 120.3-3194.1-60-08/04; 1. VK Sachsen, B. v. 7. 2. 2003 – Az.: 1/SVK/007-03). Eine zusätzliche negative Begleiterscheinung der Nennung eines Richtfabrikates ist ebenfalls, dass es **potenziellen Bewerbern nur sehr schwer möglich** ist, die **Gleichwertigkeit** eines anderen Produktes oder Systems **gegenüber dem Richtfabrikat nachzuweisen** (VK Halle, B. v. 21. 12. 2000 – Az.: VK Hal 22/00).

Aus dem Wortlaut folgt, dass eine Ausschreibung für bestimmte Produkte jedenfalls die Aus- 6652
nahme zu sein hat; **§ 8 Nr. 3 VOL/A ist eng auszulegen** (BayObLG, B. v. 15. 9. 2004 – Az.: Verg 026/03; VK Berlin, B. v. 15.02.206 – Az.: VK-B 1-63/05; VK Lüneburg, B. v. 12. 5. 2005 – Az.: VgK-15/2005).

Auf der anderen Seite **kann die VOL ein legitimes Interesse des Auftraggebers, ein** 6653
bestimmtes Produkt zu verwenden oder eine bestimmte Art der Ausführung zu erhalten, nicht einschränken (OLG Frankfurt, B. v. 28. 10. 2003 – Az.: 11 Verg 9/03; Saarländisches OLG, B. v. 29. 10. 2003 – Az.: 1 Verg 2/03; 2. VK Bund, B. v. 9. 8. 2006 – Az.: VK 2-77/06; VK Lüneburg, B. v. 12. 5. 2005 – Az.: VgK-15/2005). Gründe für die Vorgabe eines

bestimmten Fabrikats können insbesondere in technischen Zwängen liegen, gestalterischen Gründen folgen oder der Zweckmäßigkeit einer einheitlichen Wartung dienen (OLG Frankfurt, B. v. 28. 10. 2003 – Az.: 11 Verg 9/03; 2. VK Bund, B. v. 9. 8. 2006 – Az.: VK 2-77/06; VK Südbayern, B. v. 19. 10. 2004, Az.: 120.3-3194.1-60-08/04; VK Lüneburg, B. v. 12. 5. 2005 – Az.: VgK-15/2005; B. v. 29. 1. 2004 – Az.: 203-VgK-40/2003). Auch die Erweiterung eines Gebäudes kann ein tragfähiger Grund sein (VK Südbayern, B. v. 28. 4. 2005 – Az.: 13-03/05). Hat ein Auftraggeber bei der Abfassung der Verdingungsunterlagen aufgrund eigener Vorstellungen oder aufgrund einer Beratung durch einen Sachverständigen ein konkretes Leitfabrikat im Auge, genügt es nicht, die technischen Spezifikationen dieser Leistung in allen Einzelheiten in das Leistungsverzeichnis zu übernehmen, weil andere Produkte diese technischen Spezifikationen nicht in Gänze erfüllen könnten. Angebote unter Verwendung anderer Fabrikate könnten dann nur als Nebenangebote gewertet werden, die aber nicht in allen Punkten gleichwertig wären. Eine derartige Ausschreibungspraxis würde sowohl gegen § 8 Nr. 3 VOL/A als auch gegen den Wettbewerbsgrundsatz und das Diskriminierungsverbot verstoßen (VK Lüneburg, B. v. 30. 10. 2003 – Az.: 203-VgK-21/2003).

6654   Die Vorschriften der Verdingungsordnungen schränken die in der Leistungsbeschreibung vorgenommene Festlegung auf ein bestimmtes Produkt oder eine bestimmte Leistung lediglich dahin ein, dass es **dafür einer sachlichen Rechtfertigung durch die Art der zu vergebenden Leistung bedarf.** Zu einer sachlichen Rechtfertigung bedarf es **objektiver, in der Sache selbst liegender Gründe,** die sich zum Beispiel aus der besonderen Aufgabenstellung des Auftraggebers, aus technischen oder gestalterischen Anforderungen oder auch aus der Nutzung der Sache ergeben können. Allerdings genügt, dass sich die Forderung besonderer Leistungsmerkmale, bezogen auf die Art der zu vergebenden Leistung, „rechtfertigen" lässt, mithin sachlich vertretbar ist, womit dem Umstand Rechnung zu tragen ist, dass in die (auch) kaufmännische Entscheidung des Auftraggebers, welche Leistung mit welchen Merkmalen beschafft werden soll, regelmäßig eine Vielzahl von Gesichtspunkten einfließt, die sich etwa daraus ergeben können, dass sich die auf dem Markt angebotenen Leistungen trotz grundsätzlicher Gleichartigkeit regelmäßig in einer Reihe von Eigenschaften voneinander unterscheiden (VK Südbayern, B. v. 19. 10. 2004, Az.: 120.3-3194.1-60-08/04). Eine **Differenzierung nach solchen Kriterien, soweit sie auf die Art der zu vergebenden Leistung bezogen sind, kann dem Auftraggeber nicht verwehrt werden.** Nach welchen sachbezogenen Kriterien die Beschaffungsentscheidung auszurichten ist, ist ihm (auch in einem Nachprüfungsverfahren) nicht vorzuschreiben. Dem Auftraggeber steht hierbei ein – **letztlich in der Privatautonomie wurzelndes – Beurteilungsermessen** zu, dessen Ausübung im Ergebnis nur darauf kontrolliert werden kann, ob seine Entscheidung sachlich vertretbar ist (OLG Düsseldorf, B. v. 14. 4. 2005 – Az.: VII-Verg 93/04).

145.14.2 Inhaltliche Konsequenzen aus der Verwendung von Leitfabrikaten

6655   Werden die **Anforderungen an die Leistung** nicht nur durch die ausdrückliche Angabe von Anforderungen im Leistungsverzeichnis, sondern **erkennbar auch durch nicht genannte Eigenschaften von Leitfabrikaten beschrieben, sind alle Eigenschaften der Leitfabrikate, die Bezug zu Gebrauchstauglichkeit, Sicherheit und Gesundheit haben, zwingende Anforderungen an die Leistung.** Ist dies nicht gewollt, muss der Auftraggeber verdeutlichen, welche Eigenschaften des Leitfabrikats zwingend und welche entbehrlich sind. Bereits **geringfügige Unterschreitungen der durch die Vorgabe des Leitfabrikats geschaffenen Anforderungen bedeuten, dass die betreffende Anforderung nicht im gleichen Maße erfüllt wird** und das Fabrikat hinsichtlich dieser Anforderung nicht den gleichen Wert besitzt (VK Thüringen, B. v. 1. 3. 2002 – Az.: 216-4002.20-004/02-EF-S). Dies kann auch nicht durch eine höhere Wertigkeit bei einer anderen Anforderung ausgeglichen werden (VK Münster, B. v. 15. 1. 2003 – Az.: VK 22/02).

145.14.3 Praxis der Leistungsbeschreibungen

6656   Eine Vorgabe von Leitfabrikaten ist ausnahmsweise nur dann zulässig, wenn eine Beschreibung durch hinreichend genaue, allgemein verständliche Vorschriften nicht möglich ist. Dies müsste eigentlich in den seltensten Fällen einschlägig sein. Diese Einschränkung der Vorschrift wird jedoch nach Kenntnis der VK nicht immer wahrgenommen: Es **entspricht vielfältiger Praxis, dass sich Vergabestellen, ob mit oder ohne Unterstützung durch Sachverständige, bereits vor der Ausschreibung für ein bestimmtes Produkt oder System** entscheiden. Die technischen Spezifikationen werden sodann – mehr oder weniger kleinteilig – in der Leistungsverzeichnis übernommen (1. VK Sachsen, B. v. 13. 9. 2002 – Az.: 1/SVK/080-02).

145.14.4 Zwingende Verwendung des Zusatzes „oder gleichwertiger Art"

Voraussetzung für die ausnahmsweise Zulässigkeit oder Verwendung von Hersteller- und/oder Markennamen ist, dass diese mit dem **Zusatz „oder gleichwertiger Art" verwendet** werden (VK Lüneburg, B. v. 30. 10. 2003 – Az.: 203-VgK-21/2003). 6657

145.14.5 Ausnahmen vom Gebot der produktneutralen Ausschreibung und der Verwendung des Zusatzes „oder gleichwertiger Art"

Die **Rechtsprechung** hierzu ist **nicht einheitlich**. 6658

Nach Auffassung der 1. VK Sachsen ist dann, wenn ein Markenname zulässigerweise verwendet wird, jedoch der Zusatz „oder gleichwertiger Art" fehlt, das **Leistungsverzeichnis fehlerhaft**. Nach Wortlaut und Sinn des § 8 Nr. 3 VOL/A ist der Zusatz unbedingt zu verwenden. **Ausnahmen sind nicht möglich** (1. VK Sachsen, B. v. 7. 2. 2003 – Az.: 1/SVK/007-03). 6659

Ähnlich argumentiert die VK Düsseldorf für den **Fall der ausschließlichen dauerhaften Bindung des Auftraggebers an ein bestimmtes Produkt durch eine Systementscheidung.** Dies führt zu einem **wettbewerbswidrigen Hoflieferantentum** mit einer entsprechenden Abhängigkeit der Vergabestelle, dem das Vergaberecht gerade entgegenwirken soll (VK Düsseldorf, B. v. 23. 1. 2001 – Az.: VK-1/2001-B). 6660

Andere Vergabekammern und Oberlandesgerichte lassen jedoch Ausnahmen zu. 6661

145.14.5.1 Objektive Kriterien
Vgl. dazu die Kommentierung zu § 9 VOB/A RZ 4206. 6662

145.14.5.2 Sachliche Vertretbarkeit
Vgl. dazu die Kommentierung zu § 9 VOB/A RZ 4207. 6663

145.14.5.3 Aufwand in Bezug auf Ersatzteilhaltung, Mitarbeiterschulung und Wartungsarbeiten
Vgl. dazu die Kommentierung zu § 9 VOB/A RZ 4209. 6664

145.14.5.4 Schnittstellenrisiko
Die **Rechtsprechung** ist insoweit **nicht einheitlich**. 6665

Ein öffentlicher Auftraggeber muss sich nach einer Auffassung nicht darauf verweisen lassen, dass ein Bieter anbietet, durch Installation einer produktneutralen Schnittstelle die Kompatibilität – etwa im Mess-, Steuer- und Regeltechnikbereich bzw. Elektronikbereich – erst herzustellen. Allein die **Notwendigkeit einer zusätzlichen Anbindung begründet ein Risiko, welches der Auftraggeber unter Berücksichtigung seiner legitimen Risiken nicht übernehmen muss** (OLG Frankfurt, B. v. 28. 10. 2003 – Az.: 11 Verg 9/03; 2. VK Bund, B. v. 9. 8. 2006 – Az.: VK 2-77/06; 1. VK Sachsen, B. v. 23. 1. 2004 – Az.: 1/SVK/160-03). 6666

Jedoch **berechtigt nicht jegliche nie völlig auszuschließende Gefahr von Kompatibilitätsproblemen** den öffentlichen Auftraggeber ohne weiteres, **vom vergaberechtlichen Grundsatz der produktneutralen Ausschreibung abzuweichen**. Dies würde vielmehr dazu führen, dass die absolute Ausnahmeregelung des § 8 Nr. 3 Abs. 3 VOL/A zumindest **für den gesamten EDV- und IuK-Bereich** zur Regel würde (VK Lüneburg, B. v. 12. 5. 2005 – Az.: VgK-15/2005). 6667

145.14.5.5 Wahl zwischen nur zwei Systemen
Vgl. dazu die Kommentierung zu § 9 VOB/A RZ 4213. 6668

145.14.5.6 Festlegung auf nur ein Produkt
Vgl. dazu die Kommentierung zu § 9 VOB/A RZ 4214. 6669

Teil 4 § 8 VOL/A   Verdingungsordnung für Leistungen Teil A

145.14.5.7 Ersetzung des Zusatzes „oder gleichwertiger Art" durch die Möglichkeit der Abgabe von Nebenangeboten

6670   Vgl. dazu die Kommentierung zu § 9 VOB/A RZ 4223.

145.14.5.8 Erläuternde Hinweise der VOL/A

6671   Die Vorschrift des § 8 Nr. 3 Abs. 1 liegt sowohl im Interesse des Unternehmens als auch im Interesse des Auftraggebers. Unter Beachtung des Grundsatzes der Wirtschaftlichkeit sind an die gewünschte Leistung nur solche Anforderungen zu stellen, die zur Aufgabenerfüllung unbedingt notwendig sind. In diesem Rahmen sind z. B. auch Gesichtspunkte des Umweltschutzes zu berücksichtigen.

6672   Unter dem Begriff „einschlägige Normen" im Sinn von § 8 Nr. 3 Abs. 2 sind der Spezifizierung des Auftrags dienende Normen zu verstehen, z. B. DIN-Normen sowie einschlägige Sicherheitsvorschriften.

145.14.6 Beistellungen im Rahmen von Dienstleistungsaufträgen

6673   Die **Zulässigkeit von „Beistellungen" im Rahmen von Dienstleistungsaufträgen** an sich steht nicht in Frage. Dass Beistellungen grundsätzlich vergaberechtlich zulässig sind, **ergibt sich aus § 4 Nr. 3 VOL/B**. Danach haftet der Auftraggeber für die Qualität der Zulieferungen des Auftraggebers sowie für die von ihm vereinbarten Leistungen anderer, soweit nichts anderes vereinbart ist. Eine vom Auftraggeber vorgegebene Anmietung von Fahrzeugen bei einem Dritten für die Durchführung eines SPNV-Auftrages ist als Beistellung zu qualifizieren (VK Lüneburg, B. v. 18. 6. 2004 – Az.: 203-VgK-29/2004).

145.14.7 Literatur

6674   Vgl. dazu die Kommentierung zu § 9 VOB/A RZ 4226.

145.15 Forderung nach einer RAL-Zertifizierung von Produkten

6675   Vgl. dazu die Kommentierung zu § 9 VOB/A RZ 4195.

145.16 Unzulässige Verengung des Wettbewerbes durch Definitionen der Leistungsbeschreibung (§ 8 Nr. 3 Abs. 4)

145.16.1 Allgemeines

6676   Eine **Behinderung des Wettbewerbs** liegt im Übrigen nicht erst dann vor, wenn Merkmale des geforderten Produkts durch einen Produkt- oder Markennamen bezeichnet werden, sondern **bereits dann, wenn das Leistungsverzeichnis nach Form, Stofflichkeit, Aussehen und technischen Merkmalen so präzise definiert ist, dass dem Bieter keinerlei Ausweichmöglichkeit mehr bleibt**. Hierbei kommt es nicht auf die Feststellung einer subjektiven Absicht der Vergabestelle an, bestimmte Unternehmen zu bevorzugen zu wollen. Entscheidend ist vielmehr die Frage, ob die **Leistungsbeschreibung bei objektiver Betrachtung geeignet ist, bestimmte Unternehmen oder Erzeugnisse bevorzugen zu wollen** (1. VK Sachsen, B. v. 7. 2. 2003 – Az.: 1/SVK/007-03).

145.16.2 Ausnahmen

6677   Zur **Rechtfertigung der Forderung nach besonderen Merkmalen, bezogen auf die Art der zu vergebenden Leistung, genügt es, wenn die Forderung sachlich vertretbar** ist, womit dem Umstand Rechnung zu tragen ist, dass in die (auch) kaufmännische Entscheidung des Auftraggebers, welche Leistung mit welchen Merkmalen nachgefragt und ausgeschrieben werden soll, regelmäßig eine Vielzahl von Gesichtspunkten einfließt, die sich etwa daraus ergeben, dass sich die auf dem Markt angebotenen Leistungen trotz grundsätzlicher Gleichartigkeit regelmäßig in einer Reihe von Eigenschaften unterscheiden. Eine Differenzierung nach solchen Kriterien, soweit sie auf die Art der zu vergebenden Leistung bezogen sind, kann dem Auftraggeber nicht verwehrt werden, und nach welchen sachbezogenen Kriterien er seine Entscheidung auszurichten hat, ist ihm im Nachprüfungsverfahren nicht vorzuschreiben (VK Süd-

Verdingungsordnung für Leistungen Teil A § 8 VOL/A **Teil 4**

bayern, B. v. 14. 12. 2004 – Az.: 70-10/04; B. v. 14. 12. 2004 – Az.: 69-10/04; B. v. 14. 12. 2004 – Az.: 68-10/04).

145.17 Änderung des Leistungsverzeichnisses durch den Auftraggeber während der Ausschreibung

Vgl. dazu die Kommentierung zu § 9 VOB/A RZ 4294. 6678

145.18 Schadenersatzansprüche und Nachforderungen wegen Verletzung der Regelungen des § 8

Vgl. dazu die Kommentierung zu § 9 VOB/A RZ 4299, die auch für den Bereich der 6679 VOL/A gilt.

145.19 Besondere Hinweise zur Ausschreibung von Versicherungsleistungen

145.19.1 Rechtsprechung

145.19.1.1 Verwendung von Ausschreibungsmustern

Die Verwendung z. B. des **Ausschreibungsmusters „Gebäude- und Inhaltsversicherung** 6680 **für Kommunen"** des Niedersächsischen Städte- und Gemeindebundes ist nicht per se **vergaberechtswidrig,** wenn der Auftraggeber das Vergabeverfahren im Sinne des § 2 Nr. 3 VOL/A unter ausschließlicher eigener Verantwortung als Vergabestelle durchführt (VK Lüneburg, B. v. 7. 9. 2005 – Az.: VgK-38/2005).

145.19.1.2 Fehlende Gebäudewerte

Entscheidet sich der Auftraggeber – z. B. auf der Basis eines Musters – dafür, **in den Objekt-** 6681 **listen keine Gebäudewerte anzugeben** und die Ermittlung dieser kalkulationsrelevanten Werte statt dessen anhand von bekannt gegebenen Parametern wie Bruttorauminhalt (m³), Bruttogrundrissfläche (m²), Nutzfläche (m²) sowie Angaben zur Bauart, zum Baujahr und zur Ausstattung wie sonstiger zusätzlicher wertbestimmender Faktoren wie etwa Denkmalschutz etc. **dem Versicherer selbst zu überlassen,** führt dies dazu, dass die Verdingungsunterlagen **nicht mehr den Anforderungen an eine erschöpfende Leistungsbeschreibung** gem. § 8 Nr. 1 VOL/A und die **Ermöglichung einer einwandfreien Preisermittlung** anhand aller kalkulationsrelevanten Umstände gemäß § 8 Nr. 1 Abs. 2 VOL/A **entsprechen** (VK Lüneburg, B. v. 5. 1. 2006 – Az.: VgK-43/2005; B. v. 5. 1. 2006 – Az.: VgK-41/2005; B. v. 7. 9. 2005 – Az.: VgK-38/2005).

Bei den Gebäudewerten kann der Auftraggeber **auch auf ältere Daten zurückgreifen** (VK 6682 Lüneburg, B. v. 7. 9. 2005 – Az.: VgK-38/2005).

145.19.1.3 Forderung nach einer Terrorversicherung

Gerade das **Risiko Terror ist seit den New Yorker Anschlägen vom 11. 9. 2001 ein** 6683 **beim Abschluss von Versicherungen für öffentliche Gebäude leider besonders zu berücksichtigendes Risiko.** Richtig ist, dass sich der deutsche Versicherungsmarkt in der Einbeziehung solcher Schäden seit dem 11. 9. 2001 nicht einheitlich darstellt. Während das Risiko Terror vorher regelmäßig durch die Feuerversicherung mit abgedeckt wurde, verfolgen die Versicherungsunternehmen seither unterschiedliche Konzepte. Während einige Gesellschaften bis zu einer Vertragssumme pro Versicherungsart von 25 Mio. € Schäden aufgrund von Terrorismus ohne Beitragszuschlag einbeziehen, akzeptieren andere überhaupt keinen Einschluss von Schäden durch Terrorismus oder bieten einen Versicherungsschutz ausschließlich über ein Unternehmen an. Insbesondere aufgrund des Verhaltens der Rückversicherer wird regelmäßig ab einem Objektwert von 25 Mio. €, im Falle eines kommunalen Objekts ab 50 Mio. € in der Regel nur der Weg über die von den Versicherungsunternehmen eigens dafür gegründeten Unternehmen gewährt. Wieder andere Versicherer schließen das Risiko Terrorschäden grundsätzlich aus, bieten aber einen Wiedereinschluss gegen einen Prämienzuschlag an. Diese **inhomogene Ausrichtung des Versicherungsmarktes zwingt einen öffentlichen Auftraggeber jedoch nicht dazu, allen geschilderten Ausrichtungen der Versicherungsunternehmen gerecht**

1233

Teil 4 § 8 VOL/A   Verdingungsordnung für Leistungen Teil A

zu werden und auch Angebote unter Ausschluss des Terrorrisikos zu akzeptieren. Die unmissverständliche und alle ausgeschriebenen Objekte erfassende Forderung nach einer Einbeziehung des Risikos Terror entspricht vielmehr in vollem Umfang den Anforderungen an eine eindeutige und erschöpfende Leistungsbeschreibung gemäß § 8 Nr. 1 Abs. 1 VOL/A. Diese Forderung bürdet den sich an der Ausschreibung beteiligenden Versicherungsunternehmen auch kein ungewöhnliches Wagnis im Sinne des § 1 Abs. 2 Nr. 3 VOB/A auf. Der Einschluss des Versicherungsschutzes gegen Terrorschäden gehört vielmehr zum notwendigen und typischen Inhalt einer kommunalen Gebäude- und Inventarversicherung (VK Lüneburg, B. v. 7. 9. 2005 – Az.: VgK-38/2005).

145.19.1.4 Verträge öffentlicher Auftraggeber mit Kommunalversicherern

6684   **Verträge öffentlicher Auftraggeber mit Kommunalversicherern, bei denen Mitglieder auch sonstige wirtschaftliche Vereinigungen** sein können, die sich also nicht vollständig in öffentlicher Hand befinden, **unterfallen dem Vergaberecht** (OLG Köln, Urteil vom 15. 7. 2005 – Az: 6 U 17/05.).

145.19.2 Literatur

6685   – Dreher, Meinrad, Die „zweite Welle" bei Versicherungsdienstleistungen – Wettbewerb, Gleichbehandlung und Beschaffungsfreiheit, Behörden Spiegel November 2005, 19
– Sittner, Elmar, Versicherungen im Wettbewerb (II) – Ausschreibungspflicht bei kommunaler Haftpflichtversicherung?, Behörden Spiegel April 2006, 18
– Sittner, Elmar, Versicherungen im Wettbewerb – Entscheidungen zu Auftragsvergaben durch die öffentliche Hand, Behörden Spiegel Januar 2006, 19
– Sittner, Elmar, Vergabe per Musterunterlagen – Abschlüsse bei Kommunalversicherern nicht mehr „europafest", Behörden Spiegel Oktober 2005, 20
– Tietgens, Jens, Die Vergabe von Versicherungsdienstleistungen nach dem Kartellvergaberecht durch kommunale Auftraggeber, Dissertation, Frankfurt am Main, 2004
– Trautner, Wolfgang, Versicherungsvereine auf Gegenseitigkeit dürfen mitbieten – Auflösung eines Dilemmas? VergabeR 2006, 473

145.20 Besondere Hinweise zur Ausschreibung von Gebäudereinigungsleistungen

145.20.1 Festlegung von Richtleistungen

6686   Die **Festlegung von Richtleistungen, z. B. für Unterrichtsräume K5 in Höhe von 260 m²/h sowie des prozentualen Grenzwertes von ± 25% durch den Auftraggeber ist nicht als vergaberechtsfehlerhaft zu beanstanden.** Der Richtwert ist mitbestimmend für die erreichbare Qualität der Reinigungsleistung. Der **Auftraggeber bestimmt dabei allein das Maß an Qualität, das er von der Leistung erwarten will. Bei der Festlegung der für die Richtleistung maßgebenden Quadratmeterzahl pro Stunde durch den Auftraggeber kommt diesem ein Ermessen zu.** Das heißt, die Festlegung kann nur darauf überprüft werden, ob ein fehlerhafter Sachverhalt, eine willkürliche Festlegung der Richtleistung erfolgt ist oder ein fehlerhaftes Vorgehen bei der Ermittlung des Richtwertes stattgefunden hat. Ausgehen kann die Vergabestelle von den im kommunalen Bereich für die Unterhaltsreinigung von Schulgebäuden in einschlägigen Veröffentlichungen empfohlenen Richtwerten. Hierbei handelte es sich um die folgenden Veröffentlichungen:
– Richtwerte für die Unterhaltsreinigung als Anlage 2 zum Bericht der Kommunalen Gemeinschaftsstelle für Verwaltungsvereinfachung Nr. 3/1992,
– DIN 774000 – Schulgebäude – Anforderungen an die Reinigung vom 19. September 2003, herausgegeben vom Bundesinnungsverband des Gebäudereiniger-Handwerks,
– Veröffentlichung der Landesinnung des Gebäudereiniger-Handwerks Mecklenburg-Vorpommern bezüglich der Höhe der Richtleistungen für die Gebäudereinigung in Schulen vom 28. Juli 2004
– Handbuch über objektbezogene Leistungskennzahlen für den Reinigungsdienst in Verwaltungs- und Bürogebäuden des REFA-Fachausschusses Gebäudereinigung von Oktober 1999.

6687   (im Ergebnis ebenso VK Rheinland-Pfalz, B. v. 4. 5. 2005 – Az.: VK 08/05).

145.20.2 Hinweis auf erhöhte Hygieneanforderungen wegen mehrfachbehinderter Schüler

Durch das **nicht bekannt gemachte, nachträgliche Einbeziehen von Umständen** – z. B. der erhöhten Hygieneanforderungen wegen der mehrfachbehinderten Schüler – in die Bewertung der ohne diesen Hinweis erstellten Angebote **benachteiligt ein Auftraggeber gerade die Bieter, die ihre Arbeitsstunden besonders sparsam orientiert** haben (2. VK Brandenburg, B. v. 29. 7. 2005 – Az.: 2 VK 44/05).

145.20.3 Literatur

– Weyand, Rudolf, Leitfaden Gebäudereinigung, Ausschreibung, Angebotsabgabe und Vergabe von Gebäudereinigungsleistungen (Unterhalts- und Glasreinigung) öffentlicher Auftraggeber, 2. Auflage, 2006

145.21 Besondere Hinweise zur Ausschreibung von Zustellungsleistungen, für die eine Entgeltgenehmigung nach dem PostG erforderlich ist

145.21.1 Veröffentlichung genehmigter Entgelte und Geheimwettbewerb

Nach der Bestimmung des § 22 Abs. 4 PostG sind **genehmigte Entgelte** „im Amtsblatt der Regulierungsbehörde **zu veröffentlichen**" (was auch über das Internet geschieht). **Mit der Veröffentlichung genehmigter Entgelte geht der für die Ausschreibung unverzichtbare Geheimwettbewerb verloren.** Bei Abgabe seines Angebots darf kein Bieter die Preise und Wettbewerbsbedingungen anderer Bieter kennen). Erfolgt eine **Veröffentlichung der Entgeltgenehmigung vor Angebotsabgabe** (bzw. Fristablauf für die Angebotsabgabe), **kollidiert dies mit dem Wettbewerbsziel der Ausschreibung.** Derartige Effekte sind sogar noch nach Angebotsabgabe denkbar, wenn die Vergabestelle den Angebotsinhalt aufklärt und die betroffenen Bieter an dieser Aufklärung in Kenntnis der Preise konkurrierender Auftragsbewerber mitwirken. Dieser Zusammenhang führt dazu, dass eine **Formulierung** in der Leistungsbeschreibung dahingehend, dass **Angebote erst auf der Grundlage einer erteilten Entgeltgenehmigung abgegeben werden dürfen, als fern liegend** anzusehen ist. Den Bietern würde damit ein Verhalten abverlangt, das im Hinblick auf die unter Umständen veröffentlichten Preise anderer Bieter nicht mehr wettbewerblich sein kann. Die damit verbundene „Kollision" der regulierungsrechtlichen mit der vergaberechtlichen Regelung wird vermieden, wenn eine wirksame Entgeltgenehmigung nach §§ 19, 22, 34 Satz 4 PostG von den Bietern nicht schon im Zeitpunkt des Ablaufs der Angebotsabgabefrist verlangt wird. Dem Wettbewerbsansatz des Vergaberechts genügt es, einerseits ein Preisangebot zu verlangen, das im Zeitpunkt seiner Abgabe einer Entgeltregulierung nach §§ 19 ff. PostG zugänglich und im Übrigen für den Bieter bindend ist (§ 19 Nr. 3 VOL/A), und andererseits eine behördliche Entgeltgenehmigung dann zu fordern, wenn sie im Hinblick auf das Zustandekommen eines wirksamen Vertrages und die (dann) eingreifenden preisrechtlichen Bestimmungen in § 23 Abs. 2 PostG rechtlich erforderlich ist. Dies ist der **Zeitpunkt des Vertragsschlusses, mit anderen Worten, der Zuschlagerteilung** nach § 28 VOL/A (OLG Schleswig-Holstein, B. v. 8. 9. 2006 – Az.: 1 Verg 6/06).

145.21.2 Festlegung von bestimmten Abholzeiten

Bestimmt ein öffentlicher Auftraggeber zum **Abholen** der Sendungen im Leistungsverzeichnis, dass **diese einmal täglich „zu einer vereinbarten Zeit (16.15 Uhr)" stattfinden** soll, kann ein solcher Passus **gegen § 8 Nr. 1 Abs. 1 VOL/A verstoßen,** da ein solcher **Passus nicht mit Lizenzen nach dem PostG vereinbar sein kann.** Da die Lizenz zur Beförderung von Sendungen im Exklusivbereich der DPAG gerade an eine „Höherwertigkeit" gebunden ist, sehen die Lizenzen bzw. die Dienstleistung Einlieferungen zu einem Zeitpunkt vor, zu dem üblicherweise die DPAG keine Sendungen mehr entgegennimmt oder eine andere zeitliche Gestaltung, die eine schnellere oder sonst wie höherwertige Beförderung beinhaltet. Den Dienstleistern wird durch die fixe Angabe eines Abholtermins die Realisierung ihrer Lizenz unmöglich gemacht. Die Nichteinhaltung der durch die Lizenz umschriebenen Standards stellt unlauteren Wettbewerb gegenüber der DPAG dar und löst Ansprüche aus § 1 UWG aus. Insoweit muss davon ausgegangen werden, dass Anbieter von der Teilnahme am Wettbewerb abgehalten wurden, weil die angegebene Abholzeit nicht mit den Merkmalen ihrer Lizenz übereinstimmt (VK Düsseldorf, B. v. 14. 6. 2005 – Az.: VK-04/2005-L).

146. § 8a VOL/A – Technische Anforderungen

1. Die technischen Anforderungen sind zu formulieren:
   1. entweder unter Bezugnahme auf die im Anhang TS definierten technischen Spezifikationen in der Rangfolge:
      a) nationale Normen, mit denen europäische Normen umgesetzt werden,
      b) europäische technische Zulassungen,
      c) gemeinsame technische Spezifikationen,
      d) internationale Normen und andere technische Bezugssysteme, die von den europäischen Normungsgremien erarbeitet wurden oder,
      e) falls solche Normen und Spezifikationen fehlen, nationale Normen, nationale technische Zulassungen oder nationale technische Spezifikationen für die Planung, Berechnung und Ausführung von Bauwerken und den Einsatz von Produkten.

      Jede Bezugnahme ist mit dem Zusatz „oder gleichwertig" zu versehen;
   2. oder in Form von Leistungs- oder Funktionsanforderungen, die genau so zu fassen sind, dass sie den Bewerbern oder Bietern ein klares Bild vom Auftragsgegenstand vermitteln und dem Auftraggeber die Erteilung des Zuschlags ermöglichen;
   3. oder als Kombination von Ziffer 1 und 2, d. h.
      a) in Form von Leistungsanforderungen unter Bezugnahme auf die Spezifikationen gemäß Ziffer 1 als Mittel zur Vermutung der Konformität mit diesen Leistungs- und Funktionsanforderungen;
      b) oder mit Bezugnahme auf die Spezifikationen gemäß Ziffer 1 hinsichtlich bestimmter Merkmale und mit Bezugnahme auf die Leistungs- und Funktionsanforderungen gemäß Ziffer 2 hinsichtlich anderer Merkmale.
2. (1) Verweist der Auftraggeber in der Leistungs- oder Aufgabenbeschreibung auf die in Nummer 1 Ziffer 1 Buchstabe a) genannten technischen Anforderungen, so darf er ein Angebot nicht mit der Begründung ablehnen, die angebotenen Waren und Dienstleistungen entsprächen nicht den von ihnen herangezogenen Spezifikationen, wenn das Unternehmen in seinem Angebot dem Auftraggeber mit geeigneten Mitteln nachweist, dass die von ihm vorgeschlagenen Lösungen den Anforderungen der technischen Spezifikation, auf die Bezug genommen wurde, gleichermaßen entsprechen. Als geeignete Mittel gelten insbesondere eine technische Beschreibung des Herstellers oder ein Prüfbericht einer anerkannten Stelle.

   (2) Legt der Auftraggeber die technischen Anforderungen in Form von Leistungs- oder Funktionsanforderungen fest, so darf er ein Angebot, das einer nationalen Norm, mit der eine europäische Norm umgesetzt wird oder einer europäischen technischen Zulassung, einer gemeinsamen technischen Spezifikation, einer internationalen Norm oder einem technischen Bezugssystem, das von den europäischen Normungsgremien erarbeitet wurde, entspricht, nicht zurückweisen, wenn diese Spezifikationen die von ihm geforderten Leistungs- oder Funktionsanforderungen betreffen. Der Bieter muss in seinem Angebot mit geeigneten Mitteln nachweisen, dass die der Norm entsprechende jeweilige Ware oder Dienstleistung den Leistungs- oder Funktionsanforderungen des Auftraggebers entspricht. Als geeignete Mittel gelten insbesondere eine technische Beschreibung des Herstellers oder ein Prüfbericht einer anerkannten Stelle.
3. Schreibt der Auftraggeber Umwelteigenschaften in Form von Leistungs- oder Funktionsanforderungen vor, so kann er die Spezifikationen verwenden, die in europäischen, multinationalen oder anderen Umweltzeichen definiert sind, wenn
   a) sie sich zur Definition der Merkmale des Auftragsgegenstandes eignen,
   b) die Anforderungen des Umweltzeichens auf der Grundlage von wissenschaftlich abgesicherten Informationen ausgearbeitet werden,

Verdingungsordnung für Leistungen Teil A § 8a VOL/A **Teil 4**

c) die Umweltzeichen im Rahmen eines Verfahrens erlassen werden, an dem interessierte Kreise wie staatliche Stellen, Verbraucher, Hersteller, Händler und Umweltorganisationen teilnehmen können und

d) das Umweltzeichen für alle Betroffenen zugänglich und verfügbar ist.

Der Auftraggeber kann in den Vergabeunterlagen angeben, dass bei Waren oder Dienstleistungen, die mit einem Umweltzeichen ausgestattet sind, vermutet wird, dass sie den in der Leistungs- oder Aufgabenbeschreibung festgelegten technischen Anforderungen genügen. Der Auftraggeber muss jedes andere geeignete Beweismittel, wie technische Unterlagen des Herstellers oder Prüfberichte anerkannter Stellen, akzeptieren.

4. Anerkannte Stellen sind die Prüf- und Eichlaboratorien im Sinne des Eichgesetzes sowie die Inspektions- und Zertifizierungsstellen, die mit den anwendbaren europäischen Normen übereinstimmen. Der Auftraggeber erkennt Bescheinigungen von in anderen Mitgliedstaaten ansässigen anerkannten Stellen an.

5. Soweit es nicht durch den Auftragsgegenstand gerechtfertigt ist, darf in den technischen Spezifikationen nicht auf eine bestimmte Produktion oder Herkunft oder ein besonderes Verfahren oder auf Marken, Patente, Typen, einen bestimmten Ursprung oder eine bestimmte Produktion verwiesen werden, wenn dadurch bestimmte Unternehmen oder bestimmte Produkte begünstigt oder ausgeschlossen werden. Solche Verweise sind jedoch ausnahmsweise zulässig, wenn der Auftragsgegenstand nicht hinreichend genau und allgemein verständlich beschrieben werden kann; solche Verweise sind mit dem Zusatz „oder gleichwertig" zu versehen.

146.1 Vergleichbare Regelungen

Der **Vorschrift des § 8a VOL/A vergleichbar** sind im Bereich der VOL §§ 8, 8b VOL/A, im Bereich der VOF § 8 VOF und im Bereich der VOB §§ 9, 9a, 9b VOB/A. Die Kommentierungen zu diesen Vorschriften können daher ergänzend zu der Kommentierung des § 8a herangezogen werden. 6692

146.2 Änderungen in der VOL/A 2006

Im Zuge der VOL/A 2006 ist **§ 8a völlig neu gefasst** worden. Die **Regelung entspricht** der Vorschrift des Art. 23 der Vergabekoordinierungsrichtlinie. 6693

146.3 Technische Spezifikationen (§ 8a Nr. 1)

146.3.1 Begriff der Technischen Spezifikationen

Vgl. insoweit die Kommentierung zu § 9 VOB/A RZ 4189. 6694

146.3.2 DIN-Normen

Vgl. insoweit die Kommentierung zu § 9 VOB/A RZ 4192. 6695

146.3.3 NATO-Vorschriften

Vgl. insoweit die Kommentierung zu § 9 VOB/A RZ 4196. 6696

146.3.4 Formulierung von technischen Spezifikationen unter Bezugnahme auf die in Anhang TS definierten technischen Spezifikationen (§ 8a Nr. 1 Abs. 1)

Vgl. insoweit die Kommentierung zu § 9 VOB/A RZ 4197. 6697

146.3.5 Ersetzung von nationalen Normen (§ 8a Nr. 2 Abs. 1)

Vgl. insoweit die Kommentierung zu § 9 VOB/A RZ 4199. 6698

146.3.6 Ersetzung von Leistungs- oder Funktionsanforderungen (§ 8a Nr. 2 Abs. 2)

6699   Vgl. insoweit die Kommentierung zu § 9 VOB/A RZ 4200.

146.3.7 Spezifikationen für Umwelteigenschaften (§ 8a Nr. 3)

6700   Vgl. insoweit die Kommentierung zu § 9 VOB/A RZ 4201.

146.3.8 Nennung von Bezeichnungen für Produktion oder Herkunft oder ein besonderes Verfahren oder auf Marken, Patente, Typen eines bestimmten Ursprungs oder einer bestimmten Produktion (§ 8a Nr. 5)

6701   **146.3.8.1 Hinweis**

Während in der **VOB/A 2006** die Regelungen der Vergabekoordinierungsrichtlinie über die Technischen Spezifikationen für Leistungsbeschreibungen von Aufträgen unterhalb und oberhalb der Schwellenwerte gelten, sind in der **VOL/A 2006** die Regelungen der Vergabekoordinierungsrichtlinie über die Technischen Spezifikationen nur für Leistungsbeschreibungen von Aufträgen ab den Schwellenwerten übernommen worden. Dies ist **für den Anwender nur schwer handhabbar** und dürfte auch **in der Rechtsprechung nicht lange Bestand** haben.

146.3.8.2 Inhaltliche Kommentierung

6702   Die Regelung des § 8a VOL/A hat in der Praxis erhebliche Auswirkungen für die Frage der **zwei Ausnahmetatbestände von dem Verbot der Verweisung** auf eine bestimmte Produktion oder Herkunft oder ein besonderes Verfahren oder auf Marken, Patente, Typen eines bestimmten Ursprungs oder einer bestimmten Produktion. Vgl. dazu die **Kommentierung zu § 9 VOB/A** RZ 4202.

147. § 8b VOL/A – Technische Anforderungen

1. Die technischen Anforderungen sind zu formulieren:
    1. entweder unter Bezugnahme auf die im Anhangs TS definierten technischen Spezifikationen in der Rangfolge:
        a) in nationale Normen, mit denen europäische Normen umgesetzt werden,
        b) europäische technische Zulassungen,
        c) gemeinsame technische Spezifikationen,
        d) internationale Normen und andere technische Bezugssysteme, die von den europäischen Normungsgremien erarbeitet wurden oder,
        e) falls solche Normen und Spezifikationen fehlen, nationale Normen, nationale technische Zulassungen oder nationale technische Spezifikationen für die Planung, Berechnung und Ausführung von Bauwerken und den Einsatz von Produkten.

        Jede Bezugnahme ist mit dem Zusatz „oder gleichwertig" zu versehen.
    2. oder in Form von Leistungs- oder Funktionsanforderungen, die so genau zu fassen sind, dass sie den Unternehmen ein klares Bild vom Auftragsgegenstand vermitteln und dem Auftraggeber die Erteilung des Zuschlags ermöglichen;
    3. oder als Kombination von Ziffer 1 und 2, d.h.
        a) in Form von Leistungsanforderungen unter Bezugnahme auf die Spezifikationen gemäß Ziffer 1 als Mittel zur Vermutung der Konformität mit diesen Leistungs- und Funktionsanforderungen;
        b) oder mit Bezugnahme auf die Spezifikationen gemäß Ziffer 1 hinsichtlich bestimmter Merkmale und mit Bezugnahme auf die Leistungs- und Funktionsanforderungen gemäß Ziffer 2 hinsichtlich anderer Merkmale.

Verdingungsordnung für Leistungen Teil A § 8b VOL/A **Teil 4**

2. (1) Verweist der Auftraggeber in der Leistungs- oder Aufgabenbeschreibung auf die in Nummer 1 Ziffer 1 Buchstabe a genannten technischen Anforderungen, so darf er ein Angebot nicht mit der Begründung ablehnen, die angebotenen Waren und Dienstleistungen entsprächen nicht den Spezifikationen, sofern das Unternehmen in seinem Angebot dem Auftraggeber mit geeigneten Mitteln nachweist, dass die von ihm vorgeschlagenen Lösungen den Anforderungen der technischen Spezifikation, auf die Bezug genommen wurde, entsprechen. Als geeignete Mittel gelten insbesondere eine technische Beschreibung des Herstellers oder ein Prüfbericht einer anerkannten Stelle.

(2) Legt der Auftraggeber die technischen Anforderungen in Form von Leistungs- oder Funktionsanforderungen fest, so darf er ein Angebot, das einer nationalen Norm, mit der eine europäische Norm umgesetzt wird, oder einer europäischen technischen Zulassung, einer gemeinsamen technischen Spezifikation, einer internationalen Norm oder einem technischen Bezugssystem, das von den europäischen Normungsgremien erarbeitet wurde, entspricht, nicht zurückweisen, wenn diese Spezifikationen die von ihnen geforderten Leistungs- oder Funktionsanforderungen betreffen. Das Unternehmen muss in seinem Angebot mit geeigneten Mitteln nachweisen, dass die der Norm entsprechende jeweilige Ware oder Dienstleistung den Leistungs- oder Funktionsanforderungen des Auftraggebers entspricht. Als geeignete Mittel gelten eine technische Beschreibung des Herstellers oder ein Prüfbericht einer anerkannten Stelle.

3. Schreibt der Auftraggeber Umwelteigenschaften in Form von Leistungs- oder Funktionsanforderungen vor, so können sie die Spezifikationen verwenden, die in europäischen, multinationalen oder anderen Umweltzeichen definiert sind, wenn

   a) sie sich zur Definition der Merkmale der Waren oder Dienstleistungen eignen, die Gegenstand des Auftrags sind,

   b) die Anforderungen des Umweltzeichens auf der Grundlage von wissenschaftlich abgesicherten Informationen ausgearbeitet werden,

   c) die Umweltzeichen im Rahmen eines Verfahrens erlassen werden, an dem interessierte Kreise wie staatliche Stellen, Verbraucher, Hersteller, Händler und Umweltorganisationen teilnehmen können und

   d) das Umweltzeichen für alle Betroffenen zugänglich und verfügbar ist.

   Der Auftraggeber kann in den Vergabeunterlagen angeben, dass bei Waren oder Dienstleistungen, die mit einem Umweltzeichen ausgestattet sind, vermutet wird, dass sie den in der Leistungs- oder Aufgabenbeschreibung festgelegten technischen Anforderungen genügen. Der Auftraggeber muss jedes andere geeignete Beweismittel, wie technische Unterlagen des Herstellers oder Prüfberichte anerkannter Stellen, akzeptieren.

4. Anerkannte Stellen sind die Prüf- und Eichlaboratorien im Sinne des Eichgesetzes sowie die Inspektions- und Zertifizierungsstellen, die mit den anwendbaren europäischen Normen übereinstimmen. Die Auftraggeber erkennen Bescheinigungen von in anderen Mitgliedstaaten ansässigen anerkannten Stellen an.

5. Soweit es nicht durch den Auftragsgegenstand gerechtfertigt ist, darf in den technischen Spezifikationen nicht auf eine bestimmte Produktion oder Herkunft oder ein besonderes Verfahren oder auf Marken, Patente, Typen, einen bestimmten Ursprung oder eine bestimmte Produktion verweisen, wenn dadurch bestimmte Unternehmen oder bestimmte Produkte begünstigt oder ausgeschlossen werden. Solche Verweise sind jedoch ausnahmsweise zulässig, wenn der Auftragsgegenstand nicht hinreichend genau und allgemein verständlich beschrieben werden kann; solche Verweise sind mit dem Zusatz „oder gleichwertig" zu versehen.

147.1 Vergleichbare Regelungen

Der **Vorschrift des § 8b VOL/A vergleichbar** sind im Bereich der VOL §§ 8, 8a VOL/A, im Bereich der VOF § 8 VOF und im Bereich der VOB §§ 9, 9b VOB/A. Die Kommentierungen zu diesen Vorschriften können daher ergänzend zu der Kommentierung des § 8b herangezogen werden. 6703

Teil 4 § 9 VOL/A   Verdingungsordnung für Leistungen Teil A

147.2 Änderungen in der VOL/A 2006

6704 Im Zuge der VOL/A 2006 ist § 8 b **völlig neu gefasst** worden. Die **Regelung entspricht der Vorschrift des Art. 23 der Vergabekoordinierungsrichtlinie.**

147.3 Inhaltliche Kommentierung

6705 § 8 b ist **deckungsgleich mit** § 8 a VOL/A; vgl. deshalb die Kommentierung zu § 8 a VOL/A RZ 6694.

148. § 9 VOL/A – Vergabeunterlagen, Vertragsbedingungen

1. Die Vergabeunterlagen bestehen aus dem Anschreiben (Aufforderung zur Angebotsabgabe) und den Verdingungsunterlagen.
2. In den Verdingungsunterlagen ist vorzuschreiben, dass die Allgemeinen Vertragsbedingungen für die Ausführung von Leistungen (VOL/B) Bestandteil des Vertrages werden. Das gilt auch für etwaige Zusätzliche, Ergänzende sowie Besondere Vertragsbedingungen und, soweit erforderlich, für etwaige Technische Vertragsbedingungen.
3. (1) Die Allgemeinen Vertragsbedingungen bleiben grundsätzlich unverändert. Sie können von Auftraggebern, die ständig Leistungen vergeben, für die bei ihnen allgemein gegebenen Verhältnisse durch Zusätzliche Vertragsbedingungen ergänzt werden. Diese dürfen den Allgemeinen Vertragsbedingungen nicht widersprechen.

   (2) Für die Erfordernisse einer Gruppe gleich gelagerter Einzelfälle können die Allgemeinen Vertragsbedingungen und etwaige Zusätzliche Vertragsbedingungen durch Ergänzende Vertragsbedingungen ergänzt werden. Die Erfordernisse des Einzelfalles sind durch Besondere Vertragsbedingungen zu berücksichtigen. In den Ergänzenden und Besonderen Vertragsbedingungen sollen sich Abweichungen von den Allgemeinen Vertragsbedingungen auf die Fälle beschränken, für die in den Allgemeinen Vertragsbedingungen besondere Vereinbarungen ausdrücklich vorgesehen sind; sie sollen nicht weiter gehen, als es die Eigenart der Leistung und ihre Ausführung erfordern.
4. In den Zusätzlichen, Ergänzenden und Besonderen Vertragsbedingungen sollen, soweit erforderlich, insbesondere folgende Punkte geregelt werden:

   a) Unterlagen (VOL/A § 22 Nr. 6 Abs. 3, VOL/B § 3, § 4 Nr. 2),

   b) Umfang der Leistungen, u. U. Hundertsatz der Mehr- oder Minderleistung (VOL/B §§ 1 und 2),

   c) Benutzung von Lager- und Arbeitsplätzen, Zufahrtswegen, Anschlussgleisen, Wasser- und Energieanschlüssen,

   d) Weitervergabe an Unterauftragnehmer (VOL/B § 4 Nr. 4),

   e) Ausführungsfristen (VOL/A § 11, VOL/B § 5 Nr. 2),

   f) Anlieferungs- oder Annahmestelle, falls notwendig auch Ort, Gebäude, Raum,

   g) Kosten der Versendung zur Anlieferungs- oder Annahmestelle,

   h) Art der Verpackung, Rückgabe der Packstoffe,

   i) Übergang der Gefahr (VOL/B § 13 Nr. 1),

   k) Haftung (VOL/B §§ 7 bis 10, 13 und 14),

   l) Gefahrtragung bei höherer Gewalt (VOL/B § 5 Nr. 2),

   m) Vertragsstrafen (VOL/A § 12, VOL/B § 11),

   n) Prüfung der Beschaffenheit der Leistungen – Güteprüfung – (VOL/A § 8 Nr. 4, VOL/B § 12),

   o) Abnahme (VOL/B § 13, Nr. 2),

   p) Abrechnung (VOL/B §§ 15, 16 Nr. 2 und 3),

Verdingungsordnung für Leistungen Teil A § 9 VOL/A **Teil 4**

q) Leistungen nach Stundenverrechnungssätzen (VOL/B § 16),
r) Zahlung (VOL/B § 17),
s) Sicherheitsleistung (VOL/A§ 14, VOL/B§ 18),
t) Gerichtsstand (VOL/B § 19 Nr. 2),
u) Änderung der Vertragspreise (VOL/A § 15),
v) Besondere Vereinbarungen über die Mängelansprüche.

5. Sollen Streitigkeiten aus dem Vertrag unter Ausschluss des ordentlichen Rechtsweges im schiedsrichterlichen Verfahren ausgetragen werden, so ist es in besonderer, nur das Schiedsverfahren betreffender Urkunde zu vereinbaren, soweit nicht § 1031 Abs. 2 der Zivilprozessordnung auch eine andere Form der Vereinbarung zulässt.

148.1 Vergleichbare Regelungen

Der **Vorschrift des § 9 VOL/A vergleichbar** sind im Bereich der VOL §§ 9a, 9b VOL/A und im Bereich der VOB §§ 10, 10a, 10b VOB/A. Die Kommentierungen zu diesen Vorschriften können daher ergänzend zu der Kommentierung des § 9 herangezogen werden. 6706

148.2 Änderungen in der VOL/A 2006

Im Zuge der VOL/A 2006 ist **§ 9 nicht geändert** worden. 6707

148.3 Vergabeunterlagen (§ 9 Nr. 1)

148.3.1 Begriffsbestimmung des § 9

Die Vergabeunterlagen bestehen aus 6708
– dem Anschreiben (Aufforderung zur Angebotsabgabe),
– den Verdingungsunterlagen.

148.3.2 Begriffsverwendung im Vergabenachprüfungsverfahren

Insbesondere im Vergabenachprüfungsverfahren wird der Begriff der „Vergabeunterlagen" 6709 manchmal weiter gefasst, nämlich im Sinne von allen Unterlagen, die sich auf ein Ausschreibungsverfahren beziehen, also die „Vergabeakten".

148.3.3 Anschreiben (Aufforderung zur Angebotsabgabe)

Der Auftraggeber übersendet die Verdingungsunterlagen zusammen mit einem Anschreiben 6710 (Aufforderung zur Angebotsabgabe). Die Einzelheiten des Anschreibens sind in § 17 VOL/A geregelt (vgl. die Kommentierung zu § 17 VOL/A).

148.3.4 Verdingungsunterlagen (§ 9 Nr. 1)

148.3.4.1 Begriff

Im Gegensatz zu § 10 Nr. 1 Abs. 1 VOB/A sind **die Verdingungsunterlagen in der** 6711 **VOL/A nicht definiert**. Sie **bestehen aus der Leistungsbeschreibung sowie den Allgemeinen, Zusätzlichen, Ergänzenden, Besonderen und gegebenenfalls Technischen Vertragsbedingungen**.

148.3.4.2 Vorrang der Verdingungsunterlagen vor der Bekanntmachung

Vgl. die Kommentierung zu § 10 VOB/A RZ 4316. 6712

148.3.4.3 Auslegung der Verdingungsunterlagen

Vgl. die Kommentierung zu § 10 VOB/A RZ 4317. 6713

Teil 4 § 9 VOL/A   Verdingungsordnung für Leistungen Teil A

148.4 Vertragsbedingungen (§ 9 Nr. 2)

148.4.1 Allgemeines

6714 Bestandteile von Ausschreibungen nach der VOL/A sind eine Vielzahl von Vertragsbedingungen. Man kann unterscheiden:
- Allgemeine Vertragsbedingungen für die Ausführung von Leistungen (= VOL/B)
- Zusätzliche Vertragsbedingungen für die Ausführung von Leistungen
- Ergänzende Vertragsbedingungen für die Ausführung von Leistungen
- Besondere Vertragsbedingungen für die Ausführung von Leistungen
- Technische Vertragsbedingungen für die Ausführung von Leistungen

148.4.2 Allgemeine Vertragsbedingungen für die Ausführung von Leistungen

6715 In den Verdingungsunterlagen ist vorzuschreiben, dass die Allgemeinen Vertragsbedingungen für die Ausführung von Leistungen (VOL/B) Bestandteil des Vertrages werden. Das gilt auch für etwaige Zusätzliche, Ergänzende sowie Besondere Vertragsbedingungen und soweit erforderlich, für etwaige Technische Vertragsbedingungen. Die Allgemeinen Vertragsbedingungen bleiben grundsätzlich unverändert.

6716 Die Allgemeinen Vertragsbedingungen für die Ausführung von Leistungen – VOL/B 2003 vom 5. 8. 2003 – sind im Bundesanzeiger Nr. 128 a vom 23. 9. 2003, veröffentlicht.

148.4.3 Zusätzliche Vertragsbedingungen für die Ausführung von Leistungen (ZVB)

6717 Viele öffentliche Auftraggeber haben für ihre jeweiligen Einkaufsbedürfnisse Zusätzliche Vertragsbedingungen entwickelt. Als **Beispiele** seien genannt:
- Allgemeine Geschäftsbedingungen des Beschaffungsamtes des Bundesministeriums des Innern
- Zusätzliche Vertragsbedingungen (ZVB) für die Ausführung von Lieferungen und Leistungen des Landes Niedersachsen
- Zusätzliche Vertragsbedingungen des Landes Baden-Württemberg für die Ausführungen von Leistungen (ZVB-BW)
- Zusätzliche Vertragsbedingungen der Landeshauptstadt München zur Verdingungsordnung für Leistungen – ausgenommen Bauleistungen – (ZV-VOL)

148.4.4 Ergänzende Vertragsbedingungen für die Ausführung von Leistungen (EVB)

6718 Viele öffentliche Auftraggeber haben für ihre jeweiligen Einkaufsbedürfnisse Ergänzende Vertragsbedingungen entwickelt. Das wichtigste Beispiel sind die **Ergänzenden Vertragsbedingungen für die Beschaffung von Informationstechnik (EVB-IT)**.

148.4.4.1 Ergänzende Vertragsbedingungen für die Beschaffung von Informationstechnik (EVB-IT)

6719 **148.4.4.1.1 Allgemeines.** Seit 1972 wurden nach und nach insgesamt sieben Vertragstypen der „Besonderen Vertragsbedingungen für die Beschaffung von DV-Leistungen" (BVB) als **Einkaufsbedingungen der öffentlichen Hand bei der Beschaffung von Datenverarbeitungsanlagen und -geräten** eingeführt. Im Auftrag des Kooperationsausschusses Automatisierte Datenverarbeitung Bund/Länder/Kommunaler Bereich (**KoopA-ADV**) hat eine Arbeitsgruppe der öffentlichen Hand unter Federführung des Bundesministeriums des Innern **neue, die BVB ablösende Vertragstypen (Ergänzende Vertragsbedingungen für die Beschaffung von IT-Leistungen, EVB-IT) entwickelt.**

6720 Bund, Länder und Kommunen haben sich auf eine Empfehlung zur Einführung einer Neufassung der gemeinsamen Vertragsbedingungen für die Beschaffung von informationstechnischen Leistungen verständigt. Im **Bundesanzeiger Nr. 102 a vom 7. 6. 2002 wurden die** „Hin-

Verdingungsordnung für Leistungen Teil A § 9 VOL/A **Teil 4**

weise für die Nutzung sowie die Vertragstypen EVB-IT-Dienstleistungen, EVB-IT-Kauf, EVB-IT-Überlassung Typ A + B und EVB-IT-Instandhaltung einschließlich der ergänzenden Vertragsbedingungen" (Rechtsstand: 1. 5. 2002 – gültig ab 1. 5. 2002) veröffentlicht.

Die Neufassung der EVB-IT berücksichtigt die Auswirkungen des Gesetzes zur Modernisierung des Schuldrechts vom 11. 10. 2001 (BGBl. S. 3138) und ergänzt die Allgemeinen Vertragsbedingungen für die Beschaffung von Lieferungen und Leistungen (VOL/B). 6721

Das gesamte **Anwendungsspektrum der BVB wird durch die bisher vorliegenden EVB-IT-Vertragstypen** (Kauf, Dienstleistung, zeitlich unbefristete Überlassung von Standardsoftware gegen Einmalvergütung, zeitlich befristete Überlassung von Standardsoftware, Instandhaltung von Hardware, Pflege von Standardsoftware) leider **noch nicht vollständig abgedeckt.** Daher ist bis zur Veröffentlichung und Einführung aller vorgesehenen EVB-IT-Vertragstypen (u. a. Vertragstypen für Beschaffung von IT-Systemen sowie für Planung und Realisierung von IT-Vorhaben) und der damit einhergehenden vollständigen Ablösung der BVB durch EVB-IT **bei jeder IT-Beschaffung zu entscheiden, ob der Vertrag auf der Grundlage von EVB-IT oder BVB abzuschließen ist.** 6722

148.4.4.1.2 **Zur Verfügung stehende Muster.** Zurzeit stehen neben den Hinweisen folgende Muster-Vertragsbedingungen zur Verfügung: 6723

148.4.4.1.2.1 **Hinweise EVB-IT.** Erläuterungen und Hilfestellung hinsichtlich der Anwendung der Vertragsbedingungen geben dem Verwender die Hinweise für die Nutzung der Ergänzenden Vertragsbedingungen für die Beschaffung von Informationstechnik. 6724

148.4.4.1.2.2 **EVB-IT-Kauf.** Die EVB-IT-Kauf sind anzuwenden bei **Verträgen über den Kauf „fertiger" Hardware, gegebenenfalls einschließlich der Überlassung von Standardsoftware gegen Einmalvergütung zur unbefristeten Nutzung.** Im Gegensatz zu den BVB-Kauf sehen die EVB-IT-Kauf keine werkvertraglichen Leistungen wie zum Beispiel Anpassungsleistungen oder die Herbeiführung der Funktionsfähigkeit vor. Die EVB-IT-Kauf beinhalten daher auch keine werkvertraglichen Vereinbarungen wie zum Beispiel die Erklärung der Funktionsbereitschaft, Leistungsprüfungen sowie Abnahme. Erwartet der Beschaffer eine über die bloße Lieferung der Standardprodukte hinausgehende werkvertragliche Leistung, so ist bis zur Einführung des EVB-IT-Systemvertrages weiterhin BVB-Kauf beziehungsweise BVB-Überlassung anzuwenden. 6725

148.4.4.1.2.3 **EVB-IT-Dienstleistung.** Verträge über Dienstleistungen wurden von den bisherigen BVB nicht erfasst. Der nun vorliegende EVB-IT-Dienstleistungsvertrag ist dann anzuwenden, wenn der **Schwerpunkt der vom Auftragnehmer geschuldeten Leistung in der Erbringung von Diensten** liegt, wie etwa bei **Schulungs-, Beratungs- oder sonstigen Unterstützungsleistungen.** 6726

148.4.4.1.2.4 **EVB-IT-Überlassung Typ A.** Dieser Vertragstyp ist anzuwenden für die **Überlassung von Standardsoftware gegen Einmalvergütung zur unbefristeten Nutzung.** Wie bei EVB-IT-Kauf findet der EVB-IT-Überlassungsvertrag etwa keine Anwendung, wenn zusätzlich werkvertragliche Leistungen des Auftragnehmers wie etwa Installation, Integration, Parametrisierung oder Anpassung der Standardsoftware an die Bedürfnisse des Auftraggebers verlangt werden. Erwartet der Beschaffer eine über die bloße Lieferung der Standardsoftware hinausgehende werkvertragliche Leistung, so ist bis zur Einführung des EVB-IT-Systemvertrages weiterhin BVB-Überlassung anzuwenden. 6727

148.4.4.1.2.5 **EVB-IT-Überlassung Typ B.** Dieser Vertragstyp ist anzuwenden für die zeitlich befristete Überlassung von Standardsoftware. 6728

148.4.4.1.2.6 **EVB-IT-Instandhaltung.** Die EVB-IT – Instandhaltung finden Anwendung bei **Verträgen über Instandsetzung, Inspektion und Wartung von Hardware.** Sie ersetzen die BVB-Wartung. Instandhaltungsleistungen können gegen pauschale Vergütung oder gegen Vergütung nach Aufwand vereinbart werden. 6729

148.4.4.1.2.7 **EVB-IT-Pflege S.** Die EVB-IT-Pflege S finden Anwendung bei Verträgen über die Pflege von Standardsoftware. 6730

148.4.5 Besondere Vertragsbedingungen für die Ausführung von Leistungen

Viele öffentliche Auftraggeber haben für ihre jeweiligen Einkaufsbedürfnisse Besondere Vertragsbedingungen entwickelt. Das **wichtigste Beispiel sind die Besonderen Vertragsbedingungen für die Beschaffung von Informationstechnik (BVB-IT).** 6731

Teil 4 § 9a VOL/A   Verdingungsordnung für Leistungen Teil A

148.4.5.1 Besondere Vertragsbedingungen für die Beschaffung von DV-Leistungen (BVB)

6732   Die Vertragstypen der „Besonderen Vertragsbedingungen für die Beschaffung von DV-Leistungen (BVB)" sind bzw. waren die Einkaufsbedingungen der öffentlichen Hand bei der Beschaffung von Datenverarbeitungsanlagen und -geräten.

6733   Sie wurden **ab dem 1. 1. 2001 durch die Ergänzenden Vertragsbedingungen für die Beschaffung von Informationstechnik (EVB-IT) abgelöst.** Das gesamte Anwendungsspektrum der BVB wird durch die bisher vorliegenden fünf EVB-IT-Vertragstypen (Kauf, Dienstleistung, Überlassung von Standardsoftware gegen Einmalvergütung, zeitlich befristete Überlassung von Standardsoftware, Instandhaltung) nicht vollständig abgedeckt. Daher ist bis zur Veröffentlichung und Einführung aller vorgesehenen EVB-IT-Vertragstypen (u. a. Vertragstypen für die Pflege von Software, für die Beschaffung von IT-Systemen sowie für Planung und Realisierung von IT-Vorhaben) und der damit einhergehenden vollständigen Ablösung der BVB durch EVB-IT **bei jeder IT-Beschaffung zu entscheiden, ob der Vertrag auf der Grundlage von EVB-IT oder BVB abzuschließen ist.**

148.4.6 Technische Vertragsbedingungen für die Ausführung von Leistungen

6734   Im Bereich der VOL existieren keine der VOB/C vergleichbaren Allgemeinen Technischen Vertragsbedingungen. Auftraggeber können aber für eine Vielzahl von Fällen oder für den Einzelfall Technische Vertragsbedingungen verwenden.

149. § 9a VOL/A – Vergabeunterlagen

1. Die Aufforderung zur Angebotsabgabe enthält mindestens Folgendes:

a) Hinweis auf die veröffentlichte Bekanntmachung,

b) beim **Wettbewerblichen Dialog den Termin und den Ort des Beginns der Dialogphase,**

c) alle vorgesehenen Zuschlagskriterien, einschließlich deren Gewichtung oder, soweit nach § 25a Nr. 1 Abs. 1 zulässig, der absteigenden Reihenfolge der ihnen zuerkannten Bedeutung,

d) ob beabsichtigt ist, ein Verhandlungsverfahren oder einen Wettbewerblichen Dialog in verschiedenen Phasen abzuwickeln, um die Zahl der Angebote zu verringern.

Die Angaben der Buchstaben c und d können statt dessen auch in der Vergabebekanntmachung oder den Verdingungsunterlagen erfolgen.

2. Sofern Nebenangebote zugelassen sind, enthalten die Verdingungsunterlagen auch die Mindestanforderungen für Nebenangebote.

149.1 Vergleichbare Regelungen

6735   Der **Vorschrift des § 9a VOL/A vergleichbar** sind im Bereich der VOL **§ 9b VOL/A** und im Bereich der VOB **§§ 10a, 10b VOB/A.** Die Kommentierungen zu diesen Vorschriften können daher ergänzend zu der Kommentierung des § 9a herangezogen werden.

149.2 Änderungen in der VOL/A 2006

6736   In **§ 9a Nr. 1 Buchstabe c) ist die Regelung eingefügt**, dass bei der Angabe der maßgebenden Wertungskriterien die **Gewichtung der einzelnen Kriterien anzugeben** ist.

6737   In **§ 9a Nr. 1 Buchstaben a), b) und d)** sind **verschiedene Verfahrensregelungen** für das Nichtoffene Verfahren, das Verhandlungsverfahren und den Wettbewerblichen Dialog eingefügt.

6738   In **§ 9a Nr. 2 ist außerdem die Regelung eingefügt,** dass die Aufforderung zur Angebotsabgabe die **Nennung von Mindestanforderungen für Nebenangebote** enthalten muss, sofern diese nicht ausgeschlossen sind.

149.3 Anwendungsbereich

149.3.1 Allgemeines

§ 9a VOL/A gilt für alle Vergabeverfahren über Leistungen im Sinne von § 1a 6739
VOL/A, also auch in Verhandlungsverfahren (OLG Frankfurt am Main, B. v. 10. 4. 2001 – Az.:
11 Verg. 1/01; 1. VK Bund, B. v. 6. 7. 2005 – Az.: VK 1-53/05; VK Halle, B. v. 9. 1. 2003 –
Az.: VK Hal 27/02).

149.3.2 Anwendung in einem dynamischen Verhandlungsverfahren

Vgl. die Kommentierung zu § 10a VOB/A RZ 4408. 6740

149.4 Muss-Vorschrift

Vgl. die Kommentierung zu § 10a VOB/A RZ 4409. 6741

149.5 Allgemeiner Inhalt

Der Auftraggeber ist verpflichtet, bei Aufträgen ab den Schwellenwerten im Anschreiben 6742
(Aufforderung zur Angebotsabgabe) außer den Angaben nach § 10 Nr. 5 Abs. 2 weitere Angaben zu machen.

149.6 Begriff des Zuschlagskriteriums

Die Bezeichnung „Zuschlagskriterien" wird außer in § 9a in Abschnitt 2 nicht weiter verwendet und auch nicht definiert. Demgegenüber spricht § 9b Nr. 1 Buchstabe f) von den „maßgebenden Wertungskriterien im Sinne von § 25b Nr. 1 Abs. 1" und führt erläuternd eine Reihe von Kriterien beispielhaft auf. Da bei der Ermittlung des wirtschaftlichsten Angebotes der Preis zwar ein ganz wesentliches, aber nicht das allein ausschlaggebende Merkmal für den Zuschlag ist (§ 25 Nr. 3 Satz 2) – vor allem bei höherwertigen Leistungen im Gegensatz zur Beschaffung marktüblicher Waren in handelsüblicher Ausführung –, sind bei der Wertung der Angebote alle auftragsbezogenen Umstände zu berücksichtigen (§ 25 Nr. 3 Satz 1). **Zuschlagskriterien sind folglich die entscheidenden Wertungsmerkmale für die Ermittlung des wirtschaftlichsten Angebotes und demnach für die Erteilung des Zuschlags** (VK Südbayern, B. v. 25. 3. 2002 – Az.: 07-02/02). 6743

149.7 Pflicht zur Bekanntmachung der Zuschlagskriterien

Nach § 9a VOL/A sind die relevanten Kriterien für die Auftragserteilung in der Aufforderung zur Angebotsabgabe, in der Bekanntmachung oder in den Verdingungsunterlagen aufzuführen (VK Nordbayern, B. v. 14. 2. 2003 – Az.: 320.VK-3194-02/03). 6744

149.7.1 Sinn und Zweck der Bekanntmachung

Vgl. die Kommentierung zu § 10a VOB/A RZ 4412. 6745

149.7.2 Wahlrecht

Vgl. die Kommentierung zu § 10a VOB/A RZ 4413. 6746

149.7.3 Pflicht zur Bekanntmachung von Unterkriterien?

Vgl. die Kommentierung zu § 10a VOB/A RZ 4416. 6747

149.7.4 „Angabe" der Zuschlagskriterien

Vgl. die Kommentierung zu § 10a VOB/A RZ 4423. 6748

149.7.5 Klare und eindeutige Zuschlagskriterien

Vgl. die Kommentierung zu § 10a VOB/A RZ 4425. 6749

Teil 4 § 9a VOL/A Verdingungsordnung für Leistungen Teil A

149.7.6 Kriterien aus der Rechtsprechung

6750 – ein **Losentscheid kann zwar nicht als Kriterium angesehen werden,** anhand dessen die Angebote **vergleichend bewertet** werden. Der **Losentscheid entfaltet für die Bieter jedoch in noch stärkerer Form als ein einzelnes von mehreren Wertungskriterien die Wirkung, dass die Chance zum Vertragsschluss abschließend vom Ausgang dieses Verfahrens abhängt.** Ob ein solches Verfahren gewählt wird oder nicht, hat für den Bieter deshalb eine den üblichen Vergabekriterien vergleichbare Bedeutung und bestimmt, wie die Antragstellerin auch vorbringt, sein Angebotsverhalten. Unter Berücksichtigung eines möglichen Losentscheides können Überlegungen eine Rolle spielen, sich zur Steigerung der eigenen Chancen nicht zu einer, sondern zu mehreren Bietergemeinschaft(en) zusammenzuschließen oder als Einzelbieter anzubieten (VK Düsseldorf, B. v. 14. 7. 2003 – Az.: VK-19/2003-L)

– die **Regelungen des Gesetzes zur Regelung der Preisbindung bei Verlagserzeugnissen (BuchPrG)** sind auch in die vergaberechtliche Beurteilung der Beschaffung von Schulbüchern einzubeziehen, wenn der Auftraggeber in den Verdingungsunterlagen auf einzuhaltende Vorgaben jenes Gesetzes ausdrücklich hingewiesen hatte und sie somit zum Bestandteil der Ausschreibung gemacht hat (1. VK Sachsen, B. v. 2. 7. 2003 – Az.: 1/SVK/061-03, B. v. 2. 7. 2003 – Az.: 1/SVK/062-03)

149.7.7 Folgen von unterschiedlichen Angaben in der Vergabebekanntmachung und in der Aufforderung zur Angebotsabgabe

6751 Vgl. die Kommentierung zu § 10a VOB/A RZ 4427.

149.7.8 Folgen der fehlenden Angabe der Zuschlagskriterien

6752 Vgl. die Kommentierung zu § 25a VOB/A RZ 5862.

149.8 Bindung des Auftraggebers an die veröffentlichten Kriterien

149.8.1 Allgemeines

6753 Nach § 9a VOL/A haben Auftraggeber in den Verdingungsunterlagen oder in der Vergabebekanntmachung alle Zuschlagskriterien anzugeben, deren Verwendung sie vorsehen. Aus der Formulierung ergibt sich, dass § 9a VOL/A eine Muss-Vorschrift ist. Im Gegensatz zu Vergaben, die ausschließlich den VOL/A-Vorschriften des Abschnittes 1 unterliegen, sind die Auftraggeber bei Vergaben im Bereich des europaweiten Wettbewerbs gemäß Abschnitt 2 zwingend verpflichtet, diese Angaben zu machen. Folglich sind **die genannten Zuschlagskriterien die entscheidenden Wertungsmerkmale für die Ermittlung des wirtschaftlichsten Angebotes und demnach einzig maßgebend für die Erteilung des Auftrags** (BayObLG, B. v. 3. 7. 2002 – Az.: Verg 13/02; VK Thüringen, B. v. 16. 1. 2006 – Az.: 360-4004.20-025/05-ARN; 1. VK Sachsen, B. v. 10. 8. 2005 – Az.: 1/SVK/088-05; B. v. 4. 4. 2005 – Az.: 1/SVK/025-05; B. v. 8. 2. 2005 – Az.: 1/SVK/003-05; VK Lüneburg, B. v. 5. 11. 2004 – Az.: 203-VgK-48/2004; VK Südbayern, B. v. 21. 7. 2003 – Az.: 26-06/03; VK Nordbayern, B. v. 27. 6. 2003 – Az.: 320.VK-3194-20/03; 1. VK Bund, B. v. 14. 1. 2003 – Az.: VK 1-97/02, B. v. 13. 11. 2002 – Az.: VK 1-87/02, B. v. 9. 10. 2002 – Az.: VK 1-77/02; VK Hamburg, B. v. 17. 12. 2002 – Az.: VgK FB 3/02; VK Magdeburg, B. v. 7. 6. 2001 – Az.: 33-32571/07 VK 06/01 MD; VK bei der Oberfinanzdirektion Magdeburg, B. v. 1. 3. 2001 – Az.: VK-OFD LSA-02/01).

6754 Dieses Ergebnis folgt **auch aus dem durch § 97 GWB geschützten Transparenzgrundsatz, dem Wettbewerbsgrundsatz und dem Gleichbehandlungsgrundsatz** (VK Thüringen, B. v. 16. 1. 2006 – Az.: 360-4004.20-025/05-ARN; VK Lüneburg, B. v. 5. 11. 2004 – Az.: 203-VgK-48/2004).

6755 Diese **Bindung besteht auch in einem Verhandlungsverfahren im Sektorenbereich** (OLG München, B. v. 20. 4. 2005 – Az.: Verg 008/05).

6756 Vgl. im Einzelnen die Kommentierung zu § 10a VOB/A RZ 5850.

149.8.2 Ausprägungen der Bindung

6757 Vgl. die Kommentierung zu § 10a VOB/A RZ 5853.

Verdingungsordnung für Leistungen Teil A § 9b VOL/A **Teil 4**

149.9 Pflicht zur Angabe der Gewichtung der Zuschlagskriterien

149.9.1 Hinweis

Vgl. zunächst zu den Eignungskriterien die Kommentierung zu § 97 GWB RZ 429 und zu den Zuschlagskriterien die Kommentierung zu § 97 GWB RZ 621. 6758

149.9.2 Angabe der Gewichtung der Zuschlagskriterien

In § 9a Nr. 1 Buchstabe c) VOL/A 2006 ist die Regelung eingefügt, dass bei der Angabe der maßgebenden Wertungskriterien die **Gewichtung der einzelnen Kriterien anzugeben** ist. Kann die Gewichtung aus nachvollziehbaren Gründen nicht angegeben werden, sind in der Aufforderung zur Angebotsabgabe die Kriterien in der absteigenden Reihenfolge ihrer Bedeutung zu nennen. Diese **Regelungen entsprechen im Wesentlichen der Vorschrift des Art. 53 Abs. 2 der Vergabekoordinierungsrichtlinie**. 6759

Der **Auftraggeber ist verpflichtet, im Vergabevermerk die Gründe zu dokumentieren,** weshalb eine Gewichtung nicht angegeben werden kann. 6760

Aus der überragenden Bedeutung des das Vergaberecht beherrschenden Transparenzgebotes sind die **Gründe,** aus denen heraus eine Gewichtung nicht angegeben werden kann, **sehr restriktiv zu handhaben.** 6761

Zu den Einzelheiten vgl. die Kommentierung zu § 97 GWB RZ 621. 6762

149.10 Pflicht zur Angabe der Absicht des Auftraggebers zur Begrenzung der Zahl der Angebote

In § 9a Nr. 1 Buchstabe d) ist die Regelung eingefügt, dass anzugeben ist, ob beabsichtigt ist, ein Verhandlungsverfahren oder einen Wettbewerblichen Dialog in verschiedenen, aufeinander folgenden Phasen abzuwickeln, um hierbei die Zahl der Angebote zu begrenzen. Diese **Regelungen entsprechen den Vorschriften des Art. 29 Abs. 4 und 30 Abs. 4 der Vergabekoordinierungsrichtlinie**. 6763

149.11 Pflicht zur Angabe der Nennung von Mindestanforderungen für Nebenangebote

In § 9a Nr. 2 ist die Regelung eingefügt, dass die Verdingungsunterlagen die Nennung von Mindestanforderungen für Nebenangebote enthalten müssen, sofern diese nicht ausgeschlossen sind. Diese **Regelung entspricht im Wesentlichen der Vorschrift des Art. 24 Abs. 3 der Vergabekoordinierungsrichtlinie**. 6764

Zu den **inhaltlichen Voraussetzungen** vgl. insoweit die **Kommentierung zu § 25 VOB/A** RZ 5729. 6765

149.12 Pflicht zur Angabe der Nennung von Verfahrenseinzelheiten beim Wettbewerblichen Dialog

In § 9a Nr. 1 Buchstabe b) ist die Regelung eingefügt, dass die Aufforderung zur Angebotsabgabe beim Wettbewerblichen Dialog die Nennung von Termin und Ort des Beginns der Konsultationsphase enthalten muss. Diese **Regelung entspricht im Wesentlichen der Vorschrift des Art. 40 Abs. 5 Buchstabe c) der Vergabekoordinierungsrichtlinie**. 6766

150. § 9b VOL/A – Vergabeunterlagen

1. Bei Aufträgen im Sinne von § 1b muss das Anschreiben außer den Angaben nach § 17 Nr. 3 Abs. 2 Folgendes enthalten:
   a) Anschrift der Stelle, bei der zusätzliche Unterlagen angefordert werden können,
   b) Tag, bis zu dem zusätzliche Unterlagen angefordert werden können,

1247

Teil 4 § 9b VOL/A Verdingungsordnung für Leistungen Teil A

c) gegebenenfalls Betrag und Zahlungsbedingungen für zusätzliche Unterlagen,

d) Angabe, dass die Angebote in deutscher Sprache abzufassen sind,

e) Hinweis auf die Veröffentlichung der Bekanntmachung,

f) sofern nicht in der Bekanntmachung angegeben (§ 17b Nr. 1), die maßgebenden Wertungskriterien im Sinne von § 25b Nr. 1 Abs. 1 wie etwa Lieferzeit, Ausführungsdauer, Betriebskosten, Rentabilität, Qualität, Ästhetik und Zweckmäßigkeit, Umwelteigenschaften, technischer Wert, Kundendienst und technische Hilfe, Verpflichtungen hinsichtlich der Ersatzteile, Versorgungssicherheit, Preis; dabei ist die Gewichtung der Kriterien anzugeben oder soweit nach § 25b Nr. 1 Abs. 1 zulässig, die absteigende Reihenfolge ihrer Bedeutung.

2. Wenn der Auftraggeber Nebenangebote nicht oder nur in Verbindung mit einem Hauptangebot zulassen will, so ist dies anzugeben. Lässt der Auftraggeber Nebenangebote zu, sind auch die Mindestanforderungen anzugeben, die Nebenangebote erfüllen müssen und auf welche Weise sie einzureichen sind.

3. Der Auftraggeber kann die Bieter auffordern, in ihrem Angebot die Leistungen anzugeben, die sie an Nachunternehmer zu vergeben beabsichtigen.

150.1 Vergleichbare Regelungen

6767   Der **Vorschrift des § 9b VOL/A vergleichbar** sind im Bereich der VOL **§ 9a VOL/A** und im Bereich der VOB **§§ 10a, 10b VOB/A.** Die Kommentierungen zu diesen Vorschriften können daher ergänzend zu der Kommentierung des § 9b herangezogen werden.

150.2 Änderungen in der VOL/A 2006

6768   In § 9b Nr. 1 Buchstabe f) sind als weiteres mögliches Wertungskriterium die „Umwelteigenschaften" sowie die Regelung eingefügt, dass bei der Angabe der maßgebenden Wertungskriterien die **Gewichtung der einzelnen Kriterien anzugeben** ist.

6769   In § 9b Nr. 2 ist die **Verpflichtung des Auftraggebers eingefügt, die Mindestanforderungen anzugeben, die Nebenangebote erfüllen müssen und auf welche Weise sie einzureichen sind.**

150.3 Anwendungsbereich

6770   Vgl. die Kommentierung zu § 9a VOL/A.

150.4 Muss-Vorschrift

6771   Vgl. die Kommentierung zu § 9a VOL/A.

150.5 Allgemeiner Inhalt

6772   Der Auftraggeber ist verpflichtet, bei Aufträgen ab den Schwellenwerten im Anschreiben außer den Angaben nach § 17 Nr. 3 Abs. 2 weitere Angaben zu machen.

150.6 Angabe der Wertungskriterien (§ 9b Nr. 1 Buchstabe f))

150.6.1 Begriff des Wertungskriteriums

6773   § 9b Nr. 1 Buchstabe f) spricht von den „maßgebenden Wertungskriterien im Sinne von § 25b Nr. 1 Abs. 1" und führt erläuternd eine Reihe von Kriterien beispielhaft auf. Da bei der Ermittlung des wirtschaftlichsten Angebotes der Preis zwar ein ganz wesentliches, aber nicht das allein ausschlaggebende Merkmal für den Zuschlag ist (§ 25 Nr. 3 Satz 2) – vor allem bei höherwertigen Leistungen im Gegensatz zur Beschaffung marktüblicher Waren in handelsüblicher Ausführung –, sind bei der Wertung der Angebote alle auftragsbezogenen Umstände zu berücksichtigen (§ 25 Nr. 3 Satz 1). **Wertungskriterien sind folglich die entscheidenden Wer-**

Verdingungsordnung für Leistungen Teil A § 9b VOL/A **Teil 4**

tungsmerkmale für die Ermittlung des wirtschaftlichsten Angebotes und demnach für die Erteilung des Zuschlags (VK Südbayern, B. v. 25. 3. 2002 – Az.: 07-02/02).

150.6.2 Wertungskriterium der „Umwelteigenschaften"

In § 9b Nr. 1 Buchstabe f) ist als **weiteres mögliches Wertungskriterium** der Begriff der „Umwelteigenschaften" eingefügt. § 9b übernimmt damit die **Regelung des § 55 Abs. 1 Buchstabe a) der Sektorenrichtlinie.** 6774

150.6.3 Pflicht zur Bekanntmachung der Wertungskriterien

Nach § 9b VOL/A sind die relevanten Kriterien für die Auftragserteilung in der Bekanntmachung oder im Anschreiben aufzuführen (VK Nordbayern, B. v. 14. 2. 2003 – Az.: 320.VK-3194-02/03). 6775

150.6.3.1 Sinn und Zweck der Bekanntmachung

Vgl. dazu die Kommentierung zu § 9a VOL/A RZ 6745. 6776

150.6.3.2 Wahlrecht

Vgl. dazu die Kommentierung zu § 9a VOL/A RZ 6746. 6777

150.6.3.3 Pflicht zur Bekanntmachung von Unterkriterien?

Vgl. dazu die Kommentierung zu § 9a VOL/A RZ 6747. 6778

150.6.3.4 „Angabe" der Wertungskriterien

Vgl. dazu die Kommentierung zu § 9a VOL/A RZ 6748. 6779

150.6.3.5 Klare und eindeutige Wertungskriterien

Vgl. dazu die Kommentierung zu § 10a VOB/A RZ 4425. 6780

150.6.3.6 Kriterien aus der Rechtsprechung

Vgl. dazu die Kommentierung zu § 9a VOL/A RZ 6750. 6781

150.6.4 Folgen von unterschiedlichen Angaben in der Vergabebekanntmachung und im Anschreiben

Vgl. dazu die Kommentierung zu § 10a VOB/A RZ 4427. 6782

150.6.5 Folgen der fehlenden Angabe der Wertungskriterien

Vgl. dazu die Kommentierung zu § 10a VOB/A RZ 4431. 6783

150.7 Bindung des Auftraggebers an die veröffentlichten Kriterien

Vgl. dazu die Kommentierungen zu § 9a VOL/A RZ 6753. 6784

150.8 Pflicht zur Angabe der Gewichtung der Wertungskriterien

Vgl. dazu die Kommentierung zu § 9a VOL/A RZ 6758. 6785

150.9 Anforderungen an Nebenangebote (§ 9b Nr. 2)

Wenn der Auftraggeber Nebenangebote nicht oder nur in Verbindung mit einem Hauptangebot zulassen will, so ist dies anzugeben. Ebenso sind zwingend die Mindestanforderungen an Nebenangebote anzugeben und auf welche Weise sie einzureichen sind. 6786

150.9.1 Zulassung von Nebenangeboten

§ 9b Nr. 2 Satz 1 entspricht im Wesentlichen § 17 Nr. 3 Abs. 5 Satz 1 VOL/A; vgl. daher die Kommentierung zu § 17 VOL/A. 6787

Teil 4 § 10 VOL/A Verdingungsordnung für Leistungen Teil A

150.9.2 Pflicht zur Angabe der Nennung von Mindestanforderungen an Nebenangebote

6788 In § 9 b Nr. 2 ist die Regelung eingefügt, dass die Verdingungsunterlagen die Nennung von Mindestanforderungen für Nebenangebote enthalten müssen, sofern diese nicht ausgeschlossen sind. Diese **Regelung entspricht im Wesentlichen der Vorschrift des Art. 36 Abs. 1 der Sektorenrichtlinie.**

6789 Zu den **inhaltlichen Voraussetzungen** vgl. insoweit die **Kommentierung zu § 25 VOB/A** RZ 5729.

150.10 Forderung nach Angabe der Leistungen, die an Nachunternehmer vergeben werden sollen (§ 9 b Nr. 3)

6790 Der Auftraggeber kann die Bieter auffordern, in ihrem Angebot die Leistungen anzugeben, die sie an Nachunternehmer zu vergeben beabsichtigen.

6791 Die **Vergabestelle ist also gemäß § 9 b Nr. 3 VOL/A berechtigt, vom Bieter Angaben über den beabsichtigten Nachunternehmereinsatz zu fordern** (BayObLG, B. v. 11. 2. 2004 – Az.: Verg 1/04, B. v. 8. 11. 2002 – Az.: Verg 27/02, B. v. 17. 6. 2002 – Az.: Verg 14/02; OLG Dresden, B. v. 12. 6. 2002 – Az.: WVerg 0006/02; VK Nordbayern, B. v. 13. 11. 2003 – Az.: 320.VK-3194-40/03, B. v. 6. 2. 2003 – Az.: 320.VK-3194-01/03; VK Rheinland-Pfalz beim Ministerium für Wirtschaft, Verkehr, Landwirtschaft und Weinbau, B. v. 10. 10. 2003 – Az.: VK 18/03; 2. VK Bund, B. v. 6. 10. 2003 – Az.: VK 2-80/03; VK Südbayern, B. v. 27. 8. 2003 – Az.: 35-08/03, B. v. 27. 8. 2003 – Az.: 34-07/03, B. v. 12. 3. 2003 – Az.: 04-02/03). Die Angaben sind insbesondere **bedeutsam für die Beurteilung der Sachkunde, Leistungsfähigkeit und Zuverlässigkeit** des Bieters. Überdies ist es im Rahmen der **Liefer- und Leistungsorganisation** für den Auftraggeber von Interesse, mit welchen Unternehmen er es zu tun hat (BayObLG, B. v. 11. 2. 2004 – Az.: Verg 1/04).

151. § 10 VOL/A – Unteraufträge

1. In den Verdingungsunterlagen ist festzulegen, dass der Auftragnehmer

   a) bei der Übertragung von Teilen der Leistung (Unterauftrag) nach wettbewerblichen Gesichtspunkten verfährt,

   b) dem Unterauftragnehmer auf Verlangen den Auftraggeber benennt,

   c) dem Unterauftragnehmer insgesamt keine ungünstigeren Bedingungen – insbesondere hinsichtlich der Zahlungsweise und Sicherheitsleistungen – stellt, als zwischen ihm und dem Auftraggeber vereinbart sind.

2. (1) In den Verdingungsunterlagen ist festzulegen, dass der Auftragnehmer bei der Einholung von Angeboten für Unteraufträge regelmäßig kleine und mittlere Unternehmen angemessen beteiligt.

   (2) Bei Großaufträgen ist in den Verdingungsunterlagen weiter festzulegen, dass sich der Auftragnehmer bemüht, Unteraufträge an kleine und mittlere Unternehmen in dem Umfang zu erteilen, wie er es mit der vertragsgemäßen Ausführung der Leistung vereinbaren kann.

151.1 Vergleichbare Regelungen

6792 Der Vorschrift des § 10 VOL/A vergleichbar ist – grundsätzlich – im Bereich der VOF § 26 VOF. Die Kommentierung zu dieser Vorschrift kann daher ergänzend zu der Kommentierung des § 10 herangezogen werden.

151.2 Änderungen in der VOL/A 2006

6793 Im Rahmen der VOL/A 2006 ist **§ 10 nicht geändert** worden.

151.3 Bedeutung der Vorschrift in der Rechtsprechung

6794 Die Vorschrift spielt bisher in der Rechtsprechung keine Rolle.

Verdingungsordnung für Leistungen Teil A § 11 VOL/A **Teil 4**

152. § 11 VOL/A – Ausführungsfristen

1. Die Ausführungsfristen sind ausreichend zu bemessen. Außergewöhnlich kurze Fristen sind nur bei besonderer Dringlichkeit vorzusehen.
2. Wenn es ein erhebliches Interesse des Auftraggebers erfordert, sind Einzelfristen für in sich abgeschlossene Teile der Leistung zu bestimmen.
3. Ist für die Einhaltung von Ausführungsfristen die Übergabe von Zeichnungen oder anderen Unterlagen wichtig, so soll hierfür ebenfalls eine Frist festgelegt werden.

152.1 Vergleichbare Regelungen

Der Vorschrift des § 11 VOL/A vergleichbar ist im Bereich der VOB **§ 11 VOB/A.** Die Kommentierung zu dieser Vorschrift kann daher ergänzend zu der Kommentierung des § 11 herangezogen werden. 6795

152.2 Änderungen in der VOL/A 2006

Im Rahmen der VOL/A 2006 ist **§ 11 nicht geändert** worden. 6796

152.3 Bieterschützende Vorschrift

Vgl. die Kommentierung zu § 11 VOB/A RZ 4465. 6797

152.4 Bemessung der Ausführungsfristen

Die Ausführungsfristen **sind ausreichend zu bemessen.** Außergewöhnlich kurze Fristen sind nur bei besonderer Dringlichkeit vorzusehen (Nr. 1). Wenn es ein erhebliches Interesse des Auftraggebers erfordert, sind Einzelfristen für in sich abgeschlossene Teile der Leistung zu bestimmen (Nr. 2). Ist für die Einhaltung von Ausführungsfristen die Übergabe von Zeichnungen oder anderen Unterlagen wichtig, so soll hierfür ebenfalls eine Frist festgelegt werden (Nr. 3). 6798

152.4.1 Allgemeines

Vgl. die Kommentierung zu § 11 VOB/A RZ 4467. 799

152.4.2 Indizien für eine nicht ausreichende Bemessung der Ausführungsfristen

Vgl. die Kommentierung zu § 11 VOB/A RZ 4468. 6800

152.4.3 Änderung der Ausführungsfrist durch eine Verlängerung der Bindefrist?

Vgl. die Kommentierung zu § 11 VOB/A RZ 4469. 6801

152.4.4 Folge einer Verlängerung der Bindefrist für die Ausführungszeit

Vgl. die Kommentierung zu § 11 VOB/A RZ 4470. 6802

152.4.5 Möglichkeit der Nachverhandlung über Ausführungsfristen?

Vgl. die Kommentierung zu § 11 VOB/A RZ 4474. 6803

152.5 Erläuternde Hinweise der VOL/A

Der Begriff „Ausführungsfristen" umfasst auch Lieferfristen. 6804

153. § 12 VOL/A – Vertragsstrafen

Vertragsstrafen sollen nur für die Überschreitung von Ausführungsfristen ausbedungen werden und auch nur dann, wenn die Überschreitung erhebliche Nachteile verursachen kann. Die Strafe ist in angemessenen Grenzen zu halten.

153.1 Vergleichbare Regelungen

6805   Der Vorschrift des § 12 VOL/A vergleichbar ist im Bereich der VOB **§ 12 VOB/A**. Die Kommentierung zu dieser Vorschrift kann daher ergänzend zu der Kommentierung des § 12 herangezogen werden.

153.2 Änderungen in der VOL/A 2006

6806   Im Rahmen der VOL/A 2006 ist **§ 12 nicht geändert** worden.

153.3 Vertragsstrafe

153.3.1 Sinn und Zweck

6807   Vgl. die Kommentierung zu § 12 VOB/A RZ 4494.

153.3.2 Vertragsstrafen auch für andere Fälle als die Überschreitung von Ausführungsfristen

6808   Vgl. die Kommentierung zu § 12 VOB/A RZ 4495.

153.3.3 Forderung nach einer Vertraulichkeitserklärung

6809   Vgl. dazu die Kommentierung zu § 10 VOB/A RZ 4336.

153.3.4 Vertragsstrafe mit dem Inhalt, dass die Höhe der Vertragsstrafe im billigen Ermessen des Auftraggebers steht

6810   Vgl. die Kommentierung zu § 12 VOB/A RZ 4498.

153.3.5 Geltendmachung der Vertragsstrafe nur bei tatsächlichen Nachteilen für den Auftraggeber

153.3.5.1 Grundsatz

6811   Vgl. die Kommentierung zu § 12 VOB/A RZ 4502.

153.3.5.2 Zulässigkeit bei abstrakter Möglichkeit eines erheblichen Nachteils

6812   Vgl. die Kommentierung zu § 12 VOB/A RZ 4506.

153.3.5.3 Zulässigkeit bei drohenden Ansprüchen eines Nachunternehmers

6813   Vgl. die Kommentierung zu § 12 VOB/A RZ 4507.

153.3.6 Angemessene Höhe der Vertragsstrafe

6814   Die Strafe ist in angemessenen Grenzen zu halten.

153.3.6.1 Grundsatz

6815   Vgl. die Kommentierung zu § 12 VOB/A RZ 4500.

Verdingungsordnung für Leistungen Teil A § 13 VOL/A **Teil 4**

153.3.6.2 Rechtsfolgen einer unangemessen hohen Vertragsstrafe

Vgl. die Kommentierung zu § 12 VOB/A RZ 4501. 6816

153.4 Beschleunigungsvergütung

Im Gegensatz zu § 12 VOB/A nennt § 12 VOL/A die Möglichkeit einer Beschleunigungs- 6817 vergütung nicht ausdrücklich. Dies steht aber der Zulässigkeit einer entsprechenden vertraglichen Vereinbarung nicht entgegen.

153.4.1 Inhalt

Vgl. die Kommentierung zu § 12 VOB/A RZ 4514. 6818

153.4.2 Umsatzsteuerpflicht

Vgl. die Kommentierung zu § 12 VOB/A RZ 4516. 6819

153.4.3 Beispiele aus der Rechtsprechung

Vgl. die Kommentierung zu § 12 VOB/A RZ 4517. 6820

154. § 13 VOL/A – Verjährung der Mängelansprüche

1. Für die Verjährung der Mängelansprüche sollen die gesetzlichen Fristen ausbedungen werden.
2. Andere Regelungen für die Verjährung sollen vorgesehen werden, wenn dies wegen der Eigenart der Leistung erforderlich ist. In solchen Fällen sind alle Umstände gegeneinander abzuwägen; hierbei können die in dem Wirtschaftszweig üblichen Regelungen in Betracht gezogen werden.

154.1 Vergleichbare Regelungen

Der Vorschrift des § 13 VOL/A vergleichbar ist im Bereich der VOB **§ 13 VOB/A**. Die 6821 Kommentierung zu dieser Vorschrift kann daher ergänzend zu der Kommentierung des § 13 herangezogen werden.

154.2 Änderungen in der VOL/A 2006

Im Rahmen der VOL/A 2006 ist **§ 13 nicht geändert** worden. 6822

154.3 Verjährungsfristen nach § 14 Nr. 3 VOL/B

Mit der **VOL/B 2003** sind die **Verjährungsfristen** des § 14 Nr. 3 VOL/B **neu geregelt** 6823 worden:

Soweit nichts anderes vereinbart ist, gelten für die Verjährung der Mängelansprüche die ge- 6824 setzlichen Fristen des Bürgerlichen Gesetzbuches. Andere Regelungen sollen vorgesehen werden, wenn dies wegen der Eigenart der Leistung erforderlich ist; hierbei können die in dem jeweiligen Wirtschaftszweig üblichen Regelungen in Betracht gezogen werden. Der Auftraggeber hat dem Auftragnehmer Mängel unverzüglich schriftlich anzuzeigen.

154.4 Verlängerung der Verjährung

154.4.1 Rechtsprechung des Bundesgerichtshofes zur VOB

In der **älteren Rechtsprechung zur VOB** hat der Bundesgerichtshof die Zulässigkeit einer 6825 Verlängerung der Verjährungsfrist im Rahmen der Mängelansprüche bejaht (z.B. eine generelle Verlängerung auf fünf Jahre oder eine Verlängerung bei Flachdacharbeiten; vgl. im Einzelnen die

Teil 4 § 14 VOL/A Verdingungsordnung für Leistungen Teil A

Kommentierung zu § 13 VOB/A Ziffer 115.3). Der Bundesgerichtshof hat dies im Wesentlichen mit den **Besonderheiten der von einer längeren Verjährung betroffenen Arbeiten** und damit **jeweils im Einzelfall begründet.**

6826 Diese Rechtsprechung kann im Grundsatz auch auf die VOL/A übertragen werden.

154.4.2 Neue Rechtsprechung des Bundesgerichtshofes zur Privilegierung der VOB/B

6827 Nach der älteren Rechtsprechung des Bundesgerichtshofes zur VOB/B unterlagen die einzelnen Regelungen der VOB/B nicht der Inhaltskontrolle nach dem Gesetz über die Allgemeinen Geschäftsbedingungen (jetzt BGB), wenn der **Verwender die VOB/B ohne ins Gewicht fallende Einschränkung übernommen** hat. Dieser Rechtsprechung liegt die Erwägung zugrunde, dass die VOB/B einen billigen Interessenausgleich zwischen Auftragnehmer und Auftraggeber bezweckt. Würden einzelne Regelungen der Inhaltskontrolle unterzogen, so könnte der bezweckte Interessenausgleich gestört sein. Die VOB/B ist deshalb der Inhaltskontrolle entzogen worden, wenn der von ihr verwirklichte Interessenausgleich durch die Vertragsgestaltung nicht wesentlich beeinträchtigt worden ist. Die Inhaltskontrolle war eröffnet, wenn der Vertrag Regelungen vorsah, die in den Kernbereich der VOB/B eingreifen. Diese Rechtsprechung hatte teilweise insoweit Widerspruch erfahren, als keine klaren Abgrenzungskriterien entwickelt worden seien, unter welchen Voraussetzungen eine wesentliche Beeinträchtigung des in der VOB/B verwirklichten Interessenausgleichs angenommen werden könne. Dem ist zuzustimmen. **Im Interesse der Rechtssicherheit ist grundsätzlich jede inhaltliche Abweichung von der VOB/B als eine Störung des von ihr beabsichtigten Interessenausgleichs zu bewerten.** Denn anderenfalls wäre die im Recht der Allgemeinen Geschäftsbedingungen notwendige Transparenz (vgl. § 307 Abs. 1 Satz 2 BGB n. F.) nicht zu gewährleisten. Die VOB/B ist demnach nur dann einer Inhaltskontrolle nach dem AGB-Gesetz entzogen, wenn sie als Ganzes vereinbart worden ist. Es kommt nicht darauf an, welches Gewicht der Eingriff hat. **Damit ist die Inhaltskontrolle auch dann eröffnet, wenn nur geringfügige inhaltliche Abweichungen von der VOB/B vorliegen und auch unabhängig davon, ob eventuell benachteiligende Regelungen im vorrangigen Vertragswerk möglicherweise durch andere Regelungen „ausgeglichen" werden.** Der Bundesgerichtshof lässt aber ausdrücklich offen, ob die neue Rechtsprechung zur VOB/B als Ganzes auch auf Fälle unter Geltung des Gesetzes zur Modernisierung des Schuldrechts anwendbar ist (Bundesgerichtshof, Urteil vom 22. 4. 2004 – Az.: VII ZR 419/02).

6828 Es spricht dennoch vieles dafür, dass **auch nach dem neuen Recht des BGB jede Verlängerung der Frist für Mängelansprüche die Inhaltskontrolle nach dem BGB (früher AGB-Gesetz) eröffnet** – mit allen daraus resultierenden Konsequenzen.

6829 Diese **Rechtsprechung kann auch auf die VOL übertragen** werden.

154.5 Hemmung der Verjährung durch Anrufung einer VOL-Schiedsstelle

6830 Vgl. die Kommentierung zu § 13 VOB/A RZ 4530.

155. § 14 VOL/A – Sicherheitsleistungen

1. Sicherheitsleistungen sind nur zu fordern, wenn sie ausnahmsweise für die sach- und fristgemäße Durchführung der verlangten Leistung notwendig erscheinen.
2. Die Sicherheit soll nicht höher bemessen und ihre Rückgabe nicht für einen späteren Zeitpunkt vorgesehen werden, als nötig ist, um den Auftraggeber vor Schaden zu bewahren. Sie soll 5 vom Hundert der Auftragssumme nicht überschreiten.
3. Soweit nach diesen Grundsätzen eine teilweise Rückgabe von Sicherheiten möglich ist, hat dies unverzüglich zu geschehen.

155.1 Vergleichbare Regelungen

6831 Der Vorschrift des § 14 VOL/A vergleichbar ist im Bereich der VOB **§ 14 VOB/A**. Die Kommentierung zu dieser Vorschrift kann daher ergänzend zu der Kommentierung des § 14 herangezogen werden.

Verdingungsordnung für Leistungen Teil A   § 15 VOL/A   **Teil 4**

155.2 Änderungen in der VOL/A 2006

Im Rahmen der VOL/A 2006 ist **§ 14 nicht geändert** worden.   6832

155.3 Restriktive Handhabung

Vgl. die Kommentierung zu § 14 VOB/A RZ 4540.   6833

155.4 Sicherheit in Höhe von 10% und Betriebsunterbrechungsversicherung

Die **Forderung nach Sicherheiten in Höhe von 10% der Auftragssumme eines Jah-** 6834
res in Form einer selbstschuldnerischen Bürgschaft und einer Betriebsunterbre-
chungsversicherung verstößt nicht gegen § 14 Nr. 1 VOL/A. Die Forderung nach derartigen Sicherheiten kann bei der Art des zu vergebenden Auftrags nicht als ermessensfehlerhaft angesehen werden. Die Höhe ist nicht zu beanstanden, denn nach § 14 Nr. 2 soll die Sicherheitsleistung 5% der (gesamten) Auftragssumme nicht überschreiten, was hier in Anbetracht der fast fünfjährigen Laufzeit des Vertrags mit dreijähriger Verlängerungsoption nicht annähernd erreicht wird (VK Hessen, B. v. 2. 1. 2003 – Az.: 69 d VK-53/2002, B. v. 2. 1. 2003 – Az.: 69 d VK-54/2002, B. v. 2. 1. 2003 – Az.: 69 d VK-55/2002).

155.5 Hinweis

§ 14 VOL/A spielt in der Rechtsprechung keine Rolle. Die wesentlichen Grundsätze der 6835
Rechtsprechung zu Sicherheitsleistungen (u. a. Unzulässigkeit der Bürgschaft auf erstes Anfordern) finden sich in den Kommentierungen zu § 17 VOL/B.

156. § 15 VOL/A – Preise

1. (1) Leistungen sollen zu festen Preisen vergeben werden.
   (2) **Bei der Vergabe sind die Vorschriften über die Preise bei öffentlichen Aufträgen zu beachten.**
2. **Sind bei längerfristigen Verträgen wesentliche Änderungen der Preisermittlungsgrundlagen zu erwarten, deren Eintritt oder Ausmaß ungewiss ist, so kann eine angemessene Änderung der Vergütung in den Verdingungsunterlagen vorgesehen werden. Die Einzelheiten der Preisänderungen sind festzulegen.**

156.1 Vergleichbare Regelungen

Der Vorschrift des § 15 VOL/A vergleichbar ist im Bereich der VOB **§ 15 VOB/A.** Die 6836
Kommentierung zu dieser Vorschrift kann daher ergänzend zu der Kommentierung des § 15 herangezogen werden.

156.2 Änderungen in der VOL/A 2006

Im Rahmen der VOL/A 2006 ist **§ 15 nicht geändert** worden.   6837

156.3 Vergabe zu festen Preisen (§ 15 Nr. 1 Abs. 1)

Vgl. die Kommentierung zu § 15 VOB/A RZ 4563.   6838

156.4 Vorschriften über die Preise bei öffentlichen Aufträgen (§ 15 Nr. 1 Abs. 2)

Bei der Vergabe sind die Vorschriften über die **Preise bei öffentlichen Aufträgen** zu be- 6839
achten. Es handelt sich insoweit um

Teil 4 § 15 VOL/A   Verdingungsordnung für Leistungen Teil A

- die Verordnung PR Nr. 30/53 über die Preise bei öffentlichen Aufträgen vom 21. November 1953 (BAnz. Nr. 244 vom 18. 12. 1953), zuletzt geändert durch Verordnung PR Nr. 1/86 vom 15. April 1986 (BGBl. I S. 435 und BAnz. S. 5046) und
- die Verordnung PR Nr. 1/89 vom 13. Juni 1989 (BGBl. I S. 1094 und BAnz. S. 3042).

6840   Sie spielen in der Praxis kaum eine Rolle.

156.5 Unzulässigkeit des völligen Ausschlusses jeder Preisänderung

6841   Vgl. die Kommentierung zu § 15 VOB/A RZ 4566.

156.6 Ermessensvorschrift

6842   Vgl. die Kommentierung zu § 15 VOB/A RZ 4567.

156.7 Grundsätze zur Anwendung von Preisvorbehalten bei öffentlichen Aufträgen

6843   Der Bundesminister für Wirtschaft und Finanzen hat 1972 Grundsätze zur Anwendung von Preisvorbehalten bei öffentlichen Aufträgen bekannt gemacht. Sie sollen von öffentlichen Auftraggebern bei Fällen des § 15 VOL/A beachtet werden.

156.8 Preisvorbehalte nur für den ausgeschriebenen Auftrag

6844   Vgl. die Kommentierung zu § 15 VOB/A RZ 4569.

156.9 Vorgabe von Preisvorbehalten nur durch den Auftraggeber

6845   Vgl. die Kommentierung zu § 15 VOB/A RZ 4570.

156.10 Längerfristige Verträge

156.10.1 Allgemeines

6846   Vgl. die Kommentierung zu § 15 VOB/A RZ 4571.

156.10.2 Beispiele aus der Rechtsprechung

6847   Vgl. die Kommentierung zu § 15 VOB/A RZ 4573.

156.10.3 § 15 Nr. 1 Buchstabe d) der Grundsätze zur Anwendung von Preisvorbehalten bei öffentlichen Aufträgen

6848   Vgl. die Kommentierung zu § 15 VOB/A RZ 4575.

156.11 Wesentliche Änderungen (Bagatell- und Selbstbehaltsklausel)

156.11.1 Allgemeines

6849   Vgl. die Kommentierung zu § 15 VOB/A RZ 4578.

156.11.2 Beispiele aus der Rechtsprechung

6850   Vgl. die Kommentierung zu § 15 VOB/A RZ 4579.

156.11.3 Bagatellklausel bei Rückforderungen

6851   Vgl. die Kommentierung zu § 15 VOB/A RZ 4580.

Verdingungsordnung für Leistungen Teil A § 16 VOL/A **Teil 4**

156.11.4 § 15 Nr. 2 Buchstabe b) und c) der Grundsätze zur Anwendung von Preisvorbehalten bei öffentlichen Aufträgen

Vgl. die Kommentierung zu § 15 VOB/A RZ 4582. 6852

156.12 Möglichkeiten der Festlegung der Änderung der Vergütung in den Verdingungsunterlagen

Zur Abdeckung von wesentlichen Änderungen der Preisermittlungsgrundlagen kommen mehrere Möglichkeiten in Betracht. 6853

156.12.1 Allgemeines (Lohngleitklausel usw.)

Vgl. die Kommentierung zu § 15 VOB/A RZ 4584. 6854

156.12.2 Angabe eines Listenpreises verbunden mit einem Rabattsatz

Der öffentliche Auftraggeber kann im Leistungsverzeichnis die **Angabe eines Einzellistenpreises** verlangen. Unter einem Listenpreis wird derjenige Preis verstanden, den der Hersteller eines Produktes als unverbindlichen Wiederverkaufspreis allgemein festsetzt. Der Listenpreis gilt für alle Abnehmer des Produktes. Der **eigene Listenpreis ist dadurch gekennzeichnet, dass ein außen stehender Dritter ohne größeren Aufwand erkennen kann, welche Preise dieser (eine) Anbieter für die jeweiligen Produkte zugrunde legt und wie sich die Preise und die an diese Preise gebundenen Rabatte bei diesem Anbieter entwickeln** (Schleswig-Holsteinisches OLG, B. v. 31. 3. 2006 – Az.: 1 Verg 3/06; VK Schleswig-Holstein, B. v. 10. 1. 2006 – Az.: VK-SH 30/05). Der Auftraggeber kann **außerdem verlangen, dass Preissenkungen bei den Listenpreisen an den Auftraggeber weitergegeben werden.** Dies bietet den Vorteil, dass der eingeräumte feste Rabattsatz vom jeweils gültigen Listenpreis abgezogen wird. Die Preisänderung hängt damit von einem objektiv feststellbaren Kriterium ab. Eine **solche Ausschreibung ist nach § 15 Nr. 2 VOL/A dann möglich, wenn bei längerfristigen Verträgen wesentliche Änderungen der Preisermittlungsgrundlagen zu erwarten sind, deren Eintritt und Ausmaß ungewiss ist. Diese Voraussetzungen treffen auf Ausschreibungen im Computermarkt zu,** da nach den Erfahrungen der vergangenen Jahre ein ständiger Preisverfall auf diesem Markt zu beobachten ist. Ein Interesse des öffentlichen Auftraggebers an einer entsprechenden Preisanpassung während des Vertragszeitraums ist damit zu bejahen (BayObLG, B. v. 21. 10. 2004 – Az.: Verg 017/04). 6855

156.13 Preisrechtliche Rahmenbedingungen

Vgl. die Kommentierung zu § 15 VOB/A RZ 4594. 6856

156.14 Preisänderungen nach Versendung der Vergabeunterlagen und vor Zuschlag

Vgl. die Kommentierung zu § 15 VOB/A RZ 4598. 6857

157. § 16 VOL/A – Grundsätze der Ausschreibung und der Informationsübermittlung

1. Der Auftraggeber soll erst dann ausschreiben, wenn alle Verdingungsunterlagen fertig gestellt sind und die Leistung aus der Sicht des Auftraggebers innerhalb der angegebenen Frist ausgeführt werden kann.
2. Ausschreibungen für vergabefremde Zwecke (z. B. Ertragsberechnungen, Vergleichsanschläge, Markterkundung) sind unzulässig.
3. Nummer 1 und 2 gelten für die Freihändige Vergabe entsprechend.
4. Die Auftraggeber geben in der Bekanntmachung oder den Vergabeunterlagen an, ob Informationen per Post, Telefax, direkt oder elektronisch oder durch eine Kombination dieser Kommunikationsmittel übermittelt werden.

5. Das für die elektronische Übermittlung gewählte Netz muss allgemein verfügbar sein und darf den Zugang der Bewerber und Bieter zu den Vergabeverfahren nicht beschränken. Die dafür zu verwendenden Programme und ihre technischen Merkmale müssen

   - nicht diskriminierend,
   - allgemein zugänglich und
   - kompatibel mit allgemein verbreiteten Erzeugnissen der Informations- und Kommunikationstechnologie sein.

6. Die Auftraggeber haben dafür Sorge zu tragen, dass den interessierten Unternehmen die Informationen über die Spezifikationen der Geräte, die für die elektronische Übermittlung der Anträge auf Teilnahme und der Angebote erforderlich sind, einschließlich Verschlüsselung zugänglich sind. Außerdem muss gewährleistet sein, dass die in Anhangs II genannten Anforderungen erfüllt sind.

157.1 Vergleichbare Regelungen

6858   Der Vorschrift des § 16 VOL/A vergleichbar ist im Bereich der VOB **§ 16 VOB/A.** Die Kommentierung zu dieser Vorschrift kann daher ergänzend zu der Kommentierung des § 16 herangezogen werden.

157.2 Änderungen in der VOL/A 2006

6859   In **§ 16 Nr. 4–6 ist die Regelung eingefügt,** dass die Auftraggeber in der Bekanntmachung oder den Vergabeunterlagen angeben, ob Informationen per Post, Telefax, direkt, elektronisch oder durch eine Kombination dieser Kommunikationsmittel übermittelt werden sowie die Verfügbarkeitsvoraussetzungen für die elektronische Kommunikation angeben. Entsprechend ist auch die **Überschrift des § 16 geändert.**

157.3 Bieterschützende Vorschrift

6860   Vgl. dazu die Kommentierung RZ 4602.

157.4 Sollvorschrift

6861   Vgl. die Kommentierung zu § 16 VOB/A RZ 4603.

157.5 Fertigstellung aller Verdingungsunterlagen (§ 16 Nr. 1)

6862   Vgl. dazu die Kommentierung zu § 16 VOB/A RZ 4605.

157.5.1 Sonderfall der funktionalen Leistungsbeschreibung

6863   Vgl. die Kommentierung zu § 16 VOB/A RZ 4606.

157.5.2 Fehlende Finanzierung eines ausgeschriebenen Projektes

157.5.2.1 Grundsatz

6864   Der öffentliche Auftraggeber soll erst ausschreiben, wenn die Finanzierung einer Beschaffungsmaßnahme gesichert ist.

157.5.2.2 Rechtsfolgen einer fehlenden Finanzierung

6865   **157.5.2.2.1 Vergaberecht.** Vgl. die Kommentierung zu § 16 VOB/A RZ 4609.

6866   **157.5.2.2.2 Schadenersatz.** Vgl. die Kommentierung zu § 16 VOB/A RZ 4610.

6867   Zu eventuellen Schadensersatzansprüchen aufgrund einer von § 26 VOL/A nicht gedeckten Aufhebung einer Ausschreibung wegen mangelnder Finanzierung vgl. die Kommentierung zu § 26 VOL/A.

157.6 Möglichkeit der Ausführung der Leistung (§ 16 Nr. 1)

Vgl. die Kommentierung zu § 16 VOB/A RZ 4612. 6868

157.7 Ausschreibungen für vergabefremde Zwecke (§ 16 Nr. 2)

157.7.1 Allgemeines

Vgl. die Kommentierung zu § 16 VOB/A RZ 4613. 6869

157.7.2 Konkrete Vergabeabsicht

Vgl. die Kommentierung zu § 16 VOB/A RZ 4614. 6870

157.7.3 Markterkundung

Vgl. die Kommentierung zu § 16 VOB/A RZ 4616. 6871
Vgl. auch die Kommentierung zu § 4 VOL/A RZ 6368. 6872

157.7.4 Beispiele aus der Rechtsprechung

Vgl. die Kommentierung zu § 16 VOB/A RZ 4618. 6873

157.7.5 Parallelausschreibungen

157.7.5.1 Erscheinungsformen

Parallelausschreibungen treten in mehreren Erscheinungsformen auf. 6874
157.7.5.1.1 Ausschreibung derselben Leistung als Generalunternehmervergabe und 6875 **Fach- bzw. Teillosvergabe.** Vgl. die Kommentierung zu § 16 VOB/A RZ 4620.
157.7.5.1.2 Ausschreibung einer Liefer- oder Dienstleistung verbunden mit einer 6876 **Finanzierungsleistung.** Vgl. die Kommentierung zu § 16 VOB/A RZ 4622.

157.7.5.2 Zulässigkeit einer Parallelausschreibung

157.7.5.2.1 Doppelte Ausschreibung des identischen Leistungsgegenstands. Vgl. die 6877
Kommentierung zu § 16 VOB/A RZ 4626.
157.7.5.2.2 Durchführung nur eines Ausschreibungsverfahrens. Vgl. die Kommentie- 6878
rung zu § 16 VOB/A RZ 4627.

157.7.5.3 Verwaltungsregelungen zur Parallelausschreibung

Vgl. die Kommentierung zu § 16 VOB/A RZ 4629. 6879

157.7.5.4 Angebotsfristen für Parallelausschreibungen

Zu den Anforderungen an die Festlegung von Angebotsfristen bei Parallelausschreibungen 6880
vgl. die Kommentierung zu § 18 VOB/A RZ 4634.

157.7.5.5 Festlegung gestaffelter Eröffnungstermine

Zur Festlegung gestaffelter Eröffnungstermine bei Parallelausschreibungen vgl. die Kommen- 6881
tierung zu § 22 VOB/A RZ 5093.

157.7.5.6 Wertung von Parallelausschreibungen

Neben der Notwendigkeit der Erstellung von komplexen Vergabeunterlagen ist das wesentli- 6882
che Problem der Parallelausschreibung die Wertung der Angebote; vgl. hierzu die Kommentierung zu § 97 GWB RZ 779.

157.8 Geltung auch für das Verhandlungsverfahren (§ 16 Nr. 3)

Nummer 1 und 2 gelten für die Freihändige Vergabe entsprechend. 6883

Teil 4 § 16a VOL/A   Verdingungsordnung für Leistungen Teil A

6884   Nach Auffassung der VK Düsseldorf erscheint es jedoch fraglich, ob das für das Offene/ Nichtoffene Verfahren geltende grundsätzliche **Verbot von Markterkundung** und Bedarfspositionen **auf ein Verhandlungsverfahren überhaupt übertragbar** ist (VK Düsseldorf, B. v. 13. 4. 2000 – Az.: VK-4/2000-L).

157.9 Angabe der Kommunikationsmittel

6885   In **§ 16 Nr. 4–6 ist die Regelung eingefügt,** dass die Auftraggeber in der Bekanntmachung oder den Vergabeunterlagen angeben, ob Informationen per Post, Telefax, direkt, elektronisch oder durch eine Kombination dieser Kommunikationsmittel übermittelt werden sowie die Verfügbarkeitsvoraussetzungen für die elektronische Kommunikation angeben. Diese **Regelung entspricht im Wesentlichen der Vorschrift des Art. 42 Abs. 1, 2 und 4 der Vergabekoordinierungsrichtlinie.**

158. § 16 a VOL/A – Anforderungen an Teilnahmeanträge

1. Die Auftraggeber haben die Integrität der Daten und die Vertraulichkeit der übermittelten Teilnahmeanträge auf geeignete Weise zu gewährleisten. Per Post oder direkt übermittelte Teilnahmeanträge sind in einem verschlossenen Umschlag einzureichen, als solche zu kennzeichnen und bis zum Ablauf der für ihre Einreichung vorgesehenen Frist unter Verschluss zu halten. Bei elektronisch übermittelten Teilnahmeanträgen ist dies durch entsprechende organisatorische und technische Lösungen nach den Anforderungen des Auftraggebers und durch Verschlüsselung sicherzustellen. Die Verschlüsselung muss bis zum Ablauf der für ihre Einreichung vorgesehenen Frist aufrecht erhalten bleiben.

2. Teilnahmeanträge können auch per Telefax oder telefonisch gestellt werden. Werden Anträge auf Teilnahme telefonisch oder per Telefax gestellt, sind diese vom Bewerber bis zum Ablauf der Frist für die Abgabe der Teilnahmeanträge durch Übermittlung per Post, direkt oder elektronisch zu bestätigen.

158.1 Vergleichbare Regelungen

6886   Der **Vorschrift des § 16 a VOL/A vergleichbar** sind im Bereich der VOL **§§ 16, 16 b VOL/A,** im Bereich der VOB **§§ 16, 16 a, 16 b VOB/A** und im Bereich der VOF **§ 4 VOF** (teilweise). Die Kommentierungen zu diesen Vorschriften können daher ergänzend zu der Kommentierung des § 16 a herangezogen werden.

158.2 Änderungen in der VOB/A 2006

6887   § 16 a ist in die VOL/A 2006 **neu eingefügt** worden.

158.3 Sinn und Zweck der Vorschrift

6888   In Umsetzung von Art. 42 Abs. 3 und 6 der Vergabekoordinierungsrichtlinie war die **Antragstellung auf Teilnahme einerseits für alle Mittel der Informationsübertragung in Textform oder telefonisch zu öffnen** und andererseits die **Anforderungen an die Sicherstellung der Vertraulichkeit durch den Auftraggeber auch für Teilnahmeanträge aufzunehmen.**

158.4 Anforderungen an die Auftraggeber bei direkt, per Post oder elektronisch übermittelten Teilnahmeanträgen (§ 16 a Nr. 1)

6889   Die Auftraggeber haben die Integrität der Daten und die Vertraulichkeit der übermittelten Teilnahmeanträge bei direkt, per Post oder elektronisch übermittelten Teilnahmeanträgen **wie bei Angeboten sicher zu stellen. Dies bedeutet in der Praxis eine Änderung der bisherigen Handhabung,** da schon aus Gründen der Beschleunigung z. B. eines VOF-Verfahrens Teilnahmeanträge, die schon vor Ablauf der für ihre Einreichung vorgesehenen Frist eingereicht

1260

Verdingungsordnung für Leistungen Teil A § 16b VOL/A **Teil 4**

wurden, bereits geprüft wurden. Die **Auftraggeber müssen also einen entsprechenden Verfahrensablauf sicherstellen.**

158.5 Anforderungen an die Bewerber bei direkt, per Post oder elektronisch übermittelten Teilnahmeanträgen (§ 16a Nr. 1)

Die **Bewerber** müssen die Teilnahmeanträge bei direkt und per Post übermittelten Teilnahmeanträgen **in einem verschlossenen Umschlag einreichen**. Auch diese Anforderung kann in der Praxis eine Änderung der bisherigen Handhabung bedeuten. 6890

158.6 Anforderungen an die Bewerber bei per Telefax oder telefonisch übermittelten Teilnahmeanträgen (§ 16a Nr. 2)

Teilnahmeanträge können auch per Telefax oder telefonisch gestellt werden. In diesen Fällen sind diese **vom Bewerber bis zum Ablauf der Frist für die Abgabe der Teilnahmeanträge durch Übermittlung per Post, direkt oder elektronisch zu bestätigen.** Einmal bedeutet diese Regelung eine **Erleichterung für die Bewerber**, um vielleicht eine **Frist für die Abgabe einer Bewerbung noch einhalten zu können.** Auf der anderen Seite ist eine **Bestätigung der Bewerbung zwingend erforderlich**; ansonsten ist der Teilnahmeantrag nach dem Wortlaut des § 16a Nr. 2 **zwingend auszuschließen**. 6891

158.7 Geltung für alle Verfahren mit Teilnahmeanträgen

§ 16a **gilt für alle Verfahren mit Teilnahmeanträgen,** also für das Nichtoffene Verfahren, das Verhandlungsverfahren und den Wettbewerblichen Dialog. 6892

159. § 16b VOL/A – Anforderungen an Teilnahmeanträge

1. Die Auftraggeber haben die Integrität der Daten und die Vertraulichkeit der übermittelten Teilnahmeanträge auf geeignete Weise zu gewährleisten. Per Post oder direkt übermittelte Teilnahmeanträge sind in einem verschlossenen Umschlag einzureichen, als solche zu kennzeichnen und bis zum Ablauf der für ihre Einreichung vorgesehenen Frist unter Verschluss zu halten. Bei elektronisch übermittelten Teilnahmeanträgen ist dies durch entsprechende organisatorische und technische Lösungen nach den Anforderungen des Auftraggebers und durch Verschlüsselung sicherzustellen. Die Verschlüsselung muss bis zum Ablauf der für ihre Einreichung vorgesehenen Frist aufrechterhalten bleiben.
2. Teilnahmeanträge können auch per Telefax oder telefonisch gestellt werden. Werden Anträge auf Teilnahme telefonisch oder per Telefax gestellt, sind diese vom Bewerber bis zum Ablauf der Frist für die Abgabe der Teilnahmeanträge durch Übermittlung per Post, direkt oder elektronisch zu bestätigen.

159.1 Vergleichbare Regelungen

Der **Vorschrift des § 16b VOL/A vergleichbar** sind im Bereich der VOL §§ 16, 16a VOL/A, im Bereich der VOB §§ 16, 16a, 16b VOB/A und im Bereich der VOF § 4 VOF (teilweise). Die Kommentierungen zu diesen Vorschriften können daher ergänzend zu der Kommentierung des § 16a herangezogen werden. 6893

159.2 Änderungen in der VOL/A 2006

§ 16b ist in die VOL/A 2006 **neu eingefügt** worden. 6894

159.3 Hinweis

§ 16b entspricht der Regelung des § 16a; vgl. insoweit zum Inhalt die Kommentierung zu § 16a VOL/A RZ 6888. 6895

160. § 17 VOL/A –
Bekanntmachung, Aufforderung zur Angebotsabgabe

1. (1) Öffentliche Ausschreibungen sind durch Tageszeitungen, amtliche Veröffentlichungsblätter, Fachzeitschriften oder Internetportale bekannt zu machen.

   (2) Diese Bekanntmachung soll mindestens folgende Angaben enthalten:

   a) Bezeichnung (Anschrift) der zur Angebotsabgabe auffordernden Stelle, der den Zuschlag erteilenden Stelle sowie der Stelle, bei der die Angebote einzureichen sind,

   b) Art der Vergabe (§ 3),

   c) Art und Umfang der Leistung sowie den Ort der Leistung (z. B. Empfangs- oder Montagestelle),

   d) etwaige Vorbehalte wegen der Teilung in Lose, Umfang der Lose und mögliche Vergabe der Lose an verschiedene Bieter,

   e) etwaige Bestimmungen über die Ausführungsfrist,

   f) Bezeichnung (Anschrift) der Stelle, die die Verdingungsunterlagen und das Anschreiben (Nummer 3) abgibt, sowie des Tages, bis zu dem sie bei ihr spätestens angefordert werden können,

   g) Bezeichnung (Anschrift) der Stelle, bei der die Verdingungsunterlagen und das Anschreiben eingesehen werden können,

   h) die Höhe etwaiger Vervielfältigungskosten und die Zahlungsweise (§ 20),

   i) Ablauf der Angebotsfrist (§ 18),

   k) die Höhe etwa geforderter Sicherheitsleistungen (§ 14),

   l) die wesentlichen Zahlungsbedingungen oder Angabe der Unterlagen, in denen sie enthalten sind,

   m) die mit dem Angebot vorzulegenden Unterlagen (§ 7 Nr. 4), die ggf. vom Auftraggeber für die Beurteilung der Eignung des Bewerbers (§ 2) verlangt werden,

   n) Zuschlags- und Bindefrist (§ 19),

   o) den besonderen Hinweis, dass der Bewerber mit der Abgabe seines Angebots auch den Bestimmungen über nicht berücksichtigte Angebote (§ 27) unterliegt.

2. (1) Bei Beschränkter Ausschreibung und Freihändiger Vergabe mit Öffentlichem Teilnahmewettbewerb sind die Unternehmen durch Bekanntmachung in Tageszeitungen, amtlichen Veröffentlichungsblättern, Fachzeitschriften oder Internetportalen aufzufordern, sich um Teilnahme zu bewerben.

   (2) Diese Bekanntmachung soll mindestens folgende Angaben enthalten:

   a) Bezeichnung (Anschrift) der zur Angebotsabgabe auffordernden Stelle und der den Zuschlag erteilenden Stelle,

   b) Art der Vergabe (§ 3),

   c) Art und Umfang der Leistung sowie den Ort der Leistung (z. B. Empfangs- oder Montagestelle),

   d) etwaige Vorbehalte wegen der Teilung in Lose, Umfang der Lose und mögliche Vergabe der Lose an verschiedene Bieter,

   e) etwaige Bestimmungen über die Ausführungsfrist,

   f) Tag, bis zu dem der Teilnahmeantrag bei der unter Buchstabe g) näher bezeichneten Stelle eingegangen sein muss,

   g) Bezeichnung (Anschrift) der Stelle, bei der der Teilnahmeantrag zu stellen ist,

   h) Tag, an dem die Aufforderung zur Angebotsabgabe spätestens abgesandt wird,

Verdingungsordnung für Leistungen Teil A § 17 VOL/A **Teil 4**

i) die mit dem Teilnahmeantrag vorzulegenden Unterlagen (§ 7 Nr. 4), die ggf. vom Auftraggeber für die Beurteilung der Eignung des Bewerbers (§ 2) verlangt werden,

k) den besonderen Hinweis, dass der Bewerber mit der Abgabe seines Angebots auch den Bestimmungen über nicht berücksichtigte Angebote (§ 27) unterliegt.

3. (1) Bei Öffentlicher und Beschränkter Ausschreibung sind die Verdingungsunterlagen den Bewerbern mit einem Anschreiben (Aufforderung zur Angebotsabgabe) zu übergeben, das alle Angaben enthält, die außer den Verdingungsunterlagen für den Entschluss zur Abgabe eines Angebots notwendig sind. Dies gilt auch für Beschränkte Ausschreibungen nach Öffentlichem Teilnahmewettbewerb.

(2) Das Anschreiben soll insbesondere folgende Angaben enthalten:

a) Bezeichnung (Anschrift) der zur Angebotsabgabe auffordernden Stelle und der den Zuschlag erteilenden Stelle,

b) Art der Vergabe (§ 3),

c) Art und Umfang der Leistung sowie den Ort der Leistung (z. B. Empfangs- oder Montagestelle),

d) etwaige Vorbehalte wegen der Teilung in Lose, Umfang der Lose und mögliche Vergabe der Lose an verschiedene Bieter,

e) etwaige Bestimmungen über die Ausführungsfrist,

f) Bezeichnung (Anschrift) der Stelle, bei der die Verdingungsunterlagen eingesehen werden können, die nicht abgegeben werden,

g) genaue Aufschrift und Form der Angebote (§ 18 Nr. 2),

h) ob und unter welchen Bedingungen die Entschädigung für die Verdingungsunterlagen erstattet wird (§ 20),

i) Ablauf der Angebotsfrist (§ 18),

k) die mit dem Angebot vorzulegenden Unterlagen (§ 7 Nr. 4), die ggf. vom Auftraggeber für die Beurteilung der Eignung des Bieters (§ 2) verlangt werden,

l) die Höhe etwa geforderter Sicherheitsleistungen (§ 14),

m) sonstige Erfordernisse, die die Bewerber bei der Bearbeitung ihrer Angebote beachten müssen (§ 18 Nr. 3, § 9 Nr. 1, § 21),

n) Zuschlags- und Bindefrist (§ 19),

o) Nebenangebote (Absatz 5),

p) den besonderen Hinweis, dass der Bewerber mit der Abgabe seines Angebots auch den Bestimmungen über nicht berücksichtigte Angebote (§ 27) unterliegt.

(3) Bei Freihändiger Vergabe sind Absatz 1 und 2 – soweit zweckmäßig – anzuwenden. Dies gilt auch für Freihändige Vergabe nach Öffentlichem Teilnahmewettbewerb.

(4) Auftraggeber, die ständig Leistungen vergeben, sollen die Erfordernisse, die die Bewerber bei der Bearbeitung ihrer Angebote beachten müssen, in Bewerbungsbedingungen zusammenfassen und dem Anschreiben beifügen (§§ 18, 19, 21).

(5) Wenn der Auftraggeber Nebenangebote wünscht, ausdrücklich zulassen oder ausschließen will, so ist dies anzugeben; ebenso ist anzugeben, wenn Nebenangebote ohne gleichzeitige Abgabe eines Hauptangebotes ausnahmsweise ausgeschlossen werden. Soweit der Bieter eine Leistung anbietet, die in den Verdingungsunterlagen nicht vorgesehen ist, sind von ihm im Angebot entsprechende Angaben über Ausführung und Beschaffenheit dieser Leistung zu verlangen.

(6) Die Aufforderung zur Angebotsabgabe ist bei Beschränkter Ausschreibung sowie bei Freihändiger Vergabe nach Öffentlichem Teilnahmewettbewerb an alle ausgewählten Bewerber am gleichen Tag abzusenden.

Teil 4 § 17 VOL/A Verdingungsordnung für Leistungen Teil A

4. Jeder Bewerber soll die Leistungsbeschreibung sowie die anderen Teile der Verdingungsunterlagen, die mit dem Angebot dem Auftraggeber einzureichen sind, doppelt und alle anderen für seine Preisermittlung wesentlichen Unterlagen einfach erhalten. Wenn von den Unterlagen (z.B. Muster, Proben) – außer der Leistungsbeschreibung – keine Vervielfältigungen abgegeben werden können, sind sie in ausreichender Weise zur Einsicht auszulegen.
5. Die Namen der Bewerber, die Teilnahmeanträge gestellt haben, die Verdingungsunterlagen erhalten oder eingesehen haben, sind vertraulich zu behandeln.
6. (1) Erbitten Bewerber zusätzliche sachdienliche Auskünfte über die Verdingungsunterlagen und das Anschreiben, so sind die Auskünfte unverzüglich zu erteilen.
    (2) Werden einem Bewerber wichtige Aufklärungen über die geforderte Leistung oder die Grundlagen seiner Preisermittlung gegeben, so sind sie auch den anderen Bewerbern gleichzeitig mitzuteilen.

160.1 Vergleichbare Regelungen

6896 Der **Vorschrift des § 17 VOL/A vergleichbar** sind im Bereich der VOL **§§ 17a, 17b VOL/A**, im Bereich der VOB **§§ 17, 17a, 17b VOB/A** und im Bereich der VOF **§§ 9, 14 VOF**. Die Kommentierungen zu diesen Vorschriften können daher ergänzend zu der Kommentierung des § 17 herangezogen werden.

160.2 Änderungen in der VOL/A 2006

6897 § 17 ist **in kleinerem Umfang** (Nr. 1 Abs. 1, Nr. 2 Abs. 1) **an die modernen Kommunikationswege angepasst** worden.

6898 In § 17 Nr. 3 Abs. 2 Buchstabe p) sowie Abs. 5 ist – wie in der gesamten VOL/A – der **Begriff des Änderungsvorschlags gestrichen** worden.

160.3 Bieterschützende Vorschrift

160.3.1 Grundsatz

6899 Vgl. die Kommentierung zu § 17 VOB/A RZ 4651.

160.3.2 § 17 Nr. 4

6900 Ein Verstoß gegen die **Regelung des § 17 Nr. 4 VOL/A führt zu einer Rechtsverletzung der Bieter.** Die Regelung dient der Gewährleistung eines umfassenden Wettbewerbs, der den eigentlichen Zweck eines Vergabeverfahrens darstellt und hat somit **bieterschützenden Charakter** (VK bei der Oberfinanzdirektion Magdeburg, B. v. 6.3.2000 – Az.: VK-OFD LSA-01/00).

160.4 Bedeutung der Vorschriften über die Vergabebekanntmachung

6901 Vgl. die Kommentierung zu § 17 VOB/A RZ 4653.

160.5 Auslegung der Vergabebekanntmachung

6902 Vgl. die Kommentierung zu § 17 VOB/A RZ 4654.

160.6 Bindung des Auftraggebers an die Bekanntmachung

6903 Vgl. die Kommentierung zu § 17 VOB/A RZ 4657.

160.7 Bekanntmachung öffentlicher Ausschreibungen (§ 17 Nr. 1)

160.7.1 Sinn und Zweck der Bekanntmachung

6904 Vgl. die Kommentierung zu § 17 VOB/A RZ 4412.

Verdingungsordnung für Leistungen Teil A § 17 VOL/A **Teil 4**

160.7.2 Begriff der Bekanntmachung
Vgl. die Kommentierung zu § 17 VOB/A RZ 4659. 6905

160.7.3 Wahl des Bekanntmachungsmediums
Die Bekanntmachungen erfolgen in der Praxis in Druckmedien oder elektronischen Medien. 6906
Entsprechend ist in § 17 Nr. 1 Abs. 1 und Nr. 2 Abs. 1 das Medium der Internetportale eingefügt worden.

160.7.3.1 Allgemeines
Vgl. dazu die Kommentierung zu § 17 VOB/A RZ 4661. 6907

160.7.3.2 Bedeutung der EU-weiten Bekanntmachung
Vgl. die Kommentierung zu § 17 VOB/A RZ 4663. 6908

160.7.3.3 Elektronische Bekanntmachung
Vgl. die Kommentierung zu § 17 VOB/A RZ 4664. 6909

160.7.4 Umfang der Bekanntmachung

160.7.4.1 Soll-Vorschrift
§ 17 Nr. 1 Abs. 2 und § 17 Nr. 2 Abs. 2 sind Soll-Vorschriften. In der Praxis führt 6910
dies dazu, dass öffentliche Auftraggeber schon aus Gründen der Reduzierung von Veröffentlichungskosten nicht alle in § 17 Nr. 1 Abs. 2 und § 17 Nr. 2 Abs. 2 genannten Angaben veröffentlichen.

160.7.4.2 Rechtsprechung
Vgl. die Kommentierung zu § 17 VOB/A RZ 4668. 6911

160.7.5 Unterschiedliche Inhalte von Bekanntmachungen derselben Ausschreibung
Vgl. die Kommentierung zu § 17 VOB/A RZ 4671. 6912

160.7.6 Bezeichnung einer „Öffentlichen Ausschreibung" als „Offenes Verfahren"
Vgl. die Kommentierung zu § 17 VOB/A RZ 4672. 6913

160.7.7 Inhalt der Bekanntmachung (§ 17 Nr. 1 Abs. 2)

160.7.7.1 Art und Umfang der Leistung (§ 17 Nr. 1 Abs. 2 Buchstabe c))
Vgl. die Kommentierung zu § 17 VOB/A RZ 4674. 6914

160.7.7.2 Verlangte Nachweise für die Beurteilung der Eignung der Bieter (§ 17 Nr. 1 Abs. 2 Buchstabe m))
  160.7.7.2.1 Allgemeines. Vgl. die Kommentierung zu § 17 VOB/A RZ 4675. 6915
  160.7.7.2.2 VOL/A-SKR. Der Umstand, dass in der Vergabebekanntmachung **bei Verfah-** 6916
ren nach der VOL/A-SKR noch nicht auf alle erforderlichen Unterlagen hingewiesen wird, die für die Eignung der Bewerber von Bedeutung sein sollten, führt nicht zwangsläufig zur Rechtswidrigkeit des Vergabeverfahrens; dies muss jedenfalls dann gelten, wenn diese Forderung allen Bietern in gleicher Weise mitgeteilt wird und so die Chancengleichheit gewahrt bleibt. Die VOL/A-SKR stellt klar, dass die für die Wertung der Angebote maßgeblichen Kriterien nicht zwingend in der Bekanntmachung angegeben sein müssen. Der Auftraggeber benennt die Auftragskriterien, deren Anwendung vorgesehen ist, entweder in der Bekanntmachung oder in den Vergabeunterlagen (§ 11 Nr. 1 Abs. 2 SKR). In beiden Fällen kann der Interessent erkennen, ob die Teilnahme am Wettbewerb für ihn überhaupt lohnend und die kostenträchtige Aus-

arbeitung eines Angebotes Erfolg versprechend sind. **Jedenfalls würde die Konfrontation der Bieter mit beizubringenden Unterlagen erst in dem Anschreiben und den Verdingungsunterlagen keinen Vergabeverstoß darstellen, der für sich genommen unter Beachtung des Verhältnismäßigkeitsgrundsatzes angesichts seiner Schwere dazu führen müsste, das Vergabeverfahren insgesamt zu wiederholen, solange eine Heilung im Rahmen einer chancengleichen und wettbewerbsgerechten Angebotsprüfung noch erfolgen kann.** Im Hinblick darauf wäre zu beachten, dass das Fehlen zusätzlicher Nachweise im Rahmen der Eignungsprüfung jedenfalls nicht zulasten des Bieters berücksichtigt werden darf (Saarländisches OLG, B. v. 9. 11. 2005 – Az.: 1 Verg 4/05).

160.8 Bekanntmachung Beschränkter Ausschreibungen nach Öffentlichem Teilnahmewettbewerb (§ 17 Nr. 2)

160.8.1 Allgemeines

6917 Für die Bekanntmachung Beschränkter Ausschreibungen nach Öffentlichem Teilnahmewettbewerb gilt zunächst die Kommentierung zu § 17 Nr. 1 VOL/A RZ 6914.

160.8.2 Art und Umfang der Leistung (§ 17 Nr. 2 Abs. 2 Buchstabe c))

6918 Vgl. die Kommentierung zu § 17 VOB/A RZ 4674.

160.8.3 Bindung des Auftraggebers an die Frist zur Einreichung von Teilnahmeanträgen (§ 17 Nr. 2 Abs. 2 Buchstabe f))

6919 Vgl. die Kommentierung zu § 17 VOB/A RZ 4683.

160.8.4 Nachweise für die Beurteilung der Eignung (§ 17 Nr. 2 Abs. 2 Buchstabe i))

6920 Vgl. hierzu die Kommentierung RZ 6915.

160.9 Anschreiben (Aufforderung zur Angebotsabgabe) (§ 17 Nr. 3)

160.9.1 Vergleichbare Regelungen

6921 Der Vorschrift des § 17 Nr. 4 VOL/A vergleichbar ist im Bereich der VOB § 10 Nr. 5 VOB/A. Die Kommentierung zu dieser Vorschrift kann daher ergänzend zu der Kommentierung des § 17 Nr. 4 herangezogen werden.

160.9.2 Art und Umfang der Leistung (§ 17 Nr. 3 Abs. 2 Buchstabe c))

6922 Vgl. die Kommentierung zu § 17 VOB/A RZ 4674.

160.9.3 Vorbehalte wegen der Teilung in Lose (§ 17 Nr. 3 Abs. 2 Buchstabe d))

6923 Vgl. hierzu die Kommentierung zu § 10 VOB/A RZ 4332.

160.9.4 Bestimmungen über die Ausführungszeit (§ 17 Nr. 3 Abs. 2 Buchstabe e))

6924 Vgl. hierzu die Kommentierung zu § 10 VOB/A RZ 4330.

160.9.5 Nachweise für die Beurteilung der Eignung (§ 17 Nr. 3 Abs. 2 Buchstabe k))

6925 Vgl. hierzu die Kommentierung RZ 6915.

160.9.6 Sonstige Erfordernisse, die die Bewerber bei der Bearbeitung ihrer Angebote beachten müssen (§ 17 Nr. 3 Abs. 2 Buchstabe m))

160.9.6.1 Forderung nach einer Vertraulichkeitserklärung

6926 Vgl. dazu die Kommentierung zu § 10 VOB/A RZ 4336.

160.9.6.2 Forderung nach Angabe der Leistungen, die an Nachunternehmer vergeben werden sollen

Für Vergaben nach der VOB/A ergibt sich aus § 10 Nr. 5 Abs. 3 VOB/A und für Vergaben nach dem dritten Abschnitt der VOL/A aus § 9b Nr. 3 VOL/A, dass der Auftraggeber die Bieter auffordern kann, in ihrem Angebot die Leistungen anzugeben, die sie an Nachunternehmer zu vergeben beabsichtigen. 6927

Die **Vergabestelle ist berechtigt, vom Bieter Angaben über den beabsichtigten Nachunternehmereinsatz zu fordern** (OLG Koblenz, B. v. 13. 2. 2006 – Az.: 1 Verg 1/06; BayObLG, B. v. 11. 2. 2004 – Az.: Verg 1/04, B. v. 8. 11. 2002 – Az.: Verg 27/02, B. v. 17. 6. 2002 – Az.: Verg 14/02; OLG Dresden, B. v. 12. 6. 2002 – Az.: WVerg 0006/02; VK Nordbayern, B. v. 13. 11. 2003 – Az.: 320.VK-3194-40/03, B. v. 6. 2. 2003 – Az.: 320.VK-3194-01/03; VK Rheinland-Pfalz beim Ministerium für Wirtschaft, Verkehr, Landwirtschaft und Weinbau, B. v. 10. 10. 2003 – Az.: VK 18/03; 2. VK Bund, B. v. 6. 10. 2003 – Az.: VK 2-80/03; VK Südbayern, B. v. 27. 8. 2003 – Az.: 35-08/03, B. v. 27. 8. 2003 – Az.: 34-07/03, B. v. 12. 3. 2003 – Az.: 04-02/03). Die Angaben sind insbesondere **bedeutsam für die Beurteilung der Sachkunde, Leistungsfähigkeit und Zuverlässigkeit** des Bieters. Überdies ist es im Rahmen der **Liefer- und Leistungsorganisation** für den Auftraggeber von Interesse, mit welchen Unternehmen er es zu tun hat (BayObLG, B. v. 11. 2. 2004 – Az.: Verg 1/04). 6928

Der Auftraggeber ist berechtigt, diese **Forderung entweder in das Anschreiben aufzunehmen oder sie im Wege von Besonderen Vertragsbedingungen zur Vorgabe zu machen** (OLG Koblenz, B. v. 7. 7. 2004 – Az.: 1 Verg 1 und 2/04). 6929

Nach der Begründung der Rechtsprechung und nach dem Sinn und Zweck der – übergreifend zu betrachtenden – Regelung ergibt sich, dass der öffentliche **Auftraggeber auch bei Vergaben nach dem ersten und zweiten Abschnitt der VOL/A entsprechende Angaben verlangen kann.** 6930

160.9.7 Nebenangebote (Nr. 3 Abs. 2 Buchstabe o))

Vgl. hierzu die Kommentierung zu Nr. 3 Abs. 5 RZ 6933. 6931

160.10 Besondere Vertragsbedingungen (Nr. 3 Abs. 4)

Vgl. hierzu die Kommentierung zu § 9 VOL/A RZ 6731. 6932

160.11 Nebenangebote (Nr. 3 Abs. 5)

160.11.1 Allgemeines

Vgl. hierzu die Kommentierung zu § 10 VOB/A RZ 4356. 6933

160.11.2 Formen der Angebote

Vgl. hierzu die Kommentierung zu § 10 VOB/A RZ 4360. 6934

160.11.3 Nebenangebot

160.11.3.1 Begriff

Vgl. hierzu die Kommentierung zu § 10 VOB/A RZ 4363. 6935

160.11.3.2 Sinn und Zweck

Vgl. hierzu die Kommentierung zu § 10 VOB/A RZ 4365. 6936

160.11.3.3 Beispiele aus der Rechtsprechung

160.11.3.3.1 **Unbedingter Preisnachlass.** Vgl. hierzu die Kommentierung zu § 10 VOB/A RZ 4367. 6937

160.11.3.3.2 **Bedingter Preisnachlass (Skonto).** Vgl. hierzu die Kommentierung zu § 10 VOB/A RZ 4368. 6938

160.11.3.3.3 **Literatur.** Vgl. hierzu die Kommentierung zu § 10 VOB/A RZ 4372. 6939

Teil 4 § 17 VOL/A   Verdingungsordnung für Leistungen Teil A

6940   160.11.3.3.4 **Pauschalpreisangebot.** Vgl. hierzu die Kommentierung zu § 10 VOB/A RZ 4373.

6941   160.11.3.3.5 **Angebot mit zum Leitfabrikat gleichwertigen Produkten.** Vgl. hierzu die Kommentierung zu § 10 VOB/A RZ 4375.

6942   160.11.3.3.6 **Nebenangebote, die vom Eintritt einer Bedingung abhängig sind.** Vgl. hierzu die Kommentierung zu § 10 VOB/A RZ 4377.

6943   160.11.3.3.7 **Weitere Beispiele aus der Rechtsprechung**

– ein **Nebenangebot** liegt auch dann vor, wenn der Auftraggeber in den Vergabeunterlagen bei der Bezeichnung des Vertragsgegenstands **neuwertige Behälter fordert und der Bieter gebrauchte zur Grundlage seines Angebots macht** (VK Südbayern, B. v. 11. 8. 2005 – Az.: 35-07/05)

160.11.3.4 Erläuterung der Mindestanforderungen an Nebenangebote

6944   Vgl. hierzu die Kommentierung zu § 10 VOB/A RZ 4379 sowie die Kommentierung zu § 25 VOL/A RZ 7540.

160.11.3.5 Ausschluss von Nebenangeboten

6945   Vgl. hierzu die Kommentierung zu § 10 VOB/A RZ 4382.

6946   160.11.3.5.1 **Genereller Ausschluss.** Vgl. hierzu die Kommentierung zu § 10 VOB/A RZ 4385.

6947   160.11.3.5.2 **Besondere Kriterien für den Ausschluss.** Vgl. hierzu die Kommentierung zu § 10 VOB/A RZ 4387.

6948   160.11.3.5.3 **Eindeutige Formulierungen in den Verdingungsunterlagen.** Vgl. hierzu die Kommentierung zu § 10 VOB/A RZ 4388.

6949   160.11.3.5.4 **Ausschluss durch Auslegung der Angaben zu Nebenangeboten.** Vgl. hierzu die Kommentierung zu § 10 VOB/A RZ 4390.

6950   160.11.3.5.5 **Mehrdeutige Auslegung der Angaben zu Nebenangeboten.** Vgl. hierzu die Kommentierung zu § 10 VOB/A RZ 4393.

6951   160.11.3.5.6 **Ausnahmsweiser Ausschluss von Nebenangeboten ohne gleichzeitige Abgabe eines Hauptangebots.** Vgl. hierzu die Kommentierung zu § 10 VOB/A RZ 4394.

6952   160.11.3.5.7 **Anforderungen an Nebenangebote im Rahmen der Prüfung und Wertung.** Vgl. dazu die Kommentierung zu § 25 RZ 7540.

160.12 Anforderung der Vergabeunterlagen

6953   Vgl. hierzu die Kommentierung zu § 17 VOB/A RZ 4685.

160.13 Abgabe der Vergabeunterlagen an die Bewerber (§ 17 Nr. 4)

6954   Jeder Bewerber soll die Leistungsbeschreibung sowie die anderen Teile der Verdingungsunterlagen, die mit dem Angebot dem Auftraggeber einzureichen sind, doppelt und alle anderen für seine Preisermittlung wesentlichen Unterlagen einfach erhalten (Nr. 4 Satz 1).

160.13.1 Sinn und Zweck der doppelten Ausfertigung

6955   Vgl. hierzu die Kommentierung zu § 17 VOB/A RZ 4688.

160.13.2 Medien zur Übersendung der Unterlagen (Papier/ Diskette)

6956   Vgl. hierzu die Kommentierung zu § 17 VOB/A RZ 4690.

160.13.3 Anforderungen bei der Übersendung von elektronischen Medien

160.13.3.1 Allgemeines

6957   Im Gegensatz zum Baubereich erfolgt im Liefer- und Dienstleistungsbereich – mit wenigen Ausnahmen – die Übersendung der Unterlagen noch nicht in elektronischer Form.

160.13.3.2 Beifügung einer entsprechenden Programmdiskette
Vgl. hierzu die Kommentierung zu § 17 VOB/A RZ 4693.   6958

160.13.4 Mitwirkungspflicht des Bewerbers bei erkennbaren Problemen mit der Übersendung
Vgl. hierzu die Kommentierung zu § 17 VOB/A RZ 4694.   6959

160.13.5 Pflicht des Auftraggebers zur erneuten Übersendung der Verdingungsunterlagen
Vgl. hierzu die Kommentierung zu § 17 VOB/A RZ 4695.   6960

160.13.6 Pflicht des Auftraggebers zur Dokumentation des Versands von Nachträgen und der Sicherstellung einer Rückmeldung über den Empfang
Vgl. hierzu die Kommentierung zu § 17 VOB/A RZ 4696.   6961

160.14 Auskünfte an die Bewerber (§ 17 Nr. 6)

160.14.1 Auskunftspflicht des Auftraggebers
Vgl. hierzu die Kommentierung zu § 17 VOB/A RZ 4697.   6962

160.14.2 Sinn und Zweck der Regelung
Vgl. hierzu die Kommentierung zu § 17 VOB/A RZ 4698.   6963

160.14.3 Form der Erteilung der Auskünfte
Vgl. hierzu die Kommentierung zu § 17 VOB/A RZ 4699.   6964

160.14.4 Begriff der „zusätzlichen Auskünfte"
Vgl. hierzu die Kommentierung zu § 17 VOB/A RZ 4700.   6965

160.14.5 Begriff der „sachdienlichen" Auskünfte
Vgl. hierzu die Kommentierung zu § 17 VOB/A RZ 4701.   6966

160.14.6 Begriff der „wichtigen Aufklärungen" (§ 17 Nr. 6 Abs. 2)
Vgl. hierzu die Kommentierung zu § 17 VOB/A RZ 4702.   6967

160.14.7 Unverzügliche Auskünfte
Zusätzliche sachdienliche Auskünfte über die Verdingungsunterlagen und das Anschreiben sind unverzüglich zu erteilen (Nr. 6 Abs. 1).   6968

Vgl. hierzu die Kommentierung zu § 17 VOB/A RZ 4703.   6969

160.14.8 Beachtung des Gleichheitsgrundsatzes
Vgl. hierzu die Kommentierung zu § 17 VOB/A RZ 4706.   6970

160.14.9 Rechtsfolge einer durch den Bewerber nicht erfolgten Erkundigung

160.14.9.1 Reaktionsmöglichkeiten des Bieters auf eine unklare oder fehlerhafte Leistungsbeschreibung
Vgl. hierzu die Kommentierung zu § 17 VOB/A RZ 4708.   6971

Teil 4 § 17a VOL/A   Verdingungsordnung für Leistungen Teil A

160.14.9.2 Unterlassene Erkundigung

6972 Vgl. hierzu die Kommentierung zu § 17 VOB/A RZ 4713.

160.14.9.3 Unterlassene Erkundigung bei unvollständigen Vergabeunterlagen

6973 Vgl. hierzu die Kommentierung zu § 17 VOB/A RZ 4714.

160.15 Änderung des Leistungsverzeichnisses durch den Auftraggeber während der Ausschreibung

6974 Zu den Anforderungen an eine Änderung des Leistungsverzeichnisses durch den Auftraggeber während der Ausschreibung vgl. die Kommentierung zu § 8 VOL/A RZ 6678.

160.16 Fehlende Unterlagen und Erkundigungspflicht des Bieters

6975 Vgl. hierzu die Kommentierung zu § 17 VOB/A RZ 4717.

161. § 17a VOL/A – Bekanntmachung, Aufforderung zur Angebotsabgabe, Beschafferprofil, Vorinformation

1. (1) Die Bekanntmachung im Sinne des § 3a Nr. 1 Abs. 4 wird nach dem in Anhang II der Verordnung (EG) Nr. 1564/20051 enthaltenen Muster erstellt.

   (2) Die Bekanntmachung ist auf elektronischem oder auf anderem Wege unverzüglich dem Amt für amtliche Veröffentlichungen der Europäischen Gemeinschaften zu übermitteln. Soweit keine elektronische Übermittlung der Bekanntmachung erfolgt, darf der Inhalt der Bekanntmachung rund 650 Worte nicht überschreiten. In Fällen besonderer Dringlichkeit muss die Bekanntmachung mittels Telefax oder auf elektronischem Weg übermittelt werden. Der Auftraggeber muss den Tag der Absendung nachweisen können.

   (3) Elektronisch erstellte und übersandte Bekanntmachungen werden spätestens fünf Tage nach ihrer Absendung an das Amt für amtliche Veröffentlichungen der Europäischen Gemeinschaften veröffentlicht. Nicht elektronisch erstellte und übersandte Bekanntmachungen werden spätestens zwölf Tage nach der Absendung veröffentlicht. Die Bekanntmachungen werden unentgeltlich ungekürzt im Supplement zum Amtsblatt der Europäischen Gemeinschaften in der jeweiligen Originalsprache und eine Zusammenfassung der wichtigsten Bestandteile davon in den anderen Amtssprachen der Gemeinschaft veröffentlicht; hierbei ist nur der Wortlaut in der Originalsprache verbindlich.

   (4) Die Bekanntmachung darf in der Bundesrepublik Deutschland nicht vor dem Tag der Absendung an das Amt für amtliche Veröffentlichungen der Europäischen Gemeinschaften veröffentlicht werden. Diese Veröffentlichung darf nur die dem Amt für amtliche Veröffentlichungen der Europäischen Gemeinschaften übermittelten oder in einem Beschafferprofil nach Nummer 2 veröffentlichten Angaben enthalten. Auf das Datum der Absendung der europaweiten Bekanntmachung an das Amt für amtliche Veröffentlichungen der Europäischen Gemeinschaften ist in der nationalen Bekanntmachung hinzuweisen.

2. Die Auftraggeber können im Internet ein Beschafferprofil einrichten. Es enthält Angaben über geplante und laufende Vergabeverfahren, über vergebene Aufträge sowie alle sonstigen für die Auftragsvergabe relevanten Informationen wie zum Beispiel Kontaktstelle, Telefon- und Telefaxnummer, Anschrift, E-Mail-Adresse des Auftraggebers.

3. (1) Die Auftraggeber veröffentlichen sobald wie möglich nach Beginn des jeweiligen Haushaltsjahres nicht verbindliche Bekanntmachungen, die Angaben enthalten über alle für die nächsten zwölf Monate beabsichtigten Aufträge, deren nach der Vergabeverordnung geschätzter Wert jeweils mindestens 750 000 EURO beträgt.

1270

Verdingungsordnung für Leistungen Teil A § 17a VOL/A **Teil 4**

Die Lieferaufträge sind nach Warenbereichen unter Bezugnahme auf die Verordnung über das gemeinsame Vokabular für öffentliche Aufträge – CPV (Verordnung (EG) Nr. 2195/2002) in der Fassung der Verordnung (EG) Nr. 2151/2003) aufzuschlüsseln, die Dienstleistungsaufträge nach den im I A genannten Kategorien.

(2) Die Vorinformation wird sobald als möglich nach Beginn des Kalenderjahres an das Amt für amtliche Veröffentlichungen der Europäischen Gemeinschaften gesandt oder im Beschafferprofil veröffentlicht. Veröffentlicht der Auftraggeber eine Vorinformation im Beschafferprofil, meldet er dies dem Amt für amtliche Veröffentlichungen der Europäischen Gemeinschaften zuvor auf elektronischem Wege nach dem im Anhang VIII der Verordnung (EG) Nr. 1564/2005 enthaltenen Muster. Die Bekanntmachung ist nur dann zwingend vorgeschrieben, wenn die Auftraggeber die Möglichkeit wahrnehmen, die Frist für den Eingang der Angebote gemäß § 18a Nr. 1 Abs. 2 zu verkürzen.

(3) **Die Bekanntmachung über die Vorinformation ist nach dem im Anhang I der Verordnung (EG) Nr. 1564/2005 enthaltenen Muster zu erstellen und an das Amt für amtliche Veröffentlichungen der Europäischen Gemeinschaften zu übermitteln.**

4. Die Auftraggeber können Bekanntmachungen über öffentliche Liefer- oder Dienstleistungsaufträge an das Amt für amtliche Veröffentlichungen der Europäischen Gemeinschaften übermitteln, die nicht der Bekanntmachungspflicht nach den Vorschriften dieses Abschnittes unterliegen.

161.1 Vergleichbare Regelungen

Der **Vorschrift des § 17a VOL/A vergleichbar** sind im Bereich der VOL §§ 17, 17b 6976 VOL/A, im Bereich der VOB §§ 17, 17a, 17b VOB/A und im Bereich der VOF §§ 9, 14 VOF. Die Kommentierungen zu diesen Vorschriften können daher ergänzend zu der Kommentierung des § 17a herangezogen werden.

161.2 Änderungen in der VOL/A 2006

In **§ 17a Nr. 1 Abs. 2 sowie Nr. 3 Abs. 2 und 3 ist** die Bezugnahme hinsichtlich des 6977 Bekanntmachungsmusters aus Anhang I der Verordnung (EG) Nr. 1564/2005 aktualisiert.

In **§ 17a Nr. 1** ist ein **neuer Abs. 3** eingefügt, wonach Bekanntmachungen, die über das 6978 Internetportal des Amts für amtliche Veröffentlichungen der Europäischen Gemeinschaften auf elektronischem Weg erstellt und übermittelt wurden (elektronische Bekanntmachung), spätestens nach 5 Kalendertagen veröffentlicht werden.

In **§ 17a Nr. 2 ist außerdem die Regelung eingefügt,** dass der Auftraggeber im Internet 6979 ein Beschafferprofil einrichten kann.

In **§ 17a Nr. 3 ist der Abs. 2 neu eingefügt,** wonach die Vorinformation nur dann zwingend vorgeschrieben ist, wenn die Auftraggeber die Möglichkeit wahrnehmen, die Frist für den Eingang der Angebote gem. § 18a Nr. 1 Abs. 2 zu verkürzen.

Nach **§ 17a Nr. 4** können die Auftraggeber Bekanntmachungen über öffentliche Liefer- 6981 oder Dienstleistungsaufträge an das Amt für amtliche Veröffentlichungen der Europäischen Gemeinschaften übermitteln, die nicht der Bekanntmachungspflicht nach den Vorschriften dieses Abschnittes unterliegen.

161.3 Bieterschützende Vorschrift

161.3.1 Grundsatz

Vgl. dazu die Kommentierung zu § 17 VOL/A RZ 6899. 6982

161.3.2 § 17a Nr. 1

Die Vorschrift des § 17a Nr. 1 hat bieterschützenden Charakter (OLG Naumburg, B. v. 6983 16. 9. 2002 – Az.: 1 Verg 02/02).

Teil 4 § 17a VOL/A Verdingungsordnung für Leistungen Teil A

161.4 Bedeutung der Vorschriften über die Vergabebekanntmachung

6984 Vgl. die Kommentierung zu § 17 VOB/A RZ 4653.

161.5 Auslegung der Vergabebekanntmachung

6985 Vgl. die Kommentierung zu § 17 VOB/A RZ 4654.

161.6 Bindung des Auftraggebers an die Bekanntmachung

6986 Vgl. die Kommentierung zu § 17 VOB/A RZ 4657.

161.7 Bekanntmachung Offener, Nichtoffener und Verhandlungsverfahren (§ 17a Nr. 1)

161.7.1 Sinn und Zweck der Bekanntmachung

6987 Vgl. die Kommentierung zu § 17 VOB/A RZ 4412.

161.7.2 Begriff der Bekanntmachung

6988 Vgl. die Kommentierung zu § 17 VOB/A RZ 4659.

161.7.3 Zwingende Veröffentlichung der Bekanntmachungen im Amtsblatt der Europäischen Gemeinschaften (§ 17a Nr. 1 Abs. 1 und 2)

6989 Die **Bekanntmachungen sind zwingend im Amtsblatt der Europäischen Gemeinschaften** zu veröffentlichen. Die Veröffentlichung erfolgt durch **das Amt für amtliche Veröffentlichungen der Europäischen Gemeinschaften** (2, rue Mercier, L-2985 Luxemburg, Telefax 0 03 52/29 29-4 46 19; -4 26 23; -4 26 70; E-Mail mp-ojs@opoce. cec.eu.int).

6990 **Bekanntmachungsmuster werden nunmehr in der Verordnung (EG) Nr. 1564/2005 vorgegeben. Ihre Anwendung ist damit direkt gültig; es bedarf keiner Umsetzung in nationales Recht.** Auf die Aufnahme der Bekanntmachungsmuster in die VOL/A wurde daher verzichtet; anstelle der Verweise auf die Anhänge der VOL/A wurde direkt auf die Anhänge in der Verordnung (EG) Nr. 1564/2005 verwiesen.

161.7.4 Form der Übermittlung der Bekanntmachung an das Amt für amtliche Veröffentlichungen der Europäischen Gemeinschaften (§ 17a Nr. 1 Abs. 2)

6991 Die Bekanntmachung kann **schriftlich oder elektronisch** per E-Mail übermittelt werden. Inzwischen bietet das Amt für amtliche Veröffentlichungen der Europäischen Gemeinschaften auch die Möglichkeit, **Bekanntmachungen online unter www.simap.eu.int unter der Rubrik „Auftraggeber-Seite" zu veröffentlichen.** Bei Nutzung der Online-Formulare ist eine vorherige Anmeldung und Registrierung erforderlich.

6992 In **Fällen besonderer Dringlichkeit** muss die Bekanntmachung **mittels Telefax oder auf elektronischem Weg** übermittelt werden.

161.7.5 Umfang des Inhalts der Bekanntmachung im Supplement zum Amtsblatt der Europäischen Gemeinschaften (§ 17a Nr. 1 Abs. 2 Satz 3)

6993 Bei einer **elektronischen Übermittlung der Bekanntmachung** gibt es **keine Begrenzung für den Umfang des Inhalts der Bekanntmachung**. Soweit **keine elektronische Übermittlung der Bekanntmachung** erfolgt, **darf der Inhalt der Bekanntmachung rund 650 Worte nicht überschreiten.**

161.7.6 Veröffentlichung der Bekanntmachungen im Supplement zum Amtsblatt der Europäischen Gemeinschaften (§ 17a Nr. 1 Abs. 3)

6994 Elektronisch erstellte und übersandte Bekanntmachungen werden spätestens fünf Tage nach ihrer Absendung an das Amt für amtliche Veröffentlichungen der Europäischen Gemeinschaften veröffentlicht. Nicht elektronisch erstellte und übersandte Bekanntmachungen werden spätestens zwölf Tage nach der Absendung veröffentlicht. Die Bekanntmachungen werden unentgeltlich ungekürzt im Supplement zum Amtsblatt der Europäischen Gemeinschaften in der jeweiligen Originalsprache und eine Zusammenfassung der wichtigsten Bestandteile davon in den anderen Amtssprachen der Gemeinschaft veröffentlicht; hierbei ist nur der Wortlaut in der Originalsprache verbindlich.

161.7.6.1 Allgemeines

Die **schriftliche Version** des Supplements ist seit April 1999 **eingestellt** worden. Zugang zu den im Supplement enthaltenen Informationen gibt es über 6995

– Amtsblatt/Reihe S auf CD-ROM,
– Online-Datenbank **TED (Tenders Electronic Daily).**

Die CD-ROM mit täglich ca. 650 Ausschreibungen kann als tägliche Ausgabe oder als zweimal wöchentlich erscheinende Ausgabe abonniert werden. Ansprechpartner für ein Abonnement sind die EUR-OP-Vertriebsstellen. 6996

TED ist die Internet-Version des Supplements zum Amtsblatt (http://ted.publications.eu.int) mit einer täglichen Aktualisierung. Der Zugang erfolgt ab dem 1. 1. 1999 kostenlos online über das Internet, eine für die Unternehmen sicher sehr zu begrüßende Initiative der EU. 6997

161.7.6.2 Zulässigkeit einer rein elektronischen Bekanntmachung

Vgl. die Kommentierung zu § 17a VOB/A RZ 4769. 6998

161.7.6.3 Schnellere Veröffentlichung elektronischer Bekanntmachungen

Elektronisch erstellte und übersandte Bekanntmachungen werden **spätestens 5 Kalendertage nach ihrer Absendung veröffentlicht.** Diese **Bevorzugung** ist **Ausdruck der Bemühung der EU-Kommission um eine möglichst weite und möglichst freie Verbreitung von öffentlichen Aufträgen.** 6999

161.7.7 Inländische Veröffentlichung der Bekanntmachungen (§ 17a Nr. 1 Abs. 4)

Die VOL/A lässt – ebenso wie die neue VOB/A 2006 – **offen,** ob die **Bekanntmachungen** in den amtlichen Veröffentlichungsblättern sowie in den Zeitungen und Zeitschriften der Bundesrepublik Deutschland **zwingend auch inländisch zu veröffentlichen sind.** Jedenfalls dürfen die inländischen Veröffentlichungen keine anderen als die im Supplement zum Amtsblatt der Europäischen Gemeinschaften veröffentlichten Angaben enthalten (1. VK Sachsen, B. v. 23. 4. 2004 – Az.: 1/SVK/026-04) und dürfen nicht vor dem in der Veröffentlichung zu nennenden Tag der Absendung veröffentlicht werden. 7000

161.7.7.1 Wahl des Bekanntmachungsmediums

Die Bekanntmachungen erfolgen in der Praxis in Druckmedien oder elektronischen Medien. 7001

161.7.7.1.1 Allgemeines. Vgl. dazu die Kommentierung zu § 17 VOB/A RZ 4661. 7002

161.7.7.1.2 Elektronische Bekanntmachung. Vgl. die Kommentierung zu § 17 VOB/A RZ 4664. 7003

161.7.7.2 Unterschiedliche Inhalte von Bekanntmachungen derselben Ausschreibung

161.7.7.2.1 Kein Abgleich unterschiedlicher Bekanntmachungen. Vgl. dazu die Kommentierung zu § 17a VOB/A RZ 4783. 7004

161.7.7.2.2 Vorrang der EU-Bekanntmachung. Vgl. dazu die Kommentierung zu § 17a VOB/A RZ 4784. 7005

161.7.7.3 Bezeichnung eines „Offenen Verfahrens" als „öffentliche Ausschreibung"

Vgl. dazu die Kommentierung zu § 17a VOB/A RZ 4785. 7006

161.8 Beschafferprofil (§ 17a Nr. 2)

In **§ 17a Nr. 2 ist die Regelung eingefügt,** dass der Auftraggeber im Internet ein Beschafferprofil einrichten kann, in dem allgemeine Informationen wie Kontaktstelle, Telefon- 7007

Teil 4 § 17a VOL/A   Verdingungsordnung für Leistungen Teil A

und Faxnummer, Postanschrift und E-Mail-Adresse sowie Angaben über Ausschreibungen, geplante und vergebene Aufträge oder aufgehobene Verfahren veröffentlicht werden können. Die Regelung nimmt die Bemühungen der EU-Kommission um die verstärkte Nutzung des Internet für die Ausschreibung und Vergabe öffentlicher Aufträge auf. Ein **Beschafferprofil kann auf der Internetseite** http://simap.eu.int eingerichtet werden.

161.9 Vorinformation (§ 17a Nr. 3)

7008   Nach § 17a Nr. 3 übermitteln so bald wie möglich nach Beginn des jeweiligen Haushaltsjahres nicht verbindliche Bekanntmachungen, die Angaben enthalten über alle für die nächsten zwölf Monate beabsichtigten Aufträge, deren nach der Vergabeverordnung geschätzter Wert jeweils mindestens 750 000 € beträgt. Die Lieferaufträge sind nach Warenbereichen unter Bezugnahme auf das CPV aufzuschlüsseln, die Dienstleistungsaufträge nach den im Anhang I A genannten Kategorien.

161.9.1 Sinn und Zweck der Vorinformation
7009   Vgl. die Kommentierung zu § 17a VOB/A RZ 4731.

161.9.2 Bedeutung der Vorinformation
7010   Vgl. die Kommentierung zu § 17a VOB/A RZ 4732.

161.9.3 Zwingende Vorinformation (§ 17a Nr. 1 Abs. 2)
7011   Die Vorinformation ist **nur dann zwingend** vorgeschrieben, wenn die **Auftraggeber die Möglichkeit wahrnehmen, die Frist für den Eingang der Angebote gem. § 18a Nr. 1 Abs. 2 zu verkürzen.**

161.9.4 Schwellenwerte für die Vorinformation
7012   Die öffentlichen Auftraggeber müssen nur solche Leistungen unverbindlich bekannt machen, deren Wert mindestens 750 000 € beträgt.

7013   Nach Inkrafttreten der Vergabeverordnung richten sich die einschlägigen **Schwellenwerte ausschließlich nach § 2 VgV** (1. VK Bund, B. v. 2. 5. 2003 – Az.: VK 1-25/03). Entscheidend sind also die Regelungen der Vergabeverordnung. Hinsichtlich der Berechnung des Schwellenwertes vgl. daher die Kommentierung zu §§ 2, 3 VgV.

161.9.5 Zeitpunkt der Vorinformation
7014   Die Vorinformation muss zeitlich nach den Regeln des § 17a Nr. 3 VOL/A erfolgen, also sobald wie möglich nach Beginn des jeweiligen Haushaltsjahres. **Ein „vor Jahren" durchgeführtes Vorinformationsverfahren genügt diesen Anforderungen nicht** (VK Thüringen, B. v. 21. 11. 2001 – Az.: 216-4002.20-004/02-G-S).

161.9.6 Übermittlung der Vorinformation

161.9.6.1 Zwingende Übermittlung der Vorinformation an das Amt für amtliche Veröffentlichungen der Europäischen Gemeinschaften
7015   Die Vorinformation ist zwingend dem Amt für amtliche Veröffentlichungen der Europäischen Gemeinschaften (2, rue Mercier, L-2985 Luxemburg, Telefax 00352/2929-44619; -42623; -42670; E-Mail mp-ojs@opoce.cec.eu.int) zu übermitteln.

161.9.6.2 Form der Übermittlung der Vorinformation an das Amt für amtliche Veröffentlichungen der Europäischen Gemeinschaften
7016   Die Vorinformation kann schriftlich oder elektronisch per E-Mail übermittelt werden. Inzwischen bietet das Amt für amtliche Veröffentlichungen der Europäischen Gemeinschaften auch die Möglichkeit, **Bekanntmachungen online unter www.simap.eu.int unter der Rubrik „Auftraggeber-Seite" zu veröffentlichen.** Bei Nutzung der Online-Formulare ist eine vorherige Anmeldung und Registrierung erforderlich.

161.9.6.3 Übermittlung der Vorinformation durch Veröffentlichung im Beschafferprofil

Die Vorinformation kann auch über das **Beschafferprofil** nach § 17 a Nr. 2 veröffentlicht werden; in diesem Fall ist dem Amt für amtliche Veröffentlichungen zuvor auf elektronischem Wege die **Veröffentlichung mit dem in Anhang VIII der Verordnung (EG) Nr. 1564/2005 enthaltenen Muster zu melden**.

161.9.6.4 Fakultative Übermittlung der Vorinformation an andere Bekanntmachungsblätter

Die Vorinformation **kann außerdem** in Tageszeitungen, amtlichen Veröffentlichungsblättern, Fachzeitschriften oder Internetportalen veröffentlicht werden.

161.9.7 Folge einer korrekten Vorinformation

Nach § 18a Nr. 1 Abs. 2 kann im Falle einer inhaltlich und zeitlich korrekten Vorinformation die Frist für den Eingang der Angebote abgekürzt werden, ein nicht zu unterschätzender Zeitgewinn bei knappen Ausführungsfristen.

161.10 Neue Formulare

Im Amtsblatt der Europäischen Union vom 1. 10. 2005 (L 257/1) ist die **Verordnung (EG) Nr. 1564/2005 der Kommission vom 7. September 2005 zur Einführung von Standardformularen für die Veröffentlichung von Vergabebekanntmachungen** im Rahmen von Verfahren zur Vergabe öffentlicher Aufträge gemäß der Richtlinie 2004/17/EG und der Richtlinie 2004/18/EG des Europäischen Parlaments und des Rates veröffentlicht.

Diese **Standardformulare sind spätestens ab dem 1. 2. 2006 anzuwenden**.

161.11 Literatur

Vgl. die Kommentierung zu § 17a VOB/A RZ 4793.

162. § 17 b VOL/A – Bekanntmachung, Aufruf zum Wettbewerb, Beschafferprofil

1. (1) **Die Auftraggeber veröffentlichen mindestens einmal jährlich in regelmäßigen unverbindlichen Bekanntmachungen über die für die nächsten zwölf Monate beabsichtigten Aufträge, deren nach der Vergabeverordnung geschätzter Wert jeweils mindestens 750 000 EURO beträgt. Die Lieferaufträge sind nach Warenbereichen unter Bezugnahme auf die Positionen der Verordnung über das gemeinsame Vokabular für öffentliche Aufträge – CPV (Verordnung (EG) Nr. 2195/2002) in der Fassung der Verordnung (EG) Nr. 2151/2003) aufzuschlüsseln, die Dienstleistungsaufträge nach den im Anhang I A genannten Kategorien. Die Bekanntmachung ist nur dann zwingend vorgeschrieben, sofern der Auftraggeber die Frist für den Eingang der Angebote gemäß § 18 b Nr. 1 Abs. 2 Buchstabe b) verkürzen will.**

   (2) Die Bekanntmachungen sind nach dem im Anhang V der Verordnung (EG) Nr. 1564/2005 enthaltenen Muster zu erstellen und dem Amt für amtliche Veröffentlichungen der Europäischen Gemeinschaften zu übermitteln.

   (3) **Veröffentlichen** Auftraggeber eine regelmäßige unverbindliche Bekanntmachung in ihrem Beschafferprofil, so melden sie dies dem Amt für amtliche Veröffentlichungen der Europäischen Gemeinschaften auf elektronischem Wege nach dem im Anhang VIII der Verordnung (EG) Nr. 1564/2005 enthaltenen Muster.

2. (1) Ein Aufruf zum Wettbewerb kann erfolgen,
   a) durch Veröffentlichung einer Bekanntmachung nach Anhang V der Verordnung (EG) Nr. 1564/2005 oder
   b) durch Veröffentlichung einer regelmäßigen unverbindlichen Bekanntmachung nach Nummer 1 oder

c) durch Veröffentlichung einer Bekanntmachung über das Bestehen eines Prüfsystems nach § 7 b Nr. 5 (Anhang VII der Verordnung [EG] Nr. 1564/2005).

(2) Die Kosten der Veröffentlichung der Bekanntmachungen im Amtsblatt der Europäischen Gemeinschaften werden von den Gemeinschaften getragen.

3. Erfolgt der Aufruf zum Wettbewerb durch Veröffentlichung einer regelmäßigen unverbindlichen Bekanntmachung, so

a) muss in der Bekanntmachung der Inhalt des zu vergebenden Auftrags nach Art und Umfang genannt sein,

b) muss die Bekanntmachung den Hinweis enthalten, dass dieser Auftrag im Nichtoffenen Verfahren oder Verhandlungsverfahren ohne spätere Veröffentlichung eines Aufrufs zur Angebotsabgabe vergeben wird, sowie die Aufforderung an die interessierten Unternehmen, ihr Interesse schriftlich mitzuteilen,

c) müssen die Auftraggeber später alle Bewerber auf der Grundlage von genaueren Angaben über den Auftrag auffordern, ihr Interesse zu bestätigen, bevor mit der Auswahl der Bieter oder der Teilnehmer an einer Verhandlung begonnen wird. Die Angaben müssen mindestens Folgendes umfassen:

aa) Art und Menge, einschließlich etwaiger Optionen auf zusätzliche Aufträge und möglichenfalls veranschlagte Frist für die Inanspruchnahme dieser Optionen; bei wiederkehrenden Aufträgen Art und Menge und möglichenfalls veranschlagte Frist für die Veröffentlichung der Bekanntmachungen späterer Ausschreibungen für die Lieferungen und Dienstleistungen, die Gegenstand des Auftrages sein sollen;

bb) Art des Verfahrens: nicht offenes Verfahren oder Verhandlungsverfahren;

cc) gegebenenfalls Zeitpunkt des Beginns oder Abschlusses der Leistungen;

dd) Anschrift und letzter Tag für die Vorlage des Antrags auf Aufforderung zur Angebotsabgabe sowie die Sprache oder Sprachen, in denen die Angebote abzugeben sind;

ee) die Anschrift der Stelle, die den Zuschlag erteilt und die Auskünfte gibt, die für den Erhalt der Spezifikationen und anderer Dokumente notwendig sind;

ff) alle wirtschaftlichen und technischen Anforderungen, finanziellen Garantien und Angaben, die von den Lieferanten oder Dienstleistungserbringern verlangt werden;

gg) Höhe der für die Vergabeunterlagen zu entrichtenden Beträge und Zahlungsbedingungen;

hh) Art des Auftrages, der Gegenstand des Vergabeverfahrens ist (Kauf, Leasing, Miete oder Mietkauf oder mehrere Arten von Aufträgen);

ii) Zuschlagskriterien sowie deren Gewichtung oder ggf. die nach ihrer Bedeutung abgestufte Reihenfolge,

d) dürfen zwischen deren Veröffentlichung und dem Zeitpunkt der Zusendung der Aufforderung an die Bewerber gemäß Buchstabe c) höchstens zwölf Monate vergangen sein. Im Übrigen gilt § 18 b Nr. 2.

4. Erfolgt ein Aufruf zum Wettbewerb durch Veröffentlichung einer Bekanntmachung über das Bestehen eines Prüfsystems, so werden die Bieter in einem Nichtoffenen Verfahren oder die Teilnehmer an einem Verhandlungsverfahren unter den Bewerbern ausgewählt, die sich im Rahmen eines solchen Systems qualifiziert haben.

5. (1) Die Bekanntmachung ist auf elektronischem oder auf anderem Wege unverzüglich dem Amt für amtliche Veröffentlichungen der Europäischen Gemeinschaften zu übermitteln. Der Auftraggeber muss den Tag der Absendung nachweisen können.

(2) Elektronisch erstellte und übersandte Bekanntmachungen werden spätestens fünf Tage nach ihrer Absendung an das Amt für amtliche Veröffentlichungen der Europäischen Gemeinschaften veröffentlicht. Nicht elektronisch erstellte und übersandte Bekanntmachungen werden spätestens zwölf Tage nach der Absen-

Verdingungsordnung für Leistungen Teil A § 17b VOL/A **Teil 4**

dung veröffentlicht. Die Bekanntmachungen werden unentgeltlich ungekürzt im Supplement zum Amtsblatt der Europäischen Gemeinschaften in der jeweiligen Originalsprache und eine Zusammenfassung der wichtigsten Bestandteile davon in den anderen Amtssprachen der Gemeinschaft veröffentlicht; hierbei ist nur der Wortlaut in der Originalsprache verbindlich.

(3) Die europaweit vorgesehene Bekanntmachung darf in der Bundesrepublik Deutschland nicht vor dem in der Veröffentlichung zu nennenden Tag der Absendung an das Amt für amtliche Veröffentlichungen der Europäischen Gemeinschaften veröffentlicht werden. Diese Veröffentlichung darf nur die dem Amt für amtliche Veröffentlichungen der Europäischen Gemeinschaften übermittelten oder in einem Beschafferprofil nach Absatz 4 veröffentlichten Angaben enthalten. Sie müssen zusätzlich auf das Datum der Absendung der europaweiten Bekanntmachung an das Amt für amtliche Veröffentlichungen hinweisen.

(4) Die Auftraggeber können im Internet ein Beschafferprofil einrichten. Es enthält Angaben über geplante und laufende Vergabeverfahren, über vergebene Aufträge sowie alle sonstigen für die Auftragsvergabe relevanten Informationen wie zum Beispiel Kontaktstelle, Telefon- und Telefaxnummer, Anschrift, E-Mail-Adresse des Auftraggebers.

6. Sind im Offenen Verfahren die Vergabeunterlagen und zusätzlichen Unterlagen rechtzeitig angefordert worden, sind sie den Bewerbern in der Regel innerhalb von sechs Tagen nach Eingang des Antrags zuzusenden.
7. Rechtzeitig beantragte Auskünfte über die Vergabeunterlagen sind spätestens sechs Tage vor Ablauf der Angebotsfrist zu erteilen.
8. Die Vergabeunterlagen sind beim Nichtoffenen Verfahren und beim Verhandlungsverfahren mit vorherigem Aufruf zum Wettbewerb an alle ausgewählten Bewerber am selben Tag abzusenden.
9. Die Vergabeunterlagen sind den Bewerbern in kürzestmöglicher Frist und in geeigneter Weise zu übermitteln.

162.1 Vergleichbare Regelungen

Der **Vorschrift des § 17b VOL/A im Grundsatz vergleichbar** sind im Bereich der VOL §§ 17, 17a VOL/A, im Bereich der VOB §§ 17, 17a, 17b VOB/A und im Bereich der VOF §§ 9, 14 VOF. Die Kommentierungen zu diesen Vorschriften können daher ergänzend zu der Kommentierung des § 17b herangezogen werden. 7022

162.2 Änderungen in der VOL/A 2006

In § 17b Nr. 1 sind die **Regelungen über die unverbindliche Bekanntmachung (= Vorinformation) neu aufgenommen**. 7023

In § 17b Nr. 1 Abs. 1, 2 und 3 sowie Nr. 2 ist die Bezugnahme hinsichtlich der Bekanntmachungsmuster aus der Verordnung (EG) Nr. 1564/2005 aktualisiert. 7024

In § 17b Nr. 3 Buchstabe c) ii) ist die Verpflichtung aufgenommen worden, die **Zuschlagskriterien sowie deren Gewichtung** oder ggf. die nach ihrer Bedeutung **abgestufte Reihenfolge** zu nennen. 7025

In § 17ba Nr. 5 ist ein **neuer Abs. 2** eingefügt, wonach Bekanntmachungen, die über das Internetportal des Amts für amtliche Veröffentlichungen der Europäischen Gemeinschaften auf elektronischem Weg erstellt und übermittelt wurden **(elektronische Bekanntmachung)**, spätestens nach 5 Kalendertagen veröffentlicht werden. 7026

In § 17b Nr. 5 Abs. 4 ist außerdem **die Regelung eingefügt**, dass der Auftraggeber im Internet ein Beschafferprofil einrichten kann. 7027

162.3 Hinweis

Zu den allgemeinen Punkten 7028
– bieterschützende Regelung,
– Bedeutung der Vorschriften über die Vergabebekanntmachung,

Teil 4 § 17b VOL/A

- Auslegung der Vergabebekanntmachung,
- Bindung des Auftraggebers an die Bekanntmachung

vgl. die **Kommentierung zu § 17a VOL/A** RZ 6982.

162.4 Bedeutung in der Rechtsprechung

7029 Die Vorschrift hat in der Rechtsprechung keine Bedeutung.

162.5 Inhalt der Vorschrift

7030 § 17b gibt den Sektorenauftraggebern (§ 7 Abs. 1 VgV in Verbindung mit § 98 Nr. 1 bis 3, 5 und 6 GWB) **drei Möglichkeiten, Aufträge im Wettbewerb bekannt zu machen,** und zwar
- durch **Veröffentlichung einer Bekanntmachung nach Anhang V der Verordnung (EG) Nr. 1564/2005 (entspricht im Grundsatz dem Offenen Verfahren),**
- durch **Veröffentlichung einer regelmäßigen unverbindlichen Bekanntmachung nach Nr. 2 (entspricht im Grundsatz dem Teilnahmewettbewerb des § 17a VOL/A)** und
- durch **Veröffentlichung einer Bekanntmachung über das Bestehen eines Prüfsystems nach § 7b Nr. 5.**

162.6 Regelmäßige unverbindliche Bekanntmachung als Aufruf zum Wettbewerb (§ 17b Nr. 3)

7031 Die regelmäßige Bekanntmachung als Aufruf zum Wettbewerb entspricht im Grundsatz dem Teilnahmewettbewerb des § 17 Nr. 2 VOL/A.

7032 Zu den Einzelheiten vgl. daher zunächst die Kommentierung zu § 17 VOL/A.

7033 Besonderheiten des Inhalts und des Ablaufs der regelmäßigen unverbindlichen Bekanntmachung als Aufruf zum Wettbewerb sind in § 17b Nr. 1 und Nr. 3 geregelt.

162.7 Aufruf zum Wettbewerb durch Veröffentlichung einer Bekanntmachung über das Bestehen eines Prüfsystems (§ 17b Nr. 4)

162.7.1 Verfahrensablauf

7034 Nach § 7b Nr. 5 VOL/A können Auftraggeber ein System zur Prüfung von Unternehmern (Präqualifikationsverfahren) einrichten und anwenden. Unternehmen, die dieses Präqualifikationsverfahren erfolgreich durchlaufen haben, sind nach § 7b Nr. 9 VOL/A in ein Verzeichnis aufzunehmen. Aus diesem Verzeichnis werden dann die Bieter für ein Nichtoffenes bzw. Verhandlungsverfahren ausgewählt.

162.7.2 Hinweis

7035 Zu den Einzelheiten eines solchen Präqualifikationsverfahrens vgl. die Kommentierung zu § 7b VOL/A RZ 6525.

162.8 Veröffentlichung im Amtsblatt (§ 17b Nr. 5)

7036 § 17b Nr. 5 entspricht im Wesentlichen der Vorschrift des § 17a Nr. 1 Abs. 2 bis 4 und Nr. 2; vgl. daher die Kommentierung zu § 17a VOL/A RZ 6991.

162.9 Auskünfte über die Vergabeunterlagen (§ 17b Nr. 7)

7037 Die Regelung entspricht im Wesentlichen der Vorschrift des § 17 Nr. 6 Abs. 1; vgl. daher die Kommentierung zu § 17 VOL/A RZ 6962.

163. § 18 VOL/A – Form und Frist der Angebote

1. (1) Für die Bearbeitung und Abgabe der Angebote sind ausreichende Fristen vorzusehen. Dabei ist insbesondere der zusätzliche Aufwand für die Beschaffung von Unterlagen für die Angebotsbearbeitung, Erprobungen oder Besichtigungen zu berücksichtigen.

    (2) Bei Freihändiger Vergabe kann von der Festlegung einer Angebotsfrist abgesehen werden. Dies gilt auch für Freihändige Vergabe nach Öffentlichem Teilnahmewettbewerb.

2. (1) Bei Ausschreibungen ist in der Aufforderung zur Angebotsabgabe vorzuschreiben, dass schriftliche Angebote als solche zu kennzeichnen und ebenso wie etwaige Änderungen und Berichtigungen in einem verschlossenen Umschlag zuzustellen sind. Bei elektronischen Angeboten ist sicherzustellen, dass der Inhalt der Angebote erst mit Ablauf der für ihre Einreichung festgelegten Frist zugänglich wird.

    (2) Bei Freihändiger Vergabe kann Absatz 1 entsprechend angewendet werden.

3. Bis zum Ablauf der Angebotsfrist können Angebote in den in Nr. 2 genannten Formen zurückgezogen werden.

163.1 Vergleichbare Regelungen

Der **Vorschrift des § 18 VOL/A vergleichbar** sind im Bereich der VOL §§ 18a, 18b VOL/A, im Bereich der VOF § 14 VOF und im Bereich der VOB §§ 18, 18a, 18b VOB/A. Die Kommentierungen zu diesen Vorschriften können daher ergänzend zu der Kommentierung des § 18 herangezogen werden. 7038

163.2 Änderungen in der VOL/A 2006

§ 18 VOL/A ist im Zuge der neuen VOL/A 2006 **nicht geändert** worden. 7039

163.3 Bieterschützende Vorschrift

Vgl. dazu die Kommentierung zu § 18 VOB/A RZ 4818. 7040

163.4 Rechtscharakter der Angebotsfrist

Vgl. dazu die Kommentierung zu § 18 VOB/A RZ 4819. 7041

163.5 Wiedereinsetzung in den vorigen Stand bei Versäumung der Frist

Vgl. dazu die Kommentierung zu § 18 VOB/A RZ 4821. 7042

163.6 Begriff der Angebotsfrist

163.6.1 Begriff der Angebotsfrist nach der VOL/A

§ 18a Nr. 1 Abs. 1 VOB/A definiert die Angebotsfrist als Frist für den Eingang der Angebote. Diese Definition kann auch für den VOL-Bereich übernommen werden. 7043

163.6.2 Angebotsfrist im Sinne von § 107 Abs. 3 GWB

Zum Verständnis der Angebotsfrist im Sinne von § 107 Abs. 3 GWB vgl. die Kommentierung zu § 107 GWB RZ 1970. 7044

163.7 Dauer der Angebotsfrist (§ 18 Nr. 1)

Nach § 18 Nr. 1 Abs. 1 sind für die Bearbeitung und Abgabe der Angebote ausreichende Fristen vorzusehen. Dabei ist insbesondere der zusätzliche Aufwand für die Beschaffung von Unterlagen für die Angebotsbearbeitung, Erprobungen oder Besichtigungen zu berücksichtigen. 7045

163.7.1 Angemessenheit der Dauer der Angebotsfrist
7046 Vgl. dazu die Kommentierung zu § 18 VOB/A RZ 4827.

163.7.2 Engagement und Personaleinsatz der Bewerber
7047 Vgl. dazu die Kommentierung zu § 18 VOB/A RZ 4828.

163.7.3 Dauer der Angebotsfrist bei Parallelausschreibungen (einschließlich eines Generalunternehmerangebots)
7048 Vgl. dazu die Kommentierung zu § 18 VOB/A RZ 4830.

163.7.4 Dauer der Angebotsfrist bei ÖPP-Projekten
7049 Vgl. dazu die Kommentierung zu § 18 VOB/A RZ 4831.

163.7.5 Dauer der Angebotsfrist bei Leistungsbeschreibung mit Leistungsprogramm
7050 Bei Leistungsbeschreibung mit Leistungsprogramm ist die Angebotsfrist dem erhöhten Arbeitsumfang entsprechend zu bemessen.

163.7.6 Heilung einer zu kurz bemessenen Angebotsfrist?
7051 Vgl. dazu die Kommentierung zu § 18 VOB/A RZ 4833.

163.7.7 Sofortige Prüfungspflicht der Verdingungsunterlagen durch die Bewerber
7052 Vgl. dazu die Kommentierung zu § 18 VOB/A RZ 4834.

163.8 Ende der Angebotsfrist

7053 Das **Ende der Angebotsfrist** ist in der VOL/A – im Gegensatz zur VOB/A (vgl. § 18 Nr. 2 VOB/A) – **nicht an ein bestimmtes Ereignis geknüpft.** Vielmehr setzt der **Auftraggeber** das Ende der Angebotsfrist in der Bekanntmachung (§ 17 Nr. 1 Abs. 2 Buchstabe i)) oder in der Aufforderung zur Angebotsabgabe (§ 17 Nr. 3 Abs. 2 Buchstabe i)) **datumsmäßig fest.**

163.8.1 Bedeutung des Ablaufes der Angebotsfrist für die Wertung
7054 Einmal ist für die **Wertung** das **Angebot in dieser zum Eröffnungstermin vorliegenden inhaltlichen und formellen Form zugrunde zu legen** (VK Münster, B. v. 15. 1. 2003 – Az.: VK 22/02; VK Nordbayern, B. v. 18. 8. 2000 – Az.: 320.VK-3194-18/00).

7055 Zum andern werden nach **§ 25 Nr. 1 Abs. 1 Buchstabe e) VOL/A Angebote, die verspätet eingegangen sind, ausgeschlossen,** es sei denn, dass der verspätete Eingang durch Umstände verursacht worden ist, die nicht vom Bieter zu vertreten sind.

163.8.2 Setzung unterschiedlicher Fristen für die Einreichung der Angebote und der Eröffnung der Angebote
7056 Die Setzung unterschiedlicher Fristen für die Einreichung der Angebote und der Eröffnung der Angebote ist – im **Gegensatz zur VOB/A** – zulässig.

7057 Der Vergabestelle ist auch **regelmäßig ein legitimes Interesse zuzubilligen, beide Verfahrensabschnitte (Einreichung der Angebote und Eröffnung der Angebote) zeitlich zu entkoppeln.** Will sie sichergehen, dass sämtliche eingegangenen Angebote in dem zur Öffnung bestimmten Zeitpunkt auch tatsächlich verfügbar sind und nicht etwa ein erst spät eingetroffenes Angebot noch im hausinternen Postumlauf zirkuliert, ist sie gehalten, einen Zeitpuffer

Verdingungsordnung für Leistungen Teil A § 18 VOL/A **Teil 4**

zwischen Ablauf der Angebotsfrist und Öffnung der Angebote einzuschalten (Thüringer OLG, B. v. 22. 4. 2004 – Az.: 6 Verg 2/04).

163.8.3 Ende der Angebotsfrist an einem Sonntag
Vgl. dazu die Kommentierung zu § 18 VOB/A RZ 4842. 7058

163.8.4 Verlängerung des Endes der Angebotsfrist

163.8.4.1 Zulässigkeit der Verlängerung
Vgl. dazu die Kommentierung zu § 18 VOB/A RZ 4844. 7059

163.8.4.2 Information aller Bieter
Vgl. dazu die Kommentierung zu § 18 VOB/A RZ 4845. 7060

163.8.4.3 Aufhebung der Ausschreibung bei Verfahrensfehlern im Zusammenhang mit der Verlängerung
Vgl. dazu die Kommentierung zu § 18 VOB/A RZ 4846. 7061

163.9 Kennzeichnung und verschlossener Umschlag (§ 18 Nr. 2 Satz 1)

163.9.1 Sinn und Zweck
Die Regelung des § 18 Nr. 2 VOL/A, nach der schriftliche Angebote als solche zu kennzeichnen und ebenso wie etwaige Änderungen und Berichtigungen in einem verschlossenen Umschlag zuzustellen sind, **dient den Interessen der Bieter, da diese Regelung einen fairen Wettbewerb sichern soll.** Dieser soll unter gleichen Bedingungen stattfinden und verhindern, dass einzelne Bieter nachträglich ihr eigenes Angebot verändern, falls sie Einzelheiten von Angeboten ihrer Konkurrenz erfahren, was insbesondere im Zusammenwirken mit einem Mitarbeiter einer Vergabestelle bei unverschlossenen Angeboten möglich wäre (VK Lüneburg, B. v. 20. 8. 2002 – Az.: 203-VgK-12/2002). 7062

163.9.2 Verschlossener Umschlag

163.9.2.1 Sinn und Zweck der Regelung
Vgl. dazu die Kommentierung zu § 21 VOB/A RZ 5056. 7063

163.9.2.2 Schutz des Angebotes durch einen Umschlag oder ähnliche Mittel
Vgl. dazu die Kommentierung zu § 21 VOB/A RZ 5057. 7064

163.10 Schutz des Angebotsinhalts bei elektronischen Angeboten (§ 18 Nr. 2 Abs. 1 Satz 2)
Vgl. dazu die Kommentierung zu § 21 VOB/A RZ 5063. 7065

163.11 Zurückziehung von Angeboten (§ 18 Nr. 3)
Bis zum Ablauf der Angebotsfrist können Angebote in den in Nr. 2 genannten Formen (schriftlich, elektronisch) zurückgezogen werden. 7066

163.11.1 Möglichkeit der Zurückziehung durch Abgabe eines unvollständigen Angebots?
Vgl. dazu die Kommentierung zu § 18 VOB/A RZ 4850. 7067

163.11.2 Änderung von Angeboten
Vgl. dazu die Kommentierung zu § 18 VOB/A RZ 4851. 7068

Teil 4 § 18a VOL/A   Verdingungsordnung für Leistungen Teil A

164. § 18a VOL/A – Formen und Fristen

1. (1) Beim Offenen Verfahren beträgt die Angebotsfrist mindestens 52 Tage, gerechnet vom Tage der Absendung der Bekanntmachung an.

(2) Die Frist für den Eingang der Angebote kann durch eine kürzere Frist ersetzt werden, wenn die nachstehenden Voraussetzungen erfüllt sind:

a) Der öffentliche Auftraggeber muss eine Vorinformation gemäß § 17a Nr. 3 nach dem vorgeschriebenen Muster (Anhang I der Verordnung (EG) Nr. 1564/2005) mindestens 52 Tage, höchstens aber 12 Monate vor dem Zeitpunkt der Absendung der Bekanntmachung des Auftrags im Offenen Verfahren nach § 17a Nr. 1 im Amtsblatt der Europäischen Gemeinschaften oder in seinem Beschafferprofil nach § 17a Nr. 2 veröffentlicht haben. Diese Vorinformation oder das Beschafferprofil muss mindestens ebenso viele Informationen wie das Muster einer Bekanntmachung für das Offene Verfahren (Anhang II der Verordnung (EG) Nr. 1564/2005) enthalten, soweit diese Informationen zum Zeitpunkt der Veröffentlichung der Bekanntmachung für die Vorinformation vorlagen.

b) Die verkürzte Frist muss für die Interessenten ausreichen, um ordnungsgemäße Angebote einreichen zu können. Sie sollte in der Regel nicht weniger als 36 Tage vom Zeitpunkt der Absendung der Bekanntmachung des Auftrags an betragen; sie muss auf jeden Fall mindestens 22 Tage betragen.

(3) Können die Angebote nur nach einer Ortsbesichtigung oder Einsichtnahme in nicht übersandte Verdingungsunterlagen erstellt werden, oder konnten die Fristen nach Absatz 5 und 6 nicht eingehalten werden, so sind die Angebotsfristen entsprechend zu verlängern.

(4) Bei elektronisch erstellten und übermittelten Bekanntmachungen können die Fristen nach Nr. 1 Abs. 1 und 2 um 7 Tage verkürzt werden. Macht der Auftraggeber die Verdingungsunterlagen und alle zusätzlichen Unterlagen elektronisch frei, direkt und vollständig verfügbar, kann er die Frist für den Eingang der Angebote nach Nummer 1 Absatz 1 um weitere 5 Tage verkürzen.

(5) Macht der Auftraggeber die Verdingungsunterlagen und alle zusätzlichen Unterlagen nicht auf elektronischem Weg frei, direkt und vollständig verfügbar und sind die Verdingungsunterlagen und die zusätzlichen Unterlagen rechtzeitig angefordert worden, so muss der Auftraggeber die genannten Unterlagen innerhalb von 6 Tagen nach Eingang des Antrags an die Unternehmen absenden.

(6) Der Auftraggeber muss rechtzeitig angeforderte zusätzliche Auskünfte über die Verdingungsunterlagen und das Anschreiben spätestens 6 Tage vor Ablauf der Angebotsfrist erteilen.

2. (1) Beim Nichtoffenen Verfahren, Wettbewerblichen Dialog und im Verhandlungsverfahren in den Fällen des § 3a Nr. 1 Abs. 5 beträgt die vom Auftraggeber festzusetzende Frist für den Antrag auf Teilnahme mindestens 37 Tage ab dem Tag der Absendung der Bekanntmachung. In Fällen besonderer Dringlichkeit (beschleunigtes Verfahren) beim Nichtoffenen Verfahren und Verhandlungsverfahren in den Fällen des § 3a Nr. 1 Abs. 5 beträgt diese Frist mindestens 15 Tage oder mindestens 10 Tage bei elektronischer Übermittlung, jeweils gerechnet vom Tag der Absendung der Bekanntmachung an.

(2) Die vom Auftraggeber festzusetzende Angebotsfrist beim Nichtoffenen Verfahren beträgt mindestens 40 Tage, gerechnet vom Tag der Absendung der Aufforderung zur Angebotsabgabe an. In Fällen besonderer Dringlichkeit beträgt die Frist mindestens 10 Tage, gerechnet vom Tage der Absendung der Aufforderung zur Angebotsabgabe an. Hat der Auftraggeber eine Vorinformation veröffentlicht, kann er die Frist für den Eingang der Angebote im Allgemeinen auf 36 Tage ab dem Tag der Absendung der Aufforderung zur Angebotsabgabe, jedoch keinesfalls weniger als 22 Tage festsetzen. Nummer 1 Abs. 2 Buchstabe a) gilt entsprechend.

(3) Bei elektronisch erstellten und übermittelten Bekanntmachungen kann die Frist für den Eingang der Teilnahmeanträge gemäß Absatz 1 Satz 1 um 7 Tage verkürzt werden. Macht der Auftraggeber die Verdingungsunterlagen und alle zu-

Verdingungsordnung für Leistungen Teil A § 18a VOL/A **Teil 4**

sätzliche Unterlagen elektronisch frei, direkt und vollständig verfügbar, kann er die Frist gemäß Absatz 2 Satz 1 um weitere 5 Tage verkürzen.

(4) Können die Angebote nur nach einer Ortsbesichtigung oder Einsichtnahme in nicht übersandte Verdingungsunterlagen erstellt werden oder konnten die Fristen nach Absatz 5 nicht eingehalten werden, so sind die Angebotsfristen entsprechend zu verlängern.

(5) Der Auftraggeber muss rechtzeitig angeforderte zusätzliche Auskünfte über die Verdingungsunterlagen und das Anschreiben spätestens 6 Tage, beim Nichtoffenen Verfahren oder beschleunigten Verhandlungsverfahren spätestens 4 Tage vor Ablauf der Angebotsfrist erteilen.

§ 18a VOL/A enthält besondere Regelungen für die Bemessung der Angebots- und Bewerbungsfrist bei Ausschreibungen ab den Schwellenwerten. 7069

164.1 Vergleichbare Regelungen

Der **Vorschrift des § 18a VOL/A vergleichbar** sind im Bereich der VOL **§§ 18, 18b VOL/A**, im Bereich der VOF **§ 14 VOF** und im Bereich der VOB **§§ 18, 18a, 18b VOB/A**. Die Kommentierungen zu diesen Vorschriften können daher ergänzend zu der Kommentierung des § 18a herangezogen werden. 7070

164.2 Änderungen in der VOL/A 2006

In **§ 18a Nr. 1 Abs. 2 Buchstabe a)** sind die Bezugnahmen hinsichtlich der Bekanntmachungsmuster aus der Verordnung (EG) Nr. 1564/2005 aktualisiert. 7071

In **§ 18a Nr. 1** ist ein **neuer Abs. 4** eingefügt, wonach bei elektronischen Bekanntmachungen Angebotsfristen verkürzt werden können. 7072

In **§ 18a Nr. 1** ist ein **neuer Abs. 4** eingefügt, wonach die Angebotsfrist weiter verkürzt werden kann, wenn ab der Veröffentlichung der Bekanntmachung die Verdingungsunterlagen und alle zusätzlichen Unterlagen auf elektronischem Wege frei, direkt und vollständig verfügbar gemacht werden. 7073

Nach **§ 18 Nr. 2 Abs. 2** kann der Auftraggeber nach Veröffentlichung einer Vorinformation die **Frist für den Eingang der Angebote im Allgemeinen auf 36 Tage** ab dem Tag der Absendung der Aufforderung zur Angebotsabgabe, jedoch keinesfalls weniger als 22 Tage festsetzen. 7074

Nach **§ 18a Nr. 2 Abs. 3** kann die Bewerbungsfrist **bei elektronischen Bekanntmachungen** sowie **bei elektronisch frei, direkt und vollständig verfügbaren Vergabeunterlagen** weiter **verkürzt** werden kann. 7075

164.3 Bieterschützende Vorschrift

Vgl. die Kommentierung zu § 18a VOB/A RZ 4861. 7076

164.4 Berechnung der Fristen

Vgl. die Kommentierung zu § 18a VOB/A RZ 4862. 7077

164.5 Rechtscharakter der Angebotsfrist

Vgl. dazu die Kommentierung zu § 18 VOB/A RZ 4819. 7078

164.6 Wiedereinsetzung in den vorigen Stand bei Versäumung der Frist

Vgl. dazu die Kommentierung zu § 18 VOB/A RZ 4821. 7079

164.7 Heilung einer zu kurz bemessenen Angebotsfrist?

Vgl. dazu die Kommentierung zu § 18 VOB/A RZ 4833. 7080

164.8 Sofortige Prüfungspflicht der Verdingungsunterlagen durch die Bewerber?

7081   Vgl. dazu die Kommentierung zu § 18 VOB/A RZ 4834.

164.9 Begriff der Angebotsfrist (§ 18a Nr. 1 Abs. 1)

164.9.1 Begriff der Angebotsfrist nach der VOL/A

7082   § 18a Nr. 1 Abs. 1 VOB/A definiert die Angebotsfrist als Frist für den Eingang der Angebote. Diese Definition kann auch für den VOL-Bereich übernommen werden.

164.9.2 Angebotsfrist im Sinne von § 107 Abs. 3 GWB

7083   Zum Verständnis der Angebotsfrist im Sinne von § 107 Abs. 3 GWB vgl. die Kommentierung zu § 107 GWB RZ 1970.

164.10 Dauer der Angebotsfrist beim Offenen Verfahren (§ 18a Nr. 1 Abs. 1, Abs. 2)

164.10.1 Regelfrist (§ 18a Nr. 1 Abs. 1)

7084   Beim Offenen Verfahren beträgt die Angebotsfrist mindestens 52 Kalendertage, **gerechnet vom Tag nach Absendung der Bekanntmachung**. Es ist **für die Angebotsfrist also nicht entscheidend**, wann der Bewerber die Verdingungsunterlagen zugesandt erhalten hat oder er die (nationale) Ausschreibung zur Kenntnis genommen hat. Vielmehr ist gemäß § 18a Nr. 1 Abs. 1 VOL/A der Beginn der Angebotsfrist an den Zeitpunkt der Absendung der Bekanntmachung an das EU-Amtsblatt gekoppelt. Dabei nimmt der Verordnungsgeber in Kauf, dass die Bekanntmachung gegebenenfalls erst bis zu zwölf Tage später tatsächlich veröffentlicht wird, § 17a Nr. 1 Abs. 2 VOL/A (1. VK Sachsen, B. v. 9. 12. 2002 – Az.: 1/SVK/102-02, B. v. 2. 10. 2001 – Az.: 1/SVK/88-01).

164.10.1.1 Angemessenheit der Dauer der Regelangebotsfrist

7085   Vgl. dazu die Kommentierung zu § 18a VOB/A RZ 4870.

164.10.1.2 Engagement und Personaleinsatz der Bewerber

7086   Vgl. dazu die Kommentierung zu § 18 VOB/A RZ 4828.

164.10.1.3 Dauer der Angebotsfrist bei Parallelausschreibungen (einschließlich eines Generalunternehmerangebots)

7087   Vgl. dazu die Kommentierung zu § 18 VOB/A RZ 4830.

164.10.1.4 Dauer der Angebotsfrist bei ÖPP-Projekten

7088   Vgl. dazu die Kommentierung zu § 18 VOB/A RZ 4831.

164.10.1.5 Dauer der Angebotsfrist bei Leistungsbeschreibung mit Leistungsprogramm

7089   Bei Leistungsbeschreibung mit Leistungsprogramm ist die Angebotsfrist dem erhöhten Arbeitsumfang entsprechend zu bemessen.

164.10.2 Abkürzung der Regelfrist (§ 18a Nr. 1 Abs. 2)

7090   Die Regelfrist kann nach § 18a Nr. 1 Abs. 2 verkürzt werden.

164.10.2.1 Formale Voraussetzungen der Abkürzung der Regelfrist

7091   Eine Abkürzung der Regelfrist ist nur zulässig, wenn eine regelmäßige Bekanntmachung gemäß § 17a Nr. 2 nach dem vorgeschriebenen Muster mindestens 52 Kalendertage, höchstens

Verdingungsordnung für Leistungen Teil A § 18a VOL/A **Teil 4**

aber 12 Monate vor dem Zeitpunkt der Absendung der Bekanntmachung des Auftrags im Offenen Verfahren nach § 17a Nr. 1 an das Amtsblatt der Europäischen Gemeinschaften abgesandt wurde.

Erste Voraussetzung ist also die Absendung einer Vorinformation (vgl. dazu die Kommentierung zu § 17a VOL/A RZ 7008) an das Amtsblatt der Europäischen Gemeinschaften. 7092

Zweite Voraussetzung ist die **Einhaltung von zeitlichen Rahmenbedingungen für die Bekanntmachung der Vorinformation,** nämlich mindestens 52 Kalendertage, höchstens aber 12 Monate vor dem Zeitpunkt der Absendung der Bekanntmachung des Auftrags. 7093

164.10.2.2 Angemessenheit der abgekürzten Frist

Vgl. die Kommentierung zu § 18a VOB/A RZ 4878. 7094

164.10.2.3 Engagement und Personaleinsatz der Bewerber

Vgl. die Kommentierung RZ 4828. 7095

164.10.2.4 Dauer der Angebotsfrist bei Parallelausschreibungen (einschließlich eines Generalunternehmerangebots)

Vgl. die Kommentierung RZ 4830. 7096

164.10.2.5 Dauer der Angebotsfrist bei ÖPP-Projekten

Vgl. die Kommentierung RZ 4831. 7097

164.10.2.6 Dauer der Angebotsfrist bei Leistungsbeschreibung mit Leistungsprogramm

Bei Leistungsbeschreibung mit Leistungsprogramm ist die Angebotsfrist dem erhöhten Arbeitsumfang entsprechend zu bemessen. 7098

164.10.3 Abkürzung der Regelfrist bei elektronischen Bekanntmachungen (§ 18a Nr. 1 Abs. 4 Satz 1)

In § 18a Nr. 1 ist ein **neuer Abs. 4 Satz 1** eingefügt, wonach bei Bekanntmachungen, die über das Internetportal des Amts für amtliche Veröffentlichungen der Europäischen Gemeinschaften auf elektronischem Weg erstellt und übermittelt wurden **(elektronische Bekanntmachung),** die in Abs. 1 und 2 genannten **Angebotsfristen um 7 Kalendertage verkürzt** werden können. Die **Regelung entspricht der Vorschrift des Art. 38 Abs. 5 der Vergabekoordinierungsrichtlinie.** 7099

164.10.4 Abkürzung der Regelfrist bei freier, direkter und vollständiger Verfügbarkeit der Vergabeunterlagen (§ 18a Nr. 1 Abs. 4 Satz 2)

In § 18a Nr. 1 ist ein **neuer Abs. 4 Satz 2** eingefügt, wonach die Angebotsfrist um weitere 5 Kalendertage verkürzt werden kann, wenn ab der Veröffentlichung der Bekanntmachung die Verdingungsunterlagen und alle zusätzlichen Unterlagen auf elektronischem Wege frei, direkt und vollständig verfügbar gemacht werden. Die **Regelung entspricht im Wesentlichen der Vorschrift des Art. 38 Abs. 6 der Vergabekoordinierungsrichtlinie.** 7100

164.10.4.1 Begriff der Verdingungsunterlagen und aller zusätzlichen Unterlagen

Nach Art. 38 bzw. 39 der Vergabekoordinierungsrichtlinie sind unter dem Begriff der Vergabeunterlagen die Verdingungsunterlagen und alle zusätzlichen Unterlagen zu verstehen. Nach **nationalem Recht handelt es sich um die Vergabeunterlagen des § 9 VOL/A.** 7101

164.10.4.2 Freie und direkte Verfügbarkeit der Vergabeunterlagen

Vergabeunterlagen sind auf elektronischem Weg frei und direkt verfügbar, wenn **keinerlei Zugangsbeschränkungen für einen Interessenten bestehen.** Bereits die **kostenlose Verpflichtung zur Registrierung** eines Interessenten, mehr aber noch die nur **kostenpflichtige elektronische Abgabe** der Vergabeunterlagen **schließen eine freie und direkte Verfügbarkeit aus.** 7102

164.10.4.3 Vollständige Verfügbarkeit der Vergabeunterlagen

7103 Eine vollständige Verfügbarkeit beinhaltet, dass **alle Teile der Vergabeunterlagen**, also auch **Pläne**, Vertragsmuster usw. verfügbar sind; dieser Punkt dürfte **in der Praxis** – im Unterschied zur VOB/A – **keine wirklichen Schwierigkeiten** aufwerfen.

164.11 Dauer der Angebotsfrist beim Nichtoffenen Verfahren, beim Wettbewerblichen Dialog und im Verhandlungsverfahren in den Fällen des § 3a Nr. 1 Abs. 5 (§ 18a Nr. 2 Abs. 1 – Abs. 3)

164.11.1 Bewerbungsfrist (§ 18a Nr. 2 Abs. 1)

164.11.1.1 Begriff

7104 Bewerbungsfrist ist die Frist für den Eingang der Anträge auf Teilnahme beim Auftraggeber.

164.11.1.2 Regelfrist

7105 Beim **Nichtoffenen Verfahren, beim Wettbewerblichen Dialog** und im **Verhandlungsverfahren in den Fällen des § 3a Nr. 1 Abs. 5** beträgt die **Bewerbungsfrist mindestens 37 Tage**, gerechnet vom Tage nach Absendung der Bekanntmachung.

7106 Zu den Einzelheiten der Frist vgl. die Kommentierung RZ 7084.

164.11.1.3 Abkürzung der Regelfrist aus Gründen der Dringlichkeit (§ 18a Nr. 2 Abs. 1 Satz 2)

7107 Die Regelfrist kann nach § 18a Nr. 2 Abs. 1 Satz aus Gründen der Dringlichkeit auf 15 Kalendertage bzw. 10 Kalendertage bei elektronischer Bekanntmachung verkürzt werden.

7108 **164.11.1.3.1 Dringlichkeit.** Vgl. die Kommentierung zu § 18a VOB/A RZ 4896.

164.11.1.4 Abkürzung der Regelfrist bei elektronischer Bekanntmachung (§ 18a Nr. 2 Abs. 3 Satz 1)

7109 Bei **elektronisch erstellten und übermittelten Bekanntmachungen** kann die Frist für den Eingang der Teilnahmeanträge gemäß § 18a Absatz 1 Satz 1 **um 7 Tage verkürzt** werden. Die **Regelung entspricht der Vorschrift des Art. 38 Abs. 5 der Vergabekoordinierungsrichtlinie**.

164.11.2 Dauer der Angebotsfrist beim Nichtoffenen Verfahren (§ 18a Nr. 2 Abs. 2, Abs. 3)

164.11.2.1 Regelfrist

7110 Beim Nichtoffenen Verfahren beträgt die Angebotsfrist mindestens 40 Tage, gerechnet vom Tag der Absendung der schriftlichen Aufforderung zur Angebotsabgabe an.

7111 Zu den Einzelheiten vgl. die Kommentierung RZ 7084.

164.11.2.2 Abkürzung der Regelfrist bei Vorinformation (§ 18a Nr. 2 Abs. 2 Satz 3)

7112 Die Regelfrist kann nach § 18a Nr. 2 Abs. 2 Satz 2 auf 36 Kalendertage verkürzt werden, wenn eine **Vorinformation erfolgt** ist.

7113 **164.11.2.2.1 Formale Voraussetzungen der Abkürzung der Regelfrist.** Vgl. die Kommentierung RZ 7091.

7114 **164.11.2.2.2 Inhaltliche Voraussetzungen der Abkürzung der Regelfrist.** Vgl. die Kommentierung RZ 4878 ff.

164.11.2.3 Abkürzung der Regelfrist bzw. der verkürzten Frist aus Gründen der Dringlichkeit (§ 18a Nr. 2 Abs. 2 Satz 2)

7115 Die Regelfrist bzw. abgekürzte Frist kann nach § 18a Nr. 2 Abs. 2 Satz 2 aus Gründen der Dringlichkeit bis auf 10 Kalendertage verkürzt werden.

Verdingungsordnung für Leistungen Teil A § 18b VOL/A **Teil 4**

164.11.2.3.1 **Dringlichkeit.** Vgl. die Kommentierung zu § 18a VOB/A RZ 4896. 7116

164.11.2.4 **Abkürzung der Regelfrist bei freier, direkter und vollständiger Verfügbarkeit der Vergabeunterlagen (§ 18a Nr. 2 Abs. 3 Satz 2)**

In § 18a Nr. 2 ist ein **neuer Abs. 3 Satz 2** eingefügt, wonach die Angebotsfrist um weitere 7117 5 Kalendertage verkürzt werden kann, wenn ab der Veröffentlichung der Bekanntmachung die Verdingungsunterlagen und alle zusätzlichen Unterlagen auf elektronischem Wege frei, direkt und vollständig verfügbar gemacht werden; in der Bekanntmachung ist die Internetadresse anzugeben, unter der diese Unterlagen abrufbar sind. Die **Regelung entspricht im Wesentlichen der Vorschrift des Art. 38 Abs. 6 der Vergabekoordinierungsrichtlinie.**

Vgl. zu den Einzelheiten die Kommentierung RZ 7100. 7118

Zu der **Befugnis des Auftraggebers,** Angebotsfristen im Laufe eines Wettbewerblichen Dialogs und eines Verhandlungsverfahrens als **Ausschlussfristen** zu setzen, vgl. die Kommentierung zu § 101 Abs. 4 GWB RZ 1396. 7119

165. § 18b VOL/A – Angebotsfrist, Bewerbungsfrist

1. (1) Beim Offenen Verfahren beträgt die Frist für den Eingang der Angebote (Angebotsfrist) mindestens 52 Tage, gerechnet vom Tag der Absendung der Bekanntmachung an.

   (2) Die Frist für den Eingang der Angebote kann durch eine kürzere Frist ersetzt werden, wenn die nachstehenden Voraussetzungen erfüllt sind:

   a) Der öffentliche Auftraggeber muss eine regelmäßige unverbindliche Bekanntmachung gemäß § 17b Nr. 1 nach dem vorgeschriebenen Muster (Anhang IV der Verordnung [EG] Nr. 1564/2005) oder ein Beschafferprofil nach § 17b Nr. 5 Abs. 4 mindestens 52 Tage, höchstens aber 12 Monate, vor dem Zeitpunkt der Absendung der Bekanntmachung des Auftrages im Offenen Verfahren nach § 17b Nr. 2 Buchstabe a) an das Amtsblatt der Europäischen Gemeinschaften abgesandt haben. Diese regelmäßige unverbindliche Bekanntmachung muss mindestens ebenso viele Informationen wie das Muster einer Bekanntmachung für das Offene Verfahren (Anhang A/SKR) enthalten, soweit diese Informationen zum Zeitpunkt der Veröffentlichung der Bekanntmachung der regelmäßigen unverbindlichen Bekanntmachung vorlagen.

   b) Die verkürzte Frist muss für die Interessenten ausreichen, um ordnungsgemäße Angebote einreichen zu können. Sie sollte in der Regel nicht weniger als 36 Tage vom Zeitpunkt der Absendung der Bekanntmachung des Auftrages an betragen; sie muss auf jeden Fall mindestens 22 Tage betragen.

2. Bei Nichtoffenen Verfahren und Verhandlungsverfahren mit vorherigem Aufruf zum Wettbewerb gilt:

   a) Die Frist für den Eingang von Teilnahmeanträgen (Bewerbungsfrist) aufgrund der Bekanntmachung nach § 17b Nr. 2 Abs. 1 Buchstabe a) oder der Aufforderung nach § 17b Nr. 3 Buchstabe c) beträgt grundsätzlich mindestens 37 Tage vom Tag der Absendung an. Sie darf auf keinen Fall kürzer sein als 22 Tage, wenn die Bekanntmachung nicht auf elektronischem Wege oder per Telefax zur Veröffentlichung übermittelt wurde, bzw. nicht kürzer als 15 Tage, wenn sie auf solchem Wege übermittelt wurde.

   b) Die Angebotsfrist kann zwischen dem Auftraggeber und den ausgewählten Bewerbern einvernehmlich festgelegt werden, vorausgesetzt, dass allen Bewerbern dieselbe Frist für die Erstellung und Einreichung von Angeboten eingeräumt wird.

   c) Falls eine einvernehmliche Festlegung der Angebotsfrist nicht möglich ist, setzt der Auftraggeber im Regelfall eine Frist von mindestens 24 Tagen fest. Sie darf jedoch keinesfalls kürzer als zehn Tage sein, gerechnet vom Tag der Absendung der Aufforderung zur Angebotsabgabe. Bei der Festlegung der Frist werden insbesondere die in Nr. 3 genannten Faktoren berücksichtigt.

Teil 4 § 18b VOL/A   Verdingungsordnung für Leistungen Teil A

3. Können die Angebote nur nach Prüfung von umfangreichen Unterlagen, z. B. ausführlichen technischen Spezifikationen, oder nur nach einer Ortsbesichtigung oder Einsichtnahme in ergänzende Unterlagen zu den Vergabeunterlagen erstellt werden oder konnten die Fristen nach § 17b Nr. 6 und 7 nicht eingehalten werden, so muss dies beim Festsetzen angemessener Angebotsfristen berücksichtigt werden.

4. (1) Bei elektronisch erstellten und übermittelten Bekanntmachungen können die Fristen für den Eingang der Anträge auf Teilnahme im Nichtoffenen Verfahren und Verhandlungsverfahren und die Fristen für den Eingang der Angebote im Offenen Verfahren um 7 Tage verkürzt werden. Macht der Auftraggeber die Verdingungsunterlagen und alle zusätzlichen Unterlagen ab dem Tag der Veröffentlichung der Bekanntmachung frei, direkt und vollständig elektronisch verfügbar, kann er die Frist für den Eingang der Angebote um weitere 5 Tage verkürzen, es sei denn, es handelt sich um eine nach Nummer 2 Buchstabe b) im gegenseitigen Einvernehmen festgelegte Frist. In der Bekanntmachung ist die Internet-Adresse anzugeben, unter der diese Unterlagen abrufbar sind.

(2) Wurde im offenen Verfahren die Bekanntmachung per Telefax oder elektronisch übermittelt, darf die Kumulierung der Verkürzung der Fristen nicht zu einer Frist für den Eingang der Angebote führen, die gerechnet ab dem Tag der Absendung der Bekanntmachung weniger als 15 Tage beträgt. Wurde die Bekanntmachung nicht per Telefax oder elektronisch übermittelt, darf diese Kumulierung nicht zu einer Frist für den Eingang der Angebote führen, die weniger als 22 Tage beträgt.

(3) Im nicht offenen Verfahren und Verhandlungsverfahren darf die Kumulierung der Verkürzung der Fristen nicht zu einer Frist für den Eingang der Angebote führen, die weniger als 10 Tage beträgt, es sei denn, es handelt sich um eine im gegenseitigen Einvernehmen festgelegte Frist.

(4) Eine Kumulierung der Verkürzung der Fristen für den Eingang der Teilnahmeanträge darf bei einer elektronisch übermittelten Bekanntmachung nicht zu einer Frist führen, die weniger als 15 Tage ab dem Tag der Absendung der Bekanntmachung führt.

7120   § 18b VOL/A enthält besondere Regelungen für die Bemessung der Angebots- und Bewerbungsfrist bei Ausschreibungen ab den Schwellenwerten.

165.1 Vergleichbare Regelungen

7121   Der **Vorschrift des § 18b VOL/A** vergleichbar sind im Bereich der VOL **§§ 18, 18a VOL/A**, im Bereich der VOF **§ 14 VOF** und im Bereich der VOB **§§ 18, 18a, 18b VOB/A**. Die Kommentierungen zu diesen Vorschriften können daher ergänzend zu der Kommentierung des § 18b herangezogen werden.

165.2 Änderungen in der VOL/A 2006

7122   In **§ 18b Nr. 1 Abs. 2 Buchstabe a)** ist die Bezugnahme hinsichtlich der Bekanntmachungsmuster aus der Verordnung (EG) Nr. 1564/2005 aktualisiert.

7123   Nach **§ 18b Nr. 2 Buchstabe a) und Nr. 4** können bei elektronischen Bekanntmachungen Angebots- bzw. Bewerbungsfristen verkürzt werden können.

7124   In **§ 18b Nr. 4** ist ein **neuer Abs. 1** eingefügt, wonach die Angebotsfrist weiter verkürzt werden kann, wenn ab der Veröffentlichung der Bekanntmachung die Verdingungsunterlagen und alle zusätzlichen Unterlagen auf elektronischem Wege frei, direkt und vollständig verfügbar gemacht werden.

7125   Nach **§ 18b Nr. 4 Abs. 2–4** sind Beschränkungen für die Kumulierung der Verkürzungen von Fristen aufgenommen.

165.3 Bieterschützende Vorschrift

7126   Vgl. die Kommentierung zu § 18b VOB/A RZ 4917.

Verdingungsordnung für Leistungen Teil A § 19 VOL/A **Teil 4**

165.4 Hinweis

Zu den Punkten 7127
- Berechnung der Fristen,
- Rechtscharakter der Angebotsfrist,
- Wiedereinsetzung in den vorigen Stand bei Versäumung der Frist,
- Heilung einer zu kurz bemessenen Angebotsfrist?,
- Sofortige Prüfungspflicht der Verdingungsunterlagen durch die Bieter,
- Begriff der Angebotsfrist

vgl. die Kommentierung zu § 18a VOB/A RZ 4862ff.

165.5 Dauer der Angebotsfrist beim Offenen Verfahren (§ 18b Nr. 1 Abs. 1, Abs. 2)

§ 18b Nr. 1 Abs. 1 und Abs. 2 decken sich im Wesentlichen mit § 18a Nr. 1 Abs. 1 und 2; 7128
vgl. insoweit die Kommentierung zu § 18a VOL/A RZ 7084.

165.6 Dauer der Angebotsfrist beim Nichtoffenen Verfahren und Verhandlungsverfahren mit vorherigem Aufruf zum Wettbewerb (§ 18b Nr. 2)

Bei der Angebotsfrist gibt es insoweit eine **Besonderheit gegenüber § 18a VOL/A**, als 7129
nach § 18b Nr. 2 Buchstabe b) die **Angebotsfrist** zwischen dem Auftraggeber und den ausgewählten Bewerbern **einvernehmlich festgelegt** werden kann, vorausgesetzt, dass allen Bewerbern dieselbe Frist für die Erstellung und Einreichung von Angeboten eingeräumt wird.

Falls eine einvernehmliche Festlegung der Angebotsfrist nicht möglich ist, setzt der Auftrag- 7130
geber im Regelfall eine Frist von mindestens 24 Kalendertagen fest. Sie darf jedoch keinesfalls kürzer als 10 Kalendertage, gerechnet vom Tag nach Absendung der Aufforderung zur Angebotsabgabe, sein.

165.7 Erläuternde Hinweise der VOL/A

Die Verweisung auf die einzuhaltende Mindestfrist bezieht sich grundsätzlich auf beide in 7131
§ 17b Nr. 4 Abs. 3 aufgeführten Fristen. Da die dort für Ausnahmefälle genannte kürzere Frist von 5 Tagen nur als „Bemühensfrist" ausgestaltet ist, wird zur Vermeidung von Unsicherheiten empfohlen, nach Möglichkeit stets die längere Frist von 12 Tagen für die Berechnung der Mindestfrist des § 18b Nr. 2a zugrunde zu legen.

165.8 Bedeutung in der Rechtsprechung

§ 18b VOL/A hat in der Rechtsprechung keine Bedeutung. 7132

166. § 19 VOL/A – Zuschlags- und Bindefrist

1. **Die Zuschlagsfrist beginnt mit dem Ablauf der Angebotsfrist (§ 18).**
2. **Die Zuschlagsfrist ist so kurz wie möglich und nicht länger zu bemessen, als der Auftraggeber für eine zügige Prüfung und Wertung der Angebote benötigt. Das Ende der Zuschlagsfrist soll durch Angabe des Kalendertages bezeichnet werden.**
3. **Es ist vorzusehen, dass der Bieter bis zum Ablauf der Zuschlagsfrist an sein Angebot gebunden ist (Bindefrist).**
4. **Die Nummern 1 bis 3 gelten bei Freihändiger Vergabe entsprechend.**

166.1 Vergleichbare Regelungen

Der Vorschrift des § 19 VOL/A vergleichbar ist im Bereich der VOB **§ 19 VOB/A**. Die 7133
Kommentierung zu dieser Vorschrift kann daher ergänzend zu der Kommentierung des § 19 herangezogen werden.

1289

Teil 4 § 19 VOL/A   Verdingungsordnung für Leistungen Teil A

166.2 Änderungen in der VOL/A 2006

7134   Die Vorschrift des § 19 VOL/A wurde im Zuge der neuen VOL/A 2006 **nicht geändert**.

166.3 Bieterschützende Vorschrift

7135   Vgl. die Kommentierung zu § 19 VOB/A RZ 4929.

166.4 Zuschlagsfrist

166.4.1 Begriff

7136   Vgl. die Kommentierung zu § 19 VOB/A RZ 4930.

166.4.2 Sinn und Zweck

7137   Vgl. die Kommentierung zu § 19 VOB/A RZ 4931.

166.4.3 Dauer der Zuschlagsfrist

166.4.3.1 Grundsatz

7138   Die Zuschlagsfrist ist so kurz wie möglich und nicht länger zu bemessen, als der Auftraggeber für eine zügige Prüfung und Wertung der Angebote benötigt. Nur **in begründeten Fällen ist die Festlegung einer längeren Zuschlagsfrist zulässig** (VK Südbayern, B. v. 28. 5. 2002 – Az.: 15-04/02).

7139   Die **Vergabestelle kann den Zuschlag jederzeit innerhalb der Zuschlagsfrist erteilen**; sie muss nicht das Ende der Frist abwarten (VG Neustadt an der Weinstraße, B. v. 20. 2. 2006 – Az.: 4 L 210/06).

166.4.3.2 Beispiele aus der Rechtsprechung

7140   Vgl. die Kommentierung zu § 19 VOB/A RZ 4935.

166.4.4 Fehlende Fristbestimmung

7141   Vgl. die Kommentierung zu § 19 VOB/A RZ 4938.

166.4.5 Erläuternde Hinweise der VOL/A

7142   Eine Frist für den Zuschlag, wie sie die VOB/A in § 19 Nr. 2 (30 Kalendertage) vorsieht, kann in der VOL/A wegen der Mannigfaltigkeit der Beschaffungsobjekte nicht angegeben werden.

166.5 Bindefrist (§ 19 Nr. 3)

7143   Es ist vorzusehen, dass der Bieter bis zum Ablauf der Zuschlagsfrist an sein Angebot gebunden ist (Bindefrist).

166.5.1 Begriff und Inhalt

7144   Vgl. die Kommentierung zu § 19 VOB/A RZ 4940.

166.5.2 Verlängerung der Zuschlags- und Bindefrist vor Ablauf

166.5.2.1 Grundsatz

7145   Vgl. die Kommentierung zu § 19 VOB/A RZ 4942.

166.5.2.2 Rechtsfolge

7146   Vgl. die Kommentierung zu § 19 VOB/A RZ 4943.

§ 19 VOL/A   Teil 4

166.5.2.3 Sinn und Zweck der Verlängerung
Vgl. die Kommentierung zu § 19 VOB/A RZ 4944. 7147

166.5.2.4 Verbot der Manipulation des Vergabeverfahrens über die Verlängerung der Zuschlagsfristen
166.5.2.4.1 Allgemeines. Vgl. die Kommentierung zu § 19 VOB/A RZ 4945. 7148
166.5.2.4.2 Mehrmalige grundlose Verlängerung. Vgl. die Kommentierung zu § 19 VOB/A RZ 4946. 7149

166.5.2.5 Verlängerung nur mit aussichtsreichen Bietern
Vgl. die Kommentierung zu § 19 VOB/A RZ 4947. 7150

166.5.2.6 Bitte um Verlängerung bedeutet keine Bitte um neue Angebote
Vgl. die Kommentierung zu § 19 VOB/A RZ 4948. 7151

166.5.2.7 Änderung der Ausführungsfrist durch eine Verlängerung der Bindefrist?
Vgl. die Kommentierung zu § 19 VOB/A RZ 4949. 7152

166.5.2.8 Verlängerung der Bindefrist durch den Bieter unter das Angebot abändernden Bedingungen
166.5.2.8.1 Allgemeines. Vgl. die Kommentierung zu § 19 VOB/A RZ 4952. 7153
166.5.2.8.2 Beispiele aus der Rechtsprechung. Vgl. die Kommentierung zu § 19 VOB/A RZ 4954. 7154

166.5.2.9 Folge des Ablaufs der Zuschlags- und Bindefrist
Vgl. die Kommentierung zu § 19 VOB/A RZ 4955. 7155

166.5.3 Verlängerung der Zuschlags- und Bindefrist nach Ablauf

166.5.3.1 Hinweis
Die Ausführungen in RZ 7145 ff. zur Verlängerung der Zuschlags- und Bindefrist vor Ablauf gelten auch für die Verlängerung der Zuschlags- und Bindefrist nach Ablauf. 7156

166.5.3.2 Grundsätzliche Zulässigkeit der Verlängerung
Vgl. die Kommentierung zu § 19 VOB/A RZ 4958. 7157

166.5.3.3 Rechtsfolgen
166.5.3.3.1 Neues Angebot des Auftraggebers. Vgl. die Kommentierung zu § 19 VOB/A RZ 4961. 7158
166.5.3.3.2 Verpflichtung des Auftraggebers zur Nachfrage, ob der wirtschaftlichste Bieter noch zu seinem Angebot steht. Vgl. die Kommentierung zu § 19 VOB/A RZ 4965. 7159

166.5.3.4 Zugang der Annahmeerklärung des Bieters beim Auftraggeber
Vgl. die Kommentierung zu § 19 VOB/A RZ 4967. 7160

166.5.4 Literatur
Vgl. die Kommentierung zu § 19 VOB/A RZ 4972. 7161

166.6 Geltung bei Freihändiger Vergabe (§ 19 Nr. 4)
Vgl. die Kommentierung zu § 19 VOB/A RZ 4973. 7162

Teil 4 § 20 VOL/A   Verdingungsordnung für Leistungen Teil A

167. § 20 VOL/A − Kosten

1. (1) Bei Öffentlicher Ausschreibung dürfen für die Verdingungsunterlagen die Vervielfältigungskosten gefordert werden. In der Bekanntmachung (§ 17) ist anzugeben, wie hoch sie sind. Sie werden nicht erstattet.
(2) Bei Beschränkter Ausschreibung und Freihändiger Vergabe sind die Unterlagen unentgeltlich abzugeben. Eine Entschädigung (Absatz 1 Satz 1) darf nur ausnahmsweise gefordert werden, wenn die Selbstkosten der Vervielfältigung unverhältnismäßig hoch sind.
2. (1) Für die Bearbeitung des Angebotes werden keine Kosten erstattet. Verlangt jedoch der Auftraggeber, dass der Bieter Entwürfe, Pläne, Zeichnungen, Berechnungen oder andere Unterlagen ausarbeitet, insbesondere in den Fällen des § 8 Nr. 2 Abs. 1 Buchstabe a), so ist einheitlich für alle Bieter in der Ausschreibung eine angemessene Kostenerstattung festzusetzen. Ist eine Kostenerstattung festgesetzt, so steht sie jedem Bieter zu, der ein der Ausschreibung entsprechendes Angebot mit den geforderten Unterlagen rechtzeitig eingereicht hat.
(2) Absatz 1 gilt für Freihändige Vergabe entsprechend.

167.1 Vergleichbare Regelungen

7163   Der Vorschrift des § 20 VOL/A vergleichbar ist im Bereich der VOB § 20 VOB/A. Die Kommentierung zu dieser Vorschrift kann daher ergänzend zu der Kommentierung des § 20 herangezogen werden.

167.2 Änderungen in der VOL/A 2006

7164   Die Vorschrift des § 20 VOL/A wurde im Zuge der neuen VOL/A 2006 **nicht geändert**.

167.3 Bieterschützende Vorschrift

7165   Vgl. die Kommentierung zu § 20 VOB/A RZ 4977.

167.4 Vervielfältigungskosten für die Verdingungsunterlagen (§ 20 Nr. 1)

167.4.1 Vervielfältigungskosten bei Öffentlicher Ausschreibung (§ 20 Nr. 1 Abs. 1)

7166   Bei Öffentlicher Ausschreibung dürfen für die Verdingungsunterlagen die Vervielfältigungskosten gefordert werden.

167.4.2 Entschädigung bei Beschränkter Ausschreibung und Freihändiger Vergabe (§ 20 Nr. 1 Abs. 2)

7167   Bei Beschränkter Ausschreibung und Freihändiger Vergabe sind die Unterlagen unentgeltlich abzugeben. Eine Entschädigung (Absatz 1 Satz 1) darf nur ausnahmsweise gefordert werden, wenn die Selbstkosten der Vervielfältigung unverhältnismäßig hoch sind.

167.4.3 Höhe der Vervielfältigungskosten

7168   Die Vervielfältigungskosten dürfen nicht höher sein als die Selbstkosten des Auftraggebers für die Vervielfältigung der Verdingungsunterlagen; im Gegensatz zur VOB/A dürfen die Kosten der postalischen Versendung an die betreffenden Bieter nicht verlangt werden.

7169   Die Kosten für die erstmalige Erstellung der Verdingungsunterlagen sind also nicht erstattungsfähig.

167.4.3.1 Ermessensregelung

7170   Der öffentliche Auftraggeber **darf die Vervielfältigungskosten fordern,** er ist nicht dazu verpflichtet. Im Sinne eines **wirtschaftlichen Verwaltungshandelns** muss er also abwägen, ob

Verdingungsordnung für Leistungen Teil A § 21 VOL/A **Teil 4**

die Vervielfältigungskosten die mit der Berechnung und Vereinnahmung der Entschädigung entstehenden Kosten für den Auftraggeber deutlich übersteigen.

167.4.3.2 Vervielfältigen der Verdingungsunterlagen
Vgl. die Kommentierung zu § 20 VOB/A RZ 4983. 7171

167.4.3.3 Vervielfältigungskosten bei digitalen Unterlagen
Auch bei digitaler Vervielfältigung können **nur die tatsächlich angefallenen Kosten für** 7172
diese Tätigkeit in Rechnung gestellt werden. Dies wiederum beinhaltet in der Praxis, dass angesichts der kaum fassbaren Kosten für die elektronische Vervielfältigung ein Kostenerstattungsanspruch nicht besteht.

167.4.3.4 Darlegungs- und Beweislast für die Höhe der Selbstkosten
Vgl. die Kommentierung zu § 20 VOB/A RZ 4985. 7173

167.4.4 Entgeltanspruch nur des öffentlichen Auftraggebers
Vgl. die Kommentierung zu § 20 VOB/A RZ 4986. 7174

167.4.5 Entgeltanspruch eines Dritten
Vgl. die Kommentierung zu § 20 VOB/A RZ 4987. 7175

167.4.6 Erläuternde Hinweise der VOL/A
Unter dem Begriff „Selbstkosten der Vervielfältigung" sind z.B. auch die Selbstkosten für 7176
Muster und Proben zu verstehen.

167.4.7 Entschädigung für die Bearbeitung des Angebots (§ 20 Nr. 2)
167.4.7.1 Sinn und Zweck
Vgl. die Kommentierung zu § 20 VOB/A RZ 4988. 7177

167.4.7.2 Allgemeines
Vgl. die Kommentierung zu § 20 VOB/A RZ 4989. 7178

167.4.7.3 Inhalt der Regelung
Vgl. die Kommentierung zu § 20 VOB/A RZ 4990. 7179

167.4.7.4 Nebenangebote und Nachträge
Vgl. die Kommentierung zu § 20 VOB/A RZ 4991. 7180

167.4.7.5 Beispiele aus der Rechtsprechung
Vgl. die Kommentierung zu § 20 VOB/A RZ 4992. 7181

167.4.7.6 Schadenersatzansprüche bei fehlender, aber notwendiger Entschädigung
Vgl. die Kommentierung zu § 20 VOB/A RZ 4993. 7182

168. § 21 VOL/A – Inhalt der Angebote

1. **(1) Die Angebote müssen die Preise sowie die geforderten Angaben und Erklärungen enthalten. Soweit Erläuterungen zur Beurteilung des Angebots erforderlich erscheinen, kann der Bieter sie auf besonderer Anlage seinem Angebot beifügen.**

Teil 4 § 21 VOL/A   Verdingungsordnung für Leistungen Teil A

(2) Die Auftraggeber haben die Integrität und die Vertraulichkeit der Angebote auf geeignete Weise zu gewährleisten. Per Post übermittelte Angebote sind in einem verschlossenen Umschlag einzureichen, als solche zu kennzeichnen und bis zum Ablauf der für die Einreichung vorgesehenen Frist unter Verschluss zu halten. Bei elektronisch übermittelten Angeboten ist dies durch entsprechende technische Lösungen nach den Anforderungen des Auftraggebers und durch Verschlüsselung sicherzustellen. Angebote müssen unterschrieben sein, elektronisch übermittelte Angebote sind mit einer fortgeschrittenen elektronischen Signatur nach dem Signaturgesetz und den Anforderungen des Auftraggebers oder einer qualifizierten elektronischen Signatur nach dem Signaturgesetz zu versehen.

(3) Änderungen des Bieters an seinen Eintragungen im Angebot müssen zweifelsfrei sein.

(4) Änderungen und Ergänzungen an den Verdingungsunterlagen sind unzulässig.

(5) Muster und Proben des Bieters müssen als zum Angebot gehörig gekennzeichnet sein.

2. Etwaige Nebenangebote müssen auf besonderer Anlage gemacht und als solche deutlich gekennzeichnet werden.

3. (1) Der Bieter hat auf Verlangen im Angebot anzugeben, ob für den Gegenstand des Angebots gewerbliche Schutzrechte bestehen oder von dem Bieter oder anderen beantragt sind.

(2) Der Bieter hat stets anzugeben, wenn er erwägt, Angaben aus seinem Angebot für die Anmeldung eines gewerblichen Schutzrechtes zu verwerten.

4. Arbeitsgemeinschaften und andere gemeinschaftliche Bieter haben in den Angeboten jeweils die Mitglieder zu benennen sowie eines ihrer Mitglieder als bevollmächtigten Vertreter für den Abschluss und die Durchführung des Vertrages zu bezeichnen. Fehlt eine dieser Bezeichnungen im Angebot, so ist sie vor der Zuschlagserteilung beizubringen.

5. Der Bieter kann schon im Angebot die Rückgabe von Entwürfen, Ausarbeitungen, Mustern und Proben verlangen, falls das Angebot nicht berücksichtigt wird (§ 27 Nr. 7).

168.1 Vergleichbare Regelungen

7183   Der Vorschrift des § 21 VOL/A vergleichbar ist im Bereich der VOB **§ 21 VOB/A.** Die Kommentierung zu dieser Vorschrift kann daher ergänzend zu der Kommentierung des § 21 herangezogen werden.

168.2 Änderungen in der VOL/A 2006

7184   In § 21 ist eine **neue Nr. 1 Abs. 2** eingefügt, wonach die Auftraggeber die Integrität der Daten und die Vertraulichkeit der Angebote auf geeignete Weise zu gewährleisten haben.

168.3 Bieterschützende Vorschrift

168.3.1 § 21

7185   Die Regelung des § 21 entfaltet bieterschützende Wirkung (1. VK Sachsen, B. v. 5. 9. 2002 – Az.: 1/SVK/073-02).

168.3.2 § 21 Nr. 1 Abs. 2 Satz 5

7186   Die Frage, ob ein **Angebot rechtsverbindlich unterschrieben** ist, ist **keine Bestimmung, die ein subjektives Recht gemäß § 97 Abs. 7 GWB** eines Bieters darstellt und dessen Verletzung er rügen kann. Zwar ist die Vorschrift des § 21 Nr. 1 Abs. 2 Satz 5 VOL/A eine vergaberechtliche Regelung, die **(auch) einen bieterschützenden Zweck** im Sinne des § 97 Abs. 7 GWB hat. Es besteht jedoch **kein** darüber hinausgehender **Anspruch eines Bieters, dass ein Angebot eines Mitbieters auch rechtsverbindlich unterschrieben sein

Verdingungsordnung für Leistungen Teil A § 21 VOL/A **Teil 4**

müsste. Dies ergibt sich bereits aus dem Fehlen einer derartigen Bestimmung in der VOL/A seit dem Jahr 2000. Darüber hinaus kann ein Bieter auch keine weitergehenden Rechte bezogen auf Formvorschriften gegen einen Mitbieter haben als die Vergabestelle selbst (1. VK Sachsen, B. v. 16. 6. 2005 – Az.: 1/SVK/056-05; VK Hessen, B. v. 27. 2. 2003 – Az.: 69 d VK-70/2002).

168.3.3 § 21 Nr. 2
Vgl. die Kommentierung zu § 21 VOB/A RZ 5001. 7187

168.4 Anforderungen des § 21 für die Bieter
Vgl. die Kommentierung zu § 21 VOB/A RZ 5002. 7188

168.5 Auslegung des Angebots

168.5.1 Grundsatz
Vgl. die Kommentierung zu § 21 VOB/A RZ 5003. 7189

168.5.2 Beispiele aus der Rechtsprechung
Vgl. die Kommentierung zu § 21 VOB/A RZ 5005. 7190

168.6 Angabe der Preise und sonstiger geforderter Angaben und Erklärungen (§ 21 Nr. 1 Abs. 1 Satz 1)

168.6.1 Sinn und Zweck der Vorschrift
Vgl. die Kommentierung zu § 21 VOB/A RZ 5067. 7191

168.6.2 Begriff der geforderten Angaben und Erklärungen

168.6.2.1 Rechtsprechung
Sonstige Angaben und Erklärungen im Sinne von § 21 Nr. 1 Abs. 1 Satz 1 VOL/A sind **vor-** 7192 **rangig leistungsbezogene, technische Merkmale oder Erklärungen, die die Leistung und den Preis des Angebotes beeinflussen.** Weitergehende Erklärungen, die mit dem konkreten Leistungsgegenstand nichts zu tun haben, fallen zwar dem Wortlaut nach hierunter, gehören aber nicht im engeren Sinne hierzu (1. VK Sachsen, B. v. 19. 7. 2006 – Az.: 1/SVK/060-06; B. v. 19. 7. 2006 – Az.: 1/SVK/059-06; VK Münster, B. v. 19. 9. 2006 – Az.: VK 12/06; B. v. 13. 12. 2005 – Az.: VK 24/05). Bei **fehlenden Unbedenklichkeitsbescheinigungen und Versicherungsbestätigungen** handelt es sich unzweifelhaft nicht um Erklärungen, die unmittelbaren Einfluss auf den Preis oder die Leistung (Abfallentsorgung) haben. Sie lassen vielmehr Rückschlüsse auf die Eignung und konkret auf die Zuverlässigkeit des Bieters zu und sind somit im Rahmen der Eignungsprüfung nach § 25 Nr. 2 Abs. 1 VOL/A von der Vergabestelle zu werten (VK Münster, B. v. 9. 3. 2004 – Az.: VK 02/04).

168.6.2.2 Erläuternde Hinweise der VOL/A
Erläuterungen sind kommentierende Angaben zum geforderten Angebot. Will der Bieter 7193 Änderungen oder Ergänzungen vorschlagen, so muss er als solche gekennzeichnete Nebenangebote (§ 21 Nr. 2) einsenden, es sei denn, dass Nebenangebote ausnahmsweise ausgeschlossen sind (§ 17 Nr. 3 Abs. 5).

168.6.3 Hinweis
Durch die enge Verknüpfung des § 21 Nr. 1 Abs. 1 Satz 1 mit § 25 Nr. 1 Abs. 1 Buchstabe a) 7194 VOL/A – in der Praxis der Vergabestellen und der Rechtsprechung – erfolgt eine zusammenhängende Kommentierung bei § 25 VOL/A RZ 7445 ff.

Teil 4 § 21 VOL/A   Verdingungsordnung für Leistungen Teil A

168.7 Form der Angebote (§ 21 Nr. 1 Abs. 2)

7195   Aus dem Zusammenhang des § 21 Nr. 1 Abs. 2 ergibt sich, dass der Auftraggeber festlegt, in welcher Form die Angebote einzureichen sind. Der **Auftraggeber entscheidet also darüber, ob Bieter die Angebote schriftlich oder elektronisch einreichen können.**

168.7.1 Schriftliche Angebote

168.7.1.1 Keine zwingende Zulassung von schriftlichen Angeboten bei Vergaben unterhalb der Schwellenwerte

7196   Im **Gegensatz zu § 21 Nr. 1 Abs. 1 Satz 2 VOB/A** sind die **Auftraggeber nicht verpflichtet, bei Vergaben unterhalb der Schwellenwerte schriftlich eingereichte Angebote immer zuzulassen.**

168.7.2 Elektronische Angebote

7197   § 21 stellt für alle Abschnitte der VOL/A die Ermächtigung dar, auch elektronische Angebote zuzulassen. Die **elektronische Angebotsabgabe ist Teil des umfassenden und ganzheitlichen Prozesses der elektronischen Ausschreibung und Vergabe (E-Vergabe).** Dieser Prozess steht auf der Prioritätenliste der Kommission der Europäischen Gemeinschaften und der Politik in der Bundesrepublik Deutschland relativ weit oben, hat aber bisher aus vielfältigen Gründen den **Durchbruch im Bereich der Angebotsabgabe nicht geschafft.**

7198   Mit der Änderung der Vergabeverordnung und der neuen VOB/A 2006 sowie VOL/A 2006 wurden die **rechtlichen Regelungen über elektronische Angebote in die VOB/A 2006 sowie VOL/A 2006 aufgenommen; § 15 VgV ist gestrichen** worden.

168.7.2.1 Umsetzung der Vorgaben der Vergabekoordinierungsrichtlinie

7199   § 21 setzt die Vorgaben des Art. 42 Abs. 1–3 der Vergabekoordinierungsrichtlinie um.

168.7.2.2 Sonstige Regelungen über die elektronische Angebotsabgabe

7200   Der Bereich der E-Vergabe wird nicht nur durch unmittelbare vergaberechtliche Vorschriften geregelt, sondern durch eine Vielzahl weiterer Vorschriften bestimmt.

7201   168.7.2.2.1 **Europarechtliche Regelungen.** 168.7.2.2.1.1 **Richtlinie über den elektronischen Geschäftsverkehr (e-commerce-Richtlinie).** Diese Richtlinie umfasst nach ihrem Inhalt auch die öffentlichen Aufträge, sofern sie elektronisch abgewickelt werden.

7202   168.7.2.2.1.2 **Recht auf Abgabe eines elektronischen Angebots?** Vgl. die Kommentierung zu § 21 VOB/A RZ 5042.

7203   168.7.2.2.1.3 **Signaturrichtlinie.** Vgl. die Kommentierung zu § 21 VOB/A RZ 5045.

7204   168.7.2.2.2 **Nationale Regelungen.** Vgl. die Kommentierung zu § 21 VOB/A RZ 5046.

168.7.2.3 Bedeutung des elektronischen Angebots in Praxis und Rechtsprechung

7205   Das elektronische Angebot spielt bisher weder in der Praxis noch in der Rechtsprechung eine Rolle.

168.7.2.4 Pilotprojekte

7206   Vgl. die Kommentierung zu § 21 VOB/A RZ 5051.

168.7.2.5 Literatur

7207   Vgl. die Kommentierung zu § 21 VOB/A RZ 5053.

168.8 Gewährleistung der Integrität der Daten und die Vertraulichkeit der Angebote (§ 21 Nr. 1 Abs. 2)

7208   Nach § 21 Nr. 1 Abs. 2 Satz 1 haben die **Auftraggeber die Integrität der Daten und die Vertraulichkeit der Angebote auf geeignete Weise zu gewährleisten.**

168.8.1 Schriftliche Angebote (§ 21 Nr. 1 Abs. 2 Satz 2)

Per Post oder direkt übermittelte Angebote sind **in einem verschlossenen Umschlag einzureichen, als solche zu kennzeichnen** und **bis zum Ablauf der für die Einreichung vorgesehenen Frist unter Verschluss zu halten**. 7209

168.8.1.1 Einreichung in einem verschlossenen Umschlag

168.8.1.1.1 Sinn und Zweck der Regelung. Vgl. die Kommentierung zu § 21 VOB/A RZ 5056. 7210

168.8.1.1.2 Schutz des Angebotes durch einen Umschlag oder ähnliche Mittel. Vgl. die Kommentierung zu § 21 VOB/A RZ 5057. 7211

168.8.1.2 Kennzeichnung und verschlossene Aufbewahrung

168.8.1.2.1 Sinn und Zweck. Vgl. die Kommentierung zu § 21 VOL/A RZ 7062. 7212

168.8.2 Elektronische Angebote (§ 21 Nr. 1 Abs. 2 Satz 3)

Bei elektronisch übermittelten Angeboten ist die Integrität der Daten und die Vertraulichkeit der Angebote durch entsprechende technische Lösungen nach den Anforderungen des Auftraggebers und durch Verschlüsselung sicherzustellen. Die Verschlüsselung muss bis zum Ablauf der Frist zur Einreichung der Angebote aufrechterhalten bleiben. 7213

168.8.2.1 Verschlüsselung

Vgl. die Kommentierung zu § 21 VOB/A RZ 5063. 7214

168.8.2.2 Elektronische Angebote per Fax oder per E-Mail ohne Signatur und Verschlüsselung

Vgl. die Kommentierung zu § 21 VOB/A RZ 5065. 7215

168.9 Unterzeichnung der Angebote (§ 21 Nr. 1 Abs. 2 Satz 1)

168.9.1 Allgemeines

Vgl. die Kommentierung zu § 21 VOB/A RZ 5009. 7216

168.9.2 Prüfung der Unterzeichnung?

Vgl. die Kommentierung zu § 21 VOB/A RZ 5014. 7217

168.9.3 Stelle der Unterzeichnung

Vgl. die Kommentierung zu § 21 VOB/A RZ 5015. 7218

168.9.4 Anzahl der Unterschriften

Vgl. die Kommentierung zu § 21 VOB/A RZ 5017. 7219

168.9.5 Identität des Bieters

168.9.5.1 Allgemeines

Vgl. die Kommentierung zu § 21 VOB/A RZ 5019. 7220

168.9.5.2 Angebot eines Bieters für einen Dritten

Vgl. die Kommentierung zu § 21 VOB/A RZ 5020. 7221

168.9.5.3 Beispiele aus der Rechtsprechung

Vgl. die Kommentierung zu § 21 VOB/A RZ 5022. 7222

168.9.6 Unterzeichnung des Angebotes bei Bietergemeinschaften

168.9.6.1 Begriff

7223 Zum Begriff und zur Rechtsform von Bietergemeinschaften vgl. die Kommentierung zu § 8 VOB/A RZ 3826.

168.9.6.2 Angebot eines Einzelbieters oder Angebot einer Bietergemeinschaft?

7224 Vgl. die Kommentierung zu § 21 VOB/A RZ 5024.

168.9.6.3 Grundsätzliche Anforderung an die Unterzeichnung von Angeboten einer Bietergemeinschaft

7225 Vgl. die Kommentierung zu § 21 VOB/A RZ 5025.

168.9.6.4 Unterzeichnung von Angeboten einer Bietergemeinschaft durch einen Bevollmächtigten

7226 Vgl. die Kommentierung zu § 21 VOB/A RZ 5026.

168.9.6.5 Nachträgliche Genehmigung bei fehlender Unterschrift aller Mitglieder von Bietergemeinschaften

7227 Vgl. die Kommentierung zu § 21 VOB/A RZ 5028.

168.9.6.6 Anwendung der Grundsätze über die Duldungs- und Anscheinsvollmacht und das Handeln eines vollmachtslosen Vertreters

7228 Vgl. die Kommentierung zu § 21 VOB/A RZ 5032.

168.9.7 Wertung von Angeboten mit unvollständigen Unterschriften

7229 Zur Wertung von Angeboten mit unvollständigen Unterschriften vgl. die Kommentierung zu § 25 VOB/A RZ 5315.

168.9.8 Signaturanforderung bei elektronischen Angeboten (§ 21 Nr. 1 Abs. 2 Satz 4)

168.9.8.1 Signaturstufe

7230 § 21 Nr. 1 Abs. 2 Satz 4 verlangt – als **Äquivalent der Unterschrift** – nach Wahl des Auftraggebers eine fortgeschrittene elektronische Signatur nach dem Signaturgesetz und den Anforderungen des Auftraggebers oder eine qualifizierte elektronische Signatur nach dem Signaturgesetz.

7231 **Zur Erleichterung der elektronischen Angebotsabgabe** wurde **mit der VOL/A 2006** neben der bisherigen qualifizierten elektronischen Signatur nunmehr **auch die fortgeschrittene elektronische Signatur nach dem Signaturgesetz in Verbindung mit den Anforderungen des Auftraggebers als Wahloption** für die Auftraggeber vorgesehen.

168.10 Änderungen des Bieters an seinen Eintragungen (§ 21 Nr. 1 Abs. 3)

7232 Durch die enge Verknüpfung des § 21 Nr. 1 Abs. 2 Satz 2 mit § 25 VOL/A – in der Praxis der Vergabestellen und der Rechtsprechung – erfolgt eine zusammenhängende Kommentierung bei § 25 VOB/A RZ 5525.

168.11 Änderungen und Ergänzungen an den Verdingungsunterlagen (§ 21 Nr. 1 Abs. 4)

7233 Durch die Verknüpfung des § 21 Nr. 1 Abs. 3 mit § 25 VOL/A – in der Praxis der Vergabestellen und der Rechtsprechung – erfolgt eine zusammenhängende Kommentierung bei § 25 VOL/A RZ 7400.

168.12 Muster und Proben (§ 21 Nr. 1 Abs. 5)

Vgl. die Kommentierung zu § 21 VOB/A RZ 5078.   7234

168.13 Sonstige Formerfordernisse

168.13.1 Durchgängige Verwendung der Ordnungsziffern eines Leistungsverzeichnisses

Vgl. die Kommentierung zu § 21 VOB/A RZ 5074.   7235

168.14 Nebenangebote (§ 21 Nr. 2)

Mit der **neuen VOL/A 2006** wurde – ebenso wie in der VOB/A 2006 – der **Begriff des Änderungsvorschlags gestrichen**.   7236

Etwaige Nebenangebote müssen auf besonderer Anlage gemacht und als solche deutlich gekennzeichnet werden.   7237

168.14.1 Hinweise

Vgl. im Einzelnen zu Nebenangeboten die Kommentierung zu § 17 VOL/A RZ 6933.   7238

Durch die Verknüpfung des § 21 Nr. 2 mit § 25 VOL/A – in der Praxis der Vergabestellen   7239
und der Rechtsprechung – erfolgt eine **zusammenhängende Kommentierung der Wertung** bei § 25 VOL/A RZ 7540.

168.15 Arbeitsgemeinschaften und andere gemeinschaftliche Bieter (§ 21 Nr. 4)

Arbeitsgemeinschaften und andere gemeinschaftliche Bieter haben in den Angeboten jeweils   7240
die Mitglieder zu benennen sowie eines ihrer Mitglieder als bevollmächtigten Vertreter für den Abschluss und die Durchführung des Vertrages zu bezeichnen. Fehlt eine dieser Bezeichnungen im Angebot, so ist sie vor der Zuschlagserteilung beizubringen.

Vgl.   7241

– zum Begriff des Bewerbers und des Bieters,
– zum Begriff der Bietergemeinschaft,
– zur Rechtsform der Bietergemeinschaft,
– zur Bildung einer nachträglichen Bietergemeinschaft und
– zu Arbeitsgemeinschaften

im Einzelnen die Kommentierung zu § 8 VOB/A RZ 3824 ff.

168.16 Selbstgefertigte Abschrift oder Kurzfassung des Leistungsverzeichnisses

Nach § 21 Nr. 1 Abs. 3 VOB/A soll der Auftraggeber allgemein oder im Einzelfall zulassen,   7242
dass Bieter für die Angebotsabgabe eine selbstgefertigte Abschrift oder statt dessen eine selbstgefertigte Kurzfassung des Leistungsverzeichnisses benutzen, wenn sie den vom Auftraggeber verfassten Wortlaut der Urschrift des Leistungsverzeichnisses als allein verbindlich schriftlich anerkennen; Kurzfassungen müssen jedoch die Ordnungszahlen (Positionen) vollzählig, in der gleichen Reihenfolge und mit den gleichen Nummern wie in der Urschrift, wiedergeben. Eine **entsprechende Vorschrift fehlt in der VOL/A**. Der **Auftraggeber kann jedoch selbst gefertigte Kopien oder Kurzfassungen des Leistungsverzeichnisses zulassen und zugleich bestimmen, dass allein das vom Auftraggeber verfasste Leistungsverzeichnis verbindlich ist** (BayObLG, B. v. 17. 2. 2005 – Verg 027/04). In solchen Fällen wird man die **Rechtsprechung zu § 21 Nr. 1 Abs. 3 VOB/A** (vgl. im Einzelnen RZ 5076 ff.) **auch auf VOL-Verfahren** übertragen können.

168.17 Anwendbarkeit in Verfahren nach der VOL/A-SKR

7243 Auch bei der Anwendung der VOL/A-SKR sind die allgemeinen Rechtsgedanken des § 97 GWB, insbesondere hinsichtlich der Transparenz der Vergabeentscheidung und der Gleichbehandlung der Bieter, maßgeblich. **Heranzuziehen ist daher auch § 21 Nr. 1 Abs. 2 S. 2 VOL/A zumindest in entsprechender Weise,** der die Regelungen über die Abgabe von Willenserklärungen (§§ 133 ff. BGB) konkretisiert und eine Ausprägung des Prinzips der Chancengleichheit ist. **Ebenfalls anwendbar ist als Ausdruck des vergaberechtlichen Gleichbehandlungsprinzips § 21 Nr. 1 Abs. 3 VOL/A zumindest in analoger Weise,** soweit nicht der Charakter des Verhandlungsverfahrens eine andere Beurteilung zulässt (VK Baden-Württemberg, B. v. 21. 6. 2005 – Az.: 1 VK 33/05).

169. § 22 VOL/A – Öffnung der Angebote bei Ausschreibungen; Vertraulichkeit

1. Schriftliche Angebote sind auf dem ungeöffneten Umschlag mit Eingangsvermerk zu versehen und bis zum Zeitpunkt der Öffnung unter Verschluss zu halten. Den Eingangsvermerk soll ein an der Vergabe nicht Beteiligter anbringen. Elektronische Angebote sind entsprechend zu kennzeichnen und unter Verschluss zu halten.

2. (1) Die Verhandlung zur Öffnung der Angebote soll unverzüglich nach Ablauf der Angebotsfrist stattfinden.

   (2) In der Verhandlung zur Öffnung der Angebote muss neben dem Verhandlungsleiter ein weiterer Vertreter des Auftraggebers anwesend sein.

   (3) Bieter sind nicht zuzulassen.

3. Der Verhandlungsleiter stellt fest, ob die Angebote

   a) ordnungsgemäß verschlossen und äußerlich gekennzeichnet bzw. verschlüsselt,

   b) bis zum Ablauf der Angebotsfrist bei der für den Eingang als zuständig bezeichneten Stelle eingegangen sind. Die Angebote werden geöffnet und in allen wesentlichen Teilen einschließlich der Anlagen gekennzeichnet.

4. (1) Über die Verhandlung zur Öffnung der Angebote ist eine Niederschrift zu fertigen. In die Niederschrift sind folgende Angaben aufzunehmen:

   a) Name und Wohnort der Bieter und die Endbeträge der Angebote, ferner andere den Preis betreffende Angaben,

   b) ob und von wem Nebenangebote eingereicht worden sind.

   (2) Angebote, die nicht den Voraussetzungen der Nummer 3 Satz 1 entsprechen, müssen in der Niederschrift oder, soweit sie nach Schluss der Eröffnungsverhandlung eingegangen sind, in einem Nachtrag zur Niederschrift besonders aufgeführt werden; die Eingangszeit und etwa bekannte Gründe, aus denen die Voraussetzungen der Nummer 3 Satz 1 nicht erfüllt sind, sind zu vermerken.

   (3) Die Niederschrift ist von dem Verhandlungsleiter und dem weiteren Vertreter des Auftraggebers zu unterschreiben.

5. Die Niederschrift darf weder den Bietern noch der Öffentlichkeit zugänglich gemacht werden.

6. (1) Die Angebote und ihre Anlagen sind sorgfältig zu verwahren und vertraulich zu behandeln. Von den nicht ordnungsgemäß oder verspätet eingegangenen Angeboten sind auch der Umschlag und andere Beweismittel aufzubewahren.

   (2) Im Falle des § 21 Nr. 3 Abs. 2 ist sicherzustellen, dass die Kenntnis des Angebots auf die mit der Sache Befassten beschränkt bleibt.

   (3) Der Auftraggeber darf Angebotsunterlagen und die in den Angeboten enthaltenen eigenen Vorschläge eines Bieters nur für die Prüfung und Wertung der Angebote (§§ 23 und 25) verwenden. Eine darüber hinausgehende Verwendung be-

darf der vorherigen schriftlichen Vereinbarung, in der auch die Entschädigung zu regeln ist.

(4) Die Absätze 1 bis 3 gelten bei Freihändiger Vergabe entsprechend.

169.1 Vergleichbare Regelungen

Der Vorschrift des § 22 VOL/A vergleichbar ist im Bereich der VOB **§ 22 VOB/A.** Die Kommentierung zu dieser Vorschrift kann daher ergänzend zu der Kommentierung des § 22 herangezogen werden. 7244

169.2 Änderungen in der VOL/A 2006

In § 22 Nr. 4 Abs. 1 Buchstabe a) ist – wie insgesamt in der VOL/A 2006 – der **Begriff des Änderungsvorschlags gestrichen worden.** 7245

In § 22 Nr. 3 Buchstabe a) ist die **Verpflichtung zur Prüfung der Verschlüsselung** aufgenommen worden. 7246

169.3 Bieterschützende Vorschrift

Vgl. die Kommentierung zu § 22 VOB/A RZ 5089. 7247

169.4 Schriftliche Angebote (§ 22 Nr. 1 Satz 1)

Nach § 22 Nr. 1 Satz 1 sind schriftliche Angebote auf dem ungeöffneten Umschlag mit Eingangsvermerk zu versehen und bis zum Zeitpunkt der Öffnung unter Verschluss zu halten. Daraus ergibt sich, dass die Angebote in einem verschlossenen Umschlag einzureichen sind. Die Regelung deckt sich im Wesentlichen mit der Neufassung des § 21 Nr. 1 Abs. 2 Satz 2; insoweit verweise ich auf die Kommentierung RZ 7209. 7248

169.5 Elektronische Angebote (§ 22 Nr. 1 Satz 2)

Elektronische Angebote sind entsprechend – das heißt wie schriftliche Angebote – zu kennzeichnen und unter Verschluss zu halten. 7249

169.6 Eröffnungstermin (§ 22 Nr. 2 Satz 1)

169.6.1 Grundsatz

Bei Ausschreibungen ist für die Öffnung und Verlesung (Eröffnung) der Angebote ein Eröffnungstermin abzuhalten, in dem die Bieter nicht zugelassen sind. 7250

Der **Eröffnungstermin** ist bei Vergabeverfahren auch nach der VOL/A **wesentlich für die Absicherung der notwendigen Verfahrenstransparenz.** Die angebotsrelevanten Angebotsteile sind im Protokoll zu vermerken (VK Thüringen, B. v. 8. 9. 2000 – Az.: 216-4002.20-014/00-SLF). 7251

169.6.2 Verlegung des Eröffnungstermins

Vgl. die Kommentierung zu § 22 VOB/A RZ 5094. 7252

169.6.3 Erläuternde Hinweise der VOL/A

Der Begriff „Verhandlung" soll in Anlehnung an § 22 VOB/A lediglich ausdrücken, dass bei der Öffnung der Angebote auf der Auftraggeberseite formalisiert zu verfahren ist. Die VOL/A lässt im Gegensatz zur VOB/A Bieter zum Eröffnungstermin nicht zu. 7253

169.7 Ablauf des Eröffnungstermins (§ 22 Nr. 2, Nr. 3)

169.7.1 Leitung des Eröffnungstermins

§ 22 VOL/A **verpflichtet den öffentlichen Auftraggeber, den Eröffnungstermin von mindestens zwei Personen durchführen zu lassen.** Sinn und Zweck der Regelung des 7254

Teil 4 § 22 VOL/A   Verdingungsordnung für Leistungen Teil A

§ 22 ist die kontrollierte Angebotseröffnung und die Vermeidung von Manipulationen (VK Thüringen, B. v. 12. 2. 2001 – Az.: 216-4003.20-001/01-GTH).

169.7.2 Prüfung des Verschlusses und der äußeren Kennzeichnung der Angebote bzw. der Verschlüsselung (§ 22 Nr. 3 Abs. 1 Buchstabe a))

7255   Nach § 22 Nr. 3 Abs. 1 VOL/A stellt der Verhandlungsleiter zunächst fest, ob die Angebote ordnungsgemäß verschlossen und äußerlich gekennzeichnet bzw. verschlüsselt sind. Daher sind auch nicht ordnungsgemäß verschlossene bzw. verschlüsselte Angebote im Eröffnungsverfahren zuzulassen, und zwar jedenfalls für die **Konstellation, dass auf Grund der Umstände ohne vernünftige Zweifel ausgeschlossen werden kann, dass das nicht verschlossene Angebot noch auf Grund von Informationen nachgebessert wurde,** welche der Anbieter erst im Eröffnungstermin erlangt hat (OLG des Landes Sachsen-Anhalt, Urteil vom 18. 11. 1999 – Az.: 3 U 169/98; 2. VK Bund, B. v. 20. 6. 2002 – Az.: VK 2-28/02).

7256   Zur Möglichkeit der weiteren Prüfung und Wertung solcher Angebote vgl. die Kommentierung zu § 23 VOL/A RZ RZ 7285.

169.7.3 Prüfung des Eingangs der Angebote bis zum Ablauf der Angebotsfrist (§ 22 Nr. 3 Abs. 1 Buchstabe b))

7257   Zur Eröffnung zuzulassen sind nur Angebote, die bis zum Ablauf der Angebotsfrist bei der für den Eingang als zuständig bezeichneten Stelle eingegangen sind. Das in § 25 Nr. 1 Abs. 1 lit. e) VOL/A vorausgesetzte Merkmal des verspäteten Eingangs knüpft also nicht an den Zeitpunkt der Öffnung der Angebote, sondern an die Überschreitung der Angebotsfrist im Sinne des § 18 Abs. 1 Satz 1 VOL/A an (Thüringer OLG, B. v. 22. 4. 2004 – Az.: 6 Verg 2/04). Ausgeschlossen werden also die Angebote, die verspätet eingegangen sind, es sei denn, dass der verspätete Eingang durch Umstände verursacht worden ist, die nicht vom Bieter zu vertreten sind (§ 25 Nr. 1 Abs. 1 Buchstabe e)). Die Vergabestelle hat wegen der **zwingenden Vorschrift des § 25 Nr. 1 Abs. 1 Buchstabe e) VOL/A** keinerlei Ermessensspielraum, ob verspätete Angebote zugelassen werden oder nicht (1. VK Sachsen, B. v. 29. 12. 2004 – Az.: 1/SVK/123-04; VK Nordbayern, B. v. 18. 8. 2000 – Az.: 320.VK-3194-18/00).

169.7.3.1 Übermittlungsrisiko des Bieters für die Rechtzeitigkeit

7258   Vgl. die Kommentierung zu § 22 VOB/A RZ 5100.

169.7.3.2 (Nur) Mitverschulden des Bieters an der Verspätung

7259   Vgl. die Kommentierung zu § 22 VOB/A RZ 5102.

169.7.3.3 Ausnahme vom Übermittlungsrisiko des Bieters für die Rechtzeitigkeit

7260   § 25 Nr. 1 Abs. 1 Buchstabe e) enthält eine Ausnahme vom Übermittlungsrisiko des Bieters für die Rechtzeitigkeit; vgl. die Kommentierung zu § 25 VOL/A RZ 7426.

169.7.3.4 Ausnahme vom Übermittlungsrisiko des Bieters für die Rechtzeitigkeit bei sonstigem Verschulden des Auftraggebers

7261   Vgl. die Kommentierung zu § 22 VOB/A RZ 5104.

169.7.3.5 Teilweise verspätetes Angebot

7262   Vgl. die Kommentierung zu § 22 VOB/A RZ 5105.

169.7.3.6 Darlegungs- und Beweislast

7263   Vgl. die Kommentierung zu § 22 VOB/A RZ 5108.

169.7.3.7 Weitere Beispiele aus der Rechtsprechung

7264   Vgl. die Kommentierung zu § 22 VOB/A RZ 5109.

169.7.4 Öffnung der Angebote (§ 22 Nr. 3 Satz 2)

169.7.4.1 Begriff der Öffnung

7265   Vgl. die Kommentierung zu § 22 VOB/A RZ 5120.

169.7.5 Kennzeichnung der Angebote im Eröffnungstermin (§ 22 Nr. 3 Satz 2)

169.7.5.1 Allgemeines
Vgl. die Kommentierung zu § 22 VOB/A RZ 5122. 7266

169.7.5.2 Erläuternde Hinweise der VOL/A
Bei Angeboten, die aus mehreren Teilen bestehen, bei Anlagen sowie Mustern und Proben, die nicht immer mit dem Angebot selbst aufbewahrt werden können, muss die Zugehörigkeit erkennbar gemacht werden. Durch die Kennzeichnungspflicht sollen Fälschungen verhindert bzw. erschwert werden. 7267

169.8 Niederschrift (§ 22 Nr. 4)

169.8.1 Zwingende Regelung
Vgl. die Kommentierung zu § 22 VOB/A RZ 5139. 7268

169.8.2 Bestandteile der Niederschrift
Der **Inhalt der Niederschrift ist in der VOL geregelt.** In die Niederschrift sind Angaben aufzunehmen über 7269
- Name und Wohnort der Bieter und die Endbeträge der Angebote, ferner andere den Preis betreffende Angaben,
- ob und von wem Nebenangebote und Änderungsvorschläge eingereicht worden sind.

Auch n**achträgliche, im Rahmen der Angebotsprüfung festgestellte Nachlässe, Skonti, Nebenangebote und andere angebotsrelevante Angaben sind in die Niederschrift nachzutragen** (VK beim Landesverwaltungsamt Thüringen, B. v. 26. 6. 2001 – Az.: 216-4003.20-027/01-J-S). 7270

169.8.3 Rechtscharakter der Niederschrift und Beweislastverteilung
Vgl. die Kommentierung zu § 22 VOB/A RZ 5142. 7271

169.9 Geheimhaltungsgebot (§ 22 Nr. 6)

169.9.1 Grundsatz
Die Angebote und ihre Anlagen sind sorgfältig zu verwahren und vertraulich zu behandeln. Von den nicht ordnungsgemäß oder verspätet eingegangenen Angeboten sind auch der Umschlag und andere Beweismittel aufzubewahren. Dies gilt auch bei Freihändiger Vergabe. 7272

169.9.2 Sinn und Zweck des Geheimhaltungsgebots
Vgl. die Kommentierung zu § 22 VOB/A RZ 5159. 7273

169.9.3 Geheimhaltungsgebot im kommunalen Bereich
Vgl. die Kommentierung zu § 22 VOB/A RZ 5161. 7274

169.9.4 Beispiele aus der Rechtsprechung
Vgl. die Kommentierung zu § 22 VOB/A RZ 5160. 7275

169.10 Öffnung von Teilnahmeanträgen
Vgl. die Kommentierung zu § 22 VOB/A RZ 5165. 7276

Teil 4 § 23 VOL/A   Verdingungsordnung für Leistungen Teil A

170. § 23 VOL/A – Prüfung der Angebote

1. Nicht geprüft zu werden brauchen Angebote,
    a) die nicht ordnungsgemäß oder verspätet eingegangen sind, es sei denn, dass der nicht ordnungsgemäße oder verspätete Eingang durch Umstände verursacht worden ist, die nicht vom Bieter zu vertreten sind,
    b) die nicht unterschrieben oder nicht mit der erforderlichen elektronischen Signatur und Verschlüsselung versehen sind (§ 21 Nr. 1 Abs. 2 Satz 5),
    c) bei denen Änderungen des Bieters an seinen Eintragungen nicht zweifelsfrei sind (§ 21 Nr. 1 Abs. 3),
    d) bei denen Änderungen oder Ergänzungen an den Verdingungsunterlagen vorgenommen worden sind (§ 21 Nr. 1 Abs. 4).
2. Die übrigen Angebote sind einzeln auf Vollständigkeit sowie auf rechnerische und fachliche Richtigkeit zu prüfen; ferner sind die für die Beurteilung der Wirtschaftlichkeit der einzelnen Angebote maßgebenden Gesichtspunkte festzuhalten. Gegebenenfalls sind Sachverständige (§ 6) hinzuzuziehen.
3. Das Ergebnis der Prüfung ist aktenkundig zu machen.

170.1 Vergleichbare Regelungen

7277   Der Vorschrift des § 23 VOL/A vergleichbar ist im Bereich der VOB **§ 23 VOB/A**. Die Kommentierung zu dieser Vorschrift kann daher ergänzend zu der Kommentierung des § 23 herangezogen werden.

170.2 Änderungen in der VOL/A 2006

7278   In **§ 23 Nr. 1** sind die **Rechtsfolge einer fehlenden Signatur bzw. Verschlüsselung aufgenommen** worden sowie **redaktionelle Änderungen** erfolgt.

170.3 Inhalt der Vorschrift

7279   § 23 bildet mit § 25 die zentrale Vorschrift zur Prüfung und Wertung der Angebote. Nach § 23 hat der Auftraggeber die Angebote
– auf Vollständigkeit,
– rechnerisch,
– technisch,
– wirtschaftlich

zu prüfen und die Ergebnisse dieser Prüfung der Wertung zu Grunde zu legen.

170.4 Nicht ordnungsgemäße Angebote (§ 23 Nr. 1)

7280   Angebote, die nicht ordnungsgemäß eingegangen sind, brauchen nicht geprüft zu werden.

7281   Die formelle Ordnungsmäßigkeit eines Angebots bestimmt sich nach § 18 Nr. 2 Abs. 1. Vgl. dazu die Kommentierung zu § 18 VOL/A RZ 7062.

170.5 Verspätete Angebote (§ 23 Nr. 1)

7282   Angebote, die im Eröffnungstermin dem Verhandlungsleiter bei Öffnung des ersten Angebotes nicht vorgelegen haben, brauchen nicht geprüft zu werden.

7283   Zu den Einzelheiten, wann von einem verspäteten Angebot gesprochen werden kann, vgl. die Kommentierung zu § 22 VOL/A RZ 7257.

Verdingungsordnung für Leistungen Teil A § 23 VOL/A **Teil 4**

170.6 Verspätete und nicht ordnungsgemäße, aber noch zuzulassende Angebote

170.6.1 Hinweis

Vgl. zur Notwendigkeit des rechtzeitigen Eingangs und der Verteilung des Risikos für die Rechtzeitigkeit die Kommentierung zu § 22 VOL/A RZ 7257 ff.. 7284

170.6.2 Grundsatz

Nach § 23 Nr. 1 Buchstabe a) VOL/A sind Angebote, die zwar nicht ordnungsgemäß oder verspätet eingegangen sind, wobei aber der nicht ordnungsgemäße oder verspätete Eingang durch Umstände verursacht worden sind, die nicht vom Bieter zu vertreten sind, wie ein ordnungsgemäßes bzw. rechtzeitig vorgelegtes Angebot zu behandeln. Derartige **Angebote sind nachträglich in den Wettbewerb aufzunehmen und gelten als gleichwertiges Angebot** (VK Halle, B. v. 16. 1. 2001 – Az.: VK Hal 35/00). 7285

170.6.3 Begriff des Eingangs

Als „**Eingang**" **ist der Zugang zu verstehen.** Vgl. insoweit die Kommentierung zu § 22 VOB/A RZ 5144. 7286

170.6.4 Beispiele aus der Rechtsprechung

Vgl. die Kommentierung zu § 22 VOB/A RZ 5150. 7287

170.7 Prüfungsermessen

Nach § 23 Nr. 1 VOL/A hat der Auftraggeber im Falle eines nicht ordnungsgemäß eingegangenen Angebots einen **Ermessensspielraum, ob er das Angebot gleichwohl berücksichtigen will.** Die Vergabestelle kann ihr Ermessen in dieser Frage dahin gehend ausüben, das Angebot in die Wertung einzubeziehen (2. VK Bund, B. v. 20. 6. 2002 – Az.: VK 2-28/02), soweit die Prüfung des § 23 davon betroffen ist. Zur **Wertung solcher Angebote im Rahmen des § 25 vgl. die Kommentierung zu § 25 RZ 5312.** 7288

Sie kann aber auch das Angebot ausschließen, z.B. wenn sie anwaltlichen Rat dahingehend eingeholt hat (VK Lüneburg, B. v. 20. 8. 2002 – Az.: 203-VgK-12/2002). 7289

170.8 Sonstige formal fehlerhafte Angebote (§ 23 Nr. 1)

Angebote, die den Bestimmungen des § 21 Nr. 1 Abs. 1, Abs. 2 und Abs. 3 nicht entsprechen, brauchen nicht geprüft zu werden. 7290

Zu den Einzelheiten vgl. die Kommentierung zu § 21 VOL/A RZ 5009. 7291

170.9 Prüfung der Vollständigkeit sowie rechnerische, fachliche und wirtschaftliche Prüfung (§ 23 Nr. 2)

Die übrigen Angebote sind auf Vollständigkeit sowie rechnerisch, technisch und wirtschaftlich zu prüfen, gegebenenfalls mit Hilfe von Sachverständigen (§ 6). 7292

170.9.1 Rechnerische Prüfung

170.9.1.1 Verbindung der rechnerischen Prüfung mit einer allgemeinen Durchsicht der Angebote

Es bietet sich an und hat sich mit Blick auf das weitere Prüfungs- und Wertungsverfahren bewährt, die **rechnerische Prüfung der Angebote mit einer allgemeinen Durchsicht der Angebote hinsichtlich Auffälligkeiten und Fehler sowie Vollständigkeit zu verbinden.** 7293

170.9.1.2 Korrekturen im Rahmen der rechnerischen Prüfung (Rechtsprechung zu § 23 Nr. 3 VOB/A)

7294 Die VOL/A stellt hierfür – im Gegensatz zu § 23 Nr. 3 VOB/A – kein Instrumentarium zur Verfügung. In Zweifelsfällen kann zumindest auf die Rechtsprechung zu § 23 Nr. 3 VOB/A zurückgegriffen werden.

7295 Vgl. dazu im Einzelnen die Kommentierung zu § 23 VOB/A RZ 5181.

170.9.2 Erläuternde Hinweise der VOL/A

7296 Die Überprüfung auf fachliche Richtigkeit enthält auch die Überprüfung technischer Gesichtspunkte.

171. § 24 VOL/A – Verhandlungen mit Bietern bei Ausschreibungen

1. (1) Nach Öffnung der Angebote bis zur Zuschlagserteilung darf mit den Bietern über ihre Angebote nur verhandelt werden, um Zweifel über die Angebote oder die Bieter zu beheben.

   (2) Verweigert ein Bieter die geforderten Aufklärungen und Angaben, so kann sein Angebot unberücksichtigt bleiben.

2. (1) Andere Verhandlungen, besonders über Änderungen der Angebote oder Preise, sind unstatthaft.

   (2) Ausnahmsweise darf bei einem Nebenangebot (§ 17 Nr. 3 Abs. 5) oder bei einem Angebot aufgrund funktionaler Leistungsbeschreibung (§ 8 Nr. 2 Abs. 1 Buchstabe a)) mit dem Bieter, dessen Angebot als das wirtschaftlichste gewertet wurde (§ 25 Nr. 3), im Rahmen der geforderten Leistung über notwendige technische Änderungen geringen Umfangs verhandelt werden. Hierbei kann auch der Preis entsprechend angepasst werden. Mit weiteren Bietern darf nicht verhandelt werden.

3. Grund und Ergebnis der Verhandlungen sind vertraulich zu behandeln und schriftlich niederzulegen.

171.1 Vergleichbare Regelungen

7297 Der Vorschrift des § 24 VOL/A vergleichbar ist im Bereich der VOB **§ 24 VOB/A**. Die Kommentierung zu dieser Vorschrift kann daher ergänzend zu der Kommentierung des § 24 herangezogen werden.

171.2 Änderungen in der VOL/A 2006

7298 § 24 VOL/A ist im Zuge der neuen VOL/A 2006 **nicht geändert** worden.

171.3 Sinn und Zweck der Vorschrift

7299 ### 171.4 Bieterschützende Vorschrift

171.4.1 Grundsatz

7300 Vgl. die Kommentierung zu § 24 VOB/A RZ 5206.

171.4.2 Bieterschützende Vorschrift für den Bieter, mit dem unstatthafte Verhandlungen geführt werden?

7301 Vgl. die Kommentierung zu § 24 VOB/A RZ 4849.

Verdingungsordnung für Leistungen Teil A § 24 VOL/A **Teil 4**

171.5 Verpflichtung des Auftraggebers zur Führung von Aufklärungsgesprächen

171.5.1 Grundsatz
Vgl. die Kommentierung zu § 24 VOB/A RZ 5207. 7302

171.5.2 Ausnahmen

171.5.2.1 Treu und Glauben
Vgl. die Kommentierung zu § 24 VOB/A RZ 5208. 7303

171.5.2.2 Offenkundiges Versehen des Bieters
Vgl. die Kommentierung zu § 24 VOB/A RZ 5210. 7304

171.5.2.3 Verursachung des Aufklärungsbedarfs durch den Auftraggeber
Vgl. die Kommentierung zu § 24 VOB/A RZ 5213. 7305

171.5.2.4 Glaubhafte Darlegungen des Bieters
Vgl. die Kommentierung zu § 24 VOB/A RZ 5216. 7306

171.5.2.5 Ausforschung durch die Vergabestelle?
Vgl. die Kommentierung zu § 24 VOB/A RZ 5217. 7307

171.6 Aufklärungsgespräche (§ 24 Nr. 1 Abs. 1)

171.6.1 Allgemeines
Nach § 24 Nr. 1 darf der Auftraggeber nach Öffnung der Angebote bis zur Zuschlagsertei- 7308 lung mit den Bietern über ihre Angebote nur verhandeln, um Zweifel über die Angebote oder die Bieter zu beheben. **§ 24 VOL/A ist eine Ausnahmevorschrift, deren Grenzen restriktiv zu sehen** sind (VK Lüneburg, B. v. 26. 7. 2005 – Az.: VgK-31/2005; B. v. 20. 5. 2005 – Az.: VgK-18/2005; 3. VK Bund, B. v. 7. 7. 2005 – Az.: VK 3-61/05; 1. VK Sachsen, B. v. 21. 5. 2001 – Az.: 1/SVK/32-01, B. v. 1. 2. 2002 – Az.: 1/SVK/139-01).

Die Nachverhandlung ist dem Auftraggeber **ausschließlich als eine Aufklärungsmaß-** 7309 **nahme im engeren Sinne gestattet. Sie darf nicht dazu dienen, dem Bieter eine inhaltliche Änderung oder Ergänzung seines Angebots zu ermöglichen** (VK Lüneburg, B. v. 20. 5. 2005 – Az.: VgK-18/2005; 2. VK Bund, B. v. 19. 11. 2003 – Az.: VK 2-114/03); folglich können im Wege einer Nachverhandlung insbesondere nicht fehlende, zwingende Angaben im Angebot nachgeholt werden (OLG Düsseldorf, B. v. 30. 7. 2003 – Az.: Verg 32/03; OLG Celle, B. v. 2. 7. 2002 – Az.: 13 Verg 6/02). Aufklärungsverhandlungen können insgesamt nur dazu dienen, **einen feststehenden Sachverhalt aufzuklären, nicht aber diesen zu verändern** (OLG Düsseldorf, B. v. 14. 3. 2001 – Az.: Verg 30/00; VK Lüneburg, B. v. 20. 5. 2005 – Az.: VgK-18/2005; 1. VK Sachsen, B. v. 27. 9. 2001 – Az.: 1/SVK/85-01, 1/SVK/85-01G).

Dies ergibt sich **aus dem der VOL/A zugrunde liegenden Wettbewerbsgedanken**. Es 7310 soll nämlich verhindert werden, dass die Wettbewerbslage durch nachträgliche Zugeständnisse von Bietern verändert wird bzw. einzelne Bieter bevorzugt werden (VK Südbayern, B. v. 18. 3. 2002 – Az.: 04-02/02). Daher müssen solche Verhandlungen, die im Widerspruch zum Wettbewerbsprinzip stehen, eine eindeutige Ausnahme bilden (1. VK Bund, B. v. 29. 5. 2002 – Az.: VK 1-23/02; VK Südbayern, B. v. 14. 8. 2002 – Az.: 32-07/02).

171.6.2 Aufklärungsbedarf
Voraussetzung für ein Aufklärungsgespräch ist, **dass überhaupt Aufklärungsbedarf be-** 7311 **steht** und der Auftraggeber für eine ordnungsgemäße Wertung des Angebots auf die nachge-

Teil 4 § 24 VOL/A Verdingungsordnung für Leistungen Teil A

reichten Angaben bzw. Unterlagen angewiesen ist (Thüringer OLG, B. v. 14. 11. 2002 – Az.: 6 Verg 7/02).

7312 So können z. B. **bei der funktionalen Ausschreibung einer komplexen EDV-Lösung,** die auch bei einem sorgfältig ausgearbeiteten Angebot noch zu offenen Fragen zum konkreten Inhalt und zur detaillierten Konzeption und Konfiguration der Soft- und Hardware führen kann, Bietergespräche nach § 24 VOL/A unumgänglich sein (VK Baden-Württemberg, B. v. 17. 3. 2004 – Az.: 1 VK 12/04).

7313 Auch ist ein **Aufklärungsverlangen hinsichtlich der Grundlagen der Preisermittlung eines Bieters** – insbesondere unter Berücksichtigung des im Vergabeverfahren geltenden Verhältnismäßigkeitsgrundsatzes – **nur zulässig,** wenn das Angebot inhaltlich bewertet wird und die Vergabestelle einem für die Vergabeentscheidung erheblichen Informationsbedürfnis, d. h. einem im Zusammenhang mit einem konkreten Ausschlussgrund bzw. mit der Prüfung eines zuvor bekannt gemachten Zuschlagskriteriums stehenden Informationsbedürfnis folgt, wenn die **geforderten Angaben geeignet sind, dieses Informationsbedürfnis der Vergabestelle zu befriedigen, und wenn der Vergabestelle die Erlangung dieser Informationen auf einfachere Weise nicht möglich** ist (OLG Naumburg, B. v. 22. 9. 2005 – Az.: 1 Verg 8/05).

171.6.3 Ansprechpartner
7314 Vgl. die Kommentierung zu § 24 VOB/A RZ 5223.

171.6.4 Gleichbehandlung der Bieter
7315 Vgl. die Kommentierung zu § 24 VOB/A RZ 5225.

171.6.5 Beschränkung der Gespräche auf aussichtsreiche Bieter
7316 Vgl. die Kommentierung zu § 24 VOB/A RZ 5228.

171.6.6 Anspruch auf Wiederholung von Aufklärungsgesprächen
7317 Vgl. die Kommentierung zu § 24 VOB/A RZ 5229.

171.6.7 Möglicher Inhalt von Aufklärungsgesprächen

171.6.7.1 Aufklärungsgespräch über Preise
7318 Vgl. die Kommentierung zu § 24 VOB/A RZ 5230.

171.6.7.2 Aufklärungsgespräch über die Art der Ausführung
7319 Vgl. die Kommentierung zu § 24 VOB/A RZ 5233.

171.6.7.3 Aufklärungsgespräch über die Kalkulation
7320 Vgl. die Kommentierung zu § 24 VOB/A RZ 5236.

171.6.7.4 Aufklärungsgespräch über Materialien, Fabrikate und Verrechnungssätze für Stundenlohnarbeiten
7321 Vgl. die Kommentierung zu § 24 VOB/A RZ 5238.

171.6.7.5 Aufklärungsgespräch über die Eignung
7322 Vgl. die Kommentierung zu § 24 VOB/A RZ 5246.

171.6.7.6 Aufklärungsgespräch über Lieferfristen
7323 Die erstmalige Festlegung von z. B. Lieferfristen ist nicht zulässig (VK Arnsberg, B. v. 24. 5. 2004 – Az.: VK 1-5/04).

171.6.7.7 Aufklärungsgespräch über Verbindlichkeit der Unterschrift
7324 Vgl. die Kommentierung zu § 24 VOB/A RZ 5252.

171.6.7.8 Aufklärungsgespräch über die ungenügende Beschreibung eines Nebenangebots
Vgl. die Kommentierung zu § 24 VOB/A RZ 5253. 7325

171.6.7.9 Weitere Beispiele aus der Rechtsprechung
Vgl. die Kommentierung zu § 24 VOB/A RZ 5254. 7326

171.7 Verweigerung von Aufklärungen und Angaben durch den Bieter (§ 24 Nr. 1 Abs. 2)

171.7.1 Grundsatz
Verweigert ein Bieter die geforderten Aufklärungen und Angaben, so kann sein Angebot unberücksichtigt bleiben. 7327

171.7.2 Unterbliebene Reaktion auf geforderte Aufklärungen und Angaben
Vgl. die Kommentierung zu § 24 VOB/A RZ 5258. 7328

171.7.3 Setzung einer Ausschlussfrist

171.7.3.1 Zulässigkeit
Vgl. die Kommentierung zu § 24 VOB/A RZ 5259. 7329

171.7.3.2 Anforderungen
Vgl. die Kommentierung zu § 24 VOB/A RZ 5260. 7330

171.7.4 Begründungspflicht
Vgl. die Kommentierung zu § 24 VOB/A RZ 5261. 7331

171.8 Unstatthafte Nachverhandlungen (§ 24 Nr. 2 Abs. 1)
Vgl. die Kommentierung zu § 24 VOB/A RZ 5264. 7332

171.8.1 Initiator von unstatthaften Nachverhandlungen
Vgl. die Kommentierung zu § 24 VOB/A RZ 5266. 7333

171.8.2 Verbot der unzulässigen Nachverhandlungen für Sektorenauftraggeber
Die Freiheit der privaten Sektorenauftraggeber, das Vergabeverfahren wählen zu können, **bedeutet nicht, dass Elemente verschiedener Verfahrensarten miteinander kombiniert werden können.** Unterwirft sich ein privater Sektorenauftraggeber beispielsweise freiwillig einem **offenen oder nichtoffenen Verfahren,** so muss er dies auch **konsequent zu Ende führen.** Insoweit unterliegt er im wesentlichen gleichen Anforderungen wie ein öffentlicher Auftraggeber im Sinne des § 98 Nr. 1–3 GWB (VK Südbayern, B. v. 17. 7. 2001 – Az.: 23-06/01). 7334

171.8.3 Beispiele aus der Rechtsprechung für unzulässige Nachverhandlungen
Vgl. die Kommentierung zu § 24 VOB/A RZ 5269. 7335

171.9 Rechtsfolge einer unstatthaften Nachverhandlung
Vgl. die Kommentierung zu § 24 VOB/A RZ 5270. 7336

171.10 Statthafte Nachverhandlungen nach § 24 Nr. 2 Abs. 2

7337 Ausnahmsweise darf bei einem Nebenangebot oder bei einem Angebot aufgrund funktionaler Leistungsbeschreibung mit dem Bieter, dessen Angebot als das wirtschaftlichste gewertet wurde, im Rahmen der geforderten Leistung über notwendige technische Änderungen geringen Umfangs verhandelt werden. Hierbei kann auch der Preis entsprechend angepasst werden. Mit weiteren Bietern darf nicht verhandelt werden.

171.10.1 Nachverhandlungen über Nebenangebote

171.10.1.1 Grundsatz

7338 Vgl. die Kommentierung zu § 24 VOB/A RZ 5272.

171.10.1.2 Beispiele aus der Rechtsprechung

7339 Vgl. die Kommentierung zu § 24 VOB/A RZ 5273.

171.10.2 Nachverhandlungen bei funktionalen Leistungsbeschreibungen

7340 Vgl. die Kommentierung zu § 24 VOB/A RZ 5274.

171.10.3 Verbindung eines Leistungsprogramms und eines Bemusterungstermins

7341 Vgl. die Kommentierung zu § 24 VOB/A RZ 5276.

171.10.4 Notwendigkeit von technischen Änderungen geringen Umfangs und daraus sich ergebende Änderungen der Preise

171.10.4.1 Grundsatz

7342 Es sind – bei einem Nebenangebot (§ 17 Nr. 3 Abs. 5) oder bei einem Angebot aufgrund funktionaler Leistungsbeschreibung – nur Änderungen zulässig, die zwingend notwendig sind, also solche, ohne die die sachgerechte Durchführung des Vorhabens nicht möglich wäre.

171.10.4.2 Beurteilungsspielraum des Auftraggebers

7343 Vgl. die Kommentierung zu § 24 VOB/A RZ 5279.

171.10.4.3 Verhandlungen nur mit dem wirtschaftlichsten Bieter

7344 Verhandlungsgespräche sind nur zulässig mit dem Bieter, dessen Angebot als das wirtschaftlichste gewertet wurde. Mit weiteren Bietern darf nicht verhandelt werden.

171.10.4.4 Beispiele aus der Rechtsprechung

7345 Vgl. die Kommentierung zu § 24 VOB/A RZ 5280.

171.10.5 Erläuternde Hinweise der VOL/A

7346 Mit der erweiterten Zulässigkeit der Abgabe von Nebenangeboten und der Aufnahme des Begriffs der funktionalen Leistungsbeschreibung in die VOL/A kann es vorkommen, dass ein Angebot zwar der Leistungsbeschreibung in qualitativer und quantitativer Hinsicht (Angebot im Rahmen der geforderten Leistung) entspricht, aber in Einzelheiten dem Beschaffungszweck nicht optimal genügt. Deshalb wird bei einem solchen Angebot, das als das wirtschaftlichste gewertet wurde (§ 25 Nr. 3), zugelassen, noch über notwendige technische Änderungen geringen Umfangs zu verhandeln. Diese Änderungen können sich im Einzelfall auf den Preis auswirken. Bei einem Angebot aufgrund funktionaler Leistungsbeschreibung in Verbindung mit konstruktiven Elementen darf nur über die funktional beschriebenen Leistungsteile verhandelt werden.

171.11 Sonstige statthafte Nachverhandlungen

7347 Die Rechtsprechung lässt in mehreren Fallkonstellationen Nachverhandlungen über den Wortlaut des § 24 Nr. 2 hinaus zu.

Verdingungsordnung für Leistungen Teil A § 25 VOL/A Teil 4

171.11.1 Beeinflussung der Reihenfolge der Bieter und ähnliche Fälle

Vgl. die Kommentierung zu § 24 VOB/A RZ 5282. 7348

171.11.2 Nachverhandlungen über unerhebliche Änderungen

Vgl. die Kommentierung zu § 24 VOB/A RZ 5285. 7349

171.12 Verhandlungsverfahren

Vgl. die Kommentierung zu § 24 VOB/A RZ 5287. 7350

171.13 Dokumentation und Geheimhaltung der Ergebnisse (§ 24 Nr. 3)

Der Auftraggeber hat Grund und Ergebnis der Verhandlungen vertraulich zu behandeln und 7351 schriftlich niederzulegen. Es ist insoweit **nicht zu beanstanden, dass der Bieter keine Abschrift dieses Gesprächsprotokolls erhält.** Gemäß § 24 Nr. 3 VOL/A sind die Ergebnisse solcher Verhandlungen geheim zu halten (VK Lüneburg, B. v. 11. 6. 2001 – Az.: 203-VgK-08/2001).

171.14 Literatur

Vgl. die Kommentierung zu § 24 VOB/A RZ 5289. 7352

172. § 25 VOL/A – Wertung der Angebote

1. (1) Ausgeschlossen werden:
   a) Angebote, für deren Wertung wesentliche Preisangaben fehlen (§ 21 Nr. 1 Abs. 1 Satz 1),
   b) Angebote, die nicht unterschrieben sind (§ 21 Nr. 1 Abs. 2 Satz 5),
   c) Angebote, in denen Änderungen des Bieters an seinen Eintragungen nicht zweifelsfrei sind (§ 21 Nr. 1 Abs. 3),
   d) Angebote, bei denen Änderungen oder Ergänzungen an den Verdingungsunterlagen vorgenommen worden sind (§ 21 Nr. 1 Abs. 4),
   e) Angebote, die verspätet eingegangen sind, es sei denn, dass der verspätete Eingang durch Umstände verursacht worden ist, die nicht vom Bieter zu vertreten sind,
   f) Angebote von Bietern, die in Bezug auf die Vergabe eine unzulässige, wettbewerbsbeschränkende Abrede getroffen haben,
   g) Nebenangebote, soweit der Auftraggeber diese nach § 17 Nr. 3 Abs. 5 ausgeschlossen hat.

   (2) Außerdem können ausgeschlossen werden:
   a) Angebote, die nicht die geforderten Angaben und Erklärungen enthalten (§ 21 Nr. 1 Abs. 1 Satz 1),
   b) Angebote von Bietern, die von der Teilnahme am Wettbewerb ausgeschlossen werden können (§ 7 Nr. 5),
   c) Nebenangebote, die nicht auf besonderer Anlage gemacht worden oder als solche nicht deutlich gekennzeichnet sind (§ 21 Nr. 2).

2. (1) Bei der Auswahl der Angebote, die für den Zuschlag in Betracht kommen, sind nur Bieter zu berücksichtigen, die für die Erfüllung der vertraglichen Verpflichtungen die erforderliche Fachkunde, Leistungsfähigkeit und Zuverlässigkeit besitzen.

   (2) Erscheinen Angebote im Verhältnis zu der zu erbringenden Leistung ungewöhnlich niedrig, so überprüft der Auftraggeber vor der Vergabe des Auftrags die Einzelposten dieser Angebote. Zu diesem Zweck verlangt er in Textform vom

Teil 4 § 25 VOL/A   Verdingungsordnung für Leistungen Teil A

Bieter die erforderlichen Belege. Der Auftraggeber berücksichtigt bei der Vergabe das Ergebnis der Überprüfung.

(3) Auf Angebote, deren Preise in offenbarem Missverhältnis zur Leistung stehen, darf der Zuschlag nicht erteilt werden.

3. Der Zuschlag ist auf das unter Berücksichtigung aller Umstände wirtschaftlichste Angebot zu erteilen. Der niedrigste Angebotspreis allein ist nicht entscheidend.
4. Nebenangebote, die der Auftraggeber bei der Ausschreibung gewünscht oder ausdrücklich zugelassen hat, sind ebenso zu werten wie die Hauptangebote. Sonstige Nebenangebote können berücksichtigt werden.
5. Die Gründe für die Zuschlagserteilung sind in den Akten zu vermerken.

172.1 Vergleichbare Regelungen

7353   Der **Vorschrift des § 25 VOL/A vergleichbar** sind im Bereich des GWB **§ 97 Abs. 4 GWB**, im Bereich des VOB **§§ 25 a, 25 b VOB/A**, im Bereich der VOF **§ 16 VOF** und im Bereich der VOL **§§ 25 a, 25 b VOL/A**. Die Kommentierungen zu diesen Vorschriften können daher ergänzend zu der Kommentierung des § 25 herangezogen werden.

172.2 Änderungen in der VOL/A 2006

7354   In **§ 25 Nr. 1 Abs. 1 Buchstabe g)** ist der **Begriff des Änderungsvorschlags gestrichen** worden.

7355   Nach **§ 25 Nr. 2 Abs. 2** muss der Auftraggeber bei Unterkostenangeboten **in Textform** vom Bieter Aufklärung über die Ermittlung der Preise für die Gesamtleistung oder für Teilleistungen verlangen.

172.3 Bieterschützende Vorschrift

172.3.1 § 25 Nr. 1 Abs. 1 Buchstabe d)

7356   § 25 Nr. 1 Abs. 1 lit. d) VOL/A ist eine bieterschützende Vorschrift (1. VK Bund, B. v. 26. 2. 2003 – Az.: VK 1-07/03).

172.3.2 § 25 Nr. 1 Abs. 1 Buchstabe f)

7357   Bei der Vorschrift des § 25 Nr. 1 Abs. 1 f) VOL/A handelt es sich um eine Regelung, die dem **Schutz der subjektiven Rechte der Bieter dient,** so dass eine Verletzung für einen Vergaberechtsverstoß, den ein Bieter rügen könnte, relevant ist (1. VK Sachsen, B. v. 19. 7. 2006 – Az.: 1/SVK/060-06; B. v. 19. 7. 2006 – Az.: 1/SVK/059-06; B. v. 20. 1. 2005 – Az.: 1/SVK/127-04; VK Schleswig-Holstein, B. v. 26. 10. 2004 – Az.: VK-SH 26/04; VK Hessen, B. v. 27. 2. 2003 – Az.: 69 d VK-70/2002).

172.3.3 § 25 Nr. 2 Abs. 2 Satz 1

7358   Die in § 25 Nr. 2 Abs. 2 Satz 1 VOL/A geregelte **Pflicht des Auftraggebers, ein auf den ersten Blick ungewöhnlich niedrig erscheinendes Angebot zu prüfen,** ist **drittschützend** (3. VK Bund, B. v. 2. 8. 2006 – Az.: VK 3-75/06; B. v. 4. 7. 2006 – Az.: VK 3-60/06; B. v. 30. 6. 2006 – Az.: VK 3-45/06; B. v. 30. 6. 2006 – Az.: VK 3-42/06; B. v. 29. 6. 2006 – Az.: VK 3-48/06; B. v. 29. 6. 2006 – Az.: VK 3-39/06).

172.3.4 § 25 Nr. 2 und Nr. 3

7359   Die **Rechtsprechung** hierzu ist **nicht einheitlich.**

7360   Nach einer Auffassung hat § 25 Nr. 2 Abs. 2 und Abs. 3 VOL/A **keine bieterschützende Wirkung.** § 25 Nr. 2 Abs. 2 und Abs. 3 VOL/A, wonach auf ein Angebot, das in offenbarem Missverhältnis zu Leistung steht, ein Zuschlag nicht erteilt werden darf, **dient dem Schutz der Vergabestelle.** Die Regelung soll dazu dienen, spätere Schäden der Vergabestelle zu verhindern, weil der Auftragnehmer, der einen unangemessen niedrigen Preis anbietet, den Auftrag

Verdingungsordnung für Leistungen Teil A § 25 VOL/A **Teil 4**

möglicherweise nicht oder nicht ordnungsgemäß ausführt. Die **Vorschrift bezweckt nicht, den Konkurrenten zu schützen,** so dass der sich nicht auf deren Verletzung berufen könne (1. VK Sachsen, B. v. 27. 3. 2006 – Az.: 1/SVK/021-06; B. v. 11. 2. 2005 – Az.: 1/SVK/128-04; VK Südbayern, B. v. 10. 2. 2006 – Az. Z3-3-3194-1-57-12/05; 3. VK Bund, B. v. 7. 8. 2006 – Az.: VK 3-93/06; B. v. 7. 8. 2006 – Az.: VK 3-90/06; B. v. 7. 8. 2006 – Az.: VK 3-87/06; B. v. 7. 8. 2006 – Az.: VK 3-84/06; B. v. 7. 8. 2006 – Az.: VK 3-81/06; B. v. 7. 8. 2006 – Az.: VK 3-78/06; B. v. 2. 8. 2006 – Az.: VK 3-75/06; B. v. 4. 7. 2006 – Az.: VK 3-60/06; B. v. 30. 6. 2006 – Az.: VK 3-45/06; B. v. 30. 6. 2006 – Az.: VK 3-42/06; B. v. 29. 6. 2006 – Az.: VK 3-48/06; B. v. 29. 6. 2006 – Az.: VK 3-39/06; B. v. 12. 7. 2005 – Az.: VK 3-67/05; B. v. 12. 7. 2005 – Az.: VK 3-64/05; B. v. 27. 5. 2005 – Az.: VK 3-37/05; VK Schleswig-Holstein, B. v. 26. 10. 2004 – Az.: VK-SH 26/04; VK Baden-Württemberg, B. v. 16. 11. 2004 – Az.: 1 VK 69/04; B. v. 12. 11. 2004 – Az.: 1 VK 70/04; B. v. 18. 6. 2003 – Az.: 1 VK 25/03; 1. VK Bund, B. v. 20. 4. 2005 – Az.: VK 1-23/05; B. v. 30. 8. 2004 – Az.: VK 1-96/04; B. v. 26. 8. 2004 – Az.: VK 1-105/04; B. v. 1. 4. 2004 – Az.: VK 1-09/04, B. v. 11. 3. 2004 – Az.: VK 1-151/03, B. v. 15. 7. 2003 – Az.: VK 1-53/03, B. v. 22. 5. 2003 – Az.: VK 1-29/03; VK Hessen, B. v. 30. 5. 2005 – Az.: 69 d VK-16/2005; B. v. 30. 5. 2005 – Az.: 69 d VK-10/2005; B. v. 2. 1. 2003 – Az.: 69 d VK-53/2002, B. v. 2. 1. 2003 – Az.: 69 d VK-54/2002, B. v. 2. 1. 2003 – Az.: 69 d VK-55/2002, B. v. 2. 1. 2003 – Az.: 69 d VK-57/2002; 2. VK Bund, B. v. 11. 11. 2004 – Az.: VK 2-196/04; B. v. 16. 8. 2004 – Az.: VK 2-06/04; B. v. 16. 2. 2004 – Az.: VK 2-22/04, B. v. 17. 12. 2002 – Az.: VK 2-90/02, B. v. 12. 11. 2002 – Az.: VK 2-86/02, B. v. 5. 9. 2002 – Az.: VK 2-68/02; VK Hamburg, B. v. 17. 12. 2002 – Az.: VgK FB 3/02; VK Münster, B. v. 21. 12. 2001 – Az.: VK 22/01; VK Rheinland-Pfalz, B. v. 13. 2. 2001 – Az.: VK 28/00).

Nach der Gegenmeinung ist zwar richtig, dass **§ 25 Nr. 2 und § 25 Nr. 3 VOL/A in erster Linie dem Schutz des Auftraggebers dienen.** Der Auftraggeber muss ein Interesse daran haben, nicht mit einer Zuschlagserteilung auf ein sog. Unterangebot Gefahr zu laufen, dass der Auftragnehmer den Auftrag nicht ordnungsgemäß erfüllen kann. Die **Vorschriften schützen aber auch den Mitbewerber, der sich gleichfalls an der Ausschreibung beteiligt hat und zu Recht erwartet, dass seinem Angebot nicht ein unseriös kalkuliertes Angebot vorgezogen wird,** bei dem die ordnungsgemäße Vertragsdurchführung möglicherweise nicht sichergestellt ist. Auch hat er einen Anspruch darauf, dass Dumping-Angebote, die nicht wettbewerblich begründet sind oder zur gezielten und planmäßigen Verdrängung von Wettbewerbern abgegeben werden, nicht zum Zuge kommen. Dies folgt auch aus dem Wettbewerbsgrundsatz, der es erfordert, dass alle Unternehmen, die sich an der öffentlichen Ausschreibung beteiligen wollen und leistungsfähig sind, eine gerechte Chance auf den Zuschlag erhalten (OLG Celle, B. v. 18. 12. 2003 – Az.: 13 Verg 22/03; 1. VK Sachsen, B. v. 27. 3. 2006 – Az.: 1/SVK/021-06; B. v. 28. 5. 2001 – Az.: 1/SVK/35-01, B. v. 27. 1. 2003 – Az.: 1/SVK/123-02, 1/SVK/123-02G; VK Südbayern, B. v. 10. 2. 2006 – Az. Z3-3-3194-1-57-12/05; 3. VK Saarland, B. v. 12. 12. 2005 – Az.: 3 VOF 03/2005 und 3 VK 04/2005 – bejaht –). 7361

Vermittelnd zwischen diesen beiden Positionen steht die Auffassung, dass man eine **Ausnahme vom grundsätzlich nicht bieterschützenden Charakter** des § 25 Nr. 2 Abs. 3 VOL/A lediglich **in eng begrenzten Ausnahmefällen** annehmen kann, zum Beispiel wenn das Angebot in der zielgerichteten Absicht erfolgt, einen oder mehrere Wettbewerber vom Markt zu verdrängen (OLG Düsseldorf, B. v. 17. 6. 2002 – Az.: Verg 18/02, B. v. 4. 9. 2002 – Verg 37/02; in diese Richtung BayObLG, B. v. 3. 7. 2002 – Az.: Verg 13/02; OLG Koblenz, B. v. 26. 10. 2005 – Az.: 1 Verg 4/05; VK Südbayern, B. v. 10. 2. 2006 – Az. Z3-3-3194-1-57-12/05; VK Baden-Württemberg, B. v. 16. 11. 2004 – Az.: 1 VK 69/04, B. v. 12. 11. 2004 – Az.: 1 VK 70/04; 3. VK Bund, B. v. 7. 8. 2006 – Az.: VK 3-93/06; B. v. 7. 8. 2006 – Az.: VK 3-90/06; B. v. 7. 8. 2006 – Az.: VK-87/06; B. v. 7. 8. 2006 – Az.: VK 3-84/06; B. v. 7. 8. 2006 – Az.: VK 3-81/06; B. v. 7. 8. 2006 – Az.: VK 3-78/06; B. v. 2. 8. 2006 – Az.: VK 3-75/06; B. v. 4. 7. 2006 – Az.: VK 3-60/06; B. v. 29. 6. 2006 – Az.: VK 3-48/06; B. v. 29. 6. 2006 – Az.: VK 3-39/06; B. v. 7. 9. 2005 – Az.: VK 3-115/05; B. v. 7. 9. 2005 – Az.: VK 3-112/05; B. v. 6. 9. 2005 – Az.: VK 3-109/05; B. v. 31. 8. 2005 – Az.: VK 3-106/05; B. v. 31. 8. 2005 – Az.: VK 3-103/05; B. v. 31. 8. 2005 – Az.: VK 3-100/05; B. v. 31. 8. 2005 – Az.: VK 3-97/05; B. v. 12. 8. 2005 – Az.: VK 3-94/05; B. v. 12. 8. 2005 – Az.: VK 3-91/05; B. v. 12. 8. 2005 – Az.: VK 3-88/05; B. v. 11. 8. 2005 – Az.: VK 3-85/05; B. v. 12. 7. 2005 – Az.: VK 3-67/05; B. v. 28. 9. 2004 – Az.: VK 3-107/04; 2. VK Bund, B. v. 18. 5. 2005 – Az.: VK 2-93/05; B. v. 18. 5. 2005 – Az.: VK 2-90/05; B. v. 11. 11. 2004 – Az.: VK 2-196/04; B. v. 8. 1. 2004 – Az.: VK 2-124/031; 1. VK Bund, B. v. 30. 8. 2005 – Az.: VK 1-95/05; B. v. 30. 8. 2005 – Az.: VK 1-92/05; B. v. 30. 8. 2005 – Az.: VK 1-89/05; B. v. 28. 12. 2004 – Az.: VK 1-141/04; B. v. 15. 7. 7362

Teil 4 § 25 VOL/A Verdingungsordnung für Leistungen Teil A

2003 – Az.: VK 1-53/03, B. v. 22. 5. 2003 – Az.: VK 1-29/03; VK Nordbayern, B. v. 21. 11. 2003 – Az.: 320.VK-3194-38/03; VK Münster, B. v. 2. 7. 2004 – Az.: VK 13/04). Die **Verdrängung aus einer einzelnen Auftragsvergabe ist grundsätzlich nicht ausreichend.** Drittschützende Wirkung kann der Vorschrift auch in den Fällen zukommen, in denen die **Unterangebote den Bieter selber in solche Schwierigkeiten** bringen, dass er den Auftrag nicht vertragsgemäß durchführen kann (1. VK Bund, B. v. 28. 12. 2004 – Az.: VK 1-141/04; B. v. 26. 2. 2003 – Az.: VK 1-07/03).

172.4 Wertungsstufen

172.4.1 Allgemeines

7363   Bei der Wertung nach § 25 VOL/A werden die **Angebote nach ihrer Gesamtheit betrachtet** und **miteinander** hinsichtlich ihres Inhalts und ihrer Preise **verglichen**. Die Wertung der Angebote erfolgt in **vier Stufen:**

– Ermittlung der Angebote, die wegen inhaltlicher oder formeller Mängel auszuschließen sind (§ 25 Nr. 1 VOL/A),

– Prüfung und Eignung der Bieter in persönlicher und sachlicher Hinsicht (§ 25 Nr. 2 Abs. 1 VOL/A),

– Prüfung der Angebotspreise (§ 25 Nr. 2 Abs. 2 und 3 VOL/A) und

– Auswahl des wirtschaftlichsten Angebots (§ 25 Nr. 3 VOL/A).

7364   Zu den Einzelheiten vgl. die Kommentierung zu § 25 VOB/A RZ 5306.

172.4.2 Grundsätzliche Trennung der einzelnen Stufen bei der Wertung

7365   Vgl. die Kommentierung zu § 25 VOB/A RZ 5307.

172.4.3 Verpflichtung zur umfassenden Prüfung und Wertung aller Angebote?

7366   Vgl. die Kommentierung zu § 25 VOB/A RZ 5308.

172.5 1. Wertungsstufe: Ausschluss nach § 25 Nr. 1

7367   Daraus, dass die Ausschlussgründe von Angeboten in der Vergabekoordinierungsrichtlinie (Richtlinie 2004/18/EG) nicht geregelt sind, lassen sich, da die Richtlinie kein umfassendes und abschließendes Regelwerk beinhaltet, keine Rückschlüsse auf die Unzulässigkeit eines Ausschlussgrundes ziehen. **Die Richtlinie enthält insbesondere keinen abschließenden Katalog der von der Vergabestelle zu berücksichtigenden Ausschlusskriterien. Vielmehr gilt, soweit die Richtlinie keine Regelung enthält, das bisherige Recht weiter** (OLG München, B. v. 7. 4. 2006 – Az.: Verg 05/06).

172.5.1 Zwingender Ausschluss (§ 25 Nr. 1 Abs. 1)

7368   § 25 Nr. 1 Abs. 1 nennt verschiedene zwingende Ausschlussgründe für Angebote. Trifft der **Auftraggeber** aber **in den Vergabeunterlagen widersprüchliche Aussagen** hinsichtlich der Rechtsfolge fehlender Angaben (z. B. erfolgt nach einer Formulierung wegen fehlender Einheitspreisangaben zwingend und nach einer anderen Aussage nur ein fakultativer Ausschluss des Angebotes), kann **kein zwingender Ausschluss** vorgenommen werden; es muss eine **Einzelfallprüfung** erfolgen (1. VK Sachsen, B. v. 5. 7. 2002 – Az.: 1/SVK/064-02).

172.5.1.1 Angebote mit fehlenden wesentlichen Preisangaben (§ 25 Nr. 1 Abs. 1 Buchstabe a))

7369   **172.5.1.1.1 Allgemeines.** Nach dem Wortlaut des § 25 Nr. 1 Abs. 1 Satz 1 sind alle Angebote, bei denen **wesentliche Preisangaben** im Sinne von § 21 Nr. 1 Abs. 1 Satz 1 fehlen, **zwingend auszuschließen** (BayObLG, B. v. 24. 11. 2004 – Az.: Verg 025/04; 1. VK Bund, B. v. 13. 7. 2005 – Az.: VK 1-59/05). Auch § 21 Nr. 1 Abs. 1 verlangt zwingend, dass **Angebote bestimmte Inhalte haben müssen.** Einen Widerspruch zwischen „weicheren" Anforderungen an den Umfang und die Form eines Angebots und der „harten" Sanktion des Ausschlusses wie die VOB/A kennt die VOL/A damit nicht.

Verdingungsordnung für Leistungen Teil A § 25 VOL/A **Teil 4**

Der Ausschlusstatbestand ist daher auch nicht etwa erst dann gegeben, wenn das betreffende 7370 Angebot im Ergebnis nicht mit den anderen abgegebenen Angeboten verglichen werden kann. Ein transparentes auf Gleichbehandlung aller Bieter beruhendes Vergabeverfahren ist nur zu erreichen, wenn **lediglich in jeder sich aus den Verdingungsunterlagen ergebenden Hinsicht vergleichbare Angebote gewertet werden** (1. VK Bund, B. v. 13. 7. 2005 – Az.: VK 1-59/05).

Der **Sinn und Zweck dieser Regelung** liegt darin, **der ausschreibenden Stelle verlässli-** 7371 **che und nicht nachträglich manipulierbare Daten für die Angebotswertung zur Verfügung zu stellen** (VK Schleswig-Holstein, B.v. 10. 1. 2006 – Az.: VK-SH 30/05; 2. VK Bund, B. v. 9. 2. 2005 – Az.: VK 2-12/05; 1. VK Bund, B.v. 5. 11. 2004 – VK 1-138/04). Es muss demnach entscheidend darauf ankommen, ob das Ergänzen der fehlenden Angaben die **Wettbewerbsstellung des betreffenden Bieters ändert oder nicht.** Gerät weder der Wettbewerb noch die Eindeutigkeit bzw. Verbindlichkeit des Angebotes in Gefahr, so besteht kein Anlass, solche Angebote auszuschließen (VK Nordbayern, B. v. 10. 3. 2004 – Az.: 320.VK-3194-04/04).

172.5.1.1.2 **Kann-Bestimmung.** Es handelt sich bei § 25 Nr. 1 Abs. 1 Buchstabe a) – hin- 7372 sichtlich der Wesentlichkeit von fehlenden Preisangaben – um eine **Kann-Bestimmung** (BayObLG, B. v. 24. 11. 2004 – Az.: Verg 025/04), **bei deren Anwendung überflüssiger Formalismus vermieden** werden soll (OLG Celle, B. v. 18. 12. 2003 – Az.: 13 Verg 22/03).

172.5.1.1.3 **Wesentliche fehlende Preisangaben.** Der **Begriff „wesentlich"** in § 25 7373 Nr. 1 Abs. 1 lit. a) VOL/A erfüllt die Funktion einer Ausnahmeklausel zu dem restriktiven Gebot des § 21 Nr. 1 Abs. 1 Satz 1 VOL/A, der vorschreibt, dass Angebote stets alle Preise enthalten müssen. Diese Ausnahme ist zwar vom Auftraggeber bei der Angebotswertung gegebenenfalls zu prüfen. Es obliegt allerdings dem Bieter, dem Auftraggeber ein vollständiges und nachvollziehbares Angebot zu unterbreiten. Zwar sieht § 25 Nr. 1 Abs. 1 lit. a) VOL/A vor, dass der **Auftraggeber aufgrund einer realistischen wirtschaftlichen Bewertung des nicht mit einer Preisangabe versehenen Angebotsteils zu der Beurteilung gelangen kann, dass eine fehlende Preisangabe unwesentlich, ihre nachträgliche Berücksichtigung für den Bieterwettbewerb daher unerheblich ist.** Die Vorschrift ist darauf zugeschnitten, gerade **das ersichtlich irrtümlich bedingte Fehlen von Preisangaben,** jedenfalls nicht das planmäßig kalkulierende Weglassen **zu erfassen** (VK Brandenburg, B. v. 28. 1. 2003 – Az.: VK 71/02).

Die Frage, ob die fehlenden Preisangaben wesentliche Preisangaben sind, ist **nicht danach** 7374 **zu beantworten, ob zentrale oder eher unwesentliche Leistungen betroffen** sind (2. VK Bund, B. v. 9. 2. 2005 – Az.: VK 2-12/05).

Ausnahmsweise können Angebote **gewertet** werden, wenn die **fehlenden Angaben die** 7375 **Eindeutigkeit des Angebots nicht tangieren, sie auf Grund ihrer Geringfügigkeit keine kalkulatorischen Auswirkungen auf das Wertungsergebnis besitzen und Manipulationen von Seiten des Bieters ausgeschlossen** sind (Brandenburgisches OLG, B. v. 27. 2. 2003 – Az.: Verg W 2/03; 2. VK Bund, B. v. 9. 2. 2005 – Az.: VK 2-12/05; VK Brandenburg, B. v. 28. 1. 2003 – Az.: VK 71/02).

So **schaden** z. B. **fehlende Preisangaben, die lediglich interne Kalkulationsposten des** 7376 **Bieters darstellen,** in anderen Positionen enthalten sind und auf den Endpreis des Angebots keine Auswirkungen haben, **nicht** (1. VK Bund, B. v. 3. 2. 2004 – Az.: VK 1-147/03).

Angebote, bei denen jedoch Angaben fehlen, die **Einfluss auf die Preise, die Wettbe-** 7377 **werbsposition des Bieters oder die Eindeutigkeit des Angebotsinhaltes haben, sind von der weiteren Wertung zwingend auszuschließen,** da sie sich nicht zu einer ordnungsgemäßen Wertung eignen (OLG Düsseldorf, B. v. 4. 7. 2005 – Az.: VII-Verg 38/05; VK Südbayern, B. v. 27. 8. 2003 – Az.: 33-07/03; 1. VK Bund, B. v. 20. 3. 2003 – Az.: VK 1-13/03; 2. VK Bund, B. v. 9. 2. 2005 – Az.: VK 2-12/05; B. v. 5. 3. 2003 – Az.: VK 2-04/03; 3. VK Bund, B. v. 21. 7. 2004 – Az.: VK 3-83/04; im Ergebnis für den Einzelfall ebenso 1. VK Sachsen, B. v. 20. 7. 2004 – Az.: 1/SVK/051-04).

Außerdem **obliegen die Kalkulation und damit eine für eine Leistungsposition ver-** 7378 **langte Vergütung dem ausschließlichen Aufgabenbereich des Bieters.** Die Angebotskalkulation berührt den Kernbereich unternehmerischen Handelns im Wettbewerb um öffentliche Aufträge und damit die Freiheit des Wettbewerbs in diesem Marktgeschehen schlechthin. Vom Bieter zu treffende Kalkulationsannahmen können deshalb durch Ansätze von Auftraggeberseite nicht ersetzt werden (VK Nordbayern, B. v. 12. 11. 2004 – Az.: 320.VK-3194-43/04).

Durch die **Erklärung „inkl."** mangelt es einem Angebot nicht an der Eindeutigkeit 7379 **und Verbindlichkeit;** ein Bieter erklärt hiermit, dass die geforderte Leistung in seinem Ange-

Teil 4 § 25 VOL/A   Verdingungsordnung für Leistungen Teil A

bot enthalten ist und dass hierfür eine Vergütung nicht in Rechnung gestellt wird. Damit ist die geforderte Vergütung mit der Angabe „inkl." verbindlich angegeben (VK Nordbayern, B. v. 10. 3. 2004 – Az.: 320.VK-3194-04/04).

7380 Bei **Angaben zur Gewichtung der Preisfaktoren für eine Preisgleitklausel handelt es sich nicht um Preisangaben im Sinne des § 25 Nr. 1 Abs. 1 lit. a)** VOL/A in Verbindung mit § 21 Nr. 1 Abs. 1 Satz 1 VOL/A (VK Lüneburg, B. v. 27. 6. 2005 – Az.: VgK-23/2005).

7381 Enthält ein Angebot **widersprüchliche Preisangaben,** so ist für den öffentlichen Auftraggeber der von dem Bieter tatsächlich gewollte Preis nicht erkennbar. Dies **ist dem Fehlen von Preisangaben gleichzustellen** (VK Münster, B. v. 17. 11. 2005 – Az.: VK 21/05; 1. VK Bund, B. v. 13. 7. 2005 – Az.: VK 1-59/05).

7382 **172.5.1.1.4 Die Rechtsprechung des Bundesgerichtshofes zu fehlenden Preisen und sonstigen Unterlagen nach § 25 VOB/A. 172.5.1.1.4.1 Grundsatz.** Vgl. die Kommentierung zu § 25 VOB/A RZ 5321.

7383 **172.5.1.1.4.2 Auswirkungen dieser Rechtsprechung auf § 25 Nr. 1 Abs. 1 Buchstabe a) VOL/A.** Im Ergebnis erfolgt bei der Anwendung des § 25 Nr. 1 Abs. 1 Buchstabe a) VOL/A eine **grundsätzlich vergleichbare Abwägung** zwischen einem eher ergebnisorientierten Ansatz – ist z.B. das Wettbewerbsergebnis bei der Zulassung fehlender Preisangaben berührt oder nicht – und einem eher formalen Ansatz, den der Bundesgerichtshof verfolgt.

7384 Die Rechtsprechung der Vergabekammern und der Vergabesenate für den VOL-Bereich hat teilweise auf diese neue Rechtsprechung des Bundesgerichtshofes reagiert; vgl. dazu den nächsten Abschnitt.

7385 **172.5.1.1.4.3 Auswirkungen dieser Rechtsprechung auf § 25 Nr. 1 Abs. 2 Buchstabe a) VOL/A. Fordert der Auftraggeber ausdrücklich bestimmte Preisangaben und fehlen diese Preisangaben, ist das Angebot zwingend auszuschließen.** Ein transparentes und auf Gleichbehandlung aller Bieter beruhendes Vergabeverfahren ist nur zu erreichen, wenn in jeder sich aus den Verdingungsunterlagen ergebender Hinsicht und grundsätzlich ohne weiteres vergleichbare Angebote abgegeben werden. Damit ein Angebot gewertet werden kann, ist deshalb jeder in der Leistungsbeschreibung vorgesehene Preis so wie gefordert vollständig und mit dem Betrag anzugeben, der für die betreffende Leistung beansprucht wird (OLG Düsseldorf, B. v. 19. 10. 2005 – Az.: VII-Verg 38/05; VK Münster, B. v. 19. 7. 2005 – Az.: VK 14/05; VK Düsseldorf, B. v. 14. 6. 2005 – Az.: VK-04/2005-L; im Ergebnis ebenso VK Südbayern, B. v. 14. 12. 2004 – Az.: 68-10/04).

7386 **172.5.1.1.5 Beispiele aus der Rechtsprechung. 172.5.1.1.5.1 Der fehlende Preis ist immer 0 €.** Ist das **Produkt (Menge X Preis) immer „0",** egal ob ein Preis eingetragen wird oder nicht, handelt es sich **bei den fehlenden Preisangaben um unwesentliche oder gar nicht erforderliche Angaben.** Die **nachträgliche Anforderung** dieser Preise durch den Auftraggeber kann demnach **auch nicht als unzulässiges Nachverhandeln** bezeichnet werden, da die Wettbewerbsstellung hierdurch nicht verändert wird (VK Südbayern, B. v. 9. 9. 2003 – Az.: 39-08/03).

7387 **172.5.1.1.5.2 Unzulässigkeit der Berechnung fehlender Einzel- und Gesamtpreise aus sonstigen Preisangaben.** Gibt ein Bieter im Leistungsverzeichnis die von der Vergabestelle geforderten Einzel- und Gesamtpreise nicht an, ist das Angebot einer Wertung nicht zugänglich. Etwas anderes ergibt sich auch nicht daraus, wenn der Bieter in einer Anlage zu dem Angebot aufgeschlüsselte Preise für einzelne Teilleistungen aufführt. Der **Vergabestelle ist es nicht gestattet, auf mathematischem Wege selbst einen Wert für ein Angebot zu errechnen** (VK Magdeburg, B. v. 16. 10. 2002 – Az: 33-32571/07 VK 09/02 MD).

7388 **172.5.1.1.5.3 Fehlende wesentliche Preisangaben mangels Genehmigung.** Hat ein Bieter die **für einen Preis notwendige Entgeltgenehmigung der Regulierungsbehörde für diesen Preis nicht vorgelegt** und diese noch nicht einmal beantragt, und verlangt die Vergabestelle einen genehmigten Preis, so ist ein **Angebot mit einem nicht genehmigten Preis unvollständig,** da ihm wesentliche Elemente fehlen; es ist **zwingend auszuschließen** (BayObLG, B. v. 24. 11. 2004 – Az.: Verg 025/04).

7389 **172.5.1.1.5.4 Widersprüchliche Preisangaben als fehlende wesentliche Preisangaben.** Enthält ein Angebot **widersprüchliche Preisangaben** (z.B. eventuell aufgrund eines „Zahlendrehers"), so dass für den Auftraggeber der tatsächlich gewollte Preis nicht erkennbar ist, ist dies **dem Fehlen von Preisangaben gleichzustellen,** da wegen der Nichterkennbarkeit des tatsächlich gewollten Preises eine vergleichende Wertung mit anderen Angeboten nicht möglich ist (3. VK Bund, B. v. 21. 7. 2005 – Az.: VK 3-61/05).

172.5.1.1.5.5 Die Angabe „in Position … enthalten" als fehlende Preisangabe. Soweit 7390 ein Bieter das Leistungsverzeichnis dahingehend ergänzt, dass er statt eines Preises oder zur Erläuterung eines Preises von 1 Euro schreibt: „in Position … enthalten", stellt diese statt eines Einheitspreises vorgenommene Eintragung keine echte Preisangabe dar und begründet einen Verstoß gegen § 21 Nr. 1 Abs. 1 VOL/A. Das Vermischen von Leistungspositionen mit den dazugehörigen Preisen beseitigt die Vergleichbarkeit mit den Angeboten anderer Bieter. Es wird nicht mehr nachvollziehbar, welche Preise und Preisgrundlagen für eine einzelne Leistung gelten sollen, was im Übrigen ggf. auch für die Bildung von Nachtragspreisen von Bedeutung ist (Saarländisches OLG, B. v. 9. 11. 2005 – Az.: 1 Verg 4/05).

172.5.1.1.5.6 Weitere Beispiele 7391

– unstreitig hat der Bieter die **Anlage 4 b „Erklärung über Zuwendungen der öffentlichen Hand"** nicht mit seinem Angebot vorgelegt. In dieser Anlage waren Preisangaben zu machen. Dies ergibt sich zum einen daraus, dass eine Erklärung darüber abgegeben werden musste, ob das Angebot Subventionen, Zuschüsse oder Beihilfe enthielt. Zum anderen musste für den Fall, dass dies zutraf, die Höhe des Betrags angegeben werden. Das Formblatt 4 b ist in Verbindung mit den Punkten 2.1.16 und insbesondere 3.4.3 des Teils A der Leistungsbeschreibung auszulegen. Danach war der Angebotspreis das einzige Zuschlagskriterium. Darüber hinaus war in der Anlage 4b ausführlich erläutert, was der Begriff „Fördermittel" beinhaltete und welche Auswirkungen die Berücksichtigung derartiger Fördermittel bei dem Angebotspreis hatte. Die Vergabestelle hatte unter Punkt 3.4.3 des Teils A der Verdingungsunterlagen ausdrücklich angegeben, dass sie bei der Wertung der Angebote den vom Bieter genannten Angebotspreis fiktiv um die zuvor erläuterten freiwilligen Zahlungen oder Erträge anteilig erhöhen werde, um zu gewährleisten, dass im Zuge der Angebotswertung ein bereinigter Preisvergleich stattfinden konnte. **Im Übrigen enthielt Punkt 3.4.3 auch die unmissverständliche Formulierung „preismindernd". Damit war ausdrücklich klargestellt, dass evtl. Zuwendungen, die in den Angebotspreis einflossen, preisrelevant waren. Dass die Preisangaben wesentlich waren, ist unzweifelhaft** (VK Hessen, B. v. 14. 2. 2005 – Az.: 69 d VK-90/2004)

– ist eine **Aufgliederung des Stundenverrechnungssatzes** (z. B. bei der Ausschreibung von Reinigungsdienstleistungen) **als Vordruck den Verdingungsunterlagen beigefügt und mit diesen ausgefüllt zurückzureichen, so ist die Unterlage wesentliches Element der Preisdarstellung** und ermöglicht allein die für den Auftraggeber wichtige Überprüfung der Auskömmlichkeit der kalkulierten Preise. **Angebote, die diese Unterlage nicht enthalten, fehlt daher eine für die Wertung wesentliche Preisangabe.** Sie sind daher nach § 25 Nr. 1 Absatz 1 a) VOL/A **zwingend auszuschließen** (VK Düsseldorf, B. v. 11. 1. 2006 – Az.: VK-50/2005-L)

– hat der **Auftraggeber unmissverständlich zum Ausdruck gebracht, dass bei allen Positionen der Pförtnerdienste Preisangaben zu machen waren und hat ein Bieter dem nicht genügt** (er hat für die Wochenend- und Feiertage keine Preisangaben gemacht), ist das **Angebot zwingend auszuschließen** (OLG Düsseldorf, B. v. 19. 10. 2005 – Az.: VII-Verg 38/05)

– bestimmt die Vergabestelle eindeutig, dass die Bieter die **Preisfaktoren für eine Preisgleitklausel** angeben müssen und **geben die Bieter diese Daten nicht an, ist das Angebot zwingend auszuschließen;** eine Nachholung der fehlenden Angaben im Wege des § 24 VOL/A scheidet aus (VK Lüneburg, B. v. 27. 6. 2005 – Az.: VgK-23/2005)

– bestimmt die Vergabestelle eindeutig, dass ein **Preisblatt auszufüllen** und zu unterschreiben ist und **gibt der Bieter das Preisblatt nicht** – auch nicht in elektronischer Form – **ab,** ist das **Angebot** wegen fehlender wesentlicher Preise **zwingend auszuschließen** (1. VK Bund, B. v. 9. 2. 2005 – Az.: VK 2-03/05)

– **indem die Umwandlung eines Tagessatzes als Preis in einen Monatssatz als Preis zugelassen wird, ist eine wettbewerblich relevante Manipulationsmöglichkeit eröffnet.** Denn es ist keineswegs zwingend, dass sich der Monatssatz aus dem Tagessatz errechnet, indem dieser mit 30 multipliziert wird. Vielmehr ist auch denkbar, dass sich der Monatssatz auch aus der Multiplikation des Tagessatzes mit 31 oder mit der durchschnittlichen Anzahl der Arbeitstage pro Monat ergeben könnte; ein variabler Monatssatz abhängig von der jeweiligen Monatslänge (28 bis 31 Tage) würde eine Änderung der Verdingungsunterlagen bedeuten, ist aber ansonsten ebenfalls denkbar (1. VK Bund, B. v. 5. 11. 2004 – VK 1-138/04)

– dass in § 25 Nr. 1 Abs. 1a VOL/A der Angebotsausschluss auf „wesentliche Preisangaben" beschränkt ist, ist unerheblich, wenn es um **fehlende Preisangaben in Hauptpositionen**

Teil 4 § 25 VOL/A Verdingungsordnung für Leistungen Teil A

geht, da es sich in solchen Fällen immer um **wesentliche Preisangaben** handelt. Der Vergabestelle ist in derartigen Sachverhalten kein Beurteilungsspielraum zuzugestehen (VK Südbayern, B. v. 27. 8. 2003 – Az.: 33-07/03)

– ist der **Bieter aufgefordert,** mit seinem Angebot eine **Preisliste** abzugeben und im Leistungsverzeichnis **Rabattsätze (in %) von dieser Liste** anzubieten, setzen sich die Angebote aus zwei Preisangaben zusammen, nämlich aus dem Listenpreis und dem darauf gewährten Nachlass. Fehlt einer der beiden Faktoren, so ist der Angebotspreis nicht feststellbar und somit das Angebot nicht wertbar (BayObLG, B. v. 21. 10. 2004 – Az.: Verg 017/04; VK Nordbayern, B. v. 8. 7. 2003-320.VK-3194-21/03)

– bei von dem Auftraggeber geforderten **eigenen Listenpreisen (bzw. Angebotspreisen mit genehmigungsfreiem Anpassungsmechanismus) handelt es sich um eine wesentliche Preisangabe** im Sinn von § 25 Nr. 1 Abs. 1 (a) VOL/A. Erkennbares Ziel der Anforderung eines eigenen Listenpreises des Bieters ist die Transparenz, Nachvollziehbarkeit und Kalkulierbarkeit der Preise, auch im Hinblick auf spätere Preisentwicklungen im IT-Bereich sowie als Bezugsgröße für die Rabattgewährung. Die Angabe eines eigenen Listenpreises ist auch für die Zeit nach Angebotsabgabe von erheblicher Bedeutung und vermeidet Streitigkeiten über den Vertragsinhalt. Auch dies spricht für eine wesentliche Preisangabe (VK Schleswig-Holstein, B. v. 10. 1. 2006 – Az.: VK-SH 30/05)

– lässt ein Bieter ersichtlich Positionen bewusst offen, ist ein derartiges Angebot – bei einer **Vielzahl der nicht verpreisten Positionen, immerhin 30** – nicht zuschlagfähig (Brandenburgisches OLG, B. v. 27. 2. 2003 – Az.: Verg W 2/03)

– eine **ausdrücklich als Ausschlusskriterium gekennzeichnete Anforderung ist unmittelbar wettbewerbsrelevant** und von Einfluss auf die Position des Bieters, da die Nichterfüllung eines Ausschlusskriteriums nicht nur eine andere Bieterreihenfolge, sondern sogar den Ausschluss des betreffenden Bieters zur Folge hat (1. VK Bund, B. v. 20. 3. 2003 – Az.: VK 1-13/03)

7392 172.5.1.1.5.7 **Umrechnungszeitpunkt bei Angeboten mit anderer Währung.** Vgl. die Kommentierung zu § 25 VOB/A RZ 5378.

172.5.1.2 Nicht unterschriebene Angebote (§ 25 Nr. 1 Abs. 1 Buchstabe b))

7393 172.5.1.2.1 **Allgemeines.** Zu den Anforderungen an die Unterschrift vgl. im Einzelnen die Kommentierung zu § 21 VOL/A RZ 7216.

7394 172.5.1.2.2 **Beispiele aus der Rechtsprechung**

– über das den Verdingungsunterlagen beiliegende und im EVM(B)Ang unter Anlagen aufgeführte Formblatt Erg Wart, sowie der Verweisung in diesem Formblatt auf den beiliegenden Wartungsvertrag, der wiederum den Verdingungsunterlagen beilag, **wird letzterer nach Auffassung der Vergabekammer Angebotsbestandteil, gehört zu den unter Pkt. 8 des EVM (B) Ang auf Seite 1 aufgeführten Anlagen, wird damit auch von der von der Bietergemeinschaft geleisteten Unterschriften unter dem EVM (B) Ang abgedeckt.** Damit ist der Sinn und Zweck des § 21 Nr. 1 Abs. 1 VOL/A, verbindliche Angebote durch Unterschriftsleistung, erfüllt. **Unerheblich** ist es deshalb nach Auffassung der Vergabekammer, dass die auf Seite 6 des Wartungsvertrages **nochmals zu leistende Unterschrift** der Bietergemeinschaft **nicht vorhanden** ist, diese wurde bereits mit der Unterschrift auf Seite 3 des EVM(B)Ang geleistet (VK Thüringen, B. v. 18. 3. 2003 – Az.: 216-4002.20-001/03-MHL)

– die **Unterschrift des Bieters auf dem Angebotsschreiben umfasst nur diejenigen Angebote, die unter den Anlagen zum Angebotsschreiben aufgeführt sind.** Ist ein Angebot bei diesen Anlagen nicht genannt, muss es zwingend gesondert unterschrieben werden. Wenn die gesonderte Unterschrift (z. B. für den Wartungsvertrag) ebenfalls fehlt, ist das Gesamtangebot unvollständig und gemäß § 25 Nr. 1 Abs. 1 Buchstabe b) VOL/A auszuschließen (VK Nordbayern, B. v. 3. 8. 2001 – Az.: 320.VK-3194-23/01)

7395 172.5.1.2.3 **Nicht eindeutig unterschriebene Angebote.** Der **Fall der nicht eindeutig unterschriebenen Angebote,** bei denen also der Vertragspartner nicht eindeutig ermittelt werden kann, ist in der VOL/A nicht geregelt. Die **Rechtsprechung wendet auf diese Fälle § 25 Nr. 1 Abs. 1 Buchstabe b) VOL/A an und kommt so zu einem zwingenden Ausschluss** dieser Angebote (3. VK Bund, B. v. 4. 10. 2004 – Az.: VK 3-152/04).

7396 172.5.1.2.4 **Unvollständige Unterschrift im kommunalen Bereich.** Die Gemeindeordnungen – z. B. § 64 Abs. 1 GO NRW – können bei den die Gemeinde verpflichtenden Erklä-

Verdingungsordnung für Leistungen Teil A § 25 VOL/A **Teil 4**

rungen das **Erfordernis einer Gesamtvertretung** durch den Bürgermeister oder seinen Stellvertreter und einen vertretungsberechtigten Beamten oder Angestellten konstituieren. **Fehlt dann** bei einem Angebot z. B. die Unterschrift des Bürgermeisters oder seines Stellvertreters, ist das **Angebt zwingend auszuschließen** (OLG Düsseldorf, B. v. 22. 12. 2004 – Az.: VII-Verg 81/04).

172.5.1.3 Angebote mit nicht zweifelsfreien Änderungen (§ 25 Nr. 1 Abs. 1 Buchstabe c))

Vgl. die Kommentierung zu § 25 VOB/A RZ 5525. 7397

172.5.1.3.1 Angebote unter Verwendung von „Tipp-ex". Vgl. die Kommentierung zu 7398 § 25 VOB/A RZ 5528.

172.5.1.3.2 Angebote unter Verwendung von Korrekturband. Vgl. die Kommentierung zu § 25 VOB/A RZ 5530. 7399

172.5.1.4 Angebote mit Änderungen oder Ergänzungen an den Verdingungsunterlagen (§ 25 Nr. 1 Abs. 1 Buchstabe d))

Gemäß § 21 Nr. 1 Abs. 3 VOL/A sind Änderungen oder Ergänzungen an den Verdingungsunterlagen durch den Bieter unzulässig. Sie haben nach § 25 Nr. 1 Abs. 1 lit. d) VOL/A zur Folge, dass das Angebot, welches nicht der Leistungsbeschreibung des Auftraggebers entspricht, **zwingend von der Wertung ausgeschlossen werden muss** (OLG Düsseldorf, B. v. 29. 4. 2003 – Az.: Verg 22/03). 7400

Hat ein Bieter die Absicht, von den Verdingungsunterlagen abweichende Angebote einzureichen, **muss er dies in Form eines Nebenangebotes tun.** Änderungen an den Verdingungsunterlagen selbst sind jedoch in jedem Fall, also auch im Falle von Nebenangeboten unzulässig, da sie die Vergleichbarkeit der Angebote gefährden. Gehen die Bieter von unterschiedlichen Voraussetzungen aus, fehlt es an der Vergleichbarkeit der eingereichten Angebote (VK Lüneburg, B. v. 11. 4. 2005 – Az.: VgK-09/2005; B. v. 21. 9. 2004 – Az.: 203-VgK-42/2004). 7401

172.5.1.4.1 Sinn und Zweck der Vorschrift des § 21 Nr. 1 Abs. 3 VOL/A. Vgl. die Kommentierung zu § 25 VOB/A RZ 5532. 7402

172.5.1.4.2 Begriff der Änderungen und Ergänzungen der Verdingungsunterlagen. Vgl. die Kommentierung zu § 25 VOB/A RZ 5538. 7403

172.5.1.4.3 Berücksichtigung des Umfangs der Änderungen und der wirtschaftlichen Auswirkungen. Vgl. die Kommentierung zu § 25 VOB/A RZ 5548. 7404

172.5.1.4.4 Auslegung entsprechender Erklärungen. 172.5.1.4.4.1 Grundsatz. Die Erklärung eines Bieters zu seinem Angebot, die gegebenenfalls eine Änderung bedeutet, ist **so auszulegen, wie sie von einem verständigen Empfänger in der Lage des Auftraggebers objektiv aufzufassen war,** es kommt also nicht darauf an, wie der Auftraggeber sie im vorliegenden Einzelfall tatsächlich verstanden hat (1. VK Sachsen, B. v. 13. 2. 2002 – Az.: 1/SVK/002-02). 7405

Vgl. im Einzelnen die Kommentierung zu § 21 VOL/A RZ 5003. 7406

172.5.1.4.4.2 Beispiele aus der Rechtsprechung. Vgl. die Kommentierung zu § 25 VOB/A RZ 5005. 7407

172.5.1.4.5 Begriff der Verdingungsunterlagen. Die Verdingungsunterlagen sind definiert in § 9 Nr. 1 VOL/A. 7408

Das **Anschreiben gehört nicht zu den Verdingungsunterlagen** (1. VK Sachsen, B. v. 7. 5. 2002 – Az.: 1/SVK/035-02, B. v. 4. 6. 2002 – Az.: 1/SVK/049-02). 7409

Vgl. im Einzelnen die Kommentierung zu § 9 VOL/A RZ 6702. 7410

172.5.1.4.6 Änderung durch Beifügen von Allgemeinen Geschäftsbedingungen durch den Bieter. Vgl. die Kommentierung zu § 25 VOB/A RZ 5555. 7411

172.5.1.4.7 Änderung durch Weglassen einer als Ausschlusskriterium gekennzeichneten Anforderung. Vgl. die Kommentierung zu § 25 VOB/A RZ 5595. 7412

172.5.1.4.8 Änderung durch Einrechnung von wesentlichen Preisangaben in andere Positionen. Vgl. die Kommentierung zu § 25 VOB/A RZ 5596. 7413

172.5.1.4.9 Änderung durch Widersprüche zwischen Muster und schriftlichem Angebot. Vgl. die Kommentierung zu § 25 VOB/A RZ 5579. 7414

1319

Teil 4 § 25 VOL/A   Verdingungsordnung für Leistungen Teil A

7415   **172.5.1.4.10 Änderung der Mängelanspruchsfrist.** Vgl. die Kommentierung zu § 25 VOB/A RZ 5580.

7416   **172.5.1.4.11 Änderung durch Ersetzung von Eigengeräten durch Fremdgeräte.** Vgl. die Kommentierung zu § 25 VOB/A RZ 5582.

7417   **172.5.1.4.12 Änderung durch Nichtangabe des zur Vergabe an Nachunternehmer vorgesehenen Leistungsumfangs.** Vgl. die Kommentierung zu § 25 VOB/A RZ 5597.

7418   **172.5.1.4.13 Änderung durch Nichtbeachtung von tariflichen Entlohnungsregelungen.** Vgl. die Kommentierung zu § 25 VOB/A RZ 5583.

7419   **172.5.1.4.14 Änderung durch Modifizierungen der Leistungsbeschreibung.** Vgl. die Kommentierung zu § 25 VOB/A RZ 5584.

7420   **172.5.1.4.15 Änderung der Zuschlags- und Bindefrist.** Vgl. die Kommentierung zu § 25 VOB/A RZ 5585.

7421   **172.5.1.4.16 Änderungen in der Person des Bieters.** Vgl. die Kommentierung zu § 25 VOB/A RZ 5586.

7422   **172.5.1.4.17 Änderungen nur in einem Exemplar des Angebots.** Vgl. die Kommentierung zu § 25 VOB/A RZ 5601.

7423   **172.5.1.4.18 Weitere Beispiele aus der Rechtsprechung.** Vgl. die Kommentierung zu § 25 VOB/A RZ 5598.

7424   **172.5.1.4.19 Umdeutung eines wegen Änderungen unzulässigen Angebots in ein Nebenangebot.** Vgl. die Kommentierung zu § 25 VOB/A RZ 5599.

7425   **172.5.1.4.20 Ausnahmen vom Verbot der Änderungen.** Vgl. die Kommentierung zu § 25 VOB/A RZ 5602.

172.5.1.5 Verspätete Angebote (§ 25 Nr. 1 Abs. 1 Buchstabe e)

7426   **172.5.1.5.1 Grundsatz.** Der **Ausschluss** verspätet eingegangener Angebote ist nach dem Inhalt dieser Bestimmung **zwingend** (VK Nordbayern, B. v. 15. 4. 2002 – Az.: 320.VK-3194-08/02).

7427   Zu den Einzelheiten, wann von einem verspäteten Angebot gesprochen werden kann, vgl. die Kommentierung zu § 22 VOL/A RZ 7257.

7428   **172.5.1.5.2 Verspätete, aber noch zuzulassende Angebote. 172.5.1.5.2.1 Grundsatz.** Nach § 25 Nr. 1 Abs. 1 Buchstabe e) VOL/A ist ein Angebot, das verspätet eingegangen ist, dann nicht auszuschließen, wenn der verspätete Eingang durch Umstände verursacht worden ist, die nicht vom Bieter zu vertreten sind. Derartige **Angebote sind nachträglich in den Wettbewerb aufzunehmen und gelten als gleichwertiges Angebot** (VK Halle, B. v. 16. 1. 2001 – Az.: VK Hal 35/00).

7429   **172.5.1.5.2.2 Begriff des Zugangs.** Vgl. die Kommentierung zu § 22 VOB/A RZ 5144.

7430   **172.5.1.5.2.3 Beispiele aus der Rechtsprechung.** Vgl. die Kommentierung zu § 22 VOB/A RZ 5150.

172.5.1.6 Angebote auf der Basis einer unzulässigen wettbewerbsbeschränkenden Abrede (§ 25 Nr. 1 Abs. 1 Buchstabe f))

7431   **Begriff und wichtige Fälle** aus der Rechtsprechung zu Fragen einer unzulässigen Wettbewerbsbeschränkung sind in der Kommentierung zu § 97 GWB RZ 97 dargestellt:
   – parallele Beteiligung zweier Unternehmen mit identischer Geschäftsführung bzw. konzernverbundener Unternehmen am Wettbewerb
   – parallele Beteiligung als Einzelbewerber und Mitglied einer Bewerbergemeinschaft
   – Ausschluss des Angebots einer Bietergemeinschaft wegen Wettbewerbsbeschränkung?
   – (gebietsüberschreitende) Beteiligung eines kommunalen Unternehmens an einem Vergabeverfahren
   – Einkaufskooperationen öffentlicher Auftraggeber

172.5.1.7 Ausgeschlossene Nebenangebote (§ 25 Nr. 1 Abs. 1 Buchstabe g))

7432   Zwingend auszuschließen sind solche Nebenangebote, soweit der Auftraggeber diese nach § 17 Nr. 3 Abs. 5 ausgeschlossen hat.

Verdingungsordnung für Leistungen Teil A § 25 VOL/A **Teil 4**

Vgl. zu den Begriffen der Nebenangebote, den möglichen Inhalten sowie zum Ausschluss von 7433
Nebenangeboten die Kommentierung zu § 17 VOL/A RZ 6933.

172.5.1.8 Angebote mit mehrdeutigen Angaben, mit unklärbaren Mehrdeutigkeiten und Widersprüchen

Vgl. die Kommentierung zu § 25 VOB/A RZ 5522. 7434

172.5.1.9 Zwingender Ausschluss wegen Nichterfüllung der Anforderungen des Leistungsverzeichnisses

Vgl. die Kommentierung zu § 25 VOB/A RZ 5605. 7435

172.5.1.10 Zwingender Ausschluss wegen Unklarheit des Angebots

Vgl. die Kommentierung zu § 25 VOB/A RZ 5607. 7436

172.5.1.11 Doppelangebote

Vgl. die Kommentierung zu § 25 VOB/A RZ 5523. 7437

172.5.1.12 Beweislast für die Vollständigkeit eines Angebots bzw. für Ausschlussgründe

Vgl. die Kommentierung zu § 25 VOB/A RZ 5497. 7438

172.5.2 Fakultativer Ausschluss (§ 25 Nr. 1 Abs. 2)

Nach § 25 Nr. 1 Abs. 2 VOL/A können Angebote ausgeschlossen werden, die nicht die ge- 7439
forderten Angaben und Erklärungen enthalten.

172.5.2.1 Ermessensregelung

Anders als bei der VOB/A, in der gem. § 25 Nr. 1 Abs. 1 ein Ausschluss von Angeboten 7440
(ausgeschlossen werden) bei fehlenden Erklärungen zwingend ist, obliegt in der VOL/A (ausgeschlossen werden können) ein **Ausschluss wegen fehlender Erklärungen dem Beurteilungsspielraum des Auftraggebers, der von der Vergabekammer nur auf seine Grenzen überprüfbar ist** (VK Nordbayern, B. v. 28. 7. 2003 – Az.: 320.VK-3194-26/03; 1. VK Sachsen, B. v. 29. 2. 2004 – Az.: 1/SVK/157-03). Dementsprechend kann die Ermessensentscheidung des Auftraggebers im Nachprüfungsverfahren nur daraufhin überprüft werden, ob **Ermessensfehler vorliegen,** insbesondere ob die Vergabestelle ihr Ermessen überhaupt und ordnungsgemäß ausgeübt hat, **ob der Sachverhalt zutreffend und vollständig ermittelt** worden ist oder ob die **Entscheidung durch sachfremde Erwägungen bestimmt** worden ist (VK Lüneburg, B. v. 24. 5. 2004 – Az.: 203-VgK-14/2004).

172.5.2.2 Dokumentation der Ausübung des Ermessens

Angebote, die nicht die geforderten Erklärungen nach § 21 Nr. 1 Abs. 1 Satz 1 VOL/A ent- 7441
halten, können gemäß § 25 Nr. 1 Abs. 2 lit. a) VOL/A ausgeschlossen werden. Ergibt sich nicht, **ob und wie sich der Auftraggeber mit der Frage des möglichen Ausschlusses eines Angebotes auseinandersetzt,** hat der Auftraggeber es sich zu leicht gemacht und **insoweit willkürlich gehandelt,** als er lediglich vermerkt, dass eine (letztendlich preis- und leistungsrelevante) Erklärung noch fehlt und vorgelegt werden muss. Dann ist nicht auszuschließen, dass ein Ermessensnichtgebrauch oder zumindest ein Ermessensfehlgebrauch vorliegt, die dem Gleichbehandlungsgrundsatz des § 97 Abs. 2 GWB widerspricht (OLG Naumburg, B. v. 26. 2. 2004 – Az.: 1 Verg 17/03; VK Lüneburg, B. v. 10. 9. 2002 – Az.: 203-VgK-15/2002). Ein **Ermessensausübung durch die VK** im Nachprüfungsverfahren ist **nicht eröffnet** (OLG Naumburg, B. v. 26. 2. 2004 – Az.: 1 Verg 17/03).

172.5.2.3 Ermessensreduzierung auf Null und eventuelle Konsequenzen

Hat ein Auftraggeber bestimmte Unterlagen zu **unbedingt zur Angebotsabgabe vorzu-** 7442
genden Angebotsunterlagen erklärt, ist der **Auftraggeber** aus Gründen der Gleichbehandlung aller Bieter **verpflichtet, an dieser Voraussetzung zwingend festzuhalten** (OLG Koblenz, B. v. 13. 2. 2006 – Az.: 1 Verg 1/06; VK Schleswig-Holstein, B. v. 27. 7. 2006 – Az.:

1321

VK-SH 17/06), selbst wenn kein einziger Bieter diese Voraussetzung erfüllt hätte. Ein auf Transparenz, Gleichbehandlung und Wettbewerb ausgerichtetes Vergabeverfahren bedingt nämlich, dass der Auftraggeber, um Willkürentscheidungen und subjektiv motivierte Vergabeentscheidungen zu verhindern, an einmal festgelegte Mindestparameter gebunden ist (1. VK Bund, B. v. 9. 2. 2005 – Az.: VK 2-03/05). Sollten deshalb alle Bieter diese Voraussetzungen nicht erfüllen, ist es dem Auftraggeber – auch im Verhandlungsverfahren – untersagt, das ehemalige Anforderungsniveau nachträglich abzusenken. Vielmehr bleibt dem Auftraggeber in einem solchen Fall lediglich der **Verzicht auf die Vergabe bzw. die Aufhebung der Ausschreibung.** Eine Nachbesserungschance für sämtliche Bieter oder aber für einen Bieter, bei dem das Anforderungsniveau als einzigem in der gefordert hohen Weise verlangt wurde, besteht gerade nicht (VK Hessen, B. v. 2. 6. 2004 – Az.: 69 d-VK-24/2004; 1. VK Sachsen, B. v. 29. 2. 2004 – Az.: 1/SVK/157-03).

7443 Dies gilt allerdings nur dann, wenn der **Auftraggeber auf die Konsequenz des Ausschlusses bei fehlenden Unterlagen ausdrücklich hingewiesen** hat (VK Schleswig-Holstein, B. v. 27. 7. 2006 – Az.: VK-SH 17/06; VK Lüneburg, B. v. 24. 5. 2004 – Az.: 203-VgK-14/2004).

7444 Nach einer anderen Auffassung kann ein Angebot **nicht** wegen fehlender Unterlagen **ausgeschlossen** werden, wenn der **Auftraggeber dem Bieter auf Nachfrage ausdrücklich erklärt** hat, der Bieter **brauche die Unterlagen** – z. B. wegen einer langjährigen Kenntnis des Bieters beim Auftraggeber – **nicht vorzulegen** (VK Baden-Württemberg, B. v. 2. 12. 2004 – Az.: 1 VK 73/04).

172.5.2.4 Fehlende sonstige Angaben und Erklärungen (§ 25 Nr. 2 Buchstabe a))

7445 **172.5.2.4.1 Allgemeines.** Geforderte Erklärungen können **sowohl den technischen Inhalt als auch die rechtlichen und sonstigen Rahmenbedingungen** der zu erbringenden Leistung **betreffen.** Die Erklärungen müssen sich auch genau auf die ausgeschriebene Leistung beziehen (VK Südbayern, B. v. 5. 8. 2003 – Az.: 29-07/03). Vgl. **im Einzelnen** die Kommentierung Zu § 21 VOL/A RZ 7192.

7446 Geforderte Erklärungen, Nachweise oder sonstige mit Angebotsabgabe zu erfüllende Vorgaben **müssen vom jeweiligen Bieter selbst erbracht werden. Jedes Angebot ist für sich gesondert dahin zu prüfen, ob es den Vorgaben der Ausschreibung entspricht.** Kein Bieter kann sich darauf berufen, dass z. B. geforderte Mustersteine bereits von einem anderen Bieter vorgelegt wurden und er die gleichen Steine angeboten habe wie dieser andere Bieter (VK Hessen, B. v. 11. 3. 2004 – Az.: 69 d-VK-06/2004).

7447 **172.5.2.4.2 Eindeutige Bestimmung der geforderten Unterlagen.** Die **Rechtsprechung** ist insoweit **nicht eindeutig.**

7448 Vgl. im Einzelnen die Kommentierung zu § 25 VOB/A RZ 5387.

7449 **172.5.2.4.3 Grundsatz.** Ein **Nachreichen von geforderten Erklärungen ist regelmäßig zulässig, wenn dadurch das Wettbewerbsgefüge nicht beeinträchtigt** wird (OLG Dresden, B. v. 31. 3. 2004 – Az.: WVerg 0002/04; OLG Celle, B. v. 18. 12. 2003 – Az.: 13 Verg 22/03; 2. VK Bund, B. v. 20. 4. 2004 – Az.: VK 2-37/04; VK Thüringen, B. v. 15. 1. 2004 – Az.: 360-4003.20-030/03 GTH; VK Lüneburg, B. v. 24. 9. 2003 – Az.: 203-VgK-17/2003). Fehlt jedoch **eine für die vergleichende Beurteilung der Angebote notwendige Erklärung, wird es im Rahmen von § 25 Nr. 1 Abs. 2 a VOL/A pflichtgemäßem Ermessen im Regelfall nur gerecht, das Angebot eines Bieters jedenfalls dann von der Wertung auszuschließen** (OLG Dresden, B. v. 31. 3. 2004 – Az.: WVerg 02/04); **somit ist ein Ausschluss des Angebots geboten,** wenn beispielsweise im Rahmen einer Funktionalausschreibung eine Erklärung zum Verständnis einer technischen Lösung unverzichtbar ist (2. VK Bund, B. v. 20. 4. 2004 – Az.: VK 2-37/04).

7450 Nach einer anderen Auffassung verlangt – ausgehend von der Entscheidung des Bundesgerichtshofs, B. v. 18. 2. 2003, Az.: X ZB 43/02 – der in § 97 Abs. 2 GWB normierte Gleichbehandlungsgrundsatz von den Ausschreibenden, dass alle Bieter gleich behandelt werden. Ein **transparentes und auf Gleichbehandlung aller Bieter beruhendes Vergabeverfahren** sei nur zu erreichen, wenn lediglich in jeder, sich aus den Verdingungsunterlagen ergebenden Hinsicht, vergleichbare Angebote gewertet werden. Fordert daher der Auftraggeber z. B. in der Bekanntmachung bestimmte wirtschaftliche und technische Mindestanforderungen von den Bietern, die mit der Vorlage von den dort geforderten Nachweisen erfüllt werden sollen, dann zwingt **allein die verspätete Vorlage der geforderten Nachweise die Vergabestelle zum**

Verdingungsordnung für Leistungen Teil A § 25 VOL/A **Teil 4**

Ausschluss eines entsprechenden Angebotes. Ihr steht insoweit kein Beurteilungsspielraum zu (OLG Koblenz, B. v. 13. 2. 2006 – Az.: 1 Verg 1/06; VK Schleswig-Holstein, B. v. 17. 3. 2006 – Az.: VK-SH 02/06; VK Münster, B. v. 19. 9. 2006 – Az.: VK 12/06; B. v. 29. 12. 2004 – VK 31/04; B. v. 4. 10. 2004 – Az.: VK 21/04; B. v. 9. 3. 2004 – Az.: VK 02/04; im Ergebnis ebenso 1. VK Sachsen, B. v. 18. 11. 2004 – Az.: 1/SVK/108-04).

Im Ergebnis wird damit die **Rechtsprechung zur VOB/A** (vgl. die Kommentierung RZ 5384) **auch auf die VOL/A übertragen** (OLG Koblenz, B. v. 13. 2. 2006 – Az.: 1 Verg 1/06; diese Konsequenz ist vom BGH – B. v. 26. 9. 2006 – Az.: X ZB 14/06 – ausdrücklich offen gelassen worden). 7451

Nach Auffassung der 1. VK Bund ergibt sich aus der **Funktion von Eignungsnachweisen, dass diese mit dem Angebot vorliegen müssen,** damit die Eignungswertung überhaupt von der Vergabestelle durchgeführt werden kann (1. VK Bund, B. v. 4. 8. 2004 – Az.: VK 1-87/04). 7452

172.5.2.4.4 Fehlende Nachunternehmererklärung. Die **Rechtsprechung** ist insoweit **nicht eindeutig.** 7453

Nach einer Auffassung ist die **Art und der Umfang eines beabsichtigten Nachunternehmereinsatzes grundsätzlich eine kalkulationserhebliche Erklärung, die sich auf die Wettbewerbsstellung auswirkt.** Für den Bieter ist bei der Angebotskalkulation von erheblicher Bedeutung, welche Leistungen im eigenen Betrieb ausgeführt und welche auf Nachunternehmen übertragen werden. Bereits aus diesem Grund ist grundsätzlich im Angebot die Art und der Umfang des Nachunternehmereinsatzes verbindlich zu erklären. Darüber hinaus ist die Vergabestelle auch nur unter Berücksichtigung dieser Angaben in der Lage, die Zuschlagseignung eines Angebots zu prüfen, und zwar im Hinblick auf die auch nach den Vorschriften der VOL/A grundsätzlich bestehende Verpflichtung des Unternehmens zur Selbstausführung der Leistung unter eigener Verantwortung nach dem Inhalt des Vertrages (§ 4 Nr. 1 Satz 1 und Nr. 4 VOL/B). Entsprechend darf das Unternehmen die Ausführung der Leistung oder wesentlicher Teile davon nur mit vorheriger Zustimmung der Vergabestelle an andere übertragen. Auch diese Prüfung ist der Vergabestelle für den Fall einer fehlenden Nachunternehmererklärung nicht möglich, weil die Annahme des Angebots dann Form bedeuten würde, dass sie mit der Auftragserteilung einer Übertragung von Leistungen unbestimmter Art und unbestimmten Umfangs an Nachunternehmer zugestimmt hätte. Aus diesen Gründen ist das **Angebot wegen Fehlens geforderter wettbewerbserheblicher Erklärungen zu einer Wertung nicht geeignet und nach § 25 Nr. 1 Abs. 1 b), 21 Nr. 1 Abs. 1 VOL/A zwingend auszuschließen.** Das der Vergabestelle durch § 25 Nr. 1 Abs. 2a) VOL/A grundsätzlich eingeräumte Ermessen, ein solches Angebot ausschließen zu können reduziert sich auf die Entscheidung, ein solches Angebot auszuschließen, weil notwendige und wettbewerbserhebliche Erklärungen zu Art und Umfang des Nachunternehmereinsatzes fehlen (OLG Koblenz, B. v. 13. 2. 2006 – Az.: 1 Verg 1/06; VK Thüringen, B. v. 17. 1. 2003 – Az.: 216-0023.20-019/02-SON). 7454

In eine ähnliche Richtung geht das OLG Düsseldorf. **Fordert der Auftraggeber gemäß einem Angebotsvordruck eine Erklärung zum Nachunternehmereinsatz und stellt er z. B. den Bietern drei Erklärungen zur Wahl,** die durch Ankreuzen einschlägiger „Kästchen" auszuwählen sind (die angebotenen Leistungen werden (vollständig) im eigenen Betrieb durchgeführt, verneinendenfalls sollen die an Nachunternehmer zu übertragenden Leistungen in einer (beizufügenden) Liste aufgeführt und es soll angegeben werden, ob der eigene Betrieb auf diese Leistungen jedenfalls eingerichtet oder nicht eingerichtet ist) und **kreuzt ein Bieter keine der angegebenen Wahlmöglichkeiten an bzw. gibt er zum geplanten Nachunternehmereinsatz auch sonst keinerlei ausdrückliche Erklärung ab, ist das Angebot deshalb unvollständig und zwingend auszuschließen** (OLG Düsseldorf, B. v. 21. 12. 2005 – Az.: VII-Verg 69/05). 7455

Nach einer anderen Meinung sind **keine „geforderten Erklärungen" im Sinne des § 21 Nr. 1 Abs. 1 VOL/A** solche, die mit dem konkreten Leistungsgegenstand nichts zu tun haben und die ohne weiteres nachgereicht werden können, z. B. **Erklärungen zur Innungszugehörigkeit, Steuertreue, Staatsangehörigkeit und zum Subunternehmereinsatz.** Diese Erklärungen können auch zu einem späteren Zeitpunkt nachgeliefert werden. Grund hierfür ist, dass Preis und Leistung durch das Fehlen nicht beeinflusst werden und das Angebot daher nicht unvollständig im Sinne des § 21 Nr. 1 VOL/A ist (VK Lüneburg, B. v. 10. 9. 2002 – Az.: 203-VgK-15/2002). 7456

Teilweise wird auch – für den VOB-Bereich – vertreten, dass **dann, wenn es bei einem Nachunternehmerauftrag nur um einen ganz geringen Teil des Gesamtauftrags oder** 7457

1323

um eine untergeordnete Leistung geht, der **Bieter nicht nur von der Abgabe einer gemäß § 21 Nr. 1 Abs. 1 Satz 1 VOL/A geforderten Nachunternehmererklärung,** sondern zudem von der Verpflichtung entbunden ist, mit dem Angebot den Nachweis der Eignung und fachlichen Leistungsfähigkeit des Nachunternehmers zu führen (vgl. im Einzelnen die Kommentierung zu § 25 VOB/A RZ 5417).

7458   Ob ein **Nachunternehmereinsatz lediglich untergeordneter Natur** ist, kann nur **aufgrund einer funktionalen Betrachtung des Gesamtauftrags beurteilt** werden, für die der auf den Nachunternehmerauftrag entfallende Teil des Angebotspreises oder die an den Nachunternehmer zu entrichtende Vergütung allein nicht ausschlaggebend sind. Auf den Streitfall bezogen ist mit Blick hierauf festzustellen, dass die Entsorgungsleistungen ohne einen Behälteränderungsdienst lückenhaft und unvollständig wären. Damit die Entsorgung insgesamt funktioniert, muss auch ein Austausch oder eine Ausgabe von Abfallbehältern, und zwar auch soweit diese bei Änderungen oder Neuansiedlungen von den Einwohnern bei einer Auslieferungsstelle selbst abgeholt werden sollen, reibungslos gewährleistet sein (OLG Düsseldorf, B. v. 22. 12. 2004 – Az.: VII-Verg 81/04).

7459   **172.5.2.4.5 Fehlende Angaben über die Zahlung von Steuern und Sozialabgaben.** Die **Rechtsprechung** hierzu ist **nicht eindeutig.**

7460   Ob das Fehlen von geforderten Erklärungen zum Ausschluss eines Angebotes führen muss, richtet sich danach, ob es sich um Nachweise handelt, die ohne Einfluss auf das Ergebnis des Wettbewerbs nachträglich eingeholt werden können. **Noch ausstehende Erklärungen über die Zahlung von Steuern und Sozialabgaben haben keine Auswirkungen auf die Preisangaben und weiteren Leistungsinhalte des Angebotes.** Der Bieter kann seine Position durch die nachträgliche Vorlage der Nachweise nicht mehr verbessern, allenfalls kann er, wenn der Nachweis nicht erbracht werden kann, seine Position zugunsten der übrigen Wettbewerber wieder verlieren. Es ist daher kein Verstoß gegen Vergabebestimmungen, wenn der Bieter nicht wegen fehlender Erklärungen mit ihrem Angebot ausgeschlossen wird (VK Düsseldorf, B. v. 22. 7. 2002 – Az.: VK-19/2002-L).

7461   Demgegenüber führt nach Auffassung der VK Münster (B. v. 9. 3. 2004 – Az.: VK 02/04; ebenso OLG Düsseldorf, B. v. 9. 6. 2004 – Az.: VII-Verg 11/04; 1. VK Sachsen, B. v. 13. 4. 2006 – Az.: 1/SVK/028-06; 1. VK Bund, B. v. 28. 4. 2005 – Az.: VK 1-35/05) eine **verspätet vorgelegte Unbedenklichkeitsbescheinigung** des Finanzamtes zum **zwingenden Ausschluss des Angebots.**

7462   **172.5.2.4.6 Fehlende Urkalkulation. Kalkulationen sind nur im Ausnahmefall vorzulegen,** wenn sie nötig sind, um die Angemessenheit der Preise zu überprüfen. Hat der Auftraggeber diesbezüglich keine Anforderung an die Bieter gerichtet, ist es **ausreichend, dass die erforderlichen Unterlagen für den Fall der Auftragserteilung nachgereicht werden,** da die in der Urkalkulation und der Preisaufgliederung enthaltenen Angaben erst im Rahmen des § 2 VOL/B nach Vertragsschluss relevant werden können (VK Brandenburg, B. v. 25. 8. 2002 – Az.: VK 45/02).

7463   Dies gilt **selbst dann,** wenn die **Vorlage der Urkalkulation ausdrücklich mit der Angebotsabgabe gefordert wird** (VK Thüringen, B. v. 15. 1. 2004 – Az.: 360-4003.20-030/03-GTH).

7464   **172.5.2.4.7 Fehlende Umsatznachweise.** Die **Rechtsprechung** ist insoweit **nicht eindeutig.**

7465   Legt ein Bieter **keine Nachweise und Dokumente zum Umsatz der letzten drei Jahre, bezogen auf die ausgeschriebene Leistung, mit dem Angebot vor, sind auch dies keine Gründe, die zwingend zum Ausschluss des Bieters führen müssen.** Diese Erklärungen sind solche, die objektiv vorliegen, das heißt die unabhängig vom Willen des jeweiligen Bieters vorhanden oder nicht vorhanden sind und nicht mehr im Nachgang durch den Bieter zu seinen Gunsten, oder Ungunsten verändert werden können; z. B. – entweder wurden die Leistungen in der Vergangenheit erbracht oder nicht erbracht, die Tatsache der Leistungsausführung oder Nichtleistungsausführung in der Vergangenheit ist unabhängig von dem Vorliegen einer Bescheinigung zum Zeitpunkt der Angebotseröffnung. Eine mögliche Manipulation durch den Bieter ist in einem solchen Fall ausgeschlossen, solche Unterlage sind im Bedarfsfall von der Vergabestelle nachzufordern (VK Thüringen, B. v. 15. 1. 2004 – Az.: 360-4003.20-030/03-GTH).

7466   Nach einer anderen Auffassung sind – unter Bezug auf die Rechtsprechung des BGH, B. v. 18. 2. 2003, X ZB 43/02, und B. v. 18. 5. 2004, X ZB 7/04 – **Angebote, die die geforder-**

Verdingungsordnung für Leistungen Teil A § 25 VOL/A **Teil 4**

ten Erklärungen nicht enthalten, zwingend von der Wertung auszuschließen. Der öffentliche Auftraggeber wird gemäß § 97 Abs. 1 und 2 GWB zu einem transparenten und auf der Gleichbehandlung aller Bieter beruhenden Vergabeverfahren verpflichtet. Ein solches transparentes und auf Gleichbehandlung bedachtes Vergabeverfahren ist nur zu erreichen, wenn ausschließlich solche Angebote gewertet werden, die in jeder sich aus den Verdingungsunterlagen ergebenden Hinsicht vergleichbar sind. Dies ist ein zwingender Ausschlussgrund. Das Angebot ist auszuschließen, wenn Angaben und Erklärungen oder Eignungsnachweise fehlen die der Auftraggeber in seinen Ausschreibungsunterlagen zulässigerweise gefordert hat und die infolge dessen als Umstände ausgewiesen sind, die für die Vergabeentscheidung relevant sein sollen. Wird nach den Ausschreibungsbedingungen eine Erklärung über den Gesamtumsatz in den letzten drei abgeschlossenen Geschäftsjahren und die Vorlage von Bilanzen oder Bilanzauszügen gefordert, wenn deren Veröffentlichung nach dem Gesellschaftsrecht vorgeschrieben ist oder sind andere geeignete Nachweise vorzulegen, welche die Solvenz des Bieters belegen und ist außerdem der Nachweis einer Betriebshaftpflichtversicherung mit einer Deckungssumme von 500 000 Euro je Schadensfall zu führen, **legt aber der Bieter keine Belege vor, ist das Angebot zwingend auszuschließen** (VK Münster, B. v. 29. 12. 2004 – VK 31/04).

172.5.2.4.8 Fehlende Bilanzen. Fordert der Auftraggeber die **Bilanzen für je drei auf- 7467 einander folgende Geschäftsjahre** und legt der Bieter lediglich zwei Bilanzen vor, erfüllt der Bieter die geforderten Nachweise nicht. **Die fehlende dritte Bilanz wird auch nicht dadurch ersetzt, dass in einer Bilanz auch die Zahlen des Vorjahres angegeben sind.** Die Angaben der entsprechenden Vorjahreszahlen des Vorjahres sind vielmehr zwingender Bestandteil einer vollständigen Bilanz. Eine komplette Bilanz muss die Aktiva, Passiva und die jeweilige Vorjahresdaten ausweisen. Darauf muss der Auftraggeber die Bieter nicht etwa in den Verdingungsunterlagen hinweisen, dieser Mindestgehalt folgt vielmehr unmittelbar aus § 265 Abs. 2 Satz 1 HGB (VK Lüneburg, B. v. 6. 9. 2004 – Az.: 203-VgK-39/2004).

172.5.2.4.9 Fehlender Nachweis der Berufsgenossenschaft. Die **Rechtsprechung** 7468 hierzu ist **nicht eindeutig.**

Legt der Bieter einen **Nachweis zur Berufsgenossenschaft** vor, der die Forderungen der 7469 Vergabestelle nicht erfüllt, ist dieses **kein Ausschlussgrund,** da es sich um eine objektiv, unabhängig vom augenblicklichen Willen des Bieters vorliegende, oder nicht vorliegende Erklärung handelt, die nicht nachträglich durch den Bieter verändert werden kann. Die Erklärung kann durch die Vergabestelle nachgeholt werden (VK Thüringen, B. v. 15. 1. 2004 – Az.: 360-4003.20-030/03-GTH).

Demgegenüber führt nach Auffassung der VK Münster (B. v. 9. 3. 2004 – Az.: VK 02/04; 7470 ebenso OLG Düsseldorf, B. v. 9. 6. 2004 – Az.: VII-Verg 11/04) eine **verspätet vorgelegte Bescheinigung** über die Zugehörigkeit zu einer Berufsgenossenschaft zum **zwingenden Ausschluss des Angebots.**

172.5.2.4.10 Fehlende bzw. ungenügende Bürgschaft. Fordert der Auftraggeber von 7471 den Bietern eine **Vertragserfüllungsbürgschaft** im Sinne von § 14 VOL/A in Höhe von 5% der Bruttoauftragssumme und **erreicht die von einem Bieter zugesicherte Bürgschaft den erforderlichen Wert nicht,** weist der Bieter die geforderte Sicherheiten für den Auftrag nicht in der geforderten Weise nach; sein **Angebot ist zwingend von der Wertung auszuschließen.** Der Auftraggeber verstößt gegen den Gleichbehandlungs- und Transparenzgrundsatz aus §§ 97 Abs. 1 und 2 GWB, wenn er Angebote akzeptiert, die nicht den Ausschreibungsbedingungen entsprechen (VK Münster, B. v. 9. 3. 2004 – Az.: VK 02/04).

172.5.2.4.11 Verhältnis zwischen § 25 Nr. 1 Abs. 2 VOL/A und § 24 VOL/A. Die 7472 Kriterien für einen Ausschluss wegen fehlender Angaben oder Erklärungen des Bieters nach § 25 Nr. 1 Abs. 2 VOL/A **überschneiden sich** mit denjenigen des § 24 VOL/A.. Zwischen beiden Vorschriften besteht eine **Wechselwirkung im Sinne einer „Wenn – Dann – Beziehung".** Wenn also der Auftraggeber nach § 24 Nr. 1 Abs. 1 mit dem Bieter verhandeln darf, fehlt in der Regel auch ein zwingender Grund für den Ausschluss nach § 25 (Saarländisches OLG, B. v. 28. 4. 2004 – Az.: 1 Verg 4/04).

172.5.2.4.12 Fehlende Eignungsnachweise. 172.5.2.4.12.1 Allgemeines. Eignungs- 7473 **nachweise** im Sinne der §§ 7a Nr. 3, 25 Nr. 2 Abs. 1 VOL/A 2. Abschnitt **fallen nicht unter den Begriff der „Angaben und Erklärungen" nach §§ 25 Nr. 1 Abs. 2 lit. a, 21 Nr. 1 Abs. 1 Satz 1 VOL/A 2. Abschnitt, so dass diese Vorschriften auf das Fehlen von Eignungsnachweisen nicht anwendbar sind.** Eignungsnachweise unterliegen der unbedingt formulierten speziellen Regelung des § 25 Nr. 2 Abs. 1 VOL/A, sodass Angebote mit fehlenden Eignungs-

1325

nachweisen **zwingend auszuschließen** sind (OLG Düsseldorf, B. v. 13. 1. 2006 – Az.: VII-Verg 83/05; B. v. 14. 10. 2005 – Az.: VII-Verg 40/05; B. v. 22. 12. 2004 – Az.: VII-Verg 81/04; B. v. 9. 6. 2004 – Az.: VII-Verg 11/04; 1. VK Sachsen, B. v. 19. 7. 2006 – Az.: 1/SVK/060-06; B. v. 19. 7. 2006 – Az.: 1/SVK/059-06; 3. VK Saarland, B. v. 12. 12. 2005 – Az.: 3 VK 03/2005 und 3 VK 04/2005; VK Hessen, B. v. 30. 11. 2005 – Az.: 69 d VK-83/2005; VK Schleswig-Holstein, B. v. 16. 9. 2005 – Az.: VK-SH 22/05; 2. VK Bund, B. v. 30. 8. 2006 – Az.: VK 2-95/06; B. v. 10. 6. 2005 – Az.: VK 2-36/05; VK Thüringen, B. v. 23. 12. 2004 – Az.: 360-4003.20-031/04-ABG; 1. VK Bund, B. v. 22. 9. 2006 – Az.: VK 1-103/06; B. v. 23. 12. 2005 – Az.: VK 1-155/05; B. v. 4. 8. 2004 – Az.: VK 1-87/04; 3. VK Bund, B. v. 29. 7. 2005 – Az.: VK 3-76/05; B. v. 12. 11. 2004 – Az.: VK 3-197/04; B. v. 19. 10. 2004 – Az.: VK 3-191/04; B. v. 20. 7. 2004 – Az.: VK 3-80/04; VK Düsseldorf, B. v. 28. 10. 2005 – Az.: VK-34/2005-L; B. v. 29. 6. 2004 – Az.: VK-21/2004-L).

7474 Dementsprechend darf auch das Angebot eines Bieters nur dann gewertet werden, wenn ihm **sämtliche geforderten Eignungsbelege beigefügt** gewesen sind. Der entsprechende **Nachweis obliegt dem Bieter**. Denn er nach allgemeinen Grundsätzen die Darlegungs- und Beweislast dafür, dass er ein vollständiges Angebot eingereicht hat (OLG Düsseldorf, B. v. 16. 11. 2003 – Az.: VII-Verg 47/03; VK Hessen, B. v. 30. 11. 2005 – Az.: 69 d VK-83/2005; 3. VK Bund, B. v. 29. 7. 2005 – Az.: VK 3-76/05; B. v. 22. 11. 2004 – Az.: VK 3-203/04).

7475 Fordert z. B. der Auftraggeber als Teilnahmebedingung von den Teilnehmern, dass sie zum Nachweis ihrer technischen Leistungsfähigkeit Referenzen vorlegen, die u. a. **Angaben zur Leistungszeit und zum Rechnungswert** enthalten und legt ein Bieter mit seinem Angebot jedoch nur eine – wenn auch umfangreiche – Liste mit den Namen und einer kurzen Beschreibung des Vertragsinhalts bei, lassen sich weder die Leistungszeit noch der Rechnungswert diesen Angaben entnehmen, sodass das **Angebot zwingend auszuschließen** ist (3. VK Bund, B. v. 29. 7. 2005 – Az.: VK 3-76/05).

7476 **Unterlagen, deren Vorlage vom Auftraggeber im Sinn einer Teilnahmebedingung gefordert ist, sind also nach der zugrunde zu legenden Auffassung eines verständigen Bieters mit dem Angebot einzureichen.** Nur so ist auch sicherzustellen, dass die Eignungsprüfung sinnvoll durchgeführt werden kann (OLG Düsseldorf, B. v. 13. 1. 2006 – Az.: VII-Verg 83/05).

7477 **Anderer Auffassung ist insoweit die VK Düsseldorf zu geforderten, aber im Angebot nicht enthaltenen Auftragswerten.** Bei Referenzangaben im Reinigungsgewerbe handelt es sich nicht um zeitaufwendig differenziert auf den jeweils ausgeschriebenen Auftrag abzustellende und individuell zu erstellende Listen, sondern in aller Regel um Computerdateien, die in jedem Unternehmen zur Vorbereitung von Angeboten oder zu Reklamezwecken gespeichert und häufig auch im Internet einzusehen sind. Vor diesem Hintergrund ist dem **Umstand, dass die Referenzliste der Antragstellerin keine Auftragswerte enthielt, kein wettbewerbsverzerrender Zeitvorteil bei der Angebotserstellung zu entnehmen, der zum Ausschluss des Angebotes zwingen würde.** Die im Hinblick auf den zwingenden Ausschluss unvollständiger Angebote sehr strenge Rechtsprechung bezieht sich auf die geforderten Angaben zur Wertung der Angebote, bei den geforderten Nachweisen zur Eignung besteht nach wie vor die Grenze dort, wo die Chancengleichheit der Bieter oder der Wettbewerbsgrundsatz berührt wird. Beides ist in dieser Fallkonstellation nicht ersichtlich (VK Düsseldorf, B. v. 11. 1. 2006 – Az.: VK-50/2005-L)

7478 Die VK Schleswig-Holstein lässt von dem **Grundsatz des zwingenden Ausschlusses eine Ausnahme für den Fall** zu, dass **sämtliche fristgerecht eingegangenen Angebote hinsichtlich der geforderten Nachweise** (mehr oder weniger) **unvollständig** sind; dann erscheint es der Kammer unter Berücksichtigung einer objektiven Dringlichkeit der Beschaffung gerechtfertigt, von dem dem Grunde nach angezeigten Ausschluss aller Angebote – mit der Folge einer Aufhebung der Ausschreibung – abzusehen, da dieses – auch im Angesicht des Gleichbehandlungsgrundsatzes – **unverhältnismäßig** wäre (VK Schleswig-Holstein, B. v. 8. 7. 2005 – Az.: VK-SH 18/05).

7479 Die **Anforderungen von Eignungsnachweisen** (z. B. einer Arbeitnehmerüberlassungserlaubnis) ist jedoch **nur insoweit zulässig, als es durch den Gegenstand des Auftrags gerechtfertigt ist und der Bieterwettbewerb nicht unnötig eingeschränkt** wird. Wettbewerbspolitisch wird nämlich von den Vergabestellen erwartet, dass sie die Möglichkeit der Erarbeitung der geforderten Fachkunde auch für „Newcomer" eröffnet. Dies kann allerdings nur dann erreicht werden, wenn **keine überzogenen Anforderungen an die Nachweise der Eignung gestellt werden** (2. VK Bund, B. v. 10. 6. 2005 – Az.: VK 2-36/05).

Die VK Lüneburg ordnet im Gegensatz zur oben dargestellten Rechtsprechung **Eignungs-** 7480
nachweise (in Form von Umsatznachweisen der letzten drei Jahre) den Angaben und
Erklärungen nach § 25 Nr. 1 Abs. 2 lit. a VOL/A zu und gibt dem Auftraggeber ein entsprechendes Ermessen bei fehlenden Angaben und Erklärungen (VK Lüneburg, B. v. 15. 11. 2005 – Az.: VgK-48/2005).

Verhindert ein Bieter z. B. durch eine Geheimhaltungsbedingung, dass der Auf- 7481
traggeber vom Inhalt eines Eignungsnachweises (z. B. einer Bilanz) Kenntnis nehmen
kann, sind solche Vorbehalte oder Bedingungen vom öffentlichen Auftraggeber zu
beachten. Der Auftraggeber ist nicht befugt, die von einem Bieter eingereichten Unterlagen oder Erklärungen gegen dessen erklärten Willen zu öffnen und einzusehen. Er ist an die diesbezüglichen Vorgaben eines Bieters – z. B. an die Bedingung, dass dabei ein Vertreter anwesend sein muss – rechtlich gebunden. Solche Vorgaben, Bedingungen und Vorbehalte sind vergaberechtlich indes nicht zugelassen und nicht hinzunehmen. **Werden sie von einem Bieter dennoch gemacht, ist die mit einer Bedingung oder einem Vorbehalt belegte Angabe, Erklärung oder Unterlage im Rechtssinn als nicht eingereicht zu werten.** Die eingegangenen Angebote müssen dem öffentlichen Auftraggeber in jeder durch die Vergabebekanntmachung und die Verdingungsunterlagen vorgegebenen Hinsicht zur vorbehaltlosen Kenntnisnahme und Prüfung offen stehen. Anders ist nicht sicherzustellen, dass in jeder Hinsicht vergleichbare Angebote gewertet werden und die Vergabeentscheidung das im Vergabeverfahren zu beachtende Gebot der Gleichbehandlung der Bieter wahrt (OLG Düsseldorf, B. v. 1. 2. 2006 – Az.: VII-Verg 83/05; B. v. 13. 1. 2006 – Az.: VII-Verg 83/05).

172.5.2.4.12.2 Weitere Beispiele aus der Rechtsprechung 7482
– fordert der Auftraggeber ein Zertifikat als Entsorgungsfachbetrieb und legt der Bieter **ein nicht mehr gültiges Entsorgungszertifikat vor,** ist das **Angebot zwingend auszuschließen** (3. VK Saarland, B. v. 12. 12. 2005 – Az.: 3 VK 03/2005 und 3 VK 04/2005)

172.5.2.4.13 Fehlende Teile der Leistungsbeschreibung. 172.5.2.4.13.1 Rechtspre- 7483
chung. Nach Auffassung des OLG Frankfurt ist ein Angebot auch dann nicht zwingend auszuschließen, wenn der Bieter nicht die gesamte Leistungsbeschreibung, sondern nur deren letzte Seite unterschreibt und dem Angebot beifügt. Zum einen kann ein solches Angebot nur fakultativ ausgeschlossen werden. Zum andern überspannt ein solches Vorgehen die Anforderungen, die im Rahmen eines Vergabeverfahrens ungeachtet der hier zu wahrenden Formstrenge an ein Angebot zu stellen sind. Die Unterzeichnung der Leistungsbeschreibung durch den Bieter hat den Zweck, dem Auftraggeber Gewissheit darüber zu verschaffen, dass der Bieter die Leistungsbeschreibung in allen Punkten als für sich verbindlich anerkennt. Das Unterzeichnen der letzten Seite des Leistungsverzeichnisses kann von einem verständigen Erklärungsempfänger nur als ein solches Anerkenntnis gewertet werden. Will ein Bieter von einzelnen Punkten der Leistungsbeschreibung abweichen, muss er diese Punkte kenntlich machen. Das Kopieren der oft umfänglichen und ohnehin beiden Beteiligten bekannten Leistungsbeschreibung durch den Bieter erscheint danach als bloße Förmelei (OLG Frankfurt, B. v. 20. 7. 2004-11 Verg 14/04).

172.5.2.4.13.2 Bewertung. Diese Rechtsprechung lässt außer Acht, dass mit den fehlenden 7484
Seiten der Leistungsbeschreibung nach aller Erfahrung der **Grundstein für spätere Streitigkeiten** über den Umfang der Leistung, Mängelansprüche usw. gelegt wird. Die **Formstrenge hat also ihren berechtigten Hintergrund** und ist auch im VOL-Bereich zu beachten.

172.5.2.4.14 Zumutbarkeit der Beschaffung von Nachweisen. Vgl. dazu die Kommentierung zu § 25 VOB/A RZ 5517 und 5120/2. 7485

172.5.2.4.15 Fehlende geforderte Muster. Vgl. die Kommentierung zu § 25 VOB/A RZ 7486
5491.

172.5.2. 4.16 Beispiele aus der Rechtsprechung für den Ausschluss von Angeboten 7487
wegen fehlender Angaben
– fehlender Gewerbezentralregisterauszug (VK Schleswig-Holstein, B. v. 27. 7. 2006 – Az.: VK-SH 17/06)
– das **Fehlen der Produktdatenblätter und der Typenangaben** führt bereits zu einem zwingenden Ausschluss der Angebote; insoweit ist der Ermessensspielraum, der sich zunächst aus § 25 Nr. 1 Absatz 2a) VOL/A ergibt, auf Null reduziert, da zum einen die selbst aufgestellte Forderung der Vorlage von angebotsspezifizierenden Prospekten etc. mit Angebotsabgabe nicht erfüllt wurde. Zum anderen ist durch das gleichzeitige Fehlen von Produktblätter und Typenangaben eine **Vergleichbarkeit dieses Angebotes mit den Angeboten ande-**

Teil 4 § 25 VOL/A   Verdingungsordnung für Leistungen Teil A

rer Bieter nicht mehr gewährleistet. Dem Angebot der Antragstellerin ist letztlich nicht zu entnehmen, ob es die abstrakten Anforderungen des Leistungsverzeichnisses wird erfüllen können. Auch ist nicht erkennbar, ob es mit den von der Auftraggeberin vorgegebenen Produktparametern vergleichbar ist, weil die Angaben zur Produktidentifizierung nicht ausreichen (1. VK Sachsen, B. v. 18. 11. 2004 – Az.: 1/SVK/108-04)

– die Nichtberücksichtigung des Bieters im weiteren Vergabeverfahren erfolgte zu Recht, weil der Bieter – wie einige andere Bieter ebenfalls – **nicht die zwingend geforderten Mustersteine/Musterplatten als Referenzmaterial bereits mit Angebotsabgabe oder jedenfalls bis zum Ende der Abgabefrist eingereicht** hat (VK Hessen, B. v. 11. 3. 2004 – Az.: 69 d-VK-06/2004)

– das **Fehlen** eines geforderten **Nachweises über die Zertifizierung der für die Leistungsrealisierung vorgesehenen Betriebsstätte gemäß § 52 KrW-/AbfG** führt zwingend zum Angebotsausschluss (VK Thüringen, B. v. 23. 12. 2004 – Az.: 360-4003.20-031/04-ABG)

– ein **Nachreichen** bzw. späteres Einholen eines Nachweises **weit nach dem Ende der Angebotsfrist und der Nachreichfrist verstößt gegen den Gleichbehandlungsanspruch** aller Teilnehmer am Vergabeverfahren und gegen das Gebot der Einhaltung der Bestimmungen über das Vergabeverfahren (§ 97 Abs. 2 und 7 GWB) und ist als unzulässig zu verwerfen (VK Südbayern, B. v. 14. 2. 2003 – Az.: 02-01/03)

– **fehlen bei einem Angebot eine Vielzahl von Eignungsnachweisen** wie beispielsweise die Umsatzangaben der letzten drei Jahre in der ausgeschriebenen Leistungsart, eine Liste der wesentlichen in den letzten Jahren erbrachten Leistungen mit Angabe des Rechnungswertes, der Leistungszeit, sowie eine Erklärung, dass kein Insolvenzverfahren oder ein vergleichbares gesetzliches Verfahren eröffnet oder die Eröffnung beantragt oder dieser Antrag mangels Masse abgelehnt worden ist und hat die Vergabestelle diese Angaben gefordert, um die Fachkunde, Leistungsfähigkeit und Zuverlässigkeit des Bieters im Hinblick auf die besondere Leistung zu beurteilen, **ist das Angebot mangels entsprechender Eignungsnachweise einer Wertung nicht zugänglich.** Es ist daher auch aus diesem Grunde zwingend vom weiteren Vergabewettbewerb auszuschließen. Der Vergabestelle steht insoweit kein Ermessensspielraum zu (VK Magdeburg, B. v. 16. 10. 2002 – Az: 33-32571/07 VK 09/02 MD)

– die **Aussage über die Geldbearbeitung** ist eine Erklärung über einen maßgeblichen Bereich der **Leistungsbeschreibung zur Bewachung des Parkraumes und damit als preis- und leistungsrelevant anzusehen,** da die hohen Sicherheitsanforderungen an die Geldbearbeitung und den Transport die Preiskalkulation in jedem Fall beeinflussen dürfen und ebenso die Leistung (VK Lüneburg, B. v. 10. 9. 2002 – Az.: 203-VgK-15/2002)

7488 172.5.2.4.17 Weitere Beispiele aus der Rechtsprechung für eine zulässige Nachforderung

– ein **Nachreichen von geforderten Erklärungen ist regelmäßig zulässig, wenn dadurch das Wettbewerbsgefüge nicht beeinträchtigt** wird. Das ist hinsichtlich der Bevollmächtigung der Versicherung der Fall (OLG Celle, B. v. 18. 12. 2003 – Az.: 13 Verg 22/03; VK Lüneburg, B. v. 24. 11. 2003 – Az.: 203-VgK-29/2003, B. v. 24. 9. 2003 – Az.: 203-VgK-17/2003)

– keine „geforderten Erklärungen" im Sinne des § 21 Nr. 1 Abs. 1 VOL/A, die mit dem konkreten Leistungsgegenstand nichts zu tun haben und die **ohne weiteres nachgereicht werden können, sind z. B. Erklärungen zur Innungszugehörigkeit, Steuertreue, Staatsangehörigkeit und zum Subunternehmereinsatz.** Diese Erklärungen können auch zu einem späteren Zeitpunkt nachgeliefert werden. Grund hierfür ist, dass Preis und Leistung durch das Fehlen nicht beeinflusst werden und das Angebot daher nicht unvollständig im Sinne des § 21 Nr. 1 VOL/A ist (VK Lüneburg, B. v. 10. 9. 2002 – Az.: 203-VgK-15/2002)

7489 172.5.2.4.18 Fehlende Angaben und Erklärungen in einem Verfahren nach der VOL/A-SKR. Im Gegensatz zu § 25 Nr. 1 Abs. 2 Buchst. a VOL/A **fehlt in der VOL/A SKR eine Vorschrift, nach welcher Angebote, die die geforderten Angaben und Erklärungen nicht enthalten, ausgeschlossen werden können.** Daraus wird zum Teil geschlossen, dass ein unvollständiges Angebot nicht zwingend auszuschließen ist. Eine analoge Anwendung der Grundnormen im Sektorenbereich sei nicht angezeigt, eine planwidrige Regelungslücke sei nicht erkennbar. Dies gelte jedenfalls in den Fällen, in denen der öffentliche Auftraggeber den Bieter nicht ausgeschlossen, sondern zur Modifizierung seines Angebotes aufgefordert habe. Dem kann nicht gefolgt werden. Auch im Verhandlungsverfahren im Bereich der

Verdingungsordnung für Leistungen Teil A § 25 VOL/A **Teil 4**

VOL/A SKR hat ein Angebot grundsätzlich bis zum Ende der Angebotsfrist vollständig vorzuliegen. Die **Zulassung von unvollständigen Angeboten würde nicht nur einen Verstoß gegen den Gleichbehandlungsgrundsatz und das Transparenzgebot bedeuten, sondern den Bietern auch Manipulationsmöglichkeiten eröffnen.** Zudem wäre die Verhandlungsgrundlage unklar. Dies gilt insbesondere dann, wenn in der Vergabebekanntmachung und den Vergabeunterlagen die Bildung von Teillosen ausdrücklich ausgeschlossen ist. Der öffentliche Auftraggeber ist zwar im Verhandlungsverfahren sehr frei, doch trifft ihn jedenfalls die Pflicht, den Leistungsumfang nicht grundlegend zu verändern. Eine grundlegende Änderung wäre aber die Bildung von Teillosen, die dann auch die Abgabe von Teilangeboten ermöglichen würde (OLG München, B. v. 12. 7. 2005 – Az.: Verg 008/05).

172.5.2.5 Tatbestände des § 7 Nr. 5 (§ 25 Nr. 1 Abs. 2 Buchstabe b))

Zu den einzelnen Tatbeständen des § 7 Nr. 5 vgl. die Kommentierung zu § 7 VOL/A RZ 6462. 7490

172.5.2.6 Fehlende Kennzeichnung eines Nebenangebotes (§ 25 Nr. 1 Abs. 2 Buchstabe c))

172.5.2.6.1 Sinn und Zweck der Regelung. Vgl. die Kommentierung zu § 25 VOB/A RZ 5609. 7491

172.5.2.6.2 Ermessensregelung. Vgl. die Kommentierung zu § 25 VOB/A RZ 5611. 7492

172.5.3 Besondere Prüfungspflicht bei einer Häufung von formalen Fehlern der Bieter

Vgl. die Kommentierung zu § 25 VOB/A RZ 5620. 7493

172.6 2. Wertungsstufe: Eignungsprüfung (§ 25 Nr. 2 Abs. 1)

§ 25 Nr. 2 Abs. 1 VOL/A deckt sich inhaltlich im Wesentlichen mit § 97 Abs. 4 Halbsatz 1 bzw. § 25 Nr. 3 VOB/A. Deshalb erfolgt eine einheitliche Kommentierung dieser Wertungsstufe bei § 97 Abs. 4 GWB RZ 392. 7494

172.7 3. Wertungsstufe: Prüfung der Angebotspreise (§ 25 Nr. 2 Abs. 2 und Abs. 3)

172.7.1 Preise, die in offenbarem Missverhältnis zur Leistung stehen (§ 25 Nr. 2 Abs. 3)

172.7.1.1 Ungewöhnlich niedrige Angebote (§ 25 Nr. 2 Abs. 2)

Auf Angebote, deren Preise in offenbarem Missverhältnis zur Leistung stehen, darf der Zuschlag nicht erteilt werden. Dieses **Verbot dient dem Ziel, die wirklich seriös kalkulierten Angebote in die letzte Wertungsphase einzubeziehen** (OLG Düsseldorf, B. v. 19. 11. 2003 – Az.: VII-Verg 22/03). Die Regelungen des § 25 Nr. 3 Abs. 1 und des § 25 Nr. 2 Abs. 3 VOL/A dienen in erster Linie dem **Schutz des Auftraggebers vor der Eingehung eines wirtschaftlichen Risikos, nicht jedoch den Schutz des Bieters vor seinem eigenen zu niedrigen Angebot.** Der Auftraggeber läuft bei der Zuschlagserteilung auf ein solches Unterangebot Gefahr, dass der Auftragnehmer in wirtschaftliche Schwierigkeiten gerät und den Auftrag nicht oder nicht ordnungsgemäß, insbesondere nicht mängelfrei, zu Ende führt (OLG Koblenz, B. v. 26. 10. 2005 – Az.: 1 Verg 4/05; BayObLG, B. v. 18. 9. 2003 – Az.: Verg 12/03; VK Düsseldorf, B. v. 2. 5. 2006 – Az.: VK-17/2006-B; 1. VK Bund, B. v. 20. 4. 2005 – Az.: VK 1-23/05). 7495

172.7.1.1.1 Ungewöhnlich niedriger Preis. 172.7.1.1.1.1 Allgemeines. Der **Begriff des ungewöhnlich niedrigen Preises entspricht dem Begriff des unangemessen niedrigen Preises der VOB/A.** Vgl. daher die Kommentierung zu § 25 VOB/A RZ 5628. 7496

172.7.1.1.1.2 Gesamtpreis als Ausgangspunkt der Beurteilung. Vgl. die Kommentierung zu § 25 VOB/A RZ 5629. 7497

Teil 4 § 25 VOL/A   Verdingungsordnung für Leistungen Teil A

7498   **172.7.1.1.1.3 Einzelpreise als Ausgangspunkt der Beurteilung. 172.7.1.1.1.3.1 Grundsatz.** Vgl. die Kommentierung zu § 25 VOB/A RZ 5630.

7499   **172.7.1.1.1.3.2 Preise von 0,01 € u. ä. 172.7.1.1.1.3.2.1 Rechtsprechung des Bundesgerichtshofs für den VOB-Bereich.** Vgl. dazu und **insbesondere zur Rechtsprechung des BGH zur Mischkalkulation** die Kommentierung zu § 25 VOB/A RZ 5338.

7500   Nach dieser Rechtsprechung sind Einzelpreise von z. B. 0,001 € u. ä. also **nur dann nicht zulässig, wenn eine Mischkalkulation stattfindet, Preisbestandteile also in mehreren Positionen enthalten** sind. Liegen hierfür keine Anhaltspunkte vor, kann es sich gegebenenfalls um ein unangemessen niedriges oder hohes Angebot handeln.

7501   Inwieweit diese **Rechtsprechung auf den VOL-Bereich** angewendet werden kann, ist **offen**. Das **OLG Düsseldorf** hat sie in einer neueren Entscheidung **auch auf den VOL-Bereich angewendet** (B. v. 8. 2. 2005 – Az.: VII-Verg 100/04), ebenso Saarländisches OLG, B. v. 9. 11. 2005 – Az.: 1 Verg 4/05; VK Rheinland-Pfalz, B. v. 24. 5. 2005 – Az.: VK 14/05.

7502   **172.7.1.1.1.4 Anhaltspunkte für einen ungewöhnlich niedrigen Preis.** Vgl. die Kommentierung zu § 25 VOB/A RZ 5633.

7503   Der **Erwartungswert dient in erster Linie der Kostenschätzung,** die erforderlich ist, um die für die Vergabe nötigen Mittel in den Haushalt einzustellen und den Auftragswert für die beabsichtigte Ausschreibung zu schätzen. Bei **Beschaffungen von Dienstleistungen liegt es nahe, dass deshalb nur auf bisher bekannte Erfahrungswerte zurückgegriffen werden kann, wobei ein Sicherheitszuschlag einzukalkulieren** ist. Der so ermittelte Erwartungswert kann jedoch nicht den aktuellen Marktpreis widerspiegeln. Dieser bildet sich gerade erst durch eine aktuelle Nachfrage und aktuelle Angebote, wobei abhängig von der Art der zu beschaffenden Leistung und dem Zeitraum der Ausschreibung individuelle Faktoren mit einfließen (VK Hessen, B. v. 30. 5. 2005 – Az.: 69 d VK-16/2005; B. v. 30. 5. 2005 – Az.: 69 d VK-10/2005).

7504   **172.7.1.1.1.5 Beispiele aus der Rechtsprechung.** Vgl. die Kommentierung zu § 25 VOB/A RZ 5637.

7505   **172.7.1.1.1.6 Erläuternde Hinweise der VOL/A.** Ein offenbares Missverhältnis zwischen Preis und Leistung ist nur dann anzunehmen, wenn der Preis von den Erfahrungswerten wettbewerblicher Preisbildung so grob abweicht, dass dies sofort ins Auge fällt. Die Vergabestelle wird in ihre Abwägung, ob ein offenbares Missverhältnis vorliegt, alle Erkenntnisse zur Beurteilung des Preis-/Leistungsverhältnisses im Einzelfall einbeziehen.

172.7.1.2 Ungewöhnlich hoher Preis

7506   Im Gegensatz zur VOB/A regelt § 25 Nr. 2 VOL/A nicht ausdrücklich den Fall eines ungewöhnlich hohen Preises.

7507   **172.7.1.2.1 Grundsatz.** Auf Angebote mit einem ungewöhnlich hohen Preis darf der Zuschlag nicht erteilt werden (§ 25 Nr. 2 Abs. 3). Unter diese Angebote fallen auch Angebote mit einem ungewöhnlich hohen Preis. Deshalb gelten die nachfolgend dargestellten **Regelungen für Angebote mit einem ungewöhnlich niedrigen Preis auch für Angebote mit einem ungewöhnlich hohen Preis.**

7508   **172.7.1.2.2 Beispiele für die Vermutung eines ungewöhnlich hohen Preises.** Vgl. die Kommentierung zu § 25 VOB/A RZ 5638.

172.7.1.3 Folgerung aus der Feststellung eines ungewöhnlich niedrigen Preises

7509   Vgl. die Kommentierung zu § 25 VOB/A RZ 5641.

172.7.1.4 Prüfungspflicht des Auftraggebers

7510   **172.7.1.4.1 Allgemeines.** Vgl. die Kommentierung zu § 25 VOB/A RZ 5642.

7511   **172.7.1.4.2 Prüfungspflicht aufgrund gesetzlicher Regelungen.** Verschiedene Bundesländer haben Vergabegesetze erlassen, in denen u. a. auch eine Prüfungspflicht hinsichtlich unangemessen hoher oder niedriger Preise geregelt sind.

7512   **172.7.1.4.2.1 Niedersachsen.** Vgl. die Kommentierung zu § 25 VOB/A RZ 5647.

7513   **172.7.1.4.2.2 Bremen.** Vgl. die Kommentierung zu § 25 VOB/A RZ 5648.

7514   **172.7.1.4.2.3 Nordrhein-Westfalen.** Vgl. die Kommentierung zu § 25 VOB/A RZ 5649.

172.7.1.4.2.4 Hamburg. Vgl. die Kommentierung zu § 25 VOB/A RZ 5650. 7515

172.7.1.4.2.5 Thüringen. Vgl. die Kommentierung zu § 25 VOB/A RZ 5651. 7516

172.7.1.4.3 Festsetzung eines Schwellenwerts für eine Prüfung durch den Auftrag- 7517
geber. Vgl. die Kommentierung zu § 25 VOB/A RZ 5652.

172.7.1.4.4 Aufklärungsverlangen in Textform (§ 25 Nr. 2 Abs. 2 Satz 2). Vgl. die 7518
Kommentierung zu § 25 VOB/A RZ 5655.

172.7.1.4.5 Angemessene Frist für eine Antwort des Bieters. Dem Bieter ist eine an- 7519
gemessene Frist für zusätzliche Angaben einzuräumen (VK Lüneburg, B. v. 24. 9. 2003 – Az.: 203-VgK-17/2003).

Die ausdrückliche Regelung in § 25 Nr. 3 Abs. 2 Satz 1 VOB/A ist auch auf den VOL- 7520
Bereich anzuwenden.

172.7.1.4.6 Verweigerung einer notwendigen Mitarbeit des Bieters. Vgl. die Kom- 7521
mentierung zu § 25 VOB/A RZ 5658.

172.7.1.5 Wertung eines Angebots mit einem ungewöhnlich niedrigen Preis

172.7.1.5.1 Grundsatz. Vgl. die Kommentierung zu § 25 VOB/A RZ 5660. 7522

172.7.1.5.2 Ausnahmen. Vgl. die Kommentierung zu § 25 VOB/A RZ 5662. 7523

172.7.1.5.3 Erhebliches Preisrisiko für den Auftraggeber. Vgl. die Kommentierung zu 7524
§ 25 VOB/A RZ 5658.

172.7.1.5.4 Nicht plausibel erklärte Angebote. Vgl. die Kommentierung zu § 25 7525
VOB/A RZ 5669.

172.7.1.5.5 Überschreitung der 10%-Grenze trotz Erklärung. Vgl. die Kommentie- 7526
rung zu § 25 VOB/A RZ 5673.

172.7.1.5.6 Beispiele aus der Rechtsprechung. Vgl. die Kommentierung zu § 25 7527
VOB/A RZ 5674.

172.7.1.6 Beweislast

Vgl. die Kommentierung zu § 25 VOB/A RZ 5685. 7528

172.7.1.7 Spekulationsangebote

Spekulationsangebote sind eine **besondere Ausprägung eines ungewöhnlich hohen** 7529
bzw. niedrigen Angebotes (VK Baden-Württemberg, B. v. 20. 3. 2002 – Az.: 1 VK 4/02). Deshalb kann die unter RZ 5627 ff. dargestellte Rechtsprechung auch für Spekulationsangebote im Grundsatz herangezogen werden.

172.7.1.7.1 Grundsatz. Vgl. die Kommentierung zu § 25 VOB/A RZ 5688. 7530

172.7.1.7.2 Wertung von Spekulationspreisen. Vgl. die Kommentierung zu § 25 7531
VOB/A RZ 5688.

172.7.1.7.3 Voraussetzungen für einen Angebotsausschluss. 172.7.1.7.3.1 Hinweis 7532
auf die Rechtsprechung des Bundesgerichtshofs zur Mischkalkulation im VOB-
Bereich. Vgl. dazu die Kommentierung zu § 25 VOB/A RZ 5338.

Inwieweit diese **Rechtsprechung auf den VOL-Bereich angewendet** werden kann, ist 7533
offen.

172.7.1.7.3.2 Sonstige Rechtsprechung. Vgl. dazu die Kommentierung zu § 25 VOB/A 7534
RZ 5692.

172.7.1.7.4 Wertung von Spekulationspreisen bei Bedarfspositionen. Vgl. dazu die 7535
Kommentierung zu § 25 VOB/A RZ 5703.

172.7.2 Literatur

Vgl. dazu die Kommentierung zu § 25 VOB/A RZ 5704. 7536

172.8 4. Wertungsstufe: Auswahl des wirtschaftlichsten Angebots (§ 25 Nr. 3)

172.8.1 Allgemeines

Der Zuschlag ist auf das unter Berücksichtigung aller Umstände wirtschaftlichste Angebot zu 7537
erteilen. Der niedrigste Angebotspreis allein ist nicht entscheidend.

Teil 4 § 25 VOL/A   Verdingungsordnung für Leistungen Teil A

7538 § 25 Nr. 3 VOB/A und § 25 Nr. 3 VOL/A decken sich inhaltlich im Wesentlichen mit § 97 Abs. 4 Halbsatz 1. Deshalb erfolgt eine einheitliche Kommentierung dieser Wertungsstufe bei § 97 Abs. 4 GWB RZ 607.

172.8.2 Erläuternde Hinweise der VOL/A

7539 Das wirtschaftlichste Angebot ist unter Beachtung des Grundsatzes der Wirtschaftlichkeit zu ermitteln. Das wirtschaftlichste Angebot ist dasjenige Angebot, bei dem das günstigste Verhältnis zwischen der gewünschten Leistung (vgl. Erläuterungen zu § 8 Nr. 3 Abs. 1) und dem angebotenen Preis erzielt wird. Maßgebend für die Leistung sind alle auftragsbezogenen Umstände (z. B. Preis, technische, funktionsbedingte, gestalterische, ästhetische Gesichtspunkte; Kundendienst; Folgekosten); sie sind bei der Wertung der Angebote zu berücksichtigen. Nichtauftragsbezogene Gesichtspunkte dürfen als Kriterien bei der Wertung der Angebote nicht herangezogen werden.

172.9 Wertung von Nebenangeboten (§ 25 Nr. 4)

7540 Nebenangebote, die der Auftraggeber bei der Ausschreibung gewünscht oder ausdrücklich zugelassen hat, sind ebenso zu werten wie die Hauptangebote. Sonstige Nebenangebote können berücksichtigt werden. **Nebenangebote sollen dem Auftraggeber die Kenntnis von anderen, ihm nicht bekannten oder von ihm nicht bedachten Ausführungsmöglichkeiten vermitteln** (OLG Celle, B. v. 21. 8. 2003 – Az.: 13 Verg 13/03). Grundsätzlich kann es also **erwünscht sein,** dass Bieter im **Blick auf den geforderten Leistungsumfang hinsichtlich von Kosten und Nutzen Ideen entwickeln und im Rahmen von Nebenangeboten Einsparungspotentiale anbieten,** die eine andere Ausführung der Bauleistung abweichend von der Ausschreibung vorschlagen (VK Baden-Württemberg, B. v. 18. 10. 2005 – Az.: 1 VK 62/05; B. v. 2. 8. 2005 – Az.: 1 VK 43/05).

172.9.1 Hinweis

7541 Vgl. zu den Begriffen des Nebenangebotes, den möglichen Inhalten sowie zum Ausschluss von Nebenangeboten die Kommentierung zu § 17 VOL/A RZ 6933.

172.9.2 Formvorschriften für Nebenangebote (§ 21 Nr. 2, § 25 Nr. 1 Abs. 1 Buchstabe g), Nr. 1 Abs. 2 Buchstabe c))

7542 Vgl. insoweit die Kommentierung RZ 5609.

172.9.3 Prüfungsstufen für ein Nebenangebot

7543 Vgl. die Kommentierung zu § 25 VOB/A RZ 5732.

172.9.4 Beurteilungsspielraum bei der Wertung und Grenzen der Überprüfbarkeit der Entscheidung

7544 Vgl. die Kommentierung zu § 25 VOB/A RZ 5727.

172.9.5 Wertungskriterien für Nebenangebote

172.9.5.1 Allgemeines

7545 Vgl. die Kommentierung zu § 25 VOB/A RZ 5728.

172.9.5.2 Rechtsprechung des Europäischen Gerichtshofes

7546 Vgl. die Kommentierung zu § 25 VOB/A RZ 5729.

7547 Für **Vergaben ab den Schwellenwerten** der VOL/A ist diese Rechtsprechung über die Regelungen der §§ 9 Nr. 2, 9b Nr. 2, 25a Nr. 3, 25b Nr. 4 Abs. 2, 7 Nr. 2 Abs. 3 VOL/A-SKR in die neue VOL/A 2006 eingefügt worden. Für **Ausschreibungen unterhalb der Schwellenwerte** soll diese **Rechtsprechung damit nicht gelten.**

172.9.5.3 Konsequenzen aus der Rechtsprechung des Europäischen Gerichtshofes

7548 172.9.5.3.1 **Grundsatz.** Vgl. die Kommentierung zu § 25 VOB/A RZ 5731.

Verdingungsordnung für Leistungen Teil A § 25 VOL/A **Teil 4**

172.9.5.3.2 Notwendigkeit der Erläuterung der technischen Mindestanforderungen? 7549
Vgl. die Kommentierung zu § 25 VOB/A RZ 5733.

172.9.5.3.3 Notwendigkeit der Erläuterung der kaufmännischen Mindestanforderungen? Vgl. die Kommentierung zu § 25 VOB/A RZ 5750. 7550

172.9.5.3.4 Notwendigkeit der Prüfung der gesamten Vergabeunterlagen. Vgl. die Kommentierung zu § 25 VOB/A RZ 5751. 7551

172.9.5.3.5 Notwendigkeit der separaten Festlegung bei losweiser Ausschreibung. 7552
Vgl. die Kommentierung zu § 25 VOB/A RZ 5752.

172.9.5.3.6 Beispiele aus der Rechtsprechung 7553
– eine Formulierung, wonach **bei Versicherungsleistungen der Deckungsumfang des Hauptangebotes in keiner Position durch das Nebenangebot unterschritten werden darf,** ist eine klare und eindeutig zu erfüllende Mindestanforderung (OLG Düsseldorf, B. v. 29. 3. 2006 – Az.: VII-Verg 77/05; VK Münster, B. v. 5. 10. 2005 – Az.: VK 19/05)

172.9.5.3.7 Literatur. Vgl. die Kommentierung zu § 25 VOB/A RZ 5753. 7554

172.9.5.4 Rechtsprechung vor und nach der Entscheidung des Europäischen Gerichtshofes

172.9.5.4.1 Gleichwertigkeit eines Nebenangebotes. 172.9.5.4.1.1 Inhalt der 7555
Gleichwertigkeit. Vgl. die Kommentierung zu § 25 VOB/A RZ 5754.

172.9.5.4.1.2 Anforderungen an die Gleichwertigkeit. 172.9.5.4.1.2.1 Grundsatz. 7556
Vgl. die Kommentierung zu § 25 VOB/A RZ 5756.

172.9.5.4.1.2.2 Qualitative und quantitative Gleichwertigkeit. Vgl. die Kommentierung zu § 25 VOB/A RZ 5760. 7557

172.9.5.4.1.2.3 Abmagerungsangebote. Vgl. die Kommentierung zu § 25 VOB/A RZ 5764. 7558

172.9.5.4.1.2.4 Veränderung der Standards einer Ausschreibung. Vgl. die Kommentierung zu § 25 VOB/A RZ 5766. 7559

172.9.5.4.1.2.5 Sonstige nachteilige Nebenangebote. Vgl. die Kommentierung zu § 25 VOB/A RZ 5767. 7560

172.9.5.4.1.2.6 Massenänderungen. Vgl. die Kommentierung zu § 25 VOB/A RZ 5768. 7561

172.9.5.4.1.2.7 Ausführung nach Wahl des Auftragnehmers. Vgl. die Kommentierung zu § 25 VOB/A RZ 5769. 7562

172.9.5.4.1.2.8 Gänzlich unterschiedliche Leistungsinhalte. Vgl. die Kommentierung zu § 25 VOB/A RZ 5770. 7563

172.9.5.4.1.2.9 Beispiele aus der Rechtsprechung. Vgl. die Kommentierung zu § 25 VOB/A RZ 5772. 7564

172.9.5.4.1.3 Darlegung der Gleichwertigkeit. 172.9.5.4.1.3.1 Umfassende Darlegung. Vgl. die Kommentierung zu § 25 VOB/A RZ 5773. 7565

172.9.5.4.1.3.2 Analoge Anwendung des § 8. Vgl. die Kommentierung zu § 25 VOB/A RZ 5774. 7566

172.9.5.4.1.3.3 Darlegung des Umfangs der Ersetzung des Hauptangebots. Vgl. die Kommentierung zu § 25 VOB/A RZ 5780. 7567

172.9.5.4.1.3.4 Zeitpunkt der Darlegung der Gleichwertigkeit. Vgl. die Kommentierung zu § 25 VOB/A RZ 5781. 7568

172.9.5.4.1.3.5 Verzichtbarkeit der Darlegung der Gleichwertigkeit. Vgl. die Kommentierung zu § 25 VOB/A RZ 5785. 7569

172.9.5.4.1.3.6 Darlegungs- und Beweislast für die Gleichwertigkeit. Vgl. die Kommentierung zu § 25 VOB/A RZ 5787. 7570

172.9.5.4.1.3.7 Beispiele aus der Rechtsprechung. Vgl. die Kommentierung zu § 25 VOB/A RZ 5788. 7571

172.9.5.4.1.4 Rechtsfolge der fehlenden Gleichwertigkeit. Vgl. die Kommentierung zu § 25 VOB/A RZ 5789. 7572

Teil 4 § 25 VOL/A   Verdingungsordnung für Leistungen Teil A

172.9.6 Prüfungspflicht des Auftraggebers

172.9.6.1 Grundsatz

7573   Vgl. die Kommentierung zu § 25 VOB/A RZ 5792.

172.9.6.2 Einschränkungen

7574   Vgl. die Kommentierung zu § 25 VOB/A RZ 5794.

172.9.7 Unterschiedliche Gutachteräußerungen

7575   Vgl. die Kommentierung zu § 25 VOB/A RZ 5796.

172.9.8 Einheitliche Wertung eines Nebenangebotes?

7576   Vgl. die Kommentierung zu § 25 VOB/A RZ 5797.

172.9.9 Wertung eines Pauschalpreisangebotes als Nebenangebot

7577   Vgl. die Kommentierung zu § 25 VOB/A RZ 5798.

172.9.10 Umdeutung eines wegen Änderungen unzulässigen Angebots in ein Nebenangebot

7578   Vgl. die Kommentierung zu § 25 VOB/A RZ 5799.

172.9.11 Erläuternde Hinweise der VOL/A

7579   Nebenangebote im Sinn von § 25 Nr. 4 Satz sind solche Nebenangebote, die vom Auftraggeber weder gewünscht noch ausdrücklich zugelassen noch ausgeschlossen worden sind (§ 17 Nr. 3 Abs. 5), die also vom Bieter aus eigener Initiative vorgelegt wurden.

172.9.12 Literatur

7580   Vgl. die Kommentierung zu § 25 VOB/A RZ 5807.

172.10 Wertung von Preisnachlässen

172.10.1 Begriff

7581   Vgl. die Kommentierung zu § 25 VOB/A RZ 5808.

172.10.2 Verbot der Aufnahme von Preisnachlässen und Skonti in das Angebot

7582   Vgl. die Kommentierung zu § 25 VOB/A RZ 5809.

172.10.3 Preisnachlässe mit Bedingungen

172.10.3.1 Preisnachlässe mit Bedingungen, deren Erfüllung im Einflussbereich des Bieters liegen

7583   Vgl. die Kommentierung zu § 25 VOB/A RZ 5810.

172.10.3.2 Preisnachlässe mit Bedingungen, deren Erfüllung im Einflussbereich des Auftraggebers liegen

7584   **172.10.3.2.1 Allgemeines.** Vgl. die Kommentierung zu § 25 VOB/A RZ 5811.

7585   **172.10.3.2.2 Skonto. 172.10.3.2.2.1 Begriff.** Vgl. die Kommentierung zu § 25 VOB/A RZ 5812.

7586   **172.10.3.2.2.2 Eindeutige Skontobedingungen.** Vgl. die Kommentierung zu § 25 VOB/A RZ 5813.

172.10.3.2.2.3 Wertung. Vgl. die Kommentierung zu § 25 VOB/A RZ 5816. 7587

172.10.3.2.2.4 Wertung, wenn der Preis das ausschließliche Zuschlagskriterium 7588
darstellt. Vgl. die Kommentierung zu § 25 VOB/A RZ 5819.

172.10.3.2.3 Andere Preisnachlässe mit sonstigen Bedingungen. Vgl. die Kommentierung zu § 25 VOB/A RZ 5822. 7589

172.10.4 Preisnachlässe ohne Bedingungen

172.10.4.1 Begriff

Vgl. die Kommentierung zu § 25 VOB/A RZ 5825. 7590

172.10.5 Missverständliche und widersprüchliche Preisnachlässe

172.10.5.1 Grundsatz

Vgl. die Kommentierung zu § 25 VOB/A RZ 5834. 7591

172.10.5.2 Beispiele aus der Rechtsprechung

Vgl. die Kommentierung zu § 25 VOB/A RZ 5836. 7592

172.10.6 Vom Auftraggeber ausgeschlossene Pauschalnachlässe

Vgl. die Kommentierung zu § 25 VOB/A RZ 5837. 7593

172.10.7 Unzulässige Preisnachlässe bei der Beschaffung von preisgebundenen Schulbüchern

Nachlässe beim Kauf preisgebundener Schulbücher einzuräumen, ist den Buchhändlern indessen ebenso verboten, wie sie sich nicht darauf einlassen dürfen, dass der Käufer abweichend von dem bindenden, als Barzahlungspreis zu verstehenden **Endpreis nach § 5 BuchpreisbindG einen Skontobetrag abzieht.** Diese Bestimmung verbietet nach Wortlaut, Entstehungsgeschichte und Sinn des Gesetzes auch, dass der Käufer – statt den sofort fälligen, vom Verleger festgesetzten Endpreis zu entrichten – für sich ein Zahlungsziel beansprucht und für den Fall, dass er diese Frist nicht ausschöpft, einen Abzug von dem verbindlichen Endpreis vornimmt. Wie sich u.a. aus § 5 Abs. 4 Nr. 6 BuchpreisbindG ergibt, geht das Gesetz davon aus, dass der Endpreis, der für die gewerbsmäßigen Verkäufer von Büchern an Letztabnehmer bindend ist, der sofort zu entrichtende Preis ist; bei einem kreditweisen Verkauf darf er anders festgesetzt werden, indem der Barzahlungspreis um im voraus bestimmte Teilzahlungszuschläge erhöht wird. Damit wird dem Umstand Rechnung getragen, dass der Verzicht des Buchhändlers auf den sofortigen Ausgleich der Rechnung bei Fälligkeit, d.h. bei Auslieferung der Ware, die Einräumung eines Kredits darstellt, der bei fehlender Gegenleistung zu einer verbotenen Unterschreitung des gebundenen Preises führt. Diese Auslegung des Gesetzes entspricht nicht nur der Begründung, sondern auch der Entstehungsgeschichte des Gesetzes. Dieses sollte u.a. im Hinblick auf europarechtliche Bedenken die in Jahrzehnten gewachsene Buchpreisbindung in Deutschland auf eine rechtssichere Grundlage stellen. Ein wesentliches Kennzeichen dieser Buchpreisbindung war das an alle Buchhändler gerichtete, durch Sammel- oder Einzelrevers eingeführte Verbot, Bücher ohne Zustimmung des Verlegers unter Gewährung eines Barzahlungsnachlasses zu verkaufen. **Daran ändert auch nichts, dass bis zum Inkrafttreten des Buchpreisbindungsgesetzes Buchhändler nicht immer sofort Bezahlung des festgesetzten Preises gefordert, sondern mitunter bis zu 60 Tage zugewartet haben, ehe sie auf einen Ausgleich der Rechnung gedrungen haben.** Wenn die Verleger und Wettbewerber gegen diese den vereinbarten Regeln widersprechende Vorgehensweise nicht eingeschritten sind, bedeutet dies weder, dass sich die Buchhändler ordnungsgemäß verhalten haben, noch hat sich daraus die Übung ergeben können, dass Bücher auf Kredit verkauft und bei sofortiger Bezahlung ein Barzahlungsrabatt gewährt werden durfte (BGH, Urteil vom 24. 6. 2003 – Az.: KZR 32/02). 7594

172.11 Nachträgliche Beseitigung von Wertungsfehlern des Auftraggebers

Vgl. dazu im Einzelnen die Kommentierung zu § 97 GWB RZ 807. 7595

Teil 4 § 25a VOL/A Verdingungsordnung für Leistungen Teil A

172.12 Wertung und Zuschlag im Wege eines Vergleiches

7596 Vgl. die Kommentierung zu § 25 VOB/A RZ 5844.

173. § 25a VOL/A – Zuschlagskriterien, staatliche Beihilfe

1. (1) Der Auftraggeber berücksichtigt bei der Entscheidung über den Zuschlag verschiedene durch den Auftragsgegenstand gerechtfertigte Kriterien, beispielsweise Qualität, Preis, technischer Wert, Ästhetik, Zweckmäßigkeit, Umwelteigenschaften, Betriebskosten, Rentabilität, Kundendienst und technische Hilfe, Lieferzeitpunkt und Lieferungs- oder Ausführungsfrist. Er hat die Kriterien zu gewichten. Die Gewichtung kann mit einer angemessenen Marge erfolgen. Kann nach Ansicht des Auftraggebers die Gewichtung aus nachvollziehbaren Gründen nicht angegeben werden, so legt der Auftraggeber die Kriterien in absteigender Reihenfolge ihrer Bedeutung fest.

    (2) Bei der Wertung der Angebote darf der Auftraggeber nur die Kriterien berücksichtigen, die in der Bekanntmachung oder den Vergabeunterlagen genannt sind.

2. Angebote, die aufgrund einer staatlichen Beihilfe ungewöhnlich niedrig sind, können allein aus diesem Grund nur dann zurückgewiesen werden, wenn das Unternehmen nach Aufforderung innerhalb einer vom Auftraggeber festzulegenden ausreichenden Frist nicht nachweisen kann, dass die betreffende Beihilfe rechtmäßig gewährt wurde. Auftraggeber, die unter diesen Umständen ein Angebot zurückweisen, müssen die Kommission der Europäischen Gemeinschaften darüber unterrichten.

3. Der Auftraggeber berücksichtigt nur Nebenangebote, die die von ihm verlangten Mindestanforderungen erfüllen.

173.1 Vergleichbare Regelungen

7597 Der **Vorschrift des § 25a VOL/A vergleichbar** sind im Bereich des GWB **§ 97 Abs. 4, Abs. 5 GWB,** im Bereich der VOL **§§ 25, 25b VOL/A,** im Bereich der VOF **§ 16 VOF** und im Bereich der VOB **§§ 25, 25a, 25b VOB/A.** Die Kommentierungen zu diesen Vorschriften können daher ergänzend zu der Kommentierung des § 25a herangezogen werden.

173.2 Änderungen in der VOB/A 2006

7598 § 25a ist im Zuge der VOL/A 2006 **neu eingefügt** worden.

173.3 Bieterschützende Vorschrift

7599 § 25a VOL/A **hat bieterschützenden Charakter** und ein Bieter Anspruch darauf, dass ein öffentlicher Auftraggeber diese Bestimmung beachtet (KG Berlin, B. v. 18. 8. 1999 – Az.: KartVerg 4/99).

173.4 Zuschlagskriterien (Nr. 1 Abs. 1 Satz 1)

7600 Der Auftraggeber berücksichtigt bei der Entscheidung über den Zuschlag verschiedene durch den Auftragsgegenstand gerechtfertigte Kriterien, beispielsweise Qualität, Preis, technischer Wert, Ästhetik, Zweckmäßigkeit, Umwelteigenschaften, Betriebskosten, Rentabilität, Kundendienst und technische Hilfe, Lieferzeitpunkt und Lieferungs- oder Ausführungsfrist. Vgl. dazu die Kommentierung zu § 97 GWB RZ 614.

173.5 Angabe der Gewichtung der Zuschlagskriterien (Nr. 1 Abs. 1 Satz 2–4)

7601 Der Auftraggeber hat die Kriterien zu gewichten. Die Gewichtung kann mit einer angemessenen Marge erfolgen. Kann nach Ansicht des Auftraggebers die Gewichtung aus nachvollzieh-

Verdingungsordnung für Leistungen Teil A § 25 b VOL/A **Teil 4**

baren Gründen nicht angegeben werden, so legt der Auftraggeber die Kriterien in absteigender Reihenfolge ihrer Bedeutung fest. Vgl. dazu die Kommentierung zu § 97 GWB RZ 621.

173.6 Bindung der ausschreibenden Stelle an die veröffentlichten Zuschlagskriterien (Nr. 1 Abs. 2)

173.6.1 Sinn und Zweck der Bindung
Vgl. die Kommentierung zu § 25 a VOB/A RZ 5850.   7602

173.6.2 Ausprägungen der Bindung
Vgl. die Kommentierung zu § 10 VOB/A RZ 5853.   7603

173.6.3 Beispiele aus der Rechtsprechung
Vgl. die Kommentierung zu § 25 a VOB/A RZ 5857.   7604

173.6.4 Ausnahmen
Vgl. die Kommentierung zu § 25 a VOB/A RZ 5858.   7605

173.7 Geltung des § 25 a nur für Ausschreibungen ab den Schwellenwerten
Vgl. die Kommentierung zu § 25 a VOB/A RZ 5859.   7606

173.8 Geltung des § 25 a auch im Verhandlungsverfahren im Sektorenbereich
Vgl. die Kommentierung zu § 25 a VOB/A RZ 5861.   7607

173.9 Folgen einer fehlenden Angabe von Zuschlagskriterien
Vgl. die Kommentierung zu § 25 a VOB/A RZ 5862.   7608

173.10 Aufgrund einer staatlichen Beihilfe ungewöhnlich niedrige Angebote (§ 25 a Nr. 2)

173.10.1 Grundsatz
Vgl. die Kommentierung zu § 25 a VOB/A RZ 5864.   7609

173.10.2 Rechtsfolge eines aufgrund einer staatlichen Beihilfe ungewöhnlich niedrigen Angebots
Vgl. die Kommentierung zu § 25 a VOB/A RZ 5865.   7610

173.11 Mindestanforderungen an Nebenangebote (§ 25 a Nr. 3)
Vgl. die Kommentierung zu § 25 a VOB/A RZ 5866.   7611

174. § 25 b VOL/A – Wertung der Angebote

1. (1) Der Auftrag ist auf das wirtschaftlich günstigste Angebot unter Berücksichtigung der auftragsbezogenen Kriterien wie etwa Lieferfrist, Ausführungsdauer, Betriebskosten, Rentabilität, Qualität, Ästhetik und Zweckmäßigkeit, Umwelteigenschaften, technischer Wert, Kundendienst und technische Hilfe, Verpflichtungen hinsichtlich der Ersatzteile, Versorgungssicherheit, Preis zu erteilen. Der Auftraggeber hat die Kriterien zu gewichten. Die Gewichtung kann mit einer angemesse-

nen Marge erfolgen. Kann nach Ansicht des Auftraggebers die Gewichtung aus nachvollziehbaren Gründen nicht angegeben werden, so legt er die Kriterien in absteigender Reihenfolge ihrer Bedeutung fest.

(2) Bei der Wertung der Angebote dürfen nur Kriterien berücksichtigt werden, die in der Bekanntmachung oder in den Vergabeunterlagen genannt sind.

2. (1) Erscheinen im Falle eines bestimmten Auftrags Angebote im Verhältnis zur Leistung als ungewöhnlich niedrig, so muss der Auftraggeber vor deren Ablehnung schriftlich Aufklärung über die Einzelposten der Angebote verlangen, wo er dies für angezeigt hält; die anschließende Prüfung erfolgt unter Berücksichtigung der eingegangenen Begründungen. Er kann eine zumutbare Frist für die Antwort festlegen.

(2) Der Auftraggeber kann Begründungen berücksichtigen, die objektiv gerechtfertigt sind durch die Wirtschaftlichkeit der Herstellungsmethode, die gewählten technischen Lösungen, außergewöhnlich günstige Bedingungen für den Bieter bei der Durchführung des Auftrags oder die Originalität der vom Bieter vorgeschlagenen Erzeugnisse.

(3) Angebote, die aufgrund einer staatlichen Beihilfe ungewöhnlich niedrig sind, dürfen von den Auftraggebern nur zurückgewiesen werden, wenn diese den Bieter darauf hingewiesen haben und dieser innerhalb einer vom Auftraggeber festzulegenden angemessenen Frist nicht den Nachweis liefern konnte, dass die Beihilfe der Kommission der Europäischen Gemeinschaften gemeldet oder von ihr genehmigt wurde. Auftraggeber, die unter diesen Umständen ein Angebot zurückweisen, müssen die Kommission der Europäischen Gemeinschaften darüber unterrichten.

3. Ein Angebot nach § 8b Nr. 2 Abs. 1 oder 2 ist wie ein Hauptangebot zu werten.

4. (1) Nebenangebote sind zu werten, es sei denn, der Auftraggeber hat sie in der Bekanntmachung oder in den Vergabeunterlagen nicht zugelassen.

(2) Der Zuschlag darf nur auf solche Angebote erteilt werden, die den verlangten Mindestanforderungen entsprechen.

174.1 Vergleichbare Regelungen

7612 Der **Vorschrift des § 25b VOL/A vergleichbar** sind im Bereich des GWB **§ 97 Abs. 4, Abs. 5 GWB,** im Bereich der VOL **§§ 25, 25a VOL/A,** im Bereich der VOF **§ 16 VOF** und im Bereich der VOB **§§ 25, 25a, 25b VOB/A.** Die Kommentierungen zu diesen Vorschriften können daher ergänzend zu der Kommentierung des § 25b herangezogen werden.

174.2 Änderungen in der VOL/A 2006

7613 In § 25b Nr. 1 Abs. 1 ist das Zuschlagskriterium „Umwelteigenschaften" **neu aufgenommen** worden.

7614 In § 25b Nr. 1 Abs. 1 sind außerdem **Regelungen über die Angabe der Gewichtung der Zuschlagskriterien neu aufgenommen** worden.

7615 Ansonsten ist die Vorschrift redaktionell neu gefasst worden.

174.3 Bieterschützende Vorschrift

7616 **§ 25b VOL/A hat bieterschützenden Charakter** und ein Bieter Anspruch darauf, dass ein öffentlicher Auftraggeber diese Bestimmung beachtet (KG Berlin, B. v. 18. 8. 1999 – Az.: KartVerg 4/99).

174.4 Zuschlag auf das wirtschaftlich günstigste Angebot (§ 25b Nr. 1 Abs. 1)

7617 § 25b Nr. 1 entspricht im Ergebnis der Regelung des § 25 Nr. 3 Satz 1 (Zuschlag auf das wirtschaftlichste Angebot). Vgl. daher die Kommentierung zu § 25 VOL/A RZ 7537.

174.5 Zuschlagskriterien (§ 25 b Nr. 1 Abs. 1)

§ 25 b Nr. 1 nennt **verschiedene Zuschlagskriterien** (Lieferfrist, Ausführungsdauer, Betriebskosten, Rentabilität, Qualität, Ästhetik und Zweckmäßigkeit, technischer Wert, Kundendienst und technische Hilfe, Verpflichtungen hinsichtlich der Ersatzteile, Versorgungssicherheit, Preis). **Neu hinzugekommen ist das Kriterium „Umwelteigenschaften".** 7618

Vgl. zu den Zuschlagskriterien die Kommentierung zu § 97 GWB RZ 614. 7619

174.6 Angabe der Gewichtung der Zuschlagskriterien (Nr. 1 Abs. 1 Satz 2–4)

Der Auftraggeber hat die Kriterien zu gewichten. Die Gewichtung kann mit einer angemessenen Marge erfolgen. Kann nach Ansicht des Auftraggebers die Gewichtung aus nachvollziehbaren Gründen nicht angegeben werden, so legt der Auftraggeber die Kriterien in absteigender Reihenfolge ihrer Bedeutung fest. Vgl. dazu die Kommentierung zu § 97 GWB RZ 621. 7620

174.7 Bindung der ausschreibenden Stelle an die veröffentlichten Zuschlagskriterien (§ 25 b Nr. 1 Abs. 2)

§ 25 b Nr. 1 Abs. 2 VOL/A entspricht § 25 a VOB/A; vgl. insoweit die Kommentierung zu § 25 a VOB/A RZ 5850. 7621

174.8 Ungewöhnlich niedrige Angebote (§ 25 b Nr. 2 Abs. 1)

174.8.1 Hinweis

§ 25 b Nr. 2 Abs. 1 entspricht im Ergebnis der Regelung des § 25 Nr. 2 Abs. 2 VOL/A; vgl. insoweit die Kommentierung zu § 25 VOL/A RZ 7495. 7622

174.8.2 Mögliche Begründungen für ein ungewöhnlich niedriges Angebot

Der Auftraggeber kann Begründungen berücksichtigen, die objektiv gerechtfertigt sind durch die Wirtschaftlichkeit der Herstellungsmethode, die gewählten technischen Lösungen, außergewöhnlich günstige Bedingungen für den Bieter bei der Durchführung des Auftrags oder die Originalität der vom Bieter vorgeschlagenen Erzeugnisse. 7623

Der Auftraggeber hat also einen Ermessensspielraum, ob er die vom Bieter angegebene Begründung berücksichtigt. 7624

Die in § 25 b genannten Begründungen für ein ungewöhnlich niedriges Angebot sind nicht abschließend. 7625

174.9 Aufgrund einer staatlichen Beihilfe ungewöhnlich niedrige Angebote (§ 25 b Nr. 2 Abs. 3)

Angebote, die aufgrund einer staatlichen Beihilfe ungewöhnlich niedrig sind, dürfen von den Auftraggebern nur zurückgewiesen werden, wenn diese den Bieter darauf hingewiesen haben und dieser nicht den Nachweis liefern konnte, dass die Beihilfe der Kommission der Europäischen Gemeinschaften gemeldet oder von ihr genehmigt wurde. Auftraggeber, die unter diesen Umständen ein Angebot zurückweisen, müssen die Kommission der Europäischen Gemeinschaften darüber unterrichten. 7626

§ 25 b Nr. 2 Abs. 3 VOL/A entspricht der Regelung des § 25 b Nr. 2 VOB/A; vgl. insoweit die Kommentierung RZ 5864. 7627

174.9.1 Erläuternde Hinweise der VOL/A

Unter einer Beihilfe im Sinne des EG-Vertrages sind staatliche oder aus staatlichen Mitteln gewährte Vergünstigungen für bestimmte Unternehmen oder Produktionszweige gleich welcher Art zu verstehen. Das können sowohl positive Leistungen, wie z. B. Zulagen oder Zuschüsse, als auch sonstige Arten von Vorteilen, wie Steuerbefreiungen, Bürgschaftsübernahmen oder die unentgeltliche oder besonders preiswerte Überlassung von Gütern, Grundstücken oder Rechten oder eine Bevorzugung bei öffentlichen Aufträgen u. a., sein. 7628

Teil 4 § 26 VOL/A

174.10 Leistung, die von den vorgegebenen technischen Spezifikationen abweicht (§ 25 b Nr. 3)

7629 § 25 b Nr. 3 entspricht im Ergebnis der Regelung des § 25 Nr. 4 VOB/A; vgl. insoweit die Kommentierung zu § 25 VOB/A RZ 5708.

174.11 Nebenangebote (§ 25 b Nr. 4)

7630 Nebenangebote sind zu werten, es sei denn, der Auftraggeber hat sie in der Bekanntmachung oder in den Vergabeunterlagen nicht zugelassen. Der Zuschlag darf nur auf solche Nebenangebote erteilt werden, die den verlangten Mindestanforderungen entsprechen.

7631 Vgl. hierzu insgesamt die Kommentierung zu § 17 VOL/A RZ 6933.

175. § 26 VOL/A – Aufhebung der Ausschreibung

1. Die Ausschreibung kann aufgehoben werden, wenn
   a) kein Angebot eingegangen ist, das den Ausschreibungsbedingungen entspricht,
   b) sich die Grundlagen der Ausschreibung wesentlich geändert haben,
   c) sie kein wirtschaftliches Ergebnis gehabt hat, d) andere schwerwiegende Gründe bestehen.
2. Die Ausschreibung kann unter der Voraussetzung, dass Angebote in Losen vorgesehen oder Nebenangebote nicht ausgeschlossen sind, teilweise aufgehoben werden, wenn
   a) das wirtschaftlichste Angebot den ausgeschriebenen Bedarf nicht voll deckt,
   b) schwerwiegende Gründe der Vergabe der gesamten Leistung an einen Bieter entgegenstehen.
3. Die Gründe für die Aufhebung der Ausschreibung sind in den Akten zu vermerken.
4. Die Bieter sind von der Aufhebung der Ausschreibung unter Bekanntgabe der Gründe (Nummer 1 Buchstabe a) bis d), Nummer 2 Buchstabe a) und b)) unverzüglich zu benachrichtigen.
5. Eine neue Ausschreibung oder eine Freihändige Vergabe ist nur zulässig, wenn die vorhergehende Ausschreibung über denselben Gegenstand ganz oder teilweise aufgehoben ist.

175.1 Vergleichbare Regelungen

7632 Der **Vorschrift des § 26 VOL/A vergleichbar** sind im Bereich der VOL § 26a VOL/A und im Bereich der VOB **§§ 26, 26a VOB/A**. Die Kommentierungen zu diesen Vorschriften können daher ergänzend zu der Kommentierung des § 26 herangezogen werden.

175.2 Änderungen in der VOL/A 2006

7633 In § 26 Nr. 2 ist der **Begriff des Änderungsvorschlags gestrichen** worden.

175.3 Bieterschützende Vorschrift

7634 Vgl. die Kommentierung zu § 26 VOB/A RZ 5874.

175.4 Sinn und Zweck der Vorschrift

7635 Vgl. die Kommentierung zu § 26 VOB/A RZ 5875.

175.5 Geltungsbereich

175.5.1 Ausschreibungen
Vgl. die Kommentierung zu § 26 VOB/A RZ 5876. 7636

175.5.2 Freihändige Vergabe bzw. Verhandlungsverfahren

175.5.2.1 Grundsatz
Vgl. die Kommentierung zu § 26 VOB/A RZ 5877. 7637

175.5.2.2 Geltung des Transparenzgebotes und des Diskriminierungsverbots
Vgl. die Kommentierung zu § 26 VOB/A RZ 5881. 7638

175.5.2.3 Verhandlungsverfahren über Kreativleistungen
Vgl. die Kommentierung zu § 26 VOB/A RZ 5882. 7639

175.5.3 Aufhebung von Verfahren nach der VOL/A-SKR
Vgl. die Kommentierung zu § 26 VOB/A RZ 5883. 7640

175.6 Ermessensentscheidung

175.6.1 Allgemeines
Vgl. die Kommentierung zu § 26 VOB/A RZ 5884. 7641

175.6.2 Enge Auslegung
Vgl. die Kommentierung zu § 26 VOB/A RZ 5894. 7642

175.6.3 Alternative zur Aufhebung
Vgl. die Kommentierung zu § 26 VOB/A RZ 5895. 7643

175.6.4 Pflicht zur Aufhebung
Vgl. die Kommentierung zu § 26 VOB/A RZ 5897. 7644

175.6.5 Literatur
Vgl. die Kommentierung zu § 26 VOB/A RZ 5902. 7645

175.7 Teilaufhebung (§ 26 Nr. 2)

175.7.1 Teilaufhebung von einzelnen Losen
§ 26 VOL/A lässt auch eine Teilaufhebung zu. Wenn eine Ausschreibung, die mehrere 7646
Lose umfasst, wegen eines Aufhebungsgrundes, der nur ein Los betrifft, insgesamt aufgehoben
werden müsste, so würden die **Bieter,** die für die anderen Lose Angebote abgegeben haben,
unverhältnismäßig benachteiligt. Die **Teilaufhebung einer Ausschreibung,** bezogen auf
eines von mehreren Losen, kann beispielsweise **als milderes Mittel im Vergleich zur Gesamtaufhebung zulässig** sein, wenn nur die Verdingungsunterlagen für ein Los wesentlich
geändert werden müssen oder für nur ein Los keine annehmbaren Angebote abgegeben wurden
(VK Südbayern, B. v. 20. 7. 2002 – Az.: 27-06/02; 1. VK Sachsen, B. v. 17. 7. 2002 – Az.: 1/
SVK/ 069-02).

175.7.2 Teilaufhebung von einzelnen Positionen
Vgl. die Kommentierung zu § 26 VOB/A RZ 5904. 7647

175.8 Aufhebungsgründe des § 26 VOL/A

7648 § 26 nennt verschiedene Gründe, nach denen eine Ausschreibung aufgehoben werden kann. Die **Aufzählung in § 26 Nr. 1 VOL/A ist als abschließend zu betrachten** (VK Magdeburg, B. v. 6. 3. 2000 – Az.: VK-OFD LSA-01/00; VK Südbayern, B. v. 7. 6. 2000 – Az.: 120.3-3194.1-08-05/00, B. v. 20. 6. 2000 – Az.: 25-11/00, B. v. 27. 4. 2001 – Az.: 08-04/01).

175.8.1 Kein den Ausschreibungsbedingungen entsprechendes Angebot (§ 26 Nr. 1 Buchstabe a))

7649 Vgl. die Kommentierung zu § 26 VOB/A RZ 5906.

175.8.2 Notwendigkeit der grundlegenden Änderung der Verdingungsunterlagen (§ 26 Nr. 1 Buchstabe b)

175.8.2.1 Keine vorherige Kenntnis des Auftraggebers von der Notwendigkeit der Änderung

7650 Vgl. die Kommentierung zu § 26 VOB/A RZ 5908.

175.8.2.2 Keine Zurechenbarkeit der Gründe zum Auftraggeber

7651 Vgl. die Kommentierung zu § 26 VOB/A RZ 5910.

175.8.2.3 Allgemeines zur Notwendigkeit der grundlegenden Änderung

7652 Vgl. die Kommentierung zu § 26 VOB/A RZ 5911.

175.8.2.4 Fehlerhaftes Leistungsverzeichnis

7653 Vgl. die Kommentierung zu § 26 VOB/A RZ 5914.

175.8.2.5 Weitere Beispiele aus der Rechtsprechung

7654 Vgl. die Kommentierung zu § 26 VOB/A RZ 5916.

175.8.3 Unwirtschaftliches Ergebnis der Ausschreibung (§ 26 Nr. 1 Buchstabe c))

7655 Der Aufhebungsgrund „unwirtschaftliches Ergebnis einer Ausschreibung" ist in der VOL/A – im Gegensatz zu § 26 VOB/A – ausdrücklich enthalten.

7656 Vgl. die Kommentierung zu § 26 VOB/A RZ 5934.

175.8.3.1 Erläuternde Hinweise der VOL/A

7657 Hierunter ist auch der Fall zu verstehen, dass selbst das Mindestangebot zu hoch befunden wurde.

175.8.4 Andere schwerwiegende Gründe (§ 26 Nr. 1 Buchstabe d))

7658 Die Feststellung eines schwerwiegenden Grundes erfordert eine **Interessenabwägung, für die die jeweiligen Verhältnisse des Einzelfalls maßgeblich** sind (OLG Düsseldorf, B. v. 3. 1. 2005 – Az.: VII-Verg 72/04).

175.8.4.1 Keine vorherige Kenntnis des Auftraggebers von den Gründen

7659 Vgl. die Kommentierung zu § 26 VOB/A RZ 5908.

175.8.4.2 Keine Zurechenbarkeit der Gründe zum Auftraggeber

7660 Vgl. die Kommentierung zu § 26 VOB/A RZ 5910.

175.8.4.3 Strenge Anforderungen

7661 Vgl. die Kommentierung zu § 26 VOB/A RZ 5920.

Verdingungsordnung für Leistungen Teil A   § 26 VOL/A **Teil 4**

175.8.4.4 Schwerwiegender Grund als Summe von Einzelgesichtspunkten
Vgl. die Kommentierung zu § 26 VOB/A RZ 5923.   7662

175.8.4.5 Unzureichende Finanzierung
175.8.4.5.1 Grundsatz. Vgl. die Kommentierung zu § 26 VOB/A RZ 5924.   7663
175.8.4.5.2 Anforderungen an die Kostenschätzung. Vgl. die Kommentierung zu § 26   7664
VOB/A RZ 5926.
175.8.4.5.3 Beispiele aus der Rechtsprechung. Vgl. die Kommentierung zu § 26   7665
VOB/A RZ 5928.

175.8.4.6 „Inhaltsleere" von Angeboten auf eine funktionale Leistungsbeschreibung
Vgl. die Kommentierung zu § 26 VOB/A RZ 5929.   7666

175.8.4.7 Fehlerhafte Leistungsbeschreibung
Vgl. die Kommentierung zu § 26 VOB/A RZ 5930.   7667

175.8.4.8 Veränderung von Terminen durch ein Nachprüfungsverfahren
Vgl. die Kommentierung zu § 26 VOB/A RZ 5942.   7668

175.8.4.9 Ablauf der Zuschlags- und Bindefrist
Vgl. die Kommentierung zu § 26 VOB/A RZ 5943.   7669

175.8.4.10 Mangelnde Eignung aller Bieter
Vgl. die Kommentierung zu § 26 VOB/A RZ 5944.   7670

175.8.4.11 Anders nicht heilbarer Vergaberechtsfehler
Vgl. die Kommentierung zu § 26 VOB/A RZ 5945.   7671

175.8.4.12 Vergleichbare Entscheidung einer Vergabekammer
Vgl. die Kommentierung zu § 26 VOB/A RZ 5946.   7672

175.8.4.13 Entschluss zur Aufgabe des Beschaffungsvorhabens
Vgl. die Kommentierung zu § 26 VOB/A RZ 5947.   7673

175.8.4.14 Verlängerung der Lieferzeit und geänderte Losaufteilung
Vgl. die Kommentierung zu § 26 VOB/A RZ 5948.   7674

175.8.4.15 Drohender Verfall von Fördermitteln
Vgl. die Kommentierung zu § 26 VOB/A RZ 5949.   7675

175.8.4.16 Politische Neubewertung eines Beschaffungsvorhabens
Vgl. die Kommentierung zu § 26 VOB/A RZ 5950.   7676

175.9 Sonstige Aufhebungsgründe

175.9.1 Kein Kontrahierungszwang
Vgl. die Kommentierung zu § 26 VOB/A RZ 5953.   7677

175.9.2 Rechtsfolge einer sonstigen Aufhebung (Schadenersatz)
Vgl. die Kommentierung zu § 26 VOB/A RZ 5956.   7678

175.9.2.1 Allgemeines
Vgl. die Kommentierung zu § 26 VOB/A RZ 5957.   7679

175.9.2.2 Aufhebung einer Ausschreibung ohne anschließende Auftragsvergabe

7680 Vgl. die Kommentierung zu § 26 VOB/A RZ 5958.

175.9.2.3 Aufhebung einer Ausschreibung mit anschließender – unveränderter – Auftragsvergabe

7681 Vgl. die Kommentierung zu § 26 VOB/A RZ 5959.

175.9.2.4 Aufhebung einer Ausschreibung mit anschließender – veränderter – Auftragsvergabe

7682 Vgl. die Kommentierung zu § 26 VOB/A RZ 5962.

175.9.2.5 Verzicht auf die Vergabe einer ausgeschriebenen Leistung

7683 Vgl. die Kommentierung zu § 26 VOB/A RZ 5963.

175.9.2.6 Literatur

7684 Vgl. die Kommentierung zu § 26 VOB/A RZ 5965.

175.9.3 Beispiele aus der Rechtsprechung

7685 Vgl. die Kommentierung zu § 26 VOB/A RZ 5966.

175.10 Beweislast für das Vorliegen von Aufhebungsgründen

7686 Vgl. die Kommentierung zu § 26 VOB/A RZ 5967.

175.11 Rechtsnatur der Aufhebung

7687 Vgl. die Kommentierung zu § 26 VOB/A RZ 5968.

175.12 Bekanntmachung der Aufhebung

7688 Vgl. die Kommentierung zu § 26 VOB/A RZ 5969.

175.13 Rechtsfolge der Bekanntmachung

7689 Vgl. die Kommentierung zu § 26 VOB/A RZ 5971.

175.14 Unterrichtungspflicht (§ 26 Nr. 4)

175.14.1 Sinn und Zweck

7690 Vgl. die Kommentierung zu § 26 VOB/A RZ 5975.

175.14.2 Form

7691 Vgl. die Kommentierung zu § 26 VOB/A RZ 5976.

175.14.3 Notwendiger Inhalt bei einer Aufhebung nach § 26 Nr. 1 Buchstabe a)

7692 Vgl. die Kommentierung zu § 26 VOB/A RZ 5977.

175.15 Rücknahme der Aufhebung

7693 Vgl. dazu die Kommentierung RZ 5972.

Verdingungsordnung für Leistungen Teil A §26 VOL/A **Teil 4**

175.16 Missbrauch der Aufhebungsmöglichkeit (Scheinaufhebung)

In Ausnahmefällen ist zu prüfen, ob der öffentliche Auftraggeber wirklich ernsthaft aufgehoben hat oder ob er unter Missbrauch seiner Gestaltungsmöglichkeiten nur den Schein einer Aufhebung gesetzt hat. 7694

175.16.1 Allgemeines
Vgl. die Kommentierung zu § 26 VOB/A RZ 5983. 7695

175.16.2 Gesamtzusammenhang
Vgl. die Kommentierung zu § 26 VOB/A RZ 5984. 7696

175.16.3 Offensichtliche Bevorzugung eines Bieters
Vgl. die Kommentierung zu § 26 VOB/A RZ 5985. 7697

175.16.4 Rechtsfolge einer Scheinaufhebung
Vgl. die Kommentierung zu § 26 VOB/A RZ 5986. 7698

175.17 Neues Vergabeverfahren im Anschluss an die Aufhebung

175.17.1 Allgemeines
Vgl. die Kommentierung zu § 26 VOB/A RZ 5987. 7699

175.17.2 Aufhebung als Voraussetzung für ein neues Vergabeverfahren (§ 26 Nr. 5)

In Anwendung des § 26 Nr. 5 VOL/A Abschnitt 2 wird anzunehmen sein, dass eine **Auftragsvergabe in dem neuen Verfahren dann vergaberechtswidrig wird, wenn gegen die Aufhebung des vorherigen Verfahrens ein Nachprüfungsantrag mit dem Ziel der Wiederaufnahme dieses Verfahrens gestellt wird.** Dafür spricht, dass ansonsten der von der höchstrichterlichen Rechtsprechung nunmehr für statthaft erachtete Rechtsschutz in bestimmten Fällen ins Leere liefe: Die Vergabestelle könnte das mit **Neuausschreibung** begründete Vergabeverfahren ungeachtet des Nachprüfungsantrags im vorherigen Verfahren weiterführen und dort **mit Auftragsvergabe durch Zuschlagserteilung vollendete Tatsachen schaffen.** Das Zuschlagsverbot nach § 115 Abs. 1 GWB hinderte diese Folge nicht: Es ist abhängig von der Zustellung des Nachprüfungsantrags an den Auftraggeber und damit nur wirksam in dem Verfahren, das mit dem Nachprüfungsantrag angegriffen wird. Richtet der Antrag sich gegen die Aufhebung der Ausschreibung, schützt das Zuschlagsverbot den Antragsteller mithin nur vor der – eher theoretischen – Möglichkeit, dass der Auftraggeber von sich aus das Verfahren wieder aufnimmt, fortführt und einem Konkurrenten den Zuschlag erteilt. In dem durch Neuausschreibung des Auftrags – möglicherweise nach Organisationsänderungen auch noch unter Regie einer anderen Vergabestelle – neu begründeten selbständigen Vergabeverfahren entfaltet das für das vorherige Verfahren geltende Verbot keine Wirkung. Vor diesem Hintergrund spricht bei dieser Konstellation viel dafür, dass der **Antragsteller**, um sein Ziel – Aufhebung der Aufhebung der Ausschreibung und Erlangung des Zuschlags im vorherigen Vergabeverfahren – erreichen zu können, **nach Stellung seines gegen die Aufhebung gerichteten Nachprüfungsantrags die Neuausschreibung gegenüber der zuständigen Vergabestelle unverzüglich rügen** (§ 107 Abs. 3 Satz 1 GWB) und, wenn die Rüge erfolglos bleibt, **in dem neuen Verfahren ebenfalls einen Nachprüfungsantrag stellen muss,** mit dessen Zustellung er auch dort vor einer anderweitigen Zuschlagserteilung geschützt wird. Unterlässt er eine unverzügliche Rüge der Neuausschreibung und ist er infolgedessen mit Nachprüfungsantrag in dem neuen Vergabeverfahren präkludiert, würde sein im Erstverfahren gestellter Nachprüfungsantrag auf eine Verfahrenssituation abzielen, die § 26 Nr. 5 VOL/A Abschnitt 2 gerade verhindern will: Die parallele Durchführung zweier selbständiger Vergabeverfahren über ein und denselben Auftragsgegenstand (OLG Koblenz, B. v. 10. 4. 2003 – Az.: 1 Verg 1/03). 7700

1345

Teil 4 § 26a VOL/A   Verdingungsordnung für Leistungen Teil A

175.18 Überprüfung der Aufhebungsentscheidung in einem Vergabenachprüfungsverfahren

7701   Vgl. zur Möglichkeit der Überprüfung der Aufhebungsentscheidung in einem Vergabenachprüfungsverfahren die Kommentierung zu § 114 GWB RZ 2186.

176. § 26a VOL/A – Mitteilung über den Verzicht auf die Vergabe

Die Entscheidung, auf die Vergabe eines dem EG-weiten Wettbewerb unterstellten Auftrages zu verzichten, teilt der Auftraggeber dem Amt für amtliche Veröffentlichungen der Europäischen Gemeinschaften mit. Den Bewerbern oder Bietern teilt der Auftraggeber unverzüglich die Gründe für seine Entscheidung mit, auf die Vergabe eines im Amtsblatt der Europäischen Gemeinschaften bekannt gemachten Auftrages zu verzichten oder das Verfahren erneut einzuleiten. Auf Antrag teilt er ihnen dies auch in Textform mit.

176.1 Vergleichbare Regelungen

7702   Der Vorschrift des § 26a VOL/A vergleichbar sind im Bereich der VOL § 26 VOL/A und im Bereich der VOB §§ 26, 26a VOB/A. Die Kommentierungen zu diesen Vorschriften können daher ergänzend zu der Kommentierung des § 26a herangezogen werden.

176.2 Änderungen in der VOL/A 2006

7703   In § 26a Satz 3 ist der **Begriff der Schriftlichkeit durch den Begriff der Textform ersetzt** worden.

176.3 Bieterschützende Vorschrift

7704   Vgl. die Kommentierung zu § 26 VOB/A RZ 5874.

176.4 Umfang der Mitteilungspflicht

7705   Vgl. die Kommentierung zu § 26a VOB/A RZ 5996.

176.5 Gründe für die Einstellung eines Vergabeverfahrens und Überprüfbarkeit einer entsprechenden Entscheidung

7706   Vgl. die Kommentierung zu § 26a VOB/A RZ 5999.

176.6 Beendigung eines Vergabeverfahrens

7707   Vgl. die Kommentierung zu § 26a VOB/A RZ 6001.

176.6.1 Beendigung eines Vergabeverfahrens wegen Ablaufs der Zuschlags- und Bindefrist?

7708   Wenn die Zuschlags- und Bindefrist abgelaufen ist, wird die Ausschreibung nicht automatisch beendet; vgl. im Einzelnen die Kommentierung zu § 19 VOB/A RZ 4955.

176.6.2 Beendigung eines Vergabeverfahrens bei einem nichtigen Vertrag

7709   Vgl. die Kommentierung zu § 26a VOB/A RZ 6003.

177. § 27 VOL/A – Nicht berücksichtigte Angebote

1. Ein Angebot gilt als nicht berücksichtigt, wenn bis zum Ablauf der Zuschlagsfrist kein Auftrag erteilt wurde. Die Vergabestelle teilt jedem erfolglosen Bieter nach Zuschlagserteilung auf dessen schriftlichen Antrag hin unverzüglich die Ablehnung seines Angebots schriftlich mit. Dem Antrag ist ein adressierter Freiumschlag beizufügen. Der Antrag kann bereits bei der Abgabe des Angebotes gestellt werden. Weiterhin muss in den Verdingungsunterlagen bereits darauf hingewiesen werden, dass das Angebot nicht berücksichtigt worden ist, wenn bis zum Ablauf der Zuschlagsfrist kein Auftrag erteilt wurde.
2. In der Mitteilung gemäß Nummer 1 Satz 2 sind zusätzlich bekannt zugeben:
   a) Die Gründe für die Ablehnung (z. B. preisliche, technische, funktionsbedingte, gestalterische, ästhetische) seines Angebots.

   Bei der Mitteilung ist darauf zu achten, dass die Auskunft mit Rücksicht auf die Verpflichtung der Vergabestelle, die Angebote vertraulich zu behandeln (§ 22 Nr. 6 Abs. 1 Satz 1), keine Angaben aus Angeboten anderer Bieter enthält.

   b) Die Anzahl der eingegangenen Angebote.
   c) Der niedrigste und höchste Angebotsendpreis der nach § 23 geprüften Angebote.
3. Die zusätzliche Bekanntgabe nach Nummer 2 entfällt, wenn
   a) der Zuschlagspreis unter 5000 EURO liegt oder
   b) weniger als 8 Angebote eingegangen sind oder
   c) der Aufforderung zur Angebotsabgabe eine funktionale Leistungsbeschreibung (§ 8 Nr. 2 Abs. 1 Buchstabe a)) zugrunde gelegen hat oder d)das Angebot nach § 25 Nr. 1 ausgeschlossen worden ist oder nach § 25 Nr. 2 Abs. 1 nicht berücksichtigt werden konnte.
4. Ist aufgrund der Aufforderung zur Angebotsabgabe Vergabe in Losen vorgesehen, so sind zusätzlich in der Bekanntgabe nach Nummer 2 Buchstabe c) Preise zu Losangeboten dann mitzuteilen, wenn eine Vergleichbarkeit der Losangebote (z. B. gleiche Losgröße und Anzahl der Lose) gegeben ist.
5. Sind Nebenangebote eingegangen, so sind diese bei den Angaben gemäß Nummer 2 außer Betracht zu lassen; im Rahmen der Bekanntgabe nach Nummer 2 ist jedoch anzugeben, dass Nebenangebote eingegangen sind.
6. Die Mitteilungen nach Nummer 1 und 2 sind abschließend.
7. Entwürfe, Ausarbeitungen, Muster und Proben zu nicht berücksichtigten Angeboten sind zurückzugeben, wenn dies im Angebot oder innerhalb von 24 Werktagen nach Ablehnung des Angebots verlangt wird.
8. Nicht berücksichtigte Angebote und Ausarbeitungen der Bieter dürfen nur mit ihrer Zustimmung für eine neue Vergabe oder für andere Zwecke benutzt werden.

177.1 Vergleichbare Regelungen

Der **Vorschrift des § 27 VOL/A vergleichbar** sind im Bereich der VOL §§ 27a, 27b VOL/A, im Bereich der VOF § 17 VOF und im Bereich der VOB §§ 27, 27a, 27b VOB/A. Die Kommentierungen zu diesen Vorschriften können daher ergänzend zu der Kommentierung des § 27 herangezogen werden.

177.2 Änderungen in der VOL/A 2006

In § 27 Nr. 5 ist der **Begriff des Änderungsvorschlags gestrichen** worden.

177.3 Bedeutung der Vorschrift

Hinsichtlich der **nichtberücksichtigten Bieter** kommt der **Mitteilungspflicht nach § 27 VOL/A für Vergaben ab den Schwellenwerten keine eigenständige Bedeutung** zu, da

Teil 4 § 27 VOL/A Verdingungsordnung für Leistungen Teil A

diesen bereits nach § 13 VgV der Grund für die Ablehnung ihres Angebotes bekannt zu geben ist (VK Brandenburg, B. v. 15. 9. 2003 – Az.: VK 57/03).

177.4 Optionsrecht des Bieters

7713 Vgl. die Kommentierung zu § 27 VOB/A RZ 6006.

177.5 Nachträglicher Informationsanspruch

7714 Die §§ 27, 27a VOL/A geben dem unterlegenen Bieter **nach ihrem Wortlaut nur einen nachträglichen Informationsanspruch** über den Ausgang des mit Zuschlag abgeschlossenen Vergabeverfahrens (OLG Koblenz, B. v. 10. 8. 2000 – Az.: 1 Verg. 2/00).

177.6 Verhältnis zu § 13 VgV

7715 Vgl. dazu im Einzelnen die Kommentierung zu § 13 VgV RZ 3418.

177.7 Benachrichtigung der Bieter (§ 27 Nr. 1)

177.7.1 Zeitpunkt der Benachrichtigung der erfolglosen Bieter

7716 Im Gegensatz zu § 27 VOB/A schreibt § 27 VOL/A ausdrücklich fest, dass die Benachrichtigung erst nach Zuschlagserteilung erfolgt. Daher kann ein solcher **Anspruch auch nicht im Nachprüfungsverfahren** – soweit noch kein Zuschlag erteilt ist – **verfolgt bzw. gerügt werden** (VK Südbayern, B. v. 13. 9. 2002 – Az.: 37-08/02).

177.7.2 Forderung nach einem frankierten Rückumschlag

7717 Vgl. die Kommentierung zu § 27 VOB/A RZ 6011.

177.7.3 Erläuternde Hinweise der VOL/A

7718 Die Mitteilungen nach Satz 1 an nicht berücksichtigte Bieter sollen möglichst knapp gehalten werden. Sie können stichwortartig, z. B. mittels Formblatt, erfolgen. In der Mitteilung über die Ablehnungsgründe kann auf weitere Wirtschaftlichkeitskriterien (vgl. Erläuterungen zu § 25 Nr. 3) Bezug genommen werden.

177.8 Mitteilung der Gründe (§ 27 Nr. 2)

177.8.1 Formale Anforderungen

7719 Vgl. die Kommentierung zu § 27 VOB/A RZ 6012.

177.8.2 Mitteilung an die Bewerber bei einer Beschränkten Ausschreibung mit Teilnahmewettbewerb bzw. einem Nichtoffenen Verfahren

7720 Vgl. die Kommenterung zu § 27 VOB/A RZ 6013.

177.8.3 Erläuternde Hinweise der VOL/A

7721 Angebote über den Abschluss sog. Rahmenverträge unterliegen nicht den Bestimmungen des § 27 Nr. 2.

177.9 Antrag auf Feststellung einer Verletzung des § 27

7722 Vgl. die Kommentierung zu § 27 VOB/A RZ 6014.

177.10 Erläuternde Hinweise der VOL/A zu § 27 Nr. 4

7723 Wurden Angebote abgegeben, die aus mehreren Positionen bestehen (z. B. Artikel oder Ersatzteile unterschiedlicher Art), und werden die Positionen getrennt vergeben, so entfällt die Bekanntgabe nach Nummer 2. Gleiches gilt für Angebote, die keine Endpreise enthalten.

177.11 Erläuternde Hinweise der VOL/A zu § 27 Nr. 7

Die Kosten der Rückgabe trägt der Bieter. 7724

178. § 27a VOL/A –
Nicht berücksichtigte Bewerbungen und Angebote

1. Der Auftraggeber teilt unverzüglich, spätestens innerhalb von 15 Tagen, nach Eingang eines entsprechenden Antrags den nicht berücksichtigten Bewerbern oder Bietern die Gründe für die Ablehnung ihrer Bewerbung oder ihres Angebotes und den Bietern, die ein ordnungsgemäßes Angebot eingereicht haben, auch die Merkmale und Vorteile des erfolgreichen Angebots und den Namen des erfolgreichen Bieters mit.
2. Der Auftraggeber kann in Nummer 1 genannte Informationen zurückhalten, wenn die Weitergabe den Gesetzesvollzug vereiteln würde oder sonst nicht im öffentlichen Interesse läge, oder die berechtigten Geschäftsinteressen von Unternehmen oder den fairen Wettbewerb beeinträchtigen würde.

178.1 Vergleichbare Regelungen

Der **Vorschrift des § 27a VOL/A** vergleichbar sind im Bereich der VOL **§§ 27, 27b VOL/A**, im Bereich der VOF **§ 17 VOF** und im Bereich der VOB **§§ 27, 27a, 27b VOB/A**. Die Kommentierungen zu diesen Vorschriften können daher ergänzend zu der Kommentierung des § 27a herangezogen werden. 7725

178.2 Änderungen in der VOL/A 2006

In § 27a Nr. 1 ist die **Frist für die Mitteilung bieterfreundlicher** formuliert. 7726

178.3 Verhältnis des § 27a zu § 13 VgV

Vgl. dazu im Einzelnen die Kommentierung zu § 13 VgV RZ 3418. 7727

178.4 Nachträglicher Informationsanspruch

Vgl. die Kommentierung zu § 27a VOB/A RZ 6019. 7728

178.5 Bewerber und Bieter

Vgl. die Kommentierung zu § 27a VOB/A RZ 6021. 7729

178.6 Mitteilung der Gründe für die Nichtberücksichtigung bzw. Nennung des Namens des Auftraggebers (§ 27a Nr. 1)

178.6.1 Allgemeines

Vgl. die Kommentierung zu § 27a VOB/A RZ 6022. 7730

178.6.2 Nichtoffenes Verfahren

Handelt es sich bei dem Beantragenden um einen **Bewerber,** hat der Auftraggeber ihm die Gründe aufzuzeigen, warum er nicht zum Kreis der zur Angebotsabgabe Aufgeforderten gehört. Dabei **kann sich der Auftraggeber bei der Benennung der Gründe an der Vorschrift des § 7a** (Teilnehmer am Wettbewerb) **orientieren** und sich bei der Nichtberücksichtigung insbesondere auf die dort angegebenen Kriterien für eine Nichteignung beziehen (VK Lüneburg, B. v. 15. 11. 2000 – Az.: 203-VgK-14/2000). 7731

7732 Weiter gehende Auskunftspflichten der Vergabestelle, insbesondere die **Nennung der Bieter, die am Nichtoffenen Verfahren beteiligt werden sollen**, sind aus § 27a VOL/A nicht ableitbar. Eine solche Mitteilung würde gerade die **ordnungsgemäße Durchführung des** sich an den Teilnahmewettbewerb anschließenden **Nichtoffenen Verfahrens gefährden** (VK Nordbayern, B. v. 27. 10. 2000 – Az.: 320.VK-3194-26/00).

178.7 Form der Mitteilung

7733 Vgl. die Kommentierung zu § 27a VOB/A RZ 6024.

179. § 27b VOL/A – Mitteilungspflichten

1. Die Auftraggeber teilen den Bewerbern und Bietern unverzüglich, spätestens innerhalb von 15 Tagen nach Eingang der Anfrage und auf Antrag auch in Textform, Folgendes mit:
   – Entscheidung einschließlich der Gründe, auf die Vergabe eines Auftrages zu verzichten oder das Verfahren erneut einzuleiten,
   – den ausgeschlossenen Bewerbern oder Bietern die Gründe für die Ablehnung ihrer Bewerbung oder ihres Angebotes,
   – den Bietern, die ein ordnungsgemäßes Angebot eingereicht haben, die Merkmale und Vorteile des erfolgreichen Angebotes und den Namen des erfolgreichen Bieters.
2. Der Auftraggeber kann in Nummer 1 genannte Informationen zurückhalten, wenn die Weitergabe den Gesetzesvollzug vereiteln würde oder sonst nicht im öffentlichen Interesse läge, oder die berechtigten Geschäftsinteressen von Unternehmen oder den fairen Wettbewerb beeinträchtigen würde.

179.1 Vergleichbare Regelungen

7734 Der **Vorschrift des § 27b VOL/A** vergleichbar sind im Bereich der VOL §§ 27, 27a VOL/A, im Bereich der VOF § 17 VOF und im Bereich der VOB §§ 27, 27a, 27b VOB/A. Die Kommentierungen zu diesen Vorschriften können daher ergänzend zu der Kommentierung des § 27b herangezogen werden.

179.2 Änderungen in der VOL/A 2006

7735 In § 27b Nr. 1 ist die **Frist für die Mitteilung bieterfreundlicher** formuliert.

7736 Nach § 27b Nr. 1 umfasst die Mitteilungspflicht auch die Mitteilung über die Entscheidung einschließlich der Gründe, auf die Vergabe eines Auftrages zu verzichten oder das Verfahren erneut einzuleiten.

179.3 Bedeutung in der Rechtsprechung

7737 Die Vorschrift spielt in der Rechtsprechung keine Rolle.

180. § 28 VOL/A – Zuschlag

1. (1) Der **Zuschlag** (§ 25 Nr. 3) auf ein Angebot soll schriftlich und so rechtzeitig erteilt werden, dass ihn der Bieter noch vor Ablauf der Zuschlagsfrist erhält. Wird ausnahmsweise der Zuschlag nicht schriftlich erteilt, so ist er umgehend schriftlich zu bestätigen.
   (2) Dies gilt nicht für die Fälle, in denen durch Ausführungsbestimmungen auf die Schriftform verzichtet worden ist.
2. (1) **Wird auf ein Angebot rechtzeitig und ohne Abänderungen der Zuschlag erteilt**, so ist damit nach allgemeinen Rechtsgrundsätzen der Vertrag abgeschlossen, auch wenn spätere urkundliche Festlegung vorgesehen ist.

(2) Verzögert sich der Zuschlag, so kann die Zuschlagsfrist nur im Einvernehmen mit den in Frage kommenden Bietern verlängert werden.

180.1 Vergleichbare Regelungen

Der Vorschrift des § 28 VOL/A vergleichbar sind im Bereich der VOF § 16 VOF und im Bereich der VOB § 28 VOB/A. Die Kommentierungen zu diesen Vorschriften können daher ergänzend zu der Kommentierung des § 28 herangezogen werden. 7738

180.2 Änderungen in der VOL/A 2006

§ 28 ist im Zuge der VOL/A 2006 **nicht geändert** worden. 7739

180.3 Begriff des Zuschlags

Vgl. zum Begriff des Zuschlags im Einzelnen die Kommentierung zu § 114 GWB RZ 2223. 7740

180.4 Begriff des Zugangs

Vgl. zum Begriff des Zuschlags im Einzelnen die Kommentierung zu § 114 GWB RZ 2295. 7741

180.5 Verspäteter Zuschlag bzw. Zuschlag mit Abänderungen (§ 28 Nr. 2)

Wird auf ein Angebot rechtzeitig und ohne Abänderungen der Zuschlag erteilt, so ist damit nach allgemeinen Rechtsgrundsätzen der Vertrag abgeschlossen, auch wenn spätere urkundliche Festlegung vorgesehen ist (Nr. 2 Abs. 1). Verzögert sich der Zuschlag, so kann die Zuschlagsfrist nur im Einvernehmen mit den in Frage kommenden Bietern verlängert werden (Nr. 2 Abs. 2). 7742

180.5.1 Sinn und Zweck der Regelung

Vgl. die Kommentierung zu § 28 VOB/A RZ 6039. 7743

180.5.2 Rechtliche Bedeutung

Vgl. die Kommentierung zu § 28 VOB/A RZ 6040. 7744

Vgl. im Einzelnen – auch zu der typischen Fallkonstellation des Zuschlags nach Ablauf der Zuschlags- und Bindefrist – die Kommentierung zu § 19 VOB/A RZ 4942. 7745

181. § 28a VOL/A – Bekanntmachung über die Auftragserteilung

1. (1) Die Auftraggeber machen über jeden vergebenen Auftrag Mitteilung nach dem im Anhang III der Verordnung (EG) Nr. 1564/2005 enthaltenen Muster innerhalb von 48 Tagen nach Vergabe des Auftrags an das Amt für amtliche Veröffentlichungen der Europäischen Gemeinschaften.

   (2) Bei der Mitteilung von vergebenen Aufträgen über Dienstleistungen nach Anhang I B geben die Auftraggeber an, ob sie mit der Veröffentlichung einverstanden sind.

   (3) Bei Rahmenvereinbarungen umfasst die Bekanntmachung den Abschluss der Rahmenvereinbarung, aber nicht die Einzelaufträge, die aufgrund der Rahmenvereinbarung vergeben wurden.

2. Die Auftraggeber brauchen bestimmte Angaben über die Auftragsvergabe jedoch nicht mitzuteilen, wenn dies dem öffentlichen Interesse zuwiderläuft, die legitimen geschäftlichen Interessen einzelner öffentlicher oder privater Unternehmen berührt oder den fairen Wettbewerb zwischen den Unternehmen beeinträchtigen würde.

181.1 Vergleichbare Regelungen

7746 Der **Vorschrift des § 28 a VOL/A vergleichbar** sind im Bereich der VOL **§ 28 b VOL/A,** im Bereich der VOF **§ 17 VOF** und im Bereich der VOB **§§ 28 a, 28 b VOB/A.** Die Kommentierungen zu diesen Vorschriften können daher ergänzend zu der Kommentierung des § 28 a herangezogen werden.

181.2 Änderungen in der VOL/A 2006

7747 § 28 a ist hinsichtlich der **Bekanntmachungsmuster aktualisiert** worden.

7748 In § 28 a Nr. 1 Abs. 3 ist die **Bekanntmachung über Rahmenvereinbarungen aufgenommen** worden.

181.3 Bedeutung in der Rechtsprechung

7749 § 28 a VOL/A spielt in der Rechtsprechung nur insoweit eine Rolle, als **§ 28 a – zusammen mit § 8 a VOL/A – auch bei Aufträgen, deren Gegenstand Dienstleistungen nach Anhang I B sind,** neben den Bestimmungen der Basisparagrafen beachtet werden muss; vgl. im Einzelnen die Kommentierung zu § 1 a VOL/A.

182. § 28 b VOL/A – Bekanntmachung der Auftragserteilung

1. **Der Kommission der Europäischen Gemeinschaften sind für jeden vergebenen Auftrag binnen zwei Monaten nach der Vergabe dieses Auftrags die Ergebnisse des Vergabeverfahrens durch eine gemäß Anhang VI der Verordnung (EG) Nr. 1564/ 2005 abgefasste Bekanntmachung mitzuteilen, dies gilt nicht für die Vergabe von Einzelaufträgen innerhalb einer Rahmenvereinbarung.**
2. **Die Angaben in Anhang VI der Verordnung (EG) Nr. 1564/2005 werden im Amtsblatt der Europäischen Gemeinschaften veröffentlicht. Dabei berücksichtigt die Kommission der Europäischen Gemeinschaften alle in geschäftlicher Hinsicht sensiblen Angaben, wenn der Auftraggeber dies bei der Übermittlung der Angaben über die Anzahl der eingegangen Angebote, die Identität der Unternehmen und die Preise geltend macht.**
3. **(1) Auftraggeber, die Dienstleistungsaufträge der Kategorie 8 des Anhangs I A vergeben, auf die § 3 b Nr. 2 Buchstabe b) anwendbar ist, können bezüglich Anhang VI der Verordnung (EG) Nr. 1564/2005 die zu liefernden Angaben auf die Angabe „Forschungs- und Entwicklungsdienstleistungen" beschränken. Ist auf die Vergabe von Dienstleistungsaufträgen der Kategorie 8 des Anhangs I A § 3 b Nr. 2 Buchstabe b) nicht anwendbar, können die Auftraggeber die Angaben über Art und Umfang der Dienstleistungen aus Gründen der Vertraulichkeit beschränken. Die veröffentlichten Angaben sind ebenso detailliert zu fassen wie die Angaben in ihrer Bekanntmachung eines Aufrufs zum Wettbewerb nach § 17 b Nr. 1 Abs. 1 im Falle eines Prüfsystems, zumindest ebenso detailliert wie in § 7 b Nr. 9.**

   (2) Bei der Vergabe von Dienstleistungsaufträgen des Anhangs I B geben die Auftraggeber an, ob sie mit der Veröffentlichung einverstanden sind.
4. **Die Angaben in Anhang VI der Verordnung (EG) Nr. 1564/2005, die als nicht für die Veröffentlichung bestimmt gekennzeichnet sind, werden nur in vereinfachter Form zu statistischen Zwecken veröffentlicht.**

182.1 Vergleichbare Regelungen

7750 Der **Vorschrift des § 28 b VOL/A vergleichbar** sind im Bereich der VOL **§ 28 a VOL/A,** im Bereich der VOF **§ 17 VOF** und im Bereich der VOB **§§ 28 a, 28 b VOB/A.** Die Kommentierungen zu diesen Vorschriften können daher ergänzend zu der Kommentierung des § 28 b herangezogen werden.

182.2 Änderungen in der VOL/A 2006

§ 28 b ist hinsichtlich der **Bekanntmachungsmuster aktualisiert** worden. 7751

Ansonsten ist § 28 b redaktionell klarer gefasst worden. 7752

182.3 Bedeutung in der Rechtsprechung

§ 28 b VOL/A spielt in der Rechtsprechung keine Rolle. 7753

183. § 29 VOL/A – Vertragsurkunde

Eine besondere Urkunde kann über den Vertrag dann gefertigt werden, wenn die Vertragspartner dies für notwendig halten.

183.1 Vergleichbare Regelungen

Der Vorschrift des § 29 VOL/A vergleichbar ist im Bereich der VOB **§ 29 VOB/A**. Die Kommentierung zu dieser Vorschrift kann daher ergänzend zu der Kommentierung des § 29 herangezogen werden. 7754

183.2 Änderungen in der VOL/A 2006

§ 29 ist im Zuge der VOL/A 2006 **nicht geändert** worden. 7755

183.3 Sinn und Zweck der Vorschrift

Gemäß § 28 Nr. 2 Abs. 1 VOL/A kommt der Vertrag durch die rechtzeitige Zuschlagserteilung auf ein Angebot ohne Abänderungen zustande, auch wenn eine spätere urkundliche Festlegung vorgesehen ist. Die spätere Abfassung einer **gesonderten Vertragsurkunde kann** zwar gemäß § 29 VOL/A von den Vertragspartnern **vorgesehen werden**, diese ist jedoch **für das Zustandekommen des Vertrages nicht erforderlich, sondern dient nur der nachträglichen deklaratorischen Fixierung des Vertragsinhalts zu Beweiszwecken** (Saarländisches OLG, Urteil v. 21. 3. 2006 – Az.: 4 U 51/05-79). 7756

183.4 Bedeutung in der Rechtsprechung

Die Vorschrift spielt in der Rechtsprechung keine Rolle. 7757

184. § 30 VOL/A – Vergabevermerk

1. Über die Vergabe ist ein Vermerk zu fertigen, der die einzelnen Stufen des Verfahrens, die Maßnahmen, die Feststellung sowie die Begründung der einzelnen Entscheidungen enthält.

2. Wird auf die Vorlage zusätzlich zum Angebot verlangter Unterlagen und Nachweise verzichtet, ist dies im Vergabevermerk zu begründen.

184.1 Vergleichbare Regelungen

Der Vorschrift des § 30 VOL/A vergleichbar sind im Bereich der VOF **§ 18 VOF** und im Bereich der VOB **§ 30 VOB/A**. Die Kommentierungen zu diesen Vorschriften können daher ergänzend zu der Kommentierung des § 30 herangezogen werden. 7758

1353

Teil 4 § 30a VOL/A   Verdingungsordnung für Leistungen Teil A

184.2 Änderungen in der VOL/A 2006

7759   § 30 ist im Zuge der VOL/A 2006 **nicht geändert** worden.

184.3 Bieterschützende Vorschrift

7760   Vgl. die Kommentierung zu § 30 VOB/A RZ 6091.

184.4 Hinweis

7761   Zum Inhalt der in § 30 VOL/A zum Ausdruck kommenden Dokumentationspflicht vgl. die Kommentierung zu § 97 GWB RZ 198.

185. § 30a VOL/A – Melde- und Berichtspflichten

1. Auf Verlangen der Kommission der Europäischen Gemeinschaften sind aus dem Vergabevermerk mindestens folgende Angaben zu übermitteln:

   a) Name und Anschrift des Auftraggebers,

   b) Art und Umfang der Leistung,

   c) Wert des Auftrages,

   d) Name der berücksichtigten Bewerber oder Bieter und Gründe für ihre Auswahl,

   e) Name der ausgeschlossenen Bewerber oder Bieter und die Gründe für die Ablehnung,

   f) Name des erfolgreichen Bieters und die Gründe für die Auswahl seines Angebotes sowie – falls bekannt – den Anteil, den der erfolgreiche Bieter an Dritte weiterzugeben beabsichtigt,

   g) bei Verhandlungsverfahren Gründe für die Wahl dieses Verfahrens (§ 3a Nr. 1 Abs. 4 und Nr. 2),

   h) beim Wettbewerblichen Dialog Gründe für die Wahl dieses Verfahrens (§ 6a Abs. 1 VgV),

   i) Gründe, aus denen auf die Vergabe eines Auftrages verzichtet wurde (§ 26).

   Werden Vergabeverfahren elektronisch durchgeführt, ist für eine entsprechende Dokumentation des Verfahrensablaufes zu sorgen.

2. Die Auftraggeber übermitteln an die zuständige Stelle eine jährliche statistische Aufstellung über die vergebenen Aufträge. Die Aufstellung nach Satz 1 enthält mindestens Angaben über die Anzahl und den Wert der vergebenen Aufträge ab den Schwellenwerten, aufgeschlüsselt nach den in § 3a vorgesehenen Verfahren, Warenbereichen entsprechend der Nomenklatur CPV, Dienstleistungskategorien entsprechend der Nomenklatur in den Anhängen I A und I B Anhängen I A und I B und Nationalität des Unternehmens, das den Zuschlag erhalten hat, bei Verhandlungsverfahren aufgeschlüsselt nach § 3a, mit Angaben über Anzahl und Wert der Aufträge, die in die einzelnen EG-Mitgliedstaaten und in Drittländer vergeben wurden. Die statistischen Aufstellungen für oberste und obere Bundesbehörden und vergleichbare Bundeseinrichtungen enthalten auch den geschätzten Gesamtwert der Aufträge unterhalb der Schwellenwerte sowie nach Anzahl und Gesamtwert der Aufträge, die aufgrund von Ausnahmeregelungen zum Beschaffungsübereinkommen vergeben wurden. Sie enthalten keine Angaben über Dienstleistungen der Kategorie 8 des Anhangs I A und über Fernmeldedienstleistungen der Kategorie 5, deren CPC-Referenznummern 7524, 7525 und 7526 lauten, sowie über Dienstleistungen des Anhangs I B, sofern der geschätzte Wert ohne Umsatzsteuer unter 200 000 Euro liegt.

185.1 Vergleichbare Regelungen

7762   Der **Vorschrift des § 30a VOL/A** vergleichbar sind im Bereich der VOL **§ 30b VOL/A**, im Bereich der VOF **§ 19 VOF** und im Bereich der VOB **§§ 33a, 33b VOB/A**.

Verdingungsordnung für Leistungen Teil A   § 30b VOL/A **Teil 4**

Die Kommentierungen zu diesen Vorschriften können daher ergänzend zu der Kommentierung des § 30a herangezogen werden.

185.2 Änderungen in der VOL/A 2006

§ 30a ist **um Melde- und Berichtspflichten beim Wettbewerblichen Dialog** (Gründe für die Wahl dieses Verfahrens), **hinsichtlich der Gründe, aus denen auf die Vergabe eines Auftrages verzichtet wurde** (§ 26) und **hinsichtlich elektronischer Vergabeverfahren ergänzt** worden.   7763

185.3 Bedeutung in der Rechtsprechung

§ 30a spielt in der Rechtsprechung keine Rolle.   7764

186. § 30b VOL/A – Aufbewahrungs- und Berichtspflichten

1. (1) Sachdienliche Unterlagen über jede Auftragsvergabe sind aufzubewahren, die es zu einem späteren Zeitpunkt ermöglichen, die Entscheidungen zu begründen über:
   a) die Prüfung und Auswahl der Unternehmen und die Auftragsvergabe,
   b) den Rückgriff auf Verfahren ohne vorherigen Aufruf zum Wettbewerb gemäß § 3b Nr. 2,
   c) die Inanspruchnahme vorgesehener Abweichungsmöglichkeiten von der Anwendungsverpflichtung.
   Die Auftraggeber treffen geeignete Maßnahmen, um den Ablauf der mit elektronischen Mitteln durchgeführten Vergabeverfahren zu dokumentieren.
   (2) Die Unterlagen müssen mindestens vier Jahre lang ab der Auftragsvergabe aufbewahrt werden, damit der Auftraggeber der Kommission der Europäischen Gemeinschaften in dieser Zeit auf Anfrage die erforderlichen Auskünfte erteilen kann.
2. Die Auftraggeber übermitteln der Bundesregierung jährlich eine statistische Aufstellung über den Gesamtwert der vergebenen Aufträge, die unterhalb der Schwellenwerte liegen und die jedoch ohne eine Schwellenwertvorgabe diesen Regelungen unterliegen würden.
3. Auftraggeber, die eine Tätigkeit im Bereich der Trinkwasser- oder Elektrizitätsversorgung oder im Verkehrsbereich – ausgenommen Eisenbahnfern- und -regionalverkehr – ausüben, teilen der Bundesregierung entsprechend deren Vorgaben jährlich den Gesamtwert der Aufträge mit, die im Vorjahr vergeben worden sind. Diese Meldepflicht gilt nicht, wenn der Auftraggeber im Berichtszeitraum keinen Auftrag ab den in der Vergabeverordnung festgelegten Schwellenwerten zu vergeben hatte.
4. Die Auftraggeber übermitteln die Angaben nach Nummer 2 und 3 spätestens bis 31. August jeden Jahres für das Vorjahr an das Bundesministerium für Wirtschaft und Technologie.

186.1 Vergleichbare Regelungen

Der **Vorschrift des § 30b VOL/A vergleichbar** sind im Bereich der VOL § 30a **VOL/A**, im Bereich der VOF **§ 19 VOF** und im Bereich der VOB **§§ 33a, 33b VOB/A**. Die Kommentierungen zu diesen Vorschriften können daher ergänzend zu der Kommentierung des § 30b herangezogen werden.   7765

186.2 Änderungen in der VOL/A 2006

§ 30b ist **um Melde- und Berichtspflichten hinsichtlich elektronischer Vergabeverfahren ergänzt** sowie **redaktionell vereinfacht** worden.   7766

186.3 Bedeutung in der Rechtsprechung

7767 § 30 b spielt in der Rechtsprechung keine Rolle.

187. § 31 a VOL/A – Wettbewerbe

1. (1) **Wettbewerbe sind Auslobungsverfahren, die zu einem Dienstleistungsauftrag führen sollen.**
   (2) **Für Wettbewerbe über freiberufliche Leistungen insbesondere auf dem Gebiet der Raumplanung, Stadtplanung, der Architektur und des Bauwesens gelten die Bestimmungen der Verdingungsordnung für freiberufliche Leistungen (VOF).**
2. (1) **Die auf die Durchführung des Wettbewerbs anwendbaren Regeln sind den an der Teilnahme am Wettbewerb Interessierten mitzuteilen.**
   (2) **Die Zulassung zur Teilnahme an einem Wettbewerb darf nicht beschränkt werden:**
   – **auf das Gebiet eines Mitgliedstaates oder einen Teil davon,**
   – **auf natürliche oder juristische Personen**
   (3) **Bei Wettbewerben mit beschränkter Teilnehmerzahl haben die Auftraggeber eindeutige und nicht diskriminierende Auswahlkriterien festzulegen. Die Zahl der Bewerber muss ausreichen, um einen echten Wettbewerb zu gewährleisten.**
   (4) **Das Preisgericht darf nur aus Preisrichtern bestehen, die von den Teilnehmern des Wettbewerbs unabhängig sind. Wird von den Wettbewerbsteilnehmern eine bestimmte berufliche Qualifikation verlangt, muss mindestens ein Drittel der Preisrichter über dieselbe oder eine gleichwertige Qualifikation verfügen.**
   (5) **Das Preisgericht ist in seinen Entscheidungen und Stellungnahmen unabhängig. Es trifft diese aufgrund von Wettbewerbsarbeiten, die anonym vorgelegt werden, und nur aufgrund von Kriterien, die in der Bekanntmachung nach Nummer 3 genannt sind.**
   (6) **Das Preisgericht hat einen von den Preisrichtern zu unterzeichnenden Bericht zu erstellen über die Rangfolge der von ihm ausgewählten Projekte und über die einzelnen Wettbewerbsarbeiten.**
3. (1) **Auftraggeber, die einen Wettbewerb durchführen wollen, teilen ihre Absicht durch Bekanntmachung nach dem im Anhang XII der Verordnung (EG) Nr. 1564/2005 enthaltenen Muster mit. Die Bekanntmachung ist dem Amt für amtliche Veröffentlichungen der Europäischen Gemeinschaften unverzüglich mitzuteilen.**
   (2) **§ 17 a Nr. 1 gilt entsprechend.**
   (3) **Auftraggeber, die einen Wettbewerb durchgeführt haben, geben spätestens 48 Tage nach Durchführung eine Bekanntmachung nach dem im Anhang XIII der Verordnung (EG) Nr. 1564/2005 enthaltenen Muster an das Amt für amtliche Veröffentlichungen der Europäischen Gemeinschaften. § 27 a gilt entsprechend.**

187.1 Vergleichbare Regelungen

7768 Der Vorschrift des § 31 VOL/A vergleichbar ist im Bereich der VOL § 31 b VOL/A und im Bereich der VOF §§ 20, 25 VOF. Die Kommentierungen zu diesen Vorschriften können daher ergänzend zu der Kommentierung des § 31 a herangezogen werden.

187.2 Änderungen in der VOL/A 2006

7769 Nach § 31a Abs. 2 Nr. 6 hat das **Preisgericht einen von den Preisrichtern zu unterzeichnenden Bericht** zu erstellen über die **Rangfolge der von ihm ausgewählten Projekte und über die einzelnen Wettbewerbsarbeiten.**

7770 § 31 a ist hinsichtlich der **Bekanntmachungsmuster aktualisiert** worden.

187.3 Wettbewerbe nach VOF (§ 31a Nr. 1 Abs. 2)

Vgl. zu den Wettbewerben nach VOF die Kommentierung zu § 25 VOF RZ 8429. 7771

187.4 Bedeutung in der Rechtsprechung

§ 31a spielt in der Rechtsprechung keine Rolle. 7772

188. § 31b VOL/A – Wettbewerbe

1. **Wettbewerbe sind die Auslobungsverfahren, die zu einem Dienstleistungsauftrag führen sollen.**
2. **(1) Die auf die Durchführung des Wettbewerbs anwendbaren Regeln sind den an der Teilnahme am Wettbewerb Interessierten mitzuteilen.**

   (2) Die Zulassung zur Teilnahme an einem Wettbewerb darf nicht beschränkt werden
   - **auf das Gebiet eines Mitgliedstaates oder einen Teil davon,**
   - **auf natürliche oder juristische Personen.**

   (3) Bei Wettbewerben mit beschränkter Teilnehmerzahl haben die Auftraggeber eindeutige und nicht diskriminierende Auswahlkriterien festzulegen. Die Zahl der Bewerber, die zur Teilnahme aufgefordert werden, muss ausreichen, um einen echten Wettbewerb zu gewährleisten.

   (4) Das Preisgericht darf nur aus Preisrichtern bestehen, die von den Teilnehmern des Wettbewerbs unabhängig sind. Wird von den Wettbewerbsteilnehmern eine bestimmte berufliche Qualifikation verlangt, muss mindestens ein Drittel der Preisrichter über dieselbe oder eine gleichwertige Qualifikation verfügen.

   (5) Das Preisgericht ist in seinen Entscheidungen und Stellungnahmen unabhängig. Es trifft diese aufgrund von Wettbewerbsarbeiten, die anonym vorgelegt werden, und nur aufgrund von Kriterien, die in der Bekanntmachung nach Nummer 3 genannt sind.

   (6) Das Preisgericht hat einen von den Preisrichtern zu unterzeichnenden Bericht zu erstellen über die Rangfolge der von ihm ausgewählten Projekte und über die einzelnen Wettbewerbsarbeiten.

3. **(1) Auftraggeber, die einen Wettbewerb durchführen wollen, teilen ihre Absicht durch Bekanntmachung nach dem im Anhang XII der Verordnung (EG) Nr. 1564/2005 enthaltenen Muster mit. Die Bekanntmachung ist dem Amt für amtliche Veröffentlichungen der Europäischen Gemeinschaften unverzüglich mitzuteilen.**

   (2) § 17b Nr. 4 gilt entsprechend.

   (3) Auftraggeber, die einen Wettbewerb durchgeführt haben, geben spätestens 2 Monate nach Durchführung eine Bekanntmachung nach dem im Anhang XIII der Verordnung (EG) Nr. 1564/2005 enthaltenen Muster an das Amt für amtliche Veröffentlichungen der Europäischen Gemeinschaften. § 28b gilt entsprechend.

188.1 Vergleichbare Regelungen

Der Vorschrift des § 31b VOL/A vergleichbar sind im Bereich der VOL § 31a VOL/A und 7773
im Bereich der VOF §§ 20, 25 VOF. Die Kommentierungen zu diesen Vorschriften können daher ergänzend zu der Kommentierung des § 31b herangezogen werden.

188.2 Änderungen in der VOL/A 2006

Nach § 31b Abs. 2 Nr. 6 hat das **Preisgericht einen von den Preisrichtern zu unter-** 7774
zeichnenden Bericht zu erstellen über die **Rangfolge der von ihm ausgewählten Projekte und über die einzelnen Wettbewerbsarbeiten**.

§ 31b ist hinsichtlich der **Bekanntmachungsmuster aktualisiert** worden. 7775

188.3 Bedeutung in der Rechtsprechung

7776 § 31 b spielt in der Rechtsprechung keine Rolle.

189. § 32 a VOL/A – Nachprüfungsbehörden

In der Vergabebekanntmachung und den Vergabeunterlagen ist die Stelle anzugeben, an die sich der Bewerber oder Bieter zur Nachprüfung behaupteter Verstöße gegen Vergabebestimmungen wenden kann.

189.1 Vergleichbare Regelungen

7777 Der **Vorschrift des § 32 a VOL/A vergleichbar** sind grundsätzlich im Bereich der VOL § 31 b VOL/A, im Bereich der VOB §§ 31, 31 a VOB/A und im Bereich der VOF § 21 VOF. Die Kommentierungen zu diesen Vorschriften können daher ergänzend zu der Kommentierung des § 32 a herangezogen werden.

189.2 Änderungen in der VOL/A 2006

7778 § 32 a ist im Zuge der VOL/A 2006 **nicht geändert** worden.

189.3 Anwendungsbereich

7779 § 32 a verpflichtet den Auftraggeber, bei **Ausschreibungen ab den Schwellenwerten** die Nachprüfungsbehörden mit Anschrift anzugeben, an die sich der Bewerber oder Bieter zur Nachprüfung behaupteter Verstöße gegen die Vergabebestimmungen wenden kann.

189.4 Aufbau der Nachprüfungsbehörden

7780 Vgl. die Kommentierung zu § 31 a VOB/A RZ 6105.

189.4.1 Vergabeprüfstellen (§ 103 GWB)

7781 Zu den Einzelheiten, insbesondere den Adressen der Vergabeprüfstellen, vgl. die Kommentierung zu § 103 GWB RZ 1504.

189.4.2 Vergabekammern (§ 104 GWB)

7782 Zu den Einzelheiten, insbesondere den Adressen der Vergabekammern, vgl. die Kommentierung zu § 104 GWB RZ 1516.

7783 Die Vergabekammern müssen zwingend gemäß § 32 a VOL/A genannt werden.

189.4.3 Vergabesenate (§ 116 Abs. 3 GWB)

7784 Zu den Einzelheiten vgl. die Kommentierung zu § 116 GWB RZ 2534.

189.5 Konkrete Angabe

7785 Die Nachprüfungsbehörden sind so konkret anzugeben, dass sich die Bieter ohne eigenen Nachforschungsaufwand an sie wenden können. Mindestens notwendig ist die Angabe des Behördennamens, des Ortes, der Straße und der Telefonnummer.

189.6 Nachprüfungsbehörden bei der Ausschreibung von Losen von Liefer- bzw. Dienstleistungsaufträgen

7786 Vgl. dazu im Einzelnen die Kommentierung zu § 2 VgV RZ 3137.

Verdingungsordnung für Leistungen Teil A § 32b, Einf. VOL/A **Teil 4**

189.7 Fehler bei der Nennung der Nachprüfungsbehörde

189.7.1 Verspätete Bekanntgabe der Anschrift der zuständigen Vergabekammer

Vgl. die Kommentierung zu § 31a VOB/A RZ 6112. 7787

189.7.2 Kausalität zwischen einer fehlerhaften Bekanntgabe und einem eventuellen Schaden

Vgl. die Kommentierung zu § 31a VOB/A RZ 6113. 7788

190. § 32b VOL/A – Nachprüfungsbehörden

In der Bekanntmachung und den Vergabeunterlagen ist die Stelle anzugeben, an die sich der Bewerber oder Bieter zur Nachprüfung behaupteter Verstöße gegen die Vergabebestimmungen wenden kann.

190.1 Vergleichbare Regelungen

Der **Vorschrift des § 32b VOL/A vergleichbar** sind grundsätzlich im Bereich der VOL 7789 **§ 32a VOL/A,** im Bereich der VOF **§ 21 VOF** und im Bereich der VOB **§§ 31, 31a, 31b VOB/A.** Die Kommentierungen zu diesen Vorschriften können daher ergänzend zu der Kommentierung des § 32b herangezogen werden.

190.2 Hinweis

§ 32b entspricht von seinem Wortlaut § 32a VOL/A; vgl. die Kommentierung zu § 32a 7790 VOL/A RZ 7779.

191. Einführung

191.1 Allgemeines

Die Verdingungsordnung für freiberufliche Leistungen (VOF) ist neben der Vergabe- und 7791 Vertragsordnung für Bauleistungen (VOB) und der Verdingungsordnung für Leistungen – ausgenommen Bauleistungen – (VOL) die **dritte große Säule innerhalb der Verdingungsordnungen.**

191.2 Aktuelle Fassung

Im Zuge der Aktualisierung der Verdingungsordnungen wurde auch die VOF geändert. Die 7792 VOF 2006 vom 16. 3. 2006 wurde im Bundesanzeiger Nr. 91a vom 13. 5. 2006 bekannt gemacht; sie ist am **1. 11. 2006** – bundesweit – in Kraft getreten.

Die **Neufassung der VOF** unterstützt insbesondere das mit der Richtlinie 2004/18/EG 7793 verfolgte **Ziel einer verstärkten Nutzung neuer Informations- und Kommunikationstechnologien** durch die Aufnahme neuer Grundsätze der Informationsübermittlung, insbesondere die Möglichkeit für öffentliche Auftraggeber, die Kommunikationsmittel und die Verwendung fortgeschrittener elektronischer Signaturen bei der Angebotsabgabe zu wählen. Gleichwohl werden aber auch **Anforderungen an die Datenintegrität und Vertraulichkeit im Teilnahmewettbewerb** erhoben. Außerdem **entfallen die Anhänge über die Bekanntmachungsmuster;** stattdessen wird auf die Muster der jeweiligen **Anhänge der Verordnung (EG) Nr. 1564/2005** verwiesen (BAnz. Nr. 228a vom 02. Dezember 2005).

191.3 Inhalt und Aufbau

Die VOF regelt die **Vergabe von freiberuflichen Dienstleistungsaufträgen,** die nicht 7794 eindeutig und erschöpfend beschreibbar sind. Alle übrigen Dienstleistungsaufträge werden nach

Teil 4 Einführung   Verdingungsordnung für Leistungen Teil A

der Verdingungsordnung für Leistungen – ausgenommen Bauleistungen – VOL – ausgeschrieben und vergeben.

7795 Die VOF gilt lediglich für die Vergabe von freiberuflichen Dienstleistungsaufträgen ab den Schwellenwerten; für **freiberufliche Dienstleistungsaufträge unterhalb dieser Schwellenwerte** sind im Ergebnis nur die **haushaltsrechtlichen Regelungen der öffentlichen Auftraggeber** anzuwenden.

7796 Während VOB und VOL in einen Teil A (Ausschreibungs- und Vergabeverfahren) und einen Teil B (Abwicklung eines Vertrages) gegliedert sind, **kennt die VOF einen Teil B nicht;** die VOF regelt also nur das Vergabeverfahren für freiberufliche Dienstleistungsaufträge. Herr Rechtsanwalt Prof. Friedrich Quack (ein ehemaliger Richter am Bundesgerichtshof) hat zwar im Auftrag des AHO ein Rechtsgutachten zu „Konzept und inhaltlicher Ausführung einer Vertragsordnung für Architekten- und Ingenieurverträge VOF/B" erarbeitet. Diese gutachterliche Tätigkeit wurde von einer Ingenieurarbeitsgruppe im AHO begleitet. Zu einer VOF/B hat dieses Gutachten jedoch nicht geführt.

191.4 Fortschreibung

7797 Verantwortlich für die inhaltliche Fortschreibung der VOF ist der Hauptausschuss zur Erarbeitung der Verdingungsordnung für freiberufliche Leistungen (VOF); die Geschäftsführung liegt beim Ministerium für Wirtschaft und Technologie des Bundes.

191.5 Literatur

7798
- Hänsel, Tobias, Die Vergabe von Architekten- und Ingenieurleistungen, Carl Heymanns Verlag, 2005
- Leinemann, Ralf, Die Vergabe öffentlicher Aufträge, Carl Heymanns Verlag, 3. Auflage, 2004
- Reidt/Stickler/Glahs, Vergaberecht/Kommentar, Verlag Dr. Otto Schmidt, Köln, 2. Auflage, 2003
- Stemmer, Michael/Wierer, Karl, Die Vergabe von Architekten- und Ingenieurleistungen nach VOF, VergabeR 2006, 7
- Weyand, Rudolf, Leitfaden VOF-Verfahren, Verfahrensschritte, rechtlicher Rahmen und nützliche Tipps für Auftraggeber und Bewerber, 2. Auflage, 2006

Teil 5
Verdingungsordnung für freiberufliche Leistungen (VOF)

Inhaltsverzeichnis

Die Angaben beziehen sich auf Seitenzahlen

192.	**§ 1 VOF – Freiberufliche Leistungen**	1373
192.1	Änderungen durch die VOF 2006	1373
192.2	Verhältnis zu § 5 VgV	1373
192.3	Freiberufliche Tätigkeit	1373
192.4	Leistungen im Wettbewerb mit freiberuflich Tätigen	1373
193.	**§ 2 VOF – Anwendungsbereich**	1373
193.1	Änderungen durch die VOF 2006	1373
193.2	Freiberufliche Leistungen des Anhangs I A und des Anhangs I B (§ 2 Abs. 1 Satz 1)	1374
193.2.1	Anhang I A und Anhang I B	1374
193.2.2	Freiberufliche Leistungen	1374
193.2.3	Hinweis	1374
193.3	Schwellenwerte (§ 2 Abs. 2 Satz 1)	1374
193.3.1	Verhältnis des § 2 Abs. 2 VOF zu § 2 VgV	1374
193.3.2	Höhe der Schwellenwerte	1374
193.4	Anwendung der VOF auf freiberufliche Aufträge im Sektorenbereich (§ 5 Satz 3, § 2 Nr. 8 VgV)	1375
193.5	Anwendung der VOF nur auf nicht eindeutig und erschöpfend beschreibbare freiberufliche Leistungen (§ 2 Abs. 2 Satz 2 VOF, § 5 Satz 2 VgV)	1375
193.5.1	Allgemeines	1375
193.5.2	Beschreibbarkeit	1375
193.5.2.1	Europarechtlicher Hintergrund	1375
193.5.2.2	Inhalt	1376
193.5.2.3	Beschreibbarkeit von Architekten- und Ingenieurleistungen	1376
193.5.2.4	Beschreibbarkeit von DV-Leistungen	1377
193.5.2.5	Beschreibbarkeit von Altlastenverdachtsstandorten	1378
193.5.2.6	Weitere Beispiele aus der Rechtsprechung	1378
193.5.3	Beschreibbarkeit vorab	1378
193.6	Ausnahmen vom Anwendungsbereich der VOF (§ 2 Abs. 3)	1378
193.7	Vergabe gemischter Dienstleistungen (§ 2 Abs. 4)	1378
194.	**§ 3 VOF – Berechnung des Auftragswertes**	1378
194.1	Änderungen durch die VOF 2006	1379
194.2	Geschätzte Gesamtvergütung für die vorgesehene Auftragsleistung (§ 3 Abs. 1 Satz 1)	1379
194.2.1	Hinweis auf § 3 Abs. 1 VgV	1379
194.2.2	Gesamtvergütung für die vorgesehene Auftragsleistung bei Architekten- und Ingenieurleistungen	1379
194.2.2.1	Abschnittsweise Beauftragung eines Vollauftrages von Architekten- und Ingenieurleistungen an einen Auftragnehmer	1379
194.2.2.2	Gesplittete Beauftragung von Architekten- und Ingenieurleistungen an mehrere Auftragnehmer	1380
194.3	Gesetzliche Gebühren- oder Honorarordnungen	1380
194.3.1	HOAI	1380
194.3.2	Empfehlung der AHO-Fachkommission Projektsteuerung	1380
194.4	Verbotene Umgehung (§ 3 Abs. 2)	1380
194.5	Teilaufträge derselben freiberuflichen Leistungen (§ 3 Abs. 3)	1380
194.5.1	Begriffsinhalt	1380
194.5.2	Beispiele aus der Rechtsprechung	1380
194.5.3	Berücksichtigung von Losen für den Schwellenwert (§ 3 Abs. 3 Satz 2)	1381
194.6	Einbeziehung von Optionsrechten (§ 3 Abs. 6)	1381
195.	**§ 4 VOF – Grundsätze der Vergabe, Informationsübermittlung und Vertraulichkeit der Anträge**	1381
195.1	**Vergleichbare Regelungen**	1382

Teil 5 Inhaltsverzeichnis   Verdingungsordnung für freiberufliche Leistungen

195.2	Änderungen durch die VOF 2006	1382
195.3	Verknüpfung zum Vierten Teil des GWB	1382
195.4	Ausschließliche Verantwortung des Auftraggebers (§ 4 Abs. 1)	1383
195.5	Eignung der Bewerber (§ 4 Abs. 1)	1383
195.5.1	Begriff der Fachkunde	1383
195.5.2	Begriff der Leistungsfähigkeit	1383
195.5.3	Begriff der Zuverlässigkeit	1383
195.5.4	Zeitpunkt der Eignungsprüfung	1383
195.6	Gleichbehandlungsgebot (§ 4 Abs. 2)	1383
195.6.1	Grundsatz	1383
195.6.2	Verbot der ausschließlichen Berücksichtigung örtlicher Unternehmen	1383
195.6.3	Verbot der Forderung nach örtlicher Präsenz	1383
195.6.4	Verbot der Forderung nach Kenntnis landesspezifischer Besonderheiten	1384
195.6.5	unzulässige Auswahlkriterien „Gründungsjahr eines Büros" und „Erste Fertigstellung eines Krankenhausprojekts des Büros"	1384
195.7	Unzulässigkeit wettbewerbsbeschränkender und unlauterer Verhaltensweisen (§ 4 Abs. 3)	1384
195.8	Unabhängigkeit von Ausführungs- und Lieferinteressen (§ 4 Abs. 4)	1384
195.9	Angemessene Beteiligung von kleineren Büroorganisationen und Berufsanfängern (§ 4 Abs. 5)	1384
195.9.1	Begriff der kleineren Büroorganisationen und Berufsanfänger	1384
195.9.2	Rechtsprechung zu § 4 Abs. 5 VOF	1385
195.9.3	Sonstige Rechtsprechung zur „Newcomer"-Problematik	1385
195.10	Analoge Anwendung der Rechtsprechung zur losweisen Vergabe nach VOB/A, VOL/A und GWB	1385
195.11	Losweise Vergabe von Architekten- und Ingenieurleistungen	1385
195.11.1	Grundsatz	1385
195.11.2	Beispiele aus der Rechtsprechung	1386
195.11.3	Vergabe von Generalplaneraufträgen	1386
195.11.3.1	Rechtsprechung	1386
195.11.3.2	Die Unternehmereinsatzform des Generalunternehmers im Baubereich	1386
195.11.4	Überprüfbarkeit der Gründe für eine zusammengefasste Vergabe mehrerer Lose	1387
195.12	Weitere Grundsätze der Vergabe (Rechtsprechung)	1387
195.12.1	Verpflichtung der Dokumentation des Eingangs der Angebote	1387
195.12.2	Fristen im Verfahren nach VOF	1387
195.13	Angabe der Kommunikationsmittel	1387
195.14	Gewährleistung der Integrität der Daten und Vertraulichkeit der übermittelten Anträge auf Teilnahme am Vergabeverfahren und der Angebote (§ 4 Abs. 8)	1387
195.14.1	Angebote im VOF-Verfahren	1387
195.14.2	Schriftliche Anträge auf Teilnahme am Vergabeverfahren und Angebote	1387
195.14.2.1	Einreichung in einem verschlossenen Umschlag	1388
195.14.2.2	Kennzeichnung und verschlossene Aufbewahrung	1388
195.14.3	Elektronische Angebote (§ 5 Abs. 8 Satz 3, 4)	1388
195.14.3.1	Elektronische Anträge auf Teilnahme	1388
195.14.3.2	Verschlüsselung	1388
195.15	Unterzeichnung der Angebote (§ 5 Abs. 9)	1388
195.15.1	Allgemeines	1388
195.15.2	Prüfung der Unterzeichnung?	1388
195.15.3	Stelle der Unterzeichnung	1388
195.15.4	Anzahl der Unterschriften	1388
195.15.5	Identität des Bieters	1388
195.15.5.1	Allgemeines	1388
195.15.5.2	Angebot eines Bieters für einen Dritten	1388
195.15.5.3	Beispiele aus der Rechtsprechung	1389
195.15.6	Unterzeichnung des Angebotes bei Bewerber- und Bietergemeinschaften	1389
195.15.6.1	Begriff	1389
195.15.6.2	Angebot bzw. Teilnahmeantrag eines Einzelbieters oder einer Bewerber- bzw. Bietergemeinschaft?	1389
195.15.6.3	Grundsätzliche Anforderung an die Unterzeichnung von Angeboten bzw. Teilnahmeanträgen einer Bewerber- bzw. Bietergemeinschaft	1389
195.15.6.4	Unterzeichnung von Angeboten bzw. Teilnahmeanträgen einer Bewerber- bzw. Bietergemeinschaft durch einen Bevollmächtigten	1389

Verdingungsordnung für freiberufliche Leistungen Inhaltsverzeichnis **Teil 5**

195.15.6.5	Nachträgliche Genehmigung bei fehlender Unterschrift aller Mitglieder von Bewerber- bzw. Bietergemeinschaften	1389
195.15.6.6	Anwendung der Grundsätze über die Duldungs- und Anscheinsvollmacht und das Handeln eines vollmachtslosen Vertreters	1389
195.16	**Wertung von Angeboten mit unvollständigen Unterschriften**	**1389**
195.17	**Signaturanforderung bei elektronischen Angeboten**	**1389**
195.17.1	Signaturstufe	1389
195.18	**Anforderungen an die Bewerber bei per Telefax oder telefonisch übermittelten Teilnahmeanträgen (§ 5 Abs. 10)**	**1390**
196.	**§ 5 VOF – Vergabeverfahren**	**1390**
196.1	**Vergleichbare Regelungen**	**1391**
196.2	**Änderungen durch die VOF 2006**	**1391**
196.3	**Verhandlungsverfahren (§ 5 Abs. 1)**	**1391**
196.3.1	Allgemeines	1391
196.3.2	Übertragung der Rechtsprechung zu § 101 Abs. 4 GWB	1391
196.3.2.1	Geltung der wesentlichen Prinzipien des Vergaberechts	1391
196.3.2.2	Gleichbehandlungsgebot	1391
196.3.2.3	Folgen einer unvollständigen Dokumentation und Verfahrenstransparenz	1391
196.4	**Aufhebung eines Verhandlungsverfahrens nach der VOF**	**1392**
196.5	**Verhandlungsverfahren mit vorheriger Vergabebekanntmachung**	**1392**
196.5.1	Sinn und Zweck des Teilnahmewettbewerbs	1392
196.5.2	Ablauf des Verhandlungsverfahrens mit vorheriger Vergabebekanntmachung	1392
196.6	**Verhandlungsverfahren ohne vorherige Vergabebekanntmachung (§ 5 Abs. 2)**	**1393**
196.6.1	Zulässigkeitsvoraussetzungen	1393
196.6.1.1	Beauftragung im Anschluss an einen Planungswettbewerb (§ 5 Abs. 2 Buchstabe c))	1393
196.6.1.2	Dringliche, zwingende Gründe (§ 5 Abs. 2 Buchstabe d))	1393
196.6.1.3	Hochwasserbedingte Beschaffung (§ 5 Abs. 2 Buchstabe f))	1393
196.6.2	Beweislast für das Vorliegen der Zulässigkeitsvoraussetzungen	1393
196.7	**Wiederaufnahme eines bereits ausgeschiedenen Bewerbers in das Verhandlungsverfahren**	**1393**
197.	**§ 6 VOF – Mitwirkung von Sachverständigen**	**1394**
197.1	**Vergleichbare Regelungen**	**1394**
197.2	**Änderungen in der VOF 2006**	**1394**
197.3	**Bieterschützende Vorschrift**	**1394**
197.4	**Einschaltung als Ermessensentscheidung**	**1394**
197.5	**Funktionaler Begriff des Sachverständigen**	**1394**
197.6	**Weite Auslegung des Begriffs des Sachverständigen**	**1394**
197.7	**Umfang der potenziellen Mitwirkung eines Sachverständigen**	**1394**
197.8	**Beteiligungsverbot an der Vergabe (§ 6 Abs. 2)**	**1394**
197.8.1	Beteiligung an der Vergabe	1394
197.8.2	Projektantenstellung eines Sachverständigen	1394
197.8.3	§ 6 Abs. 2 als Ausdruck eines ungeschriebenen Objektivitäts- und Unbefangenheitsprinzips	1395
197.8.4	Hinweis auf die Änderung des § 4 VgV durch das ÖPP-Beschleunigungsgesetz	1395
197.8.5	Literatur	1395
198.	**§ 7 VOF – Teilnehmer am Vergabeverfahren**	**1395**
198.1	**Vergleichbare Regelungen**	**1395**
198.2	**Änderungen in der VOF 2006**	**1395**
198.3	**Bedeutung in der Rechtsprechung**	**1395**
198.4	**Zusammenschluss mehrerer Bewerber (§ 7 Abs. 1)**	**1395**
198.4.1	Vergleichbare Regelungen	1396
198.4.2	Begriff des Bewerbers	1396
198.4.3	Begriff der Bewerbergemeinschaft sowie Sinn und Zweck der Regelung	1396
198.4.4	Zeitpunkt der Erklärung des Zusammenschlusses	1396
198.4.5	Parallele Beteiligung als Einzelbewerber und Mitglied einer Bewerbergemeinschaft	1396
198.4.5.1	Allgemeines	1396
198.4.5.2	Regelung in den GRW 1995	1396

1365

198.4.6	Parallele Beteiligung zweier Unternehmen mit identischer Geschäftsführung bzw. konzernverbundener Unternehmen am Wettbewerb	1396
198.4.7	Ausschluss des Angebots einer Bewerbergemeinschaft wegen Wettbewerbsbeschränkung?	1396
198.4.8	Notwendige Anforderungen an den Inhalt der Bewerbung einer Bewerbergemeinschaft	1396
198.4.9	Verbot der Änderung einer Bewerbergemeinschaft nach Abgabe der Bewerbung?	1397
198.4.9.1	Rechtsprechung des Europäischen Gerichtshofes	1397
198.4.9.2	Sonstige Rechtsprechung	1397
198.5	**Freiberufliche Leistungen (§ 7 Abs. 1)**	1397
198.6	**Prüfpflicht des Auftraggebers hinsichtlich der Berechtigung, freiberufliche Leistungen anzubieten?**	1397
198.7	**Auskunfts- und Benennungsverpflichtungen der Bewerber (§ 7 Abs. 2, 3)**	1397
198.8	**Anforderungen an die Rechtsform einer Bewerbergemeinschaft (§ 7 Abs. 4)**	1397
198.8.1	Grundsatz	1397
198.8.2	Sonderregelungen	1398
198.9	**Verbot der Beteiligung nicht erwerbswirtschaftlich orientierter Institutionen am Wettbewerb**	1398
199.	**§ 8 VOF – Aufgabenbeschreibung**	1398
199.1	Vergleichbare Regelungen	1400
199.2	Änderungen in der VOF 2006	1400
199.3	Notwendigkeit einer Aufgabenbeschreibung	1400
199.4	Inhalt und Zweck der Aufgabenbeschreibung	1400
199.5	Unterschiedliche Anforderungen an die Aufgabenbeschreibung hinsichtlich Art und Umfang je nach Stadium des Vergabeverfahrens	1400
199.6	Festlegung der Planungsaufgabe und damit Festlegung des Inhalts der Aufgabenbeschreibung	1401
199.7	Begrenzung durch die Grundsätze des Wettbewerbs, der Transparenz und der Gleichbehandlung	1401
199.8	Pflicht der Vergabestelle, bestehende Wettbewerbsvorteile und -nachteile potentieller Bewerber durch die Gestaltung der Vergabeunterlagen „auszugleichen"?	1401
199.9	Auslegung der Aufgabenbeschreibung	1401
199.9.1	Objektiver Empfängerhorizont	1401
199.9.2	VOF-konforme Auslegung	1401
199.10	**Notwendiger Inhalt der Aufgabenbeschreibung**	1401
199.10.1	Gleicher Empfängerhorizont für alle Bewerber (§ 8 Nr. 1)	1401
199.10.1.1	Vergleichbare Regelungen	1401
199.10.1.2	Allgemeines	1402
199.10.1.3	Notwendiger Inhalt bei Architekten- und Ingenieurleistungen	1402
199.10.2	Technische Anforderungen (§ 8 Abs. 2ff.)	1403
199.10.2.1	Technische Spezifikationen (§ 8 Abs. 2 Nr. 1)	1403
199.10.2.2	Formulierung von technischen Spezifikationen unter Bezugnahme auf die in Anhang TS definierten technischen Spezifikationen (§ 8 Abs. 2 Nr. 1)	1403
199.10.2.3	Ersetzung von nationalen Normen (§ 8 Abs. 3)	1403
199.10.2.4	Ersetzung von Leistungs- oder Funktionsanforderungen (§ 8 Abs. 4)	1403
199.10.2.5	Spezifikationen für Umwelteigenschaften (§ 8 Abs. 5, Abs. 6)	1403
199.10.2.6	Nennung von Bezeichnungen für Produktion oder Herkunft oder ein besonderes Verfahren oder auf Marken, Patente, Typen eines bestimmten Ursprungs oder einer bestimmten Produktion (§ 8 Abs. 7)	1403
199.10.3	Angabe aller die Erfüllung der Aufgabenstellung beeinflussenden Umstände (§ 8 Abs. 8)	1403
199.10.3.1	Vergleichbare Regelungen	1404
199.10.3.2	Angabe aller Umstände	1404
199.10.3.3	Verbot der Aufbürdung eines ungewöhnlichen Wagnisses	1404
199.10.4	Angabe aller Auftragskriterien (§ 8 Abs. 8 Satz 2)	1405
199.10.5	Festlegung von Sicherheitsstandards	1405
199.10.6	Beispiele aus der Rechtsprechung	1405
199.11	**Voraussetzungen der Aufnahme von Optionen in eine Aufgabenbeschreibung**	1405
199.12	**Änderung der Aufgabenbeschreibung vor dem Verhandlungsgespräch**	1405
200.	**§ 9 VOF – Bekanntmachungen**	1405
200.1	Vergleichbare Regelungen	1406
200.2	Änderungen in der VOF 2006	1406

Verdingungsordnung für freiberufliche Leistungen   **Inhaltsverzeichnis   Teil 5**

200.3	Bieterschützende Vorschrift	1406
200.4	Bedeutung der Vorschriften über die Vergabebekanntmachung	1406
200.5	Begriff der Bekanntmachung	1407
200.6	Zulässigkeit einer alleinigen elektronischen Bekanntmachung	1407
200.7	Auslegung der Vergabebekanntmachung	1407
200.8	Unterschiedliche Inhalte von Bekanntmachungen derselben Ausschreibung	1407
200.9	Bindung des Auftraggebers an die Bekanntmachung	1407
200.10	**Vorinformation (§ 9 Abs. 1)**	1407
200.10.1	Sinn und Zweck der Vorinformation	1407
200.10.2	Bedeutung der Vorinformation	1407
200.10.3	Verpflichtung zur Vorinformation für Aufträge nach Anhang I A	1407
200.10.4	Schwellenwert für die Vorinformation	1407
200.10.5	Zeitpunkt der Vorinformation	1407
200.10.6	Übermittlung der Vorinformation	1407
200.10.6.1	Zwingende Übermittlung der Vorinformation an das Amt für amtliche Veröffentlichungen der Europäischen Gemeinschaften	1407
200.10.6.2	Form der Übermittlung der Vorinformation an das Amt für amtliche Veröffentlichungen der Europäischen Gemeinschaften	1408
200.10.6.3	Übermittlung der Vorinformation durch Veröffentlichung im Beschafferprofil	1408
200.10.6.4	Fakultative Übermittlung der Vorinformation an andere Bekanntmachungsblätter	1408
200.11	**Verbindliche Bekanntmachung (§ 9 Abs. 2)**	1408
200.11.1	Inhalt der verbindlichen Bekanntmachung	1408
200.11.1.1	Bekanntgabe der Leistung	1408
200.11.2	„Setzen" von Dienstleistungserbringern und Bekanntmachung	1408
200.11.3	Übermittlung der Bekanntmachung	1408
200.11.3.1	Zwingende Übermittlung der Bekanntmachung an das Amt für amtliche Veröffentlichungen der Europäischen Gemeinschaften	1408
200.11.3.2	Form der Übermittlung der Bekanntmachung an das Amt für amtliche Veröffentlichungen der Europäischen Gemeinschaften	1409
200.11.3.3	Übermittlung der Bekanntmachung durch Veröffentlichung im Beschafferprofil	1409
200.11.3.4	Fakultative Übermittlung der Vorinformation an andere Bekanntmachungsblätter	1409
200.11.4	Umfang des Inhalts der Bekanntmachung	1409
200.12	**Veröffentlichung der Bekanntmachungen (§ 9 Abs. 3)**	1409
200.12.1	Veröffentlichung der Bekanntmachungen im Supplement zum Amtsblatt der Europäischen Gemeinschaften	1409
200.12.1.1	Allgemeines	1409
200.12.1.2	Zulässigkeit einer rein elektronischen Bekanntmachung	1409
200.12.1.3	Schnellere Veröffentlichung elektronischer Bekanntmachungen	1409
200.12.2	Inländische Veröffentlichung der Bekanntmachungen	1409
200.13	**Beschafferprofil (§ 17a Nr. 2)**	1409
200.14	**Neue Formulare**	1410
200.15	**Literatur**	1410
201.	**§ 10 VOF – Auswahl der Bewerber**	1410
201.1	**Vergleichbare Regelungen**	1410
201.2	**Änderungen in der VOF 2006**	1410
201.3	**Bieterschützende Vorschrift**	1410
201.4	**Ablauf des VOF-Verfahrens**	1411
201.4.1	Grundsatz	1411
201.4.2	Strikte Trennung der beiden Stufen?	1411
201.5	**Zwang zu einer Methode des Auswahlverfahrens (§ 10 Abs. 1)**	1411
201.6	**Auswahlkriterien**	1412
201.6.1	Zwingende Auskunfts- und Benennungsverpflichtungen der Bewerber (§ 7 Abs. 2, 3)	1412
201.6.2	Fakultative Auswahlkriterien	1412
201.6.2.1	Auswahlkriterien nach § 10 VOF	1412
201.6.2.2	Auswahlkriterien nach § 23 VOF	1412
201.6.2.3	Beispiele aus der Rechtsprechung	1412
201.6.3	Genaue Beschreibung der Auswahlkriterien	1414
201.6.3.1	Grundsatz	1414
201.6.3.2	Beispiele aus der Rechtsprechung	1415

1367

Teil 5 Inhaltsverzeichnis Verdingungsordnung für freiberufliche Leistungen

201.6.4	Vollständige Angabe der Auswahlkriterien	1415
201.6.5	Zulässige Abstufungsmöglichkeit der Auswahlkriterien (insbesondere der Eignungskriterien)	1415
201.6.6	Angabe der Gewichtung der Auswahlkriterien	1416
201.6.6.1	Grundsatz	1416
201.6.6.2	Angabe der Gewichtung der Auswahlkriterien bei Bestehen eines Gewichtungsverfahrens	1416
201.6.6.3	Zeitpunkt der Gewichtung der Auswahlkriterien	1416
201.6.7	Zwang zur Vorlage für das Auswahlverfahren geforderter Nachweise	1416
201.6.7.1	Grundsatz	1416
201.6.7.2	Zulässigkeit von Eigenerklärungen	1416
201.6.7.3	Ausschluss von „Newcomern"	1416
201.6.7.4	Detaillierte Nachweise	1416
201.6.8	Bindung des Auftraggebers an die Auswahlkriterien der Bekanntmachung	1416
201.7	**Zahl der zur Verhandlung aufgeforderten Bewerber (§ 10 Abs. 2)**	**1416**
201.7.1	Grundsatz	1416
201.7.2	Fehlende Angabe der Anzahl der zur Verhandlung aufgeforderten Bewerber in der Bekanntmachung	1417
201.7.3	Erhöhung der Zahl der zur Verhandlung aufgeforderten Bewerber	1417
201.8	**Auswahlentscheidung**	**1417**
201.8.1	Grundsatz	1417
201.8.2	Notwendigkeit einer transparenten Entscheidung	1417
201.8.3	Gebot der Gleichbehandlung	1417
201.8.4	Aufklärungs- und Hinweispflicht des Auftraggebers im Bewerbungsgespräch	1418
201.8.5	Verwertung nur von gesicherten Erkenntnissen	1418
201.8.6	Prüfung der Ausschlusskriterien des § 11	1418
201.8.7	Prüfung der finanziellen und wirtschaftlichen Leistungsfähigkeit	1418
201.8.8	Prüfung der fachlichen Eignung	1418
201.8.8.1	Allgemeines	1418
201.8.8.2	Eignung von Bewerbergemeinschaften	1418
201.8.8.3	Inhaltliche Prüfung der Eignung	1418
201.8.8.4	Nachweis von Referenzen	1418
201.8.8.5	Berücksichtigung einer Zertifizierungsforderung	1419
201.8.8.6	Auszug aus dem Bundeszentralregister	1419
201.8.9	Losverfahren	1419
201.8.9.1	Vorherige Information	1419
201.8.9.2	Voraussetzungen des Losverfahrens	1419
201.8.10	Pflicht der Vergabestelle zur Benachrichtigung der Bewerber über die Eignungsentscheidung	1420
201.8.11	Pflicht der Vergabestelle zur Anhörung der Bieter, die ausgeschlossen werden sollen	1420
201.8.12	Bindung an die Entscheidung einer Auswahlkommission	1420
201.9	**Überprüfung des Gestaltungs- und Beurteilungsspielraums bei der Auswahlentscheidung**	**1420**
201.9.1	Grundsatz	1420
201.9.2	Eignungsprüfung durch die Vergabekammer bzw. den Vergabesenat	1420
201.10	**Nachträgliche Korrektur der Eignungsprüfung**	**1420**
201.11	**Informationspflicht nach § 13 VgV auf der Stufe des Auswahlverfahrens**	**1420**
201.12	**Literatur**	**1420**
202.	**§ 11 VOF – Ausschlusskriterien**	**1421**
202.1	**Vergleichbare Regelungen**	**1422**
202.2	**Änderungen in der VOF 2006**	**1422**
202.3	**Zwingende Ausschlussgründe (§ 11 Abs. 1–3)**	**1422**
202.4	**Ermessensentscheidungen über Ausschlüsse (§ 11 Abs. 4)**	**1422**
202.4.1	Ermessens- und Beurteilungsspielraum	1422
202.4.2	Die einzelnen Ausschlusskriterien	1423
202.5	**Abschließende Regelung**	**1423**
202.5.1	Rechtsprechung	1423
202.5.2	Bewertung	1423
203.	**§ 12 VOF – Nachweis der finanziellen und wirtschaftlichen Leistungsfähigkeit**	**1423**
203.1	**Vergleichbare Regelungen**	**1424**
203.2	**Änderungen in der VOF 2006**	**1424**

Verdingungsordnung für freiberufliche Leistungen   Inhaltsverzeichnis **Teil 5**

203.3	Finanzielle und wirtschaftliche Leistungsfähigkeit	1424
203.4	Möglichkeiten des Nachweises der finanziellen und wirtschaftlichen Leistungsfähigkeit (§ 12 Abs. 1)	1424
203.4.1	Bankerklärungen (§ 12 Abs. 1 Buchstabe a))	1424
203.4.2	Umsatznachweise (§ 12 Abs. 1 Buchstabe c))	1424
203.5	Andere Nachweise der finanziellen und wirtschaftlichen Leistungsfähigkeit	1424
203.6	Nachweis der finanziellen und wirtschaftlichen Leistungsfähigkeit auf andere als die geforderte Weise (§ 12 Abs. 2)	1425
203.7	Form der Nachweise	1425
203.8	Fehlende finanzielle und wirtschaftliche Leistungsfähigkeit eines Mitglieds einer Bewerbergemeinschaft	1425
203.9	Berücksichtigung der Kapazitäten Dritter (§ 12 Abs. 3)	1425
203.10	Umweltmanagementverfahren (§ 12 Abs. 4)	1425
204.	§ 13 VOF – Fachliche Eignung	1425
204.1	Vergleichbare Regelungen	1426
204.2	Änderungen in der VOF 2006	1426
204.3	Grundsatz (§ 13 Abs. 1)	1426
204.4	Mögliche Nachweise der Eignung eines Bewerbers (§ 13 Abs. 2)	1427
204.4.1	Wesentliche in den letzten drei Jahren erbrachte Leistungen (§ 13 Abs. 2 Buchstabe b))	1427
204.4.1.1	Vergleichbare Regelungen	1427
204.4.1.2	Zulässigkeit der Forderung nach Referenzen	1427
204.4.1.3	Keine Forderung nach vergleichbaren Leistungen	1427
204.4.1.4	Beispiele aus der Rechtsprechung	1427
204.4.2	Beschäftigtenanzahl und Führungskräfte (§ 13 Abs. 2 Buchstabe d))	1427
204.4.3	Technische Ausrüstung (§ 13 Abs. 2 Buchstabe e))	1428
204.4.4	Qualitätssicherung (§ 13 Abs. 2 Buchstabe g))	1428
204.4.5	Angabe der Nachunternehmerleistungen (§ 13 Abs. 2 Buchstabe h))	1428
204.4.5.1	Vergleichbare Regelungen	1428
204.4.5.2	Eigenleistungsverpflichtung?	1428
204.5	Sonstige Nachweise	1428
204.5.1	Zertifizierung	1428
204.6	Getrennte Vergabe von Projektsteuerungs- und Objektüberwachungsleistungen	1428
205.	§ 14 VOF – Fristen	1429
205.1	Vergleichbare Regelungen	1429
205.2	Änderungen in der VOF 2006	1429
205.3	Bieterschützende Vorschrift	1429
205.4	Frist für den Antrag auf Teilnahme (§ 14 Abs. 1)	1429
205.4.1	Berechnung der Fristen	1429
205.4.2	Ende der Frist bei Festsetzung auf einen Sonntag	1430
205.4.3	Bedeutung einer Vorinformation	1430
205.4.4	Regelfrist	1430
205.4.5	Verkürzte Frist	1430
205.4.5.1	Abkürzung der Regelfrist bei elektronischen Bekanntmachungen (§ 14 Abs. 2)	1430
205.4.5.2	Abkürzung der Regelfrist aus Gründen der Dringlichkeit (§ 14 Nr. 2 Abs. 1 Satz 2)	1430
205.4.5.3	Beispiele aus der Rechtsprechung	1430
205.4.6	Bindung des Auftraggebers an die Frist zur Einreichung von Teilnahmeanträgen	1430
205.5	Ordnungsgemäßer Antrag auf Teilnahme	1430
205.6	Zusätzliche Auskünfte über die Aufgabenstellung (§ 14 Abs. 3)	1430
205.6.1	Allgemeines	1431
205.6.2	Zeitliche Rahmenbedingungen	1431
205.6.3	Rechtsfolge einer durch den Bewerber nicht erfolgten Erkundigung	1431
205.7	Änderung der Aufgabenstellung durch den Auftraggeber während der Ausschreibung	1431
205.8	Fehlende Unterlagen und Erkundigungspflicht des Bieters	1431
206.	§ 15 VOF – Kosten	1431
206.1	Vergleichbare Regelungen	1431
206.2	Änderungen in der VOF 2006	1431

Teil 5 Inhaltsverzeichnis Verdingungsordnung für freiberufliche Leistungen

206.3	**Bedeutung in der Rechtsprechung**	1431
206.4	**Grundsatz (§ 15 Abs. 1)**	1431
206.5	**Unterlagen, die über die Bewerbungsunterlagen hinausgehen (§ 15 Abs. 2)**	1431
206.5.1	Vergleichbare Regelungen	1432
206.5.2	Gesetzliche Gebühren- oder Honorarordnungen	1432
206.6	**Kostenerstattung durch die Bewerber**	1432
207.	**§ 16 VOF – Auftragserteilung**	1432
207.1	**Vergleichbare Regelungen**	1433
207.2	**Änderungen in der VOF 2006**	1433
207.3	**Bieterschützende Vorschrift**	1433
207.4	**Zwei Phasen des VOF-Verfahrens**	1433
207.5	**Allgemeiner Ablauf der 2. Stufe des VOF-Verfahrens**	1434
207.6	**Aufforderung zur Verhandlung (§ 16 Abs. 1)**	1434
207.6.1	Gleichzeitige Aufforderung aller Bewerber zur Verhandlung	1434
207.6.2	Textform	1434
207.6.3	Notwendiger Inhalt der Aufforderung	1434
207.6.3.1	Aufgabenbeschreibung	1434
207.6.3.2	Hinweis auf die veröffentlichte Bekanntmachung	1435
207.7	**Aushandlung der Auftragsbedingungen (Verhandlungsgespräche)**	1435
207.7.1	Notwendige Voraussetzungen der Verhandlungsgespräche	1435
207.7.1.1	Angabe aller Auftragskriterien (§ 16 Abs. 2)	1435
207.7.1.2	Allgemeine Anforderungen an Auftragskriterien	1437
207.7.1.3	Verbot von nicht überprüfbaren Auftragskriterien	1437
207.7.2	Erstellung einer Bewertungsmatrix	1437
207.7.3	Einzelheiten zu Auftragskriterien	1438
207.7.3.1	Verbot von vergabefremden Auftragskriterien	1438
207.7.3.2	Anwendung von Eignungskriterien auf der Stufe der Verhandlungsgespräche	1438
207.7.3.3	Keine Unterscheidung zwischen „geborenen" und anderen Auftragskriterien	1439
207.7.3.4	Einzelne Auftragskriterien	1439
207.7.3.5	Unterschiedliche Gewichtung der Auftragskriterien in einem Architektenwettbewerb und einem anschließenden Verhandlungsverfahren	1445
207.7.4	Ablauf der Verhandlungsgespräche	1445
207.7.4.1	Grundsatz	1445
207.7.4.2	Beurteilungsspielraum und Überprüfung dieses Spielraums	1445
207.7.4.3	Nachfragen und Hinweise im Rahmen der Verhandlungsgespräche	1446
207.7.4.4	Ausschluss der Bewerber mit unvollständigen Angeboten von den Verhandlungsgesprächen	1446
207.7.5	Bindung an die Entscheidung einer Auswahlkommission	1446
207.7.6	Nachträgliche Beseitigung von Wertungsfehlern des Auftraggebers	1446
207.7.7	Unterkostenangebote	1446
207.7.7.1	Unterkostenangebote bei gesetzlichen Gebühren- oder Honorarordnungen	1447
207.7.7.2	Sonstige Unterkostenangebote	1447
207.7.7.3	Bestimmungen in der Vergabekoordinierungsrichtlinie	1447
207.7.7.4	Die Rechtsprechung zu Unterkostenangeboten nach der VOF	1447
207.7.7.5	Analoge Anwendung der Regelungen der VOB/A und VOL/A	1448
207.7.8	Notwendigkeit der dauernden und vollzähligen Anwesenheit einer Auswahlkommission	1448
207.8	**Vertragsschluss nach VOF**	1448
207.8.1	Allgemeines	1448
207.8.2	Vertragsschluss durch einen entsprechenden Ratsbeschluss einer Gemeindevertretung?	1448
207.8.3	Vertragsschluss durch einen entsprechenden Aufsichtsratsbeschluss eines Krankenhauses	1449
207.8.4	Vertragsschluss durch Entgegennahme von Teilleistungen?	1449
207.8.5	Fehlende Regelung der Vergütung bei einem Architekten- bzw. Bauingenieurvertrag bei Vertragsschluss	1449
208.	**§ 17 VOF – Vergebene Aufträge**	1449
208.1	**Vergleichbare Regelungen**	1450
208.2	**Änderungen in der VOF 2006**	1450
208.3	**Bieterschützende Vorschrift**	1450
208.4	**Mitteilung über die Auftragsvergabe (§ 17 Abs. 4)**	1450
208.4.1	Vergleichbare Regelungen	1450
208.4.2	Inhaltliche Anforderungen	1450

Verdingungsordnung für freiberufliche Leistungen   **Inhaltsverzeichnis Teil 5**

208.4.3	Beweislast für den Zugang der Mitteilung beim Bewerber	1450
208.4.4	Verhältnis des § 17 Abs. 4 zu § 13 VgV	1450
208.4.4.1	Anwendbarkeit des § 13 VgV	1450
208.4.4.2	Bedeutungslosigkeit des § 17 Abs. 4 VOF?	1451
208.4.4.3	Mitteilung im Rahmen eines laufenden Vergabenachprüfungsverfahrens	1451
208.4.4.4	Forderung des Auftraggebers nach einem frankierten Rückumschlag	1451
208.5	**Verzicht auf die Vergabe eines VOF-Auftrages (§ 17 Abs. 5)**	1451
208.5.1	Vergleichbare Regelungen	1451
208.5.2	Grundsatz	1451
208.5.3	Teilweiser Verzicht auf die Vergabe eines VOF-Auftrages	1452
209.	**§ 18 VOF – Vergabevermerk**	1452
209.1	Vergleichbare Regelungen	1452
209.2	Änderungen in der VOF 2006	1452
209.3	Bieterschützende Vorschrift	1452
209.4	Hinweis	1453
210.	**§ 19 VOF – Melde- und Berichtspflichten**	1453
210.1	Vergleichbare Regelungen	1453
210.2	Änderungen in der VOF 2006	1453
210.3	Bedeutung in der Rechtsprechung	1453
211.	**§ 20 VOF – Wettbewerbe**	1454
211.1	Vergleichbare Regelungen	1454
211.2	Änderungen in der VOF 2006	1454
211.3	Bedeutung in der Rechtsprechung	1455
212.	**§ 21 VOF – Nachprüfungsbehörden**	1455
212.1	Vergleichbare Regelungen	1455
212.2	Änderungen in der VOF 2006	1455
212.3	Aufbau der Nachprüfungsbehörden	1455
212.3.1	Vergabeprüfstellen (§ 103 GWB)	1455
212.3.2	Vergabekammern (§ 104 GWB)	1455
212.3.3	Vergabesenate (§ 116 Abs. 3 GWB)	1455
212.4	Fehler bei der Nennung der Nachprüfungsbehörde	1455
212.4.1	Verspätete Bekanntgabe der Anschrift der zuständigen Vergabekammer	1455
212.4.2	Kausalität zwischen der fehlerhaften Bekanntgabe und einem eventuellen Schaden	1455
213.	**§ 22 VOF – Anwendungsbereich**	1456
213.1	Allgemeines	1456
213.2	Änderungen in der VOF 2006	1456
213.3	Architekten- und Ingenieurleistungen (§ 22 Abs. 2)	1456
213.3.1	Architekten- und Ingenieurleistungen nach der HOAI	1456
213.3.2	Sonstige Leistungen (§ 22 Abs. 2)	1456
214.	**§ 23 VOF – Qualifikation des Auftragnehmers**	1456
214.1	Vergleichbare Regelungen	1457
214.2	Änderungen in der VOF 2006	1457
214.3	Architekt oder eine Fachrichtung (§ 23 Abs. 1)	1457
214.4	Keine abschließende Qualifikationsregelung	1457
215.	**§ 24 VOF – Auftragserteilung**	1457
215.1	Vergleichbare Regelungen	1457
215.2	Änderungen in der VOF 2006	1458
215.3	Bieterschützende Vorschrift	1458
215.4	Verhältnis von § 24 zu § 16	1458
215.5	Subjektive Wertung und Prognose des Auftraggebers als Auswahlentscheidung	1458
215.6	Anforderungen an eine Auftragsverhandlung (§ 24 Abs. 1)	1458
215.7	Ersetzung der Auftragsverhandlung durch die Empfehlung eines Preisgerichts	1459

1371

Teil 5 Inhaltsverzeichnis   Verdingungsordnung für freiberufliche Leistungen

215.8	Nachholung eines Auftragsgespräches im Nachprüfungsverfahren	1459
215.9	Ermittlung des Auftragnehmers (§ 24 Abs. 1)	1459
215.10	Präsentation von Referenzobjekten (Abs. 2)	1459
215.10.1	Allgemeines	1459
215.10.2	Unaufgefordert vorgelegte Lösungsvorschläge (Abs. 2 Satz 3)	1459
215.11	Lösungsvorschläge für die Planungsaufgabe (§ 24 Abs. 3)	1460
215.11.1	Überprüfung eventueller Verstöße im Nachprüfungsverfahren	1460
216.	§ 25 VOF – Planungswettbewerbe	1460
216.1	Änderungen in der VOF 2006	1461
216.2	Verhältnis zu § 20 VOF	1461
216.3	Bekanntmachungspflicht	1461
216.4	Verknüpfung von Planungswettbewerben mit der Vergabe eines Auftrages nach der VOF	1461
216.4.1	Durchführung von Planungswettbewerben	1461
216.4.2	Durchführung eines Planungswettbewerbs nach der 1. Stufe eines VOF-Verfahrens	1462
216.4.3	Voraussetzungen einer Beauftragung im Anschluss an einen Planungswettbewerb	1462
216.4.4	Vergaberechtliche Anforderungen an einen Planungswettbewerb	1462
216.4.4.1	Grundsatz	1462
216.4.4.2	Anforderungen an die Auswahlkriterien für die Teilnehmer	1462
216.4.4.3	Anwendung der Auswahlkriterien auf alle Teilnehmer	1463
216.4.4.4	Berücksichtigung von Eignungskriterien auf verschiedenen Stufen	1463
216.4.4.5	Angabe der Gewichtung der Auswahlkriterien	1463
216.4.4.6	Dokumentationspflicht	1463
216.4.4.7	Anonymität von Wettbewerbsarbeiten	1463
216.5	Veröffentlichte einheitliche Richtlinien für Planungswettbewerbe	1463
216.6	Primärrechtsschutz bereits im Planungswettbewerb	1464
216.7	Bedeutung der Entscheidung eines Preisgerichts	1464
216.7.1	Allgemeines	1464
216.7.2	Bedeutung für den Fall, dass Planungsleistungen an einen oder mehrere Preisträger vergeben werden sollen	1464
216.8	Notwendigkeit einer vergaberechtlichen Rüge (§ 107 Abs. 3 GWB)	1464
216.9	Triftige Gründe für eine Nichtbeauftragung eines Architekten im Anschluss an einen Wettbewerb	1464
216.10	Zulässigkeit der Forderung des Auftraggebers nach einer Weiterentwicklung der Wettbewerbsentwürfe	1465
216.11	Kooperatives Workshopverfahren	1465
217.	§ 26 VOF – Unteraufträge	1465
217.1	Vergleichbare Regelungen	1466
217.2	Änderungen in der VOF 2006	1466
217.3	Angabe der Nachunternehmerleistungen	1466
217.4	Konsequenz der Vergabe von Generalplanerleistungen	1466
217.5	Bedeutung in der Rechtsprechung	1466

192. § 1 VOF – Freiberufliche Leistungen

Die VOF findet Anwendung auf die Vergabe von Leistungen, die im Rahmen einer freiberuflichen Tätigkeit erbracht oder im Wettbewerb mit freiberuflich Tätigen angeboten werden.

Die VOF findet nach § 1 Anwendung auf die Vergabe von Leistungen, die im Rahmen einer freiberuflichen Tätigkeit erbracht oder im Wettbewerb mit freiberuflich Tätigen angeboten werden. 7799

192.1 Änderungen durch die VOF 2006

Im Zuge der Neufassung der VOF 2006 wurde § 1 **nicht geändert**. 7800

192.2 Verhältnis zu § 5 VgV

§ 1 VOF ist **von seinem Wortlaut her enger gefasst als** die Beschreibung des § 5 VgV, der den Anwendungsbereich der VOF auf Auslobungsverfahren, die zu solchen (= freiberuflichen) Dienstleistungen führen sollen, erweitert. Aufgrund der Normenhierarchie ist für den Anwendungsbereich auf § 5 VgV abzustellen. 7801

192.3 Freiberufliche Tätigkeit

Vgl. dazu im Einzelnen die Kommentierung zu § 1 VOL/A RZ 6174. 7802

192.4 Leistungen im Wettbewerb mit freiberuflich Tätigen

Vgl. dazu im Einzelnen die Kommentierung zu § 1 VOL/A RZ 6178. 7803

193. § 2 VOF – Anwendungsbereich

(1) Die Bestimmungen der VOF sind auf die Vergabe von Leistungen im Sinne des § 1 anzuwenden, soweit sie im Anhang I A und im Anhang I B genannt sind. Für die Vergabe der in Anhang I B genannten Leistungen gelten nur § 8 Abs. 2 bis 7 und § 17.

(2) Die Bestimmungen der VOF sind anzuwenden, sofern der Auftragswert die Werte für Dienstleistungen oder Wettbewerbe ohne Umsatzsteuer nach § 2 der Vergabeverordnung erreicht oder übersteigt und soweit sich nicht aus § 5 der Vergabeverordnung anderes ergibt. Eindeutig und erschöpfend beschreibbare freiberufliche Leistungen sind nach der Verdingungsordnung für Leistungen (VOL) zu vergeben.

(3) Die Vergabe folgender Aufträge ist von den Bestimmungen ausgenommen:

a) **Aufträge über Schiedsgerichts- und Schlichtungsleistungen,**

b) **Aufträge über Forschungs- und Entwicklungsdienstleistungen anderer Art als derjenigen, deren Ergebnisse ausschließlich Eigentum des Auftraggebers für seinen Gebrauch bei der Ausübung seiner eigenen Tätigkeit sind, sofern die Dienstleistung vollständig durch den Auftraggeber vergütet wird.**

(4) Aufträge, deren Gegenstand Dienstleistungen sowohl des Anhang I A als auch des Anhang I B sind, werden nach den Regelungen für diejenigen Dienstleistungen vergeben, deren Wert anteilsmäßig überwiegt.

193.1 Änderungen durch die VOF 2006

In § 2 Abs. 2 VOF wurde der **inhaltliche Anwendungsbereich der VOF,** nämlich Dienstleistungen und Wettbewerbe, **neu aufgenommen.** 7804

Teil 5 VOF § 2   Verdingungsordnung für freiberufliche Leistungen

7805 In § 2 Abs. 2 ist zur **Bestimmung des sachlichen Anwendungsbereiches** nicht mehr auf die in der Vergabeverordnung (VgV) enthaltenen Euro-Beträge abgestellt, sondern auf die **jeweilige Bestimmung der VgV selbst.**

193.2 Freiberufliche Leistungen des Anhangs I A und des Anhangs I B (§ 2 Abs. 1 Satz 1)

193.2.1 Anhang I A und Anhang I B

7806 Die Bestimmungen der VOF sind auf die Vergabe von freiberuflichen Leistungen anzuwenden, soweit sie im Anhang I A und im Anhang I B der VOF genannt sind. Vgl. dazu im Einzelnen die **Kommentierung zu § 1 a VOL/A** RZ 6205.

193.2.2 Freiberufliche Leistungen

7807 Die in den Anhängen I A und I B genannten Dienstleistungen können nur dann von der VOF erfasst werden, wenn es sich um **freiberufliche Leistungen im Sinne des § 1 VOF** handelt; für die **übrigen (gewerblichen) Dienstleistungen** der Anhänge I A und I B gelten die **Regelungen der VOL/A** (vgl. § 1 a Nr. 2 VOL/A).

193.2.3 Hinweis

7808 Vgl. zu den Leistungen der Anhänge I A und I B sowie der Abgrenzung zwischen freiberuflichen und nichtfreiberuflichen Leistungen die **Kommentierung zu § 1 VOL/A** RZ 6205 ff.

193.3 Schwellenwerte (§ 2 Abs. 2 Satz 1)

7809 Die Bestimmungen der VOF sind nur anzuwenden, wenn bestimmte Schwellenwerte erreicht sind, wenn also das Auftragsvolumen für den Dienstleistungserbringer ein bestimmtes Volumen erreicht.

193.3.1 Verhältnis des § 2 Abs. 2 VOF zu § 2 VgV

7810 Nach Inkrafttreten der Vergabeverordnung richten sich die einschlägigen **Schwellenwerte ausschließlich nach § 2 VgV** (1. VK Bund, B. v. 2. 5. 2003 – Az.: VK 1-25/03; VK Nordbayern, B. v. 24. 9. 2003 – Az.: 320.VK-3194-30/03). Entscheidend sind also die Regelungen der Vergabeverordnung.

193.3.2 Höhe der Schwellenwerte

7811 Die VOF muss – sofern alle übrigen Voraussetzungen für die Anwendung der VOF erfüllt sind – angewendet werden
- für **freiberufliche Dienstleistungsaufträge der obersten oder oberen Bundesbehörden sowie vergleichbarer Bundeseinrichtungen** außer Forschungs- und Entwicklungs-Dienstleistungen und Dienstleistungen des Anhangs II B der Richtlinie 2004/18/EG des Europäischen Parlaments und des Rates vom 31. 3. 2004 über die Koordinierung der Verfahren zur Vergabe öffentlicher Bauaufträge, Lieferaufträge und Dienstleistungsaufträge, ABl. L 134 vom 30. 4. 2004 S. 114, berichtigt durch ABl. L 351 S. 44 vom 26. 11. 2004, zuletzt geändert durch die Verordnung (EG) Nr. 2083/2005 der Kommission vom 19. 12. 2005, ABl. L 333 S. 28, **ab einem Schwellenwert von 137 000 €**
- für **alle anderen freiberuflichen Dienstleistungsaufträge ab einem Schwellenwert von 211 000 €**
- für Auslobungsverfahren (also insbesondere Architektenwettbewerbe), die zu **freiberuflichen Dienstleistungsaufträgen der obersten oder oberen Bundesbehörden sowie vergleichbarer Bundeseinrichtungen** außer Forschungs- und Entwicklungs-Dienstleistungen und Dienstleistungen des Anhangs II B der Richtlinie 2004/18/EG des Europäischen Parlaments und des Rates vom 31. 3. 2004 über die Koordinierung der Verfahren zur Vergabe öffentlicher Bauaufträge, Lieferaufträge und Dienstleistungsaufträge, ABl. L 134 vom 30. 4.

Verdingungsordnung für freiberufliche Leistungen VOF § 2 **Teil 5**

2004 S. 114, berichtigt durch ABl. L 351 S. 44 vom 26. 11. 2004, zuletzt geändert durch die Verordnung (EG) Nr. 2083/2005 der Kommission vom 19. 12. 2005, ABl. L 333 S. 28, führen sollen, **ab einem Schwellenwert von 137 000 €**

– für alle übrigen Auslobungsverfahren (also insbesondere Architektenwettbewerbe), die zu **freiberuflichen Dienstleistungsaufträgen** führen sollen, **ab einem Schwellenwert von 211 000 €**

– für freiberufliche Auslobungsverfahren (z. B. Ideenwettbewerbe im Architekturbereich), die nicht zu **freiberuflichen Dienstleistungsaufträgen der obersten oder oberen Bundesbehörden sowie vergleichbarer Bundeseinrichtungen** außer Forschungs- und Entwicklungs-Dienstleistungen und Dienstleistungen des Anhangs II B der Richtlinie 2004/18/EG des Europäischen Parlaments und des Rates vom 31. 3. 2004 über die Koordinierung der Verfahren zur Vergabe öffentlicher Bauaufträge, Lieferaufträge und Dienstleistungsaufträge, ABl. L 134 vom 30. 4. 2004 S. 114, berichtigt durch ABl. L 351 S. 44 vom 26. 11. 2004, zuletzt geändert durch die Verordnung (EG) Nr. 2083/2005 der Kommission vom 19. 12. 2005, ABl. L 333 S. 28, führen sollen, **ab einem Schwellenwert von 137 000 €**

– für alle übrigen freiberuflichen Auslobungsverfahren (z. B. Ideenwettbewerbe im Architekturbereich), die nicht zu **freiberuflichen Dienstleistungsaufträgen** führen sollen, **ab einem Schwellenwert von 211 000 €**

– für Lose von **freiberuflichen Dienstleistungsaufträgen sowohl der obersten oder oberen Bundesbehörden sowie vergleichbarer Bundeseinrichtungen** außer Forschungs- und Entwicklungs-Dienstleistungen und Dienstleistungen des Anhangs II B der Richtlinie 2004/18/EG des Europäischen Parlaments und des Rates vom 31. 3. 2004 über die Koordinierung der Verfahren zur Vergabe öffentlicher Bauaufträge, Lieferaufträge und Dienstleistungsaufträge, ABl. L 134 vom 30. 4. 2004 S. 114, berichtigt durch ABl. L 351 S. 44 vom 26. 11. 2004, zuletzt geändert durch die Verordnung (EG) Nr. 2083/2005 der Kommission vom 19. 12. 2005, ABl. L 333 S. 28, **als auch allen übrigen freiberuflichen Dienstleistungsaufträgen ab einem Schwellenwert von 80 000 €** oder **bei Losen unterhalb von 80 000 €, deren addierter Wert ab 20 vom Hundert des Gesamtwertes aller Lose beträgt**

193.4 Anwendung der VOF auf freiberufliche Aufträge im Sektorenbereich (§ 5 Satz 3, § 2 Nr. 8 VgV)

Die VOF findet auf freiberufliche Dienstleistungsaufträge im Sektorenbereich keine Anwendung (§ 5 Satz 3, § 2 Nr. 8 VgV).   7812

193.5 Anwendung der VOF nur auf nicht eindeutig und erschöpfend beschreibbare freiberufliche Leistungen (§ 2 Abs. 2 Satz 2 VOF, § 5 Satz 2 VgV)

193.5.1 Allgemeines

Nach § 2 Abs. 2 Satz 2 VOF sind **eindeutig und erschöpfend beschreibbare freiberufliche Leistungen** nicht nach der VOF, sondern nach der Verdingungsordnung für Leistungen (VOL) zu vergeben. § 5 Satz 2 VgV definiert diese Ausnahme vom Anwendungsbereich der VOF weitergehend dergestalt, dass die VOF keine Anwendung findet bei **Dienstleistungen, deren Gegenstand eine Aufgabe ist, deren Lösung vorab eindeutig und erschöpfend beschrieben** werden kann. Aufgrund des Vorrangverhältnisses der VgV zur VOF ist die – weitergehende – Definition der VgV den jeweiligen Vergabeüberlegungen zugrunde zu legen.   7813

193.5.2 Beschreibbarkeit

193.5.2.1 Europarechtlicher Hintergrund

Das Kriterium, dass die Leistung vorab nicht eindeutig und erschöpfend beschreibbar ist, geht zurück auf **Art. 30 Abs. 1 Buchstabe c) Vergabekoordinierungsrichtlinie** (ehemals **Art. 11 Abs. 2 lit. c DLR** („dass vertragliche Spezifikationen nicht hinreichend genau festgelegt werden können") sowie auf den **24. Erwägungsgrund der – inzwischen aufgehobenen – DLR** („wenn die zu erbringende Leistung nicht ausreichend genau beschreibbar ist") – .   7814

Teil 5 VOF § 2 Verdingungsordnung für freiberufliche Leistungen

Entscheidend für die Zulassung des Verhandlungsverfahrens nach der VOF ist demnach also, dass es sich um Dienstleistungen handelt, die vor Auftragsvergabe nicht hinreichend genau und erschöpfend beschreibbar sind, um im Rahmen der Bestimmungen eines offenen oder nichtoffenen Verfahrens vergeben werden zu können (insbesondere müsste der Auftraggeber hier im Stande sein, auf Grund seiner Leistungsbeschreibung ohne Verhandlungen einseitig den Zuschlag zu erteilen und somit den Vertrag mit einem Bieter zu schließen). Es handelt sich **bei Art. 30 Abs. 1 Buchstabe c) Vergabekoordinierungsrichtlinie** (ehemals **Art. 11 Abs. 2 lit. c DLR**) **also um einen Ausnahmetatbestand des Verhandlungsverfahrens zum Anwendungsbereich des Offenen bzw. nichtoffenen Verfahrens.** Das Verhandlungsverfahren setzt aber generell voraus (also auch bei der Vergabe von freiberuflichen Leistungen), dass zwischen einem fachlich hinreichend erfahrenem Auftraggeber und einem fachkundigen Auftragnehmer vorab Gespräche und Verhandlungen hinsichtlich der zu erbringenden Leistung geführt werden müssen, um den Auftrag in der notwendigen Eindeutigkeit und Bestimmtheit erteilen zu können. Hierauf ist bei der Eingrenzung der Merkmale „nicht eindeutig und erschöpfend beschreibbar" (§§ 5 VgV, § 2 Abs. 2 VOF) abzustellen (Saarländisches OLG, B. v. 20. 9. 2006 – Az.: 1 Verg 3/06; VK Südbayern, B. v. 31. 10. 2002 – Az.: 42-10/02).

193.5.2.2 Inhalt

7815 Eine im Vorhinein nicht eindeutig und erschöpfend beschreibbare freiberufliche Leistung, die nach der VOF, und zwar grundsätzlich im Verhandlungsverfahren mit vorheriger Vergabebekanntmachung zu vergeben ist (§ 5 Abs. 1 VOF), **liegt vor, wenn eine geistig-schöpferische, planerische Leistung im Sinne der Lösung einer Aufgabe nachgefragt wird,**
– deren Resultat im Voraus noch nicht feststeht bzw.
– deren Lösung sich erst durch die Leistung entwickelt bzw.
– ohne deren planerische Umsetzung/vorweggenommene Planung vorab eine eindeutige und erschöpfende Beschreibung nicht möglich ist bzw.
– zu deren Realisierung ein Beurteilungsspielraum gegeben ist.

7816 Insbesondere wird es dabei um Fälle gehen, in denen das Ergebnis der Leistung das entscheidende ist **(Werkvertrag);** kommt es darauf an, dass der Dienstleistungserbringer in einer bestimmten Weise tätig wird **(Dienstvertrag),** wird sich die Art des Tätigwerdens oftmals genau beschreiben lassen. Es ist daher im Einzelfall festzustellen, ob die beauftragte Leistung der einen oder der anderen Kategorie zugehört (VK Saarland, B. v. 19. 5. 2006 – Az.: 3 VK 03/2006; VK Südbayern, B. v. 31. 10. 2002 – Az.: 42-10/02; im Ergebnis ebenso VK Brandenburg, B. v. 23. 11. 2004 – Az.: VK 58/04).

7817 Es kann **kein scharfer, eindeutiger Trennstrich** gezogen werden zwischen einer nicht beschreibbaren geistig-schöpferischen Lösung und einer bereits „gelösten" und nur noch auszuführenden Dienst- oder Werkleistung. Jede Leistungserbringung erfordert geistige und schöpferische Arbeit im Sinne einer eigenen Arbeitsorganisation, Arbeitstechnik, Anwendung fachlicher Regeln, Lösung von situationsbedingten Schwierigkeiten, so wie eine geistig-schöpferische Leistung in jedem einzukaufenden Produkt bereits verkörpert wird. Damit kann sich auch eine Leistungsbeschreibung im Leistungsbereich der „Lösung" nur mehr oder weniger annähern, aber – zumindest in der Regel – keine Durchführungsanordnung für jede Minute und jeden Handgriff darstellen. Haben sich daher bei der konkreten Aufgabe die Vorgaben des Auftraggebers der Lösung bereits soweit genähert, dass **kein Raum für notwendige Verhandlungen** verbleibt und **hat der Auftragnehmer keinen kreativen Spielraum mehr,** um erstmalig dem Auftraggeber etwa zu beachtende Anforderungen mit den dazu in Frage kommenden planerisch/technischen Lösungen zu benennen, besteht keine Veranlassung bzw. Notwendigkeit, die gewünschte Leistung unter Anwendung der Regelungen der VOF zu beschaffen (OLG München, B. v. 28. 4. 2006 – Az.: Verg 6/06; VK Düsseldorf, B. v. 30. 9. 2002 – Az.: VK – 26/2002 – L).

7818 Ist ein solcher **schöpferischer, gestalterischer und konstruktiver Freiraum in erkennbarem Maß vorhanden und gewollt,** geht es insbesondere darum, dass der **Auftragnehmer** aufgrund seiner beruflichen Erfahrung und Kompetenz eine **eigenständige, kreative Lösung findet,** so mag das planerische Ziel des Auftrags beschreibbar sein, **nicht jedoch die planerische Umsetzung** (OLG München, B. v. 28. 4. 2006 – Az.: Verg 6/06).

193.5.2.3 Beschreibbarkeit von Architekten- und Ingenieurleistungen

7819 Die Rechtsprechung hatte sich bisher mehrmals mit Fragen der Beschreibbarkeit von Architekten- und Ingenieurleistungen zu befassen. Die Ergebnisse sind nicht einheitlich.

193.5.2.3.1 Erteilung eines Vollauftrages im Sinne der HOAI. Bei der Vergabe 7820
von Architekten- und Ingenieurleistungen wird im Allgemeinen davon ausgegangen, dass
die **Leistungen vorab nicht eindeutig und erschöpfend beschreibbar sind, wenn ein
Vollauftrag (Leistungsphasen $^1/_2$–$^8/_9$) erteilt werden soll.** Dies ergibt sich daraus, dass
hierbei der Planungsanteil, der den überwiegenden Anteil des Vollauftrags ausmacht, von
einer geistig-schöpferischen Tätigkeit geprägt ist und sich somit einer Beschreibbarkeit entzieht (VK Südbayern, B. v. 31. 10. 2002 – Az.: 42-10/02). Dies ist nach der Rechtsprechung
unstreitig.

193.5.2.3.2 Vergabe der Leistungen ab der Leistungsphase 6 der HOAI. Es ist höchst 7821
fragwürdig, ob die Leistungsphasen 5 bis 9 – nach HOAI detailliert beschrieben und mit
einem mit Planungsunterlagen versehenem Planfeststellungsbescheid verbunden – **überhaupt
noch nicht beschreibbare Elemente im Sinne einer geistig schöpferischen Leistung
enthalten.** Die Aufgabenstellung der Leistungsgruppe 5 ist in der HOAI detailliert beschreiben
und bedeutet die Umsetzung der dem Genehmigungsbescheid zugrunde liegenden Planung
1:100 in eine ausführungsgerechte Darstellung Maßstab 1:50. Die Leistungsstufe 6 umfasst die
Vorbereitung der Vergabe, in der keine gestalterischen Elemente mehr enthalten sind. Stufe 7 ist
beschrieben mit der Mitwirkung bei der Vergabe und handelt vom Zusammenstellen der
Verdingungsunterlagen bis hin zur Kostenkontrolle (VK Arnsberg, B. v. 9. 4. 2002 – Az.: VK
3-03/02).

Bei der **isolierten Vergabe der Objektüberwachung (entsprechend Leistungsphase 8)** 7822
ist grundsätzlich die VOL/A anzuwenden, da die Leistung regelmäßig eindeutig beschreibbar ist. Lediglich wenn ganz besondere Anforderungen an den Objektüberwacher gestellt werden, die eine Beschreibbarkeit der Leistung nicht ermöglichen, kann die VOF Anwendung finden. In einem solchen Fall ist in dem Vergabevermerk eine Begründung für die fehlende
Beschreibbarkeit der Leistung aufzunehmen (1. VK Sachsen, B. v. 29. 6. 2001 – Az.: 1/SVK/
31-01; im Ergebnis ebenso VK Arnsberg, B. v. 9. 4. 2002 – Az.: VK 3-03/02; in der Tendenz
ebenso VK Schleswig-Holstein, B. v. 12. 11. 2004 – Az.: VK-SH 30/04).

Die VK Südbayern (B. v. 31. 10. 2002 – Az.: 42-10/02) hat in diesem Sinne die Anwendbar- 7823
keit der VOF auch für die Objektüberwachung bejaht, wenn es sich **bei der Baumaßnahme
zum großen Teil um Umbau und Sanierungsarbeiten handelt,** welche schon von ihrer
Natur her vorab nicht hinreichend beschreibbar sind. Dem Auftragnehmer soll nämlich hierbei
eigenverantwortlich die technische und gestalterische Umsetzung der Planung übertragen werden. Um den Erfolg seiner Leistung gewährleisten zu können, ist ihm eine gewisse Entscheidungsfreiheit bzw. ein Beurteilungsspielraum zuzugestehen, der es ihm ermöglicht, schnell auf
unvorhergesehene Umstände zu reagieren. Die von Architekten und Ingenieuren bewirkten
Leistungsergebnisse in Form des mit dem Auftraggeber vereinbarten „Werkes" sind das Erfordernis von Denkprozessen, deren die Erfüllung der Aufgabenstellung erforderlichen Leistungen in Inhalt und Ablauf nicht vorab, erst recht nicht eindeutig und erschöpfend beschreibbar
sind. **Dies gilt auch für die Leistungen im Rahmen der Projektsteuerung und Objektüberwachung.** So ist es erforderlich, dem Planungs- und Baugeschehen förderliche Reaktionen auf unerwartete Ereignisse im Zuge der Abwicklung einer Maßnahme durch den Einsatz
von Ingenieurerfahrung und -kreativität sowie Managementerfahrung garantieren zu können.
Derartige Reaktionen sind wegen der Unkalkulierbarkeit unerwarteter Ereignisse nicht „vorab
eindeutig und erschöpfend zu beschreiben.

193.5.2.3.3 Vergabe von Projektsteuerungsleistungen. Die Rechtsprechung bejaht die 7824
Anwendbarkeit der VOF bei der Vergabe von Projektsteuerungsleistungen, ohne sich
allerdings im Einzelnen mit dem Tatbestandsmerkmal der „Beschreibbarkeit" auseinander zu
setzen (1. VK Sachsen, B. v. 19. 5. 2000 – Az.: 1/SVK/42-00, ebenso B. v. 5. 1. 2001 – Az.:
1/SVK/111-00; VK Nordbayern, B. v. 19. 7. 2002 – Az.: 320.VK-3194-20/02; VK Südbayern,
B. v. 31. 10. 2002 – Az.: 42-10/02; VK Thüringen, B. v. 22. 1. 2003 – Az.: 216-4004.20-
067/02-EF-S).

193.5.2.4 Beschreibbarkeit von DV-Leistungen

Eine Ausschreibung von DV-Leistungen im Verhandlungsverfahren der VOF durchzuführen, 7825
kann sachlich gerechtfertigt sein, wenn der **Leistungsumfang im Laufe des Verfahrens
einem Entwicklungsprozess unterworfen** und von Anfang an nicht so vorstrukturiert ist,
dass die Bieter das Leistungsprogramm ohne weiteres hätten abarbeiten können (VK Baden-
Württemberg, B. v. 7. 1. 2003 – Az.: 1 VK 68/02).

193.5.2.5 Beschreibbarkeit von Altlastenverdachtsstandorten

7826 Die VK Südbayern (B. v. 27. 9. 2002 – Az.: 36-08/02; bestätigt durch BayObLG, B. v. 27. 2. 2003 – Az.: Verg 25/02) war im konkreten Fall der Auffassung, dass eine **Untersuchung von Rüstungsaltlastverdachtsstandorten im Sinne einer vertieften historischen Erkundung der Einzelstandorte mit Prioritätensetzung nach der VOF** ausgeschrieben werden musste.

193.5.2.6 Weitere Beispiele aus der Rechtsprechung

7827 – **Erstellung eines Leitungskatasters Trinkwasser** (1. VK Sachsen, B. v. 6. 10. 2000 – Az.: 1/SVK/80-00), wobei die Vergabekammer die **Anwendbarkeit der VOF offen** ließ
– **Unterstützung der Gemeinsamen Verwaltungsbehörde (GVB) des Landes ... bei der Erfüllung ihrer Aufgaben im Rahmen der Organisation, Begleitung und Bewertung der EU-Strukturfonds** (OLG Rostock, B. v. 9. 5. 2001 – Az.: 17 W 4/01) – **Anwendbarkeit der VOF** nicht in Zweifel gezogen

193.5.3 Beschreibbarkeit vorab

7828 Das Wort „vorab" macht deutlich, dass es für die **Beurteilung der Beschreibbarkeit auf eine Beurteilung ex-ante** ankommt. Dabei ist die **Sicht des Auftraggebers ausschlaggebend,** der im Rahmen der Vorbereitung der Ausschreibung beurteilen muss, welches Verfahren und welche Verdingungsordnung anwendbar sind. Dies kann jedoch nur grundsätzlich gelten, da hierbei nicht auf den einzelnen Auftraggeber abzustellen ist (VK Südbayern, B. v. 31. 10. 2002 – Az.: 42-10/02).

193.6 Ausnahmen vom Anwendungsbereich der VOF (§ 2 Abs. 3)

7829 Nach § 2 Abs. 3 VOF ist die Vergabe folgender Aufträge von den Bestimmungen der VOF ausgenommen:

a) Aufträge über **Schiedsgerichts- und Schlichtungsleistungen**

b) Aufträge über **Forschungs- und Entwicklungsdienstleistungen** anderer Art als derjenigen, deren Ergebnisse ausschließlich Eigentum des Auftraggebers für seinen Gebrauch bei der Ausübung seiner eigenen Tätigkeit sind, sofern die Dienstleistung vollständig durch den Auftraggeber vergütet wird.

7830 Die **Regelung** ist insoweit **überflüssig,** als bereits nach § 100 Abs. 2 Buchstabe l) (Schiedsgerichts- und Schlichtungsleistungen) bzw. nach § 100 Abs. 2 Buchstabe n) (Forschungs- und Entwicklungsdienstleistungen) diese Leistungen vom Anwendungsbereich des Vergaberechts ausgenommen sind.

193.7 Vergabe gemischter Dienstleistungen (§ 2 Abs. 4)

7831 Aufträge, deren Gegenstand Dienstleistungen sowohl des Anhangs I A als auch des Anhangs I B sind, werden nach den Regelungen für diejenigen Dienstleistungen vergeben, deren Wert anteilsmäßig überwiegt. In dieser Regelung kommt **das allgemeine Schwerpunktprinzip des § 99 Abs. 6 GWB** zum Ausdruck, das beispielsweise auch bei der Vergabe von gemischten Leistungen nach der VOB und der VOL Anwendung findet.

194. § 3 VOF – Berechnung des Auftragswertes

(1) **Bei der Berechnung des geschätzten Auftragswertes ist von der geschätzten Gesamtvergütung für die vorgesehene Auftragsleistung auszugehen. Die Gesamtvergütung bestimmt sich im Falle des Vorliegens gesetzlicher Gebühren- oder Honorarordnungen nach der jeweils anzuwendenden Gebühren- oder Honorarordnung, in anderen Fällen nach der üblichen Vergütung. Ist eine derartige Vergütung nicht feststellbar, ist der Auftragswert unter Berücksichtigung des voraussichtlichen Zeitaufwands, Schwierigkeitsgrads und Haftungsrisikos zu schätzen.**

(2) **Die Berechnung des Auftragswertes oder eine Teilung des Auftrages darf nicht in der Absicht erfolgen, ihn der Anwendung dieser Bestimmungen zu entziehen.**

(3) Soweit die zu vergebende Leistung in mehrere Teilaufträge derselben freiberuflichen Leistungen aufgeteilt wird, muss ihr Wert bei der Berechnung des geschätzten Gesamtwertes addiert werden. Teile eines Auftrags, deren geschätzte Vergütung unter 80 000 Euro liegt, können ohne Anwendung der VOF bis zu einem Anteil von 20 v. H. der geschätzten Gesamtvergütung der Summe aller Auftragsanteile vergeben werden.

(4) Bei regelmäßig wiederkehrenden Aufträgen oder Daueraufträgen ist der voraussichtliche Auftragswert

– entweder nach dem tatsächlichen Gesamtwert entsprechender Aufträge für ähnliche Arten von Leistungen aus dem vorangegangenen Haushaltsjahr oder den vorangegangenen 12 Monaten zu berechnen; dabei sind voraussichtliche Änderungen bei Mengen oder Kosten während der auf die erste Leistung folgenden 12 Monate zu schätzen

– oder der geschätzte Gesamtwert, der sich für die auf die erste Leistung folgenden 12 Monate bzw. für die gesamte Laufzeit des Vertrages ergibt.

(5) Bei Verträgen, für die kein Gesamtpreis angegeben wird, ist bei einer Laufzeit von bis zu 48 Monaten der Auftragswert der geschätzte Gesamtwert für die Laufzeit des Vertrages, bei anderen Verträgen der mit 48 multiplizierte Wert der monatlichen Vergütung.

(6) Sieht der beabsichtigte Auftrag über die Vergabe einer freiberuflichen Leistung Optionsrechte vor, so ist der Auftragswert aufgrund des größtmöglichen Gesamtwertes unter Einbeziehung der Optionsrechte zu berechnen.

194.1 Änderungen durch die VOF 2006

§ 3 VOF ist im Zuge der VOF 2006 **nicht geändert** worden. 7832

194.2 Geschätzte Gesamtvergütung für die vorgesehene Auftragsleistung (§ 3 Abs. 1 Satz 1)

Nach § 3 Abs. 1 Satz 1 VOF ist bei der Berechnung des geschätzten Auftragswertes von der 7833 geschätzten Gesamtvergütung für die vorgesehene Auftragsleistung auszugehen.

194.2.1 Hinweis auf § 3 Abs. 1 VgV

§ 3 Abs. 1 Satz 1 VOF deckt sich inhaltlich nach der Änderung der VgV 2006 nicht mehr 7834 mit § 3 Abs. 1 VgV; aufgrund des **Vorrangs der VgV geht § 3 Abs. 1 VgV dem § 3 VOF vor;** vgl. daher die Kommentierung RZ 3157.

194.2.2 Gesamtvergütung für die vorgesehene Auftragsleistung bei Architekten- und Ingenieurleistungen

194.2.2.1 Abschnittsweise Beauftragung eines Vollauftrages von Architekten- und Ingenieurleistungen an einen Auftragnehmer

Schon aufgrund haushaltsrechtlicher Notwendigkeiten **beauftragen** viele öffentliche Auf- 7835 traggeber die **einzelnen Leistungsphasen der HOAI** nicht insgesamt, sondern **abschnittsweise.** Obwohl die Übertragung erst nach Genehmigung der Haushaltsunterlage Bau und durch schriftliche, zusätzliche Beauftragung erfolgen soll und **ein Rechtsanspruch seitens der Beigeladenen auf Übertragung weiterer Leistungen nicht besteht,** führt die im Grundsatz getroffene Entscheidung der Vergabestelle, die Leistung insgesamt ausgeführt haben zu wollen, dazu, dass die **beabsichtigte Beauftragung weiterer Leistungsphasen in die Berechnung des Schwellenwertes eingeht.** Wäre dies nicht so, dann würde Umgehungsversuchen Tür und Tor geöffnet. Insoweit wird auch auf § 3 Abs. 6 VOF verwiesen, wobei dahingestellt bleiben kann, ob es sich bei der in Aussicht genommenen Beauftragung weiterer Leistungsphasen um ein Optionsrecht handelt oder nicht (1. VK Bremen, B. v. 25. 9. 2001 – Az.: VK 5/01; VK Thüringen, B. v. 22. 1. 2003 – Az.: 216-4004.20-067/02-EF-S).

Teil 5 VOF § 3   Verdingungsordnung für freiberufliche Leistungen

194.2.2.2 Gesplittete Beauftragung von Architekten- und Ingenieurleistungen an mehrere Auftragnehmer

7836   Viele öffentliche Auftraggeber vergeben insbesondere die **Leistungen bei der Technischen Ausrüstung (Teil IX der HOAI) an unterschiedliche freischaffende Ingenieure**. Aufteilungsmaßstab können beispielsweise die in § 68 HOAI genannten Anlagengruppen sein. Für die Berechnung des Schwellenwertes sind dann die anrechenbaren Kosten für alle Anlagengruppen als **Lose der technischen Ausrüstung** gemäß § 3 Abs. 3 VOF zusammen zu zählen (vgl. im Einzelnen die Kommentierung zu § 3 RZ 7840).

194.3 Gesetzliche Gebühren- oder Honorarordnungen

194.3.1 HOAI

7837   In der Praxis der Vergaberechtsprechung spielt insoweit nur die Honorarordnung für Architekten und Ingenieure (HOAI) eine Rolle.

194.3.2 Empfehlung der AHO-Fachkommission Projektsteuerung

7838   Nach Auffassung der VK Thüringen (B. v. 22. 1. 2003 – Az.: 216-4004.20-067/02-EF-S) ist eine Vergabestelle dann, wenn sie Projektsteuerungsleistungen auf der Basis der Empfehlung der AHO-Fachkommission Projektsteuerung ausgeschrieben hat, **mit Blick auf den Schwellenwert an die Honorarempfehlungen der Fachkommission gebunden**.

194.4 Verbotene Umgehung (§ 3 Abs. 2)

7839   § 3 Abs. 2 VOF entspricht im Wesentlichen der Vorschrift des § 3 Abs. 2 VgV; vgl. insoweit Kommentierung zu § 3 VgV RZ 3193.

194.5 Teilaufträge derselben freiberuflichen Leistungen (§ 3 Abs. 3)

194.5.1 Begriffsinhalt

7840   Bereits unter RZ 7836 habe ich darauf hingewiesen, dass nach der Rechtsprechung die **gesplittete Beauftragung von Architekten- und Ingenieurleistungen – die an einen Auftragnehmer vergeben werden könnten – an mehrere Auftragnehmer** im Ergebnis eine **losweise Vergabe von Teilaufträgen** derselben freiberuflichen Leistungen darstellt. Eine Aufteilung in selbständige Unteraufträge und damit eine Umgehung der Verpflichtung zur europaweiten Ausschreibung ist nicht zulässig (VK Thüringen, B. v. 22. 1. 2003 – Az.: 216-4004.20-067/02-EF-S; 1. VK Sachsen, B. v. 30. 4. 2001 – Az.: 1/SVK/23-01, B. v. 5. 5. 2000 – Az.: 1/SVK/33-00; VK Südbayern, B. v. 25. 7. 2000 – Az.: 13-06/00).

7841   Zur Bestimmung derselben freiberuflichen Leistung wird man sich an der **Differenzierung der Teile der Honorarordnung für Architekten und Ingenieure (HOAI) orientieren** können (VK Schleswig-Holstein, B. v. 11. 1. 2006 – Az.: VK-SH 28/05).

7842   **Verschiedene freiberufliche Leistungen**, die **verschiedene Auftragnehmer ausführen sollen, sind jeweils für sich zu betrachten**, auch wenn sie sich auf ein Objekt beziehen. Will der **Auftraggeber unterschiedliche fachspezifische Leistungen zusammengefasst an einen Auftragnehmer vergeben** oder **behält er sich dies im Vergabeverfahren vor**, verbleibt es wiederum bei dem Grundsatz, dass auf die Summe der Leistungen abzustellen ist. Der **Auftraggeber** hat insoweit also eine **Steuerungsmöglichkeit**. Will er beispielsweise im Rahmen einer Ausschreibung für Beratungsleistungen hinsichtlich einer ÖPP-Maßnahme eine wirtschaftliche, technische und juristische Beratung erhalten, können dies je nach Gestaltung der Vergabeunterlagen drei verschiedene Leistungen – mit gegebenenfalls unterschiedlichem Schwellenwert – oder eine einheitliche Leistung – mit einem zusammen zu fassenden Schwellenwert sein (OLG München, B. v. 28. 4. 2006 – Az.: Verg 6/06).

194.5.2 Beispiele aus der Rechtsprechung

7843   – soweit die zu vergebende Leistung in mehrere Teilaufträge derselben freiberuflichen Leistungen aufgeteilt wird, muss ihr Wert bei der Berechnung des geschätzten Gesamtwertes addiert werden (§ 3 Abs. 3 VOF). **Werden Leistungen nachgefragt, die verschiedenen Fachbereichen der HOAI zuzuordnen sind (Los 1: Teil II, Los 2: Teil VIII, Los 3: Teil IX), handelt es sich jedoch grundsätzlich nicht um Teilaufträge derselben freiberuflichen Leistung.** Sehen die Ausschreibungsbedingungen daher vor, dass die „Fachlose" nur einzeln vergeben werden, ist hinsichtlich des Schwellenwertes folglich das einzelne Los zu betrachten, während bei der Beauftragung eines Generalplaners für die Ermittlung des Schwellenwerts dessen Gesamthonorar heranzuziehen und nicht etwa eine Unterteilung in einzelne Fachplanungsleistungen vorzunehmen wäre (VK Schleswig-Holstein, B. v. 11. 1. 2006 – Az.: VK-SH 28/05)

- **Objektplanung einer Freianlage, Tragwerksplanung sowie Baugrund- und Gründungsberatung eines Gebäudes und bauphysikalische Leistungen** als unterschiedliche Leistungen (VK Nordbayern, B. v. 27. 4. 2005 – Az.: 320.VK – 3194-13/05)
- **Technische Ausrüstung** (VK Südbayern, B. v. 25. 7. 2000 – Az.: 13-06/00; 1. VK Sachsen, B. v. 5. 5. 2000 – Az.: 1/SVK/33-00)
- **Vermessungsdienstleistungen** (VK Thüringen, B. v. 29. 5. 2000 – Az.: 216-4004.20-002/02EIS)
- **Objektplanung – Ingenieurleistungen** (VK Südbayern, B. v. 31. 10. 2002 – Az.: 42-10/02)

194.5.3 Berücksichtigung von Losen für den Schwellenwert (§ 3 Abs. 3 Satz 2)

Teile eines Auftrags, deren geschätzte Vergütung unter 80 000 € liegen, können ohne Anwendung der VOF bis zu einem Anteil von 20 v.H. der geschätzten Gesamtvergütung der Summe aller Auftragsanteile vergeben werden (VK Südbayern, B. v. 31. 10. 2002 – Az.: 42-10/02). 7844

194.6 Einbeziehung von Optionsrechten (§ 3 Abs. 6)

§ 3 Abs. 6 VOF entspricht nach der Änderung der VgV 2006 nicht mehr im Wesentlichen der Regelung des § 3 Abs. 6 VgV; aufgrund des **Vorrangs der VgV geht § 3 Abs. 6 VgV der Vorschrift des § 3 Abs. 6 VOF vor;** vgl. insoweit die Kommentierung zu § 3 VgV RZ 3218. 7845

195. § 4 VOF – Grundsätze der Vergabe, Informationsübermittlung und Vertraulichkeit der Anträge

(1) **Aufträge sind unter ausschließlicher Verantwortung des Auftraggebers im leistungsbezogenen Wettbewerb an fachkundige, leistungsfähige und zuverlässige – und soweit erforderlich befugte – Bewerber zu vergeben.**

(2) **Alle Bewerber sind gleich zu behandeln.**

(3) **Unlautere und wettbewerbsbeschränkende Verhaltensweisen sind unzulässig.**

(4) **Die Durchführung freiberuflicher Leistungen soll unabhängig von Ausführungs- und Lieferinteressen erfolgen.**

(5) **Kleinere Büroorganisationen und Berufsanfänger sollen angemessen beteiligt werden.**

(6) **Die Auftraggeber geben in der Bekanntmachung oder den Vergabeunterlagen an, ob Informationen per Post, Telefax, direkt oder elektronisch oder in Kombination mit diesen Kommunikationsmitteln übermittelt werden.**

(7) **Das für die elektronische Übermittlung gewählte Netz muss allgemein verfügbar sein und darf den Zugang der Bewerber und Bieter zu den Vergabeverfahren nicht beschränken. Die dafür zu verwendenden Programme und ihre technischen Merkmale müssen**
– **nicht diskriminierend,**
– **allgemein zugänglich und**

- kompatibel mit allgemein verbreiteten Erzeugnissen der Informations- und Kommunikationstechnologie sein.

(8) **Die Auftraggeber haben die Integrität der Daten und die Vertraulichkeit der übermittelten Anträge auf Teilnahme am Vergabeverfahren und der Angebote auf geeignete Weise zu gewährleisten.** Per Post oder direkt übermittelte Anträge auf Teilnahme am Vergabeverfahren und Angebote sind in einem verschlossenen Umschlag einzureichen, als solche zu kennzeichnen und bis zum Ablauf der für ihre Einreichung vorgesehenen Frist unter Verschluss zu halten. Bei elektronisch übermittelten Angeboten ist dies durch entsprechende technische Lösungen nach den Anforderungen des Auftraggebers und durch Verschlüsselung sicherzustellen. Die Verschlüsselung muss bis zum Ablauf der für ihre Einreichung vorgesehenen Frist aufrechterhalten bleiben.

(9) Angebote müssen unterschrieben sein, elektronisch übermittelte Angebote sind mit einer fortgeschrittenen elektronischen Signatur nach dem Signaturgesetz und den Anforderungen des Auftraggebers oder mit einer qualifizierten elektronischen Signatur nach dem Signaturgesetz zu versehen.

(10) Anträge auf Teilnahme am Vergabeverfahren können auch per Telefax oder telefonisch gestellt werden. Werden Anträge auf Teilnahme telefonisch oder per Telefax gestellt, sind diese vom Bewerber bis zum Ablauf der Frist für die Abgabe der Teilnahmeanträge durch Übermittlung per Post, direkt oder elektronisch zu bestätigen.

(11) **Die Auftraggeber haben dafür Sorge zu tragen, dass den interessierten Unternehmen die Informationen über die Spezifikationen der Geräte,** die für die elektronische Übermittlung der Anträge auf Teilnahme und der Angebote erforderlich sind, einschließlich Verschlüsselung zugänglich sind. Außerdem muss gewährleistet sein, dass die in Anhang II genannten Anforderungen erfüllt sind.

195.1 Vergleichbare Regelungen

7846 Der **Vorschrift des § 4 VOF vergleichbar** sind im Bereich des GWB § 97, im Bereich der VOB §§ 2, 4, 16, 21 VOB/A und im Bereich der VOL §§ 2, 5, 16, 21 VOL/A. Die Kommentierungen zu diesen Vorschriften können daher ergänzend zu der Kommentierung des § 4 herangezogen werden.

195.2 Änderungen durch die VOF 2006

7847 In **§ 4 Abs. 6–7 ist die Regelung eingefügt,** dass die Auftraggeber in der Bekanntmachung oder den Vergabeunterlagen angeben, ob Informationen per Post, Telefax, direkt, elektronisch oder durch eine Kombination dieser Kommunikationsmittel übermittelt werden sowie die Verfügbarkeitsvoraussetzungen für die elektronische Kommunikation angeben. Entsprechend ist auch die **Überschrift des § 16 geändert.**

7848 In § 4 ist ein **neuer Abs. 8** eingefügt, wonach die Auftraggeber die Integrität der Daten und die Vertraulichkeit der Angebote auf geeignete Weise zu gewährleisten haben.

7849 § 4 Abs. 9 verlangt – als **Äquivalent der Unterschrift** – nach Wahl des Auftraggebers eine fortgeschrittene elektronische Signatur nach dem Signaturgesetz und den Anforderungen des Auftraggebers oder eine qualifizierte elektronische Signatur nach dem Signaturgesetz.

7850 **Zur Erleichterung der elektronischen Angebotsabgabe** wurde **mit der VOF 2006** neben der bisherigen qualifizierten elektronischen Signatur nunmehr **auch die fortgeschrittene elektronische Signatur nach dem Signaturgesetz in Verbindung mit den Anforderungen des Auftraggebers als Wahloption** für die Auftraggeber vorgesehen.

7851 § 4 Abs. 10 stellt bestimmte Anforderungen an die Bewerber **bei per Telefax oder telefonisch übermittelten Teilnahmeanträgen.**

195.3 Verknüpfung zum Vierten Teil des GWB

7852 Die Grundsätze des § 97 GWB werden konkretisiert durch die Anforderung des § 4 VOF (VK Arnsberg, B. v. 15. 7. 2003 – Az.: VK 3-16/2003).

195.4 Ausschließliche Verantwortung des Auftraggebers (§ 4 Abs. 1)

Vgl. im Einzelnen die Kommentierung zu § 97 GWB RZ 187. 7853

Zur Notwendigkeit eines eigenen Vergabevermerks des Auftraggebers vgl. die Kommentierung zu § 97 GWB RZ 242. 7854

195.5 Eignung der Bewerber (§ 4 Abs. 1)

Nach § 4 Abs. 1 VOF dürfen freiberufliche Aufträge nur an fachkundige, leistungsfähige und zuverlässige Bewerber vergeben werden. 7855

Einzelheiten über die Nachweise von Fachkunde, Leistungsfähigkeit und Zuverlässigkeit regeln insbesondere die §§ 12, 13 VOF. 7856

Zum allgemeinen Inhalt sowie der rechtlichen Bedeutung und der Nachprüfbarkeit der Eignungskriterien vgl. die Kommentierung zu § 97 GWB RZ 393 ff. 7857

195.5.1 Begriff der Fachkunde

Zum Begriff der Fachkunde vgl. die Kommentierung zu § 97 GWB RZ 401. 7858

195.5.2 Begriff der Leistungsfähigkeit

Zum Begriff der Leistungsfähigkeit vgl. die Kommentierung zu § 97 GWB RZ 404. 7859

195.5.3 Begriff der Zuverlässigkeit

Zum Begriff der Zuverlässigkeit vgl. die Kommentierung zu § 97 GWB RZ 424. 7860

195.5.4 Zeitpunkt der Eignungsprüfung

Vgl. im Einzelnen die Kommentierung zu § 97 GWB RZ 487. 7861

195.6 Gleichbehandlungsgebot (§ 4 Abs. 2)

195.6.1 Grundsatz

Vgl. dazu die Kommentierung zu § 97 GWB RZ 254. 7862

195.6.2 Verbot der ausschließlichen Berücksichtigung örtlicher Unternehmen

Vgl. dazu die Kommentierung zu § 97 GWB RZ 258. 7863

195.6.3 Verbot der Forderung nach örtlicher Präsenz

Die **Forderung nach örtlicher Präsenz stellt eine Ungleichbehandlung dar und damit einen Verstoß gegen § 97 Abs. 2 GWB bzw. § 4 Abs. 2 VOF.** Es ist einem Auftraggeber zuzubilligen, dass bei einem bestimmten Projekt ein erhöhter Abstimmungsbedarf zwischen ihm und dem Auftragnehmer besteht. Eine Festlegung, dass die Abstimmung nur mit einem ortsansässigen Bieter schnell und umfassend genug erfolgen kann, darf sie jedoch nicht treffen. Erst recht ist es nicht gerechtfertigt, eine Kilometergrenze zu benennen. **Sachgerechter** wäre es gewesen, **Zugriffs- und Servicefristen klar zu benennen und an sachlich gerechtfertigten Umständen zu bemessen.** 7864

Es ist Sache des Auftragnehmers und sein unternehmerisches Risiko, die Abstimmung zu gewährleisten. Auf welche Weise er seine Präsenz erforderlichenfalls sicherstellt, darf ihm nicht vorgeschrieben werden. Erfolgt es dennoch, werden alle nicht ortsansässigen Bieter diskriminiert und verlieren alle Chancen, die Leistung zu erbringen. Vor dem Hintergrund eines europaweit ausgelobten Auftrags ist die Forderung nach Ortsansässigkeit denkbar vergaberechtswidrig (1. VK Sachsen, B. v. 19. 11. 2001 – Az.: 1/SVK/119-01). 7865

Es ist jedoch **nicht zu beanstanden, wenn der Auftraggeber von den Teilnehmern Angaben über die Erreichbarkeit und Präsenz im Bedarfsfall verlangt** und das Ange- 7866

Teil 5 VOF § 4   Verdingungsordnung für freiberufliche Leistungen

bot eines Jour fixe bei der Auswahl positiv bewertet. Dieses Kriterium **betrifft die Frage von Maßnahmen der Qualitätssicherung** (§ 13 Abs. 2f VOF) und bewirkt eine Steigerung der Effizienz. Eine ständige Anwesenheit unabhängig von einer sachlichen Notwendigkeit wird nicht verlangt. Das Kriterium ist damit weder sachfremd noch diskriminierend, insbesondere werden **ansässige Bewerber nicht unzulässig bevorzugt** (OLG München, B. v. 28. 4. 2006 – Az.: Verg 6/06).

195.6.4 Verbot der Forderung nach Kenntnis landesspezifischer Besonderheiten

7867   Die Bewerber sind gem. § 97 Abs. 2 GWB und § 4 Abs. 2 VOF grundsätzlich gleich zu behandeln. Das **Kriterium „Erfahrungen mit den sächsischen Kataster"** schließt alle Bewerber aus, die noch keine Erfahrungen mit dem sächsischen Kataster hatten. Dies stellt eine **Ungleichbehandlung** dar, die sachlich nicht gerechtfertigt ist (1. VK Sachsen, B. v. 19. 11. 2001 – Az.: 1/SVK/119-01).

195.6.5 unzulässige Auswahlkriterien „Gründungsjahr eines Büros" und „Erste Fertigstellung eines Krankenhausprojekts des Büros"

7868   Die **Kriterien „Gründungsjahr des Büros" und „Erste Fertigstellung eines Krankenhausprojekts des Büros (mindestens Leistungsphasen 1–5 vom Büro erbracht)" stellen eine sachlich nicht gerechtfertigte und deshalb gegen den Gleichheitsgrundsatz des § 4 Abs. 2 VOF verstoßende Bevorzugung „alteingesessener" Büroorganisationen dar.** Es ist sachlich nicht zu rechtfertigen, z.B. ein 16 Jahre zurückliegendes Krankenhausprojekt erheblich höher zu bewerten als die Betreuung eines den aktuellen Anforderungen und Bedingungen ausgesetzten Krankenhausprojektes. Da die Sicherheits- und Technikstandards im Krankenhausbau der letzten 15 bis 20 Jahre laufend Veränderungen erfahren haben, kann die Fertigstellung eines Krankenhauses in den Jahren vor 1990 oder auch weniger langen Zeiträumen nur unzureichend Auskunft über die fachliche Eignung zur Durchführung aktueller Krankenhausprojekte geben. Zumindest kann diese länger zurückliegende Leistung nicht höher bewertet werden als die Betreuung eines in jüngerer Zeit realisierten Krankenhausprojekts (VK Lüneburg, B. v. 25. 9. 2006 – Az.: VgK-19/2006).

195.7 Unzulässigkeit wettbewerbsbeschränkender und unlauterer Verhaltensweisen (§ 4 Abs. 3)

7869   Zum Wettbewerbsprinzip, der Unzulässigkeit wettbewerbsbeschränkender und unlauterer Verhaltensweisen sowie wichtigen Ausprägungen des Wettbewerbsprinzips in der Rechtsprechung, die auch für den Bereich der VOF gelten, vgl. die Kommentierung zu § 97 GWB RZ 97.

195.8 Unabhängigkeit von Ausführungs- und Lieferinteressen (§ 4 Abs. 4)

7870   Die Soll-Regelung des § 4 Abs. 4 VOF will die Unabhängigkeit von Bietern von ausführenden Unternehmen sicherstellen und so etwa **einer produktspezifischen Ausrichtung des generalplanenden Bieters entgegenwirken.** Dabei **entscheiden die Umstände des Einzelfalls.** Ein genereller Ausschluss gesellschaftsrechtlich verbundener Bewerber ist nicht zulässig; gegebenenfalls sind andere Möglichkeiten der Sicherung der Unabhängigkeit in Betracht zu ziehen (OLG Stuttgart, B. v. 28. 11. 2002 – Az.: 2 Verg 14/02).

7871   Ein **„Generalverdacht"**, wonach eine Verflechtung stets die unabhängige Leistungserbringung verhindert, **besteht nicht** und wird durch § 4 Abs. 4 VOF auch nicht vorgegeben. Gegebenenfalls ist im Rahmen der nachfolgenden Ausschreibungen zu prüfen, ob sich infolge einer Verflechtung möglicherweise Wettbewerbsvorteile realisieren (3. VK Bund, B. v. 28. 8. 2006 – Az.: VK 3-99/06).

195.9 Angemessene Beteiligung von kleineren Büroorganisationen und Berufsanfängern (§ 4 Abs. 5)

195.9.1 Begriff der kleineren Büroorganisationen und Berufsanfänger

7872   Von Sinn und Zweck der Vorschrift lässt sich der Begriff in Analogie zu dem Begriff der kleinen und mittleren Unternehmen näher erläutern. Vgl. dazu die Kommentierung zu § 97 GWB RZ 296.

195.9.2 Rechtsprechung zu § 4 Abs. 5 VOF

Die Rechtsprechung hierzu befasst sich im Wesentlichen mit der „Newcomer"-Problematik und ist nicht einheitlich. 7873

Ganz allgemein wird § 4 Abs. 5 VOF eher als allgemeiner Programmsatz verstanden, denn es kann nicht strikt vom öffentlichen Auftraggeber verlangt werden, an schwierigen und komplexen Aufträgen Berufsanfänger immer angemessen zu beteiligen (OLG Düsseldorf, B. v. 23. 7. 2003 – Az.: Verg 27/03; VK Lüneburg, B. v. 25. 9. 2006 – Az.: VgK-19/2006). 7874

Bei dieser Regelung handelt es sich **um einen allgemeinen Hinweis darauf, dass die öffentliche Hand auch „Newcomern" eine vernünftige Chance geben muss.** Andererseits folgt daraus nicht, dass bei besonders schwierigen und komplexen Planungen – zu denen auch die Planung eines Krankenhausbaus gehört -, für die große Erfahrungen erforderlich sind, Berufsanfänger „angemessen" zu berücksichtigen sind. Dieses **„angemessen" bezieht sich vielmehr auf die gesamte Vergabepraxis eines Auftraggebers,** wenn nicht sogar auf die Gesamtaufträge aller öffentlichen Auftraggeber in einer Periode. In der Praxis können daher „Newcomer" unter den Architektur- und Planungsbüros – dazu gehören sowohl Existenzgründer wie auch etablierte Büros, die sich auf einen anderen Bereich spezialisiert haben und ihr Tätigkeitsfeld ausdehnen wollen – zumindest bei schwierigen und komplexen Planungen häufig letztlich nur zum Zuge kommen, indem sie sich – nicht federführend – an Bietergemeinschaften beteiligen, deren Federführung einem im jeweiligen Planungsbereich erfahrenen und etablierten Architektur- oder Planungsbüro obliegt (VK Lüneburg, B. v. 25. 9. 2006 – Az.: VgK-19/2006; B. v. 3. 8. 2001 – Az.: 203-VgK-15/2001). 7875

Die VK Sachsen hingegen ist der Auffassung, dass die uneingeschränkte und ausschließliche **Verwendung des Kriteriums vergangener Erfahrungen** letztlich dem Wettbewerbsgedanken und der Vorschrift des § 4 Abs. 5 VOF zuwider laufen, da neue Bewerber von vornherein schlechtere Bedingungen vorfinden würden (1. VK Sachsen, B. v. 19. 5. 2000 – Az.: 1/SVK/42-00). 7876

195.9.3 Sonstige Rechtsprechung zur „Newcomer"-Problematik

Zur Eignung von „Newcomern" vgl. die Kommentierung zu § 97 GWB RZ 513. 7877

195.10 Analoge Anwendung der Rechtsprechung zur losweisen Vergabe nach VOB/A, VOL/A und GWB

§ 97 Abs. 3 GWB findet seine Entsprechung und Ausprägung in den entsprechenden Regelungen der Verdingungsordnungen bzw. der Vergabe- und Vertragsordnung. Diese Bestimmungen sind **Kernstück der Mittelstandsfreundlichkeit** auch unter dem Gesichtspunkt, dass ein möglichst großer Anbieterkreis erhalten bleibt und damit ein möglichst breiter Wettbewerb stattfinden kann. Die **Bestimmungen verpflichten den Auftraggeber dazu, die Leistung in Lose zu zerlegen, wenn es von der Art der Leistung her sinnvoll ist und sich der Umfang der Leistung hierfür eignet.** So soll durch eine Losteilung kleinen und mittleren Unternehmen die Möglichkeit gegeben werden, sich am Wettbewerb zu beteiligen. Hieraus ergibt sich eine **generelle Verpflichtung für die ausschreibende Stelle,** in jedem Einzelfall die Möglichkeit und Zweckmäßigkeit einer losweisen Aufteilung mit zu bedenken und diese gegebenenfalls umzusetzen (VK Baden-Württemberg, B. v. 18. 7. 2003 – Az.: 1 VK 30/03) 7878

Über die Regelung des § 97 Abs. 3 GWB ist grundsätzlich **auch im VOF-Bereich eine Teilung der Aufträge in Lose anzustreben** – und wird in der Praxis auch durchgeführt. Von daher kann die Rechtsprechung zu § 4 Nr. 2 und 3 VOB/A sowie § 5 VOL/A entsprechend herangezogen werden, soweit dies mit der VOF als Vergaberegelung für freiberufliche Dienstleistungen vereinbar ist. 7879

Die Grundsatzfragen zur losweisen Ausschreibung und Vergabe sind in der Kommentierung zu § 97 GWB RZ 268 dargestellt. Sie sind auch im Rahmen der VOF zu beachten. 7880

195.11 Losweise Vergabe von Architekten- und Ingenieurleistungen

195.11.1 Grundsatz

Das **praktisch wichtigste Anwendungsgebiet der VOF** ist – wie die Rechtsprechung zeigt – die **Vergabe von Architekten- und Ingenieurleistungen.** Auch diese Aufträge 7881

Teil 5 VOF § 4 Verdingungsordnung für freiberufliche Leistungen

können losweise vergeben werden, z. B. entsprechend dem Aufbau der Leistungsbilder der HOAI.

195.11.2 Beispiele aus der Rechtsprechung

7882 – die losweise **Aufgliederung der Leistungen bei der Technischen Ausrüstung** (Teil IX der HOAI) in die Lose „Gas-, Wasser- und Abwassertechnik", „Wärmeversorgungs-, Brauchwassererwärmungs- und Raumlufttechnik" sowie „Elektrotechnik" (VK Südbayern, B. v. 25. 7. 2000 – Az.: 120.3-3194.1-13-06/00)

– die losweise **Aufgliederung der Planungsleistungen für ein Gebäude** in die Lose „Objektplanung für Gebäude", „Ingenieurleistungen für Tragwerksplanung" und „Technische Gebäudeausrüstung" (VK Südbayern, B. v. 25. 7. 2000 – Az.: 120.3-3194.1-13-06/00)

– die losweise **Aufgliederung der Planungsleistungen für ein Gebäude** in die Lose „Objektplanung für Gebäude", „Ingenieurleistungen für Tragwerksplanung" und „Technische Gebäudeausrüstung" (VK Brandenburg, B. v. 19. 3. 2003 – Az.: 5/03)

– bei einer abschnittsweisen Erweiterung eines Stadtbahn-Netzes um eine unterirdische Streckenführung die losweise Aufgliederung in zwei Lose „Streckenabschnitte (Planungsabschnitte A und B)", diese wiederum jeweils in die Lose „Objektplanung Verkehrsanlagen gemäß § 55 HOAI" und die Objektplanung „Ingenieurbauwerke gemäß § 55 HOAI" einschließlich anteiliger Tragwerksplanung gemäß § 64 HOAI (A 1 und A 2 bzw. B 1 und B 2) – VK Düsseldorf, B. v. 12. 7. 2000 – Az.: VK 13/2000 – L

195.11.3 Vergabe von Generalplaneraufträgen

195.11.3.1 Rechtsprechung

7883 Die Rechtsprechung hat sich **bereits mehrfach mit Vergabeverfahren beschäftigt,** bei denen Auftragsgegenstand die Vergabe von Generalplaneraufträgen war:

– Architektur, technische Beratung und Planung (Generalplanerleistungen) für den Neubau (Errichtung) einer **Zentralküche für ein Zentralkrankenhaus** (Hanseatisches OLG in Bremen, B. v. 13. 11. 2003 – Az.: Verg. 8/2003)

– Objekt- und Fachplanungsleistungen für die Gesamtsanierung/Restaurierung, die Modernisierung, den Umbau und die Erweiterung eines **Stadttheaters als Ganzes** (Thüringer OLG, B. v. 8. 4. 2003 – Az.: 6 Verg 9/02; vorhergehend VK Thüringen, B. v. 17. 10. 2002 – Az.: 216-4004.20-020/02-HBN)

– **Generalplanerleistung gemäß §§ 15, 73 HOAI** (VK Nordbayern, B. v. 23. 1. 2003 – Az.: 320.VK-3194-44/02)

– Durchführung einer Bestandsaufnahme der Gesamtanlage einer Botschaft sowie des weiteren die **Erstellung einer Generalplanung für den Bereich der Wohnblocks,** letzteres mit dem Ziel der Beseitigung vorhandener Baumängel, einer teilweisen Neuaufteilung des Wohnungsbestandes und einer Anpassung an den aktuellen deutschen Standard (2. VK Bund, B. v. 8. 8. 2002 – Az.: VK 2-54/02)

– **Generalplanerleistung** für den Neubau einer Hauptfeuerwache mit Feuerwehrübungshaus – **Architektur, technische Beratung und Planung, integrierte technische Leistungen, Landschaftsplanung** – (VK Nordbayern, B. v. 14. 8. 2001 – Az.: 320.VK-3194-26/01)

– **Generalplanungsleistung für den Neubau eines Hallenbades** (OLG Stuttgart, B. v. 28. 11. 2002 – Az.: 2 Verg 14/02).

7884 Die für die insbesondere im Baubereich vergleichbare **Problematik der Unternehmereinsatzform des Generalunternehmers ist bisher jedoch noch nicht thematisiert bzw. entschieden** worden.

195.11.3.2 Die Unternehmereinsatzform des Generalunternehmers im Baubereich

7885 Vgl. im Einzelnen die Kommentierung zu § 97 GWB RZ 307.

7886 Bezogen auf die Vergabe freiberuflicher Leistungen sollte der öffentliche Auftraggeber bei der Ausschreibung von Generalplanerleistungen – als Bestandteil der Dokumentation des Vergabeverfahrens – **die Einsatzform des Generalplaners begründen.**

Verdingungsordnung für freiberufliche Leistungen VOF § 4 **Teil 5**

195.11.4 Überprüfbarkeit der Gründe für eine zusammengefasste Vergabe mehrerer Lose

Vgl. dazu die Kommentierung zu § 97 GWB RZ 389. 7887

195.12 Weitere Grundsätze der Vergabe (Rechtsprechung)

Die Rechtsprechung hat – über den Wortlaut des § 4 VOF hinaus – weitere Grundsätze im Sinne des § 4 VOF in Verbindung mit § 97 GWB hergeleitet. 7888

195.12.1 Verpflichtung der Dokumentation des Eingangs der Angebote

Um nachvollziehen zu können, ob die Angebote innerhalb der vom Auftraggeber gesetzten Fristen beim Auftraggeber eingereicht worden sind, gebietet das Transparenzgebot des § 97 Abs. 1 GWB ebenfalls, dass der **Auftraggeber den Eingang der Angebote mit Datum und Uhrzeit auf den Angebotsumschlag,** z.B. durch einen Posteingangsstempel mit Uhrzeitvermerk, **vermerkt** (VK Brandenburg, B. v. 15. 11. 2002 – Az.: VK 63/02). 7889

Diese **Rechtsprechung ist mit § 4 Abs. 8 in die VOF 2006 übernommen** worden. 7890

195.12.2 Fristen im Verfahren nach VOF

Die VOF schreibt dem Auftraggeber nicht vor, wie viele Verhandlungsrunden er mit den Bewerbern durchführt. Der **Auftraggeber kann** daher den Bewerbern **Fristen setzen,** was nicht nur im Interesse einer zügigen Durchführung des Verhandlungsverfahrens sinnvoll ist; dies sorgt auch für Transparenz und Gleichbehandlung dahingehend, dass sich ein Auftraggeber nicht dem Vorwurf aussetzen muss, das Verhandlungsverfahren gerade dann beendet zu haben, wenn ein von ihm aus welchen Gründen auch immer bevorzugtes Unternehmen mit seinem Angebot gerade an erster Stelle liegt. Setzt ein Auftraggeber aber Fristen, **muss er sich auch daran halten oder aber diese Frist ausdrücklich gegenüber den Bewerbern verlängern** und diese Verlängerung in der Vergabeakte dokumentieren (VK Lüneburg, B. v. 25. 7. 2002 – Az.: 203-VgK-11/2002). 7891

195.13 Angabe der Kommunikationsmittel

In **§ 4 Abs. 6–7 ist die Regelung eingefügt,** dass die Auftraggeber in der Bekanntmachung oder den Vergabeunterlagen angeben, ob Informationen per Post, Telefax, direkt, elektronisch oder durch eine Kombination dieser Kommunikationsmittel übermittelt werden sowie die Verfügbarkeitsvoraussetzungen für die elektronische Kommunikation angeben. Diese **Regelung entspricht im Wesentlichen der Vorschrift des Art. 42 Abs. 1, 2 und 4 der Vergabekoordinierungsrichtlinie.** 7892

195.14 Gewährleistung der Integrität der Daten und Vertraulichkeit der übermittelten Anträge auf Teilnahme am Vergabeverfahren und der Angebote (§ 4 Abs. 8)

Nach § 4 Abs. 8 haben die **Auftraggeber die Integrität der Daten und die Vertraulichkeit der übermittelten Anträge auf Teilnahme am Vergabeverfahren und der Angebote auf geeignete Weise zu gewährleisten.** 7893

195.14.1 Angebote im VOF-Verfahren

Auch im VOF-Verfahren kann es Angebote geben, wenn z.B. der Auftraggeber zur Vorbereitung der Auftragsgespräche nach § 16 VOF **Honorarangebote** von den auf der 1. Stufe des VOF-Verfahrens ausgewählten Bewerbern verlangt. 7894

195.14.2 Schriftliche Anträge auf Teilnahme am Vergabeverfahren und Angebote

Per Post oder direkt übermittelte Anträge auf Teilnahme am Vergabeverfahren und Angebote sind **in einem verschlossenen Umschlag einzureichen, als solche zu kennzeichnen** und 7895

Teil 5 VOF § 4 Verdingungsordnung für freiberufliche Leistungen

bis zum Ablauf der für die Einreichung vorgesehenen Frist unter Verschluss zu halten. Dies bedeutet **in der Praxis eine Änderung der bisherigen Handhabung,** da schon aus Gründen der Beschleunigung eines VOF-Verfahrens Teilnahmeanträge, die schon vor Ablauf der für ihre Einreichung vorgesehenen Frist eingereicht wurden, bereits geprüft wurden. Die **Auftraggeber müssen also einen entsprechenden Verfahrensablauf sicherstellen.**

195.14.2.1 Einreichung in einem verschlossenen Umschlag

7896   195.14.2.1.1 **Sinn und Zweck der Regelung.** Vgl. die Kommentierung zu § 21 VOB/A RZ 5056.

7897   195.14.2.1.2 **Schutz der Anträge auf Teilnahme und des Angebotes durch einen Umschlag oder ähnliche Mittel.** Vgl. die Kommentierung zu § 21 VOB/A RZ 5057.

195.14.2.2 Kennzeichnung und verschlossene Aufbewahrung

7898   195.14.2.2.1 **Sinn und Zweck.** Vgl. die Kommentierung zu § 21 VOL/A RZ 7062.

195.14.3 Elektronische Angebote (§ 5 Abs. 8 Satz 3, 4)

195.14.3.1 Elektronische Anträge auf Teilnahme

7899   Bei elektronisch übermittelten Angeboten ist die Integrität der Daten und die Vertraulichkeit der Angebote durch entsprechende technische Lösungen nach den Anforderungen des Auftraggebers und durch Verschlüsselung sicherzustellen. Die Verschlüsselung muss bis zum Ablauf der Frist zur Einreichung der Angebote aufrechterhalten bleiben.

7900   Nach seinem Wortlaut lässt § 5 Abs. 8 Satz 3 **nur elektronisch übermittelte Angebote, nicht aber elektronisch übermittelte Anträge auf Teilnahme** zu. Hierbei kann es sich nach dem Gesamtzusammenhang des § 5 und nach der zugrunde liegenden Vergabekoordinierungsrichtlinie nur um **Redaktionsversehen** handeln; unter § 5 Abs. 8 Satz 3 fallen also auch die **elektronisch übermittelten Anträge auf Teilnahme.**

195.14.3.2 Verschlüsselung

7901   Vgl. die Kommentierung zu § 21 VOB/A RZ 5063.

195.15 Unterzeichnung der Angebote (§ 5 Abs. 9)

195.15.1 Allgemeines

7902   Vgl. die Kommentierung zu § 21 VOB/A RZ 5009.

195.15.2 Prüfung der Unterzeichnung?

7903   Vgl. die Kommentierung zu § 21 VOB/A RZ 5014.

195.15.3 Stelle der Unterzeichnung

7904   Vgl. die Kommentierung zu § 21 VOB/A RZ 5015.

195.15.4 Anzahl der Unterschriften

7905   Vgl. die Kommentierung zu § 21 VOB/A RZ 5017.

195.15.5 Identität des Bieters

195.15.5.1 Allgemeines

7906   Vgl. die Kommentierung zu § 21 VOB/A RZ 5019.

195.15.5.2 Angebot eines Bieters für einen Dritten

7907   Vgl. die Kommentierung zu § 21 VOB/A RZ 5020.

Verdingungsordnung für freiberufliche Leistungen   VOF § 4 **Teil 5**

195.15.5.3 Beispiele aus der Rechtsprechung

Vgl. die Kommentierung zu § 21 VOB/A RZ 5022.   7908

195.15.6 Unterzeichnung des Angebotes bei Bewerber- und Bietergemeinschaften

195.15.6.1 Begriff

Zum Begriff und zur Rechtsform von Bietergemeinschaften vgl. die Kommentierung zu § 8   7909
VOB/A RZ 3826.

195.15.6.2 Angebot bzw. Teilnahmeantrag eines Einzelbieters oder einer Bewerber- bzw. Bietergemeinschaft?

Vgl. die Kommentierung zu § 21 VOB/A RZ 5024.   7910

195.15.6.3 Grundsätzliche Anforderung an die Unterzeichnung von Angeboten bzw. Teilnahmeanträgen einer Bewerber- bzw. Bietergemeinschaft

Vgl. die Kommentierung zu § 21 VOB/A RZ 5025.   7911

195.15.6.4 Unterzeichnung von Angeboten bzw. Teilnahmeanträgen einer Bewerber- bzw. Bietergemeinschaft durch einen Bevollmächtigten

Vgl. die Kommentierung zu § 21 VOB/A RZ 5026.   7912

195.15.6.5 Nachträgliche Genehmigung bei fehlender Unterschrift aller Mitglieder von Bewerber- bzw. Bietergemeinschaften

Vgl. die Kommentierung zu § 21 VOB/A RZ 5028.   7913

195.15.6.6 Anwendung der Grundsätze über die Duldungs- und Anscheinsvollmacht und das Handeln eines vollmachtslosen Vertreters

Vgl. die Kommentierung zu § 21 VOB/A RZ 5032.   7914

195.16 Wertung von Angeboten mit unvollständigen Unterschriften

Zur Wertung von Angeboten mit unvollständigen Unterschriften vgl. die Kommentierung zu   7915
§ 25 VOB/A RZ 5315.

195.17 Signaturanforderung bei elektronischen Angeboten

Nach seinem Wortlaut regelt § 5 Abs. 9 **nur die Signaturstufe für elektronisch über-**   7916
mittelten Angeboten, nicht aber für elektronisch übermittelte Anträge auf Teilnahme. Hierbei kann es sich nach dem Gesamtzusammenhang des § 5 und nach der zugrunde liegenden Vergabekoordinierungsrichtlinie nur um **Redaktionsversehen** handeln; § 5 Abs. 9 gilt hinsichtlich der Signaturstufe auch für **elektronisch übermittelte Anträge auf Teilnahme.**

195.17.1 Signaturstufe

§ 5 Abs. 9 verlangt – als **Äquivalent der Unterschrift** – nach Wahl des Auftraggebers eine   7917
fortgeschrittene elektronische Signatur nach dem Signaturgesetz und den Anforderungen des Auftraggebers oder eine qualifizierte elektronische Signatur nach dem Signaturgesetz.

Zur Erleichterung der elektronischen Abgabe eines Angebots bzw. eines Teilnahmeantrags wurde **mit der VOF 2006** neben der bisherigen qualifizierten elektronischen Signatur nunmehr **auch die fortgeschrittene elektronische Signatur nach dem Signaturgesetz in Verbindung mit den Anforderungen des Auftraggebers als Wahloption** für die Auftraggeber vorgesehen.   7918

195.18 Anforderungen an die Bewerber bei per Telefax oder telefonisch übermittelten Teilnahmeanträgen (§ 5 Abs. 10)

7919 Teilnahmeanträge können auch per Telefax oder telefonisch gestellt werden. In diesen Fällen sind diese **vom Bewerber bis zum Ablauf der Frist für die Abgabe der Teilnahmeanträge durch Übermittlung per Post, direkt oder elektronisch zu bestätigen.** Einmal bedeutet diese Regelung eine **Erleichterung für die Bewerber,** um vielleicht eine Frist für die Abgabe einer Bewerbung noch einhalten zu können. Auf der anderen Seite ist eine **Bestätigung der Bewerbung zwingend erforderlich;** ansonsten ist der Teilnahmeantrag nach dem Wortlaut des § 5 Abs. 10 **zwingend auszuschließen.**

196. § 5 VOF – Vergabeverfahren

(1) Aufträge über freiberufliche Leistungen sind im Verhandlungsverfahren mit vorheriger Vergabebekanntmachung zu vergeben. Verhandlungsverfahren sind Verfahren, bei denen der Auftraggeber ausgewählte Personen anspricht, um über die Auftragsbedingungen zu verhandeln. Der Auftraggeber kann vorsehen, dass das Verhandlungsverfahren in verschiedenen aufeinander folgenden Phasen abgewickelt wird, um so die Zahl der Angebote, über die verhandelt wird, anhand der in der Bekanntmachung oder in den Vergabeunterlagen angegebenen Zuschlagskriterien zu verringern. In der Bekanntmachung oder in den Vergabeunterlagen ist anzugeben, ob diese Möglichkeit in Anspruch genommen wird.

(2) Die Auftraggeber können in folgenden Fällen Aufträge im Verhandlungsverfahren ohne vorherige Vergabebekanntmachung vergeben:

a) sofern der Gegenstand des Auftrags eine besondere Geheimhaltung erfordert,

b) wenn die Dienstleistungen aus technischen oder künstlerischen Gründen oder aufgrund des Schutzes von Ausschließlichkeitsrechten nur von einer bestimmten Person ausgeführt werden können,

c) wenn im Anschluss an einen Wettbewerb im Sinne der §§ 20 und 25 der Auftrag gemäß den einschlägigen Bestimmungen an den Gewinner oder an einen Preisträger des Wettbewerbes vergeben werden muss. Im letzteren Fall müssen alle Preisträger des Wettbewerbes zur Teilnahme an den Verhandlungen aufgefordert werden.

d) soweit dies unbedingt erforderlich ist, wenn dringliche, zwingende Gründe im Zusammenhang mit Ereignissen, die der betreffende Auftraggeber nicht voraussehen konnte, es nicht zulassen, die vorgeschriebenen Fristen gemäß § 14 einzuhalten. Die Umstände zur Begründung der zwingenden Dringlichkeit dürfen auf keinen Fall dem Auftraggeber zuzuschreiben sein.

e) für zusätzliche Dienstleistungen, die weder in dem der Vergabe zugrunde liegenden Entwurf noch im zuerst geschlossenen Vertrag vorgesehen sind, die aber wegen eines unvorhergesehenen Ereignisses zur Ausführung der darin beschriebenen Dienstleistungen erforderlich sind, sofern der Auftrag an eine Person vergeben wird, die diese Dienstleistungen erbringt,

– wenn sich die zusätzlichen Dienstleistungen in technischer und wirtschaftlicher Hinsicht nicht ohne wesentlichen Nachteil für den Auftraggeber vom Hauptauftrag trennen lassen oder

– wenn diese Dienstleistungen zwar von der Ausführung des ursprünglichen Auftrags getrennt werden können, aber für dessen Vollendung unbedingt erforderlich sind.

Der Gesamtwert der Aufträge für die zusätzlichen Dienstleistungen darf jedoch 50 v. H. des Wertes des Hauptauftrages nicht überschreiten.

f) bei neuen Dienstleistungen, die in der Wiederholung gleichartiger Leistungen bestehen, die durch den gleichen Auftraggeber an die Person vergeben werden, die den ersten Auftrag erhalten hat, sofern sie einem Grundentwurf entsprechen und dieser Entwurf Gegenstand des ersten Auftrags war. Die Möglichkeit der Anwendung dieses Verfahrens muss bereits in der Bekanntmachung des ersten Vorhabens angegeben werden. § 3 bleibt unberührt. Dieses Verfahren darf jedoch nur binnen drei Jahren nach Abschluss des ersten Auftrags angewandt werden.

196.1 Vergleichbare Regelungen

Der **Vorschrift des § 5 VOF vergleichbar** sind im Bereich des GWB § 101 Abs. 4, im Bereich der VOB §§ 3, 3a VOB/A und im Bereich der VOL §§ 3, 3a VOL/A. Die Kommentierungen zu diesen Vorschriften können daher ergänzend zu der Kommentierung des § 5 herangezogen werden. 7920

196.2 Änderungen durch die VOF 2006

In **§ 5 Abs. Satz 3, 4 ist die Regelung eingefügt,** dass anzugeben ist, ob beabsichtigt ist, ein Verhandlungsverfahren in verschiedenen, aufeinander folgenden Phasen abzuwickeln, um hierbei die Zahl der Angebote zu begrenzen. Diese **Regelung entspricht der Vorschrift des Art. 44 Abs. 4 der Vergabekoordinierungsrichtlinie.** 7921

196.3 Verhandlungsverfahren (§ 5 Abs. 1)

Verhandlungsverfahren sind nach der Definition des § 5 Abs. 1 Satz 2 Verfahren, bei denen der Auftraggeber ausgewählte Personen anspricht, um über die Auftragsbedingungen zu verhandeln. **§ 5 Abs. 1 Satz 2 deckt sich damit im Wesentlichen mit § 101 Abs. 4 GWB.** 7922

196.3.1 Allgemeines

Die **VOF regelt keine Details** zur sachgerechten Durchführung des Verhandlungsverfahrens. Für das Verhandlungsverfahren nach der VOF hat der Gesetzgeber lediglich vorgesehen, dass der Auftraggeber in der Bekanntmachung sowohl die Einsendefrist als auch den Zeitpunkt des Beginns der Dienstleistung einschließlich ihrer Dauer mitzuteilen hat. In dem Verfahren **gelten die Grundsätze eines fairen und transparenten Vergabeverfahrens** auf der Grundlage des Gleichbehandlungsgebots aus § 97 II GWB (VK Baden-Württemberg, B. v. 24. 8. 2001 – Az.: 1 VK 20/01). Die **Vergabestelle besitzt** also beim Verhandlungsverfahren **einen großen Gestaltungsspielraum** (VK Detmold, B. v. 5. 4. 2001 – Az.: VK.31-10/01) 7923

196.3.2 Übertragung der Rechtsprechung zu § 101 Abs. 4 GWB

Im Grundsatz kann die Rechtsprechung zu § 101 Abs. 4 GWB auch auf das Verhandlungsverfahren der VOF übertragen werden, **sofern die Besonderheiten der Auftragsvergabe nach der VOF dies nicht ausschließen** (vgl. die Kommentierung zu § 101 GWB RZ 1376). 7924

196.3.2.1 Geltung der wesentlichen Prinzipien des Vergaberechts

Vgl. die Kommentierung zu § 97 GWB RZ 1379. 7925

196.3.2.2 Gleichbehandlungsgebot

Vgl. dazu die Kommentierung zu § 97 GWB RZ 254. 7926

196.3.2.3 Folgen einer unvollständigen Dokumentation und Verfahrenstransparenz

Während in offenen und nichtoffenen Verfahren Gleichbehandlung, Wettbewerb und Transparenz bereits weitgehend durch die Verfahrensvorschriften gewährleistet sind, obliegt dies **in Verhandlungsverfahren in viel stärkerem Maße dem Auftraggeber.** Rechtfertigen die Umstände eines Vergabeverfahrens den Verdacht einer Verletzung eines Bieters in seinen Rechten, fällt ein **Mangel an Dokumentation und Verfahrenstransparenz auf den Auftraggeber zurück** (VK Münster, B. v. 9. 4. 2003 – Az.: VK 05/03). 7927

Teil 5 VOF § 5   Verdingungsordnung für freiberufliche Leistungen

196.4 Aufhebung eines Verhandlungsverfahrens nach der VOF

7928   Die **Aufhebung eines Verhandlungsverfahrens nach der VOF ist in der VOF nicht geregelt.** Eine Aufhebung eines Verhandlungsverfahrens mit Teilnahmewettbewerb im Rahmen der VOB/A und der VOL/A erfolgt nach den Regeln über die Aufhebung einer Ausschreibung – § 26 VOB/A, § 26 VOL/A – (2. VK Mecklenburg-Vorpommern, B. v. 17. 1. 2003 – Az.: 2 VK 17/02). Dies gilt auch für die Aufhebung eines Verhandlungsverfahrens **auf der Stufe eines vorgeschalteten Teilnahmewettbewerbs** (VK Brandenburg, B. v. 30. 7. 2002 – Az.: VK 38/02).

7929   Daraus, dass die VOF die Vorschrift des § 26 VOL/A gerade nicht durch eine Verweisung in Bezug nimmt noch eine vergleichbare Vorschrift enthält, die eine „Aufhebung" eines VOF-Verhandlungsverfahrens regelt, ist der Umkehrschluss zu ziehen, dass **Aufhebungen im Sinne des § 26 VOL/A im Rahmen eines VOF-Verhandlungsverfahrens nicht möglich sind.** Gleichwohl ist der Verzicht auf die Auftragsvergabe und die damit einhergehende **Beendigung eines VOF-Vergabeverfahrens vergabeverfahrensrechtlich zulässig.** Der Verzicht auf die Auftragsvergabe in Vergabeverfahren oberhalb der gemeinschaftsrechtlichen Schwellenwerte wird von § 17 Abs. 5 VOF, der dem Art. 12 Abs. 2 der Richtlinie 92/50/EWG des Rates vom 18. Juni 1992 über die Koordinierung der Verfahren zur Vergabe öffentlicher Dienstleistungsaufträge entspricht, vorausgesetzt. Die Regelung des § 26 VOL/A ist lediglich eine für den Bereich der nicht freiberuflichen Dienstleistungsaufträge festgelegte Vorschrift, die eine Aufhebung von VOL-Vergabeverfahren von genau definierten restriktiven Voraussetzungen abhängig macht. Die **Möglichkeit eines Verzichts auf eine Auftragsvergabe** folgt letztlich aus dem vertragsrechtlichen Grundsatz, dass von dem Abschluss eines Vertrages Abstand genommen und **grundsätzlich niemand zum Abschluss eines Vertrages gezwungen werden kann.** Dieser Grundsatz gilt auch für das öffentliche Auftragswesen. Dies haben auch der Europäische Gerichtshof und der Bundesgerichtshof in ihren Entscheidungen zur Frage des Primärrechtsschutzes gegen Entscheidungen über die Aufhebung von Vergabeverfahren bzw. den Verzicht auf die Auftragsvergabe zum wiederholten Mal bestätigt. Es sind auch keine rechtlichen Gesichtspunkte erkennbar, die eine Anwendung der von dieser Rechtsprechung aufgestellten Grundsätze auf Verhandlungsverfahren für die Vergabe freiberuflicher Dienstleistungen ausschließen. Gleichwohl ist eine **Verzichtsentscheidung auch nicht losgelöst von allen rechtlichen Bindungen möglich.** Ein öffentlicher Auftraggeber hat danach beim Verzicht auf die Auftragsvergabe vielmehr die allgemeinen vergabeverfahrensrechtlichen **Prinzipien des Transparenzgebots, des Vertrauensschutzprinzips sowie des Willkürverbots und des Gleichbehandlungsgrundsatzes zu beachten**, § 97 Abs. 1, 2 GWB (OLG Naumburg, B. v. 17. 5. 2006 – Az.: 1 Verg 3/06; 1. VK Sachsen, B. v. 17. 1. 2006 – Az.: 1/SVK/151-05; B. v. 31. 5. 2005 – Az.: 1/SVK/046-05; VK Brandenburg, B. v. 17. 8. 2004 – Az.: VK 23/04; B. v. 16. 6. 2003 – Az.: VK 20/03).

7930   Sachlich nachvollziehbar und damit **vergaberechtlich zulässig** ist der Verzicht auf eine Auftragsvergabe, wenn ein **Auftraggeber durch zwei vorausgegangene Nachprüfungsverfahren in Zeitnot gerät und die Durchführung eines Projektes selbst erledigt,** um bewilligte Fördermittel zeitnah abrufen zu können (VK Brandenburg, B. v. 17. 8. 2004 – Az.: VK 23/04).

7931   Vgl. dazu **auch** die **Kommentierung** RZ 5964.

196.5 Verhandlungsverfahren mit vorheriger Vergabebekanntmachung

7932   Grundsätzlich sind Aufträge über freiberufliche Leistungen im **Verhandlungsverfahren mit vorheriger Vergabebekanntmachung** zu vergeben.

196.5.1 Sinn und Zweck des Teilnahmewettbewerbs

7933   Vgl. die Kommentierung zu § 101 GWB RZ 1360.

196.5.2 Ablauf des Verhandlungsverfahrens mit vorheriger Vergabebekanntmachung

7934   Im Rahmen des Verhandlungsverfahrens mit vorgeschalteten Teilnahmewettbewerb wählt der Auftraggeber anhand der geforderten, mit dem Teilnahmeantrag vorgelegten Urkunden unter

Verdingungsordnung für freiberufliche Leistungen VOF § 5 **Teil 5**

den Bewerbern, die den Anforderungen an Fachkunde, Leistungsfähigkeit und Zuverlässigkeit entsprechen, diejenigen aus, die er gleichzeitig auffordert, in einem Verhandlungsverfahren ein Angebot einzureichen. Die **Prüfung erfolgt somit in zwei Schritten.** Zunächst werden die geeigneten Bewerber von den nicht geeigneten Bewerbern geschieden. In einer zweiten Stufe wählt der Auftraggeber unter den verbliebenen geeigneten Bewerbern diejenigen aus, die er zur Angebotsabgabe auffordert (VK Südbayern, B. v. 9. 4. 2003 – Az.: 11-03/03).

Zu den näheren Einzelheiten vgl. die Kommentierung zu §§ 10, 16 VOF. 7935

196.6 Verhandlungsverfahren ohne vorherige Vergabebekanntmachung (§ 5 Abs. 2)

196.6.1 Zulässigkeitsvoraussetzungen

Die Zulässigkeitsvoraussetzungen sind in § 5 Abs. 2 aufgeführt. **§ 5 Abs. 2 ist restriktiv auszulegen** (VK Brandenburg, B. v. 12. 5. 2004 – Az.: VK 8/04). 7936

196.6.1.1 Beauftragung im Anschluss an einen Planungswettbewerb (§ 5 Abs. 2 Buchstabe c))

Nach dieser Vorschrift können Auftraggeber **Aufträge im Anschluss an einem Planungswettbewerb** im Verhandlungsverfahren ohne vorherige Vergabebekanntmachung vergeben, wenn im Anschluss an einen Wettbewerb im Sinne der §§ 20 und 25 der Auftrag **an den Gewinner eines Wettbewerbes vergeben werden muss.** In diesem Fall **genügt ein Verhandlungsgespräch mit dem Gewinner** des Wettbewerbs. Die Verpflichtung, alle Preisträger zu Verhandlungen aufzufordern ist nämlich nur sinnvoll, wenn alle Preisträger gleichermaßen noch Aussicht auf den Planungsauftrag haben (VK Nordbayern, B. v. 28. 1. 2003 – Az.: 320.VK3194-42/02). 7937

Soll im Anschluss an einen Wettbewerb im Sinne der §§ 20 und 25 dagegen der Auftrag **an einen Preisträger eines Wettbewerbes vergeben werden,** müssen alle Preisträger des Wettbewerbs zur Teilnahme an den Verhandlungen aufgefordert werden (VK Nordbayern, B. v. 10. 10. 2002 – Az.: 320.VK-3194-28/02, B. v. 28. 1. 2003 – Az.: 320.VK-3194-42/02). 7938

Zum **Planungswettbewerb allgemein** vgl. die Kommentierung zu § 25 VOF und zur **Frage der Weiterbeauftragung** die Kommentierung zu § 25 VOF RZ 8436. 7939

196.6.1.2 Dringliche, zwingende Gründe (§ 5 Abs. 2 Buchstabe d))

Ist ein Auftraggeber **aus internen Gründen** (z. B. Finanznot, Vorrang der Suche nach einem privaten Investor) an einer früheren Bekanntmachung des Wettbewerbes gehindert, liegen die **Voraussetzungen auf den Verzicht eines Teilnahmewettbewerbes nicht vor.** Denn solche internen Gründe sind genau diejenigen, die es nicht rechtfertigen, dann später den Wettbewerb für die Bieter einzuschränken (VK Düsseldorf, B. v. 30. 9. 2002 – Az.: VK – 26/2002 – L). 7940

196.6.1.3 Hochwasserbedingte Beschaffungen (§ 5 Abs. 2 Buchstabe f))

Vgl. dazu im Einzelnen die Kommentierung zu § 3 VOB/A RZ 3668, die auch für § 5 Abs. 2 Buchstabe f) gilt. 7941

196.6.2 Beweislast für das Vorliegen der Zulässigkeitsvoraussetzungen

Die Beweislast dafür, dass die außergewöhnlichen Umstände, die eine Ausnahme vom Erfordernis eines Teilnahmewettbewerbs rechtfertigen, tatsächlich vorliegen, **obliegt demjenigen, der sich auf sie berufen will** (Europäischer Gerichtshof, Urteil vom 10. 4. 2003 – Az.: C-20/01 und C-28/01). 7942

196.7 Wiederaufnahme eines bereits ausgeschiedenen Bewerbers in das Verhandlungsverfahren

Unter bestimmten Umständen kann es **zulässig** sein, **einen bereits ausgeschiedenen Bewerber wieder in das laufende Verhandlungsverfahren aufzunehmen.** Wenn ein Auftraggeber im Verhandlungsverfahren nicht verpflichtet ist, mit allen oder mit wenigstens 3 Bie- 7943

Teil 5 VOF § 6   Verdingungsordnung für freiberufliche Leistungen

tern bis zur Auftragserteilung zu verhandeln, so muss es umso mehr erlaubt sein, bereits ausgeschlossene Bieter wieder aufzunehmen (VK Baden-Württemberg, B. v. 24. 8. 2001 – Az.: 1 VK 20/01).

197. § 6 VOF – Mitwirkung von Sachverständigen

(1) Der Auftraggeber kann in jedem Stadium des Vergabeverfahrens, insbesondere bei der Beschreibung der Aufgabenstellung, bei der Prüfung der Eignung von Bewerbern, bei der Bewertung der Bewerbungen sowie bei Honorarfragen Sachverständige einschalten; diese können auf Anfrage auch von den Berufsvertretungen vorgeschlagen werden.

(2) Die Sachverständigen dürfen weder unmittelbar noch mittelbar an der betreffenden Vergabe beteiligt sein und auch nicht beteiligt werden.

197.1 Vergleichbare Regelungen

7944 Der **Vorschrift des § 6 VOF vergleichbar** sind im Bereich der VgV § 16, im Bereich der VOB § 7 VOB/A und im Bereich der VOL § 6 VOL/A. Die Kommentierungen zu diesen Vorschriften können daher ergänzend zu der Kommentierung des § 6 herangezogen werden.

197.2 Änderungen in der VOF 2006

7945 § 6 VOF ist im Zuge der VOF 2006 **nicht geändert** worden.

197.3 Bieterschützende Vorschrift

7946 Vgl. dazu die Kommentierung zu § 7 VOB/A RZ 3783.

197.4 Einschaltung als Ermessensentscheidung

7947 Vgl. dazu die Kommentierung zu § 7 VOB/A RZ 409.

197.5 Funktionaler Begriff des Sachverständigen

7948 Vgl. dazu die Kommentierung zu § 7 VOB/A RZ 3787.

197.6 Weite Auslegung des Begriffs des Sachverständigen

7949 Vgl. dazu die Kommentierung zu § 7 VOB/A RZ 3790.

197.7 Umfang der potenziellen Mitwirkung eines Sachverständigen

7950 Vgl. dazu die Kommentierung zu § 7 VOB/A RZ 3792.
7951 Zur Notwendigkeit einer eigenen Vergabeentscheidung des Auftraggebers vgl. die Kommentierung zu § 97 GWB RZ 187.

197.8 Beteiligungsverbot an der Vergabe (§ 6 Abs. 2)

197.8.1 Beteiligung an der Vergabe

7952 Vgl. dazu die Kommentierung zu § 7 VOB/A RZ 3797.

197.8.2 Projektantenstellung eines Sachverständigen

7953 Vgl. dazu die Kommentierung zu § 7 VOB/A RZ 3799.

197.8.3 § 6 Abs. 2 als Ausdruck eines ungeschriebenen Objektivitäts- und Unbefangenheitsprinzips

Vgl. dazu die Kommentierung zu § 7 VOB/A RZ 3812.   7954

197.8.4 Hinweis auf die Änderung des § 4 VgV durch das ÖPP-Beschleunigungsgesetz

Durch das **Gesetz zur Beschleunigung der Umsetzung von Öffentlich Privaten Part-** 7955
**nerschaften und zur Verbesserung gesetzlicher Rahmenbedingungen für Öffentlich
Private Partnerschaften vom 1. 9. 2005** (BGBl. I S. 2676) ist § 4 VgV um einen Absatz 5 dahingehend ergänzt worden, dass dann, wenn ein Bieter oder Bewerber vor Einleitung des Vergabeverfahrens den **Auftraggeber beraten oder sonst unterstützt hat,** der Auftraggeber sicherzustellen hat, dass der Wettbewerb durch die Teilnahme des Bieters oder Bewerbers nicht verfälscht wird.

Zu den **Einzelheiten** vgl. die **Kommentierung** zu § 4 VgV RZ 3249.   7956

197.8.5 Literatur

– Horn, Lutz, Projektantenstatus im VOF-Verfahren, NZBau 2005, S. 28   7957

198. § 7 VOF – Teilnehmer am Vergabeverfahren

(1) Bewerber können einzelne oder mehrere natürliche oder juristische Personen sein, die freiberufliche Leistungen anbieten.

(2) Bewerber sind zu verpflichten, Auskünfte darüber zu geben,
– ob und auf welche Art sie wirtschaftlich mit Unternehmen verknüpft sind oder
– ob und auf welche Art sie auf den Auftrag bezogen in relevanter Weise mit anderen zusammenarbeiten,
sofern dem nicht berufsrechtliche Vorschriften entgegenstehen.

(3) Bewerber sind zu verpflichten, die Namen und die berufliche Qualifikation der Personen anzugeben, die die Leistung tatsächlich erbringen.

(4) Soll der Auftrag an mehrere Bewerber gemeinsam vergeben werden, kann der Auftraggeber verlangen, dass diese im Falle der Auftragserteilung eine bestimmte Rechtsform annehmen, sofern dies für die ordnungsgemäße Durchführung des Auftrages notwendig ist.

198.1 Vergleichbare Regelungen

Der **Vorschrift des § 7 VOF vergleichbar** sind – allerdings nur in einzelnen Punkten 7958
– im Bereich der VOB §§ 8, 8a VOB/A und im Bereich der VOL §§ 7, 7a VOL/A. Die Kommentierungen zu diesen Vorschriften können daher ergänzend zu der Kommentierung des § 7 herangezogen werden.

198.2 Änderungen in der VOF 2006

§ 7 VOF ist im Zuge der VOF 2006 **nicht geändert** worden.   7959

198.3 Bedeutung in der Rechtsprechung

§ 7 VOF spielt in der Rechtsprechung kaum eine Rolle.   7960

198.4 Zusammenschluss mehrerer Bewerber (§ 7 Abs. 1)

Nach § 7 Abs. 1 können Bewerber einzelne oder mehrere natürliche oder juristische Perso- 7961
nen sein, die freiberufliche Leistungen anbieten.

Teil 5 VOF § 7   Verdingungsordnung für freiberufliche Leistungen

198.4.1 Vergleichbare Regelungen

7962   Der Regelung des § 7 Abs. 1 vergleichbar sind § 7 Nr. 1 Abs. 2 VOL/A und § 25 Nr. 6 VOB/A.

198.4.2 Begriff des Bewerbers

7963   Vgl. die Kommentierung zu § 8 VOB/A RZ 3824.

198.4.3 Begriff der Bewerbergemeinschaft sowie Sinn und Zweck der Regelung

7964   Vgl. die Kommentierung zu § 8 VOB/A RZ 3827.

198.4.4 Zeitpunkt der Erklärung des Zusammenschlusses

7965   Nach § 7 Abs. 1 VOF ist der Zusammenschluss mehrerer Bewerber zulässig. Die VOF enthält **keine Aussage in welchem Stadium eines Vergabeverfahrens derartige Gemeinschaften gebildet werden können.** § 7 Abs. 1 in Verbindung mit § 4 Abs. 2 VOF enthält lediglich das Gebot Bewerber im Vergabeverfahren gleich zu behandeln. Die **zeitliche Freiheit zur Bildung der ARGE** steht somit in einem Spannungsfeld zu dem in § 4 Abs. 2 VOF normierten Wettbewerbsprinzip. Der Wettbewerb auf der Grundlage von Referenzobjekten muss bieterbezogen betrachtet werden. Ob zwei Firmen als ein Bewerber im Wettbewerb gelten können, ist daher durch **Darlegung der Bereitschaft zur ARGE-Bildung durch beide potentiellen Partner spätestens zum Abgabetermin** in geeigneter Form zu erklären. Alles andere würde dem Sinn und Zweck eines auf ein wettbewerbliches Ergebnis ausgerichteten Verhandlungsverfahrens widersprechen (VK Halle, B. v. 1. 12. 1999 – Az.: VK Hal 18/99).

198.4.5 Parallele Beteiligung als Einzelbewerber und Mitglied einer Bewerbergemeinschaft

198.4.5.1 Allgemeines

7966   Vgl. die Kommentierung zu § 97 GWB RZ 118.

198.4.5.2 Regelung in den GRW 1995

7967   Führt der öffentliche Auftraggeber an Stelle des Bewerbungsverfahrens im Rahmen eines VOF-Verfahrens einen **Planungswettbewerb im Sinne der §§ 20, 25 VOF** durch und sind die Grundsätze und Richtlinien für Wettbewerbe auf den Gebieten der Raumplanung, des Städtebaues und des Bauwesens – GRW 1995 – Basis dieses Planungswettbewerbes, **dürfen** nach Ziffer 3.2.3 – Teilnahmehindernisse – der GRW 1995 **Mitglieder von Arbeitsgemeinschaften nicht selbständig am Wettbewerb teilnehmen.**

198.4.6 Parallele Beteiligung zweier Unternehmen mit identischer Geschäftsführung bzw. konzernverbundener Unternehmen am Wettbewerb

7968   Vgl. die Kommentierung zu § 97 GWB RZ 124.

198.4.7 Ausschluss des Angebots einer Bewerbergemeinschaft wegen Wettbewerbsbeschränkung?

7969   Vgl. dazu die Kommentierung zu § 97 GWB RZ 127.

198.4.8 Notwendige Anforderungen an den Inhalt der Bewerbung einer Bewerbergemeinschaft

7970   **Bewerbungen müssen die Identität des Bewerbers erkennen** lassen. Das gilt für Einzelbewerber wie für Bewerbergemeinschaften. Aus dem Angebot einer Bewerbergemeinschaft muss hervorgehen, dass es sich um das Angebot einer Bewerbergemeinschaft handelt und welche Unternehmen diese Bewerbergemeinschaft bilden. **Besteht Streit, wer als Bewerber**

Verdingungsordnung für freiberufliche Leistungen   VOF § 7   **Teil 5**

anzusehen ist, ist dieses durch Auslegung zu ermitteln. Dabei ist auf den „objektiven Empfängerhorizont" abzustellen; **entscheidend ist,** wie ein mit den Umständen des Einzelfalles vertrauter Dritter in der Lage der Vergabestelle die Erklärung nach Treu und Glauben mit Rücksicht auf die Verkehrssitte verstehen musste oder durfte (BayObLG, B. v. 20. 8. 2001 – Az.: Verg 11/01 – für die Bietergemeinschaft).

198.4.9 Verbot der Änderung einer Bewerbergemeinschaft nach Abgabe der Bewerbung?

198.4.9.1 Rechtsprechung des Europäischen Gerichtshofes

Der Europäische Gerichtshof hat entschieden (Urteil vom 23. 1. 2003 – Az.: C-57/01), dass die Richtlinie 93/37 (Baukoordinierungsrichtlinie) einer nationalen Regelung nicht entgegensteht, die es **untersagt, die Zusammensetzung einer Bietergemeinschaft,** die an einem Verfahren zur Vergabe eines öffentlichen Bauauftrags oder zur Erteilung einer öffentlichen Baukonzession teilnimmt, **nach Abgabe der Angebote zu ändern.** Die **Vergabekoordinierungsrichtlinie enthält** ebenfalls **keine Ausschlussbestimmung.**   7971

Der öffentliche Auftraggeber ist also – in Analogie – an einer entsprechenden Regelung für den Bereich der VOF-Verfahren nicht gehindert.   7972

198.4.9.2 Sonstige Rechtsprechung

198.4.9.2.1 Grundsatz. Vgl. die Kommentierung zu § 8 VOB/A RZ 3834.   7973

198.4.9.2.2 Nachträgliche Bewerbergemeinschaft nur zwischen bereits am Verfahren beteiligten Unternehmen. Vgl. die Kommentierung zu § 8 VOB/A RZ 3833.   7974

198.5 Freiberufliche Leistungen (§ 7 Abs. 1)

Vgl. dazu im Einzelnen die Kommentierung zu § 1 VOL/A RZ 6174.   7975

198.6 Prüfpflicht des Auftraggebers hinsichtlich der Berechtigung, freiberufliche Leistungen anzubieten?

Bestimmte freiberufliche Leistungen können nur von Personen angeboten werden, die bestimmte berufsrechtliche Qualifikationen erfüllen (z. B. bei Architekten oder Ingenieuren).   7976

Für den **Bereich der Bauleistungen** hat die Rechtsprechung entschieden, dass der öffentliche **Auftraggeber verpflichtet ist, zu prüfen, ob der Bieter handwerksrechtlich befugt ist, die Tätigkeit zu erbringen** (1. VK Sachsen, B. v. 4. 10. 2002 – Az.: 1/SVK/085-02).   7977

198.7 Auskunfts- und Benennungsverpflichtungen der Bewerber (§ 7 Abs. 2, 3)

Bewerber sind zu verpflichten, Auskünfte darüber zu geben,   7978
– ob und auf welche Art sie wirtschaftlich mit Unternehmen verknüpft sind oder
– ob und auf welche Art sie auf den Auftrag bezogen in relevanter Weise mit Anderen zusammenarbeiten,
sofern dem nicht berufsrechtliche Vorschriften entgegenstehen (Abs. 2).

Bewerber sind außerdem zu verpflichten, die Namen und die berufliche Qualifikation der Personen anzugeben, die die Leistung tatsächlich erbringen (Abs. 3).   7979

Es handelt sich insoweit um zwingende Auskunfts- und Benennungsverpflichtungen, die verfahrensmäßig der 1. Stufe des VOF-Verfahrens, dem Auswahlverfahren, zuzuordnen sind (vgl. die Kommentierung zu § 10 VOF RZ 8091.).   7980

198.8 Anforderungen an die Rechtsform einer Bewerbergemeinschaft (§ 7 Abs. 4)

198.8.1 Grundsatz

Von **Bewerbergemeinschaften kann nicht verlangt werden,** dass sie **zwecks Einreichung der Bewerbung eine bestimmte Rechtsform** annehmen; dies **kann jedoch ver-**   7981

1397

langt werden, wenn **ihnen der Auftrag erteilt werden soll.** Diese Regelung ist **Ausdruck eines gerechten Ausgleichs** zwischen den Interessen von Bewerbergemeinschaften und den Belangen der öffentlichen Auftraggeber. Ersteren würde es die Teilnahme am Wettbewerb über Gebühr erschweren, müssten sie stets schon für die Abgabe von Angeboten eine andere Rechtsform annehmen, als die, in der sie typischerweise auftreten. Letzteren kann es nicht verwehrt sein, auf die Annahme einer bestimmten Rechtsform zu bestehen, sofern dies für die ordnungsgemäße Durchführung des Auftrags notwendig ist (KG Berlin, B. v. 4. 7. 2002 – Az.: KartVerg 8/02 – für die Bietergemeinschaft).

198.8.2 Sonderregelungen

7982 Eine Anforderung in den Verdingungsunterlagen, dass die Bewerber die rechtlichen Voraussetzungen dafür erbringen müssen, um in der **Rechtsform des beliehenen Unternehmens gemäß § 44 Abs.** 3 Landeshaushaltsordnung für das Land Berlin tätig werden zu können, ist im Lichte der Regelungen in Art. 26 Abs. 1 der Vergabekoordinierungsrichtlinie und § 7 Abs. 1 Nr. 2, § 7a Nr. 2 Abs. 6 VOL/A dahin auszulegen, dass die Vergabestelle von den Bewerbern wohl **für den Fall der Auftragserteilung verlangen kann, die Rechtsform einer juristischen Person anzunehmen, nicht aber bereits vor dem Zuschlag** (KG Berlin, B. v. 4. 7. 2002 – Az.: KartVerg 8/02).

198.9 Verbot der Beteiligung nicht erwerbswirtschaftlich orientierter Institutionen am Wettbewerb

7983 Zu dem **Verbot der Beteiligung nicht erwerbswirtschaftlich orientierter Institutionen** (Justizvollzugsanstalten, Einrichtungen der Jugendhilfe, Aus- und Fortbildungsstätten oder ähnliche Einrichtungen sowie Betriebe der öffentlichen Hand und Verwaltungen) am Wettbewerb und der Anwendung dieser Grundsätze im Rahmen der VOF vgl. die Kommentierung zu § 97 GWB RZ 154.

7984 Zur Zulässigkeit der gebietsüberschreitenden Tätigkeit kommunaler Unternehmen vgl. die Kommentierung zu § 97 GWB RZ 134.

199. § 8 VOF – Aufgabenbeschreibung

(1) **Die Aufgabenstellung ist so zu beschreiben, dass alle Bewerber die Beschreibung im gleichen Sinne verstehen können.**

(2) **Bei der Beschreibung der Aufgabenstellung sind technische Anforderungen zu formulieren:**

1. entweder unter Bezugnahme auf die im Anhang TS definierten technischen Spezifikationen in der Rangfolge:

   a) nationale Normen, mit denen europäische Normen umgesetzt werden,

   b) europäische technische Zulassungen,

   c) gemeinsame technische Spezifikationen,

   d) internationale Normen und andere technische Bezugssysteme, die von den europäischen Normungsgremien erarbeitet wurden oder,

   e) falls solche Normen und Spezifikationen fehlen, nationale Normen, nationale technische Zulassungen oder nationale technische Spezifikationen für die Planung, Berechnung und Ausführung von Bauwerken und den Einsatz von Produkten.

   Jede Bezugnahme ist mit dem Zusatz „oder gleichwertig" zu versehen;

2. oder in Form von Leistungs- oder Funktionsanforderungen, die so genau zu fassen sind, dass sie den Bewerbern oder Bietern ein klares Bild vom Auftragsgegenstand vermitteln und dem Auftraggeber die Erteilung des Zuschlags ermöglichen;

3. oder als Kombination von Nummer 1 und 2, das heißt

   a) in Form von Leistungsanforderungen unter Bezugnahme auf die Spezifikationen gemäß Nummer 1 als Mittel zur Vermutung der Konformität mit diesen Leistungs- oder Funktionsanforderungen;

b) oder mit Bezugnahme auf die Spezifikationen gemäß Nummer 1 hinsichtlich bestimmter Merkmale und mit Bezugnahme auf die Leistungs- und Funktionsanforderungen gemäß Nummer 2 hinsichtlich anderer Merkmale.

(3) Verweist der Auftraggeber in der Aufgabenbeschreibung auf die in Absatz 2 Nummer 1 Buchstabe a genannten technischen Anforderungen, so darf er ein Angebot nicht mit der Begründung ablehnen, die angebotene Dienstleistung entspräche nicht den Spezifikationen, sofern der Bieter in seinem Angebot dem Auftraggeber mit geeigneten Mitteln nachweist, dass die von ihm vorgeschlagenen Lösungen den Anforderungen der technischen Spezifikation, auf die Bezug genommen wurde, gleichermaßen entsprechen. Als geeignetes Mittel gelten insbesondere eine technische Beschreibung des Herstellers oder ein Prüfbericht einer anerkannten Stelle.

(4) Legt der Auftraggeber die technischen Anforderungen in Form von Leistungs- oder Funktionsanforderungen fest, so darf er ein Angebot, das einer nationalen Norm, mit der eine europäische Norm umgesetzt wird, oder einer europäischen technischen Zulassung, einer gemeinsamen technischen Spezifikation, einer internationalen Norm oder einem technischen Bezugssystem, das von den europäischen Normungsgremien erarbeitet wurde, entspricht, nicht zurückweisen, wenn diese Spezifikationen die geforderten Leistungs- oder Funktionsanforderungen betreffen. Der Bieter muss in seinem Angebot mit geeigneten Mitteln dem Auftraggeber nachweisen, dass die der Norm entsprechende jeweilige Dienstleistung den Leistungs- oder Funktionsanforderungen des Auftraggebers entspricht. Als geeignete Mittel gelten eine technische Beschreibung des Herstellers oder ein Prüfbericht einer anerkannten Stelle.

(5) Schreibt der Auftraggeber Umwelteigenschaften in Form von Leistungs- oder Funktionsanforderungen vor, so kann er die Spezifikationen verwenden, die in europäischen, multinationalen oder anderen Umweltzeichen definiert sind, wenn

a) sie sich zur Definition der Merkmale des Auftragsgegenstands eignen,

b) die Anforderungen des Umweltzeichens auf der Grundlage von wissenschaftlich abgesicherten Informationen ausgearbeitet werden,

c) die Umweltzeichen im Rahmen eines Verfahrens erlassen werden, an dem interessierte Kreise wie z. B. staatliche Stellen, Verbraucher, Hersteller, Händler und Umweltorganisationen teilnehmen können und

d) wenn das Umweltzeichen für alle Betroffenen zugänglich und verfügbar ist.

Der Auftraggeber kann in den Vergabeunterlagen angeben, dass bei Dienstleistungen, die mit einem Umweltzeichen ausgestattet sind, vermutet wird, dass sie den in der Leistungs- oder Aufgabenbeschreibung festgelegten technischen Anforderungen genügen. Der Auftraggeber muss jedes andere geeignete Beweismittel, wie technische Unterlagen des Herstellers oder Prüfberichte anerkannter Stellen, akzeptieren.

(6) Anerkannte Stellen sind die Prüf- und Eichlaboratorien im Sinne des Eichgesetzes sowie die Inspektions- und Zertifizierungsstellen, die mit den anwendbaren europäischen Normen übereinstimmen. Der Auftraggeber erkennt Bescheinigungen von in anderen Mitgliedstaaten ansässigen anerkannten Stellen an.

(7) Soweit es nicht durch den Auftragsgegenstand gerechtfertigt ist, darf in den technischen Spezifikationen nicht auf eine bestimmte Produktion oder Herkunft oder ein besonderes Verfahren oder auf Marken, Patente, Typen, eines bestimmten Ursprungs oder einer bestimmten Produktion verwiesen werden, wenn dadurch bestimmte Unternehmen oder bestimmte Produkte begünstigt oder ausgeschlossen werden. Solche Verweise sind jedoch ausnahmsweise zulässig, wenn der Auftragsgegenstand nicht hinreichend genau und allgemein verständlich beschrieben werden kann; solche Verweise sind mit dem Zusatz „oder gleichwertig" zu versehen.

(8) Alle die Erfüllung der Aufgabenstellung beeinflussenden Umstände sind anzugeben, insbesondere solche, die dem Auftragnehmer ein ungewöhnliches Wagnis aufbürden oder auf die er keinen Einfluss hat und deren Einwirkung auf die Honorare oder Preise und Fristen er nicht im Voraus abschätzen kann. § 16 Abs. 2 ist zu berücksichtigen.

Teil 5 VOF § 8   Verdingungsordnung für freiberufliche Leistungen

7985   Anders als die VOB/A und die VOL/A kennt die VOF keine Leistungsbeschreibung im klassischen Sinne. **An die Stelle der Leistungsbeschreibung tritt** in der VOF die so genannte „Aufgabenbeschreibung". Diese Unterscheidung hat ihren wesentlichen Grund darin, dass die VOF schon vom Anwendungsbereich her keine eindeutig und erschöpfend beschreibbaren Leistungen erfasst (OLG Rostock, B. v. 9. 5. 2001 – Az.: 17 W 4/01).

199.1 Vergleichbare Regelungen

7986   Der **Vorschrift des § 8 VOF vergleichbar** sind - allerdings nur in einzelnen Punkten - im Bereich der VOB §§ 9, 9a, 9b VOB/A und im Bereich der VOL §§ 8, 8a, 8b VOL/A. Die Kommentierungen zu diesen Vorschriften können daher ergänzend zu der Kommentierung des § 8 herangezogen werden.

199.2 Änderungen in der VOF 2006

7987   Im Zuge der VOF 2006 ist **§ 8 völlig neu gefasst** worden. Die **Regelung entspricht inhaltlich der Vorschrift des Art. 23 der Vergabekoordinierungsrichtlinie.**

199.3 Notwendigkeit einer Aufgabenbeschreibung

7988   Die Aushändigung einer Aufgabenbeschreibung an die Bewerber ist unabdingbares Merkmal einer jeden Ausschreibung (VK Thüringen, B. v. 16. 9. 2003 – Az.: 216-4004.20-046/03-G S). **Ohne die Aufforderung zur Angebotsabgabe an die ausgewählten Bewerber und das Führen von Verhandlungsgesprächen über die Auftragsbedingungen ist ein Verhandlungsverfahren nicht vergaberechtskonform.** Ein Gespräch zur „Vorstellung des Unternehmens" und „der das Projekt betreuenden Personen und deren Referenzen" genügt den Anforderungen an ein Verhandlungsgespräch im Sinne der VOF nicht (1. VK Sachsen, B. v. 5. 10. 2004 – Az.: 1/SVK/092-04, 1/SVK/092-04G).

199.4 Inhalt und Zweck der Aufgabenbeschreibung

7989   Im Geltungsbereich der VOF versteht man unter dem Begriff der „Aufgabenbeschreibung" die **Beschreibung einer durch die Bewerber zu erfüllenden Aufgabenstellung,** ohne dass damit die Leistung als solche, nämlich die konkrete Lösung der Aufgabe mit allen dazu führenden Lösungsschritten beschrieben wäre oder beschrieben werden könnte (VK Thüringen, B. v. 16. 9. 2003 – Az.: 216-4004.20-046/03-G-S).

7990   Im Verhandlungsverfahren nach VOF ist daher den für Verhandlungen ausgewählten Bewerbern eine **Aufgabenbeschreibung** nach § 8 VOF zu übermitteln, auf deren Basis diese zur Abgabe eines Angebotes aufgefordert werden (2. VK Brandenburg, B. v. 14. 12. 2002 – Az.: 2 VK 106/01, B. v. 25. 9. 2002 – Az.: VK 51/02; 1. VK Bund, B. v. 10. 5. 2001 – Az.: VK 1-11/01).

7991   Bei Planungsleistungen **kann sich die Aufgabenbeschreibung auf die in der HOAI beschriebenen Leistungsbilder beziehen,** um die Leistungsanforderungen zu umschreiben; freilich müssen diese Vorgaben um Angaben zum konkreten Objekt ergänzt werden (2. VK Mecklenburg-Vorpommern, B. v. 17. 1. 2003 – Az.: 2 VK 17/02).

199.5 Unterschiedliche Anforderungen an die Aufgabenbeschreibung hinsichtlich Art und Umfang je nach Stadium des Vergabeverfahrens

7992   Die Anforderungen an die Auftraggeber hinsichtlich Art und Umfang der Aufgabenbeschreibung sind je nach Stadium des Vergabeverfahrens unterschiedlich:

7993   Zur **Vorbereitung des Auswahlverfahrens** kann sich die Aufgabenbeschreibung in der Vergabebekanntmachung unter Beachtung von § 8 Abs. 2 und 3 auf diejenigen Angaben konzentrieren, die es den Bewerbern erlauben, ihre Auskünfte und Formalitäten an den wirtschaftlichen und technischen Mindestanforderungen des Auftraggebers zu orientieren.

7994   Zur **Vorbereitung der Auftragsverhandlungen** mit den nach § 10 Abs. 1 VOF ausgewählten Bewerbern muss der Auftraggeber die Aufgabenbeschreibung der Vergabebekanntma-

Verdingungsordnung für freiberufliche Leistungen   VOF § 8   **Teil 5**

chung zur Aufgabenbeschreibung für die Aufforderung zur Angebotsabgabe erweitern und so ergänzen, dass alle auf die fachliche Leistung bezogenen Vergabekriterien, insbesondere die in § 16 Abs. 2 Sätze 1 und 2 genannten für die Bewerber klar erkennbar und für ihn selbst eindeutig wertbar sind (VK Südbayern, B. v. 29. 9. 2000 – Az.: 120.3-3194.1-18-08/00).

Gerade für eine Objektplanung mit Sanierung bedarf es einer differenzierten Beschreibung der Aufgabe, um den Anforderungen der Aufgabenbeschreibung genügen zu können. Die **Vergabestelle muss dem Bewerber daher Pläne (Bestandszeichnungen der Grundrisse, Schnitte, Ansichten, Detailzeichnungen sowie einen Übersichtsplan/Lageplan) zur Verfügung stellen,** damit dieser den Umfang der planerischen Leistungen zumindest überschlägig ermitteln kann. Darüber hinaus bedarf es zum Gegenstand der Planung der Aufgabenbeschreibung zur Minimierung des ungewöhnlichen Wagnisses einer **detaillierten Aufgabenbeschreibung (Raumprogramm, Integration vorhandener Gebäude in das Gesamtvorhaben, Termine etc.).** Ohne diese Angaben kann der Bewerber seinen Planungsaufwand, der wiederum zur Grundlage seiner Zeitplanung wird, nicht ermitteln (2. VK Mecklenburg-Vorpommern, B. v. 17. 1. 2003 – Az.: 2 VK 17/02).   7995

199.6 Festlegung der Planungsaufgabe und damit Festlegung des Inhalts der Aufgabenbeschreibung

Vgl. dazu die Kommentierung zu § 9 VOB/A RZ 4058.   7996

199.7 Begrenzung durch die Grundsätze des Wettbewerbs, der Transparenz und der Gleichbehandlung

Vgl. dazu die Kommentierung zu § 9 VOB/A RZ 4063.   7997

199.8 Pflicht der Vergabestelle, bestehende Wettbewerbsvorteile und -nachteile potentieller Bewerber durch die Gestaltung der Vergabeunterlagen „auszugleichen"?

Vgl. dazu die Kommentierung zu § 9 VOB/A RZ 4070.   7998

199.9 Auslegung der Aufgabenbeschreibung

199.9.1 Objektiver Empfängerhorizont

Vgl. dazu die Kommentierung zu § 9 VOB/A RZ 4075.   7999

199.9.2 VOF-konforme Auslegung

Vgl. dazu die Kommentierung zu § 9 VOB/A RZ 4080.   8000

199.10 Notwendiger Inhalt der Aufgabenbeschreibung

Bei der Aufgabenbeschreibung sind die Anforderungen an die Qualität so gestellt, dass die **Grundsätze der Vergabe nach § 4 VOF konsequent umgesetzt** werden können. Damit soll sichergestellt werden, dass die Bewerber ihre Bewerbung mit dem Ziel der bestmöglichen und möglichst gut vergleichbaren Darstellung ihrer Fachkunde, Leistungsfähigkeit und Zuverlässigkeit formulieren können (VK Südbayern, B. v. 25. 7. 2000 – Az.: 120.3-3194.1-13-06/00).   8001

199.10.1 Gleicher Empfängerhorizont für alle Bewerber (§ 8 Nr. 1)

199.10.1.1 Vergleichbare Regelungen

Der Regelung des § 8 Nr. 1 vergleichbar sind § 9 Nr. 1 Abs. 1 VOB/A und § 8 Nr. 1 Abs. 1 VOL/A.   8002

199.10.1.2 Allgemeines

8003 Ebenso wie nach der VOL bzw. der VOB hat die jeweilige Beschreibung so zu erfolgen, dass alle Bewerber die Beschreibung im gleichen Sinne verstehen können. Diese **Zielangabe** für die Aufgabenstellung ist eine **notwendige Bedingung für eine sowohl ordnungsgemäße als auch wettbewerbsgerechte Vergabe.** Der Auftraggeber muss sich so klar ausdrücken, dass die an dem Vergabeverfahren beteiligten Unternehmen unter Zugrundelegung der bei ihnen vorhandenen Fachkenntnisse die Aufgabenstellung objektiv im gleichen Sinne verstehen können (VK Südbayern, B. v. 25. 7. 2000 – Az.: 120.3-3194.1-13-06/00). Nur wenn die Bewerber ein fest umrissenes Bild von der geforderten Leistung haben, kann man ihnen überhaupt zumuten, sich an einem Vergabeverfahren zu beteiligen (OLG Rostock, B. v. 9. 5. 2001 – Az.: 17 W 4/01).

8004 Die Regelung ist damit ein **wesentliches Element des Transparenzgebotes.** Nur bei einer eindeutigen Leistungsbeschreibung ist für die Bewerber erkennbar, was der Auftraggeber erwartet und eine dem Gleichbehandlungsgebot genügende, willkürfreie Auswertung der eingehenden Angebote möglich. Eindeutig und erschöpfend bedeutet also, dass die Aufgabenbeschreibung klar und unmissverständlich, aber auch gründlich und vollständig sein muss (VK Düsseldorf, B. v. 22. 7. 2002 – Az.: VK – 19/2002 – L).

8005 Vgl. auch die Kommentierung zu § 9 VOB/A RZ 4083.

199.10.1.3 Notwendiger Inhalt bei Architekten- und Ingenieurleistungen

8006 Mit der Aufgabenbeschreibung müssen die Bewerber auch die für eine zweifelsfreie und vollständige Kalkulation erforderlichen Unterlagen und Informationen erhalten. Ist die zu vergebende Leistung nach einer gesetzlichen Gebühren- oder Honorarordnung zu vergüten, muss die **Beschreibung so beschaffen sein, dass die Preis- oder Honorarangebote gesetzes- oder verordnungskonform sein können.** Der Auftraggeber hat daher alle nach objektiven Kriterien bestimmbaren Bedingungen zur Honorarberechnung vor Beginn des Verhandlungsverfahrens festzulegen.

8007 In der **Rechtsprechung ist umstritten,** ob der Auftraggeber insoweit die anrechenbaren Kosten bzw. die Honorarzone vorgeben muss oder nicht.

8008 Nach einer Auffassung gehören b**ei den Architekten- und Ingenieurleistungen** zu einer ordnungsgemäßen Aufgabenbeschreibung u. a. **als Mindestvoraussetzung die Festlegung der anrechenbaren Kosten und die Honorarzone,** der die gewünschte Leistung in Abhängigkeit von den Planungsanforderungen zuzuordnen ist und **die Leistungsphasen, deren Vergabe beabsichtigt ist** (VK Düsseldorf, B. v. 30. 1. 2001 – Az.: VK – 32/2000 – F).

8009 Der **Bundesgerichtshof** hingegen steht – im Rahmen eines wettbewerblichen Unterlassungsverfahrens – **auf dem Standpunkt, dass die für die Bemessung des Honorars nach der HOAI maßgeblichen Faktoren der Architekt oder Ingenieur selbst zu ermitteln und in eigener Verantwortung seiner Berechnung zugrunde zu legen hat.** Der Auftraggeber von Ingenieur- oder Architektenleistungen ist nicht verpflichtet, bereits die Ausschreibung der Leistungen so vorzunehmen, dass sie alle für die Ermittlung der Sätze nach der HOAI erforderlichen Angaben enthält. Er kann vielmehr darauf vertrauen, dass die angesprochenen Ausschreibungsempfänger die für die Ermittlung ihres nach der HOAI zulässigen Honorars erforderlichen Grundlagen in eigener Verantwortung prüfen und ggf. um die Ergänzung in der Ausschreibung fehlender Angaben bitten. Die Prüfung, wie also die anrechenbaren Kosten sowie die jeweilige Honorarzone und der zugrunde zu legende Honorarsatz gemäß den Berechnungsgrundsätzen der HOAI zu ermitteln sind, trifft in erster Linie die Ausschreibungsadressaten (BGH, Urteil vom 11. 11. 2004 – Az.: I ZR 156/02; ebenso OLG Köln, Urteil vom 18. 3. 2005 – Az: 6 U 163/04).

8010 Fordert ein Auftraggeber von den Bietern einerseits, ausgeschriebene **Architekten- und Ingenieurleistungen zu einem Pauschalpreis** entsprechend § 4a HOAI nach Kostenberechnung anzubieten und eine **Baukostenobergrenze verbunden mit einer so genannten bonus-malus-Regelung zu bestimmen,** stellt ihnen andererseits aber **keine den Vorgaben der HOAI entsprechende Kostenberechnung zur Verfügung,** obwohl diese bereits in den vorangegangenen Leistungsphasen hätte erstellt werden müssen, handelt der **Auftraggeber wettbewerbs- und vergabewidrig.** Zwar ist es grundsätzlich zulässig, für alle in der HOAI geregelten Architekten- und/oder Ingenieurleistungen einen Pauschalpreis/Festbetrag zu vereinbaren, mit dem alle vereinbarten Leistungen eines Auftrages abgegolten sind. Da das in der HOAI geregelte Preisrecht eine Unterschreitung der Höchstsätze in der Regel aber nur bis zum

Verdingungsordnung für freiberufliche Leistungen VOF § 8 **Teil 5**

Erreichen der Mindestsätze zulässt (§ 4 Abs. 1 HOAI), ist eine **Pauschalvereinbarung aber unwirksam, wenn das Pauschalhonorar bei zutreffender Berechnung nach der HOAI die Mindestsätze unterschreitet, ohne dass die engen Voraussetzungen des § 4 Abs. 2 HOAI vorliegen.** Im Hinblick auf diese preisrechtliche Begrenzung handelt ein öffentlicher Auftraggeber wettbewerbswidrig, wenn er etwa im Zusammenhang mit der Erschließung eines Baugebietes Honoraranfragen an Ingenieure (und Architekten) richtet, die so abgefasst sind, dass sie zu einer wettbewerbswidrigen Unterbietung der Mindestsätze der HOAI führen können. Schriftliche Anfragen eines Stadtbauamtes an Architekturbüros, in denen nach der Honorarhöhe für Architektenleistungen gefragt wird, ohne diese Leistungen genau zu spezifizieren, sind wettbewerbswidrig. Durch die unzureichende Spezifizierung ist es den Architekten nämlich nicht möglich, durch die Zuordnung der Planungsleistungen zu den Honorarzonen der HOAI ihre Honorare zuverlässig zu kalkulieren, ohne dabei Gefahr zu laufen, durch Unterschätzung der Leistungen die vorgeschriebenen Mindestsätze zu unterbieten und damit wettbewerbswidrige Angebote zu unterbreiten (OLG Düsseldorf, B. v. 7. 7. 2004 – Az.: VII – Verg 15/04). Diese **Rechtsprechung** dürfte angesichts der Entscheidung des BGH vom 11. 11. 2004 (vgl. RZ. 7556) **nicht mehr zu halten** sein.

199.10.2 Technische Anforderungen (§ 8 Abs. 2 ff.)

Bei der Beschreibung der Aufgabenstellung sind die technischen Anforderungen in bestimmter Art und Weise festzulegen. 8011

199.10.2.1 Technische Spezifikationen (§ 8 Abs. 2 Nr. 1)

199.10.2.1.1 **Begriff der Technischen Spezifikationen.** Vgl. insoweit die Kommentierung zu § 9 VOB/A RZ 4189. 8012

199.10.2.1.2 **DIN-Normen.** Vgl. insoweit die Kommentierung zu § 9 VOB/A RZ 4192. 8013

199.10.2.1.3 **NATO-Vorschriften.** Vgl. insoweit die Kommentierung zu § 9 VOB/A RZ 4196. 8014

199.10.2.2 Formulierung von technischen Spezifikationen unter Bezugnahme auf die in Anhang TS definierten technischen Spezifikationen (§ 8 Abs. 2 Nr. 1)

Vgl. insoweit die Kommentierung zu § 9 VOB/A RZ 4197. 8015

199.10.2.3 Ersetzung von nationalen Normen (§ 8 Abs. 3)

Vgl. insoweit die Kommentierung zu § 9 VOB/A RZ 4199. 8016

199.10.2.4 Ersetzung von Leistungs- oder Funktionsanforderungen (§ 8 Abs. 4)

Vgl. insoweit die Kommentierung zu § 9 VOB/A RZ 4200 8017

199.10.2.5 Spezifikationen für Umwelteigenschaften (§ 8 Abs. 5, Abs. 6)

Vgl. insoweit die Kommentierung zu § 9 VOB/A RZ 4201. 8018

199.10.2.6 Nennung von Bezeichnungen für Produktion oder Herkunft oder ein besonderes Verfahren oder auf Marken, Patente, Typen eines bestimmten Ursprungs oder einer bestimmten Produktion (§ 8 Abs. 7)

Die Regelung des § 8 VOF hat in der Praxis erhebliche Auswirkungen für die Frage der **zwei Ausnahmetatbestände von dem Verbot der Verweisung** auf eine bestimmte Produktion oder Herkunft oder ein besonderes Verfahren oder auf Marken, Patente, Typen eines bestimmten Ursprungs oder einer bestimmten Produktion. Vgl. dazu die **Kommentierung zu § 9 VOB/A** RZ 4202. 8019

199.10.3 Angabe aller die Erfüllung der Aufgabenstellung beeinflussenden Umstände (§ 8 Abs. 8)

Nach § 8 Abs. 8 sind alle die Erfüllung der Aufgabenstellung beeinflussenden Umstände anzugeben, insbesondere solche, die dem Auftragnehmer ein ungewöhnliches Wagnis aufbürden 8020

Teil 5 VOF § 8 Verdingungsordnung für freiberufliche Leistungen

oder auf die er keinen Einfluss hat und deren Einwirkung auf die Honorare oder Preise und Fristen er nicht abschätzen kann.

199.10.3.1 Vergleichbare Regelungen

8021 Der Regelung des § 8 Abs. 8 vergleichbar sind § 8 Nr. 1 Abs. 2 und 3 VOL/A und § 9 Nr. 2 VOB/A.

199.10.3.2 Angabe aller Umstände

8022 **199.10.3.2.1 Umfangreiche Prüfungen.** Vgl. dazu die Kommentierung zu § 9 VOB/A RZ 4177.

8023 **199.10.3.2.2 Kostenobergrenze.** Vgl. dazu die Kommentierung zu § 97 GWB RZ 676.

8024 **199.10.3.2.3 Leistungsbilder.** Eine **Aufgabenbeschreibung** ist dann **unvollständig**, wenn es nach dem Willen der Vergabestelle **allein den Bewerbern überlassen bleiben soll, ihren notwendigen Inhalt,** etwa weil Grundleistungen bereits erbracht sein sollen oder diese unter Mitwirkung Dritter zu erledigen seien und damit den Umfang der zu erbringenden Leistung, **selbst zu bestimmen** (VK Thüringen, B. v. 17. 12. 2004 – Az.: 360-4004.20-027/04-SLZ).

8025 **199.10.3.2.4 Sonstige Beispiele aus der Rechtsprechung**
– eine eindeutige und erschöpfende Beschreibung **fehlt bei unterschiedlich formulierten Bewerbungs- bzw. Auftragskriterien** im Text der Aufgabenbeschreibung (VK Düsseldorf, B. v. 22. 7. 2002 – Az.: VK – 19/2002 – L)
– eine eindeutige und erschöpfende Beschreibung **fehlt bei unterschiedlichen Forderungen zum Eignungsnachweis** im Text der Aufgabenbeschreibung (VK Düsseldorf, B. v. 22. 7. 2002 – Az.: VK – 19/2002 – L)
– eine eindeutige und erschöpfende Beschreibung **fehlt, wenn die Konturen der nachgefragten Leistung bzw. des nachgefragten Leistungskonglomerates** auf der Basis der Aufgabenbeschreibung **nicht deutlich werden** (1. VK Bund, B. v. 21. 9. 2001 – Az.: VK 1-33/01)

8026 **199.10.3.2.5 Folgen einer nicht eindeutigen und erschöpfenden Beschreibung.** Nach der Rechtsprechung besteht einmal bei Unklarheiten und Missverständlichkeiten der Aufgabenbeschreibung eine **Verpflichtung des Auftraggebers, den Bewerbern Gelegenheit zur Nachbesserung zu geben** (OLG Düsseldorf, B. v. 19. 12. 2001 – Az.: Verg 42/01).

8027 Zum andern führen die Unklarheiten einer Aufgabenbeschreibung dann **nicht zur Aufhebung** eines Verhandlungsverfahrens, wenn infolge dieses Mangels **Bewerbungen** eingehen, die – im Wege einer vergleichenden willkürfreien Wertung – **noch miteinander verglichen werden können** (VK Düsseldorf, B. v. 22. 7. 2002 – Az.: VK – 19/2002 – L; im Ergebnis ähnlich 1. VK Sachsen, B. v. 9. 4. 2002 – Az.: 1/SVK/021-02).

199.10.3.3 Verbot der Aufbürdung eines ungewöhnlichen Wagnisses

8028 **199.10.3.3.1 Hintergrund.** Vgl. dazu die Kommentierung zu § 9 VOB/A RZ 4143.

8029 **199.10.3.3.2 Grundsatz.** Vgl. dazu die Kommentierung zu § 9 VOB/A RZ 4144.

8030 **199.10.3.3.3 Weite Auslegung zugunsten des Bewerbers.** Vgl. dazu die Kommentierung zu § 9 VOB/A RZ 4149.

8031 **199.10.3.3.4 Leistungs- und Erfüllungsrisiko.** Vgl. dazu die Kommentierung zu § 9 VOB/A RZ 4150.

8032 **199.10.3.3.5 Bestehen eines Auftragsbedarfes und Finanzierbarkeit.** Vgl. dazu die Kommentierung zu § 9 VOB/A RZ 4151.

8033 **199.10.3.3.6 Abnahme- bzw. Verwendungsrisiko.** Vgl. zu den **einheitlichen Grundsätzen für VOB/A- und VOL/A- sowie VOF-Verfahren** die Kommentierung zu § 9 VOB/A RZ 4153.

8034 **199.10.3.3.7 Absicherung eines Risikos über die Vergütung.** Vgl. dazu die Kommentierung zu § 9 VOB/A RZ 4159.

8035 **199.10.3.3.8 Diskrepanz zwischen verbindlichen Leistungspflichten und unsicheren Vergütungsansprüchen.** Vgl. dazu die Kommentierung zu § 8 VOL/A RZ 4160.

Verdingungsordnung für freiberufliche Leistungen VOF § 9 **Teil 5**

199.10.3.3.9 Vorhaltung von Personal. Vgl. dazu die Kommentierung zu § 9 VOB/A RZ 4165. 8036

199.10.3.3.10 Vorgabe von Standards durch den Auftraggeber. Vgl. dazu die Kommentierung zu § 9 VOB/A RZ 4169. 8037

199.10.3.3.11 Einseitige Vertragsverlängerungsoption zu Gunsten des Auftraggebers. Vgl. dazu die Kommentierung zu § 8 VOL/A RZ 6594. 8038

199.10.3.3.12 Vereinbarung von Vertragsstrafen. Vgl. dazu die Kommentierung zu § 9 VOB/A RZ 4171. 8039

199.10.3.3.13 Literatur. Vgl. dazu die Kommentierung zu § 9 VOB/A RZ 4175. 8040

199.10.4 Angabe aller Auftragskriterien (§ 8 Abs. 8 Satz 2)

Die Auftraggeber haben in der Aufgabenbeschreibung oder der Vergabebekanntmachung oder der Aufforderung zur Teilnahme an der Verhandlung alle Auftragskriterien anzugeben, deren Anwendung vorgesehen ist. Sie haben auch anzugeben, wie die einzelnen Kriterien gewichtet werden. Die Gewichtung kann mittels einer Marge angegeben werden. Kann nach Ansicht des Auftraggebers die Gewichtung aus nachvollziehbaren Gründen nicht angegeben werden, so gibt der Auftraggeber die Kriterien in der absteigenden Reihenfolge ihrer Bedeutung an. Zu den Einzelheiten vgl. die Kommentierung zu § 16. 8041

199.10.5 Festlegung von Sicherheitsstandards

Vgl. dazu die Kommentierung zu § 9 VOB/A RZ 4065. 8042

199.10.6 Beispiele aus der Rechtsprechung

– die Vergabestelle hat die „Erschließung des kommunalen Industrie- und Gewerbeparks „xxx Straße" in der Stadt xxx" Ziffer II. 1.5), CPV 74-22-40-00-5, CPC 867, als Verhandlungsverfahren (Ziffer IV. 1) europaweit ausgeschrieben. Als Gegenstand des Auftrags/des Verhandlungsverfahrens hat sie die Angabe gemacht, dass dies „**Honorarleistungen nach § 55 HOAI** zur Erschließung des Industrie- und Gewerbegebietes „xxx Straße" in der Stadt xxx mit einer Gesamtgröße von 12,5 ha" sein sollen. Eine **„Aufgabenbeschreibung" im Sinne des § 8 VOF stellt eine solche Ausschreibung nicht dar.** 8043

199.11 Voraussetzungen der Aufnahme von Optionen in eine Aufgabenbeschreibung

Die Aufnahme von Optionen ist **insbesondere dann zulässig,** wenn der Auftraggeber hinsichtlich der Ausübung der Option **eine ernsthafte Durchführungsabsicht** hat (1. VK Bund, B. v. 15. 7. 2003 – Az.: VK 1-53/03). 8044

Optionen sind bei öffentlichen Auftraggebern im Bereich der Architekten- und Ingenieurverträge gängige Praxis z. B. bei der gestuften Vergabe von Leistungsphasen nach der HOAI. 8045

199.12 Änderung der Aufgabenbeschreibung vor dem Verhandlungsgespräch

Erfolgt eine Änderung der Aufgabenbeschreibung **vor dem Verhandlungsgespräch** und werden **alle Bewerber darüber informiert,** ist also Gleichbehandlung gegeben, ist die Änderung zulässig (1. VK Bund, B. v. 19. 12. 2002 – Az.: VK 1-95/02). Hierbei sollte der Auftraggeber sich auch dahingehend absichern, dass ihm **alle Bewerber den Empfang der Änderungsmitteilung bestätigen** (VK Halle, B. v. 25. 4. 2001 – Az.: VK Hal 04/01). 8046

200. § 9 VOF – Bekanntmachungen

(1) **Die Auftraggeber veröffentlichen sobald wie möglich nach Beginn des jeweiligen Haushaltsjahres eine unverbindliche Bekanntmachung unter Verwendung des Musters nach Anhang I der Verordnung (EG) Nr. 1564/2005 im Amtsblatt der Europäischen Gemeinschaften oder in ihren Beschafferprofilen nach Absatz 5 über den**

vorgesehenen Gesamtwert der Aufträge für freiberufliche Leistungen nach Anhang I A, die in den folgenden zwölf Monaten vergeben werden sollen, sofern der nach § 3 geschätzte Wert mindestens 750 000 Euro beträgt. Veröffentlicht der Auftraggeber eine Vorinformation im Beschafferprofil, meldet er dies dem Amt für amtliche Veröffentlichungen der Europäischen Gemeinschaften.

(2) Die Auftraggeber, die einen Auftrag für eine freiberufliche Leistung nach § 5 Abs. 1 vergeben wollen, teilen ihre Absicht durch Bekanntmachung entsprechend den Mustern des Anhangs II der Verordnung (EG) Nr. 1564/2005 mit.

(3) Bekanntmachungen sind auf elektronischem oder anderem Wege unverzüglich dem Amt für amtliche Veröffentlichungen der Europäischen Gemeinschaften zu übermitteln. Soweit keine elektronische Übermittlung der Bekanntmachung erfolgt, darf der Inhalt der Bekanntmachung rund 650 Wörter nicht überschreiten. In Fällen besonderer Dringlichkeit muss die Bekanntmachung mittels Telefax oder auf elektronischem Weg übermittelt werden. Der Auftraggeber muss den Tag der Absendung der Bekanntmachung nachweisen können.

(4) Elektronisch erstellte und übermittelte Bekanntmachungen werden spätestens fünf Tage nach ihrer Absendung an das Amt für amtliche Veröffentlichungen veröffentlicht. Nicht elektronisch erstellte und übermittelte Bekanntmachungen werden spätestens zwölf Tage nach der Absendung veröffentlicht. Die Bekanntmachungen werden ungekürzt im Amtsblatt der Europäischen Gemeinschaften in ihren Originalsprachen veröffentlicht. In den Amtsblättern oder der Presse des Landes des Auftraggebers darf die Bekanntmachung nicht vor dem Tag der Absendung an das Amt für die amtlichen Veröffentlichungen der Europäischen Gemeinschaften veröffentlicht werden; Bei der Veröffentlichung ist dieser Zeitpunkt anzugeben. Die Veröffentlichung darf nur die im Amtsblatt der Europäischen Gemeinschaften oder die in einem Beschafferprofil nach Absatz 5 veröffentlichten Angaben enthalten.

(5) Die Auftraggeber können im Internet ein Beschafferprofil einrichten. Es enthält Angaben über geplante und laufende Vergabeverfahren, über vergebene Aufträge sowie alle sonstigen für die Auftragsvergabe relevanten Informationen wie zum Beispiel Kontaktstelle, Telefon- und Telefaxnummer, Anschrift, E-Mail-Adresse des Auftraggebers.

200.1 Vergleichbare Regelungen

8047 Der **Vorschrift des § 9 VOF vergleichbar** sind – allerdings nur in einzelnen Punkten – im Bereich der VOB §§ 17, 17a, 17b VOB/A und im Bereich der VOL §§ 17, 17a, 17b VOL/A. Die Kommentierungen zu diesen Vorschriften können daher ergänzend zu der Kommentierung des § 9 herangezogen werden.

200.2 Änderungen in der VOF 2006

8048 In **§ 9 Abs. 1 und 2 ist** die Bezugnahme hinsichtlich des Bekanntmachungsmusters aus Anhang I und Anhang II der Verordnung (EG) Nr. 1564/2005 aktualisiert.

8049 In § 9 Abs. 3 sind Form und Umfang der Bekanntmachung neu geregelt.

8050 In § 9 Abs. 4 ist eine Regelung eingefügt, wonach Bekanntmachungen, die über das Internetportal des Amts für amtliche Veröffentlichungen der Europäischen Gemeinschaften auf elektronischem Weg erstellt und übermittelt wurden (elektronische Bekanntmachung), spätestens nach 5 Kalendertagen veröffentlicht werden.

8051 In **§ 9 Abs. 5 ist außerdem die Regelung eingefügt,** dass der Auftraggeber im Internet ein Beschafferprofil einrichten kann.

200.3 Bieterschützende Vorschrift

8052 Vgl. die Kommentierung zu § 17 VOB/A RZ 4651.

200.4 Bedeutung der Vorschriften über die Vergabebekanntmachung

8053 Vgl. die Kommentierung zu § 17 VOB/A RZ 4653.

Verdingungsordnung für freiberufliche Leistungen VOF § 9 **Teil 5**

200.5 Begriff der Bekanntmachung

Vgl. die Kommentierung zu § 17 VOB/A RZ 4659. 8054

200.6 Zulässigkeit einer alleinigen elektronischen Bekanntmachung

Vgl. die Kommentierung zu § 17 VOB/A RZ 4769. 8055

200.7 Auslegung der Vergabebekanntmachung

Vgl. die Kommentierung zu § 17 VOB/A RZ 4654. 8056

200.8 Unterschiedliche Inhalte von Bekanntmachungen derselben Ausschreibung

Vgl. die Kommentierung zu § 17a VOB/A RZ 4783. 8057

200.9 Bindung des Auftraggebers an die Bekanntmachung

Vgl. die Kommentierung zu § 17 VOB/A RZ 4657. 8058

200.10 Vorinformation (§ 9 Abs. 1)

Nach § 9 Abs. 1 veröffentlichen die Auftraggeber sobald wie möglich nach Beginn des jeweiligen Haushaltsjahres eine unverbindliche Bekanntmachung unter Verwendung des Musters nach Anhang I der Verordnung (EG) Nr. 1564/2005 im Amtsblatt der Europäischen Gemeinschaften oder in ihren Beschafferprofilen nach Absatz 5 über den vorgesehenen Gesamtwert der Aufträge für freiberufliche Leistungen nach Anhang I A, die in den folgenden zwölf Monaten vergeben werden sollen, sofern der nach § 3 geschätzte Wert mindestens 750 000 Euro beträgt. 8059

200.10.1 Sinn und Zweck der Vorinformation

Vgl. die Kommentierung zu § 17a VOB/A RZ 4731. 8060

200.10.2 Bedeutung der Vorinformation

Vgl. die Kommentierung zu § 17a VOB/A RZ 4732. 8061

200.10.3 Verpflichtung zur Vorinformation für Aufträge nach Anhang I A

Die Verpflichtung zur unverbindlichen Bekanntmachung gilt nur für freiberufliche Aufträge nach Anhang I A der VOF; vgl. dazu die Kommentierung zu § 2 VOF RZ 7806. 8062

200.10.4 Schwellenwert für die Vorinformation

Vgl. die Kommentierung zu § 17a VOL/A RZ 7012. 8063

200.10.5 Zeitpunkt der Vorinformation

Vgl. die Kommentierung zu § 17a VOL/A RZ 7014. 8064

200.10.6 Übermittlung der Vorinformation

200.10.6.1 Zwingende Übermittlung der Vorinformation an das Amt für amtliche Veröffentlichungen der Europäischen Gemeinschaften

Die Vorinformation ist zwingend dem Amt für amtliche Veröffentlichungen der Europäischen Gemeinschaften (2, rue Mercier, L-2985 Luxemburg, Telefax 00352/2929-44619; -42623; -42670; E-Mail mp-ojs@opoce.cec.eu.int) zu übermitteln. 8065

Teil 5 VOF § 9 Verdingungsordnung für freiberufliche Leistungen

200.10.6.2 Form der Übermittlung der Vorinformation an das Amt für amtliche Veröffentlichungen der Europäischen Gemeinschaften

8066 Die Vorinformation kann schriftlich oder elektronisch per E-Mail übermittelt werden. Inzwischen bietet das Amt für amtliche Veröffentlichungen der Europäischen Gemeinschaften auch die Möglichkeit, **Bekanntmachungen online unter www.simap.eu.int unter der Rubrik „Auftraggeber-Seite" zu veröffentlichen.** Bei Nutzung der Online-Formulare ist eine vorherige Anmeldung und Registrierung erforderlich.

200.10.6.3 Übermittlung der Vorinformation durch Veröffentlichung im Beschafferprofil

8067 Die Vorinformation kann auch über das **Beschafferprofil** nach § 9 Abs. 5 veröffentlicht werden; in diesem Fall ist dem Amt für amtliche Veröffentlichungen zuvor auf elektronischem Wege die **Veröffentlichung mit dem in Anhang VIII der Verordnung (EG) Nr. 1564/ 2005 enthaltenen Muster zu melden.**

200.10.6.4 Fakultative Übermittlung der Vorinformation an andere Bekanntmachungsblätter

8068 Die Vorinformation **kann außerdem** in Tageszeitungen, amtlichen Veröffentlichungsblättern, Fachzeitschriften oder Internetportalen veröffentlicht werden.

200.11 Verbindliche Bekanntmachung (§ 9 Abs. 2)

8069 Gemäß § 9 Abs. 2 VOF teilen die Auftraggeber, die einen Auftrag für eine freiberufliche Leistung nach § 5 Abs. 1 VOF vergeben wollen, diese Absicht durch Bekanntmachung mit.

200.11.1 Inhalt der verbindlichen Bekanntmachung

200.11.1.1 Bekanntgabe der Leistung

8070 Die verbindliche Bekanntmachung muss **hinreichend genau angeben, welche Leistung** der Auftragnehmer ausführen soll. Dies ist dann nicht der Fall, wenn nicht das Ausgeschriebene, sondern eine andere Leistung Gegenstand oder Schwerpunkt der Ausschreibung sein soll (VK Thüringen, B. v. 21. 11. 2001 – Az.: 216-4004.20-059/01-G-S).

200.11.2 „Setzen" von Dienstleistungserbringern und Bekanntmachung

8071 Hat eine Vergabestelle in der Ausschreibung **bereits ausgewählte Dienstleistungserbringer „gesetzt", ist dies zulässig,** obwohl diese Möglichkeit weder in § 9 VOF noch in § 10 VOF erwähnt ist. Dies erfordert aber sicherzustellen, dass nicht das Vergabeverfahren seinen eigentlichen Sinn verliert und nur der Form halber durchgeführt wird. Deshalb muss die **Zahl der Bewerber, die zu Verhandlungen über Leistung und Preis aufgefordert werden,** nicht nur **deutlich über der Zahl bereits vorher ausgewählter Bewerber liegen,** sondern auch die nach § 10 Abs. 2 VOF vorgeschriebene Zahl von 3 Bewerbern darf nicht durch die Zahl der gesetzten Bewerber vermindert werden. Im konkreten Fall heißt dies, dass mit mindestens 4 Bewerbern Verhandlungen zu führen sind (1. VK Bremen, B. v. 25. 9. 2001 – Az.: VK 5/01).

8072 Außerdem müssen die gesetzten Bewerber die Auswahlkriterien, denen die anderen Bewerber unterworfen werden, ebenfalls erfüllen (OLG Rostock, B. v. 1. 8. 2003 – Az.: 17 Verg 7/03).

8073 Das **Setzen eines vorbefassten Bewerbers ist grundsätzlich unzulässig** (1. VK Sachsen, B. v. 5. 10. 2004 – Az.: 1/SVK/092-04, 1/SVK/092-04G).

200.11.3 Übermittlung der Bekanntmachung

200.11.3.1 Zwingende Übermittlung der Bekanntmachung an das Amt für amtliche Veröffentlichungen der Europäischen Gemeinschaften

8074 Die Bekanntmachung ist zwingend dem Amt für amtliche Veröffentlichungen der Europäischen Gemeinschaften (2, rue Mercier, L-2985 Luxemburg, Telefax 0 03 52/29 29-4 46 19; -4 26 23; -4 26 70; E-Mail mp-ojs@opoce.cec.eu.int) zu übermitteln.

200.11.3.2 Form der Übermittlung der Bekanntmachung an das Amt für amtliche Veröffentlichungen der Europäischen Gemeinschaften

Vgl. die Kommentierung RZ 8066. 8075

200.11.3.3 Übermittlung der Bekanntmachung durch Veröffentlichung im Beschafferprofil

Die Bekanntmachung kann alternativ über das **Beschafferprofil** veröffentlicht werden, auch wenn dies für die Bekanntmachung – im Gegensatz zur Vorinformation – nicht ausdrücklich zugelassen ist; in diesem Fall ist dem Amt für amtliche Veröffentlichungen zuvor auf elektronischem Wege die **Veröffentlichung mit dem in Anhang VIII der Verordnung (EG) Nr. 1564/2005 enthaltenen Muster zu melden.** 8076

200.11.3.4 Fakultative Übermittlung der Vorinformation an andere Bekanntmachungsblätter

Die Bekanntmachung **kann außerdem** in Tageszeitungen, amtlichen Veröffentlichungsblättern, Fachzeitschriften oder Internetportalen veröffentlicht werden (§ 9 Abs. 5 Satz 3). 8077

200.11.4 Umfang des Inhalts der Bekanntmachung

Bei einer **elektronischen Übermittlung der Bekanntmachung** gibt es **keine Begrenzung** für den Umfang des Inhalts der Bekanntmachung. Soweit **keine elektronische Übermittlung der Bekanntmachung** erfolgt, **darf der Inhalt der Bekanntmachung rund 650 Worte nicht überschreiten.** 8078

200.12 Veröffentlichung der Bekanntmachungen (§ 9 Abs. 3)

200.12.1 Veröffentlichung der Bekanntmachungen im Supplement zum Amtsblatt der Europäischen Gemeinschaften

Elektronisch erstellte und übersandte Bekanntmachungen werden spätestens fünf Tage nach ihrer Absendung an das Amt für amtliche Veröffentlichungen der Europäischen Gemeinschaften veröffentlicht. Nicht elektronisch erstellte und übersandte Bekanntmachungen werden spätestens zwölf Tage nach der Absendung veröffentlicht. Die Bekanntmachungen werden unentgeltlich ungekürzt im Supplement zum Amtsblatt der Europäischen Gemeinschaften in der jeweiligen Originalsprache und eine Zusammenfassung der wichtigsten Bestandteile davon in den anderen Amtssprachen der Gemeinschaft veröffentlicht; hierbei ist nur der Wortlaut in der Originalsprache verbindlich. 8079

200.12.1.1 Allgemeines

Vgl. die Kommentierung zu § 17a VOL/A RZ 7094. 8080

200.12.1.2 Zulässigkeit einer rein elektronischen Bekanntmachung

Vgl. die Kommentierung zu § 17a VOB/A RZ 4769. 8081

200.12.1.3 Schnellere Veröffentlichung elektronischer Bekanntmachungen

Elektronisch erstellte und übersandte Bekanntmachungen werden **spätestens 5 Kalendertage nach ihrer Absendung** veröffentlicht. Diese **Bevorzugung** ist **Ausdruck der Bemühung der EU-Kommission** um eine möglichst weite und möglichst freie Verbreitung **von öffentlichen Aufträgen.** 8082

200.12.2 Inländische Veröffentlichung der Bekanntmachungen

Vgl. die Kommentierung zu § 17a VOL/A RZ 7000. 8083

200.13 Beschafferprofil (§ 17a Nr. 2)

In **§ 9 Abs. 5 ist die Regelung eingefügt,** dass der Auftraggeber im Internet ein Beschafferprofil einrichten kann, in dem allgemeine Informationen wie Kontaktstelle, Telefon- und 8084

Teil 5 VOF § 10   Verdingungsordnung für freiberufliche Leistungen

Faxnummer, Postanschrift und E-Mail-Adresse sowie Angaben über Ausschreibungen, geplante und vergebene Aufträge oder aufgehobene Verfahren veröffentlicht werden können. Die Regelung nimmt die Bemühungen der EU-Kommission um die verstärkte Nutzung des Internet für die Ausschreibung und Vergabe öffentlicher Aufträge auf. Ein **Beschafferprofil kann auf der Internetseite** http://simap.eu.int eingerichtet werden.

200.14 Neue Formulare

8085   Vgl. die Kommentierung zu § 17a VOL/A RZ 7020.

200.15 Literatur

8086   Vgl. die Kommentierung zu § 17a VOL/A RZ 7021.

201. § 10 VOF – Auswahl der Bewerber

(1) Der Auftraggeber wählt anhand der erteilten Auskünfte über die Eignung der Bewerber sowie anhand der Auskünfte und Formalitäten, die zur Beurteilung der von diesen zu erfüllenden wirtschaftlichen und technischen Mindestanforderungen erforderlich sind, unter den Bewerbern, die nicht aufgrund des § 11 ausgeschlossen wurden und die die in den §§ 12 und 13 genannten Anforderungen erfüllen, diejenigen aus, die er zur Verhandlung auffordert.

(2) Die Zahl der zur Verhandlung aufgeforderten Bewerber darf bei hinreichender Anzahl geeigneter Bewerber nicht unter drei liegen.

(3) Der Auftraggeber hat in der Bekanntmachung anzugeben, welche Nachweise über die finanzielle, wirtschaftliche oder fachliche Eignung oder welche anderen Nachweise vom Bewerber zu erbringen sind. Verlangt der Auftraggeber zum Nachweis dafür, dass die Bewerber bestimmte Qualitätssicherungsnormen erfüllen, die Vorlage von Bescheinigungen von unabhängigen Qualitätsstellen, so nehmen sie auf Qualitätssicherungsnachweisverfahren Bezug, die den einschlägigen europäischen Normen entsprechen und von entsprechenden Stellen gemäß den europäischen Zertifizierungsnormen zertifiziert sind. Gleichwertige Bescheinigungen von Stellen aus anderen EG-Mitgliedstaaten sind anzuerkennen. Die Auftraggeber erkennen auch andere gleichwertige Nachweise für Qualitätssicherungsmaßnahmen an.

(4) Die in Absatz 3 vorgesehenen Nachweise dürfen nur insoweit gefordert werden, wie es durch den Gegenstand des Auftrags gerechtfertigt ist. Dabei muss der Auftraggeber die berechtigten Interessen der Bewerber am Schutz ihrer technischen, fachlichen oder handelsbezogenen Betriebsgeheimnisse berücksichtigen; die Verpflichtung zur beruflichen Verschwiegenheit bleibt unberührt.

201.1 Vergleichbare Regelungen

8087   Der Vorschrift des § 10 VOF vergleichbar sind im Bereich der VOB §§ 8, 8a VOB/A und im Bereich der VOL §§ 7, 7a VOL/A. Die Kommentierungen zu diesen Vorschriften können daher ergänzend zu der Kommentierung des § 10 herangezogen werden.

201.2 Änderungen in der VOF 2006

8088   In § 10 ist **neu Abs. 3 aufgenommen,** wonach Auftraggeber zusätzlich Angaben über Qualitätssicherungsnormen verlangen können.

201.3 Bieterschützende Vorschrift

8089   Das der Feststellung der Eignung der zur Verhandlung heranzuziehenden Bewerber dienende Auswahlverfahren ist in § 10 VOF für den öffentlichen Auftraggeber verbindlich geregelt. **Die**

Verdingungsordnung für freiberufliche Leistungen VOF § 10 **Teil 5**

in dieser Vorschrift enthaltenen Regelungen – namentlich § 10 Abs. 3 VOF – **haben einen bewerberschützenden Charakter** (OLG Düsseldorf, B. v. 29. 10. 2003 – Az.: Verg 43/03; VK Brandenburg, B. v. 27. 1. 2005 – VK 79/04).

201.4 Ablauf des VOF-Verfahrens

201.4.1 Grundsatz

Das Verhandlungsverfahren nach der VOF gliedert sich in **zwei Stufen** (§§ 10, 16, 24 VOF): 8090
- auf der ersten Stufe sind die Bewerber **auszuwählen,** die zu Verhandlungsgesprächen eingeladen werden
- auf der zweiten Stufe wird aus dem Kreis der Verhandlungsteilnehmer der **Auftragnehmer ermittelt.**

Während das **Auswahlverfahren** gem. § 10 Abs. 1 VOF anhand der **Auswahlkriterien** 8091 Fachkunde (fachliche Eignung), Leistungsfähigkeit und Zuverlässigkeit der Ermittlung derjenigen Bewerber dient, die er zur Verhandlung aufzufordern, sollen die in § 16 Abs. 2 VOF genannten – nicht abschließenden – **Auftragskriterien** (insbesondere Qualität, technischer Wert, Ästhetik, Preis, Honorar etc.) den Auftraggeber in die Lage versetzen, zu entscheiden, mit wem von den ausgewählten Bewerbern, die die Eignungs-, Leistungs- und Zuverlässigkeitskriterien erfüllen, letztlich der ausgeschriebene Vertrag zu schließen ist (VK Lüneburg, B. v. 25. 9. 2006 – Az.: VgK-19/2006; B. v. 3. 8. 2001 – Az.: 203-VgK-15/2001; OLG Düsseldorf, B. v. 8. 10. 2003 – Az.: VII – Verg 48/03).

201.4.2 Strikte Trennung der beiden Stufen?

Die **Rechtsprechung** hierzu ist **nicht einheitlich.** 8092

Die **strikte, gedankliche und wertungsmäßige Trennung der beiden Stufen** des 8093 Verhandlungsverfahrens bzw. der Eignungskriterien nach § 10 und der Auftragskriterien nach § 16 ist zwar **grundsätzlich sinnvoll** und wird im Schrifttum auch z. T. als unabdingbar gefordert. Sie ist im Bereich der nicht beschreibbaren freiberuflichen Dienstleistungen gemäß VOF **schwierig und häufig nicht möglich,** da die Auftragsvergabe nicht auf einem konkreten Leistungsangebot basiert, sondern – wie vor allem bei Architekten- und Ingenieurleistungen – weitgehend auf einer Prognoseentscheidung beruht, die nur die personellen Qualifikationen und Kapazitäten und Referenzen über früher erbrachte Planungsleistungen des Bieters bewerten kann. Wegen der damit verbundenen herausragenden, überwiegenden Bedeutung der Bewerberauswahl und der dafür vorgeschriebenen Auswahlkriterien kann der Auftraggeber daher gehalten sein, in die bekannt zu gebenden Auftragskriterien solche auch solche Kriterien aufzunehmen, die einen gewissen Zusammenhang mit den Auswahlkriterien aufweisen, wie z. B. Erfahrungen mit gleichartigen oder gleichwertigen Projekten, Erfahrungen mit der Abwicklung entsprechender Projekte usw., die bei der Wertung gleichsam eine Mitberücksichtigung des Grades der Qualifikation, fachlichen Eignung und Leistungsfähigkeit der Bieter in Bezug auf das konkrete Projekt ermöglichen (OLG Rostock, B. v. 16. 5. 2001 – Az.: 17 W 1/01, 17 W 2/01; VK Lüneburg, B. v. 3. 8. 2001 – Az.: 203-VgK-15/2001).

Eine **Vermischung der beiden Prüfungsschritte** bzw. die **Doppelverwendung der** 8094 **Eignungskriterien als Zuschlagskriterien bzw. Auswahlkriterien** wird **regelmäßig** als **unzulässig** erachtet (VK Magdeburg, B. v. 27. 8. 2003 – Az.: 33-32571/07 VK 13/03 MD; VK Nordbayern, B. v. 7. 6. 2002 – Az.: 320.VK-3194-15/02).

201.5 Zwang zu einer Methode des Auswahlverfahrens (§ 10 Abs. 1)

Im Rahmen der Vorauswahl nach § 10 VOF ist dem Auftraggeber zwar **grundsätzlich frei-** 8095 **gestellt, welche Auswahlmethode er wählt.** Dabei hat er aber selbstverständlich das Gleichbehandlungsgebot – § 97 Abs. 2 GWB, § 4 Abs. 2 VOF – zu beachten. Die Gleichbehandlung aller Bewerber ist aber nur gewährleistet, wenn auch tatsächlich **irgendeine Art von Methode, orientiert an objektiven Kriterien,** bei der Auswahl zugrunde gelegt wird.

201.6 Auswahlkriterien

201.6.1 Zwingende Auskunfts- und Benennungsverpflichtungen der Bewerber (§ 7 Abs. 2, 3)

8096 Nach § 7 VOF sind Bewerber zu verpflichten, Auskünfte darüber zu geben,
– ob und auf welche Art sie wirtschaftlich mit Unternehmen verknüpft sind oder
– ob und auf welche Art sie auf den Auftrag bezogen in relevanter Weise mit Anderen zusammenarbeiten,
sofern dem nicht berufsrechtliche Vorschriften entgegenstehen (Abs. 2).

8097 Bewerber sind außerdem zu verpflichten, die Namen und die berufliche Qualifikation der Personen anzugeben, die die Leistung tatsächlich erbringen (Abs. 3).

8098 Es handelt sich nach dem Wortlaut insoweit um **zwingende Auskunfts- und Benennungsverpflichtungen**, die verfahrensmäßig der 1. Stufe des VOF-Verfahrens, dem Auswahlverfahren, zuzuordnen sind und deshalb **in die Bekanntmachung der Auswahlkriterien aufzunehmen** sind.

201.6.2 Fakultative Auswahlkriterien

201.6.2.1 Auswahlkriterien nach § 10 VOF

8099 § 10 VOF stellt dem Auftraggeber **verschiedene – nicht abschließend definierte – Auswahlkriterien** zur Verfügung:
– Auskünfte über die Eignung der Bewerber
– (sonstige) Auskünfte und Formalitäten, die zur Beurteilung der von den Bewerbern zu erfüllenden wirtschaftlichen und technischen Mindestanforderungen erforderlich sind
– Ausschlusskriterien des § 11
– Anforderungen des § 12
– Anforderungen des § 13

8100 Hieraus ergeben sich im Zusammenspiel zwischen § 10 und § 16 VOF – wie in §§ 25 VOB/A bzw. 25 VOL/A – **verschiedene Wertungsstufen:**
– 1. Wertungsstufe: Prüfung der Ausschlusskriterien des § 11
– 2. Wertungsstufe: Prüfung der Anforderungen der §§ 12, 13
– 3. Wertungsstufe: Prüfung der fachlichen Eignung der Bieter
– 4. Wertungsstufe: Auswahl desjenigen Bieters, der die bestmögliche Leistung erwarten lässt
(OLG Düsseldorf, B. v. 7. 11. 2001 – Az.: Verg 23/01)

201.6.2.2 Auswahlkriterien nach § 23 VOF

8101 Zu den Auswahlkriterien des § 23 VOF (Qualifikationsnachweise für die Vergabe von Architekten- und Ingenieurleistungen) vgl. die Kommentierung zu § 23 VOF.

201.6.2.3 Beispiele aus der Rechtsprechung

8102 – die **Kriterien „Gründungsjahr des Büros" und „Erste Fertigstellung eines Krankenhausprojekts des Büros (mindestens Leistungsphasen 1–5 vom Büro erbracht)" stellen eine sachlich nicht gerechtfertigte und deshalb gegen den Gleichheitsgrundsatz des § 4 Abs. 2 VOF verstoßende Bevorzugung „alteingesessener" Büroorganisationen dar.** Es ist sachlich nicht zu rechtfertigen, z.B. ein 16 Jahre zurückliegendes Krankenhausprojekt erheblich höher zu bewerten als die Betreuung eines den aktuellen Anforderungen und Bedingungen ausgesetzten Krankenhausprojektes. Da die Sicherheits- und Technikstandards im Krankenhausbau der letzten 15 bis 20 Jahre laufend Veränderungen erfahren haben, kann die Fertigstellung eines Krankenhauses in den Jahren vor 1990 oder auch weniger langen Zeiträumen nur unzureichend Auskunft über die fachliche Eignung zur Durchführung aktueller Krankenhausprojekte geben. Zumindest kann diese länger zurücklie-

gende Leistung nicht höher bewertet werden als die Betreuung eines in jüngerer Zeit realisierten Krankenhausprojekts (VK Lüneburg, B. v. 25. 9. 2006 – Az.: VgK-19/2006)
- dem **Kriterium „in Planung/Bau befindliche Projekte der letzten 8 Jahre" kann ein Auftraggeber ein großes Gewicht zumessen.** Für dieses Kriterium sind insgesamt 12 Punkte zu erzielen, wobei der Auftraggeber Zusatzpunkte für Projekte > 20 Mio. €, für Krankenhausprojekte, für Referenzschreiben und für den Fall von mindestens zwei realisierten Krankenhausprojekten mit Investitionssummen von je > 50 Mio. € vergibt. Auch hier werden insbesondere Planungsleistungen für solche Projekte gutgeschrieben, die den ausgeschriebenen Planungsleistungen für das Krankenhausbauprojekt des Auftraggebers vergleichbar sind. Gerade auch diese aktuellen vergleichbaren Tätigkeiten erlauben dem Auftraggeber qualifizierte Aussagen für die Ermittlung der am meisten geeigneten Bewerber (VK Lüneburg, B. v. 25. 9. 2006 – Az.: VgK-19/2006)
- dem **Kriterium „Realisierte Projekte der letzten 8 Jahre (bereits in Betrieb genommen)" kann ein Auftraggeber z. B. mit max. 26 erreichbaren Punkten das größte Gewicht zumessen.** Dabei kann für jedes angegebene Projekt ein Punkt erreicht werden. Für jedes angegebene Projekt > 20 Mio. € Investitionssumme, jedes angegebene Krankenhausprojekt, jedes angegebene Krankenhausprojekt > 40 Mio. € Investitionssumme ist jeweils 1 Zusatzpunkt zu erzielen. Weitere Zusatzpunkte sind zu erzielen, wenn ein Referenzschreiben zum Projekt vorliegt, wenn die Leistungsphasen 2 bis 9 realisiert wurden und wenn mindestens zwei Krankenhausprojekte mit Investitionssummen von je > 80 Mio. € realisiert wurden. Im letzteren Fall werden sogar 2 Zusatzpunkte vergeben. Die vom Auftraggeber angeforderten Nachweise hinsichtlich der Höhe der Investitionssumme und der Größe von in den letzten 8 Jahren realisierten Projekten fließen als Maßstab in die Auswahlkriterien der Erfahrung und der technischen Leistungsfähigkeit und damit in die Prognose der wirtschaftlichsten Leistungserbringung ein. Diese **Kriterien finden durch ihre Einbeziehung gleichwertiger Krankenhausprojekte in die Bewertungsmatrix und die dadurch bedingte Vergleichbarkeit mit der aktuellen Auftragsvergabe ihre Rechtfertigung und sind deshalb nicht willkürlich, sondern sachbezogen** (VK Lüneburg, B. v. 25. 9. 2006 – Az.: VgK-19/2006)
- es bestehen **keine Bedenken, Teilnahmeanträge mit weit reichendem Nachunternehmereinsatz schlechter zu bewerten als solche, die einen Nachunternehmereinsatz nur zu einem sehr geringen Umfang** vorsehen. Es ist offensichtlich, dass der **Einsatz vieler verschiedener Unternehmen eines höheren Maßes an Koordination bedarf** und ein **höheres Friktionspotenzial** birgt als der Einsatz einer geringeren Zahl an Unternehmen. Das Wertungskriterium fällt zudem mit 3% nur moderat ins Gewicht (3. VK Bund, B. v. 7. 6. 2006 – Az.: VK 3-33/06)
- das **Auswahlkriterium „junges Büro" ist kein zulässiges Auswahlkriterium** (1. VK Sachsen, B. v. 3. 12. 2004 – Az.: 1/SVK/104-04, 1/SVK/104-04G); **Anmerkung des Verfassers:** in dieser Entscheidung **knüpft die VK aber sehr stark daran an, dass** dieses Auswahlkriterium nicht bekannt gemacht wurde; bei Erfüllung dieser Voraussetzung ist eine **bestimmte Quote für junge Büros zulässig**
- das **Auswahlkriterium „Erfahrung der Bewerber im Krankenhaus-, Arztpraxen- und Laborbau u. ä." ist ein zulässiges Auswahlkriterium** bei der Vergabe von Projektsteuerungsleistungen für ein Medizinisches Versorgungszentrum (3. VK der Freien Hansestadt Bremen, B. v. 16. 12. 2004 – Az.: VK 4/04)
- die Bewertungsmatrix endet mit 310 erreichbaren Punkten. Sie enthält **folgende Aufschlüsselung:** „Mitarbeiter 10, Führungskräfte 10, Name/Qualifikation 30, Projektteam 15, Haftpflichtversich(erung) 10, Aufträge mit Wert 15, Bearbeitungszeitraum 10, Erfahrung Großküchenbau 50, Wirtschaftl(iche) Planung 30, Erfahr(ung) Energ(ie) Einspar(ung) 30, Erfahr(ung) Techn(ischer) Ausbau 50, Auftraggeber 10, Ausstattung + Geräte 20, Umsatz 20, Bilanzen Ja/Nein (X), ArGe Ja/Nein (X), HR-Eintragung Ja/Nein (X), AK-Mitglied Ja/Nein (X)" (Hanseatisches OLG in Bremen, B. v. 13. 11. 2003 – Az.: Verg. 8/2003)
- es steht einer Vergabestelle frei, den Aspekt der umfänglichen Erfahrung im Bereich der Koordination der Aufgaben bei der Erstellung eines solchen Bauwerks, also die **Generalplanungserfahrung,** insbesondere bei einem – möglicherweise aus Kostengründen eher schlichten – Zweckbau **höher zu bewerten.** Es mag einer Vergabestelle gerade darauf ankommen, hier umfassend von Baubetreuungsaufgaben freigestellt zu werden. Aus diesem Grund ist eine Bewertung der Generalplanererfahrung im Krankenhausbau mit insgesamt maximal 70 Punk-

ten von 400 möglichen keineswegs als sachfremd anzusehen (VK Arnsberg, B. v. 15. 7. 2003 – Az.: VK 3-16/2003)
- es ist zwar **grundsätzlich zulässig**, das **Kriterium „Erfahrung mit einem Bewerber"** als einen Faktor bei der Bewertung der Teilnahmeanträge mit einzubeziehen. Dies darf jedoch **nicht in der Weise** erfolgen, dass **diesem Kriterium ein überwiegendes Gewicht zukommt,** da auf diese Weise der Wettbewerb begrenzt wird. Andere Teilnehmer, die auf Grund ihrer Referenzen durchaus geeignet sein könnten, die jeweils geplante Maßnahme durchzuführen, können so nie in den engeren Kreis der Teilnehmer gelangen, da sie das maßgebliche Merkmal der Erfahrung mit diesem Auftraggeber niemals erfüllen können (1. VK Sachsen, B. v. 13. 6. 2001 – Az.: 1/SVK/44-01)
- das von der VST verwandte Auswahlkriterium „a) angemessene Honorarforderungen" stellt kein geeignetes Kriterium der Auswahl der Bewerber dar, die zu Verhandlungsgesprächen eingeladen werden sollen. Die **Frage „angemessener Honorarforderungen"** ist im Ergebnis durchgeführter Verhandlungsgespräche zu treffen. Aus diesem Grunde kann der „Preis" für die ausgeschriebene Leistung nach § 16 Abs. 2 Satz 2 VOF in diesem genannten Rahmen ein Kriterium der Auftragserteilung sein. Dagegen kann das **Kriterium kein Merkmal der Auswahl von Bewerbern** sein (VK Thüringen, B. v. 14. 11. 2003 – Az.: 216-4004.20-031/03-ABG)
- die angewandten Auftragskriterien selbst stellen in Teilen eine Vergaberechtsverletzung, der Verletzung des Gleichbehandlungsgrundsatzes (§ 97 Abs. 2 GWB) dar. Dazu gehören insbesondere die **nachfolgend durch die Vergabestelle verwandten Kriterien:**
  - Wie und in welchem Umfang wurden bisher GA-Fördermittel in Ihrem Büro bearbeitet?
  - Sind förderfähige Kosten des Freistaats Thüringen bekannt, welche Einfluss auf Planung und Baudurchführung haben? Können Sie Ausführungen dazu machen? Sind Ihnen die Kriterien für nicht förderfähige Kosten bekannt?
  - Inwieweit sind sie mit den örtlichen Gegebenheiten des vorgesehenen Standortes vertraut?
  - Inwieweit sind Sie mit Ämtern und Behörden in der Region vertraut bzw. kennen deren Strukturen und Zuständigkeiten?
  (VK Thüringen, B. v. 14. 11. 2003 – Az.: 216-4004.20-031/03-ABG)
- dazu gehörten unter anderem die **Erfahrungen von Bewerbern bei der Durchführung von Projekten vergleichbaren Umfangs und Zuschnitts,** eine **Darstellung der büromäßigen Struktur, der Organisation** und der **technischen Ausstattung** sowie **Angaben zur Art und Qualifikation des bei der Auftragsausführung einzusetzen den Personals.** Die genannten **Kriterien konnten einer Bewertung der Eignung von Bewerbern zugrunde gelegt werden.** Sie stehen in keinem Widerspruch zu den diesbezüglichen Rechtsvorschriften der § 12 Abs. 1 und § 13 Abs. 1, Abs. 2, namentlich der Buchstabe a) und b) VOF (OLG Düsseldorf, B. v. 29. 10. 2003 – Az.: Verg 43/03)
- vielmehr kann durch die **ausschließlich preisbezogene Vorauswahl der insgesamt auftragsbezogen Leistungsfähigste aus dem Bieterwettbewerb ausscheiden,** nur weil er sich (knapp) nicht unter den drei billigsten Bietern befindet. Dies ist von den Vergabevorschriften ersichtlich nicht gewollt, die – wie § 16 VOF – die Wichtigkeit der Leistungsfähigkeit für den konkreten Auftrag durch eine nicht abschließende Aufzählung auftragsbezogener Kriterien hervorheben und damit einen inhaltlichen Rahmen der zulässigen Vergabekriterien setzen. **Ziel des Vergabeverfahrens nach der VOF ist es gerade nicht, allein auf den billigsten zu erwartenden Preis abzuschließen.** Der Auftraggeber hat vielmehr denjenigen Bewerber auszuwählen, der am ehesten die Gewähr für eine sachgerechte und qualitätsvolle Leistungserfüllung bietet. Nur ausnahmsweise kann der Preis/das Honorar ausschließliche Berücksichtigung finden, wie namentlich dann, wenn es um standardisierte Produkte geht, zu denen freiberufliche Leistungen regelmäßig nicht gehören (OLG Düsseldorf, B. v. 8. 10. 2003 – Az.: VII – Verg 48/03)

201.6.3 Genaue Beschreibung der Auswahlkriterien

201.6.3.1 Grundsatz

8103 Die einzelnen Auswahlkriterien müssen in der Bekanntmachung genau beschrieben werden.

201.6.3.2 Beispiele aus der Rechtsprechung

- aus dem geforderten Nachweis der Fachkunde, Leistungsfähigkeit, Erfahrung, Wirtschaftlichkeit und Zuverlässigkeit kann **kein Auswahlkriterium „Berufspraxis"** abgeleitet werden (2. VK Bund, B. v. 4. 7. 2003 – Az.: VK 2-50/03) 8104

- die **ständige Verfügbarkeit des Projektleiters vor Ort** ist jedoch keine Selbstverständlichkeit. Vertretungsmöglichkeiten sind im Fall von Urlaub, Krankheit etc. ohnehin unvermeidlich. Da der Projektleiter im rechtlichen und gerade auch im strafrechtlichen Sinne für die Sicherheit auf der Baustelle verantwortlich gemacht wird, hat er schon deshalb entsprechende Organisations- und Kontrollpflichten, die eine Vor-Ort-Betreuung in nicht unerheblichem Umfang notwendig machen. Art und Weise wie auch der Umfang seiner Tätigkeit bleibt aber dem Projektleiter jedenfalls dann selbst überlassen, wenn nicht die Vergabestelle ihre eigenen, konkreten Anforderungen insoweit den Bewerbern zuvor bekannt gemacht hatte (2. VK Bund, B. v. 4. 7. 2003 – Az.: VK 2-50/03)

- enthält die Vergabebekanntmachung **lediglich den Verweis auf die Normen der Verdingungsordnung ohne weitere Konkretisierung, wird der Bewerber nicht zur Vorlage von Referenzen verpflichtet.** Die Verdingungsordnung für freiberufliche Leistungen enthält in § 13 keine Regelung, die die Vorlage von Referenzen fordert. Es werden lediglich Referenzen erwähnt, aber als eine von verschiedenen Nachweismöglichkeiten, die dem Bewerber fakultativ und alternativ zum Nachweis seiner fachlichen Eignung eröffnet sind (OLG Naumburg, B. v. 9. 9. 2003 – Az.: 1 Verg 5/03)

- die **Anforderung von sämtlichen Nachweisen, die in einer Norm der VOF aufgeführt sind, entbehrt der** in der Vorschrift angelegten **notwendigen Auswahl durch den Auftraggeber.** Die notwendige Anpassung der Nachweise auf die konkret nachgefragte Leistung kann nicht von jedem Bewerber nach dessen individuellem Verständnis erfolgen, sondern muss vom Auftraggeber zur Wahrung der Transparenz und Gleichbehandlung vorgegeben werden. **Unterlässt der Auftraggeber diese bewusste Auswahl, kann keiner der in der Vorschrift aufgeführten Nachweise als gefordert gelten** (VK Düsseldorf, B. v. 21. 11. 2003 – Az.: VK – 33/2003 – L)

201.6.4 Vollständige Angabe der Auswahlkriterien

Die Vergabestelle hat **gegen das Transparenzgebot** des § 97 Abs. 1 GWB **verstoßen, weil sie nicht alle maßgebenden Kriterien zur Auswahl der Bewerber,** die zu dem Verhandlungsverfahren eingeladen werden sollen, **bereits mit der Vergabebekanntmachung mitgeteilt hat** (VK Thüringen, B. v. 14. 11. 2003 – Az.: 216-4004.20-031/03-ABG). 8105

Ein Verstoß gegen die Pflicht der Nennung von Auswahlkriterien bereits in der Vergabebekanntmachung ist **auch nicht deshalb zu verneinen,** weil das durch die Bewerber auszufüllende sog. „**Formblatt**", spätestens mit diesem oder aufgrund seines Inhaltes, allen Bewerbern die Auswahlkriterien hätten bekannt sein müssen. Die **Verwendung eines** durch die Bewerber auszufüllenden **Formblattes ersetzt nicht** die notwendige **Bekanntgabe der verwendeten Auswahlkriterien** (VK Thüringen, B. v. 14. 11. 2003 – Az.: 216-4004.20-031/03-ABG). 8106

201.6.5 Zulässige Abstufungsmöglichkeit der Auswahlkriterien (insbesondere der Eignungskriterien)

Im Hinblick auf den Gleichbehandlungsgrundsatz darf der Auftraggeber bei der Auswahl nicht willkürlich verfahren. Er muss sich an der Verpflichtung zur Berücksichtigung sachbezogener Gesichtspunkte orientieren. Hat der Auftraggeber die geeigneten Bewerber festgestellt, so wählt er aus diesem Kreis anhand der erteilten Auskünfte über die Eignung der Bewerber sowie anhand der Auskünfte und Formalitäten, die zur Beurteilung der von diesen zu erfüllenden wirtschaftlichen und technischen Mindestanforderungen erforderlich sind, die Bewerber aus, die er zur Verhandlung auffordert. Um **ohne Diskriminierung** zu dem engeren Bewerberkreis zu gelangen, ist es entscheidend, dass es sich **um objektive, transparente Kriterien** handelt. In erster Linie ist dabei maßgeblich, dass die Frage der **Eignung, die den Ausschlag für die Aufforderung zu Verhandlungen gibt, einer Abstufung zugänglich** ist. Auch unter den geeigneten Bewerbern gibt es solche, die mehr oder weniger Eignung aufweisen, so dass sich eine Rangfolge bilden lässt. Die Auswahlentscheidung, welche Bewerber zu Verhandlungen aufgefordert werden sollen, kann und muss sich dann nach dieser Rangfolge richten (VK Lüne- 8107

Teil 5 VOF § 10   Verdingungsordnung für freiberufliche Leistungen

burg, B. v. 25. 9. 2006 – Az.: VgK-19/2006; VK Baden-Württemberg, B. v. 23. 1. 2003 – Az.: 1 VK 70/02). Die entsprechende Abstufung bedeutet auch **keine Berücksichtigung eines „Mehr an Eignung"** (OLG Düsseldorf, B. v. 29. 10. 2003 – Az.: Verg 43/03).

201.6.6 Angabe der Gewichtung der Auswahlkriterien

201.6.6.1 Grundsatz

8108   Vgl. die Kommentierung zu § 97 GWB RZ 429.

201.6.6.2 Angabe der Gewichtung der Auswahlkriterien bei Bestehen eines Gewichtungsverfahrens

8109   Vgl. die Kommentierung zu § 97 GWB RZ 429.

201.6.6.3 Zeitpunkt der Gewichtung der Auswahlkriterien

8110   Vgl. die Kommentierung zu § 97 GWB RZ 433.

201.6.7 Zwang zur Vorlage für das Auswahlverfahren geforderter Nachweise

201.6.7.1 Grundsatz

8111   Der Auftraggeber ist an von ihm selbst aufgestellte bzw. geforderte Nachweise gebunden. Vgl. insoweit die Kommentierung zu § 97 GWB RZ 468.

201.6.7.2 Zulässigkeit von Eigenerklärungen

8112   Vgl. insoweit die Kommentierung zu § 97 GWB RZ 468.

201.6.7.3 Ausschluss von „Newcomern"

8113   Zum damit verbundenen möglichen **Ausschluss von „Newcomern"** vgl. grundsätzlich die Kommentierung zu § 97 GWB RZ 513 sowie für die **zulässige Ersetzung geforderter Nachweise** (Bankauskünfte und Bilanzen) die Kommentierung zu § 12 RZ 8173.

201.6.7.4 Detaillierte Nachweise

8114   Verlangt der Auftraggeber **detaillierte Nachweise** z. B. hinsichtlich der Liste der wesentlichen in den letzten Jahren erbrachten Leistungen und begnügt sich der Bewerber nur damit, **in allgemeiner Form** darauf hinzuweisen, **dass solche Leistungen erbracht werden,** ersetzt dieser Hinweis die verlangte detaillierte Aufstellung nicht. Der Bewerber bleibt dann jede Auskunft schuldig; er muss vom Auswahlverfahren ausgeschlossen werden (2. VK Bund, B. v. 13. 2. 2003 – Az.: VK 2-98/02).

201.6.8 Bindung des Auftraggebers an die Auswahlkriterien der Bekanntmachung

8115   Vgl. dazu die Kommentierung zu § 9a VOL/A RZ 6753.

201.7 Zahl der zur Verhandlung aufgeforderten Bewerber (§ 10 Abs. 2)

201.7.1 Grundsatz

8116   Die Zahl der zur Verhandlung aufgeforderten Bewerber darf nach der VOF bei hinreichender Anzahl geeigneter Bewerber **nicht unter drei** liegen. Der **Auftraggeber** hat aber die **Möglichkeit,** in der Bekanntmachung **eine höhere Anzahl anzugeben.** Diese Angabe muss der öffentliche Auftraggeber in der Bekanntmachung des VOF-Verfahrens machen.

8117   Diese **Zahl darf jedoch unterschritten** werden, **wenn es an einer entsprechenden Anzahl von Bewerbern fehlt,** die ihre Eignung im Sinn von § 10 Abs. 1 nachgewiesen haben (2. VK Sachsen-Anhalt, B. v. 3. 3. 2006 – Az.: VK 2-LVwA LSA 2/06).

201.7.2 Fehlende Angabe der Anzahl der zur Verhandlung aufgeforderten Bewerber in der Bekanntmachung

Unterlässt der Auftraggeber in der Bekanntmachung die Angabe der Anzahl der zur Verhandlung aufgeforderten Bewerber, ist der Auftraggeber verpflichtet, **alle Bewerber,** die die gemäß der Bekanntmachung mitgeteilten **Anforderungen erfüllen, zur Angebotsabgabe aufzufordern** (VK Halle, B. v. 22. 10. 2001 – Az.: VK Hal 19/01). 8118

201.7.3 Erhöhung der Zahl der zur Verhandlung aufgeforderten Bewerber

Die Durchführung des Verhandlungsverfahrens mit vier anstatt mit, wie in der Bekanntmachung genannten, drei Bewerbern, stellt jedenfalls dann **keine Verletzung der Selbstbindung des Auftraggebers** dar, wenn im **Ergebnis des Auswahlverfahrens zwei Bewerber mit der gleichen Punktzahl Drittplazierte dieser Prüfung** sind. Das Verhandlungsverfahren ist in einem solchen Falle und für den Fall, dass weitere Kriterien der Auswahlentscheidung nicht vorgesehen und bekannt gemacht sind, auch mit den beiden Drittplazierten durchzuführen (VK Thüringen, B. v. 2. 6. 2003 – Az.: 216-4004.20-010/03-G-S; im Ergebnis ebenso OLG München, B. v. 28. 4. 2006 – Az.: Verg 6/06). 8119

Ein **Überschreiten der vorgegebenen Mindestzahl schafft außerdem einen größeren Wettbewerb,** was **für die vergaberechtliche Zulässigkeit** der Erweiterung des Kreises der ausgewählten Teilnehmer **spricht** (OLG München, B. v. 28. 4. 2006 – Az.: Verg 6/06). 8120

201.8 Auswahlentscheidung

201.8.1 Grundsatz

Die VOF verpflichtet den Auftraggeber nicht, allen Bewerbern, die die geforderten Unterlagen beigebracht haben und die genannten Eignungsmerkmale aufweisen, eine Angebotsaufforderung zukommen zulassen. Die Vorschrift lässt dem Auftraggeber einen gewissen **Beurteilungs- und Entscheidungsspielraum bei der Aufforderung zur Angebotsabgabe.** Die Bewerber haben also **keinen subjektiven Anspruch auf Beteiligung** an dem dem Öffentlichen Teilnahmewettbewerb folgenden Verfahren (OLG Naumburg, B. v. 11. 12. 2000 – Az.: 1 Verg 5/00; VK Lüneburg, B. v. 25. 9. 2006 – Az.: VgK-19/2006; 3. VK Bremen, B. v. 16. 12. 2004 – Az.: VK 4/04). 8121

Die **Auswahlentscheidung ist nur begrenzt durch die Grundsätze des § 97 Abs. 1 GWB** nach transparentem und diskriminierungsfreiem Vorgehen, konkretisiert durch die Anforderung des § 4 VOF. Danach ist auch das Auswahlverfahren entsprechend dem Gleichbehandlungsgrundsatz durchzuführen. Für den Auftraggeber ergibt sich daraus ein **weiter Gestaltungs- und Beurteilungsspielraum bis hin zur Möglichkeit der Losvergabe** (3. VK Bremen, B. v. 16. 12. 2004 – Az.: VK 4/04; VK Arnsberg, B. v. 15. 7. 2003 – Az.: VK 3-16/2003; im Ergebnis ebenso 1. VK Bund, B. v. 25. 6. 2003 – Az.: VK 1-45/03; VK Südbayern, B. v. 28. 5. 2001 – Az.: 09-04/01). 8122

201.8.2 Notwendigkeit einer transparenten Entscheidung

Erschöpft sich die Vergabeentscheidung in einer Summe von Einzelentscheidungen, mit denen bestimmte Teilnehmer „gesetzt", „abgesetzt" und „zugesetzt" worden sind, ohne dass deutlich wird, warum der Auftraggeber zu der jeweiligen Einschätzung des Bieters gelangt ist, fehlt die **notwendige Transparenz des Vergabeverfahrens.** Eine solche Transparenz ist aber vergaberechtlich auch geboten, wenn man der Vergabestelle einen Bewertungsspielraum hinsichtlich der Eignung von Bewerbern zubilligt; denn auch dann muss klar sein, nach welchen Maßstäben dieser Spielraum ausgefüllt wird und mit welchem Ergebnis diese Maßstäbe auf die einzelne Bewerbung angewandt worden sind. Dazu **reichen pauschale Stellungnahmen** des Inhalts, man habe bestimmte Büros „als leistungsstark angesehen" und andere eben nicht, so dass die Teilnehmerauswahl insgesamt „nachvollziehbar" gewesen sei, **offenkundig nicht aus** (OLG Dresden, B. v. 6. 6. 2002 – Az.: WVerg 0004/02). 8123

201.8.3 Gebot der Gleichbehandlung

Das allgemeine **Gleichbehandlungsgebot des § 97 Abs. 2 GWB** erfordert nicht nur unmissverständliche Ausschreibungsbedingungen, damit alle Bewerber die gleiche Kalkulations- 8124

Teil 5 VOF § 10   Verdingungsordnung für freiberufliche Leistungen

grundlage haben, sondern **verbietet auch**, dass die **Vergabestelle die Ausschreibungsbedingungen zugunsten einzelner Bewerber „großzügiger" interpretiert**, als sie von den übrigen Bewerbern verstanden werden mussten bzw. zulässigerweise verstanden worden sind. Ansonsten hätten diejenigen Bewerber, die es mit den Ausschreibungsbedingungen nicht so genau nehmen, einen gleichheitswidrigen Wettbewerbsvorteil gegenüber ihren Konkurrenten, die sich präzise an die Ausschreibungsbedingungen halten (2. VK Bund, B. v. 17. 1. 2002 – Az.: VK 2-46/01).

201.8.4 Aufklärungs- und Hinweispflicht des Auftraggebers im Bewerbungsgespräch

8125   Es liegt **im Ermessen der Vergabestelle, den Inhalt einer Bewerberpräsentation von vornherein detailliert vorzugeben bzw. ganz konkrete Fragen zu stellen.** Wenn das aber nicht der Fall ist, und die Bewerber ihre Präsentation im wesentlichen frei gestalten können, so muss die Vergabestelle einen Bewerber, der entsprechende Projekte angeführt, sich nach ihrer Auffassung jedoch **im Schwerpunkt seiner Präsentation vertan hat, darauf entweder aufmerksam machen oder aber entsprechende Nachfragen zu denjenigen Punkten stellen, die sie selbst für wesentlich ansieht** (2. VK Bund, B. v. 4. 7. 2003 – Az.: VK 2-50/03).

201.8.5 Verwertung nur von gesicherten Erkenntnissen

8126   Vgl. die Kommentierung zu § 97 GWB RZ 484.

201.8.6 Prüfung der Ausschlusskriterien des § 11

8127   Zur Prüfung der Ausschlusskriterien des § 11 VOF vgl. die Kommentierung zu § 11 VOF.

201.8.7 Prüfung der finanziellen und wirtschaftlichen Leistungsfähigkeit

8128   Zur Prüfung der finanziellen und wirtschaftlichen Leistungsfähigkeit vgl. die Kommentierung zu § 12 VOF.

201.8.8 Prüfung der fachlichen Eignung

201.8.8.1 Allgemeines

8129   Die Prüfung der fachlichen Eignung der Bewerber erfolgt auf der Grundlage der insbesondere in § 13 VOF genannten Nachweise (vgl. die Kommentierung zu § 13). Zu den Begriffsinhalten von Fachkunde, Leistungsfähigkeit und Zuverlässigkeit vgl. die Kommentierung zu § 97 GWB RZ 393 ff.

8130   Zum allgemeinen Inhalt sowie der rechtlichen Bedeutung und der Nachprüfbarkeit der Eignungskriterien vgl. die Kommentierung zu § 97 GWB RZ 393 ff.

201.8.8.2 Eignung von Bewerbergemeinschaften

8131   Hinsichtlich der Eignung der Bewerber gilt, das **jedes Mitglied der Bietergemeinschaft die geforderten Voraussetzungen erfüllen muss.** Alle Mitglieder der Bietergemeinschaft müssen daher ihre Eignung einzeln nachweisen (VK Südbayern, B. v. 13. 9. 2002 – Az.: 37-08/02; VK Hannover, B. v. 12. 3. 2001 – Az.: 26 045 – VgK – 1/2001).

201.8.8.3 Inhaltliche Prüfung der Eignung

8132   Vgl. die Kommentierung zu § 97 GWB RZ 401 ff.

201.8.8.4 Nachweis von Referenzen

8133   Zur Abfrage von Referenzen vgl. allgemein die Kommentierung zu § 97 GWB RZ 459.

8134   **201.8.8.4.1 Rechtfertigung der geforderten Nachweise.** Die in § 10 Abs. 3 vorgesehenen Nachweise dürfen nur insoweit gefordert werden, wie es durch den Gegenstand des Auftrags gerechtfertigt ist. Dabei muss der Auftraggeber die berechtigten Interessen der Bewerber am Schutz ihrer technischen, fachlichen oder handelsbezogenen Betriebsgeheimnisse berücksichtigen; die Verpflichtung zur beruflichen Verschwiegenheit bleibt unberührt.

Der öffentliche Auftraggeber darf also von den Bewerbern die Vorlage von Bescheinigungen 8135 oder Nachweisen verlangen, die durch den Gegenstand des ausgeschriebenen Auftrags gerechtfertigt erscheinen. Entscheidend ist, **ob aus verständiger Sicht** der Vergabestelle ein **berechtigtes Interesse an den in der Ausschreibung aufgestellten Forderungen besteht,** so dass diese als **sachlich gerechtfertigt und verhältnismäßig** erscheinen und den Bieterwettbewerb nicht unnötig einschränken (VK Münster, B. v. 23. 10. 2003 – Az.: VK 19/03).

201.8.8.4.2 Qualitätssicherung. In § 10 Abs. 3 sind **neu die Sätze 2–4 aufgenommen,** 8136 wonach Auftraggeber zum Nachweis dafür, dass der Bewerber oder Bieter bestimmte Qualitätssicherungsnormen erfüllt, die Vorlage von Bescheinigungen unabhängiger Stellen verlangen können. Diese **Regelung entspricht der fakultativen Vorschrift des Art. 49 der Vergabekoordinierungsrichtlinie.**

Eine **geeignete Maßnahme zur Gewährleistung der Qualität ist insbesondere auch** 8137 **die Einrichtung und Aufrechterhaltung eines Qualitätsmanagementsystems nach. DIN EN ISO 9001.** Es ist daher nicht zu beanstanden, dass ein Auftraggeber für eine vorhandene Zertifizierungsurkunde nach ISO 9001 bzw. eine Eigenerklärung des Bewerbers, dass eine solche Zertifizierung angestrebt wird, einen Punkt vergeben will. Objektive Zertifikate als Resultat der Investition eines Unternehmens in seine Qualitätssicherung und die daraus gewonnenen Erkenntnisse verringern das Risiko von Fehleinschätzungen durch den Auftraggeber bei der Ermittlung der fachlichen Eignung. Die **Forderung bzw. Berücksichtigung von Zertifikaten hinsichtlich eines Qualitätsmanagements sind daher als Auswahlkriterium im Rahmen von baulich, finanziell und sicherheitstechnisch anspruchsvollen und im öffentlichen Interesse stehenden Projekten wie z. B. Krankenhausbauvorhaben nicht sachfremd, sondern zweckmäßig** (VK Lüneburg, B. v. 25. 9. 2006 – Az.: VgK-19/2006).

201.8.8.4.3 Anforderungen an die Wertung von Referenzen. Vgl. die Kommentierung 8138 zu § 97 GWB RZ 459.

201.8.8.4.4 Dokumentation der Überprüfung von Referenzen. Zur Dokumentation 8139 der Überprüfung von Referenzen vgl. die Kommentierung zu § 97 GWB RZ 222.

201.8.8.5 Berücksichtigung einer Zertifizierungsforderung

Zum Inhalt und zur Zulässigkeit einer Zertifizierung vgl. die Kommentierung zu § 97 GWB 8140 RZ 536.

201.8.8.6 Auszug aus dem Bundeszentralregister

Vgl. dazu die Kommentierung zu § 8 VOB/A RZ 3901. 8141

201.8.9 Losverfahren

201.8.9.1 Vorherige Information

Grundsätzlich ist zwar eine **Losentscheidung bei Vorliegen gleichwertiger Teilnahme-** 8142 **anträge zulässig,** jedoch **nur dann, wenn eine entsprechende Information der Teilnehmer erfolgt** ist (1. VK Sachsen, B. v. 13. 6. 2001 – Az.: 1/SVK/44-01).

201.8.9.2 Voraussetzungen des Losverfahrens

Zwar trifft zu, dass ein Losverfahren unter Umständen dann angewandt werden kann, wenn 8143 der öffentliche Auftraggeber aus den zahlreichen Bewerbungen eine rein objektive Auswahl nach qualitativen Kriterien unter gleich qualifizierten Bewerbern nicht mehr nachvollziehbar durchführen kann. **Zur Reduzierung der Bewerberzahl erscheinen unter diesen Voraussetzungen Losentscheidungen zur Auswahl der zu den Verhandlungen zuzulassenden Bewerber als vertretbar.** Dies **setzt indes voraus, dass die geeigneten Bewerber in den ersten Auswahlstufen nach den Mindestanforderungen und in weiteren Auswahlstufen nach weiteren fachlichen Gesichtspunkten ausgewählt** wurden. Bei der nach § 10 VOF zu treffenden Auswahl hat die Vergabestelle auch den in § 16 VOF genannten Leistungskriterien im Rahmen einer Prognoseentscheidung Rechnung zu tragen. Da das Vergabeverfahren seinem Wesen nach die Auswahl desjenigen Bewerbers bezweckt, der die bestmögliche Leistung erwar-

Teil 5 VOF § 10   Verdingungsordnung für freiberufliche Leistungen

ten lässt, ist ein Auswahlverfahren unzureichend, welches es unterlässt abzuklären, welche der nicht ausgeschlossenen und geeigneten Bewerber die geforderte Leistung prognostisch am besten erbringen werden. Die Anwendung eines Losverfahrens vor Klärung dieser Frage beinhaltet eine Rechtsverletzung, weil aufgrund der zuvor erfolgten unzureichenden Differenzierung der potentiell bestgeeignete Bewerber im Rahmen der Auslosung ausscheiden kann (OLG Rostock, B. v. 1. 8. 2003 – Az.: 17 Verg 7/03; VK Arnsberg, B. v. 26. 7. 2004 – Az.: VK 2-12/2004; B. v. 26. 7. 2004 – Az.: VK 2-11/2004; B. v. 13. 7. 2004 – Az.: VK 2-09/2004; B. v. 13. 7. 2004 – Az.: VK 2-08/2004).

201.8.10 Pflicht der Vergabestelle zur Benachrichtigung der Bewerber über die Eignungsentscheidung

8144   Vgl. dazu die Kommentierung zu § 97 GWB RZ 560.

201.8.11 Pflicht der Vergabestelle zur Anhörung der Bieter, die ausgeschlossen werden sollen

8145   Vgl. dazu die Kommentierung zu § 97 GWB RZ 561.

201.8.12 Bindung an die Entscheidung einer Auswahlkommission

8146   Ist **für die Auswahl- und Beschlussempfehlung** im VOF-Verfahren eine **besondere Auswahlkommission** des Auftraggebers zuständig, die dann auch anhand von ausgewählten Kriterien und der darauf beruhenden Ergebnissen, eine Beschlussempfehlung abgegeben hat und **übernimmt der Auftraggeber diese Empfehlung nicht,** sondern trifft eine eigene Entscheidung anhand eigener, dem Vergabeverfahren insoweit fremder Kriterien, stellt ein solches Vorgehen eine **Verletzung des Transparenzgebotes, wie auch die Verletzung des Gleichheitsgrundsatzes** dar (VK Thüringen, B. v. 17. 10. 2002 – Az.: 216-4004.20-020/02-HBN).

201.9 Überprüfung des Gestaltungs- und Beurteilungsspielraums bei der Auswahlentscheidung

201.9.1 Grundsatz

8147   Vgl. dazu die Kommentierung zu § 97 GWB RZ 396.

201.9.2 Eignungsprüfung durch die Vergabekammer bzw. den Vergabesenat

8148   Vgl. dazu die Kommentierung zu § 97 GWB RZ 494.

201.10 Nachträgliche Korrektur der Eignungsprüfung

8149   Vgl. dazu die Kommentierung zu § 97 GWB RZ 807.

201.11 Informationspflicht nach § 13 VgV auf der Stufe des Auswahlverfahrens

8150   Zur Informationspflicht nach § 13 VgV auf der Stufe des Auswahlverfahrens vgl. die Kommentierung zu § 13 VgV RZ 3330.

201.12 Literatur

8151   – Jasper, Jan, Die Auswahl der zur Verhandlung aufzufordernden Bewerber im VOF-Verfahren, NZBau 2005, 494

202. § 11 VOF – Ausschlusskriterien

(1) Ein Bewerber ist von der Teilnahme an einem Vergabeverfahren wegen Unzuverlässigkeit auszuschließen, wenn der Auftraggeber Kenntnis davon hat, dass eine Person, deren Verhalten dem Unternehmen zuzurechnen ist, rechtskräftig verurteilt worden ist:

a) § 129 des Strafgesetzbuches (Bildung krimineller Vereinigungen), § 129 a des Strafgesetzbuches (Bildung terroristischer Vereinigungen), § 129 b des Strafgesetzbuches (kriminelle und terroristische Vereinigungen im Ausland),

b) § 261 des Strafgesetzbuches (Geldwäsche, Verschleierung unrechtmäßig erlangter Vermögenswerte),

c) § 263 des Strafgesetzbuches (Betrug), soweit sich die Straftat gegen den Haushalt der EG oder gegen Haushalte richtet, die von der EG oder in ihrem Auftrag verwaltet werden,

d) § 264 des Strafgesetzbuches (Subventionsbetrug), soweit sich die Straftat gegen den Haushalt der EG oder gegen Haushalte richtet, die von der EG oder in ihrem Auftrag verwaltet werden,

e) § 334 des Strafgesetzbuches (Bestechung), auch in Verbindung mit Artikel 2 des EU-Bestechungsgesetzes, Artikel 2 § 1 des Gesetzes zur Bekämpfung internationaler Bestechung, Artikel 7 Abs. 2 Nr. 10 des Vierten Strafrechtsänderungsgesetzes und § 2 des Gesetzes über das Ruhen der Verfolgungsverjährung und die Gleichstellung der Richter und Bediensteten des Internationalen Strafgerichtshofes,

f) Artikel 2 § 2 des Gesetzes zur Bekämpfung internationaler Bestechung (Bestechung ausländischer Abgeordneter im Zusammenhang mit internationalem Geschäftsverkehr),

g) § 370 der Abgabenordnung, auch in Verbindung mit § 12 des Gesetzes zur Durchführung der gemeinsamen Marktorganisationen und der Direktzahlungen (MOG), soweit sich die Straftat gegen den Haushalt der EG oder gegen Haushalte richtet, die von der EG oder in ihrem Auftrag verwaltet werden.

Einem Verstoß gegen diese Vorschriften gleichgesetzt sind Verstöße gegen entsprechende Strafnormen anderer Staaten. Ein Verhalten einer rechtskräftig verurteilten Person ist einem Bewerber zuzurechnen, wenn sie für diesen Bewerber bei der Führung der Geschäfte selbst verantwortlich gehandelt hat oder ein Aufsichts- oder Organisationsverschulden gemäß § 130 des Gesetzes über Ordnungswidrigkeiten (OWiG) dieser Person im Hinblick auf das Verhalten einer anderen für den Bewerber handelnden, rechtskräftig verurteilten Person vorliegt.

(2) Als Nachweis, dass die Kenntnis nach Absatz 1 unrichtig ist und die in Absatz 1 genannten Fälle nicht vorliegen, akzeptieren der Auftraggeber einen Auszug aus dem Bundeszentralregister oder eine gleichwertige Urkunde einer zuständigen Gerichts- oder Verwaltungsbehörde des Herkunftslands. Wenn eine Urkunde oder Bescheinigung vom Herkunftsland nicht ausgestellt oder nicht vollständig alle vorgesehenen Fälle erwähnt, kann dies durch eine eidesstattliche Erklärung oder eine förmliche Erklärung vor einer zuständigen Gerichts- oder Verwaltungsbehörde, einem Notar oder einer dafür qualifizierten Berufsorganisation des Herkunftslands ersetzt werden.

(3) Von einem Ausschluss nach Absatz 1 kann nur abgesehen werden, wenn zwingende Gründe des Allgemeininteresses vorliegen und andere die Leistung nicht angemessen erbringen können oder wenn aufgrund besonderer Umstände des Einzelfalls der Verstoß die Zuverlässigkeit des Bewerbers nicht in Frage stellt.

(4) Von der Teilnahme am Vergabeverfahren können Bewerber ausgeschlossen werden,

a) die sich im Insolvenzverfahren oder in Liquidation befinden oder ihre Tätigkeit eingestellt haben oder sich aufgrund eines in den einzelstaatlichen Rechtsvorschriften vorgesehenen gleichartigen Verfahrens in einer entsprechenden Lage befinden,

b) die aufgrund eines rechtskräftigen Urteils aus Gründen bestraft worden sind, die ihre berufliche Zuverlässigkeit in Frage stellen,

c) die im Rahmen ihrer beruflichen Tätigkeit eine schwere Verfehlung begangen haben, die vom Auftraggeber nachweislich festgestellt wurde,

d) die ihre Verpflichtung zur Zahlung der Steuern und Abgaben nach den Rechtsvorschriften des Mitgliedstaates des Auftraggebers nicht erfüllt haben,

e) die sich bei der Erteilung von Auskünften, die gemäß den §§ 7, 10, 12 und 13 eingeholt werden können, in erheblichem Maß falscher Erklärungen schuldig gemacht haben oder diese Auskünfte unberechtigterweise nicht erteilen.

202.1 Vergleichbare Regelungen

8152   Der Vorschrift des § 11 VOF vergleichbar sind im Bereich der VOB §§ 8, 8a, 8b VOB/A und im Bereich der VOL §§ 7, 7a, 7b VOL/A. Die Kommentierungen zu diesen Vorschriften können daher ergänzend zu der Kommentierung des § 11 herangezogen werden.

202.2 Änderungen in der VOF 2006

8153   In § 11 sind **neu die Absätze 1–3 aufgenommen,** wonach der Auftraggeber Unternehmen von der Teilnahme an einem Vergabeverfahren **wegen Unzuverlässigkeit ausschließen muss,** wenn der Auftraggeber Kenntnis davon hat, dass eine Person, deren Verhalten dem Unternehmen zuzurechnen ist, rechtskräftig wegen Verstoßes gegen bestimmte Vorschriften verurteilt worden ist.

202.3 Zwingende Ausschlussgründe (§ 11 Abs. 1–3)

8154   In § 11 sind **neu die Absätze 1–3 aufgenommen,** wonach Unternehmen von der Teilnahme an einem Vergabeverfahren **wegen Unzuverlässigkeit auszuschließen** sind, wenn der Auftraggeber Kenntnis davon hat, dass eine Person, deren Verhalten dem Unternehmen zuzurechnen ist, rechtskräftig wegen Verstoßes gegen bestimmte Vorschriften verurteilt worden ist. Ein **Verhalten einer rechtskräftig verurteilten Person ist einem Unternehmen zuzurechnen,** wenn sie für dieses Unternehmen bei der Führung der Geschäfte selbst verantwortlich gehandelt hat oder ein Aufsichts- oder Organisationsverschulden gemäß § 130 des Gesetzes über Ordnungswidrigkeiten (OWiG) einer Person im Hinblick auf das Verhalten einer anderen für das Unternehmen handelnden, rechtskräftig verurteilten Person vorliegt.

8155   Diese **Regelung entspricht der zwingenden Vorschrift des Art. 45 Abs. 1 der Vergabekoordinierungsrichtlinie,** die in die nationalen Straf- und Ordnungswidrigkeitsbestimmungen umgesetzt wurde.

202.4 Ermessensentscheidungen über Ausschlüsse (§ 11 Abs. 4)

8156   Nach § 11 Abs. 4 VOF können Bewerber von der Teilnahme am Vergabeverfahren ausgeschlossen werden, wenn bestimmte Voraussetzungen erfüllt sind.

202.4.1 Ermessens- und Beurteilungsspielraum

8157   Die Vergabestelle verfügt **auf der Tatbestandsseite des § 11 Abs. 4 über einen Beurteilungsspielraum** bei der Einschätzung, ob ein Bieter trotz des Vorliegens eines Ausschlussgrundes noch die erforderliche Eignung aufweist oder ob er vom Vergabewettbewerb auszuschließen ist. Die **Entscheidung über den Ausschluss (Rechtsfolgenseite) ist eine Ermessensentscheidung.** Im Einzelfall kann sich dieses Ermessen auf Null reduzieren mit der Folge, dass eine Pflicht zum Ausschluss besteht. Maßgeblich muss unter dem Gesichtspunkt des Eignungsprinzips sein, ob und in welchem Umfang der zu beurteilende Sachverhalt geeignet ist, die Leistungsfähigkeit des Bieters in Frage zu stellen. Der **Beurteilungsspielraum wird nur dann überschritten,**
- wenn ein vorgeschriebenes Verfahren nicht eingehalten wird,
- wenn nicht von einem zutreffenden und vollständig ermittelten Sachverhalt ausgegangen wird,

- wenn sachwidrige Erwägungen in die Wertung einbezogen werden oder
- wenn der sich im Rahmen der Beurteilungsermächtigung haltende Beurteilungsmaßstab nicht zutreffend angewandt wird

(VK Baden-Württemberg, B. v. 31. 3. 2003 – Az.: 1 VK 13/03; VK Nordbayern, B. v. 18. 9. 2003 – Az.: 320.VK-3194-31/03).

Die **Ausübung** des Ermessens **muss erfolgen** und **dokumentiert** werden. 8158

202.4.2 Die einzelnen Ausschlusskriterien

Vgl. dazu die Kommentierung zu § 8 VOB/A RZ 3926 ff. 8159

202.5 Abschließende Regelung

202.5.1 Rechtsprechung

§ 11 VOF regelt abschließend, unter welchen Voraussetzungen Bewerber von der Teilnahme am Vergabeverfahren auszuschließen sind. Ein **darüber hinausgehender zwingender Ausschluss** formal unvollständiger Angebote würde dem Grundsatz der weitgehend freien Verhandelbarkeit von Angeboten freiberuflicher Leistungen widersprechen (OLG Frankfurt, B. v. 28. 2. 2006 – Az.: 11 Verg 15/05 und 16/05; 3. VK Bund, B. v. 28. 8. 2006 – Az.: VK 3-99/06; VK Hessen, B. v. 23. 1. 2006 – Az.: 69 d VK – 93/2005). 8160

So kennt z. B. § 11 VOF **keinen Ausschlussgrund „Nichtliquidität"** (VK Hessen, B. v. 23. 1. 2006 – Az.: 69 d VK – 93/2005). 8161

202.5.2 Bewertung

Trotz dieser Rechtsprechung ist der öffentliche Auftraggeber nicht gehindert, in der Bekanntmachung Voraussetzungen zu nennen, bei deren Nichteinhaltung der Bewerber zwingend auszuschließen ist (z. B. Vorlage von Referenzen). 8162

203. § 12 VOF – Nachweis der finanziellen und wirtschaftlichen Leistungsfähigkeit

(1) Die finanzielle und wirtschaftliche Leistungsfähigkeit des Bewerbers kann insbesondere durch einen der nachstehenden Nachweise erbracht werden:

a) entsprechende Bankerklärung oder den Nachweis entsprechender Berufshaftpflichtversicherungsdeckung,

b) Vorlage von Bilanzen oder Bilanzauszügen, falls deren Veröffentlichung nach dem Gesellschaftsrecht des Mitgliedsstaates, in dem der Bewerber ansässig ist, vorgeschrieben ist,

c) Erklärung über den Gesamtumsatz des Bewerbers und seinen Umsatz für entsprechende Dienstleistungen in den letzten drei Geschäftsjahren.

(2) Kann ein Bewerber aus einem wichtigen Grund die vom Auftraggeber geforderten Nachweise nicht beibringen, so kann er seine finanzielle und wirtschaftliche Leistungsfähigkeit durch Vorlage anderer, vom Auftraggeber für geeignet erachteter Belege nachweisen.

(3) Ein Bewerber kann sich, auch als Mitglied einer Bietergemeinschaft, bei der Erfüllung eines Auftrags der Kapazitäten anderer Unternehmen bedienen, ungeachtet des rechtlichen Charakters der zwischen ihm und diesen Unternehmen bestehenden Verbindungen. Er muss in diesem Fall dem Auftraggeber gegenüber nachweisen, dass ihm die erforderlichen Mittel zur Verfügung stehen, indem er beispielsweise eine entsprechende Verpflichtungserklärung dieser Unternehmen vorlegt.

(4) Verlangen die Auftraggeber als Merkmal der technischen Leistungsfähigkeit den Nachweis dafür, dass die Bewerber bestimmte Normen für das Umweltmanagement erfüllen, die Vorlage von Bescheinigungen unabhängiger Stellen, so nehmen sie auf

das Gemeinschaftssystem für das Umweltmanagement und die Umweltbetriebsprüfung (EMAS) oder auf Normen für das Umweltmanagement Bezug, die auf den einschlägigen europäischen oder internationalen Normen beruhen und von entsprechenden Stellen zertifiziert sind, die dem europäischen Gemeinschaftsrecht oder europäischen oder internationalen Zertifizierungsnormen entsprechen. Gleichwertige Bescheinigungen von Stellen in anderen Mitgliedstaaten sind anzuerkennen. Die Auftraggeber erkennen auch andere Nachweise für gleichwertige Umweltmanagementmaßnahmen an, die von den Bewerbern vorgelegt werden.

203.1 Vergleichbare Regelungen

8163 Der Vorschrift des § 12 VOF vergleichbar sind im Bereich der VOB § 8 VOB/A und im Bereich der VOL § 7a VOL/A. Die Kommentierungen zu diesen Vorschriften können daher ergänzend zu der Kommentierung des § 10 herangezogen werden.

203.2 Änderungen in der VOF 2006

8164 In § 12 ist **neu der Abs. 3 aufgenommen,** wonach Bewerber sich, gegebenenfalls auch als Mitglied einer Bietergemeinschaft, bei der Erfüllung eines Auftrags der Fähigkeiten anderer Unternehmen bedienen können, ungeachtet des rechtlichen Charakters der zwischen ihm und diesen Unternehmen bestehenden Verbindungen.

8165 In § 12 ist **neu der Abs. 4 aufgenommen,** wonach Auftraggeber zusätzlich Angaben über Umweltmanagementverfahren verlangen können.

203.3 Finanzielle und wirtschaftliche Leistungsfähigkeit

8166 Vgl. dazu die Kommentierung zu § 97 GWB RZ 405.

203.4 Möglichkeiten des Nachweises der finanziellen und wirtschaftlichen Leistungsfähigkeit (§ 12 Abs. 1)

8167 Nach § 12 Abs. 1 kann die finanzielle und wirtschaftliche Leistungsfähigkeit des Bewerbers durch verschiedene Nachweise bzw. Erklärungen erbracht werden.

203.4.1 Bankerklärungen (§ 12 Abs. 1 Buchstabe a))

8168 Vgl. im Einzelnen die Kommentierung zu § 8 VOB/A RZ 3903.

203.4.2 Umsatznachweise (§ 12 Abs. 1 Buchstabe c))

8169 Vgl. zunächst die Kommentierung zu § 8 VOB/A RZ 3864.

8170 Fordert der Auftraggeber eine **Erklärung über den Gesamtumsatz** des Bewerbers oder eines Nachunternehmers **und über den anteiligen Umsatz** „für entsprechende Dienstleistungen" des Bewerbers oder des Nachunternehmers, ist diese **Forderung eindeutig so zu verstehen,** dass bei dem Bewerber oder dem Nachunternehmer dessen **Gesamtumsatz sowie dessen Teilumsatz** (beim Nachunternehmer mit denjenigen Leistungen, die ihm im Rahmen des Nachunternehmerauftrages übertragen werden sollen), **anzugeben sind.** Eine ausschließlich als Gesamtumsatz aufzufassende Erklärung stellt demnach eine unvollständige Erklärung dar (OLG Naumburg, B. v. 25. 9. 2006 – Az.: 1 Verg 10/06).

203.5 Andere Nachweise der finanziellen und wirtschaftlichen Leistungsfähigkeit

8171 § 12 lässt nach seinem Wortlaut zu, dass der Bewerber auch andere Nachweise der finanziellen und wirtschaftlichen Leistungsfähigkeit vorlegt bzw. solche vom Bewerber gefordert werden.

8172 Vgl. im Einzelnen die Kommentierung zu § 8 VOB/A RZ 3892.

203.6 Nachweis der finanziellen und wirtschaftlichen Leistungsfähigkeit auf andere als die geforderte Weise (§ 12 Abs. 2)

Kann ein Bewerber aus einem wichtigen Grund die vom Auftraggeber geforderten Nachweise nicht beibringen, so kann er seine finanzielle und wirtschaftliche Leistungsfähigkeit durch Vorlage anderer, vom Auftraggeber für geeignet erachteter Belege nachweisen.

Einem neu gegründeten Unternehmen ist es nicht möglich, eine verlangte **Bankauskunft und Bilanzen der drei letzten abgeschlossenen Geschäftsjahre** sowie eine Liste der wesentlichen in den letzten Jahren erbrachten Leistungen mit Angabe des Rechnungswertes, der Leistungszeit sowie der öffentlichen oder privaten Auftraggeber nebst Bescheinigung des jeweiligen Auftraggebers beizubringen. Legt der Bewerber stattdessen Bankauskünfte und Bilanzen seiner drei Gesellschafter vor, entspricht dies nicht den geforderten Nachweisen. Hinsichtlich der geforderten **Bankauskünfte und Bilanzen** kann das Interesse des Auftraggebers jedoch **durch die ersatzweise vorgelegten Unterlagen für die Gesellschafterunternehmen als befriedigt angesehen** werden (2. VK Bund, B. v. 13. 2. 2003 – Az.: VK 2-98/02).

203.7 Form der Nachweise

Im Regelfall dürfte es ausreichen, dass Bewerber die Urkunden nach § 12 Abs. 1 (z.B. Berufshaftpflichtversicherungsdeckung) als (unbeglaubigte) Kopien vorlegen (VK Nordbayern, B. v. 19. 7. 2002 – Az.: 320.VK-3194-20/02).

203.8 Fehlende finanzielle und wirtschaftliche Leistungsfähigkeit eines Mitglieds einer Bewerbergemeinschaft

Vgl. dazu die Kommentierung zu § 97 GWB RZ 527.

203.9 Berücksichtigung der Kapazitäten Dritter (§ 12 Abs. 3)

In § 12 ist **neu der Abs. 3 aufgenommen,** wonach Bewerber sich, gegebenenfalls auch als Mitglied einer Bietergemeinschaft, bei der Erfüllung eines Auftrags der Fähigkeiten anderer Unternehmen bedienen können, ungeachtet des rechtlichen Charakters der zwischen ihm und diesen Unternehmen bestehenden Verbindungen. Er muss in diesem Fall dem Auftraggeber gegenüber nachweisen, dass ihm die erforderlichen Mittel zur Verfügung stehen, indem er beispielsweise eine entsprechende Verpflichtungserklärung dieser Unternehmen vorlegt. Der Text entspricht dem Text des durch das ÖPP-Beschleunigungsgesetz neu in die VgV aufgenommenen § 4 Abs. 4 VgV – für den Bereich der VOL/A – sowie § 6 Abs. 2 Nr. 2 VgV – für den Bereich der VOB/A – und **der Rechtsprechung des EuGH zur Zulässigkeit eines Generalunternehmer- bzw. Generalübernehmereinsatzes;** vgl. insoweit die **Kommentierung zu § 4 Abs. 4 VgV** (RZ 2974) sowie die Kommentierung zu § 97 GWB (RZ 335).

203.10 Umweltmanagementverfahren (§ 12 Abs. 4)

In § 12 ist **neu der Abs. 4 aufgenommen,** wonach Auftraggeber zusätzlich Angaben über Umweltmanagementverfahren verlangen können, die der Bewerber oder Bieter bei der Ausführung des Auftrags gegebenenfalls anwenden will. Diese **Regelung entspricht der fakultativen Vorschrift des Art. 50 der Vergabekoordinierungsrichtlinie.**

Vgl. dazu im Einzelnen die **Kommentierung zu § 8a VOB/A** RZ 4023.

204. § 13 VOF – Fachliche Eignung

(1) **Die fachliche Eignung von Bewerbern für die Durchführung von Dienstleistungen kann insbesondere aufgrund ihrer Fachkunde, Leistungsfähigkeit, Erfahrung und Zuverlässigkeit beurteilt werden.**

Teil 5 VOF § 13 Verdingungsordnung für freiberufliche Leistungen

(2) **Der Nachweis der Eignung kann je nach Art, Umfang und Verwendungszweck der betreffenden Dienstleistungen folgendermaßen erbracht werden:**

a) soweit nicht bereits durch Nachweis der Berufszulassung erbracht, durch Studiennachweise und Bescheinigungen über die berufliche Befähigung des Bewerbers und/oder der Führungskräfte des Unternehmens, insbesondere der für die Dienstleistungen verantwortlichen Person oder Personen,

b) durch eine Liste der wesentlichen in den letzten drei Jahren erbrachten Leistungen mit Angabe des Rechnungswertes, der Leistungszeit sowie der öffentlichen oder privaten Auftraggeber der erbrachten Dienstleistungen,
   - bei Leistungen für öffentliche Auftraggeber durch eine von der zuständigen Behörde ausgestellte oder beglaubigte Bescheinigung,
   - bei Leistungen für private Auftraggeber durch eine vom Auftraggeber ausgestellte Bescheinigung; ist eine derartige Bescheinigung nicht erhältlich, so ist eine einfache Erklärung des Bewerbers zulässig,

c) durch Angabe über die technische Leitung,

d) durch eine Erklärung, aus der das jährliche Mittel der vom Bewerber in den letzten drei Jahren Beschäftigten und die Anzahl seiner Führungskräfte in den letzten drei Jahren ersichtlich ist,

e) durch eine Erklärung, aus der hervorgeht, über welche Ausstattung, welche Geräte und welche technische Ausrüstung der Bewerber für die Dienstleistungen verfügen wird,

f) durch eine Beschreibung der Maßnahmen des Bewerbers zur Gewährleistung der Qualität und seiner Untersuchungs- und Forschungsmöglichkeiten,

g) sind die zu erbringenden Leistungen komplexer Art oder sollten sie ausnahmsweise einem besonderen Zweck dienen, durch eine Kontrolle, die vom Auftraggeber oder in dessen Namen von einer anderen damit einverstandenen zuständigen amtlichen Stelle aus dem Land durchgeführt wird, in dem der Bewerber ansässig ist; diese Kontrolle betrifft die Leistungsfähigkeit und erforderlichenfalls die Untersuchungs- und Forschungsmöglichkeiten des Bewerbers sowie die zur Gewährleistung der Qualität getroffenen Vorkehrungen,

h) durch Angabe des Auftragsanteils, für den der Bewerber möglicherweise einen Unterauftrag zu erteilen beabsichtigt.

(3) § 12 Abs. 3 gilt entsprechend.

204.1 Vergleichbare Regelungen

8180   Der Vorschrift des § 13 VOF vergleichbar sind im Bereich der VOB § 8 VOB/A und im Bereich der VOL § 7a VOL/A. Die Kommentierungen zu diesen Vorschriften können daher ergänzend zu der Kommentierung des § 13 herangezogen werden.

204.2 Änderungen in der VOF 2006

8181   In § 13 ist **neu der Abs. 3 aufgenommen,** wonach Bewerber sich, gegebenenfalls auch als Mitglied einer Bietergemeinschaft, bei der Erfüllung eines Auftrags der Fähigkeiten anderer Unternehmen bedienen können, ungeachtet des rechtlichen Charakters der zwischen ihm und diesen Unternehmen bestehenden Verbindungen.

204.3 Grundsatz (§ 13 Abs. 1)

8182   Die fachliche Eignung von Bewerbern für die Durchführung von Dienstleistungen kann **insbesondere aufgrund ihrer Fachkunde, Leistungsfähigkeit, Erfahrung und Zuverlässigkeit** beurteilt werden. Es können nach dem Wortlaut also auch andere Gesichtspunkte Anwendung finden bzw. vom Auftraggeber verlangt werden.

Verdingungsordnung für freiberufliche Leistungen   VOF § 13   **Teil 5**

204.4 Mögliche Nachweise der Eignung eines Bewerbers (§ 13 Abs. 2)

§ 13 Abs. 2 eröffnet dem Auftraggeber mehrere Möglichkeiten, Nachweise über die Eignung   8183
eines Bewerbers zu fordern. Nach dem Wortlaut von § 13 Abs. 2 ist die **Liste der möglichen
Nachweise abschließend.** Weitere Merkmale kann der Auftraggeber nicht heranziehen
(2. VK Bund, B. v. 23. 5. 2002 – Az.: VK 2-18/02).

Dies kann aber **dann nicht gelten, wenn für die Durchführung der Leistung gesetzlich**   8184
normierte weitere Eignungsnachweise gefordert werden können, z. B. eine Sanierungsträgerbestätigung eines Bundeslandes (VK Brandenburg, B. v. 23. 11. 2004 – Az.: VK 58/04).

§ 13 Abs. 2 VOF sieht über die Entscheidung der Auftraggeberseite hinaus, ob man   8185
eines, mehrere oder gleich alle dort aufgeführten Alternativen zum Gegenstand des verbindlichen Anforderungsprofils machen möchte, **keine weitere Entscheidung des Auftraggebers**
vor. Die Auftraggeberseite muss sich gerade nicht – wie bei § 7 a VOL/A – zwischen zwei oder
mehreren Alternativen entscheiden, die sich inhaltlich ausschließen. **Der Auftraggeber kann
also pauschal die Nachweise gemäß § 13 Abs. 2 Buchstaben a) bis h) verlangen** (1. VK
Sachsen-Anhalt, B. v. 24. 2. 2006 – Az: 1 VK LVwA 51/05).

204.4.1 Wesentliche in den letzten drei Jahren erbrachte Leistungen (§ 13 Abs. 2 Buchstabe b))

204.4.1.1 Vergleichbare Regelungen

Der **Vorschrift des § 13 Abs. 2 Buchstabe b) VOF vergleichbar** sind im Bereich der   8186
VOB § 8 Nr. 3 Abs. 1 Buchstaben a) und b) VOB/A und im Bereich der VOL § 7 a Nr. 2
Abs. 2 VOL/A. Die Kommentierungen zu diesen Vorschriften können daher ergänzend zu der
Kommentierung des § 13 herangezogen werden.

204.4.1.2 Zulässigkeit der Forderung nach Referenzen

Vgl. dazu die Kommentierung zu § 97 GWB RZ 465.   8187

204.4.1.3 Keine Forderung nach vergleichbaren Leistungen

Im Gegensatz zur Regelung der VOB/A fordert die VOF **keine Nachweise über ver-**   8188
gleichbare Leistungen, sondern nur über die insgesamt erbrachten Leistungen. Diese Regelung deckt sich auch mit der entsprechenden Vorschrift der Vergabekoordinierungsrichtlinie
(Art. 32).

204.4.1.4 Beispiele aus der Rechtsprechung

Vgl. dazu die Kommentierung zu § 10 VOF RZ 8102.   8189

204.4.2 Beschäftigtenanzahl und Führungskräfte (§ 13 Abs. 2 Buchstabe d))

Anerkannt als zulässige **Forderung ist ein Nachweis über die Anzahl an Arbeitskräf-**   8190
ten, die aufgrund des zu vergebenden Arbeit erforderlich sind. Die **stärkere Gewichtung einer höheren Anzahl von Beschäftigten ist vor allem mit dem Interesse
des Auftraggebers zu rechtfertigen,** nicht nur die für die Bearbeitung des zur Ausschreibung
stehenden Projekts vorgesehenen Mitarbeiter in seine Wertung einzubeziehen, sondern eine
Vorstellung vom Kontingent weiterer Fachkräfte, auf die unter besonderen Umständen, bei unvorhergesehenem Zusatzbedarf, ohne Zeitverzug zurückgegriffen werden kann, zu erhalten. Es
ist **weder sachfremd noch willkürlich, wenn der Auftraggeber Wert darauf legt, dass
das von ihm beauftragte Planungsbüro eine angemessene personelle Reserve für einen bei komplexen Projekten nie völlig auszuschließenden Zusatzbedarf vorhalten
kann.** Zu berücksichtigen ist auch, dass die Diskrepanz der Umsatz- und/oder Mitarbeiterzahlen kleinerer, mittlerer und großer Büros regelmäßig für den Auftraggeber eines Großprojekts
zugleich auch Maßstab für die Höhe seines eigenen Risikos hinsichtlich der finanziellen Absicherung und der vollständigen Erfüllung des zu vergebenden Vorhabens ist, sodass eine diesbezügliche Differenzierung zu Lasten kleinerer Büros sachlich gerechtfertigt ist (VK Lüneburg, B.
v. 25. 9. 2006 – Az.: VgK-19/2006).

Teil 5 VOF § 13 Verdingungsordnung für freiberufliche Leistungen

204.4.3 Technische Ausrüstung (§ 13 Abs. 2 Buchstabe e))

8191 Vgl. dazu die Kommentierung zu § 8 VOB/A RZ 3874.

204.4.4 Qualitätssicherung (§ 13 Abs. 2 Buchstabe g))

8192 Die **Vorschrift deckt sich in Teilen mit der Regelung des § 10 Abs. 3 VOF.** Vgl. daher zur **Qualitätssicherung mittels Zertifizierung** die Kommentierung zu § 10 VOF RZ 8137.

204.4.5 Angabe der Nachunternehmerleistungen (§ 13 Abs. 2 Buchstabe h))

8193 Der Nachweis der Eignung kann u. a. durch Angabe des Auftragsanteils, für den der Bewerber möglicherweise einen Unterauftrag zu erteilen beabsichtigt, erbracht werden. Der **Auftraggeber kann** also von den Bewerbern **verlangen,** dass sie die **Nachunternehmerleistungen angeben** (OLG München, B. v. 28. 4. 2006 – Az.: Verg 6/06). Es bestehen auch **keine Bedenken** dagegen, die **Namen der Nachunternehmer zu verlangen** (OLG München, B. v. 28. 4. 2006 – Az.: Verg 6/06).

204.4.5.1 Vergleichbare Regelungen

8194 Der **Vorschrift des § 13 Abs. 2 Buchstabe h) VOF vergleichbar** sind im Bereich der VOB § 10 Nr. 4 Buchstabe c) VOB/A und im Bereich der VOL § 9 Nr. 4 Buchstabe d) VOL/A. Die Kommentierungen zu diesen Vorschriften können daher ergänzend zu der Kommentierung des § 13 herangezogen werden.

204.4.5.2 Eigenleistungsverpflichtung?

8195 204.4.5.2.1 Regelungen in der VOF. Eine **generelle Eigenleistungsverpflichtung kennt die VOF nicht.** Lediglich für die **Vergabe von Architekten- und Ingenieurleistungen** regelt § 26 VOF, dass der Auftragnehmer die **Auftragsleistung selbständig mit seinem Büro zu erbringen hat.** Dem Auftragnehmer kann jedoch mit Zustimmung des Auftraggebers gestattet werden, Auftragsleistungen im Wege von Unteraufträgen an Dritte mit entsprechender Qualifikation zu vergeben.

8196 204.4.5.2.2 Regelungen in VOB und VOL. Nach §§ 4 Abs. 4, 6 Abs. 2 Nr. 2 VgV ist im Ergebnis **für den Bereich der VOL/A und der VOB/A die Eigenleistungsverpflichtung aufgehoben** worden. Dies entspricht auch der Rechtsprechung des Europäischen Gerichtshofs (vgl. die Kommentierung zu § 97 GWB RZ 309 ff.).

8197 204.4.5.2.3 § 13 Abs. 3. Nach § 13 Abs. 3 gilt § 12 Abs. 3 entsprechend. Nach dieser Regelung kann sich ein Bewerber, auch als Mitglied einer Bietergemeinschaft, bei der Erfüllung eines Auftrags der Kapazitäten anderer Unternehmen bedienen, ungeachtet des rechtlichen Charakters der zwischen ihm und diesen Unternehmen bestehenden Verbindungen. Er muss in diesem Fall dem Auftraggeber gegenüber nachweisen, dass ihm die erforderlichen Mittel zur Verfügung stehen, in dem er beispielsweise eine entsprechende Verpflichtungserklärung dieser Unternehmen vorlegt. Im Ergebnis gelten damit die **Rechtsprechung des Europäischen Gerichtshofs und die §§ 4 Abs. 4, 6 Abs. 2 Nr. 2 VgV auch im Bereich der VOF.**

8198 Zu den Einzelheiten vgl. die Kommentierung zu § 97 GWB RZ 350 ff.

204.5 Sonstige Nachweise

8199 Über die in § 13 Abs. 2 genannten Nachweise hinaus fordern die öffentlichen Auftraggeber weitere auftragsbezogene Nachweise über die fachliche Eignung.

204.5.1 Zertifizierung

8200 Vgl. dazu die Kommentierung zu § 97 GWB RZ 536.

204.6 Getrennte Vergabe von Projektsteuerungs- und Objektüberwachungsleistungen

8201 **Bauüberwachung und deren Controlling (Überwachung) in Form der Projektsteuerung können nicht in einer Person zusammentreffen.** Damit würde diese Person letzt-

Verdingungsordnung für freiberufliche Leistungen VOF § 14 **Teil 5**

lich sich selbst kontrollieren. Aus Rechtsgründen ist dies ausgeschlossen. Denn eine Person kann schon aufgrund der Interessenkollision nicht zugleich auf der Auftragnehmer- und der Auftraggeberseite stehen und sich selbst koordinieren und kontrollieren. **Insoweit fehlt es an der Zuverlässigkeit** (1. VK Brandenburg, B. v. 11. 7. 2006 – Az.: 1 VK 25/06).

205. § 14 VOF – Fristen

(1) **Die vom Auftraggeber festgesetzte Frist für den Antrag auf Teilnahme beträgt mindestens 37 Tage, gerechnet vom Tage der Absendung der Bekanntmachung an. Bei elektronisch erstellten und übermittelten Bekanntmachungen kann diese Frist um sieben Tage verkürzt werden.**

(2) In den Fällen, in denen wegen der besonderen Dringlichkeit die Einhaltung der Mindestfrist nach Absatz 1 unmöglich ist, beträgt die Frist für den Antrag auf Teilnahme mindestens 15 Tage, gerechnet vom Tag der Absendung der Bekanntmachung an. Bei elektronisch erstellten und übermittelten Bekanntmachungen beträgt diese Frist mindestens 10 Tage.

(3) Der Auftraggeber muss rechtzeitig angeforderte zusätzliche Auskünfte über die Aufgabenstellung spätestens 6 Tage vor Ablauf der Frist für den Eingang der Bewerbungen, in Fällen besonderer Dringlichkeit spätestens 4 Tage vor Ablauf der Bewerbungsfrist, erteilen.

(4) Können die Bewerbungen nur nach einer Ortsbesichtigung oder Einsichtnahme in Unterlagen an Ort und Stelle erstellt werden oder kann der Auftraggeber die Auskünfte nicht rechtzeitig erteilen, so sind die Angebotsfristen entsprechend zu verlängern.

205.1 Vergleichbare Regelungen

Der **Vorschrift des § 14 VOF vergleichbar** sind im Bereich der VOB §§ 17, 17a, 17b, 18, 18a, 18b VOB/A und im Bereich der VOL §§ 17, 17a, 17b, 18, 18a, 18b VOL/A. Die Kommentierungen zu diesen Vorschriften können daher ergänzend zu der Kommentierung des § 14 herangezogen werden. 8202

205.2 Änderungen in der VOF 2006

In § 14 Abs. ist ein **neuer Satz 2** eingefügt, wonach bei elektronischen Bekanntmachungen Fristen für die Abgabe von Teilnahmeanträgen verkürzt werden können. 8203

In § 14 ist ein **neuer Abs. 2** eingefügt, wonach aus Gründen der Dringlichkeit die Fristen verkürzt werden können. 8204

205.3 Bieterschützende Vorschrift

Auf die Einhaltung von Bekanntmachungsvorschriften **haben die Bewerber einen Anspruch** (§ 97 Abs. 7 GWB). Ein Bewerber muss darauf vertrauen können, dass die Bekanntmachungsvorschriften vollständig beachtet werden (VK Münster, B. v. 21. 8. 2003 – Az.: VK 18/03). 8205

Auch die **Fristbestimmung in § 14 VOF hat bieterschützenden Charakter.** Sie soll sicherstellen, dass den Bietern gleiche und auskömmliche, nur bei besonderer Dringlichkeit einer Abkürzung unterliegende, Fristen zur Verfügung stehen, einen Teilnahmeantrag auszuarbeiten (OLG Düsseldorf, B. v. 1. 8. 2005 – Az.: VII – Verg 41/05). 8206

205.4 Frist für den Antrag auf Teilnahme (§ 14 Abs. 1)
205.4.1 Berechnung der Fristen

Vgl. die Kommentierung zu § 18a VOB/A RZ 4862. 8207

1429

205.4.2 Ende der Frist bei Festsetzung auf einen Sonntag

8208   Vgl. die Kommentierung zu § 18a VOB/A RZ 4842.

205.4.3 Bedeutung einer Vorinformation

8209   Die **Vorinformation** nach § 9 Abs. 1 VOF hat – im Gegensatz zu VOB/A und VOL/A – **keine Bedeutung für die Länge der Frist.**

205.4.4 Regelfrist

8210   Die vom Auftraggeber festgesetzte Frist für den Antrag auf Teilnahme beträgt mindestens 37 Tage, gerechnet vom Tag der Absendung der Bekanntmachung an.

8211   Zu den Einzelheiten vgl. die Kommentierung RZ 4869 ff.

205.4.5 Verkürzte Frist

205.4.5.1 Abkürzung der Regelfrist bei elektronischen Bekanntmachungen (§ 14 Abs. 2)

8212   In § 14 ist ein **neuer Abs. 1 Satz 2** eingefügt, wonach die Bewerbungsfrist bei elektronischen Bekanntmachungen um 7 Kalendertage verkürzt werden kann. Die **Regelung entspricht der Vorschrift des Art. 38 Abs. 5 der Vergabekoordinierungsrichtlinie.**

205.4.5.2 Abkürzung der Regelfrist aus Gründen der Dringlichkeit (§ 14 Nr. 2 Abs. 1 Satz 2)

8213   Die vom Auftraggeber festgesetzte Frist für den Antrag auf Teilnahme beträgt in Fällen besonderer Dringlichkeit mindestens 15 Tage, gerechnet vom Tag der Absendung der Bekanntmachung an.

8214   Vgl. die Kommentierung zu § 18a VOB/A RZ 4896.

205.4.5.3 Beispiele aus der Rechtsprechung

8215   Vgl. die Kommentierung zu § 18a VOB/A RZ 4898.

205.4.6 Bindung des Auftraggebers an die Frist zur Einreichung von Teilnahmeanträgen

8216   Vgl. die Kommentierung zu § 17 VOB/A RZ 4683.

205.5 Ordnungsgemäßer Antrag auf Teilnahme

8217   Ein ordnungsgemäßer Antrag auf Teilnahme **liegt nur vor, wenn er nach der Bekanntmachung des Teilnahmewettbewerbs erfolgt.** Das Argument, die VOF sehe keinen frühestmöglichen Zeitpunkt für den Teilnahmeantrag vor, weshalb eine Interessensbekundung auch schon vor Beginn des Vergabeverfahrens als gültig anzusehen sei, trifft so nicht zu. Das **gesamte Verfahren** ist mit seinen Bestimmungen über die Bekanntmachung sowie die einzuhaltenden Formen und Fristen (§§ 9, 14 VOF) **auf einen Startpunkt gerichtet,** ab dem die Unternehmen unter gleichen Wettbewerbsbedingungen um den Auftrag konkurrieren. Erst mit der Bekanntmachung wird der zu vergebende Auftrag in seiner konkreten Gestalt mit Außenwirkung festgelegt und für jeden Interessenten ersichtlich (BayObLG, B. v. 4. 2. 2003 – Az.: Verg 31/02).

205.6 Zusätzliche Auskünfte über die Aufgabenstellung (§ 14 Abs. 3)

8218   Der Auftraggeber muss rechtzeitig angeforderte zusätzliche Auskünfte über die Aufgabenstellung spätestens 6 Tage vor Ablauf der Frist für den Eingang der Bewerbungen, in Fällen besonderer Dringlichkeit spätestens 4 Tage vor Ablauf der Bewerbungsfrist, erteilen.

205.6.1 Allgemeines

Zu den Einzelheiten der Auskünfte über die Aufgabenstellung vgl. die Kommentierung zu § 17 VOB/A RZ 4697.   8219

205.6.2 Zeitliche Rahmenbedingungen

Der öffentliche Auftrageber hat bei Auskünften nach § 14 Abs. 3 zeitliche Rahmenbedingungen zu beachten.   8220

205.6.3 Rechtsfolge einer durch den Bewerber nicht erfolgten Erkundigung

Vgl. die Kommentierung zu § 17 VOB/A RZ 4708.   8221

205.7 Änderung der Aufgabenstellung durch den Auftraggeber während der Ausschreibung

Zu den Anforderungen an eine Änderung der Aufgabenstellung durch den Auftraggeber während der Ausschreibung vgl. die Kommentierung zu § 9 VOB/A RZ 4294.   8222

205.8 Fehlende Unterlagen und Erkundigungspflicht des Bieters

Vgl. die Kommentierung zu § 17 VOB/A RZ 4717.   8223

206. § 15 VOF – Kosten

(1) **Für die Ausarbeitung der Bewerbungsunterlagen werden Kosten nicht erstattet.**

(2) **Verlangt der Auftraggeber darüber hinaus, dass Bewerber Entwürfe, Pläne, Zeichnungen, Berechnungen oder andere Unterlagen ausarbeiten, so ist einheitlich für alle Bewerber eine angemessene Vergütung festzusetzen. Gesetzliche Gebühren- oder Honorarordnungen und der Urheberrechtsschutz bleiben unberührt.**

206.1 Vergleichbare Regelungen

Der Vorschrift des § 15 VOF vergleichbar sind im Bereich der VOB § 20 VOB/A und im Bereich der VOL § 20 VOL/A. Die Kommentierungen zu diesen Vorschriften können daher ergänzend zu der Kommentierung des § 15 herangezogen werden.   8224

206.2 Änderungen in der VOF 2006

§ 15 ist im Zuge der VOF 2006 nicht geändert worden.   8225

206.3 Bedeutung in der Rechtsprechung

Die Vorschrift spielt in der Rechtsprechung keine Rolle.   8226

206.4 Grundsatz (§ 15 Abs. 1)

Für die Ausarbeitung der Bewerbungsunterlagen werden Kosten grundsätzlich nicht erstattet. Diese Regelung entspricht der VOB/A und der VOL/A.   8227

Der zulässige Umfang der Bewerbungsunterlagen, die für die Beurteilung der fachlichen Eignung vom Auftraggeber verlangt werden dürfen, ergibt sich aus § 13 Abs. 2.   8228

206.5 Unterlagen, die über die Bewerbungsunterlagen hinausgehen (§ 15 Abs. 2)

Verlangt der Auftraggeber **über die Ausarbeitung der Bewerbungsunterlagen hinaus,** dass Bewerber Entwürfe, Pläne, Zeichnungen, Berechnungen oder andere Unterlagen ausarbeiten, so ist einheitlich für alle Bewerber **eine angemessene Vergütung** festzusetzen.   8229

Teil 5 VOF § 16 Verdingungsordnung für freiberufliche Leistungen

206.5.1 Vergleichbare Regelungen

8230 Der **Vorschrift des § 15 Abs. 2 VOF im Grundsatz vergleichbar** sind im Bereich der VOB § 20 Nr. 2 Abs. 1 Satz 2 VOB/A und im Bereich der VOL § 20 Nr. 2 Abs. 1 Satz 2 VOL/A. Die Kommentierungen zu diesen Vorschriften können daher ergänzend zu der Kommentierung des § 15 herangezogen werden.

206.5.2 Gesetzliche Gebühren- oder Honorarordnungen

8231 Gesetzliche Gebühren- oder Honorarordnungen bleiben unberührt. Dies bedeutet, dass sich die angemessene Vergütung nach den gesetzlichen Gebühren- oder Honorarordnungen richtet.

8232 In der Praxis hat die Regelung Bedeutung für Entwürfe, Pläne, Zeichnungen, Berechnungen oder andere Unterlagen, die von Architekten und Ingenieuren erstellt werden. Die Vergütung dieser Leistungen richtet sich nach der HOAI.

206.6 Kostenerstattung durch die Bewerber

8233 Die **VOF regelt** – anders als die §§ 20 Nr. 1 Abs. 1 VOB/A und 20 Nr. 1 Abs. 1 VOL/A – **nicht, dass den Bewerbern** bei einer öffentlichen Ausschreibung (offenes Verfahren) eine bis zur Höhe der Selbstkosten des Auftraggebers reichende **Entschädigung für die Vervielfältigungskosten der Verdingungsunterlagen abverlangt werden kann.** Grund für die dortige Regelung ist, dass sich gerade bei offenen VOB- und VOL-Verfahren häufig sehr viele Bewerber beteiligen, während beim zweistufigen VOF-Verhandlungsverfahren erst in der zweiten Stufe umfangreiche Verdingungsunterlagen an wenige ausgewählte Bewerber ausgegeben werden (§ 10 Abs. 2 VOF). Ein **Entschädigungsschutz des Auftraggebers ist daher – anders bei offenen Verfahren – nicht erforderlich, weil der Aufwand und damit die Kosten für den Auftraggeber kalkulierbar** sind. Selbst wenn man eine **entsprechende Anwendbarkeit des § 20 VOL/A** bejaht, führt diese Regelung nicht zu einem Kostenerstattungsanspruch. § 20 Abs. 1 VOL/A ist von vornherein nicht anwendbar, da dieser sich ausdrücklich nur auf Verdingungsunterlagen im Rahmen einer öffentlichen Ausschreibung beschränkt. Die Verfahrensform der öffentlichen Ausschreibung existiert jedoch im VOF-Verfahren überhaupt nicht. Aufträge über freiberufliche Leistungen werden gem. § 5 VOF vielmehr ausschließlich im Rahmen eines Verhandlungsverfahrens mit vorheriger Vergabebekanntmachung oder (Abs. 2) ggf. im Verhandlungsverfahren ohne vorherige Vergabebekanntmachung vergeben. Heranziehen lässt sich daher **allenfalls § 20 Abs. 2 VOL/A**. Auch danach sind aber bei beschränkter Ausschreibung und freihändiger Vergabe die Unterlagen grundsätzlich unentgeltlich abzugeben. Eine Entschädigung darf nur ausnahmsweise gefordert werden, wenn die Selbstkosten der Vervielfältigung unverhältnismäßig hoch sind (§ 20 Abs. 2 Satz 2 VOL/A). Auf derartig **unverhältnismäßig hohe Kosten der Vervielfältigung kann ein Auftraggeber nicht verweisen, wenn er die Unterlagen gar nicht vervielfältigt, sondern den Bewerbern über das Internet zur Verfügung stellt.** Die Vervielfältigungskosten dürfen nicht höher sein als die Selbstkosten des Auftraggebers für die Vervielfältigung der Verdingungsunterlagen. Daraus folgt, dass die Kosten für die erstmalige Erstellung der Verdingungsunterlagen nicht erstattungsfähig sind. Auch bei digitaler Vervielfältigung bzw. Zurverfügungstellung gilt nichts anderes. Da die Kosten für die erstmalige Erstellung der Verdingungsunterlagen nicht in Ansatz gebracht werden dürfen, **besteht wegen der kaum fassbaren Kosten für die elektronische „Vervielfältigung" regelmäßig kein Kostenerstattungsanspruch** (VK Lüneburg, B. v. 17. 10. 2006 – Az.: VgK-25/2006).

207. § 16 VOF – Aufforderung zur Verhandlung, Auftragerteilung

(1) **Der Auftraggeber fordert die ausgewählten Bewerber gleichzeitig in Textform zur Verhandlung auf.** Die Aufforderung zur Verhandlung enthält mindestens Folgendes:

a) die Aufgabenbeschreibung oder die Angabe, wie sie elektronisch abrufbar ist, und

b) einen Hinweis auf die veröffentlichte Bekanntmachung.

(2) **Die Auftraggeber haben in der Aufgabenbeschreibung oder der Vergabebekanntmachung oder der Aufforderung zur Teilnahme an der Verhandlung alle Auf-

tragskriterien anzugeben, deren Anwendung vorgesehen ist. Sie haben auch anzugeben, wie die einzelnen Kriterien gewichtet werden. Die Gewichtung kann mittels einer Marge angegeben werden. Kann nach Ansicht des Auftraggebers die Gewichtung aus nachvollziehbaren Gründen nicht angegeben werden, so gibt der Auftraggeber die Kriterien in der absteigenden Reihenfolge ihrer Bedeutung an.

(3) Bei der Entscheidung über die Auftragserteilung berücksichtigt er auf die erwartete fachliche Leistung bezogene Kriterien, insbesondere Qualität, fachlicher oder technischer Wert, Ästhetik, Zweckmäßigkeit, Umwelteigenschaften, Kundendienst und technische Hilfe, Leistungszeitpunkt, Ausführungszeitraum oder -frist und Preis/Honorar. Ist die zu erbringende Leistung nach einer gesetzlichen Gebühren- oder Honorarordnung zu vergüten, ist der Preis nur im dort vorgeschriebenen Rahmen zu berücksichtigen.

(4) Der Auftraggeber schließt den Vertrag mit dem Bewerber, der aufgrund der ausgehandelten Auftragsbedingungen im Rahmen der vorgegebenen Auftragskriterien die bestmögliche Leistung erwarten lässt.

207.1 Vergleichbare Regelungen

Der **Vorschrift des § 16 VOF im Grundsatz vergleichbar** sind im Bereich der VOB § 25 VOB/A und im Bereich der VOL § 25 VOL/A. Die Kommentierungen zu diesen Vorschriften können daher ergänzend zu der Kommentierung des § 16 herangezogen werden.

207.2 Änderungen in der VOF 2006

In § 16 ist **Abs. 1 neu eingefügt,** der die **Einladung zu den Auftragsgesprächen** regelt.

In § 16 **Abs. 2 ist die Regelung eingefügt,** dass bei der Angabe der maßgebenden Auftragskriterien die **Gewichtung der einzelnen Kriterien anzugeben** ist.

In **§ 16 Abs. 3** sind bei den beispielhaft aufgezählten Zuschlagskriterien das **Kriterium „Umwelteigenschaften"** neu aufgenommen.

207.3 Bieterschützende Vorschrift

Die Bestimmungen des § 16 Abs. 2 Satz 1 und des § 16 Abs. 3 haben **bieterschützenden Charakter** (VK Schleswig-Holstein, B. v. 11. 1. 2006 – Az.: VK-SH 28/05).

207.4 Zwei Phasen des VOF-Verfahrens

Die **zur Auftragserteilung führende Zuschlagswertung** und das **Verfahren über die Auswahl von geeigneten Bewerbern für die Verhandlungen** sind **eigenständige Abschnitte im Vergabeverfahren** und haben unterschiedliche Zwecke. Die **Bewerberauswahl ist eine personenbezogene Entscheidung** zur Aussonderung ungeeigneter Bewerber, die **Vergabeentscheidung betrifft den Gegenstand des Auftrages selbst.** Letztere ist weithin eine auftragsbezogene Prognoseentscheidung, bei welcher der Vergabestelle ein grundsätzlich weiter Beurteilungsspielraum zusteht (Brandenburgisches OLG, B. v. 13. 9. 2005 – Az.: Verg W 8/05; 3. VK Bund, B. v. 28. 8. 2006 – Az.: VK 3-99/06; VK Lüneburg, B. v. 25. 9. 2006 – Az.: VgK-19/2006; 1. VK Bund, B. v. 18. 5. 2006 – Az.: VK 1-25/06; 2. VK Bund, B. v. 10. 11. 2005 – Az.: VK 2-132/05; 1. VK Sachsen, B. v. 13. 5. 2005 – Az.: 1/SVK/035-05). Grenze des Beurteilungsspielraums sind die Grundsätze des Vergabeverfahrens, das Diskriminierungsverbot, der Wettbewerbsgrundsatz und das Transparenzgebot. Eine für den einzelnen Bewerber ungünstige Vergabeentscheidung ist durch die Prognose des wirtschaftlichsten Angebots (§ 97 Abs. 5 GWB) und der bestmöglichen Leistungserbringung (§ 16 Abs. 1 VOF) nur gerechtfertigt, soweit diese durch sachliche Gründe getragen wird, die Vorschriften des Vergabeverfahrens eingehalten wurden und der Sachverhalt zutreffend ermittelt wurde (OLG Düsseldorf, B. v. 8. 10. 2003 – Az.: VII – Verg 48/03; 1. VK Sachsen, B. v. 13. 5. 2005 – Az.: 1/SVK/035-05; VK Südbayern, B. v. 12. 1. 2004 – Az.: 61-12/03).

Teil 5 VOF § 16   Verdingungsordnung für freiberufliche Leistungen

207.5 Allgemeiner Ablauf der 2. Stufe des VOF-Verfahrens

8240   Im Verhandlungsverfahren nach VOF ist den für Verhandlungen ausgewählten Bewerbern eine **Aufgabenbeschreibung nach § 8 VOF zu übermitteln,** auf deren Basis diese zur Abgabe eines Angebotes aufgefordert werden. Wurden nicht bereits in der Vergabebekanntmachung **alle Auftragskriterien** angegeben, deren Anwendung vorgesehen ist, so hat dies **spätestens in der Aufgabenbeschreibung** zu geschehen. Auf der Basis der Angebote der Bewerber werden im Folgenden **Auftragsgespräche mit allen Bewerbern geführt,** um den Bewerber zu ermitteln, „der im Hinblick auf die gestellte Aufgabe am ehesten die Gewähr für eine sachgerechte und qualitätsvolle Leistungserfüllung bietet. Die **Auftragsgespräche haben sich,** um zielführend sein zu können, **auf die Angebote der Bewerber** und damit auch **das konkret zu vergebende Vorhaben** zu beziehen (2. VK Brandenburg, B. v. 14. 12. 2002 – Az.: 2 VK 106/01). In den Auftragsgesprächen muss der **Auftraggeber die Auswahlkriterien** prüfen. Dabei ist er **zu materiellen, also inhaltlich auf die zu lösende Aufgabe bezogenen Gesprächen mit den Bewerbern verpflichtet.** Das Auftragsgespräch dient dazu, vertieft Lösungsansätze des Bewerbers zu erörtern und dabei zu ermitteln, ob sie eine sachgerechte und qualitätsvolle Leistungserfüllung erwarten lassen (Brandenburgisches OLG, B. v. 13. 9. 2005 – Az.: Verg W 8/05).

8241   **Ohne die Aufforderung zur Angebotsabgabe an die ausgewählten Bewerber und das Führen von Verhandlungsgesprächen über die Auftragsbedingungen ist ein Verhandlungsverfahren nicht vergaberechtskonform.** Ein Gespräch zur „Vorstellung des Unternehmens" und „der das Projekt betreuenden Personen und deren Referenzen" genügt den Anforderungen an ein Verhandlungsgespräch im Sinne der VOF nicht (Brandenburgisches OLG, B. v. 13. 9. 2005 – Az.: Verg W 8/05; 1. VK Sachsen, B. v. 5. 10. 2004 – Az.: 1/SVK/092-04, 1/SVK/092-04G).

207.6 Aufforderung zur Verhandlung (§ 16 Abs. 1)

8242   Der Auftraggeber fordert die ausgewählten Bewerber gleichzeitig in Textform zur Verhandlung auf. Die Aufforderung zur Verhandlung enthält mindestens Folgendes:

a) die Aufgabenbeschreibung oder die Angabe, wie sie elektronisch abrufbar ist und

b) einen Hinweis auf die veröffentlichte Bekanntmachung.

207.6.1 Gleichzeitige Aufforderung aller Bewerber zur Verhandlung

8243   Der Auftraggeber ist – als **Ausfluss des Gleichbehandlungsgebots des § 97 GWB** verpflichtet, alle Bewerber gleichzeitig zur Teilnahme an den Verhandlungsgesprächen aufzufordern. Entscheidend ist, dass die Aufforderung an alle Bewerber **gleichzeitig abgesandt** wird.

207.6.2 Textform

8244   Der Auftraggeber fordert die ausgewählten Bewerber **in Textform** zur Verhandlung auf. Zum Begriff der Textform vgl. die Kommentierung zu § 18 VOB/A RZ 4852.

207.6.3 Notwendiger Inhalt der Aufforderung

8245   Die Aufforderung zur Verhandlung enthält mindestens Folgendes:

a) die Aufgabenbeschreibung oder die Angabe, wie sie elektronisch abrufbar ist und

b) einen Hinweis auf die veröffentlichte Bekanntmachung.

207.6.3.1 Aufgabenbeschreibung

8246   Vgl. dazu die Kommentierung zu § 8 VOF.

8247   Der **Auftraggeber kann** die Aufgabenbeschreibung auch „**lediglich**" zur elektronischen **Abrufbarkeit** z.B. auf eine Internetseite bereitstellen; er muss dann jedoch den **Bewerbern die Adresse der Internetseite und ggf. irgendwelche Zugangsvoraussetzungen mitteilen.**

Verdingungsordnung für freiberufliche Leistungen VOF § 16 **Teil 5**

207.6.3.2 Hinweis auf die veröffentlichte Bekanntmachung

Notwendiger Gegenstand der Aufforderung ist ebenfalls ein **Hinweis auf** die veröffentlichte **Bekanntmachung,** also **nicht die Bekanntmachung selbst.** Es genügt danach z. B. die **Nennung der Bekanntmachungsnummer bei TED.** 8248

207.7 Aushandlung der Auftragsbedingungen (Verhandlungsgespräche)

§ 16 setzt einen Abschnitt des VOF-Vergabeverfahrens voraus, der in der VOF im Einzelnen nicht geregelt ist, nämlich die Aushandlung der Auftragsbedingungen. 8249

207.7.1 Notwendige Voraussetzungen der Verhandlungsgespräche

207.7.1.1 Angabe aller Auftragskriterien (§ 16 Abs. 2)

Die Auftraggeber haben in der Aufgabenbeschreibung oder der Vergabebekanntmachung oder der Aufforderung zur Teilnahme an der Verhandlung alle Auftragskriterien anzugeben, deren Anwendung vorgesehen ist. Sie haben auch anzugeben, wie die einzelnen Kriterien gewichtet werden. Die Gewichtung kann mittels einer Marge angegeben werden. Kann nach Ansicht des Auftraggebers die Gewichtung aus nachvollziehbaren Gründen nicht angegeben werden, so gibt der Auftraggeber die Kriterien in der absteigenden Reihenfolge ihrer Bedeutung an. 8250

207.7.1.1.1 **Bedeutung der Vorschrift des § 16 Abs. 2.** § 16 Abs. 2 VOF ist nicht lediglich eine Formvorschrift, sondern eine **Ordnungsvorschrift** (OLG Stuttgart, B. v. 28. 11. 2002 – Az.: 2 Verg 10/02). Hieraus folgt, dass § 16 Abs. 2 VOF zwar ein Wahlrecht eröffnet, aber zugleich auch eine **Verpflichtung** vorgibt, **alle Auftragskriterien,** deren Anwendung vorgesehen ist, **anzugeben.** Mit Angabe von Kriterien tritt die Selbstbindung des Auftraggebers ein. Nach diesem Zeitpunkt ist es vergaberechtswidrig, ein als Auftragskriterium angekündigtes Merkmal wieder fallen zu lassen, oder etwa nach Aufforderung zur Angebotsabgabe neue Kriterien einzuführen (VK Thüringen, B. v. 16. 1. 2006 – Az.: 360-4004.20-025/05-ARN; OLG Stuttgart, B. v. 28. 11. 2002 – Az.: 2 Verg 14/02; 1. VK Sachsen, B. v. 5. 9. 2005 – Az.: 1/SVK/104-05; VK Südbayern, B. v. 17. 7. 2003 – Az.: 24-06/03). 8251

Die **unterbliebene Anwendung bekannt gemachter Zuschlagskriterien verletzt das Transparenzgebot des § 97 Abs. 1 GWB.** Die Bieter haben einen Anspruch auf Durchführung transparenter Vergabeverfahren. Sie haben weiterhin einen Anspruch auf eine Bewertung ihrer Bewerbungen/Angebote allein anhand der durch die Vergabestelle bekannt gemachten Zuschlagskriterien. Dieser Anspruch ist auch dann verletzt, wenn eine Bewertung der Bewerbungen/Angebote anhand einzelner, bekannt gegebener Zuschlagskriterien unterbleibt. Der – fehlerhaft – unterbliebenen Anwendung bekannt gemachter Zuschlagskriterien **gleichzustellen ist dabei auch der Tatbestand des Zusammenführens zweier Zuschlagskriterien zur Verwendung als eigenständiges, neues Zuschlagskriterium** (VK Thüringen, B. v. 16. 1. 2006 – Az.: 360-4004.20-025/05-ARN). 8252

207.7.1.1.2 **Angabe der Auftragskriterien in der Aufgabenbeschreibung oder der Vergabebekanntmachung oder der Aufforderung zur Teilnahme an der Verhandlung.** Gemäß § 16 Abs. 2 VOF hat der Auftraggeber alle Auftragskriterien, deren Anwendung vorgesehen ist, in der Aufgabenbeschreibung oder der Vergabebekanntmachung oder der Aufforderung zur Teilnahme an der Verhandlung anzugeben. Dies **fördert die Transparenz des Verfahrens** und eröffnet den Bietern die Möglichkeit, ihre Bewerbung auf die für die Auftraggeberin wichtigen Kriterien zu konzentrieren und **vorab zu prüfen,** ob sie den gestellten Anforderungen überhaupt gerecht werden können (VK Brandenburg, B. v. 19. 3. 2003 – Az.: VK 05/03; VK Detmold, B. v. 22. 10. 2002 – Az.: VK.31-35/02). 8253

Nach Abschluss der ersten Stufe des Vergabeverfahrens sind also die Auftragskriterien des § 16 Abs. 3 VOF – gewissermaßen die Wertungskriterien der zweiten Stufe – heranzuziehen. Da sie aber für die Vorauswahl der Bewerber keine Rolle spielen, ist es **nicht zwingend erforderlich, die Kriterien nach § 16 Abs. 2 VOF bereits in die Vergabebekanntmachung aufzunehmen.** Dies ergibt sich außerdem aus Art. 40 Abs. 5 Buchstabe e) VKR, in welchem ausdrücklich erwähnt wird, dass der Auftraggeber den von ihm ausgewählten Bewerbern bei der Aufforderung zur Abgabe von Angeboten neben den Verdingungsunterlagen die Kriterien für die Auftragsvergabe mitzuteilen hat, soweit sie nicht bereits in der Vergabebekanntmachung 8254

1435

Teil 5 VOF § 16 Verdingungsordnung für freiberufliche Leistungen

enthalten waren (OLG München, B. v. 28. 4. 2006 – Az.: Verg 6/06; BayObLG, B. v. 24. 9. 2002 – Az.: Verg 16/02).

8255 **Auch aus der Richtlinie 2004/18/EG vom 31. 3. 2004 ergibt sich nichts anderes.** Art. 53 Abs. 2 i. V. m. Art. 40 Abs. 5 c der Richtlinie erlauben, dass der öffentliche Auftraggeber die Gewichtung der Zuschlagskriterien oder gegebenenfalls die absteigende Reihenfolge der Bedeutung der Kriterien in der Aufforderung zur Angebotsabgabe nennt, soweit nicht bereits in der Bekanntmachung, den Verdingungsunterlagen oder der Beschreibung entsprechende Angaben enthalten sind. Die **Argumentation, dass bereits der übersandte Teilnahmeantrag als Teil der Verdingungsunterlagen im Sinne von Art. 53 Abs. 2 der Richtlinie zu verstehen ist und spätestens dieser Angaben zu den einzelnen Zuschlagskriterien bzw. deren Gewichtung enthalten muss, findet in der Richtlinie keine S**tütze. Vielmehr spricht Art. 40 Abs. 1 und 2 der Richtlinie, wonach den ausgewählten Bewerber mit der Aufforderung zur Verhandlung die Verdingungsunterlagen zuzuleiten sind, dafür, dass der vor der Auswahl notwendigerweise übersandte und zurückgeleitete Teilnahmeantrag kein Bestandteil der Verdingungsunterlagen ist (OLG München, B. v. 28. 4. 2006 – Az.: Verg 6/06).

8256 Der Auftraggeber hat also ein dreifaches **Wahlrecht.** Entweder kann er – alle relevanten – Auftragskriterien schon in der Vergabebekanntmachung benennen oder er verschiebt die Angabe – aller relevanten – Auftragskriterien – auf die Aufgabenbeschreibung nach § 8 VOF oder auf die Aufforderung zur Verhandlung. Aus diesem Wahlrecht folgt im Umkehrschluss damit aber auch, dass der **Auftraggeber an sein einmal ausgeübtes Wahlrecht gebunden ist.** Hat der Auftraggeber demnach schon alle relevanten Auftragskriterien in der Vergabebekanntmachung benannt, so kann und darf er diese späterhin auch in der Aufgabenbeschreibung bzw. der Aufforderung zur Verhandlung nicht mehr ändern (1. VK Sachsen, B. v. 6. 8. 2004 – Az.: 1/SVK/062-04, 1/SVK/062-04G).

8257 **207.7.1.1.3 Angabe der Auftragskriterien im Einladungsschreiben zu den Verhandlungsgesprächen.** Mit der Änderung der VOF 2006 ist klargestellt, dass die Auftragskriterien auch im Einladungsschreiben zu den Verhandlungsgesprächen genannt werden können. Die – ältere – **teils ablehnende Rechtsprechung hierzu ist damit überholt.**

8258 **207.7.1.1.4 Rechtzeitige Angabe der Auftragskriterien.** Grundsätzlich jedem potentiellen Auftragnehmer gegenüber müssen **so rechtzeitig** die relevanten Kriterien **bekannt gemacht** werden, dass dieser die **Präsentation seines Angebotes darauf ausrichten kann.** Dazu gehört selbstverständlich auch, dass Informationen über Fristen zur Leistungserbringung sowie Größe und Umfang des Leistungsvolumens einschließlich der konkreten Zielsetzung nicht erst vor oder sogar während der Präsentation des Angebotes erfolgen (VK Halle, B. v. 4. 6. 2002 – Az.: VK Hal 08/02).

8259 **207.7.1.1.5 Pflicht zur Bekanntmachung der Gewichtung der Auftragskriterien.** In § 16 Abs. 2 Satz 2 ist die Regelung eingefügt, dass bei der Angabe der maßgebenden Auftragskriterien die **Gewichtung der einzelnen Kriterien anzugeben** ist. Kann die Gewichtung aus nachvollziehbaren Gründen nicht angegeben werden, sind in der Aufforderung zur Angebotsabgabe die Kriterien in der absteigenden Reihenfolge ihrer Bedeutung zu nennen. Diese **Regelungen entsprechen im Wesentlichen der Vorschrift des Art. 53 Abs. 2 der Vergabekoordinierungsrichtlinie.**

8260 Der **Auftraggeber ist verpflichtet, im Vergabevermerk die Gründe zu dokumentieren,** weshalb eine Gewichtung nicht angegeben werden kann.

8261 Aus der überragenden Bedeutung des das Vergaberecht beherrschenden Transparenzgebotes sind die **Gründe,** aus denen heraus eine Gewichtung nicht angegeben werden kann, **sehr restriktiv zu handhaben.**

8262 Zu den Einzelheiten vgl. die Kommentierung zu § 97 GWB RZ 621.

8263 **207.7.1.1.6 Pflicht zur Bekanntmachung von Unterkriterien?** Vgl. die Kommentierung zu § 10a VOB/A RZ 4416.

8264 **207.7.1.1.7 Rechtsfolge der fehlenden Angabe der Auftragskriterien.** Die **Rechtsprechung** hierzu ist **nicht einheitlich.**

8265 Im Grundsatz ist man sich **einig,** dass die **Nichtangabe jeglicher Auftragskriterien** bei einem Vergabeverfahren nach der VOF, welches Architekten- und Ingenieurleistungen zum Inhalt hat, **zur Unmöglichkeit der Wertung führt** (VK Nordbayern, B. v. 23. 1. 2003 – Az.: 320.VK-3194-44/02). Die Wertung kann in diesem Fall auch nicht nach den in § 16 Abs. 2 VOF genannten Kriterien erfolgen.

Verdingungsordnung für freiberufliche Leistungen   VOF § 16   **Teil 5**

Eine fehlende Angabe von Auftragskriterien **kann auch nicht zur Wertung der Angebote**   8266
ausschließlich nach dem Kriterium des Preises führen, denn § 16 Abs. 1 VOF sieht vor,
dass der Vertrag mit dem Bewerber geschlossen wird, der aufgrund der ausgehandelten Auftragsbedingungen die bestmögliche Leistung erwarten lässt (VK Südbayern, B. v. 17. 7. 2003 – Az.:
24-06/03).

Der Verordnungsgeber hat sich mit § 16 Abs. 1 VOF dafür entschieden, nicht den niedrigsten   8267
Preis eines Angebots zum ausschlaggebenden Zuschlagskriterium zu machen, sondern auf die
„bestmögliche" Leistung abzustellen. Zwar entspricht dieses Kriterium im Wesentlichen den
Kriterien der § 25 Nr. 3 Abs. 3 Satz 2 VOB/A und § 25 Nr. 3 VOL/A, wo jeweils vom „wirtschaftlichsten Angebot" die Rede ist, ohne dass der niedrigste Preis allein entscheidend wäre.
Der abweichende Wortlaut in § 16 Abs. 1 VOF signalisiert indes eine andere Wertung (ohne das
Preiskriterium völlig zu meiden) und verdeutlicht damit die Besonderheiten des Gegenstandes
von VOF-Vergabeverfahren. Anders als bei im Wesentlichen standardisierten Produkten entziehen sich nämlich freiberufliche Leistungen, die nicht vorab eindeutig und erschöpfend beschrieben werden können, weitgehend dem Preiswettbewerb, zumal sie überwiegend geistiger Natur
sind. Das Abstellen auf den Preis erscheint dann aber deutlich weniger veranlasst. Dies **rechtfertigt es** hier, angesichts der unterbliebenen Angabe von Auftragskriterien **nicht im Wege des
Automatismus auf den niedrigsten Preis abzustellen,** sondern den Vergabefehler auf andere Weise zu eliminieren. Dazu erscheint es dem Senat **erforderlich aber auch ausreichend,
das Vergabeverfahren ab dem Stadium der Aufgabenbeschreibung auf der zweiten
Wertungsstufe neu zu beginnen.** Dies wird der Antragsgegnerin Gelegenheit geben, sämtliche Auftragskriterien (möglichst in der Reihenfolge der Gewichtung) allen nach der ersten
Wertungsstufe im Wettbewerb verbliebenen Bietern bekannt zu geben und so die Transparenz
des Verfahrens wiederherzustellen (OLG Düsseldorf, B. v. 27. 11. 2002 – Az.: Verg 45/02; OLG
Stuttgart, B. v. 28. 11. 2002 – Az.: 2 Verg 10/02; VK Südbayern, B. v. 31. 10. 2002 – Az.: 42-
10/02).

Werden **keine Zuschlagskriterien genannt,** ist das Vergabeverfahren also **mittels weiterer**   8268
**Verhandlungen mit den ausgewählten Bewerbern nach den Vorgaben der VOF zu
führen** (VK Detmold, B. v. 22. 10. 2002 – Az.: VK.31-35/02).

Nach einer anderen Auffassung **verbleibt es** dann, **wenn keine Zuschlagskriterien ge-**   8269
nannt werden, **auch im VOF-Verfahren allein beim Kriterium des Preises.** Es ist vergaberechtswidrig, bei der abschließenden Auftragsentscheidung Kriterien, die nicht entsprechend
den Vorgaben des § 16 Abs. 3 VOF bekannt gemacht worden waren, heranzuziehen (2. VK
Bund, B. v. 8. 8. 2002 – Az.: VK 2-54/02 – Beschluss allerdings aufgehoben durch B. des OLG
Düsseldorf v. 27. 11. 2002 – Az.: Verg 45/02).

207.7.1.1.8 Rechtsfolge der fehlenden Angabe der Gewichtung der Auftragskrite-   8270
rien. Vgl. die Kommentierung zu § 97 GWB RZ 629.

207.7.1.1.9 Bindung an die veröffentlichten Auftragskriterien. Vgl. die Kommentie-   8271
rung zu § 25a VOB/A RZ 5850.

207.7.1.2 Allgemeine Anforderungen an Auftragskriterien

Vgl. die Kommentierung zu § 97 GWB RZ 615.   8272

207.7.1.3 Verbot von nicht überprüfbaren Auftragskriterien

Vgl. die Kommentierung zu § 97 GWB RZ 618.   8273

207.7.2 Erstellung einer Bewertungsmatrix

Um sich selbst die Entscheidung bei der Auswahl des späteren Auftragnehmers zu erleichtern   8274
und Willkürvorwürfen vorzubeugen, **empfiehlt es sich für den Auftraggeber, vorab eine
Bewertungsskala (Matrix) aufzustellen.** Durch eine Punktebewertung der einzelnen Auftragskriterien im Rahmen einer Nutzwertanalyse mit der jeweiligen Zuordnung zu den Bewerbern wird darüber hinaus auch die Aufnahme in den Vergabevermerk gem. § 18 VOF
transparenter und damit letztlich auch nachvollziehbarer (VK Lüneburg, B. v. 3. 8. 2001 – Az.:
203-VgK-15/2001).

Ist **Willkür bei der Auftragsvergabe auf der Basis eines schlüssigen Bewertungssys-**   8275
tems nicht erkennbar, dann ist es **nicht Sache des Gerichts,** im Nachprüfungsverfahren die
mit Punktzahlen versehenen Einzelbewertungen des fachkompetent besetzten Vergabegremiums

Teil 5 VOF § 16 Verdingungsordnung für freiberufliche Leistungen

durch eigene, nicht durch bessere Erkenntnisse begründete Wertungen zu ersetzen (OLG Rostock, B. v. 16. 5. 2001 – Az.: 17 W 1/01, 17 W 2/01).

207.7.3 Einzelheiten zu Auftragskriterien

207.7.3.1 Verbot von vergabefremden Auftragskriterien

8276 Vgl. die Kommentierung zu § 97 GWB RZ 630.

207.7.3.2 Anwendung von Eignungskriterien auf der Stufe der Verhandlungsgespräche

8277 **207.7.3.2.1 Grundsatz.** Das **Vergaberecht** geht grundsätzlich von einer **Zweiteilung des Wertungsverfahrens** aus. In einem **ersten Schritt wird** im Rahmen einer Vorauswahl **allgemein die Eignung der Bieter** geprüft. Unter den als geeignet angesehenen Bietern wird sodann unter Verwendung vorgegebener Kriterien, **dasjenige Angebot ausgewählt, das als das annehmbarste erscheint.** Nach allgemeiner im Anwendungsbereich der VOL/A und der VOB/A vertretenen Ansicht darf bei der zweiten Wertungsstufe die Eignung nicht nochmals als Wertungskriterium im Sinne von „Mehr an Eignung" verwendet werden; vgl. im Einzelnen die Kommentierung zu § 97 GWB RZ 438.

8278 Dieser Grundsatz lässt sich allerdings nicht auf das Wertungsverfahren im Rahmen der VOF übertragen. Maßgebendes Kriterium bei der Anwendung der VOL/A bzw. VOB/A ist in der Regel der Preis. **Ist der Preis aber durch eine Honorarordnung weitgehend vorgegeben, kommt diesem Kriterium nur geringere Bedeutung zu** (VK Brandenburg, B. v. 12. 5. 2004 – Az.: VK 8/04). Dies gilt umso mehr, als sich der Preis in der Praxis häufig am unteren Ende des vorgegebenen Rahmens hält. Hinzu kommt, dass, wenn auch die Objektplanung erst vergeben werden soll, die weiteren in § 16 Abs. 2 VOF aufgeführten möglichen Zuschlagskriterien „Ästhetik und Zweckmäßigkeit" in Leere gehen. Auch die Gradmesser „Leistungszeitpunkt, und Ausführungszeitraum" sind mangels Vorliegen eines Planungsstandes nicht konkret fassbar.

8279 Die **Auftragsvergabe basiert** im Bereich der nicht beschreibbaren freiberuflichen Dienstleistungen deshalb **weitgehend auf einer Prognoseentscheidung.** Neben der personellen Qualifikation stehen hierfür in erste Linie deshalb nur Referenzen über früher erbrachte Planungsleistungen zur Verfügung. Der Entscheidung liegt somit, unter Berücksichtigung der Abwicklung bisheriger Projekte, eine Prognoseentscheidung zugrunde, die auf der in den Verhandlungen mit den ausgewählten Bietern gewonnenen Überzeugung des Auftraggebers beruhen, welcher der Bieter am geeignetsten erscheint, die ausgeschriebene Leistung am sachgerechtesten zu erfüllen.

8280 Es kann also ganz allgemein in gewissen Grenzen in VOF-Vergaben zu einer **Vermischung von personenbezogenen und auftragsbezogenen Aspekten** kommen. Mit einer solchen Praxis **bewegt sich die Vergabestelle noch innerhalb des ihr gewährten Beurteilungsspielraums** bei der Prognoseentscheidung nach § 16 VOF (Brandenburgisches OLG, B. v. 13. 9. 2005 – Az.: Verg W 8/05; OLG Düsseldorf, B. v. 23. 7. 2003 – Az.: Verg 27/03).

8281 Es **verstößt somit nicht gegen Vergaberecht, Eignungskriterien, die in der Vorauswahl zur Anwendung kamen, bei der abschließenden Entscheidung darüber, wer den Auftrag erhalten soll, erneut zugrunde zu legen** (VK Baden-Württemberg, B. v. 31. 3. 2003 – Az.: 1 VK 13/03; im Ergebnis ebenso BayObLG, B. v. 20. 8. 2001 – Az.: Verg 9/01; im Ergebnis ebenso OLG Stuttgart, B. v. 28. 11. 2002 – Az.: 2 Verg 10/02; VK Brandenburg, B. v. 12. 5. 2004 – Az.: VK 8/04).

8282 Diese **Rechtsprechung ist nicht unumstritten.** Nach Auffassung des OLG Frankfurt und der **VK Schleswig-Holstein** sind die **Eignungskriterien Fachkunde, Zuverlässigkeit und Leistungsfähigkeit nach Durchschreiten der Eignungsprüfung gemäß den §§ 10, 12 und 13 VOF für das abschließende Auswahlverfahren nach § 16 VOF verbraucht.** Die Berücksichtigung von entsprechenden Kriterien ist **allenfalls zulässig** sein, soweit ein **konkreter Bezug des Kriteriums zur Erbringung der ausgeschriebenen Leistung herzustellen** ist (OLG Frankfurt, B. v. 28. 2. 2006 – Az.: 11 Verg 15/05 und 16/05; 3. VK Bund, B. v. 28. 8. 2006 – Az.: VK 3-99/06; VK Schleswig-Holstein, B. v. 11. 1. 2006 – Az.: VK-SH 28/05).

8283 **207.7.3.2.2 Einheitliche Eignungsentscheidung für beide Stufen.** Hat ein Auftraggeber **bei der Auswahl der Bewerber** die fachliche **Eignung eines Unternehmens uneinge-**

Verdingungsordnung für freiberufliche Leistungen   VOF § 16   **Teil 5**

schränkt bejaht, ist der Auftraggeber **an diese Beurteilung gebunden.** Nach dem **Grundsatz von Treu und Glauben** (§ 242 BGB) kann er seine in der dritten Wertungsstufe des § 10 Abs. 1 VOF (Prüfung der fachlichen Eignung der Bieter) zu Gunsten des Unternehmens getroffene Entscheidung nicht in der vierten Wertungsstufe bei der Auswahl desjenigen Bieters, der die bestmögliche Leistung erwarten lässt (§ 16 Abs. 1 und 2 VOF), wieder rückgängig machen (OLG Düsseldorf, B. v. 7. 11. 2001 – Az.: Verg 23/01).

207.7.3.3 Keine Unterscheidung zwischen „geborenen" und anderen Auftragskriterien

Die Vorschrift des § 16 Abs. 2 VOF ist eindeutig und zwingend. Maßstab für die Angabepflicht ist danach nicht, **ob sich das Auftragskriterium „von selbst versteht", sondern dass es für die Wertung überhaupt herangezogen werden soll.** Nur ein strenges Verständnis der Norm wird dem Gebot der Transparenz genügend gerecht. Alle Bewerber sollen aus der Aufgabenbeschreibung bzw. der Vergabebekanntmachung bzw. der Einladung zu den Verhandlungsgesprächen heraus ein klares Bild von den Auftragskriterien gewinnen können. Deshalb greift es auch nicht durch, wenn ein Auftraggeber darauf verweist, dass bestimmte Kriterien schon in § 16 Abs. 3 VOF genannt und deshalb nicht anzugeben seien. **§ 16 Abs. 2 VOF unterscheidet gerade nicht zwischen nicht anzugebenden „geborenen" und „anderen" Auftragskriterien.** Anzugeben sind vielmehr „alle Auftragskriterien, deren Anwendung vorgesehen ist". Ohnehin sind keineswegs immer alle „geborenen" Kriterien des § 16 Abs. 3 VOF für jeden VOF-Auftrag einschlägig (z. B. „Kundendienst"), so dass der öffentliche Auftraggeber eine entsprechende Auswahl vorzunehmen hat (OLG Düsseldorf, B. v. 27. 11. 2002 – Az.: Verg 45/02).

8284

207.7.3.4 Einzelne Auftragskriterien

Der **Auftraggeber kann sich der Kriterien des § 16 Abs. 3 VOF bedienen, kann sie aber auch** nach Art des Auftrags und im Hinblick auf den für die Auftragserfüllung zu fordernden Standard der Auftragsausführung **um weitere Kriterien erweitern oder auch einschränken.** Dabei kann er sich im Rahmen des Kriterienkatalogs halten, aber auch andere Gesichtspunkte auswählen, die für die Vergabeentscheidung bedeutsam sind (BayObLG, B. v. 20. 8. 2001 – Az.: Verg 9/01).

8285

207.7.3.4.1 Auftragskriterium „Preis/Honorar". 207.7.3.4.1.1 Kostenvorgabe des Auftraggebers. Es ist **nicht zulässig, dass die Vergabestelle keine Vorgabe der für das Vorhaben anzusetzenden Baukosten** macht und sie die Feststellung dieser Kosten allein den Bewerbern überlässt. Dies kann dazu führen, dass die vorgelegten Kostenschätzungen erheblich differieren. Es ist darüber hinaus auch für die Vergabestelle unmöglich, die Vergleichbarkeit der auf einer solchen Kostenschätzung beruhenden Honorarangebote herzustellen (VK Thüringen, B. v. 12. 6. 2003 – Az.: 216-4004.20-005/03-SCZ).

8286

207.7.3.4.1.2 Gewichtung dieses Auftragskriteriums. Die **Rechtsprechung** hierzu ist **nicht eindeutig.**

8287

Nach einer Auffassung ist ein **Wert,** der für die Preisbildung vergeben wird, wenn er bei einer erreichbaren Gesamtpunktzahl **bei etwa 4 %** liegt, **unangemessen niedrig** angesetzt. Dies ist nicht ausreichend, um das grundsätzliche vorhandene Gewicht zwischen Preis und Leistung angemessen zu gewichten. Die **Bedeutung des Angebotspreises** ist vor dem Hintergrund des allgemeinen **Vergabegrundsatzes des Wirtschaftlichkeitsgebots** (§ 97 Abs. 5 GWB) zu gewichten. Bei der Bewertung das Angebote muss grundsätzlich sichergestellt werden, dass der **Preis ein wichtiges, die Vergabeentscheidung substanziell beeinflussendes Kriterium** ist (1. VK Sachsen, B. v. 19. 11. 2001 – Az.: 1/SVK/119-01; OLG Stuttgart, B. v. 28. 11. 2002 – Az.: 2 Verg 14/02).

8288

Demgegenüber vertritt das Bayerische Oberste Landesgericht die Auffassung, dass insbesondere **im Bereich der VOF dem Angebotspreis im Allgemeinen nicht die gleiche hohe Bedeutung zukommt wie in anderen Vergabebereichen.** So kann z. B. die vorgenommene Gewichtung für die wirtschaftliche Seite eines Angebots mit 10 % nicht als fehlerhaft erachtet werden; denn der Preis spielt hier nur für Besondere Leistungen und Nebenkosten, nicht jedoch für die im Mittelpunkt stehende Grundleistung (§ 2 Abs. 2 HOAI) eine Rolle (BayObLG, B. v. 20. 8. 2001 – Az.: Verg 9/01; im Ergebnis ebenso VK Lüneburg, B. v. 7. 6. 2004 – Az.: 203-VgK-16/2004 für eine Gewichtung von 12 %).

8289

Ähnlich argumentiert das OLG Düsseldorf: durch eine ausschließlich preisbezogene Vorauswahl kann der insgesamt auftragsbezogen Leistungsfähigste aus dem Bieterwettbewerb ausschei-

8290

1439

den, nur weil er sich (knapp) nicht unter den billigsten Bietern befindet. Dies ist von den Vergabevorschriften ersichtlich nicht gewollt, die – wie § 16 VOF – die Wichtigkeit der Leistungsfähigkeit für den konkreten Auftrag durch eine nicht abschließende Aufzählung auftragsbezogener Kriterien hervorheben und damit einen inhaltlichen Rahmen der zulässigen Vergabekriterien setzen. Ziel des Vergabeverfahrens nach der VOF ist es gerade nicht, allein auf den billigsten zu erwartenden Preis abzuschließen. Der **Auftraggeber hat vielmehr denjenigen Bewerber auszuwählen, der am ehesten die Gewähr für eine sachgerechte und qualitätsvolle Leistungserfüllung bietet. Nur ausnahmsweise kann der Preis/das Honorar ausschließliche Berücksichtigung finden, wie namentlich dann, wenn es um standardisierte Produkte geht, zu denen freiberufliche Leistungen regelmäßig nicht gehören** (OLG Düsseldorf, B. v. 8. 10. 2003 – Az.: VII – Verg 48/03).

8291 Auch signalisiert bereits der **abweichende Wortlaut in § 16 Abs. 1 VOF** („bestmögliche Leistung") **eine andere Wertung des Preises als etwa in § 25 Nr. 3 Abs. 3 Satz 2 VOB/A und § 25 Nr. 3 VOL/A**, ohne das Preiskriterium völlig zu meiden, und verdeutlicht damit die Besonderheit des Gegenstandes von VOF-Vergabeverfahren (OLG Düsseldorf, B. v. 23. 7. 2003 – Az.: Verg 27/03).

8292 Vgl. zu dieser Problematik allgemein die Kommentierung zu § 97 GWB RZ 650.

8293 **207.7.3.4.1.3 Vergütung nach einer gesetzlichen Gebühren- oder Honorarordnung.** 207.7.3.4.1.3.1 Grundsatz. Ist die zu erbringende Leistung nach einer gesetzlichen Gebühren- oder Honorarordnung zu vergüten, so ist der Preis nur in dem dort vorgesehenen Rahmen zu berücksichtigen.

8294 **207.7.3.4.1.3.2 Gewichtung dieses Auftragskriteriums. § 16 Abs. 3 Satz 2 VOF stellt von der möglichen Maßgeblichkeit des Auftragskriteriums „Preis" nicht frei.** Er gibt nur vor, dass, ist die zu erbringende Leistung nach einer gesetzlichen Gebühren- oder Honorarordnung zu vergüten, der Preis nur im dort vorgeschriebenen Rahmen zu berücksichtigen ist. Ist aber innerhalb dieses Rahmens eine – zulässige – Schwankungsbreite der Angebote denkbar und gegeben, so gewinnt der **Preis wieder seine zumindest mitentscheidende Bedeutung** (OLG Stuttgart, B. v. 28. 11. 2002 – Az.: 2 Verg 14/02, B. v. 28. 11. 2002 – Az.: 2 Verg 10/02; VK Düsseldorf, B. v. 29. 7. 2005 – Az.: VK – 6/2005 – F).

8295 Enthalten die ausgeschriebenen Leistungen weniger planerische Aspekte als durchführungsorientierte Aufgaben, die unter Umständen sogar einer Ausschreibung nach VOL hätten zugänglich sein können, muss auch im Rahmen einer Auftragserteilung nach VOF **der Preis der Leistung ein angemessenes Gewicht haben.** Anders ist die Forderung des § 97 Abs. 5 GWB, wonach der Zuschlag grundsätzlich auf das wirtschaftlichste Angebot zu erteilen ist, auch im Rahmen eines VOF-Verfahrens nicht erfüllbar (VK Arnsberg, B. v. 29. 8. 2003 – Az.: VK 3-21/2003).

8296 **207.7.3.4.1.3.3 Angebote unterhalb des zulässigen Rahmens.** Ist nach einer gesetzlichen Gebühren- oder Honorarordnung zu vergüten und ist darin ein zwingender Rahmen vorgesehen, darf der Preis nur innerhalb dieses Rahmens Berücksichtigung finden (§ 16 Abs. 3 Satz 2 VOF). Das wird regelmäßig nur an der jeweiligen Untergrenze relevant werden. Das bedeutet, dass ein **Angebot, dessen Preis sich nicht im durch die Gebühren- oder Honorarordnung vorgegebenen Rahmen hält,** insbesondere unterhalb der vorgeschriebenen Mindestsätze liegt, **nicht zum Zuge kommen darf,** auch wenn es im Übrigen die Zuschlagskriterien erfüllt (OLG Frankfurt, B. v. 28. 2. 2006 – Az.: 11 Verg 15/05 und 16/05; OLG Stuttgart, B. v. 28. 11. 2002 – Az.: 2 Verg 14/02). Streitig ist, wie mit solchen Angeboten umzugehen ist.

8297 **207.7.3.4.1.3.3.1 Anhebung von Angeboten auf die Mindestsätze der HOAI.** Die HOAI hat zwingenden preisrechtlichen Charakter. Die Regelung des § 4 HOAI ist als Preisrecht verbindlich und kann durch Vereinbarung nicht abbedungen werden. Eine **Unterschreitung der Mindestsätze der HOAI im Angebot würde einen Wettbewerbsverstoß** darstellen, wenn ein Architekt oder Ingenieur die Vorschriften der HOAI außer acht lassen würde und erkennbar wäre, dass er sich auf diese Weise einen sachlich nicht gerechtfertigten Vorsprung vor seinen Mitbewerbern verschafft. Es **kann daher rechtlich nicht beanstandet werden, dass der Auftraggeber das Honorarangebot auf die Mindestsätze der HOAI anhebt,** um eine Wettbewerbswidrigkeit zu verhindern und um die Vergleichbarkeit der Angebote herzustellen. Die Anpassung des Angebots an die Mindestsätze der HOAI ist daher im Blick auf § 16 Abs. 2 VOF gerechtfertigt (OLG Frankfurt, B. v. 28. 2. 2006 – Az.: 11 Verg 15/05 und 16/05; VK Baden-Württemberg, B. v. 10. 2. 2003 – Az.: 1 VK 72/02).

207.7.3.4.1.3.3.2 Möglichkeit der Nachverhandlung und anschließender Ausschluss. 8298
§ 16 Abs. 3 Satz 2 VOF gibt (bloß) vor, dass, ist die zu erbringende Leistung nach einer gesetzlichen Gebühren- oder Honorarordnung zu vergüten, der Preis nur im dort vorgeschriebenen Rahmen zu berücksichtigen ist. Damit ist der nahe liegende Grundsatz ausgesprochen, dass honorarwidrigen Angeboten im Ergebnis der Zuschlag nicht erteilt werden darf. Der **Wortlaut enthält aber gerade kein „ist auszuschließen" oder gar „ist von vornherein auszuschließen".** Die Wendung stellt selbst nur auf eine Berücksichtigungsfähigkeit ab, die auch dynamische Elemente nicht ausschließt, sodass sich die Berücksichtigungsfähigkeit auch erst als Folge von Nachverhandlungen einstellen kann. Aber nicht nur die weiche Formulierung selbst, sondern auch die Interessenlage gebietet ein solches Verständnis. Es widerspräche nämlich dem Sinn des Vergaberechtes, ein faires Verfahren für einen Wettbewerb zu schaffen, der auch der Erzielung günstiger Preise für die öffentliche Hand dient. Bieter a priori auszuschließen, die – in einem Beispielsfall – leistungsfähig und signifikant günstiger sind, nur weil sie in einem marginalen Randbereich Mindestsätze einer Gebührenordnung unterschritten haben, liefe diesem Sinn zuwider. Dies umso mehr als gerade die vorliegende Vergabeart Nachverhandlungen auch über den Preis eröffnet. **Da auch der Wortlaut diese Sicht eher begünstigt, ist dort, wo ein Angebot Verstöße gegen die Honorarordnung aufweist, zuerst in Nachverhandlungen darüber einzutreten. Erst wenn sich dieser Bieter einer gebotenen Korrektur verschließen würde, wäre sein Angebot endgültig auszuschließen** (OLG Frankfurt, B. v. 28. 2. 2006 – Az.: 11 Verg 15/05 und 16/05; OLG Stuttgart, B. v. 28. 11. 2002 – Az.: 2 Verg 14/02).

207.7.3.4.1.3.4 Spielräume der HOAI bei Ausschreibungen von Leistungen, die der 8299
HOAI unterfallen. Die Betonung des Leistungsprinzips hat **nicht zur Folge**, dass der **Preis überhaupt keine Rolle** mehr spielt. § 16 Abs. 3 Satz 1 VOF stellt klar, dass auch der Preis ein auf die erwartete fachliche Leistung bezogenes Kriterium ist. Zudem sind die Spielräume der HOAI zu beachten. Zum einen kann es durchaus **Bieter** geben, die ihr **Angebot nicht nach den Mindestsätzen der HOAI** erstellt haben. Zum anderen besteht im Verhandlungsverfahren die Möglichkeit des Ansatzes der **Berechnung eines Erfolgshonorars** nach § 5 Abs. 4a HOAI, der **Bewertung von besonderen Leistungen**, die **Bewertung von Leistungen ohne Vergütungsvorschrift**, die **Verhandlung der Stundensätze** und die **Bewertung von Leistungen mit gleitenden Vergütungsvorschriften**. Welche dieser Möglichkeiten sich im konkreten Verfahren realisieren lassen, ist eine Frage des Wettbewerbs und der Verhandlungsgespräche. Eine Beschränkung auf die Differenzierung nach der Höhe der Nebenkosten ist allein wegen der einheitlichen Kalkulationsbasis der anrechenbaren Baukosten daher nicht zwingend (VK Düsseldorf, B. v. 30. 1. 2001 – Az.: VK – 32/2000 – F).

207.7.3.4.1.3.5 Keine Berücksichtigung von Preisnachlässen in besonderen Fällen. 8300
Wird nach **HOAI abgerechnet** und hat einer der Bieter die Möglichkeit, aufgrund der **Wiederholung von Bauabschnitten einen HOAI-konformen Nachlass** anzubieten, würde es dem Sinn des Vergabeverfahrens, alle Bieter gleich zu behandeln (§ 97 Abs. 2 GWB), **gerade zuwiderlaufen, den angebotenen Preisnachlass zu berücksichtigen**. Denn jedenfalls im Bereich freiberuflicher Leistungen besäße dieser Bieter für einen gesonderten Auftrag einen ungerechtfertigten Wettbewerbsvorsprung gegenüber seinen Mitbewerbern, wenn er auf Erfahrungen aus einem vergleichbaren früheren Auftrag aufbauend eine den anderen Mitbewerbern nicht mögliche Honorarminderung anbieten könnte. Dies würde gerade bei in Bauabschnitten erstellten Großprojekten einen funktionierenden Wettbewerb um einen neuen Auftrag empfindlich beeinträchtigen und den **öffentlichen Auftraggeber unter Wirtschaftlichkeitsgesichtspunkten vielfach dazu zwingen, für den Folgeauftrag wieder den Erstauftragnehmer auswählen zu müssen.** Insoweit ergeben sich ähnlich gelagerte Probleme wie beim so genannten Projektanten, der im Vorfeld des Vergabeverfahrens für den Auftraggeber Leistungen erbracht hat, die ihm einen Informationsvorsprung vor anderen Mitbewerbern sichern. Während dort an ein grundsätzliches Verbot der Beteiligung im Vergabeverfahren zu denken ist, kann hier eine **sachgerechte Gleichbehandlung bereits durch die Nichtberücksichtigung des durch den Vorauftrag bedingten preislichen Abschlags** erreicht werden. (Brandenburgisches OLG, B. v. 13. 9. 2005 – Az.: Verg W 8/05; BayObLG, B. v. 20. 8. 2001 – Az.: Verg 9/01).

207.7.3.4.1.3.6 Keine Bindung an die in der HOAI genannte Höhe der Umbauzu- 8301
schläge. Ein grundsätzliches Abweichen vom Rahmen des § 66 Abs. 5 Satz 2 HOAI (20 bis 50 v. H.) ist selbst bei Annahme eines durchschnittlichen Schwierigkeitsgrades der Umbauleistung möglich. Zwar ist die Angabe einer Untergrenze von 20% in Verbindung mit einer Kann-Bestimmung zunächst ein Indiz für einen Mindestsatz. Anderseits hat

der Gesetzgeber auch nicht festgelegt, dass sich der Umbauzuschlag ausschließlich in diesem Rahmen bewegen muss (im Sinne einer „kann nur"-Bestimmung). **Nach der amtlichen Begründung zu § 24 HOAI, dem § 66 Abs. 5 HOAI nachgebildet ist und auf den die Begründung verweist, wird durch den vorgegebenen Rahmen weder ein Mindestnoch ein Höchstsatz genannt.** Ausdrücklich geht der Gesetzgeber davon aus, dass „die Vertragsparteien [...] – je nach dem Schwierigkeitsgrad der Leistung – auch einen niedrigeren oder einen höheren Zuschlag vereinbaren [können]" (2. VK Bund, B. v. 10. 11. 2005 – Az.: VK 2-132/05).

8302 207.7.3.4.1.3.7 **Keine Übertragung der Rechtsprechung des BGH zur Mischkalkulation auf Vergaben nach der VOF.** Hat ein Bewerber in seinem Preis- bzw. Honorarangebot **lediglich zwei Positionen** (z. B. Flucht- und Rettungswegeplan und SIGE-Plan und Unterlage) **pauschal berechnet und weitere Positionen** (z. B. vorbeugender Brandschutz, organisatorischer Brandschutz, SIGE-Begleitung AP und Ausschreibung, SIGE-Koordination) **pauschal in der Grundleistung Planung bzw. Bauüberwachung berücksichtigt, ist eine solche Angabe weder unter dem Gesichtspunkt der Mischkalkulation noch der fehlenden Preisangabe zu beanstanden.** Auch der BGH hält es nicht generell für unzulässig, dass ein Bieter in seinem Angebot Positionen des Leistungsverzeichnisses in andere Positionen einrechnet, wenn aus dem Angebot der tatsächlich geforderte Preis für die Leistung – etwa infolge erläuternder Zusätze – ersichtlich wird. **Gegen eine solche Preisangabe ist – jedenfalls im Bereich einer Ausschreibung außerhalb der VOB/A – unter dem Gesichtspunkt der Transparenz und Gleichbehandlung nichts einzuwenden.** Anders als bei der Verschiebung von Einheitspreisen in andere (Einheitspreis-)Positionen des Leistungsverzeichnisses besteht nicht die Gefahr, dass es durch Mengenerhöhungen und Mengenreduzierungen bei einzelnen Positionen zu Verschiebungen des Gesamtpreises kommen kann. Da es sich bei den Preispositionen, mit denen die Leistung abgegolten sein soll, um Festpreise handelt, ist die Angabe, dass eine bestimmte Position des Leistungsverzeichnisses bereits mit einer anderen Position pauschal abgegolten sein soll, eindeutig und im Hinblick auf die Vergleichbarkeit der Angebote ausreichend transparent. Ein **Fall von Mischkalkulation liegt nicht vor** (OLG Frankfurt, B. v. 28. 2. 2006 – Az.: 11 Verg 15/05 und 16/05; VK Hessen, B. v. 8. 11. 2005 – Az.: 69 d VK – 67/2005).

8303 207.7.3.4.1.4 **Einbeziehung der Nebenkosten.** Es ist nicht zu beanstanden, wenn ein Auftraggeber die Nebenkosten beim Preis mit hineinrechnet. **Auch die Nebenkostenpauschale,** die in ihrer jeweils angebotenen Höhe durchaus stark differieren kann, **ist durch den Auftraggeber zu bezahlen und zählt daher zu dem Wertungskriterium „Preis"** (1. VK Bund, B. v. 11. 11. 2003 – Az.: VK 1-101/03).

8304 207.7.3.4.1.5 **Gleichsetzung des Auftragskriteriums „Preis" mit dem Auftragskriterium „wirtschaftlich günstigstes Angebot"?** Die Anwendung des Kriteriums „Preis" ohne vorherige Bekanntmachung lässt sich nicht damit rechtfertigen, dass sie in der Vergabebekanntmachung als Zuschlagskriterium das wirtschaftlich günstigste Angebot im Sinne des § 97 Abs. 5 GWB angegeben hat. **Das Kriterium Preis/Honorar ist im Rahmen der VOF nicht automatisch vom Kriterium des wirtschaftlich günstigsten Angebot umfasst** (3. VK Bund, B. v. 24. 8. 2004 – Az.: VK 3-92/04).

8305 207.7.3.4.1.6 **Beispiele aus der Rechtsprechung**
– der Kammer erscheint die Bewertung des Honorars durch einen Punktabzug von jeweils 0,2 nach dem im Preisspiegel erreichten Platz als nicht sachgerecht. Das Kriterium des Honorars wird auf diese Weise ausgehöhlt, da selbst Bieter mit eklatant hohen Honorarforderungen immer allenfalls einen Punktabzug von 0,2 n befürchten müssen, wobei n die Anzahl der Bieter darstellt, und somit immer 5–0,2 n Punkte erhalten. **Sachgerecht wäre demgegenüber, die Punktabzüge nach dem preislichen Abstand als solchem vorzunehmen;** die Höhe des Punktabzuges festzustellen liegt dann im Ermessen jeder Vergabestelle und ist vom Einzelfall und der jeweiligen Angebotssumme abhängig. Allerdings wäre dabei zu berücksichtigen, dass der Punktabstand bei einer hohen Gewichtung des Honorarteils nicht allzu hoch sein darf, da anderenfalls bereits geringe preisliche Abstände hohe Punktabzüge nach sich ziehen würden (2. VK Bund, B. v. 22. 3. 2004 – Az.: VK 2-144/03).

8306 207.7.3.4.2 **Auftragskriterium „Größe eines Büros".** Die Größe eines Büros kann nur dann negativ bewertet werden, wenn sich konkrete Anhaltspunkte für hieraus folgende negative Auswirkungen ergeben (BayObLG, B. v. 24. 9. 2002 – Az.: Verg 16/02).

8307 207.7.3.4.3 **Auftragskriterium „Auftreten eines Bewerbers".** Ein **momentanes und einmaliges Auftreten** eines Bewerbers, welches seiner **sonstigen Souveränität** widerspricht, kann wohl **kaum als wesentliches Negativmerkmal angesehen** werden (BayObLG, B. v. 24. 9. 2002 – Az.: Verg 16/02).

207.7.3.4.4 Auftragskriterium „Angabe der Honorarzone". Die **Rechtsprechung** hierzu ist **nicht einheitlich.**   8308

Nach einer Auffassung ist ein Verstoß gegen vergaberechtliche Vorschriften darin zu sehen, wenn der Auftraggeber zum Zeitpunkt der Leistungsabfrage eine **Honorarzone für die Leistungen, auf die die HOAI Anwendung findet, nicht bestimmt** und diese Festlegung den Teilnehmern des Verhandlungsverfahrens überlässt. Die **Vergabestelle** hat also die für die geforderten Leistungen **gültige Honorarzone festzulegen.** Für deren Bestimmung kann sie das Fachwissen und die Erfahrung der Bewerber oder unabhängiger Institutionen zu Rate ziehen. Die Entscheidung ist aber letztlich von der Vergabestelle zu treffen (1. VK der Freien Hansestadt Bremen beim Senator für Bau und Umwelt, B. v. 25. 9. 2001 – Az.: VK 5/01; 2. VK Bund, B. v. September 2001 – Az.: VK 2-24/01, VK 2-26/01). Die **Honorarzone ist also nicht verhandelbar.**   8309

Eine Nichtbenennung der Honorarzone reicht auch nicht aus, um dem Gebot des § 16 Abs. 2 Satz 2 VOF Genüge zu tun, da den Auftragnehmern ansonsten ein **ungebührliches Wagnis** auferlegt würde (VK Halle, B. v. 4. 6. 2002 – Az.: VK Hal 08/02).   8310

Der **Bundesgerichtshof** hingegen steht – im Rahmen eines wettbewerblichen Unterlassungsverfahrens – **auf dem Standpunkt, dass die für die Bemessung des Honorars nach der HOAI maßgeblichen Faktoren der Architekt oder Ingenieur selbst zu ermitteln und in eigener Verantwortung seiner Berechnung zugrunde zu legen hat.** Der Auftraggeber von Ingenieur- oder Architektenleistungen ist nicht verpflichtet, bereits die Ausschreibung der Leistungen so vorzunehmen, dass sie alle für die Ermittlung der Sätze nach der HOAI erforderlichen Angaben enthält. Er kann vielmehr darauf vertrauen, dass die angesprochenen Ausschreibungsempfänger die für die Ermittlung ihres nach der HOAI zulässigen Honorars erforderlichen Grundlagen in eigener Verantwortung prüfen und ggf. um die Ergänzung in der Ausschreibung fehlender Angaben bitten. Die Prüfung, wie also die anrechenbaren Kosten sowie die jeweilige Honorarzone und der zugrunde zu legende Honorarsatz gemäß den Berechnungsgrundsätzen der HOAI zu ermitteln sind, trifft in erster Linie die Ausschreibungsadressaten (Bundesgerichtshof, Urteil vom 11. 11. 2004 – Az.: I ZR 156/02).   8311

207.7.3.4.5 Auftragskriterium „Verfügbarkeit einer besonderen Software". Ein Auftraggeber **darf Sachverhalte, die für eine reibungslose Auftragsabwicklung sprechen, berücksichtigen;** dies insbesondere dann, wenn er bei der Bewertung dieses Kriteriums nur eine **geringfügige Abstufung** vornimmt, die auch nicht unterschwellig zu einer ungerechtfertigten Bevorzugung von Bietern mit einer bestimmten Software führt. Zudem sollte die **Verfügbarkeit einer bestimmten Software bei der Bewertung kein K. O.-Kriterium** darstellen und ein Punktabzug bei diesem Kriterium durch bessere Punktwerte bei anderen Leistungskriterien ausgleichbar sein (VK Düsseldorf, B. v. 30. 1. 2001 – Az.: VK – 32/2000 – F).   8312

207.7.3.4.6 Auftragskriterium „Person und Qualifikation des Projektleiters". Der öffentliche Auftraggeber darf im Rahmen seines Beurteilungsspielraums den **Gesichtspunkt, wer konkret für ihn tätig wird, in die Bewertung einfließen lassen,** da sich mit der Person der Projektleitung auch deren Qualifikation verbindet (VK Schleswig-Holstein, B. v. 11. 1. 2006 – Az.: VK-SH 28/05; VK Düsseldorf, B. v. 30. 1. 2001 – Az.: VK – 32/2000 – F).   8313

207.7.3.4.7 Auftragskriterium „Erfahrungen mit Fördermittelanträgen in Bayern". Das **Auftragskriterium „Berücksichtigung der Erfahrung mit Fördermittelanträgen in Bayern" ist nicht zulässig.** Der Gesichtspunkt ist nicht in die Wertung einzubeziehen, da auf diese Weise eine **Bevorzugung ortsansässiger Bewerber zu befürchten ist.** Nicht sachgerecht ist es, bei der Bewertung positiv zu berücksichtigen, dass ein Bieter die zuständigen Ansprechpartner bei der Regierung kennt (VK Nordbayern, B. v. 14. 8. 2001 – Az.: 320.VK-3194-26/01).   8314

207.7.3.4.8 Auftragskriterium „Zugriffsmöglichkeit auf eine Baukostendatenbank". Es ist zulässig, eine **Baukostendatenbank als zusätzlichen Bestandteil für die Gewährleistung der Begrenzung der Baukosten und Termintreue zu werten.** Wenn eine Vergabestelle dieses zusätzliche Plus innerhalb des Kriteriums, das selbst nur $^1/_5$ der Gesamtwertung ausmacht, mit nur 10% wichtet, hält sich dies auch von der Gewichtung her im Rahmen des Beurteilungsspielraums der Vergabestelle. Dass auch eine geringe Gewichtung im Einzelfall den entscheidungserheblichen Unterschied zwischen den Bewerbern ausmachen kann, kann am Ergebnis nichts ändern (BayObLG, B. v. 10. 9. 2001 – Az.: Verg 14/01).   8315

8316 Der öffentliche Auftraggeber kann also bei der Wertung das **Auftragskriterium** der Rückgriffsmöglichkeit eines Bieters auf eine bei ihm bestehende **Baukostendatenbank mit einem Punktebonus berücksichtigen** (VK Nordbayern, B. v. 14. 8. 2001 – Az.: 320.VK-3194-26/01).

8317 **207.7.3.4.9 Auftragskriterium „Generalplanerstruktur". 207.7.3.4.9.1 Zulässigkeit von Generalplaneraufträgen.** Zur allgemeinen Zulässigkeit von Generalplaneraufträgen vgl. die Kommentierung zu § 4 RZ 7883.

8318 **207.7.3.4.9.2 Anforderungen an das Auftragskriterium „Generalplanerstruktur".** Bei dem Auftragskriterium „Generalplanerstruktur" ist es **nicht sachgerecht, Bewerber, die mit „verbundenen Büros" arbeiten** – mag die Kooperation mit diesen Büros noch so eng sein –, **wie Bewerber zu bewerten, die „alle Leistungen im eigenen Hause" anbieten** (VK Nordbayern, B. v. 14. 8. 2001 – Az.: 320.VK3194-26/01).

8319 **207.7.3.4.10 Auftragskriterium „Erfahrung mit vergleichbaren Projekten im Krankenhausbau".** Ein hohes Gewicht, das ein öffentlicher Auftraggeber auf die **Erfahrung mit vergleichbaren Projekten im Krankenhausbau** setzt, ist **nicht zu beanstanden.** Dabei kann insbesondere zu berücksichtigen sein, dass es sich bei der Realisierung eines Krankenhausbaus um ein Projekt mit herausragender Bedeutung für die Öffentlichkeit im allgemeinen und für die Daseinsvorsorge im besonderen handelt und der öffentliche Auftraggeber mit der Beauftragung der Planungsleistungen bereits die Weichen für die Realisierung dieses Projekts stellt (VK Lüneburg, B. v. 3. 8. 2001 – Az.: 203-VgK-15/2001).

8320 **207.7.3.4.11 Auftragskriterium „regionale Betrachtung – Nähe zum Leistungsort".** Das **Auftragskriterium „regionale Betrachtung – Nähe zum Leistungsort"** stellt einen **nicht leistungsbezogenen** und damit auch bei dem im VOF-Verfahren zu unterstellenden größeren Ermessensspielraum des Auftraggebers bei der Vergabeentscheidung **vergabefremden Aspekt** dar, der nicht berücksichtigt werden darf (1. VK Bund, B. v. 10. 5. 2001 – Az.: VK 1-11/01).

8321 Das gleiche Ergebnis gilt für das Auftragskriterium „Arbeitspräsenz durch ortsnahes Büro". Jedenfalls ist der **Grad und Umfang der örtlichen Präsenz an der Erforderlichkeit für die Auftragsausführung zu messen, so dass der Auftraggeber insoweit nur über einen erheblich reduzierten Beurteilungsspielraum** verfügt (VK Schleswig-Holstein, B. v. 11. 1. 2006 – Az.: VK-SH 28/05).

8322 Darüber hinaus ist es nach Auffassung der VK Schleswig-Holstein **mehr als fraglich, ob es sich dabei nicht um ein Eignungskriterium** handelt, welches im Rahmen der **Entscheidung über den Auftrag nicht berücksichtigt** werden darf (VK Schleswig-Holstein, B. v. 11. 1. 2006 – Az.: VK-SH 28/05).

8323 **207.7.3.4.12 Auftragskriterium „Erfahrung mit anderen Projektbeteiligten".** Die **Bewertung der Erfahrung mit anderen Projektbeteiligten** (z.B. bestimmten Behörden) **begegnet keinen Bedenken.** Durch eine entsprechende Bewertung wird nicht attestiert, dass ein Bieter nicht über Erfahrungen verfügt; vielmehr wird nur festgestellt, dass andere Bieter mehr oder bessere Erfahrungen vorweisen können (2. VK Bund, B. v. 22. 3. 2004 – Az.: VK 2-144/03).

8324 **207.7.3.4.13 Auftragskriterium „Internetplattform/Projektmanagementplattform".** Der öffentliche Auftraggeber kann **Erfahrungen mit oder das Vorhandensein einer internetgestützten Projektmanagementplattform als Auftragskriterium** vorsehen (2. VK Bund, B. v. 22. 3. 2004 – Az.: VK 2-144/03).

8325 **207.7.3.4.14 Auftragskriterium „Organisation der Planung und Objektüberwachung".** Ein solches Auftragskriterium ist zulässig. Insoweit kann z. B. ein **erhöhtes Schnittstellenrisiko durch die Einschaltung von Nachunternehmen oder bei einer Bewerbergemeinschaft** berücksichtigt werden (2. VK Bund, B. v. 22. 3. 2004 – Az.: VK 2-144/03).

8326 **207.7.3.4.15 Auftragskriterium „ein einziger Ansprechpartner". Vergaberechtlich nicht zu beanstanden ist es, wenn der Auftraggeber für sein Vorhaben einen einzigen Ansprechpartner präferiert** und demzufolge an die von einem Bewerber angebotene Doppelspitze einen Punktabzug knüpft (VK Schleswig-Holstein, B. v. 11. 1. 2006 – Az.: VK-SH 28/05; 3. VK Bund, B. v. 4. 5. 2005 – Az.: VK 3-25/05).

8327 **207.7.3.4.16 Auftragskriterium „ Wirtschaftlichkeit der Planungsleistung unter Beachtung der Verbindlichkeit der HOAI".** Das **Auftragskriterium „Wirtschaftlichkeit der Planungsleistung unter Beachtung der Verbindlichkeit der HOAI" ist untauglich.**

In Wahrheit handelt es sich nicht um ein Auftragskriterium, sondern um den Entscheidungsmaßstab selbst. Das ergibt sich aus § 97 Abs. 5 GWB, wonach der Zuschlag auf das wirtschaftlichste Angebot zu erteilen ist (das ist die bestmögliche Leistung im Sinne des § 16 Abs. 1 VOF, weshalb ein sachlicher Unterschied zwischen den Bestimmungen nicht besteht. Die Wirtschaftlichkeit einer Leistung ergibt sich aus dem Leistungs-Kosten-Verhältnis. Die Wertigkeit der Leistung bestimmt sich nach den vom Auftraggeber im vorhinein (§ 16 Abs. 3 VOF) bestimmten Kriterien, für die in § 16 Abs. 2 VOF einige beispielhaft genannt sind; in die Kosten geht der Preis ein, eventuell auch weitere Kostenbestandteile wie Unterhaltungs-/Instandhaltungskosten. Abgesehen davon, dass der Entscheidungsmaßstab selbst nicht Auftragskriterium sein kann, bleibt bei bloßer Nennung des Maßstabes offen, welche denn nun die Kriterien für die Bestimmung der größten Wirtschaftlichkeit sein sollen. Darunter mag sich jeder Bewerber etwas anderes vorstellen. Das ist mit dem Transparenzgebot aus § 97 Abs. 1 GWB nicht vereinbar (2. VK Mecklenburg-Vorpommern, B. v. 17. 1. 2003 – Az.: 2 VK 17/02).

207.7.3.4.17 Auftragskriterium „Zweckmäßigkeit der Leistung in Bezug zur Vergütung gemäß HOAI". Gleiches gilt für das Auftragskriterium „Zweckmäßigkeit der Leistung in Bezug zur Vergütung gemäß HOAI" VK Schleswig-Holstein, B. v. 11. 1. 2006 – Az.: VK-SH 28/05). 8328

207.7.3.4.18 Auftragskriterium „Kostenplanung und -kontrolle". Das **Kriterium „Organisation und Durchführung der Kostenplanung und -kontrolle"** ist ein **zulässiges Auftragskriterium**. Das Kriterium stellt **ein wesentliches Qualitätsmerkmal der zu erbringenden Leistung** dar und **darf daher bei der Wertung eine erhebliche Rolle** spielen. Es ist auch nachvollziehbar, wenn der Auftraggeber den Informationsaustausch als reibungsloser und direkter bewertet, wenn die Kostenplanung und -kontrolle voll integriert – durch das vor Ort befindliche Projektteam erfolgt und nicht (auch) durch die Mitarbeiter eines weiteren Unternehmens, die anderswo ihren Sitz haben (1. VK Bund, B. v. 18. 5. 2006 – Az.: VK 1-25/06). 8329

207.7.3.5 Unterschiedliche Gewichtung der Auftragskriterien in einem Architektenwettbewerb und einem anschließenden Verhandlungsverfahren

Es ist **nicht zu beanstanden,** wenn die Gewichtung der einzelnen Auftragskriterien im Verhandlungsverfahren anders vorgenommen wird als in einem vorgeschalteten Architektenwettbewerb (VK Nordbayern, B. v. 12. 8. 2004 – Az.: 320.VK-3194-29/04). 8330

207.7.4 Ablauf der Verhandlungsgespräche

207.7.4.1 Grundsatz

Gemäß § 16 Abs. 2 in Verbindung mit § 24 Abs. 1 VOF **dienen die Vertragsverhandlungen auf der zweiten Stufe dazu, nicht nur die Vertragsbedingungen auszuhandeln,** sondern **dem Auftraggeber ein Bild** darüber **zu vermitteln, welcher Bieter eine qualitätsvolle Ausführung erwarten lässt.** Im Hinblick auf den konkreten Ablauf dieser Verhandlungen hat der **Auftraggeber weitgehende Gestaltungsfreiheit.** Bei der Entscheidung, welcher Bieter die bestmögliche und damit wirtschaftlichste Leistung erwarten lässt, steht dem Auftraggeber ein **sachgemäßer Beurteilungsspielraum** zu. Dies gilt innerhalb der VOF umso mehr, als dass die Entscheidung über die Vergabe des Auftrags mangels vergleichbarer Angebote in weiten Teilen eine **Prognoseentscheidung ist, der naturgemäß ein spekulatives Element innewohnt** (VK Hessen, B. v. 1. 9. 2003 – Az.: 69d VK – 44/2003; im Ergebnis ebenso 3. VK Bund, B. v. 28. 8. 2006 – Az.: VK 3-99/06; 2. VK Bund, B. v. 10. 11. 2005 – Az.: VK 2-132/05; 1. VK Sachsen, B. v. 13. 5. 2005 – Az.: 1/SVK/035-05). Entscheidend ist dabei insbesondere das Bild, das der Bieter von sich im Bietergespräch vermittelt und ob er aufgrund des persönlichen Eindrucks als für die konkrete Durchführung des Projekts im Verhältnis zu den anderen Bietern am besten geeignet erscheint (VK Baden-Württemberg, B. v. 10. 2. 2003 – Az.: 1 VK 72/02). 8331

207.7.4.2 Beurteilungsspielraum und Überprüfung dieses Spielraums

Bei der Wertung von Kriterien im VOF-Verfahren ist zu berücksichtigen, dass die **Kriterien einen Beurteilungsspielraum eröffnen, dessen Ausfüllung der Überprüfung durch die Kammer weitgehend entzogen** ist. Der Beurteilungsspielraum hängt damit zusammen, dass **geistig-schöpferische Dienstleistungen zu erbringen** sind, deren vertragliche Spezifikation 8332 umschrieben werden muss. Im Blick auf § 16 Abs. 1 und 2 VOF ergibt sich, dass es um die Gesamtschau zahlreicher, die Entscheidung beeinflussender Einzelumstände und somit um eine Wertung geht, die im Gegensatz zur Anwendung bloßer Verfahrensregeln einen angemessenen Beurteilungsspielraum voraussetzt (Brandenburgisches OLG, B. v. 13. 9. 2005 – Az.: Verg W 8/05; 3. VK Bund, B. v. 28. 8. 2006 – Az.: VK 3-99/06; VK Baden-Württemberg, B. v. 10. 2. 2003 – Az.: 1 VK 72/02).

8333 Der **Beurteilungsspielraum** wird **dann überschritten,**
- wenn ein vorgeschriebenes Verfahren nicht eingehalten wird,
- wenn nicht von einem zutreffenden und vollständig ermittelten Sachverhalt ausgegangen wird,
- wenn sachwidrige Erwägungen in die Wertung einbezogen werden oder
- wenn der sich im Rahmen der Beurteilungsermächtigung haltende Beurteilungsmaßstab nicht zutreffend angewandt wird

(3. VK Bund, B. v. 28. 8. 2006 – Az.: VK 3-99/06; VK Nordbayern, B. v. 23. 1. 2003 – Az.: 320.VK-3194-44/02).

207.7.4.3 Nachfragen und Hinweise im Rahmen der Verhandlungsgespräche

8334 Zwar unterliegt ein Verhandlungsverfahren nach der VOF nicht den gleichen förmlichen Regeln wie ein Offenes oder Nichtoffenes Verfahren nach den anderen Verdingungsordnungen. Dennoch hat der **Auftraggeber die grundlegende Pflicht, dieses Verhandlungsverfahren objektiv zu führen,** ohne Partei für einen Bewerber zu ergreifen oder ihn zu begünstigen. Dieses Prinzip kann nur dadurch eingehalten werden, dass alle aus dem Teilnahmewettbewerb hervorgegangenen Bewerber die gleichen Vorgaben und Rahmenbedingungen erhalten. Eine **Einflussnahme der Vergabestelle auf den Inhalt der Präsentation – sei es durch Nachfragen, sei es durch Hinweise – verbietet sich aber aus diesem Grund.** Es ist die alleinige Aufgabe eines Bewerbers, seine Präsentation so zu gestalten, dass sie den von der Vergabestelle gestellten Anforderungen entspricht und vor allem aus sich heraus verständlich ist (VK Hessen, B. v. 1. 9. 2003 – Az.: 69 d – VK 44/2003).

207.7.4.4 Ausschluss der Bewerber mit unvollständigen Angeboten von den Verhandlungsgesprächen

8335 **Ändert ein Bewerber mit Abgabe des Angebotes** – als Basis für die Verhandlungsgespräche – **die Verdingungsunterlagen ab** (z.B. durch Einschränkung des Leistungsumfangs), **entspricht das Angebot nicht dem Leistungsumfang,** der Gegenstand der Ausschreibung ist. Ein solches Angebot **kann nicht zur Grundlage von (Auftrags-)Verhandlungen gemacht werden** (VK Thüringen, B. v. 3. 2. 2005 – Az.: 360-4004.20-079/04-EF-S).

207.7.5 Bindung an die Entscheidung einer Auswahlkommission

8336 Ist **für die Auswahl- und Beschlussempfehlung** im VOF-Verfahren eine **besondere Auswahlkommission** des Auftraggebers zuständig, die dann auch anhand von ausgewählten Kriterien und den darauf beruhenden Ergebnissen, eine Beschlussempfehlung abgegeben hat und **übernimmt der Auftraggeber diese Empfehlung nicht,** sondern trifft eine eigene Entscheidung anhand eigener, dem Vergabeverfahren insoweit fremder Kriterien, stellt ein solches Vorgehen eine **Verletzung des Transparenzgebotes, wie auch die Verletzung des Gleichheitsgrundsatzes** dar (VK Thüringen, B. v. 17. 10. 2002 – Az.: 216-4004.20-020/02-HBN).

207.7.6 Nachträgliche Beseitigung von Wertungsfehlern des Auftraggebers

8337 Vgl. die Kommentierung zu § 97 GWB RZ 807.

207.7.7 Unterkostenangebote

8338 Auch im **Bereich der VOF kann es zu Unterkostenangeboten** kommen, z.B. bei Ausschreibungen für DV-Programme (VK Baden-Württemberg, B. v. 7. 1. 2003 – Az.: 1 VK 68/02).

207.7.7.1 Unterkostenangebote bei gesetzlichen Gebühren- oder Honorarordnungen

207.7.7.1.1 Grundsatz. Bei **gesetzlichen Gebühren- oder Honorarordnungen** wie der HOAI kann es **in aller Regel nicht zu Unterkostenangeboten** kommen, da die wesentlichen Gebühren- oder Honorarparameter durch die Gebühren- oder Honorarordnungen festgelegt sind. Außerdem ist der Auftraggeber verpflichtet, Angebote, die den Gebühren- oder Honorarordnungen nicht genügen, entsprechend anzuheben (vgl. die Kommentierung RZ 8297). 8339

207.7.7.1.2 Ausnahmen. Nach § 4 Absatz 2 HOAI sind **Unterschreitungen der Mindestsätze nur in Ausnahmefällen und nach schriftlicher Vereinbarung zulässig.** Einen zulässigen Ausnahmefall hat der Bundesgerichtshof anerkannt, wenn **die zu erbringende Leistung einen besonders geringen Aufwand erfordert,** sofern dieser Umstand nicht schon bei den Bemessungsmerkmalen der HOAI zu berücksichtigen ist. Der Bundesgerichtshof hat daneben als Beispielsfall die **Möglichkeit der mehrfachen Verwendbarkeit einer Planung** benannt (VK Düsseldorf, B. v. 30. 1. 2001 – Az.: VK – 32/2000 – F). 8340

207.7.7.2 Sonstige Unterkostenangebote

In der VOF findet sich keine Vorschrift zur Überprüfungspflicht des Auftraggebers bei ungewöhnlich niedrigen Preisen oder für den Fall, dass ein offensichtliches Missverhältnis zwischen dem von dem Bewerber genannten Preis zu der von ihm angebotenen Dienstleistung besteht. Jedoch ist davon auszugehen, dass der **Auftraggeber gehalten ist, Aufklärungsmaßnahmen zur Ermittlung des Umstandes durchzuführen, warum der Bieter so günstig anbieten kann** (VK Baden-Württemberg, B. v. 7. 1. 2003 – Az.: 1 VK 68/02). 8341

207.7.7.3 Bestimmungen in der Vergabekoordinierungsrichtlinie

Da die VOF europarechtskonform auszulegen ist, müssen zur Frage von Unterkostenangeboten die entsprechenden **Regelungen in Art. 55 der Vergabekoordinierungsrichtlinie beachtet werden.** 8342

207.7.7.4 Die Rechtsprechung zu Unterkostenangeboten nach der VOF

207.7.7.4.1 Kein automatischer Angebotsausschluss entsprechend einem mathematischen Kriterium. Nach ständiger Rechtsprechung des Europäischen Gerichtshofes ist es zu beanstanden, wenn **bestimmte nach einem mathematischen Kriterium ermittelte Angebote von der Vergabe öffentlicher Bauaufträge ausgeschlossen** werden. Nach Ansicht des EuGH nimmt ein mathematisches Kriterium, wonach Angebote, die den als Preis der Arbeiten festgesetzten Grundwert um mehr als 10 Prozentpunkte weniger übersteigen als der Durchschnitt aller zum Vergabeverfahren zugelassenen Angebote, als ungewöhnlich niedrig angesehen und vom Vergabeverfahren ausgeschlossen werden, den Bietern, die besonders niedrige Angebote eingereicht haben, die Möglichkeit, nachzuweisen, dass diese Angebote seriös sind, so dass die Anwendung eines solchen Kriteriums im Widerspruch zu dem Zweck der Richtlinie 71/305/EWG steht, die Entwicklung eines echten Wettbewerbs auf dem Gebiet der öffentlichen Bauaufträge zu fördern. Diese Grundaussage kann auch für VOF-Verfahren herangezogen werden. Der Auftraggeber darf **Angebote nicht als ungewöhnlich niedrig aufgrund von mathematischen Kriterien einstufen, indem er etwa einen Grundbetrag festsetzt und Angebote ausschließt, die in einem gewissen Prozentsatz diesen Grundbetrag unterschreiten** (VK Baden-Württemberg, B. v. 17. 5. 2002 – Az.: 1 VK 14/02). 8343

207.7.7.4.2 Verpflichtung zur schriftlichen Aufklärung. Art. 55 der Vergabekoordinierungsrichtlinie sieht vor, dass der **Auftraggeber schriftlich Aufklärung über die Einzelpositionen eines Angebots verlangt, wo er dies für angezeigt hält, wenn Angebote im Verhältnis zur Leistung ungewöhnlich niedrig zu sein scheinen.** Die anschließende Prüfung erfolgt dann unter Berücksichtigung der eingegangenen Erläuterungen. Hierbei kann der Auftraggeber z.B. Erläuterungen bezüglich der Wirtschaftlichkeit der Dienstleistung, der gewählten technischen Lösungen, außergewöhnlich günstiger Bedingungen, über die der Bieter bei Erbringung der Dienstleistung verfügt, anerkennen. Im Rahmen des Auskunftsverlangens seitens des Auftraggebers hat der **Bewerber die Möglichkeit, die Seriosität seines Angebots vorzutragen und zu belegen.** Der Auftraggeber hat im eigenen Interesse nachzuforschen, ob der Bewerber aufgrund eines eventuell unverhältnismäßig niedrigen Preises überhaupt in der Lage ist, die freiberufliche Leistung ordnungsgemäß auszuführen. Eine Ablehnung als Dumping-Angebot darf erst nach einer solchen vorangegangenen Sachverhaltsaufklärung erfolgen (VK Baden-Württemberg, B. v. 17. 5. 2002 – Az.: 1 VK 14/02). 8344

Teil 5 VOF § 16 Verdingungsordnung für freiberufliche Leistungen

8345   207.7.7.4.3 Zulässigkeit von Unterkostenangeboten. Der **öffentliche Auftraggeber kann auch so genannte Unter-Kosten-Preise akzeptieren,** sofern der **Anbieter zu diesen Preisen zuverlässig leisten kann.** Voraussetzung für einen **Angebotsausschluss** ist nicht nur **ein offensichtliches Missverhältnis zwischen Preis und Leistung,** sondern es muss darüber hinaus zu erwarten sein, dass der **Auftragnehmer deswegen in wirtschaftliche Schwierigkeiten gerät** und den Auftrag nicht oder nicht ordnungsgemäß ausführen kann.

8346   Ein **offensichtliches Missverhältnis zwischen Preis und Leistung** ist nur dann anzunehmen, wenn der Preis von den Erfahrungswerten wettbewerblicher Preisbildung **so grob abweicht, dass dies sofort ins Auge fällt.** Dabei sind nicht die Preise der einzelnen Positionen des Leistungsverzeichnisses zu vergleichen. Vielmehr ist **auf den Gesamtpreis,** also auf die Endsumme des Angebots **abzustellen** (VK Baden-Württemberg, B. v. 17. 5. 2002 – Az.: 1 VK 14/02).

207.7.7.5 Analoge Anwendung der Regelungen der VOB/A und VOL/A

8347   Die entsprechenden Regelungen für Unterkostenangebote sind § 25 Nr. 3 Abs. 1 und 2 VOB/A und § 25 Nr. 2 Abs. 2 und 3 VOL/A.

8348   207.7.7.5.1 **Regelungslücke.** Eine analoge Anwendung dieser Vorschriften setzt eine Regelungslücke voraus, die in der VOF mit Blick auf die europarechtlichen Anforderungen der Richtlinien zu öffentlichen Aufträgen vorliegt.

8349   207.7.7.5.2 **Die Rechtsprechung zu Unterkostenangeboten bei Vergaben nach VOB/A und VOL/A.** Nach VOB und VOL darf der Zuschlag nicht auf ein Angebot mit einem unangemessen niedrigen Preis (§ 25 Nr. 3 Abs. 1 VOB/A) oder auf ein Angebot erteilt werden, dessen Preis in offenbarem Missverhältnis zur Leistung steht (§ 25 Nr. 2 Abs. 3 VOL/A).

8350   Vgl. dazu im Einzelnen die Kommentierung zu § 25 VOB/A RZ 5628.

207.7.8 Notwendigkeit der dauernden und vollzähligen Anwesenheit einer Auswahlkommission

8351   **Wirken an der Entscheidung über die Auftragsvergabe Personen mit, die einer Präsentation nicht oder nur teilweise beigewohnt haben, dann fehlt es mindestens einem Entscheidungsträger an der erforderlichen vollständigen Sachverhaltskenntnis.** Fehlt es an der vollständigen Sachverhaltskenntnis, liegt der anschließenden Entscheidung immer ein unvollständiger Sachverhalt zugrunde. Die darauf aufbauende **Wertungsentscheidung verstößt gegen §§ 16 Abs. 2 Satz 1 VOF, 97 Abs. 5 GWB** (2. VK Mecklenburg-Vorpommern, B. v. 17. 1. 2003 – Az.: 2 VK 17/02).

207.8 Vertragsschluss nach VOF

8352   Zu den allgemeinen Voraussetzungen eines Vertragsschlusses vgl. die Kommentierung zu § 114 GWB RZ 2281.

207.8.1 Allgemeines

8353   Nach der **VOF bindet nicht der Zuschlag, sondern der Vertragsschluss den Bieter an den Auftraggeber** (1. VK Sachsen, B. v. 3. 4. 2001 – Az.: 1/SVK/17-01). Ob und wann ein solcher Vertrag zustande kommt, richtet sich grundsätzlich nach **allgemeinem Zivilrecht** (OLG Schleswig-Holstein, B. v. 1. 9. 2006 – Az.: 1 (6) Verg 8/05; OLG Dresden, B. v. 21. 10. 2005 – Az.: WVerg 0005/05; B. v. 11. 4. 2005 – Az.: WVerg 05/05; B. v. 11. 7. 2000 – Az.: WVerg 0005/00).

207.8.2 Vertragsschluss durch einen entsprechenden Ratsbeschluss einer Gemeindevertretung?

8354   Vgl. die Kommentierung zu § 23 GWB RZ 2312.

207.8.3 Vertragsschluss durch einen entsprechenden Aufsichtsratsbeschluss eines Krankenhauses

Ist eine **abschließende Beratung des Aufsichtsrates** eines Krankenhauses erfolgt, dies jedoch **weder den erfolgreichen Teilnehmern mitgeteilt** worden, **noch** haben die Vertragsparteien **eine Vertragsurkunde unterzeichnet,** ist das Vergabeverfahren noch nicht beendet (1. VK Sachsen, B. v. 3. 4. 2001 – Az.: 1/SVK/17-01).

207.8.4 Vertragsschluss durch Entgegennahme von Teilleistungen?

Hat ein öffentlicher Auftraggeber einen **mündlichen Auftrag zur Erbringung von Architektenleistungen erteilt,** um „keine Zeit zu verlieren" und hat ein **Bewerber** dem entsprechend in der Folgezeit (unstreitig) Leistungen der Leistungsphasen 1–4 nach § 15 HOAI erbracht – ohne dass jedoch eine ausdrückliche Honorarvereinbarung geschlossen wurde – und ist **auch nicht festzustellen, dass die mündliche Auftragserteilung (bereits) alle Leistungsphasen,** also auch die nach § 15 Abs. 2 Nr. 5–9 HOAI **umfasste,** kann ein **Vertragsabschluss nicht festgestellt** werden. Zwar kann ein Architektenvertrag konkludent geschlossen werden. Wenn allerdings ein Verhandlungsverfahren durchgeführt wird, das auf eine (Gesamt-)Vergabe aller für die Realisierung des Bauvorhabens erforderlichen Leistungsphasen abzielt, liegt in der Entgegennahme von Teilleistungen, um „keine Zeit zu verlieren", **nicht bereits die konkludente Vergabe des Gesamt-Architektenauftrages** (OLG Schleswig-Holstein, B. v. 1. 9. 2006 – Az.: 1 (6) Verg 8/05).

207.8.5 Fehlende Regelung der Vergütung bei einem Architekten- bzw. Bauingenieurvertrag bei Vertragsschluss

Anders als beim bei Kauf- oder Lieferungsverträgen, wo das Zustandekommen eines Vertrages mit der Einigung über den frei verhandelbaren Preis steht und fällt, muss **die Frage der Vergütung weder im Stadium der Vertragsanbahnung angesprochen noch bei Vertragsschluss ausdrücklich geregelt werden.** Das hat seinen Grund darin, dass dort, wo die Vergütung sich aus der HOAI bestimmt, mit dieser eine gesetzlich fixierte Honorarordnung zur Verfügung steht, die das Spektrum der zu erbringenden Leistung sowie die Höhe der Vergütung bis ins Einzelne regelt. Haben die Vertragspartner keine individuelle Vereinbarung im Sinne von § 4 Abs. 1 HOAI getroffen, gelten gem. § 4 Abs. 4 HOAI die Mindestsätze als vereinbart (Thüringer OLG, B. v. 7. 10. 2003 – Az.: 6 Verg 6/03).

208. § 17 VOF – Vergebene Aufträge

(1) **Die Auftraggeber machen über jeden vergebenen Auftrag Mitteilung anhand einer Bekanntmachung. Sie wird nach dem im Anhang III der Verordnung (EG) Nr. 1564/2005 enthaltenen Muster erstellt und ist spätestens 48 Tage nach Vergabe des Auftrags auf dem geeignetsten Weg an das Amt für amtliche Veröffentlichungen der Europäischen Gemeinschaften zu übermitteln.**

(2) **Bei der Bekanntmachung von Dienstleistungsaufträgen des Anhangs I B geben die Auftraggeber in ihrer Bekanntmachung an, ob sie mit der Veröffentlichung einverstanden sind.**

(3) **Bestimmte Angaben über die Auftragsvergabe brauchen jedoch bei bestimmten Einzelaufträgen nicht veröffentlicht zu werden, wenn ihre Bekanntgabe den Gesetzesvollzug behindern, dem öffentlichen Interesse in anderer Weise zuwiderlaufen, die legitimen geschäftlichen Interessen einzelner Personen berühren oder den fairen Wettbewerb beeinträchtigen würde.**

(4) **Der Auftraggeber teilt den nicht berücksichtigten Bewerbern, die dies schriftlich beantragen, unverzüglich, spätestens innerhalb von 15 Tagen nach Eingang ihres Antrages die Gründe für die Ablehnung ihrer Bewerbung um Teilnahme am Verhandlungsverfahren mit. Der Auftraggeber kann in Satz 1 genannte Informationen über die Auftragsvergabe zurückhalten, wenn die Weitergabe den Gesetzesvollzug vereiteln würde oder sonst nicht im öffentlichen Interesse läge oder den berechtigten Geschäftsinteressen von Bewerbern oder dem fairen Wettbewerb schaden würde.**

(5) Einen Beschluss, auf die Vergabe eines dem EG-weiten Wettbewerb unterstellten Auftrages zu verzichten, teilt der Auftraggeber dem Amt für amtliche Veröffentlichungen der Europäischen Gemeinschaften mit. Den Bewerbern teilt der Auftraggeber unverzüglich die Gründe mit, aus denen beschlossen wurde, auf die Vergabe eines bekannt gemachten Auftrages zu verzichten oder das Verfahren erneut einzuleiten. Auf Antrag teilt er dies in Textform mit.

208.1 Vergleichbare Regelungen

8358 Der **Vorschrift des § 17 VOF im Grundsatz vergleichbar** sind im Bereich der VOB §§ 26a, 27, 27a, 28a VOB/A und im Bereich der VOL §§ 26a, 27, 27a, 28a VOL/A. Die Kommentierungen zu diesen Vorschriften können daher ergänzend zu der Kommentierung des § 17 herangezogen werden.

208.2 Änderungen in der VOF 2006

8359 In **§ 17 Abs. 1 ist** die Bezugnahme hinsichtlich des Bekanntmachungsmusters aus Anhang III der Verordnung (EG) Nr. 1564/2005 aktualisiert.

208.3 Bieterschützende Vorschrift

8360 § 17 Abs. 1 VOF ist ersichtlich **nicht bieterschützend** (Thüringer OLG, B. v. 16. 1. 2002 – Az.: 6 Verg 7/01).

208.4 Mitteilung über die Auftragsvergabe (§ 17 Abs. 4)

208.4.1 Vergleichbare Regelungen

8361 Der **Vorschrift des § 17 Abs. 4 VOF im Grundsatz vergleichbar** sind im Bereich der VOB § 27a VOB/A und im Bereich der VOL § 27a VOL/A. Die Kommentierungen zu diesen Vorschriften können daher ergänzend zu der Kommentierung des § 17 Abs. 4 herangezogen werden.

208.4.2 Inhaltliche Anforderungen

8362 Ein **pauschaler Verweis** auf die mangelnde formale oder/und sachliche Eignung und das Übersenden eines Kriterienkatalogs **ohne Kennzeichnung der genauen Gründe,** die zum Ausschluss führen, **genügt nicht den Anforderungen des § 17 Abs. 4 VOF,** weil solche Schreiben es einem Bewerber nicht ermöglichen, sein Geschäftsverhalten zu überdenken und Rückschlüsse bei neuen Bewerbungen zu ziehen (VK Brandenburg, B. v. 1. 10. 2002 – Az.: VK 53/02).

208.4.3 Beweislast für den Zugang der Mitteilung beim Bewerber

8363 Maßgebend für die Mitteilung nach § 17 Abs. 4 ist, dass die Gründe bei dem Bewerber ankommen. Der **Auftraggeber ist für die Mitteilungspflicht beweispflichtig;** als Beweismittel kommt z. B. die Sendebestätigung einer Telefaxmitteilung in Betracht (VK Brandenburg, B. v. 1. 10. 2002 – Az.: VK 53/02).

8364 Zur Erhöhung der Beweislast beim Bestreiten des Zugangs von Telefaxbenachrichtigungen vgl. die Kommentierung zu § 107 GWB RZ 1865.

208.4.4 Verhältnis des § 17 Abs. 4 zu § 13 VgV

208.4.4.1 Anwendbarkeit des § 13 VgV

8365 Letztlich ist festzustellen, dass die **Bewerber am Teilnahmewettbewerb entweder nach Auswahl der Verhandlungspartner Mitteilung über den Ausgang des Teilnahmewettbewerbs erhalten oder aber spätestens am Ende des Verhandlungsverfahrens in die**

Verdingungsordnung für freiberufliche Leistungen VOF § 17 **Teil 5**

Mitteilung nach § 13 VgV einbezogen werden. In diesem Falle ist der bereits im Auswahlverfahren ausgeschiedene Bewerber mit dem Tatbestand konfrontiert, dass er **erst in einem Zeitpunkt die Kammer anrufen kann, in dem nicht nur das Auswahlverfahren sondern auch das Verhandlungsverfahren abgeschlossen ist** (VK Baden-Württemberg, B. v. 23. 1. 2003 – Az.: 1 VK 70/02).

Vgl. dazu im Einzelnen die Kommentierung zu § 13 VgV RZ 3418. 8366

208.4.4.2 Bedeutungslosigkeit des § 17 Abs. 4 VOF?

Für den Bereich der VOL/A vertritt die VK Brandenburg die Auffassung, dass hinsichtlich 8367
der nicht berücksichtigten Bieter der Mitteilungspflicht nach § 27 VOL/A **keine eigenständige Bedeutung zukommt, da diesen bereits nach § 13 VgV der Grund für die Ablehnung ihres Angebotes bekannt zu geben war** (VK Brandenburg, B. v. 15. 9. 2003 – Az.: VK 57/03).

Angesichts des weitergehenden Umfangs der Benachrichtigungspflicht nach § 17 Abs. 4 VOF 8368
im Vergleich zu § 13 VgV (u. a. Merkmale und Vorteile der erfolgreichen Bewerbung) ist diese **Rechtsprechung nicht übertragbar**. Es kann **lediglich zu Überschneidungen** zwischen den jeweiligen Anwendungsbereichen kommen, so dass eine sorgfältige Prüfung angezeigt ist, worum es dem jeweiligen Bewerber bzw. Bieter geht (KG Berlin, B. v. 4. 4. 2002 – Az.: KartVerg 5/02).

Der Bewerber muss auch darauf achten, die **Anwendungsbereiche** von § 17 Abs. 4 VOF 8369
und § 13 VgV zu **trennen, um nicht gegebenenfalls den Primärrechtsschutz zu verlieren** (VK Baden-Württemberg, B. v. 7. 10. 2002 – Az.: 1 VK 48/02).

208.4.4.3 Mitteilung im Rahmen eines laufenden Vergabenachprüfungsverfahrens

Die Vergabestelle ist **durch die Einleitung des Nachprüfungsverfahrens nicht an einer** 8370
Mitteilung nach § 17 Abs. 4 gehindert, wenn die Vergabekammer lediglich ein Zuschlagsverbot gem. § 115 Abs. 1 GWB ausspricht. An der sonstigen Fortführung des Vergabeverfahrens ist die Vergabestelle durch das Nachprüfungsverfahren dann nicht gehindert (VK Südbayern, B. v. 16. 1. 2001 – Az.: 26-12/00).

208.4.4.4 Forderung des Auftraggebers nach einem frankierten Rückumschlag

Vgl. die Kommentierung zu § 27 VOB/A RZ 6011. 8371

208.5 Verzicht auf die Vergabe eines VOF-Auftrages (§ 17 Abs. 5)

208.5.1 Vergleichbare Regelungen

Der **Vorschrift des § 17 VOF Abs. 5 im Grundsatz vergleichbar** sind im Bereich der 8372
VOB § 26a VOB/A und im Bereich der VOL §§ 26a, 27, 27a, 28a VOL/A. Die Kommentierungen zu diesen Vorschriften können daher ergänzend zu der Kommentierung des § 17 Abs. 5 herangezogen werden.

208.5.2 Grundsatz

Die **Aufhebung eines Verhandlungsverfahrens nach der VOF ist in der VOF nicht** 8373
geregelt. Eine Aufhebung eines Verhandlungsverfahrens mit Teilnahmewettbewerb im Rahmen der VOB/A und der VOL/A erfolgt nach den Regeln über die Aufhebung einer Ausschreibung (§§ 26 VOB/A, 26 VOL/A). Dies gilt auch für die Aufhebung eines Verhandlungsverfahrens **auf der Stufe eines vorgeschalteten Teilnahmewettbewerbs** (VK Brandenburg, B. v. 30. 7. 2002 – Az.: VK 38/02).

Daraus, dass die VOF die Vorschrift des § 26 VOL/A gerade nicht durch eine Verweisung in 8374
Bezug nimmt noch eine vergleichbare Vorschrift enthält, die eine „Aufhebung" eines VOF-Verhandlungsverfahrens regelt, ist der Umkehrschluss zu ziehen, dass **Aufhebungen im Sinne des § 26 VOL/A im Rahmen eines VOF-Verhandlungsverfahrens nicht möglich sind**. Gleichwohl ist der Verzicht auf die Auftragsvergabe und die damit einhergehende **Beendigung eines VOF-Vergabeverfahrens vergabeverfahrensrechtlich zulässig**. Der Verzicht auf die Auftragsvergabe in Vergabeverfahren oberhalb der gemeinschaftsrechtlichen Schwellenwerte

Teil 5 VOF § 18 Verdingungsordnung für freiberufliche Leistungen

wird von § 17 Abs. 5 VOF, der dem Art. 12 Abs. 2 der Richtlinie 92/50/EWG des Rates vom 18. 6. 1992 über die Koordinierung der Verfahren zur Vergabe öffentlicher Dienstleistungsaufträge entspricht, vorausgesetzt. Die Regelung des § 26 VOL/A ist lediglich eine für den Bereich der nicht freiberuflichen Dienstleistungsaufträge festgelegte Vorschrift, die eine Aufhebung von VOL-Vergabeverfahren von genau definierten restriktiven Voraussetzungen abhängig macht. Die **Möglichkeit eines Verzichts auf eine Auftragsvergabe** folgt letztlich aus dem vertragsrechtlichen Grundsatz, dass von dem Abschluss eines Vertrages Abstand genommen und **grundsätzlich niemand zum Abschluss eines Vertrages gezwungen werden kann.** Dieser Grundsatz gilt auch für das öffentliche Auftragswesen. Dies haben auch der Europäische Gerichtshof und der Bundesgerichtshof in ihren bereits zitierten Entscheidungen zur Frage des Primärrechtsschutzes gegen Entscheidungen über die Aufhebung von Vergabeverfahren bzw. den Verzicht auf die Auftragsvergabe zum wiederholten Mal bestätigt. Es sind auch keine rechtlichen Gesichtspunkte erkennbar, die eine Anwendung der von dieser Rechtsprechung aufgestellten Grundsätze auf Verhandlungsverfahren für die Vergabe freiberuflicher Dienstleistungen ausschließen. Gleichwohl ist eine **Verzichtsentscheidung auch nicht losgelöst von allen rechtlichen Bindungen möglich.** Ein öffentlicher Auftraggeber hat danach beim Verzicht auf die Auftragsvergabe vielmehr die allgemeinen vergabeverfahrensrechtlichen **Prinzipien des Transparenzgebots, des Vertrauensschutzprinzips sowie des Willkürverbots und des Gleichbehandlungsgrundsatzes zu beachten,** § 97 Abs. 1, 2 GWB (VK Brandenburg, B. v. 16. 6. 2003 – Az.: VK 20/03).

8375 Konsequenz dieser Rechtsprechung ist es, dass gegen die Entscheidung auf den **Verzicht auf eine Auftragsvergabe Primärrechtsschutz möglich ist, diese Entscheidung also in einem Vergabenachprüfungsverfahren überprüft werden kann.** Zu den gegebenenfalls analog anwendbaren Grundsätzen der Überprüfung einer Aufhebungsentscheidung des öffentlichen Auftragsgebers vgl. die Kommentierung zu § 104 GWB RZ 1556.

208.5.3 Teilweiser Verzicht auf die Vergabe eines VOF-Auftrages

8376 § 17 Abs. 5 VOF scheint nur auf den **Verzicht auf den Gesamtauftrag** abzustellen; gleichwohl dürfte es **auch nach der VOF möglich sein, nur auf einen Teil der zu vergebenden Leistung verzichten zu wollen** (1. VK Sachsen, B. v. 13. 6. 2001 – Az.: 1/SVK/44-01).

209. § 18 VOF – Vergabevermerk

Über die Vergabe ist ein Vermerk zu fertigen, der die einzelnen Stufen des Verfahrens, die Maßnahmen, die Feststellung sowie die Begründung der einzelnen Entscheidungen enthält. Die Auftraggeber treffen geeignete Maßnahmen, um den Ablauf der mit elektronischen Mitteln durchgeführten Vergabeverfahren zu dokumentieren.

209.1 Vergleichbare Regelungen

8377 Der Vorschrift des § 18 VOF vergleichbar sind im Bereich der VOB § 30 VOB/A und im Bereich der VOL § 30 VOL/A. Die Kommentierungen zu diesen Vorschriften können daher ergänzend zu der Kommentierung des § 18 herangezogen werden.

209.2 Änderungen in der VOF 2006

8378 In § 18 ist **Satz 2 neu eingefügt,** der die **Dokumentationspflicht** des Auftraggebers **bei elektronischen Vergabeverfahren** regelt.

209.3 Bieterschützende Vorschrift

8379 Die **Vorschriften über die Dokumentationspflicht** und das Transparenzgebot **haben bieterschützenden Charakter** (vgl. im Einzelnen die Kommentierung zu § 30 VOB/A RZ 6068).

Verdingungsordnung für freiberufliche Leistungen VOF § 19 **Teil 5**

209.4 Hinweis

Vgl. im Einzelnen zur Dokumentation die Kommentierung zu § 97 GWB RZ 198. 8380

210. § 19 VOF – Melde- und Berichtspflichten

(1) **Auf Verlangen der Europäischen Kommission sind aus dem Vergabevermerk folgende Angaben zu übermitteln:**

a) **Name und Anschrift des Auftraggebers,**

b) **Art und Umfang der Leistung,**

c) **Wert des Auftrages,**

d) **Namen der berücksichtigten Bewerber und Gründe für ihre Auswahl,**

e) **Namen der ausgeschlossenen Bewerber und die Gründe für die Ablehnung,**

f) **Name des erfolgreichen Bewerbers und die Gründe für die Auftragserteilung sowie – falls bekannt – der Anteil, den der erfolgreiche Bewerber an Dritte weitergeben beabsichtigt,**

g) **Gründe für die Wahl des Verhandlungsverfahrens,**

h) **Gründe, aus denen auf die Auftragsvergabe verzichtet wurde.**

(2) **Die Auftraggeber übermitteln an die zuständige Stelle jährlich eine statistische Aufstellung über die vergebenen Aufträge. Diese Aufstellung enthält mindestens Angaben über die Anzahl und den Wert der vergebenen Aufträge, aufgeschlüsselt nach den in § 5 vorgesehenen Verfahren, nach der Kategorie der Dienstleistung und nach der Nationalität des Auftragnehmers sowie Anzahl und Wert der Aufträge, die in die einzelnen EG-Mitgliedstaaten oder Drittstaaten vergeben worden sind, sowie den Gesamtwert der Aufträge, die aufgrund von Ausnahmeregelungen zum Beschaffungsübereinkommen der Welthandelsorganisation WTO vergeben wurden, und sonstige statistische Angaben, die von der zuständigen Stelle im Einklang mit diesem Beschaffungsübereinkommen verlangt werden.**

(3) **Auftraggeber nach § 2 Nr. 2 Vergabeverordnung geben über die in Absatz 2 vorgesehenen Angaben hinaus den geschätzten Gesamtwert der Aufträge unterhalb der Schwellenwerte und neben dem Gesamtwert auch die Anzahl der Aufträge unterhalb der Schwellenwerte und neben dem Gesamtwert auch die Anzahl der Aufträge, die aufgrund von Ausnahmeregelungen zum Beschaffungsübereinkommen der Welthandelsorganisation WTO vergeben wurden, an.**

(4) **Von den statistischen Angaben nach den Absätzen 2 und 3 sind Dienstleistungen der Kategorie 8 des Anhangs I A und Dienstleistungen des Anhangs I B ausgenommen, sofern sie einen Auftragswert nach § 2 Nr. 3 Vergabeverordnung ohne Umsatzsteuer nicht erreichen.**

210.1 Vergleichbare Regelungen

Der **Vorschrift des § 19 VOF im Grundsatz vergleichbar** sind im Bereich der VOB §§ 33a, 33b VOB/A und im Bereich der VOL §§ 30a, 30b VOL/A. Die Kommentierungen zu diesen Vorschriften können daher ergänzend zur Kommentierung des § 19 herangezogen werden. 8381

210.2 Änderungen in der VOF 2006

Die **Berichtspflicht** an die Europäische Kommission ist **um die Angabe der Gründe, aus denen auf die Auftragsvergabe verzichtet wurde, ergänzt** worden (§ 19 Abs. 1 Buchstabe h). 8382

210.3 Bedeutung in der Rechtsprechung

Die Vorschrift hatte bisher in der Rechtsprechung noch keine Bedeutung. 8383

211. § 20 VOF – Wettbewerbe

(1) Wettbewerbe sind Auslobungsverfahren, die dazu dienen, dem Auftraggeber einen Plan oder eine Planung zu verschaffen, deren Auswahl durch ein Preisgericht aufgrund vergleichender Beurteilungen mit oder ohne Verteilung von Preisen erfolgt.

(2) Die auf die Durchführung von Wettbewerben anwendbaren Regeln sind den an der Teilnahme am Wettbewerb Interessierten mitzuteilen.

(3) Die Zulassung zur Teilnahme an einem Wettbewerb darf nicht beschränkt werden

– auf das Gebiet eines Mitgliedstaates oder einen Teil davon,

– auf natürliche oder juristische Personen.

(4) Bei Wettbewerben mit beschränkter Teilnehmerzahl haben die Auftraggeber eindeutige und nicht diskriminierende Auswahlkriterien festzulegen. Die Zahl der Teilnehmer muss ausreichen, um einen echten Wettbewerb zu gewährleisten.

(5) Das Preisgericht darf nur aus Preisrichtern bestehen, die von den Teilnehmern des Wettbewerbes unabhängig sind. Wird von diesen Teilnehmern eine bestimmte berufliche Qualifikation verlangt, muss mindestens ein Drittel der Preisrichter über dieselbe oder eine gleichwertige Qualifikation verfügen.

(6) Das Preisgericht ist in seinen Entscheidungen und Stellungnahmen unabhängig. Es trifft diese aufgrund von Wettbewerbsarbeiten, die anonym vorgelegt werden, und nur aufgrund von Kriterien, die in der Bekanntmachung nach Absatz 9 genannt sind.

(7) Das Preisgericht hat einen von den Preisrichtern zu unterzeichnenden Bericht zu erstellen, über die Rangfolge der von ihm ausgewählten Projekte und die einzelnen Wettbewerbsarbeiten.

(8) Auftraggeber, die einen Wettbewerb durchführen wollen, teilen ihre Absicht durch Bekanntmachung nach dem in Anhang XII der Verordnung (EG) Nr. 1564/2005 enthaltenen Muster mit. Die Bekanntmachung ist dem Amt für amtliche Veröffentlichungen der Europäischen Gemeinschaften unverzüglich mitzuteilen.

(9) § 9 Abs. 3 und 4 gilt entsprechend.

(10) Auftraggeber, die einen Wettbewerb durchgeführt haben, geben spätestens 48 Tage nach Durchführung eine Bekanntmachung nach Anhang XIII der Verordnung (EG) Nr. 1564/2005 an das Amtsblatt der Europäischen Gemeinschaften. § 17 gilt entsprechend.

8384   Wettbewerbe sind Auslobungsverfahren, die dazu dienen, dem Auftraggeber einen Plan oder eine Planung zu verschaffen, deren Auswahl durch ein Preisgericht aufgrund vergleichender Beurteilungen mit oder ohne Verteilung von Preisen erfolgt.

211.1 Vergleichbare Regelungen

8385   Der **Vorschrift des § 20 VOF im Grundsatz vergleichbar** sind im Bereich des GWB § **99 Abs. 5 GWB** und im Bereich der VOL §§ 31a, 31b VOL/A. Die Kommentierungen zu diesen Vorschriften können daher ergänzend zu der Kommentierung des § 20 herangezogen werden.

211.2 Änderungen in der VOF 2006

8386   In § 20 ist der **Abs. 7 neu eingefügt,** wonach das **Preisgericht einen von den Preisrichtern zu unterzeichnenden Bericht zu erstellen hat** über die Rangfolge der von ihm ausgewählten Projekte und die einzelnen Wettbewerbsarbeiten.

8387   In § 20 Abs. 8 und Abs. 10 ist die Bezugnahme hinsichtlich der Bekanntmachungsmuster der Verordnung (EG) Nr. 1564/2005 aktualisiert.

Verdingungsordnung für freiberufliche Leistungen VOF § 21 **Teil 5**

211.3 Bedeutung in der Rechtsprechung

Die Vorschrift hat bisher in der Rechtsprechung nur in Verbindung mit § 25 VOF (Planungswettbewerbe) Bedeutung. Die Kommentierung zu § 20 VOF erfolgt daher gemeinsam mit der Kommentierung zu § 25. 8388

212. § 21 VOF – Nachprüfungsbehörden

In der Bekanntmachung und der Aufgabenbeschreibung ist die Stelle anzugeben, an die sich der Bewerber zur Nachprüfung behaupteter Verstöße gegen die Bestimmungen über die Vergabe- und Wettbewerbsverfahren wenden kann.

In der Bekanntmachung und der Aufgabenbeschreibung ist die Stelle anzugeben, an die sich 8389 der Bewerber zur Nachprüfung behaupteter Verstöße gegen die Bestimmungen über die Vergabe- und Wettbewerbsverfahren wenden kann.

212.1 Vergleichbare Regelungen

Der **Vorschrift des § 21 VOF im Grundsatz vergleichbar** sind im Bereich der VOB 8390 § 31a VOB/A und im Bereich der VOL § 32a VOL/A. Die Kommentierungen zu dieser Vorschrift können daher ergänzend zu der Kommentierung des § 20 herangezogen werden.

212.2 Änderungen in der VOF 2006

§ 21 ist im Zuge der VOF 2006 **nicht geändert** worden. 8391

212.3 Aufbau der Nachprüfungsbehörden

Vgl. die Kommentierung zu § 31a VOB/A RZ 6105. 8392

212.3.1 Vergabeprüfstellen (§ 103 GWB)

Zu den Einzelheiten, insbesondere den Adressen der Vergabeprüfstellen, vgl. die Kommentierung zu § 103 GWB RZ 1504. 8393

212.3.2 Vergabekammern (§ 104 GWB)

Zu den Einzelheiten, insbesondere den Adressen der Vergabekammern, vgl. die Kommentierung zu § 104 GWB RZ 1516. 8394

Die Vergabekammern müssen zwingend gemäß § 21 VOF genannt werden. 8395

212.3.3 Vergabesenate (§ 116 Abs. 3 GWB)

Zu den Einzelheiten vgl. die Kommentierung zu § 116 GWB RZ 2534. 8396

212.4 Fehler bei der Nennung der Nachprüfungsbehörde

212.4.1 Verspätete Bekanntgabe der Anschrift der zuständigen Vergabekammer

Vgl. die Kommentierung zu § 31a VOB/A RZ 6112. 8397

212.4.2 Kausalität zwischen der fehlerhaften Bekanntgabe und einem eventuellen Schaden

Vgl. die Kommentierung zu § 31a VOB/A RZ 6113. 8398

213. § 22 VOF – Anwendungsbereich

(1) **Die Bestimmungen dieses Kapitels gelten zusätzlich für die Vergabe von Architekten- und Ingenieurleistungen.**

(2) Architekten- und Ingenieurleistungen sind
– Leistungen, die von der Honorarordnung für Architekten und Ingenieure (HOAI) erfasst werden sowie
– sonstige Leistungen, für die die berufliche Qualifikation des Architekten oder Ingenieurs erforderlich ist oder vom Auftraggeber gefordert wird.

213.1 Allgemeines

8399 Die Vorschriften der §§ 22–26 gelten zusätzlich, das heißt neben den Regelungen der §§ 1–21 VOF.

8400 Erfasst wird die Vergabe von Architekten- und Ingenieurleistungen.

213.2 Änderungen in der VOF 2006

8401 § 22 ist im Zuge der VOF 2006 **nicht geändert** worden.

213.3 Architekten- und Ingenieurleistungen (§ 22 Abs. 2)

213.3.1 Architekten- und Ingenieurleistungen nach der HOAI

8402 Zu den „Leistungen, die von der Honorarordnung für Architekten und Ingenieure (HOAI) erfasst werden", gehören nach § 1 HOAI die Leistungen, die durch Leistungsbilder oder andere Bestimmungen der HOAI erfasst werden.

213.3.2 Sonstige Leistungen (§ 22 Abs. 2)

8403 Zu den sonstigen Leistungen im Sinne des Abs. 2 zählen alle Leistungen, für die die berufliche Qualifikation des Architekten oder Ingenieurs erforderlich ist oder vom Auftraggeber gefordert wird.

8404 Hierbei ist selbstverständlich, dass es sich **um nicht eindeutig und erschöpfend beschreibbare freiberufliche Leistungen** handeln muss (§ 2 Abs. 2 VOF).

214. § 23 VOF – Qualifikation des Auftragnehmers

(1) **Wird als Berufsqualifikation der Beruf des Architekten oder der einer seiner Fachrichtungen gefordert, so ist jeder zuzulassen, der nach den Architektengesetzen der Länder berechtigt ist, die Berufsbezeichnung Architekt zu tragen oder nach den EG-Richtlinien, insbesondere der Richtlinie für die gegenseitige Anerkennung der Diplome auf dem Gebiete der Architektur, berechtigt ist, in der Bundesrepublik Deutschland als Architekt tätig zu werden.**

(2) **Wird als Berufsqualifikation der Beruf des „Beratenden Ingenieurs" oder „Ingenieurs" gefordert, so ist jeder zuzulassen, der nach den Gesetzen der Länder berechtigt ist, die Berufsbezeichnung „Beratender Ingenieur" oder „Ingenieur" zu tragen oder nach der EG-Richtlinie über eine allgemeine Regelung zur Anerkennung der Hochschuldiplome in der Bundesrepublik Deutschland als „Beratender Ingenieur" oder „Ingenieur" tätig zu werden.**

(3) **Juristische Personen sind als Auftragnehmer zuzulassen, wenn sie für die Durchführung der Aufgabe einen verantwortlichen Berufsangehörigen gemäß Absatz 1 und 2 benennen.**

Verdingungsordnung für freiberufliche Leistungen VOF § 24 **Teil 5**

§ 23 VOF regelt in Ergänzung der §§ 7, 13 VOF die Anforderungen an die Qualifikation des Auftragnehmers für die Vergabe von Architekten- und Ingenieurleistungen. 8405

214.1 Vergleichbare Regelungen

In VOB/A und VOL/A existieren keine der Vorschrift des § 23 VOF vergleichbaren Regelungen. 8406

214.2 Änderungen in der VOF 2006

§ 23 ist im Zuge der VOF 2006 **nicht geändert** worden. 8407

214.3 Architekt oder eine Fachrichtung (§ 23 Abs. 1)

Der öffentliche Auftraggeber kann als Berufsqualifikation entweder den **Beruf des Architekten – als Oberbegriff – oder den eines seiner Fachrichtungen fordern,** beispielsweise „Landschaftsarchitekt" (VK Brandenburg, B. v. 1. 10. 2002 – Az.: VK 53/02). 8408

214.4 Keine abschließende Qualifikationsregelung

§ 23 Abs. 1, 2 **vereinfacht den Nachweis der Berufsqualifikation** für Ingenieure und korrespondiert mit § 13 Nr. 2a VOF. Damit wird aber der **weitere Eignungsnachweis** über spezifische Erfahrungen der für die Projektbearbeitung verantwortlichen Personen **nicht beschränkt.** Im Hinblick auf die Notwendigkeit, alle Aspekte der Eignung als Basis der Auswahlentscheidung abschließend würdigen zu müssen, wäre die Beschränkung der Eignungsnachweise auf den Nachweis der Berufszulassung nicht sachgerecht, da diese keinen Aufschluss über die tatsächliche Berufserfahrung gibt (VK Düsseldorf, B. v. 21. 6. 2000 – Az.: VK – 9/2000 – F). 8409

215. § 24 VOF – Auftragserteilung

(1) **Die Auftragsverhandlungen mit den nach § 10 Abs. 1 ausgewählten Bewerbern dienen der Ermittlung des Bewerbers, der im Hinblick auf die gestellte Aufgabe am ehesten die Gewähr für eine sachgerechte und qualitätsvolle Leistungserfüllung bietet. Der Auftraggeber führt zu diesem Zweck Auftragsgespräche mit den ausgewählten Bewerbern durch und entscheidet über die Auftragsvergabe nach Abschluss dieser Gespräche.**

(2) **Die Präsentation von Referenzobjekten, die der Bewerber zum Nachweis seiner Leistungsfähigkeit vorlegt, ist zugelassen. Die Ausarbeitung von Lösungsvorschlägen der gestellten Planungsaufgabe kann vom Auftraggeber nur im Rahmen eines Verfahrens nach Absatz 3 oder eines Planungswettbewerbes gemäß § 25 verlangt werden. Die Auswahl eines Bewerbers darf nicht dadurch beeinflusst werden, dass von Bewerbern zusätzlich unaufgefordert Lösungsvorschläge eingereicht wurden.**

(3) **Verlangt der Auftraggeber außerhalb eines Planungswettbewerbes Lösungsvorschläge für die Planungsaufgabe, so sind die Lösungsvorschläge der Bewerber nach den Honorarbestimmungen der HOAI zu vergüten.**

§ 24 VOF regelt in Ergänzung des § 16 VOF Besonderheiten der Auftragskriterien für die Vergabe von Architekten- und Ingenieurleistungen. 8410

215.1 Vergleichbare Regelungen

Der **Vorschrift des § 24 VOF im Grundsatz vergleichbar** sind im Bereich der VOB § 25 VOB/A und im Bereich der VOL § 25 VOL/A. Die Kommentierungen zu diesen Vorschriften können daher ergänzend zur Kommentierung des § 24 herangezogen werden. 8411

215.2 Änderungen in der VOF 2006

8412 § 24 ist im Zuge der VOF 2006 **nicht geändert** worden.

215.3 Bieterschützende Vorschrift

8413 § 24 Abs. 1 Satz 1 VOF **hat bieterschützende Funktion** (VK Brandenburg, B. v. 15. 11. 2002 – Az.: VK 63/02).

215.4 Verhältnis von § 24 zu § 16

8414 **§ 24 setzt § 16 der VOF nicht außer Kraft** (VK Arnsberg, B. v. 9. 4. 2002 – Az.: VK 3-03/02). Soweit also § 24 keine Sonderregelungen enthält, ist **§ 16 ergänzend anzuwenden**. Die Kommentierung zu § 16 VOF kann also ergänzend herangezogen werden.

215.5 Subjektive Wertung und Prognose des Auftraggebers als Auswahlentscheidung

8415 Gemäß § 24 Abs. 1 VOF dienen die Auftragsverhandlungen mit den nach § 10 Abs. 1 VOF ausgewählten Bewerbern der Ermittlung des Bewerbers, der im Hinblick auf die gestellte Aufgabe am ehesten die Gewähr für eine sachgerechte und qualitätsvolle Leistungserfüllung bietet. Mit der Formulierung „am ehesten" wird verdeutlicht, dass es sich um **keine eindeutige, objektive Abwägung und Entscheidung des Auftraggebers handelt, sondern um eine letztlich subjektive Wertung und Prognose** auf der Grundlage der nachgewiesenen Qualifikation und der zusätzlich durch die Verhandlungen gewonnenen Eindrücke des Auftraggebers (VK Südbayern, B. v. 29. 9. 2000 – Az.: 120.3-3194.1-18-08/00).

8416 § 24 Abs. 1 VOF verlangt also von dem Auftraggeber eine Prognoseentscheidung, die über die in § 16 Abs. 1 VOF statuierte Erwartung der „bestmöglichen Leistung" hinausgeht. „... am ehesten Gewähr bieten ..." im Sinn des § 24 Abs. 1 VOF kann in diesem Zusammenhang nur bedeuten, dass das **Leistungsversprechen des Bieters aus der Sicht des Auftraggebers glaubwürdig ist und ihn überzeugt**. Die Formulierung „am ehesten" verdeutlicht, dass es sich um **keine eindeutige, objektive Abwägung und Entscheidung des Auftraggebers** handelt, sondern um eine letztlich subjektive Wertung und Prognose auf der Grundlage der nachgewiesenen Qualifikationen und der zusätzlich durch die Verhandlungen gewonnenen Eindrücke des Auftraggebers (VK Berlin, B. v. 10. 9. 2004 – Az.: VK – B 2-44/04; 2. VK Bund, B. v. 10. 11. 2005 – Az.: VK 2-132/05; B. v. 22. 3. 2004 – Az.: VK 2-144/03).

8417 Dadurch ist dem Auftraggeber ein **weiter Beurteilungsspielraum** eröffnet (VK Berlin, B. v. 10. 9. 2004 – Az.: VK – B 2-44/04), der nur beschränkt einer gerichtlichen Nachprüfung unterliegt (VK Nordbayern, B. v. 12. 8. 2004 – Az.: 320.VK-3194-29/04).

215.6 Anforderungen an eine Auftragsverhandlung (§ 24 Abs. 1)

8418 Nach § 24 Abs. 1 VOF hat der Auftraggeber mit den nach § 10 Abs. 1 VOF ausgewählten Bewerbern Auftragsverhandlungen zu führen, die der Ermittlung des Bewerbers dienen, der im Hinblick auf die gestellte Aufgabe am ehesten die Gewähr für eine sachgerechte und qualitätsvolle Leistungserfüllung bietet. Das **setzt voraus, dass die Bewerber bereits** auf die Leistungsanfrage reagiert und **ein Angebot vorgelegt haben, über das verhandelt werden kann**. Gespräche, die allein zur Vorbereitung eines Angebots dienen, können daher **nicht als Auftragsverhandlung** im Sinne von § 24 VOF angesehen werden. Auch mit einem Auftragsgespräch mit einem einzigen Bewerber ist dem Erfordernis des § 24 Abs. 1 VOF nicht Rechnung getragen (2. VK Bund, B. v. September 2001 – Az.: VK 2-24/01, VK 2-26/01).

8419 Wird über die „gestellte Aufgabe" **nicht projektbezogen verhandelt, sondern im wesentlichen die „Bewerberpräsentation" des Auswahlverfahrens wiederholt**, entspricht dies **nicht den Anforderungen des § 24 VOF** (VK Südbayern, B. v. 21. 3. 2000 – Az.: 120.3-3194.1-02-02/00).

8420 Vgl. ergänzend die Kommentierung zu § 16 VOF RZ 8331.

215.7 Ersetzung der Auftragsverhandlung durch die Empfehlung eines Preisgerichts

Kündigt der öffentliche Auftraggeber im Rahmen der Durchführung eines Architektenwettbewerbes an, dass **im Fall der Realisierung der Aufgabe, unter Würdigung der Empfehlungen des Preisgerichts, einem der Preisträger die für die Umsetzung des Wettbewerbsentwurfes notwendigen weiteren Planungsleistungen übertragen werden, ersetzt die Empfehlung des Preisgerichts nicht die nach § 24 VOF vorgeschriebenen Auftragsverhandlungen.** Aufträge sind nämlich unter ausschließlicher Verantwortung des Auftraggebers in leistungsbezogenen Wettbewerb an geeignete Bewerber zu vergeben (§ 4 Abs. 1 VOF). Nach § 24 Abs. 1 u. 2 VOF dienen Auftragsverhandlungen der Ermittlung des Bewerbers, der im Hinblick auf die gestellte Aufgabe am ehesten die Gewähr für eine sachgerechte qualitätsvolle Leistungserfüllung bietet. Der Auftraggeber führt zu diesem Zweck Auftragsgespräche mit den ausgewählten Bewerbern durch und entscheidet über die Auftragsvergabe nach Abschluss dieser Gespräche. Die Ausarbeitung von Lösungsvorschlägen kann vom Auftraggeber im Rahmen eines Planungswettbewerbes verlangt werden. Damit wird deutlich, dass die Empfehlung des Preisgerichts für eine Auftragsvergabe nicht ausreicht. Neben dieser Empfehlung kann der Auslober auch andere Kriterien, wie z.B. das Ergebnis der Vorprüfung, bei seiner Entscheidung über eine Auftragsvergabe berücksichtigen (VK Nordbayern, B. v. 28. 1. 2003 – Az.: 320.VK-3194-42/02). 8421

Auftraggeber können allerdings **Aufträge im Anschluss an einem Planungswettbewerb** im Verhandlungsverfahren ohne vorherige Vergabebekanntmachung vergeben, wenn im Anschluss an einen Wettbewerb im Sinne der §§ 20 und 25 der Auftrag **an den Gewinner eines Wettbewerbes vergeben werden muss.** In diesem Fall **genügt ein Verhandlungsgespräch mit dem Gewinner** des Wettbewerbs. Die Verpflichtung, alle Preisträger zu Verhandlungen aufzufordern ist nämlich nur sinnvoll, wenn alle Preisträger gleichermaßen noch Aussicht auf den Planungsauftrag haben (VK Nordbayern, B. v. 28. 1. 2003 – Az.: 320.VK-3194-42/02). 8422

215.8 Nachholung eines Auftragsgespräches im Nachprüfungsverfahren

Es ist **zulässig,** dann, wenn entgegen § 24 ein Auftragsgespräch nicht stattgefunden hat, dieses **Auftragsgespräch im Rahmen des Vergabeverfahrens nach zu holen.** Ab diesem Zeitpunkt fehlt es dem Nachprüfungsantrag nunmehr an dem entsprechenden Rechtsschutzinteresse. Die Weiterverfolgung dieses Antrags führt daher zur Antragsabweisung (VK Arnsberg, B. v. 11. 4. 2001 – Az.: VK 3-02/01; bestätigt durch OLG Düsseldorf, B. v. 16. 5. 2001 – Az.: Verg 24/01). 8423

215.9 Ermittlung des Auftragnehmers (§ 24 Abs. 1)

Nach § 24 Abs. 1 VOF wählt der Auftraggeber bei Architekten- und Ingenieurleistungen aus den zu Verhandlungen eingeladenen Bewerbern denjenigen aus, der im Hinblick auf die gestellte Aufgabe am ehesten die Gewähr für eine sachgerechte und qualitätsvolle Leistungserfüllung bietet. Damit entspricht der **Maßstab des § 24 Abs. 1 VOF dem des § 16 Abs. 1 und 2 VOF,** wonach bei der Entscheidung über die Auftragsvergabe die von ihm angegebenen Entscheidungskriterien zu berücksichtigen sind (VK Brandenburg, B. v. 13. 2. 2003 – Az.: VK 74/02). 8424

215.10 Präsentation von Referenzobjekten (Abs. 2)

215.10.1 Allgemeines

Die Präsentation von Referenzen ist in § 24 Abs. 2 VOF ausdrücklich zugelassen. Bei der Präsentation kann ein öffentlicher Auftraggeber z.B. berücksichtigen, dass ein Bieter **Erfahrungen in sicherheitsrelevanten Bereichen** etwa von S-Bahn-Werkstätten hat, die ein anderer Bieter nicht vorweisen kann (2. VK Bund, B. v. 22. 3. 2004 – Az.: VK 2-144/03). 8425

215.10.2 Unaufgefordert vorgelegte Lösungsvorschläge (Abs. 2 Satz 3)

Die Auswahl eines Bewerbers darf nicht dadurch beeinflusst werden, dass von Bewerbern zusätzlich unaufgefordert Lösungsvorschläge eingereicht wurden. **Zweck des Verbotes in § 24** 8426

Teil 5 VOF § 25 Verdingungsordnung für freiberufliche Leistungen

Abs. 2 Satz 3 VOF ist es, die **Gleichbehandlung der Bewerber sicher zu stellen und den Wettbewerb aufrecht zu erhalten.** Die Regelung ist im Zusammenhang mit der Vergütungsregelung in § 24 Abs. 3 VOF zu sehen. Diese hat unter anderem den Sinn, gleiche Voraussetzungen für sämtliche Bewerber zu schaffen. Alle Bewerber sollen sich in dieser Hinsicht darauf verlassen können, dass die Anforderungen vom Auftraggeber abschließend fest gelegt worden sind und sie hinreichend leisten, wenn sie dem nachkommen. Sonst müssten die Bewerber, um ihre Chancen zu verbessern bzw. möglichst groß zu halten, möglichst viele Lösungsvorschläge einreichen, um mit eventuell von anderen Bewerbern eingereichten zusätzlichen, unverlangten Vorschlägen konkurrieren zu können. **Mit Blick auf den dargelegten Zweck der Regelungen des § 24 VOF muss auch die Berücksichtigung eines erst ansatzweisen Lösungsvorschlages als unzulässig angesehen werden** (2. VK Mecklenburg-Vorpommern, B. v. 17. 1. 2003 – Az.: 2 VK 17/02).

215.11 Lösungsvorschläge für die Planungsaufgabe (§ 24 Abs. 3)

8427 Verlangt der Auftraggeber außerhalb eines Planungswettbewerbes Lösungsvorschläge für die Planungsaufgabe, so sind die Lösungsvorschläge der Bewerber nach den Honorarbestimmungen der HOAI zu vergüten.

215.11.1 Überprüfung eventueller Verstöße im Nachprüfungsverfahren

8428 Macht ein Antragsteller **im Vergabenachprüfungsverfahren einen Verstoß gegen § 24 Abs. 3 VOF geltend, scheidet ein solcher Antrag bereits als Gegenstand des Nachprüfungsverfahrens aus,** da er in der Sache auf die **Geltendmachung eines Vergütungsanspruches** gerichtet ist, worüber die Vergabekammer gemäß § 104 Abs. 2 Satz 1 GWB zu entscheiden, nicht befugt ist. Wie ein Erst-Recht-Schluss aus § 104 Abs. 2 Satz 2 GWB ergibt, unterfällt ein solches Begehren der Zuständigkeit der ordentlichen Gerichte (VK Brandenburg, B. v. 15. 11. 2002 – Az.: VK 63/02).

216. § 25 VOF – Planungswettbewerbe

(1) **Wettbewerbe im Sinne von § 20, die dem Ziel dienen, alternative Vorschläge für Planungen auf dem Gebiet der Raumplanung, des Städtebaus und des Bauwesens auf der Grundlage veröffentlichter einheitlicher Richtlinien zu erhalten (Planungswettbewerbe), können jederzeit vor, während oder ohne Verhandlungsverfahren ausgelobt werden.** In den einheitlichen Richtlinien wird auch die Mitwirkung von Architekten- und Ingenieurkammern an der Vorbereitung und Durchführung der Wettbewerbe geregelt.

(2) **Der Auslober eines Planungswettbewerbes hat zu gewährleisten, dass jedem Teilnehmer die gleiche Chance eingeräumt wird. Er hat dazu mit der Bekanntmachung des Planungswettbewerbes die Verfahrensart festzulegen. Allen Teilnehmern sind Wettbewerbsunterlagen, Termine, Ergebnisse von Kolloquien und die Antworten auf Rückfragen jeweils zum gleichen Zeitpunkt bekannt zu geben.**

(3) **Mit der Auslobung sind Preise und ggf. Ankäufe auszusetzen, die der Bedeutung und Schwierigkeit der Bauaufgabe sowie dem Leistungsumfang nach dem Maßstab der Honorarordnung für Architekten und Ingenieure angemessen sind.**

(4) **Ausgeschlossen von der Teilnahme an Planungswettbewerben sind Personen, die infolge ihrer Beteiligung an der Auslobung oder Durchführung des Wettbewerbes bevorzugt sein oder Einfluss auf die Entscheidung des Preisgerichts nehmen können. Das Gleiche gilt für Personen, die sich durch Angehörige oder ihnen wirtschaftlich verbundene Personen einen entsprechenden Vorteil oder Einfluss verschaffen können.**

(5) **Das Preisgericht muss sich in der Mehrzahl aus Preisrichtern zusammensetzen, die aufgrund ihrer beruflichen Qualifikation die fachlichen Anforderungen in hervorragendem Maße erfüllen, die nach Maßgabe der einheitlichen Grundsätze und Richtlinien im Sinne von Absatz 1 zur Teilnahme am Wettbewerb berechtigen. Die Preisrichter haben ihr Amt persönlich und unabhängig allein nach fachlichen Gesichtspunkten auszuüben.**

(6) Das Preisgericht hat in seinen Entscheidungen die in der Auslobung als bindend bezeichneten Vorgaben des Auslobers und die dort genannten Entscheidungskriterien zu beachten. Nicht zugelassene oder über das geforderte Maß hinausgehende Leistungen sollen von der Wertung ausgeschlossen werden. Das Preisgericht hat die für eine Preisverleihung in Betracht zu ziehenden Arbeiten in ausreichender Zahl schriftlich zu bewerten und eine Rangfolge unter ihnen festzulegen. Das Preisgericht kann nach Festlegung der Rangfolge einstimmig eine Wettbewerbsarbeit, die besonders bemerkenswerte Lösungen enthält, aber gegen Vorgaben des Auslobers verstößt, mit einem Sonderpreis bedenken. Über den Verlauf der Preisgerichtssitzung ist eine Niederschrift zu fertigen, durch die der Gang des Auswahlverfahrens nachvollzogen werden kann.

(7) Jeder Teilnehmer ist über das Ergebnis des Wettbewerbes unter Versendung der Niederschrift der Preisgerichtssitzung unverzüglich zu unterrichten. Spätestens einen Monat nach der Entscheidung des Preisgerichts sind die Wettbewerbsarbeiten mit Namensangaben der Verfasser unter Auslegung der Niederschrift auszustellen.

(8) Soweit ein Preisträger wegen Verstoßes gegen Wettbewerbsregeln nicht berücksichtigt werden kann, rücken die übrigen Preisträger sowie sonstige Teilnehmer in der Rangfolge des Preisgerichts nach, soweit das Preisgericht ausweislich seiner Niederschrift nichts anderes bestimmt hat.

(9) Soweit und sobald die Wettbewerbsaufgabe realisiert werden soll, sind einem oder mehreren der Preisträger weitere Planungsleistungen nach Maßgabe der in Absatz 1 genannten einheitlichen Richtlinien zu übertragen, sofern mindestens einer der Preisträger eine einwandfreie Ausführung der zu übertragenden Leistungen gewährleistet und sonstige wichtige Gründe der Beauftragung nicht entgegenstehen.

(10) Urheberrechtlich und wettbewerbsrechtlich geschützte Teillösungen von Wettbewerbsteilnehmern, die bei der Auftragserteilung nicht berücksichtigt worden sind, dürften nur gegen eine angemessene Vergütung genutzt werden.

§ 25 VOF enthält besondere Regelungen für Wettbewerbe im Sinne von § 20, die dem Ziel dienen, **alternative Vorschläge für Planungen auf dem Gebiet der Raumplanung, des Städtebaus und des Bauwesens** auf der Grundlage veröffentlichter einheitlicher Richtlinien zu erhalten. 8429

216.1 Änderungen in der VOF 2006

§ 25 ist im Zuge der VOF 2006 **nicht geändert** worden. 8430

216.2 Verhältnis zu § 20 VOF

§ 25 enthält besondere Regelungen für Planungswettbewerbe. Die allgemeinen Regelungen des § 20 VOF sind daneben zu beachten. Die Kommentierung zu § 20 kann also ergänzend herangezogen werden. 8431

216.3 Bekanntmachungspflicht

Planungswettbewerbe können jederzeit vor, während oder ohne separates Verhandlungsverfahren ausgelobt werden. Zwingende Voraussetzung ist jedoch gemäß der in Bezug genommenen Regelung des § 20 Abs. 2 in Verbindung mit Abs. 8 VOF, dass der **Auftraggeber, der einen Wettbewerb durchführen will, seine Absicht durch Bekanntmachung mitteilt und unverzüglich dem Amt für amtliche Veröffentlichungen mitteilt** (1. VK Sachsen, B. v. 10. 4. 2002 – Az.: 1/SVK/23-02, 1/SVK/23-02G). 8432

Diese Publikationsregelung hat **bieterschützenden Charakter** (1. VK Sachsen, B. v. 10. 4. 2002 – Az.: 1/SVK/23-02, 1/SVK/23-02G). 8433

216.4 Verknüpfung von Planungswettbewerben mit der Vergabe eines Auftrages nach der VOF

216.4.1 Durchführung von Planungswettbewerben

Planungswettbewerbe können jederzeit vor, während oder ohne Verhandlungsverfahren ausgelobt werden (§ 25 Abs. 1 Satz 1). Dem öffentlichen Auftraggeber obliegt also die **Entschei-** 8434 dung nach seinem pflichtgemäßen Ermessen, ob er einen Planungswettbewerb durchführt oder nicht.

216.4.2 Durchführung eines Planungswettbewerbs nach der 1. Stufe eines VOF-Verfahrens

8435 Die Verwertbarkeit der im Wettbewerb erzielten Ergebnisse **hängt** von vornherein **davon ab, dass die Auswahl der an ihm beteiligten Bewerber aus dem Verhandlungsverfahren vergaberechtlich Bestand** hat. Müsste die Bewerberauswahl hingegen auf den Rechtsbehelf eines übergangenen Teilnahmeinteressenten wiederholt werden, so wären die Resultate eines zwischenzeitlich etwa durchgeführten Wettbewerbs Makulatur. Bestenfalls (und letztlich zufallsabhängig) würde eine erneute Auswahlwertung die Ergebnisse der ersten bestätigen, so dass die ausgewählten Bewerber in einem neuen Wettbewerb auf ihre bereits erarbeiteten Vorschläge zurückgreifen und den ihnen entstandenen Schaden auf diese Weise kompensieren könnten. **Liegt die Mangelhaftigkeit der Bewerberauswahl daher, wie hier, auf der Hand, so darf der Auftraggeber, gerade weil diese Mängel bei einem „unter dem Dach des Verhandlungsverfahrens" durchgeführten Planungswettbewerb unmittelbar auf diesen durchschlagen, den Wettbewerb nicht auslösen und damit Aufwendungen der Wettbewerbsteilnehmer verursachen,** von denen aus Rechtsgründen von Anfang an feststeht, dass sie sinnlos sind (OLG Dresden, Urteil vom 10. 2. 2004 – Az.: 20 U 1697/03).

216.4.3 Voraussetzungen einer Beauftragung im Anschluss an einen Planungswettbewerb

8436 Nach **§ 25 Abs. 9 VOF** sollen bei Realisierung der Wettbewerbsaufgabe einem oder mehreren der Preisträger die weiteren Planungsleistungen nach Maßgabe z.B. der GRW 1995 übertragen werden. Daraus kann **keine Verpflichtung des Auslobers hergeleitet werden, den ersten Preisträger mit der weiteren Planung beauftragen zu müssen.** Der Auslober muss nur unter den Preisträgern einen oder mehrere für den weiteren Planungsauftrag auswählen (VK Südbayern, B. v. 19. 5. 2005 – Az.: 18-04/05).

8437 Hat der öffentliche Auftraggeber einen Planungswettbewerb durchgeführt, ist § 5 Abs. 2 Buchstabe c) VOF zu beachten. Zu den Voraussetzungen einer Beauftragung im Anschluss an einen Planungswettbewerb vgl. die **Kommentierung** zu § 5 VOF RZ 7937.

216.4.4 Vergaberechtliche Anforderungen an einen Planungswettbewerb

216.4.4.1 Grundsatz

8438 Der **Planungswettbewerb** ist unter den Voraussetzungen des § 5 Abs. 2 Buchstabe c) VOF **Bestandteil des Vergabeverfahrens.** Er muss daher die **allgemeinen Anforderungen an ein Vergabeverfahren,** wie sie insbesondere in § 97 GWB zum Ausdruck kommen, **erfüllen.**

216.4.4.2 Anforderungen an die Auswahlkriterien für die Teilnehmer

8439 **Bei architektonischen Leistungen** liegt es zwar in der Natur der nachgefragten Dienstleistung, dass **keine absolut präzisen und objektiven Vorgaben möglich** sind: Die Beurteilung architektonischer Leistungen unterliegt nun einmal auch einer subjektiven Bewertung und Einschätzung des jeweiligen Beurteilers; es gibt keine letztendlich allgemeingültigen oder verbindlichen Maßstäbe. Gerade bei dieser Sachlage besteht aber für den öffentlichen Auftraggeber bzw. den Auslober die Verpflichtung, über klare Vorgaben sowohl für die Bewerber als auch für diejenigen, denen die Beurteilung der Bewerbungen und die Auswahl der Wettbewerbsteilnehmer obliegt, ein faires und transparentes Verfahren sicherzustellen. Die **Gewähr dafür, dass das Auswahlverfahren willkürfrei und objektiv abläuft, ist am ehesten gegeben, wenn eingegrenzte Vorgaben vorhanden sind.** Wird lediglich global die „gestalterische Qualifikation" sowie das „gestalterische Können" vorgegeben, so fehlt es an einer präzisierenden Vorgabe. Für die Bewerber wird nicht deutlich, auf welche Aspekte (z. B. Einfügen des Bauwerks in die Umgebung) der Auftraggeber im einzelnen besonderen Wert legt, sie können ihre einzureichenden Referenzprojekte nicht entsprechend optimal auswählen. Ebenso wenig kann sich das Auswahlgremium bei der Beurteilung der Bewerbungen an klaren Vorgaben des Auslobers orientieren, was die Gefahr von – wenn auch nicht bewusst und gewollten, in der Sache aber dennoch – willkürlichen Beurteilungsentscheidungen in sich birgt (3. VK Bund, B. v. 26. 1. 2005 – Az.: VK 3-224/04).

216.4.4.3 Anwendung der Auswahlkriterien auf alle Teilnehmer

Der Gleichbehandlungsgrundsatz (§ 97 Abs. 2) erfordert, dass die **Auswahlkriterien auch auf alle Bewerber um die Teilnahme an einem Wettbewerb gleichmäßig angewendet** – z.B. bei den einzelnen Rundgängen – werden (3. VK Bund, B. v. 26. 1. 2005 – Az.: VK 3-224/04). 8440

216.4.4.4 Berücksichtigung von Eignungskriterien auf verschiedenen Stufen

Es stellt eine **unzulässige Doppelberücksichtigung von Eignungskriterien** – z.B. Mitarbeiterzahl-/qualifikation und Umsatzplanungsleistung – dar, wenn diese nach bereits festgestelter Eignung nochmals auf einer Auswahlstufe, z.B. der Teilnehmerauswahl, herangezogen werden (3. VK Bund, B. v. 26. 1. 2005 – Az.: VK 3-224/04). 8441

Zur **gegenteiligen Rechtsprechung außerhalb von Planungswettbewerben,** dass nämlich Eignungskriterien, die in der Vorauswahl zur Anwendung kamen, bei der abschließenden Entscheidung darüber, wer den Auftrag erhalten soll, erneut zugrunde gelegt werden können, vgl. RZ 8277. 8442

216.4.4.5 Angabe der Gewichtung der Auswahlkriterien

Vgl. die Kommentierung zu § 97 GWB RZ 429. 8443

216.4.4.6 Dokumentationspflicht

Vgl. die Kommentierung zu § 97 GWB RZ 198. 8444

216.4.4.7 Anonymität von Wettbewerbsarbeiten

Nach §§ 25, 20 Abs. 7 Satz besteht die **Pflicht zur anonymen Vorlage der Wettbewerbsarbeiten auch bei der Durchführung eines Planungswettbewerbs** im Sinn von § 25 VOF. Unter „Anonymität" fällt nach dem Wortlaut die Ungenanntheit, die fehlende Namensnennung. Der **Grundsatz der Anonymität kann nicht so weit ausgelegt werden, dass er auch dann verletzt ist, wenn die Urheberschaft eines Wettbewerbsbeitrags erkennbar ist.** Auch aus Sinn und Zweck der Vorschrift ergibt sich nichts anderes. § 20 Abs. 7 Satz 2 VOF soll die Chancengleichheit der Teilnehmer sichern. Im Übrigen soll die Unabhängigkeit des Preisgerichts im Sinn des § 20 Abs. 7 Satz 1 VOF gesichert werden. Dies ist gewährleistet, wenn aufgrund der Einhaltung eines bestimmten formalen Verfahrens keine Gewissheit über die Urheberschaft eines Wettbewerbsbeitrags besteht. **Reine Vermutungen diesbezüglich können hingegen nie ausgeschlossen werden.** Ließe man bloße Erkennbarkeit für einen Verstoß gegen den Grundsatz der Anonymität ausreichen, führte dies dazu, dass sich kein weithin bekannter Architekt mit charakteristischer „architektonischer Handschrift" mehr an Wettbewerben beteiligen könnte, da kein Preisrichter gefunden werden könnte, der diese Handschrift nicht erkennen würde. Darüber hinaus kann es Nachahmer geben, so dass ohne Namensnennung oder sonstige vereinbarte Geheimzeichen eine Zuordnung aufgrund eines bestimmten Stils nicht zweifelsfrei möglich ist (OLG Düsseldorf, B. v. 25. 10. 2005 – Az.: VII – Verg 67/05; 1. VK Bund, B. v. 1. 9. 2005 – Az.: VK 1-98/05). 8445

216.5 Veröffentlichte einheitliche Richtlinien für Planungswettbewerbe

Darunter fallen in der Praxis 8446
- die Grundsätze und Richtlinie für Wettbewerbe auf den Gebieten der Raumplanung, des Städtebaus und des Bauwesens **(GRW 1995)** des Bundes (Neufassung vom 22. 12. 2003, bekannt gemacht im Bundesanzeiger Nr. 86a vom 7. 5. 2004),
- Grundsätze und Richtlinien für Wettbewerbe auf den Gebieten der Raumplanung, des Städtebaues und des Bauwesens **(GRW-Saar)** der Architektenkammer des Saarlandes (Neufassung 2003),
- die Regeln für die Auslobung von Wettbewerben **(RAW 2004)** auf den Gebieten der Raumplanung, des Städtebaues und des Bauwesens der Architektenkammer Nordrhein-Westfalen.

Teil 5   VOF § 25   Verdingungsordnung für freiberufliche Leistungen

216.6 Primärrechtsschutz bereits im Planungswettbewerb

8447   Erklärt der Auslober des Wettbewerbes in der Bekanntmachung des Wettbewerbes, dass er im Anschluss an den Wettbewerb den Auftrag gemäß den einschlägigen Bestimmungen über den Wettbewerb an den Gewinner oder an einen Preisträger des Wettbewerbs vergeben will (§ 5 Abs. 2 Buchstabe c) VOF), **kann ein Wettbewerbsteilnehmer Primärrechtsschutz wegen eventueller Verstöße gegen die dem Planungswettbewerb zugrunde liegenden Regeln in Anspruch nehmen** (so in der Tendenz 1. VK Brandenburg, B. v. 28. 1. 2000 – Az.: 1 VK 61/99; Brandenburgisches OLG, B. v. 11. 5. 2000 – Az.: Verg 1/00).

216.7 Bedeutung der Entscheidung eines Preisgerichts

216.7.1 Allgemeines

8448   Eine **Preisrichterentscheidung ist für die Parteien verbindlich** (§ 661 Abs. 2 S. 2 BGB). Sie ist **grundsätzlich nicht gerichtlich auf ihre sachliche Richtigkeit hin überprüfbar**, auch dann nicht, wenn ihre offenbare Unrichtigkeit geltend gemacht wird. Nachprüfbar ist nur das Verfahren, wobei nur schwerwiegende Verfahrensmängel, die sich offensichtlich auf die Entscheidung ausgewirkt haben, eine Aufhebung der Entscheidung der Preisrichter begründen können (1. VK Bund, B. v. 1. 9. 2005 – Az.: VK 1-98/05). **Der Entscheidung des Preisgerichts kommt wegen der ihr eigenen Verbindlichkeit (§ 661 Abs. 2 S. 2 BGB) eine dem Zuschlag entsprechende Wirkung zu.** Sie stellt die maßgebliche Zäsur im Auslobungsverfahren dar und beendet es (OLG Düsseldorf, B. v. 31. 3. 2004 – Az.: Verg 4/04).

216.7.2 Bedeutung für den Fall, dass Planungsleistungen an einen oder mehrere Preisträger vergeben werden sollen

8449   In einem solchen Fall muss der **Auslober nur unter den Preisträgern einen oder mehrere für den weiteren Planungsauftrag auswählen** (VK Nordbayern, B. v. 12. 8. 2004 – Az.: 320.VK-3194-29/04). Die weitere Planung muss nicht einmal einheitlich an einen Preisträger erteilt werden, **unterschiedliche Teilleistungen können sogar auf mehrere Preisträger verteilt werden** (OLG Düsseldorf, Urteil vom 19. 12. 1998 – Az. 12 U 220/95; VK Nordbayern, B. v. 12. 8. 2004 – Az.: 320.VK-3194-29/04). Dies resultiert u. a. daraus, dass die Verpflichtung, einen Preisträger für die Leistung zu beauftragen, nur dem Schutz aller Preisträger des Architektenwettbewerbs dient und die Entscheidungsfreiheit des Auslobenden nicht weiter einschränkt, als dies mit Blick auf die Interessen der Preisträger erforderlich ist (Bundesgerichtshof, Urteil vom 3. 11. 1983 – Az. III ZR 125/82; VK Nordbayern, B. v. 12. 8. 2004 – Az.: 320.VK-3194-29/04).

8450   Vgl. zu dieser Frage auch die Kommentierung zu § 5 VOF RZ 7937.

216.8 Notwendigkeit einer vergaberechtlichen Rüge (§ 107 Abs. 3 GWB)

8451   Im Rahmen der Durchführung eines Planungswettbewerbes auf der Basis der GRW 95 kann ein Teilnehmer des Wettbewerbes nach Ziffer 6.2 Abs. 3 GRW 95 Verfahrensverstöße rügen. Will der Teilnehmer **über die Rüge nach GRW 95 eine Rüge im Sinne von § 107 Abs. 3 GWB erheben**, muss er die **hierfür notwendigen Voraussetzungen, insbesondere das Erfordernis der Unverzüglichkeit, beachten** (1. VK Brandenburg, B. v. 28. 1. 2000 – Az.: 1 VK 61/99; Brandenburgisches OLG, B. v. 11. 5. 2000 – Az.: Verg 1/00).

216.9 Triftige Gründe für eine Nichtbeauftragung eines Architekten im Anschluss an einen Wettbewerb

8452   Die veröffentlichten einheitlichen Richtlinien für Planungswettbewerbe **sehen grundsätzlich vor, dass sich der Auslober verpflichtet, einem oder mehreren Preisträgern,** bei Einladungswettbewerben in der Regel dem 1. Preisträger, unter Würdigung der Empfehlungen des Preisgerichts **die für die Umsetzung des Wettbewerbsentwurfs notwendigen weiteren Planungsleistungen zu übertragen,** sofern **kein wichtiger Grund einer Beauftragung entgegensteht.**

8453   Ein solcher „triftiger" Grund muss nicht den Anforderungen genügen, die an einen wichtigen Grund als Voraussetzung für die außerordentliche Kündigung eines Dauerschuldverhältnisses zu stellen sind. Es **muss** vielmehr **ausreichen, dass ein Auslober hinreichende sachliche Gründe hat, die es angesichts der beschränkten Bindung durch seine Zusage im Architektenwettbewerb unzumutbar erscheinen lassen, ihn an dieser Verpflichtungserklärung festzuhalten.** Für Gebietskörperschaften des öffentlichen Rechts kann dies zu bejahen sein, wenn **wirtschaftliche Gründe** – etwa, weil einkalkulierte Subventionen nachträglich gestrichen werden oder die Steuereinnahmen „wegbrechen" – es erforderlich machen, von der Verwirklichung des preisgekrönten Entwurfs abzusehen und sich für einen alternativen Entwurf zu entscheiden, welcher in der neuen Situation realisierbar erscheint.

Auch hebt die **Veränderung des Programms** durch den Auslober nach Abschluss des Wettbewerbsverfahrens seine **Verpflichtung zur weiteren Beauftragung der Wettbewerbssieger nicht auf.** Dies gilt allerdings nur, sofern die Aufgabenstellung nicht so verändert wird, dass der prämierte Entwurf in seinen wesentlichen Elementen nicht mehr realisiert werden kann (BGH, Urteil vom 27. 5. 2004 – Az.: III ZR 433/02). 8454

Hat das **Preisgericht ausdrücklich empfohlen, mit allen Preisträgern über die Weiterentwicklung ihrer jeweiligen Vorschläge in Verhandlungen einzutreten,** hat es dabei alle Beiträge explizit als auslobungskonform angesehen. Dann aber kann die Entscheidung des Preisgerichts nur so verstanden werden, dass sich die **Vergabe des Planungsauftrags** – in dem vom Preisgericht vorgegebenen Rahmen und unter Würdigung seiner Empfehlungen – schließlich **maßgeblich nach dem Ergebnis der nachfolgenden Verhandlungen mit allen Preisträgern zu richten** hat. Scheitern dann z. B. die Verhandlungen mit dem ersten Preisträger, weil er eine wirtschaftlich vertretbare Realisierung des Bauvorhabens aus Sicht der Vergabestelle nicht mehr erwarten lässt, kann die Präferenz des Preisgerichts für den ursprünglichen Entwurf dieses Preisträgers zu seinen Gunsten einen Anspruch auf Abschluss des Planungsvertrags mit ihm nach dem jetzigen Stand des Vergabeverfahrens nicht begründen (OLG Dresden, B. v. 21. 10. 2005 – Az.: WVerg 0005/05; B. v. 11. 4. 2005 – Az.: WVerg 05/05; im Ergebnis ebenso 1. VK Sachsen, B. v. 13. 5. 2005 – Az.: 1/SVK/035-05). 8455

216.10 Zulässigkeit der Forderung des Auftraggebers nach einer Weiterentwicklung der Wettbewerbsentwürfe

Entwickelt der Auftraggeber im Verlauf der Verhandlungen in einigen Punkten **veränderte Nutzungsanforderungen an das zu planende Bauvorhaben**, die eine entsprechende Überarbeitung des Wettbewerbsentwurfs erforderlich machen (z. B. eine „Optimierung" des ursprünglichen Beitrags nach unterschiedlichen Kriterien – Raumprogramm, Funktionalität, Ausstattung, Kostenlimit u. a.), sind **solche Anpassungen in einem Verhandlungsverfahren,** soweit nicht die Identität des Beschaffungsvorhabens des öffentlichen Auftraggebers unmittelbar berührt ist, auch **ohne weiteres zulässig; das gilt umso mehr für einen der VOF unterliegenden Planungsauftrag,** dessen Inhalt sich regelmäßig erst nach Maßgabe der hierüber geführten Verhandlungen von einer bloßen Aufgabenbeschreibung zu Planungsleistungen im Detail konkretisiert. Ein Verhandlungsverfahren unterscheidet sich von den anderen vergaberechtlichen Verfahrensarten gerade dadurch wesensmäßig, dass sowohl hinsichtlich des ausgeschriebenen Leistungsgegenstands als auch bezüglich der hierauf abgegebenen Angebote Verhandlungen zwischen der Vergabestelle und den Bietern gerade nicht grundsätzlich verboten, sondern im Gegenteil zulässig und erwünscht, im Regelfall zur Bestimmung des später maßgeblichen Vertragsinhalts sogar notwendig sind (OLG Dresden, B. v. 21. 10. 2005 – Az.: WVerg 0005/05; B. v. 11. 4. 2005 – Az.: WVerg 05/05; 1. VK Sachsen, B. v. 31. 5. 2005 – Az.: 1/SVK/046-05; B. v. 13. 5. 2005 – Az.: 1/SVK/035-05). 8456

216.11 Kooperatives Workshopverfahren

Vgl. zur **vergaberechtlichen Einordnung so genannter kooperativer Workshopverfahren** z. B. nach den RAW die Kommentierung zu § 99 GWB RZ 1181. 8457

217. § 26 VOF – Unteraufträge

Der Auftragnehmer hat die Auftragsleistung selbständig mit seinem Büro zu erbringen. Dem Auftragnehmer kann mit Zustimmung des Auftraggebers gestattet werden, Auftragsleistungen im Wege von Unteraufträgen an Dritte mit entsprechender Qualifikation zu vergeben.

Teil 5 VOF § 26   Verdingungsordnung für freiberufliche Leistungen

8458   Der Auftragnehmer hat die Auftragsleistung selbständig mit seinem Büro zu erbringen. Dem Auftragnehmer kann mit Zustimmung des Auftraggebers gestattet werden, Auftragsleistungen im Wege von Unteraufträgen an Dritte mit entsprechender Qualifikation zu vergeben.

217.1 Vergleichbare Regelungen

8459   Der Vorschrift des § 26 VOF im Grundsatz vergleichbar sind im Bereich der VOB § 4 Nr. 8 VOB/B und im Bereich der VOL § 10 VOL/A und § 4 Nr. 4 VOL/B.

217.2 Änderungen in der VOF 2006

8460   § 26 ist im Zuge der VOF 2006 **nicht geändert** worden.

217.3 Angabe der Nachunternehmerleistungen

8461   Der Auftraggeber kann nach § 13 Abs. 2 Buchstabe h) VOF von den Bewerbern verlangen, dass sie die Nachunternehmerleistungen angeben; vgl. im Einzelnen die Kommentierung zu § 13 VOF RZ 8193.

217.4 Konsequenz der Vergabe von Generalplanerleistungen

8462   Vergibt der öffentliche Auftraggeber die freiberuflichen Leistungen als **Generalplanerleistungen** („Alles aus einer Hand"), **legt er** in aller Regel bereits den **Grundstein für die Einschaltung von Dritten,** da nur die wenigsten Architektur- bzw. Ingenieurbüros in der Lage sind, z. B. alle in der HOAI genannten Leistungen selbst anzubieten.

8463   Stellt aber eine Vergabestelle unangefochten derartige Prämissen auf, so ist sie auch **bei der Eignungsprüfung an die Konsequenzen gebunden,** die sich aus dem von ihr gewählten Ausschreibungsmodus ergeben. Es wäre widersprüchlich und irreführend, im Ergebnis möglicherweise als Verstoß gegen den in § 97 Abs. 1 GWB normierten Transparenzgrundsatz zu werten, wenn sie in der Folge den Bewerbern bzw. Bietern, die nicht alle Leistungen selbst erbringen können, die Eignung abspräche. Dadurch würde der Kreis der potentiellen Auftragnehmer im Übrigen in einer im Widerspruch zu dem ebenfalls in § 97 Abs. 1 GWB normierten Wettbewerbsgrundsatz stehenden Weise eingeengt (1. VK Bund, B. v. 1. 3. 2002 – Az.: VK 1-3/02).

217.5 Bedeutung in der Rechtsprechung

8464   Die Vorschrift spielt bisher in der Rechtsprechung keine Rolle.

Sachverzeichnis zu Teil 1:
Gesetz gegen Wettbewerbsbeschränkungen (GWB)

Ablehnungsfiktion 475
– im Feststellungsverfahren 476
Abschließender Beschluss
– Auswirkungen eines in der Hauptsache 494
– Auswirkungen in der Hauptsache auf eine Entscheidung nach § 118 509
Akteneinsicht 409
– Antrag auf 496
– Rechtsschutz gegen Versagung 413
– Umfang
  – bei Dienstleistungsaufträgen 412
  – Versagung 412
– bei Versagung
  – aus sonstigen Gründen 413
  – aus wichtigem Grund (§ 111 Abs. 2) 411
– Voraussetzungen 410
Aktenversendung 409
Allgemeines Eisenbahngesetz (AEG) 272
Altpapierverwertung 228
altrechtlicher Verein 191
Ambulanten-Hilfen-Zentrum (AHZ) 211
Amtszeit 320
Änderungen
– bestehender Vertragsbeziehungen bei nicht unerheblicher Änderung des Vertragsinhalts 221
– Laufzeit bestehender Vertragsbeziehungen 221
Änderungsverbot der Vergabeunterlagen 288
Andienungsverfahren 209
Androhung der Anrufung der Vergabekammer 390
Angebotsabgabe 289
Angebotsausschluss 429
Angebotsfrist
– Auswirkung bei Verlängerung 386
– als Ausschlussfristen 285
– keine Nachverhandlungsmöglichkeit nach Ablauf 286
Anlagen, maschinelle und elektrotechnische/elektronische 235
Anmietung eines noch zu erstellenden Gebäudes 269
Anschlussbeschwerde 472
– unselbständige 498
Anspruch, auf Einhaltung der Bestimmungen über das Vergabeverfahren 179
Anspruchsbegründende Umstände 519
Antrag (§ 107 Abs. 1) 323
– Adressat des Antrages 323
– Antragsänderung 327
– Antragstellung nicht durch „Verweisung" eines anderen Gerichtes 323
– Rücknahme 324
– Wartefrist zwischen der Erklärung der Rüge und Einreichung 325
– zeitliche Bedingungen 325
Antragsbefugnis 327
– bereits vor Erhalt der Information nach § 13 VgV 354

– Bietergemeinschaft 328
– Erledigung 352
– Lieferanten 330
– mangelhafte Information nach § 13 VgV eines anderen Bieters? 354
– Nachunternehmer 330
– rechtmäßig gekündigter Auftragnehmer 330
– Rechtsnachfolgeunternehmen 330
– Unternehmen 328
– Unternehmensverbandes 330
– Vorabentscheidung 500
– Zusage der Vergabestelle, den Zuschlag erst ab einem bestimmten Datum zu erteilen? 355
Antragsgegner
– Änderung 393
– Berichtigung der Bezeichnung 393
– Bezeichnung 393
Anwaltszwang 495
Anweisung, von den Vorgaben der Ausschreibung nicht abzuweichen 431
Anwendbarkeit
– des GWB bei einer europaweiten Ausschreibung
  – vergaberechtsfreie Beschaffung 262
  – öffentlicher Aufträge unterhalb der Schwellenwerte 261
– des GWB
  – bei Erreichen des Schwellenwerts und fehlender europaweiter Ausschreibung 262
  – bei öffentlichen Aufträgen unterhalb der Schwellenwerte 257
– der VOF aufgrund einer ausdrücklichen freiwilligen Selbstbindung 264
Anwendung, des Verwaltungskostengesetzes 525
Arbeitsverträge 264
Aufgaben
– nicht gewerblicher Art. 194
– im Allgemeininteresse 192
Aufhebung
– der Aufhebung 442
– eines Zuschlages 437
Aufhebungsentscheidung, Aufhebung 425
Auflistung der Baumaßnahmen, Dienstleistungen und Auslobungsverfahren 205
Aufschiebende Wirkung
– analoge Anwendung von § 118 Abs. 1 Satz 3 für Fall der Verpflichtung des Auftraggebers zur Aufhebung 490
– Antrag
  – auf Verlängerung 452, 486
  – eines Auftraggebers 488
  – eines beigeladenen Bieters 489
  – gegen einen Kostenfestsetzungsbeschluss 487
  – mit dem Ziel der Auftragsausführung 487
  – mit dem Ziel der Geltendmachung der Unwirksamkeit des Zuschlags 487
– Dauer der aufschiebenden Wirkung der Beschwerde 490
– Entscheidung ohne mündliche Verhandlung 489

1467

Sachverzeichnis Teil 1 GWB

- Feststellung der Wirkungslosigkeit einer nach § 118 Abs. 1 Satz 3 getroffenen Entscheidung 489
- Formale Antragsberechtigung 488
- Frist für den Antrag auf Verlängerung der aufschiebenden Wirkung einer sofortigen Beschwerde 479
- Frist für die Einlegung der Beschwerde 488
- Rücknahme des Antrags 489
- Wegfall des Rechtsschutzinteresses 489
- Wirksame Aufhebung 487
- Wirksame Auftragserteilung 487
- Zuschlagsverbot 487

Aufsicht über die Leitung 198
Auftraggeber, Abgrenzung nach § 98 Nr. 2 und § 98 Nr. 4 204
Auftraggeberbegriff, funktionaler 187
Auslagen
- der Vergabestelle 555
- für die nur beratende Hinzuziehung eines Rechtsanwaltes 554
- Hinzuziehung eines Rechtsanwaltes 543
- notwendige 554
- notwendige Auslagen eines Beigeladenen 556

Ausländische Truppen 265
Auslegung der einzelnen Tatbestandsmerkmale des § 98 Nr. 5 205
Auslobungsverfahren 247
Ausnahmenkatalog
- des § 100 Abs. 2 264
- Rechtsfolge des Vorliegens eines Ausnahmetatbestands nach § 100 Abs. 2 GWB 272

Ausschluss
- eines Angebotes 429
- einer Bietergemeinschaft wegen Wettbewerbsbeschränkung 50
- wegen konkreter Anzeichen einer Wettbewerbsbeschränkung 51
- wegen des Verdachts der Befangenheit 319

Ausschlussfrist
- Frist des § 107 als 454
- Möglichkeiten (§ 113 Abs. 2 Satz 2) 420

Ausschreibung
- Aufhebung 357
- europaweite 262
- Nachunternehmerleistungen privater Hauptunternehmer bei öffentlichen Aufträgen 208

Aussetzung und Vorlage
- an den Europäischen Gerichtshof, 509
- bei aussichtsloser Beschwerde 509
- bei bereits erfolgter Vorlage 509
- bei Kostenfragen 509

Aussetzung 427
- des Verfahrens 470
- des Vergabeverfahrens 456
- und Vorlage an den Europäischen Gerichtshof 428

Barwertmethode 167
Bauaufträge (§ 99 Abs. 3) 231
Baugeländevorarbeiten 235
Baukonzession
- Begriff 237
- Ausschreibung und Vergabe 238

Baukoordinierungsrichtlinie 188
Bauleistungen 234
- durch Dritte gemäß den vom Auftraggeber genannten Erfordernissen 236

Sachverzeichnis zu Teil 1

Bauvertrag, Abgrenzung 240
Bedarfsposition 170
Beendigungsfiktion 503
Befangenheit, Ausschluss wegen des Verdachtes der 319
Begehren, bestimmtes 393
Begründung 482
- Abschrift des angefochtenen Vergabekammerbeschlusses 484
- Angabe der Tatsachen und Beweismittel, auf die sich die Beschwerde stützt 483
- Erklärung über die Reichweite der Anfechtung und Beantragung einer abweichenden Entscheidung 483
- Folge einer Nachreichung der Beschwerdebegründung 484
- Rechtsfolge
  - einer unzureichenden 396
  - einer Verletzung des § 117 Abs. 2 Satz 2 Nr. 2 484
- unverzügliche 393
- Vorlage aller Schriftstücke des Vergabekammerverfahrens 484

Beherrschender Einfluss 203
Beiladung 397
- Beschwerdeverfahren 494, 495
- erst im Verfahren vor dem Vergabesenat 397
- Parallelausschreibung 397
- Unanfechtbarkeit, der Entscheidung über die Beiladung 398
- von Amts wegen und auf Antrag 398
- Entscheidung 398
- Zeitpunkt 397

„bekannt und bewährt" 176
Bekanntgabe, Absicht der losweisen Vergabe 87
Bekanntmachung 387
- Einsendefrist für die Anträge auf Teilnahme 280
- erkennbare Verstöße 382
- Kriterien für die Auswahl der Teilnehmer 280
- Zahl der Teilnehmer, die zur Angebotsabgabe aufgefordert werden 280

Belehrungspflicht der Vergabekammer gegenüber einem Beigeladenen 416
Berichtigung des Rubrums der Entscheidung nach § 42 VwVfG 456
Berücksichtigung
- anderer bestandskräftiger vergaberechtlicher Entscheidungen 437
- beschränkte Berücksichtigung von Fehlern im Nachprüfungsverfahren 401
- nicht gerügter Beanstandungen 400
- von Billigkeitsgesichtspunkten? 533

Berücksichtigungsgebot mittelständischer Interessen 83
Berufsausübungsrecht, Beschränkungen (Art. 12 GG) 44
Beschaffungsbezug 226
- ausschreibungspflichtige Veräußerung von Gesellschaftsanteilen 227
- isolierte Veräußerung von Gesellschaftsanteilen 227
- Verwertung von Altpapier (PPK-Fraktion) 228

Beschaffungsgegenstand, keine substanzielle Änderung durch Abspaltung von Leistungsteilen 287
Beschaffungsgrundsätze 43

Gesetz gegen Wettbewerbsbeschränkungen

Beschaffungsmarkt, Bedeutung 31
Beschleunigung 416
Beschreibung der behaupteten Rechtsverletzung mit Sachverhaltsdarstellung 394, 395
Beschwerde
– nach den Regelungen des GWB 471
– Statthaftigkeit 496
Beschwerdebefugnis 474
– des Auftraggebers eines Verfahrensbevollmächtigten 474
– des Beigeladenen 474
Beschwerdebegründung s. Begründung
Beschwerdeentscheidung 503
– Aufhebung bei Begründetheit der Beschwerde 504
– Bindung an die Anträge 503
– Gestaltungsmöglichkeiten für den Vergabesenat 505
– bei Entscheidungsreife 505
– bei etwaiger fehlerhafter Besetzung der Vergabekammer 506
– des Beschwerdegerichts 504
– durch Aufhebung der Ausschreibung 506
– durch Vergleich 506
– durch Verurteilung zur Zuschlagserteilung 505
– in der Sache selbst 505
– trotz fehlender Entscheidung der Vergabekammer 505
– trotz Zurückverweisungsantrag 505
– über die Eignung 506
– und Verpflichtung des Auftraggebers zur Anwendung des Vergaberechts 506
– Zurückverweisung 506
Beschwerdefrist 481
– Berechnung der Frist 482
– Schriftlichkeit 482
Beschwerdeschrift, Unterzeichnung 485
Beschwerdeverfahren
– Anordnung weiterer vorläufiger Maßnahmen i. S. v. § 115 Abs. 3 Satz 1 GWB 493
– Beiladung 494
   – bei Verbindung 495
– Beteiligte 494
– Kosten 582
– und Verfahren nach § 118 und ihre Unterscheidung 586
– Zuständigkeit für die Kostenfestsetzung 582
– Geschäftswert 583
Beteiligung kommunaler Unternehmen/ Kommunen 51
Beteiligungsverbot nicht erwerbswirtschaftlich orientierter Institutionen am Wettbewerb 56
– nachträgliches 280
Betreiberleistungen 238
Beurteilungs- und Ermessensspielraum 163
– Überprüfung 163
Beurteilungsspielraum und Nachprüfung 171
Bewertungsmethodik durch den Auftraggeber 161
Bewertungssystem (Matrix) 162
Bieterschützende Vorschrift 83, 278
– in der Rechtsprechung umstritten 184
– von der Rechtsprechung abgelehnt 185
– von der Rechtsprechung anerkannt 180
Bindung
– an die Anträge (§ 114 Abs. 1 Satz 2) 436
– im Beschwerdeverfahren? 437

Teil 1 GWB Sachverzeichnis

– der ausschreibenden Stelle
   – an die veröffentlichten Zuschlagskriterien 161
   – an veröffentlichte Wertungskriterien 263
– der Vergabestelle an Entscheidungen anderer Behörden 186
– des Auftraggebers an von ihm selbst aufgestellte Eignungskriterien 131
– gegenseitige vertragliche 209
– Mindestbedingungen 284
Bindungswirkung 510
– der Entscheidung von Vergabeprüfstellen, eines Vergabeüberwachungsausschusses bzw. der Aufsichtsbehörde des öffentlichen Auftraggebers 511
– Feststellungsverfahren 449
– rechtskräftiger Entscheidungen von Verwaltungsgerichten 511
– Zulässigkeit zweier Entscheidungsträger 511
– Gegenstand 510
– mittelbare 511
BRAGO (altes Recht) 578
Bundesrepublik Deutschland 30
Darlegung des Schadens und der Kausalität 396
DB Netz AG 200
De-facto-Vergaben 359
Deutsche Post AG 201
Deutsche Postbank AG 201
Deutsche Telekom AG 201
Dienstleistung 241
– finanzielle 269
Dienstleistungsaufträge 241
– Abfallbereich 242
Dienstleistungsholding 191
Dienstleistungskonzession 242
– Einbeziehung in das Vergaberecht 245
– Nachprüfbarkeit 246
Dienstleistungskoordinierungsrichtlinie 188
Dienstleistungsverträge
– Abgrenzung 240
– Dauer 247
Dokumentationspflicht, Konkretisierung des Transparenzgebots 66
Drohender Schaden 334
– Abgabe eines bewusst nicht zuschlagsfähigen Angebotes 344
– Angebotsabgabe für ein oder mehrere Lose 338
– Ankündigung des Auftraggebers, entsprechend dem Antrag eines Antragstellers zu verfahren 350
– aufgrund der Rangstelle chancenlosen Angebot 339
– aufgrund formaler Angebotsfehler chancenlosen Angebot 340
– Aufhebung der Ausschreibung und Beteiligung an einem anschließenden Vergabeverfahren 350
– begrenzte Akteneinsicht 351
– einer Preisgerichtsentscheidung im Sinn von § 661 Abs. 2 BGB 351
– fehlende Angebotsabgabe 336
   – für ein Los 338
– Forderung nach einer Tariftreueerklärung 350
– Information nach § 13 VgV 347
– inhaltlich nicht ordnungsgemäßer Nachprüfungsantrag 351
– losweiser Ausschreibung 346
– Möglichkeit, einen Auftrag im Verhandlungsverfahren zu vergeben 351

1469

Sachverzeichnis Teil 1 GWB

- nicht EU-weiter Ausschreibung 349
- nicht EU-weiter Bekanntmachung 348
- Produktvorgabe 347
- Rüge
  - der fehlerhaften Verdingungsordnung 345
  - der fehlerhaften Vergabeart 345
- Teilnahmewettbewerb 346
- trotz Angebotsabgabe 338
- Unmöglichkeit der Leistungserbringung durch den Bieter 350
- Verdachtsrüge 349
- Vereinbarkeit der Forderung des § 107 Abs. 2 nach einem Schaden mit europäischem Recht 336
- Verlängerung der Zuschlags- und Bindefrist 347
- Verletzung der Dokumentationspflicht 348
- VOF-Verfahren 351
- VOL-Verfahren 347
- vorzeitiger Angebotsöffnung in einem Verhandlungsverfahren 349
- wenn erfolgreiche Rüge zur Ausschreibung der Aufhebung führt 344
- zu kurze Angebotsfristen 347

Echte Chance auf Erhalt des Zuschlags 518
Eignung
- Abschleppdienstleistungen 130
- Bietergemeinschaft 127
- „Newcomer" 125
- Ausschlussgründe wegen mangelnder Eignung 131
- eines Generalübernehmers 125
- Entscheidung über die Eignung des Bieters 432
- Feststellung 115
- früheres vertragswidriges oder positives Verhalten des Bieters 123
- mangelnde, wegen der Einschaltung von Nachunternehmern 128
- ÖPNV-Dienstleistungen 130
- Verfügbarkeit im Fall der Rechtsnachfolge 130

Eignungskriterien 103
- andere oder weitergehende 133
- „Fachkunde" 105
- Fachkunde, Leistungsfähigkeit, Zuverlässigkeit 103
- Gewichtung 113
- konkrete Ausformung in VOB/VOL/VOF 105
- „Leistungsfähigkeit" 107
- missverständliche 133
- „Zuverlässigkeit" 111

Eignungsprüfung 103
- im Teilnahmewettbewerb 132
- Maßstab 132

Einkaufskooperationen 55
Einseitige Erledigung des Antrags 503
Einsicht eines Bieters in Verträge des Auftraggebers mit Dritten 435
Einsichtnahme 409
Einstellung des Vollstreckungsverfahrens 433
Einstweilige Verfügungsverfahren nach der ZPO 296
Endentscheidungen 468
Energiesparcontracting 238
Entgeltlichkeit 224
Entscheidung
- Arten 421
- auch bei einem unwirksamen Vergabekammerbeschluss 509

Sachverzeichnis zu Teil 1

- Aussetzung 427
- bei Rücknahme 432
- bei Rücknahme des Nachprüfungsantrags 508
- der Vergabekammer 421, 468
- des Bundesgerichtshofs 514
- nach Lage der Akten
  - bei Auslegung einer bereits getroffenen Kostenentscheidung 416
  - bei offensichtlicher Unbegründetheit 416
  - nach Lage der Akten, bei Unzulässigkeit 415
  - nach Lage der Akten, bei Zustimmung der Beteiligten 415
- Rechtskraft 454
- über den Entzug der Präqualifikation 434
- über den Vorabgestattungsantrag bei Erlass einer Hauptsacheentscheidung 465
- über die Eignung eines Bieters 432
- über unzulässigen/unbegründeten Nachprüfungsantrag auch ohne dessen Zustellung 408
- über Vorabgestattungsantrag bei Erlass einer Hauptsacheentscheidung 433
- und Sachaufklärung 428

Entscheidungskriterien 490
- Abwägungsentscheidung 491
- Erfolgsaussichten der Beschwerde 490

Enttäuschtes Vertrauen 519
Erinnerung gegen die Kostenfestsetzung 585
Erkennbarkeit, Maßstab 382
Erklärungsirrtum eines Bieters 175
Erneute Prüfung und Wertung 429
Erörterungsgebühr für den Antrag nach § 118 Abs. 1 Satz 3 586
Erstattung
- außergerichtlicher Kosten 560
- der außergerichtlichen Auslagen
  - eines Beigeladenen bei aktiver Beteiligung 584
  - eines Beigeladenen 584
  - eines Beigeladenen, der selbst kein Rechtsmittel eingelegt hat 584
- der notwendigen Aufwendungen 542

Erstattungsfähigkeit
- Arten 421
- auch bei einem unwirksamen Vergabekammerbeschluss 509
- Aussetzung 427
- bei Rücknahme 432
- bei Rücknahme des Nachprüfungsantrags 508
- bei später Antragstellung und Ersichtlichkeit der Erfolgsaussicht? 560
- der Kosten so genannter Schutzschriften 588

Erstattungspflicht, bei erfolgreicher Anrufung der Vergabeprüfstelle 542
Europäische Gemeinschaften 29
Europäische Richtlinien 31
Europäisches Recht 31
Fachlos 85
Fahrtkosten eines Parteivertreters neben einem Rechtsanwalt 560
Fairer Wettbewerb 65
Fehlerhafte Leistungsbeschreibung 520
Fehlerhafter Planungswettbewerb 520
Feststellung
- der Nichtigkeit eines Vertrages außerhalb eines Feststellungsverfahrens 434
- der Rechtswidrigkeit 507

1470

Feststellungsantrag,
- Inhalt 449
- über den Wortlaut der §§ 114, 115 hinaus 468
- Unzulässigkeit 448
  - bei bereits erfolgter Beauftragung 448
  - bei eventueller Vertragsnichtigkeit 448
- sonstiger 449
Feststellungsinteresse 443
Feststellungsverfahren 442
- Ablehnungsfiktion des § 116 Abs. 2 450
- allein mit dem Ziel von Schadenersatzansprüchen 445
- Bindungswirkung 449
- Feststellung eines Verstoßes gegen EG-Vertrag vor dem EuGH 450
- Fortbestehen eines Verstoßes gegen Ausschreibungsrecht vor dem EuGH 450
- keine Einleitung nach Vertragsschluss 445
Finanzielle Dienstleistungen 269
Finanzierung 206
Formvorschriften, durch Bezugnahme auf einen zeitlich vorhergehenden Antrag 395
Forschungs- und Entwicklungsdienstleistungen 271
Fortsetzung des Vergabekammerverfahrens bei einer „Nichtentscheidung" der Vergabekammer? 476
Freiberufliche Aufträge von Sektorenauftraggebern 276
Fristverlängerung (§ 113 Abs. 1 Satz 2) 417
Gartenpflegearbeiten 236
Gebietskörperschaften 189
Gebühr
- Auswirkung des Zeitpunkts der Stellung des Nachprüfungsantrags auf die Höhe 529
- Erhöhung 529
- Ermäßigung bei unterdurchschnittlichem Aufwand der Vergabekammer 529
  - im Fall der Unzulässigkeit eines Nachprüfungsantrags 528
  - im Fall der Verbindung von Nachprüfungsverfahren 528
  - im Fall mehrerer Nachprüfungsanträge 528
  - für das Gestattungsverfahren vor der Vergabekammer 530
Gebühren
- Absehen von der Erhebung 541
- des Rechtsanwaltes 570
Gebührenanrechnung 587
Gebührenansätze, berichtigende Auslegung 587
Gebührenbefreiung 540
- nach dem Verwaltungskostengesetz? 539
Gebührenbetrag 526
Gebührenfreiheit des Auftraggebers bei gesamtschuldnerischer Haftung 540
Gebührenhöhe 525
- bei einem unzulässigen Antrag 530
- bei Erledigung 541
- Überprüfbarkeit der Entscheidung der Vergabekammer 530
Gebührenstaffeln 526
Gefährdung kartellrechtlicher Ermittlungen 362
Gegenstandswert 563
- des Vollstreckungsverfahrens 589
Gegenstandswertfestsetzungsbescheid 470
Geheimnisse, Wahrung von Fabrikations-, Betriebs- oder Geschäftsgeheimnissen 411

Gemeinde-Unfallversicherungsträger 201
Gemischte Verträge 248
Generalübernehmer 94
Generalunternehmer 88
Gesamtschuldnerische Haftung mehrerer Kostenschuldner 540
Gleichbehandlungsgebot 283
- Unzulässigkeit der ausschließlichen Berücksichtigung örtlicher Unternehmen 77
Grundsatz 532
Haftung nach Kopfteilen 581, 585
„Hineinwachsen" in Vergabeentscheidung 334
Hinzuziehung
- eines auswärtigen Rechtsanwaltes 554
- eines Projektsteuerungsbüros oder eines Vergabebetreuers durch den öffentlichen Auftraggeber 550
- eines Rechtsanwaltes durch
  - den öffentlichen Auftraggeber 543
  - einen Beigeladenen 553
  - einen Bieter 551
- eines Rechtsbeistandes 553
- eines sachverständigen Ingenieurs durch die Vergabestelle 550
HVA B-StB 03/2006 zu Rechenfehlern 133
Immobilienbedarfsgeschäfte 268
Inhouse-Geschäfte 214
- Beauftragung von Verwaltungseinheiten 220
- Kommunalverfassungsrecht 219
- Rechtsprechung des BGH 217
- Rechtsprechung des EuGH 214
- Voraussetzungen 217
Initiative Bürokratieabbau der Bundesregierung 34
Insolvenzverfahren, Verhandlungen während 222
Interesse am Auftrag 331
- bei der Vergabe eines „aliud" im Wege einer De-facto-Vergabe 332
- auch bei nicht verlängerter Bindefrist 331
- bei der Absicht, die Auftragsvergabe zu verhindern? 333
- bei Übergehen der Vergabeprüfstelle oder anderer fakultativer Instanzen 333
- bei unterlassenem Vergabeverfahren 331
- durch Beteiligung an einem Teilnahmewettbewerb 331
- trotz Nichtabgabe eines Angebotes 332
Investorenauswahlverfahren 269
Juristische Personen
- des öffentlichen Rechts 190
- des privaten Rechts 191
Kalkulationsirrtum eines Bieters 174
Kampfmittelräumung 236
Kein Verstoß gegen europäisches Recht 85
Kennzeichnungspflicht der Beteiligten (§ 111 Abs. 3) 413
Kirchen 190
Kleine und mittlere Unternehmen 87
Konzessionen im Gemeinschaftsrecht 237, 246
Kooperationsvereinbarungen zwischen Verwaltungen 211
Kooperative Workshopverfahren 247
Koppelungsangebot
- Begriff 172
- zur Lieferung nicht/preisgebundener Schulbücher 172

Sachverzeichnis Teil 1 GWB

Körperschaften des öffentlichen Rechts 206
Kosten
– bei Zurücknahme der sofortigen Beschwerde 584
– und Rücknahme des Nachprüfungsantrags 584
– der Entscheidung nach § 121 Abs. 1 502
– der Vergabeprüfstelle 590
– des Kostenfestsetzungsverfahrens 585
– des Verfahrens nach
  – § 115 Abs. 2 Satz 2 588
  – § 118 Abs. 1 Satz 3 493, 586
  – § 121 Abs. 1 588
– des Vollstreckungsverfahrens 588
– vor der Vergabekammer 525
Kostenanträge, Zulässigkeit einer Vereinbarung über die Stellung von 589
Kostenentscheidung im Falle eines ablehnenden Beschlusses 588
Kostenerstattungsbetrag, Verzinsung 568
Kostenfestsetzungsantrag 562
Kostenfestsetzungsbescheid, nichtiger 470
Kostenfestsetzungsbeschluss
– Anfechtung 562
– vollstreckbare Ausfertigung 563
Kostengrundentscheidung 531
– Auswirkungen eines Vergleiches außerhalb des Nachprüfungsverfahrens 531
– durch Vergleich 531
– fehlende 532
Kostentragungspflicht 589
– des unterliegenden Beteiligten im Verfahren 531
– eines Beigeladenen 585
– nach Rücknahme eines Nachprüfungsantrags 513
Kostenverteilung 583
Kostenvorschuss 392
Krankenhäuser, Errichtung 205
Kündigung, einvernehmliche Rücknahme 222
laufende Verträge
– Nichtkündigung 221
– Optionen und Vertragsänderungen 221
Legislativpaket 33
Leistungsaustauschvertrag, Erbringung von Sozialpädagogischer Familienhilfe gegenüber Dritten 229
Leistungsbeschreibung
– Gebot der eindeutigen und erschöpfenden 284
– Pflicht zur Neuerstellung 435
Leistungserbringung, Recht auf 268
Letzte Chance für den Auftraggeber 390
Lieferauftrag mit baulichen Nebenleistungen 238
Lieferaufträge (§ 99 Abs. 2) 231
Lieferung und Einbau/Montage
– Küchengeräten 235
– Labormöbeln 235
– Solaranlage 235
Lohngleitklausel 176
Lose
– eindeutige Bezeichnung 86
– kein Zwang zu gleichen Rahmenbedingungen 86
Losverfahren 167
Losvergabe
– Sinn und Zweck 84
– Vorrang 84
Materielle Entscheidungen 468
Missbrauch 517
Mittelbare Stellvertretung 189

Mittelständische Interessen 87
– Berücksichtigungsgebot 83
Mittelwertverfahren 167
Mitverschulden 522
Mitwirkungspflicht
– der Beteiligten (§ 113 Abs. 2) 418
– Verhältnis zwischen Mitwirkungspflicht und Untersuchungsgrundsatz 419
Montage
– einer Solaranlage 235
– von Fenstern oder Türen 235
Mündliche Verhandlung 414
– Auswirkungen auf die Entscheidung 415
– Entscheidung nach Lage der Akten 415
– Notwendigkeit 496
– Verzicht auf 497
– Vorabentscheidung 502
– Wiederaufnahme 498
Nachfestsetzung von Kosten 470
Nachfolgemodelle 169
Nachprüfung, Gründe für eine zusammengefasste Ausschreibung mehrerer Fachlose 102
Nachprüfungsantrag s. a. Antrag
– Entscheidung bei Rücknahme 508
– keine Frist 454
– Zurückweisung als offensichtlich unzulässig/unbegründet 469
Nachprüfungsbehörden 294
– gemeinsame 322
– Aussetzung 303
– Beginn 445
– Dienstleistungen des Anhangs I B der DKR 263
– Einleitung durch einen beigeladenen Bieter 323
– Erledigung 446
– losweise Vergabe 102
– neues Verfahren nach Eintritt der Ablehnungsfiktion 477
– Primärrechtsschutz 294
– Rechtsfolge: (Rechtshängigkeit) Beginn 323
– Sekundärrechtsschutz 294
– Streitgegenstand 333
– Verbindung 392, 497
Nachverhandlungspflicht mit allen Bietern 288
Nachweispflicht, konkrete 46
Negatives Interesse 521
Neuausschreibung 430
Neutralitätspflicht 320
Nichtoffenes Verfahren
– Zulässigkeitsvoraussetzungen 279
Nichtzustellung, Rechtsschutz 404
Notfrist 481
Nutzwert-Matrix 166
Oberlandesgericht, zuständiges 480
Objektive Antragshäufung 392
Offenes Verfahren 278
– Vorrang 291
Offensichtliche Unbegründetheit 403
Offensichtliche Unzulässigkeit (§ 110 Abs. 2) 403
– Unbegründetheit und evtl. Verlust des Primärrechtsschutzes 403
Öffentlich private Partnerschaften 230, 253
Öffentliche Aufträge 209
– Verbindung mit sonstigen Aufträgen 249
Öffentliche Auftraggeber 187

Gesetz gegen Wettbewerbsbeschränkungen

- Eigenschaft durch die Rechtsprechung bejaht 207
- Eigenschaft durch die Rechtsprechung verneint 208
- Eigenschaft und sonstige Indizien 208
- Teilnahme am Markt 210
- Vergabe von Nachunternehmeraufträgen erfolgreichen Bieter eines anderen Vergabeverfahrens 211

Öffentlich-rechtliche Rundfunkanstalten 199
Öffentlich-rechtliche Verträge 223
ÖPNV- bzw. SPNV-Finanzierungsverträge 230
ÖPP-Beschleunigungsgesetz 278
Optionen 222
Organisationsfehler des Antragstellers 387
Orientierungsrichtlinien 543
Parallelausschreibung 172
Parallele Beteiligung
- als Einzelbewerber und Mitglied einer Bewerbergemeinschaft 48
- als Einzelbewerber und Nachunternehmer eines anderen Bieters 50
- zweier Unternehmen mit identischer Geschäftsführung, konzern- bzw. durch Holding verbunden 47

Personengesellschaften 191
Pflicht
- des Auftraggebers zur Vorlage der Original-Vergabeakten 408
- der Vergabekammer zur Anforderung der Vergabeakten 408
  - zur Berücksichtigung eines Beweisantritts 408
  - zur telefonischen Information über den Eingang eines Nachprüfungsantrages? 407
- zu kartellrechtlichen Prüfungen 47
- zu Verhandlungen mit allen Bietern? 284
- zum Einkauf von Leistungen am Markt? 210
- zur Abgabe eines schriftlichen Angebots im verschlossenen Umschlag 289
- zur aktiven Bekämpfung 65
- zur Bekämpfung wettbewerbsbeschränkender Verhaltensweisen 47
- zur Entscheidung innerhalb von fünf Wochen 417
- zur Entscheidung
  - innerhalb von fünf Wochen 417
  - für Feststellungsanträge 417
- zur Ermöglichung der Abgabe eines Angebotes 434
- zur erneuten und vergaberechtsfehlerfreien Festlegung der Eignungskriterien 436
- zur Erstellung einer neuen Leistungsbeschreibung 435
- zur Festlegung des zeitlichen Rahmens der Verhandlungen und des Zeitpunkts der Bewertung der Angebote 286
- zur isolierten Erstellung einer Dokumentation 435
- zur Mitteilung des Verfahrensablaufes und Bindung hieran 285
- zur Neutralität 320
- zur vergaberechtlichen Nachprüfung als Anspruchsvoraussetzung? 520
- zur Vertragskündigung nach Ablauf der Vertragslaufzeit 435
- zur Wiederholung der Prüfung der Angemessenheit der Preise 436

Teil 1 GWB **Sachverzeichnis**

- zur zeitgleichen Einholung des letzten Angebots der verbliebenen Bieter 285

Pilotprojekt „Gläserne Vergabe" 186
Positive Kenntnis
- bei fachkundigen Unternehmen 372
- bei mehrstufiger Vergabeentscheidung 373
- Beweislast und Umkehr der Beweislast 372
- des Rügenden von einem Verstoß gegen Vergabebestimmungen 368
- durch Rechtsrat 372
- treuwidriges Sich-Verschließen vor der Erkenntnis eines Vergabeverstoßes 370

Positives Interesse 521
Präklusionsregel, Vereinbarkeit mit dem EU-Recht 356
Preisaufschlag 287
Preisbindung (Schulbücher) 224
Primärrechtsschutz
- Begrenzung auf Vergaben ab den Schwellenwerten 39
- bereits in einem Planungswettbewerb 316
- drohender Verlust 360
- für allgemeine Kartellfragen 317
- für einen Verbotsanspruch hinsichtlich einer Beteiligung an einem Vergabeverfahren 317
- gegen den Verzicht der Vergabe eines Auftrags nach der VOF 316
- gegen die Aufhebung einer Ausschreibung 313
- gegen eine temporäre Auftragssperre 316
- gegen eine Verletzung der Vorschriften der §§ 93 f. BSHG 317
- Nachprüfungsverfahren 294
- Versagung als Missbrauchsfolge 517
- vorbeugender im Vergabeverfahren 308

Prüfung, nur solcher Verstöße
- die den Antragsteller in subjektiven Rechten verletzen 436
- die nicht präkludiert sind 436

Prüfung, von Verstößen bei einem unzulässigen Nachprüfungsantrag 437
Public-Private-Partnership 230, 253
Rahmenvereinbarungen
- Baumaßnahmen 252
- notwendige Bestandteile 250
- Zulässigkeit 250

Rangverhältnis zwischen § 98 Nr. 2 und § 98 Nr. 4 204
- zwischen § 98 Nr. 5 und § 98 Nr. 6 207
- zwischen GWB und Allgemeinem Eisenbahngesetz (AEG) 272
- Vorrang des § 107 Abs. 3 Satz 1 GWB vor § 107 Abs. 3 Satz 2 GWB 388

Rechte, besondere oder ausschließliche 203
Rechtliches Gehör 414, 498
Rechtshängigkeitssperre 326
- zu Lasten eines Beigeladenen 398

Rechtskraft der Entscheidung 454
Rechtskraftwirkung
- bei Erledigung des Nachprüfungsverfahrens 455
- bei identischem Streitgegenstand 455
- einer Kostenentscheidung 455
- relative 455
- Vereinbarkeit mit europäischem bzw. deutschem Recht 454

1473

Sachverzeichnis Teil 1 GWB

Rechtsmissbrauch, Schadensersatz 516
Rechtsmittel, gegen eine Entscheidung nach § 121 502
Rechtsmittelbelehrung 497
Rechtsschutz gegen
– die Nichtzustellung 404
– die Verlängerung der Frist 418
– die Versagung der Akteneinsicht (§ 111 Abs. 4) 413
– eine trotz der Ablehnungsfiktion ergangene Entscheidung 477
– Entscheidungen der Vergabeprüfstelle
– Entscheidungen nach § 115 Abs. 2 465
– im Vergabenachprüfungsverfahren nach den §§ 97 ff. 308
– im Vergabeverfahren nach einem wirksamen Zuschlag 311
Rechtsschutzbedürfnis
– auch nach Verlängerung der aufschiebenden Wirkung? 501
– Verwirkung 353
– Wegfall 353
Rechtsschutzinteresse 352
– fehlendes 352
– vorzeitige Gestattung des Zuschlags 464
– Wegfall 489, 500
Rechtsweg, Anspruch auf Tätigwerden der Aufsichtsbehörden bei Aufträgen unterhalb der Schwellenwerte 296
Rechtswidrigkeitsfeststellung 507
– Erledigung des Nachprüfungsverfahrens 507
– Feststellungsantrag 508
– Stellen des Feststellungsantrags erstmals im Beschwerdeverfahren 507
Reisekosten, des Rechtsanwaltes für die Terminwahrnehmung 554
Rekommunalisierung 214
Rettungsdienste 210
Richtlinienumsetzung
– Haushaltsrecht 32
– Vergaberechtsänderungsgesetz 32
Rubrum, Berichtigung nach § 42 VwVfG 456
Rüge 355
– Adressat 365
– Anforderungen
– – an die Person des Rügenden 366
– – an Erwiderungsschreiben des Bieters 390
– – bei einem „nachprüfungserfahrenen" Bieter 390
– Antwort der Vergabestelle 391
– Benennung der 395
– Berufung des Beschwerdeführers auf Rüge eines Dritten 362
– Bietergemeinschaft 367
– durch Einreichung eines Nachprüfungsantrags
– – bei der Vergabeprüfstelle 365
– – bei der VK 365
– durch Übersendung eines Nachprüfungsantrags an den Auftraggeber 364
– Entbehrlichkeit 357
– Ersetzung durch Kenntnis der Vergabestelle von Vergabeverstößen 390
– Form 363
– gegenüber dem Auftraggeber 395
– keine Pflicht zu mehrfachen 326

– maximale (Regel-)Frist 377
– mit nicht eindeutiger Bezeichnung des Adressaten 365
– mündlich 364
– notwendiger Inhalt 388
– Notwendigkeit des Zugangs 367
– per E-Mail 364
– per Fax 363
– Rücknahme 391
– Rügeobliegenheit, Darlegungs- und Beweislast 391
– Sinn und Zweck 356
– spätester Zeitpunkt 386
– telefonische 363
– Unverzüglichkeit 373
– Unzulässigkeit von „vorsorglicher" 356
– Verdachtsrüge 391
– Verfristung bei behaupteten Fehlern in der Bekanntmachung 386
– Wahl des Versandweges 364
– Zeitpunkt beim Teilnahmewettbewerb 386
Rügepflicht
– verschiedenen Verfahrensabschnitten 361
– Wiederholung von Verfahrensabschnitten 361
RVG 570
Sachaufklärung und Entscheidung 428
Schadensersatzanspruch
– Höhe 520
– wegen Verletzung der Pflicht zur öffentlichen Ausschreibung 523
Schadensersatz bei Rechtsmissbrauch 516
– des Auftraggebers bei Manipulationen 522
– Vertrauensschaden 517
Schadensersatzansprüche, weitergehende 518
Schriftform 393
Schuldhaftes Zögern 382
Schulgebäude 206
Schutznormlehre 180
Schwellenwerte 40, 257, 402
Sektorenauftraggeber, Vergabearten 292
Sektorenbereich
– nähere Bestimmung 203
– Telekommunikation 203
Sektorenrichtlinie 202
Sekundärrechtsschutz, Nachprüfungsverfahren 294
Sicherheitsinteressen, besondere 265
Sofortige Beschwerde
– Anordnung der Fortdauer der aufschiebenden Wirkung 496
– Berücksichtigung der Erfolgsaussichten 501
– gegen die Kostenentscheidung 496
– Rücknahme 478
– Schutz des Zuschlagsverbots bei nur teilweiser Untersagung des Zuschlags 492
– Schutz vergleichbarer Rechtspositionen des Bieters 492
– Statthaftigkeit 472
– Verwerfung als unzulässig 496
– Wirkung bei Untersagung des sofortigen Zuschlags durch Vergabekammer 492
– Zulässigkeit bei Nichtentscheidung infolge Aufhebung der Ausschreibung 477

Gesetz gegen Wettbewerbsbeschränkungen

- Zulässigkeit einer unselbständigen Anschlussbeschwerde bei fehlender Freigabe des Zuschlags 493

Sondervermögen 189
Spekulationsangebot 130
Spekulationsmöglichkeit, Ausschluss 361
Sponsoringverträge 226
Staatliche Beihilfen 62
Standplatzvergabe (§ 70 GewO) 255
Statistische Daten für den Baubereich, Jahr 2000 30
Statthaftigkeit
- einer „Untätigkeitsbeschwerde" 473
- einer sofortige Beschwerde wegen einer falschen Rechtsbehelfsbelehrung 474
- einer unselbständige Anschlussbeschwerde 472
- Sofortige Beschwerde 472
Störungsbeseitigung 236
Streitschlichtung 304
Streitwertbemessung 564
Streitwertfestsetzung 513
Stufennachprüfungsverfahren 327
Stundenlohnarbeiten 171
Tariftreuegesetze der Bundesländer 140
Tariftreueverpflichtung-Rechtsprechung 142
Teillos 85
Teilnahmeantrag
- Einräumung einer neuen Frist 428
- Öffnung 282
- Prüfung 428
Teilnahmewettbewerb 279, 289
Teilnehmerauswahl 281
Teilzuschlag 103
Telefondienstleistungen 270
Teststellung 168
Tiefbaumaßnahmen 206
Transparenzgebot, Ausprägungen des Transparenzgebots in der Rechtsprechung 66
Treu und Glauben 82
Überprüfbarkeit der Vergabe öffentlicher Aufträge, Übersichtsschema 301
Überprüfung
- durch die Verwaltungsgerichte 296
- durch ordentliche Gerichte 296
- durch Vergabeprüfstellen 296
- Vergabe öffentlicher Aufträge 295
Übertragung der Eignungsanforderungen an Generalübernehmer auf Nachunternehmer 100
Überwiegende Finanzierung 197
UfAB-Formel 166
Umsatzsteuersätzen 177
Umweltschutzkriterien 153
Unabhängigkeit, sachliche und persönliche 319
Unanfechtbarkeit
- der Entscheidung über die Beiladung 398
- der Entscheidung über die Wiedereinsetzung 478
Unlautere Verhaltensweisen 47
Unselbständige Anschlussbeschwerde 498
Untätigkeitsbeschwerde 473
Untätigkeitsklage, Beschwerdefrist 482
Unterliegender Beteiligter 532
- bei Eintritt der Ablehnungsfiktion des § 116 Abs. 2 GWB 539
- bei Erledigung 535
- bei Erledigung eines Vollstreckungsverfahrens 536

Teil 1 GWB Sachverzeichnis

- bei Erteilung des Auftrags an den Antragsteller 538
- bei Rücknahme 536
- bei Verwerfung des Nachprüfungsantrags wegen Nichteröffnung des Vergaberegimes 538
- Beigeladener 538
Unternehmen 255
Unternehmereinsatzformen 88
Unterrichtungspflicht 484
- Rechtsfolgen einer unterlassenen Unterrichtung 484
- Verpflichtung der Vergabestelle zur Information über eventuell eingelegte Rechtsmittel 485
Untersagung der Gestattung des Zuschlags nach § 940 ZPO 494
Untersagungsgebote und Feststellungsmaßnahmen 431
Unterschriftserfordernis 393, 453
Untersuchungsgrundsatz 399
- Inhalt und Einschränkungen 399
- Reichweite 497
Unterzeichnung der Beschwerdeschrift 485
Unverzügliche Begründung 393
Unverzügliche Geltendmachung im Rahmen eines laufenden Vergabeverfahrens? 361
Unverzüglichkeit
- allgemeine Bestimmung 373
- bei anwaltlicher Vertretung des Bieters 378
- bei behaupteten Fehlern in den Verdingungsunterlagen 379
- bei behaupteten Verstößen wegen Bedarfspositionen 380
- bei behaupteter nicht produktneutraler Ausschreibung 380
- bei eindeutiger Sach- und Rechtslage 378
- bei fachkundigem Unternehmen bzw. Unternehmen mit Erfahrung in Nachprüfungsverfahren 377
- bei Gesprächsangebot des Auftraggebers 381
- bei neuem Beschaffungskonzept und komplexen Verdingungsunterlagen 381
- bei Präsentation im Rahmen eines VOF-Verfahrens 380
- bei Rügen aus anderen Nachprüfungsverfahren 378
- bei sich im Laufe des Vergabeverfahrens abzeichnenden eventuellen Vergabeverstößen 380
- bei Verdachtsrüge 381
- bei widersprüchlichem Verhalten des Auftraggebers 378
- bei Zusage der Vergabe erst zu bestimmtem Zeitpunkt 381
- und Rücksicht auf Kundenbeziehungen 380
Unzulässigkeit
- „vorsorglicher" Verhandlungen nach einem Bieterausschluss 288
- Feststellungsantrag 448
  - einer bereits erfolgten Beauftragung 448
  - einer eventuellen Vertragsnichtigkeit 448
- wettbewerbsbeschränkender und unlauterer Verhaltensweisen 44, 45
Unzumutbare Forderungen des Auftraggebers 362
Verbindung von Nachprüfungsverfahren 497
Verbot der Vermischung 144
Verdachtsrüge 391

1475

Sachverzeichnis Teil 1 GWB

Verdienstausfall eines Parteivertreters neben einem Rechtsanwalt 560
Verfahrensbeteiligte 396, 474
Verfahrensvorschriften 495
Vergabe- bzw. Tariftreuegesetz
– Auswahl bei mehreren Möglichkeiten 142
– Zulässigkeit 133
Vergabe eines Standplatzes nach § 70 GewO 255
Vergabe öffentlicher Aufträge
– Mitteilung der Kommission zu Auslegungsfragen im Gemeinschaftsrecht 41
– Richtlinien des Bundes hinsichtlich Berücksichtigung Behinderten-/Blindenwerkstätten (Richtlinien Bevorzugte Bewerber) 142
– Überprüfung 295
Vergabe von Leistungen nach §§ 93 f. BSHG 276
Vergabeakten 411
– Antrag auf Vervollständigung 411
– Rückgabe 409
– verzögerte Vorlage 408
– Vorlage i. F. des Streites über die Anwendbarkeit des GWB 408
Vergabeart, falsche Wahl 292
– Wahl einer anderen 428
Vergabearten 277
– für Sektorenauftraggeber 292
Vergabebestimmungen, subjektives Recht auf Einhaltung 43
Vergabeentscheidung, „Forderung" nach Änderung 389
Vergabegesetze der Bundesländer (Übersicht) 136
Vergabekammer 305
– Androhung der Anrufung 390
– Auswirkungen der Rücknahme eines Nachprüfungsantrages nach einer Entscheidung 451
– des Bundes und der Länder 306
– Entscheidung als Spruchkörper auch bei Kostengrundentscheidungen 320
– Entscheidung durch Verwaltungsakt 450
– Kostenentscheidung 469
– Organisation der Vergabekammern des Bundes und der Länder 306
– Rechtsschutz gegen die Entscheidung der 451
– Verweisung an andere Vergabekammer 471
– Verweisung eines Nachprüfungsantrages an zuständige Vergabekammer 451
– Vollstreckung der Entscheidung 451
– Widerruf der Entscheidung 450
– Zustellung der Entscheidung 453
Vergabekammern 294
– der Länder 322
– des Bundes 322
Vergabekoordinierungsrichtlinie 188
Vergabenachprüfungsverfahren s. Nachprüfungsverfahren
Vergabeprüfstelle 304
– Aufgaben 304
– Entscheidungen 305
– fakultative Einrichtung 304
– Kosten 590
– Rechtsschutz gegen die Entscheidung der 305
Vergaberecht
– ab den Schwellenwerten 40
– Anwendung 430
– Aufbau 40

Sachverzeichnis zu Teil 1

– Bestimmung des Auftraggebers 208
– Entwicklung des neuen 31
– unterhalb der Schwellenwerte 41
– wirtschaftliche Bedeutung 29
Vergaberechtsverstöße, Bekanntwerden während laufendem Nachprüfungsverfahrens 357
Vergabestelle
– Anhörungspflicht in Bezug auf Bieter, die ausgeschlossen werden sollen 132
– Benachrichtigungspflicht in Bezug auf Bieter über die Eignungsentscheidung 132
– Festhalten an der Entscheidung (Förmelei) 359
– Festhalten an einem Verhalten (Förmelei) 360
– Pflicht zur Prüfung von behaupteten gewerblichen Schutzrechten 174
Vergabeunterlagen, Änderungsverbot 288
Vergabeverfahren
– Aufhebung 421
– ausschließliche Verantwortung des Auftraggebers 64, 179
– Aussetzung 456
– Ende nach Entscheidung des Beschwerdegerichts 503
– Ermessen des Auftraggebers bei der allgemeinen Ausgestaltung 43
– Notwendigkeit 308
– Weiterführung nach VOF 433
Vergabevermerk, Bedeutung für das Nachprüfungsverfahren 402
Vergabeverordnung, Ermächtigungsgrundlage zum Erlass (§ 97 Abs. 6) 179
Vergleichende Wertung, Zulässigkeit 162
Vergleichsabschluss 431
Verhandlungsverbot
– über Preise
  – nach entsprechender Entscheidung der Vergabekammer 286
  – wenn Bieter die Preise anderer Bieter kennen 287
Verhandlungsverfahren 282
– Aufhebung 289
– erneute Vornahme im Anschluss an Wettbewerb nach VOF 436
– kein Anspruch auf Durchführung 287
– ohne öffentliche Vergabebekanntmachung und ohne Beteiligung des betroffenen Bieters 362
– Pflicht zur Aufhebung bei Mangelhaftigkeit aller Angebote 288
– Zurückversetzung in den Stand vor einer letzten Verhandlungsrunde 435
Verhandlungszeiträume, unterschiedlich lang 286
Verjährung 581
Verletzung in Rechten nach § 97 Abs. 7 durch Nichtbeachtung von Vergabevorschriften 333
Verpflichtung s. Pflicht
Verträge 209
– mit nicht absehbarer Vertragsdauer 230
– unbefristete 230
– zugunsten Dritter 230
Vertragsverletzungsverfahren und daraus resultierende mögliche Zahlungsverpflichtungen 522
Vertrauensschaden
– Anspruchsgrundlage 518

– Verstoß gegen eine bieterschützende Vorschrift 518
Vertrauensschadenersatz, Ersatzanspruch 517
Vertraulichkeitserklärung, Rechtsnatur 81
Vertraulichkeitsgebot 80
Vertraulichkeitsgrundsatz 287
Vertretung des Antragstellers, Verhandlung und Entscheidung trotz nicht ordnungsgemäßer Vertretung 497
Verwaltungsanweisungen bei Wertung 169
Verweisung
– an die Verwaltungsgerichte 431
– an die Zivilgerichte 430
– auf die Vorschriften der Zivilprozessordnung 496
– eines Nachprüfungsantrages an zuständige Vergabekammer 451
Verwerfungskompetenz
– der Vergabekammern 142
– einer Tariftreueregelung 434
Verwertung von Preisangaben aus abgeschlossenen Ausschreibungen für laufende Ausschreibung 81
Verzicht auf Rückabwicklung nichtiger Verträge 433
Vollstreckung
– nur auf Antrag 452
– Verwirkung 452
Vollstreckungsentscheidungen 472
Vollstreckungsverfahren
– Einstellung 433
– Kosten 588
Vorabentscheidung 498
– Ablehnung des Nachprüfungsantrages als Zulässigkeitsvoraussetzung 500
– Abwägungsentscheidung 501
– Antrag 500
– Antragsbefugnis 500
– Frühester Zeitpunkt der Antragstellung 499
– Inhalt der Entscheidung 502
– mündliche Verhandlung 502
– Stellung des Antrages als Hilfsantrag 500
– über den zulässigen Rechtsweg 507
– Wegfall des Rechtsschutzinteresses für den Antrag 500
Vorabgestattungsantrag 433
Vorbeugender Primärrechtsschutz im Vergabeverfahren 308
Vorgesellschaft der GmbH 191
Vorlage
– an den Europäischen Gerichtshof 516
– einer konkret formulierten Rechtsfrage 514
– erst nach Gewährung rechtlichen Gehörs 514
Vorlagebeschlüsse an den BGH 515
Vorlagepflicht 511
– Abweichende Entscheidung in einem Vergabeverfahren 512
– Abweichende Entscheidung in kostenrechtlichen Fragen 513
– Abweichende ergebnisrelevante Entscheidung 512
– im Eilverfahren nach § 118 Abs. 1 Satz 3 514
Vorläufige Maßnahmen 465
– Entscheidungsmaßstab des § 115 Abs. 2 Satz 1 466
– Gefährdung von Rechten eines Unternehmens aus § 97 Abs. 7 465

Vorsorgliche Prüfungs- bzw. Beratungskosten 554
Vorzeitige Gestattung des Zuschlags 459
– Antrag auf Gestattung des Zuschlags für einen Teil der Leistung 464
– Antrag des Auftraggebers 464
– Auswirkung einer Mitteilung des Auftraggebers, den Zuschlag nicht vor Abschluss anhängiger Nachprüfungsverfahren zu erteilen 464
– Kosten des Verfahrens 465
– möglicherweise geschädigte Interessen und Interesse der Allgemeinheit 460
– Rechtsschutzinteresse 464
Wahlposition 170
Wertung
– Bedarfsposition 170
– der ausgeschriebenen Mengen und Massen 173
– einer funktionalen Leistungsbeschreibung 176
– einer Lohngleitklausel 176
– einer Parallelausschreibung 172
– eines Irrtums 174
– eines Koppelungsangebotes 172
– Organisation und Strukturierung 161
– vergabeerhebliche Wahlposition nach Vergabenachprüfungsverfahren 171
– von angehängten Stundenlohnarbeiten 171
– von Eignungsüberlegungen ("bekannt und bewährt") 176
– von Umsatzsteuersätzen 177
– von versehentlich nicht in die Ausschreibung aufgenommenen Leistungen 173
– Wahlposition 170
Wertungsfehler
– nachträgliche Beseitigung 177
– Nebenangebote 178
Wertungskriterien, keine förmliche Angabe bei Ausschreibungen unterhalb der Schwellenwerte 165
Wertungsproblematik 170
Wettbewerblicher Dialog 290
Wettbewerbsabrede als Wettbewerbsbeschränkung 62
wettbewerbsbeschränkende/unlautere Verhaltensweisen 44, 45
Wettbewerbsbeschränkung, Zeitpunkt 47
Wettbewerbsgebot 288
Wettbewerbsprinzip 44
– Rechtsprechung 47
– Unzulässigkeit wettbewerbsbeschränkender und unlauterer Verhaltensweisen 45
Widerruf der Bestellung 320
Wiedereinsetzung
– in den vorigen Stand 454, 478, 498
– Verwerfung eines Antrags auf 497
Winterdienst 236
Wirtschaftlichstes Angebot 161
Zuschlag 142
– Prüfung als eigene (4.) Wertungsstufe 143
Workshopverfahren 247
Zeitliche Abhängigkeiten zwischen der Erklärung der Rüge und der Einreichung des Nachprüfungsantrags 362
Zeitverträge nach der VOB/A 252
Zertifizierung 128
Zugang, Notwendigkeit des Zugangs bei Rügen 367
Zulässigkeit, einer Forderung, Angebotsabgabe für alle Lose, vorbehaltlich losweiser Vergabe 88

1477

Sachverzeichnis Teil 1 GWB

Zurechnung, der Kenntnis von eventuellen Vergabefehlern aus anderen Verfahren bei Personenidentität auf Seiten des Beschwerdeführers 388
Zurückversetzung
– des Vergabeverfahrens in das Stadium vor Angebotsabgabe 506
– des Teilnahmewettbewerbs auf Zeitpunkt der Bekanntmachung 435
– in den Stand vor der letzten Verhandlungsrunde 435
Zuschlag 430
– Aufhebung 437
– Begriff 438
– Form 439
– Inhalt 439
– Nachfolgemodelle 169
– unmittelbar bevorstehend 361
– Untersagung der Gestattung des nach § 940 ZPO 494
– Unwirksamkeit
  – nach § 13 VgV 442
  – nach § 134 BGB 441
  – nach § 138 BGB 440
  – wegen Nichteinhaltung von kommunalen Formvorschriften 442
– Vorabentscheidung 498
– vorzeitige Gestattung 459
– Wirksamkeit 438
– Zugang der Zuschlagserklärung 439
Zuschlagskriterien 143
– allgemeine Anforderungen 144
– Angabe der Gewichtung der 145
– bei Einzellos- und Losgruppenvergabe 160
– Besichtigungsmöglichkeit innerhalb eines Umkreises von 300 km 156
– Bindung der ausschreibenden Stelle 161
– der besten technischen Lösung 156
– Durchschnittspreis aller abgegebenen und wertbaren Angebote 160
– Einbindung der Bieter in den regionalen Arbeitsmarkt 158
– Einhaltung einer Kostenobergrenze 156
– Erklärung zur Gewährleistungsfrist 159
– fehlende 160
– gestalterische Zielsetzung 157
– Lagerkapazität 157
– Lebenswegkosten 159
– missverständliche 160
– mittelständisches Unternehmen 156
– Nachlieferfristen 159
– Nutzwert der Nebenleistungen 159
– Ortsnähe bzw. Standortnähe 157
– Preises 151
– Qualität 156
– Realisierungssicherheit einer noch zu errichtenden Entsorgungsanlage 158
– Servicedienstleistungen 158
– soziale Kriterien 154
– telefonische Erreichbarkeit 159
– unmittelbar vorher aufgehobenes offenes Verfahren 289

Sachverzeichnis zu Teil 1

– Verbot
  – der Vermischung von Eignungs- und Zuschlagskriterien 144
  – von nicht überprüfbaren 144
  – von vergabefremden 149
– Versicherungsumfang 158
– Wartungskosten 157
– Wertung 161, 162
– Wirtschaftlichkeit 155
– Zahl der Referenzen über die von den Bietern anderen Kunden angebotenen Produkte 156
Zuschlagsverbot (§ 115 Abs. 1) 456
– bei einer teilweisen Ablehnung des Nachprüfungsantrags 458
– bei einer Zurückverweisung durch den Vergabesenat 458
– Beseitigung 459
  – durch Erfüllung der Vergabekammerentscheidung 459
  – durch rückwirkende Genehmigung einer Willenserklärung 459
– durch den Vergabesenat
  – bei durch die Vergabekammer nicht zugestellten Nachprüfungsantrag 458
  – ohne Entscheidung der Vergabekammer 458
– durch Wiedereinsetzung in den vorigen Stand 458
– Schutz 492
– sonstige Wirkung 458
– Voraussetzung 457
Zuschlagsversagungsgründe, sukzessiv nachgeschobene 360
Zuständiges Oberlandesgericht 480
Zustellung 404
– „Sich-Verschließen" 407
– an Vertreter des Auftraggebers 406
– der Entscheidung der Vergabekammer 453
– des Nachprüfungsantrages
  – an den Auftraggeber per Fax 405
  – nach dem Verwaltungszustellungsgesetz 405
– eines Nachprüfungsantrages
  – an den Auftraggeber auch durch eine unzuständige Vergabekammer 406
  – durch das Beschwerdegericht 406
– fehlende 481
– Rechtsschutz gegen Zustellung 407
– teilweise Zustellung des Nachprüfungsantrags 404
– vereinfachte Zustellung
  – an andere Institutionen 405
  – an Behörden, Körperschaften, Anstalten und Stiftungen des öffentlichen Rechts, Rechtsanwälte u. a. 405
– vereinfachte, aber unvollständige 406
Zustellungsanordnung des Nachprüfungsantrags 471
Zuwendungsverhältnisse 231
Zwischenentscheidung
– über die Erledigung infolge
  – Zuschlagserteilung bei Antrag auf Primärrechtsschutz 449
  – Zuschlagsentscheidung 470, 496
– verfahrensleitende 471

Sachverzeichnis zu Teil 2: Vergabeordnung (VgV)

Anonyme Rügeführer 637
Anwendbarkeit des § 13 633
Anwendung
– analoge Anwendung des § 13 642
– des GWB im Sektorenbereich 623, 624
– entsprechende Anwendung des § 130 Abs. 1 BGB 650
– unmittelbare Anwendung des § 13 640
Aufhebung des Ausschreibungsverfahrens 661
Aufträge im Sektorenbereich 627
Auftraggeber nach dem Bundesberggesetz 633
Auftragsverwaltung 663
Auftragswerte, Schätzung 607
Ausgeschlossene Personen 656
– persönlicher Anwendungsbereich 658
– Sinn und Zweck 657
Auslegung, Abgrenzung durch 654
Auslobungsverfahren, Schwellenwert 619
Ausnahmen im Sektorenbereich 630
Ausrüstungsgegenstände, Berücksichtigung der Kosten 612
Ausschluss des betroffenen Bieters 660
Ausschreibung von Losen, Wert mindestens 1 Mio. € und Gesamtauftragswert unter 5 Mio. € 605
Ausschreibungsvorbereitungen 659
Ausstattungsgegenständen 618
Bagatellklausel 603
Baubewachung, Berücksichtigung der Kosten 612
Baukonzessionen 624
Bauleistungen, Vergabe 623
Bauleitung, Berücksichtigung des Wertes 618
Baunebenkosten 618
Bauvorhaben, funktionale Betrachtungsweise bei 612
Bedarfspositionen, Einbeziehung 617
Bedeutung der §§ 27a VOB/A, VOL/A für die Auslegung des § 13 VgV 654
Befristung eines Auftrags 613
Bekanntmachungen 655
Beschaffung
– Begriff 631
– von Wasser 629
Bescheidung einer Rüge 659
Bescheinigungsverfahren 666
Bevollmächtigte 650
Bieter 636, 650
– denen der Zuschlag erteilt werden soll 637
– Name 648
böser Schein 657
Bundesberggesetz 633
CPV
– verbindliche einheitliche Einführung 656
– Veröffentlichung 656
– Inhalt 655
Darlegungslast und Beweislastverteilung für einen Interessenkonflikt 660
De-facto-Vergaben 640
Dienstleistungsaufträge, zeitlich begrenzte 615
Drittlandsklausel 634

Eigenanteil 611
Einbeziehung von Optionsrechten oder Vertragsverlängerungen 617
Elektronische Angebotsabgabe 656
Erlöse des Auftragnehmers von Dritten 611
Ermächtigungsnorm für § 13 635
Eventualpositionen 612
Förderungen Dritter 611
Formblatt EFB Info/Abs EG des VHB 650
Formblätter 650
Freiberufliche Dienstleistungen, Vergabe 622
Freistellung
– keine Freistellung insgesamt von der VgV 633
– verbundener Unternehmen 632
Fristablauf, Rechtsfolge 647
Fristbeginn
– ab Absendung der Information an den letzten Bieter 646
– bei nicht nachgewiesener Absendung und nachgewiesenem Zugang beim Bieter 647
– Information 646
Fristberechnung 647
Fristunterbrechung durch die Überprüfung der Vergabeentscheidung durch die Vergabestelle 647
Fristverlängerung durch die ausschreibende Stelle 646
Gegenseitiger Marktzugang, Vereinbarungen 634
Gemeindevertretungen 658
Gesamtvergütung 610
– für die vorgesehene Leistung 608
– für die vorgesehene Auftragsleistung bei Architekten- und Ingenieurleistungen 613
Grundstückswert 618
Heilung
– des Verstoßes 660
– von formalen Mängeln 649
– von inhaltlichen Mängeln 649
Information
– Absendung erst nach Entscheidung des zuständigen Gremiums über den Zuschlag 647
– Adressat 650
– durch mehrere Schreiben 650
– Form 650
– Frist 646
– Inhalt 647
Informationserteilung 659
Informationspflicht 634
– bei De-facto-Vergaben 640
– bei entsprechender Kenntnis dess Bieters und Einleitung eines Nachprüfungsverfahrens vor der Information 645
– bei Nachlieferungen im Sinne des § 3a Nr. 2 lit. e) VOL/A 645
– bei vergaberechtswidrig nicht europaweit durchgeführten Ausschreibungen 644
– bei Vergabeverfahren unterhalb der Schwellenwerte 646
– bei vorsätzlicher Umgehung der Ausschreibungspflicht 644

Sachverzeichnis Teil 2 VgV

- beim Verhandlungsverfahren nach VOF 639
- beim Verhandlungsverfahren 637
- beim Wettbewerbsverfahren nach §§ 20, 25 VOF 640
- im Rahmen der Vergabeverfahren von Auftraggebern nach dem Bundesberggesetz 645
- im Rahmen eines Teilnahmewettbewerbes 644
- nach einer Entscheidung der Vergabestelle zugunsten eines Bewerbers 645
- nach Verpflichtung des Auftraggebers zur erneuten Wertung der Angebote 640
- personelle Reichweite 636
- Rechtsfolge eines Verstoßes 651
- verfahrensmäßige Reichweite 637

Informationsschreiben, Inhalt bei zahlreichen Nebenangeboten 649
Inhouse-Geschäfte 632
Interessensbeziehung
- bei lediglich beratenden Beiräten 658
- zu einem Bieter 658

Kausalität zwischen mangelhafter Information und (drohendem) Schaden 653
Korrekturmechanismus der Kommission 668
Laufzeit von Liefer- und Dienstleistungsaufträgen, Berücksichtigung bei der Schätzung 615
Laufzeitreduzierung eines Vertrages zur Umgehung des Schwellenwertes 614
Liefer- und Dienstleistungsaufträge, Vergabe 620
Lieferaufträge
- unselbstständiger Behörden eines öffentlichen Auftraggebers 613
- mit einer Laufzeit von mehr als 12 Monaten 616
- zeitlich begrenzte 615

Lose
- bei freiberuflichen Dienstleistungsaufträgen nach der VOF 616
- bei Lieferleistungen 616
- Berücksichtigung von Losen beim Schwellenwert 616

Marktwert 610
Mitwirkung an einem Leitfaden oder Ausschreibungsmuster 659
Mitwirkungsverbot, sachliche Reichweite 659
Nebenkosten, Einbeziehung 606
Nichtberücksichtigung, Grund der vorgesehenen 649
Nichtigkeit 651
- Ausschluss 652
- keine allgemeine 652
- Rückwirkung 652

Nichtigkeitsfolge bei präkludierten Vergaberechtsverstößen 653
Optionsrechte
- Begriff 617
- Einbeziehung 617
- Einbeziehung bei Bauverträgen 617

Organleihe 663
Personen mit beruflichen Kontakten zu potenziellen Bietern 658
Personennahverkehrsleistungen der Kategorie Eisenbahnen 620
Planungsleistungen 618
Projektanten 658
Rahmenvereinbarung
- Definition 619

- Wert 619
- Schätzung des Auftragswerts 619

Regelmäßige Aufträge oder Daueraufträge über Liefer- oder Dienstleistungen 616
Rückverweisung bei fehlerhafter Verweisung 666
Rückwirkungsverbot 670
Sammelbestellungen, Schätzung des Auftragswerts 619
Schätzung des Auftragswerts
- bei Rahmenvereinbarungen 619
- bei Sammelbestellungen 619
- maßgeblicher Zeitpunkt 619
- von Bauleistungen 618

Schätzung 608
- bei freiberuflichen Leistungen ohne eine Honorarordnung 613
- Berücksichtigung der Laufzeit von Liefer- und Dienstleistungsaufträgen 615
- Differenz zwischen Schätzung und Angeboten 613
- erhebliche Differenzen zwischen Auftragswert-Schätzung und Inhalt des Leistungsverzeichnisses 609
- fehlende des Auftraggebers 609
- Gesamtvergütung für die vorgesehene Leistung 608
- Manipulationen oder Aufteilung des Auftragswertes 613

Schlichtungsverfahren 667
Schwellenwert 601
- bei Auslobungsverfahren 619
- bei einheitlicher Bau- und Lieferausschreibung, wobei nur der geringere Lieferauftrag den Schwellenwert erreicht 606
- bei freiberuflichen Dienstleistungsaufträgen nach der VOF 606
- nach der VOF und abschnittsweiser Beauftragung 606
- bei Sammelbestellungen und Rahmenverträgen 606
- Berechnung nur nach der VgV 602
- Berücksichtigung von Losen 616
- Erreichung durch Angebote bei Schätzung unterhalb des Schwellenwertes 610
- für Bauaufträge 603
- für die Länder Dänemark, Schweden und Großbritannien 607
- für Lose von
  - Bauaufträgen 603
  - Lieferaufträgen 605
- Nichterreichung des geschätzten Wertes durch Angebote 610
- Vereinbarkeit mit dem Grundgesetz 602
- Wegfall bei Teilaufhebung? 605
- Grundlage 602

Sektorenauftraggeber, die finanziell gefördert werden 624
Sektorenbereich
- Anwendung des GWB 623, 624
- Aufträge 627
- Ausnahmen im 630
- Tätigkeit im 629

Sektorenfremde Beschaffungen 628
Statistik 668
Tätigkeit im Sektorenbereich 629
Telekommunikationsbereich 631

Vergabeordnung

Textform 651
Übergangsbestimmungen 669
Umgehung, bei grundloser Differenzierung zwischen verschiedenen Leistungsanbietern 615
Umgehung, verbotene 614
Umsatzsteuer 611
Unbefristete Verträge, oder nicht absehbare Vertragsdauer 616
Unvorhergesehenes, Berücksichtigung der Kosten 612
Unzuständigkeit, Geltendmachung 666
Verbundene Unternehmen, Freistellung 632
Vergabe
– freiberuflicher Dienstleistungen 622
– von Bauleistungen 623
– von Liefer- und Dienstleistungsaufträgen 620
Vergabekammer
– Angabe 661
– Angabe mehrerer 661
– Rechtsfolge der unterlassenen Angabe 662
– Zuständigkeit 662
Vergabeverfahren
– Beginn 670
– im Rahmen einer Auftragsverwaltung für den Bund 663
– im Rahmen einer Organleihe für den Bund 663
Vergabeverstoß, zusätzlicher 653
Verhältnis
– zwischen § 13 VgV und §§ 27, 27 a VOB/A bzw. VOL/A 654
Verkehrswert 610

Teil 2 VgV Sachverzeichnis

Verringerung der Zahl der in Dialogphasen zu erörternden Lösungen allein anhand angegebener Zuschlagskriterien 627
Versicherungssteuer 611
Vertragsdauer, nicht absehbare 616
Vertragsverlängerungen 617
Vorgesehene Leistung 612
Wahlrecht
– des Auftraggebers für nur national auszuschreibende Lose 603
– Ausübung durch
  – Benennung einer Vergabekammer als Nachprüfungsbehörde 603, 605
  – EU-weite Ausschreibung und Benennung einer Vergabekammer als Nachprüfungsbehörde 604
  – EU-weite Ausschreibung und eine Mitteilung nach § 13 VgV 605
  – EU-weite Ausschreibung und Nichtbenennung einer Vergabekammer als Nachprüfungsbehörde 604
Wahrheitsgemäße Information 649
Wasser 629
Wettbewerblicher Dialog 625
– gesetzliche Regelung 626
Zurückweisung von Angeboten 634
Zusammenfassung mehrerer Bauvorhaben 612
Zusammengefasste Auftragswerte 618
Zuständigkeit
– der Vergabekammern 662
– Festlegung
  – bei mehreren Auftraggebern 665
  – durch Bekanntmachung 664

Sachverzeichnis zu Teil 3:
Vergabe- und Vertragsordnung für Bauleistungen
Teil A (VOB/A)

Abgabe der Vergabeunterlagen an die Bewerber 890
Abnahme- bzw. Verwendungsrisiko 807
Abrufbarkeit von Fördermitteln 721
Abschrift, selbstgefertigte 947
Absicherung eines Risikos über die Vergütung 808
Abweichung im Angebot, eindeutige Bezeichnung 1058
Allgemeine Technische Vertragsbedingungen für die Ausführung von Bauleistungen 837
Allgemeine Vertragsbedingungen für die Ausführung von Bauleistungen 837
Alternativpositionen 804
– Bezeichnung als Bedarfspositionen 800
– Zulässigkeit in Leistungsbeschreibung 804
Analoge Anwendung
– des § 5 b auf andere Öffentliche Auftraggeber 742
– des § 7 Nr. 1 746
Änderungen
– an den Verdingungsunterlagen 947
– bei der Ausführung 738
– der Vergütung 869
– des Bieters an seinen Eintragungen 947
– des Leistungsverzeichnisses durch den Auftraggeber während der Ausschreibung 830
– von Angeboten 914
Anfangsverdacht, Notwendigkeit 768
Angebot
– Auslegung 937
– auf der Basis einer unzulässigen wettbewerbsbeschränkenden Abrede 1038
– Beachtung der Rechtsprechung des Bundesgerichtshofes zur Vollständigkeit 976
– Bedeutung des vorgelesenen Inhalts 955
– die dem § 21 Nr. 1 Abs. 1 nicht entsprechen 986
– die dem § 21 Nr. 1 Abs. 3 nicht entsprechen 1023
– fehlende oder keine geeigneten Angebote nach einem Verfahren mit vorherigem Aufruf zum Wettbewerb 732
– fehlende oder nur auszuschließende Angebote nach einem Offenen oder Nichtoffenen Verfahren 728
– fehlende wirtschaftliche Angebote nach einem Offenen oder Nichtoffenen Verfahren 727
– Form 938
– Form und Inhalt 935
– formal fehlerhafte 962
– Formen 842
– kein den Ausschreibungsbedingungen entsprechendes 1090
– neues nach Ablauf der Bindefrist 952
– notwendiger Inhalt 828
– keine zwingende Zulassung bei Vergaben ab den Schwellenwerten 949

– mit Abweichungen von technischen Spezifikationen 1058
– mit einem unangemessen hohen oder niedrigen Preis 1042
– Prüfung des Verschlusses der schriftlichen Angebote bzw. der Verschlüsselung der elektronischen Angebote 953
– rechtzeitig vorliegende 951
– schriftliche 938, 944
– teilweise verspätetes 952
– Umdeutung in ein Nebenangebot 1073
– ungewöhnlich niedrige aufgrund staatlicher Beihilfe 1083
– verspätete 961, 986
– – aber noch zuzulassende 957
– – Angebote wegen Ablaufs der Bindefrist 958
– zwingende Zulassung von schriftlichen Angeboten 938
Angebotsabgabe, Aufforderung zur 838
Angebotseinreichung 944
Angebotsform 948
Angebotsfrist 909, 914, 921
– Angemessenheit der Dauer 910
– Aufhebung der Ausschreibung bei Verfahrensfehlern im Zusammenhang mit Verlängerung 913
– Bedeutung des Ablaufes für die Wertung 912
– Begriff 910, 917
– Dauer 910
– – bei Leistungsbeschreibung mit Leistungsprogramm 911, 917, 918
– – bei ÖPP-Projekten 911, 917, 918
– – bei Parallelausschreibungen 911, 917, 918
– – beim Nichtoffenen Verfahren 920
– – beim Offenen Verfahren 917, 923
– – einheitlicher Fristablauf für alle Angebote bei Parallelausschreibungen 913
– Ende 912
– Ende an einem Sonntag 913
– Heilung einer zu kurz bemessenen Frist 911, 916
– Information aller Bieter 913
– Rechtscharakter 909, 916
– Setzung unterschiedlicher Fristen für die Einreichung der Angebote und der Eröffnung der Angebote 912
– Verlängerung des Endes der Angebotsfrist 913
– Zulässigkeit der Verlängerung 913
Angebotsöffnung 954
Angebotsprüfung 961
Angebotsverfahren 743
Angebotswertung 982, 1079
Angemessenheit der abgekürzten Frist 918
Anlagen und Anlagenteile, maschinelle und elektrotechnische/elektronische 707
Anschreiben 835
Arbeiten in belegten Anlagen 813

Vergabe- und Vertragsordnung für Bauleistungen   Teil 3 VOB/A **Sachverzeichnis**

Arbeitsgemeinschaften 755
Art und Umfang der auszuschreibenden Leistung 888
Arten der Vergabe 717, 722, 730
– allgemeine Fragen 731
Asbestzementmaterial 812
Auf- und Abgebotsverfahren 743
Aufbewahrungs- und Berichtspflichten 1129
Aufforderung zur Angebotsabgabe 835, 838
Aufführen 1077
Aufhebung
– Alternative 1089
– Bekanntmachung 1101
– der Ausschreibung 1084
  – Geltungsbereich 1085
– einer Ausschreibung
  – mit anschließender – unveränderter – Auftragsvergabe 1099
  – mit anschließender – veränderter – Auftragsvergabe 1099
  – ohne anschließende Auftragsvergabe 1099
– entsprechende Anwendung des § 26 Nr. 5 VOL/A 1104
– neues Vergabeverfahren nach 1104
– notwendiger Inhalt 1102
– Rechtsfolge (Schadenersatz) 1098
– Rechtsnatur 1101, 1103
– von Verfahren nach der VOB/A-SKR 1086
Aufhebungsentscheidung, Überprüfung in einem Vergabenachprüfungsverfahren 1105
Aufhebungsgründe
– des § 26 VOB/A 1090
– Sonstige 1098
Aufklärung
– des Angebotsinhalts 966
– Notwendigkeit einer umfassenden 774
Aufklärungsbedarf 968, 969
Aufklärungsgespräch 968
– Ansprechpartner 969
– Anspruch auf Wiederholung 970
– Beschränkung auf aussichtsreiche Bieter 970
– möglicher Inhalt 970
– über die Art der Ausführung 970
– über die Eignung 972
– über die Kalkulation 971
– über die ungenügende Beschreibung eines Nebenangebots 973
– über einen Bauzeitenplan 970
– über Materialien, Fabrikate und Verrechnungssätze für Stundenlohnarbeiten 971
– über Preise 970
– über Verbindlichkeit der Unterschrift 972
Aufklärungspflicht des Bieters über nach Angebotsabgabe eintretende Änderungen der Eignung 777
Aufruf zum Wettbewerb 905
– durch Veröffentlichung einer Bekanntmachung über das Bestehen eines Prüfsystems 908
– regelmäßige Bekanntmachung 908
– regelmäßige nichtverbindliche Bekanntmachung 908
– Veröffentlichung im Amtsblatt 908
Aufteilungsverbot einer baulichen Anlage zur Umgehung des Schwellenwertes 712, 714
Auftraggeber 711

Auftragsbedarfes und Finanzierbarkeit 807
Auftragsvergabe im Insolvenzfall 722
Ausfertigung, doppelte 890
Ausforschung durch die Vergabestelle 968
Ausführung
– der Leistung, Möglichkeit 877
– bestimmte Art 818
Ausführungsfristen 856
– Änderung durch eine Verlängerung der Bindefrist 857
– Ausführung erst nach Aufforderung 858
– Bemessung 856
– Folge einer unzumutbaren Frist 859
– Folge einer Verlängerung der Bindefrist 857
– Indizien für eine nicht ausreichende Bemessung 857
– Möglichkeit der Nachverhandlung 858
Ausführungszeit
– bereits im Ausschreibungsverfahren überholte 838
– Bestimmungen 838
Ausfüllanleitung 902
Ausgleichungspflicht der Vergabestelle 795
Auskunft
– an die Bewerber 892
– Reaktionsmöglichkeiten des Bieters auf eine unklare oder fehlerhafte Leistungsbeschreibung 894
– Rechtsfolge einer durch den Bewerber nicht erfolgten Erkundigung 894
– über die Vergabeunterlagen 904
– über die Vergabeunterlagen 909
Auskunftserteilung, Form 892
Auskunftspflicht des Auftraggebers 892
Ausschließliche Verantwortung des Auftraggebers 716
Ausschluss
– fakultativer 1039
– nach § 25 Nr. 1 985
– vom Vergabeverfahren 772
– zwingender 986
– zwingender wegen Nichterfüllung der Anforderungen des Leistungsverzeichnisses 1039
– zwingender wegen Unklarheit des Angebots 1039
Ausschlussfrist, Setzung 974
Ausschlussgründe
– besondere 767
– zwingende 781, 787, 986, 1039
Ausschreibung 1085
– ab den Schwellenwerten, Geltung des § 25 a 1082
– Aufhebung 1084
– beschränkte 718
– der Baukonzession 1124, 1126
– für vergabefremde Zwecke 877
– öffentliche 718
– unwirtschaftliches Ergebnis 1095
– von Bauaufträgen des Konzessionärs an Dritte 1126
Ausschreibungsgrundsätze 874
Außergewöhnliche Fachkunde, Leistungsfähigkeit oder Zuverlässigkeit 720 726
Auswahl
– der Bewerber 787

1483

Sachverzeichnis Teil 3 VOB/A

- der Teilnehmer bei einer beschränkten Ausschreibung 756
- des wirtschaftlichsten Angebots 1057

Bagatell- und Selbstbehaltsklausel 872
Bagatellklausel bei Rückforderungen 872
Bauaufgabe, Festlegung 792
Bauauftrag 711, 713
- mit überwiegendem Lieferanteil 711
- mit überwiegendem Lieferanteil 899

Baubeschreibung 821
Baugeländevorarbeiten 708
Baukonzessionen 1124, 1125, 1127
Bauleistungen 706, 707
- durch Dritte gemäß den vom Auftraggeber genannten Erfordernissen 711
- verschiedener Handwerks- oder Gewerbezweige 735

Bauliche Anlagen 899
Baustelleneinrichtung 801
Bauwerk 711, 713
Bauzeitenplan 822, 838, 859
- Angebotsabgabe 859
- Möglichkeit der Nachverhandlung 859
- Möglichkeit des Nachreichens 859
- Sinn und Zweck 859

Bauzeitverlängerung 1097
Bedarfspositionen 802
- Beauftragung 803
- keine eindeutige Bezeichnung 800, 803, 809

Beendigung eines Vergabeverfahrens 1106
- bei einem nichtigen Vertrag 1106
- wegen Ablaufs der Zuschlags- und Bindefrist? 1106

Begrenzung der Zahl der Angebote 853
Begründungspflicht 975
Bekanntgabe
- auch der später auszuschreibenden Lose? 794
- der Kriterien, die für die Inanspruchnahme der ausgeschriebenen Wahlpositionen maßgebend sein sollen 805

Bekanntmachung 882, 895
- Bedeutung der EU-weiten 886
- Begriff 886, 901
- Beschränkter Ausschreibungen nach Öffentlichem Teilnahmewettbewerb 889
- Bindung des Auftraggebers 885
- der Aufhebung 1101
- der Auftragserteilung 1113, 1114
- eines Verhandlungsverfahrens mit Vergabebekanntmachung 901
- eines wettbewerblichen Dialogs 901
- elektronische 877, 902, 903
- Form und Umfang der Übermittlung an das Amt für amtliche Veröffentlichungen der Europäischen Gemeinschaften 901
- Inhalt 888, 903
- inländische Veröffentlichung der 902
- kein Abgleich bei unterschiedlichen 903
- Nichtoffener Verfahren 901
- notwendiger Inhalt der 901
- Offener Verfahren 901
- öffentlicher Ausschreibungen 886
- Rechtsfolge 1101
- Sinn und Zweck 848, 854, 886, 901
- Umfang 887

- unterschiedliche Inhalte von derselben Ausschreibung 888, 903
- Veröffentlichung elektronischer 903
- Veröffentlichung im Supplement zum Amtsblatt der Europäischen Gemeinschaften 901
- zwingende Veröffentlichung im Amtsblatt der Europäischen Gemeinschaften 901

Bekanntmachungsmedium, Wahl 886, 902
Bemusterungstermin 979
Benachrichtigung der Bieter 1107
Benachrichtigungspflicht 959
Berufsregister, Eintragung 760
Beschafferprofil 880
Beschaffungsvorhaben
- Entschluss zur Aufgabe 1097
- politische Neubewertung 1097

Beschleunigungsvergütungen 860, 864
Beschränkte Ausschreibung 718
- Bekanntmachung nach Öffentlichem Teilnahmewettbewerb 889
- ohne Teilnahmewettbewerb, Zulässigkeit 719
- Teilnehmerauswahl 756
- Zulässigkeit nach Teilnahmewettbewerb 720

Beschreibung der Leistung 789, 832
Besondere Leistungen 824
Besondere Vertragsbedingungen 837
- für die Ausführung von Bauleistungen 837

Bestimmtheit des Verfahrens 826
Bestrafung auf Grund eines rechtskräftigen Urteils und daraus resultierende fehlende Zuverlässigkeit 775

Beteiligung
- an der Vergabe 747
- von Projektanten 783

Beteiligungsverbot
- an der Vergabe 747
- nicht erwerbswirtschaftlich orientierter Institutionen am Wettbewerb 778
- nur bei besonderen Umständen 748

Beurteilungsspielraum
- bei der Wertung 830
- bei der Wertung und Grenzen der Überprüfbarkeit der Entscheidung 1061

Bevorzugung eines Bieters 1103
Beweislast für das Vorliegen von Aufhebungsgründen 1101
Bewerber, Begriff 752
Bewerberauswahl 787
- Anforderung der Bedingungen durch die Bewerber 787
- Ausschließungsgründe nach § 8 Nr. 5 Abs. 1 787
- Leistungsfähigkeit, Fachkunde und Zuverlässigkeit 787

Bewerbungsbedingungen 836, 846
- Grenzen 847
- Sinn und Zweck 847

Bewerbungsfrist 909, 914, 919, 921
- Dauer beim Nichtoffenen Verfahren 919
- Dauer beim Nichtoffenen Verfahren und Verhandlungsverfahren mit vorherigem Aufruf zum Wettbewerb 924

Bewerbungsverbot, bei Personenidentität 749
Bezeichnungsnennung, Produktion oder Herkunft oder ein besonderes Verfahren oder auf Marken,

Patente, Typen eines bestimmten Ursprungs oder einer bestimmten Produktion 816
Bezeichnungsnennung
– Objektive Kriterien 817
– Sachliche Vertretbarkeit 817
Bieter
– allgemeine Anforderungen 937
– Begriff 752
Bietergemeinschaften 752, 1078
– Begriff 753
– grundsätzliche Zulässigkeit der Forderung nach gesamtschuldnerischen Haftung 755
– nachträgliche Bildung 753
– Rechtsform 753, 783, 788
– verdeckte 755
Bieterschützende Vorschrift 725, 731, 733, 738, 745, 752, 792, 856, 875, 884, 897, 909, 916, 923, 924, 932, 936, 950, 967, 983, 1079, 1084, 1085, 1105, 1116, 1120
Bindefrist 924, 926
– Ablauf 1096
– Änderung der Ausführungsfrist durch eine Verlängerung der Bindefrist? 927
– Bitte um Verlängerung = keine Bitte um neue Angebote 927
– Folge des Ablaufs der Zuschlags- und Bindefrist 929
– grundsätzliche Zulässigkeit der Verlängerung 929
– Sinn und Zweck der Verlängerung 927
– Verbot der Manipulation über die Verlängerung der Zuschlagsfristen 927
– Verlängerung
  – Angebot abändernden Bedingungen 928
  – der Bindefrist durch den Bieter unter das
  – der Zuschlags- und Bindefrist nach Ablauf 929
  – nur mit aussichtsreichen Bietern 927
  – vor Ablauf 926
– Verpflichtung des Auftraggebers zur Zulassung neuer Angebote 931
– Zugang der Annahmeerklärung des Bieters beim Auftraggeber 931
Bindung
– Ausprägungen 1080
– der ausschreibenden Stelle an die veröffentlichten Zuschlagskriterien 1079
– der Vergabestelle an Anordnungen der Aufsichtsbehörde 1121
– des Auftraggebers an die Bekanntmachung 885
– des Auftraggebers an die Bekanntmachung 897
– des Auftraggebers an die Frist zur Einreichung von Teilnahmeanträgen 889
– des Auftraggebers an die veröffentlichten Kriterien 852
– des Auftraggebers an die veröffentlichten Kriterien 855
– Sinn und Zweck 1079
CE-Kennzeichnung 814
Centklausel 873
Darlegungs- und Beweislast für die Höhe der Selbstkosten 933
DIN-Normen 814

Diskriminierungsverbot 715, 752, 772, 1086
Dokumentation der Ergebnisse 973
Doppelte Ausfertigung 890
Dritter, Begriff 1126
Durchführung nur von
– bestimmten Unternehmen 732
– einem bestimmten Unternehmen 728
Eignung 757
– Aktualität der Nachweise 767
– allgemeine Anforderungen an vom Auftraggeber geforderte Nachweise 757
– andere für die Prüfung der Fachkunde geeignete Nachweise 762
– Begriffsinhalte 757
– Bezeichnung der Nachweise 766
– für die Leitung und Aufsicht vorgesehenes technisches Personal 760
– mangelnde aller Bieter 1097
– Nachweis 757
  – auf andere Art 782
  – gemäß § 8 Nr. 3 787
– Nachweise für die Beurteilung 890
– Umsatz des Unternehmers in den letzten 3 abgeschlossenen Geschäftsjahren 758
– verlangte Nachweise für die Beurteilung der Bieter 888
– Verzicht auf geforderte Nachweise bei dem Auftraggeber bekannten Unternehmen 767
– zur Verfügung stehende technische Ausrüstung 759
Eignungsdefizite 771
Eignungskriterien
– Geltung des § 25 a 1082
– keine eindeutigen 800
– baubezogene Einzelheiten 715
Eignungsprüfung
– 2. Wertungsstufe 1042
– Zeitpunkt der Prüfung 757
Eilbedürftigkeit 721, 728, 732
Eindeutigkeit der Leistungsbeschreibung 797
Einheitliche Vergabe 733, 734
Einheits- und Gesamtpreisen, Berücksichtigung von offensichtlich falsch eingetragenen 964
Einheitspreis
– Bedeutung 963
– Ergänzung durch Rückgriff auf die Konkurrenzangebote 963
Einheitspreisvertrag 737
Einstellung eines Vergabeverfahrens 1106
Elektronische Angebote 942, 945, 946
Elektronische Bekanntmachungen 887, 902, 918, 920, 923
Engagement und Personaleinsatz der Bewerber 911, 917, 918
Entgelt
– für die Leistungsbeschreibung und die anderen Unterlagen 932
– bei Beschränkter Ausschreibung und Freihändiger Vergabe 933
– bei digitaler Übermittlung 933
– bei Öffentlicher Ausschreibung 932
– Höhe 933
Entgeltanspruch
– eines Dritten 934
– nur des öffentlichen Auftraggebers 933

1485

Sachverzeichnis Teil 3 VOB/A

Entschädigung für die Bearbeitung des Angebots 934
Entwurfsplanung 824, 829
Erfordernisse, die die Bewerber bei der Bearbeitung ihrer Angebote beachten müssen 838
Erkundigung, unterlassene 894
Erkundigungspflicht des Bieters 895
Ermessensentscheidung 767, 1087
Ermessensregelung 933
Eröffnungstermin 949, 950
– Ablauf 953
– gestaffelte 880, 950
– Kennzeichnung der Angebote 954
– Leitung 953
– Prüfung der teilnehmenden Personen 953
– Verlegung 951
Ersatzteilhaltung 817
Ersetzung von
– Leistungs- oder Funktionsanforderungen 815
– nationalen Normen 815
EU-Bekanntmachung 903
Europäischer Gerichtshof, Rechtsprechung 1062
Eventualpositionen 802
Fachkunde 715
Fachlose, Zusammenfassung 736
Fehlende Finanzierung
– eines ausgeschriebenen Projektes 876
– Rechtsfolgen 876
Fehlende Unterlagen 895
Fehlende Vorgabe der Lieferung von Bauteilen aus ungebrauchtem Material 799
Fertigstellung aller Verdingungsunterlagen 875
Festlegung auf nur ein Produkt 818
Feststellungsantrag, Verletzung des § 27 1108
Firmenbroschüren 1059
Fördermittel, drohender Verfall 1097
Forderung des Auftraggebers nach einer Erklärung gemäß § 8 Nr. 5 Buchstabe c) 775
Formerfordernisse 947
Formgrundsatz 1076
Fortschreibung 705
Freihändige Vergabe 718, 1085
– Durchführung nur von einem bestimmten Unternehmen 720
– Zulässigkeit 720
Fristenberechnung 916
Fristverkürzung 898
Ganzjährige Bautätigkeit 715
Geheimhaltung der Ergebnisse 973
Geheimhaltungsgebot 959
– im kommunalen Bereich 960
– Sinn und Zweck 960
Geltendes Recht für Ausschluss wegen schwerwiegender Gründe 777
Generalübernehmervergabe 737
Generalunternehmervergabe 737
Gerüststellung für eigene Arbeiten 824
Gerüstvorhaltung für andere Unternehmen 809
Gewerberechtliche Vorschriften 735
Glaubhafte Darlegungen des Bieters 968
Gleichbehandlungsgebot 752, 969
Gleichwertigkeit, Nachweis 1058
Grundpositionen 802
GS-Prüfzeichens 814
Gutachten, Auswertung 813

Gutachteräußerungen 1073
Haftbrücke 813
Hemmung der Verjährung durch Anrufung einer VOB-Schiedsstelle 866
Hinzurechnung von Preisen durch den Auftraggeber 965
Hochwasserbedingte Beschaffungen 722
Indexklausel 874
Informationsanspruch, nachträglicher 1107, 1109
Informationsübermittlung 874
Inhaltsleere von Angeboten auf eine funktionale Leistungsbeschreibung 1095
Insolvenz eines Mitgliedes einer Bietergemeinschaft 769
Insolvenzverfahren und vergleichbare Fälle 768
Integrität der Daten 944
Kalkulationsirrtümer bei Ermittlung des Pauschalpreises 739
Kapazitäten Dritter 783, 788
Kausalität zwischen fehlerhafter Bekanntgabe und eventuellem Schaden 1123
Kenntnis des Auftraggebers 1093
Kennzeichnung und verschlossene Aufbewahrung 945
Kombinierte Lohn-/Stoffpreisgleitklausel 873
Kommunikationsdaten des Auftraggebers 888
Kommunikationsmittel, Angabe 880
Kontrahierungszwang 1098
Konzessionäre
– öffentlich-rechtliche 1126
– private 1126
Kosten 932
Kostenbestandteile des geforderten Angebotspreises 812
Kurzfassung 947
– notwendiger Inhalt 948
Längerfristige Verträge 871
Lebenszeitkosten, besondere Hinweise für die Ausschreibung 813
Leistung genau bestimmt 738
Leistungs- und Erfüllungsrisiko 807
Leistungsbeschreibung 789
– Auslegung 796, 827
– DIN 18299 ff. 813
– Eindeutigkeit 797
– Entgelt 932
– fehlerhafte 798, 1095
– Festlegung des Inhalts 792
– funktionale 830, 876
– Leistungsanforderungen 794
– mit Leistungsprogramm 821, 825
– Positionsarten 802
– Technische Richtigkeit einer 813
– Unschädlichkeit einer fehlerhaften 799
– unzulässige Verengung des Wettbewerbes 820
– Vorrang der schriftlichen 823
– widersprüchliche 798
Leistungsfähigkeit 715
Leistungsprogramm 825, 979
– notwendiger Inhalt 827
Leistungsvertrag 737
Leistungsverzeichnis 821
– Änderung durch den Auftraggeber während der Ausschreibung 895
– Änderung während der Ausschreibung 830

Vergabe- und Vertragsordnung für Bauleistungen   Teil 3 VOB/A **Sachverzeichnis**

- fehlerhaftes 1092
- formale Anforderungen 805
- in Teilleistungen gegliedert 823
- kein Vorrang vor den Vorbemerkungen 797
- selbstgefertigte Abschrift oder Kurzfassung 947

Leitfabrikate
- für die Art der Dachabdichtung bei Flachdächern 819
- inhaltliche Konsequenzen aus der Verwendung 819
- Heranziehung der Eigenschaften 797

Lohngleitklausel 873
Losaufteilung, geänderte 1097
Losvergabe 734
- Grundsatzfragen 734
- Vorrang 734

Markterkundung 877
Maschinelle und elektrotechnische/elektronische Anlagen und Anlagenteile 707
Masseänderung im Angebot durch den Auftraggeber 965
Mehrforderungen bei Mehr- oder Minderleistungen auch über 10% 810
Melde- und Berichtspflichten 1128
Mengenaufteilung 828
Mindestanforderungen für Nebenangebote 853, 855
Minus-Preise 946
Mischkalkulation 809
Missbrauch der Aufhebungsmöglichkeit 1103
Mitarbeiterschulung 817
Mitteilungen 959
- über den Verzicht auf die Vergabe 1105
- über Nichtberücksichtigung 1108
- bei Beschränkter Ausschreibung mit Teilnahmewettbewerb bzw. Nichtoffenem Verfahren 1108
- der Entscheidung über den Vertragsabschluss, der Gründe für die Nichtberücksichtigung bzw. Nennung des Namens des Auftraggebers 1109
- Form 1110

Mitteilungspflichten 1110
- bei Parallelausschreibungen 959
- Umfang 1105

Mitverschulden des Bieters 952
Mitwirkung von Sachverständigen 745
Mitwirkungspflicht des Bewerbers bei Übersendung 891
Montagearbeiten von Fenstern oder Türen 708
Muster 948
Muster für die Bekanntmachungen 903
Nachforderungen wegen Verletzung der Regelungen des § 9 831
Nachprüfungsbehörden 1122, 1123
- Aufbau 1122
- bei der Ausschreibung von Losen von Bau- bzw. Lieferaufträgen 1123
- Fehler bei der Nennung 1123
- konkrete Angabe 1123

Nachprüfungsstellen 1121
- konkrete Angabe 1121

Nachprüfungsverfahren, Veränderung von Terminen 1096
Nachunternehmer 841
Nachverhandlungen

- bei Leistungsbeschreibungen mittels Leistungsprogramm 979
- Initiator von unstatthaften 976
- Rechtsfolge bei unstatthaften 978
- Sektorenauftraggeber 976
- sonstige statthafte 981
- statthafte 978
- über Nebenangebote 979
- über unerhebliche Änderungen 981
- unstatthafte 976

Nachweis, Zeitpunkt 1058
NATO-Vorschriften 815
Nebenangebote 801, 820, 838, 842, 889, 948
- nicht zugelassene 1039
- Ausschluss 844
- einheitliche Wertung 1073
- fehlende Kennzeichnung 1039
- fehlende Nennung der Anzahl 1040
- Formvorschriften 1061
- Mindestanforderungen 1083
- Prüfungsstufen 1061
- Verlesung 955
- Wertung 1060
- Wertungskriterien 1062
- Zulässigkeit zu einem vorgegebenen Bauzeitenplan bei mehreren Losen 860

Nebenleistungen 824
nEP-Position 802
Nichtberücksichtigung
- Angebote 1106
- Behandlung und Aufbewahrung 1108
- Bewerbungen 1108
- Mitteilung 1108

Nichterfüllung der Verpflichtung zur Zahlung der Steuern und Abgaben u. ä. 776
Nichtoffenes Verfahren 726, 731
- anderer Aufruf zum Wettbewerb 731
- Anzahl der Bewerber 781
- Bekanntmachung 901
- Dauer der Bewerbungsfrist 919
- Zulässigkeit nach Teilnahmewettbewerb 726
- Zulässigkeit ohne Teilnahmewettbewerb 726

Niederschrift 956
- Rechtscharakter 956
- Bestandteile 956

Normalpositionen 802
Notwendigkeit der grundlegenden Änderung 1091
Objektiver Empfängerhorizont 796
Objektivitäts- und Unbefangenheitsprinzip 749
Offenes Verfahren
- Bekanntmachung 901
- Bezeichnung als „öffentliche Ausschreibung" 903

Offenkundiges Versehen des Bieters 967
Öffentliche Ausschreibung 718
- Bekanntmachung 886
- Bekanntmachung als „Offenes Verfahren" 888
- fehlendes annehmbares Ergebnis 719
- Vorrang 719

Öffentlicher Teilnahmewettbewerb 718
Öffnung der Angebote 954
Öffnung von Teilnahmeanträgen 960
ÖPP-Beschleunigungsgesetz 716
Optionen 802
Optionsrecht des Bieters 1107
Ordnungsziffern eines Leistungsverzeichnisses 947

1487

Sachverzeichnis Teil 3 VOB/A

Örtliches Diskriminierungsverbot 752
Parallelausschreibung 811, 878
– Angebotsfristen 880
– Wertung 880
– Zulässigkeit 879
Pauschalangebot, als Nebenangebot 739
Pauschalierung des Verzugsschadens 860
Pauschalnachlässe, vom Auftraggeber ausgeschlossene 1078
Pauschalpreisangebot 1073
Pauschalvertrag 738
– auch für Teile einer Leistung 738
Personenidentitäten bei einem formal neuen Bieter 774
Pflicht zur Aufhebung 1089
Pflicht, des Auftraggebers
– zur Dokumentation des Versands von Nachträgen und der
– zur erneuten Übersendung der Verdingungsunterlagen 891
Pionierprojekte 830
Positionsarten einer Leistungsbeschreibung 802
Positionspapier des DVA zu Fach- und Teillosen 735
PPP-Ausschreibungen, komplexe 720
Präqualifikation 765
– Entzug 788
– Begriffsvarianten 788
Präqualifikationsverfahren 788
Preis
– Folgerung aus der Feststellung eines unangemessen niedrigen Preises 1047
– unangemessen niedriger oder hoher 1043
Preisänderungen
– Unzulässigkeit des völligen Ausschlusses 870
– nach Versendung der Vergabeunterlagen und vor Zuschlag 874
Preisangabe 946
Preisermittlung
– Angabe aller die beeinflussenden Umstände 812
– Genaue Kennzeichnung der Bestandteile des Vertrages 812
– umfangreiche Prüfungen 812
Preisnachlass
– Bedeutung eines nicht vorgelesenen 955
– missverständliche und widersprüchliche 1077
– mit Bedingungen im Einflussbereich des Auftraggebers liegen 1075
– mit Bedingungen im Einflussbereich des Bieters liegen 1074
– mit Bedingungen 1074
– ohne Bedingungen 1076
– umfasste 1077
– Verbot der Aufnahme 1074
– Wertung 1074
Preisrechtliche Rahmenbedingungen 874
Preisvorbehalte
– bei öffentlichen Aufträgen 870, 871
– nur für den ausgeschriebenen Auftrag 871
– Vorgabe nur durch den Auftraggeber 871
Proben 948
Probstücke 823
Produktkataloge 1059
Programmdiskette 891

Projektanten 783
Projektantenstellung eines Sachverständigen 747
Prüfung
– der Angebote 961
– der Angebotspreise, 3. Wertungsstufe 1042
Prüfungspflicht
– bei einer Häufung von formalen Fehlern der Bieter 1041
– der Verdingungsunterlagen durch die Bewerber 912
– des Auftraggebers 1047, 1059, 1072
– Verdingungsunterlagen durch die Bewerber? 916
Qualifizierungsregeln und -kriterien 788
Qualitätssicherung 784, 788
Rahmenvereinbarung 742
– Aufträge aufgrund 733
– Wert 714
– vergaberechtliche Anforderungen 742
RAL-Zertifizierung von Produkten 814
Rechnerische Prüfung 962
– Korrekturen 963
– Verbindung mit allgemeiner Durchsicht der Angebote 962
Rechtzeitig vorliegende Angebote 951
Regelangebotsfrist, Angemessenheit der Dauer 917
Regelfrist 917, 919, 920
– Abkürzung
– aus Gründen der Dringlichkeit 920, 921
– bei elektronischen Bekanntmachungen 918, 920, 923
– bei freier, direkter und vollständiger Verfügbarkeit der Vergabeunterlagen 919, 921, 923
– bei Vorinformation 921, 923
– formale Voraussetzungen der Abkürzung 917
– maximale Kumulierung der Abkürzung bei Offenen Verfahren 919, 923
Richtlinien
– bevorzugter Bewerber 778
– des Bundes für die Berücksichtigung von Werkstätten für Behinderte und Blindenwerkstätten bei der Vergabe öffentlicher Aufträge 778
sachdienliche Auskünfte 892
Sachverständige
– funktionaler Begriff 746
– Mitwirkung 745
– Umfang der potenziellen Mitwirkung 746
– weite Auslegung 746
Schadenersatzansprüche
– bei fehlender, aber notwendiger Entschädigungsregelung 935
– wegen Verletzung der Regelungen des § 9 831
– wegen verspäteter Zustellung 953
Schätzung des Schwellenwertes, maßgeblicher Zeitpunkt 712, 714
Scheinaufhebung 1103
Schnittstellenrisiko 818
Schwellenwert 711
Schwere Verfehlung
– Beweislast für das Vorliegen 774
– nachweislich festgestellte 769
– Verantwortung 772
– nachträgliche Berücksichtigung 774
– Begriff 769

Schwerwiegender Grund als Summe von Einzelgesichtspunkten 1093
Selbstkostenerstattungsvertrag 737, 741
Selbststreinigung des Unternehmens 773
Sicherheitsleistung 867
Sicherheitsniveaus, Festlegung 794
Sicherstellung einer Rückmeldung über den Empfang 891
Signaturanforderung 943
Skonti 1074
Sollvorschrift 875
Sozialkassenbeitrag nach ZVK 776
Spekulationsangebote 1055
Spezifikationen
– des Herstellers 840
– für Umwelteigenschaften 816
– technische 813
Staatliche Beihilfe 1083
Standardvorgabe durch den Auftraggeber 810
Steuerabzug von Vergütungen für im Inland erbrachte Bauleistungen 709
Stoffpreisgleitklausel 873
– für Nichteisenmetalle 872
– für Stahl 872
Strategische Ziele, Festlegung 794
Stundenlohnarbeiten 804
Stundenlohnvertrag 737, 741
Tatbestände des § 8 Nr. 5 1041
Technische Prüfung 965
Technische Spezifikation 813
– Begriff 814, 1058
– Abweichungen 948
– Formulierung 815
Teilaufhebung
– von einzelnen Losen 1090
– von einzelnen Positionen 1090
Teillose im Baubereich 735
Teilnahme am Vergabeverfahren 853
Teilnahmeanträge
– Anforderungen 880, 882
– Anforderungen an die Auftraggeber bei direkt, per Post oder elektronisch übermittelten Anträgen 881
– Anforderungen an die Bewerber bei direkt, per Post oder elektronisch übermittelten Anträgen 881
– Anforderungen an die Bewerber bei per Telefax oder telefonisch übermittelten Anträgen 881
– Öffnung 960
Teilnahmewettbewerb, öffentlicher 718
Teilnehmer
– am Wettbewerb 750, 779, 784
– Begrenzung der Anzahl 782
Teilnehmerauswahl bei beschränkter Ausschreibung 756
Textform, Begriff 914
Transparenzgebot 826, 1086
Treu und Glauben 967
Übermittlung der Vergabeunterlagen 890
Übermittlungsrisiko 952
– Ausnahme 952
– des Bieters für die Rechtzeitigkeit 951
Überprüfbarkeit der Einstellung des Vergabeverfahrens 1106

Übertragungsfehler, Berücksichtigung beim Gesamtpreis 964
Umrechnungsschlüssel, Abrechnung von losem Material als festes Material ohne Angabe 810
Umsatzrabatte 809
– Zulässigkeit 744
Umsatzsteuerpflicht 864
Umwelteigenschaften, Spezifikationen 816
Umweltmanagementverfahren 783, 788
Unbedenklichkeitsbescheinigung des Finanzamts 776
Ungewöhnliches Wagnis 806
– weite Auslegung zugunsten des Bieters 807
Unklarheit einer Leistungsbeschreibung mit Leistungsprogramm 829
Unschuldsvermutung 772
Unterbliebene Reaktion auf geforderte Aufklärungen und Angaben 974
Unterkriterien, Pflicht zur Bekanntmachung 849, 855
Unterlagenabgabe
– bei Öffentlicher Ausschreibung 752
– keine vorgezogene Eignungsprüfung 755
Unterrichtungspflicht 1102
Unterzeichnung der Angebote 938
Unverhältnismäßiger Aufwand 719, 726
Unzureichende Finanzierung 1093
Unzuverlässig Unternehmen, Entwurf eines Gesetzes zur Einrichtung eines Registers 775
Urheberrecht des Bieters 935
Verbot der Aufbürdung eines ungewöhnlichen Wagnisses 806
Verdingungsunterlagen 836
– Änderungen 947
– Auslegung 836
– Fertigstellung 875
– Notwendigkeit der grundlegenden Änderung 1091
– Vorrang vor der Bekanntmachung 836
Verfahren ohne vorherigen Aufruf zum Wettbewerb 731
– Zulässigkeit 732
Verfahrenseinzelheiten, Nennung beim Wettbewerblichen Dialog 853
Vergabe
– der Baukonzession 1124, 1126
– nach Losen 733, 734
– von Bauaufträgen des Konzessionärs an Dritte 1126
– zu angemessenen Preisen 715
Vergabeabsicht, konkrete 877
Vergabearten 717, 722, 730
Vergabebekanntmachung
– Folgen von unterschiedlichen Angaben 851, 855
– Auslegung 885, 897
– Bedeutung der Vorschriften 885, 897
Vergabefremde Zwecke, Ausschreibung 877
Vergabekammer
– vergleichbare Entscheidung 1097
– verspätete Bekanntgabe der Anschrift der zuständigen 1123
Vergabekammern (§ 104 GWB) 1122
Vergabekoordinierungsrichtlinie 942
Vergabeprüfstellen (§ 103 GWB) 1122
Vergaberechtsfehler 1097

Sachverzeichnis Teil 3 VOB/A

Vergabesenate (§ 116 Abs. 3 GWB) 1122
Vergabeunterlagen 833, 835, 847, 853
- Abgabe an die Bewerber 890
- Anforderung 890, 904, 908
- Auskünfte 904, 909
- Begriffsbestimmung 835, 904
- Begriffsverwendung im Vergabenachprüfungsverfahren 835
- Medien zur Übersendung 890
- Übermittlung 890
- Übersendung von elektronischen Medien 891
- Versand 882, 895
- vollständige Verfügbarkeit der 904, 919
Vergabeverfahren, Beendigung 1106
Vergabevermerk 1115
Vergabeverzicht
- einer ausgeschriebenen Leistung 1099
- Mitteilung 1105
Vergleich, Wertung und Zuschlag durch 1078
Vergütung, Änderung 869, 873
Verhandlungsverfahren 726, 921, 981, 1085
- Anzahl der zu Verhandlungen aufzufordernden Bewerber 782
- im Sektorenbereich, Geltung des § 25 a 1082
- mit Vergabebekanntmachung, Bekanntmachung 901
- über Kreativleistungen 1086
- Zulässigkeit ohne Öffentliche Vergabebekanntmachung 726
Verjährung der Mängelansprüche 864
Verjährungsfristen nach § 13 Nr. 4 VOB/B 864
Verjährungshemmung durch Anrufung einer VOB-Schiedsstelle 866
Verjährungsverlängerung 865
- generelle Verlängerung 865
- neue Rechtsprechung des BGH zur Privilegierung der VOB/B 865
- Verlängerung bei Flachdacharbeiten 865
Verknüpfung
- der Verjährung 865
- von Lieferleistungen mit einem Bauauftrag 714
Verlesung aller Angebote 955
Verpflichtung des Auftraggebers zur Führung von Aufklärungsgesprächen 967
Versand der Vergabeunterlagen 882, 895
Verschlossener Umschlag 951
Verschlüsselung 945
- der elektronischen Angebote 953
Verspätete, aber noch zuzulassende Angebote 957
Vertragsbedingungen 836
Vertragsstrafe 811, 860
- angemessene Höhe 862
- auch für andere Fälle als die Überschreitung von Vertragsfristen 861
- Geltendmachung nur bei tatsächlichen Nachteilen für den Auftraggeber 862
- Höhe im billigen Ermessen des Auftraggebers 861
- Rechtsfolgen einer unangemessen hohen 862
- Zulässigkeit bei abstrakter Möglichkeit eines erheblichen Nachteils 863
- Zulässigkeit bei drohenden Ansprüchen eines Nachunternehmers 863
Vertragsurkunde 1115

Vertraulichkeit 716
- der Angebote 944
Vertraulichkeitserklärung 839, 861
Vertraulichkeitsgrundsatz, allgemeiner 716
Vervielfältigen der Verdingungsunterlagen 933
Verweigerung von Aufklärungen und Angaben durch den Bieter 974
Verwendung eines nicht mehr am Markt erhältlichen Fabrikates 799
Verzugsschaden 860
VOB/C 735
VOB-konforme Auslegung 797
Vorbehalte wegen der Teilung in Lose und Vergabe der Lose an verschiedene Bieter 838
Vorhaltung von Personal 809
Vorinformation 895, 897
- Abkürzung der Regelfrist 917
- Aufträge über bauliche Anlagen 899
- fakultative Übermittlung an andere Bekanntmachungsblätter 901
- Form 899
- Form der Übermittlung an das Amt für amtliche Veröffentlichungen der Europäischen Gemeinschaften 900
- Übermittlung 900
- Übermittlung durch Veröffentlichung im Beschafferprofil 900
- Zeitpunkt 900
- zwingende 899
- zwingende Übermittlung an das Amt für amtliche Veröffentlichungen der Europäischen Gemeinschaften 900
- Bedeutung 898
- Folge einer korrekten 901
- Sinn und Zweck 898
Vorsätzlich unzutreffende Erklärungen 777
Wahl zwischen nur zwei Systemen 818
Wahlpositionen 804
- unzulässig hoher Umfang 799
- Zulässigkeit in Leistungsbeschreibung 804
Wahlrecht 849, 855
Wartung als Bedarfsposition 803
Wartungsarbeiten 817
Wartungsvertrag 839
- keine eindeutigen Kriterien 800
Weitervergabe an Nachunternehmer 837
Wertung
- der Angebote 982, 1079, 1084
- eines Angebots mit einem unangemessen niedrigen Preis 1050
- von Nebenangeboten 1060
- von Preisnachlässen 1074
Wertungsfehler, nachträgliche Beseitigung 1078
Wertungskriterien 840
- Angabe 889
- Bekanntmachung der maßgebenden 854
- Folgen der fehlenden Angabe 852
- Folgen der fehlenden Angabe 855
- klare und eindeutige 851
- klare und eindeutige 855
- Pflicht zur Bekanntmachung und Gewichtung 848
Wertungsstufen 985
- 1. Wertungsstufe: Ausschluss nach § 25 Nr. 1 985
- 2. Wertungsstufe: Eignungsprüfung 1042

- 3. Wertungsstufe: Prüfung der Angebotspreise 1042
- Trennung der einzelnen Stufen bei der Wertung 985
- Verpflichtung zur umfassenden Prüfung und Wertung aller Angebote 985

Wesentliche Änderungen 872
Wettbewerblicher Dialog 726, 921, 1085
- Anzahl der zu Verhandlungen aufzufordernden Bewerber 782
- Bekanntmachung 901

Wettbewerbsprinzip 715
wichtige Aufklärungen 893
Wiedereinsetzung in den vorigen Stand bei Versäumung der Frist 910, 916
Wiederzulassung von Unternehmen 773
Wirtschaftliche Prüfung 965
Wirtschaftlichste Angebot 1057
Zahlungsbedingungen, wesentliche 840
Zeichnerische Darstellung der Leistung 823
Zeitlicher Vorlauf zwischen Angebotseröffnung und Leistungsbeginn 808
Zeitverträge 744
- als Rahmenvereinbarungen 744

Zeugenvernehmung 774
Zugang, Begriff 957, 1111
Zulagepositionen 805
Zulässigkeit 974
Zulassung von entsprechenden Bietern 775
Zurechenbarkeit 1093
Zurechnung vorsätzlich falscher Angaben in einem Konzern 777

Zurückziehung von Angeboten 914
Zusammenfassung von Fachlosen 736
zusätzliche Auskünfte 892
- Technische Vertragsbedingungen für die Ausführung von Bauleistungen 837
- Vertragsbedingungen 837
- Vertragsbedingungen für die Ausführung von Bauleistungen (ZVB) 837

Zuschlag 1111
- auf ein rechnerisch ungeprüftes Angebot? 965
- Begriff 1111
- mit Erweiterungen, Einschränkungen, Änderungen oder Verspätung 1112

Zuschlagsfrist 924
- Ablauf 1096
- Begriff 924
- Dauer 925
- fehlende Fristbestimmung 926

Zuschlagskriterien
- Angabe 851, 855
- Angabe der Gewichtung 852, 855
- Folgen einer fehlenden Angabe 1082
- keine eindeutigen 800
- Pflicht zur Angabe der Gewichtung 852, 855

Zustimmung zur Verlängerung der Bindefrist für den Fall eines Nachprüfungsverfahrens zum Zeitpunkt der Angebotsabgabe 811
Zuverlässigkeit 715
Zwischensummen, Verbindlichkeit in einem Einheitspreisangebot 738

Sachverzeichnis zu Teil 4:
Vergabe- und Vertragsordnung für Bauleistungen Teil A (VOL/A)

Abfallmenge 1219
Abgabe der Vergabeunterlagen an die Bewerber 1268
Abholzeiten 1235
Abnahme- bzw. Verwendungsrisiko 1222
Absicherung eines Risikos über die Vergütung 1222
Abtretung von Mängelansprüchen 1223
Allgemeine Vertragsbedingungen für die Ausführung von Leistungen 1242
Alternativpositionen, Bezeichnung als Bedarfspositionen 1218
Analoge Anwendung
– des § 5 b auf andere Öffentliche Auftraggeber 1193
– des § 6 Abs. 3 1194
Änderungen
– der Verdingungsunterlagen, grundlegende 1342
– der Vergütung in den Verdingungsunterlagen 1257
– des Bieters an seinen Eintragungen 1298
– und Ergänzungen an den Verdingungsunterlagen 1298
– von Angeboten 1281
Anforderung
– der Bedingungen durch die Bewerber 1214
– der Vergabeunterlagen 1268
– an Teilnahmeanträge 1260, 1261
Angabe der Leistungen
– die an Nachunternehmer vergeben werden sollen 1250, 1267
Angabe der Preise 1295
Angaben und Erklärungen, Begriff 1295
Angebote
– Änderung 1281
– auf der Basis einer unzulässigen wettbewerbsbeschränkenden Abrede 1320
– Auslegung 1295
– eines Bieters für einen Dritten 1297
– eines Einzelbieters oder einer Bietergemeinschaft? 1298
– Einreichung in einem verschlossenen Umschlag 1297
– elektronische 1281, 1296, 1297, 1301
– Form 1296
– Form und Frist 1279
– Inhalt 1293
– „Inhaltsleere" 1343
– kein den Ausschreibungsbedingungen entsprechendes 1342
– Kennzeichnung und verschlossene Aufbewahrung 1297
– mit Änderungen oder Ergänzungen an den Verdingungsunterlagen 1319
– mit fehlenden wesentlichen Preisangaben 1314
– mit mehrdeutigen Angaben, mit unklärbaren Mehrdeutigkeiten und Widersprüchen 1321
– mit nicht zweifelsfreien Änderungen 1319

– nicht berücksichtigte 1347, 1347
– nicht ordnungsgemäße 1304
– nicht unterschriebene 1318
– Notwendigkeit der Vollständigkeit 1226
– Prüfung 1304
– schriftliche 1296, 1297, 1301
– sonstige formal fehlerhafte 1305
– teilweise verspätetes 1302
– Umdeutung eines unzulässigen Angebots in ein Nebenangebot 1334
– ungewöhnlich niedrig durch staatliche Beihilfe 1337, 1339
– ungewöhnlich niedrige 1329
– Unterzeichnung 1297
– verspätete 1304 1320
– verspätete und nicht ordnungsgemäße, aber noch zuzulassende 1305
– Wertung 1311
– Zurückziehung 1281
– Zuschlag auf das wirtschaftlich günstigste Angebot 1338
Angebotseröffnung und Leistungsbeginn 1222
Angebotsfrist 1287
– Angemessenheit der Dauer 1280
– Aufhebung der Ausschreibung bei Verfahrensfehlern im Zusammenhang mit der Verlängerung 1281
– Bedeutung des Ablaufes für die Wertung 1280
– Begriff 1279, 1284
– Dauer 1279
  – bei Leistungsbeschreibung mit Leistungsprogramm 1280, 1284, 1285
  – bei ÖPP-Projekten 1280, 1284, 1285
  – bei Parallelausschreibungen 1280, 1284, 1285
  – beim Nichtoffenen Verfahren 1286
  – beim Nichtoffenen Verfahren und Verhandlungsverfahren mit vorherigem Aufruf zum Wettbewerb 1289
  – beim Nichtoffenen Verfahren, beim wettbewerblichen Dialog und im Verhandlungsverfahren in den Fällen des § 3 a Nr. 1 Abs. 5 1286
  – beim Offenen Verfahren 1284, 1289
– Ende 1280
– Ende an einem Sonntag 1281
– Heilung einer zu kurz bemessenen 1280, 1283
– im Sinne von § 107 Abs. 3 GWB 1279, 1284
– Information aller Bieter 1281
– Rechtscharakter 1279, 1283
– Setzung unterschiedlicher Fristen für Einreichung der Angebote und Eröffnung der Angebote 1280
– Verlängerung des Endes 1281
– Zulässigkeit der Verlängerung 1281
Angebotsinhalt, Schutz bei elektronischen Angeboten 1281
Angebotsöffnung 1300, 1302

Vergabe- und Vertragsordnung für Bauleistungen   Teil 4 VOL/A **Sachverzeichnis**

Angebotsschutz durch einen Umschlag oder ähnliche Mittel 1281
Angebotswertung 1311
Angebotszahl, Pflicht zur Angabe der Absicht des Auftraggebers zur Begrenzung 1247
Annahmeerklärung, Zugang des Bieters beim Auftraggeber 1291
Anscheinsvollmacht 1298
Anschreiben 1241, 1266
Ansprechpartner 1308
Anwendung
– der VOL/A für nicht freiberufliche Leistungen der VOF des Anhangs I A 1164
Anwendungsbereich
– der VOB/A bzw. der VOL/A (1. Ausnahmeregelung) 1160
– der VOF bzw. der VOL/A (3. Ausnahmeregelung) 1162
a-Paragrafen
– Verpflichtung zur Anwendung 1163, 1170
– zusätzliche Anwendung 1163
Arbeitsgemeinschaften 1197
Arbeitsgemeinschaften und andere gemeinschaftliche Bieter 1299
Arten
– der Leistungsbeschreibung 1224
– der Vergabe 1173, 1179, 1187
Aufbewahrungs- und Berichtspflichten 1355
Aufforderung zur Angebotsabgabe 1241, 1266, 1270
– Bekanntmachung 1262
Aufhebung
– als Voraussetzung für ein neues Vergabeverfahren 1345
– Alternative 1341
– Bekanntmachung 1344
– der Ausschreibung 1340, 1341
– einer Ausschreibung, mit anschließender – unveränderter – Auftragsvergabe 1344
– einer Ausschreibung, mit anschließender – veränderter – Auftragsvergabe 1344
– einer Ausschreibung, ohne anschließende Auftragsvergabe 1344
– neues Vergabeverfahren 1345
– Pflicht 1341
– Rechtsnatur 1344
– Rücknahme 1344
– von Verfahren nach der VOL/A-SKR 1341
Aufhebungsentscheidung, Überprüfung 1346
Aufhebungsgründe
– des 26 VOL/A 1342
– Rechtsfolge einer sonstigen Aufhebung 1343
– sonstige 1343
Aufklärung des Angebotsinhalts 1306
Aufklärungsbedarf 1307
– Verursachung durch den Auftraggeber 1307
Aufklärungsgespräche 1307
– Anspruch auf Wiederholung 1308
– Beschränkung der Gespräche auf aussichtsreiche Bieter 1308
– möglicher Inhalt 1308
– über die Art der Ausführung 1308
– über die Eignung 1308
– über die Kalkulation 1308

– über die ungenügende Beschreibung eines Nebenangebots 1309
– über Lieferfristen 1308
– über Materialien, Fabrikate und Verrechnungssätze für Stundenlohnarbeiten 1308
– über Preise 1308
– über Verbindlichkeit der Unterschrift 1308
– Verpflichtung des Auftraggebers zur Führung 1307
Aufklärungsverweigerung durch den Bieter 1309
Aufruf zum Wettbewerb 1188, 1275
– durch Veröffentlichung einer Bekanntmachung über das Bestehen eines Prüfsystems 1278
– regelmäßige unverbindliche Bekanntmachung als 1278
– Veröffentlichung im Amtsblatt 1278
Aufträge, deren Gegenstand Lieferungen und Dienstleistungen sind 1164
Auftraggeber 1163
Auftragsbedarf und Finanzierbarkeit 1222
Auftragsberatungsstellen 1190
Auftragserteilung, Bekanntmachung 1351, 1352
Auftragsvergabe im Insolvenzfall 1177, 1186
Ausforschung durch die Vergabestelle 1307
Ausführung der Leistung, Möglichkeit 1259
Ausführungsfrist 1251
– Änderung durch eine Verlängerung der Bindefrist 1251
– Bemessung 1251
– Indizien für eine nicht ausreichende Bemessung 1251
– Möglichkeit der Nachverhandlung 1251
Ausführungszeit
– Bestimmungen 1266
– Folge einer Verlängerung der Bindefrist für die 1251
Ausgleichungspflicht der Vergabestelle 1217
Auskünfte
– an die Bewerber 1269
– über die Vergabeunterlagen 1278
– Form der Erteilung der 1269
– unverzügliche 1269
Auskunftspflicht des Auftraggebers 1269
Ausschließliche Verantwortung der Vergabestellen 1171
Ausschließungsgründe nach § 7 Nr. 5 1214
Ausschluss
– fakultativer 1321
– nach § 25 Nr. 1, Wertungsstufe 1 1314
– wegen schwerwiegender Gründe 1201
– zwingender 1314
– zwingender wegen Nichterfüllung der Anforderungen des Leistungsverzeichnisses 1321
– zwingender wegen Unklarheit des Angebots 1321
Ausschlussfrist 1309
Ausschlussgründe
– besondere 1201
– zwingende 1206, 1214
Ausschreibung 1341
– ab den Schwellenwerten, Geltung des § 25 a 1337
– Aufhebung 1340
– Ausnahmen vom Gebot der produktneutralen Ausschreibung 1231

1493

Sachverzeichnis Teil 4 VOL/A

- der gesamten PPK-Fraktion 1224
- eines Bruttovertrages mit Anreizsystem im Personenverkehr 1223
- für vergabefremde Zwecke 1259
- unwirtschaftliches Ergebnis 1342
- von Entsorgungsleistungen 1219
- von Gebäudereinigungsleistungen 1234
- von Personenbeförderungsleistungen 1219
- von Pionierprojekten 1226
- von Softwareprogrammen 1219
- von Versicherungsleistungen 1194, 1233
- von Zustellungsleistungen, für die Entgeltgenehmigung nach PostG erforderlich ist 1235

Ausschreibungsgrundätze 1257
Ausschreibungsmuster 1233
Außergewöhnliche Fachkunde, Leistungsfähigkeit oder Zuverlässigkeit 1176
Auswahl des wirtschaftlichsten Angebots, 4. Wertungsstufe 1331
Bagatell- und Selbstbehaltsklausel 1256
Bagatellklausel bei Rückforderungen 1256
Bankauskünfte 1207
Bedarfsposition
- Beauftragung einer 1228
- keine eindeutige Bezeichnung 1218, 1222, 1228

Beendigung eines Vergabeverfahrens 1346
- bei einem nichtigen Vertrag 1346
- wegen Ablaufs der Zuschlags- und Bindefrist 1346

Begründungspflicht 1309
Beifügung einer Programmdiskette 1269
Beistellungen im Rahmen von Dienstleistungsaufträgen 1232
Bekanntgabe
- auch der später auszuschreibenden Lose? 1217
- der Kriterien, die für die Inanspruchnahme der ausgeschriebenen Wahlpositionen maßgebend sein sollen 1229

Bekanntmachung 1270
- Aufforderung zur Angebotsabgabe 1262
- Bedeutung der EU-weiten 1265
- Begriff 1265, 1272
- Beschränkte Ausschreibungen nach Öffentlichem Teilnahmewettbewerb 1266
- der Aufhebung 1344
- der Auftragserteilung 1352
- elektronische 1265, 1273
- Form der Übermittlung an das Amt für amtliche Veröffentlichungen der Europäischen Gemeinschaften 1272
- Inhalt 1265
- inländische Veröffentlichung 1273
- Offener, Nichtoffener und Verhandlungsverfahren 1272
- öffentlicher Ausschreibungen 1264
- Rechtsfolge 1344
- Sinn und Zweck 1245, 1249, 1264, 1272
- über die Auftragserteilung 1351
- Umfang 1265
- Umfang des Inhalts im Supplement zum Amtsblatt der Europäischen Gemeinschaften 1272
- unterschiedliche Inhalte von derselben Ausschreibung 1273

Sachverzeichnis zu Teil 4

- Veröffentlichung der im Supplement zum Amtsblatt der Europäischen Gemeinschaften 1272
- zwingende Veröffentlichung im Amtsblatt der Europäischen Gemeinschaften 1272

Bekanntmachungen, unterschiedliche Inhalte von derselben Ausschreibung 1265
Bekanntmachungsmedium 1265, 1273
Bemusterungstermin 1310
Benachrichtigung
- der Bieter 1348
- der erfolglosen Bieter 1348

Berücksichtigung der Kapazitäten Dritter 1209, 1215
Beschafferprofil 1270, 1273
Beschaffungsvorhaben 1343
- politische Neubewertung 1343

Bescheinigungen des Nichtvorliegens der Ausschlussgründe des § 7 Nr. 5 1208
Beschleunigungsvergütung 1253
Beschränkte Ausschreibung 1174
- nach Öffentlichem Teilnahmewettbewerb, Bekanntmachung 1266
- Teilnehmerauswahl 1198
- wesentlicher Unterschied zum Nichtoffenen Verfahren des § 101 Abs. 3 GWB 1174
- Zulässigkeit 1175

Besondere Ausschlussgründe 1201
Besondere Vertragsbedingungen 1267
- für die Ausführung von Leistungen 1243
- für die Beschaffung von DV-Leistungen (BVB) 1244

Bestätigungsvermerk eines Wirtschaftsprüfers 1201
Bestimmtheit des Verfahrens 1225
Beteiligung
- an der Vergabe 1194
- kleiner und mittlerer Unternehmen 1198

Beteiligungsverbot
- an der Vergabe 1194
- nicht erwerbswirtschaftlich orientierter Institutionen am Wettbewerb 1202

Betriebsunterbrechungsversicherung 1255
Beurteilungsspielraum bei der Wertung 1226, 1332

Beweislast
- für das Vorliegen von Aufhebungsgründen 1344
- für die Vollständigkeit eines Angebots bzw. für Ausschlussgründe 1321

Bewerberauswahl 1213
Bewerberkreis 1189
Bewerbungen, nicht berücksichtigte 1349
Bewerbungsfrist 1286, 1287
- Abkürzung aus Gründen der Dringlichkeit 1286
- Abkürzung der Regelfrist bei elektronischer Bekanntmachung 1286

Bezeichnungen
- Nennung von Bezeichnungen für bestimmte Erzeugnisse oder Verfahren 1229
  - Produktion oder Herkunft oder besonderes Verfahren oder auf Marken, Patente, Typen bestimmten Ursprungs oder bestimmter Produktion 1238

Bietergemeinschaften 1214
- Rechtsform 1209

Bieterschützende Vorschrift 1171, 1174, 1182, 1188, 1192, 1194, 1197, 1206, 1216, 1251, 1258,

Vergabe- und Vertragsordnung für Bauleistungen   Teil 4 VOL/A **Sachverzeichnis**

1264, 1271, 1279, 1283, 1288, 1290, 1292, 1294, 1301, 1306, 1312, 1336, 1338, 1340, 1346, 1354
Bildschirmarbeitsverordnung 1220
Bindefrist 1289, 1290
– Ablauf 1343
– Änderung der Ausführungsfrist durch eine Verlängerung der Bindefrist? 1291
– Bitte um Verlängerung = keine Bitte um neue Angebote 1291
– Folge des Ablaufs der Zuschlags- und Bindefrist 1291
– grundsätzliche Zulässigkeit der Verlängerung 1291
– Sinn und Zweck der Verlängerung 1291
– Verbot der Manipulation des Vergabeverfahrens über die Verlängerung der Zuschlagsfristen 1291
– Verlängerung
  – vor Ablauf 1290
  – der Zuschlags- und Bindefrist nach Ablauf 1291
  – durch den Bieter unter das Angebot abändernden Bedingungen 1291
  – nur mit aussichtsreichen Bietern 1291
– Zustimmung zur Verlängerung der 1224
Bindung
– Ausprägungen 1337
– des Auftraggebers an die Bekanntmachung 1264, 1272
  – an die Frist zur Einreichung von Teilnahmeanträgen 1266
  – an die veröffentlichten Kriterien 1246, 1249
– Sinn und Zweck 1337
Bonus-Malus-Regelung 1223
b-Paragrafen, zusätzliche Anwendung 1170
Bruttovertrag mit Anreizsystem im Personenverkehr 1223
Bundeszentralregisterauszug 1201
Courtageanspruch des Sachverständigen 1194
Darlegungs- und Beweislast für die Höhe der Selbstkosten 1293
Dienstleistungen des Anhangs I A und des Anhangs I B 1164
DIN-Normen 1237
Diskriminierungsverbot 1171, 1197
Dokumentation 1311
– der Ausübung des Ermessens 1321
Doppelangebote 1321
Dringlichkeit 1176, 1184, 1189
Duldungsvollmacht 1298
Durchführung nur von
– bestimmten Unternehmen 1189
– einem bestimmten Unternehmen 1176, 1184
Eignung 1198
– allgemeiner Inhalt der und der Eignungskriterien „Fachkunde, Leistungsfähigkeit und Zuverlässigkeit" 1172
– mangelnde Eignung aller Bieter 1343
– Nachweis 1199
– Nachweise für die Beurteilung 1266
– Prüfungszeitpunkt 1199
– verlangte Nachweise für die Beurteilung 1265
Eignungskriterien
– „Fachkunde, Leistungsfähigkeit und Zuverlässigkeit" 1172

– keine eindeutigen 1218
– VOL-bezogene Einzelheiten 1172
Eignungsprüfung, 2. Wertungsstufe 1329
Eindeutigkeit der Leistungsbeschreibung 1217
Eingang, Begriff 1305
Einheitspreis, Änderung bei Mehr- oder Mindermengen 1220
Einstellung eines Vergabeverfahrens 1346
Eintragung in ein Berufsregister 1200
Elektronische Angebote 1281, 1296, 1297, 1301
– per Fax oder per E-Mail ohne Signatur und Verschlüsselung 1297
Elektronische Bekanntmachung 1265
– Abkürzung der Regelfrist 1285
– schnellere Veröffentlichung 1273
– Zulässigkeit 1273
Engagement und Personaleinsatz der Bewerber 1280, 1284, 1285
Entgeltanspruch
– eines Dritten 1293
– nur des öffentlichen Auftraggebers 1293
Entschädigung für die Bearbeitung des Angebots 1293
Entsorgungsleistungen, Ausschreibung 1219
Ergänzende Vertragsbedingungen
– für die Ausführung von Leistungen (EVB) 1242
– für die Beschaffung von Informationstechnik (EVB-IT) 1242
Erkundigung
– Rechtsfolge einer durch den Bewerber nicht erfolgten 1269
– unterlassene 1270
Erkundigungspflicht des Bieters 1270
Erkundung des Bewerberkreises 1189
Ermessensentscheidung 1194, 1341
Ermessensreduzierung auf Null 1321
Ermessensregelung 1192
Eröffnungstermin
– Ablauf 1301
– gestaffelte 1259
– Kennzeichnung der Angebote 1303
– Leitung 1301
– Verlegung 1301
Ersatzteilhaltung 1231
Ersetzung
– von Leistungs- oder Funktionsanforderungen 1238
– von nationalen Normen 1237
Eventualpositionen 1228
Fachkunde 1172, 1214
Fehlende Finanzierung
– eines ausgeschriebenen Projektes 1258
Fehlende sonstige Angaben und Erklärungen 1322
Fehlerhafte Leistungsbeschreibung 1343
Fehlerhaftes Leistungsverzeichnis 1342
Fertigstellung aller Verdingungsunterlagen 1258
Festlegung auf nur ein Produkt 1231
Feststellungsantrag, Verletzung des § 27 1348
Fördermittel
– Abrufbarkeit 1177
– drohender Verfall 1343
Form und Frist der Angebote 1279
Formen 1282
Formerfordernisse, sonstige 1299
Frankierten Rückumschlag 1348

1495

Sachverzeichnis Teil 4 VOL/A

Freiberufliche Leistungen
– unterhalb der Schwellenwerte, Erfassung aller 1161
– nicht eindeutig und erschöpfend beschreibbare 1162
Freiberufliche Tätigkeiten 1160, 1162
Freihändige Vergabe 1175, 1341
– Zulässigkeit 1176
Fristen 1282
Fristenberechnung 1283
Fristenvergleich 1177
Funktionale Leistungsbeschreibung 1224, 1258
– bei der Ausschreibung von Pionierprojekten 1226
– im Abfallbereich 1226
– im EDV-Bereich 1227
– im Unterrichtsbereich 1227
Gebäudereinigungsleistungen, Ausschreibung 1234
Gebäudewerte 1233
Geheimhaltung der Ergebnisse 1311
Geheimhaltungsgebot 1303
Geheimwettbewerb 1235
Gemeinsame Ausschreibung der gesamten PPK-Fraktion 1224
Gemeinschaftliche Bewerber 1197
Gemischte Verträge 1163
Genehmigte Entgelte 1235
Generalübernehmervergabe 1192
Generalunternehmervergabe 1192
Gesundheitspolitische Beschaffungen 1177
Glaubhafte Darlegungen des Bieters 1307
Gleichbehandlung der Bieter 1308
Gleichbehandlungsgebot 1197, 1216
Grundpositionen 1228
Gutachteräußerungen 1334
Haushaltsordnungen, Bestimmungen 1161
Hemmung der Verjährung durch Anrufung einer VOL-Schiedsstelle 1254
Höchstzahl, teilnehmende Unternehmen 1182
Hochwasserbedingte Beschaffungen 1177
Hygieneanforderungen wegen mehrfachbehinderter Schüler 1235
Identität des Bieters 1297
Informationsanspruch, nachträglicher 1348, 1349
Informationsübermittlung 1257
Inhalt der Angebote 1293
Integrität der Daten 1296
Jahresumsatz, Erfordernis eines bestimmten 1199
Kausalität zwischen fehlerhafter Bekanntgabe und eventuellem Schaden 1359
Kenntnis des Auftraggebers
– von den Gründen 1342
– von der Notwendigkeit der Änderung 1342
Kennzeichnung 1281
Kommunalversicherern 1234
Kommunikationsmittel, Angabe 1260
Kontrahierungszwang 1343
Kosten 1292
Längerfristige Verträge 1256
Leistung 1159
– Art und Umfang 1265, 1266
– die von den vorgegebenen technischen Spezifikationen abweicht 1340
– des Anhangs I A 1164

Sachverzeichnis zu Teil 4

– im Wettbewerb mit freiberuflich Tätigen 1161, 1162
Leistungs- und Erfüllungsrisiko 1221
Leistungsanforderungen 1217
Leistungsbeschreibung 1215, 1236, 1238
– Anforderungen an den Inhalt 1225
– Auslegung 1217
– Eindeutigkeit 1217
– Fehlerhafte 1218
– Festlegung des Inhalts 1216
– funktionale 1224
– keine eindeutige und erschöpfende 1177
– mit Leistungsprogramm 1225
  – Unklarheit 1226
– Positionsarten 1227
– Praxis 1230
– Reaktionsmöglichkeiten des Bieters auf eine unklare oder fehlerhafte 1269
– Unschädlichkeit einer fehlerhaften 1218
– unzulässige Wettbewerbsverengung durch Definitionen 1232
– widersprüchliche 1217
Leistungsfähigkeit 1172, 1206, 1214
Leistungsverzeichnis
– Änderung durch den Auftraggeber während der Ausschreibung 1233, 1270
– formale Anforderungen 1229
– kein Vorrang vor den Vorbemerkungen 1217
– selbstgefertigte Abschrift oder Kurzfassung 1299
Leitfabrikate
– inhaltliche Konsequenzen aus der Verwendung von 1230
– Heranziehung der Eigenschaften 1217
Liefer- bzw. Dienstleistungsaufgabe
– Festlegung 1216
– die eine vorherige Festlegung eines Gesamtpreises nicht zulassen 1183
Lieferungen und Leistungen 1159
Lieferzeit, Verlängerung 1343
Listenpreis, Angabe verbunden mit einem Rabattsatz 1257
Losaufteilung, geänderte 1343
Lose, Zusammenfassung 1192
Losvergabe 1191, 1192
– Grundsatzfragen 1192
– Vorrang 1192
Markterkundung 1259
– als Vorstufe des Vergabeverfahrens 1190
– unzulässige 1191
Medien zur Übersendung der Unterlagen (Papier/Diskette) 1268
Mehrforderungen bei Mehr- oder Minderleistungen auch über 10%? 1220
Meisterbrief 1200
Melde- und Berichtspflichten 1354
Mischkalkulation 1222
Missbrauch der Aufhebungsmöglichkeit 1345
Mitarbeiterschulung 1231
Mitteilung der Gründe 1348
– für die Nichtberücksichtigung 1349
– bei Beschränkter Ausschreibung mit Teilnahmewettbewerb bzw. einem Nichtoffenen Verfahren 1348
– formale Anforderungen 1348

Vergabe- und Vertragsordnung für Bauleistungen   Teil 4 VOL/A **Sachverzeichnis**

Mitteilung über den Verzicht auf die Vergabe 1346
Mitteilung, Form 1350
Mitteilungspflichten 1350
– Umfang 1346
Mitverschulden des Bieters an der Verspätung 1302
Mitwirkung
– Umfang der potenziellen 1194
– von Sachverständigen 1193
Mitwirkungspflicht des Bewerbers 1269
Muss-Vorschrift 1245, 1248
Muster 1299
Nachforderungen wegen Verletzung der Regelungen des § 8 1233
Nachprüfungsbehörden 1358, 1359
– bei der Ausschreibung von Losen von Liefer- bzw. Dienstleistungsaufträgen 1358
– Fehler bei der Nennung 1359
– konkrete Angabe 1358
– Aufbau 1358
Nachprüfungsverfahren, Veränderung von Terminen durch 1343
Nachträge 1293
Nachträgliche Beseitigung von Wertungsfehlern 1335
Nachträglicher Informationsanspruch 1348, 1349
Nachverhandlungen
– bei funktionalen Leistungsbeschreibungen 1310
– statthafte 1310
– über Nebenangebote 1310
– über unerhebliche Änderungen 1311
– unstatthafte 1309
Nachweis
– Angabe in der Bekanntmachung 1208
– Begriff 1207
– der Eignung 1199
– Aktualität 1201
– allgemeine Anforderungen 1199
– Bezeichnung der Nachweise 1201
– Keine Aufzählung möglicher Nachweise 1199
– Verzicht auf geforderte Nachweise bei dem Auftraggeber bekannten Unternehmen? 1201
– in fachlicher und technischer Hinsicht 1207
– in finanzieller und wirtschaftlicher Hinsicht 1207, 1214
– in technischer Hinsicht 1214
– über Eintragungen im Berufs- oder Handelsregister 1208
– Umfang der Angabe in Bekanntmachung 1208
NATO-Vorschriften 1237
Nebenangebote 1267, 1299, 1340
– Anforderungen 1249
– ausgeschlossene 1320
– Ausschluss 1268
– einheitliche Wertung 1334
– Erläuterung der Mindestanforderungen 1268
– fehlende Kennzeichnung 1329
– Formen der Angebote 1267
– Formvorschriften 1332
– Mindestanforderungen 1337
– Pflicht zur Angabe der Nennung von Mindestanforderungen 1247, 1250
– Prüfungsstufen 1332
– und Nachträge 1293
– Wertung 1332
– Wertung als Pauschalpreisangebotes 1334

– Wertungskriterien 1332
– Zulassung 1249
Nennung des Namens des Auftraggebers 1349
nEP-Position 1228
Neue Formulare 1275
Nicht berücksichtigte
– Angebote 1347
– Bewerbungen und Angebote 1349
Nichtoffenes Verfahren 1188
– Bekanntmachung 1272
Niederschrift 1303
– Bestandteile 1303
– Rechtscharakter und Beweislastverteilung 1303
Normalpositionen 1228
Objektive Dringlichkeit 1176
Objektive Kriterien 1231
Objektiver Empfängerhorizont 1217
Objektivitäts- und Unbefangenheitsprinzips 1194
„oder gleichwertiger Art"
– Ausnahmen 1231
– Ersetzung durch Abgabe von Nebenangeboten 1232
– zwingende Verwendung 1231
Offenes Verfahren
– Bekanntmachung 1272
– Bezeichnung als „öffentliche Ausschreibung" 1273
– Dauer der Angebotsfrist 1284
– fehlende wirtschaftliche Angebote nach 1184
Offenkundiges Versehen des Bieters 1307
Offensichtliche Bevorzugung eines Bieters 1345
Öffentliche Ausschreibung 1174
– Abgabe der Unterlagen 1198
– Bekanntmachung 1264
– Bezeichnung als „Offenes Verfahren" 1265
– fehlendes wirtschaftliches Ergebnis 1176
– Vorrang 1175
Öffentlicher Teilnahmewettbewerb 1175
Öffnung
– Begriff 1302
– der Angebote 1300, 1302
– von Teilnahmeanträgen 1303
Optionen 1228
Optionsrecht des Bieters 1348
Ordnungsziffern eines Leistungsverzeichnisses 1299
Örtliches Diskriminierungsverbot 1197
Parallelausschreibung 1259
– Angebotsfristen 1259
– Verwaltungsregelungen 1259
– Wertung 1259
– Zulässigkeit 1259
Pauschalnachlässe, vom Auftraggeber ausgeschlossene 1335
Personalvorgaben 1218
Personenbeförderungsleistungen 1219
Pflicht des Auftraggebers
– zur Dokumentation des Versands von Nachträgen und der Sicherstellung einer Rückmeldung über den Empfang 1269
– zur erneuten Übersendung der Verdingungsunterlagen 1269
Pflicht zur Bekanntmachung der Zuschlagskriterien 1245
Phasenabwicklung 1183

1497

Sachverzeichnis Teil 4 VOL/A

Positionsarten einer Leistungsbeschreibung 1227
Präqualifikationsverfahren 1215
Preis
– ungewöhnlich hoher 1330
– ungewöhnlich niedriger 1330
– Wertung eines Angebots mit einem ungewöhnlich niedrigen 1331
Preisänderung
– Unzulässigkeit des völligen Ausschlusses 1256
– nach Versendung der Vergabeunterlagen und vor Zuschlag 1257
Preise 1255
– die in offenbarem Missverhältnis zur Leistung stehen 1329
– Vergabe zu festen Preisen 1255
– Vorschriften über die Preise bei öffentlichen Aufträgen 1255
Preisermittlung
– Angabe aller beeinflussenden Umstände 1221
– genaue Kennzeichnung der Bestandteile des Vertrages 1221
– genaue Kennzeichnung der Kostenbestandteile des geforderten Angebotspreises 1221
– umfangreiche Prüfungen 1221
Preisnachlässe
– missverständliche und widersprüchliche 1335
– mit Bedingungen 1334
– mit Bedingungen im Einflussbereich des Auftraggebers 1334
– ohne Bedingungen 1335
– unzulässige bei der Beschaffung von preisgebundenen Schulbüchern 1335
– Verbot der Aufnahme in das Angebot 1334
– Wertung 1334
Preisrechtliche Rahmenbedingungen 1257
Preisvorbehalte
– Grundsätze zur Anwendung bei öffentlichen Aufträgen 1256
– nur für den ausgeschriebenen Auftrag 1256
– Vorgabe nur durch den Auftraggeber 1256
Proben 1299
Projektantenstellung eines Sachverständigen 1194
Prüfung
– der Angebote 1304
– der Angebotspreise, Wertungsstufe 3 1329
– der Vollständigkeit sowie rechnerische, fachliche und wirtschaftliche Prüfung 1305
– des Eingangs der Angebote bis zum Ablauf der Angebotsfrist 1302
– des Verschlusses und der äußeren Kennzeichnung der Angebote bzw. der Verschlüsselung 1302
Prüfungsermessen 1305
Prüfungspflicht
– bei einer Häufung von formalen Fehlern der Bieter 1329
– der Verdingungsunterlagen durch die Bewerber 1280, 1284
– des Auftraggebers 1330, 1334
Qualitätssicherung 1215
Rahmenbedingungen 1192
– für eventuelle Nebenangebote 1218
Rahmenvereinbarung 1186
– Aufträge aufgrund einer 1189
– vergaberechtliche Anforderungen 1193
RAL-Zertifizierung von Produkten 1232

Rechnerische Prüfung 1305
– Korrekturen 1306
– Verbindung mit allgemeiner Durchsicht der Angebote 1305
Rechtsform der Bewerber oder Bieter 1206
Rechtsprechung
– des BGH zur Privilegierung der VOB/B 1254
– des Europäischen Gerichtshofes 1332
Referenzen 1201
Regelangebotsfrist, Angemessenheit der Dauer 1284
Regelfrist 1284, 1286
– Abkürzung 1284
– bei elektronischen Bekanntmachungen 1285
– bei freier, direkter und vollständiger Verfügbarkeit der Vergabeunterlagen 1285, 1287
– bei Vorinformation 1286
– bzw. verkürzte Frist aus Gründen der Dringlichkeit 1286
– Angemessenheit der abgekürzten Frist 1285
– formale Voraussetzungen der Abkürzung 1284
Reihenfolge der Bieter, Beeinflussung 1311
Richtleistungen, Festlegung 1234
Richtlinien
– bevorzugte Bewerber 1202
– des Bundes für die Berücksichtigung von Werkstätten für Behinderte und Blindenwerkstätten bei der Vergabe öffentlicher Aufträge 1202
Rücknahme der Aufhebung 1344
sachdienliche Auskünfte 1269
Sachliche Vertretbarkeit 1231
Sachverständige
– eigenes wirtschaftliches Interesse 1195
– funktionaler Begriff des 1194
– Mitwirkung 1193
– Umfang der potenziellen Mitwirkung 1194
– weite Auslegung des Begriffs 1194
Schadenersatzansprüche
– bei fehlender, aber notwendiger Entschädigung 1293
– wegen Verletzung der Regelungen des § 8 1233
Scheinaufhebung 1345
– Rechtsfolge 1345
Schnittstellenrisiko 1231
Schulbücher 1335
Schwellenwerte für die Vorinformation 1274
Schwerwiegende Gründe 1342
– als Summe von Einzelgesichtspunkten 1343
Sektorenbereich, Geltung des § 25 a im Verhandlungsverfahren 1337
Sicherheit in Höhe von 10 % und Betriebsunterbrechungsversicherung 1255
Sicherheitsleistung 1254
Sicherheitsniveau einer Leistungsbeschreibung 1216
Signaturanforderung bei elektronischen Angeboten 1298
Signaturstufe 1298
Skonti 1334
Softwareprogramme 1219
Sonstige Erfordernisse, die die Bewerber bei der Bearbeitung ihrer Angebote beachten müssen 1266
Spekulationsangebote 1331
Spezifikationen
– für Umwelteigenschaften 1238
– vertragliche 1183

Vergabe- und Vertragsordnung für Bauleistungen　　Teil 4 VOL/A **Sachverzeichnis**

staatliche Beihilfe 1336, 1337, 1339
Standardvorgabe 1223
Statthafte Nachverhandlungen 1310
– sonstige 1310
Straßenverhältnisse 1219
Strategische Ziele 1217
Stundenlohnarbeiten 1228
Technische Änderungen geringen Umfangs 1310
Technische Ausrüstung 1200, 1208
Technische Spezifikationen 1237
– Begriff 1237
– Formulierung unter Bezugnahme auf die in Anhang TS definierten technischen Spezifikationen 1237
Technische Vertragsbedingungen für die Ausführung von Leistungen 1244
Teilaufhebung 1341
– von einzelnen Losen 1341
– von einzelnen Positionen 1341
Teilnahmeanträge
– Anforderungen 1260, 1261
　– an die Auftraggeber bei direkt, per Post oder elektronisch übermittelten Teilnahmeanträgen 1260
　– an die Bewerber bei direkt, per Post oder elektronisch übermittelten Teilnahmeanträgen 1261
　– an die Bewerber bei per Telefax oder telefonisch übermittelten Teilnahmeanträgen 1261
– Öffnung 1303
Teilnehmer am Wettbewerb 1196, 1202, 1210
Teilnehmerauswahl
– bei einer beschränkten Ausschreibung 1198
– bei Teilnahmewettbewerb 1209
Terrorversicherung 1233
– im Rahmen von Versicherungsleistungen 1223
Transparenz 1216
Transparenz des Verfahrens 1225
Treu und Glauben 1307
Übermittlungsrisiko
– des Bieters für die Rechtzeitigkeit 1302
– Ausnahme 1302
Überprüfbarkeit
– der Einstellung des Vergabeverfahrens 1346
– der Entscheidung 1332
Überprüfung der Aufhebungsentscheidung 1346
Übersendung von elektronischen Medien, Anforderungen 1268
Umsatz des Unternehmers in den letzten 3 abgeschlossenen Geschäftsjahren 1199, 1207
Umsatzrabatten 1222
Umsatzsteuerpflicht 1253
Umstände besonderer Art 1172
Umweltmanagementverfahren 1210, 1215
Unbedenklichkeitsbescheinigung
– des Finanzamts 1200
– von Sozialversicherungsträgern 1200
Ungewöhnliches Wagnis 1221
Unklarheit einer Leistungsbeschreibung mit Leistungsprogramm 1226
Unstatthafte Nachverhandlungen 1309
– Initiator 1309
– Rechtsfolge 1309
– Verbot für Sektorenauftraggeber 1309
Unteraufträge 1250

Unterbliebene Reaktion auf geforderte Aufklärungen und Angaben 1309
Unterkriterien, Pflicht zur Bekanntmachung 1245, 1249
Unterlagen, fehlende 1270
Unterlagenabgabe, Öffentliche Ausschreibung 1198
Unternehmen, Begriff 1207
Unterrichtungspflicht 1344
Unterschrift
– Anzahl 1297
– nachträgliche Genehmigung bei fehlender 1298
– Wertung von Angeboten mit unvollständigen 1298
Unterzeichnung
– Anforderung bei Angeboten einer Bietergemeinschaft 1298
– der Angebote 1297
– des Angebotes bei Bietergemeinschaften 1298
– Prüfung 1297
– Stelle der 1297
– von Angeboten einer Bietergemeinschaft durch einen Bevollmächtigten 1298
Unverhältnismäßiger Aufwand 1176
Unwirtschaftliches Ergebnis der Ausschreibung 1342
Unzureichende Finanzierung 1343
Verdingungsunterlagen 1241
– Änderungen und Ergänzungen 1298
– Auslegung 1241
– Begriff 1285
– Fertigstellung 1258
– Notwendigkeit der grundlegenden Änderung 1342
– Vorrang vor Bekanntmachung 1241
Verfahren
– mit vorherigem Aufruf zum Wettbewerb, fehlende oder keine geeigneten Angebote nach 1189
– ohne vorherigen Aufruf zum Wettbewerb 1188
　– Zulässigkeit 1189
Vergabe nach Losen 1191
– von Leistungen an Justizvollzugsanstalten, Einrichtungen der Jugendhilfe, Aus- und Fortbildungsstätten oder ähnliche Einrichtungen 1178
– zu festen Preisen 1255
Vergabeabsicht, konkrete 1259
Vergabearten 1173, 1179, 1187
– allgemeine Fragen 1182, 1188
Vergabebekanntmachung
– Auslegung 1264, 1272
– Bedeutung der Vorschriften 1264, 1272
– Folgen von unterschiedlichen Angaben 1246, 1249
Vergabefremde Zwecke, Ausschreibung 1259
Vergabegrundsätze 1170
Vergabekammer (§ 104 GWB) 1358
– verspätete Bekanntgabe der Anschrift 1359
Vergabekoordinierungsrichtlinie 1296
Vergabeprüfstellen (§ 103 GWB) 1358
Vergaberechtsfehler, nicht anders heilbar 1343
Vergabesenate (§ 116 Abs. 3 GWB) 1358
Vergabeunterlagen 1240, 1241, 1244, 1247
– Abgabe an die Bewerber 1268
– Anforderung 1268
– Auskünfte 1278
– Begriffsbestimmung des § 9 1241

1499

Sachverzeichnis Teil 4 VOL/A

- Begriffsverwendung im Vergabenachprüfungsverfahren 1241
- freie und direkte Verfügbarkeit 1285
- Kernstück 1216
- vollständige Verfügbarkeit 1286

Vergabeverfahren 1193
- Beendigung 1346

Vergabevermerk 1353

Vergabeverzicht
- einer ausgeschriebenen Leistung 1344
- Mitteilung 1346

Vergleich, Wertung und Zuschlag durch 1336

Vergleichbare Entscheidung einer Vergabekammer 1343

Vergütung
- Absicherung des Risikos 1222
- Änderung in den Verdingungsunterlagen 1257

Vergütungsansprüche, unsichere 1222

Verhältnis des § 27 a zu § 13 VgV 1349

Verhandlungen nur mit dem wirtschaftlichsten Bieter 1310

Verhandlungsverfahren 1183, 1311, 1341
- Bekanntmachung 1272
- dynamisches 1245
- über Kreativleistungen 1341
- Zulässigkeit nach einer Vergabebekanntmachung 1183
  - ohne Vergabebekanntmachung 1183

Verjährung der Mängelansprüche 1253

Verjährungsfristen nach § 14 Nr. 3 VOL/B 1253

Verjährungshemmung durch Anrufung einer VOL-Schiedsstelle 1254

Verjährungsverlängerung 1253

Verlängerung der Verjährung 1253

Verpflichtung zur Anwendung der a-Paragrafen 1163, 1170

Verschlossener Umschlag 1281

Verschlüsselung 1297

Versicherungsberater bzw. Versicherungsmakler 1194

Versicherungsleistungen, Ausschreibung 1194, 1233

Versicherungsverein auf Gegenseitigkeit 1195

Vertragsbedingungen 1240, 1242

Vertragsstrafen 1224, 1252
- auch für andere Fälle als die Überschreitung von Ausführungsfristen 1252
- Geltendmachung nur bei tatsächlichen Nachteilen für den Auftraggeber 1252
- Höhe der Vertragsstrafe im billigen Ermessen des Auftraggebers 1252
- Zulässigkeit bei abstrakter Möglichkeit eines erheblichen Nachteils 1252
- Zulässigkeit bei drohenden Ansprüchen eines Nachunternehmers 1252
- angemessene Höhe 1252
- Rechtsfolgen einer unangemessen hohen 1253

Vertragsurkunde 1353

Vertragsverlängerungsoption, einseitige 1223

Vertraulichkeit 1300
- der Angebote 1296

Vertraulichkeitserklärung 1252, 1266

Vertraulichkeitsgrundsatz, allgemeiner 1172

Vertraulichkeitsschutz 1172

Vervielfältigen der Verdingungsunterlagen 1293

Vervielfältigungskosten
- bei digitalen Unterlagen 1293
- bei Öffentlicher Ausschreibung 1292
- Entschädigung bei Beschränkter Ausschreibung und Freihändiger Vergabe 1292
- für die Verdingungsunterlagen 1292
- Höhe 1292

Verweigerung von Aufklärungen und Angaben durch den Bieter 1309

Verwendung eines nicht mehr am Markt erhältlichen Fabrikates 1218

Verzicht auf die Vergabe, Mitteilung 1346

VOL-konforme Auslegung 1217

Vollmachtsloser Vertreter 1298

Vorbehalte wegen der Teilung in Lose 1266

Vorhaltung von Personal 1222

Vorinformation 1270, 1274
- Bedeutung 1274
- fakultative Übermittlung an andere Bekanntmachungsblätter 1275
- Folge einer korrekten 1275
- Form der Übermittlung an das Amt für amtliche Veröffentlichungen der Europäischen Gemeinschaften 1274
- Schwellenwerte 1274
- Sinn und Zweck 1274
- Übermittlung 1274
- Übermittlung durch Veröffentlichung im Beschafferprofil 1275
- Zeitpunkt 1274
- zwingende 1274
- zwingende Übermittlung an das Amt für amtliche Veröffentlichungen der Europäischen Gemeinschaften 1274

Vorteilhafte Gelegenheit 1178
- in Folge von Geschäftsaufgaben u. ä. 1186

Wahl zwischen nur zwei Systemen 1231

Wahlposition, unzulässig hoher Umfang 1218

Wahlrecht 1245, 1249

Warenbörse 1186

Wartung als Bedarfsposition 1228

Wartungsarbeiten 1231

Wertung
- der Angebote 1311, 1337
- eines Angebots mit einem ungewöhnlich niedrigen Preis 1331
- von Nebenangeboten 1332
- von Preisnachlässen 1334

Wertungsfehler, nachträgliche Beseitigung 1335

Wertungskriterien
- Angabe 1248, 1249
- Folgen fehlender Angabe 1249
- Begriff 1248
- klare und eindeutige 1249
- Pflicht zur Angabe der Gewichtung 1249
- Pflicht zur Bekanntmachung 1249
- „Umwelteigenschaften" 1249

Wertungsstufe
- 1: Ausschluss nach § 25 Nr. 1 1314
- 2: Eignungsprüfung 1329
- 3: Prüfung der Angebotspreise 1329
- 4: Auswahl des wirtschaftlichsten Angebots 1331

Wesentliche Änderungen 1256

Wettbewerbe 1356, 1357
- nach VOF 1357

Wettbewerbsverengung durch Definitionen der Leistungsbeschreibung 1232
Wettbewerblicher Dialog, Pflicht zur Angabe der Nennung von Verfahrenseinzelheiten 1247
Wettbewerbsgrundsatz 1216
Wettbewerbsprinzip 1171
wichtige Aufklärungen 1269
Wiedereinsetzung in den vorigen Stand bei Versäumung der Frist 1279, 1283
Wirtschaftliches Ergebnis 1176, 1178
Wirtschaftlichste Angebot, Auswahl 1331
Zertifizierung 1201, 1209, 1215
– nach der Entsorgungsfachbetriebsverordnung 1199, 1209
Zugang, Begriff 1351
Zurechenbarkeit 1342
Zurückziehung von Angeboten 1281
– durch Abgabe eines unvollständigen Angebots 1281
Zusätzliche Auskünfte 1269
Zusätzliche Lieferungen 1185
Zusätzliche Vertragsbedingungen für die Ausführung von Leistungen (ZVB) 1242
Zuschlag 1350
– auf das wirtschaftlich günstigste Angebot 1338
– Begriff 1351
– mit Abänderungen 1351
– verspäteter 1351
Zuschlagsfrist 1289, 1290
– Ablauf 1343
– Dauer 1290
– Fehlende Fristbestimmung 1290
– Folge des Ablaufs der Zuschlags- und Bindefrist 1291
– Verlängerung der Zuschlags- und Bindefrist nach Ablauf 1291
Zuschlagskriterien 1336, 1339
– „Angabe" 1245
– Angabe der Gewichtung 1336, 1339
– Begriff 1245
– Bindung der ausschreibenden Stelle 1337, 1339
– Folgen einer fehlenden Angabe 1246, 1337
– keine eindeutigen 1218
– klare und eindeutige 1245
– Pflicht zur Angabe der Gewichtung 1247
– Pflicht zur Bekanntmachung 1245
Zustellungsleistungen, Ausschreibung 1235
Zuverlässigkeit 1172, 1214
Zweckmäßigkeit 1192

Sachverzeichnis zu Teil 5:
Verdingungsordnung für freiberufliche Leistungen
(VOF)

Ablauf des VOF-Verfahrens 1411
Analoge Anwendung der Rechtsprechung zur losweisen Vergabe nach VOB/A, VOL/A und GWB 1385
Angebote
- per Telefax 1390
- im VOF-Verfahren 1387
Angebotseinreichung in verschlossenem Umschlag 1388
Angemessene Beteiligung von kleineren Büroorganisationen und Berufsanfängern 1384
Anhörung der Bieter, die ausgeschlossen werden sollen 1420
Anonymität von Wettbewerbsarbeiten 1463
Anwendbarkeit
- der VOF auf freiberufliche Aufträge im Sektorenbereich 1375
- der VOF nur auf nicht eindeutig und erschöpfend beschreibbare freiberufliche Leistungen 1375
Architekt 1457
Architekten- und Ingenieurleistungen 1456
- nach der HOAI 1456
Aufforderung zur Verhandlung
- gleichzeitige 1434
- Notwendiger Inhalt 1434
- Textform 1434
Aufgabenbeschreibung 1398, 1434
- Änderung vor dem Verhandlungsgespräch 1405
- Anforderungen 1400
- Angabe aller die Erfüllung der Aufgabenstellung beeinflussenden Umstände 1403
- Angabe aller Umstände 1404
- Auslegung 1401
- Begrenzung durch die Grundsätze des Wett-, bewerbs, der Transparenz und der Gleichbehandlung 1401
- Inhalt und Zweck 1400
- Inhaltsfestlegung 1401
- notwendiger Inhalt 1401
  - bei Architekten- und Ingenieurleistungen 1402
- Notwendigkeit 1400
- Voraussetzungen der Aufnahme von Optionen 1405
Aufgabenstellung
- Änderung durch den Auftraggeber während der Ausschreibung 1431
- Rechtsfolge bei nicht erfolgten Erkundigung 1431
- zeitliche Rahmenbedingungen 1431
- zusätzliche Auskünfte 1430
Aufklärungs- und Hinweispflicht des Auftraggebers im Bewerbungsgespräch 1418
Auftragnehmer, Ermittlung 1459
Auftragserteilung 1432, 1457
Auftragsgespräch, Nachholung 1459

Auftragskriterien
- allgemeine Anforderungen 1437
- Angabe 1405
- Angabe aller 1435
- unterschiedliche Gewichtung 1445
- Verbot von nicht überprüfbaren 1437
- Verbot von vergabefremden 1438
Auftragsverhandlung 1458
- Ersetzung 1459
Auftragswertberechnung 1378
Aushandlung der Auftragsbedingungen 1435
Auskunfts- und Benennungsverpflichtungen der Bewerber 1397, 1412
Ausschließliche Verantwortung des Auftraggebers 1383
Ausschluss des Angebots einer Bewerbergemeinschaft wegen Wettbewerbsbeschränkung 1396
Ausschlussgründe, zwingende 1422
Ausschlusskriterien 1421
Auswahl der Bewerber 1410
Auswahlentscheidung 1417
- subjektive Wertung und Prognose des Auftraggebers 1458
Auswahlkommission, Notwendigkeit der dauernden und vollzähligen Anwesenheit 1448
Auswahlkriterien 1412
- Anforderungen für die Teilnehmer 1462
- Angabe der Gewichtung 141614, 63
- Anwendung auf alle Teilnehmer 1463
- Bindung des Auftraggebers 1416
- fakultative 1412
- genaue Beschreibung 1414
- nach § 10 VOF 1412
- nach § 23 VOF 1412
- vollständige Angabe 1415
- Zeitpunkt der Gewichtung 1416
- zulässige Abstufungsmöglichkeit 1415
Auswahlverfahren
- Zwang zu einer Methode 1411
- Zwang zur Vorlage geforderter Nachweise 1416
Bankerklärungen 1424
Beauftragung
- abschnittsweise 1379
- gesplittete 1380
Bekanntgabe
- der Leistung 1408
- verspätete Bekanntgabe der Anschrift der zuständigen Vergabekammer 1455
Bekanntmachung
- Begriff 1407
- Zulässigkeit einer alleinigen elektronischen 1407, 1405
- unterschiedlicher Inhalte von derselben Ausschreibung 1407
Bekanntmachungspflicht 1461

Verdingungsordnung für freiberufliche Leistungen   Teil 5 VOF **Sachverzeichnis**

Benachrichtigung der Bewerber über die Eignungsentscheidung 1420
Berücksichtigung, von Losen für den Schwellenwert 1381
Berufsanfänger 1384
Beschafferprofil 1409
Beschäftigtenanzahl und Führungskräfte 1427
Beschreibbarkeit 1375
– von Altlastenverdachtsstandorten 1378
– von Architekten- und Ingenieurleistungen 1376
– von DV-Leistungen 1377
– vorab 1378
Beteiligung an der Vergabe 1394
Beteiligungsverbot
– an der Vergabe 1394
– nicht erwerbswirtschaftlich orientierter Institutionen am Wettbewerb 1398
Beweislast
– für das Vorliegen der Zulässigkeitsvoraussetzungen 1393
– Begriff 1396
Bewerbergemeinschaft
– Anforderungen an die Rechtsform 1397
– Begriff 1396
– notwendige Anforderungen an den Inhalt der Bewerbung 1396
– Verbot der Änderung 1397
Bewerbungsunterlagen, weitergehende Unterlagen 1431
Bewertungsmatrix 1437
Bieterschützende Vorschrift 1394, 1406, 1410, 1419, 1433, 1450, 1452, 1458
Bindung
– an die Entscheidung einer Auswahlkommission 1420, 1446
– des Auftraggebers an die Frist 1430
– des Auftraggebers an die Bekanntmachung 1407
Bundeszentralregister 1419
Detaillierte Nachweise 1416
Dokumentationspflicht 1463
Dringliche, zwingende Gründe 1393
Duldungs- und Anscheinsvollmacht 1389
Eigenerklärungen, Zulässigkeit 1416
Eigenleistungsverpflichtung 1428
Eignung
– eines Bewerbers, mögliche Nachweise 1427
– Begriff der Fachkunde 1383
– Begriff der Leistungsfähigkeit 1383
– Begriff der Zuverlässigkeit 1383
– der Bewerber 1383
– von Bewerbergemeinschaften 1418
– Zeitpunkt der Eignungsprüfung 1383
Eignungskriterien
– Anwendung auf der Stufe der Verhandlungsgespräche 1438
– Berücksichtigung auf verschiedenen Stufen 1463
Eignungsprüfung
– durch die Vergabekammer bzw. den Vergabesenat 1420
– nachträgliche Korrektur 1420
– Zeitpunkt 1383
Einschaltung als Ermessensentscheidung 1394
Elektronische
– Angebote 1388
– Anträge auf Teilnahme 1388

– Bekanntmachung, Zulässigkeit 1409
– Bekanntmachungen, schnellere Veröffentlichung 1409
Empfehlung der AHO-Fachkommission Projektsteuerung 1380
Entscheidung eines Preisgerichts 1464
Erhöhung der Zahl der zur Verhandlung aufgeforderten Bewerber 1417
Ermessensentscheidungen über Ausschlüsse 1422
Ersetzung
– von Leistungs- oder Funktionsanforderungen 1403
– von nationalen Normen 1403
Fachliche Eignung 1425
Fachrichtung 1457
Fehlende Angabe der Anzahl der zur Verhandlung aufgeforderten Bewerber 1417
Fehlende Unterlagen und Erkundigungspflicht des Bieters 1431
Finanzielle und wirtschaftliche Leistungsfähigkeit, fehlende bei Mitglied einer Bewerbergemeinschaft 1425
– Nachweismöglichkeiten 1424, 1425
Freiberufliche Leistungen 1373, 1397
– Anwendungsbereich 1373
– Ausnahmen vom Anwendungsbereich der VOF 1378
– des Anhangs I A und des Anhangs I B 1374
– Höhe der Schwellenwerte 1374
– Leistungen im Wettbewerb mit freiberuflich Tätigen 1373
– Schwellenwerte 1374
– Verhältnis des § 2 Abs. 2 VOF zu § 2 VgV 1374
– Verhältnis zu § 5 VgV 1373
Freiberufliche Tätigkeit 1373
Frist für den Teilnahmeantrag 1429
Fristberechnung 1429
Fristen 1429
– im Verfahren nach VOF 1387
Fristende bei Festsetzung auf einen Sonntag 1430
geborene Auftragskriterien 1439
Gemischte Dienstleistungen 1378
Generalplaneraufträge 1386
– Konsequenz der Vergabe 1466
Generalunternehmer 1386
Gesamtvergütung
– für die vorgesehene Auftragsleistung bei Architekten- und Ingenieurleistungen 1379
– geschätzte 1379
Gesetzliche Gebühren- oder Honorarordnungen 1380, 1432
Gestaltungs- und Beurteilungsspielraums bei der Auswahlentscheidung 1420
Gleichbehandlungsgebot 1383, 1391, 1417
Hochwasserbedingte Beschaffungen 1393
Informationspflicht nach § 13 VgV 1420
Informationsübermittlung 1381
Integrität der Daten am Vergabeverfahren und der Angebote 1387
Kapazitäten Dritter 1425
Kausalität zwischen fehlerhafter Bekanntgabe und eventuellem Schaden 1455
Kennzeichnung und verschlossene Aufbewahrung 1388
Kleinere Büroorganisationen 1384

1503

Sachverzeichnis Teil 5 VOF

Kommunikationsmittel, Angabe 1387
Kooperatives Workshopverfahren 1465
Kosten 1431
Kostenerstattung durch die Bewerber 1432
Leistungsfähigkeit, Nachweis der finanziellen und wirtschaftlichen 1423
Lösungsvorschläge
– für die Planungsaufgabe 1460
– unaufgefordert vorgelegte 1459
Losverfahren 1419
Losweise Vergabe von Architekten- und Ingenieurleistungen 1385
Melde- und Berichtspflichten 1453
Mitteilung über die Auftragsvergabe 1450
– Anwendbarkeit des § 13 VgV 1450
– Forderung des Auftraggebers nach einem frankierten Rückumschlag 1451
– laufendes Vergabenachprüfungsverfahren 1451
– Verhältnis des § 17 Abs. 4 zu § 13 VgV 1450
Mitwirkung von Sachverständigen 1394
Nachprüfungsbehörde 1455
– Aufbau 1455
– Fehler bei der Nennung 1455
Nachträgliche Beseitigung von Wertungsfehlern des Auftraggebers 1446
Nachträgliche Genehmigung, bei fehlender Unterschrift 1389
Nachunternehmerleistungen 1428
– Angabe 1466
Nennung von Bezeichnungen 1403
Neue Formulare 1410
Newcomer, Ausschluss 1416
Newcomer-Problematik 1385
Nichtbeauftragung, triftige Gründe
Objektiver Empfängerhorizont 1401
Objektivitäts- und Unbefangenheitsprinzips 1395
Optionsrechte, Einbeziehung 1381
Parallele Beteiligung
– als Einzelbewerber und Mitglied einer Bewerbergemeinschaft 1396
– zweier Unternehmen mit identischer Geschäftsführung bzw. konzernverbundener Unternehmen am Wettbewerb 1396
Pflicht
– der Dokumentation des Eingangs der Angebote 1387
– der Vergabestelle, bestehende Wettbewerbsvorteile und -nachteile potentieller Bewerber durch die Gestaltung der Vergabeunterlagen „auszugleichen"? 1401
Pflicht, zur Vorinformation für Aufträge nach Anhang I A 1407
Planungsaufgabe, Festlegung 1401
Planungswettbewerb
– Beauftragung im Anschluss 1393
– Durchführung 1461
– Durchführung nach der 1. Stufe eines VOF-Verfahrens 1462
– Vergaberechtliche Anforderungen 1462
– Verknüpfung mit der Vergabe eines Auftrages nach der VOF 1461
– Voraussetzungen einer Beauftragung im Anschluss an 1462
Planungswettbewerbe 1460
Präsentation von Referenzobjekten 1459

Primärrechtsschutz bereits im Planungswettbewerb 1464
Projektantenstellung eines Sachverständigen 1394
Projektsteuerungs- und Objektüberwachungsleistungen 1428
Prüfpflicht des Auftraggebers hinsichtlich der Berechtigung, freiberufliche Leistungen anzubieten 1397
Prüfung
– der Ausschlusskriterien 1418
– der fachlichen Eignung 1418
– der finanziellen und wirtschaftlichen Leistungsfähigkeit 1418
– inhaltliche Prüfung der Eignung 1418
Qualifikation des Auftragnehmers 1456
Qualifikationsregelung, abschließende 1457
Qualitätssicherung 1428
Referenzen 1418, 1427
Regelfrist 1430
– Abkürzung 1430
Rüge, Notwendigkeit einer vergaberechtlichen Rüge 1464
Sachverständige, funktionaler Begriff 1394
– Mitwirkung 1394
– Umfang der potenziellen Mitwirkung 1394
– weite Auslegung des Begriffs 1394
Schwellenwert
– für die Vorinformation 1407
– freiberufliche Leistungen 1374
Setzen von Dienstleistungserbringern und Bekanntmachung 1408
Sicherheitsstandards 1405
Signaturanforderung bei elektronischen Angeboten 1389
Signaturstufe 1389
Sonstige Leistungen 1456
Technische Anforderungen 1403
Technische Ausrüstung 1428
Technische Spezifikationen 1403
– unter Bezugnahme auf die in Anhang TS definierten technischen Spezifikationen 1403
Teilaufträge derselben freiberuflichen Leistungen 1380
Teilnahmeantrag
– Fristen 1429
– ordnungsgemäßer 1430
Teilnahmewettbewerb, Sinn und Zweck 1392
Teilnehmer am Vergabeverfahren 1395
Telefonisch übermittelte Teilnahmeanträge 1390
Transparente Entscheidung 1417
Überprüfbarkeit der Gründe für eine zusammengefasste Vergabe mehrerer Lose 1387
Umsatznachweise 1424
Umwelteigenschaften, Spezifikationen 1403
Umweltmanagementverfahren 1425
Unabhängigkeit von Ausführungs- und Lieferinteressen 1384
Unteraufträge 1465
Unterkostenangebote bei gesetzlichen Gebühren- oder Honorarordnungen 1447
Unterkostenangebote 1446
Unterkostenangebote, Rechtsprechung 1447
Unterzeichnung
– Anzahl der Unterschriften 1388

1504

Verdingungsordnung für freiberufliche Leistungen   Teil 5 VOF   **Sachverzeichnis**

- der Angebote 1388
  - Angebot bzw. Teilnahmeantrag eines Einzelbieters oder einer Bewerber- bzw. Bietergemeinschaft 1389
  - Angebot eines Bieters für einen Dritten 1388
  - bei Bewerber- und Bietergemeinschaften 1389
  - durch einen Bevollmächtigten 1389
  - Identität des Bieters 1388
  - Prüfung der Unterzeichnung? 1388
  - Stelle der Unterzeichnung 1388
- grundsätzliche Anforderung an Bewerber- bzw. Bietergemeinschaft 1389

Unvollständige Dokumentation 1391
unzulässige Auswahlkriterien „Gründungsjahr eines Büros" und „Erste Fertigstellung eines Krankenhausprojekts des Büros" 1384
Unzulässigkeit, wettbewerbsbeschränkender und unlauterer Verhaltensweisen 1384
Verbindliche Bekanntmachung 1408
- Form der Übermittlung 1409
- Übermittlung 1408, 1409
- Umfang des Inhalts 1409
- zwingende Übermittlung 1408

Verbot
- Aufbürdung eines ungewöhnlichen Wagnisses 1404
- der ausschließlichen Berücksichtigung örtlicher Unternehmen 1383
- der Forderung nach Kenntnis landesspezifischer Besonderheiten 1384
- der Forderung nach örtlicher Präsenz 1383

Verbotene Umgehung 1380
Verfahrenstransparenz 1391
Vergabebekanntmachung
- Auslegung 1407
- Bedeutung der Vorschriften über die 1406
Vergabegrundsätze 1381
Vergabekammern (§ 104 GWB) 1455
Vergabeprüfstellen (§ 103 GWB) 1455
Vergabesenate (§ 116 Abs. 3 GWB) 1455
Vergabeverfahren 1390
Vergabevermerk 1452
Vergebene Aufträge 1449
Vergleichbare Leistungen 1427
Vergütung, fehlende Regelung bei einem Architekten- bzw. Bauingenieurvertrag bei Vertragsschluss 1449
Verhältnis von § 24 zu § 16 1458
Verhandlungsgespräche 1435
- Ablauf 1445
- Ausschluss der Bewerber mit unvollständigen Angeboten 1446
- Nachfragen und Hinweise 1446
- notwendige Voraussetzungen 1435
Verhandlungsverfahren 1391
- Aufhebung nach der VOF 1392
- Geltung der wesentlichen Prinzipien des Vergaberechts 1391
- mit vorheriger Vergabebekanntmachung 1392

- ohne vorherige Vergabebekanntmachung 1393
- Übertragung der Rechtsprechung zu § 101 Abs. 4 GWB 1391

Verkürzte Frist 1430
Veröffentlichte Bekanntmachung 1435
Veröffentlichte einheitliche Richtlinien für Planungswettbewerbe 1463
Veröffentlichung der Bekanntmachungen 1409
- im Supplement zum Amtsblatt der Europäischen Gemeinschaften 1409
- inländische 1409

Verschlüsselung 1388
Vertragsschluss
- durch Entgegennahme von Teilleistungen? 1449
- durch entsprechenden Aufsichtsratsbeschluss eines Krankenhauses 1449
- durch entsprechenden Ratsbeschluss einer Gemeindevertretung? 1448
- nach VOF 1448

Vertraulichkeit
- der Anträge 1381
- der übermittelten Anträge auf Teilnahme am Vergabeverfahren und der Angebote 1387

Verwertung nur von gesicherten Erkenntnissen 1418
Verzicht
- auf die Vergabe eines VOF-Auftrages 1451
- teilweiser 1452

VOF-konforme Auslegung 1401
VOF-Verfahren
- allgemeiner Ablauf der 2. Stufe 1434
- zwei Phasen 1433

Vorinformation 1407
- Bedeutung 1407, 1430
- fakultative Übermittlung an andere Bekanntmachungsblätter 1408, 1409
- Form der Übermittlung 1408
- Sinn und Zweck 1407
- Übermittlung 1407
  - durch Veröffentlichung im Beschafferprofil 1408
- Zwingende Übermittlung 1407

Vorinformation, Zeitpunkt 1407
Wertung, von Angeboten mit unvollständigen Unterschriften 1389
Wesentliche in den letzten drei Jahren erbrachte Leistungen 1427
Wettbewerbe 1454
Wettbewerbsentwürfe, Zulässigkeit der Forderung des Auftraggebers nach Weiterentwicklung 1465
Wiederaufnahme eines bereits ausgeschiedenen Bewerbers in das Verhandlungsverfahren 1393
Zahl der zur Verhandlung aufgeforderten Bewerber 1416
Zertifizierung 1428
Zertifizierungsforderung 1419
Zusammenschluss
- mehrerer Bewerber 1395
- Zeitpunkt der Erklärung 1396

1505